CHOISY-LE-ROY

G.
60.
14.

475

LE GRAND
DICTIONNAIRE
GEOGRAPHIQUE
ET
CRITIQUE,

Par M. BRUZEN LA MARTINIERE,

Géographe de Sa Majesté Catholique Philippe V. Roi des Espagnes et des Indes.

TOME NEUVIÈME.

V. U. W. X. Y. & Z.

A la Haye, Chez PIERRE DE HONDT.
A Amsterdam, Chez HERM. UYTWERF, & FRANÇ. CHANGUION.
A Rotterdam, Chez JEAN DANIEL BEMAN.

MDCCXXXIX.

AVERTISSEMENT
DE
L'AUTEUR.

JE ferois le plus ingrat des hommes, si je ne saisissois pas l'occasion que me présente ce dernier Volume du Dictionnaire Géographique & Critique; pour remercier le Public de l'indulgence avec laquelle il m'a tenu compte de mes bons desirs. J'en ai une reconnoissance parfaite & je crois ne la lui pouvoir mieux marquer qu'en continuant aussi long-tems que je vivrai à revoir cet Ouvrage & à y faire les corrections, les additions & même les retranchemens dont je sens qu'il a besoin.

Il est juste aussi que j'informe mes Lecteurs d'une circonstance essentielle dont j'aurois peut-être dû les instruire plutôt. J'en étois à la Lettre B. quand j'acquis la connoissance & l'amitié de Monsieur des Roches. Il y a dans cette Lettre quelques Articles comme Bruges, Bruxelles, &c. qu'il se donna la peine de dresser alors. Ses affaires l'ayant appelé à Amsterdam, où il composa son *Histoire de Dannemarck* & autres Ouvrages, nous nous perdimes de vûe près de cinq ans, l'amitié subsistoit toujours, mais la différence de séjour, & d'occupation nous séparoit. J'avançois chemin, quoique lentement à cause des obstacles dont j'ai parlé dans un Avertissement antérieur, & cette lenteur décourageoit la Compagnie des Libraires. Ils vouloient absolument voir la fin d'une entreprise, qui à mesure que je m'y appliquois grossissoit toujours par l'abondance des matiéres qui s'offroient en foule. Dans le fond leur impatience & ma lenteur avoient également pour motif la satisfaction du Public, ils vouloient le servir chaudement & promptement, je voulois de mon côté ne lui rien présenter qui n'eût toute la maturité possible. Ils engagérent Monsieur des Roches à me seconder. J'en étois à l'Article Lerne quand il arriva. Nous fimes ensemble le reste de l'L. & partie de l'M; mais d'autres motifs firent changer cette disposition. Nous primes chacun une Lettre, & dans celles dont il se chargea il eut la complaisance de me réserver certains Articles qui demandent une uniformité

de

AVERTISSEMENT

de principes, comme Méridien, Mesures itinéraires, Parallèles, Vents, &c. & même d'autres sur lesquels j'avois des recherches considérables, comme Paradis Terrestre, Tarsis, &c. En un mot, ni la politesse ni l'amitié ne souffrirent point de cette espèce de Rivalité. Il eut même le courage de prendre sa bonne part du fardeau & de le porter jusqu'à la fin. Son activité infatigable avança beaucoup le Dictionnaire & répara bien cette paresse si reprochée à ma plume. Si le Public a aujourd'hui la satisfaction de voir le dernier Volume, il le doit à ce laborieux ami. J'aurois tort de laisser ignorer à nos Lecteurs la part qu'il mérite au succès de notre Ouvrage. Il n'a pas tenu à moi que je ne l'associasse dans le titre & je suis prêt en cela comme en toute autre chose à lui rendre la justice qui lui est due.

Si dans un Ouvrage de moindre étendue, il est presque impossible à un seul & même Auteur d'observer par-tout exactement une parfaite uniformité, & de se souvenir toujours de ce qu'il a écrit ailleurs dans certains hors-d'œuvre que son sujet lui présente, à plus forte raison quand deux personnes travaillent chacun de son côté indépendemment l'un de l'autre, sur des Livres différens, ou mêmes sur différentes Editions d'un même Livre. Mr. Corneille qui semble avoir travaillé seul à l'arrangement des Extraits & des Mémoires qu'on lui lisoit, est tombé plus d'une fois dans des contradictions ou dans des redites.

Il en est de même de quelques renvois. Un de nous a pu en faire que l'autre n'a pas remplis. Ce sont des choses inévitables par la raison que je viens de dire. En travaillant j'ai pu rencontrer des sujets sur lesquels j'espérois avoir dans la suite quelque chose de meilleur & de plus grandes lumières. Pour avoir le tems d'attendre ces éclaircissemens, je renvoyois à un titre postérieur. Mon associé travaillant de son côté & n'étant point informé de ce renvoi que le titre seul auroit pu me rappeller, n'a pas été obligé de deviner cette réserve. Le même chose a pu m'arriver à son égard.

Les imperfections que le Public appercevra aisément dans notre travail, ne doivent ni le rebuter, ni nous décourager. Je l'ai déja dit & je le répète. Je n'ai promis qu'un Canevas sur lequel j'invite les Savans de chaque Pays à travailler pour former de toutes ces connoissances réunies un Corps Géographique vraiment digne de la Postérité. Le voilà ce Canevas; que chacun s'y mette à l'Ouvrage, selon la mesure de son savoir, de son courage ou de son loisir. Quand un Savant ne fourniroit qu'une douzaine de remarques solides, on peut compter qu'elles seront reçues avec respect & gratitude.

En excitant les autres à épurer cet Ouvrage, je ne me propose pas de rester dans l'inaction. J'aurai soin pour ma part de relire & d'examiner le Livre entier, & d'y corriger ce que j'y remarquerai de défectueux. Chacun sait que dans un travail de si longue haleine & si varié, il est aisé de s'assoupir quelquefois. Horace l'a dit, il y a bien long-tems :

Opere in longo fas est obrepere somnum.

Il y a des momens de langueur & de lassitude, où il échappe des choses que l'on est bien éloigné d'approuver quand au bout de quelques années

DE L'AUTEUR.

années on vient à les lire de sang froid. Il y a plus. Les connoissances s'augmentent, de nouvelles Lectures amenent des choses qu'on n'auroit pas négligées, si elles s'étoient présentées d'abord. C'est à en profiter que je destine le reste de vie que la Providence me réserve, sauf les devoirs que m'impose l'Emploi dont elle m'a honoré.

S'il étoit permis de compter sur des biens aussi fragiles que la Vie & la Santé, je pourrois espérer que je vivrai peut-être assez pour publier au moins un Supplément, où entreront ces corrections & beaucoup de bons Articles qui ne me sont venus qu'après l'impression des Volumes auxquels ils appartenoient. Sinon, on pourra toujours en faire usage dans une autre Edition supposé qu'elle se fasse après ma mort. D'autres de leur côté travailleront à rectifier cet Ouvrage, & en joignant leurs corrections aux miennes, ce seront autant de pas vers la perfection Géographique. Les fautes mêmes y servent. Nous avons souvent relevé celles des autres: on relevera les nôtres à leur tour; & tout cela tournera à l'avantage de la République des Lettres. Monsieur Corneille avoit soixante-neuf ans quand il entreprit son Dictionnaire & quatre-vingt-quatre quand l'impression en fut achevée. Je suis à la fin de cette Edition d'environ quinze ans plus jeune qu'il n'étoit en commençant, & il y a apparence que je vivrai encore assez pour améliorer bien des Articles dans cet Ouvrage-ci. En tout cas le Canevas est bâti. Pour peu que dans chaque Nation quelqu'un veuille bien s'appliquer aux corrections & aux additions des Articles qui la regardent, j'aurai obtenu mon but. Je n'ai jamais été assez vain pour croire que mes seules forces pussent suffire à un Ouvrage de cette importance, qui demande le concours de bien des hommes plus éclairez que je ne suis. J'en ai fourni ce qui étoit à ma portée. Mr. DES ROCHES a fait de même. J'exhorte les autres à faire ce qui n'étoit pas en notre pouvoir, & je tâche de ressembler à la pierre à aiguiser qui ne coupe point, mais qui en affilant un rasoir, le met en état de couper:

——— Fungar vice cotis, acutum
Reddere quæ ferrum valet, exsors ipsa secandi.

Je voudrois qu'il fût encore tems de faire au Public une priére, au succès de laquelle il a infiniment plus d'interêt que moi. C'est de ne point multiplier par des réimpressions précoces le nombre des Exemplaires de cet Ouvrage en l'état où il est, & d'attendre au moins que moi, ou quelques autres plus heureux & plus habiles que moi, y ayions inséré les corrections que je recueille. On m'en envoye de bien des endroits, & j'ai lieu d'espérer qu'avec un peu de patience j'en recevrai assez pour donner à ce Dictionnaire un degré de bonté qu'il n'a pas encore. Le réimprimer tel qu'il est, c'est mettre obstacle à une seconde Edition. Des Masses de Papier si volumineuses ne s'achetent pas doubles sans regret. Les Libraires qui ont fait les frais de celle-ci, ne se presseront pas d'en entreprendre une seconde, s'ils voyent qu'on leur enleve les Fruits de leur entreprise. Il y a à les en frustrer une ingratitude criante & une injustice punissable. Il y a outre cela bien de l'imprudence & de la témérité, pour ne rien dire de plus, à des Libraires Etrangers, d'oser du vivant d'un Auteur & loin de lui, toucher sans sa permission à son Ouvrage à la correction duquel il travaille encore.

AVERTISSEMENT DE L'AUTEUR.

Il est permis d'examiner un Livre qui est public, de relever les fautes de l'Auteur, de lui fournir des lumiéres pour les appercevoir & ainsi le moyen de les corriger. Cela est dans l'ordre, j'ai même demandé en grace qu'on le fît & je le demande encore. Mais d'y faire des changemens arbitraires sans sa participation, c'est porter la faux dans le champ d'autrui, non pour l'aider; mais pour lui enlever une partie de la Moisson. C'est, dira-t-on, une chose qui se pratique tous les jours. Je l'avouë: cette conduite n'en est pas moins mal-honnête & un homme de Lettres qui a des principes de morale ne commettra jamais une faute de cette nature.

On me rendra bien la justice de croire qu'il n'y a qu'un sentiment de droiture & d'équité qui me fasse parler ainsi; car il est d'ailleurs bien doux à la vanité attachée au nom d'Auteur, de voir l'empressement que les Libraires Etrangers ont de réimprimer ses Ouvrages. Toute vanité à part, je voudrois que pour multiplier les Editions de celui-ci on en attendît une, où l'on eût eu le tems de profiter des avis que me promettent plusieurs Savans qui ont le Livre sur le bureau pour l'examiner conformément à la priére que je leur ai faite.

LE GRAND
DICTIONNAIRE
GÉOGRAPHIQUE,
ET
CRITIQUE.

U. VAB.

. On donne ce nom à la Chine [a], à cinq petits Lacs, de la Province de Quantung, & qui environnent la Cité de King.

VABAR, Ville de la Mauritanie Céfarienfe : Ptolomée [b] la marque fur la Côte, entre *Rufazus*, & *Saldæ Colonia*. Elle eft nommée *Bismeo* par Caftald.

1. VABRENSE CASTRUM, Château, ou Lieu fortifié dans la France, felon Grégoire de Tours [c]. Ce Lieu avoit donné le nom à un Canton fitué entre la Meufe & la Mofelle ; qui comprenoit deux ou trois Comtez, & qu'on appelle encore préfentement le *Pays de Vaivre*, VABRENSIS PAGUS.

2. VABRENSE CASTRUM. Voyez VABRES.

VABRENSIS-PAGUS. Voyez VABRENSE CASTRUM.

VABRES, Ville de France, dans le Rouergue, à la jonction de deux petites Rivières, qui vont fe jetter un peu plus bas dans le Tarn, & dont l'une fe nomme Dourdan. Cette Ville appellée en Latin *Vabrincum* & *Vabrenfe-Caftrum*, doit fon origine, à un Monaftère de Bénédictins qui', felon Mr. de Longuerue [d], fut fondé par un certain Raymond qui étoit Comte, c'eft-à-dire Gouverneur de Touloufe, dans le neu-

[a] Atlas Sinenf.

[b] Lib. 4. c. 2.

[c] Lib. 9. p. 428.

[d] Defcr. de la France, p. 178. Part. 1.

VAB.

vième Siécle, fous le régne de Charles *le Chauve*. Mr. Piganiol de la Force [e] attribue la fondation de cette Abbaye à Bernard la France ; II. Comte de Touloufe. Elle fut érigée en Evêché l'an 1317. par le Pape Jean XXII. Les Moines compoférent le Chapitre de l'Eglife Cathédrale durant deux cens foixante ans ; car ils ne furent féculariſez qu'en 1577. fous le Pontificat de Grégoire XIII. & fous le Régne de Henri III. Ce nouvel Evêché fut fuffragant de Bourges jufqu'au tems de l'érection d'Alby en Archevêché, qu'il devint fuffragant de cette dernière Métropole. L'Evêque prend la qualité de Comte de Vabres, & jouit d'environ vingt mille Livres de revenu. Son Diocèfe n'a que foixante-neuf Paroiffes. Le Chapitre de la Cathédrale eft compofé d'un Prevôt, d'un Archidiacre, d'un Chantre & de dix Chanoines. Les Canonicats font de huit cens Livres.

On ne doit pas s'attendre à trouver ici une Defcription détaillée de la Ville de Vabres, qui ne doit le nom de Ville qu'au Siège Épifcopal dont elle eft honorée. Du refte [f] il n'y a point de petit Village dans la Province qui ne foit plus peuplé que cette chétive Ville.

Outre le Chapitre de Vabres, il y en a trois autres dans ce Diocèfe : favoir celui

[e] Defcr. de la France; t. 4. p. 497.

[f] Ibid. p. 561.

A   de

VAC.

de Ste. Frique, composé de douze Canonicats qui valent trois cens Livres de revenu chacun; celui de Beaumont de dix Canonicats, chacun de cinq cens Livres; & celui de St. Sernin, qui a un Prevôt & douze Chanoines, qui n'ont que cent cinquante Livres de revenu.

VACALLINEUS-PAGUS [a], Village de la Gaule Belgique. Il en est parlé dans une ancienne Inscription; & Antoine Morillon [b] remarque que ce Village se nomme encore aujourd'hui *Vachlendorff*. Il le place au voisinage d'Arnwyler, Lieu situé à six milles au-dessus de Cologne.

[a] *Ortelii Thesaur.*
[q] *In Smetii volumine.*

VACALOS. Voyez VAHALIS.

VACARI, ou VACARES, Etang de France, dans la Provence, dans la Camargue, en Latin *Volcarum Stagna*. On le trouve entre les deux Bras qui forment l'Embouchure du Rhosne. Il y a dans cet Etang un grand nombre d'Isles, sur-tout dans sa partie Méridionale; & au fond vers le Nord on voit la Tour de Mejane.

VACARIA, AUACARIA, ou CLUACARIA, Lieu de l'Afrique propre: L'Itinéraire d'Antonin le marque sur la route d'Hippone à Carthage entre *Vicus-Augusti* & *Tuburbo minus*, à trente milles du premier de ces Lieux, & à quinze milles du second. M. Velser, dit Ortelius [c], croit qu'il faut lire à *Vacaria*, & que c'est le Lieu nommé VACCÆ dans la Table de Peutinger. Voyez VACCA.

[c] *Thesaur.*

VACATUM, ou VACCATUM, Forteresse quelque part au voisinage de la Perse. C'est Ammien-Marcellin [d] qui en parle.

[d] *Lib. 25. c. 6.*

1. VACCA, ou VAGIA, Fleuve de la Lusitanie selon Pline [e]. C'est, dit le Pere Hardouin, le même Fleuve que Martian d'Héraclée [f] appelle Ὀυακέα Ποταμός; & c'est aujourd'hui le *Vouga* qui se jette dans l'Océan près d'Aveiro. Voyez VACUA.

[e] *Lib. 4. c. 21.*
[f] *Pag. 74.*

2. VACCA, Ville d'Espagne dans les Monts Pyrénées, selon Isidore, cité par Ortelius [g]. Il ajoute que cette Ville donna son nom aux *Vaccæi*, qu'il appelle aussi *Vascones*; de sorte que de *Vaccæi* on aura fait *Vaccones*, & de *Vaccones*, *Vascones*.

[g] *Thesaur.*

3. VACCA, Ville de la Numidie: Saluste [h] dit que cette Ville appartenoit à Jugurtha. Dans un autre endroit [i] il en fait l'Entrepôt le plus fameux des Etats de ce Prince; & dit que plusieurs Italiens avoient leur demeure & y commerçoient.

[h] *Bel. Jug. p. 255. Ed. Varior.*
[i] *Pag. 292.*

4. VACCA, ou BUCCINA, Isle de la Mer Méditerranée, non, comme dit Mr. Corneille [k], sur la Côte Orientale de la Sardaigne; mais sur la Côte Méridionale, vis-à-vis de la Pointe *Beta*, dont elle est éloignée d'environ deux milles, en tirant vers le Nord Oriental de l'Isle *Toro*.

[k] *Dict.*

5. VACCA, nom que les Espagnols donnent à l'Isle à Vache. Voyez l'Article VACHE.

VACCAS, VACHAS, ou CAP DE VACHAS. Voyez au mot CAP l'Article CAP DE LAS VACHAS.

VACCÆI, Peuples de l'Espagne Tarragonnoise. Ils habitoient à l'Orient des *Gallæci*. Tite-Live [l] les met au nombre des Peuples que L. Lucullus & Cl. Marcellus subjuguérent. Pline [m] fait mention de ces Peuples, & il en est parlé dans une ancienne Inscription rapportée par Gruter [n] en cette manière: *Modestus Intercat. ex gente Vaccæorum uxori pientissimæ*. Ces Peuples sont nommez Ὀυακαῖοι par Strabon & Βακαῖοι par Etienne le Géographe, parce que les Grecs au lieu de la lettre υ. employoient quelquefois la lettre β, ou la Diphthongue 8.

[l] *Epitom. Livii 48.*
[m] *Lib. 3. c. 3.*
[n] *Pag. 324. n⁰. 10.*

1. VACHE (L'Isle à) Isle de l'Amérique Septentrionale, au Midi du Quartier du Sud de l'Isle de St. Domingue, à trois lieues de la Côte. Elle peut avoir six lieues de longueur sur deux de largeur. C'étoit autrefois le rendez-vous de la plus grande partie des Flibustiers, qui y alloient partager leur butin. Il y en avoit même quelques-uns qui s'y étoient établis; mais on les a fait passer à la grande Terre, & on n'y voit plus présentement que des Bêtes à cornes & des Cochons, que l'on y a mis multiplier pour le service de la Compagnie de St. Domingue.

2. VACHE (Le Cul de Sac à), Paroisse de l'Amérique Septentrionale dans l'Isle de la Martinique. Elle est située entre les deux Riviéres Salées du fond du Cul de Sac Royal, à la séparation du chemin pour le Cul de Sac François & pour le Lamentin. Les Capucins desservent cette Paroisse.

VACOMAGI, Peuples de la Grande-Bretagne, selon Ptolomée [o], qui les place au Midi des Calédoniens. Il y a un [3] qui croient qu'ils habitoient la Province de Sterling en Ecosse.

[o] *Lib. 2. c.*

VACONTIUM, Ville de la Basse-Pannonie: Ptolomée [p] la marque parmi les Villes qui étoient éloignées du Danube.

[p] *Lib. 2. c. 16.*

VACORIUM, Ville du Norique. Elle étoit, selon Ptolomée [q], au Midi du Danube. Quelques-uns veulent que ce soit aujourd'hui Villac dans la Carinthie sur le Drave. Lazius veut que ce soit Altenhofen [r]; mais dans la Carte de la Carinthie il met *Vacorium* à Straesburg sur le Gurck.

[q] *Lib. 2. c. 13.*
[r] *Ortelii Thesaur.*

VACTENDONCK. Voyez WACHTENDONCK.

VACUA, Ὀυακούα, selon Strabon, & VACUS Ὀυακός, selon Ptolomée, Fleuve de la Lusitanie. C'est le même qui est nommé *Vacca* par Pline. Voyez VACCA, N°. 1.

VACUAC [s], nom d'un Pays qui confine avec celui qui porte le nom de *Sofalat-altibr*, la Campagne & Vallée où se trouve l'or en poudre. Il y a dans ce Pays deux Villes célèbres nommées Daduah & Jananah & une grande Bourgade nommée Dagdagah. Cette Province, dont tous les Habitans sont noirs, n'est éloignée de l'Isle nommée *Langialous* que de deux journées de chemin, selon le *Scherif Al-Edrissi*.

[s] *D'Herbelot, Biblioth. Or.*

Les Isles de Vacuac GEZAÏR AL VACUAC, sont, selon le même Auteur, dans la partie la plus Orientale de la Mer de la Chine, au-delà desquelles il n'y a rien de connu; & l'Isle de *Dhahat*, ou *Dhahi*, qui a donné son nom à la Mer de la Chine est une des Isles de *Vacuac*. Le même *Edrissi* dit que la longueur de la Mer des Indes se mesure depuis l'Embouchure de la Mer Rouge jusqu'aux Isles de Vacuac, & que cette étendue

VAC. VAD. VAD.

due est de quatre mille cinq cens lieues ou Parasanges.

VACUATÆ, Peuple de la Mauritanie Tingitane. Ptolomée [a] en fait mention.

[a] Lib. 3. c. 1.

VACUNÆ-FANUM, Temple d'Italie consacré à la Déesse Vacuna. Horace [b] qui parle de ce Temple l'appelle *Fanum putre Vacunæ*, sans doute parce qu'il étoit tombé en ruïne. Peut-être ce Temple étoit-il dans la Forêt de Vacuna au voisinage de Reate. Voyez l'Article suivant.

[b] Lib. 1. Epist. ad Fuscum Aristium.

VACUNÆ NEMORA, Forêt d'Italie, dans le Territoire de Reate, selon Pline [c]. Cette Forêt étoit sur le Mont Fiscellus.

[c] Lib. 3. c. 12.

VACUS. Voyez VACUA.

1. VADA, Village de la Belgique, dans l'Isle des Bataves. Tacite [d], qui est le seul des Anciens qui en parle, dit que c'est un des quatre petits Villages, où les Romains avoient mis des Garnisons, & que Civilis, Verax, Classicus & Tutor attaquèrent en même tems. Les Modernes ne conviennent pas sur la situation précise de ce Lieu.

[d] Hist. L. 5. c. 20. & 21.

2. VADA (Sèche de) Sèche en Italie, sur la Côte de Toscane. De la Pointe de Monte-negre au Cap Baratte, dit Michelot [e], la route est le Sud-Sud-Est cinq degrez vers le Sud. Entre ces deux il y a un grand enfoncement, & presque par le milieu & dans la même Ligne d'un Cap à l'autre, il y a une Sèche, qu'on dit être l'ancienne Ville de Vada & qui en a pris son nom. La Ville est présentement abîmée, & on ne trouve au-dessus que trois à quatre pieds d'eau. Elle est à l'Ouest de la Tour de Vade, qui se voit dans le fond de ce Golphe environ à huit milles. La Tour de Vade est proche de la Mer, dans un terrein bas. On voit près de la Tour un Village, & une autre Tour au-dessus de ce Village, & un gros terrein qui en donne la connoissance. En observant de ne point entrer en dedans de l'alignement du Cap Monte-negre & de celui de Baratte, on évite entièrement cette Sèche. Tout le long de ce Golphe la terre est fort haute, excepté près du Cap Baratte; & il y a plusieurs Villes & Villages. Le premier qu'on trouve après le Cap Monte-negre s'appelle Castillon-chelle & on y trouve un petit Fort; ensuite viennent Vade, Populonia, Monte-rufoli, S. Vincenzo & Baratte.

[e] Portul. de la Médit. p. 100.

3. VADA. Voyez VOLATERRANA-VADA.

VADA-SABATIA. Voyez SABATA.

VADALCABIR, nom que les Maures [f] après s'être emparé de l'Espagne, donnèrent au Fleuve nommé anciennement *Betis*, & *Tartessus*, & que les Espagnols appelloient *Perca*. De VADALCABIR on a fait par corruption GUADALQUIVIR. Voyez ce mot. Vadalcabir en Arabe veut dire un grand Fleuve. C'est en effet un des plus grands de l'Espagne.

[f] Délices d'Espagne. p. 19.

VADATA, Ville de la Cappadoce: Ptolomée [g] la marque dans la Préfecture Chamanna.

[g] Lib. 5. c. 6.

VADAVERO, Montagne d'Espagne, dans la Celtibérie. Martial [h] est le seul des Anciens qui en fasse mention:

[h] Lib. 1. Epigr. 50. Ad Licinianum.

Sterilemque Caunum nivibus, & fractis sacrum
Vadaveronem montibus.

Il y en a qui au lieu de *Vadaveronem* lisent *Vada-Veronem*. Jérôme Paul de Barcelone, dans son Livre des Fleuves & des Montagnes d'Espagne, dit en parlant de la Montagne de *Vadavero*, que quelques-uns croient avec assez de fondement que c'est une Montagne de la Celtibérie: qu'elle est séparée des autres dont on diroit qu'elle a été arrachée: qu'elle forme comme une Isle & qu'on la nomme présentement par corruption VADAVICORE: *Quidam non temere Celtiberiæ Montem esse existimant, ab aliis effractum, atque in Insulam positum, quem nunc Vadavicorem corrupte vocant.*

VADDASI, Peuple de la Médie: Ptolomée [i] les place au pied du Mont Jasonius. Le MS. de la Bibliothéque Palatine écrit *Vadasci*, & quelques Exemplaires imprimez portent *Vadassi*.

[i] Lib. 6. c. 2.

VADELORGE (Ance) Ance de l'Amérique Septentrionale sur la Côte de la Guadeloupe, dans la Paroisse des Habitans. Cette Ance est formée au pied d'un petit Vallon renfermé entre deux Mornes.

VADENI, Peuples de l'Arabie Heureuse: Ptolomée [k] les place avec les *Masæma*-nes sur le Mont *Zameta*. Le MS. de la Bibliothéque Palatine porte *Udeni* pour *Vadeni*.

[k] Lib. 6. c. 7.

VADENSIS, Siège Episcopal d'Afrique, dans la Numidie, selon la Notice des Evêchez de cette Province. Ortelius [l] croit que le nom de la Ville étoit BADA.

[l] Thesaur.

VADENTINIANENSIS, ou VALENTINIANENSIS, Siège Episcopal d'Afrique dans la Byzacène, selon la Notice des Evêchez de cette Province. La Signature de *Rodibaldus Episcopus Sanctæ Ecclesiæ Valentinianensis* se trouve au bas de la Lettre des Evêques de la Byzacène dans le Concile de Latran sous le Pape Martin.

VADESITANUS, Siège Episcopal d'Afrique dans la Numidie, selon la Notice des Evêchez de cette Province. L'Evêque de ce Siège est nommé dans la Conférence de Carthage [m] *Fortunatus Episcopus Ecclesiæ Undesitanæ*; mais il faut lire *Vadesitanæ*, aussi-bien que dans un autre endroit [n] où Cresconius, Adversaire de Fortunatus, est qualifié *Episcopus Baiesitanus*. On trouve *Vasidicie* dans la Table de Peutinger: c'est sans doute le même Lieu.

[m] No. 128.
[n] No. 201.

VADHAR [o] Nom d'une Bourgade située à quatre Parasanges de Samarcande. On y voit un très-beau Château & une Mosquée considérable, selon Aboul-Feda.

[o] D'Herbelot, Biblioth. Or.

VADI *habib gebel alnathroun* [p]. C'est le nom du Desert de Nitrie, où plusieurs anciens Peres Hermites d'Egypte ont eu des Monastères.

[p] Ibid.

☞ Ce mot VADI & VAD signifie en Arabe un Vallon, & même un Lac, un Etang, une Rivière.

VADIALKEBIR [q], vulgairement appellé GUADALQUIVIR. C'est le Fleuve nommé par les Anciens Bætis, dans l'Andalousie. Les Rivières de Guadalaïar & de Guadiana, &c. ont tiré leur nom du même mot.

[q] Ibid.

VADIALREMEL [r], c'est-à-dire la Vallée des Sablons. C'est ainsi qu'on appelle la Côte de la Mer Méditerranée qui joint l'Egypte à la Syrie.

[r] Ibid.

A 2 VADI

VAD.

[a] D'Herbelot, Biblioth. Or.

VADI ALSCHASCH v **ALSILAK** [a], c'est-à-dire la Vallée où sont situées les Villes de Schasch & d'Ilak dans la Province de Mavaralnahar, ou Transoxane.

VADI-GAMUS, Vallée d'Egypte. C'est une Vallée étroite entre deux hautes Montagnes, qui sont aussi hautes l'une que l'autre, & plattes au Sommet. Cette Vallée ressemble à un Busle, d'où je crois qu'elle a pris son nom; le mot de *Vadi-gamus*, ne voulant dire autre chose que la Vallée du Busle. Elle a à son commencement une large ouverture, qui répond a une grande Plaine sablonneuse, à côté du Monastère d'Abuhennis. Elle s'étend vers le Sud-Est jusqu'à une demi-heure de chemin ou environ, puis elle s'élève peu à peu entre les deux Montagnes jusqu'à leur Sommet, où elle est unie & fait une espèce de Cul-de-Sac.

Il y a à chaque côté de ces deux Montagnes qui s'entre-regardent, deux rangs de Grottes les unes sur les autres. Chaque rang est de cinquante Grottes sur chaque face des Montagnes. Parmi ces Grottes il y en a de si hautes, que trois piques, attachées l'une au bout de l'autre, ne pourroient pas atteindre au haut. Elles sont très-vastes, mais très-irrégulieres en dedans; & mêmes elles ne sont pas bien unies, ni parfaitement quarrées.

On ne peut assez admirer le dessein capricieux des anciens Egyptiens, de faire des Grottes si vastes, si élevées, en si grand nombre, & néanmoins si peu commodes à ceux qui devoient y demeurer, car elles sont faites sur des Montagnes escarpées, & sablonneuses ; fort éloignées de l'eau & des Villes ; & creusées dans des Rochers affreux & obscurs. Et si on n'avoit pas lu l'Histoire de Saïd ibn Patrick, qui dit, que les Rois Pharaons employoient les Israélites à creuser des Montagnes, & à faire des Cavernes, on tomberoit presque dans le sentiment des gens du Païs, qui croient que toutes ces Grottes ont été faites par des Esprits contraints à cela, à ce qu'ils disent, car l'Art & la secrete Science de les conjurer ayant été de tout tems fort en usage en Egypte, car il semble être impossible que les hommes les ayent faites; & j'ose dire, qu'un Voyageur, qui n'a pas vu ces Montagnes & ces Grottes de la Thébaïde, quand il auroit remarqué tout ce qu'il y a de curieux dans les Villes d'Egypte, pourroit véritablement dire qu'il n'a presque rien vu.

[b] Ibid.

VADI SOGD [b], c'est-à-dire *la Vallée de Sogd*, ou *la Sogdiane*. C'est ainsi qu'on nomme le terroir de la Ville de Samarcande de même que les Vallées de Schasch, d'Ilak & de Farganah.

VADICASSII, Peuples de la Gaule-Celtique ou Lyonnoise, selon Ptolomée [c]. Ce sont les VADICASSES de Pline [d]. Le Pere Briet [e] dit que ces Peuples faisoient partie des Ædui, & il leur donne pour Ville *Noviodunum Æduorum*, ou *Nivernium*, aujourd'hui NEVERS. Le mal qu'il y a, c'est que ce Pere ne rapporte pas la moindre preuve pour appuyer son sentiment. Depuis l'Edition de Pline par Hermolaüs, on avoit lu dans cet Ancien [f] VIDUCASSES, VADICAS-

[c] Lib. 2. c. 8.
[d] Lib. 4. c. 18.
[e] Pag. 355.

[f] Lib. 4. c. 18.

SES, & l'on en faisoit deux Peuples différens. Le Pere Hardouin admet aussi ces deux Peuples; mais au lieu de *Vadicasses* il lit avec tous les MSS. *Bodiocasses*, & ne marque point leur situation. Ptolomée place les *Vadicassii* après les *Meldi*, aux confins de la Gaule Belgique πρὸς τῇ Βελγικῇ ; de sorte que leur demeure devoit être sur le bord de la Marne. Mais personne ne connoît de *Viducasses* en cet endroit, ni la Ville nommée *Neomagus*, ou *Noviomagus* que Ptolomée leur donne. Mr. de Valois [g] croit que les *Catalauni* ou *Durocatelauni* d'Antonin sont les *Vadicassii* de Ptolomée & les *Vadicasses* de Pline, & que leur Ville, avant de prendre le nom du Peuple, fut appellée NOVIOMAGUS. En effet, Pline met dans la Gaule Lyonnoise, les *Vadicasses*, ou comme lit le Pere Hardouin, les *Bodiocasses*, mot corrompu, à ce qu'il semble, de *Badicasses*, & Ptolomée place pareillement les *Vadicassii* dans la même Province. Pour confirmer son sentiment, Mr. de Valois ajoute que la Ville *Durocatelauni* de l'Itinéraire d'Antonin étant marquée à vingt-sept milles de *Durocortorum*, & la Table de Peutinger plaçant *Noviomagus* à vingt-cinq milles de cette derniere; malgré cette légère différence on pouvoit presque conclurre que *Catalauni* ou *Durocatelauni* est la même Ville que *Noviomagus*. Cela seroit fort bien, dit Cellarius [h], si la Table de Peutinger ne mettoit pas *Noviomagus* en deçà de *Durocortorum* en tirant vers la Meuse, au lieu que l'Itinéraire d'Antonin marque *Durocatelauni* au-delà de *Durocortorum* en tirant vers les *Tricasses*. On trouve bien dans l'Itinéraire d'Antonin une Ville nommée *Noviomagus*, & on y trouve aussi *Durocortorum* : mais cette *Noviomagus* est entre Soissons & Amiens; en sorte que ce seroit plutôt Noyon que Châlons.

[g] Notit. Galliar.

[h] Geogr. Antiq. Lib. 2. c. 3.

VADIMONIS-LACUS, Lac d'Italie, dans l'Hétrurie, au voisinage d'*Ameria*, & près de la Terre de Calpurnius Fabatus, appellée AMERINA-PRÆDIA. Pline le Jeune [i] nous a donné la Description de ce Lac. Il est, dit-il, dans un fond, & sa figure est celle d'une roue couchée. Il est par-tout égal sans aucun recoin, sans aucun angle; tout y est uni, compassé & comme tiré au cordeau. Sa couleur approche du bleu; mais tire plus sur le blanc & sur le verd & est moins claire. Ses eaux sentent le souffre; elles ont un goût d'eaux minérales & sont fort propres à consolider les fractures. Il n'est pas fort grand, mais il est assez pour être agité & gonflé de vagues, quand les vents soufflent. On n'y trouve point de Bâteaux, parce qu'il est consacré; au lieu de Bâteaux, vous y voyez flotter au gré de l'eau plusieurs Isles chargées d'Herbages, couvertes de joncs & de tout ce qu'on a coutume de trouver dans les meilleurs Marais & aux extrémitez d'un Lac. Chacune a sa figure & sa grandeur particuliére; chacune a ses bords absolument secs & dégarnis, parce que souvent elles se heurtent l'une l'autre, ou heurtent le rivage. Elles ont toutes une égale legéreté, une égale profondeur; car elles sont taillées par dessous à peu près comme la quille d'un Vaisseau. Quelquefois détachées elles se montrent également-

[i] Lib. 8. Epist. 20.

V A D.   VAD. VAE. VAF. VAG.

galement de tous côtez & fortent autant hors de l'eau qu'elles y entrent. Quelquefois elles se raffemblent & se joignent toutes & forment une espèce de Continent. Tantôt le Vent les écarte, tantôt elles flottent séparement dans le Lieu où le Calme les a surprises, souvent les plus petites suivent les plus grandes, & s'y attachent comme de petites Barques aux Vaisseaux de charge. Quelquefois vous diriez que les grandes & les petites luttent ensemble & se livrent combat. Une autre fois poussées toutes au même rivage, elles se réunissent & l'accroissent; tantôt elles chassent le Lac d'un endroit, tantôt elles l'y ramènent, sans lui rien ôter quand elles reviennent au milieu. Il est certain que les Bestiaux suivant le Pâturage entrent dans ces Isles, comme si elles faisoient partie de la rive; & qu'ils ne s'appercoivent que le terrein est mouvant, que lorsque le rivage s'éloignant d'eux, la frayeur de se voir comme emportez & enlevez dans l'eau qu'ils voient autour d'eux les saisit. Peu après ils abordent, où il plaît au vent de les porter, & ne sentent pas plus qu'ils reprennent terre qu'ils avoient senti qu'ils la quittoient. Ce même Lac, continue Pline, se décharge dans un Fleuve, qui dans s'être montré quelque tems se précipite dans un profond abîme. Il continue son cours sous terre; mais avec tant de liberté, que si avant qu'il y entre, on y jette quelque chose, il la conserve & la rend quand il en sort.

Divers autres Auteurs anciens ont parlé de ce Lac, entr'autres Polybe [a], qui le nomme Ο'άδμονα, Tite Live [b], Florus [c] & Pline [d]. On le nomme aujourd'hui *Lago di Beffanello*, selon le Pere Hardouin qui le met dans le Patrimoine de St. Pierre environ à trois milles du Tibre.

[a] Lib. 2. c. 20.
[b] Lib. 9. c. 39.
[c] Lib. 1. c. 13.
[d] Lib. 2. c. 95.

VADNIA, Ville d'Espagne Tarragonnoise, selon Ptolomée [e] qui la donne aux Cantabres. Au lieu de *Vadnia* quelques Exemplaires lisent *Vadinia*.

[e] Lib. 2. c. 6.

VADO, ou VADI, Port d'Italie [f], sur la Côte de Gênes, à trois milles de Savonne du côté de l'Occident Méridional, & à cinq milles, au Nord Oriental de *Noli*. Mr. Corneille [g] dit que ce Port se nomme aussi VAI, & il ajoute, que cette Place que plusieurs Géographes croyent être l'ancienne Ville nommée VADA SABATIA, étoit autrefois défendue par deux Forteresses, qui furent abattues dans le dernier Siècle. L'une avoit été élevée dans des Marais à l'Orient du Port, & l'autre sur la Côte au Couchant du même Port.

[f] De l'Isle, Atlas.
[g] Dict.

VADOMARII, Bourg ou Canton de la Germanie: Ammien-Marcellin [h] le donne aux *Alamanni*, & le place au voisinage de la Rhétie.

[h] Lib. 21. c. 3.

VADONVILLE, Bourgade du Duché de Lorraine, au Diocèse de Toul. Son Eglise Paroissiale est sous le Titre de la Nativité de Notre-Dame. Le Chapitre de Commerci est le Patron de la Cure qui lui fut unie en 1186. Elle a pour Annéxe le Village de Malaumont.

VADSTEN. Voyez WASTENA.

VADUM-MAJUS, & VADUM-MINUS. Voyez VE'.

VADUZ, Seigneurie d'Allemagne dans le Comté d'Hoen-Ems. Elle a été ainsi appellée d'un Bourg de même nom, qui est à un mille de Feldkirch sur une Montagne au pied de laquelle le Rhosne passe. *Vadus*, dit Mr. d'Audifred [i], est une Branche des Comtes de Hoen-Ems, qui possèdent aussi les Seigneuries de Schellenberg, de Dorenbeurn & de Lustenau.

[i] Géogr. t. 3.

VÆELTRÆ. Voyez VELITRÆ.
VÆNA. Voyez BÆNA.
VÆRIACA, Ville de la Phénicie, selon la Notice des Dignitez de l'Empire.
VÆSAPA, Ville de la Petite Arménie: Ptolomée [k] la marque parmi les Villes qui étoient éloignées de l'Euphrate & situées vers les Montagnes. Au lieu de *Væsapa*, les Interprètes lisent VARSAPA.

[k] Lib. 5. c. 7.

VAFERINE, ou VAUFERINE, Riviére qui sépare la Savoye d'avec le Pays de Michaille. Elle sort de la Vallée Chesirg dans le Bugey [l], & après avoir passé sous le Pont des Oules, au-dessous de Chatillon de Michaille & au pied de la Montagne du Credo, elle coule sous le Pont de Bellegarde, d'où elle va se jetter dans le Rhosne, en deçà du Pont de Lucey.

[l] Corn. Dict. Guichenon, Hist. de Bresse.

VAG, Riviére de la Haute Hongrie [m]. Elle a sa source dans le Mont Rabahora, aux confins de la Pologne, & traverse le Comté d'*Arava*, du Nord au Midi, celui de *Taurocz*, de l'Est à l'Ouest, celui de Trencxin, du Nord Oriental au Midi Occidental: elle coule ensuite du Nord au Midi en serpentant; & après avoir traversé les Comtez de *Neitra* & de *Comore*, elle va se perdre dans le Danube, au-dessous de la Ville de *Comore*.

[m] De l'Isle, Atlas.

VAG', ou VAGIA'T [n], nom d'un Pays que les Géographes Orientaux comprennent dans l'Egypte. C'est cependant une Contrée qui en est entièrement séparée, & qui s'étend entre l'Egypte & le Pays de *Barca* en Afrique. En un mot, c'est la *Pentapolis* des Anciens, qui reçut des Evêques du Patriarche d'Aléxandrie l'an 223. de l'Hégire, selon Ebn-Amid. Le Livre intitulé *Soïar alaba albathareka*, qui contient les Vies des Patriarches d'Aléxandrie, fait mention de cinq Villes du Pays de Vag', qui ont donné lieu aux Grecs de l'appeller *Pentapolis*. Ces cinq Villes sont Barcah, Faran, Caïrouan, ou Cyrène, Tharabolos Garb, ou Tripoli de Barbarie, & Afrikiah, Ville qui donne le nom à la Province d'Afrique proprement dite, d'où l'Afrique entiére a tiré le sien.

[n] D'Herbelot, Biblioth. Or.

1. VAGA, nom Latin d'une Riviére d'Angleterre appellée GOWEY par les Bretons, & VUY, ou WUYE par les Anglois.

2. VAGA, Ville d'Afrique. Ptolomée [o] qui sépare sa nouvelle Numidie le Pays voisin de la Ville Cirta, & lui donne le nom de Contrée des Cirtéfiens, y met entre autres la Ville *Vaga* qui étoit située dans les terres à l'Orient de la Ville Cirta. C'est de cette Ville dont parle Silius Italicus [p] dans ce vers:

[o] Lib. 4. c. 3.
[p] Lib. 3. v. 259.

Tum Vaga, & antiquis dilectus Regibus Hippo.

Ptolomée écrit 'Ουάγα, *Vaga*; & Plutarque [q] Βάγα.

[q] In Mario.

VAG.   VAG. VAH.

Báya, Baga. Ce que ce dernier en dit fait voir que c'eſt la même Ville que Salluſte nomme Vacca. Voyez ce mot. Au lieu de Vaga Pline [a] dit Vagense Oppidum. C'étoit un Siège Epiſcopal de la Numidie ſelon la Notice des Evêchez de cette Province. La Conférence de Carthage appelle l'Evêque de ce Lieu Ampelius. Liboſus *a Vaga* aſſiſta au Concile de Carthage ſous St. Cyprien; Creſcens *Vagenſis* ſe trouva au Concile de la même Ville ſous Gratus; & St. Auguſtin [b] parle d'un Concile de cette Ville & le nomme *Vagienſe Concilium*.

[a] Lib. 5. c. 4.
[b] Ad Maſerob. Epiſt. 255.

VAGÆ, Ville d'Afrique dans la Mauritanie Céſarienſe. Ptolomée [c] la marque dans les terres. Cette Ville eſt nommée Vagense Oppidum par Pline [d]. Elle étoit différente de Vaga dans la Numidie.

[c] Lib. 4. c. 2.
[d] Lib. 5. c. 4.

VAGABANTA, Lieu au voiſinage de la Perſide, dans Ammien-Marcellin [e], qui dit que ce lieu étoit avantageux pour y ranger en bataille des Légions.

[e] Lib. 29. c. 1.

VAGAL, Ville d'Afrique dans la Mauritanie Céſarienſe: L'Itinéraire d'Antonin la marque ſur la route de *Calama* à *Ruſucurrum*, entre *Gadaun Caſtra* & *Caſtellum Tingith*, à dix-huit milles du premier de ces Lieux & à égale diſtance du ſecond. C'étoit un Siège Epiſcopal. Voyez Vagalitanus.

VAGALITANUS, Siège Epiſcopal d'Afrique, dans la Mauritanie Céſarienſe, ſelon la Notice des Evêchez de cette Province. L'Evêque de ce Siège eſt appellé Miggin *Episcopus Vagalitanus* par la Conférence de Carthage [f]. L'Itinéraire d'Antonin marque *Vagal* au nombre des Villes de la Mauritanie.

[f] No. 208.

VAGEATENSIS, Vagadensis ou Vagradensis, Siège Epiſcopal d'Afrique dans la Numidie, ſelon la Notice des Evêchez de cette Province. La Conférence de Carthage [g] nomme ſon Evêque Donatus *Epiſcopus Vageatenſis*. C'étoit un des Evêques Donatiſtes ordonnez dans des Villages ou dans des Fermes. Ce Lieu étoit ſur le Fleuve Bagradas.

[g] No. 180.

VAGENSIS. Voyez Vaga, No. 2. & Vagæ.

VAGENI, Vagenni, Bageni, & Vagienni; Peuples de la Ligurie vers la ſource du Pô. Pline les nomme *Vagienni Ligures*, & les ſurnomme Montani. Leur Capitale s'appelloit Augusta Vagiennorum. Voyez au mot Augusta, l'Article Augusta-Vagiennorum. C'eſt de ce Peuple dont parle Silius Italicus dans ces Vers [h]

[h] Lib. 8. v. 607.

Tum pernix Ligus, & ſparſi per ſaxa Vagenni
In decus Annibalis duros miſere nepotes.

Selon Cluvier [i] les *Vageni* habitoient à la ſource du Pô entre la rive droite de ce Fleuve & la Rivière Stura: auſſi l'Itinéraire d'Antonin, les met au voiſinage des *Taurini* & du Fleuve *Varus*; mais cet Itinéraire corrompt le nom de ces Peuples en écrivant *Bagitenni* pour *Bagienni*.

[i] Ital. Ant. L. 1. c. 9.

VAGENINGEN. Voyez Wageningen.
VAGIENNI. Voyez Vageni.
VAGNIACÆ, Lieu de la Grande-Bretagne: l'Itinéraire d'Antonin le marque ſur la route de *Vallum*, à *Portus Ritupis*, entre *Novimagum* & *Durobrivæ*, à dix-huit milles du premier de ces Lieux & à huit milles du ſecond. Pluſieurs mettent ce Lieu à Maidstone, d'autres à Wrotham & d'autres à Northfleet.

VAGNEY, Bourgade du Duché de Lorraine, au Diocéſe de Toul, Prevôté d'Arches. C'eſt une groſſe Paroiſſe qui a pluſieurs Hameaux & Cenſes dans ſa dépendance. Les principaux ſont Roſchon & Zainviller. Son Egliſe Paroiſſiale eſt dédiée à St. Lambert. Le Chapitre de Remiremont eſt Patron de la Cure, pour laquelle il y a concours. Ce Chapitre a les deux tiers des Dixmes, & le Curé l'autre. Les Seigneurs ſont S. A. R. & le Chapitre. Il y a deux Chapelles: celle de St. Thiebau, qui eſt à trois cens pas de l'Egliſe, & celle de Notre-Dame.

VAGORITUM, Ville de la Gaule Lyonnoiſe: Ptolomée [k] la donne aux Peuples *Aruvii*, ou *Arubii*. Ortelius croit que ce pourroit être aujourd'hui *Vogiron*.

[k] Lib. 2. c. 8.

VAGOSOLA, Fleuve de Scythie, ſelon Jornandès, cité par Ortelius [l].

[l] Theſaur.

VAGOTH. Ce nom ſe trouve entre ceux de divers Peuples Barbares de la Scandinavie rapportez par Jornandès [m].

[m] De Reb. Getic. c.

VAGRAM, Bourgade d'Allemagne, dans l'Archevêché de Saltzbourg, à deux lieues de la Ville de ce nom vers le Midi, ſur la Riviére appellée le *Petit Arel*. Il y en a qui croient que ce pourroit être le Vacorium des Anciens.

VAGROTENSIS, Siège Epiſcopal d'Afrique, dans la Numidie, ſelon la Notice des Evêchez de cette Province.

VAGUM, Promontoire de l'Iſle de Corſe: Ptolomée [n] le marque ſur la Côte Orientale de l'Iſle, entre *Mariana Civitas*, & *Mantinum Civitas*. C'eſt ſelon Cluvier [o] le Corſic. Promontoire qui eſt à l'entrée de l'Etang de Brigaglia à la droite.

[n] Lib. 3. c. 2.
[o] Ant. no. 31.

VAGUS, Fleuve que Jornandès [p] met aux environs de la Scandinavie.

[p] De Reb. Getic. c.

VAHALIS, Valis, Vachalis & Vachalus, Fleuve du Pays des Bataves. Le Rhein étant arrivé à l'entrée de leur Pays ſe partagea de tout tems en deux Bras, dont le gauche coula vers la Gaule, & le droit après avoir ſervi de borne entre les Bataves & les Germains ſe rendit dans l'Océan. Le Bras gauche fut appellé dès le commencement *Vahalis*. La Meuſe, dit Céſar [q], prend ſa ſource au Mont *Vogeſus*, aux confins des *Lingones*, & après avoir reçu une certaine partie du Rhein appellée le Vahal, elle forme l'Iſle des Bataves. Quelques-uns liſent dans Céſar Vualls, ou Walis; Mais comme les Romains ne connoiſſoient point le double W. la derniére de ces orthographes n'eſt pas ſupportable. On aura moins de peine à la paſſer à Théodulphe d'Orléans [r] qui écrit Walis:

[q] Lib. 4. c. 10.
[r] In Parœneſi ad Juſtices, v. 103.

Cui parent Walis, Rhodanus, Moſa, Rhenus & Oenus.

Latinus Pacatus dans le Panégyrique de Théodoſe [s], dit comme Tacite Vahalis. D'autres ſoutiennent, & Joachim Camerarus eſt de ce nombre, que Céſar n'a prétendu écri-

[s] Cap. 5.

re que Vahalis, ou Vahalos; & que si on trouve *Vacalos* dans quelques MSS. & Βάχαλος dans son Interprète Grec, on doit le regarder comme une faute de Copiste; à moins que l'on ne dise que dans la suite on vint à écrire Vachalos pour Vahalos, comme on écrivit *Michi* pour *Mihi*. C'est ce que confirmeroit Sidonius Apollinaris, qui n'écrit pas Vahalis comme Tacite, mais Vachalis:

Detonsus Vachalim bibat Sicamber.

Dans un autre endroit il dit:

Tu Tuncrum & Vachalim, Visurgin, Alpin Francorum & penitissimas paludes intrares.

On croit que le nom de ce Fleuve venoit du Germain *Waalen*, qui signifie *détourner*, & qu'on l'aura appellé *Waal* parce que cette Branche du Rhein se détournoit vers la Gaule. Comme il arrosoit le Pays des Bataves, depuis un bout jusqu'à l'autre, la Table de Peutinger l'appelle *Batavus* ou *Patabus*. Il y a eu une dispute entre plusieurs Auteurs modernes pour savoir si le Wahal se joignoit autrefois à la Meuse plus haut que dans l'endroit où il paroit avoir une Embouchure commune avec cette Riviére. Pontanus est pour l'affirmative; Cluvier & quelques autres le nient. Cependant César [a] semble décider la question, lorsqu'il dit: *Mosa profluit ex Monte Vogeso, qui est in finibus Lingonum, & parte quadam Rheni recepta, quæ appellatur Valis, insulam efficit Batavorum.* Car comment auroit-on pu dire que la Meuse formoit l'Isle des Bataves, si elle n'eût touché cette Isle pour ainsi dire que dans un point à son Embouchure.

[a] Lib. 4. c. 10.

VAIANENSIS, ou Baïanensis, Siège Episcopal d'Afrique dans la Numidie. La Conférence de Carthage écrit dans quelques endroits [b] *Vaïensis*; mais Mr. Dupin ne doute nullement qu'il ne faille lire *Vaïanensis* ou *Baïanensis*; car, dit-il, Felix Episcopus Baïanensis assista au Concile de Carthage sous Gratus; & Beïanus Baïanensis, fut condamné en 394. par le Concile de Baga. J'avois eu la pensée, ajoute Mr. Dupin, de mettre ce Siège dans la Mauritanie Césariense, parce que je trouve un certain Cecilius *Belianensis*, entre les Evêques de cette Province, éxilez par Huneric Roi des Vandales; mais les Souscriptions du Concile de Cabarsusa, entre lesquelles on voit celle de Pancratius *Balianensis* ne permettent pas de suivre ce sentiment. Car comme ce Concile de Cabarsusa fut tenu en avant celui de Baga où Beïanus *Baïanensis* Donatiste fut condamné, cela semble prouver que le Siège *Balianensis* étoit différent du Siège *Baïanensis*; en effet il ne seroit pas naturel de penser qu'il y eût eu dans un même Siège deux Evêques Donatistes. Mr. Baluze remarque que dans le même Concile de Cabarsusa, outre Pancratius *Balianensis*, il y avoit encore Donatus *Episcopus Belianensis*; ce qui fait voir que par *Balianensis* & par *Belianensis* il faut entendre deux Sièges différens. Valentinus est appellé *Episcopus Vaïanensis* par la Conférence de Carthage [c]. Il étoit Primat de Nu-

[b] No. 99. 115. & 135.

[c] No. 57.

midie en 419. qu'il assista au Concile de Carthage.

VAIAROU, Riviére des Indes [d]. Elle a sa source au Royaume de Maduré, qu'elle traverse en partie. Elle tombe ensuite dans la Marava, où, quand elle remplit bien son lit (ce qui arrive ordinairement pendant un mois entier chaque année) elle est aussi grosse que la Seine. Cependant par le moyen des Canaux que creusent les gens du Pays, & qui vont aboutir fort loin à leurs Etangs, ils saignent tellement cette Riviére de tous côtez, qu'en peu de tems elle est entiérement à sec. Les Etangs où l'on conduit l'eau de cette Riviére, ont communément un quart-de-lieue, ou demi-lieue de levée. Il y en a quelques-uns qui en ont une. lieue & davantage. Un seul de ces Etangs fournit assez d'eau pour arroser les Campagnes de plus de soixante Peuplades. Comme le Ris veut toujours avoir le pied dans l'eau, jusqu'à ce qu'il ait acquis sa parfaite maturité, lorsqu'après la première récolte il reste encore de l'eau dans les Etangs, on fume les terres & on les ensemence de nouveau. Tout le tems de l'année est propre à faire croître le Ris pourvû que l'eau ne lui manque pas.

[d] Lettres Edif. t. 12. p. 4.

VAIHING. Voyez Baienni.

VAILLY, Baronnie & Châtellenie de France, dans le Berry, Election de Bourges. Cette Terre a eu des Seigneurs particuliers qui en portoient le nom avant l'an 1275. Elle passa ensuite dans la Maison de Sancerre, puis dans celle de Beuil, Comtes de Sancerre. Elle appartient aujourd'hui à la Maison de Bourbon-Condé. Il y a à Vailly un Prieuré & des Eaux minérales.

VAINEN, Ville d'Allemagne dans la dépendance de l'Electeur Palatin, selon Mr. Corneille, qui cite les Mémoires & Plans Géographiques. Il ajoute: On ne voit rien de remarquable dans cette Ville. Elle est comme la plûpart des Villes Allemandes entourée d'un Fossé & d'une Muraille simple & sans Flancs. Le vrai nom de cette Ville est Weinheim.

VAIPICOTA. Voyez Vaypicota.

VAIPIN. Voyez Vaypin.

VAIRE, Bourgade d'Italie, dans l'Etat de Gênes, selon Mr. Corneille [e] qui ne cite aucun garant. Il ajoute que ce Lieu est dans l'Apennin, à trois lieues de la Ville de Gênes, & que les Latins le nomment *Vaira* & *Vallis-Regia*.

[e] Dict.

VAIRON, petit Pays de France [f], dans la Touraine. C'est dans ce Pays fertile & agréable qu'est située la Ville de Chinon.

[f] Longuerue, Descr. de la France, Part. 1. p. 107.

VAISON, Ville de France, dans la Provence, au Comté Venaissin, dans la dépendance du Pape. Cette Ville, dit Mr. Piganiol de la Force [g], est sur l'Orèze, & du Verdier s'est lourdement trompé, quand il a dit que Vaison étoit arrosé par la Sorgue. Mr. Corneille se trompe aussi en nommant cette Riviére Louvése pour Orèse. Vaison autrefois la Capitale des Vocontiens a été une des plus grandes Villes des Gaules, & du nombre de celles qu'on appelloit *Fœderatæ*, c'est-à-dire alliées des Romains [h], com-

[g] Descr. de la France, t. 4. p. 198.

[h] Longuerue, Descr. de la France, Part. 1. p. 380.

me nous l'apprenons de Pline. Elle eſt dans une Plaine & dans une belle ſituation, comme on le voit par ſes ruïnes, qui s'étendent l'eſpace d'une lieuë. Son Egliſe a été fondée dès que la Religion Chrétienne a été fondée en ce Pays-là. Son Evêque Daphnus envoya un Député au Concile d'Arles l'an 314. & il eſt appellé *Epiſcopus Vaſenſis*, au lieu de *Vaſionenſis*. Ses Evêques ſont depuis nommez en pluſieurs Actes & Monumens Eccléſiaſtiques. On a tenu en ce même Lieu deux Conciles dans le ſixième Siècle; enſuite cette Ville a été ruïnée par les Barbares; on ne ſait pas en quelle année, ni comment cela s'eſt fait; à cauſe du ſilence que gardent ſur cela les anciens Ecrivains. On attribue la ruïne de cette Ville aux Lombards d'Italie, qui ſur la fin du ſixième Siècle ayant paſſé les Monts, ravagèrent cruellement les Pays qui ſont entre le Rhône & les Alpes; il y en a qui aſſûrent que ce ſont les Sarazins qui ont achevé de détruire cette Ville.

A la place de l'ancienne Ville de Vaiſon, on a bâti la nouvelle ſur une Montagne; mais ce n'eſt qu'une méchante Bicoque, qui n'eſt ni peuplée ni fortifiée, & dont l'Evêque a ſi peu de Revenus, qu'il y a pluſieurs Curez qui en ont davantage; il y a néanmoins la moitié de la Seigneurie de Vaiſon qui à été donnée dans le dixième Siècle à l'Egliſe Cathédrale de cette Ville par les anciens Comtes Geofroy & Bertrand ſous le Règne de Conrad *le Pacifique*. Le Pape Paſchal II. au commencement du douzième Siècle a fait mention de cette Donation dans une Bulle accordée à cette Egliſe l'an 1108. dont les Evêques ont eu long-tems la Seigneurie entière; mais les Papes en ont la moitié, ayant ſuccédé au Comte de Toulouſe qui avoit uni au Comté de Veniſſe la moitié de la Seigneurie de Vaiſon, dont ils étoient les Maîtres; & c'eſt eux qui ont fait bâtir le Château, qui eſt au haut de la Montagne ſur laquelle eſt le nouveau Vaiſon.

VAISSEAUX (l'Iſle aux) Iſle de l'Amérique Septentrionale, ſur la Côte de la Loüiſiane. Cette Iſle eſt ſituée dans le Golphe compris entre les Embouchures du Miſſiſſipi & de la Mobile, & vis-à-vis de l'ancien Fort de Biloxi. Il y a un Port qui a ſervi dans les premiers tems de l'établiſſement de la Colonie, & lorſque le principal Fort des François étoit à Biloxi. Ce Port a quatre ou cinq Braſſes de profondeur. On l'a voit abandonné dans la ſuite, tant à cauſe que les Terres voiſines ſont toutes noyées, que parce que le trajet de ce Port à la Terreferme étoit trop long; mais depuis que le Port de l'Iſle Dauphine s'eſt bouché on a été obligé de revenir au premier.

VAISURE, ou VOISURE; Monſieur Corneille [a] appelle ainſi le Pays de Vaivre. Voyez VAIVRE.

[a] Dict.

VAIVRE, ou VOIVRE, Pays de France, au Duché de Bar, entre les Rivières de Meuſe & de Moſelle, & traverſé par les petites Rivières d'Yron, d'Hatton & de Maid. Les Lieux principaux de ce Pays ſont Hatton le Châtel, Trognon le Chauſſé, l'Abbaye de St. Benoît, la Tour de Voire, &c.

[b] D'Herbelot, Biblioth. Or.

VAKHSCH [b] nom d'une Ville nommée autrement KHOTLAN. C'eſt auſſi le nom particulier d'une Bourgade de la Tranſoxane, de laquelle, ou de la Ville du même nom, étoit natif l'Auteur ſurnommé Varkſchi. Voyez VAKHSCHAB.

VAKHSCHAB, nom d'une Rivière de la Province de Tranſoxane [c] & qui tire ſon nom de la Ville de Khotlan, nommée auſſi Vakhſchah, par où elle paſſe. La Ville Khotl ou Khotlan eſt ſituée entre cette Rivière que l'on appelle Nahar Vakhſchab, & celle de Badakſchan, nommée Nahar Badakſchan.

[c] Ibid.

VAKEBARO, Vallée du Royaume d'Eſpagne [d] dans l'Aſturie. C'eſt une des cinq Vallées qui compoſent la petite Province de Liebana. Elle eſt fertile en Froment & en Vin; & on y élève beaucoup de Bétail.

[d] Délices d'Eſpagne, p. 115.

1. VAL. Voyez VALLE'E.

2. VAL, ou St. GERMAIN DU VAL, Bourg de France dans l'Anjou Election de la Fléche.

3. VAL (le) Abbaye de France, au Diocèſe de Beauvais. On attribue ſa fondation à Autel de l'Iſle, Seigneur de l'Iſle-Adam & de Villiers. Elle eſt préſentement unie aux Feuillans de Paris. Son revenu eſt de trois mille Livres.

4. VAL (le) Abbaye de France, dans la Normandie, au Diocèſe de Bayeux, en Latin *Vallis* ou *S. Mariæ de Vallo Abbatia*. Cette Abbaye ſituée ſur la Rivière d'Orne près de la Ville de Tury, à cinq lieuës au Midi de Caen, fut fondée vers l'an 1155. par une Héroïne nommée Pétronille, & ſelon d'autres par Goſſelin de la Pomeraye [e]. Ce qu'il y a de conſtant c'eſt que Richard II. trente-troiſième Evêque de Bayeux ratifia la donation qu'un Seigneur nommé Goſſelin de la Pomeraye fit à l'Abbaye du Val de pluſieurs Terres, Patronages & autres revenus conſidérables. C'eſt une Abbaye de Chanoines Réguliers de l'Ordre de St. Auguſtin.

[e] Corn. Dict. Hermant, Hiſt. du Diocèſe de Bayeux, t. 1.

VAL AVERSA, Juriſdiction du Pays des Griſons [f] dans la Ligue de la Maiſon de Dieu, & l'une des dépendances de la Communauté de Stallen. Cette Vallée eſt ſituée au pied du Mont Septimer, comme celle de Stallen, & dans un lieu rude & ſauvage. On y compte ſept Paroiſſes dont les principales ſont *Madris*, *Crotto*, *Platta* & *Caſale*. Les Habitans ont eu des Seigneurs particuliers, Vaſſaux de l'Evêque de Coire; mais ils ont acheté leur Liberté depuis long-tems. Les Vallées d'Averſa & de Stallen ſont ſéparées par un Bras du Mont Septimer.

[f] Etat & Délices de la Suiſſe, t. 4. p. 53.

VAL D'AOUSTE. Voyez AOSTE.

VAL DE BAGNES, Vallon de Suiſſe [g] dans le Bas-Vallais au Gouvernement d'Entremont. C'eſt un des deux Vallons qui partagent la Vallée d'Entremont. Il tire ſon nom de ſon principal Village, qui a une belle Egliſe dédiée à St. Maurice. On voit dans ce Vallon une petite Rivière qui donne l'origine à la Dranſe, & qui ſe joint à une autre près de St. Branſcheïr.

[g] Ibid. p. 206.

VAL-BELVIGIO; Contrée de la Valteline [h] au Gouvernement de Teglio. On y voit une bonne Fonderie de Fer.

[h] Ibid. p. 144.

VAL-BENOITE, *Vallis Benedicta*, Abbaye de France, dans le Forez, au Diocèſe de Lyon, ſur la Rivière de Furan, à u-
ne

VAL.   VAL.

ne lieue & demie de la Ville de ce nom vers le Midi. Cette Abbaye qui est de l'Ordre de Cîteaux & Fille de Bonneval, fut fondée le 28. Octobre 1184.

VAL-BRENNA, ou VAL-BREGNA [a], qu'on devroit plutôt appeller VAL-BREUNA; Bailliage d'Italie dans la dépendance des Petits Cantons de la Suisse. C'est le troisième de leurs Bailliages. Il est long & étroit & enclavé entre le Liviner-Thal du Canton d'Ury, & le Galanker-Thal du Pays des Grisons. Les Latins l'appellent *Vallis-Plenia*, & les Allemans le nomment *Palenzer-Thal*, & *Breuner-Thal*. Ce dernier nom lui vient des *Breunes* ancien Peuple dont Pline fait mention entre les Habitans des Alpes, ou de la Riviére nommée *Breuna* qui l'arrose, & non *Brenna*, comme l'écrivent communément les Cartes par erreur. Cette Riviére prend sa Source vers l'extrémité du Pays, dans le Vogel-Berg, la même Montagne. qui donne naissance à la Branche haute du Rhein. Le Bailliage de Val-Brenna est le moins étendu des trois que les Petits Cantons possédent en Italie. Ce n'est qu'une Vallée, qui contient un petit nombre de Villages, dont les principaux sont: Palenza, Marvalia, Abeliasca, en Allemand Abloesch. Auprès de ce dernier dans les Rochers des Montagnes qui séparent cette Vallée du Canton d'Ury, on tiroit autrefois des Escarboucles, qui ne le cédoient en rien à celles qui viennent de l'Orient; mais comme la dépense qu'il falloit faire surpassoit le profit qu'on en tiroit, on a abandonné la recherche de cette sorte de pierres. Il se trouve aussi dans la même Vallée des Mines de Cuivre & de Plomb, auxquelles on travaille.

VAL-BROISSIERE, VAL-BRESSIERE, ou VAL DE BRISSIAC, ou NOTRE DAME DU VAL-BROISSIERE DE BRISSAC. Abbaye de France, dans le Dauphiné, au Diocése de Vienne. C'est une Abbaye de Filles de l'Ordre de Cîteaux, Fille de Bonnevaux. Elle fut fondée & bâtie sous Brissiac, d'où elle a été transférée à la Côte de St. André.

VAL-DE BUENTAS, Village d'Espagne [b] dans la Vieille Castille, à quelques lieues au-dessus de Burgos, en tirant vers l'Orient. Ce Village est remarquable par ses eaux médicinales. Il est situé au pied d'un Rocher fort élevé, d'où découle une Fontaine, qui tombant dans la Campagne arrose le Village & entre dans deux petits Lacs auxquels elle communique une vertu si admirable, que tous ceux qui sont tourmentez du flux de Sang en sont guéris en se baignant dans leur eau.

VAL-CARLOS, c'est-a-dire la *Vallée de Charlemagne*; Vallée d'Espagne dans la Basse Navarre [c], aux Consins de la Cize. C'est dans cette Vallée qu'une partie de l'Armée de Charlemagne, qui revenoit d'Espagne, fut taillée en pièces par les Basques & les Navarrois l'an 778. Cette Vallée qui est aujourd'hui sujette à l'Espagne dépendoit autrefois de la Guyenne.

VAL DE CHIMARA, Vallée d'Italie, dans la Sabine. C'est une Vallée d'une beauté & d'une fertilité merveilleuse. Elle régne depuis Narni, jusqu'au lieu appellé VAL DI CHIMARA. Ce ne sont que Prairies & Pâturages coupez de Ruisseaux; que Jardinages ombragez de toutes sortes d'Arbres-fruitiers; que Plaines plantées d'Oliviers; que Vignes sur les Côteaux; que Maisons de plaisance sur les bords du grand chemin. Sa bonté l'a rendue tellement peuplée, qu'en moins de quatorze milles on y compte sept grandes Villes & dix ou douze Villages. Les Villes sont:

Spolete.   Folligni,
Terni,   Narni,
Monte Fiascone, Spinelli,
           Assisi.

VAL-DES-CHOUX, Monastère de France [d] dans la Bourgogne, au Pays de la Montagne, à deux ou trois lieues de Chatillon, en Latin *Vallis-Caulium*. Ce Monastère fut fondé par un saint Homme nommé Viard, en y établissant des Moines qui devoient professer la Règle de St. Benoît. Ce Monastère est devenu Chef d'un Ordre dont le Général n'a que le titre de Prieur.

1. VAL-DIEU, Abbaye de France [e], dans la Champagne, à l'Embouchure de la Semoy. C'est une Abbaye de l'Ordre des Prémontrez fondée en 1130. par Guitier Comte de Rhetel, & dotée de la plus grande partie du Domaine de Monthermé, qui étoit le principal Lieu du Comté de Castrice.

2. VAL-DIEU, Prieuré de France [f] dans la Champagne, à une lieue au-dessus de Sezanne. C'étoit anciennement un beau Monastère de l'Ordre des Chartreux du Val des Choux. Il a été ruiné & abandonné pendant les guerres: il n'y a plus aujourd'hui qu'une petite Chapelle, où on dit une Messe chaque Semaine. Le Prieuré est en Commande & vaut dix mille Livres de rente.

VAL DES ECOLIERS. Abbaye de France [g], dans la Champagne à une lieue de Chaumont en Bassigny. C'est une Abbaye de l'Ordre des Chanoines Réguliers de St. Augustin, l'une des plus célèbres de France & qui a été Chef d'Ordre. Guillaume III. soixante-deuxième Evêque de Langres élu en 1209. confirma la Règle de ces Chanoines & bâtit leur Maison, qui n'étoit alors qu'un Prieuré fondé dans un lieu desert par quatre Docteurs de l'Université de Paris, qui s'y retirèrent en 1212. & y furent suivis par Frédéric, qui avoit été élu Evêque de Châlons en 1201. Il devoit être sacré à Langres & le jour étoit pris; mais il méprisa la Mitre & la Crosse pour se faire Religieux & pour suivre l'exemple de ces quatre Docteurs nommez Guillaume, Richard, Evrard & Manassés, qui se trouvèrent à Langres dans le tems que Frédéric devoit être sacré, pour demander permission à Guillaume de Joinville, qui en étoit Evêque, de l'établir dans son Diocèse. Quelques années après Robert de Torote, Evêque de Langres transféra ces Chanoines Réguliers au lieu où ils sont à présent. On nomma leur Maison le Val des Ecoliers, parce que plusieurs Ecoliers quittant les Universitez, vinrent s'y établir. Il y eut depuis plusieurs Monastères fondez selon cet Institut. Leur Chef n'avoit que le nom de

[a] Etat & Délices de la Suisse, t. 3. p. 227.
[b] Délices d'Espagne, p. 182.
[c] Longuerue, Descr. de la France, Part. 1. p. 213.
[d] Longuerue, Descr. de la France, Part. 1. p. 282.
[e] Ibid. p. 52.
[f] Bougier, Mém. de Champagne, t. 2. p. 238.
[g] Ibid. p. 86. Longuerue, Descr. de la France, Part. 1. p. 38.

VAL.

de Prieur, jusqu'à ce que Paul III. donna vers l'an 1540. & en 1539. felon Mr. Baugier, au Général du Val des Ecoliers, la dignité d'Abbé. Ce dernier dit que le Val des Ecoliers a été Chef d'Ordre jusqu'en 1636. qu'il fut uni à la Congrégation de Ste. Geneviéve de Paris. Mais selon Mr. de Longuerue le dernier Abbé Titulaire a été Laurent Michel, qui en 1653. fit démission de sa Jurisdiction & de sa dignité en faveur du Supérieur Général de la Congrégation des Chanoines Réguliers de France, à laquelle cet Ordre du Val des Ecoliers a été uni à perpétuité sous le Gouvernement de l'Abbé Triennal de Ste. Géneviéve du Mont à Paris. Le Titre Abbatial du Val a été supprimé; & ce Monastère est gouverné par un Supérieur qui a le nom d'Abbé, & qu'on établit tous les trois ans dans le Chapitre Général de la Congrégation. Il y a neuf Religieux dans cette Maison dont le revenu est de quatre mille Livres.

[a] Etat & Délices de la Suisse, t. 4. p. 173.

VAL-EGINE, Vallée de Suisse [a], dans le Haut-Vallais, au Département de Goms. Cette Vallée a deux lieues de longueur, & s'étend entre de hautes Montagnes, d'où l'on a deux chemins pour passer en Italie, l'un par le Mont Nify du côté d'Airol dans le *Leviner-Thal*; & l'autre par le Mont-Griess, du côté de Bommatt, dans le Val d'Oscella.

[b] Longuerue, Descr. de la France, Part. 2. p. 148.

VAL DE GALILEE, Vallée du Duché de Lorraine, au Bailliage de Nancy [b]. C'est la Vallée où la Ville de Saint Diey est située: elle est entre de fort hautes Montagnes; & le Lieu où la Ville a été bâtie s'appelle *Junctura*, où les JOINTURES.

VAL-HASEL. Voyez HASEL.

[c] Etat & Délices de la Suisse, t. 3. p. 216.

VAL-MADIA. C'est le nom du quatriéme Bailliage d'Italie [c], dans la dépendance des douze anciens Cantons Suisses. Ce Bailliage VAL-MADIA, ou VAL-MAGIA, que les Allemans appellent *Mayn-Thal*, est situé au Nord & à l'Ouest du Bailliage du Locarno; & il confine d'un côté au Milanez & de l'autre au Haut Vallais & au Canton d'Ury. Ce Bailliage est petit: ce n'est qu'une longue Vallée étroite, serrée entre de hautes Montagnes & arrosée dans toute sa longueur par une rivière qui lui donne son nom, & qui delà passe à Locarno. Les principaux endroits du Bailliage sont:

Magia,	Bugnasco,
Laizera,	Prolio,
	Rouana.

Le Bailliage de Val-Madia faisoit autrefois partie de celui de Locarno, & les deux ensemble composoient une belle Terre; que les Nobles Rusca de Côme possedoient, avec titre de Comté. Dans la suite ce Comté fut partagé: le Val-Madia fut détaché de Locarno, & ces deux Terres passèrent sous la puissance des Ducs de Milan dans le quinziéme Siécle.

VAL-DE-MUNSTER. Voyez MUNSTER-THAL.

[d] Hist. du Clergé Séculier & Régul. t. 2. p. 334.

VAL-OMBROSA, Monastère d'Italie, dans la Toscane, dans les Montagnes de l'Apennin, à six lieues de la Ville de Florence, du côté de l'Orient. [d] C'est un Chef d'Ordre, dont St. Jean Gualbert fut le Fondateur dans l'onziéme Siécle. Ce St. Personnage embrassa prémiérement la Vie Monastique dans l'Abbaye de St. Minial, près de Florence, Ordre de St. Benoît, Congrégation de Cluni. Il quitta ensuite son Monastère, ne voulant point obéir à un Abbé qui n'avoit point été élu canoniquement. Il se retira auprès de St. Romuald; mais comme on y vivoit en solitude & non en communauté, il ne se sentit point porté à y demeurer; & il forma le dessein d'instituer une nouvelle Congrégation de l'Ordre de S. Benoît. Il choisit le Lieu de VAL-OMBREUSE pour y établir sa prémière Maison en 1040. & cette Maison a donné le nom à l'Institut. La Vallée s'appelloit ainsi à cause de l'épaisseur des Arbres dont elle étoit toute couverte. Deux Religieux qui y étoient déja dans un petit Hermitage le reçurent lui & son compagnon, qui étoit un bon Hermite de Florence, nommé Tenzo, qui lui avoit conseillé de quitter son Monastère, & de chercher un Supérieur légitimement élu. Sa réputation y attira bien-tôt plusieurs autres personnes, & malgré sa profonde humilité, il fut élu d'un commun consentement Abbé de Val-Ombreuse. Un de ses prémiers soins fut d'y faire observer la Régle de St. Benoît selon l'esprit & selon la lettre. Il vouloit que ses Religieux n'eussent que des habits de vile étoffe qu'il faisoit faire de la laine des troupeaux du Monastère: il les exhortoit même à porter continuellement le Cilice pour dompter leur chair & la soumettre à l'esprit. Il ne leur permettoit de sortir du Monastère que pour les nécessitez indispensables. Il ordonna qu'il y auroit toujours une Lampe allumée la nuit dans le Dortoir; ce qui a été établi par d'autres Fondateurs d'Ordre, & depuis a été ordonné par le Pape Clément VIII. pour toutes les Maisons Régulières. Celles de Val-Ombreuse se multiplièrent beaucoup en peu de tems. Les Religieux sont habillez de brun, & ont une Robe, un Scapulaire, un Capuchon & une Coule différente de celle des Bénédictins, parce qu'elle n'est point froncée. Lorsqu'ils sortent hors du Monastère, ils se servent d'un Manteau semblable à celui des Camaldules. Les femmes n'entrent que quatre fois l'année dans l'Eglise du Monastère; mais celles qui demeurent dans le voisinage peuvent tous les jours entendre la Messe à la Chapelle de l'Hospice du Procureur de la Maison. Cet Hospice est situé à l'appartement extérieur de l'Abbaye. Il est très-propre, & on y voit de belles Peintures. On conserve dans l'Eglise de Val-Ombreuse des Reliques de St. Jean Gualbert, dont le Corps est à Passignano sur le Lac de Pérouse dans un autre Monastère de l'Ordre. On garde aussi dans la même Eglise, la pointe d'un des Cloux avec lesquels Notre Seigneur fut attaché à la Croix, & les Religieux assûrent que c'est un présent de S. Louis. Sur les Collines d'alentour sont des Hermitages habitez par des Religieux de l'Ordre. Il y avoit autrefois à Val-Ombreuse un Abbé Général perpétuel; mais depuis 1540. cet Ordre est gouverné par un Président qui est triennal.

VAL-

VAL.

VAL-DE-PACE, Prieuré de Lorraine, Ordre de St. Benoît & préfentement uni à l'Abbaye de Saint Manfui. Ce Prieuré eft fitué dans la Paroiffe de St. Germain, & fon revenu eft confidérable. Les Métairies qui en dépendent en font féparées par un Ruiffeau & font de la Paroiffe de Choloi, dont le Curé a les deux tiers des Dixmes & les Religieux de l'Abbaye de St. Evre l'autre tiers.

VAL-DE-PORRAS, Vallée d'Efpagne [a], dans la Vieille Caftille, au Septentrion du Douere. Les Montagnes de Burgos font entre-coupées de plufieurs Vallées fort agréables, dont la plus confidérable eft celle de Val-de-Porras; auffi fait-elle une des Merindades de la Caftille-Vieille. Cette Vallée eft fertile en fruits & en bleds, & propre à nourrir du bétail. Les Habitans ont de grands privilèges, qui leur ont été accordez par les Rois de Caftille & par les Princes de Bifcaye. C'eft, une Seigneurie appartenante à une Maifon illuftre d'Efpagne qui en eft originaire, & qui en porte le nom.

[a] *Délices d'Efpagne*, p. 182.

VAL-DE-PRADO, Vallée d'Efpagne [b], dans l'Afturie. C'eft une des cinq Vallées qui compofent la petite Province de Liebana. Elle eft fertile en froment & en vin, & on y éleve du Bétail.

[b] Ibid. p. 115.

VAL-DE-RICHER, Bourg de France, dans la Baffe-Normandie [c], au Diocéfe de Bayeux, à cinq lieues de Caen, & à deux ou environ de St. Pierre fur Dive. Il y a dans ce Bourg une Abbaye de l'Ordre de St. Bernard & en règle. Cette Abbaye qui eft affez bien bâtie, fut transférée ou plutôt fondée de nouveau en 1145. ou 1147. dans le Lieu où elle eft préfentement par Philippe de Harcourt trente-cinquième Evêque de Bayeux. Elle avoit d'abord été bâtie entre Vire & Torigny par les foins de St. Bernard.

[c] *Corn Dict. Hermant, Hift. du Diocèfe de Bayeux.*

VAL ROMEY. Voyez ROMEY.

VAL-DE-RUZ, ou VAL-DE-ROUZ, Vallée de Suiffe [d], au Comté de Valengin immédiatement au-deffus du Bourg de ce nom, en Latin *Vallis-Rodolfi*, & en Allemand *Rudolffs-Thal*. Le Val-de-Ruz eft une grande & belle Plaine dans les Montagnes, & fi peuplée qu'on y compte dans l'efpace de deux lieues de longueur, fur une de largeur, une vingtaine de Villages.

[d] Etat & Délices de la Suiffe, t. 3. p. 245.

VAL-SAINT-IMIER, Vallée de Suiffe [e] au Pays Romand, & l'une des dépendances de l'Evêque de Bâle. Cette Vallée qui eft fort belle fe trouve au voifinage du Comté de Neuf-Châtel. Elle tire fon nom du principal Village qui avoit autrefois une Abbaye & une Eglife Collégiale de Chanoines Réguliers dédiée à St. Imier, célèbre Hermite du feptième Siècle. On appelle auffi cette Vallée la Seigneurie d'Arguel. On y voit plufieurs beaux Villages, comme

[e] Ibid. p. 274.

Saint-Imier,   Courgemont,
Courtelari,   Peni, &c.

Les Habitans de cette Seigneurie dépendent à certains égards de la Ville de Bienne, & font obligez de marcher en guerre fous fes Enfeignes.

VAL-SAINT-PIERRE, Vallon de Suiffe [f], dans le Bas-Vallais, au Gouvernement d'Entremont. C'eft un des deux Vallons qui partagent la Vallée d'Entremont. Il s'étend depuis le Saint-Bernard jufqu'à St. Brancheir, l'efpace de quatre lieues en longueur. Il tire fon nom du Bourg de St. Pierre, qui eft au pied des Alpes, & l'endroit d'où l'on commence à grimper la Montagne de St. Bernard. De Saint Pierre au fommet de la Montagne, on compte trois lieues de chemin.

[f] Ibid. t. 4. p. 206.

VAL-SAN-GIACOMO, ou la VALLE'E DE ST. JACQUES, [g] Vallée d'Italie, dans le Comté de Chiavenne, de la dépendance des Grifons. Elle eft partagée en douze Quartiers qui ont chacun un ou deux Villages. Les principaux font : CAMPODOLEIN, en Allemand *Gampolfchin*, au pied du mont Splugen, fur la grande route de cette Montagne à Chiavenne, qui eft à trois lieues de-là; FRAZITIO, MADESIO, anciennement TARVESEDE, *Torvæ Ædes*; PLANUZO, LISOLA, &c. Cette Vallée a fa Jurifdiction particulière, avec un Confeil de douze perfonnes.

[g] Ibid. P. 155.

VAL-SECRET, Abbaye de France [h], dans la Champagne, à une lieue de Château-Thierri, vers l'Orient d'Eté. Elle eft de l'Ordre de Prémontré & Chef de cet Ordre. Il eft forti plufieurs Colonies de cette Abbaye pour en fonder d'autres. L'Eglife de Notre-Dame de Château-Thierri ayant été pendant quelque tems une Abbaye de Prémontré les Moines furent transférez à Val-Secret en 1140.

[h] *Corn. Dict.*

VAL-DE-SIBEN. Voyez SIBEN-THAL.

VAL-SPIR, Vallée de France [i], dans le Rouffillon; en Latin *Vallis-Afperia*. C'eft aujourd'hui une dépendance & une Sous-Viguerie de Perpignan ou du Rouffillon. La Rivière de Tec arrofe cette Vallée, qui eft environnée des Pyrénées de tous côtez, excepté à l'Orient. Le Val-Spire étoit autrefois un Comté, qui vint au pouvoir des Comtes de Cerdagne, qui fondérent dans le dixième Siècle l'Abbaye d'Arles, en Latin *Arularum Monafterium*. Les principaux Lieux de cette Vallée font:

[i] *Longuerue, Defcr. de la France, Part. 1. p. 224.*

Prats de Moillo,   Le Fort des Bains,
l'Abbaye d'Arles,   Le Col-Pertuis.

VAL-TELLINE, Seigneurie des Grifons, à l'entrée de l'Italie, au pied des Alpes, près du Comté de Bormio. La Val-Telline, felon quelques-uns [k] tire fon nom d'un ancien Château très-élevé, nommé Teglio (*Tilium* en Latin, & en Allemand *Tell*) & qui en étoit autrefois la principale Place. D'autres le font venir d'une Ville nommée VOLTURENA (*Vallis Tyrrhena*) fituée au bas de la Vallée fur le bord du Lac de Côme & bâtie par les Tyrrhéniens. Quoi qu'il en foit, les Ecrivains Latins l'appellent *Vallis-Telina* & nomment les Habitans *Voltureni*. Les Allemands ont corrompu le nom de *Vallis-Telina* en celui de *Veltlyn* qu'ils prononcent *Feltlyn*. Cette Vallée eft fort longue, mais elle n'eft pas large par-tout à proportion. L'Adda la traverfe toute entière & la partage ainfi en deux parties. A l'égard du Gouvernement, elle

[k] Etat & Délices de la Suiffe, t. 4. p. 140. & fuiv.

elle est divisée en trois tiers qui font cinq petits Bailliages. Le premier Tiers qui est celui d'en-haut & qui a Tirano pour Capitale: le second Tiers dont la Capitale est Sondrio; le troisième Tiers, qui est partagé en deux Gouvernemens, savoir Trahona & Morbegno. Outre cela, il y a le Territoire de Teglio qui fait un Gouvernement à part entre le premier & le second Tiers.

Les Gouvernemens de cette Vallée ont chacun leur Conseil & leur Chef, qui sont élus par toute la Communauté. Ils ont aussi leurs Officiers militaires, comme Capitaines & autres, qui commandent trois mille hommes choisis; leurs Défenseurs ou Syndics qui ont soin de l'observation des Loix; leurs Consuls de justice qui ont soin des Orphelins. Outre cela ils ont le droit de faire des Assemblées générales de toute la Vallée pour les affaires qui regardent tous les Habitans. Ces Assemblées sont composées des Agens ou Députez de la Vallée, & se tiennent à Sondrio, sous la présidence du Gouverneur ou de son Assesseur. On y élit un Chancelier, pour toute la Vallée. Sa charge est de garder les Archives du Pays, de convoquer les Assemblées Générales pour régler les contributions, s'il y en a à faire, ou pour d'autres sujets qui interessent le public. Il ne se peut guère voir de Peuple qui soit sous un Gouvernement plus doux & qui ait de plus grands privilèges; de sorte qu'il ne paroît pas croyable que jamais il ait pu venir dans l'esprit des Habitans une envie de changer de Maîtres. Cependant c'est ce qui arriva dans le dernier Siècle. On vit en 1620. les Habitans de la Val-Telline se mettre en devoir d'exécuter le dessein qu'ils avoient conçu de massacrer tous les Protestans, Maîtres & Sujets qui se trouvoient au milieu d'eux, & de se jetter entre les bras des Espagnols. Il y eut environ cinq cens personnes d'égorgées. Le reste s'enfuit ou changea de Religion pour garantir sa vie. La fureur de quelques uns de ces Bourreaux alla jusqu'à massacrer des gens de leur propre Religion; mais qui ayant la conscience plus droite qu'eux blâmoient leur violence. Cette affaire attira aux Grisons des troubles qui durèrent bien des années, & l'on connut bien-tôt que les intrigues de la Maison d'Autriche étoient l'unique source de tous ces maux. Il n'en falut pas d'autre preuve sur son avidité à profiter de la conjoncture. Au lieu de se joindre aux Grisons pour faire une punition exemplaire des Rebelles, tandis que d'un côté les Espagnols s'emparoient de la Val-Telline, & l'année suivante du Comté & de la Ville de Chiavenne d'où ils chassoient les Protestans; l'Archiduc Léopold de l'autre côté envoya des troupes dans la Vallée de Munster, sous la conduite de Rodolphe Planta, qui trahissant sa Patrie s'étoit vendu à la Maison d'Autriche. En 1624. les Grisons ayant reçu du secours de la France, de Zurich, de Berne & du Vallais, reprirent toutes le Terres que les Autrichiens leur avoient enlevées, & allèrent ensuite remettre leurs Sujets sous leur obéissance. Ceux de Bormio se rendirent aisément; mais ceux de la Val-Telline se jettérent entre les bras de la France, & ceux de Chiavenne firent la même chose l'année suivante. Les François remirent les Comtez de Bormio & de Chiavenne entre les mains des Grisons; mais ils retirent la Val-Telline. Les Espagnols la leur reprirent quelque tems après; mais les premiers la leur arrachèrent de nouveau & la rendirent aux Grisons en 1635. à condition que la Religion Protestante seroit absolument interdite dans ces trois Pays. Cette clause ne fut pas du goût des Grisons; de sorte que considérant d'une part qu'ils avoient un Allié qui leur faisoit la Loi, & de l'autre que leur Pays étoit le Théâtre de la Guerre, ils conclurent que l'amitié de la Maison d'Autriche leur conviendroit mieux que celle de la France. Dans ces entrefaites les Ministres de la Maison d'Autriche ayant fait de grands efforts, pour engager les Grisons à entrer en alliance avec l'Empereur sous des conditions assez favorables; ceux-ci y donnèrent enfin les mains. Ils prirent le prétexte de quelques excès que les François commirent en 1637. & ils se mirent en devoir de les chasser des Forts qu'ils occupoient dans le Pays des Grisons, dans la Val-Telline & dans les Comtez de Chiavenne & de Bormio. Dès que les François furent sortis on commença à travailler à Insprug à l'alliance projettée; mais ce fut sans succès. Les Négociations furent enfin transférées à Milan où la fameuse Capitulation fut conclue en 1639. Depuis, les choses ont été assez tranquilles dans la Val-Telline, si ce n'est qu'à chaque renouvellement de cette Capitulation du Milanez, les Grisons ont insisté sur le libre exercice de la Religion Protestante dans la Val-Telline, de la même manière qu'elle y étoit établie avant la Révolte; au lieu que la Maison d'Autriche a toujours persisté à demander que l'exercice de cette Religion fût absolument interdit. Quoique la Religion Protestante en soit entièrement bannie depuis le massacre de l'an 1620, il est permis aux Protestans anciens Habitans du Pays, qui y ont encore des biens, d'y demeurer six semaines de suite, pourvû qu'ils l'aillent déclarer à la Magistrature.

On voit assez par ce qui vient d'être rapporté que les Habitans de la Val-Telline aussi-bien que ceux des Comtez de Bormio & de Chiavenne sont zélez Catholiques. Il suffit donc de dire que comme ils sont à l'entrée de l'Italie, ils sont Italiens de Religion, de mœurs & de Langue. Voici de quelle manière ces trois Pays sont tombez sous la puissance des Grisons: Barnabé Vicomte de Milan ayant été chassé par Jean Galeas, Mastin l'un des fils de Barnabé se sauva chez les Grisons, & demeura quelque tems, comme en exil, auprès d'Harteman Evêque de Coire; en reconnoissance de quoi il fit present en 1404. par son Testament à l'Evêque & à l'Eglise de Coire, de la Val-Telline & des Comtez de Chiavenne & de Bormio. Mais comme ils étoient entré les mains de Jean Galéas, il sembloit que ce fût un don en peinture. Cependant par la suite cette donation ne laissa pas d'avoir son effet. Les François & les Espagnols se faisant la guerre en Italie l'alliance des Grisons fut recherchée

chée par les deux Couronnes, parce qu'étant maîtres des paſſages qui conduiſoient dans ce Pays-là, les Allemans ni les Suiſſes ne pouvoient s'y rendre que par leur moyen. Les Ligues profitérent de cette occaſion pour faire leurs affaires. Elles engagérent l'Evêque de Coire à leur vendre le droit qu'il avoit ſur la Val-Telline, & ſur les deux Comtés de Chiavenne & de Bormio, moyennant un certain revenu qu'elles lui aſſignérent. Le Prélat qui ſentoit qu'il ne ſeroit jamais en état de faire valoir par lui-même ſes droits n'eut pas de peine à en traiter. Enfin en 1512. les François s'étant emparez de ce Pays-là; & le Pape Jule II. leur Ennemi mortel ayant ſollicité les Suiſſes & les Griſons de leur faire la guerre, les premiers chaſſérent les François du Duché de Milan & rétablirent Maximilien Sforce, fils de Ludovic, dans ce Duché; & dans le même tems les Griſons firent la conquête de la Val-Telline & des Comtez de Chiavenne & de Bormio. Le Duc par reconnoiſſance, & pour les payer des frais de la guerre leur ceda ſolemnellement ces Pays par un Traité de l'an 1513. François I. Roi de France s'étant remis en poſſeſſion du Duché de Milan en 1516. fit une Paix à Fribourg avec les Suiſſes & avec les Griſons, & leur céda pour lui & pour ſes Succeſſeurs, Ducs de Milan, toutes ſes prétentions ſur ces trois Seigneuries. Ce fut une bonne acquiſition pour les Griſons; car ce Pays vaut ſans contredit beaucoup plus que leurs meilleures Vallées. Quelque bon qu'il ſoit néanmoins, ils ne quittent point leur Pays pour s'établir dans la Val-Telline ou dans les Comtez de Chiavenne & de Bormio: peut-être préférent-ils le ſéjour de leur première Patrie aux beautez d'une Terre qui ne leur appartient que par acquiſition: peut-être l'amour de la liberté les porte-t-il à croire qu'ils ſont plus en ſûreté dans leurs Montagnes & dans leurs Vallées.

a Abregé de l'Hiſt. de l'Ordre de St. Benoît, L. 2. c. 36.

VAL-VANERE, Abbaye d'Eſpagne *a*, dans la Vieille Caſtille, au Diocèſe de Calahorra, dans les Monts Diſterces. L'Hiſtoire de l'Ordre de St. Benoît parle ainſi de cette Abbaye: Yépes rapporte à l'an 574. la fondation de l'Abbaye de Val-Vanere, où les Fidèles honorent avec beaucoup de dévotement la Ste. Vierge, qu'ils y ſont excitez par une ancienne & célèbre Image qui la repréſente. Ce Monaſtère doit ſon origine à la converſion de Munio Hermite, qui s'étant retiré en ce lieu-là pour faire penitence y paſſa ſes jours, avec pluſieurs autres perſonnes qui l'imitérent. Ils ſervoient Dieu ſous la direction de Dominique Prêtre, qui fut depuis enterré dans ce Monaſtère. On dit que ce fut ce Solitaire Munio qui trouva l'Image, dont nous venons de parler. Mais Yépes avoue qu'on ne ſait point en quel tems il vivoit. Il y a dans ce Monaſtère une Règle de Saint Benoît écrite l'an 954. & c'eſt peut-être un peu avant ce tems-là que la Monaſtère fut bâti. Saint Athanaſe Patriarche d'Aléxandrie y eſt en ſi grande vénération, qu'on dit l'Office le Mardi de chaque ſemaine, qui n'eſt point conſacré à la mémoire de quelque autre Saint. Si on en croit ce qu'on appelle la Tradition de cette Abbaye, le fondement & la cauſe de cette dévotion eſt que ce St. Docteur ſe réfugia autrefois en ce Pays-là, lorſqu'il étoit perſécuté par les Ariens. Mais il n'y a point de preuve qu'il ait été en Eſpagne. Il eſt ſeulement vrai que pendant le Concile de Sardique tenu l'an 347. Oſius Evêque de Cordoue dit aux Ennemis du Saint que s'ils perſiſtoient à ne le vouloir point reconnoître pour Evêque, quoiqu'il fût innocent, il tâcheroit de lui perſuader de venir avec lui en Eſpagne; mais cette propoſition n'eut point de ſuite. Le Saint alla demeurer à Aquilée; & après la mort du faux Patriarche Grégoire, qu'on avoit mis en ſa place, il repaſſa en Orient & retourna à Aléxandrie. Auſſi d'autres tiennent plus vraiſemblablement que ce Saint Athanaſe qu'on revére à Val-Vanere, eſt quelque St. Athanaſe Evêque ou Religieux d'Eſpagne, qu'on a confondu avec le Grand Athanaſe Défenſeur de la Divinité de Jéſus-Chriſt.

VAL-VERDE, Bourgade d'Eſpagne *b*, dans l'Eſtremadoure, au Midi de Badajos, près des Frontiéres de Portugal. Ce n'étoit autrefois qu'un ſimple Village, qui fut érigé en Bourgade l'an 1630. Val-Verde eſt ſitué dans un Valon fort agréable, fertile en fleurs & en fruits, & arroſé de pluſieurs belles Fontaines.

b Délices d'Eſpagne, p. 388.

VAL-DE-VIRE. Voyez VIRE.

VAL-URSEREN. Voyez URSEREN-THAL.

1. VALA, Ville de Thrace, Ptolomée *c* la marque dans les terres. Quelques Exemplaires au lieu de VALA liſent VALLA.

c Lib. 3. c. 11.

2. VALA, Ville de la Mauritanie Tingitane. Elle étoit dans les terres ſelon Ptolomée *d*.

d Lib. 3. c.

VALACHIA, ancienne Ville de l'Afrique propre, aſſez près de Carthage. On la nomme aujourd'hui Cammart. Voyez CAMMART.

VALACHIE, ou VALAQUIE, Principauté de l'Europe, poſſédée aujourd'hui partie par l'Empereur d'Allemagne, des Etats Héréditaires duquel elle fait portion, partie par le Turc, à qui appartient la plus grande portion. Cette Province *e* fut anciennement nommée *Flaccie* du nom de *Flaccus* qui y fut envoyé par Trajan avec une Colonie de trente mille hommes pour cultiver le Pays, qui fournit à l'Armée Romaine une bonne partie des vivres, pendant la guerre contre les Scythes & les Sarmates. Les Turcs nomment cette Province *Carabogdana*, qui veut dire *Terre du Bled noir*, parce qu'elle en produit beaucoup. Elle s'étend d'Orient en Occident plus de 90. lieues; & du Midi au Septentrion plus de cinquante; diſtances qui ne ſont pourtant pas égales par-tout, parce que la Valachie a à peu près la figure d'un Triangle ſphérique. Elle eſt bornée au Nord partie par la Moldavie, partie par la Tranſilvanie: à l'Orient & au Midi par le Danube; & à l'Occident par la Tranſilvanie. Par le Traité de Paſſarowitz, il fut reglé que la Rivière Aluta, Hot ou Alaut, depuis l'endroit où elle ſort de la Tranſilvanie, juſqu'à ſon entrée dans le Danube feroit la ſéparation des deux Empires de côté. On y trouve auprès de Suverin ou Severin,

e Etat préſent de la Hongrie, p. 112. & ſuiv.

verin, les restes du Pont de Trajan. La partie de cette Province qui dépend de l'Empire Turc est possédée par un Hospodar ou Vaivode qui est tellement soumis au Grand-Seigneur, qu'il est déposé souvent par la seule raison qu'un autre promet de payer un Tribut plus considérable. La Valachie & la Moldavie ne composoient autrefois qu'une seule Province des Daces, nommée simplement Valachie; mais ayant ensuite été divisée en Haute & Basse, à cause de la Riviére qui la partageoit, la derniére a toujours retenu le nom de Valachie & l'autre a pris celui de Moldavie.

Les Plaines de la Valachie seroient extrêmement fertiles, si elles étoient cultivées; mais la négligence des Habitans est cause que la plus grande partie est en friche. Cette Province est si peuplée, que les Terres sont au premier qui veut les labourer & ensemencer, n'y ayant point de possession déterminée comme ailleurs. Les Valaques aiment extrêmement l'oisiveté, & l'on en trouve fort peu qui veuillent s'attacher à l'Agriculture. Il n'y a presque point de Bois dans cette Province, & l'on est contraint de faire du feu avec du chanvre, ou avec de la bouse de Vache séche. Le sable des Riviéres est fort mêlé de grains d'Or, & les Mines qui sont dans les Montagnes rapporteroient beaucoup, si elles étoient travaillées.

La Valachie est divisée en treize Comtez, qui sont habitez indifféremment par les Saxons, par les Hongrois & par les Naturels du Pays. L'Hospodar qui la gouverne tire cent mille Ecus de la dixme de la Cire & du Miel dont les Peuples font leur principal Trafic. Il n'y a dans la Valachie que trois Villes, Zernowitz, où demeure l'Hospodar, Briel & Tressort. La Province est en plusieurs endroits traversée de Forêts très-épaisses: elle nourrit quantité de Chevaux de grand prix, des Bœufs, & des Bêtes à laine qu'on envoye par grands Troupeaux en divers Lieux de l'Europe. On y trouve des Mines de toutes sortes de Métaux. Il y a un certain Sel de Mine, dur comme du marbre & dont la couleur tire sur le violet; mais quand il est bien broyé il devient blanc. Les Peuples passent pour être inconstans & farouches; & leurs Maisons sont mal bâties. Elles ne sont pour la plûpart que de bois & de paille, liée avec de la terre grasse, & sont couvertes de roseaux, qui se trouvent en grande quantité dans le Pays. Le Trafic consiste en Bled & en Vin qu'on porte en Russie & en Pologne. On trafique aussi des Cuirs, des Capots, de la Cire, du Miel, de certains Flacons, faits de racine de Tillau, & dont les veines de différentes couleurs sont fort agréables à la vûe; & l'on envoye à Constantinople du Bœuf seché au Soleil, des légumes & du beurre. Ils se servent pour ce Négoce d'Arméniens, de Juifs, de Saxons, de Hongrois, & de Ragusiens; & ils font payer un droit à la Malvoisie de Candie, lorsqu'elle passe par leur Pays pour être transportée en Allemagne & en Podolie. Le Vaivode tire un grand revenu de cette imposition. La Langue du Pays a un grand rapport avec la Latine; ce qui confirme que les Habitans tirent leur origine des Romains. Ils nomment l'Eau *Apa*, & le Pain *Pa*. Dans les cérémonies de leur Religion, qui est celle des Grecs Schismatiques, ils se servent de la Langue Franque qui est en usage dans tout l'Orient. L'Hospodar paye ordinairement soixante & dix mille Ducats de Tribut à la Porte; mais il est quelquefois obligé d'en donner jusqu'à cent mille pour se maintenir dans sa Principauté, lorsqu'il a quelque concurrent qui en offre davantage, sans compter les presens qu'il fait aux Ministres du Sultan, pour avoir leur protection.

La Valachie a eu autrefois ses Princes particuliers [a] dépendans & Tributaires des Rois de Hongrie. Bajazet voulut y porter ses armes, après la Bataille qu'il gagna sur les Chrétiens proche de Nicopolis; mais le Vaivode qui la gouvernoit tailla en piéces une partie de ses gens. Les Sultans Mahomet I. & Amurath II. firent aussi de très-rudes guerres aux Valaques. Ces Peuples étoient alors gouvernez par un Duc, qu'on appelloit Dracula & qui exerça les cruautez les plus inouïes. Amurath lui ayant envoyé des Ambassadeurs, qui le saluérent à leur maniére, sans ôter leur Turban, il commanda qu'on l'attachât sur leur tête avec un clou, afin qu'il tînt mieux. On le vit quelquefois manger au milieu d'un Cercle de Turcs empalez; & quand il en tenoit quelqu'un prisonnier il lui faisoit écorcher la plante des pieds qu'on lui frottoit ensuite avec du Sel. Ce Prince cruel fut tué dans un combat contre les Turcs, & l'on porta sa tête au Sultan Mahomet II. par les forces duquel Uladus fut élevé peu de tems après à la Principauté de Valaquie. Mais il ne se fut pas plûtôt affermi dans la possession de cet Etat, qu'il traita les Turcs avec autant d'inhumanité que Dracula avoit fait. Paul Jove rapporte que Pierre qui gouvernoit la Transilvanie du tems de Solyman, fut chassé par ses Sujets pour ses cruautez, & qu'il eut besoin pour se rétablir de tout l'appui du Sultan. Le Turc étant déja fort puissant dans la Valaquie, Selim II. acheva de la soumettre, & il s'en saisit en 1574. Michel de la Maison des anciens Vaivodes de Moldavie, ayant été établi Prince dans la Valaquie sous Amurat & Mahomet III. fit Alliance avec le Vaivode de Moldavie, & ils formérent l'un & l'autre le dessein de se délivrer de la servitude Ottomane, dans l'espérance que leur entreprise seroit appuyée de l'Empereur & du Roi de Pologne. Elle réussit par la valeur de Sigismond Prince de Transilvanie, dont ils recherchérent la protection. Le même Michel défit les troupes du Cardinal Battori, qui le vouloit chasser de ces Terres; mais la Valachie & la Moldavie retournérent dans la puissance du Turc au commencement du dernier Siècle par le moyen de Boskay, qui avec le secours d'Ahmed les fit soulever en même tems que la Transilvanie. Il n'en fut pas le Maître long-tems, puisqu'en 1608. après la mort de Jérôme Vaivode de Valaquie, quelques-uns de ses Sujets secourus des Turcs, ayant

[a] *Corn. Dict. Hist. & Descr. du Royaume de Hongrie, Liv. 4. 1688.*

VAL.

ayant refusé d'obéïr à son fils âgé de 13. ans, & pris les armes pour se donner un autre Souverain, la mere de ce jeune Prince mit sur pied une Armée de dix mille hommes, défit les Rebelles & conserva la Principauté à son fils qu'on appella Radul, & qui fut chassé de ses Etats en 1611. par Gabriel Battori, Prince de Transylvanie. Radul, ayant joint ses forces avec celles de Constantin Mohila Prince de Moldavie, se rétablit dans la Valachie, après avoir défait l'Armée du Transylvain à Cronstat. Les Chefs ou Vaivodes qui ont gouverné la Valaquie depuis ce tems-là ont été contraints de se rendre entièrement Tributaires des Turcs, & de joindre leurs forces à leur Armée dans les tems de guerre.

La Principauté de Valachie étoit ordinairement héréditaire. Il n'y avoit qu'un seul défaut qui selon les Loix du Pays pût empêcher les enfans d'être les Successeurs de leurs Peres. Ce défaut étoit d'être sans nez. Ce fut par cette raison que la Veuve de Basile, qui étoit Vaivode de Valaquie en 1653. n'appréhenda rien tant pour son fils, que ce honteux traitement, dans la guerre qu'Etienne, Chancelier de son mari, avoit allumée, sur l'appui des Polonois & de quelques autres Peuples. Elle alla à Saczaw où elle se défendit jusqu'à ce que Timothée son Gendre, fils de Kmienilski, Général des Cosaques, avec lequel elle s'étoit retirée dans cette Place, eut été tué de l'éclat d'une roue cassée par le canon; & en la rendant l'Histoire remarque qu'elle ne se montra sensible à cette perte, que parce qu'elle craignoit qu'Etienne ne fit couper le nez à son fils; ce qui l'eût mis hors d'état de rentrer jamais dans la dignité de son pere.

VALAIS. Voyez Vallais.
VALANGIN. Voyez Valengin.
VALANIA. Voyez Bagnias.
VALAQUIE. Voyez Valachie.
VALATA. Voyez Vallata.

VALATHA, Lieu de Syrie, près de la Ville d'Antioche, voisine [a] du Bourg de Daphné. Ce Lieu qui étoit fortifié, avoit été donné par le Président Saturninus à un Juif de Babylone, qui avoit passé l'Euphrate avec quinze cens Archers & environ une centaine de ses parens.

[a] Joseph. Ant. Lib. 17. c. 2.

VALAYE, Isle de la Mer d'Ecosse, l'une des Hebrides [b]. Elle est située au Nord de celle d'Eust. Sa longueur est de deux milles & sa largeur d'un mille.

[b] Corn. Dict. Davity, Isles Hébrides.

VALBACH, Village de la Basse-Hongrie, sur le Danube près de Strigonie. On croit que c'est la *Valena* des Anciens. Voyez Valena.

VALBING, Ville d'Allemagne, au Duché de Wittenberg, sur l'Ente, selon Mr. Corneille qui ne cite aucun garant. Ce pourroit être la petite Ville Vaibing que Zeyler [c] marque entre Pfortsheim & Rixbing.

[c] Topogr. Ducat. Wirtemb.

VALBONNE, *Bona Vallis*, petit Pays de France dans la Bresse. Mr. Corneille [d] qui cite Guichenon, dit que ce Pays s'étend vers le Rhône près de Monluet.

[d] Dict.

VALCHEREN. Voyez Walcheren.
VALCKENBOURG, Bourgade des Pays-Bas, dans la Hollande Méridionale sur le bord du Rhein, environ une lieue au-des-

VAL. 15

sous de Leiden. Valckenbourg a titre de Comté & est célèbre par les grandes Foires de Chevaux qu'on y tient tous les ans.

VALCOURT. Voyez Walcourt.
VALCOVAR. Voyez Wolcowar.

VALCUM, Lieu de la Basse Pannonie; Il est marqué dans l'Itinéraire d'Antonin sur la route de la Pannonie dans les Gaules, entre *Silacensis* & *Mogetiana*, à vingt-huit milles du premier de ces Lieux & à trente milles du second. L'ordre de la route empêche de croire que ce soit Wolcowar sur le Danube comme l'a prétendu Lazius.

VALDA (La), Village d'Espagne, dans la Catalogne, sur le bord de la Méditerranée. Michelot [e] décrit ainsi sa position: Environ un mille & demi vers le Nord-Est de la Pointe de St. Filiou, est une longue Pointe de moyenne hauteur, qui est celle du Sud-Ouest de l'Ance de Palamos; au bout de cette Pointe il y a une Sèche, qui est à fleur d'eau, où l'on voit quelquefois briser la Mer, & elle est à une longueur de cable de la Terre. De cette Pointe à une autre qui est vers l'Ouest de *Palamos*, il y a environ trois milles au Nord-Nord-Est. On voit sur cette dernière Pointe une Tour ronde & quelques Maisons auprès. Entre ces deux Pointes il y a une grande plage de sable, un peu enfoncée, & une très-belle Plaine, où l'on voit le Village appellé la *Valda*: ce Village est grand.

[e] Portul. de la Méditerr. p. 45.

VALDANUS, ou Valdasus, Fleuve de la Pannonie, selon Pline [f], qui met son Embouchure dans le Danube au-dessus de la Save. On l'appelle présentement *Valpo*, ou *Walpo*. Cette Rivière a sa source dans l'Esclavonie [g], & après avoir arrosé la Ville de *Valpo*, elle se rend à *Volkowar* où elle se jette dans le Danube, un peu au-dessous de l'Embouchure de la Drave.

[f] Lib. 3. c. 25.
[g] De l'Isle, Atlas.

VALDARADVE, Rivière d'Espagne, au Royaume de Léon. Elle passe, dit Mr. Corneille [h], à *Villalpando* & à *Zamora*, & grossie du *Rio Sees*, qu'elle reçoit dans son cours, elle va mêler ses eaux à celles du *Duero*. Cette Description s'accorde mal avec la Carte de Jaillot, & aussi mal, je pense, avec la vérité: car Mr. Corneille suppose que *Zamora* n'est point sur le *Duero*; ce qui est une faute grossière. Selon Jaillot [i] il passe un Ruisseau à *Villalpando*, & ce Ruisseau va quelques lieues plus bas se perdre dans le *Duero*, près de la Ville de *Toro*. Je croirois que par le *Rio Sees*, Mr. Corneille entend *Rio Seco*; mais *Rio Seco* ne passe, ni à *Villalpando*, ni à *Zamora*, & ne se jette que dans le *Duero*, au-dessous de *Simanca*.

[h] Dict.
[i] Atlas.

VALDAVIA. Mr. Corneille [k] nomme ainsi une petite Rivière d'Espagne, qui a sa source dans la Vieille Castille, & qui se perd dans celle de *Pisuerga* au-dessous de *Melgar* de *Herramental*, ou *Ramental*.

[k] Dict.

VALDECONA, Bourgade de l'Espagne [l], dans la Catalogne, aux Confins du Royaume de Valence, sur la Rive gauche de la Rivière *Cenia*, assez près de son Embouchure dans la Mer.

[l] Jaillot Atlas.

VALDERAS [m], Vallée de l'Amérique Septentrionale, dans la Nouvelle Espagne, sur la Côte de la Mer du Sud, au fond d'u-

[m] Dampier; Voy. autour du Monde, t. 1. p. 330.

ne profonde Baye, qui régne du côté du Sud-Eſt entre le Cap Corrientes, & la Pointe de Pontique du côté du Nord-Oueſt, endroits éloignez environ de dix lieues l'un de l'autre. Le Vallon a autour de trois lieues de largeur. Près de la Mer il y a une Baye ſablonneuſe de bonne hauteur pour y deſcendre commodément : au milieu du fond de cette Baye ſe jette une belle Riviére, où les Bâteaux peuvent entrer. Mais l'eau a un petit goût de Sel vers la fin de la ſechereſſe, qui eſt en Février, Mars & une partie d'Avril. La Vallée de Valderas eſt bornée par une petite Montagne verte avancée dans le Pays, qui forme un agréable penchant, & préſente un très-bel aſpect du côté de la Mer. On trouve dans cette Vallée de gras Pâturages, entre-coupez de bois formez d'Arbres propres à toutes ſortes d'uſages. On y trouve auſſi des Fruits en abondance, comme des Guavas, des Oranges, des Limons; de ſorte qu'on diroit que la Nature a voulu faire de cette Vallée, un Lieu de délices. Les Pâcages ſont pleins de Bœufs & de Vaches, & on y voit auſſi quelques Chevaux. Ce ſont la les ſeuls Habitans de cette belle Vallée, où perſonne ne s'eſt encore établi.

VALDERFANGE. Voyez VAUDREVANGE.

VALDESIE, Village de France, dans la Baſſe-Normandie, au Diocèſe de Coutances. Ce Village eſt remarquable, dit Mr. Corneille [a], pour avoir été la Patrie du ſavant Jean de Launoy, Docteur de Paris, de la Maiſon de Navarre, qui naquit le 21. de Décembre 1603. Il quitta Coutances après y avoir fait ſes Etudes, & ſe rendit à Paris où il fit de grands progrès dans les Lettres. C'étoit un homme laborieux, & grand Critique. Il mourut en 1678. à l'Hôtel d'Eſtrées, où il demeuroit auprès de Mr. le Cardinal d'Eſtrées. On a de lui un fort grand nombre d'Ouvrages qu'il a compoſez en Latin ſur divers ſujets.

[a] Dict.

VALDSHUT. Voyez WALDSHUT.

VALDIVIA; ou BALDIVIA, Ville de l'Amérique Méridionale au Chili [b], à la Côte de la Mer du Sud, avec un Port de même nom. Cette Ville qui porte le nom de ſon Fondateur Pierre Baldivia, ou Valdivia fut commencée en 1552. On la plaça dans une Plaine élevée de quatre à cinq toiſes ſur le niveau de la Mer. Près dela étoit une Forteresſe pour tenir en bride les Indiens. Mais ces Peuples laſſez du Gouvernement des Eſpagnols qui les faiſoient travailler aux Mines d'or, qui y ſont très-abondantes, & qui, à ce qu'on dit, exigeoient d'eux la valeur de vingt-cinq à trente Ecus par jour pour chaque homme, ſecouèrent enfin le joug, tuèrent Baldivia, ſuivant le Pere Ovalle d'un coup de Maſſe, & ſelon d'autres ils lui jettèrent de l'or fondu dans la bouche, lui diſant de ſe raſſaſier de cet or dont il avoit eu ſi grande ſoif. Après quoi ils raſerent la Forteresſe & ſaccagèrent la Ville. Aujourd'hui elle eſt rebâtie un peu plus avant ſur la Riviére de Baldivia. Elle s'eſt repeuplée en grande partie de gens exilez. On y compte environ deux mille Ames. Elle eſt fermée de murailles de terre, & défendue par douze pièces de Canon de ſeize livres de balle. On y voit une Paroiſſe & une Maiſon de Jéſuites.

[b] Freſier Voyage de la Mer du Sud, t. I. p. 79.

Le Port de Valdivia, par l'avantage de la Nature [c], & par les Fortifications qu'on y a faites, eſt le plus beau & le plus fort de toute la Côte de la Mer du Sud. A trois lieues vers l'Eſt de la Pointe de la Galére eſt un Morne appellé *Morro Gonzales*, ſur lequel il y a une Batterie : au Nord-Eſt quart de Nord de ce Morne il y en a un autre nommé *Morro Bonifacio*. A ces deux Mornes commence l'Embouchure de la Riviére de Baldivia, qui peut avoir environ quatre lieues de largeur en cet endroit; mais les deux côtez venant à ſe rapprocher vers le Sud-Sud-Eſt, ne forment plus qu'un Goulet d'environ demi-lieue de large, derriére laquelle, en Terre-ferme, eſt un Port ſi commode qu'on y débarque les Marchandiſes ſur un Ponton ſans le ſecours des Chaloupes.

[c] Ibid. p. 75.

& dont l'entrée eſt défendue par quatre Forts, deux de chaque côté; & particuliérement par le premier de *Babord*, appellé le FORT DE NIEBLE, qu'il faut ranger de fort près pour éviter des bancs de ſable qui s'avancent à tiers Canal depuis le pied de la MARGUE, qui eſt celui de *Tribord*. Si l'on veut enſuite mouiller au Port de CORRAL, on vient en arondiſſant le *Tribord*, juſqu'au pied du Fort de même nom mouiller ſur quatre Braſſes d'eau; ſi on veut aller devant la Ville, c'eſt-à-dire au lieu le plus près, on paſſe entre le Fort de *Nieble* & celui de *Manſera*, qui eſt ſur l'Iſle de *Conſtantino Perez*, en rangeant la Côte du Sud d'une grande Iſle.

Depuis le Port du CORRAL, les Chaloupes ont un chemin à moitié plus court, par le Canal que forme la grande Iſle & la Terre de Babord. Les Navires n'y paſſent pas de crainte des Bancs qu'il y a vers le milieu. En quelque endroit qu'on ſoit mouillé, on eſt toujours en ſûreté de tous vents, parce que la tenue y eſt bonne, ſur un fond de vaſe dure, & qu'il n'y a point de Mer, excepté auprès du Port du Corral en tems de Nord. On y fait par-tout de l'eau commodément : le Bois y eſt en abondance, non-ſeulement pour le feu, mais encore pour la conſtruction des Navires, le terrein y étant cultivé & très-fertile en Grains & en Légumes. Les Raiſins à la vérité n'y mûriſſent pas; mais on peut ſuppléer au défaut de Vin par le Cidre, comme en quelques Provinces de France; car il y a une ſi grande quantité de Pommiers, qu'il s'en trouve de petites Forêts.

Les avantages de ce Port ont engagé les Eſpagnols à faire pluſieurs Forts pour en défendre l'entrée aux Nations Etrangéres, parce qu'ils le regardent comme la Clef de la Mer du Sud. Les Hollandois effectivement ont voulu s'y établir pour ſe aſſurer une retraite qui pût leur faciliter l'entrée dans cette Mer. En 1643. ils s'en rendirent Maîtres; mais la diſette, les Maladies & particuliérement la mort de leur Général les ayant affoiblis, ils furent contraints de ſe retirer & d'abandonner leur Bagage, avec trente pièces de Canon, parce qu'ils avoient été informez du ſecours

cours qu'envoyoit le Marquis de Manſera Viceroi du Pérou. Aujourd'hui il y a plus de cent pièces de Canon qui ſe croiſent à l'entrée. Le Fort de Manſera en a quarante ; celui de Nieble. trente , celui de Margue vingt, celui du Corral dix-huit; & la plûpart ſont de fonte.

Pour ne pas laiſſer ce Port dépourvu , on y envoye les Blancs du Pérou & du Chili condamnez à l'éxil pour quelque crime ; de ſorte que c'eſt une eſpèce de Galére. On les occupe aux Fortifications, & aux beſoins de la Garniſon, qui n'eſt compoſée que de ces ſortes de gens, qu'on fait Soldats , & Officiers , même pendant le tems de leur punition. Le Viceroi doit envoyer tous les ans trois cens mille écus pour l'entretien des Fortifications & des troupes. On appelle ce ſecours le *Real Situado*, dans lequel ſont compris les vivres & les étoffes pour les habiller. Cette ſomme n'eſt pas toujours bien exactement fournie: auſſi le Préſident du Chili ne manque point d'envoyer tous les ans un bon ſecours dont les Gouverneurs profitent ; de ſorte que ce Poſte eſt le plus recherché de toute la Côte pour le revenu ; quoiqu'il doive être deſagréable par la mauvaiſe compagnie qu'on y trouve , & fort ennuyant pendant près de ſix mois de pluyes continuelles tous les Hyvers.

VALDONE , Prieuré de Filles, en France [a], dans la Champagne, à deux lieues de Joinville & à trois lieues de Vaſſy , dans un Vallon fort étroit & entouré de hautes Montagnes. Quelques-uns donnent mal à propos à ce Prieuré le titre d'Abbaye Il eſt de l'Ordre de St. Benoît de la dépendance de Molême. Il fut érigé en titre de Prieuré à l'honneur de la Sainte Vierge & de St. Robert, environ l'an 1116. ou 1140. par Geofroi, ou Godefroi Seigneur de Joinville, Félicité de Brienne ſon Epouſe, ſon fils Guy Archidiacre de Langres & ſon frére Robert, comme il paroît par le titre de fondation qui eſt ſans date. Hugues de Grex donna enſuite la moitié de la Terre du Monaſtère, l'autre moitié ayant été donnée par Geofroi. Ce Monaſtère a été pluſieurs fois pillé & brûlé pendant les Guerres. Les Montagnes dont il eſt environné l'incommodent extrêmement lorſque les neiges viennent à fondre. Cet inconvénient avoit fait prendre la réſolution de le transférer à Vaſſy ; mais au lieu de ſuivre ce deſſein on transféra en 1702. les Religieuſes au Village de Charenton, à deux lieues de Paris, une perſonne charitable ayant acheté pour cet effet de la Communauté des nouvelles Catholiques de Paris le 2. Octobre 1700. la place où étoit le Temple des Réformés , à condition d'y établir à perpétuité une Confrairie de l'adoration perpétuelle du St. Sacrement. Il y avoit dans ce Monaſtère au tems de leur tranſlation trente-cinq Religieuſes, ſous une Prieure Titulaire, & leur revenu étoit de environ quatre mille Livres.

VALENA, Ville de la Haute Pannonie. Ptolomée [b] la met au nombre des Villes qui étoient éloignées du Danube. Cependant Villeneuve & Mollet veulent que ce ſoit aujourd'hui la Ville de *Gran*; ſelon Lazius c'eſt *Valbach*. Quelques Exemplaires de Ptolomée, au lieu de *Valena*, liſent *Valina*.

VALENÇAY. Voyez VALENCE.

1. VALENCE, Royaume d'Eſpagne [c] Il tire ſon nom de la Capitale , & s'étend du Nord au Sud de la longueur d'environ ſoixante ſix lieues, ſur vingt-cinq dans ſa plus grande largeur ; de ſorte qu'il eſt long & étroit. Le Mer Méditerranée le borne à l'Orient & au Midi, ce qui lui donne près de ſoixante lieues de Côtes ; au Nord-Eſt il eſt borné par un coin de la Catalogne ; au Nord par l'Arragon; & au Couchant par la Caſtille Nouvelle , & par le Royaume de Murcie. C'eſt le Pays qu'habitoient anciennement les Celtibériens , les Conteſtains & les Luſons.

Le Royaume de Valence eſt l'un des mieux arroſez de ceux qui compoſent l'Eſpagne. Il a pluſieurs grandes Riviéres, outre pluſieurs petites ; toutes enſemble vont au nombre de trente-cinq, & coulent à l'Orient ou au Sud-Eſt. Les principales ſont ; en commençant par l'Occident , la Segura qui baigne trois Royaume , celui d'Andalouſie, où elle prend ſa ſource, celui de Murcie qu'elle traverſe ; & celui de Valence, où elle mouille Origuela, & ſe décharge dans la Mer près de Guardamar: le Xucar, qui prend ſa ſource dans la Nouvelle Caſtille & y traverſe la petite Province de la Sierra, où il reçoit deux petites Riviéres , le Cabriel & l'Oliara, après quoi il vient arroſer le Royaume de Valence en largeur de l'Occident à l'Orient, & va perdre ſon nom & ſes eaux dans la Mer, près d'une petite Place nommée Cullera, qui donne ſon nom à un Cap voiſin ; le Guadalaviar , ainſi appellé par les Maures d'un mot qui veut dire eau pure, naît aux confins de l'Arragon & de la Caſtille Nouvelle. a quelques milles de la Ville d'Albarrazin près de la ſource du Tage ; il arroſe le Royaume d'Arragon, traverſe celui de Valence de l'Occident à l'Orient, & ſe jette dans la Méditerranée, au-deſſous de la Capitale. Le Morviedro qui traverſe auſſi le Royaume de Valence de l'Occident à l'Orient, & ſe perd dans la Mer, au-deſſous d'une Ville dont il porte le nom, & enfin le Millas , Miglias , ou Millares , qui paſſe à Honda , & entre dans la Mer au-deſſous de Villa-Real.

A trois lieues de Murcie ſe trouvent les confins du Royaume de Valence , & l'on voit dans cet endroit une groſſe pierre , miſe ſur une hauteur pour marquer la borne des deux Royaumes. Cet endroit eſt ordinairement dangereux, rempli de Bandits, à cauſe de la facilité qu'ils ont de paſſer d'un Royaume à l'autre , d'abord qu'ils ont fait quelque méchant coup.

On convient que le Royaume de Valence [d] eſt l'un des mieux peuplez de toute l'Eſpagne. On y compte ſept Citez , ſoixante-quatre Villes murées, grandes ou petites, mille Villages & quatre bons Ports de Mer, dont le plus conſidérable eſt Alicante. C'eſt auſſi l'un des plus agréables Pays de la Monarchie. L'air y eſt doux & ſi temperé qu'on y joüit preſque d'un Printems continuel. La grande quantité de Riviéres & de Ruiſſeaux dont il eſt arroſé le rend extrêmement fertile , particuliérement

a Baugier, Mém. de Champagne, t. 2. p. 177.

b Lib. 2. c. 15.

c Délices d'Eſpagne, p. 544.

d Pag. 572.

ment en vins & en fruits. Les Vallées & les Plaines font couvertes de toutes fortes d'Arbres fruitiers qu'on voit en toutes Saifons chargez de fruits, ou parez de fleurs, On y recueille aussi du Ris, du Lin fort précieux, du Chanvre, de la Soie, du Miel & du Sucre. Il est vrai que le Pays est entrecoupé de Montagnes fort rudes, & la plûpart stériles. On y nourrit cependant des Troupeaux; & les Miniéres que la terre y cache dans ses entrailles sont fécondes en Alun & en Fer, comme autour du Cap Finistrat. On en trouve aussi quelques-unes d'argent & d'or, de même que des carriéres d'Albâtre, de Chaux, de Plâtre, de Calamine, d'Argile, dont on fait de très-beaux Vases, & de Pierre de Lapis. La Mer y fournit diverses espéces de bons poissons, particuliérement des Aloses & des Tons.

Ce Pays fut érigé en Royaume l'an 788. par Abdalla Gouverneur de Valence, qui se tira de la sujettion du Roi de Cordoue, auquel néanmoins il fut contraint de payer annuellement un tribut de dix-sept mille Maravedis. Le dernier Roi de Valence fut Zahen qui fut dépossédé de sa Capitale dans le treizième Siècle & contraint de se retirer avec cinquante mille Maures.

Quoique le Royaume de Valence soit un des mieux peuplez de l'Espagne, il l'étoit encore davantage autrefois. C'est-là qu'étoit la plus grande partie des Maures, qui furent chassez de l'Espagne en 1610. parce qu'ils n'étoient pas bien convertis à la Foi Catholique; & qu'ils retournoient bien-tôt au Mahométisme, lorsqu'ils croyoient le pouvoir faire impunément. Aujourd'hui encore les Habitans sont fort mêlez de Chrétiens vieux & de nouveaux, comme on parle en Espagne: de là vient que le langage y est très-impur, & plus mêlé d'Arabe que par-tout ailleurs. Les descendans des Mores qu'on appelle ici Morisques sont bons Laboureurs, appliquez au travail & fort sobres.

2. VALENCE, Ville d'Espagne [a], & la Capitale d'un Royaume auquel elle donne son nom. Cette Ville est fort ancienne. Elle fut donnée l'an de Rome 616, près de cent quarante ans avant Jésus-Christ, à de vieux Soldats qui avoient servi sous le fameux Viriatus: de là vient que les Habitans prenoient le nom de *Veteres*, ou de *Veterani*, comme il paroît par l'Inscription suivante, qu'on a trouvée dans cette Ville:

C. VALENTI HOSTILIANO.
MESSIO. QUINCTIO.
NOBILISSIMO. CÆS.
PRINCIPI JUVENTUTIS
VALENTINI.
VETERA. ET. VETERES.

Pompée détruisit cette Ville, dans le tems de la Guerre de Sertorius; mais elle fut rétablie dans la suite. Les Mores qui s'en étoient saisis la perdirent dans le XI. Siècle par la valeur du fameux Héros Rodrigue surnommé *le Cid*. Ils la reprirent après sa mort en 1025. & s'y maintinrent jusqu'en 1238. que Jacques I. Roi d'Arragon la leur enleva pour toujours.

[a] Délices d'Espagne, p. 558. & suiv.

Cette Ville est située à trois milles de la Mer, au bord du Guadalaviar, dans une Campagne extrêmement agréable, où la Nature semble avoir répandu tous ses dons à pleines mains. On y jouït d'un air si doux & si tempéré, qu'on n'y sent jamais d'Hyver, & l'on y trouve en abondance toutes les choses qui servent aux besoins & aux délices de la vie. La Ville est grande: elle contient environ douze mille feux dans son enceinte, sans compter les Fauxbourgs & les Jardins de plaisance, qu'on voit tout autour, & qui en font bien encore un pareil nombre. Elle est le Siège d'une Université & d'un Archevêché, qui y fut fondé en 1492. par le Pape Innocent VIII. à la priére des Rois Catholiques & du Cardinal Roderic Borgia. L'Archevêque a trente à quarante mille Ducats de rente.

Valence ayant été reprise par les Chrétiens dans le XIII. Siècle & abandonnée des Maures qui furent contraints de la leur céder, on y envoya une Peuplade d'Espagnols prise de l'Arragon & de la Catalogne jusqu'au nombre de huit cens quatre-vingt-quatre Chefs de Familles, qui se sont multipliez avec le tems. Les Habitans sont fort civils, agréables en conversation, & plus portez à l'enjouement & à la gayeté, que ne le sont d'ordinaire les autres Espagnols. Les femmes y passent pour être les plus belles du Royaume, & aussi pour les plus galantes. La Ville est fort belle, très-agréable & ornée de très-beaux Edifices: de là vient qu'en Espagne on la nomme VALENCIA HERMOSA, *Valence la Belle*. On y remarque l'Eglise Cathédrale, dont le Clocher est élevé de cent trente pieds. L'un des côtez du Chœur est tout incrusté d'Albâtre & orné de très-belles Peintures, dont les sujets sont tirez des Histoires de la Bible, & au-dessus desquelles on voit le Tableau de la Sainte Vierge avec un petit Jésus entre ses bras de la main d'un Peintre Flamand. Le Grand-Autel qui est tout couvert d'argent, est éclairé de quatorze Lampes de même métal suspendues au devant. Il y a un riche Tresor dans cette Eglise. L'Archevêque est vêtu comme un Cardinal, & les Chanoines portent l'habit violet, & ont le rochet & le camail dans les cérémonies de l'Eglise. Les Chanoines valent chacune trois mille Ecus. L'Eglise de St. André a pour principal ornement le corps d'un Saint moderne, mais qui opére des merveilles. Il se nommoit de son vivant *François Jérôme Simon*. Il mourut en 1612. âgé, & fut enseveli dans une Chapelle de cette Eglise. Au devant de la Chapelle on a mis cette Inscription à l'honneur de ce Saint: MORTUUS EST NON FOEDATUS. On dit que durant sa vie il cacha le don qu'il avoit de faire des Miracles, & qu'il ne le révéla qu'à l'article de la mort. Entre les Monumens de la reconnoissance des Peuples pour les bienfaits qu'ils ont reçus par l'intercession du Saint, on voit une longue chaîne de bagues, avec toutes sortes de pierres précieuses, & une Lampe dont la façon seule a coûté huit mille Ducats. C'est un présent de l'Archiduc Albert.

On pourroit dire qu'il y a autant de Palais que de Maisons à Valence, tant les Bâtimens

timens y sont magnifiques. La Maison de Ville, le Palais de la *Ciuta* & celui de la Députation sont les plus beaux. On traite dans ce dernier des Affaires qui regardent le Royaume. Le Palais du Viceroi appellé *la Real de su Eccellencia* est de l'autre côté de la Riviére. Son Architecture fait voir qu'il a été bâti du tems des Mores. Ses Tours sont bordées de creneaux comme les murailles qui le serment. Les Jardins sont admirez pour la diversité de leurs Grottes, de leurs Bocages, & des lieux remplis d'eau qui les rendent toujours verdoyans.

Toutes les rues de Valence sont longues & belles, à l'exception de celles qui sont du côté du Marché au Poisson, où est la rue des Orfèvres. La grande, appellée *Calle de la Mar*, commence à la Porte de St. Vincent. C'est dans cette rue qu'on trouve l'Eglise de St. Martin, ornée d'une haute Tour quarrée & voisine du grand Marché. La *Longa de la Seda*, autrement la Bourse, est dans cette Place. C'est un grand Palais où s'assemblent les Marchands pour parler de leurs affaires, dans une Sale soutenue de plusieurs hautes Colonnes très-bien travaillées. On voit delà la belle Eglise des Jésuites, qui est couverte d'un Dôme, & celle de St. Jean qui est près d'une autre Place. Il y a aussi dans cette Ville plusieurs Colléges. Ceux de St. Thomas de *Villanova*, de *Philippueri* & *del Patriarcha* sont les plus considérables, avec le Collége de l'Université, où sont les Classes des Ecoliers, qui y viennent de tous les autres Collèges. Celui du Patriarche est une Congrégation de trente Prêtres, fondée par un Archevêque de la Maison de Guevara. C'est un très-beau Bâtiment avec une grande Cour quarrée, au milieu de laquelle est une Fontaine qui passe pour une des plus belles de toute l'Espagne, à cause de son Bassin de marbre & des figures qui l'environnent. On chante tous les jours le Service en Musique dans l'Eglise de ce Collége, où il y a un beau Crucifix, qu'on ne découvre que les Vendredis avec beaucoup de cérémonies. On voit dans les Chapelles plusieurs Tombeaux d'Archevêques & de Cardinaux, & on admire de tous côtez les peintures & les dorures, principalement celles du Maître-Autel. Le Couvent Royal de l'Ordre de St. Jérôme, est hors de la Ville. On l'appelle *San Miguel del Rey* à cause que Philippe III. le fit bâtir, & le dota d'un grand revenu. Cette Eglise est un Lieu de dévotion pour les Bourgeois; & ses grands Cloîtres & ses Jardins en sont un de promenade.

Lorsque Jacques Roi d'Arragon conquit la Ville de Valence sur les Maures, elle avoit seulement mille pas de tour & quatre Portes, savoir: la Boatellane, la Baldine, la Templaire, ou la Porte des Templiers, & la Xareane; mais dans la suite on l'aggrandit de beaucoup, & de ronde on la fit quarrée. Présentement il y a douze Portes, dont les principales sont celles du Réal, des Juifs, de Rusafe, des Innocens, de los Sarranos, & de los Tintes. Il y a dix mille Puits ou Fontaines d'eau vive, & cinq grands Ponts sur la Riviére Guadalaviar; entre lesquels celui, qu'on appelle *Réal* est le plus beau. Celui de la Porte Serance, qui est ensuite, mene au Palais du Viceroi. Ces Ponts ont quinze pas de largeur & trois cens de longueur.

Valence n'est pas une Place forte quoiqu'elle ait quelques Bastions le long de l'enceinte de ses murailles, où l'on tient ordinairement un certain nombre de Canons de bronze. On y fait de très-bonnes Draperies, qui sont fortes, d'un bon usage & propres à résister à la pluye. On y fait aussi quantité d'Etoffes de soye; de là vient que les Meuriers y sont d'un gros revenu pour les Habitans. La beauté du Lieu, les agrémens de sa situation, la fertilité du terroir, la douceur de l'air, le voisinage de la Mer; tout cela ensemble fait que Valence est habitée par la plus grande partie de la Noblesse du Royaume & par un très-grand nombre de Marchands qui y font fleurir le Commerce. L'Université y attire aussi beaucoup de gens d'étude.

Cette Ville a l'honneur d'avoir produit deux Papes de la Maison de Borgia, savoir Alfonse & Roderic: le premier prit le nom de Calixte III, & le second prit celui d'Aléxandre VI. Le savant Louis Vivès, dont Valence étoit aussi la Patrie, lui a aussi fait beaucoup d'honneur. Les Rois y tenoient ci-devant un Viceroi, commandant de leur part, & qui régloit les affaires de ce Royaume avec douze Conseillers qu'on lui donnoit pour Assesseurs. Le Roi pouvoit disposer de cette Charge en faveur de qui il vouloit; mais il étoit obligé d'aller à Valence, & d'y présenter son Fils aux Etats pour Prince. Cet usage ne subsiste plus. Philippe V. dépouilla en 1705. ce Royaume de ses privilèges pour avoir tenu le parti de l'Archiduc, & il a réuni le Royaume de Valence au Royaume de Castille, dont il doit être désormais une Province. La Ville a un Gouverneur pour ses affaires particulières, & il se nomme *Corregidor*. La Noblesse fait un Corps à part & a de même une Chambre particulière qu'on appelle la *Casa de la Deputacion*. Il ne faut pas oublier qu'on trouve à Valence un grand nombre de Monumens d'Antiquitez, & que cette Ville a eu l'honneur de voir célébrer un Concile dans son enceinte, l'an 524.

Tout près de cette Ville, au Midi, la Mer forme un Lac de trois lieues de long, & d'une lieue de large. Les Habitans l'appellent *Albufera*, d'un nom retenu des Maures; & les Romains le nommoient *amænum Stagnum*. Il est fécond en divers poissons fort délicats: on y pêche, entre autres, des Tons, des Aloses & des Anguilles.

Le Golphe de Valence est formé par la partie de la Mer Méditerranée qui baigne les Côtes du Royaume de Valence. Il s'étend depuis l'Embouchure de l'Ebre jusqu'au Cap nommé *la Punta del Emporador*.

3. VALENCE, Ville de France [a], dans le Dauphiné, & la Capitale du Valentinois auquel elle donne son nom. Elle est située sur le bord Oriental du Rhosne, à sept lieues de Die, à neuf de Viviers, & à onze de Vienne, entre ces deux derniéres Villes. Elle est une des plus anciennes Villes des Gaules, puisqu'elle étoit déja Colonie Ro-

[a] *Longuerue, Descr. de la France, Part. 1. p. 330.*

Romaine du tems du Vieux Pline, qui vivoit sous Néron & Vespasien.

Après l'institution des nouvelles Provinces, Valence demeura sous la première Viennoise, & après la ruine de l'Empire Romain elle fut soumise aux Bourguignons, & ensuite aux François Mérovingiens. Sous les Carlovingiens elle fut du Royaume de Bourgogne & d'Arles, & reconnut ceux qui n'étant pas de la Race de Charlemagne, jouïrent de ce Royaume.

Cette Ville n'étoit point sujette aux Comtes de Valentinois. Les Evêques y étoient fort puissans, mais elle ne reconnoissoit pour véritable Souverain que l'Empereur Roi de Bourgogne & d'Arles. Frederic Barberousse étant dans la Ville de Besançon, donna la propriété & la Seigneurie absolue de la Ville de Valence à l'Evêque nommé Eudes, & par ses Lettres il voulut que tous les Monasteres & les autres Eglises fussent, pour la Jurisdiction temporelle, assujettis à ce Prélat, qui ne devoit reconnoître au-dessus de lui, non-seulement pour la Ville de Valence, mais pour tout ce qui appartenoit à son Evêché, que l'Empereur seul. Depuis ce tems-là les Evêques prirent le titre de Comtes de Valence, qu'ils conservent encore aujourd'hui. Ils ont eu le Haut Domaine de leur Ville jusqu'à l'an 1449. que l'Evêque Louis de Poitiers reconnut la Souveraineté de Louis Dauphin de Viennois, Comte de Valentinois & Diois, à qui il fit hommage, ayant suivi l'exemple de Jean Gerard Archevêque de Vienne son Métropolitain; de sorte qu'il n'est resté à l'Evêque que la Seigneurie utile, & le Roi y établit non-seulement un Siège Royal, mais un Présidial.

Hofman dit que la Ville de Valence a été ainsi appellée à cause qu'elle étoit très-forte. *Valentia à viribus & robore*. Cette Ville est d'une médiocre grandeur. Sa Cathédrale est un assez joli Bâtiment [a]. Le Chœur est plus élevé que la Nef. La Place des Clercs, qui est vis-à-vis de cette Eglise, est assez grande; mais les maisons qui sont autour n'en sont pas belles. Il y a encore quelques autres Places dans la Ville, entre autres celle de la Pierre où se tient le Marché. L'Evêché est une belle Maison. Les vûes du Jardin donnent sur le Rhône, & sont fort étendues. La Citadelle fut bâtie sous François I. & est peu de chose. Dans le Cloître des Cordeliers on voit la représentation d'un Squelette de Géant, qui avoit quinze coudées de haut. Une Inscription Latine qu'on fit mettre au même endroit en 1648. nous apprend que ce Géant s'appelloit Buardus, & qu'il étoit un Tyran du Vivarez, dont les os ayant été trouvez en 1456. furent enterrez dans ce Cloître. Les murailles de la Ville sont fort bonnes, & le Mail est dans les fossez. On a tenu trois Conciles à Valence. Le premier en 374. le second en 584. & le troisième en 855.

Il y a aujourd'hui dans la Ville de Valence l'Abbaye de St. Ruf, qui est Chef d'Ordre, & dont les Religieux sont Chanoines Reguliers de Saint Augustin. Cet Institut eut son premier commencement à Avignon par certains Prêtres, qui voyant la vie licentieuse du Clergé de ce tems-là instituèrent un Ordre de Clercs, lesquels (sans abandonner leur profession) joignirent à la Vie Clericale une partie des austeritez des Moines, en s'engageant par des Vœux à la Vie Religieuse. Benoît Evêque d'Avignon leur donna l'ancienne Eglise de Saint Ruf, qui étoit sur la Durance; ils demeurèrent en ce lieu-là cent dix ans, après quoi l'Abbé Raymond transféra l'an 1162. ce Monastère près de la Ville de Valence, dans une Isle du Rhône nommée l'Esparvière, où il fut bâti magnifiquement. Les Réformés ayant ruiné de fond en comble cette Abbaye avec ses Bâtimens & l'Eglise, dans les premiers troubles pour la Religion, sous Charles IX. l'Abbé & les Religieux se retirèrent dans la Ville de Valence.

L'Evêché de Valence est fort ancien, puisque dès l'an 300. il y avoit un Evêque, appellé Emilien, dont il est parlé dans la Vie de St. Marcellin. Cet Evêché vaut environ quatorze mille Livres de revenu & a dans son Diocèse cent cinq Paroisses, soixante & six desquelles sont en Dauphiné & trente-cinq en Vivarais. L'Eglise Cathédrale fut consacrée en 1096. par le Pape Urbain II. en l'honneur de St. Corneille & de St. Cyprien quoiqu'elle porte aujourd'hui le nom de St. Apollinaire. Son Chapitre est composé d'un Doyen, d'un Prevôt, de l'Abbé de St. Felix & d'un Archidiacre, qui sont les quatre Dignitez. Il y a un Précenteur & un Sacristain, qui ont rang avant les Chanoines; mais qui ne sont que Personnats. Les Chanoines sont au nombre de quatorze. Leur revenu est différent suivant leur ancienneté. On les estime depuis trois cens Livres jusqu'à onze cens cinquante. Le Chapitre de St. Pierre du Bourg est aussi dans Valence & est composé de huit Chanoines dont le premier est appellé le *Prieur*, & jouït de quatre cens Livres de rente. Le revenu des autres dépend aussi de l'ancienneté, & va depuis cent cinquante Livres jusqu'à six ou sept cens. Il n'y a dans ce Diocèse que deux Abbayes d'Hommes, qui sont celle de St. Ruf, & celle de St. Thiers de Saou. Il n'y a non plus que deux Abbayes de Filles; savoir celle de Vernaison & celle de Soyon.

Les environs de Valence sont agréables & arrosez par des Fontaines dont les eaux sont très-pures. On monte sur un petit Côteau qui fait un demi-cercle autour de la Ville & qui lui sert, pour ainsi dire, de Cirque naturel, aussi exactement fait que si c'étoit un Ouvrage de l'art.

A l'occasion du portrait du Squelette gigantesque, qu'on voit aux Dominicains de Valence, Mr. Spon [b] remarque qu'on en a transporté quelques os au Cabinet du Roi, & qu'on en montre au Couvent de St. Ruf, qui sont d'une grandeur prodigieuse. Un Chanoine, ajoute-t-il, me fit voir une dent deux fois plus épaisse que le pouce, & il prétendoit qu'elle fût d'un Géant; mais c'étoit une dent d'Eléphant, car elle se levoit en écailles. On est encore plus infatué de ces os de Géans à Soyons & à Charmes: ce sont deux Villages près de Valence au-delà du Rhône. On y montre de ces grands os, & dans la Campagne on voit des pierres, à peu près comme des pierres de Moulin

[a] Pigeniol, Descr. de la France, t. 4. p. 58.

[b] Voyage de Provence, Liv. 1.

lin trouées au milieu, dont les femmes de ces Géans, à ce que disent les bonnes gens de ce Pays-là, se servoient pour mettre au bout de leurs fuseaux. Près de Charmes il y a une petite Montagne, à la cime de laquelle se trouve un Tombeau antique avec une Inscription. Le peuple entêté d'une dévotion indiscrette va souvent visiter ce Sépulcre, prétendant qu'il est de quelque Saint inconnu. Mr. Spon assure pourtant qu'il ne put y observer aucune marque de Christianisme, comme sont les croix, les figures de la Bible, l'*Alpha* ou l'*Omega*. De dix vers qui y sont gravez on n'en peut lire que deux entiers, qui semblent être plutôt des productions d'un Siècle Payen que d'un Siècle Chrétien. Le tems qui consume toutes choses a effacé de la pierre le nom de celui qui y étoit enseveli. Dans la Ville de Valence on fait voir un Tombeau qu'on prétend être de l'Impératrice Justine, parce qu'on y lit dessus, D. JUSTINA M. ce que Golnitz dans son Itinéraire explique très-mal *Diva Justina Mater*; au lieu de *Diis Manibus Justina*; car la premiére & la derniére lettre vont ensemble, étant d'un caractère plus gros que le mot du milieu. C'est-à-dire que l'on recommandoit aux Dieux Manes ou Infernaux cette Justine pour qui étoit fait ce Tombeau. Si on demande pourquoi on n'y avoit mis que son nom, sans aucun titre & sans aucun éloge; il est aisé de répondre que ce n'étoit qu'une petite-fille, de qui il n'y avoit rien à dire & dont les parens n'étoient pas considérables. Cela n'est pas avancé sans raison: car le Tombeau est effectivement petit, & n'a aucun ornement, bien loin d'être d'une femme d'Empereur, qu'on n'auroit pas ensevelie si pauvrement; quand même le Tombeau auroit été assez grand. De plus Justine étant une Impératrice Chrétienne, les Dieux Manes ne conviendroient pas à son Tombeau. A côté de la Porte de St. Felix, on voit une Tour ronde qui avance beaucoup plus en haut qu'en bas; de sorte qu'étant au pied on se trouve à couvert de la muraille. Quelques-uns croient que c'est un Chef-d'œuvre d'Architecture, comme la Tour penchante de Pise & celle de Boulogne, avec lesquelles elle n'est pas à comparer ni pour la grandeur ni pour la fabrique. Mais le Peuple, à qui d'ordinaire tout ce qui est difficile à pénétrer passe pour miracle, dit que cette Tour s'est courbée de la sorte, lorsque St. Felix & deux autres Martyrs entrérent dans la Ville, comme pour se prosterner devant eux.

L'Université fondée à Grenoble par le Dauphin Humbert II. fut transférée à Valence, par Louis XI. Dauphin & depuis Roi de France. Elle est composée de trois Facultez, Théologie, Droit Civil & Canon, & Médecine. Il y a deux Professeurs en Théologie, quatre en Droit Civil & Canon, cinq Aggregez en Théologie, neuf en Droit & cinq en Médecine. On compte parmi les Suppôts de cette Université Philippe Décius, Jean de Coras, Antoine Duman, Jacques Cujas, François Hotman, Jules Pacius, & plusieurs célèbres Jurisconsultes.

4. VALENCE, Ville de France dans l'Agénois, Election d'Agen; sur le bord Septentrional de la Garonne, vis-à-vis d'Aurillac, à trois lieues au-dessous de Moissac. C'est une fort petite Ville.

5. VALENCE, Ville de France dans l'Armagnac, Election de ce nom, sur la Blaise, à cinq lieues au Septentrion de la Ville d'Auch. Elle vaut à peine un bon Bourg.

6. VALENCE, Ville de France dans le Haut Languedoc, Recette d'Alby. Cette petite Ville située dans une belle Plaine est entourée de fossez pleins d'eau. C'est le Siège d'une Préfecture & l'une des douze principales Préfectures du Diocèse d'Alby.

7. VALENCE, Abbaye de France, dans le Poitou, au voisinage de Couhé. C'est une Abbaye d'Hommes de l'Ordre de Citeaux, Fille de Clervaux. Il paroit par quelques vestiges que c'étoit autrefois une magnifique Maison. Elle fut commencée le huitième des Ides d'Aout 1230. par Hugues de Lusignan, Comte de la Marche & d'Angoulême, qui lui céda neuf années après le droit de Foires avec péage & rente. Cette Abbaye est sous le titre de Notre-Dame & l'Abbé jouit de deux mille cinq cens Livres de revenu.

8. VALENCE, ou VALENÇA D'ALCANTARA, Ville d'Espagne, dans l'Estramadoure, au Sud-Ouest d'Alcantara, aux frontières du Portugal. Cette Ville passablement grande, est ceinte d'une muraille antique, flanquée de quatre ou cinq petits Bastions bâtis sur le roc, avec quelques Tours & un vieux Château au dedans, aussi bâti sur le roc. ^a *Délices d'Espagne, p. 370.*

9. VALENCE, ou VALENÇA DO MINHO, Ville de Portugal ^b, dans la Province d'Entre-Douro & Minho, aux frontières de la Galice, à l'Occident de Monçaon, vis-à-vis de Tuy. Cette Place est située sur une hauteur, dont la pointe s'étend jusqu'au bord du Minho, & fortifiée de cinq Bastions qui ne sont pas revêtus. Valença do Minho est le Chef-lieu d'un Comté qui appartient aux Marquis de Villareal, de la Maison de Meneses. ^b *Délices de Portugal, p. 701.*

VALENCE, VALENCEY ou VALENÇAY, Ville de France, dans le Blaisois, Election de Blois. Les Seigneurs du Lieu écrivent VALENCE à cause, disent-ils, que le Château de ce nom est situé sur une éminence dont la Vallée ressemble à un G ^c. Cette petite Ville est sur la Rivière de Nahon, & quelques Géographes la placent dans le Berry, d'autres dans le Blaisois, parce qu'elle est du ressort de Blois quant à la Justice & à la Féodalité. Elle est formée par trois gros Bourgs, au milieu desquels le Château est situé. Cette Maison a été bâtie sur un dessein donné par Philibert de Lorme, Architecte fameux sous le regne de François I. Quoiqu'il n'y ait que la moitié de ce Bâtiment qui soit achevée, elle peut être regardée comme une des plus belles Maisons de France. Voici la description qu'en a fait un Ecrivain ^d qui avoit été sur les Lieux. On y arrive par trois avenues qui conduisent à quatre différentes Cours faites en ovale, aux côtez desquelles sont les Pressoirs & les Ménageries. De ces Cours qui font une agréable symmétrie, on entre dans le Châ- ^c *Piganiol, Descr. de la France, t. 6. p. 480.* ^d *Bernier, Hist. de Blois, p. 224.*

Château, entouré de grands Foſſez à fond de cuve. L'entrée eſt décorée d'un fort grand Pavillon, aux deux côtez duquel ſont deux groſſes Tours, l'une deſquelles communique à un grand Corps de Logis double. Les Tours & le Pavillon ſont bordez de Machicoulis ſculptez de beaux Ornemens, de même que le Corps de Logis. La Cour eſt quarrée, & vis-à-vis du Pavillon d'entrée il y a une muraille à jour, qui a vûe ſur un grand Vallon en forme de C. Le côté qui ferme la Cour vers le Nord, eſt un Bâtiment qui a ſes uſages particuliers. La face du grand Pavillon, & celle du grand Corps de Logis, ont du côté de la Cour trois Galéries les unes ſur les autres, qui communiquent à tous les Appartemens, & dont les Arcades ſont ornées de fort beaux trophées d'armes de bas relief. Sous ces Galéries il y en a une ſouterraine qui conduit aux Offices, qui ſont ſous le grand Corps de Logis. Le dedans du Château a un beau Veſtibule, & un bel Eſcalier qui ſe communique à une grande Salle, où il y a des Ouvrages de Peinture & de Sculpture. Quelques-uns de ceux-là ſont de Pierre de Cortonne, & les autres de Jean Moſnier; mais l'on y fait ſur-tout eſtime d'une Vierge ornée d'un fort beau cadre, donné par le Pape Innocent X. à Meſſire Henri d'Eſtampes, Commandeur de l'Ordre de Saint Jean de Jéruſalem, Bailli du même Ordre, & Grand-Prieur de France, né en ce Château, &c. On va du Corps de Logis par un Pont de pierre, qui traverſe le Foſſé, ſur une grande Terraſſe, ornée de beaux Ouvrages de Sculpture, laquelle préſente à la vûe du côté gauche une perſpective de Prairies, de Côteaux, & de Forêts, qui la bornent agréablement; & à la droite eſt un grand Verger, & un Clos de Vignes, ſéparez de la terraſſe par une longue Allée d'Ormes femelles, au bout de laquelle eſt une ſortie qui mene dans une agréable Campagne.

VALENCIENNES, Ville de France, dans la Flandre Françoiſe, ſur les deux bords de l'Eſcaut qui y devient navigable. Cette Ville, dit Mr. l'Abbé de Longuerue [a], eſt fort ancienne puiſqu'elle étoit déja bâtie dans le commencement du quinième Siècle ſous l'Empereur Honorius; & il y avoit des Troupes qui prenoient le nom de cette Ville, & qui ſont marquées à la quarantième Section de la Notice de l'Empire ſous le nom de *Placidi Valentinianici felices*, & *Valentinianenſes felices*. Ces mêmes *Valentinianenſes* ſont marquez ſous le Général de la Cavalerie des Gaules, *cum Viro illuſtri Magiſtro Equitum Galliarum*; ce qui fait voir que cette Place doit ſon origine à un *Valentinien* & non à *Valens*, qui n'a jamais eu aucun pouvoir dans les Gaules; & comme *Valentinianæ* étoit déja un Lieu connu & célèbre avant la mort d'Honorius, on doit attribuer ſon origine à Valentinien I. ou à ſon plus jeune fils, qui régna trois ou quatre ans dans les Gaules, & non pas à Valentinien III. Succeſſeur d'Honorius. Pour connoître ce qu'il y a de foible dans ce raiſonnement, voyez l'Article VALENTINIANÆ.

[a] Deſcr. de la France Part. 2. p. 103.

Les Rois de France avoient un Palais à Valenciennes, comme on le voit par une Patente du Roi Clovis III. qui y tint une Aſſemblée des Grands du Royaume dans la troiſième année de ſon régne, *Valentianis in Palatio noſtro*. Ainſi dès lors le nom de *Valentinianæ* avoit déja été corrompu en *Valentianæ*. On trouve néanmoins une Patente de l'Empereur Lothaire, fils de Louis *le Débonnaire* donnée en la cinquième année de ſon régne, Indiction VIII. c'eſt-à-dire l'an 845. où on lit *actum Valentinianis*, *Palatio regio*. Dans ce tems-là, quoique Valenciennes eût un Palais Royal, ce n'étoit qu'une fort petite Ville ou Bourgade, puiſqu'Eginard, dans la Relation qu'il a faite de la Tranſlation des Corps des Martyrs Marcellin & Pierre, l'appelle *Pagi Fanomartenſis Vicum*; & Lothaire dans ſa Patente dit, que Valenciennes étoit *in Pago Fanomartenſe* Ce Lieu Fanomarte, qui eſt aujourd'hui un Village nommé FAMARS, peu éloigné de Valenciennes, & qui a pris ſon nom de quelque Temple de Mars, eſt auſſi marqué dans la Patente de Lothaire, qui dit que Valenciennes étoit in *Pago Fanomartenſe*; & ce Village de Famars ayant donné le nom au Pays d'alentour a dû être un Lieu plus conſidérable que Valenciennes. Mais la ſituation avantageuſe de celle-ci l'a fait devenir une Ville puiſſante & riche. L'Eſcaut qui la coupe par le milieu, & où il y a de belles Ecluſes, y porte Bâteaux. Comme cette Rivière la diviſe en deux, la Ville eſt auſſi des deux Dioceſes de Cambray & d'Arras. C'eſt ce qui fait qu'elle a été attribuée par quelques Auteurs au Hainaut, & par d'autres à la Flandre. Les Empereurs, de qui Cambray & le Hainaut relevoient, prétendoient avoir la Souveraineté de toute la Ville; ce qui leur a été diſputé par les Comtes de Flandre & par les Rois de France, de qui ces Comtes relevoient.

Sous le Régne de Lothaire, Roi de France, un Seigneur nommé Garnier, qui étoit Comte de Valenciennes, prit le parti de l'Empereur Othon *le Grand*. Brunon Archevêque de Cologne, frère de l'Empereur, donna à Garnier, Mons & tout le Hainaut, parce que cet Archevêque avoit la Sûrintendance de tout le Royaume de Lorraine, & il en dépouilla le Comte Reinier au *long-cou*. Après la mort de ce Comte, ſon fils Reinier fut rétabli en poſſeſſion du Comté de Mons, & Garnier vendit l'an 973. ſon Comté de Valenciennes à Reinier, qui le laiſſa à ſon fils appellé auſſi Reinier; mais celui-ci en fut dépouillé par Godefroi parent de Garnier, qui prétendoit que la vente de Valenciennes étoit nulle. Il eut pour Succeſſeur Arnoul ou Arnold, qui fut chaſſé de ce Comté en 1002. par Baudouïn *le Barbu*, Comte de Flandres. Ce Comte inveſtit du Comté de Valenciennes, Reinier qui fut le dernier mâle de ſa race, & à qui Baudouïn céda, ou vendit les droits qu'il avoit eu de l'Empereur Saint Henri. Ce Comte & ſa fille Richilde furent troublez dans la poſſeſſion de Valenciennes par Herman, qui étoit de la race des anciens Seigneurs de cette Ville, qui s'en mit en poſſeſſion. Et ce ne fut qu'après ſa mort que la Comteſſe Richilde & ſon Mari Baudouïn, dit *de Mons* Com-

Comte de Flandres, prirent poſſeſſion de Valenciennes, & en jouïrent paiſiblement comme ont fait tous ſes Succeſſeurs Comtes de Hainaut, juſqu'à Charles II. Roi d'Eſpagne, qui perdit cette Ville en 1677. Le feu Roi Louïs XIV. qui avoit aſſiégé en perſonne cette importante Place, s'en rendit maître; & elle lui fut cédée l'année ſuivante 1678. par le Traité de Nimegue.

J'ai dit plus haut que les Empereurs & les Rois de France prétendoient la Souveraineté de cette Ville. Ce qui eſt certain, c'eſt que la principale partie de la Ville qui eſt à la droite de l'Eſcaut, étoit dans l'Empire; & c'eſt à cauſe de cela que les Empereurs en ont donné l'Inveſtiture. Mais pour la partie qui eſt à la gauche de cette Riviére, avec tout le Pays qui s'étend juſqu'à la Scarpe, & qu'on nomme l'Oſtrevand, elle étoit du Royaume de France. L'Abbaye d'Anchin, qui y eſt ſituée, releve même de l'Artois; & les Rois Capétiens ont donné des Priviléges à l'Abbaye d'Hanon dans le même Pays. Dans la ſuite leur droit fut conteſté, puiſque Philippe le Bel ordonna vers l'an 1300. qu'on feroit une Enquête pour ſavoir ſi l'Oſtrevand relevoit de la France ou de l'Empire. Cette Enquête fut faite à l'avantage de la France, puiſque le Comté d'Oſtrevand releva de la France juſqu'au régne de Charles VI. à qui Guillaume de Baviére fils du Comte de Hainaut fit hommage du Comté d'Oſtrevand. Peu de tems après on ne douta plus que ce Pays ne fût de l'Empire; de ſorte que Louïs XI. après la mort de Charles Duc de Bourgogne, s'étant rendu Maître de Bouchain qui eſt dans l'Oſtrevand, le rendit volontairement, comme l'aſſure Comines, parce que cette Place étoit ſituée dans l'Empire. On voit des Chartes dans leſquelles les Comtes de Flandres, & ceux de Hainaut prennent le Titre de Comtes d'Oſtrevand.

Outre le Comte qui étoit le Haut Seigneur à Valenciennes, il y en avoit encore un autre, qui étoit le Châtelain Héréditaire; & ce Châtelain étoit propriétaire de Bouchain & de la plus grande partie de l'Oſtrevand. Le premier Châtelain Héréditaire que l'on trouve ſe nommoit Hugues, & vivoit vers l'an 1038. C'eſt de lui que deſcendoit par mâles Godefroy III. du nom, Châtelain de Valenciennes; & ce fut lui qui vendit en 1160. ſa Châtellenie & tous ſes Biens à Baudouïn dit le Bâtiſſeur, Comte de Hainaut.

a Piganiol, Deſcr. de la France, t. 7. p. 257.

La ſituation de Valenciennes *a* eſt extrèmement commode à cauſe de l'abondance des eaux qui ſont portées par de petits Canaux dans pluſieurs Maiſons particuliéres. Cette Ville eſt d'ailleurs ſur un terrein un peu penchant. Elle peut renfermer quatre ou cinq mille Maiſons, & environ vingt-cinq mille Habitans. Les rues ſont étroites, mal percées, & toutes tortues; en ſorte que c'eſt plutôt un Labyrinthe qu'une Ville. Son enceinte eſt fort irréguliére, & compoſée en partie d'une vieille enceinte qu'on a réparée, & ſur laquelle le Maréchal de Vauban a fait conſtruire pluſieurs grands Baſtions. Quelques-uns de ces Baſtions ſont ſurmontez de grands Cavaliers, & même il y en a qui en contiennent deux l'un ſur l'autre. Le Maréchal de Vauban a fait encore conſtruire deux grandes Contregardes, l'une deſquelles ſert de retranchement à un Ouvrage à Corne, qui eſt lui-même couvert d'une demi-lune. Pluſieurs autres demi-lunes ſont placées en différens endroits de la Ville, ſur-tout vis-à-vis des Portes. Il reſte encore deux anciens Ouvrages à Corne, que le Maréchal de Vauban a fait réparer & couvrir chacun d'une demi-lune. La Citadelle eſt une des plus irréguliéres qu'on puiſſe voir, & eſt diviſée en trois parties. L'ancienne Citadelle, elle-même très-irréguliére, a été réparée par le même Ingénieur. Tout autour régne un Foſſé plein d'eau. A mi-Côte de la Hauteur qui commande cette Citadelle s'éléve un grand Ouvrage, qui fait la ſeconde partie, & qui eſt retranché d'un Paté environné d'un Foſſé plein d'eau. Cet Ouvrage eſt couvert par la troiſiéme partie de la Citadelle, laquelle eſt un grand Ouvrage à Couronne, qui eſt tout-à-fait ſur la hauteur, & auſſi de la conſtruction du Maréchal de Vauban. Ces trois parties ſe commandent l'une l'autre. Les deux fronts de l'Ouvrage à Couronne ſont couverts chacun d'une demi-lune, le tout environné d'un Foſſé ſec, auſſi-bien que les Ouvrages qui l'accompagnent, & qui conſiſtent en une demi-contregarde, couverte d'une petite Lunette. Tout cela eſt accompagné de ſon chemin couvert & de ſon glacis. Pluſieurs Redoutes quarrées & pentagonales ſont placées aux environs de cette Place. Elles ſont belles & bien revêtues, entr'autres celle qui eſt dans l'Eſcaut & à laquelle on a donné une figure circulaire.

Il ſe fait à Valenciennes une Cérémonie qui n'eſt point en uſage dans les autres Provinces de France. Si-tôt qu'un Religieux a vécu cinquante ans en Religion, on célèbre ſon *Jubilé*, & on l'appelle *le Pere Jubilaire*. On met une Couronne ſur ſa tête, un Sceptre entre ſes mains, & on prie à haute voix *qu'il puiſſe s'en ſervir pour paſſer le Fleuve du Jourdain*. On préſente à ſes plus proches parens une Couronne pareille à la ſienne. On chante le *Te Deum*; & on conduit le Moine ainſi couronné à la Sacriſtie, après quoi on régale la Famille du Pere Jubilaire & les Religieux.

La Ville de Valenciennes *b* eſt du Dioceſe de Cambrai & de celui d'Arras. C'eſt l'Eſcaut qui ſépare ces deux Evêchez. La partie de Valenciennes qui eſt du côté du Hainaut, eſt du Dioceſe de Cambray; & il y a un Chapitre nommé St. Gery ou de la Salle, qui eſt compoſé d'un Doyen & de quinze Chanoines, & dont les Prébendes ſont fort peu de choſe pour le revenu.

b Piganiol, Deſcr. de la France, t. 7. p. 171.

Il y a dans la Ville de Valenciennes *c* une Juſtice Royale appellée la Prevôté-le-Comte, un Magiſtrat, une Juſtice de l'Abbaye de St. Jean, une Juſtice des Traités, le Magiſtrat de la Halle-Baſſe, un Conſeil Particulier & un Conſeil Général.

c Ibid. p. 194.

La Prevôté-le-Comte, c'eſt-à-dire la Prevôté, ou Juſtice du Comte de Valenciennes, eſt une Juſtice Royale compoſée

d'un

d'un Lieutenant-Général, de quatre Conseillers, d'un Avocat & d'un Procureur du Roi, dont les charges ont été érigées en Offices héréditaires par Edit du mois de Mars 1693. La Jurisdiction de ce Tribunal s'étend sur les vingt-quatre Villages de la Prevôté, & connoît des cas Royaux dans la Ville de Valenciennes. L'Appel des Jugemens de ces Officiers est porté au Parlement de Douay. Le Prevôt est outre cela Chef de la Justice criminelle dans la Ville, où il fait les fonctions de Semonceur, & en son absence son Lieutenant tient sa place.

Le Magistrat est composé d'un Prevôt, d'un Lieutenant, & d'onze Echevins qui sont nommez tous les ans par le Gouverneur de la Ville & par l'Intendant de la Province; de deux Conseillers Pensionnaires, d'un Greffier Civil, d'un Greffier Criminel, qui est aussi Procureur de la Ville, & d'un Greffier des Werps, ou Nantissemens. Les Officiers de ces derniers ont été créez héréditaires, ainsi que celui de Tresorier ou Massard de cette Ville, qui ont tous été vendus au profit du Roi. Le Magistrat connoît en première instance de toutes les affaires contentieuses Civiles & de la Police de la Ville, & par appel des Jugemens rendus par le Magistrat de la Halle-Basse. Ce dernier Magistrat est composé d'un Prevôt, d'un Mayeur, de treize Echevins & de vingt hommes de condition, qui tous ensemble décident de tout ce qui regarde la Draperie, & sont nommez tous les ans par le Magistrat de la Ville. Le Magistrat de Valenciennes nomme aussi les cinq *Apaiseurs* ou Pacificateurs des querelles particulières, qui ne méritent point de peine afflictive; car quant aux autres affaires Criminelles, c'est le Magistrat qui en prend connoissance, & qui en jugeoit autrefois en dernier ressort; mais aujourd'hui on en appelle au Parlement de Douay. Le Conseil Particulier a l'administration des affaires de la Ville, qui ne regardent point la Justice. Il est composé d'un Magistrat & de vingt-cinq Bourgeois. Le Conseil Général, ou Grand Conseil est composé de deux cens personnes; & il ne s'y peut rien décider qu'il n'y en ait cent au moins, & que les affaires dont il est question n'ayent passé auparavant au Conseil. C'est le Magistrat de la Ville qui a le droit de l'assembler; ce qu'il ne fait que pour des affaires extraordinaires & qui regardent le Bien public. La Justice de l'Abbaye de St. Jean est composée d'un Mayeur, de sept Echevins & d'un Greffier. Cette Jurisdiction qui n'est que foncière, féodale & pour le cas de Haute Justice, s'étend sur un Quartier de la Ville de Valenciennes qui est nommé *la Tannerie*.

Il est à remarquer que la Ville de Valenciennes est le Chef de la Châtellenie de Bouchain, de plusieurs Villages de celle d'Ath, de la Prevôté du Quesnoy, & de quelques Terres enclavées dans la Châtellenie de Lille & dans le Cambresis. La Justice dans tous ces endroits appartenoit autrefois au Magistrat de Valenciennes, qui y conserve encore le droit d'y faire des Ré-glemens & de juger l'appel des Jugemens rendus dans les Justices des Lieux qui sont actuellement sous la Domination du Roi.

Il y a à Valenciennes deux Manufactures assez considérables; l'une d'Etoffes de laine, Camelots & Bouracans; l'autre de Toiles fines, qu'on nomme Batiftes. Ces Etoffes & ces Toiles passent en France, en Espagne, & jusque dans les Indes.

Valenciennes a un Gouverneur, un Lieutenant de Roi, un Major, deux Aides-Majors, & un Capitaine des Portes. La Citadelle a son Gouverneur particulier, un Lieutenant de Roi, un Major, un Aide-Major, & un Capitaine des Portes.

VALENDAS, *Valendanum*, Village du Pays des Grisons [a], dans la Haute-Ligue, & de la dépendance de la Communauté d'Ilantz, au bord Oriental du Bas-Rhein. Il y a près de Valendas une Fontaine d'eau bitumineuse, qui graisse les membres de ceux qui s'y lavent.

[a] Etat & Délices de la Suisse, t. 4. p. 17.

1. VALENGIN, Comté joint à celui de Neuchâtel, & compris parmi les Alliez de la Suisse, dont ces deux Comtez occupent une partie des Quartiers Occidentaux. C'étoit autrefois un Fief [b] mouvant du Comté de Neuchâtel, & il a eu ses Seigneurs de différentes Maisons. Après plusieurs révolutions il fut vendu à Marie de Bourbon, Veuve de Léonor, Duc de Longueville, pour la Somme de soixante & dix mille écus d'or. Ce Comté tire son nom [c] d'une Ville selon Mr. de Longuerue; mais plutôt d'un petit Bourg d'une vingtaine de Maisons, qui est dans une situation extraordinaire, dans un Vallon étroit & raboteux entre de hautes Montagnes & des Rochers, à une lieue au-dessus de Neuchâtel par un chemin extrêmement rude, où en divers endroits on marche au bord d'un précipice, au pied duquel coule le Seyon, ou Syon, Torrent qui passe à Neuchâtel. Les anciens Comtes de Valengin avoient dans ce Bourg un Château, bâti sur un Rocher & il subsiste encore en partie. Les dépendances de ce Comté consistent en cinq grandes Vallées; savoir

[b] Longuerue, Descr. de la France, Part. 2. p. 301.

[c] Etat & Délices de la Suisse, t. 3. p. 244.

Le Val de Ruz,   La Sagne,
Le Locle,   Les Brenets,
        Chaude-Font.

2. VALENGIN, Bourg de Suisse & le Chef-Lieu du Comté auquel il donne son nom. Voyez l'Article précédent.

VALENSES, ou VIOMENSES, Peuple d'Italie, dont il est fait mention dans la Vie du Pape Zacharie MS. citée par Ortelius [d]. Ce Peuple étoit entre Rome & Ravenne.

[d] Thesaur.

VALENSOLE, Bourg de France dans la Provence. Ce Bourg a droit de députer aux Assemblées générales de la Province. Il y a un Couvent d'Augustins établi depuis l'an 1600. & un Couvent d'Ursulines. On croit que St. Mayeul Abbé de Cluni étoit né à Valensole.

VALENTANO, Bourg d'Italie [e], au Duché de Castro, environ à deux milles au Midi Occidental du Lac de Bolsena. C'étoit

[e] Magin, Carte du Duché de Castro.

VAL.   VAL.   25

toit autrefois une Ville Episcopale appellée *Valentinum*, ou *Castrum Valentinum*.

1. VALENTIA, Colonie de la Gaule Narbonnoise. Ptolomée [a] la donne aux Peuples *Segalauni*. Pline [b] la met chez les *Cavares*. Mais Cellarius [c] croit que la ponctuation est fautive dans cet endroit de Pline, & qu'au lieu de *In Mediterraneo Coloniæ: Arelate Sextanorum, Beterræ Septimanorum, Arausio Secundanorum. In Agro Cavarum Valentia, Vienna Allobrogum*, il faut lire avec Mr. de Valois [d]: *Arausio Secundanorum in Agro Cavarum, Valentia, Vienna Allobrogum*. En effet on ne sauroit donner au Pays des *Cavares* une si grande étendue. L'Itinéraire d'Antonin marque cette Ville sur la route de Milan à Lyon, entre *Augusta*, & *Ursolæ*, à vingt-deux milles du premier de ces Lieux & à égale distance du second. C'est aujourd'hui la Ville de Valence. St. Ambroise [e] pour la distinguer des autres Villes de même nom, l'appelle VALENTIA GALLORUM.

2. VALENTIA, Contrée de la Grande-Bretagne, selon Ammien-Marcellin [f]. Les Pictes, les Ecossois & quelques autres Peuples s'étant jettez sur la Province Romaine, sous l'Empire de Valentinien I. Ce Prince envoya contre eux Théodose l'Ancien, qui repoussa ces Peuples, s'empara d'une partie de leurs Terres & fit construire deux Forts sur l'Isthme qui sépare les deux Mers, afin de les tenir plus éloignez. Par-là les Terres des Romains se trouvèrent augmentées d'un grand Pays, dont Théodose fit une cinquième Province à laquelle il donna le nom de *Valentia*, pour faire honneur à Valentinien. Ce Pays faisoit partie du Royaume des Pictes, qui par ce moyen se trouva considérablement diminué. Cette Province comprenoit la meilleure partie de l'Ecosse: aussi cette invasion nouvelle irrita tellement les Calédoniens, que jamais ils ne cessèrent depuis de harceler les Romains & les Bretons leurs Sujets. Tant que l'Empire Romain eut assez de force pour se soutenir, leurs efforts furent inutiles; mais d'abord qu'il vint à chanceler, c'est-à-dire dès le commencement du cinquième Siècle, les Calédoniens, revenant à la charge avec une nouvelle fureur, franchirent toutes les barrières qu'on leur avoit opposées, & firent de grands ravages dans la Province des Romains. Ceux-ci les repoussèrent quelquefois; mais ayant assez à faire chez eux ils se retirèrent à la Province de Valence & bâtirent de grosse pierre la muraille que l'Empereur Sévère avoit élevée deux cens trente ans auparavant, entre l'Embouchure de la Tyne & celle de l'Eden.

3. VALENTIA, Ville du Pont selon la Notice des Dignitez de l'Empire [g], où on lit *Cohors prima Theodosiana Valentiæ*.

4. VALENTIA, Ville de l'Espagne Tarragonnoise: Ptolomée [h] qui la donne aux Contestains la marque dans les Terres. Cependant Pline [i] la met dans le Pays des Edetains, à trois milles de la Mer, & lui donne le titre de Colonie. C'est aujourd'hui la Ville de Valence. Capitale d'un Royaume de même nom. Ortelius cite deux Auteurs, [k] qui disent que cette Ville fut d'abord appellée ROMA du nom d'un ancien Roi d'Espagne appellé Romus. Il y a dans le Trésor de Goltzius une Médaille avec ces mots COL. JUL. VAL. qui pourroient s'entendre de cette Ville, en les expliquant par COLONIA JULIA VALENTIA.

5. VALENTIA, Ville d'Espagne. Le Consul Junius donna cette Ville avec des Terres aux Soldats qui avoient combattu sous Viriatus. Cette Ville selon Mariana [m] étoit sur le Minho; & son nom s'est conservé jusqu'à présent. C'est aujourd'hui Valença, Bourg de Portugal, dans la Province de Tra-los-montes, sur la rive gauche du Minho, vis-à-vis de Tuy.

6. VALENTIA. Voyez VIBO-VALENTIA.

7. VALENTIA, Ville d'Italie, dans la Messapie, ou la Calabre. L'Itinéraire de Jérusalem la marque entre *Clipea* & *Civitas Brindisi*, à treize milles du premier de ces Lieux & à onze milles du second. Au lieu de VALENTIA un MS. porte VALENTIO; car c'est apparemment le *Balentium* de la Table de Peutinger, le *Baletium* de l'Anonyme de Ravenne, le *Balesium* de Pline [n] & le *Valetium* de Pomponius Mela [o]. Ce Lieu auquel quelques-uns donnent le nom de Ville, étoit à l'Embouchure du Fleuve Pactius, à la droite, selon la Table de Peutinger, & à la gauche, selon Cluvier.

8. VALENTIA, Ville de l'Isle de Sardaigne. Ptolomée [p] marque dans les Terres une Ville nommée VALERIA Οὐαλερία, mais il rend lui-même ce nom suspect, en plaçant dans le même Quartier un Peuple appellé VALENTINI Οὐαλεντῖνοι; & d'ailleurs le nom de *Valentia* subsiste encore présentement dans l'Isle, au milieu des Terres en tirant un peu vers l'Orient. C'en est assez pour faire conjecturer que le nom de cette Ville étoit VALENTIA & non VALERIA. Les Habitans de cette Ville étoient sans doute les VALENTINI de Pline [q].

VALENTIANÆ, nom Latin de la Ville de Valenciennes dans le Hainaut, sur le bord de l'Escaut. Cluvier a écrit VALENTINIANÆ, parce qu'il s'étoit imaginé que les Soldats nommez VALENTINIANENSES dans la Notice des Dignitez de l'Empire, tiroient leur nom de cette Ville pour y avoir été en garnison. Mais Cellarius [r] prétend que c'est-là une erreur. Ces Soldats, dit-il, ne prirent pas le nom du Lieu Ant. où ils étoient en garnison; mais celui du Prince Valentinien qui les avoit établis. Pour confirmer son sentiment, Cellarius ajoute que dans la même Notice ces Soldats, surnommez *Valentianenses*, sont joints avec les *Gratianenses* & les *Honoriani*, qu'on ne peut pas dire avoir été ainsi nommez d'aucun lieu où ils ayent été en garnison. Quant au nom de cette Ville dans l'Histoire du moyen âge, car Cellarius regarde son origine comme fort incertaine, ce nom, dit-il, n'étoit pas VALENTINIANÆ, mais VALENTIANÆ; & il lui avoit été donné par un Fondateur nommé Valens. Sigebert dit [s] que l'Empereur Henri assiégea *Castrum Valentianas, situm in Marchia Franciæ & Lotharingiæ*. Mr. de Valois rapporte des Lettres du du Roi Clovis III. données à Valenciennes, *Valentianis*. Eginhard [a] dit que le Roi Charles tint une Assemblée générale *in Villa Valentiana*. Mr. de Longuerue n'est pas du sentiment de Cellarius: il veut comme Cluvier que les Soldats surnommez *Valentinianenses* ayent pris leur surnom de cette Ville: que le fondateur de Valenciennes soit Valentinien I. ou son plus jeune fils ; & que le nom de VALENTIANÆ soit corrompu de VALENTINIANÆ. Voyez VALENCIENNES.

[a] *Ad An. 771.*

1. VALENTIN, Maison de Plaisance du Roi de Sardaigne, dans le Piémont [b], sur le bord du Pô. On y va de Turin par une très-longue Allée couverte & longue d'un demi-mille. La Maison est située sur une éminence voisine de la Rivière, quoiqu'elle paroisse en plaine du côté de Turin L'endroit qui regarde le Pô, a une vûe admirable. On entre à droite & à gauche dans une très-longue enfilade de chambres, qui toutes sont ornées de Tableaux des plus fameux Maîtres d'Italie. On monte au second étage par un fort beau degré, qui conduit d'abord dans un grand Sallon enrichi de Peintures, & l'on va encore delà dans un grand nombre d'autres chambres de plein pied, garnies comme les premières. Des deux côtez de la Cour sont deux Jardins assez beaux, de l'un desquels on entre dans un grand Parc, coupé d'Allées, & où l'on voit une grande quantité de Daims blancs.

[b] *Corn. Dict. Mémoires & Plans Géographiques.*

A l'opposite du Valentin, sur l'autre bord du Pô, il y a une Vigne qu'on appelle la VIGNE DE MADAME. Ce n'est qu'un grand Corps de logis, double, fort commode, que Madame Royale Christine de France a fait bâtir. On descend ensuite dans la VIGNE DE LA PRINCESSE MARIE : Celle-ci est petite ; mais fort enjolivée. Les Jardins sur-tout, en sont très-beaux.

VALENTIN (le) Maison de Plaisance [c] dans le Dauphiné, près de la Ville de Valence. Il y a un très-beau Parc fort propre pour la chasse. Le Château est situé au milieu du Parc. L'Escalier est beau, & conduit dans un très-grand appartement, dont les voutes sont charmantes.

[c] *Piganiol, Descr. de la France, t. 4. p. 59.*

VALENTINE, Ville de France, dans le Haut Languedoc, au Diocèse de Cominges, Election de ce nom. On croit [d] que Philippe le Bel ayant acheté plusieurs Terres du Comte de Lomagne fit bâtir la Ville de Valentine, joignit toutes ses Terres ensemble, les mit de la Province de Languedoc, & les sépara de la Guienne qui étoit occupée par les Anglois. C'est la raison qui fait que ces Paroisses, quoiqu'éloignées du Languedoc, en font néanmoins partie ; c'est aussi par la même raison que l'Evêque de Cominges a droit d'entrer aux Etats du Languedoc. On voit à Valentine un reste de Colonne de Marbre, qui prouve que du tems des Romains ce Lieu étoit un poste considérable. Il l'étoit en effet, & il ne l'est pas moins aujourd'hui, puisque c'est un passage pour entrer en Catalogne & en Arragon.

[d] *Ibid. p. 56.*

1. VALENTINI. Voyez VALENTIA Nº. 8.

2. VALENTINI, Peuple d'Italie dans la Calabre selon la plûpart des Editions de Pline. [e] Ortelius [f] s'étoit imaginé que ce Peuple avoit pris son nom de la Ville *Vibo-Valentia*. Mais le Pere Hardouin ayant vû que les MSS. portoient *Vlentini* a jugé qu'il falloit lire *Uxentini*, parce que Ptolomée place dans ce Quartier une Ville nommée *Uxentum*.

[e] *Lib. 3. c. 11.*
[f] *Thesaur.*

VALENTINIANOPOLIS : Il est fait mention de cette Ville dans le Concile de Chalcédoine, dans celui d'Ephèse, & dans le quatrième Synode Romain. Ortelius [g] croit qu'elle étoit dans l'Asie Mineure. Il est parlé aussi de cette Ville dans la Vie de St. Chrysostome [h], où Eusebe est dit Evêque de Valentinianopolis & des Lieux appellez CELUIANÆ, où peut être CILBIANÆ. Voyez CILBANUM.

[g] *Thesaur.*
[h] *Scripta per Georg. Alex. Patriarch.*

VALENTINOIS, Pays de France, dans le Dauphiné, borné au Septentrion par le Viennois, à l'Orient par le Diois, & par le Bailliage des Baronnies, au Midi par le Tricastinois, & à l'Occident par le Rhône, qui le sépare du Languedoc, comme l'Isere le sépare du Viennois. Les Peuples du Valentinois sont appellés par Pline, *Segovellauni*, par Ptolomée, *Segalauni*, & dans la Notice de l'Empire, *Segolauni*. Il y a qui croyent que Plancus dans une Lettre à Cicéron, a fait mention de ces Peuples, en parlant de Gellius & de ses freres, qu'il dit être *Segoviani*, qui est le nom d'un Peuple qu'on soutient avoir été corrompu, & qu'on corrige *Segolauni* ; ce qui paroît assez probable parce que les gens dont il est fait mention en cet endroit, étoient Gaulois, & de la Province Romaine.

Du tems des deux derniers Rois, Conrad & Rodolphe, les premiers Comtes de Provence se rendirent propriétaires non-seulement du Valentinois, mais de tous les Pays qui sont au Midi de l'Isere jusqu'à la Méditerrannée. Du tems de Rodolphe, tout ce qui est entre l'Isere & la Durance vint au pouvoir du Comte de Toulouse, qui portoit le titre de Marquis de Provence ; & les Villes avoient leurs Comtes qui relevoit de ce Marquis.

On ne sait pas les noms des premiers Comtes du Valentinois & du Diois ; mais seulement on assure que sous le Règne de Philippe Auguste, & vers la fin du douzième Siécle, une femme nommée Philippe, étoit Comtesse du Valentinois. Dans ce tems-là Raymond Comte de Toulouse, & Marquis de Provence, donna le Diois l'an 1189. à un Seigneur nommé Aymar de Poitiers, dont on ne sait pas l'origine, car plusieurs Généalogistes se sont tourmentés en vain, pour le faire descendre des Comtes de Poitiers Ducs d'Aquitaine ; il eut de la grace du même Comte Raymond, le Comté de Valentinois, ce qui l'obligea à tenir fidèlement son parti durant la Guerre des Albigeois. L'Historien Pierre de Vaux de Cernay, fait plusieurs fois mention de ce Comte Aimar, qui eut pour héritier son fils Guillaume. Les Mâles de cette Race jouirent toujours des Comtez de Valentinois & de Diois, jusqu'à Louis de Poitiers qui les vendit l'an 1404. à Charles VI. Roi de France & Dauphin, moyennant cent mille écus d'or ; & Charles de Poitiers consentit

VAL. VAL. 27

sentit au transport qu'on avoit fait au Roi de ces Comtez, sur lesquels ce Seigneur de Poitiers avoit des prétentions.

Louis Seigneur de Saint Vallier, fils de Charles de Poitiers, renouvella ses prétentions, & força à main armée le vieux Comte Louis de Valentinois à l'instituer son héritier universel l'an 1416. Le Seigneur de St. Vallier poursuivit le Dauphin Charles, accablé alors par ses Ennemis, pour l'obliger à lui remettre les Comtez de Valentinois & de Diois, & il obtint de ce Prince tout ce qu'il voulut l'an 1422. mais les Dauphinois s'étant opposez avec tous les Officiers Royaux à l'Ordonnance du Dauphin, le Seigneur de Saint Vallier céda enfin l'année suivante 1423. toutes ses prétentions moyennant sept mille Florins d'or de rente, qui furent réduits l'an 1426. à cinq mille Livres de rente en fonds de terre.

Le Duc de Savoye avoit aussi des prétentions sur le Valentinois fondées sur le Testament du Comte Louis de Poitiers. Le Duc les céda à Louis alors Dauphin l'an 1446. & à cause de cette cession, le Dauphin quitta au Duc l'hommage de la Baronie de Faucigny, qui relevoit du Dauphiné. Ainsi ces Comtez de Valentinois & de Diois furent incorporez au Dauphiné. Louis XII. l'an 1498. au commencement de son Régne, démembra du Dauphiné le Valentinois & le Diois; il en fit un Duché qu'il érigea en le donnant en pleine propriété à César Borgia, fils naturel du Pape Alexandre VI. tant pour lui que pour ses héritiers; mais César ayant embrassé le parti des ennemis de la France, le même Roi révoqua son don. César avoit laissé une fille nommée Louise, qui avoit épousé Claude de Bourbon, Baron du Buffet, qui prétendit que le Duché de Valentinois lui appartenoit, & fit divers poursuites qui furent terminées par une Transaction passée sous Charles IX. en 1573. par laquelle le Baron de Buffet renonça à son droit; moyennant quarante mille Francs qui lui furent payez.

Henri II. donna à Diane de Poitiers sa Maîtresse le titre de Duchesse de Valentinois, sans qu'elle en eût la propriété, mais seulement l'usufruit, ou le revenu du Duché durant sa vie.

Louis XIII. n'en usa pas de même avec le Prince de Monaco qui s'étoit déclaré du parti de la France, & qui avoit reçu dans sa Place Garnison Françoise; car ce Monarque lui donna en pleine propriété plusieurs grands Domaines & entre autres le Duché de Valentinois érigé en Pairie. Cette Donation fut faite, parce que le Roi d'Espagne confisquoit, ou devoit confisquer sur Honoré de Grimaldi Prince de Monaco, des Terres qui lui appartenoient dans le Royaume de Naples & dans le Duché de Milan.

Le Duché de Valentinois fut déclaré Duché femelle par une Déclaration donnée à St. Germain en Laye le 26. de Janvier 1643. regîtrée le 6. de Février suivant. Louïse Hippolyte Grimaldi, Fille aînée d'Antoine Prince de Monaco & de Marie de Lorraine, ayant été mariée en 1715. à François Léonor Goyon de Matignon, le Duché-Pairie lui a été cédé; & ce Seigneur a obtenu des Lettres patentes du mois de Décembre 1715. enregîtrées le 2. de Septembre 1716. par lesquelles il lui a été permis de se faire recevoir Pair de France au Parlement de Paris, où il prêta serment le 14. Décembre 1716.

Il y a dans le Duché de Valentinois une Sénéchaussée divisée en Vice-Sénéchaussée de Valence, Vice-Sénéchaussée de Crest, & Vice-Sénéchaussée de Montelimart. Les Villes les plus considérables de ce Duché sont:

Valence,   Montelimart,
Crest,   Donzére.

VALENTINS BAY, Baye de l'Amérique Méridionale, sur la Côte Orientale de la Terre de Feu, selon Mr. Corneille qui cite Mr. Maty.

VALENTINUM - FORUM. Voyez FORUM FULVII.

VALENTIUM, Siège Episcopal d'Asie sous la Métropole d'Amida, selon Guillaume de Tyr cité par Ortelius [a]. Ce Siège est nommé VALENTINI, dans la Notice du Patriarchat d'Antioche publiée par Schelstrate.   [a] *Thesaur.*

VALEPONGA, Ville d'Espagne: L'Itinéraire d'Antonin la marque sur la route de *Laminium* à Tolède, entre *ad Putea* & *Urbiaca*, à quarante milles du premier de ces Lieux & à vingt milles du second. Un MS. porte *Valebiniga*, & un autre *Valle longa*. Ortelius [b] soupçonne que ce pourroit être le Lieu nommé *Vallis-Ibana*, dont il est parlé dans la Vie de l'Empereur Louis le Débonnaire. Mais Mr. Wesseling n'en convient pas.   [b] *Ibid.*

VALERA, Village d'Espagne [c], dans la Castille Nouvelle, au voisinage de Merida à une lieue de Frexemal. C'est près de Valera que sont les ruines de l'ancienne *Nertobriga*.   [c] *Délices d'Espagne, p. 115.*

1. VAEERIA, Ville de l'Isle de Sardaigne. Voyez VALENTIA, N°. 8.

2. VALERIA, Ville de l'Isle de Corse, selon les Exemplaires Latins de Ptolomée [d] qui lui donnent le titre de Colonie; mais le Texte Grec porte Ἀλερία, ALERIA. Voyez ce mot.   [d] *Lib. 3. c. 2.*

3. VALERIA, Contrée de la Germanie, & qui comprenoit une portion de la Pannonie. Elle est appellée VALERIA PANNONIÆ par Ammien Marcellin [e] & VALERIA PANNONIORUM par St. Ambroise [f]; & on lui donne ordinairement un de ces deux surnoms pour la distinguer d'une autre Province appellée aussi Valerie en Italie. Galere Maximien, ayant abattu des Forêts immenses, & fait écouler le Lac Peison dans le Danube, donna à cette Province le nom de sa femme Valerie fille de l'Empereur Dioclétien, comme nous l'apprennent Aurelius Victor & Ammien-Marcellin. La Valerie de Pannonie étoit renfermée entre le Danube & la Drave selon Sextus-Rufus.   [e] *Lib. 28.*   [f] *Lib. 2. de Fide.*

4. VALERIA, ou VALERIA-CELTIBERORUM, Ville de l'Espagne Tarragonnoise. C'étoit selon Ptolomée [g] une des Villes des Celtibères. Ses Habitans sont nommez *Valerienses* par Pline [h], qui les met au nombre   [g] *Lib. 2. c. 6.*   [h] *Lib. 3. c. 3.*

D 2   bre

bre des Colonies. Ortelius [a], fondé je ne fai fur quelle Médaille, veut donner à cette Ville le titre de COLONIA JULIA VALERIA. Mais outre que ni le Pére Harduoin, ni Mr. Vaillant ne connoiffent point cette Médaille, il y a grande apparence que l'Infcription COL. JUL. VAL. eft la même qu'il a expliquée dans un autre endroit par COLONIA JULIA VALENTIA. Vafæus cependant dit que cette Ville fut anciennement appellée *Colonia Julia Valeria*, & que c'eft aujourd'hui la Ville de *Cuenca* fur le Xucar; mais felon Ambroife Moralès *Valeria* n'eft pas Cuença même, mais un Bourg nommé aujourd'hui *Valera la Veja*, fur le même Fleuve à fept lieues de Cuença. Dans le dixième Concile de Tolede Stephanus fe qualifie *Valerianus Epifcopus*. Elle étoit bâtie fur une Colline. Du tems des Rois Goths cette Ville [b] étoit riche & puiffante; mais elle fut ruinée par les Maures, & Cuenca s'eft élevée de fes débris. D'autres difent que fes ruines ont fervi à conftruire les trois Villages appellez *Valera Quemada*, *Valera de Sufo*, & *Valera la Veja*. Ils font dans la Nouvelle Caftille, fur le Xucar, à fix lieues de Cuenca, où l'on a transferé l'Evêché de l'ancienne *Valeria*.

[a] Thefaur.

[b] Délices d'Espagne, p. 354.

5. VALERIA, Province d'Italie; Paul Diacre [c] dit que la Valerie étoit la treizième Province de l'Italie, que la Nurfie lui étoit annexée, & qu'elle étoit outre l'Umbrie, la Campanie & le Picenum. Il ajoute qu'il croit qu'elle comprenoit auffi le Pays des Marfes, & leur Lac appellé *Fucinus*. Ce qui fonde, dit-il, cette conjecture, c'eft que les Anciens n'ont point fait mention du Pays de ces Peuples, en donnant le nom des Provinces de l'Italie.

[c] De Geftis Longob. c. 20.

6. VALERIA, Ville d'Italie; Strabon [d] la place dans le Pays Latin fur la Voie Valerienne.

[d] Lib. 5. p. 238.

7. VALERIA, Château du Vallais, près de la Ville de Sion [e], fur une Montagne. C'eft la demeure des Chanoines de Sion, qui ont tout auprès l'Eglife de St. Pierre où ils font plus fouvent l'Office, qu'à la Cathédrale de Nôtre-Dame. Sur la même Montagne eft le Château Turbel ou Tourbillon dans lequel l'Evêque fait fa demeure en Eté.

[e] Longuerue, Defcr. de la France, Part. 2. p. 305.

8. VALERIA, Ville d'Italie dans l'Abruzze Ultérieure, au Duché de Marfi. Elle eft remarquable pour avoir été la Patrie du Pape Boniface IV. qui obtint de l'Empereur Phocas le Panthéon de Rome & le changea en une Eglife appellée préfentement Notre-Dame de la Rotonde. Il fut élevé au Pontificat le 18. de Septembre 607. & mourut le 10. de Mai 614. On voit fon Epitaphe dans l'Eglife de St. Pierre, où il fut enterré.

VALERIA-AUGUSTA. Voyez au mot AUGUSTA l'Article AUGUSTA-VALERIA.

VALERIA-BACCARUM, Lieu de la feconde Mœfie. La Notice des Dignitez de l'Empire [f] le compte au nombre des Garnifons de cette Province.

[f] Sect. 29.

VALERIA-ZABDENORUM, Lieu de la Méfopotamie, felon la Notice des Dignitez de l'Empire [g] qui le compte au nombre des Garnifons de cette Province.

[g] Sect. 26.

VALERIA-VIA. Voyez au mot VIA l'Article VIA VALERIA.

VALERIANA-VILLA, Vopifcus parle de cette Maifon de Campagne [h]. C'eft là même que Cicéron appelle P. VALERII VIL-LA [i]. Gabriel Barri dit qu'elle étoit dans le *Brutium*, auprès de la Ville de *Rhegium*.

[h] In Aurelhano.
[i] Ortelii Thefaur.

VALERY, ou VALORI, *Valeriacum*, Château de France, dans le Gâtinois, à deux lieues de la Rivière d'Yonne, au Couchant, & à cinq lieues de Montereau au Midi. Ce fut Catherine de Luftrac, Veuve du Maréchal de St. André, qui dans l'efpérance d'époufer Louis de Bourbon I. du nom, Prince de Condé, lui donna la Terre de Valery, avec les meubles magnifiques dont le Château étoit orné. Depuis ce tems-là les Princes de Bourbon Condé ont choifi Valery pour le Lieu de leur fépulture. Il y a près de ce Château un Bourg de même nom & qui eft affez confidérable.

[k] Piganiol, Defcr. de la France, t. 3 p. 102.

VALETIUM. Voyez BALESIUM.

1. VALETTE (La) *Beata Maria de Valleleta*; Lieu de France, dans le Limoufin au Diocèfe de Tulle. Il y a dans ce Lieu une Abbaye de l'Ordre de Cîteaux fituée dans une Vallée très-folitaire au bord de la Dordogne, aux confins des trois Diocèfes de Tulle, de Limoges & de Clermont, à fix lieues de Tulle, à trois lieues de Mauriac à la droite de la Rivière de Dordogne, à quatre lieues au-deffus d'Argentac. Le Monaftere nommé vulgairement LE PRESTRE & autrement *Dominus Jondru*, c'eft-à-dire en patois Auvergnat *la Maifon d'au-deffous*, n'eft éloigné que de deux lieues de la Valette qui y eft foumife. Begon fut le Pére Abbé des Religieux du Preftre; mais à la follicitation de Geraud Evêque de l'Eglife de Limoges, il paffa à la Valette en 1145. Cette Abbaye fut fondée en 1143. L'Abbé jouit de deux mille cinq cens Livres de revenu, & les Religieux de quinze cens Livres.

2. VALETTE (La) Ville de France, dans l'Angoumois, à quatre lieues au Midi d'Angoulême. Cette petite Ville eft le Chef-lieu d'un Duché-Pairie érigé en 1622. en faveur du Duc d'Epernon. Il y a treize Paroiffes & quarante Fiefs qui en dépendent. Cette Terre appartient aujourd'hui à Madame la Maréchale de Noailles; mais le titre de Duc eft éteint.

3. VALETTE (La Cité la). C'eft la plus grande des trois parties qu'on entend communément fous le nom général de Ville de Malthe. Les Italiens l'appellent *Terra-nuova*, & les François *Villeneuve*. Elle tient le premier nom de fon Fondateur. Jean de la Valette, Grand-Maître de l'Ordre de Malthe [l], fe voyant en fûreté du côté des Turcs, après qu'ils fe furent retirez de fon Ifle, réfolut d'en relever les fortifications qui avoient été ruinées durant le Siège. Il fit deffein outre cela pour la défenfe des deux Ports, de conftruire dans la Prefqu'Ifle qui les fépare, une nouvelle Foreterreffe. On avoit remarqué durant le Siège que de toutes les fortifications de Malthe, il n'y en avoit point de mieux fituée que le Fort de St. Elme, fur-tout s'il eût été bâti plus régulièrement. C'étoit comme la Clef des deux Ports; le Grand-Maître, fans abandonner le foin des autres Places, forma le deffein

[l] De Vertot, Hift. de l'Ordre de Malthe, Liv. 14.

VAL.   VAL.

sein d'agrandir ce Fort, d'y ajouter de nouveaux Ouvrages, & de construire sur la même Langue de terre une Ville revêtuë de toutes les fortifications que l'Art pourroit inventer, & d'y transporter ensuite le Couvent, & la résidence des Chevaliers. Il jugea qu'ils y seroient plus en sûreté que dans le grand Bourg, qui étoit commandé de tous côtez par des Rochers & des Collines dont il étoit environné. Pour réussir dans cette entreprise il falloit de grands secours, qu'on ne pouvoit espérer que des principaux Souverains de la Chrétienté. Le Grand-Maître envoya des Ambassadeurs au Pape, aux Rois de France, d'Espagne & de Portugal, & à différens Potentats d'Italie, pour leur représenter que ce n'étoit pas assez d'avoir sauvé Malthe dans la dernière occasion par une courageuse résistance, si pour se maintenir dans l'Isle, on ne rétablissoit promptement les fortifications des Places que l'Artillerie des Infidèles avoit ruïnées. Ces Ministres étoient chargez de leur communiquer le dessein de la Valette pour la construction d'une nouvelle Ville, de leur en représenter le Plan qu'il en avoit fait dresser, & de leur demander en même tems les secours nécessaires pour commencer un si grand Ouvrage. Tous ces Princes donnèrent de nouvelles louanges au zéle du Grand Maître; & pour le seconder le Pape promit quinze mille écus, le Roi de France cent quarante mille Livres, dont il assigna le payement sur les Dixmes de son Royaume Philippe II. Roi d'Espagne quatre-vingt-dix mille Livres; le Roi de Portugal trente mille Cruzades; & la plûpart des Commandeurs de l'Ordre par un noble desintéressement se dépouillérent de leurs biens & même de leurs meubles les plus précieux dont ils firent passer la valeur à Malthe.

Le Grand-Maître soutenu de ces secours fit venir des Ingénieurs & des Ouvriers de différens endroits de l'Italie, & après qu'on eut pris les alignemens nécessaires, ce Prince en habit de cérémonie, accompagné du Conseil, & suivi de tous les Chevaliers se rendit au Mont Sceberras, où il mit la première pierre de la Cité nouvelle, & sur laquelle on avoit gravé en Latin le Decret du Conseil conçu à peu près en ces termes: *L'Illustrissime & Révérendissime Seigneur, Frere Jean de la Valette, Grand-Maître de l'Ordre Hospitalier & Militaire de St. Jean de Jérusalem, considérant tous les périls auxquels ses Chevaliers, & son Peuple de Malthe ont été exposez par les Infidèles au dernier Siècle, de concert avec le Chef de l'Ordre, & pour s'opposer à de nouvelles entreprises de la part des Barbares, ayant formé le dessein de construire une Ville sur le Mont Sceberras, aujourd'hui Jeudi vingt-huit du mois de Mars 1566. après avoir invoqué le Saint nom de Dieu, & demandé l'intercession de la Ste. Vierge sa Mere & de St. Jean Baptiste Patron Titulaire de l'Ordre, pour attirer la bénédiction du Ciel sur un Ouvrage si important, le Seigneur Grand-Maître en a posé la première pierre, sur laquelle on a gravé ses Armes, qui sont de gueule au Lion d'or; & la nouvelle Ville par son ordre a été nommée la Cité de la Valette.*

Pour conserver à la Postérité la plus reculée la mémoire d'un événement si considérable, on jetta dans les fondemens un grand nombre de Médailles d'or & d'argent, qui représentoient cette nouvelle Ville, avec cette Inscription: MELITA RENASCENS, *Malthe renaissante*; & à l'Exergue on avoit mis l'année & le jour de sa fondation.

Un travail assidu & dont personne ne se dispensoit, suivit cette cérémonie: chacun à sa manière, & sans distinction du riche Citoyen, ou du pauvre Habitant s'y employoit avec joie, & avec cet empressement qu'on a pour un Ouvrage d'où dépend le salut public. Le Commandeur de la Fontaine, fort estimé par sa capacité dans l'Art des fortifications, avoit la principale direction & comme la surintendance de ces travaux. Chaque Chevalier y contribuoit selon ses talens; les uns avec les Galéres de la Religion alloient chercher des matériaux dans les différens Ports de Sicile & d'Italie: d'autres s'étoient arrêtez à Messine & à Syracuse, & quelques-uns étoient passez jusqu'à Lyon, pour y faire refondre l'Artillerie. Plusieurs à la tête d'un grand nombre de Pionniers travailloient à faire combler les tranchées, ou à débarrasser les bréches des décombres des murailles que le Canon avoit abattuës. Il y en avoit qui faisoient charrier des pierres pour rétablir les fortifications ou pour en construire de nouvelles. Le Grand-Maître surtout pendant près de deux ans ne quitta point les Ouvriers qu'il employoit à la nouvelle Ville. Il y passoit les jours entiers, & on voyoit ce Prince au milieu des Charpentiers & des Maçons prendre ses repas comme un simple Artisan, & souvent même y donner ses audiences & ses ordres. Parmi cette foule de soins différens dont il étoit chargé, rien ne lui faisoit plus de peine que le défaut d'argent destiné au payement des Ouvriers, & que les Receveurs de l'Ordre dans les Provinces d'au-delà de la Mer n'envoyoient pas toujours assez régulièrement. Pour y suppléer il fit frapper de la monnoie de cuivre, à laquelle il attacha une différente valeur, selon la grandeur différente dont elle étoit taillée. D'un côté on voyoit deux mains entrelassées qui se touchoient, & de l'autre les Armes de la Valette écartelées avec celles de la Religion, & pour légende ces mots Latins: NON ÆS SED FIDES; *Faites moins attention au métal qu'à la parole inviolable qu'on vous donne de le reprendre*. En effet on ne manquoit jamais, si-tôt qu'on avoit reçu de l'argent de retirer cette monnoie; & par cette exactitude la confiance parmi le Peuple s'établit si solidement que le travail ne fut jamais ni discontinué ni même rallenti.

La Cité de la Valette est bâtie sur un Roc & dans un Lieu assez rude & élevé, qui sépare le Port de *Marsa Musseto*, du grand Port ou *Marza*. Elle est située sur une Presqu'Isle, ou Péninsule battuë des flots de la Mer par trois endroits, & comme séparée du reste de l'Isle par un grand Fossé taillé dans le Roc. Sur la Pointe ou l'extrémité du même Rocher est placé le Château appellé St. Elme. C'est une belle & forte Place entourée de Fossez taillez dans le Roc & défenduë de bons Bastions, & par plu-

sieurs

sieurs autres Ouvrages à la Moderne. Le dedans est orné de rues belles, grandes, longues & droites. Les principales sont *Strata Reále*, ou la grande Rue, & *Strata Mercanti*, la Rue des Marchands. Les Maisons sont hautes & bâties de pierre de taille au nombre d'environ deux mille; & leurs toits sont en plate-forme, à la manière des Orientaux. Chaque Maison étoit autrefois pourvue d'une bonne Citerne pour recevoir l'eau de pluye; mais les Etrangers se servent aujourd'hui pour la plus grande partie, de l'eau d'une fort belle Fontaine, située près de la Porte *del Monte* au bord de la Mer, où elle est portée par des Aqueducs de huit lieues de longueur. Cet Ouvrage est dû aux soins du Grand-Maître Alof de Vignacour qui trouva heureusement cette invention, & y fit travailler au grand avantage tant des Habitans que des Etrangers, dont les Vaisseaux sont à la rade devant la Ville; car en ouvrant dans la Cité un robinet, l'eau vient sortir tout près du rivage, & par le moyen d'un tuyau, ou conduit, on la peut faire couler par dessus le bord des Vaisseaux jusques dans les futailles, qu'on remplit ainsi en peu de tems.

Cette Ville a trois Portes, dont l'une a son issue vers le bord de la Mer & sur le Port: on l'appelle *Porta del Monte*. Les deux autres sont du côté de terre; l'une s'appelle *Porta Reale*; & l'autre *Porta Boucheria*; à cause qu'elle est tout près de la Boucherie. Il y a sept Eglises. La principale ou la Cathédrale est celle de St. Jean, Patron & Protecteur de l'Ordre, & où y garde la main droite de ce Saint. Les autres Eglises sont celles de *St. Augustin*, de *St. Dominique*, de *Sta. Maria Jesus*, de *San-Paulo*, de la *Madona de Carmine*, le *Collegio de Jesu*, & de la *Madama de la Vittoria*.

Il y a sept Palais qu'on nomme *Auberges*, & où peuvent manger tous les Religieux, soit Chevaliers, ou Freres servans, tant les Profès que les Novices des sept Langues. Les Commandeurs qu'on suppose assez riches pour subsister des revenus de leurs Commanderies ne s'y présentent guere: chaque Chef ou Pilier de l'Auberge y occupe un appartement considérable. Le Tresor de l'Ordre lui fournit une somme, soit en argent, soit en grains ou en huile, pour les alimens des Religieux de son Auberge. Sa Table particulière est servie avec une abondance qui se répand sur les Tables voisines; mais avec tout cela les Religieux feroient souvent mauvaise chere, si le Pilier de l'Auberge ne suppléoit, de ses propres fonds à ce qu'il tire du Tresor. Comme ceux qui tiennent l'Auberge ont droit à la première Dignité vacante dans leur Langue, chacun cherche dans ses épargnes, ou dans la bourse de ses amis dequoi soutenir avec honneur cette dépense. Si l'Auberge est vacante par la mort ou par la promotion du Pilier à une Dignité Supérieure, le plus ancien Chevalier de la Langue y entre en sa place. Il est indifférent s'il est Commandeur ou simple Chevalier, il suffit qu'il soit le plus ancien Chevalier de sa Langue, qu'il ne doive rien au Tresor; & en cas qu'il possede des biens de l'Ordre, qu'il ait fait ses améliorissemens & le papier terrier; qu'il ait dix ans de résidence au Couvent, enfin qu'en vertu de son droit d'ancienneté, il ait requis la Dignité vacante, qui toute onereuse qu'elle est ne laisse pas d'être recherchée, parce qu'elle sert toujours de passage à une autre, qui par ses revenus dédommage amplement des fraix qu'on a faits. Ces Auberges sont

Bergia di Provence,	L'Auberge de Provence.
Bergia de Auvergne, ou *Alvernia*,	L'Auberge d'Auvergne.
Bergia de France,	L'Auberge de France.
Bergia di Italia,	L'Auberge d'Italie.
Bergia di Aragon,	L'Auberge d'Aragon.
Bergia di Alemagna,	L'Auberge d'Allemagne.
Bergia di Castilia,	L'Auberge de Castille.

Il y avoit autrefois l'Auberge d'Angleterre, *Bergia di Angliterra*; mais elle est présentement abolie.

On voit outre cela plusieurs Couvens, comme ceux de Ste. Ursule, de Ste. Catherine & des Repenties. Le Palais du Grand-Maitre, qui fait sa résidence & tient sa Cour dans cette Ville, est entre le Château St. Elme & l'Eglise de St. Jean. On y remarque une grande & belle Sale, où le Grand-Maître tient ordinairement son Conseil, & où s'assemblent ses Conseillers, ou Chevaliers Grand-Croix pour délibérer des affaires: on l'appelle pour cette raison la Sale des Assemblées. Sur le derriére du Palais on remarque deux têtes de Marbre de demi-bas-relief, placées dans la muraille & plus grande, que le naturel. Sur l'une on lit ces mots: ZENOBIA ORIENTALIS DOMINA, & sur l'autre PENTESILEA. Elles furent trouvées à Malthe l'an 276. Il y a dans ce Quartier une Place ou Marché, où les Paysans portent vendre sur leurs Anes toutes sortes de Fruits & de Grains, des Oiseaux, des Moutons, des Chèvres, des Pourceaux & diverses autres sortes de denrées de cette nature. En Eté à cause des grandes chaleurs, on tient le Marché avant le lever du Soleil, & il commence aussi à finir à mesure que le Soleil se couche.

Près du Château St. Elme, est un Hôpital ou Hôtel-Dieu. C'est un Bâtiment d'une structure magnifique, sur-tout depuis l'agrandissement qui y fut fait en 1664. Chaque malade y a sa petite Chambre à part, dans une grande Sale de trente pas de long & de dix de large, où elles sont rangées l'une à côté de l'autre, & il y en a vingt-cinq de chaque côté. Les malades y sont servis fort proprement & en très-bon ordre par les Chevaliers mêmes, en vaisselle d'argent, comme assiettes, plats, écuelles & tasses, & l'on apporte à chacun devant son lit la portion des alimens qu'il doit prendre, suivant que l'ordonnent les Médecins qui sont au nombre de quatre & font régulièrement deux fois le jour leurs visites.

L'Arsenal n'est pas éloigné du Palais du Grand-

VAL. VAL. 31

Grand-Maître. Il est sous l'Inspection d'un des Chevaliers de l'Ordre. On y voit une belle & grande Salle garnie de toutes sortes d'armes dans un bel ordre. Au milieu sont cinq Machines de bois quarrées, d'où pendent de tous côtez des armes de toute espèce, comme Cuirasses, Harnois, Casques, Pots en tête, Boucliers, Epées de combat, Hallebardes, Piques, Demi-piques, Mousquets, Epées, Poignards, Pistolets, Arquebuses, Dagues, Fusils & autres. Les Murailles en sont aussi tapissées, de même que les poutres qui traversent de côté & d'autre ; & du haut pendent plusieurs Arcs, & autres armes à l'antique, dont se servoient les Chevaliers dans l'Isle de Rhodes. On y voit quelques doubles Arquebuses longues, à croc & à vent qu'on charge par derrière, avec une Cartouche, & on les ouvre & ferme, monte & démonte par le moyen d'un ressort caché. De grandes armoires fermées de treillis de fil de fer sont pleines de Charges ou Cartouches, de Poignards & de Pistolets. Cet Arsenal est si bien pourvu de toutes sortes d'armes, qu'on en peut tirer pour pourvoir une Armée de trente mille hommes. On y fait parade de trois ou quatre Cuirasses ou Armures tout entières, dont une est la Cuirasse que le Grand-Maître Jean de la Valette portoit pendant le Siège de l'année 1565. On y montre aussi une Pièce de Canon faite de cuir, placée sur son affût, & si proprement travaillée, qu'on la prendroit pour être de fer. Dans une autre Salle voisine on voit encore toutes sortes d'armes qu'on a fait venir de Hollande, & dont le Grand-Maître Lascaris fit présent à l'Ordre : il y a dequoi armer quatre cens trente ou quatre cens quarante hommes. Toutes ces armes sont tenues dans une grande propreté. Outre cela chaque Chevalier a ses armes & tout son équipage dans l'endroit où il loge; & les Bourgeois & les Paysans en ont aussi chez eux.
Parmi les autres Bâtimens publics, on remarque la Douane, la Treforerie, la Chancellerie, un Magazin à Bled, un autre à Vin, une Châtellenie ou Cour de Justice.
Le Château St. Elme, est aussi bâti sur un Rocher du Mont-Sceberras, & sur la pointe de la Cité de la Valette, qui avance dans la Mer, & il n'est séparé de la Cité que par un Fossé taillé dans le Roc. Il est placé à l'Embouchure de huit grands & beaux Ports, dont il y en a trois au côté droit de St. Elme, & cinq au côté gauche; & ils sont défendus d'un côté par le Château Sant-Angelo, bâti sur la Pointe du Bourg, & de l'autre par la Cité Valette, ou Ville neuve. Entre la Cité Valette & le Château de St. Elme, il y a des Magazins à Bled taillez dans le Roc.

VALEUGE L'EGLISE, Bourg de France, dans l'Auvergne, au Diocèse de St. Flour.

VALEUGE LE HAUT, Bourg de France, dans l'Auvergne, Election de St. Flour.

VALEURE, Bourg de France, dans la Bourgogne, Election de Bar-sur-Seine. C'est une Commanderie de l'Ordre de Malthe, dépendante du Grand-Prieuré de Champagne.

VALEYRE, Village de Suisse [a], au Canton de Berne, dans le Bailliage d'Yverdun. On trouve dans ce Village un petit Monument d'Antiquité. C'est une voute souterraine fort bien faite, large de quatre pas & de la hauteur d'un homme. Le Village de Valeyre est situé dans le meilleur Vignoble du Bailliage.

[a] Etat & Délices de la Suisse, t. 2. p. 332.

VALFRACOUR, *Vulferii-Curtis*, Bourgade de Lorraine, au Diocèse de Toul, dans le Bailliage de Vauge. C'est le Chef-lieu d'une Prévôté dépendante de l'Office de Dompére. Son Eglise Paroissiale est sous le titre de l'Assomption de Notre-Dame. Le Chapitre de Remiremont est le Patron de la Cure pour laquelle il y a concours. Ce Chapitre perçoit les deux tiers de la grosse dixme & toute la menue. Les Hameaux de Du Fresnois & de Du Voide des Saux en dépendent.

VALHEY, *Valheium*, Bourgade du Duché de Lorraine, au Diocèse de Toul, Office d'Einville. Son Eglise Paroissiale est sous le Titre de Ste. Marie Magdelaine. Elle fut érigée en Paroisse l'an 1576. Le Seigneur du Lieu est Collateur de la Cure. C'étoit la Patrie de Mr. de Porcelet de Maillanne Evêque de Toul. Il étoit fils du Seigneur de Valhey.

VALI, Peuple d'Asie. Pline [b] le nomme au nombre de ceux qui habitoient le Lac Méotide. Voyez ARBALI.

[b] Lib. 6. c. 7.

VALIERE, Bourg de France dans la Marche, Election de Gueret. Ce Bourg est situé dans une Plaine dont les Terres produisent du Seigle, du Bled Noir, de l'Avoine & des Raves. Les Pâcages, & les Foins y sont bons & très-abondans, & les Habitans font un Commerce considérable de Bestiaux aux Foires d'Ahun, de Filletin, de Cheneraille, de Jarnage & de Gouzon, sans compter les Foires de leur propre Bourg qui sont très-fréquentées. Les Habitans sont laborieux & très-aisez.

VALII, Peuples de l'Ethiopie selon Pline [c], qui les met à cinq journées des Oecalices.

[c] Lib. 6. c. 30.

VALINCOURT, Bourg de France dans le Cambresis, Recette de Cambray. Il y a dans ce Lieu un Chapitre peu considérable, composé d'un Doyen & de sept Chanoines.

VALINSA, petite Contrée des Alpes selon une ancienne Inscription [d] trouvée dans le Pays, dont les Habitans sont nommez VALLENSES dans la Notice des Dignitez de l'Empire, & VALINSANI dans le Concile National d'Epaune. Cette Contrée est dans les Alpes & se nomme présentement le Vallais, ses anciens Habitans étoient les *Viberi*, les *Veragri* & les *Seduni*.

[d] Ortelii Thesaur.

VALKENBOURG, Ville des Pays-Bas. Voyez FAUQUEMONT.

1. VALLADOLID, Ville d'Espagne, dans la Vieille Castille, sur la Rivière *Pisuerga*, un peu au-dessus de l'endroit où elle se jette dans le *Duero* [e]. C'est une belle & grande Ville & l'une des plus illustres & des plus considérables de l'Espagne. Elle est située à deux journées de *Burgos*, dans

[e] Délices d'Espagne, p. 193.

une

une belle & vaste Plaine que la *Pisuerga* traverse; environnée de bonnes Murailles, ornée de beaux Bâtimens, de belles grandes Places publiques, de Portiques & de Fontaines. Le grand Commerce de cette Ville, la Noblesse qui y demeure, & la Chancellerie qui y a été transférée de *Medina del Campo*, la font fleurir en toutes manières. Il n'y a guère de Ville dans le Royaume plus grande & mieux peuplée. On y compte onze mille Maisons. Les rues y sont belles, longues & larges, les Maisons grandes & hautes & toutes ornées de Balcons. La petite Rivière d'Escueva, qui coule au travers est assez agréable; mais elle ne produit pas de Poisson de bon goût. On la passe sur un Pont de Pierre de dix à douze Arcades très-bien faites.

L'une des choses les plus considérables de cette Ville, est la Place du Marché, nommée *el Campo*. Elle est si longue & si large qu'on lui donne sept cens pas de circuit. C'est l'endroit où se tiennent les Foires; elle est environnée d'un grand nombre de Couvens; & on la trouve quand on va aux Fauxbourgs, du côté de Salamanque. Il y a une autre Place au milieu de la Ville, & on la tient aussi belle que la Place Royale à Paris. Elle est environnée de tous côtez de fort belles Maisons, bâties de brique, au-dessous desquelles on peut se promener à couvert dans les Allées que forment de beaux Piliers qui les soutiennent par devant; c'est-là que les Marchands ont leurs Boutiques, & que les Marchandises peuvent être étalées, sans qu'elles soient exposées aux injures de l'air. Ce qui augmente la beauté de cette Place, c'est que toutes les Maisons sont égales, toutes à quatre étages, & toutes ont leurs fenêtres ornées de Balcons de fer.

On compte dans cette Ville soixante & dix Couvens de l'un & de l'autre Sexe. Le plus beau de tous est celui des Dominicains, qui porte le nom de St. Paul; & il est sur-tout remarquable par son Eglise, l'une des plus belles de la Ville. Elle est fermée tout autour d'un enclos de Piliers entrelassez de chaînes; & cet enclos est un asyle pour ceux qui ont commis quelque meurtre. Le Portail de l'Eglise est superbe: il est orné d'un très-grand nombre de Figures en bosse & de Bas-reliefs, & d'une Croix d'or qu'on voit au-dessus. Au dedans elle est toute dorée depuis le bas jusqu'à la voute. A côté du Grand-Autel, on voit douze Chandeliers d'argent rangez à terre de la hauteur d'un homme. De tous côtez se montrent les Armes des Ducs de Lerma, qui ont fondé cette Eglise avec une profusion inconcevable. De l'Eglise on entre dans le Cloître, qui est d'une beauté singulière, & orné dans son enceinte de beaux & de grands Tableaux à quadres dorez & couverts de Rideaux de Tafetas. On y remarque le Duc de Lerma représenté de toute sa hauteur, & on y voit aussi la Vie de St. Dominique. La voute est toute azurée & dorée, avec de très-belles figures. On y voit les Portraits des Martyrs de l'Ordre. De l'autre côté du Cloître, vers le Jardin, il y a un beau morceau d'Architecture formé en vou-

te, soutenüe de plusieurs Piliers dorés, à chacun desquels il y a un Saint de l'Ordre. La Sacristie est aussi fort belle, dorée, azurée, & remplie de Tableaux, dont une partie représente tous les Papes au naturel. Mais la plus belle pièce de tout l'Ouvrage est le Tresor, où l'on conserve des Reliques en nombre, & diverses antiquitez, qu'on a ramassées depuis long-tems.

Les Rois qui ont fait long-tems leur séjour à Valladolid, y ont un beau Palais, digne de leur grandeur, & qui fut réparé par Philippe IV. Il est tout joignant le Couvent des Dominicains, & l'on peut aller de ce Palais à leur Eglise par une Galerie couverte sans être vu. Il est tout de brique, & d'une fort grande étendue; mais il n'a que deux étages. On y compte entre autres seize chambres ornées de beaux & de riches Tableaux, parmi lesquels on remarque celui d'Henri IV. & celui du Duc de Lerma à cheval, & armé. Dans l'une des Sales, qui est la plus belle & la plus magnifique de toutes, on ne voit que dorure & que pierreries de toutes parts. Au milieu s'éleve un superbe Trône Royal tout doré, & à côté sont suspendus six ou sept grands Lustres d'argent. De cette Sale on passe dans une Allée où l'on voit quelques Tableaux d'une beauté achevée, dont les uns sont des portraits d'hommes & les autres représentent des Villes. On y remarque entre autres la prise de la Ville de St. Quentin. A un coin est une fort belle Horloge, qui a été faite à Strasbourg sur le modèle de celle qu'on y voyoit autrefois. Elle supporte un Pelican qui tient une Sphère & un Globe entre ses Serres, avec ce distique Latin.

Omnia metitur Tempus, sed metior ipsum
Artificis fragili machina facta manu.

Dans une autre Sale, on voit six ou sept Tables fort précieuses, toutes faites de pièces rapportées; l'une est d'ivoire & les autres sont de pierreries, comme d'Emeraudes, de Saphirs, de Turquoises jointes par de petits harpons d'argent & d'Ebene. Du Palais on descend dans le Jardin Royal, qui est composé de quatre Parterres, au milieu desquels est une belle Fontaine, à l'endroit où ils se joignent tous quatre; & chacun a aussi sa Fontaine particulière qui l'arrose. Du Jardin on va dans la Ménagerie, où l'on nourrit quelques Oiseaux de Canarie, & d'autres Animaux rares. Derriére ce Palais est une grande Place, destinée à la course des Taureaux. On y voit aussi la Maison de Charles V. qui est au bord de l'eau.

Outre le Palais du Roi on en voit encore d'autres qui sont superbes. On remarque entre autres celui du Comte de Salinas. Il y a aussi plusieurs Maisons des plus riches Bourgeois, qui peuvent passer pour belles.

Les Dominicains ont tout près de leur Couvent un beau Collège, qui porte le nom de St. Grégoire. On y voit deux grands Cloîtres très-bien faits & parsemez de fleurs de Lis. Les voutes de ce Bâtiment sont toutes de menuiserie fort bien travaillée, dorée & azurée: l'or sur-tout brille

VAL.   VAL.   33

brille par tout. Le Grand-Autel est aussi d'une menuiserie dorée & dont le travail est extrèmement délicat: à côté de l'Autel est une grande Chaire de pierre, suspendue en l'air. La Maison des Jésuites est aussi magnifique. Leur Eglise est ornée de beaux Tableaux posez dans des Niches entre des Piliers, le tout doré & azuré. Le Bâtiment de la Sainte Inquisition est d'une structure particuliére: il n'a point de fenêtres, & le jour n'y entre que par des trous, faits comme le soupirail d'une Taupiére. Le Monastère des Religieuses de Ste. Claire est remarquable par la singularité du Tombeau d'un Seigneur Castillan, enseveli dans le Chœur de leur Eglise. On prétend qu'il en sort de tems en tems des cris plaintifs, qui sont le présage de la mort de quelqu'un de la famille. On voit dans l'Eglise de St. Benoît trois Treillis de fer, très-bien travaillez & coupez fort délicatement en feuillages & en fleurs au naturel. La magnificence & la beauté de tous ces Bâtimens relève cette Ville au-dessus de la plûpart des Villes de l'Espagne. La grandeur de ses Places publiques est étonnante. Il y en a une qui, dans son enceinte, contient cent trente & quelques Eglises, Chapelles, Couvens, ou Hôpitaux. A un autre Quartier de la Ville est l'Université, qui est assez bien entretenue & composée de quelques Colléges. Tout cela dédommageoit avantageusement Valladolid du titre de Cité qui lui manquoit autrefois; mais elle l'obtint en 1595. lorsqu'on y fonda un Evêché suffragant de Tolède. Le revenu de cet Evêché est de quinze mille Ducats.

La Ville de Valladolid est ancienne. Plusieurs croyent que c'est l'ancienne *Pintia*, ou qu'elle a été bâtie des ruines d'une Ville de ce nom, différente d'une autre *Pintia* qui étoit dans la Galice & qui s'appelle aujourd'hui *Chiroga*. L'air est bon à Valladolid: il seroit très-pur, si ce n'étoit que la Riviére y cause de tems en tems des brouillards incommodes. Tous les dehors de la Ville sont charmans. C'est une belle Plaine, couverte de Jardins, de Vergers, de Parterres, de Prez & de Champs.

2. VALLADOLID, Ville de l'Amérique Septentrionale, dans la Nouvelle Espagne,[a] au Gouvernement de Mechoacan, dont elle est la principale Ville. Les Indiens la nomment *Guayangarço*. Le Siège Episcopal qui avoit été d'abord placé a *Zintzontza*, fut ensuite transféré à Pascuaro, ou *Fatztza*, par Vasco de Quirogo premier Evêque; mais enfin on le transporta à Valladolid, ou *Vallisoleto* en 1544. Cette Ville est éloignée de Pascuaro de sept lieues vers l'Est. Au Nord de Valladolid il y a un Lac beaucoup plus grand que celui de Méxique. La moindre tempête élevé ses flots fort haut; & il s'y prend plusieurs sortes de Poissons, principalement une sorte de fort petits poissons que ceux du Pays séchent au Soleil, & qu'ils vont vendre en plusieurs Provinces avec beaucoup de profit. On voit sur ce Lac beaucoup de Canots & de Bâteaux.

Mr. Corneille[b] dit, en citant de Laet, que de Pascuaro l'Evêché fut transféré à *Vallisoleto*, & de *Vallisoleto* à Valladolid. De Laet ne dit point cela: il ne fait point deux Lieux différens de Vallisoleto & de Valladolid. C'est une distraction de Mr. Corneille, qui n'a pas pris garde que *Vallisolitani* étoit le nom en Latin de Valladolid: je dis une distraction car Mr. Corneille trois Articles plus bas fait lui-même cette Remarque.

3. VALLADOLID, Ville de l'Amérique Septentrionale[c], dans la Nouvelle Espagne, au Yucatan, environ à trente lieues au Midi Oriental de Mérida, près de la Côte du Golphe de Honduras. On y voit un Couvent des Cordeliers qui peut passer pour somptueux. Dans le Territoire de cette Ville il y a plus de cinquante mille Sauvages, qui payent Tribut aux Espagnols.

4. VALLADOLID, Ville de l'Amérique Méridionale[d], au Pérou, dans l'Audience de Quito, aux Confins de celle de Lima, en tirant vers le Midi de Zamora, & droit au Nord de Jaen.

5. VALLADOLID, Ville de l'Amérique Septentrionale[e], au Gouvernement de Honduras, dans les Terres aux confins de l'Audience de Nicaragua[f]. Elle est environ à quarante lieues de la Côte de la Mer du Nord, dans une belle & agréable Vallée, où l'air est tempéré & fort sain. Les Campagnes sont couvertes de Troupeaux de Brebis & de Vaches, qui y trouvent de fort bons Pâturages. On a découvert quantité de Mines d'Argent dans le voisinage. Le Gouverneur de la Province, le Receveur du Roi & les autres Officiers Royaux demeurent ordinairement dans cette Ville, où les Métaux que l'on tire aux environs se transportent pour y être fondus. On y transféra en 1558. le Siège Episcopal de Truxillo; & l'on y voit une Maison de Religieux de la Merced.

VALLÆ, Ville de la Macédoine; Ptolomée[g] la marque dans la Piérie. Ses Habitans sont nommez *Vallæi* par Pline.[h]

VALLÆI. Voyez VALLÆ.

VALLAGE, petit Pays de France. Il fait partie de la Province & du Gouvernement militaire de Champagne. Il est borné au Nord par le Châlonnois & le Pertois: à l'Orient par le Bartois: au Midi par le Bassigny, & à l'Occident par la Champagne propre. Il tire son nom de ses belles Vallées, abondantes particulièrement en Prairies, où l'on nourrit quantité de Bestiaux. Elles pourroient être propres à élever des Haras, dont les Chevaux seroient meilleurs que ceux de Frise. On fabrique beaucoup de munitions de guerre dans les Bois du Pays de Vallage, dont Vassi est la Capitale. Les autres Villes sont Joinville & Bar-sur-Aube. Le Pays est arrosé par plusieurs Riviéres, dont les plus considérables sont la Marne & l'Aube.

VALLAIS, Pays voisin & Allié des Suisses.[i] C'est une Vallée longue & étroite, qui s'étend de l'Orient à l'Occident, entre les Terres de Berne au Nord, & le Duché de Milan & le Val d'Aoste au Midi. Il est borné à l'Orient par les Montagnes de la Fourche, qui le séparent du Canton d'Uri; & delà il va toujours s'élargissant jusqu'au Pont

[a] De l'Isle, Atlas. De Laet, Descr. des Indes Occ. L. 5. c. 25.

[b] Dict.

[c] De Laet, Descr. des Indes Occ. Liv. 5. c. 8.

[d] De l'Isle, Atlas.

[e] Ibid.

[f] De Laet, Descr. des Indes-Occ. L. 7. c. 16.

[g] Lib. 3. c. 13.

[h] Lib. 4. c. 10.

[i] Etat & Délic. de la Suisse, T. 4. p. 167. & suiv.

E   Pont

Pont de St. Mauris sur le Rhosne. A l'Occident il est séparée du Canton de Berne par le Rhosne, qui sert de Barriére commune. De ce côté même, il fait face à la Savoye, s'étendant le long du Rhosne jusqu'au Lac de Genève. Sa longueur est de 33. ou 34. lieues: à l'égard de sa largeur elle est fort inégale.

Il est divisé en Haut & Bas Vallais [a]. Le Haut, où est la source du Rhône, étoit autrefois occupé par les *Seduni*, qui ont laissé leur nom à la Ville de Sion (appellée en Latin *Seduni*,); & le Bas par les *Veragri*, dont la situation a été exactement marquée par César dans ses Commentaires au troisième Livre, où il nomme par ordre les *Nantuates*, les *Veragri* & les *Seduni*, qui occupoient le Pays depuis les Allobroges, le Lac Leman & le Rhône jusqu'aux hautes Alpes, *usque ad summas Alpes*, où est la source du Rhône.

Pline rapporte au troisième Livre une Inscription à l'honneur d'Auguste, où entre les Peuples vaincus dans les Alpes on marque de suite, *Seduni, Veragri, Nantuates*.

Ces *Nantuates* qui touchoient aux Allobroges, occupoient les bords du Lac Leman du côté de l'Orient. Ils étoient contigus aux *Veragri*, qui habitoient le Bas Vallais, ou la basse Vallée Pennine, & les *Seduni* la haute Vallée jusqu'à la source du Rhône. La Vallée avoit été nommée Pennine à cause du Dieu *Penninus* ou *Pennus*, que l'on y adoroit, & non pas à cause des Carthaginois ou *Pœni*, qui avoient seulement passé la, sans s'y arrêter, lorsqu'Annibal entra en Italie; car Tite-Live au Livre de la troisième Décade dit que les Véragres, qui étoient les Naturels du Pays, n'avoient aucune connoissance de l'origine du nom des Alpes Pennines, tirée du passage des *Pœni* ou Carthaginois; mais ils étoient persuadez que ces Alpes avoient été ainsi appellées du Dieu *Penninus*, dont le Sanctuaire étoit au haut de la Montagne. *Ab transitu Pænorum ullo Veragri incolæ jugi ejus non norunt nomen inditum, sed ab eo, quem in summo sacratum vertice Penninum Montem adpellant*. Il paroit que le vrai nom de ce Dieu étoit *Pennus* & non pas *Penninus*, qui est un adjectif & non un substantif.

Néanmoins comme cette erreur étoit commune, les Anciens ont quelquefois appellé Pœnines ces Alpes & la Vallée qu'elles enfermoient. Le mot de *Vallis Pœnina* se trouve dans une Inscription antique qui est dans le Recueil de Gruter, où l'on voit VALLE POENIN. Ce mot de *Vallis* se trouve dans Marius Aventicensis, qui vivoit dans le sixième Siècle; car en parlant dans sa Chronique de l'invasion que firent les Lombards en ce Pays-là dans la VII. Indiction, c'est-à-dire, l'an 574., il dit: *Longobardi in Valle ingressi sunt*; ils entrèrent dans la Vallée, & se postérent au Monastère d'Agaune. Et plus haut, dans l'onzième Indiction, il dit que le Mont *Tauretiun in Vallensi Territorio* (c'est-à-dire dans le Vallais) tomba & accabla une Place qui étoit au pied avec ses Habitans. Depuis ce tems-là le mot *Vallensis*, le Vallais (en Allemand *Walisserland*) a été en usage pour celui de *Varagri*; on ne le trouve plus depuis la ruine de l'Empire Romain Occidental.

[a] *Longuerue, Descr. de la France, Part. 2. p. 302.*

Quant aux *Seduni*, leur Ville Capitale a porté leur nom jusqu'à présent; & Frédegaire au septième Siècle fait mention du Territoire Sionnois, *Sionnensis Ager*.

Les François s'étant rendus maîtres du Royaume de Bourgogne, eurent souvent la guerre avec les Lombards pour la possession de ce Pays & de la Tarentaise; c'est-à-dire pour la Province que les Romains nommoient les Alpes Graïennes & Pennines, qui s'étend des deux côtez des Montagnes. Mais quant au Vallais, il fit partie du Royaume de Bourgogne sous les Mérovingiens & les Carlovingiens.

Après l'Abdication de Charles le Gros, ceux de la Bourgogne Transjurane & Septentrionale élurent Roi l'an 888. Rodolphe fils de Conrad, qui avoit été Comte de Paris, & il fut proclamé dans l'Abbaye de Saint Maurice. Ses Successeurs joüirent paisiblement de ce même Pays jusqu'à Rodolphe III. sous lequel les Officiers nommez *Comtes* s'érigerent en Princes, & les Evêques aussi; ce qu'ils avoient commencé à faire dès le tems du Roi Conrad *le Pacifique*, père & Prédécesseur de Rodolphe nommé *le Lâche*, parce qu'il souffrit & autorisa ces usurpations.

Les Empereurs Allemands qui succéderent à Rodolphe, mirent le Gouvernement de la Bourgogne Transjurane entre les mains des Ducs de Zéringue, qui attaquerent les Vallesans, mais avec divers événemens, & ils furent obligez enfin de les laisser vivre dans leurs Montagnes en liberté.

La République de Vallais fut comprise dans le Traité de François I. Roi de France avec les Ligues fait l'an 1516, avec celui de Henri II. de l'an 1549, & celui de Charles IX. de l'an 1565. Ils n'ont pas été nommez dans celui d'Henri IV. de l'an 1602, ni dans l'Alliance faite par Louis XIV. dans les années 1658. & 1663; néanmoins on les a toujours reconnus pour Alliez de la Couronne, ayant été nommément compris aux Traitez de Câteau Cambresis & de Vervins, & ils l'ont été depuis peu au Traité de Bade conclu avec l'Empereur & l'Empire.

Le Rhosne traverse le Vallais dans toute sa longueur & en occupe une portion: les Montagnes en occupent aussi une considérable. Il ne reste après cela que le peu d'espace qu'il y a entre le Rhosne & les Montagnes, qui s'élargissent plus ou moins selon la différence des lieux. Les plus grandes Vallées ont cinq, huit & jusqu'à dix lieues de longueur. Cependant ce Pays est très-peuplé, & contient cinquante-cinq grandes Paroisses. On le partage en deux parties égales, le HAUT & le BAS-VALLAIS. Le Haut Vallais s'étend depuis le Mont de la Fourche jusqu'à la Rivière de la Morge, au-dessus de Sion. C'est proprement le Territoire des anciens *Seduni*. Ils avoient une Ville nommée de leur nom dès le tems d'Auguste; comme le montre l'Inscription qui est à la Porte de l'Eglise de Notre-Dame, où l'on voit que la Cité des *Seduni* [Sion] reconnoissoit cet Empereur pour son Bienfaiteur, & son Patron: *Civitas Sedunorum Patrono*. Le Bas-Vallais s'étend depuis la Morge jusqu'à St. Mauris, & de là jusqu'à

St. Gingoul au bord du Lac de Genève.

Le partage que la Nature a fait de ces Peuples a été suivi dans le Gouvernement. Le Haut & le Bas-Vallais font comme deux Provinces: les Habitans du premier font les Maîtres, & les autres font les Sujets. L'Evêque de Sion étoit autrefois Souverain d'une bonne partie du Pays; mais fon pouvoir étant déchu, il s'est formé infenfiblement une République de fes ruïnes. Cependant il a encore poffédé affez de puiffance, pour pouvoir être regardé comme Prince du Pays. Dans le tems de la décadence du pouvoir de ce Prélat, les Habitans du Haut & du Bas-Vallais s'étant brouillez enfemble au fujet de la Souveraineté, ceux du Haut-Vallais plus forts ou plus heureux l'emportérent par les armes: & depuis ce tems-là ils ont été Souverains, non pas abfolus néanmoins, ni indépendans, comme le dit l'Auteur de la Relation de la Suiffe; mais Co-Souverains avec l'Evêque de Sion, qui préfide dans tous leurs Confeils. Car la Souveraineté réfide entre les mains de ce Prélat, & des fept Communautez qui compofent le Haut-Vallais; & tous enfemble nomment le Gouverneur du Bas-Vallais.

Le Haut-Vallais eft partagé en fept Communautez, Départemens ou Jurifdictions, que l'on nomme *Dixaines* en François & *Zehnden* en Allemand, favoir

Communautez du Haut-Vallais:
- Goms, ou Gambs,
- Brieg, ou Bryg,
- Fifp, ou Fifchbach,
- Raron, ou Raren.
- Leuck,
- Siders,
- Sion.

Le Bas-Vallais eft divifé en fix Gouvernemens, ou Banniéres, qui font

Gouvernemens du Bas-Vallais:
- Gundes, ou Gonthey,
- Arden,
- Saillon, ou Sallion.
- Entremont,
- Martigny,
- St. Mauris.

Sous les Empereurs d'Allemagne les Hauts, & les Bas-Vallaifans vécurent dans une égale liberté. Dans la fuite les premiers furent foumis à l'Evêque de Sion, & les autres dépendirent des Princes de Savoye depuis les premiers Comtes de Maurienne & à la fin de l'onzième Siècle. Ces Comtes étoient ou Seigneurs ou Avouez & Défenfeurs de ce Pays, qui faifoit en quelque forte partie du Chablais. Dans le quinzième Siècle, ces Peuples, comme je l'ai déja infinué, fe firent une cruelle guerre; & après bien des chocs, des combats & des defolations de part & d'autre, les Hauts-Vallaifans furent enfin Vainqueurs & fubjuguérent leurs ennemis, firent une Province de leur Pays, & y envoyérent des Baillifs ou Gouverneurs pour adminiftrer la Juftice.

Tite-Live parlant des *Veragri*, dans l'Hiftoire de l'Expédition d'Annibal, dit qu'ils étoient demi-Germains. On peut dire aujourd'hui à peu près la même chofe des Bas-Vallaifans qui leur ont fuccédé; car fi dans la Plaine & dans les Vallons on parle Romand; fur les Montagnes on parle Allemand.

En général les Vallaifans ont été de tout tems auffi courageux que les Suiffes leurs Alliez. Ils font endurcis au froid, au chaud & au travail, graves, courageux & hardis. Ils ont pratiqué depuis long-tems une façon finguliére de réprimer les Grands dont la puiffance leur a été fufpecte. C'eft ce qu'ils appellent *la Maffe*, en Allemand *Matzen*, & qui a quelque chofe de ce qu'on nommoit *Oftracifme* parmi les Athéniens. On prend un tronc d'Arbre ou de Vigne avec fes racines entortillées, fur lequel on met une laide figure de tête d'homme femblable à une tête de Médufe. Quand le Peuple en veut à quelqu'un, tous les Conjurez plantent chacun un clou à cette Maffe, & lorfque par le nombre des clous ils jugent que leur nombre eft affez fort, ils vont mettre cette *Matzen*, ou Maffe à la porte de cet homme. Cela veut dire que le Peuple demande qu'il foit banni & chaffé du lieu, & que fes biens foient confifquez. Souvent cette méthode barbare de faire la Juftice a caufé de grands troubles parmi eux.

La plus ancienne alliance que les Vallaifans ayent faite avec quelques Cantons de la Suiffe, eft celle qu'ils contractérent pour dix ans avec les Bernois l'an 1250. qu'ils renouvellérent en 1448. & qu'ils déclarérent ftable & éternelle en 1475. Ils avoient fait une pareille alliance en 1473. avec les Cantons de Lucerne, d'Ury & d'Underwald; & en 1529. ils furent admis par tous les Cantons dans l'Alliance Helvétique. Il fut cependant ajouté dans l'Acte une claufe, qui portoit que cette Alliance feroit renouvellée tous les vingt-cinq ans. Enfin, en 1533. l'Evêque & la République de Vallais renouvellérent leur Alliance avec les trois Cantons Catholiques Lucerne, Ury & Underwald; & les quatre autres, favoir Schwitz, Zoug, Fribourg & Soleurre, y entrérent. Ce renouvellement fut en quelque maniére une nouvelle Alliance; car du côté des Suiffes tous les Cantons Catholiques y entrérent, & du côté des Vallaifans, qui font fort attachez à l'Eglife Romaine, tout l'Etat y entra pareillement; ce qui n'étoit pas arrivé dans la première Alliance qui avoit feulement été contractée par cinq Communautez: Gambs, Brieg, Visp, Sion & Siders; au lieu que dans celleci l'Evêque de Sion & les Communautez de Leuck & de Raron y parlérent avec les autres. Elle étoit encore nouvelle en ce qu'elle avoit pour but principal la confervation de la Religion Catholique. Elle fut fignée le Mercredi 17. Décembre 1533. & renouvellée dans les années 1565. 1578. 1626. & 1640.

Mais fi l'on peut dire que les Vallaifans font unis plus étroitement avec les Cantons Catholiques qu'avec le Canton de Berne, ou avec les autres Cantons Proteftans, on ne doit pas en conclurre que la différence de Religion ait rompu les liens de l'amitié; car l'Alliance des Vallaifans avec les Bernois de l'an 1576. eft éternelle, & n'a point été rom-

rompue, comme semble l'infinuer l'Auteur de la Relation de la Suisse. Il est vrai que, depuis cette Alliance, il y a eu beaucoup de démêlez entre le Canton de Berne & les Vallaisans pour raison de leurs limites ; mais ils ont enfin été terminez, quoiqu'avec assez de peine.

Il n'y a peut-être point dans la Suisse de Contrée si bien entourée de Montagnes que le Vallais, ni qui soit si bien fortifiée par la Nature contre les approches de l'Ennemi. Mais quoique ce Pays soit une Vallée environnée de toutes parts de hautes Montagnes, couvertes de neiges, même dans le plus fort de l'Eté, c'est cependant sans contredit le Quartier le plus chaud & le plus fertile de la Suisse. Comme il s'étend en long de l'Orient à l'Occident, il a tout le jour la lumière & la chaleur du Soleil. Aussi rapporte-t-il toutes sortes de bons Vins, & particulierement un Vin muscat qui est exquis. Le Vignoble s'étend depuis le Département de Brieg jusqu'à St. Mauris. La plûpart des Vignes sont sur des Rochers, où elles n'ont qu'un peu de terre, qui dans plusieurs endroits y a été portée ; & c'est ce qui fait la bonté du vin qui est d'un grand debit. On en voiture sur des Bêtes de charge dans le Canton d'Uri, & dans les Vallées du Canton de Berne, qui sont le long des frontiéres. Le Bas-Vallais a plus de Vignes que le Haut ; & le Haut en récompense a plus de fruits d'Eté que le Bas. Tout le Pays en général rapporte suffisamment du Froment, du Seigle & de l'Orge pour la nourriture des Habitans. Le terroir est si fertile que même dans les endroits du Pays les plus élevez, comme dans le Quartier de Goms, les Champs rapportent ordinairement toutes les années ; de sorte qu'après la Moisson on peut labourer & semer de nouveau. Dans plusieurs endroits on arrose les terres, & on fait aller l'eau dans les Champs & dans les Vignes ; on la fait adroitement conduire sur les Montagnes & sur les Rochers par le moyen des Canaux que l'on conduit quelquefois jusqu'à la distance de deux milles. Les premiers Champs sont mûrs au mois de Mai dans les endroits les plus fertiles : ainsi dans le Vallais la Moisson dure depuis le Printems jusqu'en Automne, commençant dans les lieux bas au mois de Mai, & finissant au mois d'Octobre dans les Montagnes. En plusieurs endroits les eaux sont mauvaises & causent la goître ; de sorte qu'on y voit des Villages entiers où les hommes & les femmes ont sous le menton une espèce de monstrueux sac de chair qui les défigure beaucoup, & leur change même le ton de la voix. Cependant cela n'est pas universel ; il y a des Villages où l'on ne voit absolument aucune goître, & d'autres où l'on n'en voit que peu. Au reste le Pays est planté par-tout d'Arbres fruitiers, & rapporte toutes sortes de fruits communs aux Pays du Nord, comme pommes, poires, noix, prunes, cerises, châtaignes & autres. Il y a quelques endroits aux environs de Sion où l'on recueille des Amandes, des Figues, des Grenades & autres fruits étrangers. On trouve aussi dans ces lieux-là beaucoup de Safran.

Comme l'air est bon & pur dans le Vallais, & que les Habitans vivent frugalement, s'accommodant à la fatigue & s'endurcissant au travail, il est assez ordinaire d'y voir des gens qui parviennent à un âge fort avancé. Il y a pourtant des Ecrivains qui taxent les Vallaisans de paresse, parce qu'ils vont tous les ans des Etrangers dans leur Pays pour y semer les grains, & pour y cultiver les Vignes.

VALLASSE, VALACE, ou VALLACE, Abbaye de France, dans la Normandie [a] au Pays de Caux, Diocèse de Rouen, en Latin *Vallata*. C'est une Abbaye d'Hommes de l'Ordre de Citeaux. On l'appelle aussi *Notre-Dame du Voeu*. Elle est située à trois quarts de lieue au-dessus de l'Islebonne, & autant au-dessus de Bolbec, sur la même petite Rivière, au pied des Bois qui couvrent la Côte. La Maison Abbatiale, le Cloître, le Chapitre, le Réfectoire, & les autres Bâtimens de cette Abbaye sont assez grands & fort bien entretenus. L'enceinte du Jardin est vaste, & les Tourelles qui flanquent ses murailles, la font regarder de la Côte de l'Islebonne, comme une petite Ville. L'Eglise, bâtie en croix, est grande, belle & achevée dans son dessein. Sa Nef est accompagnée de bas-côtez, & dans chaque croisillon sont trois Chapelles tournées à l'Orient de même que le Grand-Autel. Il y a un gros & fort beau Clocher de pierres, porté sur une Tour ouverte, en manière de Lanterne, élevée sur le milieu de la croisée de cette Eglise. Deux hautes Tourelles servent d'ornement au grand Portail, où l'on voit une Vitre en forme de rose assez bien-ouvragée.

Cette Abbaye a Haute-Justice pour le petit Village de Vallasse, où il y a deux Moulins à eau. Elle fut fondée [b] en 1157. par Valleran Comte de Meulan, & beaucoup augmentée par Mathilde, mere de Henri II. Roi d'Angleterre & Duc de Normandie. Elle jouit d'environ trente mille Livres de revenu.

[a] *Corn. Dict. Mémoires dressez sur les Lieux en 1703.*

[b] *Pignol, Descr. de la France, t. 5. p. 286.*

VALLATA, Ville de l'Espagne Tarragonnoise. Elle est placée dans l'Itinéraire d'Antonin sur la route d'*Asturica* à *Tarragone*, entre *Asturica* & *Interamnium*, à seize milles de la première de ces Places & à treize milles de la seconde. Personne ne doute que ce ne soit aujourd'hui *Vanneza* ou *Vanença*. Un ancien MS. de l'Itinéraire d'Antonin, consulté par Ortelius, porte VABATUM pour VALLATA.

VALLATUM, Lieu de la Vindelicie. L'Itinéraire d'Antonin le place entre *Abusina* & *Summuntorium*, à dix-huit milles du premier de ces Lieux & à seize milles du second. Quelques-uns mettent ce lieu dans la Rhétie. On croit assez communément que le nom moderne est *Willenbach* ; il y en a pourtant qui veulent que ce soit *Pfal*.

1. VALLE, Ville d'Italie dans l'Istrie [c]. Elle est située dans les terres, environ à sept milles de la Mer & à quatorze milles au Nord de *Pola*. Cette petite Ville, qui jouit d'un air fort sain, est environnée de bonnes murailles. Moncalvo est de son ressort. Elle se soumit aux Vénitiens en 1331.

[c] *Magin, Carte de l'Istrie.*

2. VAL-

VAL. VAL. 37

2. VALLE, ou VAL CAMONICA. Voyez CAMONICA.

Corn. Dict. De Scene, Nouveau Voyage d'Italie.

VALLE DEL SOLE, Vallée d'Italie [*], dans l'Etat de Venise, au Bressan. Elle a vingt milles de longueur & s'étend en plusieurs rameaux & Collines, où l'on cultive quantité de Vignes qui produisent du vin excellent. La Rivière de Chiesa traverse cette Vallée, qui est habitée par un grand nombre de Forgerons.

a Etat & Délices de la Suisse, t. 2. p. 421.

VALLE-TREMOLA, Vallée de Suisse [a], dans le Canton d'Ury. En descendant le Mont St. Gothard, on trouve vers le milieu de la descente un Vallon; c'est ce qu'on appelle VALLE-TREMOLA, ou la VALLE'E TREMBLANTE. On y passe par dessus un terrein, qui est une espèce de Pont que la Nature a formé de neige & de glace durcie, & sous lequel on entend couler le Tesin avec un grand bruit. On peut bien juger que le Pont n'étant pas des plus solides, tremble un peu sous les pieds des passans & les fait trembler à leur tour dans leur cœur. C'est de là que lui vient son nom. On trouve dans les Montagnes de ces Quartiers-là quantité de Crystaux & diverses pierres rares & curieuses de différentes couleurs.

b Epigr. 68.

VALLEBANA, nom d'un Lieu de la Gaule. C'est Ausone [b] qui qui en parle; & Vinet croit qu'il faut diviser ce mot & lire VALLE-BANA.

1. VALLE'E, Mot François qui signifie la descente d'une Montagne rude, escarpée, roide: il signifie aussi un espace de terre ou de Pays, situé au pied de quelque Montagne ou Côte. On disoit autrefois VAL, mais il n'est plus en usage que dans les noms propres: *le Val de Galie*, *le Val des Choux*, *le Val-Suson*. L'un & l'autre est formé du Latin *Vallis*, dont les Italiens ont fait leur mot *Val*, ou *Valle*, & les Espagnols leur mot *Valle*. On entend ordinairement par une Vallée, une espèce de Plaine, le plus souvent traversée par une Rivière, bornée à ses côtez par des Collines ou des Montagnes, & qui a une longueur plus ou moins grande, sans largeur considérable. Il y a des Pays fort vastes nommez VALLE'ES, comme dans la Sicile, qui est divisée en trois Vallées *Valle di Mazzara*, *Valle di Demona*, & *Valle di Noto*. Comme, selon le Proverbe commun, il n'y a point de Montagnes sans Vallées; le mot de Vallée est commun dans les Pays de Montagnes, comme dans la Suisse, chez les Grisons, dans une partie de la Lombardie, & dans les Pyrénées.

2. VALLE'E, ou la VALLE'E, *Beatæ Mariæ de Valle Abbatia*, Abbaye de France, dans la Normandie, au Diocèse d'Evreux. C'est une Abbaye d'Hommes de l'Ordre de Citeaux. On rapporte sa fondation à l'année 1137.

d Josué, 7. 24. & 26. Isaï. 65. 10. Osée 2. 15.

VALLE'E D'ACHOR [d], Vallée de la Palestine, au Septentrion de Jéricho, selon St. Jérôme. C'est où le malheureux Achan fut lapidé. Voyez ACHOR.

VALLE'E D'AÏALON, Vallée de la Palestine, dans la Tribu de Dan, entre Thammath & Bethsamès. Elle tiroit son nom de la Ville d'Aïalon; & c'est de cette Vallée dont Josué parloit lorsqu'il dit à la Lune: *Arrête toi sur la Vallée d'Aïalon*.

VALLE'E D'ARAN, Vallée d'Espagne, mais dans le Diocèse de Cominges. Quoique les Espagnols jouïssent de cette Vallée, dit Mr. Piganiol de la Force [c], elle a néanmoins toujours fait partie des Gaules, & du Comté de Cominges, & devroit par conséquent appartenir toute entière à la France, au moins pour la Souveraineté. Ce fut Alphonse Roi d'Aragon qui l'usurpa en 1192. sur Béatrix Comtesse de Cominges, sa Cousine qui étoit mineure. Il la maria cette année-là au Comte de Bigorre, & s'appropria par le Contrat de mariage la Vallée d'Aran, comme n'étant pas du Comté de Cominges: *Cùm constet prædictam Terram Vallis Aram ad ipsum Comitatum Convenarum nihil omnino pertinere*. Ce qui n'étoit nullement vrai; & la France étoit en droit de la révendiquer au Traité des Pyrénées. Mr. de Lamoignon de Basville blâme Mr. de Marca de ne l'avoir pas révendiquée, & d'avoir dit froidement qu'on ne la demanda pas, *quoniam Hispanis detinebatur sine ullâ lite*. Cette négligence paroît d'autant plus blâmable que Mr. de Marca avoit donné des Mémoires sur cette matière, & qu'il fut Commissaire du Roi pour les Limites.

c Descr. de la France, t. 4. p. 357.

VALLE'E DE BE'NE'DICTION, Vallée de la Palestine dans la Tribu de Juda, à l'Occident de la Mer-Morte [e].

e 2. Par. 20. 16.

VALLE'E DU BOIS, *Vallis Silvestris*, Vallée de la Palestine. C'est dans cette Vallée qu'étoient bâties Sodome & Gomorre, & où se forma depuis le Lac Asphaltite, ou la Mer-Morte. L'Hébreu [f] porte la *Val-lée d'Hassidim*, que quelques-uns traduisent la *Vallée des Champs*; d'autres la *Vallée de la Chaux*; les Septante la *Vallée Salée*.

f Genès. 14.

VALLE'E DES CADAVRES, *Vallis cadaverum* [g]: C'est la même Vallée que Jérém. TOPHET; & c'étoit la Voirie de Jérusalem.

g Jérém. 31. 40.

VALLE'E DU CARNAGE (La), *Vallis Interfectionis* [h]: C'est le nom que Jérémie prédit qu'on donnera à la Vallée d'Ennon ou de Tophet. Voyez TOPHET, & Jérém. 7. 32. 19. 6. 31. 40. Elle est nommée *Vallis concisionis* dans Joel [i]; & dans le même Chapitre *Vallée de Josaphat*, ou *du Jugement de Dieu*.

h Jérém. 7. 32.
i Cap. 3. 14.

VALLE'E DE CASIS, Vallée de la Palestine, dans la Tribu de Benjamin. On ne sait pas au juste sa situation. Quelques-uns traduisent l'Hébreu par la *Vallée de l'Incision*. Ils conjecturent qu'on peut lui donner ce nom, parce que peut-être on y cultivoit le Baume qui se tiroit par incision. Mais, dit Dom Calmet [k], y cultivoit-on cette Plante du tems de Josué? Je ne le crois pas.

k Dict.

VALLE'E DE CEDRON [l] (La), Vallée de la Palestine, à l'Orient de Jérusalem, entre cette Ville & la Montagne des Oliviers.

l 4. Reg. 23. 40.

VALLE'E DE CLUYD, Vallée d'Angleterre [m], dans le Comté de Denbig. Ce Comté n'est presque autre chose qu'une chaine perpétuelle de hautes Montagnes, entrecoupées d'un petit nombre de Vallées, dont la plus grande est le long de la Rivière de Cluyd, qui lui donne son nom. Anciennement on l'appelloit Strad-Cluyd, & aujourd'hui

m Délices de la Gr. Br. t. 2. p. 419.

E 3   d'hui

d'hui les Gallois la nomment Diffryn-Cluyd, c'est-à-dire la Vallée de Cluyd. Cette Vallée s'étend du Sud-Est au Nord-Ouest jusqu'à l'Océan, de la longueur de dix-sept milles sur cinq de largeur. Elle est de toutes parts environnée de hautes Montagnes, excepté le long des Côtes où elle est toute ouverte. La Rivière de la Cluyd la traverse par le milieu depuis sa source jusqu'à son Embouchure.

VALLE'E D'ENNON, ou la VALLE'E DES ENFANS D'ENNON, en Hébreu *Ge-hennon*, ou *Gehene-hennon*, d'où vient le mot *Gehenna*. C'est une Vallée de la Palestine, à l'Orient & au Midi de Jérusalem. Voyez HENNON, ou ENNON ou TOPHET.

VALLE'E DE FORBA. Voyez BORMIO.

a 2. Reg. 24. 5.
VALLE'E DE GAD [a], Vallée de la Palestine, au-delà du Jourdain dans le partage de Gad, & apparemment, dit Dom Calmet [b], le long de l'Arnon.

b Dict.

c 2. Par. 33. 14.
VALLE'E DE GIHON [c] (La) Vallée de la Palestine, à l'Occident de la Ville de Jérusalem. Elle prenoit son nom de la Fontaine de Gehon qui a sa source en cet endroit, & qui coule de l'Occident au Midi, pour aller se jetter dans le Torrent de Cédron.

d Isai. 28. 1. 4.
VALLE'E GRASSE (La), *Vallis Pinguium* [d]. C'est la Vallée qui est au pied & aux environs de la Ville de Samarie. Ce Pays étoit fort gras & fort fertile [e]. Samarie étoit assise sur la hauteur qui commandoit cette Vallée: *In vertice Vallis pinguissimæ.*

e Dom Calmet, Dict.

f Josué 19. 14. 27.
VALLE'E DE JEPHTAEL [f], Vallée de la Palestine: Elle prenoit apparemment son nom de la Ville de Jephtaël, frontière de Zabulon. On n'en sait pas au vrai la situation.

VALLE'E DE JEZRAEL. C'est la même que la VALLE'E D'ESDRELON, ou le GRAND-CHAMP, qui s'étend de l'Orient à l'Occident depuis Scythopolis jusqu'au pied du Mont-Carmel.

VALLE'E ILLUSTRE (La), Vallée de la Palestine près de Sichem. C'est la même que la Vallée de Moré. L'Hébreu porte [g] Elon-Moré, c'est-à-dire le Chêne, ou la Chénaye de Moré.

g Genes. 12. 6.

1. VALLE'E INFE'RIEURE. Voyez BORMIO.

2. VALLE'E INTE'RIEURE. Voyez BORMIO.

VALLE'E DE JOSAPHAT. On l'entend ordinairement de la Vallée où coule le Torrent de Cédron, à l'Orient & au Midi de Jérusalem. Voyez JOSAPHAT.

VALLE'E DU LAC DE JOUX. Le Mont Jura [h] s'élargit considérablement en certains endroits, & renferme dans son sein diverses Vallées qui sont censées être de la Suisse. Il y en a trois entre autres qui font partie du Bailliage de Romain-Motier, dans le Canton de Berne, savoir celle du LAC DE JOUX, celle de VAULION & celle de VALLORBE. La première est la plus grande. Elle tire son nom d'un Lac, médiocrement grand, de deux lieues de longueur & de demi-lieue de largeur, qui en occupe le milieu. Elle a environ quatre lieues de long & deux de large. Elle est bordée de toutes parts, mais surtout du côté de la Bourgogne, de grands Bois & de hautes Montagnes, avec des défilez qui en font le rempart le plus assuré. Cette Vallée est fort peuplée & renferme huit ou dix Villages, qui font trois grandes Paroisses, dont les noms sont

b Etat & Délices de la Suisse, t. 2. p. 300. & suiv.

L'Abbaye,   Le Chenit,
      Le Lieu

Celle qui porte le nom d'Abbaye doit son nom & son origine à une ancienne Abbaye, qui étoit bâtie au bord du Lac, dont l'Eglise subsiste encore, & qu'on croit avoir été fondée dans le sixième Siècle par St. Loup Hermite.

On peut bien juger que cette Vallée étant fort élevée & dans le sein des Montagnes, son terroir ne peut pas être très-fertile. Il n'y vient aucun fruit, & l'on n'y peut semer que de l'orge & de l'avoine; mais le Lac fournit du poisson en abondance. La Montagne donne abondamment du Pâturage, & les Habitans suppléent au reste par leur industrie. En général, on remarque que les gens des Montagnes sont plus actifs & plus industrieux, & par-là plus à leur aise que ceux du plat Pays, qui semblent avoir plus d'avantages. Il n'y avoit autrefois qu'une seule Paroisse & un seul Ministre dans toute cette Vallée; mais les Habitans s'étant multipliez considérablement, les Bernois ont aussi multiplié les Eglises en établissant trois Ministres. Dans ces Quartiers du Mont Jura, comme dans tous les autres de la même Montagne, qui dépendent du Canton de Berne, les hommes vont en tout tems au Temple, avec le fusil & la bayonnette, comme prêts incessamment à combattre; & pendant le Service Divin, ils ont leurs fusils entre les jambes, ou bien ils les mettent à des ratelliers plantez exprès dans un coin du Temple. Ils en usent ainsi parce qu'ils sont sur la Frontière de Bourgogne & qu'ils se défient des Bourguignons, qui se sont déclarez souvent ennemis des Bernois & de leurs Sujets, & entre autres dans la Guerre de 1712.

Il y a diverses choses dans cette Vallée, qui méritent l'attention des Curieux. A une portée de Canon du Village de l'Abbaye, on voit sortir du pied d'un Rocher, une Rivière toute formée, large d'une Toise & profonde d'un pied ou deux, selon les tems, & qui après avoir fait jouer les marteaux d'une Forge va se perdre dans le Lac. A une lieue du même Village, dans un coin de la Montagne, on voit une profonde Caverne d'une Toise ou deux de diamètre, & au fond de laquelle on entend une Rivière souterraine couler avec un grand bruit. Au reste, quand je parle de Toise, j'entends celle de Suisse qui est de dix pieds. Mais ce qui est le plus remarquable, c'est le Lac même. On ne voit ni d'où il vient, ni où il va. Il est comme partagé en deux Lacs par un Canal étroit, que l'on passe sur un grand Pont de bois; & à demi-lieue au-dessous de ce Pont le Lac se perd dans la terre, par un grand trou qu'on peut voir. On croit communément qu'il va par des Canaux souterrains jusqu'à Vallorbe,

VAL.   VAL.   39

Iorbe, où il fort une groſſe Rivière toute formée d'un Rocher, & que c'eſt-là l'origine de l'Orbe.

VALLÉE DES LARMES *. C'étoit apparemment, dit Dom Calmet, la même que la VALLÉE DES PLEURS OU DES PLEURANS, ou DE BOCHIM. Voyez *Judic.* 2. 1. & 2. & 2. *Reg.* 5. 23. & les Articles BOCHIM ou CLOTHMON. Cette Vallée étoit au Midi de Jéruſalem.

b Pſalm. 83. 7.

VALLÉE-LEVONTINA. Voyez LEVONTINA.

VALLÉE-LIVINO. Voyez BORMIO.

VALLÉE DE MAMBRÉ, près d'Hébron. Voyez HÉBRON.

VALLÉE DE MATTEN, Vallée de Suiſſe a, dans le Haut Vallais au Département de Fiſchbach. Elle aboutit aux frontières du Duché de Milan, à quatre ou cinq lieues de Fiſp où elle commence. On y trouve deux chemins pour paſſer dans ce Duché, & on y voit quelques bons Villages, entre autres:

a Etat & Délices de la Suiſſe, t. 4. p. 183.

Matt,   Gaſſen,
Teſt ou Dœſch, Stalden,
      Terminen.

VALLÉE DES MONTAGNES (LA), *Vallis Montium* b. C'eſt ainſi que le Prophéte Zacharie appelle les Vallées qui étoient autour de Jéruſalem, & où les Habitans de cette Ville ſe ſauvérent dans leur dernier malheur, lorſque la Ville fut aſſiégée par les Romains.

b Zech. 14. 5.

VALLÉE DE MORE, près de Sichem. Voyez MORÉ. Elle eſt auſſi nommée la VALLÉE ILLUSTRE, dans la Genéſe c.

c Cap. 12. v. 6.

VALLÉE DE LA MULTITUDE DE GOG d (La), ou le CIMETIÉRE DE L'ARMÉE DE GOG. C'étoit apparemment, dit Dom Calmet, la Vallée de Jezraël, dans laquelle nous croyons que l'Armée de Cambyſe fut défaite après la mort de ce Prince. Voyez l'Article GOG, & le Commentaire de Dom Calmet ſur Ezéchiel e.

d Ezéch. 39. 11. 15.

e Cap. 39.

VALLÉE DES OUVRIERS, *Vallis Artificum* f, Vallée de la Paleſtine, en Hébreu *Ge-haraſim*. On la place ſur le Jourdain dans la Tribu de Benjamin.

f 1. Par. 4. 14. & 2. Eſdr. 11. 35.

VALLÉE DU RAISIN, *Vallis Botri*. Voyez NEHEL-ESCHOL.

VALLÉE DES RAPHAÏM, ou VALLÉE DES GÉANS. Voyez RAPHAÏM.

VALLÉE DU ROI. Voyez dans cette Liſte des VALLÉES l'Article VALLÉE DE SAVÉ.

VALLÉE DES ROSEAUX g, *Vallis Arundinis*, Vallée de la Paleſtine: l'Hébreu lit la *Vallée*, ou le *Torrent de Kanna*. Elle n'étoit pas loin de la Mer-Morte, ou de Taphna.

g Joſué, 16. 8. & 17. 9.

VALLÉE SAINTE, Abbaye de France, dans la Provence, au Dioceſe d'Apt. C'eſt une Abbaye d'Hommes de l'Ordre de Cîteaux, Fille de Sauvecanne, Ligne de Morimond. Elle a eu pour Fondateur, ou plutôt pour Reſtaurateur Bertrand Raimbaud, Sire de Simiane en 1188. Elle vaut à l'Abbé deux mille Livres de rente.

VALLÉE DES SALINES, *Vallis Salinarum* h. La plûpart mettent cette Vallée dans l'Idumée Méridionale, vers le Midi de la Mer-Morte. C'eſt-là, dit-on, où les Iduméens furent battus par David ou par Joab, & encore par Amaſias fils de Joas Roi de Juda. Nous la plaçons, dit Dom Calmet, dans l'Idumée Orientale, entre Thadmar & Boſra. Voyez SALINES.

h 2. Reg. 13. & 4. Reg. 14. 17.

VALLÉE DE SASS, Vallée de Suiſſe i, dans le Haut-Vallais, au Département de Fiſchbach. Elle aboutit aux Frontières du Duché de Milan, à quatre ou cinq lieues de Fiſp, où elle commence. On y voit un Village Paroiſſial de même nom, où coule un petit Ruiſſeau d'eau tiède, nommé le RUISSEAU-ROUGE, parce que ſon eau teint en rouge la terre & les pierres de ſon lit. On prétend qu'elle a les mêmes vertus que les Bains de Leuck. Deux Ruiſſeaux qui deſcendent l'un de cette Vallée, l'autre de celle de Matten ſe joignent auprès de Stalden & forment la Riviére de Fiſchbach. Sur la Montagne qui ſépare ces deux Vallées, on voit le Village Paroiſſial de Grenchen, qui ſe vante d'avoir produit deux ſavans Hommes, Simon Lithonius, Profeſſeur en Grec & en Latin à Strasbourg, où il mourut à la fleur de ſon âge en 1543 & Thomas Plater, Tigé des Platers de Bâle.

i Etat & Délices de la Suiſſe, t. 4. p. 183.

VALLÉE DE SAVÉ, autrement la VALLÉE ROYALE k, Vallée de la Paleſtine, aux environs de Jéruſalem. Savé eſt une Ville ſituée dans la Vallée du Roi, vis-à-vis de Jéruſalem, ſelon Euſèbe. C'eſt dans cette Vallée où Melchiſédech vint au devant d'Abraham, à ſon retour de la victoire contre les cinq Rois. Mais quelques-uns croient que cette entrevue ſe fit au pied du Mont Thabor. l

k Geneſ. 14. 17. & 2. Reg. 18. 18.

l Vide Vit. Melchiſedech, t. 3. Oper, S. Athanas. p. 239. & Brocard. Deſcr. Terræ Sanctæ.

VALLÉE DE SEBOÏM m. Seboïm étoit une des quatre Villes qui furent conſumées avec Sodome par le feu du Ciel n. La Vallée de Seboïm, dit Dom Calmet o, étoit donc ſur la Mer-Morte; mais on n'en ſait pas la ſituation. Peut-être que dans la ſuite on rétablit Seboïm. Voyez 2. Eſdras 11. 34. ainſi que Sodome. Quelques-uns prennent Seboïm ou Tzeboïm, dans un ſens générique, pour des Serpens, des Baſilics ou des Hyènes.

m 1. Reg. 13. 18.
n Geneſ. 10. 19.
o Dict.

VALLÉE DE SENNIM (La), où demeuroit Haber, ou Heber le Cinéen p. Cette Vallée étoit dans la Galilée aux environs de Sennaa, & de Cadès de Nephtali.

p Ita Chald. Heb. Vatab.
q Judic. 4. 11.

VALLÉE DE SEPHATA (La). C'eſt dans cette Vallée qu'Aſa Roi de Juda défit une grande Armée d'Ethiopiens, ou de Chuſchims. Cette Vallée étoit vers Mareſa & Eleutheropolis.

2. Par. 14. 9. 10.

VALLÉE DE SOREC s, Vallée de la Paleſtine, dans la Tribu de Dan. C'eſt dans cette Vallée qu'étoit la Ville de Sorec qui lui donnoit ſon nom. Peut-être étoit-ce la même que la *Vallée du Raiſin*. Voyez SOREC.

r Judic. 16. 4.

VALLÉE DES TENTES (La), *Chitvallem Tabernaculorum* t. L'Hébreu, dit Dom Calmet u, porte la Vallée de Socoth. Cette Vallée étoit au-delà du Jourdain, & aux environs de la Ville de Socoth. Le Pſalmiſte met la Vallée de Socoth pour tout le Pays au-delà du Jourdain.

t Pſalm. 59. 6. & 107. 8.
u Dict.

VALLÉE DE TEREBINTHE * (La), où Saül étoit campé avec l'Armée d'Iſraël, lorſque le Géant Goliath vint inſulter les Trou-

1. Reg. 17. 2.

40 VAL. VAL.

Troupes des Hébreux. Cette Vallée étoit au Midi de Jérusalem, vers Soco & Azeca. On peut aussi donner le nom de Vallée de Térébinthe à la Vallée de Mambré, à cause du Térébinthe sous lequel Abraham reçut les trois Anges. Voyez TEREBINTHE.

VALLÉE DE VISION [a] (La), dans le Style Prophétique & figuré, signifie Jérusalem. Elle est nommée Vallée par Antiphrase [b] parce qu'elle est située sur une Montagne, & on lui donne le surnom de Vision, parce qu'elle est le sujet de la Prophétie d'Isaïe, ou parce que le Temple de Jérusalem fut bâti sur le Mont Moria, qui est la Montagne de Vision [c].

[a] Isaï. 22. 1.5.
[b] Dom. Calmet, Dict.
[c] Genes. 22. 14.

VALLÉE DES VOYAGEURS, ou DES PELERINS, *Vallis Viatorum ad Orientem Maris* [d]. Nous croyons, dit Dom Calmet, que cela marque le grand Chemin qui étoit au pied du Mont Carmel, pour aller de la Judée, de l'Egypte & du Pays des Philistins dans la Phénicie; & réciproquement de la Phénicie dans le Pays des Philistins, dans la Judée & dans l'Egypte. Ce Chemin étoit à l'Orient de la Méditerranée.

[d] Ezéch. 39.11.

VALLEMAGNE, *Vallis Magna*, Bourg de France, dans le Bas-Languedoc, Recette de Montpellier. Il y a dans ce Lieu une Abbaye d'Hommes de l'Ordre de Cîteaux, fondée en 1150. Elle est sous le titre de Notre-Dame, & l'Abbé jouit de dix mille Livres de rente.

VALLEMONT. Voyez VALMONT.

VALLENSES, Peuples de l'Helvétie, selon la Notice des Dignitez de l'Empire. Ils habitoient le Pays qu'on nomme aujourd'hui le VALLAIS. Voyez ce mot.

VALLERAYE, Lieu de France, dans la Champagne, Election de Joinville, à une lieue de Vassy. Ce Lieu n'est pas considérable par le nombre de ses Habitans; mais seulement par sa situation sur une petite hauteur remplie de sources d'eaux. François I. a eu autrefois dessein d'y faire construire une Forteresse.

VALLERNE, *Castrum de Valerna*, Vicomté de France, dans la Provence, Viguerie & Recette de Sisteron.

VALLERS, Bourg de France dans la Touraine, Election de Tours. Il y a à Vallers des Eaux minérales. C'est une Paroisse, qui dépend de l'Archidiacre de Tours. On y voit une Chapelle dédiée à Notre-Dame, pour laquelle les Tourangeaux ont beaucoup de dévotion.

VALLI, Peuples d'Asie. Pline [e] dit qu'ils habitoient sur les Monts Gordyéens, près des Portes Caucasiennes, qui étoient dans ces Montagnes.

[e] Lib. 6. c. 11.

VALLIERE (La), Duché de France, dans l'Anjou, Election de Baugé, près d'un Etang dont se forme la Rivière de Fare, qui tombe dans le Loir aux confins de l'Anjou & de la Touraine. Cette Terre appartient aujourd'hui à Madame la Duchesse Douairière de Conti.

VALLIS, Lieu de l'Afrique propre; L'Itinéraire d'Antonin le marque sur la route de Carthage à *Cirta*, entre *Sicilibra* & *Coreva*, à quinze milles du premier de ces Lieux & à vingt milles du second. Son nom lui pouvoit venir de sa situation au près de quelque Retranchement. Holsten a cru que cette Ville étoit le même Siège Episcopal que la Notice des Evêchés d'Afrique appelle *Ullitanus*, ou *Vallitanus*; mais il n'y a nulle apparence à cela. Le Siège *Ullitanus* étoit dans la Numidie, & *Vallis*, ou *Vallitanus* dans la Proconsulaire. Voyez VALLITANUS.

VALLIS-ALBA, Lieu de la Phénicie selon la Notice des Dignitez de l'Empire [f], où on lit: *Cohors prima Julia lectorum Valle Alba.*

[f] Sect. 23.

VALLIS-CARINIANA, Lieu de la Pannonie: L'Itinéraire d'Antonin le marque sur la route de *Sopiana* à *Acinoum*, entre *Ponte-Sociorum*, & *Corsium* ou *Gorsium*, à trente milles du premier de ces Lieux & à égale distance du second. Lazius [g] au lieu de *Cariniana*, lit *Carmiana* & dit que ce Lieu se nomme aujourd'hui *Baboliza-Caretina*.

[g] Lib. 12. Reip. Rom.

VALLIS-DOMITIANA, Lieu de la Basse-Moesie: L'Itinéraire d'Antonin le marque sur la route d'*Arrubium* à *Nicomédie*, entre *Salmorude* & *ad Salices*, à dix-sept milles du premier de ces Lieux & à vingt-six milles du second.

VALLIS-REGIA. Voyez SAVE.

VALLITANUS, Siège Episcopal d'Afrique, dans la Province Proconsulaire. Bonifacius est qualifié *Episcopus Plebis Vallitana* par la Conférence de Carthage [h]. Sur quoi Mr. Dupin remarque que St. Optat [i] fait mention d'un autre Boniface Evêque des Donatistes à Rome, & qu'il nomme *Ballitanus Episcopus*. L'Itinéraire d'Antonin & la Table de Peutinger marquent *Vallis* dans la Proconsulaire. Mr. Dupin ajoute que Restitutus appellé *Episcopus Plebis Vallitana*, souscrivit en 525. au Concile de Carthage sous Boniface. Voyez VALLIS.

[h] No. 135.
[i] Lib. 2.

VALLORBE, ou *Val-Orbe*, Vallée de Suisse [k], dans le Canton de Berne dans le Mont Jura, près de la Vallée du Lac de Joux; dont elle est séparée par une haute Montagne. Il y a dans cette Vallée un Village aussi appellé VALLORBE; L'un & l'autre tirent leur nom de la Rivière d'Orbe qui y sort d'un Rocher toute formée.

[k] Etat & Délices de la Suisse, t. 2. p. 304.

VALLUM ANTONINI PII, Retranchement, ou Muraille élevée par l'Empereur Antonin Pie dans la Grande-Bretagne, pour arrêter les Incursions des Calédoniens. On n'est pas d'accord sur l'endroit où fut fait ce Retranchement. Camden prétend qu'il passoit par la Ville de *Bruneria*, aujourd'hui Brampton; & selon la Carte du Pere Briet il commençoit, auprès de Berwick, à l'Embouchure de la Twede, & entroit dans les Terres vers le Sud-Ouest, en suivant à peu près les mêmes Limites qui séparoient l'Ecosse de l'Angleterre.

VALLUM, ou MURUS ADRIANI. Dans la cent-vingt-quatrième année de *Jésus-Christ*, l'Empereur Hadrien passa dans la Grande-Bretagne, pour y appaiser un soulévement, & après avoir battu les Rebelles, il y fit tirer, pour la première fois, dit Spartian [l], une Muraille de quatre-vingt milles de longueur, pour empêcher les Peuples Sauvages du Nord de se jetter sur les Sujets des Romains. Cette Muraille, ou ce Retranchement tenoit toute la largeur de l'Isle depuis une Mer jusqu'à l'autre; c'est-à-di-

[l] In Hadriani Vita, c. 11.

VAL. VAL. 41

à-dire depuis le bord de la Tyne, au voisinage de New-Castle, jusqu'au bord de l'Eden près de Carlisle dans le Cumberland, & de Carlisle jusqu'à la Mer. L'Auteur ᵃ des Délices de la Grande-Bretagne dit : L'Historien qui nous apprend cette circonstance ne marque pas en quel endroit étoit cette Muraille; mais les Ecossois ne doutent nullement que ce ne fût entre les Golphes de *Glotta* & de *Bodotria*, dans les mêmes endroits où Agricola avoit mis des Garnisons quarante ans auparavant ; & ils sont persuadez que c'est la même Muraille, dont il reste des vestiges assez considérables, entre les Golphes dont il vient d'être parlé qui sont ceux de la Cluyd & du Forth. Mais n'en déplaise à cet Auteur, & même aux Ecossois, il paroît que c'est le Mur de Sévére qui doit être placé entre ces deux Golphes, & non celui d'Adrien; car Spartien ᵇ dit positivement que le Mur de Sévére fut bâti bien loin au-delà de celui d'Adrien. D'ailleurs, si le Mur de ce dernier avoit été entre les Golphes de Cluyd & de Forth, il n'auroit pas eu quatre-vingt milles de longueur ; mais seulement trente-deux mille pas, mesure qu'Aurelius Victor ᶜ & Eutrope ᵈ donnent au Mur de Sévére. Quoi qu'il en soit, les restes de ce grand & merveilleux Ouvrage font voir qu'il étoit digne véritablement de la puissance des Romains. D'abord Adrien ne le fit faire que de gazon ; mais dans la suite on le bâtit de gros Quartiers de pierre. Cette Muraille étoit haute de quinze pieds, & en quelques endroits large de neuf, comme on le peut encore voir par les débris qui en restent. Elle comprenoit un espace d'environ cent milles de longueur à travers les Plaines, des Vallées, des Montagnes & des Forêts: de sorte qu'elle devoit avoir coûté des peines & des dépenses infinies. Elle étoit flanquée de Tours, à la distance de mille pas les unes des autres; & tout du long on avoit bâti une infinité de Bourgs & de Châteaux. Les Anglois l'appellent *The Picts Wall*, c'est-à-dire la Muraille des Pictes ; parce que les incursions des Pictes furent la cause qui fit penser les Romains à un Ouvrage de cette nature. A Walvic que l'on croit être l'ancienne *Gallana*, on voit des vestiges d'anciennes Fortifications, & particuliérement les ruines d'une grande Forteresse. Près de cet endroit la Tyne coupe la Muraille, passant par une voute qu'on eut soin d'y construire, & à quelque distance de la muraille les deux Tynes se joignent pour ne faire plus qu'une seule Rivière.

VALLUM SEVERI. L'Empereur Sévére étant aussi passé dans la Grande-Bretagne avec ces deux fils environ l'an deux cens sept de *Jésus-Christ*, repoussa les Calédoniens & pour les empêcher de revenir dans la Province Romaine, il fit élever une Muraille qui tenoit toute la largeur de l'Isle d'une Mer à l'autre, entre les Golphes de Glotta & de Bodotria, aujourd'hui les Golphes de Cluyd & de Forth. Cette Muraille, ou plutôt ce Retranchement, puisque Spartien & les autres Auteurs anciens lui donnent le nom de VALLUM, fut apparemment forcée par les Calédoniens; car sous l'Empire de Dioclétien, Carausius, qui dans la suite eut la présomption de prendre la Pourpre Impériale, dépouilla les Calédoniens de leurs Terres & alla rétablir les bornes de l'Empire Romain entre les Golphes de Cluyd & du Forth ; & soixante ans après, ou environ, Théodose pere de l'Empereur Théodose le Grand, marchant sur les brisées de Carausius, réduisit en forme de Province tout le Pays qui est entre l'Angleterre & les deux Golphes en question. Il l'appella *Valentia* du nom de l'Empereur; & pour en assurer la possession aux Romains, il rétablit la Muraille de l'Empereur Sévére, entre les mêmes Golphes. Ce Pays est la meilleure partie de l'Ecosse : aussi cette invasion nouvelle irrita tellement les Calédoniens, qu'ils ne cessérent de harceler les Romains & les Bretons leurs Sujets. Tant que l'Empire Romain eut assez de force pour se soutenir, les efforts des Calédoniens furent inutiles ; mais d'abord qu'il vint à chanceler, ces Peuples franchirent la Barriére qu'on leur avoit opposée & firent de grands ravages dans la Province des Romains; de sorte que ceux-ci bâtirent de pierre le *Mur d'Adrien* & abandonnérent à l'Ennemi la Province *Valentia*. Voyez l'Article précédent.

ᵉ On apperçoit encore aujourd'hui des restes de cette Muraille appellée communément la Muraille de Sévére, & on en voit le commencement entre Abercorn & Queensberry dans le voisinage d'Edimbourg. Elle paroît derriére Abercorn, & s'étendoit delà vers l'Occident par les Provinces de Sterling & de Lenox jusqu'au Golphe de la Cluyd : il en reste encore des vestiges en plusieurs endroits ; & les Habitans l'appellent *Grames-Dyk*. Elle coupoit le Kelwin près de Bridstoun, & s'avançoit de là droit à l'Occident l'espace de neuf à dix milles, jusqu'à Kilpatrik sur la Cluyd. Elle étoit bordée d'un Fossé à fond de Cuve, qu'on avoit tiré tout du long sur le côté du Nord. Les Romains s'étoient contentez de la pousser jusqu'à Kilpatrik, parce qu'en cet endroit le Canal de la Cluyd pouvoit servir d'un assez bon rempart, ayant un mille de largeur.

VALLUM-STILICONIS, ou MURUS STILICONIS ᶠ, nom d'une Muraille, ou d'un Retranchement qu'on croit que Stilicon fit tirer dans la Grande-Bretagne, le long du rivage, dans un espace d'environ quatre milles, depuis l'Embouchure du Darwent jusqu'à celle de l'Elne, pour défendre ces Côtes contre les irruptions des Scots ou Ecossois, qui sortoient de l'Irlande pour se jetter sur ce Pays-là. On rapporte à ce sujet ces vers de Claudien où il fait parler la Grande-Bretagne en ces termes :

Me quoque vicinis perculsum Gentibus,
Munivit Stilico, totam cum Scotus Hibernum
Movit, & infesto spumavit remige Thetis.

En effet on voit encore dans ce Quartier quelques pans de murailles anciennes.

VALMONT, Bourg de France ᵍ dans la Normandie, au Pays de Caux avec Château, Châtellenie, Haute Justice & Abbaye. Ce Bourg est situé sur une

ᵃ Pag. 1140.
ᵇ In Hadriani Vita, c. 11.
ᶜ Epitom. Hist. Augusta.
ᵈ In Severo, L. 7. c. 19.

ᵉ Délices de la Gr. Br. p. 1214. & suiv.

ᶠ Ibid. p. 298.

ᵍ Corn. Dict. Mém. dressez sur les Lieux en 1703.

F

une Riviére de son même nom, à deux lieues de Rouen entre le Havre & St. Valeri. C'est le titre d'une grande & riche Seigneurie. Le Château élevé sur la croupe d'une Montagne est grand, très-bien bâti, flanqué de six grosses logeables & hautes Tours avec Fossez & Pont-levis. Au dedans il y a une Cour, de grands Bâtimens logeables, dont la façade du fond portée sur un Corridor est ornée de différens Ecussons, au milieu desquels on voit celui de la Salamandre du Roi François I. avec des FF. & des HH. On y trouve une belle Chapelle. Une agréable avenue d'Arbres, plantez sur la Côte, se termine à ce Château assis près d'un Bois. L'Abbaye des grands Bénédictins de Valmont, où il n'y a plus que trois Religieux, fut fondée en 1161. ou 1169. par Nicolas d'Estouteville. Le Chœur de son Eglise dédiée à Notre-Dame est beau & bien orné; mais la Nef n'a rien que de commun. La Croisée du milieu de cette Eglise & la Chapelle de la Vierge derriére le Chœur sont assez propres. Le Bourg, l'Abbaye, & l'Eglise Paroissiale qui est sous l'invocation de Notre-Dame, sont fort resserrez entre deux Côtes couvertes de Bois. On y tient Marché le Mercredi & deux Foires par année; l'une à la St. Jacques & l'autre à la St. Nicolas. Le Commerce des Habitans consiste en Toiles, & la petite Riviére qui coule par le Bourg y fait tourner deux Moulins.

Cette petite Riviére a sa source à un demi-quart de lieue au-dessus de l'Abbaye, au pied d'une Côte couverte d'un Bois, un peu au-dessous de la petite Eglise Paroissiale de St. Ouen au Bosc, & arrose les Paroisses de Roumesnil, Bec-Cauchois, Vast-Crist, Colville, St. Valeri & St. Benoît. Au-dessous de cette derniére Paroisse elle reçoit une autre Riviére, qui a sa source très-abondante au pied de l'Eglise Paroissiale du Bec de Mortagne, & qui prend ensuite son cours par les Paroisses de Bigneville, Mémoulins, Granceville & St. Ouen; & après que cette Riviére s'est mêlée à celle de Valmont, ces deux Riviéres, qui n'en font plus qu'une, entrent dans le gros Bourg de Fescamp qu'elles traversent, aussi-bien que le Marais, qui est au-dessous, avant que de passer par les Ecluses de la Chaussée du Port, au sortir duquel elles vont se décharger dans la Mer.

VALMONTONE, Bourg d'Italie dans la Campagne de Rome [a], avec Château. Il est bâti sur une Montagne, à sept milles au Midi de Palestrine.

[a] Magin, Carte de la Campagne de Rome.

VALNA, ou VÆNA, Ville d'Espagne [b], au Royaume de Cordoue, au Midi du Guadalquivir, dans le voisinage de la Commanderie de Porcunna. Cette Ville peu considérable, quoiqu'assez grande, appartient aux Ducs de Sexi. Elle est bâtie sur une haute Montagne. A un quart de lieue de Valna on voit une très-belle Forêt plantée de Citronniers, d'Orangers, de Dattiers & d'Oliviers. Comme des Voyageurs Allemans passoient autrefois par cette Ville, les Habitans ayant appris de quelle Nation ils étoient, allérent courant après eux & criant qu'ils fêtoient renchérir le vin.

[b] Délices d'Espagne, p. 411.

VALOGNE, ou VALOGNES, Ville de France dans la Basse Normandie, au Diocèse de Coutances, sur un petit Ruisseau à trois lieues de la Mer. Ce Lieu qu'on appelle en Latin *Valonia*, dit Mr. de Longuerue [c], n'est pas fort ancien, & son origine est fort incertaine. Cependant Mr. Piganiol de la Force, après avoir dit dans sa Description de la France [d], qu'on dit qu'elle a été bâtie sur les ruines de l'ancienne Ville d'*Alauna*, ajoute qu'on y voit encore les vestiges d'un grand Amphithéâtre, & ceux de plusieurs Bains publics. Valogne avoit un Château, ou une Forteresse qui fut démolie en 1689. Il y a deux Paroisses dans cette Ville & plusieurs Jurisdictions. On y trouve Bailliage, Vicomté, Mairie; Sénéchaussée, Siège des Traites & Maîtrises des Eaux & Forêts. La Collégiale de cette Ville se nomme St. Malo, & est un Chapitre assez distingué. Le Couvent des Cordeliers est remarquable à cause du Tombeau de Louis de Bourbon, Comte de Roussillon, Amiral de France. On voit encore dans cette Ville un Couvent de Capucins, une Abbaye de Bénédictines, un Hôpital-Général, ou Hôtel-Dieu, d'ancienne fondation, & un Séminaire.

[c] Descr. de la France, Part. 1. p. 79.
[d] Tom. 5. p. 416.

Le Commerce de l'Election de Valogne [e] est aujourd'hui très-peu de chose. Il y avoit autrefois dans cette Ville une Manufacture de Draps, & on y trafiquoit même plusieurs autres Marchandises; mais les Marchands ayant été surchargés de Taille se sont presque tous retirez ailleurs & le Commerce est tombé.

[e] Ibid. p. 343.

1. VALOIRE, Abbaye de France, dans la Picardie. Cette Abbaye qui est de l'Ordre de Citeaux fut fondée par Guy Comte de Ponthieu en 1138. Quatre ans après les Religieux furent transférez à Balance, d'où ils sont venus s'établir à Valoire sur l'Authie. Jeanne, Reine de Castille, de Tolède & de Léon a été enterrée dans cette Abbaye.

2. VALOIRE, Vallée de France [f], dans le Dauphiné, en Latin *Vallis Aurea*. Le nom de Vallée d'Or lui a été donné à cause de sa grande fertilité. Elle s'étend d'Orient en Occident, du côté du Rhosne, quatre lieues plus bas que la Ville de Vienne.

[f] Coru. Dict.

1. VALOIS, Pays de France [g], dans la Picardie, mais dans le Gouvernement militaire de l'Isle de France. Il est borné au Nord par le Soissonnois, à l'Orient par la Champagne; au Midi par la Brie, & par l'Isle de France; & à l'Occident par le Beauvoisis. Ce Pays de Valois, autrefois Comté & aujourd'hui Duché, ne s'appelloit pas en Latin *Comitatus Valesiensis*, comme le nomment les Modernes; mais *Comitatus Vadensis*, à cause d'un Lieu ou Château nommé *Vadum*, en François *Vé*, où demeuroient ces Comtes, & qui est situé entre Crespy & Villers-Cotteretz. Le Comté de Valois a eu toujours ses Seigneurs depuis le dixième Siècle, & étant tombé en quenouille, il vint au Comte de Vermandois, dont la fille épousa Hugues fils de Henri I. Roi de France. Cent ans après, ces Comtez de Vermandois & de Valois étant encore tombez en quenouille, Elisabeth épousa Philippe

[g] Longuerue, Descr. de la France, Part. I. p. 21.

VAL. VAL. 43

pe d'Alsace, Comte de Flandre, qui n'ayant pas eu d'enfans de cette Princesse, ces Comtez furent réunis à la Couronne par Philippe Auguste. Le Roi Philippe le Hardi donna ce Comté en partage à son fils Charles Pere de Philippe VI. dit de Valois, qui réunit son patrimoine à la Couronne. Aujourd'hui le Duché de Valois est possédé par le Duc d'Orléans, son grand-pere, Monsieur, Frere unique du Roi Louïs XIV. l'ayant eu en appanage. Le Valois est un Pays assez uni : il abonde en grains ; mais il a principalement beaucoup de Bois, & de belles Forêts.

2. VALOIS, *Valesiæ*, Bourgade du Duché de Lorraine, au Diocèse de Toul. C'est une Annéxe de Mattexey. Son Eglise est sous le titre de St. Léonard. Il y a une Chapelle sous le nom de Ste Croix, & un Hermitage, sous l'Invocation de Ste Barbe.

3. VALOIS (Les trois), *tres Valesii*; Ce sont trois Hameaux du Duché de Lorraine au Diocèse de Toul, Office de Darney. Ces trois Hameaux forment une Paroisse, dont l'Eglise est dédiée à St. Michel. Le Chapitre de Remiremont est Patron de la Cure qui se donne au concours. Le Curé a toute la menue Dixme & un tiers de la grosse. Le Chapitre a le reste. Le Hameau du Pont dépend de cette Paroisse.

1. VALON, Fleuve de la Mauritanie Tingitane : Ptolomée [a] place son Embouchure entre les Villes *Tingis* & *Exilissa* ; c'est-à-dire environ au milieu de la Côte du Détroit de Gibraltar.

[a] Lib. 3. c. 1.

2. VALON, Bourg de France, dans le Bas-Languedoc, Diocèse de Viviers.

VALONE [b], Ville de l'Empire Turc, dans l'Albanie, avec un Château & un grand Port ou Golphe, près des Montagnes de la Chimére. Elle fut prise en 1690. par les Vénitiens, qui l'abandonnérent quelque tems après, & ruinérent ses deux Châteaux, qui servoient de défense au petit Golphe de cette Ville. La Valone est à soixante & dix-milles d'Otrante vers l'Orient ; & elle a un Archevêque Grec.

[b] Baudrand, Dict. Ed. 1705.

VALPARISSO, Bourgade, ou Ville de l'Amérique Méridionale au Chili [c], sur la Côte de la Mer du Sud, dans une coulée assez petite avec un Port célébre. Valparisso n'est composée que d'une centaine de pauvres maisons, qui s'étendent le long de la Mer où sont les Magasins à bled ; mais qui sont sans arrangement & de différent niveau. Quelque petit que soit cet endroit, il y a outre la Paroisse deux Couvens, un de Cordeliers & l'autre d'Augustins. De cent cinquante familles qu'il peut y avoir, à peine s'en trouve-t-il trente de Blancs ; le reste n'est que de Noirs, de Mulâtres & de Métifs. Le nombre d'hommes capables de porter les armes y est peu considérable. Les Habitations, ou Métairies circonvoisines, fournissent au premier signal de la Forteresse, six Compagnies de Cavalerie montées à leurs frais, & dont la plûpart n'ont d'autres armes que l'épée. Sur le rapport des Sentinelles qu'on tient le long de la Côte, on est fort régulier à rassembler & de différent niveau partie de ces Troupes, lorsqu'il paroît un Vaisseau qu'on ne juge pas être de fabrique Espagnole.

[c] Fresier, Voyage de la Mer du Sud, t. 1. p. 164.

Le Pere Feuillée parle ainsi de Valparisso. Cette Ville, dit-il, est située dans un Vallon au fond d'un Golphe, & au pied des hautes Montagnes, qui contribuent aux grandes chaleurs qu'on y ressent. Elle est divisée en Haute & Basse Ville ; la basse est sur le bord de la Mer, où l'on voit plusieurs Magazins qui servent à renfermer toutes les denrées qu'on apporte du dedans des terres, pour en charger les Navires qui viennent de Lima, & d'autres endroits de la Côte, & pour y décharger les Marchandises qu'on y transporte de Lima, qui consistent en Toiles, Etofes, & plusieurs autres choses qu'on y transporte d'Europe à Porto-Bello, & qu'on fait passer sur des Mules par terre à Panama, où les Vaisseaux de Lima les vont prendre. Ces Vaisseaux les distribuent dans tous les Ports du Pérou & du Chily, ce qui est nécessaire à ceux qui habitent dans les terres, n'ayant chez eux ni Toile, ni Soye, étant défendu sous peine de la vie de semer ni Chanvre ni Lin, ni planter de Meuriers : défense qu'ont fait les Rois d'Espagne pour assujettir ces Peuples ; car s'ils avoient tout ce qui leur est nécessaire à la vie, ils pourroient facilement se révolter, & secouer le joug. Vers le milieu de la basse Ville on voit un Couvent de Religieux Augustins, & deux petites Rivières qui descendent des Montagnes, les eaux en sont excellentes ; leur Equilibre avec mon Areometre, dit le Sr. Fresier, étoit de 2. onces 3. drag. 17. grains, poids des meilleurs eaux. Dans la haute Ville de la Paroisse, desservie par quelques Prêtres. A l'extrémité de la Ville, du côté de l'Est, on voit le Couvent des Religieux de l'Ordre de Saint François, dont l'Eglise est assez belle ; ils sont fort zelez dans toutes les Indes Occidentales, & exacts dans l'observance de leur Règle. Les Habitans de la Ville ne sont pas riches, & le Commerce leur est d'un grand secours pour les besoins de la Vie.

François Dracq, Anglois de Nation, dit dans son Voyage autour du Monde, qu'étant entré dans la Mer du Sud, il aborda premiérement à Valparisso, où il surprit un Navire Espagnol chargé de riches Marchandises, parmi lesquelles il trouva, dit-on, douze mille cinq cens Livres d'or de Baldivia. Ses Soldats y brûlérent dix à douze maisons & une Chapelle que les premiers Fondateurs de cette Ville y avoient bâtie. Elle essuya le même malheur quelque tems après ; George Spilbergue, Vice-Amiral de la Flote des Provinces-Unies, étant entré dans la Baye de Valparisso, où il ne trouva qu'un seul Navire, les Habitants eux-mêmes y mirent le feu, ainsi qu'à leurs Cabanes qu'ils avoient nouvellement construites, & se retirérent dans les Campagnes.

Pour entrer dans le Port de Valparisso [d], il faut en doublant la Pointe de ce nom, ranger de près une Basse qui se fait appercevoir en dedans, à demi-cablure de terre, afin de gagner au vent ; cette Basse est fort saine, car un Vaisseau Espagnol en approche à la longueur d'une Chaloupe près sans toucher. Lorsqu'on s'en éloigne trop, on est obligé de louvoyer long-tems pour gagner le mouillage. En donnant

[d] Ibid. p. 156. & suiv.

F 2 fond

fond avant la Pointe de Valparisso, au Nord-Ouest quart de Nord, la Batterie Blanche à l'Ouest-Sud-Ouest, & le Cap de Concon au Nord quart de Nord-Est; on a vingt-sept Brasses d'eau, fond de vase grise tirant sur la couleur d'Olive. Les Vaisseaux Espagnols qui chargent ou déchargent à Valparisso, se mettent ordinairement si près de terre, qu'ils ont trois ancres à sec, amarrées à des pierres, ou à des *Corps morts*; & à cette distance ils ont encore huit à dix brasses d'eau. Cette manière de mouiller est très-bonne, parce qu'en Eté régulièrement tous les jours, il vient sur le Midi des brises de Sud-Ouest & de Sud si fortes, qu'elles font dérader les meilleures ancres. Il faut néanmoins prendre garde à une Basse, qui est à une cablure de terre, assez près de la Batterie qu'on appelle Castillo-Blanco, sur laquelle il n'y a que treize à quatorze pieds d'eau de basse Mer, outre que la Mer marne jusqu'à six ou sept pieds. Au reste la Baye est fort saine, on peut louvoyer & mouiller par-tout depuis 50. Brasses jusqu'à 8. Il faut seulement prendre garde en portant la bordée du côté des *Siete Hermanas*, c'est-à-dire du côté de l'Est, de ne pas s'approcher de terre plus de deux cablures & demi, vis-à-vis une coulée traversée par un grand chemin rougeâtre; il y a dans cet endroit une Basse, sur laquelle il ne reste que deux Brasses & demie d'eau. On ne mouille ordinairement que dans le coin de la Rade qui est au devant de la Forteresse, pour la commodité du Commerce & pour la sûreté des Navires. Après tout, cette Rade ne vaut du tout rien, en Hyver, parce que les vents du Nord, qui entrent sans résistance par l'ouverture y rendent la Mer si mâle, qu'on y a vu quelquefois des Navires jettez sur la Côte. Les Vents de Sud n'y sont guère moins forts en Eté; mais comme ils viennent par dessus les terres, il n'y a point de Mer, & en cas qu'ils fassent dérader les Navires ils ne les jettent qu'au large.

Il y a dans la Forteresse un Gouverneur d'Armes, c'est ainsi qu'on distingue cet Officier du Président du Chili, qu'on appelle simplement Gouverneur. Quoique le Gouverneur d'Armes relève du Président, il ne le reconnoît pas sous ce nom, mais seulement sous celui de Capitaine-Général du Chili. Le Fort qu'il commande est de peu de conséquence, soit pour être mal fait, soit parce que la Rade qu'il défend est voisine d'autres Anses qui ont les mêmes commoditez que celle-ci. Telle est celle de QUINTERO qui est sans défense, & n'en est éloignée que de cinq lieues. Il est vrai que celle de Valparisso, comme la plus près de la Capitale, est aussi la plus fréquentée du Chili; & c'est pour cette raison qu'on a voulu la mettre à couvert des insultes des Anglois & des Hollandois, qui ont souvent fait de courses sur ces Côtes. Autrefois il n'y avoit qu'une petite Batterie à fleur d'eau; mais depuis environ cinquante ans on a bâti la grande Forteresse, au pied de la haute Montagne. Elle est située sur une éminence de moyenne hauteur, coupée vers le Sud-Est & le Nord-Est, par deux coulées qui forment deux Fossez naturels de vingt à vingt-cinq Toises de profondeur, abaissée presque au milieu de la Mer, aussi est-elle tout-à-fait séparée des éminences voisines qui sont un peu plus hautes. Du côté de la Mer, elle est naturellement escarpée à n'y pouvoir monter que très-difficilement, & du côté de la Terre, ou de la haute Montagne, elle est défendue par un Fossé qui traverse d'une Coulée à l'autre, & retranche ainsi l'enceinte de la Forteresse, approchant un peu du quarré. La situation du terrein n'a pas permis qu'on y fît une Fortification régulière: ce ne sont proprement que des Murs de retranchement, qui suivent le contour de la hauteur, qui ne se flanquent que peu & souvent point du tout. Sur le milieu du pan, qui est au-dessus de la Bourgade, il y a un petit redan de sept Toises de face avec sa Guérite. Le côté opposé, qui est au-dessus de la Coulée St. Augustin, n'est défendu que par le flanc d'un demi-Bastion, qui fait un angle mort, & dont la face tire une défense trop oblique. Le côté de la Montagne est composé d'une Courtine de vingt-six toises & de deux demi-Bastions de vingt toises de face & d'onze toises de flanc; de sorte que la ligne de défense n'est que de quarante-six toises. Toute cette partie est bâtie de briques & élevée de vingt-cinq pieds de haut sur une berme. La profondeur du Fossé est d'environ dix pieds, & sa largeur est de trois toises vers les Angles saillans, d'où il tire sa défense à l'Angle de l'épaule. Il est creusé dans du Rocher pourri, que l'on a un peu escarpé aux deux bouts pour le rendre inaccessible par les Coulées. Les Parapets n'ont que deux pieds & demi d'épaisseur; & le reste du contour de la Place n'est que d'une maçonnerie de moilon aussi foible. Il n'y a de rempart que du côté de terre pour couvrir la Forteresse & l'empêcher d'être vûe de la Montagne qui s'élève en pente douce; mais malheureusement les flancs sont battus à revers: la courtine & les faces, en enfilade, par les éminences voisines, à la portée du mousquet; de sorte qu'il est très-aisé de les rendre inutiles. Au pied du haut Fort joignant la Bourgade, est une Batterie de neuf pièces de Canon, élevée de treize pieds, sur un quai de même hauteur, d'où l'on peut battre le mouillage à fleur d'eau; mais outre qu'elle ne tire aucune défense par son plan, elle est foudroyée de tous les environs. On l'appelle *Castillo-Blanco*, parce qu'on l'a blanchie pour la faire voir de loin. Derrière cette Batterie, sont la porte, l'escalier & la rampe qui conduit de la Bourgade à la Forteresse par un Chemin couvert d'un pan de Mur, & plus haut par un boyau dont l'épaulement ne couvre point la porte du Corps de la Place, qu'on découvre entièrement de la Rade. Du côté de la Montagne, au milieu de la courtine est une autre Porte, où faute de Pontlevis & dormant, on monte en grimpant du Fossé. C'est par-là qu'on fait passer le Canal qui conduit l'eau qu'on tire de la Coulée de St. Augustin pour le haut Fort. On peut le couper facilement & la Garnison ne pourroit en avoir d'autre que celle d'un Ruisseau qui coule du fond de la Coulée de

St.

VAL. VAL. 45

St. François par le milieu de la Bourgade. On voit par-là combien peu seroit redoutable la Forteresse de Valparaïsso, dès qu'on auroit mis pied à terre, comme on le peut faire de beau tems, à cette plage qui est au fond de la Rade, dans le lieu nommé l'*Almendrad*, où l'Artillerie ne peut presque point incommoder.

Sur la Batterie basse il y a neuf pièces de Canon de fonte, à dix-huit livres de balle poids d'Espagne; & il n'y en a que deux qui puissent battre à l'embarquement de l'*Almendrad* qui en est éloigné de près de demi-lieue. Sur le haut Fort il y en a cinq de six à douze livres de balle, & deux petits Obus, qui font en tout seize pièces de fonte.

a Tom. 2. Supplém. p. 67.

Selon le Capitaine Woodes Rogers [a], dans son Voyage autour du Monde, on compte dix lieues du Pont de Concon à celui de Valparaïsso. Dans le premier on trouve un Banc sur lequel la Mer brise; & pour y entrer on doit courir entre ce Banc & la Pointe, qu'il faut ranger de près. Du Port de Quintero à celui de Valparaïsso, il y a cinq lieues cours Sud-Est. Le dernier se trouve au Sud-Est quart à l'Est de la Pointe de la Couronne & à trois lieues au Sud de la Riviére de Chili. Entre Quintero & cette Riviére il y a un grand bas-fond. Le Royaume du Chili commence à cette hauteur. De la Riviére de Chili au Port de Valparaïsso ou de Sant-Jago, qui est sous le 33. d. de Latitude Méridionale, il y a deux lieues. Dans cette route on voit trois Eminences, & au milieu la Riviére de Minas ou de Margamorga. La jonction de la derniére Eminence avec la terre au-dessus du Vent forme le Port de Valparaïsso, où l'on voit une ouverture & un petit Rivage élevé. Il en sort une Pointe pierreuse, derriére laquelle on peut mouiller tout auprès du petit Rivage. De ce Port à la pointe de la Couronne, il y a deux lieues, cours Ouest Sud-Ouest, avec un Banc dont il faut s'éloigner de quelque distance; mais la Rade est bonne près de la Pointe, qui court Sud-Est avec Coquimbo, Capiapo, & le Cap Moren.

On voit au fond de la Baye, à une petite lieue de la Ville, une petite Plaine & quelques Maisons de Campagne embellies de très-beaux Jardins, dans lesquels on trouve toutes sortes d'herbes potagéres & quantité de Fruits. Ce que j'y admirai le plus fut la grosseur des Coins, il n'y a point de tête d'hommes, quelque grosse qu'elle soit, qui puisse les égaler; & ce qui me surprit davantage, fut le peu de cas qu'en font ces Peuples, les laissant pourrir à terre, sans se donner la peine de les ramasser.

b Longuerue, Descr. de la France, Part. 1. p. 380.

VALREAS, ou VAUREAS, petite Ville de France [b] dans le Comtat Venaissin, & l'une des dépendances du Pape. Cette petite Ville est la plus considérable du Comtat, qui confine avec le Dauphiné. Elle est aussi le Siège du Juge du même Quartier, dont il y a appel au Juge Supérieur de Carpentras.

VALROMEY, Pays de France dans le Bugey, entre les Mandemens de Seissel & de Michaille. Il n'a que dix-huit Paroisses, dont Château-Neuf est la plus considérable.

On prétend que l'étymologie de son nom vient des Citoyens Romains qu'on y exiloit. Ce Pays est mis par le Traité de Lyon de l'an 1601. entre les Pays cédez à la France, en échange du Marquisat de Saluffes.

c Ibid. p. 302.

Les Comtes de Savoye [c] en furent Propriétaires, dès qu'ils commencérent à s'étendre dans le Bugey, ils l'aliénérent, & le donnérent en Fief au Seigneur de Beaujeu, qui leur en fit hommage. Louis Seigneur de Beaujeu céda le Valromey à Amédée IV. Comte de Savoye. Les Successeurs de ce Prince en jouïrent jusqu'à l'an 1582. Ce fut dans ce tems que Charles Emanuel Duc de Savoye le donna en échange de Rivol en Piémont, à Renée de Savoye, Marquise de Beaugé, Femme du Seigneur d'Urfé en Forez; c'est ainsi que Château-Neuf & la Seigneurie Utile du Valromey vinrent à cette Maison. Louis XIII. érigea l'an 1612. cette Terre en Marquisat de Valromey, en faveur d'Honoré d'Urfé; mais après sa mort le Sieur Zamet saisit réellement cette Terre; & se l'étant fait ajuger, & à la Veuve du Marquis d'Urfé, qui étoient Créanciers du défunt, Jean Claude de Levis Marquis de Château-Morand, comme heritier de la Marquise d'Urfé, & subrogé aux droits du Sieur Zamet, prit possession de ce Marquisat.

d Piganiol, Descr. de la France, t. 4. p. 210.

1. VALS, Bourg de France [d], dans le Languedoc, à cinq lieues du Rhosne dans le Vivarais, & près du Torrent de la Volane, au fond d'un Vallon. Ce petit Bourg, qui est muré, est environné presque de tous côtez de Côteaux fertiles en Bleds & en Vignes. On aborde au PONSAIN, où au TEIL; & quoique les chemins soient mauvais, les litiéres y peuvent aller. Les Fontaines minérales sont à deux portées de mousquet du Bourg près du Torrent. La MARIE est du côté de Vals; mais la MARQUISE, la St. JEAN, la CAMUSE & la DOMINIQUE sont de l'autre côté du Ruisseau. L'Eau de LA MARIE est froide, limpide, aigrelette, & purge par les urines; ce qui fait qu'on l'ordonne pour les chaleurs des reins & pour la gravelle. Elle donne une teinture orangée à la Noix de Galle, & une couleur de vin rouge, à la teinture de Tournesol. Le Sel de Tartre la fait revenir dans son premier état. Le Sel qu'on en tire par évaporation est un Sel nitreux, qui fermente avec les acides; on en tire environ vingt-cinq grains d'une chopine d'eau. L'eau de LA MARQUISE est froide, limpide & plûtôt salée qu'acide. La teinture qu'elle donne à la Noix de Galle approche assez de celle que lui donne la Marie; mais elle donne à la teinture de vin plus paillet à l'eau colorée par le Tournesol; & le Sel de Tartre fait de même revenir la couleur pourprée du Tournesol. La résidence est de même nature que celle de la Marie; mais elle est en plus grande quantité. C'est de cette eau que l'on boit le plus fréquemment, quoique la source en soit très-petite entre des fentes de Rocher. L'eau de LA SAINT JEAN a moins d'acidité que les autres; & on la tient meilleure pour la poitrine. On trouve en Eté sur les Rochers des environs de ces Fontaines un Sel de même nature que celui qu'on tire par évaporation; mais plus blanc & plus subtil. LA CAMUSE, découverte par un Méde-

F 3

Médecin nommé le Camus est assez approchante de la Marquise, & semble avoir même plus de salure, & point d'acidité. La rouille qui est dans son canal d'écoulement, est plus rougeâtre que celle des autres: aussi a-t-elle un peu plus de résidence que la Marquise. Elle fait les mêmes teintures & changemens avec la Noix de Galle & la teinture de Tournesol que la Marquise. Comme elle a plus d'élévation, elle n'est point exposée au débordement de la Riviére, qui ne peut aller jusque-là. Les Sels de ces Fontaines, soit le naturel qui se trouve sur les Rochers, soit l'artificiel qui se tire par l'évaporation, étant dissous avec un peu d'eau, font une grande effervescence avec l'esprit de vitriol. Ils ne pétillent point sur les charbons allumez, & ne changent point de couleur; mais ces Sels jettez dans le Syrop violat, le rendent fort verd, comme le Sel de Tartre; & l'esprit de vitriol l'ayant rougi, ces Sels le font revenir verd. La DOMINIQUE est un peu plus avant en montant le Côteau. C'est la moins abondante de toutes. Elle a un goût tout particulier, elle est âpre, stiptique, desagréable & pesante à l'estomach. C'est un Jacobin qui en a fait la découverte, & c'est pour cela qu'elle a été nommée la Dominique. La résidence qu'on en tire est en fort petite quantité, une chopine d'eau n'en produit pas plus de quatre ou cinq grains. Cette résidence est grisâtre, & semble un vitriol légérement calciné. La Noix de Galle donne à l'eau une couleur bien différente de celle qu'on donne aux eaux des autres Fontaines; savoir une couleur bleuâtre fort peu foncée. Elle rougit la teinture du Tournesol d'un rouge beaucoup plus obscur & plus opaque que les autres; & le Sel de Tartre à peine à faire revenir cette teinture dans sa couleur de pourpre. Cette eau agit presque uniquement par les vomissemens; ce qui la rend propre à guérir les fiévres intermittentes, les jaunisses, & les embarras des entrailles à ceux qui sont robustes, & qui supportent bien le vomissement. Les Eaux de Vals sont fréquentées dans les mois de Juin, de Juillet & d'Août. On y est assez bien logé & assez bien traité; mais le chemin jusqu'aux Fontaines n'est pas trop beau, & auroit besoin de réparation, aussi-bien que les réservoirs des Fontaines.

2. VALS, *Vallis S. Petri*, Vallée du Pays des Grisons [a], dans la Ligue-Haute, où elle fait la troisième Communauté avec la Vallée de Lugniz, qui donne son nom à la Communauté. La Vallée de Vals est presque à moitié chemin de l'une des Branches du Rhein à l'autre. On y trouve les Villages suivans:

Zur-Kirchen, Camp,
Cumbels-Baiden, Fale,
Leiser.

[a] État & Délices de la Suisse, t. 4. p. 16.

VALSEIN, *Vallis-Sana*, Village du Pays des Grisons [b], dans la Ligue des Jurisdictions, & l'une des Dépendances de la Communauté de Schiers. Ce Village situé sur la rive gauche du Lanquart, est le Lieu où réside la Régence de la Communauté.

[b] Ibid. p. 79.

VALSERY, *Vallis Serena*, Lieu de France dans la Picardie, Election de Soissons. Il y a dans ce Lieu une Abbaye Réguliére d'Hommes, de l'Ordre de Prémontré, située à trois lieues à l'Ouest de la Ville de Soissons. Elle fut fondée en 1122. Le titre Abbatial a été supprimé & sa Manse a été unie à l'Evêché de Soissons.

VALTELINE. Voyez au mot VAL, l'Article VAL-TELINE.

VALTHA, Ville de l'Arabie, selon la Notice des Dignitez de l'Empire, où on lit: *Cohors octava voluntaria Valthæ*.

VALU, Ville de la Chine [c], dans la Province d'Iunnan au Département d'Iungning, onzième Métropole de la Province. Elle est de 16. d. 38'. plus Occidentale que Péking sous les 27. d. 49'. de Latitude Septentrionale.

[c] Atlas Sinenf.

VALVA, Montagne de la Mauritanie Césariense. Ptolomée [d] la marque au nombre des Montagnes les plus considérables de la Province.

[d] Lib. 4. c. 2.

VALUENSIS, Siége Episcopal d'Italie, selon Ortelius [e] qui cite le sixième Concile de Constantinople sous Constantin le Grand. Sigonius le fait suffragant de l'Archevêché de Milan. Il y a dans le Recueil des Conciles un autre Evêque qualifié *Valuensis*, ou *Pennensis* de la Ville Pinna, qui étoit dans le voisinage, & qui dépendoit de l'Evêque de Sulmo, aujourd'hui *Salmona*. Le mot National VALUENSIS, venoit du nom du Territoire appelé *Ager Valua* dans lequel la Ville de Sulmo étoit pareillement située.

[e] Thesaur.
[f] De Regno Italiæ.

VALUINUM, BARBINUM, ou BALBINUM. Voyez BABIA.

VALVANERA. Voyez au mot VAL, l'Article VAL-VANERA.

VALVERDE. Voyez au mot VAL, l'Article VAL-VERDE.

VALVERDE, ou VAL-VERDE, Ville de l'Amérique Méridionale [g], au Pérou, dans l'Audience de Lima. Elle a été ainsi appellée d'une Vallée de même nom, plantée de Vignes, de six lieues de longueur, & qui portent du vin en grande abondance. La Ville est belle, riche & habitée d'environ cinq cens Espagnols. Il y a une grande Eglise, trois Monastéres de Religieux & un Hôpital. L'air y est serain & fort sain, & les femmes y sont estimées les plus belles du Pérou. Cette Ville qui est éloignée de Lima de trente-cinq lieues, selon Herrera, & de douze de Pisco, a un Lieutenant établi par le Roi d'Espagne même; & cette Lieutenance est d'un revenu très-considérable. Valverde a un Port sur la Mer du Sud à six lieues delà, & que les Espagnols appellent *Puerto-Quemado*. C'est où l'on mène le Vin qui se recueille dans la Vallée d'Yca, qui est jointe à celle de Valverde; & on le transporte delà aux autres Provinces, sur-tout à Lima. Au milieu des douze lieues qui sont entre Valverde & Pisco, on trouve plusieurs Prairies où se trouve de l'eau pour les Bêtes de charge; & ce qui est surprenant, c'est que la Riviére qui coupe la Vallée d'Yca venant à s'enfler, l'eau de ces Prairies diminue & tarit; & au contraire si la Riviére est fort basse l'eau abonde dans ces Prairies.

[g] De Laet, Descr. des Indes Occ. l. 10. c. 25.

1. VAMA, Fleuve de l'Inde: Pline [h] le met au nombre des Fleuves navigables, qui se jettoient dans le Gange. Comme au-

[h] Lib. 6. c. 18.

VAM. VAN. VAN.

aucun des MSS. qu'a consulté le Pere Hardouin, ne connoissent ce Fleuve, au lieu de *Canucam* , *Vamam* , comme portoient les Editions qui l'ont précédé, il a cru devoir de ces deux noms n'en faire qu'un, ou plutôt les supprimer, & leur substituer celui de les *Condochatem* , Κονδοχάτην; parce qu'Arrien [a] donne un Fleuve de ce nom, parmi ceux qui se jettent dans le Gange, & dont Pline fait mention.

[a] *In Indic.* p. 514.

2. VAMA, Ville de l'Espagne Bétique: Ptolomée [b] la donne aux Peuples appellez *Bætici-Celtici*.

[b] Lib. 2. c. 4.

VAMACURES, Peuples de l'Afrique propre, selon Pline [c]. Peut-être, dit le Pere Hardouin, sont-ce les mêmes Peuples que Ptolomée [d] appelle *Astacures* ; ou les *Macuri*, qu'il place dans la partie Orientale de la Mauritanie Césariense, où les *Machures* qu'il met à peu près dans le même Quartier.

[c] Lib. 5. c. 4.
[d] Lib. 4. c. 3.

VAMALLENSIS, Siège Episcopal d'Afrique, dans la Mauritanie Césariense, selon la Notice des Evêchez de cette Province.

VAMICEDA, Ville de la Mauritanie Césariense, selon Ptolomée [e].

[e] Lib. 4. c.

1. VAN, Ville de la Chine [f], dans la Province de Suchuen, au Département de Queicheu, sixième Métropole de la Province. Elle est de 8. d. 42′. plus Occidentale que Péking, sous les 31. d. 0′. de Latitude Septentrionale.

[f] Atlas Sinens.

2. VAN, Ville de la Chine [g], dans la Province de Quantung, au Département de Kiuncheu, dixième Métropole de la Province. Elle est de 6. d. 23′. plus Occidentale que Péking, sous les 18. d. 24′. de Latitude Septentrionale.

[g] Ibid.

3. VAN, nom d'une Ville & Château [h] situez dans la Grande Arménie, vers les sources de l'Euphrate. Cette Place qui est sur les confins des deux Empires des Turcs & des Perses a été prise & reprise à diverses fois, tantôt par les uns, tantôt par les autres. Soliman la prit sur Schah Thamasb, l'an 935. de l'Hégire. Selon Mr. Petis de la Croix [i], dans son Histoire de Timur-Bec, Van est la même chose qu'Avenic. Lorsque les troupes de Timur y passèrent, Meser, fils de Cara Mehemet, y faisoit sa résidence, & elle fut pillée par ces Troupes. Van est aujourd'hui sous la Domination du Grand-Seigneur [k]. Elle a une bonne Forteresse sur une Montagne détachée de toutes les autres; en sorte qu'il n'y en a aucune qui la puisse commander. La Ville est bâtie au bas de la Forteresse du côté qui regarde le Midi. Les Habitans sont en fort grand nombre, & la plûpart Arméniens. Le Lac de Van est un des plus grands Lacs de l'Asie. Il a environ cinquante lieues de tour, & il ne s'y trouve qu'une sorte de Poisson, qui est un peu plus gros que nos Sardines. On en pêche tous les ans une grande quantité au mois d'Avril, & il s'en fait un négoce considérable en Perse & en Arménie. Une assez grande Rivière appellée BENDMAHI, qui vient des Montagnes d'Arménie, entre dans le Lac à une lieue de la Ville de Van; & au mois de Mars, quand la Rivière commence à grossir par les neiges qui fondent en ce tems-là, ces poissons ne manquent pas d'y entrer; ce qui oblige les Pêcheurs à faire une digue à son Embouchure, le plus promptement qu'il est possible, afin que le poisson ne puisse plus rentrer dans le Lac, où, sans cela, il ne manqueroit pas de retourner au bout de quarante jours. C'est dans ce tems-là qu'on le prend avec des Mannequins, auprès de la digue; & il est permis à chacun d'y aller pêcher. On trouve dans le Lac de Van deux Isles principales du côté du Midi; l'une s'appelle ADARETONS & l'autre LIMAD'ASI. Il y a deux Couvens d'Arméniens dans la première, l'un nommé *Sourphague* & l'autre *Sourpkara* ; & dans la seconde il y a un Couvent d'Arméniens nommé *Limquiasi*. Ces Moines vivent fort austèrement. A une portée de Canon du Lac de Van, est un Village nommé TADOUAN, dans l'endroit où la Nature a fait un bon Havre à couvert de tous les vents. Ce Havre est fermé de toutes parts par de hauts Rochers; & son entrée quoique fort étroite est très-aisée. Il peut contenir vingt ou trente grosses Barques. Quand les Marchands voyent que le tems est beau & le vent favorable, ils font embarquer dans ce Lieu-là leurs Marchandises pour Van. On s'y peut rendre en vingt-quatre heures, plus ou moins, & la navigation n'est point dangereuse, au lieu que par terre de Tadouan à Van, il y a près de huit journées de Cheval. En venant de Perse, on peut s'embarquer à Van pour Tadouan de la même forte.

[h] *D'Herbelot*, Biblioth. Or.
[i] Liv. 2. c. 58.
[k] *Corn. Dict. Tavernier*, Voyage de Perse, L. 3. c. 3.

VANA. Voyez VASAMA.

VANACENI, Peuples de l'Isle de Corse: Ptolomée [l] les place dans le Nord de l'Isle. Quelques Exemplaires lisent VANACINI.

[l] Lib. 3. c. 2.

VANARIONENSIS, Siège Episcopal d'Afrique: Son Evêque est nommé Pelagius *Episcopus Vanarionensis* par la Conférence de Carthage [m]. Mr. Dupin soupçonne que ce pourroit être le même Siège qui est appellé PANATORIENSIS par la Notice des Evêchez d'Afrique; & qui y est placé dans la Mauritanie Césariense.

[m] No. 186.

VANCARAH [n], nom d'une des Provinces des Soudans, ou Négres, située à l'Orient de celle de Ganah. Ce Pays est proprement ce que les Arabes appellent *Beladaltebr*, le Pays de l'or qui se trouve dans les Sables. Vancarah est proprement une Isle; car elle est entourée des eaux du Fleuve Niger, que les Arabes appellent Nil au Soudan, le Nil des Négres. Elle a trois cens milles de longueur & cent cinquante de largeur, & se couvre entièrement de l'eau de ce Fleuve dans le mois d'Août; ce qui oblige les Habitans à la quitter pendant ce tems-là, après lequel ils y retournent & y ramassent l'or que le Fleuve a porté sur le Sable. Les Habitans de Vancarah portent vendre cet or dans le Pays de Varkolan & de Magreb Alacsa, qui est la partie de l'Afrique la plus Occidentale. Ce Pays a pour Villes principales, Tirca, à six journées de Ganah, en descendant le Niger, Marafsa, Socmara, Samghenda, Ragbih, & Ganara, lesquelles dépendent toutes du Roi de Ganah. Le Scherif Al-Edrisi met la Province de Lamlam à l'Occident de celle de Vancarah.

[n] *D'Herbelot*, Biblioth. Or.

VANÇAI, Ville de la Chine [o], dans la Pro-

[o] Atlas Sinens.

48 VAN. VAN.

Province de Kiangſi, au Département d'I-vencheu, onzième Métropole de la Province. Elle eſt de 3. d. 3'. plus Occidentale que Péking, ſous les 28. d. 42'. de Latitude Septentrionale.

a Atlas Sinenſ.
VANCHIN, Ville de la Chine *a*, dans la Province de Quangſi, au Département de Taiping, huitième Métropole de la Province. Elle eſt de 11. d. 44'. plus Occidentale que Péking, ſous les 23. d. 35'. de Latitude Septentrionale.

b Ibid.
VANCIVEN DENTERUM, petite Foterſſe de la Chine *b*, dans la Province de Péking, au Département de Vuning, première petite Forterſſe de la Province. Elle eſt de 2. d. 36'. plus Occidentale que Péking, ſous les 40. d. 25'. de Latitude Septentrionale.

c Ibid.
VANCIVEN-SINISTRUM, petite Foterſſe de la Chine *c*, dans la Province de Péking, au Département de Vuning, premiére petite Forterſſe de la Province. Elle eſt de 1. d. 56'. plus Occidentale que Péking, ſous les 40. d. 29'. de Latitude Septentrionale.

d Ibid.
VANCIVEN, Ville de la Chine *d*, dans la Province de Xanſi, au Département de Pingyang, ſeconde Métropole de la Province. Elle eſt de 7. d. 0'. plus Occidentale que Péking, ſous les 36. d. 28'. de Latitude Septentrionale. Auprès de cette Ville on voit couler une Source, qui tombe des Montagnes, & dont l'eau eſt très-chaude en Hyver, & fort froide en Eté.

VANDABANDA, Contrée de la Sogdiane. Elle eſt placée par Ptolomée *e* entre le Mont Caucaſe & le Mont Imaüs.

e Lib. 6. c. 12.

VANDALES. Voyez WANDALES.

f Lib. 55. Jacunie.
VANDALICI-MONTES. Dion Caſſius *f* donne ce nom aux Montagnes dans leſquelles l'Elbe prend ſa ſource. Par conſéquent ce ſont les Montagnes qui ſéparent la Bohême de la Luſace & de la Siléſie.

g Orteſii Theſaur.
VANDALORUM-CASTRUM *g*, Lieu fortifié dans la Sicile, ſelon l'Hiſtoire Miſcellannée.

VANDALUS. Voyez VISTULA.

1. VANDENESSE, Paroiſſe de France, dans le Nivernois, Election de Nevers. Elle eſt à cinq-lieues de la Loire, dans un Pays couvert de Bois. Les terres produiſent du Froment, du Seigle : le Pacage en eſt bon & étendu ; & il y a un bon Commerce de Beſtiaux avec beaucoup de Bois.

2. VANDENESSE, Paroiſſe de France, dans la Bourgogne, Recette d'Arnay-le-Duc. Elle eſt ſituée dans une Plaine, & il y a un petit Ruiſſeau ; c'eſt le Paſſage d'Arnay-le-Duc à Dijon. Le Chapitre de St. Nazaire d'Autun eſt Collateur de la Cure.

VANDENESSE-SUR-L'ARROUX, Paroiſſe de France dans la Bourgogne, Recette d'Autun. C'eſt une Paroiſſe ſituée pour la plus grande partie en Plaine ſur la Riviére d'Arroux, qui paſſe au milieu & qui eſt navigable. Pluſieurs Hameaux compoſent cette Paroiſſe, qui eſt partie en Bourgogne, partie en Charolois. De ce qui eſt de Bourgogne dépendent les Hameaux de Vandeneſſe, Condène, Beaudeſir, Valette,

Echaffaux, Mondemot, Chaſſignéux, & Magnaux, & une partie d'Aureſchy, l'autre partie étant du Charolois. De ce qui eſt du Charolois dépendent les Hameaux de Vandeneſſe, Alteſſy partie de Mandemot de Valette, & de Condène, ainſi que partie des Métairies de Beaudeſir, de Chaſſigneux & celle de Monceaux.

VANDENESSE LES CHAROLLES, Paroiſſe de France dans la Bourgogne, Recette de Charolles, ſur le chemin de Charolles à Clugni. Il y paſſe un Ruiſſeau appellé la Semence. C'eſt un Pays de Collines. La Paroiſſe eſt compoſée des Hameaux de Vandeneſſe, Bièvres, Seſmaize, Pommé, Chesnes-Collanges, St. Branché, Chappandy, Chaſtonnard, & Plein de Chaſſagne. Le Fief de Collanges & les Métairies des Landes en dépendent auſſi.

1. VANDEVRE, Paroiſſe ou Prieuré de France, dans le Maine. Un St. Perſonnage appellé Leonard, quitta vers le milieu du ſixième Siécle le Pays de Liège, où il étoit né & paſſa dans le Dioceſe du Mans *h*. Il s'établit à VANDEVRE Lieu fort deſert, & il y bâtit un Monaſtère, par le ſecours du St. Evêque du Mans nommé Innocent. Comme il avoit bien étudié, & qu'il étoit fort intelligent dans les Choſes Saintes, ſa charité l'obligea d'en être le Supérieur, & ſon humilité y conſentit ; mais ce fut à condition qu'il ſe regarderoit ſans ceſſe comme le dernier de tous, qu'il ſeroit le plus mal vêtu, qu'il ne chercheroit point d'être appellé Prieur ou Abbé, & que l'unique changement que produiroit en lui ſa Charge, ſeroit qu'il auroit plus de ſoin & plus de peine qu'auparavant. Il mourut vers l'an 570. & fut enſeveli par St. Domnole Evêque du Dioceſe. Son Monaſtère fut depuis réduit en une Paroiſſe ou Prieuré dépendant de l'Abbaye de St. Vincent du Mans.

h Abregé de l'Hiſt. de l'Ordre de St. Be- noit, L. 2. c. 30.

2. VANDEVRE. Voyez VAN D'OEUVRE.

VANDLAINVILLE, Bourgade de France au Duché de Bar, Dioceſe de Toul, Comté de Vaudemont. Son Egliſe Paroiſſiale eſt ſous le Titre de Sainte Marie Magdeleine & de St. Leger. L'Abbé de St. Léon de Toul eſt Patron de la Cure, qui eſt deſſervie par un Chanoine Régulier de l'Ordre de St. Auguſtin. C'eſt auſſi un Prieuré fondé dans l'onzième Siécle par l'Evêque Pibon. Le Prieur a toute la Dixme, ſa Maiſon eſt un franc aleu. Il y a à Vandlainville une Chapelle en titre, & qui a deux cens cinquante Livres de revenu.

VAND'OEUVRE, Ville de France dans la Champagne, Election de Bar-ſur-Aube, avec Château. Elle eſt ſituée ſur la Riviére de Barſe, à ſix lieues de Troyes. On tient qu'elle a été bâtie par les Wandales aſſez près de la Source de la Seine. Cette petite Ville eſt recommandable par la naiſſance de Nicolas Bourbon, Poëte célèbre ſous le Régne de François I. & qui mourut à Condé en 1542. Il étoit fils d'un Forgeron.

VANDUARA, Ville de la Grande-Bretagne : Ptolomée *i* la donne aux Peuples Damnii.

i Lib. 2. c. 3.

1. VANEZA, ou VANNESA, Bourgade d'Eſpagne au Royaume de Léon, ſur la Riviére

viére d'*Orbeguo*, à deux lieues d'*Aſtorga*, vers l'Orient Méridional. Quelques-uns le prennent pour l'ancienne *Vallata*.

2. VANEZA, Bourgade d'Eſpagne, aux Confins de la Galice, à dix lieues d'*Aſtorga*. Il y en a qui veulent que ce ſoit le *Petaonium* des Anciens.

VANGALIA. Ptolomée [a] nomme ainſi une des Iſles qu'il place au devant de celle de Taprobane. Quelques Exemplaires Latins portent *Vangana* au lieu de *Vangalia*.

1. VANGAN, Forterefſe de la Chine [b], dans la Province de Fokien, au Département de P'umuen, première Forterefſe de la Province. Elle eſt de 3. d. 34′. plus Orientale que Péking, ſous les 25. d. 29′. de Latitude Septentrionale.

2. VANGAN, Ville de la Chine [c], dans la Province de Kiangſi, au Département de Kiagan, neuvième Métropole de la Province. Elle eſt de 2. d. 48′. plus Occidentale que Péking ſous les 27. d. 28′. de Latitude Septentrionale. Cette Ville [d], ſituée à douze ou treize lieues de Kancheu, eſt arroſée des eaux de la Riviére de Can, au côté droit, & environnée de belles Campagnes, où l'on fait deux fois par an la récolte. Elle jouït de pluſieurs exemptions conſidérables, qui la rendroient plus célèbre qu'un grand nombre d'autres Villes ſi les Tartares n'y avoient laifſé de grandes marques de leur fureur. A une demi-lieue de cette Ville, ſont des Montagnes très-riches en Mines d'Argent, & dans leſquelles il n'eſt pas permis aux Chinois de fouiller. Du côté de l'Orient il y en a une appellée *Chao*. Elle eſt d'une hauteur extraordinaire & depuis la cime juſqu'au pied, elle eſt couverte d'herbes, d'Arbres & de fruits.

VANGKIANG, Ville de la Chine [e], dans la Province de Kiangnan, au Département de Ganking, dixième Métropole de la Province. Elle eſt de 1. d. 0′. plus Orientale que Péking, ſous les 31. d. 15′. de Latitude Septentrionale.

VANGIONES, Peuples de la Gaule Belgique & originaires de la Germanie. Céſar dans ſes Commentaires [f] dit qu'ils étoient dans l'Armée d'Ariovifte avec les *Tribocci* & les *Nemetes*; & Pline [g] nous apprend qu'ils s'emparérent de la partie du Pays des *Mediomatrices* le long du Rivage du Rhein. Cluvier [h] croit que ces Peuples étoient établis dans les Gaules avant la Guerre d'Arioviſte, parce que les Marcomans, les Séduſiens, les Harudes & les Suèves, que ce Prince avoit amenez avec lui, ou qui l'avoient joint depuis ſon arrivée, furent tous chaſſez de la Gaule après que Céſar les eut battus, au lieu que les Némétes, les Vangions & les *Tribocci* demeurérent toujours dans leurs Terres ſur la Rive gauche du Rhein. Il paroît que ces trois Nations n'étoient point ſoumiſes à Arioviſte, puiſqu'elles demeuroient dans la Gaule Belgique. Elles pouvoient être ſeulement en Alliance avec lui, ou peut-être même ſous ſa protection; ce qui les engagea à lui donner du ſecours contre les Romains. On ne ſait point en quel tems les Vangions paſſérent le Rhein pour s'établir dans les Gaules. Cluvier met leur migration un peu avant la

[a] Lib. 7. c. 4.
[b] Atlas Sinenſ.
[c] Ibid.
[d] Ambaſſade des Hollandois à la Chine, ch. 28.
[e] Atlas Sinenſ.
[f] Bel. Gal. Lib. 1.
[g] Lib. 4. c. 16.
[h] Germ. Ant. Lib. 2. c. 10.

Guerre d'Arioviſte, parce que l'expulſion des *Mediomatrices* étoit ſi récente que Céſar lui-même les nomme au nombre des Peuples qui habitoient ſur le Rhein; ce qui n'étoit plus néanmoins les *Tribocci*, les *Nemetes* & les *Vangiones*, leur ayant enlevé cette portion de leur Pays. Spener [i] eſt du même ſentiment. Les bords du Rhein, dit-il, étoient ſi bien munis de Garniſons du tems d'Auguſte, qu'il n'étoit pas poſſible aux Germains de paſſer le Rhein, pour venir s'établir dans les Gaules: d'ailleurs Céſar les ayant nommez avec les *Tribocci*, & les *Nemetes* en parlant des Troupes qui étoient dans l'Armée d'Arioviſte, il eſt à croire qu'ils habitoient dans le même Quartier, où ils ſe trouvoient du tems de Pline [k]. L'autorité de Strabon, qui place les *Mediomatrices* ſur le Rhein, n'embarraſſe ni Cluvier, ni Spener, parce que ce Géographe s'en rapporte ordinairement à Céſar pour ce qui regarde les Gaules. Cependant Spener penſe qu'il ſeroit encore plus ſûr de dire, que les *Tribocci* furent d'abord les ſeuls qui habitérent ſur le Rhein: que du tems de Céſar les *Mediomatrices* poſſédoient encore une partie du Rivage; & que dans la ſuite les *Vangiones* & les *Nemetes* les forcérent de s'en éloigner. Selon Cluvier, les VANGIONES étoient bornez au Nord & à l'Orient par le Rhein: au Midi par les *Nemetes*; & à l'Occident par les *Mediomatrices*. Ptolomée [l] leur donne pour Villes *Borbetomagus* & *Argentoratum*; mais il devoit leur donner pareillement *Mocontiacum*, qu'il met mal à propos dans la Germanie Inférieure, puiſque cette Ville étoit la Capitale de la Germanie Supérieure.

VANGLING, Forterefſe de la Chine [m], dans la Province de Xanſi, au Département de Gueiyven, première Forterefſe de la Province. Elle eſt de 5. d. 25′. plus Occidentale que Péking, ſous les 40. d. 28′. de Latitude Septentrionale.

VANGUO, Montagne de la Chine [n], dans la Province de Honan. On la prendroit pour un Palais ſitué au milieu d'une Forêt, & orné d'Arbres. La Riviére Ki prend ſa ſource dans cette Montagne.

VANHU, Montagne de la Chine [o], dans la Province de Xanſi, au Couchant de la Ville de Fuencheu. C'eſt la plus haute Montagne de ce Quartier. Son nom lui a été donné en mémoire de dix mille hommes, qui dans une grande inondation s'y retirérent, & évitérent par-là de périr dans les eaux.

VANIA. Voyez VARIA, N°. 1.

VANIUS, Ville de la Libye Intérieure: Ptolomée [p] la place vers la ſource du Fleuve *Cinuphus*.

VANKING, Lac de la Chine [q], dans la Province de Suchuen, au voiſinage de la Ville de Ta. Ses bords ſont ornés de Bois, de terres labourées, & de fleurs & d'Arbres fruitiers: auſſi y voit-on divers Villages.

VANNAIRE, Village de France dans la Bourgogne. Il dépend de Chaumont-le-Bois, & eſt ſitué au pied de deux Montagnes. La Riviére de Seine paſſe à un demi

[i] Notit. Germ.
[k] Ant. L. 4; c. 5.
[l] Lib. 4. c. 9.
[m] Atlas Sinenſ.
[n] Ibid.
[o] Ibid.
[p] Lib. 4. c. 6.
[q] Atlas Sinenſ.

mi quart de lieue de Vannaire. C'est un grand chemin, & le passage ordinaire en Hyver. Dans les environs ce ne sont que Montagnes & Vallons; mais on y trouve de fort bonnes Vignes.

VANNE, Riviére de France, dans la Provence. Elle sort de la Montagne de la Sainte Baume & arrose ensuite le Territoire de Marseille.

1. VANNES, Riviére de France, dans le Senonnois. Elle prend sa source à Ton-Vannes, à trois lieues de Troyes, & après avoir passé à St. Liebaut, à Rigny-le-Ferron, à Villeneuve, à Foissy, à Chigy, à Pont sur Vannes, & à Massey-le-Viconte à une lieue de Sens, elle se jette dans l'Yonne, près de l'Abbaye de St. Paul, au Fauxbourg de Sens. Il y en a une partie qui entre dans la Ville, & qui se distribue par toutes les rues. Elle seroit beaucoup plus utile si elle pouvoit porter Bâteaux. On entreprit de la rendre navigable en 1639. mais on trouva que le terrein de son lit étoit mouvant.

2. VANNES, Ville de France, dans la Bretagne, à vingt lieues au Nord Occidental de Nantes, à vingt deux lieues de Quimper, & à deux lieues de la Mer qui y a son flux & reflux, par un Canal dit le Morbihan, qui est une Baye fort large. Vannes aujourd'hui le Chef-lieu d'une Recette, d'un Présidial, d'une Amirauté, d'une Lieutenance de la Maréchauslée de la Province, d'une Maîtrise des Eaux & Forêts & d'une Jurisdiction de Juges Consuls, tire son nom des anciens Peuples *Veneti*, qui étoient des plus célèbres [a] des Gaules du tems de Jules César, comme on le voit au troisième Livre de la Guerre des Gaules, où il dit que ces Peuples étoient dès-lors puissans sur Mer. L'ancien nom de la Ville étoit *Dariorigum*, comme Ptolomée nous l'apprend au huitième Chapitre du second Livre de sa Géographie en ces termes: *Occidentale autem littorale latus sub Osismis tenent Veneti, quorum Civitas Dariorigum*. Lorsque les Bretons s'établirent dans l'Armorique, ils n'occupérent pas cette Ville qui demeura à ses anciens Habitans Romains ou Gaulois. Elle vint au pouvoir des François, lorsqu'ils se rendirent les Maîtres de cette partie des Gaules: ce fut seulement l'an 577. que Varoc, Prince des Bretons, s'en empara sur Gontran l'un des Rois François, les Habitans protestérent toujours qu'ils étoient fidèles aux Rois de France. Depuis ce tems-là on voit par les Annales d'Eginhard, que Pepin se rendit maître de la Ville de Vannes l'an 753. elle demeura à ses Successeurs jusqu'au tems de Numenoius Prince des Bretons, qui s'en empara aussi-bien que de Nantes & de Rennes. On a encore appellé cette Ville *Civitas Venetum* & *Civitas Venetica*. Mais, dit Mr. Piganiol de la Force [b], nous pensons bien différemment Mr. Corneille [c] & moi sur cette Ville: Il dit *que César y demeura lorsqu'il fit ancrer son Armée pour la commodité de son Port*. César parle à la vérité du Pays des Vénétes, & vante leur puissance sur Mer, & leur habileté dans la Navigation; mais il n'a pas dit un seul mot de leur Ville. Ce qui a trompé Mr. Cor-

[a] *Longuerue*, Descr. de la France, Part. 1. p. 91.

[b] Descr. de la France, t. 5. p. 232.
[c] Dict.

neille, c'est d'avoir pris le mot de *Civitas*, dont César s'est servi, pour celui de Ville, au lieu que *Civitas* dans les Ecrits de ce grand Capitaine signifie toujours un Etat, une Contrée, un Pays, un Canton, & jamais une Ville. Ce que Mr. Corneille ajoute n'est pas mieux fondé. Les Latins, dit-il, l'ont nommée *Venetiæ*, à cause de quelques petites Isles qui sont devant, & qui ont quelque ressemblance avec celles sur lesquelles la Ville de Venise a été bâtie. Bien loin que Vannes ait pris son nom de la Ville de Venise, quelques anciens Géographes ont cru que cette derniére Ville avoit pris son nom des Vénétes. Strabon le dit & ajoute en même tems qu'il ne donnoit pas cela pour certain; mais que dans ces matiéres il falloit se contenter de la probabilité. Je sai bien que Mr. Audiffred traite d'*Ignorans* tous ceux qui ont pris les Vénétes pour les Fondateurs de Venise; mais s'il avoit lu ce passage de Strabon, peut-être qu'il auroit été plus retenu en matière de qualification.

La Ville de Vannes, qui est d'un petit circuit, est arrosée d'un côté par deux petites Riviéres qui s'y assemblent, & qui rendent le Port capable de renfermer plusieurs Vaisseaux & des Barques de deux cens tonneaux, qui se rangent le long du Quai. Ce Quai est revêtu de grosses pierres de taille, ainsi que le Môle qui s'avance au milieu d'un petit Marais, près duquel on voit plusieurs Magasins & belles Maisons, où demeurent de riches Marchands qui occupent cette partie du grand Fauxbourg du Marché, qui surpasse en étendue la Ville même. Il en est séparé par des murailles munies de très-fortes Tours, & par un large fossé; & il a ses Paroisses, ses Couvens, ses rues & ses Places. Il y en a une grande où les Jésuites ont leur Collége, & une belle Eglise bâtie depuis quelques années en l'honneur de St Joseph. Il y a aussi dans ce Fauxbourg un Mail avec un Couvent de Capucins dans le voisinage. L'Eglise Paroissiale du Fauxbourg appellé St. Paterne, où sont le Grand-Hôpital & la Maison des Dominicains, est très-belle & d'un haut Clocher. La Riviére fait la séparation de ce Fauxbourg d'avec la Ville, où elle coule dans les Fossez jusqu'à ce qu'étant proche du Château du Lis, elle y entre pour servir à le fortifier, quoiqu'il soit presque abandonné. Cependant un haut Donjon & quelques grosses Tours, qui y restent, font connoître qu'il étoit très-fort, étant environné de cette petite Riviére, qui passe ensuite dans la Ville, où elle fait tourner plusieurs Moulins dans une grande Place, qui lui a servi de Place d'Armes, & qui aujourd'hui sert d'ornement à la Porte de la Mer, au haut de laquelle on voit la figure de St. Vincent. La Ville est entre le Fauxbourg du Marché & celui de St. Paterne, & n'est composée que de petites rues, étroites & remplies de quantité de peuple, si on en excepte celle qui va de la Porte de la Mer à la Maison de Ville, ornée d'une Tour d'Horloge, & celle qui monte à l'Eglise Cathédrale. Quant au Port, il est entre deux autres petits, dont l'un est du côté des Capucins & sert de demeure aux gens gent de Mer: l'autre a les Magasins des Marchandises étrangéres, & plusieurs Couvens, entre lesquels celui des Ursulines tient le premier rang.

Cette Ville fut érigée en Comté par ses anciens Souverains, & réunie à leur Domaine par Alain *le Grand*. Aujourd'hui l'Evêque est en partie Seigneur de Vannes.

On croit communément que l'Evêché de Vannes [a] a eu St. Paterne pour premier Evêque; mais cela ne laisse pas d'être fort équivoque; car de l'aveu même des Evêques assemblez dans cette Ville pour la consécration de Paterne, il y avoit déja à Vannes une Eglise établie; & il est mal-aisé de se persuader que dans un tems où il y avoit plus d'Evêques que d'Eglises, il n'y en eût point un à Vannes. Ce qu'il y a de constant, c'est que Saint Paterne est le premier qui nous soit connu. Cet Evêché vaut environ seize mille Livres de revenu. On compte dans son Diocèse cent soixante Paroisses & plusieurs Succursales. L'Eglise Cathédrale est dédiée à St. Pierre, & le Chapitre est composé d'un Archidiacre, d'un Tresorier, d'un Chantre, d'un Ecolâtre, d'un Penitencier & de quinze Chanoines.

[a] Piganiol, Descr. de la France, t. 5. p. 146.

L'Evêché de Vannes [b] est heureusement situé pour le Commerce. Vannes, Auray, Hennebond ont des Ports, où les petits Bâtimens entrent avec facilité. Le Commerce le plus considérable de ce Pays est celui des Bleds; & le Pays est riche lorsque la vente en est facile & à bon prix; il s'y recueille ordinairement jusqu'à six mille Tonneaux de Bled, & jusqu'à neuf mille de Seigle. Ces Bleds sont portez à St. Sebastien, & quelquefois en Portugal, sur la Côte du Golphe de Gascogne, à Bayonne, à Bourdeaux, & à la Rochelle. Les retours des Bâtimens qui ont porté ces grains en Espagne sont fort avantageux, parce qu'ils consistent principalement en espéces. Les Marchands de Vannes font aussi quelque Commerce de Fer en verges qu'ils tirent des Forges de la Province. Ils font aussi Commerce de Sardines & de Congres, qui se débitent fort bien, même à Bourdeaux, à la Rochelle à Nantes & à St. Malo. On dit que la seule Ville du Port-Louis débite tous les ans quatre mille Barriques de Sardines aux Marchands de St. Malo qui sont en possession d'en faire le débit par toute l'Espagne & la Méditerranée. Les Habitans de Belle-Isle font aussi un Commerce de Sardines, qui leur est très-avantageux. On prétend que la pêche qu'ils en font, leur produit tous les ans mille ou douze cens Barriques. Les Bâtimens qui font cette pêche sont de deux ou trois Tonneaux, & montez de cinq hommes qui vont à voiles & à rames. Chaque Bâteau porte au moins douze filets de vingt à trente brasses, pour en changer selon la quantité de poisson qu'il prend. Les Marchands achetent les Sardines au bord de la Mer, les salent & les arrangent dans des Barriques, où on les presse pour en tirer l'huile qui les feroit corrompre. Il faut ordinairement neuf à dix milliers de Sardines pour remplir une Barrique; & de trente ou quarante Barriques de ce Poisson, on n'en fait qu'une Barrique d'huile.

[b] Ibid. p. 196.

3. VANNES, *Venna*; Bourgade du Duché de Lorraine, au Diocèse de Toul, dans la Prevôté de Gondreville. Son Eglise Paroissiale est sous l'invocation de St. Martin, & l'Evêque de Toul est Patron de la Cure. Le Chapitre de Briey perçoit les deux tiers des Dixmes & le Curé l'autre tiers. Il y a à un quart de lieue un Château qui appartient aux Seigneurs de Ligneville, qui sont aussi Seigneurs de Vannes & dont les Ancêtres ont fondé une Chapelle sous l'invocation de St. Jacques & de Sainte Marguerite.

VANNIA, Ville d'Italie: Ptolomée [c] la donne aux *Bechuni*. Le MS. de la Bibliothéque Palatine lit *Vaunia*, au lieu de *Vannia*. Quelques-uns croyent que c'est aujourd'hui FANNA Bourg de l'Etat de Venise.

[c] Lib. 3.

VANNIANUM-REGNUM, Royaume de la Sarmatie Européenne, dont Pline [d] fait mention. C'est le Royaume de Vannius que Drusus César avoit donné aux Suéves; non à toute la Nation des Suéves, mais à ceux de ces Peuples que Drusus avoit envoyez fixer leur demeure au-delà du Danube, entre le *Marus* & le *Cusus*. Ce Royaume ne fut pas de longue durée. Vannius [e] lui même fut chassé de ses Etats par Jubilius, Roi des Hermunduriens & par Vangion & Sidon fils de sa Sœur. Ces deux derniers partagérent entre eux le Royaume de leur Oncle qui alla s'établir dans la Pannonie avec ceux de ses Sujets qui lui étoient demeurez fidéles.

[d] Lib. 4. c. 12.
[e] Tacit. An. Lib. 12.

VANNIDENSIS, Siége Episcopal d'Afrique, dans la Mauritanie Césarienne, selon la Notice des Evêchez de cette Province.

VANNIEN; Ville de la Chine [f] dans la Province de Kiangsi, au Département d'Iaocheu, seconde Métropole de la Province. Elle est de o. d. 22. plus Occidentale que Péking, sous les 29. d. 14. de Latitude Septentrionale.

[f] Atlas Sinensis.

VANNIENSES. Voyez FLAMONIENSES.

VANNUNGAN, Ville de la Chine, sur la route de Canton à Péking, à la droite de la Riviére Kiam, entre Kancheu, & Pekisiven [g]. Cette Ville, située dans une Plaine unie & fertile, n'est pas bien grande. Elle étoit autrefois bien bâtie & fort propre, comme on le peut encore voir par ses ruines, & par un Portail fort superbe. Mais les Tartares y ont fait de grands ravages; l'herbe est si haute par-tout, & les Maisons sont tellement ruinées, qu'on ne sauroit trouver les vestiges des rues. Un peu plus loin, en suivant la même route, on trouve la Bourgade appellée Pékisiven, où les Maîtres des Navires ont coutume de se fournir de voiles, & de tout ce qu'ils ont besoin pour leurs Vaisseaux. Son enceinte est grande. On trouve en y entrant des Grottes faites de main d'homme; mais que la guerre a ruinées pour la plûpart. La plus considérable peut avoir autour de quarante pieds de hauteur. Elle est large à proportion; & elle a deux voutes où l'on peut monter par un degré, dont les marches sont basses & larges de quatre enjambées. Tout cet Ouvrage est de terre glaise; mais si bien travaillé, qu'on prendroit cette Grotte pour une chose que l'eau auroit faite,

[g] Voyage des Hollandois à Péking, p. 5.

en se faisant chemin au travers d'une Roche.

VANS, Ville de France, dans le Bas-Languedoc, Diocèse & Recette d'Usez. On ne donne à cette petite Ville que quinze cens soixante & dix-huit Habitans.

VANSUI, petit Lac de la Chine [a] dans la Province de Kiangsi, au voisinage de la Ville de Nanfung.

[a] Atlas Sinensi.

VANTADOUR. Voyez VENTADOUR.

VANTENA, Ville d'Egypte, selon Ortelius [b] qui cite la Lettre des Evêques de cette Province à l'Empereur Léon. Cette Lettre se trouve dans le Recueil des Conciles.

[b] Thesaur.

VANTIEN, petite Cité de la Chine [c], dans la Province d'Iunnan, au Département de Lungchuen, première petite Cité de la Province. Elle est de 17. d. 30'. plus Occidentale que Peking sous les 24. d. 31'. de Latitude Septentrionale.

[c] Atlas Sinensi.

VANVEY, Bourg de France, dans la Bourgogne, Bailliage de Châtillon, sur la Rivière d'Ourse. Il y a dans ce Bourg un Prieuré de l'Ordre de St. Benoît, sous le titre de St. Barthelemi. Vanvey est une Châtellenie Royale.

VANVRES, *l'Ilieu*, Village de l'Isle de France, à une lieue au Midi de Paris. Ce lieu est fameux par la bonté de son beurre. On dérive son nom de *Venna*, ou *Benna*, qui en vieux François signifioit *Pesche*; parce qu'il n'étoit habité que de Pêcheurs de la Rivière de Seine. Mr. le Duc y a une fort belle Maison, qui appartenoit ci-devant à Mr. de Montargis.

VANXIN, Montagne de la Chine [d], dans la Province de Queicheu, au Midi de la Ville de Sunan. Elle est extrêmement escarpée de tous côtez. Il n'y a qu'un sentier fort étroit par lequel on peut y monter. Dans le tems de guerre les Habitans de Sunan se retirent sur cette Montagne, où ils sont hors de toute insulte.

[d] Ibid.

VAPANES, Voyez BLESINO.

VAPINCUM, VAPINQUUM & VAPINGUM, Ville de la Gaule Narbonnoise. L'Itinéraire d'Antonin la marque sur la route de Milan à Arles, entre *Caturige* & *Ilabbonte*, à dix-sept milles du premier de ces Lieux & à dix-huit milles du second. C'est le nom ancien de la Ville de Gap. Voyez GAP.

VAPLUARII, Peuples qui habitoient vers l'Embouchure du Rhein, selon B. Rhenanus, qui se fonde sur un ancien Fragment de la Table de Peutinger. Velser a substitué AVSUARII pour VAPLUARII, & il entend par-là les ANSUARII.

VAQUEVILLE, *Episcopi Villa*, Bourg de France, dans le Pays Messin, au Bailliage de Vic. Son Eglise Paroissiale est sous le titre de l'Invention de St. Etienne. Le Hameau de Venay dépend de Vaqueville, dont l'Evêque de Mets est Seigneur.

VAR, Rivière qui fait la séparation entre l'Italie & la France. Voyez VARUS. Elle prend sa source au Mont Cemelione dans les Alpes, traverse une partie des dépendances du Comté de Nice, passe par Entrevaux auprès de Glandèves, & vient vers son Embouchure séparer le Comté de Nice de la Province, où elle se jette dans la Mer Méditerranée, à une demi-lieue à l'Occident de Nice.

1. VARA. Voyez VARAR.

2. VARA, ce mot signifie en Arabe, derrière, & au-delà.

VARA-GIHOUN [e], c'est-à-dire ce qui est au-delà du Gihon & de l'Oxus. C'est la Transoxane que les Arabes appellent aussi Maouaralnahar; ce qui est au-delà du Fleuve; car ils qualifient du nom de Fleuve par excellence le Gihon, que les Persans nomment aussi en leur Langue Roud, & Roud-Khaneb, qui signifie absolument & généralement le Fleuve.

[e] D'Herbelot, Biblioth. Or.

VARA-SIHOUN [f], c'est-à-dire ce qui est au-delà du Sihon ou Jaxartes. C'est proprement le Turquestan appellé aussi pour la même raison Vara-Khogend, à cause qu'il s'étend au-delà de la Ville de Khogend, qui est bâtie sur le Fleuve Sihon.

[f] Ibid.

VARADA, Ville de l'Espagne Tarragonnoise; Ptolomée [g] la donne aux Carpétains.

[g] Lib. 2. c.

VARADANUS. Voyez ACHARDEE.

VARADE, Bourg de France, dans la Bretagne, Recette de Nantes. C'est le premier Bourg qu'on trouve en passant de l'Anjou dans la Bretagne, lorsqu'on descend la Loire. Il est situé sur cette Rivière à l'opposite de St. Florent le Vieux.

VARADETUM, Ville des Gaules selon un Fragment de la Table de Peutinger cité par Ortelius [h].

[h] Thesaur.

VARADIN. Voyez WARADIN.

VARAGIO, VARAGGIO, Bourg d'Italie, dans l'Etat de Gênes, sur le bord de la Mer, à deux lieues de Savone, du côté de l'Orient. On le trouve diversement nommé par les Anciens. Les uns écrivent *Varagum* & les autres, *Varago*, *Voragium*, ou *Vorago*.

VARAISE, Ville de France, dans la Saintonge, selon Mr. Corneille, qui cite Atlas, & la met sur la Rivière de Charenton à une lieue de St. Jean d'Angely. Varaise seroit assez honorée si on lui donnoit le titre de Village.

VARALII, Peuples de la Dalmatie, & qui furent d'abord nommez ARDIEI. Voyez ARDIENSI. On croit que ce sont les VARDEI de Ptolomée [i], & les VARDÆI de Pline [k] qui les appelle *populatores Italiæ*.

[i] Lib. 2. c. 17.
[k] Lib. 3. c. 22.

VARALLO, ou VARAL, Ville d'Italie, au Duché de Milan, dans le Val de Sessia, sur la Rivière qui donne son nom à cette Vallée. Merula [l] appelle cette Ville, *Varalle Alpinarum Gentium celebris Præfectura Municipium*. A demi-lieue de Varallo, sur une Montagne délicieuse, qu'on nomme la Montagne de Varal, est un lieu d'une grande dévotion appellé *la Nouvelle Jérusalem*.

[l] Lib. 2. c. 11.

VARAMUS, Fleuve d'Italie chez les Vénètes. Pline [m] dit que ce Fleuve se jettoit dans l'Ahasius. Le Pere Hardouin au lieu de VARAMUS écrit VARRAMUS. Leander dit que c'est présentement le *Caloro*.

[m] Lib. 3. c. 18.

VARANNES, Château de France, dans le Poitou, Election de Richelieu.

VARANO, Lac d'Italie [n], au Royaume de Naples, dans la Capitanate près de la Côte Septentrionale. Son circuit est de cinq lieues, & il se décharge par un petit Canal dans le Golphe de Rodia, à deux lieues

[n] Magin, Carte de la Capitanate.

VAR. VAR. 53

lieues à l'Occident de la Ville de Rodia.

VARAR, Golphe de la Grande-Bretagne: Ptolomée [a] le marque sur la Côte Orientale, entre l'Embouchure du Fleuve Loxa & le Golphe *Tuæsis*. Au lieu de VARAR, le Grec porte VARA. C'est aujourd'hui le Golphe de Murray en Ecosse, *Murrai-Firth*. Buchanan croit que la Province de Murray, qui est baignée par ce Golphe, a été aussi autrefois appellée VARAR [b], nom que la Rivière de Farray qui se jette dans ce Golphe a en quelque sorte retenu.

[a] Lib. 2. c. 3.
[b] Délices de la Gr. Br. t. 6. p. 1372.

VARARITANUS, Siège Episcopal d'Afrique, dans la Byzacène, selon la Notice des Evêchez de cette Province.

VARAS, ou ST. PAUL DE VARAS, Bourg de France dans la Bresse, & le Chef-lieu d'un Mandement avec titre de Comté. Il député aux Assemblées de Bresse.

VARBOSANYEN, selon Mr. Corneille [c], & VERBOSANIE selon Mr. de l'Isle [d], qui la marque à la source de la Rivière Bosna. Mr. Corneille, qui ne cite aucun garant, dit qu'elle a été quelque tems la Capitale de la Bosnie, qu'elle est dans l'Herségovine, ou haute Bosnie & partagée en deux par la Rivière de Melietzka, & qu'elle n'a point de murailles.

[c] Dict.
[d] Atlas.

VARCAONENSIS, ou VIRGAONENSIS. Voyez au mot ALBA l'Article ALBA-VIRGAONENSIS. Voyez aussi VIRCAON.

VARCEVO, petit Bourg de la Dalmatie, sur le chemin de Zara à Scardone. On le prend pour le *Collentum* des Anciens.

VARCIA, Ville de la Gaule Belgique: L'Itinéraire d'Antonin la marque sur la route d'*Andematunnum*, à *Cambate*, entre *Andematunnum* & *Vesontio*, à seize milles de la première de ces Places, & à vingt-quatre milles de la seconde. Alting croit que VARCIA est présentement *Vercar* Village sur la Saone.

VARCIANI, Peuples de la Haute Pannonie: Ptolomée [e] les place dans la partie Orientale de cette Province. Pline [f] fait aussi mention de ces Peuples.

[e] Lib. 2. c. 15.
[f] Lib. 3. c. 25.

VARCILIENSES. Voyez TIBILISES.

VARCOSSOS, Siège Archiepiscopal d'Asie, selon la Notice du Patriarchat d'Antioche publiée par Schelstrate.

VARDÆI & VARDEI. Voyez VARALI.

VARDARIS, Rivière de l'Empire Turc, dans la Macédoine, anciennement *Axius*. Elle a sa source dans les Montagnes, qui sont aux confins de la Servie, de la Bulgarie & de la Macédoine. Elle coule d'abord du Nord au Midi & arrose Scopia en Uscopia. Quand elle est arrivée vers Stobi qu'elle mouille, elle commence à courir du Nord Occidental au Midi Oriental, & après avoir arrosé Toly ou Monaster, elle va se jetter dans le Golphe de Salonique. Les principales Rivières qu'elle reçoit sont Jesovo, d. Psinia, g. & Vistriza, d.

[g] De l'Isle, Atlas.

VARDBERGA, ou VARDBURGUM, nom que les Auteurs Latins donnent à la Ville de Vaesberg, petite Ville du Royaume de Suède dans la Province de Halland.

VARDOGNA [h], Bourgade de la Morée dans la Zaconie, au Couchant du Lac de Feno.

[h] De Wit, Atlas.

VARDULI, Peuples de l'Espagne Tarragonnoise, sur l'Océan Cantabrique: Ptolomée [i] leur donne une Ville nommée *Morosca* Pomponius Mela [k] & Pline [l] parlent aussi de ces Peuples. Ce dernier [m] nomme leurs Villes *Morosgi*, *Menosca*, *Vesperies*, & *Amanus Portus*, où étoit *Flaviobriga-Colonia*. On convient du Pays des Vardules [m] aujourd'hui le *Guipuscoa*.

[i] Lib. 2. c.
[k] Lib. 3. c.
[l] Lib. 2. c.
[m] Lib. 4. c. 20.

VARENSIS-LIMES, Lieu d'Afrique. Il en est parlé dans la Notice des Dignitez de l'Empire [n]; & dans le Decret de Gratian il est fait mention d'un Concile tenu dans ce Lieu & appellé *Varensis Concilium*.

[n] Sect. o 2. Causa 13.

VAREMBON, Ville de France, dans la Bresse, près de l'Ain. Cette petite Ville [p] n'est remarquable que par son Eglise Collégiale, au milieu du Chœur de laquelle on voit un Tombeau de Marbre. C'est celui du Fondateur de ce Chapitre. Voici l'Epitaphe qu'on y lit: *Hic jacet reverendissimus in Christo, Pater & Dominus Ludovicus titulo S. Anastasiæ S. R. E. Cardinalis de Varembon vulgariter nuncupatus, Episcopus Mauriensis, qui obiit die XXII. mensis Septembris anno Domini M. CCCCLI.* Le véritable nom de ce Cardinal étoit *la Palue*.

[p] Piganiol, Descr. de la France, 3. p. 539.

La Paroisse de Varembon est une Annexe de Priay. Il y a un Hôpital. La Justice ressortit au Bailliage de Bresse. Varembon est le Chef-lieu d'un Mandement & une Communauté qui députe aux Assemblées de la Bresse.

VAREN, Rivière de l'Amérique Méridionale, dans la France Equinoxiale. C'est une petite Rivière qui après quelques douze lieues de cours, du Sud au Nord va se décharger dans le Canal naturel qui sépare au Sud l'Isle de Cayenne, du Continent, depuis la Rivière de Wia jusqu'à celle de Cayenne.

VARENDORPH, ou VARNDORP, petite Ville d'Allemagne dans la Westphalie, à cinq lieues de Munster, sur l'Ems [q], qui en cet endroit n'est-ce qu'un gros que la Rivière d'Aa, sur laquelle la Ville de Munster est située. L'Ems passe sous une des Portes de Varendorph, qu'il fortifie assez bien de ce côté-là, & qui a de bons Fossez ailleurs. Cette Ville est mal propre, à cause des fumiers que les Habitans mettent devant leurs portes, comme presque par-tout en Westphalie & même dans les grosses Villes. Varendorph est remarquable, en ce que Varus Capitaine Romain, sous Auguste, se retrancha dans son voisinage. On voit encore autour de la Ville les vestiges du Fossé qui environnoit son Camp. Ce Fossé est présentement à demi-comblé & presque rempli de bois & de broussailles. Il ne seroit pas impossible que cette Ville eût pris son nom de Varus, *Varendorph* pouvant signifier le Bourg de Varus.

[q] Corn. Dict.; Voyage d'Osnabrug.

VARENGUEBEC, Marquisat de France, dans la Normandie, au Diocèse de Coutances. On y voit un ancien Château. Plusieurs Paroisses relèvent de ce Marquisat, & il y a à Varenguebec un Bailli, devant lequel se portent les procès. Le Bois de Limor, qui est très-grand, dépend de cette Paroisse, & le Prieuré de St. Michel de Bosé y est en partie enclavé.

1. **VARENNE (La)**, Bourg de France, dans

G 3

dans l'Anjou, Election d'Angerfel, eſt conſidérable.

2. VARENNE, Lieu de France, dans la Bourgogne, Recette de Châlon. Sa ſituation eſt belle. La Saone paſſe auprès. Le grand chemin de Châlon à Lyon y paſſe. C'eſt un petit Vignoble.

3. VARENNE, Lieu de France, dans la Bourgogne, Recette de Beaune. Ce Lieu ſitué dans une grande Plaine eſt de la Paroiſſe de Ruffey. Il y paſſe une petite Riviére ſur laquelle il y a un Pont. Elle vient de la Baye de Serrigny. Il y a peu de Vignes, & c'eſt un petit paſſage.

VARENNE LE GRAND, Bourgade de France, dans la Bourgogne, Recette de Châlon.

VARENNE ST. MAUR (La), Lieu de l'Iſle de France, Election de Paris. Il donne le nom à la Plaine des environs, & il a pris le ſien de ce que c'étoit un endroit où les Rois prenoient autrefois le plaiſir de la chaſſe.

1. VARENNES, Paroiſſe de France, dans la Bourgogne, au Bailliage & Recette de Macon. Elle eſt ſituée ſur de petites Montagnes éloignées des Villes. Il y paſſe une petite Riviére nommée Cernin, & qui ſe déborde ſouvent, à cauſe des eaux qui découlent des Montagnes. Vaux la Montagne, les Gallines, les Thuileries & les Noyers en dépendent.

2. VARENNES, Ville de France, dans le Bourbonnois, Election de Moulins, près de l'Allier, aux frontiéres de la Baſſe-Auvergne. C'eſt une petite Ville ruinée par les grands paſſages des gens de guerre, qui ont fait déſerter la plûpart des Habitans, dont il n'eſt reſté plus qu'environ quatre cens. Elle eſt bâtie ſur une éminence, qui s'abaiſſe doucement du côté que la Riviére, qui en lave le pied. Cette Ville [a] eſt du Domaine du Roi, mais engagée; auſſi dans ſon Préſidial on ne rend Juſtice que ſous le nom du Roi, & non pas ſous celui de l'Engagiſte. Il n'y a qu'une grande rue qui ſoit remarquable. La petite Riviére de Valleſſon qui prend ſa ſource en Auvergne, paſſe à l'extrémité du Fauxbourg. Il n'y a qu'une ſeule Egliſe qui appartient aux Chanoines Réguliers de Ste. Croix, ſous la Régle de St. Auguſtin. Cette Egliſe, ainſi que la Maiſon Religieuſe, fut fondée en 1300. par le Duc Robert de Bourbon, petit-fils de St. Louis. Ce Prince allant à Rome mena avec lui deux Religieux de Ste. Croix de Paris, & à ſon retour il les établit dans la Ville de Varennes, leur donnant entre autres Reliques un morceau de la vraie Croix. Ces Religieux poſſedent auſſi une Epine de la Couronne de Notre Seigneur avec des Reliques de St. Roc & de St. Sébaſtien.

3. VARENNES, Bourg de France, dans l'Anjou, Election de Saumur.

4. VARENNES, Bourg de France, dans la Touraine, Election de Loches.

5. VARENNES, Lieu de France, dans la Champagne [b], à quatre lieues de Langres. C'eſt un Lieu renommé par la naiſſance de St. Gengoul, Connétable de France, & par le Prieuré qui y a été établi en ſon honneur. On y voit une Fontaine, qu'on dit y avoir été tranſportée par ce Saint & dans

[a] Corn. Dict.
Journal d'un Voyage de France & d'Italie.
Le P. Bouſſingaut, Nouveau Théâtre du Monde, 1. Part.

[b] Bougier Mém. de Champagne. t. 2. p. 90.

laquelle il convainquit ſa femme d'infidélité. Il y fit bâtir & dota l'Egliſe Paroiſſiale, qui depuis a été changée en Prieuré, ſous le titre de St. Pierre & de St. Gengoul à la requiſition & par la fondation de Regnier, ainſi qu'il paroît par la Charte de Regnault Evêque de Langres, de l'avis des Chanoines de ſa Cathédrale. Cette Charte eſt conſervée dans les Archives de l'Abbaye de Molême, à laquelle ce Prieuré a été donné par cette Charte, qui, quoique ſans date, doit être rapportée entre l'an 1080. & l'an 1081. D'autres néanmoins la rapportent à l'an 1084. Ce Prieuré vaut ſix mille Livres de rente.

6. VARENNES, Paroiſſe de France, dans le Nivernois, Election de la Charité. Le Seigneur de ce Lieu a un Château qui eſt des plus anciens du Royaume, & d'une conſtruction ſinguliére. On voit dans cette Paroiſſe une Chapelle appellée St. Silvain, dont l'ancienneté du Bâtiment fait croire que c'étoit un Monaſtere, comme St. Annaire Evêque d'Auxerre le rapporte en 580. *Monaſterium quod dicitur Varennia*. Il y a dans le Territoire de cette Paroiſſe des Mines de Fer.

7. VARENNES, Prieuré de France, dans le Diocéſe de Meaux. Il eſt de trois cens Livres.

8. VARENNES, Lieu de France, dans la Bourgogne, Recette de Mâcon. Les Riviéres de Groſne & de Saone y paſſent. C'eſt un paſſage de Mâcon à Lyon. Il y a un Pont ruiné.

9. VARENNES, Châtellenie de France, dans le Berry, Election de la Charité ſur Loire. Il y a une Abbaye de l'Ordre de Cîteaux, qui fait l'Article ſuivant.

10. VARENNES, Abbaye de France, au Diocéſe de Bourges, dans la Paroiſſe de Fougerolles, à deux lieues de la Châtre, dans l'Archiprêtré de Cluys. C'eſt une Abbaye d'Hommes de l'Ordre de Cîteaux & Fille de Vauluiſant. Elle fut fondée par les libéralitez de Guy de Chauvigny, en 1148. ſelon quelques-uns, & en 1155. ou 1162. ſelon d'autres. Ebon de Deols, *Ebo de Dolis*, en jetta les premiers fondemens. Les Seigneurs de Cluys ne le ſouffrant qu'avec peine, Henri Roi d'Angleterre, ôta la premiére pierre du Fondement, puis la remit, & voulut en être le Fondateur & le Gardien, ou Conſervateur. Elle retenoit pour ſes principaux Bienfaiteurs les Seigneurs de Deols & de Cluys.

11. VARENNES (La), Contrée de France, dans la Touraine [c], ſur le bord de la Loire. Les Varennes qui ſont le long de la Loire, ſont des terres ſablonneuſes, faciles à cultiver, & toujours en labour. Elles rapportent du Seigle, de l'Orge, du Mil, des Légumes pour la Province, & on en tire la Gaude pour les teintures.

VARENNES-BOURREAU, Bourg de France, dans le Maine, Election de Château-Gontier.

VARENNES DE REUILLON, Paroiſſe de France, dans la Bourgogne, Recette de Semur en Brionnois. Elle eſt compoſée de pluſieurs Hameaux & autres dépendances. Il y a deux Collectes dans cette Paroiſſe,

[c] Piganiol, Deſcr. de la France, t. 7.

VAR. VAR.

roisse, l'une du Brionnois, l'autre du Charolois. Les Habitans de la Côte du Brionnois, sont de la Recette & du Bailliage de Semur; ceux de la Côte de Charollois sont du Bailliage & Recette de Charolles. Tous ces Lieux sont situez sur la Riviére de Loire & sur une éminence. La Riviére d'Arconce en est proche aussi.

VARENNES ST. SAUVEUR, Paroisse de France, dans le Bourbonnois, Election de Moulins, entre la Riviére de Soulevan, & des terres de bruyéres & des Bois. Tageat, Cervillas & la Graniére en dependent.

VARENTANUM, ou VARENTUM, Ville de Toscane selon l'Itinéraire d'Antonin. Léander croit que c'est aujourd'hui *Valestano*, Bourgade de la Toscane.

VARESE, ou VARESIO, Bourg d'Italie[a], au Duché de Milan, sur la Riviére d'Olona, environ à trois lieues du Lac de Como, du côté de l'Occident, & à deux lieues du Lac de Ghiura.

[a] Magin, Carte du Duché de Milan.

VARESE, Bourg d'Italie, sur la Côte Orientale de Gênes.

VARETATÆ, Peuples de l'Inde, selon Pline[b]. Le Pere Hardouin remarque que le MS. de la Bibliothéque Colbertine, au lieu de VARETATÆ porte SUATARATÆ.

[b] Lib. 6. c. 20.

VARETUM, Fleuve de la Cappadoce selon quelques Exemplaires de Pline[c]; mais le Pere Hardouin a prouvé qu'au lieu de VARETUM il falloit lire EVARCHUM. Il s'appuye sur le témoignage de Marcian d'Héraclée[d] & sur celui d'Etienne le Géographe. Voyez EVARCHUM.

[c] Lib. 6. c. 20.
[d] Périp. p. 106.

VARGIONES, Peuples de la Germanie, selon Ptolomée[e]. Scudus croit que ces Peuples habitoient vers les sources du Danube[f], dans le Comté de Barr, *Barr-Landtgrafschaft*.

[e] Lib. 2. c. 11.
[f] Ortelii Thesaur.

VARHEL, ou VECZEL, Bourg de la Transilvanie, à douze lieues d'Hermanstad, vers le Midi Occidental. On le prend pour l'ancienne *Ulpia Trajana*.

1. VARIA, Ville de l'Espagne Tarragonnoise, selon Strabon[g] & Ptolomée[h]. Ce dernier la donne aux *Berones*. Pline[i] dit qu'elle étoit sur le bord de l'Ebre, dans l'endroit, où ce Fleuve commence à être navigable. On croit que la Ville de *Logrono* s'est élevée de ses ruines.

[g] Lib. 3. p. 162.
[h] Lib. 2. c. 6.
[i] Lib. 3. c. 3.

2. VARIA, ou VANIA Ville d'Italie dans la Pouille. L'Itinéraire d'Antonin la marque sur la route d'*Equotuticum* au Trajet, entre *Butuntus* & *Turres*, à douze milles du premier de ces Lieux, & à vingt & un milles du second. Simler a cru qu'au lieu de *Varia*, ou *Vania*, on devoit lire *Barium*; ce qui est très-vrai-semblable, car il est question de la Ville de Bari. Voyez BARI.

VARIANA, Ville de la Basse-Moesie. L'Itinéraire d'Antonin la marque sur la route de Viminacium à Nicomédie, entre *Augustæ* & *Valeriana*, à douze milles du premier de ces Lieux, & à égale distance du second. Procope[k] nous apprend que l'Empereur Justinien releva cette Ville, qui étoit tombée en ruine. Le nom moderne est BRANNICÉRO selon Lazius; mais dans un autre endroit il dit que c'est *Varadin*.

[k] Edif. Lib. 4. c. 6.

VARIANÆ, Ville de la Pannonie, selon l'Itinéraire d'Antonin, qui la marque sur la route de *Hemona* à *Sirmium*, entre *Siscia* & *Menneianæ*, à vingt-trois milles du premier de ces Lieux & à vingt milles du second; mais dans la route d'Italie, dans la Dalmatie, en passant par l'Istrie, le même Itinéraire met VARIANÆ à vingt-quatre milles de *Siscia*. Cellarius[l] croit que *Variana* est la même chose que *Castra-Variana*, & selon Ortelius[m] le nom moderne est *Wara* sur la Drave.

[l] Geogr. Ant. Lib. 2. c. 8.
[m] Thesaur.

VARIANUS-VICUS, Lieu d'Italie. Il est marqué dans l'Itinéraire d'Antonin sur la route d'Aquilée à Boulogne, entre *Anneianum* & *Vicus Serninus*, à dix-huit milles du premier de ces Lieux, & à vingt milles du second. Cluvier[n] veut que ce soit aujourd'hui le Village de *Vigo* sur la rive droite de l'Adige près de *Legnano*.

[n] Ital. Ant. L. I. c. 18.

☞ VARIATION. Ce mot a divers usages; mais je me bornerai à celui qu'il a dans la Géographie. On appelle ainsi la différence qu'il y a entre le vrai Nord & le Nord indiqué par la Boussole.

Cet instrument, si connu depuis peu de Siécles, a été inconnu aux Anciens. Ils connoissoient dans l'Aimant cette vertu attractive qui surprend ceux qui en voyent l'effet pour la première fois; mais ils en ignoroient la plus utile propriété. Ils ne s'aviserent point de soupçonner cette Pierre d'avoir deux Poles qui semblent répondre à ceux de notre Globe; & qu'une Aiguille dont les bouts sont touchez à ces deux Poles acquierent la vertu de se tourner d'elle-même vers les Poles dont elle a été touchée; c'est-à-dire que la partie frotée au Pole Septentrional de l'Aimant cherche le Nord, & celle qui a été frotée au Pole Méridional cherche le Midi.

Cette découverte que les Chinois ont eue long-tems avant les Européens, est d'une grande ressource pour les Voyages de long cours. Les Navigateurs dans un tems obscur, ne voyant ni Etoiles, ni Soleil, savent où prendre le Nord; l'Aiguille aimantée le leur montre; mais cet avantage n'est pas aussi parfait qu'il le seroit si l'Aiguille montroit toujours le même Nord. Elle varie, & bien loin qu'elle soit également conforme aux vrais Poles du Monde, elle n'est pas toujours d'accord avec elle-même. C'est ce manque de conformité que nous appellons VARIATION. Quelquefois, ou en quelques endroits, elle décline à l'Orient, ailleurs elle décline à l'Occident. C'est ce que l'on appelle DÉCLINAISON ou VARIATION ORIENTALE, ou OCCIDENTALE selon que l'Aiguille est Nord-Est, ou Nord-Ouest. Ces mots NORD-ESTER, ou NORD-OUESTER sont des termes de Navigation inventez pour exprimer cette Variation.

Cette Aiguille est appliquée à une Rose de carton sur laquelle sont marquez les trente-deux Vents. Celui de Nord est distingué par une fleur de lis; ce qui semble indiquer que la Boussole, telle que nous l'avons, est une invention des François n'étant pas vraisemblable que d'autres Nations eussent préféré cette marque à mille autres qui y convenoient également. Il est certain que la France a long-tems fourni de Boussoles la plûpart des Nations maritimes ; quoi qu'il en soit des Inventeurs, on fut quelque tems sans s'appercevoir de cette Variation & dès qu'elle fut reconnue, on ne laissa pas d'espérer que par son moyen on pourroit reconnoître les Longitudes. On s'imagina qu'elle étoit constamment la même dans le Lieu de l'observation. Sur cette supposition, on forma des Hypothêses : on dressa des Tables ; mais les Hypothêses portoient à faux & les Tables furent décriées. Dans la recherche de la Nature il faut tâtonner long-tems, avant que de saisir une vérité dont on puisse s'assûrer.

La vertu qu'a l'Aimant d'attirer le Fer ne mena pas d'abord à l'usage le plus précieux. Il y a un très-grand intervale de tems entre les deux découvertes. Le premier qui parle de sa direction vers le Pole est un Poëte François du XIII. Siécle. Il l'appelle la *Marinette*, à cause de l'usage qu'en faisoient les gens de Mer. La connoissance de la déclinaison ne vint que trois cens ans après. Le premier qui l'ait publiée a été Caboto, Navigateur Vénitien, en 1549.; mais Mr. De l'Isle a eu entre les mains le Manuscrit d'un Pilote Dieppois nommé Crignon ; Ouvrage dédié à l'Amiral Chabot en 1534. Il y est fait mention de la déclinaison de l'Aimant. Cette nouveauté révolta les Philosophes, dont elle dérangeoit trop les idées. Ils la niérent fiérement, parce qu'elle n'accommodoit pas leur Systême ; mais enfin elle devint incontestable & il fallut s'y rendre.

On observa que sous le Méridien des Açores il n'y avoit point de déclinaison, & l'on crut avoir trouvé un Principe naturel pour y fixer le premier Méridien ; ce qui jusque-là n'auroit pu être fait qu'arbitrairement, & par conséquent n'auroit pas été au gré de tout le monde. Comme on voyoit par la direction de l'Aimant qu'il avoit des Poles & par sa déclinaison qu'ils n'étoient pas les mêmes que ceux de la Terre, on les plaça où l'on voulut avec une assez grande liberté qui étoit un fruit du manque d'observations.

On vint ensuite à s'appercevoir de deux nouveaux Méridiens exempts de déclinaison, l'un qui passoit par un Cap situé proche du Cap de Bonne Espérance & que pour cette raison on nomma le Cap des Aiguilles aimantées, parce qu'en ce Lieu les Aiguilles aimantées marquoient le vrai Nord : l'autre qui passoit à Canton dans la Chine. On détermina les Angles d'intersection de ces Méridiens que l'on croyoit fixes ; parce que la présomption est toujours pour l'immobilité. On remplit leurs intervalles d'autres Méridiens, sous lesquels il y avoit déclinaison, arrangez proportionnellement, parce que la présomption est toujours pour l'ordre & même pour celui qu'il nous est le plus aisé de connoître ; mais enfin tout cela étoit précipité.

On découvrit (& Mr. Gassendi fut le principal Auteur de cette Découverte) que la déclinaison de l'Aimant avoit une variation ; c'est-à-dire que dans un même Lieu elle changeoit d'un tems à un autre & changeoit perpétuellement. Ce Phénomé-

ne essentiel renversa tout, on peut voir par cet exemple & on le verroit aussi par une infinité d'autres que nos progrès sont fort lents : qu'il y a toujours entre une Découverte & une autre d'assez grands intervalles ; & que ces intervalles qui sont fort grands dans les premiers tems diminuent toujours & se serrent en approchant de ces tems-ci.

Jusqu'ici j'ai emprunté de Mr. de Fontenelle [a] la plus grande partie de ce que je viens de dire. Ecoutons ce que dit le P. Gouie sur cette matiére qu'il possédoit parfaitement. Il a eu en main d'excellens Mémoires & il étoit l'homme du monde le plus propre à les mettre en œuvre.

[a] Hist. de l'Acad. R. des Sciences, année 1712. p. 22.

Il y a, dit-il [b], peu de matiéres sur lesquelles on se soit plus détrompé que sur celle de la déclinaison & de la variation de l'Aimant. Car dès que Chabot & Oviedo eurent avancé que l'Aiguille aimantée ne demeuroit pas toujours dans le plan du Méridien ; mais qu'elle déclinoit tantôt vers l'Orient & tantôt vers l'Occident, les Philosophes & les Géographes prévenus en faveur de la vertu directrice de l'Aimant & de l'attraction des Poles du Monde se récriérent contre cette nouvelle Découverte, disant, sans façon, que ces deux Pilotes étoient des ignorants, qui s'étant trompez vouloient tromper les autres ; & que s'ils avoient remarqué dans leurs Boussoles quelque chose d'extraordinaire, cela venoit de ce que l'Aiguille avoit été mal-aimantée, ou qu'elle s'étoit desaimantée à force de servir. Mais une infinité d'observations que l'on fit ensuite presque dans toutes les parties du Monde prouvérent si bien la déclinaison de l'Aimant, qu'il ne fut plus permis d'en douter. Chacun raisonna à sa maniére sur les expériences qui lui tombérent entre les mains. Les Physiciens en cherchérent la cause & donnérent leurs conjectures pour des véritez. Les Mathématiciens, après avoir donné aux Pilotes des règles sûres pour observer la déclinaison de l'Aimant & pour corriger leur route que l'infidélité de la Boussole rendoit souvent mauvaise, essayérent de trouver par ce moyen les Longitudes si nécessaires à la Navigation. Mais les Systêmes qu'ils en firent se trouvérent tous faux dans la suite, aussi-bien que les raisonnemens des Philosophes, parce que les uns & les autres avoient établi des conclusions générales sur des faits particuliers, dont on ne connoissoit point la cause, & qu'ils avoient raisonné par analogie dans des choses qui n'avoient tout au plus qu'un rapport apparent.

[b] Observat. Physiq. & Mathémat. à la suite des Mém. de l'Acad. R. des Sciences à l'année 1692. p. 408.

Le fameux Simon Stevin fit imprimer en 1608. sur les Observations d'un certain Géographe, nommé *Plancius*, un Traité qu'il intitula *de Limenheuretica*, parce qu'il y enseigne la maniére de trouver un Port par la seule hauteur du Pole & la déclinaison de l'Aimant ; son Systême est appuyé sur les principes suivans.

1. Sous un même Méridien dans le même Hémisphére la déclinaison est par-tout la même.

2. Il y a des Méridiens, que l'on peut appeller Magnétiques, sous lesquels il n'y a nulle déclinaison.

3. Le

3. Le premier Méridien Magnétique passe par Corvo l'une des Açores. Le second à 60. d. de Longitude par Helmshudam, à l'Orient du Nord Cap de Finmarchie. Le troisième à 160. d. de Longitude par l'Embouchure de la Rivière de Canton dans la Chine.

4. Dans le premier intervalle, c'est-à-dire entre les deux premiers Méridiens Magnétiques, la déclinaison est au Nord-Est; dans le second elle est au Nord-Ouest.

5. Entre deux Méridiens Magnétiques à une égale distance de l'un & de l'autre, il y a un Méridien que l'on peut appeller le Méridien de la plus grande déclinaison, parce que la déclinaison croît toujours également depuis le Méridien Magnétique jusqu'à ce Méridien-là, & qu'ensuite elle décroît dans la même proportion jusqu'au Méridien Magnétique suivant.

6. La plus grande déclinaison du premier intervalle est de 13. d. 24′. dans l'Hémisphére Septentrional, & de 19. d. dans l'Hémisphére Méridional. La plus grande déclinaison du second intervalle est de 33. d. dans l'Hémisphére Septentrional, & de 22. dans l'Hémisphére Méridional. Il ne dit rien de l'Hémisphére Occidental, parce qu'il n'avoit pas trouvé d'observations sur lesquelles il pût fonder son raisonnement.

Metius ajouta au Systême de Stevin un Méridien Magnétique & deux intervalles, chacun de cent degrez en Longitude : l'un depuis 160. d. jusqu'à 260. dans lequel la déclinaison est au Nord-Ouest ; & l'autre depuis 260. d. jusqu'à 360. dans lequel la déclinaison est au Nord-Ouest.

Le Systême de Bartolomeo Crescentio que l'on trouve dans le Livre second, Chap. 9. De Nautica Mediterranea, imprimé en 1607. est plus simple. Il n'y a qu'un Méridien Magnétique qui passe par la Pointe Orientale de l'Isle de St. Michel & par le milieu de l'Isle de Ste. Marie des Açores ; ce Méridien est coupé à Angles droits aux Poles du Monde par le Méridien de la plus grande déclinaison, laquelle n'est que de 22. d. 30′. La déclinaison est toujours au Nord-Est dans l'Hémisphére Oriental, & toujours au Nord-Ouest dans l'Occidental, croissant également & d'une maniére proportionnée à la Longitude dans la premiére moitié de chaque Hémisphére, & décroissant de même dans l'autre moitié.

Pour trouver la Longitude dans ce Systême il ne faut qu'une Régle de proportion : Si 22. d. 30′. de déclinaison font 90. d. de Longitude, les degrez de la déclinaison observée, par exemple 11. d. ¼ feront 45. d. de Longitude. Crescentio assure que par cette Méthode la Longitude est aussi certaine que par l'observation des Eclipses de Lune, & que toutes les Cartes sont fausses dans lesquelles le Cap de Bonne Espérance n'est pas éloigné de 90. d. du Méridien des Açores. Si Crescentio avoit observé à Rome, comme il dit, vers l'année 1607. la déclinaison de 11¼, il faut qu'elle ait bien changé. Car le P. Clavius & Blancanus l'y ont observée de près de 6. d. les P.P. Giatinus & Kircher, Jésuites, d'environ 3. d. & le P. Niceron Minime de 2. d. au Nord-Ouest ; ce qui s'accorde assez avec ce que l'on a observé près de Londres. Car en 1580. la déclinaison étoit au Nord-Est environ 11. d. 30′, en 1612. d'environ 6. d. 10′, en 1633. d'environ 4. d. & en 1667. il n'y a eu aucune déclinaison. Elle y est présentement (c'est-à-dire vers l'an 1692.) de plusieurs degrez au Nord-Ouest. On a remarqué la même chose à Paris, où la déclinaison a été en 1660. de 7. d. ½ Nord-Est, en 1640. de 3. d. Nord-Est, en 1666. o, en 1682. de 2. d. ½ Nord-Ouest, en 1685. de 4. d. 10′. Nord-Ouest, en 1687. de 4. d. 30′, en 1691. de 4. d. 40′.

Emanuel Figueroa fit un autre Systême sur les observations de Vincent Rodrigue, premier Pilote de la Flote des Indes. Il y a dans son Systême deux Méridiens Magnétiques & deux de la plus grande déclinaison. Les Magnétiques se coupent aux Poles du Monde à Angles droits ; & ceux de la plus grande déclinaison y font avec eux des Angles de 45. d. Le premier Méridien Magnétique passe à cinquante lieues à l'Ouest de Flores une des Açores. La plus grande déclinaison est de 22. d. 30′. Elle est au Nord-Est dans le premier & dans le troisième intervalle ; au Nord-Ouest dans le second & dans le quatrième, croissant d'une maniére uniforme dans la premiére moitié de chaque intervalle, & décroissant à proportion dans la seconde moitié.

Le Capitaine le Bon de Dieppe, ayant vu que ses observations ne s'accordoient pas avec les principes de Figueroa, crut que les Méridiens Magnétiques & ceux de la plus grande déclinaison ne se coupoient point aux Poles du Monde ; mais aux Poles du Zodiaque.

Comme cette matiére parut d'une fort grande conséquence pour la Navigation, les Pilotes eurent ordre d'observer par-tout avec beaucoup de soin. Les Espagnols & les Portugais se distinguérent ; ceux-ci dans l'Hémisphére Oriental & ceux-là dans l'Occidental, & parmi les François deux Pilotes de Dieppe, l'un nommé Guerart, l'autre Tellier ; & l'on reconnut en examinant & en comparant toutes les observations qu'il n'y avoit nul Méridien, que l'on pût appeller proprement Magnétique, n'y en ayant aucun sous lequel l'Aiguille ne déclinât en certains endroits ; qu'on ne pouvoit donner de régle générale pour tout un Méridien, comme avoient fait Crescentio & Figueroa, ni pour un demi-Méridien, comme avoit fait Stevin ; que dans les intervalles que l'on avoit appellez Magnétiques, la déclinaison augmentoit ou diminuoit sans aucune proportion à la Longitude ; & qu'il n'étoit pas possible de faire des régles générales de ces observations particuliéres, ni de raisonner pour ainsi dire, de proche en proche.

Ainsi, l'on abandonna les Systêmes & on se contenta de marquer dans les Routes & sur les Cartes Marines la déclinaison que les plus habiles Pilotes avoient observée en certains Lieux, afin que les autres trouvant la même chose sur leur Boussole, reconnussent qu'ils étoient arrivez aux mêmes Lieux. C'est ce que fit Dudlé au Ch. 8, du I. Liv. dell' Arcano del Mare, & sur toutes les Cartes Marines dont ce Livre est rempli.

H

Riccioli examina Dudlé, & fit au VIII Liv. de sa *Géographie Réformée* l'Histoire de la déclinaison ; après quoi il assura que de son tems depuis le Méridien du Pic des Açores jusqu'à celui du Cap de Matapan dans la Morée, & du Cap des Aiguilles dans l'Afrique, la déclinaison étoit au Nord-Est, tant au-deçà qu'au-delà de l'Equateur ; que depuis ce Méridien jusqu'à celui de Canton, elle étoit au Nord-Ouest, excepté en un ou deux endroits au deçà de l'Equateur, & trois ou quatre au-delà. Que depuis le Méridien de Canton, qui passe par le milieu du Golphe de Méxique, à 290. d. de Longitude, elle étoit au Nord-Ouest, excepté en un endroit ; & qu'entre ce Méridien & celui du Pic, elle étoit au Nord-Ouest, excepté en huit endroits en deçà de l'Equateur & douze au-delà ; que la plus grande déclinaison au Nord-Est étoit de 30. d. au Détroit de Davis, & la plus grande au Nord-Ouest de 33. d. dans la Nouvelle Zemble ; qu'après ces deux déclinaisons il n'y en avoit point qui passât 26. degrez.

La plûpart des observations que rapporte Riccioli, avoient été faites long-tems avant qu'il en fît l'Histoire, qu'il n'imprima qu'en 1661. Car les plus récentes sont celles de Dudlé & de Kircher, dont l'un avoit imprimé en 1645, l'autre en 1646. sur des Mémoires déja vieux. Ainsi à en juger par ce qui est arrivé depuis, les choses n'étoient plus de son tems comme il les croyoit ; car l'Aiguille qui étoit sur la Ligne Méridienne au Cap des Aiguilles a commencé à varier & à décliner au Nord-Est d'environ 9′. par an, selon le rapport de tous les Pilotes Portugais. Et l'on a commencé à ne trouver plus de déclinaison à l'Occident du Cap des Aiguilles, comme si le Méridien Magnétique se fût éloigné de ce Cap vers l'Occident, à mesure que la déclinaison au Nord-Ouest croissoit à ce Cap. On a de plus remarqué que la déclinaison qui étoit au Nord-Ouest entre le Cap des Aiguilles & Canton, & au Nord-Est entre ce Cap & le premier Méridien, diminuoit à proportion qu'elle croissoit au Cap ; qu'en diminuant de la sorte il y avoit eu une année sans déclinaison en plusieurs endroits, & qu'ensuite elle avoit changé de côté, étant présentement au Nord-Ouest en des Lieux où elle avoit été auparavant au Nord-Est. Par exemple, elle étoit à Lisbonne de 7. d. 30′. au Nord-Est, lorsqu'il n'y avoit point de déclinaison au Cap des Aiguilles : elle y est présentement de plusieurs degrez au Nord-Ouest, augmentant par an d'environ 9. d. comme elle fait à Paris. J'ai déja fait observer que *présentement*, dans l'Ouvrage cité, signifie 1692.

Le P. Noel allant à la Chine sur les Vaisseaux Portugais en 1684. observa 10. d. de déclinaison au Nord-Ouest au Cap des Aiguilles, n'ayant trouvé aucune déclinaison à 215. lieues à l'Ouest de ce Cap. Les Pilotes Portugais disent que depuis le Cap des Aiguilles jusqu'à Madagascar la déclinaison au Nord-Ouest croît de 13. d. en sorte que si elle est de 2. d. au Cap elle sera de 15. d. à la vûe de Madagascar : que Madagascar à Mozambique elle diminue de 3. d. ; que de Mozambique à Zocotora elle ne croît presque point ; que de Zocotora à Goa elle diminue, étant à Goa autant au-dessous de 15. d. au Nord-Ouest, qu'elle est de degrez au Nord-Ouest au Cap des Aiguilles.

A mesure que les Systêmes se détruisoient par des observations imprévues, il étoit naturel de se rebuter d'une recherche, où tant d'habiles gens n'avoient pu réussir. Cependant l'importance des avantages qui en devoient être le fruit, soutint le courage de plusieurs Hommes illustres, que la difficulté ne rebuta point. On continua d'observer la variation de l'Aimant non-seulement sur Mer pour régler sa route & pour avoir quelque confirmation de son estime par le rapport des Variations, mais encore sur Terre où l'on le peut faire avec beaucoup plus d'exactitude que sur Mer ; afin de voir si par la comparaison des Observations faites en même tems en des Lieux éloignez, & dans les mêmes Lieux en des tems éloignez les uns des autres, on ne pourroit pas trouver quelque période de la Variation, qui pût servir à déterminer les Longitudes.

Le changement de déclinaison, qui s'est fait en même tems avec quelque sorte de proportion dans un Hémisphére presque tout entier, semble venir d'une Cause universelle, qui agiroit par-tout avec analogie, si les causes particuliéres ne s'opposoient à la régularité de son action. Mais qui pourroit démêler dans la Nature tout ce qui agit sur l'Aimant, & la maniére dont il le fait ? Il est certain que les Mines d'Aimant, de Fer & d'Acier, & d'autres semblables matiéres répandues presque par-tout attirent l'Aiguille aimantée, lorsqu'elles sont à son égard dans une certaine situation, & la repoussent lorsqu'elles sont dans une autre, & le font plus ou moins fortement suivant leurs distances, leurs forces, leurs combinaisons ; mais ces choses sont dans un mouvement continuel & nous sont presque toujours inconnuës. D'ailleurs, il arrive peu de changemens considérables dans les Elémens & même dans le Ciel que l'Aimant ne s'en ressente, & que l'on ne remarque quelque changement dans sa déclinaison.

Mr. de la Hire ayant remarqué du changement dans le Pole d'une pierre d'Aimant sphérique de 3. pouces de diamétre, & jugé que ce changement pouvoit être analogue au changement des Poles Magnétiques de la Terre, proposa dans une Lettre imprimée en 1687. une nouvelle façon de Boussole, dans laquelle suivant cette Hypothése la fleur de Lis devoit toujours rester sur la Ligne Méridienne, quelque déclinaison & quelque variation qu'il arrivât aux autres Boussoles.

C'étoit un Anneau d'acier aimanté de 3. pouces de diamétre, soutenu en équilibre sur un Pivot & tournant librement autour de son centre immobile, on avoit attaché une fleur de Lis de léton à l'endroit de la Circonférence, qui montroit exactement le Septentrion lorsqu'il étoit bien en repos. La maniére de l'aimanter étoit aisée, car on ne fait que présenter à un de ses Points le Pole Boréal d'une pierre d'Aimant & le Pole Austral au Pole opposé. M. de la Hire ne proposa pas ce Systême comme une vérité in-

incontestable ; mais comme une conjecture qui paroissoit assez probable pour être examinée, sur-tout dans une matière si utile à la Navigation. Cette conjecture est fondée sur les principes suivans.

1. Il y a sur la Terre deux Poles de la vertu Magnétique: ces Poles changent & sont différens de la révolution journalière.

2. Chaque pierre d'Aimant a des Poles de sa vertu. Ces Poles qui ont changé de place dans une pierre pourroient bien aussi en changer dans les autres, & peut-être que leur changement est analogue au changement des Poles Magnétiques de la Terre.

3. Si cette analogie est vraye, il n'y a point de doute qu'une pierre sphérique d'Aimant, librement suspendue, demeurera immobile & qu'elle aura toujours un point tourné vers le Pole de la Terre. Ce point s'appellera le Pole de la pierre pendant que les Poles de sa vertu passeront successivement en différens endroits, à mesure que les Poles Magnétiques changeront de place sur la Terre.

4. Les expériences que Mr. de la Hire a faites, & qu'il rapporte dans sa Lettre font voir qu'il n'y a presque aucun sujet de douter que l'Anneau aimanté, dont il s'agit, ne fasse la même chose qu'un Globe d'Aimant librement suspendu, & qu'un de ses Points ne marque constamment le Septentrion, tandis que les Poles de la vertu Magnétique auront dans sa Circonférence une révolution semblable à celle des Poles Magnétiques de la Terre.

Comme on ne pouvoit s'assurer de la vérité de ces principes, ou plutôt de ces Hypothèses, que par un grand nombre d'expériences qu'une personne seule ne peut faire, Mr. de la Hire excita par sa proposition les Savans & les Curieux à en faire qui pussent être utiles au Public ; les avertissant au commencement d'avoir peu d'égard aux Observations faites par les Pilotes, ou rapportées dans les Livres qui ont traité de cette matière, à cause des erreurs grossières qu'ils n'ont pu éviter. On lui fit des objections contre son Système, cela lui donna lieu d'écrire cette Lettre au P. Gouye.

,, Il faudroit que je fusse bien certain des
,, objections de la variation de l'Aimant
,, pour croire toutes les irrégularitez que
,, nous trouvons dans les Livres de ceux
,, qui nous en donnent des Relations. Car
,, il faut bien distinguer entre la quantité
,, de la Variation, & son changement, par
,, exemple d'une année à l'autre, qui doit
,, suivre une espèce de progression. Car
,, la quantité de la Variation dans un Pays
,, dépend ordinairement des matières ma-
,, gnétiques ou ferrugineuses, qui sont ca-
,, chées dans la Terre, lesquelles détour-
,, nent toujours d'une certaine manière
,, l'Aiguille aimantée, ou la pierre d'Aimant
,, suspendue en liberté ; mais pour le
,, changement des Variations, il est très-
,, difficile d'en connoître la cause. On peut
,, dire seulement que si les Poles de la vertu
,, Magnétique changent de place, la décli-
,, naison augmente ou diminue d'autant plus
,, dans un même lieu par cette même cause,
,, suivant que le Pole le plus proche de ce

,, lieu-là en est plus proche ou plus éloigné.
,, Enfin, il se peut faire que les corps
,, Magnétiques ou ferrugineux qui sont
,, dans la Terre pourroient aussi détourner
,, l'Anneau aimanté de sa véritable posi-
,, tion; mais il faut regarder ces effets
,, comme des accidens semblables à ceux
,, que l'on voit arriver à une pierre d'Ai-
,, mant suspendue, laquelle se détourne de
,, sa véritable position si on l'approche de
,, quelque Lieu où il y ait du fer; & com-
,, me il n'est pas possible de remédier à ces
,, accidens, on ne doit pas s'étonner s'il
,, arrive quelques irrégularitez dans l'An-
,, neau aimanté, qui ne peut faire que les
,, mêmes effets de l'Aimant sphérique. Ain-
,, si on ne peut attendre de cet Anneau
,, que de recevoir les mêmes impressions
,, que le Globe de la Terre en général, con-
,, sidéré comme un gros Aimant, qui dirige
,, d'une certaine façon la matière Magnéti-
,, que qui environne la Terre, & sans a-
,, voir égard aux matières Magnétiques
,, particulières, répandues d'un côté & d'au-
,, tre dans la Masse de la Terre, à peu près
,, de la même manière que si sur un Ai-
,, mant sphérique, d'un pied de diamètre &
,, très-foible, il y avoit en quelques en-
,, droits de petits grains, comme de Millet,
,, d'un fort Aimant, dont les Poles ne s'ac-
,, cordassent pas parfaitement avec les Po-
,, les de la Pierre sphérique ; car il arrive-
,, roit que à une distance d'un pied de cette
,, Pierre, une petite Aiguille aimantée seroit
,, mue seulement par la vertu de toute la
,, Pierre, & que, lorsque cette Aiguille seroit
,, fort proche de la Pierre & qu'elle touche-
,, roit presque les petits grains d'Aimant qui
,, y sont mêlez, elle en seroit fortement dé-
,, tournée par la vertu de ces petits grains
,, qui l'emportent par-dessus celle de la
,, Pierre.

,, Que s'il se rencontre dans quelques
,, Sphères d'Aimant des parties irrégulières,
,, & comme des veines longues qui les
,, traversent toutes ou en partie, & que ces
,, veines soient d'un Aimant plus fort que
,, le reste de la Pierre, il n'arrivera pas plus
,, de changement à ces Boules qu'à une
,, pierre qui seroit d'une figure longue &
,, dont les Poles seroient dirigez suivant
,, sa longueur ; ainsi quand on trouvera
,, des Sphères d'Aimant, dont les Poles
,, n'auront pas changé, on n'en pourra
,, rien conclure contre celles dont les Po-
,, les auront changé, ni contre ce Système.

Mr. Cassini fit ses réflexions & ses expériences, à l'occasion de la proposition de Mr. de la Hire: en voici l'Extrait dressé par le P. Gouye à qui il les communiqua.

1. S'il y a deux Poles Magnétiques sur la Terre différens des Poles de la révolution journalière, où les lignes de la direction des Aiguilles aimantées aillent concourir, on peut trouver la Longitude & la Latitude de ces Poles par des observations exactes de la déclinaison de l'Aimant, faites en deux Pays éloignez l'un de l'autre, dont on connoît la Latitude & la Longitude.

La Latitude de Kebec est de 46. d. 55′ 02″
La Longitude de   310. 17′.

La Latitude de Paris à l'Observatoire est de   48. 50'.
La Longitude de   22. d. 30'.
En 1686. Mr. Deshayes observa exactement à Kebec la déclinaison de l'Aimant
Elle étoit de   15. d. 30'. Nord-Ouest.
On l'observa la même année à l'Observatoire de Paris
Elle étoit de   4. d. 30'. N. O.
D'où l'on peut conclurre par la Trigonométrie la distance du Pole Boréal Magnétique au Pole Arctique de la Terre de
    10. d. 41. 0'.
La distance de Kebec, au Pole Boréal Magnétique de   43. d. 51'.
La distance de Paris, au Pole Boréal Magnétique de   51. d. 21'.
La Longitude du Pole Boréal Magnétique de   221. d. 47'.
La Longitude du Méridien opposé où est le Pole Austral Magnétique de   41. d. 47'.

2. On devroit conclurre la même Latitude & la même Longitude de ces Poles, par des observations exactes faites ailleurs, qu'à Paris & à Kebec, à peu près dans un même tems. Cependant lorsqu'on calcule sur les observations faites par les Peres Jésuites la même année à Louvo, à Macao, & au Cap de Bonne Espérance, on ne trouve plus la même position; ce qui fait voir que les Lignes de la direction Magnétique de divers Lieux de la Terre ne concourent pas en deux Points que l'on puisse prendre universellement pour Poles Magnétiques de la Terre.

On pourroit cependant considérer les points où rencourent les lignes de la direction Magnétique de deux différens Lieux de la Terre, comme des Poles particuliers à l'égard de ces deux Lieux & de tous les autres qui se rencontrent dans les mêmes lignes.

3. Si des Poles Magnétiques particuliers changent avec quelque proportion à la variation de la déclinaison, leur mouvement se fait sur la circonférence ou d'un grand, ou d'un petit Cercle de la Terre. S'il se fait sur la circonférence d'un grand Cercle, il n'y aura nulle variation dans tous les Lieux qui seront sur ce grand Cercle; s'il se fait sur la circonférence d'un petit Cercle, la variation sera insensible dans les Lieux qui seront sur le grand Cercle qui touche le petit à l'endroit où est le Pole Magnétique. C'est pourquoi l'on peut dire qu'un Lieu est dans la ligne du mouvement du Pole Magnétique, ou dans la circonférence du grand Cercle, qui la touche à l'endroit où est présentement le Pole, si depuis un long-tems on n'y a point observé de variation sensible quelque grande qu'elle ait été ailleurs.

Le P. Bressan Jésuite avoit observé à Kebec en 1649.
La déclinaison de l'Aimant de   16. d. N. O.
Mr. Deshayes l'observa en 1686. de
    15. d. 30'. N. O.
Par conséquent elle n'avoit changé en 37. ans à Kebec que de 30. minutes, au lieu qu'à Paris elle a changé dans cet espace de tems de 6. d. 10'. donc la Ligne du mouvement des Poles Magnétiques particuliers à Paris & à Kebec, où le grand Cercle qui la touche à l'endroit où sont présentement les Poles Magnétiques, passe proche de Kebec. Ces Poles doivent être suivant le premier Article à 10. d. 41'. des Poles de la Terre, & Kebec doit être éloigné du Pole Boréal Magnétique d'environ 44. d.

4. Cette détermination de la ligne du mouvement des Poles Magnétiques jointe à la variation de la déclinaison de l'Aimant observée à Paris, sert à déterminer le mouvement annuel de ces Poles; car ayant supposé que depuis 1649. jusqu'à 1686. la déclinaison ait changé à Paris de 6. d. 10'. on trouve par la Trigonométrie que le Pole Magnétique a dû s'approcher du Pole de la Terre de 2. d. 18'. augmenter en Longitude de 23. d. 28'. & s'approcher plus près de Kebec qu'en 1644. de 4. d. 32'. qui est le mouvement qui convient à 37. années à raison de 9. par an, supposé que ce mouvement soit égal.

5. Ce mouvement doit causer une plus grande variation dans les Lieux qui sont proche du Pole Magnétique, & qui sont avec lui dans la ligne perpendiculaire à la ligne de son mouvement.

6. De tous les Lieux où l'on a observé exactement la variation, la Cayenne est le plus proche de la ligne du mouvement des Poles Magnétiques, ou du grand Cercle qui la touche à l'endroit où ces Poles sont présentement.

La Latitude de la Cayenne est Méridionale de   5. d.
La Longitude de   327.

Si la Cayenne avoit les mêmes Poles Magnétiques que Paris & Kebec, on trouveroit par leur situation & par leur mouvement dans la ligne Magnétique de Kebec, & par l'époque de 1686. que la déclinaison de l'Aimant devoit y être en 1672. de 10. d. 30'. N. O.
Cependant Mr. Richer l'y a observée pendant l'année 1672. presque toute entière de   11. d. N. E.
La différence est de   21. d. 30'.

Ce qui fait voir que s'il y a des Poles de la vertu Magnétique, sur la Terre, qui changent, & qui soient différens des Poles de la révolution journaliére, ce ne sont pas des Poles universels qui conviennent à tous les Lieux de la Terre, ou du moins que leur action est tellement troublée par celle des causes particuliéres, qu'elle est presque toute comme si elle n'étoit pas.

7. Quoique le changement de la déclinaison de l'Aimant ait été de 9. ou 10. degrez en 60. ans, Mr. Cassini a trouvé que le Pole de la vertu n'avoit point changé depuis trente ans dans un Globe d'Aimant de trois pouces & un tiers de diametre, sur lequel Mr. Petit assez connu parmi les Savans, l'avoit marqué avec beaucoup d'exactitude. Il a de plus reconnu que le Pole de sa vertu n'avoit point changé depuis plus de quaran-

VAR.

te ans dans un gros Aimant qui est au Collège de Louis le Grand, dont le Pere Grandami s'étoit servi pour les expériences rapportées dans son *Traité de l'Immobilité de la Terre*, imprimé à la Fléche en 1645. Ce qui donne un juste sujet de douter que les Poles de la vertu Magnétique changent dans les Globes d'Aimant, & dans les Anneaux aimantez à proportion du changement de déclinaison dans les Boussoles.

Tous les Systêmes s'écrouloient à mesure qu'on les bâtissoit. Mr. Halley savant Anglois & Navigateur expert, en proposa un qui effaça tous les autres. Entre les richesses Philosophiques qu'il rapporta d'un Voyage aux Terres Australes, on peut mettre le Systême général de la déclinaison de l'Aimant qu'il dressa en 1700.

[a] Hist. de l'Acad. R. des Sciences, 1702. p. 11.

Dans cette Mer qui sépare l'Europe & l'Afrique d'avec l'Amérique [a], il trouva en quatre endroits différens que l'Aiguille ne déclinoit point.

Le premier à 18. d. 30'. de Longitude Occidentale, à 2. d. de Latitude Septentrionale.

Le second à 4. d. de Longitude Occid. à 37. d. 30'. de Latitude Méridionale.

Le troisième à 19. d. 30'. de Longit. Occident. à 16. d. 45. de Latitude Méridionale.

Le 4. à 64. d. de Longitude Occident. à 31. d. 30'. de Latitude Septentrionale.

Il faut remarquer qu'il prend les Longitudes du Méridien de Londres.

Ayant ces quatre points il conçut qu'ils pouvoient être compris dans une Ligne courbe qui embrasseroit le Globe terrestre, sous laquelle l'Aiguille n'auroit point de déclinaison, & qui auroit à un de ses côtez les Lieux où la déclinaison seroit Orientale, & à l'autre ceux où elle seroit Occidentale. Il traça cette Ligne sur une Carte. Elle embrasse le Globe & est exempte de déclinaison. Ce n'est ni un Méridien, ni un Cercle; mais une courbe assez irréguliére. La variation de la déclinaison demandoit que cette Ligne fût mobile, & l'on voit déja très-sensiblement qu'elle l'est. Il y a bien de l'apparence aussi qu'elle change de figure, parce que les variations de déclinaison dans un lieu ne seront pas toujours proportionnelles à celles d'un autre. Cette Ligne de Mr. Halley passe d'un côté dans la Mer du Nord par les Bermudes, & de l'autre par la Chine, à cent lieues de Canton, à l'Est.

Une idée si nouvelle & si agréable à l'Esprit par l'ordre qu'elle établit dans une Matiére, où jusque là il en paroissoit assez peu, seroit extrêmement utile pour les Navigations de long cours, où il est fort incommode d'être dans une perpétuelle défiance de l'Aiguille aimantée & de n'oser entièrement s'assurer sur les calculs qui en dépendent.

Mr. Halley eut la satisfaction de voir que toutes ses autres observations, pendant son Voyage, convenoient à son idée; c'est-à-dire que la déclinaison étoit ou Orientale ou Occidentale, & plus ou moins grande selon que les Lieux étoient de l'un ou de l'autre côté de cette ligne courbe exempte de déclinaison, & qu'ils en étoient plus ou moins éloignez.

Mr. Cassini le fils, qui en travaillant dans les Provinces Méridionales de la France, à la prolongation de la Méridienne, de laquelle nous parlons en son lieu, avoit en même tems observé les différentes déclinaisons de l'Aimant en différens Lieux, ne les trouva pas telles qu'il eût dû les trouver en suivant Mr. Halley, & en prolongeant dans les Terres & dans la Méditerranée les Lignes que l'Auteur Anglois avoit tracées sur l'Océan par ses observations. La déclinaison dans le Golphe de Lyon, par exemple, est plus grande de deux degrez que ne la donnoit cette nouvelle Hypothèse. Mais, selon la remarque de Mr. de Fontenelle [b], peut-être de l'Océan aux grands Continens, & aux Mers qui y sont enfermées, les règles de la déclinaison changent-elles; & ce seroit une chose à observer avec soin que ce défaut d'uniformité & la mesure de cette variation dans le Systême de Mr. Halley, supposé que ce soit d'ailleurs un Systême. Il est toujours certain qu'il faut, autant que la Nature le permettra, favoriser une si belle découverte, & n'y renoncer que le plus tard qu'on pourra.

[b] Hist. de l'Acad. R. des Sciences, 1704. p. 13.

Si elle est vraye, la Ligne sans déclinaison sera mobile sur la face de la Terre, puisque dans les mêmes Lieux la déclinaison change de 11 à 12. minutes par an. Mais aussi comme cette variation paroît devoir être renfermée entre des bornes, car pendant tout le tems qu'on a connu la direction de l'Aiguille vers le Nord sans connoître sa déclinaison, elle a assez peu varié pour laisser les Observateurs dans l'erreur de la croire dirigée précisément au Nord, il y a apparence que le mouvement de la Ligne sans déclinaison de Mr. Halley sera compris entre des espèces de Tropiques.

C'est ainsi que les Savans de Paris raisonnoient à la première vûe du Systême de M. Halley. L'Académie en trouva néanmoins l'Idée très-belle & digne d'être suivie avec beaucoup d'attention. Les occasions que l'on eut ensuite de l'examiner & de la vérifier ne furent pas négligées. Mr. Cassini le fils, ayant entre les mains des observations sur la déclinaison, faites par Mr. de May, Missionnaire pendant le Voyage qu'il fit à la Chine en 1703. avec le Légat du Pape, & les ayant rapportées sur la Carte Générale des déclinaisons, dressée par Mr. Halley pour l'année 1700, il y trouva tant de conformité ou de si légeres différences, que le Systême en est extrêmement confirmé. Il y a plus, ajoûtoit alors Mr. de Fontenelles [c]. Supposé que par d'autres observations ce Systême continuât à être aussi heureux & aussi juste, Mr. Cassini le fils lui donne un usage auquel on ne sait si Mr. Halley a pensé. C'est la détermination des Longitudes, du moins en quelques endroits du Globe terrestre, où les Cercles de déclinaison de Mr. Halley différent peu des Méridiens. Car les déclinaisons étant posées sur tout le Globe, on sauroit en ces Lieux-là, par la déclinaison que l'on trouveroit, sous quel Méridien on seroit arrivé. Il est vrai que les déclinaisons changent toujours; mais

[c] Ibid. p. 12.

on

on commence à favoir, & on faura un jour encore mieux, quel changement répond à chaque année. Enfin, il paroît que nous sommes à cet égard fur de bonnes voyes; mais il n'y a point de chemin qui fe puiffe faire qu'en un certain tems.

Mr. Caffini ne fut pas le feul qui s'appliqua à la vérification du Syftême: Mr. de l'Ifle ayant eu entre les mains dix Journaux de Voyages de long cours, faits en 1706. 7. 8. 9. trouva par les variations de l'Aiguille qui y avoient été obfervées, que cette Ligne courbe exempte de variation, tracée par Mr. Halley, avance toujours vers l'Oueft à notre égard. Cela fuit évidemment de ce que les Vaiffeaux qui vont de France en Amérique, obfervent en deçà de cette Ligne que la Variation, qui eft Nord-Oueft, eft plus grande que celle de Mr. Halley; & plus petite au-delà où elle eft Nord-Eft, & d'autant plus différente que l'année où fe fait la Navigation eft plus éloignée de 1700. Epoque de la Carte de Mr. Halley. Ce n'eft pas que toutes les obfervations particuliéres donnent une régularité fi parfaite; elle ne réfulte que du gros des obfervations. Il n'eft pas poffible qu'il n'y en ait de fautives & d'ailleurs le mouvement de cette Ligne fuppofée pourroit bien lui-même n'être pas fort régulier.

Par les Voyages que Mr. de l'Ifle a vus, les variations obfervées du Cap de Bonne Efpérance aux Indes Orientales, différent fi peu de celles de Mr. Halley, que l'on peut compter que de ce côté-là tout eft prefque dans le même état; ce qui pourroit faire naître quelque difficulté dans le Syftême général, car il feroit bon que les changemens de l'Orient répondiffent à ceux de l'Occident.

Ce que Mr. Caffini avoit déja commencé à l'égard de la Mer du Sud, Mr. de l'Ifle le continua en recueillant de nouvelles obfervations de la variation de l'Aiguille fur cette Mer. Il confirma ce qu'avoit remarqué Mr. Caffini le fils, que dans ces parages la variation augmentoit avec la Latitude Méridionale, & il ajouta que fous une même Latitude la variation diminuoit à mefure qu'on s'éloignoit en Longitude vers l'Occident. Il ne manqua pas d'examiner avec grand foin les obfervations d'un Vaiffeau, qui, pour la premiére fois que l'on fache, a été du Détroit de Magellan au Cap de Bonne Efpérance. Ce qui en réfulte commence par s'éloigner affez de la Carte de Mr. Halley & y revient enfuite; mais dans une matiére auffi nouvelle & auffi délicate, il ne faut pas s'attendre que toutes les obfervations confpirent fi promptement en faveur d'un Syftême.

Mr. de l'Ifle avoit déja travaillé fur cette matiére dès l'an 1706. Ayant entre les mains un Journal exact fait par Mr. de Marchais dans un Voyage de Guinée & d'Amérique en 1704. 5. & 6. il prit foin de comparer à la Carte de Mr. Halley les obfervations qui regardoient la déclinaifon de l'Aiguille. J'ai déja dit que cette Carte étoit faite par fon Auteur pour l'année 1700. ainfi dans les années fuivantes on ne doit plus trouver les déclinaifons qu'il a marquées, mais des déclinaifons peu différentes, & plus ou moins différentes à proportion du tems, & ce peu de différence, pourvû qu'il fuive le Syftême de Mr. Halley, en eft une pleine confirmation. C'eft auffi ce que Mr. de l'Ifle trouva. La Ligne courbe exempte de déclinaifon, tracée par Mr. Halley autour du Globe de la Terre, ne différe de celle que donne le Journal de Mr. de Marchais qu'en ce qu'elle eft peut-être d'un demi-degré plus à l'Oueft; mais on s'étoit toujours bien attendu à voir quelque mouvement dans cette Ligne. De ce terme les déclinaifons obfervées par Mr. de Marchais augmentent toutes vers l'Orient, & diminuent vers l'Occident, par rapport à celles de la Carte de Mr. Halley; & la plus grande différence, qui même ne fe trouve qu'une fois ou deux fi forte, ne va qu'à deux degrez à peu près en 4. ou 5. ans. On voit par-là ce que l'on favoit déja d'ailleurs, que la déclinaifon ne varie pas également & uniformément par toute la Terre.

Mr. de l'Ifle ne fe borna pas à ces recherches. Il examina encore les obfervations d'un Vaiffeau François, qui alla à la Chine en 1710. par la Mer du Sud, & fut le premier de la Nation qui y foit allé par cette route. Il trouva une autre Ligne exempte de déclinaifon qui traverfe la Mer du Sud du Septentrion au Midi, à peu près comme un Méridien. C'eft-là une addition très-confidérable au Syftême & à la Carte de Mr. Halley, où la Mer du Sud manquoit entiérement.

Il y a une différence remarquable entre les deux Lignes ou portions de Ligne de Mr. Halley & celle de Mr. de l'Ifle comparées les unes aux autres. A l'Orient de la Ligne fans déclinaifon, qui paffe par les Bermudes, la déclinaifon eft Nord-Oueft, & Nord-Eft à fon Occident. C'eft le contraire à la Ligne qui paffe par la Chine, & à l'égard de celle de la Mer du Sud, la déclinaifon eft Nord-Eft des deux côtez. Cette différence apperçue par Mr. de l'Ifle leur donne à chacune un caractére qui, s'il eft invariable, fervira à les diftinguer toujours, quelque chemin qu'elles faffent.

Mr. De l'Ifle ayant cherché avec foin à démêler quelques traces du mouvement que doivent avoir ou les trois Lignes pour venir à la pofition qu'elles avoient en 1712. fe perfuade que celle qui paffoit alors par les Bermudes, eft la même qui vers l'an 1600. paffoit par le Cap des Aiguilles; elle s'eft donc müe d'Orient en Occident, mais non pas parallélement à elle-même. En 1600. elle étoit à peu près un Méridien qui paffoit par le Cap des Aiguilles, par la Morée & par le Cap du Nord; mais depuis ce tems-là jufqu'à 1712. elle a fait 1400. lieues par la partie Septentrionale, & 500. feulement par la Méridionale; de forte qu'elle étoit fituée Nord-Oueft Sud-Eft.

Sa partie Septentrionale paffa par Vienne en Autriche en 1638, par Paris en 1666, par Londres en 1667; car ces Lieux-là furent exempts de déclinaifon dans les années marquées. Mr. de l'Ifle penfa de même que la Ligne, qui en 1712. étoit cent lieues à l'Eft de Canton, eft celle qui en 1600. paffoit par cette Ville, d'où il fuit qu'elle a cheminé d'Ocd'Occident en Orient au contraire de l'autre, & fort lentement par rapport à elle. Si ces deux Lignes continuent leur chemin, elles vont à la rencontre l'une de l'autre, & il ne seroit pas aisé de prévoir ce qui en arrivera.

Comme on n'a point d'observations anciennes de la Mer du Sud, il seroit téméraire de rien avancer sur la Ligne qui y passe. Seulement ne pourroit-on pas soupçonner que c'est la même qui passoit autrefois par les Açores, & qui s'est mue d'Orient en Occident.

En différens Lieux, les différences de la déclinaison ne sont point du tout proportionnelles aux distances de ces Lieux, à leur Ligne exempte de déclinaison; ou, ce qui est la même chose, à un degré de différence de la déclinaison de l'Aiguille répondent des distances très-différentes sur la surface de la Terre. Dans la Carte de Mr. Halley la plus grande de ces distances est de 130. lieues & la plus petite de 15. mais il n'a poussé sa Carte que jusqu'au 60me. degré de Latitude Septentrionale; & Mr. de l'Isle qui a des observations faites 20. d. plus au Nord, trouvé qu'il y a tel degré de différence dans la déclinaison qui ne donne que 8. d. de distance.

Dans un même Lieu la déclinaison ne varie pas également en tems égaux. Mr. Cassini trouvoit qu'à Kebec elle n'avoit varié que d'un demi degré en trente-sept ans; & par d'autres observations que Mr. de l'Isle a eues entre les mains elle a varié d'un degré en onze ans.

Le savant Géographe déja nommé tant de fois, Mr. de l'Isle, ne se contenta pas des observations faites sur l'Océan: il s'en procura de divers endroits de France; des personnes intelligentes & capables d'en faire de bonnes lui en envoyérent. Il en résulte: Que la déclinaison est toujours plus grande à l'Orient de Paris & plus petite à l'Occident: Que de St. Malo à Geneve, qui peuvent être pris pour les deux extremitez de la France en Longitude, il n'y a au plus qu'un degré & demi de différence de déclinaison: Que la déclinaison qui est présentement Nord-Ouest, & qui augmente d'année en année, a augmenté à Geneve, à peu-près de même qu'à Paris, depuis 1703 jusqu'en 1711. c'est-a-dire, d'environ 15′. par an, & que même une irrégularité qui s'est trouvée à Paris en ce que la déclinaison n'augmenta que de 5′. de 1716. à 1711; s'est trouvé aussi à Geneve: que depuis 1706. jusqu'en 1711. la déclinaison a augmenté en plusieurs Villes de France à peu près comme à Paris.

On a vu ci-devant que Mr. de la Hire, le Pere avoit représenté le Globe sur une pierre d'Aimant sphérique de trois pouces de diametre. Mr. son fils qui étoit aussi de l'Académie le seconda dans ces recherches sur l'Aimant, & donna sur ce sujet d'excellentes choses au Public; mais pour nous tenir à ce qui regarde la Variation, ces Messieurs avoient entre les mains une pierre d'Aimant médiocrement bonne, ils en firent un Globe terrestre, du poids d'environ cent livres & de près d'un pied de diametre; après avoir trouvé ses Pôles, ils tracèrent sur sa surface un Equateur & des Méridiens. Une Aiguille de Boussole placée sur ces différens Méridiens, a tantôt une déclinaison vers l'Est, tantôt vers l'Ouest, & tantôt elle n'en a point, ce qui est tout-à-fait conforme au Systême de Mr. Halley & en donne une image sensible.

Il est plus que vraisemblable que la variation & l'inégalité des déclinaisons sur l'Aimant de Mrs. de la Hire, viennent de ce que les parties véritablement Magnétiques de cette Pierre sont mélées avec d'autres parties hétérogènes, irréguliérement semées & répandues. Il en va de même de la Terre qui est un Aimant encore plus mélé. Mais il se fait dans la Terre des générations nouvelles & non pas dans la pierre d'Aimant; & de là vient que les déclinaisons, qui seront toujours les mêmes aux mêmes endroits de cette pierre, sont changeantes sur le Globe terrestre.

La lenteur des générations, qui se font dans le sein de la Terre, & celle des changemens de déclinaison, qui ne sont guère que de douze minutes par an dans un même Lieu, conviennent assez ensemble; mais il paroît que, quand quelqu'une de ces générations, qui dans le tems qu'elle se formoit & se perfectionnoit, détournoit toujours de plus en plus l'Aiguille du Nord, vers l'Ouest, par exemple, est enfin parvenue à sa dernière perfection, l'Aiguille devroit être quelque tems stationnaire & arrêtée au même point de déclinaison parce qu'il n'est guère vraisemblable qu'il se fasse aussi-tôt dans la Terre une autre génération qui donne à l'Aiguille un mouvement contraire & la rapelle de l'Ouest au Nord & delà à l'Est. Cependant on ne voit pas que l'Aiguille ait de ces sortes de stations; mais il est vrai aussi qu'il n'y a pas beaucoup plus de cent trente ans que l'on observe les déclinaisons, & dans un tems si court, par rapport à la lenteur de ce mouvement, on n'a pas encore des observations en assez grand nombre. De toutes ces remarques on peut conclure qu'il y a trop d'observations favorables au Systême de Mr. Halley pour le rejetter entièrement; mais aussi il faut avouer qu'il n'y en a pas encore assez pour tirer ce Systême au clair & lever toutes les difficultés qu'on lui peut opposer.

Outre la simple Boussole que l'on appelle COMPAS DE ROUTE, on a une Boussole plus composée, qui sert à rectifier la simple, & que l'on appelle COMPAS DE VARIATION. Mr. de la Hire a donné dans les Mémoires de l'Académie [a] *La construction des Boussoles, dont on se sert pour observer la déclinaison de l'Aiguille aimantée.* La méthode de l'observer est une partie essentielle de l'Art de la Navigation, appliqué aux grands Voyages sur l'Océan.

VARICA, Ville de l'Ibérie Asiatique, selon Ptolomée [b].

VARIDH [c], nom d'un Lieu de l'Arabie, appartenant au Pays nommé Thaï, où l'on voit le Sépulcre de Khatem Thaï, Personnage le plus estimé des Arabes, pour sa générosité.

VARIGOUSTE, Village d'Italie sur la Côte de Gênes [d]. Il est bâti sur un Rocher, en-

[a] A l'Année 1716.
[b] Lib. 5. c. 11.
[c] D'Herbelot, Biblioth. Or.
[d] Michelot, Portul. de la Médit. p. 90.

environ à un mille vers l'Ouest du Cap de Noli; entre les deux il y a une petite Plage de Sable.

VARINA, Ville de la Dace Ripense, selon la Notice des Dignitez de l'Empire[c Sect. 31.]. C'est, à ce qu'on croit, la Ville *Variana* de l'Itinéraire d'Antonin.

VARINI, Peuples de la Germanie qui selon Pline[b Lib. 4. c. 14.] faisoient partie des Vandales. Spener[c Not. Germ. Ant. Lib. 5. c. 4.] remarque que ces Peuples sont appellez VARINI par quelques-uns, VARRI par d'autres, VIRUNI par Ptolomée; & il soupçonne même que les VIRUNI & les FARODINI de ce dernier pourroient être le même Peuple connu sous deux noms différens. Il n'y a point de difficulté à dire qu'ils avoient pris leur nom de la Rivière *Varna*, sur les bords de laquelle ils avoient leur demeure; & il est probable que ce sont ces mêmes Peuples qu'on trouve nommez avec les *Anglii* dans une ancienne Loi des Germains. Peut-être, dit Spener[d Ibid.], qu'une partie de ces Peuples vint s'établir en deçà de l'Elbe, & entra dans l'Alliance des Thuringiens; car dans la Loi, dont il vient d'être parlé, ils sont nommez immédiatement avant les Thuringiens. Il se pourroit faire aussi que le nouveau nom de *Werini* auroit été occasionné par celui de la Rivière, sur le bord de laquelle ils fixèrent leur nouvelle demeure; & que comme le nom de la *Varna* leur avoit fait donner le nom de *Varini*; celui de la Rivière *Werra* les fit appeller *Werini*. Ce n'est pourtant là qu'une conjecture; & il ne seroit pas impossible que deux Rivières eussent chacune donné le nom à un Peuple différent.

VARIS, Lieu de la Grande-Bretagne. L'Itinéraire d'Antonin le marque sur la route de *Segontium* à *Deva*, entre *Conovium* & *Deva*, à dix-neuf milles du premier de ces Lieux & à trente-deux milles du second. Varis étoit près de la Cluyd[e Délices de la Gr. Br. p. 414.]. Le Lieu s'appelle encore aujourd'hui *Bod-Vari*; & les ruines se voyent sur une hauteur nommée dans le Pays MOYLY-CAER, c'est-à-dire *la Montagne de la Ville*.

VARISTI, selon Ptolomée & NARISCI selon Tacite, Peuples de Germanie. Voyez NARISCI.

VARKA. Voyez WARKA.

VARKELAN[f D'Herbelot, Biblioth. Or.]. C'est ainsi qu'on appelle un Lieu, ou bien les Habitans de la Province deserte d'Afrique, appellée par les Arabes *Sahra*, & par les nôtres *Saara*, qui est entre la Mauritanie & la Numidie, & confine avec la Nigritie. On nomme les Habitans de ce Pays-là en Arabe, *Abel Varkelan al Sahra*. Ils sont ordinairement le trafic de porter des fruits de Segelmesse & de Zab, dans la Nigritie, d'où ils rapportent de l'or en poudre, qu'ils fondent & battent. Les Villes principales où ils trafiquent sont Tacrout, Ganah & Vancarah.

VARMICUS, nom Latin de la Rivière d'Allemagne, appellée Worms, a son cours dans le Duché de Juliers.

VARMO, Rivière d'Italie[g Magin Carte du Frioul.] dans l'Etat de Venise. Elle a sa source dans le Frioul, près de Codropio; & après avoir arrosé Belgrade, Varmo & Madrisio, elle va se jetter dans le Tajamento, une lieue au-dessus de Latisana à la gauche.

1. VARNA, Ville de la Médie: Ptolomée[h Lib. 6. c. 2.] la marque dans les Terres.

2. VARNA. Voyez VARNE.

VARNAH[i D'Herbelot, Bibliot. Or.], nom d'une Ville de Cara-Bogdan, qui est la Moldavie, ou Bessarabie. Cette Ville est située sur un Etang, ou Marais, fort proche de la Mer-Noire, où Amurat II. défit Ladislas Roi de Hongrie, l'an de l'Hégire 848. Cette Ville a été nommée par les Anciens *Odessus*, ou *Odyssus*.

VARNALIS, ou VARUALIS, Siège Episcopal de Syrie, sous la Métropole d'Hiéropolis, selon la Notice du Patriarchat d'Antioche publiée par Schelstrate.

VARNAVAL, Ville d'Egypte, sur le bord du Nil, vers le Levant, selon Marmol[k Egypte, Liv. 11. ch. 18.], qui dit que c'est une ancienne Ville bâtie au commencement du Christianisme. Ce Lieu, ajoute-t-il, est fort beau, & la Contrée produit abondamment du Bled & du Ris: ce qui fait son principal revenu. Il y a plus de quatre cens Maisons où l'on bat du Ris; & la plûpart des Habitans sont étrangers, venus de la Province de Barbarie. Ils sont fort vicieux & débauchez; du reste assez sociables.

VARNDORP, Ville d'Allemagne, dans la Westphalie[l Corn. Dict. Jovin de Rochefort, Voyage de Dannemarck.]. Elle appartient à l'Evêque de Munster, qui y tient une grosse Garnison, comme dans une Place importante qui est une Clef de ses Etats. La grande rue aboutit à une Place ornée d'une belle Fontaine, & où l'on voit la Maison de Ville. Les Cordeliers y ont un fort grand Jardin assez bien entretenu. Au lieu de Varndorp, quelques-uns écrivent VARENDORP. Voyez ce mot.

1. VARNE, ou VARNA[m De l'Isle, Atlas.], Ville des Etats du Turc en Europe, dans la Bulgarie, & la Capitale du Pays de Drobugie, près du Lac de Dewina, presqu'à l'Embouhure d'une Rivière qui se jette dans la Mer-Noire. Cette Ville située à seize milles de Rosito, du côté du Nord, est prise par quelques-uns pour la *Tiberiopolis* de Curopalate, & par d'autres pour *Dionysiopolis*.[n Corn. Dict.] Il y en a même qui veulent que ce soit l'ancienne *Odessus*. Quoi qu'il en soit, Ladislas Roi de Hongrie, qui commandoit l'Armée Chrétienne à Varne, y fut tué par les Turcs en 1444. & c'est dans la même Place, que le Cardinal Julien, qui avoit persuadé le combat, fut assommé par les Hongrois. Les Cosaques la pillèrent & la brûlèrent en 1610. Ils y trouvèrent trois mille Chrétiens qu'ils mirent en liberté.

2. VARNE, ou VARNA, Rivière des Etats du Turc en Europe, anciennement *Ziras*. Elle a sa source dans les Montagnes qui sont vers la Romanie, & prenant son cours au Levant d'Eté elle va se jetter dans la Mer-Noire, près du Lac de Dewina.

VARNETON, Ville des Pays-Bas sur la Lis, dans le Quartier d'Ypres, à deux lieues de la Ville de ce nom, en Flamand *Waesten*. Cette Ville est entourée de murailles, & raisonnablement grande; mais elle a été brûlée plusieurs fois. Le dernier incendie arriva en 1527. que le feu s'y mit par cas fortuit, & en brûla la plus grande partie avec ses armes. Aujourd'hui elle est réduite à cent soixante & douze Maisons, & environ à mille Habitans. C'est le Chef-lieu d'une petite Châtellenie composée de dix Villages. La Ville & le Châtellenie sont gouvernées par un Magistrat composé d'un Avoué, de sept Echevins & d'un Greffier. Elle est presque au milieu entre Ypres au Septentrion & Lille au Midi. Les Espagnols la cédérent à la France en 1679. par le Traité de Nimégue. Il y a dans la Ville de Varneton une Abbaye fondée par Adéle, Comtesse de Peronne & de Varneton, en 1138. Le nom de cette Ville s'écrit aussi par un double W. Voyez WARNETON.

VARNEY, *Varneium*; Village de France, au Duché de Bar, & au Bailliage de ce nom. Son Eglise Paroissiale est sous le titre de St Martin. Le Chapitre de la Cathédrale de Toul est Patron de la Cure. Il dépend de cette Paroisse un Hameau nommé Rambercourt, où il y a une Chapelle sous l'Invocation de St. Nicolas.

VARNI, Peuple de la Bactriane, selon Ptolomée [a]. [a Lib. 6. c. 11.]

VARNON, ou VATNON, Siège Episcopal d'Asie, sous la Métropole d'Edesse, selon la Notice du Patriarchat d'Antioche publiée par Schelstrate.

VARNUS-AGER, Territoire d'Italie [b] dans la Calabre. Il étoit ainsi appellé d'une Ville de même nom qui y étoit située. [b Lib. de Limitib.]

VARODOPA, ou VERODOPA, Province aux environs de la Macédoine. C'est Eutrope [c] qui en parle. Je retranche, dit Ortelius [d], les deux premiéres lettres & je lis RODOPA. C'est une Contrée de la Thrace. [c Lib. 5. d Thesaur.]

VARPNA, Ville de l'Arie. C'est Ptolomée [e] qui en parle. [e Lib. 6. c. 17.]

VARRAMUS. Voyez VARAMUS.

VARRINI. Voyez VARINI.

VARROUIL, Bourg de l'Isle de Candie au voisinage de la Canée. C'étoit autrefois, dit Mr. de Tournefort [f] le plus beau Bourg de l'Isle. Les Turcs le brûlérent pendant le dernier Siège de la Canée, de peur que les Vénitiens ne s'y établissent. Les Grecs, soit Artisans, soit Habitans de la Canée, étoient obligez d'aller coucher toutes les nuits à ce Bourg, ou plutôt à ce Fauxbourg de la Ville, dans laquelle ils revenoient le matin à l'ouverture de la Porte de terre. On a voulu les obliger à le rebâtir; mais comme leur misére est extrême, ils n'ont pu le relever, & l'on n'y voit que de pitoyables restes de l'incendie. Personne n'a profité de la destruction de Varrouil que les François qui s'y ruinoient en plaisirs. C'est dans ce Bourg qu'est le Jardin du Gouverneur de la Ville, & l'on en parle comme d'un Paradis terrestre; mais voici la description que Mr. de Tournefort en donne : Le Jardin du Gouverneur est un petit Bois d'Orangers, de Limons & de Cédres entremêlez de Pruniers, de Poiriers & de Cérisiers. Les Orangers y sont pour le moins aussi forts que dans les plus beaux Vergers de Lisbonne, quoiqu'ils y soient encore plus négligez: malgré cette négligence tout chargez de bois ou mort, ou superflu, ils donnent des fleurs avec profusion, entassées par gros bouquets les unes sur les autres. On ne cultive en Portugal que cette excellente espéce d'Oranger connue dans toute l'Europe sous le nom d'Oranger de Portugal, & que les Portugais nomment Oranger de la Chine: on ne connoît point cette espéce-là en Candie ni dans le reste de la Turquie. Dans ce Pays-là chacun se contente de ce qu'il a trouvé dans son Jardin & de tout ce qui y croît sans culture : aussi tout y est sauvageon. L'Orange ordinairement du Levant est la grosse Orange douce, ou plutôt fade, couverte d'une écorce épaisse, amére & comme spongieuse. On y éléve des Bigarrades & des Cédres ou Poncires: ces Poncires sont de beaux fruits; mais on n'en sauroit guére manger s'ils ne sont confits, & les Candiots n'ont pas l'esprit de les faire confire. Du reste, ajoute Mr. de Tournefort, le Jardin du Gouverneur étoit entretenu, ou plutôt négligé par un malheureux Moine Grec qui n'avoit pas seulement une chemise, & qui ne savoit ni lire ni écrire, non plus que trois ou quatre de ses Confréres que la gratelle devoroit. En revenant de Varrouil à la Canée, on est incommodé de l'horrible puanteur des Cimetiéres. Tout le monde fait que les Turcs enterrent leurs morts sur les grands chemins. Cette pratique seroit excellente, s'ils faisoient les fosses assez profondes. Comme la Candie est un Pays fort chaud, on sent de très-mauvaises odeurs quand on est au-dessous du vent: les Turcs élévent une pierre à chaque bout de la fosse, quelquefois c'est un pilier de Marbre orné d'un Turban, au lieu de Chapiteau; on distingue par-là les endroits où l'on a enterré des personnes de quelque considération. [f Voyage du Levant, Lettre I. p. 9.]

VARSAK, & VARSAR ILI [g], Ville & petit Pays de la Cilicie, appellée aujourd'hui Caramanie, & dont Mahomet I. fils de Baiazid Ildirim fit la conquête l'an 816. de l'Hégire, après qu'il eut défait son frére Mousa qui lui disputoit l'Empire. [g D'Herbelot, Biblioth. Or.]

VARSAPA. Voyez VAESAPA.

VARSOVIE, en Polonois WARSAW; Ville du Royaume de Pologne, la Capitale de la Masovie & en quelque maniére celle du Royaume. Elle est située sur la Vistule, à vingt-quatre milles de Lencicie; de Lublin & de Sendomir : à vingt-neuf milles de Thorn : à trente-trois de Gnesne : à quarante de Posnanie & de Cracovie : à cinquante de Leopol, de Dantzig & de Breslau : à soixante & dix de Vilna & de Berlin : à quatre-vingt de Kaminieck; & à cent de Kiow.

Les Rois de Pologne ont fait depuis long-tems [h] leur résidence à Varsovie, & la République en a fait le lieu de la Convocation des Diétes & de l'Election des Rois. On l'a choisie, parce qu'elle est au milieu de la Pologne, presque en égale distance de toutes les Frontiéres, outre qu'elle est sous une bonne température d'air & à portée de recevoir les denrées du Royaume que la Vistule lui amene tant du côté de la Hongrie, de la Russie & des autres Provinces Méridionales, que des bords de la Mer Baltique, en remontant cette Riviére depuis la Ville de Dantzig. Quoique Varsovie soit [h Mémoires du Chevalier de Beaujeu, Liv. 1. c. 4.]

I

soit la Capitale du Duché de Mafovie, elle n'a point d'Evêché: on y voit feulement une Eglife Collégiale, qui dépend de la Cathédrale de Pofnanie. Cette Ville eft fituée à l'extrémité d'une vafte Campagne, fort agréable & fort ornée, qui régne comme une terraffe au deffus de la Viftule; & ce Fleuve coule au pied de la hauteur où eft Varfovie. Il y a vis-à-vis fur la rive droite deux gros Villages contigus, qui n'en font qu'un, & qu'on nomme PRAGUE & SCARICHOFF; le premier eft fameux par une Bataille donnée aux environs, entre le Roi de Suéde Charles-Guftave, & le Roi de Pologne Cafimir qui commandoient leurs Armées en perfonne. La Riviére entre Varfovie & Prague a près de huit cens pas ordinaires de largeur, mais fa profondeur n'eft pas grande, & en Eté elle découvre bien du terrein & des Ifles; ce qui arrête fouvent dans fon cours les grands Bâteaux qui font chargez. Il y a à Varfovie un Château de brique affez bien conftruit, quoique d'Architecture fort commune. C'eft proprement le Palais de la République, où elle loge les Rois; car le Sénat y a une Sale, & les Nonces ou la petite Nobleffe y en ont une autre, pour s'y affembler dans le tems de la Diète Générale. C'eft où fe tiennent les Confeils & les Conférences avec les Ambaffadeurs; c'eft où fe rendent les jugemens des Parties, comme à Venife dans le Palais de la Seigneurie, où le Doge a un appartement comme Chef de la République.

Les dehors de Varfovie font ornez de quelques jolies Maifons de Campagne, de Couvens affez bien bâtis, & de Fauxbourgs qui ont de l'étendue; mais comme tous ces Bâtimens font bas & d'un ordre fort commun, fans régularité, fans ornemens d'Architecture, fans beauté de deffein, on n'eft pas fort prévenu en y arrivant. Sa fituation au bout de ces vaftes Plaines, qui régnent en terraffe le long de la Viftule, fait fon plus beau coup d'œil. Elle eft entourée en Croiffant de grands Fauxbourgs plus confidérables que la Ville; car tous les grands Seigneurs y ont leurs Palais & les Moines leurs Couvens. Les ruës en font larges, bien allignées, mais fans pavé, & en Hyver ce font des abymes de bouë. Varfovie, ainfi entourée de cet amas de Maifons, a plus d'enceinte qu'Orléans; mais la Ville n'eft qu'un trou, & n'eft pas plus grande que St. Denis. Elle eft toute de briques, & affez bien bâtie. On trouve une Place au milieu d'où partent cinq ou fix ruës étroites qui font toute la Ville: auffi n'eft-elle habitée que par des Marchands, des Artifans, des gens de Police & de Juftice. Elle eft fermée d'une fimple enceinte de baffes murailles, flanquées de méchantes Tours & à demi-ébouléés, fans foffé, avec trois Portes fans ornemens. Joignez à cela un Couvent d'Auguftins, un Collége des Jéfuites, & une Eglife Collégiale qui tient au Château ou Palais des Rois par une longue Galerie couverte; & voilà Varfovie. Elle n'a rien de remarquable, point de Bâtimens de conféquence, ni de Tombeaux. On ne fauroit guére voir de Capitale plus dénuée. On trouve feulement, hors de la Porte principale qui touche au Château, une Colonne ronde d'une piéce de Jafpe, ou de Marbre rare fur un piedeftal affez bien exécuté, & qui porte la Statue en bronze doré de Sigifmond III. revêtu des habits Royaux, tenant un Sabre d'une main, & une grande Croix de l'autre. Ce Monument, quoique par lui-même fort beau, ne paroît rien; parce qu'il eft mal placé, & comme enterré dans un recoin, environné d'une méchante levée de terre qui reffemble à un Ravelin éboulé.

Le Kolo eft le Lieu le plus confidérable des environs de Varfovie, à caufe de la grande Scéne qui s'y paffe, quoique par lui-même ce ne foit qu'un Champ relevé de tous côtez, ayant au milieu une efpéce de toit, comme celui d'une Halle de Village. C'eft en effet le nom le plus propre qu'on puiffe donner à Kolo, Lieu fameux par l'Election qu'on y fait des Rois de Pologne. Il eft à un quart de lieuë de Varfovie, fur la gauche du grand chemin de Dantzig, près de la Viftule. Ce Lieu eft un quarré long, partagé en deux, avec deux ouvertures à la levée qui l'enferme pour communiquer de l'un à l'autre. Le mot Kolo, veut dire en Polonois tout ce qui a une figure ronde & on l'a donné à ce Lieu, à caufe que la Nobleffe eft autour difpofée en rond, faifant un cercle dans lequel eft enfermé le lieu deftiné pour les Sénateurs. C'eft ce Lieu qui a un toit comme le couvert d'une Halle. Cette grande action fe paffe ainfi en rafe Campagne. On l'appelle la Diète de l'Election: & non-feulement le Sénat & la Chambre des Nonces y affiftent, mais encore toute la Nobleffe du Royaume, qui y a voix délibérative; au-lieu que dans les autres Diètes, il n'y a que les Deputez ordinaires des Palatinats avec le Sénat. Celle de l'Election fe tient à cheval, & doit être approuvée comme les autres généralement de toute la Nobleffe; & un feul Gentilhomme peut en fufpendre l'exécution: ainfi quoiqu'elle ne puiffe être caffée, parce qu'il n'y auroit jamais de Roi que par miracle, il faut néanmoins que dans la fuite tout le monde fe range & confente à l'Election faite par le plus grand nombre. Cette affaire fe décide donc à la pluralité des voix, fouvent à coups de Sabre, & ainfi par les fuffrages des plus forts; car la petite Nobleffe force quelquefois le Sénat & les Miniftres de confentir malgré eux à l'Election propofée. Cependant les deux derniéres Elections ont fait voir que les fuffrages du plus grand nombre ne difpofoient pas toujours de la Couronne, quand un Candidat, qui n'avoit qu'un petit nombre de voix fe trouvoit à portée de fe faire reconnoître par la force.

Varfovie a une Staroftie confidérable, tant par fon revenu que par fa Jurifdiction; Le feul paffage du Bac fur la Viftule, rapporte plus de dix mille francs chaque année.

VARTA. Voyez WARTA.

VARTANENSIS, Siège Epifcopal d'Afrique. Dans la Conférence de Carthage [a] Honorius eft qualifié *Epifcopus, Vartanenfis*. On ne fait point de quelle Province étoit ce Siège. La Table de Peutinger pla-

[a] No. 197.

VAR. VAS.   VAS. 67

place entre *Flavia Marc* & *Velefis* un Lieu nommé VATARI. Ne feroit-ce point l'Evêché en question?

VARTENBERG. Voyez WARTENBERG.

VARUANI, Peuple de l'Italie Transpadane, selon quelques Editions de Pline [a]: celle du Pere Hardouin porte VARBARI au lieu de VARUANI.

[a] Lib. 3. c. 19.

VARVAR. Voyez VARUBARINI.

VARUBARINI, Peuples de la Liburnie, selon Pline. [b] Le Pere Hardouin soutient qu'il faut lire VARVARINI, à quoi il y n'y a pas de doute; car outre que Ptolomée [c] fait mention d'une Ville de la Liburnie, située dans les Terres & nommée VARUARIA, on trouve cette même Ville dans le Code [d]; & l'on voit à Ravenne une pierre ancienne avec cette Inscription LIBURN. VARVAR.

[b] Lib. 3. c. 21.
[c] Lib. 2. c. 17.
[d] 8. Tit. 38.

VARUCA. Voyez VATUCA.

VARUS, Fleuve des Alpes aux confins de la Ligurie & de la Gaule. Son nom lui vient de son cours oblique & serpentant. Ce Fleuve, dit Pomponius Mela [e], est fort connu, parce qu'il finit l'Italie du côté de la Gaule. On trouve la même chose dans Pline [f]. La Province de Narbonne, dit-il, est séparée de l'Italie par le Fleuve Varus; & on lit dans Lucain [g];

[e] Lib. 2. c. 4.
[f] Lib. 3. c. 4.
[g] Lib. 1. v. 404.

Finis & Hesperiæ promoto limite Varus.

On ne sait pas néanmoins pourquoi Lucain se sert de l'expression *promoto limite*, comme s'il n'y avoit pas long-tems que ce Fleuve fût devenu la borne de l'Italie. Ce qu'il y a de certain, c'est qu'outre les Auteurs déja citez, Strabon, Ptolomée & divers autres s'accordent à dire que le Varus séparoit la Gaule Narbonnoise de l'Italie. On l'appelle présentement le *Varo*.

VARUTHA, Ville de la Grande Arménie selon Ptolomée [h].

[h] Lib. 5. c. 13.

1. VARZY, petite Ville de France, dans la Bourgogne, à cinq lieues de la Ville d'Auxerre. Le Château de Varzy [i] a été bâti par Gaudry quarante-quatrième Evêque d'Auxerre. Le Chapitre est composé d'un Chantre, d'un Tresorier & de douze Chanoines. Son Eglise Collégiale se vante d'avoir été honorée des Reliques de St. Regnobert, ou Renobert dès l'an 938.

[i] Piganiol, Descr. de la France, t. 3. p. 425.

2. VARZY, Bourg de France, dans le Nivernois, Recette de Clamecy. Ce Bourg est fort considérable.

VASADENSIS, Siège Episcopal de l'Isaurie. Il en est parlé dans le Concile d'Antioche; & Ortelius [k] croit que c'est la Ville VASATA de Ptolomée.

[k] Thesaur.

VASÆDA, Ville de l'Ibérie Asiatique. C'est Ptolomée [l] qui en fait mention.

[l] Lib. 5. c. 11.

VASAGADA, Ville de la Mauritanie Césarienfe, selon Ptolomée [m]. Quelques Exemplaires lisent VAZAGADA.

[m] Lib. 4. c. 2.

VASALETUS, VASALÆTUS, ou USALETUS, Montagne de l'Afrique propre selon Ptolomée [n].

[n] Lib. 4. c. 3.

VASAMA, Ville de l'Espagne Tarragonnoise: L'Itinéraire d'Antonin la marque sur la route d'Asturica à Saragosse, entre *Rauda Clunia*, & *Voluce*, à vingt-quatre milles du premier de ces Lieux & à vingt-cinq milles du second. Les MSS. différent beaucoup sur l'Orthographe de ce nom. Les uns écrivent *Vasama*, & d'autres portent *Vana*, *Vesana* & *Vasania*; & ce qu'il y a de particulier c'est qu'aucune de ces Orthographes n'est la véritable. Il faut lire *Uxama*, & c'est la Ville de ce nom que Ptolomée [o] & Pline [p] donnent aux *Arevaci*. On en voit encore aujourd'hui les ruïnes dans la Castille Vieille, près d'un Château nommé *Castri*, au voisinage de la Ville d'Osma.

[o] Lib. 2. c. 6.
[p] Lib. 3. c. 3.

VASANA, Ville de la Mauritanie Césarienfe: Ptolomée [q] la marque dans les terres.

[q] Lib. 4. c.

VASARII, Peuples de la Gaule Aquitanique. Ils sont placez par Ptolomée [r] au Midi des *Itiobriges*; ainsi ils devoient habiter vers l'Armagnac. Scaliger les place dans les Landes [s]; & Vinet croit que ce sont les *Vassates* & *Vasatæ*, d'Ammien Marcellin, de Sidonius Apollinaris & d'Ausone. Quelques Exemplaires de Ptolomée lisent *Vassarii* au lieu de *Vasarii*.

[r] Lib. 2. c. 7.
[s] Ortelii Thesaur.

VASATA. Voyez VASADENSIS.

VASATÆ. Voyez VASARII & VASSATES.

VASATICA URBS, Ville de la Novempopulanie, selon la Notice des Provinces des Gaules. Cenalis croit que c'est la Ville de Bazas; ainsi ce seroit la même que VASATÆ.

VASBARIA, Ville de la Mauritanie Césarienfe: Ptolomée [t] la place dans les terres.

[t] Lib. 4. c. 2.

VASCHGERD [u] nom d'une Ville du Turqueftan, située sous le 92. degré de Longitude, & la Latitude est inconnue. Les Géographes Orientaux, comme Ebn Haucal & Samani écrivent que cette Ville est comprise dans le Terroir de Saganian sur les confins de celui de Termed, & qu'on transporte une très-grande quantité de Safran de ce Pays-là dans toutes les parties de l'Asie. On compte depuis Vaschgerd, jusqu'au fort Château de Rasseb, six Parasanges. Il s'est donné dans ce Pays-là de fort grandes Batailles au commencement du Mahométisme.

[u] D'Herbelot, Biblioth. Or.

VASCO, Ville de la Gaule Narbonnoise selon Pline [x]. Le Pere Hardouin lit *Vasio*; au lieu de *Vasco*; & c'est apparemment la véritable Orthographe; car il est question de la Ville de VAISON dans le Comtat Venaissin, Ville que Ptolomée [y] appelle *Vasiorum-Civitas*. Voyez VASSIONENSE.

[x] Lib. 3. c. 4.
[y] Lib. 2. c. 10.

VASCONES, Peuples de l'Espagne Tarragonnoise. Ptolomée les borne au Nord partie par l'Océan Cantabrique, partie par les Pyrénées: à l'Orient par le Pays des *Suessitani*: au Midi par le Fleuve Ibérus; & à l'Occident par le Pays des Vardules. Pline [z] les met auprès des *Cerretani*. Ils habituient la Navarre. Lors qu'ils eurent passé les Pyrénées pour s'établir dans la Gaule, ils furent appellez Gascons. Voyez ce mot. Voici les principaux Lieux que Ptolomée marque dans le Pays des Vascones.

[z] Lib. 3. c. 3.

Sur l'Océan Cantabrique:
{ *Manlasci Fluvii ostia*,
Easo Civit.
Easo Promont.
Iturissa,
Pompelon,

I 2   *Bitu-*

VAS.   VAS.

Dans les Terres.
{
Bituris,
Andelus,
Nementuriſſa,
Curnonium,
Iacca,
Gracuris,
Calagorina,
Baſcontum,
Ergavia,
Tarraga,
Muſcaria
Setia,
Alavona.
}

[g] Epiſt. 15.
[b] Lib. 4. c. 20.

VASCONIÆ-SALTUS, ſelon Auſone [a], & VASCONUM SALTUS ſelon Pline [b]. Contrée de l'Eſpagne Tarragonoiſe, entre les Pyrénées & l'Océan Cantabrique. Ce doit être quelque Canton de la Baſſe-Navarre ou du Guipuſcoa.

VASES-CORAIL (Les) Colonie Françoiſe dans l'Iſle de St. Domingue, à la Côte occidentale de cette Iſle, vis-à-vis de l'Iſle de Guanabes, entre la Riviére de Monrouy & le Poſte d'Arcachay, à l'entrée du Cul-de-Sac de Saragüa.

[c] Longuerue, Deſcr. de la France, Part. 2. p. 233.

VASGAU, ou WASGAU, Contrée de France [c], dans la Baſſe-Alſace. Elle s'étend depuis le Territoire de Weiſſembourg en Vaſgau, juſqu'aux environs de Maſmouſtier & de Gheroltzeck près de Saverne; en ſorte que le Vaſgau comprend une grande partie de la Baſſe-Alſace.

[d] Voyage de Corinthe.
[e] Atlas.

VASILICA, ſelon Mr. Spon [d] & BASILICO ſelon Mr. de l'Iſle [e]; Lieu de la Morée, aux environs du Golphe de Lepante, à l'Occident de Corinthe, anciennement *Sicyon*. Vaſilica étoit une petite Ville du tems que les Vénitiens étoient Maîtres du Pays; maintenant il n'y a que des Maiſons démolies, & trois familles de Turcs & autant de Grecs. On a delà une belle vûe ſur le Golphe de Lepante; car Vaſilica eſt dans un Lieu fort élevé, à trois ou quatre milles de la Mer. Avant que de monter, on paſſe, à l'Orient, un Ruiſſeau, qui pourroit bien être l'ancien *Aſopus*, & entre ce Ruiſſeau & Corinthe il y en a encore deux autres qui arroſent la Plaine, qui eſt fertile en Oliviers.

VASILIGOROD. Voyez BASILIGOROD.

[f] La Guilletiére, Lacédémone Anc. & Nouv. p. 140.

VASILIPOTAMOS, ou BASILIPOTAMO, Riviére de Grece [f] dans la Morée. Elle coule dans la Province de Brazzo di Maina, baigne Miſitra & va ſe jetter dans le Golphe de Colochine, entre Paleopoli & Caſtro-Rampano. Son cours eſt du Nord au Midi en ſerpentant. Cette Riviére eſt *l'Eurotas* des Anciens. Les Lacédémoniens publioient que la Déeſſe Venus, après avoir paſſé ce Fleuve, y avoit jetté ſes bracelets & les autres ornemens de femme dont elle étoit parée & avoit pris enſuite la lance & le bouclier pour ſe montrer en cet état à Lycurgue & ſe conformer à la magnanimité des Dames de Sparte. La Riviére y eſt encore tellement ſemée de roſeaux, & de roſeaux ſi droits & ſi beaux, qu'il n'y a pas à s'étonner ſi Euripide dans ſon Hélene ſurnomme ce Fleuve *Callidonax*, pour exprimer la beauté des roſeaux qu'il produit. On voit auſſi ſur ce Fleuve une grande quantité de Cignes d'une blancheur étonnante. Les Turcs, lorſqu'ils en rencontrent au paſſage de cette Riviére, ne manquent pas de leur jetter du pain ou de l'avoine; car la piété Mahométane veut qu'on exerce particuliérement la charité envers ces Oiſeaux. Le Vaſilipotamos [g] en Eté [Pag. 215.] n'eſt pas plus gros que la Riviére des Gobelins à Paris; mais en Hyver il eſt comme le Bras de la Seine, qui paſſe devant les Auguſtins. Les groſſes pluyes & la fonte des neiges le font ſouvent déborder. Mr. Baudrand dit que cette Riviére en reçoit deux autres petites: l'une de celles-ci porte le nom de MISITRA & ſe jette dans le Vaſilipotamos près de la Ville de Miſitra, après avoir roulé ſes ondes autour d'une Montagne appellée auſſi Miſitra.

VASINABRONCÆ, Peuple d'entre les Goths, vaincu par les Vandales, ſelon Jornandès [h].

[h] De Reb. Getic. c. 23.

VASIO, & VASIORUM. Voyez VASCO & VASSIONENSE.

VASIZA, Riviére de l'Amérique Septentrionale dans la Louïſiane. Elle ſe jette dans le Golphe du Méxique, après un cours d'environ trente lieues, dans lequel elle arroſe le Pays fréquenté par les Tocopata.

VASLON, Bourg de France, dans l'Anjou, Election de la Fléche.

VASSADIUM, ou *Uſadium*, Promontoire de la Mauritanie Tingitane: Ptolomée le marque entre *Tamuſiga* & *Suriga*. Quelques Interprêtes liſent *Ruſſadium*, pour *Vaſſadium*.

[i] Lib. 4. c. 1.

VASSAH, nom d'une Ville qui eſt des dépendances de celle de Fariab, ou Otrar dans le Turqueſtan.

VASSATES, Ville de la Gaule Narbonoiſe, ſelon Auſone [k], qui ailleurs [l] écrit VASATÆ; & Paulin [m] joint à Vaſatæ l'épithéte d'*Arenoſæ*. Belleforêt dit que c'eſt *Bazas*; ce ſeroit plutôt, dit Ortelius *Bazadois*; car il eſt plutôt queſtion du Pays que de la Ville. Voyez VASARII.

[k] In Epiced. de Vit. ſua.
[l] Epiſt. 34. le Lectori. &
[m] Ad Antonium.
In Parental.

VASSE, Marquiſat de France, dans le Maine, près de Sillé-le-Guillaume & de l'Abbaye d'Evron. Il eſt érigé en faveur de Henri-François Grognet, Baron de la Rochemabile. La Juriſdiction de ce Marquiſat s'étend ſur quatre Paroiſſes.

VASSEI, Peuples de la Gaule Aquitanique ſelon Pline [n]. Ortelius & le Peré Hardouin croyent que ce ſont les *Vaſarii* de Ptolomée. Voyez VASARII.

[n] Lib. 4. c. 19.

VASSELAY, Paroiſſe de France, dans le Berry, Election de Bourges, ſur la Riviére de Moulon. Cette Paroiſſe appartient à l'Abbaye de St. Sulpice de Bourges, à qui elle fut reſtituée en 983. On trouve dans le Diſtrict de Vaſſelay le Château de Puy-Valée, ſitué ſur une Colline agréable. Le commerce de cette Paroiſſe conſiſte en vin.

VASSELONE. Voyez WASSELONE.

VASSETH, ou VASSITH, Ville d'Aſie dans l'Iraque Babylonienne, ſur le Tigre. Elle eſt ſituée ſous le 81. d. 30'. de Longitude, & ſous le 32. d. 20'. de Latitude Septentrionale, entre les Villes de Coûſah & de Baſſorah, dont elle eſt éloignée d'environ cinquante lieues, auſſi-bien que d'Ahuaz,

VAS. VAS. VAT.

& de Bagdat. D'Herbelot, dans sa Bibliothéque Orientale dit que cette Ville est moderne, & qu'elle fut bâtie l'an 83. de l'Hégire par Hegiah Gauverneur de l'Iraque, sous le regne d'Abdal Malek cinquième Caliphe de la Race des Ommiades. Les Arabes nomment son Territoire *Alabar*; mot qui veut dire *des Puits*, à cause qu'il y en a grand nombre dans ses environs: il y a même un Lieu qui en est peu éloigné, qu'on appelle *Abar-Al-Arab*; ce qui signifie le Puits des Arabes.

VASSI, Ville de France, dans la Champagne,[a] & la principale Place du Pays de Vallage, au milieu duquel elle est située, sur une petite Riviére appellée la Blaise. Cette Ville est renommée à cause du massacre des Réformez, qu'on attribua au Duc de Guise, & par où commencerent les grandes guerres civiles en France pour la Religion. Vassi qu'on nomme en Latin *Vassiacus*, ou *Vasiacus*, est un Lieu fort ancien, & c'étoit un Domaine Royal, *Fiscus regius*, dès le milieu du septième Siècle, sous le regne de Clovis II. comme on le voit par la Vie de St. Bercaire Abbé, écrite dans le dixième Siècle par Adson, Abbé de Der, ou de Montirendé. Le Siège Royal de Vassi avoit un assez grand ressort avant que Henri II. pour gratifier le Duc de Guise eût séparé de cette Jurisdiction Joinville avec quarante Villages qui en dépendent. Vassi est environnée de tous côtez de Bois & de Forêts de haute-futaye. Les belles Fontaines de cette Ville, celle de Mouscevallez-Vassi, celle de l'Hôpital du Donjon & autres la rendent fort agréable.

VASSINASSENSIS, Siège Episcopal d'Afrique dans la Byzacène, selon la Notice des Evêchez de cette Province, qui ne donne pas le nom de l'Evêque de ce Siège.

VASSINCOURT, *Vassincuria*, Village de France, au Duché de Bar, Bailliage de ce nom. L'Abbé de Jendure est Patron de la Cure. De cette Paroisse dépendent les Censes de Sairainval & de St. Jean de Gravierre.

VASSIONENSE-OPPIDUM. Sidonius Apollinaris[b] fait mention d'une Ville de ce nom. Il pourroit se faire, dit Ortelius, que ce seroit la VASIORUM CIVITAS de Ptoloméе[c] dans la Gaule Narbonnoise, que Varterius prend pour la VASIO VOCONTIORUM de Pomponius Mela[d]. Ortelius ajoute que ce pourroit être encore la FORUM VOCONTIUM, dont parle Cicéron dans la derniére Epître du dixième Livre, & la Ville VASCO, ou VASIO de Pline. Voyez VASCO.

VASTA. Voyez BASTA.

1. VASTAN, ou VASTEN, Ville de France, dans le Berry[e], à dix-lieues de Bourges, & à dix-huit de Blois, en Latin *Vastinium*, *Vastinnum*, *Vastinus Vicus*. Cette petite Ville a été distraite de l'ancien ressort d'Issoudun, & est présentement de celui du Bailliage de Blois. Le Château & l'Eglise Collégiale de St. Laurian sont ce qu'il y a de plus remarquable dans cette Ville.

2. VASTAN, Ville de la Basse Arménie[f], au Sud-Est de Van, dont elle est éloignée d'une journée de six lieues de chemin. Elle est située sur le bord du Lac de Van, à 77. d. 50'. de Longitude, sous les 37. d. 50'. de Latitude.

VASTE, Bourgade du Royaume de Naples, dans la Terre d'Otrante. Il y en a qui la prennent pour l'ancienne *Basta*.

VASTETANI. Voyez BASTITANI.

VATA, Ville d'Afrique: Strabon[g] la met au nombre des Villes qui furent détruites durant la guerre de César contre Scipion. Voyez BADA.

VATAN, Ville de France, dans le Berri, Election de Romorentin, dans une belle Plaine qu'on appelle la Champagne du Berry, à trois lieues d'Issoudun & à égale distance de Levreux. Il y a une Collégiale dédiée à St. Laurian Archevêque de Séville. Son Chapitre est composé de vingt Canonicats. Il fut fondé par Guy de Châtillon premier du nom Comte de Blois. La Terre de Vatan fut donnée à la Ste. Chapelle de Bourges, par Jean de Berry en 1404. la Châtellenie ressortit au Bailliage de Blois. Elle est d'une grande étendue. Autrefois elle appartenoit aux Seigneurs d'Issoudun, d'où elle passa dans les Maisons de Culan, de St. Palais, du Puy & enfin dans la Maison d'Aubry.

VATARBENSIS, Siège Episcopal d'Afrique. Son Evêque est nommé Martialis *Episcopus Vatarbensis* dans la Conférence de Carthage[h]. On ne sait de quelle Province elle étoit Siège.

VATASTICA. Voyez MONA.

VATERNUS. Voyez VATRENUS.

VATERSA, Isle à l'Occident de l'Ecosse[i]. Elle est mise au rang des plus petites Isles. Entre autres avantages il y a un Havre pour les plus gros Vaisseaux. Un grand nombre de Pêcheurs y viennent régulierement dans la Saison de la Pêche.

VATIA, ou BATIA. Voyez BATIA.

VATICA, grande Baye de la Morée, sur la Côte de Brazzo di Maina, entre le Cap St. Ange & l'Isle de Cervi[k]. Cette Baye qui a quarante brasses d'eau à son entrée pourroit contenir mille Vaisseaux. Il n'y a point de risques à s'y engager de nuit à la faveur des Lampes, qui sont toujours allumées dans un vieux Monastère, qui est sur le Continent au Nord-Ouest; mais lorsqu'on y a fait environ deux milles il faut courir Nord-Ouest quart à l'Ouest, & l'on peut approcher du bord tant qu'on veut. La marque même dont il vient d'être parlé est assez inutile puisque la Côte est saine par-tout, & que l'on y pourroit mouiller depuis quarante brasses d'eau jusqu'à dix insensiblement, ou à moins que l'on vouloit. Cependant il faut prendre garde que dans le passage qui est entre l'Isle & le Continent il n'y a que trois pieds d'eau tout au plus. Du reste on est en sûreté dans cette Baye: on y peut faire de l'eau & du bois sans qu'il en coûte rien; & il n'y a que huit ou dix familles de pauvres Grecs, dispersées autour du Monastère.

VATICAN, ou CAPO VATICANO[l], Cap d'Italie, au Royaume de Naples, sur la Côte de la Calabre Ultérieure. Il s'avance dans la Mer Inférieure entre Tropea & Nicotera.

Notes (margin):
[a] Baugier, Mém. de Champagne, t. 1. p. 345. Longuerüe, Descr. de la France, Part. 1. p. 30.
[b] Lib. 5. Epist. ad Apollinar. & Lib. 7. ad Fontenellum.
[c] Lib. 2. c. 10.
[d] Lib. 2. c. 5.
[e] Piganiol, Descr. de la France, t. 6. p. 433.
[f] Petis de la Croix, Hist. de Timur-Bec. L. 4. c. 59.
[g] Lib. 17. p. 831.
[h] No. 198.
[i] Etat présent de la Gr. Br. t. 3. p. 293.
[k] Robert, Voy. du Levant, p. 330.
[l] Magin, Carte de la Calabre Ult.

VAT.

a Atlas Sinenf.

VATIEN, Forteresse de la Chine *a*, dans la Province de Queicheu au Département de Picie première Forteresse sous Lungli quatrième Ville Militaire de la Province. Elle est de 13. d. 36'. plus Occidentale que Péking, sous les 26. d. 42'. de Latitude Septentrionale.

b Ortelii Thesaur.

VATINESSA *b*. On lit dans Martial ces mots: *Et parvæ unda pura Vatinessæ*. Sur quoi Domitius Calderin remarque qu'il y avoit une Ville & un Fleuve de ce nom. Mais les MSS. varient par rapport à l'Orthographe de ce nom. Au lieu de *Vatinessæ* les uns lisent *Toueniffæ* & d'autres *Tuetoniffæ*.

VATIZA, Bourgade de l'Anatolie, un peu au Levant de la Ville de Pormon. Niger veut que *Vatiza* soit l'ancienne POLEMONIUM. Voyez ce mot.

VATRACHITES. Voyez OROATES.

VATRENUS, Riviére d'Italie, dans la Gaule Cispadane, où selon Pline elle arrosoit la Ville appellée *Forum-Cornelii*. Au lieu de Vatrenus, quelques Exemplaires de Martial *c* lisent Vaternus:

c Lib. 3. Epigr. 67.

Vaterno Eridanoque pigriores.

d Ital. Ant. Lib. 1. C. Ult.

Ce Fleuve, selon Leander & Cluvier *d* se nomme aujourd'hui *Saterno*, ou *Santerno*, & il coule lentement au-dessous de la Ville d'Imola pour aller se perdre dans le Pô. Voyez RASINA.

e Hist. de l'Isle de Madagascar. c. 5.

VATTEMANAHON, Province de l'Isle de Madagascar. C'est selon Flacourt *e* le Pays qui du côté de l'Orient, du côté du Nord & du Nord-Est joint le Pays d'Icondre & confine aux sources d'Itomampo & de Mandrerei, d'où sort la Riviére de Maropia, qui se jette dans celle de Mandrerei. Du côté du Couchant & du côté du Midi le Pays de Vattemanahon est contigu à celui des Machicares. C'est un Pays desert & ruiné par les guerres.

VATUCA, **VARRUCA**, **RATUCA**, & **ADUAGA**, noms corrompus d'Aduatuca, d'Atuatuca, ou d'ATUACA. Voyez ATUACA.

f Royaume de Léon. p. 130.

VATUECAS, Vallée d'Espagne, au Royaume de Léon. Elle n'est connue, dit Davity *f* que depuis quelques années, n'ayant été découverte que de notre tems. Les Habitans n'avoient osé sortir de leur Vallée depuis le débordement des Maures. Davity ajoute que selon les Relations d'Espagne ce Peuple n'adoroit qu'une Croix & le Soleil.

g Corn. Dict. Ravenau de Lussan, Voyage de la Mer du Sud en 1688.

VATULCO, Port de l'Amérique Septentrionale dans la Nouvelle Espagne *g*, sur la Côte de la Mer du Sud, à vingt lieues de la Baye de Tecoantepeque. Ce Port n'a d'étendue que pour tenir dix ou douze Navires, encore faut-il qu'ils soient arrêtez devant & derriére; car s'ils n'avoient que leurs ancres comme à l'ordinaire, ils se briseroient les uns contre les autres, lorsqu'ils chercheroient à s'éviter au changement des marées & du vent. A l'entrée de ce Port, qui est fort serrée, il y a sous le vent un Goufre que les Espagnols appellent *Bofadera*. L'eau entre dedans d'une maniére fort impétueuse & fait un bruit si prodigieux qu'on l'entend de quatre ou cinq lieues. Il y a plus bas

VAT. VAU.

un autre Port où l'on n'entre pas fort sûrement, à cause des Rochers dont le fond est parsemé. Il est à quatre lieues de celui de Vatulco. Dans sa passe est un gros Rocher nommé le *Forillon*, qui est en tout tems si couvert de Maubies, de Frégates, de Grandsgosiers & d'autres Oiseaux aquatiques, qu'il n'y reste aucune place vuide; & un peu plus avant est une Isle qu'on appelle *Sacrifice*. Huit lieues plus bas sont trois petits Ports distans l'un de l'autre d'une lieue. Celui qu'on nomme *le Port des Anges* est le plus beau. Son entrée n'est pas difficile à remarquer, pourvû qu'on soit le long de la Terre. Du large il est impossible de l'appercevoir. A son entrée on voit un Rocher percé comme une porte-cochére. De ce Port à celui d'Acapulco, qui est à soixante lieues, on n'en rencontre aucun autre.

☞ Je croirois que le Port de VATULCO est le même que Mr. de l'Isle nomme AGATULCO, & qu'il place sur la Côte du Gouvernement de Guaxaca, entre le Port des Anges & *Rio profondo*.

VATURANUS. Voyez VULTURNUS.

h Lib. 11. c. 44.

VATUSICUM CASEUM, Pline *h* fait mention d'un Fromage ainsi nommé du lieu où on le faisoit. Ce Lieu étoit chez les *Centrones* & par conséquent dans les Alpes Graïennes. Quelques Exemplaires au lieu de VATUSICUM lisent *Natuficum*.

VAVAINCOURT, Paroisse de France, au Duché & Bailliage de Bar. Son Eglise Paroissiale est sous le Titre de St. Martin. Le Chapitre de St. Maxe en est Patron, & perçoit les deux tiers & une sixième des grosses dixmes. Le Chapitre de St. Pierre jouït du sixième restant: la menue dixme se partage en neuf parts. Le Curé en prend quatre, le Chapitre de St. Maxe quatre, & les Religieux de St. Antoine de Bar une. L'Hermitage de St. Christophle aux-Bois dépend de cette Paroisse.

i Baugier, Mém. de Champagne, t. 2. p. 340.

VAUBECOURT, Comté de France *i*, dans la Champagne, Election de Ste. Menehoud, Il est situé entre les Villes de Ste. Menehould & de Bar, & est mouvant du Duché de Bar. Il fut érigé en Comté par Lettres patentes du Roi Louïs XIII. du 26. Avril 1635. regîtrées au Parlement de Metz le 26. de Novembre de la même année, en faveur de Jean de Nettancourt, Chevalier des Ordres du Roi, Maréchal de ses Camps & Armées & son Lieutenant Général en la Ville & Comté de Verdun Gouverneur de Chaalons, & depuis Lieutenant-Général dans les Armées de Flandre & de Champagne. Cette Terre vaut sept mille Livres de rente.

1. **VAUCE'**, Bourg de France, dans le Maine, Election de Mayenne. Ce Bourg est fort considérable.

2. **VAUCE'**, Lieu de France, dans la Bourgogne, Recette d'Avalon. Il y a dans ce Lieu un Prieuré de l'Ordre du Val des Choux.

1. **VAUCELLES**, Abbaye de France, dans le Cambresis sur la droite de l'Escaut a deux lieues au Midi de Cambrai. C'est une Abbaye d'Hommes de l'Ordre de Citeaux; Hugues d'Oisy Seigneur de Crevecœur & Vicomte de Cambrai en fut le Fondateur en 1131. Il la dota de grands revenus & pria

k Le Carpentier, Hist. de Cambrai. p. 2. c. 13.

S.

VAU.

S. Bernard premier Abbé de Clervaux d'y établir des Moines de son Ordre. Ce qu'il fit l'année suivante en lui en emmenant douze d'une très-sainte vie: pour la reception desquels Hugues assembla ses plus proches parens & la Noblesse du Cambresis. La Charte de cette solemnelle reception est signée de Geliarde de Baudour sa femme, de son fils Simon & de ses cinq filles; de Raoul de Rumilly, de Gerard de St. Aubert, Sire de Rusignies, & d'un grand nombre d'autres Seigneurs. L'an 1149. Samson de Mauvoisin fils de Raoul Seigneur de Mauvoisin & de Rosny, Archevêque de Rheims, consacra la nouvelle Eglise en présence de Nicolas Evêque de Cambrai, de Gerard Evêque de Tournai & de quantité d'autres Evêques & Chevaliers de grande distinction. Nicolas Evêque de Cambrai y fut inhumé l'an 1167. Alard l'an 1178. Le Marbre sous lequel gît son corps, porte cette Inscription: *Alardus Dei gratia Episcopus Cameracensis.* Jean de Bethune y choisit aussi sa sépulture l'an 1218. Le Marbre qui se voit devant le Maître-Autel, comme le précédent, porte ces mots: *Joannes Dei gratia Cameracensis Episcopus, qui obiit apud Tholosam.* D'autres Evêques & Seigneurs de plusieurs Maisons de la première Noblesse y ont aussi choisi leur sépulture [a]. Cette Abbaye est de quarante mille Livres de revenu.

[a] Piganiol, Descr. de la France, t. 6. p. 162.

On prétend qu'il y a eu autrefois dans cette Abbaye jusqu'à sept cens Religieux. La Maison est belle & magnifique, & on peut dire la même chose de l'Eglise qui a quatre cens pieds de longueur. Il y a dans le Réfectoire un Echo qui répond quatorze fois. L'Archevêque de Cambrai tire une grosse pension de cette Abbaye, qui est unie à son Archevêché; quoique les Religieux ayent toujours un Abbé Régulier.

On conclud en 1555. une Trève dans cette Abbaye. Elle fut faite entre l'Empereur Charles V. & son fils Philippe, alors Roi d'Angleterre & de Naples, & Henri II. Roi de France. Le Comte de Lalain Chevalier de la Toison d'Or, & Grand-Bailli du Hainaut; Simon Renard, Charles Tisnac, Philibert de Brœxelles & Jean Baptiste Scotio, Sénateur de Milan, la signérent au nom de l'Empereur & du Roi Philippe; Gaspar de Coligny Amiral de France, & Sébastien de l'Aubespine, Abbé de Basse-Fontaine, & depuis Evêque de Vence la signérent au nom du Roi de France.

2. VAUCELLES, Abbaye de France, dans la Provence au Diocèse d'Apt. C'est une Abbaye d'Hommes de l'Ordre de Saint Benoît.

VAUCHASSIS, Bourg de France, dans la Champagne, Election de Troyes.

1. VAUCLAIN, Paroisse de l'Amérique Septentrionale, dans la Martinique, à l'Ouest de cette Isle; entre les Pointes du Vauclain & du Macabon, entre lesquelles il y a plusieurs Bas-fonds. Cette Paroisse est desservie par les Dominicains.

2. VAUCLAIN, Pointe de l'Amérique Septentrionale, sur la Côte de la Martinique, à l'Ouest de cette Isle dans la Paroisse de même nom. Elle ferme le Cul-de-Sac Simon, & son abord est dangereux à cause de plusieurs Bas-fonds.

VAUCLAIRE, *Vallis clara*; Abbaye de France, dans la Picardie, au Diocèse de Laon, à trois lieues de cette Ville du côté de l'Orient d'Hyver. C'est une Abbaye d'Hommes de l'Ordre de Cîteaux, Congrégation de Clairvaux. Elle fut fondée en 1134. Plusieurs en attribuent la fondation à Barthelemi Evêque de Laon, & d'autres à un Comte de Roucy. Cette Abbaye est Régulière. On y a conservé l'étroite Observance. Elle jouit de seize mille Livres de revenu, dont l'Abbé a la moitié.

1. VAUCLUSE, Prieuré de France, dans la Franche-Comté, au Diocèse de Besançon. C'est un Prieuré d'Hommes, de l'Ordre de St. Benoît, de la Congrégation de Cluny. Il y a six Religieux, en y comprenant le Prieur.

2. VAUCLUSE, Fontaine de France, dans le Comtat Venaissin [b], assez près de la Ville d'Apt. Cette Fontaine, qui forme, dès qu'elle paroît hors de terre, une Riviére capable de porter Bâteau, sort d'un Antre profond au pied d'un Rocher d'une très-grande hauteur, coupé à plomb comme un mur. Cet Antre, où la main de l'homme n'a point été employée, paroît avoir cent pieds de large & environ autant de profondeur. On peut dire que c'est une double Caverne, dont l'extérieure a plus de soixante pieds de hauteur, sous l'arc qui en forme l'entrée, & l'intérieure n'en a pas tout-à-fait la moitié. C'est de cette seconde que sort cette abondante Fontaine sans jet, sans bouillons: on ne voit qu'une nappe d'eau dont la crue est imperceptible, & qui ne laisse pas de fournir sans cesse & sans s'épuiser une quantité prodigieuse d'une très-belle eau claire, nette, pure, qui ne teint en aucune façon les Rochers entre lesquels elle passe, & qui n'y produit ni mousse ni rouille. On a marqué au fond de la Caverne un endroit jusqu'au niveau duquel l'eau s'est élevée une fois. La superficie de cette eau paroît noire; ce qui vient de sa grande profondeur & de la couleur de la Voûte qui la couvre & de l'obscurité qui règne dans ce lieu. On prétend qu'on a été en Bâteau au fond de l'Antre, & qu'on a voulu sonder la profondeur de la source, sans avoir pu sentir le fond. Si le fait est vrai, cela marque une profondeur très-considérable, ou que la force de l'eau qui pousse avec violence du fond à la superficie, a repoussé le plomb & la corde qui le tenoit attaché, & ne lui a pas permis d'arriver jusqu'au fond. Cependant il ne paroît aucun mouvement sur la superficie, aucune agitation, aucun jet, pas le moindre bouillon. Ce n'est qu'à quelques pas hors de la première Caverne que l'eau trouvant une pente considérable se précipite avec force entre des Rochers, écume & fait du bruit, jusqu'à ce qu'étant arrivée à un endroit plus uni & plus profond elle coule tranquillement & forme une Riviére qui se partage en plusieurs Bras, qui après avoir reçu d'autres Ruisseaux se réunissent & vont se jetter dans le Rhône; environ à deux lieues au dessus d'Avignon, sous le nom de Riviére de Sorgue, qu'elle a porté dès sa naissance dans l'Antre, dont il vient d'être parlé.

[b] Labat, Voyage d'Italie, t. 2. p. 90.

Pétrarque, qui vivoit vers l'an 1300. & qui étoit Amant passionné de la belle Laure, avoit sa Maison sur la pointe d'un Rocher à quelques cens pas au-dessous de la Caverne de Vaucluse. La belle Laure avoit la sienne sur une autre pointe de Rocher, assez près de son Amant, mais séparée par un Vallon profond. On voit encore les Masures de ces deux Edifices, & on les appelle les *Châteaux des Amans*.

VAUCOULEURS, Ville de France, dans la Champagne, au Bassigny, sur le bord de la Meuse. Cette Ville étoit autrefois sous une Souveraineté possédée par les Princes de la Maison de Lorraine ; & à cause de l'importance de son Passage, le Roi Philippe de Valois trouva bon de l'acquérir de Jean de Joinville en 1335. Il lui donna en échange les Prévôtez de Soudron & de Ville-Seneux, qui faisoient alors partie de la Châtellenie de Verlus. Vaucouleurs étoit anciennement ceinte de murailles. Comme la vûe de ce lieu est parfaitement belle & qu'elle donne sur une Vallée ornée dans la saison de Fleurs de diverses couleurs qui croissent sans être cultivées ; c'est pour cela qu'on l'a nommée la Vallée des Couleurs, ou Vaucouleurs. On voit dans ce lieu un vieux Château peu considérable, & un reste d'une grosse Tour bâtie par les Anglois.

Il y a encore près de Vaucouleurs [a] de grosses pierres, qui y avoient été plantées par les ordres des Empereurs & des Rois de France pour servir de bornes à leurs Etats. Les premières furent mises par l'ordre de l'Empereur Albert & du Roi Philippe *le Bel*, qui se rendirent pour ce sujet en même tems à Vaucouleurs en 1299. & il y fut en même tems traité du mariage de Rodolphe fils de l'Empereur, & de Blanche fille du Roi. Ce qu'il y eut de plus remarquable, c'est que cela se fit dans le même tems que le Pape Boniface VIII. avoit mis le Royaume de France en interdit, & l'avoit donné à l'Empereur au cas qu'il pût s'en emparer.

On voit à Vaucouleurs une Collégiale, dont le Chapitre est composé d'un Doyen & de dix Chanoines qui ont chacun trois cens cinquante Livres de revenu. Ce Chapitre fut fondé par Geofroi de Joinville. Le Roi nomme au Doyenné & à huit Canonicats. Il y a encore, outre un Couvent de Religieux du Tiers Ordre de St. François, & un Monastère d'Annonciade, un Prieuré dédié à St. Thibaut. Il fut fondé par le même Geofroi de Joinville, & il vaut douze cens Livres de rente.

Vaucouleurs est le Siège d'une Prévôté composée de vingt-deux Paroisses qui sont du Diocèse de Toul. Les Habitans sont peu laborieux, & leur principale occupation est de nourrir du Bétail dans les belles Prairies qui environnent cette Ville.

Cette Contrée est connue pour avoir donné la naissance à cette fameuse fille nommée Jeanne d'Arc, & surnommée la *Pucelle d'Orléans*, dans un de ses Villages appellé Dom-Remy près de Vaucouleurs. En considération des grands services qu'elle a rendu à la France, ce Pays jouit encore de plusieurs beaux Privilèges, & entre autres on n'y paye ni Taille, ni droit d'Aides ;

[a] *Baugier, Mém. de Champagne*, t. I. p. 380.

& le Sel y est à très-bon marché.

VAUD, ou PAYS DE VAUD, Contrée de la Suisse, dans la Dépendance du Canton de Berne. Ce Pays, où le Peuple parle Romand [b] & non pas Allemand, est le plus beau & le plus fertile de toute la Suisse. Il s'étend depuis le Lac de Genève jusqu'à ceux d'Iverdun & de Morat. Il touche du côté du Couchant d'Hyver au Pays de Gex, qui est du Gouvernement de Bourgogne, & le Mont Jura le sépare de la Franche-Comté vers l'Occident. Il est fort probable que ce Pays a, à peu près, les mêmes bornes, que le Pays des Helvétiens, nommé *Pagus Urbigenus*, dont la Ville d'Orbe, en Latin *Urba*, retient le nom.

[b] *Longuerue, Descr. de la France*, Part. 2. p. 263.

Le Territoire de Nyon est, comme celui de Gex, du Diocèse de Genève, & par conséquent fut mis sous la Métropole de Vienne & dans la première Viennoise, quoique ces Territoires eussent appartenu aux Helvétiens qui s'étendoient jusqu'au Rhône, comme nous l'apprenons de César, qui dit dans le premier Livre de ces Commentaires, que le Lac Leman (qui prend aujourd'hui le nom de Genève) & le Rhône séparoient les Helvétiens de la Province Romaine ou la Gaule Narbonnoise : *Lacu Lemano, & Flumina Rhodano, qui Provinciam nostram ab Helvetiis dividit*. Dans la suite tout cela fut changé ; mais il est certain que la plûpart de ce Pays fit partie de la Province nommée *Maxima Sequanorum* ; & sous les Bourguignons & les François, après la ruine de l'Empire Romain, le Pays de Vaud fut de la Bourgogne Transjurane.

Après le partage des Etats de Louis le *Débonnaire*, il échut à l'Empereur Lothaire, & il fut tenu par ses fils Charles & Lothaire. Ensuite il vint à la Branche de Louis *le Germanique*. Après l'abdication de son fils Charles *le Gros*, il fit partie du Royaume de Rodolphe I. qui le laissa à Rodolphe II. qui eut pour Successeur Conrad *le Pacifique*. Rodolphe III. dit le *Lâche*, succéda à son père Conrad, & il étoit Maître du Pays de Vaud ; car la Sœur Adélaïs obtint de lui l'Abbaye appellée Roman-Moustier, fondée à l'honneur de S. Pierre avec pouvoir d'en disposer en faveur de tel de ses héritiers qu'il lui plairoit.

La Charte de ce Roi donnée l'an 988. tirée du Cartulaire de Cluni, & rapportée par du Chesne dans ses Notes sur la Bibliothéque de Cluni, porte que cette Abbaye de Roman-Moustier, *Romanii Monasterii*, étoit *in Comitatu Waldensi*, dans le Comté de Vaud. Un long usage a ôté la lettre L. à ce mot, non seulement en François, *Vaud*, mais en Allemand : car en cette Langue ce Pays est appellé *Wath*.

Ce nom *Waldensis Comitatus* étoit en usage dans le Siècle précédent, puisque le Chroniqueur de Saint Bertin en fait mention à l'an 850. & marque que ce Comté s'étendoit jusqu'au Lac Leman, qu'il appelle la Mer du Rhône, à cause de la grandeur de ce Lac au travers duquel le Rhône passe.

Les Empereurs Allemands succédérent aux Rois de Bourgogne, & le Pays de Vaud fut tenu par les Princes de Zeringen, Ducs de la Bourgogne Transjurane. Leur Race

Race ayant été éteinte, les Empereurs rentrérent en possession de leurs droits, mais pour peu de tems; car dans le troisième Siècle le Prince Pierre, qui fut depuis Comte de Savoye, fut Seigneur de Vaud; il fut aussi Maître de la Ville de Berne, & quelques-uns de ses descendans en jouïrent. A l'égard du Pays de Vaud il se trouva avec le tems partagé entre trois Seigneurs: savoir l'Evêque de Lausanne, le Duc de Savoye, & les deux Cantons de Berne & de Fribourg comptez pour un Seigneur. Le premier étoit Seigneur de la Ville de Lausanne, des quatre Paroisses de la Vaux, d'une partie du Vevay, d'Avenche, de Lucens & de Bulle. Les Cantons de Berne & de Fribourg possédoient en commun les trois Bailliages d'Orbe, de Granson & de Morat. Le Duc de Savoye possédoit tout le reste, qu'il gouvernoit par le moyen d'un Grand Bailli ou Gouverneur, qui faisoit sa résidence à Moudon; & par le moyen des Etats du Pays qui s'assembloient dans la même Ville. Ces Etats étoient composez des Nobles & des Députez des quatorze Villes & Bourgs, qui étoient:

Moudon,	Cudrefin,
Yverdun,	Rue,
Morges,	Cossonay,
Nyon,	Grand-Court
Romont,	Ste. Croix,
Payerne,	Les Clées,
Estavayer,	St. Denis.

Les disputes de Religion ont été cause que cet Etat est passé entièrement sous la puissance des Bernois. Le Duc de Savoye chagrinoit principalement les Génevois, ne pouvant souffrir qu'ils eussent changé de Religion. La Ville de Berne lui envoya des Députez pour le prier de laisser à la Ville de Genève le libre exercice de la Religion qu'elle avoit choisie. Les Députez n'ayant rien pu obtenir, les Bernois levérent des Troupes, entrérent en armes sur les Terres du Duc, & dans moins de cinq semaines ils s'emparérent non-seulement de ce qu'il possédoit dans le Pays de Vaud, mais pénétrérent encore dans l'intérieur de la Savoye. Cette conquête se fit en 1536. sur Charles Duc de Savoye, qui avoit été dépouillé de ses Etats par François I. Le Duc Philibert Emanuel ayant, en exécution du Traité de Câteau Cambresis, été mis en possession des Etats dont le Duc son Pere avoit été dépouillé, demanda aux Bernois ce qu'ils tenoient de son Pays. Cette contestation dura jusqu'en 1564. que les autres Suisses s'étant rendus Médiateurs, les Bernois remirent au Duc tout ce qui étoit au-delà du Lac de Genève, avec un certain nombre de Places, à condition qu'ils demeureroient à perpétuité possesseurs du reste, dont ils sont encore aujourd'hui Souverains. L'Empereur Maximilien II. eut beau interposer son autorité, les Bernois demeurérent inflexibles; de sorte que le Duc s'obligea de leur en laisser la possession paisible, sans néanmoins renoncer entiérement à ses prétentions; en sorte que depuis ce tems-là il a continué aussi-bien que ses Successeurs, à prendre la qualité de Baron de Vaud & de Comte de Romont. Les Bernois s'étoient emparez en même tems de la Ville & de l'Evêché de Lausanne, dont ils chassérent l'Evêque, & ils abolirent le culte de l'Eglise Romaine dans toutes leurs conquêtes.

Le Pays de Vaud est un très-bon & très-agréable Pays. Il ne faut pourtant pas s'imaginer qu'il ne s'y trouve aucun endroit stérile; car il est constant que l'on y voit plusieurs endroits remplis de Montagnes, qui ne produisent presque rien & même rien du tout. On ne doit appeller proprement un beau & agréable Pays que la partie qui est située proche du Lac de Genève, & les deux quartiers qui sont à droit & à gauche du Lac de Zurich, qui forment dans leur étendue comme une Ville continuelle. Plusieurs personnes qui connoissent parfaitement la partie du Pays qui est le long du Lac de Genève, donnent cependant la préférence pour la beauté & pour la fertilité, à celle qui est aux environs du Lac de Zurich en venant du côté de Berne. Pour rendre néanmoins justice à la première il faut dire que si elle n'est pas la plus belle, elle est la meilleure; car c'est où croît le meilleur Vin, & elle en produit abondamment.

Les Habitans du Pays de Vaud sont généralement robustes, aimant les armes, bons Soldats, & capables de toutes les Sciences s'ils vouloient s'y appliquer; mais ils n'aiment pas beaucoup le travail, & le Pays se remplit tous les jours de Paysans Allemans, qui y vont travailler les terres prenant des Fermes, où en servant bien leurs Maîtres ils ne font pas mal leurs affaires. Aussi la Seigneurie de Berne pour encourager ces espèces de Colonies Allemandes, & pour y introduire leur Langue a fondé depuis une quarantaine d'années cinq Eglises Allemandes dans le Pays, la première à Aigle, la seconde à Lausanne, la troisième à Yverdun, la quatrième à Moudon, la cinquième dans la Côte; & la résidence est à la discrétion du Ministre. La Colonie d'Yverdun a été établie en 1703. celle de Moudon en 1708. celle de la Côte en 1710.

VAUDAN, Bois de France, dans la Normandie, Maîtrise des Eaux & Forêts d'Alençon. Il comprend soixante & sept arpens.

VAUDELNAY (Le) Bourg de France, dans le Poitou. Il est fort considérable.

VAUDEMONT, *Vaudemontium* ou *Vadani Mons*, Bourg du Duché de Lorraine, au Département du Barrois, & le Chef-Lieu d'un Bailliage de même nom. Ce Bourg a commencé par le Château de Vaudemont bâti par Gérard d'Alsace, Duc de Lorraine, qui l'avoit eu pour sa part. Il a été long-tems le Chef-Lieu du Comté, mais il a depuis cédé cet honneur à la petite Ville de Vezelize. Son Eglise Paroissiale est dédiée à St. Gengoul. Le Chapitre de St. Gengoul est Patron de la Cure, dont le Curé perçoit un tiers de la grosse Dixme & toute la menue; & le Chapitre de Vaudemont prend les deux tiers de la grosse Dixme. Ce Chapitre fut fondé en 1325. par Henri III. Comte de Vaudemont. Il est composé de huit Cha-

Chanoines & d'un Prevôt qui a double prébende. La Prébende est de trois cens Livres. Le Duc de Lorraine est Seigneur & Patron du Chapitre de Vaudemont, où il y a un petit Hopital fort mal renté.

[*a Longuerue, Descr. de la France, Part. 2. p. 194.*]

Après la mort de Gérard d'Alsace [a], arrivée en 1070. ses deux fils Thierry & Gérard, qui étoient jeunes, se brouillérent & eurent des différends pour le partage des biens de leur Maison. Enfin l'Empereur Henri III. IV. les accommoda & obligea Gérard à se contenter de Vaudemont qu'il érigea en Comté en faveur de Gérard. On ne voit point que le même Gérard ait reconnu au-dessus de lui aucun Seigneur que l'Empereur, ni que son Comté ait été alors un Fief des Comtes de Monçon ou de Bar, comme il l'a été dans la suite.

Les Descendans mâles de Gérard Comte de Vaudemont, ont long-tems tenu ce Comté de pere en fils. Le Comte Hugues qui en étoit un & qui possédoit ce Comté l'an 1200. reconnu par un Acte enregistré au Cartulaire de Champagne, qu'il étoit devenu homme lige de Blanche Comtesse de Troye, & de Thibaud son fils; mais sauf la fidélité ou ligeance due au Comte de Bar, dont il avoue qu'il étoit homme lige.

Cent ans après, une guerre s'étant allumée entre Ferri II. Duc de Lorraine, & Edouard Comte de Bar, le Comte fut pris prisonnier dans un combat donné près de Dieulouart; & après avoir demeuré en prison six ans, Louis Roi de Navarre, qui fut depuis le Roi de France Louis Hutin, arbitre des Parties, le fit convenir que la rançon du Comte seroit de 90000. Livres. Afin de s'acquitter d'une partie de cette somme, le Comte engagea au Duc Ferri la mouvance de Vaudemont pour 20000. Livres, lesquelles le Comte de Bar promit de payer dans deux ans, sinon, que la mouvance de Vaudemont demeureroit en propre au Duc Ferri. En conséquence le Comte de Bar manda au Comte de Vaudemont son Vassal, de rendre au Duc les services & les hommages, dont il étoit tenu envers le Comte de Bar, tant que l'engagement dureroit. Cet Accord fut fait le 20. Mai 1314.

Ce Comte de Vaudemont étoit Henri, qui fut le dernier mâle de la Race du premier Comte Gérard: il mourut sans enfans, & eut pour héritiére sa sœur, nommée Marguerite, qui épousa Anseau Sire de Joinville: ils eurent pour héritier Henri de Joinville, Comte de Vaudemont & Sire de Joinville, qui n'eut qu'une fille nommée Marguerite. Le Comte de Bar dégagea la mouvance de Vaudemont sur la fin de l'an 1316. Marguerite de Joinville étant dans le Château de Bar-le-Duc, rendit ses devoirs & son aveu à Robert Duc de Bar l'an 1393. Ensuite Ferri de Lorraine, frere du Duc Charles I. & mari de Marguerite, rendit les mêmes devoirs au Duc de Bar sur la fin de l'an 1394; & reconnut que Vaudemont avec Vezelize & leurs dépendances, étoient tenus en Fief lige des Comtes & Ducs de Bar.

Le Duché de Bar, ayant passé à la Maison d'Anjou, René envoya ses Baillifs de Bar & de S. Mihel, afin de se faire reconnoître pour Seigneur Suzerain par Antoine de Lorraine, Comte de Vaudemont, l'an 1431. Le Duc voulut avoir pleine ouverture & obéïssance des Places, à peine de commise, du Comté qui étoit tenu en Fief des Ducs de Bar, de tel tems qu'il n'étoit mémoire du contraire, ainsi que porte l'Acte, où il est exprimé que les prédécesseurs d'Antoine avoient rendu hommage aux Ducs de Bar, & les autres devoirs sans aucune difficulté ni contredit.

Ferri fils d'Antoine, épousa Yoland d'Anjou, héritiére des Duchez de Lorraine & de Bar; & leur fils René réunit les deux Duchez avec le Comte de Vaudemont, dont les Ducs de Lorraine ont depuis ce tems-là donné le titre à leurs cadets: le Duc Charles III. le donna à son fils naturel Charles Henri, appellé le Prince de Vaudemont. Aujourd'hui la principale Place du Comté de Vaudemont est Vezelize, où est le Siège du Bailli & Juge du Comté, qui ressortit à la Cour Souveraine de Nanci.

VAUDREVANGE, ou VALDERVANGE, en Allemand *Valderfringen*; Ville de Lorraine, dans le Bailliage Allemand, sur la rive gauche de la Saare, dans un Terroir fertile, où il y a beaucoup de belles Prairies; mais ce Pays ayant été le plus exposé aux fureurs de la guerre qui ont desolé la Lorraine depuis l'an 1631, est aussi le plus ruïné & le plus desert. Vaudrevange qui n'étoit pas bien fortifiée ayant été occupée par les différens partis, étoit fort diminuée l'an 1680, lorsque le Roi Louis XIV. étant demeuré paisible possesseur de toute la Lorraine après le Traité de Nimègue, que le feu Duc Charles n'avoit point voulu accepter, fit ruïner cette Ville, dont il n'est resté que peu de Bâtimens & au-dessus de ce lieu-là il fit construire une très-belle Forteresse du même côté de la Saare, qu'il nomma Saar-Louis, qui est de ce côté-là le Boulevart de la France. Quoique tout l'État de Lorraine ait été rendu au Duc Léopold fils du Duc Charles en exécution du Traité de Ryswic, néanmoins Saar-Louis par l'Article 32. a été réservé au Roi de France, avec une demi-lieuë de terrain autour de la Place; mais comme cette Forteresse étoit trop resserrée & que cela incommodoit la Garnison, le Duc de Lorraine a cédé à la France cinq Villages voisins de Saar-Louis, & l'emplacement de la Ville de Vaudrevange, avec les Bâtimens qui y restent, par le Traité du mois de Janvier 1718, moyennant un dédommagement qui lui a été donné.

VAUGE. Voyez VOSGE.

VAUGIEN, Château de France, dans le Hurepoix près de Chevreuse & de l'Abbaye de Gif [b]. Ce Château situé dans un Vallon est d'une Architecture très-réguliére. Ses Jardins sont du Dessein de le Nautre. Il y a au voisinage un Bois d'une hauteur extraordinaire. Au bout de ce Bois est un Etang qui reçoit toutes les eaux des Montagnes voisines. A la porte du Château on remarque deux Enfans de pierre dure, montés sur des Dauphins, & qui font deux espèces de cascades, dont la chûte fait jouer deux

[*b Piganiol. Descr. de la France, t. 2. p. 664.*]

VAU.   VAU.

deux Baſſins à l'entrée de la Cour du Château, qui eſt fermé par deux grands Etangs avec une avenue qui les ſépare.

VAUGIRARD, Village de l'Iſle de France [a], tout près de Paris. Il n'eſt preſque compoſé que de Guinguettes & de Tavernes. On eſt ſurpris du grand concours du petit peuple de Paris que l'on y voit les Fêtes & les Dimanches, ſur-tout le jour de St. Lambert. Ce Village a pris ſon nom de Girard de Moret, Abbé de St. Germain des Prez [b], qui vivoit en 1266.

VAUJOUR, Lieu de France en Anjou [c] dans la Paroiſſe de Châteaux, Election de Baugé. Ce Lieu fut érigé en Duché Pairie le 13. de Mai 1667. en faveur de Louiſe Françoiſe de la Baume, le Blanc de la Valliére, & de Marie-Anne Légitimée de France ſa fille, qui épouſa dans la ſuite le Prince de Conti, dont elle eſt Veuve. Cette Terre avoit été achetée par Decret ſur les Héritiers de la Maiſon de Beuil Sancerre, & s'appelloit autrefois *la Baronnie de Château Angour*.

VAULION, Vallée de Suiſſe, au Canton de Berne, dans le Bailliage de Romain-Motier. C'eſt pour ainſi dire une longue gaine fort profonde entre de hautes Montagnes, à une lieue au-deſſus de Romain-Motier.

VAULUISANT, Abbaye de France, dans la Champagne, au Diocéſe de Sens à ſix lieues de Bray-ſur-Seine. C'eſt une Abbaye d'Hommes de l'Ordre de Citeaux, Filiation de Preuilly. Elle fut fondée le 5. des Calendes d'Octobre 1129. & ſelon d'autres en 1127. par Artaldus premier Abbé de Preuilly. Il y a apparence qu'elle fut dotée par Urſelle Seigneur de Triangle. On y a mis la Réforme. Son revenu eſt de ſeize mille Livres.

VAULX, Bourg de France, dans la Bourgogne, Recette de Bugey. Ce Bourg eſt aſſez conſidérable.

VAUMARCUS, Baronnie de Suiſſe [d], dans le Comté de Neu-Châtel, en Latin *Vallis Mercurii*. Elle appartient à la famille des Buren de Berne.

VAUNIA, Ville d'Italie: C'eſt une de celles que Ptolomée [e] donne aux *Bechuni*.

VAUSSAY, Bourg de France, dans le Poitou, Election de Poitiers. Il a douze à treize cens Habitans.

VAUVERT, petite Ville de France, dans le Bas-Languedoc, Recette de Niſmes. Elle n'a guère plus de dix-huit cens Habitans.

VAUVILLERS, Bourgade de France [f], dans la Franche-Comté, ſur les confins de la Lorraine, avec un ancien Château, dont on ne voit plus que les veſtiges. Ce Lieu eſt ſitué au pied d'une Montagne, à cinq lieues de Bourbon-les-Bains, & à ſix de Veſoul. Il a haute, moyenne & baſſe Juſtice, droit de Foire, & il s'y tient un Marché une fois la Semaine.

1. VAUX (La) Pays de Suiſſe [g], dans le Canton de Berne. C'eſt le Quartier de Pays qui ſe trouve entre Lauſanne & Vevay. Il a trois lieues de longueur & une lieue de largeur. Ce Pays eſt fort raboteux. C'eſt proprement une chaîne de Collines, dont la pente eſt fort rude & qui s'élève dès le bord du Lac de Genève l'eſpace d'une lieue de largeur. Au-deſſus de ces Collines on ſe trouve dans un Pays ſauvage & ſolitaire entrecoupé de Bois, de Champs & de Prez. C'eſt l'extrémité du JORAT, qui eſt une Forêt de trois à quatre lieues de longueur ſur deux lieues de largeur, ſur une Montagne entre Lauſanne & Moudon; on la traverſe dans ſa largeur, quand on va de l'une de ces deux Villes à l'autre. C'eſt-là la grande route de France en Allemagne. Il paroît par l'Hiſtoire que cette Forêt a été autrefois d'une bien plus grande étendue; mais avec le tems on en a défriché, & l'on en défriche tous les jours quelque quartier particuliérement depuis qu'un certain nombre des Réfugiez de France ſe ſont habituez dans ce Quartier. Quant au Pays de LA VAUX, ce n'eſt, pour ainſi dire, qu'un ſeul Vignoble, qui porte le meilleur Vin qui croiſſe dans le Canton de Berne. Ce Pays eſt partagé en quatre grandes Paroiſſes qui dépendoient autrefois du Temporel des Evêques de Lauſanne. Ces Paroiſſes ſont:

| Lutry, | St. Saphorin, |
| Cully, | Corſier. |

Lutry eſt une petite Ville au bord du Lac, à l'extremité d'une jolie Plaine. Elle a été autrefois plus conſidérable qu'elle ne l'eſt aujourd'hui. Il y avoit un Prieuré qui fut réuni dans le quinzième Siécle à la Manſe Epiſcopale. Cully eſt une autre petite Ville, mais plus belle & mieux bâtie que Lutry, auſſi au bord du Lac, dans le meilleur Vignoble de toute la Vaux. Elle fait une ſeule Paroiſſe avec Villette, qui n'eſt aujourd'hui qu'un Hameau, mais qui étoit autrefois plus conſidérable. Le Miniſtre qui réſide à Villette prêche tour à tour dans ſon Temple & dans celui de Cully. Cette Paroiſſe eſt d'une très-grande étendue & comprend pluſieurs Villages, qui ſont épars dans le Vignoble au-deſſus de Cully. Un Evêque de Lauſanne ferma cette Ville de murailles & la fortifia vers le milieu du quinzième Siécle. Au-deſſus de Cully & au milieu de cette Campagne ſauvage & ſolitaire dont j'ai déja parlé, paroît un Monticule fort élevé, couvert d'une Forêt épaiſſe de Sapins: au ſommet de ce Monticule & au plus épais de la Forêt, on trouve une vieille Tour, forte, à demi-ruïnée & qu'on nomme la TOUR DE GOURZE, ou GAUZE. La tradition du Pays eſt que cette Tour a été bâtie pour ſe mettre à couvert contre les irruptions des Sarraſins, qui s'étant nichez dans certaines Fortereſſes du Piémont & de la Savoye dans le dixiéme Siécle, faiſoient perpétuellement des courſes dans les Pays voiſins, où ils pilloient & défoloient toute la Campagne. A une lieue de là, du côté de l'Orient, & dans la même Campagne, on voit un petit Lac, nommé le LAC DE BROT, ou DE BRE. Il a une lieue de tour & nourrit les plus groſſes Ecreviſſes que l'on voye en Suiſſe. Du reſte, il eſt dangereux pour ceux qui s'y baignent, & on prétend qu'en quelques endroits il n'a point de fond. St. Saphorin eſt un petit

[a] Piganiol, Deſcr. de la France, t. 2. p. 657.
[b] Ibid. t. 7. p. 98.
[c] Etat & Délices de la Suiſſe, t. 2. p. 304.
[d] Etat & Délices de la Suiſſe, t. 3. p. 242.
[e] Lib. 3. c. 1.
[f] Corn. Dict. Sur des Mém. MSS
[g] Etat & Délices de la Suiſſe, t. 2. p. 269.

Bourg fermé de murailles, situé dans un endroit élevé & raboteux, au bord du Lac. On voit dans le Temple une Colomne antique avec l'Inscription suivante, faite à l'honneur de l'Empereur Claude, l'an 46. de *Jesus-Christ*.

TIT. CLAUDIUS DRUSI F.
CÆS. AUG. GERM.
PONT. MAX. TRIB. POT. VII.
IMP. XII. P. P. COS. IIII.
F. A.
XXXVII.

Proche de St. Saphorin est le Château de Glérole, situé sur des Rochers au bord du Lac, & bâti par l'un des derniers Evêques de Lausanne. Guillimán, trompé par la ressemblance du nom, s'est imaginé que ce Château est le *Cularo* des Anciens. Mais *Cularo* est Grenoble. Ce Château n'est habité que par un Concierge que les Bernois y tiennent. La dernière Paroisse de la Vaux est celle de Corsier, qui est un beau Village à demi-lieue de Vevay. Il y a quelques autres Villages qui en dépendent. Ces quatre Paroisses suivent le Droit écrit de Lausanne, qui diffère en quelques Articles de la Coutume du Pays de Vaud. Les Habitans y sont pour la plûpart fort à leur aise, robustes & accoutumez à travailler dans un Pays rude & raboteux.

2. VAUX (La) Lieu du Duché de Lorraine, au Bailliage de Vauges. C'est une dépendance de la Paroisse de Brantigny. Il y a une Chapelle sous le titre de St. Césaire. Elle fut fondée le 27. Septembre 1622. On y dit trois Messes par semaine, & toutes les Fêtes & Dimanches on y joint les Vespres & le Catéchisme.

3. VAUX, Bourg de France, dans le Beaujollois, Election de Ville-Franche.

4. VAUX, Bourg de France dans l'Angoumois, Election de Cognac.

5. VAUX, Bourg de France dans la Saintonge, Election de Saintes. Il y avoit dans ce Bourg une Abbaye de l'Ordre de St. Benoît, fondée en 1075. Elle est dédiée à St. Etienne. Dans le tems des troubles les Calvinistes détruisirent l'Eglise & le Monastère, & en usurpèrent les Biens.

6. VAUX, Terre de France, au Diocèse de Sisteron. Elle fut érigée en Marquisat l'an 1552. en faveur du Sr. de Valavoir, depuis Lieutenant-Général.

7. VAUX (La) Paroisse de France, dans le Périgort, Election de Sarlat.

VAUX-BEXEY, Lieu du Duché de Lorraine dans la Province de Vauges, & dans la dépendance de la Paroisse de Jorsey. Il y avoit autrefois dans ce Lieu un Château.

VAUX-BONES, *Vallis Bonesti*, Prieuré de France. C'est un Prieuré d'Hommes de l'Ordre de St. Benoît, Congrégation de Cluny. Il est pour sept Religieux y compris le Prieur.

VAUX DE CERNAY, Abbaye de France, au Diocèse de Paris, frontière de celui de Chartres, à une demi-lieue de Chevreuse, sur la droite d'un petit Ruisseau, en Latin *Vallés Cerniái*. C'est une Abbaye d'Hommes de l'Ordre de Cîteaux [a], Fille de Savigny & Ré-

[a] *Pigniol*, Descr. de la France, t. 2. p. 23.

formée. Elle fut fondée en 1128. par Simon de Neausle le Chastel, Connétable de France, & par Eve sa femme. Les Comtes de Monfort, ceux de Dreux, les Seigneurs de Chevreuse & ceux de Rambouillet augmentèrent dans la suite par leurs bienfaits les biens de cette Abbaye, comme il paroît par des Lettres de confirmation de Louis VII. Roi de France, & Duc d'Aquitaine. Cette Abbaye vaut à l'Abbé huit mille Livres de rente; & il y a dix mille cinq cens Livres pour les Religieux, qui sont au nombre de treize ou de quatorze.

VAUX-DIEU, Voyez au mot VAL l'Article VAL-DIEU.

VAUX LA DOUCE, Abbaye de France, dans la Champagne, au Doyenné de Pierre-Fitte [b]. Elle est de l'Ordre de Cîteaux & de la Filiation de Claire-Fontaine, qui relève de Morimont. Cette Abbaye fut fondée selon quelques-uns en 1152 par Manassés, alors Doyen & depuis Evêque de Langres. L'Auteur des Annales de Cîteaux met sa fondation en 1168. Une chose certaine c'est que le plus ancien titre de sa fondation, donné par Godefroi Evêque de Langres, est sans date. Il paroît par ce Titre que ce Lieu avoit été habité par des Chanoines qui vivoient en Règle; que ses premiers Bienfaiteurs ont été les Seigneurs de Raufonière, de la Ferté sur Amance, & autres qui y sont dénommez par un Titre de l'an 1178. & que le premier Abbé s'appelloit Norbert. Par un autre Titre de l'an 1189. Manassés Evêque de Langres ratifie le don fait par Gérard d'Oggey; & par un autre Titre de l'an 1241. Thibault IV. Comte de Champagne prit cette Abbaye sous sa protection, à laquelle Jean Comte de Bourgogne fit don de dix livres de Sel par an, à prendre sur ses revenus de Salins: la Charte de cette donation est du mois de Février 1253. L'Abbé qui est Régulier n'a que deux Religieux avec lui. Ils ont environ cinq mille Livres de rente.

[b] *Baugier*, Mém. de Champagne, t. 2. p. 86.

VAUX, OU LES VAUX DE NEVERS, On appelle ainsi un des Cantons du Nivernois. C'est celui où se trouve la Ville de Nevers. Il est abondant en Vin, en Bled, en Bois & en Fourages. Il y a aussi plusieurs Mines de fer que l'on fond par le moyen d'une matière qu'on nomme Castine. On y trouve aussi plusieurs Mines de Charbon de terre.

VAUX SUR POLIGNY, Prieuré de France, dans la Franche-Comté, au Diocèse de Besançon. C'est un Prieuré d'Hommes, de l'Ordre de St. Benoît, Congrégation de Cluny. Les Religieux sont au nombre de seize.

VAUX-LE-VICOMTE. Voyez VAUX LE VILLARS.

VAUX-LE-VILLARS, Lieu de France, dans la Brie, Election de Melun. Il y a dans ce Lieu une des plus belles Maisons de Campagne des environs de Paris. Cette belle Maison est l'ouvrage de Monsieur Fouquet le dernier Sur-Intendant des Finances qu'il y ait eu dans le Royaume [a]. Ce grand Ministre n'avoit rien épargné pour lui donner toute la perfection possible. Mr. le Maréchal Duc de Villars l'ayant acquise

[a] *Pigniol*, Descr. de la France, t. 2. p. 652.

VAU. VAX.   VAX. VAY.

se changea l'ancien nom de Vaux-le-Vicomte en celui de Vaux-le-Villars. La situation de cette Maison est très-belle & des plus avantageuses. Le Bâtiment est beau & magnifique, & les appartemens sont enrichis de Peintures de le Brun, un des plus excellens Peintres que la France ait produits. Les Jardins sont spacieux & agréables & les eaux charmantes. La grande Cascade commence à une grande Terrasse revêtue de trois côtez, & accompagnée d'un fossé plein d'eau, d'où s'élevent des gerbes d'espace en espace. Dix-huit corps, avancez sur le devant de la Terrasse, occupent la principale face de cette belle Cascade. Ils ont la forme d'un Piédestal: au-dessus sont des Bassins quarrez qui donnent des gerbes, & tombent dans le grand Bassin, chacune par un masque & par une coquille. Entre chacun de ces Piédestaux est une chûte d'eau qui tombe par trois différentes reprises, ou napes d'eau dans le grand Bassin. Ce Bassin est un quarré d'eau fort étendu & spacieux, au milieu duquel s'élevent plusieurs Jets d'eau, sur une même ligne, qui forment avec tout le reste une très-belle perspective. Les petites Cascades sont un réduit fort gracieux formé par trois Terrasses l'une sur l'autre. La plus haute a dix Jets d'eau, cinq de chaque côté. On descend delà sur la seconde par quelques marches de pierre, à côté desquelles sont deux Bassins quarrez remplis par l'eau que jettent six masques. Sur le devant s'avancent deux autres Bassins quarrez d'où s'élevent dix Jets d'eau qui sont accompagnez chacun d'un Sphinx d'une belle Sculpture. Au milieu est un degré de plusieurs marches de pierre par lequel on descend dans la troisième Terrasse. Six masques rendent une grande quantité d'eau dans autant de coquilles, qui forment par une seconde chûte deux Bassins, l'un à droite & l'autre à gauche. Sur le devant sont encore deux autres Bassins d'où s'élevent plusieurs Jets d'eau rangez des deux côtez sur une même ligne & d'une hauteur considérable.

La Grotte est un des beaux endroits de toute la Maison. En haut on voit une très-grosse Gerbe d'eau avec un Bassin. La Terrasse est ornée sur le devant d'une Balustrade, interrompue par huit Piédestaux chargez d'autant de Statues bien sculptées. Au-dessous sont autant de figures en relief, montées sur des pilastres. Dans chaque entre-pilastre est une Niche, dans laquelle est un Rocher qui jette de l'eau de tous côtez dans un grand Bassin qui occupe toute la face de la Cascade. A côté sont les marches par lesquelles on monte sur la Terrasse. Elles sont accompagnées de deux Girandoles d'eau, qui forment des Bassins & des Sphinx bien sculptez.

Le Canal, est grand, & à la tête, qui est vers la Grotte, s'élève un Rocher sur lequel est placée une Statue de Neptune, le Trident à la main, & accompagnée de Tritons qui jettent de l'eau de tous côtez.

VAX-VILLA REPENTINA, Lieu de l'Afrique propre. L'Itinéraire d'Antonin le marque sur la route de Carthage à Alexandrie entre *Sabrata Colonia* & *Ocea Colonia*, à vingt-sept milles du premier de ces Lieux & à vingt-huit milles de second. Vax-Villa Repentina tiroit sans doute son nom de son Fondateur nommé *Repentinus*. On trouve dans le Tresor de Gruter [a] l'Inscription suivante P. Claudii Pallanti Honorat Repentini Leg. pr. pr. Provinciæ Africæ. Peut-être ce Repentinus étoit-il Fondateur du Lieu en question.

VAX HOLM, petite Isle de Suède [b] à trois lieues du Port de Stockholm. Il y a sur cette Isle un Fort avec une Garnison, pour visiter les Vaisseaux qui veulent entrer dans cette fameuse Ville, ou qui en sortent. Ce Fort est une grosse Tour ronde, défendue de quelques Bastions qui occupent presque toute l'Isle ou le Rocher.

[a] Pag. 390. no. 2.
[b] Corn. Dict. Voyage de Dannemarck, & de Suède par Jovin de Rochefort.

VAXONCOURT, *Vaxuncuria*, Paroisse du Duché de Lorraine, au Bailliage d'Epinal. Son Eglise Paroissiale est dédiée à St. Martin. Les Religieux de Belchamp sont Patrons de la Cure. Le Curé a un tiers des Dixmes: l'Abbaye de Belchamp a les deux autres tiers, à l'exception d'une petite portion qu'elle rend au Chapitre d'Epinal. Xaincourt est une Annexe de Vaxoncourt.

VAXY, Village du Duché de Lorraine, ci-devant l'une des Dépendances de la Prévôté d'Amance, & aujourd'hui le Chef-Lieu de la Vallée de ce nom. Il a été cédé avec les Villages qui composent cette Vallée, au Duc de Lorraine par le Traité de Paris de 1718.

VAY. Voyez Ve'.

VAYE (La Rade de) Rade d'Italie sur la Côte de Gènes. C'est, dit Michelot [c], une grande Anse de sable, qui se forme au moyen d'une grosse Pointe qu'on appelle le Cap de Vaye, qui s'avance en Mer, paroissant de loin fort blanchâtre & sur le Sommet de laquelle il y a quelques vieilles ruines de Fortifications. On en voit d'autres aussi démolies, au-dessous du côté du mouillage. Sur le bord de la Mer, dans le fond de la Rade, qui est de l'autre côté du Cap de Vaye, il y a quelques Maisons le long de la Côte, avec une petite Chapelle devant laquelle on mouille; & du côté du Nord-Ouest de la Chapelle il y a un petit Fort armé de six à sept Canons pour la sûreté des Bâtimens qui y mouillent. Le meilleur endroit pour des Galéres est vis-à-vis de cette Chapelle. C'est où ordinairement se met la Commandante. Elle y porte une amarre, & est éloignée presque de deux Grelins: les autres Galéres mouillent aux environs entre la Chapelle & la Pointe de Vaye. La plûpart portent des amarres à terre. On y est par cinq à six Brasses d'eau, fond d'herbe vaseux; ayant un fer en Mer vers le Nord Ouest par neuf à dix Brasses d'eau. Il ne faut pas s'approcher du petit Fort, à cause de quelques Roches qui y sont sous l'eau. Les Vaisseaux peuvent aussi mouiller dans cette Rade, mais un peu plus au large, les Vents d'Est & Sud-Est qui y sont Traversiers y aménent ordinairement une grosse Mer; mais comme le fond y est bon il n'y a rien à craindre: de même lorsque les Vents sont au Sud-Ouest, il s'y fait un gros ressac de la Mer. Il faut aussi se précautionner contre les Vents du Nord-

[c] Portolan de la Médit. p. 90.

Nord-Ouest qui y sont rudes. Tout proche de Vaye, vers le Nord-Ouest, il y a une grande Ravine d'eau, principalement pendant l'Hyver; par delà la Ravine est le Village de St. Jean de Vaye, aussi sur le bord de la Mer dans une Plage. La reconnoissance de la Rade de Vaye est assez facile par le Cap de Noli, en venant de l'Ouest: on la reconnoît aussi par l'Isle Brazili, & par la blancheur de ces ruines qui sont sur le haut du Cap de Vaye. De même, lorsqu'on vient du côté de l'Est, on voit aussi le Cap de Noli & le Cap de Vaye qui forment cette grande Anse, où sont les deux Villes & le Fortin au milieu; outre qu'on voit encore là, la Ville de Savone, & sa Forteresse proche de la Mer.

VAYPICOTA, ou CHANOTA, Ville des Indes, au Royaume de Cochin, à une lieue de Cranganor. C'est dans ce Lieu, dit Davity [a], que le Viceroi des Indes fonda en 1587. avec la permission du Roi de Cochin un College de Jésuites, où l'on enseigne les Langues Syriaque & Chaldaique, avec la Latine, & les Sciences nécessaires à un Prêtre & à un Prédicateur.

[a] Royaume de Cochin, p. 599.

VAYPYN, Isle des Indes, sur la Côte de Malabar, au Royaume de Cochin. Elle est selon Davity [b] vis-à-vis de la Ville de Cochin du côté du Nord. Cette Isle est très-forte d'assiette, & renferme la belle & superbe Maison de l'Evêque de Cochin.

[b] Ibid.

VAZEUM, ou GAZETUM. Voyez GAZETUM-VINUM.

VAZUA, Ville de l'Afrique Propre: Ptolomée [c] la marque au nombre des Villes situées entre la Ville Thabraca & le Fleuve Bagradas.

[c] Lib. 4. c. 3.

U B.

UBABENSIS, Siège Episcopal d'Afrique, dans la Mauritanie Césarienne selon la Notice des Evêchez de cette Province.

UBANECTI. Voyez ULBANECTES & RHATOMAGUS.

UBARA, Lieu fortifié dans l'Isaurie selon Ortelius [d] qui cite Cédréne. Il semble que ce soit le même Lieu, qui est nommé PAPYRIUM par Jornandes & par Nicéphore Calliste.

[d] Thesaur.

UBATA, Ville d'Afrique: Ptolomée [e] la marque parmi les Villes qui étoient au Midi d'Adrumete.

[e] Lib. 4. c. 3.

UBAYE, Rivière de France dans la Provence. Elle prend sa source près de l'Arche & de l'Argentière; elle traverse la Vallée de Barcelonnette & se rend dans la Durance.

UBAYE-SANCTIO, Bourgade de France, dans la Provence, Viguerie & Recette de Seine. Honoré Bouche croit que c'est où il faut placer les EBUSIANI, dont il est fait mention dans le Trophée des Alpes.

UBEDA, Cité d'Espagne [f], au Royaume de Jaen, à une lieue au Nord-Est de Baeça, & au Nord-Ouest de Caçorla. Cette Ville est bâtie dans une Campagne très-fertile & abondante en Vin, en Bled, en Huile & en Fruits, sur-tout en Figues. Les Habitans sont exempts de tout Impôt par toute l'Espagne, excepté dans les Royaumes de Tolède, de Séville & de Murcie. Ils obtinrent ce privilège dans le troisième Siècle, de Sanche IV. Roi de Castille, en récompense de ce qu'ils bâtirent à leurs dépens les murailles de leur Ville.

[f] Délices d'Espagne, p. 397.

A une lieue de cette Ville on trouve un Village nommé UBEDA LA VEJA que l'on croit être l'ancienne Betula. Il est situé sur le Guadalquivir, à une lieue de son Embouchure & à six de Jaen. Le Roi Ferdinand le prit sur les Maures en 1234.

UBERLINGEN, Ville Impériale d'Allemagne, dans la Suabe [g], sur cette partie du Lac de Constance qu'on appelle le Bas Lac, à cinq lieues de Lindaw. Cette petite Ville qui obéissoit autrefois aux Ducs de Suabe & qui étoit leur Résidence, fut mise en 1267. sous la protection de l'Empire. Sa Jurisdiction s'étend aujourd'hui assez loin. A une lieue de cette Ville on voit l'Abbaye de Salmansweiler, où l'on garde de grands Tonneaux pleins de vin, & dont quelques-uns ont plus de vingt-cinq pieds de longueur. Le Pays des environs est chargé de Vignes, & produit la plûpart des choses nécessaires à la vie. Il se fait à Uberlingen un grand Commerce de Bled. La plus grande partie des Habitans sont Catholiques.

[g] D'Audifred, Géogr. Anc. & Mod. t. 3. Corn. Dict.

UBEXEY, Lieu du Duché de Lorraine, Office de Charmes. C'est une dépendance du Village de Caumartin & de la Paroisse de Brantigny, dont il est présentement une Annexe. Il y a à Ubexey un Château avec une Chapelle.

UBII, Peuples de la Germanie [h], compris originairement sous le nom général des Istevones. Ils habitoient premièrement au-delà du Rhein. Leur Pays étoit d'une grande étendue. Il consistoit du côté du Nord au Pays des Sicambres, ce qui est prouvé par la première expédition de César dans la Germanie Transrhénane; car lorsqu'il fut arrivé aux confins des Ubiens, il entra dans le Pays des Sicambres; & le Segus pouvoit servir de borne entre ces deux Peuples. Du côté de l'Orient les Ubiens touchoient au Pays des Cattes, comme le prouvent encore les Expéditions que César [i] fit au-delà du Rhein, & il est à croire que les Sources de l'Adrana & de la Longana étoient aux confins des deux Peuples: Au Midi ils étoient bornez par le Mein qui séparoit des Helvetiens, des Marcomans & des Sedusiens. Enfin on ne peut point douter que les Ubiens du côté du Couchant ne fussent bornez par le Rhein; car aux deux fois que César passa le Rhein, il entra d'abord dans le Pays des Ubiens; outre que le Pont qu'il fit à sa seconde expédition joignoit le Pays de ces Peuples à celui des Treviri.

[h] Spener, Notit. Germ. Ant. L. 4. c. 1. & Lib. 4. c. 3.

[i] Lib. 4. c. 16. & 19. Lib. 6. c. 9. & 10.

Les Ubiens vivoient dans une perpétuelle inimitié avec les Cattes, dont ils devinrent même Tributaires [k]; ce qui fit que les Ubiens furent les premiers des Peuples au-delà du Rhein qui rechercherent l'alliance & la protection des Romains. Mais ils ne trouverent pas dans cette alliance & dans cette protection tout le secours dont ils avoient besoin pour se défendre contre des Peuples à qui cette démarche les rendit odieux;

[k] Cæsar. Lib. 4. c.

UBI. UBR. UBY.   UCA UCE UCH. UCI.

dieux; & ils couroient risque d'être entièrement exterminez, si le Consul M. Vipsanius Agrippa, ne les eût transférez sur la rive gauche du Rhein, où ils prirent le nom du Fondateur de leur Colonie, qui l'an 716. de Rome, & 35. ans avant Jésus-Christ, leur bâtit une Ville qui fut appellée COLONIA AGRIPPINA, & Tacite donne le nom d'AGRIPPINENSES à toute la Nation.

Il ne paroît pas que les Ubiens eussent des Ducs ou des Rois, pour les commander. Le Commerce qu'ils avoient avec les Gaulois leur en avoit fait prendre quelques manières; & à l'exemple de ces Peuples, ils avoient un Sénat, qui prenoit soin des affaires générales; du moins voyons-nous que les Ambassadeurs des Tenctères [a] s'adressèrent au Sénat de la Colonie pour exposer la Commission dont ils étoient chargez, & non à aucun Prince ni Duc. Lorsqu'ils eurent passé le Rhein, ils ne changèrent point la forme de leur Gouvernement, du moins n'en a-t-on aucune preuve. Quant aux bornes du Pays qu'ils occupèrent en deçà du Rhein, aucun Ancien ne les a déterminées. Cluvier prétend qu'ils avoient le Rhein à l'Orient; du côté du Nord ils étoient bornez par une ligne tirée depuis l'Embouchure du Roer dans la Meuse jusqu'à l'endroit où une autre Rivière appellée aussi Roer se jette dans le Rhein, ils confinoient de ce côté-là au Pays des *Menapii* & des *Gugerni*. Le Roer qui se jette dans la Meuse les bornoit au Couchant & les séparoit du Pays des Tongres; & du côté du Midi l'Aar faisoit la borne entre leur Pays & celui des *Treviri*. Les principaux Lieux de leur Pays étoient

[a] Tacit. Hist. Lib. 4. c. 44.

Sur le bord du Rhin: { *Colonia Agrippina*, *Ara Ubiorum*, *Bonna*, *Novesium*, *Gelduba*.

Dans les Terres: { *Tolbiacum*, *Marcodurum*, ou *Marcomagum*, *Juliacum*.

UBIMUM, Ville de la Gaule selon Ortelius qui cite le troisième Fragment de la Table de Peutinger, que Velser lui avoit communiquée en MS.

UBISCI. Voyez VIBISCI, & SANTONES.

UBRIX, Ville de la Libye Intérieure. Ptolomée [b] la nomme au nombre des Villes qui étoient sur la Côte, & la place entre *Magura* & *Jarzitha*.

[b] Lib. 4. c. 6.

UBY, ou PULO-UBY; Isle de la Mer des Indes [c], à quarante lieues ou environ à l'Ouest de Pulo Condor, précisément à l'entrée de la Baye de Siam, près de la Pointe de Terre qui forme la Baye du côté du Sud-Ouest; & qu'on nomme la Pointe de Cambodie. Cette Isle a environ huit lieues de circuit, & le Pays en est plus élevé que celui de toutes les autres Isles de Pulo-Condor. Vis-à-vis de la partie Méridionale de cette Isle, il y en a une autre petite éloignée d'une grande longueur de cable. L'Isle d'Uby est pleine de Bois, & a de bonnes eaux du côté du Septentrion, où l'on peut mouiller. Mais le meilleur ancrage est du côté de l'Orient, vis-à-vis d'une petite Baye. Dans cette Isle, comme dans les Isles voisines, on ne se nourrit en général que de ris & on le transporte d'un lieu à l'autre, à cause qu'il y a des Pays qui en produisent plus qu'il n'en faut aux Habitans.

[c] Dampier, Voyage autour du Monde, t. II. c. 14. p. 75.

U C.

UCA, Ville de la Médie, elle est placée dans les Terres par Ptolomée [d].

[d] Lib. 6. c. 2.

UCCARIA. Voyez VITTARI.

UCCELLO, Montagne des Alpes, l'une des croupes du Mont St. Godard. On l'appelle autrement *Vogelberg*; c'est-à-dire la Montagne de l'Oiseau. Voyez VOGELBERG.

UCECENSIS, Siège Episcopal de la Gaule, & dont l'Evêque est nommé Ferreol par Grégoire de Tours. C'est sans doute le *Castrum Ucesensis* qu'on voit dans la Notice de la première; & c'est aujourd'hui UZEZ. Voyez UZEZ.

UCENA, Ville de la Galatie: Ptolomée la donne aux *Troemi*. Quelques Exemplaires lisent *Ucæne* au lieu d'*Ucena*.

UCENNI. Voyez VOCONTII.

UCESIA. Voyez NOEGA.

UCESIENSE. Voyez UTICENSIS.

1. UCETIA, ou UCECIA, Ville de la Gaule Narbonnoise. Dans la Notice des Villes de la première Narbonnoise on trouve CASTRUM UCECENSE, aujourd'hui Uzès. Voyez UZES. Mr. de Valois croit que c'est la Ville VINDOMAGUS de Ptolomée.

2. UCETIA, Ville de la Gaule Cisalpine, dans la Transpadane, selon Strabon [e]. Casaubon lit VICETIA, & c'est ainsi qu'il faut lire, quoiqu'en dise Ortelius [f]. Voyez VICETIA.

[e] Lib. 5. p. 214.
[f] Thesaur.

UCHALICCES, Peuple de la Libye intérieure, selon Ortelius [g] qui cite Ptolomée. Au lieu d'*Uchalicces* Bertius lit *Achalicces* & le MS. de la Bibliothèque Palatine porte *Alchalinces*.

[g] Ibid.

UCHANG. Voyez VUCHANG.

UCHON, Baronnie de France dans la Bourgogne, Bailliage & Recette de Montcenis. Cette Baronnie qui relève du Duché de Nevers est unie aux Marquisats de la Tour du Bois & de la Boulaye. Il y a à Uchon un Prieuré de l'Ordre du Val des Choux.

UCHRI, ou UNCRANI, Peuple de la Germanie Orientale, compris sous le nom général de VENEDI. Ils habitèrent avec les *Lini* & les *Redarii* sur le bord de l'Oder. Spener [h] ne fait aucune difficulté de croire que ces Peuples prirent leur nom de la Rivière Ucker, qui se jette dans l'Oder: ainsi ils auroient habité particulièrement le Pays qu'on nomme aujourd'hui l'Uckermarck. Si les UCHRI sont les mêmes que les *Uncrani*, ils souffrirent beaucoup [i] de la part de l'Empereur Henri.

[h] Notit. Germ. Med. c. 4.
[i] Reginon. cont. ad ann. 934.

UCHT, Bourg d'Allemagne, dans Westphalie, au Comté d'Hoye. C'est le Chef-Lieu d'un Bailliage, dont le Landgrave de Hesse-Cassel a investi les Comtes de Bentheim. Le Landgrave avoit eu ce Bailliage avec celui de Freudenberg de la Succession du dernier Comte d'Hoye.

UCIA. Voyez URGIA.

UCIA-

UCIACENSE. Voyez Uticensis.

UCIBI, Ville de l'Afrique propre: Ptolomée [a] à la marque dans la Nouvelle Numidie.

[a] Lib. 4. c. 3.

UCIENSE. Voyez Veienses.

UCIMATH, Ville de la Libye intérieure. Elle est placée par Ptolomée [b] sur la rive Septentrionale du Fleuve Gira. Quelques Interprêtes de Ptolomée au lieu d'*Ucimath* lisent *Thucimath* & d'autres *Thycimach*.

[b] Lib. 4. c. 6.

UCIENJEN, Ville de la Chine, près du Lac Poyang & de la Rivière de Can. Les Bâtimens de cette Ville sont admirables & fort réguliers [c]. La Ville elle-même est longue de plus d'une lieue, & si fréquentée en tout tems, à cause du grand Commerce qui s'y fait de Porcelaine, qu'on a peine à se tirer de la presse, tant les rues sont pleines de monde. La foule n'est pas moins grande sur la Rivière, qui est toujours couverte d'une infinité de Barques qu'on charge de Porcelaine, pour la transporter en toutes sortes de Lieux. La Terre dont on la fait se tire des Montagnes qui sont auprès de Hoeicheu, Ville Capitale de la Province de Nanquin. Cette Terre ressemble mieux à du sable extrêmement fin, dont les grains sont visibles & distinctement séparez qu'à de la Terre quelle qu'elle soit. Elle n'est propre à cet usage, qui plaît universellement; ce qui fait qu'on la recherche avec plus de soin qu'aucune autre. Pour n'y être point trompé si-tôt qu'on l'a pastrie en masse, on la cachette des Armes de l'Empereur, à un prix limité, & ensuite on l'envoye à un Village appellé *Sinktesimo*, dont les eaux ont la vertu de lui donner la netteté & la transparence qu'on lui admire. Ce sont d'ordinaire des Paysans élevez à ce travail dès leur enfance, qui la façonnent. La manière dont ils l'apprêtent, c'est ou de la pastrir, quand on la reçoit d'Hoeicheu, comme nos Potiers pastrissent la terre commune, ou de la laisser parvenir à la dureté d'une pierre; après quoi ils la mettent en poudre, & l'ayant passée par un tamis fin, ils en font une pâte qu'ils jettent dans des moules de Métal, où ils la façonnent comme ils veulent. Quand cela est fait, ils la laissent quelque tems à l'air, & la mettent dans un Four chaud, où ils la font cuire pendant quinze jours, au bout desquels ils la laissent refroidir autant de tems, empêchant que l'air n'y entre, ce qui la feroit casser. Ces trente jours expirez on ouvre le Four en présence d'un Officier de l'Empereur, qui regarde avec soin chaque pièce l'une après l'autre. Il en prend la cinquiéme partie pour l'Empereur, & on vend le reste à Ucienjen. Au côté droit d'une Montagne, qui est contigue à cette Ville, il y a un magnifique Temple, dont les murailles sont embellies d'une infinité de Statues, d'Images, & de Marmousets. Les Chinois, ni les Tartares n'osent s'engager sur le Lac de Poyang, sans avoir été auparavant saluer l'Image de ce Temple, qu'ils croyent avoir une puissance absolue sur les eaux de ce Lac. Il y a quantité de Lampes ardentes, qui conservent perpétuellement le feu par le moyen de petits ressorts fléxibles qui y portent l'huile.

[c] Ambassade des Hollandois à la Chine, c. 31.

UCIN, ou Uching, Ville de la Chine [d], dans la Dépendance de Tungchang, troisiéme Métropole de la Province de Xantung. Elle est située sur le bord Méridional du Fleuve de Guei, dans une Plaine quarrée, à huit lieues de la Ville de Lincing. Ses murailles sont très-fortes. Son Fauxbourg Septentrional est fort rempli de Maisons & a un grand nombre d'Habitans. Cette Ville a perdu beaucoup de sa première splendeur par les ravages des Guerres. Le Territoire qui l'environne est fort agréable, & abonde en toutes sortes de Grains & de Fruits. Les Marais, les Etangs & les Canaux ont des poissons de bon goût & en abondance. Ce fut dans le voisinage d'Ucin que se donna un très-furieux combat entre les Chinois & les Tartares. Le carnage y fut si grand que le petit Fleuve de Chinki se trouva comblé de corps morts.

[d] Ibid. ch. 42.

UCIQUES, ou Utiques. On donne ce nom, selon Dapper [e], à plusieurs Isles grandes & petites, situées sur la Côte de Sofala, vers le Septentrion, à 24. d. de Latitude Méridionale, & à neuf lieues de la Terre-ferme, vis-à-vis du Pays de *Matuca*, & qui sont à huit, dix & douze lieues l'une de l'autre. Les petites Isles sont formées par des Rivières qui viennent de *Sofala*, & sont plus au Nord que les grandes. Elles sont toutes plus environnées d'eau douce que d'eau salée, à cause du voisinage de la Terre-ferme. Ces Isles produisent du Ris, du Millet, & grande quantité de Bétail. On trouve au bord de la Mer beaucoup d'Ambre gris que les Maures portent en d'autres Lieux pour le vendre. On y trouve aussi de grandes & de petites Perles dans de certains coquillages qui se pêchent & qu'on fait cuire; ce qui est cause que les Perles deviennent rougeâtres & perdent beaucoup par ce moyen de leur prix & de leur beauté. Les Habitans font Négoce avec ceux de la Terre-ferme & sont tous Mahométans.

[e] Descr. des Isles d'Afrique, p. 485.

UCITANA. Voyez Uzitana.

UCKER, ou Uker, Lac d'Allemagne [f] dans la Marche de Brandebourg, au Quartier appellé Uckermarck, du nom de ce Lac. Voyez Uker.

[f] Jaillot, Atlas.

UCKERMUNDE, Ville d'Allemagne, dans la Poméranie, au Duché de Stettin, sur le bord du Grosse Haft, dans l'endroit où la Rivière d'Ucker s'y perd. Voyez Ukermunde.

UCLES, Bourg d'Espagne, dans la Nouvelle Castille, sur la Rivière de *Bedija* à dix-huit lieues de Tolède, du côté de l'Orient. Ce Bourg, dans lequel il y a un Prieuré de l'Ordre de St. Jacques, est pris par quelques Géographes pour l'ancienne *Velica*, & par d'autres pour l'ancienne *Urcesa*.

UCRATIS, Ville Capitale de la Sarmatie Blanche, vers l'Océan Septentrional, selon Chalcondyle cité par Ortelius [g].

[g] Thesaur.

UCRENSIS, Siège Episcopal d'Afrique dans la Province Proconsulaire. La Conférence de Carthage [h] qualifie Vitalis *Episcopus Ucrensis*. Mr. Dupin croit, qu'on doit lire Verensis, au lieu d'*Ucrensis*, parce que la Notice des Evêchez d'Afrique met dans la Proconsulaire un Siège Episcopal nom-

[h] No. 208.

nommé VERENSIS. Ce Lieu est nommé VERIS dans la Table de Peutinger & dans l'Anonyme de Ravenne. Vitalis, *Episcopus de Civitate Verensium*, assista au Concile de Carthage sous St. Cyprien ; Quod-vult-Deus, *Episcopus Verensis*, souscrivit au Concile de la même Ville sous Aurélien en 419. & Vitalis, *Episcopus de Civitate Verensium*, souscrivit au premier Concile d'Arles.

UCRESIANUS, ou UCRENSIS. Voyez UCRENSIS.

UCRL Voyez SUCCI.

UCUBIS, Ville de l'Espagne Bétique, selon Hirtius [a]. Voyez HUCAC. [a] De Bel. Hisp. c. 8.

UCULENSIS, Siège Episcopal d'Afrique dans la Province Proconsulaire. Cericius est qualifié *Episcopus plebis Uculensis* par la Conférence de Carthage [b]. On conjecture que ce Siège étoit dans la Proconsulaire, parce que Cresconius, *Episcopus plebis Uculensis*, souscrivit dans le Concile de Latran, sous le Pape Martin, la Lettre des Peres de cette Province. [b] No. 128.

UCULTINIACUM, ou UCULTUNIACUM, Ville de l'Espagne Bétique, selon Pline [c] qui dit que de son tems on la nommoit TURIGA. Au lieu d'*Ucultuniacum*, dit le Pere Hardouin, les MSS. portent MUCULTUMACUM ; mais j'aimerois mieux lire *Mucultuhi item*, dit ce Pere ; en sorte que Pline donneroit à la Ville *Mucultumum*, le même surnom qu'aux Villes qui précédent ; savoir celui de *Julia*. [c] Lib. 3. c. 1.

U D.

UD. Voyez JUD.

UDA, nom Latin de l'OUDOM, Rivière de France, dans la Normandie, au Diocèse de Bayeux.

UDAN, ou UDEN [d], nom d'une Ville, qui est des dépendances de celle de *Bokhara*, dans le *Mavaralnahar*. C'est de cette Ville que Daoud ben Mohammed Al Fakih, le Jurisconsulte, a pris le surnom de *Udeni*. [d] D'Herbelot, Biblioth. Or.

UDACEPSIS. Voyez TAURUS.

UDENHEIM, Ville d'Allemagne, dans l'Evêché de Spire, à la droite du Rhein. Elle fut fortifiée très exactement durant les troubles qui arrivérent au commencement du dernier Siècle, afin de servir de bride au Palatin & à l'Evêque de Spire. On l'a appellée Philisbourg depuis ce tems-là. Voyez PHILISBOURG.

UDENI. Voyez VADENI.

UDENOE. Voyez ISTUS.

UDESSE, Province des Indes [e], au Royaume de Bengale ; à l'Orient de *Daca*, au Nord de *Chatignan*, & aux Frontiéres du Royaume de *Tipra*. [e] De l'Isle, Atlas.

Mr. Corneille, qui cite Mr. Maty, écrit *Udessa* & dit que c'est un Royaume de l'Empire du Mogol, qui a Jekanak pour sa Ville Capitale. Ce Pays, ajoute-t-il, est delà du *Gange* & de *Perseli*, entre le Lac de *Chiamay* & les Royaumes de *Kanduana*, de *Patna*, de *Jesual* & de *Udiba*. Voyez IDUBEDA, No. 2.

UDINE, Ville d'Italie, dans l'Etat de Venise & la Capitale du Frioul, en Latin *Utina*, *Utinum* & *Udinum*. Elle est située entre les Rives du *Tagliamento* & du *Lison*zo, au milieu d'une grande Plaine, à huit milles de *Cividad di Friuli*, à onze milles de la Forteresse de *Palma*, & à vingt milles de *Goritz*, du Golphe de Venise & d'Aquilée. Quelques-uns croyent qu'elle a été fondée par les Huns. Les Peintures des Orgues de sa principale Eglise sont du Pordenone aussi-bien qu'un Tableau de l'Annonciation qui est d'un grand prix. A St. Pierre Martyr chez les Dominicains, il y a plusieurs Peintures du même Pordenone, de Martin Pelegrin, de Saint Daniel, & de Jean Dendire Eléve de Raphaël. L'Empereur Othon I. donna cette Ville au Patriarche d'Aquilée, qui n'en prit possession qu'en 1222. sous l'Empire de Fréderic II. Le Patriarche Raimond de la Tour, Milanois, agrandit considérablement Udine, l'entoura de murailles percées de douze Portes, & y fit conduire de l'Eau de *Turro* par deux Aqueducs. Les Vénitiens la conquirent en 1420. On y voit un beau Château & plusieurs Eglises & Palais. Cette Ville [f] eu autrefois son Evêque particulier ; mais elle cessa d'en avoir lorsqu'elle devint la Résidence du Patriarche d'Aquilée, & depuis ce tems-là elle n'en a plus eu. L'air y est assez tempéré, & son Territoire est assez étendu. On y recueille quantité de Grains. Il y a des Vignobles, des Prairies & des Bois, avec plusieurs Miniéres & des carriéres de Marbre. Les Fruits de ce Pays-là sont délicieux. [f] Commain. ville. Table des Evêchez.

UDINI, Ancien Peuple de la Scythie. Pline [g] qui en parle le met à la droite, à l'entrée du Détroit, par lequel on croyoit anciennement que la Mer Caspienne communiquoit avec la Mer Chronienne. Les UDINI de Pline, dit le Pere Hardouin, ne font pas les VIDINI d'Ammien Marcellin [h] Ortelius [i] auroit presque été d'un sentiment différent. Voyez VIDINI. [g] Lib. 6. c. 12. [h] Lib. 31. p. 438. [i] Thesaur.

UDIOA. Voyez VIDUA.

UDISSUS. Voyez ODYSSUS.

UDITTA, Ville de l'Afrique propre. Ptolomée [k] la place parmi les Villes qui étoient entre les deux Syrtes. Au lieu d'*Uditta*, quelques Exemplaires lisent UDDITA. [k] Lib. 4. c. 3.

UDON, Fleuve de la Sarmatie Asiatique. Son Embouchure dans la Mer Caspienne est marquée par Ptolomée [l] entre les Embouchures de l'*Alontas* & du *Rha*. [l] Lib. 5. c. 9.

UDSTET, ou YSTED, Ville de Suéde [m], dans la Scanie, sur la Côte Méridionale de cette Province, à neuf lieues de Lunden, à deux de Malmoe & à trois de Christianstad. [m] De l'Isle, Atlas.

UDUBA. Voyez IDUBEDA, No. 2.

UDURA, Ville de l'Espagne Tarraconnoise ; Ptolomée [n] la donne aux *Accetani*. [n] Lib. 2. c. 6.

V E.

☞ 1. VE', ou VAY, *Vadum*. On donne ce nom à des Guez qui sont à l'Embouchure des Riviéres de Vire, d'Oure & de Tauté dans la Manche.

2. VE' (Le Grand), ou VE' DE ST. CLEMENT, Passage renommé sur la Côte de la Basse Normandie, à l'Embouchure de la Riviére de Vire, à une lieue de la Côte ; à cinq de St. Lo, & à une de la Ville de

L   Ex-

Carentan, entre le Beffin & le Cotentin. Ce paffage eft proprement un Gué. Il eft extrêmement dangereux à caufe des fables mouvans qui fe trouvent à l'Embouchure des Riviéres de Vire, d'Oure & de Taute. Il dure une lieue & demie & comprend les Guez de Vire, d'Ifigni, de Brevan & de Carentan.

3. VE, (Le Petit), Paffage fur la Côte de Normandie, à l'Embouchure de la Vire dans la Manche. Comme il n'eft pas à beaucoup près auffi grand que le précedent, c'eft ce qui fait qu'on le nomme le Petit Vé. Il ne fert que pour paffer la Vire.

4. VE, *Vadum*, Château de France dans le Valois, entre Crefpy & Villers-Cotterêts. C'eft un ancien Château où demeuroient les Comtes de Valois; & c'eft lui qui a donné le nom au Comté de Valois, *Comitatus Vadenfis*.

VEAMINI, Peuples des Alpes: Pline [a] les met au nombre de ceux qui furent fubjuguez par Augufte. Leur nom fe trouve dans l'Infcription du Trophée des Alpes. Selon le Pere Hardouin les VEAMINI occupoient le Pays qui forme aujourd'hui le Diocèfe de Sénez.

[a] Lib. 3. c. 20.

VEAS, Bourg d'Efpagne [b], dans l'Andaloufie fur la route de Beja à Séville, au bord de l'Odier, à quatre lieues au-deffus de l'Embouchure de cette Riviére. Quelques Géographes prennent ce Bourg pour l'ancienne *Urium*.

[b] Jaillot, Atlas.

VEASCIUM, Ville d'Italie, felon Diodore de Sicile [c], qui dit que les Gaulois, après être fortis de Rome, attaquérent cette Ville qui étoit alliée des Romains; mais que Camille étant furvenu les défit entiérement. Ortelius qui dit mal à propos que cette Ville fut pillée par les Gaulois, n'eft pas mieux fondé à croire qu'elle étoit dans l'Etrurie. Plutarque [d] nous apprend que les Gaulois avoient pris une route toute oppofée, puifqu'ils avoient été camper à huit milles de Rome fur le chemin de Gabies; par conféquent dans le Latium, & à l'Orient de Rome. Cela donne lieu de foupçonner que la Ville VEASCIUM de Diodore de Sicile pourroit bien être la Ville de Gabies, *Gabii*.

[c] Lib. 14. c. 118.
[d] *In Camillo*.

VECA, Contrée de l'Efpagne Citérieure, felon Pline [e]; où on lit: *Portus eorum Vefci, Veca Regio Afturum, Noega Oppidum in Peninfula Pefici*. Mais Pintaut & le Pere Hardouin ont remarqué que ce paffage étoit corrompu, & que fuivant les MSS. on devoit lire: *Portus eorum Vereafueca, Regio Afturum, Noega Oppidum*. Ainfi il n'y a ni VESCI, ni VECA; mais VEREASUECA, qui étoit une Ville appellée aujourd'hui *Villa-Viciofa*, & fituée au confluent de l'*Aftario* & d'une autre petite Riviére, fur la Côte des Afturies.

[e] Lib. 4. c. 20.

VECASSINUS-TRACTUS, nom que les Auteurs Latins donnent au Vexin, Pays de France. Ils l'appellent auffi *Vulxinum*.

VECCHIO-MARINO, ou VECCHI-MARINI, Ifle d'Afrique [f]. Elle eft fituée autour des Canaries, entre *Lancerote* & *Fortaventure*. Elle mériteroit plutôt le nom de Rocher que celui de l'Ifle.

[f] Dapper, Defcr. des Ifles d'Afrique, p. 511.

VECHEL, Village des Pays-Bas [g], dans la Mairie de Bois-le-Duc, au Quartier de Peelland, fur la petite Riviére d'Aa. Ce Village qui eft affez confidérable a un Tribunal, & un affez beau Château mais qui n'a aucun Droit Seigneurial.

[g] Janiçon, Etat préfent des Pr. Un. t. 2. p. 141.

1. VECHT. On nomme ainfi cette Riviére [h], ou cette partie du Rhein, qui fortant d'Utrecht paffe à Bethlem, g. à Suylen, d. à Marfen, d. à Bereftein, g. à Cromwick, d. à Nieuwenrode, g. à Breukelen, g. à Nieuwerfluis, d. à Loenen, g. à Berch, d. à Nichtewecht, g. à Wefop, g. à Muyden, & fe perd dans le Zuiderzée.

[h] Dict. Géogr. des Pays-Bas.

2. VECHT, Riviére d'Allemagne [i], dans la Weftphalie. Elle a fa fource dans l'Evêché de Munfter, à cinq milles de la Ville de ce nom; & après avoir paffé à Northorn dans le Comté de Benthem, elle entre dans l'Over-Yffel à Afwyn, g. de-là elle va à Gransberge, g. à Hardenberch, g. à Ommen, d. à Verfen, d. à Vilfteren, g. à Brockuifen, d. à Haffelt, d. à Swartfluis, d. à Gelmuiden, g. enfin elle fe perd dans le Zuiderzée.

[i] Ibid.

3. VECHT, Ville d'Allemagne [k], dans la Weftphalie & dans l'Evêché de Munfter, à deux ou trois lieues de la Ville de Diepholt, vers le Nord-Occidental. Cette petite Ville qui eft fortifiée, étoit autrefois la Capitale d'une Seigneurie, qui avoit fes Seigneurs particuliers, & qui comprenoit les Bailliages de Vecht, de Kloppenborg & Wildeshufen. Les Comtes de Lippe, à qui cette Ville appartenoit, la vendirent en 1247. à l'Evêque de Munfter qui en eft demeuré le Maître depuis ce tems-là.

[k] Baudrand, Dict.

VECILIUS-MONS, Montagne d'Italie, dans le Latium: Tite-Live [l] qui en parle, femble infinuer qu'elle étoit au voifinage 50. d'*Algidum*.

[l] Lib. 3. c.

VECTERI. Voyez VELIATES.

VECTIS, Ifle de la Mer Britannique: Ptolomée [m] la marque au Midi du grand Port: mais quelques Exemplaires au lieu de Vectis lifent VICTESIS, ϐίκτεϭις. Pline [n] connoît auffi fous le nom de VECTIS; & Europe auffi bien que le Panégyrique de Maximien écrivent VECTA. Je jugerois, dit Ortelius [o], que ce feroit l'Ícta de Diodore de Sicile; mais je n'adopterois pas les fables qu'il debite par rapport au reflux de la Mer. Le nom moderne de cette Ifle eft WICHT. Voyez ce mot.

[m] Lib. 2.
[n] Lib. 4. c. 16.
[o] Thefaur.

VECTONES, Peuples d'Efpagne. Voyez VETTONES.

VECTURII. Voyez VITÆ.

VECTURIONES. Voyez PICTI.

VEDE, Riviére de France, dans la Touraine. Elle paffe à Richelieu & fe jette dans la Vienne près de Chinon.

VEDEE, Riviére de France, dans le Poitou felon Mr. Corneille [p], qui cite Atlas, & dit qu'elle a fa fource près des Bois du Puy de Serre & fe décharge dans la Mer vis-à-vis de Marans. On voit par-là qu'il veut parler de la VENDEE. Voyez ce mot.

[p] Dict.

VEDIANTII, Peuples d'Italie, dans les Alpes, felon Pline [q], qui nomme leur Ville *Cemelium Vedantiorum Civitas*. Ces Peuples, dit le Pere Hardouin, faifoient partie des Ligures *Capillati*. Ptolomée [r] nomme leur Ville CEMELENUM VENDIONTIORUM,

[q] Lib. 3. c. 5.
[r] Lib. 3. c. 1.

&

VED. VEE. VEF. VEG.   VEG.

& la place dans les Alpes Maritimes. C'est aujourd'hui *Cimiez* près de Nice.

VEDRA, Fleuve de la Grande-Bretagne. Ptolomée [a] marque l'Embouchure de ce Fleuve entre celle de l'*Alaunus* & *Dunum Sinus*, sur la Côte Orientale de l'Isle. Cette Rivière se nomme présentement WERE. Voyez ce mot.

[a] Lib. 2. c. 2.

VEEN, ou HUENE. Voyez HUENE.

VEERE. Voyez VERE.

VEFABULA. Voyez VEROFABULA.

VEG, ou VETCH [b], que l'on prononce aussi BETCH. C'est ainsi que les Turcs appellent la Ville de Vienne en Autriche, & même la Province entière d'Autriche. C'est aussi de là que les Turcs appellent ordinairement l'Empereur Vetch ou Betch Kirali.

[b] D'Herbelot, Biblioth Or.

VEGA, Bourgade d'Espagne dans la Galice, à huit lieues de Lugo, vers l'Orient Méridional. On la prend pour l'ancienne *Talamina*.

VEGA DE GRANDA (La), Plaine d'Espagne [c], au Royaume de Grenade, au Couchant de la Ville de ce nom. C'est une grande & belle Plaine, de huit lieues de longueur sur quatre de largeur, environnée de petites Montagnes, couverte d'un assez grand nombre de Villages, plantée de toutes sortes de beaux Arbres fruitiers & de Vignes & entre-coupée de Champs très-fertiles.

[c] Délices d'Espagne, p. 514. & 511.

VEGA-REAL, c'est-à-dire *Campagne Royale*, Province Champêtre de l'Isle Hispaniola l'une des Antilles. Cette Province est voisine de celle de Cibao, & remplie de Pâturages. Plusieurs, dit de Laet [d], écrivent qu'elle a plus de soixante & dix lieues de longueur, sur vingt de largeur, & qu'elle est environnée de Montagnes de toutes parts. Il en descend des Torrens d'une eau fort claire, qui se répandent dans la Campagne.

[d] Descr. des Indes Occ. L. 1. c. 5.

VEGEL, ou VEGER, petite Ville d'Espagne [e], dans l'Andalousie, à l'entrée du Détroit de Gibraltar, au Midi de Barbate. Cette petite Ville, appellée BEGE, ou BEGER sur quelques Cartes est située près du rivage de l'Océan à sept lieues de Cadix sur une Colline élevée. Elle jouit d'un très-bel aspect. On découvre tous les Lieux d'alentour, aussi loin que la vûe peut s'étendre: d'un côté on voit l'Océan & les Côtes d'Afrique, & de l'autre les Campagnes voisines qui sont dans le Continent de l'Espagne. Les Habitans s'y nourrissent principalement de la pêche. Le terroir des environs y est sec, & l'on n'y voit guère autre chose que des Pâturages.

[e] Délices d'Espagne, p. 474.

VEGER DE LA MIEL, Bourgade d'Espagne, dans l'Andalousie, sur la Côte près du Détroit de Gibraltar. Quelques Géographes prennent ce Lieu pour l'ancienne *Mellaria*.

VEGERRA. Voyez NUAGERRA.

VEGESATUM, Ville de la Gaule Belgique selon l'Auteur de la Vie de l'Empereur Henri IV. cité par Divæus. Le nom de cette Ville se trouve corrompu dans divers Auteurs qui écrivent *Vinsacum*, *Vinsatum*, *Guegesar* ou *Wegesar*. Le nom moderne est VISET, ou WESET. Voyez VISET.

1. VEGESELA, Ville d'Afrique, dans la Numidie. L'Itinéraire d'Antonin la marque sur la route de Theveste à Sitifis en passant par la Lambese. Elle étoit entre *Timphadis* & *Mascula*, à vingt milles du premier de ces Lieux, & à dix-huit milles du second. Voyez VELESITANUS.

2. VEGESELA, Ville d'Afrique, dans la Byzacène: L'Itinéraire d'Antonin la marque sur la route de *Thenæ* à Theveste entre *Sufetula* & *Menegeses*, à trente milles du premier de ces Lieux, & à vingt milles du second. Le MS. de la Bibliothéque Royale porte VEGERSALA, mais tous les autres MSS. & tous les Exemplaires imprimés lisent VEGESELA. Il y en a qui ont cru que cette Ville étoit la même que celle dont il est parlé dans l'Article précédent; mais Mrs. Baluze, Dupin & Wesseling, sont d'un sentiment opposé. Ce qu'il y a de certain c'est que l'Itinéraire d'Antonin met une VEGESELA dans la Byzacène & une autre dans la Numidie. Voyez VELESITANUS.

VEGESELITANUS, Siège Episcopal d'Afrique, dans la Byzacène, selon la Notice des Evêchez de cette Province. Voyez VELESITANUS.

VEGETI, Peuple de l'Asie, selon Pomponius-Mela [f]. Quelques MSS. portent VARGETI. Mais comme Pomponius-Mela déclare dans cet endroit qu'il ne rapporte que les noms des Peuples les plus connus, Isaac Vossius a cru qu'il faloit lire VENETI. D'autres, entre autres Pintaut, sont pour HENETI.

[f] Lib. 1. c. 1.

VEGGIA, ou VEGLIA, Isle du Golphe de Venise, sur la Côte de la Morlaquie, dont elle est séparée par le Canal *della Montagna* [g]. Elle a pour voisines l'Isle de Cherzo & celle d'Arbe. Son circuit peut être d'environ cent milles; & c'est l'Isle la plus belle & la mieux habitée de tout ce Quartier. Elle produit beaucoup de Bois, beaucoup de Vin, beaucoup de Soie; & l'on y trouve une race de petits Chevaux fort estimez pour leur vivacité & pour leur beauté. Elle a une seule Ville avec titre de Cité qui porte comme elle le nom de Veggia ou *Veglia*, & qui a un mille de tour. Elle est située sur le bord de la Mer du côté du Midi, & bâtie en partie sur une Colline, mais commandée par deux Montagnes; ce qui empêche qu'on n'en puisse faire une Place forte. Le Port qui pourroit contenir huit ou dix Galéres & quelques Vaisseaux de moindre grandeur, est défendu par un Château. Cette Ville est honorée d'un Siège Episcopal.

[g] Coronelli, Isolar, t. 1. p. 143.

L'Isle de Veggia est nommée Kark par les Esclavons, & ce pourroit être la *Curica* de Ptolomée, & la Curieta des Latins. Après la décadence de l'Empire elle se gouverna quelque tems par ses propres Loix, comme les autres Isles du voisinage; & elle eut ses Princes particuliers dépendans des Rois de Dalmatie. On ne convient pas sur le tems où elle passa sous la puissance des Vénitiens. Les uns veulent qu'elle fut subjuguée en 829. D'autres soutiennent que les Habitans de cette Isle se voyant perpétuellement inquiétez par les Corsaires se rendirent tributaires de la République jusqu'en 1133. Enfin d'autres disent qu'en 1260. la République la donna en fief à la Famille de Schinet,

VEG. VEI.

dont un des descendans ne se trouvant pas en état de résister au Roi de Hongrie, céda cette Isle à la République en 1480. Depuis ce tems-là les Vénitiens en ont joui tranquillement. Ils y envoyent un Noble avec titre de Provéditeur, outre le Castellan & le Camerlingue. La Communauté des Habitans de cette Isle a un certain privilège, qui consiste à élire tous les ans quatre Vicomtes, qui sont partagez dans les Châteaux de Dobrigno, de Besca, de Verbenico & de Dobasnizza, pour y connoître des causes de peu d'importance.

a Corn. Dict.
b Carte du Territ. de Pavie.

VEGHERA, selon Mr. Corneille [a] & Voghera selon Magin [b], Ville d'Italie, dans le Territoire de Pavie, au bord de la Riviére de Stoffora, sur le chemin de Pavie à Tortone.

VEGIA. Voyez VEGIUM.

VEGIATES. Voyez REGIATES.

c Lib. 5. c. 4.

VEGISTUM, Ville de la Galatie: Ptolomée [c] la donne aux *Tolistobogi*, ou *Tolibosti*. Les Exemplaires Latins lisent *Vetestum* pour *Vegistum*.

d Lib. 3. c. 21.
e Lib. 2. c. 17.
f De l'Isle, Atlas.

VEGIUM, Ville Maritime de la Liburnie, selon Pline [d]. Ptolomée [e] qui la marque entre *Ortopla* & *Argyrutum*, la nomme VEGIA. Voyez VEIENTANUM.

VEGRE, ou VESGRE [f], Riviére de France, dans le Hurepoix. Elle a sa source au-dessus de Houdan où elle passe, & reçoit la Rivière d'Obton. Elle va ensuite se perdre dans la Riviére d'Eure, à la droite un peu au-dessous d'Yvry.

VEIENS. Voyez LARTENIANUM.

VEIENSE OPPIDUM, Ville d'Espagne. Elle est marquée dans l'Itinéraire d'Antonin sur la route de Córdoue a Castulo, entre *Epora* & *Castulo*, à dix-huit milles de la premiére de ces Places & à trente-deux milles de la seconde. Quelques MSS. portent UCIENSE pour VEIENSE, & il y en a même qui lisent UTICENSE.

g Lib. 7. in Galba, c. 1.

VEIENTANUM, Maison de Campagne, en Italie, au bord du Tibre sur la Voye Flaminienne. Cette Maison dont parle Suétone [g] appartenoit à Livie femme d'Auguste, & elle fut nommée *Ad-Gallinas*. Voyez au mot AD l'Article AD GALLINAS.

h De Regno Italiæ.
i Thesaur.

VEIENTANUS, & VIGLENSIS, Siége Episcopal dont parle Sigonus [h], qui le dit suffragant d'Aquilée. Ortelius [i] soupçonne que le nom de la Ville pouvoit être VEGIUM.

VEIENTES, & VEIENTANI. Voyez VEII.

VEII, Ville d'Italie, dans l'Etrurie, près du Tibre, à environ cent Stades de Rome. C'étoit une Ville puissante, ou du moins les Historiens [k] nous la représentent comme une Ville aussi étendue & aussi peuplée qu'Athènes. Les Habitans qui craignoient les Romains, ne s'étoient pas contentez de la situation avantageuse de leur Ville: ils avoient encore employé l'art pour la fortifier. Depuis long-tems les Veïens & les Romains vivoient dans une perpétuelle mesintelligence & commettoient à toute heure des hostilitez sur les Terres les uns des autres; jusque-là que Florus [l] nomme les Veïens *assidui & anniversarii Romanis hostes*. Enfin dans l'année 348.

k Plutarchus, in Camillo.

l Lib. 1. c. 13.

de la fondation de Rome, les Romains prirent la résolution de réduire cette puissante Ville. Ils commencérent alors ce Siége si fameux, que l'Histoire compare pour la difficulté & pour la longueur avec celui de Troye. Ce ne fut que dans l'année 357. qu'ils emportérent cette Ville. Comme l'Armée Romaine étoit extrêmement nombreuse elle donna l'assaut de tous côtez. Les Veïens occupez par-tout ne firent point attention à une Mine qu'on creusoit sous leur Ville, & ne furent pas en état de repousser l'ennemi lorsqu'il entra chez eux par le souterrain. Les Romains enfouïs s'ouvrirent un passage dans l'enceinte du Temple de Junon. Le Temple principal de cette Ville étoit consacré à cette Déesse, & selon la coutume des Anciens il étoit placé dans la haute Ville. Les Romains sortis de la Mine eurent encore différens combats à livrer; mais ils furent vainqueurs par-tout; ils pillérent les Maisons & mirent le feu en différens Quartiers. On vendit à l'enchére tous les prisonniers de condition libre; & l'argent que l'on en tira fut attribué au Fisc. Camille après le partage du butin fait dans les Maisons ordonna le dépouillement des Temples, & forma le dessein de faire transporter à Rome la Statue de Junon, avec des marques de piété & de Religion. Pour cet effet il choisit dans son Armée des Jeunes gens bien faits à qui il ordonna de se purifier par des ablutions & de se revêtir d'habits blancs. Ce fut à eux qu'il confia le soin de transporter à Rome le Simulacre de la Déesse, avec les offrandes qu'on lui avoit faites de tout tems. La jeune troupe entra dans son Temple, avec un grand air de modestie & de vénération. D'abord Camille toucha la Statue, liberté qui n'étoit permise pendant les Etruriens qu'à un seul Prêtre d'une Famille marquée. On dit qu'ensuite il lui demanda si elle consentoit de venir à Rome, & que la Statue, selon les uns, lui fit signe, & selon les autres lui répondit, qu'elle partiroit volontiers. Elle fut placée à Rome sur le Mont Aventin, où elle demeura long-tems dans un Temple. Ainsi périt la fameuse Ville de Veïes, qui fut dépouillée tout à la fois de ses richesses, de ses Habitans & de ses Dieux. On peut juger de sa grandeur & de sa force par la difficulté que Rome eut à la soumettre. Dix ans suffirent à peine à la réduire. On n'en discontinua le Siége ni pendant l'Hyver ni pendant l'Eté. Elle fit répandre bien du sang aux Romains. Elle fut prise par la Sape, & l'artifice eut plus de part que la force à sa reddition.

Les Habitans de Veïes sont appellés VEJENTES par Cicéron [m], & VEJENTANI par Pline [n]. C'étoit une Colonie Grecque venue en Italie d'Argos, où Junon étoit particuliérement adorée. Les Romains ne détruisirent pas entiérement la Ville de Veïes. Tite-Live [o] fait entendre qu'elle subsistoit encore après la Guerre Punique; & Rome envoya une Colonie, que Frontin nomme COLONIA VEJUS. Depuis elle tomba tellement en ruïne, qu'on n'en reconnoissoit plus la place; & Holsten a eu beaucoup de peine à en trouver quelques vestiges

m Lib. 1. de Divinat. c. 44.
n Lib. 3. c. 5.
o Lib. 39. c. 9.

sur

VEI. VEL. VEL. 85

fur une Colline efcarpée, vis-à-vis de l'Ifle *Farneſia*, aujourd'hui *Iſola*; & cette poſition s'accorde avec celle que Denis d'Halicarnaſſe donne à la Ville de Veïes.

VEILLANE, Ville du Piémont, au Marquiſat de Suze, à quatorze milles de la Ville appellée dans le Pays *Vigliana*, eſt ſituée ſur une hauteur près de la Doire. Elle eſt renommée dans l'Hiſtoire par la Victoire que les François y remportèrent en 1630. ſur les Piémontois affiſtez des Eſpagnols.

[a] Délices de Portugal, p. 794.
VEIROS, petite Ville de Portugal, dans l'Alentejo, au bord de la Riviére d'*Anhaloura*, près de *Fontéira*. Veiros eſt défendue par un bon Château, très-bien fortifié & capable de faire une longue réſiſtance. Ce Château fut bâti par Laurent Alonço, neuvième Grand-Maître des Chevaliers de l'Ordre d'Avis.

VEISSELMUNDE. Voyez WEISSELMUNDE.

[b] Theſaur.
VEITURII, Peuples d'Italie, dans la Ligurie, ſelon Ortelius [b] qui cite une ancienne Inſcription ſur cuivre. Il ajoute qu'Auguſtin Juſtiniani a cru que ces Peuples habitoient le Lieu nommé préſentement *Voltaggio*, dans l'Etat de Gênes.

VEITZEN. Voyez WEITZEN.

VEIUS. Voyez VEII.

[c] Lib. 5. c. 5.
VEL, Ville de l'Afrique Intérieure: Pline [c] la marque au nombre des Villes ſubjuguées par Cornelius Balbus. Si l'on ſuit la manière de lire du Père Hardouin, VEL au lieu d'être un nom de Ville ne devient qu'une ſimple conjonction. Voici le paſſage ſuivant les anciennes Editions: *Niteris Natio, Negligemela Oppidum, Bubeïum Natio. Vel Oppidum*, &c. & le Pere Hardouin lit: *Bubeïum Natio, vel Oppidum*.

[d] Lib. 2. c. 2.
VELABORI, Peuples de l'Hibernie, ſelon le Texte Grec de Ptolomée [d], qui les place ſur la Côte Occidentale de l'Iſle, au Midi des *Gangani*. Il ajoute qu'un MS. qu'il a conſulté portoit WELLABRI. Quelques Editions Latines liſent VELLAGORI.

[e] Tom. 2. Supplém. p. 13.
VELAS, Port de l'Amérique Septentrionale, dans la Nouvelle Eſpagne, ſur la Côte de la Mer du Sud, entre la Pointe de Ste. Catherine & le Cap Guiones. La Pointe de Ste. Catherine, dit Woodes Rogers [e] dans ſon Voyage autour du Monde, eſt ſous le II. degré de Latitude. A la hauteur de cette Pointe, il y a un gros Rocher qui en couvre divers autres plus petits; & de cette même Pointe au Cap de Guiones, il y a trente-deux lieues Nord-Oueſt & Sud-Eſt; & au Port de Velas huit lieues Eſt quart au Sud-Eſt, & Oueſt quart au Nord-Oueſt. Au-deſſus de ce Port on voit deux grandes Montagnes, avec une profonde ouverture entre deux; & à une lieue ou plus au Sud-Eſt, il y a certains Rochers qui reſſemblent à des Navires ſous les voiles. Du Port de Velas au Cap Hermoſo, il y a douze lieues Nord-Oueſt quart au Nord & Sud-Eſt quart au Sud: du Cap Hermoſo au Cap Guiones, on trouve douze lieues Nord-Oueſt & Sud-Eſt. Le fond eſt de Sable & la Côte ſaine.

VELATABI. Voyez WINIDÆ.

VALAUDORUM, Ville des Séquaniens: L'Itinéraire d'Antonin la marque ſur la route de Milan à Strasbourg en prenant par les Alpes Graïennes. Elle eſt entre *Veſontio* & *Epamantadurum*, à vingt-deux milles du premier de ces Lieux, & à douze milles du ſecond. Il y a des MSS. qui liſent *Vetatudurum*, d'autres *Velatudurum* & d'autres *Velatudarum*. La Table de Peutinger met entre Veſontio & Epamantadurum un Lieu nommé VELEROT, qui pourroit bien être le VELATUDURUM de l'Itinéraire d'Antonin.

VELAUNI. Voyez VELLAUNII.

[f] Dict. Géogr. des Pays-Bas.
VELAW, ou VELUWE [f], Quartier de la Province de Gueldre. Il contient cette partie de la Gueldre Hollandoiſe, renfermée entre le Rhein, l'Iſſel & le Zuiderzée, & confine au Couchant à la Province d'Utrecht. C'eſt un Pays de Landes & de Bruyéres.

[g] Longuerue Deſcr. de la France, Part. 2. p. 40.
Le Velaw qui faiſoit partie de l'ancien Comté de Theyſterband [g], appartenoit à l'Egliſe d'Utrecht, comme le reſte de ce Comté, & fut donné en fief par l'Evêque vers l'an 1070. à Godefroi *le Boſſu*, Duc de la Baſſe Lorraine, ou de Brabant. Godefroi de Bouillon Neveu *du Boſſu*, allant à la Terre-Sainte vendit ce Pays à Othon Comte de Gueldre, en s'en réſervant néanmoins l'hommage, ſans préjudice du Haut Domaine, qui appartenoit à l'Evêque d'Utrecht: de ſorte que le Velaw fut un arriére-fief de cette Egliſe. Cela dura juſqu'en 1311. car alors Jean Duc de Brabant ayant négligé de rendre les devoirs auxquels il étoit tenu envers l'Egliſe d'Utrecht, Guy de Hainaut Evêque d'Utrecht, inveſtit du Comté de Velaw, Regnaud Comte de Gueldre, comme ſon Vaſſal, ſans qu'à l'avenir il fût tenu de reconnoître le Duc de Brabant.

Ce droit de l'Egliſe d'Utrecht n'étoit pas encore aboli en 1363. lorſqu'Edouard Duc de Gueldre reconnut par ſes Lettres que les Evêques d'Utrecht avoient alors dans le Velaw un grand nombre de Vaſſaux & de Fiefs ſervans, ſur leſquels ces Prélats pouvoient impoſer telles Tailles & Tributs qu'ils jugeoient à propos, ſans que le Duc y pût rien lever. Mais dans la ſuite le Duché de Gueldre étant tombé entre les mains de Princes très-puiſſans, les Evêques n'eurent plus aucune Seigneurie ni directe, ni utile dans ce Pays-là, & on ne voit point qu'il y en ait eu aucune ceſſion par les Evêques ni par le Chapitre.

Les principales Places du Velaw ſont

Arnheim, Elbourg,
Harderwick, Hattem,
Waguehingue.

VELAW-ZOOM, ou VELUWE-ZOOM. On appelle ainſi cette partie du Quartier de Velaw, qui s'étend des environs de Waguehingue juſqu'auprès de Zutphen, où ſont les Bois de Rhede & de Loonen.

[h] Ibid. Part. 1. p. 265.
VELAY (Le), Contrée de France [h], bornée au Nord par le Forez, à l'Occident par la Haute-Auvergne, au Midi par le Gevaudan, & à l'Orient par le Vivarez. Ce Pays qui fait partie de la Lieutenance-Générale des Sevennes dans le Gouvernement Militaire de Languedoc, a pris ſon nom des Peu-

L 3

86 VEL

Peuples *Velavi*, que César dans ses Commentaires dit avoir été dans la dépendance des Auvergnats, *in clientela Arvernorum*, dont il reste encore aujourd'hui une Tradition populaire, puisqu'on dit communément Le Puy en Auvergne, quoique cette Capitale du Velay soit du Gouvernement du Languedoc, & du Ressort de Toulouse.

Ceux du Velay étoient du nombre des Celtes, qui furent joints par Auguste à l'Aquitaine. Mela & Pline ont omis ces Peuples; mais Strabon & Ptolomée les ont marquez entre les Aquitains. Ptolomée semble avoir écrit ce mot ΟΥΕΛΛΥΝΟΙ, qu'on a mis en Latin *Velauni*; mais on le doit écrire *Vellavi*, comme il se trouve par-tout ailleurs, tant dans les Monumens de la premiére Antiquité, que dans ceux de la moyenne.

Le Velay après la division de l'Aquitaine en deux Provinces, fut mis sous la premiére dans le quatrième Siècle. Il vint dans le cinquième au pouvoir des Wisigots, & au pouvoir des François dans le sixième après la mort d'Alaric. Ceux de Velay étoient comme les Auvergnats leurs Voisins, Sujets des Rois d'Austrasie, qui tenoient une partie de l'Aquitaine.

Le Duc Eudes se rendit Maître du Velay, & son petit-fils Gaifre en fut dépouillé par Pépin, dont les descendans jouirent de ce Pays jusqu'au Régne de Louis d'Outremer. Ce fut ce Roi qui donna le Velay à Guillaume *Tête d'Etoupes* Comte de Poitiers, Duc d'Aquitaine, comme nous l'apprenons de la Chronique de Mailzais & de celle d'Aimar Moine d'Angoulême. Ces Ducs donnérent le Comté d'Auvergne en fief, avec une partie du Velay, qui est aujourd'hui du Gouvernement d'Auvergne, & non pas de celui du Languedoc. Le reste fut donné à l'Evêque de la Ville du Puy, où on avoit établi le Siège Episcopal du Velay; ces Prélats ne tenoient leur Temporel que des Rois de France, qui leur avoient donné les mêmes droits qu'aux grands Princes. Ils étoient seulement tenus de remettre leurs Châteaux à la garde du Roi, quand il le leur demandoit. On voit aussi que Raymond de Saint Gilles, qui avoit anticipé sur tous ses Voisins, s'étoit mis en possession d'un droit de supériorité sur le Velay; mais les usurpations de ce Prince n'établissent aucun droit certain & bien fondé, ou pour lui ou pour ses Successeurs.

[a] *Pigniol, Descr. de la France, t. 4. p. 311.* Le Velay est un petit Pays [a] de Montagnes, qui sont très-froides, & couvertes de neige plus de six mois de l'année. On y recueille cependant plus de bled qu'il n'en faut pour la nourriture des Habitans. Les Bestiaux qu'on y nourrit font la plus grande richesse de ce Canton. On fait au Puy des Dentelles qui y attirent des sommes considérables.

[b] *Pag. 292.* Les Etats particuliers du Velay [b] sont composez de l'Evêque du Puy, qui y préside, du Commissaire principal, du Sénéchal, du Vicomte de Polignac, qui [c] *Longuerue Descr. de la France, Part. 1. p. 266.* side en l'absence de l'Evêque, de huit Députez du Clergé, de seize Barons du Pays, & de neuf Consuls.

La Capitale du Velay [c] étoit autrefois *Rovesio* ou *Rovessio*, marquée par Ptolomée, & qu'on trouve encore dans la Carte de Peutinger. Elle quitta ce nom peu après pour prendre celui des Peuples *Vellavi*. Cette Ville *Rovesio* étoit différente de celle d'Anis (qu'on nomme aujourd'hui le Puy) comme on voit par l'autorité de Grégoire de Tours au Livre X. Chap. XXV. où parlant d'un Imposteur qui couroit avec une prétendue Prophétesse nommée Marie, il alla à la Cité de Velay, *Civitatem Vellavorum*, & ensuite à un Lieu nommé *Anicium*. Le Moine Falco Auteur de la Chronique de Tournus, dit que ce fut dans cette ancienne Ville, qu'il nomme *Civitatem Vetulam*, que Saint Barnard Archevêque de Vienne assembla un Concile dans le neuvième Siècle. Il y a plusieurs Actes dans le Pays qui font voir que le Siège Episcopal a été transféré à Anis, è *Civitate Vetula*. Le Pere Mabillon (dans une Dissertation, qui est à la fin de la premiére Partie du quatrième Siècle Bénédictin) a bien prouvé que cette *Civitas Vetula* est la même que la Bourgade de St. Paulien en Auvergne; il rapporte les Inscriptions Romaines qu'on y trouve, lesquelles marquent l'antiquité de ce Lieu-là, qui a pris son nom du Saint qui y a été enterré, & qui est honoré comme l'Apôtre du Pays. Plusieurs ont écrit que c'est Evodius, Successeur de Paulien, qui a transféré le Siège Episcopal de la Cité de Velay à Anis; ce que l'autorité de Grégoire de Tours détruit, & il n'est fait mention d'aucun Evêque d'Anis, mais seulement *Vellavorum*, de Velay, jusqu'au dixième Siècle. C'est depuis ce tems-là que l'Evêque a été appellé *Aniciensis*, & que ce nom a succédé à *Vellavensis*.

VELCERA, Ville de l'Illyrie: Ptolomée [d] *Lib. 2. c. 17.* la marque sur la Côte entre l'Embouchure du Fleuve Oenus & la Ville *Seni*. Thevet dit que le nom moderne est *Bacharin*; & qu'on nomme aussi ce Lieu *Neuchasteau*, apparemment pour *Castel-nuovo*.

VELDBACH, Monastère de Filles en France, dans l'Alsace [e] *Zeyler, Topogr. d'Alsace, p. 64.*, au Comté de Pfirdt. Les Comtes de ce nom l'ont fondé, & on y voit treize Tombeaux des Comtes & des Comtesses.

VELDENTZ, Château d'Allemagne, près de la Moselle, à deux lieues, au-dessus de Traerbach [f] *D'Audifred, Géogr. Anc. & Mod. t. 2.*, & le Chef-lieu d'un Comté enclavé dans l'Archevêché de Tréves. C'est un Fief de l'Evêché de Verdun, comme en font preuve plusieurs Investitures données par les Empereurs aux Evêques de Verdun, & par différentes reprises dans lesquelles les Comtes de Veldentz se qualifient les hommes liges de ces Evêques. Etienne, Comte Palatin du Rhein, acquit ce Comté en épousant Anne fille unique & héritière de Frédéric Comte de Veldentz. Louïs le Noir l'eut en partage avec le Duché de Deux-Ponts & la moitié du Comté de Sponheim, & le donna à Robert, son fils puisné, qui est le Chef de la Branche de ce nom, & qui fut pere de George Jean. Ce dernier partagea ses Etats entre ses deux fils George Gustave & George Jean. L'ainé eut la Principauté de Lautreck avec voix & séance à la Diète. Il épousa en secondes nôces Marie Elizabeth, fille de Jean Duc de de Deux-Ponts; & de ce mariage sortit en 1625. Léopold-Louis, qui succéda aux Etats de son Oncle George-Jean mort sans enfans & qui avoit eu en partage le Comté de Veldentz & la Principauté de Lutzelstein. Ce Prince ayant refusé de rendre hommage pour ce Comté en fut privé par Arrêt de la Chambre Royale de Mets du 19. Décembre 1680. Ce Palatin qui fut le dernier de sa Branche étant mort sans héritiers mâles ses Domaines retournérent à l'Electeur Palatin. Le Comté de Veldentz renferme l'Avocatie de Veldentz, le Ban de la Cour du Moulin, Wolforsveiler, Bomkoldric & la Cour de St. Médard.

VELDIDENA, Lieu de la Germanie. Il y a une route dans l'Itinéraire d'Antonin qui part de *Lauriacum* & se rend à *Veldidena*, & dans laquelle VELDIDENA est marquée à vingt-trois milles de *Parthanum*. Dans une autre route qui prend de *Pons Æni* à VELDIDENA, ce dernier Lieu est placé à vingt-six milles de *Masciacum*. Dans une troisième route, qui va d'Ausbourg à Verone, VELDIDENA paroît à trente milles de *Parthanum*, & dans une quatrième route qui va d'Aquilée à Veldidena, ce même Lieu est marqué à trente-trois milles de *Vipitenum*. Simler au lieu de VELDIDENA lit VELDIDANA. Tout le monde convient que c'est aujourd'hui *Wilten*, Abbaye de l'Ordre de Prémontré au voisinage d'Inspruck.

VELEATES. Voyez VELIATES.

VELEGIA, Ville de la Libye Intérieure: Ptolomée [a] la marque parmi les Villes qui étoient au Nord du Fleuve Niger & sur le bord de ce Fleuve. Quelques Exemplaires écrivent VELLEGIA.

[a] Lib. 4. c. 6.

VELEIA, Ville de l'Espagne Tarragonnoise, selon la Notice des Dignitez de l'Empire [b]. Ce pourroit être la Ville *Velia* de Ptolomée [c]. Voyez VELIA.

[b] Sect.
[c] Lib. 2. c. 6.

VELESITANUS, Siège Episcopal d'Afrique, dans la Numidie, selon la Notice de cette Province. La Conférence de Carthage [d] écrit *Vegeselitanus*. Mais il y avoit en Afrique deux Villes nommées *Vegesela*; car Privatianus qualifié *Episcopus plebis Vegeselitanae* par la Conférence de Carthage [e], étoit différent de Reginus que Valentinus *Vaianensis* appelle dans la même Conférence de Carthage [f] son *Consaeerdos Ecclesiae Vegeselitanae*. Une de ces Villes nommées *Vegesela*, dit Mr. Dupin, étoit dans la Numidie. Son Evêque Januarius souscrivit au Concile de Carthage sous Boniface, tant pour lui que pour Januarius *Masculitanus*; & il n'y a point à douter que ce ne soit la Ville *Megesela* que l'Itinéraire d'Antonin marque auprès de *Mascula*. Mr. Baluze met l'autre *Vegesela* dans la Byzacène, parce que l'Itinéraire d'Antonin marque *Vegesela*, ou *Vergesalla* entre les Villes de cette Province. A la vérité la Notice des Evêchez d'Afrique place dans la Numidie deux Sièges à-peu-près de même nom; savoir *Veselitanus* & *Velesitanus*; mais il y a grande apparence que cette *Vegesela*, dont Fortunatianus est dit Evêque, étoit un Bourg de la Byzacène; car dans la Conférence de Carthage Donatus *Episcopus Cyllitanus* soutient que *Vegesela* étoit de son Diocèse, qui se

[d] No. 132.
[e] Ibid.
[f] No. 135.

trouvoit dans la Byzacène, comme nous l'apprennent la Notice des Evêchez d'Afrique, l'Itinéraire d'Antonin & la Lettre des Evêques de la Byzacène dans le Concile de Latran.

VELETRI. Voyez VELLETRI.

VELEZ (Le Peñon de) Voyez l'Article PEÑON DE VELEZ.

VELEZ DE GOMERE, Ville d'Afrique dans les Etats du Roi de Maroc au Royaume de Fez. Marmol [g] en parle ainsi: Velez de Gomére est une Ville de sept cens feux, sur la Côte de la Mer Méditerranée, à la hauteur de Malaga, dont elle est éloignée de quarante lieues. Quelques-uns attribuent sa fondation aux Goths, d'autres aux Habitans du Pays. Elle est bâtie entre deux hautes Montagnes près d'un grand Valon, que traverse un Ruisseau, qui s'enfle tellement par les pluyes qu'on le prendroit alors pour une Rivière considérable. Il n'y a point d'autres eaux dans le voisinage qu'un Puits hors de la Ville, près de la Sépulture d'un Morabite, nommé Cidi-Buaza, & qui est en grande vénération. Mais il est dangereux de boire de cette eau la nuit, à cause qu'elle est toute pleine de Sangsues. Il y a dans Velez une Place où sont plusieurs Boutiques, & une grande Mosquée ceinte de vieux Murs, avec un Château plus beau qu'il n'est fort. C'est-là qu'est le Palais du Gouverneur, quoiqu'il en ait encore un autre au dehors de la Ville, accompagné de beaux Jardins. Les Habitans s'enrichissoient de deux choses durant leur prospérité; savoir de la Pesche des Sardines qu'ils vendoient aux Barbares qui y accouroient de toutes les Montagnes voisines; & de la Piraterie que leur facilitoit le Port qui peut contenir trente petits Vaisseaux. Ils armoient des Fustes & des Galiotes; & ils tiroient les bois des Montagnes voisines, où il y a quantité de Chênes, de Lièges & de Cédres. Le Pays est si stérile qu'on n'y recueille qu'un peu d'orge & encore moins de froment, parce que ce ne sont par-tout que Rochers. Les Habitans sont de la Tribu de Gomére, & ils aiment fort à boire. Il y avoit autrefois dans Velez plus de cent maisons de Juifs, où l'on vendoit d'excellent vin, & tout le plaisir des Habitans consistoit à entrer dans des Barques sur Mer, où ils buvoient & mangeoient. Il y a sur le bord de la Mer un Arsenal pour les Navires. C'est-là qu'on avoit coutume de construire ceux que le Gouverneur & les Habitans faisoient équiper. La force de la Place consiste dans le courage des Montagnards de la Contrée, gens braves & qui combattent en desespérez: aussi les Habitans se sont-ils toujours retirez vers eux quand ils ont vu paroître quelques Flotes de Chrétiens. Velez de Gomére est le Port de la Mer Méditerranée le plus proche de Fez. Don Pedre, Amiral du Roi de Castille, pour leur ôter cette retraite bâtit en 1508. un Fort sur un Roc qui est vis-à-vis, à sept cens pas de distance & que la Mer environne de tous côtez. On le nomme le Pegnon de Velez. Voyez au mot PEGNON l'Article LE PEGNON DE VELEZ.

[g] Descr. du Royaume de Fez, Liv. 4. c. 67.

VELEZ-MALAGA, Ville d'Espagne, au

au Royaume de Grenade, dans l'enfoncement que forment la Pointe de l'Ouest & celle de l'Est de Velez-Malaga. Elle est située dans une grande Plaine, environ à deux milles du bord de la Mer, d'où on apperçoit du milieu de la Ville deux grands Clochers, & sur la droite une espèce de Château, sur une éminence au milieu d'une très-belle Plaine, où sont plusieurs Jardins.

Environ quatorze milles à l'Est de la Pointe de Malaga, dit Michelot [a], est celle de l'Ouest de Velez-Malaga. Entre ces deux Pointes il paroît une Côte unie. On y voit cinq à six Tours de garde situées sur des pointes le long de la Marine. Sur la Pointe de l'Ouest de Velez-Malaga, il y a une Tour quarrée, & une Maison auprès, & par derrière est un petit Bocage qui en donne la connoissance. De la Pointe de l'Ouest à celle de Velez-Malaga, la Côte court presque Est & Ouest, environ huit à neuf milles : entre ces deux Pointes il y a un assez grand enfoncement, dans le fond duquel on voit la Ville de Velez-Malaga. Presque au milieu, vis-à-vis de la Ville il y a un petit Fort armé de quatre à cinq Canons proche de la Mer, au pied de deux Monticules, & quelques Magasins de Pêcheurs sur le Rivage. On mouille dans cet endroit par huit, dix, douze, ou quinze brasses d'eau. La Pointe de l'Est de Velez-Malaga est assez basse, & unie, & tout auprès de cette Pointe est une Tour de Garde.

[a] Portul. de la Médit. p. 12.

VELEZ-EL-RUBIO, Bourg d'Espagne [b], dans la Castille Nouvelle, vers l'endroit où les Frontières de Valence, de Grenade & de Castille se rencontrent. Velez-el-Rubio n'est aujourd'hui qu'un petit Bourg, bâti au pied d'une Colline. C'étoit autrefois une Ville forte, où les Maures avoient toujours une bonne Garnison pour garder leurs Frontières de ce côté-là. On voit encore un reste de l'ancienne muraille sur la Colline. Son Terroir est assez fertile; mais plus loin en tirant du côté de Baça dans le Royaume de Grenade, dont Velez-el-rubio est éloigné d'onze lieues, on ne trouve dans toute la route jusqu'à cette Ville qu'une misérable Venta, ou Hôtellerie à moitié chemin, où souvent il n'y a ni pain ni vin. Velez-el-rubio est une Commanderie de l'Ordre de St Jacques. Il ne faut pas confondre ce Lieu avec Velez-Malaga, au Royaume de Grenade, à demi-lieue de la Mer Méditerranée ; car quelques-uns mettent aussi Velez-el-rubio dans le Royaume de Grenade.

[b] Délices d'Espagne, p. 356.

1. VELIA, Ville de l'Espagne Tarraconoise [c] qui la place dans les terres la donne aux *Caristi*. Ortelius [d] croit que ce pourroit être la Ville BELEIA que l'Itinéraire d'Antonin met sur la route d'Asturica à Bourdeaux, entre *Deobriga* & *Suissatio*, à quinze milles du premier de ces Lieux & à sept milles du second.

[c] Lib. 2. c. 6.
[d] Thesaur.

2. VELIA, Ville d'Italie, dans la Lucanie, près du Fleuve *Heles*, ou *Hales*. Les Grecs la nommoient ELEA Ἐλέα [e] ; & d'abord qu'elle fut fondée par les Phocéens [e] elle s'appella Ὑάλη, *Hylea*. Strabon [f] dit qu'auprès du Golphe *Pæstanus*, il y en a un autre qui lui est contigu, où l'on voit une Ville qui fut appellée *Hyela* par les Phocéens ses fondateurs, *Ella* par d'autres, d'un nom d'une certaine Fontaine, & que de son tems on la nommoit ELEA. Selon Etienne le Géographe la Ville d'ELEA avoit pris son nom d'une Rivière qui la baignoit, & de son tems cette même Ville se nommoit VELEA. Cette Rivière est l'*Heles*, d'où on appella la Ville *Helea*, ou *Ela*; & dans la suite l'aspiration fut changée en la lettre V. Pline [g], Cicéron [h], & Velléjus Paterculus [i] écrivent VELIA. Cependant dans un endroit Cicéron [k] se sert du nom *Elea*. Le nom des Habitans varie comme celui de la Ville. Les Anciens écrivent quelquefois ELEATES & quelquefois VELIENSES ; & Virgile [l] dit

[e] Herodot. Lib. 1 c. 167.
[f] Lib. 6. incunte.
[g] Lib. 3. c.
[h] Lib. 7. Epist. 19.
[i] Lib. 1. c.
[k] De Nat. Deor. L. 3. c. 33.
[l] Æneid. L. 6. v. 366.

. . . . . . *Portusque require Velinos.*

3. VELIA, Canton d'Italie [m] au voisinage de Cutilia. Ce Canton étoit pour la plus grande partie marécageux, & c'est celui que les *Aborigènes* cédérent aux *Pelasgi*, après avoir fait alliance avec eux.

[m] Dionys. Halic. L. 1. c. 20.

4. VELIA, Lieu de la Ville de Rome selon Denys d'Halicarnasse [n]. C'étoit une éminence, assez élevée, escarpée & qui commandoit la Place publique, ou le Marché de Rome & les Comices. Selon d'autres c'étoit la croupe du Mont Palatin, du côté où cette Montagne dominoit le Marché de Rome.

[n] Lib. 5. c. 19.

VELIARUM LUCI, Bois d'Italie, dont fait mention Symmaque [o]. Peut-être ce Bois étoit-il dans la Lucanie au voisinage de la Ville Velia qui pouvoit lui donner son nom.

[o] Lib. 2. Epist. 12.

VELIATES, Peuples d'Italie. Pline [p] qui les met dans la huitième Région, les surnomme VECTERI. Ce sont les mêmes Veliates qu'il place dans la Ligurie ; car la Ligurie étoit dans la huitième Région ; & ce sont les *Veleates* de Valerius Flaccus. Le Pere Hardouin soupçonne qu'il y a faute dans l'endroit où Pline parle du surnom des VELIATES. Voici le passage: *Tanetani, Veliates cognomine Vecteri : Regiates : Urbanates*. Le Pere Hardouin pense qu'il seroit peut-être mieux de lire : *Tanetani, Veliates, cognomine veteri Regiates, Urbanates*. La raison qu'il en donne est que l'ordre alphabétique seroit suivi.

[p] Lib. 3. c. 15.

VELIBORI. Voyez VELABORI.

VELICER, Fleuve de la Germanie. Sidonius Apollinaris [q] en parle ainsi :

[q] in Panegyr. ad Socerum.

Bructerus ulnosa quem Velicer abluit unda.

Sur quoi Goropius dit que par VELICER Sidonius Apollinaris veut désigner une Rivière de la Westphalie, dont la source est un peu au-dessus du Village de Velen, dans une Forêt, & qui se rend dans l'Issel. Si cela est, dit Ortelius [r], ce sera présentement la Rivière d'Aa.

[r] Thesaur.

VELICHI, Rivière des Etats du Turc en Europe, dans la Basse Albanie, selon Mr. Corneille qui ne cite aucun garant. Il ajoute que cette petite Rivière se rend dans le Golphe de Larta.

1. VELIENSES, Peuples d'Espagne selon Pline [s], qui dit qu'ils formoient une des

[s] Lib. 3. c. 3.

VEL. VEL. 89

des cinq Citez des Peuples *Vennenſes*. La Ville des Veliensés ſe nommoit *Velia*. Voyez Velia, N°. 1.

2. VELIENSES, Peuples d'Italie : Pline [a] les place dans le Latium.

[a] Lib. 3. c. 5.

VELIENSIS. Voyez Velitiæ.

1. VELIKA, ou Velica, Riviére de Hongrie [b], dans l'Eſclavonie. Elle prend ſa ſource dans la partie Septentrionale du Comté de Creits, traverſe ce Comté, ainſi que celui de Zagrab du Nord au Sud, & groſſie des eaux des Riviéres de Czernets, d. de Blanja, d. & de Pakra, g. elle va ſe perdre dans la Save, à quelques lieues au-deſſous de Siſſek.

[b] De l'Iſle, Atlas.

2. VELIKA, ou Velica, Bourgade de Hongrie, dans l'Eſclavonie, ſur la Riviére de même nom, à l'Orient Méridional de Creits.

3. VELIKA, ou Kraljova-Velika, Ville de Hongrie, dans l'Eſclavonie, entre les Riviéres Velika & Pakra, un peu au-deſſus de l'endroit où elles ſe joignent. Il y en a qui prennent cette Ville pour l'ancienne *Variana*.

4. VELIKA. Voyez Villuska.

VELILLA. Voyez Vililla.

VELINO, Riviére d'Italie : Elle a ſa ſource au Royaume de Naples, dans l'Apennin, environ à quarante cinq milles de l'endroit où elle ſe jette dans la Nera, à quatre milles au-deſſus de Terni. Mr. Miſſon, dit le Pere Labat [c], s'eſt trompé, lorſqu'il a dit que cette Riviére avoit ſes ſources à douze ou quinze milles du Lieu, où elle ſe jette dans la Nera. L'erreur eſt conſidérable. Cette Riviére après avoir paſſé à Civita Ducale, derniére Place du Royaume de Naples à l'Occident, arroſe les murs de Rieti, Ville Épiſcopale de l'État de l'Égliſe dans le Duché de Spolete, & reçoit à deux milles plus bas, le Tourano, Riviére médiocre qui a ſa ſource auprès du Lac de Celano, dans la partie Occidentale du Royaume de Naples. Une autre petite Riviére ſe joint un peu plus bas au Velino, qui ainſi augmenté paſſe dans celui *delle Marmore*. Cette Riviére groſſie de toutes ces eaux différentes court avec rapidité à un Rocher uni & large de plus de ſoixante pas, taillé à plomb par la Nature & élevé de plus de trois cens pieds au-deſſus d'un autre Rocher que la chûte continuelle des eaux a creuſé comme un vaſte Gouffre ſemé de pointes inégales, où l'eau qui tombe de ſi haut ſe briſe en une infinité de parties qui jailliſſant en l'air fait comme une pluye déliée, ou une bruine ſur laquelle les Rayons du Soleil ſe réfléchiſſans diverſement, forment des milliers d'Arc-en-ciel qui changent & qui ſe ſuccedent les uns aux autres d'une maniére admirable. Je préfére ſans peine, ajoute le Pére Labat, cette Caſcade à celle de Tivoli ; mais je dois préférer celle de Nigara dans l'Amérique Septentrionale à ces deux, puiſqu'on ne peut paſſer en aucune façon ſous celles-ci ; au-lieu qu'on trouve un chemin aſſûré, d'un bord d'un très-grand Fleuve à l'autre bord, ſans être mouillé, quoiqu'on paſſe ſous une prodigieuſe maſſe d'eau. Les gens du Pays nomment *Caſcata del Marmore* cette chûte du Velino, à cauſe que ce Fleu-

[c] Voyage d'Italie, t. 7. p. 99.

ve paſſe par trois Lacs, dont le plus proche de la Caſcade ſe nomme le Lac *del Marmore*: il ſemble néanmoins qu'il y auroit plus de raiſon à l'appeller la Caſcade du Velino, qui eſt le nom de la Riviére qui s'y précipite.

1. VELINUS-LACUS, Lac d'Italie, chez les Sabins, au Nord de *Caſperia*, & préſentement appellé *Lago di Rieti*. Lorſque l'on aſſembla à Rome les Députez des Villes & des Colonies qui avoient intérêt au projet que l'on avoit propoſé de détourner le cours des Riviéres & des Lacs qui cauſoient les Inondations du Tibre, les Habitans de Réate empêchérent, ſelon Tacite [d], qu'on ne bouchât le paſſage par où le Lac Velinus ſe décharge dans la Nera. Pline [e] dit que les Sabins habitoient ſur les bords des Lacs *Velini*; parce que ce Lac eſt diviſé en pluſieurs parties qui ſont formées par le Fleuve Velinus, dont parle Virgile dans ce Vers [f]:

[d] An. Lib. 1. c. 79.
[e] Lib. 3. c. 12.
[f] Æneïd. L. 7. v. 517.

Sulfurea Nar albus aqua, fontesque Velini.

Ce Fleuve Velinus étoit accru de la Riviére Telonia, fameuſe par la défaite de Rutilius, ſelon Oroſe [g]; à moins qu'on ne liſe Tolenus, ou Tolenius, avec Ovide [h]:

[g] Lib. 5. c. 18.
[h] Lib. 6. Faſtor. v. 565.

*. . . . Flumenque Tolenum
Purpureo miſtis ſanguine fluxit aquis.*

Autour du Lac *Velinus*, on voyoit des Champs très-fertiles & de gras pâturages que Virgile [i] appelle :

[i] Æneïd. L. 5. v. 712.

. . . . Roſea rura Velini.

2. VELINUS, Fleuve d'Italie chez les Sabins. Voyez l'Article qui précéde.

3. VELINUS, Vibius Sequeſter donne ce nom à l'une des ſept Montagnes de Rome.

4. VELINUS-PORTUS. Voyez Velia, N°. 2.

VELISCUM, Lieu de la Mauritanie Céſarienſe. L'Itinéraire d'Antonin le marque ſur la route de *Colama* à *Ruſuccurum*, entre *Suſaſar* & *Tanaramuſa-caſtra*, à quinze milles du premier de ces Lieux & à ſeize milles du ſecond. Les Exemplaires varient dans l'Orthographe de ce nom : les uns écrivent Velisci, & les autres, Velescum, Velesci, ou Velesti.

VELITERNI, Peuples d'Italie. On appelloit ainſi les Habitans de la Ville Velitræ. Voyez Velitræ.

VELITIÆ, Ville d'Italie. Feſtus [k] en fait mention au mot Novæ Curiæ, en ces termes : *Velitiæ res divinæ fiunt in vettribus curiis*. Elle tiroit ſon nom des Peuples *Velitienſes*, dont parle Pline, quoique la plûpart des Exemplaires imprimez de cet Ancien liſent *Veliticenſes* au lieu de *Velitienſes*.

[k] De Verbor. ſigniſ.

VELITRÆ, Ville d'Italie dans le Latium & la Capitale des Volſques, aujourd'hui Velitri ou Velletri. Ancus mit le Siége devant cette Ville, & la preſſa tellement que les Habitans réduits à l'extrémité firent ſortir de leurs murs leurs Vieillards, en état de ſuppliants. Ceux-ci promirent de répa-

M ici

ter au gré du Roi les torts que leurs Concitoyens pouvoient avoir fait aux Romains & de livrer les coupables. Ancus se laissa gagner par cette soumission, & mit les Habitans de VELITRÆ au nombre des Alliez de Rome. L'an 259. de la fondation de Rome, Virginius ayant battu les Volsques, entra pêle-mêle [a] dans la Ville de *Velitræ* avec les fuyards, & n'épargna qu'un petit nombre d'Habitans qui mirent les armes bas. Trois ans après, la peste y fit de si grands ravages qu'à peine il resta dans cette Ville la dixième partie des Habitans. Ceux qui échappérent à la mort furent contraints d'avoir recours à Rome [b] de se donner à la République & de la supplier d'envoyer chez eux des Habitans pour repeupler leur Ville. Les Romains y envoyérent une Colonie. Environ cinquante ans après, les Habitans de Velitre, quoique Colonie Romaine, s'alliérent avec les Ennemis de Rome. On usa d'une grande sévérité à leur égard. Leur Ville fut rasée. Son Sénat fut transporté ailleurs, & l'on ordonna à tous ses Habitans d'aller fixer leur demeure de l'autre côté du Tibre. Si quelqu'un entreprenoit de le repasser, on l'obligeoit à payer mille As d'airain, & l'on avoit droit d'exiger cette somme de lui en le saisissant au corps. Les Campagnes de leurs Sénateurs furent distribuées à une nouvelle Colonie qu'on y envoya. La Ville de *Velitræ* reprit son ancienne forme. Suétone [c] nous apprend que la Famille d'Auguste étoit une des principales de cette Ville. Les Habitans sont appellez VELITERNUS POPULUS par Tite-Live [d], & VELITERNI par Pline [e]. On voit dans Gruter [f] une ancienne Inscription où il est parlé d'une Victoire remportée sur ces Peuples: MÆNIUS. . . . . . DE VELITERNEIS PRIDIE K. OCT. Voyez VELETRI.

[a] Tit. Liv. L. 2. c. 30.
[b] Dionys. Halicar. L. 7. c. 11. & 12.
[c] In Augusto.
[d] Lib. 8. c. 11.
[e] Lib. 3. c. 5.
[f] Pag. 297.

VELITRANI, C'est ainsi que quelques Editions de Denys d'Halicarnasse nomment les Habitans de la Ville de VELITRÆ: les autres portent VELITERNI. Voyez VELITRÆ.

1. VELLA, ou VERRA, Riviére d'Italie, dans la partie Orientale de l'Etat de Gênes. Elle prend sa source dans l'Apennin arrose Brugneto, & se jette dans la Magra, à une grande lieue au-dessus de Sarzana. Quelques-uns donnent le nom de Brignole à cette Riviére. On croit que c'est le *Boactus* des Anciens.

2. VELLA, Ville de la Haute Ethiopie, au Royaume de Dancali, à vingt lieues du Détroit de Babelmandel, à 77. d. du premier Méridien & à trois d. de Latitude Septentrionale. C'est un Port de la Mer Rouge, & selon Davity c'est le même que Leila dont les Lettres de 1617. font mention comme d'un Port où devoient aborder les Prêtres qu'on demandoit pour l'Ethiopie.

VELLADA, Ville d'Espagne [g], au Royaume de Valence, près de Montesa. On voit auprès de cette petite Ville deux Fontaines, dont l'une jette de l'eau douce & l'autre de l'eau salée.

[g] Délices d'Espagne, p. 557.

VELLADIS, Ville de la Lusitanie, selon quelques Editions Latines de Ptolomée [h]. Il y en a qui lisent BELLADIS, au lieu de

[h] Lib. 2. c. 5.

VELLADIS. Ni l'un ni l'autre de ces noms ne se trouve dans le Texte Grec.

VELLÆI. Voyez VELLAUNII.

VELLANIS, Ville de la Haute-Mœsie: Ptolomée [i] la marque parmi les Villes qui étoient éloignées du Danube. Si nous en croyons Lazius, le nom moderne est *Larzii*.

[i] Lib. 3. c. 10.

VELLATES, Peuples de la Gaule Aquitanique selon Pline [k]. Ces Peuples, dit le Pere Hardouin, sont les *Velauni* de Ptolomée [l], & ils habitoient entre les *Ausii* & les *Rutheni*. Voyez VELLAVI.

[k] Lib. 4. c. 19.
[l] Lib. 2. c. 7.

VELLAVI, ou VELAUNI, Peuples de la Gaule Celtique. Strabon [m] est pour la premiére Orthographe, & Ptolomée [n] pour la seconde. Les MSS. de César [o] varient dans l'Orthographe de ce nom. Il y en a qui lisent VELAVI, & d'autres portent VELAUNII. Ptolomée donne aux *Velauni* une Ville nommée RUESIUM, ou RUESSUM. Mr. de Valois [p] aimeroit mieux lire *Ruesio*, ou *Ruessio*, parce qu'on trouve RUESSIONE dans la Table de Peutinger. Quelques-uns, dit Cellarius [q], veulent que cette Ville soit la même qu'ANICIUM, le *Puy en Velay*; mais, ajoute-t-il, la Ville VELLAVA de Grégoire de Tours, ou VELLAVORUM CIVITAS de la Notice des Villes de la Gaule, étoit à quelque distance d'*Anicium*; car Grégoire de Tours dit [r]: *Ingressus Vellavæ Urbis terminum, ad locum quem Anicium vocitant, accedit*.

[m] Lib. 4. p. 190.
[n] Lib. 2. c. 7.
[o] Lib. 7. c. 75.
[p] Notit. Gall.
[q] Geogr. Ant. Lib. 2. c. 2.
[r] Lib. 10. c. 25.

VELLAUNODUNUM, Ville de la Gaule Celtique, ou Lyonnoise. César [s] dit que c'étoit une Ville des Senones: *Altero die, quam ad Oppidum Senonum Vellaunodunum venisset, oppugnare instituit*. On ne s'accorde pas sur le nom moderne de cette Ville. Les uns veulent que ce soit *Villeneve* en Lorraine, & d'autres disent *Auxerre*, *Vezelay*, ou *Château-Landon*; mais le plus grand nombre est pour *Château-Landon*. Quoi qu'il en soit, il est toujours certain que VELLAUNODUNUM, n'étoit pas fort éloigné d'*Agendicum*, Sens, puisque César en partant de cette derniére Ville se rendit devant VELLAUNODUNUM le lendemain. André du Chêne, dans ses Antiquitez de France, témoigne qu'il croiroit assez volontiers que VELLAUDUNUM seroit aujourd'hui Ville-Neuve-le-Roi, Lieu dépendant du ressort de Sens; car César dit que *Velladunum* est des dépendances de la Ville de Sens. Du Chêne ajoute que l'opinion de Vigenere est que Château-Landon est l'ancien *Vellaudunum*; & il fait parler Vigenere de la sorte: „ Et moi j'esti-„ merois que ce *Vellaudunum* fut ce que „ nous appellons Château-Landon, à qua-„ tre lieues de Montargis, sur le grand che-„ min de Paris à Lyon, pour l'affinité des „ vocables; car il n'y a pas beaucoup de „ distance de l'un à l'autre, ayant été man-„ gé la premiére Syllabe *Ve*, & au lieu de „ cela ajouté ce mot de *Château*, comme „ c'est chose fort commune en France, „ pour raison de la Forteresse qui y pour-„ roit depuis avoir été bâtie. Et de vray „ en ce Lieu-là il y a maintes marques & „ vestiges de l'Antiquité, & a été autrefois „ une bien grande chose. Au reste il n'y „ a pas beaucoup d'affaire en notre écri-„ ture de lire un *N*. pour un *V*. outre que „ ce pourroit avoir été pour éviter la ca-„ copho-

[s] De Bel. Gal. Lib. 7.

„ cophonie qu'on auroit mis N. pour V. & écrit Lando, après Château pour Laudunum, car en ces deux Syllabes se suivans l'une l'autre au, Lau, sonneroient un peu dur. Et si l'assiette pour le regard des journées de César y convient du tout, d'autant qu'il y a huit bonnes lieues de Milly à ce Château Landon, & encore toute Beausse, qui est fort effondrée en tems d'Hyver, durant lequel César y passa lors, & de Château Landon il y a douze lieues jusqu'à Giem, qui est l'ancienne Genabum, qui furent ses deux autres journées, mais de plus beau Pays."

VELLE. Voyez VESLE.

VELLEIACIUM, Ville d'Italie, dans la Gaule Cispadane, aux environs de Plaisance au milieu des Collines. Pline [a] a dit qu'on y avoit vu six hommes de cent dix ans, quatre de six-vingts ans, & un de cent quarante ans. Phlegon Trallian [b] rapporte des exemples de divers hommes qui ont vécu long-tems dans la Ville de VELIA πόλεως Βελςίας; mais il n'est pas sûr que cette Ville VELIA soit la même que Pline nomme ici VELLEIACIUM.

[a] Lib. 7. c. 49.

[b] De Longævis.

VELLETRI, VELETRI, VELITRES, ou VELITRI, Ville d'Italie dans la Campagne de Rome, près de la Mer sur une hauteur entre Albano, & Riccia, à six milles de chacune de ces Places, à huit milles de Marano, à quatorze de Segni & à vingt de Rome. Cette Ville nommée anciennement VELITRÆ étoit considérable [c] dans le tems que Rome l'étoit encore peu; c'est-à-dire sous les premiers Rois. Elle fut assiégée & prise par Ancus Martius, quatrième Roi des Romains, & reprise par Coriolan Général de l'Armée des Volsques. Les Romains la reprirent ensuite & en firent une de leurs Colonies, après en avoir transporté les Habitans au deçà du Tibre, parce que leurs fréquentes révoltes forçoient à les traiter durement. Les murailles de la Ville furent abattues, le Sénat fut dissipé, & on condamna à la prison & à une grosse amende ceux qui se trouveroient à l'Est du Tibre. Un Oracle mal entendu fut cause de tous les malheurs de cette Ville; car l'Oracle ayant assûré qu'un de leurs Citoyens seroit un jour maître du Monde, ils crurent que pour vérifier cette prédiction, il falloit s'opposer de toutes leurs forces à la puissance naissante des Romains, & les empêcher de s'élever à la Monarchie universelle, où il étoit visible qu'ils aspiroient dès les premiéres années de la fondation de leur Ville. Cependant l'Oracle se vérifia dans la personne d'Auguste, dont la famille étoit originaire de Velletri, & qui devint réellement le Maître du Monde, & le plus puissant Empereur des Romains.

[c] Labat, Voyage d'Italie, t. 8. p. 52.

Cette Ville reçut la Foi du tems de St. Pierre, par le Ministère d'Epaphrodite son Disciple, que cet Apôtre y envoya après qu'il eut fondé l'Eglise de Terracine. On tient pour constant qu'on y bâtit une Eglise au Sauveur du Monde l'an 100. de Jésus-Christ. L'Evêque étoit si considérable qu'il étoit un des sept Suffragans de l'Eglise de Rome. Mais la Ville d'Ostie ayant été ruinée par les Barbares, & ses Habitans contraints de se sauver ailleurs pour conserver leur vie & leur Liberté, Eugène III. résolut vers l'an 1146. d'unir l'Evêché d'Ostie à celui de Velletri, afin que le premier Suffragant de Rome eût des Diocésains. Depuis ce tems-là Velletri a cessé d'être regardée autrement que comme l'Evêché d'Ostie, & l'Evêque aussi-bien que le Chapitre, sont regardez comme l'Evêque & le Chapitre d'Ostie résidans à Velletri. Le Chapitre est composé de quatorze Chanoines & d'un Doyen avec quelques Chantres. L'Eglise Cathédrale est dédiée à St. Clément Pape & Martyr. Elle est vaste, & quoique bâtie dans le goût Gothique, elle a de la beauté, de la grandeur & de justes proportions. Elle est accompagnée d'une haute Tour qui lui sert de Clocher. La Place qui est devant l'Eglise est grande, & ornée d'une très-belle Fontaine. Cette Place n'est pas la seule de la Ville: il y en a plusieurs autres, toutes accompagnées de Fontaines. Celle de la Place principale est magnifique. Il y a de très-belles Statues, & un peu plus loin est la Statue en bronze du Pape Clément VIII. revêtu de ses ornemens pontificaux, en acte de donner la bénédiction. L'Evêque, par une concession particuliére des Papes, a tout le Domaine spirituel & temporel dans la Ville, & il a la collation de tous les Bénéfices. Le Cardinal Guillaume d'Estouteville, Normand, qu'on appelloit communément le Cardinal de Rouen, parce qu'il en étoit Archevêque, & qui étoit aussi Evêque d'Ostie & de Velletri vers l'an 1479. a fait bâtir le Palais Episcopal de Velletri, avec la magnificence presque Royale qui accompagnoit toutes les actions de ce grand Cardinal.

Quoique la Ville de Velletri ait infiniment souffert dans les révolutions de l'Empire, & dans les guerres civiles qui ont mis tant de fois l'Italie en feu, elle ne laisseroit pas d'être considérable aujourd'hui si elle étoit mieux peuplée, & que ses Habitans voulussent tirer de leurs fonds de quoi faire le Commerce que la fertilité de leurs terres leur offre. La Ville est ceinte de murailles assez bien entretenues, quoique sans nécessité. Les rues sont belles, & il y a nombre de maisons qui ont de l'apparence & qui méritent d'être habitées. Le peuple est civil. L'air y est bon; & il paroît y avoir beaucoup d'Enfans; mais ce qui empêche que la Ville ne soit peuplée, c'est le trop grand nombre de Maisons Religieuses de l'un & de l'autre Sexe. La plus belle maison de Velletri appartient aux Seigneurs Ginetti. C'est trop peu dire que de l'appeler Maison; c'est réellement un Palais. Il occupe toute une face de la Grande Place.

Le Cardinal Ginetti l'a fait faire par le fameux Architecte Martin Lunghi. On dit qu'il y a dépensé plus de cinq cens mille écus Romains. Ce Palais est à trois étages. Il a un escalier de Marbre qu'on regarde comme le plus beau qui soit en Italie. Les appartemens sont bien entendus: ils ont de la grandeur & de la noblesse. On n'a rien épargné pour les orner: les Stucs, les Statues, les Tableaux, les dorures y brillent de toutes parts. Les meubles sont riches & magnifiques, quoiqu'il

qu'ils ne soient pas dans le goût moderne François. Le Jardin est si grand qu'il passe beaucoup au-delà des murailles de la Ville. Il a tous les ornemens qu'on peut donner à un Jardin, grandes & belles Allées, Parterres de Fleurs, & de Gazon, pièces d'eau, Fontaines, Jets & Cascades, Statues de Marbre & de Bronze, & le tout distribué d'une manière noble & ingénieuse. L'abondance d'eau qu'on y voit, y est conduite par un Aqueduc de cinq à six milles de longueur & qui, à ce qu'on assure, passe au travers d'une Montagne.

VELLEVA. Voyez VELLAVI.

VELLICA, Ville de l'Espagne Tarragonoise: Ptolomée [a], qui la marque dans les Terres, la donne aux *Cantabri*. Auguste, selon Florus [b], battit les Cantabres sous les murailles de VELLICA, car c'est ainsi qu'il faut lire, & non *Belgica*, comme portent quelques Exemplaires. Il n'y eut jamais de Ville BELGICA en Espagne. On croit communément que VELLICA est présentement *Victoria*.

[a] Lib. 2, c. 6.
[b] Lib. 4, c. 12.

VELLOCASSES, VELOCASSES, ou VELIOCASSES, Peuples de la Gaule Belgique selon César [c], qui écrit VELOCASSES. Hirtius [d] les nomme BELLOCASSES, mais les dernières Editions portent VELLOCASSES. Cette dernière Orthographe est celle de Pline [e] qui met les Vellocasses dans la Gaule Lyonnoise: *Lugdunensis Gallia habet Lexovios, Vellocasses, Galetos, Venetos*. En effet Auguste tira ces quatre Peuples de la Gaule Belgique pour les mettre dans la Gaule Lyonnoise. Ptolomée [f] les marque pareillement dans la Gaule Lyonnoise: Οὐελλιονάσσιοι, ὧν πόλις Ρατόμαγος; *Veneliocasii, quorum oppidum Rotomagus*. Mais Mr. de Valois croit qu'il y a une Syllabe de trop dans le mot Οὐενελιοκάσσιοι VENELOCASII, & il juge qu'on doit lire Οὐελιοκάσσιοι VELIOCASII. Voyez ROUEN.

[c] Bel. Gal. L. 2. c. 12.
[d] Lib. 8. c. 7.
[e] Lib. 4. c. 18.
[f] Lib. 2. c. 8.

VELOVOCORUM CIVITAS : Il est fait mention d'une Ville de ce nom dans le Code Théodosien [g]. Ortelius [h] soupçonne que *Velovocorum* est corrompu de BELLOVACORUM. Voyez BELLOVACI.

[g] Tit. De Veteronis.
[h] Thesaur.

VELSBILLICH, Ville d'Allemagne [i], dans l'Electorat de Tréves, environ à deux lieues au Nord Occidental de cette Capitale, sur une petite Rivière, qui à une lieue au-dessous se jette dans le Kyll. L'Empereur Rodolphe I. fit cette petite Ville libre & Impériale: mais elle a été tirée depuis ce tems-là de la Matricule de l'Empire.

[i] Jaillot, Atlas.

VELPI, Montagnes de la Cyrénaïque, aux confins de l'Afrique propre: Ptolomée [k] dit que les *Macatutæ* habitoient sur ces Montagnes.

[k] Lib. 4. c. 4.

VELTÆ, Peuples de la Sarmatie Européene: Ptolomée [l] les place sur l'Océan dans une partie du Golphe Vénédique.

[l] Lib. 3. c. 5.

VELTKIRCHEN, Village du Pays des Grisons. Il n'est remarquable que parce qu'il a été la Patrie de George Joachim célèbre Mathématicien, qui du lieu de sa naissance étoit Italien dans la Rhétie a été surnommé *Rheticus*. Il naquit le 16. de Février 1514. Il obtint une Chaire de Mathématique à Wirtenberg, & il mourut d'apopléxie à Cassovie le 4. Décembre 1576.

VELTZ, Bourgade de Hongrie dans l'Esclavonie. Quelques-uns la prennent pour l'ancienne *Valcum*.

VELUCA, Ville de l'Espagne Tarragonoise: Ptolomée [m] la donne aux *Arevaci*. On croit que c'est la Ville *Voluce* de l'Itinéraire d'Antonin. Voyez *Voluce*.

[m] Lib. 2. c. 6.

VELUWE. Voyez VELAW.

VEMANIA, Lieu de la Rhétie: L'Itinéraire d'Antonin le marque sur la route de la Pannonie dans les Gaules; c'est-à-dire de Sirmium à Tréves, en passant par *Sopiana*. Elle étoit entre *Campodunum*, & *Brigantia*, à quinze milles du premier de ces Lieux, & à vingt-quatre milles du second. L'Orthographe de ce nom varie beaucoup dans les MSS. Les uns lisent VEMANIA, d'autres, VENIANA, ou VÆMANIA. C'est la VIANA de Ptolomée; la VINIANIA de la Notice des Dignitez de l'Empire; & la Vimania de la Notice de l'Empire d'Occident de l'Edition de Pancirole. Voyez VIANA.

VEMPSUM, Ville d'Italie dans le Latium, selon Ptolomée [n]. Quelques-uns veulent que ce soit présentement *Val-Montone*.

[n] Lib. 3. c. 1.

VEMUE (La), Abbaye de France dans le Berry. Cette Abbaye, qui est de l'Ordre de St. Augustin, étoit fondée avant l'année 1145. son revenu est de trois milles Livres.

VEN, Ville de la Chine [o] dans la Province de Honan, au Département de Hoaiking, cinquième Metropole de la Province. Elle est de 22. d. 23'. plus occidentale que Péking sous les 36 d. 87. de Latitude Septentrionale.

[o] Atlas Sinens.

2. VEN, Ville de la Chine [p] dans la Province de Xensi, au Département de Chungch'ang, cinquième Metropole de la Province. Elle est de 12. d. 14'. plus occidentale que Péking, sous les 34. d. 40'. de Latitude Septentrionale.

[p] Ibid.

VENA, ou MONTI DELLA VENA, Montagnes qui séparent la Carniole de l'Istrie [q].

[q] Magin, Carte de l'Istrie.

VENAFRUM, Ville d'Italie, dans la Campanie, sur le Vulturnus & la dernière Ville de cette Province vers le Nord. L'Itinéraire d'Antonin la marque sur la route de Rome à Bénévent, en prenant par la Voye Préneftine, & il la place entre *Casinum* & *Theanum*, à seize milles du premier de ces Lieux & à dix-huit milles du second. Cette Ville qui retient son ancien nom ; car on la nomme aujourd'hui *Venafro*, se trouve appellée *Castrum Benafranum* [r], *Civitas Benafrana* [s] *Urbs Benafro* [t], *Venabris* [u] ; & dans le Livre second de la Chronique du Mont Cassin, on voit des Comtes appellez *Benafrani*. Venafrum [s] selon Pline (*Lib. 3. c. 5*.) eut le titre de Colonie Romaine. Elle étoit célèbre anciennement par la bonté de son Huile; ce qui a fait dire à Horace [x]:

[r] Ercbemperti. Hist. Longob.
[s] c. 29.
[t] In Chron. Vulturnens.
[u] p. 376.
[v] Ibid. p. 377.
[x] Cod. Theod. de Cursu publ. & Lib. 2, Od. 6.

. . . . *Ubi non Hymetto*
Mella decedunt : viridique certat
Bacca Venafro.

Pline [y] après avoir dit que l'Italie l'emporte sur tout le reste du Monde pour la bonté de l'Huile, ajoute que l'Isle, de Venafrum l'emporte sur celle du reste de l'Italie. C'est de là que parmi les Romains, pour dire de l'Hui-

[y] Lib. 15. c. 2.

VEN.

l'Huile excellente on diſoit ſimplement *Venafranum*. On lit dans Juvénal *:

Ipſe Venafrano piſcem perfundit.

VENAFRE, Ville d'Italie, au Royaume de Naples, dans la Terre de Labour [a], près du Volturno, à quelques milles des confins du Comté de Moliſe, & à vingt milles au Nord de Capoue dont ſon Evéché eſt ſuffragant. Cette Ville [b] a un Siège Epiſcopal dès le cinquième Siècle, & elle a auſſi titre de Principauté.

VENAISCIN, le COMTAT VENAISCIN, ou le COMTE' VENAISSIN, autrement VENISSE, Pays ſitué entre la Provence, le Dauphiné, la Durance & le Rhoſne, & qui dépend du St. Siège. On l'appelle en Latin *Vendaſcenſis* ou *Vendauſcenſis Comitatus*, & il a pris ſon nom de la Ville *Vendauſca*, on *Vendaſca*, aujourd'hui Venaſque. Voyez ce mot.

Le Comté Venaiſſin ou de Veniſſe poſſedé depuis le onzième Siècle par les Comtes de Toulouſe, fut conſiſqué & conquis dans le treizième Siècle ſur le Comte Raimond le Vieux, durant la guerre des Albigeois.

Les Papes prétendoient [c] qu'ils avoient eu la Souveraineté du Comté de Venaiſſin depuis le tems du Comte Raymond de Saint Gilles, quoique les Empereurs comme Rois d'Arles euſſent joüi de ce droit, & euſſent exercé dans ce Comté des Actes de Souverains. L'Empereur Frédéric II. donna l'an 1234. à Raymond le *Jeune* les droits qui appartenoient à l'Empire, dans les Villes de l'Iſle & de Carpentras & en d'autres Lieux du Comté Venaiſſin, ou de Veniſſe, & le Pape ſe vit obligé de remettre le même Comté de Venaiſſin à Raymond le *Jeune* qui le laiſſa à ſa fille Jeanne & à ſon gendre Alphonſe, qui en joüirent juſqu'à leur mort arrivée l'an 1270.

Philippe *le Hardi*, Roi de France, héritier de ſon oncle Alphonſe & de la Comteſſe de Toulouſe, remit l'an 1273. au Pape Grégoire X. le Comté de Venaiſſin, comme étant un propre de l'Egliſe Romaine: depuis ce tems-là les Papes ont gouverné par des Officiers, nommez *Recteurs*, le Comté de Venaiſſin, dont ces Pontifes ont été mis en poſſeſſion ſoixante & quinze ans avant l'acquiſition d'Avignon.

VENALES. Voyez CASTULO.

VENAMI, Peuples de la Gaule Aquitanique. Comme Pline [d] eſt le ſeul des Anciens qui parle de ce Peuple, & qu'il ne donne point ſa ſituation préciſe, on ignore où ils habitoient.

VENANTODUNUM [e] c'eſt-à-dire *la Montagne des Chaſſeurs*, ſelon Leland qui donne ce nom à la Bourgade d'Angleterre appellée aujourd'hui HUNTENDUNE.

VENARIA, Iſle de la Mer de Tyrrhéne ſelon Pline [f]. Martian d'Héraclée [g] qui fait mention de cette Iſle écrit VENERIA. Cette Iſle doit être entre l'Iſle d'Elbe & Piombino.

VENASII, Peuple de la Cappadoce, ſelon Ortelius [h] qui cite Strabon [i], dont voici le paſſage: 'Εν δὲ τῇ Μοριμήνῃ τὸ ἱερὸν τῦ ἐν Οὐενασίοις Διός; c'eſt-à-dire: *In Morimena Templum eſt Jovis Venaſiis culti*; de ſorte que Strabon par *Venaſiis* pourroit entendre un Lieu nommé VENASIÆ.

1. VENASQUE, Ville des Etats du Pape dans le Comté Venaiſcin, dont elle fut autrefois la Capitale, & auquel elle a donné ſon nom [k]. Voyez VENAISCIN. Cette Ville commença à être connue dans le ſixième Siècle, & les Evêques de Carpentras après le milieu de ce Siècle y transférérent leur Siège; de ſorte qu'ils ſont appellez *Epiſcopi Vendaſcenſes*, Evêques de Venaſque, dans les Souſcriptions des Conciles. Venaſque a été célébre juſqu'à l'an 1000. puiſqu'elle a donné ſon nom au Comtat Venaiſcin, qui commença alors d'être connu ſous ce nom-là; mais elle eſt aujourd'hui petite & peu conſidérable. Carpentras lui a enlevé ſes prérogatives.

2. VENASQUE, ou Benaſca Ville d'Eſpagne au Royaume d'Aragon, la principale Ville de la Vallée à laquelle elle donne ſon nom, ſur l'Eſſera [l], un peu au-deſſous de la ſource de cette Riviére, dans la Seigneurie de Ribagorza vers les Frontiéres de la France. Cette Ville étant Place Frontiére, on y tient ordinairement Garniſon, dans un beau Château dont elle eſt défendue, & où l'on voit de groſſes pierres ſur les murailles au lieu de Canon. On boit à Venaſque de bon vin & on y mange d'excellentes Truittes.

A deux lieues de Graus, marchant le long de l'Eſſera, on trouve *Sant-Quiles*, joli Bourg ſitué au pied des Pyrénées. Au ſortir du Bourg on entre dans ces vaſtes Montagnes, où l'on trouve un chemin pierreux & effroyable, ſi étroit qu'il n'y peut paſſer qu'un Animal à la fois, & en Hyver il eſt abſolument impraticable. On va toujours en montant, & de ces hauteurs affreuſes on voit en-bas la Riviére d'Eſſera qui court parmi les Rochers avec un bruit épouvantable. En côtoyant toujours cette Riviére on paſſe à une petite Ville nommée *Campo*; & de-là paſſant pluſieurs fois la même Riviére ſur divers Ponts, à cauſe des courbures qu'elle fait, on arrive à un beau Bourg nommé *Seira* ou *Cera*. Delà on continue à monter marchant dans les Pyrénées, qui s'élévent toujours davantage. On côtoye encore la Riviére d'Eſſera, & l'on marche dans un chemin auſſi étroit & auſſi dangereux que le premier. Quand on eſt parvenu au lieu le plus haut, on voit de-là entre ces Montagnes de belles & d'agréables Vallées, particuliérement celle de Venaſque, où il y a un grand nombre de petites Villes, de Bourgs & de Villages, & eſt très-bien cultivée. De Venaſque on continue à côtoyer l'Eſſera, & à marcher dans les Pyrénées. On voit en paſſant de belles Forêts, de hauts & de gros Arbres qui ſervent à faire des mâts de Navire. Après deux lieues de chemin, on trouve une Hôtellerie, nommée *Hoſpitalet*, où il faut attendre qu'on ſe trouve vingt-quatre perſonnes enſemble pour pouvoir paſſer. On commence-là de nouveau à grimper ſur la Montagne par un très-méchant chemin, & l'on arrive au *Puerto*, Port ou Lieu de paſſage, où l'on quitte l'Eſl'Espagne pour entrer en France. Ce Passage est fermé de deux Pointes de Rochers, qui venant à se rencontrer, le rendent si étroit & si scabreux, qu'avec une poignée de monde on en peut défendre l'entrée à toute une Armée. Quand on regarde de haut en bas du côté de la France, il ne semble pas possible d'y descendre; & en effet la Montagne est si roide qu'il a fallu qu'on y ait taillé un chemin dans le Roc. De-là on compte environ dix lieues jusqu'à St. Bertrand de Cominges.

VENATIA. Voyez VERNATIA.

VENAXAMODURUM, Ville de la Rhétie, selon la Notice des Dignitez de l'Empire [a]. *a Sect.*

VENCE, Ville de France, dans la Provence, à deux lieues au Nord d'Antibes, & à trois lieues de Grasse, avec Evêché suffragant d'Ambrun. VENCE, *Vincium*, est une ancienne Ville des Peuples Nerusiens [b], Ptolomée en fait mention. Elle fut attribuée par les Romains à la Province des Alpes maritimes. Cette Ville a eu des Evêques dans les premiers Siècles de l'Eglise; on n'en connoît néanmoins aucun certainement avant Arcadius, qui assista dans le cinquième Siècle au Concile de Riez, & dont le Pape Célestin fait mention dans une Lettre. Dans le Siècle suivant, Deuterius assista au quatrième Concile d'Orléans, & il envoya un Député à celui de Macon. Grégoire de Tours parle aussi de Fronymius Successeur de Deuterius. Cet Evêché est de fort petite étendue, & à cause de cela on a tenté plusieurs fois de l'unir avec celui de Grasse; mais inutilement, à cause de la forte opposition que le Clergé & le Peuple de Vence y ont formée; ce qui contraignit l'Evêque Antoine Godeau de renoncer à cette entreprise, & à se contenter de l'Evêché de Vence, en abandonnant celui de Grasse. *b Longuerue, Descr. de la France, Part. 1. p. 368.*

La Seigneurie temporelle de la Ville de Vence, appartient, moitié à l'Evêque, & moitié à un Seigneur Laïc de la Maison de Ville neuve qui a le Titre de Baron; l'un & l'autre ont toujours relevé des Comtes de Provence, qui ont mis cette Ville sous la Viguerie de Grasse.

L'Eglise Cathédrale de Vence [c] est dédiée à Notre-Dame; & son Chapitre est composé d'un Capiscol, d'un Sacristain, de cinq Chanoines & de huit Bénéficiers, deux desquels font les fonctions de Curez. Le premier Evêque de Vence, dont on ait connoissance, est St. Eusèbe qui vivoit en 374. Il n'a que vingt-trois Paroisses, dont vingt sont en Provence, & trois dans le Comté de Nice. *c Piganiol, Descr. de la France, t. 4. p. 91.*

VENCEY, *Venciacus*, Paroisse du Duché de Lorraine, au Bailliage de Vosges. L'Eglise de cette Paroisse est sous l'invocation de St. Etienne, & située au milieu des Champs. L'Abbesse d'Epinal a le Patronage de la Cure & jouît des deux tiers des grosses & menues Dixmes, & le Curé a l'autre tiers. La Haute Seigneurie appartient au Duc de Lorraine, & la Seigneurie foncière à l'Abbesse d'Epinal. Comme l'Eglise est éloignée du Village, on a bâti pour la commodité des Paroissiens une Chapelle dans le Village: elle est dédiée à la Sainte Trinité; & l'on y fait le Service ordinaire. Il y a encore deux autres Chapelles; l'une sous l'Invocation de St. Didier, & l'autre sous celle de St. Clément.

VENCHANG, Ville de la Chine [d], dans la Province de Quantung, au Département de Kiuncheu, dixième Métropole de la Province. Elle est de 6. d. 20'. plus Occidentale que Péking, sous les 19. d. 20'. de Latitude Septentrionale. *d Atlas Sinenst.*

VENCHEU, Ville de la Chine [e], dans la Province de Chekiang, où elle a le rang d'onzième Métropole. Elle est de 4. d. 4'. plus Orientale que Péking, sous les 27. d. 38'. de Latitude Septentrionale. La Ville de Vencheu est située près de la Mer à l'extrémité de la Province; & comme elle est dans un Terrein marécageux, & que d'ailleurs elle est considérable par sa grandeur & par la beauté de ses Edifices, on l'appelle communément la petite HANG-CHEU. Il y a toujours devant cette Ville un grand nombre de Vaisseaux; ce qui cause une affluence de monde extraordinaire. Le Fleuve Jungkia, qui est fort large dans cet endroit sert de Port & les Vaisseaux y sont en sûreté. Cette Métropole a dans son Département cinq Villes qui sont: *e Ibid.*

Vencheu,   Locing,
Xuigan,   Pingyang,
    Taikun.

La plus grande partie du Territoire de Vencheu est embarrassée de Montagnes: du côté du Midi néanmoins, avant que d'arriver aux affreuses Montagnes de Fokien, on trouve une vaste Plaine très-fertile. Ce Pays fit partie autrefois du Royaume de Jue: les Rois U s'en emparérent ensuite. Le Roi Leangus lui donna le nom de *Junkia*: la Famille de *Tanga* lui donna premiérement celui de *Tunkia*, & ensuite celui de Venchen. Il fut appellé Xuigan par la Famille *Sunga*, & il reprit le nom de Vencheu, sous la Famille *Taiminga*.

VENCHUEN, Ville de la Chine [f], dans la Province de Suchuen, au Département de Chingtu, première Métropole de la Province. Elle est de 13. d. 36'. plus Occidentale que Péking, sous les 31. d. 22'. de Latitude. *f Ibid.*

VENCHUNG, nom d'un Temple de la Chine [g], dans la Province de Xansi, au Midi de la Cité de Sin première grande Cité de la Province. Ce Temple est très-célèbre. On y voit une grande Bibliothéque & un Cabinet Royal; car les anciens Rois fréquentoient beaucoup ce Temple, où ils s'appliquoient à l'étude. *g Ibid.*

VENDELIA, Ville de l'Espagne Tarragonnoise: Ptolomée [h] la donne aux Autrigones. C'est peut-être la VINDELEIA de l'Itinéraire d'Antonin. Voyez VINDELEIA. *h Lib. 2. c. 6.*

VENDENIS, Ville de la Haute-Moesie: Elle est marquée par Ptolomée [i] au nombre des Villes qui étoient éloignées du Danube. Le nom moderne est *Ravenitzen* selon Lazius. *i Lib. 3. c. 9.*

VENDEUIL, Bourg de France, dans la Picardie, Election de Noyon.

1. VEN-

1. VENDEUVRE, Bourg de France, dans le Poitou, Election de Poitiers. Ce Bourg est fort considérable.

2. VENDEUVRE, *Vendopera*, Paroisse du Duché de Lorraine, dans la Prevôté de Nancy, avec un Prieuré de l'Ordre de Cluny. L'Eglise Paroissiale est sous le Titre de St. Melain ; & le Chapitre de Saint George de Nancy est Collateur de la Cure, parce que le Prieuré lui fut réuni en 1603. par Clément VIII. Cette Terre qui est très-ancienne donna le nom à un Comte de Toul dans le dixième Siècle. Le Prieuré a été fondé par les anciens Seigneurs du Lieu ; & il a été long-tems desservi par des Religieux de l'Ordre de Cluny qui desservoient aussi la Cure. Il devint ensuite Commendataire & depuis il a été uni au Chapitre de St. George. Les Villages de Houdemont & de Brabois, aussi-bien que le Château de Montet, dépendent de Vendeuvres.

VENDEUVRES, Marquisat de France [a], dans la Champagne, Election de Troyes. Il fut érigé en 1640. ou en 1647. en faveur de Mr. de Mégrigny, Conseiller d'Etat, qui avoit acheté cette Terre de la Maison de Luxembourg. C'étoit auparavant une ancienne Baronnie. Il y a à Vendeuvres un Château a une Tour, qu'on dit être l'Ouvrage des Vandales qui dans le cinquième Siécle se jettérent dans les Gaules.

[a] *Bougier*, Mém. de Champagne, t. 2. p. 328.

VENDIÉRES, *Venderiæ*, Paroisse du Duché de Lorraine, au Bailliage de Nanci, dans la Prevôté de Perny. Son Eglise Paroissiale est dédiée à St. Géréon, & l'Abbesse de St. Pierre de Mets est Patrone & seule Décimatrice. Le Duc de Lorraine est Seigneur Haut-Justicier ; & un Particulier est Seigneur Foncier. Vendiéres étoit autrefois un Palais Royal. La Cure se fait honneur d'avoir été desservie par le Bienheureux Jean de Gorze. Il y a une Chapelle, qu'on appelle la Chapelle des Seigneurs Fonciers : elle est de cinq cens Livres de rente, & n'est chargée que de six Messes par an.

VENDOME, Ville de France, dans la Beauce, la Capitale d'un Pays auquel elle donne son nom, le Chef-Lieu d'une Election, le Siège d'un Bailliage, d'un Grenier à Sel, & d'une Maréchaussée. Cette Ville située sur le Loir, à neuf lieues de Châteaudun, & à sept de Blois, est une des plus connues du Royaume [b] par les Augustes Seigneurs qu'elle a eus, & qui sont montés sur le Trône des François en la personne du Roi Henri le Grand. On trouve à Vendôme l'Eglise Collégiale de Saint George, où l'on voit les Tombeaux des Seigneurs de Vendôme, depuis Bouchard I. jusqu'à Bouchard IV. inclusivement, & ceux des Princes de la Maison de Bourbon. Il y a aussi dans cette Ville un Collége dirigé par les Peres de l'Oratoire, des Cordeliers, des Capucins, des Ursulines, des Filles du Calvaire, & des Sœurs Grises, qui servent avec le même soin & le même zèle que par-tout ailleurs. L'Hôpital à quarante-six lits, & n'a qu'un seul Administrateur, qui est un notable Bourgeois nommé par le Seigneur. Les Réformés

[b] *Piganiol*, Descr. de la France, t. 6. p. 115.

s'emparérent de Vendôme l'an 1562. y renversérent les Images, abattirent les Autels, & y commirent tous les autres Sacriléges qui leur étoient ordinaires. Vendôme se déclara ensuite pour les Ligueurs, & Henri IV. étant à Châteaudun en 1586. fit sommer cette Ville de se rendre ; sur son refus il s'en rendit le Maître, & les Soldats y étant entrez, la Ville fut pillée ; mais le lendemain ce grand Prince ayant fait sortir tous les gens de guerre, il donna à cette Ville une tranquilité qu'elle n'avoit pas eue pendant qu'elle avoit été dans le parti des Ligueurs. Pierre Ronsard, l'un de nos premiers Poëtes, étoit né l'an 1524. au Château de la Poissonniére dans le Vendômois.

Le BAILLIAGE DE VENDÔME [c] comprend le Haut & Bas-Vendômois, & est divisé en quatre Châtellenies, ou Sièges particuliers, qui sont à Vendôme, à Montoire, à Savigny, & à St. Calés. Celui de Vendôme est le principal : il a dans son ressort la Ville de Vendôme & tout le Haut Vendomois composé de quarante-cinq Paroisses dans lesquelles il y a plusieurs Hautes Justices. Celle de la Roche-Turpin, quoique dans le Bas-Vendomois, est aussi de son ressort. Les autres Sièges établis à Montoire, à Savigny & à St. Calés, partagent le Bas-Vendômois qui est composé de ces trois petites Villes & de quarante-deux Paroisses. De ces trois Sièges celui de Montoire est le plus considérable, puisque toutes les Hautes Justices du Bas-Vendomois y ressortissent, excepté celles du Sentier, des Hermites, & de Ville-Dieu, qui vont à Baugé ; celles de Ferriéres & d'Espeigne, qui vont à Tours ; celle de la Flotte qui va à Savigny ; & celles de Mezangé & de Riveroles, qui vont à St. Calés. Le Bailli de Vendôme est ordinairement appellé Lieutenant-Général. Il a droit de tenir des Assises à Montoire, à Savigny & à St. Calés, dont les Juges sont qualifiez Lieutenans-particuliers. Les Appellations de tous ces Sièges sont également portées au Siège des Grands-Jours établi dans la Ville de Vendôme, & dont les Juges servent au Bailliage. L'établissement de cette Jurisdiction fut accordé à Charles I. Duc de Vendôme en 1515. peu de tems après que François I. eut érigé Vendôme en Duché-Pairie en sa faveur. Ce Bailliage a une Coutume particulière qui règle l'état des Personnes qui y demeurent & celui des biens qui y sont situez. Pour le reste il suit la Coutume d'Anjou [d], excepté Mezangé, la Ville-aux-Clercs, & l'Isle Paroisse du Haut Vendomois, où les procès sont décidez conformément à la Coûtume de Chartres. Une partie des Fauxbourgs de Vendôme & quelques Paroisses les plus voisines du Blaisois suivent aussi celle de Blois, en conséquence d'une ancienne Transaction passée entre les Comtes de Blois & les Ducs de Vendôme. Quoique ce soit une disposition générale de la Coûtume d'Anjou que les Cadets Nobles n'ont pas l'usufruit de leurs portions héréditaires dans les successions de leurs peres & meres Nobles, & que le mari ou la femme qui survit, doive jouïr

[c] Ibid. p. 55.

[d] Ibid. p. 58.

par

VEN.

par usufruit de la moitié des conquets de la Communauté qui appartient à l'un d'eux: cependant dans les Châtellenies de Vendôme & de Montoire, les Cadets Nobles sont propriétaires des biens qui leur viennent des successions de leurs peres & meres; & par une disposition particuliére à la Châtellenie de Vendôme, le mari, ou la femme survivant n'y a pas l'usufruit des conquets de la Communauté.

La Draperie, la Tannerie, la Ganterie & la Broderie font presque tout le Commerce de Vendôme [a], mais la Ganterie est le plus considérable. Les peaux qu'on y employe viennent du Poitou & de la Saintonge; & les Gands sont envoyez à Paris. Dans les années abondantes en Vin & en Bled; ce qui ne peut pas être consumé dans le Pays est porté dans la Touraine, le Maine, le Perche & la Normandie.

a Pigaraiol, Descr. de la France, t. 6. p. 74.

VENDOMOIS, Pays de France [b], borné au Nord par le Perche, au Levant par le Blaisois, au Midi par la Touraine, & à l'Occident par le Maine. Il étoit ci-devant de l'Evêché de Chartres, comme il avoit été autrefois de la Dépendance des anciens Chartrains ou *Carnutes*; mais aujourd'hui il est de l'Evêché de Blois. Il faisoit dès le tems de Charles *le Chauve* un Pays séparé, qu'on nommoit *Pagus Vindusnsis*, corrompu de *Vindocinensis*; son véritable nom ancien étant *Vindocinum*, comme on le voit par Grégoire de Tours, du tems duquel cette Place étoit déja considérable.

b Longuerue, Descr. de la France, Part. 1. p. 114.

Le Vendômois a eu dès la fin du dixiéme Siècle ses Comtes héréditaires, & on ne voit point qu'ils ayent eu aucune dépendance des Comtes de Chartres & de Blois. Le premier des Comtes de Vendôme, dont il est fait mention dans les Monumens de l'Antiquité, est Bouchard *le Vieux*, qui étoit aussi Comte de Melun: il n'eut que deux Enfans, Renaud qui lui succéda au Comté de Vendôme, qui fut Evêque de Paris, & Chancelier du Roi Robert, Adèle sa sœur épousa Foulques Nerre Comte d'Anjou. De ce Mariage il n'y eut qu'une fille nommée Adèle d'Anjou mariée à Bodon fils puîné de Landry Comte de Nevers. De ce mariage il y eut trois fils; Bouchard, Foulques & Guy. Bouchard fut mis sous la garde de Geofroy-Martel Comte d'Anjou, & il lui fit hommage de ce Comté du consentement d'Henri I. Roi de France. Geofroi succéda son frere Foulques qui fut surnommé *l'Oison* par dérision, à cause de sa mauvaise conduite, qui contraignit sa mere Adèle à vendre la moitié de son Comté de Vendôme à Geofroi-Martel qui fonda en cette Ville un Monastère en l'honneur de la Trinité, & lui donna des biens qu'il avoit dans ce Pays-là. Sur la fin de ce Siècle Urbain II. par sa Bulle établit le Comte de Vendôme Défenseur de ce Monastère, avec le Comte d'Anjou, & le Comte de Poitiers Duc d'Aquitaine.

Pour revenir à Foulques *l'Oison*, il entreprit une Guerre contre le Comte d'Anjou, qui le priva de tout ce qu'il avoit dans le Vendômois, à cause de sa Felonie; mais à la priére d'Henri I. Geofroi-Martel remit le Comte Foulques en possession de tout le Comté de Vendôme, ne se réservant que la garde & protection de l'Abbaye de la Trinité; ainsi Foulques redevint Propriétaire de ce Comté & il mourut ensuite l'an 1066. laissant un fils en bas âge, nommé Bouchard; ce qui donna occasion à Guy de Nevers, frere du défunt, de s'emparer du Comté de Vendôme, dont Bouchard ne jouit qu'après la mort de Guy; & Bouchard étant mort sans Enfans l'an 1085. le Comté échut à sa sœur Euphrosine, & à son mari Geofroi Jourdain, fils du Seigneur de Preuilly en Touraine, dont le fils Geofroi, dit *Grise-Gonnelle*, fut Comte après la mort de sa mere; & de lui sont descendus tous les Comtes qui ont possédé cette belle Seigneurie, jusqu'à ce qu'étant tombée en quenouille elle passa à la Maison de Bourbon. Ces illustres & très-anciens Comtes de Vendôme, étoient aussi Comtes de Castres en Languedoc, dont ils avoient épousé l'Héritière. Le dernier Comte de Vendôme, nommé Bouchard, étant mort sans enfans mâles, & sa fille unique Jeanne n'ayant point eu d'Enfans, elle eut pour héritiére sa Tante Catherine de Vendôme fille du Comte Jean II. laquelle avoit épousé Jean de Bourbon Comte de la Marche. C'est d'eux que descendoit en Ligne directe masculine Charles de Bourbon créé Duc de Vendôme par le Roi François I. Antoine de Bourbon fils de Charles épousa l'Héritiére de Navarre, & laissa son fils unique Henri, qui fut premiérement Roi de Navarre, & ensuite de France, & donna le Duché de Vendôme son ancien Patrimoine, à César son fils naturel qu'il avoit eu de Gabrielle d'Estrées. Cette donation faite en faveur du mariage de César avec Françoise de Lorraine, fille & unique héritière de Philippe Emanuel de Lorraine, Duc de Mercœur. Le mariage fut arrêté dès ce tems-là, pour mettre fin à la Ligue; car il ne fut consommé qu'en 1609. Louis leur fils Duc de Vendôme posséda ce Duché après la mort de César son Pere. Il avoit épousé en 1652. avant que d'être Cardinal, Victoire Mancini, Nièce du Cardinal Mazarin, de laquelle il laissa Louis Joseph Duc de Vendôme, & Philippe Chevalier de l'Ordre de St. Jean de Jérusalem & Grand-Prieur de France. Louis Joseph fut marié le 15. de Mai 1710. avec Marie Anne de Bourbon-Condé & mourut à Vinaros en Catalogne le 10. de Juin 1712. sans laisser de Postérité.

On divise ce Pays en Haut & Bas Vendômois. Le Haut comprend Vendôme & quarante-cinq Paroisses. Le Bas renferme Montoire, Savigny, Saint-Calez & quarante-deux Paroisses.

VENDONENSE. Voyez VINDONIS.

1. VENDRE, Bourg de France, dans le Bas-Languedoc, Recette de Besiers, avec Seigneurie Royale. Ce Lieu est situé à l'Embouchure de la Rivière d'Aude, entre Narbonne & Besiers, auprès d'un Etang nommé l'ETANG DE VENDRE, & qui se décharge dans la Mer Méditerranée par une Embouchure appellée la GRANDE VENDRE.

2. VENDRE (Port de) Port de France, dans le Roussillon, sur la Côte de la Mer Méditerrannée [c], entre un mille & demi

c Michelot, Portul. de la Médit. p. 53.

vers

VEN.

vers le Nord-Oueſt du Cap d'Esbiére, au pied de pluſieurs Montagnes. On le reconnoît par un gros Ecueil qui eſt ſur la gauche en entrant, & qui eſt ſéparé de la Pointe du Cap d'Esbiére d'environ trente à quarante Toiſes. On voit auſſi ſur la Pointe de la droite un petit Fortin armé de quelques Canons, au milieu duquel il y a une petite Tour quarrée qu'on appelle le Fanal.

Le Port de Vendre eſt une eſpèce de Calanque, d'environ quatre cens Toiſes de longueur & de cent Toiſes de largeur en certains endroits. C'étoit autrefois un très-bon Port du tems qu'il étoit à l'Eſpagne: les Galéres alloient dans le fond, d'où on ne voyoit point l'entrée du Port; de ſorte qu'on y étoit comme dans une Darſe; mais préſentement il s'eſt comblé en pluſieurs endroits. Quand on veut entrer dans ce Port, il faut paſſer entre le gros Ecueil qu'on laiſſe ſur la gauche & le Fanal qui eſt ſur la droite: il y a environ cent Toiſes de diſtance, & neuf à dix Braſſes d'eau; on peut ranger d'un côté & d'autre. Il y a cinq à ſix braſſes tout proche. Il vaut pourtant mieux ranger l'Ecueil pour pouvoir mieux tourner la Galére, & lui faire prendre ſon poſte. On voit ſur une hauteur à gauche une Redoute de pierre, & un peu plus en dedans ſur la droite, il y a deux petites Maiſons ou Magaſins ſur une autre Pointe, au-deſſus deſquelles eſt une autre Redoute ſemblable à la précédente. Le mouillage ordinaire eſt depuis le Fanal juſqu'au dedans de ces Magaſins; mais il ne faut pas les paſſer, parce que le fond manque tout d'un coup. On y range les Galéres par Andanes la proue en Mer, ayant un fer du côté de l'Eſt, & trois amarres à terre de côté & d'autre, & alors on eſt par quatre, trois & deux Braſſes d'eau, fond d'herbe & de vaſe. Préſentement il y a des Pontons entretenus qui donnent du fond, juſqu'au bout du Port du côté de la droite. Dans le fond de ce Port ſur une baſſe Pointe qui enviſage l'entrée, il y a une eſpèce de Forterteſſe derrière laquelle on trouve dans un Jardin une ſource de bonne eau facile à tirer. Mais lorſqu'on eſt pluſieurs Galéres, une partie la va faire à Collioure, qui n'en eſt éloignée que d'une petite demi-lieue. Un peu au-dedans des deux Maiſons qui ſont ſur la droite; il y a une petite Chapelle où les Galéres d'Eſpagne faiſoient dire la Meſſe lorſqu'elles étoient dans ce Port. Par tout le fond du Port, principalement ſur la gauche, il n'y a point d'eau; le plus profond eſt du côté de la droite. On a pour Traverſer les vents de Nord-Eſt, & d'Eſt-Nord-Eſt, qui cauſent quelquefois une groſſe Mer. Les vents de Sud-Oueſt de Nord-Oueſt, qui viennent entre deux hautes Montagnes, y ſont auſſi fort rudes: ainſi il faut y prendre garde. Dans un beſoin on pourroit avec une Galére paſſer entre le gros Ecueil de l'entrée, & la pointe du Sud près de laquelle on voit quelques petits Ecueils hors de l'eau. Il y a dans le milieu de ce paſſage trois, quatre & cinq Braſſes d'eau. On pourroit auſſi mouiller en dedans de cet Ecueil dans une grand Ance, ſi l'on ne pouvoit pas entrer dans le Port. La Latitude de ce Port eſt 42. d. 30′. & la variation 6. d. Nord-Oueſt.

VENDUM, Ville que Strabon [a] nomme au nombre des quatre que poſſédoient les Japodes, dont les Terres s'étendoient depuis les Pannonies & même le Danube juſqu'à la Mer Adriatique. Lazius [b] veut que la Ville VENDUM, ou VENDUS de Strabon ſoit Windiſchgratz; mais dans un autre endroit il dit que c'eſt Vienne en Autriche.

[a] Lib. 4. p. 207. & Lib. 7. p. 314.
[b] Lib. 6. *Migrationum.*

VENDUPALIS, Fleuve de la Ligurie, ſelon une ancienne Inſcription citée par Ortelius [c].

[c] Theſaur.

VENEBENDOS, ou BENEBENDOS. Voyez BENEBENDOS.

VENECA, Ville de la Médie: Elle eſt miſe dans les terres par Ptolomée [d].

[d] Lib. 6. c.

VENEDI, Peuples originaires de la Sarmatie, & qui paſſérent enſuite avec les Slaves dans la Germanie, où ils s'emparérent des terres que les Germains avoient abandonnées pour aller chercher d'autres demeures. Ils s'établirent entre l'Elbe & la Viſtule. Le tems de cette migration eſt incertain. On la place communément à la fin du cinquième Siècle ou au commencement du ſixième. Ils ſont nommez VENEDÆ par Ptolomée, WINIDÆ & VENETI par Jornandès, & par d'autres VINIDI. Tacite eſt repris par Spener [e] d'avoir mis, quoique d'une manière aſſez ambigue, les Venèdes au nombre des Germains. C'étoit une Nation Sarmate, & reputée telle par tous les bons Auteurs. Elle habita d'abord ſur le Golphe Venédique ſelon Ptolomée [f], & elle occupoit toute la Côte de ce Golphe. C'eſt de-là qu'ils paſſérent dans la Germanie, où ils occupérent preſque tout le Pays qui eſt au delà de l'Elbe. Jornandès [g] nous apprend qu'avant cette migration, les Venèdes furent vaincus par Hermanricus Roi des Goths & qu'ils furent ſoumis à ce Prince. Le même Auteur ajoute que ce Peuple étoit diviſé en trois Citez connues ſous les noms de *Slaves*, d'*Antes* & de *Venèdes*. Ils avoient cependant tous la même origine, & même ils ſe diviſérent encore en un grand nombre de Citez qui prirent des noms différens ſuivant les Lieux, où ils s'étendirent. On appella BEHEMI ceux qui s'emparérent de la Bohême; MAHARENSES ceux qui habitérent ſur le bord du *Marus*, ou *Maharus*; les SORABI ſe fixérent ſur la Sala; les POLONI ſur la Viſtule; les DALEMINCII ſur l'Elbe; les HAVELI ſur le *Havel*; les LINI, les UCHRI & les REDARII, au voiſinage de l'Oder; les LUITICI & les WAGRII s'établirent, à ce qu'on croit, au-delà de l'Oder. Sur la Côte en deçà de la Viſtule étoient les CASSUBI & les POMERANI; & en deçà de l'Oder les WILTZI, appellés WELATAI & LUDICI; & les OBOTRITI ſe mirent près des Saxons d'au-delà de l'Elbe.

[e] Notit. Germ. Ant. L. 6. c. 1.
[f] Lib. 3. c.
[g] De Reb. Getic.

VENEDICI MONTES, Montagnes de la Sarmatie Européenne ſelon Ptolomée [h]. Elles ſont, dit Spener, dans le Quartier où habitérent d'abord les Venèdes, & où demeuroient les *Aeſtii* du tems de Tacite [k], qui ne nomme pourtant pas ces Montagnes, mais ſe contente de les indiquer.

[h] Lib. 3. c. 5.
[i] Notit. Germ. Ant. L. 2. c. 13.
[k] Germ. 46.

VENEDICUS-SINUS, Ptolomée [l] donne ce nom à cette partie de la Côte de la Mer Baltique, qui eſt au-deſſus de la Viſtule &

[l] Lib. 3. c. 5.

VEN.

où le *Chronus*, le *Rubo*, le *Truntus* & le *Chesimus* eurent leur Embouchure. Voyez CLYLIPENUS.

VENELI, Peuples de la Gaule Lyonnoise: Ptolomée [a] leur donne un Port nommé *Crociatonum* & place dans leur Pays l'Embouchure du Fleuve *Olina*. Pline [b] écrit VENELLI; mais le Pere Hardouin lit UNELLI. Cette derniére Orthographe est celle de César [c], qui nomme les *Unelli* avec les *Osismii*, les *Veneti*, & les *Rhedones*; & qui fait entendre par-là que les *Unelli* habitoient quelque part dans la Province de Bretagne.

[a] Lib. 2. c. 8.
[b] Lib. 4. c. 18.
[c] Bel. Gal. L. 34. L. 3. a. 1. & L. 7. c. 75.

VENELIOCASSII. Voyez VELOCASSES.

VENENI, Peuples de la Ligurie, selon Pline [d]. On ignore leur véritable situation.

[d] Lib. 3. c. 5.

VENER [e], ou VÄNER, Lac de Suède, le plus grand de tous ceux de ce Royaume. Il s'étend entre la Province de Gothie qui le termine au Sud & au Levant, celle de Vermland au Nord & la Dalie au Couchant. Sa longueur est de vingt-cinq milles & sa largeur de quatorze, à l'exception d'un endroit au milieu, entre Luro & Läko, où il n'a guère que cinq milles de large. Il reçoit jusqu'à vingt-quatre Riviéres tant grandes que petites; & il renferme plusieurs Isles parmi lesquelles celles de Luro & de Läko sont les plus considérables. Les Lieux les plus remarquables qu'on trouve sur ses bords sont:

[e] De l'Isle, Atlas.

Brette, Carlstad,
Daleborg, *ruiné*, Christinehamn,
Amol, Mariestad,
Agn-Hammar, Lindköping,
Wänersborg.

C'est à l'endroit où la Ville de Wänersborg est situeé que ce Lac se décharge dans la Riviére de Gothelba, qui va porter ses eaux dans la Manche de Dannemarck.

VENERIA. Voyez SICCA.

VENERIE-ROYALE, Maison de Plaisance du Roi de Sardaigne à trois milles de Turin, entre les Riviéres du Pô, de la Sture & de la Doire, qui font une situation fort propre pour les Canaux, les Etangs, les Fontaines & les Ruisseaux qui rendent ce Lieu un des plus agréables du Pays. Tout le Bâtiment consiste presque en un seul Pavillon, avec plusieurs Cours palissadées de plus de deux mille cornes de Cerf. Les Chambres sont ornées de belles peintures, & dans la Sale sont les portraits de plusieurs Dames toutes à cheval, comme pour aller à la chasse. En 1693. un Détachement de troupes Françoises brûla & ravagea une partie de cette belle Maison, tandis que le Duc de Savoye étoit devant Pignerol.

VENERIS-AENEADIS-ARA. Voyez PARTHENICUM-VENERIS.

1. VENERIS-AENEADIS-TEMPLUM, Denys d'Halicarnasse [f] dit qu'on nommoit ainsi le Temple que les Troyens bâtirent à l'honneur de Venus, lorsqu'ils furent arrivez sur la Côte de l'Epire & qu'ils eurent pris terre dans la Péninsule appellée *Leucaz*. Du tems de Denys d'Halicarnasse ce Temple étoit dans une petite Isle, entre la Ville &

[f] Lib. 1. c. 50.

l'Isthme de cette Péninsule qui avoit été creusé.

2. VENERIS-AENEADIS-TEMPLUM, Temple que les Troyens éléverent dans l'Epire sur le Promontoire d'Actium selon Denys d'Halicarnasse [g]. Ils bâtirent aussi le Temple des Grands Dieux; & ces deux Temples subsistoient du tems de Denys d'Halicarnasse.

[g] Ibid.

VENERIS - ARSINOES - FANUM, Temple d'Egypte, sur le Promontoire Zephyrium entre Canope & Alexandrie, selon Strabon [h].

[h] Lib. 17.

VENERIS-AUREÆ-CAMPUS, Champ d'Egypte: Diodore de Sicile [i] le met dans le Territoire de Memphis.

[i] Lib. 1, c. 97.

VENERIS- FANUM. Voyez au mot APHRODISIUM l'Article *Aphrodisium Promontorium*, No. 3.

1. VENERIS-INSULA. Voyez LÆA.

2. VENERIS - INSULA. Voyez NAXOS.

3. VENERIS-INSULA, Isle du Golphe Arabique, sur la Côte de l'Egypte, selon Pline [k].

[k] Lib. 6 c.

VENERIS-LACUS, Pline [l] fait mention d'un Lac de ce nom, qu'il place à Hierapolis de Syrie. C'étoit selon Lucien [m] un Etang fort poissonneux, dans la Ville même près du Temple de Junon. On y voyoit de grands poissons qui avoient chacun leur nom, & qui venoient quand on les appelloit. J'en ai vu un plusieurs fois, dit Lucien, qui avoit sur l'aileron de l'épine du dos un petit Ouvrage d'or qu'on y avoit appliqué. On dit, ajoute-t-il, mais je ne l'ai pas éprouvé que cet Etang a deux cens brasses de profondeur; & il y a au milieu un Autel de pierre qui diroit qui se remue, & plusieurs le croient; mais je pense qu'il est porté sur des Colomnes qui sont au fond de l'eau. Cet Autel étoit toujours couronné & orné se par des personnes qui y abordoient à toute heure à la nage, pour faire leurs dévotions. On y faisoit aussi de grandes Fêtes qu'on appelloit *les descentes du Lac*. On y portoit tous les Dieux, & Junon toute la première de peur que Jupiter n'envisageât devant elle les poissons; car on tenoit que cela les auroit tous fait mourir. Elle le devançoit donc & le prioit de se retirer; ce qu'il faisoit à la fin après quelques contestations.

[l] Lib. 32. c.
[m] Lib. de Dea Syria.

VENERIS-MONS, Montagne d'Espagne. Appien [n] fait entendre qu'elle étoit au voisinage du Pays des Carpétains, mais au Midi du Tage. Il ajoute que cette Montagne étoit toute plantée d'Oliviers.

[n] De Bel. Hisp. p. 290.

1. VENERIS-PORTUS, Port de la Gaule Narbonnoise, sur la Côte de la Mer Méditerranée. Pomponius Mela [o] le marque entre les Promontoires des Pyrénées, au voisinage & au Nord de Cervaria. Ce Port étoit fameux à cause d'un Temple de Venus qui y étoit bâti. C'est aujourd'hui le Port Vendres. Voyez au mot PORT, l'Article PORT-VENDRES. Ce Port étoit différent de PYRENEA-VENUS. Voyez APHRODISIUM, No. 3.

[o] Lib. 2. c. 5.

2. VENERIS-PORTUS, Port d'Italie dans la Ligurie. L'Itinéraire d'Antonin le met entre *Segesta* & *Portus Delphini*, à trente milles du premier de ces Lieux & à dix-huit milles du second. Ce Port qui étoit

aux

VEN.   VEN.

aux confins de l'Etrurie conserve encore présentement son ancien nom: on l'appelle PORTO-VENERE.

3. VENERIS-PORTUS, Port d'Egypte sur la Côte du Golphe Arabique. Après le Promontoire *Drepanum* vient selon Ptolomée [a] *Myoshormus*, autrement *Muris-Statio*, fameux Entrepôt qui fut appellé ensuite *Magnus-Portus* [b], enfin *Portus-Veneris*. Strabon [c] fait aussi mention de ces différens noms. Après cela, dit-il, on trouve le grand Port qu'on nomme *Muris Statio & Veneris*.

[a] Lib. 4. c. 5.
[b] Agatarchides, p. 54.
[c] Lib. 16.

VENERIS-URBS. Voyez APHRODITES.

VENERSBOURG, ou WÄNERSBORG, Ville de Suéde [d], dans la Westrogothie sur la rive Méridionale du Lac Vener en tirant vers le Couchant, près de l'endroit par où la Riviére Gothelba sort de ce Lac.

[d] De l'Isle, Atlas.

VENESY, *Venezeium*; Paroisse de Lorraine, au Marquisat de Gerbeviller. Son Eglise est sous le titre de la Nativité de Notre-Dame. Le Commandeur de St. Jean de Viélâtre & l'Abbaye de Chaumousey se contestent la Collation de cette Cure. Les Religieux de cette Abbaye perçoivent la moitié des grosses & menues dixmes, & le Curé a l'autre moitié avec les Novales. Le Marquis de Gerbeviller possede la haute Justice & le Commandeur la basse. Il y a deux Chapelles, dont l'une est sous le titre de Ste. Catherine, & on y dit la Messe tous les Vendredis: l'autre est sous l'invocation de St. Nicolas & de St. Sébastien. Elle fut fondée en 1521. par Remi Cunin Curé de Venesy, dont Essey est une Annéxe.

VENETES. Voyez VENETI.

VENETHAL, Siège Episcopal, sous la Métropole de Sergiopolis. La Notice du Patriarchat d'Antioche publiée par Schelstrate écrit VENOTKALA, au lieu de VENETHAL.

1. VENETI, Peuples de la Gaule Celtique, ou Lyonnoise, dans l'Armorique. Ils habitoient dans la Péninsule au-dessus des *Namnetes*. César leur donne la gloire d'être les plus puissans de tous les Peuples établis sur ces Côtes; & ils devoient cette prérogative à la grande quantité de Vaisseaux qu'ils avoient & à la science & à la pratique de la Navigation. Dans un autre endroit César [f] appelle leur Pays VENETIA: Je dis leur Pays; car il ne leur donne aucune Ville; &, quoiqu'il fasse mention de la Cité des Vénétes, on sait assez que ce mot dans César ne signifie pas une Ville, mais le Peuple en général. Du tems de Ptolomée [g] ils avoient une Ville nommée DARIORIGUM; & c'etoit apparemment leur Capitale; car ce Géographe ne nomme guère que la principale Place de chaque Peuple. Voyez DARIORIGUM & VANNES. Voici ce que remarque Mr. Sanson [h] touchant ces Peuples. Les *Veneti*, dit-il, sont les Peuples du Diocèse de Vennes en Bretagne; & ce Peuple a été un des plus fameux de toute la Gaule: *Hujus Civitatis est longe amplissima auctoritas, omnis oræ maritimæ, regionum earum*, (comme dit César [i]) *quod & Naves habent Veneti plurimas, quibus in Britanniam navigare consueverunt; & scientia atque usu nauticarum rerum cæteros antecedunt; & in magno impetu maris, atque aperto, paucis Portubus interjectis, quos tenent ipsi, omnes fere, qui eodem uti mari consueverunt, habent vectigales*. C'est-à-dire: Cette Cité a un grand avantage & une grande autorité sur toutes les Côtes des Citez Armoriques, parce que les Venétes ont un grand nombre de Vaisseaux, qui ont accoutumé de naviger dans la Grande-Bretagne, & surpassent tous les autres dans la connoissance, & dans l'art & l'usage de la Navigation. Ce qui fait que dans cette Mer vaste & impétueuse, n'y ayant que peu de bons Ports, qu'ils tiennent, ils tirent des droits & des péages de presque tous ceux qui y négocient.

[e] Lib. 3. Bel. Gal. c. 8.
[f] Cap. 10.
[g] Lib. 2. c. 8.
[h] Remarq. sur la Carte de l'ancienne Gaule.
[i] Lib. 3.

César ajoute un peu après touchant l'assiette des Bourgades des Venétes: *Erant ejusmodi fere situs oppidorum, ut posita in extremis lingulis promontoriisque, neque pedibus aditum haberent, cum ex alto se æstus incitavisset, quod bis semper accidit horarum 12 spatio; neque navibus, quod rursu minuente æstu, naves in vadis afflictarentur: ita utraque re oppidorum oppugnatio impediebatur*. C'est-à-dire la situation de leurs Bourgades étoit pour la plûpart de telle sorte, qu'étant sur les extrémitez des Promontoires ou des petites Langues de terre avancées dans la Mer, on n'en pouvoit approcher, ni par terre quand le flux de la haute Mer venoit à s'enfler sur la Côte; ce qui arrive tous les jours deux fois, en douze heures, ni par Mer parce que le flux se retirant laissoit les Vaisseaux embarrassez sur les vases & sur les sables; de sorte que ces deux difficultez empêchoient d'assiéger ces Bourgades.

Encore aujourd'hui il y a plusieurs Villes en Bretagne dans cette situation; comme sont Vennes, Hennebont, Blavet, Quimperlay, Concarneau, Brest, & nombre d'autres, que le flux de la Mer baigne en partie lorsqu'elle est haute, & laisse à sec quand elle est basse. Au reste, long-tems avant César, ces Peuples *Veneti* avoient fait une belle & puissante Colonie en Italie, vers les Embouchures de la Riviére du Pô. Car encore que les Poëtes, & la plûpart des Historiens amateurs des fables, ayent voulu faire descendre ces *Veneti* en Italie, *ab Henetis Paphlagoniæ Populis*, des *Heneti* de la Paphlagonie; Strabon montre assez, qu'il ne se trouve point de Peuple *Heneti* en Paphlagonie, ni aux environs; & que même les Auteurs ne sont point d'accord sur celui qui les auroit amenez en Italie. Les uns disent qu'après la ruïne de Troye, Pylæmènes Chef de ces *Heneti*, les auroit passez premiérement en Thrace, d'où ils traversérent après dans le Golphe Adriatique: les autres disent qu'ils y ont été amenez par Antenor Troyen; & la plûpart ont suivi cette derniére opinion, afin de mêler quelque chose de Troye dans leurs Contés, que Polybe tient pour des fables. Strabon [k] dit aussi: *Hos ego Venetos* (Gallos) *existimo Venetorum, ad Adriaticum Sinum auctores; quando reliqui etiam Galli, qui in Italia sunt, fere omnes, ex Transalpinis eo commigraverunt regionibus, ut Boii, & Senones*. Il estime ces *Veneti* (Gaulois) Auteurs des *Veneti* sur le Golphe Adriatique, vû que tous leurs voisins sont venus de la Gaule Transalpine en Ita-

[k] Lib. 4.

Italie, comme les *Boii*, & les *Senones* (le Boulenois & la Romagne). Il y pouvoit ajouter *Libici*, *Infubres*, *Cenomani*, *Lingones*, &c. & même il pouvoit dire, que toute cette partie de l'Italie, qui est aux environs du Pô, s'est appellée généralement *Gallia Cifalpina*, *Gallia Togata*; parce que presque tous ses Peuples descendoient des Gaulois. De plus l'assiette des *Veneti*, en Italie, convient entiérement à celle des *Veneti* dans la Gaule; les uns & les autres étant sur une Côte de Mer: au devant de laquelle il y a nombre de petites Isles, & la situation de leurs Villes étant fort semblable. Strabon dit de celles des *Veneti* en Italie; *Urbium alia Insularum more cinguntur aquis, alia alluuntur mari aliqua ex parte &c.* que les unes sont enfermées d'eau en façon d'Isles, que les autres sont en partie baignées de la Mer. Cela se rapporte fort à ce que César a dit touchant les Bourgudes de ceux de Vennes; *Oppida posita in extremis Lingulis, Promontoriisque*; que leurs Villes sont posées au bout de certaines Pointes & Promontoires. Mais, ajoute Mr. Sanson, voici ce qui mérite le plus d'être remarqué: C'est que, quoiqu'il y ait douze ou quinze Auteurs contre Strabon seul, & que Strabon même semble avoir quelquefois douté de ce qu'il avoit dit, la Raison, & le Sens-Commun sont ouvertement en faveur de nos *Veneti*, dont le nom est resté tout entier en Italie, & montrent que l'autre opinion n'est appuyée que sur des fables.

a Cellar. Geogr. Ant. L. 2. c. 9.

2. VENETI [a], ancien Peuple d'Italie. Il habitoit à l'Orient des Euganéens & s'étendoit jusqu'à la Mer depuis la dernière Embouchure du Pô près de Ravenne jusqu'aux confins des *Carni*. Du côté du Septentrion les limites des Venètes ne furent pas toujours les mêmes. D'abord ils s'étendirent jusqu'à l'Histrie, suivant le Périple de Scylax où on lit: *Post Venetos est Gens Histrorum*; & Marcian d'Héraclée dit; *Venetis contermini sunt Thraces, qui Histri vocantur*. Dans la suite les *Carni* occupérent la partie de la Côte voisine de l'Histrie, & ils s'en emparérent par la force, où les Romains la leur cédérent après avoir vaincu les Venètes. Le Pays de ces derniers est appellé VENETIA par Tite-Live [b], par Pline [c] & par Ptolomée [d], qui y met les Villes qui suivent:

b Lib. 39. c. 22.
c Lib. 2. c. 72.
d Lib. 3. c. 1.

Vicentia,	Ateste,
Belunum,	Patavium,
Acedum,	Alginnum,
Opipergium,	Atria.

Il y a deux sentimens sur l'origine des Venètes. Les uns les font venir d'Asie. Tite-Live [e], entr'autres, dit: On sait assez qu'Antenor accompagné d'une multitude d'Henètes, qui chassez de la Paphlagonie par une sédition cherchoient une retraite & un Chef après avoir perdu leur Roi Pylæmen devant Troye, vint au fond du Golphe Adriatique, & qu'ayant déposté les Euganéens, qui habitoient entre les Alpes & la Mer, les Henètes & les Troyens habitérent ce Terrein. Toute la Nation, ajoute Tite-Live, fut appellée VENETI. Strabon [f] fait venir les Venètes de la Gau-

e Lib. 1. c. 1.
f Lib. 4.

le. Après avoir parlé de la guerre de César contre les Venètes qui habitoient dans la partie Occidentale de la Gaule sur le bord de l'Océan, il ajoute: Je crois que ce sont-là les Fondateurs de la Colonie des Venètes qui habitent sur le bord de la Mer Adriatique. Dans un autre endroit Strabon [g] parle moins affirmativement, ou plutôt il se contente de rapporter les deux sentimens, dont l'un fait les Venètes Gaulois & l'autre les fait Paphlagoniens. Mais le Sentiment de Polybe [h] a quelque chose de plus décisif. En effet, dit-il, les Venètes étoient semblables par les mœurs, par les coutumes, & par l'habillement, aux autres Gaulois, & n'en différoient que parce qu'ils parloient une Langue différente.

g Lib. 5.
h Lib. 2.

VENETICÆ INSULÆ, ou VENETORUM INSULÆ, Isles sur la Côte Occidentale de la Gaule Lyonnoise. Pline [i] dit qu'elles sont en grand nombre. On ne doute point qu'il ne veuille parler des Isles qui sont sur la Côte de la Province de Bretagne. On y en compte près de deux cens la plûpart desertes & incultes. La plus considérable est Belle-Isle. Voyez NESIADES.

i Lib. 4. c. 19.

VENETULANI, Peuple d'Italie dans l'ancien Latium. Pline [k] qui nomme ce Peuple dit qu'il ne subsistoit plus de son tems.

k Lib. 3. c. 5.

VENETUS LACUS, Pomponius Mela [l] nomme ainsi un des deux Lacs qu'il dit que le Rhein forme vers sa source. Ce Lac est appellé CELLERSE [e] par Munsterus & *Underfée* par Scudus.

l Lib. 5. c. 2.

VENEZARES, Peuples des Indes au Royaume de Cuncam. Mandesto [m] nous apprend que ces Peuples vont acheter le bled & le ris, que l'on porte au Marché dans les Villes une fois la Semaine, pour le revendre dans l'Indostan & dans les autres Provinces voisines où ils se rendent avec des Caffilas ou Caravanes de cinq ou six, & quelquefois de neuf ou dix mille Bêtes de somme, avec lesquelles ils emménent leurs familles, & particuliérement leurs femmes, qui manient l'arc & la fléche aussi adroitement que les hommes. Par ce moyen ils deviennent redoutables aux Rasboutes, qui ne les ont jamais osé attaquer, non plus que les Couliers qui volent impunément les passans, parce que les Rajas qui devroient faire punir ces Voleurs les protégent.

m Voyage des Indes, Liv. 2. p. 245.

1. VENEZUELA [n], Gouvernement de l'Amérique, dans la Terre-ferme, dans sa partie Septentrionale. Les Auteurs Espagnols disent que le nom de VENEZUELA, qui signifie *Petite Venise*, lui fut donné, à cause qu'Alphonse de Oieda [o] y étant arrivé des premiers en 1499. y trouva un Village d'Indiens, dont les Maisons étoient élevées sur des arbres & sur des poutres dans l'eau même, à la manière de Venise qui est bâtie sur la Mer, en sorte qu'ils alloient de la Terre-ferme dans leurs Maisons sur des Ponts de bois, qui donnoient aussi communication de l'une à l'autre. En 1528. les Velsers Bourgeois d'Augsbourg, ayant obtenu cette Province en don de l'Empereur Charles V. à qui ils avoient rendu de grands services, y envoyérent des Allemans qui la trouvérent fort peuplée de Sauvages; mais

n De l'Isle Atlas.
o De Laet, Descr. Indes-Occ. Liv. 18. c. 13. p. 623.

mais comme leur deſſein étoit plutôt d'y faire leur fortune que d'y établir des Colonies, leurs Officiers traitérent ſi mal ces malheureux Sauvages, qu'ils en détruiſirent inſenſiblement un très-grand nombre; ce que firent auſſi de leur côté les Eſpagnols qui étoient dans le Continent voiſin, ou qui habitoient les Iſles de la Marguerite & de Cubagua. Delà vient que ces Quartiers de l'Amérique autrefois fort peuplez ſe trouvent aujourd'hui fort dénuez d'Habitans Naturels du Pays.

Autrefois la Province de Venezuela, comme nous l'apprend Herrera, étoit bornée à l'Orient par Maracapana, & au Couchant par le Cap de la Vela, ce qui lui donnoit une étendue de deux cens lieues le long de la Côte. Mais préſentement les limites de ce Gouvernement commencent aux confins de la Nouvelle Andalouſie, ou de la Serpa, ou même de la Guyane, juſqu'au commencement du Gouvernement de Rio de la Hacha. Ainſi il n'a plus que cent trente lieues de longueur, & quatre-vingt de largeur, où il en a le plus, juſqu'au nouveau Royaume de Grenade.

Le Pays de Venezuela abonde en toutes ſortes de Bêtes Sauvages, & la Chaſſe y eſt fort belle. La Riviére d'Unare qui eſt extrêmement poiſſonneuſe a cauſé autrefois de grandes guerres entre les diverſes Nations de cette Contrée pour les limites de leurs pêches. La terre y eſt fort fertile en grains, & on y moiſſonne deux fois l'année. Elle abonde auſſi en Pâturages, qui donnent lieu d'y nourrir grand nombre de Vaches & de Brebis. On tire de cette Province quantité de farine de Froment, beaucoup de biſcuits & de fromages, & force étoffes de cotton qu'on porte aux Provinces tant voiſines qu'éloignées. Il y en a pluſieurs enfermées dans ce grand Gouvernement le long de la Mer & au dedans de la Terre-ferme. Les principales ſont:

Curiana,   Bariquicemeto,
Cuica,   Caracas,
    Tucuyo.

Les Auteurs Eſpagnols ne diſtinguent point les limites de ces Provinces. Ils comptent plus de cent mille Sauvages qui leur payent tribut & habitent huit Villes ou Bourgades, dont la Capitale eſt *Coro*, qu'ils nomment auſſi Venezuela. Les autres ſont, *Nueſtra Senora de Carvalleda*, *San Jago de Leon*, *Nova Valentia*, *Xeres*, *Nova Segovia*, *Tucuyo* & *Truxillo*. Ils ont encore une autre Bourgade nommée *Laguna*, dans le même Gouvernement de Venezuela. Elle eſt ſituée ſur la rive Occidentale du Lac de Maracaybo, à quarante lieues de Coro, dans le fond de la Baye ou recul de ce Lac fort remplie de bancs & de baſſes dangereuſes pour les Navires; ce qui eſt cauſe que les Barques ſeules y peuvent aller. Le territoire voiſin de cette Bourgade, quoiqu'il ſoit rempli de Plaines, eſt abandonné pour la plus grande partie, & demeure ſans culture. Il y a grand nombre de Cerfs & de Lapins, quantité d'Oiſeaux, ſur-tout des Ramiers & des Perdrix, mais en même tems il s'y trouve des Tigres ſi acharnez ſur les hommes, qu'ils ne craignent point d'entrer la nuit dans la Bourgade pour les dévorer.

VENEZUELA, ou Coro; Ville de l'Amérique, dans la Terre-ferme, la Capitale d'un Gouvernement auquel elle donne ſon nom, près de l'Embouchure du Lac de Maracaybo, ſur la Pointe que forme le Cap de St. Romain.

3. VENEZUELA (Le Golphe de) Golphe de l'Amérique, ſur la Côte Septentrionale de la Terre-ferme. Il prend depuis la Province de Rio de la Hacha, juſqu'à l'extremité Orientale du Gouvernement de Venezuela. Comme la Ville de Venezuela, autrement nommée Coro, lui donne ſon nom, on l'appelle auſſi quelquefois le GOLPHE DE CORO. Ce Golphe s'avance plus de quatre-vingt mille pas du Nord au Sud, car il s'étend depuis la Côte de Venezuela juſqu'à l'Iſle de Portorico, & juſqu'aux Iſles ſous le vent, & tout le long des Iſles Antilles.

VENGAN, Ville de la Chine,[a] dans la Province de Péking, au Département de Xuntien, premiére Metropole de la Province. Elle eſt de o. d. plus Orientale que Péking, ſous les 39. d. 5′. de Latitude Septentrionale.   [a] Atlas Sinenſ.

VENGEONS, Bourg de France dans la Normandie, au Dioceſe de Séez. Election de Mortain. Ce Bourg eſt bien peuplé.

VENHI, Ville de la Chine,[b] dans la Province de Xanſi au Département de Pingyang, ſeconde Metropole de la Province. Elle eſt de 6. d. 16′. plus Occidentale que Péking, ſous les 36. d. 30′. de Latitude Septentrionale.   [b] Ibid.

VENICIUM, Ville de l'Iſle de Corſe: Ptolomée[c] la marque dans les Terres.   [c] Lib. 3. c.

VENICNIUM PROMONTORIUM,[2.] Promontoire de l'Hibernie. Ptolomée[d] le marque ſur la Côte Septentrionale de l'Iſle,[2.] entre le Promontoire *Boreum*, & l'Embouchure de la Riviére *Vidua*. Ortelius[e] dit que ce Promontoire eſt appellé *Ligra* par Niger, & *Rameshead* par Camden.   [d] Lib. 2. c.   [e] Theſaur.

VENICNII, Peuples de l'Hibernie: Ptolomée[f] dit qu'ils habitoient ſur la Côte Occidentale.   [f] Lib. 2. c. 2.

VENICONTES. Voyez TAIZALI.

VENIDATES, Peuples d'Italie dans la Tranſpadane, ſelon Pline[g]. Un MS. conſulté par Ortelius[h] au lieu de VENIDATES portoit NEDINATES. Le Pere Hardouin eſt pour cette derniére Orthographe. L'Ordre alphabétique qui ſe trouve obſervé par là le détermine.   [g] Lib. 3. c. 19.   [h] Theſaur.

VENIEZ, Bourg de France dans la Touraine, Election de Loudun.

VENII. Voyez VENNONETES.

VENISE, Ville d'Italie, la Capitale des Etats des Vénitiens, ſur le Golphe auquel elle donne ſon nom, à une lieue de la Terre-ferme, à trente-trois de Ravenne à cinquante de Milan, à quatre-vingt ſept de Rome, & à quatre-vingt-quinze de Vienne en Autriche. Cette Ville, l'une de plus riches & des plus puiſſantes de l'Univers, a été d'abord très-peu de choſe. Elle doit ſa naiſſance aux malheurs dont l'Italie fut affligée dans le cinquième Siècle. Quelques Familles de Padoue voulant éviter la fureur des Goths crurent ne s'en pouvoir garantir

qu'au

qu'au milieu des eaux. Dans cette vûe elles résolurent de s'aller établir dans quelques Isles assez avant dans la Mer, & elles se fixérent dans la principale qu'on nomme RIALTO ou RIVALTA.* Les autres Isles devinrent peu de tems après l'asyle de ceux qui se dérobérent à la cruauté d'Attila dans le sac d'Aquilée, & de quelques autres Villes des environs que ce Prince, qui se disoit le Fleau de Dieu, ruïna de fond en comble. Ces pauvres gens bâtirent d'abord quelques Maisonnettes, qui furent, pour ainsi dire, les fondemens de cette superbe Ville qu'on regarde comme une des plus belles de l'Europe, & que son fameux Commerce d'Etoffes de soye, de Points, d'Ouvrage de verre, de Glaces de Miroirs, & de quantité d'autres Marchandises, fait considerer comme le Siége de l'Opulence, & le rendez-vous des richesses ; aussi l'appelle-t-on *Venise la Riche.*

St. Disdier, Descr. de la Ville & de la République de Venise, p. 13. & suiv.

De quelque endroit qu'on aborde à Venise*, soit du côté de la Terre-ferme, soit du côté de la Mer, l'aspect en est toujours également singulier & majestueux. On en découvre cependant le plus bel endroit lorsqu'on y arrive de Chiosa par les Lagunes. On commence à l'appercevoir de plus de dix milles de loin, comme si elle flottoit sur la surface de la Mer, & environnée d'une Forêt de mâts de Vaisseaux & de Barques, qui laissent peu à peu distinguer les magnifiques Bâtimens du Palais & de la Place de St. Marc, & quelques-uns des beaux Edifices qui sont sur le grand Canal que l'on voit à main gauche.

Le Plan de Venise a la figure d'un Turbot ; l'extrémité orientale, où est l'Arsénal en représente la queue. Cette Ville est toute bâtie sur pilotis, & a été fondée non-seulement dans les endroits où la Mer parut au commencement découverte ; mais encore où l'eau avoit beaucoup de profondeur, afin qu'en rapprochant par ce moyen un grand nombre de petites Isles qui environnoient celle de Réalte qui étoit la principale, & les joignant par des Ponts on pût en former le vaste Corps de la Ville, dont la grandeur, la situation & la majesté extérieures, jointes au grand nombre de ses Habitans, au concours des Etrangers & à la forme de son Gouvernement, la font admirer de tout le monde. Sannazar fit autrefois ces six vers qui donnent à Venise une si glorieuse préférence qu'on les y a gravez sur le Marbre.

*Viderat Adriacis Venetam Neptunus in undis
Stare Urbem, & toti ponere Jura Mari.
I nunc Tarpeias, quantumvis Jupiter Arces
Objice, & illa tui mœnia Martis ait.
Si Tiberim Pelago confers, Urbem aspice utramque.
Illam homines dices, hanc posuisse Deos.*

On compte dans Venise environ cent quatre-vingt mille habitans ; & quoiqu'elle soit ouverte de toutes parts sans portes & sans murailles, n'ayant pour remparts que ses Maisons & ses Palais, sans fortifications, sans Citadelle & sans Garnison, elle est une des plus fortes Villes de l'Europe.

Quoique l'Isle de la ZUEQUE soit entiérement détachée de Venise, elle ne laisse pas d'en être une partie. Il semble que ce soit une grande demi-lune & une contregarde qui couvre plus de la moitié de la Ville du côté du Midi, en s'étendant depuis la hauteur de la Place de St. Marc jusqu'à l'extrémité Occidentale, laissant un Canal de plus de trois cens pas de large. Cette Isle étoit autrefois habitée par les Juifs qui lui donnérent le nom de JUDEQUE, ensuite par corruption ZUEQUE. Elle est d'une largeur égale, par-tout d'environ trois cens pas ; & du côté qui regarde la Ville, elle a un Quai fort spacieux bordé de plusieurs Eglises magnifiques, & de quantité de belles Maisons, qui ont des Jardins sur le derrière. Comme cette Isle est coupée par sept ou huit Canaux qui la traversent, il y a autant de grands Ponts qui en continuent le Quai, d'où l'aspect de la Ville n'est pas moins beau que celui de la Zueque l'est du côté de la Ville ; & si le moindre vent n'empêchoit les Gondoles de traverser à toute heure en sûreté son grand Canal, la Zueque seroit sans doute le plus agréable séjour de Venise.

Un très-grand nombre de Canaux, qui donnent de toutes parts entrée dans la Ville & la traversent de tous les sens, la divisent aussi en une si grande quantité d'Isles, qu'il y a des Maisons seules qui ont de l'eau des quatre côtez. De-là vient qu'il n'y a point d'endroit à Venise où l'on ne puisse aborder en Barque, comme il n'y en a guéres aussi où l'on ne puisse aller à pied par le moyen de près de cinq cens Ponts, qui en donnent la communication, d'un grand nombre de petites ruës qui parcourent toute la Ville, & de plusieurs Quais, dont la plûpart des Canaux sont bordez. Presque tous les Canaux qui sont au centre de la Ville sont fort étroits & n'ont aucun Quai, parce que les premiers Fondateurs de Venise ménagérent le terrein, n'ayant pas l'idée d'une aussi belle Ville qu'elle est devenue dans la suite. Quelques-uns des autres Canaux ont un seul Quai, & d'autres en ont deux, mais ils sont la plûpart si peu larges que deux personnes ont de la peine à passer de front. On en voit néanmoins de très-spacieux, mais ils n'ont ni appui ni balustrades, & sont coupez, vis-à-vis de chaque Maison par des marches qui descendent dans les Canaux, afin de pouvoir commodément entrer dans les Gondoles & en sortir. Par le moyen de ces fréquentes descentes, qu'on appelle *des Rives*, ces Quais sont si étroits, que les passans sont obligez, sur-tout pendant la nuit, de se ranger près des Maisons pour ne pas s'exposer à tomber dans l'eau. La profondeur des Canaux est différente, mais lorsque par le flux l'eau est à sa plus grande hauteur, elle est dans la plûpart de cinq à six pieds ; excepté dans le grand Canal où la profondeur est très-considérable.

A l'égard des Ponts, la plus grande partie de ceux de Venise sont faits de pierre & de brique & ils sont si délicatement bâtis, que l'arche n'a ordinairement que huit pouces d'épaisseur. Les bords & le milieu sont faits de chaînes de pierre dures ; & ils sont assez élevez pour donner passage aux Gondoles & aux grandes Barques qui vont incessamment par les Canaux. On y monte de chaque côté par quatre ou cinq marches
faites

faites d'une pierre blanche qui approche de la nature du Marbre, & qui avec le tems devient si polie & si glissante, que pendant la pluye & pendant la gelée il est fort difficile de s'empêcher de tomber; & comme ces Ponts n'ont point de garde-foux, la chûte n'est pas peu dangereuse; aussi les pierres sont une des trois choses dont le Proverbe Vénitien avertit les Etrangers de se donner de garde.

Rien ne contribue davantage à la beauté de Venise que son grand Canal qui commençant près de la Place de St. Marc, passe en serpentant par le centre de la Ville & va sortir vers l'Occident vis-à-vis de Fucine, où la Brente entroit autrefois dans les Lagunes; ce qui fait aisément juger que le grand Canal a été anciennement le véritable cours de cette Riviére, & que la partie de la Ville où est le Pont de Rialte étoit affectivement le principal Port que les Padouans eussent dans les Lagunes. Ce Canal a près de deux milles de longueur & cinquante ou soixante pas de largeur. Comme il fait plusieurs retours dans le milieu de la Ville, on le traverse souvent trois fois pour aller en Gondole, par le chemin le plus court, d'un côté de la Ville à l'autre. Il est bordé des plus beaux Palais; mais outre qu'il manque à sa beauté un Quai qui continue d'un bout à l'autre, on voit parmi ces Palais un si grand nombre de petites Maisons que cela diminue une bonne partie du bel effet que feroient sans cela ces magnifiques Bâtimens. On voit en plusieurs autres endroits de la Ville des Maisons & des Palais très-superbes; mais sans entrer dans leur détail, je me contenterai de dire que les façades de ceux de Cornaro, & de Grimani qui sont sur le grand Canal peuvent servir de modéles pour les Edifices des plus grands Princes. Après ceux-là on en voit sur le grand Canal, comme par-tout ailleurs, un très-grand nombre d'une Architecture antique, dont les façades ornées de grands Balcons de Marbre, au premier & au second étage, sont des marques évidentes de l'ancienne puissance de la République. L'eau du grand Canal est toujours belle, & toujours claire, soit qu'elle soit haute, ou qu'elle soit basse, parce qu'elle a beaucoup de profondeur; aussi le courant dans le flux & dans le reflux n'y est-il guère moins grand que celui d'une Riviére. Les Galéres & les plus grandes Barques chargées y trouvent assez de fond.

Ce grand Canal qui sépare Venise en deux parties presque égales, n'a que le seul Pont de Rialte qui se trouve au centre de la Ville, dans le Quartier qui lui donne son nom. Ce Pont n'avoit été que de bois jusqu'à l'année 1587. que la République sous le Doge Pascal Cigogne, le fit bâtir de pierre. Il est d'une seule arche si grande, qu'une Galére dont le mât est abaissé, y peut passer les rames étendues. Les fondemens furent posez des deux côtez sur dix mille Pilotis d'Ormes, après avoir soutenu l'eau & avoir creusé seize pieds en terre pour rendre l'Ouvrage plus solide. Le ceintre de l'arche n'est qu'une moyenne portion d'un grand Cercle. On ne voulut pas l'élever à proportion du diamétre, afin de pouvoir monter sur le Pont avec moins d'incommodité; mais il est fort large & tout bâti de grandes pierres de taille dure comme le Marbre. Il soutient sur ses deux penchans un rang de Boutiques de chaque côté, & dont la charpente faite en berceau & couverte de Plomb, fait un agréable effet. Il reste entre ce double rang de Boutiques un passage assez large dans le milieu, où l'on monte par plusieurs marches jusqu'au haut, qui est percé des deux côtez en forme d'un Portique. On découvre delà à droite & à gauche le grand Canal & on y trouve une entrée dans les deux Corridors qui régnent d'un bout à l'autre de chaque côté du Pont derriére les deux rangs de Boutiques. Une grosse Balustrade soutenue par une belle Corniche fait l'appui des deux Corridors; & le tout est d'une Architecture fort réguliére. Ce Pont a coûté deux cens cinquante mille Ducats. Comme l'incommodité seroit trop grande pour les Habitans, si l'on étoit obligé d'aller chercher le Pont toutes les fois qu'on veut passer d'un côté de la Ville à l'autre, on trouve en dix-huit ou vingt endroits différens dans toute la longueur du grand Canal, des trajets établis; c'est-à-dire plusieurs Gondoliers, toujours prêts à porter les passans dans leurs Gondoles d'un bord à l'autre. Il y a de semblables trajets dans plusieurs autres endroits de la Ville, où faute de Ponts le détour seroit trop grand si on vouloit faire le chemin par terre. Les Gondoliers publics sont obligez aussi de conduire les personnes qui entrent dans leurs Gondoles, quelque part qu'elles veuillent aller. La taxe est quinze sols, Monnoye du Pays, par heure.

Le terrein est si précieux à Venise qu'il n'y a pas à s'étonner si presque toutes les rues y sont si étroites que dans la plûpart des plus passantes, on ne peut y tenir que deux personnes de front. Cependant comme elles sont toutes pavées de briques mises sur le côté, & qu'on n'y voit ni Carosses, ni Chevaux, ni Charettes, ni Traîneaux, on y marche fort commodément. Les bouts de rues ont été tenus assez larges, & on a ménagé un grand nombre de petites Places, outre celles que chaque Eglise a devant son Portail. Elles sont pour la plûpart assez vastes. Le besoin qu'on a d'eau douce a obligé de pratiquer toutes ces Places, pour y faire au milieu de chacune une Citerne publique, qu'on appelle improprement des Puits; car elles ne se remplissent que d'eau de pluye, qui se ramasse toute dans des gouttiéres de pierre qui sont au haut des Maisons & qui là jettent dans les éponges des Citernes par des tuyaux qui sont enchassez dans l'épaisseur des murailles. On assure cependant qu'on voit des sources d'eau vive dans quelques-uns de ces Puits. Ceux qui veulent avoir de meilleure eau, en envoyent prendre de pleins Bâteaux dans la Brente & la font jetter dans ces Citernes, où elle se purifie & devient la plus saine qu'on puisse boire.

La Place de St. Marc est une des plus magnifiques Places de l'Europe, non-seulement

ment à cause de sa grandeur, mais encore par la somptuosité des Bâtimens dont elle est environnée, & par le concours continuel de toutes sortes de Nations. Cette Place est faite en potence; ou bien ce sont deux Places différentes, dont la première qui est la moins grande est tournée vers le Midi & regarde sur la Mer; & elle fait sans difficulté le plus bel aspect de Venise. La Mer bat contre cette Place dont la rive est bordée de grandes pierres de taille avec plusieurs marches. C'est sur ce Quai que sont dressées deux fort hautes Colomnes de Marbre fait d'une pièce, éloignées l'une de l'autre de plus de soixante pas. Sur celle qui est à main droite on voit le Lion ailé de St. Marc, fait de bronze; & sur l'autre la Statue de St. Théodore premier Patron de Venise. L'Architecte qui éleva ces deux Colomnes après qu'elles eurent été fort long-tems sur cette rive, sans qu'aucun Ingénieur eût osé faire cette entreprise, demanda pour toute récompense à la République qu'il fût permis de jouer à toutes sortes de jeux de Hazard sur les marches qui environnent le Piédestal de chaque Colomne; ce qui lui fut accordé avec une pension honnête pour le reste de sa vie. Parmi une grande quantité de Navires que l'on voit vis-à-vis de cette Place, il y a toujours une Galére armée, ayant la proue entre les deux Colomnes, & prête à défendre le Palais dans quelque émotion populaire. Elle sert aussi à faire faire l'apprentissage aux Forçats, dont on équipe les Galéres de la République.

Cette Place est fermée à main droite du côté de l'Orient par le Palais Ducal de St. Marc; & du côté opposé elle est bornée par une Aîle des superbes Procuraties neuves, qui n'ont à cet endroit qu'un étage terminé au-dessus par une Balustrade avec plusieurs Statues. Ce magnifique Bâtiment qui est de l'Architecture de Sansouïn, fait un retour à Angle droit à main gauche, & fait voir une Façade trois fois plus longue & double en hauteur, fermant tout un côté de la grande Place de St. Marc. Un retour des mêmes Procuraties, qui se joint au Portail de la petite Eglise de Saint Geminien, en fait le fond; & l'ancien Edifice des Procuraties vieilles opposées aux neuves, continuant avec la même symmétrie jusqu'à une fort belle Horloge, qui à vûe sur la Mer, & sur la première Place, en fait le troisième côté; mais le Portail de l'Eglise de St. Marc, qui avance dans la Place plus que le Palais auquel elle est contigüe & qui est opposé à celui de St. Geminien, sert de quatrième côté & d'une agréable perspective à toute la Place. Sous les deux Aîles des Procuraties neuves régne un grand Portique à Arcades soutenues par de belles Colomnes & enrichies dans leurs Ceintres & les Angles d'ornemens & de Bas-reliefs d'une beauté singuliére. Les Procuraties vieilles ont aussi un Portique, le long de l'autre côté de la Place; de sorte qu'on en peut faire presque tout le tour à couvert. L'affluence du monde & la diversité des Marchandises qu'on étale dans les Boutiques qui sont sous ces Portiques ne contribuent pas peu à la beauté de la Place dans laquelle on voit vis-à-vis le Portail de l'Eglise de St. Marc, trois grands & riches Piédestaux de bronze, sur lesquels sont dressez trois mâts fort hauts, où l'on attache les anciens Etendards de la République les jours de Solemnité.

On appelle Broglio à Venise toutes les sollicitations qui se font pour venir à bout d'une affaire; mais ce nom se donne plus particuliérement aux brigues que la Noblesse Vénitienne fait pour obtenir les Dignitez; & on appelle aussi il Broglio l'endroit où se font ces Brigues. La première Place de St. Marc est comme divisée en trois parties par deux enfoncemens du pavé qui forment comme deux Ruisseaux. Lorsque les Nobles s'assemblent le matin, ils occupent le Portique qui est sous le Palais de St. Marc, & un tiers de la Place du même côté; & lorsqu'ils vont au Broglio l'après-Midi, ils se tiennent sous le Portique de la première Aîle des Procuraties neuves & dans l'autre tiers de la Place, à cause que le premier côté est à couvert du Soleil levant & que l'autre l'est du Soleil couchant. Pendant que les Nobles sont au Broglio les deux tiers de la Place demeurent libres pour toutes sortes de personnes qui sont-là pour affaires ou seulement pour y contenter leur curiosité, sans se mêler parmi la Noblesse. Ce n'est pas une des moindres curiositez de Venise que de voir là dès le matin, dans la belle Saison, un grand nombre de Nobles Vénitiens se promener, s'entretenir, se faire de profondes révérences; & de voir même les premiers Sénateurs briguer quelquefois les suffrages des derniers Nobles avec une soumission surprenante; car quoique par la Loi du Gouvernement les brigues soient défendues, si ce n'est dans les affaires criminelles, on peut dire néanmoins que le *Broglio* est un véritable Marché où il se fait un trafic public des suffrages. Pendant que le Broglio se tient, il se fait dans tout le reste de la Place un grand concours de personnes de toute sorte de qualité & de toutes les Nations de l'Europe. Cependant le matin, on ne voit guère que des gens d'affaires, ou des Plaideurs qui sont obligez de fréquenter le Palais; & l'après-Midi les Etrangers s'y rendent, les Nouvellistes, les Nobles & une foule de diverses autres personnes, qui s'amusent tous également à voir les Bateleurs, les Charlatans, les Faiseurs de tours de passe-passe, & les Arracheurs de dents, dont les Harangues sur tout divertissent extrêmement.

Le Palais de St. Marc est un gros Bâtiment quarré, dont les deux faces principales regarde sur la rive de la Mer, & l'autre sur la première Place, dont il vient d'être parlé. Elles sont enrichies de deux Portiques l'un sur l'autre, dont les Colomnes & les Arcades travaillées à jour sont de Marbre commun & d'un Ordre d'Architecture aussi riche qu'il est antique. Le reste des murailles est tout uni, mais diversifié en maniére de briques peintes, qui par leur arrangement composent de grandes lozanges de couleurs différentes jusqu'aux creneaux, qui sont de pierre de taille tout d'une pièce

&

& diversement figurez. La couverture est fort basse; mais elle est toute de plomb, & si l'on considére cet Edifice de près, on y verra éclater de toutes parts la magnificence de la République. La troisième face du Palais qui est opposée à celle qui regarde sur la Place donne sur un petit Canal. Elle est d'une Architecture plus moderne, & depuis le *Fleur d'eau* jusqu'à la hauteur de deux toises elle est d'une pierre très-dure, taillée en pointe de diamant. On y arrive en Gondole, & on y entre par six grandes Portes dont les marches sont couvertes d'eau; & tout le reste de cette face qui est d'une hauteur & d'une longueur extraordinaire, avec les deux longs Balcons qui sont aux deux étages, est fait de Marbre commun, taillé en Bas-reliefs. La principale Porte est sur la Place, dans le coin qui touche à l'Eglise de St. Marc: elle est d'une Architecture fort antique, ornée de plusieurs figures. Elle donne entrée dans un long Portique; qui communique à main droite dans la Cour, à gauche dans l'Eglise de St. Marc, & dont l'extrémité aboutit à un Escalier qui est à découvert. La Cour est raisonnablement grande: trois Corps de logis en font les trois côtez dont il a été parlé; & le Portique de l'entrée, qui soutient un seul étage, magnifiquement bâti & contigu à l'Eglise, en fait le quatrième côté. Tout autour de la Cour règne un fort large Portique, dont les Colonnes sont de Marbre, taillées à pans & à panneaux enfoncez. Il soutient un second Portique, qui est au premier étage, de plain-pied à celui du dehors qui regarde sur la Place. Mais rien n'égale la beauté de la face du Corps de logis qu'on voit en entrant du côté de la Place, & qui répond à celui qui donne sur le Canal. Ce Bâtiment, moins ancien que le reste du Palais, paroît avoir été fait dans la plus grande opulence de la République. Toute la hauteur qui est au-dessus du second Portique est ornée de cadres, de demi colonnes, de festons, d'Arabesques, & d'autres Bas-reliefs d'une beauté singuliére. Ce qu'il y a de plus riche dans la Cour du Palais pour le Marbre & pour la Sculpture est contre le Portique par où l'on entre. On y voit de belles figures antiques; mais l'Adam & l'Eve, qui sont au Portail de ce même Portique, qui est opposé à l'Escalier, sont deux figures excellentes. L'Escalier est de Marbre & d'une seule rampe à découvert. Il conduit au Portique du premier étage; & il est terminé par deux belles Statues colossales de Sansouïn. Au premier étage du Palais, il y a un fort grand nombre de Chambres, tant sur la Cour que sur la Place, toutes de plain-pied aux Galeries du dedans & du dehors, & dans lesquelles s'assemblent, autant de différens Magistrats encore y rendre la Justice. Un très-magnifique Escalier qui commence au second étage, dans le milieu du plus grand Corps de logis, conduit par la première rampe aux appartemens du Doge, qui sont à main gauche, & par la seconde on monte aux Salles du Collége du Prégadi, du Scrutin, du Conseil des Dix, des Inquisiteurs d'Etat, à la grande Salle du Grand-Conseil; enfin par un labyrinthe de communications on passe dans toutes les Chambres du Palais, d'où l'on descend par un autre grand Escalier qui n'est pas éloigné du premier. On ne voit dans toutes ces Piéces que Lambris & que Plat-fonds magnifiques en dorure & en peinture. Les murailles au lieu de tapisseries sont couvertes de grands Tableaux très-exquis & faits exprès pour ces Lieux. Les plus grands Peintres de l'Ecole Lombarde, Georgeon, Titien, Paul-Veronèse, Palme, Tintoret & plusieurs autres célèbres Peintres se sont efforcez à l'envi pour y produire des Chef-d'œuvres de leur Art.

L'Eglise de St. Marc est proprement la Chapelle du Doge, & on y fait toutes les cérémonies solemnelles. Cette Eglise est Collégiale & n'a aucune Jurisdiction au dehors. Mais comme elle dépend entiérement du Doge, c'est lui qui en nomme le Primicier, qui est le Doyen du Chapitre, officiant avec la Mitre & la Crosse & faisant toutes les fonctions Episcopales; aussi est-ce toujours un Noble Vénitien qui est pourvu de cette dignité, dont le revenu est d'environ cinq mille Ducats, sans une Abbaye qu'on y joint ordinairement. Ce Prélat est à la tête de vingt-six Chanoines, tous à la nomination du Doge. Il y a outre cela un Séminaire de plusieurs jeunes gens, destinez à faire le Service de cette Eglise. Dans les principales Solemnitez de l'année, & sur-tout dans la Semaine Sainte on y suit un Rituel conforme à celui d'Alexandrie, à cause que le corps de St. Marc, suivant une ancienne tradition, a été apporté de cette Ville à Venise. On y observe des cérémonies très-particuliéres: une des plus remarquables est la Procession du St. Sacrement qu'on porte le Vendredi Saint à neuf heures du soir, tout autour de la Place dans un cercueil couvert de Velours noir. Il n'a jamais été au pouvoir du Pape d'abolir cette coutume; mais au lieu qu'elle se pratiquoit autrefois dans tout l'Etat, la République en a laissé l'usage aux seules Eglises de Venise, qui font toutes le même soir une semblable Procession. Rien au monde n'est plus beau que Venise pendant cette nuit, qui est éclairée d'un million de Flambeaux. La Place de St. Marc est pour lors un charmant Spectacle. Il y a deux grands Flambeaux de cire blanche, à chaque fenêtre des Procuraties. Ce double rang de Flambeaux disposez avec ordre, & ceux qu'on allume sur le Portail de l'Eglise, font un très-bel effet & éclairent toutes les Processions des Confrairies & des Paroisses voisines, qui passent exprès dans cette Place. Pendant ce tems-là toute la Ville est comme en feu: on épargne si peu la cire blanche, qu'on croit ce soir-là il s'en brûle autant à Venise que pendant un an entier dans tout le reste de l'Italie. C'est encore un privilège singulier de l'Eglise de St. Marc de dire la Messe à six heures du soir la Veille de Noel. Les desordres que on voyoit arriver à cette Cérémonie, lorsqu'elle se faisoit à minuit, ont donné occasion au changement qui a été introduit. Le Bâtiment de l'Eglise est à l'antique, solide & massif, avec cinq Dômes fort bas, couverts de Plomb, & percez d'un rang de petites Lucarnes au-dessus

O *de*

de la Corniche. Le devant, & les deux côtez de l'Eglise font une espèce de Portique fermé & séparé du reste. La façade extérieure a cinq grandes Portes enrichies de quantité de Colonnes de Porphyre & de plusieurs autres sortes de Marbres fins. Au-dessus du ceintre des Portes, il y a un Corridor fermé d'une Balustrade, qui régne sur toute la face de l'Eglise; & sur quatre Piédestaux qui sont au-dessus de la plus grande Porte sont placez quatre superbes Chevaux de bronze doré, d'une beauté sans égale, & qui avec toutes les peintures de Mosaïque à fond d'or, qui sont dans les ceintres des Portes, & jusqu'au plus haut du reste de l'Edifice, font le plus riche ornement du Portail. On tient que ces Chevaux sont les mêmes qui furent donnez à Néron lorsqu'il triompha des Parthes, & qui furent mis au Char du Soleil, sur l'Arc de triomphe qui lui fut consacré à Rome. Constantin le Grand les fit porter à Constantinople & les plaça dans l'Hippodrome, ou, comme disent quelques-uns, sur le Portail de Ste. Sophie. Lorsque les Vénitiens, joints à l'Armée Navale des Princes François, eurent assisté à la prise de Constantinople, Marin Zen, qui fut le premier Podesta ou Gouverneur, que la République y envoya pour commander dans la part qu'elle avoit eue à cette conquête, fit transporter ces Chevaux à Venise, où après avoir été long-tems gardez sans qu'on en connût le prix & la beauté, il furent posez sur le Portail de l'Eglise de St. Marc. Cette Eglise est faite en croix, sans aucun ornement d'Architecture au dedans: les murailles & les gros pilastres qui soutiennent la Nef sont revêtus d'un marbre gris-blanc, ondé de noir, dont les grandes pièces rapportées & jointes avec industrie forment des ondes si bien proportionnées, qu'elles semblent faites au pinceau. Depuis l'ouverture des plus basses Arcades jusqu'aux Voutes & aux Dômes tout est couvert de belles Mosaïques anciennes & modernes à fond d'or; & l'on voit en plusieurs endroits de grands Tableaux de Mosaïque du dessein de divers habiles Peintres. Enfin on ne voit que Marbre & riches Colonnes dans toute l'Eglise au Maître-Autel, à la fermeture du Chœur, & aux trois Portes intérieures de l'Eglise, qui sont enfermées dans le Portique. Je ne m'arrêterai point à faire un plus grand détail: il suffit de dire qu'en voyant le Marbre, les Colonnes, les Tables d'or & d'argent enrichies de pierreries qui font le devant & le fond de l'Autel; les richesses qu'on y expose dans les Solemnitez; le pavé de toute l'Eglise, qui est partie en grotesques de Mosaïque, partie en divers compartimens faits de petites pièces de rapport de Marbre fin de toutes couleurs, qui forment de très-agréables figures; enfin les grandes Portes toutes de bronze, à jour & en relief, qui étoient autrefois à Ste. Sophie; on tient aisément d'accord que la République a eu besoin des dépouilles de Constantinople pour amasser tant de précieuses choses ensemble.

Il y a encore de plus grandes richesses dans le Tresor. On appelle communément le Tresor de Venise ce qui n'est effectivement que le Tresor de l'Eglise de St. Marc, qui néanmoins est divisé en deux parties, dont l'une est proprement à l'Eglise, & l'autre est du Tresor de la République. Les Reliques en font la première partie, & une quantité prodigieuse de pierres précieuses, de Vases & de Couronnes font l'autre partie. Le tout est très-soigneusement conservé dans un endroit de l'Eglise; & les clefs sont entre les mains d'un Procurateur de St. Marc. Parmi les Reliques on voit un grand nombre de Châsses d'or & d'argent enrichies de pierreries, avec une quantité surprenante de Vases & d'Argenterie pour l'usage & pour l'ornement de l'Autel. Mais celle de toutes les Reliques que la République & le Peuple estiment & honorent davantage; c'est le précieux sang qu'on y conserve dans une ampoule, & qu'on expose trois ou quatre fois l'année, avec des cérémonies très-particulières à cause des fréquens miracles qui se font à ces expositions. On ne voit dans le Tresor pour toutes Reliques de St. Marc, que le pouce qu'on dit qu'il se coupa pour n'être pas fait Prêtre s'en croyant indigne; & l'Evangile qu'on croit être le vrai Original écrit de la main de ce Saint. Mais on ne montre que la riche Châsse dans laquelle on dit qu'il est enfermé. Cependant comme la Tradition du Pays veut que tout le corps de St. Marc ait été apporté à Venise, il y a sujet de s'étonner de ce qu'on en a si peu de reste.

Dans un lieu joignant celui où l'on garde les Reliques, on voit toutes les richesses du Tresor, arrangées sur les tablettes d'une grande Armoire, dont le fond est de velours noir, pour les faire éclater davantage. Une Balustrade dans laquelle se tient le Procurateur qui en a les clefs, empêche qu'on ne puisse approcher assez près pour y atteindre de la main. Les pièces de ce Tresor qui paroissent les plus considérables sont douze Corselets d'or faits comme de petits devants de Cuirasse, tous couverts de grosses perles & d'un nombre infini de pierres précieuses de toutes espèces & de toutes grandeurs; & douze Couronnes d'or étendues de plat, qui sont de la même fabrique & de la même richesse que les Corselets, qui ne pèsent guère moins que s'ils étoient de fer à l'épreuve du mousquet. On dit que douze Dames d'Honneur de l'Impératrice de Constantinople portoient devant elles & sur leurs têtes ces riches ornemens dans les Cérémonies solemnelles; & présentement on en pare les gradins de l'Autel aux jours des grandes Fêtes. On y voit six gros Rubis qui sans être taillez ne laissent pas d'avoir un fort bel éclat. Ils n'ont d'autre enchassure qu'une broche d'or qui les traverse. On assure que le plus gros pèse six onces. Il y en a qui veulent que la Corne Ducale, qui est la Couronne qu'on met au Doge dans la Cérémonie de son couronnement soit la plus précieuse pièce du Tresor. C'est une Calotte de velours cramoisi, dont le derrière élevé en une pointe arrondie lui a fait donner le nom de Corne. Les bandes d'or, arges de deux doigts, qui en font le frontal, & la croisée qui la ferme par dessus, comme une Couronne Royale, sont couvertes de très-grandes pierres précieuses

aussi-

aussi bien que le milieu des quatre angles de la croisée. On y voit sur la pointe un diamant de médiocre grandeur; mais fort élevé, dont Henri III. Roi de France fit présent à la République à son retour de Pologne. Mais ce qui surpasse beaucoup le prix de ces pierreries; c'est un rang de grosses Perles en poire, qui sont dressées tout autour du frontal de cette Couronne, & dont la beauté & la grosseur peuvent bien faire regarder cette Couronne Ducale la plus riche pièce du Trésor. On admire encore une Tasse faite d'une seule Turquoise, & qui surpasse en grandeur une fort grande écuelle: en dehors elle a un feuillage de vigne en relief taillé dans son épaisseur. On y voit aussi un petit Sceau d'un seul rubis, & plus grand qu'une Eguière ordinaire; des croix garnies de perles & de diamans, des plaques & des Sceptres de grand prix & quantité de Vases de diverses figures d'Agate, de Cornalines & de plusieurs autres sortes de pierres précieuses tout d'une pièce, d'une grandeur extraordinaire & en assez grand nombre pour en faire un Service entier; ce qui fait connoître quelle étoit la magnificence des Empereurs de Constantinople, d'où presque toutes ces précieuses raretez ont été apportées. La République avoit autrefois dans son Tresor d'autres richesses, qui n'étoient guère moins considérables. C'étoit une chaîne d'or d'une grosseur & d'une longueur si extraordinaire qu'il falloit quarante Crocheteurs pour la porter, & avec cela on voyoit douze ou quinze millions d'or monnoyé, à quoi on ne touchoit jamais que pour étaler ces grandes richesses aux yeux du Peuple & des Étrangers à certains jours de Solemnité. On faisoit tendre cette chaîne d'or le long du Portique du Palais qui est sur la Place dont elle tenoit les deux faces; & on y joignoit des tas de monnoye d'or qu'on plaçoit entre chaque colonne. Mais la guerre de Candie a épuisé ce Tresor, & la chaîne a été convertie en sequins dans les pressans besoins de l'Etat.

Il y a encore une chose à remarquer dans la Place de St. Marc. C'est le Clocher que les Vénitiens regardent comme un des principaux ornemens de leur Ville, quoiqu'il fasse en quelque sorte obstacle & embarras sur la Place. Cette Tour est bâtie près de l'angle que font les deux ailes des Procuraties neuves; de sorte que l'Eglise avançant dans la Place de l'autre côté, le Clocher occupe la plus grande partie de l'espace, qui est entre les deux Places de St. Marc; & plus comme il se trouve vis-à-vis de la grande porte du Palais, il en borne la vûe. Cet Edifice est cependant très-hardi, tout isolé, quarré & bâti de briques, n'ayant qu'environ vingt-cinq pieds sur chaque face; & cent quatre-vingt pieds jusqu'à une grande Corniche de Marbre où commence l'étage des cloches. Depuis cet étage jusqu'à la pointe du Clocher, il y a encore cent soixante pieds de hauteur; & le tout est soutenu par des Colonnes qui portent une autre Corniche & une Pyramide au-dessus, couverte de lames de cuivre doré, que le tems a rendues de couleur de bronze, aussi-bien qu'un Ange qui a près de trois toises de hau-

teur, & qui étant placé sur l'extrémité de la pointe, les ailes étendues, montre de la main le côté d'où vient le vent. Les murailles de cette Tour sont doubles en dedans; entre les deux on monte insensiblement jusqu'aux cloches en tournant, & sans qu'il y ait de marches. Il est constant que pour élever sur un fond aussi peu solide un Bâtiment de la hauteur de celui-là, d'où l'on découvre presque tout l'Etat de Terre-ferme, & même certains endroits au-delà de la Mer, il n'a guère falu faire moins de dépense dans la terre qu'on en a fait au dehors.

On voit peu de Villes qui soient plus remplies d'Eglises que Venise; car on y compte soixante & douze Paroisses toutes desservies par plusieurs Prêtres habituez; plus de trente Couvens de Religieux & plus de trente-cinq Monastères de Religieuses; outre plusieurs Chapelles, un grand nombre de Confrairies de Pénitens, qu'on appelle *Ecoles*. Les Eglises des Paroisses sont presque toutes petites, & ne sont pas les plus riches, ni les mieux ornées: celles des Religieux & des Religieuses sont les plus belles & les plus propres. Mais quelques-unes des Eglises des grandes Confrairies sont incomparablement plus magnifiques en bâtimens & plus riches en excellens tableaux & en belle argenterie. Il n'y a pas néanmoins une Eglise à Venise où l'on ne puisse trouver quelque chose de rare en Peinture ou en Architecture. Ceux qui connoissent bien Venise sont persuadez qu'elle contient elle seule autant de beaux Tableaux que presque toute l'Italie ensemble. Non-seulement les maisons de la plûpart des Nobles & celles de divers Particuliers sont pleines d'excellentes Peintures; mais encore la plus grande partie des Eglises & des Edifices publics, ont leurs plat-fonds & leurs murailles couvertes de Tableaux de prix. L'Ecole de St. Roch tient le premier rang pour les richesses, pour la beauté de l'Artecture & pour la quantité surprenante des ouvrages du Tintoret. Celle de St. Marc ne lui céde guère: la façade est de Marbre enrichie de Bas-reliefs; & au dedans elle est toute peinte par le même Maître, qui a produit une si grande quantité de beaux Ouvrages, que la vie d'un autre Peintre ne suffiroit pas pour exécuter ce qu'il a fait à St. Roch en deux ans. L'Eglise de St. Sebastien est admirable pour la beauté & pour le grand nombre de Tableaux de Paul Veronèse, qui y est enterré. Celle de Ste. Marie Majeure a plusieurs Ouvrages du Bassan. Mais pour l'Architecture, entre les Eglises modernes, celle de Notre-Dame *della-Salute*, que la République a fait bâtir ensuite d'un vœu pour être délivrée de la peste, tient le premier rang. Le dessein en est singulier; & sa situation à l'entrée du grand Canal est admirable. C'est un grand Octogone qui en renferme un plus petit, dont les huit pilastres qui sont aux angles soutiennent un fort beau Dôme. Le Maître-Autel est dans l'enfoncement d'un grand ovale, & il est enrichi de très-belles figures de Marbre blanc, représentant la peste chassée par le zèle & par la piété de la République. Il y a six Chapelles enfoncées dans les six autres faces de l'Octogone, avec des Autels & des Balustrades

O 2   de

de Marbre. Le Portail, & tout le dehors de cet Edifice n'est guère moins embelli que le dedans. L'Eglise & le Couvent de St. George Majeur, qui occupent une Isle vis-à-vis de la Place de St. Marc, dont elle n'est éloignée que d'une portée de mousquet sont de très-superbes Bâtimens. On y voit l'admirable Tableau des Noces de Cana, qui tient tout le fond du Réfectoire, & qui passe pour le Chef-d'œuvre de Paul Veronèse. Cette Abbaye est de l'Ordre de St. Benoît, & le Jardin est la plus charmante promenade de Venise. Il est environné de terrasses revêtues en forme de remparts, d'où l'on découverte tout ce qu'il y a de beau dans les Lagunes. Le Couvent de Saint Jean & de S. Paul qui est dans la Ville a les plus magnifiques dortoirts qui se puissent voir. L'Eglise est des plus grandes; & le Tableau de St. Pierre Martyr, du Titien, en fait le plus bel ornement. C'est le Chef-d'œuvre de ce grand Maître, & un des quatre beaux Tableaux du Monde; mais il se gâte beaucoup, tant à cause qu'il est dans une mauvaise exposition, que parce que les Peintres qui le copient incessamment, ont déja passé si souvent l'éponge sur le visage du Saint, que le coloris en est tout éteint, quelque soin qu'on ait d'empêcher que les Copistes n'en approchent de trop près, & quoiqu'ils ne puissent travailler sans en avoir une permission expresse. On voit aussi à Venise plusieurs petites Eglises d'une beauté singulière. Elles sont du Sansouïn & du Palladio. Mais ce dernier n'a rien fait de si beau que l'Eglise du *Redemptor*, située à la Zuéque. Elle est comme Notre-Dame *della-Salute*, l'effet d'un pareil vœu de la République; & comme elle étoit destinée aux Capucins, qui ne le vouloient pas accepter aussi magnifique qu'on l'avoit projettée, il semble que le Palladio ait su tromper les yeux, & faire consister la beauté de cette Eglise dans une simplicité apparente du Bâtiment & dans les justes proportions de l'Art plutôt que dans la pompeuse richesse de l'Architecture, qui y est cependant admirable. On trouve néanmoins que la Voute, qui est faite en berceau, & toute unie, est un peu trop surbaissée. Dans la plûpart des Eglises on voit de magnifiques Mausolées. On en a dressé presque à tous les Doges & aux premiers Sénateurs. Les Vénitiens ont toujours été très-soigneux d'élever de superbes monumens à la vertu & à la mémoire de leurs grands Hommes; de sorte que la Ville de Venise se trouve ornée d'une infinité de beaux Tombeaux de Marbre.

Après la Place de St. Marc les deux endroits de Venise, les plus riches, les plus peuplez & les plus agréables à voir, sont *la Mercerie*, & *Rialte*. Tout le chemin qu'on trouve entre la Place & le Pont de *Rialte* s'appelle la Mercerie. Il consiste en cinq ou six rues assez étroites, les unes au bout des autres. Sur les Boutiques des principaux Marchands sont étalées toutes sortes de belles étoffes de soye & de laine, des draps d'or, des points de Venise, des rubans, des dentelles d'or & d'argent, des velours, des damas, des brocards: tout cela joint aux étalages de plusieurs autres espèces de Marchandises fait de la Mercerie une des plus agréables choses que l'on voye à Venise. La petite Place de St. Barthelemi, qui joint la Mercerie au Pont de *Rialte*, est toute occupée par de riches Marchands Droguistes. Le Quartier de Rialte est le plus ancien de Venise, & c'est-là qu'on jetta les fondemens de la Ville. Il contient une assez grande Isle, qui est de l'autre côté du Pont, au pied duquel, à main gauche, est une longue Galerie, sous laquelle sont des Marchands de draps & d'autres étoffes, dont les Magasins sont au-dessus. A main droite est la Place de Rialte, dont la petite Eglise de St. Jacques, qui fut la première qu'on bâtit dans les Isles, il y a plus de douze cens ans, fait un des côtez proche du Pont. Les deux autres sont fermez par des Portiques, sous lesquels les Négocians s'assemblent tous les jours à Midi pour les affaires de leur commerce. Derrière l'Eglise de St. Jacques, sur le bord du grand Canal, on voit un Bâtiment presque tout de Marbre & fort ancien. Il y a au-dessous d'affreuses prisons. C'étoit autrefois le Palais de la Justice de toute la Ville, & divers Magistrats y tiennent encore les Tribunaux civils & criminels de Rialte. Il y a sur le même bord du grand Canal de longs Bâtimens publics, soutenus par des Portiques, sous lesquels se vendent toutes sortes de provisions de bouche; & au bout de la rue qui est vis-à-vis du Pont on trouve une quantité prodigieuse de Boutiques d'Orfévres & de Jouailliers chez lesquels on voit les plus belles Pierreries de l'Europe.

L'Arsenal de Venise fait le sujet de l'admiration des Etrangers, & est le fondement de toutes les forces de l'Etat. Son enceinte est très-vaste. On ne lui donne pas moins de deux milles de circuit. Il occupe toute l'extrémité Orientale de la Ville dont il n'est séparé que par un Canal qui l'environne de trois côtez, & il a les Lagunes vers le Nord. Il est fermé de murailles très-hautes, flanquées de plusieurs petites Tours, où l'on fait une garde exacte particuliérement pendant la nuit, afin que les Sentinelles par le moyen des Cloches qui sont à ces Tours puissent promptement avertir les Corps de Garde, soit dans les surprises qui font à craindre, soit en cas d'accident de feu. En un mot c'est une pièce si importante à la République, qu'il n'y a rien dont elle soit plus jalouse, puisque non-seulement la sûreté de la Ville & de l'Etat, mais encore la plus grande partie de la puissance de la République, en dépendent absolument. Dans un grand nombre de Salles, on voit une quantité prodigieuse de toutes fortes d'Armes pour l'Infanterie, pour la Cavalerie, pour les Vaisseaux & pour les Galéres. Il y en a, par exemple, dans une Salle pour dix mille hommes, dans une autre pour vingt mille, dans une autre pour trente mille & dans une autre pour quarante mille. Il en est de même pour les Armemens de Mer; une Salle tient de quoi armer vingt Galéres; une autre peut en armer trente & une autre quarante. La République traita le Roi de France Henri III. dans la plus grande de ces Salles; & le plaisir qu'elle lui donna de voir faire & monter une Galére toute entiére tiere pendant le tems de son dîner ne fût pas le moindre divertissement dont elle le régala. Sous ces mêmes Salles il y a des Magazins, séparez pour toutes sortes d'Attirails & d'Equipages de Guerre. On y compte plus de huit cens pièces de Canon, des Boulets, des Mortiers, des Bombes, des Grenades à l'infini. Les Mâts, les Antennes, les Avirons, les Poulies, les Voiles, les Cordages, les Ancres, les Cloux & tous les ferremens, qui entrent dans la construction des Bâtimens, y sont conservez chacun dans des Lieux séparez. Tout y est dans une telle quantité qu'on y pourroit aisément équiper cent Galéres ou Galéasses, & armer cent mille combattans; ce qui seroit capable de faire trembler les plus grandes Puissances de l'Europe si les hommes & l'argent étoient aussi prêts que les Equipages. Il y a dans l'Arsenal trois vastes quarrez d'eau qui communiquent avec les Lagunes, & tout autour sont quantité de loges ou remises assez grandes, pour contenir deux Bâtimens à couvert. C'est-là qu'on fabrique les Vaisseaux, les Galéres & les Galéasses. Ces derniers Bâtimens égalent les plus grands Vaisseaux en longueur & en largeur. Leur équipage est de mille à douze cens hommes, & de quarante à cinquante pièces de Canon. Ils ne peuvent jamais être commandez que par des Nobles Vénitiens, qui s'obligent par serment & répondent sur leur tête qu'ils ne refuseront pas de combattre contre vingt-cinq Galéres ennemies. L'Arsenal se gouverne comme une petite République. On y fait bonne garde & les Ouvriers y travaillent sous l'autorité de trois Nobles Vénitiens, qui font leur résidence dans l'Arsenal, & qu'on ne change que tous les trois ans. Les Ouvriers sont outre cela soumis à un Directeur général des Ouvrages, appellé le Grand-Amiral. Il porte la robe de Satin rouge, la veste par dessus, & la toque de Damas violet avec un Cordon d'or. Ce n'est cependant qu'un Maître-Ouvrier, qui doit à l'habileté qu'il s'est acquise par le travail, l'Intendance qu'il a sur toutes les Fabriques de l'Arsenal. La plus illustre de ses fonctions est de conduire le Bucentaure, lorsque le Doge accompagné des Ambassadeurs & de la Seigneurie, va épouser la Mer le jour de l'Ascension. Cet Officier est le Pilote de ce magnifique Bâtiment dont tous les Artisans de l'Arsenal composent la Chiourme; & par une formalité singuliére il s'oblige sous peine de la vie de ramener le Bucentaure, sans le laisser surprendre à la tempête: aussi quand le tems est douteux, ne passe-t-il guére au-delà des Bouches du Lido, ou bien il fait remettre la cérémonie à un autre jour. Il y a encore dans l'Arsenal un Intendant des Machines Militaires, & de toutes les inventions méchaniques qui peuvent servir à la guerre ou au nétoyement des Lagunes. C'est toujours un habile Mathématicien. La République n'entretient ordinairement que cinq cens Ouvriers dans l'Arsenal pendant la paix; mais en tems de guerre elle les augmente jusqu'à deux mille.

Outre les avantages qui sont communs à la Ville de Venise avec toutes les Villes Maritimes, elle en retire encore un tout particulier de sa situation au milieu des Lagunes qui sont comme le centre où aboutissent diverses Riviéres entre autres le Pô, l'Adige, la Brente la Piave & quantité de grands Canaux que la République a fait creuser dans une partie de ses Etats pour la commodité des Voitures. Cette situation donne tant de facilité à Venise pour y exercer un grand Commerce, que depuis la fondation de la République jusqu'à présent, il n'y a point eu de Ville en Europe qui en ait eu un plus grand. Les Vénitiens étoient autrefois les seuls qui fissent le Commerce des Mers du Levant & des Indes Orientales. Leurs Vaisseaux alloient charger à Alep & à Aléxandrie les Marchandises qu'on apportoit en Syrie & en Egypte, & ils les transportoient ensuite dans la plûpart des Ports de l'Europe. Mais depuis que diverses Nations ont eu le courage de passer la Ligne & de doubler le Cap de Bonne Espérance, le Commerce des Vénitiens a souffert un préjudice considérable. Il ne leur reste plus guère que celui de Constantinople & d'Allemagne: aussi comme le debit de leurs riches Etoffes & de leurs principales Manufactures leur est d'une extrême conséquence, entretiennent-ils ces Commerces avec une grande application. Ils distribuent outre cela leurs Miroirs & leurs Cristaux en Allemagne, en Italie & en Espagne; leurs Velours & leurs Brocateles en France; & leurs Points de Venise presque par-tout, excepté dans la France, depuis que l'entrée en a été interdite. Il seroit difficile de dire la grande quantité de Brocarts, de Damas & de Draps d'or que les Turcs & les Arméniens enlévent incessamment pour Constantinople ou pour la Perse. Afin d'entretenir cet important Commerce la République a de très-grands égards pour les Sujets du Grand-Seigneur qui résident à Venise. Elle leur a donné un vieux Palais sur le grand Canal. Tous les Turcs y logent ensemble, & y font l'Entrepôt des Marchandises qu'ils envoyent & de celles qu'ils reçoivent. S'il arrive quelque démêlé entre ces Turcs & des Sujets de la République, & que les premiers prétendent avoir été offensez, ils en vont demander si hautement la satisfaction, & ils l'obtiennent si promptement qu'il semble qu'on n'oseroit la leur refuser. Pour rendre ce Commerce plus facile & plus assûré, on a construit un Vaisseau qui est proprement une demi-Galéasse, & qu'on appelle la Galére des Marchandises. Elle porte à Spalatro en Dalmatie pour un écu la pièce tous les Balots des Négocians de Venise, & à Spalatro on les charge sur des Chameaux qui les portent à Constantinople & en Asie. Le Commerce d'Allemagne est le premier & le plus ancien qu'ait eu la Ville de Venise; & comme il n'est guère moins avantageux à l'Etat que celui du Levant, on n'a rien oublié de tout ce qui pouvoit contribuer à l'entretenir. Dans cette vûe la République a accordé aux Marchands Allemans un beau & ancien Palais, près du Pont de Rialte, où est le Magazin des Allemans. Les Négocians de de cette Nation y sont très-commodément logez, à un prix fort médiocre & jouissent de plusieurs beaux privilèges, qui facilitent beaucoup le Commerce. Ce Palais est peint au dehors à fresque par Georgeon & par Titien; & quoique cette Peinture soit beaucoup effacée présentement, il en reste pourtant encore de beaux morceaux. Mais ce qu'il y a de plus précieux dans ce Magazin, c'est une Tapisserie de Cuir doré, avec des figures toutes peintes par Paul Veronèse; & c'est un des plus beaux Ouvrages que ce Peintre ait jamais faits.

Il y a à Venise une fameuse Banque appellée *il Banco del Giro*. C'est un Dépôt que les Négocians ont fait de leur argent entre les mains du Prince; c'est ainsi qu'ils appellent ordinairement la République, qui en demeure garante, & qui paye outre cela les appointemens des Officiers, qui en tiennent les Regîtres. La sûreté de cette Banque est d'un grand avantage pour les Marchands & d'une grande commodité pour le Commerce; car sans débourser aucune Somme, il s'y fait à tous momens des payemens, en changeant seulement les parties de nom. Si quelqu'un des Interessez a besoin de son fond, il y a toujours dans les Cofres de la Banque du comptant tout prêt pour l'acquitter.

Mais comme on estime beaucoup plus ces sortes d'effets que l'argent, il se trouve des personnes toujours prêtes à y acheter des Sommes à interêt, quoique la Banque n'en donne aucun. Le fonds de cette Banque est fixé à cinq millions de Ducats.

On auroit de la peine à se persuader que l'air soit aussi bon à Venise qu'il l'est en effet, si l'expérience n'en avoit convaincu tous ceux qui y ont demeuré pendant les diverses Saisons de l'année. Il sembleroit que la grande humidité du lieu, jointe à l'inconstance du tems, qui passe en un moment d'une extrémité à l'autre, en Hyver comme en Eté, devroit causer de fréquentes indispositions au Peuple qui respire un air de cette nature. D'autre part les Brouillards qui s'élèvent ordinairement au commencement de l'Hyver & qui durent souvent plusieurs jours de suite, sont si épais & si froids, qu'en tout autre Pays que Venise on ne pourroit pas les supporter sans de fâcheuses incommoditez, & en Eté les Tempêtes sont si fréquentes, & l'extrême chaleur est si souvent & si subitement interrompue par des Vents froids, & par des Orages, qu'il y a sujet de s'étonner que dans une Ville, où l'on n'est pas accoutumé d'avoir, trois jours de suite un tems bien égal, on jouïsse cependant d'un air incomparablement plus doux & plus sain que dans les Climats les plus temperez.

Après que Constantin *le Grand* eut transporté le Siège de l'Empire à Constantinople, l'Italie se vit affligée d'une longue suite de malheurs que lui causèrent les fréquentes invasions des Barbares. En 407. les Goths sous leur Roi Radagaise inondèrent l'Italie & la mirent à feu & à sang. Les Peuples voisins des Lagunes ne trouvèrent point d'asyle plus assuré que celui des Isles maritimes, dans la plûpart desquelles il n'y avoit encore que quelques Cabanes de Pescheurs. Mais après que les deux Généraux de l'Empereur Honorius eurent défait l'Armée de Radagaise, ces Peuples fugitifs retournèrent en Terre-ferme, n'ayant point fait d'établissement considérable dans le peu de tems qu'ils séjournèrent dans les Isles des Lagunes. En 413. l'incursion de Wisigoths sous Alaric & les horribles ravages qu'ils faisoient par toute l'Italie, firent chercher aux Habitans du Pays le même asyle qui leur avoit été favorable six ans auparavant. Cependant comme Alaric demeura plus long-tems Maître de l'Italie que ne l'avoit été Radagaise, on commença à bâtir dans les Lagunes des Maisons de bois & de roseaux pour s'y loger avec quelque commodité. Les Padouans qui étoient Maîtres des Isles des Lagunes, & qui avoient un Port à celle de Rialte, où aboutissoit leur Rivière, résolurent d'en faire un lieu considérable. Pour cet effet le Sénat de Padoue y envoya en 421. trois Consuls & fit proclamer Rialte Place de Refuge; ce qui fut cause qu'elle se peupla en peu de tems, tant par ceux qui étoient répandus dans les autres Isles, que par un grand nombre de personnes de toutes sortes de conditions qui y passèrent de la Terre-ferme. La troisième inondation des Barbares sous Attila Roi des Huns apporta à l'Italie la dernière désolation. Ce fleau de Dieu, après avoir ravagé l'Allemagne, l'Italie & la France, se jetta dans l'Italie pour la seconde fois en 453. & joignit à la destruction de Pavie, de Milan, de Padoue & de plusieurs autres grandes Villes celle de la fameuse Aquilée, qui après un Siège de trois ans succomba enfin sous les efforts de ce cruel ennemi.

Les misérables restes de toutes ces Villes achevèrent de peupler de toutes sortes de personnes, non-seulement l'Isle de Rialte; mais encore toutes celles des Lagunes & du bord de la Mer, & particulièrement le Lido de Malamoque; & comme il ne restoit plus à ces Peuples aucune espérance de retourner dans leurs Maisons, ils pensèrent à s'en construire de plus assûrées, & firent apporter les pierres & le Marbre des Palais démolis en Terre-ferme, pour en édifier d'autres dans les Isles; de sorte que dans l'espace d'environ cinquante ans les personnes de qualité & les Artisans se trouvèrent logez commodément. Pendant ce tems-là Padoue s'étant rétablie, & le Sénat de cette Ville voyant que Rialte s'étoit renduë considérable par la multitude de ses Habitans, y envoya des Tribuns pour gouverner ce Peuple avec plus de dignité. Mais dans la suite les personnes les plus puissantes & les plus riches dans chacune de ces Isles furent reconnuës pour les Protecteurs des Peuples: chaque Isle eut ainsi des Tribuns particuliers, qui augmentant peu à peu leur autorité par la force plutôt que par la soumission volontaire de ces Peuples, qui étoient fort mutins, devinrent enfin de petits Souverains.

En 709. les Tribuns des douze principales Isles des Lagunes jugeant qu'il étoit nécessaire de donner une nouvelle forme au Gouvernement des Isles, qui s'étoient extraortraordinairement peuplées, résolurent de se mettre en République & d'élire quelqu'un d'entre eux pour en être le Chef ; mais comme ils reconnoissoient qu'ils ne pouvoient en user de la sorte contre le droit que la Ville de Padoue avoit dans ces Lieux où ils avoient été chercher leur sûreté, ils députérent à l'Empereur Léon, qui étoit Souverain de tout le Pays & au Pape Jean V. pour obtenir la permission d'élire leur Prince auquel ils donnérent le nom de Duc ou de Doge. Cette demande leur ayant été accordée, les Tribuns s'assemblérent dans Héraclée Ville des Lagunes, & dont il ne reste aujourd'hui que quelques ruines, près de l'Embouchure de la Piave. Ils y élurent Paul Luce Anafeste, pour leur premier Doge en l'année 709. qui fut la 288. année après que Rialte eut été proclamée Ville de Refuge. Mais quoiqu'il semble que l'on ne doive compter le commencement de la République que du jour de cette Election, les Vénitiens cependant le comptent du jour de la Proclamation qui fut faite à Rialte par les Padouans le 25. de Mars 421. & ils en font la Fête tous les ans à pareil jour, prétendant que leur République a trois avantages singuliers au-dessus de tous les autres Etats ; savoir d'être née libre, Chrétienne & en même tems que le Royaume de France.

Il n'y avoit point encore de Ville de Venise, Héraclée fut le premier Siège de la République jusqu'à la mort du troisième Doge que le Peuple massacra à cause de sa cruauté, ne voulant plus avoir de Prince dont le pouvoir absolu dégénéroit facilement en Tyrannie ; ce qui causa un Interrégne de cinq ans pendant lesquels la République fut gouvernée par des Maîtres des Chevaliers électifs & annuels. Le Peuple se lassant ensuite de cette sorte de Gouvernement voulut bien-tôt avoir de Doge qui fut élu au Lido du Vieux Malamoque, qui étoit une demi-lieue plus avant en Mer que n'est le Malamoque d'aujourd'hui, & qui a été entiérement submergé. Les Doges residérent à Malamoque jusqu'à Obelerio, onziéme Prince de cette République, lequel contraint d'abandonner la Dignité Ducale se retira vers Pepin, que Charlemagne son Pere avoit établi Roi d'Italie, & à qui la République payoit un Tribut annuel. Ce Prince voulut alors visiter les Isles Maritimes qui étoient du ressort de son Domaine. Le Doge élu à la place d'Obelerio lui en refusa l'entrée. Mais Pepin indigné de ce refus prit les armes, ruina Héraclée, & passa à Rialte, où il fut reçu en vainqueur généreux. Il y exerça tout Acte de Souveraineté & laissa des marques de sa libéralité au Doge & au Public, remettant à la République le Tribut qu'elle lui payoit, & lui donnant en Terre-ferme cinq milles d'étendue le long des bords des Lagunes avec une pleine liberté de trafiquer par Mer & par Terre. On dit que Pepin voyant que le Doge ne portoit sur lui aucune marque de sa dignité détacha la manche d'une veste, & la mit sur la tête du Doge en forme de Bonnet, & que c'est delà que la corne Ducale tire son origine. C'est alors proprement que Venise prit naissance, puisque Pepin voulut que l'Isle de Rialte, jointe aux Isles voisines, portât le nom de Venise, *Venetiæ* qui étoit alors celui de toute la Province voisine des Lagunes. Voilà quels ont été les commencemens & les premiers progrès de la République de Venise, qui reconnoît qu'elle doit son principal établissement & sa premiére grandeur à la générosité d'un Roi François.

Depuis la premiére Election qui fut faite à Héraclée de Paul-Luce-Anafeste en 709. jusqu'à celle de Sébastien Ziani en 1172. les Doges régnérent avec une autorité absolue. Le Peuple élisoit par proclamation celui qu'il trouvoit le plus digne d'être élevé à la Dignité Dogale ; mais le Doge agissoit en Souverain ; il étoit le Maître de son Conseil ; il ne rendoit compte à personne : & il avoit un pouvoir absolu pendant la paix & pendant la guerre. L'Histoire nous fournit même des exemples de plusieurs Doges qui firent élire leurs freres, ou leurs enfans pour leurs Collégues & pour leurs Successeurs.

Comme l'autorité absolue du Prince avoit souvent exposé l'Etat à fâcheux accidens, & que l'Election tumultuaire qui se faisoit par le Peuple avoit eu plusieurs fois des suites très-dangereuses, les principaux Citoyens s'étant assemblez après la mort du Prince Vital Micheli pour trouver moyen d'obvier aux desordres ; avant que de faire l'Election de nouveau Doge, on choisit onze personnes, qui s'étant retirées dans l'Eglise de St. Marc élurent Sébastien Ziani ; & tant pour ôter à l'avenir au Peuple le droit qu'il avoit de faire le Doge, que pour modérer l'autorité du Prince, on établit un Conseil entiérement indépendant, & duquel on tiroit par Election les Electeurs du Doge. Il étoit à craindre qu'un si grand changement qui établissoit une forme de Gouvernement toute nouvelle ne causât quelque révolution dans l'Etat ; pour contenter le Peuple on lui donna en échange le droit de créer douze Tribuns, qui pourroient s'opposer aux Ordonnances du Prince. Ces Tribuns qui étoient au nombre de deux dans chacun des six Quartiers de la Ville eurent encore le droit d'élire, tous les ans le jour de St. Michel, quarante personnes par Quartier pour composer le Grand Conseil qu'on venoit d'établir, de sorte qu'il étoit de deux cens quarante Citoyens choisis indifféremment & sans distinction dans tous les différens Etats, de la Noblesse, des Bourgeois & des Artisans ; & comme ce Conseil se renouvelloit tous les ans chacun y entroit à son tour, ou du moins avoit droit d'y prétendre.

L'ordre de ce Gouvernement dura cent dix-sept ans, c'est-à-dire jusqu'en 1289. que le Doge Pierre Gradenigue entreprit de changer entiérement la face de la République & d'établir une véritable Aristocratie, en fixant à perpétuité le Grand Conseil à un nombre de Citoyens & à leurs descendans. Il fit passer à la Quarantie Criminelle, qui est une Chambre Souveraine de quarante Juges, un Decret portant que tous ceux qui avoient composé le Grand-Conseil des quatre années précédentes, seroient ballotez dans cette Chambre, & que ceux qui auroient

roient douze Balles favorables composeroient eux & leurs descendans le Grand-Conseil à perpétuité. Cette entreprise fut injuste à l'égard de plusieurs Familles considérables; mais la République lui doit l'établissement du plus parfait Gouvernement qu'elle ait jamais eu, & qui a heureusement continué jusqu'à présent. On peut bien s'imaginer qu'un pareil changement ne se fit point sans exciter de grands troubles dans la République; mais on les calma bien-tôt, en châtiant les plus foibles, & en appaisant les plus puissans par des priviléges, qui les tiroient du nombre des exclus. Plusieurs Familles Nobles qui ne prevoyoient pas alors l'extrême conséquence de cette exclusion, indignées d'ailleurs de s'en voir préférer d'autres, qui leur étoient inférieures, ne témoignérent pas s'en mettre beaucoup en peine. Cependant par cette fixation qui s'appella *il serrar del Consiglio*, les Familles qui en étoient devenoient les Maîtres, & celles qui étoient exclues demeuroient sujettes. Cependant Bayamonte Tiepolo, Chef d'une des premiéres & des plus anciennes Maisons de la République, appuyé de quelques autres Familles illustres, entreprit de se venger du Doge Gradenigue & de le massacrer avec tous ses Partisans; mais il périt lui-même dans cette entreprise, qui donna occasion à de nouveaux Réglemens, qui ont maintenu la République dans l'union & dans la vigueur où on la voit encore aujourd'hui.

La Noblesse Vénitienne est divisée en différentes Classes. La premiére comprend les Familles des douze Tribuns qui furent les Electeurs du premier Doge, & qui se sont toutes conservées jusqu'à présent. Ces douze Maisons qu'on appelle Electorales sont les

Contarini,	Gradenighi,
Morosini,	Memmi,
Badouari,	Falieri,
Tiepoli,	Dandoli,
Micheli,	Polani,
Sanudi,	Barozzi.

Cette ancienneté ne donne cependant aucune prérogative, sinon une considération générale, qui fait préférer aux autres pour les Emplois & pour les Alliances lorsque le mérite se trouve joint à la naissance.

Après ces douze Maisons Electorales, il y en a quatre, qui ne lui cédent pas beaucoup en ancienneté; car elles ont signé l'an 800. l'Acte de Fondation de l'Abbaye de St. George-Majeur, avec des douze Maisons Electorales; & c'est pour cela qu'on nomme celles-ci *les douze Apôtres*, & les autres *les quatre Evangélistes*. Ces quatre Familles sont les

Justiniani,	Bragadini,
Cornari,	Bembi.

On compte aussi dans la premiére Classe de la Noblesse huit autres Maisons, dont l'ancienneté va presque de pair avec les douze premiéres, parce que long-tems avant le *Serrar del Consiglio* elle étoient très-considérables; & particuliérement les

Quirini,	Soranci,
Delphini,	Zorzi,
	Marcelli.

Ces Familles se sont encore distinguer dans la République; mais les autres sont déchues de leur premier éclat par l'extrême pauvreté où elles ont été réduites.

Après que le Général Tiepolo eut entiérement détruit la Ville d'Acre en Syrie pour s'être plusieurs fois révoltée contre la République qui l'avoit conquise, un certain nombre d'illustres Maisons de cette Ville se retirérent à Venise, & comme elles tenoient quelque rang avant la fixation du Grand-Conseil où elles furent comprises, elles sont aussi comprises parmi la Noblesse d'ancienne origine.

Comme le *Serrar del Consiglio* en perpétuant le Gouvernement de la République dans les seules Familles qui l'ont composé depuis, annoblit en même tems toutes celles qui y furent comprises, la seconde Classe de la Noblesse Vénitienne se trouve composée de ces Nobles, qui n'ont point de titre plus ancien que cette fixation du Grand-Conseil, & que d'être écrites dès ce tems là dans le Livre d'or, qui est le Catalogue qu'on commença de faire alors de toutes les Familles de la Noblesse Vénitienne. Cette Noblesse qui a présentement plus de quatre cens cinquante ans d'ancienneté est aujourd'hui fort considérée, sur-tout depuis que les nécessitez de l'Etat en ont fait recevoir de nouvelles dans deux occasions différentes.

On met au rang de cette Noblesse du second ordre trente Familles qui furent aggrégées à la Noblesse Vénitienne quatre-vingt-onze ans après le *Serrar del Consiglio*; c'est-à-dire en 1380. que fut terminée la guerre des Génois, pendant laquelle ces trente Maisons de Citadins & de Bourgeois de toutes sortes de professions, avoient secouru la République par des sommes si considérables que le Sénat les jugea dignes d'une pareille reconnoissance.

Dans la troisième Classe de la Noblesse Vénitienne on comprend environ quatre-vingt Familles qui ont acheté la Noblesse moyennant cent mille Ducats, dans le besoin d'argent où la République se trouva réduite par la derniére guerre de Candie. On ne fit aucune distinction entre les personnes qui se présentérent; c'est-à-dire depuis le Gentilhomme de Terre-ferme jusqu'à l'Artisan. Cette troisième sorte de Noblesse Vénitienne ne fut point d'abord employée dans les grandes Charges de la République. On lui préféroit les Nobles d'ancienne origine.

Si la République a terni en quelque maniére l'éclat de la Noblesse Vénitienne en admettant dans cet illustre Corps des Membres aussi défectueux que l'étoient quelques-uns de ceux qui formérent la troisième Classe, elle en a d'ailleurs relevé la dignité, en y aggrégeant des Têtes Couronnées, un grand nombre de Princes Souverains & plusieurs illustres Maisons de France & d'Italie. Cette Noblesse aggrégée forme une quatrième Classe qui avoit à sa tête la Maison fon de Valois, qui fut reçue dans le Corps de la Noblesse Vénitienne en la personne d'Henri III. Roi de France & de Pologne; qui se trouva présent lui-même au Grand-Conseil où il fut reçu d'une commune voix. La Maison de Bourbon a fait le même honneur à la République; Henri le Grand voulut donner au Sénat de Venise ce témoignage particulier de son affection, en reconnoissance de ce qu'elle s'étoit déclarée la première en sa faveur, & de ce qu'elle l'avoit assisté de sommes considérables dans ses plus pressans besoins. Les Maisons de presque tous les Princes d'Italie ont souhaité d'être admises dans le Corps de la Noblesse Vénitienne. Celles de tous les Neveux des Papes depuis Innocent VIII. y ont été reçues, ainsi que quantité de Maisons considérables de divers Pays.

Il y a à Venise un second Etat entre la Noblesse & le Peuple, & c'est ce qu'on entend par le nom de *Citadins*, qui sont toutes les bonnes Familles de Citoyens Vénitiens. On distingue deux sortes de Citadins: les premiers le sont de naissance & d'origine, étant issus de ces Familles qui avant la fixation du Grand-Conseil avoient la même part au Gouvernement qu'y a présentement la Noblesse Vénitienne. Le second Ordre des Citadins est composé de ceux qui ont par mérite ou par argent obtenu ce rang dans la République. Les uns & les autres jouissent des mêmes privilèges: ils peuvent comme les Nobles porter la Veste: ils entrent dans les Charges & dans les Emplois que la République a destinez aux Citadins, & lorsqu'ils sont en Terre-ferme leur qualité se égale à la Noblesse du Pays, & leur donne comme à ces Nobles l'entrée dans les Conseils des Villes. Ceux-ci en échange ont à Venise les mêmes privilèges que les Citadins; mais comme la plûpart ne s'estiment guére moins que les Nobles Vénitiens mêmes, ils tiennent infiniment au-dessous de leur qualité tous les privilèges de la Citadinance, dont le Corps comprend les Médecins, les Avocats, les Marchands, & les Ouvriers d'Etofes d'or ou de soie, aussi-bien que les Verriers dt Mouran qui se disent tous annoblis par le Roi de France Henri III. La République honore beaucoup, ou du moins elle fait semblant d'honorer les vrais Citadins. Elle leur conférê les Charges de Secrétaires du Sénat & de tous les Tribunaux par où passent les affaires d'Etat. On en fait aussi des Secrétaires d'Ambassade, des Résidens auprès des Princes Etrangers. En un mot, on leur donne toutes les Charges qu'on tient au-dessous d'un Noble Vénitien. La Dignité de Grand-Chancelier est le plus haut dégré d'élévation où puisse prétendre un Citadin. Le rang & la grandeur apparente de cette Charge en rendroit la fonction digne d'un des premiers Sénateurs, si la République, jalouse de son autorité, n'avoit réduit ce grand Emploi au seul exercice des choses où la Charge l'oblige, sans lui donner ni voix ni crédit dans les Tribunaux où il a la liberté d'entrer.

Tout ce qu'il y a de Gentilshommes hors de Venise & dans tout l'Etat de la République est compris sous le nom de Nobles de Terre-ferme. Quelque ancienne que puisse être la Noblesse de ces Gentilshommes, les Nobles Vénitiens ne font point de comparaison avec eux & veulent qu'il y ait la même différence qui se trouve entre le Souverain & le Sujet. Les Gentilshommes de Terre-ferme composent les Conseils des Villes dont ils sont. Ils peuvent régler plusieurs choses qui regardent la Police & les interêts publics, mais qui n'ont rien de commun avec le Gouvernement politique, dont la République ne fait part qu'aux seuls Nobles Vénitiens. Cependant lorsque quelques-uns de ces Gentilshommes s'attachent au service de la République, dans les armes, elle leur donne des Emplois considérables & souvent des Gouvernemens de Places, & de Citadelles dans les Provinces; mais elle ne les traite par en cela plus favorablement que les Etrangers qui sont à son service.

La Dignité de Procurateur de St. Marc & celle de Grand-Chancelier avec celle de Doge, sont les seules qui se donnent à vie. Un Noble Vénitien ne peut prétendre à l'honneur de la Veste de Procurateur que par les services importans qu'il aura rendus à la République dans plusieurs Ambassades, ou dans le Commandement des Armées de Mer, ou dans un long exercice des premières Charges de la République. Cette Dignité donne entrée au Sénat & le pas en même tems au-dessus de tout le reste de la Noblesse Vénitienne, parce que les Procurateurs sont censez les premiers Sénateurs; & en cette qualité ils sont exempts de toutes les Charges publiques, qui obligent à faire de grandes dépenses excepté les Ambassades extraordinaires & les Commissions les plus importantes. Cette Charge subsistoit deja il y a plus de six cens ans. Il y avoit un Procurateur de St. Marc, qui prenoit soin du Bâtiment de cette Eglise, en administroit le revenu & en étoit comme le Grand Marguillier. La République créa un second Procurateur de St. Marc plus de quatre-vingts ans après; & comme dans la suite du tems les Biens de cette Eglise s'accrurent beaucoup, on fit trois Procurateurs, à chacun desquels elle donna enfin deux Collégues; de sorte qu'il y a plus de deux cens cinquante ans que le nombre fut fixé à neuf. Ils sont divisez en trois Procuraties ou Chambres, dont la première s'appelle celle d'enhaut & elle a soin de tout ce qui regarde l'Eglise: la seconde a la direction de tous les biens laissez aux pauvres par les personnes qui demeurent en deça du Grand Canal, & la troisième prend soin des mêmes biens laissez par ceux qui demeurent au delà du même Canal; aussi ces Procuraties sont-elles distinguées par ces trois noms différens de Procuratie *di Sopra*, *di Citra*, *di Ultra*. Ces Seigneurs sont les Exécuteurs de tous les Legs pieux, les Tuteurs des Orphelins & les Protécteurs des Veuves. Ils distribuent tous les ans des bourses pour marier de pauvres filles, & donnent pour rien les habitations de plusieurs Maisons qui dépendent de leurs Procuraties. Le rang que cette Dignité donne dans la République a été de tout tems si recherché de la

Noblesse Vénitienne, que dans le besoin le Sénat en a sû faire une puissante ressource, en vendant la Veste de Procurateur. Mais on n'en a jamais tant vû à la fois que pendant la Guerre de Candie, puisqu'en 1672. on en comptoit encore trente-cinq de vivans. Ceux qui remplissent les neuf places des anciens Procurateurs sont appellez Procurateurs par mérite; afin de les distinguer des autres qui ont acheté cette dignité. Ils jouïssent néanmoins tous des mêmes Priviléges, n'y ayant aucune différence entre eux, sinon que lorsqu'un Procurateur par mérite meurt, le Grand-Conseil en élit un autre, avant que le défunt soit enterré, & qu'on ne remplace point ceux qui le sont par argent, afin de les réduire avec le tems au nombre de leur fixation. Les Nobles qui ont acheté la Veste de Procurateur l'ont payée trente mille Ducats; mais ceux qui, après avoir acheté la Noblesse, vouloient encore monter à ce haut degré d'honneur payoient deux fois davantage. Tous les Procurateurs portent la Veste Ducale, c'est-à-dire à grandes manches jusqu'à terre: & suivant le rang de leur ancienneté, ils ont leur demeure dans les superbes Procuraties neuves; mais comme la Bibliothéque de St. Marc, dont ils sont les Maîtres, la Chambre des Archives de la République, dont ils sont les Gardiens, & celle où ils tiennent ordinairement leurs Conseils, trois fois la semaine, occupent une partie de ce grand Bâtiment, il n'y reste du logement que pour six Procurateurs; & la République donne aux autres une médiocre pension jusqu'à ce qu'ils entrent dans les Procuraties.

Les avantages qui sont attachez à la Dignité de Grand-Chancelier égalent en apparence celui qui la possède aux premiers Sénateurs de la République: & même à plusieurs égards ils l'élèvent beaucoup au-dessus; car si l'on en excepte les Conseillers de la Seigneurie & les Procurateurs de St. Marc, il a la préséance sur tous les autres Magistrats. Il porte la Veste Ducale de pourpre, il a le titre d'Excellence; les portes lui sont ouvertes dans tous les Conseils; il tient les Sceaux de la République; il en a le secret; il assiste à la lecture des Dépêches & des Réponses des Ambassadeurs; il est présent à tout ce qui se traite dans le Sénat; il lit dans le Grand-Conseil tout ce qui s'y doit balloter, & il est le Chef des Citadins, comme le Doge est celui de la Noblesse. L'Election du Grand-Chancelier se fait par le Grand-Conseil, & lorsqu'il prend possession de sa Charge, il fait une entrée au Collège, avec un Cortège de plusieurs Procurateurs, d'un grand nombre de Sénateurs & de Nobles, qui, pour faire honneur en cette occasion à l'Ordre des Citadins, n'accompagnent pas seulement chacun un des parens ou des amis du Chancelier; mais encore leur donnent la main; & tant les Nobles que les Citadins qui assistent à cette cérémonie, portent tous la Veste Ducale de pourpre. Afin que rien ne manque à la grandeur extérieure du Chancelier, la République lui fait à sa mort des obséques aux dépens du Public & avec la même pompe qu'au Doge; & s'il y a quelque différence, c'est que la République assiste à ses obséques en Vestes noires pour témoigner le regret qu'elle a de sa perte, au lieu qu'elle porte la Veste Ducale aux funérailles du Doge. Le Grand-Chancelier n'est pourtant qu'un Serviteur honoraire qui entre dans la confidence de ses Supérieurs, qui le payent bien de ses services.

La République a voulu conserver dans l'Ordre extérieur de son Gouvernement une image de la Monarchie, de l'Aristocratie & de la Démocratie, & elle a sû trouver les moyens de jouïr des véritables avantages de ces trois différentes formes de Gouvernement. Elle fait éclater la majesté du Prince Souverain dans la personne du Doge, au nom duquel se font les Ordonnances, les Dépêches & les Négociations. Le Prégadi, qui est le Sénat, représente une parfaite Aristocratie, où les plus sages têtes de la République réglent avec un pouvoir absolu les plus importantes affaires de l'Etat; & le Grand-Conseil qui est l'Assemblée de toute la Noblesse, distribuant la plus grande partie des Dignitez à ceux qui s'en rendent dignes, est la véritable image d'une Démocratie, où les plus puissans sont obligez de briguer les suffrages, & n'ont d'autorité qu'autant qu'il plaît à ce grand Corps, qu'il est presque impossible de gagner & de corrompre.

Une des choses à quoi le Sénat s'est appliqué avec plus de soin, a été d'empêcher que les Princes Etrangers n'eussent aucune connoissance de ses délibérations ni de ses maximes particulières; & comme il eût été plus facile à la Cour de Rome qu'à aucune autre d'en venir à bout, & même de former un parti considérable dans le Sénat par le moyen des Ecclésiastiques, la République ne s'est pas seulement contentée de leur en interdire entiérement l'entrée; elle n'a même jamais souffert que la Jurisdiction Ecclésiastique ordinaire se soit établie dans ses Etats avec la même autorité que la plûpart des Princes lui ont laissé prendre; & elle a exclus tous les Ecclésiastiques, quand même ils seroient nobles Vénitiens de tous les Conseils & de tous les Emplois publics.

L'Eglise de Venise; c'est-à-dire de tout l'Etat de la République réconnoît deux Patriarches, qui sont celui d'Aquilée & celui de Venise. Ce dernier n'étoit autrefois qu'un fort petit Evêque, par rapport à son revenu. Il prenoit le titre d'Evêque de Castel, qui est le Quartier de Venise où est situeé son Eglise. Mais comme depuis le grand accroissement de la République, il naissoit souvent des contestations pour la Jurisdiction, entre cet Evêque & le Patriarche de Grade ou *Grado*, qui étoit Primat de Dalmatie & de Venise, le Sénat demanda au Pape que le Patriarchat & l'Evêché fussent unis en la personne de celui des deux Prélats qui survivroit l'autre. Par ce moyen le Patriarchat de Grade fut dévolu en 1450. à l'Evêque de Castel en la personne de Laurens Justiniani que l'Eglise a canonisé. Ainsi le Patriarche de Venise est Primat de Dalmatie, & d'une partie des Etats de la République en Terre-ferme. Les Evêques de Candie, de Corfou & de quelques Isles voisines sont ses suffragans. Cette Dignité ne peut être possédée que par un Noble Vénitien, & la République s'en est conservée la nomination. Mais il est étonnant qu'un Prélat de ce caractère ait une autorité si bornée sur son Clergé. Les Prêtres & les Religieux déclinent également sa Jurisdiction à la faveur de deux ou trois Magistratures, où les premiers Sénateurs de la République s'attribuant la connoissance de tout ce qui regarde les Ecclésiastiques, réduisent à peu de chose tout le pouvoir du Patriarche; & comme ce Prélat n'a point la nomination des Cures de Venise, ni des autres Bénéfices de son Eglise, à l'exception de deux Dignitez, son crédit n'est pas plus considérable que son autorité.

De tout tems la République avoit soutenu le Patriarche de Grade contre celui d'Aquilée, & avoit tâché d'agrandir la Jurisdiction du premier aux dépens de celle du second; mais depuis que le Patriarchat de Grade a été transféré à Venise, sa Dignité est dans une plus grande considération. Le Patriarchat d'Aquilée est néanmoins le premier & le plus ancien. Depuis que la République trouva le moyen de nommer à ce Patriarchat, elle a sû se perpétuer la possession de ce droit par le pouvoir qu'elle a donné au Patriarche d'élire son Coadjuteur, dès qu'il est monté à cette Dignité, qui de cette sorte ne peut jamais échapper à la République, & à laquelle on n'éleve que des Nobles Vénitiens des premiéres familles. Le Sénat en use ainsi de peur que ce Patriarchat ne retourne à la Nomination de l'Empereur; car comme la plus grande partie du Clergé de tout l'Etat de Venise en dépend, il arriveroit qu'un Patriarche qui ne seroit pas sujet de la République, donneroit lieu à de fâcheux inconvéniens. Voyez AQUILE'E.

Soit que la République ait eu dessein d'ôter aux Ecclésiastiques les moyens d'avoir obligation à d'autres Supérieurs qu'au Sénat, soit qu'elle n'ait eu d'autre vûe que de maintenir l'ancien usage de l'Eglise, elle a laissé l'Election des Curez à la disposition des Paroissiens qui doivent choisir celui des Prêtres habituez de la même Paroisse, qui leur paroît le plus digne. Tous ceux qui possédent des maisons en propre dans l'étendue de la Paroisse, Nobles, Citadins & Artisans, s'assemblent dans l'Eglise dans le terme de trois jours après la mort du Curé, & procédent à l'Election par la pluralité des voix, faute de quoi la République nomme un Curé d'Office.

Quand on connoît l'esprit avec lequel la République se gouverne, on s'étonne d'abord de voir l'Inquisition établie à Venise; mais on cesse de s'étonner quand on fait sous quelles conditions elle y a été reçue. Le St. Office est composé du Nonce du Pape, du Patriarche de Venise, toujours Noble Vénitien, du Pere Inquisiteur, toujours de l'Ordre de St. François, & de deux principaux Sénateurs, qui sont Assistans, & sans la préfence & le consentement desquels toutes les procédures sont nulles, & les Sentences hors d'état d'être mises à éxécution. L'Héréfie expresse est presque la seule matière dont l'Inquisition de Venise ait droit de connoître; car la plûpart des desordres qui suivent l'Hérésie, ou qui peuvent la faire naître ou l'entretenir ont des Juges Séculiers qui preunent connoissance de ces matières. Tous ceux qui font profession d'une autre Religion que de la Catholique ne sont point soumis à l'Inquisition; & depuis le Catalogue des Livres défendus qui fut dressé lorsque la République reçut l'Inquisition, il n'est point permis au St. Office d'en censurer d'autres que ceux que la République elle-même censure. Outre cela, le Sénat entretient deux Docteurs qu'on appelle Consulteurs d'Etat, l'un Religieux & l'autre Séculier, qui sont chargez d'éxaminer les Bulles, les Brefs & les Excommunications qui viennent de Rome, & que l'on ne reçoit jamais que ces deux Docteurs n'ayent assûré qu'ils ne contiennent rien de contraire aux Loix & à la liberté de l'Etat.

Le Collége, le Prégadi & le Grand-Conseil sont les trois principaux ressorts qui font mouvoir toute la machine de l'Etat. Mais comme c'est de la régularité de ce mouvement, qui fait toute la perfection du Gouvernement de la République, qui dépend de la relation qui est entre ces Conseils, il est nécessaire d'en connoître la subordination, l'ordre qu'on suit dans la conduite des plus importantes affaires & l'autorité qu'ils ont chacun en particulier.

Le Collége est le Tribunal où réside toute la Majesté du Prince: les Ambassadeurs y vont à l'Audience; on y lit les Lettres des Affaires étrangers; on y présente toutes les Requêtes; on y plaide les Causes privilégiées; on y juge les procès entre les Parens; on y régle la compétance des Juges; en un mot, le Collége est la porte par où il faut que toutes les affaires du dehors entrent; & c'est où se préparent les matières qui doivent être agitées & réglées au Prégadi qui est le Sénat de la République. Ce Collége est composé du Doge, de ses six Conseillers, des trois Chefs de la Quarantie Criminelle, des six Sages-Grands, des cinq Sages de Terre-ferme, & des cinq Sages des Ordres; en tout vingt-six personnes différentes en âge & en dignité forment une Assemblée qui représente tout le Corps de l'Etat.

Le Sénat qui connoît parfaitement que la liberté de la République est incompatible avec un Prince qui seroit au-dessus des Loix n'y a pas seulement assujetti le Doge, sans aucune réserve, mais il en a encore fait à son égard de particulières, qui l'ont rendu en plusieurs choses inférieur à la condition d'un simple Sénateur, & qui de Prince de la République qu'il étoit autrefois l'ont fait devenir une vaine image & un véritable fantôme de la Majesté dont le Sénat a retenu toute l'autorité. On n'éleve cependant à cette Dignité que des Sénateurs d'un mérite particulier. On choisit ordinairement un des Procurateurs de St. Marc, ou un Sénateur, qui ait servi l'Etat, dans les Ambassades, dans le Commandement de la Flote, ou dans l'exercice des premiers Emplois de la République. Mais comme le Sénat ne le met dans ce haut rang, que pour gouverner en son nom, les plus habiles Sénateurs ne sont pas toujours les plus propres à occuper cette Place. L'âge avancé, l'humeur aisée, & la naissance illustre, sont les trois qualitez auxquelles on s'attache davantage. Le Dogeat est également à charge à la famille & à la personne du Doge. Ses freres, ses enfans & ses petits-fils, ne peuvent avoir aucun Emploi considérable, qui ait rapport au Gouvernement; & s'ils en ont quelqu'un, ou s'ils sont Ambassadeurs, ils doivent s'en démettre aussi-tôt après l'Election. Si le Doge est marié, sa femme n'est point traitée en Princesse, le Sénat n'en ayant point voulu couronner depuis le seizième Siecle, soit pour modérer l'ambition des femmes, soit pour éviter les frais immenses, qui se firent au Couronnement de la derniére Princesse, femme du Doge Marin Grimani. Toutes ces circonstances, jointes à la grande sujettion dans laquelle il faut que les Doges vivent, n'empêchent pas les familles qui n'ont encore point donné de Doge à la République de faire leur possible pour arriver à cet honneur, afin de se mettre en plus grande considération; outre qu'elles espérent quelquefois de mieux établir leur fortune, par le bien qu'on peut amasser si le Doge est assez heureux pour vivre long-tems dans cette Dignité. Le Doge préside à tous les Conseils; mais il n'est reconnu Prince de la République qu'à la tête du Sénat, dans les Tribunaux où il assiste & dans le Palais Ducal de St. Marc. Hors delà il a beaucoup moins d'autorité qu'un particulier, puisqu'il n'oseroit se mêler d'aucune affaire. Quelques-uns ont écrit qu'il étoit permis de le tuer, ou de lui faire insulte, si on le trouvoit hors de la Ville; & qu'il n'avoit pas la permission de sortir de son Palais. Il est vrai qu'il y a eu autrefois à ce sujet de très-sévéres Réglemens; mais les choses ne vont pas jusqu'à ces extrémitez. Il ne quitte pas néanmoins la Ville sans en demander une espéce de permission à ses Conseillers. Lorsqu'il sort de la Ville il ne porte aucune marque extérieure qui le puisse faire distinguer des autres Nobles. Il va vêtu de gris, en Juste-au-corps, avec l'épée; & si quelque Noble le rencontre il ne fait pas semblant de le reconnoître pour ne lui pas rendre les respects qui ne lui sont dus que lorsqu'il est avec la République. Quand il va par la Ville en visites particuliéres, il n'a, comme les autres Nobles, que deux Gondoliers, avec un Valet de chambre; & sa Gondole n'est reconnoissable que par un Tapis & deux carreaux de Satin cramoisi, qui sont sur le dossier; mais bien-loin de faire paroître cette légére marque de sa Dignité, les Gondoliers la cachent presque toute avec les rideaux noirs de la Gondole. Il est vêtu dans ces occasions comme les Conseillers, c'est-à-dire de pourpre; mais il porte un Bonnet de Général de la même couleur que la Veste. Ce Bonnet est rond, fait de carte en dedans & n'a que quatre doigts de haut; & la partie supérieure plate, comme une grande assiette, a le double plus de circonférence que l'entrée de la tête. On donne au Doge le titre de Sérénité; mais pour lui faire sentir que cette qualité n'est pas attachée à sa personne, les Ambassadeurs ne laissent pas en son absence d'user des mêmes termes lorsqu'ils parlent au Collége, & ne prononcent guére le mot de Votre Sérénité, sans y joindre celui de Vos Excellences. Quoique les Dépêches se fassent au nom du Prince, & que toutes les Réponses des Ambassadeurs lui soient adressées, il peut cependant les ouvrir, & néanmoins on peut les ouvrir & même y répondre sans lui. Pour le faire ressouvenir qu'il ne fait que prêter son nom au Sénat, on ne délibére & l'on ne prend aucune résolution sur les propositions que les Ambassadeurs & les autres Ministres vont faire au Collége, qu'il ne se soit retiré avec ses Conseillers. On examine alors la chose, on prend les avis des Sages & l'on dresse la délibération par écrit pour être portée à la premiére Assemblée du Sénat, où le Doge se trouvant avec ses Conseillers, n'a, comme les autres Sénateurs, que sa voix pour approuver ou désapprouver les résolutions qu'on a prises en son absence. La Monnoie de Venise porte le nom du Doge; mais elle n'est pas battue à son coin, comme elle l'étoit lorsqu'il avoit un pouvoir absolu dans le Gouvernement. La République lui donne quatorze mille Ducats d'appointement pour l'entretien de sa Maison & pour les frais qu'il fait à traiter quatre fois l'année les Ambassadeurs, la Segneurie & tous les Sénateurs qui assistent aux fonctions de ce jour-là. Le train ordinaire du Doge consiste en deux Valets de chambre, quatre Gondoliers & quelques autres Serviteurs. La République paye tous les autres Officiers qui ne le servent que dans les cérémonies publiques. Il peut vendre les Charges de Commandeurs du Palais, qui sont les Huissiers de la Justice, & celles des Ecuyers, qui sont au nombre de vingt-cinq. C'est en cela & dans la collation de tous les Bénéfices de St. Marc que consistent ses principales prérogatives. Comme la République n'a pas seulement revêtu son Prince de toutes les apparences d'une Dignité souveraine; mais qu'elle lui a encore fait accorder par les Papes & par les Rois les véritables prérogatives de la Majesté Royale & la préséance au-dessus des autres Princes, il est surprenant qu'elle l'ait abaissé au rang des autres Princes d'Italie à l'égard des Cardinaux; car lorsqu'un Cardinal vient à l'audience, il s'assied à la droite du Doge, dans sa propre Chaise qu'on élargit exprès en ces rencontres-là; & dans une visite particuliére, le Doge va recevoir le Cardinal à sa Gondole. Ces visites particuliéres, & celles que les Ambassadeurs font quelquefois au Doge dans des occasions extraordinaires, ne se font qu'avec la permission du Sénat; car le Doge n'est pas maître de recevoir qui il lui plaît. Il vit chez lui d'une maniére si retirée, qu'on peut dire que la solitude & la dépendance sont les qualitez les plus essentielles à sa condition: aussi ces visites ne plaisent-elles pas beaucoup au Sénat, qui n'en accorde la permission que lorsqu'il manque de prétexte honnête pour le refuser. Avant que de procéder à l'Election d'un nouveau Doge, on rend les derniers devoirs au défunt avec toute la pompe digne du rang qu'il

VEN. VEN.

qu'il a tenu pendant sa vie. On embaume son Corps & on l'expose trois jours durant dans une Sale sur un lit de drap d'or, avec l'Epée & les Eperons, que par un usage assez singulier on lui met à la renverse. Le tems de cette exposition n'est pas seulement pour donner lieu au Peuple d'aller rendre les derniers devoirs à leur Prince, mais il est particuliérement destiné à recevoir les plaintes qu'on pourroit faire contre sa conduite & contre son administration, & pour donner le tems à ses Créanciers de demander leur payement auquel l'on oblige ses héritiers de satisfaire incessamment, sans quoi il seroit privé des honneurs funèbres qui se font aux dépens de la République. La premiére chose que l'on fait après la mort du Doge, c'est d'élire trois Inquisiteurs, pour rechercher sa conduite, pour écouter toutes les plaintes qu'on peut faire contre sa maniére de vivre, & pour faire justice sur les moindres choses aux dépens de sa succession. Les Obséques du Doge ne sont pas plutôt finies que toute la Noblesse au-dessus de trente ans s'assemble dans le Grand-Conseil, où l'on élit cinq Correcteurs, qui doivent corriger les promesses du Doge; c'est-à-dire les Statuts, dont il doit jurer solemnellement l'observation. Le sort & le mérite concourent également dans le choix que l'on fait du Prince. Par un long circuit de ballotations & d'elections réciproques on rompt l'effet que les brigues auroient sans cela; & on laisse jouir les Familles de la satisfaction qu'elles trouvent à contribuer presque toutes à l'Election du Prince; car tous les Nobles qui sont au Grand-Conseil tirent chacun une balle d'une Urne où il y en a trente qui sont dorées: ceux qui ont les balles dorées sont réduits à neuf par le sort. Ces neuf élisent quarante, que le sort réduit à douze; ces douze en nomment vingt-cinq qui par le sort reviennent à neuf; ces neuf choisissent quarante-cinq Nobles, dont on en tire onze au sort, qui nomment les quarante & un véritables Electeurs du Doge. Après que ces Electeurs ont tous été approuvez dans le Grand-Conseil, ils s'enferment dans le Palais de St. Marc, d'où ils ne sortent point qu'ils n'ayent élu le Doge; & quoique pour l'ordinaire cette Election ne tire pas en longueur, les Electeurs ont été néanmoins quelquefois cinq ou six mois sans pouvoir s'accorder, à cause que des quarante & une voix il en faut avoir vingt-cinq pour être fait Doge. Pendant tout le tems que les Electeurs sont enfermez, ils sont gardez soigneusement & traitez à peu près de la même maniére que les Cardinaux dans le Conclave. Le Doge, après son élection & après avoir prêté serment & juré l'observation des Statuts, se fait voir au Peuple. Mais comme la République ne lui laisse jamais goûter une joie toute pure, sans y mêler de quelque amertume qui lui fasse ressentir le poids de la servitude à laquelle sa condition l'engage, on le fait passer en descendant par la Sale où son Corps doit être exposé après sa mort. C'est-là qu'il reçoit par la bouche du Grand-Chancelier les complimens sur son exaltation. Le Doge monte ensuite dans une Machine qu'on appelle le Puits, & qui est conservée dans l'Arsenal pour cette cérémonie. Elle a effectivement la figure extérieure d'un Puits soutenu sur un Brancart, qui est d'une longueur extraordinaire & dont les deux bras se joignent ensemble. Environ deux cens hommes portent cette Machine sur leurs épaules. Le Doge est assis dans cette espèce de Puits avec un de ses enfans, ou de ses plus proches parens tout debout derriére lui: il a deux Bassins remplis de Monnoie d'or & d'argent battue tout exprès pour cette cérémonie, avec telle figure & telle inscription qu'il lui plaît; & il la jette au Peuple pendant qu'on le porte ainsi autour de la Place de St. Marc.

Comme la Dignité de Conseiller du Prince apporte plus d'honneur qu'elle ne donne de part aux affaires importantes, ce ne sont pas pour l'ordinaire les meilleures têtes de la République qui occupent ces postes; mais on éleve toujours à ce rang de vieux Sénateurs de la premiére Noblesse. Ils sont un an Conseillers, & n'assistent que huit mois au Collége: pendant les autres quatre mois ils présiden à la Quarantie Criminelle, & même que les trois Chefs de cette Chambre ont séance au Collége pendant deux mois. Le Doge, les six Conseillers, avec les trois Chefs de la Quarantie Criminelle, qu'on appelle Vice-Conseillers, représentent la Seigneurie & jugent les causes privilégiées qui se plaident au Collége. Il y a autant de Conseillers qu'il y a de Quartiers dans la Ville; & un Noble qui demeure dans un Quartier ne peut pas être Conseiller dans un autre, chaque Conseiller étant le Chef de son Quartier. Quoiqu'on ne les appelle que Conseillers du Doge, ils sont véritablement Conseillers de la Seigneurie: aussi ont-ils plus de crédit que le Doge, puisqu'ils peuvent faire sans lui tout ce qu'il ne peut faire qu'avec eux. Ils sont vêtus de rouge avec la Veste Ducale à manches durant le tems qu'ils sont en charge; & les Chefs de la Quarantie Criminelle ne portent que la Veste violette de la maniére ordinaire à manches étroites. On fait choix des meilleurs Sujets de la République pour remplir les places des six Sages-Grands; car comme ils doivent manier les plus grandes affaires de l'Etat, ils doivent aussi avoir acquis une prudence consommée & une parfaite connoissance des interêts de la République. Ces six Nobles sont la partie intellectuelle de l'Ame de l'Etat: aussi les Procurateurs de St. Marc se font-ils honneur d'occuper ces postes; & en effet les Sages-Grands sont les Maîtres du Gouvernement durant les six mois qu'ils sont en charge. Ce sont ceux qui consultent toutes les matiéres qui doivent être agitées au Prégadi. C'est aussi le Sénat qui les élit; mais comme on ne change que trois Conseillers du Doge à la fois, on ne change aussi que trois Sages-Grands tous les six mois, afin de ne pas remplir ces places importantes de six Sujets nouveaux. Ils portent la Veste Ducale de Drap violet, & la République n'envoye point d'Ambassadeur à l'Empereur, au Pape, ni au Grand Seigneur, qu'il n'ait eu, ou qu'elle ne lui don-

P 3

donne la qualité de Sage-Grand. Comme les six Sages-Grands roulent par Semaine pendant leurs six mois, on peut dire que le Sage de Semaine est le Chef de la République; car c'est lui qui reçoit tous les Mémoires & toutes les Requêtes; c'est lui qui propose les affaires au Prégadi, où son sentiment donne ordinairement le branle aux résolutions du Sénat.

Les Sages de Terre-ferme n'ont guère moins d'autorité dans le Collége que les Sages-Grands. Ils portent la Veste Ducale violette: ils sont traitez d'Excellence, & la République donne la qualité de Sages de Terre-ferme, à tous les Ambassadeurs qu'elle envoye aux Rois & aux Princes Souverains. Ces Sages ne sont que six mois en charge. Le premier est le Sage de l'Ecriture, & c'est proprement le Secrétaire d'Etat pour la Guerre: les Officiers & les Soldats dépendent absolument de lui, il peut les casser & les condamner même à la mort sans appel, étant Juge des uns & des autres dans toute l'étendue des Terres de la République. Le second Sage est le Caissier ou le Tresorier des Guerres: il ordonne le Payement des Troupes, des Officiers & des Pensionnaires de l'Etat. Le troisième Sage est le Sage des Ordonnances; il a la direction des Milices de Terre-ferme. Les deux autres Sages ne sont que pour suppléer au défaut des précédens, si par indisposition ou par quelque autre cause, ils ne pouvoient vaquer à leurs Emplois. C'est le Prégadi, qui élit les cinq Sages de Terre-ferme, qui n'ont point de voix délibérative dans l'Assemblée du Sénat, où ils assistent & où on agite les mêmes matières qu'ils ont déja examinées & digérées au Collége dans leurs Consultations.

La République a su se faire une pépinière de grands Hommes en établissant les cinq Sages des Ordres, ou Petits Sages. C'est comme une Magistrature sans Jurisdiction & qui devient une excellente Ecole pour la Jeunesse, qui s'instruit par-là dans les affaires, & se rend capable d'exercer les premières Charges de l'Etat. Les places de Petits Sages sont destinées aux jeunes Nobles d'ancienne origine, qui commencent à donner des marques de prudence par une conduite plus sage ou moins déréglée que celle de la plûpart de la Jeunesse de Venise, qui vit dans un grand libertinage. Pendant les six mois qu'ils sont en charge, ils ont part au Secret de l'Etat, puisqu'ils assistent aux Consultations du Collége & qu'ils entrent au Sénat. Ils n'ont à la verité voix délibérative ni dans l'une ni dans l'autre de ces Assemblées, mais ils peuvent dire leur avis à la Consultation des Sages-Grands, en parlant debout & découverts; & afin que rien ne manque à leur instruction la Chambre Secrette où se conservent toutes les Dépêches importantes des Ambassadeurs, & tous les Regîtres des affaires de l'Etat, leur est ouverte quand il leur plait.

Toute l'autorité de la République réside dans le Prégadi, ou Sénat. On y prend les résolutions de la Paix ou de la Guerre, des Ligues & des Alliances: on y élit les Capitaines Généraux, les Provéditeurs des Armées & tous les Officiers qui ont un Commandement considérable dans les Troupes: on y nomme les Ambassadeurs: on y régle les Impositions; on y élit tous ceux qui composent le Collége. On y examine les Résolutions que les Sages prennent dans les Consultations du Collége sur lesquelles le Sénat se détermine à la pluralité des voix de ceux qui ont droit d'opiner dans cette Assemblée qui est l'Ame de l'Etat, & par conséquent le principe de toutes les Actions du la République. L'origine du nom de Prégadi vient de ce qu'autrefois le Sénat ne s'assemblant que dans des occasions extraordinaires, on alloit prier les principaux Citoyens de s'y trouver, lorsque quelque affaire importante méritoit qu'on prît leur avis. Aujourd'hui le Sénat s'assemble les Mercredis & les Samedis; mais le Sage de Semaine peut faire tenir extraordinairement le Prégadi, lorsque les affaires qu'on y doit porter demandent une prompte déliberation du Sénat. Le Prégadi fut composé de soixante Sénateurs dans sa première Institution c'est ce qu'on appelle le Prégadi ordinaire. Mais comme on étoit obligé d'en joindre souvent plusieurs autres dans les affaires importantes, on en créa encore soixante, ce qu'on appelle *la Giunta*. Ces six-vingts places sont toujours remplies par des Nobles, d'un âge avancé, d'un mérite connu & de la première Noblesse. Tous les Membres du Collége, ceux du Conseil des Dix, les quarante Juges de la Quarantie Criminelle, & tous les Procurateurs de St. Marc entrent aussi au Prégadi, avec la plus grande partie des Magistrats de la Ville; de sorte que l'Assemblée du Sénat est d'environ deux cens quatre-vingt Nobles, dont une partie a voix délibérative, & le reste n'y est que pour écouter & pour se former aux affaires. Le Doge, les Conseillers de la Seigneurie & les Sages-Grands sont les seuls dont les avis peuvent être ballotez, pour éviter la confusion qui naîtroit de la diversité des sentimens dans une si grande Assemblée, où les avis ne peuvent passer qu'ils n'ayent la moitié des voix. Cependant ceux qui n'ont pas le droit de suffrage peuvent haranguer pour approuver ou pour contredire les opinions que l'on propose. Comme les six-vingts Sénateurs ordinaires & extraordinaires sont tous les ans ballotez au Grand-Conseil pour être changez ou continuez, comme il plait à cette Assemblée, cela fait que le désir qu'ils ont tous d'être maintenus dans ce rang, qui leur donne un si grand crédit, & la crainte d'en être privez par le Grand-Conseil qui n'épargne jamais personne, les attachent inviolablement au devoir de leur Emploi & les empêchent d'user mal de leur autorité.

Toute l'autorité de la République est partagée entre le Sénat & le Grand-Conseil, & si le premier régle souverainement les affaires d'Etat, le second dispose absolument de toutes les Magistratures dont dépend l'ordre du Gouvernement. Il a droit de faire de nouvelles Loix, d'élire les Sénateurs, de confirmer les Elections du Sénat, de nommer à toutes les Charges, de créer les Procurateurs de St.

St. Marc, les Podestats, les Gouverneurs & les Commandans qu'on envoye dans les Provinces. Enfin le Grand-Conseil corrige toutes les erreurs publiques, & redresse les fausses démarches des Particuliers qui n'usent pas de leur autorité au gré de la Noblesse ; de sorte que comme le Grand-Conseil est l'Assemblée générale des Nobles, il est aussi le Tribunal, la base & le soutien de la République. Tous les Nobles Vénitiens qui ont vingt-cinq ans, & qui ont pris la Veste entrent au Grand-Conseil avec le droit de la ballote, c'est-à-dire du Suffrage. Cependant pour gratifier une partie de la jeune Noblesse, qui a atteint l'âge de vingt ans, on en tire tous les ans trente au sort, qui ont le même privilège que ceux de vingt-cinq ans, & comme cette cérémonie se fait le jour de Sainte Barbe, on appelle *Barbarini* les trente que le sort favorise entre tous ceux dont les noms sont mis dans l'Urne. La République a souvent fait servir ce privilège de récompense pour les enfans des Nobles, qui avoient rendu des services importans à l'Etat ; & pendant la guerre elle a vendu pour deux cens Ducats la dispense d'âge. Le Grand-Conseil s'assemble les Dimanches & les Fêtes, excepté les jours de la Ste. Vierge & de St. Marc. Pendant l'Eté c'est depuis les huit heures du matin jusqu'à Midi ; & en Hyver depuis Midi jusqu'au coucher du Soleil, n'étant pas permis de finir après ce tems-là aucune affaire dans le Grand-Conseil ; & celles mêmes qui se trouvent commencées, sans pouvoir être terminées, sont reballotées dans la Séance suivante, comme si l'on n'en avoit point parlé. Cette Assemblée se tient dans la plus grande Salle du Palais, qui a dans le fond une espèce de Trône, où le Doge & les Conseillers de la Seigneurie prennent leurs places : les Chefs du Conseil des Dix, les Avogadors, & les Censeurs sont assis autour de la Salle sur des bancs élevez, parce que c'est à eux à prendre garde que les Nobles ne fassent rien contre les Statuts. Les plus grandes Assemblées du Grand-Conseil ne sont ordinairement que de six cens Nobles ; mais il y en a environ un pareil nombre, qui sont ou employez dans les Provinces, ou qui pour d'autres raisons ne se trouvent pas au Conseil. Comme les Sages peuvent assembler extraordinairement le Sénat, de même les Conseillers de la Seigneurie sont Maîtres de convoquer le Grand-Conseil toutes les fois que la multitude des Emplois à distribuer, ou quelque affaire pressante le demandent. On sonne pour cet effet une Cloche qui s'appelle *la Trotière*, à laquelle répondent celles des principaux Clochers des autres cinq Quartiers de la Ville ; & à ce signal la Noblesse ne manque point de se rendre au Grand-Conseil, où il est défendu de porter des armes sous peine de la vie, ou d'être jetté par les fenêtres. Pour la sûreté de cette Assemblée, contre laquelle on a fait autrefois plusieurs conspirations, qui tendoient à faire périr toute la Noblesse d'un seul coup, on met des Gardes aux principales entrées du Palais & on tient les autres fermées. On se sert pour cet effet de la Maîtrise de l'Arsenal ; & comme ce Conseil ne se tient que les jours de Fête, afin que tous les Magistrats de la Ville s'y puissent trouver, les ouvrages de l'Arsenal n'en sont point retardez. Toute cette Milice est sous le commandement de quelques Procurateurs de St. Marc, qui ne vont point au Grand-Conseil étant comme au-dessus des Magistratures qu'on y distribue. Les Procurateurs qui sont de garde se tiennent dans une très-magnifique loge, bâtie pour ce sujet au pied du Clocher de St. Marc, vis-à-vis de la grande Porte du Palais. Elle est toute de Marbre, enrichie de fort belles Statues & d'excellens Bas-reliefs de Bronze, qui sont du Sansouin ; aussi-bien que que l'Architecture de ce Bâtiment, qui a un Parvis élevé de quelques marches & fermé d'une Balustrade de Marbre & qui sert de Corps de garde au Palais.

Le Conseil des Dix prend connoissance des affaires criminelles qui arrivent entre les Nobles, tant dans la Ville que dans le reste de l'Etat : il juge les crimes de leze-majesté publique, il a droit d'examiner la conduite de tous les Podestats, Commandans & Officiers qui gouvernent les Provinces & de recevoir les plaintes que les Sujets pourroient faire contre eux. Il a soin de la tranquilité publique ; ce qui fait que ce Tribunal est le Maître de toutes les Fêtes & de tous les divertissemens publics, les permettant & les défendant selon qu'il le juge à propos. Il procéde contre ceux qui font profession de quelque Secte particulière, contre les Sodomites, contre les Faux-Monoyeurs ; en un mot, il a une Jurisdiction si étendue que son autorité est également redoutable aux Nobles & aux simples Sujets de la République. Il fut créé pour la première fois en 1310 pour redonner à la Ville la tranquilité & la sûreté qu'elle avoit perdue après l'entreprise de Bayamonte Tiepolo pour s'opposer aux changemens que le Doge Pierre Gradenigue avoit introduits dans le Gouvernement. Mais comme on s'apperçut que ce Tribunal avoit produit des effets très-avantageux pour l'établissement du nouveau Gouvernement, il fut rétabli en plusieurs rencontres ; & enfin il fut confirmé pour toujours vingt-cinq ans après sa première création. Le Doge entre dans ce Conseil avec ses six Conseillers, & il y préside ; mais les dix Sénateurs qui le composent n'ont pas moins de pouvoir sans le Doge que lorsqu'il est présent avec ses six Conseillers. Ils doivent être tous de dix différentes Familles, & sont élus tous les ans par le Grand-Conseil ; mais ils élisent trois de leur Corps pour en être les Chefs, & ils se changent tous les trois mois pendant lesquels ces Chefs roulent par Semaine. Celui qui est de Semaine reçoit les Mémoires, les accusations, les rapports des Espions, & les communique à ses Collègues, qui sur les dépositions des témoins & sur les réponses des Accusez, qu'ils tiennent dans de rudes cachots, font le procès aux coupables, à qui il n'est pas permis de se défendre, ni par eux-mêmes, ni par Avocat.

Le Tribunal des Inquisiteurs d'Etat est encore plus formidable. Il n'est composé que

que de trois Membres, qui sont deux Sénateurs du Conseil des Dix & un des Conseillers du Doge. Ces trois Seigneurs ont un pouvoir absolu sur la vie du Doge, & sur celle des Nobles, des Etrangers & de tous les Sujets de la République, sans être tenus d'en rendre compte à qui que ce soit, ni d'en communiquer avec le Conseil des Dix, s'ils se trouvent tous trois de même avis. Les exécutions de ce Tribunal ne sont pas moins secrettes que leurs Jugemens, à moins qu'il ne s'agisse d'un crime public; car pour ne pas donner lieu de crier contre une si grande sévérité, qui punit quelquefois de mort une parole qui aura échappé à un misérable contre un si rigoureux Gouvernement, on envoye la nuit noyer le coupable sans autre formalité que la confrontation de deux témoins s'il y en a, ou bien sur le rapport des Espions dont la Ville est remplie. Comme une pareille procédure a donné lieu quelquefois à de fâcheux inconvéniens, il a été ordonné que les Inquisiteurs d'Etat ne pourront plus faire mourir un Noble Vénitien, sans l'entendre pour sa justification.

On appelle à Venise *Avocadors* deux Magistrats dont la fonction a quelque chose de semblable à celle des Avocats & des Procureurs Généraux. Comme ils instruisent les Procès & qu'ils plaident contre les Criminels pour l'observation des Loix, on les appelle Avocats de la Commune, *Avogadors del Commun*; mais ils ont de plus une Jurisdiction particulière, jugeant les procès qui naissent entre les Sujets pour des coups donnez, pour des enlèvemens de filles, pour des injures qui font tort à la réputation; mais ils portent les affaires de conséquence aux Tribunaux qui en doivent connoître. La plus grande autorité de ces deux Magistrats consiste au pouvoir qu'ils ont de suspendre pour trois jours les jugemens de tous les Tribunaux, du Collége, du Grand-Conseil, du Conseil des Dix & même des Inquisiteurs d'Etat, lorsqu'il ne s'agit point d'un crime positif; mais seulement de l'exécution des Ordonnances qu'ils peuvent faire sur la matière d'Etat. Mais ils sont obligez de dire dans trois jours les raisons de leur interposition. Ils portent la Veste Ducale violette, avec l'étolle rouge dans leurs fonctions ordinaires; mais dans le Grand-Conseil, dont les Délibérations seroient nulles s'il n'y assistoit un des Avogadors, ils portent la Veste de pourpre.

Quoiqu'il y ait trois Quaranties, c'est-à-dire trois Chambres composées de quarante Juges chacune, il suffit de parler de la Quarantie Criminelle, qui est le Tribunal le plus considérable de la République, après ceux où l'on traite des affaires d'Etat. Il est même le plus ancien de tous; & l'on ignore son origine. Avant la création des deux Quaranties, la Vieille & la Nouvelle, cette Chambre jugeoit les affaires Civiles comme les Criminelles; & avant que le Conseil des Dix fût établi, elle prenoit aussi connoissance des Crimes d'Etat, & de tous ceux de la Noblesse; mais quoique la Jurisdiction de ce Tribunal ait été considérablement diminuée, cela n'empêche pas qu'il ne soit encore en grande considération, parce que les quarante Juges, dont il est composé, entrent au Sénat avec voix délibérative, & que les trois Chefs, qui en sont les Présidens, ont Séance au Collége pendant les deux derniers mois qu'ils sont en charge. Le Doge avec les six Conseillers de la Seigneurie présidoit autrefois à la Quarantie Criminelle; mais on s'est contenté d'y faire présider trois des Conseillers de la Seigneurie pendant les quatre derniers mois de leur année, afin de faire toujours voir le rapport que le Collége & la Quarantie Criminelle ont ensemble. C'est à cette Chambre que les Avogadors font souvent, par leur interposition, renvoyer les décisions du Collége, du Sénat & des autres Conseils Souverains, touchant les affaires Civiles & Criminelles des Particuliers, pour y être de nouveau examinées & même quelquefois cassées & annullées.

Pour prévenir les desordres du Luxe, la République a établi trois Magistrats des Pompes, appellez *Sopra-Proveditori alle Pompe*. Ce sont des Sénateurs du premier ordre qui par des Ordonnances très-sévéres, ont réglé la Table, le train & les habits de la Noblesse Vénitienne.

La République prend aussi une entière connoissance des affaires générales & particulières des Religieux & des Religieuses. Elle a établi à cet effet trois Magistrats choisis dans le Corps des Sénateurs & qui ont une autorité fort étendue pour maintenir l'ordre & la paix dans les Couvens, pour empêcher que les Religieuses n'entretiennent un trop grand commerce avec les Séculiers. Ils peuvent ordonner tout ce qu'ils jugent nécessaire à cet égard. Il est défendu entr'autres aux Religieux & aux Ecclésiastiques, d'aller aux Parloirs des Religieuses, sans la permission expresse d'un de ces Magistrats. Pour veiller à l'exécution de toutes les Ordonnances qui sont faites touchant la Discipline extérieure des Couvens de Filles, ces trois Magistrats ont un Capitaine de Sbirres qui visite les Parloirs, & quantité d'Espions gagez qui leur rapportent quelles sont les personnes qui ont de trop grandes habitudes aux Couvens. Mais la jeune Noblesse Vénitienne qui fait un de ses plus grands divertissemens du commerce qu'elle entretient avec les Religieuses, tient ce Capitaine & ses Espions dans une telle crainte, que leur rapport ne peut tomber que sur des personnes de peu de considération; outre que cette rigueur apparente est plutôt pour faire ostentation d'un Gouvernement exact, & pour empêcher les Supérieurs Ecclésiastiques de s'en mêler, que pour guérir un mal qui ne leur paroît pas moins nécessaire, que peu capable de remede.

Les Etats que la République possède en Terre-ferme & au delà de la Mer Adriatique sont administrez en la manière suivante. Elle envoye deux Nobles, l'un avec la qualité de Podestat, & l'autre avec le titre de Capitaine des Armes dans les plus considérables Villes de Terre-ferme, & ces deux Officiers qui représentent également la Majesté publique, le premier étant pour adminiftrer la Juftice aux Sujets, & le fecond pour commander aux gens de guerre, & les tenir dans le devoir; font toujours des Nobles du premier ou du fecond ordre. Il arrive fouvent des démêlez entre le Podeftat & le Capitaine touchant leur Jurifdiction; mais ils font obligez d'en rendre compte au Sénat fans rien entreprendre. Cependant le Podeftat a la préféance dans les fonctions publiques où ils font obligez de fe trouver enfemble; aufli eft-ce fur le Podeftat que roule le poids des plus importantes affaires; car il a la connoiffance des caufes Civiles & Criminelles & de tout ce qui regarde la Police, la paix & le repos des Peuples. Le Capitaine des armes, outre le commandement fur les Soldats & fur tous les gens de guerre qui font dans l'étendue de fa Jurifdiction; prend aufli connoiffance des crimes qui fe commettent de nuit, & a le foin du payement des deniers publics, par le moyen des Receveurs qui lui en rendent compte. Les Villes de Padoue, de Vicence, de Verone, de Breffe, de Bergame, de Crême & de Trevife, comme Capitales des Provinces, ont chacune un Podeftat & un Capitaine des armes. Dans les autres Villes moins importantes, ces deux Charges font unies en la perfonne du Podeftat. Les emplois des uns & des autres durent feize mois, & les gages que la République donne à ces Officiers ne font que depuis dix jufqu'à quarante ducats par mois. C'eft pour cela qu'elle envoye dans les grandes Villes des Nobles fort riches, afin qu'ils puiffent faire une dépenfe qui faffe honneur à leur Dignité; & dans les petites Podeftaries elle envoye des Nobles pauvres qui n'étant obligez de faire aucuns fraix trouvent de quoi fubfifter honnêtement. La République envoye un Noble du premier rang dans la Province de Frioul, avec le titre de Provéditeur-Général de Palma-Nova. A Udine qui eft le lieu de la réfidence du Patriarche d'Aquilée, il y a un Lieutenant & quelques fubalternes. Dans l'Iftrie dont Capo d'Iftria eft la Capitale, il y a quatre Villes Epifcopales & cinq moins confidérables, qui ont toutes leur Podeftat. Les Magiftratures du Frioul & de l'Iftrie durent deux années, comme celles de la Dalmatie & des Ifles du Levant; parce qu'elles font trop éloignées pour les renouveller plus fouvent. La République donne le titre de Provéditeurs, de Comtes, de Gouverneurs, de Capitaines, ou de Châtelains aux Nobles qu'elle envoye dans les Villes de Dalmatie pour y adminiftrer la Juftice. Les Magiftrats des principales, comme font les Comtes de Zara & de Spalatro; qui font deux Archevêchez, font affiftez d'un Confeil de trois Nobles Vénitiens, fans lefquels ils ne peuvent rien déterminer; mais ces Officiers obéiffent au Provéditeur-Général de la Province qui a un commandement abfolu dans les affaires de la Paix comme dans celles de la Guerre. Les Troupes que la République entretient dans cette Province qui confine aux Etats du Grand-Seigneur, font néanmoins fous le commandement d'un Général Etranger, qui ne peut pourtant rien entreprendre que par l'ordre du Provéditeur-Général. Les Ifles de Corfou, de Zante & de Céphalonie font gouvernées chacune par un Provéditeur, affifté d'un Confeil de trois Nobles Vénitiens. Il y a outre cela un Général de ces trois Ifles auquel les Provéditeurs particuliers obéiffent de même que les Magiftrats des Villes de Dalmatie font foumis au Provéditeur-Général de cette Province.

La République envoye ordinairement tous les cinq ans tenir les Grands-Jours dans les Provinces; & elle choifit pour cet effet trois des premiers Sénateurs auxquels elle donne le nom d'Inquifiteurs de Terre-ferme pour les diftinguer des Inquifiteurs d'Etat. Mais comme cette Commiffion n'eft pas agréable, on ne l'accepte que parce qu'on n'ofe la refufer. Ces Inquifiteurs font chargez de rechercher l'adminiftration des Podeftats, des Capitaines & des autres Officiers publics; d'écouter les plaintes que les Sujets font contre eux, & de leur rendre juftice par rapport aux torts qu'ils ont pu fouffrir. Mais fi l'on en excepte la concuffion, & la malverfation touchant les deniers publics, les Nobles Vénitiens n'ont guères à craindre le châtiment que meriteroit une adminiftration peu réguliére. Ces Inquifiteurs marchent avec une Compagnie de Cavalerie, des Officiers & un Bourreau, afin qu'ayant l'autorité & la force en main ils puiffent rendre une prompte & rigoureufe juftice. Mais quelque bruit que faffent ces Inquifiteurs, c'eft une tempête qui ne tombe le plus fouvent que fur quelque miférable, ou fur quelque Gentilhomme de Terre-ferme. Cette Nobleffe ayant plus à craindre dans ces occafions que qui que ce foit, parce qu'on en fait volontiers des exemples. Au refte cette févérité contient les Magiftrats dans leur devoir, fait vivre la Nobleffe de la Campagne dans la crainte & dans la foumiffion, & perfuade les Peuples de la douceur & de l'équité du Gouvernement. Ce feroit au-delà de la Mer Adriatique, dans les Gouvernemens de Dalmatie & dans les Ifles du Levant, qu'une pareille recherche produiroit des effets falutaires pour le bien des Peuples, mais lorfqu'on y a voulu envoyer les Inquifiteurs, on n'a pas feulement trouvé de la difficulté à y procéder comme en Terre-ferme contre les Magiftrats; les Inquifiteurs mêmes n'ont pas cru qu'il y eût de la fûreté pour leurs perfonnes, s'ils entreprenoient d'exécuter leur Commiffion avec la févérité ordinaire; de forte qu'il ne fe trouve prefque plus de Sénateurs qui veuillent aller exercer ces fortes d'emplois au-delà de la Mer.

L'Etat de la République de Venife fe partage en quatorze Provinces, dont on en trouve fix vers le Midi d'Orient en Occident; favoir le Dogado, le Padouan, le Vicentin, le Veronois, le Breffan & le Bergamafc. Le Cremafque eft au Midi du Breffan, & la Polefine de Rovigo eft au Sud du Vicentin. Les quatre fuivantes font à fon Nord du Midi au Septentrion; favoir la Marche Trevifane, le Feltrin, le Bellunefe & le Cadorin. A l'Orient de celle-ci font le Frioul qui lui eft contigu, & l'Iftrie fur le Golphe de Venife, prefque vis-à-vis le Ferrarois.

Q Le

Le Dogado, ou Duché de Venise, s'étend en long depuis l'Embouchure du Lisonzo, jusqu'à celle de l'Adige, & comprend les Isles des Lagunes de Venise, de Maran & tout le quartier qui est vers la Côte du Golphe depuis Carvazere, jusqu'à Grado, & plusieurs Isles qui sont aux environs de la Capitale. Les principales sont au nombre de neuf, dont les cinq premières se trouvent au Nord & au Nord-Est de Venise; les quatre autres sont vers le Midi. Leur nom est

Lido,	Grado,
Murano,	Malamocco,
Torcello,	Chiosa,
Caorle,	Brodolo
	Loredo.

Les principaux Lieux du Dogado sont

Venise,	Malamocho, ou
Lido,	Malamocco,
Murano,	Brondolo
Torcello,	Loredo, ou Loreo,
Caorle,	Fusine,
Grado,	Marghera,
Chiosa, ou Chiozza,	Mastre.

VENITTA-VILLA, Lieu de France, dans le Territoire de Beauvais, sur l'Oise. Il en est parlé dans la Vie de St. Ansebert citée par Ortelius [a].

a Thesaur.

VENKIANG, Ville de la Chine [b], dans la Province de Suchuen, au Gouvernement de Chingtu première Métropole de la Province. Elle est de 12. d. 55'. plus Occidentale que Péking, sous les 30. d. 45'. de Latitude Septentrionale.

b Atlas Sinens.

VENLEE, Rivière de France [c], dans la Normandie au Cotentin. Elle a sa source dans le Bois d'Oüot, & porte ses eaux en la Mer aux Hogues, dans le petit Havre de Cingreville.

c Corn. Dict. Vaudome. MS. Géogr.

VENLO, Ville des Pays-Bas, dans la partie de la Province du Gueldre, appellée le Haut-Quartier [d], sur la rive droite de la Meuse, à quatre lieues au-dessous de Ruremonde. Venlo tire son nom de ces deux mots Flamans *Veen* & *Loo* qui signifient une terre marécageuse & basse. Ce n'étoit autrefois qu'un Bourg que Renaud II. Duc de Gueldre fit aggrandir en 1343. & qu'il entoura de murailles après lui avoir donné le titre & les privilèges d'une Ville. En 1372. Arnoul de Horn Evêque d'Utrecht & un Seigneur de Brederode s'emparèrent de cette Ville, au nom du Comte de Blois & de Mathilde de Gueldre sa femme. Charles Duc de Bourgogne la prit en 1473. & l'Archiduc Maximilien, ensuite Empereur, l'enleva en 1481. au Duc de Gueldre qui s'en étoit remis en possession. Les Habitans ayant pris en 1512. le parti de Charles d'Egmond Duc de Gueldre contre l'Empereur Charles V. Marguerite d'Autriche, Duchesse Douairière de Savoye, Tante de ce Monarque, fit assiéger cette Ville; mais les Troupes furent obligées d'en lever le siège au bout de quatorze semaines. En 1543. Charles V. assiégea cette Ville en personne, & la contraignit enfin de se rendre à des conditions honorables, & par un Accord qui fut appellé le Traité de Venlo. Elle ne resta pas long tems sous la domination de l'Espagne; car les Confédérez s'en emparèrent en 1568. mais le Prince de Parme la leur reprit le 28. Juin 1586. après sept ou huit jours d'attaque. Le Prince Maurice l'assiégea inutilement en 1606. & elle resta au pouvoir des Espagnols jusqu'au mois de Juin 1632. que Frédéric-Henri Prince d'Orange la prit en trois ou quatre jours d'attaque. Le Cardinal Infant la reprit au mois d'Aout 1637. aussi en trois jours d'attaque par la lâcheté du Gouverneur. Depuis ce tems-là Venlo resta au pouvoir de l'Espagne jusqu'au Traité de Munster qu'il fut stipulé par l'Article VII. que tout le Haut-Quartier de Gueldre seroit changé pour un équivalent; mais cet Article n'eut point son exécution. Enfin la Ville de Venlo fut prise le 23. Septembre 1702. par l'Armée des Alliez en cinq jours de tranchée ouverte; & par le Traité de Barrière l'Empereur l'a cédée aux Etats-Généraux en toute propriété & souveraineté, avec les Forts de St. Michel & de Stevenswaert & l'Ammanie ou Bailliage de Monfort.

d Janiçon, Etat présent des Pr. Un. t. 2. p. 400. & suiv.

C'est dans la Ville de Venlo que Guillaume Duc de Clèves demanda pardon à genoux à l'Empereur Charles V. pour s'être révolté contre lui en 1543. C'est aussi dans cette même Place qu'on fit le premier essai des Bombes, expérience qui depuis a été si funeste à une infinité de belles Villes. Il y a encore un autre événement digne de remarque par rapport à Venlo; c'est que les Espagnols, dans le dessein de détruire le commerce que les Hollandois entretenoient avec l'Allemagne par le Rhein, entreprirent en 1627. de faire un Canal pour détourner ce fleuve & le joindre à la Meuse. Le Canal commençoit au-dessous de Rheinberg, passoit à l'Abbaye de Campen, ensuite à Gueldre; puis après avoir coupé la petite Rivière du Niers il devoit se rendre dans la Meuse à Venlo. Il auroit eu dix-huit lieues de cours, & on l'avoit déjà appellé le nouveau Rhein, ou la Fosse Eugenienne, du nom de l'Infante Isabelle Eugénie. On commença à y travailler le 21. de Septembre; mais cet ouvrage fut abandonné la même année, ou parce que l'Espagne ne jugea pas à propos de continuer la dépense, ou parce qu'elle prévit que ce Canal n'auroit pas tout l'effet qu'on en auroit attendu. On a laissé ruiner le Canal depuis ce tems-là.

La Ville de Venlo n'est pas assez bien fortifiée pour soutenir un bon Siège. Son rempart a environ une petite lieue de circuit, & consiste du côté de la Meuse en une muraille, où il y avoit plusieurs Tours, dont la plûpart ont été démolies. De l'autre côté, le rempart n'est qu'une terrasse, & depuis quelques années il est planté d'une double rangée d'Arbres, qui forme une agréable promenade tout autour de la Ville. Ce rempart est entouré d'un bon fossé, & défendu par deux Bastions à l'Orient, & par un autre Bastion du côté de la Rivière. Du côté de l'eau, le rempart est défendu par une Tenaille & par un Ravelin, outre une

Demi-

VEN. VEN.

Demi-lune qui est assez près de la Meuse. Il y a plusieurs Ouvrages détachez pour défendre l'approche de la Ville. Les portes au nombre de quatre, sont celles de la Meuse, de Tegele, ou de Ruremonde, de Hel ou de Gueldre, & de Laer ou Cologne. Vis-à-vis de la porte de la Meuse, il y a dans la Rivière une Isle qu'on nomme le WAERT, & qui forme un havre très-commode où les Bâteaux sont en toute sûreté en Hyver contre les glaces. Au milieu de cette Isle il y avoit autrefois une Demi-lune qu'on a laissé dépérir & qui sert aujourd'hui de Jardin au Commandant de la Ville; mais depuis quelques années on a construit sur la pointe, à la gauche de cette Isle, un Bastion revêtu de maçonnerie & casematté. Vis-à-vis de cette Isle au-delà de la Meuse il y a une Plaine qui conduit au Fort St. Michel, situé à environ deux portées de fusil de Venlo. Il n'y a qu'une seule porte qui fait face à la Ville, & le rempart est entouré d'un fossé. Ce Fort ne renferme que la maison du Commandant, celle du Major, une maison d'un Vivandier & quatre ou cinq Casernes. Il y monte tous les jours un Détachement de vingt-quatre hommes de la Garnison, avec un Subalterne & un Sergent. Il n'y a point aujourd'hui de Commandant dans ce Fort; & quand il y en a un, il dépend de celui de la Ville.

La Ville de Venlo est quarrée, assez grande & percée d'un bon nombre de rues. Il y a deux Places; celle où la Maison de Ville est située, & où se tient le Marché tous les Lundis, Jeudis & Samedis: l'autre est la Place d'armes où se fait la parade. On compte dans Venlo huit à neuf cens maisons & environ quatre mille Habitans qui sont presque tous Catholiques, & qui jouissent de l'exercice public de leur Religion en vertu du Traité de Barrière. Il n'y a qu'une Eglise Paroissiale sous l'invocation de St. Jean. Elle est desservie par un Curé & par deux Chapelains, Religieux de l'Abbaye d'Everbode en Brabant, Ordre de St. Norbert. Cette Eglise n'a rien de remarquable. Il y a un Couvent de Freres Croisez, & un autre de Recollets, qui furent admis en 1610. Les Monastères de Religieuses sont au nombre de trois, savoir des Annonciates, des Religieuses de St. Augustin, & des Religieuses du St. Esprit, ou du Tiers-Ordre de St. François. L'Eglise Paroissiale & toutes les Maisons Religieuses sont sous la Jurisdiction Spirituelle de l'Evêque de Ruremonde. Cependant ce Prélat n'a pas la Collation des Bénéfices, elle appartient à des Particuliers, qui ont le droit de Patronage; mais il faut le *Visa* de l'Evêque, & l'agrément des Etats-Généraux pour l'installation. Les Protestans ont une jolie Eglise, desservie par deux Pasteurs Flamans de la Classe de Nimégue. C'est de toutes le Places frontières la seule où il n'y ait point de Ministre François.

La Maison de Ville est un assez bon Bâtiment. Celle du Commandant est bien située & assez commode. L'Etat en loue une pour les Députez, qui sont envoyez à Venlo alternativement par Leurs Hautes Puissances & par le Conseil d'Etat. En général il y a très-peu de particuliers bien logez

& les Habitans sont si pauvres, que la plûpart laissent dépérir leurs maisons, faute de pouvoir les faire rebâtir ou seulement les réparer. La Maison des Orphelins & celle des vieilles gens se ressentent de la pauvreté de la Ville. Il y a deux Magasins sous la direction d'un Commis établi & entretenu par le Conseil d'Etat. La prison civile est sous la Maison de Ville & celle des gens de guerre dans une Tour à la porte de Gueldres. Cette dernière est sous la direction d'un Prevôt établi par le Conseil d'Etat. Il n'y a point de Casernes: la Garnison est logée par billets chez les Bourgeois.

La Régence est composée d'un Schout ou Escouet, d'un Bourgmestre, de sept Echevins & de trois Conseillers avec deux Secrétaires. L'Escouet est le Chef de la Justice. Il fait publier & exécuter les Ordonnances des Etats-Généraux qui lui sont envoyées; & il éxécute aussi les Sentences des Echevins tant civiles que criminelles. Il fait arrêter les personnes soupçonnées de quelque crime de malversation, qui ne dépendent pas du Conseil Supérieur, ou qui ne sont point militaires; & il reçoit tous les ans le serment du nouveau Bourgmestre. Cette Charge est depuis long-tems dans la Famille de *Romer*, par forme d'engagement du Souverain; de sorte que les Etats-Généraux sont en droit de liquider cette hypothéque & de disposer alors de cet Emploi. L'Escouet, quoiqu'à la tête des Magistrats, n'a voix ni dans leurs Assemblées de Police, ni dans les affaires civiles ou criminelles. Cependant en cas de nécessité il peut convoquer extraordinairement les Echevins & en ordonner le Banc ou Tribunal. Le Bourgmestre est le Chef de la Police & le Président des Echevins. Il est changé ou continué tous les ans par les Etats-Généraux sur une nomination de trois personnes du Corps des Echevins, faite par les trois Conseillers de la Ville, & que ceux-ci envoyent secrétement à Leurs Hautes Puissances. La Police de cette Ville a été réglée par une Ordonnance de l'année 1579. & une autre du 11. de Septembre 1584. ensuite par une Résolution de L. H. P. du 25. Mai 1726. & par quelques autres. Dans des cas extraordinaires qui concernent la Police, le Bourgmestre peut convoquer les Magistrats. Les Echevins sont établis à vie par les Etats-Généraux. Ils jugent définitivement & sommairement tous les différends au-dessous de cinquante florins; mais à l'égard des sommes plus considérables, l'affaire est instruite par des Avocats & des Procureurs suivant les Réglemens établis par les Loix du Pays qu'on nomme *Stadt en Landtreght*; c'est-à-dire Droit de la Ville & du Pays. On appelle de leurs Sentences dans les Causes civiles, par voye de Révision, au Conseil Supérieur, dont nous parlerons plus bas; mais il faut que la somme principale monte à cent cens florins. Cependant en cas d'amende ou de nullité, leurs Jugemens sont décisifs, & ils suivent les mêmes Loix & Coutumes qui s'observoient avant le Partage, dans tout le Haut-Quartier de Gueldre; du moins autant que les Edits & les Ordonnances des Etats-Généraux n'y ont point dérogé

Q 2

gé. Les Sentences dans les Causes criminelles sont sans appel, de même que dans toutes les Villes & dans les Tribunaux Supérieurs de la Généralité. Les Trois Conseillers qu'on nomme *Raeds-Verwanten*, c'est-à-dire Alliez du Conseil, sont établis à vie par le Bourgmestre & par les Echevins. Leurs fonctions ne regardent que la Police & la nomination du Bourgmestre. Des deux Secrétaires l'un est pour la Police, & l'autre pour la Justice. Le Receveur est changé ou continué tous les trois ans par les Magistrats. Il y a deux Officiers qu'on nomme *Biljeteer-Meesters*, pour avoir soin des logemens de la Garnison, un Garde de la Chambre du Conseil de Ville, trois Bodens ou Messagers, & un Ajudant des Bourgeois. Tous ces petits emplois sont à la disposition des Magistrats sans l'intervention de l'Escouet. La Jurisdiction des Magistrats s'étend jusqu'à environ une lieue & demie en longueur du Nord-Est au Sud-Ouest, & une lieue en largeur du Sud-Est au Nord-Ouest. Elle ne comprend aucun Village, mais seulement quelques Hameaux. Les Magistrats sont obligez dans toute l'étendue de leur Jurisdiction de faire la visite des Chemins, & de les réparer aussi-bien que ceux qui sont du Territoire de leurs Hautes-Puissances. L'Escouet doit donner une Attestation de cette visite au *Monboir* ou Fiscal du Conseil Supérieur, qui a le droit de faire une seconde visite, & d'intenter action contre ceux qui se trouvent en défaut.

Les Habitans de Venlo sont pour la plûpart Marchands, Bateliers, Voituriers, Porteurs de sacs & de semblables professions. Ils ont le droit de chasse dans tout le Territoire de la Ville, & sont partagez en plusieurs Corps de Métiers peu considérables. Outre ces Corps de Métiers, il y a trois principaux *Gildens*, qui sont ceux des *Sackedragers*, des *Huyvaerders* & des *Ackermans*, & qui ont chacun des Chefs qu'on nomme *Gilde Meesters*. Ces Chefs ont le droit d'assister à la reddition annuelle des Comptes de la Ville, & de les contredire, ou de les approuver. Le Commerce étoit autrefois très-florissant à Venlo; mais depuis quelques années il y est extrêmement déchu, sur-tout depuis le partage du Haut Quartier de Gueldre entre quatre différentes Puissances. Ce partage a donné lieu à l'établissement de plusieurs Bureaux ou Péages sur la Meuse, où il faut payer des droits immenses. Aussi la plus grande partie des Marchandises de Liége & d'ailleurs se transportent-elles présentement par terre. Il y a néanmoins encore un Bâteau Marchand, qui part régulièrement toutes les semaines de Venlo pour Mook, Village du Pays de Clèves, à deux lieues de Nimègue, & qui en revient aussi toutes les semaines. Il y en avoit ci-devant un autre qui dépendoit du Roi de Prusse, mais dont le peu de négoce a interrompu la Navigation. Il est à remarquer que cette Ville & celle de Ruremonde entrèrent en l'année 1481. dans l'Aliance des Villes Anséatiques, sous le Département de Cologne. Elles ont eu autrefois des Manufactures de Draps & un grand débit de Serrures & d'autres petits Ouvrages de Fer qu'elles envoyoient en Hollande; mais cette fabrique a passé depuis long-tems dans le Pays de Juliers & dans celui d'Outre-Meuse. Il se faisoit sur-tout à Venlo un grand commerce des marchandises qu'on y apportoit de Liège & de Hollande. Son Havre, sa situation au milieu du Haut-Quartier de Gueldre & divers priviléges dont elle jouit, faisoient qu'elle servoit de Magazin & d'Entrepôt aux Marchandises qu'on y apportoit de Hollande, des Pays de Juliers & d'Outre-Meuse, d'Aix-la-Chapelle, de Liège & de divers autres endroits. Les Bourgeois faisoient aussi un grand trafic de Grains, qu'ils achetoient dans tout le Plat-Pays, & qu'ils envoyoient par terre & par eau, avec le Cuivre, le Fer & les autres Marchandises qu'ils avoient reçues en commission. Ce Commerce faisoit subsister abondamment les Habitans; mais la multiplicité des Péages & l'augmentation des Droits ont presque entièrement ruiné le Commerce de la Meuse, sur laquelle on paye au moins un tiers plus de droits qu'on ne paye sur le Rhein & sur l'Escaut. Pendant les Révolutions des Pays-Bas, les Magistrats de Venlo exigèrent un certain droit par terre & par eau, en forme de licence ou de permission de passage libre devant leur Ville. Ils furent maintenus en possession de ce Droit par une Ordonnance du Duc de Parme donnée au Camp devant Rheinberg le 16. d'Aout 1586. Cette Ordonnance fut confirmée ensuite par un Octroi formel de Philippe II. du 24. Janvier 1587. à condition que ce revenu serviroit à l'entretien des Fortifications & de la Garnison. Mais dans la suite le Roi s'appropria ce revenu, & ne laissa à la Ville que la dixième partie de ce Droit qu'on nomme *Superplus*, & dont elle jouit encore aujourd'hui. La Monnoie a cours à Venlo sur le pied de celle des Pays voisins, comme Clèves, Juliers & autres. Elle consiste en toutes sortes d'espèces qui ont cours dans ces Pays & en Allemagne. Trente sols de cette monnoie font environ vingt sols d'Hollande; & c'est sur ce pied-là qu'on y reçoit toutes les espèces de Hollande, de Brabant & de France. Cependant sous le Gouvernement Espagnol, les Subsides, les Droits d'entrée & de sortie, ceux des Juges & des Avocats devoient se payer, comme on les paye encore aujourd'hui en monnoie de Brabant, sur le pied de quarante-huit sols la Risdale; ce qui à l'égard du Subside a été changé en 1703. par les Etats-Généraux. Ils l'ont réglé en argent de Hollande que l'on peut payer sur ce pied-là en autres espèces, parce qu'on voit très-peu d'argent de Hollande dans ce Pays-là. Le poids est moindre que celui d'Amsterdam de cinq ou six pour cent; mais la mesure est plus grande de quatre pour cent. Les Grains se mesurent par *Malders*, dont huit font un Last. Les terres se mesurent par *Morgens*, ou Arpens de cent cinquante toises; la Toise est de seize pieds & le pied d'onze pouces.

L'Etat entretient à Venlo un Receveur pour la perception du Verponding & des droits de consomtion, qui rend ses comptes au Receveur-Général à la Haye. L'Amiraurauté de Rotterdam, y a auſſi un Receveur des Convois & Licences, deux Controlleurs, trois Commis des Recherches par eau & deux par terre. Les Bureaux de Stevenswaert, de Vlodrop & de Roosteren dépendent de celui de Venlo. Dans le premier il y a un Receveur & un Commis des Recherches, & dans chacun des deux autres un Commis Collecteur. On paye au Bureau de Venlo les droits des Marchandiſes qui viennent de Hollande par eau, ſuivant le Tarif qui étoit ſuivi ſous le Gouvernement Eſpagnol.

Comme les Habitans de Venlo & des autres Territoires du Haut-Quartier de Gueldre, cédez à la République, ne pouvoient plus s'adreſſer à la Cour de Ruremonde, les Etats-Généraux, pour remédier à cet inconvénient établirent en 1717. un Conſeil Supérieur à Venlo, pour juger les Cauſes civiles qui y ſeroient portées, par réviſion, ou en premiére inſtance, tant de la Ville que de tout le Diſtrict ſous leur domination. Ce Conſeil a été formé ſur le même pied & ſur la même inſtruction de la Chancellerie de Ruremonde. Il eſt compoſé de cinq Conſeillers, compris le Fiſcal qu'on nomme autrement *Monboir*, & il y a un Greffier. Celui des Conſeillers qui préſide n'a que le titre de Premier Conſeiller Préſident, & il n'a pas plus d'appointemens que les autres Conſeillers. C'eſt à ce Conſeil qu'on s'adreſſe de tous les Tribunaux de la Ville, & des autres endroits de ce Quartier du Reſſort des Etats-Généraux par voie de réviſion dans les Cauſes civiles. Cependant ſi la Partie déboutée ſe croit léſée, elle peut demander une grande réviſion du procès ; mais elle doit à cet effet s'adreſſer par Requête au Conſeil même, qui l'accorde ordinairement ſous le grand Sceau ſuivant l'ordre preſcrit par un Placart rendu à ce ſujet. Enſuite la Partie qui l'a obtenue s'adreſſe aux Etats-Généraux pour leur demander des Juges Adjoints, qui doivent être d'un ou de deux en plus petit nombre que ceux du Conſeil. Quand les Adjoints ſont nommez, la Partie préſente une autre Requête au Conſeil pour lui demander qu'il fixe les fraix de ces Adjoints, qui doivent être conſignez avant l'ouverture du procès & même le jour auquel on doit le commencer. L'affaire eſt décidée par le Conſeil uni aux Adjoints, & ce Jugement eſt déciſif, ſans aucun appel ni réviſion. Cette réviſion ne ſurſeoit pourtant point l'exécution de la Sentence du Conſeil ; mais on a un an & un jour, pour la demander, à compter du jour que la Sentence a été prononcée. Comme cette réviſion eſt ſujette à de très grands fraix, on y a recours fort rarement ; de ſorte que les Sentences du Conſeil peuvent paſſer pour des Arrêts d'une Cour Souveraine. Ce Conſeil eſt auſſi une Cour Féodale, qui juge ſouverainement des Fiefs mouvans de Leurs Hautes-Puiſſances, dont nul autre Juge ne peut prendre connoiſſance. Il juge auſſi de divers autres cas, comme en matière des Domaines du Souverain, des différends entre les Communautez, des droits de poſſeſſion, des diſputes ſur les Teſtamens, des affaires qui concernent ſes ſupôts, & de pluſieurs autres cas ſpécifiez dans ſon Inſtruction. C'eſt à ce Conſeil qu'appartient la connoiſſance de toutes ſortes de crimes de Lèze-majeſté, de trahiſon, de péculat, de concuſſion, de fauſſe monnoie, & autres pareils crimes ; & il accorde ſouverainement au nom des Etats-Généraux, des Octrois d'émancipation, de légitimation, de remiſſion & autres. Le Fiſcal, quoique Conſeiller, n'a pas tant d'appointemens que les autres. Sa fonction eſt de maintenir les droits de Domaines & les prérogatives du Souverain ; mais il ne peut intenter aucune action Fiſcale, de quelque nature qu'elle puiſſe être, ſans en avoir obtenu la permiſſion du Conſeil ; & il eſt obligé de la demander par Requête. Dans toutes les actions Fiſcales, il n'a que voix délibérative ; mais dans les Cauſes civiles il a voix concluſive comme les autres Conſeillers. Il a le pouvoir de faire arrêter tous les Criminels & d'intenter action contre tous ceux qui contreviennent aux Ordonnances du Souverain. Il peut auſſi attaquer les Officiers ſubalternes qui ſe trouvent dans ce cas, ou qui ont prévariqué dans les fonctions de leurs Charges. Tous les Membres de ce Conſeil, y compris l'Huiſſier & les deux Meſſagers, ſont exempts des Tailles ordinaires & du Logement des gens de guerre. Les trois plus anciens Avocats jouiſſent auſſi de cette dernière exemption.

VENLOON, ou LOON-OP-HET-STAND, Village des Pays-Bas, dans la Mairie de Bois-le-Duc, au Quartier d'Oosterwyck. Ce Village eſt grand & à titre de Seigneurie, qui appartient au Comte de Boeckhove. Il y a un très-beau Château avec une Egliſe pour les Proteſtans, & un Tribunal compoſé de ſept Echevins.

VENNEGIES-AUX-BOIS, Seigneurie de France, dans le Hainaut & dans la Subdélégation de Landrecies. Cette ſimple Seigneurie eſt de neuf cens Mencaudées de Patures, Vergers ou Prairies. La Cure a pour ſecours la Paroiſſe de Baurain. Les Habitans, les uns Tiſſerans, & les autres Mulquiniers, travaillent aux Toiles de Batiſte ; d'autres travaillent dans les Bois & à la terre ou au Labourage. Il y a un Bois appellé le BOIS DE VENNEGIES, contenant trois cens vingt Mencaudées ou environ. On voit auſſi dans cette même Seigneurie un autre petit Bois, appellé le BOIS-LE-DUC : celui-ci eſt de trente Mencaudées. Il paſſe dans le Village de Vennegies un petit Ruiſſeau nommé le RUISSEAU DE VENNEGIES.

VENNES. Voyez VANNES.

VENNENSES ; Peuples d'Eſpagne, ſelon Pline [a], qui dit qu'ils étoient, ainſi que les CARIETES, de l'Aſſemblée générale de Clunia. Comme une ancienne Inſcription qui ſe trouve dans la Ville de Breſce en Italie, fait mention de ces Peuples ſous une différente Orthographe ; car on y lit CARIETUM, VENIÆSUM, Aldé [b] a crû qu'on devoit lire dans Pline VENIÆSES, au lieu de VENNENSES.

[a] *Lib. 3. c].*
[b] *In Quæstis per Epiſtol.*

VENNONÆ, Ville de la Grande-Bretagne. L'Itinéraire d'Antonin la marque ſur la route de la Muraille à *Portus Rutupis*, entre *Maudueſſedum*, & *Bennavenna*, à douze mil-

milles du premier de ces Lieux & à dix-sept milles du second. Sur cela Mr. Wesseling remarque que les Anglois conviennent que VENNONÆ, ou VENONÆ, doit être cherché aux environs de *Cleycester*, Lieu où deux chemins Milliaires se joignoient, & par où on alloit de *Lindum* à Londres. On prétend [a], que le terrain des environs est le plus élevé de toute la Grande-Bretagne, & qu'on y voit des sources d'où naissent des Rivières qui coulent de différens côtez. Camden qui lit VENNONÆ & BENNONES, veut que le nom moderne soit *Benfordbridge*.

VENNONII, ou VENII, Peuples de la Rhétie: Dion Cassius [b] les met au nombre des Peuples des Alpes, qui prirent les armes contre les Romains & furent vaincus par Publius Silius. Ce sont les VINNONES de Ptolomée [c], les VENONES de Strabon [d], qui les place avec les *Rhæti* à l'Orient de la Ville de Côme. Ce sont aussi les VENNONETES de Pline [e], qui les nomme parmi les Peuples que subjugua Auguste.

VENOSA, *Venusta*, Ville d'Italie au Royaume de Naples, dans la Basilicate, avec titre de Principauté & Evêché suffragant de Matera, selon Mr. Corneille [f], qui ajoûte que cette Ville est située sur la Rivière d'Ofanto. Cependant Magin [g] marque Venosa à environ dix milles de ce Fleuve, & sur le bord d'une Rivière qui se jette dans l'Ofanto. Selon Mr. l'Abbé de Commainville [h] Venosa n'est pas sous Matera, mais sous Acerenza. Cette Ville étoit Evêché dès l'an 500.

VENOSTES, Peuples des Alpes selon Pline [i]. Ils furent du nombre de ceux que subjugua Auguste, & leur nom se trouve dans l'Inscription du Trophée des Alpes. Ils habitoient, selon le Pere Hardouin, dans la Vallée où l'Adige prend sa source & qu'on nomme présentement *Val-Venosca*.

VENPI, Montagne de la Chine [k], dans la Province de Queicheu, au Midi de la Ville de Queiyang. Cette Montagne, entiérement isolée, a un sommet qui finit en une pointe fort aiguë, & qui a la figure d'un triangle isoscèle.

VENSANENSIS, Siège Episcopal d'Afrique. Dans la Conférence de Carthage son Evêque est qualifié *Fortunatianus Episcopus Vensanensis*. On ignore de quelle Province étoit ce Siège.

VENSIENSIUM CIVITAS [l], Ville des Alpes Maritimes, selon la Notice des Provinces des Gaules, qui ajoûte que c'est la Ville VENTIO. Simler prend cette Ville pour celle que Ptolomée nomme VINTIUM, & que l'on croit être présentement la Ville de Vence.

☞ 1. VENTA. Ce mot dans la Géographie signifie une Taverne, ou une Hôtellerie dans la Campagne. Il y en a un prodigieux nombre en Espagne & sur-tout dans la Castille, où elles sont situées sur les grands chemins, & généralement très-mauvaises.

2. VENTA, Château célèbre en Espagne, à sept ou huit lieues de la Ville de Tolède [m]. C'est le Lieu où les Maures renfermoient autrefois les cent Filles Chrétiennes, que Mauregat Roi de Léon, & quelques-uns de ses Successeurs, ont été obligez de leur livrer pour Tribut. Il falloit qu'il y en eût cinquante Nobles & cinquante Roturiéres. Après que les Maures eurent été chassez d'Espagne, le Cardinal Zirizeo, Archevêque de Tolède, acquit ce Château avec ces appartenances en 1573. & il y fonda un Couvent de cent Filles, qui doivent prouver qu'elles sortent d'une Famille Chrétienne de tems immémorial. Il doit aussi y en avoir cinquante Nobles & cinquante Roturiéres. Ces filles depuis ce tems-là ont été transférées dans la Ville de Tolède, où leur revenu a été encore augmenté. Elles y sont élevées dès l'age de sept ans, & celles qui veulent se faire Réligieuses y demeurent. Les autres qui ont dessein de se marier, ont la liberté de sortir, & on leur donne à chacune mille écus plus ou moins du fonds de cette Maison qui est fort riche, & qui tire de la seule Terre de Venta quinze mille Ducats de rente. Cette Terre a cinq grandes lieues d'étendue avec droit de Justice sur beaucoup de Bourgs & de Villages des environs. Mr. Berrault dans son Journal d'un Voyage d'Espagne dit que l'Histoire de cette fondation est écrite sur une grande pierre qu'on trouve à l'entrée & à la sortie de la Forêt de Venta.

VENTA-BELGARUM, Ville de la Grande-Bretagne. L'Itinéraire d'Antonin la marque sur la route de Regnum à Londres, entre *Clausentum* & *Calleva Atrebatum*, à dix milles du premier de ces Lieux & à vingt-deux milles du second. Ptolomée [n] qui a connu cette Ville la donne aussi aux Belges. César [o] nous apprend pourquoi on trouve des Belges, des Atrebates, &c. dans la Grande-Bretagne. La partie intérieure de la Bretagne, dit-il, est habitée par des Peuples, qui y étant passez du Pays des Belges, ou dans le dessein de faire du butin, ou de faire la guerre, s'appellent presque tous des noms des Citez où ils ont pris naissance, & après avoir fait la guerre dans le Pays, sont demeurez & y ont commencé à cultiver les Terres. Venta fut la Capitale des Belges établis dans la Grande-Bretagne; & c'est aujourd'hui la Ville de Winchester. Son Evêque se trouve appellé *Wentanus*, parce que la Ville est nommée *Wenta* par Osberne [p] & par divers autres Ecrivains.

VENTA-DE-CRUZES, Village de l'Amérique [q], assez près de Panama sur le bord Méridional de la Rivière de Chagre, qui se dégorge dans la Mer du Nord. Ce Village est rempli d'Hôtelleries & de Magazins. On y transporte de Panama les Marchandises sur des Mules, pour y être embarquées sur la Rivière dans des Canots & dans des Pirogues; mais les Lingots sont voiturés par terre jusqu'à Portobello. Le Pays du côté de Venta de Cruzes est entremêlé de Savanes, de Bois & de grosses Montagnes de peu d'étendue sur-tout vers Panama.

VENTA-ICENORUM, Ville de la Grande-Bretagne. Il y a dans l'Itinéraire d'Antonin une route qui conduit de VENTA ICENORUM à Londres, qui en étoit à cent trente-huit milles; & on y compte trente-deux milles de VENTA-ICENORUM à *Sitomagum*.

VEN.   VEN.   127

a Lib. 5. c. 3.

b An. Lib. 12. c. 31.

gum. Ptolomée *a* nommé cette Ville VENTA SIMENORUM; mais il faut sans doute lire *Icenorum*; car il est constant que les *Iceni* ont été une Nation puissante dans la Grande-Bretagne. En effet Tacite *b* l'appelle *valida gens*; de sorte qu'il ne seroit pas naturel, que Ptolomée qui donne jusqu'aux noms des Bourgs de la Grande-Bretagne, eût passé sous silence celui d'un Peuple considérable. Comme le MS. de Ptolomée de la Bibliothéque Palatine a Ἰμένυς au lieu de Σιμένυς, c'est une nouvelle raison qui autorise le changement de Σιμένυς en Ἰκένυς. Un MS. de l'Itinéraire d'Antonin, au lieu de *Venta-Icenorum* lit *Venta-Iciorum*; & d'autres portent VENTACINORUM, ou VENTACENOMUM. On voit aujourd'hui les ruines de cette Ville dans Nordfolckshire, sur le bord de la Riviére *Wentfar*, près d'un lieu nommé *Caster*. Ces ruines occupent trente Acres d'étendue; & l'on y a déterré quelques Médailles. Un peu plus haut, il y a vers la source de la Riviére, un vieux Retranchement quarré de vingt-quatre Acres d'étendue, qu'on croit être les restes de quelque Ouvrage des Romains.

VENTA-SILURUM, Ville de la Grande-Bretagne. Il en est fait mention dans l'Itinéraire d'Antonin qui la marque sur la route d'*Isca*, à *Calleva*, entre *Isca* & *Abone*, à neuf milles du premier de ces Lieux & à pareille distance du second. Quoique cette Ville ait beaucoup perdu de sa premiére splendeur, puisqu'on n'en découvre que les ruines, elle ne laisse pas de conserver encore son ancien nom. On l'appelle CAERGWENT, c'est-à-dire *Urbs-Venta*; CAER, & CAIR dans la Langue Bretonne signifioit une *Ville*, ou un *Château*. On croit avec beaucoup de vraisemblance, que Chepstow dans le Comté de Monmouth s'est aggrandi des ruines de la Ville de VENTA-SILURUM, qui étoit la Capitale de la Province; & qui lui donnoit même son nom; car ce Pays a été long-tems appellé *Guent*, & *Wents-land*. Elle étoit située à quatre milles de Chepstow, en tirant vers le Sud-Ouest. On y voit encore les restes des murailles, qui avoient environ mille pas de tour; quelques vestiges de remparts & de portes; & l'on y a déterré divers monumens d'antiquité, comme des pavez à la Mosaïque, & des Médailles. On trouve dans l'Histoire qu'il y a eu dans cette Ville une Académie, où St. Tathay, Breton, fut appellé pour enseigner.

VENTABRENS, Bourgade de France, dans la Provence, Viguerie & Recette d'Aix. Il y a dans son Territoire un Prieuré dépendant de Mont-Majeur & qu'on nomme St. Honoré de Roc-Faveur.

VENTADOUR, Château de France dans le Limousin à quelques lieues de la Ville d'Ussel. Ventadour fut érigé en Duché simple *c* l'an 1578. & les Lettres furent vérifiées au Parlement la même année. En 1589. la même Terre fut érigée en Pairie, & les Lettres en furent enregistrées le 4. de Janvier 1594. La petite Ville d'Ussel est le Chef-lieu de cette Duché Pairie, dont le Château est situé à quelques lieues de la Ville. Il y a beaucoup de Seigneuries qui en dépendent, & cette Terre peut va-

c Piganiol, Descr. de la France, t. 6. p. 378.

loir quinze mille Livres de rente. Les Habitans de Tulle formérent opposition à la premiére érection de Ventadour en Duché; & ils ne s'en désistérent qu'à condition que le Duc fonderoit dans leur Ville un Collége de Jésuites. Cette condition ne fut accomplie qu'en 1620. & l'Eglise ne fut même achevée de bâtir qu'en 1701.

VENTENG, Ville de la Chine *d* dans la Province de Xantung, au Département de Tengcheu, cinquiéme Métropole de la Province. Elle est de 4. d. 51'. plus Orientale que Péking, sous les 36. d. 57'. de Latitude Septentrionale.

d Atlas Sinensf.

VENTIA, Ville de la Gaule Narbonnoise selon Dion Cassius *e*. Voyez VENSIENSIUM, VINCIUM & VINTIUM.

e Lib. 37. sub. an U. C. 693.

VENTIMILLE. Voyez VINTEMILLE.

VENTISPONTE, Ville d'Espagne. Hirtius *f* est le seul qui en fasse mention. Comme il fait entendre qu'elle étoit voisine de *Carruca*, elle devoit être dans la Bétique.

f De Bel. Hisp.

VENTOTIENE, Isle de la Mer de Toscane *g*, à quelques lieues de la Côte du Royaume de Naples, à l'Occident de l'Isle d'Ischia.

g Magin, Carte de la Terre de Labour.

VENTRÆ, Ville d'Italie selon Diodore de Sicile *h*, qui dit que les Romains y envoyérent une Colonie vers l'an 351. de la fondation de Rome. Il y a, qui veulent lire VELITRÆ, au lieu de VENTRÆ.

h Lib. 14. c. 35.

VENTS (Les) ce terme est si essentiel à la Géographie qu'il mérite bien un Article. Je me servirai d'une Lettre insérée dans le septiéme Entretien Physique du P. Regnault. Ce Savant Jésuite a traité cette matiére d'une maniére si satisfaisante que je me ferois scrupule d'y rien changer. J'ajouterai tout au plus quelques mots pour plus de clarté. Il se propose six questions auxquelles il répond dans le même ordre.

Les questions sont celles-ci. Qu'est ce que le Vent? Combien compte-t-on de Vents? Quelle est en abregé l'Histoire des Vents? Quelles sont les causes générales des Vents? D'où vient la direction différente, la diversité des Vents? D'où viennent les différentes qualitez des Vents?

I. Question. *Qu'est ce que le Vent?* C'est une agitation sensible de l'air; un transport sensible de l'air d'un lieu dans un autre. L'évantail que la main remue, ne fait qu'agiter sensiblement l'air, & il produit un petit Vent frais, un petit Zephyr qui porte la fraîcheur.

II. Question. *Combien compte-t-on de Vents?* On peut en compter autant qu'il y a de Points dans l'Horison, puisqu'il en vient de chaque point de l'Horison. Cependant on n'en compte que 32. parce que ce nombre suffit pour déterminer ceux qui servent à la Navigation. En voici les noms, tels qu'ils sont nommez sur la Boussole.

NORD, SUD, EST, OUEST; NORD-EST, NORD-OUEST, SUD-EST, SUD-OUEST; NORD-NORD-EST, NORD-NORD-OUEST; SUD-SUD-EST, SUD-SUD-OUEST; EST-NORD-EST, EST-SUD-EST; OUEST-NORD-OUEST, OUEST-SUD-OUEST; NORD-quart DE NORD-EST, *Nord-Est quart de Nord*, Nord-Est quart à l'Est, Est quart au Nord-Est.

Les quatre prémiers, savoir NORD, SUD, EST;

EST, OUEST, s'appellent VENTS CARDINAUX, parce qu'ils viennent des Points Cardinaux de l'Horifon.

Les quatre fuivans, favoir NORD-EST, NORD-OUEST, SUD-EST, SUD-OUEST, se nomment VENTS COLLATERAUX, parce qu'ils font entre les premiers à égale diftance. Chacun des Vents Collatéraux fe trouve précifément au milieu de deux Vents Cardinaux, ayant fon nom compofé des deux Vents au milieu desquels il fe trouve. Eft-il entre le Nord & l'Eft, il s'appelle NORD-EST, entre le Nord & l'Oueft, NORD-OUEST, entre le Sud & l'EST-SUD-EST, entre le Sud & l'Oueft SUD-OUEST.

Les huit Vents fuivans, dont chacun eft fitué au milieu d'un Vent Cardinal & d'un Collatéral, ont un nom compofé des noms de tous les deux. Un Vent eft-il précifément au milieu du Nord & du Nord-Eft, on l'appelle NORD-NORD-EST, au milieu du Nord & du Nord-Oueft, on le nomme NORD-NORD-OUEST; & ainfi des autres.

Les feize derniers tirent leur nom d'un Vent Cardinal & d'un Vent Collatéral, à quoi on ajoute *quart*. Le nom de chacun commence par celui du Vent auprès duquel il fe trouve & finit par le nom du Vent qui en eft le plus éloigné: par exemple, le Vent qui eft le plus proche du Nord allant vers le Nord-Oueft, fe nomme NORD QUART DE NORD-OUEST, ou NORD quart AU NORD-OUEST, ou parce qu'il eft le quatrième à compter du Nord-Oueft au Nord; ou parce que fi l'on divife l'intervalle qui eft entre le Nord & le Nord-Oueft, en quatre parties égales ou quarts, le premier quart de cet intervalle en commençant par le Nord fe trouve terminé par ce Vent-là. Si ce même intervalle étant divifé, comme nous avons dit, en quatre quarts, on cherche le nom du Vent qui termine le premier quart en commençant par le Nord-Eft, il n'y a qu'à nommer le Vent Collatéral le premier & dire Nord-Eft quart au Nord, & ainfi des autres.

III. Queftion. *Quelle eft en peu-de-mots l'Hiftoire des Vents?* Il règne entre les Tropiques un Vent continuel qui règne fans ceffe de l'Orient à l'Occident. Il y a d'autres Vents remarquables entre les Tropiques & qu'on appelle Vents ALIZEZ. Les *Vents Alizez* font les Vents de Nord-Eft & de Sud-Eft qui fe font fentir entre les Tropiques. Hors des Tropiques depuis le 23. d. de Latitude, on fent un Vent d'Occident affez conftant. L'Orient a fes MOUSSONS, qui font des *Vents Périodiques*, ou qui foufflent regulièrement de divers endroits felon la diverfité des Saifons. Tels font ces Vents qui règnent dans les Mers de l'Inde & de l'Arabie, & qui foufflent pendant fix mois d'un côté de l'Horifon & pendant les autres fix mois de l'autre côté de l'Horifon. Il y a des MOUSSONS D'HYVER & des MOUSSONS D'ETE'. On appelle *Mouffons d'Hyver* les Vents qui viennent pendant fix mois environ d'entre le Nord & l'Eft. On nomme *Mouffons d'Eté* les Vents qui viennent pendant fix mois environ d'entre le Nord & l'Oueft.

Il y a peu de Vents réguliers & périodiques en comparaifon des Vents variables.

Les *Vents variables* font ceux qui tantôt foufflent, & tantôt ne foufflent point, qui foufflent tantôt d'un côté & tantôt de l'autre. Les Vents qui fe font fentir dans ces Contrées font prefque tous des Vents variables.

Les OURAGANS font des Vents qui portent le ravage dans les Pays qu'ils traverfent. Le Vent d'Eft eft ordinairement fec par rapport à nous; le Vent d'Oueft pluvieux; le Vent du Sud chaud; le Vent du Nord froid. Enfin les Vents font tantôt nuifibles, tantôt falutaires.

IV. Queftion. *Quelles font les caufes générales des Vents?* L'éruption violente des vapeurs & des exhalaifons caufée par les fermentations fouterraines: la raréfaction de l'air, par les fermentations fouterraines ou par la chaleur du Soleil; la chûte des nuées.

L'éruption violente des vapeurs & des exhalaifons. On ne peut douter qu'il n'en forte de la terre & des eaux; il en fort des Antres, des Goufres, des Abîmes. Il en naît un en Provence de la Montagne de MALIGNON, lequel ne s'étend pas plus loin que le penchant de cette Montagne. Il en naît un autre dans le Dauphiné près de NILFONCE, lequel s'étend affez peu. On voit quelquefois en plein calme les eaux de la Mer fe frifer tout d'un coup autour d'un Navire avant que les voiles s'enflent; les flots fe former en fillons & fe pouffer les uns les autres, vers un certain côté, puis vous fentez le fouffle du Vent.

Or comment fe forment ces fortes de Vents? Pour le comprendre, on peut comparer les creux fouterrains à la cavité d'un Eolipile, les chaleurs fouterraines, à celle du feu furquoi on met l'Eolipile & les fentes de la Terre, les Antres, les Ouvertures par où les vapeurs peuvent s'échapper, au trou de l'Eolipile. Mettez fur le feu l'Eolipile qui contienne un peu d'eau: bien-tôt l'eau s'évapore, les vapeurs fortent rapidement, forcées de paffer en peu de tems d'un grand efpace par un petit pouffent l'air, & cette impreffion rapide fait fentir une efpèce de vent. De même la fermentation des vapeurs fouterraines font fortir brufquement de certains endroits de la Terre & des Eaux comme autant d'Eolipiles de grands amas de vapeurs ou d'exhalaifons. Ces exhalaifons & ces vapeurs, élancées violemment, chaffent l'air felon la direction qu'elles ont reçues en fortant de la Terre ou des Eaux. L'air chaffé violemment communique fon mouvement à l'air antérieur. De là ce courant fenfible d'air, en quoi confifte le vent; de là ce flux, ce coulement fucceffif d'air, qui femble imiter le mouvement des flots & fait les bouffées. En effet, quelquefois lorfque le tems eft ferain & l'air tranquile, fur la Garonne proche de Bourdeaux, dans le Lac de Genève, & dans la Mer, on voit des endroits bouillonner tout à coup, & dont les bouillonnemens font fuivis de vents impétueux, de furieufes tempêtes; & Fienus dit que fe promenant un jour au bord de la Mer, il vit fortir des eaux un brouillard comme une efpèce de fumée, & que ce brouillard fut fuivi d'une tourmente des plus terribles. Et qu'eft-ce qui produit les TYPHONS, ces vents fi redoutables

dans

dans les Mers des Indes? les Vapeurs & les exhalaisons souterraines; car avant les Typhons, les eaux de la Mer deviennent tiédes; on sent une odeur de soufre & le Ciel s'obscurcit.

La rarefaction de l'Air. L'Air rarefié soit par les fermentations souterraines, soit par la chaleur du Soleil, ne peut occuper un plus grand espace sans chasser l'air voisin; l'air chassé coule vers l'endroit où il trouve moins d'obstacle, & si ce coulement est sensible, c'est un vent. Ainsi l'air de la cheminée rarefié par la chaleur produit dans l'air qui l'environne un petit vent dont le mouvement s'accélére & se fait entendre dans les interstices de la porte ou des fenêtres de la chambre où l'on fait du feu. Pourquoi pendant l'Eté le Soleil levant est-il souvent accompagné d'un petit vent? C'est apparemment l'effet de la rarefaction de l'air, causée par la chaleur du Soleil & dont l'impression se fait sentir jusqu'à nous. Après cela faut-il s'étonner s'il regne entre les Tropiques un vent qui souffle sans cesse de l'Orient vers l'Occident? La rarefaction que la chaleur du Soleil cause dans l'air, dans les vapeurs, dans les exhalaisons, avec une direction de l'Orient à l'Occident, peut causer ce phénoméne. Aussi les Mariniers observent que ce vent est plus fort de jour que la nuit.

La chûte des nuées. La chûte des nuées fondues par la chaleur de l'air & devenues plus pesantes, agite fort l'air inférieur, & cette agitation violente est un vent qui dure peu, mais impétueux. Ces sortes de vents sont suivis ordinairement de la pluye; parce que les nuées, dont la chûte les produit, se resolvent en gouttes dans leur chûte. Quelquefois les Mariniers apperçoivent au-dessus d'eux une nuée qui paroît d'abord fort petite, parce qu'elle est fort élevée, mais qui semble s'élargir peu à peu, parce qu'elle descend & s'approche, & dont la chûte sur la Mer est accompagnée de pluye, d'orage, & de tempête.

Enfin la hauteur, la largeur, la situation des Montagnes rétrecit quelquefois le passage des vapeurs & de l'air agitez, & cause par-là l'accélération dans leur mouvement. Ce mouvement devient sensible & c'est un vent réel. Aussi quand les Vaisseaux passent le long des Côtes de Gênes où il y a de hautes Montagnes, & qu'ils sont vis-à-vis de quelque Vallée dont la direction regarde la Mer, on sent un vent considérable qui vient des terres.

V. Question. *D'où vient la direction différente, ou la diversité des Vents?* De la situation diverse des Principes, ou des endroits d'où part l'impétuosité de l'air, & de ceux qui la réfléchissent. Les Corps qui partent d'un endroit, suivent la direction qu'ils ont reçue d'abord, jusqu'à ce que quelque obstacle leur donne une direction nouvelle. Le goulet d'une Eolipile regarde-t-il le Sud? il en sort un vent qui vient du côté du Nord. Ce goulet regarde-t-il le Nord? il en sort un vent du côté du Sud. De même la direction d'un vent qui sort de la Terre ou des eaux répond à la direction de l'issue par laquelle il sort. Il y a en Provence une Montagne percée au Septentrion & au Midi: de ces deux ouvertures opposées sortent deux Vents opposez; de la premiére un Vent qui se répand du Midi vers le Septentrion; de l'autre un Vent qui souffle du Septentrion vers le Midi. Suivant le même principe se fait-il dans l'air quelque rarefaction considérable du côté du Midi? L'air latéral poussé par la force de l'air rarefié, coule vers le Nord où la résistance est moindre, & c'est un Vent du Midi. La rarefaction se fait-elle du côté du Nord? L'air poussé coule vers le Midi & c'est un Vent du Nord. Un Vent rencontre-t-il des hauteurs, des Montagnes, des nuages? il se réflechit, faisant un Angle de réflexion à peu près égal à l'Angle d'incidence. Delà un Vent de Midi devient un Vent de Nord; un Vent de Nord devient un Vent de Midi, &c. Si des Vents partis de divers endroits viennent à se rencontrer, le plus foible doit céder à la direction du plus fort, puisque la plus grande force l'emporte. Qu'un Vent de Nord ou de Sud rencontre un Vent d'Occident ou d'Orient, le plus foible pirouette, s'absorbe, & c'est une espéce de tourbillon.

On peut maintenant comprendre assez aisément ce qui regarde le Vent d'Est qui regne entre les Tropiques. Ce Vent n'est point causé, ce semble, par le mouvement journalier de la Terre sur son Axe de l'Occident vers l'Orient, car on trouve des calmes dans la Mer Atlantique proche de l'Equateur, & des Vents périodiques d'Ouest sous l'Equateur même. D'où vient donc le Vent d'Est qui regne entre les Tropiques? A mesure que le Soleil avance d'Orient en Occident il dilate l'air inférieur. L'air dilaté pousse l'air qui le précéde. L'air épais & grossier qui suit l'air dilaté se mêle avec lui rapidement à proportion que le Soleil se retire. Delà le Vent d'Est qui ramene nos Vaisseaux chargez des richesses de l'Orient.

On peut comprendre avec la même facilité les Vents Alizez, le Vent constant d'Occident entre le 23. & le 40. d. de Latitude Nord, les Moussons des Indes, les Vents variables & les Ouragans.

1. Les Vents Alizez, ou les Vents de Nord-Est & de Sud-Est qui soufflent entre les Tropiques dépendent de la différente situation du Soleil qui produit de plus grandes rarefactions sous les Tropiques que sous l'Equateur; parce que vers les Tropiques il est plus long-tems sur l'Horison.

2. Les Vents Alizez réflechis obliquement par les Côtes montagneuses de l'Amérique font la constance du Vent d'Occident qui souffle hors des Tropiques.

3. Les Moussons des Indes dépendent comme les Vents Alizez de la différente situation du Soleil qui rarefie plus l'air, éleve plus de vapeurs & d'exhalaisons, quand il est plus à plomb sur un Pays, & leur donne différentes directions selon qu'il est différemment situé.

4. Les fermentations irréguliéres produisent les Vents variables.

5. L'action de quelque souterrain, ou quelque fermentation violente, lance-t-elle obliquement en l'air une grande quantité de vapeurs & d'exhalaisons? Un nuage é-

pais vient-il à tomber obliquement de haut? L'air chargé d'exhalaisons & de vapeurs & poussé par une force extraordinaire, se répand, coule rapidement suivant la direction qu'il a reçue, agite, renverse ce qu'il rencontre, les Arbres, les Toits, les Maisons, & c'est un *Ouragan*. Les Trompes sont causées apparemment comme plusieurs Ouragans par les fermentations souterraines. Ces Trompes sont d'autres Colomnes de fumée qui sortent de la Mer. On voit d'abord l'eau bouillonner; puis une fumée noire s'élance & s'éleve avec un bruit sourd comme celui d'un Torrent. S'il se rencontre un Vaisseau, la violence de la Colomne obscure brise les Voiles, souleve quelquefois le Vaisseau même. Le Vaisseau soulevé retombe bien-tôt par son poids & son mouvement accéléré dans sa chûte l'ensévelit dans les eaux, tandis que la Colomne continue de s'élever en tournant rapidement & va se perdre dans les nuées. Quand les Mariniers apperçoivent le péril, ils tirent quelques coups de Canon chargez de barres de fer, afin d'éloigner par l'impulsion de l'air la Colomne redoutable, ou de la couper & de la dissiper en dissipant l'eau qui la compose. VI. Question. *Pourquoi les Vents sont-ils secs ou humides, chauds ou froids, nuisibles ou salutaires? d'où viennent les différentes qualitéz des Vents?* La plûpart viennent des divers corpuscules qu'ils emportent avec eux selon les régions diverses qui les voyent naître ou qu'ils traversent. Les Vents sont-ils peu chargez de vapeurs? Ils sont secs: de-là les Vents d'Orient qui traversent beaucoup de terres, peu de Mers, sont ordinairement secs. Les Vents portent-ils beaucoup de vapeurs? Ils sont humides. De-là les Vents d'Occident, qui traversent beaucoup de Mers, sont ordinairement pluvieux. Les Vents viennent-ils des Pays chauds? Ils sont d'ordinaire chauds; parce qu'ils apportent des vapeurs, des exhalaisons, ou des particules d'air agitées de ce mouvement en tout sens qui fait la chaleur. De-là les Vents du Midi sont ordinairement chauds. Le froid du rigoureux Hyver de 1709. parût être plusieurs jours l'effet d'un Vent de Sud; mais les Montagnes qui sont au Sud de Paris, étoient alors couvertes de neiges; & ce Vent de Sud pouvoit n'être qu'un reflux d'un Vent de Nord qui avoit précédé. Les Vents viennent-ils des Pays froids? Ils sont d'ordinaire froids; parce qu'ils apportent des particules qui n'ont qu'un mouvement direct, ou qui portent beaucoup de Sels, de Nitre, de Glaçons, ce qui contribue certainement à rendre les Vents froids. En effet mettez de petits glaçons à l'issue d'un soufflet: il en sort un Vent plus froid. De-là le Vent du Nord est ordinairement froid. Enfin les Vents sont nuisibles ou salutaires, selon que les corpuscules dont ils se chargent en divers endroits sont salutaires ou nuisibles. Voyez l'Article ANEMOGRAPHIE.

VENUS-PYRENÆA, Voyez APHRODISIUM-PROMONTORIUM, & PYRENE.

VENUSIA, Ville d'Italie, aux confins de la Pouille & de la Lucanie: Ptolomée[a] la

[a] Lib. 3. c. 1.

donne aux *Peucentini*, & Pline aux [b] *Daunii*. Ce dernier & Velleïus Paterculus[c] lui donnent le titre de Colonie. Elle étoit dans les Terres; & l'Itinéraire d'Antonin la marque sur la route de Milan à la Colonne. Il la place entre *In Honoratianum* & *Opinum*, à vingt-huit milles du premier de ces Lieux & à quinze milles du second. Au lieu de VENUSIA quelques MSS. de cet Itinéraire portent VENUSIUM; & d'autres VENUSITIUM, VENUSIO, VENUSTO, VENUSTÆ, ou VENUSIDA. Horace[d] dont VENUSIA étoit la Patrie laisse en doute s'il elle étoit dans la Lucanie ou dans la Pouille.

[b] Lib. 3. c. 11.
[c] Lib. 3. c. 14.
[d] Lib. 2. Serm. Sat. 1. 35.

*Sequor hunc, Lucanus an Apulus, anceps:
Nam Venusinus arat finem sub utrumque Colonus.*

On voit par-là que le nom National étoit VENUSINUS; & Tite-Live[e] la pareillement employé. Les Grecs, savoir; Polybe, Strabon & Ptolomée ne différent point des Latins pour l'Orthographe de ce nom: ils écrivent *Oὐενουσία*. Plutarque cependant dit: *Βενουσία*. Le nom moderne est *Venosa*.

[e] Lib. 22. c. 54.

VENXANG, Ville de la Chine, dans la Province de Xantung, au Département de Jencheu, seconde Métropole de la Province. Elle est de 0. d. 10. plus Occidentale que Péking, sous les 36. d. 20. de Latitude Septentrionale.

[f] Atlas Sinens.

VENXUI, Ville de la Chine[g], dans la Province de Kansi, au Département de Taiven, première Métropole de la Province. Elle est de 5. d. 47. plus Occidentale que Péking, sous les 38. d. 25. de Latitude Septentrionale.

[g] Ibid.

VEPICUS, Ortelius[h] met une Ville de ce nom en Italie, & croit devoir la placer dans le Picenum. Il se fonde sur ce passage de Silius Italicus[i]:

[h] Thesaur.
[i] Lib. 8. v. 441.

*Vepicus, quoniam nomen memorabile ab alto
Saturno, statuit genitor, quem carmine Circe
Exutum forma volitare per æthera jussit
Et sparsit plumis croceum fugientis honorem.*

Mais il est à remarquer que tous les Commentateurs conviennent qu'il y a faute dans ce passage de Silius Italicus. Quelques MSS. portent *Vepicus*, d'autres *Vopicus*, & d'autres *Ut Picus*. Barthius[k] a voulu soutenir qu'il falloit lire *Vos Picus*? Mais N. Heinsius est pour *Hoc Picus*; & cette correction a été suivie par Drakenborch; de sorte qu'il n'est aucunement question d'une Ville appellée *Vepicus*; mais de Picus qui fut métamorphosé par Circé.

[k] Lib. 1. Adverf. c. 5.

VEPILLUM, Ville de l'Afrique propre: Ptolomée[l] la marque au nombre des Villes qui étoient au Midi de Carthage, entre les Fleuves Bagradas & Triton.

[l] Lib. 4. c. 3.

VER. Voyez TIL.

1. VERA, Ville de Médie. Strabon[m] dit qu'elle étoit bâtie dans un Lieu élevé & fort par sa situation; & qu'Antoine la prit dans son expédition contre les Parthes.

[m] Lib. 11. p. 523.

2. VERA, Ortelius dit Colonie d'Italie, dans la Toscane, selon Q. Fabius Pictor[n], qui en fait venir les Habitans de Verone. Je ne trouve rien de cela dans Fabius Pictor, je vois seulement dans la division de l'Italie

[n] Lib. 2.

lie par C. Sempronius[a] que Vera étoit u-ne Famille de la Toscane qui donna son nom à la Ville de Verone.

3. VERA, Fleuve de la Gaule, selon Ortelius[b], qui cite l'Auteur de la Vie de St. Eliphe Martyr.

4. VERA, Ville d'Espagne[c] au Royaume de Grenade vers les confins du Royaume de Murcie. C'est une ancienne Ville connue autrefois sous le nom de Virgi; d'où vient que le Golphe au Parage qui est à la hauteur de Murcie & de Grenade portoit le nom de *Virgitanus Sinus*. Isaac Vossius ne convient pas pourtant que VERA soit la *Virgi* des Anciens. Voyez VIRGI.

5. VERA, Vallée d'Espagne[d], dans la Navarre. C'est la plus Septentrionale de toutes les Vallées qui divisent la Navarre. Elle est fertile, elle abonde en bons Pâturages & elle est arrosée par la Riviére de Bidassoa. Il s'y trouve quantité d'Animaux domestiques & sauvages.

6. VERA, Riviére des Etats du Turc en Europe. Elle prend sa source vers les confins de la Bulgarie, & court dans la Macédoine du Nord au Sud en serpentant. Elle baigne Seres & se décharge dans le Golphe de Salonique, entre la Ville de ce nom, & l'Embouchure du Vardar. Cette Riviére que Mr. de l'Isle[e] nomme CALICO, & qu'on appelle aussi VERATASER est prise pour le *Chidorus* des Anciens.

7. VERA-CRUX, ou la NOUVELLE-VE-RA-CRUX, Ville de l'Amérique Septentrionale, dans la Nouvelle Espagne, au fond du Golphe de Méxique, dans l'endroit où la Côte après avoir couru à l'Ouest, commence à tourner du côté du Nord. Cette Ville, selon Gemelli Careri[f], est située à 18. d. 30'. de Latitude Septentrionale, sous les 277. d. 15'. de Longitude. Elle est placée vis-à-vis d'un bon Havre, formé par une petite Isle, ou plutôt par un Rocher qui se trouve précisément à son entrée, & qui le rend fort commode. C'est là-dessus que les Espagnols ont bâti un assez bon Fort qui commande ce Havre. Il y a des anneaux de fer attachez à ses murailles du côté qu'elles font face au Havre, & l'on y passe les cables des Vaisseaux qui ne seroient pas en sûreté à l'ancre en certaines saisons de l'année, pendant lesquelles les Vents du Nord soufflent avec une grande violence. Ce Port est appellé SAINT JEAN DE ULLOA, & les Espagnols donnent souvent le même nom à la Vera-Crux. Cette Ville est une Place d'un fort grand commerce. Aussi sert-elle de Port à celle de Méxique, & à la plus grande partie des Villes & Bourgs de ce Royaume. On y débarque toutes les marchandises de l'Europe, qui se consument dans ces Quartiers-là, & l'on en transporte les denrées du Pays qu'on y amasse de toutes parts, outre que les tresors qui viennent de Manilla, dans les Indes Orientales, se rendent par Acapulco à cette Ville à travers le Pays.

La Terre-ferme[g] qui est vis-à-vis de l'Isle de St. Jean d'Ulloa n'a aucuns arbres proche du rivage; mais quand on a marché par la Plaine une lieue ou environ, on trouve des Bois fort épais où il y a quantité de Bêtes sauvages. C'est sur cette Plaine que la nouvelle Ville de Vera-Crux a été construite. Elle a douze cens perches de longueur. Le Lieu s'appelloit auparavant, *Buytron*, du nom d'une Montagne qui s'y trouve vers l'Ouest. On la nomme Vera-Crux à cause du vieux Havre de la Vraie-Croix, qui est à cinq ou six lieues du côté du Nord, & qui ne peut pas contenir de grands Vaisseaux. La Nouvelle Ville de Vera-Crux est de figure longue & s'étend d'Orient en Occident. Son circuit est presque d'une demi-lieue d'Espagne. L'air n'y est pas sain, sur-tout en Eté, lorsque le Vent du Nord souffle; ce qui arrive souvent. Les maisons sont à moitié enterrées dans les sables. Le Terroir est stérile & sablonneux, ce qui rend les provisions fort cheres. On est obligé de les faire venir de fort loin.

Ceux qui eurent le soin de faire les murailles, trompérent le Roi effrontément, en ne faisant que de petits murs minces, de 6. palmes de haut, qui pourroient à peine servir de chemin couvert; outre que présentement on passe à cheval par dessus étant entiérement couverts de sables, & il est inutile de fermer les portes de la Ville. Elle a quelques Bastions & quelques Redoutes; mais à une fort grande distance les uns des autres, & fort irréguliers; il n'y a que deux petits Forts ou Redoutes sur le rivage, qui pourroient faire quelque défense.

Jean Hawkin, Amiral Anglois, entra dans ce Port au mois de Septembre 1598. & y trouva douze Navires d'Espagne chargez de riches marchandises, qui se préparoient à faire voile. Il ne leur fit aucun tort, il demanda seulement des vivres pour son Escadre en payant. Le lendemain comme il arriva une Flote d'Espagne de treize Navires chargez de riches marchandises, avec le nouveau Viceroi, & dont il pouvoit aisément se rendre maître avant qu'elle fût entrée dans le Port, on fit un accord avec lui & il laissa entrer ces Vaisseaux. Mais il apprit qu'il ne faut pas se fier toujours à un Ennemi. Dans le tems qu'il y pensoit le moins il fut attaqué par les Espagnols, & ayant perdu dans le combat les meilleurs de ses gens, il sortit du Port avec deux Vaisseaux seulement. Il n'en fut pas quitte pour cela. Après avoir été agité par les Vents durant quatorze jours dans le Golphe du Méxique, les vivres lui manquérent, & il se vit contraint de mettre à terre cent hommes de son équipage pour en aller chercher. Ces cent hommes périrent presque tous misérablement ou par les mains des Sauvages, ou entre celles des Espagnols qui les menérent à Panuco & delà à Mexico. Un fort petit nombre échappa assez extraordinairement.

La Vera-Crux fut prise & pillée en 1683. par un certain Laurenzillo Capitaine de Pirates du petit Goave: ils mirent pied à terre un matin à une demie-lieue de la Ville vers l'Occident, & surprirent les Habitans qui ne firent aucune défense. Ils mouillérent ensuite à l'Isle des Sacrifices, afin d'être hors de la portée du Canon du Château, qui ne peut nullement défendre la Ville, en étant éloignée de demi-lieue, il ne sert que pour tenir à couvert le Port & les Vaisseaux qui mouillent sous ses murailles.

Le Port de la Vera-Crux est naturellement fort par quantité de rochers que l'on trouve à l'entrée de part & d'autre, & sur lesquels touchent les Vaisseaux, qui ne connoissent pas bien l'endroit. Quoique toutes les Flottes où tous les simples Navires, qui viennent d'Europe à la Nouvelle Espagne, arrivent dans ce Port, cependant la Ville, au lieu d'être grande & riche comme México, est petite, pauvre, habitée par peu d'Espagnols, & la plûpart du tems par des Noirs seulement & des Mulatres; de sorte qu'on n'y voit des Blancs que quand la Flote arrive. A peine est-elle partie que les personnes qui ont quelque bien, se retirent dans les terres, tant parce que l'air est mauvais dans la Ville, que parce que leur bien n'y est pas en sûreté; c'est pourquoi l'on n'y bâtit que quelques petites maisons de bois de peu de durée.

2. VERA-CRUX, ou la VIEILLE VERA-CRUX, Ville de l'Amérique Septentrionale, dans la Nouvelle Espagne, au Gouvernement de Tlascala, à 19. d. de Latitude Septentrionale, à un quart de lieue du Golphe du Méxique, à soixante ou soixante-cinq lieues de la Ville México, selon le chemin que l'on prend pour y aller, & à cinq lieues du Port de St. Jean d'Ulloa. Cette Ville fut nommée VERA-CRUX, ou *la Vraie-Croix*, parce que son Port fut découvert le jour du Vendredi Saint, en 1519. Les Espagnols qui conquirent les premiers ce Pays, commencèrent à s'établir dans cet endroit, mais n'y trouvant point d'abri pour les Vaisseaux contre la violence des Vents du Nord, ils l'abandonnèrent pour aller à St. Jean d'Ulloa, ajoûtant au nom de ce dernier Port le nom de Vera-Crux. L'ancienne Ville de Vera-Crux étoit outre cela estimée fort malsaine, à cause qu'en Hyver les Vents de Sud-Est, ou Sud-Sud-Est y soufflant le plus souvent, l'arrosoient de grosses pluyes depuis le soir jusqu'à minuit. Le Soleil y étoit fort ardent depuis le matin jusqu'au soir; & la Ville étant bâtie sur un sable fort menu, ce sable s'abbreuve d'une humeur fort abondante, que le Soleil attire en s'élevant, & la dissout en vapeurs fort chaudes, qui étant éparses entrent dans les narines & offensent le cerveau.

VERA DE PLACENCIA, Bourgade d'Espagne dans l'Estremadoure, près de la Ville de Placencia. Quelques-uns la prennent pour l'*Ambracia* des Anciens. Cette Bourgade qui tire son nom de la Ville de Placencia, le donne à un petit Quartier de Pays de la partie Septentrionale de l'Estremadoure. Voyez PLACENCIA.

[a] Th. Gage Relat. des Indes Occ. Part. 3. c. 5.

VERA-PAZ [a], Province de l'Amérique Septentrionale dans la Nouvelle Espagne. Elle formoit autrefois un Diocèse particulier où il y avoit un Evêque, mais aujourd'hui l'Evêché est uni à Guatimala. Le nom de Vera-Paz fut donné à cette Province, parce que les Anciens de ce Pays ayant appris comment les Espagnols avoient conquis Guatimala, & tout le Pays des environs se soumirent volontairement & sans la moindre résistance. La Province de Vera-Paz est gouvernée par un Alcade-Major, ou Président qu'on envoye d'Espagne, & qui dépend de la Chambre de Justice ou de l'Audience Royale de Guatimala. Cette Province est entiérement Méditerranée. [b] Ses bornes sont du côté du Nord, le Yucatan; du côté de l'Est, las Honduras & Guatimala proprement dite, au Midi Soconusco, & au Couchant la Province de Chiapa. Sa longueur & sa largeur sont de trente lieues ou environ. Ses Habitans, qui pour la plûpart ont embrassé la Religion Chrétienne, sont assemblez dans un petit nombre de Bourgades. Le reste du Pays est inhabité ou possédé par des Sauvages infidèles; savoir les Lecandones & les Prochutéques, Peuples cruels qu'on a peine à dompter.

[b] De Laet, Descr. des Indes-Occ. Liv. 7. c. 7.

Il y a fort peu de Plaines dans cette Province, dont le Pays est affreux par ses hautes Montagnes, par ses Vallées profondes, par ses précipices & par ses épaisses Forêts. Il est coupé de quantité de Rivières & de Fontaines sans nombre. L'air est assez tempéré dans le milieu de la Province, quoiqu'il y pleuve presque neuf mois sans cesser & que le Soleil y luise fort rarement. Les extrémitez en sont brûlées, & très-sujettes aux Moucherons, incommodité commune aux Régions chaudes. On y trouve de bons fruits, de bons poissons & diverses autres choses nécessaires à la vie. Les Espagnols n'y ont aucune Ville, mais seulement quatorze Bourgades, où ils sont mêlez avec les Sauvages Chrétiens, & dans l'une desquelles les Dominicains ont bâti un Couvent. Cette dernière s'appelle *Coban*; elle est la résidence de l'Alcade-Major; & Thomas Gage lui donne à cause de cela le titre de Capitale de la Province.

Les Naturels du Pays différoient anciennement de langage, comme la plûpart des Américains; mais depuis qu'on les a accoutumez d'habiter en société, ils n'ont plus parlé que la même Langue. Ils sont de moyenne taille & de mœurs aisées. Ils sont presque tous pauvres, ayant fort peu de Coton. Leurs principales richesses sont des plumages de divers Oiseaux, dont ils composent différens ouvrages. Ils ont appris d'autres Arts méchaniques depuis l'arrivée des Espagnols. Il y a dans cette Province un plus grand nombre d'hommes que de femmes, qu'on a remarqué n'y vivre pas si long-tems. On n'en fait pas la raison, puisqu'elles accouchent presque sans travail & souvent seules & sur les chemins: elles se lavent aussi-tôt après avec leurs enfans dans quelque Rivière. Le Terroir étant trop humide, n'est pas bon pour le Froment; mais il porte le Mahis deux fois l'année. Les Forêts sont toutes remplies de Cédres blancs & rouges, & de plusieurs Arbres qui produisent des choses aromatiques. Il y a aussi une agréable variété de Fleurs odoriférantes. Les Abeilles qui en vivent sont de diverses espèces. Les unes, sans aiguillon, font leur Miel fort clair; d'autres sont avec des aiguillons; d'autres font du Miel sauvage, qui trouble le cerveau aux hommes; & toutes font leur Miel sous l'écorce ou au pied des Arbres, dans des trous en terre, mais sans faire des rayons. Cette Province nour-

V E R.   V E R.

nourrit des Lions, qui dorment tout le jour dans des Cavernes, ou au haut des Arbres, d'où ils descendent la nuit pour chercher leur nourriture. Ils sont legers, mais timides. Les Sauvages les tuent, & mangent leur chair qui est blanche & assez bonne. Il y a aussi des Tigres, mais grands, & fort dangereux. Entre les Animaux à quatre pieds qu'on y voit, le plus grand est celui que les Espagnols appellent *Danta*, & les Sauvages *Beori*. Il est semblable à un Veau, si ce n'est qu'il a les jambes plus courtes & les pieds articulez comme l'Eléphant. Ceux de devant ont cinq orteils, & ceux de derrière quatre. Il a la tête longue, le front étroit, les yeux petits, le museau pendant & long d'une palme, les oreilles aigues, le col retiré, la queue couverte d'un peu de poil & la peau extrêmement épaisse. Quand il est fâché il se dresse, & ouvrant la gueule il montre ses dents qu'il a comme celles d'un Pourceau. Il vit d'herbes sauvages, & sa chair n'est pas mauvaise à manger.

Le côté de la Province, qui regarde l'Orient, est entrecoupé d'un nombre presque infini de Ruisseaux & de Torrens, qui descendent du haut des Montagnes, & qui s'étant assemblez dans des canaux font plusieurs Riviéres navigables. Ces Riviéres vont se jetter dans un Golphe largé & long qui se termine vers le Nord ou le Nord-Ouest en la Baye de Honduras. On l'appelle *Golpho Dolce*, à cause que ses eaux sont douces, quoique limonneuses.

VERADA. Voyez VERALA.

VERAGLASCA, Fleuve de Ligurie aux environs de la Ville de Gênes selon une ancienne Inscription citée par Ortelius[a].

VERAGRANUS. Voyez BEREGRANI.

VERAGRI, Peuples des Alpes, dont le Chef-Lieu est nommé *Octodurus*, où *Octodorus* par César[b]; ce qui fait que Pline[c] donne à tout le Peuple, ou du moins à une partie le nom d'*Octodurenses*. Octodurus qui, selon le sentiment de la plûpart des Géographes, est aujourd'hui *Martigni*, ou *Martignach*, se trouvoit dans la Vallée Pennine, qui dans la suite donna son nom aux VERAGRI de César & de Pline; car ils sont appellez VALLENSES dans la Notice de la Province des Alpes Grafennes & Penniries. Cellarius[d] croit qu'on doit placer les *Veragri* dans la Gaule Narbonnoise, ainsi que les *Seduni* & les *Nantuates*; & il en donne deux raisons; Prémiérement parce que César au commencement du troisième Livre de ses Commentaires les joint avec les Allobroges depuis les confins desquels ils s'étendoient jusqu'aux plus hautes Alpes; en second lieu parce que Ptolomée marque tous ces Peuples dans l'Italie, quoiqu'ils habitassent au-delà des Alpes Pennines. Si donc, ajoûte Cellarius, ils étoient placez entre les Allobroges & les Alpes Penninies, de façon qu'ils pouvoient en quelque manière être regardez comme habitans l'Italie, on ne peut point les joindre avec les Helvétiens, & les comprendre dans la Gaule Belgique, mais on doit les laisser dans la Narbonnoise, qui étoit entre l'Italie & la Belgique du côté des Helvétiens.

[a] Thesaur.
[b] Lib. 3. Bel. Gal. c. I.
[c] Lib. 3. c. 20.
[d] Geogr. Ant. Lib. 2. c. 3.

VERAGUA, Province de l'Amérique Septentrionale, à l'Orient de celle de Costarica, & au Couchant de celle de Panama[e]. Elle est lavée par la Mer du Nord & par la Mer du Sud. Sa longueur de l'Est à l'Ouest est de cinquante lieues, & sa largeur de vingt-quatre du Nord-au-Sud, aux endroits où elle est plus étroite. Le Pays est montueux & en quelque sorte impénétrable par l'épaisseur extraordinaire de ses Bois. Il est riche en Mines, principalement en Mines d'or. Le Terroir ne porte ni Froment ni Orge; mais il est assez fertile en Mahis & en herbes potagéres. Il y a fort peu de Pâturages; ce qui fait que le Bétail y manque. Christophle Colomb découvrit cette Province en 1502. en revenant du Cap Gracias à Dios, à l'Est de la Province de Honduras. Il descendit d'abord dans l'Isle de *Quiribi*, qu'il trouva couverte d'herbes & d'arbres; & ayant passé delà dans le Continent, il vint à *Cariaci*, Village situé sur le bord d'une Riviére, & fort peuplé de Sauvages, qui accourant armez d'arcs, de fléches & d'épées de bois, s'efforcérent quelque tems de chasser les Espagnols, qui les adoucirent par quelques presens & traitérent avec eux. De là Colomb s'avançant toûjours vers l'Est arriva à *Caravaro*, Baye fort poissonneuse, de trois lieues de largeur & de six de longueur. A son embouchure étoient des Isles, dans l'une desquelles étant descendu, il y trouva quelques Carcans d'or que les Sauvages échangérent volontiers pour des Sonnettes, & firent entendre qu'il y avoit de l'Or en abondance dans la Terre-ferme. Ces Sauvages alloient nuds, à l'exception des femmes. Colomb étant parti delà & ayant visité la Contrée d'*Aburena*, & *Catiba*, il passa à *Hurira*, dont les Habitans avoient si peu d'estime pour l'Or que les Espagnols racontent que les Sauvages leur en donnérent quatre-vingt-dix marcs pour trente six sonnettes. D'Hurira il entra dans *Cubiga*, où il ne trouva point d'or, & ayant passé Portobello, le vent qui se roidit du côté de l'Est l'obligea de prendre son cours vers l'Ouest. Il y fut battu neuf jours d'une violente tempête; ce qui fit appeller toute cette Côte *Costa de los Contrastes*. Enfin au commencement de l'an 1503. il trouva une Riviére appellée par les Sauvages *Tebra* & il la nomma BELEN. A une lieue de cette Riviére, il y avoit une autre que les Indiens appelloient VERAGUA; & ce nom demeura ensuite à la Province. Les Sauvages qui demeuroient sur l'*Tebra* assûroient qu'il y avoit quantité d'or dans Veragua; mais ayant sondé l'embouchure de l'une & de l'autre Riviére, Colomb trouva plus à propos d'entrer dans celle de Belen, dont le Canal étoit profond.

Depuis ce tems-là les Espagnols ont mené des Colonies dans la Province de Veragua, où ils ont bâti plusieurs Villes. Le Gouverneur & les autres Officiers du Roi demeurent dans celle de la Conception. On fond & on rafine l'or dans la Ville de Santa Fé; & les Officiers du Roi ont leurs Commis.

La Province de Veragua n'a aucun Port remarquable. Elle a seulement sur la Côte de

[e] De Laet, Descr. des Indes. Occ. Liv. 7. ch. 23.

de la Mer du Nord la Baye de Carabayco, ou de St. Jérôme, & plus vers l'Orient les Riviéres de la Trinidad, de la Conception & de Belen. Sur la Côte de la Mer du Sud, elle a le Cap de St. Martin, & la Pointe de Guerra vers l'Est, & le Cap de Borica vers l'Ouest.

VERALA, Ville de l'Espagne Citérieure: L'Itinéraire d'Antonin la marque sur la route d'Italie dans les Espagnes, entre *Calagurra* & *Tritium*, à dix-huit milles de chacun de ces Lieux. L'Orthographe du nom de cette Ville varie beaucoup dans les MSS. Les uns lisent VERALA; & les autres portent VARALA, VERAZA, VERADA, VERELÆ, ou VEROLA. Moralès & Surita jugent qu'il faut lire VARIA, que c'est la Ville de ce nom dont il est parlé dans Strabon & dans Pline; & qu'on l'appelle encore aujourd'hui VAREA.

VERANOCA, Ville de Phénicie, selon la Notice des Dignitez de l'Empire [a]. [a Sect. 23.]

VERANULA, Isle des Indes.

VERANULA [b], Ville des Indes, dans l'Isle de même nom. Elle est bâtie le long de la plage, sur un Rocher haut & escarpé, dont les pointes ressemblent en quelques endroits à des Tours. Les Maisons y sont hautes & couvertes en plate-forme, en sorte qu'on peut se promener dessus. Il y a une grande Mosquée, où l'on voit trois Nefs spacieuses, & un lieu séparé pour la lecture de l'Alcoran. Cette Ville est bien peuplée, & le Terroir d'alentour est un des plus fertiles en Cloux de gerofle, qui soit dans tous ces Pays-là. Au dedans de la Ville, dans une situation avantageuse, on voit le Fort des Hollandois, qui étoit rond, bien couvert, & bâti de pierre. Un peu plus loin il y avoit aussi un autre Fort bâti tout de même de pierre, avec plusieurs Ravelins & Guérites. Ce dernier étoit au Roi de Ternate, qui étoit maître de cette partie de Veranula. [b Hist. de la Conquête des Moluques, t. 2, p. 179.]

VERANUS AGER [c], Champ du Territoire de Rome, sur la Voye Tiburtine, selon Platine [d] qui dit que c'est dans ce Champ qu'a été bâtie la Basilique de St. Laurent. [c Ortelii Thesaur.] [d In Xisto II.]

VERBALIS, Lieu de l'Afrique, selon St. Augustin [e], cité par Ortelius [f]. [e Epist. 240.] [f Thesaur.]

VERBANUS-LACUS [g], Lac d'Italie, dans la Transpadane. Strabon lui donne quatre cens Stades de longueur, & un peu moins de cent cinquante Stades de largeur. Il ajoute que le Fleuve Ticinus le traverse, & Pline [h] dit la même chose. C'est assez pour faire voir qu'ils entendent parler du Lac appellé présentement *Lago-maggiore*, au travers duquel passe le Tesin. [g Lib. 4. p. 209.] [h Lib. 2. c. 103.]

VERBERIE, Bourg de France dans la Picardie, Election de Compiègne, sur le bord de l'Oise, au bas d'une Côte, à quatre lieues de Senlis & à autant de Compiègne, dans le Pays de Valois. Ce Bourg auquel quelques-uns donnent le titre de Ville, est assez considérable. Il a une Eglise Paroissiale [i] desservie par un Religieux de la Trinité. On y voit une Fontaine d'eaux minérales froides & insipides, & qui participent d'un sel semblable au sel commun. Verberie est connu dans les Auteurs Latins sous les noms de *Verimbrea Villa publica*, *Verim-* [i Piganiol, Descr. de la France, t. 3. p. 69.]

bria, *Vermeria*, ou *Vurembria*. On y tint un Concile sous le Régne de Pepin: on y en tint un autre en 853. & un troisième en 869.

VERBICÆ, Peuples de la Mauritanie Tingitane, selon Ptolomée [k]. [k Lib. 4. c.]

VERBIGENUS-PAGUS. Voyez URBIGENUS-PAGUS.

VERBINUM, Ville de la Gaule Belgique, dans le Pays des *Veromandui*. L'Itinéraire d'Antonin la place sur la route de *Bagacum-Nerviorum*, à *Durocortorum Remorum*, entre *Duronum*, & *Catusiacum*, à dix milles de la première de ces Places & à six milles de la seconde. Dans la Table de Peutinger cette Ville est appellée VIRONUM; & Mr. Wesseling remarque que Mr. de Valois a confondu mal à propos VIRONUM avec VERODUNUM, ce qui est contre l'ordre de la route. Le nom moderne de *Verbinum* est VERVINS.

VERCEIL, Ville d'Italie [l], dans le Piémont, aux confins du Milanez, dans l'endroit où la Sessia reçoit la Cerva, jointe avec l'Elva & le vieux Canal. Cette Ville, la Capitale d'une Province & d'une Seigneurie, est Episcopale & fort ancienne. Voyez VERCELLÆ. Sa Cathédrale est dédiée à St. Eusébe, Evêque de cette même Ville [m], & dont le Corps repose en son Eglise, ainsi que celui du Bienheureux Amédée Duc de Savoye. Cette Eglise est soutenue de quarante Colomnes de Marbre, & on y conserve un Evangile de St. Mathieu & de St. Marc écrit de la main de St. Eusébe qui vivoit dans le quatrième Siècle. Il est couvert de Lames d'argent historiées, & données par Bérenger Roi d'Italie, il y a plus de huit cens ans. On voit aussi dans Verceil plusieurs Couvens de l'un & de l'autre Séxe, & les Jésuites y ont une fort belle Maison. Le pavé de Ste. Marie Majeure est de Mosaïque. Il représente l'Histoire de Judith. L'Hôpital est un des plus beaux & des mieux servis d'Italie. L'Eglise de St. André des Chanoines Réguliers a deux beaux Clochers fort remarquables. Toutes les rues de Verceil sont belles & larges, il y a une grande Place dont les Maisons sont soutenues de Portiques. La Maison de Ville & la Fontaine du milieu, ainsi que le Palais du Gouverneur, sont ses plus beaux ornemens. La grande quantité de Clochers que l'on apperçoit en y arrivant la fait paroître beaucoup; mais elle n'est pas peuplée à proportion de sa grandeur. [l De l'Isle Atlas.] [m Corn. Dict.]

La Ville de Verceil est une des Places les plus régulières de l'Italie [n]. Elle a quatorze Bastions tous revêtus. Il y en a onze du côté de la terre; ils sont égaux avec une fausse-braye qui prend à chaque Angle de l'épaule, & couvre les deux flancs & la courtine. Cette fausse-braye est construite d'une façon toute singulière. La muraille en est mince, soutenue pourtant par des éperons d'espace en espace; & toute vuide. Les Connoisseurs y remarquent un défaut de conséquence; c'est que le chemin ou la Banquette qui régne le long de son Parapet, qui n'a que neuf à dix pouces d'épaisseur, est si étroit qu'à peine un Soldat y pourroit ma- [n Mémoires & Plans Géographiques, de 1698.]

manier ses armes; ce qui feroit que n'étant capable que d'un rang, le feu ne pourroit être perpétuel pour la défense, qui est la seule chose qui peut nétoyer le Fossé & en chasser l'Ennemi. D'ailleurs un Soldat blessé ne s'y pouvant tenir se rompoit le cou en tombant. Les Cavaliers qu'on a laissez à quelques Bastions étranglent aussi beaucoup le chemin le long des Parapets, & dans quelques-uns il n'y a de l'espace que pour deux Soldats de front. On a voulu s'acquerir deux faces par-là, le rasant & le fichant. Le côté des deux Riviéres est le plus foible, tant pour la grande prolongation de ses Lignes de défense, qu'à cause qu'il n'y a aucuns dehors qui en empêchent l'approche. On trouve aussi un défaut considérable aux deux Bastions qui voyent ce côté, dont les flancs sont perdus & ne voyent point les faces opposées. On remarque encore une chose qu'on croit qui embarasseroit la défense, qu'on pourroit attendre de la fausse braye. C'est que commençant à l'Angle de l'épaule par une Ligne continuée qui prolonge la face du Bastion, & cette Ligne étant composée d'une simple muraille sans terrasse, nullement à l'épreuve du Canon, la Batterie qui verroit la face des deux Bastions attaquez, pourroit voir aisément le bout de la Ligne attaché à ces deux faces, le ruiner sans beaucoup de peine, & de là empêcher absolument le secours qu'on pourroit attendre de ces flancs enfilez & ouverts. Ce qu'il y a de fort particulier, & que l'on voit peu ailleurs, c'est que plus de deux milles autour de la Place on ne sauroit se poster qu'on ne soit vu de cinq Bastions, à la fois & d'autant de demi-lunes. Cette Ville fut prise en 1704. par les François sous les ordres du Duc de Vendôme.

Verceil a fleuri sous les Romains & depuis cette Ville a eu différens Maîtres. Elle a été République. Elle passa ensuite sous la Domination des Ducs de Milan, & enfin sous celle des Ducs de Savoye.

La Seigneurie de Verceil, dans laquelle on comprend la Principauté de Masseran & le Territoire de Bielle, est au Septentrion du Duché de Montferrat, & à l'Occident.

VERCELLÆ, Ville d'Italie, dans la Transpadane: Ptolomée *a* la donne aux Peuples *Libici*; Pline *b* dit qu'elle devoit son origine aux *Salyi*, ou *Salluvii*; Tacite *c* la met au nombre des Municipes les mieux fortifiez de la Transpadane. Selon l'Itinéraire d'Antonin qui la nomme *Vercellis* & *Vergellenorum*, elle étoit sur la route de Milan à Vienne en passant les Alpes Graïennes, entre Novare & Ivrée, à seize milles de la premiére de ces Places & à trente-trois milles de la seconde. St. Jérôme *d* écrit aussi Vercellis. Il la place dans la Ligurie au pied des Alpes, & dit qu'elle étoit puissante autrefois; mais que de son tems elle étoit à demi-ruïnée & n'avoit qu'un petit nombre d'Habitans. On voit par les Annales de St. Bertin que le nom Vercellis étoit indéclinable; car on y lit ces mots: *Quibus obviam mittens inter Vercellis & Epirediam*. Cette Ville conserve encore son ancien nom: on l'appelle présentement Verceil. Voyez Verceil.

a Lib. 3. c. 1.
b Lib. 3. c. 17.
c Hist. L. 1. c. 70.
d Epist. 17.

VERCHERES, Seigneurie de l'Amérique Septentrionale au Canada, le long du Fleuve de St. Laurent, à quatre lieues au-dessus de la Seigneurie de St. Ours, dans le Gouvernement de Montreal. Les Iroquois en enlevérent vingt-deux Habitans pendant qu'ils travailloient aux Terres en 1692. Le Fort qu'on y a bâti est bon; & il y a une Redoute qui en est à cinquante pas. Ce Fort auroit été pris d'assaut par les Iroquois en 1690. sans la Dame du lieu qui en défendit la Redoute avec beaucoup de valeur jusqu'à ce qu'elle fût secourue. En 1692. la Demoiselle de Vercheres sa fille étant échappée des mains des Iroquois & s'étant sauvée dans le Fort où il n'y avoit que des Femmes & un Soldat, elle soutint deux jours de Siège, avec tant de fermeté qu'elle obligea les Sauvages de se retirer, après avoir tiré sur eux un coup de Canon. Elle n'avoit alors que quatorze ans.

VERDALLE, Seigneurie de France, dans le Haut Languedoc, Recette de Lavaur.

VERDE, ou Verdes, Bourgade de France, dans la Beauce, Election de Châteaudun. Ce Lieu a pris son nom d'un Etang auprès duquel il est situé. L'Etang de Verde a deux lieues de long & deux cens cinquante pas de large. Aimoin rapporte que quand on empoisonna le Roi Childebert & la Reine sa femme, les eaux de cet Etang s'échauffèrent tellement qu'elles devinrent bouillantes & jetterent sur les bords quantité de Poissons cuits.

1. VERDEN. Voyez Ferden.

2. VERDEN, ou Werden, Ville d'Allemagne dans le Cercle de Westphalie, sur la Riviére de Roer, à deux lieues au-dessous de Ketwick. Il y a dans cette Ville une Abbaye qui la rend considérable, & l'Abbé est Membre de l'Empire.

1. VERDIER, Vicomté de France, dans le Limousin. Il appartient au Marquis de même nom de la Famille de Gréen St. Marsault.

2. VERDIER, Bourg de France dans le Berry, Election de Bourges. Il y a dans ce Lieu une Prevôté indivise entre le Chapitre de St. Pierre le Puellier de Bourges & le Chapitre de Sancerre.

VERDILLE, Bourg de France dans l'Angoumois, Election de Cognac.

VERDISO, ou Verduit, petite Ville de la Romanie, sur la Mer-Noire, entre Sisopoli & Stagnara. On la prend pour l'ancienne *Peronticum*.

VERDON, Riviére de France, dans la Provence. Elle prend sa source dans les Alpes, au Lac Alloz, sur une Montagne, aux confins de la Vallée de Barcelonnette, passe à Colmar, Castellane, Greoux & Vinon, & se jette dans la Durance à Pertuis. Il y en a qui veulent que cette Riviére ait pris son nom de la verdeur de ses eaux.

VERDONNAY, Bourgade de France, dans la Bourgogne, Recette de Semur. Cette Paroisse est située dans les Montagnes. Il y a quelques belles Plaines. Le Ha-

Hameau de Cestre, la Métairie de Beauregard & celles de l'Abbaye du Puits d'Orbre en dépendent. Cette Abbaye est dans l'étendue de la Paroisse; mais les Réligieuses ont été transférées à Châtillon sur Seine; l'Abbesse est Collatrice de la Cure de Verdonnay.

1. VERDUN, Ville de France, l'un des trois Evêchez de Lorraine, sur la Meuse, avec titre de Comté, Siège Présidial, Bailliage, Recette & Siège de Traites Foraines; en Latin *Verunum*, *Veronum*, *Vironum*, *Verodunum*, *Verodunensium Civitas*, *Civitas Veredunensium*, *Civitas Verodunensium*, *Civitas Verodonensium*, *Civitas Verodonensium*, *Civitas Verdunensium*, *Verodonum*, *Verdunum*, *Veredunum*, *Urbs Veredūna*, *Viridunum*, ou *Virdunum*. Mr. de Saumaise dans la quarante-neuvième de ces Lettres imprimées prétend que Verdun a pris son nom du mot Celtique *Ver* qui signifie *Gué*, ou *Passage*. Quoi qu'il en soit, cette Ville riche & ancienne est située sur la Meuse, qui la coupe en deux parties. Elle est partagée en Ville-Haute, Ville-Basse, & Ville-Neuve. On y compte neuf Paroisses & environ dix-huit mille Habitans. C'est un Poste important, soit pour défendre l'entrée du Royaume du côté de la Champagne, soit pour servir de Place d'armes au haut de la Meuse : aussi l'a-t-on fortifiée avec soin. Sa muraille flanquée de dix Bastions est défendue d'ailleurs par une bonne Citadelle à cinq Bastions, & qui fut construite sous les ordres du Maréchal de Marillac, pour lors Gouverneur de Verdun. Le Maréchal de Vauban a fait de cette Citadelle une Place réguliére. L'ancienne partie ne sert que de Retranchement. On y remarque l'Eglise & l'Abbaye de St. Vanne, aussi-bien que plusieurs Edifices tant pour le Gouverneur & la Garnison que pour les Magazins. L'enceinte est composée de cinq Bastions, dont trois sont du Chevalier de Ville & deux à la Vauban. Elle a une fausse-braye qui régne presque tout autour, excepté au front, & c'est le Maréchal de Vauban qui l'a fait construire. La partie de l'ancienne Citadelle compose un Retranchement, qui forme deux fronts de Fortifications, qui ont un Bastion & deux demi-Bastions. Ce Retranchement a été réparé par le Maréchal de Vauban & est couvert d'un Fossé sec. Le côté de cette Citadelle qui donne sur la Rivière est une grande Ligne, au milieu de laquelle est un Bastion plat, par lequel on entre dans la Citadelle. Le front est couvert par un grand Quay formé par une grande Muraille, accompagnée d'une Tour ronde à l'antique. Le pied de cette Muraille est battu par la Riviére. Les dehors consistent en cinq demi-lunes, qui sont dans le Fossé, qui est accompagné d'un chemin couvert, de Places d'Armes & de Glacis.

[marginal note: *a Longuerue*, Descr. de la France, Part. 2. p. 209.]

Verdun avec le Verdunois [a] est enclavé dans les terres qui dépendent du Barrois, dont quelques-unes ont été cédées à la France. Le Pays qui s'étend le long de la Meuse, est fort peuplé & rempli de gros Bourgs & Villages. Le nom de ce Pays & celui de sa Capitale Verdun, en Latin *Verodunum* ou *Veredunum*, se trouve dans l'Histoire de Grégoire de Tours, & dans un Poëme de son Contemporain Fortunat, adressé à S. Ageric ou Agri, Evêque de Verdun. César dans ses Commentaires n'a fait aucune mention des Verdunois; ce qui n'est pas surprenant, puisqu'il y avoit alors des Peuples dans les Gaules, dont il ne dit rien, outre que les Géographes Strabon & Ptolomée ont omis les Verdunois.

L'Itinéraire d'Antonin est le premier ancien Monument où l'on trouve Verdun. La Carte de Peutinger marque *Verunum* dans une situation qui convient à Verdun. Il y en a qui ont voulu trouver *Verunum* ou *Virunum* dans Pline; mais on ne le voit point au XVII. Chapitre du IV. Livre, où il nomme les Peuples de la Gaule Belgique; car on voit en cet endroit *Treveri* & *Leuci*; mais nullement *Veruni* ou *Virunum*, que Pline place au III. Livre entre les Villes de la Province Norique dans l'Illyrie Occidentale. Ainsi l'on peut dire que Verdun n'a été célèbre que depuis l'établissement des François dans les Gaules. Des Auteurs qui ont écrit il y a environ cinq ou six cens ans, ont prétendu que cette Ville avoit porté au commencement le nom de *Civitas Clavorum*, ou *Claborum*, & même *Laticlavorum*, ou *Articlavorum*; mais ils sont trop récens par rapport à cette haute antiquité, & ils ont vécu dans un Siècle trop ignorant pour mériter aucune créance.

Enfin si Verdun a été des dépendances d'un autre Peuple ou Cité, il y a plus de vraisemblance que c'est de Trèves que d'un autre; car ceux de Trèves occupoient un Pays le long de la Meuse sur les confins des Remois: aussi Verdun a toujours reconnu Trèves pour sa Métropole; ainsi elle a été dans la première Belgique. Elle a aussi sous les François fait toujours partie du Royaume d'Austrasie, tant sous les Mérovingiens que sous les Carlovingiens. Le dernier Roi de cette race qui a régné en Germanie, & dans le Royaume de Lothaire ou Lorraine, a été le jeune Louis, fils d'Arnoul. Charles le Simple, Roi de la France Occidentale lui succéda au Royaume de Lorraine, & après sa déposition & sa prison, son Successeur Raoul jouit d'une partie de ce Royaume, & il tint Metz, Toul & Verdun, & d'autres Villes, qui reconnurent Louis d'Outremer après Raoul; mais elles furent conquises avec le reste du Royaume de Lorraine par Othon I. qui en jouit Ce Prince & ses Successeurs établirent des Comtes à Verdun, qui relevoient des Empereurs, & eurent souvent la guerre avec Lothaire Roi de France, fils de Louis d'Outremer, qui prit prisonnier Godefroi Comte de Verdun l'an 984, & obligea la Ville à se rendre; mais il ne la garda guère; car il la rendit l'an 985, & remit en liberté le Comte Godefroi.

Frédéric fils de Godefroi, lui succéda au Comté de Verdun qu'il donna aussi-tôt à l'Evêque Haimon, & à son Eglise de Verdun; ce qui fut confirmé par Othon III. qui investit par autorité Impériale l'Evêque & son Eglise à perpétuité du Comté & Marquisat de Verdun; ce que Laurent de Liè-

Liège rapporte dans sa Chronique. Neanmoins les Ducs de Lorraine de la Maison d'Ardenne, savoir Godefroi, Gothelon, Godefroi *le Barbu* & Godefroi *le Bossu*, ne voulurent point consentir à cette Donation & se rendirent maîtres par force de Verdun; ce qui excita de grandes guerres jusqu'au tems de Godefroi de Bouillon, héritier de la Maison d'Ardenne, à cause de sa mere Ide, femme d'Eustache, Comte de Boulogne.

Le Duc Godefroi qui avoit pris de force Verdun, le donna à son frere Baudouin qui l'accompagna à la Terre Sainte, & lui succéda au Royaume de Jérusalem.

Baudouin, avant que de partir de son Pays, vendit à l'Evêque Richer & à son Eglise, Verdun. Ce Prelat ne jouït pas de son acquisition; car il donna à Thierri Comte de Monçon & de Bar l'Administration du Comté de Verdun, pour le tenir sous l'autorité de l'Evêque Seigneur dominant; en sorte que Thierri n'étoit que Vicomte; mais Thierri abusa de son pouvoir, comme fit son fils & Successeur Thibaud, avec son fils Hugues; ce qui obligea l'Evêque de Verdun à aliéner, ou engager Stenai au Comte de Luxembourg nommé Guillaume.

Après des guerres cruelles, & de grands ravages, enfin le Comte Renaud céda Verdun à l'Evêque Alberon de Chisni, & à son Eglise de Verdun, & l'Evêque donna au Comte, Clermont en Argome, avec les Fiefs de Hans & de Vienne, pour lesquels les Comtes & les Ducs de Bar ont été long-tems Vassaux de l'Eglise de Verdun. Cet échange se fit l'an 1131., comme on voit dans la Chronique d'Alberic, & trois ans après la Paix perpétuelle entre l'Evêque & le Comte fut faite par l'entremise d'Etienne de Bar, Evêque de Metz.

Alberon de Chisni ayant quitté l'Evêché de Verdun, & Albert de Marci lui ayant succédé, il obtint l'an 1156. de l'Empereur Frederic *Barberousse* la confirmation du Comté & Marquisat de Verdun, donné à Haimon Evêque de Verdun par Othon III. L'Empereur Frederic ordonna par ses Lettres qu'à l'avenir le Comte ne seroit point héréditaire, mais un simple Officier.

L'Evêque Alberon de Chisni ayant retiré le Comté de Verdun des mains du Comte de Bar, fit administrer la Charge de Vicomté par quatre Citoyens de la Ville, qui devoient être changez tous les ans; ce qui dura jusqu'au Siécle suivant. Ce fût pour lors que les principaux Citoyens s'étant plaints de la manière dont la Justice étoit exercée à Verdun, l'Evêque Raoul de Torote, qui étoit un homme fort facile, engagea pour 2000. Livres la Vicomté aux Habitans, à qui l'on donna le Droit de choisir & de changer les Officiers.

Les bons Bourgeois ayant donné l'argent de leur bourse, on convint qu'eux & leurs descendans seroient préferez aux autres.

L'Evêque Louïs d'Aprémont retira le Vicomté des mains des Habitans, mais il ne le garda guère, car il l'engagea de nouveau pour 2000 Francs Barrois; & les Citoyens s'obligérent à employer le revenu à la réparation des murailles. La Communauté des Habitans jouït ensuite paisiblement de la Justice & des Droits de la Vicomté: ce qui les fit jouïr de la liberté des Villes Impériales, les Evêques se contentant de recevoir leur serment tous les ans le jour de la S. Jean.

Après s'être maintenus en cet état paisiblement, le Prince Louïs de Lorraine, quatrième fils du Duc René, & frere du Duc Antoine, poursuivit l'an 1520. le dégagement du Vicomté, & des Droits qui y étoient annexez; mais il quitta son Evêché de Verdun, & renonça à l'Etat Ecclésiastique l'an 1522.

Les Habitans se mirent sous la protection du Roi Henri II. l'an 1552, & le pouvoir des Evêques diminua encore. François de Lorraine, fils du Comte de Chaligni, & neveu du Duc de Mercœur, voulut maintenir son autorité, lorsque le Maréchal de Marillac fit bâtir à Verdun une Citadelle par l'ordre de Louïs XIII. il fit afficher son Excommunication le 3. de Janvier 1627, contre tous ceux qui travailloient à cette Citadelle; mais elle fut déclarée abusive par le Président Royal de Metz.

L'Evêque se plaignit de ce procédé à l'Empereur, attendu qu'il étoit Prince & Vassal de l'Empire. Il se retira ensuite en Allemagne, & on lui confisqua le temporel de l'Evêché de Verdun & ses autres Bénéfices; car il s'engagea hautement durant la guerre dans le parti des ennemis de la France; mais par la paix de Munster, il fut rétabli dans la possession paisible de son Evêché, dont il fit serment de fidélité au Roi Louïs XIV. qui étoit légitime Souverain de la Ville de Verdun & de l'Evêché, par la cession que l'Empereur & tous les Etats de l'Empire lui en avoient fait au Traité de Westphalie.

Depuis ce tems-là Clement IX. a donné un Indult perpétuel l'an 1669. aux Rois de France, pour nommer à l'Evêché de Verdun & aux Bénéfices Consistoriaux, qui étoient sous la Domination du Roi en cette année-là.

Le Comté de VERDUNOIS est composé de plusieurs Prevôtez où il n'y a aucune Ville, mais des Bourgs & des Villages. Quant au Marquisat de Hatton Chastel qui appartenoit aux Evêques de Verdun, il a été acquis par les Ducs de Lorraine.

Ils ont eu aussi la Seigneurie de Sampigni sur la Meuse, qui appartenoit à l'Eglise de Verdun au-dessus de Saint Miel; & les Evêques ont aussi perdu le Droit Féodal sur le Comté de Clermont, Vienne & Varenne, auquel Droit ils ont renoncé.

Avant que la Ville de Verdun passât sous la puissance de la France, la forme de son Gouvernement & de ses dépendances étoit presque même que celle de la Ville de Mets, & du Pays Messin; si ce n'est que le Peuple y étoit moins puissant & que l'Evêque & le Chapitre y avoient conservé plus d'autorité. Ce petit Pays avoit encore entretenu plus de liaison avec la France qu'avec l'Allemagne; & on voit même des marques de la protection qu'il recevoit de cette Couronne, par les redevances & les droits de Sauve-garde, qu'il payoit au Domaine de Vitry.

L'Evêché de Verdun est sous la Métropole de Trèves dès l'an 410. & rapporte environ cinquante mille Livres de rente à celui qui en est pourvû ; sçavoir quarante mille Livres de son Domaine temporel, & neuf à dix mille Livres de la Manse Abbatiale de St. Vanne, qui a été unie à perpétuité à cet Evêché. L'Evêque prend les titres de Comte de Verdun & de Prince du St. Empire. Le Diocèse de cet Evêché est divisé en neuf Doyennez, & renferme cent quatre-vingt douze Paroisses, dont il y en a neuf dans la Ville de Verdun, cent six dans le Pays appellé l'Evêché, & soixante & dix-sept dans la Lorraine. L'Eglise Cathédrale porte le nom de Notre-Dame, & son Chapitre est composé de sept Dignitez & de quarante-deux Prébendes. Le revenu de ces dernières est, année commune, de mille deux cens Livres ; mais dans le tems de la cherté du bled elles rapportent plus de trois mille Livres chacune. Le Chapitre choisit tous les ans à la St. Jean trois Présidens, un Célerier & cinq Prevôts pour régir les biens de cette Eglise.

L'Eglise Collégiale de la Magdeleine est dans la Ville de Verdun, & est composée d'un Grand-Prevôt, d'un Grand-Doyen, d'un Grand-Chantre & de vingt Prébendes de quatre à cinq cens Livres de revenu chacune. Les Chapitres de Hatton-Châtel & d'Aspremont sont aussi dans ce Diocèse. L'Abbaye de St. Vanne est de l'Ordre de St. Benoît. On ne sait pas le tems de sa fondation : on sait seulement que St. Madelve en étoit Abbé en 750. & que pour lors elle portoit le nom de S. Pierre. Elle prit ensuite le nom de St. Vanne, qui fut fait Evêque de Verdun vers l'an 998. au refus de St. Euspice, qui ne voulut point accepter cet Evêché. L'Abbaye de St. Vanne étoit autrefois située dans un des Fauxbourgs de Verdun ; mais aujourd'hui elle est au milieu des six Bastions de la Citadelle. C'est dans ce Monastère que la dernière Réforme de l'Ordre de St. Benoît a été conçue & d'abord introduite par Dom Didier de la Cour, Religieux & Prieur de cette même Abbaye, qui devint peu de tems après le Chef-lieu d'une nouvelle Congrégation appellée de St. Vanne & de St. Hydulphe, parce qu'elle commença par l'union du Monastère de St. Vanne, & de celui de Moyen-Moustier en Vosge dédié à St. Hydulphe. La Bulle qui érige cette Congrégation, fut donnée par le Pape Clément VIII. le 7. d'Avril 1604. & le 31. Juillet de la même année le premier Chapitre Général fut tenu dans l'Abbaye de St. Vanne. Cette réforme fut embrassée par les Abbayes de St. Michel, de St. Hubert en Ardenne, de St. Denis, & des autres du Pays-Bas, érigées auparavant en Congrégation sous le nom de St. Placide. Plusieurs des Abbayes de France qui suivoient la Règle de St. Benoît s'empressèrent d'embrasser cette Réforme ; mais comme Dom Didier de la Cour prévit, qu'ils y auroient trop de difficultez sur-tout pendant la guerre à entretenir la correspondance nécessaire entre les Monastères de Lorraine & ceux de France, il proposa l'érection d'une nouvelle Congrégation en France sous le nom de St. Maur ; & cette proposition fut suivie. Ces deux Congrégations, quoique séparées, ont néanmoins toujours conservé depuis le même esprit, & sont demeurées unies de prières & de suffrages. La Manse Abbatiale de St. Vanne fut unie à l'Evêché de Verdun en 1572 & les Religieux de cette Abbaye jouïssent d'environ neuf à dix mille Livres de revenu. Saint Agry ou Ayric, autre Abbaye de l'Ordre de St. Benoît, est située dans la Ville de Verdun. Elle fut fondée vers l'an 1037. par Rembert Evêque de Verdun, & l'Empereur Henri III. confirma la Donation que ce Prélat avoit faite en 1689. Elle est en Règle. L'Abbé & cinq ou six Religieux, dont la Communauté est composée, jouïssent de cinq ou six mille Livres de rente. St. Maur de Verdun est une Abbaye de Filles, fondée par l'Evêque Haimo. Elle embrassa la Réforme de St. Vanne en 1609. Cette Abbaye est aujourd'hui composée de quarante Religieuses & bien bâtie. Le désintéressement extraordinaire de ces Religieuses mérite bien qu'on remarque ici qu'elles n'exigent aucune dot des filles qu'elles reçoivent. L'Abbaye de St. Nicolas des Prez de Verdun est de l'Ordre de St. Augustin & de la Réforme du Père Mataincour. Elle ne jouït que de cinq ou six mille Livres de revenu, tant pour l'Abbé Commendataire que pour les Religieux. L'Abbaye de St. Paul de Verdun étoit autrefois de l'Ordre de St. Benoît ; mais depuis 1136. elle est de l'Ordre de Prémontré, ces Religieux y ayant été établis cette année-là par Adalberon. Le revenu de l'Abbé est de neuf à dix mille Livres ; & celui des Religieux est d'autant. Le Collège de cette Ville est dirigé par les Jésuites, & leur établissement est ancien dans la Ville. Ils ont environ huit mille Livres de revenu.

Le Gouverneur de Metz commande aussi à Verdun, où il y a pourtant un Gouverneur particulier, qui est aussi Gouverneur de la Citadelle, & jouït de dix mille Livres d'appointemens. Ce Poste a toujours été donné à des personnes de confiance & d'un mérite distingué. Le Maréchal de Marillac étoit revêtu de ce Gouvernement, & les exactions qu'on prétendit qu'il avoit faites pour la construction de la Citadelle, servirent de prétexte à la jalousie du Cardinal de Richelieu qui le fit périr. Cette Ville a aussi un Lieutenant de Roi, qui a trois mille six cens Livres ; un Major qui a douze cens Livres, un Aide-Major, qui a trois cens soixante Livres, & un Capitaine des Portes. La Citadelle de Verdun a son Etat Major séparé : il est composé d'un Lieutenant de Roi, avec trois mille six cens Livres d'appointemens, d'un Major & d'un Aide-Major, qui ont des appointemens pareils à ceux des Officiers Majors de la Ville.

2. VERDUN, Ville de France [a], dans la Bourgogne, au confluent du Doux & de la Saône, à trois lieues de Châlon, de Beaune & de Seurre, en Latin *Viridunum Castrum*, *Viri-*

[a] *Piganiol, Descr. de la France, t. 3. p. 489.*

V E R.   V E R.   139

Viridunus, Viredunum Castellum. Elle a pris son nom, selon Mr. de Saumaise, des mots Celtiques *Ver* & *dunum*, dont le premier signifie *Gué*, ou *Passage*. Cette petite Ville qui est honorée du titre de Comté, & d'une Mairie, a quatre cens cinquante pas communs de longueur, sur cent soixante & dix de largeur. Le Fauxbourg de St. Jean est grand, & plus beau & plus fréquenté que la Ville à cause de l'abord. Il n'y a à Verdun qu'une seule Paroisse, pour la Ville & pour le Fauxbourg. La Justice appartient dans toute son étendue au Seigneur qui nomme & institue les Officiers. Les Appellations se relèvent au Bailliage & Siège Présidial de Châlon. Il se fait à Verdun un commerce considérable; & tous les ans le vingt-neuvième d'Octobre, on y tient une Foire qui dure quinze jours, & où il vient des Marchands de tous côtez. Cette petite Ville député aux Etats de la Province alternativement avec les Villes de la Bresse Châlonoise. Tous ses environs sont fort bas; ce qui a obligé de faire des digues pour arrêter les inondations.

3. VERDUN, Ville de France, dans le Bas Armagnac, sur la Garonne, à cinq lieues au-dessous de Toulouse, Election de Riviére-Verdun. Cette petite Ville a une Seigneurie & un Ressort auquel elle donne le nom. Elle étoit considérable du tems des Albigeois, & on la qualifioit alors du titre de *nobile Castrum*.

4. VERDUN (Le Pays de) autrement nommé RIVI'ERE DE VERDUN. C'est un Canton de la Basse-Gascogne, situé entre la Garonne & l'Armagnac. Il prend son nom de la Ville de Verdun, qui est le Siège de sa Justice. Il y a encore celle de Grenade où est le Siège de son Election ou Recette. On appelle ce Pays Riviére de Verdun, parce qu'il est situé & compris entre les trois Riviéres de Garonne, de Save & de Gimone. Ce Pays appartenoit aux Comtes de Toulouse.

VERDUNOIS, Pays ou petite Province de France, dans la Lorraine. Il touche à la Champagne du côté de l'Occident, & se trouve enclavé de tous les autres côtez dans la Lorraine. Il s'étend le long de la Meuse. Il est fort peuplé & rempli de gros Bourgs & Villages; mais il n'a point d'autre Ville que Verdun sa Capitale qui lui donne son nom. Ce Pays relevoit autrefois de l'Empire d'Allemagne; mais depuis que Verdun s'est mise sous la protection de la France en 1152. les environs ont suivi son sort. Le tout a été cédé à la France par la Paix de Munster. Voyez VERDUN, N°. 1. Cette Province fait partie du Gouvernement Militaire de la Province de Metz & Verdun.

VERE. Voyez WERE.

VEREA, Siège Archiépiscopal d'Asie. La Notice du Patriarchat d'Antioche publiée par Schelstrate le met au nombre des Archevêchez indépendans.

VEREBAGAN, Lieu de la Bulgarie, selon l'Histoire Miscellanée [a]. [a Lib. 22.]

VEREGABORI. L'Histoire Miscellanée [b] porte que des Peuples de ce nom habitoient autrefois au voisinage de la Sarmatie Européene. [b Lib. 19.]

VEREGRANI. Voyez BEREGRANI.

VEREI, Ville de la Pannonie. L'Itinéraire d'Antonin la marque entre *Mariniana* & *Mursa Civitas*, à vingt deux milles du premier de ces Lieux & à vingt-six milles du second. Au lieu de VEREI, quelques MSS. portent VERICI, & BOREVI. C'est le Lieu nommé BEREBIS dans la Table de Peutinger, & il y a apparence que c'est aussi le même lieu que Ptolomée appelle BERBIS.

VERELA. Voyez VERALA.

VERESIS, Fleuve d'Italie, dans le Latium: Strabon [c] dit qu'il couloit aux environs de Preneste. [c Lib. 5. p. 239.]

VERET, Château de France, dans la Touraine [d], sur le Cher. Ce Château peut passer pour beau, tant par sa situation, que par la commodité de ses appartemens, & par la propreté de ses meubles. Les quatre Angles du Bâtiment sont occupez par autant de Tours rondes à l'antique. Les dedans sont commodes & logeables. La Cour est quarrée, spacieuse & belle. Sur la porte est la Figure équestre à demi-bosse du Roi François I. La Sale du Billard à droite est très-belle, & superbement meublée, ornée d'un côté d'un Balcon dont les vûes sont charmantes & donnent sur la Riviére. A gauche est la Cuisine, parfaitement bien construite & voutée d'un grand goût. Ce qu'on appelle *la Salle des Saints*, est un endroit propre & passablement beau où l'on a représenté en peinture tous les Saints Guerriers, illustres dans l'Histoire. Ces morceaux ne sont pas d'une trop belle exécution; mais ils marquent du moins le goût saint & pieux du feu Duc de Mazarin à qui cette Maison appartenoit. Le Sallon qui est en haut est parfait dans ses proportions. Les peintures du Platfond avoient été commencées par Jouvenet; mais elles n'ont pas été finies: ce qui en est fait est d'une grande beauté; cette belle Peinture représente le Ciel & une Cour céleste. Les pans du mur sont peints de Figures en grand de tous les Rois de l'Europe Chrétienne & d'un assez mauvais goût. Les appartemens à droite & à gauche sont beaux & logeables. Le Parterre est orné de plusieurs Figures de divers Papes mal exécutées; & St. Pierre est placé sur un piédestal au milieu de ce Parterre. Ce goût de Statues est tout-à-fait singulier; & répond à la sainteté du Seigneur de la Maison. Le Parc est sur une éminence. Il est grand & peut avoir une bonne demi-lieue de tour. Il est bien percé: les allées & les étoiles en sont entendues & bien disposées; & on a pratiqué d'espace en espace des Impériales ou Berceaux, qui font un agréable effet. Ce Château a été bâti par Jean de la Barre Comte d'Estampes, premier Gentilhomme de la Chambre du Roi, & Prevôt de Paris. La Paroisse ne contient que deux cens quarante-neuf feux. [d Piganiol, Descr. de la France, t. 7. p. 53.]

VERETINUS. Voyez VARNUS.

VERETUM, Ville d'Italie dans la Messapie ou Calabre. Strabon [e] qui la place aux confins des *Salentini* dit qu'on la nommoit auparavant Baris. Je crois, dit Xylander, que c'est la Ville *Varia Apulæ* de Pline [f] Il ne faut pas confondre cette Ville avec *Ba-* [e Lib. 6. p. 281.] [f Lib. 3. c. 11.]

S 2   *rium.*

rium. On la nomme aujourd'hui *Santa Maria de Vereto.* Elle étoit à quelque distance de la Côte; ce qui fait que Ptolomée, qui écrit Οὐέρητον, la place dans les terres.

[a] Lib. 20. c. 19.

VERGÆ, Ville d'Italie: Tite-Live[a] la met chez les Brutiens. Gabriel Barri & Holsten conjecturent que c'est aujourd'hui *Bogiano.*

VERGAMUM, ou BERGOMUM, noms Latins de la Ville de Bergame. Voyez BERGAME.

[b] Délices d'Espagne, p. 88.

VERGARA, petite Ville d'Espagne[b], dans le *Guipuscoa*, au bord de la *Deva*, entre *Placentia* & *Mondragon.* Elle est célebre par le commerce qui s'y fait du fer & des armes qu'on y fabrique; ce qui fait qu'on l'a appellée *la Boutique de Mars.*

[c] Corn. Dict.

VERGATUR, ou VERGOTUR[c], petite Ville de la Tartarie Moscovite, à soixante lieues de Kioumenie, & à soixante & dix de Solikanska, sur les bords de la Rivière de Toira, qui se jette au dessous dans celle de Tolbo. On permet aux Tartares de loger dans cette Ville, quoique ce soit un Lieu où l'on relegue les Moscovites qu'on punit par l'éxil, & qu'on destine à cultiver la terre des environs. Sanson dans v tes. place cette Ville à cinquante lieues de Tumen du côté de l'Occident. Witsen la met au Couchant fort Méridional entre des Montagnes qu'il nomme les Montagnes de Vergotur, ou de Semino Poyas, & qu'il prend pour les Monts Riphées des Anciens.

VERGELLUS, Torrent ou Fleuve d'Italie dans la Pouille, au voisinage du Lieu où se donna la Bataille de Cannes. Ce Torrent est fameux dans l'Histoire à cause du Pont qu'Annibal y fit avec les corps des Romains pour faire passer son Armée. Valere Maxime[d] & Florus[e] rapportent cette circonstance. Silius Italicus[f] a parlé de ce Pont, & en même tems du Fleuve Aufidus; non qu'il veuille dire, comme Cluvier semble l'interpréter, que ce Pont fut fait sur l'Aufidus; ce que sa grandeur n'auroit pas permis, mais parce qu'on y jetta aussi divers cadavres des Romains:

[d] Lib. 9. c. 2.
[e] Lib. 2. c. 6.
[f] Lib. 8. v. 670.

Pons ecce cadentum
Corporibus struitur; tacitusque cadavera fundit
Aufidus.

Au lieu de *in flumine Vergello*, quelques Exemplaires de Valere Maxime lisent GELLO, d'autres GALLO, SIGELLO, ou CERBALO; mais Florus écrivant VERGELLO, semble décider pour cette Orthographe.

[g] Thesaur.

VERGEMINUM, petite Ville de la Gaule Cispadane, sur le bord du Ticinus, selon Gaud. Merula cité par Ortelius[g]. Cette Ville, qu'Hermolaüs Barbarus appelle *Viglebanium*, n'est pas éloignée de Milan selon Sigonius. *Vergeminum* & *Viglebanum* sont deux noms modernes; l'un fabriqué pour signifier la beauté du lieu & l'autre pour désigner sa stérilité. On nomme présentement cette Ville VIGEVANO. Voyez ce mot.

[h] Lib. 3. c. 1.

VERGENTUM, Ville de l'Espagne Bétique: Pline[h] dit qu'elle étoit surnommée JULII-GENIUS, sans doute parce que les Habitans la mirent sous la protection du Génie de Jule César. Il y a des Exemplaires qui au lieu de JULII-GENIUS, lisent JULII-GENI-TOR; c'est une faute, selon le Pere Hardouin, qui ajoute que Vergentum est aujourd'hui *Gelves*, ou *Guelva* dans l'Andalousie, entre la Guadiana & le Guadalquivir, vers l'Embouchure d'une petite Rivière, qui se jette dans l'Océan.

1. VERGER, ou NOTRE-DAME DU VERGER, Abbaye de France, entre Douay & Cambray. C'est une Abbaye de Filles de l'Ordre de Cîteaux fondée en 1227. par Guy-Hugues, Seigneur d'Oisy & de Coucy. Les Dioceses de Cambray & d'Arras se disputent la Jurisdiction spirituelle sur cette Abbaye.

2. VERGER (Le) Château de France, en Anjou. C'est un Château des plus reguliers[i], qui a servi de demeure ordinaire aux Princes de Guemené de la Maison de Rohan. Il consiste en deux grandes Cours quarrées qui sont formées par six Corps de logis. Les angles sont occupez par autant de Tours rondes à l'antique. Tout est entouré d'un fossé fort haut, revêtu de brique, sur lequel est un Pont qui donne l'entrée du Château. La face de ce côté-là est fermée par un mur à créneaux. La porte est accompagnée de deux Tours sur lesquelles il y a une Terrasse. Des deux côtez du Château sont les Parterres fermez par sept Pavillons, joints par un mur couvert de Charmilles.

[i] Piganiol, Descr. de la France, t. 7. p. 107.

VERGILIA, Οὐεργυλία, Ville de l'Espagne Tarragonnoise: elle étoit dans les terres, selon Ptolomée[k] qui la donne aux Bastitains.

[k] Lib. 2. c. 6.

VERGINIUS OCEANUS, Οὐεργίνιος ὠκεανός, Ptolomée[l] donne ce nom à la partie de l'Océan qui baigne la Côte Méridionale de l'Irlande & les Provinces de l'Ouest de l'Angleterre. Il ne l'étend point entre la Côte Orientale de l'Irlande & la Côte Occidentale de la Grande-Bretagne; ce Détroit selon Ptolomée est l'Océan Hibernique ou la Mer d'Irlande. Cependant presque tous les Géographes modernes font deux synonymes de l'Océan Verginien & de la Mer d'Irlande. Cette Mer de tout tems[m] a passé pour être fort orageuse, & cette réputation n'est pas absolument sans fondement; car la Mer d'Irlande sent deux marées opposées, dont l'une vient du Sud & l'autre du Nord; & elles se rencontrent à la hauteur de la Baye de Carlingford. Ces deux marées contraires se choquant avec violence doivent émouvoir considérablement la Mer, & empêcher qu'elle ne soit tranquille dans le tems que le choc se fait; & lorsqu'on navige d'un bout du Détroit à l'autre, si dans la première partie on a eu une marée favorable, on en rencontre enfin une autre qui est opposée, & qui doit tout au moins retarder le cours du Vaisseau. Cependant il est certain que cette Mer n'est ni si orageuse, ni par conséquent aussi périlleuse qu'on voudroit le persuader. On n'y remarque point de tempêtes qu'on ne sente en même tems les vents qui les causent; & il ne s'y fait pas plus de naufrages qu'ailleurs. C'est l'ordinaire par tout Pays que durant l'Hyver la Mer soit dangereuse près des Côtes, parce qu'on y est exposé à de grands coups de vent d'autant plus fâcheux que

[l] Délices de la Gr. Br. p. 1483.

VER. VER. 141

que les nuits font longues & obscures. Ainsi cela n'est pas particulier à la Mer d'Irlande. Le fond de cette Mer n'est que sable par-tout, excepté dans quelques endroits où il est limonneux, & dans la Baye de Wicklo, où tout est rocher. La Marée se fait sentir le long des terres au Sud & au Nord, mais du côté de l'Orient près des terres elle se fait de l'Ouest à l'Est, & le reflux descend de l'Est à l'Ouest. La Mer d'Irlande, selon Ortelius [a] qui cite H. Lhuydus, est appellée *Mor-Weridh* dans la Langue Bretonne & CANAL DE ST. GEORGE, par les Anglois. Cependant Mr. de l'Isle [b] ne donne le nom de CANAL DE ST. GEORGE, qu'au Golphe qui forme l'Embouchure de la Saverne.

[a] Thesaur.
[b] Atlas.

VERGISTANI. Voyez VERGIUM.

VERGIUM CASTRUM, Lieu fortifié en Espagne, selon Tite-Live [c], qui dit que c'étoit une retraite de Brigands. Ce pourroit être le *Bergidum* de Ptolomée. Voyez BERGIDUM, & BERGISTANI.

[c] Lib. 34. c. 21.

VERGOANUM, petite Ville de l'Isle de Lerins l'une des Stœchades. Pline [d] fait entendre que de son tems on voyoit seulement des traces de cette Ville dans l'Isle: *Lerina*, dit-il, *adversum Antipolim, in qua Vergoani oppidi memoria*.

[d] Lib. 3. c. 5.

VERGONES. Voyez VETTONES.

VERGONS, Bourgade de France, dans la Provence, Viguerie & Recette de Castellane. La ressemblance des noms fait croire à Mr. Bouche que c'est l'endroit où étoit l'ancien Peuple *Vergunni*, dont il est parlé dans l'Inscription du Trophée des Alpes.

VERGUELLIERE, Vallée de France, dans le Comté de Foix. Elle est traversée par la Rivière du Larget & renommée par les fromages qu'on y fait.

VERGUNNI, Peuple des Alpes, du nombre de ceux qui furent subjuguez par Auguste. Ils sont nommez dans l'Inscription, qui fut mise sur le Trophée des Alpes, & que Pline [e] nous a conservée. On trouve des traces du nom de ce Peuple dans *Vergons*, au Diocèse de Senez.

[e] Lib. 3. c. 20.

VERGY, Lieu de France, dans la Bourgogne, au Bailliage de Nuits. C'est le Chef-Lieu d'une Châtellenie. Il a donné autrefois le nom à une Maison illustre qu'on appelloit *les Nobles de Vergy*. Ils ont été Comtes de Dijon, de Châlon & de Beaune. Henri IV. fit raser une Forteresse qui s'étoit conservée dans ce Lieu.

1. VERIA, petite Ville d'Espagne [f], au Royaume de Grenade, aux environs de Motril. On l'appelloit autrefois *Baria*, & quelques-uns la nomment encore aujourd'hui BERIA. Elle a été célèbre parce qu'elle faisoit anciennement la séparation entre la Bétique & la Tarraconnoise.

[f] Délices d'Espagne, p. 529.

2. VERIA, Contrée des Etats du Turc en Europe [g], dans la Macédoine au Nord de la Janna. Elle s'étend d'Orient en Occident depuis le Golphe de Salonique jusqu'aux confins de l'Albanie, & prend son nom de sa Capitale appellée *Cara-Veria*.

[g] De l'Isle, Atlas.

VERINE, Village de l'Amérique Méridionale [h], dans la Province de Venezuela, au voisinage de la Ville de Caracos. Les Espagnols ont une Plantation dans ce Village fameux pour son Tabac, qui passe pour le meilleur du Monde.

[h] Dampier, Voyage autour du Monde, t. 1. p. 84.

VERISA, Ville de l'Arménie, selon le sixième Concile de Constantinople, tenu sous Constantin le Grand, & cité par Ortelius [i], qui croit que cette Ville étoit dans la Petite Arménie. L'Itinéraire d'Antonin semble la mettre dans la Cappadoce que Ptolomée renferme dans la Petite Arménie. Elle se trouve sur la route de Tavia à Sebastia, en passant par Sebastopolis, entre cette dernière Ville & Phiarasis, à vingt-quatre milles de la première & à douze milles de la seconde. Au lieu de VERISA quelques MSS. lisent VIRISA. Cette Ville se trouve aussi appellée BERISSA. Dans la première Conférence du second Concile de Constantinople Thomas est qualifié *Berissæ Episcopus*.

[i] Thesaur.

VERLANGA, ou BERLANGA, petite Ville d'Espagne [k], dans la Castille Vieille, sur le Duero, au-dessous d'Almazan. Verlanga est le Chef-lieu d'un Marquisat auquel elle donne son nom.

[k] Délices d'Espagne, p. 188.

VERLIA, Bourg des Etats du Turc, en Asie dans l'Anatolie, sur la Côte de la Mer de Marmora [l] Sophien croit que c'est l'ancienne Olbia.

[l] Ortelii Thesaur.

VERLUCIO, Ville de la Grande-Bretagne. L'Itinéraire d'Antonin la place sur la route d'*Isca* à *Calleva*; entre *Aquæ Solis* & *Cunetio*, à quinze milles du premier de ces Lieux & à vingt milles du second. On veut que cette Place subsiste encore aujourd'hui; mais on ne s'accorde pas sur sa situation. Les uns prétendent que c'est *Westbury*, d'autres disent *Hedington*, d'autres *Leckham* & d'autres *Warmister*.

VERMA, Royaume des Indes, dans la Terre-ferme, au-delà du Gange, avec une Ville de même nom, selon Davity [m]. Ce Pays, ajoute-t-il, a quantité de Mines & de Pierres précieuses. Ses Habitans ont le teint fort basané, & vont nuds, couvrant seulement ce que la pudeur oblige à cacher, & ils se servent pour cela de petites pièces de Coton, en manière de tablier. Mr. de l'Isle ne connoît ni ce Royaume ni sa Capitale.

[m] Asie.

VERMAND, Bourg de France, dans la Picardie, Election de St. Quentin, à trois lieues de la Ville de ce nom & à quatre de Peronne. Ce Bourg qui est situé sur l'Oumignon, a une belle Abbaye de Prémontrez, dédiée à Notre-Dame, & qui rapporte à l'Abbé quatre mille Livres. La ressemblance du nom a porté quelques Ecrivains à croire que ce Bourg étoit l'*Augusta-Veromanduorum* des Anciens. De ce nombre sont Cluvier & Sanson. Mais Grégoire de Tours assure dans son Livre de *la Gloire des Martyrs*, que le corps de St. Quentin repose dans la Ville de Vermandois, *in Oppido Vermandorum*; & l'Ancien Auteur de la Vie de St. Quentin, dit que le corps de ce Saint fut mis dans le Lieu qu'on appelloit *Augusta Veromandorum*; ce qui est confirmé par toutes les anciennes Chroniques. Or. St. Quentin n'a jamais été martyrisé à Vermand & son corps n'y a jamais reposé.

VERMANDOIS, Pays de France, faisant partie de la Province & du Gouvernement

ment Militaire de Picardie. Il est borné au Nord par le Cambresis, à l'Orient par la Thierasche, au Midi par le Noyonnois, & à l'Occident par le Santerre. Sa Capitale est la Ville de St. Quentin sur la Somme.

Ce Pays comprend une partie du terrein occupé autrefois par les *Veromandui*, dont il a emprunté le nom. Il étoit beaucoup plus étendu sous les célèbres Comtes de Vermandois, qui étoient les plus puissans Vassaux de la Couronne, à la fin de la seconde Race & au commencement de la troisiéme. Ils descendoient de Bernard Roi d'Italie, petit-fils naturel de Charlemagne. Ils étoient encore Comtes de Troyes, de Meaux & de Roucy. Cette illustre Maison étant tombée en Quenouille, Philippe Auguste réunit le Vermandois à la Couronne, & donna des Terres en échange à Eleonor Comtesse de St. Quentin. Cet Acte fut confirmé par un autre de l'an 1194. Et par un autre Acte de l'an 1213. le Vermandois fut affranchi de la redevance de l'Evêque de Noyon pour les Terres de Saçenac & de Cuy. Ce Pays a depuis été érigé en Duché-Pairie. Il est très-abondant en grains & produit sur-tout du Lin excellent dont on fait une grande quantité de Toiles. La Riviére de Somme qui y prend sa source le traverse. C'est un des premiers Bailliages du Royaume. Il étoit autrefois le plus étendu; son Siége est à Laon. Sa Coutume est suivie dans beaucoup d'autres Bailliages.

VERMANTES, Bourg de France, dans l'Anjou [a], à deux lieues & demie de Bourgueil, à un peu moins de Longué, & à trois de la Ville de Saumur. Ce Bourg, qui est gros & assez bien bâti, a une assez belle Eglise, avec un haut Clocher de pierres. Il est renommé à cause que c'est un grand passage de Saumur à la Fléche. On y tient Marché & Foire, & son Territoire produit des Grains, des Vins, des Fruits & des Chanvres. L'Abbaye de Loroux, de l'Ordre de Citeaux, en est à peu de distance.

[a] Corn. Dict. Mémoires dressez sur les Lieux en 1707.

VERMANTON, petite Ville de France, dans la Bourgogne, Recette d'Auxerre, sur la Riviére de Cure, à une lieue de Crevant, & à cinq au Midi d'Auxerre. Cette Ville, qui est une Prevôté Royale ressortissante au Bailliage d'Auxerre, a une Mairie. Elle députe aux Etats de Bourgogne alternativement avec les autres Villes de l'Auxerrois. Ses vins sont estimez. C'est un passage du Nivernois en Champagne & en Bourgogne. Le Pays des environs a plus de Montagnes que de Plaines. La Paroisse est composée de deux Hameaux, qui sont le Vaux-Saint Martin, & le Vaux du Puits de Vermanton: les Metairies de Courtenay, la Loge, Gressot & le Fief des Moulins de Vermanton en dépendent aussi.

VERMEJO, ou BERMEO, petite Ville d'Espagne [b], dans la Biscaye propre, sur le bord de l'Océan. En revenant de Guipuscoa dans la Biscaye, on trouve Vermejo qui a un fort bon Port. Son terroir est fertile en Oranges.

[b] Délices d'Espagne, p. 99.

VERMELAND, ou WERMELAND, Province de Suéde, dans les Terres. Elle est bornée au Nord par la Dalekarlie, à l'Orient par la Westmanie & la Néricie, au Midi par le Lac Wäner; & du côté du Couchant elle confine à la Norwége. Sa longueur peut être d'environ quarante lieues d'Orient en Occident, & de vingt lieues du Septentrion au Midi. C'est un Pays coupé d'un grand nombre de Lacs & de Marais. Ses principaux Lieux sont:

Philipstad,   Elfwedal,
Carlstad,   Koln,
Christinehamn,   Arvik.

VERMENTON. Voyez VERMANTON.
VERMEO, ou PUERTO-VERMEO, Port d'Espagne, sur la Côte de la Biscaye, au Midi Oriental du Cap de Mathicaco, & au Nord Oriental de Bilbao. Il y en a qui écrivent [c] *Vermejo*, au lieu de Vermeo.

[c] Faillot, Atlas.

VERMERIA. Dans la seconde partie du Decret de Gratien [d], il est fait mention d'un Concile tenu *apud Vermeriam*; & il est dit que le Roi Pepin y assista.

[d] *Causa*, 29. *quæst.* 2.

VERN, Bourg de France, dans l'Anjou, Election d'Angers: il est assez considérable.

VERNACIA, VENACIA, VENEATIA, VENIATIA, VERNATIA, & VENIANÆ, Ville d'Espagne, selon l'Itinéraire d'Antonin, qui la marque sur la route de *Bravara* à *Asturica*, entre *Compleutica* & *Petavonium*, à vingt-cinq milles du premier de ces Lieux & à vingt-huit milles du second.

VERNANTES, Château de France, dans l'Anjou, Election de Baugé. Il y a auprès de ce Château un Bourg de même nom.

VERNE (La) Chartreuse de France, dans la Provence, Viguerie & Recette d'Hiéres. Elle est située au milieu d'une grande Forêt, consacrée autrefois à Diane la Déesse des Bois.

VERNEGUES, Bourgade de France dans la Provence, Viguerie & Recette d'Aix. Il y avoit autrefois dans ce Lieu un beau Mausolée, avec quelques autres Monumens & quelques Inscriptions du tems des Romains. Il y en a qui croient que c'est l'*Ernaginum* des Anciens.

1. VERNEIL, Bourg de France dans l'Anjou, Election de la Fléche.
2. VERNEIL, Château de France dans l'Anjou, Election de Baugé.

VERNEMETES, Lieu de la Gaule aux environs de Bourdeaux, selon Fortunat cité par Ortelius [e]. Vinet soupçonne que ce pourroit être présentement *Verines*.

[e] Thesaur.

VERNEMETUM. Voyez VEROMETUM.

1. VERNEUIL, *Verniogilum*, *Vernoilum*, *Vernolium*, Ville de France dans la Normandie, aux confins du Perche, dans le Diocése d'Evreux, sur le bord de la Riviére d'Aure. [f] Son origine est obscure dans l'Antiquité; mais cette Ville est assez célèbre dans l'Histoire depuis plus de cinq cens ans. Elle fut prise par le Roi Philippe Auguste, sur Jean *Sans-terre*, Duc de Normandie & Roi d'Angleterre, qui la céda à la France par un Traité avant la conquête du reste de la Province. Elle demeura ensuite unie au Domaine Royal jusqu'en 1335.

[f] Longuerue, Descr. de la France, Part. I. p. 75.

VER. VER. 143

1435. que le Roi Philippe de Valois la donna à son frere Charles Comte d'Alençon. Elle étoit défendue par un Château qui a été démoli ; mais la Tour grife qui étoit de l'autre côté de la Riviére fubfifte encore. Cette Place étant tombée depuis entre les mains des Anglois, le Duc d'Alençon la prit en 1424. à la réferve de la Tour qui lui fut enfuite remife. Les Anglois s'en faifirent encore quelque tems après ; mais le 19. de Juillet 1449. un Meunier dont le Moulin étoit près des Murs de la Ville, dreſſa des échelles contre les Murs de la Place [a], dans laquelle il introduifit par ce moyen les Troupes du Roi Charles VII. Les Anglois ainfi furpris abandonnérent la Ville & fe retirérent dans le Château, où ils furent bloquez par le Comte de Dunois & enfin contraints de fe rendre. Verneuil depuis ce tems-là a fait partie du Duché d'Alençon.

[a] Piganiol, Defcr. de la France, t. 4. p. 394.

La principale Paroiſſe de cette Ville eſt la Magdeleine, où il y a une Mufique entretenue. Les autres font Notre-Dame, St. Pierre, St. Jacques, St. Jean, St. Laurent & St. Nicolas. Les Cordéliers y ont un Couvent & on en trouve un autre de Religieuſes. Il y a un Collége. Le Commerce des Habitans confifte principalement en Draperies, en Bonneteries & en Grains. L'Election de Verneuil comprend cent trente deux Paroiſſes.

2. VERNEUIL, Ville de France, dans le Bourbonnois, Election de Moulins, à fix lieues de la Ville de ce nom, & à une lieue de l'Allier. Cette petite Ville eft une Châtellenie Royale, reſſortiſſante au Bailliage de Moulins. Elle a un Chapitre compoſé d'un Doyen & de onze Chanoines qui ont chacun cent cinquante Livres de revenu. Mr. le Duc y nomine. Les environs ne font que Monticules & Coteaux. Ce font Terres fortes à Froment, Orge & Avoine de bon rapport ; & il y a beaucoup de Vignes. Les Habitans font cependant peu riches.

[b] Ibid. t. 3. p. 60.

3. VERNEUIL, Château de l'Iſle de France, à douze lieues de Paris [b], Election de Senlis, fur le bord de l'Oyſe, en Latin *Vernogilum*, *Vernoilum*, ou *Vernolium*. C'étoit une des Maifons de Plaiſance du Roi Henri IV. & elle fut donnée à Henri de Bourbon, Duc de Verneuil, un des fils naturels de ce Prince ; mais depuis la mort de ce Duc arrivée en 1682. Verneuil a paſſé dans la Maiſon de Bourbon-Condé. Ce Château eft entouré d'un large Foſſé revêtu de pierres de taille & flanqué aux quatre coins, d'autant de petites plate-formes qui s'avancent comme des Baftions. La Cour eft fermée par quatre corps de Bâtimens, qui en occupent les quatre faces. Chacun de ces corps eft terminé par deux Pavillons ; en forte que cette Maifon a huit différens Pavillons, tous ornez de frontons & chargez de trophées d'armes & de figures. La principale entrée confifte en un Veftibule, qui s'avance fur le devant, & qui eft formé par quatre hautes arcades foutenues par des Colonnes ou par des Pilaftres, & ornées de fix Niches remplies par autant de Statues. Sur ce premier Veftibule s'en élève un autre, ouvert de quatre côtez, qui communique à droite & à gauche à une Galerie découverte, ornée d'une Baluftrade de pierre. Au-deſſus enfin s'élève une coupe ronde, bien percée, & dont le comble eft terminé par une Lanterne. Les Jardins font gracieux & en bon air. La face du Château du côté du Parterre a auſſi un corps avancé au milieu, terminé par un grand fronton en demi-cercle, orné de trophées, & dont le comble eft chargé d'un petit Pavillon, qui couronne tout l'Edifice. Cette Terre fut érigée en Marquiſat par Henri *le Grand*, en faveur de la Dame d'Entragués, & depuis en Duché-Pairie par Louis *le Grand* en 1652. en faveur de Henri de Bourbon, qui mourut fans poftérité en 1682. & par-là cette Duché-Pairie fut éteinte.

4. VERNEUIL, Bourg de France, dans le Limoufin, Election de Limoges.

5. VERNEUIL, Bourg & Châtellenie de France dans la Touraine, Election de Loches.

VERNIA, Οὐερνία, Euftathe donne ce nom à l'une des Ifles Britanniques, & Ortélius [c] juge qu'il entend par ce mot l'Hibernie. *Voyez* HIBERNIA.

[c] Thefaur.

VERNICONES. *Voyez* TAIZALI.

VERNIGERODE, Comté d'Allemagne [d], au Duché de Brunſwig, mais dans la dépendance de Brandebourg. Il appartient aux Comtes de Stolberg.

[d] Hubner, Geogr.

VERNISSON, Riviére de France [e] dans l'Orléanois. Elle a fa fource auprès de Gien, & prenant fon cours du Midi au Nord en ferpentant, elle mouille Noyen, Precigny, Corterat, Villemandeur, après quoi elle va fe perdre dans le Loing un peu au-deſſus de Montargis.

[e] Jaillot, Atlas.

VERNODURUM, Fleuve de la Gaule Narbonnoife felon Pline [f]. Quelques Editions portent VERNEDUBRUM, & le Pére Hardouin lit *Vernodubrum*. Il remarque que c'eft la Riviére appellée préfentement *la Tet*, qui arroſe Perpignan, il écrit *Latet*, pour *la Tet* ; mais c'eft une faute d'Imprimeur.

[f] Lib. 3. c. 4.

VERNON, ou VERNON SUR SEINE, Ville de France [g], dans la Normandie, au Dioceſe d'Evreux, fur le bord Méridional de la Seine, le Chef-lieu d'une Election, le Siège d'une Maîtriſe des Eaux & Forêts, & celui d'un des Bailliages de Gifors. Cette Ville fituée dans une Plaine à fix lieues à l'Orient d'Evreux, à fept de Gifors & à dix au-deſſus de Rouen, a eu fes Seigneurs particuliers jufqu'à ce que Philippe Auguſte l'acquit de Richard, qui en étoit Seigneur Chatelain. Les Rois ont pluſieurs fois donné Vernon en appanage aux Reines, il a enfuite fait partie du Bailliage de Gifors, qui fut cédé avec toutes fes dépendances à Renée de France, Ducheſſe de Ferrate, par François I. avec le Duché de Chartres & pluſieurs autres Terres. Le tout paſſa à la fille de la Ducheſſe Renée Anne d'Eft, qui épouſa en fecondes Noces le Duc de Nemours ; & c'eft par-là que le Comté de Gifors vint à cette Maiſon de Savoye-Nemours. Les Rois néanmoins avoient toujours la faculté de pouvoir retirer ce Domai-

[g] Longuerüe, Defcr. de la France, Part. 1. p. 72.

maine, ce qu'a fait le feu Roi Louis XIV. Plusieurs années après il donna Gisors & ses dépendances en appanage avec le titre de Vicomte à son petit-fils, le Duc de Berry, qui mourut sans Enfans avant le Roi son ayeul l'an 1714.

Il y a à Vernon une Eglise Collégiale & Paroissiale sous le Titre de Notre-Dame. Son Chapitre est composé de douze Chanoines [a], de douze Vicaires, de quatre Chapelains, de quatre Clercs de Chaise, &c. C'est le Comte de Gisors qui nomme aux Canonicats, qui valent, année commune, huit cents Livres de revenu. Le Doyen est le premier & n'a pas plus de revenu que les autres. De ces Chanoines il y en a un qui fait les fonctions de Curé, & un autre qui est Principal du Collége de la Ville, où l'on enseigne les Humanitez & la Philosophie. Chaque Chanoine nomme son Vicaire, qui a environ trois cens trente Livres de revenu. Des quatre Chapelains il n'y en a que deux qui résident. Ste. Géneviéve est une Eglise Paroissiale de Vernon [b]. Le Monastère de St. Louis est occupé par des Chanoinesses Hospitalières de St. Augustin qui gouvernent l'Hôpital-Dieu. Il y a aussi dans cette Ville un Hôpital pour les Pauvres, un Couvent de Cordeliers, un d'Ursulines, un de Filles de la Congrégation de Notre-Dame, un de Capucins, un de Bénédictins & un de Pénitens. Ces trois derniers sont hors de la Ville, & celui des Pénitens en est le plus éloigné. Vernon [c] est une bonne Ville bien peuplée, bien policée, & avec de belles rues. Elle a six Portes, de bonnes Murailles, & des Fossez profonds, un Gouverneur, un Maire, d'autres Officiers de Ville & un Collége où l'on enseigne les Humanitez. On voit encore dans le Château d'anciennes Fortifications, & sur-tout une Tour de pierres de taille d'une élévation & d'une grosseur très-considérable. Il y a au bout du Pont une ancienne Forteresse, dans laquelle on voit une Médaille en pierre, avec l'Inscription de Jules-César; ce qui donne lieu de croire que Vernon étoit un passage important du tems de la guerre des Gaules, parce qu'on voit encore des Fossez sur une hauteur, qui, selon une ancienne tradition, est appellée *le Camp de César*. Un Ruisseau d'eau de Fontaine passe par le milieu de la Ville, & ce Ruisseau après l'avoir arrosée va faire moudre un Moulin, ensuite de quoi il se jette dans la Seine.

Il se tint à Vernon en 759. un Concile National sous le regne de Pepin, pour la Discipline Ecclésiastique, pour les droits de l'Eglise, & pour les Immunitez en faveur des Pélerins. Le Roi Charles IX. alloit assez souvent à la chasse dans une Forêt Royale qui est voisine de cette Ville & dans laquelle il avoit fait couper de très-belles routes. Le Commerce de Vernon consiste principalement en Bleds, Vins, Toiles, & Couvertures de laine. On y tient Marché le Mardi, le Jeudi & le Samedi; & ce dernier peut passer pour une espèce de Foire. Son Bailliage est dans le ressort du Présidial d'Andely. Le Marquisat de Blaru, & la belle Maison de Bisy sont dans le voisinage de Vernon.

VERNOSOLA, ou VERNSOLE, Lieu de la Gaule Aquitanique. L'Itinéraire d'Antonin le marque sur la route de Tarbes à Toulouse, entre *Aqua-Siccae* & *Toulouse*, à quinze milles de chacun de ces Lieux.

VERNOUX, Bourg de France, Election de Cominges, à une lieüe de la Garonne entre Rieux & Toulouse. On croit que c'est l'ancienne *Vernosola*.

VERNOUX EN CHALENCON, Bourg de France dans le Haut-Vivarais, Recette de Viviers.

VERNOUX EN VOCANCE, Bourg de France dans le Haut-Vivarais, Recette de Viviers.

VERNOY, ou VERNOU, Bourg de France dans la Touraine, Election d'Amboise. Ce Bourg est situé entre deux belles Collines. L'Archevêque de Tours en est Seigneur temporel & spirituel, & ce Prélat y a un beau Château.

VERNUSOUBRE, Riviére de France, au Diocèse de St. Pons. Cette petite Riviére passe à St. Chignan, & se jette ensuite dans la Riviére d'Orb, à un quart de lieüe de Cessenon.

VERNUSSE, Lieu de France dans le Berry, Election de Montluçon, entre Graçay & Valençay. On y recueille des Vins excellens. Ce Lieu est outre cela remarquable par une Abbaye de même nom, en Latin *Grossus-Boscus*. C'est une Abbaye d'Hommes de l'Ordre de St. Augustin, & qui fut fondée en 1140. ou 1145.

VERNY, Baronnie de France dans la Touraine, près de Sillé-le-Guillaume. Il y a six Paroisses qui en dépendent.

VERO [d], Fleuve d'Espagne, dans la Celtibérie, selon la Remarque de Nicolas Perot sur ce vers de Martial [e];

Vadaveronem montibus.

Perot ajoute que ce Fleuve donnoit son nom aux Peuples *Verones*; par où il entend peut-être les *Berones* de Ptolomée. Voyez VADAVERO.

VEROCASSES. Voyez VELOCASSES.

VERODOPA. Voyez VARODOPA.

VERODUNUM, Ville de la Gaule Belgique. Elle est marquée dans l'Itinéraire d'Antonin sur la route de *Durocortorum* à *Divodurum*, entre *Axuenna* & *Fines*; à dix-sept milles du premier de ces Lieux & à dix-huit milles du second. Quelques MSS. au lieu de VERODUNUM lisent VIRODUNUM; & Fortunat [f] l'appelle URBS VEREDUNA. C'est aujourd'hui la Ville de Verdun. Voyez VERDUN.

VEROFABULA, Ville de Phénicie selon la Notice des Dignitez de l'Empire [g]. Un MS. consulté par Ortelius [h] portoit *Vesabula* pour VEROFABULA.

VEROLAMIUM, VELOLAMIUM, VELOVANIUM, ou VERULAMIUM, Ville de la Grande-Bretagne. L'Itinéraire d'Antonin la marque sur la route du Retranchement à *Portus Rutupis*, entre *Durocobrivae* & *Sulloniacae*, à douze milles du premier de ces Lieux & à neuf milles du second. Tout le monde convient

a Pigniol, Descr. de la France, t. 5. p. 302.

b Ibid. p. 390.

c Corn. Dict. Mémoires dressez sur les Lieux.

d Ortelii Thesaur.

e Lib. 1. Epigr. 50. v. 6.

f Lib. 3. Carm. 2.

g Sect.... h Thesaur.

VER.   VER.

vient que cette ancienne Ville étoit près de la Ville de St. Albans qui s'est accrue de ses ruïnes. Tacite *a* donne à VEROLAMIUM le Titre de Municipe. C'étoit selon Dion Cassius *b* la Capitale des *Catuellani*, que Ptolomée *c* appelle *Catyeuchlani*, & auxquels il donne la Ville *Vrolanium* qui est la même que *Verolamium*. Cette Ville, l'une des premiéres & des plus grandes Colonies Romaines dans la Grande-Bretagne, fut premiérement ruïnée par les Bretons dans le soulévement de la Reine Boodicia ; mais elle se rétablit bien-tôt, & elle devint plus grande & plus puissante que jamais. Elle fut ruïnée une seconde fois durant les guerres des Saxons & des Bretons, & elle ne se releva pas de cette chûte. On voit encore les vestiges des anciennes murailles, & des fossez qui ont douze cens soixante & dix pas de circuit. On a trouvé dans ces Masures quantité de Monumens anciens, comme des Médailles, de petites figures d'or & d'argent, des Colonnes, des pavez de mosaïque, des souterrains & autres choses semblables. Il paroît outre cela qu'elle étoit située sur une grande route pavée autrefois par les Légions Romaines, & que les Saxons nommérent *Vatling-Streat*. Ces Peuples s'étant rendus maîtres de *Verolamium* l'appellérent *Watlingacester*, à cause du grand chemin dont il vient d'être parlé. Depuis, on lui donna le nom de *Werlam-Cester*, & de là vient qu'encore aujourd'hui on lui donne communément celui de *Werlam*. En 429. on tint à *Verolamium* un Concile, où St. Germain Evêque d'Auxerre & St. Loup Evêque de Troyes furent appellez de France pour aider à éteindre l'Hérésie Pélagienne, qui recommençoit à infecter les Eglises de la Grande-Bretagne. Ce fut auprès de *Verolamium*, selon le Vénérable Béde *d* que St. Albans, ou St. Albin, souffrit le martyre le 10. des Calendes de Juillet. Dans la suite, les Habitans s'étant convertis, fondérent un magnifique Monastère à l'honneur de Saint ; & c'est ce Monastère qui a donné l'origine & le nom au Bourg DE ST. ALBANS.

VEROLI, Ville d'Italie, dans la Campagne de Rome, à seize milles de cette Capitale, vers les confins du Royaume de Naples, en Latin *Verulæ*. Cette Ville, selon la Table de l'Abbé de Commainville *e*, est Evêché dès les premiers Siècles, & son Siège Episcopal est immédiatement soumis au Pape.

VEROMANDUI, Peuple de la Gaule Belgique, selon Pline *f*. Ils habitoient au Midi des Nerviens, au Nord des *Suessones*, dont ils étoient separez par la Rivière d'Oise à l'Orient des *Ambiani*, & au Couchant de la Forêt d'Ardenne. On juge que leur Pays étoit d'une petite étendue, parce que César *g* dit qu'ils ne promirent que dix mille hommes pour la guerre commune contre les Romains, tandis que les *Suessones* & les *Nervii* promirent de fournir chacun cinquante mille hommes. Au lieu de VEROMANDUI, Tite-Live *h* écrit VIROMANDUI, selon les Editions de Vinet & de Gruter ; celle de Gronovius porte néanmoins VEROMANDUI. L'Itinéraire d'Antonin dit VEROMANDI, & nomme leur Capitale AUGUSTA VIROMANDORUM. Le nom de ces Peuples est corrompu dans Ptolomée *i*, où on lit Ῥομανδυὲς, ὧν Πόλις; αὐγούςα Ῥομανδυῶν ; c'est-à-dire, *Rhomandues quorum Civitas Augusta Rhomanduorum*. Le Pays conserve encore présentement le nom de ses Peuples. On l'appelle le Vermandois. Voyez VERMANDOIS.

VEROMETUM, Ville de la Grande-Bretagne. Elle est placée par l'Itinéraire d'Antonin sur la route de Londres à *Lindum* entre *Ratæ* & *Maridunum*, à treize milles de chacun de ces Lieux. Cette même Ville dans la route d'Yorck à Londres est nommée *Vernemetum*. Quelques-uns ont voulu que ce fût présentement *Willoughby* ; mais Camden & d'autres Géographes soutiennent que c'est *Burrow-hill*. L'Auteur des Délices d'Angleterre dit *k* : A deux ou trois milles au Midi de *Bortun Lazers*, entre *Burrow-hill*, & *Ead-Burrow*, s'élève une Colline fort roide, & escarpée de toutes parts, à la réserve du côté du Sud-Est, où elle est accessible. On y voit au sommet les débris d'une Ville ancienne, qu'on juge être *Vernemetum*. Il y a un double fossé, & une enceinte de murailles, qui occupe environ dix-huit acres d'étendue. On pourroit croire qu'il y avoit dans ce Lieu quelque Temple fameux dédié à quelque Divinité Payenne, parce que *Vernemetum* en vieux Gallois signifie un grand Temple ; il y a long-tems que cette Remarque est faite. On la doit à Fortunat *l* qui explique ainsi le nom *Vernemetum* :

Nomine Vernemetis voluit vocitare vetustas,
Quod quasi Fanum ingens Gallia Lingua refert.

VERON, Bourgade de France, dans la Champagne, Election de Sens, à quatre lieues de la Ville de ce nom. Il y a dans ce Lieu une Fontaine, dont l'eau est très-vive & très-claire. Elle a la qualité de pétrifier la mousse & la bourbe : on lui attribue même celle de produire des pierres de Ponce.

VERONA, Ville d'Italie, sur l'Adige, dans les terres aux confins de l'ancienne Rhétie. Cluvier *m* a voulu prouver que la Ville de Verone étoit dans la Rhétie même ; mais Cellarius *n* a fait voir que les passages de Pline, sur lesquels Cluvier appuyoit son sentiment, ne prouvoient rien en sa faveur. Il fait plus, il montre par le témoignage de Strabon que l'Italie s'étendoit au-delà de Verone & de Côme. Voici le passage de Strabon qui semble décisif : οἱ Ῥαιτοὶ μέχρι τῆς Ἰταλίας καθήκουσι, τῆς ὑπὲρ Οὐήρωνος καὶ Κώμε ; c'est-à-dire : *Rhæti usque Italiam pertingunt, quæ supra Veronam & Comum est*. Ce qu'il y a de certain c'est que la Ville de Verone est une des plus anciennes d'Italie. C. Sempronius fait entendre qu'elle doit son origine à des Toscans de la Famille *Vera*, de laquelle elle tire son nom. Voyez VERA. Selon Pline *o* elle fut fondée en commun par les Rhétiens & par les Euganéens ; Tite Live *p* fait entendre au contraire qu'elle fut bâtie par une troupe de Gaulois, qui, après avoir passé les Alpes sous la conduite d'Elitovius s'établirent, *ubi nunc*, dit-il, *Brixia ac Verona Urbes sunt*; Et Catulle *q*, qui étoit de Verone, dit :

Brixia Veronæ mater amata meæ.

Com-

Comme si la Ville de Verone eut été une Colonie de Breslans. Tout cela peut se concilier en disant, que Vérone doit ses commencemens, ou à la Famille Vera, ou aux Rhétiens & aux Euganéens ; & que les Gaulois s'étant emparez du Breslan, se rendirent maîtres ensuite du Veronèse. Martial [a] parle de Verone comme d'une grande Ville :

[a] Lib. 14. Epigr. 195.

Tantum magna suo debet Verona Catullo,
Quantum parvo suo Mantua Virgilio.

Tacite qui lui donne le titre de Colonie Romaine fait l'éloge de sa beauté & de son opulence. Cn. Pompeïus Strabo, pere du Grand Pompée, avoit été le Conducteur de la Colonie, qui fut renouvellée sous Gallien & honorée du titre de *Colonia Augusta*. Un double Arc de Triomphe, qui a été autrefois une des portes de la Ville, conserve l'Inscription suivante :

COLONIA AUGUSTA VERONA NOVA GALLIENIANA
VALERIANO II. ET LUCILIO CONS.
MURI VERONENSIUM FABRICATI EX DIE III.
NON. APRIL.
DEDICATI PR. NON. DECEMBRIS
JUBENTE SANCTISSIMO GALLIENO AUG. N.

Les Habitans de cette Ville sont communément appellez VERONENSES par les anciens Auteurs. Cependant on a d'anciennes Inscriptions où ils sont nommez VERONES.

VERONE, Ville d'Italie, dans l'Etat de Venise [b], sur l'Adige, en Latin *Verona*. Cette Ville, dont la situation est si agréable que plusieurs Empereurs l'ont choisie pour leur demeure, est traversée par la Riviére d'Adige, sur laquelle il y a trois grands Ponts, sans compter ceux qui servent à passer dans la petite Isle de St. Thomas, habitée par quantité d'Ouvriers qui travaillent à la soie. Le nombre de trois est remarquable dans la Ville de Verone, particuliérement en ses Châteaux, l'un appellé la Citadelle, & situé au bord de l'eau, est flanqué de quelques vieilles Tours quarrées ; un autre nommé le Château de St. Felix est au plus haut de la Montagne, sur laquelle est aussi celui de St. Pierre, qui est le plus fort par son assiette & par ses fortifications, étant élevé sur le Rocher que la Riviére d'Adige lave par le pied. Ce dernier Château commande pleinement toute la Ville, & c'est de-là qu'on en peut connoître la grandeur & la beauté. Les Remparts de Verone ont été élevez avec beaucoup d'artifice. Ses murailles prodigieuses en épaisseur sont garnies de Tours & de Bastions pleins de canons & de munitions, de larges Fossez profonds, & remplis de l'eau de l'Adige ; en sorte que l'Art & la Nature concourent également à en faire une des plus fortes Places de l'Italie. Le même nombre de trois se trouve dans ses Ponts & dans ses Places. Le Pont qui est au pied du Château de St. Pierre est le plus remarquable, tant pour son architecture & ses belles pierres, qui lui servent aussi de Pavé,

[b] Corn. Dict.

à cause qu'il porte un Aqueduc, que parce que du côté de la Ville il y a un grand Portail fort ancien, orné de quelques pièces de Sculpture, qu'on croit être une partie du Théatre qu'on dit avoir été bâti au pied du même Château. Ce Théatre fait l'une des trois belles Antiquitez qui se trouvent dans Verone. L'autre est un Arc de Triomphe, & le troisième est un Amphithéatre que le Consul Flaminius fit bâtir autrefois, & qui est le plus entier de tous ceux qui se voyent en Europe. Il est de forme ovale de moyenne grandeur, & fait de pierres quarrées. On voit à la face du dehors plusieurs Colonnes, quelques restes de Statues & autres pièces de Marbre, dont les Portiques étoient revêtus de quelques sortes d'Ouvrages Dorique, Ionique, Corinthien, le tout composé d'une hauteur excessive. On comptoit dans cet Amphithéatre quatre rangées de Portiques & de Colonnes entremêlées de Statues de Nymphes. Dix-huit grandes portes y avoient entrée, & il y avoit quarante-deux rangs de degrez, où plus de vingt-quatre mille personnes pouvoient demeurer assises, fort à leur aise, pour y voir les Combats d'épées & autres spectacles. La ceinture, le mur de face, ou le mur extérieur est tout désolé. Il n'en reste que sept tremeaux. Panvinus rapporte qu'il fut abatu par un tremblement de terre en 1583. Mais on a soin de réparer les bancs, à mesure que le tems les a voulu détruire. Il y en a, selon Misson [c], quarante-quatre, & il ajoute qu'il a compté cinq cens trente pas dans le tour du plus élevé, & deux cens cinquante au plus bas. Antoine Desgodetz, habile Architecte, a écrit que le diamètre de l'Arène pour la longueur est de deux cens trente-trois pieds, mesure de France, que l'autre diamètre sur la largeur est de cent trente-six pieds huit pouces ; que l'épaisseur du Bâtiment, sans le Corridor extérieur est de cent pieds quatre pouces, & qu'avec chaque épaisseur du mur & du Corridor aux deux bouts de l'Amphithéatre, il est de cent vingt pieds dix pouces ; de sorte que la longueur du tout est de quatre cens soixante & quatorze pieds huit pouces. Chaque degré a près d'un pied & demi de haut, & à peu près vingt-six pouces de large. L'élévation du tout est de quatre-vingt-treize pieds, sept pouces & demi. On dit communément que cet Ouvrage est d'Auguste ; ou du moins qu'il a été fait sous Auguste, & Onuphre Panvinus allègue pour soutenir ce sentiment l'Itinéraire d'un certain Cyriaque d'Ancone & les Annales de Verone. Mais cela est contredit par d'autres Auteurs.

[c] Voyage d'Italie, t. I. p. 155.

La Place des Bœufs, où l'on tient plusieurs Foires célèbres est proche de cet Amphithéatre. Il y a une autre Place près de St. Procul ornée d'une fort belle Fontaine ; & la troisième est la Place des Marchands appellée ainsi, à cause des maisons de riches Marchands dont elle est toute bordée. Sa Fontaine est embellie de plusieurs figures de Tritons, qui jettent l'eau dans trois bassins, les uns sur les autres, par différens endroits de leurs corps. La façade de la Maison de Ville qui regarde cette Place est enrichie

richie de figures des plus illuſtres & plus ſavans Hommes qui ſont ſortis de Verone. Ce Palais eſt magnifique dans ſa ſtructure. Trois grandes Aîles en font le deſſein avec une Cour au milieu. Ses Sales & ſes grandes Chambres ont des peintures fort eſtimées. Sa grande porte regarde une Place, où ſont deux grands Palais, l'un des Nobles, & l'autre où demeure le Gouverneur.

L'Egliſe de St. Anaſtaſe deſſervie par des Dominicains, eſt l'une des trois qui ſoient remarquables dans Verone. On y voit une Chapelle ornée de préſens, très riches, & le ſepulcre d'un Duc de Gênes, avec ſa figure accompagnée de pluſieurs Statues de Marbre. St. Zenon eſt l'Egliſe Epiſcopale, petite Egliſe, obſcure, peu magnifique, mais fort ancienne. Le Pape Lucius III. qui mourut à Verone, lorſqu'on y aſſembloit le Concile, a ſon Tombeau dans cette Egliſe; & pour toute Epitaphe ſur ſa Tombe platte on lit ces mots: *Oſſa Lucii III. Roma pulſi invidia.* On dit que Pepin, fils de Charlemagne & Roi d'Italie, bâtit à Verone l'Egliſe de St. Zenon. Il faut donc avouer que les Sculpteurs de ce tems-là étoient de pauvres Ouvriers. Jamais il ne s'eſt rien vu de ſi pitoyable au monde que les figures qui ſont à la façade de cette Egliſe. On y remarque ſur le fronton du grand Portail deux manières d'Oiſeaux, qui reſſemblent un peu à des Cocqs, du moins par la crête, & qui portent un Animal à longue queue qu'on ſoupçonne repréſenter un Renard. Cette pauvre Bête a les pattes liées & paſſées dans un bâton, & les Cocqs tiennent ce bâton l'un par un bout, l'autre par l'autre. L'alluſion de *Gallus*, Cocq, à *Gallus* François, eſt une choſe ſi familiére, que ces deux Cocqs pourroient bien ſignifier deux François; & l'Animal garroté ſeroit quelque homme fin, mais dupé pourtant & ſupplanté par les Cocqs. Et s'il eſt vrai, comme c'eſt une choſe aſſez probable, que cette Egliſe ait été bâtie ſous Pepin, il pourroit bien arriver que Charlemagne ſon pere & lui ſeroient les deux Cocqs, & que le malheureux Didier, dernier Roi des Lombards, ſeroit le Renard. A côté du même Portail où l'on a mis ce bel Hiéroglyphe, il y a un homme à cheval en bas relief, au-deſſus duquel ces trois Vers ſont écrits en caractéres demi Romains, demi-Gothiques.

O Regem ſtultum, petit infernale tributum.
Moxque paratur equus quem miſit Dæmon iniquus.
Exit aqua nudus, petit infera non rediturus.

La haute Tour de cette Egliſe ſe fait admirer pour ſa ſtructure, comme celle de la Maiſon de Ville pour ſa hauteur, & celle du Donjon à la fin des vieilles murailles pour ſa force. La troiſième Egliſe eſt celle de St. François. Il y a encore celles de St. Barthelemi, de Ste. Cecile, de Sainte Catherine de Sienne, de Ste. Luce, de St. Laurent, de St. Etienne & du St. Eſprit. Dans le Couvent de St. Grégoire, on voit un Tableau fort rare de la main de Paul Veroneſe, dont un Marchand Anglois voulut donner deux mille piſtoles. Les Seigneurs de la Scala étoient autrefois Seigneurs de Verone, & on y voit encore auprès d'une petite Egliſe appellée *Sta. Maria antica*, pluſieurs de leurs tombeaux qui ſont eſtimez pour leur ſtructure. Joſeph & Jules Scaliger prétendoient être deſcendus de cette Maiſon.

Voici ce que Miſſon a dit en général de Verone. Ce qu'on voit en entrant fait juger qu'elle eſt mal-peuplée. Il y a de grands endroits vuides: l'herbe y croît dans les rues, & pluſieurs de ces rues ne ſont point pavées. Il eſt vrai que le reſte de la Ville n'eſt pas fait de la même manière; mais à mettre le tout enſemble, Verone a l'air pauvre. En effet il y a peu de commerce; & ceux qui vivent de leurs rentes, y ſont petite figure. S'il y a quelques beaux Bâtimens, il eſt certain qu'en général les maiſons ſont baſſes & inégales. La plûpart ont des Balcons de bois, ſi chargez de petits jardins dans des pots & dans des caiſſes, qu'il n'y a pas trop de ſureté à paſſer deſſous. Les rues ſont ſales & preſque toutes étroites. En un mot quand on ſe promene dans cette Ville, elle ne plaît pas. Cependant elle eſt fort grande, dans un bon air & dans une ſituation merveilleuſe. Autant qu'elle ſatisfait peu, quand on la regarde de près & en détail, autant l'admire-t-on, quand on la voit de quelque hauteur. Pag. 154.

Il y a cinq Portes à Verone; & non ſeulement elles ſont fortes, mais encore ornées de Sculptures, de Statues, de Colonnes & d'autres ouvrages de Marbre. Outre l'Amphithéatre appellé *Arène*, on y voit quantité d'auguſtes reſtes d'antiquité, comme d'Etuves, de Bains, d'Aqueducs, de Temples, de Colonnes, & d'autres Monumens de ſon ancienne ſplendeur & de la cruauté des Barbares qui les ont détruits. On fait grand cas à Verone d'une groſſe Cloche qui eſt dans la principale Tour de la Ville, & on n'eſtime pas moins la Bourſe ou la Place où s'aſſemblent les Marchands, & le Pré qu'on appelle *le Champ de Mars*, où la Jeuneſſe s'exerce auſſi-bien que les Soldats. Les Dominicains ont dans leur Jardin les ruïnes d'une Naumachie, ou de quelque lieu qui ſervoit à faire les combats ſur l'eau. Il y avoit proche de l'Arène un endroit, où s'exerçoient les Gladiateurs, & on y voit encore les veſtiges d'un Arc de Triomphe, érigé en l'honneur de Marius, après la Victoire qu'il remporta dans les Territoire de Verone. C'eſt en cet endroit, ſelon la commune opinion, que paſſoit la Voye Emilienne, qui conduiſoit d'Arimini à Plaiſance, à Verone & à Aquilée. Il y reſte encore un Arc de Marbre qui fut autrefois conſacré à Jupiter, &, tout proche, les débris d'un Temple, qui paroît avoir été fort beau.

Le Cabinet du Comte Maſcardo eſt une des choſes les plus curieuſes qu'on puiſſe voir à Verone. Il eſt compoſé d'une Galerie & de ſix chambres, toutes remplies de ce que l'Art & la Nature peuvent produire de plus merveilleux. On y voit des Tableaux, des Livres, des Anneaux, des Animaux, des Plantes, des Fruits, des Métaux, des productions monſtrueuſes, ou extravagantes, & des Ouvrages de toutes façons;

T 2 en

en un mot tout ce qui se peut imaginer de curieux, soit pour l'antiquité, soit pour la rareté, soit pour la délicatesse & l'excellence de l'Ouvrage. Il y a entre autres plusieurs Instrumens & Ustenciles qui servoient aux Sacrifices des Payens; des figures de bronze qui représentent plusieurs sortes de choses, & que l'on appendoit dans les Temples des Dieux, quand on croyoit en avoir reçu quelques secours. On voit plusieurs ouvrages de la pierre d'Amianthe, qui est l'Aσβεςος, dont les Naturalistes ont tant parlé; toutes sortes de matiéres pétrifiées; plusieurs de ces écorces d'Arbres sur lesquelles les Anciens écrivoient; deux Arbres de Corail noir, hauts de trois pieds chacun; des Amethystes, des Perles, des Saphirs & autres Pierres précieuses; une infinité de Coquillages d'Animaux, de Fossiles, de Plantes, de Fruits, & de Métaux; toutes sortes de Médailles, & des Peintures des plus excellens Maîtres.

La Ville de Verone a une Académie de Savans sous le titre de *Gli Philarmonici*.

Les denrées sont en abondance dans cette Ville. Le fruit y est d'une bonté merveilleuse ainsi que le Poisson. La viande, le vin, l'air, l'eau, tout y est doux, sain & agréable. Le Négoce particulier de cette fameuse Ville consiste en Ouvrages de soie & de laine; en sorte qu'il y a plus de vingt mille de ses Habitans qui ne subsistent que par ce moyen.

Il y a dans les Fauxbourgs de Bresce une fort belle Abbaye de l'Ordre de St. Benoît. Elle est en Commende; & comme les Religieux qui sont presque tous nobles Vénitiens, n'ont point la Réforme, ils ne vivent point en Communauté. L'Eglise est fort belle: C'est un monument de la piété de Pepin, fils de Charlemagne, qui la mit sous l'invocation de St. Zenon, Evêque de Verone, & qui la dota de douze Livres d'Or de rente. Le Maître-Autel est fort beau, & au-dessous est une Cave dans laquelle repose le corps de ce St. Evêque dans un Tombeau de Marbre. Les Portes de cette Eglise sont d'airain, relevées en bas-reliefs, & auprès de la principale, il y a un Bénitier de Porphyre qui a vingt-six pieds de circonférence, & qui est un Vase fort ancien. Quant à Pepin Fondateur de l'Abbaye, il a son Tombeau dans une Cave du Cimetiére de St. Procul, qui en est proche. Dans ce Cimetiére sont quelques autres Tombeaux; & il y en a un entre autres composé de pierres assez informes. Il est couvert d'un petit toit, soutenu de quatre Colonnes; mais ce toit est fait de manière qu'il n'empêche pas l'eau de la pluye d'aller dans le Tombeau. Lorsqu'il s'y en trouve, les Habitans la viennent prendre & la font boire aux malades.

La Ville de Verone a produit de grands Personnages, entre lesquels on distingue Catulle, Vitruve, Pline l'ancien, Fracastor, Onuphre & Paul-Veronése.

VERONE. Voyez VERONA.

VERONESE, ou VERONOIS, Contrée d'Italie dans l'Etat de Venise, bornée [a] au Nord par le Trentin, à l'Orient par le Vicentin & le Padouan, au Midi par le Mantouan, & à l'Occident par le Breslan. Son étendue du Nord au Sud est de près de quarante milles, & celle de l'Etat à l'Ouest d'environ trente-deux milles. C'est une des plus fertiles Provinces de l'Etat de Terre-ferme, tant en bled, qu'en vin, fruits & huile. Elle abonde aussi en Bétail. Ses principales Villes sont Verone, Peschiera & Garde. Il peut y avoir dans tout le Pays trois cens six Villages. Il comprend aussi la belle Vallée de Polisella, le Lac de Garde, & le Mont Baldo. Du côté du Padouan il y a trente milles d'une Plaine très-fertile. De l'Ouest au Nord-Est il est montueux l'espace de vingt-cinq milles, & ses terres sont très-bonnes du côté du Sud-Est dans l'étendue de trente autres milles; mais en tirant de Padoue à Verone, il y a vingt milles d'un terroir inculte & pierreux. Les Plaines & les Prairies sont arrosées de quantité de Ruisseaux & de sources d'eau claire, qui font tourner plusieurs Moulins, sans parler de ses eaux médicinales, entre lesquelles on estime particuliérement celles de la Vallée de Polisella, & les Bains de Caldero.

VERONIS, Ville de l'Empire Russien, au Duché de Rezan, sur une petite Riviére de même nom, qui se jette un peu au-dessous dans le Don à la gauche. Le Brun [b] dit que cette Ville est située au 52. d. 30'. Latitude Septentrionale; & Mr. de l'Isle [c] qui, au lieu de VERONIS, écrit VORONECZ, la place sous les 53. d. 15'. Cette Ville située sur le haut d'une Montagne, est ceinte d'une Muraille de Bois toute pourrie. Elle est divisée en trois parties. Les principaux Marchands Russiens habitent un des Quartiers qu'on nomme JAKATOF. Il y a une grande Corderie dans la Ville & les Magazins à poudre y sont hors des Murailles dans des Caves. On voit plusieurs Maisons sur le penchant de la Montagne le long de la Riviére: elles occupent une étendue de 400. pas, & elles appartiennent à des personnes de qualité. La plûpart de ces Maisons sont vis-à-vis de la Citadelle. Par derrière il y a des rues où demeurent ceux qui travaillent à la construction des Vaisseaux. Cette Ville est à l'Ouest de la Riviére Veronis, dont elle porte le nom. La Citadelle est de l'autre côté; & on s'y rend par un grand Pont de communication, parce que les Fossez sont remplis de l'eau de la Riviére, dont le Canal est à présent un peu éloigné. C'est un Bâtiment quarré, qui a des Tours aux quatre Coins, de grands appartemens, & qui paroît beaucoup par dehors. Les sables des Dunes remplissent tellement la nouvelle Riviére, qu'elle n'est pas navigable; & les Vaisseaux sont obligez de passer par la vieille. Cette Citadelle est le principal Magazin; & c'est aussi le nom qu'on lui donne. On y voit un grand nombre de Canons, la plûpart sans affuts, parce qu'ils sont destinez à être transportez ailleurs selon l'exigence des cas. Cette Citadelle est garnie de Palissades en plusieurs endroits, & pourvûe d'une assez bonne Garnison, aussi-bien que les environs de la Ville, pour s'opposer aux incursions des Barbares. Les Chantiers pour la construction des Vaisseaux sont à côté de la Citadel-

[a] *La Forêt de Bourgon*, Géogr. Hist. t. 2. p. 453.

[b] *Voyages*, t. 3. p. 195.

[c] *Atlas*.

delle, au lieu qu'ils étoient autrefois partout. Le Magazin est de l'autre côté. C'est un grand Bâtiment à trois étages, dont les deux premiers sont de pierre, & le troisiéme & le plus élevé de bois. Il est divisé en plusieurs appartemens remplis de toutes les choses nécessaires pour la Marine : chaque sorte est dans un endroit particulier, jusqu'aux habits & jusqu'aux moindres choses qu'il faut aux Matelots. La Maison où l'on travaille aux voiles est à côté de ce Magazin. On compte qu'il y a près de dix mille personnes dans cette Ville, & aux environs. On voit deux ou trois Villages dans la Plaine. Il y a à Veronis quelques Eglises, entre autres *Usplenje Dogoroditza*, ou l'Eglise de l'assoupissement de la Mere de Dieu ; *Cusma-Idemjam*, ou l'Eglise dédiée à St. Côme & à St. Damien; *Saboor*, ou l'Eglise de l'Assemblée des Saints; *Petritza-Bagoroditza*, ou l'Eglise du Vendredi, nom qui lui a été donné, à ce qu'on dit, à cause que la Sainte-Vierge s'y est montrée un Vendredi.

Sur une Montagne, auprès de Veronis, on voit de vieux Tombeaux. La Montagne est ruinée par les injures du tems, & entr'ouverte en plusieurs endroits, où la terre s'est éboulée; de sorte que ce Cimetiére n'est plus qu'une petite Montagne détachée, où l'on trouve encore du haut jusqu'en bas des Cranes & des Ossemens, avec des piéces de Cercueils. On voit deux Arbres & deux Tombeaux sur le sommet: l'un de ces Tombeaux n'est guères endommagé & l'autre est tout rompu. Le terrein qui est devant le Cimetiére y a été joint autrefois. Le passage qui y conduit en deçà de la Riviére est au-dessous de cette Montagne à gauche; & on trouve SIRSOFSKIE à la droite dans le fond, près de la Riviére avec quelques Moulins. A quelque distance de Veronis on voit un Moulin d'une forme extraordinaire, fait par un Circassien. Sa figure est octogone. Il y a au dedans quatre Moulins, qui vont en même tems, sans qu'il y ait des Aîles, ni quoi que ce soit par dehors qui donne prise au Vent. Mais il y a sept voiles en dedans, semblables à celles d'une Barque; & il se ferme en dehors par de grandes Fenêtres ou Portes. Lorsque le Vent est favorable, on ouvre du côté d'où il vient deux ou trois de ces Portes, au travers desquelles le Vent donne dans les voiles & fait tourner la machine avec violence.

VERONUM. Voyez VERBINUM.

a Ortelii Thesaur. VEROVICUM [a], nom Latin que Leland donne à la Ville de Warwik en Angleterre.

b Dict. VERRA, ou VERLA, Riviére d'Italie, selon Mr. Corneille [b], qui ne cite aucun Garant. Il dit qu'elle tire sa source du Mont Codore, l'une des Montagnes de l'Apennin, & que quelques-uns la nomment Brignoles. Voyez BRIGNOLES.

VERRAH, ou WERRA. On donne ce nom au *Weser*, depuis sa source jusqu'à Minden.

c Magin, Carte de la Calabre-Citér. VERRE, ou VERE, Cap d'Italie, au Royaume de Naples [c], dans la Calabre-Citérieure sur la Côte de la Mer Inférieure, entre *Fiume Freddo* & *Fiume Oliva*. Il se jette dans la Mer près de ce Cap une petite Riviére, appellée aussi Verre ou Vére.

VERREGINIS-VILLA, Maison de Campagne dans la Gaule, dans le Territoire de Bourdeaux. Fortunat [d] en parle dans ces termes:

d Lib. 1.

Inter opima ferax quæ volvitur unda Garumnæ
Verreginis in ripis vernat amœnus Ager.

Vinet croit que c'est présentement *Borechs*; mais au lieu de VERREGO, il lit VERREGINUM.

VERREGINUM, ou VERRUGO, Ville d'Italie dans le Latium, au Pays des Volsques, selon Diodore de Sicile [e], Tite-Live & Valére Maxime [g]. On ne sait pas au juste la situation de cette Ville. Tite-Live dit que le Consul Sempronius, après avoir livré Bataille aux Volsques avec quelque desavantage, ramena son Armée par la Voye Lavicane; & Valére Maxime écrit que cette Bataille fut donnée auprès de *Verrugo*; mais comme Tite-Live [h] ajoute que le Consul en se retirant ne prit pas le plus court chemin, il n'est pas possible de fixer la vraie situation de cette Ville. On sait seulement qu'elle ne devoit pas être éloignée du Pays des Æques; parce que de la Forteresse de Carvente [i], que les Æques avoient envahie, l'Armée fut ramenée à Verrugo. Cette derniére Place avoit été fortifiée par les Romains, pour servir de Barriére contre les courses des Volsques, par qui elle fut prise plus d'une fois.

e Lib. 4. c. 100.
f Lib. 4. c.
g Lib. 3. c. 2.
h Lib. 4. c. 39.
i Ibid. c. 55.

VERRON (Le) Contrée de France [k], dans la Touraine. Cette Contrée est à peu près semblable à celle des Varennes, si ce n'est que son terroir est plus gras & dans une situation plus élevée. On y recueille des Bleds, des Vins, & de très-bons Fruits, entre autres des Noix, des Amandes & surtout des Prunes, dont les Habitans font Commerce.

k Piganiol, Descr. de la France, t. 7. p. 2.

VERRONENSIS, Siège Episcopal d'Afrique. Dans la Conférence de Carthage [l] Æmilianus est appellé *Episcopus Verronensis*. On ignore de quelle Province étoit ce Siège.

l No. 198.

VERRUGO. Voyez VERREGINUM.

VERZASCHA, Vallée d'Italie [m], dans la dépendance des douze anciens Cantons Suisses, au Bailliage de Locarno, du côté du Nord-Est. Elle est arrosée par une Riviére de même nom, & elle fait une Communauté, qui a son Gouvernement à part.

m Etat & Délices de la Suisse, t. 3. p. 215.

VERSAILLES, Ville, Château Royal, & Bailliage Royal, Prevôté, dans l'Isle de France, & dans l'Election de Paris, à quatre lieues à l'Occident de cette Capitale. Versailles n'étoit autrefois qu'une Paroisse & un Prieuré dépendant de St. Magloire de Paris, & ce Lieu avoit ses Seigneurs particuliers, Vassaux des Evèques de Paris. Louis XIII. acheta cette Terre & y fit bâtir un Château pour loger ses Equipages de chasse. Ce Château n'étoit encore proprement qu'une Maison de Campagne que Bassompierre appelle toujours *le chetif Château de Versailles*. C'est donc Louis le Grand,

T 3 qui

qui trouvant ce Canton agréable pour la chasse, a fait du Village une Ville, & du Château le plus magnifique Palais qu'il y ait au Monde.

La grande avenue du Château partage la Ville en deux parties. Celle qui est à gauche, lorsqu'on arrive de Paris, s'appelle LE VIEUX VERSAILLES, & celle qui est à droite se nomme LA VILLE-NEUVE. Les Recollets sont dans le Vieux Versailles, & dans la rue qui porte leur nom. Pendant que Louis XIV. a vécu, c'étoit la Maison la plus aisée que ces Religieux eussent en France, parce que ce Prince leur donnoit une Somme considérable pour l'entretien de la Communauté, & que d'ailleurs le Casuel ne laissoit pas de leur valoir quelque chose. Depuis la mort de ce Monarque, ils sont obligez de mandier comme par-tout ailleurs. Leur Couvent & leur Eglise ne sont remarquables que par leur simplicité & par leur propreté. Dans l'Eglise pourtant on voit quelques excellens Tableaux de Jouvenet.

La Ville-Neuve est la mieux bâtie & la plus propre. Le Roi Louis le Grand y a fait bâtir une belle Eglise qui est la Paroisse, & une grande Maison pour loger Mrs. de la Mission de St. Lazare qui la desservent. Cette Eglise est dans la rue de Paris, en face de la rue Dauphine. Elle a été construite à neuf de fond en comble. Le Portail, en y comprenant les deux Tours qui sont aux Angles, a dix-neuf Toises de large. Il est décoré d'un ordre Dorique de quatre Colonnes de front, qui portent aussi quatre Colonnes Ioniques couronnées d'un fronton. Les Tours sont ornées de ce dernier Ordre. La longueur de l'Eglise hors d'œuvre est de quarante Toises, & de trente dans œuvre depuis le Maître-Autel jusqu'à la grande Porte. La Nef a trente-deux pieds de large, & les Bas-côtez en ont dix-huit: la longueur de la Croisée est de dix-sept Toises, & au milieu il y a une Coupe, ou Cul de four, voûté de pierres de six pieds & demi. La Lanterne a vingt pieds de diametre, & porte en dehors sur un grand quarré de Maçonnerie de huit Toises de large. La hauteur sous Clef en dedans de la Voute est de neuf Toises & demie, & de la Coupe de la Lanterne jusqu'au pavé de l'Eglise, de dix-huit Toises. L'Ordre qui décore le dedans est Dorique. Le Grand-Autel est orné de quatre Colonnes Corinthiennes de Marbre, couronnées de leur entablement & fronton. Tous les Autels sont garnis de Tableaux des meilleurs Peintres qu'il y ait eu en France. A côté de l'Eglise est un grand Edifice que Louis XIV. fit construire en même tems pour loger les Missionnaires. Il consiste en un grand Corps de Bâtiment qui a quarante-quatre Toises de longueur, & est parallèle au côté de l'Eglise. Il joint sur la rue à d'autres Bâtimens, & renferme une basse-cour de treize Toises en quarré. Cette Maison a six Toises deux pieds d'épaisseur, & est du dessein d'Hardouin Mansard, de même que l'Eglise.

Au-dessous de Viroslée on entre dans la grande Avenue, bordée de quatre rangs d'Ormes, qui forment trois Allées, dont celle du milieu a vingt cinq Toises de large; & les deux qui sont aux côtez en ont dix chacune. Avant que cette belle Avenue aille se terminer devant le Château, on rencontre à main droite le CHENIL, où le Grand-Veneur a un appartement, où logent les principaux Officiers de Venerie, & où sont tous les Equipages de chasse. Vis-à-vis on voit l'Hôtel de Me. la Princesse de Conti, Maison où regnent le goût, la propreté & l'élégance, & où les Bains-sur-tout sont d'une beauté singulière. La grande & la petite Ecurie viennent ensuite. Elles sont séparées par cette même Avenue. La grande est du côté du Chenil, & la petite du côté de l'Hôtel de Conti. C'est précisément dans cet endroit que la grande Avenue se perd dans la Place d'armes, ou Place Royale, qui a cent quatre-vingt Toises de face. L'Avenue de St. Cloud & celle de Sceaux viennent aussi s'y terminer & forment une patte d'Oye. Les Ecuries sont du dessein de Mr. Mansard. Leur décoration extérieure est la même. Elles furent commencées l'une & l'autre en 1679. & achevées en 1685. LA GRANDE ECURIE est fermée par une grille de fer, qui a trente-deux Toises de longueur, & dont les ornemens sont dorez & d'un beau travail: elle est encore fermée par deux Pavillons de neuf Toises chacun, couronnez par deux frontons, dans lesquels on voit des Enfans assis sur des Trophées, & sculptez par Marin. Ces Pavillons flanquent deux Aîles de trente-sept Toises de long, qui en se joignant au principal Avant-corps, terminent la Cour en demi-lune. Cet Avant-corps est pareillement couronné d'un fronton où sont les Armes de France posées sur des Trophées & tenues par deux Renommées. La Sculpture de ce fronton est de Granier. On voit au-dessous un groupe de trois Chevaux de pierre & sur les Massifs qui le soutiennent quatre Trophées d'Armes à la Françoise de Raon, Mazière & Granier. Après cette grande Cour terminée en demi-lune, on en trouve deux moyennes de vingt Toises de long sur douze de large, & entourées de Bâtimens. Par la Porte principale qui est dans le grand Avant-corps, & par deux autres qui sont dans ces Cours moyennes, on entre dans un fort beau Manége couvert, qui a vingt Toises de long sur huit de large, & derrière lequel on trouve un vaste Manége découvert qui fait face au Chenil. Aux côtez de dehors il y a encore deux petites Cours de vingt Toises de long sur neuf de large: elles servent pour les fumiers, & sont fermées par un Mur de la hauteur du premier étage. Les frontons qu'on voit sur les Portes sont des Sculpteurs dont j'ai déja parlé. C'est dans cette Ecurie qu'on tient tous les Chevaux de Manége & une partie des Coureurs du Roi. La PETITE ECURIE est fermée, ainsi que la grande, par une grille de fer & par deux Pavillons qui flanquent deux Aîles & sont couronnez par deux frontons, où l'on voit des Enfans assis sur des Trophées & sculptez par Arcis. La Porte où se joignent ces Aîles est ornée d'un fronton où sont les Armes de France. Au-dessous il y a un groupe de trois Chevaux conduits par le Cocher du Cirque; &

sur

sur les Massifs qui soutiennent le fronton sont des Trophées d'armes d'une legereté & d'une beauté surprenantes. Le tout a été sculpté par le Comte, qui a fait aussi les frontons des Cours qui sont aux côtez. Par la Porte principale on entre dans la plus large des Ecuries à deux rangs de vingt-quatre Chevaux chacun; & au bout on trouve une Coupe de douze Toises de diametre, qui sépare cette premiere Ecurie de deux autres qui sont dans les Aîles. Il y a ici une autre grande Porte qui fait face à l'Hôtel de Conti & qui est couronnée d'un fronton, dans lequel il y a deux Hommes & deux Chevaux sculptez par de Dieu. C'est dans la petite Ecurie que sont les Chevaux de Carosses & le reste des Coureurs.

Des Ecuries on revient à la Place Royale. L'élévation en glacis du terrein sur lequel le Château est bâti, l'inégalité des Cours & des Bâtimens qui se resserrent en s'éloignant de cette Place, font que le Château, vu de cet endroit & de l'Avenue de Paris, semble former une magnifique décoration de Théâtre. De cette Place on monte dans l'Avant-cour du Château, qui en est séparée par une grille de fer enrichie d'enroulemens; & le long de laquelle on trouve deux Guérites, qui servent de Piédestaux à deux Groupes de pierre, qui representent les Victoires de la France sur l'Empire & sur l'Espagne. Le premier est de Gaspard de Marsy & le second de Girardon. Cette Avant-cour qui est en forme de Demi-lune a quatre vingt cinq Toises de long & quatre gros Pavillons aux quatre Coins pour flanquer deux Aîles. C'est dans ces Bâtimens que logent les trois Secrétaires d'Etat & divers autres Officiers. On sort de cette Avant-cour par deux grandes Portes de fer qui sont aux deux côtez, & donnent deux Points de vûe parfaitement bien allignez, & qui ne sont bornez qu'à une assez grande distance delà par des Bocages & par des Côteaux qui s'élévent insensiblement, & font le plus bel effet du monde. De l'Avant-cour on entre dans une grande Cour, qui en est séparée par une grille de fer, ornée ainsi que la premiere, & le long de laquelle on voit pareillement deux Guérites qui servent de Piédestaux à deux Groupes de pierre, dont l'un representé la Paix & l'autre l'Abondance. Le premier est de Tubi & le second de Coyzevox. Deux Pavillons flanquent les deux Aîles du Château, & ont en face chacun un Balcon de dix Toises de long, soutenu par six Colonnes & orné d'autant de Statues de pierre. De cette grande Cour on monte sur la petite par cinq marches. Elle est pavée de Marbre blanc & noir. La face & les Aîles de l'ancien Château sont bâties de brique & de pierre de taille; & les Trumeaux qui sont entre les croisées sont ornez de Bustes antiques de Marbre posez sur des consoles de même. Au devant de la façade est un Balcon soutenu par huit Colonnes d'ordre Dorique de Marbre de Rance, dont les Bases & les Chapiteaux sont de Marbre blanc. Aux côtez du fronton de la façade, on voit deux Statues, l'une à main droite & l'autre à main gauche: la

premiere, qui est Hercule, est de Girardon; la seconde est un Dieu Mars de Marsi. Le long de la Balustrade de l'ancien Château, tout autour de la Cour de Marbre, il y a dix-huit Statues de pierre, qui ont chacune huit pieds de haut; sçavoir à la gauche la Victoire, par l'Espingola; l'Afrique par le Hongre; l'Amérique par Regnaudin; la Gloire par le même, l'Autorité & la Richesse par le Hongre, la Générosité par le Gros; la Force par Coyzevox; l'Abondance, par Marsi; à la droite, la Renommée par le Comte; l'Asie, par Massou; l'Europe par le Gros; la Paix par Regnaudin; la Diligence par Raon; la Prudence par Massou; Pallas par Girardon; la Justice par Coyzevox; la Richesse par Marsi.

Après qu'on a parcouru des yeux toutes ces figures, l'appartement des Bains est ce qui se présente le plus naturellement. On y entre par une porte qui est au-dessous de la derniere des Statues dont il vient d'être parlé. On trouve d'abord une Pièce décorée de huit Colonnes de Marbre de Rance, d'Ordre Dorique, & ornée de quatre Statues de Marbre. Ce sont Venus copiée d'après l'antique qui est à Florence, par Clairion; un Mercure antique; un Bacchus d'après l'antique qui est à Florence, & un Apollon, dont le corps est antique & le reste moderne. La seconde Pièce, qu'on appelle la Sale de Diane, est remarquable par huit Colonnes de bréche isabelle & d'Ordre Ionique; par quatre autres de Marbre de Charlemont; & par deux Statues d'après l'Antique; ce sont Flore & Pallas. Un Salon des plus magnifiques fait la troisième Pièce. L'or & les ornemens les plus précieux y brillent de toutes parts. Sur la Cheminée il y a un Tableau où l'on voit Apollon qui poursuit Daphné: il a été peint par Houasse. Ce Salon est outre cela orné de douze Statues de bronze doré. Ce sont les douze mois de l'Année, qui ont été sculptez; Janvier par Marsy, Février par Hutinot, Mars par Marsy, Avril par Tubi, Mai par Regnaudin, Juin & Juillet par le Gros, Août par le Hongre, Septembre par le même, Octobre par Houzeau, Novembre par Erard, Décembre par Regnaudin. De ce Salon on entre dans la Chambre des Bains, dont la Cheminée est ornée d'un Tableau, où Vulcain présente à Venus les armes qu'il a forgées pour Enée: il est d'Audran. On voit outre cela six Colonnes de bréche isabelle, avec des Bases & des Chapiteaux de Bronze doré. Au-delà de cette Chambre est le Cabinet des Bains, où est une grande Baignoire de Marbre, très-spacieuse & d'une beauté extraordinaire.

Au sortir de l'Appartement des Bains, on trouve à main droite, en entrant dans la Cour du Château, trois arcades de face avec des Portes de fer doré; & l'on entre dans un Vestibule à compartimens de Marbre, qui a trente-neuf pieds de large sur treize de profondeur. On monte par trois degrez sur le premier Palier du grand Escalier, qui est revêtu tout autour comme le bas de compartimens de Marbre. Sur ce Palier s'éleve un Perron à pans d'onze degrez de Marbre. Dans la face du Palier qui est au-dessus

fus du Perron, il y a une Niche furbaiffée, dans laquelle eft un Baffin de Marbre foutenu par deux Dauphins de Bronze ; & au-deffus un Groupe de Marbre blanc & antique. Au-deffus de cette Niche, on a pofé contre le Mur le Bufte du Roi en Marbre: il eft de Coyzevox, auffi-bien que l'Ecu aux Armes de France placé vis-à-vis. Les deux Rampes qui compofent l'Efcalier ont chacune dix pieds de large & vingt & un degrez de Marbre. Les appuis font de même & font fupportez par des Baluftrades de Bronze cizelez & dorez au feu. Les deux Paliers font à compartimens de Marbre, & ont chacun dix pieds de large. Sur ces Paliers on a élevé des Colonnes & des Pilaftres de Marbre, d'Ordre Ionique, dont les Bafes & les Chapiteaux font de Bronze doré. Au milieu des faces qui font fur ces Paliers, il y a deux grands Trophées d'armes de Bronze doré, de Coyzevox. Sur les deux grandes faces de cet Efcalier, on voit quatre Tableaux à frefque peints par Vander-Meulen: ils repréfentent des Conquêtes de Louis XIV. Les Maffifs des quatre Portes par lefquelles on entre dans les Appartemens, font ornez de feintes Tapifferies à fond d'or pleines d'ornemens & de figures. On a encore peint fur toutes ces faces des galeries dans lefquelles on a repréfenté des perfonnes de différentes Nations; & dans les angles il y a des poupes de Vaiffeaux qui femblent foutenir les galeries, qui font audeffus de la première Corniche. Le Plafond eft orné de bas-reliefs octogones remplis de figures, & de grands rideaux tombent le long des attiques. Cet Efcalier eft éclairé par une grande ouverture qui eft au haut du comble, & qui eft fermée par des chaffis garnis de glaces. Les Peintures font d'après les Deffeins de le Brun.

Du grand Efcalier on entre par deux Portes dans la Sale de Venus, & en fe détournant un peu, on va commencer à parcourir les grands appartemens par la Chapelle. Ce Monument de la piété de Louis XIV. fut commencé au mois de Mars 1699. Rien n'eft traité avec plus de majefté que la décoration extérieure & intérieure de cet Edifice. L'Architecture en eft belle & élégante, & les ornemens de Sculpture & de Peinture y font répandus avec tant de goût & de jugement que ce Temple, quoiqu'inférieur en grandeur à beaucoup d'autres, les furpaffe en magnificence. La principale face de cette Chapelle eft au Couchant, & jointe à l'Aîle du Château qui eft au Nord. Son chevet eft à l'Orient. Elle eft bâtie de pierre de Liais, qui eft blanche & dure, & après le Marbre la plus belle de toutes, & celle qui reçoit le mieux le poli. La longueur de cet Edifice eft, depuis la principale porte jufque hors œuvre de la Rotonde, de vingt-deux toifes trois pieds & demi; c'eft-à-dire de cent trente-cinq pieds & demi; hors œuvre, depuis la même porte jufqu'au Grand-Autel de dix-fept toifes deux pieds onze pouces & un quart, ou de cent quatre pieds onze pouces & un quart. Sa largeur hors œuvre eft d'onze toifes deux pieds & huit pouces, ou de foixante-huit pieds huit pouces; & dans œuvre, de cinquante-cinq pieds & demi pouce, en y comprenant la largeur des bas côtez qui eft de neuf pieds; & celle des arcades qui eft de trois pieds & demi pouce. La hauteur de l'Edifice fous la clef de la voute eft de foixante & dix-neuf pieds. Trois ordres de fenêtres ou vitreaux l'un fur l'autre, règlent l'ordonnance de l'Architecture & de la Sculpture du dehors. A la face du Nord il y a deux Corps d'Architecture qui ont leur faillie en dehors. Dans l'un eft le Clocher, & dans l'autre, qui eft le plus grand, eft la Chapelle de la Vierge. Au dehors de ce dernier Corps on voit deux ovales, dont l'un referme le Bufte de Notre Seigneur Jéfus-Chrift, & l'autre celui de la Sainte Vierge: l'un & l'autre de ces ovales font ornez de confoles & de feftons. Au chevet, il y a quatre avant-corps de quatre pilaftres chacun. Toute cette Architecture eft couronnée par une Corniche Corinthienne, ornée de modillons dont les caiffes font remplies par des rofes. Au-deffus règne une Baluftrade. Les Pilaftres qui en retiennent les travées, fervent de Socle à vingt-huit Statues de pierre de Tonnerre, de neuf pieds de haut chacune & de différens Maîtres. Au-deffus de l'Attique eft un Socle ou finiment orné de poftes en bas-relief; & ce Socle porte vingt-fix Vafes en torchères enflammées. Sur le Timpan de la face qui eft du côté du Parterre, il y a deux figures à demi couchées & pofées fymmétriquement. Le comble eft droit. Six arrétiers de métal doré & autant de lucarnes de même, l'ornent infiniment. Quatre de ces arrétiers, deux au Nord & deux au Midi, forment à chacune de ces deux faces du comble une efpèbe d'Avant-corps. De l'enfaitement, qui eft auffi de métal doré, avec des ornemens à jour, pend une magnifique campane de même. La lanterne porte fur la charpente du comble. Elle a quatorze pieds de diametre & trente fix de haut. La Baluftrade, les Colonnes qui forment fes arcades, l'obelifque, la pomme & la croix font dorées, de même que les deux Ecus des Armes de France, tenus par deux Anges, & les deux chûtes de trophées d'inftrumens de mufique qui tombent le long du comble. Sur les poinçons, il y a deux groupes d'enfans de metail doré, qui ont fix pieds de haut. Deux magnifiques Salons de l'Aîle du Château qui eft au Nord, fervent de Veftibule à cette Chapelle; l'un au rez-de-chauffée & l'autre aux Tribunes. Ce dernier eft encore plus magnifique que l'autre. On en admire les ornemens de Sculpture, les Trophées, & les Figures de Stuc qui font aux quatre Angles du comble. Mais à peine eft-on entré dans la Chapelle que les Chefs-d'œuvres qu'on y voit raviffent l'efprit fans fixer les regards. Les yeux courent de Chef-d'œuvre en Chef-d'œuvre, fans avoir la liberté de s'arrêter. On y voit régner un Ordre Corinthien. La grande porte du rez-de-chauffée eft au milieu de deux autres moins grandes, qui font au pied de deux Efcaliers à vis, dont la ftructure eft finguliére & l'appareil des pierres ingénieux. Ces portes, de même que les trois du Salon haut, font fi ornées de Sculpture, & fi brillantes par la dorure de leurs orne-

ornemens, que Michel Ange en auroit porté le même jugement qu'il porta de celles de la Cathédrale de Florence, qu'il appelloit un Ouvrage divin, digne d'être les Portes du Ciel. Le Pavé répond à cette magnificence. Il est fait de grands carreaux de Marbre en compartimens. L'Arcade de la Tribune du Roi est ornée de deux bas-reliefs d'Anges & d'une Gloire de Chérubins à la Clef. Sur les archivoltes des Arcades de la Nef, il y a des bas-reliefs dont le sujet est pris de la passion de Notre Seigneur, & traitez par différens Sculpteurs. Il suffit de les voir pour être frappé de l'excellence de l'Ouvrage. Toutes les faces des Piliers & des Dosserets des bas-côtez sont remplies de trophées d'Instrumens qui servent à l'Eglise; & les Calotes, Culs-de-four, Cordons & Panaches des Voutes des Bas-côtez sont extrêmement ornez de même que les Chapelles & tous les Autels qui sont dans les embrasures. Le Maître-Autel est magnifique & construit de Marbre rare & de Bronze. Dans la Chapelle du St. Sacrement, il y a un grand Tableau peint par Silvestre: il représente Jesus-Christ qui va faire la Pâque avec ses Disciples. Dans la Chapelle de St. Louis, Jouvenet a peint ce saint Roi sur le Champ de bataille après la victoire qu'il remporta sur les Ennemis du nom Chrétien, auprès de la Ville de Massoure. Par les deux Escaliers dont j'ai parlé, & qui sont garnis d'une riche Baluftrade de fer doré, on monte aux Tribunes. Celle du Roi est en face du Grand-Autel; elle a treize pieds & demi de large dans œuvre, & elle est aussi longue que la Nef est large. La grande porte du Salon d'enhaut, par laquelle le Roi entre dans la Chapelle, a huit pieds de large sur dix-sept de haut. On voit au-dessus un grand Bas-relief des Armes de France; & sur chacune des portes qui sont aux deux bouts de cette Tribune, & qui aboutissent aux deux Escaliers à vis, il y a un Bas-relief excellent. La Tribune qui régne au pourtour, a neuf pieds & un quart de large. Sur chacune des deux portes par lesquelles on y entre, il y a un Bas-relief d'un Ange renfermé dans un cadre. Elle est décorée de seize Colonnes canelées & Corinthiennes. Leur fut est de vingt-trois pieds & demi de haut: le socle, la base, le Chapiteau & l'entablement ont douze pieds & demi; ce qui fait trente-six pieds en tout. Rien n'est comparable à la beauté & la legéreté de ces colonnes que la délicatesse & le fini des Trophées & des Ouvrages de Mosaïque, qui sont dans les panneaux de leurs socles, & la richesse de la Balustrade qui régne au pourtour de cette Tribune. Les appuis en sont de Marbre, & supportez par des Balustres de Bronze ciselez & dorez au feu. Les dans œuvres des murs de face ont vingt-deux demi-colonnes; & sur les archivoltes de chaque Vitreau, il y a deux Vertus, dont la plûpart sont des chefs-d'œuvres de Sculpture. Pour parler des Peintures qui sont aux Voutes des Tribunes, je commencerai par la Tribune qui est à main droite en entrant. Dans la première Voute de cette Tribune on voit St. Barnabé à genoux, de profil, la tête & le bras droit élevez au Ciel. Dans la seconde Voute, on voit St. Jude assis sur des nuées la tête & les yeux élevez vers le Ciel, la main droite sur l'estomac, & tenant de la gauche un Livre. St. Barthélémi est représenté dans la troisième, la tête de profil, les yeux tournez vers le Ciel, le bras gauche élevé, & tenant un couteau dans la droite. St. Jacques le Mineur est dans la quatrième Voute, assis sur des nuées. Il regarde en bas, tient de sa main droite un Livre ouvert posé sur son genou, & de l'autre il s'appuye sur la nuée. Dans la cinquième Voute, on voit St. Jacques le Majeur, assis sur un nuage, la tête & les yeux vers le Ciel; de la main droite il tient un Livre, & son bras gauche est étendu sur une nuée dans l'ombre. Auprès de cette Voute, il y en a une petite où sont peints deux Anges. Tous ces Tableaux sont peints à l'huile & sur platre & accompagnez d'Anges dans des attitudes aisées. Ils ont été peints par Boulogne le jeune. Dans la première Voute du chevet & du côté de l'Epître, qui est la sixième dans l'ordre que je suis, Boulogne l'aîné a représenté le Ravissement de St. Paul. Dans le platfond qui vient ensuite & au-dessus de l'Orgue, on a peint un Sujet qui y convient parfaitement. C'est un Concert de Musique composé de trois Groupes d'Anges. Dans le platfond qui suit, on a peint St. Pierre, les yeux levez vers le Ciel, tenant d'une main une de ses Clefs: de l'autre main il montre le Peuple qui prie dans l'Eglise; & deux petits enfans tiennent son autre Clef. Sur le platfond triangulaire, qui est immédiatement après, on a représenté trois petits enfans, dont l'un paroît répandre des fleurs sur l'Autel, & les deux autres sont sur un nuage. Plus loin dans un autre platfond, on a peint le Martyre de St. André; & plusieurs Anges qui sont les témoins de son Triomphe. La vocation de St. Philippe à l'Apostolat suivit de si près celle de St. André, que le Peintre ne les a pas voulu séparer. Ce Saint est représenté les yeux levez au Ciel, ayant un genou sur des nuages & la main droite sur l'estomac, pendant que de la gauche il tient la Croix sur laquelle il mourut, & que trois Anges lui aident à soutenir. St. Simon Cananéen est peint dans la Voute de cette Tribune qui est au-dessus de la Vierge. Ce St. est à genoux sur des nuages soutenus par des Anges. Il faut interrompre la description des Peintures de la Tribune, pour décrire celles de la Chapelle de la Vierge qui sont de Boulogne le jeune. Dans la Calote, c'est l'Assomption de la Ste. Vierge. Dans chacun des quatre panaches, il y a un Ange qui porte un des attributs qu'on donne à la Mere de Dieu dans les Litanies. Dans les trois Arcades, le Peintre a traité les trois Vertus qui conviennent le mieux à la Ste. Vierge; savoir l'Amour divin, la Pureté & l'Humilité. Sur l'Autel de cette même Chapelle, il y a un grand Tableau dans lequel le même Peintre a représenté l'Annonciation. La Chapelle de Ste. Thérèse est sur la même Tribune, & auprès de celle de la Vierge. Pour reprendre la suite des Apôtres que Boulogne l'aîné a peint dans les Voutes de la Tribune:

V St.

St. Matthias est à genoux sur des nuages; on le voit de front, & les yeux levez au Ciel. Il porte dans sa main droite la lance avec laquelle il fut percé. St. Thomas, surnommé Didyme, est représenté dans le dernier platfond: il se courbe vers le Ciel qu'il regarde avec ardeur, & léve son bras droit, pendant que de la main gauche il montre la hache avec laquelle il fut martyrisé. Toutes ces Peintures sont de Boulogne l'aîné. Quant aux Peintures de la Voute de la Chapelle Royale, Coypel a représenté au milieu le Pére Eternel dans sa gloire; la Fosse a peint du côté du Chevet Jésus-Christ qui ressuscite; & au-dessus de la Tribune du Roi, on voit la descente du St. Esprit par Jouvenet. Dans les trumeaux de l'attique, Coypel a peint douze Prophètes, six de chaque côté, avec un passage de l'Ancien Testament, qui annonce le Messie & fait connoître le Prophète qu'on a voulu représenter. Aux deux extrémitez de cette Voute, sont, du côté de la Tribune du Roi, Charlemagne, Roi de France & Empereur, & du côté du Sanctuaire, St. Louis Roi de France.

Au sortir de la Chapelle on rentre dans le Salon haut, qui lui sert de Vestibule, puis dans un autre encore plus grand. On retrouve ensuite la Sale d'Abondance, qui a pris son nom de l'Abondance qui est peinte sur le platfond avec la Liberalité, &c. par Houasse. Pendant l'Hyver on y voit les Tableaux suivans: La Vierge du Poussin, posée sur une Colonne de Jaspe, tenant le petit Jésus entre ses bras, & entourée au bas de plusieurs Pélerins; Enée qui après la prise de Troye se retire à Delphes, par le Dominiquin; la Vierge & St. Joseph, qui fuyent en Egypte, par le Guide; la femme malade d'un flux de sang guérie par Jésus-Christ, de Paul Veronese; un St. Pierre par la Mare, un St. Paul par le même.

On entre par la Sale de l'Abondance dans le Cabinet des Antiques, autrement des Bijoux, ou des Medailles. Il est de figure octogone, & éclairé par une Voute en maniére de Dôme. Il est tout entouré de glaces; & dans les Niches il y a des Gradins qui sont chargez de Bijoux, de même que quantité de consoles. Sur la Cheminée, qui est de Marbre verd moderne, on voit une magnifique Nef d'or qui pese cent cinquante marcs, & dont on admire la Sculpture & la ciselure. On y voit des Agathes de toutes sortes, des Crystaux précieux par eux-mêmes & encore plus par l'art avec lequel on les a taillez; de petites figures de Bronze antiques; des figures d'or couvertes de Pierreries. Au milieu, il y a un magnifique Bureau rempli d'une infinité de Pierres gravées & de Medailles antiques & modernes, admirables par leur suite & par leur beauté. On y voit encore un grand Bassin d'argent qu'on appelle le Medaillon. Il fut trouvé dans le Rhosne en 1656. le Bas-relief représente la Continence de Scipion. Mr. Spon a jugé que ce Bassin a deux pieds de diametre étoit un Bouclier. Il se fonde sur ces lettres qu'on y voit CL. V. qui selon lui signifient *Clypeus votivus* ou *Clypeum vovit*. Enfin, on trouve dans ce Cabinet un très-grand nombre de Tableaux, tous rares & curieux; entre autres une Vierge, avec l'Enfant Jésus & St. Jean, par Raphaël; Jésus-Christ guérissant la belle-mere de St. Pierre, par Paul Veronese; la Ste. Famille par le même; St. François par le Carache; une Ste. Famille & St. Michel par de Vinci; un St. Eustache par Viole; la Vierge tenant son divin Fils, par André Mantegne; un Crucifix, par Paul Veronese; un St. Hubert, par Viole; la Vierge tenant le petit Jésus & ayant à sa gauche St. George, Ste. Catherine & St. Benoît, par Paul Veronese; l'Ange & Tobie, par André del Sarto; le Sacrifice d'Abraham, par Annibal Carache; la mort d'Absalon par le même; la Vierge avec son fils & plusieurs Saints, par le Parmesan; la descente de la Croix, par Vandeik; la Circoncision, par le Dosse; le Bain de Diane, par Corneille Polembourg; l'Adoration des Rois, par Paul Veronese; le Sacrifice d'Abraham, par Holben; la Nativité peinte, par un Eléve de Raphaël d'après le Dessein de ce grand Maître.

On sort de ce Cabinet pour rentrer dans la Sale d'Abondance, & de là on passe dans celle de Venus, ainsi appellée parce que dans son platfond on voit cette Déesse sur son Char tiré par des Colombes. Les Dieux & les Héros que la Fable & l'Histoire ont le plus célébré ornent son Triomphe. Le premier Tableau des côtez du platfond est vis-à-vis des fenêtres: il représente Nabuchodonosor, qui fait élever les Jardins de Babylone; celui qui est du côté de la Chapelle fait voir Auguste qui donne au Peuple Romain le plaisir des courses de Chariots dans le Cirque; dans celui qui est du côté des appartemens, c'est Alexandre qui épouse Roxane; dans le quatrième qui est au-dessus des fenêtres, c'est Cyrus qui fait passer ses troupes en revûe. Toutes ces peintures sont en grande partie de Houasse. Il y a outre cela deux Perspectives excellentes de Rousseau; & une Statue antique qui représente L. Quintus Cincinnatus, quand après avoir quitté la charrue, il prend ses sandales pour aller commander les Armées.

La troisième Piece est la Sale du Billard. Son platfond représente la Lune sous la figure de Diane, qui est sur un Char tiré par deux Biches. Elle est accompagnée des Heures, de la Navigation & de la Chasse. Ce platfond a été peint par Blanchard. Les sujets des quatre Tableaux des côtez sont: César qui envoye une Colonie à Carthage, par Audran; Cyrus qui attaque un Sanglier, par le même; Jason abordant à Colchos, par la Fosse; Alexandre qui chasse aux Lions, par le même. Sur la Cheminée on voit le Sacrifice d'Iphigénie, par la Fosse. Il y avoit vis-à-vis une Diane, qui venoit voir le Berger Endymion, par Blanchard; mais ce Tableau a été ôté, & on en a mis en sa place un autre qui représente un Ange embrassant du bras gauche un jeune homme, & lui montrant de la main droite le chemin du Ciel. De ce même côté on voit dans un coin reculé & obscur, un homme autour duquel sont entortillez des Serpens. C'est l'image du Vice. Ce Tableau est de Féti. Le fameux buste du Roi Louis XIV. par le Cavalier Bernin est encore dans la Sale du Billard.

La

La Sale de Mars vient enfuite. Ce Dieu a été peint par Audran fur le milieu du platfond. Il eft fur un Char tiré par des Loups; & l'on y voit diverfes autres figures, entre autres des Génies de guerre qui fe chargent d'armes pour le fuivre. Il y a encore deux Tableaux fur ce platfond: dans l'un c'eft la Terreur, accompagnée de la Fureur & de l'Ire, qui pouffent la Crainte & la Pâleur: dans l'autre c'eft la Victoire foutenue par Hercule; le premier a été peint par Houaffe, & le fecond par Jouvenet. Six Tableaux en Camaïeu rehauffez d'or fe préfentent enfuite à la vûe. Dans le premier, Céfar range fon Armée en bataille: dans le fecond, c'eft Marc Antoine & le Conful A. Poft. Albinus. Ces deux Tableaux font de Jouvenet. Le troifième repréfente la dégradation d'un Officier par Aléxandre Sévère en préfence de l'Armée, & dans le quatrième on voit le Triomphe de Conftantin: ces deux Tableaux font d'Houaffe. Dans le cinquième, Cyrus range fon Armée en bataille; & dans le fixième Demetrius Poliorcetes force une Ville; ces deux derniers font d'Audran. On voit encore dans cette Sale les Tableaux fuivans: Un St. Jean, par Raphaël; la Famille de Darius aux pieds d'Aléxandre, par le Brun; la Vifitation de la Vierge, par Sebaftien del Piombe; la Vierge tenant le petit Jéfus, & auprès d'elle St. Antoine & St. François, par le vieux Palme; la Ste. Famille, par Paul Véronèfe; la Nativité de la Vierge, par Pierre de Cortonne; Jéfus-Chrift avec les Pélerins d'Emaüs, par Paul Veronèfe; & un Tableau qui repréfente la Vierge & St. Pierre, par le Guerchin.

La Piéce qui fuit s'appelle la Sale de Mercure, parce que ce Dieu eft peint fur le platfond. Il eft fur un Char tiré par des Coqs, & accompagné de la Vigilance, du Point du jour, des Arts & des Sciences; ces Peintures font de Champagne. Le Tableau qui eft au-deffus des fenêtres repréfente Aléxandre le Grand, qui fait apporter plufieurs Animaux, pour qu'Ariftote faffe cette belle Hiftoire Naturelle, qu'il a tranfmife à la poftérité. Dans celui qui eft du côté de la Sale de Mars, c'eft encore Aléxandre qui donne audience aux Gymnofophiftes: le troifième qui eft vis-à-vis des fenêtres repréfente Ptolomée, qui s'entretient avec des Savans dans une Bibliothéque. Dans le quatrième qui eft du côté de la Sale du Trône, on voit Augufte qui reçoit des Ambaffadeurs des Indes à Samos; ces Peintures font auffi de Champagne. Parmi les Tableaux qui font difperfez çà & là, on trouve le portrait de Marie de Médicis, en Veuve, tenant des rofes, par Vandeick; Jéfus-Chrift & deux de fes Difciples à Table dans le Château d'Emaüs, par le Titien; un Concert de Mufique, par le Dominiquin; St. Sebaftien, par Annibal Carache; Andromède & Perfée, par le Titien; l'Affomption, par Annibal Carache; Jéfus, la Vierge, Sainte Agnès & Sainte Catherine, par le Titien; Jéfus-Chrift qu'on met au tombeau, par le Titien; un portrait de Marie de Médicis affife dans un fauteuil. On voit tous ces Tableaux dans cette Sale, depuis le retour de Fontainebleau jufqu'à Pâques. Pendant le refte du tems on n'y en voit que deux; favoir la Sainte Famille, par Raphaël, & St. Michel, par le même.

Dans le platfond de la fixième pièce, on voit Apollon fur un Char traîné par fes quatre Courfiers & accompagné des quatre Saifons. La France, la Magnanimité & la Magnificence font tout près du Char; le tout peint par la Foffe. Les Tableaux qui font au-deffus de la grande Corniche font: Augufte qui fait un Port à Mycène; Vefpafien qui fait bâtir le Colifée; Coriolan qui fe laiffe fléchir par les priéres de fa mere, & léve le Siège qu'il avoit mis devant Rome; l'entrevûe d'Aléxandre & de Porus; les quatre Parties du Monde en quatre piéces. Toutes ces peintures font de la Foffe. On voit outre cela fur la Cheminée un portrait de Louis XIV. en pied, par Rigaut. Pendant l'Hyver on trouve encore dans cette Sale les Tableaux fuivans: les Portraits du Prince Palatin & de fon frere le Prince Robert, peints dans leur jeuneffe par Vandeick; le Centaure Neffus qui porte Déjanire; Hercule qui lute contre le Fleuve Acheloüs; ces deux derniers Tableaux font du Guide; Thomyris qui fait tremper dans du fang la tête de Cyrus: elle eft accompagnée de deux femmes dont les têtes font d'une grande correction de deffein, par Rubens; Un St. François, du deffein d'Annibal Carache & peint par le Valentin; Hercule qui tue l'Hydre, par le Guide; Hercule fur le bucher, par le même; la Vierge & le petit Jéfus qui careffe un homme qui eft à genoux, par Vandeick.

Le Salon de la Guerre fait fymmétrie avec le Salon de la Paix. Ils ont la même largeur que la Galerie qu'ils terminent: ils font éclairez chacun par fix croifées, & ont quatre portes. Comme ce Salon eft confacré à Bellone, les ornemens de la Frife ne font que Trophées d'armes, que Foudres, que Boucliers. Le deffus des portes eft occupé par de grands trophées de métail doré. Les quatre Saifons figurées par des mafques & des feftons qui leur conviennent, font au-deffous & fignifient que Louis le Grand a été un Vainqueur de toutes les Saifons. La Voûte de ce Salon eft ornée de cinq Tableaux, dont le plus grand qui repréfente la France, tenant d'une main la Foudre & de l'autre un Bouclier, eft dans la coupe: les quatre autres font dans les cintres. Le premier repréfente Bellone en fureur; le fecond, l'Allemagne qui fait de vains efforts pour défendre la Couronne Impériale; le troifième, l'Efpagne qui femble menacer la France; mais dont les Soldats font mis en fuite; le quatrième, la Hollande renverfée fur fon Lion. Ce Salon eft encore orné de fix têtes de Porphyre, qui repréfentent fix Empereurs Romains. On les a accommodées en bufte, avec des draperies de Bronze doré; & elles font portées par des fcabellons d'Albâtre Oriental.

La grande Galerie a trente-fept toifes de long au dedans fur cinq de large; & c'eft conftamment un des plus beaux morceaux qu'il y ait au monde dans ce genre-là. Dix-fept grandes fenêtres cintrées qui répondent à autant d'arcades remplies de glaces de miroir, réglent l'ordonnance de l'Architecture. Les fenêtres & les arcades font séparées de chaque côté par vingt-quatre pilaftres de Marbre de Rance. Dans chacun des fonds il y a une grande Arcade ornée de deux Colonnes & de fix Pilaftres; le tout de Marbre de Rance. Cette Galerie eft voutée d'un berceau à plein cintre, fur lequel le Brun a peint fous des figures allégoriques l'Hiftoire de Louis le Grand, depuis la Paix des Pyrénées jufqu'à celle de Nimégue. Tout cela eft renfermé dans neuf grands Tableaux & dix-huit petits.

Le plus grand eft au milieu de la Voute, & l'Infcription de fa première partie eft:

Le Roi prend lui-meme
la conduite de ses Etats
et se donne tout entier
aux affaires. M. DC. LXI

L'Infcription de la feconde partie de ce Tableau eft:

L'ancien orgueil
des Puissances
voisines de la France.

Le fecond Tableau eft à gauche du plus grand, c'eft-à-dire du côté des fenêtres. Son Infcription eft:

Résolution prise
de faire la guerre
aux Hollandois.

Le troifième Tableau eft à la droite du grand & au-deffus des fenêtres, avec cette Infcription:

Le Roi arme sur Mer
et sur Terre.
M. DC. LXXII.

Le quatrième Tableau eft à la gauche du grand & au-deffus des Miroirs. Son Infcription eft:

Le Roi donne ses ordres
pour attaquer
en meme tems
quatre des plus fortes
places de la Hollande.
M. DC. LXXII.

Le cinquième Tableau occupe toute la Voute, ainfi que celui du milieu de la Galerie. Son Infcription eft:

Passage du Rhin
en présence des Ennemis.
M. DC. LXXII.

Comme ce Tableau ne repréfente pas feulement le paffage du Rhin; mais encore les victoires qui le fuivirent, il y a au bas cette autre Infcription:

Prise de Mastrik
en XIII. jours.
M. DC. LXXIII.

Le fixième eft au-deffus de l'Arcade du Salon de la Guerre, & fon Infcription eft:

Ligue de l'Allemagne
et de l'Espagne
avec la Hollande.
M. DC. LXXII.

Le feptième eft au-deffus des Miroirs. Son Infcription eft:

La Franche Comté
soumise pour la seconde fois.
M. DC. LXXIV.

Le huitième qui eft en deux parties occupe toute la Voute. L'une de fes Infcriptions eft:

Prise de la Ville
et de la Citadelle
de Gand en six jours.
M. DC. LXXVIII.

L'autre Infcription porte:

Les mesures des Espagnols
rompues
par la prise de Gand.

Le neuvième eft fur l'Arcade du Salon de la Paix, avec cette Infcription:

La Hollande
accepte la Paix
et se detache
de l'Allemagne
et de l'Espagne.

Les fujets des dix-huit petits Tableaux font pris auffi de la vie du Roi. Le premier eft à la Clef de la Voute, avec cette Infcription:

Soulagement du Peuple
pendant la famine.
M. DC. LXII.

Le fecond eft du côté des Miroirs, avec cette Infcription:

La Hollande secourue
contre l'Eveque
de Munster. M. DC. LXV.

Le troifième Tableau eft du côté des fenêtres. Voici fon Infcription:

Réparation de l'attentat
des Corses. M. DC. LXIV.

Le quatrième Tableau eft à la Clef de la Voute, avec cette Infcription:

La Fureur des Duels
arretée.

Le cinquième eft du côté des Miroirs, & fon Infcription eft:

Defaite des Turcs
en Hongrie
par les Troupes du Roi.
M. DC. LXIV.

Le

Le sixième qui est du côté des fenêtres a pour Inscription:

LA PRE'E'MINENCE
DE LA FRANCE
RECONNUE PAR L'ESPAGNE.
M. DC. LXII.

Le septième est à la Clef de la Voute, & a pour Inscription:

GUERRE CONTRE L'ESPAGNE
POUR LES DROITS
DE LA REINE.
M. DC. LXVII.

Le huitième est du côté des Miroirs, avec cette Inscription:

RE'TABLISSEMENT
DE LA NAVIGATION.
M. DC. LXIII.

Le neuvième est à côté des fenêtres, avec cette Inscription:

REFORMATION DE LA JUSTICE.
M. DC. LXVII.

Le dixième, qui est à la Clef de la Voute, a pour Inscription:

PAIX FAITE
A AIX-LA-CHAPELLE.
M. DC. LXVIII.

Le onzième est du côté des Miroirs, avec cette Inscription:

L'ORDRE RE'TABLI
DANS LES FINANCES.
M. DC. LXII.

Le douzième est du côté des fenêtres. Son Inscription est:

PROTECTION ACCORDE'E
AUX BEAUX-ARTS.

Le treizième est à la Clef de la Voute, & a pour Inscription:

ACQUISITION DE DUNKERQUE.
M. DC. LXII.

Le quatorzième est du côté des Miroirs, avec cette Inscription:

ETABLISSEMENT
DE L'HÔTEL ROYAL
DES INVALIDES.
M. DC. LXXIV.

Le quinzième est du côté des fenêtres, avec cette Inscription:

AMBASSADES ENVOYE'ES
DES EXTRE'MITEZ
DE LA TERRE.

Le seizième est à la Clef de la Voute. Son Inscription est:

LA POLICE ET LA SEURETE'
RE'TABLIE DANS PARIS.
M. DC. LXV.

Le dix-septième est du côté des Miroirs. Il représente le

RENOUVELLEMENT
D'ALLIANCE
AVEC LES SUISSES.

Le dix-huitième est du côté des fenêtres & représente

LA JONCTION DES DEUX MERS.

Cette Galerie, la plus belle & la plus magnifique qui soit au Monde, n'est pas seulement enrichie de Glaces & de Peintures, elle est encore ornée de huit Statues antiques, de plusieurs Bustes, Vases, Navichelles & Tables de Porphyre & d'Albâtre. En y entrant par le Salon de la Guerre, on trouve d'abord deux Statues de Marbre, qui sont antiques. A main droite c'est la Venus d'Arles, restaurée par Girardon, qui en a fait les beaux bras: à main gauche c'est un Bacchus. Vers le milieu de la Galerie, on voit d'un côté Germanicus, & une Venus de Praxitèle; & de l'autre la Déesse de la Pudicité & une Diane Chasseresse. Enfin, aux côtez de l'Arcade par laquelle on entre dans le Salon de la Paix, il y a une Vestale & la Muse Uranie. Toutes ces figures sont antiques.

La Corniche du Salon de la Paix est ornée de Branches d'Oliviers, d'Epics de Bled, de Bouquets & de Couronnes de fleurs. Sur les quatre Portes on a mis des vases & des enfans qui soutiennent des festons. Sur la coupe de ce Salon, la France est représentée assise sur un Globe dans un Char porté sur un nuage, & elle est accompagnée de la Gloire, de la Paix, de l'Abondance, de l'Hyménée, de l'Allegresse, de la Religion, de l'Innocence & de la Magnificence. Le Tableau qui est du côté de l'Appartement de feue Madame la Dauphine, représente l'Europe Chrétienne en paix sous la figure d'une femme assise & accompagnée de la Justice & de la Piété. Au-dessus des croisées, qui font face à la Galerie, on voit l'Allemagne appuyée sur un Globe regardant la Religion & tendant la main à un enfant qui lui apporte une Branche d'Olivier & une de Laurier. Le Tableau qui est au-dessus de l'arcade représente l'Espagne qui lève les yeux & les mains au Ciel, d'où elle reçoit une Branche d'Olivier par les mains d'un Amour. La Hollande est peinte sur le Tableau qui fait face à l'Appartement de feue Madame la Dauphine. Elle est à genoux & reçoit des Fléches & des Branches d'Olivier qu'un Amour lui apporte. Ce Salon est orné, ainsi que celui de la Guerre, de six Têtes de Porphyre qui représentent des Empereurs. Elles sont antiques & les Bustes & les Draperies de Bronze doré sont de Girardon.

L'ordre le plus naturel veut que de ce Salon on entre dans l'Appartement de feue Madame la Dauphine. Sur le platfond de la Chambre de cette Princesse, on voit le

Soleil

Soleil qui répand ses rayons sur les quatre Parties du Monde. Le Tableau du côté, qui fait face aux croisées, représente le somptueux repas de Cléopatre & de Marc-Antoine. Dans le second Tableau, c'est Didon qui examine le plan de Carthage. Dans le troisième, c'est la fameuse Rhodope. Le quatrième représente Nitocrix Reine d'Assyrie qui, pour arrêter les conquêtes des Médes, fit rompre le Cours de l'Euphrate. Cette Chambre a été peinte par de Séve l'aîné. Sur le platfond de la Sale qui suit, on voit un Mercure qui répand ses influences sur des femmes qui représentent les Sciences & les Arts. Dans le Tableau qui est au-dessus des croisées, on voit la Peinture sous la figure d'une femme qui peint. Dans celui qui est vis-à-vis, Penelope travaille à la Tapisserie. Sapho qui joue de la Lyre est au-dessus de la Cheminée. Le sujet du Tableau qu'on voit vis-à-vis, est Aspasie qui s'entretient avec des Philosophes. Ces Peintures sont de Corneille, & les Trophées qu'on voit sur les portes sont de Mademoiselle Boulogne. Sur le platfond de l'Antichambre est représenté Mars avec deux Signes du Zodiaque, le Capricorne & le Scorpion. Les cintres de ce platfond sont ornez par six Tableaux en Camaïeu rehaussez d'or. Le premier représente Rhodogune lorsqu'elle apprend la mort de son mari: le second représente Harpalice, fille de Lycurgue, qui délivre son Pere. Dans le troisième, c'est Bellone qui avec un flambeau brûle le visage de Cybèle. Jusqu'ici toutes les Peintures de cette Sale sont de Vignon, & les cinq Tableaux dont je vais parler sont de Paillerte. Dans le premier, c'est Clélie qui, ayant été donnée en ôtage, à Porsenna trouva le moyen de se sauver. Dans le second, c'est Ypsicratée à cheval. Le troisième représente Zénobie, qui combat contre l'Empereur Aurélien. Dans le quatrième, c'est la Fureur; & dans le cinquième Artemise Reine de Carie. La dernière pièce de cet Appartement s'apelle la Sale du Billard, apparemment parce qu'il y en avoit un autrefois. Sur le platfond on voit Jupiter accompagné de la Justice & de la Piété. Le Tableau qui est au-dessus des fenêtres nous fait voir Solon qui soutient l'équité des Loix qu'il avoit données. Dans celui qui est en face de la Cheminée, on voit Trajan qui reçoit des placets de toutes les Nations du Monde. Dans le troisième, c'est Ptolomée Philadelphe, qui donne la liberté aux Esclaves Juifs. Le quatrième représente l'Empereur Sévére, qui pendant une grande Famine fait distribuer du Bled au Peuple de Rome. Sur la Cheminée il y a un Tableau, où l'on voit le Sacrifice qu'on faisoit à Jupiter sur le Mont Lycée; & vis-à-vis il y en a un autre qui représente Jupiter élevé par les Corybantes. Dans les Angles sont: 1. la Justice qui récompense; 2. la Justice qui punit; 3. des Esclaves qui sont affranchis; 4. deux figures atténuées de Faim & à qui les enfans de la Piété présentent des Fruits. Dans le fond il y a une espèce de Galerie, où plusieurs personnes semblent se promener. Les Peintures & les Tableaux de cette Sale sont de Coypel le Pere.

Après être sorti de l'Appartement de feue Me. la Dauphine, on passe sur le Palier d'un grand Escalier de Marbre, & on entre de plein pied dans l'Appartement du Roi. On trouve d'abord la Sale des Gardes, sur la Cheminée de laquelle est un Tableau, qui représente un Combat, où l'on voit des Gardes du Roi; il est de Parrossel. La Sale dans laquelle le Roi mange à son grand Couvert est ornée de plusieurs Tableaux qui représentent des Batailles. Ils sont de Parrossel. Dans celui sur la Cheminée on voit la Bataille d'Arbelles. Ce Tableau est de Bourguignon. De l'ancienne Antichambre du Roi & de sa Chambre on n'en a fait qu'un grand Salon qui charme encore plus par le goût qui règne jusque dans les moindres ornemens, que par les Glaces qui en ornent les trumeaux, ou en ferment les Arcades, & que par l'or qui semble y être prodigué. On y admire surtout une grande Frise rempante qui l'environne entièrement. Elle est surmontée d'une riche Mosaïque, où l'on voit plusieurs figures en Bas-relief, qui sont dorées, & représentent divers jeux d'enfans. Toute cette Sculpture qui est d'un fini merveilleux est de Coustoux, Flamen, Vancléve, Hurtrel, l'Espingola, Poirier & Hardi, pour celle qui est en Stuc; car quant à celle qui est en bois, elle est de Taupin, de Goulon, de Goupi & de quelques autres. Les deux Tableaux qu'on voit sur les Portes qui communiquent à la Sale du grand Couvert, sont de Paul Veronèse: l'un représente Jésus-Christ adoré, par les Bergers, & l'autre le Corps de Jésus-Christ qu'on met au Tombeau. Outre ces deux Tableaux, il y en a encore trois autres plus grands du même Maître: le premier représente Esther qui va se jetter aux pieds d'Assuérus: dans le second c'est Betsabée dans le Bain; & dans le troisième c'est Judith qui tient la tête d'Holopherne. Sur la Corniche qui est au-dessus de la Cheminée on voit la fuite de la Sainte Famille en Egypte, par Horatio Gentilleschi, & sur les deux portes aux deux côtez de la Cheminée sont deux Tableaux du Bassan.

S'il y a quelque chose au monde de plus magnifique que le Salon dont je viens de parler, c'est la Chambre du Roi, qui étoit auparavant un Salon. La Sculpture qui est dorée & sur un fond de blanc, de même que dans le Salon, est aussi de Taupin, de Goulon, de Goupi & d'autres. Parmi les changemens qu'on a faits dans cette pièce, celui de la Cheminée est le plus considérable. On l'a placée au Nord au lieu qu'elle étoit au Midi. Le lit du Roi est de Velours cramoisi, enrichi d'une Broderie d'or. Il est placé dans l'enfoncement que forme une Arcade surbaissée, sur l'archivolte de laquelle sont deux Renommées assises. Dans le Ceintre qui est au-dessus du chevet du lit du Roi, on voit la France assise, & qui semble veiller à la conservation du Prince. Ces trois Figures sont de Coustoux. Ce lit magnifique est entre deux Tableaux, dont l'un représente St. Jean l'Evangéliste dans l'Isle de Pathmos, peint par Raphaël; & l'autre David qui chante les louanges de Dieu, par le Dominiquin. Les autres Tableaux

bleaux qui ornent cette Chambre sont, le Portrait de François de Moncade, Marquis d'Aytone, peint par Vandeick; le Portrait de Vandeick peint par lui-même; les quatre Evangelistes; les Pharisiens qui montrent à Jésus-Christ la pièce d'argent qu'on donnoit pour le Tribut; enfin une Bohémienne qui dit la bonne Avanture. Ces six Tableaux sont du Valentin. On voit outre cela dans la même Chambre, une Agar dans le Désert avec son fils & un Ange, par Lanfranc; un mariage de Jésus-Christ avec Ste. Catherine, par Alexandre Veronése; une Magdeleine, du Dominiquin, & un St. Jean Baptiste par le Caravage.

Dans la Sale du Conseil, il y a trois Tableaux du Poussin & un de Lanfranc. Ceux du Poussin sont Pyrrhus que les amis de son Pere dérobent à la fureur des Mauloffiens; les Aveugles de Jéricho guéris par Jésus-Christ; une Bacchanale; celui de Lanfranc représente la séparation de St. Pierre & de St. Paul.

Sur la Cheminée du Cabinet du Billard, il y a un Christ crucifié, dans le moment qu'on élève la Croix. C'est un des plus beaux Morceaux que le Brun ait peint. Ce Cabinet est encore orné des Tableaux suivans: Un mariage de Jésus-Christ avec Ste. Catherine, par Nicolo; Rebecca, par Coypel le fils; les filles de Jéthro que Moïse vange, par le Brun; Adam & Eve chassez du Paradis Terrestre, par l'Albane; Jésus-Christ portant sa Croix, par Mignard; Latone qui fait métamorphoser les Païsans de Lycie, par l'Albane; Moïse sauvé des eaux, de la Fosse; le mariage de Moïse avec Sephora, de le Brun; la Samaritaine par le Guide.

Dans la Piéce qui suit, on voit les Tableaux qui suivent; Moïse, Aaron & les Israélites qui ramassent de la Manne, par le Poussin; une Peste, par le même; le Ravissement de St. Paul, par le même; une Nativité par le Bassan; Venus & Vulcain, par Mignard; une Fée qui garde des Moutons, & qui écrit sur un tronc d'Arbre, par le Mole; St. Bruno couché sur une Terrasse, par le même; une femme qui panse un blessé, qu'un homme soutient, par le même; Moïse qui foule aux pieds la Couronne de Pharaon, par le Poussin; Moïse qui change sa Verge en Serpent, par le même; les Pasteurs d'Arcadie, par le même; la Sainte Famille par le même.

Dans la Piéce qu'on trouve après, on voit ces Tableaux; un retour de la chasse, par le Brugle; St. Thomas mettant le doigt dans le côté du Sauveur, en présence des autres Apôtres, par le Mutien; la Circoncision, par le Dosse; la Sainte Famille par le Poussin; la Sainte Vierge, par le Guide; une Nativité, par Louis Carache; un Paysage avec Musique, par Annibal Carache; Jésus-Christ qui dort entre les bras de la Sainte Vierge, par le même; St. Jean qui prêche dans le Désert, par le même; une Vierge, du Minziola; une femme qui coud, par le Guide; l'Annonciation, par l'Albane; une Vierge par le Carache; une Nativité, par Josépin; Circé qui change les Compagnons d'Ulysse en Pourceaux, par l'Albane; un Paysage qui représente le Campo Vaccino de Rome, par Corneille Polembourg; la Vierge tenant le petit Jésus; & ayant auprès d'elle Sainte Catherine; St. Jérôme; St. Ambroise, & un Ange, par le Parmesan; le Martyre de St. Etienne, par le Carache; un autre Martyre de St. Etienne, par le même; le Siége de la Rochelle, par Claude Lorrain; le Sacrifice d'Abraham, par Annibal Carache; la Vierge, par Garofalo; Biblis & Caune, par l'Albane; Jésus-Christ qui porte sa Croix, par Rotenamer; le Parnasse & les Muses d'un côté, & les Piérides de l'autre, par Perrin del Vague; le Pere éternel dans sa gloire, par l'Albane; Absalon suspendu par ses Cheveux aux branches d'un Arbre, & que Joab perce de sa Lance, par le Carache; Venus & Vulcain, par Jules Romain, d'après le dessein de Raphael; Apollon & Daphné, par l'Albane; Jésus-Christ qui apparoît à St. Pierre & à St. Paul, par Paul Veronése; une descente de Croix, par Vandeick; un Paysage, par Annibal Carache; le Pas de Suze, par Claude Lorrain; un Silence, par le Brun; la Vierge, Jésus-Christ, St. Jean, & St. Joseph, par le Corrége; St. Jean prêchant dans le Désert, par Philippe Napolitain; un Paysage, par le même; Diane & ses Compagnons qui se baignent, par Corneille Polembourg; la Vierge qui apparoît à St. François, par Annibal Carache; un Paysage, du même; la Vierge, par Paul Veronése; le Sacrifice d'Abraham, par Holbein; la Nativité, par Garofalo; le Campo Vaccino de Rome, par Paul Brill; la vue de Versailles, celle de St. Germain en Laye, celle de Fontainebleau, & celle de Vincennes, par Vander-Meulen. On voit encore dans cette Chambre une Sphére armillaire, qui par le mouvement de ses Cercles imite celui des Cieux, principalement du premier Mobile, du Soleil & de la Lune. C'est à Jérôme Martinot Horloger Valet de Chambre du Roi, qu'on est redevable de cette belle Machine.

Dans un petit Cabinet, qui est vis-à-vis de la petite Galerie, il y a une une Ste. Cécile avec une Harpe, & un petit Enfant qui tient un Livre de Musique, par Mignard; une Vierge du Dominiquin, sur le dessein du Carache; l'Adoration des Rois, par Paul Veronése; la Ste. Famille par le Poussin; une Ste. Famille, par André Azio; un Paysage par Annibal Carache: des Joueurs de Violon, par le Giorgion; le Portrait de Henri IV, par Porbus, St. Jérôme, par le Guerchin; une femme qui représente la Comédie, par le Giorgion; le Portrait d'Henri III, par Janet; la Ste. Famille par Mignard; la Samaritaine, par le même.

La petite Galerie est la derniére Piéce de l'Appartement du Roi. C'est Mignard le Romain qui en a peint la Voute, de même que celles des deux Salons, qui terminent cette magnifique Galerie. Au milieu de la Voute du premier Salon, on voit le Soleil dans son Char, accompagné des Heures: Prométhée tient un Faisseau de Cannes qu'il vient d'allumer au feu du Soleil, & s'enfuit pour éviter le ressentiment de Jupiter prêt

prêt à lui lancer sa Foudre: Minerve couvre Prométhée de son Egide, & Climène mere de Prométhée tâche de fléchir Jupiter. Au-dessus de la fenêtre, qui éclaire ce Salon, le Peintre a représenté la Déesse Flore, qui se dérobe à la vûe de deux Satyres. Il y a encore dans ce Salon divers Tableaux, comme une tête d'Homme, sur du Papier, par Antoine More; le Portrait d'Holbein, par lui-même; un Paysage d'Annibal Carache; la belle Ferroniére, Maîtresse de François I. par de Vinci; une Ste. Vierge, par le Guide; une autre par le Titien; une Magdeleine, par le même; le Martyre de St. Etienne, par Corneille Polembourg; Jésus-Christ qui porte sa Croix, par Paul Veronèse; le Portrait de Lise, femme d'un Florentin nommé Gioconde, par Léonard de Vinci; un Bain de Diane, par l'Albane; le Satyre Marsyas écorché, c'est une Miniature de le Corrége; trois petits Amours dans les fleurs, par le Dominiquin; le Portrait du fameux Marquis de Guast, par le Titien; Adam & Eve, par le Dominiquin; les Vertus peintes en Miniature sur Toile, par le Corrége; la Vierge tenant Jésus, avec un St. François au-dessous, par le Dominiquin. Mignard, ayant voulu faire voir que la perfection où les Arts ont été portez en France est une suite de la protection que le Roi leur accorde & la gloire de son règne, a peint au milieu de la Voute de la petite Galerie Apollon & Minerve, assis sur des nuages & accompagnez de l'Abondance, de Pluton, de la Prévoyance, de la Vigilance, du Secret, de Mercure & de divers Enfans. Huit grandes Figures de Bronze ornent la Corniche de cette Voute, ce sont la Science, la Paix, la Justice, la Vertu Héroïque, la Renommée, l'Histoire, l'Eloquence & la Perfection. Dans les six Lunettes feintes qui sont dans la Voute, on a peint autant de Groupes d'Enfans, pour représenter l'Amour & les Arts. Les Tableaux qui ornent la face de cette Galerie, sont Jésus-Christ sortant du Tombeau, par Annibal Carache; la Nativité, par le même; le Baptême de Jésus-Christ, par l'Albane; une Magdelaine, par le Guide; une Ste. Vierge, par le Parmesan; l'union du Dessein & du Coloris, par le Guide; la Fécondité, par l'Albane; un Ecce Homo, par le Guide; la Ste. Famille, par Raphaël; la Circoncision, par Jules Romain; St. Jean qui prêche dans le Desert, par l'Albane; la Ste. Famille, par le même; une Nativité, par Annibal Carache; Herodias à qui on présente la tête de St. Jean, par le Giorgion; un Paysage, par Paul Bril; une Vierge, par le Guide; une autre par Raphaël; l'Espérance accompagnée de trois Enfans, par Mignard; le Portrait de Jean Bellin & celui de son frère, par le même Jean Bellin; Ste. Catherine & deux Anges, par Léonard de Vinci; la Foi, par Mignard; une Vierge, par le Guide; la Vierge, St. Joseph & des Anges dans un Paysage, par Corneille l'aîné; la tête de Castillan, par Raphaël; le Ravissement de St. Paul, par le Dominiquin; St. George, par Raphaël; le Mariage de Ste. Catherine, par le Corrége; la Vierge, Jésus & Ste. Catherine, par le Titien; Omphale, par Louis le Carache; l'Assomption, par le Poussin; St. Michel, par Raphaël; l'Annonciation, par Annibal Carache; la Vierge par le Titien; le Portrait d'un Graveur, par Pontorme; Jésus-Christ qui sort du Tombeau, par Annibal Carache; la Ste. Vierge, par le Guide; un Silence par Annibal Carache; le Portrait de Garofalo, par lui même; Herodias & la tête de St. Jean, par Solario; un Paysage par Annibal Carache; le Portrait de Jules-Romain, par lui-même; Jésus-Christ au Jardin des Olives, par le Guide; Joseph & la femme de Putiphar, par l'Albane. Le sujet des peintures du second Salon de la petite Galerie est une suite de ce qui est peint dans le premier. C'est Jupiter qui a assemblé toutes les Divinitez de la Fable, pour admirer l'Ouvrage de Vulcain, & pour le rendre encore plus parfait.

Après avoir parcouru ce vaste Appartement on retourne sur ses pas par la Chambre du Roi, par le nouveau Salon, par la Sale où le Roi mange, & par la Sale des Gardes, & l'on descend par un magnifique Escalier de Marbre dans l'Appartement de feu Mr. le Dauphin, & qui fut ensuite celui de Me. la Duchesse de Berri. On a ouvert après coup, dans le Vestibule, qui est entre l'Escalier & la Sale des Gardes, une Arcade sous laquelle il y a une Balustrade de Marbre, qui sert d'appui; & pour la symmétrie, on a mis de l'autre côté de l'Escalier un Tableau, où l'on a peint une pareille Arcade. Trois Peintres habiles y ont représenté une Colonade en perspective, des fleurs & quelques figures. L'Architecture a eté peinte par Mosnier; les figures par Person, & les Fleurs par Fontenai. Cet Appartement est vis-à-vis de celui des Bains. Dans la Chambre de cette Princesse on voit deux dessus de portes: l'un est un Beuveur, par Féti, & l'autre Gaston de Foix, par le Giorgion. Le revêtement du premier Cabinet est le plus excellent ouvrage de marqueterie qu'on puisse voir. C'est le Chef d'œuvre de Boule & le Chef d'œuvre de son Art. Outre le Platfond qui a été peint par Mignard, on voit dans ce Cabinet une Vierge tenant Jésus-Christ entre ses bras, par le Giorgion; Judith tenant la tête d'Holopherne, par Lambert Zustris; le Portrait de Raphaël & celui de Pontorme, par Raphaël; le Triomphe de Vespasien & de Titus, par Jules Romain; une femme qui se coëffe, par le Titien; Circé, par le Gherchin; le portrait de Jeanne de Sicile, par Raphaël. Le second Cabinet est orné dans le Platfond & de tous côtez de Glaces avec des bordures dorées, sur un fond de marqueterie d'ébène.

De cet Appartement on passe dans la petite Cour de Marbre, & on entre dans le Parc par le Vestibule qui est au milieu, & qui est soutenu par seize Colonnes d'Ordre Dorique, & de Marbre de Rance. Aux extrémitez de l'une des Galeries, qu'on traverse avant que de se rendre au Parterre d'eau, on voit deux Statues, l'une d'Apollon par Raon, & l'autre de Diane par Roger. Du Parterre d'eau l'on découvre la vaste étendue du Château qui a, tant pour la face que pour les Ailes, plus de trois cens toises.

Outre

Outre les Statues de pierre qui ornent les Avant-corps, le haut du Bâtiment est orné de Trophées, mélez avec des Vases qu'on a placez le long de la Balustrade qui régne sur tout ce Bâtiment. Les Figures qui ornent le premier Avant-corps de la première façade, sont les Mois de Novembre, Décembre, Janvier & Février, faits par Marsi. Sur l'Avant-corps du milieu, c'est Juillet, Août, Diane, Apollon, Septembre & Octobre, par les Marsi. Au-dessous de la Corniche de cet Avant-corps, il y a deux Niches, où sont l'Art & la Nature, de l'Ouvrage de le Comte. Sur le troisième Avant-corps, sont Mars, Avril, Mai & Juin, par Masson. L'Aîle de l'Appartement des Bains a pareillement trois Avant-corps, ornez chacun de quatre Statues. Sur le premier sont deux Dieux de Riviéres & deux Nymphes par Maniére le Romain. Sur l'Avant-corps du milieu, c'est Cérès, Bacchus, Comus & le Génie qui préside à la bonne chére, par Buister & Erard. Cet Avant-corps est entre deux Niches où sont Hebé fille de Jupiter & de Junon, & Ganymède. Celles du troisième Avant-corps, sont la Nymphe Echo, Narcisse, Thétis & Galathée, par Desjardins. Le long de l'Aîle où est l'Appartement de feue Me. la Duchesse de Berri, il y a sur le premier Avant-corps Flore, Zéphire, Hyacinthe & Clitie, par Roger & Baptiste Tubi. Sur l'Avant-corps du milieu, c'est la Muse Thalie, Momus, Terpsicore & le Dieu Pan, par Houzeau. Cet Avantcorps est pareillement entre deux Statues qui représentent la Musique & la Danse, par d'Ossier. Sur le troisième Avant-corps, ce sont Pomone, Vertumne, une des Hespérides, & la Nymphe Amalthée, par le Gros. A l'Aîle appellée *des Princes*, il y a trente-deux Statues. Ce sont des Divinitez & des Vertus. Il y en a autant à l'Aîle neuve qui est du côté de la Chapelle; ce sont les Arts. Sur le grand Perron, on voit quatre figures de bronze, adossées à la face du corps du Château, sçavoir le vieux Silène, Antinoüs, Apollon & Bacchus, jettez en bronze d'après des Antiques, par les Kellers. Aux angles de ce même Perron, il y a deux Vases de Marbre, avec des Bas-reliefs; l'un a été fait par Coyzevox, & l'autre par Tubi.

Après être descendu de cette espèce de Terrasse, on trouve deux Bassins qui ont plusieurs jets d'eau; & au milieu chacun a une gerbe qui s'éleve jusqu'à vingt-neuf pieds de haut. Les bordures de ces Bassins sont ornées chacune de huit Groupes de figures de bronze. Ce sont des Fleuves, des Riviéres & des Nymphes, & parmi ces figures, il y a quatre Groupes d'enfans de même métal, qui représentent des Amours, de petites Nymphes & des Génies. Ces Statues ont été modelées par de très-habiles Sculpteurs, dont les noms sont écrits sur les plintes, & ont été jettées en bronze par les Kellers. Quant aux Groupes d'enfans, ils ont été fondus par Aubri & Roger. Dans deux angles de ce Parterre, on voit encore deux autres Bassins de marbre. Les jets d'eau qui en sortent forment deux napes d'une beauté singuliére; & sur le bord de chacun de ces Bassins, il y a deux Groupes d'Animaux de bronze, l'un modelé par Houzeau, l'autre par Vancléve, & tous deux fondus par les Kellers. De ce Parterre, on voit dans une demi-lune qui est au bas, le Bassin de Latone, dont les pourtours sont ornez de quatorze Vases, faits par du Goulon, Drouilli, Grimaud, Cornu, Hardi, Prou, & autres. Au-dessus du Bassin s'éleve un Groupe de trois figures, qui représentent Latone, Apollon & Diane. Le Sculpteur a pris le moment que Latone se plaint à Jupiter de la dureté des Paysans de Lycie: les Paysans sont métamorphosez en Grenouilles, & jettent une grande quantité d'eau sur le Groupe. Le Bassin & les figures sont de l'Ouvrage des Marsi. Les deux gerbes ont trente pieds de haut. Assez près du Bassin de Latone, il y en a deux autres de forme ronde revêtus de Marbre blanc. Au milieu de chacun, on voit un petit Groupe de figures, & les gerbes s'élévent aussi à trente pieds. Ce Parterre est bordé par deux Tablettes de Marbre blanc ornées de quatorze Vases de bronze, jettez par Duval d'après les desseins de Ballin; de deux Vases de marbre d'Egypte, ou verd moderne, l'un de Maziére & l'autre de Rousseau; & d'un Vase de marbre de Languedoc par Hutrel.

Vers le milieu de cette Tablette, il y a un Escalier de Marbre blanc, par lequel on descend dans un grand Parterre de gazon, qu'on appelle le Parterre du Nord. Aux angles de cet Escalier il y a deux Statues de marbre: la première est Venus *la pudique*, copiée par Coyzevox d'après l'antique; la seconde est Milicus, Affranchi de Scevinus, qui aiguise un couteau de Sacrifice: elle a été copiée d'après l'antique par Fog, Sculpteur Florentin. A l'entrée de ce Parterre il y a six Vases de Marbre blanc, posez symmétriquement: ils ont été sculptez par Bertin & Cornu. Presque au bout de l'Allée du milieu de ce Parterre, on trouve la Fontaine de la Pyramide, composée de quatre Bassins les uns sur les autres. Le plus bas de ces Bassins a douze pieds de diametre, & est porté par des griffes de Lion, posées sur des massifs de marbre. Quatre Tritons qui l'environnent semblent se jouer & courir les uns après les autres. Cette Fontaine est de l'ouvrage de Girardon. Tout auprès il y a deux Vases de marbre blanc faits à Rome par les Etudians de l'Académie de Sculpture. On voit dans le même Parterre deux Bassins ornez de Tritons & de Sirénes qui soutiennent des Couronnes de Laurier, du milieu desquelles s'éléve un jet d'eau qui a treize pieds de haut; ils sont de Tubi & de le Hongre. Au bas de cette Pyramide, il y a un grand Quarré qu'on appelle la Cascade de l'Allée d'eau; mais avant que d'en parler, il faut remarquer qu'on trouve quatre Statues, à main droite, le long de la palissade. L'une est le Poëme Héroïque, par Drouilli; la seconde le Tempérament Flegmatique par l'Espagnandel; la troisième qui représente l'Asie est de Roger; la quatrième est le Poëme Satyrique, par Buister. Dans les angles de l'Allée d'eau, prés de la Fontaine de la Pyramide, on voit deux Statues, dont l'une repréſente le Tempérament Sanguin, & l'autre le Colérique: la première eſt de Jouvenet, & la ſeconde de Houzeau. Au-deſſous de la Pyramide eſt le grand Quarré d'eau qui reçoit la décharge de cette Fontaine. La principale face, plus exhauſſée que les autres, eſt ornée d'un grand Bas-relief de Nymphes qui ſe baignent. Il eſt couvert par une belle nape d'eau, & ſe trouve au milieu de quatre maſques qui jettent de l'eau dans le Quarré. Le tout eſt de Girardon. Les autres faces de ce Quarré ſont auſſi ornées de Bas-reliefs, où l'on voit des Fleuves, des Nymphes & des Enfans; le tout moins grand que le naturel & de l'ouvrage de le Hongre & de le Gros.

L'Allée d'eau eſt partagée par deux bandes de gazon, ſur chacune deſquelles il y a ſept Groupes de trois enfans chacun, poſez ſur des ſocles de Marbre blanc, au milieu d'un Baſſin de même; ils ſoutiennent un autre petit Baſſin de Marbre de Languedoc, du milieu duquel s'élève un bouillon d'eau, qui en ſe répandant forme une petite nape, & rend un agréable murmure. Tous ces Groupes ſont de le Gros & de Lerembert. On en trouve encore quatre de chaque côté de la demi-lune, qui eſt au bout de cette Allée, & ils ſont de Mazeline & de Buiret. Dans cette demi-lune, on trouve la Fontaine du Dragon ou Serpent Python. Son Baſſin a près de vingt toiſes de diametre. Le milieu eſt occupé par un Dragon qui jette de l'eau par pluſieurs endroits, & dont le principal jet s'élève juſqu'à trente-trois pieds de haut; & à la grande manière, c'eſt-à-dire quand on le fait jouer pour le Roi, juſqu'à quatre-vingt-cinq pieds. Il eſt entouré de quatre Dauphins & d'autant de Cygnes, qui ſemblent nager autour de lui. Les Cygnes portent de petits Amours dont les uns ſont armez d'Arcs & de fléches & paroiſſent vouloir tirer ſur le Dragon, & les autres ſemblent avoir peur. Le tout de bronze doré, & de l'ouvrage de Gaſpar de Marſi.

La Piéce d'eau de Neptune vient immédiatement après. Elle eſt bordée par une Tablette ornée de vingt-deux grands Vaſes de métail, enrichis de différens ornemens. Du milieu de chacun de ces Vaſes s'élève un jet, qui tombe dans un cheneau qui borde cette Tablette, & duquel s'élève auſſi un jet entre chaque Vaſe; ce qui fait en tout ſoixante-trois jets d'eau qui s'élèvent à une hauteur ſurprenante. Au-delà de cette piéce d'eau, il y a trois Statues; ſavoir celle de l'Impératrice Fauſtine, copiée d'après l'antique par Fremeri; celle de la Renommée, accompagnée de diverſes autres figures, par Dominico Guidi, d'après un deſſein de le Brun; & celle de Bérénice, copiée par l'Eſpingola d'après l'antique.

En revenant ſur ſes pas, & remontant par l'Allée d'eau à la Fontaine de la Pyramide, on continue à parcourir les Statues du Parc. La première qu'on trouve en tournant, repréſente l'Hyver ſous la figure d'un Vieillard, par Girardon. On voit enſuite l'Eté, ſous la figure de Cérès, par Hutinot; l'Amérique ſous la figure d'une femme Maure preſque nue, coiffée de plumes, par Guerin; l'Automne figurée par Bacchus, de Regnaudin. Le premier des cinq Termes qui viennent enſuite, repréſente Ulyſſe, Roi d'Ithaque, par Manière; le ſecond eſt l'Orateur Grec Lyſias, par Dedieu; le troiſième, Théophraſte, par Hutrel; le quatrième, Iſocrate, par Granier; le cinquième, Apollonius, Précepteur de Marc Aurèle, par Melo. On trouve après cela le Poëme paſtoral, ſous la figure d'une jeune Bergère, par Granier; la Terre ſous la figure d'une femme tenant une Corne d'abondance, par Maſſon; la Nuit repréſentée par une femme couronnée de pavôts, & dont la robe eſt ſemée d'Etoiles, par Raon. L'Afrique, par Cornu; l'Europe, par Mazeline; le Midi figuré par Venus, qui a auprès d'elle un petit Amour, par Marſi; le Soir ſous la figure de Diane, par Deſjardins; l'Air, ſous la figure d'une femme poſée ſur des nuées, par le Hongre; le Mélancolique, par la Perdrix; Antinoüs, d'après l'antique, par la Croix; Tigrane Roi d'Arménie, d'après l'Antique, par l'Eſpagnandel; un jeune Faune, d'après un Antique, par Hutrel; Bacchus, ſous la figure d'un jeune homme, d'après un antique, par Granier; Fauſtine ſous la figure de Cérès, copiée d'après l'antique par Regnaudin; Commode d'après l'Antique, par Couſtoux; la Muſe Uranie, copiée ſur l'Antique par Fremeri; Ganymède & Jupiter métamorphoſé en Aigle, copié ſur l'Antique par Laviron. Vis-à-vis on voit la Nymphe à la coquille, copiée d'après l'Antique par Coyzevox. Enſuite on trouve cinq Termes. Dans le premier eſt repréſentée Cérès, par Pouletier; le ſecond eſt Diogène, par l'Eſpagnandel; le troiſième eſt un Faune, par Houzeau; le quatrième, une Bacchante, par Dedieu; le cinquième, Hercule, par le Comte. Plus loin on trouve un Groupe qui repréſente Cinna-Petus & Arria ſa femme, copié d'après l'Antique par l'Eſpingola; un grand Vaſe orné de fleurs, ainſi que celui qui eſt vis-à-vis, par Herpin; Perſée qui délivre Andromède, par Puget; un Vaſe du même deſſein que celui qui eſt vis-à-vis, par Herpin; la Fourberie, par le Comte; un Jupiter antique reſtauré par Granier; un Vaſe de même deſſein que celui qui eſt vis-à-vis, par Barrois; un autre Vaſe de même que celui qui eſt à ſon oppoſite, par Drouilli; l'Empereur Commode en Hercule, par Jouvenet; la Venus de Médicis, d'après l'Antique, par Fremeri; deux Vaſes de même deſſein que ceux qui ſont vis-à-vis, par Legeret & Arcis; Cypariſſe, par Flament; Artemiſe Reine de Carie, commencée par le Févre & finie par Deſjardins; un Vaſe orné de branches de Laurier & de Chêne avec le Chiffre du Roi, par Hardi.

Entre la grande Allée & le Baſſin d'Apollon, il y a une demi-lune de huit Termes & de quelques Statues poſées ſymmétriquement. En deſcendant à main droite, on rencontre un grand Groupe qui repréſente Protée qu'on lie. Ce Groupe qui n'étoit qu'en plâtre a dû être fait en marbre par Slodtz. En continuant toujours, on trouve quatre Termes. Le premier qui repréſente Syrinx a été fait par Mazière; le ſecond eſt Jupiter,

piter, par Clairion ; le troisième, Junon, par le même ; le quatrième, Vertumne, par le Hongre. Plus avant on voit la figure d'un Sénateur, ayant auprès de lui un petit Coffre appellé *Capsa*. Cette Statue fut trouvée à Langres ; mais elle étoit sans tête ; il s'en trouva une chez Mr. de la Vrilliére, & elle lui convint parfaitement. On n'oseroit pourtant assûrer que ce soit la tête de cette Statue.

On rencontre dans cet endroit le Bassin d'Apollon. C'est un Quarré long dont les sèces sont arondies : il peut avoir soixante toises en un sens, & quarante-cinq en l'autre. Apollon en occupe le milieu. Ce Dieu est sur son Char tiré par quatre Coursiers, & est environné de Tritons, de Baleines & de Dauphins. Le Groupe & les accompagnemens sont de métal, & de l'ouvrage de Baptiste Tubi, d'après les desseins de le Brun. La grosse gerbe de ce Bassin s'élève à cinquante-sept pieds, & les deux petites à quarante-sept. Le long des palissades de Charmille qui sont entre le Bassin d'Apollon & le Canal, il y a douze Statues, six de chaque côté ; savoir à la droite, Auguste, Statue antique & très-belle ; Orphée, par Franqueville ; un Apollon, antique ; une Femme qui représente l'Abondance, antique ; Antinoüs, antique & restaurée ; Titus, antique.

Avant que de parler des Statues qui sont vis-à-vis, il faut dire quelque chose du grand Canal qui est en face de l'Allée principale. A la tête de ce Canal on trouve une Pièce d'eau de figure octogone, laquelle a soixante-dix toises de diamétre, & dont quatre côtez sont tirez en ligne circulaire, trois autres en ligne droite, & le huitième se joint au Canal. Dans deux des angles de cette Pièce, il y a deux Chevaux marins, sur chacun desquels est un Triton, par Baptiste Tubi.

Le grand Canal a trente-deux toises de large, sur huit cens toises de long, en y comprenant les deux pièces d'eau. Vers le milieu il est traversé par un autre Canal d'environ cinq cens vingt toises de long, dont les deux Bras conduisent à Trianon & à la Ménagerie. A l'autre extrémité du grand Canal, il y a encore une pièce d'eau qui a deux cens toises de longueur, sur cent toises de largeur.

Pour retourner aux figures qu'on trouve de l'autre côté de la demi-lune en remontant le Château, la premiére représente un Sénateur Romain ; la seconde est Agrippine fille de Germanicus ; la troisième, une Junon ; la quatrième, une Victoire ; la cinquième, l'Empereur Titus ; la sixième, un Hercule ; & la septième, un Brutus ; le tout Antiques. On voit aussi quatre Termes de marbre blanc ; savoir Pomone vis-à-vis de Vertumne, par le Hongre : Bacchus, par Raon : le Printems, par Arcis & Maziére : le Dieu Pan, par Maziére : un grand Groupe qui représente Ino & Melicerte, par Granier : un Vase, par Hardi : Achille dans le moment qu'il est reconnu par Ulysse, cette Statue est de Vigier : une Amazone, par Buret : un Vase de marbre, par Joli : un autre par Slodtz : une Didon, par Pouletier : un Faune, par Flamen : un Vase, par de Melo ; un autre, par Rayol ; Venus sortant du bain, par le Gros ; la Fidélité, par le Févre ; un Vase de marbre blanc, par Pouletier ; un Groupe de marbre blanc, qui représente Milon Crotoniate, par Puget ; un Vase, par Harpin ; un Groupe de Marbre blanc représentant Castor & Pollux, par Coyzevox ; cinq Termes qui représentent le Fleuve Acheloüs, par Maziére ; Pandore, par le Gros ; Mercure, par Vanclève ; Platon, par Rayol ; Circé, par Maniére ; enfin le Milon, ou le Gladiateur mourant.

En suivant la rampe la plus proche, on trouve Apollon Pythien, par Mazeline ; Uranie, par Carlier ; Mercure, par de Melo ; Antinoüs, par le Gros ; le vieux Silène qui tient Bacchus entre ses bras, par de Maziére ; Venus Callipiga, par Clairion ; Tiridate, par André ; le Feu sous la figure d'une femme qui porte un Vase plein de feu, & qui a à ses pieds une Salamandre ; par Dossier, d'après le Dessein de le Brun ; le Poëme Lyrique, par Baptiste Tubi ; le Point du jour, par Balthasar de Marsy : le Printems par Maniére ; l'Eau sous la figure d'une femme, qui tient une Urne & qui a un Dauphin à ses pieds. Sur l'angle de la Balustrade, qui régne le long du Parterre des fleurs, du côté du Bosquet appellé la Sale du Bal, on trouve une figure couchée qui représente Cléopatre.

Assez près delà est un Parterre à l'Angloise, c'est-à-dire de broderie, mêlée de plate-bandes & d'enroulemens de gazon. On l'appelle le Parterre des fleurs. Le principal Perron, par lequel on y descend, est orné dans les deux angles de deux Sphinx de marbre blanc, qui portent chacun un Enfant de bronze. Sur quatre autres Perrons qui sont aux angles de ce Parterre, on voit huit Vases de marbre blanc avec des Bas-reliefs, & posez sur des piédestaux de marbre blanc veiné. Six de ces Vases sont de Bertin, & les deux autres ont été sculptez par Tubi & Hulot. La Tablette de ce Parterre est encore ornée de deux Vases de bronze, fondus par Duval d'après les desseins de Ballin.

On descend dans le Parterre de l'Orangerie par deux rampes d'une magnificence qu'on ne peut que difficilement exprimer. Elles ont chacune dix toises de largeur, & sont interrompues par deux paliers. Ce Parterre consiste en six grands compartimens de gazon avec enroulemens & un grand Bassin au milieu, d'où s'élève une gerbe de quarante pieds de haut. Il est fermé par une Balustrade sur un mur en talus, qui fait l'un des côtez d'un petit Canal. Les deux entrées principales n'ont que la largeur des marges & sont ornées de deux trumeaux, dont chacun est décoré de deux colonnes d'Ordre Toscan, & porte un Groupe de figures de pierre. Les deux qui sont du côté de la Ménagerie sont Venus & Adonis, Zéphire & Flore, par le Comte : les deux qui sont du côté de Versailles représentent l'Aurore & Céphale, Vertumne & Pomone ; ils sont de le Gros. L'espace qui est entre ces principales portes & les rampes est fermé par des grilles de fer entretenues par des piliers de pierre, qui

X 2 por-

portent des paniers remplis de fleurs, faits par Pinot. Pendant la belle Saison ce Parterre paroît une Forêt d'Orangers, de Myrtes, de Lauriers, &c. On voit encore dans ce Parterre plusieurs Vases & figures de marbre blanc, comme deux Vases ornez d'un pampre de vigne, l'un de Buiret & l'autre de Raon; l'enlévement de Cybèle par Saturne, ce Groupe est de Regnaudin. Un autre Groupe représente l'enlévement de la Nymphe Orithye, fille d'Erechthée, par le Vent Borée. Ce Groupe commencé par Gaspar de Marsi, fut achevé, après sa mort par Anselme Flament l'un de ses Elèves. Enfin deux Vases ornez d'un feston de fleurs, & dont l'un est de Robert, & l'autre de le Gros.

C'est peu dire que l'Orangerie est un des plus beaux morceaux d'Architecture qu'il y ait au Monde dans ce genre-là: on peut assûrer que c'est le Chef-d'œuvre & le miracle de cet Art. Elle est du dessein de feu Mr. Mansard. Elle est exposée au Midi & consiste en une Galerie dans le fond, qui a quatre-vingt toises de long, sur trente-huit pieds de large. Douze fenêtres cintrées qui sont dans l'enfoncement des Arcades lui donnent le jour. Dans une Niche qui est au milieu de cette Galerie, & vis-à-vis la grande porte, il y a une Statue de marbre blanc haute de dix pieds neuf pouces, le plinte y compris. Cette figure est en pied & représente le Roi Louis XIV. vêtu d'un habit à la Romaine & d'un manteau Royal, ayant un casque à ses pieds & tenant de sa main droite un Bâton de commandement. Le Maréchal de la Feuillade l'avoit fait faire par Desjardins pour la mettre à la Place des Victoires, au lieu de celle qu'on y voit présentement.

Outre cette Galerie principale, il y en a encore deux autres, en retour, de soixante toises de long chacune, & qui communiquent à celle du fond par deux Tours rondes, qui ont leur saillie en dehors & qui en dedans sont aussi larges que les Galeries. Le massif angulaire de celle qui est du côté de la Ville est orné de deux grandes Niches; & celle qui est du côté du petit Parc à la place de ces Niches a des arcades & des perrons, par lesquels on monte à un Vestibule rond, où l'on voit une figure de pierre de touche, qui a huit pieds de haut. On croit que c'est une Divinité d'Egypte. Elle a été restaurée par Bertin, qui lui a fait un pied de marbre noir.

Ces Galeries sont décorées au dehors de trois Avent-corps. Celui de la Galerie du fond est de huit Colonnes accouplées, d'Ordre Toscan; & les deux autres ont chacun quatre Colonnes de quatre pieds de diamètre. A la porte du Vestibule il y en a encore deux, qui sont du même Ordre; mais dont le diamètre est beaucoup moindre.

Pour finir la description du petit Parc, il faut parler des Bosquets. Ce sont de petits Bois de différentes figures, plantez avec symmétrie & avec de petites Allées en compartimens. En les décrivant je suivrai l'ordre qu'on garde lorsqu'on les fait voir & qu'on fait jouer les eaux. Le premier est le Labyrinthe. Ce Bosquet a pris son nom d'un entrelassement de plusieurs Allées, bordées de palissades, & dans lesquelles on s'égare aisément. En entrant dans ce Labyrinthe, qui est du dessein de la Nature, on trouve deux Statues; l'une est celle d'Esope connu par ses Fables, dont un grand nombre sert à orner ce Bosquet: elle est de le Gros: l'autre est celle de l'Amour tenant entre ses mains un peloton de fil; cette Statue est de Tubi. A chaque détour on rencontre une Fontaine ornée d'un Bassin de rocaille fine, où l'on a représenté au naturel une Fable d'Esope, & dont le sujet est marqué par une Inscription de quatre Vers gravez en lettres d'or sur une lame de bronze peinte en noir. Ces vers sont de Benserade & servent à expliquer la Fable.

Le Bosquet appellé la Sale du Bal a pris son nom de l'usage auquel on l'a quelquefois fait servir dans la belle Saison. Cette Sale qui est du dessein de le Nautre, n'est proprement qu'un grand espace de figure régulière & bordé de treillage. Au milieu il y a une espéce d'Arène sur laquelle on danse quand il plaît au Roi d'y donner quelque Fête. Le reste de la Sale est occupé par une Cascade & par l'Amphithéâtre. La Cascade composée de plusieurs Bassins de coquillages est une des plus belles qu'on puisse voir. Elle se trouve interrompue d'espace en espace par quatre goulétes de marbre de Languedoc, au haut desquelles il y a autant de Vases de métail, de l'ouvrage de Houzeau & Massou. Au bas de ces mêmes goulétes il y a quatre torchéres de métail posées sur des Socles de marbre de Languedoc. Elles servent à porter des girandoles, & sont des mêmes Sculpteurs. L'Amphithéâtre occupe le reste du terrain. Il consiste en plusieurs rangs de Siéges de gazon, & est soutenu par quatre rampes de marbre de Languedoc, au haut desquelles on a mis quatre Vases de métail, de l'ouvrage de Hongre. Au bas de ces rampes on voit quatre torchéres de même matiére que les Vases & faites par le même Sculpteur. Elles servent à mettre des girandoles quand on y veut danser la nuit.

Le Bosquet de la Girandole fait symmétrie avec celui du Dauphin. Ils ont l'un & l'autre chacun un Bassin & une gerbe d'eau de vingt-sept pieds. On y voit un Faune antique, & dans différens endroits de ce Bosquet on trouve les Termes suivans: Morphée, une Femme qui tient des raisins, Pomone, un jeune homme qui tient une masse, Flore, Hercule & un Hyver. Ce dernier a été fait par Théodon; les autres sont de différens Sculpteurs sur les desseins du Poussin.

De ce Bosquet on va à l'Isle Royale; mais en traversant l'Allée qui les sépare, on voit deux Bassins avec deux Fontaines de métal au milieu; ce sont celui de Saturne & celui de Bacchus, qui font symmétrie avec ceux de Cerés & de Flore. La Fontaine de Saturne représente l'Hyver: Saturne est au milieu du Bassin, qui est rond, & il est environné de petits enfans, qui portent ses attributs; c'est l'ouvrage de Girardon. La Gerbe de ce Bosquet a quinze pieds de haut. La Fontaine de Bacchus représente l'Automne, ne. Le Baſſin eſt de figure octogone, & Bacchus eſt au milieu parmi pluſieurs Satyres, & les attributs qui lui conviennent; cette Fontaine eſt de Marſi. La Gerbe de ce Baſſin s'élève à dix-neuf pieds de haut.

L'Iſle Royale prend ſon nom d'une petite Iſle qui étoit autrefois au milieu de la grande pièce d'eau; qui a plus de cent trente toiſes de long & plus de ſoixante de large. La grande Gerbe de cette pièce d'eau a quarante-ſept pieds & les deux qui ſont à la tête n'en ont que quarante-quatre. Cet endroit n'eſt pas ſeulement conſidérable par ces eaux, il l'eſt encore par une pièce en vertugadin, qui eſt au-deſſus de l'Allée de traverſe, qui la ſépare de la grande pièce d'eau, & par pluſieurs Statues, parmi leſquelles il y en a quatre d'antiques & par deux Vaſes. Le premier eſt de le Fèvre. La première des Statues antiques eſt celle de Julia Mæſa, ſœur de Julie femme de l'Empereur Sévére: la ſeconde eſt Vénus qui ſort du bain: la troiſième eſt Jupiter Stator: la quatrième eſt Julia Domna fille de Baſſien, Prêtre du Soleil. Un Vaſe de même deſſein que celui qui eſt de l'autre côté: il a été fait par Legeret. Au bas de cette Pièce d'eau, il y a deux Statues de marbre blanc qui ſont de beaucoup plus grandes que les autres. A main droite, c'eſt Hercule qui ſe repoſe. Il a été copié d'après l'antique du Palais Faneſe, par Cornu. La Flore qui eſt vis-à-vis d'Hercule a été auſſi copiée d'après l'antique du même Palais, par Raon.

La Sale des Marronniers a été ainſi nommée, parce que les Aîles qui étoient auparavant formées par des jets d'eau & des Statues, le ſont aujourd'hui par des Marronniers. Les paliſſades ſont ornées de huit Buſtes antiques de Marbre blanc, qui repréſentent Hercule, Déjanire, Alexandre, Cléopatre, Céſar, Numa, Marc-Aurèle & Verus. On y voit auſſi deux Statues de Marbre blanc, qui repréſentent Antinoüs & Méléagre. La première eſt antique & la ſeconde a été copiée ſur l'antique qui eſt à Rome. Dans les deux enfoncemens qui ſont aux extrémitez de cette Sale, on trouve deux Baſſins qui ſont de forme ronde & de Marbre blanc, au milieu deſquels il y a une Statue antique auſſi de Marbre blanc; & ſur un autre Baſſin qui leur ſert de piédeſtal, d'un côté c'eſt une Muſe, & de l'autre une Dame Romaine.

La Colonnade eſt un peryſtile de figure circulaire, qui a vingt & une Toiſes & demie de diamétre, & qui eſt fermée par trente-deux Colonnes d'Ordre Ionique, dont il y en a huit de Bréche violette, douze de Marbre de Languedoc, & douze de Marbre bleu Turquin. Elles ont vingt pouces de diamétre, ſur quatorze pieds de haut en y comprenant les Baſes qui ſont antiques & les Chapiteaux qui ſont de Marbre blanc à quatre faces égales. Chaque Colone répond à un Pilaſtre de Marbre de Languedoc qui eſt derriére & n'en eſt éloigné que de deux diamétres & demi. L'une & l'autre ſont couronnez d'une Corniche architravée qui leur ſert d'entablement. Les Colonnes ſont communiquées les unes aux autres par des arcades en plein cintre, qui ſont ornées de leurs Archivoltes, avec des Maſques dans leurs Clefs qui repréſentent ou des Nymphes, ou des Nayades, ou des Silvains. Cet Ouvrage eſt couronné par une Corniche Corinthienne, au-deſſus de laquelle il y a un Socle, ou finiment avec des poſtes en Bas-relief, & ſur lequel ſont des Vaſes de Marbre terminez par des Pommes de Pin. Les Jeux & les Amours en petits Enfans ſont repréſentez en Bas-reliefs ſur les Timpans triangulaires des Arcades. Ces Groupes d'Enfans ſont de Marbre de Maziére, Granier, Coyzevox, le Hongre & le Comte. Toute cette Architecture eſt poſée dans une rigole, où ſe reçue l'eau qui retombe en Nape de trente & un Baſſins de Marbre blanc ſur des pieds dont chacun eſt orné de trois conſoles, & du milieu deſquels s'élèvent des Jets ou Lances d'eau à la hauteur de ſeize pieds. D'une Allée de ſable qui régne au pourtour de la Colonnade, on deſcend par cinq degrez de Marbre dans l'Aire, au milieu de laquelle il y a un Groupe de Marbre blanc ſculpté par Girardon. C'eſt l'enlèvement de Proſerpine par Pluton. Le Piédeſtal de ce Groupe eſt de forme ronde, & orné d'un Bas-relief.

Le Boſquet des Dômes a pris ſon nom de deux petits Temples quarrez de Marbre blanc. Chaque Temple a quatorze ou quinze pieds de largeur ſur vingt de hauteur, & eſt orné de huit Colonnes d'Ordre Ionique dont quatre ſont de Marbre de Givel, & quatre de Marbre de Rance. La principale façade de chaque Temple eſt couronnée d'un fronton enrichi d'un Ecu de France, poſé ſur des Trophées d'Armes, le tout de bronze doré. Les encoignures des petits Pans ſont auſſi remplies de Trophées de bronze doré, & il y en a pareillement entre les Pilaſtres de dehors. Les Dômes ſont enrichis de pluſieurs ornemens de métal, & terminez par deux Groupes d'Enfans poſez ſur des Trophées. Le milieu de ce Boſquet eſt occupé par un Baſſin octogone, entouré d'une Terraſſe & d'une Baluſtrade, dont les Baluſtrades ſont de Marbre blanc & les appuis de Marbre de Languedoc. Du milieu du Baſſin ſort un Bouillon de ſoixante & dix pieds de haut. Sur la Baluſtrade il y a une Goulète ou petit Canal interrompu d'eſpace en eſpace par de petits Baſſins en Coquille, d'où ſortent des Bouillons d'eau qui forment de petites Napes fort agréables. Quant à la Terraſſe, elle eſt auſſi ornée d'une Baluſtrade, mais différente de celle dont il vient d'être parlé. Les appuis en ſont de Marbre blanc, & ſont ſupportez par des Baluſtrades de Marbre de Languedoc. Sur le Socle de cette Baluſtrade, & ſur les Pilaſtres, à hauteur d'appui, qui en retiennent les travées, il y a quarante-quatre Bas-reliefs qui ſont de Girardon, de Mazeline & de Guérin. Les principales faces du Boſquet ſont ornées de Statues de Marbre blanc, poſées ſur des Piédeſtaux de même. La première qu'on trouve à main droite, en entrant, c'eſt le Point du jour, par le Gros; la ſeconde repréſente Ino, par Rayol; la troiſième eſt le Berger Acis, par Tubi; la quatrième eſt Flore, par Maniére;

X 3 la

la cinquième est une des Nymphes de Diane, par Anselme Flamen de St. Omer; la sixième est la Nymphe Galathée, par Tubi; la septième Amphitrite, d'après les modèles des Anguiers; la dernière est Arion, par Raon.

Le Bosquet d'Encelade est enclavé dans celui d'Apollon. On voit au milieu d'un Bassin ce Géant accablé sous les Monts Ossa & Olympe. Il sort de sa bouche un jet d'eau qui a soixante & dix-huit pieds de haut, & qui est d'une grosseur extraordinaire. Ce qu'on voit de cette Statue est quatre fois plus grand que le naturel. Elle a été faite par Marsi. Quant au Bassin, il est environné d'une bordure de Gazon de figure octogone.

Quoique le Bosquet de l'Obelisque, qu'on appelloit autrefois la Sale du Conseil, ou des Festins, ait toujours cinquante-cinq Toises de long sur quarante de large, on peut dire d'ailleurs qu'il a entiérement changé de forme. Au lieu des Bassins, de la Sculpture & des autres ornemens qu'on y voyoit autrefois, on n'y voit au milieu qu'un grand Bassin, duquel sort un Obelisque d'eau qui s'élève à soixante & quinze pieds de hauteur. Et aux rampes qui sont aux quatre faces de ce quarré long, il y a quatre Cascades, dont l'eau tombe dans le Fossé qui régne au pourtour.

Le Bosquet de l'Etoile a été ainsi nommé de cinq Allées qui aboutissent à la principale Fontaine, & qui semblent former une Etoile. En entrant dans ce Bosquet, on voit un buste d'Aléxandre, dont la tête est antique, & on la croit de Phidias. Le reste qui est de Girardon est posé sur une Colonne d'Albâtre Oriental, qui est antique & d'Ordre Ionique. On voit ensuite un Ganyméde, copié d'après l'antique par Joli; une Venus, copiée de celle de Médicis & antique. Au milieu du Bosquet il y a eu autrefois un Bassin de figure ronde, & aux quatre enfoncemens, où il y avoit autant de Fontaines, on y voit aujourd'hui quatre Statues antiques de Marbre-blanc. L'une représente la Comédie; la seconde une Bacchante; le sujet de la troisiéme n'est pas connu; & la quatrième est la Muse Uranie.

Pour aller de ce Bosquet à celui du Dauphin, il faut traverser une Allée dans laquelle il y a deux Bassins; celui de Cérès & celui de Flore; & en y comprenant ceux de Bacchus & de Saturne qu'on voit dans l'Allée qui fait symmétrie avec celle-ci, on les appelle les Fontaines des quatre Saisons. La Fontaine de Cérès, ou l'Eté, est un Bassin octogone, au milieu duquel est Cérès entourée d'enfans qui se joignent avec des fleurs. Du milieu du Bassin sort une gerbe d'eau qui a vingt pieds de haut. Le tout par Regnaudin. La Fontaine de Flore ou du Printems est près delà. Son Bassin est rond. Flore est à demi-couchée, & a autour d'elle huit gros jets d'eau, & plusieurs autres moindres, & qui forment tous ensemble une gerbe de vingt pieds de haut. Cette Fontaine a été faite par Tubi.

Le Bosquet du Dauphin ʃa pris ce nom d'un Dauphin qui étoit autrefois au milieu du Bassin qu'il renferme. On y voit aujourd'hui un Faune antique. Les Termes qui ornent ce Bosquet représentent l'Abondance, Cérès, Bacchus, un Satyre, Flore, & l'Eté. Ce dernier a été fait à Rome par Théodon; & les autres ont été faits au même endroit par différens Sculpteurs.

Le Théâtre d'eau est vis-à-vis des Bains d'Apollon. On voit dans ses Allées plusieurs Groupes de Marbre blanc, faits par différens Sculpteurs & dont les sujets ont été pris de la Fable; comme le Satyre Marsyas qui montre à Olympe à jouer du sifflet à sept tuyaux; ce Groupe a été copié à Rome d'après l'antique, au Palais Ludovisio, par Goi; un Bacchus sculpté, par Coustoux le jeune. On trouve ensuite un Bassin, au milieu duquel il y a une petite Isle, où l'on voit six Enfans qui jouent & deux qui semblent nager. Le gros Bouillon d'eau qui sort de ce Bassin a quarante-six pieds. Plus loin on trouve un buste de Junon, antique, & un Terme antique qui représente Jupiter. On a donné à ce Bosquet le nom de Théâtre, parce qu'il en a la figure. C'est une grande place ronde de vingt-six Toises de diamétre, & qui est séparée en deux parties, dont l'une environnée de marches de gazon qui servent d'Amphithéâtre, compose le Parterre, & l'autre partie est le Théâtre. Dans la Palissade qui est près du Théâtre, il y a quatre Fontaines rustiquement travaillées, sur lesquelles on voit des Groupes d'enfans de métal, dont deux se jouent avec une Ecrevisse, & deux autres avec un Grifon: ils sont de Houzeau; deux autres se jouent avec un Cygne, & deux autres avec une Lyre; ceux-ci sont de le Hongre. Dans les enfoncemens de ces trois Allées, il y a de petits Groupes: celui du milieu représente Jupiter, assis sur un Aigle posé sur un Globe céleste; il est de le Gros. Celui qui est à la droite représente un jeune Mars, posé sur un Lion qui terrasse un Loup: il est de Desjardins. Celui qui est à la gauche représente le Dieu Plutus assis sur un Cerbère posé sur des Cassettes renversées; il est de Massou.

Le Bosquet des Bains d'Apollon peut avoir douze Toises de long sur huit de large. Il prend son nom d'un grand Groupe de Marbre blanc, qui est au milieu des deux autres, & représente Apollon chez Thétis. Ce Dieu est au milieu des Nymphes de cette Déesse qui le servent. Les trois qui sont derrière lui, ont été faites par Regnaudin: Apollon & les trois Nymphes qui sont sur le devant, sont de Girardon. Un Groupe qui est à droite représente deux des Coursiers d'Apollon, qui sont abbreuvez par des Tritons; ils ont été faits par Guérin. Le Groupe qui est à gauche est composé de deux Tritons, qui abreuvent les Chevaux d'Apollon; ce Groupe est de Marsi. Ces trois Groupes sont couverts par autant de Baldaquins, d'où pend une Campane, & qui sont portez par des Colonnes; ces Baldaquins sont de métal doré. La sculpture est de Manière, de le Moine, de Fremin & de quelques autres.

Le Bosquet des trois Fontaines vient ensuite: c'est celui de tous qui doit le plus à l'art. Il en a fallu beaucoup pour tirer par-

parti de l'inégalité du terrein. Ses beautez, quoique toutes champêtres & naturelles, ne laissent par de plaire beaucoup & ses Fontaines par leur murmure & par leurs napes d'eau charment également les yeux & les oreilles. La grosse Gerbe de ce Bosquet s'éleve jusqu'à vingt-deux pieds, & les Lances du Bassin octogone vont jusqu'à soixante & dix-huit.

L'Arc de Triomphe a été ainsi nommé, parce qu'il en représente un. A peine est-on entré dans ce Bosquet qu'on trouve une Fontaine d'une beauté surprenante. La France y est figurée par une Statue de Bronze, vétue d'une mante Royale, ayant un Cocq pour Symbole sur son Casque & un Soleil qui étoit la devise du Roi Louis XIV. sur son Bouclier. Elle est assise sur un Char posé sur des degrez de Marbre blanc, environné d'attributs & de Trophées d'Armes, & au milieu de deux Figures dont l'une représente l'Espagne, & l'autre l'Empire. Sur le dernier degré il y a un Dragon à trois têtes, qui semble expirer. Il marque la desunion de la Triple Alliance. Ces figures sont de Tubi, Coyzevox & Prou. En montant vers l'Arc de Triomphe, on trouve à main droite la Fontaine de la Victoire, entre deux Piédestaux, & deux Scabellons qui portent des Bassins. Les Piédestaux sont de Marbre de Languedoc, & ont sur les faces, ainsi que tous les autres qui sont dans ce Bosquet, des Tables de Marbre noir avec le chiffre du Roi au milieu d'une Guirlande de Laurier. Quant aux Scabellons, ils sont de Marbre blanc avec des Bas-reliefs.

On donne à cette Fontaine le nom de la Victoire, parce que la Victoire y est représentée sur un Globe orné de trois Fleurs de Lis entre des Trophées d'Armes & les attributs des quatre Parties du Monde. Elle tient une Couronne de Laurier d'une main & de l'autre une Palme. Presque à ses pieds il y a une Coquille du milieu de laquelle s'éleve un jet d'eau, qui, après avoir passé dans la Couronne & être retombé dans la même Coquille, forme enfin une nape d'eau qui se répand dans une parfaitement belle Cuve, quarrée longue, de Marbre d'Egypte & enrichie d'ornemens de métal doré. Du milieu de cette Cuve s'éleve un gros Bouillon qui forme une seconde nape, & qui la couvre entierement en tombant dans le Bassin. Cette Fontaine a été sculptée par Mazeline.

La Fontaine qui est à gauche & vis-à-vis celle de la Victoire s'appelle la Fontaine de la Gloire. Son ordonnance est la même que celle de la précédente, & ses figures sont de métal doré, d'après le dessein de le Brun par Coyzevox. On monte ensuite sur un petit Glacis par deux ou trois marches de Marbre; & l'on trouve de chaque côté un Banc de Marbre blanc au milieu de deux Scabellons de même qui soutiennent des Bassins. Auprès de ces Bahes il y a deux Goulettes, ou petits Canaux taillez sur des Tablettes de Marbre blanc, qui sont interrompus par des chûtes qui forment de petites Cascades. Immédiatement & assez près de l'Arc de Triomphe, on trouve de chaque côté deux Obélisques d'eau, de fer doré, entre deux Piédestaux de Marbre de Languedoc, qui soutiennent des Bassins. Ces Obélisques sont des espèces de Pyramides à jour & à trois faces, posez sur des Piédestaux de Marbre de Languedoc. Les encoignures sont de métal doré, & le nud des faces paroît d'un beau Crystal de roche par le moyen d'un tuyau montant qui est dans le milieu de l'Obélisque; & dont l'eau qui tombe des Bandes de fer posées à égale distance, forme des Napes & produit ce bel effet. Au milieu des Obélisques, on voit entre deux Scabellons de Marbre blanc qui portent des Bassins, un Buffet ou une Table sur laquelle on a élevé huit Gradins en Pyramide, qui paroissent de Crystal garni de Vermeil quand les eaux jouent, parce que le Corps de chacun est formé par l'eau.

L'Arc de Triomphe est ensuite posé sur l'endroit le plus élevé du Bosquet. Il est composé de trois Portiques de fer doré au-dessus desquels sont sept Bassins d'où s'élévent autant de jets d'eau, qui retombent dans, & de là dans des Coquilles qui sont des deux côtez & forment plusieurs napes. Dans le milieu des Portiques sont trois jets d'eau, qui étant dans des Bassins élevez forment autant de napes. On monte à ces Portiques par plusieurs degrez de Marbre qui sont remplis de jets dont l'eau retombe dans un grand Bassin qui est au bas. Ce Bosquet est du dessein de le Nautre.

Au dehors du petit Parc on trouve le Potager. Il est presque en face de l'Orangerie, à côté d'une grande Pièce d'eau appellée la Pièce des Suisses, qui le sépare du Mail auquel il est parallèle. Son étendue est d'environ cent cinquante-sept Toises de longueur sur cent trente-quatre de largeur. Ce grand espace est partagé en trente-quatre Jardins separez par des Murs, dans lesquels il y a des portes de communication; & parmi ce grand nombre de compartimens, il y en a un plus grand que les autres, qui a environ cent Toises de long sur quatre-vingt-quatre Toises de large; & au milieu il y a un rondeau de vingt Toises bordé d'un cordon de gazon. Chaque Jardin est exposé au Soleil de la manière qui convient le mieux à l'espece d'Arbres fruitiers à laquelle il est destiné; & par une Méthode dont on ne s'étoit pas encore avisé, la Quintinie a rendu pour ainsi dire, le Soleil docile & a donné à chaque Jardin le degré de chaleur qui lui étoit nécessaire. Ils ont chacun un petit Bassin pour l'arroser, & une Terrasse sous laquelle il y a des Berceaux qui servent de Serre pendant l'Hyver. La principale Porte, c'est-à-dire celle par où le Roi entre quand il y va, est au milieu d'une Allée fort longue, qui borde presque la Pièce des Suisses, & qui est aussi parallèle au Mail.

Entre le Mail & le Potager est la Pièce des Suisses, que l'on nomme ainsi parce qu'ils y ont travaillé. C'est une grande Pièce d'eau dont l'étendue la feroit plutôt prendre pour un Etang que pour un Bassin. Elle a trois cens cinquante Toises de long, en y comptenant les deux portions de Cercle qui la terminent, & cent vingt Toises de large. A son extrémité du côté du bois on voit une Statue équestre qui avoit été faite

faite pour repréſenter le Roi Louïs XIV. déja parvenu au faîte de la Gloire; mais comme on ne la trouva pas aſſez belle, on en a fait un Marcus-Curtius, en changeant les traits du viſage & en mettant des flâmes en la place de la Montagne. Ce Groupe eſt de Bernin.

Quoique la Ménagerie ſoit une Maiſon de Campagne, qui ſemble uniquement deſtinée à nourrir des Animaux, elle ne laiſſe pas d'avoir des appartemens bien entendus & d'une grande magnificence. Elle eſt ainſi que Trianon, à la tête du Canal de traverſe qui va de l'une de ces Maiſons à l'autre. On arrive à la Ménagerie par une grande Avenue d'Arbres, & on entre dans une Cour qui conduit dans une autre, où l'on trouve un Dôme de figure octogone, au milieu duquel il y a une rampe de quelques degrez qui eſt ornée de deux grandes Urnes de Marbre ſculptées par Jouvent. On monte par cet Eſcalier ſur un Palier qui conduit à deux magnifiques Appartemens & à un beau Salon qui eſt au milieu. Ces deux Appartemens, étoient pour Madame la Dauphine; l'un pour l'Eté & l'autre pour l'Hyver. Celui d'Eté eſt à main droite & eſt compoſé de cinq Pièces, toutes peintes avec le dernier ſoin d'après d'excellens deſſeins, ſous la conduite d'Audran Peintre habile. On voit dans ces Chambres quantité de petits Tableaux. Dans la première il y a ſix Payſages; ſavoir un de Spheyman, deux d'Allegrain, deux de Coſſio & un autre de Spheyman. Dans la ſeconde il y en a dix qui repréſentent des jeux d'Enfans. Le premier eſt de Chriſtophle, le ſecond de St. Paul, le troiſième de Bertin, le quatrième de Chriſtophle, le cinquième de Dedieu, le ſixième de Bertin, le ſeptième de Hallé, le huitième de Perſon, le neuvième de Hallé, le dixième de St. Paul. Dans la troiſième il n'y a point de Tableaux: ce ſont les ornemens du monde les plus riches, les plus magnifiques, & où il régne le plus de goût. La cinquième eſt auſſi peinte de même. Dans la quatrième il y a deux Tableaux, dont l'un repréſente Arion jouant de la Lyre & porté par un Dauphin: il eſt de Silveſtre; l'autre Tableau eſt un Orphée peint par Colombel.

L'Appartement qui eſt à main gauche eſt compoſé de la même quantité de Pièces & peint dans le même goût que le précédent. Sur la cheminée de la première Pièce il y a un Tableau dans lequel on voit Diane entourée de ſes Nymphes & Actéon changé en Cerf; il eſt de Vernanſal. On voit encore dans cette Chambre quatre Tableaux de Deſportes. Dans la ſeconde Pièce on trouve les Tableaux ſuivans; Venus & Vulcain, par Boulogne le jeune; Venus qui donne les armes à Enée, par le même; Venus à la Toilette, par Boulogne l'aîné; Venus dans une Conque portée par des Tritons, par Coypel le fils; la naiſſance de Venus, par Boulogne l'aîné. Dans la troiſième Pièce il y a deux petits Tableaux, par Blanchard; Minerve & Arachné par Aléxandre; la diſpute de Neptune & de Minerve, pour ſavoir qui donneroit le nom à la Ville d'Athènes, par Perſon; Minerve qui conſidère l'Ouvrage d'Arachné, par Aléxandre. Sur la cheminée de la dernière Pièce de cet Appartement, il y a un Tableau dans lequel on voit un Cerf pourſuivi par des Chiens: il eſt de Deſportes. Ce Tableau eſt entre deux autres qui ſont dans le Lambris. Dans celui qui eſt ſur la porte on voit la Juſtice qui avale l'huître & met par-là les Plaideurs d'accord; il eſt de St. Paul. Le troiſième repréſente la Fortune qui éveille un jeune homme endormi ſur le bord d'un puits: il eſt de Chriſtôphle.

Le Salon qui ſépare ces deux Appartemens eſt un octogone éclairé par ſept croiſées qui ſont dans les ſept pans, & l'entrée occupe le huitième. Un Balcon fer en ſaillie régne tout à l'entour & fait voir ſept Cours différentes remplies d'Oiſeaux & d'Animaux curieux. Le deſſous de Salon eſt occupé par une Grote, au milieu de laquelle il y a un jet d'eau tournant qui ſe répand dans toute l'étenduë du plancher, qui eſt tout rempli de petits trous, d'où s'élève une pluye d'eau. Le Dôme dans lequel eſt ce Salon ſe trouve environné par une Cour octogone, où les ſept autres Cours aboutiſſent. Elle eſt toute ſemée de petits tuyaux cachez ſous terre; & quand on le veut elle devient par-là une eſpèce de Parterre de jets d'eau.

Les ſept Cours ne ſont fermées que par des grilles de fer jointes par des Termes de pierre qui repréſentent quelque ſujet de la Métamorphoſe. Dans chacune on trouve ce qui eſt néceſſaire ou commode aux Animaux qu'elles renferment. Il y en a ſurtout où l'on voit une Volière d'une beauté & d'une magnificence extraordinaire.

Pour achever de décrire Verſailles, il ne reſteroit plus qu'à parler de Trianon; mais la deſcription de ce Palais également galant & magnifique ſe trouve à l'Article TRIANON. Voyez ce mot.

VERSAGOLI, petit Pays d'Aſie, dans l'Anatolie. C'eſt ce qu'on appelloit autrefois la Piſidie. Leunclave dit que cette Contrée a ſon étendue dans les terres, & qu'elle fait partie de la Caramanie vers les Montagnes.

VERSAONENSIUM-CIVITAS. Voyez URSO.

1. VERSCHE-REVIER, ou RIVIE'RE FRAÎCHE [a], Rivière qui prend ſa ſource dans le Lac de Päjerîwi, dans la partie Orientale de la Laponie Suédoiſe. Elle entre auſſi-tôt dans la Laponie Moſcovite, & prenant ſon cours du Midi-Occidental, au Nord Oriental, elle va mouiller Kovoda & ſe jetter en même tems dans la Mer Blanche. [a De l'Iſle, Atlas.]

2. VERSCHE-REVIER, ou RIVIE'RE FRAÎCHE; Rivière de la Laponie Moſcovite. Elle prend ſa ſource dans les Montagnes de la partie Occidentale de cette Province, & courant à peu près du Couchant au Levant, elle va mouiller Keretti ou Kielit, où elle ſe perd dans la Mer Blanche.

VERSETO [b], Lieu de la Gaule, chez les *Arverni*. Surius en parle dans la Vie de St. Prejeĉt Evêque & Martyr. [b Ortel. Theſ.]

VERSILLAC, Bourg de France, dans le

VER.

VER. 169

le Berry, Election de Blanc. Ce Bourg est assez peuplé.

VERSINE (La), Bourgade de France, dans la Picardie, Election de Beauvais, sur le bord de la Riviére d'Oyse. Le Roi François I. fit bâtir dans ce Lieu un petit Château, avec un Parc, pour la Comtesse de la Suze.

1. VERSOIX, ou VERSOY, Riviére de France, au Pays de Gex. Elle a sa source dans la Montagne de Gex, & va de là se jetter non dans le Rhosne, comme le dit Mr. Corneille [a], mais dans le Lac de Genève [b] à Versoy qu'elle baigne de ses eaux. Cette Riviére qui reçoit celle de Gex, à la droite, court du Nord au Sud & serpente beaucoup.

[a] Dict.
[b] Scheuchzer, Carte de la Suisse.

2. VERSOIX, ou VERSOY, Bourgade de France, au Pays de Gex, sur le bord du Lac de Genève, à deux lieues au Nord de la Ville de ce nom. Ce Lieu qui a titre de Marquisat est situé au bord de la Riviére de Versoy. Les Génevois le surprirent en 1589. sur le Duc de Savoye, & le démantélérent. Depuis il a été cédé à la France avec le Pays de Gex; & en 1601. Louis XIII. le donna à la Maison de Condé.

VERSICINIA, ou VERSINICIA, Ville que l'Histoire Miscellanée [c] semble mettre au voisinage de la Thrace.

[c] Lib. 23. & 24.

1. VERT (Le), Riviére de France dans le Bearn [d]. Elle naît dans la Vallée de Barretons, & traverse cette Vallée par le milieu, à l'endroit où est assis Aramit, où elle reçoit une autre petite Riviére à la droite. Un peu plus bas elle en reçoit une autre à la gauche, & coulant toujours du Midi Occidental au Nord Oriental, en serpentant, elle va enfin se perdre dans le Gave, environ à une lieue au-dessous d'Oleron. On trouve dans cette Riviére d'excellentes Truites & en grande quantité.

[d] De l'Isle, Atlas.

2. VERT, Riviére de France, dans le Quercy. Elle prend son nom d'un Village où elle a sa source, & qui est au Nord de Cahors, après quoi elle lave les murailles de la petite Ville de Catus, & grossie enfin des eaux de la petite Riviére de Masse elle va se perdre dans le Lot, à la droite, entre Cahors & Duravel.

3. VERT, Châtellenie de France dans la Beauce, Election de Chartres.

VERTACOMACORI, Peuple de la Gaule Narbonnoise. Il faisoit partie des *Vocontii*, & on trouve encore présentement des traces de son nom dans le Territoire appellé VERCORS dans le Dauphiné selon Nicolas Chorier [e]. Pline [f] dit que les VERTACOMACORI fondérent la Ville de Novare en Italie au Duché de Milan.

[e] Lib. 1. p. 11.
[f] Lib. 3. c. 17.

VERTÆ, ancien Peuple d'Asie, allié des Perses, & qui se trouva au Siége d'Amida selon Ammien Marcellin [g], dont voici le passage: *Vertæ meridiano lateri sunt destinati*. Mr. de Valois remarque que c'est ainsi que lisent les MSS. à l'exception de celui de la Bibliothéque Colbertine qui porte: *Cujus mer*, *lateri sunt destinati*, & au lieu de *Cujus*, peut-être faut-il lire *Cuni*, ou *Chuni*; de sorte qu'Ammien Marcellin auroit voulu parler des Huns, qui selon les Historiens étoient voisins des Perses.

[g] Lib. 19. c. 9.

VERTAISON, Bourg de France dans l'Auvergne, au Diocèse de Clermont. Il y a un Chapitre dans la Paroisse qui est dédiée à Notre-Dame.

VERTE (l'Isle), Isle de France, sur la Côte de Provence [h], environ trois cens toises à l'Est du Cap de l'Aigle. Cette Isle qu'on appelle aussi l'ISLE DE LA CIOTAT, est assez haute. Il y a presque au milieu du trajet entre le Cap & l'Isle une roche sur laquelle on ne trouve que cinq pieds d'eau. Elle est un peu plus proche de l'Isle que du Cap de l'Aigle. On passe néanmoins ordinairement avec des Galéres entre cette Isle & le Cap, rangeant près du Cap pour éviter la roche. Il y a tout proche de la Pointe du Cap huit à dix Brasses d'eau. On y pourroit passer avec un Vaisseau ayant le vent favorable.

[h] Michelot, Portul. de la Méditer. p. 69.

VERTERIS, Ville de la Grande-Bretagne. L'Itinéraire d'Antonin la marque sur la route de *Blatum-Bulgium* à *Castra-Exploratorum*; entre *Brovonacis*, & *Lavatris*, à treize milles du premier de ces Lieux & à quatorze milles du second. C'étoit la Résidence d'un Préfet selon la Notice des Dignitez de l'Empire; mais ce n'est plus aujourd'hui qu'un Village, à deux milles de l'Eden; & connu sous le nom de *Burgh*, autrement *Burghupon Stenemore*, selon Camden.

1. VERTEUIL, ou ST. MEARD DE VERTEUIL, petite Ville de France, dans l'Angoumois, Election d'Angoulême, avec titre de Baronnie. Cette Ville située sur la Charente est dans une situation fort agréable. La Riviére y forme un grand demi-cercle qui entoure le Parc & les jardins d'un magnifique Château qui y est bâti. Sa Justice s'étend sur douze Paroisses, & il y a outre cela un grand nombre de mouvances.

2. VERTEUIL, Bourg de France, dans l'Agenois, Election d'Agen.

VERTEUILH, Lieu de France, dans la Guienne, Election de Bordeaux. Ce Lieu qui est considérable par lui-même a outre cela une Abbaye de l'Ordre de St. Augustin, dédiée à St. Pierre, & dont le revenu est de deux mille quatre cens Livres.

VERTHES, Montagne de la Basse-Hongrie [i], connue autrefois sous le nom de *Mons Clipeorum*. Elle est entre Gran & Albe Royale; & les Allemands l'appellent *Schiltperge*.

[i] Descr. du Royaume de Hongrie, Liv. 1. 1688.

VERTILLAC, Bourg de France dans la Marche, Election de Gueret, auprès de la Souteraine. On y conserve un Bâtiment de figure octogone de la hauteur d'environ vingt pieds, & qui servoit, selon toute apparence, aux anciens Payens à faire consumer par le feu ce qui avoit été offert sur l'Autel.

VERTINÆ, Ville d'Italie, dans la Lucanie. Strabon [k] la met au nombre de quelques petites Villes situées dans les terres. Casaubon croit que c'est l'URSENTINORUM OPPIDUM de Pline [l], qui compte les URSENTINI parmi les Peuples de la Lucanie qui habitoient dans les terres.

[k] Lib. 6. p. 254.
[l] Lib. 3. c. 11.

VERTOBRIGE, Ville de l'Espagne Bétique, selon Pline [m]. Moralès & le Pere Hardouin lisent NERTOBRIGÆ, & distinguent cette Ville d'une autre même nom chez les Celtibéres. Le nom moderne de

[m] Lib. 3. c. 1.

VER-

VERTOBRIGE, ou **NERTABRIGÆ** est *Valera la Pega*, près de *Frexenal* [a].

[a] *Rod. Carus. Lib. 3. c. 66.*

VERTON, Comté de France dans la Picardie, au Diocèse de Boulogne dans le Gouvernement de Montreuil.

VERTUS, Ville de France, dans la Champagne, Election de Chaalons, à six lieues de cette derniére Ville sur le chemin de Paris, avec titre de Comté-Pairie & Justice Royale. Vertus étoit déja le Chef-lieu d'un Pays, dans le neuviéme Siécle, comme on le voit dans les Capitulaires de Charles le *Chauve*, où l'on trouve PAGUS VIRTUDISUS. Ce Pays est au Midi de la Marne sur les confins du Territoire d'Epernay. Quant à la Ville de Vertus, elle étoit de l'ancien Patrimoine de l'Eglise de Rheims, & elle y fut réunie par l'Archevêque Foulque [b] avec plusieurs autres Domaines; ce qui fut confirmé par des Lettres du Pape Formose données en la dixiéme Indiction, c'est-à-dire l'an 892. comme on peut lire dans Flodoard au Chapitre II. du quatriéme Livre de son Histoire. Cette Terre de Vertus fut depuis attribuée au Chapitre de l'Eglise Métropolitaine. L'Auteur du Supplément de Flodoard rapporte les Lettres de Leudon Prevôt de cette Eglise, dans lesquelles il déclare que du consentement de tout le Chapitre, il avoit donné à cens la Terre de Vertus à Heribert III. Comte de Troyes, pour en jouir pendant sa vie seulement, en excluant sa Veuve, ses Enfans & ses Héritiers. Adalberon étoit alors Archevêque de Rheims & ce Traité a été passé l'an 980. ou environ. Après la mort d'Héribert, les Comtes de Troyes ses Successeurs retinrent la Terre de Vertus, dont ils firent hommage lige aux Archevêques de Rheims; ce qui a duré jusqu'à la réunion de la Champagne à la Couronne, après quoi cet hommage a cessé, & Vertus est entré dans le Domaine où il a demeuré jusqu'à l'an 1361. que le Roi Jean le donna en pleine propriété à Jean Galeace Visconti, pour dot de sa femme Isabelle fille du Roi, toute la Terre de Vertus, qui fut érigée en Comté. Jean Galeace mariant sa fille Valentine avec Louis fils de France, Duc d'Orléans, lui donna en dot ce Comté. Philippe, un des plus jeunes fils du Duc Louis, fut Comte de Vertus, qui mourant sans enfans, laissa ce Comté à sa sœur Marguerite, femme de Richard de Bretagne Comte d'Estampes; leur fils François fut Duc de Bretagne, & fit don du Comté de Vertus à son bâtard François, qui en jouit peu pas sa sœur la Reine de France s'y opposât; mais après la mort de la Reine, les Procureurs-Généraux intentérent plusieurs Actions contre les Seigneurs d'Avaugour descendans de ce Bâtard; mais le Parlement par plusieurs Arrêts a maintenu ces Seigneurs en possession; & jusqu'à présent leurs Descendans Mâles jouissent du Comté de Vertus. Ce Comté est de grande étendue, & renferme un Pays beau & fertile. La Ville est assez considérable, ayant dans son enceinte une Collégiale & deux Abbayes; l'une de Bénédictins de la Congrégation de St. Vanne sous le nom de St. Sauveur, & qui vaut douze cens Livres à l'Abbé & autant aux Religieux; l'au-

[b] *Longuerue, Descr. de la France, Part 1. p. 43.*

tre Abbaye qui est de Chanoines Réguliers, sous le titre de Notre-Dame, a un Chapitre composé d'un Doyen & de six Chanoines qui ont chacun deux cens Livres de revenu. L'Abbé jouït de trois milles Livres.

La Ville de Vertus est située dans une Plaine [c], au pied d'une Montagne sur laquelle il croit d'assez bon vin. On voit à une demi-lieue de cette Ville sur une Montagne les ruïnes d'une Forteresse nommée *la Montaine*. Il n'en reste que le pan d'une Tour & les enceintes, qui font juger que c'étoit autrefois une Place très-forte. Elle fut détruite sous le Régne de Charles VII. par les Villes & les Communautez voisines.

[c] *Piganiol, Descr. de la France, t. 3. p. 245.*

VERUCA. La Ville de ce nom dont parle Cassiodore [d] est placée par Sabellicus, Biondo, Candidus, Niger & Leandre, dans le Friul; &, selon eux, c'est présentement *Monte-Falcone*; mais, dit Ortelius [e], comme Cassiodore donne une belle description de cette Ville & la place sur l'Adige, je ne vois pas comment ce pourroit être aujourd'hui *Monte-Falcone*, qui est sur le Golphe de Trieste. Ou ces Auteurs modernes, ajoute-t-il, se sont trompez grossiérement, ou il faudroit lire dans Cassiodore *Natiso*, au lieu d'*Athesis*. Mais Niger paroît avoir reconnu sa faute; car après avoir dit que *Monte-Falcone* étoit l'ancienne *Veruca*, il veut ensuite que cette derniére Ville soit *Clusa*, ou *Chiusa*. Voyez CHIUSA.

[d] *Lib. 3. Variar.*

[e] *Thesaut.*

VERUCINI, ou **VERRUCINI**, Peuples de la Gaule Narbonnoise. Pline [f] les met au-dessus des *Sueltteri*; & le Pere Hardouin croit qu'ils habitoient le Quartier de la Provence, où se trouvent aujourd'hui *Verignon*, & *Baryol*.

[f] *Lib. 3. c. 4.*

VERUCOLA, Bourgade d'Italie, dans la Toscane, dans la Vallée de Macra, à quatre lieues de Massa vers le Nord. Quelques-uns la prennent pour l'ancienne *Biracellum*.

VERUDA, Isle d'Italie, sur la Côte d'Istrie [g], au Midi de la Ville de Pola, près du Golphe Garnarat. La terre & quelques Ecueils qu'on voit aux environs y font un bon Port. On revére dans ce lieu-là la Ste. Vierge avec beaucoup de dévotion sous le nom de Notre-Dame de la Veruda. L'Eglise & le Monastére appartiennent aux Minimes.

[g] *Wheler, Voyage de Dalmatie, Liv. 1.*

VERUE [h], Ville d'Italie dans le Piémont, au Comté d'Ast, sur une Colline, près du Pô, entre Casal & Turin, environ à cinq lieues de chacune de ces Villes. Cette Ville qui est sur les frontiéres du Monferrat & très-bien fortifiée, a produit de grands hommes, & donné occasion à plusieurs disputes touchant son origine. Politien y a fait quelque séjour, & le fameux Torquato Tasso y alla passer quelques mois après qu'il fut sorti de sa prison de Ferrare. On dit que pendant qu'il y séjourna, il revit son *Aminte*, à laquelle il fit quelque changement. On voyoit autrefois sur la porte du Château un Cochon qui ouvroit la gueule pour engloutir une grappe de raisin qui lui pendoit sur la tête, & ces mots pour Inscription:

[h] *Coru. Dict. Mémoires du tems.*

Quando questo porco pigliara l'uva,
Il Marquese di Monferruto pigliara Verua.

Cet-

Cette Inscription avoit été mise dans ce Lieu-là pendant les guerres des Piémontois & des Ferrarois; & lorsque le Duc de Feria assiégea cette Ville en 1625. pour le Roi d'Espagne, ce qu'il fit inutilement, les Habitans de Verue mirent son nom dans l'Inscription, au lieu de celui du Marquis de Montferrat. Quoique cette Place parût imprenable, à cause que ses fortifications étoient en grand nombre, & qu'on ne pouvoit l'investir du côté du Pô, le Duc de Vendôme, Général des Armées Françoises en Italie, l'assiégea dans le mois d'Octobre 1704. & serra si bien la Place durant tout l'Hyver, que le Gouverneur ayant perdu la plus grande partie de sa Garnison, fut contraint de se rendre à discrétion le 9. d'Avril de l'année suivante, après avoir fait sauter les fortifications.

VERUES, Peuples de la Mauritanie Tingitane. Ils sont placez par Ptolomée [a] an Midi des *Succosii*, & des *Macanitæ*.

a Lib. 4. c. 1.

VERVIC, petite Ville de Flandre sur la Lys, dans la Châtellenie d'Ypres. Elle passe pour ancienne. Il y a trois cens ans qu'elle étoit encore considérable par ses Manufactures de draps ; mais les dommages qu'elle a soufferts quatre ou cinq fois depuis ce tems-là, l'ont fait beaucoup déchoir de ce qu'on l'a vue. Elle perdit jusqu'à deux mille deux cens soixante maisons dans un seul incendie ; de sorte qu'elle n'en a plus à présent qu'environ deux cens cinquante. Il ne paroît pas qu'elle ait jamais été environnée de murailles, mais seulement de remparts & de fossez.

VERVIERS, Ville d'Allemagne [b], dans l'Evêché de Liége, aux confins du Duché de Limbourg, sur la Rivière de Weze, environ à six lieues de Liége vers le Levant.

b De l'Isle, Atlas.

VERVINS, Ville de France dans la Picardie [c], sur la Serre, dans le voisinage de Laon. Cette petite Ville située sur une hauteur, est connue dans l'Histoire par le Traité de paix, qui y fut conclu le 2. de Mai 1598. entre Henri IV. Roi de France & Philippe II. Roi d'Espagne. Il se fait à Vervins un grand commerce de Bleds qu'on transporte dans le Hainaut & ailleurs. Cette petite Ville a titre de Châtellenie & de Marquisat.

c Piganiol, Descr. de la France, t. 3. p. 104.

VERULÆ, ou VERULE, Ville d'Italie, dans le Latium, au Pays des Herniques. Florus [d] qui fait mention de cette Ville dit: *de Verulis & Bovillis, pudet, sed triumphavimus*. Frontin [e] la met au nombre des Colonies Romaines. C'est la Ville VERULANUM de Tite-Live [f]. Elle conserve encore présentement son ancien nom. On l'appelle *Veroli*. Ses Habitans sont nommez VERULANI par Pline [g].

d Lib. 1. c. 11.
e De Coloniis.
f Lib. 9. c. 42.
g Lib. 3. c. 5.

VERULAMIUM. Voyez VERULAMIUM.

VERULANUM. Voyez VERULÆ.

VERURIUM, Ville de la Lusitanie ; selon Ptolomée [h] qui la marque dans les terres.

h Lib. 2. c. 5.

VERUSI. Voyez NERUSII.
VERUVIUM. Voyez BERUBIUM.
VESANA. Voyez VASAMA.
VESAPPE, Ville de Médie: Ptolomée [i] la marque dans les terres. Au lieu de VESAPPE le MS. de la Bibliothéque Palatine porte VESASPHE.

i Lib. 6. c. 2.

VESATIS. Voyez VISURGIS.
VESBIUS. Voyez VESUVE.
VESBOLA, Ville d'Italie, au voisinage des Monts Céraunièns. Denis d'Halicarnasse [k] qui la donne aux Aborigènes, dit qu'elle étoit environ à soixante Stades de *Trebula* & à quarante de *Suna*. Sylburge soupçonne que ce pourroit être la Ville *Suessula*.

k Lib. 1. c. 14.

VESCELIA, Lieu fortifié en Espagne: Tite-Live [l] dit que ce Lieu fut pris par le Proconsul M. Fulvius.

l Lib. 35. c. 22.

VESCELLANI, Peuples d'Italie; ils habitoient dans la seconde Région ; selon Pline [m].

m Lib. 3. c.

VESCETHER, Ville de la Mauritanie Césariense selon Ptolomée [n]. Ce fut dans la suite un Siége Episcopal. Voyez VESCERITANUS.

n Lib. 4. c. 2.

VESCERITANUS, ou BERCERITANUS, Siége Episcopal d'Afrique dans la Numidie selon la Notice des Evêchés d'Afrique. L'Evêque de ce Siége est nommé Optatus *Episcopus Plebis Veceritanæ* par la Conférence de Carthage [o]. Mr. Baluze conjecture que cet Optat est le même à qui est écrite la cent quatre-vingt-dixième Lettre de St. Augustin.

o No. 120.

VESCI, Port de l'Espagne Citérieure ; selon Pline [p], dont voici le passage: *Portus eorum Vesci, Veca Regio Asturum*. Pintaut 20. après avoir consulté d'anciens MSS. crut qu'au lieu de VESCI, VECA, il faloit lire en un seul mot VESCIVESCA. Le Pere Hardouin sur la foi d'un plus grand nombre de MSS. a fait une nouvelle correction ; & rétablit ainsi ce passage : *Portus eorum Vereasueca Regio Asturum*, &c. Il ajoute que VEREASUECA est aujourd'hui *Villa-Viciosa*, au confluent de l'Astario & d'une autre petite Rivière, sur la Côte de l'Asturie.

p Lib. 4. & 20.

VESCIA, Ville d'Italie dans l'Ausonie selon Etienne le Géographe. Cluvier [q] place la Ville *Vescia* & le Territoire *Vescinus* entre le Mont Massicus & le Fleuve Liris. Tite-Live [r] fait mention de cette Ville & de son Territoire en plusieurs endroits. Le nom du Peuple, dit Etienne le Géographe, est VESCIATES, & le nom National VESCIANUS; cela pouvoit être vrai par rapport aux Grecs; mais les Latins, comme Cicéron & Tite-Live, disent VESCINI & VESCINUS.

q Ital. Ant. lib. 3. c. 10.
r Lib. 8. c. 11. & Lib. 10. c. 21.

VESCIANO, Village d'Italie, au Royaume de Naples, dans la Terre de Labour, près de la Ville de Nole. Il y en a qui prennent ce Village pour l'ancienne VESCIA.

VESCIANUM. On trouve ce nom dans Cicéron [s], où on lit: *cum dedissem ad te litteras, divertissemque a Cumis in Vesciana accepi a te bellario tuo litteras*. Ortèlius croit que c'étoit une Maison de Campagne dans le Territoire de Vescia. Quelques Exemplaires de Cicéron au lieu de in *Vesciano*, portent *in Vescino* & d'autres *in Vestino*.

s Ad Att. cum. Lib. 15. Epist. 2.

VESCIS, Ville de l'Espagne Bétique: Ptolomée [t] qui la donne aux Turdules, la place dans les terres au pied du Mont Illipula. Pline [u] qui écrit VESCI la surnomme FAVENTIA.

t Lib. 2. c. 4.
u Lib. 3. c. 1.

VESCITANIA REGIO, Contrée de l'Espagne Tarragonnoise & qui faisoit partie du Pays des Ilergetes selon Pline [a]. Les Oscenses habitoient une partie de cette Contrée.

[a] Lib. 3. c. 3.

VESCIVESCA. Voyez VESCI.

VESCOVIO, ou VESCOVIO DI SABINA, Bourg d'Italie, dans la Sabine, sur l'Aia, à quatre lieues de Narni du côté du Sud. Il y en a qui veulent que ce Lieu ait été la Résidence des Evêques de Sabine, & que ce soit ce qui a occasionné son nom.

VESDINATES. Voyez VEDIANTII.

VESELISE, *Vezelium*, Ville & Prevôté du Duché de Lorraine sur la Riviére de Brenon, & le Chef-lieu du Département du Comté de Vaudemont. Son Eglise Paroissiale est dédiée à St. Côme & à St. Damien. Le Chapitre de Bouxiéres est patron de la Cure, qui se donne au Concours. Le Curé prend un tiers des grosses & menues dixmes, & le Chapitre a les deux autres tiers. Le Duc de Lorraine est Seigneur en titre, de Veselise. Il y a six Chapelles en titre; la plus considérable est celle de Notre-Dame. Il y a outre cela à Veselise un Hôpital, qui a cinq cens Livres de revenu, un Couvent de Capucins, fondé en 1692. un Couvent de Minimes, fondé en 1614. & un autre de Religieuses de la Congrégation de Notre-Dame. Ces Dames y furent reçues en 1629. Le Hameau d'Ogneville dépend de Veselise.

VESELITANUS, ou VEGESELITANUS : Siège Episcopal d'Afrique dans la Byzacène. Voyez VELESITANUS.

VESENTINI, Peuple d'Italie, dans la Toscane selon Pline [b]. Ils habitoient sur le bord du Lac Volsinien appellé présentement *Lago di Bolsena*. Il n'y a pas de doute que leur Bourgade se nommoit autrefois VESENTIUM, ou VISENTIUM, & que ce nom se conserve encore aujourd'hui dans celui de *Bisentio*, où l'on a trouvé une ancienne Inscription, avec ces mots VIRTUTI VISENT. SACR.

[b] Lib. 3. c. 5.

VESENUM, ou VOSENUM. Voyez COSENUM.

VESERIS. Les Anciens nomment ainsi le lieu où fut donnée la fameuse Bataille des Romains contre les Latins, où P. Decius Mus se dévoua aux Manes pour le salut de l'Armée Romaine. Ce Lieu étoit dans la Campanie, dans les Plaines qui sont au pied du Mont Vesuve. Aurelius Victor [c] dit dans deux endroits que VESERIS étoit un Fleuve; mais comme il est le seul pour cette dénomination, les autres Historiens se contentant de dire, *ad Veserim* [d], ou *apud Veserim* [e]. Cela n'a pas empêché Cluvier & quelques autres Modernes de dire que Veseris étoit une Bourgade; outre qu'on ne trouve dans ce Quartier aucun autre Fleuve considérable, que le *Sebethum*, le *Sarnum* & le *Vestinum* qui, selon Vibius, se jette dans le *Sarnum*. Un autre passage de Tite-Live [f] donne lieu pourtant de douter si VESERIS étoit une Bourgade; car après avoir dit que la bataille se donna assez près du pied du Mont Vesuve, il ajoute, *qua via ad Veserim ferebat*, & il semble que s'il eût voulu parler d'une Bourgade, il eût dit *qua via Veserim ferebat*. Cellarius [g], de qui est cette remarque, avoue néanmoins que l'argument n'est pas absolument concluant; parce que Cicéron dit bien [h] *ad Sidam navigassem*, & dans un autre endroit [i]: *Te nolo ad Bajas venire*; de sorte qu'il seroit bien difficile de décider si Veseris étoit un Fleuve, ou une Bourgade.

[c] *In P. Decio patre & in T. Manlio Torquato.*
[d] *Cicero, Lib. 3. Of. c. 30. Tit. Liv. Lib. 10. c. 38.*
[e] *Valer. Max. Lib. 6. c. 3.*
[f] Lib. 8. c. 8.
[g] Geogr. Ant. Lib.
[h] Lib. 3. Epist. 6.
[i] Lib. 9. Epist. 2.

VESEVUS. Voyez VESUVIUS.

VESICCHIO, Forteresse de la Dalmatie, selon Mr. Corneille qui cite Davity. Elle est, ajoute-t-il, à trois milles de Starigrad, vers le rivage de la Mer, sur une Montagne, & elle appartient aux Vénitiens.

VESILLY, Bâronnie de France, dans la Champagne, Election de Rheims.

VESIOCONATES, Peuples d'Italie dans l'Umbrie, selon Ortelius [k] qui cite Pline [l]. Je trouve bien que Pline met dans l'Umbrie un Peuple nommé VESIONICATES; mais je n'y vois point de VESIOCONATES.

[k] Thesaur.
[l] Lib. 3. c. 14.

1. **VESLE**, Riviére de France dans la Champagne, en Latin *Vidula*. Elle prend sa source à deux lieues, à l'Orient de Chaalons, passe à Rheims, à Fismes, & se rend dans l'Aîne vis-à-vis de Vesly.

2. **VESLE**, Riviére de France [m], dans la Bresse, qu'elle traverse toute entiére. Elle a sa source dans le Mandement de Varambon, d'où prenant son cours vers le Midi elle arrose Lans; après quoi elle traverse le Mandement de Bourg, où elle tourne du côté de l'Occident: Ensuite elle entre dans le Mandement de Vesle, où ayant reçu l'Yrance, elle va baigner la Ville de Pont de Vesle, pour s'aller jetter enfin dans la Saone, par deux Embouchures, à quelques lieues au-dessous de Mascon, vis-à-vis de Varennes.

[m] *Jaillot. Atlas.*

1. **VESLY**, ou VEILLY, Ville de l'Isle de France; sur la Riviére d'Aisne, à quatre lieues au-dessous de Soissons, & à huit de Rheims, dont elle fait partie du Duché. Elle se trouve nommée en Latin *Velliacum*, *Valliacum* & *Villiacum*. En 1379. le Roi Charles V. donna cette Ville à l'Eglise de Rheims en échange de Mouzon.

2. **VESLY**, Bourg de France dans la Normandie, Election de Gisors.

VESONNA. Voyez VESUNA.

VESONTIO, ou VISONTIO, Ville de la Gaule Belgique, chez les Séquaniens. Elle étoit déja très-considérable du tems de César [n] qui l'appelle *Oppidum maximum Sequanorum*. Dion-Cassius [o] & l'Itinéraire d'Antonin connoissent aussi cette Ville sous le nom de VISONTIO. Elle est marquée dans cet Itinéraire sur la route de Milan à Strasbourg, en prenant par les Alpes Graïennes, entre *Ariorica*, & *Velatudurum*, à seize milles du premier de ces Lieux & à vingt-deux milles du second. Cette Ville est nommée Ουισόντιον *Visontium* par Ptolomée [p], & *Visontii*, ou *Bisontii* par Ammien Marcellin [q] qui dans un autre passage [r] écrit *Vesuntium* & dans un autre *Bisantio*, d'où l'on a fait le nom moderne Besançon [t]. Voyez ce mot. Ausone [u] nous apprend, que VISONTIO avoit une Ecole municipale & des Professeurs de Rhétorique. On a des Médailles d'Auguste

[n] Bel. Gal. L. 1. c. 36.
[o] Lib. 38. p. 8.
[p] Lib. 2. c. 19.
[q] Lib. 15.
[r] Lib. ...
[s] Lib. 16. c. ...
[t] Lib. 20. c. 10.
[u] Paneg. p. 713.

VES.

te & de Galba fur lesquelles on lit: MUN. VISONTIUM. Mais le Pere Hardouin & Cellarius jugent que c'eſt une Médaille de la Ville de VISONTIUM en Eſpagne dans le Pays des *Pelendones*. Dans la Notice des Gaules la Ville VISONTIO a le titre de Métropole & eſt appellée CIVITAS VESONTIENSIUM.

VESOP. Voyez WESOP.

VESOUL, Ville de France [a], dans la Franche-Comté, au Bailliage d'Amont, à sept lieues de Beſançon & à deux lieues de la Saone, en Latin *Veſolum*, *Veſullum*, ou *Caſtrum Veſolenſe*. Cette Ville ne ſe trouve point marquée avant l'onzième Siècle, & le tems de Renaud I. Comte de Bourgogne, qui donna aux Religieux de St. Benigne certains domaines qu'il avoit aux environs. Les Succeſſeurs de Renaud acquirent dans le douzième Siècle ce que les Archevêques de Beſançon avoient à Veſoul. Elle eſt ſituée en pente [b] au pied d'une Montagne, appellée la MOTTE DE VESOUL, & au bas de laquelle paſſe la petite Riviére de Durgeon. Elle a été autrefois aſſez conſidérable; mais ayant été pluſieurs fois priſe, repriſe & ſaccagée, elle eſt aujourd'hui fort déchue.

La Ville de Veſoul n'a qu'une Paroiſſe [c], ſous le titre de St. George, deſſervie par un Doyen & quelques Chanoines qui portent l'aumuſſe ſur le bras. Le Service s'y fait ordinairement en Muſique dans les bonnes Fêtes. On y trouve auſſi un Collége de Jéſuites & deux Monaſtères de Filles, l'un de la Viſitation & l'autre des Annonciades. A une portée de mouſquet de la Ville eſt une Couvent de Capucins, qui a vûe ſur la grande Prairie. Cette Place a été priſe & repriſe pluſieurs fois pendant les derniéres guerres; & enfin les Eſpagnols la cédérent à la France par le Traité de Nimégue en 1679. C'eſt à Veſoul que ſe tient le Siège du Bailliage d'Amont, auquel on a uni un Préſidial & une Maréchauſſée.

A une lieue de Veſoul, au Village de Frotey, ſe trouve une ſource fort remarquable, qu'on nomme le FRAIS PUITS. Elle eſt faite comme un trou, ayant environ quinze Toiſes de largeur & vingt de profondeur. Ce Puits va en diminuant en maniére d'entonnoir depuis le haut juſqu'au bas, à la largeur de deux Toiſes dans le Rocher qui eſt creux. Il n'y a qu'une fente dans le Puits & l'eau en ſort quelquefois en ſi grande abondance, qu'elle inonde toute la Campagne de Veſoul; ce qui arriva un jour très à propos lorſque la Ville étoit aſſiégée. La plûpart des Aſſiégeans furent noyez, & on en paſſa grand nombre au fil de l'épée. Cette grande abondance d'eau ne ſort ordinairement qu'après de longues pluyes; & c'eſt ce qui a fait croire à ceux du Pays qu'elle provenoit de quelque Riviére cachée ſous-terre, qui s'en relevoit par ce trou.

VESOUL (Motte de), Montagne de France, dans la Franche-Comté, au Bailliage d'Amont, près de la Ville de Veſoul, qui eſt ſituée à ſon pied. Cette Montagne, qui eſt faite en pain de Sucre, avoit autrefois à ſa cime un Fort très-conſidérable, qui ne pouvoit être pris que par famine, &

[a] *Longuerue*, Deſcr. de la France, Part. 5. p. 311.

[b] *Piganiol*, Deſcr. de la France, t. 7. p. 558.

[c] *Corn. Dict.* Mémoires dreſſez ſur les Lieux.

VES. 173

qui mettoit à couvert non-ſeulement la Ville mais encore toute la Contrée. Cette Montagne peut avoir une demi-lieue de circuit par le bas; & on auroit peine à la monter en une heure. Sur le ſommet eſt une Croix de bois, haute à peu près de trente pieds, & qu'on a revêtue de feuilles de fer blanc, attachées avec des cloux, afin de la conſerver. On la découvre de cinq à ſix lieues à la ronde. Il y a plus des trois parts de cette Motte en Vignobles excellens: l'autre partie donne de l'herbe, ou du Bled; c'eſt le côté de l'Occident.

VESPASIÆ, Lieu d'Italie, au haut d'une Montagne, à ſix milles de Myrſia, ſur le chemin de cette Ville à Spoléte. Suétone [d] dit qu'on y voyoit divers Monumens, qui étoient des preuves de l'ancienneté & de la nobleſſe de la Famille Veſpaſienne.

VESPERIES, Ville de l'Eſpagne Citérieure. Pline [e] la nomme au nombre des Villes des *Varduli*.

VESPERUM-MARE. Voyez OCEANUS.

1. VESPRIM, Comté de la Baſſe-Hongrie [f], entre le Danube & la Drave. Il eſt borné au Nord par le Comté de Javarin: à l'Orient par ceux de Pilicz & d'Albe: au Midi partie par le Lac de Balaton, partie par le Comté de Simig; & à l'Occident par le Comté de Sarwar ou de Caſtel Ferrat. Il tire ſon nom de ſa Capitale qui fait l'Article ſuivant.

2. VESPRIM, en Allemand *Weiſbrun*, Ville de la Baſſe-Hongrie [g], au Nord du Lac Balaton, vers la Source de la Sarwize, à onze milles de Gran, au Midi, & à cinq d'Albe-Royale au Couchant. C'eſt le Siège d'un Evêché Suffragant de Strigonie. La Ville de Veſprim, qui eſt défendue par un Fort élevé ſur une Colline, ouvrit, au commencement de la Campagne de 1683. ſes portes au Comte Tekeli; mais ſur la fin les Mécontens & les Turcs en furent chaſſez par le Baron de Mercy. L'Evêque de Veſprim eſt Chancelier des Reines de Hongrie, & a droit de les couronner.

VESSA, Ville de Sicile ſelon Poliænus [h], qui dit qu'elle étoit très-grande & très-floriſſante, que ſon Prince s'appelloit Teutus, & que Phalaris s'en empara par Stratagême. Ortelius [i] ſoupçonne qu'il y a i faute dans cet endroit de Poliænus, & que VESSA pourroit avoir été mis pour INESSA.

VESSALIENSES, Peuples de la Mauritanie ſelon Ammien Marcellin de l'Edition d'Accurſe. Voyez les Articles JESSALENI, & ISAFLENSIUM-GENS.

VESSANUM FORUM, Lieu d'Italie, & où Obſéquens dit qu'il nâquit un Enfant Hermaphrodite, qui fut jetté dans la Mer. Ortelius [k] croit qu'il faut lire SUESSANUM avec Tite-Live [l] qui rapporte le même fait; mais je trouve SINUESSÆ dans Tite-Live & non SUESSANUM.

VESSONES. Voyez SUESSIONES.

VESSEM, Village des Pays-Bas [m], dans la Mairie de Bois-le-Duc, au Quartier de Kempenland, ſur la petite Riviére d'Aa, le long de laquelle il y a de bonnes Prairies. Weſſem, Knechtſel & Winterle n'ont qu'un ſeul Tribunal formé de ſept Echevins,

[d] Lib. 7.

[e] Lib. 4. c. 20.

[f] *De l'Isle*, Atlas.

[g] Hiſt. & Deſcr. du Royaume de Hongrie, p. 206.

[h] Lib. 5.

[i] Theſaur.

[k] Ibid.

[l] Lib. 27. c. 37.

[m] *Janiçon*, Etat préſent des Pr. Un. t. 2. p. 133.

vins, trois du premier de ces Villages, & deux de chacun des autres. Il se fait à Vessem un assez grand commerce de Moutons & de Laine. Tous les Habitans sont propriétaires des Maisons qu'ils habitent & des Terres qu'ils cultivent. Il y a une Eglise Protestante, dont le Ministre prêche à Vessem & à Hoogloon.

VESTERREICH. Voyez WESTERREICH.

VESTIANUM. Voyez VESCIANUM.

1. VESTINI, Peuples d'Italie: Ptolomée [a] dit qu'ils étoient plus à l'Orient que les *Prægutii*, & il leur donne les Villes suivantes:

Pinna,   Amitornum.
Avia,   Angulus.

[a] Lib. 3. c. 1.

Pline [b] met les *Vestini* dans la quatrième Région. Ils habitoient dans l'Abbruzze, sur les deux bords de l'Aternus, depuis la Source de ce Fleuve jusqu'à la Mer. Tite-Live [c] & Polybe [d] font aussi mention de ces Peuples.

[b] Lib. 3. c. 12.
[c] Lib. 8. c. 29.
[d] Lib. 2. c. 24.

2. VESTINI. Quelques Editions de Tite-Live écrivent ainsi le nom des Habitans de VESCIA. Voyez VESCIA.

VESTINUS-MONS, Montagne d'Italie, aux environs de Minturnes selon Hygin [e] cité par Ortelius [f].

[e] De Limit. lib.
[f] Thesaur.

VESTINUS, Fleuve d'Italie dans la Campanie. Vibius Sequester [g] dit que ce Fleuve se perdoit dans le Sarnus aujourd'hui le *Sarno*.

[g] De Flumin. p. ....

VESTIPOLIS. Onuphre met une Colonie de ce nom dans l'Isle de Corse [h], & cite Ptolomée; mais il seroit question de savoir de quel Manuscrit de Ptolomée il s'est servi, car ceux que nous avons présentement ne connoissent point une Colonie de ce nom ni d'aucun nom qui en approche.

[h] Ortelii Thesaur.

VESUBIUM. Voyez USSUBIUM.

1. VESULUS-MONS, Montagne d'Italie & l'une de celles qui forment les Alpes. C'est dans cette Montagne selon Pomponius-Mela [i] & Pline [k] que le Pô prend sa source. Elle s'éleve extrêmement haut & elle conserve encore son ancien nom; car on la nomme le *Mont-Visoul*. Servius dit que Virgile [l] a voulu parler de cette Montagne dans ces vers, sous le nom de VESEVUS:

[i] Lib. 2. c. 4.
[k] Lib. 3. c. 16.
[l] Georg. Liv. 2. v. 224.

Talem dives arat Capua & vicina Vesevo
Ora jugo & vacuis Clanius non æquus Acerris.

Mais, n'en déplaise à Servius, son sentiment ne peut se soutenir; car outre que Virgile ne parle dans cet endroit que de Lieux de la Campanie, on ne trouvera pas que le Mont Vesulus ait été jamais appellé VESEVUS; au lieu que Virgile n'est pas le seul qui ait donné au Mont Vesuve, celui de VESEVUS. Voyez VESUVIUS.

2. VESULUS-MONS, Montagne d'Italie, dans la Pouille, selon Vibius Sequester [m]. Ortelius [n] croit que c'est cette Montagne que Virgile surnomme *Pinnifer*, au dixiéme Livre de l'Aenéide.

[m] Pag. ....
[n] Thesaur.

VESUNA, ou VESUNNA, Ville de la Gaule Celtique. Ptolomée [o] la donne aux *Petricorii*. Elle est appellée VESUNNA dans l'Itinéraire d'Antonin, qui la place sur la route de Bourdeaux à *Argantomagum*, entre *Trajectus & Fines*, à dix-huit milles du premier de ces Lieux & à vingt & un milles du second. La Table de Peutinger appelle cette Ville VESONNA. C'est aujourd'hui la Ville de Périgueux. Voyez PERIGUEUX. On trouve dans le Tresor de Goltzius [p] une ancienne Inscription où il est parlé de la Ville de VESUNA. Elle est conçue de la sorte:

[o] Lib. 2. c. 7.
[p] Pag. 105. no. 1.

TUTELÆ AUG.
VESUNNÆ
SECUNDUS SOTER.
D. S. D.

VESUNI, Peuple de la Mauritanie Tingitane selon Pline [q]. Quelques MSS. au lieu de VESUNI portent NESUNI.

[q] Lib. 5. c. 2.

1. VESURE, Bourgade de France dans la Bourgogne, Bailliage & Recette de Semur en Auxois. C'est une Paroisse située en Pays moitié Coteaux & moitié Montagnes. Il y passe un petit Ruisseau, & il y a quelques Vignes.

2. VESURE, Bois de France, dans la Bourgogne. Il dépend de la Maîtrise des Eaux & Forêts de Châlon; & il est de trois cens trente-quatre Arpens.

VESUS, nom d'un Peuple barbare, dont parle Sidonius Apollinaris [r]. Vesus est-là, selon Rhenanus, pour VESIGOTHUS, ou VISIGOTHUS, qui veut dire Goth Occidental.

[r] In Panegyr. Majorini.

VESUVIUS. Voyez VESUVE.

VESUVE, Montagne d'Italie, au Royaume de Naples, dans la Terre de Labour, environ à huit milles de la Ville de Naples, en tirant vers le Midi Oriental, & fameuse par ses incendies & par les feux & les cendres qu'elle jette en abondance. On l'appelle présentement dans le Pays *Vesavio* & *Monte di Somma*, à cause d'un Château de ce nom qui étoit bâti tout auprès. On le nomme en François le Mont Vesuve. Dans les Auteurs anciens cette Montagne est ordinairement nommée VESUVIUS; mais dans les Poëtes elle est quelquefois nommée VESEVUS, & quelquefois VESUJUS, ou VESBIUS. Silius Italicus dit [s]:

[s] Lib. 17. v. 597.

Sic ubi cæca tandem devictus ad astra
Evomuit pastos per sæcula Vesbius ignes,
Et pelago & terris fusa est Vulcania pestis;
Videre Eoi monstrum admirabile Seres,
Lanigeros cinere Ausonio canescere lutos.

On lit dans Stace [t]:

[t] Silv. Lib. 4. Carm. 4. v. 79.

.... Chalcidicis
Littoribus, fractas ubi Vesbius erigit iras.

Lucrèce [u] écrit VESEVUS:

[u] Lib. 6. v. 747.

Qualis apud Cumas locus est, Montemque Vesevum.

Virgile [x] employe la même expression:

[x] Lib. 2. Georg. v. 224.

Talem dives arat Capua & vicina Vesevo
Ora jugo.

Et Martial use d'une orthographe encore diffé-

différente; car on trouve au quatrième Livre de ses Epigrammes [a]:

Hic est pampineis viridis modo Vesvius umbris.

Suétone [b] a imité les Poëtes en changeant comme eux le nom de cette Montagne. Au lieu de VESUVIUS, il dit VESEVUS. Pomponius-Mela, Pline, Tite-Live, Tacite, Pline le Jeune, Valère Maxime & autres écrivent tous VESUVIUS.

Il ne paroît pas absolument que le Mont Vesuve ait toujours été Volcan, ou que du moins il jettoit du feu si rarement, que l'éruption du feu & de la cendre passoit pour un prodige. Ce n'est que depuis le regne de la Famille Flavienne que le Mont Vesuve a été appellé l'Emule du Mont Ætna. Tous les Ecrivains qui en ont parlé auparavant font l'éloge de sa beauté, de la fertilité de ses Campagnes & de la magnificence des Maisons de Plaisance bâties aux environs: ceux qui sont venus depuis l'ont dépeint comme un gouffre de feu capable d'embraser non seulement l'Italie, mais encore l'Europe entiére. C'est ce qu'on peut voir par les passages des Poëtes que je viens de rapporter. J'y ajouterai les témoignages de Tacite & de Pline le Jeune. Le premier dit [c], qu'avant que le Mont Vesuve s'embrasant, eût changé la face des Lieux, l'Isle de Caprée avoit la vûe sur un très-beau Golphe; le second [d], en décrivant cet embrasement fatal à son Oncle, par la curiosité qui le porta à s'approcher trop près pour examiner ce prodige, dit que son Oncle a péri par une fatalité qui a désolé de très-beaux Pays, & que sa perte a été causée par un accident mémorable, qui ayant enveloppé des Villes & des Peuples entiers doit éterniser sa mémoire. On étoit si peu fait à voir sortir des feux du Mont Vesuve, qu'on ne sut qu'après l'événement que c'étoit cette Montagne qui s'étoit embrasée de la sorte.

On compte huit milles de Naples [e] au plus haut du Vesuve. Les quatre premiers milles se font entre plusieurs bons Villages, en suivant le bord de la Mer: ces endroits sont bien cultivez, & ne paroissent pas avoir jamais été exposez aux ravages de la Montagne; encore que cela soit souvent arrivé; il y a seulement de lieu en lieu, quelques grosses pierres qui ont été roulées jusque-là.

Au sortir du dernier Village appellé RESINA, on prend sur la gauche, on commence à monter, & on peut encore aller à cheval pendant deux milles & demi. On est toujours parmi les Roches détacheés, & les Masses de terre cuite que les vomissemens de la Montagne ont répandues dans tous les environs. Plus on avance, plus on trouve le terrain crevassé, sec, brûlé, & couvert de diverses sortes de pierres calcinées, qui sont autant de témoins des furieux accès de l'embrasement. On remarque aussi en divers endroits, les lits des torrents de souffre & de bitume qui ont plusieurs fois découlé de cette Montagne. Enfin, la moitié devient si rude & si difficile, qu'il faut nécessairement mettre pied à terre. On peut croire qu'il n'y a là ni Cabarets, ni autres Maisons, les Valets gardent les Chevaux.

Il y a beaucoup de travail à monter sur ce prodigieux Fourneau; on est presque toujours bien avant dans les cendres, si toutefois on peut donner le nom de cendres, à ce qui ressemble plutôt à une brique pulvérisée. Quelquefois on recule au lieu d'avancer, parce que ces cendres obéïssent sous les pieds; & enfin après diverses petites reposées qu'il faut nécessairement faire, on arrive sur le bord de l'ancien Gouffre: je dis l'ancien Gouffre; parce que les choses ont bien changé depuis un certain tems. Cette première hauteur sur laquelle on se trouve, fait un cercle autour du Gouffre: le sommet de la Montagne ayant été usé, on conçoit bien quelles manières de cornes & d'élévations ont du demeurer dans le circuit de sa hauteur. Selon ce qu'on en peut juger, cette fondrière a près d'un mille de diamétre: on y peut descendre par quelques endroits, jusqu'à environ cent pas au-dessous du cercle escarpé du bord de la Montagne, ce qui est toute la profondeur de cette ancienne ouverture. Par un dégorgement extraordinaire, dit Misson, ce vaste abîme s'étoit presque rempli, dans un des derniers efforts, d'un mélange de Souffre, de Bitume, de Minéraux, d'Alun, de Nitre, de Salpêtre, de Terres fondues ou vitrifiées. Toutes ces matiéres ayant cessé de bouillir, avoient formé une croute épaisse, une espéce d'écume endurcie qui faisoit un niveau dans le Gouffre, à cent pas au-dessous de ses bords. Un furieux tremblement de la Montagne a depuis brisé cette croute, cette épaisseur de matière endurcie, & en a renversé les morceaux les uns sur les autres; comme quand après qu'on a rompu la glace d'un Etang, une prompte gelée en resserre aussitôt les pièces ensemble. Cette superficie raboteuse, mais égale dans son inégalité, est toute parsemée de soupiraux ardens d'où s'exhalent des fumées perpétuelles: en quelques endroits on sent la chaleur au travers du soulier, en passant seulement. Ce n'est pas tout: justement au milieu de cette étendue, qui, pour le dire en passant, est à peu près ronde, une irruption furieuse s'est ouverte un passage & a formé une nouvelle Montagne. Cette Montagne est ronde aussi, & a bien un quart de mille de haut. Il n'est pas possible d'en compter les pas, parce qu'il est impossible de les faire égaux à cause des cendres qui incommodent, & qui font quelquefois reculer.

Après avoir traversé ces manières de glaces rompues, qui sont comme un Fossé plat & large d'environ trois cens pas, entre les bords de la grande Montagne, & le pied de la Montagne nouvelle; on monte celle-ci avec autant de peine pour le moins, qu'on avoit monté la première. Elle est toute pleine de crevasses fumantes; en divers endroits on voit le souffre presque de toutes parts, & comme une manière de Sel Armoniac tirant sur la couleur de Citron: en autres, c'est une matière roussâtre & poreuse, comme cette écume de fer qui se tire

---

[a] Epigr. 43.
[b] In Tito. c. 8.
[c] Annal. L. 4. c. 67.
[d] Lib. 6. Epist. 16.
[e] Misson, Voyage d'Italie, t. 2, p. 54.

tire des forges des Maréchaux; il y en a de toutes couleurs, de toutes façons, & de toute pesanteur. Tout cela ayant été cuit & recuit par un feu si ardent, & ce composé de tant de matiéres différentes, ayant été fondu & incorporé ensemble, on peut aisément se repréfenter ce que c'est. Le sommet de la petite Montagne a son ouverture comme la grande avoit la sienne; & c'est-là qu'est aujourd'hui la gueule du profond abîme. Il est environ large de cent pas. Il en sortoit, quand Mr. Misson le vit, un torrent de fumée, qui en remplissoit presque toute la capacité; mais il en venoit quelquefois des coups de vent d'en haut, qui chassoient tout d'un coup cette fumée, tantôt d'un côté & tantôt d'un autre; ce qui permettoit de voir le haut de l'ouverture assez clairement, quoiqu'à divers tems.

Le bord, continue Mr. Misson, en est escarpé tout autour en dedans, excepté dans un seul endroit, où il y a assez de talus pour y pouvoir descendre. Notre Guide y ayant descendu le premier, soixante ou quatre-vingts pas avant, nous l'avons suivi; ce qui pour le dire en passant n'étoit point nécessaire, & ce que je ne conseillerois de faire à personne. Nous avons donc été tous sur le bord de cet épouvantable précipice, & nous y avons fait rouler plusieurs pierres, ou autres Masses dures que nous avons détachées tout autour de nous. Quelquefois cela s'arrête à la première ou à la seconde chûte; & d'autres fois, il se fait une longue continuation de Cascades, avec assez de ressentiment. Il seroit inutile de vouloir mesurer le tems que ces pierres mettent à sauter ou à descendre, parce qu'il n'y a point de fond sensible, où il faille qu'elles s'arrêtent enfin, le bruit ne cessant quand il cesse, qu'à l'égard de ceux qui écoutent, & que le seul éloignement empêche d'entendre.

Nous ne nous sommes pas apperçus, que ce que nous avons fait tomber dans ce Gouffre, ait fait augmenter la fumée. Il est vrai qu'il eût fallu pour cet essai de plus grosses Masses, encore est-il fort incertain qu'elles eussent produit aucun effet, n'y ayant rien qui doive obliger de croire, qu'il y ait un Lac de matiéres bouillantes, qui réponde perpendiculairement à l'ouverture de la Montagne. Il y en a qui portent de la poudre à Canon, & qui font des Mines, pour avoir le plaisir de faire sauter de plus gros Rochers; mais, à parler franchement, j'estime qu'il y a de l'imprudence à pousser si loin sa curiosité, dans un endroit si dangereux, & je crois même que c'est sagement fait, de ne s'amuser pas-là trop long-tems. Le prompt dégorgement des flammes n'est pas ce qu'il y a de plus à craindre; mais le tremblement de la Montagne en précéde les grands éclats, & cela est presque toujours subit. Plusieurs y ont été surpris.

Voici une Inscription qu'on a mise dans un des Villages qui sont sur le chemin de la Montagne, à trois milles de Naples.

Posteri, posteri, vestra res agitur. Dies facem præfert diei; nudius perendino. Advortite. Vicies ab satu solis, ni fabulatur histo-

ria, arsit Vesuvius, immani semper clade hæsitantium: ne postbac incertos occupet, moneo. Uterum gerit Mons hic bitumine, alumine, ferro, auro, argento, nitro, aquarum fontibus gravem. Serius, ocius ignescet, pelagoque influente pariet: sed ante parturit, concutitur, concutit solum: fumigat, coruscat, flammigerat, quatit aerem, horrendum immugit, boat, tonat, arcet finibus accolas. Emigra dum, licet, jam jam enititur, erumpit, mixtum igne lacum evomit, præcipiti ruit ille lapsu, seramque fugam prævertit. Si corripit, actum est, periisti. Anno salutis 1631. &c. Tu si sapis, audi clamantem lapidem: Sperne larem, sperne sarcinulas; mora nulla, fuge.

A trois milles plus loin, c'est-à-dire à six milles de Naples, près de *la Torre del Greco*, on voit cette autre Inscription.

Viam a Neapoli ad Rhegiam perpetuis antea latrociniis infamem, & conflagrati Vesuvii saxis impeditam, purgato insidiis loco, exæquata planitie, latam rectamque dixit aere Provinciali Perafanus Ribera Ascalano Dux Prorex. An. Dom. CIƆ. IƆ. LXIII.

At

VIII°. & LX°. post anno XVII. Calend. Januarii Philippo IV. Rege, fuma, flammis, boatu, concussu, cinere, eruptione, horrificus si unquam Vesuvius, nec nomen, nec fasces tanti Viri extimuit. Quippe exardescente cavis specubus igne, ignitus, furens, irruigens exitum eluctans coercitus aer, disjecto violenter Montis culmine, immani erupit hiatu postridie, ejaculatus trans Hellespontum cinerem, prope trahens explendam viam Pelagus, immite Pelagus, fluvios sulphureos, flammatum bitumen, fœtas alumine cautes, informe cujusque metalli rudio, mixtum aquarum voluminibus ignem, ferventemque undante fumo cinerem, seseque funestamque colluviem jugo Montis exonerans, Pompejos, Herculanum, Octavianum, perstrictis Reatina & Portici, Sylvasque, Villasque, ædesque momento stravit, ussit, diruit, luctuosam præ se prædam agens, vastumque triumphum. Perierat hoc quoque Marmor alte sepultum, consultissimi Monumentum Proregis. Ne pereat Emanuel Fonseca & Zunica Com. Mont. Reg. Prorqua animi magnitudine publicæ calamitati & privatæ consuluit, extractum funditus gentilis sui lapidem, cælo restituit, viam restauravit, fumante adhuc & indignante Vesevo. An. Sal.* CIƆ. IƆC. XXXIV. *Præfecto viarum Antonio Suarez Messia March. vici.*

Tout le monde sait ce que Baronius après plusieurs anciens Auteurs a rapporté des embrasemens de cette Montagne; que les éclats en ont sauté jusqu'à Rome, & jusqu'en Egypte; que l'épaisseur de la fumée a fait comme éclipser le Soleil, & a causé dans les environs des nuits obscures en plein Midi; que les torrens de soufre en ont couru jusque dans la Mer, & que cette même Mer en a bouillonné & bouilli de chaleur. Mais sans avoir recours aux anciennes Histoires, il n'y a qu'à consulter les Relations de divers embrasemens arrivez dans ces derniers Siécles, & on conviendra que rien n'est plus terrible que les éruptions de ce Volcan.

Si

Si le Mont Vésuve & ses approches sont en quelques endroits un spectacle affreux, le terroir à peu de distance est bon au souverain degré, & du côté de l'Orient sur-tout la Montagne même est chargée de Vignes, qui s'élèvent sur de grands Peupliers, & qui donnent abondamment des vins excellens. C'est delà que viennent ces fameux vins *Greco*, *Malatesta*, *Lachryma Christi*. Ceux qui ont le plus examiné la chose dans le Pays prétendent que ces espèces de cendres qui sont poussées par les dégorgemens & parsemées dans la Plaine, venant à se dissoudre peu à peu & à s'incorporer avec le terroir, qui est naturellement bon, l'engraissent encore & contribuent beaucoup à sa fertilité, outre que les feux souterrains dont toute cette Contrée est remplie, entretiennent comme autant d'étuves les sucs de la terre, & l'air dont elle est environnée dans un heureux degré de chaleur, qui la défend des hyvers. Si donc, d'un côté, ce Mont affreux tient toute cette belle Province sous son tyrannique empire, & y exerce quelquefois des cruautez terribles, il ne laisse pas de lui faire aussi quelque bien. On peut dire même que le mal qu'il fait, par rapport à la stérilité qu'il cause, est surmonté par la fertilité qu'il répand. Mais, tout considéré, il est certain qu'on ne doit guère faire d'attention au petit avantage qu'on en reçoit, quand on compare cet avantage aux fureurs qu'il exerce; puisque dans les transports de sa rage il attaque tout ensemble l'Air, la Terre & la Mer, & porte par-tout l'horreur & la mort.

On a observé que quand les feux souterrains, qui causent tous ces desordres peuvent faire effort par l'ouverture de la Montagne, les tremblemens de terre ne sont pas fort grands; mais qu'au contraire les secousses sont terribles quand les matiéres enflammées ne trouvent point d'issue.

Voici ce que dit Michelot touchant cette Montagne, dans son Portulan de la Méditerranée [a]: Cette Montagne est dans une grande Plaine fort haute & écartée du bord de la Mer d'environ une lieue. Elle jette continuellement une quantité de feu qu'on voit de nuit, & de jour il ne paroît qu'une grosse fumée, qui sort par son sommet & par plusieurs petits trous qui ressemblent à des soupiraux. Au-dessus de cette Montagne, du côté de la Mer, il y a un grand Monastère de Religieuses, & quelques maisons auprès. Le Monastère s'appelle San Archangelo: il est bâti sur une Colline.

VESUVIANÆ-AQUÆ. Tacite nomme ainsi une petite Riviére qui arrose la Ville de Naples; & qu'on appelle présentement la Riviére de la Magdeleine. Voyez SUESSANÆ AQUÆ.

VESUVIUS, Montagne d'Italie, dans la Campanie.

VETANA. Voyez OROPITUM.

VETAONIA, BETAONIA & PETAONIA, Monastère de Portugal. Il en est fait mention dans le Concile de Lucques cité par Ortelius [b], qui dit que ce Monastère se nomme présentement *Vandoma*.

VETERA, Ville de la Gaule Belgique: Ptolomée [c] la place dans les terres, à la gauche du Rhein entre *Batavodurum*, & *Legio trigesima Ulpia*, au Midi de la premiére de ces Places & au Nord de la seconde. Cette position s'accorde avec celle de l'Itinéraire d'Antonin, qui place VETERA entre *Colonia Trajana*, & *Calone*, à un mille du premier de ces Lieux & à dix-huit milles du second. La Table de Peutinger met à la verité quarante milles entre *Colonia Trajana* & *Vetera*, mais c'est une faute qui saute aux yeux. On croit [d] que VETERA est aujourd'hui Santen. Ce mot VETERA sous-entend nécessairement celui de CASTRA [e]; il ne peut avoir été donné à ce Lieu, que parce que dans la suite on établit un nouveau Camp dans le même quartier; & il paroît par Tacite [f] que ce Lieu étoit déjà ainsi nommé dès le tems d'Auguste.

1. VETERA - CASTRA. Voyez au mot CASTRA l'Article CASTRA-VETERA.

2. VETERA - CASTRA. Aventinus nomme ainsi un Lieu d'Allemagne sur le Danube, à quinze milles de Ratisbonne du côté de l'Orient, & qu'on appelle aujourd'hui PFETER. Je ne sai, dit Ortelius [g], si cet Auteur se fonde sur quelque Inscription ou sur quelque autre ancien Monument.

VETERENSIS. Columelle surnomme de la sorte un certain Græcinus qui avoit composé un Livre sur les Vignes, & auquel ce surnom [h] pouvoit avoir été donné du Lieu de sa naissance. Pline fait mention de ce Græcinus; mais il ne parle point de son surnom.

VETERES, ou BETTERES. Voyez BETTERES, & ARETINI.

VETERES, Peuple d'Afrique, dans la Guinée sur la Côte d'Or. Leur Pays est borné au Nord par celui des Peuples appellez *Compas*, qui forment une espèce de République: il a du côté de l'Est le Royaume de Gommeré, le Grand ou le Vieux Issini & le Cap Apollonia; la Mer le borne au Midi, & le Pays des Quaqua à l'Ouest. Ce sont les bornes que donne aux Veterez le Chevalier des Marchais dans son Voyage de Guinée [i]. Il ajoute que ces Peuples ont toutes leurs Cases bâties sur pilotis dans la Riviére; qu'elles sont assez élevées au-dessus de la surface de l'eau pour n'en pas craindre les débordemens; & qu'ils mettent leurs Canots à couvert sous leurs Cases. Ils en ont de fort grands faits d'un seul tronc d'arbre & assez bien travaillez. Comme ils sont toujours sur l'eau, ils sont devenus d'excellens Canotteurs d'eau douce; car ils ne se hazardent pas sur Mer. Au contraire les Issinois leurs voisins se servent en perfection de leurs Canots sur la Mer; mais ils sont bien inférieurs aux Veterés sur la Riviére. C'est une des différences qu'on remarque entre ces deux Nations. En voici d'autres. Les Veterés laissent croître leurs cheveux & se font honneur de les avoir longs, pendans sur leurs épaules & nattez en plusieurs tresses & ils s'arrachent la barbe. Les Issinois au contraire se font souvent raser la tête, & quand ils sont d'âge à avoir de la barbe, ils aiment à la porter longue & bien tressée. Les premiers vont presque toujours nuds, ou n'ont tout au plus que de méchantes & très-petites Pagnes d'écorce d'arbres ou d'herbes battues, au lieu que les autres en ont de toile de cotton & d'autres étoffes. Le Commerce que les Illinois ont avec les Blancs les a rendus assez civils à la manière du Pays: les Veterés qui ne valent que des Négres & rarement des Blancs, sont plus sauvages & n'aiment guére que les gens de couleur. Les femmes des deux Nations sont encore plus différentes entre elles que les hommes.

La pierre d'Aigris sert de monnoie courante dans ce Pays, où on la regarde comme une pierre précieuse. Elle n'a pourtant rien qui la doivie faire beaucoup estimer. Elle est d'un bleu verdâtre, mais qui n'a point d'éclat; & elle a assez de dureté, mais elle se polit mal: peut-être néanmoins que cela vient de ce que ces Peuples n'ont pas l'esprit de les mieux polir. Telle qu'elle est, elle leur plaît. Quand ils l'achetent ils la pésent poids pour poids avec l'or. On en fait de petits morceaux appellés Betiquets, qui sont percez dans le milieu, afin de pouvoir être enfilez dans de petits filets d'écorce. Eu égard au prix de la Pierre, il faut que les Betiquets soient bien petits, puisque les deux ne valent qu'un sou monnoie de France. Ils en taillent en cylindre de la longueur d'un pouce & qui sont percez dans leur longueur. Ceux qui sont taillez de cette façon servent d'ornement à la barbe des Rois & des grands Seigneurs, en les enfilant dans les tresses que l'on fait avec leurs poils. Akafini, Roi d'Iffini, en avoit soixante morceaux dans les vingt tresses de sa barbe; & ils valoient au moins vingt mille Ecus. Avec tout cela cette prétendue perre précieuse n'a pas tant d'éclat que la belle Rafade verte qu'on leur porte d'Europe. Le Chevalier des Marchais[a] seroit porté à croire que l'Aigris est du Jade, ou une espèce de pierre qui en approche & qui n'est pas bien polie dans ce Pays, par le peu d'adresse des Ouvriers.

[a] Tom. 1. p. 201.

Les Veterés se servent d'écorces d'arbres comme on se sert de celle du Mahot aux Isles de l'Amérique, & de certaines herbes longues & souples, dont ils font de la ficelle pour composer leurs filets qui sont d'un fort bon usage. Ils se servent aussi d'hameçons & de dards, dont ils percent le poisson à cinq à six pieds sous l'eau, avec une adresse merveilleuse. Leurs grandes pêches se font la nuit à la nouvelle & à la pleine Lune. Comme leur Rivière est extrêmement poissonneuse, ils remplissent leurs Canots en dix ou douze heures de toutes sortes de poissons, & sur-tout de Mulets qui sont fort grands, fort gras & d'une délicatesse qu'on trouve en fort peu d'endroits. Il s'en faut bien que les Veterés consument chez eux tout leur poisson. Les femmes le portent tous les jours au marché d'Assoco & chez les Compas. C'est de ces derniers Peuples qu'elles tirent en échange de leur poisson, le Ris, le Mil, le Mahis, les Ignames, les Patates, l'Huile de palme, & autres denrées que les Veterés consument, ou qu'ils vont vendre à Assoco; car excepté le poisson & le Sel, que les femmes font pendant que les maris sont à la pêche, où qu'ils se reposent, ils n'ont presque rien de superflu, dont ils puissent trafiquer avec leurs voisins. Leur Pays, quoique bon & aisé à cultiver, est presque par-tout en friche, soit par la paresse des Habitans, soit parce qu'étant tous accoutumez au métier de Pêcheurs ils ne peuvent ou ne veulent rien entreprendre au-delà, soit parce qu'ils n'entendent pas la culture de la terre, soit enfin parce qu'ils sont accoutumez de toûjours à se reposer sur les Compas du soin de leur fournir leur nécessaire.

VETERES-CAMPI, Champs d'Italie, dans la Lucanie. C'est dans ces Champs que périt Gracchus selon Tite-Live[b].

[b] Lib. 25. c. 16.

VETERNENSIS. Voyez MASSA.
VETERRA. Voyez NUAGERRI.
VETESTUM. Voyez VEGISTUM.
VETEUIL, Bourg de France, dans le Vexin François, à une lieuë de la Rocheguyon & à deux ou trois de Mante. Son Eglise Paroissiale est dédiée à St. Maximin, & on y tient Marché le Lundi & le Vendredi, & une Foire le jour de la St. Fiacre.

VETONIA. Voyez VETTONIANA.
VETRALLA, Bourgade d'Italie, dans l'Etat de l'Eglise, au Patrimoine de St. Pierre, à neuf milles au Midi de Viterbe & à quatre milles au Couchant de Ronciglione. On croit communément que c'est l'ancien *Forum Cassii*.

Magin, Carte du Patrimoine.

VETRI, ou VIETRI, Bourgade d'Italie, au Royaume de Naples, dans la Basilicate, sur la Rivière de Brandano, entre Venosa & Oppido. Il y en a qui prennent ce Lieu pour l'ancienne VERTINA.

VETRIOLUM. Voyez TUROCZLO.
VETTAPOUR, selon Mr. Corneille; FETIPOUR, selon Mr. Thevenot, & FETAPOUR, selon Mr. de l'Isle. Voyez FETIPOUR.

VETTENHAUSEN, Abbaye d'Allemagne, dans la Suabe, au Marquisat de Burgaw, entre Augsbourg & Ulm. C'est un Monastère de Chanoines Réguliers de l'Ordre de St. Augustin. Les Comtes Conrad & Gautier de Roekenstein fondérent cette Abbaye en 982, à la sollicitation de Gertrude leur mére, qui n'exigea d'eux qu'autant de terrein qu'elle en pourroit marquer dans un jour avec une Charrue. Lorsqu'ils eurent consenti à ce qu'elle demandoit, elle fit faire une petite charrue qu'elle mit dans sa main & parcourut à cheval un fort grand enclos qui lui fut accordé.

[a] D' Audifred, Géogr.
[b] 3.

VETTII, Peuples que Tite-Live[c] met dans la troisième Macédoine, & il dit que c'étoit un Peuple belliqueux, *Vettiorum bellicosam Gentem*.

[c] Lib. 45. c. 39.

VETTONENSES, Peuple d'Italie dans l'Umbrie, selon Pline[f]. Le Pere Hardouin lit VETTONENSES; & il y a apparence que c'est la véritable Orthographe, car on lit dans une ancienne Inscription rapportée par Gruter[g], R. P. VETTONENSIUM.

[f] Lib. 3. c. 14.
[g] Pag. 487.

VETTONES, Peuples de la Lusitanie; Ptolomée[h] les place dans les terres à l'Orient des Lusitaniens. La plupart des Exemplaires Latins lisent VERGONES pour VETTONES, c'est une faute. Appien[i], Strabon[k] & Pline[l] écrivent tous VETTONES. Pritidence[m] appelle le Pays de ces Peuples VETTONIA, & il donne à AUGUSTA EMERITA le titre de *clara Vettoniæ Colonia*.

[h] Lib. 2. c.
[i] De Bel. Hisp.
[k] Lib. 3. p. 139.
[l] Lib. 4. c. 22.
[m] Hymno 9. in Ed. Tal. v. 186.

Nunc

Nunc locus Emerita est tumulo
Clara colonia Vettoniæ,
Quam memorabilis amnis Ana.
Præterit, &c.

Ptolomée donne aux *Vettones* les Villes qui suivent :

Lancia opidana,	*Capara,*
Cottæobriga,	*Manbana,*
Salmantica,	*Laconimurgi,*
Augustobriga,	*Deobriga,*
Ocellum,	*Obila,*
Lama.	

Les Vettons habitoient au milieu du Pays le long des frontiéres de la Lusitanie. Ils étoient si simples qu'ayant vu des Officiers Romains faire quelques tours de promenade ils crurent qu'ils étoient hors de leur bon sens. Ils ne pouvoient s'imaginer qu'il y eût du délassement à un pareil exercice ; & ils allérent civilement leur offrir leurs bras pour les conduire en leurs tentes.

[a] Dict. Ed. 1681. VETTONIANA, Ville de la Vindelicie, selon Mr. Baudrand[a] qui cite l'Itinéraire d'Antonin. Cluvier veut que ce soit aujourd'hui, Winten, Bourgade de la Baviére sur le Danube, prés d'Ingolstad.

[b] Lib. 3. c. 1.
[c] Lib. 2. c. 103.
[d] Lib. 3. c. 5.
VETULONIUM, Ville d'Italie dans la Toscane : Ptolomée[b] la marque dans les terres ; Silius Italicus la nomme VETULONIA ; & Pline[c] appelle ses Habitans VETULONII & VETULONIENSES[d]. Les ruïnes de cette Ville retiennent l'ancien nom ; car on la appelle encore aujourd'hui VETULIA.

VETURI. Voyez VOTURI.
VETUS-CARIA. Voyez SABURA.
VETUSSALINA, VETUSALINÆ, ou VETUSSALINÆ, Ville de la Valerie Ripense, [e] Sect. 57. selon la Notice des Dignitez de l'Empire[e]. L'Itinéraire d'Antonin la marque sur la route de Taurunum dans les Gaules, en suivant le rivage de la Pannonie. Elle étoit entre *Annamatia* & *Campona*, à vingt-six milles du premier de ces Lieux & à vingt-trois du second. Voyez SALINUM.

[f] Atlas Sinens. VEU, Riviére de la Chine[f], dans la Province de Xantung. Elle a sa source prés de la Ville de Taigan, & elle mouille celles de Ningyang & de Venxang.

VEVAISE, ou VEVAYSE. Voyez VEVAY.

[g] Etat & Délices de la Suisse, t. 2. p. 244.
1. VEVAY, Bailliage de Suisse[g], au Canton de Berne, dans le Pays-Romand, prés du Lac de Genéve. En sortant du Gouvernement d'Aigle, on entre dans le Bailliage de Vevay. On y trouve d'abord la petite Ville de Ville-neuve, anciennement *Aenne-Locus*. A demi-lieue de Villeneuve est le Château de Chillon : Un peu au-dessus de Chillon on voit la Paroisse de Moutreux ou Monstreux. On y trouve aussi les Baronnies de Blonay & de Chaterald, la Ville de Vevay, celle de la Tour de Peil, & un vieux Château à demi-démoli, au bord du Lac ; il fut bâti en 1239. par le Comte Pierre de Savoye, & il paroît avoir été fort avant l'usage du Canon.

[h] Ibid. p. 247.
2. VEVAY, Ville de Suisse[h], au Canton de Berne, dans le Pays-Romand sur le bord du Lac de Genéve, dans le Bailliage auquel elle donne son nom. On l'appelle en Latin *Vibiscus*, & en Allemand *Vivis*. Vevay est une Ville passablement grande & fort jolie, bâtie en long sur le bord du Lac, à demi-lieue du pied des Alpes. Il s'y fait un grand commerce par le fréquent abord des Savoyards, des Vallaisans & des Montagnards, qui vont y vendre leurs denrées. Cette Ville est ancienne. Il en est fait mention dans l'Itinéraire d'Antonin. Cependant on n'y trouve point de Monument d'Antiquité. Mais en récompense elle est bien florissante aujourd'hui. Elle souffrit un terrible incendie en 1687. Il consuma des rues entiéres. On y voit présentement une grande quantité de belles maisons, une grande Place au bord du Lac, pour tenir le Marché, & deux Temples, dont l'un est dans la Ville & l'autre hors des murailles sur une hauteur. Les Habitans sont la plûpart fort à leur aise, gens d'esprit, polis, & d'un commerce fort agréable. Il y en a même plusieurs qui sont amateurs des Belles-Lettres & savans. On y voit un joli Collége pour l'instruction de la Jeunesse ; c'est le plus considérable de tout le Pays de Vaud, aprés celui de Lausanne. Comme le Pays est beau, l'air fort doux, l'aspect fort agréable, & qu'il y a bonne compagnie, cela fait que plusieurs personnes considérables se sont établies dans cette Ville pour y passer agréablement leur tems. C'est-là que le Chevalier Edmond Ludlow, l'un des Juges du Roi Charles I. d'Angleterre, s'étoit réfugié pour éviter le ressentiment de Charles II. Tout le terrein des environs de Vevay est très fertile. Ce sont par-tout des Collines qui s'élevent les unes au-dessus des autres en forme d'Amphithéâtre, parsemées de Villages, & entrecoupées de Vignobles & de Champs. Le Fauxbourg de Vevay est bordé par une Riviére, ou plutôt par un Torrent impétueux, qui descendant des Montagnes coule dans le Fauxbourg sous un beau & grand Pont de pierre. Ce Torrent s'appelle la VEVAYSE. Elle fait de grands ravages aux environs de Vevay, changeant de tems en tems son lit & rongeant les terres de son voisinage. Pour arrêter son impétuosité, on l'a bordée dans un long espace d'une bonne & épaisse muraille, faite en maniére de redan, dont les divers angles servent à rompre la violence de son cours. En 1701. au mois de Juillet elle se déborda tellement par un déluge d'eau qui étoit venu subitement, qu'elle passoit par dessus les deux bouts du Pont. Elle renversa les murailles qui bordoient les Jardins depuis le Pont jusqu'au Lac : elle inonda tous ces Jardins & enveloppa même l'un des Ministres de la Ville, qui étoit dans son Jardin & que l'on n'a plus vu depuis. Les murailles de ces Jardins ne tombérent pas par piéces, mais toutes entiéres ; comme si on les avoit sappées par les fondemens.

VEUDRE, Ville de France, dans le Bourbonnois, Recette de Moulins, à sept lieues de la Ville de ce nom sur le bord de l'Allier. Quelques Habitans de cette petite Ville sont à leur aise, & commerçans ; le reste est pauvre. La Paroisse renferme des Plaines & quelques hauteurs. Les terres qui font fortes rapportent du froment. Comme les Pacages sont assez étendus, on élève du Bétail. Il y a outre cela plusieurs Bois modernes & Futayes, des Vignes & plusieurs Etangs.

VEULLEROT, & St. PAIRE EN VAUX, Lieu de France dans la Bourgogne, au Diocèse d'Autun, Recette d'Arnay-le-Duc. La Paroisse est à St. Paire en Vaux. Ce Lieu qui est situé dans le Morvant est des Coches & d'une partie des vins qui sortent de Bourgogne pour Paris. Le Pays est montueux & semé de bois.

VEULLES, Bourg de France, dans la Haute-Normandie [a], au Diocèse de Rouen, sur la Côte du Pays de Caux, au bord de la Mer, à cinq petites lieues de Dieppe, & à une grande lieue de St. Valery. Ce Bourg est fort resserré entre deux Côtes, & séparé en deux par un gros Ruisseau, qui prend sa source à l'entrée de ce Lieu-là, & qui, après avoir fait tourner quelques Moulins, va se rendre dans la Mer. Il renferme sur le Diocèse de Rouen la Paroisse de St. Nicolas, la Chapelle de St. Pierre, & un Couvent de Pénitens, avec une autre Paroisse dédiée à St. Martin, qui est de l'Exemption de Fescamp. Une partie de ses Habitans sont Pêcheurs; d'autres qui sont Charpentiers travaillent aux Vaisseaux & aux Ouvrages que l'on fait à Dieppe. Quelques-uns labourent les terres, & recueillent des bleds, des lins & de la rabette, dont ils font de l'huile à brûler. On tient Marché à Veulles le Mercredi & le Samedi; & il y a deux Foires pendant l'année, l'une à la St. Maur, & l'autre le 9. de Septembre.

[a] *Corn. Dict.*
Mémoires dressez sur les Lieux.

VEXALA, Golphe de la Grande-Bretagne: Ptolomée [b] le marque sur la Côte Occidentale, entre le Golphe *Sabriana* & le Promontoire d'Hercule. C'est présentement *Pulmouth* selon Camden.

[b] *Lib. 2. c. 3.*

VEXAMINA, Rivière de l'Amérique Méridionale, dans la Terre-ferme. La Relation de la grande Rivière des Amazones par le P. Christophe d'Acugna [c] en parle ainsi: Après avoir traversé l'Embouchure de la véritable Rivière des Amazones, nous descendîmes vingt-quatre lieues sur notre grande Rivière, & en trouvâmes du même côté du Nord une autre petite nommée VEXAMINA, qui s'y joint dans cet endroit où notre incomparable Rivière s'étrecit, ou plutôt est tellement resserrée par les terres, qu'elle n'a guère plus d'un quart de lieue de large. La situation est très-favorable pour y bâtir deux Forts, un de chaque côté, qui empêcheroient non-seulement le passage aux Ennemis qui voudroient y entrer par la Mer, mais qui serviroient encore de Bureaux de Douane, pour y enrégistrer tout ce qui descendroit du Pérou par cette voye, si jamais elle venoit à être peuplée de nos gens. Quoiqu'il y ait trois cens soixante lieues de distance de ce Détroit à la Mer, on ne laisse pas d'y appercevoir le changement des marées; mais il est moins sensible qu'à quelques lieues au-dessous.

[c] *Traduct. de Mr. de Gomberville, ch. 72.*

VEXII, Peuples d'Italie, selon Diodore de Sicile [d]. Amiot a rendu ce mot VEXII par VEIENTES; d'autres le rendent par VEII, c'est des Veiens dont il est question.

[d] *Lib. 14. c. 117.*

VEXIN, Pays de France, avec titre de Comté. On le divise en VEXIN FRANÇOIS, & en VEXIN NORMAND: le premier est dans la Province de l'Isle de France & le second dans la Normandie.

Le VEXIN FRANÇOIS est ainsi nommé pour le distinguer du Vexin Normand [e], qui en fut démembré par le Roi Louis IV. Ce Pays est borné à l'Orient par la Rivière d'Oyse, au Midi par celle de Seine, au Couchant par celle d'Epte, qui le sépare du Vexin Normand, & au Septentrion par le Beauvaisis. On y remarque Pontoise, Magny, Chaumont, Mante, Meulan, Poissy, St. Germain, Monfort-l'Amauri, Dreux, & autres lieux. Le premier Comté du Vexin François s'appelloit Louis. Il vivoit sous le Régne de Louis d'Outremer, & épousa Eldegarde de Flandre, qui le fit pere de Gautier I. Celui-ci fut Ayeul de Dreux I. qui s'allia avec Edith sœur de St. Edouard Roi d'Angleterre. Sa postérité étant éteinte le Vexin fut uni à la Couronne. Depuis ce tems-là Louis *le Jeune* la donna en dot à Marguerite sa fille, en la mariant avec Henri, fils aîné de Henri II. second Roi d'Angleterre; mais après que Richard II. eut répudié Alix, sœur de Philippe-Auguste, ce Pays fut incorporé de nouveau à la Couronne.

[e] *Piganiol, Descr. de la France, t. 3. p. 87.*

Le VEXIN NORMAND surpasse le Pays de Caux [f] en fertilité. Le Roi Louis IV. le démembra de la Couronne de France en faveur des Normans. Geofroi & Henri II. Roi d'Angleterre le donnérent au Roi Louis *le Jeune* pour les frais de la guerre qu'il avoit faite à Etienne Comte de Boulogne. Marguerite de France, Fille du Roi Louis, le porta en dot au fils aîné de Henri II. Roi d'Angleterre; mais ce Prince étant mort sans enfans Henri II. son Pere ne voulut point rendre le Vexin au Roi, prétendant qu'il étoit de l'ancien Domaine du Duché de Normandie. Ce fut sur ce refus que Philippe-Auguste lui déclara la guerre en 1198, mais par le Traité qui fut conclu entr'eux, le Vexin fut rendu à Philippe. Les Villes principales du Vexin Normand sont:

[f] *Ibid. t. 5. p. 371.*

| Rouen, | Andely, |
| Gisors, | Ecouy. |

La séparation du Vexin en Normand & en François n'apporta aucun changement à la Jurisdiction des Archevêques de Rouen. Voyez PONTOISE.

VEXIO. Voyez WEXIO.

VEYA, Isles de l'Amérique Septentrionale, dans la Mer du Nord, & comprises au nombre des Lucayes. Ce sont, selon Herrera, de petites Isles situées à la hauteur de 28. d. de Latitude Septentrionale. Elles sont [g] entre des Bancs & des Rochers, & les Espagnols les appellent *los Baixos de Babueca*.

[g] *De Laet, Descr. des Indes Occ. Liv. 1. c.*

VEYNES, Bourg de France, dans le Dauphiné, Election de Gap. On y tient plusieurs Foires.

VEYRAC, Bourg de France, dans la Guienne, Election de Bourdeaux.

VEYRAC, & LA SUDRIE, Bourg de France dans le Rouergue, Election de Rhodez.

VEZ. UFA. UFE.

VEYZAMA, Bourgade d'Espagne, dans la Vieille Castille. Il y en a qui prennent ce Lieu pour l'ancienne *Segesama*.

VEZELAY, Ville de France, dans le Morvan [a], selon quelques-uns, selon d'autres dans les Vallées d'Yonne ; mais plus généralement mise dans le Nivernois, au Diocèse d'Autun, en Latin *Viceliacum*, *Vizeliacum*, *Virzelaum*, *Verziliacum*, *Viziliacum* & *Vidiliacum*. Elle est située sur la croupe d'une Montagne, dont l'abord est assez difficile, & près de la Rivière de Cure. Vezelay doit ses commencemens à une Abbaye, qui y fut bâtie par Gerard dit de Roussillon, sous le regne de Pepin, & qui fut secularisée en 1571. Cela ne s'accorde pas trop avec ce que dit Mr. de Longuerue dans la Description de la France[*], où on lit que cette Abbaye fut fondée au neuvième Siècle sous Charles *le Chauve*, & qu'elle fut secularisée en 1538. sous le regne de François I. l'Abbé est Seigneur de la Ville & la Justice ordinaire y est rendue en son nom. Outre le Bailliage Seigneurial, il y a à Vezelay Election, Grenier à Sel & Maréchaussée. Les Cordeliers y ont un Couvent. On tint un Concile à Vezelay en 1145. pour le recouvrement de la Terre Sainte. Charles IX. donna ordre en 1569. à Sansac d'enlever cette Ville aux Calvinistes ; mais ce Général fut obligé de lever le Siège, après avoir perdu quinze cens hommes. On a toujours parlé chez les grands Buveurs de la mesure de Vezelay, comme de la plus ample qu'il y ait dans le Royaume.

Vezelay étoit la patrie de Théodore ou Théodore de Bèze, qui y naquit le 24. Juin 1519. Il fut le Successeur de Calvin à Geneve, & mourut le 13. d'Octobre 1605. dans une grande réputation parmi les Protestans.

VEZELA. Voyez **VERALA**.

VEZERE (La), Rivière de France [b]. Elle prend sa source aux confins du Bas-Limousin & de la Marche, & passe à Treignac & à Uzerche. Elle n'est pas navigable dans le Limousin, & ne commence à l'être qu'à Terrasson, à trois lieues de Brive, dans l'Election de Périgueux.

1. **VEZINS**, Bourg de France, dans l'Anjou, Election de Montreuil-Belay, avec titre de Baronnie qui releve du Comté de Vihiers.

2. **VEZINS**, Bourg de France dans le Rouergue, Election de Milhaud.

3. **VEZINS**, Bourg de France, dans l'Anjou, Election de Montreuil-Belay. Elle a été possédée consécutivement par deux familles du nom de la Porte. Elle a sept Fiefs dans sa mouvance. Outre la Paroisse, il y a quatre Chapelles de cent cinquante Livres chacune, & un Hôpital de la Charité fondé pour quatre Religieux, par les Seigneurs de Vezins.

VEZOUZE, petite Rivière du Duché de Lorraine. Elle prend sa source dans les Montagnes de Vosges au-dessus de Turquestain, & après avoir arrosé les Abbayes de St. Sauveur, & de Haute-Seille, les Villes de Blamont & de Luneville, elle se rend dans la Rivière de Meurte à Adomesnil,

a Piganiol, Descr. de la France, t. 6. p. 168.

[*] Part. 1. p. 112.

b Ibid. p. 350.

une lieue au-dessous de Luneville.

UF.

UFARAN, Villes d'Afrique, dans la Barbarie, au Quartier de Zahara. Ce sont, dit Marmol [c], quatre Villes fermées de murailles, & bâties par les anciens Numides à une lieue l'une de l'autre sur une petite Rivière qui ne coule qu'en Hyver. Elles regardent le Midi vers la Ville de Tagaost. On trouve entre ces Places plusieurs Villages & des Contrées de Palmiers. On y observe quelque police à cause du Commerce des Marchands Chrétiens qui vont au Port du Carguesse trafiquer des Draps, des Toiles & d'autres Marchandises qu'ils portent vendre à Gualata, à Tombut & aux autres Lieux de la Nigretie, & prennent en échange des Cuirs, de la Cire, du Ris & du Sucre. Il y a plusieurs Artisans dans ces Villes : ils font de fort beaux Vases de Cuivre & de Laiton, qui vient d'une Montagne du Grand-Atlas, nommée Icin, du côté qui regarde le Midi. C'est-là que sont les Mines de Cuivre, avec lequel on fait le *Ciny* qui est un Laiton très-fin. Le Cherif y a un Château appellé Afensu. Le Gouverneur est chargé de recevoir le Métal & de le distribuer par compte. Les Habitans de ce Quartier sont Berebéres. Il se tient toutes les Semaines un Marché dans chacune des quatre Villes d'Ufaran : les Peuples de Hiléla & les Arabes de Zenéga y viennent acheter toutes les choses dont ils ont besoin. C'est ce qui fait que les Habitans de ces Villes sont à leur aise ; mais ils manquent toujours de Bled. Ils sont noirs comme ceux de Guaden & de Tagaost. Dans l'une des Villes d'Ufaran, il y a un beau Temple, à leur façon ; & on y voit aussi des Juges & des Alfaquis ; car tous les Habitans de ces Villes se gouvernent avec quelque sorte de Police.

1. **UFENS**, Fleuve d'Italie dans le nouveau Latium : Au lieu d'Ufens, Festus écrit **OUFENS** & dit qu'il donna le nom à la Tribu *Oufentina*. Il coule à l'Orient des Marais Pomptines & se jette dans la Mer, ce que Virgile [d] explique de la sorte :

. . . . *Gelidusque per imas*
Quærit iter Valles, atque in mare conditur Ufens.

Les eaux d'un Fleuve qui coule dans des Marais ne peuvent pas être bien claires : aussi Silius Italicus [e] dit-il :

. . . . *& atro*
Liventes cœno per squallida turbidus arva
Cogit aquas Ufens, atque inficit aquora limo.

Claudien [f] nous fait entendre que ce Fleuve se perdit beaucoup :

. . . *Tardatusque suis erroribus Ufens.*

Quelques-uns l'appellent présentement *Baldino*, ou *Baudino* ; mais on le nomme plus communément **AUFENTE**.

2. **UFENS**, Fleuve d'Italie, dans la Gaule Cispadane selon Tite-Live [g]. Les an-

c Numidie, Liv. 7. ch. 7.

d Æneid. L. 7. v. 802.

e Lib. 8. v. 381.

f In Probini & Olybrii Cons. v. 257.

g Lib. 5. c. 35.

182 UFF. UGE. UFU. UGI. UGL. UGN. UGO. UGR. UHO. VIA.

anciennes Editions aussi-bien que quelques-unes des modernes portent *Utens* au lieu de *Ufens*. Cluvier [a] est pour la première de ces deux manières d'écrire. Il ajoute que ce Fleuve arrose la Ville de Ravenne du côté du Nord & qu'on le nomme aujourd'hui *Montone*.

[a] Ital. Ant. Lib. 1. c. 22.

UFFENHEIM, Ville d'Allemagne [b], dans la Franconie, au Marquisat d'Onspach, sur la Rivière de Golach, à quatre lieues de Rotenbourg vers le Nord, & à deux lieues de Winheim.

[b] Jaillot, Atlas.

UFFHOLTZ, Bourg de France dans la Haute-Alsace, au Bailliage de Gebweiler.

UFFUGUM, Ville d'Italie chez les Brutiens: Tite-Live [c] fait entendre qu'elle n'étoit pas bien considérable.

[c] Lib. 30. c. 19.

UFU. Voyez VUHU.

U G.

UGENTO, Ville d'Italie, au Royaume de Naples, dans la Terre d'Otrante, à dix milles au Midi Oriental de Gallipoli, & à douze milles au Midi Occidental de Castro. Cette Ville étoit Evêché avant le onzième Siècle. Elle est sous la Métropole d'Otrante. Autrefois elle pouvoit passer pour peuplée; mais les ravages que les Corsaires Turcs y ont fait deux fois ont fort diminué le nombre des Habitans; en sorte qu'elle n'a plus aujourd'hui que l'apparence d'un Village.

UGERNUM, Château de la Gaule Narbonnoise. La Table de Peutinger le marque à quinze milles de Nismes, & à huit milles d'Arles. Quelques-uns veulent que ce soit le Lieu nommé *Mutatio ponte ararium* dans l'Itinéraire d'Antonin. Tout le monde n'en convient pas. Grégoire de Tours [d] appelle ce Château *Castrum Arelatense*; apparemment parce qu'il dépendoit du Territoire de la Ville d'Arles. Bouche dit dans son Histoire de Provence que le Château UGERNUM étoit dans le Lieu où l'on voit aujourd'hui BELLEGARDE.

[d] Lib. 2.

UGGADE, Lieu de la Gaule: L'Itinéraire d'Antonin le marque sur la route de Rouen à Paris, entre Rouen & Evreux, à neuf milles de la première de ces Villes & à quatorze milles de la seconde. Voyez YGGADE.

UGIA, Ville de l'Espagne Bétique, chez les Turdetains selon Ptolomée [e] qui la place dans les Terres. Elle est marquée dans l'Itinéraire d'Antonin sur la route de Cadix à Cordoue, entre *Asta* & *Orippo*, à vingt-sept milles du premier de ces Lieux, & à vingt-quatre milles du second. Au lieu d'UGIA quelques MSS. portent UGIE. Ce pourroit être la Ville URGIA de Pline. Voyez URGIA.

[e] Lib. 2. c. 5.

UGLIS, Ville de l'Empire Russien [f], au Duché de Rostove sur le Volga à la droite. Cette Ville est renommée par le malheur de Démétrius, fils du Czar Jean Basile. Ce jeune Prince âgé seulement de neuf ans, y fut tué par les ordres de Boris son Beau-frere, dans la confusion d'un incendie, qui consuma une partie de la Ville. Deux Imposteurs dans la suite prirent l'un après l'autre le nom de Demetrius & se dirent fils

[f] De l'Isle, Atlas.

de Jean Basile; ce qui causa de grands troubles dans l'Etat.

UGNICI EQUI, Isidore allegué par Ortelius [g] fait mention d'une espèce de Chevaux, ainsi nommez du Lieu où ils naissoient, & il ajoute qu'ils vivoient très-long-tems. Tout cela ne nous apprend point dans quelle Contrée étoit ce Lieu.

[g] Thesaur.

1. UGOCZ, Comté de la Haute-Hongrie [h] au Midi de la Teisse, qui le sépare du Comté de Beregsaz du côté du Nord. Comté de Marmaros le borne à l'Orient. Il a celui de Zatmar au Midi & au Couchant.

[h] De l'Isle, Atlas.

2. UGOCZ, Ville de la Haute-Hongrie, au Comté de même nom, dont elle est la Capitale. Elle est située dans la partie Orientale du Comté sur une petite Rivière qui se jette dans la Teisse.

UGOGNA, Ville d'Italie [i], au Duché de Milan, à dix milles à l'Occident du Lac de la Garde, sur le Tosa.

[i] Magin, Carte du Milanez.

UGRA, Rivière de l'Empire Russien [k]. Elle prend sa source dans le Grand Duché de Smolensco, assez près du Midi de Boglovestine. En sortant de ce Duché elle coule aux confins de celui de Moskou, qu'elle sépare du Duché de Severie & de la Principauté de Vorotinsk, & enfin elle va se jetter dans l'Occa à la droite, entre Vorotinsk & Colouga. Cette Rivière qui est bourbeuse, servoit autrefois de Limites entre la Lithuanie & la Moscovie.

[k] De l'Isle, Atlas.

UGRI. Voyez UNNI.

U H.

UHEU, grand Lac de la Chine [l], dans la Province de Huquang, au voisinage de la Ville de Hoangmui.

[l] Atlas Sinens.

UHO, Ville de la Chine [m], dans la Province de Kiangnan, au Département de Fungyang, seconde Métropole de la Province. Elle est de 0. d. 43'. plus Orientale que Péking, sous les 34. d. 10'. de Latitude Septentrionale.

[m] Ibid.

V I.

1. VI, Ville de la Chine [n], dans la Province de Xantung, au Département de Laicheu, sixième Métropole de la Province. Elle est de 2. d. 6'. plus Orientale que Péking, sous les 36. d. 50'. de Latitude Septentrionale.

[n] Ibid.

2. VI, Rivière de la Chine [o], dans la Province de Xantung. Elle passe auprès de la Ville de Caomie, & va ensuite se jetter dans le Golphe de Cang. C'est cette Rivière dont Hansinius arrêta le cours avec des Sacs pleins de sable; ce qui lui facilita le moyen de battre ses Ennemis qu'il tailla en pièces.

[o] Ibid.

1. VIA. Voyez VOYE.

2. VIA, Ville de la Mauritanie Césarienne: Ptolomée [p] la marque sur la Côte, entre *Tipasa* & *Jocossium*. Simler remarque que c'est la vraie position du Lieu nommé AD GALLUM GALLINACEUM, dans l'Itinéraire d'Antonin.

[p] Lib. 4. c. 2.

3. VIA, Fleuve de l'Espagne Tarragonnoise, selon Ptolomée [q] qui le place chez les *Callaici Lucenses*, & marque son Em-

[q] Lib. 2. c. 6.

bou-

VIA. VIA. 183

bouchure entre le Promontoire Orubium & l'Embouchure du Tamara. Il y a apparence que ce pourroit être aujourd'hui la Riviére Ulla, dans la Galice.

VIA-MALA. Voyez SCHAMS.

VIA-VETUS, c'est-à-dire *Vieux Chemin*, Chemin de Thrace. Il en est parlé dans la Chronique d'Eusèbe. Elle dit que *Cænophurium* étoit bâti sur ce Chemin, qui est nommé STRATA VETUS dans l'Histoire Miscellanée.

VIACIENSES, ou VIATIENSES, Peuples de l'Espagne Citérieure selon Pline [a]. Ils étoient compris sous le nom général d'Orétains; car Ptolomée [b] place chez ces derniers la Ville *Biatia*.

[a] Lib. 3. c. 3.
[b] Lib. 2. c. 6.

VIADANA, Ville d'Italie, dans le Mantouan [c], sur la rive gauche du Pô, environ à sept milles au-dessous de Casalmaggiore, presque vis-à-vis de Brissello. Cette Ville faisoit autrefois partie du Crémonois; mais elle fut unie au Mantouan l'an 1415. pendant que François Gonzague étoit Seigneur de Mantoue. Gaud. Merula & Alciat prennent Viadana pour l'ancienne *Vitelhanum*.

[c] *Magin*, Carte du Mantouan.

VIADUS, VIADRUS, VIADER, ou ODERA, Fleuve de la Germanie, qui prenoit sa source dans l'ancienne Suévie, & se perdoit dans la Mer Suévique appellée autrement le Golphe Codanus [d]. Les anciens Romains connoissoient peu la Germanie au-delà de l'Elbe; ce qui fait qu'on ne doit pas s'étonner si les descriptions qu'ils nous en ont données sont un peu confuses. Pomponius-Mela ne connoît au-delà de l'Elbe qu'un Fleuve nommé *Visula*, c'est-à-dire la Vistule. Pline en fournit deux, savoir la Vistule & le *Guttalus*. Ptolomée double le nombre & marque le *Chalusus*, le *Suevus*, le *Viadrus* & la Vistule. Par le mot *Viadrus*, ou *Viadus*, il faut entendre le même Fleuve, savoir l'Oder, que les Sarmates qui ont habité durant plusieurs Siècles sur ses bords appelloient *Odora*, ou *Odera*, nom qui est employé par Helmold dans sa Chronique des Slaves. La difficulté est de savoir si le *Suevus* de Ptolomée, & le *Guttalus* de Pline & de Solin sont le même Fleuve que le *Viadus*, ou *Viadrus*; ce qui est très-probable. L'Oder, comme on sait, a trois Embouchures formées par les Isles de Wollin & d'Usedom, & dont celle qui est du côté de l'Occident sert aussi d'Embouchure à la *Péne*, qui lui donne son nom: celle du milieu s'appelle *Suine*, ou *Suène*, nom qui approche assez de celui de SUEVUS; & la troisième qui est à l'Orient est appellée *Diwenow*. On pourroit fort bien dire que la *Suine*, ou *Suène* est le SUEVUS de Ptolomée, qui aura fait de cette Embouchure un Fleuve différent du VIADRUS. Quant au GUTTALUS de Pline, si l'on regarde l'ordre dans lequel il est nommé, on sera tenté de croire que c'est une Riviére de Prusse; car il dit [e]; *Amnes clari in Oceanum defluunt, Guttalus, Vistillus, sive Vistula, Albis, Visurgis, Amisisus, Rhenus, Mosa*. Mais Solin qui a coutume de suivre Pline pas à pas, nomme ces Fleuves dans un autre ordre, qui est le véritable. En effet outre qu'on ne trouve point dans la Prusse de Riviére

[d] *Spener*, Notit. Germ. Ant. L. 2. c. 2.

[e] Lib. 4. c. 14.

fort considérable, on ne sauroit se persuader que Pline ait voulu passer sous silence un Fleuve tel que le *Viadrus*; de sorte que le VIADUS ou VIADRUS, le SUEVUS, le GUTTALUS & l'ODORA, sont la même Riviére. Voyez ODER.

VIADRUS. Voyez VIADUS.

VIALOSCENSIS. Voyez VIOLASCENSIS.

VIAMATA. La Notice des Dignitez de l'Empire [f] semble donner ce nom à une Montagne de Thrace.

[f] Sect. 20.

1. VIANA, Ville de la Rhétie; Ptolomée [g] la marque dans les Terres parmi les Villes qui étoient au Midi du Danube. Elle est appellée VEMANIA, VÆMANIA & VENIANA, dans les différens MSS. de l'Itinéraire d'Antonin qui la place sur la route de *Sirmium* à Trèves en passant par *Sopianæ*. Elle est entre *Campodunum* & *Brigantia*, à quinze milles du premier de ces Lieux & à vingt-quatre milles du second. Ortelius [h] la confond mal à propos avec une autre VIANA que Pline met dans le Norique. Voyez l'Article suivant. Le nom moderne de VIANA dans la Rhétie est WANGEN.

[g] Lib. 2. c. 12.
[h] Thesaur.

2. VIANA, Ville du Norique, selon Pline [i], où on lit *Oppida eorum... Viana, Æmonia*, &c. Mais le Pere Hardouin observe que tous les MSS. au lieu de VIANA, ÆMONIA, lisent VIANIOMINA ou VANIOMENA; & qu'Hermolaüs, qui trouvoit assez d'étoffe dans ce mot pour en faire deux, en avoit d'abord fait la Ville VIANA que Ptolomée marque dans la Rhétie; & ensuite avoit ajouté par conjecture ÆMONIA, quoique personne n'ait mis de Ville ÆMONIA dans ce Quartier. Cette Ville de VIANOMINA est la même que l'Itinéraire d'Antonin appelle VINDOBONA, ou VINDOMONA. On trouve dans Gruter [k] une Inscription où on lit ce mot VIANNA. C'est présentement la Ville de Vienne en Autriche.

[i] Lib. 3. c. 24.
[k] Pag. 540.

3. VIANA, Ville d'Espagne [l] dans la Navarre, sur l'Ebre, vis-à-vis de Longrogno, avec titre de Cité. Cette Ville d'une médiocre grandeur est dans une Campagne abondante en Vin, en Bled, en Fruits, en Légumes, en Troupeaux, en Gibier. C'est la Capitale d'une Principauté, dont les Aînez des Rois de Navarre prenoient autrefois le titre; & la Principauté de Viana fut érigée selon quelques-uns en 1421 & selon d'autres en 1423.

[l] Délices d'Espagne, p. 681.

4. VIANA, petite Ville d'Espagne [m] dans la Galice, vers les Frontiérrs de Léon. C'est le Chef-lieu d'un Comté qui appartient à la Maison des Pimentels.

[m] Ibid. p. 141.

5. VIANA DE FOZ DE LIMA, Ville de Portugal [n], dans la Province d'Entre-Minho & Douro, à l'Embouchure de la Riviére de Lima, qui lui donne son nom; pour distinguer cette Ville d'une autre Viana, qui est dans la partie Méridionale du Royaume. Viana de Foz de Lima est à trois lieues de Caminha & à cinq ou six de Braga. Elle est située dans un Angle que la Lima forme en se jettant dans la Mer. Cette Ville qui est assez grande, est ornée de quelques beaux Bâtimens, tant publics que particuliers. On remarque entre autres deux Monastères de Religieuses de l'Ordre de St. Benoît, quoiqu'assez maigrement ren-

[n] Ibid. pl 703.

rentez. Cette Ville est la Place d'armes de la Province, la Capitale d'une Comarca ou Jurisdiction, & le Lieu où demeurent le Gouverneur de la Province, le Commandant & le Trésorier Général. On y tient ordinairement quatre Compagnies en Garnison, deux d'Infanterie & deux de Cavalerie. La Citadelle a son Commandant & sa Garnison à part.

Le Port de Viana de Foz de Lima, est très-bon & très-assuré contre les surprises, parce que c'est un Havre de barre, où les Vaisseaux ne peuvent entrer que dans le tems de la pleine Mer, à cause des Bancs de sable, qui occupent l'Embouchure de la Rivière ; encore ne peuvent-ils entrer sans le secours des Pilotes de la Ville qu'ils font venir à bord par le signal du Canon. Lorsque la Marée se retire ils demeurent à sec, à moins qu'ils ne soient dans le Canal, où il reste toujours dix ou douze pieds d'eau après le reflux. Les Bâtimens y sont à l'abri des quatorze Vents, qui sont entre le Nord & le Sud du côté de l'Orient. A l'entrée du Port on voit une très-bonne Citadelle, construite régulierement, au bord de la Mer, environnée d'un Fossé taillé dans le roc & garni de grosses Couleuvrines.

6. VIANA, petite Ville de Portugal [a], dans l'Alentejo, sur l'Exarrama, à quatre lieues d'Ebora, à l'Occident de Portel & à l'Orient d'O Terraon. Cette petite Ville est défendue par un bon Château.

[a] Délices de Portugal, p. 804.

1. VIANDEN, Ville des Pays-Bas, au Duché de Luxembourg, à huit lieues de la Ville de ce nom, & à une lieue & demie de Dickrich, en Latin *Vianda*, ou *Vienna*, en Allemand, *Vyenthal*. La Rivière d'Our, ou d'Uren, traverse cette Ville & la partage en deux, dont l'une est appellée l'ancienne Ville, & l'autre la nouvelle. Dans la première on voit un Château situé sur un Rocher d'une hauteur prodigieuse & inaccessible, & l'on y entretient toujours Garnison. Les Habitans de Vianden font beaucoup de trafic en Draps, dont ils fournissent toute la Province. Il y a aussi beaucoup de Tanneurs. Les Trinitaires desservent la Cure & ont une belle Maison, fondée en 1248. par Henri, Comte de Vianden, en considération de ce que ces Religieux l'avoient racheté des mains des Barbares, qui l'avoient fait prisonnier pendant qu'il étoit à la Terre-Sainte. On trouve aux environs de Vianden la Commanderie de Roth, appartenante aux Chevaliers de Malthe. Sur les Montagnes voisines de cette Ville il y croît du Vin, qui approche de la qualité de celui de Moselle. Cette Ville est la Capitale d'un Comté auquel elle donne son nom & qui fait l'Article qui suit.

2. VIANDEN, Comté des Pays-Bas, au Duché de Luxembourg, entre Dickrich & la Seigneurie de Biedbourg. Ce Comté, qui est très-ancien & très-illustre, est divisé en six Mayeries qui renferment quarante-neuf Villages ou Hameaux & un grand nombre d'Arrière-fiefs. Frédéric Seigneur de Vianden est le premier dont il soit fait mention vers l'an 1170. & selon Mr. d'Audiffred [b], ce Frédéric obtint le titre de Comte en 1214. Philippe de Vianden fut obligé

[b] Géogr. Anc. & Mod. t. 2.

en 1248. de se rendre feudataire de Henri Comte de Luxembourg, parce qu'il n'étoit pas en état de lui restituer une grosse somme d'argent que le Comte de Luxembourg lui avoit avancée. Mr. d'Audiffred rapporte la chose différemment. Il dit que Philippe étant mort sans postérité Henri son frere lui succéda, & que pour sortir de la prison où il étoit détenu depuis long-tems, il fut obligé de reconnoître pour son Seigneur, Valeran Comte de Luxembourg; ce qui fut confirmé par un Acte de l'an 1264. entre Henri Comte de Luxembourg & Philippe Comte de Vianden, dont les Successeurs se rendirent illustres, tant par leurs Voyages dans la Terre-Sainte, que par les Alliances qu'ils firent avec les Empereurs de la Grèce, & les Princes d'Achaïe. Mr. de Longuerue [c] ne convient pas que Philippe de Vianden soit mort sans postérité. Il dit au contraire que le fils & le petit-fils de Philippe nommez, tous deux Godefroy, se reconnurent Vassaux du Comte de Luxembourg. Le dernier Godefroy, ajoute-t-il, ne laissa que deux filles, Marie & Adelaïs, & mourut dans l'Isle de Chypre en 1337. Marie qui étoit l'aînée hérita du Comté de Vianden, & épousa le Comte de Spanheim, dont elle n'eut point d'enfans; de sorte qu'après sa mort son Comté de Vianden vint à son Neveu Engelbert, Comte de Nassau, fils de sa sœur Cadette Adelaïs & du Comte Othon. Les Héritiers mâles de ce Comté, en jouïrent jusqu'en 1566. que Guillaume de Nassau Prince d'Orange, s'étant soulevé contre le Roi Philippe II. son Souverain, ses biens furent confisqués & le Comté de Vianden, fut donné avec la Seigneurie de St. Vit, au Comte Pierre Ernest de Mansfelt, Gouverneur de la Province de Luxembourg; mais après sa mort arrivée en 1604. ce Comté retourna aux Princes d'Orange. Depuis, en 1701. par la mort de Guillaume III. Roi d'Angleterre & dernier Prince d'Orange, la Succession a été disputée par plusieurs Prétendans.

[c] Descr. de la France, Part. 2. p. 115.

1. VIANE, ou VOYTSBERG, Ville d'Allemagne [d], dans la Basse-Stirie, vers les confins de la Carinthie au confluent du Gradés & du Kaynach.

[d] Jaillot, Atlas.

2. VIANE, petite Ville de France, dans le Languedoc, Recette de Castres, vers les confins du Rouergue, à six lieues à l'Orient de la Ville de Castres, sur la Rivière d'Agout. Il y en a qui ne donnent à Viane que le titre de Bourg. On n'y trouve guère plus de seize cens Habitans.

3. VIANE, ou VIANEN, Ville des Pays-Bas, dans la Hollande, sur le Leck, aux confins de la Seigneurie d'Utrecht, presque au milieu entre Nimègue & Rotterdam & à deux lieues d'Utrecht [e]. Cette Ville est comptée entre les Villes de Hollande quoiqu'elle n'en dépende en aucune manière. Elle a été détachée du Comté de Culembourg sur la fin du treizième Siècle, & fut bâtie en 1290. sur le bord Méridional du Leck par Sweden, frere de Jean Seigneur de Culembourg. Sweden, que d'autres nomment Swedere, fut le premier Seigneur de Viane. Cette Seigneurie passa à ses

[e] Longuerue, Descr. de la France, Part. 2. p. 19.

ses descendans Mâles, qui la possédérent durant près de cent trente ans; mais enfin elle tomba en quenouille, & Eléonor de Viane l'apporta à son mari Walrave de Brederode en 1418. Ceux de cette Maison jouïrent comme leurs Prédécesseurs de la Seigneurie de Viane, sans aucune dépendance des Comtes de Hollande, ni des Seigneurs voisins. Mais Philippe II. Roi d'Espagne, ayant succédé aux Etats des Pays-Bas par la cession que lui en fit l'Empereur Charles V. son pére, voulut obliger le Seigneur de Brederode à lui faire hommage de Viane, prétendant que cette Seigneurie devoit relever du Comté de Hollande. Le Seigneur refusa de se soumettre & l'on convint que le différend seroit porté au Parlement de Malines, où il ne fut point jugé. Les révolutions des Pays-Bas ayant fait perdre la Hollande à Philippe II. les Seigneurs de Viane demeurérent libres & Souverains. Henri de Brederode fut un des Chefs du soulévement contre le Gouvernement Espagnol, & embrassa la Religion Protestante, en quoi il fut imité de plusieurs Habitans de Viane. Mais comme il vit que les choses n'alloient pas à son gré, il se retira avec sa famille en Allemagne, où il mourut de déplaisir en 1568. Cette illustre Maison de Brederode étoit la plus noble & la plus ancienne non-seulement de la Hollande; mais encore de tous les Pays-Bas, puisqu'elle tiroit son origine de Sigefroy, fils d'Arnold, Comte de Frise; c'est-à-dire de Hollande, & qui bâtit vers l'an 1000. près de Harlem le Château de Brederode, où il s'établit, & dont ses Descendans prirent le nom. Wolfart qui mourut en 1679. fut le dernier mâle de cette Maison. Il avoit institué son Héritiére Universelle sa sœur Sophie-Théodore de Brederode qui épousa Albert Comte de Dohna, duquel elle eut plusieurs enfans. Mais comme aucun d'eux ne laissa de postérité, tous leurs biens échurent à leur sœur Amélie de Dohna, qui les porta en dot à Simon Comte de la Lippe, qu'elle avoit épousé en 1666. Les Comtes de la Lippe ont joui de la Seigneurie de Viane avec les mêmes droits de Souveraineté que leurs Prédécesseurs, & ils l'ont enfin vendue aux Etats de Hollande.

La Ville de Viane est de figure quarrée. Son Eglise, qui a été dédiée à la Ste. Vierge, ne fut autrefois qu'une Chapelle dépendante jusqu'en 1345 d'un Village voisin nommé Haygesteyn. Le Château est un Bâtiment magnifique [a], tant pour son Architecture que pour les Tableaux, les dorures des lambris & la richesse des meubles. Il est à l'extrémité de la Ville du côté du Leck, où il y a issue pour sortir à la Campagne. C'est peut-être la plus belle situation de Château en Hollande. Ou y arrive par une grande Allée d'arbres qui a plus de demi-lieue de longueur. Au milieu de cette Allée on trouve une Maison de plaisance, qui est une retraite champêtre & dont la solitude est toute charmante. Elle a derriére elle une Futaye très-grande & très-haute, dont les allées disposées en étoiles conduisent au Leck & dans de belles Prairies. Il y en a d'au-

[a] *Le Laboureur*, Voyage de la Reine de Pologne.

tres qui menent vers les Canaux qui sont entre la Ville & ce Bois. On entre dans le Château par un Pont-levis, qui conduit au Jardin, où l'on ne sait ce qu'on doit admirer le plus des Parterres, des Canaux, des Bosquets ou des Allées. Ce fut dans ce Château que se firent les Assemblées des Nobles des Pays-Bas lorsque l'Inquisition qu'on y vouloit introduire les engagea à se revolter.

Il y a à Viane un Grand Bailli qui exerce la Jurisdiction, au nom du Souverain, sur la Ville & sur les Villages qui en dépendent. Cette Ville sert d'asyle aux Marchands, dont les affaires ont mal réussi, & qui étant persécutez par leurs Créanciers, s'y peuvent retirer en sûreté avec la Sauve-garde du Souverain. Ce privilège subsiste encore aujourd'hui sous les nouveaux Maîtres de Viane. Cette Ville fut prise en 1672. par les François qui démolirent le peu de fortifications qu'elle avoit.

VIANTZ, Abbaye de France au Diocése d'Alby. C'est une Abbaye de Chanoines Réguliers de l'Ordre de St. Augustin. Elle fut fondée en 987. Elle dépend de l'Evéque d'Alby, & des Chanoines de la Cathédrale de Ste. Cecile de cette même Ville, qui étoient autrefois Réguliers du titre de St. Eugène Confesseur & de St. Amerand Martyr, dont les corps y reposent & y sont révérez.

VIAREGIO, ou TOR DE VIAREGIO, Lieu d'Italie, dans la Toscane sur la Côte de l'Etat de Lucques [b], vis-à-vis de Selice. Il y a dans ce Lieu un petit Port qui est le seul qu'ait la République de Lucques. Magin dans sa Carte de la Toscane nomme ce Port, *Porto-Regio*.

[b] *Magin*, Carte de l'Etat de Lucques.

VIAST, WIAST, ou OYEST [c], Ville d'Alemagne dans la Silésie, dans la Principauté d'Oppelen, sur le bord de la Riviére de Kladinitz, à deux ou trois lieues de l'endroit où cette Riviére se jette dans l'Oder. Cette petite Ville est sujette à l'Evêque de Breslaw.

[c] *Jaillot*, Atlas.

1. VIATKA, ou WIATKA, Province de l'Empire Russien [d], dans la Moscovie Septentrionale, aux confins de la Moscovie Méridionale. Elle est bornée du côté du Nord par la Permie, à l'Orient par la Contrée de Sloutca, au Midi par le Royaume de Cazan, à l'Occident par le Pays des Czeremisses, & au Couchant d'Hyver par la grande Forêt des Zirannis. Cette Province abonde en Miel & en Cire; & on en tire quantité de pelleteries. Le Pays est marécageux & fort sujet aux incursions des Tartares Czeremisses, qui en ont été les maîtres jusqu'à ce que Basile Grand-Duc de Moscovie l'ait uni à sa Couronne. La Riviére de Viatka donne son nom à cette Province.

[d] *De l'Isle*, Atlas.

2. VIATKA, Riviére de l'Empire Russien, dans la Province à laquelle elle donne son nom. Elle a sa source au-dessus de Sestanox ou Sestakof qu'elle mouille: elle arrose ensuite Chlinof, ou Chlinova, Orlo, ou Orlovecz Viatka, Sloboda; après quoi elle entre dans le Royaume de Cazan pour aller se perdre à Laisof, dans la Riviére de Kama.

[e] *Oléarius*, Voyage de Moscovie.

3. VIAT-

3. VIATKA, Ville de l'Empire Russien dans la Province de même nom, sur le bord de la Riviére de Viatka, selon Oléarius, & sur une petite Riviére qui se jette dans celle de Viatka, selon Mr. de l'Isle [a]. Cette Ville n'est remarquable que par son Evêché, & par un Château qu'on a fait fortifier, afin de la garantir des irruptions des Tartares. Il y a deux grandes routes qui conduisent de Moskou à Viatka: l'une passe par Castroma & Galicz, & l'autre par Oustioug. La premiére est la plus courte; mais elle est très-incommode, à cause des Marais qu'il faut passer, & des Czeremisses, Peuples idolâtres, qui y font des courses.

[a] Atlas.

VIAUR, ou BIAUR, Riviére de France dans le Languedoc, & qui sépare l'Albigeois du Rouergue. Elle prend sa source au Lac de la Clau, dans le Rouergne, à deux lieues plus bas que le Château de Severac. Elle passe à Elle-Segure, à l'Abbaye de Bellecombe, au Pont de Mirandol, à la Garde de Viaur, & se rend dans l'Aveirou, au-dessous du Pont de la Guespie. Ses Truittes sont fort estimées.

VIBALI, ou BIBALI. Voyez BIBALI.

VIBANTANARIUM, Ville de la Sarmatie Européenne, selon Ortelius [b] qui cite Strabon. Ptolomée [c] écrit VIBANTAVARIUM. Baudrand, qui cite le Pere Briet, dit qu'on la nommoit autrement TYRANGITARUM, & que c'est aujourd'hui Bar, dans la Haute Podolie; mais que d'autres veulent que ce soit Lampol sur le Niester dans la Basse Podolie, à cinquante milles de Bar en tirant vers le Midi.

[b] Thesaur.
[c] Lib. 3. c. 5.

VIBARNATES. Voyez VIBINATES.
VIBARNUM. Voyez VIBRANUM.
VIBELLI, Peuples de la Ligurie selon Pline [d].

[d] Lib. 3. c. 5.

VIBERI, Peuples des Alpes. Ils faisoient partie des Lepontii. Pline [e] les nomme parmi les Peuples qui furent subjugués par Auguste, & leur nom se trouve dans l'Inscription du Trophée des Alpes que Pline nous a conservée. Quelques Editions de Pline lisent JUBERI au lieu de VIBERI. Voyez LEPONTII.

[d] Ibid. c. 20.

VIBII PACIANI AGER. Plutarque [f] nomme ainsi la Terre d'un certain Vibius Pacianus en Espagne. Elle étoit sur le bord de la Mer, & il s'y trouvoit parmi les Rochers une grande Caverne où Marcus Crassus le Jeune demeura caché pendant huit mois, afin d'échapper des mains de Cinna & de Marius.

[f] In M. Crasso.

VIBINATES, Peuples d'Italie dans la Pouille selon Pline [g]. Quelques Exemplaires portent VIBARNATES, au lieu de VIBINATES; mais comme les anciennes Inscriptions lisent VIBINATES, cela décide. Leur Ville est nommée 'Iβάνιον par Polybe; & c'est aujourd'hui Bevino dans la Capitanate.

[g] Lib. 3. c. 11.

VIBIONES. Voyez IBIONES.
VIBISCI. Voyez BITURIGES.

VIBO, Ville d'Italie chez les Brutiens. L'Itinéraire d'Antonin qui écrit Vibo, Vibona ou Vinoba, suivant les différentes leçons des MSS. place cette Ville sur la route de Rome à la Colonne, en prenant par la Voye Appienne. Elle est marquée entre Ad Turres & Nicotera, à vingt & un milles du premier de ces Lieux & à dix-huit milles du second. La Table de Peutinger donne à VIBONA le surnom de BALENTIA; c'est-à-dire VALENTIA. Pomponius Mela [h] dit: Hippo, nunc Vibon, & Pline ajoute: Hippo quod nunc Vibonem Valentiam adpellamus. HIPPO, dit Cellarius [i], est l'ancien nom Grec, mais tronqué, car le Périple de Scylax & Strabon disent: Ἱππώνιον, Ptolomée écrit Ἱππωνίατης Κόλπος; & dans une ancienne Inscription rapportée par Gruter [k] on trouve ce mot HIPPONIATEIΣ. Cette Ville est appellée VIBO par Cicéron [l] qui ne fait point mention de son surnom. Rarement on la trouve nommée simplement Valentia, comme dans une Inscription milliaire recueillie par Gruter [m], où on lit: MURANUM. COSENTIAM... VALENTIAM. Tite-Live [n] nous apprend que dans la cinq cens soixante & unieme année de la fondation de Rome, on conduisit à VIBO une Colonie Romaine. Son Territoire est appelé Ager Vibonensis par le même Auteur [o]; & son Golphe, nommé SINUS VIBONENSIS par Cicéron [p], est l'HIPPONIATES SINUS de Ptolomée.

[h] Lib. 2. c.
[i] Geogr. Ant. Lib. 2. c. 9.
[k] Pag. 199.
[l] Pro Plancio, 40. & ad Attic. Lib. 3. Epist. 3.
[m] Pag. 150.
[n] Lib. 35. c. 40.
[o] Lib. 31. c. 51.
[p] Ad Attic. Lib. 7. Epist. 6.

VIBRAIS, Bourg de France, dans l'Election de Château du Loir sur la Riviére de Brais [q]. C'est de cette Riviére qu'il a pris son nom Vicus Braïæ, Village de la Riviére de Brais, par contraction VIBRAIS. Ce Bourg qui est fort considérable a titre de Marquisat; & sa Jurisdiction s'étend sur cinq Paroisses. Celle de Vibrais comprend trois cens huit feux. Vibrais étoit autrefois une dépendance de Monfort dont il fut démembré par un Seigneur du nom de Ferriéres.

[q] Piganiol, Descr. de la France, t. 5. p. 503.

VIBRANUM, Ville d'Italie: Ptolomée [r], qui la marque dans la Pouille Daunienne, dit qu'elle étoit dans les terres. Quelques Exemplaires lisent VIBARNUM pour VIBRANUM.

[r] Lib. 3. c. 1.

VIBRATO, Riviére d'Italie, au Royaume de Naples, dans l'Abbruzze ultérieure. Elle naît environ à quatre milles d'Ascoli, vers le Midi Oriental de cette Ville: & coulant vers le Nord Oriental, entre les Riviéres Tronto & Salinello, avec lesquelles elle a un cours presque parallele, elle se rend dans le Golphe de Venise, où elle a une Tour à son Embouchure.

1. VIC. Voyez VILLAGE.

2. VIC, Bourg ou petite Ville de France, dans le Pays Messin, Recette de Metz, sur la Seille, à une lieue de Marsal, & à cinq de Nancy. C'est le Chef-lieu du Temporel de l'Evêque de Metz; & c'est le Siége de la Chancellerie & du Grand Bailli du même Evêché. Vic n'est devenu célébre que sur la fin du douziéme Siécle [s]. Les Ducs de Lorraine avoient un Domaine à Vic, & une Place dans le voisinage que l'on nomma depuis Salins. L'Evêque Etienne de Bar étant en guerre ouverte avec Matthieu I. Duc de Lorraine, prit cette Place & la ruïna, prétendant que le Duc n'avoit pas eu droit de la fortifier, ce que les Successeurs de ce Prélat ont soutenu par les armes. L'Evêque s'étant raccommodé avec Matthieu, ce Prince donna à l'Eglise de Metz le domaine qu'il avoit à Vic; & ensuite de ce don, Vic est devenu la principale Place de l'Evêché: néanmoins le Duc

[s] Longuerue, Descr. de la France, 2. Part. p. 168.

# VIC.	VIC.	187

Duc Matthieu se réserva une portion de Vic, qui n'est venue à l'Eglise que par le don que lui en fit l'Evêque Jacques de Lorraine, qui avoit eu cette part de Vic de Ferri Duc de Lorraine son neveu; qui lui céda aussi ce qui appartenoit à leur Maison à Marsal & à Ramberviller, & que ce Prélat donna aussi à son Eglise de Metz : Bertrand le *Saxon*, Evêque de Metz mort l'an 1212. y ayant fait bâtir un Palais Episcopal, & le même lieu ayant été fortifié par son Successeur Conrad de Scharfineck. Il y a long-tems que l'on ne fait plus de Sel à Vic, l'Evêque devant se contenter de la rente que lui fait le Duc de Lorraine. La Châtellenie a été aussi démembrée, & les Villages ayant passé sous la Domination des derniers Ducs de Lorraine, le Duc Charles étoit en possession de la Souveraineté des Villages de Gremecei, Chambrei, & Bourtricourt, lorsqu'il fut chassé de son Etat. Il devoit les recouvrer; mais il les céda au Roi en Souveraineté par le Traité de Vincennes, pour le Chemin Royal accordé au Roi dans la Lorraine.

3. VIC, Bourg de France, dans le Limousin, Election de Limoges. La Justice de ce Bourg, qui est bien peuplé, est du ressort du Présidial de Limoges. Depuis quelques années on a découvert à Vic des Mines de plomb.

4. VIC, Ville d'Espagne *a*, dans la Catalogne, sur une petite Riviére qui se jette dans le Ter. Cette Ville située dans une Plaine extrêmement fertile est l'*Ausonia* des Anciens. Elle a eu le regret d'avoir été la première Place de la Catalogne qui se déclara pour l'Archiduc dans la derniere guerre. Elle étoit autrefois la Capitale des Ausetains & beaucoup plus puissante & plus considérable qu'elle n'est aujourd'hui. Elle fut ruinée au neuvième Siècle & rebâtie bien-tôt après; & on lui donna le nom de Vic, *Vicus*, parce qu'elle ne paroissoit que comme un Village, en comparaison de ce qu'elle avoit été auparavant. On y voit aujourd'hui quelques beaux Bâtimens, comme l'Eglise Cathédrale qui est ornée d'un fort beau Portique, soutenu de grosses Colonnes de pierre de taille, & la Place du Marché qui est fort grande. L'Evêché de Vic est aucien & vaut six mille Ducats de revenu. Les rues sont grandes, & il y a une Place avec une Fontaine au milieu. Les maisons qui environnent cette Place sont soutenues d'arcades, & c'est où se trouve la Maison de Ville avec quelques autres Palais. Les Fauxbourgs de Vic sont grands, & on trouve un Pays très-beau à la sortie.

VIC DE BIGORRE, ou simplement VIC, petite Ville de France dans la Gascogne au Diocése de Tarbes, Recette du Comté de Bigorre, à trois lieues au Nord de Tarbes sur le Ruisseau de Seches. C'étoit autrefois la Résidence des Comtes de Bigorre.

VIC-SUR-AUBOIS, ou comme l'on prononce communément Vicer-au-Bois, *Vicus super Ligna*, Paroisse de France, dans le Berry, Election de la Châtre. Le nom de cette Paroisse lui vient de son ancienne situation; car elle étoit toute entourée de Bois qui sont détruits pour la plûpart depuis une cinquantaine d'années. On l'a nommée quelquefois VIC-EXEMPTET, *Vicus Exemptorum*, ou BOIS-L'ABBE, parce qu'il y avoit dans ce Lieu des Bénédictins qui étoient exempts des droits; mais présentement on ne connoît presque plus ces derniers noms. La plûpart des Hameaux qui dépendent de Vic-sur-Aubois sont presque à une lieue de l'Eglise. Il y a dans cette Paroisse un Membre de la Commanderie de Farges & un Prieuré où étoient autrefois les Religieux. Le Chapitre du Bourg-Dieu jouit de ce Prieuré. Le bled qui se recueille dans la Paroisse s'y consume presque tout; & il y a des années qu'il ne suffit pas pour la nourriture des Habitans. On voit dans le Village de Vic-sur-Aubois une Chapelle de St. Symphorien, où depuis une trentaine d'années il s'est opéré trois Miracles; ce qui en a fait un Pélerinage de dévotion.

VIC-LEZ-CAPDENAC, ou Vic-les-Cadenas, Abbaye de France, dans le Quercy près de la petite Riviére de Capdenac, à sept lieues de Cahors & à une lieue de Figeac. C'est un Monastére de Filles de l'Ordre de Cîteaux. L'Abbesse jouit de deux mille Livres.

VIC-EN-CARLADES *b*, ou VIC-SUR-LA-CERE *b*, *Vicus ad Ceram*, Bourg de France, dans l'Auvergne sur la Cére & le Chef-lieu du Comté de Carladès. Ce Bourg qui est considérable fut donné en 1643. au Prince de Monaco avec d'autres Seigneuries pour le dédommager de celles qu'il possédoit dans le Royaume de Naples & dans le Milanez. Vic est fréquenté à cause de ses Jurisdictions & de ses Eaux minérales qu'on y va boire au mois de Septembre. Vic étoit la Patrie de Guillaume Consul, Avocat qui avoit beaucoup d'esprit, d'érudition & de littérature, & qui a donné au Public une Edition de la Paraphrase que Basmaison avoit faite de la Coutume d'Auvergne. Le Bailli de Vic est de Robe longue *c*. La Justice est rendue en son nom dans la Jurisdiction du Bailliage, où il préside en chef comme tous les Lieutenans-Généraux des Bailliages Royaux. La Charge est héréditaire; & il a quatre-vingt Livres d'appointemens, qui sont payez sur le Domaine du Prince de Monaco.

La Fontaine minérale de Vic en Carladès est au pied du Cantal, & à la tête d'une Prairie. On la nomme dans le Pays la FONT-SALADE, c'est-à-dire *la Fontaine salée*. J'en insére ici l'analyse d'autant plus volontiers que celles qu'on en a données jusqu'ici n'ont pas été faites sur les Lieux. Voici ce qu'en a écrit Mr. Dessarte Médecin d'Aurillac à Mr. Piganiol de la Force. Je me transportai, dit-il, à Vic. La première expérience que je fis, fut pour découvrir si ces eaux contiennent du Vitriol, comme on l'a toujours cru. Je pris une livre de cette eau, & j'y mêlai trois Noix de gale en poudre. Après avoir battu pendant quelque tems ce mêlange dans un matras, cela ne produisit qu'une couleur jaunâtre, au lieu qu'elle seroit devenue noire s'il y avoit eu du Vitriol. Pour mieux m'en convaincre, j'ajoutai à ce mêlange demi-dragme de Vitriol blanc en poudre; & d'abord l'eau devint couleur de pourpre fon-

a Délices d'Espagne, p. 615.

b Piganiol, Descr. de la France, t. 6. p. 347.

c Ibid p. 309.

Aa 2	cée

cée, tirant beaucoup sur le noir. J'y versai ensuite quelques gouttes d'huile de tartre par défaillance, & aussi-tôt ce mélange devint d'une couleur verdâtre. Le suc de Tourne-Sol mêlé avec cette eau minérale ne lui donna pas d'autre couleur que celle du suc même. Le sel de tartre ne produisit aucun changement dans la couleur de l'eau. Elle est fort piquante, sur-tout quand on en boit à la source. On trouve dans les Cuves de pierre où on la ramasse une espèce de crème qui est encore plus piquante que l'eau même. Tout cela prouve que ces Eaux minérales contiennent beaucoup de sel. Pour découvrir la nature du sel qui domine dans ces eaux minérales, je fis dissoudre dans une livre d'eau de Fontaine une dragme de nitre purifié: j'ajoutai successivement à cette eau trois Noix de gale en poudre, qui ne lui donnèrent point d'autre couleur que celle qu'elles avoient donnée à l'Eau minérale de Vic. Lorsque j'y mêlai la demi-dragme de Vitriol blanc, elle devint pour lors de la même couleur que l'eau minérale où j'en avois mis; & l'huile de Tartre y étant ensuite mêlée, l'eau devint verte de même que celle de Vic. Pour connoître la quantité de sel qu'elles contiennent, je mis trois livres d'eau minérale dans une Cucurbite de verre couverte de son chapiteau, & exactement lutée, que je plaçai dans une Terrine remplie de sable & à un feu très-modéré; j'en fis distiller environ huit onces, & je m'apperçus pour lors qu'il s'étoit précipité au fond de la Cucurbite une poudre blanche. Je discontinuai la distillation; & ayant versé la liqueur par inclination, je fis desséches cette poudre dans la même Cucurbite, & elle se trouva peser demi-dragme. En ayant mis sur ma langue, je lui trouvai un goût lixivieux. Je versai ensuite sur cette poudre quelques gouttes d'esprit de Vitriol, & il se fit dans l'instant une ébullition aussi forte que celle qu'on remarque dans le Sel de tartre mêlé avec l'esprit de Vitriol. J'achevai de faire évaporer dans la Cucurbite au feu de sable jusqu'à siccité le reste de la liqueur, & j'y trouvai une poudre semblable à la première, laquelle pesa une dragme & demie, ce qui prouve qu'une pinte d'eau minérale de Vic, mesure de Paris, contient deux bonnes dragmes de ce sel. Toutes ces différentes expériences me font croire que les Eaux minérales de Vic contiennent un sel nitreux rendu alcali dans les entrailles de la Terre par quelque feu souterrain. Ce sel est fixe, & je n'ai point trouvé qu'il en fût monté au haut de la Cucurbite par la distillation que j'en fis. Je voulus aussi savoir si ces Eaux contenoient du fer, & pour cela je mis une lamine de fer très-polie dans une Terrine où je fis encore évaporer ces eaux; mais j'en retirai la lamine aussi brillante qu'elle l'étoit quand je l'y mis, au lieu qu'elle seroit devenue noire s'il y avoit eu dans l'eau des parties ferrugineuses. Il est cependant vrai qu'il s'amasse beaucoup de rouille sur les bords & au fond des Cuves de pierre où l'on ramasse l'eau; & même le long des rigoles où elle coule après être sortie de sa source. Cela me fait croire que les parties de fer demeurent mêlées avec ce sel de même qu'elles demeurent a-

vec le Sel de tartre calciné, & qu'il ne s'en sépare quelques-unes qu'après que l'eau a séjourné dans les Cuves de pierre où on la conserve. Le soulagement qu'un grand nombre de malades reçoivent par la boisson des Eaux de Vic, doivent nous convaincre qu'il y en a très-peu d'aussi salutaires, sur-tout pour lever les obstructions des viscères, pour débarrasser les veines de toutes sortes de glaires, de gravier, &c. Elles adoucissent parfaitement le sang, en corrigeant les sels acres & en détruisant les acides qui y dominent. Elles sont aussi très-bonnes contre les douleurs de tête invétérées, & pour procurer la fécondité aux femmes.

VIC-LE-COMTE, Ville de France, dans la Basse-Auvergne, Election de Clermont, près d'Issoire. Le nom de Vic-le-Comte, *Vicus-Comitis*, a été donné à cette petite Ville parce que les derniers Comtes d'Auvergne y avoient leur Résidence, après qu'ils eurent été réduits dans des bornes fort étroites, par la Confiscation que le Roi Philippe-Auguste fit des biens du Comte Guy, dont le fils Guillaume obtint une fort petite portion. Guillaume ayant épousé Alix de Brabant, elle hérita du Comté de Boulogne, qu'elle laissa à son fils Robert, qui fut Comte de Boulogne & d'Auvergne; mais cette Maison d'Auvergne tomba en quenouille dans le Siècle suivant. Le petit-fils de Robert, nommé aussi Robert, laissa plusieurs fils dont trois eurent postérité. L'aîné nommé Guillaume eut une fille & unique héritière, nommée Jeanne, qui épousa Philippe Comte d'Artois, fils d'Eudes Duc de Bourgogne. De ce mariage vint Philippe de Rouvre Duc de Bourgogne, qui fut Comte d'Auvergne, & de Boulogne; & mourant sans postérité l'an 1361. il eut pour héritier son grand oncle Jean d'Auvergne qui laissa ses Comtez à son fils Jean. Celui-ci n'eut qu'une fille Jeanne, héritière des Comtés de Boulogne & d'Auvergne, qui n'eut aucuns Enfans de ses deux maris, Jean Duc de Berry & George Sire de la Trémouille; elle mourut l'année 1424. ou la précédente, & eut pour héritière sa Cousine Marie, fille de Geofroi d'Auvergne, Seigneur de Montgascon, petite-fille de Robert Comte d'Auvergne & de Boulogne. Marie avoit épousé Bertrand Seigneur de la Tour, dont les descendans ont été, à cause de Marie d'Auvergne, Comtes de Boulogne & d'Auvergne. La Branche Masculine des Comtes d'Auvergne, de la Maison de la Tour, fut éteinte en la personne de Jean de la Tour, qui mourut sans Enfans l'an 1501. Sa Sœur Magdélaine hérita de ses biens & épousa Laurent de Médicis l'an 1518. Leur fille Catherine fut Reine de France, & ayant hérité de tous les biens de sa mere, elle fut propriétaire du Comté d'Auvergne qu'elle donna entre-vifs à Charles de Valois, Bâtard du Roi Charles IX. Ce Bâtard Charles prit le nom de Comte d'Auvergne, & jouit plusieurs années de ce Comté, jusqu'à ce qu'il en fut dépossedé en 1606. par Arrêt du Parlement de Paris, qui ayant cassé la donation de la Reine Catherine adjugea le Comté d'Auvergne à sa fille la Reine Marguerite.

An Longuerue, Descr. de la France, Part. 1. p. 130.

Cet-

VIC.

Cette Princesse donna entre-vifs tous ses biens au Dauphin, qui fut depuis le Roi Louis XIII. dont le fils Louis XIV. céda ce Comté avec la Baronnie de la Tour au Ducs de Bouillon pour partie de la récompense de Sedan, en exceptant formellement Clermont que la Reine Catherine avoit possédé autrefois.

Il y a à Vic-le-Comte une Sainte Chapelle, & un Palais bâti par les Ducs d'Albanie. Jean de Basmaison Avocat qui a donné une excellente Paraphrase de la Coutume d'Auvergne étoit né dans cette petite Ville.

Les Fontaines minérales de Vic-le-Comte sont à demi-lieue de cette Ville sur le bord de l'Allier. La plus usitée de toutes ces Fontaines est celle du Cornet [a], qui a pris son nom d'un Cornet par lequel elle décharge ses eaux; & elle est la plus fréquentée, parce que les eaux de l'Allier ne vont pas jusqu'à son Cornet. L'eau en est un peu tiède, fort limpide, très peu odorante, d'un aigre pâteux & un peu vineuse. Avec la Noix de galle, elle fait une teinture d'un rouge fort brun; ce qui peut prouver qu'il y a quelque subtile vapeur vitriolique, laquelle Mr. du Clos tâcha en vain de reconnoître par la distillation; car ce qui resta dans l'Alembic étoit un peu salé mais sans acidité. Avec la teinture de Tourne-Sol elle fait un rouge un peu violet, & ne change pas quand on y jette du Sel de tartre. La seconde Fontaine de Vic-le-Comte est à vingt pas de la premiere en allant vers la Rivière. On l'appelle la FONTAINE DU ROCHER, ou DE LA ROCHE; parce qu'elle sort d'entre deux Roches. Comme elle est proche de la Rivière, elle s'en trouve souvent inondée; ce qui fait qu'on ne peut pour lors s'en servir. Elle est extrêmement froide, beaucoup plus forte que celle du Cornet; en sorte qu'on ne peut en transporter dans des Bouteilles parce qu'elle les casse. Elle est merveilleuse pour ceux qui ont la gravelle. La troisième est la FONTAINE DE SAINTE MARGUERITE, & celle qu'on a reconnue la première. Ses eaux sont froides, & plus agréables à boire que celles du Cornet. La quatrième est une Source chaude, qui passe sous un petit Bras de la Rivière de l'Allier, & sort sous un gravier par petits bouillons. Toutes ces Sources sont chargées du même minéral que la première.

[a] Piganiol, Descr. de la France, t. 6. p. 274.

VIC-FEZENSAC, Ville de France dans le Bas-Armagnac, au Diocèse d'Auch, Election d'Armagnac, sur la Rivière de Douze. Son ancien nom est *Fidentia*. Cette petite Ville a donné le nom au Comté de Fezensac, & elle étoit la Résidence des Comtes de ce nom. On y voit une Eglise Collégiale.

VIC-DE-LOMAGNE, Lieu de France dans l'Armagnac & le Chef-lieu d'une Election. C'étoit autrefois la Résidence des Vicomtes de Lomagne.

VIC-SUR-NAHON, Bourg de France, non dans le Blaisois, comme le dit Mr. Corneille [b], mais dans le Berry, Election de Château-Roux, sur la Rivière de Nahon, à près de deux lieues au-dessus de Valençay.

[b] Jaillot, Atlas.

VICANI. Voyez MONTUNIATES.

VICANI-AQUENSES; Ortelius [c] qui cite Scaliger, dit que ce nom est donné aux Habitans de la Ville de Dacqs, dans une ancienne Inscription qui se conserve dans cette Ville.

[c] Thesaur.

VICARELLO, Bourgade d'Italie, dans l'Etat de l'Eglise, au Patrimoine de St. Pierre, sur le bord Occidental du Lac de Bracciano. Ce Lieu est renommé par ses Bains; & Léander croit que c'est le *Biracellum* & l'*Aurelii Vicus* des Anciens.

VICARIA; Palladius, selon Ortelius [d], fait mention d'un certain Macarius, à la Patrie duquel il donne le nom de *Vicaria*.

[d] Thesaur.

VICEGRAD, VISEGRAD, ou VIZZEGRAD, Ville de la Basse-Hongrie [e], sur le Danube, à trois milles au-dessous de Gran en allant vers Bude. Le nom Latin de cette Ville est selon quelques-uns *Vetus-Salina*, & selon d'autres *Felix-Locus*, ou *Lacus*. Walsée dans la Basse-Autriche a porté le même nom selon Cluvier; mais Lazius n'en demeure pas d'accord: il croit que c'est du Lac *Traunsée* dans la Basse-Autriche qu'il est parlé sous ce nom dans l'Itinéraire d'Antonin. D'autres veulent que ce soit *Marzelhas*, vis-à-vis de Comore qu'on a appelée *Felix-Lacus*; & cette conjecture est fondée sur ce qu'il y a encore un petit Lac près de cette Ville. Vicegrad se nomme autrement *Plidenburg*. Son Château est bâti sur un Rocher d'assez difficile accès; & son Fossé est revêtu.

[e] Hist. & Descr. du Royaume de Hongrie, t. 3. p. 207.

Il y a à Vicegrad un Château [f], bâti sur un Rocher fort élevé; & c'étoit-là qu'on gardoit autrefois la Couronne de Hongrie. Le Château d'en bas a été fort beau; mais il a bien changé depuis ce tems-là; & l'on y voit des ruines d'un fort beau Bâtiment de pierre de taille. Les Troupes de l'Archiduc Mathias reprirent cette Place sous le Règne de Mahomet III. mais les Heyducs, par une trahison insigne, la remirent entre les mains du Turc du tems de Sultan Achmet. Charles Roi de Naples qui avoit aussi été déclaré Roi de Hongrie, fut porté dans ce Château lorsqu'il eut été blessé par Forchatz; mais sous prétexte de lui mettre un emplâtre à la tête on l'étrangla. Les Turcs ont été Maîtres de cette Place depuis 1605. jusqu'en 1684. Le Prince de Lorraine l'ayant fait assiéger le 16. de Juin, elle se rendit le lendemain par Capitulation après une médiocre résistance. On lui fit une bonne composition, parce qu'on avoit eu avis que les Infidèles avoient attaqué les bagages de l'Armée Impériale, de manière qu'il étoit nécessaire d'aller au secours des Troupes qui avoient été laissées pour les garder. La Garnison sortit avec armes & bagages au nombre de six cens vingt-cinq hommes, qui furent conduits par Bâteau dans l'Ile de St. André. On ne trouva dans le Château & dans la Ville que six petites pièces de Campagne, avec quelques munitions de guerre & de bouche. Mais comme la conservation de cette Place étoit importante pour assurer la conquête de Gran qu'on avoit faite l'année précédente, & pour favoriser le Siège de Bude qu'on avoit dessein de former, on prit soin de la mieux munir, & d'y ajouter de nouvelles fortifications afin qu'elle n'eût rien à craindre des entre-

[f] Ed. Brown, Voyage de Vienne à Larisse, p. 46.

VIC.

prises des Turcs. Ceux-ci ne laissèrent pas depuis de la reprendre; mais enfin ils la démolirent en grande partie, avant que de l'abandonner aux Impériaux à qui elle est restée.

Au-dessous de Vicegrad le Danube se divise, & fait une Isle assez grande, qu'on appelle l'Isle de St. André.

VICELLENSES, Peuples d'Italie: Pline [a] les met dans la première Région. Jos. Scaliger lit VELICIENSES; mais le Pere Hardouin est pour *Vitellenses*; parce que, dit-il, ce sont les Habitans de la Ville VITELLA dont parle Tite-Live [b], & qu'Etienne le Géographe appelle Βίτελλα.

[a] Lib. 3. c. 5.
[b] Lib. 2.

VICEMILOW, Ville d'Allemagne, dans la Bohême, au Cercle de Bunczel, sur le bord de l'Elbe, à la droite, dans l'endroit où ce Fleuve reçoit la Milina. Cette Ville se nomme aujourd'hui Nimburg [c], & les Bohêmes l'appellent Suinibrod.

[c] Corn. Dict.

VICENCE, Ville d'Italie, dans l'Etat de Venise, au Vicentin, dont elle est la Capitale, & sur le Bachiglione [d], qui y reçoit deux ou trois autres Rivières, dont il n'y en pas une qui soit navigable. Cette Ville située à dix-huit milles de Padoue, à trente de Verone, & à quarante de Bresse & de Feltri, est nommée par les Italiens *Viacenza*, & par les Latins *Vicentia*, *Vicensa*, *Vicetia* & *Vincentia*. C'est une des plus anciennes Villes de l'Europe; car il y avoit plus de deux cens ans qu'elle avoit été bâtie, quand les Gaulois Sénonois l'aggrandirent. On dit que les Euganéens en furent les Fondateurs, que les Hennêtes l'habitèrent. Il est certain qu'elle a été très-estimée des Romains, qui lui donnèrent le droit de Bourgeoisie Romaine; en sorte que les Habitans de Vicence pouvoient occuper les premiéres Charges de la République, comme plusieurs les ont occupées en effet, entre autres le Consul Cecinna, Général de l'Armée de l'Empereur Vitellius [e]. Elle a eu aussi les noms de Cité & de République, & elle s'est vue sous la protection de Brutus & de Cicéron; ce qui fait qu'elle a fleuri pendant que l'Empire Romain a été dans sa splendeur; mais elle perdit beaucoup de son lustre dans la décadence de cet Empire, & elle fut exposée à bien des malheurs. Les Lombards en furent les Maîtres, & ensuite elle eut ses Ducs & ses Comtes. Les Empereurs entrent toujours de l'estime pour les Vicentins; & quand Othon, Roi de Germanie, eut défait les Troupes de Berenger, il leur donna le privilège d'élire eux-mêmes leur Podestat, & de ne suivre que leurs propres Loix. Elle ne jouit pas long-tems de ce doux repos, qui fut troublé par la jalousie des Habitans. Les Guerres civiles & intestines la réduisirent à une pitoyable extrémité, & l'Empereur Barberousse la réduisit à l'esclavage; mais s'étant unie avec Padoue & Venise, elle secoua le joug, se joignit à Milan, & après avoir conclu la Ligue fameuse des Villes de Lombardie, elle aida à battre l'Empereur Frederic, qui fut contraint de consentir à une paix que l'Empereur Henri son Successeur confirma. Il y avoit alors une très-belle Université à Vicence, & elle étoit fréquen-

[d] La Forêt de Bourgon, Géogr. Hist. t. 2. p. 452.
[e] Corn. Dict.

tée d'une infinité d'Etrangers. La guerre que Frederic II. fit au Pape fut la cause de la ruine & de la désolation de cette Université & de la Ville même. Les Scala vinrent ensuite & la rétablirent; & après être tombée sous la puissance de divers autres Seigneurs, elle se rendit en 1304. à la République de Venise. L'Empereur Maximilien la lui enleva en 1509. mais sept ans après elle fut rendue aux Vénitiens qui l'ont toujours possédée depuis.

La Ville de Vicence a quatre milles de circuit; & sa forme ressemble assez à la figure d'un Scorpion, étant beaucoup plus longue que large, & ayant le milieu plus grand que les extrémitez. On y compte cinquante-sept Eglises, dont quatorze sont Paroissiales, dix-sept desservies par des Religieux, & douze appartiennent à des Monastères de Filles. Cette Ville est devenue très-florissante à cause de sa situation avantageuse dans un Pays, qui produit toutes choses en grande abondance. Elle est arrosée des Rivières Bacchiglione & Rerone, entre lesquelles est le Mont Beric, & des Ruisseaux d'Astigelle & de Ceriola qui apportent de grandes commoditez aux Habitans, pour faire tourner des Moulins à papier, apprêter la Soye, battre le Fer, faire l'Huile d'Olive, & pour conduire les Barques en différens endroits de la Ville qui a doubles murailles. Les plus vieilles n'en renferment que la moitié. La seconde muraille est défendue de quelques Tours quarrées avec leurs Creneaux, & d'un large Fossé rempli d'eau en quelques endroits; ce qui ne suffit pas pour en faire une Place forte, qualité que quelques-uns ont voulu lui donner mal à propos. Les plus remarquables des sept Places que l'on compte dans Vicence, sont celles des environs du Palais public & du Dôme. Les Chambres & les Sales de ce Palais sont si grandes, qu'on ne peut s'empêcher d'admirer l'esprit de son Architecte, en ce qu'elles ne sont soutenues d'aucun Pilier, & le dessous servant de Halle couverte & de demeure à quelques Marchands. La Tour de son Horloge est surprenante pour sa hauteur & encore plus par les ornemens qui paroissent en dehors, & pour sa grosse Cloche qui se fait entendre dans tous les Quartiers de la Ville. Au pied de cette Tour est le grand Palais du Podestat, devant lequel on voit la haute Colonne de Marbre qui porte le Lion de St. Marc en Bronze doré. Près de cette Colonne est l'Eglise de St. Vincent, où sont quelques Tableaux & Etendards qu'on porte processionnellement par les rues dans les Fêtes solemnelles. Le Mont de Piété est un grand Bâtiment de la même Place. Dans le Marché aux Herbes qui est spacieux, on voit un grand Portique & une Tour basse très-bien bâtie: l'un & l'autre méritent qu'on s'y arrête. La Place où est le Dôme est considérable, le grand Palais de l'Evêché étant d'un côté, & cette Eglise Cathédrale de l'autre. Son Maître-Autel est soutenu de plusieurs Colonnes avec leurs Corniches d'un Marbre très-rare. Au milieu du Chœur sont deux Sépulcres très-anciens, & une grande Coupole couverte de plomb s'é-
léve

VIC.

lève au-dessus. L'Eglise est environnée de plusieurs Chapelles fort ornées, & la Voute est remarquable pour sa hauteur & pour sa largeur. Il y a tous les ans à Vicence une Foire fameuse, qui dure depuis le 15. d'Octobre jusqu'à la fin du même mois. Elle se tient dans une grande Place qu'on appelle *Campo Marzo*. Cette Place est hors de la Ville & entourée de fossez. On y entre par une porte qui est un Arc de Triomphe, que le fameux Architecte Palladio a élevé sur le modèle des Anciens. Toute la Noblesse va s'y promener en carosse les soirs en Eté. Le même Palladio y avoit élevé un admirable Théatre, capable de contenir trois mille personnes assises; mais on n'en voit plus que quelques ruines. Il y a un Portique à son entrée qui est assez beau. Le Pont de Notre-Dame des Anges est l'un des plus beaux des huit qui sont dans la Ville. Entre le grand nombre d'Eglises, de Couvens & d'autres Maisons Religieuses, on remarque celles des Jésuites, des Carmes, de St. Jérôme, de Ste. Marie des Anges, de Ste. Marie d'Araccoeli, de St. Pierre, de St. François, de St. Thomas & de Ste. Luce, qui est dans le Fauxbourg de même nom, où sont deux grands Collèges. La Maison des Dominicains est célèbre pour les doctes Personnages qui en sont sortis. Jérôme Capugnan, grand Philosophe, & qui a mis au jour plusieurs Volumes de Théologie & d'Histoire d'Italie, y avoit fait ses études. Il y a à Vicence une Académie de Gens de Lettres appellez *Gli Olimpici*.

En sortant de la Ville par la porte appellée *du Mont*, on trouve d'abord un grand Portique tout de Marbre enrichi de Colonnes & de Figures, qui donne entrée à un Escalier de plus de cinquante degrez de Marbre. Quand on y est arrivé on découvre à gauche quelques Maisons de plaisance, à travers les Collines agréables qui font plusieurs petits Vallons, où tout croit en abondance & sur-tout la Vigne qui porte le Vin le plus estimé de tout l'Etat. Entre ces Lieux de plaisance, la Maison du Marquis de Caprara est remarquable. C'est un Edifice très-propre, & bien entendu. Le Bâtiment est quarré: le Centre est un Salon, accompagné de quatre Appartemens aux quatre coins. Ils sont extrêmement réguliers & ornez de belles Peintures, qui jointes à la situation de la Maison sur une petite hauteur, ne contribuent pas peu à la rendre agréable. Le Jardin du Comte de Valmanara est aussi fort estimé: on y trouve un Canal, des Cabinets & des Parterres faits à plaisir. Il y a sur-tout une très-belle Allée de Citronniers & de Maronniers. De ce Jardin on arrive au magnifique Couvent du Mont Beric. Les richesses de son Eglise, la quantité de Lampes d'argent, de Tableaux, de Chandeliers, de Bas-reliefs, & de Colonnes de Marbre, dont son Autel est orné, font que dans sa petitesse elle passe pour une des plus belles d'Italie. Il y a encore une chose digne de remarque près de Vicence, sur le chemin de Padoue: c'est une Grotte appellée *Il Cubalo*. Elle est taillée dans le roc, & n'a pas moins de sept mille pas de lon-

VIC. 191

gueur. On tient que si quelqu'un y entroit sans lumière, il seroit infailliblement perdu pour toujours. On y voit aussi des sources d'eau vive qui pétrifient, à ce qu'on dit, ce qu'on y jette, & qui ne laissent pas d'avoir du Poisson. Outre cela il y a de certains Antres, d'où il sort un vent si violent & si froid, que dans les plus grandes chaleurs de l'Eté on croiroit être en Hyver, si on y étoit exposé.

Ce fut dans le Bois de Salaningo [a], près de Vicence, que se retira St. Thibaut, Gentilhomme François, avec son Compagnon le Bienheureux Gautier vers l'an 1057. Il y mourut en 1066. Son corps fut transporté de cet Hermitage dans la Ville & déposé dans l'Eglise de Notre-Dame. Son culte s'y établit bien-tôt après; mais on prétend que son corps fut enlevé delà dans la suite & porté en France, où il a été disposé en tant de Lieux, qu'on ne sauroit dire où en est la principale partie.

[a] *Baillet, Topogr. des SS. p.* 527.

St. Gaëtan naquit à Vicence en 1480. & fut fils du Gaspar de Thiène, d'une Maison illustre dans la profession des armes & dans l'Etat Ecclésiastique. Après avoir achevé ses Etudes il fut fait Protonotaire Apostolique Participant l'une des plus considérables dignitez de Rome. Sa Piété dont il donnoit par-tout de visibles marques lui fit prendre le dessein d'instituer un Ordre de Clercs Réguliers. Il en fit confidence à Boniface de Colle, Gentilhomme Milanois; & Jean Pierre Caraffe, alors Evêque de Théate, qui méditoit un projet semblable, se joignit à eux aussi-bien que Paul de la noble Famille de Ghisilieri, qui entroit dans tous les secrets de cet Evêque. Ainsi en 1524. le 24. de Septembre, ces quatre Fondateurs, dont Gaëtan étoit le Chef, ayant renoncé à leurs Bénéfices, firent leurs voeux dans l'Eglise de St. Pierre au Vatican, entre les mains de l'Evêque de Caserte. Ils élurent ensuite pour Supérieur l'Evêque de Théate à qui le Pape avoit conservé ce titre. Ils se retirèrent d'abord au Champ de Mars, dans une Maison qui avoit appartenu à Boniface Colle, & deux ans après ils choisirent une autre demeure sur le Mont Pincio. Mais lorsque Charles Duc de Bourbon, Connétable de France, qui avoit embrassé le parti de l'Empereur Charles V. eut pris d'assaut la Ville de Rome, ils furent contraints d'aller chercher une retraite à Venise. La République leur donna premièrement l'Eglise de Ste. Euphémie, puis celle de St. George, & ensuite celle de St. Nicolas Tolentin, où ils sont présentement. Les trois années de la Supériorité de l'Evêque de Théate étant expirées, Gaëtan lui succéda, & fut envoyé à Naples par ordre du Pape, pour y fonder une Maison de Clercs Réguliers, qu'il établit dans l'Eglise Paroissiale de St. Paul le Majeur, que le Vicéroi lui fit donner. Il y mourut le 7. d'Aout 1547. & fut béatifié par le Pape Urbain VIII. en 1629. & canonisé par le Pape Clément X.

André Palladio, fameux Architecte, natif aussi de Vicence, florissoit dans le seizième Siècle. Lorsqu'il eut appris les principes de l'Art, il alla à Rome, où à force de s'appliquer à étudier les vieux Monumens;

ii

il se remplit l'esprit des belles idées des anciens Architectes & rétablit les régles que la barbarie des Goths avoit corrompues. Il dessina les principaux Ouvrages de l'Antiquité, qu'il trouva à Rome & y joignit des Commentaires qu'on imprima plusieurs fois avec des figures. Ce qui a consacré principalement le nom de Palladio, ce sont les quatre Livres d'Architecture qu'il publia en 1570. Le dernier, qui a les Temples des Romains pour objet, fait connoître que son Auteur a surpassé tous ceux qui avoient traité cette matiere avant lui.

VICENSIMUM, ou VICESIMUM. Voyez au mot AD, l'Article AD-VICESIMUM.

VICENSIS, ou VICOPACENSIS, Siège Episcopal d'Afrique, dans la Numidie, selon la Notice des Evêchez de cette Province. L'Evêque de ce Siège est nommé Asterius, *Episcopus Plebis Vicensis* dans la Conférence de Carthage [a]. Selon Mr. Dupin *Vicensis* de la Conférence de Carthage & *Vicopacensis* sont le même Siège, dont il juge qu'étoient Evêques Januarius *a Vico-Cæsaris*, qui assista au Concile de Carthage sous St. Cyprien, & Florentianus *Vicopatensis*, qui se trouva au Concile de la même Ville sous Boniface en 525.

[a] N°. 143.

VICENTA. Voyez VICETIA.

VICENTIA. Voyez VICETIA.

VICENTIN, Contrée d'Italie dans l'Etat de Venise. Ce Pays, qui tire son nom de Vicence sa Capitale, est borné au Nord par le Trentin [b], à l'Orient par le Trevisan & par le Padouan, au Midi par le Padouan, & au Couchant par le Veronese. Il est arrosé d'un côté par la Brente, de l'autre par la Riviere appellée *Fiume novo*, ou *la Gua*; & au milieu de ses terres il est baigné par le Bacchiglione, le Rerone, l'Agno, l'Astego, l'Asteghello, ou Asticello, la Tesine, la Seriole & le Cireton. Son Territoire [c] qui peut avoir quarante milles du Nord au Sud, & trente-trois milles de l'Est à l'Ouest, contient environ cent soixante milles antes. L'air qu'on y respire est fort sain & fort épuré. De tous côtez on trouve des Sources d'eaux vives, des Ruisseaux & de petits Lacs, entre lesquels est celui de Piola dont les eaux croissent & s'abaissent comme celles des Lagunes de Venise [d]. La Plaine est d'une grande étendue, & les Collines sont aussi fertiles qu'agréables. Elles portent d'une grande quantité de fort bon vin, de plusieurs couleurs & de divers goûts, doux & piquant, aromatique, âpre & stomacal, vert recherché par quelques-uns & de beaucoup d'autres sortes. Il y a aussi quantité de Meuriers dont les feuilles servent à nourrir une infinité de Vers à soie. On trouve en quelques endroits des Mines d'argent & de fer & par-tout des Carrieres de pierres à bâtir. Il y en a d'aussi dures que celle d'Istrie, & d'autres aussi fines que le Marbre de Carrare. On tire du même Pays une terre blanche, dont on se sert dans toute l'Italie, sur-tout à Fayence, pour blanchir & pour vernisser la Vaisselle. On en tire aussi le sable sans lequel on ne peut faire les Miroirs à Venise. On nourrit force Bétail; entre autres quantité de Veaux &

[b] Magin, Carte du Vicentin.

[c] La Forêt de Bourgon, Géogr. Hist. t. 2. p. 452.

[d] Corn. Dict. Leand. Descr. di tutt. Ital.

de Chevreaux dont la chair est d'un goût exquis. La Pêche n'y répond pas à la Venaison. Le Gibier de toute sorte, Cailles, Perdrix & Faisans, y est en grande abondance. Les Places les plus remarquables de ce Pays sont:

Vicence, Arzignan,
Bassano, Lonigo,
Marostica, Cologna,
Orgnan, Costozza.

On compte outre cela cent cinquante Villages, entre lesquels il y en a sept fort renommez appellez *sette Communi*, ou les sept Communautés, & qui sont fort peuplez.

Les Vicentins ont l'esprit fort vif. Ils sont courageux, civils & propres aux armes, aux Lettres, & au trafic; mais un peu décriez pour être trop portez à la vengeance, de quelque maniere qu'ils puissent l'éxecuter; ce qui a fait dire aux Italiens: *Guarda ti d'un Vicentino assassino, d'un Veronese senza proposito, & d'un Padoano in superbio*.

VICETIA, Ville d'Italie, dans la Gaule Transpadane, sur le petit *Medoacus*. Les anciens Auteurs Latins, comme Pline [e] & Tacite [f] écrivent VICETIA, & cette orthographe est conforme à une ancienne Inscription rapportée par Gruter:

[e] Lib. 3. c. 19. Hist. L. 3. c. 8.

M. ENNIUS M. F.
MEN. VICETINUS
DECURIO VICETIÆ.

Mais Ptolomée [g] lit VICENTA, la Table de Peutinger VICETIA, & l'Itinéraire d'Antonin VICENTIA CIVITAS. Cet Itinéraire la place entre Verone & Padoue, à trente-trois milles de la premiere de ces Villes & à trente-sept milles de la seconde. C'étoit un Municipe. Tacite [h] le dit clairement, & on le voit encore par le titre de Décurion qui se trouve dans l'Inscription qu'on vient de voir. Cette Ville s'appelle présentement *Vicenza*, mot corrompu de *Vicetia*. Voyez VICENZA.

[g] Lib. 3. c.
[h] Hist. L. 3. c. 8.

VICH. Voyez VIC, N°. 4.

VICHI, Ville de France dans le Bourbonnois, Election de Gannat, au bord de l'Allier, à une lieue de Cusset, & à quatre de la Pacaudiere, avec Châtellenie Royale ressortissante à la Sénéchaussée de Moulins, un Corps de Ville & un Grenier à Sel. La petite Ville de *Vichi* est connue principalement par ses Eaux minérales & par ses Bains. Il y a une Eglise Paroissiale, & une Maison de Célestins qui est très-belle. Les Habitans de *Vichi* se ressentent du Commerce qu'ils ont avec des personnes de qualité qui viennent aux Eaux: ils sont assez polis. Les environs de leur Ville jusqu'à Cusset sont un des plus agréables & des plus fertiles pays qui soient en France.

[i] Piganiol, Descr. de la France, t. 6. p. 211.

Auprés de *Vichi*, on trouve six Fontaines minérales [k]. Celle qui a plus de vogue que les autres, est à trois cens pas de cette Ville, & s'appelle la FONTAINE DE LA GRILLE, parce qu'elle est enfermée dans un Puits couvert de barreaux de fer, en forme de Gril-

[k] Ibid. p. 182.

Grille. L'Eau de cette Fontaine est limpide, & d'un goût un peu aigrelet. Elle abonde en Sel chargé de beaucoup de terre. On appelle la seconde la FONTAINE DES CAPUCINS, parce qu'elle est voisine du Couvent de ces Religieux, & qu'elle a sa décharge dans leur enclos. Elle n'est qu'à quinze pas de celle de la Grille, & son eau est moins limpide, mais plus chaude, quoique néanmoins on y puisse tenir la main, aussi long-tems qu'on veut. Le goût est aussi presque le même, & la différence la plus sensible qu'il y ait, c'est que l'eau de celle-ci a plus de sel, & moins de terre que celle de la première. La Maison du Roi est entre ces deux Fontaines; & on y a pratiqué deux Bains, dont l'un reçoit l'eau de la Fontaine de la Grille, & l'autre celle de la Fontaine des Capucins. Ces Bains sont trop enfoncez & n'ont pas assez d'air. A cinquante ou soixante pas de la Grille, en allant des Bains à Cusset, on trouve deux autres Fontaines qu'on nomme LES PETITS BOULETS; mais il y en a une qui n'est presque point en usage parce qu'elle ne jette que de petits bouillons, encore sont-ils altérez par l'eau douce. L'eau de l'autre de ces deux Fontaines est fort en usage, & elle est plus acide que les eaux des précédentes. Ces deux Fontaines sont enfermées dans deux petits réservoirs quarrez de pierre, & ils ont deux pieds en tout sens. La cinquième Fontaine est sur les fossez de la Ville, en allant du côté des Bains. On l'appelle le GROS BOULET QUARRÉ. L'eau en est moins chaude que celle de la Grille; d'ailleurs elle est abondante, limpide & d'un goût plus agréable que les autres. La sixième enfin est celle DES CÉLESTINS. Elle est située à fleur d'eau de la Riviére d'Allier, & au bas du Rocher sur lequel est bâti la Maison de ces Religieux. Son Bassin a environ un pied de profondeur, & peut contenir cinq ou six seaux d'eau. Pour peu que la Riviére d'Allier grossisse, elle inonde cette Fontaine; mais dès que ses eaux sont retirées, l'eau de la Fontaine devient aussi forte qu'auparavant. Cette eau est limpide, fort acide au goût; & à cela près qu'elle n'est pas ferrugineuse, elle ne diffère pas de celle de St. Alban. Du reste tous les sels qu'on tire de l'eau de ces six Sources différentes, sont de même nature, & font des sels nitreux.

Voici le jugement que porte M. Burlet touchant ces eaux qu'il a examinées en Chimiste.

[a] Mém. de l'Acad. des Sciences an. 1707. p. 127, & suiv.

Des sept Fontaines minérales, dit-il [a], qui sont à Vichi je n'en ai examiné que six; savoir, les deux Puits des Capucins, celui de la Grille, du gros Boulet, les deux Fontaines Gargniés. L'eau de la septième qui est celle des Célestins étoit sale & bourbeuse, parce qu'on remuoit alors des terres près de cette Fontaine.

Les deux Puits des Capucins paroissent n'avoir qu'une même source, & l'eau en est tout-à-fait la même. Elle a un degré de chaleur fort considérable: elle paroît d'abord dans le Bassin louche & comme blanchâtre, dans le Verre néanmoins elle est plus claire & plus limpide. Son odeur est forte & semble participer quelque chose du Souffre commun allumé: elle est au goût d'un sel vif & piquant, & desagréable à boire. Elle conserve sa chaleur fort long-tems. On ne trouve qu'un demi degré de chaleur de différence entre le petit Puits quarré & le grand Puits des Capucins. Le Thermométre dont je me suis servi avoit deux pouces & demi de long, non compris la boule; exposé à l'air, sa liqueur étoit à 24. lignes; elle a monté, plongé dans le grand Puits quarré, à 51. lignes, dans le petit Puits quarré, à 51. lignes & $\frac{1}{2}$.

L'Eau des Puits des Capucins mêlée avec la dissolution d'Alun & l'esprit de Vitriol a fermenté considérablement; mêlée avec l'eau de chaux, elle est devenue seulement trouble. Elle n'a point rougi le papier bleu, & n'a pris qu'une très-foible teinture avec la Noix de galles: elle n'a point changé la couleur de la solution du Tournesol, elle a verdi celle du Sirop violat. Tous ceux qui ont fait ces expériences ont trouvé la même chose à très-peu de différence près.

Ayant fait évaporer 4. livres de cette Eau, dans une terrine, il m'est resté deux dragmes & soixante grains de résidence; c'est à quelques grains près ce qu'a trouvé M. Chomel, qui sur huit livres marque avoir tiré cinq dragmes & demie de résidence.

Pour connoître avec plus de justesse & de précision le poids de la résidence sur une certaine quantité d'eau, je me suis servi, à l'exemple de M. Geoffroi, d'un petit vaisseau de verre large & plat, pesant demie once & huit grains; j'y ai mis évaporer lentement, sur des cendres chaudes, six gros & trente-deux grains d'eau; après l'évaporation j'y ai trouvé au fond & aux parois du verre une résidence blanche, seche, adhérente: ayant reposé le verre, son poids étoit augmenté de près de trois grains & $\frac{1}{2}$, par où j'ai conclu que chaque pinte de cette eau contenoit environ cent vingt-six grains de résidence.

L'eau de la Grille est un peu moins chaude que celle des Puits des Capucins. Y ayant plongé le Thermométre, sa liqueur a monté à cinquante lignes, elle contient aussi presque le même poids de sa résidence. Cette eau est celle dont boivent la plûpart des malades: elle est d'une saveur qui tire sur le salé lixiviel, fort claire & limpide, sortant à gros bouillons de sa source, & envoyant une odeur de Salpêtre fondu. Elle conserve sa chaleur aussi long-tems que celle des Capucins, & par tous les essais on n'y trouve guère de différence.

L'eau du gros boulet est tiède, assez limpide, d'un goût plus piquant que l'eau de la Grille, d'une odeur qui semble participer quelque chose du fer. La boue qui se trouve dans une espèce de petit ruisseau, qui sert comme de déchargeoir à cette Fontaine, est noire. L'ayant fait secher, il m'a paru qu'avec la pierre d'aimant j'avois enlevé quelques particules. Cette eau est assez d'usage; elle est plus forte & plus purgative que celle de la Grille. Dans les maladies d'obstruction on la boit seule ou mêlée avec l'eau de la Grille. Mêlée avec l'infu-

Bb sion

sion de noix de galles, elle devient d'une couleur bien plus ambrée & plus foncée que l'eau de la Grille. Par l'évaporation elle a donné sur pinte près de 18. grains de résidence plus que l'eau de la Grille & des Puits des Capucins. Elle fermente avec tous les acides, & le papier bleu, rougi par un acide, y reprend sa couleur. Cette eau, comme, la plus forte est celle qu'on transporte ordinairement à Paris, pour la faire boire aux malades qui ne peuvent aller sur les lieux.

L'eau des Fontaines Gargniés ou du petit Boulet est froide, d'une saveur qui tire sur l'acide. On la fait boire sur les lieux avec succès pour les Jaunisses, les Néphrétiques, &c. Elle est moins chargée de sel que celle du gros Boulet. Elle fermente aussi avec les acides, mais moins sensiblement que l'eau du gros Boulet; la couleur qu'elle donne à l'infusion de noix de galles, tire sur celle du vin paillet.

Les Fontaines dont nous venons de parler sont les seules cultivées & entretenues à Vichi, quoiqu'il y ait beaucoup d'autres sources dans le voisinage qui ne paroissent pas différentes de celles-ci, sur-tout des froides.

Le Sel dont les eaux de Vichi sont imprégnées paroît être le même dans toutes les sources. Par tous les essais de Chimie ce sel est reconnu un sel minéral alkali, qui dans les Fontaines chaudes a vraisemblablement quelques portions plus volatiles combinées avec des souffres. Quelque soin néanmoins qu'on prenne, & quelque expérience qu'on ait tenté de faire pour recueillir ces souffres, l'on n'a pas tout-à-fait réussi. M. Fouet, qui a la direction des eaux de Vichi depuis long-tems, soutient qu'il n'y a rien de bitumineux dans ces eaux; qu'ayant examiné toutes les résidences avec un soin extrême, il n'a pu y découvrir que de la terre & du sel: que ce sel est un vrai Nitre fort différent de notre Salpêtre, mais le même que le *Natrum* de Anciens.

Pour moi, j'ai cru avoir trouvé dans la résidence des eaux de Vichi quelque portion sulphureuse; car ayant mis de cette résidence sur des charbons ardens dans une chambre où il n'y avoit pas de jour, après quelque petillement des parties salines, il s'est élevé de petites flammes bleuâtres dont l'odeur approchoit de celle de la poudre à canon qui prend feu. J'ai de plus tenu pendant quelques jours cette résidence en dissolution dans l'esprit de vin, & j'ai observé qu'il s'y attache quelques particules grasses qui surnageoient. Cela m'a paru plus sensible après avoir séparé du sel la terre, & l'avoir mise dans l'esprit de vin; car quelques jours après il s'est formé à la superficie une pellicule qui paroissoit toute onctueuse.

Outre quelque petite portion de souffre, j'ai cru avoir encore découvert dans la résidence des eaux, sur-tout dans celles de la Grille, du gros Boulet, & des Fontaines Gargniés quelques particules de fer; car m'étant servi de la pierre d'aimant, j'ai sûrement enlevé quelques particules. Personne, que je sache jusqu'à présent, n'avoit fait cette expérience.

Il paroît donc vraisemblable de conclure qu'il y a un Sel minéral alkali dominant dans les eaux de Vichi, avec quelque portion de souffre, de fer, & peut-être de vitriol. Plusieurs personnes ont soupçonné que ce dernier Minéral entroit pour quelque chose dans les eaux de Vichi, parce qu'elles ont une saveur où l'on démêle quelque pointe, & qu'elles prennent une teinture avec la poudre de noix de galles; mais ils ont prétendu que c'étoit un vitriol volatil qu'on ne pouvoit recueillir ni reconnoître par les essais ordinaires. Sur ce doute je renouvellai une expérience qui avoit été faite par des Médecins de Lyon. Je couvris la Grille de la Fontaine qui retient ce nom, & le petit Puits quarré des Capucins avec le Tournesol que je laissai toute la nuit, & le lendemain je n'observai aucun changement à la couleur du papier. Ayant rougi le même papier bleu avec l'esprit de vitriol, & en ayant recouvert les Fontaines, je trouvai le lendemain qu'il avoit repris sa couleur bleue naturelle.

Cette expérience semble confirmer qu'il n'y a aucun acide volatil dans les eaux de Vichi, & que le Sel qui s'en élève l'Hyver, & qui s'attache aux voutes & aux murailles, sur-tout dans l'endroit où l'on douche, n'est point différent de celui qu'on tire par l'évaporation, & qu'il est alkali.

Je dirai ici en passant qu'il s'élève une si grande portion de ce Sel l'Hyver, & que dans le voisinage des Fontaines chaudes, l'air en est si fort rempli, que les personnes qui y demeurent en sont fort incommodées. Une jeune Duchesse de Bourbon voulut s'établir à Vichi, & elle se logea dans le logis du Roi près le Bain des pauvres: l'air chargé de Sel, & la fumée même des Eaux fit une impression si vive sur sa poitrine, que malgré sa jeunesse & sa forte constitution, elle y mourut en fort peu de tems d'une espèce de consomption.

Tout le monde sait que les vertus principales des Eaux de Vichi, sont de purger & de pousser par la voye des urines, & de la transpiration. Les Eaux froides comme celles des Fontaines Gargniés & l'eau tiède du gros Boulet sont plus purgatives que les Eaux chaudes de la Grille, & du Puits des Capucins, & ces dernières aussi agissent plus sensiblement par la transpiration.

On peut conjecturer que le minéral, dont ces Eaux sont plus ou moins chargées, est le principe par lequel elles agissent différemment. Comme ces Eaux sont vives & qu'elles portent près d'un gros & demi de Sel sur pinte, on doit être circonspect à en prescrire l'usage. Elles font des fontes subites, & donnent très-aisément la fiévre. Souvent les premiers jours elles ne purgent que peu, ou point du tout, & dans la suite elles purgent trop. Elles conviennent & réussissent assez dans les maladies causées par la crudité & l'empâtement de la lymphe, dans celles qui résultent des obstructions des premières voyes, dans les abreuvemens pituiteux des nerfs & du cerveau; encore doit-on prendre garde que les malades ne soient point épuisés, qu'ils soient d'une constitution forte & robuste. Elles sont pernicieuses dans les maladies de poitrine, &

VIC.

& dans les tempéramens secs & atrabilaires.

Non-seulement on doit avoir une entière attention à bien connoître les maladies auxquelles ces Eaux conviennent, mais on ne les doit pas même ordonner sans obliger les malades de faire les remedes de préparation nécessaires.

M. Teffé Avocat au Parlement de Paris d'une réputation distinguée, au premier voyage que fit M. le premier Président de Harlai à Vichi, y but des Eaux sans précaution, & même peut-être sans besoin. Elles lui donnérent une si cruelle dyssenterie, que tous les remedes qu'on lui fit devinrent inutiles, & qu'il en mourut fort peu de tems après.

VICILINUS, ou VICELINUS. Voyez au mot JUPITER l'Article JOVIS. VICELINI TEMPLUM.

VICINOVIA, ou VICENONIA, Fleuve de la France selon Grégoire de Tours [a]. Ptolomée le nomme *Vidiana*, & les Latins modernes l'appellent *Vigelania* [b]. Le nom François est LA VILLAINE. Elle prend sa source aux confins du Maine, & après avoir baigné Vitry, Rennes, & quelques autres Villes elle va se perdre dans la Mer vis-à-vis de Belle-Isle.

[a] Lib. 5. c. 26 & Lib. 10. c. 9.
[b] Pap. Mass. Descr. Galliæ per Flum.

VICKEN, Château de Suisse [c], à l'extrémité du Canton de Lucerne, vis-à-vis de Zofingue. Ce Château situé sur une hauteur sert de Résidence à un Baillif.

[c] Etat & Délices de la Suisse, t. 2. p. 399.

VICKESLAND, WICH, WYCKSHDEN, ou VICKSIDEN, & en Latin *Wickia*, Contrée de la Norwége, au Gouvernement de Bahus. C'est, selon Hermanidès [d], la partie Septentrionale de ce Gouvernement, & elle s'étend presque jusqu'aux Montagnes.

[d] Dania, Norvegia, &c. Descr. p. 1210.

1. VICO, Bourgade de l'Isle de Corse [e], dans sa partie Occidentale, à la gauche & assez près de l'Embouchure du Limone. Mr. Corneille [f] sans citer aucun garant dit que quelques-uns prennent ce Lieu pour la Ville que les Anciens nommoient *Tarabinorum Vicus*.

[e] Magin, Carte de l'Isle de Corse.
[f] Dict.

2. VICO, Bourgade d'Italie, dans le Patrimoine de St. Pierre, entre Viterbe & Ronciglione, mais plus près de cette derniére, sur le bord d'un Lac appellé *Lago di Vico*. Leander croit que cette Bourgade est l'*Elbii Vicus*, dont il est parlé dans les Exemplaires Latins de Ptolomée.

3. VICO, Ville d'Italie, au Royaume de Naples, dans la Principauté ultérieure, au fond du Mont Apennin, sur un Rocher escarpé, à treize milles de Conza vers le Septentrion. Magin [g] nomme cette petite Ville Trevico. Voyez TREVICO.

[g] Carte de la Princip. Ult.

4. VICO, ou VICO DI PANTANO, Bourgade d'Italie, au Royaume de Naples, dans la Terre de Labour, sur le bord Oriental du Lac de Patria.

5. VICO, ou VICO-AQUENSE, Ville d'Italie au Royaume de Naples [h], dans la Terre de Labour, vers la Mer. Charles II. Roi de Naples la fonda des ruïnes d'*Equa*, & elle fut érigée en Evêché vers l'an 1300. sous la Métropole de Surrento. Le tremblement de terre [i] qui arriva en 1694. la bouleversa de telle sorte, qu'à peine il restat-il quarante maisons qui ne fussent pas endommagées.

[h] Commainville, Table des Evêchez.
[i] Corn. Dict.

VIC. 195

VICO-ATERI (à), ou VICO-ATERIENSIS, Siège Episcopal d'Afrique dans la Byzacène, selon la Notice des Evêchés de cette Province, où l'Evêque de ce Siège est nommé Pecatus *Vico-Aterienfis*; & dans la Conférence de Carthage [k], Rogatianus est qualifié Episcopus *à Vico-Ateri*. Ebasius *Episcopus sanctæ Ecclesiæ Vico Aterienfis* souscrivit la Lettre Synodique des Peres de la Byzacène dans le Concile de Latran sous le Pape Martin.

No. 198.

VICOGNE, Abbaye de France, dans le Hainaut, Prevôté de Valenciennes, à une lieue de la Ville de ce nom. Cette Abbaye qui est de l'Ordre de Prémontré fut commencée en 1125. par un Prêtre nommé Gui, Compagnon de St. Norbert. Il y a trois Eglises dont une se fait admirer par sa grandeur, par son Architecture, par son Jubé, & par la quantité extraordinaire de beaux Ouvrages de Marbre, qui servent d'ornemens. Cette Eglise a deux Tours sur son portail, & les chaises du Chœur, faites d'une belle menuiserie, représentent en Bas-reliefs les actions historiques de St. Augustin & de St. Norbert. Plusieurs Chasses d'argent & de bois doré y renferment un grand nombre de Saintes Reliques. Le Carillon sur les petites cloches de cette Abbaye imite toutes sortes d'airs. La Maison Abbatiale est magnifique, & celle des Religieux peut être appellée complette. Les Savans peuvent être contens de la quantité de bons Livres qu'on trouve dans la Bibliothéque sur quelque matière que ce soit. Selon des Mémoires MSS. dressez sur les Lieux, & citez par Mr. Corneille, qui me fournit une partie de cet Article, l'Abbaye de Vicogne ne reconnoît point de fondateur particulier. On tient seulement qu'elle fut bâtie en 425. Sur ce pied-là le Prêtre Gui, Compagnon de St. Norbert, n'en a été que le Restaurateur.

VICONIA. Voyez VINOVIA.

VICOVARO, Bourg d'Italie, dans la Sabine, à trois lieues de Tivoli du côté de l'Orient près du Teverone, selon Mr. Baudrand. Magin [l] marque ce Bourg à trois milles au Nord du Teverone, & à neuf milles au Nord Oriental de Tivoli. C'est une Principauté qui appartient à la Maison des Ursins.

[l] Carte de la Sabine.

VICOVENZA, Bourgade d'Italie, dans l'Etat de l'Eglise, au Ferrarois, à seize milles de la Ville de Ferrare, selon Mr. Baudrand qui cite Leander. Il ajoute que ce Lieu nommé présentement en Latin *Vicohabentia*, & *Vicus-Habentium*, est la Ville de l'Emilie nommée par Polybe *Vicus-Egonum*.

1. VICQ, Bourg de France, dans le Berry, Election de Blanc. Ce Bourg est bien peuplé.

2. VICQ, Bourg de France, dans la Champagne, Election de Langres.

VICTESIS. Voyez VECTIS.

VICTOIRE, Abbaye de l'Isle de France, au Diocèse de Senlis, à une lieue de la Ville de ce nom, du côté de l'Orient, sur le bord de la Rivière de Nonnette. Cette Abbaye qui est de l'Ordre de St. Augustin, fut fondée en 1222. par Philippe Auguste en mémoire de la Victoire qu'il avoit remportée à Pont à Bovine, autrement à la batail-

Bb 2

VIC.

le de Bouvines, qu'il gagna en 1214. fur l'Empereur Othon IV. affifté des Anglois & des Flamans. Cette Abbaye n'a point reçu de réforme, & fon revenu eft de trois mille Livres. Ce fut dans cette même Abbaye que Louïs XI. & Édouard IV. conclurent une paix que l'on appelloit alors *une Paix heureufe*, parce qu'elle avoit été faite dans un tems difficile, où la France n'étoit pas en état de s'attirer aucun Ennemi nouveau.

VICTOPHALI, Peuples de la Dace felon Eutrope [a], qui dit que le Pays qu'ils habitoient avoit été fubjugué par l'Empereur Trajan. Quelques MSS. portent VICTOHALI ou VICTOALI, & Ammien-Marcellin [b] lit VICTOBALI ; mais Mr. de Valois croit qu'il faut lire VICTOHALI. C'eft l'Ortographe que fuivent le MS. de la Bibliothéque Royale & quelques autres. Capitolin dit VICTOUALI, dans la Vie de l'Empereur Marc-Aurèle.

1. VICTORIA, Ville de la Grande-Bretagne : Ptolomée [c] la donne aux *Damnii*. C'eft préfentement *Caer-Guich*, felon Camden, & *Abernethy* felon le Pere Briet.

2. VICTORIA, Ville de la Mauritanie Céfarienfe. Ptolomée [d] la marque dans les Terres ; & Marmol dit qu'on la nomme aujourd'hui Agobel. Voyez AGOBEL, No. 2.

3. VICTORIA. Voyez VITTORIA.

VICTORIACUM, ancien Lieu de la Flandre. Grégoire de Tours [e] lui donne le titre de *Villa*. Surquoi Don Thiery Ruinart remarque que felon Miræus c'eft préfentement *Vitry*, entre *Douay* & *Arras*, fur a Scarpe. Il ajoute que Hairulfe dans la Chronique de St. Riquier l'appelle *Villa publica in Suburbano Atrebatenfis Urbis*.

VICTORIÆ-MONS, Montagne de l'Efpagne Citérieure : Tite-Live [f] fait entendre qu'elle étoit au voifinage de l'Ebre.

VICTORIÆ-JULIOBRIGENSIUM-PORTUS, Port de l'Efpagne Citérieure : Pline [g] qui y met une Ville de même nom la donne aux Vardules. C'eft aujourd'hui *Sant-Andero* appellé par Mariana *Sancti Emederii Portus*.

VICTORIANENSIS, Siège Épifcopal d'Afrique, dans la Byzacène. La Notice des Evêchés de cette Province nomme l'Evêque de ce Siège. . . . *Victorianenfis*; & la Conférence de Carthage [h] l'appelle Saturninus *Epifcopus Victorianenfis*. Saturninus *a Victoriana* affifta au Concile de Carthage fous St. Cyprien : St. Auguftin fait mention de Reftitutus *Victorianenfis Epifcopus*; & Getulicus *Victorianenfis Epifcopus* foufcrivit au Concile de Cabarfuffa parmi les Donatiftes.

☞ 1. VICTRIX, furnom donné à quelques Légions, ou Colonies Romaines, à caufe de quelque Victoire fignalée qu'elles avoient remportée.

2. VICTRIX. Voyez CAMULODUNUM, DEUNANA, OSCA, ILLICE & TARRACO.

VICTUMVIÆ, Entrepôt, ou Lieu de Marché en Italie dans la Cifpadane. Tite-Live [i] dit que les Romains avoient fortifié ce Lieu durant la guerre qu'ils avoient euea-

[a] Lib. 8.
[b] Lib. 17. c. 12.
[c] Lib. 2. c. 3.
[d] Lib. 4. c. 2.
[e] Hift. Francor. Lib. 4. p. 194.
[f] Lib. 24. c. 41.
[g] Lib. 3. c. 20.
[h] No. 201.
[i] Lib. 21. c. 57.

VIC.

vec les Gaulois ; & les Peuples des environs s'y étoient retirez comme dans un lieu de fûreté. Annibal ayant pris *Victumviæ*, pilla & ruïna entiérement ce Lieu.

☞ 1. VICUS, nom Latin qui fignifie dans fon origine une Rue, un Quartier. On le donna auffi aux Villages, ou Bourgs, & aux Maifons de la Campagne, qui fe trouvoient jointes les unes aux autres fur les grands chemins ; en forte qu'étant bâties des deux côtez du chemin, elles formoient une Rue femblable à celles des Villes.

2. VICUS, ou VICUS SPACORUM Voyez SPACORUM-VICUS.

3. VICUS, Bourgade de la Rhétie : Ptolomée [k] la marque au voifinage de la Source du Rhein.

4. VICUS. C'eft un Lieu de la Tofcane, dit Ortelius [l], fi l'on s'en rapporte à l'Edit du Roi Didier.

VICUS-APOLLONOS, Lieu d'Egypte : l'Itinéraire d'Antonin le place dans la partie Arabique au-delà du Nil, entre Thèbes & Coptos, à vingt-deux milles de chacune de ces Villes. Quelques MSS. lifent VICO-PALLONOS, & d'autres VICO-APOLLINOS. Surita a cru que c'étoit l'*Apollinis Civitas Parva* de Ptolomée.

VICUS-AQUARIUS, Lieu de l'Efpagne Tarragonnoife, fur la route d'Afturica à Sarragoffe, felon l'Itinéraire d'Antonin, qui le met entre *Brigecium* & *Ocelodurum*, à trente-deux milles du premier de ces Lieux & à douze milles du fecond. Voyez VISONTIUM.

1. VICUS-AUGUSTI, Lieu de l'Afrique propre : il eft placé dans l'Itinéraire d'Antonin, fur la route d'Hippone Royale à Carthage, entre *Novæ Aquilianæ* & *Cluacaria*, à feize milles du premier de ces Lieux & à trente milles du fecond. Simler veut que VICUS-AUGUSTI & VICUS-CÆSARIS foient le même Lieu ; mais quand cela feroit il refteroit toujours à décider fi VICUS-CÆSARIS feroit le VICUS-AUGUSTI dont il eft ici queftion, ou le VICUS-AUGUSTI de l'Article fuivant, car on ne peut s'empêcher d'en faire deux Lieux différens.

2. VICUS-AUGUSTI, Lieu de l'Afrique propre, felon l'Itinéraire d'Antonin, qui le met fur la route de Carthage à Sufetula, en paffant par Adrumette. Il eft entre cette derniére Ville, & *Aquæ-regiæ*, à vingt-cinq milles de chacun de ces Lieux.

VICUS BADIUS, Lieu d'Italie : l'Itinéraire d'Antonin le marque fur la route de Rome à Adria, entre FALACRINUM, & AD CENTESIMUM, à neuf milles du premier de ces Lieux & à dix milles du fecond.

VICUS-CÆSARIS, Lieu de l'Afrique propre, felon St. Auguftin cité par Ortelius [m]: VICUS-AUGUSTI, No. 1.

VICUS-CALFURNIANUS. Voyez VICUS-VESTERIANUS.

VICUS-CUMINARIUS, Lieu de l'Efpagne Tarragonnoife, chez les Carpétains. L'Itinéraire d'Antonin le met fur la route d'*Emerita* à *Cæfaraugufta*, en prenant par la Lufitanie, & il le place entre *Alces* & *Titulcia*, à vingt-quatre milles du premier de ces Lieux & à dix-huit milles du fecond. Comme Pline [n] nous apprend qu'on faifoit grand

[k] Lib. 2. c. 12.
[l] Thefaur.
[m] Ibid.
[n] Lib. 19. c. 8.

cas

VIC. VIC. VID. 197

cas du Cumin de la Carpétanie; il se pourroit bien faire, que cela auroit occasionné le nom de ce Lieu; & cette opinion est d'autant plus vraisemblable que *Santa Crux de la Zarza*, qu'on prend aujourd'hui pour *Vicus-Cuminarius*, fait encore aujourd'hui un grand Commerce de Cumin. Quelques MSS. lisent COMINARIUS-VICUS pour CUMINARIUS-VICUS.

VICUS-ITALICUS, Ant. Bonfinius, dit, [a] selon Ortelius [a], qu'on appella ainsi anciennement la Ville de Zagrab, Capitale de l'Esclavonie. Voyez ZAGRAB.

[a] Thesaur.

VICUS-JUDÆORUM, Lieu d'Egypte: l'Itinéraire d'Antonin le marque au-delà du Nil entre *Scenæ Veteranorum* & *Thou*, à douze milles du premier de ces Lieux & à égale distance du second. Simler croit que c'est le même Lieu qui est nommé CASTRA-JUDÆORUM, dans la Notice des Dignitez de l'Empire, où ce Lieu est placé dans l'Augustamnique.

VICUS-JULII, ou VICUS-JULIUS, Lieu de la Gaule selon le second Concile de Lyon cité par Ortelius [b]. Grégoire de Tours en parle, & fait entendre que c'est l'ancien nom d'un Siège Episcopal. Mr. de Valois juge que c'est présentement la Ville d'Aire.

[b] Ibid.
[c] Lib. 7. c. 3.

VICUS-JULIUS, Lieu de la Gaule Belgique, chez les Némétes, selon la Notice des Dignitez de l'Empire [d], qui semble dire que ce Lieu étoit entre *Tabernæ* & *Nemetes*, autrement *Noviomagus*; car elle range ainsi l'ordre des Garnisons dans le Pays des Némétes:

[d] Sect...

Præfectus militum Pacensium   Saletione.
Præfectus militum Menapiorum   Tabernis.
Præfectus militum Anderecianorum Vico-Julio.
Præfectus militum Vindicum   Nemetes.
Præfectus militum Martensium   Altaripa.
Præfectus militum secundæ Flaviæ Vangiones.

Comme l'ordre des Lieux [e] est parfaitement observé dans cette Liste des Garnisons, on ne peut douter que VICUS-JULIUS ne soit aussi dans sa place. Il auroit été par conséquent entre *Tabérnæ* & *Nemetes*, autrement entre Rhein-Zabern & Spire; & comme entre Rhein-Zabern & Spire, on trouve environ à moitié chemin *Germersheim*, Cluvier a conclu ce que devoit être JULIUS-VICUS; ce qui paroît assez probable.

[e] Cellar. Geogr. Ant. L. 2. c. 3.

VICUS-NOVUS, Lieu d'Italie dans l'Umbrie. L'Itinéraire d'Antonin le marque sur la route de Rome à Adria, entre *Eretum* & *Reate*, à quatorze milles du premier de ces Lieux & à seize milles du second. Il y en a qui croient que c'est le même Lieu qui est appellé FORUM-NOVUM, dans les Actes [f] du Martyre de St. Anthime & de ses Compagnons. Ces Actes mettent FORUM-NOVUM à trente milles de Rome; ainsi il n'y auroit qu'une différence de deux milles, car l'Itinéraire d'Antonin place VICUS-NOVUS à vingt-huit milles de Rome.

[f] Cap. 1.

Ab Urbe Adriæ usque. . . . .
Ereto   M. P. XVIII.
Vico-novo   M. P. XIV.

VICUS-PACENSIS. Voyez VICENSIS.

VICUS-TUSCUS. Voyez LIBYSCUS.

VICUS-VALERIUS, ou VICUS-VARRONIS, Lieu d'Italie, dans le Latium, chez les Æquicoles, selon Sabellicus cité par Ortelius [g], qui dit que c'est aujourd'hui *Vicovaro*.

[g] Thesaur.

VICUS-VARIANUS, Lieu d'Italie, selon l'Itinéraire d'Antonin, qui le marque sur la route d'Aquilée à Boulogne, entre *Annetanum* & *Vicus Serninus*, à dix-huit milles du premier de ces Lieux & à vingt milles du second. Cluvier [h] veut que ce soit aujourd'hui *Vigo*, sur la rive droite de l'Adige au voisinage de *Legnano*.

[h] Ital. Ant. Lib. 1. c. 18.

VICUS-VESTERIANUS & CALFURNIANUS, Ortelius [i] dit: c'est une ancienne Inscription, rapportée dans le Tresor de Goltzius, où on lit VICI-VESTERIANI & CALFURNIANI.

[i] Thesaur.

☞ VIDAMIE, mot François qui signifie les Fiefs héréditaires possédez par un Vidame, comme Officier & Vassal d'un Evêque. Le titre de Vidame [k] a été donné à certains Gentilshommes, comme au Vidame de Chartres, au Vidame d'Amiens & autres. Nicot fait venir ce mot de *Vicarius*, & Pasquier le derive de *Vicedominus*, à cause que *Dam* signifioit Seigneur. Les Vidames ont été originairement instituez pour défendre les biens temporels des Evêchez pendant que les Evêques faisoient leur entière occupation des fonctions spirituelles. Comme ils prenoient leur fait & cause en Justice & qu'ils la rendoient à leurs Tenanciers, on les appelloit aussi *Avocats & défenseurs de l'Eglise*. Quand les Evêques étoient obligez d'aller à la guerre, soit pour l'Arriére-ban, soit pour défendre leur temporel, les Vidames qui tenoient leur place & qui les représentoient, entant que Seigneurs temporels, conduisoient leurs Troupes. Ils empêchoient aussi, quand un Evêque mouroit, qu'on ne pillât sa Maison, comme c'étoit la coutume ancienne dans toute l'Eglise. Dans la suite des tems, les Vidames qui n'étoient d'abord que des Officiers des Evêques, pour conserver les droits de l'Eglise & pour administrer la Justice se sont rendus propriétaires de leurs Charges & en ont fait des Vidamies; c'est-à-dire des Fiefs héréditaires relevans d'un Evêque. Il ne peut y avoir qu'un Vidame en chaque Evêché, & il prend son nom de la Ville Episcopale. Le Baron d'Esneval se dit Vidame de Normandie. Il y a eu aussi des Vidames dans les Abbayes, comme dans celle de St. Denis en France, & même il y en a pour les Abbayes de Filles, comme on le voit dans les Capitulaires de Charlemagne. Les Vidames portoient leurs timbres tout d'argent, tarrez de deux tiers montrant sept Barreaux, & ils jouïssoient des prérogatives des Vicomtes. Il y a encore aujourd'hui divers Seigneurs qui portent le titre de Vidames.

[k] Dict. de l'Acad. Franç.

VIDAMIE DU MANS, Seigneurie de France [l], dans le Maine, auprès de la Ville du Mans, dans la Paroisse de St. Aubin. Cette Seigneurie a appartenu autrefois à la Famille des Usages. Au commencement du dernier Siècle elle étoit dans celle d'Angennes; & maintenant elle est dans celle de Vas-

[l] Piganiol, Descr. de la France, t. 5. p. 504.

Vaffé, dont l'aîné porte le titre de Vidame du Mans.

VIDAXIA, gros Bourg, ou petite Ville[a], de la grande Pologne, au Palatinat de Siradie, près d'un Marais, à deux ou trois heures de Petrikow. Ce Bourg est séparé en deux parties, savoir en vieille & en nouvelle Ville.

[a] *Corn. Dict.*

VIDEFONTAINE, Paroisse de France dans la Normandie, au Diocèse de Coutances. Il y a dans cette Paroisse plusieurs Manufactures de poteries, d'une terre qu'on y trouve très-propre à cet usage. Il y a aussi des Landayes, & des Bois taillis pour cuire ces poteries. Cette Paroisse est environnée de bons & de grands Marais.

VIDENSIS-LIMES, Lieu de la Mauritanie Céfarienne, selon la Notice des Dignitez de l'Empire[b], où on lit ces mots : *Præpositus Videnſis Limitis*.

[b] Sect. 54.

VIDERBRUN, Lieu de France, dans la Basse-Alsace, au Diocèse de Strasbourg. On voit dans ce Lieu une Fontaine d'eau minérale.

VIDICINORUM OPPIDUM, Ville d'Italie dans le Picenum. Pline dit sur le rapport de Valerianus que cette Ville avoit été détruite par les Romains : au lieu de VIDICINORUM, le Pere Harduin lit, VITTICINORUM.

VIDIN, Ville des Etats du Turc, en Europe[c], dans la Bulgarie, sur la rive droite du Danube, entre les Embouchures du Timok & de l'Artzar. Cette Ville qui a un Archevêché du Rit Grec, fut prise & pillée par les Impériaux en 1688. Les Turcs la reprirent l'année suivante, & ils en sont demeurez les Maîtres depuis.

[c] *De l'Isle, Atlas.*

VIDINI, Peuples de la Sarmatie Européenne. Voyez UDINI & BUDINI.

VIDIOARII[d], Peuples qui, selon Agathias, habitoient à l'Embouchure de la Vistule.

[d] *Ortelii Thesaur.*

VIDOGARA, Voyez VIDOTARA.

VIDOSUS, nom Latin de la Rivière BIDASSOA, ou VIDASSO. Voyez BIDASSOA. Cette Rivière a porté divers autres noms ; savoir *Andaye*, *Margari*, *Iron*, *Vidorso*, *Aldulda*, *Huria*, *Beryola* & *Beoyola*.

VIDOTARA, Golphe de la Grande-Bretagne : Ptolomée[e] le marque sur la Côte Septentrionale, entre *Rherigonius Sinus* & *Clota Æstuarium*. Les Exemplaires Latins lisent VIDOGARA au lieu de VIDOTARA; & un MS. consulté par Ortelius[f] portoit Ουινδογαρα, *Vindogara*. Ce Golphe nommé *Rianus Lacus* par Buchanan, n'est pas, comme Ptolomée dit, sur la Côte Septentrionale ; mais sur la Côte Occidentale de l'Ecosse, dans la Province de Carrik. Du tems de Ptolomée la position de la partie Septentrionale de la Grande-Bretagne appellée depuis l'Ecosse, n'étoit pas connue : on croyoit qu'elle s'étendoit de l'Ouest à l'Est, au lieu qu'elle s'étend du Midi au Nord. L'Auteur des Délices de la Grande-Bretagne[g], remarque que Ptolomée, parlant des deux Golphes qui font la Presqu'Isle de Mull, appelle l'un RERIGONIUS SINUS & l'autre VIDOTARA, marquant par le premier de ces noms le Golphe de *Glen-Luce*, & par le second celui de *Rian* ; mais que Buchanan & le

[e] *Lib. 2. c. 3.*
[f] *Thesaur.*
[g] *Pag. 1185.*

quelques autres qui ont prétendu, que ces noms étoient renversez, & que *Rerigonius Sinus* devoit signifier le Golphe ou le Lac de Rian. On peut encore remarquer que dans une Edition fort ancienne de Ptolomée on lit *Berigonius Sinus*, au lieu de *Rerigonius* ; ce qui pourroit être la véritable orthographe, d'autant plus que l'ancienne Ville de ce Quartier se nommoit BERIGONIUM OPPIDUM.

VIDOURLE, VIDURLUS, petite Rivière de France, dans le Languedoc. Elle naît dans le Diocèse d'Alaiz, & prenant son cours vers le Midi, elle mouille St. Hippolyte, Sauve, Sommières, & va se perdre dans l'Etang de Thau, à trois lieues à l'Orient de Montpellier.

VIDOUSE, ou BIDOUSE. Voyez BIDOUSE.

VIDRUS, Fleuve de la Germanie : son Embouchure est placée par Ptolomée entre *Marmanis Portus*, & l'Embouchure du Fleuve *Amasius*. Spener[h] observe que plusieurs Ecrivains ont pris mal à propos le VECHT pour le VIDRUS de Ptolomée ; & plus bas, il ajoûte que le VIDRUS, ou VIDER[i] qu'on croit être la Branche Occidentale de l'Ems, a été appellé originairement *Weller*, ou *Wider*, d'où fut ensuite formé le Ουιδρος de Ptolomée.

[h] *Notit. Germ. Ant. L. 2. c. 2.*
[i] *Ibid. p. 74.*

VIDUA, Fleuve de l'Hibernie. Ptolomée[k] place l'Embouchure de ce Fleuve, sur la Côte Septentrionale, entre le Promontoire *Venicnium*, & l'Embouchure du Fleuve *Argita*. Le nom moderne de ce Fleuve est *Crodagh*, selon Camden. Un MS. de Ptolomée consulté par Ortelius[l] au lieu de Ουιδουα, *Vidua*, lisoit Ουιδοα, *Udioa*.

[k] *Lib. 2. c. 2.*
[l] *Thesaur.*

VIDUCASSIUM CIVITAS, ancienne Ville des Gaules[m], & la Capitale des Peuples *Vadiocasses*, ou *Badiocasses*. La plûpart des Commentateurs, ne sachant ce qu'étoit devenue cette Ville, avoient pensé que les *Viducasses* de Pline étoient les mêmes que les *Vadiocasses* ou *Baulocasses* que cet Auteur nomme immédiatement après, & qui sont ceux de Bayeux peu éloignez delà ; mais la découverte que l'on fit en 1704. du véritable Lieu où cette ancienne Ville étoit située, doit faire changer de langage. Il y a à deux lieues de Caën, en Basse Normandie, un Village qu'on appelle *Vieux* où l'on trouvoit depuis long-tems une si grande quantité de restes d'Antiquité que le savant Auteur[n] des Origines de Caën n'a pas douté que les Romains n'eussent eu en ce Lieu-là un Camp considérable ; il avoit même crû que le nom de Vieux pouvoit venir de *Vetera Castra*, comme celui de Coutances, Ville peu éloignée vient de *Constantia Castra*, qui s'est toujours conservé dans les titres du Pays. Enfin en 1704. l'Intendant de la Province[o] eut la curiosité d'examiner de près ces ruines, dont les plus apparentes étoient un Aqueduc, un reste de chaussée, quelques débris de Colonnes, des fragmens d'Inscriptions, &c. Il fit fouiller aux environs & découvrit ainsi plusieurs autres Edifices, dont les fondations étoient encore entières. Entre ces Edifices le plus remarquable est un Gymnase complet avec des

[m] *Hist. de l'Acad. & des Belles Lettres, t. 1. p. 396.*
[n] *Mr. Huet, Ancien Evêque d'Avranches.*
[o] *Mr. Foucault.*

des Bains, dont la difpofition, l'étendue & toutes les dépendances font conformes aux règles de Vitruve.

Ces témoignages d'une grande & ancienne Ville fe trouvérent confirmés par les Infcriptions que l'on déterra parmi ces ruines, & par celles qui avoient deja été découvertes aux environs. Elles font prefque toutes d'une efpèce de Marbre rouge veiné dont la carriére fubfifte encore a Vieux. Dans ces Infcriptions & fur-tout dans celles qui, fuivant la tradition du Pays, fut transportée de Vieux à Thorigny du tems de François I. par les foins de Joachim de Matignon, il eft parlé de la Ville des Viducaffiens *Civitas Viducaffium*, que l'on trouve auffi nommée dans Ptolomée, & dont Pline fait mention dans le dénombrement des Peuples de la feconde Lyonnoife *Parrhifii*, *Trecaffes*, *Andegavi*, *Viducaffes*, *Vadicaffes*, ou plutôt *Vadiocaffes*, fuivant d'anciens Manufcrits.

La plus confidérable de ces Infcriptions eft certainement celle qu'on a transportée de Vieux au Château de Thorigny. Elle fe trouve dans les Mélanges d'Antiquités de Mr. Spon à qui elle avoit été communiquée. C'eft une bafe de Marbre de cinq pieds de haut fur deux de large, dont les trois faces font écrites. La première qui manque dans Mr. Spon, apprend que cette bafe foutenoit la Statue d'un P. SENNIUS SOLEMNIS originaire de la Ville des Viducaffiens, à qui les trois Provinces des Gaules avoient d'un commun confentement déféré cet honneur dans fa Ville, où l'on voit affigné pour cela un certain efpace fous le Confulat d'Annius Pius & de Proculus, qui tombe en l'an de Rome 902. qui eft celui où l'Empereur Maximien fut tué à Aquilée.

TRES PROV. GALL.
PRIMO V. MONUM. IN SUA CIVITATE
POSUERUNT LOCUM ORDO CIVITATIS
VIDUC. LIBENTER DED. P. XVIIII.
AN. PIO ET PROCULO COS.

En voici une qui eft écrite fur une bafe quarrée taillée en forme d'Autel,

DEO MARTI
C. VICTORIUS
FELIX PRO SE ET
JUNIO FILIO SUO
ET MATERNÆ VIC
TORIS CONJUGIS
MEÆ V. S. L. M. DIALE
ET BASSO COS. IDIBUS
MARTIS.

Sur laquelle on a remarqué que le mot MEÆ a fans doute été mis au lieu de SUÆ, pour éviter l'équivoque, & que DIALIS le premier des deux Confuls nommés dans l'Infcription, ne fe trouve point dans les Faftes qui nous reftent, où l'on voit des Confuls du nom de BASSUS fous Néron, fous Sevére, fous Valérien, fous Gallien, & fous le Grand Conftantin. *Dialis* fut apparemment un de ces Confuls fubftitués, *Confules fuffecti* qui font prefque toujours obmis dans les Faftes.

On a trouvé à Vieux, ou plutôt dans les ruïnes de la Ville des Viducaffiens, un grand nombre de Médailles antiques, du haut & du bas Empire, depuis les premiers Céfars, jufqu'aux enfans du Grand Conftantin, d'où il eft naturel de conclurre que cette Ville des Viducaffiens n'a été entiérement détruite ou abandonnée que dans le IV. Siécle dans quelque révolution dont l'Hiftoire a trop négligé le détail.

La plus rare de ces Médailles eft Grecque. Le Jeune Diaduménien y eft préfenté en bufte avec cette Infcription, M. ΟΠΕΛ. ΔΙΛΔΟΤΜΕΝΙΛΝΟC. On voit au revers le Philofophe Héraclite avec cette legende ΗΡΑΚΛΕΙΤΟC ΕΦΕCΙΩΝ.

Toutes les Médailles de Diaduménien font rares: mais les Médailles Grecques de ce Prince font encore plus rares que les Latines; & le revers de celle-ci eft unique. Il refteroit à favoir fi c'eft par l'Océan, des bords duquel la Ville des Viducaffiens étoit fi proche, ou fi c'eft à travers l'efpace immenfe des terres que les Peuples de cette Contrée entretenoient Commerce avec les Grecs. Peut-être que la fimple curiofité a fuffi pour faire paffer des Monnoyes de l'Afie à une des extrémités de l'Europe, quand ces deux parties du Monde étoient prefque foumifes à la même domination.

VIDUGASSES, Peuples de la Gaule Lyonnoife felon quelques Exemplaires de Pline [a]. Le Pere Hardouin a corrigé cet endroit. Voyez VADICASSES. [a] Lib. 4. c. 18.

VIDULA, nom d'un Fleuve de la Gaule, felon Floard, cité par Ortelius [b] qui remarque que le Traducteur rend VIDULA par *Vesle*. *Vesle* ou *Vèle* eft en effet le nom moderne de cette Riviére, que Papire Maffon [c] appelle en Latin VIDULA, ou VELA. Voyez VESLE. [b] Thefaur. [c] De Flum. Gal. p. 70.

VIEDRUS. Voyez VIERUEDRUM.

1. VIE [d], petite Riviére de France dans la Haute-Normandie, au Diocèfe de Lifieux. Elle a fes fources au Pays d'Auge, environ deux lieues au-deffous de Gaffey; & après avoir arrofé les Bourgs de Vimontier, de Montgommery, de Livarot & autres, elle entre dans la Dive, à une ou deux lieues au-deffous de Ste. Barbe en Auge. [d] Corn. Dict. fur des Mémoires MSS.

2. VIE, Riviére de France, dans le Bas-Poitou [e]. Elle naît au-deffus de Poiré fur la Roche, & prenant d'abord fon cours du côté de l'Occident elle arrofe Afpremont, & St. Maixant fur Vie: de là tournant vers le Midi, elle aide à former l'Ifle de Rié; & va enfin fe perdre dans la Mer par une affez large Embouchure, où elle donne le nom à deux différens Lieux; favoir la Croix de Vie, à la droite, & St. Gilles fur Vie, à la gauche. [e] Jaillot, Atlas.

VIECHTELBERG. On donne ce nom à l'une des Montagnes qui environnent la Bohême du côté du Couchant. Cette Montagne eft remarquable, en ce que quatre belles Riviéres y ont leur fource; favoir l'*Egra*, le *Meyn*, le *Nab* & la *Sala*. [f] Corn. Dict.

1. VIEIL, ou ST. MARTIN DU VIEIL-BE'LE'ME, Bourg de France, dans le Perche, au Diocèfe de Seez, Élection de Mortagne. Ce Bourg eft fort peuplé & on y voit

un Prieuré dépendant de l'Abbaye de Marmoutier.

2. VIEIL [Le], Château de France, dans le Bourbonnois, Election de St. Amand; il y a tout auprès un Bourg auquel ce Château donne son nom.

VIEIL-CHATEL, Châtellenie de France dans la Bourgogne, au Diocèse de Langres, Recette de Semur, sur le bord du Morvant, avec un Village de même nom. La Rivière de Seine y a un Pont. C'est un Pays froid, maigre, plein de Rochers & de broussailles. Les Chanoines du Chapitre d'Avallon sont Collateurs de la Cure, & il y a une Chapelle à laquelle nomment les Habitans; elle ne rapporte par an que soixante & quatorze Livres. Le Fief du Blond dépend de Vieil-Châtel.

VIEILLE, Village de France, dans la Haute-Normandie [a]. Ce Village qui est considérable, se trouve seulement séparé de la Ville de Beaumont-le-Roger, par un Pont de Pierre qui est sur la Rille. Sa Paroisse qui porte le Titre de Notre-Dame est proche d'une Chapelle dédiée à St. Martin. On voit fort souvent sur les Prairies de cette Paroisse une quantité surprenante de toiles, qu'on y fait blanchir tout le long d'un gros Ruisseau qui prend sa source du côté de Beaumesnil, & qui entre dans la Rille un peu au-dessous de Beaumont.

[a] *Corn. Dict. Mémoires dressées sur les Lieux en 1701.*

VIEILLE-BRIOUDE, *Vetus Brivas* [b], Ville de France dans l'Auvergne, sur la Rivière d'Allier au voisinage de Brioude. Il y a dans cette Ville un Pont de pierre d'une seule Arche, & qu'on croit avoir été construit par ordre de César. Ce Monument est digne des Romains. On voit à Vieille-Brioude un Prieuré sous le Titre de St. Vincent, & une Maison de Chanoines Réguliers. *Le Prieuré est à la nomination de l'Abbé de Pebrac. Au reste cette petite Ville est du Dauphiné d'Auvergne & du ressort du Bailliage de Montpencier.

[b] *Piganiol, Descr. de la France, t. 6. p. 336.*

VIELITSKA, Village de Pologne [c], dans le Palatinat de Cracovie sur une Montagne. Il donne son nom à une Saline au-dessous de laquelle il est bâti, & qui fournit abondamment du Sel de Roche, qu'on taille comme des Colonnes de pierre ou de Marbre & qu'on tire comme d'une carrière. Cette Montagne contient deux ou trois lieues de Pays: plus de quatre cens Ouvriers ont leurs habitations dans sa concavité d'où l'on ne sort, & où l'on ne descend que par une Machine suspendue à un gros Cable, attaché à une grue au-dessus de l'ouverture de cet abîme.

[c] *Mémoires du Chevalier de Beaujeu, Liv. 2. c. 1.*

VIEILLIBACH, ou plutôt WIETLISPACH. Voyez WIETLISPACH.

VIELLA, BIELLA, ou VIELLE, petite Ville d'Espagne [d], dans la Catalogne & dans la Vallée d'Aran, sur le bord de la Garonne.

[d] *Jaillot, Atlas.*

VIELLE, ou VIELE, Ville de France [e], dans la Gascogne, au Turfan, sur le bord de la Rivière de Bas. Cette Ville est fort petite.

[e] *De l'Isle, Atlas.*

VIELMUR, Ville de France, dans le Bas-Languedoc, au Diocèse de Castres. Il y a dans cette petite Ville une Abbaye de Filles de l'Ordre de St. Benoît, & qui n'a que mille Livres de rente.

VIENNA, Ville de la Gaule Narbonnoise, sur le Rhône, & la Capitale des Allobroges selon Strabon [f]. Il en est parlé dans César [g]. Pomponius Mela [h] la met au nombre des Villes les plus opulentes, & Pline [i] lui donne le Titre de Colonie. Elle est marquée dans Ptolomée [k] comme la seule Ville des Allobroges; mais c'est que ce Géographe s'est contenté de donner le nom de la Capitale de ce Peuple. Elle étoit encore opulente du tems d'Ausone qui en parle ainsi [l]:

[f] *Lib. 4.*
[g] *Bel. Gal. Lib. 7. c.*
[h] *Lib. 2. c. 5.*
[i] *Lib. 3. c.*
[k] *Lib. 2. c. 10.*
[l] *In Arclat.*

Accolit Alpinis opulenta Vienna colonis.

Les Belles-Lettres étoient cultivées à Vienne, & on s'y faisoit un plaisir d'y lire les Vers des Poëtes de Rome. Nous en avons une preuve dans ces vers de Martial [m], qui se félicite de ce que ses Ouvrages sont lûs à Vienne des grands & des petits:

[m] *Lib. 7. Epigr. 88. de suis Libris.*

Eertur habere meos, si vera est fama, libellos
Inter delicias pulcra Vienna suas.
Me legit omnis ibi senior, juvenisque, puerque,
Et coram tetrico casta puella viro.
Hoc ego maluerim quam si mea carmina cantent,
Qui Nilum ex ipso protinus ore bibunt,
Quam meus Hispano, si me Tagus impleat auro,
Pascat & Hybla meas, pascat Hymettos apes.

Dans le moyen âge la Ville de Vienne ne fut pas moins célèbre, puisqu'elle devint la Métropole d'une Province des Gaules à laquelle elle donna son nom. Sénèque [n] dit qu'elle est à seize milles de Lyon. Dans le Trésor de Goltzius on trouve une Médaille de Néron avec ces mots: VIENNA LEG. VII. CLAUDIANA. Voyez VIENNE, N°. 2.

[n] *In Ludo mortis Claudii Imp.*

1. VIENNE (La), Rivière de France [o]. Elle prend sa source aux Confins du Bas-Limousin & de la Marche, quelques lieues au-dessus de Tarnac, passe à St. Léonard, au pied de la Ville de Limoges, à Saint Junien, en traversant le Limousin du Levant au Couchant. Elle n'est point navigable dans l'étendue de cette Province, & n'est pas même propre à être rendue telle, à cause de la quantité de Rochers qui se trouvent dans son lit. Elle perd une partie de ses eaux à Aixe, Bourg situé à trois lieues au-dessus de Limoges, où elles entrent dans un gouffre qui est au milieu de son lit, comme celles du Rhein au-dessus de Bingh. La Vienne descend du Limousin dans le Poitou [p], & traverse une grande partie de cette dernière Province, sans y apporter aucun avantage, ne commençant à être navigable qu'à deux ou trois lieues au-dessus de Châtelleraud. Elle reçoit la Creuse à quatre lieues au-dessous de cette Ville, & se jette dans la Loire à Cande en Touraine.

[o] *Piganiol, Descr. de la France, t. 5. p. 349.*
[p] *Ibid. t. 5. p. 11.*

2. VIENNE, en Allemand WIEN, Rivière d'Allemagne, dans la Basse-Autriche, au Quartier du Bas-Viennerwald [q]. Elle prend sa source aux confins du Quartier du Haut Viennerwald, au Midi Oriental de Maurbach, & prenant son cours en serpentant vers le Nord Oriental, elle mouille

[q] *Jaillot, Atlas.*

le divers petits Lieux, &, étant entrée dans un des Fauxbourgs de la Ville de Vienne, à la droite, elle serpente par sa Plaine & autour des murailles, jusqu'à son Embouchure dans le Danube. Cette petite Riviére donne son nom à la Ville de Vienne.

3. VIENNE, Ville de France, dans le Dauphiné, sur le bord du Rhosne, où elle avoit ci-devant un beau Pont de pierre, qui avoit été bâti en 1265, mais qui est aujourd'hui entiérement ruiné. Cette Ville située à cinq lieues au Midi & au-dessous de Lyon, à la chûte de la Riviére de l'Isere dans le Rhosne est fort ancienne [a], puisqu'elle étoit la Capitale des Allobroges, qui s'étendoient depuis le Lac Léman, le long du Rhosne, jusqu'au confluent de ce Fleuve & de l'Isere; de sorte que ces Peuples avoient trois Villes principales, Vienne, Genève & Cularon, qui a depuis été nommée Grenoble. Ils étoient très-puissans, & capables de faire la guerre aux Romains, comme l'assûre Cicéron dans sa troisième Catilinaire, où il dit que ces Peuples n'étoient pas entiérement, domptez, *male pacatis*, quoiqu'ils eussent été vaincus premiérement l'an du Monde 634. par le Consul Domitius, & une seconde fois l'an 639. par Fabius qui à cause de cela fut nommé *Allobrogicus*. Les Romains leur avoient néanmoins conservé la liberté, & même durant la guerre de Catilina, ils avoient envoyé assûrer le Sénat de leur fidélité. Mais ils changérent bientôt, & ils prirent les armes contre la République pour profiter des troubles excitez par les Séditieux de Rome, de sorte qu'Horace parlant de ce Peuple dit:

. . . . *rebusque novis*
Infidelis Allobrox.

Ils furent punis de leur infidélité; car le Général Romain Pontinus les ayant vaincus avec leur Chef, ou Prince nommé Cotugnat l'an 693. les Romains pour mieux assûrer leur conquête établirent une Colonie à Vienne, ensuite une autre à Genève & une troisième à Cularon.

A l'égard de Vienne, les Romains en furent chassez par les Allobroges, durant les premiers troubles après la mort de Jules César, & ces Romains chassez furent établis à Lyon par Plancus; mais l'entreprise des Allobroges ayant été promptement réprimée, la Colonie de Vienne fut bien-tôt rétablie. Cette Ville fut sous l'Empire Romain une des puissantes de la Gaule Transalpine. Elle ne céda point à Narbonne, qui étoit une bien plus ancienne Colonie. C'est pourquoi Eusébe de Césarée dans son Histoire Ecclésiastique dit, que les plus illustres Métropoles des Gaules étoient Lyon & Vienne.

Les Rois Bourguignons s'en étant emparez y établirent leur résidence dans le cinquième Siécle. Boson qui se fit proclamer Roi de Bourgogne en 879. la fit sa Capitale & les autres Rois ses Successeurs en userent de la même manière, jusqu'à Rodolphe le *Lâche*. Sous ce Prince & sous l'Empereur Conrad le *Salique*, son Heritier, les Archevêques de Vienne eurent un très-grand pouvoir dans la Ville & dans le Pays voisin. Rodolphe ayant fait une donation du Comté de Vienne à l'Archevêque Burcard & à son Eglise en 1023. par sa Patente donnée à Orbe en Suisse; ce qui n'empêcha pas Renaud Comte de Bourgogne de s'emparer de Vienne, que l'Empereur Henri le *Noir* lui laissa en faisant la Paix avec lui en 1044. Renaud eut pour Successeur son fils Guillaume aux Comtez de Bourgogne & de Vienne; & il joüit en cette Ville des droits de Régale, qui appartenoient à l'Empire, comme Guillaume le reconnoist dans une Donation faite à l'Abbaye de St. André le *Bas* en 1065. Il marque dans la Charte qu'il fait cette Donation pour la prospérité du St. Empire Romain, *pro salute Sacri Imperii Romani*, & seulement entant qu'il le pouvoit, *in quantum possum*; & il fut autorisé en cet Acte par Leger, Archevêque de Vienne, & par ses Chanoines. Guillaume laissa le Comté de Vienne à ses fils Renaud & Etienne. Celui-ci, allant à la Terre Sainte, engagea le Comté à son frére Guy Archevêque de Vienne, qui l'acquit pour son Eglise. Etienne étant mort dans cette expédition l'an 1102. l'Archevêque demeura en possession du Comté. C'est ce Prélat qui depuis fut élu Pape & prit le nom de Calixte II. L'Empereur Conrad de la Maison de Suabe appuya le droit des Archevêques de Vienne par une Patente qu'il donna en 1146. en faveur de cette Eglise, & où il accorda à ses Prélats la garde de la Ville, & tous les droits de Régale; ce qui fut confirmé par Fréderic Barberousse en 1153.

Les Ducs de Zeringen avoient prétendu que tout le Royaume de Bourgogne leur appartenoit, en vertu de ce que des Empereurs Henri $\frac{IV.}{V.}$ & Lothaire leur avoient fait. Conrad de Zeringen avoit pris le nom de Roi: Berthold son fils s'étoit contenté de porter celui de Duc. L'Empereur Fréderic Seigneur Souverain de ce Royaume le retira en 1167. de Berthold à qui il ne laissa que peu de Villes.

Cet Empereur avoit donné à perpétuité dès l'an 1157. la Dignité d'Archi-Chancelier du Royaume de Bourgogne d'Arles aux Archevêques de Vienne. Il restoit encore des Héritiers descendans par Mâles des Comtes de Vienne & de Mâcon. Celui qui paroissoit avoir le meilleur droit étoit Hugues de Vienne, Seigneur de Pagny, qui vendit en 1255. à l'Archevêque Jean de Burnins, tout ce qui lui pouvoit appartenir dans la Ville & dans le Comté de Vienne.

On ne voit point que les Comtes de Vienne, ni leurs descendans qui portoient le nom de Vienne, ayent été Vassaux des Archevêques. Mais il est certain que les Dauphins de Viennois, ou Comtes d'Alboni l'ont toujours été & ont fait foi & hommage de leur Comté ou Dauphiné aux Archevêques de Vienne. André de Bourgogne, Dauphin & Prince du Sang de France, fit hommage à l'Archevêque Humbert, & ensuite à Burno, en 1123. André prenoit alors le nom de Guigues. Son fils nommé aussi Guigues rendit le même devoir en 1243. à l'Archevêque Jean de Burnins. Humbert

a Longuerue, Descr. de la France, Part. 1. p. 319.

de la Tour-du-Pin, mari d'Anne Dauphine, fit hommage en 1283. à l'Archevêque Guillaume de Valence. Ses Successeurs ont rendu le même devoir aux Archevêques, quoique les Dauphins ayent tâché de secouer le joug; ce qui a excité à diverses fois de grands différens.

Humbert dernier Dauphin de la Maison de la Tour-du-Pin se fit céder la Seigneurie & la Haute-Justice de la Ville par le Chapitre de l'Eglise Métropolitaine; ce que l'Archevêque Bertrand de la Chapelle fit casser en 1339. par le Pape Benoît XII. qui rendit son jugement à Avignon, au mois de Décembre de la sixième année de son Pontificat.

Humbert ayant transporté ses Etats à Charles, petit-fils du Roi de France, ce grand Prince ne se dispensa pas de rendre les mêmes devoirs que les Dauphins ses Prédécesseurs à l'Archevêque & à l'Eglise de Vienne. Les Archevêques n'étoient pas Seigneurs absolus de la Ville de Vienne, dont les Habitans ne vouloient reconnoître d'autres Souverains que l'Empereur seul. Ils avoient de grands privilèges qu'ils ne purent conserver contre un si puissant Prince que le Roi de France.

L'Empereur Charles IV. qui étoit Oncle maternel du Roi Charles V. fils de sa sœur Bonne de Luxembourg, donna le Vicariat Impérial dans le Royaume d'Arles au Dauphin Charles, fils aîné du Roi, qui n'étoit alors âgé que de dix ans; & on lui donna pour Lieutenant-Général, Charles de Boville, qui commandoit en chef dans la Province. Le Roi voulut étendre sur toutes les Villes & les Lieux enclavez dans le Pays le pouvoir de son fils, en qualité de Vicaire-Général de l'Empire. Cet Officier entra en armes dans Vienne l'an 1378. le jour de Noël: il y exerça de grandes violences, pour obliger les Ecclésiastiques & le Corps de Ville de se soûmettre à l'autorité suprême du Dauphin, Vicaire de l'Empire: il interdit les Juges & les Magistrats ordinaires; il fit abbattre les Armes de l'Archevêque au-dessus des portes; & en même tems il y fit mettre les armes de l'Empereur & du Dauphin son Vicaire. Les Magistrats & le Peuple souffrirent quelques années de grandes rigueurs, sans se soûmettre; mais enfin voyant qu'après la mort de l'Empereur Charles IV. son fils & Successeur Venceslas soutenoit ce qui avoit été fait par son Pere en faveur du Roi Charles VI. avant qu'il parvînt à la Couronne de France: d'ailleurs Clément VII. que ceux de Vienne reconnoissoient pour Pape, & qui avoit son Siège à Avignon, leur ayant non-seulement conseillé de reconnoître le Dauphin, mais les ayant délivrez des sermens de fidélité prêtez à l'Empereur & à l'Archevêque, ils firent enfin serment de fidélité dans la Ville de Grenoble au Roi Dauphin, entre les mains de Charles de Boville son Lieutenant-Général; & depuis, sans plus parler de Vicariat Impérial, Vienne fut unie au Dauphiné; & le Roi Charles VI. y fit son Entrée solemnelle en 1385.

Les Habitans de Vienne firent encore quelques efforts pour secouer le joug, lorsque l'Empereur Sigismond passa & repassa à Vienne, dans le tems que le Concile étoit assemblé à Constance. En 1415. on fit une Entrée magnifique à cet Empereur, dans Vienne, où il fut reconnu pour véritable Souverain; mais tout cela n'eut aucune suite. Le Dauphin Charles, fils de Charles VI. quoique proscrit & chassé de la Cour, étant allé en Dauphiné, y fut reconnu partout, & même à Vienne où le Chapitre de l'Eglise Métropolitaine de St. Maurice lui remit la garde du Château de Pipet.

Ces différens n'étoient qu'assoupis, & ils ne furent terminez entièrement qu'au mois de Septembre 1448. Le Dauphin Louïs fils de Charles VII. gagna le Chapitre de St. Maurice & le Peuple de Vienne, qui se déclarérent pour lui; de sorte que l'Archevêque Jean de Poitiers fut contraint de reconnoître le Dauphin pour son Souverain, de lui faire hommage pour tout son Temporel, & de lui céder tout droit de supériorité & de ressort. A l'égard de la Justice ordinaire, il se fit un Pariage entre le Dauphin & l'Archevêque.

Trois ans après le même Dauphin Louïs établit dans la Ville de Vienne le Siège du Bailliage du Viennois, qui avoit été auparavant à Bourgouin. Depuis ce tems-là l'autorité temporelle de l'Archevêque a toûjours diminué & la Ville même est beaucoup déchûe de son ancienne puissance & splendeur.

La situation de Vienne n'est point belle. Cette Ville est haute & basse & resserrée par des Montagnes, qui semblent la vouloir noyer dans le Rhône. L'enceinte des murailles est de quatre milles sept cens quatre-vingt Toises, & le circuit est d'environ une lieue & demie. Ses Portes principales sont celle de Lyon, nommée Montconseil, celles du Pont du Rhône, d'Avignon, de Pipet, & de saint Martin. Les Rues sont étroites, & mal percées. La Cathédrale est une fort belle Eglise, c'est un ouvrage Gothique. Le Parvis qui est au devant est une Plate-forme sur laquelle on monte par vingt-huit degrez. Il y en a trois autres sur cette Plate-forme pour monter dans l'Eglise. Le Frontispice est assez beau: il est chargé d'une infinité de Figures taillées dans la pierre, qui est percée à jour en plusieurs endroits. Il est aussi orné de plusieurs Niches, où il y a quelques Figures de grandeur naturelle. Deux hautes Tours qui servent de Clocher, sont élevées chacune sur quatre Pilliers. Le Vaisseau est grand & élevé; il est bien percé: sa longueur est de cent-quatre pas, sur trente-neuf de large. La Voute est soutenue par quarante-huit Colonnes, dont vingt-quatre sont engagées dans le vif du Bâtiment. Elle est environnée de hautes Galeries. Le Chœur est un peu plus élevé que la Nef. A côté du Grand-Autel on remarquera le Tombeau de François Dauphin, fils du Roi François I. sous une lame de Bronze avec une Inscription. L'Eglise est pavée de grandes pierres, & la Voute est azurée & chargée d'étoiles dorées. Ces couleurs sont passées.

L'Archevêque de Vienne est fort ancien [a]. On prétend que St. Crescent, Disciple

[a] *Pigniot*, Descr. de la France, t. 4. p. 15.

ciple de St. Paul en a été le premier Prélat; mais cette Tradition est sujette à de grandes difficultez. Ce qu'il y a de constant c'est que du tems d'Eusèbe Lyon & Vienne étoient les deux plus illustres Métropoles des Gaules. Son Eglise fut d'abord dédiée sous le nom des Macchabées, & au commencement du huitième Siècle sous celui de St. Maurice. Son Archevêque prend aujourd'hui le titre de Grand-Primat des Gaules, & a pour Suffragans les Evêques de Valence, de Die, de Grenoble, de Viviers, de St. Jean de Maurienne & de Genève. Il y a trente-sept ou trente-huit Evêques de ce Siège qui sont reconnus pour Saints. Cette Eglise étoit autrefois fort riche; mais les guerres & les malheurs des tems ont si considérablement diminué son revenu qu'en 1385. les Commissaires du Pape, après avoir vu & examiné ce qui lui restoit, réduisirent ses Ecclésiastiques à cent, au lieu de trois cens dont elle étoit auparavant composée. Cet Archevêché ne vaut aujourd'hui qu'environ vingt-deux mille Livres de rente. Le Chapitre est composé de vingt Chanoines, en y comprenant le Doyen, le Précenteur, le Chantre, le Capiscol, le Sacristain, les quatre Archidiacres & le Chancelier. L'Archevêque confère les Offices de Sacristain, de Chancelier, les quatre Archidiacres & deux petites Chapelles. Le Doyen confère la Dignité de Capiscol, la Cure de l'Eglise & dix-huit places de Clercs. Le Capiscol pourvoit à celles des Clergeons. C'est par ces places de Clercs & de Clergeons qu'on peut entrer dans ce Chapitre, & qu'on est capable d'en posséder les Bénéfices, nul de dehors n'y pouvant être admis. Tous les Ecclésiastiques de cette Eglise sont incorporez, & ne sont point amovibles que pour crime ou pour desobéïssance. Le Chapitre confère toutes les autres Dignitez, Canonicats & Offices. Les Dauphins se faisoient honneur d'être reçus Chanoines de la Métropolitaine de Vienne, & y siégeoient en cette qualité, lorsqu'ils venoient dans cette Ville. Le Chapitre protestoit dans ces occasions, que la séance qu'on *leur accordoit ne préjudicieroit point à la qualité de feudataires de cette Eglise comme Comtes d'Albon.* Les Dauphins rendoient cet hommage tous les ans la Veille de St. Maurice, ou en personne ou par quelqu'un de leurs Officiers, & offroient un Cierge jaune du poids de douze livres. Cette Cérémonie se pratique encore aujourd'hui. Le Juge de Vienne présente ce Cierge au nom du Roi & proteste *que ce n'est que par dévotion.* Le Chapitre répond par la bouche de celui qui reçoit le Cierge, *que c'est par hommage.*

Outre le Chapitre de l'Eglise Métropolitaine, il y en a encore trois autres à Vienne; celui de St. Pierre, celui de St. André *le Bas*, & celui de St. Sévère. Le Chapitre de St. Pierre étoit autrefois une Abbaye de Bénédictins qui fut sécularisée en 1612. Il est composé d'un Abbé & de vingt-quatre Chanoines, qui sont obligez de faire preuves de Noblesse de trois quartiers du côté paternel, & d'autant du côté maternel. L'Abbé seul a la Jurisdiction & Correction, qui en son absence appartiennent au Chapitre.

Il doit être Prêtre & porte le camail & le rochet par-tout où il va en habit d'Eglise; & il a la Croix pectorale dans ses Cloîtres. Il officie dans son Eglise avec la mitre & la crosse; & il a la collation de toutes les Dignitez & de tous les Offices du Chapitre, avec lequel il confère alternativement les Canonicats. Il a outre cela la collation de six Prieurez & d'un Prieuré de Filles, qui est à Ste. Colombe-lez-Vienne. Le Chapitre de St. André est composé de Religieux de St. Benoît non réformez; & l'Abbé est Commendataire, & confère tous les Offices Claustraux, & les places Monacales. St. Sévère est le troisième Chapitre de Vienne. Ses revenus sont très-modiques, & il n'est composé que de quatre Chanoines & du Curé. Les Canonicats ne se résignent point. Lorsqu'ils vaquent, le Chapitre les remplit. C'est dans cette Eglise que se rendent les Archevêques de Vienne, lorsqu'ils veulent prendre possession de leur Archevêché. Le Chapitre de la Cathédrale s'y rend aussi, & reçoit sur le grand Autel le serment que fait l'Archevêque de maintenir & observer tout ce qui est contenu dans les Transactions passées entre le Chapitre & les précédens Archevêques. Après ce serment on l'habille pontificalement, & on le conduit en Procession à la Métropolitaine où il est installé. Il y a dans le Diocèse deux autres Chapitres, qui étoient autrefois des Monastères de Bénédictins & dont le titre Abbatial est uni à l'Archevêché. Le premier est le Chapitre de Saint-Chef, à sept lieues de Vienne. Il fut fondé vers le milieu du sixième Siècle & sécularisé sous le règne de François I. en 1635. par le Pape Paul III. qui en fit un Chapitre de vingt-huit Chanoines, y compris le Doyen & les Offices Claustraux. Pour pouvoir obtenir un de ces Canonicats, il faut être habitué dans cette Eglise; & pour être reçu habitué il faut faire preuve de Noblesse de quatre quartiers du côté paternel & d'autant du côté maternel. L'Archevêque de Vienne confère en qualité d'Abbé tous les Canonicats; mais il ne peut les donner qu'à des habituez. Le Théologal & le Capiscol ne sont pas obligez d'être Gentilshommes. L'Abbé jouit de douze mille Livres de revenu, & le Doyen de quatre mille Livres. Le Chapitre de St. Bernard de Romans étoit aussi un Monastère de Bénédictins, fondé dans le huitième Siècle par St. Bernard Archevêque de Vienne. Il y a plus de deux cens ans qu'il est sécularisé.

St. André le *Haut* de Vienne reconnoît St. Léonien pour son fondateur. Il y a eu autrefois cent Religieuses; mais il fut détruit par les Vandales. Ermengarde, femme du Roi Raoul, obtint de ce Prince qu'il feroit rétablir ce Monastère. Aujourd'hui on n'y reçoit que des filles nobles sans pourtant les obliger à faire des preuves.

Il y a à Vienne plusieurs autres Eglises & Couvens. On remarque entre autres l'Eglise de l'Abbaye de St. André le *Bas*, qui est d'une excellente Architecture. La Voute du Chœur est soutenue par deux Colonnes de marbre d'une hauteur & d'une beauté singulières. Celle de la Nef est soutenue par des Colonnes d'Ordre Dorique. Auprès de cette Abbaye on voit une Plateforme sur laquelle sont quatre piliers élevez. On l'appelle la Table ronde, & c'étoit autrefois un asyle, où les personnes qui s'y étoient refugiées, & les effets qu'on y avoit transportez étoient en sûreté. Notre-Dame de la Vie est un Bâtiment antique qui a été changé en Eglise. Il est quarré & à peu près semblable à celui de Nismes. C'étoit, dit-on, un Prétoire. Il est soutenu de Colonnes d'Ordre Corinthien; mais ces Colonnes sont à présent engagées dans le vif du mur qu'on y a construit. On voit près delà l'ancien Palais des Souverains de Vienne; c'est où se tiennent les Cours de Justice de la Ville. Le Fauxbourg de Ste. Colombe est au-delà du Rhosne: il est Fauxbourg de la Ville & cependant du Lyonnois. On y voit une assez haute Tour qui commande au Pont. L'Archevêché est une maison assez commode. A côté de ce Palais est la Sale des Clémentines, ainsi nommée des Constitutions qu'on y fit pendant la tenue du Concile Général, auquel le Pape Clément V. présida. Mr. de Moleon dit que cette Sale aujourd'hui sert à serrer le foin d'une Auberge. L'Abbaye de St. Pierre est ancienne. Elle est environnée de solides murailles. La voute de la Nef n'est que lambrissée; celle du Chœur est peinte & soutenue par deux Colonnes fort élevées. On n'enterre dans cette Eglise que les Archevêques de Vienne & les Abbez de St. Pierre. On voit ici, de même que dans les autres Eglises de Vienne, & ailleurs dans la Ville, une quantité surprenante d'Inscriptions antiques. Chorier a recueilli celles qui avoient été découvertes jusqu'à lui; & celles qui l'ont été depuis se trouvent dans le Voyage Littéraire de deux Religieux Bénédictins, & dans le Voyage Liturgique de Mr. de Moleon.

Le quinzième Concile Général fut assemblé à Vienne en 1311. par ordre de Clément V. Ce Pape s'y trouva à la tête de trois cens Prélats, parmi lesquels étoient les Patriarches d'Alexandrie & d'Antioche. Philippe le Bel s'y rendit accompagné de son frére & de ses trois fils, dont l'aîné étoit Roi de Navarre. Il y a des Auteurs qui disent que les Rois d'Angleterre & d'Arragon s'y trouvérent aussi; mais Sponde le nie formellement. La suppression de l'Ordre des Templiers, & celle des Procédures de Boniface VIII. contre la France furent la matière des Décisions de ce Concile, sans parler de plusieurs autres Décisions, touchant le Dogme & la Discipline.

Il y a à Vienne une Fabrique d'ancres, tant pour les Galéres que pour les Vaisseaux du Roi; & une Manufacture pour mouliner & dévider les soies. Des Ouvriers Allemans avoient donné lieu à l'établissement d'une Fabrique de fer blanc à Vienne; mais elle ne subsiste plus, quoiqu'elle méritât beaucoup d'attention. Il se fait aussi dans cette Ville un Commerce de vins.

Le Bailliage de Viennois comprend les Bailliages particuliers de Vienne, de Grenoble, de Saint Marcellin, & la Jurisdiction Royale de Romans. Le Bailli est d'épée, & la Justice se rend par un Vice-Bailli, ou Lieutenant-Général.

Les Dehors de Vienne, le long du Rhosne, sont agréables, & forment un beau coup d'œil. A quatre ou cinq pas de la Ville, hors de la Porte d'Avignon, on trouve une Pyramide antique qu'on appelle l'*Eguille*. Elle est sur une Voute quarrée soutenue par quatre piliers, & qui a vingt ou vingt-quatre pieds de haut. La Pyramide est à peu près de la même hauteur, & le tout est de pierres fort dures, & grandes sans aucun ciment. Il n'y a aucune Inscription; ce qui fait qu'on ne peut assûrer pour quel usage ce Monument a été érigé. Il y a néanmoins apparence que c'est le Tombeau de quelque Romain.

4. VIENNE, Ville d'Allemagne, la Capitale de l'Autriche, à la droite du Danube, dans l'endroit où la petite Riviére de Vienne, qui lui donne son nom, se jette dans le Danube. Cette Ville située à six milles des Frontiéres de Hongrie, & à dix de Presbourg est ancienne & a été connue autrefois sous les noms d'*Ala Flaviana*, *Castra-Flaviana*, *Flaviamm*, *Julsobona*, *Vindobona* & *Vinduon*. Elle peut en quelque façon être regardée aujourd'hui comme la Capitale de l'Allemagne, les Empereurs depuis plusieurs Siécles y ayant établi leur Résidence ordinaire. Il en est de la beauté de Vienne comme de celle des hommes armez de toutes pièces: les armes leur ôtent l'agrément des habits, & ne laissent entrevoir la beauté que dans ce qui est précisément du corps; de même la Ville de Vienne, environnée de Murailles, de Bastions, de Fossez, de Contrescarpes, n'a pas l'agrément de ces Villes dont les Avenues charment par la variété des Jardins, des Maisons de plaisance & des autres ornemens extérieurs, qui sont les fruits de l'entiére sécurité que porte la Paix avec soi. Vienne cependant a des Fauxbourgs d'autant plus agréables qu'ils sont rebâtis tout à neuf, le dernier Siège n'ayant fait que des masures de tout ce qu'ils pouvoient avoir de beau. On peut dire qu'il y a, au Fauxbourg du côté du Midi, tout ce qu'on a rebâti autour de la Ville, d'une rive du Danube à l'autre, à la droite de ce Fleuve, n'étant qu'une suite d'Edifices qui ne paroît faire qu'un même Fauxbourg, entre lequel & la Ville il y a une grande Esplanade, nécessaire dans toutes les Villes de guerre, pour voir les approches de l'Ennemi & pour pouvoir l'écarter. Les Murailles de la Place sont en assez bon état; mais les Fossez & les Contrescarpes paroissent manquer d'entretien; & quelques endroits mêmes des Murailles manquent de Parapets.

Il y a un autre Fauxbourg au Septentrion de la Ville, dont il est séparé par un Bras du Danube, & un autre Bras de ce Fleuve en fait une Isle. Si jamais quelque Ennemi se logeoit dans ce Fauxbourg, il pourroit étrangement incommoder la Ville, à laquelle il fait face dans toute sa longueur; outre que le Bras du Danube qui coule entre deux est très-petit. Ce Fauxbourg n'a aucunes Fortifications. On a projetté plusieurs fois de le fortifier, & on a même quelquefois commencé à mettre la main à l'œuvre, comme on en voit quelques marques; mais on s'est toujours arrêté en chemin.

Si on fait abstraction des Fauxbourgs, on trouvera que la Ville de Vienne n'est pas grande, & on n'y voit point de ces belles grandes Rues qui font la beauté d'une Ville. La Rue qui aboutit à la Cour n'est ni plus grande, ni plus large que les autres. Il y a quelques Places, & celle du Marché-Neuf est la plus belle, à cause des Bâtimens nouveaux, ou renouvellez qui l'environnent. On voit plusieurs Palais assez beaux, entre autres celui du Prince de Leichtenstein, qui est bâti sur un Dessein assez grand & magnifique. Les Sales en sont grandes & les Appartemens ont de l'étendue & de la beauté; mais il est estropié d'un côté, étant borné par une autre Maison que le Prince n'a jamais pu acheter, & qui appartient aux Comtes de Staremberg. Sans cette contiguité le Palais de Leichtenstein seroit libre, & feroit face de tous côtez sur la rue. Mais il lui manqueroit encore un Jardin, tout l'espace dont il peut disposer étant un petit entre-deux, qui empêche qu'il ne touche la muraille de la Ville. Le Prince Eugene a aussi fait bâtir un Palais, où malgré la petitesse du terrein, on ne laisse pas de voir régner le bon goût de ceux qui en ont donné le dessein. Les Généraux Caprara & Rabutin en ont de même fait bâtir chacun un, & ont ainsi témoigné leur reconnoissance, en contribuant à l'embellissement du séjour de leur Maître, au service duquel ils avoient amassé leurs richesses. Il y a encore à Vienne d'autres Palais & diverses belles Maisons, qui font voir la richesse & la magnificence de cette Cour. Ce qui ne paroîtra pas surprenant quand on fera attention que l'Empereur possede un grand nombre de Royaumes & de Provinces, dont l'administration enrichit tous les jours un grand nombre de ses Sujets. Ce qu'il y a d'étonnant; c'est que dans une Capitale qui peut être dite fort bien bâtie, & où l'on voit une grande quantité de Palais & de belles Maisons, la Cour ou le Palais de l'Empereur est fort peu de chose. Le Bâtiment qui devroit être le plus magnifique & le plus riche de tous ne répond nullement à la grandeur du Maître qui l'habite, & qui se dit le premier Prince du Monde. La vieille Cour est pitoyable. Les Murailles y sont aussi épaisses que celles des plus forts Remparts: les Escaliers y sont pauvres & sans ornemens: les Appartemens bas & étroits, avec des Plafonds couverts de toiles peintes: les Planchers d'ais de sapin, tels qu'ils sont chez les moindres Bourgeois; enfin le tout aussi simple que s'il avoit été bâti pour des Moines bien religieux. Ajoutez à cela que pour tout Jardin, il n'y a qu'un petit enclos sous les fenêtres de l'Appartement de l'Impératrice, où l'on plante quelques fleurs & où l'on tient un peu de verdure. Il faut pourtant convenir que les nouveaux Appartemens attachez à ce vieux Palais sont d'une apparence un peu meilleure; & qu'au moins ils présentent un assez long aspect de fenêtres; mais les fenêtres, ni les portes n'ont rien que la pure ouverture dans la muraille sans aucun de ces ornemens qui les accompagnent; non-seulement dans les Palais modernes,

mais même dans les Cloîtres un peu magnifiques, où une des fenêtres feroit souvent honte à toute la façade de la Cour de Vienne. On a travaillé depuis quelques années, à un Théatre un peu apparent pour les Comédies & pour les Opéras, à des Sales pour une Bibliothéque, & à un Lieu pour le manège des Chevaux. La Chapelle de la Cour de Vienne ne dément point le caractère de petitesse & de pauvreté de tout le reste des Bâtimens. C'est une seule Voute d'environ cent pieds de long, où la Cour de l'Empereur a peine à se remuer dans certaines cérémonies qu'on a coutume d'y faire, & où l'on s'écrase & se tue, quand la curiosité y attire un peu de monde, comme pour ouïr les Oratoires en musique qu'on y chante pendant le Carême & l'Avent. Il est vrai qu'il y a près de la Cour une Eglise, qu'on appelle Aulique, & qui est desservie par des Augustins Déchaussez. La Cour s'y rend par une longue Gallerie qui unit cette Eglise au Palais, & on y célébre les plus importantes cérémonies. Mais cette Eglise n'est pas de la Cour; & c'est par hazard qu'elle sert à cet usage, parce qu'elle est voisine: outre qu'au lieu de Moines, un Chapitre d'Ecclésiastiques Séculiers, Chapelains ordinaires de l'Empereur, sieroit beaucoup mieux à la Cour d'un Empereur. On voit à Vienne quelques Eglises qui peuvent passer pour belles; mais elles ne sont pas en grand nombre. Le Dôme ou l'Eglise Métropolitaine est d'une Architecture Gothique, ornée en dehors & en dedans de ces colifichets, où ornemens Arabesques de pierre, qui étoient si fort du goût du vieux tems. Il y a une Tour encore plus godronnée que l'Eglise, & dont la Fléche jusqu'à la pointe est toute de pierres déchiquetées. Elle a une hauteur considérable; & dans le dernier Siège Soliman convint d'épargner ce Clocher & de ne le point battre avec son Artillerie. Il y a de l'autre côté de l'Eglise une autre Tour, ou Clocher commencé; mais il n'est élevé que jusqu'à la hauteur des murailles de l'Eglise. On dit qu'il fut entrepris en même tems, ou peu de tems après l'autre; mais que l'Architecte de la première Tour, pour ôter à son Rival le moyen de partager avec lui la gloire de cet Edifice, le tua en le faisant culbuter du haut d'une fenêtre en bas. On montre dans cette Eglise, dessous la Chaire du Prédicateur, qui est de Marbre, une fenêtre & la figure d'un homme, qu'on dit être celle de ce malheureux Architecte, & qu'on dit y avoir été placée pour conserver la mémoire de son malheur. D'autres croient cependant, que c'est plutôt la Figure de l'Ouvrier qui a fait la Chaire.

La nouvelle Eglise du second Collége des Jésuites, car ils en ont deux à Vienne, est d'un dessein hardi & magnifique. Outre sa grandeur qui est considérable, toute la Voute du milieu appuye sur des Colonnes torses, qui partagent les Chapelles en nombre égal de l'un & de l'autre coté, & donnent un grand jour & une belle ouverture à tout le Bâtiment. Le fameux Pere Poggi Jésuite, également bon Peintre & bon Architecte, a peint tout le grand Berceau, où la Voute du milieu, de même que plusieurs

Cc 3 Au-

Autels, qui font admirer l'adresse de son pinceau. Ce qu'il y a de particulier dans la Peinture de cette Voute, c'est que, regardée d'un certain endroit de l'Eglise, elle représente si naturellement une Coupe ou *Cuppola*, selon le langage des Italiens, qu'on la croiroit réelle, effective & exhauffée sur la Voute. L'Eglise du premier ou du grand Collége des mêmes Religieux n'a rien de remarquable, que la richesse & la propreté des Autels, qui pour la plûpart ont été bâtis par des Seigneurs particuliers. Au devant de la porte de cette Eglise, & sur une Place assez grande, il y a une Colonne de Bronze, qui soutient une Figure de la Ste. Vierge de même Métal; avec le Serpent à ses pieds, en signe de son Immaculée Conception. Sur le Piédestal, qui porte la Colonne, il y a quatre Anges aussi de Bronze, en attitude de combattans contre quatre sortes de Bêtes, ou de Monstres, figures apparemment du péché, pour montrer que la Ste. Vierge en a été délivrée. Mais ces Statues sont si peu proportionnées, qu'on prendroit presque les Anges mêmes pour des Monstres, vu leur grossur demesurée. On fait dans certains jours de l'année des Dévotions publiques au pied de cette Colonne, & l'on bâtit une espéce de Tente de Bois, où l'Empereur & la Famille Impériale, qui assistent à ces Exercices de piété, se placent hors de la foule. Cette Colonne, à ce que quelques-uns croient, fut dressée à l'honneur de la Ste. Vierge en actions de graces de la Délivrance d'une Peste.

On voit un autre Monument de la Piété de la Maison Impériale pour une semblable occasion. C'est la Pyramide dressée en l'honneur de la Ste. Trinité dans la Place du Marché-Neuf. Cette Pyramide est de Marbre blanc, environée par-ci par-là de Nuées, qui sortent ou qui appuyent sur ces Nuées, & surmontée d'un Groupe de ces mêmes Nuées, sur lequel sont les trois Personnes de la Sainte Trinité en figures de Bronze doré. La Statue de l'Empereur Léopold, en posture de suppliant, à genoux & les yeux tournez contre les Personnes sacrées, est au pied de la Pyramide. Sur les trois faces de ce Monument, qui est triangulaire, on lit des Inscriptions Latines, qui témoignent, au nom de l'Empereur, sa reconnoissance & ses actions de graces pour la Délivrance du fleau de la Peste en 1579. Ces Inscriptions furent composées par l'Empereur Léopold lui-même. La Pyramide & son Piédestal sont environnez d'une Balustrade de même Marbre, sur laquelle sont disposez des Fanaux ou Lanternes, dans lesquelles on met des Lampes que l'on allume tous les soirs. On allume aussi des Cierges sur une espéce d'Autel ménagé d'un côté du Piédestal, & l'on y fait certaines Priéres à haute voix, & souvent même des Prédications, que font de jeunes Ecclésiastiques pour s'exercer & se former au Métier.

Les Dominicains, les Augustins, les Bénédictins & les Cordeliers ont des Eglises dans la Ville, mais elles n'ont rien de remarquable. Celle des Augustins Déchaussez cependant est appellée Aulique, & sert pour les fonctions de plus grand éclat, quand la Cour veut y assister. Le Cloître des Récollets y est en si grande vénération, que pour ne point chagriner ces Religieux, & pour ne leur point causer la moindre peine, il est défendu de la part du Souverain aux Propriétaires des Maisons, qui leur sont opposées, de hausser leurs Bâtimens, ni d'ouvrir des fenêtres qui les regardent. C'est tout le contraire de ce qui se pratique ailleurs, où les Religieux ayant des Couvens voisins des Maisons des Séculiers, se privent eux-mêmes de la vûe sur la rue. Les Capucins contre l'usage ordinaire de leur Ordre sont dans la Ville; & c'est dans leur Eglise, qui, à quelques ornemens près, est semblable aux autres de leur Institut, qu'est la Chapelle où l'on enterre les Princes de la Maison Impériale. On ne peut attribuer qu'à une très-grande modestie, que ces Princes qui sont depuis si long-tems en possession de l'Empire & de tant de Royaumes, veuillent être enterrez sans aucune pompe; de sorte qu'il ne reste sur leurs Monumens aucune mémoire de leurs noms, ni de leurs actions.

Il y a dans Vienne une Université fondée depuis long-tems, & dont les Chaires sont en grande partie occupées par les Peres Jésuites. Le reste est occupé par des Professeurs Séculiers. L'Edifice particulier, où sont les Ecoles, est quelque chose qu'on pourroit appeller moins que rien; & il est étonnant que tant d'Empereurs qui ont aimé les Lettres, & le grand crédit dont jouïssent les Peres Jésuites à la Cour de Vienne, n'ayent point contribué à former un plus beau Théâtre pour les Muses. En récompense il y a une Bibliothéque publique, qui est d'un grand usage pour les pauvres gens qui veulent étudier. Elle a été fondée, suivant l'Inscription qui est sur la porte, par un certain *Vindag*, qui ayant commencé & continué ses Etudes par le secours de quelques Bienfaiteurs arriva au Bonnet de Docteur, & ensuite, s'étant exercé dans la profession d'Avocat, obtint une Charge de Conseiller de la Chambre. Il acquit dans cette Place de si grandes richesses, qu'il put non-seulement établir sa Famille, mais encore fonder cette Bibliothéque dans la vûe d'aider les pauvres Etudians qui n'auroient pas le moyen d'acheter des Livres. Le nombre des Livres de cette Bibliothéque n'est pas fort grand. La plûpart même consistent en Livres Classiques & de Jurisprudence. S'il y en a quelques autres, ils sont en petit nombre. Il y a un Bibliothécaire fondé; mais cette Place est de peu de rapport. Comme on passe de la Bibliothéque dans la Maison des Dominicains à laquelle elle est attachée, il sembleroit que ces Religieux devroient avoir quelque inspection tant sur le Lieu que sur les Livres. Cependant on assure qu'ils ne sauroient faire voir que le Fondateur la leur ait accordée. Avec le tems ils s'en sont sensiblement rendus les Maîtres. Ils en disposent absolument, du moins pour leur usage particulier; car ils retiennent la Clef de la porte inférieure, qui communique avec leur Maison; tandis que le Bibliothécaire n'a que la Clef de la porte qui donne sur la rue.

La

La Ville est pleine de Maisons à Caffé où les Nouvellistes s'assemblent, comme ailleurs, pour lire la Gazette, & pour discourir des Affaires du tems; mais il n'est pas croyable combien est grande la liberté qu'on se donne dans ces réduits, où non-seulement on déchire sans aucun egard la conduite des Généraux & des Ministres; mais encore quelquefois celle de l'Empereur même.

On voit un Arcenal assez bien fourni d'Armes & de Canons; mais on ne voit point d'Académie pour les Cadets; ce qui seroit cependant un Arcenal aussi nécessaire que l'autre. Il y a de quoi s'étonner que tant d'autres Pratiques beaucoup moins importantes ayent été imitées de la France, & qu'on n'ait pas suivi celle-ci, qui est la source des plus grands avantages qu'on obtient à la guerre. L'Empereur ne manque ni de Soldats ni d'Officiers, mais de Soldats disciplinez, & d'Officiers instruits de leur Profession, & particuliérement de bons Ingénieurs. Il n'y a point non plus de Maison pour les Invalides; ce qui fait que l'on voit par les Rues & aux Portes des Eglises mandier une grande quantité de Soldats estropiez, qui semblent se plaindre du Gouvernement qui abandonne ainsi à la misère ceux qui ont eu le courage d'exposer leur vie pour l'interêt du Souverain. Outre le Manège de la Cour, qui ne sert qu'aux Pages de la Famille Impériale, il y en a un autre assez beau & spacieux dans un Fauxbourg & relégué ainsi hors de la Ville, où demeurent cependant ceux qui en ont plus précisément besoin: aussi ce Manège est-il peu fréquenté. On assure qu'il y avoit autrefois dans l'Académie de Vienne des Maîtres, non-seulement pour tous les Exercices corporels, comme pour danser, chanter, jouer des Instrumens, faire des armes, monter à Cheval; mais encore pour les Mathématiques, l'Histoire, la Géographie & même la Philosophie, quoique cette Science soit plus du ressort des Colléges que des Académies. Les Casernes des Soldats sont sur les Murailles de la Ville, assez bien bâties & assez nombreuses, puisqu'il y en a tout autour; mais comme elles ne sont pas toutes occupées par des Soldats, le reste sert de retraite à des Gargotiers & à des femmes débauchées.

Le plus beau & le plus vaste de tous les Fauxbourgs de Vienne est celui de Léopoldstad, au Septentrion de la Ville. Les autres occupent tous les autres côtez de la Ville, & sont rangez autour presque sans aucune séparation entre eux; de sorte qu'ils paroissent n'en faire qu'un qui entoure en forme d'arc toute la Ville. Tous, comme je l'ai déja dit, ont été rebâtis depuis le dernier Siège, & la plûpart pourroient passer pour de jolies Villes. La *Favorite-Neuve*, car la Vieille étoit dans le Fauxbourg de Léopoldstad, donne le nom à l'un de ces Fauxbourgs. On s'imagineroit, en entendant parler d'une Maison Impériale, de voir un Palais bâti avec la dernière magnificence; mais on trouve bien à décompter, lorsqu'on voit un Corps de Bâtiment assez long, à la vérité, mais qui n'est ni grand ni élevé, où il y a quelques Appartemens meublez assez proprement, mais qu'on ne prendroit jamais pour la Maison de Délices d'un grand Empereur, si on ne le savoit déja. Ce Prince y passe néanmoins une grande partie de l'Eté; & il faut que les Ministres s'y rendent tous les jours; ce qu'ils ne font pas sans quelque incommodité & sans perdre beaucoup de tems dans les allées & les venues. Les Princes de Mansfeld ont fait bâtir un Palais beaucoup plus magnifique & d'un dessein infiniment plus hardi que la *Favorite*. On ne sait comment ils ont pu obtenir l'agrément pour le faire bâtir dans le Lieu où il est, entre la Ville & les Fauxbourgs, & point hors de la portée du Canon. Le Bâtiment est d'une belle idée & d'un bon goût. La Façade vers la Ville est ornée d'un bel ordre de Colonnes. Il y a un magnifique Perron à l'entrée. La Platteforme qui sert de toit au Corps de Logis du milieu, est entourée d'une Balustrade de Marbre; & on admire une belle distribution de grandes Fenêtres qui donnent le jour à l'Edifice de tous les côtez. Les vastes Jardins tracez derrière & aux côtez du Palais achévent d'orner ce Palais. Un Seigneur de la Maison de Mala-Spina, ayant après le Siège de Vienne acheté tout le terrein, & fait rebâtir seul un Fauxbourg tout entier; la Ville n'a pas jugé à propos de lui en laisser la propriété; & par le remboursement de toute la dépense elle est entrée en possession de ce Fauxbourg, où il y a quelques Edifices pour le service du Public. Il y a un autre Fauxbourg appellé *Saint-Ulric*, & qui n'est pas en trop bonne réputation. Les priviléges accordez à un Abbé de la Ville, au Monastère duquel ce Fauxbourg appartient en propre, en écartant l'Inspection & l'usage de la Justice ordinaire, sont cause qu'il s'y commet des desordres & des débauches. On voit encore un autre Fauxbourg, ou si l'on veut, un Village presque attaché à la Ville. Il se nomme *Hernals*. On prétend que sous prétexte de dévotion, en tems de Carême particuliérement, il s'y fait bien des choses qui ne sont pas trop dévotes. Près de l'Eglise est un Sépulcre bâti dans la forme & avec les mesures de celui de Notre-Seigneur. Le Chemin qui y conduit de la Ville est semé de Chapelles, où les Mystères de la Passion sont représentez. Le Peuple ne manque pas de les visiter assez souvent; & il arrive aussi souvent ici comme ailleurs que le prétexte de la dévotion couvre un véritable libertinage, que favorisent les Lieux écartez qui se trouvent sur la route. Au reste, ces Chapelles ne sont rien moins que quelque chose de beau, & ne méritent nullement d'être comparées pour la structure, la richesse & le goût aux Chapelles de cette sorte qu'on voit en plusieurs endroits de l'Italie. Ce ne sont le plus souvent que de fort petites Niches, où le Mystère est représenté avec trois ou quatre Figures en relief, dans un espace qui ne met personne à couvert.

La Ville de Vienne est mêlée de toutes sortes d'Etrangers, Italiens, Allemands, Bohéhêmes, Hongrois, François, Lorrains, Flamands & Savoyards, qui presque tous font le Négoce, ou travaillent à différens Métiers. Cette diversité est cause qu'il n'y a pas grande union entre eux. La jalousie des Nations, qui se portent envie l'une à l'autre, empêche la confiance réciproque, qui ne tient a autre liaison qu'au Commerce & à la nécessité de pourvoir aux besoins de la vie. Les hommes ne font pas à Vienne sujets à la fole dépense en habits. La Cour à laquelle la plûpart tiennent par quelque endroit, & où il faut paroître en noir, leur ôteroit les occasions de se faire honneur de cette pompe s'ils en avoient l'entêtement; & hors de quelques rencontres de Cavalcades, ou de Fêtes à la Cour, dans lesquelles ils sont obligez de paroître avec éclat, ils ont moyen tout le reste de l'année de rétablir par leur épargne les desordres que la vanité de leurs femmes font à leurs finances. Ce ne sont pas les seules femmes de qualité qui donnent dans ces excès: celles de la moindre condition ne leur cédent point sur ce chapitre; & il y a une émulation entre elles à qui satisfera mieux son penchant à cet égard. En général le Peuple de Vienne est dévot presque jusqu'à l'excès. Il n'y a pas une heure dans le jour, où l'on ne trouve à l'Eglise Cathédrale des troupes de personnes, qui prient Dieu même à haute voix, sous la direction d'un Prêtre, gagé pour présider à ces Prières & pour les régler. On dit que le Siège de Vienne inspira cette dévotion extraordinaire aux Bourgeois, qui ayant besoin d'un secours continuel du Ciel pour ne pas succomber aux efforts des Infidèles, le demandoient continuellement au Seigneur. Le transport qu'on a fait de Hongrie à Vienne d'une Image de Notre-Dame peinte assez grossiérement, sur une planche d'environ deux pieds de longueur, & qu'on dit avoir versé des larmes en Hongrie avant les derniéres révolutions, contribue beaucoup à ce concours du Peuple à l'Eglise Cathédrale. Cette Image y est exposée sur le Grand-Autel, & les miracles qu'on dit que Dieu opère tous les jours par l'intercession de la Ste. Vierge, réclamée en ce lieu, sont si fréquens que les Murailles de cette partie de l'Eglise qui lui est voisine sont toutes chargées, jusqu'aux Voutes, qui sont très-hautes, de vœux, c'est-à-dire de Tableaux, ou de Mémoires en argent & en Peinture, des bienfaits & des guérisons qu'on assûre y avoir reçu. Tous les matins & ordinairement jusqu'à deux heures après midi, on voit dans cette Eglise une quantité prodigieuse de Prêtres qui disent la Messe. Tous ne sont pas Chanoines, ou Bénéficiers de l'Eglise; mais, comme le concours y est continuel & que la dévotion y est liberale, il y a une grande quantité de Prêtres étrangers, qui sont attirez à Vienne, & qui subsistent à la faveur des rétributions qu'ils retirent de leurs Messes.

Le Chapitre de cette Cathédrale n'est ni noble, ni nombreux. Cela ne veut pas dire que les Chanoines ne sont pas nobles; mais seulement que la Noblesse n'est point une qualité requise pour être Chanoine,

comme en beaucoup d'autres Eglises d'Allemagne. Le nombre n'en est pas non plus considérable; ce qu'on peut attribuer à la premiére fondation qui n'étoit que pour un Collége d'une Eglise particuliére, au lieu qu'elle est devenue Cathédrale, par l'érection d'un Evêché, qui n'a guére plus de deux Siècles, & qui enfin a été élevée à la dignité Archiépiscopale en. . . . L'Eglise est dédiée à St. Etienne, premier Martyr.

On prétend que les Ecclésiastiques & même les Réguliers vivent fort commodément à Vienne, & que hors les heures du Chœur qu'ils ne négligent pas, la bonne Chére, la Promenade & les Conversations occupent une grande partie de leur tems. Aussi n'entend-on point parler d'hommes à Miracles, ni d'aucune Sainteté extraordinaire: & depuis le Pere Marc d'Aviano Capucin, personne n'a fait parler de soi par cet endroit. L'Empereur Rodolphe & toute la Famille Impériale voulurent avoir la Bénédiction de ce Capucin avant qu'il mourût. Ils se transportérent à cet effet dans sa cellule. L'Empereur voulut même célébrer sa Mémoire par des Chronographes de la façon, & après l'avoir fait enterrer dans la Chapelle des Archiducs & Princes du Sang d'Autriche, il composa ces Inscriptions à sa louange: Elles expriment toutes l'année de sa mort, 1699.

patrI MarCo ab aVIano CapVCIno
ConCIonatorI eVangeLICIs VIrtVtIbVs
eXornato.
VIennæ aVstrIæ In osCVLo DomInI sVI
sVaVIter eXpIrantI *
LeopoLDVs aVgVstVs, aVgVsta sVa
fILIIqVe Mœsta passIone posVere.
patrI MarCo de aVIano, Vero JesV
serVo LUX & reqVIes perpetVa.

Ces Inscriptions ne sont point gravées sur la Sépulture de ce Réligieux. On voit seulement au côté gauche de la Chapelle des Archiducs, au bas de la muraille, tout près de terre, le nom de ce Pere avec un *Hic jacet* tout simple.

La Ville de Vienne quoique dans une agréable situation, se trouvant dans un endroit où le Danube se partage en cinq Branches & forme plusieurs Isles couvertes de Bois, ne joüit pas cependant d'un air bien sain. L'air ou la qualité du climat sous lequel Vienne est bâtie est, selon le Proverbe particulier, ou venteux ou venimeux, *Vienna vel Ventosa*, *vel Venenosa*. En effet on remarque presque pendant toute l'année que les Vents s'y font sentir d'une maniére si vive & avec tant de fracas, qu'on a de la peine à marcher dans les rues. Quant à la malignité de l'air, qui devroit être corrigée par le souffle des Vents, il est difficile d'en deviner la cause, n'y ayant point de Marais aux environs, ni Mines de souffre ou de bitume, qui puisse causer cette infection. Il y en a néanmoins qui croient que le mauvais air est causé par la quantité des boues & des ordures qui remplissent les rues presque toute l'année; car quoiqu'il y ait des Charettes obligées à les emporter, la négligence avec laquelle elles s'acquittent
de

de ce devoir fait que les rues sont presque toujours fort sales.

Les Turcs se mirent en campagne en 1683. avec une puissante Armée, & s'avancérent jusque devant Vienne qu'ils commencérent à assiéger le 14. de Juillet. Les efforts terribles avec lesquels ils attaquérent pendant deux mois cette Place, qui se ressentoit encore des ravages qu'une cruelle peste y avoit faits en 1679. la réduisirent aux derniéres extrémitez. Le Grand-Visir étoit en personne à ce Siège. Le nombre de ses Troupes montoit à près de 150. mille hommes, & l'on n'avoit point vu depuis un Siècle de si grands préparatifs contre la Chrétienté. Mais si la Ville de Vienne fut attaquée vigoureusement, elle fut encore mieux défendue par le Comte de Staremberg qui en étoit Gouverneur, & par quantité de Braves de divers endroits de l'Europe qui s'y étoient jettez. Cette résistance fortifiée du secours du Ciel que l'on imploroit de toutes parts, donna le tems à Jean III. du nom, Roi de Pologne, de joindre vingt-quatre mille hommes de ses troupes à l'Armée Impériale, que commandoit le Prince Charles de Lorraine, & d'accourir conjointement avec les troupes de Bavière, de Saxe & de Franconie au secours de cette Ville. Les Chrétiens prirent leur marche par la Montagne de Kalemberg, & allérent attaquer les Infidèles qui étoient au bas. A la vûe de l'avantage qu'on remporta sur eux, les Assiégez firent une vigoureuse sortie, & taillérent en pièces tout ce qui se trouva dans les travaux & dans les Lignes. Le Grand-Visir se sauva des premiers vers le chemin de Luxembourg, & abandonna ses richesses, ses munitions, son cheval de bataille & sa tente, où le Roi de Pologne reposa pendant la nuit. Ce coup heureux arriva le 12. de Septembre 1683.

5. VIENNE, Bourg de France, dans la Champagne, Election de Ste. Manehould, aux frontiéres du Duché de Bar, à deux lieues de Ste. Manehould, & à sept lieues de Verdun, sur l'Aisne. Ce Bourg est séparé en deux parties, dont l'une s'appelle *Vienne la Ville*, & l'autre *Vienne le Château*.

VIENNENSIS GALLIA. Voyez GAULE.

VIENNOIS, Pays de France, compris dans le Dauphiné, & qui prend son nom de la Ville de Vienne sa Capitale. Ce Pays est borné au Septentrion par la Bresse & par le Bugey, dont il est séparé par le Rhosne: il confine à la Savoye du côté de l'Orient: il touche du côté du Midi au Valentinois; & le Rhosne le baigne à l'Occident. C'est un des plus grands Bailliages du Parlement de Grenoble. Il comprend les Bailliages particuliers de Vienne, de Grenoble, de St. Marcellin, & la Jurisdiction Royale de Romans. Le Bailli est d'Epée. Le Viennois a eu autrefois des Seigneurs particuliers qui possédoient le Plat-pays, & qui ont pris dans la suite le nom de Dauphins. Voyez Vienne.

VIENS, Baronnie de France, dans la Provence, Recette d'Apt.

1. VIERCO, ou VIERZI [a], Contrée d'Es-

[a] Jaillot, Atlas.

pagne, au Royaume de Léon, vers les Confins des Asturies, avec une Bourgade qui lui donne son nom. C'est proprement une Vallée qui s'étend le long de la Rivière de Tuerta. Cette Contrée est abondante en toutes sortes de commoditez & de vivres. Davity [b] prétend que Pontferranda en est la Capitale. Mais dans ce cas il faudroit étendre cette Contrée jusqu'aux confins de la Galice.

[b] Royaume de Léon.

2. VIERCO, ou VIERZO, Bourgade d'Espagne, dans la Catalogne, au Diocése de Lerida, selon Mr. Baudrand [c], qui dit que c'est l'ancien *Vergium-Castrum* de Tite-Live. Il ne l'assûre pourtant pas, & il convient que les Géographes ne s'accordent pas sur la position de cette ancienne Place.

[c] Dict.

VIERGE (Fontaine de la) Fontaine de la Palestine. Quand on a passé la Vallée de Josaphat, dit le Pere Nau dans son Voyage de la Terre-Sainte [d], on trouve au bas du Mont de Sion, une Fontaine nommée la Fontaine de la Ste. Vierge, parce que la Mere de Dieu a bu autrefois, à ce qu'on dit, de l'eau de cette Fontaine, & qu'elle s'en est servie pour laver le linge de Notre-Seigneur, & le sien. C'est ce qu'on dit, mais on n'en rapporte aucune preuve. Les Chrétiens visitent cette Fontaine avec dévotion; & les Mahométans mêmes la révérent. Ils ont pavé de belles pierres un lieu voisin, & ils y ont élevé un Oratoire à leur façon; c'est-à-dire une petite Niche tournée au Midi. Ils obligent les Chrétiens à leur payer une petite pièce d'argent pour leur permettre de descendre à cette Fontaine; mais c'est un droit usurpé, qu'on ne leur paye que quand on est le plus foible, ou qu'on ne veut pas faire une querelle pour peu de chose. On y descend par un Escalier d'environ vingt degrez, au bas duquel on trouve un petit rond d'eau & comme un canal naturel qui s'avance profondément sous terre. L'Eau n'y est ni abondante ni fort bonne, à en juger au goût. Elle est pourtant potable & on en boit. Cette Fontaine est assez vraisemblablement celle qui est nommée dans Esdras la *Fontaine du Dragon*. Je sai bien qu'Adrichomius met cette Fontaine loin de-là, au bas de la Montagne du Calvaire, & qu'il dit que de son tems elle y couloit encore; mais c'est ce qui ne se voit point. Néhemias en parle comme d'une Fontaine qui n'étoit pas fort éloignée de la Porte de la Vallée; ce qui convient assez bien à la Fontaine de la Vierge, qui se trouve dans la Vallée de Josaphat, au pied du Mont de Sion & à son Orient.

[d] Liv. 3. ch. 13.

VIERGES [Les]. On donne ce nom à douze ou treize petites Isles de l'Amérique Septentrionale, qui s'étendent au Levant de l'Isle de St. Jean de Porto Rico, sur la hauteur de dix-huit degrez au Nord de la Ligne. On les distingue en grandes Vierges & en petites. *Virgo Gorda* qui est au Nord-Ouest de l'Isle est haute & ronde, & située au commencement des petites Vierges. Ces Isles sont fort hautes & dénuées d'arbres. On les croyoit autrefois fort périlleuses à cause des Bancs & des Basses; mais les canaux profonds qui les entrecoupent ayant été reconnus, ont fait cesser cet-

[e] De Laet, Descr. des Indes-Occ. Liv. 1. c. 18. Rochefort, Hist. des Antilles.

cette erreur. Il y a de fort bons mouillages capables de mettre plufieurs Flotes en fûreté. Les Espagnols les vifitent affez fouvent pour la Pefche. On y trouve auffi une infinité d'Oifeaux de Terre & de Mer. Il y a fi peu de bon terroir dans ces Ifles, qu'après l'avoir vifité, on n'a pas cru qu'il méritât qu'on y envoyât des Habitans pour le cultiver.

VIERLINXBECK, Village des Pays-Bas au Pays de Cuyck [a], fur le bord de la Meufe. Il y a dans ce Village un Bac pour paffer dans la Gueldre Pruffienne. Ce Village avec les Hameaux d'Overloon de Groeningen & de Northeym forme un Tribunal de fept Echevins. Il y a une Eglife Proteftante dont le Miniftre ne prêche fouvent qu'à fa famille & à celle de fon Lecteur. A un quart de lieue de ce Village, il y a le Château de Macken, dont le Maître prend le titre de Seigneur de Macken; mais il n'a pas de plus grandes prérogatives que les autres qui poffédent des Biens nobles. Cependant ce Château eft fort ancien, & l'on prétend qu'il étoit le féjour des Seigneurs de Vierlinxbeck, qui poffédoient alors tout le haut-Bailliage féparé du refte de la Seigneurie de Cuyck, qui étoit proprement réduite au bas-Bailliage. On ignore quand & comment le Pays de Cuyck fut partagé en ces deux différentes Seigneuries. Tout ce qu'on fait c'eft qu'en 1403. Udon de Boye fe qualifioit Seigneur de Vierlinxbeck, de Maashees & de Holthees, comme on le peut voir par un privilége daté de la même année, accordé aux Habitans de ces Lieux, & qui fe trouve dans les Archives de la Ville de Grave. On ignore pareillement quand & comment cette Seigneurie a été réunie à celles de Cuyck. Le dernier Seigneur de Macken, qui portoit le nom de Van der Boeye, prétendoit defcendre de cet Udon de Boye dont il vient d'être parlé; mais on n'en a aucune preuve certaine. Cette Famille eft préfentement éteinte, & il n'en refte plus que quatre Filles héritiéres de la Terre de Macken, qui eft un Bien très-confidérable enclavé dans la Jurifdiction de Vierlinxbeck. Il y a dans ce dernier Village un Moulin à eau, où les Habitans de Maashees, Holthees, Macken, Groeningen, Northeym, & d'Overloon, font obligez d'aller faire moudre leurs grains.

[a] Janiçon, Etat préfent des Pr. Un. t. 2. p. 46.

VIERRADEN, Ville d'Allemagne [b], au Cercle de la Baffe-Saxe, dans la Marche de Brandebourg, vers les confins de Poméranie, fur la Welfe dans l'endroit où cette Riviére entre dans celle de l'Oder; entre Stendelichen & Schwet. Vierraden a été fouvent une pierre d'achopement pour les Princes de Brandebourg & de Poméranie. L'an 1302. Othon Duc de Stettin défit dans une Bataille les Marggraves de Brandebourg Othon, Jean & Valdemar, dans les environs de cette Ville. En 1468. l'Electeur de Brandebourg s'en rendit maître par la trahifon d'un Meûnier; & il la garda 8. ou 10. ans, jufqu'à ce que Wratiflas Duc de Poméranie la reprit par le moyen d'Henri de Lindftetten; l'Electeur la regagna d'abord après; parce qu'il n'y avoit qu'une foible garnifon. Dans l'Accord qui fe fit entre ces deux Maifons en 1479. Vierraden demeura à l'Electeur de Brandebourg. Cette Ville fut après fpécifiée dans le Traité de la Succeffion de famille entre les deux Maifons; il y fut dit que cette Ville retourneroit au Domaine des Ducs de Poméranie, au cas que la Famille mâle des Margraves vînt à s'éteindre. Ce Traité du confentement des Maifons de Saxe & de Heffe fut confirmé en 1573. par l'Empereur, qui régla outre cela que toutes les fois, que les Vaffaux du Territoire de Vierraden & des autres Lieux mentionnez dans le Traité, rendroient hommage à l'Electeur de Brandebourg, ils feroient de même ferment de fidélité au Duc Régnant de Poméranie. Cette Ville a fouffert beaucoup dans les guerres du dernier Siècle. Les Suédois s'en emparérent ainfi que du Château en 1637.

[b] Zeyler, Topogr. Marg. Brand. p. 117.

VIERUEDRUM, Promontoire de la Grande-Bretagne. Ptolomée [c] le place entre le Promontoire Taruedum, ou Orcas & le Promontoire Veruvium. Un MS. confulté par Ortelius [d], porte Ὀυιεδρος, au lieu de Ὀυιερμέδρον. Le nom moderne eft Hoya, felon Buchanan, & Dunfbye, felon Camden: Je ne croirois prefque ni l'un ni l'autre. Il femble en comparant la Carte dreffée fur Ptolomée, & les Cartes modernes, que le Promontoire Vieruedrum doit être un Cap entre Hoya & Dunfbye.

[c] Lib. 2. c. 5.
[d] Thefaur.

VIERZON, Brivodurum, Virzo, Virzio Virizio, Virzonum; Ville de France [e] dans le Berry, dans le plus fertile & le plus agréable Canton de la Province; fur les bords des Riviéres d'Evre & de Cher. C'eft fans doute cette agréable fituation qui a donné lieu à l'Infcription qu'on voit fur une de fes portes & dans l'une des vitres de l'Eglife Paroiffiale.

[e] Pignol. Defcr. de la France, t. 5. p. 460.

Virzio villa virens, aliunde pauca requirens,
Sylvis ornata, vineis, pratis decorata.

La principale Eglife porte le nom de St. Pierre; & le Château dont il ne refte plus que quelques mafures fut ruiné par le Roi d'Angleterre en 1192. Outre l'Eglife de St. Pierre, il y a à Vierzon des Capucins, des Religieufes Hofpitaliéres, qui deffervent l'Hôtel-Dieu; des Chanoineffes du St. Sépulcre de l'Ordre de St. Auguftin, & une Maladrerie réunie au Collége, pour entretenir deux Maîtres, qui ont foin de montrer, l'un le Latin, & l'autre à lire & à écrire. Ils ont chacun deux cens Livres de revenu.

Cette Ville, nommée en Latin Virfio, ou Virzio [f], étoit un petit Château dans le dixiéme Siècle, fous le régne du Roi Raoul, lorfque qu'on y transféra les Moines Bénédictins de Dovere, dont le Monaftere avoit été ruiné par les Barbares; ce qui fut fait du confentement de Thibaut Comte de Chartres, à qui Vierzon appartenoit; auffibien que le Comté de Sancerre. Elle en fut détachée depuis, & poffédée par des Seigneurs particuliers dès le douziéme Siécle. Ces Seigneurs portoient le titre de Comte. Le dernier qui vivoit fur la fin du treiziéme Siècle, ne laiffa qu'une fille, qui apporta en mariage cette Seigneurie à fon mari

[f] Longuerüe, Defcr. de la France, Part. 1. p. 128.

mari Godefroy de Brabant, Seigneur d'Arſcot, frere Cadet de Jean Duc de Brabant. Godefroy & ſon fils Jean furent tués l'an 1302. à la bataille de Courtray, ſervans Philippe le *Bel*. Les filles de Godefroy hériterent des biens de leur pere, & Marie qui en étoit une, apporta à ſon mari Gerard, Comte de Juliers, Vierzon, qui appartint enſuite à Guillaume ſon fils, premier Duc de Juliers. Ce Duc ayant pris le parti des Anglois, Philippe de Valois confiſqua ſur lui Vierzon. Le Roi Jean promit de le rendre au Duc de Juliers, par un Traité conclu l'an 1361. mais ce Traité ne fut pas executé, & le Roi donna Vierzon à ſon fils Jean Duc de Berry. Depuis le Roi Charles V. donna une récompenſe au Duc de Juliers pour ſes droits l'an 1379. Jean Duc de Berry mourut ſans laiſſer d'enfans mâles; ſa fille Marie épouſa Jean Duc de Bourbon, & lui apporta entre autres biens Vierzon, dont leurs deſcendans jouïrent juſqu'au Connétable de Bourbon, qui fut condamné comme rebelle, & ſes biens furent confiſquez, après quoi François I. réunit Vierzon au Domaine.

a *Piganiol*, Deſcr. de la France, t. 6. p. 438.

Les Habitans de Vierzon [a] ſont les plus laborieux & les plus induſtrieux de la Province. Il y en a parmi eux qui font le commerce de bois, d'autres qui travaillent aux Draps & aux Serges de Berry. Il y avoit autrefois pluſieurs Cordonniers, qui envoyoient leurs ſouliers à des Marchands de Paris, qui les vendoient aux Halles; mais un incendie qui en 1615. conſuma ſoixantecinq maiſons a ruïné la plûpart de ces Artiſans, & la difficulté des tems les a empêchez de ſe rétablir. Il y a trois Foires à Vierzon: la première le Mercredi d'après la Pentecôte, la ſeconde le 29. de Juin; la troiſième le lendemain de la St. Barthelemi; & tous les Samedis on tient un Marché.

2. VIERZON, Abbaye de France, dans le Berry, au Dioceſe de Bourges, dans la Ville, qui lui donne ſon nom. C'eſt une Abbaye d'Hommes de l'Ordre de St. Benoît, dédiée à St. Pierre. Elle a ſuccédé, comme on le voit dans l'Article précédent, à l'ancienne Abbaye de Dovere, en Latin *Dovera* ou *Devara*. Quoique quelques-uns ayent attribué la Fondation de cette Abbaye à Radulphe, Rodolphe, ou Raoul, Archevêque de Bourges, il y a des preuves qu'il l'enrichit plûtôt de nouveaux bienfaits, qu'il ne la fonda; & il y a tout lieu de conjecturer qu'elle eſt plus ancienne & qu'elle fut d'abord fondée par Charlemagne, ou du moins pas ſon fils Louïs le *Débonnaire*, entre les années 781. & 814. Lorſqu'elle fut ruïnée par les Barbares, pluſieurs Chanoines de l'Egliſe de Bourges la firent rebâtir dans un Lieu plus aſſûré, c'eſt-à-dire dans le Château de Vierzon, qui étoit au voiſinage. Elle prit de là le nom de Vierzon. La Celle qui reſta à Dovere devint une de ſes dépendances, qui ne conſiſte plus aujourd'hui qu'en une petite Chapelle, où l'on ne dit la Meſſe qu'une fois l'an. L'Abbaye de Vierzon a été unie à la Congrégation de St. Maur en 1671. & elle vaut en tout trois mille Livres de revenu, dont il y en a la moitié pour l'Abbé.

VIESSOIX, Bourg de France, dans la Normandie, Election de Vire.

VIESTI, en Latin *Beſtia*, ou *Vieſta* [b]; Ville d'Italie, au Royaume de Naples dans la Capitanate, ſur le bord de la Mer, au pied du Mont Gargan. Cette pauvre Ville a été, à ce qu'on croit, bâtie des ruïnes de l'ancienne *Merinum*, dont elle a l'Evêché depuis l'an 1000. Cet Evêché eſt ſuffragant de Siponto.

b *Commanville*, Tabl. des Evêchez.

VIETRI, Bourgade d'Italie, au Royaume de Naples, dans la Principauté Citérieure, à une demi-lieue de la Ville de Salerne. Le tremblement de terre arrivé en 1694. la renverſa preſque entièrement. Il y en a qui croient que Vietri a été bâtie des ruïnes de l'ancienne *Marcina*.

VIEU, Bourg de France, dans le Valromay, au Dioceſe de Genève.

1. VIEVILLE, ou LA VIEUVILLE, *Vetus-Villa*, Abbaye de France, dans la Bretagne au Dioceſe de Dol, à deux lieues de la Ville de ce nom. C'eſt une Abbaye d'Hommes de l'Ordre de Cîteaux, Fille de Savigny & de la Réforme. Elle fut fondée le 6. des Ides d'Août 1138.

2. VIEVILLE, *Vetus-Villa*; Paroiſſe du Duché de Lorraine, Office de Perny. Son Egliſe eſt dédiée à St. Airy. La Cure eſt régulière. L'Abbé de Ste. Marie de Pont à Mouſſon en eſt Patron, & eſt en même tems Seigneur du Lieu. Il partage les dîmes par moitié avec le Curé. C'eſt à Vieville qu'étoit ſituée autrefois l'Abbaye de Ste. Marie-aux-Bois, fondée en 1126. par Simon I. Duc de Lorraine, & qui fut transférée dans la Ville de Pont à Mouſſon en 1607. La Paroiſſe de Viéville a pour Annéxe le Village de Ville-Iſſey.

1. VIEUX, Village de France, dans la Normandie, au Dioceſe de Bayeux, Election de Caen, près de la Ville de ce nom. Les vieux Bâtimens & les anciennes Inſcriptions qu'on avoit trouvées dans des ruïnes autour de ce Village, avoient fait juger à Mr. Huet Evêque d'Avranche que ce Lieu auroit pu être autrefois quelque Camp des Romains; mais la grande quantité de différens Edifices anciens & très-régulièrs qu'on y a découverts depuis, font juger que c'étoit la Capitale des *Viducaſſes*. Voyez VIDUCASSIUM. Toutes les Carrières qu'on trouve dans ce Lieu ſont d'un marbre rouge veiné. Il y a encore auprès de Vieux une Carrière de marbre, dont le Cardinal de Richelieu ſe ſervit pour la Chapelle de Sorbonne à Paris.

2. VIEUX, *Viancium*, ou *Viancia*, Lieu de France, dans le Languedoc, Dioceſe & Recette d'Alby. Il y a eu autrefois dans ce Lieu une Abbaye, fondée par Ponce, Comte d'Alby, vers l'an 987. Elle étoit ſous l'invocation des Saints Eugène & Amarand, & de Ste. Cariſſime. Cette Abbaye n'exiſte plus.

VIEUX-FORT (La Pointe du), Pointe de l'Amérique Septentrionale, ſur la Côte de la Guadeloupe, à la Baſſe-Terre. C'eſt le Cap le plus Méridional de l'Iſle. Il eſt à deux lieues au Midi du Fort & du Bourg de la Baſſe-Terre, & à trente lieues de la Pointe St. Martin de la Martinique. Il y a ſur la

Pointe du Vieux Fort un établissement, & une batterie de Canon. Les Carmes y desservent une petite Chapelle qui a titre de Paroisse. Ils n'y font cependant dire la Messe qu'une fois par mois. La batterie qui est sur la Pointe du Vieux-Fort n'est que de deux Canons: ce Lieu n'est pas mieux fortifié par l'Art; mais ceux qui y feroient des descentes ne pourroient pas pénétrer plus avant dans l'Isle.

VIEUX-GASTEL (Le), grand Village des Pays-Bas [a], dans le Marquisat de Bergop-Zoom, au Quartier Oriental. Le Tribunal ou Banc de ce Village est composé d'un Bourgmestre, de six Echevins, de quatre Jurez, & d'un Secrétaire, qui exerce la même fonction au Nouveau-Gastel. Il y a au Vieux-Gastel une Eglise pour les Protestans, & une Chapelle pour les Catholiques. Cette Chapelle est desservie par des Bernardins, qui sont chargez d'entretenir le Ministre. Le NOUVEAU-GASTEL fut brûlé pendant les guerres avec l'Espagne & n'a pas été rétabli. Sa Jurisdiction est d'une fort grande étendue, & son Tribunal est composé d'un Bourgmestre, de six Echevins & de quatre Jurez qui s'assemblent dans la Maison publique du Vieux-Gastel. Comme c'est un Polder, il y a un Dyckgrave, trois Jurez des Digues, un Tresorier, un Teneur de Livres, & un Commis des recherches pour la Douane.

[a] Janiçon, Etat présent des Pr. Un. t. 2. p. 240.

VIEUX-MAREUIL, Bourg de France dans le Périgord, Election de Périgueux.

VIEUX-PONT, Bourg de France dans la Normandie, Election de Falaise. Les Seigneurs de Vieux-Pont se trouvérent aux Batailles de Hastingue & d'Alcalon dans le onzième Siècle.

VIEUX SAINT JEAN, Village & Monastère de Suisse [b], dans le Toggenbourg, au Thour-Thal, dont le Village du Vieux St. Jean fait la cinquième Communauté. L'Abbaye, qui est de l'Ordre de St. Benoît & riche, fut fondée vers l'an 1150. par un certain Gentilhomme nommé Wetzel de St. Jean. Les Comtes de Toggenbourg y firent dans la suite de grandes largesses. Il n'y avoit d'abord que deux Moines de l'Ordre de Citeaux: le nombre s'en augmenta peu à peu, & on leur donna un Abbé. Enfin on les transféra au Village de Sydwald, dans le lieu où est aujourd'hui l'Abbaye du Nouveau St. Jean; de sorte qu'il ne demeure plus dans le Vieux St. Jean, qu'un seul Religieux chargé d'en percevoir les revenus, & d'y faire l'Office aux heures marquées.

[b] Etat & Délices de la Suisse, t. 3. p. 317.

1. VIGAN [Le], Bourg de France, dans le Bas-Languedoc, Diocèse & Recette d'Alais, à cinq lieues de la Ville de ce nom, & à trois de St. Hipolite. Ce Bourg qui est situé dans les Sevennes est très-considérable.

2. VIGAN [Le], Bourg de France dans le Quercy, Diocèse & Election de Cahors. Il y a dans ce Bourg un Chapitre de douze Chanoines.

VIGARD-LEZ-VERDUN, Bois de France, dans le Languedoc, & dans la Maîtrise des Eaux & Forêts de Toulouse.

VIGEAN (Le), Bourg de France, dans le Poitou, Election de Confolans.

1. VIGEN (Le), Bourg de France dans l'Auvergne, Election de St. Flour.

2. VIGEN (Le), Bourg de France, dans le Limousin, Election de Limoges. Ce Bourg est assez considérable.

VIGENNA. Voyez VINGENNA.
VIGENNE, NAVIGENNE, ou VINGENNE. Voyez VINGENNE.

VIGENSE OPPIDUM, Ville de l'Afrique propre selon Pline [c]. Le Pere Hardouin prétend qu'il faut lire VISENSE, & il se fonde sur la Conférence de Carthage. Voyez VISENSIS.

[c] Lib. 5. c. 4.

VIGESILA. Voyez VEGESELA.

VIGEOIS (Le), Bourg de France dans le Limousin, Election de Brives, près de la Rivière de Vezere. Ce Bourg qui est bien peuplé a dans son voisinage une Abbaye d'Hommes de l'Ordre de St. Benoît, en Latin *Vosium S. Petri*. On ne fait point quelle est l'origine [d] du Monastère de St. Pierre de Vigeois. Sébastien Précepteur de St. Yrier en fut Abbé. Ce Monastère ayant été ruiné après la mort de Sébastien, St. Yrier le répara & y mit douze Religieux sous la conduite d'Astide son neveu. Il y unit de plus l'Abbaye de St. Michel dans le Limousin, & celle de Terrason qui avoit été soumise à celle de St. Michel, à la prière du Bienheureux Sore. Avec le tems l'Abbaye de Vigeois a été elle-même soumise aux Abbayes de Solignac & de St. Martial.

[d] Abrégé de l'Hist. de l'Ordre de St. Benoît, L. 2. c. 25.

VIGEVANO, VIGERE ou VIGERANO [e], Ville d'Italie, au Duché de Milan, dans le Vigevanasc, ou Vigeranois dont elle est la Capitale. La situation de cette petite Ville sur le Tesin est si agréable, que plusieurs Ducs de Milan l'ont choisie pour leur séjour dans la belle saison. Son Château est fort par sa situation sur le haut d'un Rocher, & par les Ouvrages qui le défendent. On érigea en 1530. l'Eglise de Vigevano [f] en Evêché sous la Métropole de Milan. Le nom Latin de cette Ville est *Vigevanum*, ou *Viglebanum*.

[e] La Forêt de Bourgon, Géogr. Hist. t. 1. p. 437.
[f] Commainville, Table des Evêchez.

VIGEVANASC, ou VIGERANOIS, petit Pays d'Italie, au Duché de Milan, entre le Novarèse & la Laumeline. Il prend son nom de sa Capitale appellée Vigevano.

VIGISONUS. Voyez TOGISONUS.

VIGITANUS, ou GIGITANUS. Voyez GIGITANUS.

VIGLA. On donne ce nom aux Masures d'une ancienne Forteresse [g], qu'on trouve dans la Livadie, dans l'entredeux Montagne Ozia, par où l'on passe pour aller à Athènes. Cette Forteresse étoit hexagone. Le nom *Vigla* signifie Sentinelle, & peut-être en étoit-ce autrefois une pour découvrir ce qui passoit de la Bœotie dans l'Attique.

[g] Spon, Voyage de Grèce.

VIGLEBANUM. Voyez VERGEMINUM.
VIGLENSIS. Voyez VEIENTANUM.

VIGNAC, Bourg de France, dans le Rouergue, Election de Ville-Franche. Il y en a qui lui donnent le titre de Ville. On n'y compte cependant guère plus de cinq cens Habitans.

VIG.   VIG. VIH. VIL.

VIGNACOURT, Bourg de France, dans la Picardie, Election de Doulens, à quatre lieues de la Ville d'Amiens. Ce Bourg qui est très-peuplé a une Eglise Collégiale composée d'un Doyen & de douze Chanoines. Elle est dédiée à St. Firmin.

VIGNAIS, ou **VINHAES**, petite Ville de Portugal [a], dans la Province de Tra-los-montes, à l'Occident de Bragance, sur la petite Riviére de Tuelo. Vignais tire son nom de son Vignoble, où l'on recueille d'excellent vin.

[a] Délices de Portugal, p. 717.

VIGNALTS, *Vignatiæ* & *Vinacium*, Lieu de France dans la Normandie, au Diocése de Seez, Election de Falaise. Il y a dans ce Lieu une Abbaye de Filles de l'Ordre de St. Benoît. Ce n'étoit d'abord qu'un Prieuré fondé en 1130. par un Comte de Belesme. En 1626. ce Prieuré fut érigé en Abbaye par les soins d'une Supérieure qui étoit de la Maison de Medavy de Grancey.

VIGNEMONT, Lieu de France, dans la Picardie, au Diocése de Beauvais, Election de Compiègne. Il y a dans ce Lieu un Prieuré qui rapporte cinq cens Livres de rente.

VIGNETTES (Les), Forteresse de France, sur la Côte de Provence, dans la Baye de Toulon, environ à un quart de lieue vers le Nord-Est de la grande Tour. Le Fort des Vignettes, dit Michelot [b], est une espéce de Tour ou Ras d'eau, qu'on a fait nouvellement avec une autre Batterie auprès, du côté de l'Est, & devant laquelle on peut mouiller au cas qu'on ne puisse gagner la Rade de Toulon. On est à couvert des Vents de Nord-Ouest, Nord & Nord-Est ; & il y a douze à quinze brasses d'eau assez proche de terre.

[b] Portul. de la Médit. p. 73.

VIGNIOGOU, Abbaye de France, dans le Languedoc, au Diocése de Montpellier : on la nomme aussi BON-LIEU, en Latin *Vignoliæ*, ou *Bonus-Locus*. C'est une Abbaye de Filles de l'Ordre, de Cîteaux, Fille de Valmagne.

VIGNOLA, ou **VIGNUOLA**, Ville d'Italie dans le Modénois [c], sur le Panaro, entre Festa & Spilamberto, aux confins du Boulonois. Cette Ville appartient aux Seigneurs de la Maison de Buon-Compagno, Vassaux du Duc de Modène. Davity [d] qui rapporte cette particularité ajoute que Vignola est une Ville grande, forte & bien peuplé e.

[c] *Magin*, Carte du Modénois.
[d] Modénois.

1. **VIGNORIX**, ou **VIGNORY**, Bourg de France dans la Champagne, Election de Chaumont, à trois lieues au Nord de Chaumont en Bassigny. Ce Bourg, que quelques-uns appellent Ville, est le Chef-Lieu d'un Comté qui fait l'Article suivant.

2. **VIGNORIX**, Comté de France, dans la Champagne [e], Election de Chaumont. C'étoit une ancienne Baronnie, qui fut érigée en Comté l'an 1555. en faveur d'un Seigneur de la Maison de Quinquempois-d'Amboise ; & qui avoit été possédée auparavant par des Barons du nom de Vignorix.

[e] *Baugier*, Mém. de Chaumpagne, t. 2. p. 340.

VIGNOT, *Vinetum*, Paroisse du Duché de Lorraine, dans la Prevôté de Gondreville. Son Eglise est dédiée à St. Remi. Le Chapitre de Commercy en est Patron, & perçoit les deux tiers des grosses & menues Dixmes : le Prieuré de Breuille prend l'autre tiers, & le Curé a une pension congrue. Il y a un Hôpital & deux Chapelles en titre, l'une est sous l'invocation de St. Michel & l'autre sous celle de St. Blaise.

1. **VIGO**, Ville d'Espagne, dans la Galice [f], sur la Côte de l'Océan, à six mil-les de Redondillo, avec un bon Port de Mer devenu célébre au commencement de ce Siècle par l'Expédition que la Flote combinée d'Angleterre & de Hollande y fit le 12. d'Octobre 1702. contre les Galions d'Espagne, défendus par un Convoi François. Vigo n'a qu'une simple Muraille, avec un Fort à quatre Bastions, sur une hauteur de Redondillo, mais incapable de faire une longue résistance. Elle a aussi un vieux Château qui ne vaut pas mieux. La Campagne où cette petite Ville est située est très-fertile.

[f] Délices d'Espagne, p. 128.

2. **VIGO**, Village d'Italie, au Royaume de Naples sur la Côte du Golphe de ce nom. De Castelamare à Vigo, dit Michelot [g], il y a environ vingt milles vers l'Ouest-Sud-Ouest ; entre les deux c'est une Côte fort haute & fort escarpée du côté de la Mer. Environ à un quart de lieue du Village de Vigo, il y a une grosse Pointe un peu avancée en Mer, & au-dessus une Tour de Garde, & plusieurs autres aux environs. On peut mouiller entre cette Pointe & le Village de Vigo par huit à dix Brasses d'eau, fond d'herbe vaseux, & suivant qu'on veut approcher de terre ; mais ce mouillage n'est propre que pour les vents à terre, c'est-à-dire du côté du Sud & Sud-Est ; comme tout le reste de la Côte.

[g] Portul. de la Médit. p. 122.

VIGON, ou **VIGONE**, [h] Bourg d'Italie au Piémont, dans la Province de Carmagnole entre Pignerol & Carmagnole, sur le bord de la Riviére de Langiale, au-dessus de Pancalier.

[h] *De l'Isle*, Atlas.

VIGORNIA, nom que les Latins modernes donnent à la Ville de Worchester. Voyez **WORCHESTER**.

VIGOULANT, Lieu de France, dans le Berri, au Diocése de Bourges, Election de la Châtre. Il y a dans ce Lieu un Prieuré.

VIGOUROUX, Lieu de France en Auvergne, Election d'Aurillac. C'est le Chef-lieu d'un Mandement Royal ressortissant au Bailliage de Vic en Carladès.

VIHERS, Ville de France, dans l'Anjou [i], Election de Montreuil-Bellay, dont elle est éloignée de cinq lieues. Cette petite Ville se trouve assez avantageusement placée sur un Etang, duquel se forme une petite Riviére qui tombe dans le Layon : elle a le titre de Comté avec de grandes Mouvances. La Baronnie de Vesins, & plus de cent Fiefs en relévent. Sa Jurisdiction s'étend sur quinze Paroisses. Il y a trois Cures dans le Château. On compte que Vihers renferme quinze cens feux. Le Marché y est un des plus fréquentez de la Province. Il s'y fait aux Foires un très-grand commerce de Bestiaux & de Toiles, dites de Cholet ; on en enléve quantité, principalement dans la Grande-Foire qui se tient le premier de Juin.

[i] *Piganiol*, Descr. de la France, t. 7. p. 131.

1. **VILAINE**, *Vicinonia*, Riviére de France [k], dans la Bretagne. Elle prend sa

[k] *Tailloi*, Atlas.

sa source dans le Maine assez près d'Ernée. De là prenant son cours du Nord Oriental au Midi Occidental, elle entre dans la Bretagne, où après avoir arrosé Vitray, d. Château-Bourg, d. Rennes, Messac, g. Rhedon, d. Rieux, d. la Roche-Bernard, g. elle se jette dans la Mer, vis-à-vis de l'Isle de Mai. Dans sa course elle grossit son Lit des eaux de diverses Rivières ou Ruisseaux, qui sont la Cautache, d. l'Isle, d. le Men, d. la Seiche, g. le Bruc, g. la Chere, g. le Don, g. l'Oust, d. l'Isaac, g. A l'Embouchure de cette Rivière, l'une des plus navigables de la Bretagne, il y a de grandes Salines, proche de Guerrande & du Croisic, & qui fournissent du Sel à toutes les Villes & Bourgades d'alentour.

2. VILAINE, ou VILAINE EN DUESMOIS, Bourg de France, dans la Bourgogne, au Diocèse d'Autun, Recette de Châtillon. Ce Bourg est situé sur une Montagne. Il y passe un petit Ruisseau sans nom, & sur lequel il y a deux Ponts. C'est un Passage de Rouliers. Le Pays est montagneux, & environné de Bois. Le Fief de la Couture dépend de Vilaine.

3. VILAINE, ou St. GEORGE DE VILAINE-LA-JUHEE, Bourg de France, dans le Maine, Election du Mans, avec titre de Marquisat, à douze lieues du Mans. Cette Terre appartenoit il y a deux cens ans à Louis d'Anjou, Bâtard du Maine. Elle passa ensuite dans la Maison de Champagne, & fut érigée en Marquisat en faveur de N. Brandelis, Chevalier de l'Ordre. Le Bourg de Vilaine est fort peuplé. Sa Jurisdiction s'étend sur treize Paroisses.

4. VILAINE-LES-PREVOTS, Bourg de France, dans la Bourgogne, au Bailliage de Semur. Cette Paroisse est située en Pays de Plaines, Côteaux & Montagnes. Il y passe un Ruisseau, & il y a une Chapelle de trente Livres de revenu.

VILAPORI, Bourgade de l'Isle de Sardaigne [a], sur la Rivière de Seprus, à la droite, à onze lieues de Cagliari, vers le Nord Oriental. On prend ce Lieu pour l'ancienne *Saralapis*.

[a] Carte de la Sardaigne, chez van Keulen.

VILARCEAUX, Château de l'Isle de France [b], dans le Vexin-François, dans la Paroisse de Chaussy, à deux lieues de Magny, & à pareille distance de la Roche-Guyon. Ce Château est bien bâti, il a beaucoup de logement, avec des Fossés remplis d'eau, un Etang, des Canaux, un grand Jardin & un Parc très-vaste fermé de murailles. Il y a dans ce même Lieu un fameux Prieuré de Bénédictines. Le Ruisseau qui arrose la Paroisse de Chaussy va tomber dans la Rivière d'Epte, à la vûe du Château de Baudemont.

[b] Corn. Dict. sur des Mémoires MSS.

VILCHEZ, Rivière de l'Amérique Septentrionale, dans la Louïsiane. Cette petite Rivière se jette dans le Golphe du Méxique, entre les Rivières St. Pierre & de Vasiza, à la Baye d'Apalaches.

VILENA, Ville d'Espagne, dans la Nouvelle-Castille. Voyez VILLENA.

VILICA, Lieu dont il est parlé, dans la Vie de Ste. Adelheïde, citée par Ortelius [c], qui soupçonne que ce pourroit être Billich. Voyez BILLICH.

[c] Thesaur.

VILILLA, Bourg d'Espagne [d], au Royaume d'Arragon, sur l'Ebre, au voisinage d'Ossera. La Tradition du Pays veut qu'une Cloche de ce Village sonne d'elle-même toutes les fois qu'il doit arriver quelque malheur à l'Espagne. Cette Cloche a dix Brasses de tour, & fut fondue par les Goths qui, à ce qu'on raconte, y mirent l'une des trente pièces d'argent qui furent le prix pour lequel Judas trahit Notre-Seigneur.

[d] Délices d'Espagne, p. 653.

☞ 1. VILLA, nom Latin, qui signifie une Maison de Campagne, une Ferme, une Métairie. Les Anciens s'en sont aussi servis pour désigner une Bourgade, ou un Village. On lit dans Ausone:

Villâ Lucani tum potieris aco.

Ammien-Marcellin écrit *Melanthiada Villam Cæsarianam*, en parlant de Melanthias, Village à cent quarante Stades, ou à dix-huit mille pas de Constantinople; Eutrope, en parlant de la mort de l'Empereur Antonin Pie, dit qu'il mourut *apud Lorium Villam suam*, à douze milles de Rome; Aurelius Victor, Eutrope & Cassiodore appellent *Acyronem Villam publicam*, le Lieu voisin de Nicomédie, dans lequel mourut l'Empereur Constantin *le Grand*. Or *Melanthias*, *Lorium*, *Acyro* & *Lucaniacum* étoient des Villages. Ils s'étoient sans doute formez auprès de quelque Maison de campagne, dont ils avoient retenu le nom. Dans les Titres du moyen âge, on remarque qu'il y avoit souvent dans un petit Pays plusieurs de ces *Villæ*, & dans une *Villa* plusieurs parties nommées *Aloda*, ou *Aleux*, qu'on donnoit à louage aux Paysans. Ces VILLÆ, ou Maisons de campagne, ont donné commencement à une infinité de Villes, de Bourgs, & de Villages, dont les noms commencent ou finissent par Ville. C'est ce qui a donné pareillement l'origine au mot François Village, comme si on eut voulu désigner un nombre de Maisons bâties auprès d'une VILLA, ou Maison de campagne.

2. VILLA, Bourgade de la Mauritanie Césariense: Ptolomée [e] la marque dans les Terres. C'est présentement Beni-Arax selon Marmol. Voyez BENI-ARAX.

[e] Lib. 4. c. 2.

VILLA D'ADRIANO, Lieu d'Italie dans la Campagne de Rome, à une lieue du Tibre, dans le Territoire de Tivoli. L'Empereur Adrien avoit un Palais dans ce Lieu, & on en voit encore quelques restes. Voyez TIVOLI. Ce que le Peuple ignorant appelle *Tivoli-Vecchio*, n'est autre chose, selon Mr. Spon, que la *Villa d'Adriano*.

VILLA-BARNA, Bourgade d'Italie, dans le Tortonèse. Il y en a qui prennent ce Lieu pour l'ancienne *Libarna*. Cet Article est de Mr. Corneille qui n'en cite point son garant.

VILLA-BORGHESE, Maison de Plaisance, en Italie, à deux milles de Rome, & qui prend son nom de la Famille à laquelle elle appartient. On la nomme aussi quelquefois VIGNE-BORGHESE [f]. C'est un Lieu très-agréable qui seroit digne d'être habité par un Grand Prince. La Maison est presque toute revêtue en dehors de Bas-reliefs antiques, disposez avec tant de symmétrie,

[f] Misson, Voyage d'Italie, t. 2. p. 169.

qu'on

qu'on les croiroit avoir été faits exprès pour être placez comme ils font. Entre le grand nombre de Statues, dont les Appartemens de ce petit Palais sont remplis, on admire principalement le Gladiateur; la Junon de Porphyre; la Louve de Romulus, d'un fin Marbre d'Égypte; les Bustes d'Annibal, de Sénéque & de Pertinax; l'Hermaphrodite, & le vieux Silène qui tient Bacchus entre ses bras. Le David frondant Goliath, l'Énée qui emporte Anchise, & la Métamorphose de Daphné, sont trois pièces modernes du Cavalier Bernin, qui méritent d'être mises au rang des premieres. On ne finiroit pas si on entreprenoit de parler des Peintures rares qui se trouvent dans ce Palais. Le St. Antoine du Carache, & le Christ mort de Raphael, sont regardez comme les deux principaux morceaux. Si toutes les magnificences Royales qu'on peut voir ailleurs ne sont pas ici si splendidement étalées, on y trouve des beautés plus douces & plus touchantes; des beautés tendres & naturelles, qui font plus naître d'amour, si elles n'inspirent par tant de respect. Enfin comme Rome est la source des Statues & des Sculptures antiques, il faut que le reste du Monde céde en cela au Palais de la Famille Borghèse. On ne peut rien ajouter à la beauté de ses Promenades. Il y a un Parc, des Grottes, des Fontaines, des Voliéres, des Cabinets de Verdure, & une infinité de Statues antiques & modernes.

VILLA-CÆSARUM. Voyez au mot AD, l'Article AD-GALLINAS.

VILLA DE CAPILLA, Bourgade d'Espagne, dans l'Andalousie, à deux lieues d'Azuaga. Moralès & Mariana prennent ce Lieu pour l'ancienne *Mirobriga*.

a Délices d'Espagne, p. 300.
VILLA-CASTIN, Bourg d'Espagne [a], dans la Castille-Nouvelle; au voisinage de l'Escurial, près de la petite Ville de Mançanarès. Villa-Castin est situé auprès d'un Lieu appellé *Toros de Guisando*, où Jule-César défit les deux jeunes Pompées.

VILLA DI CHIESA, ou VILLA D'IGLESIA; petite Ville de l'Isle de Sardaigne, sur la Côte Méridionale, au fond du Golphe, auquel elle donne le nom de Golfo de Igle-
b Commainville, Table des Evêchez.
sias. En 1503. [b] on transféra dans cette petite Ville l'Evêché de Sulci, qui en 1513. fut uni à Cagliari.

c Délices d'Espagne, p. 704.
VILLA DE CONDÉ, Ville de Portugal [c], dans la Province d'Entre-Douro & Minho, entre Barcelos & Porto. C'est une Ville d'une médiocre grandeur, à l'Embouchure de la Riviére d'Ave. Elle a un petit Port dont l'entrée est défendue par une Terrasse, garnie d'Artillerie. Ses Habitans vivent de leur Pêche. Villa de Condé est sur la Rive droite de la Riviére d'Ave. Sur la Rive opposée on voit une petite Place peu importante nommée Zurara. Quelques-uns veulent que Villa de Condé soit l'ancienne *Abobriga*.

d Jaillot, Atlas.
VILLA-DIEGO, Bourg d'Espagne [d], dans la Vieille-Castille, sur la Pisuerga, à quelques milles au-dessous de la Source de cette Riviére. Il y en a qui croient que c'est l'ancienne *Marocca*, dont il est fait mention dans les Exemplaires Latins de Ptolomée.

VILLA DEL ESPIRITU SANTO, Ville de l'Amérique Septentrionale, dans la Nouvelle-Espagne [e], au Diocèse de Guaxaca, dans la Province de Guazacoalco, à quatre-vingt-dix lieues d'Antequera. Cette Ville fut bâtie en 1522. par Gonsalvo de Sandoval, sur le bord d'une Riviére, à trois lieues de la Mer. Les Sauvages qui habitoient autrefois cette Province étoient fort belliqueux & cruels. Cela obligea Cortès à donner aux premiers Habitans de *Villa del Spiritu Santo* plusieurs Villages des Naturels du Pays, entre autres Guecollan, Cuiatlàt & Gnezaltepec. Ces Peuples ayant été domptez insensiblement, portent aujourd'hui volontairement le joug de leurs Vainqueurs.
e De Laet, Descr. des Indes Occ. Liv. 5. c. 22.

VILLA FAUSTINI, Lieu de la Grande-Bretagne: l'Itinéraire d'Antonin le marque sur la route de Londres à *Luguvallium*, entre *Colonia* & *Iciani*, à trente-cinq milles de la premiere de ces Places, & à vingt-quatre milles de la seconde. On croit communément que Bury, à sept milles à l'Orient de Neumarket, est le Lieu que les Romains nommoient FAUSTINI VILLA. Le Roi Edmond y ayant été inhumé, ce Lieu prit le nom d'*Edmunds-Bury*; & depuis on s'est contenté de dire simplement Bury. Il y a néanmoins quelques Ecrivains qui veulent que *Dunmow* soit VILLA-FAUSTINI.

VILLA-FLOR, Ville de Portugal [f], dans la Province de Tra-los-Montes, entre Mirandela & Torre-de-Moncorvo. Villa-Flor est une jolie petite Ville, defendue par une Montagne, & entourée de Murailles avec cinq Portes. On n'y compte que quatre cens Habitans; une Paroisse & une Prébende Abbatiale d'un grand revenu. Elle a pris le nom de Villa-Flor, d'une Fleur de Lis qu'elle a dans ses Armes.
f Délices de Portugal, p. 719.

VILLA DE FO, Bourgade d'Italie [g], au Duché de Milan, près du Tanaro, à demi-lieue d'Aléxandrie. On croit que ce Lieu est l'ancien *Forum Satiellorum*, dont parle Paul Diacre.
g Baudrand, Dict.

1. VILLA-FRANCA, Ville d'Espagne [h], dans la Castille-Vieille, sur la Tormes, au voisinage de Pegnaranda. Il se fabrique de bons Draps dans cette petite Ville. Son Terroir abonde en Cerises. Quelques Géographes prennent cette Ville pour l'ancienne *Manliana*.
h Délices d'Espagne, p. 213.

2. VILLA-FRANCA, Ville d'Espagne [i], dans le Royaume de Léon, aux confins de la Galice. Cette Ville médiocrement grande est située dans une Vallée au milieu de hautes Montagnes.
i Ibid. p. 146.

3. VILLA-FRANCA, Ville d'Espagne [k], dans le Guipuscoa, sur l'Oria, entre Segura & Tolosa. Cette petite Ville est assez jolie.
k Ibid. p. 87.

4. VILLA-FRANCA, petite Place de Portugal [l], dans l'Estremadura, sur la rive gauche du Tage, entre Santaren & Lisbonne. Son Territoire est fertile en Pâturages, & nourrit une grande quantité de Troupeaux.
l Délices de Portugal, p. 747.

5. VILLA-FRANCA, Ville de St. Michel, & l'une des Açores [m]. Elle est située sur la Côte Méridionale de l'Isle.
m De l'Isle, Atlas.

VILLA-FRANCA DE PANADES, Ville

a Délices d'Espagne, p. 599.

Ville d'Espagne [a], dans la Catalogne, à quatre lieues de Tarragone, & la Capitale d'une Viguerie. C'est une belle Ville fermée de murailles. On la prend pour la *Carthago-Vetus* des Anciens. On lui donne le surnom de Panadés à cause qu'elle est dans le Pays qui porte ce nom. Ce fut à Villa-Franca de Panadés que Pierre Roi d'Arragon mourut sur la fin de l'année 1285. L'Excommunication que le Pape Martin IV. avoit fulminée contre ce Prince, comme étant un des Auteurs du massacre des François aux Vêpres Siciliennes, n'avoit point été levée.

b Ibid. p. 201.

VILLA-FRATE, Ville ruïnée en Espagne [b], dans la Vieille-Castille, au voisinage de Valladolid. C'étoit autrefois une Ville forte; mais ayant été engagée dans une conspiration des Grands du Royaume contre le Cardinal Ximenez, ce Prélat qu'il étoit dangereux d'offenser, la prit, la fit brûler & raser & jusqu'aux fondemens, & y fit semer du Sel, pour marquer qu'elle ne seroit plus habitée. L'Histoire place cet Evénement à l'année 1517.

VILLA-GOSWAR, Bourg de la Haute-Hongrie, aux confins de la Transilvanie, à sept lieues de Giula vers le Levant, avec un Château très-fort, selon Mr. Corneille qui cite Mr. Maty.

VILLA-HERMOSA, Ville d'Espagne, au Royaume de Valence, près de la Rivière de Millas, à quinze lieues de Valence du côté du Nord. Cette Ville fut érigée en Duché, par Jean II. Roi d'Aragon [c], vers l'an 1470. en faveur de Don Alfonse d'Aragon, son fils naturel, auquel il fit don de ce Duché & du Comté de Ribagorza. Don Alfonse n'ayant laissé pour Enfans légitimes qu'une fille nommée Doña Marie d'Aragon, elle hérita de ce Duché & le porta en mariage à Don Robert de San-Severino, Prince de Salerne son premier Mari, de qui elle eut Don Ferdinand de San-Severino, Prince de Salerne & Duc de Villa-Hermosa, lequel fut dépouillé de tous ses biens pour avoir abandonné le service de l'Empereur Charles V. & le Duché fut donné à Don Martin d'Aragon & Guerrea, Comte de Ribagorza, fils du Comte Don Alfonse d'Aragon & Guerrea & d'Isabelle Folch de Cardona, & petit-fils de Don Jean d'Aragon, Comte de Luna, fils naturel du premier Duc de Villa-Hermosa.

e *Vairat*, Etat présent d'Espagne, Liv. 5. p. 173.

Don Martin d'Aragon & Guerrea, Don de Villa-Hermosa, & Comte de Ribagorza, épousa Doña Louïse de Borgia, fille du troisième Duc de Gandie, de laquelle il eut Don Ferdinand, sixième Duc de Villa-Hermosa, qui de Doña Jeanne de Pernstein sa femme laissa Doña Marie d'Aragon & Guerrea, fille unique, septième Duchesse de Villa-Hermosa, qui porta ce Duché en mariage à Don Charles de Borgia Comte de Majardo & Ficallo.

Don Charles de Borgia eut de Marie d'Aragon deux enfans mâles, savoir Don Ferdinand & Don Jean. L'Aîné succéda à ses pere & mere dans leurs Etats, & à la dignité de Grand d'Espagne, & épousa en premiéres nôces Doña-Louïse Guerrea & Aragon, fille de Don François, Comte de Luna, & en secondes nôces Doña Marie de Silva, fille de Don Diego, premier Marquis d'Orani, & veuve de Don Gaspar Ladron de Villanova, troisième Comte de Sinarias. Il eut de son premier lit Don Emanuel, Comte de Luna mort avant son pere, & Don Charles d'Aragon, de Borgia, d'Alagon & Guerrea, neuvième Duc de Villa-Hermosa, Comte de Luna, de Sastago & de Ficallo, Seigneur des Baronnies de Pedrola, Erla & Pina, Chevalier de la Toison d'Or, Conseiller d'Etat, Gentilhomme de la Chambre & Gouverneur des Pays-Bas. Il se maria avec Doña Marie Enriquez de Guzman, sœur de Don Jean deuxième Comte d'Alva d'Aliste, & mourut sans enfans le 14. d'Août 1662. Sa femme étant morte sans enfans en 1695. elle fit les Jésuites ses héritiers universels; mais cette succession fut contestée au Conseil Royal d'Aragon & fut décidée en faveur de. . . .

VILLA-IMPERIALE, Maison de plaisance du Grand-Duc de Toscane, au voisinage de la Ville de Florence [d]. En sortant de cette Ville par la Porte Romaine, vulgairement appellée la Porte de St. Pierre Gattolini, & tournant à gauche, on trouve au bout d'une large Allée d'Ormes l'Eglise appellée Notre-Dame de la Paix. En retrogradant par la même Allée on voit au bout d'une très-large Rue la Villa-Imperiale. Avant que d'y arriver on rencontre deux Réservoirs partagez par un Pont, à chaque extrémité duquel il y a sur des Piédestaux d'un côté les Aigles de l'Empire, qui portent sur leurs poitrines l'Ecusson de la Maison de Médicis, écartelées avec celles de la Grande-Duchesse, Marie-Magdeleine d'Autriche, femme du Grand-Duc Côme II. De l'autre il y a un Lion qui tient d'une de ses pattes un Globe pour représenter l'Etat de Florence, & vis-à-vis une Lionne pour représenter l'Etat de Sienne. Un peu plus loin sont deux autres Réservoirs plus grands que les premiers de figure semi-circulaire, parce qu'ils sont partagez en deux par un Pont. Leur partie supérieure est ornée de Rocailles, de Pétrifications, & autres raretez naturelles qui servent de base à deux Figures gigantesques qui représentent les Fleuves d'Arne & d'Arbia, qui tiennent chacune un grand vase incliné, d'où sortent les torrens d'eau qui remplissent les Réservoirs. Il y a encore entre les Réservoirs supérieurs & inférieurs les Statues d'Homère, de Virgile, de Dante & de Pétrarque, sur des Piédestaux magnifiques. Tels sont les ornemens de l'entrée d'une Allée large & longue de près d'un mille, toute bordée de Cyprès & d'autres Arbres, qui font un ombrage charmant. Au bout on trouve un Boulingrin rond enfermé d'une Balustrade de pierre avec des Statues de pierre de très-bons Maîtres, qui semblent accompagner deux Statues de marbre plus grandes que nature, dont l'une représente Atlas qui porte le Globe du Monde sur ses épaules, & l'autre un Jupiter la foudre en main. C'est au bout d'une Entrée si magnifique que s'éleve Villa-Imperiale, ou la délicieuse Maison de Campagne de la feu Grande-Duchesse Marie-Magdeleine d'Autriche, femme du Grand-Duc Côme II.

d *Labat*, Voyage d'Italie, t. 7. p. 226.

Elle

VIL.   VIL.   217

Elle a appartenu ensuite à la Grande-Duchesse Victoire, qui l'a augmentée du côté du Midi de deux Salons & de deux Appartemens meublez richement garnis de Tableaux de grand prix, de Porcelaines, de Vases précieux, de Bronzes antiques, de Cabinets de la Chine, & autres raretez disposées dans un ordre galant & d'un goût merveilleux. Ce Palais est accompagné de deux Jardins, l'un rempli de Fleurs de toutes les espèces, disposées de différentes maniéres, entremêlées de Fontaines & de Jets d'eau; & l'autre rempli d'Orangers, de Citronniers, de Bergamotiers, qui rendent ce Lieu charmant par la fraîcheur qu'ils y procurent & par les odeurs qu'ils y répandent. Les Bosquets font ornez de Cabinets, de Statues, de Jets d'eau, de Cascades, en un mot de tout ce qui peut contenter la vûe & l'odorat. La Colline qui s'éléve derriére ce Palais est ornée d'un beau Monastére de Religieuses de l'Ordre de St. François, appellé Saint Mathieu *in Arcetti*. C'est dans ce Terroir charmant, qu'on recueille ces Vins exquis renommez par tout le monde, & connus sous le nom de Verdée, & ces Fruits délicieux qui n'ont pas leurs semblables. Cette Colline & tous ses environs sont encore remplis de quantité de Palais, ou de Maisons de campagne d'une grande beauté.

VILLA-JOIOSA, ou JOYSA, Bourg d'Espagne, au Royaume de Valence, sur la Côte, à cinq lieues d'Alicante vers le Nord, & près du Cap Finistrat. On croit assez généralement qu'il tient la place de l'ancienne *Honosca*, dont parle Tite-Live. Le Bourg de Villa-Joiosa est fort considérable.

VILLA LUDOVISIA; Maison de Plaisance en Italie, au voisinage de Rome. Elle est située sur une éminence, & appartient à la Maison Ludovisio, dont elle a pris le nom. Il y a dans le Jardin deux Corps de logis [a], remplis l'un & l'autre d'un grand nombre de raretez. On voit dans celui qui est plus proche de la porte de derriére un très-beau Tableau de la Sainte Vierge par Guido Rheni; & un très-riche Cabinet où est le Portrait de Grégoire XV. avec son Camail chargé de plusieurs pierres précieuses. Le Buste de même Pape & celui du Cardinal Ludovisio son Neveu, en Marbre, font dans une autre Chambre. Ce qu'il y a de plus beau dans cette Maison, c'est un Bois de lit sur lequel sont enchassées plusieurs sortes de pierres précieuses, & qui a coûté, dit-on, vingt mille Pistoles. Les quatre Piliers sont d'un Jaspe d'Orient très-poli; mais le Chevet surpasse le reste, tant par la matiére que par l'ouvrage. Au milieu sont les Armes de la Famille Ludovisio, dont les Blasons sont représentez par des pierres de différentes couleurs. On y voit des Grappes de raisin blanc & noir, de grosses Amethystes, les unes en tables, les autres rondes en forme pyramidale, & un Oreiller sur lequel Phaëton est représenté dans son Char, dont les Roues sont de pierres fort brillantes. Cependant Misson [b] dit que ce Lit est présentement fort délabré. Il y a près de ce Corps de logis des Fontaines & des Jets d'eau sous des Arbres fort touffus. Quand on a passé dans l'autre, en traversant le Jardin, on y

[a] *Corn. Dict.*
Lassels, Voyage d'Italie, t. 2.

[b] Voyage d'Italie, t. 2. p. 171.

trouve plusieurs Chambres remplies de diverses curiositez, & entre autres des Statues de deux anciens Gladiateurs, qui sont assis; de quatre Pièces fort estimées de Guido Rheni, savoir un Saint François, une Lucrèce, une Judith, la Conversion de St. Paul, & de plusieurs autres Tableaux du Titien, de Raphaël, de Michel-Ange & du Carache. Il y a aussi une Tête de Marbre de Scipion l'Africain, un Buste de Sénéque, qui passe pour un excellent Ouvrage, un Buste de Cicéron, des Tableaux composez de pièces de différentes couleurs, deux Statues d'Apollon en Marbre blanc; celle d'un Gladiateur mourant de ses blessures, qui est connu sous le fameux nom de *Mirmille mourant*, & qui est la Pièce dont les Connoisseurs sont le plus de cas. On l'estime une somme infinie, & effectivement ces sortes de choses n'ont point de prix. On y voit encore un petit monceau d'os qu'on dit être un Squelette d'homme pétrifié. Misson observe néanmoins que c'est une méprise. Les os, dit-il, ne sont nullement pétrifiez; mais il s'est amassé tout autour une croute candie, ou une certaine incrustation pierreuse, qui les a fait nommer os pétrifiez. Dans d'autres Chambres on montre une Horloge de cuivre doré, ayant la figure & la taille d'un homme qui est debout; une Statue moderne de Marbre blanc qui représente le ravissement de Proserpine; & celle de Cestius Marius qui se tue sur le corps de sa fille. De l'Appartement où sont ces Chambres, on descend dans une Galerie basse & fort longue. Elle est embellie de quantité de Statues, parmi lesquelles on remarque celles de Junius Brutus, de Néron, de Domitien, & un Bas-relief admirable de la Tête d'Olympias, mere d'Aléxandre, qui est une Médaille.

VILLA-MAGNA, VILLA-PRIVATA, Lieu de l'Afrique propre marqué par l'Itinéraire d'Antonin sur la Route de Carthage à Aléxandrie, entre *Ponte-Zita* & *Fisida-Vicus*, à trente milles du premier de ces Lieux & à trente & un milles du second. Mr. Wesseling soupçonne, que VILLA-MAGNA, & VILLA-PRIVATA sont deux Gîtes différens, dont l'Itinéraire d'Antonin, ou plutôt les Copistes par erreur, n'ont fait qu'un seul Lieu. Voyez VILLA-MAGNENSIS.

VILLA-MAGNENSIS, Siége Episcopal d'Afrique dans la Province Proconsulaire. Augendus est qualifié *Episcopus Villæ-Magnensis* dans la Conférence de Carthage [c]; & [c] on trouve la signature de Cyprianus *Episcopus Villæ-Magnensis*, au bas de la Lettre Synodique que les Evêques de la Proconsulaire écrivirent dans le Concile de Latran sous le Pape Martin.

[c] No. 132.

1. VILLA-MAJOR, Ville d'Espagne au Royaume d'Arragon, au voisinage de Saragosse. Le Pays des environs de cette petite Ville est entierement stérile, à la réserve de quelques maigres Paturages, où on éléve un petit nombre de Brebis & de Chévres.

[d] *Délices d'Espagne,* p. 656.

2. VILLA-MAJOR, Bourg de Portugal [e], dans la Province de Tra-los-Montes, au Midi du Duero, sur le bord de la Coa, entre Coa & Castro Mendo. Ce Bourg est peu considérable.

[e] *Délices de Portugal,* p. 719.

E e   VIL-

VILLA-MARTIN, Petite Ville d'Espagne [a], dans le Royaume de Léon, sur la Route de Burgos à Léon, entre Fromesta & Carion.

[a] Jaillot, Atlas.

VILLA-MERGELINA, Maison de Plaisance en Italie, au bord de la Mer, près de la Ville de Naples [b]. Du côté du Fauxbourg qu'on appelle *Chiaia*. Frédéric, Roi de Naples, en fit présent au fameux Poëte Sannazar, qui prit aussi le nom d'Actius Sincerus, à la sollicitation de son ami Jovianus Pontanus. Sannazar aimoit fort cette Maison, & il eut tant de chagrin lorsqu'elle fut ruinée par Philbert, Prince d'Orange, Général de l'Armée de Charles V. qu'il abandonna ce Lieu aux Religieux Servites, qui ont là une belle Eglise sous l'Invocation de la Ste. Vierge, *de Partu Virginis*. Le Tombeau de ce grand Poëte est derriére le Maître-Autel de cette Eglise. Il est tout entier de Marbre blanc, du plus beau & du plus fin qu'il y ait. Son Buste qui est au-dessus, & qu'on dit être fait d'après nature, est représenté avec une couronne de Laurier. Il y a un excellent Bas-relief, où l'on voit plusieurs Figures de Satyres & de Nymphes qui jouent. Ce Bas-relief est accompagné de deux grandes Statues de Marbre, l'une d'Apollon, & l'autre de Minerve. Comme quelques Personnes ont été scandalisées de voir des Statues profanes dans une Eglise & sur le Tombeau d'un Poëte Chrétien, leurs noms ont été changez, & l'on a donné à Apollon celui de David, & à Minerve celui de Judith. Ces Statues, & le reste de ce magnifique Mausolée, qui passe pour une des plus belles choses de tout le Royaume de Naples, sont de la main de Santa-Croce. On croit que Sannazar n'est mort qu'en 1532. quoique son Epitaphe porte 1530. Elle est conçue en ces termes:

[b] Corn. Dict. Délices d'Italie.

Da sacro cineri flores; hic ille Maroni Sincerus, Musa proximus, ut tumulo. Vix. ann. LXXII. A. D. M. XXX.

VILLA DE MORI, Bourgade de l'Isle de Corse [c], à quatre lieues de Bastia, vers le Septentrion. On prend ce Lieu pour l'ancienne *Mora* de Ptolomée.

[c] Baudrand, Dict.

VILLA DE MOSE, Ville de l'Amérique Septentrionale, dans la Nouvelle-Espagne [d], & de la dépendance de la Province de Tabasco. Cette petite Ville est située dans les Terres, sur le côté droit de la Riviére de Tabasco, environ à douze lieues de son Embouchure, & à quatre lieues au-dessus du Parapet que les Espagnols ont élevé, & où ils tiennent une Garde pour veiller sur les Bâteaux qui remontent la Riviére. Villa de Mose est presque toute habitée par des Indiens, & il n'y a que fort peu d'Espagnols. Au milieu de la Ville il y a une Eglise; & à l'Ouest un Fort qui commande sur la Riviére. Les Vaisseaux vont jusque-là porter leurs marchandises, sur-tout celles qui viennent d'Europe, comme Draps, Serges, Perpetuanes, Carsaies, Bas de fil, Chapeaux, Ozenbrigs blancs & bleus, Ghentins, Platillos, Britannias, Hollandillos, Ouvrages de fer, & autres. Ils arrivent en Novembre ou Décembre, & demeurent jusqu'au mois de Juin ou Juillet, pour vendre leurs marchandises; & ils prennent ensuite du Cacao pour leur charge, avec quelque peu de Silvester. Tous les Négocians & Merciers des Villes du Pays se rendent à Villa de Mose, vers Noel pour y trafiquer; ce qui fait que cette Ville est la plus considérable de tous ces Quartiers, si on en excepte Campêche, quoiqu'il y ait peu de riches Marchands domiciliez. Lorsque les Vaisseaux ne trouvent pas à charger du Cacao, ils prennent des Peaux & du Suif. Cependant le principal endroit pour les Peaux est une Ville située sur une Branche de la Riviére de Tabasco, & qui commence à une lieue plus bas que le Parapet. Le côté où l'on a bâti Villa de Mose est une espèce de terre grise & sablonneuse, & il paroît que tout le Haut-Pays est de même; mais le terroir du Pays-Bas est profond & de couleur noire. On y voit aussi quelques endroits où il est d'une argille extrêmement forte, & on ne sauroit trouver une pierre dans tout le Pays. Le Terrein sec, & où l'on respire un bon air, est plein de Forêts, excepté dans les lieux habitez ou que l'on cultive. Les Allées de Cacaotiers appartiennent sur-tout aux Espagnols; mais il n'y a que les Indiens louez exprès pour cela qui les plantent & qui en ayent soin. Les Indiens ne laissent pas d'avoir en leur propre des Allées de Plantains, du Mahis qu'ils sément & quelques petites Allées de Cacaotiers. C'est à les entretenir que la plus grande partie de leur tems est employé. Quelques-uns s'occupent à chercher des Abeilles dans les Bois, & trouvent de l'utilité à vendre leur miel & leur cire. Il y en a de deux sortes. Les unes sont assez grosses; les autres ne le sont pas plus qu'une Mouche noire & commune; mais elles sont plus longues, & ressemblent parfaitement pour tout le reste à nos Abeilles ordinaires, si ce n'est que leur couleur est plus brune. L'aiguillon de celles-ci n'est pas assez fort pour percer la peau d'un homme; mais si on les inquiete, elles se jettent sur ceux qui les troublent, avec autant de force que les grosses, quoiqu'elles ne puissent que chatouiller, sans faire aucun mal. Leur miel est blanc, & elles en font beaucoup. Les Indiens qui ont de ces Abeilles privées, creusent des troncs d'Arbres pour leur servir de ruches. Ils posent sur un ais un des bouts du tronc, après l'avoir scié bien uniment; & ils y laissent un trou afin qu'elles puissent entrer & sortir. Le haut est couvert d'un autre ais, qui bouche fort juste. Ces Indiens vivent en société dans des Villes ou des Bourgs. Ils bâtissent de grandes Maisons, dont les murailles sont faites d'argille ou de boue, & plâtrées en dedans. Le Toit est couvert de feuilles de Palmier. Les Eglises sont grandes; beaucoup plus hautes que les Maisons ordinaires, & couvertes de tuiles. Le dedans est orné de peintures grossières d'Images de Saints, qu'on représente aussi basanez que les Indiens le sont. Outre ces Ornemens, il y a dans les Eglises des Flutes, des Haut-bois, des Tambours, des Masques & des Perruques pour se divertir aux jours solemnels, parce qu'ils

[d] Dampier, Voyage à la Baye de Campeche, c. 3.

qu'ils n'ont presque point de divertissemens en particulier. Il n'y en a qu'en commun; & cela n'arrive qu'aux Fêtes des Saints & la nuit suivante. Les *Padres* qui desservent ces Eglises doivent avoir appris l'Indien, avant que de pouvoir obtenir un Bénéfice.

VILLA-NOBENSIS, Siège Episcopal d'Afrique, dans la Mauritanie Césariense, selon la Notice des Evêchez de cette Province.

VILLA-NOVA, Ville de Portugal [b] dans la Province d'Entre-Douro & Minho, sur la rive gauche du Duero, vis-a-vis de la Ville de Porto, qui est de l'autre côté du Fleuve. Cette petite Ville appartient à l'Evêque de Porto. Un de ses Fauxbourgs est fortifié de quatre bastions, d'un demi-bastion [a], & de trois redans, avec un fossé & un petit Ouvrage à corne. On trouve encore hors de l'enceinte de la Ville un autre Fort à cinq bastions bâti sur une Montagne qui la commande. La Garnison ordinaire est de huit Compagnies d'Infanterie. Villa-Nova est située vis-à-vis le Fort de Gagan que les Espagnols ont fait construire en Galice sur le bord du Minho.

VILLA-NOVA-D'ASTI, petite Ville d'Italie [b], au Piémont, dans la Province de Quiers, sur la route de Turin à Asti, environ à quatre lieues de chacune de ces Villes.

VILLA-NOVA-DE-CERVERA, Ville de Portugal [c], dans la Province d'Entre-Douro & Minho; aux confins de la Galice sur le bord du Minho, vis-à-vis du Fort de la Conception que les Espagnols ont bâti de l'autre côté du Fleuve. Cette Ville est fortifiée d'une assez bonne muraille flanquée de quatre Bastions & défendue de quelques autres ouvrages, avec un fossé. Il y a outre cela un beau grand Fort à cinq bastions, construit hors des murailles de la Ville sur une hauteur qui la commande.

VILLA-NOVA-DE-FICHALO, Bourg de Portugal [d], dans l'Alentejo; aux confins de l'Andalousie; à quelques lieues de Moura en tirant vers le Nord.

VILLA-NOVA-DEL-FRESNO, Bourgade d'Espagne [e], dans l'Estremadoure, aux confins du Portugal, au Midi d'Olivença & à l'Orient de Mouraon; mais plus près de cette derniére que de la premiére.

VILLA-NOVA-DE-PORTIMAON, Port du Royaume de Portugal [f], dans la Province d'Algarve. Au Sud-Ouest de Silves l'Océan fait deux petites courbures en s'avançant dans les terres, à l'Embouchure de deux petites Riviéres, & la marée y forme deux bons Ports de barre, où les Vaisseaux peuvent entrer du tems de la pleine Mer. Ces deux Ports sont Villa-Nova-de-Portimaon & Alvor. Le plus Oriental des deux est Villa Nova. L'entrée en est assez aisée parce que la passe est fort droite: l'autre Port qui est plus au Couchant, savoir *Albor* ou *Alvor*, a l'entrée plus difficile à cause des rochers qui la bordent, & parce qu'elle est courbe, & que la Riviére y va en serpentant. Albor est un petit Bourg, situé au fond du Golphe, qui forme le Port en question; & au milieu du Port paroît une petite Isle élevée, dont la partie la plus haute est

[b] Délices de Portugal, p. 707.

[a] Le Quien de la Neuville, Hist. de Portugal.

[b] De l'Isle, Atlas.

[c] Délices de Portugal, p. 701.

[d] Jaillot, Atlas.

[e] Ibid.

[f] Délices de Portugal, p. 812.

une Esplanade, où l'on voit les ruïnes d'une Ville bâtie par les Maures. Ces ruïnes font connoître que la Ville a été magnifique. Les Anciens mettent dans ce Quartier un Port, nommé *Annibalis Portus*; comme ils en parlent d'une maniére un peu vague, sans marquer les distances des Lieux, on ne peut bien déterminer si par-là on doit entendre *Albor*, ou *Villa-Nova-de-Portimaon*; ce qu'il y a de certain, c'est qu'il faut entendre ou l'un ou l'autre.

VILLA-NOVA-DEL-RIO, Bourgade d'Espagne [g], dans l'Andalousie, au Nord & près du Guadalquivir, sur la route de Séville à Cordoue, environ à sept lieues au-dessus de Séville. Les uns le prennent pour l'ancienne *Carula*, & d'autres pour l'ancienne *Canama*.

VILLA-NUEVA-DE-BARCAROTA, Bourgade d'Espagne [h], dans l'Estremadoure, à quelques lieues au Midi de Badajos, de Portu-sur le bord d'une petite Riviére, qui se jette dans la Guadiana. C'est le Chef-lieu d'un Marquisat; & on y voit un beau Château.

VILLA-NUEVA-DE-LOS-INFANTES, Ville d'Espagne [i] dans la Nouvelle Castille, au Pays appellé *Campo* de Montiel, environ à trois lieues de la Ville de ce nom, en tirant vers le Nord Occidental. On croit que ce pourroit être l'ancienne *Laminium* de Ptolomée & de l'Itinéraire d'Antonin.

VILLA-NUEVA-DE-PORTIMAON. Voyez ci-dessus l'Article VILLA-NOVA-DE-PORTIMAON.

VILLA-NUEVA-DELLA-SERENA, Bourg d'Espagne, dans l'Estremadure, sur le bord Méridional de la Guadiana un peu au-dessus de Medelin.

VILLA-PUBLICA, Lieu d'Italie, hors de la Ville de Rome, selon Tite-Live [k]. Il en est aussi parlé dans l'Histoire Miscellanée & dans Sigonius; qui place ce Lieu à six milles de Rome [l].

1. VILLA-REAL, Bourgade d'Espagne [m]; dans le Guipuscoa, à deux lieues de la petite Ville d'Ognate, sur la route de St. Sébastien à Vittoria.

2. VILLA-REAL, Ville d'Espagne [n], au Royaume de Valence, au bord de la Rivière de Millas ou Mijarès, à une lieue de la Mer, à quatre lieues d'Almenara. Cette Ville est aujourd'hui entièrement ruinée. Comme elle avoit embrassé dans la derniére guerre le parti de l'Archiduc, & qu'elle fut prise d'assaut par le Général de las Torrès, Général du Roi Philippe V. vers le commencement de l'année 1706. on l'exposa au pillage, après quoi elle fut brûlée, rasée & ses Habitans furent passez au fil de l'épée, à la réserve des femmes & des enfans. Elle étoit ceinte d'une bonne muraille, flanquée de quelques Tours, & avoit environ huit cens Habitans.

3. VILLA-REAL, Ville de Portugal [o], dans la Province de Tra-los-Montes, à quelques lieues au Nord de Lamégo, au confluent de deux petites Riviéres nommées *Corgo* & *Ribera*, qui se jettent dans le Douero. C'est la Capitale d'une Commarca, & elle appartient en titre de Marquisat aux Com-

[g] Jaillot, Atlas.

[h] Délices de Portugal, p. 388.

[i] De l'Isle, Atlas.

[k] Lib. 33. c. 34.

[l] Ortelii Thesaur.

[m] Délices d'Espagne, p. 97.

[n] Ibid. p. 568.

[o] Délices de Portugal, p. 718.

Comtes de Medellin. Cette Ville située dans un lieu fort agréable est environnée de murailles, avec trois Tours, & six portes. Ses Habitans au nombre de dix-huit cens sont divisez en deux Paroisses; & il y a un Tribunal de Justice, qui étend sa Jurisdiction sur trois autres Lieux.

VILLA-REGENSIS, Siège Episcopal d'Afrique, dans la Numidie. La Notice des Evêchez de cette Province nomme ce Siège *Villa-Degensis.* C'est apparemment une faute de Copiste. La Conférence de Carthage * qualifie Felix *Episcopus Regensis*: Crescionius *Villa-Regensis* Evêque de Numidie est repris d'avoir laissé son Siège pour usurper l'Eglise de Tubia, ou Tuba, *Tubiensis Ecclesia*; & St. Augustin a parle de Candidus *Villa-Regensis*, qui de Donatiste se fit Catholique, & à qui on conserva la Dignité Episcopale.

*No. 128.

a Lib. 2. contra Cresconium, c. 10.

VILLA-DE-LA-REYNA, Lieu d'Espagne b, dans la Castille Nouvelle, au voisinage de Llerena du côté du Sud-Est, près des frontières de l'Andalousie. C'est une Commanderie de St. Jacques, & on y voit un beau Château.

b Délices d'Espagne, p. 390.

1. VILLA-RICA, Port de l'Amérique Septentrionale, dans la Nouvelle Espagne, sur la Côte du Golphe de Méxique dans la Province de Tlaxcallan. Le nom de ce Port signifie *Ville riche*. La Ville est riche en effet, parce que tout le trafic qui se fait entre l'Ancienne & la Nouvelle Espagne passe par là.

2. VILLA-RICA, Ville de l'Amérique Méridionale au Chili, à seize lieues au Sud-Est de celle qu'on nomme Impériale c, à vingt-cinq de la Mer Australe, & à trois des Andes. Cette Ville est située au bord Occidental du Lac que les Sauvages appellent Malabauquen, & qui a trois lieues de long, & de l'Est à l'Ouest, & deux du Nord au Sud. Le terroir des environs de *Villa-Rica* est assez fertile. La terre en est argileuse, & on en fait de fort bonnes briques. Le reste s'élève en Collines. Il y croît beaucoup de Pins, & leur fruit y engraisse si bien les Pourceaux, qu'il n'y en a point ailleurs dont la chair soit d'un goût plus agréable. Au pied des Montagnes habitent les Palches, Nation farouche qui ne vit le plus souvent que de chasse, & qui est d'une adresse extraordinaire dans cet exercice. La plus grande partie de la Région est froide, & ne produit presque ni froment ni vin. Les Habitans de Villa-Rica travaillent presque tous en laine & tissent de fort bons draps & des chemisettes de lin dont ils trafiquent.

c De Laet, Descr. des Indes-Occ. Liv. 12. c. 11.

VILLA-RUBIA, petite Ville d'Espagne d dans la Nouvelle Castille, près du Tage, à deux lieues au-dessus d'Ocagna, en tirant au Nord-Est. Villa-Rubia est considérable par les beaux privilèges dont elle jouit, & par les Foires qu'on y tient. Elle est située dans une Campagne très-bien cultivée, où l'on voit de gras Paturages couverts d'une grande quantité de Troupeaux, des Champs fertiles en Froment, de bons Oliviers d'autres Arbres fruitiers d'un bon rapport, & des Vignes qui produisent d'excellent vin.

d Délices d'Espagne, p. 341.

VILLA-RUBIA-DE-LOS-OJOS, petite Ville d'Espagne e, dans la Nouvelle Castille. On l'a ainsi surnommée pour la distinguer d'une autre Villa-Rubia, qui est assez loin vers le Nord, & dont il est parlé dans l'Article précédent. Le surnom de *los Ojos* lui a été donné parce qu'elle est située près des *Ojos* de la Guadiana; c'est-à-dire près des petits Lacs que cette Rivière forme en sortant de dessous terre, après avoir disparu durant quelque espace de chemin.

e Ibid.

VILLA-SAU, Village d'Espagne, dans la Catalogne, sur la Côte de la Mer Méditerranée f, environ à six ou sept milles vers l'Est de la Pointe de Mongat. Entre cette Pointe & Villa-Sau, il se trouve un autre Village appelé Almaria. Au devant du premier sont trois petites Tours rondes qui en donnent la connoissance, & entre ce Villa-Sau & Mataron il y a un autre petit Village.

f Michelot, Portul. de la Médit. p. 42.

1. VILLA-VICIOSA, VILLA-VIZOSA, ou plutôt VILLA-VISOZA, Ville de Portugal g, dans la Province d'Alentejo, au Midi Oriental d'Estremos, & au Midi Occidental d'Elvas, à égale distance de ces deux Villes. Cette Ville, dont le nom signifie *Vallée agréable à voir*, est honorée du titre de Mrquisat, & appartient en propre au Roi de Portugal en qualité de Duc de Bragance. Les Ducs de ce nom, ses Ancêtres, y ont fait leur résidence. On y voit un beau Palais accompagné d'un grand Parc hors de la Ville, rempli de toute sorte de Gibier. La Ville est fortifiée à la moderne: une partie est couverte d'une tranchée, flanquée de redans: dans l'autre partie on a attaché trois Bastions à la muraille, avec trois Contre-gardes & deux demi-bastions. Outre cela, elle est défendue par un vieux Château, qui est un quarré long, auquel on a attaché quatre Bastions. Du côté que le Château regarde la Ville, il est environné de deux demi-bastions, & du côté opposé il est couvert d'une étoile à huit pointes. Villa-Viciosa est divisée en Ville ancienne & Ville neuve; & elle a droit de députer aux Etats. Ses Habitans peuvent monter au nombre de deux mille. Elle a deux Eglises Paroissiales & huit Couvens, cinq d'Homme & trois de Filles. Il y a dans le Fauxbourg de cette Ville un ancien Temple, dédié aujourd'hui à St. Jacques, & qui du tems du Paganisme étoit consacré à Proserpine. On y a trouvé un très-grand nombre d'Inscriptions faites à l'honneur de cette fausse Divinité; & entre autres celle-ci:

g Délices de Portugal, p. 798.

PROSERPINÆ SERVATRICI
C. VETTIUS. SILVINUS
PRO. EUNOIDE. PLAUTILLA
CONJUGE. SIBI. RESTITUTA
V. S. A. L. P.

Ces dernières lettres signifient *votum solvens animo libens posuit*. Dans la même Ville on voit un Couvent de Religieux de l'Ordre de St. Augustin, où l'on trouve quantité d'Inscriptions antiques, apportées en ce Lieu par ordre de Théodose Duc de Bragance. Elles viennent d'un Bourg nommé o *Terrao*, situé vers le confluent des deux Rivières d'Exarrama & d'Alvito. Ces Inscriptions sont toutes

tes à l'honneur du Dieu *Endovellicus*, dont le nom a tant donné de peine aux Critiques. Voici une de ces Inscriptions :

DEO ENDOVELLICO
PRÆSTANTISSIMI. NUMINIS
SEXTUS. COCCEIUS. CRATERUS
HONORINUS. EQUES. ROMANUS
EX. VOTO.

Le Territoire de cette Ville est extrêmement fertile en toutes sortes de denrées, & on y trouve des carriéres d'un beau marbre verd.

2. VILLA-VICIOSA, Bourg d'Espagne [a], dans l'Asturie de Santillane, aux confins de l'Asturie d'Oviedo, & au fond d'un Golphe, où se jette la Riviére d'Asta. On veut que le Port de *Villa-Viciosa* soit le Port *Veça* de Pline.

[a] *Jaillot, Atlas.*

3. VILLA-VICIOSA, Bourg d'Espagne [b], dans l'Asturie de Santillane, au milieu de cette Province, dans les terres, au Midi Occidental de Santillana.

[b] *Ibid.*

VILLA-VIEIA, Bourgade d'Espagne, dans la Vieille Castille, à la source de l'Arlançon, environ à huit lieues au-dessus de Burgos. Il y a quelques Géographes qui veulent que ce soit l'ancienne *Segisama*. Cette opinion n'est pas fort certaine.

VILLAC, Ville d'Allemagne, dans la Carinthie [c], sur la rive droite de la Drave, un peu au-dessus de l'Embouchure du Geyl. Cette petite Ville qui peut passer pour jolie est glorieuse d'avoir été la retraite de l'Empereur Charles V. lorsqu'en 1552. Maurice de Saxe pensa le surprendre à Inspruck. On sait que ce Prince, quoiqu'investi par ce même Empereur des dépouilles de son Cousin, se rangea du parti de ses Ennemis & fit ses efforts pour ravir la liberté à son Bienfaiteur. La chose ne lui réussit pas; & Villac eut la gloire de prêter un asyle assuré à son Souverain, qui y eut le tems de relever ses affaires & de se mettre en état de faire sentir à ses Persécuteurs les effets de son courage & de sa bonne fortune.

[c] *Remarq. Hist. & Critiq. d'un Voyage d'Italie, en 1704. p. 38.*

Avant que d'entrer dans Villac, on trouve des Bains d'eau minérale, qui sont ouverts à tout le monde. Ce sont de tous côtez Montagnes épouvantables qui se suivent l'une l'autre, & qui ne donnent point d'autre répi aux Voyageurs, que celui de se laisser rouler en bas, quand on a fini de grimper jusqu'au haut. L'Empereur Charles V. étoit bien sûr que ses Ennemis ne le suivroient point, dans un Pays impraticable à un certain nombre de personnes à la fois : aussi y arriva-t-il lui-même accompagné de très-peu de monde; car s'il en avoit eu davantage, les vivres & les commoditez lui auroient manqué infailliblement, parmi des Bois & des Rochers continuels, où il y a très-peu d'habitations.

[*]

Près de Villac on voit quelques Bains naturels, qui ne sont pas bien éloignez du chemin, au pied d'une Montagne, à un mille d'Angleterre de la Ville. Ces Bains ont de la réputation. Il y en a deux, dit Edouard Brouwn [d], dont les eaux à demi-chaudes ont un goût un peu aigre sans être désagréable. Le fond des Bains n'est point un pavé : tout y est naturel. Il y a aussi dans un de ces Bains une source qui est chaude. Ils sont fort grands, & on y trouve des degrez pour y descendre; & tout autour on a pratiqué plusieurs petites maisons de bois pour la commodité de ceux qui veulent s'y baigner. Ils sont couverts, & on s'y baigne avec sa chemise & ses caleçons comme en Autriche.

[d] *Voyage de Vienne, p. 200.*

VILLACERF, Marquisat de France [e], dans la Champagne, Election de Troyes. Il fut érigé en 1670. en faveur d'Edouard Colbert premier Maître-d'Hotel de la Reine, & depuis Surintendant des Bâtimens, & parent du grand Colbert.

[e] *Baugier, Mém. de Champagne, t. 1. p. 329.*

VILLACOURT, *Villacuria*, Paroisse du Duché de Lorraine, au Département du Barrois, Office de Chatté. Son Eglise est dédiée à St. Martin. La Cure est Réguliére. Elle fut unie à l'Abbaye de Belchamp en 1203.

1. VILLAGE, Assemblage d'un certain nombre de maisons champêtres, habitées par des Paysans, & qui ordinairement ne sont fermées par aucune clôture. Il y a des Villages plus ou moins grands les uns que les autres, & souvent ce qu'on appelle Village dans une Province est appellé Bourg dans une autre. On ne doute point que le mot *Village* ne vienne du Latin VILLA. Voyez ce mot.

2. VILLAGE (Le), Lieu de France dans la Normandie, Election de Mortain.

VILLAGE DES BAINS, Village de France [f], dans le Roussillon, & dans la dépendance de l'Abbaye d'Arles. Ce Village est renommé par des Bains d'eau chaude très-salutaires pour diverses infirmitez. Le Bassin en est fort grand, & les degrez pour y descendre sont d'une composition que l'eau ne peut altérer. Le tout est couvert par une voute des plus anciennes, percée par le milieu pour donner du jour. Cela paroît un Ouvrage des Romains ou du moins des anciens Maures. La source de ces eaux est au penchant d'une Montagne, à vingt pas du Bassin. L'eau en est si chaude, qu'en un moment un Cochon qu'on y trempe est tout pelé; & cependant on ne peut pas y faire cuire un œuf, l'y laissa-t-on vingt-quatre heures. Ces eaux sont vitrioliques, & les Habitans s'en servent tous les jours pour mettre leur pot au feu.

[f] *Piganiol, Descr. de la France, t. 7. p. 574.*

VILLAGE (Le petit), Village de l'Amérique Septentrionale, à la Côte de la Basse-Terre de la Guadeloupe. C'est une petite Habitation qui est sur le chemin de l'Ance, à la Barque à l'Isle à Goyaves, à quinze cens pas au-delà du Lieu nommé le Bucher.

VILLAGES D'AMBERT, Lieu de France dans l'Auvergne, Election d'Issoire. Ce Lieu est très-peuplé.

VILLAGES (Les quatre), Communauté du Pays des Grisons [g], dans la Ligue de la Caddée, où elle a le rang de seconde Communauté. Elle est au Midi de Coire & tire son nom des quatre Villages paroissiaux qui la composent. Trois de ces Villages sont à la droite du Rhein, savoir Zizers, Igis, & Trimmis; le quatrième qui est sur la gauche du Rhein se nomme Underfatz. Les trois premiers sont sujets aux Goîtres; ce qu'on attribue aux mauvaises eaux

[g] *Etat & Délices de la Suisse, t. 4. p. 47.*

eaux qu'on y boit. Mais les Habitans y font tellement accoutumez qu'ils les regardent comme une beauté. Chacun de ces quatre Villages a sa Justice Inférieure pour le Civil ; mais les Appels & les Causes criminelles se portent devant le Ministral de la Communauté qui réside à Zizers & qui a une Chambre de douze Juges choisis des quatre Villages.

VILLAGES DE St. EUTROPE (Les), Bourg de France, dans la Saintonge, Élection de Saintes.

VILLAGES DE VIVONE (Les), Bourg de France, dans le Poitou, Élection de Poitiers. Ce Bourg est considérable.

1. VILLAINES, Bourg de France, dans l'Anjou, Élection de la Fléche.

2. VILLAINES, Châtellenie de France, dans la Touraine, Élection de Chinon.

VILLAINES-SOUS-LUCE, Bourg de France, dans le Maine, Élection de Château du Loir.

a Délices d'Espagne, p. 157. VILLALPANDA, Ville d'Espagne [a], au Royaume de Léon, à quelques lieues au Nord de Toro, à moitié chemin de Benavente à Zamora, tirant un peu à l'Orient. Elle est située au milieu d'une longue Plaine également agréable & fertile. On y recueille du Vin & du Bled, & la Campagne y nourrit divers Animaux domestiques & toute sorte de Gibier. Les Connétables de Castille y ont un superbe Palais, & un Arcenal bien fourni d'Armes & d'Artillerie.

VILLAMBLARD ; Bourg de France, dans le Périgord, Élection de Périgueux. Ce Bourg est assez considérable.

VILLANDRADE, Bourgade de France, dans la Guienne propre, sur la petite Riviére de Siron, à deux lieues de Basas vers le Couchant. Ce Lieu n'est remarquable que parce qu'il est le Lieu de la naissance du Pape Clément V. qui s'appelloit Bertrand de Goust, ou d'Agoust, & étoit fils de Beraut, Seigneur de Goust, de Rouillac & de Villandrade. Bertrand, après avoir été successivement Evêque de Comminges, & Archevêque de Bourdeaux, fut élevé au Souverain Pontificat le 5. de Juin 1305. Il mourut à Roque-Maure sur le Rhône, le 18. ou 20. d'Avril 1314. & il fut enterré à Uzest, Bourg du Diocèse de Basas, dans une Eglise dédiée à Notre-Dame, Eglise qu'il avoit fondée, près de Villandrade Lieu de sa naissance.

b Ibid. p. 362. VILLANEDO, Bourgade d'Espagne [b], dans l'Estremadoure, sur le bord du Tage, au Couchant de Puente del Arçobispo, & à deux lieues à l'Orient d'Almaraz.

VILLANDRY, Bourg de France dans la Touraine, Élection de Tours, sur le bord du Cher, avec titre de Marquisat. Ce Marquisat fut érigé en 1659. avec union des Châtellenies de Savonniéres & de Colombiers. Sa Justice s'étend sur trois Paroisses.

VILLANOUF, Village de la Grande-Pologne [c], dans le Duché de Mazovie, à *c Mémoires du Chevalier de Beaujeu, Liv. 2. C. I.* une grande lieue de Pologne, au-dessus de Varsovie, au bord de la Prairie où coule la Vistule. Ce Lieu très-peu considérable par lui-même devint fameux dans le Pays par la Maison que le Roi Jean Sobieski y fit bâtir. Cette Maison bâtie de briques est d'un ordre assez commun. Elle a peu d'élévation & une assez petite étendue, n'ayant qu'un petit corps de logis terminé par deux espèces de Pavillons, avec deux Aîles détachées qui forment le quarré de la Cour. Ses ornemens intérieurs sont quelques Peintures à fresque, quelques Bustes, quelques Bas-reliefs, des Cheminées de Marbre, des Parquetages de Menuiserie, des Lambris peints & dorez ; mais à tout prendre Vilanouf étoit moins la Maison d'un Roi, que la demeure d'un Particulier de moyenne élévation, & n'approchoit point de celle que les Financiers & les Gens de robe un peu riches ont fait bâtir aux environs de Paris. Le Jardin, le Parterre, les Vergers, qui entourent le Château n'ont rien que de fort commun, point d'eau & point de couvert.

VILLARD & VILLARDS. Voyez VILLARS.

1. VILLARS, Lieu de France, dans la Provence, Viguerie & Recette d'Apt. Villars étoit un Marquisat qu'on a uni à la Baronnie d'Oise [d] ou Champtercier. Louis *d Piganiol, Descr. de la France, t. 4. p. 125.* XIII. l'érigea en Duché pour la Maison de Brancas, par des Lettres du mois de Septembre 1627. Elles furent vérifiées au Parlement de Provence le 24. de Juillet 1628. & à la Chambre des Comptes d'Aix, le 15. d'Octobre de la même année. Au mois de Juillet 1652. ce Duché fut érigé en Pairie ; & le 17. de Février 1657. les Lettres en furent vérifiées au Parlement d'Aix & le 24. d'Octobre 1662. à la Chambre des Comptes de la même Ville. Mais ces Lettres ne furent que présentées au Parlement de Paris le 7. de Février 1657. Elles n'y furent enregistrées que le 5. de Septembre 1716. en vertu des Lettres de Surannation, données à Paris le . . . du même mois de Septembre.

2. VILLARS, ou VILLARDS, Bourg de France dans le Périgord, Élection de Périgueux. Ce Bourg est fort peuplé.

3. VILLARS, Bourg de France, dans la Marche, Élection de Gueret. C'est une Paroisse située en Plaines. Ses Terres sont bonnes pour le Seigle, le Bled-noir, l'Orge ; l'Avoine & les Raves. Les pacages, & les foins sont bons & suffisans pour la nourriture des Bestiaux qu'on y éleve, & dont on fait Commerce. Il y a un Bois de Chênes de Haute-futaye & quelques taillis. Les Habitans sont commodes & laborieux.

4. VILLARS, Lieu de France dans la Bresse, sur la Chalarone, le Chef-lieu d'un Mandement, avec droit de députer aux Assemblées de la Bresse. Ce Lieu a un titre de Marquisat est la seconde Seigneurie de Bresse. Il étoit considérable avant que les guerres l'eussent ruiné en grande partie. Il a eu ses Seigneurs absolus dès l'onzième Siècle. Le premier qu'on trouve s'appelloit Etienne. Ses Descendans Mâles, après avoir joui durant cent cinquante ans de la Seigneurie de Villars, finirent en la personne d'un autre Etienne, qui mourut l'an 1180. ne laissant qu'une fille nommée Agnés, qui apporta Villars en mariage à Etienne Seigneur de Thoire en Bugey sur la Riviére d'Ains. Les Descendans d'Etienne

ne Seigneurs de Thoire ont joui de Villars durant plus de deux cens ans. Le dernier nommé Humbert mourut l'an 1424. après avoir vendu tout son bien à Amé qui fut créé premier Duc de Savoye par l'Empereur Sigismond. Humbert avoit un héritier, qui étoit Philippe de Levis, Vicomte de Lautrec, fils de Philippe de Levis & d'Eléonor de Villars. Le Vicomte de Lautrec se pourvut devant l'Empereur Sigismond, qui lui ajugea la Terre de Villars, qu'il qualifia de Baronnie & de Fief de l'Empire; mais, par un Traité que ce Seigneur fit avec le Duc à Chambery l'an 1432. le Vicomte céda au Duc tout ce qui lui appartenoit en Bresse & en Bugey, sans se rien réserver que ce qu'il avoit en Dombes, & le Duc de Savoye investit le même Vicomte Philippe de Levis de la Seigneurie de Villars; le Duc s'en réserva la Souveraineté, & accorda en même tems que cette Seigneurie seroit tenue par tous les Mâles descendans de Philippe. Nonobstant cette Clause formelle de l'Inféodation faite par le Duc Amé, Jean de Levis rendit la Terre à Amé VII. Duc de Savoye au mois de Février de l'an 1444. ce qui excita de grands Procès entre le Seigneur de Ventadour de la Maison de Levis, & René Bâtard de Savoye, à qui le Duc avoit donné Villars. Philibert Emmanuel, Duc de Savoye, érigea en Marquisat Villars, l'an 1565. Ceux de la Maison de la Baume de Suze hériterent des droits du Bâtard de Savoye, & eurent un jugement définitif en leur faveur l'an 1605. Pour lors le Pays étoit uni à la France par la Cession que Charles Emmanuel en avoit faite à cette Couronne, & il y avoit déja long-tems que l'ancienne Souveraineté de Villars avoit été jointe à la Bresse.

VILLARS D'ARESNES, Bourgade de France, dans le Dauphiné, entre Mont de Lan & Briançon. Mr. Baudrand [a], qui cite Nicolas Chorier dit que Villars d'Aresnes est le *Durotinum* de l'Itinéraire d'Antonin.

VILLARS-LE-MOINE, Village de Suisse [b], au Canton de Berne, dans le Bailliage de Morat, à demi-lieue au-dessus de la Ville de ce nom, sur le chemin de Fribourg. Il y avoit autrefois dans ce Lieu un Prieuré, dont les Terres ont été sécularisées & sont possédées en fief par la Famille dès de Graffenriedt de Berne. On y a trouvé un très-grand nombre d'Antiquailles & d'Inscriptions Romaines, qui font voir que du tems du Paganisme il y avoit dans ce Lieu un Temple dédié à la Déesse *Aventia*.

1. VILLE, Bourg de France dans la Haute-Alsace, & le Chef-lieu d'un Bailliage.

2. VILLE, Lieu de France dans la Picardie, Election de Noyon.

VILLE-D'AUNAY, Bourg de France dans le Poitou, Election de Niort.

VILLE-BARON, Bourg de France dans le Blaisois, Election de Blois. Ce Bourg est bien peuplé.

VILLE-EN-BLESOIS, Lieu de France dans la Champagne, Election de Joinville. L'Abbé de Moutier en Der est Seigneur de cette Paroisse, & Collateur de la Cure. L'Eglise est dédiée à St. Maurice. C'est un Prieuré Régulier de l'Ordre de St. Benoît,

& qui est présentement en Commande. Il vaut six cens Livres, toutes charges acquittées.

1. VILLE-BOIS, Bourg de France, dans la Bourgogne, Bailliage & Recette de Bugey, sur le bord du Rhône. Ce Bourg est Membre du Marquisat de St. Sorlin, & il a un Prieuré de l'Ordre de St. Benoît.

2. VILLE-BOIS, Bourg de France, dans le Dauphiné, Election de Gap.

VILLE-BON, Bourg de l'Isle de France, Election de Paris.

VILLE-BUSSIERE, Seigneurie de France, aux Frontières du Berri & du Poitou. Elle est mouvante en partie de la Châtellenie d'Argenton.

VILLE-CHASSON, ROSOY, ou ROSELLES, Abbaye de France au Diocèse de Sens, à trois lieues de cette Ville, entre le Nord & le Couchant, à une lieue de Pont sur Yonne. C'est une Abbaye de Filles de l'Ordre de St. Benoît, & qui fut richement dotée par Pierre de Courtenay. Elle jouit de quatre mille Livres de revenu.

VILLE-AUX-CLERCS [La], Bourg de France dans le Vendomois, Election de Vendôme. Cette Paroisse suit la Coutume de Chartres.

VILLE-AUX-DAMES, Bourg de France dans la Touraine, Election de Tours.

1. VILLE-COMTAL, Ville de France dans le Rouergue, Election de Rhodes. Il y a de méchans Villages plus peuplés que cette Ville, qui n'a pas deux cens Habitans.

2. VILLE-COMTAL, Bourg de France dans le Bas-Armagnac, Election d'Astarac, avec Justice Royale.

VILLE-CROZE, Bourgade de France dans la Provence, Viguerie & Recette de Draguignan. On trouve dans le Territoire de Ville-Croze de belles Grottes, où il se fait d'admirables congelations, qui représentent diverses figures d'Animaux.

VILLE-DAGNE, Bourg de France dans le Bas-Languedoc, Recette de Narbonne.

VILLE-DEMANGE, Bourg de France dans la Champagne, Election de Rheims.

1. VILLE-DIEU, *Theopolis*, ou VILLA-DEI, Bourg de France, dans la Normandie, au Diocèse de Coutances, Election de Vire, à trois lieues de Gaurey, & à sept de Coutances. Son grand Commerce consiste en Poileries [c]. Voici ce qu'en écrit Cenalis: *Habet Constantia Civitas sub sua hierarchica Ditione Theopolin, Gallice* Ville-Dieu, *Municipium in fabricandis æneis Vasis, fabrili arte omni ex parte addictum. Caldarios artifices vocant.* Aussi Charles de Bourgueville, dans ses Antiquitez & Recherches de la Neustrie, a-t-il remarqué que les Habitans de ce Bourg se fâchent, quand on leur demande quelle heure il est, parce qu'il s'y fait un si grand bruit de marteaux, que la plûpart des Habitans sont sourds; ce qui fait dire communément *les Sourdins de Ville-Dieu*. Le bruit de ces marteaux s'entend de fort loin dans la Campagne. Il y a un usage assez particulier dans ce Lieu-là. Les Originaires & fils de Maîtres, qu'ils appellent *du Sang*, travaillent assis; &

[a] Dict.

[b] Etat & Délices de la Suisse, t. 2. p. 360.

[c] Corn. Dict. *Vaudome*, Géogr. MS.

& tous les Etrangers sont obligez de se tenir debout en travaillant. Ce Bourg est grand & riche, & apporte au Roi plus de dix mille Ecus de rente pour les droits de la Marchandise qui en sort. Il y a aussi des Fondeurs de Cloches. Le Terroir n'est pas si bon que dans les autres endroits du Diocèse, il est plus maigre. On tient Marché à Ville-Dieu le Mardi, & trois Foires dans l'année; l'une le 3. de Mai, l'autre le 9. de Septembre, & la troisième le jour de Ste. Catherine.

Ce Lieu est remarquable par une Commanderie de Malthe; ce qui le rend presque indépendant de l'Evêché de Coutances. On y dépend de l'Evêque pour l'Ordination & pour les Approbations; mais ce Prélat n'a point droit de Visite non plus que l'Archidiacre. Cette Commanderie fut fondée par Richard III. Roi d'Angleterre. Le Commandeur a Haute-Justice, présente à cinq Cures & jouït de deux mille Ecus de rente. Entre Ville-Dieu & Gaurey on trouve une Forêt du Roi: elle dépend de la Maîtrise de Valogne. Le Lieu de la Lande Herould [a] est tout proche de ce Bourg; & à deux traits d'arc plus loin on voit une Chapelle fort antique, desservie autrefois par des Religieux nommez de St. Léonard des Bois. Sigebert parle d'un Prodige qu'on prétend être arrivé dans ce Quartier-là, vers l'an 1158. Il dit qu'il s'éleva un Tourbillon qui enleva tout ce qui se trouvoit sur son passage, & que s'étant haussé en l'air, on y apperçut une Colonne colorée de rouge & de bleu, contre laquelle étoient lancées des Fléches de plusieurs endroits. Il y avoit à l'entour quantité d'Oiseaux de diverses sortes. Ce Prodige, ajoute Sigebert, fut suivi d'une Peste si furieuse, qu'elle dépeupla des Villes entiéres.

[a] *André du Chêne, Antiquitez des Villes de France.*

2. VILLE-DIEU, Bourg de France dans la Beauce, Election de Vendôme. Sa Justice est du ressort de Bauge.

3. VILLE-DIEU, Bourg de France dans le Haut-Languedoc, Recette de Montauban.

4. VILLE-DIEU, Bourg de France dans le Bas-Languedoc, Recette de Viviers.

5. VILLE-DIEU, Bourg de France dans l'Auvergne, Election de St. Flour.

6. VILLE-DIEU, Bourg de France dans la Touraine, près de Neuvy.

7. VILLE-DIEU, Bourg de France dans le Berry, Election de Châteauroux, aux Frontiéres de la Touraine. Il y a dans ce Bourg un Prieuré, dédié à la Ste. Trinité & fondé par Raoul *le Large*, Seigneur de Deols, en 952. Ce Lieu se nommoit auparavant PONTICUL; mais depuis la fondation de ce Prieuré il a pris le nom de Ville-Dieu. C'est une Châtellenie située sur l'Indre. Elle fait partie du Domaine des Princes de Deols & de la Maison de Chauvigy.

8. VILLE-DIEU, Bourg de France dans le Maine. Il y a dans ce Lieu des Carriéres de roche blanche.

9. VILLE-DIEU, Abbaye de France dans la Gascogne, au Diocèse d'Acqs, en Latin *Dei-Villa*. C'est un Monastère d'Hommes de l'Ordre des Prémontrez.

10. VILLE-DIEU (La), Lieu de France, dans la Marche, Election de Gueret. C'est une Paroisse située dans la Montagne. Les Terres y sont bonnes pour le Seigle, le Bled noir, l'Avoine & les Raves. Il n'y a aucuns Bois, ni aucuns Fruits; mais les Pacages y sont excellens pour les Moutons, dont on fait un Commerce considérable; ce qui est cause que les Habitans sont assez à leur aise.

VILLE-DOMAIN, Bourg de France dans la Touraine, Election de Loches.

VILLE-DOSINE, Bourg de France, dans la Touraine, Election d'Amboise.

VILLE-FAGNAN, Bourg de France dans l'Angoumois, Election d'Angoulême. Ce Bourg est fort peuplé.

VILLE-FARGEAU, ou LA VILLOTTE, Paroisse de France dans la Bourgogne, Recette d'Auxerre, à une lieue de la Ville de ce nom. Il y passe une petite Riviére sur laquelle il y a un Pont de Bois. Les Hameaux de Bruyère & de Monnery dépendent de cette Paroisse.

VILLE-FOLLES, Bourgade de France dans la Champagne, Election de Sens. Il y a dans ce Lieu un Chapitre composé d'un Doyen, d'un Tresorier & de huit Canonicats, seulement de quarante Livres chacun.

VILLE-FORT, Ville de France, dans le Languedoc, au Diocèse d'Usez, Recette de cette même Ville, avec un Château. Cette petite Ville est un grand Passage & la Clef des Sévennes & du Languedoc.

1. VILLE-FRANCHE, Ville de France [b], la Capitale du Beaujolois, à cinq lieues de Lyon & à six de Mâcon, entre ces deux Villes, sur le Morgon qui se perd dans la Saone à une lieue au-dessous. Cette Ville qui est le Chef-Lieu d'une Election & d'un Grenier à Sel, a une très-belle Rue, & d'une telle largeur qu'elle semble n'être qu'une grande Place dans toute son étendue, qui prend d'un bout de la Ville à l'autre. Cette Rue est un peu plus enfoncée dans le milieu où l'on voit une belle Fontaine. Ville-Franche fut fondée par Humbert quatrième du nom, Sire de Beaujeu, vers le commencement du douzième Siècle. Ce Seigneur donna le Terrein sur lequel elle est bâtie sous la redevance de trois Deniers par Toise; & entre les Priviléges qu'il accorda, afin d'y attirer des Habitans, il y en avoit un qui permettoit aux maris de battre leurs femmes jusqu'à effusion de sang, sans en être repris, pourvû que la mort ne s'ensuivît point. Il y a encore dans la Banlieue de Ville-Franche un usage fort singulier. Lorsque le petit peuple croit que les grains sont murs, il va les couper sans la permission du Propriétaire: il les lie & se paye de sa peine en emportant la dixième Gerbe. Cette manière de moissonner s'appelle la *Cherpille*, & a toujours fort déplu aux Propriétaires; mais l'usage n'en a pas moins subsisté. Ville-Franche étoit Place Frontière quand la Bresse appartenoit aux Ducs de Savoye. Elle est encore fortifiée de bonnes Murailles & de larges Fossez. Il y a dans cette Ville, une nouvelle-Collégiale érigée en 1681. dans une des Paroiss-

[b] *Piganiol, Descr. de la France, t. 6. p. 263.*

roisses nommée Notre-Dame. Son Chapitre est composé d'un Doyen Curé, d'un Chantre, & de six Chanoines qui jouissent de deux mille huit cens Livres. Peu de tems après cette Erection, les Moines de l'Abbaye du Joug-Dieu, *Jugum-Dei*, prenant occasion de la mauvaise situation de leur Maison, obtinrent de l'Archevêque de Lyon d'être transférez à Villefranche, & d'y faire le Service dans la Collégiale, conjointement avec les Chanoines. Ils y sont au nombre de six, dont quatre ont des Offices claustraux & deux mille trois cens cinquante Livres de revenu. Cette Abbaye avoit été fondée en 1135. par Guichard Sire de Beaujeu. Villefranche a une Académie de Beaux-Esprits, & elle fut la Patrie de Jean Baptiste Morin, Médecin & Professeur Royal en Mathématique à Paris. Il nâquit le 23. de Février 1585. & mourut le 6. de Novembre 1655.

2. VILLE-FRANCHE, Ville de France dans le Bourbonnois, Election de Montluçon, à quatre lieues de la Ville de ce nom, sur les petites Riviéres de Hauterive & de Bessemoulin. Il y a dans cette petite Ville un Chapitre. Les Terres produisent du Seigle & de l'Avoine, & fournissent des pacages pour la nourriture des Bestiaux, dont on fait un bon Commerce.

3. VILLE-FRANCHE, Ville, ou plutôt Bourgade de France, dans la Champagne, au Pays d'Argonne, sur la Meuse, aux confins du Barrois, une lieue au-dessus de Stenay, & à cinq de Verdun. Cette petite Ville étoit Frontiére de France du tems de François I. ce qui obligea ce Prince à la faire fortifier. Ses Ouvrages ont été démolis depuis, comme inutiles. Elle n'a pas aujourd'hui trois cens Habitans.

4. VILLE-FRANCHE, Ville de France, dans le Haut-Languedoc, Recette d'Alby. Cette petite Ville qui n'a que cinq à six cens Habitans est renommée pour ses Foires.

5. VILLE-FRANCHE, Ville de France [a], dans le Roussillon, sur la Tet, à huit grandes lieues de Perpignan. Voici la Description qu'en fait le Comte de Bussi Rabutin, dans le second Tome de ses Mémoires [b]; ce sont deux rangs de Maisons, qui font une rue de trois cens pas de long. A droit & à gauche, il y a deux Montagnes si près l'une de l'autre, qu'il n'y a que la Riviére de la Tet qui passe comme un torrent au pied de la muraille d'un côté; & de l'autre il n'y a qu'un chemin à passer une petite charette entre la Montagne & un fossé fort étroit. Ces deux Montagnes ne sont que deux fossez escarpez, & elles sont si hautes qu'on ne peut voir du bas les hommes qui sont au-dessus. Outre la rue dont il est parlé dans cette description, il y en a une autre derriére du côté de la Montagne, mais longue, & qui conduit à la Paroisse. Cette Eglise est grande & composée de deux Nefs. Les Cordeliers avoient un beau Couvent dans le Fauxbourg; & c'est-là où se logea le Comte de Bussi Rabutin, lorsqu'en 1654. il alla investir Ville-Franche. Ce Couvent fut détruit quelques années après, parce qu'on auroit pu battre la Ville de cet endroit. On y a fait une Place d'armes, où la Garnison

[a] *Pigamiol, Descr. de la France, t. 7. p. 628.*
[b] *Pag. 189. Ed. Paris in 12.*

fait ses revûes. Les Cordeliers n'ont conservé que leur ancien Jardin, & se sont retirez dans la Ville en maison bourgeoise. Les Fortifications de Ville-Franche sont des murs de pierres de taille, qui forment les quatre angles de très-petits Bastions. La Riviére sert de Fossé d'un côté, & de l'autre il y a un Fossé sec & peu profond entre la Ville & la Montagne. Les François s'étant rendus maîtres de Ville-Franche le 5. de Juillet 1654. & cette Place ayant été cédée au Roi avec tout le Roussillon par la Paix des Pyrénées en 1659. Louïs *le Grand* fit élever un Château de l'autre côté de la Ville, à gauche de la Riviére. Ce Château domine le chemin de France, celui d'Espagne, & la Gorge qui mene à la Montagne de Canigou, & il a un Commandant particulier & un Etat-Major complet. Pour aler de la Ville au Château on passe la Riviére sur un Pont de pierre. Il y a à Ville-Franche une curiosité qui même peut être utile en cas de Siége. C'est une Caverne qui est au centre d'une des deux Montagnes qui environnent la Ville. On y monte par un Escalier de pierres de taille, pratiqué tout droit, en s'enfonçant dans la Montagne, & qui a près de cent marches. La porte qui en défend l'entrée est forte & dans le Fossé: la Caverne est très-profonde, & a des détours & des défilez, dans lesquels on n'ose s'engager. On y trouve de tems en tems des piliers & des morceaux de glace qui pendent du plancher. En cas de Siége, on pourroit enfermer dans cette Montagne quatre ou cinq cens bouches inutiles, qui seroient commodément & n'auroient rien à craindre de la Bombe, ni du Canon.

Cette Ville qui est la Capitale du Conflant en prend quelquefois le nom de VILLE-FRANCHE DE CONFLANT. Elle fut fondée en 1092. par Guillaume Raymond Comte de Cerdaigne.

6. VILLE-FRANCHE, Ville de France [c], dans le Rouergue, au Diocèse de Rhodès, le Chef-lieu d'une Election & la deuxième Ville du Rouergue. Cette Ville [t. 4. p. 561.] la Capitale de la Basse-Marche du Rouergue sur l'Aveirou, à huit lieues à l'Occident de Rhodès & à cinq de Figéac, n'est pas ancienne. Elle fut bâtie dans le douzième Siècle, à peu près dans le même tems que Montauban. Les Peuples qui y allérent demeurer s'y bâtirent des maisons avec la permission d'Alfonse Comte de Toulouse; & cette Ville s'accrut par le commerce du Cuivre dont on découvrit plusieurs Mines aux environs. On y compte aujourd'hui près de six mille ames. Il y a un Chapitre composé d'un Prevôt, d'un Sacristain & de douze Chanoines qui ont cent Livres chacun. Les Peres de la Doctrine Chrétienne y ont un beau Collége. Les Dominicains, les Cordeliers & les Capucins y ont des Couvens. La Chartreuse est hors de la Ville, & dans une belle situation. Il se debite tous les ans dans l'Election de Ville-Franche pour plus de cent cinquante mille Livres de Toiles de chanvre, qu'on porte à Toulouse & à Narbonne.

[c] *Pigamiol, Descr. de la France, t. 4. p. 561.*

7. VILLE-FRANCHE, Bourg de France, dans le Périgord, Recette de Sarlat, à cinq

cinq lieues au Midi de la Ville de ce nom, vers les confins du Quercy. Ce Bourg est fort confidérable.

8. VILLE-FRANCHE, ou VILLE-FRANCHE DE LAURAGAIS, Ville de France dans le Haut-Languedoc, Recette de Touloufe. Cette petite Ville n'a pas mille Habitans.

9. VILLE-FRANCHE, ou VILLE-FRANCHE DE LONCHAPT, Bourg de France dans le Périgord, Election de Périgueux.

10. VILLE-FRANCHE, ou VILLE-FRANCHE DE PANAC [a], Ville de France, dans le Rouergue, fur le Ruiffeau de Dordon. Cette petite Ville, qui n'eft pas éloignée du Tarn, fe trouve à quatre lieues au Midi de Rhodès & à un peu plus de Tarbes.

[a] *Corn. Dict.*

11. VILLE-FRANCHE, Ville du Duché de Savoye, dans le Comté de Nice, fur la Côte de la Mer Méditerranée, au pied d'une Montagne, & au fond d'une Baye qui a environ deux milles de profondeur, & un petit quart de lieue de largeur. Cette petite Ville, dit Michelot [b], eft fort ruïnée; mais proche de la Baye, en entrant, on trouve à la gauche un bon Château.

[b] *Portul. de la Médit. p. 83.*

La reconnoiffance de cette Ville eft facile de côté & d'autre. Les Vaiffeaux qui viennent de l'Oueft, la reconnoiffent par un petit Fort quarré qui eft au-deffus de la Ville & qu'on appelle Montauban. Il eft fitué fur une haute Pointe entre Nice & Ville-Franché; & fur l'extrémité de cette Pointe il y a un Moulin à vent: lorfqu'on vient du côté de l'Eft, on voit le Fort de St. Soupir & la Pointe de Malalangue fort avancée en Mer & fort haute par le milieu. On va ordinairement mouiller devant la Ville, mouillant le premier fer de la gauche à quinze, ou dix-huit Braffes d'eau, à l'Eft-Sud-Eft de la Ville: enfuite on tourne la Galére & on la prolonge le long de la Ville, avec des amarres à terre de poupe & de proue, principalement la Commandante, & un fer que l'on prolonge de poupe vers le Nord-Eft; quelques autres Galéres font de même, & le refte mouille aux environs de la Ville & de la Forterefle avec des amarres à terre.

Au dehors du Château il y a un Lazaret, ou une Infirmerie; & entre les deux on trouve un petit Môle auquel on a donné la figure d'une L. C'eft ce qu'on appelle la Darce. On y peut mettre deux ou trois Galéres. Mais lorfqu'on y veut aller il faut ranger à difcrétion le Château, pour éviter une jettée de pierres qui font à fleur d'eau à la pointe du Mole; &, après l'avoir doublée, il faut s'approcher du Mole qui eft l'endroit le plus profond, car dans le fond de la Darce, du côté du Château, il n'y a point d'eau. On peut mouiller auffi devant le Lazaret, & porter une amarre à terre du même côté. En allant au mouillage, il ne faut pas approcher de la Pointe qui eft vis-à-vis du Château, à caufe d'une Roche qui eft à fleur d'eau. On fait de l'eau à la Ville, & au Couvent des Capucins, qui font au-deffus de la Ville. Le Traverfier eft le vent de Sud; & lorfque les Vents font frais, il y a du côté du Sud-Oueft un grand reffac de la Mer. La Latitude eft de 43. d. 40'. & la variation de 6. d. Nord-Oueft.

VILLE-FRANQUE, Bourg de France, dans la Gafcogne Election de Bayonne: ce Bourg eft bien peuplé.

VILLE-GAUDIN & LA MARCHE, Paroiffe de France dans la Bourgogne, au Bailliage de Châlon, Recette de St. Laurent. Cette Paroiffe, qui eft fituée dans les Bois, eft un paffage fur le grand chemin de Verdun à Louhans.

VILLE-GENON, Châtellenie de France, dans le Berry, Election de Bourges.

VILLE-GONGIS, Lieu de France, dans le Berry, Election de Châteauroux, avec titre de Châtellenie. Ce n'étoit ci-devant qu'un fimple Fief, que Pierre d'Aumont, Baron de Châteauroux, érigea en Châtellenie, en faveur de Jacques de Brizet l'an 1539. La fille du Maréchal de Chabannes y a fait bâtir un beau Château.

VILLE-GOUGE, Bourg de France dans la Guienne, Election de Bourdeaux.

VILLE-JESUS, Bourg de France, dans l'Angoumois, Election de Cognac.

VILLE-ISSEY SUR MAS, *Villa Iffiaca fupra Madium*; Bourgade de France, au Diocèfe de Toul.

VILLE-JUIF, Bourg de l'Ifle de France, Election de Paris, à une lieue & demie de cette Capitale, fur le grand-Chemin de Lyon. Il a été ainfi nommé, parce qu'il appartenoit aux Juifs, qui étoient établis à Paris, avant qu'ils en fuffent chaffez par Philippe Augufte, à caufe de leurs blafphêmes & de leurs ufures, vers l'an 1200. Il y a dans le Diftrict de ce Bourg le Prieuré des Filles de la Sauffaye & quelques Hameaux.

VILLE-LAURE, & TRÈS-EMINES, Bourg de France dans la Provence, Viguerie & Recette d'Apt. Il y a bien de petites Villes qui ne font pas auffi peuplées que ce Bourg.

VILLE-LOING, Bourg de France, dans la Touraine, Election de Loches, fur l'Indrois, à dix lieues à l'Orient de la Ville de Tours. Il y a dans ce Lieu une Abbaye de l'Ordre de St. Benoît, de la Congrégation de St. Maur. Elle fut fondée en 850. par Andacher Abbé de Corbery, à la priére de Ménard Seigneur de Ville-Loing, qui lui donna ce Lieu & fes dépendances pour fonder & bâtir une Maifon. L'Abbaye qui eft Commandataire retire trois mille Livres par an. Les Religieux qui font au nombre de neuf, ont quatre mille Livres pour leur Manfe, avec les Offices clauftraux:

1. VILLE-LONGUE, *Villa-Longa*, Abbaye de France, dans le Languedoc, au Diocèfe de Carcaffonne, à deux lieues de la Ville de ce nom. C'eft une Abbaye d'Hommes de l'Ordre de Citeaux, fondée en 1151. & qui rapporte quinze cens Livres de revenu.

2. VILLE-LONGUE, Bourg de France, dans le Bas-Languedoc, Recette de Limoux.

3. VILLE-LONGUE, Bourg de France dans le Rouergue, Election de Ville-Franche.

VILLE-LOUP, ou VILLE-LOING. Voyez VILLE-LOING.

VILLE-MADE, Bourg de France dans
le

VIL.   VIL.   227

le Quercy, Election de Montauban.
1. VILLE-MAGNE, ou St. Amans de Ville-Magne, Bourg de France, dans le Bas-Languedoc, Recette de Castres. Il est assez considérable.
2. VILLE-MAGNE, ou Ville-Veirac, Bourg de France dans le Bas-Languedoc, Recette d'Agde.
3. VILLE-MAGNE, Lieu de France, dans le Bas-Languedoc, au Diocèse de Beziers, à cinq lieues de la Ville de ce nom, sur la Rivière de Mare, & près de celle d'Orbe. Il y a dans ce Lieu une Abbaye de l'Ordre de St. Benoît, fondée dès l'an 817.
VILLE-MANDEAR, Lieu de France, dans le Gastinois, Election de Montargis. C'est une Justice du Bailliage de Montargis.
VILLE-MARECHAL, Bourg de France, dans le Gastinois, Election de Nemours.
VILLE-MARIE, Ville de l'Amérique Septentrionale, dans la Nouvelle-France. Elle est dans l'Isle de Mont-Real; & il n'y a pas long-tems qu'elle y a été bâtie.
1. VILLE-MAUR, Comté de France, dans la Champagne [a], Election de Chaumont. Il vaut sept mille Livres de rente aux Héritiers de Mr. Seguier. Le Chef-lieu de ce Comté porte le même nom. [a Bougier, Mém. de Champagne, t. 2. p. 340.]
2. VILLE-MAUR, Ville de France, dans la Champagne [b], Election de Chaumont, & le Chef-lieu d'un Comté de même nom. Le Chapitre de cette Ville a été fondé avec un Prieuré en 1154. par les Seigneurs du Lieu. Il y avoit d'abord douze Chanoines. Mais les Titres sont péris par les guerres, & par l'embrasement arrivé le 10. de Juin 1574. qui réduisit en cendres la Ville & son petit Fauxbourg. Il ne reste que le Prieuré qui dépend de l'Abbaye de Montier-la-Celle, & dans lequel il y avoit autrefois un bon nombre de Religieux. [b Ibid. p. 341.]
VILLE-MESNARD, Lieu de France, au Berry, dans la Paroisse de St. Germain du Puits, à une lieue de Maubranche, & à autant de Bourges. C'est une des Vicomtez de la Septaine de Bourges. Les plus anciens Vicomtes de Ville-Mesnard qu'on connoisse, étoient de la Maison de Pelourde & vivoient en 1312.
VILLE-MEUSE, Bourg de France, dans la Beauce, Election de Dreux.
VILLE-MONTEIX, Bourg de France, dans l'Auvergne, Election de Clermont.
VILLE-MORT, ou Ville-Maur. Voyez Ville-Maur.
1. VILLE-MUR, Ville de France, dans le Haut-Languedoc, Recette de Montauban, sur le Tarn, aux confins de l'Albigeois, à cinq lieues de Toulouse, & à quatre de Montauban.
2. VILLE-MUR, Villamurum, ou Villa-Vetus, Abbaye de France, dans le Haut-Languedoc, au Diocèse & à deux lieues de Castres, sur la Rivière de l'Agout. C'est une Abbaye de Filles de l'Ordre de St. Benoît.
VILLE-MUS, Castrum de Villamuris, Bourg de France, dans la Provence, Viguerie & Recette de Forcalquier.
VILLE-NAVETTE, Bourg de France, au Comté & dans l'Election de Cominges.
VILLE-NAUX, Ville de France, dans la Champagne, Election de Troyes. Cette petite Ville peut avoir deux à trois mille Habitans.
VILLE-NAUZE, Baronnie de France, dans la Provence. Elle fut érigée l'an 1535. en faveur d'Antoinette de la Tour, Dame de Janson.
1. VILLE-NEUVE, Abbaye de France [c], dans la Bretagne, Evêché de Nantes [c Ibid. t. 5. p. 146.] dans la Forêt de Voisso à deux lieues de la Ville de Nantes. C'est une Abbaye d'Hommes de l'Ordre de Cîteaux, Filiation de Buzé. Elle fut fondée en 1202. par Constance Duchesse de Bretagne, qui y a son Tombeau. Tous les Evêques de Bretagne se trouvèrent à sa Dédicace l'an 1231. On peut voir l'Acte de fondation dans l'Histoire de Bretagne de Bertrand d'Argentré [d]. Cette Abbaye vaut à l'Abbé environ dix mille Livres de revenu. [d Liv. 5. c. 16.]
2. VILLE-NEUVE, Ville de France, dans le Bas-Languedoc, Recette de Beziers. On la nomme quelquefois Ville-Neuve-lez-Beziers, ou Ville-Neuve la Grenade, pour la distinguer des autres Villes du même nom. C'est une Baronnie qui appartient à la Maison de Cardillac de Rieule, & dont le Seigneur a séance dans les Etats de la Province.
3. VILLE-NEUVE, Châtellenie de France, dans le Comté de Cominges.
4. VILLE-NEUVE, Prieuré de France, dans le Haut-Languedoc, Election de Rhodès. Il vaut mille Livres de revenu.
5. VILLE-NEUVE, Bourg de France [e], dans le Bourbonnois, aux confins du Nivernois, Election de Moulins. On trouve sur la porte d'une maison de ce Bourg les Armes de France, avec cette Inscription gravée sur une pierre. Elle est en vieilles rimailles. [e Pigañol, Descr. de la France, t. 6. p. 101.]

Vivent les Lys, vive Bourbon;
Vive Henry Quatre de ce nom:
Vive celui
Qi pour sa révérence,
A fait poser ici
Les Armoiries de la France:
1596.

6. VILLE-NEUVE, petite Ville de Suisse [f], dans le Canton de Berne, au Pays Romand, dans le Bailliage de Vevay, anciennement Penne-Locus, ou Penni-Lucus. Elle est située à la tête du Lac de Genève; & près de l'endroit où le Rhosne se jette dans ce Lac. On y fait une très-belle pêche de Truittes dont la Seigneurie tire une grosse rente. Hors de la Ville, dans une promenade du côté du Lac, on voyoit il n'y a pas long-tems un Marbre avec ce morceau d'Inscription à demi effacée: [f Etat & Délices de la Suisse, t. 2. p. 244.]

VICTORIA
AUG.
NITIO GEMINA
TULLIA
NITI

Ff 2

Mr. Scheuchzer [a] cependant la rapporte ainsi :

> VICTORI
> AVG
> N n TIO GEN. MA
> TVLLIA
> . . . IT . . .

Et Plantin en la manière suivante :

> VICTORIA
> AVG.
> NITIO GENNÆ
> TVLLIA
> NTI

Il y a à Ville-neuve un riche Hôpital, qui fut fondé par Amé V. Comte de Savoye en 1246. Les Bernois y entretiennent un Hospitalier.

VILLE-NEUVE-D'AGENOIS, Ville de France [b] dans l'Agenois, sur le Lot. Elle est bâtie dans une Plaine fertile & dans une des plus belles situations du Comté. Elle a une Justice Royale, & un Pont qui est le seul qu'il y ait sur la Riviére de Lot, dans la Généralité de Bourdeaux. Il y avoit un ancien Monastére de l'Ordre de St. Benoît : il fut ruiné par les Réformés. Parmi les ruines de l'ancienne Eglise, il reste encore un Tombeau de Marbre blanc avec cette Inscription : *Hic requiescit beatissimus Adainus Episcopus Urbis Romæ*. Le Pere Martenne croit que cet Adouin étoit un Evêque envoyé de Rome. Quoique le terroir des environs de cette Ville soit fort abondant, elle a peu de Marchands.

VILLE-NEUVE-L'ARCHEVÊQUE, Ville de France dans la Champagne, Election de Sens, sur la Vanne, à cinq lieues de Sens du côté de l'Orient.

VILLE-NEUVE D'AVIGNON, Ville de France, dans le Bas-Languedoc, Recette d'Usez, au bord du Rhosne, sur le penchant, & au pied du mont St. André, & à l'opposite de la Ville d'Avignon. On a voulu marquer par le nom de cette Ville que c'étoit une nouvelle Ville d'Avignon. On voit sur la Montagne l'Abbaye de St. André-les-Ville-neuve, & auprès de là on trouve une fort belle Chartreuse. Il y a eu ci-devant un Hôtel des Monnoies à Ville-Neuve d'Avignon.

VILLE-NEUVE DE BERG, Ville de France dans le Languedoc, Recette de Viviers, sur le Torrent d'Ibie. Cette petite Ville est le Siège d'un des Bailliages & de la Maîtrise particuliere du Vivarais. C'est aussi un Gouvernement de Place de la Lieutenance Générale des Sevennes dans le Gouvernement Militaire de la Province de Languedoc. Cette Ville est en parage, entre le Roi & l'Abbé de Mazan ; & le Marquis de Trans du nom de Ville-Neuve est la premiére personne des Etats pour la Noblesse.

VILLE-NEUVE-LA-GUIART, Ville de France, dans la Champagne, Election de Sens, aux frontiéres du Gastinois. Cette petite Ville est située sur l'Yonne où elle a un Pont.

VILLE-NEUVE-LEZ-MAGUELONNE, Ville de France, dans le Bas-Languedoc, Recette de Montpellier. C'est fort peu de chose que cette petite Ville.

VILLE-NEUVE DE MARSAN, Bourgade de France, dans la Gascogne, Recette de Marsan.

1. VILLE-NEUVE-LE-ROI, Ville de France dans la Champagne, Election de Sens, à trois lieues au-dessus de cette Ville, & à quatre au Nord de Joigny. Cette petite Ville située sur l'Yonne y a un Pont.

2. VILLE-NEUVE-LE-ROI, Village de l'Isle de France, dans l'Election de Paris, à trois lieues au-dessus de cette Capitale sur la rive gauche de la Seine. Ce Village est remarquable par la belle Maison de Campagne de feu Mr. Pelletier Controlleur-Général des Finances, & Ministre d'Etat. Cette Maison mérite bien qu'on s'arrête à en donner une description un peu détaillée. Une large Avenue d'Ormes, accompagnée de Contre-allées, & longue de cinq cens toises, se termine à une grande Esplanade, qui conduit par une porte ailée à deux Avant-cours. D'un côté s'éleve un mur contre lequel on a planté une Allée d'Arbres, pour cacher la difformité de quelques maisons du Village ; de l'autre régne une Terrasse bien revêtue, de laquelle on voit une vaste Plaine, & plus de quinze gros Villages ; ce qui fait un Paysage des plus agréables. Une grande grille de la largeur des Avant-cours, les sépare de la Cour du Château. Ce Bâtiment frappe les Connoisseurs par la régularité & la noblesse de son Architecture. Il est composé d'un Corps de logis en face & de deux Ailes en retour. Par un Perron de cinq degrez de pierre de taille on monte dans un Salon orné de peintures, qui représentent différentes sortes de chasses. Il partage les deux grands Appartemens bas, qui sont agréablement & commodément distribuez. Au bout de celui qui est à main gauche, on trouve une Galerie ornée de Livres & des portraits d'un grand nombre de savans Personnages. Cette Bibliotheque fait connoître & admirer le goût du Ministre à qui elle a appartenu. La Chapelle est de plein pied à ces appartemens bas, desquels elle se trouve neanmoins séparée. Elle est grande & richement ornée. Le Tableau de St. Louis passe pour un des plus achevez que le Brun ait faits. La Tribune en saillie, qui régne au-dessus de la porte en-dedans de la Chapelle communique aux appartemens du premier étage. L'Escalier répond à la propreté & à la magnificence du Bâtiment & conduit aux appartemens hauts. Un grand & beau Salon qui répond à celui du rez-de-chaussée, partage ces appartemens qui sont au nombre de six. La Galerie occupe toute l'Aile droite du Château. On y voit l'Histoire de Moyse peinte par Bourdon. Les vûes en sont fort étendues, & l'on est enchanté par la multitude & la variété des objets qu'on découvre. Du Salon d'en-bas on descend dans un Parterre orné de fleurs & d'arbustes. Une belle Terrasse régne à main droite, & un grand Bassin d'eaux jaillissantes orne le milieu de ce Parterre

terre. On passe ensuite sur une autre terrasse qui a deux cens toises de long, & qui étale les plus grandes beautez de Villeneuve-le-Roi. Delà on descend dans un autre Parterre, dont le dessein & les ornemens plaisent infiniment, & au bout duquel est une autre Fontaine jaillissante. Ici commence un Parc de cent vingt arpens. A main gauche se présente d'abord un Espalier de six cens toises de long, exposé au Midi, & tapissé d'excellens muscats & de pesches exquises. Un vaste Boulingrin s'offre ensuite du même côté, & au bout est un grand potager fourni de tout ce qu'on peut souhaiter en fait de légumes & de fruits. De l'autre côté, c'est-à-dire à main droite, est un Bois percé de plusieurs Allées, qui font voir en détail tous les objets qui s'étoient d'abord offerts à la vûe tout à la fois. Au bout de ce Bois s'éleve une autre Fontaine qui coule ensuite dans une rigole qui conduit jusqu'au bout du Parc, où regne une vaste & magnifique Terrasse, ornée de plusieurs rangées de gros Arbres qui n'otent rien à la beauté de la vûe. On sort du Parc par une grande porte grillée, & on entre dans une large Avenue, accompagnée de Contre-allées, qui a huit cens toises de long, & conduit jusque sur le bord de la Riviére de Seine.

VILLE-NEUVE SAINT GEORGE, Ville de l'Isle de France, sur la Seine, dans la Brie Françoise, à quatre lieues au-dessus de Paris, & à trois de Corbeil, entre l'une & l'autre Ville. Cette petite Ville, qui est dans une assez belle situation, n'est pas ancienne.

VILLE-NOCE, Ville de France, dans la Champagne, à deux lieues de Pont sur Seine, & à quatre lieues de Nogent, sur un Ruisseau auquel elle donne son nom. Il y a dans cette petite Ville une Mairie Royale, & un Grenier à Sel.

VILLE-SAVIN, Château de France, dans l'Orléanois [a], sur le bord de la Riviére de Beuvron, à quatre lieues de Blois. Ce fut le Sieur de Villandri, Secrétaire des Finances sous François I. qui fit bâtir ce Château en 1637. Toutes les vitres sont de crystal; & au bord de ces vitres sont dépeintes les Metamorphoses d'Ovide & les Armoiries des Seigneurs de la Cour de François I.

[a] Piganiol, Descr. de la France, t. 6. p. 136. Bernier, Hist. de Blois, p. 88.

VILLE-SUR-ILLON, *Villa supra Illiam*, Bourgade du Duché de Lorraine, au Diocèse de Toul, dans la Prevôté de Dompere. C'est un Marquisat qui a donné le nom à une Maison d'où sont sortis deux Evêques de Toul, Philippe & Henri de Ville, deux Freres, dont l'un a succédé à l'autre. L'Eglise Paroissiale est sous l'invocation de St. Sulpice. Le Chapitre d'Espinal est patron de la Cure pour laquelle il y a concours. Ce Chapitre a la moitié de la grosse dixme & le Curé l'autre moitié & toute la menue dixme. Il y a deux Chapelles l'une sous le titre de Notre-Dame & de St. Jean Baptiste; & l'autre sous celui de St. Sébastien. L'Hermitage de Thialcan dépend de cette Paroisse, & Pierrefitte en dépend aussi.

VILLE-SUR-SAUX, *Villa supra Saltum*; Paroisse de France au Duché de Bar, dans le Bailliage de ce nom. L'Abbé de Jendure est Patron de la Cure, qui est desservie par un Prémontré. Le Curé perçoit un tiers des grosses & menues dixmes, & le Seigneur du Lieu a les deux autres tiers. L'Abbé de St. Mihel prend un neuvième sur le tiers; & le Curé a les Novales. Il y a une Chapelle de deux cens Livres de revenu; & le Chapitre de St. Maxe de Bar en est Patron.

VILLE EN TARDENOIS, Bourg de France, dans la Champagne, Election d'Epernay. Il y a dans ce Bourg plusieurs Métiers occupez à faire des bas.

VILLE EN VOCCANCE, Bourg de France dans le Haut-Vivarais, au Diocése de Viviers.

VILLE-SUR-TOURBE, Baronnie de France dans la Champagne, Election de Ste. Manehould.

VILLEBOURG, *Villaburgum*, Bourg de France [b] dans la Touraine, à cinq ou six lieues de Tours, en allant vers le Vendômois. Ce Bourg qui est considérable est dans un des plus beaux & des plus fertiles Cantons de toute la Touraine. Il y avoit anciennement un Château, qui fut détruit par les Anglois, après qu'ils eurent assiégé & forcé ceux qui le gardoient. On dit qu'il y eut de part & d'autre tant de morts, qu'on ne peut creuser la terre dans le Bourg ni aux environs, sans trouver des ossemens d'hommes. Ce Bourg qui se trouve sur le chemin de Tours à Vendome est dans un Pays très-abondant & très-gracieux. La Paroisse est dédiée à Saint Martin de Tours. On y voit un grand concours de Peuple aux deux Fêtes de ce grand Saint, & on conserve dans l'Eglise quantité de précieuses Reliques. Près de Villebourg, qu'on nomme aussi quelquefois Villeboureau est l'Abbaye de la Clarté-Dieu, Monastère de Bernardins.

[b] Piganiol, Descr. de la France, t. 7. p. 44.

VILLEKAVETCHE, petite Ville de la Haute-Hongrie [c], au Comté d'Arwa, ou Arava, à deux lieues de la Ville de ce nom. Elle est située au pied des Montagnes, & la Riviére d'Arwa, & non de Drave, comme dit Mr. Corneille [d], lui apporte beaucoup de commoditez.

[c] Le Laboureur, retour de la Maréch. de Guébriant.
[d] Diét.

VILLEMUR. Voyez ci-devant VILLE-MUR.

VILLENA, Ville d'Espagne dans la Nouvelle Castille, anciennement BIGERRA. Voyez ce mot. Villena [e] est le Chef-lieu d'un Marquisat de même nom, & qui comprend les Villes d'Albarcée, de Chinchilla, de Rueda, de St. Clément & de Villar.

[e] Davity, Castille.

VILLENCOURT, ou WILLANCOURT, ou BOULANCOURT, Abbaye de France dans la Picardie, au Pays de Ponthieu, sur la Riviére d'Authie près d'Auzy ou d'Auxi le Château. C'est une Abbaye de Filles de l'Ordre de Cîteaux. Elle a été transférée dans la Ville d'Abbeville.

VILLENOUVETTE-LA-REQUI, Paroisse de France, dans le Bas-Languedoc, sur la Riviére d'Orb, une lieue au-dessus de Beziers, dont elle est la onzième Communauté, avec titre de Baronnie. C'étoit autrefois un Bourg muré & considérable, composé de trois Paroisses, d'un Monastère de Religieuses, d'un Hôpital, de plus de six cens maisons & d'un Fauxbourg, avec un Château fort, & un Marché public tous les Mar-

Mardis. Il soutint siège pendant vingt-deux jours contre les Maures Sarrasins qui le prirent d'assaut & le saccagèrent l'an 718. Ce Bourg ayant été rétabli fut encore ruiné en 1355. par l'Armée du Prince de Galles, comme on le voit par d'anciennes Chartes, aussi-bien que dans l'Histoire & dans la Tradition du Pays. Aujourd'hui les trois anciennes Paroisses sont réduites à une seule.

VILLEPAIL, Bourg de France, dans le Maine, Election du Mans.

VILLEPASSANS, Lieu de France dans le Bas-Languedoc, Diocèse & Recette de St. Pont. C'est une Seigneurie Royale.

VILLEPERDUE, Bourg de France dans la Touraine. Election de Tours.

VILLEPEYS, *Villa Piscis*, Bourg de France dans la Provence, Viguerie & Recette de Draguignan, au bord de la Mer entre Frejus & Maxime. Son Eglise est sous l'invocation de St. Michel.

VILLEPINTE, Ville de France, dans le Haut-Languedoc, Diocèse & Recette de St. Papoul. Cette petite Ville n'a que sept à huit cens Habitans.

VILLEPORCHER, Bourg de France dans la Touraine, Election d'Amboise.

VILLEPREUX, Ville de l'Isle de France, Election de Paris, dans le Hurepoix, à six lieues à l'Occident de Paris & à deux lieues de Versailles. Cette Ville est fort petite.

VILLEQUIER, Bourg de France, dans la Normandie, au Pays de Caux, sur la Riviére de Seine, au-dessus de Caudebec, avec Château & Seigneurie. Les Seigneurs de Villequier ont été considérables il y a plus de six cens ans.

VILLEQUIERS, Lieu de France dans le Berry, Election de Bourges, avec titre de Baronnie. Cette Baronnie se nommoit autrefois Mont-faucon. C'est une des plus anciennes de la Province, & l'une des plus étendues, puisque sa Justice s'étend sur dix-sept Paroisses. Elle a donné d'abord le nom à la Maison de ses premiers Seigneurs, d'où elle passa en 1264. dans la Maison de Bourés, ensuite dans celle de Roussi, puis dans celle des Dauphins d'Auvergne. Henri II. Prince de Condé l'acquit en 1626. Le Prince de Conti son fils la vendit en 1666. à Marie d'Aumont, en faveur de qui elle fut érigée en Marquisat. Il y a à Villequiers une Prevôté Royale ressortissante au Bailliage de Sezanne.

1. VILLER, Château de France, au Pays Messin. Il dépend de la Paroisse de Nossoncourt, Annexe de Ste. Barbe.

2. VILLER, Village de France, dans la Lorraine Françoise, Recette de Metz. C'est un des Villages cédez à la France par le Traité de 1718.

3. VILLER-SUR-CHATILLON, Bourg de France, dans la Champagne. Il a une Mairie Royale ressortissante au Bailliage de Châtillon sur Marne.

4. VILLER-FAUCON, Bourg de France dans la Picardie, Election de Péronne.

5. VILLER-AU-FLOS, Bourg de France, dans la Picardie, Election de Péronne.

VILLERAIS, Bourg de France, dans le Forez, Election de Roanne.

VILLERBON, Bourg de France, dans le Blaisois, Election de Blois.

VILLERES, Bourgade de France, dans le Bas-Armagnac, Election de Riviére-Verdun.

VILLEREVERSURE, Lieu de France, dans la Bresse. C'est le Chef-Lieu d'un Mandement, & une Communauté qui députe aux Assemblées de la Province. Il y a dans ce Lieu un Prieuré.

VILLEROY, Château de France, aux environs de Paris, dans la Paroisse de Mannecy. C'est une grande Maison [a] qui n'a rien d'extraordinaire pour l'Architecture, mais dont les dedans sont beaux, & magnifiquement meublez. Elle est accompagnée d'un beau Jardin, d'un grand Parc & des autres embellissemens qui sont ordinaires aux Maisons des Grands. Louïs XIV. s'y arrêtoit souvent en allant ou en revenant de Fontainebleau; mais Louïs XV. s'arrête ordinairement à Petit-Bourg. Près du Château de Villeroi est le Village appellé Mannecy, où se tient tous les ans, le jour de St. Denis qui est le Patron du Lieu, une Foire aussi fameuse que l'étoit, il y a quelque tems, celle de Bezons.

[a] Piganiol, Descr. de la France, t. 2. p. 652.

1. VILLERS, Abbaye des Pays-Bas, dans le Brabant, à deux lieues de Gembloux en allant vers Nivelle. Cette Abbaye, de l'Ordre de Cîteaux, est située dans un Bois dont elle porte le nom. Elle fut commencée en 1137. par quelques Religieux que St. Bernard y envoya de Clairvaux; & elle s'est tellement agrandie depuis que les Abbayes de Grand-Pré au Comté de Namur, & de St. Bernard sur l'Escaut en ont tiré leur origine.

2. VILLERS, Paroisse de France, dans la Normandie,[b] au Pays de Caux, à quatre lieues de Rouen, avec Château & titre de Châtellenie. Cette Paroisse est située sur la Riviére d'Enne, entre Barentin le Vieux & Epinay. Le Château est très-bien bâti sur une éminence, & flanqué de belles & hautes Tours. On y entre par un Pont-Levis, & il y a une Chapelle fort propre.

[b] *Corn. Dict.* sur des Mémoires MSS.

3. VILLERS, Bourg de France, dans la Normandie, au Diocèse de Bayeux, Election de Caen [c]. Ce Bourg qu'on appelle aussi VILLERS EN BOCAGE, est situé vers les sources de la petite Riviére d'Aure. On y tient un gros Marché le Mercredi pour le Beurre, & une Foire à la Fête de St. Pierre.

[c] *Ibid.* sur des Mémoires dressez sur les Lieux en 1701.

4. VILLERS & CLERLIEU, Paroisse du Duché de Lorraine, Prevôté de Nancy. L'Eglise Paroissiale de Villers est dédiée à St. Fiacre. Le Chapitre de St. George a la Collation de la Cure, & perçoit toutes les Dixmes de la Paroisse, à cause du Prieuré de Vandeuvre. Villers étoit autrefois une Annexe de la Paroisse de Vandeuvre, dont elle fut séparée, en 1600. à la requisition des Habitans qui donnent une pension congrue au Curé. Le Château de Remicourt, le Hameau de l'Aûné & l'Oratoire de Notre-Dame sont des dépendances de Villers, de même que l'Abbaye de CLERLIEU. Cette Abbaye qui est de l'Ordre de Cîteaux fut fondée en 1150. par Matthieu I. Duc de Lorraine, qui y

y mourut en 1176. le jour de l'Ascension. On y voit son Tombeau & celui de Berthe de Suéve son Epouse. L'Abbaye de Clerlieu est en Règle. Sa Manse Abbatiale a été unie au Chapitre Primatial de Nancy. La Manse Conventuelle est de trois mille Livres.

VILLERS ALLERAND, Bourg de France, dans la Champagne, Election de Rheims.

VILLERS-CANIVET, Bourgade de France, dans la Normandie, Election de Falaise. Il y a dans ce lieu une Abbaye de Filles de l'Ordre de Cîteaux, fondée en 1140. par Roger de Mombrais.

VILLERS-COTERETS, *Villeriæ, Villeriæ ad Cotiam & Villarium*, Bourg de l'Isle de France, à cinq lieues de Soissons & de Compiègne, & à trois de Crespy [a]. Le nom de Coterêt, corrompu de *Côte de Rets*, lui est venu de sa situation dans la Forêt de Rets. La Paroisse est desservie par des Religieux de l'Ordre de Prémontré, qui y ont une Abbaye en Règle. Ce Lieu est particuliérement remarquable par le magnifique Château, que les Ducs de Valois de la Maison Royale y ont bâti, & dans lequel entre autres la Reine Marguerite Duchesse de Valois demeuroit souvent. Cette Ville appartient présentement à Mr. le Duc d'Orléans, Duc de Valois. Il y a une Prevôté qui ressortit au Bailliage de Crespy; & c'est un Gouvernement particulier du Gouvernement de l'Isle de France. L'Abbaye de Villers-Coterêts n'a pas toujours été dans cette Ville. Elle y fut transférée de Claire-Fontaine, sur les confins du Diocèse de Laon le 23. Août 1671. & fut en même tems unie à la Cure. Hors de la Ville on trouve un Monastère de Religieuses; & à deux lieues delà, au sortir de la Forêt, l'Abbaye de Valsery, de l'Ordre de Prémontré & en Règle, comme celle de Villers Coterêts.

La Forêt de VILLERS-COTERETS comprend vingt-quatre mille huit cens soixante Arpens seize Perches.

VILLERS EN ARGONNE, Bourgade de France, dans la Champagne, Election de Ste. Manehould.

VILLERS EN ARTHYE, Bourg de France, dans la Normandie, Election de Chaumont.

VILLERS SUR AUTHIE, Lieu de France, dans la Picardie, Election d'Abbeville, avec titre de Comté érigé en 1685. Il y a dans ce Lieu un Personnat ou Prieuré, qui rapporte huit cens Livres de rente & donne droit de nommer à la Cure.

VILLERS-FRANQUEUX, Bourg de France dans la Champagne, Election de Rheims.

VILLERS-LES-MOINES, ou VILLERS ST. GEORGES, Lieu de l'Isle de France, au voisinage de Villers Coterêts. C'étoit autrefois un Prieuré Conventuel d'Hommes, de l'Ordre de St. Benoît, dépendant de l'Abbaye de la Chaise-Dieu en Auvergne. Depuis l'an 1635. Ce Lieu a été appellé ST. GEORGE LES NONAINS, à cause de l'Abbaye des Religieuses de St. Remi de Senlis à laquelle il a été cédé.

VILLERS LES NONAINS, Bourg de France, dans la Bourgogne, au Bailliage d'Avalon, près de la Rivière de Pontruault, où il y a un Pont de bois. C'est un Pays de Forêts, & un terrein ingrat, où l'on voit beaucoup de Brossailles.

VILLERS-MARMERY, Bourg de France dans la Champagne, Election de Rheims.

VILLERS SUR SAY, ou SUR SCEY, Bourgade de France, dans la Franche-Comté, Recette de Vesoul, sur la Rivière d'Ougnon, à trois lieues de Montbozon, & à pareille distance de Banne-les-Nonnes. Ce Lieu est fréquenté à cause des grands Marchez qu'on y tient.

VILLERS-SEYSSEL, Bourg de France, dans la Franche-Comté, au Diocèse de Besançon. Il y a dans ce Lieu qui est fort considérable, un Chapitre composé d'un Curé & de trois Chanoines. Ce Chapitre fut fondé en 1154. par Humbert de la Palu, Seigneur de Villers-Seyssel. Le Pape pourvoit à la Cure pendant huit mois de l'année, & le Chapitre Métropolitain pendant les autres quatre mois. Les trois autres Canonicats sont affectez à des Ecclésiastiques du Lieu, choisis par le Seigneur.

VILLES-FORESTIERES, Villes d'Allemagne [b], au Cercle de Suabe, sur le bord du Rhein, deux à la droite de ce Fleuve & deux à la gauche, entre le Canton de Schaffhouse à l'Orient, le Canton de Berne au Midi & le Canton de Bâle au Couchant. Ces quatre Villes, sont

Waldshut, à la droite du Rhein
Lauffenburg, g.
Seckingen, d.
Rheinfeld, g.

Il y a des Ecrivains qui mettent ces quatre Villes au rang des Alliez des Suisses, parce que ceux-ci les ont prises sous leur protection dans quelques guerres, au moyen de quoi elles ont joui du bénéfice de la Neutralité. Mais comme cela n'a été fait que pour un tems, & que d'ailleurs ces Villes sont sujettes de la Maison d'Autriche, on ne peut point les regarder comme Alliées des Suisses, dans le sens que ce mot se prend ordinairement.

VILLES IMPERIALES D'ALLEMAGNE. Voyez l'Article IMPERIALES.

VILLES IMPERIAELS DU JAPON. On entend sous ce nom dans le Japon, *les Gokosio*, c'est-à-dire les cinq Villes Maritimes, qui sont du Domaine de l'Empereur & appartiennent à la Couronne. Ces cinq Villes sont, MIACO [c], dans la Province de Jamasyra, & la demeure de l'Empereur Ecclésiastique héréditaire: JEDO dans la Province de Musasi. OSACCA, dans la Province de Setz : SAKAI, dans la Province de Jassumi; & NAGASAKI, dans celle de Fisen. Les quatre premières sont situées dans la grande Isle de Niphon, & la derniére dans l'Isle de Kiusju. Toutes ces Villes sont considérables par leur abondance & par leurs richesses; ce qui provient de la fertilité de leur terroir, de leurs Manufactures, des Marchandises que l'intérieur du Pays leur fournit, & de divers autres a-

van-

[a] Piganiol, Descr. de la France, t. 3. p. 70.

[b] Etat & Délices de la Suisse, t. 3. p. 233.

[c] Kæmfer, Hist. du Japon, Liv. 1. c. 1. & 2.

vantages considérables, comme de la résidence des deux Cours Impériales & de l'affluence des Etrangers, entre lesquels on remarque une grande quantité de Princes & de Seigneurs, qui s'y rendent avec une nombreuse suite.

Chacune des Villes Impériales a deux Gouverneurs, ou Lieutenans-Généraux, que leurs Inférieurs nomment *Tono-Sama*, c'est-à-dire Seigneur, Supérieur ou Prince. Ils commandent tour à tour; & tandis que l'un est au lieu de son Gouvernement, l'autre fait son séjour à Jedo, à la Cour de l'Empereur, jusqu'à ce qu'il ait ordre de s'en retourner & d'aller relever son Collégue. Ce dernier va alors à la Cour d'où son Successeur est parti. La seule Ville de Nagasaki à trois Gouverneurs. On l'a réglé ainsi depuis l'année 1688. pour la sûreté d'une Place aussi importante, & pour mieux veiller sur la conduite des Nations étrangéres qui ont la permission d'y trafiquer. Deux de ces Gouverneurs résident à la Ville tandis que le troisième est à la Cour. Les deux Gouverneurs qui sont à Nagasaki y commandent conjointement; mais ils président tour à tour de deux mois en deux mois.

VILLESERVE, Bourg de France dans la Picardie, Election de Noyon, entre Noyon & Ham. On croit que c'est le *Silvacum*, dont parlent l'Auteur de la Vie de St. Vulmar & St. Loup dans ses Epitres.

VILLE-VAIRAC, ou VILLE-MAGNE. Voyez ci-devant l'Article VILLE-MAGNE, N°. 2.

VILLETTE-SAINT-LAZARE (La), Bourg de l'Isle de France, Election de Paris. On transféra dans ce Lieu en 1646. l'Abbaye de Ste. Périne qui étoit auprès de Compiégne. Cette Abbaye fut fondée en 1153. par la Reine Adélaïde, veuve de Louis le Gros. Elle est de l'Ordre de St. Augustin & vaut huit mille Livres de rente.

VILLEVESQUE, Bourg de France, dans l'Anjou, Election d'Angers. Ce Bourg est bien peuplé.

VILLEVIEUX, Bourg de France, dans la Franche-Comté, au Bailliage de Lons-le-Saulnier.

VILLEXAVIER, Bourg de France, dans la Saintonge, Election de Saintes.

VILLIER, Bourg de France, dans le Beaujolois, Election de Ville-Franche.

1. VILLIERS, Bourg de France, dans la Touraine, Election de Tours.

2. VILLIERS, Bourg de France, dans la Beauce, Election de Vendôme.

3. VILLIERS, Seigneurie, dans l'Anjou, Election de Beaugé. Le Bourg qui lui donne son nom est assez considérable.

4. VILLIERS, Bourg de France, dans le Gatinois, Election de Nemours. C'est le Siège d'un Bailliage qui ressortit à celui de Montargis.

5. VILLIERS, *Villare*, ou *Villarium*, Abbaye de France, dans le Hurepoix, près de la Ferté-Alais, assez proche de la Riviére de Juyne. C'est une Abbaye de Filles de l'Ordre de Cîteaux. On la nomme quelquefois VILLIERS AUX NONAINS. Le Pere Menestrier Jésuite a découvert que c'est dans ce Lieu qu'est enterrée la Reine Agnés de Russie, femme du Roi Henri I.

6. VILLIERS, ou VILLIERS BETNACH, ou BETNOCH, Abbaye de France, au Diocèse de Metz, à trois lieues & demie de la Ville de ce nom. C'est une Abbaye d'Hommes, de l'Ordre de Cîteaux, Fille de Morimont. Elle fut fondée en 1134.

7. VILLIERS (Etang de), Etang de France, dans le Berry, prés du Bourg de Ligniéres, à dix lieues de la Ville de Bourges. C'est un des plus grands Etangs qu'il y ait en France. On prétend qu'il a huit lieues de tour quand il est dans son plein.

VILLIERS AUX CORNEILLES, Lieu de France, dans la Champagne, Election de Troyes. On soupçonne que ce pourroit être ce Villiers où l'Archevêque & le Comte de Sens battirent les Allemands, qui faisoient le siège de Troyes. Ce Villiers est dit situé au bord de la Riviére de Vannes.

VILLIERS AUX NONAINS. Voyez VILLIERS, N°. 5.

VILLIERS-CANIVET, Abbaye de France, dans la Normandie, au Diocèse de Seez, à deux lieues de Falaise. C'est une Abbaye de Filles de l'Ordre de Cîteaux, Filiation de Savigny. Elle fut fondée en 1140. par l'illustre Seigneur Roger de Moubray (*ab illustri Dynasta de Molbraio*).

VILLIERS-CHARLEMAGNE, Bourg de France, dans l'Anjou, Election de Château-Gontier. Il y a dans ce Bourg, qui est fort peuplé, un Prieuré annexé à l'Office claustral de Sacristain de l'Abbaye de St. Martin de Tours.

VILLIERS COTTERETS. Voyez VILLERS-COTERETS.

VILLIERS-LE-DUC, Lieu de France, dans la Bourgogne, Bailliage & Recette de Châtillon. Ce Lieu donne son nom à un Bois de neuf cens vingt-quatre arpens cinquante-neuf perches, qui dépend de la Maîtrise des Eaux & Forêts de Châtillon.

VILLIERS-LES-HAUTS, Bourg de France dans la Bourgogne, Bailliage & Recette d'Avalon. Cette Paroisse est située en Pays de Montagnes, & de Plaines, à trois ou quatre lieues de la Riviére d'Armançon.

VILLIERS-SAINT-BARTHELEMY, Bourg de France, dans la Picardie, Election de Beauvais.

VILLIERS-SAINT-BENOIT, Bourg de France, dans la Champagne Election de Joigny.

VILLIERS-SAINT-PAUL, Bourg de France, dans la Picardie, Election de Senlis. C'est une Terre considérable, qui appartient au Duc de Sully.

VILLIERS-SAINT-SEPULCRE, Prieuré de France, dans la Picardie au Diocèse de Beauvais. Il apporte deux mille Livres de rente.

VILLINGEN, Ville d'Allemagne [a], dans la Forêt Noire, entre les sources du Danube, & du Necker, à quelques lieues, à l'Occident Méridional de Rotweil. Cette Ville jouit d'un fort bon air. Toutes ses rues ont des Ruisseaux qui les lavent. On en voit quatre fort droites du milieu de sa Place, avec quatre Portes qui sont à leurs

[a] *De l'Isle Atlas.*

extrémitez. Le vin y vient du Brisgow & tous les vivres y sont à un prix fort raisonnable. Il y a une eau qui part de quelque Mine de soufre & d'alun, & qui est propre à fortifier les membres de ceux qui s'y baignent. Elle conforte l'estomach & aide à la digestion. La Ville de Villingen fut bâtie par les Comtes de Zeringen. Elle obéït ensuite à ceux de Furstenberg, & eut enfin pour Seigneurs les Princes de la Maison d'Autriche.

VILLON, Bourg de France dans la Champagne, Election de Tonnerre. C'est la Patrie du fameux Villon, Premier Poëte François & qui fut brûlé pour son impiété.

VILLORADA, Bourg d'Espagne, dans la Vieille Castille [a], au Comté de Rioja, sur le Torrent de Tiron, au pied des Montagnes, à quatre lieues de St. Domingue, de la Calçada. C'étoit autrefois une Ville Episcopale.

[a] *Bakarând, Dict.*

VILLOTTE, *Villula*, Paroisse de France au Duché de Bar, & dans le Bailliage de ce nom. C'est une Paroisse qui a été érigée depuis peu. Son Eglise est dédiée à St. Brice; & le Chapitre de St. Maxe, qui est patron de la Cure, perçoit les deux tiers des grosses & menues dixmes. Le Prieur de Dieu-en-Souvienne prend l'autre tiers. On voit dans le district de cette Paroisse l'Abbaye de Ste. Hoilde, fondée par les Comtes de Bar en 1229. pour des Religieuses de l'Ordre de Cîteaux. Elle a quatre mille Livres de revenu. Le Prieuré de Dieu-en-Souvienne, de l'Ordre du Val des Ecoliers, se trouve aussi dans la même Paroisse: il est en commande & rapporte deux mille Livres.

VILLOUXEL, Lieu de France, au Duché de Bar dans le Bailliage de Bassigny Barrisien, Office de Bourmont & la Motte. C'est une Annexe de la Paroisse de Pargny sous Mureaux. On trouve dans son District l'Abbaye de Mureaux, de l'Ordre des Prémontrez, fondée en 1150.

VILLUZKA, ou VELIKA, Lieu fameux dans la Pologne, au Palatinat de Cracovie, à deux lieues de la Ville de ce nom, & d'où l'on tire une quantité surprenante de sel. Cette Saline fut découverte en 1252. C'est un illustre Monument du travail des Polonois, qui semblent avoir creusé dans le plus profond des entrailles de la Terre [b]. Jean Choysnin, qui fit le Voyage de Pologne avec le Seigneur de Balagny, Envoyé pour l'Election de Henri de France, dit qu'il alla voir cette Saline avec plusieurs autres personnes en 1572. & qu'ils furent demi-heure à descendre par de gros cables, que cinquante personnes tenoient à la fois, pour aller jusqu'au bas tous ensemble. Le Sr. le Laboureur, l'un des Gentilshommes servans du Roi, & qui accompagna la Reine de Pologne, lorsqu'elle alla trouver le Roi son époux, rapporte dans ce qu'il a écrit de son Voyage [c] qu'un Polonois de ses amis l'empêcha d'aller voir ces Mines à cause du péril des cables; mais que deux Gentilshommes de sa troupe, nommez d'Incarville & de Briscoli, y ayant été, l'assûrèrent que tout ce qu'on en racontoit étoit vrai, qu'il y a près

[b] *Le Laboureur, Retour de la Maréch. de Guébriant, p. 45.*

[c] *Ibid.*

de trois lieues à descendre dans ces Mines, à la réserve d'une Echelle de deux ou trois cens marches: qu'il y a plus de cinq cens ménages établis dans ce Gouffre, qui ont creusé dans le sel une espèce de Ville: qu'il y a des rues & de toutes sortes de maisons avec les commoditez des autres qui sont sur la terre; & qu'il y a beaucoup d'enfans qui n'ont jamais monté jusqu'au haut, & qui ne peuvent s'imaginer qu'il y ait d'autre Monde. Il y a une Eglise & des Prêtres, un Juge, & enfin toutes sortes d'Offices. On y fait des mariages & des enfans, & toute l'occupation de ces Habitans des ténèbres, est de tailler cette Roche de sel en grosses colonnes, que les Polonois, les Silésiens, les Moraves, les Hongrois, les Autrichiens & divers autres Peuples d'Allemagne viennent acheter. Mr. le Laboureur, dit Mr. Vigneul Marville [d], raconte ces choses sur la foi d'autrui. Un Voyageur François qui a descendu dans cet Abime de sel m'a assuré, qu'on y voyoit un grand nombre de misérables attachez à ces Mines; mais qu'on n'y appercevoit aucune trace de cette prétendue République si dévote & si bien réglée. Le fabuleux entre d'ordinaire dans les Relations des Voyageurs, pour dédommager le Lecteur de ce qu'il y trouve d'inutile & d'ennuyeux.

[d] *Mélanges d'Hist. & de Lit. tét. t. 2. p. 307.*

VILNA. Voyez WILNA.

VILOBIA. Voyez OVILABIS.

VILS, Rivière d'Allemagne, au Duché de Bavière. Elle prend sa source au voisinage de Landshut du côté du Midi Occidental; delà coulant vers l'Orient entre l'Iser & l'Inn, avec lesquels elle a un cours presque parallèle, elle va se perdre dans le Danube un peu au-dessous de Vilshoven.

VILTENSIS. Voyez BILTA.

VILUMBRI; Peuples d'Italie que Ptolomée [e] dit être plus Orientaux que les Umbres & plus Occidentaux que les Sabins. Leur Pays doit être aujourd'hui le Duché de Spolete. Ptolomée leur donne pour Places

[e] *Lib. 3, c. 1.*

Arna,	*Spoletium,*
Ispolum,	*Menania,*
Turde,	*Ameria*
Forum Flaminii,	*Nagnia,*
	Ocriculum.

VILVORDE, Ville des Pays-Bas dans le Brabant, au Quartier de Bruxelles, sur le Canal de cette Ville, dont elle est éloignée de deux lieues, & à la même distance de Malines. Cette Ville, que traverse la Rivière de Seine qui fait tourner plusieurs Moulins, a été autrefois, à ce qu'on dit, très-forte; on veut même que ce soit pour cette raison qu'elle ait été nommée VILLE FORTE, dont avec le tems on a fait VILVORDE. Mais comme les anciens titres [f] la nomment *Filfortium*, cette origine inventée par quelques Modernes, tombe nécessairement; car *Vort*, ou *Furt* dans la Langue Teutonique signifie un *Gué.* Quoi qu'il en soit, Vilvorde étoit autrefois considérable. En 1375. Wenceslas Duc de Brabant y fit bâtir le Château où l'on gardoit les prisonniers d'Etat, & le Gouverneur ou Châtelain y fait sa demeure. La grande Eglise, qui est assez belle,

[f] *Longuerue, Descr. de la France, Part. 2. p. 50.*

est dédiée à Notre-Dame. Il y a un Couvent de Dominicains qui y enseignent les Humanitez. Le Monastère des Carmélites chauffées, dit *Ten Troost*, fut fondé en 1468. par Charles *le Hardi* Duc de Bourgogne, & les premières Religieuses y furent amenées de Liège. On y conserve une Image miraculeuse de la Ste. Vierge, qui fut donnée à cette Eglise en 1260. par Sophie de Thuringe femme de Henri III. Duc de Brabant & fille de Ste. Elisabeth. On voit encore à Vilvorde un Monastère de Carmélites déchaussées, un Beguinage, un Hôpital, un Couvent de Religieuses de l'Ordre de St. Augustin, sorties de la Ville de Bois-le-Duc, lorsqu'elle fut prise par les Hollandois, & la petite Abbaye de Bernen de l'Ordre de Prémontré, dont les Religieux étoient autrefois les plus opulens de tout le Pays, avant un très beau Cloître près de Bois-le-Duc ; mais il est présentement couvert en un Moulin à poudre. Le Canal que les Magistrats de Bruxelles ont fait faire pour aller à Anvers passe au pied de cette Ville ; ce qui ne lui est pas d'un petit avantage. Quand il fut fait, on offrit à ceux de Vilvorde de le faire passer par leur Ville, pour en tirer un autre sur Malines ; mais ils refusèrent cette offre.

a Atlas Sinensi.

VILY, Montagne de la Chine [a], dans la Province de Queicheu, au voisinage de la Forteresse de Gannan. On remarque que le sommet de cette Montagne est perpétuellement couvert d'un nuage.

b Thesaur.

VIMA, Lieu de Phénicie : Guillaume de Tyr, allégué par Ortelius [b] place ce Lieu entre Byblus, & Béryte.

c Sect. ....
d In Rep. Rom.

VIMANIA, Ville de la Rhétie, selon la Notice des Dignitez de l'Empire [c]. Lazius [d] dit qu'on voit les ruines de cette Ville dans l'Abbaye de *Wingarten* ; & que le lieu où elles font étoit ci-devant appellé *Altorff*.

e Atlas Sinensi.

VIMAO, Ville & Forteresse de la Chine [e], dans la Province d'Iunnan, au Département de Quangsi, neuvième Métropole de la Province. Elle est de 13. d. 25'. plus Occidentale que Péking, sous les 24. d. 14'. de Latitude Septentrionale.

f Thesaur.
g Chron. Pontif.

VIMARENSE-OPPIDUM, Ville de Portugal dans le Diocèse de Brague, selon Ortelius [f] qui cite Onuphre [g], & dit que c'étoit la Patrie du Pape Damase.

h Dict.
i Carte du Milanez.

VIMERCATO, selon Mr. Baudrand [h], & VILMERCATO, selon Magin [i], Bourg d'Italie dans le Milanez, sur la Rivière de Morgara, à douze ou quatorze milles au Nord Oriental de la Ville de Milan. Une ancienne Tradition veut que ce soit l'ancien *Vicus-Martius*.

VIMEU, ou VIMEUX, Canton de France, dans la Picardie, au Ponthieu, en Latin *Pagus Vimacensis*, ou *Vimeiacus*. Ce petit Pays qui s'étend depuis la Somme jusqu'à la Bresle, appartenoit autrefois aux Eglises, ainsi que le Ponthieu, & sur-tout à l'Abbaye de Centule. Voyez l'Article PONTHIEU. On trouve dans ce Canton la Ville de St. Valery, Gamaches, Crotoy & autres. La Prévôté de Vimeux [k] établie à Oisemont, est composée d'un Président, d'un Procureur du Roi, d'un Substitut & d'un Greffier. Le Procureur du Bailliage d'Amiens prétend l'être aussi dans la Prévôté de Vimeux.

k Piganiol, Descr. de la France, t. 3. p. 164.

1. VIMINACIUM, Ville de l'Espagne Tarraconnoise, selon Ptolomée [l], qui la place dans les terres & la donne aux *Vaccai*. L'Itinéraire d'Antonin, dont les MSS. écrivent VIMINACIUM, ou VIMINATIUM, marque cette Ville sur la route d'Astorga à Tarragone entre Palantia & Lacobriga, à quatorze milles du premier de ces Lieux & à trente & un milles du second.

l Lib. 2. c. 6.

2. VIMINACIUM. Voyez VIMINATIUM.

3. VIMINACIUM, nom Latin de la petite Ville de Vimy, sur le Rhosne, ou plutôt sur la Saône, à deux lieues au-dessus de Lyon, selon Paradin [m] allégué par Ortelius [n].

m In Jus Lugd. Hist.
n Thesaur.

VIMINATIUM, Ville de la Haute Mœsie : Ptolomée [o] qui la nomme *Viminatium Legio*, la met sur le bord du Danube. D'anciennes Médailles de l'Empereur Gordien donnent à cette Ville le nom de Colonie : on y lit ces mots : COL. VIM. P. M. S. AN. 1. & dans d'autres AN. 11. 111. 1V. Le même titre lui est donné dans une ancienne Inscription trouvée à Gradisca & rapportée par Gruter [p] :

o Lib. 3. c. 9.

p Pag. 371. no. 5.

AURELIO CONSTANCIO EQ. R.
DEC. COL. VIM.

L'Itinéraire d'Antonin, dont la plûpart des MSS. lisent VIMINACIUM, place cette Ville sur la route du Mont d'Or à Constantinople, entre *Ideuminacum* & *Municipium*, à vingt-quatre milles du premier de ces Lieux, & à dix-huit milles du second. Procope [q] dit que l'Empereur Justinien fit rebâtir une ancienne Ville nommée Βιμινάκιον, *Viminacium*, qui avoit été ruinée. Elle se trouvoit au-delà d'un Fort que le même Empereur avoit fait bâtir, à huit milles de Sigedon ; & quand on étoit sorti de *Viminatium*, on rencontroit sur le bord du Danube trois Forts, Picne, Cupe & Nova, qui ne consistoient autrefois qu'en une Tour. Niger veut que le nom moderne soit *Vidin*.

q Ædif. Lib. 4. c. 5.

VIMITELLARII, Peuple d'Italie, selon Pline [r], qui le met dans la première Région.

r Lib. 3. c. 5.

VIMONSTIERS, Bourg de France [s], dans la Normandie, au Diocèse de Lisieux, à six lieues de la Ville de ce nom, & à deux ou environ de Fervaques & de Livarot, au-dessus de Montgommery, & sur la Rivière appellée la Vie. Ce Bourg est très-bien peuplé, & son Eglise Paroissiale est desservie par vingt Prêtres. Il y a aussi un Monastère de Bénédictines, & un autre d'Hospitalières, qui ont soin de l'Hôpital. On y tient tous les Lundis un gros Marché, où l'on apporte les excellens fromages de Livarot & de Calembert. Il y a beaucoup de Bouchers & de Tanneurs, & l'on y fait un grand commerce de gros Bétail qu'on y nourrit dans de gras pâturages. Ce Bourg portoit anciennement le nom de *Vicus Monasterii*.

s Corn. Dict. Mémoires dressés sur les Lieux en 1702.

VIMORY, Village de France, dans le Gastinois [t], à une lieue de Montargis, vers le

t Morin, Hist. du Gastinois.

le Midi. La Victoire que le Duc de Guise y remporta en 1587. sur les Reitres & les Lansquenets l'a rendu fameux. Ils étoient descendus en France par l'entremise du Duc de Bouillon, sous les ordres de Casimir Allemand, pour secourir les Protestans.

VIMY, nom que portoit une petite Ville du Lyonnois, avant que le Roi Louïs XIV. eût permis au feu Maréchal de Villeroi de lui donner le nom de Neuville. Voyez ce mot.

VINA. Voyez VIVA.

VINAIS, ou VINHAES, Ville de Portugal [a], dans la Province de Tra-los-Montes, sur une Colline, à l'Occident de Bragance, aux frontiéres de la Galice. Cette petite Ville est ceinte de murailles. Elle n'a guère que trois cens Habitans. On y voit une Paroisse & un Couvent de Religieux.

VINAZ, Abbaye de France dans la Normandie, à deux lieues de Falaise, au Diocèse de Seez. C'est un Monastère de Filles de l'Ordre de St. Benoît. Il ne fut érigé en Abbaye qu'en 1647. & son Eglise fut alors rebâtie à neuf. C'étoit auparavant un Prieuré fondé vers l'an 1130. Les Comtes de Bellesme avoient donné l'emplacement.

VINAZA, Ville de l'Afrique propre: L'Itinéraire d'Antonin la marque sur la route de Tacapae à la Grande Leptis, entre *Aurus* & *Thalalatum*, à trente-deux milles du premier de ces Lieux & à seize milles du second.

VINCEIA, Ville de la Haute Mœsie. Elle est marquée, dans l'Itinéraire d'Antonin sur la route du Mont d'Or à Constantinople, entre le Mont d'Or & *Margum*, à six milles du Mont d'Or & à huit milles de *Margum*. Quelques MSS. portent VICEIA & d'autres VINEEA. Mr. Wesseling soupçonne que cette derniére Orthographe pourroit être la meilleure; & qu'on auroit donné à cette Ville le nom de VINEEA, à cause des vignes que l'Empereur Probus fit planter tout autour du Mont d'Or.

VINCENNES, Maison Royale [b], dans l'Isle de France, à une lieue de Paris du côté de l'Orient. Les Etymologistes ne s'accordent pas sur l'origine du nom de Vincennes. Les uns prétendent qu'il vient de la bonté de l'air qui rend la vie saine; & ils se fondent sur ce qu'on prononçoit autrefois VICENES; en quoi ils font voir leur ignorance, confondant la lettre S. avec le C. D'autres disent que comme l'ancien Parc contenoit environ deux mille Arpens, ou vingt fois cent Arpens, par corruption de vingt-cens on fit Vincennes. D'autres soutiennent, que ce Bois étant éloigné de Paris de vingt Stades; c'est-à-dire de deux mille cinq cens pas, on l'appella en Latin *ad Vicenas*, d'où on fit VICENES & ensuite VINCENNES. Rigord nous apprend dans la Vie de Philippe Auguste que ce Prince fit enfermer le Bois de Vincennes de murailles l'an 1183. & c'est ce que l'on appelle encore aujourd'hui le vieux Parc; il y fit mettre une grande partie des Bêtes fauves que le Roi d'Angleterre lui avoit envoyées. Ce même Prince y fonda un Prieuré dédié à la Vierge, & dans lequel il établit des Religieux de l'Ordre de Grammont, qui l'ont possédé jusqu'à ce que le Roi Henri III. leur donna le Collége qu'ils occupent dans la rue du Jardinet, & en leur place à Vincennes les Minimes. On voit dans un Cartulaire manuscrit de l'Eglise de Paris, que dès l'an 1270. il y avoit à Vincennes une Maison Royale, *Manerium regale*; il y a beaucoup d'apparence qu'elle avoit été bâtie par Philippe Auguste, après qu'il eut fait entourer de murailles le Bois qui étoit auparavant ouvert de tous côtez. C'est sans doute dans ce Palais que moururent les Rois Louïs Hutin, & Charles *le Bel* son frere. On ne sait pas jusqu'à quel tems a subsisté cet ancien Château, mais une Inscription en vers François, gravée en grosses lettres sur une Table de Marbre noir, élevée contre le mur de la porte de la haute Tour, du côté gauche, nous apprend que cette Tour fut commencée sous Philippe de Valois l'an 1337 & non pas l'an 1361. comme dit Corneille: que le Roi Jean 24. ans après, c'est-à-dire en 1361. reprit l'ouvrage, & que Charles V. l'acheva; & que ce même Roi fit bâtir aussi une sainte Chapelle dans l'endroit où est aujourd'hui le Cloître des Chanoines. François I. & Henri II. en ont depuis fait élever une autre vis-à-vis le Donjon, qui est beaucoup plus belle que n'étoit l'ancienne. Louïs XIII. fit renverser quelques anciens Bâtimens, & en fit élever en leur place un nouveau, composé de deux Pavillons destinez pour loger le Roi & la Reine. Ces deux grands Corps de Logis sont dans la Cour de Saint Mandé, & n'ont été achevez qu'au commencement du regne de Louïs XIV. L'avenue du Château de Vincennes commence au Trône & est formée par quatre rangs d'Ormes plantez dans un terrein que l'on a rendu de niveau, & qui est appuyé en quelques endroits par un mur fort épais & fort haut. Tout le Bâtiment est un quarré long, entouré de fossez secs qui sont revêtus & assez profonds. Le Château est composé de plusieurs Tours quarrées, dont la plus haute s'appelle le Donjon, & a son fossé particulier & son Pont-levis. La Chapelle est d'un assez beau dessein Gothique avec quantité de Pyramides & d'autres ornemens. Les Peintures des vitres de cette Eglise sont très-estimées. Les nouveaux Bâtimens consistent, ainsi que je l'ai déja dit, en deux gros Pavillons décorez de pilastres. Les dedans ont de la grandeur, de la beauté, & les plafonds sont ornez de Peintures. L'appartement de la Reine est décoré de Peintures & de Sculptures, & d'un platfond bien peint. La grande porte par laquelle on entre dans le Parc, est un morceau d'Architecture qui est estimé des Connoisseurs. Il est en forme d'Arc de Triomphe & orné de Colonnes & de Statues. Il est placé au milieu d'une grande cour dont les côtez sont bornez par les deux Corps de logis & par une Galerie découverte soutenue sur des arcades rustiques. La Ménagerie est à l'entrée du Parc. C'est un gros Bâtiment où l'on nourrissoit autrefois des Lions, des Tigres, des Léopards &c. Mais on a fait tuer toutes ces Bêtes féroces,

[a] *Jaillot, Atlas.*

[b] *Longuerue, Descr. de la France, Part. I. p. 15, Piganiol, Descr. de la France, t. 2. p, 568.*

& on n'aime plus en France ces Spectacles dont le sang & le carnage faisoient tout l'agrément. Le Parc a quatorze cens soixante-sept Arpens d'étendue. Il est en face du Château & en fait un des plus beaux ornemens. C'est une Futaye mêlée de Chênes, de Charmes & d'Ormes. On remarque surtout le Bois de Beauté, qui est situé sur une Colline qui regarde la Rivière de Marne, & enfermé dans un petit Parc de cinquante-deux Arpens, qu'on appelle le *Parc de Beauté*. C'est ici qu'étoit anciennement cette agréable Maison Royale que nos Historiens appellent *le Château de Beauté*, où mourut Charles V. le 16. de Septembre 1380. On n'y voit plus qu'un Bosquet de Tilleuls, de Coudres & d'autres bois blancs, le tout fort négligé. Un Tableau qui représente le Jugement dernier, est ce qu'on remarque de plus curieux dans le Couvent des Minimes.

VINCENTIA, Ville de la Valerie Ripense, selon la Notice des Dignitez de l'Empire [a] : Le nom moderne est Wenicza selon Lazius.

[a] Sect. 57.

VINCESIMUM, ou AD VICISSIMUM. Voyez au mot AD les Articles AD VICESIMUM.

VINCIUM, Siège Episcopal de France, selon Grégoire de Tours [b]. Voyez VENCE.

[b] Lib. 9.

VINCUM, Ville de la Basse Germanie selon l'Itinéraire d'Antonin qui écrit VINCUM pour BINGIUM. Voyez BINGIUM.

VINDA. Voyez VINDIA.

VINDALIUM. Voyez UNDALUS.

VINDANA, Port de la Gaule Lyonnoise. Ptolomée [c] le marque entre l'Embouchure du Fleuve *Erius*, & le Promontoire GOBÆUM. Au lieu de VINDANA les Exemplaires Latins portent VIDIANA. Les uns veulent que ce soit le Port de Brest, les autres que ce soit l'Embouchure de la Vilaine; mais, à s'en rapporter à la Carte dressée sur Ptolomée, & aux Cartes modernes, ce ne peut être autre chose que le Port de la Ville de Vennes.

[c] Lib. 2. c. 7.

VINDELIA. Voyez VENDELIA.

VINDELICI. Voyez VINDELICIA.

VINDELICIA, Contrée de l'Europe [d], au Nord des Alpes & au Midi du Danube. Ce nom VINDELICIA Ὀυινδελικία; pour désigner le Pays des VINDELICI, est plus en usage chez les Grecs que chez les Latins, qui appellent ordinairement ce Pays du nom de la Nation. Suétone [e], en parlant des conquêtes d'Auguste dit: *Domuit Cantabriam Aquitaniam, Pannoniam, Dalmatiam, cum Illyrico omni; item Rhœtiam & Vindelicos ac Salassos, gentes Inalpinas;* & Velleius Paterculus [f] use de la même expression: *Rhœtiam & Vindelicos ac Noricos, novas Imperio nostro subjunxit Provincias.* Il ne faut pourtant pas s'imaginer que le mot VINDELICIA ne soit point Latin, car Sextus Rufus [g] s'en est servi; mais par une élégance de la Langue, on disoit communément *Vindelici* pour *Vindelicia*, comme Cornelius Nepos dit [h]: *in Persas proficisci* pour *in Persidem* ou *in Persiam*. Le nom du Peuple est le même dans les Auteurs Grecs que dans les Latins: les premiers écrivent Ὀυίνδελικοι; & les autres

[d] Cellar. Geogr. Ant. L. 2. c. 7.
[e] In Aug. c. 21.
[f] Lib. 2. c. 39.
[g] Cap. 8.
[h] In Pelopid.

VINDELICI. Horace [i] a dit:

[i] Lib. 4. Od. 4.

Videre Rhœti bella sub Alpibus
Drusum gerentem Vindelici...

On prétend que ce nom est formé de ceux de deux Fleuves qui arrosent la Contrée & dont l'un qui mouille la Ville d'Augsbourg, à la gauche, étoit appellé *Vinde*, ou *Vindo*, & l'autre, qui la mouille, à la droite, se nommoit *Lichus* [k]:

[k] Venant. Fortunat. de S. Martino, L. 4.

Pergis ad Augustam, quam Vindo Licusque fluentat.

Strabon & Ptolomée ne s'accordent pas dans les bornes qu'ils donnent aux Vindeliciens; mais il est plus sûr de s'en rapporter au premier comme ayant vécu plus près du tems où les Rhétiens & les Vindeliciens furent subjuguez. Il dit [l] que ces deux Peuples habitoient, près des Salasses, la partie des Montagnes qui regardent l'Orient & tournent vers le Midi: qu'ils étoient limitrophes des Helvétiens & des Boïens: que les Rhétiens s'étendoient jusqu'à l'Italie au-dessus de Verone & de Come; & que les Vindeliciens & les Noriques occupoient l'extrémité des Montagnes du côté du Nord: *Montium partes quæ* [post Salassos] *Ortum spectant & in Meridiem vertuntur, Rhœti & Vindelici tenent, contermini Helvetiis atque Boiis, quorum campis imminent. Rhœti usque ad Italiam pertinent, supra Veronam atque Comum: .... Vindelici autem atque Norici montana exteriora tenent.* Les Rhétiens, selon le même Auteur, ne touchoient au Lac de Constance que dans une petite partie de son bord, favoir entre le Rhein & Bregentz; car cette Ville que Ptolomée donne aux Rhétiens, appartenoit aux Vindeliciens: Strabon le dit formellement [m]: *Vindelicorum etiam Brigantii sunt, & Oppida illorum Brigantium & Campodunum.* Les Helvétiens & les Vindeliciens occupoient une plus grande partie du bord du Lac [n]: *Lacum Rhœti exigua parte; majore Helvetii & Vindelici attingunt.* Pline, Tacite & Sextus Rufus achevent de nous donner les bornes de la Vindelicie. Le premier nous apprend [o] que les Noriques & les Vindeliciens étoient voisins: *Juxta Carnos,* dit-il, *quondam Taurisci adpellati, nunc Norici. His contermini Rhœti & Vindelici.* Or si les Vindeliciens touchoient les Noriques, il falloit qu'ils s'étendissent jusqu'à l'Inn, *Aenus*; car selon Tacite [p], l'*Aenus* séparoit le Norique de la Rhétie, prise en général comme renfermant la Vindelicie. Enfin, comme Sextus Rufus dit [q] qu'Auguste régla que la Vindelicie, le Norique, la Pannonie & la Mœsie seroient la séparation des Terres des Romains d'avec celles des Barbares; il s'ensuit que la Vindelicie & le Norique s'étendoient jusqu'au Danube qui faisoit la borne de l'Empire Romain. Par-là on voit que l'ancienne Vindelicie avoit le Danube au Nord & que l'Inn, l'*Aenus*, la séparoit du Norique du côté de l'Orient; du côté de l'Occident, ils s'étendoient depuis le Lac de Constance jusqu'au Danube. Mais les bornes du côté du Midi ne sont pas aussi aisées à déterminer, à moins de s'en tenir à ce que dit Strabon, que les Vindeliciens pos-

[l] Lib. 4.
[m] Ibid.
[n] Ibid. Lib. 7.
[o] Lib. 3. c. 20.
[p] Hist. Lib. 3. cap. 5.
[q] Cap. 8.

VIN.   VIN.   237

posſédoient des Plaines montueuſes à l'extrémité des Alpes, & que les Rhétiens habitoient les plus hautes Alpes juſqu'à l'Italie. Quant aux bornes que Ptolomée donne à la Vindelicie, elles ne peuvent s'accorder ni avec le ſentiment de Strabon, ni avec celui des autres Géographes. Il reſſerre trop cette Contrée, la renfermant entre le *Licus* & l'*Aenus*.

Il reſte à remarquer que la Vindelicie, lorſqu'elle eut été ſubjuguée par les Romains, ne forma pas une Province particuliére, mais fut toujours jointe à la Rhétie; & que toute la Contrée qui ſe trouve renfermée entre le Lac de Conſtance, le Danube, l'Inn, & les Pays des *Carni*, des Venetes & des Inſubres, fut preſque toujours appellée *Rhætia*, ou *Provincia Rhætia*; de façon néanmoins que les Rhétiens & les Vindeliciens demeuroient deux Peuples ſéparez quoique dans une même Province. C'eſt pour cela que Tacite [a] qualifie Augsbourg [*Auguſta Vindelicorum*] *Splendidiſſima Rhætiæ Provinciæ Colonia*. Horace [b] appelle les Habitans de la Vindelicie, RHÆTI *Vindelici*, pour les diſtinguer des Habitans de la Rhétie proprement dite.

VINDELICUS. Voyez ORGE.

VINDELIS, ou VINDILIS, Iſle que l'Itinéraire d'Antonin [c] place entre les Gaules & la Grande-Bretagne. Mais comme il y marque auſſi pluſieurs autres Iſles, dont il ne fournit pareillement que le nom, ſans donner aucune diſtance ni particularité, on ne peut guère dire ce que c'eſt que par conjecture. On ſoupçonne, je ne ſai ſur quel fondement, que c'eſt l'Iſle de Portland. Pour ſurcroît d'embarras les MSS. ne s'accordent point ſur l'Orthographe de ce mot; les uns font deux Iſles de VENDELIS & de SIATA, au lieu que d'autres n'en font qu'une écrivant VINDELISSIATA dans un ſeul mot, ou VINDOLISIATA.

VINDELUM Voyez UNDALUS.

VINDENATII, Peuples d'Italie, ſelon une ancienne Inſcription citée par Ortelius [d] d'après le Traité de l'Orthographie d'Alde Goltzius [e] au lieu de VINDENATII lit VINDENATES: MUNICIP. CASUENTINORUM VINDENATIUM. V. B ET QUIDQUID, &c. Pline [f] écrit VINDINATES, & en fait un Peuple de l'Umbrie.

VINDENSIS, Siège Epiſcopal d'Afrique. La Conférence de Carthage [g] appelle Reparatus *Epiſcopus Vindenſis*. On ignore de quelle Province étoit ce Siège.

VINDENUTA, VINDUNITTA, VINDIMITTA, ou VINDONITENSIS INSULA, Iſle de la France, dans la dépendance de la Ville de Nantes, ſelon Grégoire de Tours [h]. C'eſt l'Iſle de VINDONITE ſur la Loire. St. Friard, né au Territoire de Nantes vers l'an 511. après avoir fait la profeſſion de Laboureur juſqu'en 560. ſe retira dans l'Iſle de Vindonite ſur la Loire, au même Dioceſe, & y mourut en 583. Son corps fut transporté depuis à Beſnay dans le même Dioceſe, & que quelques-uns prétendent avoir été le lieu de ſa naiſſance.

VINDERIUS, Fleuve de l'Hibernie: Ptolomée [i] marque l'Embouchure de ce Fleuve ſur la Côte Orientale de l'Iſle, entre le Promontoire *Iſamnium* & l'Embou-

[n] Germ. c. 41.
[b] Lib. 4. Od. 4.
[c] Itiner. Marit.
[d] Theſaur.
[e] In Theſaur. p. 411.
[f] Lib. 3. c. 14.
[g] No. 208.
[h] Vit. Patr. cap. 10.
[i] Lib. 2. c. 2.

chure du Fleuve *Logia*. C'eſt aujourd'hui, ſelon Camden, *Bay of Knocfergus*. Un MS. de Ptolomée conſulté par Ortelius [k] porte Ἰενδένιος, au lieu de Οὐινδέριος.

VINDESCA, ou VINDAUSCA. Voyez CARPENTRAS.

VINDIA, Ville de la Galatie, Ptolomée [l] la donne aux *Toliſtobogi*. L'Itinéraire d'Antonin, dont quelques Exemplaires écrivent VINDIA & les autres VINDA, marque cette Ville ſur ſa route de Peſſinunte à Ancyre, entre *Germa*, & *Papira*, à vingt-quatre milles du premier de ces Lieux & à trente-deux milles du ſecond.

VINDILI, ou VANDILI, ſelon Pline [m] & VANDALII ſelon Tacite [n]. Voyez VANDALI.

VINDIMITTA. Voyez VINDENUTA.
VINDINATES. Voyez VINDENATII.

VINDINUM, Ville de la Gaule Lyonnoiſe: Ptolomée [o] la donne aux *Aulerci*, appellez auſſi *Cenomani*. Fortunat lit VINDOCINUM [p], & Villeneuve croit que c'eſt préſentement *Vendoſme*.

1. VINDIUS, Montagne de l'Eſpagne Tarragonnoiſe, Ptolomée [q] la marque au nombre des Montagnes les plus conſidérables du Pays. Elle eſt nommée VINNIUS MONS par Florus [r] qui lui donne l'épithéte d'*eminentiſſimus*. On ne s'accorde pas ſur le nom moderne. Les uns l'appellent SIERRA DE ASTURIA, les autres SIERRA D'OCA, ou SIERRA DE OVIEDA, d'autres nomment cette Montagne IRNIO, & ERNIO, & l'Auteur des Délices du Portugal dit: Le Mont, que les Anciens ont appellé *Vindius*, ou *Vinduus* [s], car aujourd'hui il n'a point de nom particulier, eſt cette chaîne de Montagnes qui ſe détachant des Pyrénées, traverſe la Biſcaye & l'Aſturie, & forme à l'entrée de la Galice deux Branches, dont l'une s'étend tout du long juſqu'au Cap de Finiſterre, l'autre tournant au Midi traverſe le Pays des anciens Bracares, & ſépare la Province de Tra-los-Montes de celles qui ſont au Couchant.

2. VINDIUS, Montagne de l'Inde en deçà du Gange, ſelon Ptolomée [t].

VINDO, Fleuve de la Germanie, dans la Vindelicie. Ce Fleuve, appellé aujourd'hui WERTACH, arroſe la Ville d'Augsbourg, du côté du Couchant, & ſe joint au Lech au-deſſous de cette Ville. Fortunat en parle ainſi dans la Vie de St. Martin [u]:

Pergis ad Auguſtam, quam Vindo Licusque fluentat.

Nous n'avons point d'Ecrivains antérieurs qui ayent fait mention du VINDO. Paul Diacre [x] qui, comme il le dit lui-même, copie cet endroit de Fortunat, écrit VIRDO, au lieu de VINDO [y]; ce qui donne ſujet de douter s'il ne faudroit point lire auſſi VIRDO dans Fortunat; outre que le nom moderne ne contribueroit pas peu à appuyer cette Orthographe. Cependant un Poëte [z], venu long-tems après ſuit la premiére Orthographe, ſi ce n'eſt qu'il dit VINDA, au lieu de VINDO:

Reſpicis & late fluvios Vindamque Licumque.

VINDOBALA. Voyez VINDOGLADIA.

[k] Theſaur.
[l] Lib. 5. c. 3.
[m] Lib. 4. c. 14.
[n] Germ. p. 123.
[o] Lib. 2. c. 8.
[p] Ortelii Theſaur.
[q] Lib. 2. c. 6.
[r] Lib. 4. c. 12.
[s] Délices gal. p. 713.
[t] Lib. 7. c.
[u] Lib. 4.
[x] De Geſt. Long. Lib. 2. c. 13.
[y] Cellar. Geogr. Ant. L. 2. c. 7.
[z] Ricardus, Auſt. Lib. 2.

Gg 3   VIN-

VINDOCINUM. Voyez VINDINUM.

VINDOBONA, Ville de la Pannonie Supérieure, selon la Table de Peutinger, qui la marque à six milles de *Cetium*. L'Itinéraire d'Antonin la place sur la route de *Sirmium* à Trèves, en passant par *Sopianæ*; & il la met entre *Mutenum* & *Comagenæ*, à vingt-deux milles du premier de ces Lieux & à vingt-quatre milles du second; en quoi il diffère beaucoup de la Table de Peutinger, qui marque *Comagenæ* seulement à treize milles de VINDOBONA, mettant même *Cetium* entre deux; au lieu que l'Itinéraire place *Comagenæ* entre *Vindobona* & *Cetium*. Aurelius Victor [a] écrit *Vendobona*; mais dans la Notice des Dignitez de l'Empire [b] cette Ville est appellée VINDOMANA; & dans Jornandès [c] WINDOMINA, ou VINDOMINA, d'où apparemment a été formé le nom moderne *Wien*, dont les François ont fait celui de *Vienne*, ou Vienne en Autriche. Cluvier a cru que l'M dans ce mot étoit plus ancienne que le B: que suivant la différence des Dialectes on a dit VINDONANA, VINDOMANA, ou VINDOMONA; & qu'enfin on a changé l'M pour le B. Mais ce sentiment ne peut être appuyé d'aucune preuve solide; au contraire les Auteurs qui écrivent VINDOBONA sont antérieurs à ceux qui disent VINDOMINA. Ptolomée [d] même qui nomme cette Ville JULIOBONA, ce que quelques-uns regardent comme une faute, du moins pour les premières syllabes, ne finit pas le mot par μωνα, mais par βονα. On ne sait rien de certain touchant l'origine de cette Ville, dont personne ne fait mention avant Ptolomée: & Velleius Paterculus [e] donne à entendre qu'elle ne subsistoit pas du tems de Tibère, ou que du moins elle n'étoit pas alors fort considérable; car il dit que *Carnutum* ou *Carnuntum*, étoit la Place des Romains la plus voisine du Royaume de Norique. Or il s'ensuit de là qu'il n'y avoit aucune Ville considérable entre *Carnuntum* & les confins du Norique au tems de Velleius Paterculus, autrement *Carnuntum* n'auroit pas été la Place la plus proche de ce Royaume. Mais si *Carnuntum* fut originairement plus célèbre que VINDOBONA, cette dernière ne laissa pas de devenir dans la suite une Place d'importance, puisque dès le tems de Ptolomée [f] la dixième Légion Germanique y étoit en garnison; & peut-être y avoit-elle été transférée de *Carnuntum*. D'anciennes Inscriptions trouvées à Vienne disent la même chose. Elles sont rapportées par W. Lazius [g]; & il y en a entre autres où on lit ces mots: L. QUIRINALIS MAXIMUS TRIB. MILIT. LEG. X. GERM. Les Historiens des Siècles Barbares ont donné à cette Ville différens noms, comme ALA-FLAVIANA, CASTRA FLAVIANA, FLAVIANUM, & FABIANA. Voyez VIENNE-EN-AUTRICHE.

[a] *In Murco Antonio.*
[b] *Sect....*
[c] *Rer. Getic. c. 50.*
[d] *Lib. 2. c. 15.*
[e] *Lib. 2. c. 109.*
[f] *Lib. 2. c. 15.*
[g] *Lib. 1. R. V. c. 6.*

VINDOGARA. Voyez VIDOTARA.

VINDOGLADIA, VINDUGLADIA, ou VINDOCLADIA, Ville de la Grande-Bretagne. L'Itinéraire d'Antonin la marque sur la route de *Caleva*, à *Viroconium*, entre *Sorbiodunum* & *Durnovaria*, à douze milles du premier de ces Lieux & à huit milles du second. Il y en a qui veulent que ce soit aujourd'hui Hulphord au Pays de Galles; mais selon Camden c'est Winburnminster en Dorsetshire. Voyez WINBURNMINSTER.

VINDOMAGUS, Ville de la Gaule Narbonnoise: Ptolomée [h] la donne aux *Adricomii*.

[h] *Lib. 2. c. 10.*

VINDOMANA. Voyez VINDOBONA.

VINDOMORA, Ville de la Grande-Bretagne: L'Itinéraire d'Antonin la marque sur la route du Retranchement au Prétoire, entre *Corstopitum* & *Vinovia*, à neuf milles du premier de ces Lieux & à dix-neuf milles du second. A deux ou trois milles de New-Castle, il y a un petit Village nommé *Wallesend*, ce qui signifie la fin ou le bout de la muraille; quelques-uns prétendent que c'est l'ancienne Vindomora, ou Vindobala, qui vouloit dire la même chose. Cependant Mr. Gale veut que *Vindomora* soit présentement Dolande. C'est la Notice des Dignitez de l'Empire [i] qui employe le nom VINDOBALA.

[i] *Sect....*

VINDOMUM, ou VINDONIUM, Ville de la Grande-Bretagne, selon l'Itinéraire d'Antonin qui la marque sur la route de *Caleva* à *Viroconium* en passant par *Muridunum*. Elle étoit entre *Viroconium* & *Venta Belgarum*, à quinze milles du premier de ces Lieux & à vingt & un milles du second. C'est aujourd'hui Farnham sur le Wey selon Mr. Wesseling. Cependant Camden veut que ce soit *Silcester*, au Comté de Southampton.

VINDONI-CAMPI. Voyez VINDONISSA.

VINDONISSA, Ville de la Gaule Belgique. Cette Ville est ancienne; car Tacite [k] en fait mention. L'Itinéraire d'Antonin & la Table de Peutinger donnent sa position. L'Itinéraire d'Antonin la marque sur la route de *Sirmium* à Trèves en passant par *Sopianæ*, & la met entre *ad Fines*, & *Artalibinnum*, à trente milles du premier de ces Lieux & à vingt-trois milles du second, dans cet ordre:

[k] *Hist. L. 4. c. 61, & 70.*

Brigantiam	
Arborem felicem	M. P. XX.
Ad Fines.	M. P. XX.
Vindonissam Leg.	M. P. XXX.

Il y avoit selon la Table de Peutinger un Gîte entre *ad Fines* & *Vindonissa*: qu'elle marque de la sorte:

Fines		
Vitudorum	M. P. XXII.	*Leg.*
Vindonissa	M. P. XXIV.	*Leg.*

Au lieu de VINDONISSAM LEG. quelques MSS. de l'Itinéraire d'Antonin portent VINDONIS LEUGAS, & d'autres lisent VINDONISSA LEUGAS, VINDONES LEUGAS, VINDONAS LEUGAS, & VINDONES LEG. La question est de savoir si l'Itinéraire d'Antonin compte en cet endroit par lieues, ou si par LEG. il veut dire simplement que c'étoit la résidence d'une Légion. Il y a des sentimens pour & contre. Ce qui paroît certain, c'est qu'il y avoit à Vindonissa une Légion; & Tacite [l] nous apprend que c'étoit la vingt

[l] *Ibid.*

VIN. VIN. 239

& unième, & la même chose semble prouvée par l'Inscription qui a été trouvée dans ces Quartiers:

... Claudio Pimno
Medico leg. XXI.
Claudiæ Quietæ ejus
Atticus Patronus.

On juge que VINDONISSA nommée CASTRUM VINDONISSENSE dans la Notice des Villes des Gaules, est aujourd'hui WINDISCH. Voyez ce mot. Le Territoire de cette Ville ou plutôt la Plaine des environs est appellée CAMPI VINDONI dans le Panégyrique [a] de Constantin, où il est dit que son Pere Constance donna diverses Batailles contre les Germains.

[a] In Eumen. Panegyr. c. 4. & 6.

VINEMAGUM, Village de Neustrie. Ortelius [b] dit qu'il en est parlé dans la Vie de St. Loup de Sens.

[b] Thesaur.

VINENSIS, Siège Episcopal d'Afrique. On conjecture qu'il étoit dans la Province Proconsulaire, parce que la signature de Fructuosus, *Vinensis Episcopus*, se trouve au bas de la Lettre Synodique que les Evêques de cette Province écrivirent dans le Concile de Latran sous le Pape Martin. Il est fait mention de ce Siège dans la Conférence de Carthage [c]. Parmi les Evêques qui assistèrent au Concile de Cabarsusa, on trouve Faustinus Evêque Donatiste qui se dit *Episcopus Binensis* pour *Vinensis*. Voyez VIVA.

[c] No. 128.

VINETZ, Lieu de France, dans la Champagne, Election de Chaalons, à une demi-lieue de cette Ville sur le bord de la Marne. Il y avoit ci-devant dans ce Lieu un Prieuré de Bénédictines, qui a été transféré à Chaalons. Ces Religieuses gardent toujours le nom de Bénédictines de Vinetz. Elles dépendent de l'Abbé de Molesme qui nomme la Prieure.

VINEUIL, Bourg de France, dans le Blaisois, Election de Blois. Ce Bourg est très-peuplé.

VINGENNA, Fleuve de la Gaule, selon Fortunat & Grégoire de Tours, qui disent que ce Fleuve se jette dans la Loire; & Papire Masson [d] qui le nomme VIGENNA remarque que dans le Limousin, où elle prend sa source, on lui donne le nom de VIGNANA. C'est aujourd'hui la Vienne. Voyez VIENNE.

[d] De Fluminib. Franciæ. p. 80. & 86.

VINGIUM, ou BINGIUM. Voyez BINGIUM.

VINIANA. Voyez VIANA.

1. VINIOLÆ, ou VINEOLÆ, Lieu de l'Isle de Sardaigne: l'Itinéraire d'Antonin le marque sur la route de *Portus Tibuli* à *Caralis* entre *Fanum Carisi* & *Sulci*, à quinze milles du premier de ces Lieux & à trente-cinq milles du second. Dans une autre route qui va de *Tibulæ* ou *Portus Tibulis* à *Sulci*, on trouve une autre VINIOLÆ, VINEOLÆ, ou AVINEOLÆ, entre *Tibulæ* & *Eruciam*, à douze milles de la première de ces Places & à vingt-quatre milles de la seconde. Je dis que c'est une autre *Viniolæ*, parce qu'il est impossible qu'un Lieu qui étoit à douze milles de *Tibulæ* ne fût qu'à trente-cinq milles de *Sulci*, *Tibulæ* étant à un bout de l'Isle du côté du Nord, & *Sulci* à l'autre bout au Midi.

2. VINIOLÆ, Lieu d'Espagne chez les Carpétains. L'Itinéraire d'Antonin en fait mention & le place entre *Acatuccis*, & *Mentesa Bastia*, à vingt-huit milles du premier de ces Lieux & à vingt milles du second.

VINIUS, Fleuve d'Italie, au voisinage de la Ville *Casinum* selon Varron [e]; mais on prétend que cet endroit de Varron est corrompu, & qu'au lieu de *a Vinio* il faut lire *ab imo*. En tout cas, si on retient l'ancienne Leçon, le nom moderne est déja trouvé, Ortelius & Mr. Baudrand disent que c'est *Fiume di San Germano*.

[e] Lib. 3. Rei Rustic. c. 4.

VINNIUS. Voyez VINDIUS.
VINNONES. Voyez VENNONES.
VINNOVIUM. Voyez BINCESTRE, & VINOVIA.

VINO (Rio del), ou RIVIÈRE DU VIN, Riviére de l'Amérique Septentrionale, dans la Louïsiane. C'est une petite Riviére qui se jette dans Rio de Bagres, près du confluent de cette derniére avec Rio Hondo. Elle a pris son nom des Vignes sauvages que ceux qui l'ont découverte ont trouvées près de ses bords: elle n'a pas plus de vingt lieues de cours.

VINOLASCA, Ruisseau de la Ligurie, selon Ortelius [f] qui cite une ancienne Inscription conservée à Gênes.

[f] Thesaur.

VINOVIA, VINONIA & VICONIA, Ville de la Grande-Bretagne. Elle est placée dans l'Itinéraire d'Antonin sur la route du Retranchement au Prétoire, entre *Vindomora* & *Cataractoni*, à dix-neuf milles du premier de ces Lieux & à vingt-deux milles du second. On convient que c'est aujourd'hui Bincestre ou Binchester, près de la Were, un peu au-dessus de *Bischops-Anckland*. On y voit sur un Côteau les ruines de cette Ville, avec des restes de murailles & de Fortifications. On y a trouvé quantité de Médailles avec des Inscriptions, entre autres celle-ci faite à l'honneur des *Déesses meres*:

Deab.
Matrib. Q. Lo. . . .
. . . Cl. . . Quintianus. . . . Cos.
V. S. L. M.

Cette Ville est la même que Ptolomée [g] nomme VINNOVIUM, BINONIUM, ou VINOVIA & qu'il donne aux *Brigantes*.

[g] Lib. 2. c. 3.

VINOVILOTH. Ce nom se trouve entre ceux de divers Peuples Barbares de la Scandinavie rapportez par Jornandès [h], & qui pour la plûpart sont corrompus.

[h] De Reb. Getic. t. 3. p. 10. Ed. Vulcanii.

VINS, Lieu de France, dans la Provence, Viguerie & Recette de Brignolle. Cette Terre fut érigée en Marquisat l'an 1641. en faveur de François Baron de Forcalquier.

VINSACUM, & VINSATUM. Voyez VEGESATUM.

VINSCHACHT, Lieu de la Haute-Hongrie, au voisinage de Schemnitz. Il y a dans ce Lieu une Mine considérable. J'entrai, dit Edouard Brown [i], dans la Mine de Vinschacht autant que l'eau me le put permettre; car je descendis trois fois perpendiculairement environ trois cens degrez d'une

[i] Voyage de Komara, p. 131.

d'une échelle. On y voit une grande Roue de neuf aunes de diamètre, enfoncée dans la terre & que les eaux souterraines font tourner en tombant. On fait mouvoir par le moyen de cette Roue plusieurs machines, qui élévent l'eau du fond de la Mine jusqu'à l'endroit où est placée cette Roue. L'eau qui la fait aller ne tombe point dans la Mine; mais elle passe par un trou qu'on a fait exprès, & va se rendre auprès d'une Montagne, qui en est tout proche. Outre cette Roue, il y en a encore une au-dessus de la terre & qu'on fait continuellement tourner par douze Chevaux: celle-ci sert pareillement à élever l'eau qui est dans la Mine.

On dit qu'il n'y a pas moins de deux mille hommes qui travaillent tous les jours à la Mine de Vinschacht. Il y fait grand froid dans quelques endroits & dans d'autres il fait excessivement chaud, sur-tout dans les endroits où l'on travaille. Le travail est de huit heures, si le Mineur peut supporter une aussi grande fatigue. On se repose ensuite pendant autant de tems. On y voit une place où les mauvaises vapeurs firent mourir cinq hommes & une personne de qualité. On y a à présent mis un Baril, aussi-bien que dessus toutes les Portes & dessus tous les chemins, où l'on creuse beaucoup, & où il n'y a point de passage. C'est par-là qu'on fait entrer l'air, qu'on le fait sortir, & qu'on rafraîchit les Mineurs qui sont dans tous ces trous.

Les veines à demi noires sont estimées les meilleures, parce qu'elles sont ordinairement mêlées de Marcasite, qui est d'une couleur un peu jaune. Quand il n'y en auroit pas en fort grand nombre, cela n'empêche pas qu'on n'en soit content; car cela rend ce qu'on en tire bien plus aisé à fondre. Si les veines sont trop grosses, on s'imagine quelque chose qui n'est point bon, & qu'il le faut purifier dans la Fournaise. On trouve assez souvent dans cette Mine un Minéral rouge qui s'attache aux Métaux, & qu'on appelle Cinnabre d'argent. Après l'avoir mêlé avec de l'huile, on en fait un vermillon, qui vaut du moins autant, s'il n'est pas meilleur, que le Cinnabre sublimé. On trouve aussi dans ces Mines du Crystal, des Améthystes & beaucoup d'autres sortes de pierres précieuses dans les fentes de Rochers, & quelquefois tout proche des Métaux.

VINTANA, Ville de l'Isle de Ceylan, au Royaume de Candy [a], sur la Rivière de Trinquamade, à neuf lieues de la Mer, à vingt & une lieues de Matecalo, à neuf lieues de Candy & à deux lieues d'Allemagne de Sigales, Cingales ou Cigales. Il y a à Vintana une grande Pagode, dont le bas qui est en ovale, à cent trente pas de circuit. Elle est belle, bien exhaussée, toute blanche & dorée par le haut, ayant la figure d'une Pyramide quarrée vers la pointe, & tout le reste jusque-là s'élevant en ovale. Il y a encore d'autres Pagodes, & une espèce de Cloître dont les Religieux sont vêtus de jaune, & qui vont par les rues avec de grands Sombareros que quelques-uns se font porter par des Esclaves qu'ils ont à leur service. Ils se font raser la tête, comme les Moines de l'Europe, excepté qu'ils n'ont point de Couronne. Ils marchent le Chapelet à la main, marmottant ou lisant quelques Priéres. Ces Religieux sont respectez de tout le monde. Ils sont exempts de tout travail & de toutes charges. Leurs Couvens sont comme ceux de l'Europe, ayant leurs Cloîtres & diverses Chapelles particuliéres qui sont dorées, & où l'on voit des Figures d'hommes & de femmes qu'on prétend avoir vêcu saintement. Ces Statues sont ornées d'habits dorez: on fait brûler devant elles jour & nuit des Lampes & des chandelles de cire mises sur des Autels, où il y a de grands Chandeliers soutenus par des Figures d'enfans nuds. A toutes les heures il vient des Religieux faire leurs Priéres & des Lettrez dans les Chapelles, & y faire le Sombayo, c'est-à-dire se coucher tout plat sur la terre, & en se relevant tenir les deux mains sur leur tête. Pendant le séjour que les Hollandois firent à Vintana, ils virent la célébration d'une de leurs Fêtes, & leur procession marcher par la Ville. Le Supérieur étoit assis sur un Éléphant, vêtu d'étoffe d'or & d'argent, tenant de ses deux mains sur sa tête, un Sceptre, ou Bâton de commandement d'or. Devant lui marchoient, en ordre, les autres Religieux au son de divers Cornets, des Trompettes, des Cymbales, & au bruit des Sonnettes & des Bassins, Instrumens qu'ils ont l'art de bien accorder: on portoit aussi quantité de Lampes & de Torches allumées, de même que des Cierges. Une troupe nombreuse d'hommes, de femmes & de filles alloit après eux. Avant que la Procession commençât à marcher, & en revenant, avant qu'elle rentrât dans le Cloître, les Filles les mieux faites dansérent en diverses manières faisant quantité de postures & de gentillesses, & ayant tout le haut du corps nud, avec des ornemens moitié or & moitié pierreries, aux bras, aux mains & aux oreilles. Le reste de leur corps étoit couvert de riches habits en broderie.

VINTEMILLE, Ville d'Italie [b], dans l'Etat de Gênes, sur la Côte de la Méditerranée, à l'Embouchure des Riviéres Bibera & Rotta, à huit milles de Monaco, à quinze de Nice, & à trente-cinq d'Albenga. C'est une Ville Episcopale, connue en Latin sous les noms d'Intemelium, ou d'Albintemelium. Dès le septième Siècle elle étoit Evêché suffragant de Milan. On honore dans la Cathédrale des Reliques de St. Blaise, un doigt de St. Nicolas & la mâchoire de Ste. Catherine. Le pavé des Maisons de la belle Rue, est fait de petites pierres rapportées ensemble, qui représentent diverses figures rondes & quarrées. Quand on a passé le Pont qui est sur la Rivière, on trouve à gauche une Eglise des Religieux Observantins. Un mille au-delà est un Bourg nommé Bordighere, au bord de la Mer, où il y a un Château fortifié. Vintemille a un petit Port avec un Château qui fait toute sa défense. Voici de quelle manière Michelot [d] écrit: Environ quatorze milles à l'Est quart de Nord-Est de Monaco est la Pointe de la Bordiguère; & deux milles vers le Nord-Ouest de cette Pointe est

[a] Voyage de la Compagnie, t. 4. p. 72. Ed. Rouen.

[b] Magin, Carte de la Côte de Gênes.

[cc] Commainville, Table des Evêchez.

[d] Portul. de la Médit. p. 66.

est la petite Ville de Vintimille. Elle est située proche de la Mer, vers l'Est d'une grosse Pointe, sur le bord d'une petite Riviére où il y a un Pont. Au-dessus de la Ville de Vintimille, il y a une Forteresse considérable par sa force & par sa situation. Sur la droite de la Ville, on voit un Village au bord d'une Plage, dans une Plaine; & tout proche vers l'Est, il y a une autre petite Riviére ou Ravine d'eau. On pourroit mouiller avec des Galéres devant Vintimille dans un beau tems. On y est à couvert des Vents d'Est-Nord-Est & Nord-Est, par la Pointe de la Bordiguère.

VINTIUM, Ville des Alpes Maritimes: Ptolomée [a] la donne aux Nérusiens. Ortelius croit que c'est la Ville VENTIA de Dion-Cassius. Le nom moderne est Vence. Voyez VENCE. Dans le Fauxbourg de cette Ville on voit cette Inscription à l'honneur de Gordien:

[a] Lib. 3. c. 1.

CIVITAS VINT. DEVO-
TA NUMINI MAJES-
TATIQUE EJUS.

Et une autre Inscription faite à l'honneur de Trajan, finit ainsi:

P. P.
CIVIT. VINT.

Dans une Notice des Provinces cette Ville est appellée CIVITAS-VINTIENSIUM, & dans une autre CIVITAS-VINCIENCIUM; & Grégoire de Tours en parlant de la mort de Deutherius Evêque de Vence dit: *Obiit Deutherius, Vinciensis Episcopus.*

VINULI. Voyez VANDALI.

VINUNDRIA, Ville de la Haute Pannonie: Ptolomée [b] la nomme parmi les Villes qui étoient éloignées du Danube. Lazius dit que c'est aujourd'hui *Windischgratz:* ce qui peut être; mais il croit que c'est la Ville VINDOMANA de la Notice des Dignitez de l'Empire, en quoi il se trompe, puisque VINDOMANA étoit la même que VINDOBONA. Voyez VINDOBONA.

[b] Lib. 2. c. 15.

1. VINZELA, Ville de la Galatie, selon Ptolomée [c] qui la donne aux Tectosaces, & non aux Tolistoboges, comme le dit Ortelius [d].

[c] Lib. 5. c. 4.
[d] Thesaur.

2. VINZELA, selon le Texte Grec de Ptolomée [e]; & UNZELA, selon ses Interprêtes, Ville de la Pamphylie, dans la Pisidie. Voyez UNZELENSIS.

[e] Lib. 5. c. 5.

VINZELLES, Lieu de France, dans la Bourgogne, Bailliage & Recette de Macon, avec titre de Baronnie. Ce Lieu est situé en Pays propre à la Vigne.

VIOL EN LAVAL, Bourg de France dans le Bas-Languedoc, Recette de Montpellier.

VIOLASCENSIS-PAGUS, Lieu de la Gaule, selon Sidonius Apollinaris [f], qui dit que ce Lieu fut dans la suite nommé MARTIALIS, & que les Légions Juliennes y avoient leur Quartier d'Hyver. Un MS. consulté par Ortelius [g] portoit VIALASCENSIS, au lieu de VIOLASCENSIS, & MARCIALIS, au lieu de MARTIALIS.

[f] Lib. 2. Epist. ad Maurusium.
[g] Thesaur.

VIOMENSES. Voyez VALENSES.

VIOMENIL, *Via Mansilis*, Lieu du Duché de Lorraine, au Bailliage de Vosges. C'est une Annexe de la Paroisse d'Eclez. Son Eglise est dédiée à St. Barthelemi. Le Village de Lerrin, les Verriéres du Toulois, Grandmont, la Pille, la Scie & les deux Moulins sont des Lieux qui dépendent de Vioménil.

1. VION, Bourg de France, dans l'Anjou, Election de la Flèche.

2. VION, Bourg de France, dans le Haut-Vivarais, Recette de Viviers.

VIOR, Fleuve de la Mauritanie Tingitane, selon Pline [h]. Ptolomée [i] le nomme *Diur*; mais peut-être est-ce une faute de Copiste, qui aura mis Διυρ pour Βισρ. Ce Fleuve selon le Pere Hardouin se nomme aujourd'hui *Sus*, & coule aux confins du Royaume de Maroc. Voyez DIUR.

[h] Lib. 5. c. 1.
[i] Lib. 4. c. 1.

VIORUM-VALENTIA, ou VION-VALENTIA, Ville d'Italie au Pays des Brutiens, selon Ptolomée [k] qui la marque dans les Terres. C'est la même que VIBO-VALENTIA & HIPPONE. Voyez ces deux mots.

[k] Lib. 3. c. 1.

VIPAO, Bourgade d'Italie [l], dans le Frioul, au Comté de Gorice, vers la source d'une Riviére à laquelle elle donne son nom. Cette Riviére, qui traverse le Comté de Gorice d'Orient en Occident, prend sa source dans les Alpes, ou Mont Anos; & après avoir mouillé Vipao, S. Croce, & Lorenberg, elle va se perdre dans le Lisonso, entre Lucini & Gradisca.

[l] Magin, Carte du Frioul.

1. VIPITENUM, Ville de la Germanie: l'Itinéraire d'Antonin la marque sur la route d'Augsbourg à Vérone, entre *Veldidena* & *Sublavio*, à trente-six milles du premier de ces Lieux & à trente-deux milles du second. Il y a des MSS. qui portent VIPETENUM, pour VIPITENUM. On croit que c'est aujourd'hui *Stertzingen*, ou *Am-Luz*, Villages au pied du Mont Brenner.

2. VIPITENUM, ou VEPITENUM, Ville de la Germanie, selon l'Itinéraire d'Antonin. On est persuadé que c'est aujourd'hui Stertzingen dans le Tirol; ce qui est prouvé par une ancienne Inscription qu'on y a déterrée.

VIPOTIANÆ. Voyez PTISCIANA.

VIR, Fleuve de l'Espagne Tarragonnoise: Ptolomée [m] marque son Embouchure, entre le Promontoire où étoient les Autels du Soleil, & un autre Promontoire qu'il ne nomme point. On croit que c'est le Fleuve *Florius* de Pline. Voyez FLORIUS.

[m] Lib. 2. c. 6.

VIRA. Voyez VIVA.

VIRAGRUND, Contrée d'Allemagne, dans la Suabe, selon Davity [n] qui dit qu'elle s'étend depuis la Ville de Dunckelspiel, jusqu'à la Forêt de Host; & qu'outre la Ville de Dunckelspiel, elle contient Elbwangen, Zebingen, & les Ville & Château de Kreilsheim, de Lauberhausen, de Hornberg, de Sultz, de Kirkberg, de Lowenfels, de Morbstein, de Langenbourg & autres dont la plus grande partie est du Duché de Wirtenberg.

[n] Suabe.

VIRBI-CLIVUS, Colline d'Italie, & dont Perse fait mention dans sa sixiéme Satyre, où il dit [o]:

[o] Vers. 56.

. . . . . . accedo Bovillas
Clivumque ad Virbî,

Cette Colline étoit, selon les Commentateurs, à quatre milles de Rome sur le chemin qui conduisoit à Aritia & au Lieu nommé *Ad nemus Dianæ*. Elle avoit pris le nom d'Hippolyte qui y étoit honoré sous le nom de *Virbius*; parce qu'on croyoit qu'il avoit été deux fois homme *bis vir*, c'est-à-dire deux fois vivant, Diane lui ayant rendu la vie.

VIRBINUS. Voyez VIRBIUS.

VIRBIUS, Fleuve de la Laconie, selon Vibius Sequester.

VIRCHI, Siège Episcopal de la Mésopotamie, sous la Métropole d'Edesse. La Notice du Patriarchat d'Antioche écrit VERCHI, & donne à ce Siège le premier rang.

VIRDO. Voyez VINDO.

1. VIRE, Riviére de France, dans la Normandie, au Diocèse de Coutances. Cette Riviére, qui sépare le Cotentin du Bessin, prend sa source dans la Butte de Brimbel, en la Paroisse de Chaulieu, au Diocèse de Bayeux, selon quelques-uns, & au Diocèse d'Avranches selon d'autres. Trois autres Riviéres, Sée, Angrane & Noireau, ont leurs sources dans la même Butte. Celle de Vire, après avoir traversé la Ville qui porte son nom, le Pont Bellanger, le Bourg de Tessy, Pont-Farey, Sainte Susanne, Saint-Lo, Pont-Hebert, & Saint Fromont, se décharge dans la Mer aux Vez St. Clément, qui est un petit Golphe guéable dans les basses marées; & qu'on appelle à cause de cela GUÉ, ou VE' DE VIRE, *Vadum Viriæ*. Les Riviéres que la Vire reçoit dans son cours, sont Dattée, Virone, Brevogne, Drome, Quienne, Pouchiniére & Joigne. Le Ruisseau de Fincel & celui de Chevry, qui vient de Villebaudon, tombent dans cette même Riviére entre Tessy & Pont-Farcy.

2. VIRE, Ville de France, dans la Basse-Normandie, au petit Pays de Bocage, dont elle est la Capitale, & dans le Bailliage de Caen, dont elle est un des Sièges Royaux. Cette Ville située entre Saint Lo, Avranches, Mortain & Falaise, à douze lieues de la Ville de Caen, à cinq de Condé, & à deux ou trois de St. Sever, n'étoit qu'un Château [a] jusqu'au tems du Roi Philippe Auguste, sous le Pontificat d'Innocent III. qui l'appelle dans ses Lettres *Castrum Viriæ*. Ce Château avoit pris son nom de la Riviére de Vire, sur laquelle il avoit été bâti. Aujourd'hui la Ville de Vire a quatre Portes & de grands Fauxbourgs. Ses murailles sont flanquées de hautes Tours, & accompagnées de fossez; mais son Château est détruit. Elle n'a dans son enceinte qu'une seule Paroisse sous le titre de Notre-Dame [b]. Cette Eglise, dont le Clergé est composé de plus de quarante Prêtres est grande, belle & assez ornée. Celle de St. Thomas, qu'on trouve dans un Fauxbourg, est la Paroisse primitive de Vire; mais on n'y baptise plus. L'Eglise de Ste. Anne vis-à-vis de l'Hotel-Dieu, est une Aide de la Paroisse de Tallevane; & on trouve encore dans les Fauxbourgs les Couvens des Cordeliers, des Capucins, des Bénédictines, des Ursulines, des Augustines, qui gouvernent l'Hotel-Dieu, Hôpital pour les Malades. Il y a aussi une Commanderie de l'Ordre de Malthe. Dans le Donjon du Château, les Habitans ont fait élever une représentation du Calvaire, qui attire beaucoup de Curieux par la beauté & par la singularité de l'Ouvrage. La Tour de l'Horloge est aussi fort remarquable.

[a] *Longuerue, Descr. de la France, Part. 1. p. 77.*

[b] *Corn. Dict. Mémoires dressez sur les Lieux, en 1762.*

Cette Ville est le Siège d'une Vicomté, d'un Grenier à Sel, d'une Maîtrise des Eaux & Forêts, & d'une Election qui comprend cent quatre-vingt-quatre Paroisses. Il y a outre cela un Lieutenant de Police & un Maire; mais on n'y élit plus d'Echevins. C'est un Lieu d'un commerce considérable, qui consiste principalement en Manufactures de Draperies. On y voit une trentaine de Moulins à eau pour dégraisser les étoffes, pour faire du papier, & pour d'autres usages. Il s'y tient un gros Marché le Vendredi, & quatre Foires dans l'année; la première le Vendredi d'après Pâques; la seconde à la St. Michel; la troisième à la Ste. Catherine; & la quatrième à la St. Nicolas. André Du Chêne rapporte dans ses Antiquitez des Villes de France, que les Habitans de Vire ayant tenu le parti des Anglois, obtinrent du Roi Charles VII. une Amnistie qui leur fut accordée au mois de Novembre 1450. Vire est sous l'Evêché de Bayeux, à l'exception d'une rue nommée *la rue du Pont*, séparée du reste de la Ville par la Riviére. Cette rue est comprise dans le Diocèse de Coutances. Il est à remarquer que c'est de cette Ville qu'ont pris leur nom les *Vaudevires*, sorte de chansons que le Peuple chante, & que par corruption on appelle aujourd'hui *Vaudevilles*. Elles furent inventées par Olivier Basselin, Foulon de Vire & furent d'abord chantées au VAUDEVIRE, qui est le nom d'un Lieu proche de Vire.

L'Election de Vire [c] n'a aucune Riviére navigable: le climat en est très-froid; les terres sont d'un mauvais fond, legéres & sablonneuses. Cependant cette Election est très-peuplée, & les Habitans sont vifs & industrieux. Il y a deux Forges considérables; celle de Dannon, où l'on apporte la Mine de la Butte de Montbosse; & celle de Halouze, dont la Mine vient de l'Archant.

[c] *Pigantal. Descr. de la France, t. 5. p. 344.*

VIRÉ, Bourg de France, dans l'Anjou, Election de la Fléche.

VIRELADE, Bourg de France, dans la Guienne, Election de Bourdeaux. Il y a dans ce Bourg une Jurisdiction.

VIRENA, Lieu d'Italie, où Vitruve [d] dit qu'il y a des Fontaines dont les eaux sont acides. Baptiste Porta [e] en parlant de ce Lieu dans sa Magie Naturelle, dit qu'on le nomme présentement *Francolise*; & qu'il est à un mille de *Théano*, sur le chemin de Rome. Biondo [f] paroît le placer auprès du Mont *Gerro*.

[d] *Lib. 8. c. 3.*
[e] *Ortelii Thesaur. Lib. 8. c.*
[f] *Ital. Illustrata.*

VIRGAN. Voyez FERDINANDINE, N°. 1.

VIRGANTIA. Ammien Marcellin [g] appelle ainsi la Ville des Ségusiens, que Strabon, Ptolomée & l'Itinéraire d'Antonin nomment *Brigantium*; c'est aujourd'hui Briançon.

[g] *Lib. . . .*

a Lib. 3. c. 1.

VIRGAO, Ville de l'Espagne Tarragonnoise, selon Pline [a] qui la surnomme ALBA. Le Pere Hardouin lit URGAO. L'Itinéraire d'Antonin qui écrit tantôt URCAO, tantôt VIRCAO, ou VIRGAO, place cette Ville sur la route de Cordoue à Castulo, entre *Calpurniana* & *Iliturgis*, à vingt milles du premier de ces Lieux & à trente-quatre milles du second. On a trouvé à *Arjona* une Inscription, rapportée par Gruter, & où on lit: MUNIC. ALBENSE. URGAVON D. D. Mais le Pere Hardouin soutient que cette Inscription est moderne. Si cela est, c'est une preuve de moins pour ceux qui veulent qu'*Arjona* soit l'ancienne VIRGAON, ou URGAON.

b Lib. 2. c. 6.

VIRGI, Ville d'Espagne, selon Pomponius Mela [b], qui la met sur le Golphe appellé VIRGINITANUS SINUS, & auquel elle donnoit apparemment le nom. Ptolomée & Marcian d'Héraclée la nomment Ουργη, *Urce*. Cette Ville, dit Isaac Vossius [c], a donné occasion de debiter bien des impertinences, parce qu'on ignoroit qu'URCI, URGI, VIRGI, BIRGI & MURGI, étoient autant de noms de la même Place. On en trouve la preuve dans Pline qui étend la Bétique jusqu'à la Ville de MURGI ou MURGIS, & qui dans un autre endroit donne la Ville d'*Urci* pour le commencement de la Côte de la Province de Tarragone. Tous ceux qui ont voulu marquer les bornes de la Bétique en ont dit autant; si ce n'est que quelques-uns au lieu de MURGI & d'URCI, ont écrit VIRGI & BIRGI. Il est ordinaire de voir changer l'U en B, & il ne l'est guère moins de voir le B, changé en M. de sorte qu'URCI, & MURGI sont absolument le même nom. Il est bon de remarquer néanmoins qu'outre cette *Murgis*, il y en a une autre que Ptolomée marque dans les terres parmi les Villes des Turdules Bétiques, & dont l'Itinéraire d'Antonin fait mention. Mais cette *Murgis* n'a rien de commun avec celle dont il est ici question. Plusieurs ont voulu que cette dernière fût la Ville de *Murcie*, qui a donné son nom à un Royaume; mais cette opinion tombe d'elle-même, dès que la Ville de Murcie au lieu d'être maritime se trouve fort avant dans les terres. Ceux qui disent que *Muxacra*, ou *Vera* est l'ancienne VIRGI ne se trouvent pas mieux fondez. *Vera* est la Ville *Baria* des Anciens; & l'on ne peut pas prendre *Beria* pour *Baria*, puisqu'*Abdera* & le Promontoire Charidème, aujourd'hui le Cap de Gate, étoient entre deux. La Ville VIRGI, URCI, ou MURGI des Anciens étoit dans l'endroit où est aujourd'hui *Almaçaran*, à l'Embouchure du Guadalquivir.

c Observat. ad Melam.

VIRGILIANA Maison de plaisance en Italie. Elle appartient au Duc de Mantoue & est peu éloignée de la Ville de ce nom. On y voyoit autrefois une fort grande Ménagerie de Vaches & de Brebis. Quoique cette Maison porte le nom de Virgile, ce n'est pas le lieu de sa naissance. Ce Lieu s'appelloit anciennement *Andes*, & se nomme aujourd'hui *Petola*, ou *Pictola*. Ce n'est qu'un Village.

VIRGILIENSES. Voyez VIBIENSES.

VIRGINIE (La), Contrée de l'Amérique Septentrionale. Elle est bornée au Nord par Mariland, à l'Orient par la Mer du Nord, au Midi par la Caroline, & à l'Occident par la Louïsiane. Cette Province [d] qui se nommoit autrefois Apalche fut découverte en 1585. par Richard Greenwil. Quelques années après Walter Raleigh lui donna le nom de Virginie, en mémoire de la Reine Elisabeth, sa Maîtresse, qui passa toute sa vie dans le Célibat, sans vouloir accepter aucun des Partis qui la recherchèrent en mariage. D'autres trouvent pourtant une Etymologie différente de ce nom. Ils prétendent qu'il vient d'un Roi Virginie, dont il est fait mention dans les Historiens qui parlent de l'Amérique. D'autres enfin dérivent ce nom d'une Ville appellée Virginie. Le premier sentiment est le plus vraisemblable: du moins c'est celui qui est le plus généralement suivi. Il y en a qui soutiennent que ce Pays fut premièrement découvert en 1497. par Sébastien Cabot Portugais; & d'autres en attribuent la découverte à Verazan, sous le règne de François I. Roi de France, & ajoutent qu'on lui donna alors le nom de MOCASA.

d Etat présent de la Gr. Br. t. 3. p. 168.

L'air de la Virginie est doux & fort propre au tempérament des Anglois. Il y a des années où l'Hyver est rude, & d'autres où la gelée n'y dure pas une semaine de suite. L'Eté y est chaud comme dans les parties Méridionales de l'Espagne. La terre, qui y est noire, est très-propre au Froment & au Mays, que les Naturels appellent *Bagatow*. Les racines de Tsinau & de Lohecpenauck coupées & broyées servent à faire du pain à ceux qui sont avancez dans le Pays. Le Tabac y croît en abondance, & on le nomme *Uppowo*, dans la Langue du Pays. Il y croît aussi une herbe, où l'on trouve de la soie attachée comme une petite peau luisante & déliée.

Les Naturels du Pays vont nuds, & couvrent seulement de quelques peaux d'Animaux ce que la pudeur commande de couvrir. Ils prennent plaisir à se peindre le visage, & à laisser croître leurs cheveux qu'ils nouent & élévent au-dessus de la tête, en forme de crête de Coq. Ils sont francs & sans avarice, & ne pensent qu'à passer le tems. Les femmes y sont agréables, quoiqu'elles ayent les yeux petits, le nez plat & large avec une grande bouche. Ils prennent leurs repas étant assis sur des nattes, contre terre: les hommes se mettent tous d'un côté & les femmes de l'autre. La plus grande richesse de ces Peuples consiste dans le troc qu'ils font de leurs soies pour des ouvrages de quincaillerie qu'on leur donne. Leurs armes les plus ordinaires sont l'Arc, la Flèche & le Levier ou bâton à deux bouts. Ils ne combattent guère que par surprise. Les Anglois, pour se mettre à couvert de leurs insultes, se sont fortifiez en plusieurs endroits du Pays. Ces Peuples sont grands mangeurs & presque tous Idolâtres, croyant qu'il y a plusieurs Dieux de différens ordres; mais qui dépendent tous d'un qui a été de tout tems. Ils tiennent le Soleil, la Lune & les Etoiles pour des demi-Dieux. Ils bâtissent à leurs Dieux des Temples qu'ils nomment Machurmuck.

L'opinion de leurs *Veroans*, ou Prêtres, qui se piquent d'être savans, est que les Dieux sont d'une nature humaine, & ils les représentent sous cette forme. Ils nomment Keuvas le principal de ces Dieux. Tous les Peuples ont au dos la marque de leurs Rois ou Seigneurs; & quoiqu'il y ait de ces Princes qui ne commandent qu'à une Ville, à deux ou à trois, ils s'estiment autant que celui qui en possède un grand nombre.

Il y a des Auteurs qui donnent le nom de VIRGINIE, ou de NOUVELLE-ANGLETERRE à tout ce que le Couronne possède dans le Continent du Nouveau Monde. Il est bon d'y faire attention pour ne pas attribuer à la Virginie proprement dite, ce qu'on dit des autres Pays qui sont plus au Nord.

La VIRGINIE PROPRE est divisée en VIRGINIE-SEPTENTRIONALE & VIRGINIE-MERIDIONALE. La première s'étend depuis le trente-septième degré de Latitude jusqu'au trente-neuvième, & la seconde depuis le trente-troisième degré jusqu'au trente-sixième. La VIRGINIE-SEPTENTRIONALE est dans un Climat assez tempéré. L'Eté y est chaud comme en Espagne, & l'Hyver froid comme en France. Les chaleurs régnent aux mois de Juin, Juillet & Août; mais elles sont modérées par un vent d'Orient, que les Espagnols nomment Brises, & par les vents qui y soufflent de la Mer. Depuis Décembre jusqu'en Mars le froid y est souvent fort rude, mais par intervalles; & les Tonnerres y sont plus fréquens qu'en Europe. On entre dans ce Pays par un long Golphe, entre deux Caps ou Promontoires, dont celui qui est au Sud est appelé le Cap Henri, & celui du Nord est appelé le Cap de Charles. C'étoient les noms du Prince de Galles Henri mort en 1612. & du Duc d'Yorck qui a depuis été Roi d'Angleterre, sous le nom de Charles I. Ils étoient fils de Jacques I. Le milieu du Pays est très-fertile & fort agréable; ce qui se connoît à la beauté & à la grandeur des arbres qui y croissent.

Les Originaires de ce Quartier sont en petit nombre. Leur paresse en est la cause, car quoique la terre y puisse produire toutes sortes de choses en abondance, elle ne peut pas nourrir beaucoup d'Habitans n'étant pas cultivée. Ces Sauvages sont robustes & agiles, & ne manquent ni d'industrie ni d'esprit. Ils se gardent bien de dérober, parce qu'ils croient que les Sorciers pourroient découvrir leurs larcins & les mettre entre les mains de ceux à qui ils auroient fait tort. Ils s'habillent de peaux de Bêtes sauvages, & quelques-uns portent des manteaux faits de plume de Coqs-d'inde, cousues ensemble avec une industrie que les Etrangers ne peuvent s'empêcher d'admirer. Ils se peignent les mains, les bras, les cuisses & le visage, de diverses figures de Bêtes & de marques noires, pour paroître plus beaux. Leurs oreilles sont percées en trois endroits d'où pendent des coquilles, au lieu de perles. Quelques-uns ont sur leur tête une panache de plumes, ou une peau d'Oiseau de proye. Les plus riches portent quelques plaques de cuivre, & les autres pour marquer leur bravoure portent une main séche de quelque Ennemi qu'ils ont vaincu. Les femmes lavent dans la Rivière leurs enfans nouveaux nez, puis les frottent de certaines drogues & les peignent pour leur endurcir la peau contre le froid & le chaud. Les hommes ne s'occupent qu'à la chasse, à la guerre, & autres semblables exercices. Les femmes font le ménage des Champs & de la Maison. Leur Religion est d'adorer tout ce qu'ils craignent, comme le Feu, l'Eau, le Tonnerre, les Canons, les Chevaux, & principalement le Diable qu'ils appellent *Oke*. Il en est, dans leurs Temples des Images effroyables. Ils lui immolent le sang & la graisse des Bêtes sauvages, & lui offrent du Tabac quand ils reviennent de la guerre ou de la chasse.

Dans la VIRGINIE MERIDIONALE croît en abondance le Mays des Indes que les originaires du Pays appellent *Bagatow*. La tige porte quelquefois trois ou quatre Epics chargés de cinq ou six cens grains, jaunes, rouges, ou de diverses couleurs. On y voit quantité de Cerfs, de Lapins, d'Ecureuils, d'Ours & de Lions; un grand nombre de Coqs-d'inde, de Perdrix & d'autres Oiseaux de Bois & de Riviéres. Comme la terre y est très-fertile, on en peut tirer beaucoup de profit en la cultivant. Il y a une infinité de Loutres & d'autres Animaux dont les peaux sont fort estimées; & selon quelques-uns il s'y trouve des Civettes. On voit des Perles parmi ces Sauvages; mais on ne sait pas si elles ont été peschées dans leur Pays. Les Cabanes des Indiens sont situées le long du rivage. Ils nomment leurs Gouverneurs *Weroans*; & ces Gouverneurs commandent quelquefois à un, quelquefois à plusieurs Villages. Ils adorent aussi plusieurs Dieux; mais ils ont quelque legére connoissance d'un Dieu Souverain, qui a créé le Monde & les autres Dieux. Leurs Prophétes sont des Magiciens qui, à ce que disent les Relations, consultent le Diable pour prédire l'avenir à ces Idolâtres. Ils croyent l'immortalité des Ames, & qu'elles jouïssent d'un bonheur infini dans le séjour des Dieux, ou qu'elles sont punies dans le Puits ardent, qui est, disent-ils, au bout de la Terre, vers l'Occident en un lieu nommé *Popogusso*.

Les principales Riviéres de la VIRGINIE sont POWBATAN, ou la Riviére JAMES, & celle d'YORCK, qui se jettent dans la Baye de Chesapeack. Les Colonies sont le long de la Mer & sur le bord des Riviéres pour la commodité du Commerce. Les Sauvages sont dans les terres & ressemblent presque en tout à ceux de Mariland.

La Virginie renferme en tout de dix-neuf Comtez qu'on nomme,

Carotuck,	Lancastre,
Charles,	Middelsex,
Glochester,	Nansemund,
Hartford,	Lewer-Norfolk,
Henric,	Northampton,
James,	Rapahanock,
Newkent,	Surrey,
Warwich,	L'Isle de Wight,
Westmorland,	Yorck,
Northumberland.	

Les

VIR. VIR.

Les principales Villes de la Province font:

James-Town, Dales-gift,
Élifabeth-Town, Wicomeco,
Bermunde.

Selon les derniers dénombremens, qui furent publiez en 1703. voici le nombre des Contrées de la Virginie, avec un Etat des Habitans & des Troupes.

Henrico a	Habitans { Hommes 1005, Femmes & Enfans, 1408 } 2413			
	Troupes réglées { Cavalerie 98, Infanterie. 247 } 345			
Prins-George & Charles City ont enfemble	Habitans { Hommes 1406, Femmes & Enfans, 2639 } 4045			
	Troupes réglées { Cavalerie 203, Infanterie. 422 } 625			
Surrey a	Habitans { Hommes 880, Femmes & Enfans, 1350 } 2230			
	Troupes réglées { Cavalerie 62, Infanterie. 288 } 350			
Wight a	Habitans { Hommes 841, Femmes & Enfans, 1873 } 2714			
	Troupes réglées { Cavalerie 140, Infanterie. 374 } 514			
Nansamund a	Habitans { Hommes 1018, Femmes & Enfans, 1512 } 2530			
	Troupes réglées { Cavalerie 142, Infanterie. 449 } 591			
Norfolk	Habitans { Hommes 717, Femmes & Enfans, 1572 } 2279			
	Troupes réglées { Cavalerie 48, Infanterie. 332 } 380			
Princes-Anna a	Habitans { Hommes 686, Femmes & Enfans, 151 } 2037			
	Troupes réglées { Cavalerie 69, Infanterie. 278 } 284			
James-City a	Habitans { Hommes 1297, Femmes & Enfans, 1693 } 2990			
	Troupes réglées { Cavalerie 123, Infanterie. 278 } 401			
Iorck a	Habitans { Hommes 1208, Femmes & Enfans, 1149 } 2357			
	Troupes réglées { Cavalerie 68, Infanterie 322 } 390			
Warwik a	Habitans { Hommes 482, Femmes & Enfans, 895 } 1377			
	Troupes réglées { Cavalerie 49, Infanterie. 152 } 201			
Elizabeth-City a	Habitans { Hommes 469, Femmes & Enfans, 719 } 1188			
	Troupes réglées { Cavalerie 54, Infanterie. 125 } 196			
New-Kent a	Habitans { Hommes 1325, Femmes & Enfans, 2049 } 3374			

Kings and Queen	Troupes réglées { Cavalerie 120, Infanterie 300 } 420	
	Habitans { Hommes 1344, Femmes & Enfans, 1598 } 2842	
Kings William	Habitans { Hommes 803, Femmes & Enfans, 1031 } 1834	
Ces deux Contrées comptent enfemble leurs Troupes réglées qui confiftent en	Cavalerie 189, Infanterie. 506 } 698	
Glochester	Habitans { Hommes 2628, Femmes & Enfans, 3206 } 5834	
	Troupes réglées { Cavalerie 121, Infanterie. 473 } 594	
Middlesex	Habitans { Hommes 776, Femmes & Enfans, 856 } 1632	
	Troupes réglées { Cavalerie 56, Infanterie. 143 } 199	
Essex	Habitans { Hommes 1090, Femmes & Enfans, 1310 } 2400	
	Troupes réglées { Cavalerie 139, Infanterie. 299 } 438	
Richmond	Habitans { Hommes 1392, Femmes & Enfans, 1230 } 2622	
	Troupes réglées { Cavalerie 122, Infanterie. 382 } 504	
Stafford	Habitans { Hommes 863, Femmes & Enfans, 1170 } 2033	
	Troupes réglées { Cavalerie 84, Infanterie. 261 } 345	
Westmorland	Habitans { Hommes 1131, Femmes & Enfans, 1605 } 2736	
	Troupes réglées { Cavalerie 133, Infanterie. 318 } 451	
Lancaster	Habitans { Hommes 941, Femmes & Enfans, 1214 } 2155	
	Troupes réglées { Cavalerie 42, Infanterie. 229 } 271	
Northumberland	Habitans { Hommes 1168, Femmes & Enfans, 931 } 2099	
	Troupes réglées { Cavalerie 130, Infanterie. 392 } 522	
Arcomack	Habitans { Hommes 1041, Femmes & Enfans, 1763 } 2804	
	Troupes réglées { Cavalerie 101, Infanterie. 355 } 456	
Northampton	Habitans { Hommes 712, Femmes & Enfans, 1369 } 2081	
	Troupes réglées { Cavalerie 70, Infanterie. 277 } 347	

En tout foixante mille fix cens fix Habitans, & neuf mille cinq cens vingt-deux hommes de Troupes réglées y compris les Dragons qui font comptez dans cet Etat avec l'Infanterie. Il y a apparence que depuis l'année 1703. que ce calcul fut publié, les Colonies fe font bien accrues; mais outre qu'il n'eft pas facile d'avoir fouvent des dénombremens juftes & éxacts d'un Pays éloi-

VIR.

éloigné, celui-ci suffit pour donner une idée des forces de l'Angleterre dans l'Amérique à proportion de la seule Province de Virginie.

VIRGINITANUS SINUS. Voyez VIRGI.

VIRGINITÉ, Abbaye de France, dans le Maine, entre les Riviéres de Loir & de Braye, à deux lieues à l'Orient d'Eté de la Ville de Vendôme, & à trois lieues à l'Orient de St. Calez. C'est une Abbaye de Filles de l'Ordre de Cîteaux, sous le titre de Notre-Dame. Elle fut fondée en 1208. par Pierre Comte de Vendôme, & par la Comtesse Aiglantine sa femme. Il y a dans cette Abbaye quarante-deux Religieuses qui jouïssent de douze mille Livres de rente.

VIRGIUM, ou VORAGIUM. Biondo & Leander disent que les Latins donnent ces noms à une Ville, ou Bourgade appellée aujourd'hui VORAGINE [a].

a Ortelii Thesaur.

VIRGO. Voyez MASSA.

VIRIBALLUM, Ville de l'Isle de Corse: Ptolomée [b] la marque sur la Côte Occidentale de l'Isle entre le Golphe Casalus, & l'Embouchure du Fleuve Olcidius. Le nom moderne est *Punta di Adiazza* selon Leander cité par Ortelius [c].

b Lib. 3. c. 2.

c Thesaur.

VIRIEU, Bourg de France, dans le Forez, Election de Saint-Etienne. Ce Bourg est bien peuplé.

VIRIEU LE GRAND, Bourg de France, dans le Bugey, avec titre de Marquisat. C'est le Chef-lieu de la Justice du Marquisat de Valromey, & un Membre du Mandement de Rossillon. Il députe aux Assemblées de Bugey. Les Paroisses de St. Romain & de St. Etienne sont des Annexes de Virieu le Grand.

VIRIEU LE PETIT, Bourg de France dans le Bugey, au Balliage de Valromey.

VIRIEUX, Bourg de France, dans le Dauphiné, Election de Vienne.

VIRIGNIEU, Lieu de France, dans le Forez, Election de Montbrison. C'est une Châtellenie Royale, ressortissante à la Senéchaussée de Saint-Etienne.

VIRITIUM, Ville de la Germanie, dans sa partie Septentrionale, selon Ptolomée [d]. Si nous en croyons Villeneuve, le nom moderne est *Griesnagen*, & Althamerus veut que VIRITIUM soit aujourd'hui *Gripswald*.

d Lib. 2. c. 11.

VIRNEBOURG, ou VIRNENBOURG [e], Comté d'Allemagne, dans l'Eiffel. Ce Comté, qui est fort petit, appartient aux Comtes de Loewestein, qui ont leurs Terres en Franconie. Les Comtes de Virnebourg [f] avoient rang autrefois entre les Seigneurs les plus considérables de l'Archevêché de Tréves, dont ils étoient Vassaux. Mathilde, fille unique de Guillaume Comte de Virnebourg, épousa Cunon, Comte de Manderscheid; ce qui lui fit avoir de grands différends sur cette Succession, avec l'Archevêque de Tréves, qui prétendoit que par le défaut de mâles il étoit en droit de réunir ce Fief à son Domaine. Cette contestation fut terminée en 1554. & par la transaction que firent Jean, Archevêque de Tréves & Thierry V. Comte de Manderscheid, ce dernier fut investi du Comté de Virnebourg, de la Paroisse de Nachzheim & de la Pre-

e Hubner, Geogr.

f D'Audifred, Géogr. Anc. & Mod. t. 2.

VIR.

vôté de Bons & de Lengefeld, en qualité de Fiefs féminins, & renonça à la Seigneurie de Montréal, & au Grand & Petit Pellenz. Joachim, Comte de Manderscheid Sleiden, n'ayant laissé que deux Filles, Elisabeth mariée avec Christophle Louis, Comte de Loewenstein-Wertheim, échangea la Seigneurie de Cronenbourg & le Bourg de Dalheim qu'elle avoit eu de l'héritage de Joachim son pere pour le Comté de Virnebourg qui étoit échu à sa sœur Anne Salomé. Les Descendans de Christophle Louis en ont joui depuis ce tems-là, & se font même distinguez de l'autre Branche de leur Maison par le surnom de Virnebourg. Frédéric-Louis, fils de ce Christophle Louis, Comte de Loewenstein-Wertheim, laissa d'Agnès-Marie de Tubingen, Louis-Ernest, Fréderic-Everard, & Gustave-Axel, & d'Anne-Sidonie de Teuffenbach, sa troisième femme, un quatrième fils nommé Albert. Ces quatre freres ont fait quatre Branches.

VIROCONIUM. Voyez VRICOVIUM.

VIRODUNUM. Voyez VERODUNUM.

VIROMANDUI. Voyez VEROMANDUI.

VIRONE, petite Riviére de France [g], dans la Normandie au Cotentin. Elle a sa source vers le Manoir de la Lande, passe par la Maudiére, au pied de Mont Bonnel & de Monthule par-dessous le Pont d'Odeman, reçoit trois Ruisseaux, & se joint à la Dattée.

g Corn. Dict. Vaudôme, MSS. Géogr.

VIROSIDUM, Ville de la Grande-Bretagne, selon la Notice des Dignitez de l'Empire [b]. Camden croit que c'est aujourd'hui Warwick, Bourg du Cumberland, où l'on voit effectivement quelques restes d'Antiquités.

b Sect. 65.

VIROSSA, Siége Episcopal d'Asie sous la Métropole de Ruba, dans le Pays des Moabites, selon une ancienne Notice rapportée par Guillaume de Tyr. Ne seroit-ce point le Siége *Virosamum*, que la Notice du Patriarchat de Jérusalem, publiée par Schelstrate, marque sous la Métropole de Petra, & le Siége *Virossara*, que la Notice de l'Abbé Milon met sous la Métropole *Arabba Moabitis*?

VIROVESCA, Ville de l'Espagne Tarragonoise: Pline [i] dit que c'est une des deux Villes qui se trouvoient parmi les dix-Citez des Peuples *Autrigones*. L'Itinéraire d'Antonin marque cette Ville sur la route des Gaules au Lieu nommé AD LEGIONEM GEMINAM, entre *Segasamundum* & *Segesamone*, à onze milles du premier de ces Lieux, & à quarante-sept milles du second. La plûpart des anciens MSS. portent VERONESCA, au lieu de VIROVESCA, & d'autres lisent VEROVESCA. Cette Ville a été connue de Ptolomée [k] qui la donne aussi aux *Autrigones*; mais il écrit VIRUESCA, ou VIRDUBESCA; & même d'anciens MSS. portent BURUESCA, ou VIROUESCA. Le nom moderne est *Birviesca*, selon Villeneuve, *Briviesca* selon Simler, & *Virovesca* au voisinage de Rioja, selon Surita. Voyez VIRVESCA.

i Lib. 3. c.

k Lib. 2. c. 6.

VIROVIACUM, Lieu de la Gaule Belgique: L'Itinéraire d'Antonin le marque sur la route de *Portus Cessoriacensis à Bagacum*, en-

VIR. VIR. VIS. 347

entre *Castellum* & *Turnacum* à seize milles de chacune de ces Places. On croit que c'est aujourd'hui Wervere, sur la Lys en Flandres.

VIRTA, Forteresse de la Mésopotamie selon Ammien-Marcellin [a] qui la met à l'extremité de cette Contrée. C'étoit une Forteresse importante & en quelque maniére inaccessible. On prétendoit qu'elle avoit été bâtie par Aléxandre le Grand. Il y a apparence que c'est la Ville BIRTHA que Ptolomée marque dans la Mésopotamie près du Tigre. Quelques Exemplaires d'Ammien Marcellin lisent JURTA au lieu de VIRTA; mais Mr. de Valois préfere cette derniére Orthographe.

[a] Lib. 20. c. 7.

VIRTINGUI, ou VIRTUNGI. Voyez JUTUNGI.

VIRTON, petite Ville des Pays-Bas au Duché de Luxembourg, à sept ou huit lieues de la Ville de ce nom & à trois d'Arlon & de Montmedi, entre ces deux derniéres Villes. Elle donne le nom à une Prevôté qui est entre celle de Luxembourg, le Marquisat d'Arlon & la Lorraine. C'est un Fief de l'Evêché de Verdun, sujet pour le Spirituel à l'Electeur de Tréves. Virton, que quelques-uns écrivent Verton, à deux Portes, de bons fossez & des murailles. On y voit un Couvent de Recollets. Le savant Nicolas Vernulæus, Professeur en Histoire dans l'Université de Louvain, étoit né aux environs de Virton. Il mourut à Louvain en 1649. étant Président du Collége de Luxembourg.

VIRTUS-JULIA. Voyez IRUCCI.

VIRUCINATES, Peuples de la Vindelicie. Leur nom se trouve dans l'Inscription du Trophée des Alpes qui nous a été conservée par Pline [b]; mais au lieu de VIRUCINATES, le Pere Hardouin lit RUCINATES; & c'est apparemment la véritable Orthographe; car outre qu'elle est suivie dans quelques MSS. on voit assez qu'il est question des *Runicatæ* ou *Rucinatæ* que Ptolomée [c] place dans la Vindelicie.

[b] Lib. 3. c. 20.

[c] Lib. 2. c. 13.

VIRVESCA, ou BIRBIESCA, Bourg d'Espagne [d], dans la Castille-Vieille. Les Montagnes qu'on nomme *Sierras de Occa*, forment une chaîne épaisse, au bout de laquelle en tirant vers Burgos, on trouve une belle & grande Plaine très-fertile & bien cultivée que l'on traverse pour arriver à Virvesca. Ce Bourg qui est considérable appartient à la Maison des Velasco. On y voit une belle Maison de Dominicains, avec un Collége fondé par un des Seigneurs du Lieu. Le Bourg de Virvesca est orné de Jardins assez propres, au bord d'une petite Riviére.

[d] Délices d'Espagne, p. 172.

VIRUNI, Peuples de la Germanie: Ptolomée [e] dit que les VIRUNI & les TEUTONARI habitoient entre le Pays des Saxons & celui des Suéves. Cluvier [f] soutient que ce sont les *Varini* de Tacite. Voyez VIRUNUM.

[e] Lib. 2. c. 11.

[f] Germ. Ant. Lib. 3. c. 27.

1. VIRUNUM, Ville de la Germanie, dans sa partie la plus Septentrionale selon Ptolomée [g]. C'étoit sans doute une Bourgade des Peuples VIRUNI ou VARINI. Si nous en croyons Cluvier, il ne faut point chercher VIRUNUM ailleurs que dans Waren, petite Ville du Duché de Mecklembourg.

[g] Lib. 2. c. 11.

2. VIRUNUM, Ville du Norique, au Midi du Danube, selon Ptolomée [h]. L'Itinéraire d'Antonin la marque sur la route d'Aquilée à *Lauriacum* entre *Santicum* & *Candalica*, à trente milles du premier de ces Lieux & à vingt milles du second. Pline la nomme la premiére en donnant la liste des principales Villes du Norique. Dans la Table de Peutinger elle est appellée VARUNUM, mais c'est une faute; car non-seulement les Auteurs anciens, mais encore les Inscriptions Romaines lisent VIRUNUM. En voici une rapportée par Cellarius [i], qui l'a prise de Gruter [k]:

[h] Lib. 2. c.

[i] Géogr. Ant. Lib. 2 c. 7. & Pag. 108. no. 7.

S. P. CENSORIUS JUSTUS VIRUNO
L. VOLCEIUS SEVERUS SESTINO
Q. SEXTILIUS RUFUS FLANONA
C. VALERIUS VERANIUS TRIDENTE.

On croit que l'Empereur Claude en fit une Colonie; car on trouve encore dans le Tresor de Gruter une Inscription [l], où on lit: NAT. NORICUS COL. c. VIRUNO; ce qu'on explique par COLONIA CLAUDIA VIRUNO.

[l] Pag. 569. no. 7.

3. VIRUNUM, selon Cellarius, est aujourd'hui *Volmar*, ou *Volckmarck*, petite Ville de la Carinthie sur la Drave. Il y a néanmoins des Géographes qui la placent à *Friesach*, à *Judenburg*, & à *Bruneck*.

VIRUXENTINI, Peuple d'Italie [m], selon Hygin cité par Ortelius [n].

[m] De Limit.

[n] Thesaur.

1. VIRY, Bourg de France dans la Bourgogne, Bailliage & Recette de Charolles. Cette Paroisse, qui est située dans un Pays plat, est composée de divers Hameaux & de plusieurs Métairies. La Riviére de l'Arconce passe à Viry & y a un Pont.

2. VIRY, ou VIRY-NOREUIL, Paroisse de France dans la Picardie, Election de Noyon.

VIS-SUR-AISNE, Bourg de France, dans la Picardie, Election de Soissons.

VIS-ET-MAREST, Bourg de France dans la Picardie, Election d'Abbeville. Il y avoit autrefois dans cette Paroisse l'Abbaye de Willencourt, Monastére de Filles de l'Ordre de Citeaux. Cette Abbaye est présentement dans Abbeville, où elle a été transférée il y a plus de soixante ans.

VISABAR, Lieu d'ou l'on apportoit de l'Etain [o] à ce que nous apprend Sérapion.

[o] Ibid.

VISARDO, ou MONTE-VISARDO, Montagne d'Italie, au Royaume de Naples, dans la Calabre Ultérieure, entre Policastre & Santa Severina, vers la Riviére de Necto. Barri veut que ce soit le *Clibanus Mons* des Anciens.

VISBURGII, Peuple de la Germanie: Ptolomée [p] les marque après les *Cogni*, & dit qu'ils habitoient au Nord de la Forêt Hercynienne. Cluvier [q] juge que les VISBUKGII sont le même Peuple que Ptolomée placé dans la Sarmatie & qu'il nomme BURGIONES. Je les mets, dit-il, au voisinage des *Gothini*, entre les Sarmates Jazyges & Lygiens, & entre les Montagnes de Sarmatie & la Vistule; & je ne doute point, ajoute-t-il, que du nom de cette Riviére ils n'ayent été appellez *Thi-Wisselburger*; d'où les Grecs ou les Latins auront fait le mot VIS-

[p] Lib. 2. c.

[q] Germ. Ant. Lib. 3. c. 45.

248 VIS.   VIS.

VISBURGII; & de ce dernier d'autres auront fait les mots BURGII, & BURGIONES.

VISCH, ou VISCHA, Rivière d'Allemagne [a] dans la Basse-Autriche, au Quartier du Bas Viennerwald. Elle prend sa source dans la partie Occidentale de ce Quartier en tirant vers le Midi, court en serpentant du Midi Occidental au Nord Oriental, &, après avoir reçu divers Ruisseaux, elle va se perdre dans le Danube, à quatre ou cinq lieues au-dessous de Vienne, & donne son nom à la Bourgade de Vischmund, qui se trouve à son Embouchure.

[a] Jaillot, Atlas.

VISCHMUND, Bourgade d'Allemagne [b], dans la Basse-Autriche, à l'Embouchure de la Rivière de Visch dans le Danube, à quatre lieues au-dessous de Vienne. Si nous en croyons Simler, c'est l'*Æquinoctium* des Anciens.

[b] Ibid.

VISCLA, nom d'un Fleuve que Jornandès semble placer aux environs de la Basse Mœsie.

VISENSIS, Siège Episcopal d'Afrique. Dans la Conférence de Carthage [c] Dativus est appellé *Episcopus Visensis*. On ne sait pas de quelle Province étoit ce Siège.

[c] No. 197.

VISENTUM, ou VISENTIUM, Ville d'Italie, dans l'Etrurie. Voyez VIENTINI.

VISEO. Voyez VISEU.

VISERIA. Voyez MANTUA-CARPETANORUM.

VISET, petite Ville d'Allemagne, dans l'Evêché de Liège au Marquisat de Franchimont, à égale distance de Liège & de Mastricht. Cette Ville qui est située sur la Meuse, du côté de Dalem, est fortifiée.

VISÉU, ou VEISO, Ville de Portugal [d], dans la Province de Beira, presque dans le milieu de la largeur de la Province, à quelques lieues au Nord de Mondego. Viseu est située dans une Plaine agréable, couverte de beaux Jardins, plantée de bons Arbres fruitiers, & ferile en toutes les choses nécessaires à la vie. C'est une Ville Episcopale, dont l'Evêque a seize mille Ducats de revenu. C'est aussi la Capitale d'une Comarca, & d'un Duché qui a été possédé quelquefois par des Princes du Sang Royal.

[d] Délices de Portugal, p. 732.

1. VISIAPOUR, ou VISAPOUR, Royaume des Indes, dans la Presqu'Isle de l'Inde en deçà du Gange, sur la Côte de Malabar. Il y en a qui donnent au Royaume de VISIAPOUR [e] deux cens cinquante lieues de longueur sur cent cinquante de largeur. Mais la plûpart des Voyageurs parlent différemment de ses Limites. Quelques-uns y joignent une grande partie du Décan, & d'autres mettent quelques Villes de Visiapour sous la Jurisdiction du Royaume de Décan. Il y a beaucoup d'apparence que les fréquens changemens qui arrivent dans ces Pays-là par les Guerres qui font que les Etats sont souvent démembrés, envahis, réunis, ont donné lieu à cette diversité qui se trouve dans les Ecrivains. Ce qu'il y a de certain, c'est que le Royaume de Visiapour confine par le Nord au Royaume de Deli & aux autres Etats du Mogol. Les Habitans ont souvent éprouvé ce que c'est que d'être voisins d'un si puissant Monarque, qui ne manque guère de

[e] Voyage de G. Schouten, t. 2. p. 480. Ed. Rouen.

s'ériger en Tyran & de vouloir étendre sa tyrannie sur les Etrangers, comme sur ses Sujets. En effet, autrefois le Roi de Visiapour étoit un grand Prince qui ne relevoit sa Souveraineté de personne: il pouvoit, à ce qu'on dit, mettre sur pied cent mille hommes de Cavalerie & de l'Infanterie à proportion: il étoit redouté de ses voisins & faisoit des conquêtes sur eux; mais depuis il a été tellement sous le joug du Mogol, qu'il n'est plus regardé que comme un de ses Vassaux. Cependant d'autres tiennent qu'il s'est comme affranchi de cette servitude, & qu'après être rentré en possession des Villes & des Forteresses qui sont au Nord, il a secoué le joug de cet impérieux voisin, & mis ses Etats sur le pied de mieux résister aux efforts de ses Ennemis.

Les principales Villes & les plus Marchandes du Royaume de Visiapour, sont:

Visiapour,	Rozapour,
Cintapour,	Raiebaag,
Wingurla,	Benda.

Le Pere Catrou dans son Histoire Générale du Mogol [f] dit que le Royaume de Visiapour comme celui de Golconde sont de nouvelles terres ajoutées par Oramgzeb à l'Empire des Mogols, & que l'Empereur éxige du Royaume de Visapour & d'une partie de la Province de Carnate cinq *Carols*.

[f] Ed. de la Haye, 1708. p. 364. & 370.

2. VISIAPOUR, VISAPOUR, ou VISAPOR, Ville des Indes, Capitale d'un Royaume de même nom selon quelques-uns & la Capitale du Royaume de Décan selon d'autres. C'est une grande Ville située sur le Fleuve Mendoux vers sa source [g], à 17. d. 30'. d'élévation du Pole. Le Pere Catrou dans son Histoire Générale du Mogol met néanmoins cette Ville à 19. d. 40'. de Latitude sous les 124. d. 40'. de Longitude. Les Villes de Nouraspour & de Serrapour, par lesquelles [h] on passe pour arriver à Visiapour lui servent comme de Fauxbourgs. La première étoit autrefois la résidence ordinaire du Roi Ibrahim Schach, qui régnoit il y a plus de cent trente ans. Aujourd'hui elle est entièrement ruinée, & on a achevé de la détruire, pour employer les materiaux de son Palais & de ses Hôtels aux Bâtimens de ceux qu'on a élevez à Visiapour, grande Ville qui a plus de cinq lieues de tour. Ses murailles sont de pierres de taille & fort hautes. Elles sont accompagnées d'un grand fossé & de plusieurs Batteries montées de plus de mille Canons de fer & de fonte de toutes sortes de calibres. Les Habitans sont Décanins Benjans & Mogols. On compte cinq grands Fauxbourgs appellez Schanpour, Curapour, Ibrahimpour, Alapour, Bonnenay. C'est où demeurent les plus considérables Marchands. La plûpart des Jouailliers sont dans le Fauxbourg de Schanpour. Le Palais du Roi est vaste [i], & entouré de fossés pleins d'eau, où il y a grand nombre de Crocodilles, qui servent, selon l'usage des Indiens, à rendre une Forteresse moins accessible. Mandeslo ajoute que ce Palais est au milieu de la Ville, qu'il en est séparé par une double muraille & par un dou-

[g] Lettres Edif. t. 15. p. 59.

[h] Mandeslo, Voyage des Indes, Liv. I.

[i] Lettres Edif. t. 15. p. 59.

VIS.

double fossé, & qu'il a plus de trois mille pas de circuit.

Le Roi que les Portugais appellent l'*Idalcan* avoit trois bons Ports sur la Côte qui régne depuis Goa jusqu'à Surate. Le principal est Rajapour, qu'on ne trouve point marqué dans plusieurs Cartes, non pas même dans celle que les Hollandois ont fait graver avec beaucoup de soin.

VISICENSIS, Siège Episcopal d'Afrique, dans la Province Proconsulaire. La Conférence de Carthage [a] appelle l'Evêque de ce Siège Felix *Episcopus plebis Visicensis*, & Valentianus *Episcopus Ecclesiæ Visicensis* se trouve avoir souscrit la Lettre des Evêques de la Proconsulaire au Patriarche Paul. [a No. 126.]

VISILE. Voyez VIZILLE.

VISIGNEUL, ou VISIGNOL, Abbaye de France, dans la Picardie au Diocèse d'Amiens. C'est une Abbaye de l'Ordre de St Augustin.

VISIGOTHI. Voyez VESUS, & GOTHS.

VISINA, Ville d'Italie, dans l'Istrie, près du Quiéto, à la gauche, environ à douze milles de la Mer. Cette petite Ville, située en bon air, a sous elle les Lieux de Duranoscello & de Cerelada.

VISINON. Voyez au mot CLIMA, l'Article CLIMA-ANATOLIS.

VISIO, Antonin dans son Itinéraire Maritime marque sur la Côte de la Méditerranée, en venant de Rome à Arles, un Lieu nommé *Avisione Portus*, qu'il place à vingt-deux mille d'HERCULES MONOECI, ou de Monaco, & il compte quatre mille pas d'AB AVISIONE, à ANAONE PORTUS, en continuant toujours la route vers Arles. Simler croit qu'il y a faute dans cet endroit d'Antonin, & qu'au lieu d'AVISIONE PORTUS, il faut lire AD VISIONIS PORTUM. Par conséquent on lira pareillement A VISIONIS PORTU au lieu d'AB AVISIONE. Cluvier [b] veut qu'AVISIONE & ANAONE soient les noms d'un même Lieu, mais des noms corrompus. On lui passera aisément qu'ils sont corrompus; mais on ne sauroit lui accorder que ce soient deux noms d'un même Lieu; les MSS. comme les Exemplaires imprimez en font tous deux Ports différens. Quant à celui dont il est ici question, & que l'Itinéraire d'Antonin a du selon les apparences appeller VISIONIS-PORTUS, on sait sa juste position. Il y a encore aujourd'hui au voisinage du *Port des Malles*, un Village appellé vulgairement ESE, & que le Catalogue des Bourgs & Villages du Diocèse de Nice nomme YSIO. C'en est assez pour nous fixer & pour conclure avec Bouche dans son Histoire de Provence [c] que c'est-là l'AVISIONE, ou plutôt le VISIONIS-PORTUS de l'Itinéraire d'Antonin. Il se trouve à la vérité de la différence par rapport au nombre des milles; mais il n'y a qu'à réformer le chiffre de l'Itinéraire, qui n'est pas moins fautif que l'écriture. [b Ital. Ant. Lib. I. c. 8.] [c Liv. 3. c. 5.]

VISLICZA, Ville de la petite Pologne [d] au Palatinat de Sandomirz, sur la Rivière de Nida, environ à moitié chemin, entre Cracovie & Sandomirz. Cette petite Ville est le Chef-lieu d'une Châtellenie. [d De l'Isle, Atlas.]

VISLOC. Voyez WISLOC.

VIS. 249

VISO, le MONT-VISO, ou le MONT-VISOUL [e], Montagne du Piémont, dans la partie Septentrionale du Marquisat de Saluces, en tirant vers l'Occident. Cette Montagne, appellée anciennement *Vesulus Mons*, est regardée par quelques-uns comme la plus haute Montagne des Alpes. Elle donne la naissance au Pô. [e Ibid.]

1. VISONTIUM, Ville de l'Espagne Tarragonnoise: Ptolomée [f] la donne aux *Pelendones*. [f Lib. 2. c. 6.]

2. VISONTIUM, Ville de la Haute Pannonie: Ptolomée [g] la marque au nombre des Villes qui étoient éloignées du Danube. [g Ibid.]

3. VISONTIUM. Voyez VESONTIUM.

VISORONTIA, Lieu de la Gaule, dans le Territoire de la Ville de Vienne, selon Ortelius [h] qui cite Grégoire de Tours. [h Thesaur.]

1. VISP, Rivière de Suisse dans le Haut Vallais [i]. Elle prend sa source dans les Montagnes, aux confins du Val d'Aoust & du Val Sessia, & prenant son cours du Midi au Nord, elle traverse en serpentant la partie du Haut Vallais qui est au Midi du Rhosne, où elle se jette auprès d'un Village auquel elle donne son nom. [i Scheuchzer, Carte du Vallais.]

2. VISP, Village de Suisse, dans le Haut Vallais [k], à la droite, à l'endroit où la Rivière de même nom se jette dans le Rhosne. C'est un Village habité par des Catholiques. [k Ibid.]

VISPE, selon quelques Exemplaires de Tacite [l], & USPE selon d'autres. Ville du Pays de Soraces au voisinage du Bosphore de Thrace. Tacite, qui fait entendre que cette Ville n'étoit pas éloignée de la Rivière Panda, dit que c'étoit une Place forte, tant par son enceinte que par ses fossez; mais que l'enceinte n'étoit que de gazon & de fascines. D'espace en espace on y avoit élevé des Tours plus hautes que les Courtines. Les Romains assistez d'Eonones Roi des Adorses, ayant pris les armes pour s'opposer aux progrès de Mithridate, se présentérent devant la Ville de Vispe & y donnérent un assaut où ils furent repoussez. Le lendemain, comme ils l'attaquoient par escalade, les Habitans envoyérent des Députez, qui demandérent la vie pour les personnes libres & offrirent de donner dix mille Esclaves. Les assiégeans rejettérent ces conditions, parce qu'ils vouloient faire un exemple qui jettât la terreur dans les esprits des révoltez. Cependant, comme ils trouvoient de la cruauté à massacrer des gens qui se rendoient volontairement, & trop peu de sévérité à mettre en prison un si grand nombre de personnes, ils aimérent mieux user du droit. Aussi-tôt ils donnérent le signal aux troupes, qui étoient déja dans les Echelles, de faire main basse sur tout ce qu'ils rencontreroient: ainsi fut saccagée cette malheureuse Ville, qui n'a pas sans doute été repeuplée depuis, aucun autre Autheur n'en faisant point mention. [l Annal. L. 12.]

VISPIL. Voyez USIPETES.

VISSALSENSIS, Siège Episcopal d'Afrique, dans la Mauritanie Césariense, selon la Notice des Evêchez de cette Province.

VISSOGROD, ou WISCHGROD, Ville de

de la Grande Pologne [a], dans le Palatinat de Mazovie, aux confins de celui de Ploczko, à la droite de la Vistule. Cette petite Ville, bâtie sur une butte, renferme un Château de briques assez apparent. On compte six lieues de Vissogrod à Ploczko.

[a] *De l'Isle, Atlas. Mémoires du Chevalier de Beaujeu.*

VISSOKIKOLO, Village de Pologne, au Duché de Mazovie [b], à trois lieues de Cogeniffe. Il y a deux chemins de cette Ville au Village de Viffokikolo; celui d'en bas par la Prairie est fort marécageux, & celui d'en haut fort fablonneux & tout occupé d'une seule Forêt, sans autre intervalle que la place qu'occupe le Village de Viffokikolo. Ce Village, qui est à une portée de pistolet du grand chemin, est composé seulement de dix ou douze Cabanes, où logent des Charbonniers, avec un grand Cartchema sur la route, & auprès duquel les Seigneurs du Lieu ont fondé un Couvent de Dominicains, & bâti une Eglise de briques, d'un joli dessein. Mais c'est un ornement pour ainsi dire perdu: ce Morceau d'Architecture est caché au milieu d'un Bois, qui dure encore une lieue au-delà de ce petit intervalle découvert, où sont le Couvent & le Village. De Viffokikolo à la Rivière de Vistule il y a deux chemins: l'un à gauche, & qui conduit droit au Bac, qui est à deux grandes lieues; l'autre sur la droite, & c'est le plus fréquenté; parce qu'au-delà de la Rivière il y a une Ville considérable appellée Casimir.

[b] *Mémoires du Chevalier de Beaujeu, Liv. 2. c. 1.*

VISTA-BELLA, Bourgade d'Espagne [c] au Royaume de Valence, près des frontières de l'Aragon, au Nord-Est de Villa Hermosa. Ce Lieu est remarquable par une Fontaine, dont l'eau a la vertu d'arrêter le sang.

[c] *Délices d'Espagne, p. 569.*

VISTILLUS. Voyez VISTULA.

VISTISA, VOSTISA, ou VOSTITZA, Bourgade de la Morée dans le Duché de Clarence, sur le Golphe de Lépante, à cinq lieues au Levant de Patras. Niger croit que c'est l'ancienne *Ægium.*

VISTRE [Le] Rivière de France, dans le Languedoc, au Diocèse de Nismes. Elle prend sa source au pied de la Tourmagne, passe dans les fossez de Nismes, & se va jetter dans le Canal du Rhosne près de la Tour Carbonnière pour se rendre ensemble dans l'Etang de Thau.

VISTRIZA, Rivière de l'Empire Turc en Europe [d], dans la Macédoine ou Comenolitari, anciennement *Erigonum Flumen.* Elle prend sa source au Mont du petit Dibra; & prenant son cours du Nord Occidental au Midi Oriental, elle traverse presque toute la Macédoine, mouille Ecliffo & Ostrova, & se perd dans le Vardar, à la droite, un peu au-dessus de l'endroit où ce Fleuve se jette dans le Golphe de Salonique.

[d] *De l'Isle, Atlas.*

VISTULA, grand Fleuve de l'Europe, & que les Anciens ont pris pour la borne entre la Germanie & la Sarmatie. Ptolomée [e] dit que la source de ce Fleuve & ce Fleuve même jusqu'à la Mer termine la Germanie du côté de l'Orient; & dans un autre endroit [f], il donne la Vistule pour le commencement de la Sarmatie Européenne. Marcian d'Héraclée [g] & Agathemerus [h] & Pomponius Mela [i] disent la même chose. Ce dernier, au lieu de VISTULA, écrit VISULA. Pline, Solin & les Grecs, comme Ptolomée & Agathémè-

[e] *Lib. 2. c. 11.*
[f] *Lib. 3. c. 5.*
[g] *In Periplo.*
[h] *Lib. 2. c. 4.*
[i] *Lib. 3. c. 4.*

re suivent la première orthographe; si ce n'est que Pline dit VISTILLUS, ou Vistula. Saumaise prétend que dans quelques MSS. de Solin on lit VISTLA, & VISCLA, pour VISTULA. Ammien Marcellin [k] appelle ce même Fleuve BISULA; & Jornandès le nomme VISELA; quoiqu'il ne laisse pas d'employer en divers endroits le nom de VISTULA. Dans le Pays, ce Fleuve est connu sous le nom de *Weixel*, *Wieffel*, ou *Weiffel*, & en François on le nomme la Vistule. Voyez VISTULE, & ERIDAN, N°. 5.

[k] *Lib. 22. c. 8.*

La VISTULE coule au milieu de la Pologne [l] qu'elle traverse d'un bout à l'autre; &, quoique ce soit un des Fleuves les plus considérables de l'Europe, elle est toute Polonoise depuis sa source jusqu'à son embouchure. Elle sort du pied des Monts Krapac, à douze ou quatorze lieues de Cracovie, & l'endroit où elle prend sa source s'appelle YABLONKA. Elle passe ensuite le long de la Petite Pologne, qu'elle sépare de la Russie, & après avoir traversé la Masovie & la Prusse, elle forme, à six lieues de ses Embouchures, l'Isle de Marienbourg. Enfin, elle va se jetter dans la Mer Baltique par trois ou quatre Branches différentes: l'une de ces Branches passe près de Dantzic: l'autre se rend dans le Haff, au-dessous de Marienbourg; & la troisième qui se sépare encore en deux autres, coule entre les deux dont il vient d'être parlé. Dans tout le cours de cette Rivière, qui porte de fort grands Bâteaux assez près de sa source, elle ne reçoit que huit ou dix Rivières assez remarquables; savoir le Rab, la Donay, la Visloka, la première à quatre, la seconde à douze, & la troisième à dix-huit lieues au-dessous de Cracovie. Elle reçoit la Sane au-dessous de Sandomir, le Bouk grossi du Narew à Zacrochin, cinq lieues au-dessous de Varsovie, & la Prisla à sept ou huit lieues au-dessous, avec quelques autres Rivières qui ne lui portent pas un tribut fort considérable. Elle n'a dans un cours de cent cinquante lieues de Pologne qu'un seul Pont, du moins n'en a-t-elle qu'un qu'on puisse appeller ainsi. C'est celui de la Ville de Thorn; car on ne peut donner le nom de Pont à un méchant Radeau de poutres jointées ensemble, qui est à Cracovie entre les deux Villes. Autrefois il y avoit un Pont de Bâteaux entre Varsovie & le Village de Prague; mais, quoiqu'il eût sauvé les débris de l'Armée Polonoise battue par Charles Gustave, Roi de Suède, sous le régne de Casimir, on l'a rompu depuis. On se contente de la rebâtir aux Diètes d'Election. Celui de Thorn est bâti sur des pilotis comme celui de Strasbourg, avec cette différence qu'il n'y a ni garde-foux ni liaisons dans une longueur de près de cinq cens pas; en sorte que toutes les planches posées sur ces pilotis se lèvent quand on veut, n'étant qu'arrangées sur les poutres qui les soutiennent. A Varsovie il y a des Barques à la place du Pont ruïné, qu'on rétablit pendant la Diète d'Election, pour la commodité publique; car les Gentilshommes qui se rendent à cette Diète, sont quelquefois au nombre de quatre-vingt mille & se dispersent çà & là dans les Villages le long de la Vistule.

[l] *Mémoires du Chevalier de Beaujeu, L. 1. c. 3.*

VIS. VIT.   VIT.

VISULA. Voyez VISTULA.

VISURGIS, nom que les Latins & les Grecs ont donné à un Fleuve de la Germanie connu aujourd'hui sous le nom de WESER. Voyez ce mot. Strabon l'appelle [a] Βίσουργις: Ptolomée [a] qui le nomme dans un endroit Ούίσουργις, *Visurgis*, & dans un autre Ούίσούργις, *Visurigis*, place son Embouchure entre celle de l'Ems & celle de l'Elbe; Dion Caffius [b] écrit Ούίσούργος, *Visurgus*. Tous les Latins disent VISURGIS. Velleius Paterculus [c] dit qu'il devint célèbre par la défaite de l'Armée Romaine sur ses bords: Pomponius Mela [d] le compte au nombre des Fleuves les plus considérables qui se jettent dans l'Océan: Pline [e] dit qu'il faisoit la séparation entre les Romains & les Cherufques; & on lit dans Sidonius Apollinaris [f]:

*Tu Tanarum & Vachalim, Visurgin, Albin,
Francorum & pentissimas paludes
Intrares.*

[a] Lib. 2. c. 11.
[b] Lib. 45. Incunte.
[c] Lib. 2. c. 105.
[d] Lib. 3. c. 3.
[e] Lib. 4. c. 14.
[f] Narbone, sive Cayn. 23. v. 244.

VITACA, Ville de la Mauritanie Céfarienfe selon Ptolomée [g].

[g] Lib. 4. c. 2.

VITÆ, Peuples de la Germanie, selon Bede, qui dit que les CANTARII, & les VECTUARII, c'eſt-à-dire, les Habitans de l'Iſle de Wight & de la partie de l'Angleterre oppoſée à cette Iſle, étoient ſortis de ces anciens Peuples. Sur quoi Ortelius [h] dit qu'il croit que ces Peuples *Witæ* ont donné leur nom à la Ville de Wittenberg en Saxe. Voyez SABALINGII.

[h] Thesaur.

VITALIA. Voyez ITALIE.

VITALIANA, petite Iſle du Duché de Milan, dans le Lac Majeur, près de la Côte Occidentale, à une lieue du Bourg de Canobis vers le Midi. Mr. Baudrand [i], qui dit qu'on la nommoit auſſi autrefois MALFAGA, ajoute qu'il y a dans cette Iſle un fort Château.

[i] Dict.

1. **VITEL**, Paroiſſe, du Duché de Lorraine, au Bailliage de Voſges, Office de Mircourt. C'eſt une Paroiſſe qui eſt le Chef-lieu d'un Archidiaconé & d'un Doyenné. On l'appelle le GRAND-BAN, pour la diſtinguer d'un autre VITEL, qu'on appelle le PETIT-BAN. Son Egliſe Paroiſſiale eſt dédiée à St. Remi, & le Chapitre de Remiremont eſt le Patron de la Cure qui ſe donne au concours. Les Seigneurs ſont les Comtes de Chalan pour la Haute Juſtice, & le Chapitre de Remiremont pour la Moyenne & la Baſſe ſous le toit. Il y a dans l'Egliſe de cette Paroiſſe une Chapelle, ſous l'invocation de Saint Vincent; elle fut érigée en 1619. & fondée par un Marchand du Lieu.

L'ARCHIDIACONÉ DE VITEL eſt ancien; car on voit la Signature d'un de ſes Archidiacres dans une Piéce du douzième Siécle. Il renferme dans ſon diſtrict les Doyennez de

Vitel,   Saintois,
Chatenois,   Neuf-Château
               Bourmont.

Le Doyenné de Vitel comprend quarante-huit Cures, douze Annéxes, une Abbaye, neuf Prieurez, une Commanderie de Malthe & deux Couvents. Les Lieux qui ſont de la Souveraineté du Duc de Lorraine, ſont de l'Officialité de Toul & reſſortiſſent à la Cour Souveraine de Lorraine.

2. **VITEL**, ou le PETIT-BAN, Paroiſſe du Duché de Lorraine, Bailliage & Province de Voſges. Son Egliſe Paroiſſiale eſt ſous le titre de St. Privat, & l'Abbé de St. Jean de Laon eſt Patron de la Cure. Le Hameau de la Malmaiſon dépend de cette Paroiſſe.

VITELLIA, Ville d'Italie, dans le Latium, au Pays des Aeques, ſelon Tite-Live [k], qui dit: *Vitelliam Coloniam Romanam, in ſuo Agro Aequi expugnant.* Suétone [l] nous apprend que ſelon quelques-uns cette Ville tiroit ſon nom de la Famille des Vitellius, qui démantelérent à la défendre à leurs propres dépens contre les efforts des Aeques. Elle eſt nommée par Tite-Live [m] au nombre des Villes dont Coriolan s'empara. Voyez BITELLA.

[k] Lib. 5. c. 29.
[l] In Vitellio c. 1.
[m] Lib. 2. c. 39.

VITELLIA-VIA, ancien Chemin d'Italie. Suétone [n], qui en parle, dit qu'il alloit depuis le Janicule jusqu'à la Mer; & il donne à entendre que quelques-uns qui vouloient, que la Famille des Vitellius eût donné ſon nom à ce Chemin, en tiroient une preuve de l'ancienneté de cette Famille. Je ne crois pas qu'aucun autre Auteur ancien ait parlé de ce Chemin.

[n] In Vitellio c. 1.

VITELLIANUM, Ville de la Gaule Ciſpadane, ſelon Gaud. Merula & Alciat cités par Ortelius [o], qui dit que c'eſt préſentement *Viadana*.

[o] Theſaur.

VITENSIS, Siége Epiſcopal d'Afrique, dans la Byzacéne. La Notice des Evêchez de cette Province nomme l'Evêque de ce Siége Victor *Vitenſis*; Mr Dupin remarque que ce Victor eſt l'Auteur de l'Hiſtoire des Vandales.

1. **VITERBE**, Ville d'Italie, la Capitale du Patrimoine de St. Pierre, à quarante milles à l'Occident de Rome, & à trente milles de la Mer qu'elle a au Midi.

Cette Ville prétend être bien plus ancienne que Rome [p]. Quoi qu'il en ſoit, le nom qu'elle porte aujourd'hui étoit inconnu avant le Régne de Didier dernier Roi des Lombards qui régna depuis 763. juſqu'en ſuiv. 774. qu'il fut défait & pris par Charlemagne Roi de France & depuis Empereur. Ce Prince Lombard réunit quatre Villes, Bourgs ou Villages, appellez en Latin *Fanum-Vultumniæ*, *Arbanum*, *Vetulonia* & *Longula*; & en fit une ſeule Ville, qu'il environna de murailles, qu'il fortifia de Tours & de Foſſez, & qui, à cauſe de cette quadruple union fut appellée *Tetrapolis*, & enſuite *Viterbe*, en Latin *Vetarcium*. C'eſt le nom dont le Roi Didier l'honora après l'avoir bâtie & fortifiée, comme on le voit dans une Table de Marbre blanc, qui eſt à l'Hôtel de Ville, & qui eſt poſtérieure au régne de ce Prince. On a négligé de marquer la date du tems qu'elle a été faite. Voici ce que porte cette Inſcription: *Deſiderius ultimus Inſubrium Rex, Lingulam, Vetuloniam atque Volturnam mœnibus cinxit & Etruriæ priore nomine inducto, Vitercinum multa capitis indicta appellari jubet anno Salutis 773.* Il eſt vrai que dans cette Inſcription, il n'eſt fait mention que de trois Villes;

[p] Labat, Voyage d'Italie, 7. p. 69. & ſuiv.

les, parce qu'il n'y est parlé que des trois qu'il avoit unies à la quatrième nommée *Arbanum*, qui selon les apparences étoit la plus considérable; & c'est de l'union de ces quatre Villes qu'est venu le nom de *Tetrapolis*, ou quatre Villes. Le distique qu'on lit au haut de l'Escalier de l'Hôtel de Ville en est une preuve, le voici:

*Hanc Fanum, Arbanum, Vetuloni, Longula quondam
Oppida dant Urbem: prima elementa F. A. V. L.*

La Ville de Viterbe est située presque au pied d'une haute Montagne que les Latins appelloient *Ciminius Mons*, & que l'on nomme aujourd'hui la Montagne de Viterbe. Elle est à l'Orient de la Ville. C'étoit autrefois une Forêt épaisse dont le passage étoit dangereux; mais la sûreté y est toute entière aujourd'hui par une Garde qu'on y entretient. La Ville est dans un terrein assez uni du côté de l'Orient: il y a des Monticules & des Vallées dans la partie Occidentale & dans la partie Méridionale. Elle est grande & bien percée: ses rues pour la plûpart sont droites, larges, bien pavées, fort propres. Les maisons y sont belles, il y a nombre d'Hôtels, ou de Palais qui méritent d'être vus, & un plus grand nombre d'Eglises, de Chapelles, de Couvens & de Monastères qu'il ne convient à une Ville de son étendue; car si on en excepte les Jésuites, il y a, je pense, des Religieux de tous les Ordres qui sont établis dans l'Eglise. Aussi la Ville est-elle fort mal peuplée. On y compte quinze à seize mille ames. C'est trop peu pour un si bon Pays. Elle en contiendroit commodément quarante mille, & si les Peuples étoient plus laborieux qu'ils ne sont, ils deviendroient riches, ayant chez eux tout ce qu'il faut pour le devenir, même à peu de fraix. Les maisons anciennes ont pour la plûpart à côté d'elles des Tours quarrées fort hautes, qui font un effet assez bisarre & peu agréable à ceux qui n'y sont pas accoutumez, & qui n'en savent ni l'usage ni le motif. On prétend que ces Tours, aussi-bien que celles de Pise, ont été bâties dans les tems des guerres civiles, & lorsque les Factions des Guelphes & des Gibelins déchiroient si cruellement l'Italie ou les Concitoyens armez les uns contre les autres ne se faisoient aucun quartier. Ces Tours étoient comme autant de Forteresses où ils se retiroient, & d'où ils combattoient à coups de pierres & de traits. Plus elles étoient élevées, plus elles donnoient d'avantage à ceux qui étoient dedans. Mais lorsqu'un parti avoit le dessus, il ne manquoit pas de raser les Tours & les maisons fortes du parti contraire; sans cela presque toutes les maisons seroient accompagnées de Tours. On prétend encore que ces Tours étoient des marques que le Propriétaire de la Maison avoit joui de la première Magistrature de la Ville, & que c'étoit une distinction qui faisoit connnoître à tout le monde le rang & la noblesse de la Famille.

La Ville de Viterbe est encore aujourd'hui partagée en quatre Quartiers qui portent les noms d'*Erbeno*, de *Longola*, de *Vetulonia*, & de *Volturna*, qui sont ceux des quatre Villes dont le Roi Didier composa Viterbe. Je ne sai pourquoi on a changé le nom de *Voltumnium*, ou *Fanum Voltumnæ*, c'est-à-dire le Temple de la Déesse des Jardins, en celui de *Volturnum*. Quoi qu'il en soit, on ne peut disputer à Viterbe une très-haute antiquité, quand même on ne conviendroit pas qu'*Isis* & *Osiris* ayent été les fondateurs de l'une des quatre Villes qui la composent, ni qu'Hercule ait été dans le Pays, & ait fait sortir de la terre la Fontaine qui forme le Lac de Ciminus, qu'on appelle aujourd'hui le *Lac de Vici*. Ce qu'il y a d'étonnant, c'est que cette Ville considérable n'ait été décorée du titre de Cité, & n'ait eu un Evêque, que du tems de Célestin III. vers l'an 1192, c'est-à-dire plus de quatre cens ans après sa fondation par Didier. Au reste, ce n'est pas peu pour elle qu'elle soit encore aujourd'hui dans l'état où on la voit, après les ravages infinis que ses propres Citoyens y ont causez pendant les guerres civiles qu'ils se sont faites les uns aux autres.

On compte dans Viterbe plus de quarante familles auxquelles on ne peut disputer une Noblesse très-ancienne & très-illustre puisqu'elles ont donné des Papes à l'Eglise, plusieurs Cardinaux, grand nombre d'Evêques & encore plus de Prélats, de Docteurs & de Savans de toutes les sortes. La Famille des Vichi a été long-tems à la tête du Gouvernement, ou de la République qui se forma dans Viterbe. On peut dire que ces Seigneurs étoient les maîtres absolus de la Ville & qu'ils disposoient de toutes choses en Souverains. Ils en furent chassez par le Cardinal Gilles Cavilla, Légat des Papes qui résidoient alors à Avignon. Mais ce Cardinal étant mort ils rentrèrent dans la Ville, s'emparèrent de nouveau du Gouvernement, & s'y maintinrent jusqu'au Pontificat d'Eugène IV. Le dernier de cette Famille qui fut maître de la Ville s'appelloit François; & ayant été tué dans une occasion où le Patriarche *Vitelliści*, Légat du Pape, commandoit, il laissa pour Successeur dans sa Souveraineté Jean Gatti. Celui-ci ayant rappellé auprès de lui son fils Principalli qui étoit à Rome, ce jeune Seigneur se trouva environné de ses ennemis & fut tué. Cette mort excita une horrible sédition dans la Ville; le Peuple se souleva, prit les armes, commit une infinité de meurtres, ruina & pilla un grand nombre de maisons. La sédition étant enfin appaisée, Jean Gatti second du nom s'empara du Gouvernement & le posséda en paix jusqu'à l'année 1497. qu'il fut tué. Les Seigneurs Colonne entrèrent alors dans la Ville pour vanger cette mort, & firent périr un grand nombre de Maganersi, qui étoient les ennemis des Gatti. Il y eut encore en cette occasion un grand nombre de maisons pillées & ruïnées. Mais trois ans après les Ursins, qui protégeoient les Maganersi, étant entrez dans la Ville en chassèrent les Gatti. Ils y commirent tant de meurtres, & les deux partis s'acharnèrent si fort les uns contre les autres, qu'ils ne faisoient quartier à personne. On ne respectoit ni l'âge, ni le fexe : on remplit de carnage cette Ville infortunée ; on en détruisit la plus grande partie ; on pilla & brûla une infinité de maisons d'une maniére si cruelle, qu'on n'en auroit pas pû attendre davantage des Barbares s'ils s'en fuffent rendus maîtres. Ces malheurs ont été si fréquens, que c'eft une espéce de miracle que cette Ville se soit pû relever, & qu'elle soit encore aujourd'hui dans l'etat qu'on la voit. Ils n'ont ceffé que quand elle s'eft entiérement soumise aux Papes, ses véritables Seigneurs, dont le Gouvernement sage & pacifique a réparé les desordres causez par les guerres intestines. Les Citoyens chaffez & répandus de tous côtez font revenus s'y établir. On a rebâti les Edifices publics & particuliers, & on a donné des bornes à l'ambition de la Nobleffe, en la mettant hors d'état de troubler la tranquilité publique, en se soulevant contre ses Souverains.

Le Gouvernement de la Ville de Viterbe est toujours confié à un Prélat qui a un Lieutenant & les autres Officiers néceffaires. Il connoît de toutes les affaires civiles & criminelles & les juge définitivement, sauf l'Appel à la Rotte de Rome, ou à l'Auditeur du Pape. Il y a outre cela un Confeil de Ville pour la Police, auquel on a laiffé quelque ombre d'autorité, que la Cour & le Gouvernement augmentent, ou diminuent à leur volonté. Le Gouverneur Prélat a un Palais fort commode & meublé selon les facultez de celui qui l'habite ; cependant pour l'ordinaire il eft bien meublé. Les Prélats qui roulent dans les Gouvernemens, ce qu'on appelle la *Via longhara*, pour arriver à St. Pierre, c'eft-à-dire au Cardinalat, sont obligez de faire figure, pour faire honneur à leur Prince & à leur Charge. Il faut qu'ils ayent un équipage convenable, un caroffe à six Chevaux, qu'ils soient toujours en état de recevoir les Cardinaux & les Prêtres qui paffent dans leur Gouvernement. Il faut qu'ils les traitent & qu'ils se gardent bien d'oublier le plus petit point du Cérémonial. Cependant les appointemens qu'ils reçoivent de la Cour sont fort modiques, & quelques soins qu'eux & leurs Lieutenans puiffent prendre de faire valoir leur Greffe, & quelques économie qu'ils obfervent dans leur dépense ordinaire, cela ne suffiroit pas s'ils n'y mettoient beaucoup du leur. Heureux, si dans le cours de leur carriére, il ne se trouve point quelque défaut qui les mette à *Sedere*, c'eft-à-dire, qui leur cause ou une révocation, ou une discontinuation des Emplois, qui faifoient leurs espérances.

Quelquefois il n'y a point de Troupes réglées à Viterbe, & par conféquent point de Gouverneur des armes. Il y a seulement quelques mortes paye qui gardent le Château appellé la *Rocca*. Ce Palais a été la demeure des Papes, qui s'y sont retirez quand ils n'étoient pas tout-à-fait les maîtres à Rome. Quelques-uns y sont morts. On voit dans la Cathédrale les Tombeaux magnifiques de Jean XXII. & d'Alexandre IV. aux Cordeliers celui d'Adrien V. & aux Dominicains de Gradi celui de Clément IV. On montre à côté de la Cathédrale une fort grande Salle dans laquelle on a tenu quelques Conclaves.

La Cathédrale qui eft affez grande eft bâtie entiérement dans le goût Gothique. On l'a ornée autant que l'on a pû ou voulu : il ne paroît pas néanmoins qu'on ait voulu grand'chose : ou qu'on ait fait de grands efforts pour l'embellir. Ordinairement c'eft un Cardinal qui eft pourvu de cet Evêché, auquel on a uni celui de Tofcanelle, & le titre de celui de Civita-Vecchia, dont pourtant l'Evêque de Viterbe ne parle pas dans ses qualitez : il se contente de se dire Evêque de Viterbe & de Tofcanelle. Quoi qu'il en soit, l'Evêché de Viterbe avec ses réunions ne vaut pas plus de trois mille écus.

Il y a dans la Ville deux Couvens de Capucins, un de Conventuels de St. François, un de Recollets, deux de Carmes, un de Minimes, deux d'Auguftins, un de Servites, un de l'Ordre du Bienheureux Pierre Pifan. Le nombre des Monaftéres de Religieufes eft encore plus confidérable. Il y en a de toutes espéces. On conferve dans celui des Cordeliéres le Corps de Ste. Rofe de Viterbe Religieuse du même Ordre. On dit qu'il eft tout entier dans une Chapelle obfcure : la Châffe qui le renferme eft garnie de cryftaux, au travers desquels & à l'aide de quelques bougies, ceux qui ont la vûe bonne voyent le vifage & les mains ; le tout fort sec & fort noir. L'Eglife de ce Monaftére eft affez grande, bien bâtie & fort propre. Celle des Religieuses de St. Dominique eft petite, mais mignonne, & d'un très-bon goût. Toutes les Religieuses de ce Monaftére font filles de condition, quoiqu'il n'y ait fur cela aucune Ordonnance particuliére qui oblige de faire des preuves de Nobleffe ; mais seulement un usage immémorial, qui s'y obferve avec la derniére exactitude. Ce Monaftére eft riche : il eft fous la Jurisdiction du Général de l'Ordre, & du Provincial de la Province Romaine. Il y a un autre Monaftére de Religieuses de St. Dominique, où l'on reçoit les Filles qui n'ont pas reçu la Nobleffe de leurs parens. Leur Maison eft belle & riche. Outre une Commanderie de Malthe, dont l'Eglife eft dédiée à Ste. Marie *in Carbonara*, il y a un Monaftére de Religieuses du même Ordre, dont l'Eglife eft dédiée à Ste. Lucie.

La Ville eft partagée en seize Paroiffes, dont la Cathédrale en eft une & la plus confidérable. Quatre de ces Paroiffes, y compris la Cathédrale, font Collégiales. Il y a nombre de Chapelles, de Confrairies, & d'Hôpitaux appartenans à ces Confreres & à différens Corps de Métiers. Il y en a pour les Orphelins, pour les Enfans expofez, pour les Malades, pour les Convalefcens, pour les Vieillards & pour les incurables. Aussi peut-on dire, qu'il y a beaucoup de piété & de charité dans cette Ville.

Les Fontaines publiques font en grand nombre. La plus belle eft dans la Place de la porte de Ste. Lucie, à côté de la Rocca. Elle mérite l'attention des Curieux. Il y en a dans toutes les autres Places, &, quoique bien inférieures à celles dont il vient d'être parlé, elles feroient honneur à des

Villes plus confidérables, & fur-tout aux Villes de France fans en excepter même Paris. Toutes celles de Viterbe font de deffeins différens & bien exécutés. Elles font entretenues avec foin, & formées en jets d'eau, qui en tombant dans les Baffins variez, font des Cafcades agréables, qui tombent enfin dans le Baffin le plus bas, d'où l'eau fe répand continuellement dans les rues. Il y a outre les Fontaines trois Ruiffeaux affez confidérables qui paffent dans la Ville & qui fervent à une infinité d'ufages.

Les environs de Viterbe font auffi très-bien arrofez; ce qui ne contribue pas peu à rendre tout le terrain extrêmement fertile. Ces Ruiffeaux ou petites Riviéres, s'appellent en Italien l'*Efcalido*, l'*Egelido*, le *Rivo Ofcuro*, le *Rivo Urcerio*, l'*Alcione*, le *Rofeno*, l'*Atlao*, l'*Albiano*, le *Veffano*, le *Catenace*, le *Vejano*, & quantité d'autres moins confidérables, avec des Fontaines dont les eaux font parfaitement bonnes & très claires. Ces petites Riviéres font extrêmement poiffonneufes; & les poiffons qu'elles nourriffent ont un goût merveilleux. On trouve au Sud-Oueft, environ à un mille de Viterbe, des eaux chaudes dont on fe fert avec fuccès dans différentes maladies. La plus confidérable de ces Fontaines bouillantes s'appelle le *Bolicane*. On la nommoit autrefois *Aquæ Cajæ*, ou peut-être *Aquæ Calidæ*. Elles font en effet fi chaudes, ou plutôt fi bouillantes, qu'elles cuifent les viandes qu'on y plonge, & qu'elles les confument entiérement fi on les y laiffe un peu trop long-tems.

Les Vignes du Territoire de Viterbe produifent de très-bons Vins. Le Froment y eft excellent. L'Orge, l'Avoine, le Ris, les Pois, les Fèves, les Lentilles; en un mot toutes fortes de Grains & de Légumes y viennent en perfection. Il y a quantité de Meuriers & d'Oliviers; on y fait beaucoup de Soye & d'Huile. Il y a des Fruits de toutes efpèces & en quantité. Ils ne le cédent guères à ceux de Naples. En un mot, il n'y manque rien de ce qui peut enrichir un Pays par le Commerce, & de ce qui fert à la vie, à la délicateffe & au luxe.

La plus belle Maifon de Campagne des environs de Viterbe, eft à un mille ou environ au Nord-Eft du Couvent de la Quercia, dont je parlerai un peu plus bas. Elle appartient au Duc de Lanti & elle s'appelle BAGNAJA. Le Cardinal Gambra la fit bâtir en. . . & y fit de prodigieufes dépenfes. Les appartemens font très-beaux & diftribuez d'une manière ingénieufe. Il y a de très-belles Peintures, des Statues antiques; mais les meubles paroiffent un peu fimples. Les Jardins font grands, magnifiques, bien entretenus; & on voit dans les Viviers de très-beaux & de très-bons poiffons.

On trouve à près de deux milles de la Ville de Viterbe une hauteur affez confidérable, au travers de laquelle on a taillé un chemin étroit où deux Charettes ne pourroient pas paffer de front, & tout auprès de la Ville on voit une belle Allée d'Arbres qui conduit au Couvent de la Quercia. Cette Allée a un mille de longueur: le chemin en eft beau, bien entretenu, & autant battu que le doit être un chemin qui conduit à la plus grande dévotion du Pays.

L'Avant-cour de ce Lieu célèbre eft formée par des Maifons occupées dans le tems des Foires par des Marchands de toute efpèce, qui s'y rendent de tous les Etats du Pape & du Grand-Duc, & qui y font un Commerce confidérable. Ces Maifons ne font point habitées tout le refte de l'année. On a donné à cette Eglife le nom de *Notre-Dame de la Quercia* ou *du Chêne*, à caufe d'une Image merveilleufe de la Sainte Vierge, qui y eft une fource féconde d'une infinité de miracles qui s'y font tous les jours. Le Lieu où eft à préfent l'Eglife & le Couvent des Dominicains étoit une Forêt, au travers de laquelle paffoit le grand Chemin, qui conduit à Banaia, à Orviette, à Todi, à Peroufe, & à d'autres Lieux de la partie Septentrionale de l'Etat de l'Eglife. Des Payfans qui y paffoient affez fouvent virent la nuit, dit-on, des lumières dans le plus épais du Bois: la chofe étant arrivée bien des fois, ils allérent en grand nombre au lieu où ces lumières paroiffoient & virent qu'elles fortoient d'une Image de la Sainte Vierge peinte fur une grande Tuile & attachée à un Chêne. On en donna avis à l'Evêque, qui ayant conftaté par les informations la vérité du fait, réfolut d'apporter cette Image merveilleufe à la Ville & de la placer dans la Cathédrale. Il alla fur le lieu avec tout fon Clergé féculier & régulier, & ayant détaché l'Image de l'Arbre, l'apporta à fon Eglife. Mais on fut bien étonné de ne l'y trouver plus le lendemain matin. On fut qu'elle étoit au lieu d'où on l'avoit tirée. On l'alla chercher une feconde fois; &, la même chofe étant arrivée jufqu'à trois ou quatre fois, l'Evêque jugea que la Sainte Vierge vouloit être honorée, au lieu où fon Image avoit été trouvée. Il fut donc réfolu d'y bâtir une Chapelle. La première que l'on éleva couvroit tout le Chêne où la Sainte Image repofoit. On dreffa un Autel au pied de cet Arbre, & l'on choifit les Religieux de Saint Dominique pour avoir foin de ce Lieu, & pour y célébrer les SS. Myftéres. La quantité de miracles qui s'y faifoient tous les jours y attira bien-tôt les Peuples de tous les environs & enfuite ceux de toute l'Italie. Il falut bâtir une Eglife plus confidérable & un Couvent pour loger les Religieux qui la defservoient. Cette Eglife eft grande & très-belle. La grande Nef eft accompagnée de deux Collatéraux, féparés par des Colonnes de pierre rude très-bien travaillées. Les Arcades font en plein ceintre & portent une architrave, une Frife & une Corniche avec tous les ornemens qu'on y peut mettre fans confufion. La Nef & les Collatéraux font voutés, & les Chapelles qui font des deux cotez peuvent paffer pour belles. Le Chœur où les Religieux font l'Office eft derriére la Chapelle qui renferme le Chêne où la Ste. Image fut trouvée. Il eft à préfent fec & la dévotion des Pélerins l'a fort maltraité en le coupant. On conferve à préfent le tronc avec plus de foin; & fi on en donne à quelques perfonnes c'eft en petite quantité. L'Eglife eft pleine des Vœux qui ont reçu

des

des graces particulières par l'intercession de la Ste. Vierge. On ne se contente pas de les représenter en Tableaux ; on voit de tous côtez des figures de carton grandes comme nature, qui représentent les gens qui ont reçu des graces singulières. Les Vœux de carton n'étoient pas les seuls qui ornoient cette Eglise. La piété des Fidèles sembloit s'être épuisée, tant on voit d'argenterie & d'ornemens d'or enrichis de pierreries autour du Tableau. Mais cette Eglise a été dépouillée de ces richesses. On trouva un matin que des Voleurs étoient entrez avec une échelle par une fenêtre & qu'ils avoient tout emporté. On regrette sur-tout une large bordure d'or massif, couverte de diamans & d'autres pierreries qui étoient autour du St. Tableau. On fit de grandes perquisitions sans pouvoir rien découvrir. Le Couvent de la Quercia est grand: il n'a pas été bâti tout d'un coup, & il est aisé de s'en appercevoir. Cependant la Maison est très-logeable. Il y a toujours Noviciat & Etude & beaucoup de Confesseurs. C'est une Communauté de plus de soixante Religieux. Elle est riche. L'eau n'y manque pas. Les Cloîtres & les Cours, les Offices & les Jardins ont des Fontaines & des jets d'eau. Avec tout cela les Dominicains ont à l'autre côté de la Ville un autre Couvent plus agréable nommé *Notre-Dame de Gradi*.

Ce Couvent est aussi hors de la Ville, près de la Porte Romaine. On l'appelle *Notre-Dame de Gradi*, ou *des Degrez*, à cause du nombre considérable de degrez qu'il faut monter pour arriver à la Porte de l'Eglise & à celle du Couvent. Il y a un Hôpital où l'on reçoit tous les Pèlerins qui vont à Rome ou qui en viennent. On n'est obligé que de leur donner seulement deux repas & de les coucher une nuit, à moins qu'ils ne soient malades. L'Eglise de ce Couvent est plus ancienne & plus grande que celle de la Quercia; mais elle n'est pas si belle, il s'en faut de beaucoup. En échange le Couvent est infiniment plus beau. Le premier Cloître est ancien, vaste, bien bâti, bien voûté. Il a tous les ornemens usitez dans les Bâtimens faits depuis quatre ou cinq Siècles. Le second Cloître est plus petit ; mais plus riant & bâti dans toutes les règles de la bonne Architecture. Il est de pierres de taille taillées & mises en œuvre proprement. Les chambres sont belles, & on peut dire la même chose de tous les lieux réguliers. Il y a une Bibliothéque nombreuse & bien choisie. On y conserve entre les MSS. les Minutes de Jean Annius, de cette Maison, & mort à Rome sous le Pontificat d'Alexandre VI. à la fin du quinzième Siècle, étant alors Maître du Sacré Palais. Il étoit savant dans les Langues Grecque, Hébraïque & Chaldaïque, & très-versé dans l'Antiquité. Le Couvent de Gradi est riche, & toujours rempli d'un nombre considérable de Religieux, appliquez aux devoirs de leur état & à l'Etude. Il en est sorti de fort grands hommes.

2. VITERBE, Lieu de France, dans le Haut-Languedoc, Diocèse & Recette de Lavaur, à deux lieues à l'Orient de cette Ville. Il y a dans ce Lieu un Château situé sur l'Agoust.

VITERBUM, Ville d'Italie, dans la Toscane, aujourd'hui *Viterbo*, & en François VITERBE. Voyez ce mot. Biondo ne croit pas que ce soit une Ville fort ancienne; il ne lui donne que six cens ans d'ancienneté, encore dit-il que dans ce tems-là ce n'étoit qu'un petit Village, ou Château appellé VITURVIUM. Selon Cluvier [a] *Ital. Ant. L. 2. c. 3.* Viterbe pourroit être l'ancien *Fanum Voltumnæ* de Tite-Live.

VITFLEURS, VITTEFLEURS, ou VILLEFLEURS [b], Bourg de France, dans la Normandie, au Pays de Caux, sur la Rivière de Paluel, à quatre lieues de Fécamp, à deux de Valmont, & de St. Valery, & à une lieue & demie de la Mer. C'est un Titre de Baronnie avec Haute-Justice. On y tient Marché le Samedi, & sa Paroisse porte le titre de St. Martin. [b] *Corn. Dict. Mémoires dressez sur les Lieux en 1703.*

La Baronnie de Vitfleurs comprend treize Paroisses en Seigneurie & Patronnage, savoir Vitfleur, Paluel, Saint-Riquier, Ingouville, Saint Valery, Manneville, Pleine-Séve, Veulles, la Gaillarde, Saint Pierre le Petit, Saint Pierre le Vieux, Saint Aubin & Tourville sur Scie. Ces treize Paroisses sont de l'Exemption de Fécamp, dont l'Abbé est Baron de Vitfleur.

VITHUNGI. Voyez JUTUNGI.

VITHYÆ, ou BITHYÆ. Voyez BITHYÆ.

1. VITIA, Contrée de la Médie, ou du moins voisine de la Mer Caspienne & de l'Arménie, selon Strabon [c], qui dit que les Æenianes de Thessalie fortifièrent dans cette Contrée une Ville qu'ils nommèrent ÆNEIANA. Il ajoute, qu'on y montroit des armes à la manière des Grecs, aussi-bien que des Vases d'airain & des Sépulcres. [c] *Lib. 11. p. 508.*

2. VITIA, Strabon [d] dit que quelques Æenianes de Thessalie bâtirent une Ville de ce nom aux environs de la Médie. Ne seroit-ce point à la même que ce Géographe nomme plus haut ÆNEIANA & qu'il place dans la Vitie? de sorte que VITIA auroit été un nom commun à la Ville & à la Contrée. Voyez l'Article précédent. Xylander croit que le mot VITIA, *Ουΐτια* est un mot corrompu. [d] *Ibid. p. 531.*

VITII, Peuple que Strabon [e] nomme parmi ceux qui habitoient sur le bord de la Mer Caspienne. Dans un autre endroit [f] il nomme ce Peuple Κουίτιοι, ou Κουΐτιοι; mais la première orthographe est apparemment préférable, puisque le Pays s'appelloit Ουΐτία. [e] *Ibid. p. 514.* [f] *Pag. 508.*

VITICINORUM OPPIDUM. Voyez VIDICINORUM OPPIDUM.

1. VITILO, VITOLO, ou VITULO, Rivière de la Morée, dans le Brazzo di Maina. Cette petite Rivière prend son cours du Nord Oriental au Midi Occidental, & se jette dans la Mer de Sapienza, où elle forme un Port auquel elle donne son nom.

2. VITILO, VITOLO, ou VITULO, Ville de la Morée dans le Brazzo di Maina, à l'Embouchure de la Rivière de même nom; au fond d'un Port ou petit Golphe, qui fait partie de celui de Coron. Sophien croit que c'est la Ville *Bithyla* des Anciens.

VITIS, Fleuve d'Italie dans la Cispadane:
Pli-

[a] Lib. 3. c.
15.
[b] Lib. 5. c.
35.

Pline [a] le met entre le *Sapis* & l'*Anemo* au voisinage de Ravenne. C'est le même Fleuve que Tite-Live [b] nomme UTENS, & qu'il donne pour borne aux *Senones*, du côté du Nord. *Tum Senones recentissimi advenarum, ab Utente Flumine ad Æsim fines habuere.* Cluvier & Cellarius prétendent qu'il faut lire UTENS dans Pline au lieu de VITIS. Le nom moderne de ce Fleuve est *Bevano*, selon le Pere Hardouin.

VITODURUM, ou VITUDORUM, Lieu de la Gaule Belgique, dans l'Helvétie, selon la Table de Peutinger, qui le marque entre *Fines* & *Vindonissa*, dans cet ordre:

Fines	
Vitudorum	M. P. XXII. *Leg.*
Vindonissa	M. P. XXIV. *Leg.*

Ce Lieu est oublié dans l'Itinéraire d'Antonin, & quoiqu'aucun MS. n'en fasse mention le nombre des Milles qu'ils marquent entre *Ad Fines* & *Vindonissa* fait voir qu'il y a une Lacune, ou que du moins le nombre des Milles doit être augmenté. *Vitodurum* de la Table de Peutinger tombe précisément à Winterthur. Voyez WINTERTHUR.

VITOUARD, Ruisseau de France, dans la Basse Normandie [c]. Il prend sa source au Village de *Roz*, & se perd dans la Mer à Douvre, près de la Délivrande. On dit de ce Ruisseau ce qu'on a dit du Jourdain, savoir son débordement est une marque de la stérilité de l'année. Le savant Mr. Huet remarque que Giraldus Cambrensis a connu ce Torrent; mais qu'il s'est trompé en ce qu'il a dit que le débordement est un signe de fertilité.

[c] Piganiol,
Descr. de
la France,
t. 5. p. 268.

1. VITRAC, Bourg de France dans le Périgord, Election de Sarlat.

2. VITRAC, Bourg de France, dans l'Auvergne, Election d'Aurillac.

1. VITRAY, Bourg de France dans la Touraine, Election de Loches.

2. VITRAY, Paroisse de France, dans le Bourbonnois, Election de Montluçon, à six lieues de la Ville de ce nom. Cette Paroisse est entourée de la Forêt de Haute-Futaye de Tromay, qui appartient au Roi, & dans laquelle les Habitans profitent de la glandée. Ils y ont aussi leurs pacages par abonnement. Les Terres produisent du Seigle & de l'Avoine.

VITRÉ, Ville de France, dans la Bretagne, sur la Vilaine, à cinq ou six lieues au Nord-Est de Rennes. C'est le Siège de la premiere Baronnie de Bretagne, & la seconde Ville du Diocèse de Rennes. Elle députe aux Etats de la Province qui y ont été même quelquefois assemblez. Il y a à Vitré un Chapitre fondé en 1266. par André Baron de Vitré, & un Prieuré d'Hommes de l'Ordre de St. Benoît sous le titre de Ste. Croix. La Ville est grande & assez bien peuplée. Les Ducs de la Trimouille [d] sont Propriétaires de cette Baronnie, qui leur est venue par la Maison de Laval Montfort dont ils ont épousé l'Héritiere, & acquis les droits par ce mariage. Cette Ville étoit connue dès le commencement du douzième Siècle, puisqu'alors Geofroy

[d] Longuerue,
Descr. de
la France,
Part. 2. p.
87.

de Vendôme, & Amelin Evêques de Rennes en font mention dans leurs Lettres par lesquelles on voit que le Seigneur de Vitré étoit déja un homme puissant & distingué: il s'appelloit André & avoit épousé Agnès fille de Robert Comte de Mortain, frere uterin de Guillaume le Conquérant [e]. Du même André descendoit en ligne directe Masculine André Seigneur de Vitré, qui épousa Constance de Bretagne de la Maison Royale de Dreux. Il eut une fille qui hérita de son frere André Seigneur de Vitré mort sans Enfans, ainsi elle apporta cette Seigneurie à son mari Gui VII. Seigneur de Laval sous le Règne de Saint Louis.

[e] Piganiol,
Descr. de
la France,
t. 5. p. 219.

Les Toiles de Vitré se fabriquent dans les Paroisses [f], qui sont à trois lieues à la ronde de Vitré. Ce sont de grosses Toiles de chanvres, qui demeurent écrues sans blanchir. On les envoye en Angleterre pour l'usage des Colonies que les Anglois ont en Amérique. Elles sont propres à faire de petites Voiles de Navire. On en envoye aussi en Espagne où elles servent à l'emballage des Marchandises fines, qui en sortent. Ce Commerce rapporte environ quarante ou cinquante mille Livres par an. La Ville de Vitré a un Commerce qui lui est particulier. Les Femmes & les Filles de toute condition y font des Bas, des Gans de fil, qui s'envoyent par-tout, même en Espagne & aux Indes. Il s'en debite par an pour environ vingt-cinq mille Livres.

[f] Ibid. p.
185.

VITRICIUM, Ville des Alpes selon l'Itinéraire d'Antonin, qui la marque sur la route de Milan à Vienne en prenant par les Alpes Graïennes. Il la place entre *Eporedia* & *Augusta Prætoria*, à vingt, & un milles de la premiere de ces Villes & à vingt-cinq milles de la seconde. La Table de Peutinger convient avec l'Itinéraire d'Antonin pour la position de ce Lieu, que les Géographes modernes prennent pour *Vereggio*, ou *Verezo* sur la Duria. Au lieu de VITRICIUM, quelques MSS. de l'Itinéraire d'Antonin portent VITRICUM, & d'autres lisent VITRIDIUM. C'est le BITRICIUM de l'Anonyme de Ravenne.

1. VITRY, nom commun à plusieurs Villes, Bourgs & Villages du Royaume de France. Mr. Hadrien de Valois [g] conjecture, que ce mot VITRY *Victriacum*, ou *Vitriacum*, vient de quelque Verrerie. Il pourroit venir aussi de quelque Victoire gagnée, ou de ce que la Légion Romaine, dite *Victrix*, ou Victorieuse, a demeuré en garnison dans le Lieu.

[g] Notit.
Gal. p. 602.

2. VITRY, Château de France dans la Forêt de Biére en Gâtinois [h], en Latin *Victriacum Castrum*. Le Pere Daniel [i] l'appelle Vitry en Brie. C'est dans ce Château que mourut Henri I. Roi de France. Il ne reste plus aucune trace de ce nom dans la Forêt de Fontainebleau, sinon une Croix qu'on appelle la Croix de Vitry. Le Château de Fontainebleau est vraisemblablement élevé sur les ruines de celui de Vitry.

[h] Mabill.
Ibid. p.
283.
[i] Hist. de
France. t.
2. p. 369.

3. VITRY, ancien Château de France dans la Forêt d'Orléans en Gâtinois [k]. Helgald dans la Vie du Roi Robert dit qu'il fonda le Monastère de Saint Médard à Vitry, *in Victriaco Castro*. On ne sait si ce même Roi

[k] Mabill.
Ibid. p.
340.

fit aussi bâtir le Palais de Vitry: il est du moins très-certain qu'il aimoit le séjour de l'Orléanois. Ce n'est plus qu'un Village [a] situé entre Marolle, Ingrande & les Bordes. Plusieurs anciens Monumens de l'Histoire de France font mention de ce Lieu. VITRY AUX LOGES dans la même Forêt en est une dépendance.

[a] Atlas de Blaeu.

VITRY LE BRULÉ, ancienne Ville, & à présent Village de France dans la Champagne, située [b] sur la Riviére de Saulx, à demie lieue de Vitry-le-François. Elle portoit le titre de Comté, & les Comtes du Perthois y faisoient leur résidence. Grégoire de Tours dit que cette Ville avoit été bâtie par Carkon, qui la nomma de son nom *Carkonne*; d'où vient qu'elle est appellée en Latin *Carkonia*; & qu'il y établit sa demeure. Les Romains, s'étant rendus Maîtres des Gaules, rebâtirent & augmentérent la Ville de *Carkonia*, où la Légion *Victrix*, ou Victorieuse, eut son Quartier; & ils la nommérent *Victoria*, dont on a fait ensuite *Victoriacum*, d'où est pris le nom moderne qui est *Vitry*. Mr. de Longuerue [c] prétend que, quoique le nom Latin de Vitry qui est *Victoriacum*, & qu'on a corrompu en *Vitriacum*, paroisse ancien, on n'en trouve rien avant le dixième Siècle. C'est alors seulement dit-il, qu'on trouve ce Château de Vitry [d], *Victoriacum Castrum propre Castrum Pontione*, auprès de la Maison Royale de Pontion. L'Eglise de la Paroisse fut dédiée à Saint Memie premier Evêque de Châlons. Le Roi Robert fit bâtir magnifiquement cette Eglise, dont on peut juger par les restes. On tient par tradition que ce Roi y a porté la Chappe pendant le Service divin. D'autres prétendent qu'elle a été bâtie par les Comtes de Champagne, ainsi que l'Eglise Collégiale de Notre-Dame, les Eglises des Prieurez de Ste. Geneviève, de St. Thibaud, & de Sainte Croix, la Léproserie & l'Abbaye de Saint Jacques. Il paroît qu'en 955. le Territoire de Vitry étoit encore du Domaine-Royal; mais peu après, sous Lothaire, tout cela fut aliéné & abandonné par les Rois. Les Archevêques de Rheims eurent la Seigneurie de Vitry qu'ils donnérent en Fief aux Comtes de Troyes ou de Champagne, qui furent Vassaux de l'Eglise de Rheims, pour Vitry, comme pour plusieurs autres Lieux. On le voit par les Bulles d'Aléxandre III. & par celle d'Innocent III. dont Marlot rapporte cet Extrait au second Tome de la Métropole de Rheims: *Feodum quoque quod ab Ecclesia Remensi Comes Campaniæ habere dignoscitur, confirmamus, pro quo tibi* [à l'Archevêque de Rheims] *tenetur ligium homagium facere, videlicet Vitriacum* [Vitry] *Virtutum* [Vertus] *Regitestum* [Rhêtel] *Castellionem* [Châtillon sur Marne] *Sparnacum* [Epernay] *Rouciacum Finas, Branam* [Braine] *& Comitatum Castelli in Portiano* [Château Porcien] *cum Castellaniis eorum.* Cette Bulle est adressée à l'Archevêque Guillaume de Champagne, Oncle maternel de Philippe Auguste; & ce Droit fut conservé à l'Eglise de Rheims jusqu'à la réunion de la Champagne à la Couronne.

[b] Baugier, Mém. Hist. de Champagne, t. I. p. 327.

[c] Descr. de la France, Part. 1. p. 40.

[d] Flodoard. ad an. 952.

Ce Pays, l'un des plus agréables du Royaume, est orné de Bocages, de Fontaines, de Rivières, de Châteaux, de Villages, de Bois, de Prés, de Vignes, & rien n'y manque de ce qui peut contribuer aux plaisirs de la vie. Au milieu de la Place publique de ce Village on voit une Croix de pierre érigée en mémoire d'un événement rapporté à l'an 1517. Les Juifs, qui avoient une Synagogue en cette Ville, furent accusez d'avoir voulu empoisonner les Puits & les Fontaines, pour faire mourir les Chrétiens. Quarante, qui furent emprisonnez pour ce sujet, résolurent de prévenir par leur mort le supplice qu'on leur destinoit. Un jeune homme d'entre eux leur rendit ce fatal service, & du linge des morts fit une corde pour se couler en bas de la Prison; mais il fut arrêté par une Grille de fer qui lui cassa la cuisse. Il fut pris & brûlé vif avec tous les Corps des autres au même endroit où cette Croix est élevée.

[e] On a découvert en 1656. l'endroit qui servoit de Cimetière à cette Légion Romaine dite *Victrix* ou *Victorieuse*, qui donna son nom à cette ancienne Ville, où elle demeura en garnison, ainsi que dans les Villages circonvoisins. Ce Cimetière fut découvert en faisant un nouveau Vignoble à cent pas des Remparts de Vitry-le-François. Il étoit sur la Riviére de Marne, selon la coutume de ce tems-là d'inhumer les Corps auprès du courant des eaux, pour montrer que la vie passe & coule de même. On en tira quantité de Tombeaux de pierre dans lesquels on trouva des Haches Romaines, des Javelots, des Dagues, des Lampes, & des Vaisseaux servant aux Liqueurs aromatiques. Il y avoit dans l'un de ces Sépulcres les ossemens de deux Corps; & ces Lettres Romaines sur le flanc, CENSORINI C. R.

[e] Pag. 330.

Au reste Vitry étoit une des principales Places de cette Province, dans le douzième Siècle lorsque Thibaud Comte de Chartres, de Blois, de Meaux & de Troyes prit les armes contre le Roi Louïs *le Jeune*, qui attaqua & prit de force cette Ville, où il mit le feu qui consuma le Château & un grand nombre de personnes furent brûlées, comme l'assure le Chroniqueur de Gemblours, Auteur contemporain, en quoi il différe de Guillaume de Nangis & d'autres Ecrivains plus modernes, qui marquent cet événement en l'année 1143. Ils racontent que ce fut l'Eglise où les Soldats mirent le feu, & qu'il y périt un grand nombre de personnes innocentes. Ce qui est sûr c'est que Vitry fut à cause de cette désolation nommé *le Brûlé*; & encore qu'il fût rebâti, il ne put se mettre en son premier état.

Cette Ville a encore été sujette à d'autres ravages. Jean de Luxembourg, s'étant armé avec le Duc de Bourgogne & les Anglois contre Charles VII. Roi de France, brûla Vitry avec plus de soixante Villages. Le troisième désastre [f] de cette Ville fut lorsque Charles-Quint la fit brûler & ruiner par ses Troupes en 1544. parce que le Seigneur de Brissac, qui y étoit logé, incommodoit les Fourageurs de l'Armée de l'Empereur qui la commandoit en personne devant Saint-Dizier. Brissac avoit abandonné cette Ville, & s'étoit retiré avec ses Troupes

[f] Baugier, Mém. Hist. p. 331.

à Châlons. La Paix étant faite, François premier résolut de rétablir Vitry, & de le fortifier; mais comme on remarqua que la Ville étoit commandée au Couchant par une Montagne assez haute, il la fit rebâtir à une demie lieue plus loin sur la Marne, au village de Montcontour [a]; ce qui donna lieu à la nouvelle Ville dont il est parlé dans l'Article suivant. Voyez PERTHES & PERTHOIS.

[a] Du Chêne L. c.

Outre le Seigneur Dominant [b], il y avoit encore à Vitry un autre Seigneur sous lui: c'étoit le Châtelain héréditaire. On trouve vers l'an 950. qu'il y avoit un Châtelain de Vitry nommé Guitier, & dont la Suite & la Postérité sont inconnues. On sait seulement, qu'au commencement du douzième Siècle un Châtelain de Vitry épousa Mahaud Héritiére du Comté de Rhétel. L'aîné de leurs enfans, nommé Guitier, fut Comte de Rhétel; & le Cadet, appellé Henri, fut Châtelain de Vitry. Ce fut de lui que descendirent par mâles les autres Châtelains de Vitry, dont le dernier fut Robert, qui mourut sous le Régne de St. Louis: après quoi la Châtellenie fut réunie au Domaine de Champagne. Mr. Hadrien de Valois, & quelques-autres, veulent que le Lieu nommé *Victuriacum* par Grégoire de Tours, & où fut pris le Rebelle Munderic, qui se disoit parent des Rois François du tems de Thierry, fils du grand Clovis, soit le même Lieu que Vitry en Perthois; mais plusieurs Auteurs n'en conviennent pas; &, en suivant Aimoin qui vivoit il y a plus de sept cens ans, ils placent en Auvergne le Lieu nommé *Victuriacum*, où fut pris Munderic.

[b] Longuerue, Descr. de la France, Part. I. p. 40.

VITRY LE CROISE, Bourg de France dans la Champagne, Election de Bar sur Aube.

VITRY LE FRANÇOIS [c], Ville de France en Champagne, sur la Marne, à sept lieues de Châlons en remontant vers la Source de cette Riviere. On l'appelle *Vitry-le-François*, parce que François I. qui la fit bâtir, lui donna son nom & sa Devise pour Armes, qui sont une Salamandre entre des flâmes avec ces mots, *Nutrisco & extinguo*: ainsi on devroit l'appeller en Latin *Victoriacum Francisci* & non pas *Victoriacum Francicum*, que l'usage semble avoir établi. Cette Ville a succédé à Vitry en Perthois, comme on l'a vu dans l'Article précédent. Les Habitans de l'Ancienne Ville allérent établir leur demeure dans la Nouvelle, & François I. y transféra toutes les Jurisdictions qui étoient dans l'autre. Henri II. y fit bâtir sur la grande Place le Palais dans lequel elles tiennent aujourd'hui leurs Séances, & où est aussi la Chambre de l'Hôtel de Ville. Cette Ville est quarrée, d'une grandeur médiocre, bâtie sur une petite éminencé d'une Plaine qui va en pente, en descendant imperceptiblement, sur la Riviére de Marne. Elle est aujourd'hui très-peuplée & fait un très-gros Commerce, particuliérement en Grains; ce qui la rend très-riche. Elle est fermée de Terrasses avec huit Bastions Royaux, mais Bastions sans maçonnerie, entourez de Fossez d'eau vive, dans l'un desquels est le Convent des Recollets. Cette Ville est propre & bien bâtie, quoique les Maisons n'y soient que de bois. Ses Places sont belles & larges pour la plûpart. La Place qui est au centre est une des plus spacieuses qui soient en aucune autre Ville. C'est sur cette Place qu'est la Paroisse, qui est en même tems une Collégiale. Henri II. la fit bâtir seulement de bois, mais il la dota dans l'intention que ses Revenus seroient employez, après ses charges acquittées, à en bâtir une de pierre, qui est à présent fort avancée. Il fit aussi bâtir la Halle dans l'endroit destiné pour les Marchez. Il y avoit autrefois derrière les Recollets une Citadelle qu'on a démolie pour des raisons d'Etat & dont on voit encore quelques restes.

[c] Baugier, Mém. Hist. de France p. 331.

Le Chapitre de Vitry-le-François [d] est composé de quatre Dignitez, qui sont le Doyen, le Tresorier, le Chantre & le Sous-Chantre; & de quinze Chanoines, dont quatorze sont nommez par le Roi, & le quinzième par le Chapitre de l'Eglise Cathédrale de Châlons. Le Revenu des Dignitez est d'environ six cens Livres, & celui des Chanoines d'environ quatre cens cinquante Livres. Ce Chapitre, qui est de fondation Royale, est Curé primitif de la Paroisse. Henri Comte de Champagne commença sa fondation en 1180. par celle de deux Chapelains qu'il établit dans son Château de Vitry en Perthois. Ils furent confirmez en 1205. par la Comtesse Blanche, qui en 1212. établit un Collège de Chanoines au nombre de cent; ce qui fut confirmé par le Comte Thibault son fils Roi de Navarre en 1222. & autorisé par les Bulles du Pape Aléxandre III. La même Comtesse Blanche avoit pourtant depuis réduit le nombre des Chanoines à quarante; & enfin le Roi François I. les a réduits au nombre de seize.

[d] Ibid. t. 2. p. 142.

Il y a outre cela à Vitry [e] un Collège des Peres de la Doctrine Chrétienne, qui enseignent les Humanitez & la Philosophie; & qui prennent des Pensionnaires. Ils furent établis au mois d'Avril 1665. par Mr. Vialart, Evêque de Châlons, qui leur donna douze cens Livres de rente sur l'Hôtel de Ville de Paris; & la Ville de Vitry leur donna pareille somme à prendre sur les Octrois. Le Couvent des Minimes, composé de douze Religieux, est très-bien bâti. Il fut fondé en 1610. par Côme Clausse, Evêque de Châlons; & l'on a uni à ce Couvent le Prieuré de Ste. Croix de Vitry-le-Brûlé. Ces Religieux jouïssent d'environ trois mille Livres de rente. Les Recollets qui sont au nombre de vingt-quatre Religieux furent établis en 1612. Les Religieuses de la Congrégation sont au nombre de cinquante. La Maison des Dames Régentes a été établie & fondée par Mr. Vialart Evêque de Châlons. Il y a enfin deux Hôpitaux, l'un servi par quatre Religieux de la Charité, & fondé vers l'an 1676. par feu Mr. Morel, Maître de la Chambre aux deniers: on y compte dix Lits fondez. L'autre Hôpital est l'Hôpital-Général, érigé par Lettres-Patentes du Roi du mois de Septembre 1686. Il est destiné tant pour les Malades que pour ceux qui sans ce secours ne pourroient vivre sans mendier.

[e] Ibid. p. 171.

On

VIT.   VIT.

On trouve à Vitry un Maître particulier des Eaux & Forêts, un Bailliage, un Présidial créé en 1551. & régi par sa Coutume particuliére, un Grenier à Sel du Département de Châlons, & une Châtellenie pour les Domaines du Roi. La Marne qui commence à être navigable à Vitry, est un grand avantage pour les Habitans qui s'en servent pour transporter leurs Bleds à Paris. On la passe sur un Pont.

VITRY SUR LOIRE, Paroisse de France, dans la Bourgogne, Bailliage & Recette de Bourbon-Lancy, à deux lieues de la Ville de ce nom, près de la Loire, avec titre de Baronnie. Les Fiefs qui sont dans cette Paroisse se nomment Fraise, Finge, Fondys, & Ambry, & sont mouvans de la Seigneurie de Vitry.

VITRY SUR SEINE, Bourg de l'Isle de France, Election de Paris. Ce Bourg est bien peuplé.

a Mabill de Re Diplom L. 4. p. 359.

VITRY SUR LA SCARPE [a], ancienne Bourgade de France dans la Province d'Artois, sur la Rivière de Scarpe à deux lieues de Douai. Ce Lieu est remarquable pour avoir été le séjour de plusieurs Princes de la première Race des Rois de France. Grégoire de Tours parle de ce Lieu en plusieurs occasions. Jonas dans la Vie de St. Colomban, & Hariulfe l'appellent Château-Public;

b Le P. Daniel. Hist. de France, t. 1. p. 158.

Villam Publicam. Sigebert [b] Roi d'Austrasie y fut poignardé par des Assassins que Frédegonde avoit envoyez. Il venoit d'y recevoir l'hommage de tous les Seigneurs du Royaume de Soissons. C'est en ce même endroit que Chilperic fit élever le Jeune Clothaire, de peur que sa vie ne fût exposée à de grands dangers dans un autre lieu.

VITSENHAUSEN. Voyez WITZEHAUSEN.

VITTARI. Voyez UTTARI.

VITTEAUX, Ville de France, dans la Bourgogne, Recette de Semur, sur la Rivière de Braine dans un Pays de Montagnes. Cette petite Ville a un Grenier à Sel & une Mairie. C'est la vingt-quatriéme des Villes qui députent aux Etats de Bourgogne. Quoiqu'elle n'ait pas plus de mille Habitans, elle ne laisse pas d'avoir un Couvent de Minimes, des Ursulines, & un Hopital. Dans les Montagnes qui l'environnent, on trouve une espéce de Marbre noir, mêlé de blanc. Outre la Braine, il passe à Vitteaux un Ruisseau qui vient de Massigny, & cause de grands dommages après les pluyes; ce qui contraint les Habitans de faire des Digues, pour les opposer à ce Torrent. Il y a plusieurs Chapelles dans l'Eglise Paroissiale; savoir, celle de St. Michel de trois cens Livres de revenu, celles de St. Jacques & de Ste. Magdelaine, qui peuvent valoir cent cinquante Livres; celles de tous les Saints, des Ferranes & de Ste. Anne de deux cens quatre Livres. Enfin la Chapelle de Ste. Catherine de quatre-vingts Livres de revenu.

c Délices d'Espagne, p. 94.

1. VITTORIA, Ville d'Espagne [c], dans la petite Province d'Alava, sur la Route de Miranda à Tolosa. Cette Ville la plus considérable de la Province, jouît du titre de Cité depuis l'an 1431. Quelques-uns même disent qu'elle est la premiére de Castille, &

comptent la Province d'Alava pour une partie de ce Royaume. Quoiqu'il en soit, Vittoria est située au bout d'une belle Vallée: elle a une double enceinte de murailles, dont l'une est antique & l'autre moderne; mais du reste il n'y a aucune Fortification. La principale Place est entourée de l'Hôtel de Ville, des Couvens de St. François & de St. Dominique, & de plusieurs Maisons assez bien bâties. Au milieu elle est ornée d'une fort belle Fontaine. Ce qui acheve de rendre cette Ville agréable, ce sont les beaux Arbres dont les grandes Rues sont bordées; &, afin que la chaleur ne les gâte pas, on a soin d'y entretenir des Ruisseaux d'eau vive, qui par leur agréable fraîcheur les défendent contre l'ardeur du Soleil. La Ville est partagée en deux parties. Il y a la Ville-Neuve & la Vieille-Ville. Tout le monde quitte cette derniére pour aller demeurer dans l'autre. On y trouve de fort riches Marchands. Leur Commerce se fait à Bilbao, ou à St. Sébastien: il consiste pour la plus grande partie en marchandises de fer, qu'ils envoyent dans toutes les parties du Royaume. Il s'y fait aussi quelque trafic de laine & de vin; mais le grand commerce consiste en lames d'épée qu'on y fabrique en grande quantité. On y tient même un Etalon, auquel on se mesure toutes quand elles sont faites, pour voir si elles sont de la longueur qui est marquée par l'Ordonnance. Il y a de fort beau monde dans cette Ville; car outre le grand nombre de Marchands qui s'y trouvent à cause du Commerce, la situation agréable & la beauté du Lieu y attirent aussi beaucoup de Noblesse, qui se fait un plaisir de venir demeurer dans un si beau séjour.

La Ville de Vittoria doit sa fondation à Don Sanche Roi de Navarre, qui après avoir conquis la Province d'Alava sur les Maures, bâtit cette Ville en mémoire de la Victoire qu'il avoit remportée sur les Infidèles. Quelques-uns ajoutent qu'il eut en vûe aussi d'élever un rempart contre le Roi de Castille qui auroit pu lui disputer sa conquête.

2. VITTORIA, Ville de l'Amérique [d], dans la Terre-ferme, au nouveau Royaume de Grenade, dans l'Audience de Santa Fé, entre Caramanta & Mariquita, à cinquante lieues au Nord-Ouest de Santa Fé [e]. On appelle ordinairement cette Ville VITTORIA DE LOS REMEDIOS. On tient que son Territoire abonde en Mines de divers Métaux.

d De l'Isle, Atlas.
e De Laet, Descr. des Indes Occ. Liv. 9. c. 6.

VITUDURUM, ou VITODORUM. Voyez VITODURUM.

VITULARIA-VIA, Chemin d'Italie: Cicéron en parle au troisiéme Livre de ses Epîtres [f]: *Ex eo loco* [Manliano] *restà Vitularia via profecti sumus in Fusidianum fundum.*

f Ad Q. Fratrem. Epist. 1

VITULI INSULA, Isle de la Grande-Bretagne, selon Bède, qui dit que dans le Pays on la nomme *Seolesëu*. Il ajoute que c'est un Lieu tout environné de la Mer, excepté du côté de l'Occident où il y a une entrée de la largeur d'un jet de fronde: *Locus undique mari circumdatus, praeter ab Occidente: ubi babet ingressum amplitudinis jactus [g] funda.* Au Midi de Chichester la Mer d'une part, & deux Bayes des deux autres côtez

g Délices de la Gr. Br. p. 811.

côtez forment une petite Presqu'isle nommée SELSEY, au lieu de SEALES-EG; ce qui signifie l'*Isle des Veaux Marins*. Elle n'est peuplée aujourd'hui que de Villages; mais anciennement on y voyoit, sur le Rivage Oriental & vers la Pointe de la Baye, une Ville nommée aussi SELSEY, qui fut long-tems florissante, ayant eu des Evêques depuis le septième Siècle jusqu'au Régne de Guillaume le Conquérant. Elle fut ruïnée par quelque inondation de l'Océan, & le Siège Episcopal fut transferé à Chichester: il n'y reste plus rien que les Masures qu'on peut voir lorsque la Mer est basse; mais lorsqu'elle est haute elle les couvre entiérement. On fait cas des Huitres qui se pêchent dans ce Quartier.

VITUNGI. Voyez JUTUNGI.

VITURNA, ou JUTURNA. Voyez JUTURNA.

VITURVIUM. Voyez VITERBIUM.

VITTEFLEURS. Voyez VITEFLEURS.

VITZE [La]. Mr. Corneille [a], qui cite les Mémoires & Plans Géographiques 1695. dit: la VITZE, gros Bourg d'Italie, qui n'est éloigné de Trente que de huit milles. Il est situé sur les bords de l'Adige, qui devient un gros Torrent dans ce Lieu-là, & fait d'étranges ravages le long des Plaines. Ceux du Pays ont bien de la peine à s'en garantir par des Digues qu'ils y entretiennent avec grand soin. Le Pont sur lequel on traverse la Riviere est d'une construction admirable. Il est tout couvert, & ressemble à ces grandes Sales, qui sont percées des deux côtez. Quoiqu'il ait soixante & dix pas de long, & qu'il ne soit composé que de bois de Sapin, il est toutefois sans voute & sans piliers, & se soutient de lui-même en l'air, d'une invention fort ingénieuse & sûre, par le secours de quelques arcs-boutans, placez seulement à l'un & à l'autre bout.

☞ Il n'y a, je crois, que Mr. Corneille & son Garant qui connoissent aux environs de Trente un Bourg nommé LA VITZE. Cela me feroit soupçonner qu'il seroit question du Bourg, ou de la petite Ville LAVIS, située à sept ou huit milles au Nord de Trente. Elle n'est pas à la verité sur l'Adige; mais sur la Riviere ou sur le Torrent qui lui donne son nom, & sur lequel elle a un Pont. Du reste elle est si près de l'Adige, qu'il n'est pas étonnant qu'on ait dit qu'elle étoit sur son bord.

VIVA, ou VINA; Ville de l'Afrique Propre. Elle est marquée dans l'Itinéraire d'Antonin sur la Route de Carthage à Sufetula, en passant par Adrumete; & elle se trouve entre Carthage & Putput, à trente-trois milles de la première de ces Places & à dix milles de la seconde. La Table de Peutinger, qui écrit VINA-VICUS, différe de l'Itinéraire d'Antonin pour les milles qui se trouvoient entre cette Ville & Putput: au lieu de dix milles, elle marque dix-huit milles. VIVA ou VINA fut un Siège Episcopal de la Proconsulaire. Voyez VINENSIS.

VIVANTIUS FLUVIUS; Biondo écrit ainsi le nom Latin du Fleuve *Tordino*. Voyez JUVANTIUM.

VIVAR; Bourgade d'Espagne [b], dans la Vieille-Castille, à deux lieues de Burgos. Ce Lieu est célèbre pour avoir donné la naissance au grand Héros Rodrigue surnommé le Cid, dont les Historiens Espagnols racontent tant de Merveilles, & qui a fourni à un Poëte François (Pierre Corneille) le sujet d'une belle Tragi-Comédie.

VIVARAIS, Pays & petite Province de France, au Gouvernement-Militaire du Languedoc, & qui fait partie de la Lieutenance-Générale des Cevennes. Ce Pays est borné, au Nord par le Lyonnois : à l'Orient par le Rhosne qui le sépare du Dauphiné: au Midi par le Diocèse d'Usés; & à l'Occident par le Velay & par le Gevaudan. Le Vivarais a pris le nom de la Ville de Viviers [c]. Les Peuples s'appelloient autrefois *Helvii* & appartenoient à la Gaule Narbonnoise, ou autrement à la Province Romaine, du tems de Jules César, qui en fait mention dans ses Commentaires, & dit qu'ils étoient sur les Confins des Peuples du Gevaudan & du Velay qui n'étoient point alors Sujets des Romains. Après la nouvelle Division des Provinces sous Constantin & ses Successeurs, les Helviens furent attribuez à la Première Viennoise. Strabon s'est trompé quand il a mis les Helviens au nombre des quatorze Peuples d'entre la Loire & la Garonne, qui furent joints à l'Aquitaine; car on ne sçauroit douter que Strabon ne parle des mêmes Helviens dont il s'agit ici, lesquels ont été fort bien placez dans la Gaule Narbonnoise par Ptolomée; mais leur nom a été corrompu dans les Exemplaires manuscrits & imprimez de cet Auteur, dans lesquels on lit *Helcoci* pour *Helvii*, qui est le véritable nom marqué non-seulement par Strabon; mais aussi par César, Mela & Pline. La Capitale de ces Peuples, *Helvii*, s'appelloit Albe, & même Albe-Auguste, comme on lit dans Ptolomée ; on l'appelle encore aujourd'hui Albe ou Alps; mais ce n'est plus qu'un Bourg qui a succedé à l'ancienne Ville ruïnée par les Barbares. On tient communément dans le Pays, qu'un Roi des Vandales nommé Crocus détruisit cette Ville, lorsque ces Barbares ravagèrent les Gaules dans le commencement du cinquième Siècle; mais comme tout cela n'est appuyé que sur des Traditions populaires, ou sur des Légendes fort suspectes, il n'y faut pas avoir beaucoup d'égard; ce qui est certain, c'est que lorsque l'Empire Romain fut ruïné & dissipé dans le même Siècle, qui est le cinquième de Jésus-Christ, la Ville d'Albe & les Peuples Helviens furent conquis par les Bourguignons. Sigismond leur Roi en étoit le maître au commencement du sixième Siècle, lorsqu'il assembla le Concile d'Epaone, l'an 517. composé des Evêques ses Sujets, entre lesquels étoit Venantius Evêque d'Albe. Les François après la mort de Sigismond ayant conquis le Royaume de Bourgogne, il fut partagé entre les Princes de la Maison du Grand Clovis; la Ville d'Albe avec son Territoire vint au pouvoir des Rois de Metz. Théodebert fils de Thierry, & Petit-fils de Clovis, ayant assemblé un Concile dans la Ville d'Auvergne, le même Venantius Evêque d'Albe y assista, & y prit la qualité d'Evêque de Viviers, *Vivariensis*; ce qui démontre que dès lors il avoit transferé son Siège ou

[a] *Dict.*

[b] Délices d'Espagne, p. 184.

[c] *Longuerue*, Descr. de la France, Part. 1. p. 260.

VIV.   VIV.   261

sa résidence d'Albe à Viviers ; néanmoins le Titre d'Evêque d'Albe subsistoit toujours, puisque Cautinus, Succeffeur de Venantius, affistant au cinquième Concile d'Orléans l'an 549. prit encore la qualité d'Evêque d'Albe. Mais depuis, ce nom fut entiérement aboli, puisqu'il n'en est plus fait mention que dans des Notices composées ou ramassées bien ou mal des Auteurs précédens par des Ecrivains de peu de savoir, comme nous l'avons déja plusieurs fois remarqué. Ce Pays, à cause des Peuples *Helvii*, avoit été nommé *Helvicus Pagus* dont Pline fait mention, aussi-bien que du vin que ce Pays produit nommé *Helvicum Vinum*.

Le Pays est divisé en HAUT & BAS-VIVARAIS par la Riviére d'Erieu. Le HAUT VIVARAIS est du côté du Forez & du Velay. Annonay en est la Capitale. Le BAS-VIVARAIS est situé au Midi. C'est où se trouve la Ville de Viviets, qui est devenue la Capitale du Pays depuis la destruction de l'ancienne *Alba-Augusta*, à présent Albe, qui étoit la Capitale des *Helvii*. On peut encore ajouter à la Division du Vivarais le Pays de Boutiéres, situé entre Privas & le Velay. Ce dernier Pays consiste en hautes Montagnes, stériles, qui ne produisent que des Chataignes, des Chanvres & des Pâturages pour nourrir des Bêtes à laine. Le Haut-Vivarais est couvert de Montagnes qui sont très-bien cultivées, où l'on nourrit une grande quantité de Bestiaux, & où l'on recueille beaucoup de Bled. Le Bas-Vivarais est des plus abondans par l'industrie de ses Habitans qui savent ménager jusqu'aux moindres terreins des Montagnes qu'ils peuvent cultiver ; outre que la plus grande partie du Pays par elle-même, c'est-à-dire entre les Montagnes & les bords du Rhosne, est aussi fertile qu'il y en ait dans le Languedoc. On y recueille beaucoup de Vins, & on y fait beaucoup de Soie.

a Pignoil de la Force, Descr. de la France, t. 4. p. 291.

Les Barons de la Province président à l'Assemblée [a] des Etats du Vivarais, & l'Evêque n'y vient qu'à son tour comme Baron. Ils peuvent en unis & les autres en leur absence envoyer un Subrogé qui tient l'Assemblée. Le Baillif du Pays y assiste toujours. Le Grand-Vicaire de l'Evêque y entre comme Baron de Viviers. Treize Consuls & deux Baillifs y entrent aussi. Le Baron de Tour, ou son Subrogé signe le premier, & le Commissaire principal signe le second ; ce qui est singulier, car dans tous les autres Diocèses il signe le premier.

VIVARIENSE MONASTERIUM, Abbaye d'Italie, dans la Calabre Ultérieure, & fondée par Cassiodore [b] en 539. auprès de la Ville *Squillacium*, ou *Scyllatium*. Elle étoit gouvernée par deux Abbez. On croit que c'est la même Abbaye que St. Grégoire Pape [c] appelle MONASTERIUM CASTELLI, & qu'il met aussi dans le Diocèse de *Squillaci* [d]. C'étoit une Abbaye de l'Ordre de St. Benoît, située au voisinage de la Mer, vers l'Embouchure du Fleuve *Pellena*, près des Montagnes appellées *Castellenses Montes*, & au voisinage de la Terre ou du Village appellé présentement *Stallati*. Le nom de VIVARIENSE lui avoit été donné à cause d'un Vivier que Cassiodore avoit fait faire

q Divinar. Lect. c. 29.

c Lib. 7. Indict. I. Epist. 31.
d Le P. Lubin, Abbat. Ital. Notit.

dans cet endroit & dont il donne la description [e].

e Epist. Lib. 12. Ep. ad Maximum.

VIVARIENSIS, Siège Episcopal de la Gaule Narbonnoise. Voyez VIVIERS.

VIVENTANI, Peuple d'Italie dans l'Umbrie selon Pline [f].

f Lib. 3. c. 14.

VIVERO, ou BIVERO, Ville d'Espagne [g], dans la Galice, à neuf lieues de Ribadeo & à sept lieues du Cap d'Ortegal. Vivero est située sur une Montagne fort roide, au pied de laquelle passe une petite Riviére nommée Landrove, qui forme à son entrée dans l'Océan un Port large & capable de tenir une nombreuse Flote.

g Délices d'Espagne, p. 124.

VIVEROLS, Bourg de France, dans l'Auvergne, Election d'Issoire. Ce Bourg est assez considérable.

VIVES, Bourg de France dans le Bas-Armagnac, Election de Lomagne.

VIVEYROLS, ou SAINT MARTIAL DE VIVEYROLS ; Bourg de France dans le Périgord, Election de Périgueux.

VIVIDARIA GENS, Peuple Germain, ou Sarmate ; car Jornandès dit qu'il habitoit dans une Isle de la Vistule qu'il nomme *Viscla* dans cet endroit.

VIVIER DE SALOMON. Près de Jérusalem, dit le Brun [h], on trouve un Vivier, qu'on dit avoir été fait par le Roi David, ou plutôt par le Roi Salomon son fils, qui alloit souvent s'y divertir. Ce Vivier a cent cinquante pas de longueur, & soixante de largeur ; mais présentement il est sans eau. Tout auprès on montre l'endroit où Salomon fut sacré.

b Voyage au Levant, t. 2, p. 203.

1. VIVIERS, Ville de France, dans le Bas-Languedoc, & la Capitale du Vivarais, sur le bord Occidental du Rhône, à quatre lieues du Pont St. Esprit, & à neuf de Valence. Cette Ville, nommée en Latin *Vivarium*, doit son origine & son agrandissement à la ruïne d'Albe-Auguste, Capitale des anciens *Helvii*, qui fut ruïnée par Crocus Roi des Allemands ; de sorte que l'Evêque Auxonius fut obligé de transporter sa résidence vers l'an 430. dans l'endroit où est la Ville de Viviers, & qu'on nommoit alors *Castrum Vivarii*, ou *Locus Vivariæ*. On voulut dès lors qu'il s'appellât *Alba-Helviorum* ; mais les Peuples se sont obstinez à lui conserver son ancien nom. Aujourd'hui la résidence la plus ordinaire de l'Evêque, est à deux ou trois lieues au-dessous de Viviers [i], dans un Lieu appellé le Bourg de Saint Andiol, où il a son Palais Episcopal sur la Rive gauche du Rhône. Ce Prélat & Comte de Viviers est Seigneur Temporel de son Diocèse. Il n'est fait aucune mention de ce Droit dans la Patente de Charles *le Chauve*, où sont marquez tous ceux de cette Eglise, & les Biens dont elle étoit en possession dans le neuvième Siècle. Les Rois de Bourgogne & d'Arles possédoient le Vivarais, & les Empereurs Allemands, qui succédérent à ces Rois, avoient le même Droit ; ce fut l'Empereur Conrad de la Maison de Suabe, qui étant parent de Guillaume Evêque de Viviers, lui donna & à son Eglise, dans le milieu du douzième Siècle, la Ville & le Comté de Viviers. Ces Evêques jouïrent toujours depuis librement

i Longuerue, Descr. de la France, Part. 1. p. 261.

Kk 3   de

de ce Comté, sans aucune dépendance des Rois de France ou des Seigneurs voisins, jusqu'après la réunion du Languedoc à la Couronne. Ce fut pour lors que sous le Régne de Philippe *le Hardi*, les Officiers Royaux, & particuliérement le Senéchal de Beaucaire, voulurent étendre leur Jurisdiction sur le Vivarais, prétendans que tout ce qui étoit situé à l'Occident du Rhône relevoit de la Couronne de France. L'Evêque de Viviers s'opposa à cette entreprise, & implora la protection du Pape Grégoire X. qui s'étant informé de cette affaire, trouva qu'elle avoit été commencée du tems de Saint Louïs, & que le Pape Clément IV. avoit donné l'an 1265. une Bulle, par laquelle il étoit déclaré que les Titres gardez dans les Archives de l'Eglise de Viviers, démontroient que tout son Temporel dépendoit de l'Empire; de sorte que ses poursuites furent suspendues pendant quelques années. Mais Philippe *le Bel* s'étant rendu Maître de Lyon & de tout le cours du Rhône, contraignit Albert de Peyre Evêque de Viviers & son Chapitre à soumettre leur Temporel, situé à l'Occident du Rhône, au Roi & à la Couronne de France, par un Acte de l'an 1307. qui fut confirmé par un Traité passé l'an 1365. entre Chales V. dit *le Sage*, Roi de France, & Bertrand de Château-neuf Evêque de Viviers.

Quant aux Comtes qui ont commandé à Viviers, tant sous les Rois de Bourgogne & d'Arles, que sous les Empereurs, avant que le Comté de Vivarais fût uni à la Mense Episcopale, on n'en sait ni les noms ni la suite; on voit seulement dans l'Histoire de Provence, que les Comtes Guillaume & Gilbert prenoient la qualité de Comtes de Viviers, sans que l'on sache quel pouvoir ils avoient en Vivarais, ni ce qu'ils y possédoient en effet.

Le Pays de Vivarais est aujourd'hui de plus grande étendue que n'est le Comté de Viviers. Car depuis le Régne de Philippe *le Bel*, on a joint au Vivarais la partie des Diocèses & des anciens Territoires de Valence & de Vienne, qui est à l'Occident du Rhône, excepté certaines Bourgades & Paroisses du Diocèse de Vienne qui ont été jointes au Lyonnois.

[a] *Pignioli, Descr. de la France, t. 4. p. 401.* Viviers est située entre des Rochers [a], petite & mal propre. Elle a quatre Portes, & ses Rues sont fort vilaines. La Cathédrale est sur un Rocher qui domine la Ville, & n'est remarquable que par cette situation & par sa grandeur. Au-dessous est un Couvent de Jacobines qui est assez riche.

[b] *Ibid. p. 261.* L'Evêché de Viviers [b], suffragant de l'Archevêché de Vienne, vaut trente mille Livres de rente, & a environ trois cens quatorze Paroisses. L'Eglise Cathédrale est sous l'Invocation de St. Vincent. Le Chapitre a un Prevôt, un Archidiacre, un Précenteur, un Sacristain, un Archiprêtre, un Vicaire & trente Chanoines. L'Abbaye de Manzan, *Manjiada*, de l'Ordre de Citeaux & de la Filiation de Bonneval, est unie à l'Evêché de Viviers & rapporte à l'Evêque cinq mille quatre cens Livres de revenu. Cette Abbaye fut fondée le 3. des Calendes de Novembre 1119.

Le Diocèse de Viviers comprend le Bas-Vivarais & une partie du Haut [c], dont le reste est de l'Archevêché de Vienne. Dans le Haut-Vivarais on remarque les Villes & les Bourgs d'Annonay, de Tournon & de Crussol ou de Crusol. Dans le Bas sont les Villes ou les Bourgs de Monlaur, de Boulogne, de l'Etrange, de Privas, du Poussin, de Viviers, Capitale du Vivarais, le Bourg de St. Andiol, Villeneuve de Berg & autres.

[c] *Pag. 400.*

2. VIVIERS, Bourg de France, dans le Maine, Election du Mans.

3. VIVIERS, Bourg de France, dans la Champagne, Election de Tonnerre.

4. VIVIERS, Lieu de France dans la Bourgogne, Bailliage & Recette de Bar-sur-Seine. Ce Lieu, qui n'est qu'un secours de la Paroisse de Chériée & situé au milieu d'un Vallon, est passablement peuplé. On y voit un Prieuré de l'Ordre de St. Benoît; & il y passe un petit Ruisseau nommé Artos qui tarit quelquefois.

5. VIVIERS, Abbaye de France, dans l'Artois, près de la Ville d'Arras. C'est un Monastère de Filles de l'Ordre de Citeaux, fondé vers l'an 1220.

VIVIERS LA MONTAGNE; Bourg de France dans le Haut-Languedoc, Recette de Lavaur.

VIVISCA, & VIVISCI. Voyez VIBISCI.

VIVOIN, Bourg de France, dans le Maine, Election du Mans sur la Sarte, près & au-dessous de Beaumont-le-Vicomte. Il y a dans ce Bourg un Prieuré-Régulier dépendant de Marmoûtier.

VIVONNE, Bourg ou petite Ville de France dans le Poitou, Election de Poitiers, sur le Clain. Il y a à Vivonne un Château.

VIVY, Bourg de France dans l'Anjou, Election de Saumur.

VIX, Bourg de France, dans le Poitou, Election de Fontenay.

VIZARITANA-PLEBS. Voyez BAZARITANA-PLEBS.

VIZE, Ville des Etats du Turc, en Europe, dans la Romanie, assez avant dans les Terres, au pié des Montagnes; en Latin *Bizia*, ou *Bicia*, *Bysia*, ou *Bisia*. Elle est à l'endroit où la Riviére Glicinero prend sa source, à quarante milles de la Côte de la Mer Noire & à soixante milles de Constantinople, au Nord Occidental. Elle étoit Evêché dans le cinquième Siècle, & elle a eu le Titre d'Archevêché honoraire, dès le sixième Siècle. Cette Ville, qui n'est encore pas mauvaise aujourd'hui, est appellée *Bilfier*, par Mr. l'Abbé de Commainville [d]

[d] *Table des Evêchez. e Jaillot, Atlas.*

VIZILLE, Lieu de France [e], dans le Dauphiné, au Grésivaudan, sur la Rive droite de la Romanche, à deux lieues au Midi de Grenoble. Il y a dans ce Lieu un Château qui étoit la Maison de Plaisance, & la Résidence assez ordinaire du Connétables de Lesdiguiéres. Ce Seigneur en avoit fait un Lieu superbe, particuliérement pour les Peintures.

VIZO; Nom d'une Ville Barbare [f], selon un Fragment de Salluste, rapporté par Probus le Grammairien.

[f] *Ortelii Thesaur.*

VIZZEGRAD. Voyez VICEGRAD.

I. U-

UKE. UKI. UKR.

U K.

1. UKER, UCKER, ou UKERSÉE, Lac d'Allemagne [a], dans l'Electorat de Brandebourg, au Quartier appellé Ukermarck, du nom de ce Lac. Il s'étend du Midi au Nord. Sa longueur est d'environ quatre lieues, & sa largeur de deux. Il reçoit une Riviére du côté du Midi, & du côté du Nord il donne naissance à la Riviére d'Uker.

2. UKER, ou UCKER, Riviére d'Allemagne, dans l'Electorat de Brandebourg [b]. Elle sort du Lac d'Uker qui lui donne la naissance & le nom. Elle prend son cours du Midi au Nord, & après avoir mouillé, en sortant du Lac, la Ville de Prenslow, & ensuite les Lieux de Kussow & de Warbelow, elle entre dans la Poméranie, où elle arrose Passewalck, Torgelow & Ukermunde, où elle se jette dans le Grosse-Haff.

UKERMARCK, ou UCKERMARK [c], Contrée d'Allemagne, dans l'Electorat de Brandebourg, dont elle fut une des trois Marches. Ce Pays est borné au Nord & à l'Orient par la Poméranie: au Midi par la Moyenne-Marche de Brandebourg; & à l'Occident partie par le Mecklenbourg, partie par le Comté de Rappin. Les principaux Lieux de l'Ukermarck, sont

Prenslow,   Templin,
Strasbourg,   New-Angermund.

UKERMUNDE, ou UCKERMUNDE, Ville d'Allemagne, dans la Poméranie, sur le Grosse-Haff, à l'Embouchure de la Riviére Uker qui lui donne son nom [d]. Elle fut ceinte de Murailles en 1190. Bogislas III. Duc de Poméranie y fit bâtir le Château, qui est fortifié. Le Chevalier Zacharie Hasse, à la tête de quelques Brigands, surprit en 1370. tout le Magistrat d'Ukermunde, & le mena prisonnier dans son Château de New-Torgelow. L'Electeur de Brandebourg forma en 1469. le Siège de cette Ville. Les Ducs de Mecklenbourg se joignirent même à lui avec leurs Troupes; mais les Poméraniens les harcelèrent tellement qu'ils furent tous obligez de se retirer. Ukermunde est à trois heures d'Anklam, & l'on va de l'une à l'autre Ville par un fort beau Chemin. Il y a une Allée de Sapins [e] pendant plus de deux heures: cette Allée est au milieu d'une grande Forêt, qui continue jusqu'à une lieue de Stetin. Zeyler ajoute que, quelques années avant le tems où il écrivoit, on voyoit marcher en troupes les Chevaux sauvages dans les Campagnes d'Ukermunde. Ils sont de diverses couleurs, comme les autres Chevaux. On ne les distingue que par une ligne jaune, qui leur passe tout le long du dos.

UKIANG, Ville de la Chine [f], dans la Province de Kiangnan, au Département de Sucheu, troisième Métropole de la Province. Elle est de 3. d. 30′. plus Orientale que Peking, sous les 31. d. 34′. de Latitude Septentrionale.

UKIAO, Ville de la Chine [g], dans la Province de Peking, au Département de Hokien, troisième Métropole de la Province. Elle est de 0. d. 18′. plus Occidentale que Péking, sous les 38. d. 0′. de Latitude Septentrionale.

UKRAINE, Contrée de l'Europe [h], renfermée entre la Pologne & la Moscovie au Nord, la Moscovie encore à l'Orient, la petite Tartarie & le Pays des Tartares d'Oczakow au Midi, & la Moldavie au Couchant Méridional. Le nom d'Ukraine signifie Frontière en Langue Esclavone. Ce Pays composé des Palatinats de Kiovie & de Bracklaw, aussi-bien que des Campagnes désertes appellées *Dzyke-Pole*, est possédé partie par les Polonois, partie par les Moscovites.

L'Ukraine pourroit être nommée un grand Royaume [i], tant par sa vaste étendue & par le nombre de ses Peuples, que par la quantité de ses Villes qui sont grandes & bien bâties, & par la bonté de son Terroir, qui est gras, fertile & une vraie Terre de Promission, selon l'expression des Polonois, qui l'appelloient *une Terre de Lait & de Miel*. Tout ce que la Nature n'accorde qu'à nos soins & à nos travaux dans les Cantons les plus fertiles, croît dans celui-ci en plein champ comme s'il avoit été semé. Les Polonois regardoient la possession de cette Province comme leur plus grande richesse. Elle avoit son Général à part; & ses Armées agissoient séparément comme alliées & confédérées, & non comme dépendantes de la Couronne de Pologne. On en a vu de deux à trois cens mille hommes, & l'Histoire de Pologne remarque que la République a été invincible, tant qu'elle a été en possession de cette heureuse Contrée, dont les Peuples se nomment Cosaques, par une singularité remarquable, étant peut-être les seuls qui portent un nom différent de celui de leur Pays. Autrefois ils étoient d'une bravoure extraordinaire; ils faisoient eux-mêmes leurs Armes, leur Poudre, leurs Balles; ils souffroient aisément toutes les incommoditez de la Guerre & des Saisons; ils étoient bons Partisans, admirables Fantassins, Soldats intrépides & même un peu féroces. Aujourd'hui ce Pays est ruiné, & la Guerre a fait du meilleur Canton de l'Europe des Campagnes désertes où l'herbe couvre les masures des Villes, dont il n'est demeuré sur pied que celles qui se trouvoient les plus voisines des Frontières de Pologne: ainsi il ne reste presque aujourd'hui que le nom d'Ukraine & de Cosaques. Ces Peuples se sont pour la plûpart dispersez ou dans les Isles du Borysthène, ou sur ses Bords du côté des Moscovites, & dans les Terres de leur Domination: les autres ont été exterminez par les Turcs, ou enlevez par les Tartares. Les premiers après avoir conquis cette Province, l'ont abandonnée en y mettant un Officier du Pays sous le nom de Prince d'Ukraine, & sous une dépendance semblable à celle des Hospodars de Valaquie, de Moldavie & de Transilvanie. L'Officier, qui fut le premier revêtu de cette Dignité, étoit fils du Chef des Cosaques, qui se révolta sous le Règne de Ladislas, fils de Sigismond, nommé Chmielnicki; mais les Turcs le firent empoisonner dans la suite, & ruinèrent les principales Villes, entre autres celle d'Oumaing,

UKR.　ULA. VLA.

maing, qui étoit très-riche & très-marchande, & dans laquelle ils firent périr plus de trois cens mille ames, & diffipérent pour plus de huit millions de Marchandises. Ils en firent de même quelque tems après à la Forteresse de Chercim qu'ils prirent sur les Moscovites dans leurs dernières Guerres & dont ils firent fauter les Murailles. La Prise de cette importante Place fut le dernier coup fatal qu'on porta à l'Ukraine. Le Seraskier Kara Mustafa Bacha l'assiégeoit avec une Armée formidable; & le Général des Moscovites la couvroit avec des Forces très-nombreuses; dont il introduisoit des Détachemens dans la Ville, pour rafraîchir successivement les Troupes qui la défendoient. Le Général Turc s'en étant apperçu eut recours à la ruse. Il feignit d'abandonner le Siège de Chercim. Le Moscovite, jugeant mal de cette Démarche, se retira aussi, & ne laissa dans la Place qu'un certain nombre de Troupes peu aguerries. La Nouvelle, qui en fut portée au Seraskier, le fit retourner brusquement devant Chercim, qu'il emporta en peu de jours à la vûe de plus de deux cens mille hommes accourus pour secourir la Place.

Il ne reste présentement en Ukraine que quelques Villes sur les Frontières de Pologne, entre autres Kalnie Bratzlaf, ou Braclaw, Bar, & quelques autres moins considérables, toutes cependant bien bâties de pierre & de brique, quoiqu'en partie ruinées, & toutes reprises par le Roi Jean Sobieski, en 1674. & 1675. Les Turcs & les Tartares revinrent peu de tems après & poussèrent même jusqu'à Léopol. Dans cette vicissitude de fortunes diverses l'Ukraine fut entièrement ruinée. Elle n'est plus qu'un vaste Desert; de sorte que la Pologne a perdu par-là la meilleure partie de ses Etats. Il lui reste encore une ombre de Souveraineté sur les Cosaques Zaporages, qui sont ceux qui se retirèrent dans les Isles des Embouchures du Borysthène. Ils sont sous le commandement d'un Général de leur Nation que le Roi de Pologne choisit. Les Polonois en ont retiré quelquefois de bonnes Troupes d'Infanterie; mais aujourd'hui les Cosaques sont bien déchus de l'ancienne valeur de leurs Ancêtres.

Les Hollandois ont proposé à la République de Pologne un parti qui paroissoit avantageux pour rétablir l'Ukraine dans son premier état. Ils demandoient qu'on leur cédât les Deserts incultes pour les peupler de Colonies Hollandoises, offrant en même tems de servir de Barrière contre les Turcs & les Tartares, avec une Armée de cinquante mille hommes; mais la Proposition n'a pas été reçue. Les Polonois sans doute appréhendé que les Hollandois un jour ne leur donnassent plus d'embarras que les Tartares.

Comme les Moscovites sont présentement les Maîtres d'une grande partie de l'Ukraine, ils en usent aujourd'hui avec les Cosaques comme les Polonois faisoient autrefois; c'est-à-dire qu'ils en prennent à leur service un grand Corps d'Infanterie, sous un Général de la Nation Cosaque.

U L.

1. ULA, Lac de Suède dans la Cajanie, ou Bothnie Orientale [a], aux Confins de la Tavastie & du Savolax. On lui donne communément treize milles de longueur, & dix de largeur. Il reçoit les Eaux de divers petits Lacs, & se décharge dans le Golphe de Bothnie, près de la Ville d'Ula, par le moyen d'un Emissaire ou d'une Rivière qui porte son nom. La Ville Cajanebourg est bâtie sur le bord Septentrional de ce Lac, en tirant vers l'Orient dans l'endroit où il reçoit la décharge d'un grand nombre de petits Lacs. Il y a au milieu du Lac Ula une Isle de même nom.

[a] De l'Isle. Atlas.

2. ULA, Isle de Suède, au milieu du Lac qui lui donne son nom. Elle a environ cinq milles de longueur, & trois de largeur.

3. ULA, Rivière de Suède dans la Cajanie, ou Bothnie Orientale. Elle sort du Lac de même nom, court de l'Orient à l'Occident; & se va jetter dans le Golphe de Bothnie, dans l'endroit où est la Ville d'Ula & vis-à-vis d'Ulaborg.

4. ULA, Ville de Suède, dans la Cajanie, ou Bothnie Orientale; sur la Côte du Golphe de Bothnie, à l'Embouchure de la Rivière d'Ula à la droite.

5. ULA, ou OULA, Ville d'Asie dans la Tartarie Orientale, ou Chinoise, sur la Rivière Songoro, Sumhoa, ou Xingala, un peu au-dessous de la Ville de Kirien. Les Rois y faisoient autrefois leur séjour le plus ordinaire.

ULABAT, Rivière des Etats du Turc, en Asie, dans l'Anatolie, selon Mr. Corneille [b] qui ne cite aucun garant. Il dit seulement que Leunclave, & quelques autres, l'appellent *Lepidi* & *Lepidio*; & que c'est le *Rhyndacus* des Anciens. La difficulté ne consiste qu'au mot ULABAT, qui pourroit être corrompu de *Loupadi*, nom moderne du Fleuve *Ryndacus*, selon Mr. de l'Isle [c]. Elle sort du Mont Olympe ou Geschisdagh, autrement la Montagne des Caloyers. Elle traverse de l'Orient à l'Occident le Lac de Loupadi. En sortant de ce Lac, elle mouille la Ville de Loubat, ou Loupadi, &, prenant son cours vers le Nord en serpentant extrêmement, elle se joint à la Rivière Lartachi, avec laquelle elle va se perdre dans la Mer de Marmora, près de Palorme.

[b] Dict.
[c] Atlas.

ULABORG, Bourg de Suède [d] dans la Cajanie, ou Bothnie Orientale. Il est situé dans une petite Isle, à l'Embouchure de la Rivière d'Ula. Ce Bourg est fortifié.

[d] De l'Isle Atlas.

ULÆ, Peuples de la Sarmatie Asiatique. Ptolomée [e] place sur le bord de la Mer Caspienne.

[e] Lib. 5. c. 9.

VLAERDINGEN, Bourgade des Pays-Bas, dans la Hollande Méridionale, proche de la Meuse, à deux lieues au-dessous de Rotterdam, au voisinage de Schiedam. C'étoit autrefois une bonne Ville, & elle a été même la Résidence des Comtes de Hollande; mais les débordemens de la Meuse, & les Guerres l'ont ruinée. La principale occupation de ses Habitans est de faire des filets

filets pour la pêche du Harang. Vlaerdingen a beaucoup de franchises.

VLAGHI, Village des Etats du Turc en Europe, dans la Livadie [a], entre la Ville Tiva & la Montagne Oita, anciennement nommée Parnès ou Parnethès; mais beaucoup plus près de cette Montagne que de Tiva. On a donné à ce Village le nom de Vlaghi, parce qu'il est peuplé d'Albanois, ou de Vlaques; car c'est le nom qu'ils se donnent dans leur langage particulier.

[a] Spon, Voyage de Grèce.

ULAI. C'est, dit Dom Calmet [b], le Fleuve EULÉE, qui coule près de la Ville de Suze en Perse. Daniel [c] eut une fameuse Vision sur le Fleuve d'Eulée, & *à la porte de ce Fleuve*; c'est-à-dire vers la porte de la Ville qui regardoit l'Eulée. Il eut cette Vision la troisième année de Balthasar Roi de Perse, du Monde 3447. avant J. C. 553. avant l'Ere vulgaire 557.

[b] Dict.
[c] Cap. 8. 2. 16.

ULAM, nom de Lieu. Eusébe [d] cité par Dom Calmet [e], dit qu'il y a un Bourg nommé ULAMMA, à douze milles de Diocésarée vers l'Orient.

[d] In Οκομαςτ.
[e] Dict.

ULAMAIS; Les Septante disent que l'ancien nom de la Ville de Dan étoit *Ulamaïs*; mais l'Hébreu, dit Dom Calmet, porte [f] ULAM-LAÏS, qui se traduit par *autresois Laïs*; & le vrai nom ancien de Dan étoit certainement Laïs, comme il paroît par le Livre des Juges [g].

[f] Judic. 18. 29.
[g] Ibid. 18. 7. 14.

ULAMUS, ou ULAM-LUZ; Les Septante, dit Dom Calmet [h], l'ont pris comme si c'étoit l'ancien nom de Bethel; mais l'Hébreu porte [i] ULAM-LUZ; c'est-à-dire autrefois Luz. La Ville, qui s'appella dans la suite Bethel, se nommoit auparavant Luz.

[h] Dict.
[i] Genef. 18. 19.

ULATHA, Ville située entre la Galilée & la Trachonite, selon Josèphe [k].

[k] Antiq. L. 15. c. 13.

ULBANECTES, Peuples de la Gaule Belgique, selon Pline [l] qui dit qu'ils étoient libres. Le Pere Hardouin remarque, que tous les MSS. ainsi que toutes les Editions qui ont précédé celle d'Hermolaüs portent ULUMANETES, au lieu d'ULBANECTES. Il ajoute que ce font les Συμάνεκτι, auxquels le MS. de Ptolomée [m], conservé dans la Bibliothéque du Collége de Louïs le Grand à Paris, donne la Ville *Ratomagus*, qu'il place à l'Orient de la Seine; ce sont par conséquent les SUBANECTI des Editions Latines, & que dans la suite on a appellés SILVANECTENSES.

[l] Lib. 4. c. 17.
[m] Lib. 2. c. 9.

ULBIA. Voyez OLBIA.

ULCA, Fleuve qu'Ennodius [n] appelle *Tutela Gepidarum*. Ortelius [o] soupçonne que ce pourroit être le même, que l'ALUTA. Voyez ce mot.

[n] In suo Panegyrico.
[o] Thesaur.

ULCAMI, ou ULCUMA, Royaume d'Afrique [p], dans l'Ethiopie Occidentale, entre Benin & Arder, vers le Nord-Est: ainsi il ne vient pas jusqu'à la Côte. On amene de ce Royaume au Petit-Arder quantité d'Esclaves, dont les uns sont prisonniers de guerre, & les autres ont été condamnez à cette peine pour quelque crime. On les vend aux Hollandois, & aux Portugais qui les transportent en Amérique. Ces Négres circoncisent leurs enfans mâles comme les Mahométans. Ils ont même une maniére assez singuliére de circoncire les Filles; ils attendent qu'elles ayent dix ou onze ans;

[p] Dapper, Descr. de l'Afrique, p. 307.

& alors on met dans la partie où se doit faire l'opération un petit bâton, autour duquel on a attaché des fourmis, & on y en remet de tems en tems de nouvelles, afin qu'elles soient plus affamées, & qu'elles mordent avec plus de force.

ULCI, Ville d'Italie dans la Lucanie, selon Ptolomée [q] qui la marque dans les Terres. On croit que c'est aujourd'hui *Bucino*, ou *Bulcino*, sur le *Silaro*. Il y a apparence que cette Ville se nommoit aussi VULCI, VULCEJA & même VOLCEJA; car, selon Holsten [r], ses Habitans sont nommez VULCEJANI, & VOLCEJANI dans quelques Inscriptions anciennes. Gruter en effet en rapporte une où on lit ces mots: VULCEJANÆ CIVITATIS; & on en a déterré une à *Burcino*, avec ce mot VOLCEAN. Holsten veut encore que les Habitans de cette Ville soient les VOLCENTANI de Pline [s]. Voyez VOLCENTANI.

[q] Lib. 3. c. 11.
[r] Pag. 296.
[s] Lib. 3. c. 11.

ULCIACUM [t], Château de France, au Diocése de Soissons. Surius en parle dans la Vie de Saint Arnulphe.

[t] Ortelii Thesaur.

ULCINIUM. Voyez OLCHINIUM.

ULCISIA CASTRA, Lieu de la Pannonie: l'Itinéraire d'Antonin, s'il est vrai que le titre de la Route soit exact, le marque sur celle d'*Acincum* à *Sincium*, entre *Acincum* & *Cirpi-Mansio*, à huit milles du premier de ces Lieux, & à douze milles du second.

ULDA, Rivière de France dans la Bretagne, selon Grégoire de Tours. C'est aujourd'hui l'Aoust ou l'Oust, qui prend sa source au-dessus de Rohan, coule dans l'Evêché de Vannes, & se joint à la Vilaine, près de Rieux.

ULEASTER, Isle. Il y a dans l'Isle d'ULEASTER, ULIASTER, ou ULIASSER sept Bourgs ou petites Villes [u], qui sont régies par trois Rois ou Roitelets. La Compagnie Hollandoise des Indes Orientales y a une Loge, où elle entretient un Sergent & dix-sept Soldats à la priere des Habitans; & par ce moyen elle tient l'Isle en sujétion. On compte dans ces sept Bourgs environ quinze cens personnes. Mais au côté Oriental de l'Isle, il y a encore deux Bourgs & cinq Villages habitez par des Maures, qui tiennent plus pour les Ternatois que pour les Hollandois, & qui sont environ six cens personnes.

[u] Voyage de la Compagnie, t. 7. p. 282. Ed. Rouen.

VLIA, Ville de l'Espagne Bétique: Ptolomée [x] qui la donne aux Turdules la place dans les Terres. Les Exemplaires Latins au lieu de VLIA lisent JULIA; & Hirtius, Dion-Cassius & Pomponius-Mela écrivent ULLA; mais peut-être sont-ce autant de fautes de Copistes: car Mr. Spanheim [y] rapporte une Médaille, où l'on trouve le mot VLIA; & dans une Inscription, conservée dans le Trésor de Gruter [z], on lit ces mots: ORDO REIP. VLIENSIUM. Le nom moderne est *Monte-Major*, selon Morales.

[x] Lib. 2. c.
[y] Pag. 901.
[z] Pag. 271. no. 1.

VLIARUS, Isle de la Gaule, dans le Golphe Aquitanique, selon Pline [a]. Elle fut dans la suite nommée, à ce qu'il paroît, OLARION; car Sidonius Apollinaris en parlant des chasses de Nammatius, dit: *insidiari lepusculis Olarionensibus*, par où il entend l'Isle d'OLARION, appellée depuis OLERON. Voyez ce mot.

[a] Lib. 4. c. 19.

VLIBILIANI, Peuples de la Mauritanie Tingitane. C'est Ptolomée[a] qui en fait mention. Les Exemplaires Latins lisent VOLIBILIANI, ou VOLI-BILIANI. Ils tiroient apparemment leur nom de la Ville *Volubilis*.

[a] Lib. 4. c. 1.

VLIE, ou VLIELAND, Isle de la Hollande Septentrionale[b], à l'Embouchure du Zuyderzée, entre l'Isle du Texel & celle de Schelling. Ortelius croit que Vlie est l'Isle *Flevo* de Pomponius-Mela. Voyez FLEVO.

[b] Dict. Géogr. des Pays-Bas.

VLIELAND, Isle de l'Amérique Septentrionale[c], sur la Côte de la Nouvelle Angleterre, à l'Orient de l'Isle de Martyns Vinyard. Les Hollandois, qui ont été les Maîtres de cette petite Isle, lui donnèrent le nom de Vlieland au lieu de celui de Natoke, qu'elle avoit auparavant. Elle est occupée aujourd'hui par les Anglois, qui l'appellent communément Natoket.

[c] De l'Isle, Atlas.

VLIERBEECK, Abbaye des Pays-Bas, dans le Brabant, au Quartier de Louvain. Ce fut premièrement une Prévôté fondée par Godefroi *le Barbu* Duc de Brabant, environ l'année 1125. & annexée à l'Abbaye d'Asfligen, jusqu'à ce que par l'autorité du Pape Aléxandre IV. les Religieux obtinrent en 1259. le privilège de choisir un Abbé de leur Maison.

ULIL, nom d'une Isle & d'une Ville du Pays des Soudans[d], ou Négres, & qui n'est pas fort éloignée du Continent, dans la Mer que les Arabes appellent Bahr-almod-hallam, & qui nous est connue sous le nom d'Océan Atlantique. Il y a dans cette Isle une Saline ou Marais-Salant, d'où l'on transporte le Sel dans le Pays des Négres par l'Embouchure du Niger que les Arabes appellent Nil Soudan, le Nil des Négres; car ces Peuples ne tirent point de Sel d'aucun autre endroit. Cette Isle est éloignée de l'Embouchure du Niger d'une journée, ou environ, de navigation; c'est-à-dire de cent milles, ou de trente lieues selon le Scherif Al-Edrissi.

[d] D'Herbelot, Biblioth. Or.

VLIPADA, Ville de l'Isle de Taprobane: Ptolomée[e] la marque dans les Terres; & Thevet, qui veut persuader qu'il a parcouru cette Isle, dit que la Ville Vlipada de Ptolomée est appellée *Adacth* par les Indiens.

[e] Lib. 7. c. 4.

VLIZIBIRRHA, Ville de l'Afrique Propre. Elle se trouve au nombre des Villes que Ptolomée[f] place au Midi d'Adrumette. Ses Interprètes lisent VLIZIBIRA; & Pline[g] écrit VLUSUBURITANUM [*Oppidum*].

[f] Lib. 4. c. 3.
[g] Lib. 5. c. 4.

1. **ULLA**. Voyez VLIA.

2. **ULLA**, Rivière d'Espagne[h], dans la Galice. Elle a sa Source près du Bourg d'Ulla, qu'elle arrose; &, prenant son cours vers le Midi Occidental, elle mouille les Bourgades de Pambre, Ponte Ledesma, Ponte da Ulla, & de Padron; après quoi elle va se perdre dans la Mer par une longue & large Embouchure, nommée communément *Roxo Rio*. Elle reçoit quelques Ruisseaux à la droite, & les petites Rivières d'Arnego & de Deça à la gauche. Son Embouchure est commune aux Rivières appellées *Rio del Arçobispo* & *Rio Valga*: toutes trois ensemble forment *Rio Roxo*.

[h] Jaillot, Atlas.

ULLGRABEN, Goufre dans le Haut-Vallais[i], au Département de Leuck, près du Bourg de ce nom. C'est un grand Goufre très-profond, creusé par des Torrens, qui se jettent là dans le Rhosne. On dit que le Bourg de Leuck étoit autrefois dans cet endroit-là.

[i] Etat & Délices de la Suisse, t. 4. p. 190.

ULLITANUS, Siège Episcopal d'Afrique dans la Numidie, selon la Notice des Evêchez de cette Province.

ULLY, ou HUILLY, Lieu de France, dans la Bourgogne, au Diocèse de Châlon, Ressort de St. Laurent, sur le bord de la Rivière de Seille. Ce Lieu, qui est une dépendance de la Paroisse de Villy, est assez peuplé. C'est un Pays de Plaines.

ULLY SAINT GEORGES, Bourg de France, dans la Picardie, Election de Beauvais. Il est considérable par le nombre de ses Habitans.

1. **ULM**, Ville d'Allemagne[k], dans la Suabe, sur le Danube, à la gauche; l'endroit où ce Fleuve reçoit le Lauter & le Blaw joints ensemble, vis-à-vis de l'Embouchure de l'Iler. Cette Ville[l], qui est Impériale, grande, riche, & bien peuplée, a pris, à ce qu'on croit, son nom de la grande quantité d'Ormes, qui croissent aux environs. Ses Fortifications, qui ont coûté des sommes immenses à bâtir, consistent en des Bastions à l'antique, assez réguliers, suivant la manière de fortifier de ce tems-là. Mais toutes ces Fortifications sont en quelque sorte inutiles, parce qu'elle est commandée à la demi-portée du canon. Ses Fossez sont larges & profonds, avec un bon chemin couvert: ainsi elle peut bien se garantir d'une insulte; mais elle ne sauroit soutenir un long Siège. On y passe le Danube sur un long Pont de pierres, dont l'entrée est défendue par quelques Fortifications. On y voit plusieurs Maisons de plaisance & de grands Jardins qui y font un petit Fauxbourg. Il y a dans Ulm deux belles Places. L'Hôtel de Ville, où s'assemble le Sénat, est dans la plus grande. En s'y promenant on a la vûe de ce grand Bâtiment, magnifique dans son Architecture & superbe dans tout ce qu'il contient. L'Arsenal, qui est à l'un des bouts de la Ville, est fourni de toutes sortes d'armes. Le Danube & le Blaw remplissent tous les Fossez: ces deux Rivières contribuent à son embellissement & à sa propreté. Le Blaw sur-tout sert à faire tourner des Moulins pour toute sorte de Métiers; aussi voit-on dans Ulm, beaucoup d'Artisans, qui travaillent à faire des Etoffes, des Toiles, des Futaines; à préparer des Cuirs, & à faire de la Clincaillerie, & autres ouvrages; ce qui rend cette Ville l'une des plus riches de l'Allemagne. Son Eglise de Notre-Dame passe pour la plus longue, la plus large, la plus haute & la mieux bâtie du Pays: les Luthériens en sont les maîtres. Il est incroyable combien de tems & d'argent elle a coûté à bâtir. Elle a une grosse Tour quarrée, sur le haut de laquelle il y a toujours un Guet pour avertir la Ville de ce qui se passe à la Campagne. L'Eglise des Augustins est la seule qui ait été laissée aux Catholiques.

[k] Jaillot, Atlas.
[l] D'Audifred, Géogr. Anc. & Mod. t. 3. p. 196.

Ulm n'étoit du tems de Charlemagne qu'un petit Bourg; & ce Prince en fit donation à l'Abbaye de Reichenaw. L'Empereur Lothaire II. le ruïna pendant la guerre qu'il fit à Conrad, & à Frédéric Duc de Suabe, Neveu de l'Empereur Henri V. qui lui disputoient l'Empire. Ceux du Pays, qui le firent rebâtir, l'entourérent de Murailles, vers l'an 1200; & ses Habitans, s'étant enrichis par le Négoce, en firent une jolie Ville, qu'ils prirent soin d'aggrandir. En 1246. l'Empereur Frédéric II. les gratifia de beaucoup de Priviléges, en leur portant la nouvelle de la mort de l'Empereur Henri, Landgrave de Turinge, qui fut tué d'un coup de flèche, en assiégeant Ulm. Les Habitans s'affranchirent de la Souraineté de l'Abbaye de Reichenaw pour une somme d'argent, & l'Empereur Frédéric III. mit leur Ville au rang des Villes Impériales. La disposition de son Gouvernement est la même qu'à Augsbourg. La Religion Protestante y domine depuis l'an 1531. Les Catholiques sont exclus des Charges publiques. Le Territoire de cette Ville a six lieues de long, & quatre de large. Il est presque environné du Duché de Wirtenberg, & le Danube l'arrose au Midi Oriental. Il est divisé en trois Bailliages, dont celui de Geislingen comprend la plus grande partie du Comté d'Helfenstein que ceux d'Ulm achetérent en 1396. des Comtes de Helfenstein.

Jean Freinshemius nâquit à Ulm en 1608. & acquit une grande connoissance, non-seulement de la Langue Latine, la Grecque & de l'Hébraïque; mais encore de toutes les Langues vivantes de l'Europe. L'Université d'Upsal en Suède lui proposa de grands avantages pour l'attirer; & il y alla enseigner l'Eloquence pendant cinq ans. La Reine Christine voulut ensuite l'avoir auprès d'elle, & lui donna de gros Appointemens. Cette Princesse le fit son Bibliothécaire & son Historiographe, mais la froideur du Climat, qui nuisoit à sa santé, l'obligea de renoncer à tous ces honneurs: ainsi il retourna dans sa Patrie en 1655. L'année suivante l'Electeur Palatin, qui cherchoit à rétablir l'Université de Heidelberg, le choisit pour la Charge de Professeur Honoraire, & pour celle de Conseiller Electoral. Freinshemius s'y retira avec sa Famille, & y mourut quatre ans après.

2. ULM, Bourg d'Allemagne, dans l'Electorat de Mayence. Voyez ULMEN.

ULMA. Voyez VAMA.

ULMEN, Bourg, ou petite Ville d'Allemagne, dans l'Electorat de Mayence, au Duché de Deux-Ponts, sur le bord de la Riviére Lauter, que quelques-uns appellent Glane, au voisinage de Lautereck, Offenbach, Grunberg & Liechtenberg. L'Electeur Palatin, Frédéric *le Victorieux*, assiégea Ulmen, parce qu'on l'avoit engagée à son Cousin Louïs, Comte Palatin de Deux-Ponts, qui étoit son ennemi. Le Chapitre de Mayence trouva moyen de faire lever le Siége, à condition que la Ville & le Château seroient rendus aussi-tôt au Diocése.

ULMERUGI, Peuple de la Germanie, *a Thesaur.* selon Ortelius [a], qui cite Jornandès, & dit que ce Peuple habitoit dans la Poméranie, sur le bord de l'Océan.

ULMETUM, Lieu d'Angleterre, selon Bède, cité par Ortelius [b]. Camden croit, [b] Ibid. que c'est aujourd'hui *Elmesly*.

ULMOS-VICUS, Lieu de la Basse-Pannonie: il est placé dans l'Itinéraire d'Antonin entre *Cibalas-Civitas* & *Sirmi-Civitas*, à vingt quatre milles de la premiére de ces Villes, & à vingt-six milles de la seconde.

ULO, Forteresse de la Chine [c], dans la [c] *Atlas Si-* Province de Queicheu, au Département de *nens.* Tauanxan, premiére Forteresse sous Tunggin, sixiéme Métropole de la Province. Elle est de 9. d. 36'. plus Occidentale que Péking, sous les 28. d. 35'. de Latitude Septentrionale.

VLODORP, Village des Pays-Bas [d], [d] *Janiçon,* dans l'Ammanie de Montfort, à environ *Etat présent des* trois lieues au-dessus de Ruremonde, sur la *Pr. Un. t.* Riviére de Roere, qui sépare l'Ammanie du 2. p. 425. Pays de Juliers: il y a dans ce Village une Eglise desservie par un Curé. Le Tribunal est composé de quatre Echevins, auxquels on en joint trois du Village de Postaert. L'Amirauté de Rotterdam entretient à Vlodorp un Commis Collecteur.

ULPIA. Voyez ADRUMETUM.

ULPIA CASTRA LEG. XXX. selon l'Itinéraire d'Antonin; LEGIO TRICESIMA ULPIA, selon Ptolomée; & CIVITAS TRICESIMÆ ou TRICENSIMÆ, ou OBTRIGENSIMÆ, selon Ammien Marcellin. C'est ainsi que ces trois Auteurs nomment une Ville de la Gaule Belgique sur le Rhein. Ammien Marcellin [e] la met entre *Nivesium* & *Quadribur-* [e] Lib. 18. *gium*, position bien vague dans un espace de c. 20. cinquante-six mille pas. L'Itinéraire d'Antonin resserre l'espace de plus de la moitié, en plaçant ULPIA CASTRA LEG. XXX. entre *vetera* & *Burginatium*; mais ni l'un, ni l'autre ne donne la distance précise qui se trouvoit de cette Ville aux deux Places entre lesquelles ils la placent; & de plus, on sait, qu'on ne peut guère se régler sur les nombres de Ptolomée; cette incertitude a fait, que les Géographes modernes se sont donné la liberté de la placer suivant leurs différentes idées; & même, les uns en ont fait un lieu différent de COLONIA TRAJANA, & les autres n'ont fait qu'une seule Place. Voyez au mot COLONIA l'Article COLONIA-TRAJANA.

ULPIA LEGIO XXX. Voyez l'Article précédent.

ULPIA NICOPOLIS. Voyez NICOPOLIS AD NESTUM.

ULPIA PAUTALIA. Voyez PAUTALIA.

ULPIA SERDICA, ou SARDICA. Voyez SERDICA.

ULPIA-TRAJANA. Voyez SARGETIA.

1. ULPIANUM, Ville de la Haute-Mœsie, dans la Dardanie, selon Ptolomée [f]. [f] Lib. 3. c. L'Empereur Justinien, dit Procope [g], répara 9. presque toutes les Murailles d'*Ulpianum*, qui [g] Ædif. L. tomboient en ruïne; &, après avoir embelli cette Ville de divers ornemens, il la nomma Seconde-Justinienne, JUSTINIANA-SECUNDA. C'étoit une Ville Episcopale comme on le voit dans la Notice du Pere Charles de St. Paul. Elle est nommée *Villa Procopiana*

268 ULP. ULR. ULS. ULT.

[a] Rép. Rom. liv. 12.
[b] Dict. Éd. 1682.
[c] Lib. 3. c. 8.

par Lazius [a], & le nom moderne est ULPIA, selon Mr. Baudrand [b].

2. ULPIANUM, Ville de la Dace: elle est comptée par Ptolomée [c] au nombre des principales Villes de cette Province. On ne s'accorde pas sur le nom moderne de cette Ville.

[d] In *Kiron*.

ULPON, Ville d'Italie. Etienne le Géographe [d] est le seul qui en parle; ce qui fait soupçonner qu'il faut lire Οὔιβων, *Vibon* au lieu d'Οὔλπων, *Ulpon*.

[e] État & Délices de la Suisse, t. 4. p. 172.

ULRICHEN, ou ULRIQUE, Village du Haut-Vallais [e], au Département de Goms, au pied du Mont Grimsel, à demi-lieue de Gestilen, & du même côté. C'est auprès d'Ulrichen que Berchtold Duc de Zeringen, ayant voulu faire irruption dans le Vallais en 1211. fut battu par les Vallaisans. Un peu plus de deux cens ans après, savoir en 1419. les Bernois avec ceux de Fribourg, de Soleurre & de Schwitz ayant voulu assister Guillaume de Raren, Evêque de Sion, leur Allié & Combourgeois contre les Vallaisans, passèrent le Mont de Grimsel le 29. de Septembre, brûlèrent les Villages de Gestilen, d'Underwasen & d'Oberwald, & livrèrent aux Vallaisans une sanglante Bataille, où ils eurent du dessous, & furent repoussés. On voit sur le Champ de bataille deux Croix de bois élevées pour conserver la mémoire de ces deux combats.

[f] État présent de la Gr. Br. t. 25.

ULSTER. Les Anglois appellent ainsi une Province de l'Irlande [f], connue en Latin sous les noms d'*Ultonia* & d'*Ulidia*, que les Irlandois nomment CUI-GUILLY; c'est-à-dire, *Province de Guilly*, & à laquelle les Gallois donnent le nom d'*Ultw*. Cette Province est bornée à l'Orient par le Canal de St. George, à l'Occident par l'Océan Atlantique ou Occidental, au Nord par l'Océan Deucalédonien ou Septentrional, au Sud par la Province de Leinster, & au Sud-Ouest par celle de Connaught; de sorte qu'elle est environnée de trois côtez par la Mer. Sa figure est presque ronde; & sa longueur, qui se prend depuis la Pointe la plus Occidentale dans le Comté de Dunnagal jusqu'au Comté de Down, est d'environ cent seize milles, & sa largeur qui se prend depuis Fairhead la Pointe la plus Septentrionale dans le Comté d'Antrim, jusqu'aux Frontières de Longford, est d'environ cent milles. Si on compte tous les tours & retours, elle aura environ quatre cens soixante milles de circuit.

Les principales Rivières de cette Province sont:

La Banne, Lagen-Water,
La Lough-Foyle, Newry-Water,
La Swilly, La Main.

La plûpart de ces Rivières sont assez profondes, pour admettre de gros Vaisseaux. Le Poisson n'y manque pas; & dans quelques-unes on trouve plus de Saumons que dans aucune autre Rivière de l'Europe.

On voit dans cette Province de grands Lacs, environnez d'épaisses Forêts. Le Terroir est fertile en Grains, & en Pâturages: la fraîcheur & l'herbe y croissent par-tout, & outre un grand nombre de Chevaux, on y nourrit du gros & du menu Bétail. Le Bois de charpente & les Arbres fruitiers n'y manquent pas non plus.

Cette Province étoit autrefois un Royaume, que le vaillant Anglois, Jean de Courcy, soumit à la Couronne d'Angleterre sous le Règne de Henri II. Quelques-uns veulent qu'Almeric-Courcy, Lord de Kingsale, soit descendu de cette Famille. Quoi qu'il en soit, bien-tôt après cette Conquête les Anglois la négligèrent à un tel point, que les Irlandois s'en rendirent de nouveau les Maîtres, & la partagèrent en plusieurs Etats ou Principautez. Elle continua sur le même pied jusqu'à ce que Tir-Owen la réduisit à l'obéissance des Anglois, qui l'ont toujours possédée depuis, mais non pas sans y essuyer de rudes secousses. Elle étoit partagée anciennement entre les *Erdini*, qui occupoient Fermanagh & les environs; les *Venicnii*, qui avoient une partie du Comté de Dunnagal; des *Robogni*, qui possédoient Londonderry, Antrim & partie de Tyrone; les *Volantii*, qui demeuroient autour d'Armagh; les *Darni*, qui habitoient aux environs de Down & les parties Occidentales. Dans la suite les Anglois la divisèrent en trois Comtez:

Down, Louth,
Antrim.

Mais on la divise à présent en dix, qui sont:

Antrim, Fermanagh,
Londonderry, Cavan,
Dunnagal, Monaghan,
Tyrone, Down,
Armagh, Louth.

Il y a cinq de ces Comtez, savoir Louth, Down, Antrim, Londonderry & Dunnagal, qui confinent à la Mer; les cinq autres, savoir Tyrone, Armagh, Fermanagh, Monaghan & Cavan sont enclavez dans les Terres.

Il y a dans cette Province un Archevêché, six Evêchez, dix Villes qui ont ses Marchez publics, quatorze autres de Commerce, trente-quatre Villes ou Bourgs qui envoyent leurs Députez au Parlement, trente Châteaux qui servent à la défense du Pays, & deux cens quarante Paroisses. Londonderry est la principale de ses Villes.

Ulster donne le titre de Comte au second fils des Rois d'Angleterre, qui est d'ailleurs créé Duc d'Yorck.

[g] Lib. 5. Ed. 1518.

ULTIZURI, Peuple barbare qu'Agathias [g] comprend sous le nom général des Huns. Ce Peuple, dit-il, se rendit célèbre jusqu'au Règne de l'Empereur Léon, & il parut l'emporter sur les autres Barbares pour la force.

ULTONIE, *Voyez* ULSTER.

[h] Joüill. Atlas.

ULTZEN, Ville d'Allemagne [h], dans la Basse-Saxe, au Duché de Luneburg, sur la Rivière d'Ilmenaw, dans l'endroit où elle reçoit le Ruisseau de Wiper, à sept ou huit lieues au Midi Oriental de Luneburg.

ULU-

ULUBRÆ, Bourgade d'Italie, dans le Latium, au voisinage de *Velitræ* & de *Suessa Pometia*. Cicéron parle de ce Lieu [a], & Horace l'allégue en exemple pour prouver qu'on peut vivre heureux dans un petit Lieu.

[a] Lib. 7. Epift. 11. & 18.
[b] Lib. 1. Epift. 11. 28. &c.

. . . . *navibus atque*
Quadrigis petimus bene vivere, quod petis, hic est,
Est Ulubris; animus si te non deficit æquus.

Ce petit Lieu étoit même desert, comme nous l'apprend Juvénal [c]:

[c] Satyra 11, v. 107.

Et de mensura jus dicere, vasa minora
Frangere pannosus vacuis Ædilis Ulubris?

Cependant c'étoit, selon Frontin, une Colonie Romaine; & ses Habitans sont nommez ULUBRANI par Cicéron [d], & ULUBRENSES par Pline [e].

[d] Lib. 7. Epift. 12.
[e] Lib. 3. c. 5.

ULUCITRA, Ville de la Thrace dans la Province de Rhodope, selon la Notice des Dignitez de l'Empire [f].

[f] Sect....

ULVERNATES, Peuple d'Italie. Il n'est connu que de Pline [g], dont un MS. lit URUANATES, au lieu de ULVERNATES.

[g] Lib. 3. c. 5.

ULULA, Ville d'Afrique selon St. Cyprien [h], allégué par Ortelius [i]. Ne seroit-ce point un Siége Episcopal appellé ULLITANUS dans la Notice des Evêchez d'Afrique? Voyez ULLITANUS.

[h] In Conc. Carth.
[i] Thesaur.

ULULEUS, Vibius Sequester nomme ainsi le Fleuve qui fournissoit de l'eau à la Ville de *Dyrrachium*. Étoit-ce le *Siomini*, ou l'*Argentea* d'aujourd'hui? Au lieu d'ULULEUS, quelques Exemplaires de Vibius Sequester lisent, VLULENS.

1. ULUNG, Montagne de la Chine [k], dans la Province de Fokien, au voisinage de la Ville de Kienyang. On remarque dans cette Montagne cinq Collines, qui en environnent une sixiéme; cette derniére s'appelle la *Perle* en Langue Chinoise, & les premiéres sont nommées les *Dragons*.

[k] Atlas Sinenf.

2. ULUNG, Montagne de la Chine [l], dans la Province de Suchuen. Tungchuen, premiére Ville Militaire de la Province, est bâtie sur cette Montagne, qui s'étend l'espace de cent Stades & plus, le long du Fleuve Kinxa.

[l] Ibid.

1. ULUM, Montagne de la Chine [m], dans la Province de Xenfi, au voisinage de la Ville de Hoan. Il y a sur cette Montagne une Forteresse pour la défense du Pays.

[m] Ibid.

2. ULUM, Montagne de la Chine [n], dans la Province de Chekiang, au Nord de la Ville de Huchen qu'elle entoure en partie. On voit sur cette Montagne deux Lacs voisins: l'eau de l'un de ces Lacs est fort claire, & celle de l'autre est toujours troublé.

[n] Ibid.

ULURTINI, Peuple d'Italie, selon Pline [o]. On ne le connoit pas d'ailleurs. Il devoit habiter vers la Pouille.

[o] Lib. 3. c. 11.

ULUZUBURITANUM. Voyez ULIZIBIRRHA.

ULYSSEA, Ville de l'Espagne Bétique. Strabon [p], qui la place au-dessus d'Abdera dans les Montagnes, la donne comme une preuve qu'Ulysse avoit pénétré jusqu'en Espagne. Sur le témoignage de Posidonius, d'Artemidore & d'Asclepiade de Myrlée qui avoit enseigné la Grammaire dans la Turditanie, Strabon [q] ajoute que dans la Ville *Ulyssea* il y avoit un Temple dédié à Minerve, & que l'on voyoit dans ce Temple des Monumens des Voyages d'Ulysse.

[p] Lib. 3. p. 149.
[q] Ibid. p. 157.

ULYSSIS-PORTUS [r], Port sur la Côte Orientale de la Sicile, près de Catane, au Midi du Promontoire appellé aujourd'hui *Capo di Molini*, & dans le Lieu où l'on voit présentement une Tour nommée *Lognina*. Les pierres & les cendres, que le Mont Ætna a jettées depuis, ont tellement comblé ce Port, qu'il n'en paroît plus aucun [t]: on ne sauroit dire de quelle grandeur il étoit avant cela. Du reste, si on s'en rapporte à Homére, ce ne fut pas dans ce Port que relâcha Ulysse; mais au Promontoire *Pachynum*, plus loin au Midi de l'Isle; & si Virgile & Pline mettent le Port d'Ulysse près de Catane, ils imitent apparemment en cela quelques anciens Commentateurs d'Homére. On voit même quatre cens ans avant Virgile, qu'Euripide avoit mis le Port d'Ulysse dans ce lieu.

[r] Cluver. Sicil. Ant. L. 1. c. 9.
[t] Bembus in Dialogo de Ætna.

ULYSSIS-PROMONTORIUM. Voyez ODYSSEA.

ULYSSOPOLIS, Ville de Thrace, selon Nicéphore Caliste [t] allégué par Ortelius [u], qui ajoute que c'est l'*Odyssus* de Ptolomée.

[t] Lib. 16. c. 38.
[u] Thesaur.

ULZINGURES, Peuples barbares que Jornandès [x] met entre les Huns.

[x] De Reb. Getic. c. 3.

U M.

1. UMA, ou UHMA, Riviére de Suéde [y]. Elle a sa source dans la Contrée de la Laponie Suédoise, qu'on appelle Laponie d'Uma, du nom de cette Riviére, dans les Montagnes aux confins de la Norwége. Après avoir traversé la Laponie d'Uma, elle entre dans la Bothnie Occidentale, qu'elle traverse aussi d'Occident en Orient, & va enfin se perdre dans le Golphe de Bothnie, près de la Ville d'Uma, à laquelle elle donne aussi son nom. Cette Riviére traverse dans sa Course divers Lacs d'une médiocre étendue, & reçoit dans la Bothnie Occidentale les eaux de la Riviére Windela.

[y] De l'Isle, Atlas.

2. UMA, ou UHMA, Ville de Suéde, dans la Bothnie Occidentale, sur la Côte du Golphe de Bothnie, à l'Embouchure de la Riviére qui lui donne son nom.

3. UMA, Montagne de la Chine [z], dans la Province de Péking, au voisinage de la Ville de Can-Hoang. Elle tire son nom de cinq Chevaux sculptez en pierre, auxquels la Famille Sunga éleva un magnifique Temple, où il l'on veut, une superbe Ecurie, dans laquelle sont ces cinq Figures de Chevaux.

[z] Atlas Sinenf.

UMAGO, Ville d'Italie, dans l'Istrie, sur la Côte Occidentale, entre le Golphe Largone, & l'Embouchure du Quieto. Quoique cette Ville ait un assez grand Port, elle n'est guére peuplée, à cause de la grossiereté de son air qui est fort mal-sain. Elle appartient aux Vénitiens, & on ne veut que ce soit la Ville *Ningum*, ou *Mingum* des Anciens.

UMANO, Riviére d'Italie, au Royaume

me de Naples, dans l'Abruzze Ultérieure. Elle prend sa source dans la partie Occidentale de cette Province, à quelques milles à l'Orient d'Amatri; & prenant son cours vers le Nord Oriental, elle mouille Montorio & va ensuite se perdre dans le Golphe de Venise, où elle a son Embouchure entre celle de Frontino, avec lequel elle a un cours presque parallèle, & celle du Fleuve Piomba. On la nomme quelquefois VOLMANO & plus souvent VOMANO. C'est le Fleuve *Vomanus* des Anciens. Voyez VOMANUS.

UMARABEA, ou OMMIRABITH, ou OMMIRABILI, selon Sanut; Riviére d'Afrique, au Royaume de Maroc. C'est, dit Dapper [a], un grand Fleuve, qui sort du Mont Magran, sur les confins de la Province de Tedle, & du Royaume de Fez, & prend son cours dans les Plaines d'Adacsum, & passe ensuite au travers de quelques Vallées fort étroites, où il y a un fort beau Pont bâti par Abul-Hassen, quatrième Roi de la Famille des Beni-merinis. Le Fleuve tourne là vers le Midi, & baigne les Plaines situées entre Ducale & Temesne, & ayant reçu dans son lit la Riviére des Négres & le Darna qui sort aussi du Mont Magran, & baigne la Province de Tedle, il se va jetter dans l'Océan près d'Azamor. Ce Fleuve n'est guéable ni l'Hyver, ni l'Eté. Les Habitans de ces Quartiers pour le traverser, & pour transporter leurs Marchandises, font un Pont d'outres enflez, où l'on attache des Clayes. Umarabea produit tant d'Aloses qu'il en fournit non-seulement tout le Pays; mais encore le Portugal & l'Andalousie.

[a Descr. de l'Afrique, p. 126.]

Mr. de l'Isle [b] nomme cette Riviére Marbea, & place son Embouchure près d'Azamor, qu'il met à la gauche.

[b Atlas.]

1. UMBER, Lac d'Italie, dans l'Umbrie, selon Properce, où on lit:

Et lacus astivis intepet Umber aquis.

Ce Lac est nommé *Ombros*, ou *Ombrus*, par Étienne le Géographe. Scaliger veut que ce soit le *Vadimonis Lacus* de Tite-Live & de Pline, & par conséquent ce seroit aujourd'hui *Lago di Bassanello*.

2. UMBER, Fleuve d'Angleterre, selon Bède cité par Ortelius [c]. Il conserve son ancien nom; car on le nomme encore présentement *Humber*. Voyez HUMBER.

[c Thesaur.]

UMBRE, Riviére d'Afrique [d], dans la Basse-Ethiopie. Elle sort d'une Montagne de la Nigrétie, & va du Nord au Levant se jetter dans le Zaïre, sur les bornes Orientales de Congo. Cette Riviére est appellée VAMBRE par Sanut.

[d Corn. Dict. De la Croix, Relat. d'Afrique, Davity.]

UMBRACIUM, Montagne de l'Inde, selon Martianus-Capella, qui donne le nom de Devins aux Habitans de cette Montagne.

UMBRÆ, Peuples de l'Inde. Ils ne sont, je pense, connus que de Pline [e].

[e Lib. 6. c. 20.]

UMBRANATES, Peuples d'Italie: Pline [f] les met dans la huitième Région; mais le Pere Hardouin au lieu d'UMBRANATES lit URBINATES.

[f Lib. 3. c. 15.]

UMBRANICI, Peuples de la Gaule Narbonnoise, selon Pline [g]. Leur Ville pouvoit être UMBRANICIA que la Table de Peutinger marque au voisinage des Volces Tectosages & de Nismes.

[g Lib. 3. c. 4.]

UMBRIA, Contrée d'Italie, bornée au Nord par le Fleuve Rubicon, à l'Orient par la Mer Supérieure & par le Picenum, au Midi encore par le Picenum, & par le Nar, au Couchant par l'Etrurie, dont elle étoit séparée par le Tibre. Cette Contrée qui étoit partagée en deux par l'Apennin, est appellée par les Grecs Ὀμβρική, du mot Ὄμβρος, *Imber*, à cause des pluyes qui avoient inondé le Pays. Pline [h] appuye cette origine: *Umbrorum gens antiquissima Italiæ existimatur, ut quos* OMBRIOS *a Græcis putent dictos, quod inundatione terrarum imbribus superfuissent.* Solin [i] dit que d'autres ont prétendu que les Umbres étoient descendus des anciens Gaulois, c'est ce qui ne seroit pas aisé à prouver. On pourroit dire néanmoins avec fondement que les Sénonois habitérent la partie Maritime de l'Umbrie, depuis la Mer jusqu'à l'Apennin, & qu'ils se mélérent avec les Umbres; mais les Sénonois ne furent pas les premiers des Gaulois qui passérent en Italie. Quoi qu'il en soit, les Auteurs Latins ont tous écrit le nom de cette Contrée par un U, & non par un O, comme les Grecs. Etienne le Géographe en fait la Remarque. Après avoir dit, le Peuple étoit appellé Ὀμβρικοί, *Ombrici* & Ὄμβροι, *Ombri*, il ajoute λέγονται Ὄμβροι παρὰ τοῖς Ἰταλικοῖς συγγραφεῦσι, *dicuntur ab Italis Scriptoribus Umbri*. L'Umbrie étoit la Patrie de Properce; & il nous l'apprend lui-même au premier Livre de ses Elégies:

[h Lib. 3. c. 14.]
[i De Italia.]

Proxima supposito contingens Umbria campo
Me genuit terris fertilis uberibus.

On dit au Pluriel UMBRI, & au Singulier UMBER, selon ces Vers de Catulle [k]:

[k In Egnatium.]

Si Urbanus esses, aut Sabinus, aut Tyburs,
Aut parcus Umber, aut obesus Hetruscus.

On voit la même chose dans une Inscription de Preneste rapportée par Gruter [l].

[l Pag. 72. n°. 5.]

QUOS UMBER SULCARE SOLET, QUOS TUSCUS ARATOR.

L'Umbrie Maritime, ou du moins la plus grande partie de ce Quartier, qui avoit été habitée par les Gaulois Sénonois, conserva toujours le nom d'AGER GALLICUS, ou GALLICANUS, après même que le Pays eut été restitué à ses premiers Habitans. C'est ce qui fait que Tite-Live dit [m]: *Coloniæ duæ Potentia in Picenum, Pisaurum in Gallicum Agrum deductæ sunt.* Voici les Villes que Ptolomée [n] place dans l'Umbrie, c'est-à-dire dans les Terres, car il donne la partie Maritime aux *Semnones*, ou *Senones*:

[m Lib. 39. c. 44.]
[n Lib. 3. c. 1.]

Pitinum,   *Jusicum,*
Tifernum,   *Persia,* ou *Perusia,*
Forum-Sempronii,   *Sentinum,*
Isuium,   *Æsisium,*
Æsis,   *Camarinum,*
                     Nuceria-Colonia.

UM-

UMB. UME.

UMBRIATICO, *Umbriaticum*, Ville d'Italie [a], au Royaume de Naples dans la Calabre-Citérieure, dans les Terres, sur le Fleuve Lipuda, environ à six milles au Nord Oriental de Cerenza. C'est une chétive Ville, presque ruïnée [b], située sur un Côteau, & qu'on dit avoir été Evêché dès les premiers Siècles; mais dont on ne voit bien les Prélats que vers l'onzième ou douzième Siècle. Cet Evêché est suffragant de Santa-Severina.

[a] Magin, Carte de la Calabre-Citér.
[b] Commainville, Table des Evêchez.

UMBRO, Fleuve d'Italie: Pline [c] dit qu'il est navigable; ce que Rutilius [d] n'a pas oublié:

[c] Lib. 3. c. 5.
[d] Lib. 1. v. 337.

*Tangimus Umbronem, non est ignobile flumen,
Quod tuto trepidas excipit ore rates.*

L'Itinéraire d'Antonin [e] dans la route maritime de Rome à Arles, met UMBRONIS FLUVIUS, entre *Portus Telamonis* & *Lacus Aprilis*, à douze milles du premier de ces Lieux & à dix-huit milles du second. Ce Fleuve se nomme aujourd'hui UMBRONE. C'est sans doute l'UMBER de Properce, & l'OMBROS d'Etienne le Géographe. Voyez UMBER.

[e] Iter Marit.

UMBRO-MONS, Lieu de la Toscane, selon l'Itinéraire d'Antonin, allégué par Ortelius [f], qui dit qu'Annius veut que ce soit aujourd'hui San-Quirico, Bourgade du Territoire de Siène.

[f] Thesaur.

UMEGIAGUE, Ville d'Afrique, au Royaume de Maroc, dans la Province de ce nom, à huit lieues d'Elgiemaha du côté du Midi. C'est une Place forte, dit Marmol, dans sa Description du Royaume de Maroc [g], & elle est bâtie sur le haut d'une Montagne, dans une situation si avantageuse, qu'elle n'a pas besoin de Murailles pour sa sûreté. Aussi servoit-elle autrefois de Forteresse & de retraite à la Noblesse de la Tribu de Muçamoda. Les Historiens du Pays en parlent fort & disent qu'elle a été autrefois fort peuplée. Quand un Maure nommé Omar se souleva dans ces Montagnes & y bâtit la Ville de Culeyhat-Elmuhaydin, il attaqua Umegiague, & l'ayant prise en 1495. après un long Siège, il y exerça de grandes cruautez. Elle demeura dépeuplée jusqu'en 1515. que quelques Habitans du Pays s'y établirent après la mort de ce Tyran. Comme les Arabes sont Maîtres de la Campagne, les Habitans ne cultivent que la pente du Mont, où ils recueillent pourtant une grande quantité de Froment & d'Orge, & ils nourrissent beaucoup de Bétail. S'ils veulent descendre dans la Plaine, il faut qu'ils payent quelque chose aux Arabes pour les Terres qu'ils y cultivent.

[g] Liv. 3. ch. 23.

UMEGIUNAYBE, Ville d'Afrique, dans les Etats du Roi de Maroc, au Royaume de Fez. C'est, dit Marmol [h], une Ville bâtie par les anciens Africains à quatre lieues de Tizaga vers le Midi pour la sûreté du chemin de Fez en Numidie. Elle étoit autrefois fort riche à cause du Commerce; mais les Arabes l'ont ruïnée, pour jouïr en paix de ses Terres; de sorte que le reste des Habitans de cette Ville ne sont plus que leurs Esclaves. On dit communément

[h] Royaume de Fez, Liv. 4. ch. 117.

UME. UMM. UNC. UND. 271

dans le Pays que si en montant une Côte qui n'est pas loin de la Ville, on ne va pas toujours en dansant, on est sujet à avoir la fièvre; de sorte que l'on y voit danser & sauter tous les passans.

UMELHEDIGI, Château d'Afrique, selon Marmol [i], qui dit que les Arabes l'ont bâti dans un Desert de la Numidie, pour y mettre en sûreté leurs meubles & leurs vivres. Ce Château, ajoute-t-il, est à une lieue de Sugulmesse. Tout le Pays d'alentour est un Desert âpre & sec, où l'on ne voit que des Terres qui semblent avoir été labourées à la main.

[i] Hist. d'Afrique, t. 3. c. 36.

UMELHEFEL, ou UMELHESEN, Château d'Afrique. Ce Château qui est peu considérable, dit Marmol [k], a été bâti par les Arabes dans un Desert âpre & stérile, sur le grand Chemin de Dara à Sugulmesse, à une journée de cette dernière Ville. Ce Château est fermé de Murailles dont les pierres sont aussi noires que le Charbon. Il est gardé ordinairement par des gens du Chérif, parce qu'on lui paye un quart d'Ecu pour chaque Chameau. Chaque Juif qui va & vient donne la même chose. C'est un Tribut qu'ils avoient accoutumé de payer au Cheque des Arabes, quand ils étoient Maîtres de cette Place.

[k] Ibid. c. 34.

UMMA, ou AMMA, Ville de la Tribu d'Aser. Il en est fait mention dans Josué [l] Cap. 19.

[l] l Cap. 19.

UMONG, Montagne de la Chine [m], dans la Province de Junnan, à l'Orient de la Ville de Vuting. Cette Montagne qui est très-grande a sept Sommets fort élevez.

[m] 30. Atlas Sinens.

UMUNG, Ville Militaire de la Chine [n], dans la Province de Suchuen, au Département de Tungchuen première Ville Militaire de la Province. Elle est 13. d. 44. plus Occidentale que Péking, sous les 27. d. 45'. de Latitude Septentrionale.

[n] Ibid.

U N.

UN, Bourg de France dans la Normandie, Election d'Arques.

UNA, Fleuve de la Mauritanie Tingitane: son Embouchure est marquée par Ptolomée [o] entre *Suriga*, & l'Embouchure du Fleuve *Agna*. On croit que c'est présentement la Rivière de Sus.

[o] Lib. 4. c. 1.

UNCASTILLO, Bourg d'Espagne [p] dans l'Aragon, au Sud-Est du Bourg de Sos & au Nord d'Exea de los Cavalleros. Il est situé sur une hauteur, vers la source de la Rivière de Riguel, & orné d'un assez beau Château. Ce Bourg est considérable.

[p] Délices d'Espagne, p. 668.

UNCHÆ, Ville de l'Assyrie selon Quinte-Curce [q], dont un MS. lit ONCHÆ. Cette prétendue Ville, (car Arrien [r] en fait seulement un Lieu de l'Assyrie nommé SOCHI,) étoit à deux journées de chemin des Détroits qui donnoient entrée dans l'Assyrie.

[q] Lib. 4.
[r] De Exped. Alex. Lib. 2.

UNCKEL, Ville d'Allemagne [s], dans le Haut-Electorat de Cologne, à la droite du Rhein. Cette petite Ville est située, entre Lints & Konigswinter.

[s] Juillet, Atlas.

UNDALUS, ou UNDALUM, Ville de la Gaule Narbonoise dans l'endroit où la Rivière *Selgæ*, aujourd'hui la *Sorgue*, se jette.
dans

UND.

a Lib. 4. p. 185.

dans le Rhosne, selon Strabon [a], qui ajoute que Domitius Ahenobarbus, défit près de cette Ville une grande quantité de Gaulois. Mais Tite-Live [b], en parlant de cette Victoire du Proconsul Cn. Domitius, dit que ce fut sur les Allobroges qu'il la remporta; & au lieu de nommer la Ville *Undalum*, il la nomme OPPIDUM VINDALIUM: *Cn. Domitius Proconsul contra Allobroges ad* OPPIDUM VINDALIUM *feliciter pugnavit.* Il y a apparence que VINDALIUM OPPIDUM, ou VINDALUM sont les vrais noms de cette Ville & que l'UNDALUS, ou UNDALUM de Strabon sont corrompus. En effet Florus [c] appuye l'Orthographe de Tite-Live; car en nommant les quatre Fleuves qui furent témoins de la Victoire des Romains, il met du nombre le VINDALICUS: car c'est ainsi qu'il faut lire [d] & non VANDALICUS, comme portent plusieurs Editions; car les VINDELICIENS sont trop éloignez, pour qu'aucun Fleuve de leur Pays puisse être nommé, dans cette occasion, avec le Varo, l'Isére & le Rhosne, qui sont les trois autres Fleuves dont parle Florus. Ce Fleuve VANDALICUS est le SULGÆ de Strabon, & avoit peut-être donné son nom à la Ville VANDALUM qui étoit à son Embouchure.

b Epitom. 50.

c Lib. 3. c. 2.

d Cellar. Geog. Ant. L. 2. c. 2.

UNDECUMANI. Voyez BOVIANUM.

UNDERFATZ, Village du Pays des Grisons, dans la Ligue de la Caddée & dans la Communauté des quatre Villages, sur la rive gauche du Rhein. Voyez l'Article VILLAGES (Les quatr.)

UNDER-SCHÆCHEN, Village de Suisse [e], au Canton d'Uri dans le Schæchen-Thal. On y voit un Bain d'eau minérale, qui fut découvert en 1414. si on doit s'en rapporter au témoignage de l'Inscription suivante qui se trouve sur la muraille de la Maison où sont les Bains & qui est fondée sur les Annales d'Underschæchen: *A.* 1414. *Inventum est hoc Balneum à Magistro Leopoldo Artis Magicæ Professore, qui & anno* 1450. *hoc quod à Natura erat calidum, ex mera malitia & perversitate diabolica, subvertit. Extructa hæc domus est A.* 1495. Près de ce Bain dans le creux d'un Rocher on trouve de la craye blanche, qui est au commencement toute molle & formée par l'eau qui distille d'un Rocher. De tems en tems elle se couvre d'une écorce dure. On la tire de là, & on la taille en petits carreaux pour l'usage.

e Etat & Délices de la Suisse. t. 2. p 422.

UNDERSEWEN, ou UNDERSEEN [f], petite Ville de Suisse, au Canton de Berne dans l'Oberland ou Pays d'enhaut, au bord supérieur du Lac de Thoun, entre ce Lac & celui de Brienz. Cette Ville a des privilèges assez considérables: elle dépend cependant en beaucoup de choses des Bernois qui y ont un Baillif qu'on appelle *Avoyer*. Le Bailliage d'Undersewen confine aux Cantons de Lucerne & d'Underwald. A demi-lieue d'Undersewen est la fameuse Caverne de *St. Beat*, vulgairement appelée *St. Pat*. Les anciennes Légendes disent que St. Beat étoit un Gentilhomme Anglois, qui dans le tems qu'il étoit encore Payen se nommoit *Suetonius*; que l'Apôtre St. Barnabé le baptisa & lui donna le nom de Beat ou de Macaire; & que St. Pierre étant encore à

f Ibid. p. 216. & suiv.

UND.

Antioche, l'ayant fait Prêtre à l'âge de quarante ans, l'envoya prêcher l'Evangile dans l'Helvétie. Les Prédications de ce St. Personnage, ajoute-t-on, eurent un tel succès que St. Pierre l'appella quelque tems après à Rome & le fit premier Evêque de la Suisse. St. Beat gouverna son Troupeau pendant un certain nombre d'années & prêcha avec fruit dans les Cantons de Berne, de Lucerne, d'Underwald, de Fribourg, de Soleure, de Schwitz & dans le Pays des Grisons. Mais enfin las de cette vie pleine d'agitations, il fixa sa demeure dans la Caverne en question, où il finit ses jours dans la retraite & la solitude. La situation du lieu fut un attrait sans doute pour ce St. homme. C'est un Antre profond, élevé de près de cent pieds au-dessus de l'Horison du Lac, divisé en plusieurs chambres, & qui paroît avoir été formé par la Nature pour en faire un Hermitage. Des Rochers escarpez couvrent cet Antre & le garantissent des injures de l'air. On y jouit d'une vûe très-agréable, qui s'étend sur le Lac de Thoun, & sur tout le rivage opposé. Tous les environs sont égayez par de beaux Arbres & par le chant des Oiseaux; mais ce qui y réjouit en même tems les yeux, la langue & l'esprit; c'est un Torrent assez abondant, dont l'eau pure sort du fond de cette Caverne, & après y avoir coulé avec un agréable murmure, tombe sur les Rochers & fait une infinité de cascades admirables En un mot, on peut dire que si quelque puissant Prince avoit un lieu semblable à celui-là dans ses Jardins, il ne pourroit s'empêcher d'en faire ses délices. Les vestiges des murs qui subsistent encore aujourd'hui, ne sont pas selon les apparences de la fabrique de ce St. Personnage, qui a habité le premier cette Caverne; mais ce sont plutôt les ruïnes d'une Chapelle, bâtie en son honneur plusieurs Siècles après sa mort. Avant la révolution arrivée dans la Religion, on y alloit en Pélerinage de tous les Lieux des environs. Les Bernois alors y envoyérent prendre les Reliques du Saint. On y trouva un Crâne, que l'on enterra honorablement dans le Couvent d'*Interlachen*. Cette démarche attira aux Bernois une guerre de la part du Canton d'Underwald qui avoit grande dévotion à St. Beat. Cépendant on prétend que ce Chef de St. Beat se trouve aujourd'hui à Lucerne. Du reste, il ne seroit pas impossible que les Lucernois, ayant découvert l'endroit où on l'avoit inhumé ayent trouvé le moyen de se le procurer.

UNDERWALD, Canton de la Suisse [g], en Latin *Subsylvania*. Il tient le sixième rang entre les Cantons, & est situé à l'Occident & au Midi du Lac des quatre Cantons. Ce Canton est borné au Nord par celui de Lucerne, & par une partie du Lac des quatre Cantons; à l'Orient par de hautes Montagnes qui le séparent du Canton d'Uri; au Midi par le Canton de Berne, dont il est séparé par le Mont Brunick; & à l'Occident par le Canton de Lucerne. Il est partagé en deux grandes Vallées qui sont séparées l'une de l'autre par une chaîne de Montagnes, chargées de forêts, nommées *Kerwald*. Ce partage fait par la Nature a don-

g Ibid. p. 447.

donné lieu au partage du Gouvernement; car quoique pour les affaires du dehors ils ne fassent qu'un seul Canton ; cependant pour ce qui les regarde, ils sont divisez en deux Corps, ou Communautez générales, qui ont chacune à part leur *Amman*, ou leur Chef, leurs Assemblées publiques, leur Conseil, leurs Officiers & même leurs Terres. Du moins il y a une de ces Communautez qui posséde une Terre où l'autre n'a point de part. On les distingue suivant leur situation; l'une s'appelle OB DEM WALD, c'est-à-dire *au-dessus du Bois*; & l'autre NID DEM WALD, ou UNDERWALD, c'est-à-dire *au-dessous du Bois*. Nous pouvons les appeler COMMUNAUTE'S SUPE'RIEURE & INFE'RIEURE; & comme cette derniére est la plus puissante, elle a donné le nom à tout le Canton. Autrefois elles ne faisoient ensemble qu'un seul Corps, comme cela paroît encore par le vieux Sceau public de Stantz, qui est la principale Bourgade de la Communauté Inférieure, où l'on voit cette Légende : SIGILLUM UNIVERSITATIS HOMINUM DE STANNES VALLIS SUPERIORIS ET INFERIORIS. Mais en 1152. s'étant élevé quelque différend entre les Habitans des deux Vallées, au sujet d'une certaine contribution, l'animosité alla si loin que les deux Vallées se détachérent l'une de l'autre, pour faire chacune un Corps à part ; & cette division subsiste encore aujourd'hui.

a Longuerue, Descr. de la France, Part. 2. p. 275.

Tout ce Territoire [a] appartenoit autrefois à l'Eglise de Lucerne, qui est Collégiale depuis plusieurs Siècles, & qui a été réguliére dans son commencement. Mais l'Empereur Albert d'Autriche s'étant rendu maître du Pays vers l'an 1390. & ses Officiers ayant commis diverses violences, le Peuple se souleva, prit les armes & se joignit aux Cantons de Schwitz & d'Ury ; de sorte que ceux d'Underwald se trouvérent à la fameuse bataille de Morgarten. Dans le même tems ils défirent sur leur territoire une Armée des Partisans d'Autriche, commandée par le Comte de Strasberg. Le Peuple a chassé il y a long tems la Noblesse ; & pour le gouvernement, la liberté & l'égalité des conditions, tout dans ce Canton est semblable aux Coutumes de Schwits & d'Ury. Le Canton d'Underwald a un grand attachement au Pape & à l'Eglise Romaine ; & pour les affaires ou causes Ecclésiastiques & spirituelles, il reconnoît toujours la Jurisdiction de l'Evêque de Constance & celle de son Official.

Le Canton d'Underwald, dit Mr. Stanian dans sa Relation de la Suisse, n'a point de Bailliages. Cela n'est pas exact : Il falloit dire ne possède point de Bailliage en propre ou en particulier ; car il jouit avec d'autres Cantons des Bailliages communs du Thurgau, de l'Ober-Freyämter, de Sargans, & du Rhein-Thal ; & il nomme encore des Baillifs [c], dans les quatre Bailliages d'Italie, comme les onze autres Cantons.

Les deux Communautez, qui composent ce Canton, ont chacune en particulier, comme nous venons de l'insinuer, leurs Officiers & leurs Assemblées publiques. Mais pour les affaires du dehors il y a un Conseil-Général formé de tous les Officiers Administrateurs, & de cinquante-huit Sénateurs choisis dans les Conseils des deux Communautez.

LA VALLE'E INFE'RIEURE est partagée en quatre Communautez qui sont :

Stantz,   Wolffenschies,
Buxeten, ou Buchs,   Emmaten.

LA VALLE'E SUPE'RIEURE se divise en six Communautez, savoir :

Sarnen,   Gyswyl,
Sachslen ou Saxelen,   Lungeren,
Kerns,   Alpenach.

Le Terroir d'Underwald est le même que celui des Cantons de Lucerne & d'Uri : aussi il n'y a rien de nouveau à remarquer. On trouve dans ses Montagnes plusieurs FONTAINES DE MAI, comme on les appelle, parce qu'elles coulent dès le commencement de Mai, & se tarissent en Automne. Mais il n'y a rien là de fort surprenant pour ceux qui connoissent l'origine des Fontaines ; car, comme elles viennent pour la plûpart des neiges fondues, & de la pluye, il est fort naturel que, lors qu'en Eté les neiges se fondent & que la pluye tombe, cela produise des Fontaines, & que ces Fontaines se tarissent lorsqu'il ne pleut plus & que la neige ne fond plus. On trouve aussi en quelques endroits, comme à Stantz & près de Sarnen dans le Melch-Thal, c'est-à-dire la Vallée de la Melcha, de beau Marbre noir avec des veines blanches. Dans la même Vallée il y a une Mine de fer, & une Fontaine médicinale à Wylen : elle charrie du Souffre, du Cuivre, de l'Alun, & elle est en grande réputation.

UNELLI. Voyez VENELI.

UNGH, Riviére de la Haute-Hongrie [b]. *b De l'Isle, Atlas.* Elle prend sa source aux confins de la Pologne, dans les Monts Krapack, dans la partie Septentrionale du Comté d'Unghwar, auquel elle donne son nom. Elle traverse ce Comté du Nord Oriental au Midi Occidental, & entre dans celui de Zemplin, où elle se jette dans le Bodrog, entre l'Embouchure de la Riviére Latorcza, & la Ville de Zemplin.

1. UNGHWAR, Ville de la Haute-Hongrie, au Comté de même nom dont elle est la Capitale, dans une petite Isle que forme au milieu du Comté la Riviére d'Ungh, à dix lieues de Cassovie vers le Levant.

2. UNGHWAR, Comté de la Haute-Hongrie, aux Frontiéres de la Pologne, dans les Monts Crapack, dont il comprend le Haut & le Bas Kreyna. Il prend son nom de sa Capitale qui tire le sien de celui de la Riviére d'Ungh, qui traverse ce Comté. Il est aussi traversé par la Riviére Latorcza.

UNGORII-VALLIS, Ortelius [c] dit Vallée de la Scythie Européenne, près du Danastre ou Deniester. Il se fonde sur ce passage d'Ammien Marcellin [d] où on lisoit : *Castris denique prope Danasti margines agere ut Ungorii vallem longius opportune metatis, &c.* Mais ce passage étoit entièrement défiguré ; & on peut dire que c'est celui que Mr. de Valois a le plus heureusement rétabli. L'ancien-

c Thesaur.
d Lib. 31. c. 3.

Mm

cienne manière de lire n'avoit aucun sens, au lieu qu'il n'y a rien de plus clair, ni de plus assuré, que celle que nous devons à ce savant Critique. Voici de quelle façon il a rétabli ce passage: *Castris denique prope Danasti margines, ac Greuthungorum vallem longius opportune metatis, &c.* Cette correction s'accorde d'autant mieux avec Ammien Marcellin, que les Huns dont il parle un peu plus haut s'étoient emparé du Pays des *Alani* après avoir passé le Tanaïs & avoient ensuite attaqué les Greuthungi, voisins des *Alani*. Voyez GREUTHUNGI.

UNGRI, Peuples qui habitoient sur le bord du Danube, selon Zonare allégué par Ortelius [a] qui dit que le même Auteur leur donne le nom de TURCI.

UNGYVEN, Ville de la Chine [b], dans la Province de Quantung, au Département de Xaocheu, seconde Métropole de la Province. Elle est de 3. d. 15′. plus Occidentale que Péking, sous les 24. d. 28′. de Latitude Septentrionale.

[a] Thesaur.
[b] Atlas Sinens.

UNIA, selon Wheler [c], & UNIE selon le Pere Coronelli, Isle du Golphe de Venise au Midi de celle d'Osoro, ou Offero, à l'Occident de celle de Sansego. Il n'y a qu'un Village dans cette Isle, & le terroir de ses environs est assez fertile: il abonde en bled & en vin; mais le reste de l'Isle est pierreux & stérile. Elle peut avoir environ cinq lieues de tour.

[c] Voyage de Dalmatie. Liv. 1.

☞ UNIVERSITE'. Mot François qui signifie une Assemblée de Gens Doctes établie par autorité publique, pour enseigner *Universellement* les Langues & les Sciences, & donner les Degrés. Ce mot se dit aussi de la Ville ou du Lieu où s'enseignent les Sciences, & où l'on prend les Degrés; & c'est ce qu'on appelle en Italien *Università*, en Espagnol *Universidad*, en Allemand *Hoheschul*; c'est-à-dire Haute Ecole, en Anglois [a] *Academy*. Voyez ACADE'MIE. Voici une Liste des principales Universités du Monde.

UNIVERSITES

DU MONDE ENTIER.

EN EUROPE.

EN ANGLETERRE.

Cambridge, *Cantabrigiensis*, établie en 1280. par le Roi Edouard I.
Oxford, *Oxoniensis*, en 895. à ce qu'on croit par le Roi Alfrede.

DANS LES PAYS-BAS.

Franeker, *Franekerana*, en 1585. le 29. de Juillet.
Groeninghen, *Groningana*, en 1614. le 23. d'Août.
Harderwick, *Hardervicensis*, en 1648.
Leyden, *Lugdunensis Batavorum*, en 1575. par les Etats de Hollande.
Louvain, *Lovaniensis*, en 1426. par Jean Duc de Brabant. Sous le Pape Martin V.
Namur, *Namurcensis*.

EN BOHEME.

Prague, *Pragensis*, en 1358. par l'Empereur Charles IV.

EN DANNEMARCK.

Coppenhague, *Hafniensis*, en 1497.

EN FRANCE.

Angers, *Andegavensis*, en 1346.
Aix, *Aquensis*, en 1409. par Alexandre V. Pape, & rétablie en 1603. par le Roi Henri IV.
Arles, *Arelatensis*.
Avignon, *Avenionensis*, en 1303. par le Pape Boniface VIII.
Besançon, *Vesuntina*, en 1564. par l'Empereur Ferdinand I.
Bourdeaux, *Burdigalensis*, en 1473. par le Roi Louïs XI.
Bourges, *Bituricensis*, en 1465. par le Roi Louïs XI.
Caen, *Cadomensis*, en 1452 par Charles VII.
Cahors, *Cadurcensis*, en 1332. par le Pape Jean XXII.
Dole, *Dolana*, en 1426. par Philippe Duc de Bourgogne.
Douay, *Duacensis*, en 1562. par Philippe II. Roi d'Espagne.
La Fléche, *Flexiensis*, par le Roi Henri IV.
Montauban, *Montalbanensis*.
Montpellier, *Monpessulanus*, en 1289. par le Pape Nicolas IV.
Nantes, *Nannetensis*, en 1460.
Orange, *Arausina*, le 27. de Mai, 1365.
Orléans, *Aurelianensis*, en 1305. par le Pape Clément V.
Paris, *Parisiensis*, la plus fameuse, en 790. par Charlemagne Roi de France & Empereur.
Perpignan, *Perpiniacensis*, en 1349 par Pierre Roi d'Aragon.
Poitiers *Pictaviensis*, en 1431. par le Roi Charles VII.
Pont-à-Mousson, *Mussipontana*, en 1573. par Charles Cardinal de Lorraine.
Richelieu, *Richelensis*, en 1640. par le Roi Louïs XIII.

Rheims,

UNI.

Rheims, *Remenfis*, en 1548. par Charles Cardinal de Lorraine, fous le Régne de Henri II.
Soiffons, *Sueffionenfis*.
Strasbourg, *Argentoratenfis*, en 1538. par le Pape Urbain VI.
Touloufe, *Tolofana*, en 1233. par le Pape Grégoire IX.
Tournon, *Turnonenfis*, par François Cardinal de Tournon.
Valence, *Valentina*, en 1452. par Louïs Dauphin, enfuite Roi XI. du nom.

EN ALLEMAGNE.

Altorf, *Altorfienfis*, en 1622. par l'Empereur Ferdinand II.
Fruchfefto. Cologne, *Colonienfis*, en 1388. par le Pape Urbain VI.
Dillinghen, *Dillingenfis*, en 1549. par le Cardinal Othon.
Erfurt, *Erfordienfis*, en 1391.
Francfort fur l'Oder, *Francofurtenfis ad Oderam*, en 1506. par Joachim Electeur de Brandebourg.
Fribourg en Brifgaw, *Friburgenfis in Brifgavia*, en 1463. par Albert Duc d'Autriche.
Gieffen, *Giffena*, en 1607. par Louïs Landgrave de Heffe.
Gratz, *Græcienfis*.
Gripswalt, *Gripswaldenfis*, en 1547. par Philippe Duc de Poméranie.
Heidelberg, *Heidelbergenfis*, en 1346. par Rupert II. Electeur Palatin.
Helmftat, *Helmeftadienfis*, ou *Juliana*, en 1576. par Jules Duc de Brunfwic.
Jena, *Jenenfis*, en 1558. par Jean Fréderic Electeur de Saxe.
Ingolftat, *Ingolftadienfis*, en 1472. par Louïs Duc de Baviére.
Kiel, *Chilonienfis*, en 1669. par Albert Duc de Holftein.
Lawinghen, *Lawingenfis*, par Wolfgang Comte Palatin; fous l'Empereur Ferdinand I.
Leipzigh, *Lipfienfis*, en 1408. par l'Electeur Fréderic I.
Liège, *Leodienfis*, avant 1129.
Marpurg, *Marpurgenfis*, en 1526. par le Landgrave Philippe.
Dieibero Ifemburgice. Mayence, *Moguntina*, en 1482. fous l'Archevêque.
Paderborn, *Paderbornenfis*, en 1592. fons l'Evêque Theodore de Furftenberg.
Roftock, *Roftochienfis*, en 1490.
Sigen, *Sigenenfis*, auparavant *Herbona*, en 1589. par Jean Comte de Naffau.
Trèves, *Trevirenfis*, en 1558.
Tubingen, *Tubingenfis*, en 1477. par Everard Comte de Wirtenberg.
Vienne, *Viennenfis*, en 1365. par Albert III. Archiduc d'Autriche.
Wittenberg, *Vittenbergenfis*, en 1502 par Fréderic III. Electeur de Saxe.

EN SUISSE.

Bafle, *Bafileenfis*, en 1459.
Genève, *Genevenfis*, en 1365. par l'Empereur Charles IV.

UNI. 275

EN IRLANDE.

Dublin, *Dublinenfis*, en 1320. & rétablie en 1592. par la Reine Elizabeth.

EN ESPAGNE.

Alcala, *Complutenfis*, en 1517. par François Cardinal de Ximenès.
Avila, *Abulenfis*, en 1445.
Baeça, *Biatienfis*, en 1538.
Cervera, . . . en 1717.
Gandie, . . . en 1549.
Grenade, *Granatenfis*, en 1537. par l'Empereur Charles V.
Huefca, *Ofcenfis*, très-ancienne.
Lerida, *Ilerdenfis*, en 1300.
Oñate, *Onatenfis*, en 1543.
Orihuela, . . . en 1555.
Offune, . . . en 1549.
Oviedo, *Ovetana*, en 1536. par Ferdinand Valdès.
Pacenza, *Palentina*.
Palencia, . . . en 1200.
Pampelona, *Pampelonenfis*, en 1608.
St. Jacques de Compoftelle, *Compoftellana*, en 1532.
Salamanque, *Salmanticenfis*, en 1200. par Alfonfe IX. Roi de Léon.
Sarragoce, *Cefar-Auguftana*, 1474.
Seville, *Hifpalenfis*, 1531.
Siguença, *Seguntina*, par François Cardinal de Ximenès.
Tarragone, *Tarraconenfis*, fous Philippe II.
Tolède, *Toletana*, en 1475.
Tortofe, . . . en 1540.
Valence, *Valentina*, en 1470.
Valladolid, *Vallifoletana*, en 1346. par le Pape Clément VI.

EN ITALIE.

Bologna, *Bononienfis*, ancienne.
Cagliari, *Calaritana*.
Catania, *Catanenfis*.
Ferrara, *Ferrarienfis*, en 1316. par l'Empereur Fréderic.
Firenze, *Florentina*, par Côme de Médicis.
Macerata, *Maceratenfis*, par le Pape Paul III.
Mantoue, *Mantuana*, récente.
Milan, *Mediolanenfis*.
Meffina, *Meffanenfis*, par l'Empereur Charles V.
Naples, *Neapolitana*, par l'Empereur Fréderic II.
Pavie, *Papienfis*, ou *Ticinenfis*.
Padoue, *Patavina*, en 1222. par l'Empereur Fréderic II.
Perugia, *Perufia*, par le Pape Clément V.
Pife, *Pifana*, en 1339.
Rome, *Romana*, la plus ancienne de toutes.
Salerne, *Salernitana*, par l'Empereur Fréderic II.
Siène, *Senenfis*, en 1387.
Torino, *Taurinenfis*, en 1405. par Benoît XIII.

EN POLOGNE.

Cracovie, *Cracovienfis*, en 1364.

Mm 2

Elbing, *Elbingensis*, en 1542. par Albert Duc de Prusse.
Konigsberg, *Regiomontana*, en 1544. par Albert Duc de Prusse.
Vilna, en 1579. *Vilnensis*.

En Portugal.

Conimbre, *Conimbricensis*, par le Roi Jean III.
Evora, *Eborensis*, par le Cardinal Henri.
Lisbonne, *Olisipponensis*, en 1290. par le Pape Nicolas IV.

En Ecosse.

Aberdeen, *Aberdonensis*, en 1240. par le Roi Alexandre.
Saint André, *Andreapolitana*, en 1431. par l'Archevêque Henri de Wardlaw.
Edimbourg, *Edimburgensis*.
Glasgow, *Glasenensis*, par l'Evêque Jurubule.

En Suede.

Abo, *Aboensis*, dans la Finlande en 1640. par la Reine Christine.
Derpt, *Derpatensis*, en Livonie, en 1632. par le Roi Gustave-Adolfe.
Lunden, *Lundunensis*, ou *Carolina*, par le Roi Charles IX.
Upsal, *Upsaliensis*, ancienne.

En Transilvanie.

Weissembourg, *Albæ Juliæ*, par le Prince Ragotzki.

En Asie.

Goa, *Goana*, par le Roi de Portugal.

En Amérique ou Nouveau Monde.

Guatimala, *Guatimalensis*, dans la Nouvelle Espagne, en 1628. par le Roi Philippe IV.
Lima, *Limana*, dans le Pérou en 1614. par le Roi Philippe III.
Mexico, *Mexicana*, dans la Nouvelle Espagne en 1551. par l'Empereur Charles V.
Quito, *Quitoa*, dans le Pérou en 1586. par le Roi Philippe II.
San Domingo, *Sancti Dominici*, le 22. de Février 1558. par Philippe II.

UNIXÆ, ce nom se trouve parmi ceux de divers Peuples Barbares de la Scandinavie rapportez par Jornandès [*], & qui sont pour la plûpart corrompus.

[*] De Reb. Getic c. 3. p. 10. Ed. *Vulcanii*.

UNNA, Ville d'Allemagne, dans le Cercle de Westphalie, au Comté de la Marck, environ à trois lieues à l'Orient de Dortmund, sur une petite Riviére qui se perd dans celle de Siseke. Cette Ville étoit autrefois Anséatique & assez considérable; mais elle est fort déchue de ce qu'elle a été.

UNNI. Voyez UNI.

UNREST, Isle de la Mer des Indes, à trois lieues à l'Ouest de Batavia. Le Capitaine Woodes Rogers [a] dit que tous les Vaisseaux de la Compagnie des Indes Orientales, établie en Hollande, se donnent le Radoub à l'Isle d'Unrest.

[a] Voyage autour du Monde, t. 2. p. 130.

UNST, Isle de la Mer d'Ecosse [b], & l'une de celles qu'on connoît sous le nom d'Isle de Shetland. C'est la plus agréable de toutes. On lui donne huit milles de longueur. On y voit trois Eglises, & autant de Havres. Les Habitans disent que les Chats n'y peuvent vivre.

[b] Etat présent de la Gr. Br. t. 3. p. 307.

1. UNSTRUTT, Riviére d'Allemagne [c], dans le Cercle de la Haute-Saxe, au Landgraviat de Thuringe. Elle prend sa source à quelques lieues au Nord Occidental du Territoire de Mulhause, qu'elle traverse d'Occident en Orient, ainsi que les Etats du Duc de Saxe-Hall, où elle tourne vers le Nord pour aller mouiller la partie Méridionale du Comté de Mansfeld: delà prenant son cours vers le Midi Oriental, elle rentre dans les Etats du Duc de Saxe-Hall; & enfin dans ceux du Duc de Saxe-Naumburg, où elle se perd dans la Sala, vis-à-vis de la Ville de Naumburg.

[c] *Jaillot*, Land-Atlas.

2. UNSTRUTT, Contrée d'Allemagne, au Cercle de la Haute-Saxe, dans la Thuringe. Elle prend son nom de la Riviére d'Unstrutt qui l'arrose. Cette Contrée s'étend d'Occident en Orient, depuis la source de cette Riviére jusqu'au Comté de Mansfeld.

UNTER-EHENHEIM, Bourg de France [d], dans la Basse-Alsace. C'est un Fief du Diocése de Strasbourg, appartenant à la Famille Noble des Lansperg de la Noblesse immédiate de l'Empire; ils y ont un Château fortifié, qui fut saccagé avec le Bourg l'an 1622. par les Troupes du Comte Ernest de Mansfeld.

[d] *Zeyler*, Topogr. d'Alsac. p. 15.

UNUCA, Ville de l'Afrique Propre. Elle est marquée dans l'Itinéraire d'Antonin sur la Route de Carthage à Césarée, entre Carthage & Sicilibra, à vingt-deux milles de la premiére de ces Places & à sept milles de la seconde. Quelques Exemplaires lisent UNACA & d'autres VINCA & UTICA; mais, comme la Ville d'Utique étoit bien à plus de vingt-deux milles de Carthage, les Critiques préférent UNUCA. Surita semble néanmoins douter s'il ne faudroit point lire UTICA. Le Cardinal Noris fait pis; car, après avoir dit [e], que les Auteurs Ecclésiastiques appellent cette Ville UCULA, il lit ensuite avec la Table de Peutinger INUCA, & il en fait une Ville différente d'UCULA: ainsi tout à la fois de deux Villes il n'en fait qu'une, & d'une Ville il en fait deux. La Table de Peutinger ne dit pas qui puisse faire conclurre qu'INUCA & UNUCA fussent deux Villes distinctes. Elle marque INUCA entre *Pertusa* & *Sicilibba*, comme dans une autre Route l'Itinéraire d'Antonin met pareillement UNUCA entre ces deux Places; ce qui pourroit donner lieu de croire, qu'INUCA & UNUCA sont la même Ville, & qu'on pourroit en quelque sorte préférer INUCA, non-seulement à cause de la Table de Peutinger; mais encore parce que dans la Conférence de Carthage [f], Valentinianus est qualifié *Inucensis Episcopus*.

[e] *Animad.* in Garnier.
[f] Cap. 187.

UNURICOPOLITANUS, Siège Episcopal

copal d'Afrique, dans la Byzacène. Son Evêque est nommé Servilius dans la Notice des Evêchez de cette Province.

UNZELENSIS, Siège Episcopal de l'Asie Mineure, dans la Pisidie. Il en est fait mention dans le Concile de Nicée, allégué par Ortelius [a].

a Thesaur.

V O.

b Atlas Sinens.

1. VO, Lac de la Chine [b], dans la Province de Péking, au voisinage de la Ville de Hien. Ce Lac est très-profond; & le Pere Martini, sans néanmoins garantir les faits, dit que, selon le rapport des Chinois, si on jette une pierre dans ce Lac, son eau devient rouge comme du sang; &, que si les feuilles des Arbres voisins y tombent, aussi-tôt on en voit sortir des Hirondelles qui prennent la volée; de sorte qu'on diroit que les feuilles de ces Arbres se changent en cette espèce d'Oiseaux.

c Ibid.

2. VO, Fleuve de la Chine [c], dans la Province de Kiangsi. Il se joint avec le Tao & le Lien au voisinage de la Ville de Lungnan.

VOADZIRI, nom que l'on donne, dans l'Isle de Madagascar [d], à ceux d'entre les Négres de la Province d'Aressi, qui sont les plus riches & les plus puissans. Ils sont Maîtres d'un ou de plusieurs Villages, & descendent de ceux qui étoient les possesseurs du Pays, avant que les Blancs, ou *Zafferamini*, s'y fussent venus habituer. Ces Noirs se virent ensuite réduits sous l'obéïssance des Blancs. Ils ont la liberté d'égorger les Bêtes qui leur appartiennent en propre, ou qui sont à leurs Sujets ou à leurs Esclaves, lorsqu'ils se trouvent éloignez des Blancs ou *Zafferamini*, & qu'il n'y a dans leur Village ni de Rohandrians, ni d'Anacandrians, qui sont les deux premiers Etats ou degrez de dignité parmi les Blancs. Après la mort de leur Roi, ou de leur Seigneur, ils ont le pouvoir de se soumettre à celui des Grands qu'ils veulent choisir; & en considération de cet hommage le Seigneur leur fait un présent en vertu duquel il hérite après leur mort de tout ce qu'ils possédoient.

d Dapper, Descr. des Isles de l'Afrique, p. 431.

VOBERGA, Ville de l'Espagne Tarragonnoise. Martial qui en parle dans le Livre de ses Epigrammes [e] fait entendre qu'elle étoit dans un Pays de chasse:

e Lib. 1. Epigr. 52. v. 14.

Præstabit illic ipsa fugiendas prope
Vobisca prandenti feras.

Au lieu de VOBERGA quelques MSS. portent VOBISCA & d'autres VOBERCUM. Jérôme Paulus [f] allégué par Ortelius [g] dit que *Voberga* étoit dans le Territoire de Bilbilis, & Varrerius aussi-bien que Montanus la nomment BOBIERCA.

f De Montibus & Fluminib.
g Thesaur.

VOBERNUM, ou VOBERNA, Ville d'Italie, dans la Gaule Transpadane, sur le bord de la Rivière *Clesius*, ou *Chusius*, aujourd'hui *la Chiese*. On trouve des traces de cette ancienne Ville dans le Village de *Boarno*, au Bressan; & l'on y a déterré l'Inscription suivante:

P. ATINIUS L. F. FAB.
HIC SITUS EST

. . PERLEGE UT REQUIETUS QUEAS DICERE
SÆPE TUIS. . FINIBUS ITALIÆ MONUMENTUM
VIDI VOBERNA IN QUO
EST ATINI CONDITUM.

VOBRENSIS-SALTUS, Lieu de France sur le bord de la Marne selon Aimoin [h], cité par Ortelius [i].

h Lib. 4. c.

VOBRIX, Ville de la Mauritanie Tingitane: Ptolomée [k] la marque dans les Terres; & Marmol [l] dit que c'est présentement la Ville de *Lampta*, au Royaume de Fez. Les ruïnes de VOBRIX sont au-dessus de Lampta, sur le penchant de la Montagne de Zalag.

k Thesaur.
l Lib. 4. c.
l Royaume de Fez, L. 4. c. 25. & 27.

VOCA, Ville de l'Espagne Tarraconnoise: Ptolomée [m], dit Ortelius [n], la donne aux *Callaici Lucenses*; mais Ortelius ne s'est pas apperçu qu'en distinguant VOCA de VOECA d'une seule Ville il en fait deux. Voyez VOECA, qui est l'Orthographe la plus générale.

m Lib. 3. c.
n Thesaur.

VOCANUS-AGER, Territoire de l'Afrique Propre: Tite-Live [o] donne à entendre que ce Territoire n'étoit pas fort éloigné de Acholla, ni de Thapsus.

o Lib. 33. c. 48.

VOCATES, Peuples de la Gaule Aquitanique. César [p], qui parle de ces Peuples, les met au nombre de ceux qui furent subjuguez par Crassus. On ne s'accorde pas sur le nom moderne du Pays qu'ils habitoient: les plus sages disent qu'ils ignorent sa situation qui n'a point été déterminée par les Anciens. Scaliger [q] moins modeste a d'abord soupçonne que les Vocates étoient les mêmes que les BOATES, aujourd'hui *Buchs*, dit-il; &, comme un simple soupçon ne décidoit pas assez à sa fantaisie, il n'a point craint d'avancer que son sentiment étoit certain, *quod omnino certum est*; mais ce qui étoit certain pour lui est regardé comme très-faux par les meilleurs Critiques. Voyez les Articles BAZACOIS & BOATIUM.

p Bel. Gal. Lib. 3.
q Notit. Gal.

VOCAUDÆ. Voyez BAUCAUDÆ.

VOCCANCE, Bourg de France, dans le Haut-Vivarais, Recette de Viviers.

VOCONE, Bourg d'Italie, dans la Sabine, aux confins du Duché de Spolete, à trois lieues au Midi de la Ville de Terni. On croit que c'est l'ancien VACUNÆ-FANUM. Voyez ce mot.

VOCETUS, ou VOCETIUS, Montagne de la Rhétie, selon Ortelius [r], qui alléguer Tacite en preuve; mais, quoique Tacite [ss] fasse mention de cette Montagne, il ne dit point qu'elle fût dans la Rhétie: au contraire, en rapportant que les Helvétiens, battus par Cecinna, assisté des Cohortes Rhétiennes, jettérent leurs armes bas, & que la plûpart blessez ou fuyards se retirérent en desordre vers le Mont *Vocetius*, il fait entendre que cette Montagne étoit dans l'Helvétie & non dans la Rhétie. Cluvier [t], & Cellarius [u], sont d'avis que le Mont VOCETUS est cette partie du Mont Jura, qui est dans le Canton de Zoug, & qu'on appelle présentement *Bözen* 3. *Bözberg*, ou *Botzberg*. Quelques-uns ont voulu confondre le VOCETUS, avec le VOCESUS; c'est une erreur. Voyez VOGESUS.

r Thesaur.
ss Hist. L. 1. c. 68.
t Germ. Ant. L. 2.
u Ibid. c. 4.

VOCONDI. Voyez VOCONTII.

VO-

VOCONIS, ou VOCONIÆ-AQUÆ; Voyez VICH.

VOCONTII, Peuples de la Gaule-Narbonnoise. Ils habitoient à l'Orient des *Tricastini*, & à l'Occident des *Tricorii*; ce que nous apprenons de la Route d'Annibal décrite par Tite-Live [a]: *Quam jam Alpes peteret, non recta regione iter instituit, sed ad lævam in Tricastinos flexit: inde per extremam oram Vocontiorum agri tetendit in Tricorios.* Cette Route est exprimée à peu près de la même manière dans Silius Italicus [b]:

[a] Lib. 21. c. 31.

[b] Lib. 3. v. 365.

> *Jamque Tricastinis incedit finibus agmen*
> *Jam faciles campos, jam rura Vocania carpit.*
> *Turbidus hic truncis saxisque Druentia lætum*
> *Ductoris vastavit iter.*

Strabon dans un endroit [c] écrit Ὀυοκόντιοι, *Vocontii* & dans un autre [d] Ὀυοκώντιοι, *Vocuntii*. Il dit que ce Peuple étoit limitrophe des Allobroges, & libre; c'est-à-dire que par la libéralité des Romains il étoit exempt de la Jurisdiction du Président de la Province. Aussi Pline [e] lui donne-t-il le titre de Cité confédérée. Il ajoute qu'ils avoient deux Capitales VASIO, *Vaison*, & LUCUS-AUGUSTI, *le Luc.* Pomponius-Mela [f] & Ptolomée [g] ne nomment qu'une de ces Capitales; savoir VASIO VOCONTIORUM, ou CIVITAS-VASIORUM.

[c] Lib. 4. p. 178.
[d] Pag. 203.
[e] Lib. 3. c. 4.
[f] Lib. 2. c. 5.
[g] Lib. 2. c. 10.

VODABLE, Ville de France dans l'Auvergne, Election d'Issoire. Cette petite Ville, qui n'a guère qu'environ cinq cens Habitans, est le Chef-lieu d'une Châtellenie d'une fort grande étendue, qu'on nomme le Dauphiné d'Auvergne, à cause du Dauphin d'Auvergne qui en fut un des premiers Seigneurs [h]. Il étoit fils de Guillaume V. qui fut dépouillé de l'Auvergne par son Oncle Guillaume VI. Celui-ci l'obligea de se contenter de plusieurs Terres situées dans la même Province, & entre autres de la Châtellenie de Vodable, qui fut nommée LA TERRE DAUPHINE, à cause du Dauphin dont nous venons de parler. Cette Terre fut ensuite nommée absolument le Dauphiné; & ses Seigneurs, qui s'appelloient Dauphins d'Auvergne, prirent pour Armes un Dauphin. Ils prenoient aussi le titre de Comtes de Clermont, & quelquefois d'Auvergne, à cause de leurs anciennes prétentions. Ils n'avoient cependant rien dans la Ville de Clermont. Cette Branche masculine des Dauphins finit en la personne du Comte-Dauphin Beraud, III. du nom, qui mourut sous Charles VII. laissant pour héritière sa fille Jeanne, femme de Louis de Bourbon Comte de Montpensier. Jeanne étant morte sans enfans en 1436. elle eut pour héritier son mari, parce qu'il étoit petit-fils d'Anne Dauphine, qui avoit épousé Louis II. Duc de Bourbon; & par-là le Dauphiné d'Auvergne, avec plusieurs grandes Terres, entra dans cette Maison, où il demeura jusqu'au tems du Connétable Charles de Bourbon, dont tous les biens furent confisquez. Sa Sœur Louise, Veuve de Louis de Bourbon, Prince de la Roche-sur-Yon, eut cependant une partie des biens du Connétable par une Transaction faite avec le Roi François I.; & elle eut entre autres le Dauphiné d'Auvergne.

[h] Longuerue, Descr. de la France, Part. 1. p. 137.

Louïse de Bourbon eut aussi le Comté de Montpensier, situé sur les Confins du Bourbonnois, avec la Seigneurie de Combraille. La Seigneurie de Montpensier avoit appartenu à une Maison noble d'Auvergne, & elle tomba en quenouille dans le douzième Siècle. Agnès étoit pour lors Dame Propriétaire de cette Seigneurie, & épousa Humbert Sire de Beaujeu, dont elle eut Guichard Seigneur de Beaujeu, qui fut pere de plusieurs Enfans, & entre autres de Guichard de Beaujeu Seigneur de Montpensier, Pere d'Imbert ou Humbert de Beaujeu, Connétable de France du tems de St. Louïs. Ce Connétable ne laissa qu'une fille Jeanne de Beaujeu, Dame de Montpensier, qui épousa Jean Comte de Dreux & de Brême, dont la postérité étant éteinte il y eut de grands procès pour cette Succession, & pour la propriété des Terres de Montpensier & d'Aigueperse, lesquelles vinrent à la Maison de Bourbon avec tous les biens de celle de Beaujeu.

Jean II. Duc de Bourbon donna Montpensier & la Combraille, avec plusieurs autres Terres, en partage à son plus jeune fils Louïs, qui prit la qualité de Comte de Montpensier, & fut Tige de la première Branche de Bourbon-Montpensier, de laquelle descendoit le Connétable de Bourbon & sa sœur Louïse. Ce fut au tems de cette Princesse que François I. érigea l'an 1537. Montpensier en Duché; ce Lieu de Montpensier n'est plus qu'un vieux Château; mais la principale Ville du Duché se nomme Aigueperse, autrefois Aiguesparse, en Latin *Aqua Sparsa*, qui est le Lieu où mourut le Roi Louïs VIII. en revenant de faire la guerre aux Albigeois en Languedoc.

La Combraille est un Pays situé dans le Diocèse de Limoges sur les Confins de la Marche: la principale Place étoit autrefois Montaigue, laquelle a quelquefois donné le nom à la Seigneurie de Crombaille; mais à présent la principale Ville du Pays est Evau qu'on prononce communément Evau.

Le Duché de Montpensier, le Dauphiné d'Auvergne & la Seigneurie de Combraille étant venus à Mademoiselle d'Orleans-Montpensier, à cause de sa mere héritière de la Maison de Bourbon-Montpensier, ils ont passé à feu Monsieur Philippe Duc d'Orléans, institué heritier par cette Princesse.

VODANA, Ville de l'Arabie Heureuse [i] à quinze lieues de Mascaté, à la rencontre de deux petites Riviéres, qui portent des Barques jusqu'à la Mer, & qui prennent ensemble le nom de Moyesur. Cette Ville qui est assez bonne a un terroir qui ne produit point de bled, & ne porte que très-peu de ris; mais il est d'ailleurs abondant en fruits & particuliérement en prunes & en coins. Les coins n'y ont pas l'âpreté des nôtres, & on les mange comme des pommes. Il y a aussi de très-bons Melons & quantité de raisins; &, comme les Juifs remplissent un grand quartier de la Ville, l'Emir leur permet de faire du Vin. Depuis Vodana jusqu'au Golphe, le Pays est plein de Dattiers de côté & d'autre. Les Dattes servent à nourrir le Peuple qui n'a pas moyen d'acheter du bled,

[i] Tavernier, Voyage de Perse, Liv. 2.

ni du ris, denrées qui sont fort chéres, parce qu'on est obligé de les faire venir de loin.

VODENA, Ville des Etats du Turc en Europe, dans la Macédoine, ou Comenolitari, sur la Riviére de Vistritza, environ à quinze lieues au Couchant de Salonichi. On croit que c'est l'ancienne *Edesa*, ou *Aeiessa*.

VODGORIACUM, Lieu de la Basse Germanie. L'Itinéraire d'Antonin le marque sur la route de *Castellum* à Cologne, entre *Bagacum* & *Geminiacum*, à douze milles du premier de ces lieux & à dix milles du second. Dans le MS. du Vatican ce Lieu est appellé DODGORIACUM; & dans la Table de Peutinger VOGO-DORGIACO. Mr. Wesseling dit qu'on croit que c'est présentement *Vaudre*.

VODONA. Voyez SUODONA.

VOECA, Ville de l'Espagne Tarragonoise : Ptolomée[a] la donne aux Peuples *Callaici-Lucensii*. Ortelius[b] croit que c'est ce que Pline[c] appelle *Veca Regio Asturum*; mais ce passage de Pline est corrompu. Voyez VECA.

[a] Lib. 2. c. 6.
[b] Thesaur.
[c] Lib. 4. c. 20.

VOERDEN, ou WOERDEN, Ville des Pays-Bas, dans la Hollande, à trois lieues d'Utrecht, & à six de Leyde sur le bord du Rhein qui la traverse. Godefroi de Rhenen vingt-huitième Evêque d'Utrecht la fit bâtir en 1160. pour tenir en bride les Habitans d'Utrecht, & pour maintenir son autorité. Elle a depuis été le sujet de plusieurs guerres entre la Province d'Utrecht & celle de Hollande. Il y a à Voerden un Château qu'on croyoit imprenable autrefois; mais il commençoit à tomber en ruïne lorsque les François, après avoir pris la Ville en 1672. le démolirent entièrement. Les Etats-Généraux ont si bien rétabli dans la suite les fortifications de cette Place, à laquelle ils ont fait ajouter divers nouveaux Ouvrages, qu'on la regarde présentement comme une Forteresse importante. François de Mendoça, Amiral d'Arragon, qui avoit été fait prisonnier à la bataille de Nieuport en 1600. fut long-tems détenu prisonnier à Voerden; & il ne fut remis en liberté qu'à condition que les Espagnols relâcheroient tous les prisonniers qu'ils avoient faits sur les Etats.

Cette Ville a toujours eu des Seigneurs particuliers jusqu'en 1296. lorsque Herman de Voerden en fut dépouillé, après qu'il eut été convaincu d'avoir eu part au meurtre de Florent V. Comte de Hollande, qui fut assassiné par Gérard de Velsen, de la femme duquel Florent avoit abusé. La Ville de Voerden fut vendue par Philippe II. Roi d'Espagne à Eric Duc de Brunswich; & elle passa en 1581. sous la domination des Etats-Généraux.

Les François s'étant rendus maîtres de Voerden en 1672. les Hollandois sous la conduite de Guillaume Prince d'Orange & du Comte de Zuylestein son Oncle naturel, & Général de l'Infanterie Hollandoise, assiégèrent cette Place. Elle étoit pressée, lorsque le Duc de Luxembourg, Commandant de l'Armée de France, y accourut le 12. d'Octobre avec neuf mille hommes. Il passa par des Marais, & par un chemin qu'on avoit jugé impraticable à cause des coupures & des inondations. Il força les retranchemens des Assiégeans & les mit en fuite; & le Comte de Zuysestein entre autres y fut tué.

VOESA, ou VOESSA[d], Province des Indes, dans l'Empire du Mogol. C'est la dernière des Etats de ce Prince du côté de l'Orient. La Ville Capitale de cette Province s'appelle Jacanat.

[d] Mandesso, Voyage des Indes, Liv. 1.

VOGELBERG, Montagne de Suisse, au Pays des Grisons[e], dans le Rhein-wald; vulgairement *Colme del Occellò*, c'est-à-dire le Mont de l'Oiseau, ce qui signifie aussi le nom Allemand *Vogelberg*. On appelle aussi cette Montagne, Saint-Bernardin. Elle est couverte de glaces éternelles. Ce sont des Glaciéres de deux lieues de longueur, d'où sortent divers Ruisseaux, au-dessous d'un endroit sauvage, qu'on nomme PARADIS, apparemment par ironie. Tous ces Ruisseaux se jettent dans un lit profond, & forment le Haut-Rhein.

[e] Etat & Délices de la Suisse, t. 4. p. 29.

VOGESUS, Montagne de la Gaule Belgique, aux confins des *Lingones*, selon Céſar[f], qui dit que la Meuse prenoit sa source dans cette Montagne: *Mosa profluit ex Monte Vogeso, qui est in finibus Lingonum*. Cluvier[g] soutient qu'au lieu de VOGESUS, il faut lire VOSEGUS dans César. Il se fonde sur deux MSS. qui lisent de cette derniére manière; & une ancienne Inscription, trouvée à *Berg-Zabern*, fait encore quelque chose pour son sentiment. Voici cette Inscription:

[f] Bel. Gal. L. 4. c. 10.
[g] Germ. Ant. Lib. 2. c. 29.

VOSEGO. MAXIMINUS
V. S. L. L.

Cluvier ajoute ces preuves d'autres autoritez qui étant plus modernes peuvent être combattues. D'un autre côté Cellarius[h] qui tient pour VOGESUS se détermine par l'Orthographe la plus ordinaire dans César & par celle dont use Lucain, laquelle est décisive, s'il est vrai qu'il ait écrit VOGESUS, comme le persuadent les MSS. qui nous restent. Lucain dit:

[h] Geogr. Ant. Lib. 2. c. 2.

Deseruere cavo tentoria fixa Lemano;
Castraque, quæ Vogesi curvavi super ardua rupem
Pugnaces pictis cohibebant Lingonas armis.

Pour moi, je crois que Cluvier & Cellarius ont tort de préférer une Orthographe à l'autre, les preuves étant à peu près d'égale force pour VOGESUS, ou pour VOSEGUS. Le Traducteur Grec de César rend à la vérité VOGESI par τῷ Βοσγίω; mais, comme le remarque Cellarius, il a pu s'accommoder à la prononciation du Siècle où il écrivoit. En effet, dans le moyen âge on disoit VOSEGUS, ou VOSAGUS, comme nous le voyons dans ce vers de Fortunat[i]:

[i] Lib. 7. Carm. 4.

Ardenna an Vosagus Cervi, Capræ, ilicis, Ursi
Cæde sagittifera silva fragore tonat.

Les Auteurs du moyen âge donnent assez souvent à cette Montagne le nom de Forêt, *Silva*, *Saltus*, ou celui de Desert *Eremus*. Voyez VOSGE.

VO-

VOGHERA, Ville d'Italie [a], dans le Milanez, au Pavese, sur la Rivière de Staffora, à la gauche, environ à douze milles au Midi Occidental de Pavie. C'est le *Vicus-Iriæ* de l'Itinéraire d'Antonin.

[a] *Magin, Carte du Pavese.*

VOGIA, Ville de l'Espagne Bétique : Ptolomée [b] qui la marque dans les terres la donne aux Turdules. Surita croit que ce pourroit être la Ville TUGIA de l'Itinéraire d'Antonin.

[b] *Lib. 2. c. 6.*

VOGLADENSIS. Voyez MOULINTENSIS.

VOGOGNA, Ville d'Italie, dans le Milanez, au Comté d'Anghiera, sur la Rivière Tosa, à la gauche, vis-à-vis de l'Embouchure de la Rivière d'Anzo. Magin [c] écrit UGOGNA.

[c] *Carte du Milanez.*

VOHEMARO, Province de l'Isle de Madagascar, au-delà de la Baye d'Antongil, en tirant vers la partie Septentrionale de l'Isle. Cette Province est désignée dans les Cartes Marines des Portugais par le nom de BOAMARO. Le Ris y est cultivé de la même manière qu'au Pays de Gallemboulou, & la terre le produit avec la même facilité. On a su, dit Dapper [d], d'un habitant d'Anossi, qui étoit Orfèvre, & dont les Prédécesseurs étoient venus de Vohemaro, qu'on trouve beaucoup d'or dans cette Province, dont tous les Orfèvres d'Anossi sont originaires.

[d] *Descr. de l'Afrique, p. 442.*

La Côte Orientale de la Province de Vohemaro forme une Baye qui porte le même nom, & qui est située à treize degrez de Latitude Méridionale. Depuis Antongil jusqu'au bout Nord-Est de l'Isle, appellé le Cap *Natal*, la Côte tire droit vers le Septentrion.

VOHITZ-ANGHOMBES, Province de l'Isle de Madagascar. Flacourt [e] lui donne pour bornes au Septentrion le Pays d'Anciänäctes, à l'Orient celui de Sahavez, à la hauteur de 19. degrez & demi de Latitude Méridionale, & les hautes Montagnes des Ambohitsménes. Il ajoute qu'elle s'étend du côté du Couchant jusqu'à la Mer de Mozambique ; & du côté du Sud jusqu'au Pays des Eringdranes, qui est séparé de celui des Vohitz-Anghombes par la Rivière de Mansiatre. Cette Province est très peuplée : les Villages y sont plus beaux qu'en aucun endroit de l'Isle ; & les Maisons qui sont de bois sont aussi mieux bâties qu'ailleurs. Elle peut mettre sur pied une Armée de cent mille hommes dans le besoin. Il croît beaucoup de Bled dans les Plaines, & le Pays est riche en Bétail, aussi-bien qu'en Fer & en Acier. On fait dans le Pays des Pagnes de fil de Bananier, qui ressemble à de la Soie : on y fait aussi des Pagnes de soie & les unes & les autres sont à fort bon compte. Les Habitans de Vohitz-Anghombes sont les Ennemis jurez des Fringdranes.

[e] *Hist. de l'Isle de Madagascar, ch. 6.*

VOHITZ-BANCH, Province de l'Isle de Madagascar [f]. Elle s'étend depuis la Rivière de Manatengha, sous le Tropique du Capricorne, jusqu'à la Rivière de Mananghare qui est sous les 22. d. 30'. de Latitude Méridionale. Elle s'étend dans les terres jusqu'à la Rivière d'Itomanpo, & confine au Pays d'Anradsahoc, à la source de la Rivière de Mandrerei, & au Pays de Fanghaterre. Il est commandé par plusieurs Seigneurs de Contrées, qui vivent dans de perpétuelles dissensions, dans une continuelle méfiance les uns des autres, pour de vieilles querelles qu'ils n'oublient jamais, & qui se renouvellent de pere en fils. Ce Pays est fort montagneux, & se découvre de loin à la Mer. C'étoit l'abord ordinaire des Vaisseaux qui alloient reconnoître la terre : ils cingloient ensuite le long de la Côte pour aller au Port Dauphin. Il abonde en Miel, Bœufs, Cannes de Sucre, Ignames, Ris, & autres sortes de vivres, dont les Habitans se trouvent suffisamment fournis. Les Pagnes qu'on porte dans cette Province sont faites d'une certaine écorce d'Arbres, nommez Fautatsranou ; on en achete aussi des Matatanes, qui sont faites d'une autre écorce nommée Avo, ou bien on en achete dans la Province de Carcanossi, ou dans le Pays des Ampatres : celles-ci sont faites de Cotton. Il y a encore dans le Pays des Mines de Fer & d'Acier. Les armes des Habitans sont une Rondache de bois couverte de cuir de Bœuf, & une forte Sagaye. Ils sont tous noirs & ont une grosse chevelure frisée. Ils passent pour être fort enclins au Vol & au Larcin. Ils vont souvent enlever les enfans de leurs voisins, ou leurs Esclaves, pour les vendre dans des Cantons éloignez ; & quelquefois ils n'épargnent pas leurs plus proches parens. Comme tous les Noirs de l'Isle, ils n'ont aucune Religion ; ils s'abstiennent seulement de manger de la chair de Porc & sont circoncis. Ils craignent les Blancs des Matatanes qui sont Zafferaminis, & savent écrire. Les Matatanes leur font accroire que par des caractères & par l'écriture, ils peuvent leur donner des maladies de langueur & même la mort. La Rivière de Manatengha, qui borne cette Province, a quatre Bouches qui sont : Vinang-ad-Sino, Manauaza, Sagandacan, & Vinang-auaruts ; toutes à une lieue l'une de l'autre. Quatre lieues au-delà est la Rivière d'Aniboule, qui est toujours débouchée, & où une Barque peut entrer ; c'est cette Rivière que Rozimont a nommé la Rivière Saint Gilles. Il n'y a maintenant dans ce Quartier que de pauvres Ompizées & Pescheurs. Le Pays a été ruiné par la guerre : le terroir y est néanmoins excellent. La Côte est bordée de très-hautes Montagnes depuis Munghafia jusqu'à Sandrauinanga. On les nomme les Montagnes de Viboulle, autrement les Vohis-Bans. C'est un Pays haut, rempli de Bois & entrecoupé de fertiles Vallées, qui produisent une grande quantité de Miel. A deux lieues plus loin, il y a une Rivière, appellée Andraghinta, & à une lieue au-delà est la Rivière de Sandrauinangha, qui vient des Montagnes ; mais qui est bouchée. C'est dans ce Canton qu'on prétend qu'il y a de l'or. A trois ou quatre lieues, on trouve Manambondrou autre Rivière bouchée, puis la Rivière de Massianach, où il y a une bonne Ance que les François ont nommée l'Ance du Borgne, à cause que le Seigneur du Pays étoit borgne. On s'appelloit Ontanhllera. On peut mouiller une Barque dans cette Ance. Ce Quartier se nomme Manacoronha ; & la Rivière

[f] *Ibid. ch. 4.*

re de Maffianah eft à quinze lieues d'Auiboule. A quatre lieues au Nord-Nord-Eft vient la Rivière de Mananghare, qui a fept Embouchures ; mais toutes bouchées & remplies de roches. Cette Rivière defcend du Pays d'Itomampo qui eft à l'Oueft. Elle fe forme de trois autres Rivières affez belles ; favoir celle d'Ionghaïnou, celle d'Itomampo & celle de Mangharat.

VOHITS-MASSIN, c'eft-à-dire, *Montagne heureufe* [a] : Quartier de l'Ifle de Madagafcar à huit lieues du Fort Dauphin. Les Portugais ont eu autrefois une Forterefle près de cet endroit-là fur le haut de la Côte qui eft efcarpée de tous côtez. Ils avoient même plufieurs habitations au bas, avec des enclos qui leur fourniffoient toutes fortes de provifions pour leur fubfiftance ; mais ils y furent enfin maffacrez par les Peuples circonvoifins.

[a] *Dapper*, Defcr. des Ifles d'Afrique, p. 431.

VOID-VEDUN, Bourg de France, dans la Lorraine au Diocèfe de Toul, fur le Ruiffeau de Void, à fix cens pas de la Meufe, à quatre lieues de Toul. Ce Bourg eft confidérable. Le Chapitre de la Cathédrale de Toul nomme à la Cure, qui a pour Annéxe le Village de Vacon. Le terroir produit du Froment, & on y voit des Vignes, des Prairies & des Bois. Le Chapitre de la Cathédrale de Toul eft Seigneur de cette Paroiffe, où il y a cinq Foires par an : l'une le premier Samedi de Carême ; & autres le premier de Mai ; le jour de St. Barnabé ; le 4. d'Octobre & le 23. de Novembre. Elles ne font que d'un jour chacune. Tous les Samedis il y a Marché ; & on y compte trois Papeteries.

Le Château de Void eft d'une figure quarrée défendu de murailles flanquées de quatre bonnes Tours, & d'un Foffé rempli d'eau. Il a été bâti par les Rois d'Auftrafie, au couchant de la Rivière de Meufe, dont il eft éloigné de mille pas, dans une gorge ou paffage. Il leur fervoit de fentinelle avancée dans le Royaume de France, ou de Vedete, d'où vient le nom de VOID, en Latin *Vedum* ; car auparavant ce Lieu s'appelloit NONIAN. Dagobert Roi d'Auftrafie ayant doté l'Eglife de Toul, lui donna le Château de Void, avec plufieurs autres biens & Seigneuries. L'Evêque de Toul & le Chapitre en ont long-tems jouï par indivis, comme on le voit par des Lettres patentes de l'Empereur S. Henri ; mais depuis ayant divifé leurs biens, le Château de Void avec la Prevôté qui en dépend revint au Chapitre. L'Eglife de Toul avoit toujours jouï en tout droit de Souveraineté & de Regale du Château de Void & des Terres qui en dépendent, comme des autres Terres & Seigneuries qui lui avoient été données en dot fous les Rois & les Empereurs jufqu'à ce que les Rois de France ayant réduit les trois Evêchez de Lorraine fous leur obéïffance, ils en ont tellement changé ou diminué l'autorité, que le Chapitre n'a pas maintenant plus de droit qu'un Seigneur Haut-Jufticier. Vers le Pontificat de Martin V. le Chapitre de Toul inquiété par les Habitans de cette Ville fe retira au Château de Void, où châque Chanoine fe bâtit un appartement à part ; & ce Pape lui ayant réuni la Cure de Void, les Chanoines la defervirent eux-mêmes tant qu'ils demeurérent dans le Château. Ils faifoient l'Office dans l'Eglife Paroiffiale qui fe trouve encore aujourd'hui dans le Château. Dans le dernier Siécle avant les guerres arrivées pendant la minorité de Louïs XIV. ceux qui tenoient le parti de la Fronde ayant fait le fiége du Château de Void, & l'ayant battu avec quelques Pièces de Campagne pendant cinq jours, le Commandant leur en remit les clefs. Ils n'y demeurérent pas long-tems : les Troupes du Roi commandées par le Maréchal de la Ferté les en fit déloger.

VOIGTLAND, Pays d'Allemagne, dans la Haute-Saxe, ou Marquifat de Mifnie [b]. C'eft un des quatre Cercles qui font la divifion de ce Marquifat. Il eft entre le Cercle des Mines, ou des Montagnes, la Bohême, le Margraviat de Culembach & le Duché d'Altenbourg. C'étoit autrefois un Pays particulier, qu'on nomma VOIGTLAND, des Prevôts, appellez *Vogts* en Allemand, & que les Empereurs y envoyoient pour le gouverner. Il comprenoit alors la plus grande partie du Margraviat de Culembach, & divers Bailliages voifins, qui en ont été démembrez. D'autres prétendent que ce Pays fut nommé VOIGTLAND, des Seigneurs de Weyda, qui le poffédérent fous le titre d'Avocats. En effet on le nomme en Latin depuis plufieurs Siécles *Terra Advocatorum*. Les Hiftoriens ne s'accordent pas fur leur origine. Les uns veulent que ces Avocats, appellez *Vogts* en Allemand, ayent été inftituez par Henri l'*Oifelenr* Roi de Germanie ; & les autres prétendent avec plus de fondement qu'ils furent inftituez par l'Empereur Henri VI. Zwickau eft la Ville principale de ce Cercle. Les autres Villes font Plawen, Weyda, Gera, Graitz, Olfnitz, Werde & Ziegenruck. La Baronnie de Wildenfels eft enclavée dans ce Cercle.

[b] D'Audifred, Géogr. Anc. & Mod. t. 3. p. 312.

VOINEMONT, Paroiffe au Duché de Lorraine, au Bailliage de Nancy. Son Eglife Paroiffiale eft fous le titre de l'Invention de St. Etienne. Le Chapitre d'Efpinal eft Patron de la Cure, & perçoit les deux tiers des groffes & menues dixmes ; & le Curé a l'autre tiers. Il y a au moins feize Seigneurs. La Juftice locale eft à Ceintrey & à Haroué. Il y a une Chapelle dédiée à Notre-Dame de pitité, & le Mainville eft une Annéxe de Voinemont.

VOIRE, Rivière de France [c], dans la Champagne Méridionale. Elle prend fa fource dans l'Election de Joinville, un peu à l'Orient de Somme-Voire, qu'elle arrofe. Elle paffe enfuite à Montier-en-der, où elle a un Pont, & où elle reçoit les eaux de la Bienne : de là elle fe rend à Beaufort, à Rofnay & à Chalete, & fe perd un peu au-deffous dans l'Aube à la droite, quelques lieues au-deffus de Rumeru.

[c] De l'Ifle, Atlas.

VOIRON, Bourgade de France, dans le Dauphiné, Election de Grenoble, avec titre de Baronnie.

1. VOISINES, Abbaye de France, dans l'Orléanois, proche de Meun. C'eft un Monaftère d'Hommes de l'Ordre de Cîteaux. Il jouït de deux mille Livres de rente.

2. VOI-

2. VOISINES, Bourg de France, dans la Champagne, Election de Sens.

VOISINS, Bourg de France, dans le Bas-Languedoc, Recette de Carcassonne.

VOL, Ville de l'Afrique Propre: elle étoit, à ce que dit Ptolomée, au Midi de Carthage, entre les Fleuves Bagrada & Triton.

VOLÆ, & VOLANI. Voyez BOLA.

1. VOLANA, Ville d'Italie, chez les Samnites: Tite-Live [a] dit qu'elle fut prise en peu de jours par Carvilius. [a Lib. 10. c. 45.]

2. VOLANA, Bourgade d'Italie, dans le Ferrarois, vers l'Embouchure, & à la droite du Bras du Pô, appellé du nom de cette Bourgade Pô di Volana. Voyez PO.

VOLANDUM, Lieu fortifié dans l'Arménie, selon Tacite [b], qui dit que c'étoit le Château le plus fort de la Contrée. Corbulon s'en rendit maître néanmoins sans perdre un seul homme, & fit passer au fil de l'épée tous ceux des Habitans qui se trouvérent avoir quatorze ans, ou environ; & l'on vendit à l'encan tout le menu peuple qui étoit incapable de porter les armes. Le MS. de Venise, au rapport d'Ortelius [c], lit VALANDUM, au lieu de VOLANDUM. [b An. Lib. 13.] [c Thesaur.]

VOLANE. Voyez OLANE.

VOLANI. Voyez BOLA.

VOLATERRÆ, Ville d'Italie, dans l'Etrurie, l'une des douze anciennes Villes des Toscans, selon Denys d'Halicarnasse [d]. Strabon [e] décrit la situation de cette Ville. Il dit qu'elle est dans une Vallée, de façon néanmoins, dit-il, que la Forteresse qui la défend est sur le haut d'une Colline. Cicéron [f] nous apprend que c'étoit un Municipe: *Cum Municipibus Volaterranis mihi summa necessitudo est*; & selon Frontin elle avoit le titre de Colonie: *Colonia Volaterrana lege triumvirali est adsignata*. Dans le Territoire de VOLATERRA il y avoit des Thermes, que la Table de Peutinger appelle AQUÆ VOLATERRÆ pour AQUÆ VOLATERRANEÆ. Cette Ville conserve son ancien nom; car on l'appelle encore VOLTERRA. [d Lib. 3. p. 189.] [e Lib. 5. p. 154.] [f Lib. 13. Epist. 4.]

VOLATERRANA-VADA, Ville ou Bourgade d'Italie, dans l'Etrurie, à l'Embouchure du Cecinna, avec un Port, selon Pline [g]. Cicéron [h] dit aussi VADA VOLATERRANA; mais l'Itinéraire d'Antonin & la Table de Peutinger, écrivent VADIS VOLATERRIS. Ce Lieu nommé encore aujourd'hui Vadi, est placé par l'Itinéraire d'Antonin entre *Populonium*, & *ad Herculem*, à vingt-cinq milles du premier de ces Lieux, & à dix-huit milles du second. Rutilius [i] n'a pas oublié ce Lieu: [g Lib. 3. c. 5.] [h Pro Quintio. n. 6.] [i Lib. 1. v. 453.]

In Volaterranum vero, Vada nomine, tractum
Ingressus dubii tramitis alta lego.

VOLCÆ-ARECOMICI, Peuples de la Gaule Narbonnoise, selon Strabon [k]: Ptolomée [l] écrit VOLCÆ-ARECOMII, & Pomponius-Mela [m], aussi-bien que Pline [n], disent ARECOMICI. Si nous nous en rapportons à Strabon les VOLCÆ-ARECOMICI s'étendoient jusqu'au bord du Rhosne, & n'habitoient point des deux côtez de ce Fleuve; car il dit, *ad alteram ripam fluminis*, & non, *ad utramque*. Cependant Tite-Live [o] les place sur les deux Rives du Fleuve. Voyez ARECOMICI. Ptolomée leur donne deux Villes qu'il marque dans les Terres, sçavoir: [k Lib. 4. p. 186.] [l Lib. 2. c. 10.] [m Lib. 2. c. 5.] [n Lib. 3. c. 4.] [o Lib. 21. c. 36.]

Vindomagus, & *Nemausum Colonia*.

VOLCÆ-TECTOSAGES, Peuples de la Narbonnoise. Strabon [p] les étend jusqu'aux Pyrénées: Ὅμοροι οἱ Τεκτόσαγες καλούμενοι τῇ Πυρήνῃ πλησιάζουσιν; *Volcæ, qui Tectosages vocantur, proximi sunt Pyrenæo*, & Ptolomée [q] commence à compter les Villes de ces Peuples depuis les Tectosages: ainsi ils habitoient la Côte de la Mer de Narbonne depuis les Confins de l'Espagne jusqu'à la Ville de Narbonne, qui étoit dans leur Pays; car Ptolomée leur donne les Villes qui suivent: [p Lib. 4. p. 187.] [q Lib. 2. c. 10.]

Iliberis,	Cessero,
Rhuscinum,	Carcaso,
Tolosa Colonia	Bætira,
	Narbon Colonia,

Il paroît que du tems de Pline [r] les choses avoient changé de face; du moins met-il des VOLCÆ-TECTOSAGES au-delà du Rhosne; & ce qu'il appelle, dans ce Quartier là, *Regio Volcarum Tectosagum*, comprenoit selon le Pere Hardouin, le Diocese d'Agde, & presque tout le reste du Pays, jusqu'à l'Embouchure du Rhosne. Voyez TECTOSAGES. [r Lib. 3. c.]

VOLCÆ PALUDES, Dion Cassius [s] nomme ainsi les Marais auprès desquels les Batones attaquérent Cæcina Severus, dans le tems qu'il vouloit y faire camper son Armée. Ces Marais devoient être au voisinage de la Mœsie. [s Lib. 55. sub finem.]

1. VOLCAN, Mot François employé par les Naturalistes, pour signifier une Montagne qui vomit du feu. Ce mot vient du Latin *Vulcanus*, que les Poëtes ont pris pour le Dieu du feu. S'il y a quelque chose de propre à nous convaincre de l'existence des feux souterrains, ce sont les Volcans, que l'Auteur de la Nature a disposés dans les diverses Contrées du Monde, pour servir comme de cheminées aux Fournaises ardentes qu'il a allumées dans la Terre Ces Fournaises étoient nécessaires pour échauffer la Terre & la rendre capable de produire; elles étoient aussi nécessaires pour empêcher les eaux cachées dans les entrailles de la Terre, & dans le creux des Montagnes de s'y glacer; &, comme le feu a besoin d'air pour s'entretenir, il étoit d'une égale nécessité de lui ménager des Soupiraux par lesquels il pût l'attirer, & par lesquels il pût aussi se débarrasser de la fumée & des cendres, qui l'auroient étouffé. L'Auteur de la Nature a principalement destiné les Montagnes à cet usage, parce que s'il avoit placé ces Soupiraux dans les Plaines, toutes les Contrées voisines auroient non-seulement été couvertes de cendres, de pierres, de soufre & des diverses matieres que les Volcans vomissent en abondance dans le tems de leurs éruptions; elles auroient encore incommode de la fumée & des exhalaisons pernicieuses, qui eussent été capables de donner la mort aux Hommes & aux Bêtes, qui se seroient trouvez dans le voisinage. Ces redoutables Soupiraux étant placez sur les Mon-

Montagnes ne se trouvent pas sujets aux mêmes inconvéniens: les cendres & les autres matières qui vomissent les Volcans s'arrêtent pour la plûpart sur les Rochers, & la fumée & les vapeurs pestilencielles, sont emportées par le vent & se dissipent dans la partie la plus élevée de l'air. Ces mêmes raisons ont porté sans doute l'Auteur de la Nature à placer ces Volcans ou près de la Mer, ou dans des Isles séparées du Continent; car s'ils se fussent trouvez bien avant dans les terres, ils les auroient rendues inhabitables par les ravages terribles qu'ils y auroient causez. On le peut aisément juger par le petit nombre de Volcans qui se trouvent dans les terres, où ils causent des desordres épouvantables. Il y a aussi des Volcans sous les eaux de la Mer. On en remarque entre autres un en Europe dans l'Archipel, où il fait quelquefois des changemens considérables. Voyez SANT-ERIN.

On sait qu'il y a des Volcans dans l'Europe, dans l'Asie, dans l'Afrique & dans l'Amérique. Il y en a sur la Côte de la Nouvelle Guinée; & il y en a, ou du moins il peut y en avoir, dans les autres Parties du Monde qui ne nous sont pas encore connues. On en voit un grand nombre décrits dans le corps de cet Ouvrage aux Articles auxquels ils ont rapport. Voici une Liste de quelques autres dont les Voyageurs nous ont donné les descriptions.

2. VOLCAN (Le Vieux), en Espagnol *Volcano-Viejo* [a]; Volcan de l'Amérique Septentrionale, dans la Nouvelle Espagne, près de la Mer du Sud, au voisinage du Port de Realejo, qu'on remarque à cette Montagne qui est la plus haute de toutes celles du voisinage. On la tient au Nord-Est, on la range ensuite, & l'on découvre le Port, où l'on peut entrer avec la Basse Mer. Ce Volcan qui jette sa fumée le jour & des flammes la nuit, sur-tout lorsqu'il fait mauvais tems, se voit à plus de vingt lieues en Mer.

Voici ce que dit Dampier [b], en parlant de ce Volcan. Rin-Lexa est le Pays le plus remarquable qu'il y ait sur cette Côte, à cause d'une haute Montagne ardente qu'il y a, & que les Espagnols nomment Volcan, ou Volcano Vejo. Il faut porter le Cap tout à fait au Nord-Est, passer ensuite tout auprès de la Montagne, & cette route vous mène dans le Havre. Les Vents de Mer sont du Sud-Ouest. Ainsi les Vaisseaux qui vont là doivent prendre les vents de Mer; car il n'y a pas moyen d'entrer par le vent de terre. Le Volcan est aisé à connoître parce qu'il n'y a point aux environs de Montagne si haute, & qu'il n'y en a point non plus de la même figure tout le long de la Côte, sans compter qu'elle fume toute la journée, & qu'elle jette quelquefois des flammes durant la nuit. Cette Montagne se voit de vingt lieues; & comme elle n'est qu'à trois lieues du Havre de Ria-Lexa [c], on en peut facilement voir l'entrée.

VOLCAN D'ÆTNA. Voyez AETNA.
VOLCAN D'ANION [c], Volcan de l'Amérique Septentrionale, dans la Nouvelle Espagne près de la Mer du Sud, à quatre lieues du Volcan de Léon. Voyez VOLCAN DE LÉON. De la pointe de Realejo à Rio de Tosta il y a neuf lieues, Sud-Est-quart-au-Sud. De cette Rivière à la Table de Sutiabo, il y a dix lieues, & il faut courir Nord-Ouest. On voit paroître alors le Volcan d'Anion au Sud-Est de cette Rivière, à trois ou quatre lieues dans le Pays.

VOLCAN D'AREQUIPA, Volcan de l'Amérique Méridionale au Pérou, à quelques lieues de la Côte de la Mer du Sud. D'Ylay à Xuli, qui est sous le 17. d. 30'. de Latitude Méridionale, il y a trois lieues. C'étoit autrefois le principal Havre d'Arequipa & de toute la Côte de Penasco. Lorsqu'on y va d'Ylay, on peut le connoître à une petite Crique large de vingt brasses; mais si l'on vient de la haute Mer, on apperçoit le Volcan d'Arequipa, à six lieues dans le Pays Nord-Ouest & Sud-Est de ce Port; & s'il fait un tems clair on voit d'autres Montagnes hautes, dont une s'élève en forme de pain de Sucre.

VOLCAN D'ASO, Volcan du Japon, dans la Province de Figo, près d'un Lieu nommé Aso, & fameux par un Temple, qu'on appelle Aso no Gongen; c'est-à-dire *le Temple du Jaloux d'Aso*. Le Volcan qui en prend son nom est une Montagne, du sommet de laquelle il sort presque continuellement des flammes, qui sont plus visibles la nuit que le jour.

VOLCAN D'ATILAN [d], Volcan de l'Amérique Septentrionale, dans la Nouvelle Espagne, près de la Côte de la Mer du Sud, à sept lieues du Volcan de Sacatepec, que la Côte entre deux courans, Ouest quart au Nord-Ouest, & Est-quart-au-Sud-Est. Du Volcan d'Atilan aux Anabacas la Côte court Ouest quart au Nord-Ouest, & Est-quart au Sud-Est.

☞ Les ANABACAS sont de petites Plaines, à vingt-cinq lieues de las Milpas. Quelques-unes de ces Plaines sont avec des Monticules partagez au sommet, & les autres sont couvertes de petits buissons. Il y a des arbres sur un rivage élevé, qui forme une Baye; & l'on voit trois Volcans dans le Pays à huit lieues ou environ de distance l'un de l'autre, dont celui du milieu qu'on nomme Sapoticolan court Nord & Sud à l'égard de ces Plaines.

VOLCAN DE BOULOGNE, Volcan d'Italie, au Territoire de la Ville de Boulogne.

VOLCAN DE CATACULO, Volcan de l'Amérique Septentrionale [e], dans la Nouvelle Espagne, près de la Mer du Sud, à trois lieues à l'Est de la Montagne Vermel, & à deux lieues de la Barre d'Ibaltique.

VOLCAN DE COLIMA, Volcan de l'Amérique Septentrionale, dans la Nouvelle Espagne, dans une Vallée près de la Ville de même nom. Voyez COLIMA. Wafer dit que ce Volcan jette de tems en tems des cendres avec une épaisse fumée; & que ces cendres sont poussées si loin qu'elles font du tort aux biens de la terre, à plus de trente lieues aux environs. Dampier [g] ajoûte que le Volcan de Colima est une très-haute Mon-

[a] Woodes Rogers, Supplément aux Voyages autour du Monde. p. 10.

[b] Voyage autour du Monde, t. 1. p. 155.

[c] Woodes Rogers, Supplément aux Voyages autour du Monde, p. 13.

[d] Woodes Rogers, Supplément aux Voyages autour du Monde, p. 3.

[e] Ibid. p. 10.

[f] Voyage p. 250.

[g] Voyage autour du Monde, t. 1. p. 322.

Montagne à environ 18. d. 36′. de Latitude Nord, à cinq ou six lieues de la Mer, & au milieu d'un agréable Vallon. On y voit deux petites pointes de chacune desquelles sortent toujours des flammes ou de la fumée. Le Vallon où est ce Volcan se nomme la Vallée de Colima, du nom de la Ville qui n'en est pas éloignée.

VOLCAN DE FESI, Volcan du Japon, dans la Province de Suruga. C'est la fameuse Montagne de Fesi, qui ne céde en hauteur qu'au seul Pic de Ténerife, & dont la figure & la beauté n'ont peut-être point de pareilles dans le Monde. Il sort quelquefois du haut de cette Montagne une fumée noire & puante. Son sommet est perpétuellement couvert de neige, qui étant dispersée comme cela arrive souvent, & voltigeant en l'air par l'impétuosité du Vent, ressemble en quelque manière à un chapeau fumant. Les Historiens du Japon remarquent que le sommet de cette Montagne jettoit autrefois des flammes; mais qu'une ouverture s'étant faite au côté de la Montagne par la violence du feu, les flammes cessérent peu de tems après.

VOLCAN DE FIGO, Volcan du Japon, dans la Province de Figo. Il ne jette plus ni flammes, ni cendres, ni autres matières. On voit seulement sur le sommet de la Montagne une grande ouverture, qui étoit autrefois la bouche du Volcan. Les flammes ont cessé depuis quelque tems; apparemment par le défaut de matière combustible.

VOLCAN DE FUOGO, Volcan du Japon, vis-à-vis de Satzuma, dans une petite Isle nommée Fuogo, nom qui a été emprunté des Portugais, & qu'elle a conservé. Quelques-unes de nos Cartes la nomment *Vulcanus*. Cette Isle a une Montagne qui jette du feu, & qui en a jetté par intervalles pendant plusieurs Siècles.

VOLCAN DE GROENLAND, Volcan dans les Terres-Arctiques appellées GROENLAND, près du Lieu où étoit le Couvent des Dominicains, selon Barthelemi Zénete Vénitien, Amiral du Royaume de Dannemarck, & qui avoit été sur les Lieux. Voici les propres paroles de cet Officier citées par le Pere Kircher [a]: *Hic visitur Monasterium S. Thomæ Dominicanorum, & ab eo non procul Mons ignivomus, ex cujus pede Fons ignitus erumpit. Hujus fontis aquis per tubos derivatis, non modo omnes Cellæ Monachorum, instar hypocaustorum calefiunt, sed etiam cibi imo & ipse panis coquitur: tophum seu pumicem mons evomit, ex quo totum est constructum Cœnobium; tophi enim bi aqua illa perfusi, quasi adhibito bitumine conglutinantur. Hic enim Horti pulcherrimi, aqua ferventi rigati, in quibus flores & fructus omnis generis. Hæc autem aqua, ubi per hortos decurrit, cadit in vicinum sinum seu portum, quo fit ut nunquam gelu concrescat; ideoque appellunt pisces & volucres innumeri; quibus incolæ ad satietatem victitant.*

[a] Mundi subter. Lib. 4. p. 194.

VOLCAN DE GUATIMALA, Volcan de l'Amérique Septentrionale, près de la Mer du Sud, à huit lieues des Anabacas, la Côte courant Ouest quart au Nord-Ouest, & Sud-Est quart au Sud-Est. Du Volcan de Guatimala, à la Barre d'Estapa, il y a huit lieues, & la Côte court Ouest quart au Nord-Ouest, & Est quart au Sud-Est. De cette Barre à la Rivière de Monticalco, il y a dix lieues, la Côte courant Nord-Ouest quart à l'Ouest, & Sud-Est quart à l'Est. De cette Rivière au Volcan de Guatimala, qui se trouve sur la Côte Sud-Est, il y a dix lieues, le rivage courant Nord & Sud avec la Barre d'Estapa, qui est le Port de Guatimala. Ce Volcan est double en quelque sorte [b]; du moins donne-t-on dans le Pays aux deux Montagnes, entre lesquelles est la Vallée de Panchoi, le nom de Volcan. Cette Vallée est celle où se trouve située la Ville de St. Jacques Capitale de la Province de Guatimala. Cependant il n'y a qu'une de ces Montagnes qui jette du feu; l'autre ne jette que de l'eau. Celle-ci s'appelle *Almolonca*. On lui donne quatre lieues de hauteur, & dix-huit de circonférence: l'autre [c] vomit sans cesse des tourbillons de flames jusqu'à la hauteur d'une pique. On les apperçoit de loin, & la fumée qui les surmonte semble avoir de la continuité avec les nues, tant elle s'élève dans les airs. De quart d'heure en quart d'heure, plus ou moins, il part de cette effrayante Fournaise un bruit pareil à celui d'une couleuvrine, ce qui cause de l'étonnement & même une sorte d'épouvante à ceux qui n'y sont pas accoutumez.

[b] Wilser, Voyage, p. 219.
[c] Ibid. p. 255.

VOLCAN D'HECLA, ou d'ISLANDE. Voyez ISLANDE.

VOLCAN-ISALCOS [d], Volcan de l'Amérique Septentrionale, dans la Nouvelle Espagne près de la Mer du Sud, à quatre lieues du Port de Sonsonate. Au sortir de la Rivière de ce nom on doit prendre garde aux Bancs & aux Rochers, qui sont autour de la pointe de Remedio; & de cette pointe il faut courir Est quart au Sud-Est pour aller à la Barre d'Ibaltique qui en est à trente-quatre lieues, & où il y a divers Bancs qui s'avancent plus de deux lieues en Mer. A trois lieues à l'Est au-delà de cette Pointe, on voit la Montagne Vernel, qui est d'une hauteur médiocre, mais la terre est basse, & à trois lieues plus avant à l'Est on trouve le Volcan de Cateculo,

[d] Wooders Rogers, Supplément aux Voyages autour du Monde, p. 9.

1. VOLCAN DE L'ISLE BRULANTE [e], Volcan de l'Océan Indien, dans une Isle sur la Côte Septentrionale de la Nouvelle Guinée. Dampier qui en parle n'en donne pas la juste position. Nous vîmes encore, dit-il, une autre Isle, d'où il sortit tout d'un coup une grosse fumée, qui s'évanouit bien-tôt & qui ne parut plus.

[e] Ibid.

2. VOLCAN DE L'ISLE BRULANTE [f], Volcan de l'Océan Indien, sur la Côte Septentrionale de la Nouvelle Guinée, à quelques lieues à l'Ouest de l'Isle du Chevalier Robert Rich. L'Isle où se trouve ce Volcan est haute & pointue. Quand on est à son Nord, on ne peut pas bien discerner la fumée, ni voir la flamme que jette le Volcan, parce que son soupirail est du côté du Sud. On voit trois autres Isles au voisinage, & toutes sont hautes, pleines de beaux Arbres & de Savannes verdoyantes, sans en excepter l'Isle du Volcan, dont le terroir est beau près du rivage, & mê-

[f] Dampier, Suite du Voy. à la N. Hollande. t. 5. p. 128.

même jusqu'aux deux tiers de la hauteur de la Montagne, qui est plus ronde que les autres, & pointue au sommet.

3. VOLCAN DE L'ISLE BRULANTE, Volcan de l'Océan Indien, dans l'Isle qui lui donne son nom, & qui est une des Isles Moluques ou de l'Epicerie. Cette Isle est haute mais petite, & à 6. d. 30′. de Latitude Méridionale. Depuis le bas elle va un peu en talus vers le sommet. Elle se partage au milieu en deux pointes; & c'est de l'entre-deux, dit Dampier[a], qu'il sortoit autant de fumée, que j'en aye vu sortir d'aucun Volcan. Le côté Septentrional de l'Isle paroît verdoyant; tout le reste est sec & stérile. Cette Isle est située droit au Nord de l'Isle de Terra Alta, à cinquante lieues, des Isles des Tortues, qui, par rapport à l'Isle brûlante, gisent Nord-Est quart-à-l'Est, un peu vers l'Est.

[a Suite du Voy. à la N. Hollande, p. 59.]

4. VOLCAN DE L'ISLE BRULANTE, Volcan de l'Océan Indien, sur la Côte Occidentale de la Nouvelle Bretagne, dans une Isle à l'entrée du Détroit qui sépare la Nouvelle Guinée de la Nouvelle Bretagne. Dampier[b] qui découvrit ce Volcan en 1699, dit qu'en approchant de l'Isle où il est situé, il trouva quantité d'autres Isles, dont la plûpart étoient petites & basses, & environnées de bancs de sable; mais qu'il y en avoit une grande & haute & une plus petite, mais fort haute. Etant à trois lieues de ce Volcan, & à deux lieues du Continent de la Nouvelle Bretagne, il trouva un bon Canal pour passer entre l'un & l'autre; il se tint néanmoins plus près du Continent que de l'Isle, & courant au Nord pour sortir de ce Détroit il jetta la sonde, & eut cinquante deux brasses d'eau fond de sable & de vase. Le Volcan jetta du feu & de la fumée toute la nuit d'une manière surprenante. A chaque secousse, on entendoit un bruit terrible comme celui du tonnerre, & on voyoit ensuite paroître la flamme. Les intervalles entre les secousses étoient à peu près d'une demi-minute, les uns plus les autres moins. D'ailleurs les secousses n'étoient pas toutes de la même force: il y en avoit de foibles en comparaison des plus violentes, quoique les premières jettassent quantité de feu; mais les dernières étoient accompagnées d'un mugissement horrible, & poussoient une grosse flamme de la hauteur de vingt ou trente verges. On voyoit alors une grande traînée de feu, qui couroit jusqu'au rivage. Pendant le jour on avoit vu sortir de cet endroit beaucoup de fumée, qui venoit de la matière sulphureuse & combustible jettée par le soupirail, & qui augmentoit, ou diminuoit, selon qu'il y avoit plus ou moins de cette matière. Quand on est en Mer à l'Ouest de ce Volcan, dont le soupirail est au Sud, on ne peut découvrir la flamme. Le Volcan est à 5. d. 33′. de Latitude Méridionale, & à 332. milles Ouest du Méridien du Cap St. George.

[b Ibid. p. 122.]

VOLCAN DE L'ISLE FOGO[c]: Fogo est une des petites Isles du Cap Verd, situées à l'Occident de celle de St. Jacques. Son Volcan est une grosse & haute Montagne, du sommet de laquelle il sort des flammes qu'on n'apperçoit que la nuit; mais qu'on voit alors de loin en Mer. Ce Volcan n'empêche pas que l'Isle, quoique petite, n'ait des Habitans, qui demeurent au pied de la Montagne près de la Mer. Leur subsistance est assez semblable à celle des Habitans des autres Isles. Ils ont des Chévres, de la Volaille, des plantins, des noix de cacao, & autres denrées.

[c Dampier, Voyage autour du Monde, t. 1. p. 100.]

VOLCAN DE KIUKIU-SIMA, Volcan du Japon, près de Finando, dans une petite Isle de rochers, l'une de celles que les Japonnois appellent Kiukiu-Sima; c'est-à-dire les neuf Isles, parce qu'elles sont au nombre de neuf. Cette Isle, quoique très-petite & environnée de la Mer, a brûlé, & a été agitée par des secousses pendant plusieurs Siécles.

VOLCAN DE KUJANOSSE, Volcan du Japon, dans la Province de Tsikusen, proche d'un lieu nommé Kujanosse. C'étoit autrefois une Mine de Charbon, qui par la négligence des Mineurs prit feu dans le tems qu'on y pensoit le moins. Elle a continué de brûler depuis ce tems-là.

VOLCAN DE LEON[d], Volcan de l'Amérique Septentrionale, dans la Nouvelle Espagne, près de la Mer du Sud, à sept lieues de la Ville de Léon. Le Chemin pour aller de cette Ville au Volcan est un Pays uni, plein de Savannes, & de quelques Bocages. Il n'y a qu'une seule Rivière entre deux, & elle est guéable en plusieurs endroits. A deux milles de la Ville de Léon, on trouve un petit Village Indien, où conduit un sentier tout droit & couvert de sable; ce sentier traverse une grande Plaine. De la Table de Sotiabo, au Volcan de Léon, on compte quatre lieues, & il faut courir Sud-Est quart à l'Est & Nord-Ouest quart à l'Ouest. De ce Volcan à celui de Telica il y a quatre lieues.

[d Woodes Rogers, Supplément aux Voyages autour du Monde, p. 12.]

VOLCAN DE MISNIE, Volcan d'Allemagne, dans la Misnie. On le nomme *la Montagne des Charbons*. Elle jette de tems à autre des flammes & de la fumée.

VOLCAN DE NICARAGUA[e], Volcan de l'Amérique Septentrionale, dans la Nouvelle Espagne, au Gouvernement de Nicaragua, dans l'Isle qui se trouve au milieu du Lac de même nom. Quoique cette Isle soit extrêmement fertile, & produise un grand nombre de Fruits délicieux de toutes les espèces, elle ne laisse pas d'avoir un Volcan, qui jette des flammes en quantité, & presque autant que celui de Guatimala: aussi peut-on dire que ces flammes sortent en quelque manière du sein des eaux, puisque le Volcan est tout environné de celles du Lac.

[e Wafer, Voyage, p. 256.]

VOLCAN DE SACATEPECQUE[f], Volcan de l'Amérique Septentrionale, dans la Nouvelle Espagne, près de la Côte de la Mer du Sud, à six lieues du Volcan de Sapotictan. La Côte entre deux court Nord-Ouest & Sud-Est. Du Volcan de Sacatepecque à celui d'Atilan, il y a sept lieues. La Côte court Ouest-quart au Nord-Ouest & Est quart & Sud-Est.

[f Woodes Rogers, Supplément aux Voyages autour du Monde, p. 7.]

VOLCAN DE SAINT MICHEL[g], Volcan de l'Amérique Septentrionale, dans la Nouvelle Espagne, près de la Mer du Sud, à deux grandes lieues Nord &

[g Ibid. p. 10.]

Sud de la Barre d'Ibaltique. Ce Volcan paroît plus que les autres du voisinage.

in Woodes Rogers, Supplément aux Voyages autour du Monde p. 7.

VOLCAN DE SAPOTICLAN [a], Volcan de l'Amérique Septentrioanle, dans la Nouvelle Espagne, près de la Côte de la Mer du Sud, à huit lieues de *las Milpas*. La Côte entre deux court Nord-Ouest & Sud-Ouest. Du Volcan de Sapoticlan à celui de Sacatepecque il y a six lieues, & la Côte court Nord-Ouest & Sud-Est. Voyez VOLCAN D'ATILAN.

b Ibid.

VOLCAN DE SOCONESCO [b], Volcan de l'Amérique Septentrionale, dans la Nouvelle Espagne, près de la Côte de la Mer du Sud, à six lieues Nord-Ouest & Sud-Est de la Montagne d'Incomienda. Incomienda est à trois lieues au Sud-Est du Port Bernal, & à douze lieues plus au Sud-Est on trouve le Volcan de Soconesco, ou Soconusco. De ce Volcan à *las Milpas*, il y a douze lieues; & la Côte court Nord-Ouest & Sud-Ouest.

c Ibid. p. 8.

VOLCAN DE SONSONATE [c], Volcan de l'Amérique Septentrionale, dans la Nouvelle Espagne, près de la Côte de la Mer du Sud. Depuis la Rivière de Monticalco jusqu'au Port de Sonsonate, il y a dix-huit lieues, la Côte courant Ouest-quart au Nord-Ouest, & Est-quart au Sud-Est. De la Barre d'Estapa au Port de Sonsonate, qui est sous le treizième degré de Latitude Septentrionale, il y a trente-six lieues, le rivage courant Ouest quart au Nord-Ouest, & Est quart au Sud-Est. A vingt lieues, au Sud-Est, il y a une grande Rivière, qui est à six lieues de celle de Monticalco, & à dix du Port de Sonsonate: alors on voit le Volcan de Sonsonate, avec deux autres: & si l'on veut mouiller à ce Port il faut que ce soit à la droite, où la terre est la plus basse, avoir toujours le Plomb à la main, jusqu'à ce qu'on ait douze Brasses d'eau, courir tout droit vers les Magasins & laisser tomber l'Ancre au Sud-Est; mais on doit bien être sur ses gardes parce qu'il y a plusieurs Bancs tout le long & à la hauteur de la Pointe de Remédio, qui court Nord & Sud depuis ce Havre. La Côte est basse; & il y a bon ancrage par-tout, un fond de sable en quelques endroits, & de vase en d'autres.

VOLCAN DE STRONGYLE. Voyez STRONGYLO.

d Ibid. p. 14.

VOLCAN DE TELICA [d], Volcan de l'Amérique Septentrionale, dans la Nouvelle Espagne, près de la Mer du Sud; à quatre lieues du Volcan d'Anion, & à deux lieues de la Table de Moliasse.

VOLCAN DE TOSCANE, Volcan d'Italie, dans la Toscane. C'est une des Montagnes de l'Apennin. Elle jette du feu.

e Gemelli Cureri, Voyage autour du Monde, t. 5. p. 222.

VOLCAN DE TERNATE [e], Volcan de l'Océan Indien, dans l'Isle de Ternate, qui lui donne son nom. La principale entrée de ce Volcan est de la largeur d'un Jet de pierre: les deux autres sont plus petites; l'une à l'Est de la Mer Malaye, & l'autre au Nord-Ouest sur Tacome. On recueille une grande quantité de soufre autour des trois Bouches de ce Volcan, qui jette ordinairement avec plus de fureur ses flammes, sa fumée & ses cendres, dans les Mois d'Avril & de Septembre. Ce Volcan fit un desordre incroyable en 1648. le 25. de Juin & les deux jours suivans: outre les cendres, la fumée & les flammes, il jetta fort loin quantité de pierres enflammées, qui brûloient tout ce qu'elles rencontroient; & un Village de Maures appellé *de la Sula* en fut consumé. L'Isle fut dans un mouvement continuel pendant tout ce tems-là; & l'on entendit un bruit effroyable dans les Cavernes souterraines, & de tems en tems comme des coups de Canon.

VOLCAN DU VESUVE. Voyez VESUVE.

VOLCAN D'UNSEN, Volcan du Japon, près de Simabara. Unsen est une Montagne, grande, hideuse, & de peu de hauteur. Son sommet est toujours nud & blanchâtre, couleur qui lui vient du Soufre dont elle est couverte. Elle ressemble à un *caput mortuum*, ou à une masse brûlée. Elle ne jette pas beaucoup de fumée. Cependant, dit Kaempfer, j'ai apperçu la fumée qui en sortoit, quoique j'en fusse éloigné de trois lieues. La terre de cette Montagne est chaude & brûlante en plusieurs endroits, & d'ailleurs si lâche & si spongieuse qu'à quelques endroits près où il y a des Arbres, on n'y sauroit marcher sans trembler, à cause du bruit qu'on entend sous ses pieds. L'odeur du Soufre qu'elle exhale est extrêmement forte: aussi à plusieurs milles à la ronde ne voit-on pas un seul Oiseau. Il sort de la Montagne & des environs plusieurs Fontaines les unes chaudes & les autres froides. Il y a entre autres de fameux Bains chauds qu'on regarde comme un Remède infaillible pour les maux vénériens. Il faut que le Malade se baigne pendant plusieurs jours, & que chaque jour il y demeure quelques momens. Mais il doit commencer par un autre Bain, qui n'est pas absolument si chaud, & qu'on appelle OMBAMMA; il est à quelques lieues delà. Tant que le Malade fait usage des Bains il ne doit rien manger que de chaud; & en sortant du Bain, il faut qu'il se mette au lit & se couvre bien pour tâcher de suer. A quelque distance de ce Bain chaud, il y a un Monastère de la Secte de Tendai. Les Moines ont donné à chaque Fontaine du voisinage des noms particuliers, pris ou de leur qualité, ou de l'écume qui nage sur la surface, ou de leur fond, ou du bruit qu'elles font en sortant de la terre; & ils les ont destinées comme autant de Purgatoires, pour les Artisans & les Ouvriers dont la profession semble avoir quelque rapport avec les qualitez de ces Fontaines. Par exemple, ils placent les Brasseurs de Bière & de Sacki, fourbes & trompeurs, dans le fond d'une Fontaine profonde & bourbeuse; les Cuisiniers & les Patissiers dans une Fontaine remarquable par son écume blanche; les Querelleurs & Chicaneurs dans une Fontaine qui sort de la terre avec un bruit effroyable; & ainsi des autres. C'est de cette sorte qu'ils trompent le Peuple aveugle & superstitieux, & en tirent de grosses Sommes d'argent lui faisant accroire, que par leurs Priéres & par leur intercession, il pourra être délivré de ces Lieux de tourmens après la mort. Durant cette cruelle persécution qui s'éleva dans le Japon contre la Religion Chrétienne, & qui est la plus sanglante, dont il soit parlé dans l'Histoire; parmi un nombre infini d'autres tourmens qu'on faisoit souffrir aux nouveaux Convertis pour les porter à abandonner la foi qu'ils avoient embrassée, on les conduisoit aux Bains qui sont au voisinage de la Montagne d'Unsen, & on se servoit des eaux chaudes pour les tourmenter.

VOLCAN DE VULCANO. Voyez VULCANO.

a Gemelli Careri, Voyage autour du Monde, t. 5. p. 136.

VOLCANS DE MANILLE [a], Volcans de l'Océan Indien dans l'Isle de Manille. La quantité de Volcans qui se trouvent dans cette Isle, confirme ce qu'on a dit jusqu'à présent; car dans certains tems ces Volcans vomissent des flammes, ébranlent la terre, & font tous ces effets que Pline attribue à ceux d'Italie, c'est-à-dire de faire changer de lit aux Riviéres, de faire retirer les Mers voisines, de remplir de cendres tous les environs, & d'envoyer des pierres fort loin avec un bruit épouvantable. Il y a encore autres un de ces Volcans [b], près de la grande Baye d'Albay. Ce Volcan est fort haut, & les Navires qui viennent de la Nouvelle Espagne l'apperçoivent de fort loin.

b Ibid. p. 77.

VOLCARUM STAGNA. Voyez LATARA.

VOLCE. Voyez VOLCIENTES.

VOLCEIUM, *Vulci*, où VULCEJA. Voyez ULCI.

1. VOLCI. Voyez VOLSCI.

c Lib. 3. c. 1.
d Lib. 3. c. 5.

2. VOLCI, Ville d'Italie dans l'Étrurie: Ptolomée [c] la marque dans les Terres. Ses Habitans sont appellez VOLCENTINI par Pline [d] qui les surnomme ETRUSCI; & il ajoute qu'ils avoient donné leur nom à la Ville Cossa qui étoit dans leur Territoire & qu'on appelloit Cossa VOLCIENTIUM. Dans les premiers tems, au lieu de VOLCI, & de VOLCENTINI, on écrivoit VULCI & VULCIENTES, comme on le voit dans la Table des Triomphes du Capitole où on lit : DE VULSINIENSIBUS ET VULCIENTIB.

3. VOLCI. Voyez ULCI.

e Tit. Liv. L. 21. c. 19.
f Ortelii Thesaur.

VOLCIANI, ou VOLSCIANI, Peuples de l'Espagne Tarragonnoise, connus principalement par la réponse vigoureuse [e] qu'ils firent aux Ambassadeurs Romains, lorsque ceux-ci les sollicitérent de renoncer à l'alliance des Carthaginois. On croit [f] que leur Ville est aujourd'hui *Villa-dolce*, au Royaume d'Arragon. Selon les Archives du Pays, *Villa-dolce* se nommoit autrefois *Volce*. Il seroit heureux que ce rapport de nom nous fît retrouver une Ville, ou du moins la demeure d'un Peuple, que les anciens Géographes ont ignoré où négligé & dont la Mémoire néanmoins méritoit bien d'être transmise à la postérité par la part qu'ils eurent à la résolution que les Espagnols prirent de préférer l'alliance des Carthaginois à celle des Romains. Voyez VOLCE.

g Jaillot, Atlas.

VOLCIENTES. Voyez VOLCI, N°. 2.

VOLCKACH, Lieu d'Allemagne [g], dans la Franconie, & dans l'Evêché de Wurtzbourg, sur le bord du Meyn, à la gauche dans l'endroit où cette Riviére reçoit un Ruisseau qui vient de Gerolhofen, entre Schweinfurt & Ochsenfurt. Mr. Corneille [h] sur le témoignage de Mr. Maty fait de [b] Volckach une petite Ville.

h Dict.

VOLCKMARCK, Ville d'Allemagne [i], au Cercle d'Autriche, dans la Basse Carinthie sur la rive gauche du Danube, à quelques lieues au-dessous de l'Embouchure de l'Olcza.

i Jaillot, Atlas.

VOLENES, Peuple du Trentin selon un MS. de Paul Diacre [k] consulté par Ortelius. Dans les Exemplaires imprimez, au lieu de VOLENES, on lit MASE, qui n'est pas plus connu.

k Longob. L. 3. c. 15.

VOLERIUS, Fleuve de l'Isle de Corse: Ptolomée [l] marque son Embouchure au milieu de la Côte Septentrionale de l'Isle. [2] Au lieu de VOLERIUS les Exemplaires Latins portent VALERIUS. Le nom moderne est *Fiuminale*, selon Léander.

l Lib. 3. c.

VOLESURE, Paroisse de France, dans la Bourgogne, Bailliage & Recette de Charolles, entre Charolles & Paray, sur les bords de la Riviére de Bourbince qui passe au milieu, & sur laquelle il y a un Pont de bois. C'est un Pays de Collines. La Paroisse de Volesure est composée de neuf Hameaux & de quelques Métairies. On y compte trois Fiefs, outre la Seigneurie de Pipiére.

VOLEURS, (Pays des), Contrée des Indes, au Royaume de Marava, ainsi nommée de la profession de ses Habitans [m]. Le Pere Martin Missionnaire de la Compagnie de Jésus, raconte dans sa Lettre au Pere de Villette diverses particularitez curieuses au sujet des mœurs de ces Peuples. Pour pénétrer, dit-il, dans leur Pays je prens une précaution; c'est de me faire accompagner d'une Peuplade à l'autre par quelqu'un de ces Voleurs mêmes. C'est une Loi inviolable parmi ces Brigands de ne point attenter sur ceux qui se sont mis sous la conduite de leurs compatriotes. Il arriva un jour, continue le Pere Martin, que quelques-uns d'eux voulant insulter des Voyageurs accompagnez d'un Guide, celui-ci se coupa sur le champ les deux oreilles, menaçant de se tuer lui-même s'ils poussoient plus loin leur violence. Les Voleurs furent obligez suivant l'usage du Pays de se couper pareillement les oreilles, conjurant le Guide d'en demeurer-là & de se conserver la vie pour n'être pas contraints d'égorger quelqu'un de leur Troupe. C'est une coutume assez bisarre; mais il faut savoir que chez ces Peuples la Loi du Talion régne dans toute sa vigueur. S'il survient entre eux quelque querelle, & que l'un, par exemple, s'arrache un œil ou se tue, il faut que l'autre en fasse autant ou à soi-même ou à quelqu'un de ses parens. Les femmes portent encore plus loin cette barbarie. Pour un leger affront qu'on leur aura fait, pour un mot piquant qu'on leur aura dit, elles iront se casser la tête contre la porte de celle qui les a offensées; & celle-ci est obligée aussi-tôt de se traiter de la même façon: Si l'une s'empoisonne en buvant le suc de quelque herbe venimeuse, l'autre qui a donné sujet à cette mort violente doit s'em-

m Lettres Edif. t. 10. p. 85. & suiv.

s'empoifonner, autrement on brûlera fa Maifon, on pillera fes Beftiaux & on lui fera toutes fortes de mauvais traitemens jufqu'à ce que la fatisfaction foit faite. Ils étendent cette cruauté jufque fur leurs propres Enfans. Deux de ces Barbares ayant pris querelle enfemble l'un d'eux courut à fa Maifon y prit un enfant d'environ quatre ans & vint en préfence de fon ennemi lui écrafer la tête entre deux pierres. Celui-ci, fans s'émouvoir prend fa fille qui avoit neuf ans & lui plonge le Poignard dans le fein : *Ton Enfant*, dit-il enfuite, *n'avoit que quatre ans: ma fille en avoit neuf; donne-moi une victime qui égale la mienne.* Je le veux bien, répondit l'autre; & voyant à fes côtez fon fils aîné, qu'il étoit prêt de marier, il lui donne quatre ou cinq coups de poignard : non content d'avoir répandu le fang de fes deux fils, il tue encore fa femme, pour obliger fon ennemi à tuer pareillement la fienne. Enfin une petite fille & un jeune Enfant, qui étoit à la mamelle furent encore égorgez, de forte que dans un jour fept perfonnes furent facrifiées à la vengeance de deux hommes altérez de fang. Des exemples fi atroces paroiffent tenir plus de la fable que de la vérité, cependant le Pere Martin affure qu'il pourroit en produire bien d'autres qui ne font pas moins tragiques. Il faut pourtant avouer qu'une coutume fi contraire à l'humanité n'a lieu que dans la Cafte des Voleurs, & même que parmi eux plufieurs évitent les conteftations, de crainte d'en venir à de fi dures extrémitez. Ces Voleurs font les Maîtres abfolus de toute cette Contrée. Ils ne payent ni taille ni tribut au Prince. Ils fortent de leurs Bois toutes les nuits, quelquefois au nombre de cinq cens perfonnes, & vont piller les Peuplades de fa dépendance. En vain jufqu'ici il a tenté de les réduire: vers le commencement de ce Siècle il mena contre eux toutes fes Troupes: il pénétra jufque dans leurs Bois & après avoir fait un grand carnage de ces rebelles, il éleva une Fortereffe, où il mit une bonne Garnifon pour les contenir dans leur devoir; mais ils fecouérent bien-tôt le joug; s'étant raffemblez environ un an après cette expédition, ils furprirent la Fortereffe, la raférent, ayant paffé au fil de l'épée toute la Garnifon, & demeutérent les Maîtres de tout le Pays.

a Jaillot, Atlas

VOLFERSDYCK, ou WOLFERSDYCK[a], Ifle des Pays-Bas dans la Zélande. Elle a celle de Noort-Beveland au Nord; & elle n'en eft féparée que par un Canal: l'Efcaut Oriental la mouille à l'Orient : un autre Canal, où fe trouve la petite Ifle de Stelle la fépare du Zuyd-Bevelant, qui eft au Midi; & elle a l'Ifle de Walcheren à l'Occident. Elle s'étend d'Orient en Occident. On y trouve feulement trois Villages qui font Sabbinge, Ooferlant & Hongerdyck.

VOLGA. Voyez WOLGA.

VOLGÆ, ou VOLCÆ. Voyez VOLCÆ.

b Lib. 5. c. 20.

VOLGESIA, Ville de la Babylonie, fur le Fleuve Baarfares, felon Ptolomée[b], qui, ce femble, devoit écrire VOLOGESIA, parce qu'elle portoit le nom de fon Fondateur nommé *Vologefes*, ou *Vologefus*. Il étoit Roi des Parthes du tems de Néron & de Vefpa-fien, & il en eft beaucoup parlé dans Tacite. Pline[c] nous apprend qu'elle fut bâtie au voifinage de Ctéfiphonte, par ce même *Vologefus*, qui la nomma, dit-il, VOLOGESOCERTA; c'eft-à-dire *la Ville de Vologefe*; car *Certa*, dans la Langue des Arméniens fignifie une Ville. Etienne le Géographe qui la place fur le bord de l'Euphrate la nomme VOLOGESIAS: Ammien-Marcellin[d] écrit VOLOGESSIA, & la Table de Peutinger VOLOCESIA; mais c'eft une faute. Peut-être, dit Cellarius[e], doit-on réformer le nom du Fondateur & celui de la Ville fur une Médaille rapportée par Mr. Ez. Spanheim, & fur laquelle on lit ce mot: ΒΟΛΛΓΛCΟΥ, *Bolagafi*. Du refte Ptolomée marque la fituation de cette Ville de façon qu'elle devoit être au Midi Occidental de Babylone, fur le Fleuve Maarfes, fur lequel elle eft également placée dans la Table de Peutinger, qui la met à dix-huit milles de Babylone.

c Lib. 6. c.
d Lib. 23. c. 20.
e Lib. 3. c. 16.

VOLHINIE, Palatinat de la Petite Pologne[f]. Il a la Polefie, ou le Palatinat de Brzescie au Nord, le Palatinat de Kiovie à l'Orient, celui de Podolie, au Midi, & celui de Belz à l'Occident. On le divife en deux grands Diftricts; favoir celui de Krzeminiec, & celui de Luck. Quelques-uns néanmoins le divifent en Provinces Supérieure & Inférieure. Le Palatin & le Caftelan de Volhinie ont le titre de Sénateurs, ainfi que l'Evêque de Luck. Ce Palatinat eft arrofé entre autres par trois Riviéres qui y prennent leur fource, & qui prennent toutes trois leur cours vers le Nord: ce font le Ster, l'Horin & le Stucz. Elles rendent le Pays très-fertile prefque dans toute fon étendue, qui eft d'environ fix-vingt lieues d'Occident en Orient, & de cinquante à foixante lieues du Midi au Nord. Gedimin Grand-Duc de Lithuanie unit la Volhinie à fes Etats en 1319. Cafimir Roi de Pologne l'ayant envahie en 1365. fur Kyeftat, fils de Gedimin, ce dernier la reprit; ce qui caufa une rude guerre entre les Polonois & les Lithuaniens. Elle fut donnée par le Roi Uladiflas à Sigifmond frere de Vitold, Grand-Duc de Lithuanie, à condition qu'elle reviendroit à la Couronne après la mort de ce Prince. Cafimir qui fuccéda à Uladiflas en fit donation à Suidrigelon fon Oncle; & enfin elle fut incorporée au Royaume de Pologne, quand on y réunit entiérement la Lithuanie. Les Villes les plus remarquables de ce Palatinat font: Luck, Krzeminiec, Koffir, Kowel, Volodzimiers, Dubna, Olesko, Wisniowiec, Zaflaw, Oftrozek, Niefolone, Zytiomierz, Horosk, Olewsko, Alexandria, Clevan, Olyka.

f De l'Ifle, Atlas.
g Auct. Cellarius, Defcr. Polon. p. 400.

VOLIBA, Ville de la Grande-Bretagne: Ptolomée[h] la donne aux *Dominonii*. Camden croit que ce pourroit être aujourd'hui *Falmouth*.

h Lib. 2. c. 3.

VOLIBILIANI. Voyez VLIBILIANI.

VOLLANDRY, Bourg de France, dans l'Anjou, Election de Baugey.

1. VOLLENHOVE, Contrée des Pays-Bas, dans l'Over-Iffel, où elle forme un des trois Bailliages de la Province. Cette Contrée qui eft affez petite s'étend le long de la Côte du Zuyder-zée qu'elle a pour bor-

VOL.   VOL.

borner à l'Occident; la Frise la termine au Septentrion, la Drente à l'Orient, & la Hollande au Midi. Sa principale Ville porte aussi le nom de Vollenhove. Les autres Lieux les plus remarquables sont Steenwick, Kunder & Blockzyll.

2. VOLLENHOVE, Ville des Pays-Bas, dans la Province d'Over-Issel, sur la Côte du Zuyderzée, à deux lieues de Steenwick à trois de Blockzyll, à quatre de l'Embouchure de l'Issel, & à cinq de Zwol, sur la route de Lewarde. Quoique cette Ville ne soit pas grande, elle est bien située, par rapport à la commodité qu'il y a d'y conduire les Marchandises par Mer & par Terre; ce qui la rend une des plus considérables de la Province. Godefroi de Rhenen Evêque d'Utrecht a la fit bâtir pour l'opposer aux Frisons, qui non-seulement ne vouloient pas se soumettre à lui; mais qui lui faisoient la guerre. Il y avoit dans ce Lieu un Château qui passoit pour la plus forte Place du Pays. Les Evêques y demeuroient souvent, & c'étoit la prison des Ecclésiastiques. Après que l'Over-Issel fut venu au pouvoir des Princes d'Autriche, Ducs de Brabant, Vollenhove fut souvent la Résidence de leurs Officiers; & Philippe II. y établit une Cour de Justice pour décider en dernier ressort les Causes des Habitans de la Province; ce qui n'a duré qu'autant que le Gouvernement de ce Prince a subsisté. Les Etats firent bâtir un Fort à Blockzyll pour la défense de ce Poste. Selon quelques-uns, l'Evêque Godefroi de Rhenen ne fit bâtir que le Château appellé aujourd'hui t'Olde-buys, & ce ne fut que dans la suite que la commodité du Lieu engagea à y bâtir les maisons dont la Ville s'est formée. Il y avoit autrefois deux Eglises à Vollenhove; l'une dédiée à Notre-Dame, & l'autre à St. Nicolas; & l'on y voyoit deux Couvens, l'un de Religieux, l'autre de Religieuses du tiers-Ordre de St. François.

a *Longuerue, Descr. de la France, Part. 2. p. 34.*

VOLLONNE, Bourg de France, dans la Provence, Viguerie & Recette de Sisteron.

VOLLORE & CHIGNORE, Ville de France dans l'Auvergne, Election de Clermont. Cette petite Ville peut avoir trois à quatre mille Habitans.

VOLMAR. Voyez WOLMAR.

1. VOLNAY, Bourg de France dans le Maine, Election de Château du Loir.

2. VOLNAY, Lieu de France, dans la Bourgogne, Bailliage & Recette de Beaune. Ce Lieu forme avec Pomard une Châtellenie Royale. Les vins de ces deux endroits sont des plus estimez de la Bourgogne.

VOLO, Ville de la Turquie en Europe, dans la Janna, au fond du Golphe b auquel elle donne son nom, entre Démétriade & l'Amiro. C'est dans cette Ville que Jason fit bâtir & mettre à l'eau pour la première fois cette Nef célèbre, qui au retour de Colchos fut placée parmi les Etoiles du Firmament. Dans ce tems-là Volo s'appelloit *Pagasæ*; & selon le témoignage de Strabon l'embarquement des Argonautes se fit dans un Port voisin appellé *Aphetæ*. Les Fontaines de Volo, où la plûpart des Vaisseaux qui se trouvent dans ce parage vont faire de l'eau justifie que Volo est *Pagasæ*; car Strabon remarque qu'on y voyoit des sources très-abondantes; & par toute cette Côte il n'y a point de sources plus fécondes que celle de Volo. La Forteresse est à cent pas de la Marine. Son enceinte est une grosse muraille à l'antique, qui a du côté de l'Ouest deux grandes Tours quarrées garnies de bon Canon; mais pour plus de sûreté, les Turcs ont encore fait une Citadelle à côté, & ils y tiennent une fort bonne Garnison. Le Peuple est partagé en deux *Korions* ou Bourgades détachées l'une de l'autre. Au-delà on trouve une grande Plaine très-fertile, & des Collines chargées de Vignes & de quantité d'Arbres fruitiers. C'est à Volo qu'on fait le Biscuit pour les Flotes du Grand-Seigneur; & les Magasins où on l'enferme y sont très-beaux. Outre les bleds des environs qu'on y consume, on en apporte encore de Macédoine & d'Esclavonie. Volo fut pris & pillé par l'Armée Navale des Vénitiens en 1655. mais les Turcs l'ont bien rétabli depuis.

b *La Guilletiére, Lacédémone Anc & Nouvelle, p. 346.*

Le GOLPHE DE VOLO court au Nord. On le nommoit anciennement *Sinus Pelasgicus*. On y trouve de fort bons ancrages; mais le meilleur est à Volo. Edouard Brown c dit: Le Port le plus estimé, & le plus proche de Larisse est celui de Volo, dans le Golphe d'Armire. C'est près de ce Port qu'étoit l'ancienne *Argos Pelasgicum*, d'où les Argonautes firent voile, pour le fameux voyage de Colchos. C'est aussi dans ce Port qu'arrivoient les nouvelles qu'on apportoit de Candie au Grand-Seigneur, aussi-bien que les Lettres qui lui venoient d'Asie & d'Afrique; & c'est encore près de là, c'est-à-dire au voisinage du Promontoire Sepias, que s'est fait le plus grand naufrage dont ait entendu parler; car Xerxès y perdit cinq cens Vaisseaux par une tempête qui arriva d'un vent d'Est.

c *Descr. de Larisse, p. 82.*

VOLOBILIS. Voyez TAMUSIGA.

VOLOBRIA, Municipe dont il est fait mention sur une Médaille de Tibére rapportée dans le Trésor de Goltzius.

VOLOCK, Ville de l'Empire Russien, dans la Province de Rzeva, aux confins du Duché de Moskou, au Midi de Rzeva, près du Lac Fronovo, au bord de la Forêt de Volkonskiles.

VOLOGDA. Voyez WOLOGDA.

VOLOGESIA, VOLOGESOCERTA & VOLOGESSIA. Voyez VOLGESIA.

VOLONICUM, Lieu de France dans l'Auvergne: Surius en parle dans la Vie de St. Projet.

VOLP, Rivière de France, dans le Languedoc, au Diocèse de Rieux. Elle se jette dans la Garonne près de Tersac. Catel prétend que son nom Latin doit être *Voluestria*, qui a donné le nom à un Quartier du Diocèse de Rieux.

VOLPILLAC, Bourg de France, dans le Rouërgue, Election de Ville-Franche.

VOLSCI, Peuples d'Italie compris dans le nouveau Latium. Ils habitoient depuis la Mer d'Antium, jusqu'à la source du Liris & au-delà. La grandeur du Pays qu'ils occupoient a été cause que Pomponius Mela d

d *Lib. 2. c.*

l'a

l'a distinguée du Latium, comme s'il eût fait encore de même qu'autrefois une Contrée séparée; car il détaille ainsi les divers Pays de l'Italie: *Etruria, post Latium, Volsci, Campania*. Le Périple de Scylax en fait autant, en disant que les Latins sont voisins des Volsques, & les Volsques voisins des Habitans de la Campanie. Les Volsques étoient une Nation fiére & indépendante qui bravoit Rome, & qui dédaignoit d'entrer dans la confédération, que plusieurs autres Peuples avoient faite avec elle. Tarquin, selon quelques Historiens, fut le premier des Rois de Rome qui fit la guerre aux Volsques. Quoi qu'il en soit, il est certain que Rome ne trouva point en Italie d'Ennemis plus obstinez. Deux cens ans suffirent à peine à les dompter où à les détruire.

VOLSAS-SINUS, Golphe de la Grande-Bretagne: Ptolomée le marque sur la Côte Septentrionale, entre les Embouchures des Fleuves *Ityus*, & *Nabæus*. Ce pourroit être aujourd'hui *Sandset-Head*.

VOLSANITÆ. Voyez GURASTUM.

VOLSCENTES. Voyez VOLCI.

VOLSINIENSIS-LACUS, ou VULSINIENSIS-LACUS, Lac d'Italie dans l'Etrurie. Il tiroit son nom de la Ville VOLSINII, ou VULSINII, située au Nord de ce Lac & appellée, aujourd'hui *Bolsena*. Voyez BOLSENA. Pline,[a] & Vitruve[b] rapportent quelques particularitez de ce Lac, & Tite-Live[c] un prodige; car il écrit qu'on avoit appris qu'à VULSINII l'eau du Lac s'étoit changée en sang: *Vulsiniis, sanguine Lacum manasse*. Il y avoit donc sur ce Lac une Ville nommée VULSINII ou VOLCINII. Ses Habitans les plus opulens des Etrusques, selon Florus[d] sont appellez VOLSINII par cet Auteur, & VULSINENSES dans la Table des Triomphes du Capitole, où on lit DE VULSINIENSIBUS ET VULCIENTIB. CCCLXXIII. Tacite[e] fait aussi mention de la Ville VULSINII, qu'il dit avoir été la patrie de Séjan: *genitus Vulsiniis*; & Juvénal dit:

[a] Lib. 36. c. 22.
[b] Lib. 2. c. 2. de Lapidicin.
[c] Lib. 27. c. 23.

[d] Lib. 1. c. 21.

[e] Annal. L. 4.

*Quis timet aut timuit gelida Præneste ruinam,
Aut positis nemorosa inter juga Volsiniis,* ...

VOLSINII. Voyez VOLSINIENSIS-LACUS & BOLSENA.

VOLSONES, Peuples d'Italie, dans la Pouille, auprès de *Luceria*, selon la Remarque de Sigonius[f] sur les Fastes & les Triomphes Romains, où il est dit que M. Atilius triompha de VOLSONIBUS ET SAMNITIBUS.

[f] Pag. 158. Ed. Henr. Steph.

VOLTA, Riviére d'Afrique dans la Guinée.[g] Cette Riviére est la véritable borne de la Côte d'Or à l'Est. On ne convient pas du nom qu'elle portoit, avant que les Portugais lui eussent donné celui de Volta qu'elle conserve aujourd'hui, & sous lequel elle est connue de tous les Européens qui trafiquent sur les Côtes d'Afrique. C'est à la prodigieuse rapidité de son courant qui a porté les Portugais à l'appeller Volta. Cette rapidité est telle, qu'on connoît aisément les eaux de cette Riviére à plus de deux lieues dans la Mer: elles sont blanches & douces pendant que celles qui les environnent sont verdâtres & salées. Son Embouchure qui

[g] Le Chevalier des Marchais, Voyag. en Guinée, t. 2. p. 2.

est extrêmement large, est coupée dans son milieu par une petite Isle, escarpée de tous côtez, deserte & chargée d'Arbres: elle est couverte d'un Banc qui avance environ deux lieues en Mer, contre lequel son courant se rompt avec impétuosité & rejette ses eaux du côté de l'Est. La Riviére Volta vient de fort loin; mais on ignore la longueur de son cours, aussi-bien que les Pays par lesquels elle passe: on fait seulement que ses débordemens causent bien du ravage. Cela paroît par les gros arbres que le courant entraîne à la Mer. La Riviére est alors impraticable, & il n'y a point de Négres assez hardis pour oser la traverser en Canot. La Saison des pluyes étant passée, on y peut naviger plus aisément, parce qu'alors la rapidité de son Courant étant diminuée, le choc que font ses eaux avec celles de la Mer étant bien moindre le clapotage l'est aussi. Peut-être que si le Pays étoit plus riche qu'il n'est, & que le Commerce y attirât plus de Négocians, on trouveroit les moyens de faire des passages & de remonter cette Riviére.

VOLTAGIO, Bourg d'Italie[h], dans l'Etat de Gênes, sur le bord du Lemo à la gauche. Ce Bourg qui a un Château, est situé dans les Montagnes de l'Apennin.

[h] Magin, Carte de l'Etat de Gênes.

VOLTERRE, ou VOLTERRA, Ville d'Italie[i], dans la Toscane, près d'un Ruisseau nommé Zambra, sur une haute Montagne, environ à dix milles au Midi Occidental de Colle, en Latin VOLATERRÆ. Voyez ce mot. Ses murailles sont de pierres quarrées, la plûpart longues de six pieds[k] & si bien liées les unes aux autres avec du bitume, qu'on ne peut rien voir de plus beau. On entre dans cette Ville par cinq portes, devant chacune desquelles est une belle Fontaine, qui jette de l'eau fort claire. Il y en a deux autres dans la Ville, ornées de quantité de Statues antiques de Marbre, les unes entiéres les autres rompues, outre plusieurs Bas-reliefs, Epitaphes & Inscriptions. Le Dôme de Volterre fut réparé & agrandi en 1254. par Nicolas Pisan. Il y a dans cette Eglise un beau Tabernacle de Marbre, de l'Architecture de Mino de Fiesoli qui le fit en 1480. le Tombeau de marbre de Raphaël Volaterran, fameux Ecrivain du seizième Siècle, & qui étoit de Volterre, a été taillé par André de Fiesoli. Le Pape Saint Lin, Successeur immédiat du Prince des Apôtres, étoit aussi de Volterre, ainsi que Perse Poëte Satyrique. Entre les Tableaux de prix, qu'on voit dans la même Eglise, on remarque une déposition de la Croix du Rosso Florentin, un Christ en croix, & une Résurrection du Vasari. Dans la Chapelle de l'Archevêque Inghiramo, il y a une Conversion de St. Paul du Dominiquain. Dans une Chapelle de l'Eglise de St. François on voit un Tableau de la Circoncision retouché par Sodorne. A la porte Florentine on trouve une petite Chapelle peinte par Baltasar Peruzzi dit le Siénois, quoique à Volterre, & à St. Augustin on remarque un Tableau & d'autres Histoires de la Passion par Luc Signotelli. Hors de la Ville est l'Abbaye de St. Just des Camaldoli, où sont deux Tableaux de Domini-

[i] Magin, Carte du Florentin.

[k] Corn. Dict.

minique Ghirlandai, que Laurent de Médicis y envoya, à cause que le Cardinal Jean de Médicis son fils en étoit Abbé. C'est celui qui fut depuis Pape sous le nom de Léon X. Volterre étoit Evêché dès le cinquième Siècle. Quelques-uns disent suffragant de Florence; mais d'autres veulent qu'il soit exempt.

1. VOLTORNO, ou VULTURNO, Fleuve d'Italie [a], au Royaume de Naples, dans la Terre de Labour, anciennement VULTURNUS. Voyez ce mot. Le Voltorno se forme de la rencontre de diverses petites Riviéres, qui s'assemblent aux confins de la Terre de Labour & du Comté de Molise, entre Isernia & Venafre pour ne plus couler que dans le même Lit. Delà le Voltorno coule en serpentant vers le Midi Oriental jusqu'à ce qu'il se soit approché des confins de la Principauté Ultérieure, où il commence à courir vers l'Occident pour aller se jetter dans la Mer Inférieure entre l'Embouchure du Saone, ou Livignano, & celle du Clanio, ou Patria. Dans sa course ce Fleuve arrose Venafre & Capoue, & quelques milles au-dessus de son Embouchure il reçoit à la droite la Riviére Cales, ou Calvi.

[a Magin, Carte de la Terre de Labour.]

2. VOLTORNO (Castel del) Château d'Italie [b], au Royaume de Naples, dans la Terre de Labour, à l'Embouchure & à la gauche du Fleuve Voltorno qui lui donne son nom.

[b Ibid.]

VOLTRI, Bourg d'Italie, dans l'Etat de Gênes, à dix milles au Couchant de la Ville de ce nom, sur la Côte, & à vingt milles de Savone. Il y en a qui le prennent pour l'ancien Bourg Veiturii que d'autres mettent à Voltaggio.

VOLTUMNÆ FANUM, Lieu d'Italie dans l'Etrurie, aux environs de Viterbe, à moins que ce ne soit la Ville même de Viterbe, comme quelques-uns le veulent. Voyez VITERBE. Les Assemblées Générales des Etrusques se tenoient souvent à VOLTUMNÆ FANUM, selon Tite-Live [c].

[c Lib. 4. c. 23. c. 25. & c. 61.]

VOLTURARA, ou VULTURARIA, Ville d'Italie, au Royaume de Naples, dans la Capitanate. Cette petite Ville, située dans l'Apennin, vers les confins du Comté de Molise, étoit Evêché dès le dixième Siècle, sous la Métropole de Benevent.

VOLTURNUS. Voyez VULTURNUS.

VOLUBILIS, Ville de la Mauritanie Tingitane, selon Pomponius Mela [d] & Ptolomée [e] qui écrit VOLOBILIS. Elle est marquée dans l'Itinéraire d'Antonin, sur la route de Tocolosida à Tingis, entre Tocolosida & Aquæ Dacicæ, à trois milles du premier de ces Lieux & à seize milles du second. C'étoit une Colonie Romaine. Pline [f] qui l'appelle VOLUBILE OPPIDUM la met à trente-cinq milles de Banaza, & à une pareille distance de chacune des deux Mers; ce qui est impossible; car une Place à trente-cinq milles de Banaza, qui étoit à quatre-vingt-quatorze milles de Tingis, ne pouvoit être à trente-cinq milles de chacune des deux Mers. Le Pere Hardouin qui ne s'est pas apperçu de ce mécompte, a conclu que le gros des Géographes avoit tort de prendre la Ville de Fez pour l'ancienne VOLUBILIS; parce que Fez est à plus de cent vingt milles de l'Océan & de la Mer Méditerranée. Mais s'il eût fait attention que l'Itinéraire d'Antonin marque VOLUBILIS COLONIA à cent quarante-cinq milles de Tingis, vers le Midi Oriental de cette Ville, dans les terres, & par conséquent à une égale distance des deux Mers, il eut aisément compris que cette Ville pouvoit fort bien-être la même que Fez; mais ce qui coûtoit au Pere Hardouin, il auroit falu en même tems dire que Pline s'étoit trompé, ou que du moins ses Copistes avoient oublié la lettre C. dans le nombre des milles qu'il dit être entre Banaza & Volubilis. En effet, si du premier X. on fait un C. il se trouvera que Volubilis étoit à cent vingt-cinq milles de BANAZA, & à pareille distance de l'Océan & de la Méditerranée, & qu'ainsi l'on n'est pas trop mal fondé à dire que Fez tient sa place. Mr. Wesseling qui a donné dans le sentiment du Pere Hardouin, sans le citer, abandonne dans cette occasion trop aisément l'Itinéraire d'Antonin pour suivre Pline. Cependant la route de l'Itinéraire se soutient parfaitement: au lieu que Pline se trompe si grossiérement que la faute saute aux yeux.

[d Lib. 3. c. 10.]
[e Lib. 4. c. 1.]
[f Lib. 5. c. 1.]

VOLUCE, Ville de l'Espagne Tarragonnoise: l'Itinéraire d'Antonin la marque sur la route d'Asturica à Sarragosse, entre Vasama & Numantia, à vingt-cinq milles de chacun de ces Lieux. Cette Ville est nommée Οὐελοῦκα, Veluca, par Ptolomée [g] qui la donne aux Arevacæ; & je ne serois pas fort éloigné de croire que ses Habitans étoient les VOLCIANI, ou VOLSCIANI de Tite-Live. Voyez VOLCIANI.

[g Lib. 2. c. 6.]

VOLVESTRE, Petit Pays de France, dans le Languedoc. Là Ville de Rieux, dit Davity [h], & le Territoire de cette Ville, ont porté autrefois le nom de Volvestre, ainsi que le Quartier du Diocèse de Rieux, où la Ville de Montesquiou est située. Cette derniére Ville, qu'on appelle Montesquiou de Volvestre, en garde encore le nom. On voit, selon Mr. de Longuerue [i], par le Testament de Roger, Comte de Carcassone, qu'il possédoit la Terre de Volvestre. Le nom de Volvestre pourroit bien venir de celui de la Riviére de Vol qui arrose une partie du Diocèse de Rieux.

[h Languedoc.]
[i Descr. de la France, Part. 1. p. 201.]

VOLVIC, Village de France [k], dans l'Auvergne, près de la Ville de Riom. Il est connu par ses carriéres de pierre, d'où on prétend dans le Pays, qu'on a tiré les pierres dont sont bâties les Tours de Notre-Dame de Paris. Amable de Bourzeis, Abbé de St. Martin de Cores, & l'un des Quarante de l'Académie Françoise, étoit né à Volvic.

[k Piganiol, Descr. de la France, t. 6. p. 331.]

VOLUMNII, Peuples d'Italie, selon Diodore de Sicile [l] allégué par Ortelius [m], qui dit que les Romains firent la guerre à ces Peuples sous le Consulat de Titus Quintius & d'Agrippa Furius. Je ne sai de quelle Edition Ortelius s'est servi; car je trouve dans Diodore de Sicile que les Romains sous le Consulat de Titus Quintius & d'Agrippa Furius, firent la guerre aux Volsces & non aux VOLUMNII.

[l Lib. 12. c. 30.]
[m Thesaur.]

VOLUNTII, Peuples de l'Hibernie ; Ptolomée [a] les place sur la Côte Orientale, au Midi des *Darnii*.

a Lib. 2. c. 2.

VOLUSTANA. Voyez CAMBUNII MONTES.

VOLZ, Marquisat de France, dans la Provence, Viguerie & Recette de Forcalquier.

VOMANUS, ou VOMANUM FLUMEN, Fleuve d'Italie dans le Picenum selon Pline.[b] Silius Italicus [c] en fait mention dans ces Vers:

b Lib. 3. c. 13.
c Lib. 8. v. 439.

. . . . *Statque humectata Vomano*
Hadria. . . . . .

Ce Fleuve conserve son ancien nom; car Cluvier [d] dit qu'il s'appelle encore *Vomano*.

d Ital. Ant. L. 2. c. 11.

VOMAS, Bourg de France, dans le Bourbonnois, Election de Moulins, à cinq lieues de la Ville de ce nom, & à trois lieues de la Loire, sur le bord de la Besbres.

VOMECOURT, Paroisse du Duché de Lorraine, dans la Prevôté de Vosges. Son Eglise Paroissiale est dédiée à St. Martin; & le Chapitre de Remiremont est le Patron de la Cure. Le Duc de Lorraine & ce Chapitre en partagent la Seigneurie. Les Villages de Xaronval, de Pont sur Madon & de Betoncourt dépendent de cette Paroisse.

VON, Bourg de France, dans la Champagne. Il y a dans ce Lieu plusieurs métiers occupez à faire de la Draperie.

VONCARIANENSIS, Siège Episcopal d'Afrique, dans la Mauritanie Césariense, selon la Notice des Evêchés de cette Province.

VONEQ, Bourg de France dans la Champagne, Election de Rhetel. Ce Bourg est bien peuplé.

VONGO. Voyez YUNGO.

VONISSA, ou VONIZA, Bourgade de l'Albanie, sur le bord Méridional du Golphe de Larta, vis-à-vis de la Previsa. Mr. de l'Isle [e] écrit VENTZA. C'est selon Sophien l'ancienne Ville *Anactoria*, ou *Anactorium*.

e Atlas.

VOODSTOCK. Voyez WOODSTOK.

VOORBOURG, ou VOORBURGH, Village des Pays-Bas dans la Hollande Méridionale au Delfland, entre Delft & Leyde, au voisinage de la Haye. Voorbourg [f] est l'un des plus anciens, & des plus beaux Villages de Hollande, & il est environné de plusieurs Maisons de plaisance.

f Dict. Géogr. des Pays-Bas.

1. VOORN, Isle des Pays-Bas [g], dans la Hollande Méridionale, à l'Embouchure de la Meuse, qui du côté du Nord la sépare du Delfland: deux petits Canaux la séparent à l'Orient des Isles de Putten & de Korndyck; & elle a au Midi les Isles de Goerée & d'Over-Flakée, dont elle est séparée par l'Haring-Vliet. Ses Lieux les plus remarquables sont la Briel, & Helvoet-Sluys. On y compte outre cela autour de quatorze Villages. Comme cette Isle est partagée en deux par un Canal qui prend du Nord au Midi depuis la Brille, jusqu'à Helvoet-Sluys, on la divise en West-Voorn & en Oost-Voorn. L'Isle de Voorn produit quantité de grains, & abonde en cette herbe que ceux du Pays appellent Hellem. Cette herbe ressemble au genet, & a de grandes racines, par le moyen desquelles on maintient dans leur force les Digues & les Levées, à cause qu'elles empêchent les Vents de les rompre.

g Juillet, Atlas.

2. VOORN, ou VOORN-SCHANS, c'est-à-dire le *Fort de Voorn* [h]; Forteresse des Pays-Bas, dans la Gueldre, dans une Isle, au confluent du Wahal & de la Meuse, à l'Orient de Bommel. Le Prince Maurice de Nassau fit bâtir ce Fort, en 1599. Les François s'en étant rendus Maîtres en 1672. le ruinèrent. Il a été rebâti depuis.

h Ibid.

VOORENSEYNDE, Village des Pays-Bas, dans le Marquisat de Berg-op-Zom [i], au Quartier Occidental, vers les confins de la Baronnie de Breda, à quatre bonnes lieues de Berg-op-Zom, entre les Villages de Rucphen & de Sprundel. Il y a un Tribunal composé de cinq Echevins & de deux Gemeensmannen outre le Secrétaire qui est le même que celui de Wouw. Le Drossard de Wouw exerce la fonction de Bailli dans le Village de Voorenseynde. Les Dixmes appartiennent à l'Abbesse de Thoor.

i Janiçon, Etat présent des Pr. Un. t. 2. p. 229.

VORDONIA, Ville des Etats du Turc, dans la Morée, sur le Vasilipotamos, à la gauche, à une lieue & demie au-dessous de Misitra. De Wit [k] qui nomme aussi cette Ville *Vadonia*, la donne pour l'ancienne *Amyclæ*.

k Atlas.

VOREDA, Ville de la Grande-Bretagne: elle est marquée dans l'Itinéraire d'Antonin sur la route du Retranchement à *Portus-Rutupis* entre *Longuvaltum* & *Brovonacis* à quatorze milles du premier de ces Lieux & à douze du second. Mr. Wesseling croit que c'est *Old Penreth*; & Talbot doute si la Ville Voreda de l'Itinéraire d'Antonin ne seroit point l'ORREA de Ptolomée.

VOREGINUM. Voyez VERREGINIS.

VOREPPE, ou VORESPE, Bourg de France, dans le Dauphiné, Election de Grenoble.

VORGANIUM, Ville de la Gaule Lyonnoise. Ptolomée [l] la donne aux *Osismii*: Elle est nommée *Vorgium* dans la Table de Peutinger, & la Notice des Dignitez de l'Empire lui donne le nom du Peuple: *Præfectus militum Osismiacorum Osismiis*. Mr. de Valois [m] n'ose pas décider si c'est aujourd'hui Lantriguet, St. Paul de Léon, ou Gal. quelque autre Lieu de ce quartier.

l Lib. 2. c. 8.
m Notit.

VORIDIS, Lieu de la Bithynie. Il en est fait mention dans le Code Théodosien [n].

n 12. Tit. de Decuriis. nib.

VORMHOUT, Bourg de France, dans la Flandre Flamingante, dans la Subdélégation de Bergues. Ce Bourg est assez gros.

VORMES. Voyez WORMES.

VOROCHTA, Isle du Golphe Persique, sur la Côte de la Carmanie selon Ptolomée [o]. Niger croit que c'est aujourd'hui l'Isle d'Ormus.

o Lib. 6. c. 8.

VOROCINGUS, Lieu de la Gaule. C'étoit une Maison de Campagne de Sidonius Apollinaris, qui en parle dans deux endroits de ses Oeuvres [p]. Le Pere Sirmond, qui écrit *Vovoangus* au lieu de *Vorocingus* remarque que cette Maison de Campagne étoit sur le bord du Gardon,

p Lib. 1. Epist. 9. & in Propempt. ad Libellum.

1. VO-

VOR. VOS. VOS. VOT. VOU. 293

1. VOROTINSK, Principauté de l'Empire Russien [a], dans la Russie Moscovite. Elle est bornée au Nord, partie par la Riviére d'Ugra, partie par le Duché de Rezan, à l'Orient encore par le Duché de Rezan, au Midi par le Pays des Cosaques; & à l'Occident par le Duché de Severie. Cette Principauté prend le nom de sa Capitale qui fait l'Article suivant. L'Occa traverse toute cette Province du Midi au Nord. Les Villes de la Principauté de Vorotinsk sont

[a] *De l'Isle, Atlas.*

Vorotinsk,	Livny,
Colouga,	Beloff,
Peresmil,	Alexin
Coselsk.	

2. VOROTINSK, Ville de l'Empire Russien, dans la Principauté de même nom, sur la rive gauche de l'Occa, entre Colouga & Peresmil.

VORSE [b], Riviére de France, dans la Picardie. Elle prend sa source aux confins du Vermandois, & prenant son cours vers le Midi, elle se rend à Noyon qu'elle traverse, après quoi elle va se perdre dans l'Oise. Mr. de l'Isle [c] qui donne le cours de cette Riviére ne la nomme point.

[b] *Corn. Dict.*
[c] *Atlas.*

VORSEY, Prieuré de France dans la Franche-Comté au Diocèse de Besançon. C'est un Prieuré Conventuel, en Commande & à la nomination du Pape. Il dépend du Prieuré de St. Vitault sous Vergy.

VORSNAM, Cap de l'Amérique Septentrionale, au Pays de Labrador, selon Mr. Corneille [d], qui ne cite aucun garant. Ce Cap, ajoute-t-il, est sur la Côte Occidentale de la Baye d'Hudson, à l'endroit où elle se jette à la Mer du Nord: Mr. Corneille ne peut désigner par-là que le Cap, que Mr. de l'Isle [e] nomme le CAP SAINT LOUIS.

[d] *Dict.*
[e] *Atlas.*

VOSAGENSIS PAGUS, Petit Pays de France, dans le Berry, selon Grégoire de Tours [f]. Quelques MSS. au lieu de *Vosagensis Territorii Pagum*, portent *Vosagensem Territorii Biturici* [ou *Bituri*] *Pagum*. Surquoi Dom Ruinart remarque que le Lieu *Vosagus* qui donnoit son nom à ce Territoire, s'appelle présentement *Besage* & se trouve aux confins du Berry.

[f] *Hist. L. 9. p. 438.*

VOSAGUS SILVA, Grégoire de Tours [g] nomme ainsi la Forêt de *la Vosge*, qui est entre l'Alsace & la Lorraine.

[g] *Ibid. p. 495.*

VOSAVIA, Lieu de la Gaule Belgique selon la Table de Peutinger, qui la marque sur la route d'*Antunnacum* à Mayence, entre *Bontobrice* & *Bingium*, à neuf milles du premier de ces Lieux, & à douze milles du second. Tout le monde convient que c'est *Ober Wesel*. Cellarius [h] remarque que Hrabanus dans son Martyrologe écrit *Wasalia*, & il seroit tenté d'en conclure, s'il n'osoit lire VOSALIA, ou VOSALLIA dans la Table de Peutinger. Voyez FICELIA.

[h] *Geogr. Ant. L. 2. c. 3.*

VOSGES, ou VAUGES, *Vogesus Saltus*, grande chaîne de Montagnes, couvertes de Bois qui séparent l'Alsace & la Franche-Comté du Duché de Lorraine, & s'étendent jusqu'à la Forêt des Ardennes. Elles occupent une partie du Duché de Lorraine vers l'Orient & le Midi. Ce n'étoit encore dans le septième Siècle qu'un Desert de Montagnes & de Bois qui n'étoient fréquentées que de Bêtes féroces & de quelques Solitaires, qui y attirérent peu à peu des Imitateurs de leur vie retirée, & y fondérent des Maisons Religieuses, dont la sainteté engagea les Peuples voisins, à venir défricher ces Cantons qui sont présentement assez bien cultivez. Ces Montagnes donnent le nom à une Province du Duché de Lorraine, qui en comprend la plus grande partie des Frontiéres Méridionales: elles le donnent aussi à un Archidiaconé du Diocèse de Toul. C'est le cinquième entre ceux du Diocèse. Il est fait mention de l'Archidiaconé de Vosges dès le treizième Siècle. Cet Archidiaconé est divisé en quatre Doyennez, qui sont

Remiremont,	Jorcey,
Espinal,	Porsas.

Le nom de Vosge vient du Latin *Vosagus* que les plus anciens Auteurs écrivent *Vogesus*, comme César qui dit au quatrième Livre de ses Commentaires de la Guerre des Gaules que la Meuse prend sa source au Mont *Vogesus*, ou de Vosge. Et Lucain au premier Livre de son Poëme, en parlant des Troupes de César qui quittérent les Gaules pour marcher contre Rome, marque celles qui quittérent le Camp qu'elles occupoient aux Montagnes de Vosges, ou *Vogesus*, pour tenir en bride ceux de Langres, qui étoient belliqueux *pugnaces Lingonas*. Les Auteurs postérieurs employent le mot *Vosagus*, & l'appellent très-souvent une Forêt *Silva, Saltus*, & un Desert *Eremus*. Cette Forêt, ou Montagne, a toujours appartenu pour la plus grande partie aux Peuples Belges *Leuci*: le reste étoit du Territoire des Séquaniens, & c'est le Quartier où s'établit St. Colomban.

[i] *Longuerue, Descr. de la France, Part. 2. p. 148.*

VOSTANCE, Ville de la Turquie en Europe, dans la Macédonie, sur le Vardari, à quatre lieues de Sturachi. Thevet prétend que ce soit l'ancienne *Andaristus*.

VOTURI, Peuples de l'Asie Mineure dans la Galatie. Pline [k] les met au nombre des Gaulois qui s'établirent dans ce Quartier-là: aussi les nomme-t-il *Galli Voturi*.

[k] *Lib. 5. c. 32.*

VOTZEN, Ville d'Allemagne [l], dans le Tirol, sur le bord de l'In, qu'on passe sur un fort beau Pont. Cette petite Ville n'a rien d'ailleurs de considérable que sa grande Eglise, qui est un beau Vaisseau fort enjolivé, & enrichi de dorures.

[l] *Corn. Dict. Mém. & Plans Géogr. 1698.*

VOVE (La), Château de France, dans le Perche. Il a été autrefois très-considérable, & a donné son nom à une noble & ancienne Maison. Mrs. du Puy dans leur Histoire des Templiers, font mention d'un Jean de la Vove, Chevalier de cet Ordre, & qui vivoit en 1480.

VOUES, Bourg de France dans la Beauce, Election de Chartres. Ce Bourg est très peuplé.

1. VOUGA, Riviére de Portugal [m]. Elle sort du mont Alcoba, baigne les murailles d'une Ville dont elle porte le nom:

[m] *Délices d'Espagne, p. 636.*

VOU.

& se jette un peu au-dessous dans la Mer. Cette Rivière abonde en Aloses, en Lamproyes & en Truittes. Les Anciens l'ont nommée *Vacca*, ou *Vacua*. A l'Embouchure de cette Rivière [a] la Mer forme un petit Golphe qui sert de Port à la Ville d'Aveiro. C'est un Havre de barre, où les Bâtimens médiocres qui ne tirent que sept ou huit pieds d'eau peuvent entrer dans le tems de la pleine Mer, sous la conduite des Pilotes du Lieu.

[a] Délices d'Espagne, p. 723.

2. VOUGA, Ville de Portugal, dans la Province de Beira, sur une Rivière de même nom, à quelques lieues à l'Orient d'Aveiro.

VOUGLÉ, Bourg de France dans le Poitou, Election de Poitiers. C'est l'ancienne *Voclade*, dans les Plaines de laquelle Clovis remporta une célèbre victoire sur les Wisigoths. C'est dans cette Bataille qu'Alaric fut tué en 507.

VOUILLON-PRIEURÉ, Lieu de France dans le Berry, Election d'Issoudun. C'est une Châtellenie qui relève du Duché de Châteauroux. Cette Châtellenie est située dans une Plaine très-abondante. On y voit beaucoup de Bois, d'Etangs & de Prairies. Elle a appartenu à une Branche Cadette de la Maison de Chauvigni, d'où elle a passé dans l'ancienne Maison de Sully, & de celle de Pardaillan de Castelnau dans celle de Babou. Elle a enfin été unie au Duché de Châteauroux.

VOULAINE, Bois de France en Bourgogne, dans la Châtellenie de Perigny, & dans la Maîtrise des Eaux & Forêts de Châlons. Ce Bois est de quatre-vingt douze Arpens.

VOULAINE-LES-TEMPLIERS, Paroisse de France, dans la Bourgogne, Recette de Châtillon, sur la petite Rivière de l'Ourse qui y a un Pont. C'est un Pays de Montagnes & de Vallons. Le Grand-Prieur de Champagne est Collateur de la Cure & a sa résidence dans la Paroisse. On y trouve aussi le grand Prieuré du Val des Choux de l'Ordre de St. Benoît, qui rapporte deux mille cinq cens Livres de rente. La Nomination dépend des Religieux & des Filles de l'Ordre.

VOULESME, Bourg de France, dans le Poitou, Election de Poitiers.

VOULGY, Bourg de France, dans le Beaujolois, Election de Ville-Franche.

VOULLANGIS, ou ST. MARTIN DE VOULLANGIS, Bourg de France dans la Brie, Election de Meaux.

VOUNEUIL, Bourg de France, dans le Poitou, Election de Poitiers, près de la Ville de ce nom.

VOUNEUIL SUR VIENNE, Bourg de France, dans le Poitou, Election de Poitiers. Ce Bourg est fort peuplé.

VOULLON, Prieuré de France, dans la Champagne, au Diocèse de Sens. C'est un Prieuré de l'Ordre de St. Augustin. Il vaut quatre cens Livres de revenu.

VOULPAIX, Bourg de France dans la Picardie, Election de Laon.

VOURA, Rivière de l'Albanie [b] propre. Elle prend sa source dans les Montagnes, qui séparent cette Province de la Janina, & el-

[b] De l'Isle, Atlas.

VOU.

le coule vers le Midi Occidental. Son Embouchure est au fond du Golphe de Larta.

VOURLA, Village des Etats du Turc, en Asie [c], dans l'Anatolie, sur la Côte Méridionale de la Baye de Smyrne. On croit que c'est l'ancienne Clazomène, Ville illustre de la belle Grèce, & qui eut beaucoup de part à la Guerre du Péloponnèse. Les Perses la jugèrent si nécessaire à leurs desseins, que non-seulement ils s'en saisirent, mais qu'ils la conservèrent par la fameuse paix d'Antalcidas. Auguste est appellé Fondateur de cette Ville sur une Médaille du Cabinet du Roi de Prusse; mais cet Empereur ne fut que Restaurateur de la Place. Clazomène autrefois tenoit si bien en raison la Ville de Smyrne & tout le Pays qui est autour de la Baye, que Tzachas, fameux Corsaire Mahométan, fut obligé de s'en emparer lorsqu'il s'établit à Smyrne sous l'Empereur Aléxis Comnène. On ne sauroit mieux désigner la situation de Clazomène que par les Isles, qui sont à l'entrée de la Baye de Smyrne, après avoir doublé le Cap de Carabouron. Strabon en compte jusqu'à huit. Pline ne parle que de quatre. Elles sont près de la Côte en deçà du Château de la Marine. Les Turcs les connoissent sous le nom des ISLES DE VOURLA. Pausanias assure que Clazomène étoit en Terre-ferme, & que les Ioniens la fortifièrent pour arrêter les conquêtes des Perses. Cependant ils furent si épouvantez des progrès de ces derniers après la prise de Sardes qu'ils passèrent dans une des Isles, vis-à-vis de la Ville, s'y croyant beaucoup plus en sûreté, parce que les Perses n'avoient pas encore de Flote. Ensuite Aléxandre le Grand en fit une Péninsule par le moyen d'une Jettée de deux cens cinquante pas de long, sur laquelle on alloit de l'Isle à la Terre-ferme. Pour éviter le grand & dangereux tour de Carabouron, ce grand Prince fit ouvrir une Plaine au travers du Mont Minas, laquelle conduisoit à Erythrée, fameuse Ville & Port de Mer, vis-à-vis de Scio; en sorte qu'ayant débarqué à Erythrée, on passoit par ce nouveau chemin à Clazomène, de même que l'on débarque aujourd'hui à Seagi pour venir par terre à Smyrne, sans entrer dans la Baye. Peut-être que *Seagi* est un nom corrompu de *Teus*; car la plûpart des Grecs prononcent le T. comme une S. de *Teus* on aura fait *Seus* & puis *Seagi*. C'est le Pays du bon vin. Nous avons une Médaille d'Auguste, à la Légende de cette Ville, & dont le revers représente Bacchus debout, vêtu en femme, tenant une Cruche de la main droite & le Thyrse de la gauche: on a marqué par flatterie, autour de la tête d'Auguste, qu'il étoit le fondateur de cette Ville.

[c] Tournefort, Voyage du Levant, t. 2. Let. 22.

VOURO-POTAMI, selon Mr. Spon [d] & VOURA, selon Mr. de l'Isle [e], Rivière des Etats du Turc en Europe dans l'Albanie propre. Elle a son Embouchure dans le Golphe de Larta & coule assez près du Village d'Ambrakia, & c'est sans doute l'Arachthus des Anciens, car quoiqu'il ne mouille pas aujourd'hui le Village d'*Ambrakia*, il y a apparence qu'l'ancienne Ville d'Ambrakia s'étendoit autrefois jusque-là.

[d] Voyage de Dalmatie & de l'Archipel.
[e] Atlas.

VOUST,

V O U.

VOUST, ou SAINT HILAIRE DE VOUST, Bourg de France dans le Poitou, Election de Fontenay.

VOUSTE (La), Prieuré de France, dans l'Auvergne, sur l'Allier, au Diocèse de St. Flour. C'est un Prieuré d'Hommes de l'Ordre de St. Benoît, de la Congrégation de Cluny. Béraud de Mercœur, Prevôt de l'Eglise du Puy, Etienne Ebbon, & Bertrand, Freres de St. Odilon, Abbé de Cluny en commencérent l'établissement: St. Odilon aidé de son Neveu, Etienne de Mercœur, Evêque du Puy, acheva l'ouvrage vers l'an 1024. Ce même Etienne de Mercœur, & Pierre son Neveu & Successeur à l'Evêché du Puy y ont leur Sépulture. Ce Prieuré est de vingt-cinq Religieux avec un Sacristain.

1. **VOUTE (La)**, Bourg de France, dans le Haut-Vivarais, Recette de Viviers, au bord du Rhosne à trois lieues au-dessous de Valence, & à six lieues de Viviers.

2. **VOUTE**, Prieuré de France, dans le Bas-Languedoc au Diocèse du Puy.

VOUTENAY, Lieu de France dans le Nivernois, Election de Vezelay. Il n'est remarquable que par la cruelle Bataille qui y fut donnée en 841. entre les trois freres, l'Empereur Lothaire, Louis de Germanie, & Charles *le Chauve*. Ce Lieu est situé sur la Cure, à six lieues au Midi de la Ville d'Auxerre.

VOUTEZAC, Bourg de France, dans le Limousin, Election de Brives. Il est extrêmement peuplé.

VOUTHON LE BAS, *Votonium Inferius*: C'est une Annexe de la Paroisse de VOUTHON LE HAUT. Voyez l'Article qui suit.

VOUTHON LE HAUT, *Votonium Superius*, Paroisse de France, au Duché de Bar, Office de Gondrecourt. Son Eglise Paroissiale est sous l'invocation de St. Sigismond; & l'Abbé de St. Mansui est Patron de la Cure.

VOUTRE, Bourg de France, dans le Maine, Election du Mans.

1. **VOUTTE (La)**, Bourg de France, dans l'Auvergne, Election de Brioude.

2. **VOUTTE (La)**, Bourg de France, dans le Bas-Languedoc, Recette de Saint-Pons.

VOUTTEGON, Bourg de France dans le Poitou, Election de Poitiers. C'est un Bailliage Royal ressortissant à la Sénéchaussée de Poitiers.

1. **VOUVRAY**, Bourg de France dans le Maine, Election de Château du Loir. Ce Bourg est bien peuplé, & il a des Carrières de Pierre blanche.

2. **VOUVRAY**, Bourg de France, dans la Touraine, Election de Tours, au bord de la Cisse, à sa chûte dans la Loire. On y recueille des vins qui passent pour les plus excellens de la Touraine.

VOUX, Bourg de France, dans la Brie, Election de Montereau. Il y a dans ce Bourg une Prevôté Royale ressortissante au Bailliage de Nemours.

VOUXEY, Paroisse du Duché de Lorraine, Office de Neufchâteau. C'est une Paroisse dont l'Eglise est sous l'invocation de St. Laurent. L'Abbé de Chaumousey est Patron de la Cure. Les Villages de Courcelles, de Dolaincourt & d'Ambrecourt dépendent de cette Paroisse. Il y a à Vouxey une Chapelle en titre sous l'invocation de St. Michel.

VOUZAILLES, Bourg de France, dans le Poitou, Election de Richelieu.

VOUZEAU, Bourg de France, dans l'Angoumois, Election d'Angoulême.

VOUZERON, Bourg de France, dans le Berry, Election de Bourges, à trois lieues de Merson & de Mehun. Il y passe un petit Ruisseau nommé Vajon ou Braion. Le Terroir est maigre, humide & sablonneux. On n'y voit point de Vignes & fort peu de Prez. Vouzeron est un simple Fief, avec Châtellenie. Il y a un Prieuré dépendant de l'Abbaye des Bénédictins de Vierson.

VOUZIE. Voyez VOUZYE.

VOUZIERES, Bourg de France, dans la Champagne, Election de Rethel.

VOUZON, Bourg de France, dans l'Orléanois, Election d'Orléans. Il est très-considérable.

VOUZY, Bourg de France dans la Champagne, au Pays d'Argone, sur l'Aisne, à huit lieues au Midi de Sedan, & à dix de Rheims, en Latin *Vusiavum*.

VOUZYE, Rivière de France dans la Brie. Elle sort d'un Etang qu'on trouve à une lieue de Provins. Elle traverse la Ville de ce nom, va delà à St. Sauveur & se rend dans la Seine au-dessous de Bray. Cette Rivière est fort sujette à se déborder; ce qui endommage quelquefois les lieux par où elle passe.

VOYDE (Le), Bourg de France, dans l'Anjou, Election de Montreuil-Bellay.

VOYE (La), Abbaye de France, dans la Bretagne, au Diocèse de Vannes. C'est une Abbaye de l'Ordre de Cîteaux.

VOYSTBERG, ou VOYSTPERG [a], petite Ville d'Allemagne, dans la Basse-Stirie, au confluent des Rivières de Kaynach & de Grades, au Midi Occidental de Gratz. [a] *Jaillot, Atlas.*

U P.

UPAIX, Bourg de France, dans le Dauphiné, Election de Gap.

UPAO, Ville de la Chine [b], dans la Province de Xensi, au Département de Jengan, huitième Métropole de la Province. Elle est de 7. d. 26'. plus Occidentale que Péking, sous les 38. d. 38'. de Latitude Septentrionale. [b] *Atlas Sinens.*

UPHAS, ou OPHAS, Lieu d'où Jérémie [c] dit qu'on apporte l'or le plus pur. Les Septante lisent MOPHAS. Mais St. Jerôme & le Chaldéen disent OPHIR. Voyez OPHIR. [c] *Cap. 10. v. 9.*

1. **UPIE**, Bourg de France, dans le Dauphiné, Election de Valence.

2. **UPIE**, Bourg de France, dans la Provence, Viguerie & Recette de Grasse.

UPLANDE, Province de Suède [d]. Elle est bornée au Nord & à l'Orient par la Mer Baltique, au Midi partie par la Mer, partie par la Sudermanie, à l'Occident par la Westmanie, & à l'Occident Septentrional par la [d] *De l'Isle, Atlas.*

296 UPP. UPS.   UPS.

a Zeyler, Descr. Sueciæ, p. 4. D'Auliffred, Géogr. Anc. & Mod. t. 1.

la Geſtricie, dont elle eſt ſéparée par le Fleuve Dala. Sa longueur eſt à peu près de vingt-huit lieues, & ſa largeur de dix-huit. On la diviſe en trois Contrées [a], qui tirent leurs noms des Châtellenies ou Centuries qu'elles contiennent. La première s'appelle THIUNDRIE, à cauſe qu'elle conſiſte en dix Châtellenies; la ſeconde qui en a huit eſt appellée ATHUNDRIE; & la troiſième a le nom de FIERUNDRIE, des quatre Châtellenies dont elle eſt formée. Outre ces trois Contrées, il y a encore la Preſqu'Iſle de Toren, qui eſt partagée en deux Châtellenies. Le Lac Mäler avec ces Iſles dépend pour la plus grande partie de cette Province, qui eſt très-fertile & produit entre autres de très-beau Froment. Elle a quantité de Mines de fer & de plomb, & quelques-unes d'argent. Ubbon, Roi de Suède, dit Mr. d'Audiffred, faiſoit ſa réſidence ordinaire dans cette Province, & on croit qu'elle a pris delà le nom d'Uplande, comme qui diroit *Pays d'Ubbon*. Ses principales Villes ſont:

Stockholm,   Elfkarleby,
Upſal,   Salſtad,
Oſthammar,   Sigtuna,
Oregrund,   Norr-Tälge,
Eneköping,   Rotebrö,
          Söder-Tälge.

b Pag. 30.
c Lib. 7. c. 1.

UPPARA, Lieu de Marché ou Entrepôt, dans l'Inde. Arrien dans ſon Periple de la Mer Erythrée [b] place ce Lieu entre *Acabarus* & la Ville *Calliena*. Il y a apparence que c'eſt la Ville SUPPARA que Ptolomée [c] donne aux *Ariaces Sadinorum*.

d Bleau, Atlas.

UPPINGHAM, Ville d'Angleterre [d], dans le Rutlandshire, à la ſource d'une petite Riviére, qui coule dans la partie Méridionale du Comté de Rutland & ſe jette quelques lieues au-deſſous dans le Weland. Elle eſt bâtie ſur le penchant d'un Côteau; & ſa ſituation a occaſionné ſon nom. Cette petite Ville n'eſt conſidérable que par ſon Commerce, & par ſon Collége fondé par R. Thonſon, Miniſtre de l'Egliſe Anglicane.

UPSAL, Ville de Suède dans l'Uplande, & dans les Terres, ſur le bord de la Riviére Sal, ou Sala [e]. C'eſt une très-ancienne Ville, qu'on dit avoir été la Réſidence des Rois de Suède, & la Capitale de tout le Nord. Deux cens quarante-ſix ans après le Déluge, dit Jean Magnus Gothus, Archevêque de cette Ville [f], Ubbon régna ſur les Suédois, fonda la Ville d'Upſal, & lui donna ce nom, ou parce qu'elle étoit ſa réſidence, comme qui diroit *Ubbonis-Sal*, ou parce qu'elle ſe trouvoit ſur la Riviére appellée Sal. Cette Ville donna auſſi ſon nom aux Rois de Suède, qui ſe qualifiérent Rois d'Upſal. Elle eſt, ajoute Jean Magnus Gothus, dans une ſituation très-agréable; & dès ſes commencemens elle ne fut pas ſeulement la demeure des Hommes, des Princes & des Rois; mais encore celle des Grands-Prêtres des Goths, & celle de leurs Dieux à qui elle fut conſacrée.

e Zeyler, Descr. Sueciæ, p. 173. & ſeq.
f Lib. 1. Hiſt. Goth. & Sueonum.

g Olaus Magnus. Lib. 4. c. 6.

La Ville d'Upſal eſt partagée en deux par la Riviére [g], qui eſt aſſez large & qui ordinairement ſe géle d'une telle force vers

le commencement de Févuier, qu'elle peut porter une grande quantité d'Hommes, de Bétail & de Marchandiſes, dans le tems de la Foire qui s'y tient tous les ans ſur la Glace. Cette Ville eſt grande, mais ſans Fortifications importantes. On y voit la plus belle Egliſe du Royaume [h]. C'eſt la Cathédrale. Le Bâtiment tout couvert de Cuivre eſt orné de plusieurs Tours, & renferme les Tombeaux de pluſieurs Rois. On y conſervoit autrefois le Corps de St. Eric, dans une Châſſe de Vermeil, enrichie de pierres précieuſes. Dans la Chapelle qui eſt derriére l'Autel, on voit le Tombeau du Roi Guſtave, repréſenté en Marbre entre les Statues de ſes deux femmes, qui y ſont auſſi inhumées. Une autre Chapelle renferme le Tombeau de la première femme du Roi Jean, & qui fut Mere de Sigiſmond III. Roi de Pologne. Ce Tombeau eſt de Marbre blanc. Dans une autre Chapelle repoſe le Corps du Comte Stenon Leebvenkoepf, tué à Stockholm, dans le tems qu'il vouloit ſe ſaiſir du Roi Eric. A la gauche ſont les Tombeaux des cinq Seigneurs Suédois, que fit mourir le Roi Eric. Ces Tombeaux ſont ſimplement couverts d'un Drap noir. Il y a encore dans cette Egliſe divers Tombeaux d'Archevêques, d'Evêques & de Seigneurs du Royaume. On y trouve entre autres celui du Pére de Ste. Brigitte.

h Auguſtini, Liberi Bronis in Moerfper, Ibiner.

Au-deſſus de la Ville on remarque un beau Château fortifié, bâti ſur une Colline eſcarpée. Il fut commencé par le Roi Eric, & continué par les Rois Jean & Charles. Ce Château bâti à l'Italienne eſt fort grand, d'une très-belle vûe qui s'étend ſur toute la Ville & ſur toute la Campagne.

St. Anſcher eſt regardé comme le premier Evêque d'Upſal, parce qu'il y prêcha l'Evangile quoique ſans grands ſuccès. Adalvard & Etienne, qu'on donne pour le ſecond & pour le troiſième Evêque, ne réuſſirent guére mieux. Ce ne fut que quelques années après que St. Suffrid, Archevêque d'Yorck, qu'Eldred, Roi d'Angleterre, avoit envoyé en Suède, à la priére du Roi Olaüs Skotkoning, ſacra Suerin quatrième Evêque d'Upſal. Il eut encore quatre autres Evêques après lui; & l'Egliſe d'Upſal fut enſuite érigée en Archevêché par le Pape Aléxandre III. à la priére du Roi Charles Succeſſeur du Roi St. Eric. Etienne qui mourut en 1185. fut le premier Archevêque d'Upſal, & Jean Magni, qu'on chaſſa de ſon Siége parce qu'il y rejettoit la Confeſſion d'Augsbourg, étoit le vingt-ſixième Archevêque. Il n'y a depuis lui que des Archevêques Luthériens, qui, quoiqu'ils n'ayent ni la puiſſance, ni les richeſſes, ni la pompe & la magnificence des Archevêques Catholiques, qu'on ne voyoit jamais en public ſans une ſuite de quatre à cinq cens Chevaux, ne laiſſent pas de jouïr de grands revénus, d'avoir voix & ſéance dans le Sénat & dans les Diètes, de prendre le pas ſur tous les autres Eccléſiaſtiques, & d'être fort honorez dans le Royaume.

Le Collége d'Upſal, fondé pour quatre Profeſſeurs, par l'Archevêque Jérler, du tems du Roi Eric *le Bégue*, donna naiſſan-

ce

UPT. UR.   URA.

ce à l'Université, que le Pape Sixte IV. honora en 1476. des mêmes Immunitez & privilèges dont jouît l'Université de Boulogne. Charles IX. Gustave Adolphe & la Reine Christine, prirent soin de rendre cette Université florissante & lui firent de grandes libéralitez.

Autrefois, lorsqu'il étoit question d'élire un nouveau Roi, tous les Ordres du Royaume s'assembloient à Upsal, & lorsque l'Election étoit faite ils se rendoient dans une Plaine à un mille de la Ville. Au milieu de cette Plaine est une grande pierre, entourée de douze pierres moins grandes, & qu'on nomme dans le Pays *Morasten*. C'est-là qu'on reconnoissoit le nouveau Roi : on écrivoit son nom, l'année & le jour de son Election sur la plus grande de ces pierres, & on lui prêtoit serment de fidelité; après quoi il étoit sacré par l'Archevêque.

[a Délices de la Gr. Br. t. 2. p. 524.]

UPTON, Bourg d'Angleterre [a], dans la Province de Worcester, près de la Montagne de *Malvernes*, au bord de la Saverne, au milieu d'une grande & belle Prairie. Ce Bourg qui est considérable doit être un ancien Lieu; car on y a trouvé quelquefois des Médailles Romaines.

UR.

UR, Ville de Chaldée, patrie de Tharé & d'Abraham. Dieu fit sortir Abraham de la Ville d'Ur [b] pour le conduire dans la Terre de Chanaan, qu'il avoit dessein de donner en héritage à lui & à ses enfans. Mais comme il y alloit avec Tharé son pere & Loth son neveu, lorsqu'ils furent arrivez à Haran, Ville de Mésopotamie, Tharé y tomba malade & y mourut. Après lui avoir rendu les derniers devoirs, Abraham continua sa route & alla dans la Terre de Chanaan. Cette Vocation d'Abraham arriva l'an de Monde 2082. avant J. C. 1918. avant l'Ere vulgaire 1922.

[b Genes. 11. 13.]

La Ville d'Ur étoit dans la Chaldée, comme le dit l'Ecriture Sainte en plus d'un endroit; mais on ignore sa vraie situation. Les uns [c] croient que c'est la même que Camarine dans la Babylonie. D'autres la confondent avec *Orché*, ou *Orchoé*, dans la Chaldée suivant Ptolomée & Strabon. D'autres croient que c'est *Ura*, ou *Sura*, dans la Syrie sur l'Euphrate. Bochart & Grotius soutiennent que c'est *Ura* dans la Mésopotamie, à deux journées de Nisibe [d]. On remarque que souvent la Chaldée & la Mésopotamie sont confondues, & qu'on dit assez indifféremment qu'une Ville est dans l'une, ou l'autre de ces deux Provinces. Le nom d'*Ur* en Hébreu signifie *le Feu*; & quelques Auteurs ont prétendu que Moyse en disant que Dieu avoit tiré Abraham d'*Ur* de Chaldée, vouloit simplement marquer qu'il l'avoit délivré du feu où les Chaldéens l'avoient jetté, à cause qu'il méprisoit leurs Idoles, & attaquoit leur Idolatrie. St. Jérôme a fait attention à ce sentiment lorsqu'il a traduit [e] : *Vous avez tiré Abraham du feu des Chaldéens*. Mais dans ses Questions Hébraïques [f], il traite de fables ce que les Juifs débitoient sur cette prétendue délivran-

[c Eupolem. apud Euseb. Præpar. L. 9. c. 17.]
[d Ammian. L. 25. c. 26.]
[e 2. Esdr. 9. 7.]
[f In Genes.]

ce d'Abraham du feu des Chaldéens. On peut voir les Commentateurs sur la Genèse [g].

[g Cap. 11. 31.]

On prétend que le nom d'*Ur* qui signifie le Feu, fut donné à la Ville d'*Ur*, à cause qu'on y adoroit cet Elément. Le Feu étoit le symbole du Soleil, & on fait qu'on adoroit cet Astre par tout l'Orient. On entretenoit un Feu sacré & perpétuel en son honneur dans certains Temples ou Enclos, qui étoient fermez de toutes parts; mais qui n'étoient point couverts. Rufin [h] raconte que les Chaldéens portoient autrefois le Feu qui étoit leur Dieu par toutes les Provinces pour combattre avec toutes les autres Divinitez, afin que celle qui triompheroit dans ce combat fut censée la véritable; les Dieux d'airain, d'or, d'argent, de bois & de pierre étoient facilement consumez par le Feu, qui avoit la supériorité par-tout. Un Sacrificateur de Canope en Egypte s'avisa de cette ruse : Les Egyptiens ont de certains Vases de terre qui ont de petites ouvertures de tous côtez, & qui sont destinez à filtrer l'eau du Nil : il remplit d'eau un de ces Vases : il en ferma toutes les ouvertures avec de la cire : il y attacha une tête qu'on disoit être celle de Ménélas; & il érigea en Divinité. Les Chaldéens voulurent faire essai de la puissance de leur Dieu contre Canope : ils allumèrent du feu autour de Canope, afin que ces deux Divinitez combatissent ensemble; mais le feu ayant bien-tôt fondu la cire qui bouchoit les ouvertures de la Cruche, il fut incontinent éteint par l'eau qui en sortit, & le Sacrificateur de Canope remporta la victoire.

[h Rab. Hist. Eccles. L. 2. c. 26.]

URA. Pline [i] écrit ainsi dans un endroit le nom d'une Ville qu'un peu plus bas [k] il nomme SURA. Voyez SURA.

[i Lib. 5. c. 24.]
[k Ibid. c.]

URA-BOOS, 'Ουρὰ-Βοὸς, c'est-à-dire *la Queue de Bœuf*; Lieu de l'Isle de Cypre sur la Côte Orientale selon Ptolomée [l]. Strabon [m], qui connoît aussi ce Lieu écrit Βοόσουρα, *Boosura*. Ortelius [n] dit avoir appris d'un homme du Pays que ce Lieu conservoit encore son ancien nom.

[l Lib. 5. c. 13.]
[m Lib. 14. p. 683.]
[n Thesaur.]

1. URABA, Golphe de l'Amérique à l'extrémité Orientale de l'Isthme de Panama sur la Mer du Nord. Il a son commencement au huitième degré de la Ligne vers le Nord, selon Herrera, & entre jusqu'à quatorze lieues dans le Continent [o]. Son entrée a six lieues de large. Il s'étrecit ensuite peu à peu n'en ayant plus que cinq & enfin quatre. Plusieurs Rivières se déchargent dans ce Golphe : les principales sont Darien, Rio-grande, & Dabayba. Cette dernière s'y jette par sept bouches. La Ville de Ste. Marie Antique étoit autrefois bâtie à cinq lieues de l'Embouchure de ce Golphe du côté du Sud. Ce Golphe se nomme communément aujourd'hui LE GOLPHE DE DARIEN.

[o De Laet, Desc. des Indes Occ. Liv. 8. chi 10. & 11.]

2. URABA, Province de l'Amérique [p] dans la Terre-ferme, Audience de Santa Fé & Gouvernement de Carthagène, à l'Orient de celle de Darien. Elle abonde en toutes les choses nécessaires à la vie. Les Forêts y sont fournies de venaison, & les Rivières ainsi que la Mer voisine d'excellens poissons. Les Montagnes que les Espagnols nom-

[p Ibid.]

nomment Cordilleras font peu éloignées de cette Province.

1. URAGUAY, Urvaig, ou Uruguay, Province de l'Amérique Méridionale dans le Paraguay. Elle est bornée [a] au Nord par la Province de Guagra; à l'Orient par la Capitainie del Rey, au Midi par l'Embouchure de la Riviére de la Plata, & à l'Occident partie par la Province de Rio de la Plata, partie par la Province de Parana. La Riviére d'Uraguay, d'Urvaig, ou d'Uruguay, la partage en deux, la traversant du Nord Oriental au Midi Occidental. Voyez l'Article suivant.

[a] De l'Isle, Atlas.

2. URAGUAY, Urvaig, & Uruguay, ou la Riviére des Missions, Riviére de l'Amérique Méridionale dans le Paraguay, dans la Province à laquelle elle donne son nom. Elle prend sa source au Nord de la Province dans le Pays appellé Ibituruna; & prenant son cours vers le Midi Occidental, elle traverse toute la Province qu'elle partage en deux, & va se perdre dans la Riviére de la Plata presque vis-à-vis de Buenos-aires. Dans sa course elle reçoit [b] un grand nombre de Riviéres, savoir l'Uruguaymini, la Salto, d. l'Uruguaypita, g. la Pepiri ou Pequiri, d. l'Iriboba, g. la Guanumbaca, d. la S. Juan, g. la Nucora, g. l'Acarana, d. l'Yaguarape, d. la Mborono, d. la Juvi, g. la Piratim, g. l'Icabaqua, g. la Nbutuji, g. l'Aguapey, d. l'Ibicui, g. l'Imiriay, d. l'Albacareta, d. la Quaray, g. la Timboy, d. la Tebiquari, g. la Malaguay, d. la Riviére de Topes, d. la Lechiguana, g. l'Yaguarigœu, d. la S. Salvador, g. la Pacu, d.

[b] D'Anville, Carte du Paraguay.

URAKOFS-KARUL, Montagne de l'Empire Russien [c], à la droite du Volga, presque vis-à-vis l'Embouchure de la Riviére Rustana, à cent cinquante Werstes au-dessous de Soratof. On dit qu'un Prince Tartare nommé Urak qui livra bataille aux Cosaques dans ce lieu-là, où il fut tué & enterré, donna le nom à cette Montagne.

[c] Olearius, Voyage de Moscovie, L. 4. p. 303.

URAMEA, Riviére d'Espagne [d], dans le Guipuscoa. Cette petite Riviére prend sa source dans les Montagnes qui séparent le Guipuscoa de la Navarre. Elle court du Midi Oriental au Nord Occidental; & va se perdre dans la Mer de Basque à S. Sébastien.

[d] Jaillot, Atlas.

1. URANA, Ville de la Dalmatie [e], sur un petit Lac qui porte son nom, entre Zara & Sebennico, environ à sept lieües de la premiére de ces Villes, & à cinq de l'autre.

[e] Baudrand, Dict.

2. URANA, Riviére de l'Empire Turc en Europe. Elle a son cours dans la Macédoine, & grossie des eaux de diverses autres Riviéres, elle va se perdre dans la Mer Noire.

3. URANA, Village de la Livadie [f], à sept ou huit milles au-delà de Cophissa, dans la Plaine de Marathon. Ce Village est peu considérable & proprement ce ne sont que dix à douze Métairies d'Albanois. On le prendroit plus ce Lieu pour la petite Ville de Brauron, où étoit un Temple fameux de Diane Brauronienne. D'Urana à Marathon, il n'y a pas plus de demi-lieue.

[f] Spon, Voyage de Négrepont, Liv. 6.

URANIA, Ville de l'Isle de Cypre: Diodore de Sicile [g] dit que ce fut une de celles que prit Demetrius. Quelques MSS. portent Erania, pour Urania. Voyez Erania.

[g] Lib. 20. C. 48.

URANIBOURG, Château de Suède, & autrefois du Dannemarck dans la petite Isle d'Huen ou de Veen au milieu du Détroit du Sund. Quoique ce Château soit aujourd'hui ruiné, le nom en est demeuré célèbre, à cause de Ticho-Brahé, fameux Mathématicien, qui l'avoit fait bâtir. Le Roi de Dannemarck [h] Frédéric II. avoit donné à ce grand Homme l'Isle d'Huen, pour en jouïr durant sa vie, & pour y faire bâtir un Observatoire avec des Bâtimens commodes pour ses Etudes, donque ce Prince accompagna d'une pension de deux mille Ecus d'or à prendre sur la Doüane, d'un Fief considérable en Norwege, & d'un Canonicat dans l'Eglise de Roschild. Cette Isle convenoit parfaitement aux desseins de Ticho-Brahé. C'est proprement une Montagne qui s'elève au milieu de la Mer, & dont le sommet plat & uni de tous côtés domine la Côte de Scanie, & tous les Pays des environs; ce qui donne un très-bel Horison; outre que le Ciel y est ordinairement très-serain, & que l'on y voit rarement des brouillards. Ticho-Brahé qui étoit riche déja de lui-même, & que les liberalitez du Roi son Maître avoient rendu opulent, jetta environ au milieu de l'Isle les fondemens du fameux Château qu'il nomma Uranibourg, c'est-à-dire Ville du Ciel, & l'acheva en quatre années. Il faudroit un Volume entier pour faire la description de ce fameux Château. La disposition & la commodité des appartemens, les Machines & les Instrumens qu'il contenoit le faisoient regarder comme un Edifice qui n'avoit point son pareil. Aux environs on trouvoit des Ouvriers de toutes espéces entretenus aux dépens du Maître: des Forges & des maisons pour ceux qui faisoient des Instrumens: une Imprimerie, un Moulin, où l'on faisoit de très-beau papier; des Laboratoires pour les observations chimiques, & des Fermes & des Métairies pour les Domestiques qui avoient soin de ses revenus & de l'entretien de sa famille. Il fit encore bâtir quatre ans après dans la même Isle vers le Midi une autre Maison, où il plaça des Instrumens particuliers, & où il tenoit des Domestiques & des Etudians qui s'appliquoient à certaines Etudes. Il nomma cette Maison Stellbourg.

[h] Des Ros ches, Hist. de Dannemarck, t. 4. p. 420.

Ce fut à Uranibourg que Ticho Brahé passa plusieurs années de sa vie accompagné & suivi d'une foule de Disciples, qu'il entretenoit comme ses Domestiques, & qu'il rendit aussi de grands hommes. On peut dire qu'il vivoit en Prince. Il y possédoit tout ce qu'il pouvoit desirer; car il avoit dirigé lui-même les Bâtimens & les Jardins, qui, avec quantité d'Etangs, de Viviers & de Fontaines, rendoient le séjour de cette Isle délicieux. Ce fut-là qu'il imagina le Systême qu'il nous a laissé, dans lequel mettant la Terre immobile au Centre du Monde, & la considérant comme le Centre du

URA.   URA. URB.

du mouvement des deux Luminaires, il suppose qu'ils font leurs révolutions autour du Globe terreftre, & donne encore ce même Globe pour Centre du Firmament & du premier Mobile. Ce Syftême fut reçu avec d'autant plus d'applaudiffement, qu'il rendoit à peu près la même raifon des apparences céleftes, que celui de Copernic, & que la fuppofition de l'immobilité de la Terre avoit de quoi contenter la plûpart des Aftronomes, des Philofophes & des Théologiens, que la penfée de fa mobilité avoit d'abord choquez dans le Syftême de Copernic. Ce fut-là qu'il fit tant de rares découvertes dans la Chimie, Science où il n'excella pas moins que dans l'Aftronomie.

Mais les Ennemis que s'attira Ticho-Brahé l'obligérent d'abandonner cette charmante demeure. Dès l'an 1596. les Miniftres du Roi eurent le crédit de lui faire ôter fon Fief de Norwege, & de le dépouiller de fon Canonicat de Rofchild, dont le Chancelier fon Ennemi juré fut auffi-tôt revêtu. En 1597. Ticho-Brahé alla demeurer à Coppenhague, où il commença à faire fes exercices d'Aftronomie dans une Tour deftinée à cet ufage. On lui envia cette derniére reffource. Les Miniftres qui ne fe laffoient point de le perfécuter lui firent défendre par le Magiftrat de Coppenhague de fe fervir de la Tour publique pour fes Obfervations. Il ne put tenir contre toutes ces avanies: il s'embarqua avec fa famille & la plûpart de fes Elèves, & fe retira à Roftock, où il fit quelques Obfervations. L'Empereur Rodolphe l'invita bien-tôt d'aller à fa Cour, & lui donna une de fes Maifons Royales en Bohême, aux environs de Prague, avec une penfion de trois mille Ducats. Ticho-Brahé y fit porter de l'Ifle de Huen tous fes Inftrumens de Mathématiques. Il s'y établit avec fa famille & y goûta le repos qu'il n'avoit pu trouver dans fon Pays.

Dans le tems que Ticho-Brahé demeuroit à Uranibourg, il y recevoit fouvent des vifites de différens Princes & des Grands Seigneurs admirateurs de fon favoir. On trouve entre autres que Jacques II. Roi d'Ecoffe, & premier du nom en Angleterre, dans le tems qu'il paffa en Dannemarek pour y époufer la Princeffe Anne, fille du Roi Fréderic II. & fœur du Roi Chriftian IV. fit l'honneur à ce favant Homme de lui aller rendre vifite dans fon Ifle. Il fut auffi beaucoup aimé de Guillaume Landgrave de Heffe.

Cette diftinction & cette eftime, que tant de Princes & de grand Seigneurs avoient pour Ticho-Brahé ne purent le garantir contre l'envie de fes Compatriotes qui auroient dû être les premiers à l'admirer. Ils ne fe contentérent pas même de l'obliger d'aller chercher une autre Patrie fur la fin de fes jours, il femble qu'en rafant fa demeure d'Uranibourg, ils ayent voulu empêcher que fa mémoire ne paffât à la Poftérité. En effet, de ce Château & de celui de Stellbourg, qui étoient des efpèces de lieux enchantez, il n'en refte plus rien que dans l'imagination, ou dans les Ecrits de ceux qui ont bien voulu nous en laiffer une Defcription. On a tout détruit jufqu'aux fondemens, & à peine y refte-t-il quelques ruïnes couvertes d'herbes. Plus d'une perfonne regarde la perte que la Couronne de Dannemarck a faite de la Province de Scanie, comme un effet de la Providence, qui n'a pas voulu permettre que le Lieu de la Naiffance de ce grand Homme fût davantage foumis à une Nation qui en avoit fi mal ufé envers un tel Citoyen.

Ticho-Brahé nâquit le 3. de Décembre 1546. d'Othó-Brahé, Seigneur de Knuftorp & de Béate Bilde. Il mourut le 24. d'Octobre 1601. d'une retention d'urine que le refpect lui avoit fait fouffrir dans le caroffe de l'Empereur. Il étoit âgé de 54. ans dix mois. Il fut enterré à Prague.

M. Reffenius, dans fes *Infcriptiones Uraniburgicæ*, &c. nous a donné une Defcription des deux Châteaux d'Uranibourg & de Stellbourg. Ceux qui voudront y avoir recours y trouveront de quoi fatisfaire pleinement leur curiofité.

1. URANOPOLIS, Epithéte qu'Athenée [a] donne à la Ville de Rome. *a* Lib. 1.

2. URANOPOLIS, Ville de l'Afie Mineure dans la Pamphilie, & dans la Contrée appellée Carbalie, felon Ptolomée [b]. C'eft apparemment la même Ville que la fixiéme Concile de Conftantinople met dans la premiére Galatie. *b* Lib. 5. c. 5.

3. URANOPOLIS, Ville de la Macédoine dans la Chalcidie, fur le Mont Athos felon Pline [c]. Elle étoit près de la Côte Méridionale entre les Promontoires *Nymphæum* & *Acroathon*: fon fondateur, a-t-on dit Athénée [d] fut Aléxarque frere de Caffandre Roi de Macédoine. *c* Lib. 4. c. 10. *d* Lib. 3. p. 98.

URATHINÆ, Ville de l'Inde, au-delà du Gange; Ptolomée [e] la marque près de ce Fleuve. *e* Lib. 7. c. 1.

URB, petite Ville d'Allemagne [f], au Cercle du Bas Rhein, dans l'Archevêché de Mayence, près du Speffart, dans le voifinage de Budingen & Oberndorf. Il y a des Chaudiéres à Sel d'un bon rapport. *f* Zeyler Topogr. Arch. Mog. p. 19.

URBA. Voyez URBIGENUS PAGUS.

URBA-SALVIA. Voyez URBS-SALVIA.

URBAIN, Ville d'Italie [g], dans l'Etat de l'Eglife, & la Capitale du Duché qui porte fon nom, anciennement *Urbinum*. Voyez URBINUM & URCINATES. Cette Ville bâtie fur une Montagne, entre les Riviéres de Metro & de la Foglia, entre d'autres Montagnes peu agréables, a un plan inégal, haut & bas, & de difficile accès. Quelques Baftions la fortifient en certains endroits, aux autres il n'y a que de fimples murailles fans foffez. On y voit une vieille Citadelle qui tombe en ruïne. Le Palais des Ducs appartenant aujourd'hui au Pape, fut bâti par le Duc Fréderic, qui l'embellit de plufieurs anciennes Statues de marbre & de bronze, de Peintures excellentes, & d'une Bibliothéque pleine de Livres curieux & rares, tous enrichis d'or & d'argent. Cette belle Bibliothéque qui faifoit un des plus beaux ornemens de la Ville d'Urbin n'y eft plus. Après le décès du dernier Duc, Aléxandre VII. la fit transporter à Rome: Une partie des Livres [h] fut mife à la Bibliothéque *g* Magin Carte du Duché d'Urbin. Corn. Dict. *b* Délices d'Italie, t. 2. p. 28. *Miffon Voyage d'Italie*, t. 3. p. 187.

du

du Vatican; mais une autre partie à la Bibliothéque de Sapience; & le reste fut, à ce qu'on dit, dissipé par César Borgia. Les Statues des Ducs d'Urbin sont dans la Place qui est devant le Palais. La Ville est petite. On voit au Dôme, où est la Sépulture des Ducs, & en d'autres Eglises, de très-belles peintures de Raphaël d'Urbin, & de Frédéric Barocci. On en voit aussi du Genga, de Vincent de St. Geminian, & de Timothée d'Urbin, Elèves de Raphaël.

La Ville d'Urbin a été la Patrie de Polydore Virgile, du fameux Raphael dit communément Raphaël d'Urbin, & de Jean François Albani, Pape sous le nom de Clément XI.

Le Duché d'Urbin a été possédé par la Maison de Monte-Feltro, & par celle de la Rovere. Guide Antoine Ubaldini, Seigneur d'Urbin, & d'Eugubio, étant dans un âge assez avancé, & se voyant sans enfans, éleva Frédéric de Monte-Feltro comme son fils & comme son Successeur. Il eut ensuite de sa femme, qui étoit de la Maison des Colonnes, un fils appellé Ode-Antoine; ce qui le fit changer de dessein. Mais ce fils qui s'étoit fait des Ennemis par ses violences, ayant été tué, on appella Frédéric pour commander à tout l'Etat d'Urbin, qu'il eut non-seulement en Fief du Pape; mais il fut créé premier Duc d'Urbin par Sixte IV. Il acheta Fossembrune des Malatesti; & étant mort en 1482. Guide Ubalde son fils qui lui succéda se fit une grosse Cour, & assembla de tous côtez les hommes les plus estimables de son tems. Comme il n'eut aucun enfant de sa femme Elisabeth de Gonzague, il adopta François Marie de la Rovere, fils de sa sœur Jeanne & de Jean de la Rovere Préfet de Rome, Neveu du Pape Jules II. & Seigneur de Sinigaglia. Il mourut à Fossembruno l'an 1580. & François-Marie fort grand Capitaine lui succéda. Celui-ci, outre le Duché d'Urbin, le Comté de Monte-Feltro, & la Ville de Sinigaglia, eut la Ville de Pesaro que le Pape lui donna. Ensuite Léon X. l'ayant chassé de son Etat déclara Duc d'Urbin Laurent ou Laurentin de Médicis son neveu. François Marie de la Rovere recouvra néanmoins le Duché d'Urbin peu de tems après, & eut Guide Ubalde de son mariage avec Eléonor de Gonzague, fille de François de Gonzague, quatrième Duc de Mantoue. Il mourut en 1538. & Guide Ubalde quatrième Duc d'Urbin, ayant épousé en secondes nôces Victoria Farnèse, sœur d'Octave Duc de Parme, dont il eut François Marie, mourut à Pesaro l'an 1574. François Marie de la Rovere son fils II. du nom, né l'an 1549. eut d'une de ses parentes de la Maison de la Rovere qu'il épousa en secondes nôces, Guide Ubalde, qui mourut en 1623. n'ayant laissé qu'une seule fille appellée Victoria; il l'avoit eue de la Princesse Catherine de Médicis, sœur du Grand-Duc Côme II. & elle fut mariée avec Ferdinand II. Grand-Duc de Toscane. François Marie ne se voyant aucun enfant mâle, remit & réunit le Duché d'Urbin au St. Siège en 1626. & mourut âgé de quatre-vingts ans.

Avant que cet Etat fût réuni au St. Siège, (ce qui arriva sous le pontificat d'Urbain VIII.) le Duc François Marie se qualifioit en ses titres Duc d'Urbin, Comte de Monte-Feltro, Seigneur de Pesaro, & Préfet de Sinigaglia. Il avoit force Canons & Munitions de guerre, tant à San-Leo qu'à Pesaro, où il avoit aussi des Magasins de toutes sortes d'armes. Treize Gentilshommes qu'on appelloit Lancier-Spezzata, le suivoient à cheval avec le pistolet, lorsqu'il alloit à la promenade, ou en quelques lieux particuliers, ainsi que trois ou quatre Capitaines, dont l'un appellé Capitaine du Porton, commandoit à sa Garde, qui étoit composée de quarante ou cinquante hommes du Pays portans sa Livrée. Il avoit douze ou quinze Pages, six Gentilshommes *del Cocchio*, ou Carosse, un Chambellan ou Maestran di Camara, deux Conseillers d'Etat, un *Scalce Maggior* pour la viande, comme Maître-d'Hôtel, & trois ou quatre Ecuyers, qui portoient sur table, un Couppier; un Grand-Maître ou *Maggior-domo*, Sur-Intendant de sa Maison; un Trésorier & deux Secrétaires pour les Lettres qu'il écrivoit à différens Princes. Il y avoit quatre Auditeurs qui jugeoient souverainement & qui gardoient le grand Sceau du Duc, au lieu que ses deux Secrétaires avoient le Cachet; & l'Huissier qu'ils appelloient le Portier mettoit le sceau. Le Duc tenoit des Vice-Ducs en diverses Villes & des Châtelains dans les Châteaux, d'où ils ne sortoient jamais pendant le tems qu'ils étoient en charge. Il y avoit pour tout l'Etat un Avocat Fiscal-Général, qui assistoit à toutes les Audiences, un Secrétaire de Justice qui lui rapportoit tous les crimes, & déclaroit à quoi devoient être condamnez tels & tels Criminels; un Sur-Intendant-Général, qui étoit chargé de voir si les Auditeurs jugeoient équitablement, si les affaires étoient bien conduites, si les malfaiteurs étoient punis, & s'il y avoit par-tout bonne Police. Quatre-Chanceliers de l'Audience écrivoient les Decrets des Auditeurs. Il y avoit des Juges ordinaires aux Villes & aux Places principales; & ces Juges demeuroient deux ans en charge. On les appelloit en quelques Lieux Commissaires, parce qu'ils avoient d'autres Lieux sous eux, & en d'autres on les nommoit Podestats. Lorsqu'un procès civil, tel qu'il fût, étoit formé, le Juge Civil devoit donner Sentence dans les trois mois, si le Demandeur la poursuivoit. Aucun homme de tout cet Etat ne pouvoit prendre ses degrez, si ce n'étoit à Urbin, où toutefois il n'y avoit point d'étude de Droit, mais seulement un Collége de Docteurs; & l'on étoit obligé d'y porter attestation qu'on avoit étudié cinq ans dans quelque Université. La manière du Gouvernement pour la Justice & pour la Police n'a point changé depuis que le Duché d'Urbin a été uni au St. Siège.

On peut dire en général que le Duché d'Urbin a est un Pays mal-sain & peu *La Forêt* fertile. Il produit cependant des figues en *de Bourgon,* quantité & de bon goût. Il est borné au *Géogr.* Nord-Est par le Golphe de Venise, au Sud *p. 410.* par le Perousin & l'Ombrie, vers l'Orient par la Marche d'Ancone, & vers l'Occident

URB.

dent par la Toscane & la Romagne. Sa plus grande étendue du Septentrion au Midi est d'environ cinquante-cinq milles, & de soixante-six d'Orient en Occident. La Foglia, la Cesena & la Rigola sont les principales Riviéres de cette Province, qui peut se diviser en sept parties, savoir

Le Duché d'URBIN, propre,	Le Comté de GUBIO,
Le Comté de MONTE-FELTRO,	Le Vicariat de SINIGAGLIA,
Le Comté de CITTA DI CASTELLO,	La Seigneurie de PESARO,
	La République de ST. MARIN.

Le DUCHÉ D'URBIN proprement dit, occupe le milieu de la Province. & s'étend jusqu'à la Mer, la Marche d'Ancone, la Romagne & la Toscane. Ses principales Villes sont

Urbin,	Cagli ou Cité St. Ange.
Sant Angelo, in Vado,	Fombrone,
Urbanea,	Fano.

a La Forêt de Bourgon, Géogr. Hist. t. 2. p. 412.

URBANEA, Ville d'Italie, dans l'Etat de l'Eglise [a], au Duché d'Urbin, sur le Metro, ou Meteoro, environ à six milles d'Urbin, vers le Midi Occidental. Elle a reçu ce nom du Pape Urbain VIII. qui l'agrandit, l'embellit, & lui donna le titre d'Evêché suffragant d'Urbain en 1635. car elle s'appelloit auparavant CASTEL-DURANTE. Ce fut en ce Lieu que mourut François Marie de la Rovére, sixième & dernier Duc d'Urbin.

b Causa 28. Quæst. 1.
c Thesaur.
d 1631.

URBANENSE CONCILIUM, Concile dont il est parlé dans la seconde partie du Decret de Gratian [b]. Ortelius [c] remarque qu'à la marge de l'Exemplaire dont il s'est servi on lisoit URBIENSIS CONCILII; mais l'Edition de Cologne [d] porte en marge VERBENNENSI [Concilio].

URBANO, ou FORTE URBANO, Forteresse d'Italie, dans l'Etat de l'Eglise, au Boulonois, à un quart de lieue de Castel-Franco, & à la même distance de la Ville de Boulogne, du côté de l'Occident. Cette Forteresse doit son nom au Pape Urbain VII. par les ordres duquel elle fut bâtie.

e Lib. 4. c. 2.

URBARA, Ville de la Mauritanie Césarience : Ptolomée [e] la marque dans les terres.

URBATA, Ville de la Pannonie : l'Itinéraire d'Antonin la marque sur la route de *Sirmium* à *Salonæ*, entre *Citifa* & *Servoitis*, à quinze milles du premier de ces Lieux & à vingt-quatre milles du second. Il y a des Exemplaires qui lisent URBATE.

URBES. Voyez URBS.

URBEUETANUM. Voyez OROPITUM.

f Lib. 6. c. 23.

URBI, Peuple de l'Inde, selon Pline [f]. Le Pere Hardouin lit URBII.

URBIACA, Ville de l'Espagne Tarragonnoise : elle est placée dans l'Itinéraire d'Antonin sur la route de Laminium à Sarragosse, entre *Valeponga* & *Albonica*, à vingt milles du premier de ces Lieux, & à vingt-cinq milles du second. Voyez URBICUA.

URB.

URBICARIÆ. Voyez SUBURBICAIRE.
URBICUA, Ville d'Espagne : Tite-Live [g] dit qu'elle fut prise & pillée par Q. Fulvius Flaccus. Ortelius [h] soupçonne que ce pourroit être l'URBIACA de l'Itinéraire d'Antonin; & il ajoute sur le rapport d'Occo qu'on voit une Médaille d'Auguste avec ce mot URBICA.

g Lib. 16. c. 16.
h Thesaur.

URBICUS, Fleuve d'Espagne, au voisinage d'Astorga, Ortelius dit que ce nom étoit en usage du tems des Vandales; mais que le nom moderne est *Orbego*. Isidore dans sa Chronique des Goths fait aussi mention de ce Fleuve URBICUS, qui pourroit être l'URBIUS de Jornandés.

URBIENSIS. Voyez URBANENSIS.

URBIGENUS PAGUS, Canton de la Gaule Belgique, dans l'Helvétie. César en parle dans ses Commentaires [i]; car, dit Cellarius [k], nous lisons URBIGENUS avec Cluvier, quoique nous n'ignorions pas que toutes les Editions de César portent VERBIGENUS; mais c'est une faute qui paroît ancienne, puisque le Traducteur Grec lit Βερβιγύνη Φυλή. Mais comme on trouve dans l'Itinéraire d'Antonin une Ville nommée URBA, & qui, ainsi que la Riviére sur laquelle elle est située, s'appelle encore aujourd'hui *Orbe*, il n'y a point de doute que URBIGENUS ne soit l'ancienne & la véritable Orthographe, que les Copistes auront dans la suite changé en VERBIGENUS, mot qui n'est pas inconnu aux Chrétiens. L'Itinéraire d'Antonin place la Ville ORBA sur la route de Milan à Strasbourg en la manière qui suit:

i Lib. 1. c. 27.
k Geogr. Ant. Lib. 1, c. 3.

Equestribus Lacu Lausonio	M. P. XX.
Urba	M. P. XVIII.
Ariorica.	M. P. XXIIII.

URBINATES, Peuples d'Italie dans l'Umbrie. Voyez URBINUM.

URBINUM, Ville d'Italie, dans l'Umbrie, près de la Voye Flaminienne, du côté du Couchant entre le Metaurus & le Pisaurus, à peu près à égale distance de ces deux Fleuves, selon Tacite, Procope & Paul Diacre. Elle conserve encore son ancien nom; car on la nomme *Urbino*. Pline [l] nomme ses Habitans URBINATES; mais il distingue deux sortes d'URBINATES : les uns surnommez METAURENSES & les autres HORTENSES; & comme il est sans contredit que les premiers demeuroient sur le bord du *Metaurus*, où étoit la Ville *Urbinum Metaurense*, aujourd'hui *Castel-Durante*, il s'ensuit que les URBINATES HORTENSES habitoient la Ville d'URBINUM devenue depuis la Capitale du Duché d'Urbin. Au lieu d'URBINUM, Procope [m] écrit ἡ Οὔρβινος, *Urbinus*, & fait ce nom du genre féminin. Il dit que la Ville d'Urbin est située sur une Colline qui est presque ronde & fort élevée; mais qui n'est pas bordée de précipices, & dont l'avenue n'est incommode, que parce qu'elle est un peu roide au bas de la Ville, on ne peut aller que par un chemin qui est du côté du Septentrion. Procope [n] ajoute qu'il y avoit dans Urbin une Fontaine, où tous les Habitans puisoient de l'eau. Cette Fontaine selon Cluvier [o], est aujourd'hui hors de la Ville

l Lib. 3. c. 14.
m Bel. Goth. L. 2. c. 19.
n Ibid.
o Ital. Ant. L. 2. c. 6.

au pied de la Citadelle. Urbinum étoit un Municipe confidérable comme le prouvent une infinité d'Inscriptions qu'on y voit encore préfentement. En voici une qui eft rapportée par Gruter [a] :

[a] Pag. 436. nº. 8.

C. VESNIO C. F. STEL. VINDICI
POPULI URVINI PATRONO SUO
ET MUNICIPII ÆDIL.

Ce n'eft pas la feule Infcription où l'on trouve la feconde fyllabe du nom de cette Ville écrite avec un V. au lieu d'un B. On doit croire qu'URBINUM HORTENSE étoit plus confidérable qu'URBINUM METAURENSE, parce que le nom de la première fe trouve prefque toujours dans les Auteurs anciens fans furnom, au lieu que celui de la feconde eft toujours accompagné de fon furnom. Cette derniére, fituée à huit milles de l'autre, vers le Midi, étoit bâtie fur la rive droite du Metaurus, &, comme je l'ai déja dit, dans le même endroit où eft préfentement Caftel *Durante*. On trouve auffi dans Gruter [b] une Infcription où il eft parlé de cette Ville; CURATORI REIP. URVINATIUM METAURENSIUM. Au lieu d'URBINATES, le Pere Hardouin lit URBANATES, dans Pline.

[b] Pag. 463. nº. 4.

URBION, ou la SIERRA D'URBION [c], Montagnes d'Efpagne, dans la Vieille Caftille, entre la Ville Borgo d'Ofma & celle de Longrono. Elles font partie de celles qu'on appelloit Montagnes d'Ubeda.

[c] Baudrand, Dict.

URBI-SAGLIA, Bourgade d'Italie dans la Marche d'Ancone, à deux lieues de Macerata du côté du Sud. C'eft l'ancienne *Urbs-Salvia*. Voyez au mot URBS, l'Article URBS-SALVIA.

URBIVENTUM. Voyez OROPITUM.

URBIUS. Voyez URBICUS.

URBON, ou DOURBON, Abbaye de France, dans le Dauphiné, au Diocéfe de Gap. C'eft une Abbaye de Filles.

1. URBS. Voyez l'Article VILLE.

2. URBS, ou URBIS, Fleuve d'Italie, dans la Ligurie, felon Claudien [d], qui en parle ainfi :

[d] De Bel. Get. v. 554.

. . . . *Ligurum regione fuprema*
Pervenit ad Fluvium miri cognominis Urbem.

Ce Fleuve fe nomme encore aujourd'hui *Urba*, ou *Orba*: il mouille la Ville d'Aft.

URBS, Forêt d'Italie dans la Ligurie, au voifinage du Fleuve de même nom. C'eft Paul-Diacre [e] qui en fait mention.

[e] Longobard.

URBS-SALVIA : aujourd'hui URBI-SAGLIA, Ville d'Italie, dans le Picenum en deçà de l'Apennin: Ptolomée [f] qui la nomme Ουρβα Σαλυία, la place dans le Picenum & dans les Terres. La Table de Peutinger écrit URBE-SALVIA, & la marque à douze milles de *Ricina*. Selon Pline [g] URBE-SALVIA POLLENTINI étoit dans le Picenum, & c'étoit la Ville POLLENTIA dont Tite-Live [h] fait une Colonie Romaine. La difficulté eft de favoir fi par URBS-SALVIA, & URBE-SALVIA-POLLENTINI, ou POLLENTIA, on doit entendre la même Ville, ou deux Villes différentes : le R. Pere Hardouin les confond: Holftein les diftingue, de façon néanmoins qu'elles étoient fi voifines qu'on pouvoit les prendre pour une feule Ville, comme les ruïnes que l'on voit, dit-on, encore aujourd'hui femblent le dire. Cluvier [i] les féparе auffi, mais il ne fait où il doit placer la Ville POLLENTIA.

[f] Lib. 3. c. 1.
[g] Lib. 3. c. 13.
[h] Lib. 39. c. 44.
[i] Geogr. Ant. L. 2. c. 11.

1. URBS-VETUS, Ville d'Italie dans l'Etrurie, felon Paul-Diacre [k] : Procope [l] qui la met fur le *Clanis*, aujourd'hui le Chiana, la nomme Ουρβιβεντός, *Urbiventus*, & la décrit ainfi : Au milieu d'une rafe Campagne s'éléve une Colline, dont le fommet eft large & plat, & le bas plein de Rochers & de précipices. La Colline eft ceinte de Roches qui font éloignées les unes des autres d'un jet de pierre. Les Anciens bâtirent une Ville fur cette Colline, fans l'entourer de murailles, & fans la fortifier, parce qu'ils crurent qu'elle étoit imprenable par fon affiette. Il n'y a qu'un chemin par où l'on y puiffe entrer, & où lorfque les Habitans ont mis une bonne Garde, ils n'appréhendent plus d'affaut de tous les autres côtez. Tout le refte de l'efpace qui eft entre la Colline & les Roches fert de Lit à une Riviere fort large & fort profonde. Les anciens Romains bâtirent quelques Ouvrages fur le chemin par où l'on pourroit entrer. On croit que cette Ville eft l'*Herbanum* de Pline, & préfentement la Ville d'Orviete. Voyez ORVIETE. Mr. Coufin, dans fa Traduction de Procope [m], rend Ουρβιβεντός, *Urbiventus* [m Ibid.] par *Civita Vecchia* : il péche doublement en cela ; premièrement en ce que dans une Traduction Françoife, au lieu d'un mot François, il met un mot de la Langue Italienne ; fecondement en ce qu'il donne lieu de croire que Ουρβιβεντός, eft aujourd'hui la Ville connue fous le nom de *Civita-Vecchia* qui étoit l'ancienne *Centum-Cellæ* ; au lieu que, comme je l'ai dit, & comme le fait voir la Defcription de Procope, Ουρβιβεντός eft aujourd'hui Orviete.

[k] Longobard. L. 4. c. 33.
[l] Gothicor. Rer. L. 2. c. 20.

2. URBS-VETUS. Les Auteurs Latins modernes donnent ce nom à la Ville d'Holftein, appellée *Aldenburg* par les Saxons, *Brannefia* par les Danois, & *Stargard* par les Wandales [n]. L'Abbé Arnold dans fa Chronique des Slaves écrit *Aldenburgum* & dit que cette Ville fe nomme autrement *Pilfne*.

[n] Ortelii Thefaur. Ex Crantzio.

URBUBUMA, Ville de l'Ethiopie fous l'Egypte, fuivant les anciennes Editions de Pline [o], où on lit : *Ex Africæ latere. . . . Suafa, Mauna, Rhuma, Urbubuma, Mulona* ; mais le R. Pere Hardouin, fur la foi de divers MSS. corrige ainfi ce paffage : *Ex Africæ latere. . . . Suafa, Maumarum, Urbin, Mulon.*

[o] Lib. 6. c. 29.

URBUICA. Voyez UCBICUA.

URCE. Voyez VIRGI.

URCESA, Ville de l'Efpagne Tarragonnoife : Ptolomée la donne aux Celtibéres.

URCHOA. Voyez UR, & ORCHOE.

URCI. Voyez VIRGI.

URCILIANI, Peuple d'Afrique : Flavius Vegetius [p] dit que ce Peuple fut une des Nations qui anciennement fit ufage des Chameaux dans les Batailles. Un MS. confulté par Ortelius [q], lifoit URSILIANI, au lieu d'URCILIANI ; ce qui lui a fait foupçonner que ce Peuple avoit pris fon nom de la Ville *Urfilla*. A la marge de Flavius-Vegetius

[p] De R. Militar. Lib. 3. c. 23.
[q] Thefaur.

tius de l'Edition de Plantin, on lit *Forte* CIRCITANI.

URCINIUM, Ville de l'Isle de Corse: Ptolomée la marque sur la Côte entre *Rhium Promontorium & Arenosun-Littus.*

URCITANUS, Siège Episcopal d'Afrique dans la Province Proconsulaire selon la Notice des Evêchez d'Afrique. Mr. Dupin semble croire que ce soit le même Siège dont la Conférence de Carthage [a] appelle l'Evêque Octavianus *Episcopus Plebis Uci-Majoris.* Il ajoute que Pline [b] entre les Villes de l'Afrique propre en marque deux, l'une appellée *Ucitanium-Majus*, l'autre *Ucitanium-Minus*, & que dans la Notice de la Province Proconsulaire il y a deux Sièges Episcopaux qui peuvent répondre à ces deux Villes, savoir URCITANUS & UZITENSIS. Les Evêques de ces deux Sièges sont connus dans la Conférence de Carthage, qui nomme l'un Paulus *Uzitarrensis* [c], & l'autre Octavianus *Uci-Majoris* [d]. Victor d'Utique, au Livre premier de la persécution des Vandales [e] fait mention de Mansuetus qu'il qualifie *Uricitanus Martyr.*

[a No. 133.]
[b Lib. 5. c. 4.]
[c No. 128.]
[d No. 133.]
[e No. 3.]

URCK, petite Isle des Pays-Bas, dans le Zuiderzée, entre Enkhuisen & Swartsluys, environ à égale distance de ces deux Places.

URDENS, Bourgade de France, dans le Bas-Armagnac, avec Justice Royale.

URDORFF, Lieu de Suisse, dans le Canton de Zurich [f], à deux lieues de la Ville de ce nom. Auprès d'Urdorff, au pied du Mont *Albis*, il y a un Bain d'eau Minérale, qui a la réputation d'être bon pour la guérison de divers maux.

[f Etat & Délices de la Suisse, t. 2. p. 50.]

UREMA, Ville de Syrie, sur le bord de l'Euphrate. Elle est placée par Ptolomée [g] près d'*Arudis*. Les Interprètes Latins lisent URIMA, au lieu d'UREMA.

[g Lib. 5. c. 15.]

VRETI, Peuples dont fait mention Sidonius Apollinaris [h] dans ces vers:

[h In Panegyr. Major. Cæsari dicto.]

. . . . conscenderat Alpes,
Vretorumque jugo per longa silentia ductus.

Ortelius [i] soupçonne qu'au lieu de VRETORUM il faut lire RHÆTORUM, ou VENETORUM.

[i Thesaur.]

VRETOT (Le), Bourg de France, dans la Normandie, au Diocèse de Coûtances, Election de Valognes. Il est assez peuplé.

VREY, Paroisse de France, dans la Bourgogne, Bailliage & Recette de Dijon, à trois lieues de la Ville de ce nom entre le Midi & le Couchant. C'est un Pays de Forêts & de Montagnes. Monteulot dépend de cette Paroisse.

URGAO, Ville de l'Espagne Bétique: Pline [k] la surnomme ALBA. L'Itinéraire d'Antonin l'appelle URCAO, VIRCAO, VIRGAO, URGAO, suivant les différentes Leçons des MSS. Deux Inscriptions rapportées par Gruter prouvent que c'étoit un Municipe. La prémiére porte MUNICIPIUM ALBENSE URGAONENSE; & la seconde MUNIC. ALBENGENSE URGAVONEN. Voyez VIRGAO, & ALBA.

[k Lib. 3. c. 1.]

URGEL, Ville d'Espagne [l], dans la Catalogne. De Puicerda en descendant la Riviére de Segre, on trouve Urgel, au bord Septentrional de cette Riviére. C'est une Ville ancienne, située dans une Plaine très-fertile en grains & au milieu de quelques Montagnes fort hautes plantées de Vignes. Cette Ville qui est ancienne est honorée d'un Evêché, qui fait neuf mille Ducats de rente. Félix un de ces anciens Evêques troubla l'Eglise sous l'Empire de Charlemagne, par une hérésie, au sujet de la personne du Fils de Dieu.

[l Délices d'Espagne, p. 626.]

URGELLA. Voyez ORGELITANUS.

URGENCE; Mr. Corneille [m] dit: Ville Dict. située dans une Plaine vers la Mer Caspienne. Elle a plus de quatre milles de circuit, & ses murailles sont de terre, aussi-bien que ses Maisons qui sont mal-bâties. Il y a une grande Rue couverte par en haut, qui sert de Marché. Comme cette Ville a été prise quatre fois en sept ans qu'ont duré les Guerres Civiles excitées dans ce Pays, on y fait peu de trafic, & l'on n'y trouve point d'autres Marchandises que celles qui viennent de Boghar & de Perse. Le Pays qui est entre les bords de la Mer Caspienne & la Ville d'Urgence est appellé le Pays des Turkemans. Antoine Jenkinson, qui a décrit le voyage qu'il y fit en 1658. rapporte qu'en ce tems-là Azinoam y commandoit avec cinq de ses freres: que le plus puissant portoit le nom de Cham, mais que cette Supériorité n'étoit reconnue qu'au lieu où il résidoit; & que chacun des autres voulant être Souverain dans ses Etats ne songeoit qu'à détruire son voisin. Le Peuple, dit-il, n'a point de demeure arrêtée, & passe d'un Lieu à un autre avec ses Troupeaux de Moutons, de Chameaux & de Chevaux. Ils ont grand nombre de Chevaux sauvages, que les Tartares prennent souvent avec des Faucons dressez à s'abattre sur leur tête. Ils les battent de leurs ailes; & les embarrassent de telle sorte, que le Chasseur qui a le tems de les joindre, les tue à coups d'épée ou de flèche. Il n'y a point d'herbe dans tout le Pays, mais de certains Arbrisseaux dont le Bétail se nourrit; ce qui le fait devenir fort gras. Aussi leurs Moutons sont-ils si gros que leur queue pese quelquefois quatre-vingt livres. Les Tartares n'ont ni or, ni argent, & troquent de leur Bétail pour avoir les choses dont ils ont besoin. Ils sont grands Carnaciers & aiment sur-tout la chair de Cheval; mais ils ne connoissent point l'usage du Pain. Leur Boisson est le Lait aigre de Cavale, dont ils s'enyvrent souvent.

URGENUM, Ville de la Gaule Narbonnoise, selon Strabon [n], qui semble la mettre sur la route de Nismes à Aix; car il dit que de Nismes à Aix, en passant par Urgenum, & par Tarascon, le chemin est de cinquante-trois milles. C'est l'Ernaginum de Ptolomée. Voyez ERNAGINUM. Ce pourroit être aussi l'UGERNUM de Grégoire de Tours, car, comme le remarque Casaubon, les MSS. de Strabon portent UGERNUM, & non URGENUM; & de plus Strabon un peu plus bas appelle cette même Ville GERNUM.

[n Lib. 4. p. 178.]

URGI, Peuple de la Sarmatie Européenne: Strabon [o] qui les place avec d'autres Peuples entre le Borysthène & le Danube, ajoute qu'on disoit qu'ils avoient souvent habité sur les deux bords du Danube.

[o Lib. 7. p. 306.]

URGIA, Ville d'Espagne: Pline [p] la met

[p Lib. 3. c.]

met au nombre des Villes qui formoient l'Assemblée générale de Gades. Il dit de plus qu'elle jouissoit du Droit du Latium, qu'on la surnommoit Castrum Julium, & qu'elle avoit encore un autre surnom, savoir celui de Cæsaris Salutariensis. Voyez Vrium.

URGO, Isle de la Mer Ligustique dans le Golphe de Pise, au Nord Oriental de la Pointe Septentrionale de l'Isle de Corse. Pomponius-Mela [a] la met au nombre des petites Isles: *Ultra*, dit-il, *aliquot sunt parva Dianium*, *Igilium*, *Carbania*, *Urgo*. Pline [b] dit qu'elle est plus grande que l'Isle *Planaria*. Dans la suite elle prit le nom de Gorgon. C'est celui que lui donne Rutilius [c]:

a Lib. 2. c. 7.
b Lib. 3. c. 6.
c Lib. 1. v. 515.

Assurgit ponti medio circumflua Gorgon,
Inter Pisanum Cyrniacumque latus.

Le Pape Grégoire *le Grand* fait l'éloge des Monastères de l'Isle Gorgon. On appelle aujourd'hui cette Isle Gorgona, ou Gorgone. Voyez Gorgone.

URGONS, Bourg de France, dans la Gascogne, au Diocèse d'Acqs, Election des Lannes. Il y en a qui lui donnent le titre de Ville. Si cela est, c'est une bien petite Ville; car elle n'a pas mille Habitans.

1. URI, Canton de Suisse [d], le quatrième entre les XIII. & le premier entre les Petits, *qui vicatim habitant*, c'est-à-dire qui n'ont que des Villages & des Bourgades pour Habitations. Ce Canton qui est le plus Méridional de tous, est borné au Nord par le Canton de Schwitz & par une partie du Lac des quatre Cantons; à l'Orient par les Grisons & par le Canton de Glaris; au Midi par quelqu'un des Bailliages d'Italie; & à l'Occident par le Canton d'Underwald & par le Pays de Hasli, qui fait partie du Canton de Berne. [e] C'est proprement une longue Vallée d'environ vingt-cinq mille pas, entourée de trois côtez des hautes Montagnes des Alpes. Le Mont Saint Godard du côté du Midi sépare cette Vallée de la Haute-Lombardie. Le Mont Crispale la sépare de la Haute-Ligue Grise, & du Canton de Glaris vers l'Orient. Une autre Branche des Alpes à l'Occident la sépare des Terres de Berne & du Canton d'Underwald. Cette Vallée est arrosée par la Rivière de Reuss, qui coule du Sud au Nord depuis le pied du Mont St. Godard, où elle prend sa source, jusqu'au Lac de Zurich, dont une grande partie s'appelle Wald-Stetten-zée, c'est-à-dire le Lac des Villes, ou plutôt Cantons de la Forêt. Ces Cantons sont Uri, & Schwitz & Underwald, dont les Terres se trouvent baignées des eaux de ce Lac. Enfin du côté du Nord la Vallée, ou le Pays d'Uri, touche aux Terres du Canton de Schwitz.

d Etat & Délices de la Suisse, t. 2. p. 404. & suiv.

e Longuerue. Descr. de la France, Part. 2. p. 271.

Ce Canton peut être [f] particuliérement regardé comme le séjour ancien & moderne de la valeur Helvétique. Les Peuples qui l'habitent sont les Descendans des anciens Taurisques, qui du tems de Jule César inspirérent aux autres Habitans de l'Helvétie le dessein de passer en Italie, & de s'emparer de ce Pays abondant en Vins & en Fruits si excellens. Ils furent les premiers des Gaulois Celtiques & même du Canton dont ils faisoient alors partie, qui entreprirent cette grande expédition, & qui osérent essayer de forcer les passages des Alpes. Si le nom des anciens Taurisques étoit formé de celui de *Taurus* Taureau, celui des Taurisques modernes, ou des Habitans du Canton d'Uri en dérive pareillement; car en Allemand on nomme un Taureau *ein Urochs*, & chez les Suisses on appelle des Taureaux *Uren* [g]. Ce Peuple belliqueux qui n'a pas dégéneré de la valeur de ses Ancêtres, se sert encore aujourd'hui à la guerre d'une grande Corne; & celui qui en sonne est appelé *der Stier von Uri*, c'est-à-dire le Taureau d'Uri. D'ailleurs on remarque dans les Armes du Canton la tête d'un Taureau pour pièce honorable; car il porte l'Or à la tête d'un Taureau de sable ayant un anneau de gueule dans les narines. Mr. de Longuerue rapporte un peu différemment le nom d'Uri. Ce nom dans la Langue du Pays, dit-il, veut dire un Bœuf sauvage; & pour signifier un Bœuf sauvage, il étoit en usage dès le tems de Jules César, comme il nous l'apprend au sixième Livre de ses Commentaires de la guerre des Gaules; & Pline au Livre VIII. & IX. fait mention des Animaux qu'il nomme Uri & qu'il assure être des Bœufs sauvages. Il reprend ceux qui par ignorance les confondoient avec les *Bubali* ou Buffles, dont l'Espèce étoit différente. C'est pour cela, ajoute Mr. de Longuerue, que ce Canton a pris pour Armes une tête de Taureau, en champ de Sinople. La boucle qu'il a dans les narines marque que c'est un Taureau sauvage que l'on domptoit avec de pareilles boucles.

g Stumpf. L. 6. c. 27.

Ce Canton n'a point de Villes, & il n'y a, dit Mr. Stanian dans sa Relation de la Suisse, qu'un seul Bailliage qui lui appartienne, encore est-il bien pauvre. Mais quoique dans le Canton d'Uri on ne voit véritablement qu'un seul Bailliage qu'on nomme la Vallée de Livin, on ne peut s'empêcher de convenir que les Bailliages d'Italie lui appartiennent en commun avec les autres petits Cantons. Le Bailliage de Bade qui est riche a été aussi ci-devant de sa dépendance; mais le zèle que les Habitans de ce Canton firent paroître en 1712. pour l'Abbé de St. Gall leur en a fait perdre la meilleure partie. Depuis il a une portion de la Jurisdiction conjointement avec les anciens Cantons, dans les Bailliages communs en Suisse.

Les Lieux les plus remarquables de ce Canton sont:

Altdorff, Fluelen,
Beckenriedt, Burglen
Urseren.

Tout le Canton d'Uri est renfermé entre de hautes Montagnes; & quoiqu'il soit plus avant dans les Alpes que ses voisins, cependant il est plus fertile qu'eux, & les fruits y sont plutôt mûrs, tant à cause du vent chaud qui y régne, qu'à cause de la réverbération des rayons du Soleil, qui se trouvent concentrez dans des Vallons étroits, & qui y causent quelquefois en Eté une chaleur insup-

f Scheuché. Iter Alpin. IV. an. 1705.

supportable. S'il ne croît pas du Vin dans ce Canton, & si l'on n'y recueille pas entièrement le Bled qui s'y consume, les Montagnes fournissent en récompense des Pâturages pour une grande quantité de Bétail que l'on vend en Italie; ce qui est plus que suffisant pour avoir ce qui manque dans le Canton. D'ailleurs comme ce Pays est le grand passage des Marchandises qu'on porte de Suisse en Italie, on leve quelque argent par les impôts que l'on met sur tout ce qui y passe.

Outre le Lac des quatre Cantons qui fournit du poisson aux Habitans du Canton d'Uri, ils ont encore quelques petits Lacs, comme celui du Mont Sebli, du côté d'Underwald, & où l'on prend quelquefois des Lamproyes délicates du poids de huit livres. Il y en a un autre au-dessous du Mont Euli & dont l'eau, aussi-tôt qu'elle est sortie, se perd dans la terre & en sort de nouveau près du Lac des quatre Cantons. Il y a aussi dans le Canton d'Uri des Mines de fer, dans l'une desquelles on trouva en 1660. au milieu d'un Rocher, une pierre à fer faite en lignes spirales, au centre de laquelle paroissoit une figure de femme tenant un enfant entre ses mains. On la regarda comme une Image miraculeuse de la Ste. Vierge, & on la porta dans le Canton de Lucerne, dans une Chapelle qui est au milieu d'un Bois appellé HERTGOTTS-WALD, ou par corruption HEBGISWALD près du Mont Pilate.

Quant au Gouvernement, il est le même, à quelque différence près, que dans les autres Petits Cantons qui n'habitent que des Villages; savoir Uri, Schwitz, Underwald, Glaris, & Appenzel, même le Gouvernement de celui de Zoug ne differe gueres de ceux-ci; car quoiqu'il ait une Ville, cependant le Gouvernement y est purement Démocratique comme dans les Petits Cantons. Les Habitans de la Ville n'ont aucune autorité sur ceux de la Campagne. Les trois, Uri, Schwitz & Underwald, ont eu de tout tems le grandes libertez. Les Empereurs d'Allemagne les leur ont souvent confirmées par des Lettres patentes. Ils avoient un Gouverneur pour les trois Pays. Il leur étoit donné de la part de l'Empire, & il n'habitoit pas même au milieu d'eux: il alloit d'année en année leur administrer la Justice, particulièrement pour les affaires criminelles. Depuis qu'ils ont secoué le joug de la Maison d'Autriche, & qu'ils se sont érigez en Républiques indépendantes, le Gouvernement de ces Cantons est proprement Démocratique. L'autorité souveraine est entre les mains du Peuple; & dès qu'un homme a atteint l'âge de quinze à seize ans, il a entrée & voix dans l'Assemblée générale. Toutes les années les Assemblées générales de ces Cantons se forment à certain jour: ceux d'Uri & de Zoug s'assemblent le premier Dimanche de Mai; & Schwitz, Underwald, Glaris & Appenzel s'assemblent le dernier Dimanche d'Avril. Ces Assemblées se tiennent ordinairement en rase Campagne; & on y renouvelle les Charges; on y fait les Elections, & le Président de l'Assemblée est au milieu du Cercle, avec ses Officiers à ses côtez, debout & appuyé sur son sabre. On forme aussi ces Assemblées à l'extraordinaire, quand il s'agit d'affaires importantes, comme de traiter de la Guerre & de la Paix, de faire des Loix, des Alliances, &c. Ces Peuples se regardent tous comme égaux. Le même qui aura été une année Député à la Diète de tous les Cantons, sera une autre fois le Valet du Député; mais il ne s'estimera pas moins pour cela. Ils vivent chez eux à peu près comme les anciens Patriarches: leurs manières sont simples, mais grossières; & leur langage l'est pareillement. Leur Chef s'appelle *Amman*, ou *Land-Amman*, & ordinairement il est en place deux ans. A cet *Amman* ils joignent une Régence pour régler les affaires ordinaires & celles des Particuliers. Elle est composée d'un certain nombre de Conseillers. Ceux d'Uri sont partagez en dix Communautez qu'ils appellent *Gnossaminen*, mot qui signifie la même chose; & de chaque Communauté ils prennent six Conseillers; de sorte que leur Régence est composée de soixante personnes. C'est de là qu'on prend les Tresoriers, les Secrétaires & les autres Officiers nécessaires. La Régence d'Uri se tient ordinairement à Altdorff. En 1578. ils se partagèrent en quatre parties; de chacune desquelles on prend tour à tour les Députez pour envoyer à la Diète des Cantons.

Le Canton d'Uri est Catholique. Il dépend pour les affaires Ecclésiastiques de l'Evêque de Constance. Cependant il est arrivé quelquefois que dans les Assemblées générales, on a vuidé des causes Matrimoniales.

* Le Roi Louïs le Germanique, fils de l'Empereur Louïs le Debonnaire, donna le petit Pays de Uri, *Pagellum Uraniæ*, aux Religieuses de Zurich par sa Patente datée de la première Indiction, c'est-à-dire l'an 853. Les Religieuses en ayant long-tems joui, il fut aliéné & cédé au Comte de Rapersville.

* *Longuerüe, Descr. de la France, Part. 2. p. 272.*

Henri Vandelbare Comte de Rapersville, donna la Vallée & la Terre de Uri à l'Abbaye de Vettingen, nommée autrement *Maris-Sella*, de l'Ordre de Citeaux; & les Habitans amoureux de la liberté, consentant de bon cœur à passer d'un Seigneur Laïque à un Ecclésiastique, firent serment de fidélité à cet Abbé l'an 1242. comme on le voit par les Lettres de Conrad Abbé de Vettingen. Il n'étoit pas néanmoins Souverain de ce Pays, dont le haut Domaine & la Haute Justice appartenoient à l'Empire.

Les Empereurs y avoient des Officiers qui maltraitèrent les Moines de Vettingen & le Peuple de Uri; mais leurs vexations furent reprimées par Henri Roi des Romains, fils aîné de l'Empereur Fréderic II. comme on le voit par les Lettres du même Henri que Guilliman rapporte, & qui sont datées de l'an 1233. & 1234.

Les Habitans d'Uri s'étant mis en pleine liberté, & s'étant cantonnez en même tems que leurs Voisins de Schwitz & d'Underwald méprisèrent les Moines de Vettingen, à qui ils ne payoient presque rien; c'est pourquoi Albert de Mengen Abbé de Vettingen, & tout son Couvent avec l'approbation de Berthold

thold Tutzen, Abbé de Salem ou Salmansviler, Pere-Abbé & Supérieur immédiat de ce Monastère, vendit à la Communauté d'Uri tout ce qui appartenoit dans cette Vallée à son Monastère de Vettingen moyennant la somme de 8468. florins payables en quatre termes, dont le dernier fut payé l'an 1362. à la Saint Martin. Depuis cette acquisition ceux d'Uri furent vraiment indépendans, ne reconnoissant au-dessus d'eux aucun Seigneur.

2. URI, Peuple voisin du Pont-Euxin, selon Orphée [a] cité par Ortelius [b].

[a] *In Argonaut.*
[b] *Thesaur.*
[c] *Lib. 6. c. 20.*

3. URI, Peuple de l'Inde: Pline [c] le place sur le bord du Fleuve Indus, vers sa source.

1. URIA, Ville de la Pouille Daunienne, selon Pline [d]. Il y en a qui veulent que ce soit l'HYRIUM de Ptolomée & l'HYRIA d'Hérodote [e], quoique d'autres mettent cette derniére dans la Calabre. Quoi qu'il en soit, l'HYRIUM de Ptolomée paroît être la même Ville que l'HYRIUM de Denys le Périégete [f], qui en lui donnant l'epithéte de MARITIMUM paroît donner à entendre [g] qu'il y avoit un autre *Hyrium* dans les terres, qui étoit peut-être l'URIA de Pline. Du reste, si l'HYRIUM de Ptolomée & l'URIA de Pline sont la même Ville, l'un de ces Auteurs s'est trompé pour la position. Ptolomée [h] la marque entre le Mont *Garganus*, & l'Embouchure du *Phiternus*, au lieu que Pline la met entre le Fleuve *Cerbalus* & la Ville *Sipontum*. Je croirois néanmoins qu'elle étoit sur le Golphe URIAS, auquel elle donnoit apparemment son nom. Voyez HYRIUM & URIAS.

[d] *Lib. 3. c. 11.*
[e] *Lib. 7. c. 170.*
[f] *Vers 379.*
[g] *Cellar. Geogr. Ant. L. 2. c. 9.*
[h] *Lib. 3. c. 1*

2. URIA, Ville d'Italie, dans la Messapie ou la Calabre, sur la Voye Appienne, entre Tarente & Brindes, selon Strabon [i]. Les Crétois navigeant au voisinage de la Japygie s'y arrêtérent & y fondérent cette Ville. C'est ce qu'on disoit du tems d'Hérodote qui la nomme HYRIA. Appien [k] écrit aussi HYRIA; mais on lit VARIA dans Pline [l], qui lui donne le surnom d'*Apulæ*. Voyez VARIA.

[i] *Lib. 6. p. 283.*
[k] *Lib. 5. Bel. Civil. p. 1121.*
[l] *Lib. 3. c. 11.*

3. URIA. Strabon [m] nomme ainsi un Lac de l'Acarnanie; & il dit qu'il étoit plus petit que les Lacs *Melite* & *Cynia*.

[m] *Lib. 10. p. 459.*

VRIAS, Golphe d'Italie, sur la Côte de la Pouille Daunienne. Pomponius Mela [n], qui en parle, dit que ce Golphe étoit petit, mais qu'il étoit difficile d'y entrer.

[n] *Lib. 2. c. 4.*

VRICONIUM, VROCONIUM, ou VIROCONIUM, Ville de la Grande-Bretagne. L'Itinéraire d'Antonin la marque sur la route du Retranchement à *Portus Rutupis* entre *Rutunium* & *Uxacona*, à onze milles de chacun de ces Lieux. C'est la Ville VIROCONIUM de Ptolomée. La Saverne, après avoir mouillé Shrewsbury, reçoit la Riviére de Terne. C'est au confluent de ces deux Riviéres que les Romains avoient bâti la Ville de VRICONIUM, afin de pouvoir passer & repasser la Saverne, qui depuis sa jonction avec la Terne n'est plus guéable. Cette Ville ne subsiste plus; on voit seulement quelques pans de murailles, & un petit Village qui a retenu le nom de la Ville; car on le nomme *Wrockcester*, & par corruption *Wroxeter*. Dans le lieu où étoit la Ville, la terre est plus noire qu'ailleurs, & rapporte de fort bonne orge. A l'une des extrémitez on trouve des levées de terre, des remparts, des pans de muraille faits en tout pour dedans; & on peut juger que c'étoit la Citadelle de la Ville. On a déterré quelques Médailles Romaines parmi ces ruïnes.

VRIDIOS. Voyez DIANÆ-FANUM.
VRIEN. Voyez UR.
VRIMA. Voyez VREMA.

VRIMESNIL, ULRICI MANSILE, Paroisse du Duché de Lorraine, au Bailliage de Vosges. Son Eglise est dédiée à Ste. Evre. Les Hameaux, & les Granges, dépendent de cette Paroisse.

VRIMORUM EPISCOPUS: Socrate le Scholastique [o], allégué par Ortelius [p], donne ce titre à un certain *Abramius*. Les VRIMI ne tiroient-ils point leur nom de la Ville VREMA de Ptolomée? C'est la pensée d'Ortelius.

[o] *Lib. 2. c. 3*
[p] *Thesaur.*

VRION [q]; Siméon le Métaphraste appelle ainsi la Capitale de la Perse [r].

[q] *Ibid.*
[r] *In Vita S. Epiphanis.*

VRITANUS AGER, Territoire d'Italie. Il en est parlé dans Appien [s] & dans Velleius Paterculus [t]. Il n'y a pas de doute, dit Cluvier [u], que ce Territoire étoit aux environs de Ravenne & de Faënza.

[s] *Bel. Civ.*
[t] *L. 2.*
[u] *Ital. Ant. L. 1. c. 18.*

VRITES, Peuples de l'Italie extérieure, selon Tite-Live [x]. Turnèbe soupçonne que ce mot est corrompu, & qu'au lieu d'*ab Vritibus* il faudroit lire *a Brutiis*. Cluvier est pour *ab Thuriis*. S'il est question de corriger & d'avoir le nom d'un Peuple maritime, pourquoi ne pas mettre *ab Vriatibus*? car il y avoit dans la Pouille une Ville VRIA & un Golphe nommé VRIAS.

[x] *Lib. 42. c. 48.*

1. URIUM, Ville de l'Espagne Bétique: Ptolomée [y] qui la place dans les terres, aux confins de la Lusitanie la donne aux *Turditani*. Villeneuve veut que ce soit l'ORIA de Strabon. Ortelius n'en convient pas & Casaubon y est encore plus opposé; car il soutient que l'ORIA de Strabon [z] est l'ORETUM de Ptolomée [a]. Or *Oretum* Ville des Orétains étoit dans l'Espagne Tarraçonnoise & non dans la Bétique.

[y] *Lib. 2. c. 4.*
[z] *Lib. 3. p. 152.*
[a] *Lib. 2. c. 16.*

2. URIUM, Fleuve de l'Espagne Bétique: Pline [b] dit que c'est un des deux Fleuves qui coule entre l'*Anas* & le *Betis*. C'est présentement le Tinto, selon le R. Pere Hardouin.

[b] *Lib. 3. c. 1.*

URKEND, Ville du Pays de Mauaralnahar [c], ou de la Transoxane, que Nassireddin & Ulug-Beg placent sous les 120. d. 50. de Longitude & sous les 44. de Latitude Septentrionale dans le sixième Climat. On pourroit croire que cette Ville seroit la même que Urkeng ou Corkang; mais Abulfeda lui donne une position bien différente. Car en disant qu'il y a deux Villes de ce nom, l'une grande & l'autre petite, il donne à la premiére seulement 84. d. 1'. de Longitude & 42. d. 17'. de Latitude Septentrionale; & pour la seconde qu'il dit être la même que les Arabes appellent Giorgiane, il lui donne 84. d. 5'. de Longitude, & 42. d. 45' de Latitude Septentrionale. Al-Birouni écrit aussi que Giorgianiah, ou Corkang' est située sur la rive Ocidentale du Fleuve Gihon; ce qui ne paroît pas pouvoir s'accorder avec la position d'Urkend qui est située

[c] *D'Herbelot, Biblioth. Or.*

URL. URO. URP. URS.   URS. 307

tuée au-delà du Fleuve Gihon du côté de sa rive Orientale.

[a] Liv. 2. c. 20.
Mr. Petis de la Croix, dans son Histoire de Timur-Bec [a], nomme cette Ville Uzkunt, & fait cette Remarque : Uzkunt Ville sur le Sihon, frontière entre le Turkestan & le Zagataï, est à cent deux degrez & demi de Longitude, & à quarante-quatre de Latitude : elle est nommée dans l'Arabie de Nubie, Adarcand & Urkend.

URLA, ou VOURLA. Voyez VOURLA.

UROLANIUM, ou UROLAMIUM. Voyez VEROLANIUM.

[b] De Laet, Descr. des Indes-Occ. L. 2. c. 4.
UROS, Peuples anciens du Pérou [b], dans la Province de Collao. C'étoit une Nation brutale, & qui n'avoit que la forme d'hommes. Elle habitoit parmi les roseaux du Lac de Titicaca, & y flottoit de tous côtez sur des joncs liez en manière de Radeaux. Ces Peuples se servoient pour toutes sortes d'usages du jonc nommé *Totora*, & ils en faisoient même leur nourriture.

UROSCZUCK, Mr. Corneille dit sans citer de garant, que c'est une Ville de la Bulgarie sous la Domination du Turc : qu'elle est assez grande, & située sur le Danube, avec un Château; & qu'on la trouve vis-à-vis de la Valaquie, à trois journées de Din. Tout cela pourroit bien désigner la Ville de RUSSIG, ROTZIG, ou OROSCHICK de Mr. de l'Isle.

[c] Mémoires du Chevalier de Beaujeu.
[d] Atlas.
UROSLAVEK; Ville de la Grande Pologne [c], aux confins du Palatinat de Plotsko sur la Vistule; à trois lieues au-dessous de Dobrezin. C'est le lieu de la Résidence de l'Evêque de Cujavie, & le titre du Palatin de cette Province. L'Eglise d'Uroslavek est magnifique : les Bâtimens de la Ville sont assez beaux; & il y a un Péage sur la Rivière. Mr. de l'Isle [d] ne connoît point de Ville nommée Uroslavek, & ce nom ne se trouve point dans la Description de la Pologne. Cela me feroit soupçonuer que par Uroslavek le Chevalier de Beaujeu entend Wladislaw, la Capitale de la Cujavie, le Siège de l'Evêque de ce nom, & le titre du Palatin.

[e] Lib. 3. c. 26.
URPANUS, Fleuve de la Pannonie. Pline [e] en fait un Fleuve assez considérable & ajoute qu'il se jette dans le Danube au-dessus de la Drave. C'est présentement le *Sarwitz*.

1. URPHE. Voyez OPHIR.

2. URPHE, Bourg de France dans le Forez, Election de Rouanne.

[f] Délices d'Espagne, p. 93.
URROLA, Rivière d'Espagne [f], dans le Guipuscoa. Elle sort du Mont St. Adrien, coule le long du chemin pratiqué dans cette Montagne, & forme d'espace en espace des napes d'eau & des cascades, qui tombent avec un bruit & une impétuosité extraordinaires. Cette Rivière est assez grosse.

URSAO. Voyez URSO.

URSARIA, Village de la Gaule, dans l'Armorique, selon l'Auteur de la Vie de St. Maximin. La Notice des Dignitez de l'Empire [g] donne le nom d'*Ursarienses* aux Soldats qui étoient en garnison dans ce Lieu.

[g] Sect. 58. 40. &c.

URSEL, Ville d'Allemagne, dans le Cercle du Bas-Rhein, au Comté de Konigstein ; à trois heures de Francfort [h]. Elle appartient à l'Electeur de Mayence. Le Ruisseau qui y passe fait aller diverses sortes de Moulins à foulon, à papier & à forges. Il y avoit autrefois dans cette petite Ville une Imprimerie. Les Troupes de Weymar prirent Ursel en 1640. Peu après celles de l'Electeur de Mayence la reprirent avec le petard. En 1645. les Troupes de Hesse, de Suède & de Weymar emportèrent cette Ville & y mirent le feu le jour de la Fête de Dieu : l'Eglise & toute la Ville, à deux ou trois Maisons près, furent réduites en cendres.

[h] Zeyler, Topogr. Arch. Mog. p. 18.

URSENTINI, Peuples d'Italie dans la Lucanie. Pline [i] les marque dans les terres. On croit que leur Ville s'appelloit URSÆ, ou URSENTUM, & que c'est présentement celle d'*Orso*.

[i] Lib. 3. c.

URSEOLA, ou URSOLIS, Ville de la Gaule Narbonnoise. Elle est placée dans l'Itinéraire d'Antonin sur la route de Milan à Vienne en prenant par les Alpes Cottiennes. On la trouve entre Valence & Vienne, à vingt-deux milles de la première de ces Villes & à vingt-six milles de la seconde. Mr. de Valois veut que ce soit aujourd'hui Roussillon dans le Dauphiné près du Rhosne entre Valence & Vienne.

URSEREN-THAL, où le VAL D'URSEREN, Vallée de Suisse [k], au Canton d'Uri. Quand on a passé le *Teuffelsbruk*, c'està-dire *le Pont du Diable*, on se trouve bientôt dans la Vallée d'Urseren, qui est un petit Pays de trois lieues de longueur & d'une bonne lieue de largeur. Comme cette Vallée est fort élevée, l'air & le terroir y sont fort rudes. On n'y voit aucun arbre, excepté un petit Bois de Sapins, que l'on entretient avec grand soin contre l'éboulement des neiges. Les Habitans se servent du bois des Rosiers sauvages pour brûler, & ils font venir de Gestinen & même de plus bas le bois qui leur est nécessaire pour bâtir. Cependant il y a dans cette Vallée trois bons Villages :

[k] Etat & Délices de la Suisse, t. 2. p. 415.

Urseren,   Hospital,   Réalp.

Il y a aussi trois grandes routes ; savoir celle d'Italie par le Mont St. Gothard, celle du Vallais par le Mont de la Fourche, & celle des Grisons par le Mont de Tavesch.

Il n'est pas décidé si cette Vallée d'Urseren [l] tire son nom de celui des Ours, Animaux autrefois fort communs dans ce Quartier, ou si elle le tire de celui de la Rivière de Reus, en Latin *Ursa*, qui arrose cette Vallée. Il y a bien des Auteurs qui tiennent pour la première opinion; & ils se fondent sur ce qu'on voit un Ours dans les Armes de cette Vallée. Les Habitans sont les Descendans des anciens Lépontiens, qui étoient comptez entre les Peuples de la Rhétie, c'est-à-dire des Grisons; & effectivement ils sont encore en quelque sorte dépendans des Grisons; car l'Evêque de Coire a la Jurisdiction spirituelle de la Vallée d'Urseren ; & quant au temporel les Habitans de cette Vallée sont regardez comme Membres de la

[l] Scheuchzer, Itin. Alp. IV. an. 1705.

Qq 2   Li-

URS.   URS. URT. URU. VRU.

Ligue Grise, & comme faisant partie des Justiciables de l'Abbé de Disentis. Quand ils élisent un Chef de Magistrature, qu'ils appellent Amman, ce qu'ils font tous les ans, celui qui est élu doit aller le plutôt qu'il peut à Disentis pour faire hommage de sa charge à l'Abbé; en signe de quoi il lui donne une paire de gands blancs. Outre cela l'Abbé à ses Censes & ses Rentes dans la Vallée, avec divers autres droits, particuliérement celui qui porte que les terres qui lui doivent Cense ne peuvent point être confisquées pour meurtre, ni adjugées à aucun Magistrat. En 1410. les Habitans de la Vallée d'Urseren furent reçus par le Louable Canton d'Uri, en alliance & communauté perpétuelle, se réservant leurs propres Libertez & les droits de leur Seigneur, l'Abbé de Disentis. Le Canton d'Uri confirme tous les ans l'*Amman* & le Conseil qu'ils ont élu. Quand il s'agit d'une affaire criminelle, il y envoye deux Conseillers, qui se joignent à ceux de la Vallée; & lorsqu'il faut aller à la guerre, ils marchent sous la Banniére d'Uri.

[a] Etat & Délices de la Suisse, t. 2. p. 417.

URSEREN, Village de Suisse [a], au Canton d'Uri, dans l'Urseren-Thal, ou le Val d'Urseren auquel il donne son nom. Il est encore connu sous le nom d'AN DEN MATT comme qui diroit Village *auprès des Prairies*. On honore dans l'Eglise de ce Lieu les Reliques des SS. Felix & Regula Martyrs de la Légion Thébaine, & qui ont été apportées,à ce qu'on dit, dans le tems des troubles de Religion, quoiqu'elles n'ayent jamais été exposées que le 2. d'Avril 1688. Ceux qui veulent voir ou acheter des Cristaux en trouvent abondamment à Urseren.

[b] De Aere & Aqua. [c] Thesaur.

URSI-MONTES, Montagnes de la Scythie, selon Théophraste [b] allégué par Ortelius [c].

URSIDUNGUM, URSIGUNDUS, URSDUNGUM, noms Latins de la Ville de Saint Guillain en Hainaut.

[d] Etat & Délices de la Suisse, t. 2. p. 332.

URSIN, Village de Suisse [d], au Canton de Berne, dans le Bailliage d'Yverdun. On y a déterré quelques Sépultures antiques, où tous les corps étoient tournez du côté du Soleil levant. Je ne sai si les anciens Suisses avoient la même coutume que les Athéniens, qui rangeoient ainsi leurs morts. Quoi qu'il en soit, un de ceux qui ont été inhumés dans ces sépultures d'Ursin avoit un sabre à son côté; un autre avoit un large poignard; un troisième avoit une grande piéce platte de fer donné, qui étoit peut-être le dessus d'un Bouclier.

[e] De Schism. Donatist. L. 1. p. 23.

URSINIUM, Siège Episcopal d'Italie, selon St. Optat [e] qui nomme l'Evêque de ce Siège Evandrus *ab Ursino*. Peut-être, dit Mr. Dupin, est-il question d'URBINUM Ville de l'Umbrie.

[f] Lib. 3. c. 1. [g] In Iber. p. 291. [h] De Bel. Hisp.

URSO, Ville de l'Espagne Bétique, selon Pline [f]: C'est l'Ορσωνα d'Appien [g], & l'URSAON d'Hirtius [h]. Pline lui donne le surnom de GENUA URBANORUM; mais on croit qu'il faut lire GEMINA URBANORUM; & que ce surnom lui fut donné, parce qu'on y mena une Colonie formée d'une des Légions surnommées Gemina, ou Gemella, & parce que les Soldats de cette Colonie avoient été levez seulement dans la Ville de Rome. On trouve dans Gruter une ancienne Inscription avec le nom de cette Ville: RESP URSONENSIUM; & Natalis qualifié *Presbyter de Civitate Ursoiensium*, souscrivit au premier Concile d'Arles. Le nom moderne de cette Ville [i] est OSSUNA. Voyez ce mot.

[i] *Mariana*, L. 3. Hist.

URSON, nom que Plutarque [k] donne à la Forêt ARSIA. Voyez ARSIA-SILVA, & URSUS-LUCUS.

[k] In Poblicol.

URTICINORUM. Voyez VIDICINORUM.

URTRON. Voyez OSURTRU.

URUGITANUS, Siège Episcopal d'Afrique, dans la Province Proconsulaire. Il en est fait mention dans la Conférence de Carthage & dans la Notice des Evêchez d'Afrique. Mr. Dupin soupçonne qu'URUGITANUS, URCITANUS & URACITANUS, sont différentes Orthographes du nom d'un même Siège. Voyez URCITANUS.

URUQUAY, Riviére de l'Amérique Méridionale au Paraguay. Le Capitaine Woodes Rogers dit que cette Riviére [l] tombe dans le Fleuve de Paraguay sur la droite; qu'elle court l'espace de 300. lieues suivant la Relation du Jésuite Sepp, qui lui donne par-tout autant de largeur qu'en a le Danube à Vienne [m]. Ce même Jésuite parle d'une chûte d'eau qui est sur le Fleuve d'Uruquay, qu'il regarde comme un obstacle que la Providence a mis dans cet endroit pour garantir les pauvres Indiens contre l'avarice des Espagnols qui ne sauroient passer outre avec leurs Vaisseaux, ni s'établir dans ces riches Cantons d'où ils pourroient tirer de grands avantages. Il en félicite les Naturels du Pays, parce, dit-il, qu'ils sont fort simples, & qu'ils risqueroient non-seulement de s'adonner aux vices des Espagnols, mais encore de tomber sous leur Esclavage; car, continue-t-il, les Espagnols ne distinguent point les Idolâtres des nouveaux Chrétiens, & ils les traitent tous comme des Bêtes brutes.

[l] Voy. au tour du Monde, t. 1. p. 125.

[m] Ibid. p. 133.

Cette Riviére est sans douté la même que les meilleures Cartes appellent URVAIG. Voyez ce mot. Mais au lieu de dire qu'elle a son Embouchure dans le Paraguay à la droite, pour parler correctement il faut dire qu'elle se jette dans ce Fleuve à la gauche; car, comme je l'ai remarqué au mot RIVIÈRES, la droite ou la gauche d'un Fleuve se régle suivant le cours pris en descendant & non en remontant.

URUGUNDI, Peuple de Scythie, selon Zosime [n] qui le place sur le Danube. On croit qu'au lieu de URUGUNDI, il faut lire BURGUNDI.

[n] Lib. 1.

URUINI, & URUINATES METAURENSES. On trouve ces noms dans des Inscriptions anciennes rapportées par Goltzius; mais ces noms sont mis pour URBINATES, ou URBANATES. Voyez URBINATES.

VRUNCÆ, ou VRUNCIS, Lieu que l'Itinéraire d'Antonin marque sur la route de Vindonissa à Strasbourg entre *Artalbinnum* & *Mons Brisacius*, à vingt-deux milles de chacune de ces Places. C'est présentement [o] *Ensisheim* selon Simler, & *Zauzen* selon Cluvier [o] & Spener. [p] Ces deux derniers trouvent dans *Zunzen* des traces de l'ancien nom qui dans quelques MSS. est écrit *Utirensis*

[o] Germ. Ant. L. 3.
[p] Notit. Germ. Anti. L. 4. c. 2.

Uti-

Utirentis & *Utirencis*; ce qui fait qu'au lieu d'Uruncæ ils lisent Uluncæ; de plus, dit Spener, le nombre des milles détermine à placer Uluncæ à *Zunzen*.

[a] Etat présent de la Gr. Br. t. 1. p. 52.

VRY-NOSE, Montagne d'Angleterre [a] & que l'on met dans le Cumberland, quoiqu'elle s'étende aussi dans d'autres Provinces. Cette Montagne dont le nom veut dire *Nez de travers*, est une des plus hautes du Pays. Elle est remarquable par trois bornes de pierre, à un pied l'une de l'autre, & qui sont l'une dans le Cumberland, l'autre dans Westmorland & la troisième en Lancashire.

[b] Lib. 6. c. 3.

URZAN, Ville de la Susiane : Ptolomée [b] la place dans les terres.

U S.

1. USA, Lieu de l'Arabie; Zonare, allégué par Ortelius [c] dit que c'est où Nestorius fut exilé.

[c] Thesaur.

2. USA, Ville Militaire de la Chine [d], dans la Province de Suchuen, au Département de Tungchuen première Ville Militaire de la Province. Elle est de 13. d. 27′. plus Occidentale que Péking, sous les 27. d. 12′. de Latitude Septentrionale. Cette Ville est renfermée de Montaghes effroyables, où l'on prend les plus hardis Vautours.

[d] Atlas Sinens.

[e] Ibid.

3. USA, Forteresse de la Chine [e], dans la Province de Queicheu, au Département de Picie, première Forteresse sous Lungli quatrième Ville Militaire de la Province. Elle est de 13. d. 50′. plus Occidentale que Péking, sous les 26. d. 35′. de Latitude Septentrionale.

[f] Lib. 4. c. 1.

USADIUM PROMONTORIUM, Promontoire de la Mauritanie-Tingitane : Ptolomée [f] le marque sur la Côte de l'Océan Occidental, entre *Tamusiga* & *Suriga*. Le nom moderne, selon Marmol, est *Cabo de Alguer*.

USALITANUM OPPIDUM. Voyez Uzalensis, & Usilla.

USAR. Voyez Sisar.

USARGALA. Voyez Susargala.

USATI. Voyez Husati.

USBECKS, ou Tartares Usbeks, Peuples Tartares qui habitent sur la Côte Orientale de la Mer Caspienne. La Boulaye le Goux, dit Bespier [g], appelle ces Tartares Jusbeg & croit que ce mot-là signifie cent Seigneurs, parce que *Jus* signifie cent, en Turc, & *Beg*, Seigneur. Il est vrai que Jus signifie cent & que Beg signifie Seigneur; mais je ne pense pas que ce soit-là la véritable Etymologie de ce mot. Aussi tous les autres Auteurs que j'ai vus appellent-ils ces Peuples *Usbecks*. Piétro della Valle les nomme *Usbeghi*, Tom 3. pag 229, & dit que ce mot signifie Seigneurs libres & indépendans. Je crois que c'est-là la véritable signification de ce terme; car *Uz*, en Turc signifie propre, ou qui appartient proprement à quelqu'un & *Beg* Seigneur. Ainsi Usbeg signifie les propres Seigneurs, Seigneurs indépendans, qui ne relevent de personne. C'est à peu près en ce sens que les Pages du Grand-Seigneur appellent le pere qui leur a donné la naissance, ou leur Pere propre, *Uz Babasi*, à la distinction de celui qui les a élevez, & qui les a instruits dans la Religion de Mahomet, qu'ils appellent

[g] Remarq. sur Ricaut. t. 1. p. 94.

Achiret Babasi, qui signifie le Pere de la vie qui est à venir. C'est ce que m'a appris Monsieur Girardin dans son Serrail. Pour ce qui regarde la situation de ces Usbegs, voici ce que *Pietro della Valle* en dit à la même page. Ces Usbeghi habitent la Contrée la plus Orientale sur la Mer Caspienne où ils possèdent des Pays de grande étendue. Ils joignent à l'Orient les Tartares du Cathai, & l'Inde au Midi. Entre les autres lieux plus considérables ils ont Samarcand, que Tamerlan, ou pour mieux dire Teimurlenc, c'est-à-dire Teimur le boiteux, avoit choisi pour sa demeure; vers le Midi ils ont Balch & Buchara, &c.

USBIUM, Ville de la Germanie. Elle est marquée près du Danube par Ptolomée [h]. Lazius [i] qui la met dans l'Autriche, dit que le nom moderne est *Persenburg*. Dans un autre endroit [k] il dit qu'on la nomme *Ipsium* & qu'elle est à trois milles au-dessous de *Laureacum*. Cette remarque est d'Ortelius [l].

[h] Lib. 2. c. 12.
[i] In Austria.
[k] Resp. Rom. Lib.
[l] Thesaur.

USCANA, Ville de l'Illyrie, dans la Penestiane : Tite-Live [m] qui en parle, dit qu'elle étoit la plus grande Ville de cette derniere Contrée; & Ortelius [n] croit que c'est la Ville *Sulcanum* d'Orose.

[m] Lib. 43. c. 18.
[n] Thesaur.

USCENUM. Ptolomée [o] appelle ainsi une des Villes des Jazyges Metanastes.

[o] Lib. 3. c. 7.

USCETA. Voyez Uzecia.

USCOQUES, Peuples voisins de la Hongrie, de la Dalmatie, de la Servie & de la Croatie [p]. On les a ainsi appellez, parce que *Scoco* dans la Langue du Pays veut dire *Fugitif*, ou *Transfuge*, & qu'effectivement ce Peuple est un mélange de ces Nations, dont il s'est séparé par diverses raisons. Il y a de l'apparence néanmoins que le Pays où s'établirent les Uscoques étoit déja habité par des Naturels, qui y avoient leur demeure avant que les Turcs inondassent l'Europe. Car c'est le tems qu'on assigne communément à l'établissement des Uscoques; mais comme les nouveaux venus étoient pour la plûpart des gens de main, une ne cherchoient qu'à réparer les pertes qu'ils avoient faites par l'invasion des Infidèles dans leur Pays, & qu'effectivement ils s'en montrérent toûjours les irréconciliables ennemis par leurs courses, dans lesquelles ils leur faisoient tout le mal qu'ils pouvoient, le bruit de leurs exploits donna le nom à la Nation & fit qu'on ne la regarda plus que comme un Peuple qui faisoit son Métier principal de la guerre, ou au moins de la garde des confins contre les Turcs, quoique le nombre de ses Combattans ne fût pas au-delà de six cens. Clissa, Forteresse sur les confins de la Dalmatie, vers la Province de Serraio fut la première Place où ils s'habituèrent; & qu'ils fortifièrent de leur mieux pour être à couvert & pour mettre en sureté le Butin qu'ils feroient sur les Turcs. Cette Place appartenoit au Royaume de Hongrie, dont le Gouverneur les reçut à bras ouverts, ravi de se voir assisté & défendu par une Milice déterminée, dans un tems où le Royaume de Hongrie disputé entre Ferdinand frère de l'Empereur Charles V. & Jean Comte de Scepus avoit fourni à Soliman l'occasion d'en usurper une partie. Les Uscoques firent mer-

[p] Fresheit. Nouv. Relat. de Venise, p. 156. & suiv.

veille au commencement de leur établissement; mais les Turcs, se voulant délivrer de ces fâcheux voisins assiégérent & prirent Clissa en 1537. Les Uscoques chassez de leur Forteresse se réfugiérent à Segna Place de la Morlaquie sur le Golphe de Venise & dans l'endroit du rivage qui est opposé aux Isles de *Vegia*, ou *Veglia* & d'*Arbé*, appartenantes aux Vénitiens. Ils y continuérent durant quelques années à poursuivre les Ennemis de la foi, qui avec l'avantage de la prise de Clissa se répandoient dans la Dalmatie & dans la Croatie. Cette derniére Province appartenoit à Ferdinand, qui jugea à propos par le moyen d'une compensation de tirer Segna des mains des Comtes Frangipani, auxquels cette Place appartenoit. Il vouloit par-là l'assûrer contre les entreprises des Turcs, qui n'auroient pas manqué de l'emporter, attendu le peu de moyens qu'auroit eu un Comte particulier pour la défendre; & pour engager davantage les Uscoques à la défense des Frontiéres, il en enrôla une partie dans ses Milices. Mais avec le tems ces Peuples joignirent au Métier de la guerre, l'exercice de la Piraterie. Ils n'avoient exercé jusqu'alors leur zéle que contre les Turcs & contre les Juifs. L'avarice fit qu'ils insultérent les Bâtimens qui passoient sur le Golphe de Venise. Les Turcs qui se reposoient sur les Vénitiens de la sûreté de la navigation sur ce Golphe, & qui faisoient, comme ils font encore aujourd'hui, une bonne partie du Commerce de cette Ville, se voyant inquiettez par les Sujets de la Maison d'Autriche avec laquelle ils étoient en guerre, s'en plaignirent à la République, qui en vertu de la Souveraineté du Golphe, dont elle se fait un droit acquis, commença par punir les coupables, en donnant ordre à ses Généraux & Officiers de faire pendre tous ceux qu'ils trouveroient armez sur cette Mer; ce qui porta les Uscoques à user de représailles & à faire des prises sur les Sujets de la République. Les Vénitiens portérent les plaintes à Vienne pour faire cesser les Pirateries que les Uscoques exerçoient tant sur leurs Sujets que sur ceux de la Porte; mais la Cour de Vienne ne se pressa pas de donner une défense. Une des principales causes de ce délai venoit de ce que les Ministres Autrichiens étoient dans les intérêts des Uscoques avec lesquels ils partageoient les profits de leurs prises. Il fit néanmoins Ferdinand fit expédier les ordres que sollicitoient les Vénitiens; mais ce ne fut que lorsque le bruit des profits que les Uscoques faisoient sur la Mer s'étant répandu, eut attiré à Segna une grande quantité de gens sans aveu, tant Sujets de la République que du Turc, qui accrurent considérablement le nombre des Pirates, tous compris sous le nom d'Uscoques, & fournirent un prétexte pour que les ordres ne fussent point respectez. En effet les Pirateries continuérent sous l'aveu tacite du Gouverneur. Ce fut alors que la République pour la sûreté de son Commerce avec les Sujets du Grand-Seigneur résolut d'avoir toujours deux Galéres en Mer, l'une allant, l'autre retournant de Spalatro à Venise, pour le transport des Marchandises réciproques : ces Bâtimens étant capables de résister aux Barques des Uscoques, qui n'étoient guére que de trente hommes chacune, & dont toute la force consistoit dans l'agilité avec laquelle ils surprenoient ceux qu'ils vouloient attaquer, & dans la commodité de la retraite dans le Labyrinte d'Isles, dont les Côtes de la Dalmatie sont bordées.

Les plaintes continuant toujours à la Cour de Vienne, non-seulement de la part des Vénitiens, qui faisoient toujours main-basse sur tous les Uscoques qui tomboient entre leurs mains, mais encore de la part du Pape & du Roi d'Espagne, dont les Sujets du Royaume de Naples, aussi-bien que ceux de l'Etat Ecclésiastique étoient continuellement inquiettez par les Corsaires; & le remede ne venant point sous le prétexte qu'on ne pouvoit dégarnir cette Frontiére d'une brave Milice, qui tenoit les Turcs en respect, le Sultan donna en 1592. ordre au Bacha de Bosnie d'exterminer les Uscoques, & d'assûrer ainsi aux Sujets de la Porte la liberté du Golphe de Venise, & celle des Places qui relévent de la même Porte sur ces Côtes. Le Bacha à la tête de quarante mille hommes se promit d'anéantir d'un premier effort une poignée de gens tels qu'étoient les Uscoques. Sa présomption le perdit; cinq mille hommes de cette Nation l'ayant surpris au passage de la Cupa le défirent entiérement. Ce succès encouragea les Uscoques; & le Pape s'imaginant que le tems étoit venu de frapper quelque grand coup de ce côté-là, pratiqua à force d'argent des intelligences dans les Pays voisins parmi les Chrétiens Sujets du Grand-Seigneur, & se porta à se saisir de diverses Places. Clissa fut du nombre. Mais comme on manqua à la pourvoir des choses nécessaires à sa défense, les Turcs la reprirent incontinent, & exercérent de grandes cruautez sur ceux qui s'y trouvérent. Les Vénitiens avoient fait marcher du Monde sur la Frontiére sous prétexte de pourvoir à leur sûreté particuliére. La Cour de Vienne leur sut mauvais gré d'avoir laissé prendre une Place de si grande importance qu'ils auroient pu secourir sans rompre ouvertement avec le Turc. Les Uscoques en furent encore plus irritez, & prenant cette indifférence des Vénitiens pour une collusion avec les Infidèles, ils se déclarérent ouvertement contre eux & ne respectérent pas plus leurs Bâtimens que ceux des Turcs. On n'étoit pas fâché à Vienne que les Vénitiens eussent quelque mortification, mais on y avoit la politique de ne vouloir pas paroître approuver ouvertement ce que faisoient les Uscoques. Cependant les Vénitiens sans examiner le plus ou le moins de part que la Cour Impériale avoit dans cette affaire envoya Almoro, ou Almeric Tiepolo avec une Escadre qui ravagea toutes les Côtes de Segna, & fit pendre sur le champ tous ceux qu'il trouva capables de porter les armes & de faire quelque résistance. Le Général Vénitien jeune & d'un esprit ardent auroit poussé les choses plus loin, si le Sénat ne lui eût envoyé ordre de s'arrêter, parce que la Porte étant en guerre ouverte avec la Maison d'Autriche dans le même Pays, les Hostilitez de la République l'auroient rendue odieuse au reste du Monde Chrétien ; de sorte qu'elle se borna à défendre ses Sujets & à protéger ceux qui entroient dans le Golphe pour y trafiquer. En 1597. la République recommença les hostilitez & fit assiéger les Ports de Fiumé & de Trieste. L'Archiduc de Gratz, qui jouïssoit de cette Province, entendant les plaintes de ses Sujets qui se voyoient privez de tous les avantages du Commerce, & à la veille d'être affamez dans leurs murailles, pensa tout de bon à faire ce que la Cour de Vienne négligeoit depuis si long-tems ; sçavoir de mettre fin aux Pirateries & aux courses des Uscoques, en tirant de Segna ceux qui les faisoient & en les employant ailleurs à son service. Il en donna la commission au Comte Joseph Rabata, qui commença par faire le procès à plusieurs Chefs des Pirates, convaincus d'avoir abusé de leurs forces pour opprimer des Etrangers qui passoient par le Golphe de Venise. Quelques-uns furent pendus & d'autres furent mis à mort par d'autres genres de supplices. Ensuite il tira tous les Uscoques de la Ville de Segna, où il n'en laissa que cent des plus pacifiques avec autant de Soldats Allemands. Les autres allèrent s'établir dans les Villes voisines de Terre-ferme ; ce qui se fit avec cérémonie, l'Evêque les ayant bénis & Rabata leur ayant donné de l'argent & des provisions pour subsister quelques mois. Rabata fut fait Capitaine de Segna : tout ce qu'il avoit fait fut approuvé par l'Archiduc, & la République même le régala d'une Chaîne d'or de cinq à six mille Ducats.

Parmi ceux à qui Rabata avoit ordonné de sortir de Segna, un grand nombre obéît de bonne grace, mais il y en eut d'autres, qui firent difficulté de s'éloigner, après avoir obtenu l'amnistie du passé. Le Comte ne les voyoit pas volontiers à Segna, tant parce que c'étoit laisser leur desobéïssance impunie, que parce que ces gens étant accoutumez à toute autre chose qu'au travail, ils pouvoient aisément se porter à quelque violente résolution. Rabata se fit donc envoyer un ordre de faire choix d'une troupe de ceux-ci pour l'envoyer à Canisse dont on sçavoit que le Turc méditoit le Siège. Les Uscoques furent contens du parti qu'on leur offroit & se disposérent à obéïr ; mais à peine furent-ils en route, que quelques Mutins leur ayant représenté que le Comte avoit pris ce prétexte de les envoyer en Hongrie pour s'en défaire, & pour les faire massacrer loin de leur Patrie, & sans secours, ils s'en retournérent furieux à Segna, où ayant forcé les Portes du Château, ils se jettérent sur le Comte, qui aprés en avoir tué quelques-uns avec ses Pistolets, fut incontinent massacré par cette multitude. On jetta son corps dans la ruë, & on vit les femmes de ces Uscoques sucer le Sang qui couloit de ses playes pour assouvir leur rage. Ce qu'il y eut de plus surprenant, c'est que les Cours de Gratz & de Vienne négligérent de punir un pareil crime. Elles nommérent même pour succéder au Comte Rabata un homme qui avoit des liaisons connuës avec ses assassins ; & qui laissa les choses retomber dans la première confusion. Les Uscoques dont on avoit pris quelques centaines pour la Garde de la Ville de Segna, voyant qu'on ne les payoit point sous ce nouveau Gouverneur, interprétérent ce défaut de payement, pour une permission tacite de se pourvoir où ils pourroient. Ils recommencérent à bâtir des Barques armées & à aller en course. Les Turcs se voyant particuliérement attaquez armérent aussi ; & les Canaux de la Dalmatie alloient devenir le Théâtre d'une nouvelle guerre, si les Vénitiens, qui ne la vouloient pas si près d'eux, ne se fussent chargez de mettre les Uscoques à la raison. Ils firent pour cela ce qu'ils avoient fait autrefois ; & leur Général fit pendre tous ceux qu'il put attraper en course. Cette espèce de guerre dura quelques années, la Maison d'Autriche ou connivant avec les Uscoques, ou différant de les réprimer, & la République continuant à vanger les pertes qu'ils faisoient souffrir à ses Sujets. Ces troubles prirent fin néanmoins sous le Dogat d'Antoine Priuli, par un Traité conclu à Madrid, en 1618. Par ce Traité les Uscoques furent contraints de sortir de Segna : leurs Familles furent transférées ailleurs, & les Barques qui leur avoient servi à pirater furent brûlées.

USCOSIUM, Lieu d'Italie : l'Itinéraire d'Antonin la marque sur la route de Rome à Brindes, en prenant par le Picenum. Ce Lieu se trouve entre *Histonii* & *Arenium* à quinze milles du premier de ces Lieux & à quatorze milles du second.

USCUDAMA, Ville de la Thrace. Eutrope la donne aux Peuples *Bessi* ; & il ajoute que M. Lucullus [a] la prit le même jour qu'il l'attaqua : *Oppidum Uscudamam, quod Bessi habitabant, eodem, in quo agressus est, vicit.* Voyez ANDRINOPLE. [a] Lib. 6. c. 8.

USCUNDIL. Voyez VOCONTII.

USDICESICA, Préfecture de la Thrace. C'est une des trois que Ptolomée [b] place du côté des deux Moesies, au voisinage & à l'Occident du Mont Æmus. [b] Lib. 3. c. 11.

1. USEDOM, Isle d'Allemagne [c], sur la Mer Baltique, dans le Cercle de la Basse-Saxe, au Duché de Poméranie, est située sous les 53. degrez 47'. de Latitude, & sous les 38. d. 30'. de Longitude. Sa longueur est d'environ six milles. On y trouve quantité de Sangliers, de Cerfs, de Chevreuils & de Lièvres ; & cette Isle étoit autrefois le Parc des Ducs de Poméranie, pour le Gibier. [c] *Zeyler ; Topogr. Pom. p. 119.*

2. USEDOM, *Usenam, Ussnam*, Ville d'Allemagne, dans l'Isle d'Usedom, au Duché de Poméranie. Elle a été autrefois, après la destruction de la Ville de *Wineta*, fort grande & bien fortifiée ; mais l'an 1473. le feu mit en cendres presqu'entiérement, & depuis ce tems elle n'a pas pu se remettre. Othon Evêque de Bamberg lui fit embrasser le Christianisme : il y baptisa en 1128. aux Fêtes de la Pentecôte plusieurs Comtes, Nobles & autres personnes de distinction, qui s'y étoient assemblées à la Diète. En 1630. le Roi de Suède y fit

fit mettre pied à terre à environ trois mille hommes. Ils n'y trouvérent aucune résistance, & occupérent toute l'Isle. Les Impériaux y débarquérent en 1637, au nombre de deux mille, ils se rendirent Maîtres d'Usedom & tuérent les Suédois, qui ne furent pas à tems pour se retirer vers Swyne. Ceux-ci firent d'abord des préparatifs pour chasser les Impériaux, qui s'en étant apperçus, consumérent toutes les provisions qu'il y avoit dans l'Isle, & l'abandonnérent.

USEL, USELLIS, Ville de l'Isle de Sardaigne [a] à quatre milles de celle d'Ales. Elle est aujourd'hui presque ruinée. Elle étoit autrefois Épiscopale, & son Évêché étoit suffragant d'Oristagni; mais le Pape Aléxandre VI. le transféra à Ales petite Ville de la même Isle. Voyez USELLIS.

[a] Commainville, Table des Évêchez.

USELLIS, Ville de l'Isle de Sardaigne. Ptolomée la marque sur la Côte Occidentale entre les Embouchures des Fleuves *Thyrsus* & *Sacer*, & il lui donne le titre de Colonie. Le nom moderne est *Bossa* selon Niger; mais Cluyier [b] veut qu'*Usellis Colonia* soit presentement *Oristagni*.

[b] Sardin. c. 1.

USENBERG, Seigneurie d'Allemagne, dans le Marquisat de Bade, entre celle de Mahlberg [c], le Marquisat de Hochberg & le Rhein. Elle a eu long-tems des Seigneurs particuliers. Henri V. Marquis de Bade, de la Branche de Hochberg en acquit la partie Supérieure, avec Kensingen en épousant Anne sœur de Frédéric dernier Seigneur d'Usenberg. Quant à la partie Inférieure, qui comprenoit Endengen & d'autres Terres situées dans le Brisgaw, près du Mont Keyserstal, elle fut achetée des Filles d'Hesson, Seigneur d'Usenberg, par Hesson I.

[c] D'Audiffred. Géogr. Anc. & Mod. t. 3.

USERCHE. Voyez UZERCHE.

USEZ. Voyez UZEZ.

USIATIN, ou USIATYN, Ville de la petite Pologne [d], dans le Palatinat de Podolie, sur la Riviére de Sebrouce, à l'Orient de Tramblova. André Cellarius [e] dans la Description de Pologne dit que cette petite Ville à des Fortifications.

[d] De l'Isle, Atlas.
[e] Pag. 359.

USIBALCI, Peuples de l'Éthiopie sous l'Égypte, selon Pline [f].

[f] Lib. 6, c. 30.

USIDICANI, Peuples d'Italie: Pline [g] les met dans l'Umbrie.

[g] Lib. 3. c. 14.

USIDITANA, Ville de la Mœsie: Elle étoit selon Jornandes au voisinage de Thamyris. Ortelius [h] dit qu'il aimeroit mieux lire *Usditaua*, terminaison plus usitée dans Ptolomée.

[h] Thesaur.

USILENSIS, ou USULENSIS, Siège Épiscopal d'Afrique dans la Byzacène. La Notice des Évêchez de cette Province nomme l'Évêque de ce Siège Victorinus *Uzulensis*; & la Conférence de Carthage [i] l'appelle Privatus *Episcopus Plebis Usulensis*. Cassianus *Usulensis* souscrivit au Concile de Carthage sous Gratus; & Theodorus *Usulensis*, Donatiste, souscrivit au Concile de Cabasusa. Mr. Dupin remarque que dans le MS. de la Bibliothéque Colbertine on lit *Uculensis* pour *Usulensis*; ce qui est une faute parce que *Uculensis* est une Ville de la Province Proconsulaire, & différente d'*Usulensis*. Parmi les Signatures de la Lettre Synodique des Peres de la Byzacène, on trouve celle de Laurentius *Episcopus Civitatis Usulabis*. Cette Ville est appellée *Usila*, par Ptolomée; *Usula* par l'Itinéraire d'Antonin qui la marque entre *Thusdrus* & *Thena*; *Usila* par l'Anonyme de Ravenne; & *Usilla* dans la Table de Peutinger.

[i] N°. 126.

USILLA, Ville de l'Afrique propre: Ptolomée [k] la marque entre *Brachodes extrema* & *Taphurra*. C'est la même Ville, dit Cellarius [l] qui est appellée USILLA MUNICIPIUM dans la Table de Peutinger, & USULA CIVITAS dans l'Itinéraire d'Antonin, qui la met sur la route de Carthage à Thena, entre *Thusdrum Colonia* & *Thena Colonia*, à trente-deux milles de la premiere de ces Villes & à vingt-huit milles de la seconde. C'est aussi selon Cellarius le Siège Épiscopal de la Byzacène, appellé USULENSIS dans la Notice des Évêchez d'Afrique & USULA par St. Augustin [m]. Voyez USTULENSIS.

[k] Lib. 4. c. 3.
[l] Geogr. Ant. L. 4. c. 4.
[m] Lib. 7. contra Donatist. c. 19.

USINADENSIS, Siège Épiscopal d'Afrique, dans la Mauritanie Césarienne, selon la Notice des Évêchez de cette Province.

USIPII, Peuples de la Germanie, & nommez avec les *Tenchteri* par les anciens Auteurs, parce qu'ils ont habité dans le même Quartier, & que leurs migrations & leurs expéditions ont été faites en commun. Cesar [n] & les Écrivains qui l'ont suivi, Florus [o] & Tacite [p] disent USIPETES & TENCHTERI. Plutarque dans la Vie de Cesar dit Ὀυσιπετας καὶ Ταγκτέρους, *Usipetas* & *Tenchteros*. Dion-Cassius [q], lit Σιπέτας καὶ Ταυχβρούς, SIPETES ET TANCHAREOS: Appien [r] & Strabon [s], Νυσίπους, NUSIPIOS; & Ptolomée Τιγγέρους καὶ Ουσίπιους, *Tingeros* & *Usipios*. Quelques-unes de ces derniéres Orthographes pourroient être regardées comme défectueuses; mais il faut donner quelque chose à la différente prononciation des noms. Quoi qu'il en soit, ces Peuples habitérent d'abord entre les Chérusques & les Sicambres; mais les Cattes les chassérent; & après qu'ils eurent erré, avec divers autres Peuples durant trois ans dans la Germanie, ils vinrent s'établir sur le Rhein, au voisinage des Sicambres. Les Ménapiens, Nations d'en deçà du Rhein occupoient alors les deux bords de ce Fleuve. Il y a apparence que ce fut du consentement des Sicambres que les Usipiens & les Tenchtères s'empárérent du Pays des Ménapiens au-delà du Rhein, & passérent ensuite ce Fleuve, pour s'y fixer, & s'étendans jusqu'aux confins des Éburons & des Condruses. Dans la six cens quatre-vingt-dix-huitième année de Rome, & la cinquante-troisième avant *Jesus-Christ*, les Usipiens & les Tenchtères furent presque entiérement exterminez par César qui en fit périr jusqu'à quatre cens trente mille. Il ne se sauva qu'un petit nombre de gens de cheval, qui ne s'étoient point trouvez à la Bataille, parce qu'ils avoient passé la Meuse pour aller chercher des vivres & faire du Butin. Ceux-ci après la défaite de leurs Compatriotes, repassérent le Rhein & s'établirent aux confins des Sicambres avec qui ils se joignirent. Cependant sous le règne d'Auguste leur nombre se trouva tellement accru qu'ils su-

[n] Lib. 4. c. 4.
[o] Lib. 4. c. 12.
[p] Annal. L. 1. c. 51.
[q] Lib. 54.
[r] In Bel. Gal.
[s] Lib. 7.
[t] Spener, Notit. Germ. Ant. l. 4. c. 3.

USI.   USK. USL. USO. USP

furent non-seulement en état de faire la guerre aux Sicambres, mais encore de tourner leurs armes contre les Romains. Les expéditions de Drusus dans la Germanie nous apprennent que le Pays des Usipiens & celui des Tenctères étoient distinguez, lorsque les Sicambres habitoient dans leur ancienne demeure. Les Usipiens s'étendoient le long de la rive droite de la Lippe; car selon Dion-Cassius [a], Drusus ayant passé le Rhein & subjugué les Usipiens, il jetta un Pont sur la Lippe pour entrer dans le Pays des Sicambres. Il paroît que les Tenctères habitoient à l'Occident des Sicambres, & que le Rhein les séparoit des Ménapiens; mais on ne sauroit pas décider s'ils demeuroient, de même que les Usipiens, sur la rive droite de la Lippe, ni quel espace les Usipiens occupoient sur le bord du Rhein. Dans la suite Tibère ayant transféré les Sicambres dans la Gaule, afin que les Garnisons Romaines pussent veiller plus aisément sur eux, le Pays qu'ils avoient occupé dans la Germanie fut sans doute cédé par les Romains aux Usipiens & aux Tenctères; car on voit que ces derniers possédèrent les Terres que nous avons dit appartenir aux Sicambres. Alors les Tenctères s'étendoient le long du Rhein depuis le *Segus* jusqu'à la *Rora*, & dans les terres le long de la Lippe & de l'Aliso. A l'égard des Usipiens, ils demeuroient sur les deux bords de la Lippe, & sur le Rhein, peut-être jusqu'à l'endroit où ce Fleuve se partage pour former l'Isle des Bataves. En effet Dion-Cassius les met au voisinage de cette Isle; & Tacite, qui leur donne pour voisins les Cattes, donne assez à entendre que les Usipiens demeuroient au-dessous des Tenctères, ce qui devoit les approcher du commencement de l'Isle des Bataves.

Ces deux Peuples, je veux dire les Usipiens & les Tenctères, ne demeurèrent pas toujours dans cet état. Leurs bornes se trouvèrent resserrées par l'arrivée de divers Peuples; & l'on apprit à Rome au commencement du Régne de Trajan que les Tenctères avoient été presque exterminez par les Chamaves & par les Angrivariens qui s'étoient emparez d'une grande partie de leurs terres [b]. Si ces Peuples ne traitèrent pas si durement les Usipiens, il est du moins certain qu'ils leur enlevèrent ce qu'ils possédoient à la droite de la Lippe. Du tems de Constantin le Grand les Usipiens & les Tenctères cessèrent en quelque sorte de faire figure dans ces Quartiers; les Bructères & les Chamaves prirent leur place, & soutinrent avec fermeté la guerre vigoureuse que les Romains leur firent. Du tems qu'Agricola commandoit dans la Grande-Bretagne, il y avoit dans son Armée une Cohorte d'Usipiens qui avoit été levée en Allemagne. Ces Peuples formèrent tout à coup le dessein de se retirer dans leur Pays, & ils exécutèrent cette entreprise avec tant de secret & de diligence qu'il ne fut pas possible de les arrêter. Un Capitaine & quelques Soldats Romains qu'on avoit mis dans ce Corps pour le discipliner furent massacrez de peur qu'ils ne s'opposassent à ce dessein. Ensuite ces Allemans se saisirent de deux petits Vaisseaux, tuérent

[a] Lib. 54.

[b] Tacit. Germ. c. 33.

un des Pilotes & contraignirent l'autre de les conduire, en le menaçant du même sort que son Compagnon; après quoi ils mirent à la voile avant qu'on pût être informé de leur résolution. Ils avoient si mal pris leurs mesures, qu'ils se trouvérent bien-tôt sans vivres, & réduits à la nécessité de manger quelques-uns de leurs camarades. Ceux qui restèrent en vie, ignorant l'Art de la Navigation, allèrent échouer sur les Côtes de Frise, où ils furent faits esclaves.

1. USKE, Bourg d'Angleterre [c], dans la Province de Monmouth, à douze milles d'Abergevenny, & presque dans le Centre de la Province, sur le bord de la Riviére qui lui donne son nom. On y voit les ruïnes d'un grand & vieux Château. C'est une Place ancienne. Elle étoit connue sous le nom de *Burrium*. Les Gallois l'appellent *Brunenbegie*, au lieu de *Burenbegie*; & les Anglois lui ont donné le nom qu'elle porte aujourd'hui.

[c] Délices de la Gr. Br. t. 2. p. 495.

2. USKE, Riviére d'Angleterre: Elle a sa source dans Brecknocshire, aux Confins de Caermarthenshire. Elle coule d'abord de l'Occident à l'Orient jusqu'à Brecknock, d'où prenant son cours vers le Midi Oriental en serpentant, elle entre dans la Province de Monmouth, où après avoir mouillé Caerlion elle se jette dans la Saverne.

USKER, Mr. Corneille [d] dit: Petite Ville de la Georgie, bâtie autour d'une Roche, sur laquelle est construit un fort Château des Turcs, à la droite du Fleuve Kur. Cette Roche est ceinte en bas d'un double mur. La Ville occupe le terrein qui est entre la Forteresse & la Montagne opposée. Il y a dans Usker un Sangiac, de la Milice, des Gardes & une Douane. Deux lieues au-delà est une Montagne qui sépare de ce côté-là la Perse de la Turquie, & sur laquelle sont plusieurs Villages. Le Kur court au bas. On y voit en plusieurs endroits des ruïnes de Château, de Forteresse & d'Eglise. Ce sont des vestiges de la grandeur des Georgiens & des conquêtes des Turcs & des Persans.

[d] Dict.

USLONTII. Voyez VOLUNTII.

USLUG, Ville de Moscovie dans la Province qui porte ce même nom, selon Mr. Corneille [e], qui ne cite aucun Garant. Il ajoute qu'elle est située sur la Rivière de Suchana, accompagnée d'un Château, & à quatre-vingt mille pas de Novogorod, dont elle dépendoit autrefois. Si tout cela n'est pas imaginé il faut que les noms soient furieusement déguisez. Je ne connois en Moscovie ni Province, ni Ville, nommée Uslug, ni même aucune Rivière du nom de Suchana, si ce n'est que Olearius appelle ainsi la Duine, dans l'endroit où elle reçoit l'Ioug, vis-à-vis d'Oustioug; ce qui pourroit faire croire que Mr. Corneille, par Uslug entend Ustioug, ou Ustiuga, dont il fait pourtant un Article séparé.

[e] Dict.

USOCANA. Voyez UXACONA.

USORA, Contrée de la la Turquie en Europe dans la Bosnie, selon Mr. Baudrand qui cite Jean Lucius, & ajoute que cette Contrée est dans les terres.

[f] Dict. Ed. 1681.

USPEN. Voyez VISPEN.

Rr   US-

USSARA, Ville de la Mauritanie Céſarienſe, ſelon Ptolomée [a]. [a Lib. 4. c. 1.]

USSEAU, Bourg de France dans la Bourgogne, Recette d'Autun. C'eſt une Paroiſſe en Pays maigre, ſablonneux & montueux pour la plus grande partie. On y trouve quelque peu de vignes & des bois. Les Hameaux de Buſſerotte, de Dardon, de Freſſe, de Baſſigny, de Villemaiſon, des Chaſſeaux, de Ville-fèvre en dépendent. Il y a à Uſſeau un Prieuré de l'Ordre de St. Benoît, qui vaut environ quinze cens Livres par an. Le Roi en eſt Collateur.

USSEAUX, Bourg de France, dans la Saintonge, Election de St. Jean d'Angely.

1. USSEL, Ville de France, dans le Limouſin, Election de Tulles, à deux lieues de Ventadour. Les Habitans de cette petite Ville ſont très-adroits à mettre en œuvre les diamans faux. Uſſel, eſt le Cheflieu du Duché de Ventadour, érigé en Pairie l'an 1589.

2. USSEL, Bourg de France dans l'Auvergne, Election de St. Flour.

3. USSEL & LUX, Paroiſſe de France, dans le Bourbonnois, Election de Gannat. C'eſt une Châtellenie du Bailliage de Moulins. Les terres ſont bonnes pour le Froment & l'Orge. C'eſt un grand Vignoble, & il y a quelques Marais pour pacages.

USSELDUN, Lieu de France, dans le Quercy, Election de Cahors, près de Martel, ſur le bord de la Dordogne, au haut d'une Montagne communément le *Puech d'Uſſel*. La ſituation de ce Lieu, qui eſt preſque tout environné de la Dordogne, & ſon nom font juger que c'eſt la place de l'ancien *Uxellodunum* de Céſar.

1. USSON, *Ucio*, *Uxus*, *Uxo*, Ville de France dans l'Auvergne [b], Election d'Iſſoire, à quatre lieues de Brioude. Cette petite Ville qui s'eſt dépeuplée inſenſiblement depuis que le Roi en fit raſer le Château en 1634. eſt ſituée ſur une Montagne de difficile accès, & hors de tout commerce. Sa Juſtice Royale eſt la ſeule choſe qui empêche qu'elle ne ſoit abſolument abandonnée. Rien n'a autant fait connoître Uſſon que le long ſéjour que fit dans ſon Château Marguerite de France, première femme du Roi Henri IV. Le bon Pere Hilarion de Coſte [c], dit que le Château d'Uſſon garda pendant ſix ans cette Reine, *durant leſquels ce fort Château de l'Auvergne fut un Thabor pour ſa dévotion, un Liban pour ſa ſolitude, un Olympe pour ſes exercices, un Parnaſſe pour ſes Muſes, & un Caucaſe pour ſes afflictions*. Si le Pere Hilarion de Coſte a toujours pratiqué les autres vertus du Chriſtianiſme avec la même fidélité qu'il pratique la Charité dans cette occaſion, nous ne devons par héſiter un moment à le regarder comme un Saint. Je remarquerai ici, dit Mr. Piganiol de la Force, que Mr. Bayle s'eſt fort trompé lorſqu'il a dit qu'Uſſon *dépendoit autrefois du Comté de Brive*. Pour peu que l'on ſoit initié dans la Géographie, on ſait l'éloignement conſidérable qu'il y a d'Uſſon en Auvergne, à Brive dans le Limouſin. Mr. Bayle cite Mr. de Valois pour ſon garant; mais ce ſa-

[b *Pigniol, Deſcr de la France*, t. 6. p. 337.]

[c *Eloge des Dames Illuſtres*, t. 2. p. 306.]

vant homme n'a jamais penſé ce que Mr. Bayle lui attribue. Il dit qu'Uſſon étoit *in Comitatu Brivatenſi*, c'eſt-à-dire dans le Comté de Brioude, & cela eſt vrai; mais faute d'attention, Mr. Bayle a pris le Comté de Brive pour le Comté de Brioude.

La petite Ville d'Uſſon a titre de Marquiſat, & eſt le Siège d'un Bailliage & d'une Châtellenie Royale, reſſortiſſante à la Senéchauſſée de Riom. Elle eſt diviſée en deux Communautez; dont l'une peut être compoſée de ſix à ſept cens Habitans, & l'autre d'environ neuf cens.

2. USSON, Bourg de France, dans le Forez, Election de Montbriſon.

3. USSON, Bourg de France, dans le Poitou, Election de Poitiers. Ce Bourg qui eſt très-peuplé a une Prevôté Royale, reſſortiſſante au Bailliage de Civray.

USSUBIUM, Ville de la Gaule Aquitanique: L'Itinéraire d'Antonin la marque ſur la route de Bourdeaux à *Argantomagum*, entre *Sirione* & *Fines*, à vingt milles du premier de ces Lieux & à vingt-quatre milles du ſecond. Quelques MSS. portent USUBIUM, au lieu d'USSUBIUM; & la Table de Peutinger lit VESUBIUM. On croit que c'eſt aujourd'hui *la Réole* ſur la rive droite de la Garonne.

USSY, Bourg de France, dans la Brie, Election de Meaux.

1. USTICA, Iſle voiſine de celle de Sicile ſelon Ptolomée [d], qui y met une Ville de même nom. Pline [e] dit qu'elle eſt à l'oppoſite de Paropus. Selon Mr. Baudrand l'Iſle USTICA eſt l'EVONYMUS de Strabon [f], mais il n'a pas fait attention qu'USTICA & EVONYMUS, ſont données pour deux Iſles différentes par Ptolomée. Uſtica eſt aujourd'hui une des Iſles de Lippari. Elle conſerve ſon ancien nom; & c'eſt une Iſle deſerte.

[d Lib. 3. c. 4.]
[e Lib. 3. c.]
[f Lib. 6. p. 276.]

2. USTICA. On trouve ce nom dans Horace [g]: [g Lib. 1. Od. 17.]

Valles & Uſtica cubantis
Lævia perſonuere ſaxa.

Les Commentateurs diſent que par USTICA Horace entend une Montagne d'Italie au Pays des Sabins, & qu'il lui donne l'épithéte de *cubantis* parce que ſa pente étoit fort douce. Un ancien Interpréte, allégué par Ortelius [h] & par Cellarius [i], dit qu'USTICA eſt le nom d'une Montagne & d'une Vallée.

[h *Theſaur.* Geogr.]
[i *Ant. Lib.* 2. c. 9.]

1. USTIUGA, ou OUSTIOUG, Province de l'Empire Ruſſien, dans la partie Septentrionale de la Moſcovie. Elle eſt bornée au Nord par la Province de Duina, à l'Orient par le Pays des Ziranni, au Midi par la Province de Vologda, & à l'Orient partie par la Province de Vaga, partie par celle de Cargapol.

Cette Province [k], comme celle de Duina, dépendoit autrefois du Duc de Novogorod. Sa Capitale qui a le même nom a été ainſi appellée du mot *Uſt* qui ſignifie l'Embouchure d'une Rivière, & de *Jugh*, parce qu'elle étoit ſituée au lieu où la Riviére de *Jugh* entre dans la Suchana, & dont elle eſt aujourd'hui éloignée d'une demi-lieue.

[k *Oleſarius*, Voyage de Moſcovie, L. 3. p. 114.]

Ses

UST. USU. UTA. UTE. — UTE. UTH. UTI. 315

Ses Habitans ne mangent point de pain. Ils se contentent de poisson & de venaison sechée au Soleil. C'est de cette Province que viennent les plus beaux Renards noirs.

La Province d'Ustiuga est coupée du Midi au Nord par la Riviére de Duine ou de Vologda, dans laquelle se jettent plusieurs autres Riviéres qui arrosent cette Province. On y compte sept Villes tant grandes que petites, savoir

Ustiuga ou Oustioug,
Vitsogdskaia-Sol,
Votlasmeets-Gorodeck,
Duina,
Brousenskoi-Gorodeck,
Staraia-Totma, ou la Vieille Totma,
Totma, ou la Nouvelle Totma.

On divise cette Province en diverses Contrées, savoir

A la gauche du Vologda,
{ Suisinie Volost,
  Jorgeska Volost,
  Coxenia Volost,
  Mankussa Volost,
  Tasta Volost,
  Vobal Volost,
A la droite. { Lousnska Volost.

2. USTIUGA, Ville de l'Empire Russien, dans la partie Septentrionale de la Moscovie, sur le bord de la Duine, à gauche vis-à-vis de l'endroit où elle reçoit l'Ioug, situation qui a occasionné son nom. Voyez l'Article précédent.

Cette Ville, du tems qu'Olearius écrivoit, étoit la seule de toutes celles de Moscovie qui se trouvât ceinte d'une muraille de pierre, parce le Grand-Duc avoit coutume d'y envoyer une partie de ses Tresors en tems de guerre. Elle relevoit autrefois du Duc de Novogorod, ainsi que toute la Province avec laquelle elle a été réunie.

USUERICA, Ville de la Gaule, selon Ortelius [a] qui cite un fragment de la Table de Peutinger. [a Thesaur.]

USUI, Isui, ou Isiu. Voyez Isium.

USULA. Voyez Usilla. [b Atlas Sinens.]

USUNG, Fleuve de la Chine [b], dans la Province de Kiangnan. C'est un des trois Fleuves qui environnent la Ville de Sucheu. Il mouille cette Ville du côté de l'Orient.

USUUM. Voyez Isium.

U T.

UTAI, Ville de la Chine [c], dans la Province de Xansi, au Département de Taiyven, premiére Métropole de la Province. Elle est de 4. d. 20'. plus Occidentale que Péking, sous les 39. d. 9'. de Latitude Septentrionale. [c Ibid.]

UTELLABRI. Voyez Velabri.

UTENS. Voyez Ufens.

UTERET, ou Uturet [d], Ville d'Asie, dans la partie de la Georgie, appellée Mingrelie, au confluent de l'Abasçia & du Faze, à dix lieues de l'Embouchure de la derniére de ces Riviéres dans la Mer Noire. On [d Baudrand, Dict.] la prend pour l'ancienne Aea, où Aeapolis.

UTERNI, Peuple de l'Hibernie. Ptolomée [e] le marque sur la Côte Méridionale de l'Isle. Un MS. consulté par Ortelius [f] lisoit Juberni, au lieu d'Uterni. [e Lib. 2. c.] [f Thesaur.]

UTHINA, Ville de l'Afrique propre. Elle est placée dans les terres par Ptolomée [g], qui la met entre la Ville Tabraca & le Fleuve Bagradas. Pline [h] lui donne le titre de Colonie. Uthina, ou Utina fut honorée d'un Siège Episcopal. Voyez Utinensis. [g Lib. 4. c.] [h Lib. 5. c. 4.]

UTHISIA, Ville de la Numidie, selon Pomponius-Mela [i], qui dit qué les Fleuves Aves & Nabar couloient entre cette Ville & Icosium. Au lieu d'Uthisia les anciennes Editions portent Ruthisia. Ni l'un ni l'autre de ces noms ne sont connus des anciens Géographes. Isaac Vossius remarque que la Ville dont veut parler Pomponius-Mela ne devoit pas être éloignée d'Ampsaga, ce que dénotent les deux Fleuves qui viennent d'être nommez. [i Lib. 1. c. 6.]

UTICA, Ville de l'Afrique propre. Elle est nommée Ἰτύκη, Ityca par les Grecs; quoique pourtant Dion-Cassius [k] écrive Οὐτίκη, Utica, à la maniére des Latins [l]. Selon Pomponius-Mela, Velleius-Paterculus, Justin & Etienne le Géographe, c'étoit une Colonie des Tyriens. Par sa grandeur & par sa dignité, dit Strabon [m], elle ne cédoit qu'à Carthage, & après la ruïne de celle-ci elle devint la Capitale de la Province. Il ajoute qu'elle étoit située sur le même Golphe que Carthage, près d'un des Promontoires qui formoient le Golphe, dont celui qui étoit voisin d'Utique s'appelloit Apollonium & l'autre Hermea. Il est souvent fait mention de cette Ville dans l'Histoire de la Guerre Civile par César; & elle devint encore plus célébre par la mort de Caton à qui on donna à cause de cela le surnom d'Utique [n]. Les Habitans de cette Ville sont appellez Ἰτυκαῖοι, par Polybe [o], Οὐτικήσιοι, par Dion-Cassius [p] & Uticenses par César [q]. Auguste leur donna le droit de Citoyens Romains; τοὺς Οὐτικησίους πολίτας ἐποιήσατο, Uticenses cives Romanos fecit, dit Dion-Cassius; ce qui fait qu'on lit dans Pline [r]: Utica civium Romanorum. On voit deux Médailles de Tibére, frappées dans cette Ville: sur l'une on lit: Min. Julii Uticen. D. D. P. C'est-à-dire selon l'explication du R. Pere Hardouin Municipii Julii Uticensis Decuriones posuere. L'autre Médaille porte Immunis Uticen. D. D. Ce que le même Pere explique de la sorte Immunis Uticensis [Civitas] Decurionum Decreto. Dans la Table de Peutinger cette Ville est appelée Utica Colonia. [k Lib. 41. & seq.] [l Cellar. Geogr. Ant. L. 4. c. 4.] [m Lib. 17.] [n Plin. Lib. 7. c. 14. & 40.] [o Lib. 1. c. 73.] [p Lib. 49. & 401.] [Bel. Civ. L. 2. c. 36.] [r Lib. 5. c.]

Entre la Ville de Biserte & le Promontoire de Carthage, dit Marmol [s], il y a un Port desert qu'on nomme communément Port-Farine. On y voit d'un côté les ruïnes d'une ancienne Ville qu'on dit être Utique fameuse par la mort de Caton. Elle fut détruite par les Successeurs de Mahomet & ne s'est jamais répeuplée depuis, quoiqu'il y ait autour quantité de Villages de Bérébéres, qui parlent un Arabe corrompu. Les Vaisseaux qui navigent le long de cette Côte viennent faire [s Royaume de Tunis, L. 6. ch. 14.]

UTI.

faire aiguade en ce Port; & c'est où aborda l'Armée navalle de Charles V. quand il alla attaquer Tunis.

UTICENSIS, Siège Episcopal d'Afrique, dans la Province Proconsulaire, selon la Notice Episcopale des Evêchez de cette Province. Dans la Conférence de Carthage Victor est qualifié *Episcopus Ecclesiæ Uticensis*; & parmi les signatures des Peres qui souscrivirent au premier Concile d'Arles, on trouve celle de Victor *Episcopus de Civitate Utica*. Voyez UTICA. [a No. 128.]

UTICNA, Ville de l'Afrique propre: Elle est rangée par Ptolomée au nombre des Villes qui étoient au Midi d'Adrumete. [b Lib. 4. c. 3.]

UTIDAVA, Ville de la Dace selon Ptolomée. Lazius dit dans sa République Romaine que ce Lieu est appellé aujourd'hui Utarhel; ce qui dans la Langue du Pays veut dire *les ruïnes d'Utidava*. [c Lib. 3. c. 8.]

UTIDORSI, Peuples d'entre les Scythes, en Asie, sur la Mer Caspienne, vers le Fleuve Cyrus selon Pline. [d Lib. 6. c. 12.]

UTIGORI, Peuples compris sous le nom général de Huns, selon Agathias cité par Ortelius. [e Thesaur.]

UTII, Peuples dont fait mention Hérodote, qui ne désigne pas absolument leur Pays. Mais comme il les joint avec les *Myci*, & qu'il donne aux uns & aux autres pour Commandant Arsamenès fils de Darius, il y a apparence qu'ils étoient Perses ou Sujets ou Alliez des Perses. [f Lib. 3. n°. 93. & Lib. 7. n°. 68.]

UTILA, Isle de l'Amérique, dans la Nouvelle Espagne, l'une de celles qui se trouvent dans le Golphe de Honduras, au Nord de Triunfo de la Crux, & au Midi Occidental de l'Isle de Ruatan. De Laet dans sa Description des Indes Occidentales remarque que cette Isle est basse & pleine de bois, & que son circuit est de cinq à six lieues. [g De l'Isle, Atlas.] [h Liv. 7. c. 18.]

UTIMARENSIS, Siège Episcopal d'Afrique. Dans la Conférence de Carthage Severus est qualifié *Episcopus Utimari*. Il y avoit dans la Province Proconsulaire un Siège Episcopal nommé *Utimirensis* selon la Notice des Evêchez de cette Province, & *Utmensis* selon la Conférence de Carthage; mais comme l'Evêque de ce Siège étoit Timianus, on ne peut s'empêcher de conclure que UTIMIRENSIS, & UTIMARENSIS sont deux Evêchés bien différens. On ignore de quelle Province étoit ce dernier. [i No. 126.] [k Ibid.]

UTIMMENSIS, Siège Episcopal d'Afrique. Dans la Conférence de Carthage Octavius est qualifié *Episcopus plebis Utimmensis*. Cette Conférence donne à divers Evêques des noms qui approchent fort les uns des autres. On y trouve Timianus *Utmensis*, & Severus *Episcopus plebis Utimaris*. Dans un autre endroit on voit Isaac *Episcopus Catholicus Utinensis*, & Felicianus son Adversaire Evêque du même Siège; & enfin Octavius *Episcopus plebis Utimmensis*. Cependant dans la Notice des Evêchez d'Afrique, il n'y a qu'un Siège dont le nom ait du rapport à ceux-ci. C'est celui qu'elle appelle *Utimmirensis*. Mr. Dupin de qui est cette Remarque ajoute qu'au lieu d'*Utimmensis* les anciennes Editions de la Conféren- [l No. 133.] [m No. 126.] [n No. 128.] [o No. 133.]

UTI. UTM. UTR.

ce de Carthage portent *Utinunensis*; & que plus bas Bonifacius, Adversaire d'Octavius, est appellé *Utunnensis Episcopus*. [p Ibid.] [q No. 198.]

UTINA, & UTINUM, nom que les Latius donnent à une Ville du Frioul, connue vulgairement sous celui d'UDINE, & qui est aussi appellée en Latin *Udinum*, & en Allemand *Weyden*, selon Lazius. Son origine est fort obscure: on sait seulement que ce n'est pas une Ville nouvelle, & qu'elle ne paroit pas avoir été bâtie depuis le tems des Romains. Cluvier veut que les NEDINATES de Pline soient les anciens Habitans de cette Ville; que par erreur les Copistes ont écrit NEDINATES pour VEDINATES, & que la Ville devoit s'appeller VEDINUM, dont on a fait *Udene*, ou *Udine*. La pensée ne seroit pas mauvaise si l'ordre alphabétique ne se trouvoit point dérangé dans Pline en lisant VEDINATES, pour NEDINATES. Cependant quelques Exemplaires de Pline lisent VENIDATES. [r Ital. Ant. L. 1. c. 20.] [s Lib. 3. c. 19.]

UTINENSIS, Siège Episcopal d'Afrique dans la Province Proconsulaire, selon la Conférence de Carthage, où son Evêque est nommé Felicianus *Episcopus Diœcesis Utinensis*. Entre les signatures des Peres qui souscrivirent au premier Concile d'Arles on trouve celle de Lampadius *Episcopus de Civitate Utina*. [t No. 128.] [& 133. & 187.]

UTING, Rivière de la Chine, dans la Province de Xensi près de la Ville de Cingkien, où on la nomme vulgairement l'*Inconstante*, parce que coulant dans des terres sablonneuses quelquefois ses eaux sont très-hautes & quelquefois très-basses. [u Atlas Sinens.]

UTINISENSIS, Siège Episcopal d'Afrique dans la Province Proconsulaire. La Conférence de Carthage nomme son Evêque Valerius *Episcopus plebis Utinisensis*; & Mr. Dupin soupçonne que ce pourroit être le même Siège qui est appellé *Tinnisensis* dans la Notice des Evêchés d'Afrique & placé dans la Province Proconsulaire. [x No. 126.]

UTIRENTA. Voyez URUNCA.

UTMENSIS, Siège Episcopal d'Afrique dans la Province Proconsulaire. La Conférence de Carthage nomme son Evêque Timianus *Episopus plebis Utmensis*. Mr. Dupin croit que le Siège *Utimmirensis* que la Notice des Evêchez d'Afrique marque dans la Province Proconsulaire pourroit être celui que la Conférence de Carthage appelle *Utmensis*. Cependant la même Conférence connoît dans la Proconsulaire un autre Siège nommé *Utimariensis* & dont elle appelle l'Evêque Severus *Episcopus plebis Utimari*. Je laisse à juger lequel des deux approche le plus d'*Utinmirensis*, ou d'*Utmensis*, ou d'*Utimariensis*. [y Ibid.]

1. UTRECHT, ou la SEIGNEURIE d'UTRECHT, Province des Pays-Bas, & l'une des sept qui composent la République des Provinces-Unies, parmi lesquelles elle a le cinquième rang. Elle est bornée au Nord partie par la Hollande, partie par le Zuiderzée; à l'Orient par le Veluve & la Gueldre; au Midi le Rhein la sépare de l'Isle de Betau; & à l'Occident encore par la Hollande. Quoique l'étendue de ce Pays ne soit pas fort grande: il étoit néanmoins autrefois si puissant qu'il pouvoit mettre

mettre fur pied une Armée de quarante mille hommes ; & quoiqu'il fût continuellement attaqué par les Hollandois, par les Frifons & les Gueldrois, qui l'environnent de tous côtez, il fe défendit néanmoins vaillamment contre de fi puiffans Ennemis. Les Principales Villes de cette Province font

Utrecht,   Rhenen,
Amersfort,   Montfort,
        Wyck-te-Duerftede.

On divife la Province d'Utrecht en quatre Quartiers, qui font le Diocéfe Supérieur & Inférieur, l'Emfland & le Pays de Montfort. On refpire dans cette Province un air beaucoup plus fain qu'en Hollande, & le Pays y eft auffi beaucoup plus élevé ; ce qui fait qu'il eft moins marécageux.

Les Evêques d'Utrecht étoient autrefois Seigneurs Spirituels & Temporels de tout ce Territoire. Ils étoient Princes Souverains du St. Empire & comptoient entre leurs Feudataires vingt-huit Comtes & grands Seigneurs. Le Duc de Brabant étoit leur Echanfon, le Comte de Hollande Grand-Maréchal, le Comte de Cléves Grand-Chambellan, le Comte de Gueldre Grand-Veneur, le Comte de Benthem Portier, le Comte de Cuyck Bouteiller, le Comte de Goerée Porte-Enfeigne, & le Comte de Flandre étoit auffi fon Vaffal à caufe du Pays de Waes. Voyez l'Article fuivant.

Le Gouvernement de la Province d'Utrecht eft femblable à celui de la Province de Zélande. Il a néanmoins cela de particulier que huit Députez du Clergé ont féance dans l'Affemblée des Etats, avec les Députez des Nobles, & des Villes d'Utrecht, d'Amersfort, de Wyck, de Rhenen & de Montfort. Ce font les cinq Chapitres de la Ville d'Utrecht qui fourniffent les Députez du Clergé, qui compofent le premier Ordre des Etats. Les deux autres Ordres élifent leurs Députez ; & c'eft pour cela qu'on les nomme Elus.

En 1672. les François fe rendirent maîtres de toute la Province d'Utrecht ; mais en 1673. ils abandonnérent leur conquête, après avoir démoli la plus grande partie des fortifications des Villes.

2. UTRECHT, Ville des Pays-Bas, & la Capitale de la Province à laquelle elle donne fon nom. Cette Ville fituée fur l'ancien Canal du Rhein, environ au milieu, entre Nimégue, Arnhem, Leyde & Amfterdam, & à près de huit lieues de chacune de ces Villes, a été bâtie par les Romains, qui nommérent ce lieu *Trajectum*, parce qu'on y paffoit le Rhein ; & quoiqu'il ne foit point marqué dans les Hiftoriens Romains, il l'eft dans l'Itinéraire d'Antonin. Voyez TRAJECTUM.

a Longuerue, Defcr. de la France, Part. 2. p. 26.

Après la ruïne de l'Empire Romain [a], cette Place qui n'étoit alors qu'un Château, on une Fortereffe (*Caftellum*), fut tantôt occupée par les François, & tantôt par les Frifons. Sur la fin du feptième Siècle, Pepin Maire du Palais, ayant vaincu Ratbod, Prince des Frifons, fe rendit maître d'Utrecht, & y établit le Siège Epifcopal de Saint Wilibrord, qui avoit été créé Archevêque des Frifons à Rome par le Pape Sergius I. comme Bède Contémporain de ce Saint nous l'apprend au cinquième Livre de fon Hiftoire. Alcuin confirme la même chofe dans la Vie de Saint Wilibrord, qui a eu certainement fon Siège à Utrecht, fans qu'il foit important de décider fi Utrecht, *Trajectum*, eft la même Place que Wiltabourg, comme l'affure Bède : ou fi Wiltabourg a été un Lieu diftingué d'Utrecht ; & fi c'eft la même chofe que la Bourgade de Wiltembourg qui eft à trois milles fix cens pas d'Utrecht, puifque celle-ci étoit alors, felon le témoignage de tous les Auteurs, le Siège Epifcopal, & la Place la plus confidérable de ce Pays-là.

Ce Siège Epifcopal ne fut pas néanmoins établi d'une maniére folide, quoique Charles Martel fils de Pepin eût donné la propriété de la Place d'Utrecht à l'Eglife de St. Martin, fondée par fon Pere. Mais après la mort de St. Boniface qui y tint le Siège fous le Régne de Pepin fils de Charles, les Frifons étant toujours opiniâtres dans le Paganifme, il n'y eut plus d'Archevêque ni d'Evêque à Utrecht ; & l'Evêque de Cologne s'empara de la Jurifdiction fpirituelle de ce Territoire. L'Eglife de St. Martin étoit alors gouvernée par un fimple Prêtre établi par l'Evêque de Cologne ; & ce Prêtre avoit fimplement la qualité de Recteur, comme on le voit par une Patente de Charlemagne, donnée dans la neuvième année de fon Régne, en faveur de la Bafilique de St. Martin, qui étoit dans le lieu nommé *Trajectum vetus*, au-deffous de la Ville de Dorestat ; *Ubi venerabilis vir Albricus Presbyter, atque Electus Rector præeffe videtur.*

Enfin Rixfride, au commencement du neuvième Siècle fut facré Evêque d'Utrecht, & cet Evêché, qui fut mis fous Cologne, nouvellement érigée en Métropole Eccléfiaftique, a fubfifté avec une fuite continuelle d'Evêques jufqu'au feizième Siècle.

La Ville d'Utrecht fut d'abord bâtie fur le bord Septentrional du Rhein du côté de la Frife, & elle appartenoit encore à ce Pays dans l'onzième Siècle, lorfque l'Empireur Henri *le Noir* y célébra en 1046. la Fête de Pâques, fe difpofant à attaquer Thierry, Marquis de Flarding, qui s'étoit révolté contre lui. Le nombre des Habitans d'Utrecht s'étant augmenté, on bâtit une nouvelle Ville fur le bord Méridional du Rhein, dans l'Ifle & le Territoire des Bataves. La puiffance de ces Evêques s'augmenta auffi confidérablement par la libéralité des Empereurs ; car Conrad *le Salique* donna en 1026. à l'Eglife d'Utrecht tout l'ancien Comté de Theyfterband, qui s'étendoit depuis la Hollande jufqu'à l'Iffel, & l'on voit que le Betau, ou le Comté de Batua y étoit annéxé, auffi-bien qu'un Territoire qui confine avec le Brabant, & où eft la Ville de Heufden. Mais divers Seigneurs établis dans ce Comté de Theyfterband fe rendirent propriétaires en reconnoiffant d'abord la fupériorité Temporelle de l'Eglife d'Utrecht ; & enfuite ils fe rendirent indépendans. Les Habitans de la Vil-

Ville obtinrent aussi de grands privilèges, & dans la suite ils furent souvent peu soumis à leurs Evêques ou Princes, s'appuyant sur le secours qu'ils recevoient des Ducs de Gueldre & des Comtes de Hollande.

Enfin l'Evêque Henri de Bavière, sous prétexte de conserver le Patrimoine de son Eglise, & de lui attirer & à son Peuple une puissante protection, céda l'an 1527. à l'Empereur Charles V. & à ses Successeurs Ducs de Brabant, & Comtes de Hollande, avec le consentement de son Chapitre, la Principauté ou Seigneurie d'Utrecht, avec celle des Pays qui lui appartenoient au-delà de l'Issel; ce qui fut confirmé en 1529. par une Bulle du Pape Clément VII.

Philippe II. fils de Charles V. perdit ce que son Pere avoit acquis; & les Etats de la Province d'Utrecht, se joignirent aux six autres Provinces pour former une République en se séparant pour toujours des autres Provinces, qui étoient rentrées sous l'obéissance du Roi d'Espagne. Cette fameuse Union, qui fut le fondement & la base de la République, se fit dans la Ville d'Utrecht, où les Etats-Généraux des sept Provinces s'assemblèrent le 13. de Janvier 1579.

Vingt ans auparavant, c'est-à-dire en 1559. le Pape Paul IV. avoit érigé l'Eglise d'Utrecht en Métropole, & lui avoit donné pour Suffragans les nouveaux Evêchez de Harlem en Hollande, de Middelbourg en Zélande, de Leuwarde en Frise, de Deventer dans l'Over-Issel, & de Groeningue dans la Province de même nom. Le premier Archevêque fut Frédéric Skenk de Tautenberg, Président de la Chambre Impériale de Spire en 1561. Il tint un Concile Provincial avec les Evêques ses Suffragans, pour la réception du Concile de Trente; ce qui n'eut aucune exécution, parce que le Parti des Protestans s'accrut de manière qu'ils devinrent les plus forts.

L'Archevêché d'Utrecht, quoique divisé en cinq nouveaux Evêchez, ne laissa pas d'être encore fort étendu. Il contenoit vingt-quatre Chapitres de Chanoines, douze Abbayes, seize Commanderies de l'Ordre de Malthe, ou de l'Ordre Teutonique, dix-huit Prieurez de Chanoines Réguliers, quatre Chartreuses, & autres Maisons Religieuses, en tout cent quatre-vingt-huit tant d'Hommes que de Filles.

Après la mort du premier Archevêque Frédéric Skenk arrivée en 1580. ceux qui furent nommez par Philippe II. pour lui succéder ne purent jouir de cet Archevêché. Le Pape avec la permission & la tolérance des Etats-Généraux des Provinces-Unies, a nommé pendant quelque tems des Prélats, qui sous un titre d'Evêques *in partibus infidelium*, & avec une Commission de Vicaires Apostoliques, pour le Gouvernement Spirituel, ont successivement gouverné l'Eglise d'Utrecht & les autres Eglises des Provinces-Unies, où il ne se trouvoit pas d'Evêques, & ces Prélats se qualifioient quelquefois Archevêques d'Utrecht, quelquefois se contentoient de leur titre d'Evêques *in partibus*. pour ne pas donner d'ombrage au Souverain. Dans ces dernières années le Souverain a toléré que les Chanoines Catholiques de la Métropole qui soutiennent avoir toujours subsisté, fissent l'Election d'un Archevêque suivant leur ancien droit; mais le Pape a refusé d'approuver les différentes Elections qu'ils ont faites, prétendant que l'Archevêché étoit supprimé & qu'il n'appartenoit plus qu'à lui seul de disposer du Gouvernement Spirituel de l'Eglise d'Utrecht. Ces contestations ont occasionné une espèce de Schisme parmi les Catholiques des sept Provinces-Unies. Les Archevêques d'Utrecht, élus par les Chanoines de la Métropole se font fait sacrer indépendemment de l'approbation du Pape, & ont gouverné une partie des Peuples qui les ont reconnus, tandis que les Ministres du Pape à Cologne & à Bruxelles, ont pris soin de la partie du Peuple, qui n'a pas reconnu les Archevêques.

Les Etats ont appliqué à divers usages les revenus de l'Archevêché, qui se trouvoient dans l'étendue de la Seigneurie d'Utrecht; mais les Prébendes des Chapitres de l'Eglise Métropolitaine, & de celle de Ste. Marie, se vendent à vie à des Chanoines ou Prébendez Laïques, qui ne font aucune fonction Ecclésiastique, qui sont ordinairement Protestans & qui représentent l'Ordre du Clergé aux Assemblées des Etats de la Province.

De l'ancien nom *Trajectum* on a fait *Trecht*, & on nommoit encore cette Ville *Trecht* sur la fin du treizième Siècle, comme on le voit par l'Historien Froissart. Pour distinguer néanmoins cette Ville de celle de Maestricht, nommée *Trajectum Superius*, on appella l'autre *Trajectum Rheni*, & *Trajectum Inferius*, & *Ulterius Trajectum*; comme on le voit par la Chronique de St. Tron, & de *Ulterius Trajectum*, on a fait *Ultrajectum*, d'où est venu le mot d'UTRECHT.

Cette Ville est de figure ovale, & son circuit peut avoir autour de cinq quarts de lieue. Elle a quatre gros Fauxbourgs & de très-belles Promenades dans ses environs. Mais, quoiqu'elle soit munie de quelques Bastions & demi-Lunes, elle n'est pas forte. L'Empereur Charles V. étant devenu Maître de la Seigneurie & de la Ville d'Utrecht, y fit bâtir en 1529. un Château qu'on nomma *Vrebourg*, ou Château de Paix. Ce Prince célébra en 1546. un Chapitre de la Toison d'Or dans l'Eglise Cathédrale; & il y fit Chevaliers Maximilien Roi de Bohême, depuis Empereur, Côme de Médicis, Duc de Florence, Albert Duc de Bavière, Emanuel Philibert Duc de Savoye, avec dix-huit autres Seigneurs. Cette Eglise Cathédrale, autrement le Dôme, fut bâtie, à ce qu'on prétend, en 630. par le Roi Dagobert I. & on ajoute que St. Willibrord y établit une Abbaye de Religieux. Elle devint ensuite Cathédrale & fut rebâtie par Adelbolde dix-neuvième Evêque, qui la bénit l'an 1024. en présence de l'Empereur Henri II. Duc de Brabant, des Comtes de Hollande, de Gueldres, de

Clè-

Clèves, de Cuyck & de douze Evêques. Henri de Vianen trente-huitième Evêque, commença en 1224. à la rebâtir, & à la mettre dans l'état où on la voit présentement. Ses Successeurs travaillérent à l'embellir; & elle est d'une magnifique structure. On voit encore dans le Chœur de cette Eglise les Armoiries des anciens Chanoines. Ils étoient au nombre de quarante. Au bas de l'entrée de cette Eglise, il y a une fort belle Tour, qui fut bâtie en 1321. par Fréderic de Syrch quarante-troisième Evêque. Elle a trois cens quatre-vingt-huit pieds de hauteur. Comme tout le Pays est plat, on peut distinguer de cette Tour dans un tems serain quinze ou seize Villes de la Hollande. Le 1. d'Août 1674. après midi, un vent furieux ayant donné contre le flanc de la Masse entière de cette Eglise ébranla le Corps des Nefs & les renversa de fond en comble, sans porter aucun dommage ni à la Tour, ni aux bras de la Croix de l'Eglise vers le Chœur; d'où ces Nefs furent arrachées, & qui subsistent encore dans leur entier.

Outre la Cathédrale, il y avoit quatre Collégiales. La principale étoit St. Sauveur, bâtie par St. Boniface & appellée autrefois *Oudt-Munster*. Elle avoit un Prevôt, un Doyen, un Chantre & un Trésorier avec vingt Chanoines; & l'Empereur y étoit Chanoine honoraire. Cette Eglise se glorifioit d'avoir eu pour Prévôts deux Papes; savoir Pierre de Belfort, qui fut élu en 1374. sous le nom de Grégoire XI. & Adrien VI. élu en 1521. Cette Eglise fut détruite en 1587. pour élargir les rues voisines; & les Chanoines Protestans commencérent alors à tenir leurs Assemblées dans l'Abbaye de St. Paul à Utrecht. L'Eglise Collégiale de Notre-Dame fut bâtie en 1076. par l'Evêque Conrad. Elle avoit un Prevôt & un Doyen avec trente Chanoines. Celle de St. Pierre fut bâtie vers l'an 1045. par Bernulphe trentième Evêque. Elle avoit aussi trente Chanoines, avec un Prevôt & un Doyen. Celle de St. Jean Baptiste aussi fondée par l'Evêque Bernulphe pour vingt Chanoines, avoit de même un Prevôt & un Doyen. On y voit une belle Bibliothéque publique ornée de plusieurs Manuscrits, tirez des Eglises & Monastères Catholiques: elle occupe le Chœur de l'Eglise.

Il y a dans Utrecht deux grands Marchez: l'un pour les provisions de bouche, à côté du grand Canal; l'autre pour le Bétail, vers l'Eglise Collégiale de la Ste. Vierge, qui est présentement à l'usage des Anglois. Il n'y est plus rien resté depuis le tems des Catholiques que quelques beaux Tableaux de la Ste. Vierge, & un Autel dans un coin de la Nef. On y fait remarquer aux Etrangers un de ses Piliers, qui n'ayant pû être bâti sur des pilotis fut fondé sur des peaux de Bœufs, comme cela paroît par les deux Vers suivans écrits sur ce même Pilier:

Accipe Posteritas quod per tua sæcula narres :
Taurinis cutibus fundo solidata Columna est.

Les Chanoines des cinq Eglises Cathédrales & Collégiales d'Utrecht, quoiqu'ils eussent leurs revenus séparez, ne faisoient qu'un même Corps dans les Elections des Evêques, où ils avoient tous voix égale; & dans les Assemblées ou Processions, ils avoient rang selon leur ancienneté. Ils faisoient le nombre de cent quarante. Les Dignitez de l'Eglise d'Utrecht étoient: 1. l'Archevêque: 2. le Grand-Prevôt de la Cathédrale: 3. le Grand-Doyen: 4. le Prevôt de St. Sauveur: 5. le Prevôt de St. Pierre: 6. le Prevôt de Notre-Dame: 7. le Prevôt de St. Jean: 8. le Chor-Evêque: 9. le Prevôt d'Arnhem: 10. le Prevôt d'Emmeric: 11. le Prevôt de Deventer: 12. le Prevôt d'Oldenzeel: 13. le Grand Chantre: 14. l'Ecolâtre: 15. le Trésorier: 16. le Suffragant: 17. un Inquisiteur de la Foi, établi par l'Empereur Charles V. &c. Tous ces Prevôts avoient titre d'Archidiacres.

On remarque encore à Utrecht, outre les Eglises Collégiales, quatre Paroisses: savoir Notre-Dame la Petite, communément appellée de *Buur-Kerck*; St. Jacques, St. Nicolas, & Ste. Gertrude: deux Commanderies, l'une des Chevaliers de l'Ordre Teutoniqne, dans l'Eglise de St. Nicolas; & celui qui en étoit pourvu étoit Grand-Commandeur & avoit sous lui douze Commanderies: l'autre étoit une Commanderie des Chevaliers de Malthe, dans l'Eglise de Ste. Catherine. Il y avoit deux Abbayes, l'une de Religieux de l'Ordre de St. Benoit, appellée St. Paul, & fondée vers l'an 998. auprès d'Amersfort par l'Evêque Ansfride; puis transférée à Utrecht en 1054. par Bernulphe trentième Evêque: l'autre de Religieuses de l'Ordre de Cîteaux, appellée St. Servais, ou *Ten-Daele*, & fondée vers l'an 1233. par Willebrand d'Oldenbourg, trencinquième Evêque. Les autres Maisons Religieuses étoient une Prevôté de Chanoinesses nobles, de l'Ordre de Prémontré, dites *Dames-blanches*; un Prieuré de Chanoines Réguliers de l'Ordre de St. Augustin; une Chartreuse fondée en 1399. par Swedere, Seigneur de Gaesbeek, de Putten, &c. Des Dominicains établis en 1232. des Recollets appellez en 1246. des Carmes fondez vers l'an 1468. par Gofwin Hexius Evêque de Hiérapole, & Suffragant d'Utrecht: des Religieuses de Ste. Agnès; d'autres de Jérusalem, des Brigitines, des Repenties, ou Sœurs de Ste. Marie Magdelaine, des Hospitaliéres, un Beguinage. Mais tous ces Couvens & Monastéres ont entiérement changé de face, depuis que la Ville a changé de Domination & de Religion.

Ceux qui ont écrit la Vie de St. Willibrord parlent d'un Concile tenu à Utrecht vers l'an 697. L'Empereur Henri V. finit ses jours dans cette Ville en 1125. & l'Empereur Conrad II. mourut aux environs l'an 1039.

Le Conseil Provincial, où se rapportent toutes les affaires de la Province, se tient à Utrecht dans l'ancienne Abbaye de St. Paul. Il est composé d'un Président, de neuf Conseillers, d'un Greffier, &c. Le Magistrat de la Ville est composé d'un Grand-Bailli, de deux Bourgmestres, de douze Echevins, d'un Trésorier, d'un Intendant des Edifices, d'un Président, de trois Commissaires des Finances, & d'un Sénateur. Il est

est renouvellé tous les ans le 12. d'Octobre, & tient ses Assemblées à la Maison de Ville, qui est un fort bel Hôtel. C'est où se tint le célèbre Congrès de Paix qui termina la Guerre occasionnée par la Succession des Royaumes d'Espagne après la mort du Roi Charles II. On y commença le 29. de Janvier 1712. les premières Conférences, & la Paix fut conclue le 11. d'Avril 1713. entre la France, l'Angleterre, le Portugal, la Prusse, la Savoye & la Hollande, entre l'Espagne & l'Angleterre le 13. de Juillet de la même année, & entre l'Espagne & la Hollande, le 26. de Juin 1714.

Les Etats de la Province érigérent à Utrecht le 16. de Mars 1636. une Université qui est devenue célèbre, particuliérement pour le Droit.

Les François se rendirent Maîtres d'Utrecht en 1672. & le Roi Louïs XIV. y fit son entrée le 5. de Juillet, accompagné du Duc d'Orléans & du Duc de Monmouth. Le 9. du même mois le Cardinal de Bouillon Grand-Aumônier de France fit la fonction de purifier & de benir la Grande Eglise, où il chanta la Messe & le *Te Deum.* Jean Neer-Cassel, Evêque de Castorie & Vicaire Apostolique dans les Pays-Bas s'y rendit avec trente Ecclésiastiques. Mais le 13. de Novembre le Duc de Luxembourg, qui en étoit Gouverneur, & l'Intendant Robert abandonnérent Utrecht & toute sa Province, après avoir taxé la Ville à quatre cens cinquante mille Livres. Les Protestans recommencérent le 23. de Novembre, à faire le Service Divin à leur manière dans la Grande Eglise; & le Colonel Fariaux y entra avec quelques Régimens.

Les Etats-Généraux mécontens de ce que ceux de la Province d'Utrecht avoient témoigné trop d'attachement pour les François, & trop d'aversion pour le Prince d'Orange, les exclurent d'abord de leur Séance, & du Gouvernement de la République; de même que les Provinces de Gueldres & d'Over-Issel; mais ces trois Provinces furent réunies à la Généralité le 29. de Janvier 1674. malgré l'opposition de ceux de Frise & de Groeningue.

Le Pape Adrien VI. étoit né à Utrecht en 1459. & se nommoit Adrien Florent, ou fils de Florent; & le surnom de sa Famille étoit Boyens. Il succéda à Léon X. & mourut le 14. de Septembre 1523. Utrecht se glorifie aussi d'avoir donné la naissance à Anne Marie Schuerman. Cette illustre Fille savoit non-seulement le Latin, le Grec, l'Italien, l'Espagnol & le François; mais aussi l'Hébreu, le Syriaque & le Chaldaïque. La Reine de Pologne passant par Utrecht, avec la Maréchale de Guébriant, voulut l'aller visiter chez elle, & admira les Ouvrages qu'elle avoit faits de ses mains, tant de Peinture, de Miniature, & d'Enluminure que de Gravure au Burin & au Diamant sur le Cuivre & sur le Verre. Elle nâquit en 1607. & mourut en 1678.

UTRICULUM. Voyez OCRICULUM.

UTTARI, Ville d'Espagne, selon l'Itinéraire d'Antonin qui la marque sur la route de *Bracara* à *Asturica*, en prenant le long de la Mer. Elle se trouve entre *Pons Neviæ* & *Bergidum*, à vingt milles du premier de ces Lieux & à seize milles du second. Quelques MSS. lisent UCCARI, & d'autres VITTARI, VITARI, UTARI, ou ETTARI. L'Orthographe la plus ordinaire est UTTARI.

UTU, Ville de la Chine [a], dans la Province de Kiangsi, au Département de Cancheu douzième Métropole de la Province. Elle est de 1. d. 50′. plus Occidentale que Péking, sous les 25. d. 30′. de Latitude Septentrionale.

[a] Atlas Sinens.

UTUGARI, Nation d'entre les Huns, selon Procope allégué par Ortelius [b]. Ces Utugari ne seroient-ils point les UTIGORI d'Agathias. Voyez UTIGORI.

[b] Thesaur.

1. UTUS, Riviére de la Dace Ripense, selon Marcellinus Comes allégué par Ortelius [c]. C'est sur cette Riviére que fut tué Arugisle par Attila. Pline [d] fait d'UTUS une Riviére qui sort du Mont Hæmus & qui arrose la Mœsie.

[c] Thesaur.
[d] Lib. 3. c. 26.

2. UTUS, Ville de la Dace Ripense [e], Elle étoit apparemment sur le bord de la Riviére de même nom; & Simler même dit qu'elle étoit à l'Embouchure de l'UTUS dans le Danube. L'Itinéraire d'Antonin marque cette Ville entre *Cesco Leg. V. Mac.* & *Securisca*, à quatorze milles du premier de ces Lieux & à douze milles du second.

[e] Sect. 31. Notit.

UTZBERG, Bourg d'Allemagne [f], dans le Palatinat du Rhein. C'est le Chef-lieu d'un Bailliage de même nom situé entre le Landgraviat de Darmstadt & les Comtez de Hanau & d'Erpach.

[f] Baudrand, Dict.

UTZIPPARITANORUM, Siège Episcopal d'Afrique, dans la Province Proconsulaire, selon la Notice des Evêchés de cette Province, où . . . est qualifié *Episcopus Uzipparitanus.* Dans la Conférence de Carthage [g] Marianus est dit *Episcopus Utzipparitanorum.* Ce même Marianus assista au Concile de Carthage de l'an 409.

[g] N°. 131.

UTZNACH, ou UTZNANG, petite Ville de Suisse [h], au Canton de Zurich, & la Capitale d'un ancien Comté. Cette Ville qui est située à quelque distance du Lac de Zurich est la résidence du Baillif du Pays; cependant elle a son propre Chef sous le nom d'*Avoyer*, & elle a aussi son Conseil. Il y avoit autrefois à Utznach un vieux Château qui tomboit en ruïne: on le démolit à cause de cela en 1537. L'Eglise de St. Antoine est remarquable à cause des Tombeaux des anciens Comtes de Toggenbourg, fondez par Donat I. & Dithelme VI. Près de cette Ville il y a une grosse Communauté de divers Hameaux dispersez dans la Montagne qu'on nomme UTZNANGER-BERG, qui a aussi son Chef ou Amman & son Conseil.

[h] Etat & Délices de la Suisse, t. 3. p. 203.

UTZNANGER-BERG. Voyez UTZNACH.

V U.

VU', Lac de la Chine [i], dans la Province de Huquang, au voisinage de la Ville de Hoangpi. Ce nom Vu' signifie Militaire, & on l'a donné à ce Lac parce que c'étoit la Naumachie des anciens Rois.

[i] Atlas Sinens.

VUA-

VUABO, WABO, ou WAPPEN. Voyez WAPPEN.

VUAINASSES, Peuples sauvages de l'Amérique Méridionale [a] au Bresil. Ils habitent une Isle nommée l'*Isle Grande*, & située à dix-huit lieues de l'Embouchure de la Riviére de Jennero du côté du Sud. Ces Sauvages sont petits: ils ont un gros ventre, les pieds plats, & sont si poltrons que la moindre chose les effraye. Ils se peignent tout le corps d'une couleur rouge qui se fait d'un fruit ressemblant à une féve, & qu'ils nomment *Uraca*. Leurs femmes ont le visage assez beau; mais elles sont difformes dans tout le reste. Les hommes & les femmes nourrissent leurs cheveux; & se tondent seulement le haut de la tête. Leur principale Bourgade s'appelle *Jawarippio*.

VUANQUI. Voyez WANQUI.

VUAYANAWASONES, Peuples sauvages de l'Amérique Méridionale [b], dans le Bresil. Ils sont simples quoique rudes. bien formez de corps, & assez beaux de visage; mais si paresseux qu'ils ronflent tout le jour dans leurs Cabanes pendant que leurs femmes leur vont chercher des pepons & des racines pour vivre. Antoine Knivet Anglois rapporte que dans leur Contrée il se trouve un certain fruit, qu'ils appellent *Madiopera*. Il est fort semblable à une prune de couleur jaune doré. Le noyau du dedans est aussi doux qu'une amande; mais d'une qualité si venimeuse que ceux qui en mangent beaucoup meurent en fort peu de tems; ce qui arriva à seize personnes de la suite de Knivet.

VUAYTAQUASSÉS, Peuples sauvages de l'Amérique Méridionale [c], dans le Bresil. Ils habitent au-deçà & au-delà d'un Cap que les Portugais appellent *Capo Frio*, & qui est nommé par les Indiens *Jocoex*. Leur terrein est humide & marécageux, Ces Peuples sont d'une grande taille, portent les cheveux fort longs; & les femmes parmi eux combattent comme les hommes. Ce sont gens qui n'ont alliance avec aucune autre Nation, & qui, étant également ennemis de toutes, sont cruels pour leurs voisins. Leurs maisons sont petites & basses.

UVAZENSIS, ou UVAZIENSIS; Siège Episcopal d'Afrique, dans la Province Proconsulaire. Son Evêque est nommé *Victor Episcopus Plebis Uvazensis* par la Conférence de Carthage [d]. On marque ce Siège dans la Proconsulaire, parce que Ptolomée [e] place entre la Ville Thabraca & le Fleuve Bagradas une Ville nommée VAZNA, qui est le Siège Episcopal en question, & qui paroît avoir été aux confins de la Proconsulaire du côté de la Numidie.

1. VUCH'ANG, Ville de la Chine [f], dans la Province de Huquang, où elle a le rang de première Métropole. Elle est de 3. d. 16′. plus Occidentale que Péking, sous les 31. d. 0′. de Latitude Septentrionale. Cette Métropole est une grande Ville ornée d'Edifices magnifiques tant au dedans qu'au dehors de ses murailles. On y remarque entre autres le beau Palais d'un Roi de la Famille Taïminga qui fixa sa résidence dans cette Ville; & on fait grand cas de cinq Temples qui l'emportent sur les autres pour la beauté & pour la magnificence. Vuch'ang est située au Midi du Fleuve Kiang. Quoiqu'elle ne soit pas bâtie sur la rive de ce Fleuve, elle y communique par le moyen de divers Canaux navigables. Outre cela tout son Territoire est entrecoupé de Riviéres & de Ruisseaux qui en font la fertilité. On y voit quelques Montagnes où l'on trouve du Cristal. Cette Métropole a dans son Territoire dix Villes, savoir

Vuch'ang;	Cungyang,
Vuchang,	T'ungching,
Kiayu,	Hingque ☉,
Puki,	Taye,
Hienning;	Tungxan.

Anciennement, du tems des Rois Cu, ce Pays étoit un Royaume, dont le Peuple parloit une Langue différente de celle des Chinois. La Famille Hana donna à la Métropole le nom de *Kianghia*; le Roi *U* qui y avoit son Palais, lui donna le nom qu'elle porte aujourd'hui. Il fut changé en celui d'Ingcheu par la Famille Sunga, & dans celui de Vucing par la Famille Tanga; mais la Famille Taïminga rétablit le nom de Vuch'ang.

2. VUCH'ANG, Ville de la Chine [g], dans la Province de Huquang, au Département de Vuch'ang première Métropole de la Province. Elle est de 2. d. 41′. plus Occidentale que Péking, sous les 31. d. 0′. de Latitude Septentrionale.

VUCHE, Ville de la Chine [h], dans la Province de Honan, au Département de Hoaiking, cinquième Métropole de la Province. Elle est de 4. d. 12′. plus Occidentale que Péking, sous les 36. d. 8′. de Latitude Septentrionale.

VUCHEU, Ville de la Chine [i], dans la Province de Kiangsi, où elle a le rang de septième Métropole. Elle est de 1. d. 7′, plus Occidentale que Péking, sous les 28. d. 42′. de Latitude Septentrionale. Voici la description que le Cosmographe Chinois donne du Territoire de cette Ville. On y voit, dit-il, des Montagnes *Spirituelles*, des eaux agréables, & il est situé à l'extrémité des Provinces de Fokien & de Quantung. Ces Montagnes sont si charmantes, qu'on ne peut rien imaginer de plus beau ni de plus riant. Il en sort des Fleuves & des Ruisseaux, qui arrosent tout le Territoire qui l'emporte sur tous les autres par sa fertilité & par la bonté de l'air qu'on y respire. On y recueille des Oranges excellentes & les vivres de toutes espéces y abondent tellement, que les Habitans ne manquent d'aucune des choses nécessaires à la vie. Entre les Edifices magnifiques qu'on y trouve on remarque principalement cinq Temples dédiez à des Héros. La Riviére Can est navigable depuis le Territoire de Vucheu jusqu'au Lac Poyang; ce qui produit un avantage considérable au Pays. Cette Métropole renferme six Villes qui sont:

Vucheu,	Yhoang,
Cunggin,	Logan,
Kinki,	Tunghiang.

VUCHT,

322　V U C.　　VUG. VUH. VUK. VUL.

a Janiçon, Etat présent des Pr. Un. t. 2. p. 125.

VUCHT, Village des Pays-Bas [a], dans la Mairie de Bois-le-Duc, au Quartier d'Osterwyck. Le Grand-Bailli de Bois-le-Duc est Seigneur Temporel des deux Villages de Wucht & de Cromvoirt, qui forment un Tribunal, composé du Stadhouder, du Grand-Bailli, de cinq Echevins de Vucht, de deux de Cromvoirt & d'un Secrétaire, tous à la nomination du Grand-Bailli. Six Hameaux dépendent de Vucht où il y a deux Eglises qui sont desservies par un Ministre qui prêche le matin dans l'une & l'après-midi dans l'autre. La BRUYÈRE DE VUCHT est fameuse par le combat singulier qui s'y donna en 1600. entre un Gentilhomme François, nommé Briaute, Capitaine de Cavalerie, au service des Etats-Généraux, & un nommé Girard Abrahams, surnommé Leckerbeetjen, Lieutenant de la Compagnie du Comte de Grobbendonck, Gouverneur de Bois-le-Duc; l'un & l'autre à la tête de vingt Cavaliers. Briaute fit des merveilles dans ce combat & tua d'abord Leckerbeetjen d'un coup de pistolet. Quelques autres du parti de ce dernier furent aussi tuez; mais Briaute, qui avoit eu trois chevaux tuez sous lui, se trouvant fort affoibli par la perte de plusieurs de ses Cavaliers, & abandonné par quelques autres fut obligé de céder à la force & de se rendre prisonnier avec le peu de monde qui lui restoit. Comme on les conduisoit à Bois-le-Duc, le Gouverneur envoya à leur rencontre un Détachement qui les massacra contre la promesse qui leur avoit été faite de leur donner quartier.

b Atlas Sinenf.

1. VUCHUEN, Ville de la Chine [b]; dans la Province de Quantung, au Département de Caocheu, septième Métropole de la Province. Elle est de 5. d. 45'. plus Occidentale que Péking, sous les 21. d. 37'. de Latitude Septentrionale.

c Ibid.

2. VUCHUEN, Forteresse de la Chine [c], dans la Province de Queicheu, au Département de Sunan troisième Métropole de la Province, où elle a le rang de première Forteresse de ce Département. Elle est de 10. d. 41'. plus Occidentale que Péking, sous les 28. d. 31'. de Latitude Septentrionale.

d Ibid.

1. VUCING, Ville de la Chine [d], dans la Province de Péking, au Département de Xuntien, première Métropole de la Province. Elle est de 0. d. 25'. plus Orientale que Péking, sous les 39. d. 25'. de Latitude Septentrionale.

e Ibid.

2. VUCING, Ville de la Chine [e], dans la Province de Quangsi, au Département de Cincheu, sixième Métropole de la Province. Elle est de 8. d. 21'. plus Occidentale que Péking, sous les 23. d. 33'. de Latitude Septentrionale.

f Ibid.

VUCIUEN, Ville de la Chine [f], dans la Province de Quangsi, au Département de Lieucheu, seconde Métropole de la Province. Elle est de 8. d. 9'. plus Occidentale que Péking, sous les 24. d. 40'. de Latitude Septentrionale.

g Ibid.

VUCUNG, Ville de la Chine [g], dans la Province de Xensi, au Département de Sigan, première Métropole de la Province. Elle est de 8. d. 51'. plus Occidentale que Péking, sous les 36. d. 9'. de Latitude Septentrionale.

1. VUGAN, Ville de la Chine [h], dans la Province de Honan, au Département de Changte, troisième Métropole de la Province. Elle est de 3. d. 42'. plus Occidentale que Péking, sous les 37. d. 32'. de Latitude Septentrionale. *h Ibid.*

2. VUGAN, Forteresse de la Chine [i], dans la Province de Suchuen, au Département d'Iungnin, première Forteresse de la Province. Elle est de 15. d. 14'. plus Occidentale que Péking sous les 27. d. 26'. de Latitude Septentrionale. *i Ibid.*

VUGUEI, Ville de la Chine [k], dans la Province de Kiangnan, au Département de Lucheu, neuvième Métropole de la Province. Elle est de 0. d. 28'. plus Orientale que Péking, sous les 32. d. 4'. de Latitude Septentrionale. *k Ibid.*

VUHIANG, grande Cité de la Chine [l], dans la Province de Xansi, au Département de Sin, première grande Cité de la Province. Elle est de 4. d. 46'. plus Occidentale que Péking, sous les 37. d. 52'. de Latitude Septentrionale. *l Ibid.*

VUHU, Ville de la Chine [m], dans la Province de Kiangnan, au Département de Ta'iping, onzième Métropole de la Province. Elle est de 0. d. 57'. plus Orientale que Péking, sous les 32. d. 16'. de Latitude Septentrionale. Cette Ville située sur une belle eau courante qui va se perdre dans le Fleuve Kiam, est une des plus grandes & des plus considérables de la Chine, tant pour son trafic que pour son Port, qui a une lieue de circuit & qui est bordé de maisons fort peuplées. Les Jonques & autres Bâtimens qui passent devant cette Place, sont obligez d'y payer un droit. Vuhu est encore considérable par ses Edifices publics, par les maisons de ses Habitans, & par ses Pagodes. Il y a à chaque pointe du Port un Fort, avec des boulevarts & des parapets. C'est dans cette Ville que se font les meilleures armes du Pays; ce qui produit un grand profit aux Habitans. C'est aussi où est établie l'Etape de la Biére de la Chine. On la brasse dans cette Ville pour la porter ensuite dans tout le Royaume. *m Ibid.*

VUKANG, Ville de la Chine [n], dans la Province de Chekiang, au Département d'Hucheu, troisième Métropole de la Province. Elle est de 2. d. 37'. plus Occidentale que Péking, sous les 30. d. 49'. de Latitude Septentrionale. *n Ibid.*

VUKIANG, Ville de la Chine [o], dans la Province de Péking, au Département de Chinting, quatrième Métropole de la Province. Elle est de 1. d. 6'. plus Occidentale que Péking, sous les 38. d. 36'. de Latitude Septentrionale. *o Ibid.*

VUKIE, Ville de la Chine [p], dans la Province de Péking, au Département de Chinting quatrième Métropole de la Province. Elle est de 2. d. 13'. plus Occidentale que Péking, sous les 38. d. 45'. de Latitude Septentrionale. *p Ibid.*

VULCA. Voyez HIULCA.

VULCAIN. Voyez VOLCAN. *q Lib. 3. c.*

VULCANI-INSULA, Isle voisine de la Sicile, selon Ptolomée [q] & Tite-Live [r]. C'est *r Lib. 21. c. 49.*
l'Isle

VUL.

l'Isle d'Hiera située entre la Sicile & l'Isle de Lipara. Voyez HIERA. Elle étoit consacrée à Vulcain selon Diodore de Sicile: Strabon l'appelle le Temple de Vulcain; & Virgile la Maison & la Terre de Vulcain: Æn. Lib. 8. v. 416.

Insula Sicanium juxta latus, Æoliamque
Erigitur Liparen, fumantibus ardua saxis :

Vulcani domus, & Vulcania nomine tellus.

1. VULCANI-OLLA, Lieu voisin de l'Isle de Lipari, selon Aimoin, Paul Diacre & l'Histoire Miscellanée, trois autoritez citées par Ortelius [a], qui semble douter s'il doit y ajouter foi. [a Thesaur.]

2. VULCANI-OLLA. Adam de Brême donne ce nom à un Lieu voisin de la Mer Baltique aux environs de l'ancienne Ville *Julinum*, & il ajoute que les gens du Pays appellent ce Lieu *le Feu Grec*.

VULCANI-TEMPLUM. Voyez VULCANI INSULA.

VULCANIÆ INSULÆ. Voyez ÆOLIÆ-INSULÆ.

VULCANIUS-COLLIS, Colline de la Sicile. Solin la met dans le Territoire d'Agrigente.

VULCANO [b] (L'Isle de), Isle d'Italie & l'une de celles de Lipari. Elle est tout proche de l'Isle de Lipari, environ à quatre cens toises du côté du Sud. On peut passer entre deux par mi-canal. Il y a quarante brasses de profondeur; mais si c'est avec un Vaisseau il faut avoir bon vent, à cause des courans qui sont forts dans ce Canal. Du côté de l'Isle de Lipari il y a quelques Ecueils hors de l'eau, séparez de la Côte de la longueur d'un cable; & environ une petite lieue vers le Nord-Ouest du Canal, il y a un petit Islet proche de la pointe de l'Ouest de Lipari, & entre deux un peu d'enfoncement. L'Isle Vulcano n'est pas tout-à-fait si grande que celle de Lipari; mais elle est aussi haute. Sur le haut de cette Isle & du côté du Nord, il y a une Montagne dont le sommet est entièrement ouvert: il en sort continuellement du feu & une grosse fumée. Il y a des tems qu'elle brûle plus que dans d'autres. On voit un autre Gouffre de feu qui sort du sommet d'une très-petite Pointe du côté du Nord de la même Isle, & qui est presque Péninsule par une petite Langue de terre fort basse. On l'appelle le petit Volcan. C'est le terrein le plus proche de l'Isle de Lipari. Près de la pointe du petit Volcan, il y a une grande Anse & Plage du côté de l'Est, & où il semble y avoir bon mouillage. Mais, ajoute Michelot, j'ai sondé tout proche de cette Pointe basse & j'y ai trouvé soixante brasses. Il est assez surprenant que le feu sorte continuellement de cette petite Pointe qui n'excède pas cent cinquante toises de diamétre. On tire beaucoup de Souffre de cette Isle, & on voit des ruisseaux de cendre poussées par la violence du feu jusqu'au bord de la Mer. On peut mouiller dans une petite Anse de sable, qui est vers l'Ouest-Nord-Ouest du petit Volcan. [b Michelot, Portul. de la Médit. p. 127.]

3. VULCANOS, ou VOLCANOS [c], Bourgade de Turquie en Europe, dans la Morée, [c De Wit, Atlas.]

VUL. 323

sur la Côte Septentrionale du Golphe de Napoli de Romanie, à quelques lieues à l'Orient de la Ville de ce nom. On prend ce Lieu pour l'ancienne *Asine*.

VULCHALON, Lieu de la Gaule, au voisinage de Toulouse. Cicéron [d] en parle; mais quelques Exemplaires lisent NULCHALONE au lieu de VULCHALONE. [d Orat. pro M. Fonteio.]

VULGIENTES, Peuple de la Gaule Narbonnoise; Pline [e] leur donne pour Ville *Apta Julia*, qui est aujourd'hui la Ville d'Apt. Les VULGIENTES faisoient partie des *Tricorii*. On trouve dans Gruter une Inscription [f] avec ce mot VULGIENTES; mais ceux-ci étoient un Peuple d'Italie. [e Lib. 3. c. 4.] [f Pag. 298.]

VULOINI. Voyez SCLAVI.

VULPIACUM, Bourgade de la Germanie Inférieure, au voisinage de la Ville de Juliers selon Eginart, cité par Mr. Baudrand [g]. Les uns veulent que ce soit *Ulpen*, & d'autres disent que c'est *Ubich*. Mr. Baudrand se déclare pour le premier de ces Lieux. Ortelius [h] balance entre les deux & ajoute qu'il est fait mention d'*Ulpiacum* dans la Vie de Ste. Gudule. [g Dict. Ed. 1681.] [h Thesaur.]

1. VULSI, Lac de la Turquie en Europe, dans la Morée, vers le Nord de la Tsaconie, au pied du Mont Poglisi. La Riviére d'Erasino, autrefois Stymphalus, prend sa source dans ce Lac & en sort du côté du Midi Oriental. Ce Lac se nommoit aussi anciennement *Stymphalus Lacus*.

2. VULSI, Ville de la Turquie en Europe, dans la Morée, vers le Nord de la Tsaconie, sur le bord de l'Erasino, à quelques lieues au Midi Oriental du Lac Vulsi.

VULSINIENSIS. Voyez VOLSINIENSIS.

VULSINIUM. Voyez VOLSINIUM.

VULTERANA ECCLESIA, Ortelius [i] remarque qu'il est fait mention d'une Eglise de ce nom dans la seconde partie du Decret de Gratien [k]; & il soupçonne que VULTERANA pourroit être-là pour VOLATERRANA. [i Thesaur.] [k Causâ. 12.]

VULTONNA, Fleuve de France, selon l'Histoire de la Révélation du Chef de St. Jean imprimée avec les Oeuvres de St. Cyprien. Ortelius [l] qui cite cette Pièce, croit que par *Vultonna* il faut entendre la Riviére de Boutonne. Il n'y a pas de doute à cela. Cette Riviére est nommée VULTUMNUS, par Papire Masson [m] & VULTUMNA dans les vers suivans qu'il rapporte: [l Thesaur.] [m De Flumini. Franciæ, p. 652.]

Quum de Pictavis bellum sit & Andegavinis
Circa caput Fluvii Vultumna, contigit esse
Annus millesius tunc sexagesimus unus.

La source de cette Riviére s'appelle CHEF-BOUTONNE, *Caput Vultumna*.

VULTRONIA VILLA [n], Lieu de France. Dans l'Histoire de la Révélation du Chef de St. Jean Baptiste, imprimée avec les Oeuvres de St. Cyprien, il est fait mention de ce Lieu, qui devoit être au voisinage de l'Angoumois. Il pouvoit être sur la Boutonne, & peut-être tiroit-il son nom du nom Latin de cette Riviére. Voyez VULTONNA. [n Ortelii Thesaur.]

VULTUR, Montagne d'Italie, dans la Pouille, au Pays des *Peucetii* qui est aujourd'hui la Terre de Bari. Horace en parle

324 VUL. VUN. VUP. VUS. VUT.

a Ode 4. au Livre troisième de ses Odes [a].

> Me fabulosa Vulture in Apulo,
> Altricis circa limen Apuliæ
> Ludo fatigatumque somno
> Fronde nova puerum Palumbes
> Texere.

b Lib. 9. v. 183.

Lucain fait aussi mention de cette Montagne [b].

> Et revocare parans hibernas Apulus herbas
> Igne fovet terras, simul & Garganus, & ur<va
> Vulturis, & calidi lucent buceta Matini.

VULTURINA, Lieu fortifié dans la Gaule Cisalpine. Paul Diacre dit que ce Lieu se rendit aux Lombards.

VULTURNIA, Isle que l'Itinéraire d'Antonin place entre l'Isle de Sardaigne & la Côte d'Afrique. Mr. Wesseling soupçonne que ce pourroit être l'Isle Ἱεράκων νῆσος, *c Lib. 3. c. 3.* que Ptolomée [c] marque dans cette Mer.

VULTURNUM. Voyez VULTURNUS.

VULTURNUS, Fleuve d'Italie, dans la Campanie, aujourd'hui le *Volturno*. Il donnoit son nom à la Ville de VOLTURNUM située à son Embouchure & qu'on nomme encore présentement *Castello di Voltorno*. *d Lib. 3. c. 5.* Pline [d] dit *Vulturnum Oppidum cum Amne*. *e Lib. 8. c. 11. Lib. 10. c. 20. Lib. 22. c. 14.* Tite-Live parle du Fleuve en plusieurs endroits [e]; & il nous apprend [f] que dans la seconde Guerre Punique on bâtit à l'Embouchure de ce Fleuve un Fort, qui devint dans la suite une Ville, où l'on conduisit *f Lib. 25. c. 20.* une Colonie Romaine [g]. Varron [h] écrit *g Lib. 34. c. 45.* VOLTURNUM, & donne à la Ville le titre de Colonie : *Colonia nostra Volturnum*. L'Or*h De Ling. Lat. L. 4. c. 5.* thographe de Plutarque diffère encore davantage ; car il écrit *Vaturanus* Ουατέρανος, à ce que dit Ortelius.

i Atlas Sinens.

VULUNG, Ville de la Chine [i], dans la Province de Suchuen, au Département de Chungking, cinquième Métropole de la Province. Elle est de 10. d. 4'. plus Occidentale que Péking, sous les 30. d. 0'. de Latitude Septentrionale.

k Ibid.

1. VUNING, Ville de la Chine [k], dans la Province de Kiangsi, au Département de Nanchang, première Métropole de la Province. Elle est de 2. d. 20'. plus Occidentale que Péking, sous les 29. d. 43'. de Latitude Septentrionale.

l Ibid.

2. VUNING, petite Forteresse de la Chine [l], dans la Province de Péking, où elle a le rang de première petite Forteresse de la Province. Elle est de 3. d. 6'. plus Occidentale que Péking, sous les 40. d. 50'. de Latitude Septentrionale.

m Ibid.

3. VUNING, Ville de la Chine [m], dans la Province de Péking, au Département d'Iungping, huitième Métropole de la Province. Elle est de 1. d. 50'. plus Orientale que Péking, sous les 39. d. 57'. de Latitude Septentrionale.

n Ibid.

VUPING, Ville de la Chine [n], dans la Province de Fokien, au Gouvernement de Tingcheu, sixième Métropole de la Province. Elle est de 1. d. 35'. plus Occidentale que Péking, sous les 25. d. 10'. de Latitude Septentrionale.

o Ibid.

VUSIE, Ville de la Chine [o], dans la Province de Kiangnan, au Département de Changcheu cinquième Métropole de la Province. Elle est de 3. d. 5'. plus Orientale que Péking, sous les 32. d. 30'. de Latitude Septentrionale.

VUTANG, Montagne de la Chine [p], *p Ibid.* dans la Province de Huquang, près de la Ville de Kiun. C'est une grande Montagne qui a vingt-sept sommets fort élevez, trente-six Collines, & vingt-quatre Lacs. On y voit un grand nombre de Temples magnifiques, & de Monastères, qui sont comme l'Université où s'enseigne la doctrine de la Metempsychose.

1. VUTING, Ville militaire de la Chine [q], dans la Province d'Iunnan, où elle *q Ibid.* a le rang de quatrième Ville militaire de la Province. Elle est de 14. d. 59'. plus Occidentale que Péking, sous les 25. d. 27'. de Latitude Septentrionale. Le Territoire de cette Ville faisoit partie du Royaume de Tien : la Famille Hana le joignit aux Terres d'Yecheu : celle de Suius l'unit aux Terres de Quencheu : sous la Famille de Tanga on le nomma Tacheu ; & celle d'Iuena lui donna le nom qu'il porte aujourd'hui. Ce Territoire s'étend le long de celui de la Métropole du côté de l'Occident Septentrional : il est des plus agréables & des plus fertiles, étant arrosé par deux Branches du Fleuve Kinxa, & par d'autres Rivières & Ruisseaux. La Garnison de la Ville est assez nombreuse, parce qu'elle est voisine de la Province de Queicheu, où il y a des Montagnards qui se font craindre. On tire une grande quantité de Musc du Territoire de Vuting ; & comme on y trouve d'excellens paturages, on y élève beaucoup de Brebis. On compte quatre Villes militaires dans le Département de Vuting, savoir

Vuting,	Yuenmeu,
Hokio ☉,	Lokiüen,

2. VUTING, Ville & Forteresse de la Chine [r], dans la Province de Xantung, *r Ibid.* Département de Cinan, première Métropole de la Province. Elle est de 1. d. 6'. plus Orientale que Péking, sous les 37. d. 44'. de Latitude Septentrionale.

VUTU, Montagne de la Chine [s], dans *s Ibid.* la Province de Xensi, au voisinage de la Ville de Fung. C'est de cette Montagne qu'on tire le Minéral que les Chinois appellent *Hiunghoang*, & qu'ils regardent comme un remede très-present, & même comme un préservatif contre toute sorte de poisons, contre les fièvres malignes, & contre l'effet des chaleurs excessives de la Canicule. On le prend infusé dans du vin : sa couleur tire sur le rouge & sur le jaune avec de petites taches noires. Sa solidité approche de celle de la craye ; & il ne diffère du vermillon pour la couleur, qu'en ce qu'il tire un peu plus sur le jaune. Il n'est du tout point propre pour être employé dans la Peinture. Le Père Martini qui en avoit apporté un morceau en Europe, dit n'y avoir trouvé aucun Médecin qui connût ce Minéral, ni aucun Auteur qui en ait parlé.

VUY,

VUY. VUY. UXA. 325

a Atlas Sinens.

VUY, Montagne de la Chine [a], dans la Province de Fokién, proche de la Ville de Cunygan. On y voit quantité de Temples d'Idoles, de Monastères de Prêtres & d'Anachorètes, entre lesquels on en remarque plusieurs qui ont la tête rasée, & qui ont méprisé les richesses & les dignitez du monde pour se consacrer au culte des Idoles. Mais au milieu de ces Esclaves du Démon, on trouve quelques serviteurs du vrai Dieu, qui ont été éclairez d'une manière admirable. Il y avoit dans cette Montagne une espèce d'Archimandrite qui avoit la direction de deux Temples. On le nommoit *Chang*. Cet Archimandrite étant venu dans un âge avancé changea ces deux Temples, en deux Eglises qu'il consacra au vrai Dieu; après avoir abbattu de sa main les Idoles & les avoir mises en pièces à coups de hâche, il plaça dans un de ces Temples l'image du Sauveur & dans l'autre celle de la Ste. Vierge Mere de Dieu. Ce même Chang étant encore jeune avoit un Archimandrite de qui il apprenoit les secrets de sa Secte: le voyant accablé de vieillesse & d'infirmité, il lui demanda un jour s'il croyoit que la Loi qu'il avoit toute sa vie enseignée étoit propre & suffisante pour conduire au salut? Non, mon fils, répondit le vieil Archimandrite, je ne la crois pas telle, mais je n'en connois pas de meilleure; mais ayez courage, dans quarante ans d'ici il viendra une personne qui vous montrera le véritable chemin du salut. Il mourut immédiatement après; & Chang qui regardoit les dernières paroles de son Maître comme un Oracle qui devoit avoir son accomplissement ne se contenta pas de les graver dans sa mémoire, il prit aussi soin de les écrire. Quelques années après le Préfet de la Ville de Púching ayant été converti à la Religion Chrétienne par les soins du Pere Siméon de Cunha, il mena ce Peré voir la fameuse Montagne de Vuy. Les Prêtres des Idoles allérent au devant de leur Préfet, & Chang étoit à leur tête. La conversation tomba sur la Religion Chrétienne. Chang fut d'abord frappé de ce qu'il entendit: après quoi il dit au Préfet, en lui montrant du doigt le Pere de Cunha: C'est certainement là la Loi & l'homme qui doivent me montrer le chemin du salut, comme me l'a prédit mon ancien Maître. Il jetta alors les yeux sur le papier où elle étoit écrite, & ayant examiné l'année il trouva que c'étoit effectivement la quarantième depuis que la chose étoit arrivée. C'est pourquoi sans perdre de tems; il renversa toutes ses Idoles, les foula aux pieds de leurs avec indignation & leur reprocha l'erreur où elles l'avoient entretenu depuis tant de tems. *Jésus-Christ* eut bien-tôt de vrais adorateurs dans cette Montagne, & on y vit divers Anachorètes qui y vivoient en commun & fort saintement.

b Ibid.

VUYANG, Ville de la Chine [b], dans la Province de Honan, au Département de Nanyang, septième Métropole de la Province. Elle est de 3. d. 35'. plus Occidentale que Péking, sous les 34. d. 23'. de Latitude Septentrionale.

c Ibid.

VUYE, Ville de la Chine [c], dans la Province de Péking, au Département de Chinting, quatrième Métropole de la Province. Elle est de 1. d. 18'. plus Occidentale que Péking, sous les 38. d. 20'. de Latitude Septentrionale.

VUYVEN, Ville de la Chine [d], dans la Province de Kiangnan, au Département d'Hoeîcheu, quatorzième Métropole de la Province. Elle est de 0. d. 41'. plus Orientale que Péking, sous les 29. d. 30'. de Latitude Septentrionale.

d Ibid.

VUYUEN, Ville militaire de la Chine [e], dans la Province de Quangsi, au Département de Sungen, première Ville militaire de la Province. Elle est de 10. d. 30'. plus Occidentale que Péking, sous les 23. d. 35'. de Latitude Septentrionale.

e Ibid.

U X.

UXACONA, Ville de la Grande-Bretagne: l'Itinéraire d'Antonin la marque sur la route du Retranchement à *Portus Rutupis*, entre *Vriconium* & *Pennocrucium*, à onze milles du premier de ces Lieux & à douze milles du second. Au lieu d'UXACONA quelques MSS. lisent *Usoccona* & d'autres USACONA ou USOCONA. Selon Camden UXACONA est présentement le Village d'*Okenyate*, dans la Province de Shrewsbury, dans une Vallée au pied de la Montagne de *Wreken-hill*.

UXAMA ARGELLÆ, Ville de l'Espagne Tarragonnoise: Ptolomée [f] la donne aux *Arevaca*, & Pline [g], qui écrit simplement UXAMA dit que ce nom est commun à 3. divers Lieux. Dans l'Itinéraire d'Antonin, dont les divers MSS. écrivent VASAMA, VESANA, VANA, VASANA, VASANIA, VESAVIA & UXAMA. Cette Ville est marquée sur la route d'*Asturica* à *Cæsar-Augusta*, entre *Rauda-Chonia* & *Voluce*, à vingt-quatre milles du premier de ces Lieux & à vingt-cinq milles du second. Au lieu d'UXAMA, Florus lit AUXIMA; mais ou c'est une faute de Copiste, ou ce mot est corrompu; car une ancienne Inscription, que l'on voyoit à Complute & qui est rapportée par Gruter [h], nous apprend la vraye Orthographe du nom de cette Ville. La voici:

f Lib. 2. c. 6.
g Lib. 3. c.
h Pag 693. no. 8.

LIGINIUS JULIANUS
UXAMENSIS
ANN. XX. H. S. EST
JULIA MATER F. C.

Uxama est aujourd'hui un Lieu nommé *el Borgo d'Osma*. On le trouve dans la Vieille Castille sur le bord du Duero. Voyez UXSAMA.

UXAMABARCA, Ville de l'Espagne Tarragonnoise, selon Ptolomée [i] la donne aux *Autrigones*. Je croirois qu'il faudroit lire UXAMA-BARCA; car le nom de cette Ville me semble être un composé d'UXAMA & de BARCA.

i Lib. 2. c. 6.

UXANTISSENA, Isle de la Mer Britannique. L'Itinéraire d'Antonin la met au nombre des Isles qui étoient entre les Gaules & la Grande-Bretagne. Les MSS. & les Exemplaires imprimez varient beaucoup dans l'Orthographe de ce nom. Les uns portent UXANTISSENA, & les autres UXANTISINA, UXANIS-INA, USANTISINA, VIXANTISSIMA, USANTISINA, USANTESANA, É-

Ss 3

XAN-

XANTISMA. Tous ces mots font corrompus, & outre cela de deux Ifles n'en font qu'une. Ifaac Voffius a fort bien remarqué dans fes Obfervations fur Pomponius-Mela [a] qu'il faloit lire dans l'Itinéraire d'Antonin UXANTIS, SINA. Camden & Mr. de Valois avoient eu l'idée de cette correction. L'Ifle UXANTIS, l'AXANTOS de Pline, eft préfentement l'*Ifle d'Oueffant* ; & SINA eft l'*Ifle des Saints*, vis-à-vis de Breft.

[e] Lib. 3. c. 6.

UXEGNEY, ou BAN-D'UXEGNEY, Paroiffe du Duché de Lorraine, au Diocéfe de Toul, Office de Dompére. Son Eglife Paroiffiale eft fous l'Invocation de St. Romary, & le Chapitre de Remiremont eft Patron de la Cure, pour laquelle il y a concours. Le Chapitre a les deux tiers des Dixmes & le Curé l'autre tiers. Le Duc de Lorraine & le Chapitre de Remiremont ont la Seigneurie d'Uxegney, d'où dépendent le Lieu de la Forge & plufieurs Forges.

Le Ban de cette Paroiffe comprend divers Lieux ; entre autres

| Uxegney, | Domevre fur Aviére, |
| La Forge, | Vrimenil. |

UXELA, Ville de la Grande-Bretagne. Ptolomée [b] la donne aux *Domnonii*. Camden veut que ce foit préfentement *Leftwithiel*, ou *Leftuthiell*, au Comté de Cornouaille ; fi ce n'eft qu'UXELA étoit fur une Colline, au lieu que *Leftuthiell* eft dans la Plaine au bord du Fawey où les Habitans ont transporté leur demeure.

[b] Lib. 2. c. 3.

UXELLES, Bourg de France, dans la Bourgogne, Bailliage & Recette de Châlon, au titre de Marquifat. Ce Bourg eft fitué fur une Montagne, & le Château de Cormartin en dépend.

UXELUM, Ville de la Grande-Bretagne, chez les *Selgovæ* felon Ptolomée [c]. Quelques Exemplaires Latins lifent OXELUM, d'autres OOXELUM, d'autres UXELLUM, & un MS. confulté par Ortelius lifoit Ουξελλον, *Uxellum*.

[c] Ibid.

UXELLODUNUM, Ville de la Gaule Aquitanique. Céfar [d] la place chez les *Cadurci* & dit que c'étoit une Ville fortifiée par la Nature. Quelques Auteurs ont voulu que ce fût la Capitale des *Cadurci*, mais c'eft une erreur ; la Capitale de ces Peuples étoit *Divona*, aujourd'hui Cahors. D'ailleurs comme Céfar dit qu'Uxellodunum étoit fous la protection de Luterius Prince des *Cadurci*, cela ne conviendroit pas à la Dignité de la Capitale de tout un Peuple. Selon Papyre Maffon [e] UXELLODUNUM étoit à fept lieues au-deffous de Cahors, dans un lieu nommé aujourd'hui PODIUM XOLDUNI, vulgairement *le Peuch d'Uffelou*, ou *le Peuch d'Uffeldun*, parce que c'eft un lieu élevé, & Cadenac ou Capdenac tient la place de l'ancienne *Uxellodunum*. On voit encore aujourd'hui tout près de Cadenac la Fontaine dont Céfar fait mention, & des ruïnes de l'ancienne Ville.

[d] Lib. 8, c. 32.

[e] *De Flumnib. Franciæ*, p. 574.

UXENA, Ville de l'Efpagne Bétique, felon d'anciennes Infcriptions alléguées par Ortelius [f]. Il ajoute qu'il apprend de Clufius que c'eft préfentement *Ucelis*, ou *Uzelis*.

[f] Thefaur.

UXENTUM, Ville d'Italie dans la Calabre : Ptolomée [g] qui la donne aux *Salentini* la marque dans les Terres. C'eft l'UHINTUM de la Table de Peutinger. L'ancien nom fe conferve dans *Ufento* felon Léander. Il y en a pourtant qui écrivent *Ugenti*, ou *Ogento*.

[g] Lib. 3. c. 1.

UXENTUS, Montagne de l'Inde en deçà du Gange, felon Ptolomée [h]. On ne connoît que le nom de cette Montagne.

[h] Lib. 7. c. 1.

1. UXIA, Ville de la Perfide. Ptolomée [i] la marque dans les Terres ; mais cependant à une affez petite diftance de la Mer ; ce qu'il eft bon de remarquer, pour n'être pas tenté de la donner aux Peuples *Uxii*, qui en étoient bien éloignez. Les Interprétes de Ptolomée au lieu d'UXIA lifent UZIA.

[i] Lib. 6. c. 4.

2. UXIA. Voyez UXII.

UXII, Peuples d'Afie, dans l'Élymaïde. Arrien [k] qui donne une grande étendue à la Sufiane les place dans cette Contrée *Sufiorum gens quædam fuperne accolit : Uxii vocantur*. Un MS. porte *Suforum alia gens*, parce que les Sufiens étoient partagez en diverfes Nations. Arrien [l] dit dans un autre endroit qu'Aléxandre étant parti de Suze avec fon Armée & ayant paffé le Pafitigris entra dans le Pays des Uxiens, & on lit la même chofe dans Quinte-Curfe [m] ; de forte que les Uxiens habitoient au-delà de Suze, au-delà de Pafitigris & aux confins de la Perfide propre. Le Pafitigris prenoit fa fource dans les Montagnes des Uxiens felon Diodore de Sicile [n]. Gronovius [o] remarqué qu'il y avoit deux Nations différentes d'Uxiens : l'une qui habitoit dans la Plaine, & qui étoit foumife aux Perfes ; l'autre qui habitoit les Montagnes, & qui fe maintenoit en liberté. Diodore de Sicile [p] entend parler de la première, lorfqu'il dit que le Pays des Uxiens eft très-fertile, & arrofé de quantité d'eaux ; ce qui lui faifoit produire toutes fortes de Fruits en abondance. Strabon [q] parle de la feconde Nation, c'eft-à-dire de celle qui habitoit les Montagnes, & il dit qu'on trouve plufieurs détroits de Montagnes, en paffant chez les Uxiens, près de la Perfide. Le même Auteur donne au Pays le nom d'*Uxia*, & ajoute que les Peuples étoient de grands voleurs ; caractère que leur attribue auffi Pline [r] qui les appelle OXII. Dans Diodore de Sicile [s] le Pays des Uxiens eft appellé UXIANA, l'*Uxiane*.

[k] *In Indic.* c. 40.

[l] *De Exped. Alex.* c. 17.

[m] Lib. 4. c. 3.

[n] Lib. 17.

[o] *Ad Arrian.* p. 355.

[p] Lib. 17. c. 67.

[q] Lib. 15. p. 729.

[r] Lib. 6. c. 27.

[s] Lib. 17. c. 67.

UXISAMA, Strabon [t] dit que Pitheas nommoit ainfi la dernière des Ifles, qu'il mettoit fur la Côte du Promontoire des Oftidamniens, autrement nommé *Calbium*, & qu'il la plaçoit à trois journées de Navigation. Si on pouvoit compter fur le rapport de Pitheas, l'Ifle UXISAMA feroit la plus Occidentale des Açores ; mais Strabon lui-même déclare que les Oftidamniens, le Promontoire *Celbium*, l'Ifle Uxifama, & toutes celles que Pitheas mettoit aux environs n'avançoient point vers l'Occident, mais vers le Septentrion, & n'appartenoient point à l'Efpagne, mais à la Celtique, ou plutôt que c'étoit autant de Fables que Pitheas avoit débitées. Mr. Paulmier de Grentemefnil [u] voudroit fauver un peu l'honneur de Pitheas,

[t] Lib. 1. p. 64.

[u] *Exercit. ad Strabon.* L. 2.

en

en difant que l'Ifle qu'il met la derniere de toutes, à trois journées de Navigation du Promontoire *Celbium*, ou des Oftidamniens, pourroit être l'Ifle UXANTOS, aujourd'hui l'*Ifle d'Oueffant*, & que Pitheas ne l'avoit pas imaginée, comme l'en accufe Strabon. Mais quand cela feroit, Pitheas n'en feroit pas plus juftifié; car il entendoit parler de trois journées de Navigation en Longitude & nom en Latitude. Il feroit néanmoins à couvert de toute critique fi on pouvoit fuppofer qu'il eût connu les Ifles Açores, comme Ortelius ª femble le fuppofer; mais s'il les eût connues, Strabon les eût-il ignorées?

ª Thefaur.

UXITIPA, Province de l'Amérique Septentrionale ᵇ, dans la Nouvelle Galicée. Elle eft au dedans du Pays du côté de celle de Xalifco, dont elle eft éloignée de vingt-fix lieues. Elle dépendoit autrefois du Gouvernement de Panuco; mais depuis que ce Gouvernement a été joint à la Province de Méxique, Uxitipa a été fous celui de la Nouvelle Galice. Les Naturels du Pays ne différent en rien des Méxicains, tant pour les habits que pour les moeurs; mais leur langage eft fort différent. Lope de Mendoza ayant eu ordre de Nuño de Gufman en 1529. d'aller vifiter cette Province, dont il avoit entendu parler, il y mena une Colonie d'Efpagnols, & y bâtit une Ville qu'il nomma San-Luis. Elle eft à vingt lieues de celle de Panuco dans la Vallée d'Uxitipa. Les Temples des Habitans de cette Province étoient élevez avec des degrez faits de Gazon. Ils ufoient de plufieurs Breuvages, compofez de différentes manieres, ils s'en enyvroient aux jours de fêtes & commettoient des abominations. Depuis ils ont été inftruits par les Efpagnols ils ont quitté ces deteftables coutumes. Cette Province abonde en toutes fortes de Fruits. Les Bocages y font remplis de Cerfs, & les Campagnes de Cailles, de Perdrix, de Tourterelles & autres Oifeaux. L'air y eft un peu trop chaud, & la terre inégale & âpre en plufieurs lieux. La Riviere qui coule le long de la Ville de Panuco, & qui fe jette un peu au-deffous dans le Golphe de la Nouvelle Efpagne, tire fa fource de cette Province qu'elle arrofe.

ᵇ De Laet, Defcr. des Indes-Occ. Liv. 5. c. 7.

UXSAMA. Une ancienne Infcription, alléguée par Ortelius ᶜ, écrit ainfi le nom de la Ville UXAMA ou UXAMA-ARGELLAE. Cette Orthographe eft défectueufe. La véritable eft UXAMA. Voyez UXAMA-ARGELLAE.

ᶜ Ibid.

V Y.

VY, Bourg de France dans le Maine, Election de Château du Loir.

VYCHSIDEN, Province de la Norwege, dans le Gouvernement de Bahus, felon Mr. d'Audiffred ᵈ, qui dit qu'elle renferme Maelftrand, Congel & Oldeval, ou Oudewalla.

ᵈ Géogr. Anc. & Mod. t. I.

VYON, ou VION ᵉ, Bourg de France, dans l'Anjou, Election de la Flêche, à une lieue du Bourg de Parcé & de la Riviere de Sarte. Ce Bourg eft connu par la quantité de Noyers qui font dans fon Ter-

ᵉ Corn. Dict. Mémoires dreffez fur les Lieux, en 1706.

ritoire, & dont on fait de l'Huile qu'on envoye en Bretagne. A un quart de lieue de Vyon, on trouve la fameufe Chapelle de Notre-Dame du Chêne. C'eft un Lieu de dévotion fort fréquenté, & où il fe fait grand nombre de Pélerinages.

U Z.

UZABIRENSIS, ou UNUZIBIRENSIS, Siége Epifcopal d'Afrique, dans la Byzacéne. La Notice des Evêchez d'Afrique nomme fon Evêque *Cyprianus Unuzibirenfis*, & la Conférence de Carthage ᶠ appelle *Maximinus Epifcopus Uzabirenfis*. *Donatus mifericordia Dei Epifcopus Sanctae Ecclefiae Unizivenfis* foufcrivit la Lettre des Peres de la Byzacéne dans le Concile de Latran.

ᶠ N°. 181.

UZAL. Voyez OXIANI.

UZALENSIS, Siége Epifcopal d'Afrique, dans la Province Proconfulaire, felon la Notice des Evêchez d'Afrique. Dans la Conférence de Carthage ᵍ l'Evêque de ce Siége eft nommé *Felix Epifcopus Uzalenfis*. *Muftulus Epifcopus Uzalenfis* foufcrivit au Concile de Carthage fous le Pape Boniface. St. Auguftin nous apprend que cette Ville étoit voifine de celle d'Utique. Pline ʰ la nomme *Uzalitanum Oppidum Latinum*. Le R. Pere Hardouin dit néanmoins que l'*Uzalitanum Oppidum Latinum* de Pline étoit une Ville différente de celle d'USALA, dont l'Evêque Evodius [*Uzalenfis Epifcopus*] étoit ami intime de St. Auguftin ⁱ. Ortelius ᵏ remarque qu'on trouve une ancienne Infcription avec ce mot USALLITANORUM; mais il n'ofe décider fi elle fait mention des Habitans d'*Ufala*, ou de ceux d'USILLA. Voyez USILLA.

ᵍ N°. 283.
ʰ Lib. 5. c. 4.
ⁱ Epift. 147. & Serm. 33. de diverfis.
ᵏ Thefaur.

UZAN, Ville d'Afrique propre: elle eft du nombre des Places que Ptolomée ˡ marque entre la Ville de *Thabraca* & le Fleuve *Bagradas*.

ˡ Lib. 4. c. 3.

UZARAE, Peuples de l'Afrique propre. Ptolomée ᵐ dit qu'ils habitoient au pied du Mont *Vafalaetus*.

ᵐ Ibid.

USARAE-FONTES. Voyez SUZARAE.

UZECIA, Ville de l'Afrique propre: elle eft marquée par Ptolomée ⁿ au nombre des Villes qui étoient au Midi d'Adruméte. Elle n'étoit pas éloignée de Thyfdrus. On conjecture que c'eft la même Ville qu'Hirtius ᵒ nomme USCETA, & où il dit que Scipion avoit une grande quantité de munitions de guerre & de bouche, avec une petite Garnifon. Si cette USCETA, dit Cellarius ᵖ, n'eft pas l'UZECIA de Ptolomée, nous ferons fort embarraffez à lui trouver une place. Une chofe pourtant qui eft certaine, c'eft que USCETA eft une Ville différente de celle d'UZITA, que Ptolomée diftingue d'UZECIA, & qu'Hirtius diftingue d'USCETA.

ⁿ Ibid.
ᵒ Cap. 89.
ᵖ Geogr. Ant. L. 4.

UZEGE, Pays de France, dans le Bas-Languedoc. Il prend fon nom d'Uzès qui en eft la Capitale. Une partie de ce Pays eft couverte de Montagnes; & on y nourrit quantité de Bétail. La Plaine produit abondamment du Bled & de bons Vins; & l'on y fait auffi des Huiles. Il y a dans l'Uzége plufieurs Manufactures de Soye; & l'on y fait quantité de petites étoffes de Laine,
qui

328　UZE.　　UZE.

qui y attirent beaucoup d'argent. Ses Villes principales sont

Uzès,
Le Pont du St. Esprit,
Saint Ambroise,
Les Vents,
Bagnols,
Ville-neuve-lès-Avignon.

Délices d'Espagne, p. 317.

UZEDA, ou UCEDA, Ville d'Espagne [a], dans la Nouvelle Castille, à sept ou huit lieues au Nord d'Alcala. C'est le Chef-lieu d'un Duché. On y voit un Château, avec une Tour ancienne extrêmement forte.

UZEL, Ville de France, dans la Bretagne, Diocèse & Recette de St. Brieu. Cette petite Ville a une Collégiale dans la grande Eglise, dont le Chœur est assez bien disposé. La Collégiale est composée d'un Doyen, d'un Chantre & de quatre Chanoines, de deux Chantres gagez & de deux Enfans de Chœur. Elle ne subsiste presque plus depuis la perte d'un procès. Le revenu s'y trouve aujourd'hui si modique, qu'on ne fait point l'Office, pas même les Dimanches & les jours de Fêtes. Les jours de Fêtes de la Ste. Vierge à qui cette Collégiale est dédiée, on chante la Messe du Chœur & l'Office de la Vierge. C'est l'unique vestige de cette Collégiale, dont les Canonicats étoient à la nomination du Marquis de Coetquen, qui est Seigneur d'Uzel. Le Curé qu'on appelle Recteur a six cens Livres de fixe en Dixmes & autres droits sans le Casuel qui monte à quatre cens Livres.

La Ville d'Uzel a une Subdélégation considérable, & se trouve au Centre de la Province. Il y a un Bailliage dont le Juge s'appelle Sénéchal. On y suit l'Usement du Duché de Rohan. Il y a aussi une Châtellenie, dont le titre se joint d'ordinaire avec celui de la Mothe d'Onnenon, autrefois démembré du Duché de Rohan. Le Marché qui se tient tous les Mercredis est un des plus beaux de la Province. Les Halles y sont belles, élevées, larges & spacieuses, bien couvertes, & il y en a trois. La grande Place du Marché est d'une grandeur prodigieuse, outre cinq autres Places de différens Marchez: la grande sert pour le Commerce des Toiles qui se fabriquent à Uzel & aux environs; les autres servent, pour les Bestiaux, pour les Sabots & pour les Fruits. Il y a douze Foires par an, une chaque mois. Elles ne durent qu'un jour, mais elles sont considérables. Les Toiles se transportent aux Indes Orientales & Occidentales par les Ports de Mer de St. Malo, de Morlaix & autres. Il y avoit ci-devant une Verrerie aux Sallez, près d'Uzel, dans la Forêt de Quintin. Il y a une Chapelle à un demi quart de lieue d'Uzel. On l'appelle Bonne-nouvelle: elle est fort fréquentée, bien bâtie & richement ornée.

L'esprit du Pays est vif, rusé, intéressé & peu laborieux. Les Habitans sont presque tous bien faits & hardis. La lute est leur plus grand exercice. Le premier de Mai les nouveaux Mariez de l'année vont chercher en Cavalcade un Arbre ou May dans la Forêt de Rohan, qui est assujettie à donner l'Arbre que choisissent les Mariez.

Le jour de l'Ascension ces mêmes nouveaux Mariez rompent des perches nommées Quintaines. Ces deux Solemnitez se font avec un grand concours de Peuple; & il s'y fait des Danses, des Tables, des Cavalcades & des Courses.

UZELLA. Voyez VEXALA.

UZERCHE, Ville de France, dans le Limousin, à onze lieues de Limoges, sur le chemin de Brive; en Latin *Userca*. Cette petite Ville est fort ancienne [b], & elle a voit déja une Eglise fondée dans le cinquième Siècle, comme on le voit par une Lettre de Ruricius, Evêque de Limoges. Cette même Eglise fut donnée cinq cens ans après sous le Régne de Lothaire, fils de Louis d'Outre-Mer, aux Moines Bénédictins, par Hildegarius, Evêque de Limoges, qui y fonda en 960. un Monastère, qui subsiste encore aujourd'hui, & dont l'Abbé est Seigneur d'Uzerche [c]. On compte dans cette Ville environ deux cens dix feux & mille Habitans. Les Maisons sont bien bâties & couvertes d'ardoise. Leur solidité & leur propreté ont donné lieu au Proverbe: *Qui a Maison à Uzerche, a Château en Limousin*. En effet, quoiqu'il n'y ait qu'une seule rue bordée de maisons à droite & à gauche; il n'y a point d'Habitant qui ne voye la Rivière au pied de sa maison ou de son jardin, la Vesére embrassant toute la Ville à la reserve d'une petite langue de terre. D'ailleurs il n'y a presque pas une maison, qui, à la regarder par derrière, n'ait l'air d'un petit Château à l'antique. On n'y voit que Tourelles & Pavillons: le tout couvert d'ardoises. On tient que Pepin combattant Vaifer ou Gaifer dans l'Aquitaine fit bâtir cette Place, & la fortifia de dix-huit Tours, dont l'une est encore appellée la Tour de Leocaire, parce que ce fut dans cette Tour que le même Prince fit couper la tête à Leocaire, Maire de son Palais. La situation d'Uzerche est toute particulière. Elle occupe un gros Rocher élevé, escarpé du côté que la Rivière en lave le pied; & dont elle fait comme une Péninsule; ce qui rend la Place d'autant plus forte qu'il seroit difficile d'y aborder si on rompoit le Pont qui est sur cette Rivière, & qui donne passage pour aller au Fauxbourg Saint Olario. Cette Ville a toujours signalé sa fidélité envers ses Rois dans le tems que les Anglois étoient Maîtres de la Guienne; & elle a soutenu des Sièges durant les guerres civiles. Hors l'enclos des murailles d'Uzerche, on voit les restes d'un Château appellé *la Blanche*, où l'on dit qu'habitoit St. Martial lorsqu'il enseignoit dans ce Pays là la Religion Chrétienne. Il y a encore une Fontaine & une Chapelle qui portent son nom.

L'Abbaye d'Uzerche est le Chef-lieu de la Congrégation des Religieux Exempts de l'Ordre de St. Benoît en France. Elle est composée de Prevôtez & de Prieurez dont quatre sont tenus en Commande, & les autres par des Dignitez avec leurs portions Monachales. Le revenu de l'Abbé d'Uzerche peut aller aux environs de quatre mille Livres.

UZE'S, Ville de France, dans le Bas-Lan-

[b] *Longueruë, Descr. de la France, Part. I. p. 142.*

[c] *Piganiol, Descr. de la France, t. 6. p. 381.*

UZE. UZI. UZK.

Languedoc, le Siège d'un Evêché, & le Chef-lieu d'une Recette, d'un Bailliage, d'une Viguerie, & d'une Justice non ressortissante. Cette Ville ne se trouve marquée ni dans les anciens Géographes [a], ni dans les Itinéraires, ni dans aucuns Auteurs ou Actes plus anciens que le cinquième Siècle, dans le milieu duquel Constantius étoit Evêque d'Uzès; & il est nommé *Episcopus Ucecienfis* par le Pape Hilarus dans une Lettre aux Evêques des Gaules, Probatius Evêque d'Uſès assista en 506. au Concile d'Agde. Alors cette Ville étoit encore sujette des Vifigots; mais elle leur fut ôtée bien-tôt après par les François, parce que leur Roi Clovis vainquit & tua en bataille Alaric Roi des Visigots l'an 507. Ainsi cette Ville, qui est quelquefois appellée *Castrum*, appartint depuis aux Rois de France, quoique les Evêques ayent toujours reconnu la Métropole de Narbonne, encore que Narbonne fût toujours tenue par les Visigots jusqu'au renversement de leur Monarchie. Uſès depuis l'onzième Siècle a eu des Seigneurs qui ont quelquefois porté le nom de Vicomtes. Dans le douzième Siècle, ils avoient le surnom de *Decani*, & étoient Seigneurs de Pofquières. Raymond *Decani*, qui étoit Seigneur de Pofquières & d'Uſès, mourut l'an 1138. comme on le voit par son Epitaphe. Ensuite Uſès vint à la Maison des Bermonds, & l'an 1290. sous Philippe le Bel, Raymond étoit Seigneur d'Aimargues & d'Uſès. Le dernier Vicomte d'Uſès nommé Jean laissa de sa femme Jeanne de Brancas une fille & unique heritiere Simone, qui épouſa Jacques de Baſtet Seigneur de Gruſſol. Leur fils Charles Vicomte d'Uſez épouſa Jeanne Galliot, & il en eut un fils Jacques de Cruſſol, qui fut créé premier Duc d'Uſès l'an 1566.

Les Evêques d'Uſès ne reconnoiſſent point d'autre Seigneur au Temporel que le Roi, & ils ont encore avec lui en commun la Seigneurie utile de la Ville d'Uſès. Les Habitans avoient de fort grands privilèges dont ils abuſèrent dans le ſeizième Siècle; car s'étant faits Calviniſtes, ils maltraitèrent l'Evêque & les Eccléſiaſtiques, & ils ruinèrent près de leur Ville le Bourg de Saint Firmin, habité par les Catholiques. Mais comme la plus grande partie de l'*Uſège* avoit embraſſé la nouvelle Religion, & le parti des Huguenots, ils ſe conſervèrent dans leur indépendance juſqu'à l'an 1629. qu'ils furent contraints de ſe ſoumettre, & de raſer leurs fortifications.

La Ville d'Uzès eſt petite, & Mr. Piganiol de la Force ne lui donne pas plus de ſept cens quatre-vingt quatorze familles. La Cathédrale eſt dédiée à Saint Thierri, & la Tour qui lui ſert de Clocher eſt d'un bon goût Gothique. La terraſſe qui eſt à côté de cette Egliſe offre une aſſez belle vûe. La maiſon de l'Evêque eſt belle & les appartemens en ſont grands. La Château du Duc eſt un gros Bâtiment, dont les Tours rondes à l'antique ſont hautes & fort groſſes. Le Jardin eſt aſſez bien entendu. On voit au-deſſous de la Maiſon de l'Evêque la Fontaine d'Aure qui fourniſſoit l'eau à l'Aqueduc du Pont du Gard. Le Baſſin en eſt beau & naturel. Les Capucins ont un joli Couvent hors de la Porte appellée la *Condamine*. On voit preſque par toute la Ville des Arcs de pierre conſtruits, ſi l'on en croit les Habitans, pour garantir du Soleil & des chaleurs de l'Eté.

L'Evêché d'Uſès [b] vaut vingt-deux mille Livres de rente, & ſon Diocèſe ne comprend que cent quatre-vingt-une Paroiſſes. La Cathédrale porte le nom de St. Thierri, & ſon Chapitre eſt compoſé d'un Prévôt, d'un Archidiacre, d'un Théologal & de vingt-quatre Chanoines. Ils étoient ci-devant Chanoines Réguliers: ils furent ſéculariſez par le Pape Clément XI. ſur la fin de l'année 1719. Ce Diocèſe produit du bled, des huiles, des ſoies, beaucoup de Beſtiaux à laine & de bons vins. On y voit pluſieurs Manufactures de ſoie, & de petites étoffes de laine, qui y attirent beaucoup d'argent.

Uſès étoit une Vicomté [c] qui fut érigée en Duché par Charles IX. dans l'année 1565. en faveur d'Antoine Comte de Cruſſol & de Tonnerre, & en Pairie pour Jacques de Cruſſol, Duc d'Uſès, par Lettres du mois de Janvier 1572. regîtrées au Parlement le 31. de Mars de la même année. L'aîné de cette Maiſon eſt en cette qualité le premier Pair Laïque du Royaume; mais non pas le premier Duc; car le Duché de Thouars fut érigé au mois de Juillet 1563. & ſes Lettres regîtrées au Parlement de Paris le 21. d'Octobre de la même année.

UZI, Peuples d'entre les Huns, & placez aux environs de la Dace par Zonare & par Cedrène. A la marge, dit Ortelius [d], on lit UTZI, & une autre Leçon porte UTTI. Ne demeuroient-ils point, ajoute-t-il, ſur le bord du Fleuve UTUS?

UZIA. Voyez UXIA.

UZICATH. Voyez THABRACA.

UZIPPARENSIS. Voyez UTZIPPARITANORUM.

UZITA, Ville de l'Afrique propre: Ptolomée [e] la marque au Midi d'Adrumete. Il la place de façon qu'elle devoit être dans la Byzacène. Cependant la Notice des Evêchés d'Afrique la met dans la Proconſulaire qui étoit différente de la Byzacène; de ſorte que la ſituation préciſe de cette Ville demeure incertaine. Hirtius [f] fait auſſi mention d'*Uzita*.

UZITENSIS, ou UCI-MINORIS, Siège Epiſcopal de l'Afrique, dans la Province Proconſulaire, ſelon la Notice des Evêchez de cette Province. Voyez URCITANUS, & UZITA.

UZKUNT. Voyez URKENT.

FIN DE LA LETTRE V.

LE GRAND
DICTIONNAIRE
GÉOGRAPHIQUE,
ET
CRITIQUE.

WAC.   WAC. WAD. WAE.

ACH. Voyez Walt-Kappel.

WACHTENDONCK, Ville des Pays-Bas, dans la Province de Gueldres, à deux lieues de la Ville de Gueldres. La principale force de cette petite Place consiste dans les Marais qui l'environnent, & dans les eaux de la Riviére de Niers qui remplissent ses Fossez. Le Seigneur de Wachtendonck l'ayant fait fortifier, elle fut prise en 1467. par Adolphe d'Egmond, parce qu'elle tenoit le parti de son Pere le Duc Arnoud. Dans le commencement des révolutions des Pays-Bas Louïs Comte de Nassau, frere de Guillaume Prince d'Orange, la surprit pendant un rude Hyver à la faveur des glaces. En 1588. le Comte de Mansfeldt sous les Ordres du Duc de Parme la bâtit furieusement avec son Artillerie; & on remarque que ce fut devant cette Place, qu'on se servit pour la première fois de Bombes. Les Assiégez se défendirent avec tant de vigueur, que les Assiégeans alloient se retirer après un Siège de trois mois si le Colonel Chircourt qui en étoit Gouverneur, n'eût rendu lâchement la Place, dans le tems qu'il étoit sur le point d'être secouru. En 1603. Henri Comte de Berg s'empara de Wachtendonck par stratagême; mais ses gens furent contraints de la rendre peu de tems après faute de vivres. En 1625. le Comte de Buquoy ayant été commandé par le Marquis de Spinola bâtit Wachtendonck avec tant de vigueur, qu'elle fut obligée de capituler.

Il y a dans cette Ville un Couvent de Sœurs du Tiers Ordre de St. François, appellé la *Vallée de Josaphat*. Il fut brûlé par accident le 14. Août 1708. avec la grande Eglise & la meilleure partie de la Ville.

WACHZENKIRKEN, Bourg d'Allemagne, dans la Baviére, sur la petite Riviére d'Ascha, à quelques lieues à l'Occident de Lintz, au Midi Oriental de Passau. Lazius prend ce Bourg pour l'ancien *Stanacum*, de l'Itinéraire d'Antonin. Jaillot [a] qui écrit Wartzenkirk, met ce Bourg dans l'Autriche aux confins de la Baviére.

[a] *Atlas.*

WADENSEÉ, ou Wallenstatter-zeë. Voyez Wahlestatt.

WADERBORN, ou Wederborn, Château d'Ecosse [b], dans la Province de Merche, au voisinage de la Ville de Duns, du côté du Sud-Est. Près de ce Château qui est beau, on en voit un autre nommé Nisbeth, bâti au milieu d'un grand Parc.

[b] *Délices de la Gr. Br. p. 1151.*

WAELRE, Village des Pays-Bas, dans la Mairie de Bois-le-Duc [c], au Quartier de Kem-

[c] *Jansson, Etat présent des Pr. Un. t. 2. p. 136.*

W A E.

Kempenland. Waelre & Weert font deux Seigneuries, qui ne forment qu'un seul Tribunal, formé de quatre Echevins du premier de ces Lieux & de trois de l'autre. Il y a tous les ans trois Marchez à Waelre, favoir un le premier Mardi de Carême, un autre le premier Mardi dans la Semaine de la Foire de Bois-le-Duc, & le troisième le premier Mardi après la Saint André.

WAELWYK, Bourg des Pays-Bas, dans la Mairie de Bois-le-Duc [a], au Quartier d'Oofterwyck. Ce Bourg est assez considérable. Jean II. Duc de Brabant lui accorda en 1203. les mêmes privilèges qu'à une Ville. En 1409. Guillaume Duc de Baviére & Comte de Hollande, exempta les Habitans de ce Bourg des péages de Hollande. Waelwyk est une Seigneurie qui appartenoit autrefois à la Maison de Brederode, & dont la Famille de le Leu de Wilhem est aujourd'hui en possession. Sa Jurisdiction s'étend jusqu'à Ganfoyen, & son Tribunal est composé d'un Drossard, de sept Echevins, & d'un Secrétaire, nommez par le Seigneur. Il y a un Marché tous les Vendredis, & deux autres Marchez francs tous les ans, l'un au mois de Mars le jour de St. Thomas d'Aquin, & l'autre au mois d'Août, deux jours après la St. Laurent. On voit dans ce Bourg une Eglife Protestante, & une Maison de Religieuses qui y sont tolérées.

1. WAES [Le Pays de], Contrée des Pays-Bas, dans la partie la plus Orientale de la Flandre Impériale. Il s'étend sur la rive gauche de l'Escaut, en tournoyant depuis Gand jusqu'à Ysendyck entre les quatre Offices & les Quartiers de Beveren & Bornheim. Il consiste en de fort belles prairies & en de bons Pâturages. Il est très-fertile en Bleds en Lin, & produit de bons Chevaux ; de sorte que cette Contrée est regardée comme le meilleur Pays de la Flandre.

Le Pays de Waes qui a ses Loix & ses Coutumes particuliéres, est gouverné par une Cour de Justice qui a un Grand-Bailli, plusieurs Echevins & Greffiers ; & chaque Bourg a ses différens Officiers. Il dépendoit autrefois du Comté de Hollande ; mais en 1163. Philippe Comte de Flandres ayant déclaré la guerre à Florent III. Comte de Hollande, & l'ayant vaincu dans une Bataille & fait prisonnier, Florent fut obligé de lui céder à jamais pour sa rançon le Pays de Waes. Pour le Spirituel il dépendoit de l'Evêque d'Utrecht ; mais depuis l'érection des nouveaux Evêchez dans les Pays-Bas, il est sous la Jurisdiction de l'Evêque de Gand. Cette Contrée comprend dix-huit Bourgs ou Villages, dont les principaux font St. Nicolas, Lokeren, Tamife & Beveren. ST. NICOLAS est un Bailliage, où l'on tient tous les ans plusieurs Foires franches. Son Commerce, ses Richesses & ses Bâtimens le rendent fameux. Il y a une belle Eglife Paroissiale & un Couvent de Récollets, qui après la prife de Hulst, s'établirent en 1645. au Village de St. Paul, & à St. Nicolas en 1688. Le Bourg de TAMISE, appellé T'EMPSCHE dans le Pays, & fitué sur l'Escaut, à quatre lieues d'An-

[a] Janicon, Etat préfent des Pr. Un. t. 2. p. 124.

W A E.

vers & à autant de Malines, a une Eglife Paroissiale dédiée à Notre-Dame, & defservie par des Peres de l'Oratoire, qui y enfeignent les Humanitez à la Jeunesse. Il y a outre cela un Couvent de Religieuses Dominicaines, fondé en 1507. par Roland le Fèvre Seigneur de Tamise. Le Pays de Waes contient encore le Bourg de WAESMUNSTER, où il y a une Abbaye de Religieuses de l'Ordre de St. Augustin de la Congrégation de St. Victor ; celui de BEVEREN, où il y a des Guillelmites ; celui de Rupelmonde, qui est un Comté érigé vers l'an 1650. en faveur de la Maison de Recourt & de Lieques ; un ancien Château au confluent de l'Escaut & du Rupel ; mais qui a été ruïné pendant les derniéres guerres ; enfin la Terre de BORNHEM ou BORNHEIM, qui est aussi un Comté érigé vers l'an 1680. en faveur de la Maison Coloma. On y voit un ancien Prieuré de Bénédictins, dépendant de l'Abbaye d'Affligem, & une Maison de Dominicains Anglois fondée vers l'an 1670. par le Pere Thomas Howard, Duc de Nortfolck, Religieux du même Ordre & ensuite Cardinal.

2. WAES, Ifle de la Mer d'Ecosse [b] & l'une des Orcades, à trois milles de l'Isle Fara du côté de l'Occident. Cette Isle est divisée en deux parties par un petit Isthme, qui est le plus souvent couvert d'eau ; des parties la plûpart en font deux Isles, appellant WAES, en Latin *Walis*, celle qui est à l'Orient, & l'autre Hoy, ou Hoïa. L'Isle de Waes a quatre milles & demi de long, & trois milles dans sa plus grande largeur. Elle produit les mêmes Fruits que les autres Isles voisines, nourrit les mêmes Animaux, sur-tout de petits Chevaux, & abonde en Oifeaux de Mer & de Bruyère. Il s'y trouve un bon Port, deux Maisons assez belles, & une Eglife Paroissiale, où les Habitans de l'Isle de Fara vont entendre le Service Divin. L'Isthme qui sépare Waes de Hoy, est ordinairement couvert d'eau, excepté dans le tems des Equinoxes. C'est dans cette Saison que les Marées font les plus grandes ; & comme le flux monte fort haut, aussi le reflux descend fort bas, & laisse cet Isthme entiérement découvert ; de sorte qu'on peut passer à pied d'une Isle à l'autre.

WAETENE, ou WATENE, Bourg des Pays-Bas dans la Flandre aux confins de l'Artois près de la Rivière d'Aa, dans la Châtellenie de Cassel. Il y avoit autrefois dans ce Bourg une Prevôté de Chanoines Réguliers de l'Ordre de St. Augustin, fondée par Robert le Frifon X. Comte de Flandres. Dans le seizième Siècle, les revenus de ce Monastére, furent annexez au nouvel Evêché de St. Omer ; & dans la suite la Maison fut donnée aux Jésuites Anglois, qui en ont fait leur Noviciat.

WAETERLAND, ou WATERLAND [c]. C'est-à-dire Pays d'eau. On nomme ainfi cette partie de la Nort-Hollande, qui est vis-à-vis d'Amsterdam de l'autre côté de l'Ye, & qui est baignée par le Zuider-zée, & où sont les Villes d'Edam, de Monickendam, & de Purmerendt. On peut juger qu'il y a beaucoup d'eau dans ce Pays

[b] Délices de la Gr. Br. p. 1412.

[c] Dict. Géogr. des Pays-Bas.

Tt 2 puifpuisque le nom de Waeterland lui a été donné par préférence au reste de la Hollande qui en est si remplie. Aussi souffre-t-il souvent des dommages considérables par l'impétuosité de la Mer, qui perce quelquefois ses Digues, comme cela arriva en 1686. & en 1717. le 24. de Décembre. On trouva alors par une supputation générale imprimée à Amsterdam, qu'il y eut onze mille sept cens quatre-vingt-dix-sept Habitans noyez, outre des Bestiaux, des Maisons & des Terres presque sans nombre.

WAESMUNSTER. Voyez WAES, No. 1.

WAGENINGEN, ou WAGUENINGUE, Ville des Pays-Bas dans la Gueldre, au Quartier d'Arnheim, aux confins de la Seigneurie d'Utrecht, sur la rive droite du Rhein qui lui procure beaucoup de commodités [a]. Elle est environ à deux lieues de Nimégue & à pareille distance d'Arnheim, mais dans un Terroir fort ingrat. Il n'y a presque qu'une grande Rue qui soit remarquable. Les Prairies & le Tabac sont la plus grande Richesse des Habitans. Elle a des Bruyéres de quatre ou cinq lieues d'un côté, & des Terres assez fertiles de l'autre. Cette Place [b] fut fermée de Murailles & érigée en Ville par Othon Comte de Gueldre en 1230.

[a] Corn. Dict. Jovin de Rochefort, Voyage des Pays-Bas.

[b] Longuerue, Descr. de la France, Part. 2. p. 41.

WAGRIE, en Latin WAGRIA, en Allemand WAGEREN, Contrée d'Allemagne, au Duché de Holstein [c], bornée au Nord & à l'Orient par la Mer Baltique; au Midi par la Trave; & au Couchant partie par le Holstein propre, partie par la Stormarie. On lui donne huit milles de longueur depuis la Mer Baltique jusqu'à la Trave, sur cinq, six ou sept milles de largeur d'Orient en Occident. Ce Pays fut anciennement la demeure des Wandales, & ensuite celle des Venétes. Il est entrecoupé de Riviéres, de Ruisseaux & de Lacs, qui lui donnent une grande fertilité: aussi y recueille-t-on du Bled en grande abondance. On y a beaucoup de Poisson, les Forêts y nourrissent quantité de Bétail, & dans la Saison leur gland engraisse un nombre prodigieux de Cochons dont on fait un grand Commerce. Tout cela fait que cette Contrée est beaucoup plus peuplée que le reste du Holstein, & qu'on y voit aussi un plus grand nombre de Châteaux & de Maisons nobles. La Ville de Lubeck étoit comprise autrefois dans la Wagrie, où sont aujourd'hui la Principauté de Ploen, l'Evêché d'Eutin, & trois anciennes Abbayes, qui depuis le changement arrivé dans la Religion sont devenues des Bailliages. Ces trois Abbayes étoient, Rheinfeld, Arensboeck & Cismar. Si on en excepte le Rocher de Segeberg, il n'y a dans la Wagrie aucune Montagne: on y voit néanmoins plusieurs Collines & diverses Vallées extrêmement fertiles.

[c] R. Hermanid, Descr. Daniæ, p. 947.

On divise ce Pays en WAGRIE SEPTENTRIONALE & WAGRIE MÉRIDIONALE. La premiére comprend tout le Cercle d'Oldenbourg, où sont les Bailliages d'Oldenbourg & de Cismar, la plus grande partie, du Bailliage de Pretzen; & quelques Terres, qui dépendent de l'Evêché d'Eutin. La Wagrie Méridionale renferme la plus grande partie du Cercle de Segeberg, la meilleure portion de l'Evêché d'Eutin & la Principauté de Ploen.

WAGRII, Peuples de la Germanie, connus seulement dans le moyen âge. La plûpart des Auteurs, dit Mr. Spener [d], cherchent les *Wagrii* au-delà de la Trave, dans le Pays, où le nom de Wagrie s'est conservé jusqu'à présent; & il y a quelque apparence que c'est où on doit les trouver; mais il est incertain s'ils ont reçu leur nom du Pays, ou s'ils lui ont donné le leur. Peut-être ne seroit-on pas mal fondé à chercher les anciens WAGRII, au-delà de l'Oder vers la Riviére WARTA, dont le nom pourroit bien être l'origine de celui des WAGRII, comme il l'a été de ceux des VARINI, ou VARNI, & de ceux des WARNAVI, ou WARRABI. Ce qui détermineroit Mr. Spener à dire que les WAGRII ont donné leur nom à la Wagrie, c'est qu'on ne voit rien dans le Pays qui ait pu occasionner un semblable nom. Du reste les WAGRII étoient une Nation d'entre les Sclaves: ils occupoient les Terres qui sont au Nord de la Trave, & ils en furent chassez par les Teutons.

[d] Notit. Germ. Med. c. 4.

WAHAL, WAHL, ou WAEL. On nomme ainsi [e] le Bras du Rhein qui se séparant au Fort de Schenck, passe à Bynen, g. à Nillinge, près de Gent, d. à Nimégue, g. à Loenen, d. à Rykamer, d. à Sluysken, d. à Bax, g. à Tiel, g. à Drumel, g. au Fort de Voorn, g. au Fort de St. André, g. à Rossum, g. à Hessel, d. à Hellen, d. à Suillickom, g. à Brakel, g. à Wuyren, d. & se perd dans la Meuse au-dessous du Château de Loevenstein, vis-à-vis de Worcum.

[e] Dict. Géogr. des Pays-Bas.

WAHLESTATT, ou WAHLENTATT [f], Ville de la Suisse, à quelque distance du Lac de même nom; & le Chef-lieu d'un Bailliage compté au nombre des Bailliages communs dépendans des Cantons Protestans & du Canton de Glaris. Cette petite Ville qu'on nomme aussi RIVA, est fort jolie. Autrefois elle se trouvoit au bord du Lac de Wahlestatt; mais avec le tems le Lac s'étant retiré elle en est demeurée tant soit peu éloignée. Wahlestatt est principalement considérable par le grand abord des Etrangers qui y passent, & des Marchandises qu'on y porte. C'est la grande route de la Suisse & de l'Allemagne pour aller au Pays des Grisons. Souvent les Etrangers sont obligez de s'y arrêter, parce que lorsque la Bise souffle la Navigation est impraticable, & le chemin par terre est très-mauvais à cause des Rochers qui bordent le Lac. On l'a cependant un peu raccommodé depuis quelques années; & l'on y avoit déja travaillé dans les années 1603. & 1604. On avoit coupé des Rochers en plusieurs endroits.

[f] Etat & Délices de la Suisse, t. 3. p. 189.

Les Habitans de Wahlestatt ont leur Conseil & leur Chef, qu'ils nomment *Schuldtheis*, ou *Avoyer*, avec la basse Jurisdiction de leur Ville. L'Avoyer est choisi par le Bailli du Pays. La Ville de Wahlestatt, dont le nom signifie en Allemand *Ville des Italiens*, a été ainsi nommée, dit-on, à cause des Grisons qui s'étoient rendus

Maî-

WAL.   WAK. WAL. 333

Maîtres du Pays. D'autres croient néanmoins que ce nom lui a été donné à cause des Garnisons que les Romains y tenoient: delà vient qu'il y a au bord du Lac divers Villages dont les noms viennent du Latin, comme au bord Méridional *Terten* & *Quarten*, & au bord Septentrional *Quinten*, *Ammont*, dont les trois premiers désignent les rangs ou des Garnisons ou des Légions dont elles étoient tirées, & le nom du dernier vient de sa situation, AD MONTEM, *au Mont*.

[a] Etat & Délices de la Suisse, t. 3. p. 188.

Le LAC DE WAHLESTATT [a] est bordé de trois Souverainetez; savoir du Canton de Glaris, du Comté de Sargans & du Bailliage de Gaster. Ce Lac, qui s'étend d'Orient en Occident, long d'environ cinq lieues sur une bonne demi-lieue de largeur, est nommé en Latin *Lacus Rivarius*. Il borne en partie le Comté de Sargans du côté de l'Occident; & il est tout ouvert de ce côté-là de même que du côté de l'Orient. Mais au Nord & au Midi il est tout environné de hautes Montagnes & de Rochers. On voit sur ses bords deux Villes & plusieurs Villages. Les Villes sont Wahlestatt, au bord Oriental, & Wesen au bord Occidental. On remarque quelque chose de particulier par rapport à ce Lac, c'est qu'ordinairement dès le lever du Soleil il y régne un Vent d'Orient qui dure jusque vers les dix heures du Matin, & qui est fort commode pour ceux qui veulent aller par eau de Wahlestatt à Wesen : depuis dix heures jusqu'à midi le tems est calme; & à midi il se léve un Vent d'Ouest, qui dure jusqu'au coucher du Soleil, & qui est fort propre pour ceux qui veulent aller par Bâteau de Wesen à Wahlestatt. Mais cette agréable régularité de Vents d'Est & d'Ouest se trouve assez souvent interrompue par la Bise, ou Vent de Nord, qui tombant des Montagnes avec impétuosité, soulève les flots d'une étrange force, & prend les Bâteaux en flanc. Comme ce Lac est alors agité dans sa largeur qui est petite, étant serré de plus entre de hautes Montagnes; cela fait qu'il s'y élève de violentes tempêtes, & que la Navigation y est fort périlleuse.

[b] Jaillot, Atlas.

WAIDHOVEN, petite Ville d'Allemagne [b], dans l'Autriche, au Quartier du Haut Vienner-wald dans l'endroit où l'Ybs ou Yps reçoit le Ruisseau de Worchpach.

WAIGATS. Voyez WEIGATZ.

[c] Délices de la Gr. Br. p. 1420.

WAIRTH, Lac ou plutôt Golphe [c], de l'Isle de Pomone ou Mainland, la plus grande des Orcades. Ce Golphe qui est dans la partie du Sud-Ouest de l'Isle, & entre de la longueur de quatre milles dans les terres; mais son Embouchure est si étroite qu'on la passe sur un Pont de bois. Le Golphe de Wairth est abondant en poissons, particuliérement en bonnes Truites de la grosseur d'un petit Saumon. On sale quantité de ces poissons, ou bien on les durcit à la fumée, & on les met en réserve pour s'en servir l'Hyver.

[d] Etat présent de la Gr. Br. t. 1. p. 85.

WAINFLEET, Bourg d'Angleterre [d], en Lincolnshire, vers la Mer. Ce Bourg qui a droit de Marché, a donné la naissance à ce fameux Evêque de Winchester, Guillaume de Wainfleet, fondateur du Collège de la Magdelaine à Oxford, & d'une Ecole publique, qu'il y a dans Wainfleet.

WAKEFIELD, Ville d'Angleterre [e], dans Yorckshire, sur le chemin d'Yorck à Londres, à quelques milles d'Almondbury, au bord du Calder. Cette Ville qui est passablement grande, est remarquable par la propreté de ses Edifices, par le nombre & par l'industrie de ses Habitans, par sa Manufacture de Draps & par une très-belle Chapelle que le Roi Edouard IV. y fit bâtir près du Pont. On trouve dans le voisinage de cette Ville des Mines de charbon de terre d'où l'on tire quantité de Marcassites brillantes, qui ont une belle couleur d'argent. Un peu plus loin que Wakefield le Calder se jette dans l'Are. Wakefield est encore célèbre par la Bataille [f] qui se donna dans son voisinage, entre Henri VI. & Richard Duc d'Yorck, qui lui disputoit la Couronne. Richard y perdit la vie; mais son fils Edouard finit à son avantage ce que le Pere avoit commencé.

[e] Délices de la Gr. Bt. p. 229.

[f] Etat présent de la Gr. Br. t. 1. p. 130.

WAKENDORFF, ou WACHENDORFF, Château d'Allemagne, dans le Cercle du Bas-Rhein [g], au Diocése de Cologne, près de Rymagen, au voisinage de Munster Eyssel. Ce Château fortifié par l'Art & par la Nature fut surpris par escalade en 1645. par 39. les Troupes de Hesse, qui y ajoutèrent de nouvelles fortifications, & obligèrent tous les Habitans du Plat-Pays à livrer un grand nombre de palissades, dont ils se servirent pour faire autour de ce Château un grand Retranchement, afin de pouvoir en cas de besoin y faire camper un Corps de troupes. Mais dans la suite ils démolirent ces fortifications, transportèrent les palissades à Euskirchen, & rendirent le Château au Seigneur de Palland à qui il appartenoit.

[g] Zeyler, Topogr. Arch. Colon. add. p.

WALCHEREN, WALKEREN ou WALACRE; Isle des Pays-Bas [h] dans la Zélande, & la principale de la Province, à l'Occident des Isles de Noort-Bevelant, Wolfersdyck, & Zuyd-Beveland, à l'Embouchure du Hont, ou Escaut-Occidental qui la sépare de la Flandre. Plusieurs veulent que cette Isle [i] ait été séparée du Continent sur la fin du dixième Siècle, lorsque l'Empereur Othon III. fit faire un Canal entre la Walacre & la Flandre, Canal qui fut nommé *Fossa Othonis*. Mais il est certain que cette Terre étoit une Isle près de deux Siècles auparavant, puisque St. Willebrod, qui vivoit au commencement du huitième Siècle, & qui fut un des premiers Apôtres de la Frise, alla dans cette Terre qui étoit alors une Isle de l'Océan, pour y détruire l'Idolâtrie, comme nous l'apprenons d'Alcuin au quatorzième Chapitre de la Vie de St. Willebrod en ces termes: *Vir Dei pervenit ad quandam Insulam Oceani, Walacram nomine, in qua antiqui erroris Idolum remansit*. On peut croire seulement qu'Othon ayant fait faire ce Canal, nommé *Fossa Othonis*, l'Océan étant entré par-là, submergea une partie des terres, tant du côté de la Flandre que de la Zélande, & forma un assez grand Bras de Mer qu'on nomme *le Hont*, par où la plus grande

[h] Dict. Géogr. des Pays-Bas.

[i] Longuerue, Descr. de la France, Part. 2. p. 23.

Tt 3

de partie des Eaux de l'Escaut se décharge dans la Mer. Cette Isle fut plusieurs fois saccagée par les Normans dans le neuvième Siècle ; & elle étoit alors possédée par les Frisons comme les autres qui en sont proches, ainsi que le rapporte l'Annaliste de St. Bertin à l'an 137. Le même Auteur appelle cette Isle tantôt *Valacras*, tantôt *Gualacras*.

Après que les courses des Normans eurent cessé, la Walacre & les autres Isles de Zélande vinrent au pouvoir des Comtes de Flandre, quoiqu'elles leur fussent contestées par les Marquis de Flarding, nommez depuis Comtes de Hollande. Il y avoit des Seigneurs dans ce Pays qui reconnoissoient au-dessus d'eux ces Princes. Les plus anciens de ces Seigneurs sont ceux de Borselle, qui étoient Seigneurs de l'Isle de Walacre dans le douzième Siècle ; & c'est un de ces Seigneurs qui bâtit la Ville de Middelbourg dans le milieu de cette Isle en 1132. Depuis ce tems-la les Comtes de Hollande & de Zélande ont uni à leur Domaine cette Ville & son Territoire.

WALCKENRIED, Prevôté d'Allemagne, dans le Duché de Brunswick [a], autrefois riche Abbaye, avec un très-bon Collége. Cette Prevôté est située entre des Montagnes, & confine avec les Comtez d'Hohnstein & de Lutterberg. L'Avocatie de l'Abbaye de Walkenried a été possédée longtems par les Comtes d'Hohnstein. Mais Ernest qui en jouissoit étant mort en 1593. Henri-Jules, Duc de Brunswig, s'en fit élire Administrateur. Frédéric Ulrick lui succéda ; & par les Traitez de Westphalie, cette Prevôté fut cédée avec la Terre de Schaven aux Ducs de Brunswig-Lunebourg en Fief perpétuel de l'Empire ; & les prétentions de l'Evêque d'Halberstadt demeurérent annullées. Dans la suite les Ducs de Lunebourg échangérent Walkenried avec Rodolphe Auguste, Duc de Wolffenbuttel pour le Comté de Danneberg.

[a] *Hubner, Geogr. D'Audifred, Géogr. Anc. & Mod. t. 3.*

WALCOURT, Ville des Pays-Bas, dans le Namurois, sur la Rivière de Heure aux confins du Pays de Liège. Cette Ville a eu autrefois des Seigneurs particuliers, dont les derniers furent les Comtes de Rochefort. Un de ceux-ci la vendit en 1363. à Guillaume Comte de Namur. Elle ne fut néanmoins annéxée au Comté de Namur qu'en 1438. par Philippe le Bon Duc de Bourgogne, à cause de quelques différends, qui étoient survenus au sujet de la vente. Dès l'an 910. Walcourt avoit été entourée de murailles. Dans l'année 1615. elle fut absolument réduite en cendres avec son Eglise Collégiale, dédiée à la Ste. Vierge & qui est très-ancienne. Son Chapitre fondé en 1022. par Edwin, Seigneur de Walcourt, est de huit Chanoines avec un Prevôt, qui a voix dans les Etats de la Province. Environ l'an 1304. le feu prit à l'Eglise de Walcourt, où l'on honoroit une Image de la Ste. Vierge, qu'on dit avoir été transportée par les Anges dans un Lieu près de la Ville nommé *le Jardinet*. Cette merveille étant connue de Thierry de Rochefort, Seigneur de Walcourt, il la vouloit faire rapporter à Walcourt ; mais voyant qu'on ne la pouvoit pas faire changer de place, il fit vœu de faire bâtir au même endroit une Abbaye de Religieuses de l'Ordre de Cîteaux ; ce qu'il exécuta en 1317. & alors l'Image de la Ste. Vierge fut remise dans l'Eglise de Walcourt, où elle est devenue célèbre par plusieurs autres miracles, & par le grand concours de monde que la dévotion y attire.

Cette Abbaye du Jardinet fut changée l'an 1430. en une Abbaye de Religieux de l'Ordre de Cîteaux ; & vers l'an 1695. l'Abbé acheta du Roi d'Espagne la Seigneurie de Walcourt pour la somme de vingt-deux mille Florins ; de sorte que la collation de la Prevôté & des Prébendes de l'Eglise Collégiale appartient maintenant à cet Abbé, ainsi que le droit de nommer le Magistrat, de faire exercer la haute & basse Justice.

En 1689. l'Armée des Alliez, sous le Prince de Waldeck, & celle de France sous le Maréchal d'Humiéres, étant campées au Pays d'Entre-Sambre & Meuse, le Maréchal d'Humiéres voulut solemniser le jour de St. Louïs, par la prise de la Ville de Walcourt, dans laquelle s'étoient réfugiez quelques mille Fourageurs qu'il avoit coupez de l'Armée des Alliez. Mais le Prince de Waldeck marcha d'abord à leur secours, & obligea les François à se retirer, avec une grande perte.

1. WALDBOURG, Château d'Allemagne [b], dans la Suabe Méridionale, & le Chef-lieu d'un Comté auquel il donne le nom. Ce n'étoit autrefois qu'une Maison de Chasse des Ducs de Suabe, & c'est à présent un beau Château à deux milles de Ravensburg.

[b] *D'Audiffred, Géogr. Anc. & Mod. t. 3. p. 173.*

2. WALDBOURG, Comté d'Allemagne [c], dans la Suabe Méridionale. Ce Comté est d'une étendue assez considérable ; car il comprend les Comtez de Zeil, de Trauchbourg & de Friedberg, & les Seigneuries de Waldzée, de Wurtzach, de Wolfeck, de Marsteten, de Scheer, de Dimmertingen & de Bussen. On le divise en Domaine Supérieur & Domaine Inférieur. Le Domaine Supérieur renferme les Comtez de Waldbourg, de Zeil, & de Trauchbourg & les Segceuriers de Waldzée, de Wurtzach, de Wolfeck & de Marsteten. Il est entre l'Abbaye de Kempten, les Seigneuries de Rotenfels, de Bregentz & de Tetnang, le Comté de Kœnigseck & les Abbayes de Schassened, d'Ochsenhausen & de Munchrot. Le Domaine Inférieur consiste dans le Comté de Friedberg, & dans les Seigneuries de Scheer, de Dimmertingen & de Bussen ; il est entre le Duché de Wurtenberg, les Principautez de Hohenzollern & de Furstenberg, la Seigneurie d'Ehingen, & la Baronnie de Junstingen. Les Lieux les plus remarquables de ce Comté sont :

[c] *Ibid.*

Waldbourg,	Scheer,
Waldsée,	Friedberg.
Wurtzah,	

Les Comtes de Waldbourg sont de la Maison de Truchsess, qui est une des plus illustres

WAL.   WAL.   335

tres de la Suabe. Hesson qui vivoit du tems de l'Empereur Othon I. en eft le Chef. Ils font partagez en quatre Branches, qui sont celles de Wolfeck, de Zeil, de Scheer & de Trauchbourg. Comme le Séniorat eft établi dans leur Maifon, le plus vieux exerce la Charge de Maître d'Hôtel héréditaire de l'Empire, au Sacre des Empereurs, en qualité de Vicaire de l'Electeur de Bavière.

1. WALDECK, Bourg d'Allemagne [a], dans la Weftphalie, fur la petite Riviére de Steinbach, & le Chef-lieu d'un Comté de même nom, avec un bon Château.

2. WALDECK, Comté d'Allemagne [b], dans la Weftphalie, entre l'Evêché de Paderborn, le Duché de Weftphalie, la Seigneurie d'Itter, & le Bas-Landgraviat de Hesse. Ce Comté a une étendue assez grande; mais c'est un Pays couvert & fort Montagneux. Ses principaux Lieux font:

Waldeck,   Wildungen,
Corbach,   Freyenhagen.

La Maison de Waldeck est issue de Witekind, Comte de Sualenberg & de Waldeck, à qui Charlemagne donna l'Advocatie de l'Evêché de Paderborn, qu'il venoit de fonder. Witekind IV. la céda à Bernard Evêque de Paderborn en 1187. pour la somme de trois cens marcs d'or, Ses Defcendans aggrandirent confidérablement leur Domaine. Josias qui mourut en 1588. laissa deux fils, Christian & Wolrath IV. qui ont fait les Branches d'Isenberg & de Wildungen. La première subsiste encore aujourd'hui; mais la seconde est finie en George Frideric, qui n'a laissé que des Filles d'Elisabeth Charlotte de Nassau-Siegen. L'Empereur le créa Prince de l'Empire en récompense de ses services le 17. de Juin 1682. Il avoit été nommé Maréchal de Camp Général des Troupes de l'Empire; & il avoit depuis commandé celles de Hollande dans la même qualité. Christian Louis, son Cousin, hérita de la partie du Comté de Waldeck qu'il possédoit, & ses Filles eurent les biens situez dans les Pays-Bas. Le Comte de Waldeck possède encore le Comté de Pyrmont.

WALDEN, Ville d'Angleterre [c], dans la Province d'Essex, sur la route de Harwich à Londres, un peu plus bas que Barclow. Cette petite Ville s'appelle auffi SAFRON-WALDEN, parce qu'on recueille du Safran dans son Territoire. Le Safran y vient deux ou trois ans de suite en telle abondance qu'un acre de terre en produit jusqu'à quatre-vingt & cent livres, qui étant fechées en rendent vingt. Après cela les Campagnes rapportent de l'Orge qu'on y seme, fans qu'il foit befoin de fumer la terre pendant dix-huit ans. Au bout de ce terme le Safran y revient comme auparavant.

WALDOW, Desert d'Allemagne [d], dans la Partie Occidentale du Royaume de Pruffe. Il confifte en un amas de hautes Montagnes, qui se trouvent entre la Pologne & la Poméranie.

WALDSAXEN, Bourg d'Allemagne [e], dans le Palatinat de Bavière, aux confins de la Bohême & du Margraviat de Culembach, au Midi de la Ville d'Egra. Il y a dans ce Bourg une Abbaye.

WALDSEE, Bourg d'Allemagne [f], dans la Suabe Méridionale, au Comté de Waldbourg, & le Chef-lieu d'une Seigneurie à laquelle il donne son nom. Ce Bourg est considérable & fortifié d'un Château. L'Empereur Frideric II. y fonda une Abbaye où est la sépulture des Comtes de Waldbourg.

WALDSHUT, ou WALDHUST, Ville d'Allemagne [g], sur le Haut Rhein, à la droite, aux confins de la Suisse, & l'une des quatre Villes Forestières. Cette Ville située à l'endroit où la petite Riviére de Schult se jette dans le Rhein, & à deux milles de Laufenbourg, prend son nom de deux mots Allemans *Wald huft*, qui signifient *défense des Bois*; à cause qu'elle couvre une partie de la Forêt Noire. Ce n'étoit autrefois [h] qu'une Maifon de Chasse des Empereurs, & qui servoit de demeure à un Baillif. Mais en 1249. le Comte Albert de Habsbourg y fit bâtir une Ville, la fortifia & lui accorda des privilèges. En 1468. les Suisses affiégèrent en vain cette Place. Elle fut ruïnée par un incendie en 1492. Son Curé, le Docteur Balthasar Hubner, qui étoit de la Secte des Anabaptistes, y causa en 1525. de grands desordres. Elle a beaucoup souffert du tems des guerres du seizième Siècle, & Bernard Duc de Saxe-Weymar la prit en 1638.

WALDKIRCK, Ville d'Allemagne [i] au Brisgau, dans le Domaine de la Maison d'Autriche, à deux lieues de Fribourg. Elle est située dans une Isle que forme la Riviére d'Eltz. Autrefois elle étoit fameuse par le nombre des Poliffeurs de pierres précieufes & de Corail qui s'y étoient établis; mais les guerres les en ont chaffez. Il y a à Waldkirck une Prevôté, appellée Ste. Marguerite. C'étoit ci-devant un Monaftère de Filles de l'Ordre de St. Benoît.

WALENGFORD. Voyez WALLINGFORD.

1. WALGENSEE, Bourg d'Allemagne, dans la partie Méridionale du Duché de Bavière, sur le Bord Occidental du Lac de même nom.

2. WALGENSEE [k] Lac d'Allemagne, dans la partie Méridionale du Duché de Bavière, aux confins de l'Evêché de Freising, entre les Riviéres de Loyfa & d'Ifer. Ce Lac reçoit deux petites Riviéres; l'une au Midi & l'autre à l'Occident, & il se décharge dans l'Ifer par un Emiffaire du côté de l'Orient. On voit une Isle au milieu de ce Lac.

WALHOF, Bourgade du Duché de Courlande [l], dans la Province de Semigalle, à la gauche de la Dwina, vis-a-vis du Château d'Afchered. Ce Lieu eft remarquable par la défaite des Polonois que Guftave Adolphe Roi de Suède y battit en 1626.

WALIS, Isle de l'Océan [m], l'une des Orcades, au Septentrion de l'Ecoffe. Sa longueur eft près de cinq milles, & fa largeur de trois milles & demi. On y recueille du Bled & de l'Orge pour la fubfiftance des Habitans; & on y prend des Chevaux fauvages, qui ne font d'aucun ufage; car outre qu'ils font petits & difformes, ils ne
peu-

---

[a] D'Audifred, Géogr. Anc. & Mod. t. 3. p. 269.
[b] Ibid.
[c] Délices de la Gr. Br. p. 86.
[d] Jaillot, Atlas.
[e] Ibid.
[f] D'Audifred, Géogr. Anc. & Mod. t. 3. p. 173.
[g] Ibid. p. 202.
[h] Zeyler, Topogr. Alfat. p. 65.
[i] Ibid. p. 64.
[k] Ibid.
[l] De l'Isle, Atlas.
[m] D'Audifred, Géogr. Anc. & Mod. t. 1. p. 243.

336 WAL.   WAL.

peuvent être domptez, & ne portent point de fardeaux à caufe de la foibleffe de leurs jambes. Cette Ifle eft attachée à celle de Hoy, par un Ifthme de fable qu'on voit dans les Marées baffes.

a Délices de la Gr. Br. p. 387.

WALL, Lieu d'Angleterre [a], dans la Province de Stafford. A un mille de Litchfield, au Midi, on voit un Chemin Romain, qui vient de Tamworth, & coupe la Province par le milieu du Sud-Eft à l'Oueft-Nord-Oueft. De l'autre côté de ce Chemin eft le Lieu nommé WALL. On y voit des reftes de murailles qui occupent environ deux acres de terre ; & l'on conjecture qu'il y avoit là un Fort du tems des Romains. Le chemin élevé & pavé par les Romains paroît encore en fon entier fans être endommagé.

b Etat & Délices de la Suiffe, t. 3. p. 40.

WALLEBOURG, ou WALLENBOURG [b], Ville de Suiffe, dans le Canton de Bâle, au pied du Mont Jura qui s'appelle dans cet endroit OBERHAVENSTEIN. Cette petite Ville eft défendue par un fort Château fitué fur un Rocher très-élevé, & qui la commande entiérement. On croit que cette Place a été une Foreterffe des anciens Rauraques pour garder leur Pays contre les Romains. Elle eft en effet à la gorge des Montagnes, dans un Vallon étroit, & par conféquent elle devient un paffage important ; car c'eft la grande route de Genève, de Berne & de Soleurre, à Bâle. Wallebourg appartenoit autrefois aux Comtes de Homberg.

WALLENSTAT. Voyez WAHLESTATT.

c Délices de la Gr. Br. p. 864.

WALLINGFORD, Bourg d'Angleterre [c], dans Berckshire, fur le bord de la Tamife. Ce Bourg a été anciennement une grande & belle Ville, connue fous le nom de *Gallena*. Du tems des Romains elle étoit la Capitale des Attrebatiens. De même fous l'Empire des Saxons, & long-tems après fous les Rois Normans elle fut très-confidérable. On y comptoit douze Paroiffes, & fes murailles avoient environ mille pas de tour. Un grand & magnifique Château fitué fur la Tamife lui fervoit de défenfe. Il étoit très-bien fortifié, fermé d'une double enceinte de murailles, environné d'un double foffé & couvert d'un Donjon fort élevé. Le tems a ruïné tout cela ; mais particuliérement une cruelle pefte qui défola Wallingford en 1348. de forte qu'il devint prefque defert. Aujourd'hui on n'y compte qu'une feule Eglife : on n'y voit rien de plus remarquable qu'un beau Pont de pierre fur la Tamife, & une partie du Château. Ce Bourg députe au Parlement & a droit de Marché. Il s'y fait un grand trafic de malt & de bled, que les Habitans portent à Londres.

WALLONS. Voyez WALONES.

d Etat préfent de la Gr. Br. t. 1. p. 110.

WALLSHALL, ou WALSHAL, Bourg d'Angleterre [d], dans Staffordshire, près de la Tame. Ce Bourg a droit de Marché.

e Délices de la Gr. Br. p. 326.

WALNEY, Ifle d'Angleterre [e] fur la Côte de la Province de Lancaftre. Cette petite Ifle paroît entre le Levens-fand & le Duddens-fand, & s'étend du Nord-Oueft au Sud-Eft le long des Côtes, dont elle eft féparée par un petit Bras de Mer. Elle tire fon nom de fon principal Lieu, qui s'appelle auffi Walney. On peut conjecturer que ce nom vient de deux mots Saxons *Wallen-Ey*, qui fignifient l'Ifle des Gaulois. Cette opinion ne paroîtra pas fans quelque fondement, fi l'on remarque que les anciens Bretons à qui les Saxons donnoient le nom de *Walen*, ou *Wallen*, c'eft-à-dire Gaulois, fe maintinrent vaillamment dans cette Ifle & dans le Pays voifin, l'efpace d'environ deux cens trente ans contre ces fiers Etrangers qui étoient venus les dépoffeder. L'entrée de l'Ifle de Walney eft défendue à l'Orient par un Fort conftruit fur un Ecueil au milieu de l'eau, & dont le nom eft *Pile of Fouldrey*. Ce fut un Abbé de Fornesse qui le fit conftruire.

WALONES, nom que les Latins modernes donnent aux Peuples des Pays-Bas, qui fe nomment eux-mêmes WALONS, & qui font appellez WALEN, ou WAL au Singulier par les Peuples des Pays-Bas qui ont confervé l'ancienne Langue Germanique. Je croirois, dit Ortelius [f], que WALEN eft *f* Thefaur. l'ancien nom des Gaulois, & qu'il fut changé en celui de GALLI par les Latins qui n'avoient pas l'ufage du double W. On donne le nom de WALLONS à tous les Peuples des Pays-Bas, dont le Langage ordinaire eft un vieux François, comme dans l'Artois, dans le Hainaut, dans le Luxembourg, dans une partie de la Flandre & du Brabant. Quelques-uns y comprennent même le Pays de Liège, à caufe qu'on y parle un François corrompu.

1. WALPON, ou WALPO, Ville de l'Efclavonie Hongroife [g], au-delà de la *g* Hift. & Drave, fur une Riviére de même nom. Defcr. de Cette petite Ville qui eft le Chef-lieu d'un la Hongrie, Comté, eft défendue par un Château à l'an-208. tique ; mais affez fort. Les Turcs s'en rendirent maîtres en 1543. & ils y tenoient une Garnifon de mille hommes, lorfque les Impériaux fe préfentérent devant cette Place au mois de Juillet 1687. après avoir paffé la Drave. Ils n'y firent qu'une légere attaque, à caufe de la réfiftance vigoureufe qu'ils y trouvérent d'abord, & du mauvais état de leur Armée, mais elle fe rendit au Général Dunewald, peu de jours après que les Infidéles, défaits à Mohac eurent abandonné Effek.

2. WALPON, ou WALPO, Comté de l'Efclavonie Hongroife, entre la Drave au Nord & la Save au Midi, le Duché de Sirmium à l'Orient & le Comté de Poffega à l'Occident. Ses principaux Lieux font :

Walpon,   Effek,
      Diacovar.

3. WALPON, Mrs. Baudrand, Maty & Corneille nomment ainfi une Riviére de l'Efclavonie Hongroife, & que Mr. de l'Ifle appelle KARASITZA. Cette Riviére [h] qui *h* De l'Ifle, prend fa fource dans la partie Septentriona- Atlas. le du Poffega coule d'abord d'Occident en Orient : elle entre enfuite dans le Comté de Walpo, où prenant fon cours vers le Midi Oriental elle arrofe la Ville de Walpo & va enfuite fe jetter dans la Drave un peu au-deffous d'Effek.

WAL-

WAL. WAL. WAM. WAN.

[a] Jaillot, Atlas.

WALSE'E, petite Ville d'Allemagne [a], dans la Basse Autriche au Quartier du Haut Wiennerwald, à la droite du Danube, à l'Embouchure d'une petite Riviére & vis-à-vis de l'Embouchure de celle de Dyming. Il y en a qui veulent que Walsée soit l'ancienne *Faloiana*.

[b] Etat présent de la Gr. Br. t. 1. p. 92.

WALSINGHAM, Bourg d'Angleterre [b] dans la Province de Norfolk, du côté du Nord, avec droit de Marché. Ce Bourg étoit célèbre du tems de la Catholicité. On y accouroit de toutes parts, & c'étoit un fameux Pélerinage connu sous le nom de *Notre-Dame de Walsingham*. La Chapelle où les Pélerins faisoient leurs dévotions étoit bâtie près de deux Puits, qu'on appelle encore aujourd'hui *les Puits de la Vierge Marie*. Ce qui fait considerer ce Bourg aujourd'hui, c'est la qualité de son terroir, qui rapporte de très-bon Safran. Le Bourg de Walsingham a droit de Marché.

WALT-KAPPEL, Ville d'Allemagne, dans le Landgraviat de Hesse, environ à huit milles d'Allemagne au Midi Oriental de Cassel, sur le bord d'une petite Riviére qui se jette dans le Weser. Cette petite Ville donne son nom à un Territoire qu'on appelle AMPT-WALT-KAPPEL. Je crois que *Walt-Kappel* pourroit être celle que Mr. Corneille appelle Wach.

WALTENBURCH, Ville d'Allemagne, dans la Suabe Méridionale, au Duché de Wirtenberg, dans le Neckraw. Cette petite Ville est située sur l'Aich, à la droite.

[c] Etat & Délices de la Suisse, t. 2. p. 14.

1. **WALTENSBOURG** [c], Communauté du Pays des Grisons, dans la Ligue-Haute, ou Grise, où elle a le second rang. Elle est située au-dessous de la Communauté de Disentis, & elle occupe les deux côtez du Bas-Rhein, & comprend:

Waltensbourg, Obersax, Laax.

[d] Ibid.

2. **WALTENSBOURG** [d], en Latin *Vurtium*: Village du Pays des Grisons, dans la Ligue Haute, & le Chef-lieu d'une Communauté à laquelle il donne son nom. Ce Village est situé sur la Rive gauche du Rhein, & on voit aux environs dans un petit espace quatre Châteaux ruïnez. Au-dessous de Waltensbourg, dans les Alpes, on trouve un Bain d'une eau si froide, qu'on ne sauroit y demeurer une minute dedans; plusieurs personnes même n'y peuvent entrer. On dit que ce Bain est bon contre la chassie & la surdité.

La Jurisdiction de Waltensbourg renferme cinq ou six Villages. L'Abbé de Disentis en est Seigneur, & y perçoit toutes les amendes. Il y a un Corps de Justice composé de vingt-cinq personnes. Il nomme quatre de ses Membres au Peuple, qui en choisit un pour Chef, ou Ministral.

[e] Ibid. t. 2. p. 464.

WALTERSWYL [e] Bains de Suisse, dans le Canton de Zug, près de Bar, dans la Montagne de Barbourg, qui tire son nom d'une vieille Forteresse ruïnée, où se trouvent les célèbres Bains de Walterswyl, qui appartiennent à l'Abbé de Wettingen. Ces Bains sont dans un lieu solitaire; mais fort agréable, environnez de jolies Prairies & de petits Bois de plaisance; & l'on y est magnifiquement logé. Ils sont en grande réputation, & fort fréquentez par les Habitans de divers Cantons d'alentour. On les trouve sur-tout propres pour la guérison de diverses maladies, qui viennent de fluxions & d'humeurs froides. Du reste, il ne faut pas confondre ce Walterswyl avec deux autres Lieux du même nom, & dont l'un est dans les Provinces-Libres, près de Bremgarten, & l'autre dans l'Emmenthal au Canton de Berne.

[f] Jaillot, Atlas.

WALTMUNCHEN, Ville d'Allemagne [f], dans le Palatinat de Baviére, vers les confins de la Bohême, sur le bord de la Riviére de Schwartzach.

WALWICK, Bourg d'Angleterre, dans le Comté de Northumberland, sur la Tyne, à cinq lieues au-dessus de Newcastle, selon Mr. Baudrand [g], qui dit qu'on le prend pour l'ancienne *Galiana*.

[g] Dict.

WAMBRECHIES, Lieu de France, dans la Flandre Wallone, dans la Subdélégation de Lille. Ce Lieu est très-peuplé.

WAN, ou VAN. Voyez VAN, N°. 3.

[h] Délices de la Gr. Br. p. 852.

WANDESWORTH, ou WANDSWORTH, Village d'Angleterre [h], dans le Comté de Surrey, sur le chemin de Londres à Portsmouth, à six milles de Londres sur le bord du Wand. Ce Village est fort beau & célèbre pour ses Forges de cuivre, & pour ses teintures d'écarlate. Les François Réfugiez y ont établi une grande Manufacture de chapeaux; & il y a des Maîtres qui font travailler quarante à cinquante Ouvriers chaque jour.

[i] De l'Isle, Atlas.

1. **WANGEN**, Ville Impériale d'Allemagne [i], dans la Suabe, sur la Riviére d'*Ober-Arg*, ou Haut-Arg, à douze mille pas au Nord Oriental de Lindaw, à vingt-trois mille de Kempten, & à trente mille de Constance [k]. Sa Jurisdiction s'étend à une lieue hors de ses murailles. Elle tient aussi en gage de l'Empire le Comté de Megloss. Ses Habitans s'occupent principalement à faire des toiles dont ils tirent un profit considérable: ils font aussi beaucoup de faulx, & ils en pourvoient la Lombardie, le Vallais & la Lorraine. Le Territoire de cette Ville produit assez de Froment pour la subsistance de ses Habitans. La Riviére qui l'arrose fournit du Poisson abondamment. On prend la Ville de Vangen pour l'ancienne VEMANIS.

[k] Corn. Dict. Munsterus, Lib. 5.

[l] Etat & Délices de la Suisse, t. 2. p. 180.

2. **WANGEN**, Ville de Suisse [l], dans le Canton de Berne, au Quartier de l'Argaeu ou Argow, sur le bord Méridional de l'Aare, & le Chef-Lieu d'un Bailliage, qui comprend plusieurs beaux & grands Villages, entre autres *Langenthal*, qui est un Lieu de grand passage, & *Herzogenbuchsi*. Ce dernier fut brûlé en partie l'an 1653. durant la guerre des Paysans. Wangen est une très-petite Ville.

[m] Ibid. p. 49.

3. **WANGEN**, Village de Suisse [m], au Canton de Zurich, à deux lieues de la Ville de ce nom près de Kybourg. Ce Village est célèbre par tout le Pays, à cause d'une Fontaine qu'on y voit, & qui peut passer pour un véritable miracle de la Nature. On l'appelle HUNGERBRUNN, c'est-à-dire

V v

dire la Fontaine de la Famine; parce que quand elle coule c'eſt un préſage de diſette. Par des obſervations éxactes qu'on a faites depuis l'an 1686. juſqu'à notre tems, il eſt évident que dans les années d'abondance elle a toujours été à ſec, quelque fortes & longues pluyes qu'il ait fait; qu'au contraire à meſure qu'elle a coulé, la diſette eſt venue; & que plus elle a coulé, plus la diſette a été grande. De ſavoir quelle eſt la cauſe de cette merveille; c'eſt ce que je laiſſe à d'autres à examiner.

4. WANGEN, Ville de France [a] dans la Baſſe-Alſace, au Bailliage de Vaſſelonne, & à demi-lieue de Weſthoff. Cette petite Ville bâtie ſur la pente d'une Montagne, eſt entourée d'une Muraille de trois pieds d'épaiſſeur, & de quinze ou ſeize de hauteur, y compris le Parapet qui eſt haut de quatre ou cinq pieds, & large d'un pied & demi. Ce Parapet eſt fort délabré, de même que les creneaux & le chemin de ronde. Le Foſſé qui eſt devant la Muraille ſe trouve comblé en partie. On voit dans cette Ville l'enceinte d'un vieux Château, dont les murs extérieurs ſubſiſtent encore. Ils ont cinq pieds d'épaiſſeur, & plus de quarante pieds de hauteur. Le Foſſé de ce Château eſt encore profond de ſept ou huit pieds, & quelquefois ſans eau.

WANNA, ou UNNA, Riviére de la Croatie [b]. Elle a ſa ſource au Comté de Corbavia, dans la Montagne de Tſemernitza; & prenant ſon cours vers le Nord, elle mouille Vacup, Bihacz, Krupa, Novi, Kaſtanovitz, Dubitz, Damanovics & Jeſzenovitz, où elle ſe jette dans la Save, entre les Embouchures de la Sunja, & de la Verbaska. Cette Riviére dans ſa courſe ſe groſſit des Eaux de quelques autres: elle reçoit entre autres l'Unnatz, d. le Klokot, g. & la Sana, d.

WANQUI, Royaume d'Afrique, dans la Nigritie. Dapper [c] dit, que ce Royaume a celui de Bonoe au Septentrion, celui de Waſſa au Midi, & le petit Incaſſan au Couchant. Il ajoute que les Négres, Habitans de ce Royaume, ont de l'or, & ſavent faire de fort jolis habits, dont ils trafiquent avec les Acaniſtes.

WANTAGE, Bourg d'Angleterre [d], dans Barckſhire, ſur la petite Riviére d'Oke. C'eſt un Bourg qui a droit de Marché. Il étoit autrefois conſidérable, à cauſe d'une Maiſon Royale qu'on y voyoit.

WAPPEN, ou WABBO; Village d'Afrique, dans la Nigritie, ſur la Côte du Grain. A ſix, ou ſept lieues de Crouw, dit Dapper [e], eſt le Village de Wappen: on y trouvé de l'eau fraîche, & cinq ou ſix Arbres ſauvages du côté du Levant. Vis-a-vis de ce Village il y a un Ecueil, qui eſt le plus grand de tous ceux qui ſe trouvent ſur cette Côte, quoiqu'il ne s'éléve pas beaucoup au-deſſus de l'eau. Il eſt entouré d'un grand nombre d'autres petits Ecueils, dont les uns paroiſſent au-deſſus de l'eau, & les autres ſont cachez deſſous. Un peu plus loin, il y a un autre Ecueil, & l'eſpace qui eſt entre ce Rocher & la Terre ferme on trouve un reſervoir d'eau fraîche, qui eſt à couvert du flux de la Mer; cette eau vient d'un Bois

[a] Piganiol. Deſcr. de la France, t. 7. p. 465.

[b] De l'Iſle, Atlas.

[c] Deſcr. de l'Afrique, p. 287.

[d] Délices de la Gr. Br. p. 863.

[e] Deſcr. de l'Afrique, p. 275.

voiſin. Elle eſt d'ordinaire un peu ſalée tout près du rivage; c'eſt ce qui fait que les Mariniers qui veulent faire aiguade portent leurs cuves à terre, & les Négres les leur rempliſſent pour quelques flottes de Fleuret, ou pour quelque morceau de Corail. Quand on a paſſé Wappen on trouve le Village de Drowyn.

1. WARADIN (Le Grand) [f] Ville de la Haute Hongrie, au Midi de la Riviére de Keuvres ou Sebes-Keres, ſur la route appellée la ſeconde entrée en Tranſilvanie, dans le Comté de Bihor. On lui a donné le ſurnom de Grand pour le diſtinguer d'une autre Place qui eſt dans le Comté de Chege, & qu'on nomme Petit Varadin. Cette Ville a une forte Citadelle à cinq Baſtions. Elle a été le Siège d'un Evêque ſuffragant de Colocz. Ladiſlas I. y fit bâtir l'Egliſe Cathédrale dédiée à Notre-Dame. Les petits Tartares s'en rendirent maîtres en 1242. & y exercérent des cruautez horribles. Elle tomba enſuite entre les mains des Tranſilvains, avec les autres Places qui furent cédées aux Princes de Tranſilvanie. En 1660. elle paſſa entre les mains des Turcs à qui elle ſe donna après quarante-ſept-jours de tranchée ouverte; & elle aima mieux ſubir le joug des Infidèles, que recevoir les Troupes Allemandes que le Comte de Souches vouloit y jetter pour renforcer la Garniſon. On fut pouſſé à prendre cette réſolution ſi honteuſe par un Miniſtre Proteſtant qui inſinua aux Habitans qu'ils auroient ſous le Turc le libre éxercice de leur Religion, & qu'au contraire l'Empereur voudroit gêner leurs conſciences. Kiſmin Janos qui ſuccéda à Ragoski, dans la Principauté de Tranſilvanie, fit trancher la tête à ce Miniſtre.

2. WARADIN (le Petit) Ville de la Haute Hongrie [g], dans le Comté de Zemplin, ſur le bord de la Teiſſe, à la gauche, à quelques milles au-deſſus de Tokay.

WARASDIN, Ville de l'Eſclavonie Hongroiſe [h], ſur la Drave, aux Frontiéres de la Baſſe Stirie. Elle eſt la Capitale d'un Comté & aſſez bien munie.

1. WARANGER, ou Mer de WARANGER [i], Golphe ſur la Côte Septentrionale de la Laponie Danoiſe dans le Gouvernement de Wardhus, aux confins de la Laponie. On trouve Wardhus à la droite en entrant dans ce Golphe, dont l'Embouchure qui eſt fort large, eſt formée par la Preſqu'Iſle de Diefholm & par l'Iſle des Peſcheurs. On voit quelques Iſles dans la Mer de Waranger & il s'y décharge trois Riviéres; ſavoir celles de Neudomarki, de Paez & de Petzinka.

2. WARANGER, Château de Norwege [k], dans la Laponie Danoiſe, au Gouvernement de Wardhus, ſur la Côte de la Mer de Waranger, à l'Embouchure de la Riviére de Neudomarki.

1. WARBERG, Ville de Suède, dans la Province de Halland [l], ſur la Côte de la Manche de Dannemarck, entre Elſsborg & Falkenberg. Cette Ville a un Port & un Château.

2. WARBERG, ou WARBORG, Ville d'Al-

[f] Deſcr. du Roy. de Hongrie, L. 3. 1688.

[g] De l'Iſle, Atlas.

[h] Deſcr. de la Hongrie, L. 3. p. 106.

[i] De l'Iſle, Atlas.

[k] Ibid.

[l] Ibid.

WAR. WAR. 339

a Jaillot, Atlas.

d'Allemagne *a*, en Westphalie, dans l'Evêché de Paderborn sur la Riviére de Dymel, aux confins du Landgraviat de Hesse & du Comté de Waldeck. Elle étoit autrefois Impériale ; mais aujourd'hui elle dépend de l'Evêque de Paderborn.

1. WARDE, Ville du Royaume de Dannemarck, dans le Jutland, au Diocèse de Rypen, à six lieues de cette Ville vers le Nord, à l'Embouchure d'une Riviére qui lui donne son nom.

2. WARDE, Riviére du Dannemarck, dans le Jutland. Elle arrose le Diocèse de Rypen, mouille la Ville de Warde & se jette dans la Mer par une longue & large Embouchure, vis-à-vis de l'Isle de Fanoe.

b De l'Isle, Atlas.

1. WARDHUS, ou WARHUS, Gouvernement de la Norwege *b*. Il comprend la partie la plus Septentrionale de ce Royaume, & s'étend depuis le Golphe Ostrafior, jusqu'aux confins de la Laponie Moscovite. C'est proprement ce qu'on appelle la Laponie Danoise. Sa Côte est presque toute couverte d'Isles grandes & petites qui forment une infinité de Golphes. Le Gouvernement de Wardhus est un Pays fort étendu ; mais fort mauvais, & qui produit seulement quelques Paturages. Ses Habitans sont presque sauvages, & ne s'occupent qu'à nourrir des Bestiaux, à tuer quelques Bêtes fauves & à pescher. Le Gouverneur fait sa résidence à Beaudhus.

2. WARDHUS, Isle du Royaume de Norwege, dans le Gouvernement de même nom, à l'entrée de la Mer de Waranger, du côté de l'Occident ; vis-à-vis de la Péninsule de Diesholm. On y voit une Bourgade avec un Château, qui a donné son nom au Gouvernement. Cette Isle peut avoir autour de trois milles Germaniques de longueur.

3. WARDHUS, Bourgade de Norwege, le Chef-lieu du Gouvernement de Wardhus, dans une Isle de même nom, avec un Château. Ce Château a été bâti pour défendre les Cabanes des Pescheurs qui sont en grand nombre le long de la Côte. Son enceinte est assez petite & tombe en ruine de vieillesse. On n'y voit ni Bastions, ni Tours, ni autres ouvrages de cette nature. La Bourgade qui joint ce Château n'est composée que de Cabanes de Pescheurs.

c Délices de la Gr. Br. t. 2. p. 567.

WARE, Bourg d'Angleterre *c*, au Comté de Hartford, au bord de la Ley, sur la route de Londres. On y voit un Canal qui fournit de l'eau à une partie de cette Capitale du Royaume.

d Jaillot, Atlas.

WAREN, Ville d'Allemagne *d*, dans la Basse-Saxe, au Duché de Mecklenbourg, sur la rive Septentrionale du Lac appellé Calpin-zée, environ à neuf lieues de Gustrow & à autant de Stargard, entre ces deux Villes.

e Délices de la Gr. Br. p. 763.

WARHAM, ou WAREHAM, Ville d'Angleterre *e*, dans Dorsetshire, sur la rive Occidentale de la Baye de Pool. Cette Ville a été autrefois florissante : il s'y faisoit un grand Commerce, & y battoit monnoye, & Guillaume le Conquérant l'avoit munie d'un bon Château. Mais depuis la fin du treiziéme Siècle, elle est allée un peu en décadence. La Mer s'est retirée insensiblement ; ce qui a ruïné le Port que la Baye de Pool y faisoit anciennement. De plus, Warham a beaucoup souffert par les guerres & par divers embrasemens ; de sorte qu'à présent elle a de la peine à se soutenir, & n'a plus même que le titre de Bourg. Du reste cette Place est dans une situation avantageuse, ayant de l'eau de trois côtez & se trouvant au bord de la Mer & entre deux Riviéres, savoir la Piddle au Nord, & la Frome au Sud.

WARINGTON. Voyez WARRINGTON.

f Mémoires du Chevalier de Beaujeu.

WARKA, ou VARKA, Ville de Pologne, au Duché de Mazovie *f*, dans la partie Méridionale du Palatinat de Czersk, environ à deux lieues à l'Occident de la Vistule, sur la rive gauche de la Riviére de Pilsa, à trois lieues de Ritschivol. Il y en *2. Liv. 2. c.* a qui en comptent quatre, tant elles sont grandes ; outre qu'il y a un peu de sable & beaucoup de bois jusqu'à la Prairie où coule la Riviére de Pilsa, au-dessus & au-delà de laquelle régne en terrasse une chaîne de rideaux agréables sur lesquels est située la Ville de Warka. Cette Ville qui est jolie & qui a un Pont très-commode sur la Riviére, a une Starostie considérable, point de Juifs ; mais beaucoup de riches Bourgeois qui y brassent la meilleure Biére qu'on boive dans toute la Pologne ; quoique néanmoins ce ne soit pas beaucoup dire. A l'occasion de cette Biére je rapporterai un Conte que font les Polonois. Un Cardinal qui avoit été Nonce en Pologne, s'étoit si fort accoutumé à la Biére de Warka, qu'en mourant il nommoit continuellement cette boisson, comme si c'eût été le seul remede pour le rétablissement de sa santé ; & il desiroit si fort d'en avoir, qu'il s'écrioit sans cesse en soupirant : *Biére de Warka ! Biére de Warka !* Les Assistans crurent que c'étoit quelque Sainte qui leur étoit inconnue que le Malade invoquoit à son agonie ; & dans cette pensée lorsqu'ils vinrent à dire les Litanies des Saints, ils ajoutérent *sancta Biera de Warka, ora pro eo*. On voit de fort belles Plaines aux environs de Warka.

WARMIE, WARMLAND, ou ERMLAND. Voyez ERMLAND.

g Délices de la Gr. Br. p. 680.

WARMISTER, Bourg d'Angleterre *g*, dans le Wiltshire, près de l'endroit où le Willyborn ressort de terre. C'est une Place fort ancienne, qui a été connue des Romains sous le nom de *Verlucio*, dont elle retient encore une partie, les Saxons l'ayant corrompu pour y joindre le mot de *Minster* tiré de *Monasterium*. Aujourd'hui Warmister est considérable à cause de ses Marchez, où il se fait un très-grand commerce de Bled.

h Ibid. p. 261.

1. WARNE, Riviére d'Angleterre *h*, dans la Province de Northumberland. Cette petite Riviére se jette dans l'Océan vis-à-vis de Belford, & forme à quelque distance de son Embouchure cinq ou six petites Isles dont la plus considérable porte le nom de Farne.

2. WARNE, ou WARNOW, Riviére d'Allemagne, dans le Cercle de la Basse Saxe au Duché de Mecklenbourg. Elle prend

Vv 2 sa

340 WAR.   WAR.

sa source aux confins de l'Evêché de Schwerin, arrose le Bourg de Warnow, se rend ensuite à Rostock, & va se jetter dans la Mer Baltique à Warnemunde.

WARNEMUNDE, Ville d'Allemagne, dans le Cercle de la Basse-Saxe, au Duché de Mecklenbourg. Ce mot WARNEMUNDE signifie Bouche de la Warne; aussi cette Ville est-elle située à l'Embouchure de la Warne. C'est une Place fortifiée.

WARNETON, petite Ville des Pays-Bas [a], dans la Flandre, sur la Lis, à deux lieues d'Ypres & à trois de Lille. Les Etats-Généraux des Pr. Un. conformément au Traité de Barriére entretiennent dans cette Ville une petite Garnison, sous les ordres d'un Major de la Place. Cette Garnison ne consiste qu'en un détachement d'un Sergent & de douze hommes de la Garnison d'Ypres & ce Détachement est relevé tous les huit jours. Warneton est une Seigneurie qui appartenoit autrefois aux Seigneurs de Cassel, d'où elle tomba dans la Maison de Bar, & ensuite dans celle de Luxembourg par le mariage de Jeanne de Bar avec le Connétable de St. Paul. Son fils Pierre de Luxembourg n'eut que deux Filles, dont l'aînée appellée Marie épousa François de Bourbon Comté de Vendôme, & l'autre nommée Françoise fut mariée à Philippe de Clèves Seigneur de Ravenstein, qui eut par ce mariage la Seigneurie de Warneton. De ce mariage nâquit une Fille unique, nommée Louise-Françoise, qui épousa Henri Comte de Nassau, à qui elle porta en dot la Seigneurie de Warneton. Les Fortifications de cette Place sont très-peu de chose: elles ne consistent que dans une Terrasse & un retranchement, avec un fossé palissadé & quelques ouvrages détachez aux environs. Il y a trois Portes, qui sont celles d'Ypres, de Lille & de la Lis.

WARRINGTON, Ville d'Angleterre [b], dans la Province de Lancastre, sur le chemin de Londres à Lancastre. La grande route de Londres à Lancastre, en venant de Chester, conduit d'abord à Warrington petite Ville sur la rive droite du Mersey, à l'entrée de la Province, à cent quatre-vingt-deux milles de Londres & à cinquante de Lancastre. Cette Ville qui est sur le Mersey a un beau Pont de pierre sur cette Riviére: Elle a titre de Comté avec droit de Marché.

WARSAL, ou WALSHALL, Bourg d'Angleterre [c], dans la Province de Stafford, sur la Tame. Ce Bourg est beau & a droit de Marché.

1. WARTA, ou WARTE, Riviére de Pologne [d]. Elle prend sa source dans le Palatinat de Cracovie entre les Villes de Crowolow & de Sziewor, d'où prenant son cours vers le Nord Occidental, en serpentant extrêmement, elle traverse le Palatinat de Siradie, celui de Kalisch & celui de Posnanie, après quoi elle entre sur les Terres de Brandebourg pour aller se joindre à l'Oder. Les principales Villes qu'elle arrose sont: Crowolow, d. Zarki, d. Czestochow, Motow ou Mestow, d. Siradie, g. Warat, g. Sadeck, d. Unienow, d. Kamin, d. Konin, g. Slupeza, d. Pysdry, d. Szroda, d. Kurmick, d.

[a] Janiçon, Etat présent des Pr. Un. t. 2. p. 291.

[b] Délices de la Gr. Br. p. 319.

[c] Ibid. p. 383.

[d] De l'Isle, Atlas.

Posnanie, g. Oborniki, d. Stobnicza, g. Wrouki, g. Schweren, d. Landsperg, g. Cette Riviére que les Polonois mettent au nombre des sept principales du Royaume [e] en reçoit diverses autres, entre autres le Nyr, la Wresne, la Veline, la Prosne, l'Obre & le Notess.

2. WARTA, Ville de Pologne, dans le Palatinat de Siradie, à la gauche de la Riviére de Warta, entre Siradie & Sadeck. Cette Ville [f], qui est passablement grande & bien bâtie, fut réduite en cendres avec son Château l'an 1331. par les Troupes des Chevaliers de l'Ordre Teutonique. Depuis ce tems-là elle s'est peu à peu rétablie.

WARTENBERG, Ville d'Allemagne, dans la Silésie, sur la Riviére de Weida, & le Chef-lieu d'une Seigneurie. Les fortifications de cette Ville sont belles [g]. Elles se trouvent environnées de la Weida, qui passe par la Ville & en rend l'assiette naturellement forte. Les remparts sont très-hauts & bien revêtus de terre. Il y a de larges fossez, & les portes, où l'on ne peut aborder qu'après avoir passé plusieurs Ponts-levis fort longs, sont soigneusement gardées. Il n'y a dans cette Ville que la rue qui soit considérable. Elle aboutit à la Place où est la Maison de Ville, dont le Befroy est très-beau. Quant à ce qui regarde la Religion, les Bourgeois sont mi-partis: les uns sont Catholiques, & les autres Luthériens.

WARTI, Bourg de France, dans la Picardie au Beauvoisis, Election de Clermont. Cette Terre fut érigée en Duché-Pairie en 1710. sous le nom de Fitzjame, en faveur du Duc de Berwick, Maréchal de France, & Fils naturel de Jacques II. Roi d'Angleterre.

1. WARWICK, Ville d'Angleterre [h], la Capitale de la Province à laquelle elle donne son nom, sur l'Avon, à soixante-huit milles de Londres. Cette Ville fut nommée autrefois par les Saxons WARRINGWICK, c'est-à-dire Ville de Garnison; ce qui donne lieu de croire qu'elle est la même Place, qui fut bâtie par les Romains, & qu'ils nommèrent Præsidium, parce qu'ils y tenoient une puissante Garnison. Elle est en effet dans une situation fort avantageuse, pour être bien fortifiée; car elle est bâtie sur une Colline, au bord de l'Avon, & elle a toutes ses entrées dans le roc. Du reste elle est passablement grande & bien bâtie, ornée de belles maisons, de rues longues, d'un Collège, & de quelques Eglises, qui méritent d'être vues, & qui servent à deux Paroisses dont la Ville est composée. On y voit encore quelques Hôpitaux, dont l'un a été fondé par un des Ancêtres du Comte de Leycester, & qui est si richement renté, qu'il rapporte annuellement outre le logement trente Livres Sterling à chacun des Membres qui y sont. Autrefois Warwick a eu des murailles & des remparts; mais il y a long-tems qu'elle n'en a plus; & l'on y voit pour toute défense un Château magnifique, construit par Roger Comte de Warwick, & réparé à grands frais vers l'an 1615. par le Chevalier Foulques Grevill. Aujourd'hui il appartient à Mylord Brooks.

[e] Davity, Pologne.

[f] Andr. Cellar. Descr. Pol. p. 230.

[g] Corn. Dial. Jovin de Rochefort, Voyage d'Allemagne & de Pologne.

[h] Délices de la Gr. Br. p. 538.

2. WAR-

WAR. WAS. WAS.

a Délices de la Gr. Br. p. 286.

2. WARWICK, Bourg d'Angleterre [a], dans la Province de Cumberland, vis-à-vis de l'endroit où l'Eden reçoit l'Irthing. Ce Bourg n'a rien de considérable qu'un beau Pont de pierre, & quelques restes d'Antiquitez. On croit que c'est l'ancienne *Virosidum*. Il ne faut pas confondre ce Bourg avec la Ville de Warwick, Capitale d'une Province de même nom.

b Ibid. p. 530.

WARWICKSHIRE, Province Méditerranée d'Angleterre [b], appellée autrement la Province ou le Comté de Warwick. Elle est bornée au Nord-Ouest par le Comté de Stafford, au Nord & au Nord-Est par celui de Leycester, à l'Orient par celui de Northampton, & au Midi par ceux d'Oxford & de Glocester. Sa figure est presque ovale. Elle s'étend du Nord au Sud de la longueur de quarante milles, sur trente milles de largeur, & elle en a cent trente-cinq de tour. Ce circuit renferme six cens soixante & dix mille Arpens de terre, qu'on partage en neuf Quartiers où l'on compte plus de vingt & un mille neuf cens soixante & dix Maisons, cent cinquante-huit Paroisses, quinze Villes ou Bourgs à Marché, dont il y en a deux qui députent au Parlement; savoir Warwick & Coventry. On y trouve aussi huit Châteaux, outre plusieurs magnifiques Maisons de Campagne.

c Ibid. p. 540.

Toute cette Province [c] est fort fertile en Grains, particuliérement dans la partie qui est à l'Orient de l'Avon, & qui, à cause de ses Campagnes, porte le nom de FELDEN. L'autre partie est mieux fournie de bois. L'air est fort sain, sur-tout dans la Ville de Warwick.

Les Villes & Bourgs, où l'on tient Marché, sont

Warwick,	Henley,
Coventry,	Kyneton,
Stretford,	Nun-Eaton,
Atherston,	Polesworth,
Aulcester,	Rugby,
Birmingham,	Southam,
Coleshill,	Sutton-Colesfield.

d De l'Isle, Atlas.

WASA, Ville de Suède, en Finlande [d], dans la Cajanie, ou Bothnie Orientale, sur la Côte du Golphe de Bothnie, entre Carleby, & Christine-Stad. Cette Ville que les Habitans du Pays nomment *Mustasar*, donna la naissance au fameux Gustave Vasa, qui régna en Suède avec tant de gloire.

WASGAU, ou WASGOW, Pays de France, dans l'Alsace. Il s'étend depuis Weissembourg jusqu'à Saverne, & comprend une grande partie de la Basse-Alsace. La Capitale de ce Pays est Weissembourg.

e Lib. 3. Corn. Dict.

Munsterus [e] donne au Wasgow une bien plus grande étendue. Ce Pays, dit-il, qui fait partie du Wetterreich, est situé entre l'Alsace, le Hunsruck & le Rhein, & embrasse le Duché de Deux-Ponts, le Comté de Leiningen & celui de Biten, avec les Châteaux de Berentheim, de Waldeck, de Falckenstein, de Lutzelhart, d'Arnsperg, de Freundsperg, de Fleckenstein, de Hoemberg, & plusieurs autres, avec les Villes de Werd, d'Anwelle, de Than, de Liechtenaw, de Turckeim, de Lindelbrun & de Wigelburg; outre les Citez Impériales de Weissembourg, Landau, Spire, & Wormes.

f Desc. d'Afrique. p. 289.

WASSA, Royaume d'Afrique dans la Nigritie. Il a, dit Dapper [f], le Royaume de Wanqui au Nord, à l'Est ceux d'Abramboe & de Cuiforo, à l'Ouest le Grand Incassau, & le Petit Incassan au Nord-Ouest. Comme le terroir du Royaume de Wassa n'est pas fort fertile en Grains, & qu'il est très-abondant en Or, les Habitans ne s'occupent qu'à tirer ce métal des entrailles de la terre. Cependant ils ne manquent de rien: leurs voisins prennent soin de les nourrir; & les Européens leur portent des marchandises.

g Piganiol, Descr. de la France, t. 7. p. 464.

WASSELONNE, ou WASSELENHEIM, Ville de France [g], dans l'Alsace, sur le bord de la Riviére de Massik. C'est une petite Ville qui n'est point fermée de murailles. Elle est défendue & commandée par un Château qui est sur la croupe de la Montagne, & qui a trois enceintes de maçonnerie. Il a aussi des Tours de distance en distance; & par le moyen de leurs créneaux on défend le pied des Murs. Dans le milieu est une autre Tour assez élevée & voutée, & qui paroît avoir été autrefois la Tour d'une Eglise. Wasselonne est fort connue dans le Pays, à cause d'un Marché fort fréquenté, qui s'y tient une fois la semaine.

h Dict. Géogr. des Pays-Bas.

WASSENAER, Baronnie des Pays-Bas [h] dans la Hollande, près des Dunes, à une lieue & demie de la Ville de Leide. Cette Baronnie qui est très-ancienne, donne le nom à la Famille des Wassenaers, que l'on considere comme la plus ancienne Noblesse qu'il y ait en Hollande.

i Zeyler, Topogr. Alsat. p. 65.

WASSENBOURG, Château ruiné dans l'Alsace [i], au-dessus de Niderbronn. Ce Lieu qui appartient aux Comtes de Hanau défendoit l'avenue du grand chemin qui va par Niderbronn de Bitsch dans l'Alsace. On y lit encore cette Inscription gravée sur un Rocher: *Deo Mercurio Attegiam Tegulitiam compositam Severinus Satulinus C. F. ex voto posuit L. L. M.*

k Dict. Géogr. des Pays-Bas.

WASSERBILICH, Bourg ou petite Ville des Pays-Bas [k], dans le Duché de Luxembourg, sur le bord de la Moselle.

l Jaillot, Atlas.

WASSERBURG, Ville d'Allemagne [l], dans la Baviére, sur le bord de l'Inn, à dix lieues à l'Orient de la Ville de Munick, avec Château & titre de Comté. Cette Ville a pris son nom, qui veut dire Ville auprès des eaux, de sa situation sur l'Inn qui l'environne de plusieurs côtez.

m Etat & Délices de la Suisse, t. 3. p. 317.

WASSERGMEIND, ou ZUM-WASSER, Communauté de Suisse [m], dans le Toggenbourg, en Thour-Thal, où elle a le quatrième rang. Cette Communauté ne comprend que le seul Village de Nesslau, avec un certain nombre de Maisons séparées.

n Atlas.

WASSER-TRUDING, Ville d'Allemagne, dans le Cercle de Franconie, au Margraviat d'Anspach, sur la Riviére de Wernitz, aux confins du Comté d'Oeting, & au-dessus de la Ville de ce nom. Jaillot [n] ne fait qu'un Village de Wasser-Truding.

o D'Herbelot, Biblioth. Or.

WASSETH, & VASSITH [o], nom d'une Ville située sur le Tigre, entre celles de Cou-

Coufah & de Baſſorah; & c'eſt cette ſituation au milieu de ces deux Villes qui lui a fait donner ce nom. Elle eſt ſous le 81. d. 30′. de Longitude, & à 32. d. 20′. de Latitude Septentrionale dans l'Iraque Babylonienne, qui eſt la Chaldée ſelon les Tables Arabiques. Cette Ville eſt moderne; car elle fut bâtie par Hegiag' Gouverneur de l'Iraque, ſous le régne d'Abdal-Malek cinquième Kalife de la race des Ommiades, l'an 83. de l'Hegire ſelon Ben Schuhnah, ou 34. ſelon Khondemir. Le Territoire de cette Ville eſt nommé par les Arabes Alabar, nom qui ſignifie des Puits, parce qu'il y en a beaucoup dans ce Quartier; & il y a même un lieu qui en eſt aſſez proche qui porte le nom de Abar al Arab, c'eſt-à-dire les Puits des Arabes. Le Géographe Perſien écrit dans ſon troiſième Climat que Vaſſeth eſt ſituée à une égale diſtance de Bagdad, de Coufah, d'Ahvaz & de Baſſorah; ſavoir à environ cinquante lieues de chacune de ces Villes.

WASSIGNY, Bourg de France, dans la Picardie, Election de Guiſe. La Cure eſt deſſervie par un Religieux Bernardin de l'Abbaye de Signy, qui y nomme. Il y a dans ce Bourg une Manufacture de Serge croiſée, fort commune. On y tient deux Foires par an; l'une le 25. de Juin, l'autre le 1. de Décembre; & il y a Marché tous les Vendredis de chaque Semaine.

WAST, Abbaye de France, dans le Maine, ſur le Loir, à une lieue de Château-du-Loir, dans un Lieu où l'on pourroit rendre cette Riviére navigable. Vaſt eſt une Abbaye de l'Ordre de St. Auguſtin. On ignore le tems de ſa fondation. Elle jouït de quatre mille Livres de revenu.

WASTENA, ou VADSTEN [a], Ville de Suède dans l'Oſtrogothie, en Latin *Vadſtena*. Elle eſt ſituée ſur le bord Oriental du Lac Vater ou Veter, près de l'Embouchure de la Riviére de Motala. Les Rois de Suède avoient autrefois dans ce Lieu un Palais qu'on a laiſſé tomber en ruïne, ainſi qu'un Monaſtère que Ste. Brigitte avoit fait bâtir. Ce Monaſtère fut ruïné en 1591. & il n'en reſte plus que l'Egliſe, où ſont des Tombeaux des anciens Rois de Suède. Martin Zeyler [b] dit, ſur le témoignage d'Olaüs [c], que Ste. Brigitte mourut à Rome le 10. des Calendes de Juillet 1372. ou 1373. ſon corps fut transféré en Suède, à Waſtena ſa Patrie, & dans le Monaſtère qu'elle y avoit fait bâtir.

WASTINE, ou WESTINE & quelquefois OSTINE, Abbaye de France, dans la Flandre, au Dioceſe de St. Omer, à Clair-Marais, où elle fut fondée en 1295. par Gerard de Reveſtaire Chevalier, pour des Chanoines Réguliers, qui furent placés ailleurs; & cette Maiſon fut unie à l'Ordre de Cîteaux vers l'an 1308. Waſtine eſt aujourd'hui une Abbaye de Filles de l'Ordre de Cîteaux, & Fille de Clairvaux.

WATER-FALL, Ville de l'Angleterre [d], dans la Province de Stafford, dans l'endroit où le Hans, après avoir coulé quelques milles, ſe précipite ſous la terre, & diſparoît entièrement. Cette petite Place a pris ſon nom de ſa ſituation; car *Water-fall*

[a] De l'Iſle, Atlas.
[b] Suecia Deſcr. p. 160.
[c] Lib. 12. c. 1.
[d] Délices de la Gr. Br. p. 392.

dans la Langue du Païs ſignifie *Chute d'eau*.

1. WATERFORD, Comté d'Irlande, dans la Province de Munſter [e]. Il eſt borné à l'Orient par *Waterford-Haven*, ou le Havre de Waterford qui le ſépare de Wexford dans le Comté de Leinſter. Corck le borne du côté du Couchant; la Riviére de Shure le ſépare de Tipperary & de Kilkenny du côté du Nord; & il a l'Océan au Midi. On donne au Comté de Waterford quarante-ſix milles de longueur, & vingt-quatre de largeur. C'eſt un bon Païs, agréable à la vûe & fort riche. On le diviſe en ſix Baronnies, qui ſont

Glanehery,	Deſées,
Opperthird,	Coshmore,
Middlethird,	Cosbrid.

Il y a une Ville qui tient Marché public, & quatre qui ont droit d'envoyer leurs Députez au Parlement.

[e] Etat préſent de la Gr. Br. t. 3. p. 55.

2. WATERFORD, Ville d'Irlande [f] dans la Province de Munſter, au Comté de Waterford, dont elle eſt la Capitale. Cette Ville que les Irlandois appellent *Phurtargie* eſt ſituée ſur la Shure vers les Frontières de Kilkenny. Elle a un Siège Epiſcopal, le Privilège de tenir un Marché public, & celui d'envoyer deux Députez au Parlement. Waterford eſt une Ville riche, négociante, bien peuplée, la ſeconde du Royaume pour la grandeur, & qui jouït de quantité de beaux Privilèges. Ses Rues ſont étroites, & ſerrées les unes près des autres. L'air n'y eſt pas ſain. Il n'y a guère de Ville au Monde mieux ſituée que celle-ci pour le Commerce. Elle a un très-bon Port; & quoiqu'elle ſoit aſſez éloignée de la Mer, les plus gros Vaiſſeaux de charge y peuvent aller mouiller aiſément près du Quai. Elle eſt à ſoixante & quinze milles preſque au Sud de Dublin; & elle a reçu le titre de Comté au Duc de Shrewsbury. La Shure qui paſſe à Waterford ſe joint à une autre Riviére nommée la Barrow; & ces deux Riviéres enſemble forment une belle & longue Baye, qu'on appelle communément le Havre de Waterford. Il ſépare le Leinſter de Momonie, entrant fort avant dans les Terres droit au Nord ſans décliner conſidérablement. A ſon entrée il y a plus de ſept Braſſes d'eau; au-dedans il y en a ſix; & par-tout on trouve bonne Rade. Les Vaiſſeaux y peuvent ancrer en ſûreté, s'ils ne veulent pas monter juſqu'à Waterford. Ce Havre eſt par-tout net de Bancs de ſable & d'Ecueils, à la réſerve de deux ou trois pétits qu'on peut aiſément éviter, parce qu'ils ſont à côté près du bord. A moitié chemin de ſa longueur le Havre eſt défendu par un bon Château nommé Duncannon, qui commande tellement le paſſage qu'aucun Vaiſſeau ne peut ni monter ni deſcendre, ſans le congé de la Garniſon. Ce Havre s'étant avancé conſidérablement au Nord tourne à l'Oueſt pour recevoir la Shure, qui fait un bon Port à Waterford, quoiqu'il ſoit moins profond que le grand Havre.

[f] Ibid.
[g] Délices de la Gr. Br. t. 8. p. 1518.

WATERLAND. Voyez WABTERLAND.

WATERVLIET, Village des Pays-Bas,

WAT. WAV.   WAV. 343

[a] *Janiçon*, Etat présent des Pr. Un. t. 2. p. 358.

Bas [a], dans la Flandre Hollandoise, au Bailliage d'Yfendyck. Ce Village situé sur le Territoire de l'Empereur, étend sa Jurisdiction dans l'Eyland & dans le Grand Jonkvrouw-Polder. Il y a à Watervliet une Eglise desservie par un Ministre de la Classe de Walcheren. Ce Village est une Seigneurie, dont le Tribunal est composé d'un Bailli, d'un Bourgmestre, de six Echevins, & d'un Greffier, tous établis par le Seigneur; mais suivant un accord fait entre le Seigneur & le Collége du Franc de l'Ecluse, le Bailli, trois Echevins, le Greffier & le Schutter, ou Sergent exploitant, doivent être de la Religion Réformée. Cet accord fut conclu en 1669. & approuvé par les Etats-Généraux en 1671. La Justice Civile & Criminelle s'y administre de la même maniére qu'à Middelbourg en Flandre.

WATLING-STREET, nom que l'on donne dans la Grande-Bretagne, à un grand Chemin fait par les Romains, & qui séparoit la Bretagne en Occidentale & Orientale, depuis le Nord du Pays de Galles, jusqu'à l'extrémité Méridionale de Kent, & qui aboutissoit à la Mer. Par le Traité qui mit fin à la guerre Civile des Bretons, & qui commença l'Epoque du Régne d'Ambrosius Aurelianus, ce grand Chemin bornoit les Etats de Wortigerne & d'Ambrosius. Il servoit également de borne pour séparer les Royaumes d'Edmond I. & d'Anlaf, Roi Danois.

WATTEN, Ville de France, dans la Flandre-Flamingante, Subdélégation de Cassel, sur l'Aa, dans la Châtellenie de Bourbourg, à deux petites lieues au-dessous de St. Omer. Elle a été autrefois fortifiée, & plus considérable qu'elle n'est aujourd'hui. On voit à Watten une Abbaye de l'Ordre de St. Augustin.

[b] *Zeyler*, Topogr. Alsat. p. 65.

WATWEIL, Ville de France [b], dans l'Alsace, entre Sultz & Tannen, près de Sennen. Il y a au voisinage de cette petite Ville un Bain propre pour les Asthmatiques, & pour ceux qui sont fatiguez d'un flegme superflu: il seche aussi l'humidité trop abondante des nerfs, nettoie les reins, & guérit la teigne.

[c] Etat & Délices de la Suisse, t. 3. p. 316.

WATWYL, ou WATWEIL [c], Village de Suisse, dans le Toggenbourg, au Thour-Thal, dont il forme la seconde Communauté, à une lieue de Liechtensteig, du côté du Midi, dans une situation agréable. C'est proche de Watwyl que se tiennent les Assemblées générales du Toggenbourg. De cette Communauté dépend Cappel, aussi bien que la fameuse Forteresse d'Yberg.

[d] Délices de la Gr. Br. t. 1. p. 92.

WAVENEY, Riviére d'Angleterre [d]: Elle a sa source dans la Province de Suffolck, au voisinage de Lop-Hainford. Elle coule d'abord vers l'Orient, & tourne ensuite vers le Nord Est. Elle passe près d'un petit Lieu nommé Hoxon, & appellé autrefois Hegildon. Ce Lieu est célébre à cause du Martyre du Roi Egmond, qui y fut attaché à un Arbre par les Danois, & percé à coups de fléches. Delà le Waveney va arroser la Ville de Bungey, où un Seigneur séditieux bâtit un fort Château du tems du Roi Henri II. Puis coulant toujours au Nord il joint ses eaux d'un côté au Lac Lu-*thing*, & de l'autre à la Riviére d'Yare. Près de l'endroit où ces deux Riviéres se joignent, il y avoit autrefois une Forteresse bâtie de pierre & de briques, apparemment pour s'opposer aux descentes des Ennemis. On l'appelloit Cnobersburg. On en voit encore aujourd'hui les ruines; & l'on y a déterré quantité de Médailles. Le Lieu s'appelle présentement *Burgh-Castel*.

WAVRE, Ville des Pays-Bas, dans le Brabant Wallon, à trois lieues & demie de Louvain, à quatre & demie de Bruxelles, à cinq de Nivelle, & à sept de Namur. Quoique cette Ville ne soit pas fort considérable à présent, il est certain qu'elle l'a été autrefois. Elle n'est diminuée que par les guerres & par les malheurs qu'elle a ressenti, depuis plus d'un Siècle & demi. Elle a été brûlée quatre fois, savoir en 1594. en 1604. en 1695. & la derniére fois le 17. de Juillet 1705. lorsque près de 300. Maisons furent réduites en cendres. On dit qu'avant les troubles de la Religion Wavre contenoit plus de deux mille Maisons, & qu'elle avoit six mille Communians. Henri Duc de Lothier & de Brabant lui donna en 1222. plusieurs beaux priviléges, qui furent confirmez par Jean Duc de Brabant, qui donna outre cela à Wavre le nom de Ville avec des franchises. Jeanne Duchesse de Brabant, les augmenta en 1482. Philippe *le Bel* & Charles V. accordérent aux Habitans de cette Ville les mêmes priviléges dont jouissent les Bourgeois de Louvain; & en dernier lieu Philippe IV. Roi d'Espagne, approuva en qualité de Duc de Brabant ces mêmes priviléges le 27. Octobre 1646. Le Magistrat qui se renouvelle tous les ans par le Seigneur le jour de St. André est composé d'un Bailli, d'un Bourguemaître, de sept Echevins & d'un Greffier. Le Bailli en qualité de Mayeur préside aux Assemblées, & sa Charge est perpétuelle, ainsi que celle du Greffier. Leur Jurisdiction s'étend non-seulement sur Wavre; mais encore sur quelques autres Villes qui en dépendent. L'Eglise Paroissiale dédiée à St. Jean est très-belle & Décanale. Il y a outre cela deux Couvens l'un de Recollets, qui furent admis en 1629. l'autre de Carmes, qui furent fondez en 1655. par le Prince & la Princesse de Vaudemont. Les premiers y enseignent la Langue Latine à la Jeunesse. On voit dans le Fauxbourg un Prieuré de l'Ordre de St. Benoît qu'on nomme BASSE-WAVRE. Les Religieux qui y sont au nombre de six avec un Prieur sont tirez de l'Abbaye d'Affligem. Godefroi Duc de Brabant leur donna en 1138. la Cure de l'Eglise Paroissiale de Wavre. Dans l'Eglise du Prieuré il y a une Image miraculeuse de la Sainte Vierge, & une belle Châsse d'argent remplie de plusieurs Reliques de Saints.

Comme cette Ville est située sur la Riviére de Dyle, les Habitans crurent vers l'an 1660. qu'en élargissant & approfondissant la Riviére, ils la rendroient navigable jusqu'à Louvain, ce qui auroit facilité leur Commerce; mais faute d'eau suffisante ils furent obligez d'abandonner leur entreprise. Le principal Commerce de cette Ville con-

consiste en Grains, en Bétail, & en Biére qu'on y brasse fort excellente, & qu'on transporte en abondance par tout le Pays. Il y a à Wavre deux Foires franches; l'une le lendemain de la Nativité de la Vierge, & l'autre après la St. Mathieu.

Les Seigneurs de cette Ville ont été depuis quelques Siècles des personnes illustres par leur naissance. Jean II. Duc de Brabant, donna en 1303. les Terres de Dongelberg & de Wavre à son Frere bâtard Jean surnommé le *Meeuwe*. Celui-ci épousa en secondes nôces Marguerite Dame de Pamele, dont il eut Guillaume qui laissa Marguerite. Celle-ci porta la Terre de Wavre dans la Maison de Lardenois, Seigneurs de Spontin, où elle resta jusqu'au 15. Octobre 1501. que Jean Seigneur de Spontin la vendit à Jean VI. Seigneur de Berghes, dont la fille Mencie épousa Jean de Merode. De cette alliance il ne sortit que Marguerite de Merode, femme de Witthem, Seigneur de Beersele. Cette Terre est entrée delà dans la Maison de Cusance, & ensuite dans celle de Lorraine.

WAYMOUTH. Voyez WEYMOUTH.

1. WAZA, Riviére de l'Empire Russien. Elle prend sa source dans le Duché de Belozero, où elle sort d'un Lac voisin de la Capitale de ce Duché, & environné de Marais. Delà elle dirige sa course vers le Nord, & mouille les extrémités des Provinces de Vologda, de Cargapol & d'Oustioug, traverse celle de Waza, & va ensuite se perdre dans la Duina, à la gauche, entre les Embouchures des Riviéres de Sousega & de Pendo. Elle donne son nom à la petite Ville d'Ous-Vaza, qui est située à son Embouchure. Mr. de l'Isle [a] a écrit VAGA, au lieu de WAZA.

[a] Atlas.

2. WAZA, ou VAGA, Province de l'Empire Russien, bornée au Nord & au Nord Oriental par la Province de Duina; à l'Orient Méridional par l'Oustioug; & au Couchant par l'Onega, & le Cargapol. Cette Province que la Riviére de Waza traverse du Midi au Nord-Est est presque toute couverte de Forêts. On y voit dans la partie qui est à la droite de la Riviére le Lac de Kodminskoi, avec un Monastère de même nom.

W C.

WCRINA, Fleuve de la Bosnie. C'est l'un de ceux qui se jettent dans la Save, selon Chalcondyle, allégué par Ortelius [b].

[b] Thesaur.

W E.

WEAVER, Riviére d'Angleterre [c], dans la Province de Chester. Elle sort de l'Etang de Ridleypool, vers le Midi de la Province. Elle se grossit d'abord de deux Ruisseaux, qui sortent aussi chacun d'un Etang; puis tournant au Nord elle passe à Nantwich, & ensuite à Nortwich, après quoi elle va se jetter dans le Mersey près du Château de Froddesham, situé sur la Montagne qu'on dit la plus haute du Comté.

[c] Délices de la Gr. Br. p. 345.

WEAUME, Riviére de France, dans la Provence. Elle prend sa source dans les Territoires de St. Zacharie & d'Auriol, passe par Roquevert, & Aubagne, & va se jetter dans la Mer près de Marseille. Nicolas Sanson croit que cette petite Riviére est l'ancien *Tvelinus*.

WECHTERBACH, ou WECTERSBACH, Ville d'Allemagne [d], dans la Veteravie, au Comté d'Isenbourg sur la rive droite de la Riviére de Kintz, un peu au-dessus de Wertheim. Cette petite Ville est accompagnée d'un Château, qui sert de demeure à l'un des Comtes d'Isenbourg.

[d] Jaillot; Atlas. Corn. Dict. Raw. Cosm. c. 1.

WEDERO, ou WEDDERO, Isle de la Manche de Dannemarck [e], entre les Isles de Samsoe & de Syro, dont elle est éloignée d'environ trois milles. Au lieu de WEDERO, Hermanides [f] écrit WERO.

[e] De l'Isle; Atlas.
[f] Descr. Daniæ, p.

WEDISCHWYL [g], Bailliage de Suisse, au Canton de Zurich, au Midi du Bailliage de Horgen. Il prend le nom de son Chef-lieu, qui est un grand & beau Bourg. Wedischwyl appartenoit autrefois à des Barons de qui Mrs. de Zurich l'achetérent en 1549. Il y a dans ce Lieu un Château qui a été bâti depuis, & où le Bailli fait sa résidence. En 1646. les Paysans de ce Bailliage, avec ceux des deux Seigneuries voisines de Kronaw & de Richteschwyl se rebellérent contre leurs Souverains, au sujet d'un Impôt qui y avoit été établi, à l'occasion de quelque nécessité pressante. On envoya contre les Rebelles quelques milliers d'hommes, qui les mirent à la raison; & il en coûta la vie à sept des plus mutins.

[g] 717. Etat & Délices de la Suisse, t. 2. p. 29.

WEDON, Bourg d'Angleterre [h], dans le Comté de Northampton, sur le bord de l'Avon. Ce petit Bourg n'a rien de remarquable que son ancienneté, ayant été connu du tems des Romains sous le nom de *Banna-venna*. C'étoit dans ce Lieu qu'on voyoit autrefois le Palais du Roi Wulphére: il fut converti en Monastère de Religieuses par Werburge fille de ce Prince. On trouve auprès de Wedon quelques vestiges d'un chemin pavé par les Romains. Ce chemin tiroit au Nord.

[h] Délices de la Gr. Br. p. 545.

WEEL, ou WEILE, Ville du Dannemarck [i], dans le Nord-Jutland, au Diocése de Rypen. Cette petite Ville est située sur la Côte Orientale de ce Diocése, au fond d'une grande Baye, à quatre lieues au Nord de la Ville de Kolding.

[i] De l'Isle; Atlas.

WEELOCK, Riviére d'Angleterre [k], dans la Province de Chester. Elle tire son origine de trois Ruisseaux, dont la source n'est pas loin de la Montagne de Mowcop. Ils se joignent dans le voisinage de Sondbach, communément appelé Sandbitch, Bourg situé sur une hauteur, dont l'un des trois Ruisseaux mouille le pied. Delà le Weelock, ou Wheelock, passe à Middlewich, beau Bourg ainsi appellé parce qu'il est situé au milieu de deux Wichs, savoir Nantwich à six milles, & Nortwich à quatre milles. On y voit deux petits Ruisseaux d'eau salée, dont on fait du Sel. Le Wheelock se jette ensuite dans la Dane, après un cours de douze milles.

[k] Délices de la Gr. Br. t. 2. p. 344.

WEEN, HUEN, ou HUENE, Isle de Suède, dans le Détroit du Sund. Voyez HUESNE. Après que le Dannemarck eut cédé à la Suède la Province de Scanie, la propriété de l'Isle de Ween occasionna quel-

quelques contestations [a]. Les Suédois soutenoient qu'elle dépendoit de la Scanie qui leur avoit été cédée, & les Danois la reclamoient comme appartenante à l'Isle de Zélande. Les premiers disoient que Ween ne faisoit point une Province particuliére ; qu'on l'avoit engagée avec la Scanie aux Comtes de Holstein, de qui les Suédois l'avoient retirée pour l'unir à leur Couronne, & que le Roi Smeeck l'avoit restituée. Ils ajoutoient que les Ecrivains les plus dévouez au Dannemarck avoient reconnu que la Scanie cédée par le Traité de Roschild, s'étendoit jusqu'au Détroit du Sund, d'où ils concluoient que cette Isle faisoit une portion de la Province. Les Danois défendoient leur droit en prouvant que le Roi de Suede n'avoit demandé l'Isle de Ween qu'après s'être mis en possession de la Scanie, & après l'expiration du terme qui avoit été marqué pour le faire; que les Habitans de cette Isle parloient la même Langue & avoient les mêmes Loix que les Habitans de Coppenhague : Enfin ils produisoient un grand nombre d'Auteurs & de Livres dans lesquels elle paroissoit réunie à l'Isle de Zélande. Mais les Suédois avoient en ce tems-là la supériorité sur les Danois ; c'en étoit assez pour faire triompher leur droit. Depuis ce tems-là ils sont en possession de cette Isle qui est encore remarquable par les ruines du fameux Château d'Uranibourg. Voyez URANIBOURG.

[a] Hist. de Dannemarck, t. 6. p. 109.

WEERT, Ville des Pays-Bas, dans le Brabant, au Quartier de Bois-le-Duc, dans le Peeland, à quatre lieues de Ruremonde. Il y avoit autrefois dans cette petite Ville un magnifique Château, environné de larges fossez; mais les guerres l'ont beaucoup endommagé : il fut même presque entièrement ruiné par les bombes en 1702. lorsque Weert fut assiégé par les Alliez. L'Eglise Paroissiale est dédiée à St. Martin. On y voit le Tombeau du Comte de Horn, qui fut décapité à Bruxelles en 1568. par les ordres du Duc d'Albe. Il y a dans cette Ville un Prieuré de Chanoines Réguliers de l'Ordre de St. Augustin, qui y enseignent les Humanitez. Ils furent premiérement fondez en 1419. près d'Eyndhove en Brabant, par Jean de Schoonvorst, Baron de Craenedonck, Conseiller d'Antoine Duc de Bourgogne & de Brabant. Mais comme toute la Mayerie de Bois-le-Duc, sous laquelle Eyndhove est situé, passa sous la puissance des Hollandois, les Religieux craignant des suites fâcheuses allérent s'établir à Weert, où ils ont aussi la direction d'une Maison de Religieuses de leur Ordre. Le Couvent des Recollets fut établi en 1461. par Jacques Comte de Horn, Seigneur de Weert, qui céda à ces Religieux le vieux Château qu'il avoit en cette Ville. Il y prit lui-même l'habit Religieux, & y mourut en 1484. Le Monastère des Religieuses Pénitentes fut fondé par Jean de Weert, natif de cette Ville, & qui, quoique d'une basse naissance, mérita par sa valeur de commander les Armées de l'Empereur. Il commença sa fortune d'une manière extraordinaire ; car dans le tems qu'il apprenoit le métier de Cordonnier ayant été battu par son Maître, il prit par dépit service parmi quelques troupes Allemandes qui passoient à Weert. Il s'acquitta si bien de son devoir particuliérement en Hongrie, qu'ayant passé par tous les degrez militaires, il devint Viceroi de Bohême & Commandant de Prague, où il mourut vers l'an 1665.

La Seigneurie de Weert comprend Weert, Neder-Weert & Wissem. Les deux derniers sont de gros Bourgs. On fait à Weert un grand commerce de tourbes qu'on tire dans le voisinage, en grande quantité.

WEGGI-THAL [b]. On donne ce nom à un Quartier de la Suisse dans le Canton de Schwitz, au Pays de la Marck, ou March. Il y a dans ce Quartier un grand Rocher qui est plein d'une Mine de Laiton, ou d'une certaine espéce de Cuivre jaune, qui ressemble à de l'or, & qui est fort pesant. Aucun feu n'a pu encore venir à bout de fondre cette Mine, à ce que dit Wagner.

[b] Etat & Délices de la Suisse, t. 2. p. 438.

WEIBSTAT, Ville d'Allemagne, au Palatinat du Rhein, dans le Craichgow. Cette petite Ville se trouve entre Heidelberg & Hailbron, environ à quatre lieues de chacune de ces Places.

1. WEIDA, Ville d'Allemagne [c], dans la partie Occidentale du Marquisat de Misnie, sur une petite Riviére qui se jette dans l'Elstert. Cette petite Ville a eu des Seigneurs particuliers qui possédoient tout le Voigtland, & portoient le nom de Vogts; c'est-à-dire Avocats.

[c] Jaillot, Atlas.

2. WEIDA, ou WEIDE [d], Riviére d'Allemagne, dans la Silésie. Elle a sa source dans la Baronnie de Wartenberg aux confins de la Pologne, & prenant son cours du Nord au Sud, elle arrose Wartenberg, Milbits, Schmograw, & Namslaw, où elle fait un coude & commence à courir du côté de l'Occident; & après avoir mouillé Bernstad, Hundsfeld, & Schweinera, elle va se perdre dans l'Oder un peu au-dessous de la Ville de Breslaw.

[d] Ibid.

WEIDEN, Ville d'Allemagne [e], dans le Palatinat de Baviére, sur la Riviére de Nab, vers les confins du Landgraviat de Leuchtenberg. Cette petite Ville est le Chef-lieu d'un Bailliage.

[e] Ibid.

WEIGATZ, VAIGATS, WEGATZ, ou DETROIT DE NASSAU, Détroit entre les Samoyedes & la Nouvelle Zemble. Il fait la communication entre les Mers de Moscovie & de Tartarie ; & l'on croit que c'est un passage pour aller à la Chine & au Japon [f]. Quoi qu'il en soit, ce passage n'est pas aisé, & de tous ceux qui l'ont entrepris, il n'y en a pas un qui y ait réussi parfaitement. Le premier qui fit cette tentative fut Hugh-Willoughby, qui en 1553. fit voile avec trois Vaisseaux jusqu'au Cap Septentrional de Finmarcke & de la jusqu'au 72. d. de Latitude, où il dit qu'il eut la vûe de la terre; mais peut-être n'apperçut-il que quelque Rocher à travers des brouillards ; car le Capitaine Wood, au retour d'un pareil voyage en Angleterre, passa dans le même endroit, sans y voir la prétendue terre de Willoughby. Le mauvais tems ayant obligé ce dernier d'entrer dans un Port de la Laponie nommé Arzena, lui &

[f] Recueil de Voyages au Nord. t. 2. p. 206. & suiv.

& tout son Equipage y périrent par le froid. Ainsi on ne put tirer aucunes lumiéres de son voyage pour découvrir le passage en question.

Après Willoughby le Capitaine Etienne Burrough travailla à la même recherche. En 1556. ayant doublé le Nord Cap, & s'étant avancé vers l'Est, il découvrit le Détroit de Weigatz, entre la partie Méridionale de la Nouvelle Zemble & le Pays des Samoyedes. Il entra dans ce Détroit, & s'imaginant qu'à l'Est du Détroit il y avoit une Mer libre & ouverte, il s'en retourna, se flattant d'avoir trouvé dans cet endroit le véritable passage vers la Chine & le Japon.

Les Capitaines Arthur Pett & Charles Jackman firent la même tentative en 1580. avec ordre de la Reine Elisabeth de suivre la même route que Burrough. Ils passérent le Détroit de Weigatz & entrérent dans la Mer qui est à l'Est. Ils y trouvérent une si grande quantité de glaces & avec cela un si mauvais tems, qu'après avoir essuyé de grands dangers & des fatigues extraordinaires, ils furent contraints de revenir sur leurs pas. Le mauvais tems les écarta, & l'on n'a jamais eu aucunes nouvelles de Pett depuis ce tems-là.

On ne pensoit plus en Angleterre à découvrir le passage à la Chine par le Weigatz, lorsque les Hollandois renouvellérent cette entreprise. Guillaume Barentz par ordre du Prince Maurice partit de Hollande en 1594. & fit voile vers le Détroit de Weigatz; mais y étant entré il trouva les mêmes difficultez que Pett & Jackman. Cependant il remarqua une chose que les autres n'avoient point remarquée; c'est que l'eau de cette Plage étoit douce. Ne trouvant aucune apparence qu'il y eût un passage de ce côté-là il s'en revint. Ce mauvais succès ne le découragea pas entiérement: s'il désespera de trouver un passage par le Détroit de Weigatz, il se flata de réussir par le Nord de la nouvelle Zemble. Il fit jusqu'à deux voyages inutiles de ce côté-là, & il y mourut, toujours dans la pensée qu'entre les Côtes de Groenlande & celles de la nouvelle Zemble, il y avoit une Mer libre & ouverte.

Henri Hudson, fameux Navigateur Anglois, partit d'Angleterre en 1610. pour la même découverte; mais l'exemple de Guillaume Barentz le découragea tellement qu'il n'entreprit que fort peu de chose.

Le Capitaine Wood, autre Navigateur Anglois, voulut suivre cette idée. Il porta droit au Nord-Est du Nord Cap [a], afin de tomber entre le Groenland & la Nouvelle Zemble. Le 22. de Juin 1676. il découvrit comme un Continent de glace à 76. d. de Latitude, & environ à 60. lieues à l'Est de Groenland, où il s'imagina que cette glace étoit jointe. Dans cette pensée il jugea qu'en allant plus à l'Est il pourroit trouver une Mer libre. Il rangea donc la Glace qui couroit Est-Sud-Est, & refuyoit Ouest-Nord-Ouest. Presque à chaque lieue, ou à peu près, il trouvoit un Cap de glace. Dès qu'il l'avoit doublé il ne découvroit plus de glace au Nord; mais après avoir porté au Nord-Est quelquefois pendant deux horloges, c'est-à-dire pendant une heure, il découvroit de nouvelles glaces par proue; ce qui l'obligeoit de rebrousser chemin. Il fit cette manœuvre tant qu'il rangea la glace, ayant quelquefois de grandes espérances de trouver une Mer libre, & désespérant ensuite à cause des nouvelles glaces qu'il découvroit. Mais enfin il perdit espérance lorsqu'il eut la vûe de la Nouvelle Zemble, & qu'il apperçut la glace qui y étoit joinre. Il en conclud que l'opinion de Guillaume Barentz & les Relations publiées tant par les Hollandois que par les Anglois ne sont que des Fables. Cette conséquence seroit néanmoins peu juste s'il étoit vrai qu'il y eût des Relations du contraire entre les mains de la Compagnie Hollandoise des Indes Orientales, & qu'elle les supprime par politique.

S'il nous reste de l'incertitude touchant la possibilité du passage par le Nord de la Nouvelle Zemble, il en est la même chose du passage par le Midi; c'est-à-dire par le Détroit de Weigatz. Les uns prennent pour un Golphe la Mer qui est à l'Est de ce Détroit & les autres veulent que ce soit une Mer libre, qui communique à celle de la Chine. Ce dernier sentiment paroît pourtant aujourd'hui comme certain; car la nouvelle Carte de l'Empire de Russie, dressée sur de nouvelles Observations, fait voir que le Weygatz communique avec la Mer de Tartarie, avec cette réserve; savoir que les Glaces de ce Détroit ne se fondent point pendant l'Eté, à moins que quelque tempête du Nord-Est ne vienne les briser.

WEIK, Ville d'Ecosse, dans la partie Septentrionale de ce Royaume [b], dans la Province de Caithness, dont elle est la Capitale. Cette Ville qui est située sur la Côte Orientale de la Province, a un très-bon Havre, & est parfaitement bien située pour le Commerce.

WEIL, Ville Impériale d'Allemagne [c] au Duché de Wirtenberg, sur la petite Riviére de Wurm, à deux lieues au Couchant de Stutgard. Cette Ville est fortifiée à l'antique vers des Tours; & ses Habitans qui passent pour bons Soldats, sont Catholiques. Ce fut l'Empereur Frideric II. qui mit Weil au rang des Villes libres.

1. WEILHEIM, Ville d'Allemagne au Duché de Wirtenberg, sur la Riviére de Lauter, à quelques lieues au-dessous de la source de cette Riviére.

2. WEILHEIM, Ville d'Allemagne, dans la Baviére, près de l'Amber, selon Mr. Corneille [d] qui ne cite aucun garant. Jaillot [e] ne connoît point cette Ville.

WEIMAR, Ville d'Allemagne, dans la Haute Saxe, au Duché de même nom, sur le bord d'une petite Riviére appellée Ilm, entre Erfurd & Jena. Le Duc de Saxe-Weimar [f] y fait sa résidence ordinaire dans le Château appellé *Wilhemsbourg*, & qui portoit auparavant le nom de Hornstein. Ce Château est magnifique & extraordinairement grand. On y voit un Salon superbe où sont peintes les plus belles actions de Duc Bernard de Saxe-Weimar, & une Chambre où ceux qui sont au milieu n'en-

[a] Recueil de Voyages au Nord, t. 2. p. 253. & suiv.

[b] Etat présent de la Gr. Br. t. 2. p. 279.

[c] Jaillot, Atlas. D'Audifred, Géogr. Anc. & Mod. t. 3.

[d] Dict.
[e] Atlas.

[f] D'Audifred, Géogr. Anc. & Mod. t. 3.

tendent rien de ce que se disent ceux qui sont à l'une & à l'autre extrémité. C'est un jeu de l'Architecture qui porte le son de la voix par la ligne concave de la voute sans le répandre dans le grand vuide de cette Chambre. Quant à la Ville de Weimar elle se ressent de la pauvreté inséparable des lieux fournis à de grands Princes, qui ont de petits Etats souvent affligez & ruinez par les guerres.

Le Duché de Weimar est situé entre le Territoire d'Erfurd, le Bailliage d'Eckarsberg, la Rivière de Sale & le Comté de Schwartsbourg. C'étoit anciennement un Comté, dont Frédéric *le Grave* Marquis de Misnie dépouilla Herman. Il a sept ou huit lieues de longueur & quatre de largeur. Il consiste en plusieurs bons Bailliages dont les principaux sont Jena, Orlamund, Dornsberg & Tondorff. Les Villes de ce Duché sont

Jena,	Burstett,
Orlamund,	Buttelstett,
Almanstett.	

a Etat & Délices de la Suisse, t. 2. p. 38.

WEINFELDEN, Bailliage de Suisse [a], au Canton de Zurich, dans la Souveraineté de Thourgaw. Ce Bailliage prend son nom de son Chef-lieu, qui est un beau Bourg avec un Château pour la résidence du Bailli, au bord de la Rivière de Thour, à la droite, sur le Mont Otteberg. En 1614. les Seigneurs de Zurich achetérent Weinfelden, des Nobles de Gemmingen, au Pays de Wirtenberg. Les Habitans de ce Bailliage embrassérent la Religion Protestante vers l'an 1529.

b D'Audifred, Géogr. Anc. & Mod. t. 3.

1. WEINGARTEN, Abbaye d'Allemagne [b], dans la Suabe, au Territoire de Nurenberg dans le Bourg d'Altorf. Cette Abbaye qui est de l'Ordre de St. Benoît fut fondée par Pepin à la priere de Saint Alton, Guelphe III. Duc de Carinthie lui donna des biens considérables; & le Chapitre acheta dans le dernier Siècle la Seigneurie de Blumeneck de Rodolphe III. Comte de Sultz, pour la somme de cent cinquante mille florins.

c Corn. Dict.

2. WEINGARTEN, Ville d'Allemagne [c], dans le Palatinat du Rhein, entre Dourlach & Bruchsall, à la rencontre des chemins de Dourlach & de Pfortzheim à Philipsbourg. Mr. de l'Isle [d] ne fait qu'un Village de Weingarten.

d Atlas.

e De l'Isle, Atlas.

WEINHEIM, Ville d'Allemagne [e], dans le Palatinat du Rhein, aux confins de l'Electorat de Mayence, dans le Bergstrass, environ à deux lieues d'Allemagne à l'Orient de Worms, & à trois lieues au Nord de Heidelberg.

f Ibid.

WEISSEMBERG, Ville de l'Empire Russien [f], dans l'Esthonie, au Quartier appellé Wirie, assez près du Golphe de Finlande, au Midi de Tolsbourg, entre Revel, & Narva.

g Longuerue, Descr. de la France, Part. 2. p. 232.

1. WEISSEMBOURG, ou CRONT WEISSEMBOURG, en Latin, *Sebusium*, Ville d'Allemagne [g], dans l'Alsace, au Pays de Wasgau, sur la Lauter, vers les frontiéres du Palatinat, & le Chef-lieu d'un Bailliage. Cette Ville s'appelle aussi WEISSEMBOURG EN WASGAU, pour la distinguer d'une autre Ville Impériale nommée aussi Weissembourg, qui est du Cercle de Franconie, & qui est connue sous le nom de WEISSEMBOURG EN NORDGAU. Beatus Rhenanus dit que Weissembourg en Wasgau a été la demeure des anciens Sebusiens [h] & qu'elle en a retenu le nom. Ce qui est constant, c'est que cette Ville est ancienne. Elle étoit connue au septième Siècle, lorsque Dagobert Roi de France y fonda un Monastére où sa fille Irmine est enterrée, & auquel il donna de très-grands biens, entre autres la Seigneurie de Weissembourg, & de plusieurs autres Villes du voisinage, qui sont venues au pouvoir des Comtes Palatins du Rhein & de quelques autres Princes. Le même Roi Dagobert fit present à l'Eglise de Weissembourg d'une Couronne d'argent doré, bien travaillée, & dont la circonférence étoit de vingt-quatre pieds. On en a fait depuis une semblable de cuivre & elle est suspendue dans la grande Eglise. On remarque que ce Prince accorda aux Habitans de cette Ville le privilège de pouvoir pêcher du poisson & chasser toutes sortes de gibiers dans un certain District, qui en quelques endroits s'étend jusqu'à un mille de la Ville, & renferme divers Villages. On appelle ce District *Mundat*, & dans les Lettres du Privilége il est nommé *Emunitas*. En 1262. la Ville fut enfermée de murailles par l'Abbé Fréderic. Son Successeur Edelin la fit entourer d'un fossé, & la fortifia de quelques boulevards. Dans la suite les Habitans ayant obtenu de beaux Priviléges se rendirent indépendans des Abbez, & furent reçus au nombre des Villes Libres & franches de l'Empire avant le quinzième Siècle. Alors ils étoient en possession d'une entière liberté, dans laquelle ils furent troublez par l'Abbé Philippe d'Erpach. Le différend ayant été porté devant l'Empereur Fréderic d'Autriche, il rendit en 1442. un Jugement favorable aux Habitans. Les Religieux de cette Abbaye furent cause d'une guerre, que la Ville soutint en 1469. & 1470. contre se Comte Palatin Fréderic *le Victorieux*. Ces Religieux menoient une vie scandaleuse. Ils avoient chargé le Monastère de vingt mille florins de dettes, & en avoient engagé ou aliéné presque tous les revenus. Le Comte Fréderic, comme Gouverneur de l'Alsace, & en vertu d'une Commission que le Pape lui avoit donnée, prit connoissance des abus qui se commettoient, & fit venir à Weissembourg deux Abbez étrangers pour réformer le Monastère. Le Magistrat de la Ville étoit content; il n'en fut pas de même du Peuple. On voulut commencer la Réforme par un Sermon qu'un Docteur en Théologie devoit prononcer dans la grande Eglise. Il monta en Chaire, & se mit à haranguer le Peuple, qui aussi-tôt excita un tumulte, & insulta le Docteur. Là-dessus les Réformateurs prirent l'épouvante & se cachérent. Mais le Magistrat ayant trouvé moyen d'appaiser le Peuple la Réforme se continua. Les anciens Moines n'y donnérent pourtant pas les mains. Ils s'évadérent, & on en établit d'autres en leur places Les Bourgeois promirent même par ser-

[h] Zeyler, Topogr. Alsat. p. 60.

ment au Comté Palatin de défendre le nouvel Abbé & ses Religieux. Cela ne dura pas long-tems: les Religieux réformez furent chassez par les Bourgeois, qui en même tems firent entrer pendant la nuit les premiers Moines, qui avoient pris des habits de femmes. Les Habitans de Weissembourg n'en demeurérent pas là, ils donnérent asyle aux Ennemis du Comte Fridéric: ils firent prisonnier son Lieutenant, & le traitérent d'une manière indigne. Ces excès obligérent le Comte Palatin d'assiéger Weissembourg; & quoique l'Empereur Frédéric IV. l'eût mis au Ban de l'Empire, lui eût oté le Gouvernement de l'Alsace & y eût établi à sa place pour Vicaire Impérial, son Cousin Louis le Noir, Comte de Deux-Ponts, il ne discontinua point le siège durant tout l'Hyver: il enleva même quelques Places au Comté de Deux-Ponts, & il contraignit les Habitans de Weissembourg à renvoyer les anciens Religieux & à rappeller ceux qu'ils avoient chassez en dernier lieu.

Rudiger dernier Abbé de Weissembourg renouvella ses prétentions sur la Ville de Weissembourg; mais il n'y réussit pas mieux que ses Prédécesseurs. Il se vit condamner par un Jugement Impérial, qui fut rendu, au mois d'Octobre 1518. par l'Empereur Maximilien I. Le même Rudiger se fit séculariser avec ses Religieux en 1526. par le Pape Clément VII. qui changea la dignité d'Abbé en celle de Prevôt & le Monastère en Chapitre séculier. Après la mort de Rudiger, Florent de Flersheim, Evêque de Spire, fut pourvu de cette Prevôté, dont il obtint l'union à la Manse Episcopale, par l'autorité du Pape Paul III. & de l'Empereur Charles V.

La Ville étoit alors Membre de la Préfecture de Haguenau, & immédiate comme les autres de cette Préfecture. Dans le Siècle suivant Philippe de Soeteren, Electeur de Trèves, & qui étoit aussi Evêque de Spire, entreprit de soumettre cette Ville, qu'il montroit avoir été fondée par les Abbez du Monastère de Weissembourg, auxquels les Prevôts avoient succédé, & que les Habitans leur avoient été soumis durant sept Siècles. Mais les Habitans se défendirent en montrant qu'il y avoit beaucoup de Villes Impériales, qui n'avoient pas toujours été immédiates & libres, & qu'on ne s'avisoit pas de les inquiéter. Ainsi Philippe de Soeteren ne réussit pas dans son entreprise. La Ville fut démantelée en 1673. par l'ordre du feu Roi Louis XIV. Elle fut réünie à la France avec les autres Villes de la Préfecture en 1680. & depuis le Traité de Ryswick elle appartient à la France sans contestation.

Le Pays des environs de Weissembourg abonde en Forêts, & en diverses sortes de fruits, & produit quantité de vin, qui est estimé. On y recueille aussi beaucoup de Chataignes, qui se débitent en divers Pays; ce qui fait subsister un grand nombre de Bourgeois & de gens de la Campagne.

2. WEISSEMBOURG, ou WEISSEMBOURG EN NORDGAU, Ville Impériale d'Allemagne, dans le Cercle de Franconie, sur la Rivière de Rednitz, à six lieues au Nord de la Ville de Donavert. Cette Ville est petite & peu peuplée.

3. WEISSEMBOURG, autrement ALBE-JULIE. Voyez au mot ALBE, l'Article ALBE-JULIE.

WEISSENAW, Abbaye d'Allemagne [a] dans la Suabe, sur la Rivière de Schuff près de Ravensbourg, & à une lieue de l'Abbaye de Weingarten. Cette Abbaye, qui est de l'Ordre de Prémontré, est nommée par quelques Ecrivains *Minderata*; c'est-à-dire *la petite Auge*, pour la distinguer d'une autre Abbaye de Weissenaw qui est dans le Nordgau. Celle de Weissenaw en Suabe étoit anciennement un Hermitage que Gebyzon de Weissembourg, de la famille des Comtes de Habsbourg, fonda.

[a] *D'Audifred, Géogr. Anc. & Mod. t. 3. p. 179.*

WEISSENFELS, Ville d'Allemagne, dans la Misnie, au Cercle de Leipsick, sur la Sale. On croit que c'est l'ancienne Leucopetra.

WEITZEN, VEITZEN ou VATZEN, Ville de la Haute Hongrie [b], sur la rive gauche du Danube, à cinq milles au Nord de Bude. C'est une Ville Episcopale dépendante de l'Archevêché de Strigonie. Les Infidèles en étoient les Maîtres; mais en 1684. le Prince de Lorraine ayant défait, où mis en fuite mille Turcs postez près de là, & qui abandonnérent leurs Canons & leurs Drapeaux sur le champ de bataille, il la fit attaquer par le Comte de Staremberg; & la Garnison composée de cinq cens Janissaires se rendit à discrétion le 27. de Juin. Comme cette Place ôtoit aux Garnisons de Bude, d'Agria & de Novigrad la communication avec celle de Neuhausel, & que par conséquent les Turcs ne pouvoient plus secourir celle-ci qu'avec peine, ils tachérent bien-tôt à y rentrer. Ils en vinrent à bout sur la fin de la même année par la faute du Commandant de Gran, qui ne secourut pas la Place, comme il en avoit ordre. Le Sieur Piterski, Commandant, fut contraint de capituler; & quoique les Turcs lui eussent accordé que les Impériaux & les Hongrois qui composoient la Garnison, sortiroient avec armes & bagages, ceux qui les dévoient escorter à Vicegrad, firent main-basse sur eux, en tuérent une partie & pillérent les autres, pour se vanger de ce qu'on avoit traité de la même manière quelques-unes de leurs Garnisons au préjudice des Capitulations. Cette Place fut depuis une de celles sur lesquelles le Seraskier Bacha se vengea de sa défaite près de Gran, & de la honte qu'il eut de n'avoir pu secourir Neuhausel. Il la pilla & fit sauter les fortifications; & le Prince de Lorraine acheva ensuite de la démolir.

[b] *Hist. & Descr. du Royaume de Hongrie, p. 258.*

WELIKA-RECA, VELLIKARZEKA, ou MULDOW, Rivière de l'Empire Russien [c]. Elle prend sa source dans la Seigneurie de Pleskow, aux confins de la Lithuanie, & arrose d'abord Postarzowa, ensuite Opotzka, où elle reçoit à la gauche les eaux de la Rivière de Desternitza: plus bas elle grossit son lit des eaux de la Rivière de Woronecz; elle va former encore plus le petit Lac d'Ostro, & enfin elle va se perdre dans le Lac de Pleskow.

[c] *De l'Isle, Atlas.*

WELLS,

WEL. WEL. WEM. WEN.

WELLS, Ville d'Angleterre [a], dans Somersetshire, le *Belgæ* & le *Theonodunum* des Anciens; & aujourd'hui en Latin *Fontanensis Ecclesia*. Wells est une Ville agréable, bien bâtie, fort peuplée, qui députe au Parlement, & qui a droit de Marché. On lui a donné le nom de Wells à cause du grand nombre de ses Puits & de ses Sources d'eaux vives. Cette Ville & celle de Bath font un Siège Episcopal. Voyez BATH. La Cathédrale de Wells est fort belle.

[a] Etat présent de la Gr. Br. t. 1. p. 108.

Sa principale façade, où est le Portail [b] est d'une Sculpture admirable, & surprend agréablement la vûe par la quantité prodigieuse de Statues qu'on y voit en cinq rangs de niches, avec tous les accompagnemens & les embellissemens de la Sculpture. Cette façade est flanquée de deux Tours, qui s'élevent assez haut, & le milieu de la croisée de l'Eglise est chargé d'une autre Tour ou Clocher un peu plus haut que les deux autres. Toutes trois se terminent en platte-forme & sont très-bien travaillées. Le Palais de l'Evêque n'est pas loin de l'Eglise. Il est placé comme un Château dans un enclos de murailles environnées d'un fossé. On voit d'un autre côté les maisons des Chanoines, qui sont au nombre de vingt-sept, sans compter les Officiers du Chapitre.

[b] Délices de la Gr. Br. t. 3. p. 704.

Les Montagnes de Mendip se terminent à quelques milles au Midi de la source de la Frome. C'est-là qu'on trouve la Ville de Wells, ou Welles. Dans le voisinage de cette Ville on voit sur la Montagne une Grotte fort spacieuse & fort profonde, parsemée de sources & de Ruisseaux, & à laquelle on donne le nom d'OCHIE-HOLE, ou WOCHEY-HOLE, dérivé du Gallois *Og*, qui signifie un Antre, ou une Grotte. Sous le régne d'Henri VIII. un Paysan en labourant la terre près de cette Grotte, sa charrue heurta contre une plaque de plomb quarrée & longue, sur laquelle étoit l'Inscription suivante faite pour un Trophée de l'Empereur Claude l'an 50. de Jésus-Christ:

TI. CLAUDIUS. CAESAR.
AUG. P. M.
TRIB. POT. VIII. IMP. XVI. DE.
BRITAN.

WELMENACH, Bourg d'Allemagne [c], au Cercle du Bas-Rhein, dans le Diocèse de Trèves, à un mille de St. Goar, sur le bord du Rhein. Ce Bourg est fermé de murailles, & dépend du Bailliage de Poppart. Il y a sur la Montagne voisine un Château appelé WOLMENICH. Bönninghausen Général au service de l'Empereur s'empara du Bourg de Welmenach en 1635.

[c] Zeyler, Topogr. Arch. Trevir. p. 39.

WELS, Ville d'Allemagne [d], dans la Haute-Autriche, au Quartier de Traun, à la gauche de la Riviére de ce nom, vers les Confins du Quartier de Hausf. On la prend pour l'*Ovilabis* de l'Itinéraire d'Antonin. Ce fut dans la petite Ville de Wels que mourut l'Empereur Maximilien I.

[d] Jaillot, Atlas.

WELSH-POOLE, Bourg d'Angleterre [e], dans le Pays de Galles, au Comté de Montgommery, sur la Saverne. Le mot *Welsh-Poole* est Anglois & signifie Etang-Gallois. Les Gallois l'appellent en leur Langue *Trellin*, au lieu de *Tref-Llin*; ce qui veut dire une habitation sur un Lac. On voit à *Welsh-Poole* deux vieux Châteaux renfermez dans une enceinte de murailles.

[e] Délices de la Gr. Br. p. 446.

WELTENBURG, Ville d'Allemagne [f], dans le Duché de Baviére, à la droite du Danube, entre Ingolstat & Ratisbonne, à peu près à égale distance de l'une & de l'autre de ces Villes.

[f] Jaillot, Atlas.

WEMIS, ou **WEEMS**, Château d'Ecosse [g], dans la Province de Fife, sur la Côte Méridionale, entre le Bourg de Dysart & l'Embouchure du Levin. Les Seigneurs de Wemis ont porté long-tems le titre de Barons; mais dans la suite ils ont été élevez à la dignité de Comtes.

[g] Délices de la Gr. Br. p. 1276.

WENDEN, Ville de l'Empire Russien [h], dans la Livonie, au Quartier appellé Letten, ou Lettie, sur le bord de la Riviére de Treiden, au-dessous de Wolmer, & au-dessus de Sewold. Cette Ville qui a été autrefois considérable est aujourd'hui ruinée. Le Pape Sixte V avoit érigé son Eglise en Evêché, sous l'Archevêché de Riga, & les Grands Maîtres de l'Ordre Teutonique l'avoient choisie dans le seizième Siécle pour le Lieu de leur résidence ordinaire. Wenden a donné le nom à une petite Contrée que les Suédois appelloient le Comté de Wenden, & à laquelle les Polonois avoient donné auparavant le titre de Palatinat de Wenden.

[h] De l'Isle, Atlas.

WENER, WÄNER, ou VENER. Voyez VENER.

WENERBURG, ou WÄNERSBORG, Ville de Suède [i], dans la Westrogothie, dans l'endroit où le Fleuve Gothelba sort du Lac Wener à sa gauche.

[i] Ibid.

WENLOCK, Bourg d'Angleterre [k], dans la Province de Shrewsbury, sur la route de Londres à Shrewsbury, à huit milles de Bridgenorth, & à douze milles de Shrewsbury, entre ces deux Places. Sous le régne de Richard II. il y avoit à Wenlock une Mine de Cuivre; mais elle ne s'y trouve plus aujourd'hui, on n'y tire que de la Chaux. Ce Bourg, auquel quelques-uns donnent le titre de Ville, a droit de Marché.

[k] Délices de la Gr. Br. p. 397.

WENSBEEK, Riviére d'Angleterre [l], dans la Province de Northumberland, en Latin *Venta*. Cette petite Riviére se jette dans l'Océan, à trois ou quatre milles du Bourg de Morpeth. Il y avoit autrefois sur ses bords une Ville qui est petite il y a long tems & dont il ne reste plus que le nom de Glanoventa.

[l] Ibid. p. 259.

WENSYSSEL, VENSYSSEL, WENSUSSEL, WENDSUSSEL, autrefois *Burgla*, *Vendela*, ou *Vandalia* [m], Ville du Dannemarck, au Jutland Méridional, dans la Préfecture à laquelle elle donne son nom. Cette Ville située sur la Riviére Ryaa, a eu autrefois un Evêché qui fut transféré à Alborg l'an 1540.

[m] De l'Isle, Atlas. R. Hermand, Descr. Da.nie, p. 759. D'Audifred, Géogr. Anc. & Mod. t. 1.

La PREFECTURE DE WENSYSSEL est la principale du Diocèse d'Alborg. Pontanus [n] croit qu'elle a pris le nom de quelques Peuples Wandales. Il y en a qui l'appellent *Venodrum Provincia*, & qui qualifient son Evêque du titre de *Wandalorum Episcopus*. On y compte quatre Villes, savoir Wen-

[n] Chytræus, L. 4.

Xx 3

Wenſyffel, Hiering,
Seby, Schagen.

WEPE (La), petit Pays de France, dans le Comté de Flandre. C'eſt un Quartier de la Châtellenie de Lille, ſitué le long de la Lys. Il y a dans ce Quartier deux Villes, qui ſont Armentiéres & la Baſſée.

1. WERBEN, *Verbena, Werbena*, Ville d'Allemagne [a], au Cercle de Baſſe Saxe, dans la Marche ancienne de Brandebourg, ſur l'Elbe, à l'endroit où cette Riviére reçoit celle de Havel, vis-à-vis de Werben. Cette Ville s'appelloit anciennement *Varinum*. Mais lorſque l'Empereur Henri I. ordonna aux Habitans de l'ancienne Marche, de rétablir quelques Villes & entre autres celle-ci, il voulut en même tems, qu'on la nommât *Verbena*, dans le deſſein où il étoit apparemment de gagner quelque victoire, parce qu'*Erwerben* en Allemand veut dire acquérir ou gagner. Il fit même bâtir un Fort de l'autre côté de l'Elbe proche la Riviére d'Havel, & l'appella Montagne des victoires, parce qu'il y en avoit gagné une fort conſidérable ſur les Vandales ſes ennemis. On lit à ce ſujet ces vers dans Werdenhagen [b]:

[a] *Zeyler, Topogr. Brand. p. 121.*

[b] *Fol. 373.*

Varinum quondam celebravit priſca vetuſtas,
Cederet, ut lucro laus ea Marchiacis.
At neglecta diu cum multis cladibus eſſet,
Urbis nunc poſitum reſpicimus melius.

L'Empereur Henri II. tint en 1002. une Aſſemblée générale à Werben, & il y engagea la Nation Eſclavonne à profeſſer de nouveau le Chriſtianiſme, & à lui payer la Dixme, à quoi ils n'avoient pu auparavant ſe réſoudre. Du tems de l'Empereur Conrad II. les Wandales de Lausnitz vinrent au ſecours de ceux de la Marche, qui avoient chaſſé le Margrave Dietheric, ils mirent enſemble le ſiége devant cette Ville, la prirent, & la ruinérent de fond en comble. Sur ce bruit l'Empereur Conrad arriva. Il fit bâtir la Foretereſſe de Werben, y mit une Garniſon nombreuſe, afin qu'elle fût en état d'empêcher les incurſions des Wandales, & après avoir exhorté les Saxons à combattre courageuſement contre leurs anciens ennemis, il retourna en Franconie. Les Wandales de Lausnitz revinrent auſſi-tôt ſur leurs pas, ſurprirent cette Forteresse, y tuérent trois Comtes avec quarante de leurs Domeſtiques, & étranglérent le reſte des Chrétiens, ou les aménerent Eſclaves. Cela obligea l'Empereur d'y retourner avec ſes Troupes, & après pluſieurs combats il ſoumit à la fin entiérement ces Payens rebelles. En 1631. le Comte d'Ortenbug & le Colonel Suédois Baudis s'emparérent de cette Ville. Le Roi de Suéde Guſtave Adolphe y vint lui-même, & jugeant que ſa ſituation étoit plus avantageuſe, que celle d'aucune Ville d'Allemagne, pour en faire une Forteresse d'importance, il y fit d'abord conſtruire un Fort, & fit camper dans les environs toute ſon Armée. Celle de l'Empereur ſous le commandement du Général Tilli s'approcha en même tems; le Roi alla à ſa rencontre juſqu'à Wolmerſtatt, il y attaqua l'Avant-garde des Impériaux & eut le deſſus. Tilli ſurvint avec le gros de l'Armée, & s'avança juſqu'à Werben. Il s'y donna pluſieurs legers combats entre les deux partis. Mais à la fin, ſans en venir à une Bataille déciſive, les deux Armées ſe ſéparérent. Le Roi prit la route de Stendal, & Tilli alla avec ſon Armée à Tangermunde. Cependant les Impériaux & les Saxons ſe rendirent maîtres de Werben en 1636. Mais la même année après la Bataille de Wittſtock, les Suédois les en chaſſérent, ceux-ci furent chaſſez à leur tour par les Impériaux l'année ſuivante. A la fin, en 1640. les Brandebourgeois prirent poſſeſſion du Fort, & leur Gouverneur le Comte de Schwartzenberg, ſur l'avis qu'il eut que les Suédois avoient toujours une retraite ſûre dans cette Ville, la fit démanteler, & en ôta juſqu'aux portes. Lorſque l'an 1641. il y eut une ſuſpenſion d'armes entre la Suéde & l'Electeur de Brandebourg, on convint en même tems, que ce Fort devoit être raſé; ce qui fut auſſi-tôt exécuté par les Payſans de l'Electeur.

2. WERBEN, ou WARBEN, Ville d'Allemagne [c], dans le Cercle de la Baſſe-Saxe, au Duché de Poméranie. Elle eſt compriſe ſous le Bailliage de Colbatz; parce qu'en 1321. Conrad IV. Evêque de Cammin la vendit à l'Abbé de Colbatz pour 300. Marcs, avec tous ſes droits, ſes appartenances, & le Lac, au bord duquel elle eſt ſituée. Mais comme cette vente n'avoit pas été confirmée par le Pape, Jean Evêque de la Baſſe-Saxe annulla ce Contract, donnant pour raiſon, que ces biens avoient été vendus à trop bas prix.

[c] *Zeyler, Topogr. Pom. p. 122.*

WERCKERZE'E, ou WORTZI, Lac de l'Empire Ruſſien [d], dans la Livonie, au Couchant de celui de Peipus avec lequel il a communication, par le moyen d'une Riviére qui coule d'Occident en Orient. Il communique auſſi avec la Mer Baltique par le moyen de la Riviére Fela, qui coule d'Orient en Occident. Le Lac de Werckerzée s'étend en long du Nord au Midi.

[d] *De l'Iſle, Atlas.*

WERD, Ville d'Allemagne [e], dans la Baſſe-Carinthie, ſur la rive Méridionale d'un Lac auquel elle donne ſon nom, environ à trois lieues à l'Occident de la Ville de Clagenfurt. Le Lac de Werd qui s'étend d'Occident en Orient donne naiſſance à une petite Riviére qui ſe joignant à celle de Glan va ſe perdre dans celle d'Olcza.

[e] *Faillot, Atlas.*

WERDE, ou WERDA, Ville d'Allemagne [f], dans la Haute-Saxe, au Marquiſat de Miſnie, ſur le bord de la Pleiſſ, entre Neumarck & Crimmitz au Midi Occidental d'Altenburg.

[f] *Ibid.*

1. WERDEBERG, Comté de Suiſſe [g], aujourd'hui Bailliage dépendant du Canton de Glaris. C'eſt comme un appendice du Comté de Sargans; étant ſitué entre ce dernier Comté & le Rhein-Thal; & ayant le Rhein en front. Il avoit autrefois ſes Comtes particuliers, qui étoient de puiſſans Seigneurs, & qui poſſédoient auſſi le Comté de Sargans. En 1517. le Canton de Glaris acheta cette Terre de Felix, ou de George Heuwen, le dernier des Comtes de Werdeberg, qui mourut ſubitement à Augs-

[g] *Etat & Délices de la Suiſſe, t. 3. p. 198.*

WER.   WER.

Augsbourg en 1530. Comme les Habitans du Comté de Werdeberg sont Protestans, on y est convenu entre les Protestans & les Catholiques de Glaris que le Bailli seroit toujours de la Religion Protestante; & au contraire que dans les Bailliages d'Uznach & de Gaster, il ne pourroit y avoir que des Baillis Catholiques. Cependant on ne doit pas dire comme l'Auteur des Délices de la Suisse [a], que ce sont les Reformez de Glaris qui possédent le Comté de Werdeberg en pleine Souveraineté. Elle est commune entre les uns & les autres, Ils y envoyent des Baillis tous les trois ans pour administrer les affaires.

[a] Pag. 505.

Les Habitans de ce Comté excitérent en 1719. de grands troubles dans le Pays. Ils se souleverent contre Mrs. de Glaris, leurs Souverains. Mais l'affaire ayant été portée à l'Assemblée générale des Cantons, on les fit rentrer dans leur devoir, & on les contraignit de prêter un Serment de fidélité en 1720. Il est encore arrivé depuis quelques petites émotions; mais elles ont été promptement étouffées.

2. WERDEBERG, Ville de Suisse [b], dans la dépendance du Canton de Glaris, & le Chef-lieu du Comté auquel elle donne son nom. Cette petite Ville, qui peut passer pour jolie est située au bord du Rhein, dans une Plaine & au plus bel endroit du Pays. Elle est défendue par un vieux Château fort, placé sur une hauteur isolée, qui commande toute la Plaine. On dit que ce Château fut bâti dans le neuvième Siècle sous le régne de l'Empereur Louïs II. par un Comte Palatin de la Haute Rhétie. C'est là que le Bailli fait sa résidence. Le Pays est à peu près de même que celui de Sargans.

[b] Etat & Délices de la Suisse, t. 3. p. 200.

WERDEN, Ville d'Allemagne [c], dans la Westphalie, au Comté de la Marck, sur le Roer, vers les confins du Duché de Berg. Il y a, dit Davity [d], aux environs de cette Ville de belles Prairies & de fort grands Pâturages, où la plûpart des Habitans ont quantité de Bétail dont ils retirent d'assez gros profits, sur-tout de leurs Pourceaux.

[c] Jaillot, Atlas.
[d] Comté de la Marck.

WERDENBERG. Voyez WERDEBERG.

WERE, Riviére d'Angleterre [e], dans la Province de Durham. Cette Riviére nommée en Latin Vedra, ou Virus, est la plus considérable de la Province, qu'elle arrose du Couchant à l'Orient jusqu'au Milieu du Pays; & de là tournant au Nord, elle va se jetter dans l'Océan. Cette Riviére sort de deux Ruisseaux, dans les Montagnes à l'extrémité de la Province, & courant droit à l'Est à travers plusieurs petits Lieux elle arrive à Bishops-Auckland, Bourg appartenant aux Evêques de Durham, qui y ont une belle Maison. Delà la Were faisant un coude prend le chemin du Nord; & après avoir coulé quelques milles elle semble vouloir retourner vers sa source, mais trouvant un terrein élevé qui l'arrête elle fait une belle Presqu'Isle dans laquelle est située la Ville de Durham. Cette Riviére est féconde en diverses espéces de bons Poissons; & un peu au-dessous de Durham, on y remarque une singularité; sa-

[e] Délices de la Gr. Br. p. 244. & 248.

voir que son lit est rempli de Rochers, qui ne sont presque jamais couverts d'eau, & qui donnent le goût de Sel à l'eau qu'on répand dessus. On remarque même près du Village de Butterby, que lorsqu'en Eté la Riviére est fort basse, on voit couler de ces Rochers une eau rousse & salée, qui blanchit au Soleil, & se cuit si bien par la chaleur, que les Habitans en recueillent du Sel pour leur usage.

WERFEN, Château d'Allemagne, dans l'Archevêché de Saltzbourg [f], sur la Pointe d'une Montagne, entourée de précipices presque de tous côtez, & de la Riviére de Saltze ou Saltzbach qui serpente au pied. Ce Château fort par sa situation, est fameux pour avoir été la retraite, ou la prison d'un Archevêque de Saltzbourg, qui pendant les premiers troubles de Religion en Allemagne parut disposé à profiter de la liberté que donnoient les nouvelles opinions aux Ecclésiastiques de prendre des femmes, sans vouloir quitter son Bénéfice. Cela fut cause que le Duc de Baviére lui fit la guerre & se réduisit dans ce lieu, où il eut le tems de se répentir à loisir de son entreprise. Sa Pénitence fut sincére, & sa mémoire est encore aujourd'hui dans l'Eglise de Strasbourg en particuliére vénération.

[f] Remarq. Hist. & Critiq. d'un Voyage d'Italie, &c. 1704. p. 41.

WERGAVILLE, Abbaye de France au Diocése de Metz, près de la petite Ville de Dieuze. Cette Abbaye, qui est dédiée à St. Eustase, Disciple de St. Colomban & second Abbé de Luxeuil, fut fondée en 966. par Sigeric Comte de Salins & par sa femme Berthe.

WERING, WOERING, ou WURINGEN, Ville d'Allemagne [g], dans l'Electorat de Cologne, à la gauche du Rhein, entre la Ville de Cologne & celle de Nuits. Wering est renommée par la Victoire que les Habitans de Cologne y remportérent sur le Duc de Brabant en 1297.

[g] Jaillot, Atlas.

WERLE, Bourg d'Allemagne [h], dans la Westphalie, au Duché de ce nom, vers les confins du Comté de la Marck, sur le bord de la petite Riviére de Sifeke. L'Electeur de Brandebourg attaqua deux fois ce Lieu inutilement en 1673.

[h] Ibid.

WERM, ou WORM, Riviére d'Allemagne, au Duché de Juliers, qu'elle traverse. Elle prend sa source aux confins du Duché de Limbourg, arrose Aix-la-Chapelle, Rolduc, Geilekirchen & Randeradt, après quoi elle va se perdre dans le Roer au voisinage de Wassenberg.

WERMINSTER. Voyez WARMINSTER.

WERN, ou WERNE, Ville d'Allemagne [i], en Westphalie dans le Haut Evêché de Munster, à quatre lieues au Midi de la Ville de ce nom, aux confins du Comté de la Marck, près de la rive droite de la Lippe [k]. Cette petite Ville qui est fort agréable se trouve dans un Pays très-bon. Comme elle n'est point gardée, il s'y trouve plusieurs Ouvriers, qui y vivent aisément & avec beaucoup de liberté.

[i] Ibid.
[k] Corn. Dict. Jovin de Rochefort, Voyage de Dannemarck.

WERNITZ, Riviére d'Allemagne dans la Franconie [l], Elle a sa source dans la partie Orientale du Comté de Holach, près de Schillingsfurt, & prenant son cours vers le Midi Oriental, en serpentant beaucoup,

[l] Jaillot, Atlas.

coup, elle arrose le Village de Wernitz, les Villes de Dinckespuhel & d'Oeting, après quoi elle environne la Ville de Donawert, près de laquelle elle se jette dans le Danube. Entre Oeting & Donawert la Rivière de Wernitz reçoit celle de Rotach à la gauche & celle d'Eger à la droite.

a Dict. Géogr. des Pays-Bas.

WERT, Seigneurie des Pays-Bas [a]; sur les confins du Brabant Hollandois, dans le Comté de Horn, à quatre lieues de Maseyck. C'est la patrie de cet illustre Jean de Wert, qui quoiqu'il fût d'une origine fort basse, mérita par ses belles actions & par sa vaillance le commandement général des Armées de l'Empereur, qu'il commanda avec beaucoup de gloire.

b De l'Isle, Atlas.

WERTACH, Rivière d'Allemagne [b], dans la partie Méridionale de la Suabe. Elle prend sa source dans l'Evêché d'Augsbourg, au pied des Monts Steinberg & Mittelberg aux confins du Tirol; & prenant son cours du Nord au Sud, sans baigner aucun Lieu considérable que la Ville de Kaufbeuren, elle va se jetter dans le Lech, un peu au-dessous de la Ville d'Augsbourg. Elle reçoit entre autres Rivières celle de Gemach, à la droite.

WERTHEIM, Ville d'Allemagne dans la Franconie, à la gauche du Mein, dans l'endroit où ce Fleuve reçoit le Tauber. Cette Ville qui est dans une situation très-agréable est le Chef-lieu d'un Comté auquel elle donne son nom.

Le COMTE DE WERTHEIM est borné au Nord par celui de Reineck à l'Orient par l'Evêché de Wurtzbourg, au Midi & à l'Occident par les Terres de l'Archevêché de Mayence. Le Mein le coupe en deux parties [c].

c D'Audifred, Géogr. Anc. & Mod. t. 3. p. 163.

Ce Comté a été possédé durant plusieurs Siècles par des Seigneurs particuliers dont la Postérité finit en 1566. par la mort de Michel Comte de Wertheim. Louis Comte de Stolberg son beau-frère ménagea si bien l'Empereur Maximilien II. qu'il obtint pour lui & pour ses trois Filles la jouïssance du Comté de Wertheim, & des Fiefs qui relevoient du Royaume de Bohême. Les deux premières qui avoient été mariées l'une avec Philippe Comte d'Erberstein, l'autre avec Thierry Comte de Manderscheid, étant mortes sans enfans; Anne qui avoit épousé Louis Comte de Loeuvenstein, recueillit cette riche Succession.

WERWICK, ou VARWICK, Ville des Pays-Bas [d], dans la Flandre au Quartier d'Ypres, sur la Lys, entre Armentières & Menin. Cette petite Ville qui appartient aujourd'hui à la Maison d'Autriche est un Lieu fort ancien & qui a conservé son nom, puisque *Viroviacum* est marqué dans l'Itinéraire d'Antonin [e]. Ce n'est plus aujourd'hui qu'une Bourgade, qui a été autrefois une Ville marchande; mais qui fut saccagée par les François en 1381. parce qu'elle tenoit le parti des Flamans rebelles à Louis de Masle Comte d Flandres.

d Dict. Géogr. des Pays-Bas.

e Longuerue, Descr. de la France, Part. 2. p. 27.

WESE, Rivière des Pays-Bas [f], au Duché de Limbourg. Elle prend son commencement dans des Marais du Ban de Balen, passe à Nisdorp, d. à Open, d. à Limbourg, g. à Verviers, g. à Drollevan, d. à Fraypont, d. à Fleuron, d. après quoi elle se perd dans la Rivière d'Ourt au-dessus de Chenay.

f Dict. Géogr. des Pays-Bas.

1. WESEL, Bourg d'Allemagne, dans l'Archevêché de Trèves, sur la rive gauche du Rhein, entre Bacharach & St. Goar. On voit dans ce Bourg plusieurs Eglises, & quelques Cloîtres de Religieux. On nomme aussi ce Lieu Ober-Wesel, pour le distinguer d'une autre Ville située plus bas de l'autre côté du Rhein. Zeiler [g] dit qu'on prétend qu'Ober-Vesel étoit anciennement une Ville, appellée *Vesania*, ou *Ficelia*. C'étoit ci-devant, ajoute-t-il, une Ville Libre qui fut ensuite soumise aux Seigneurs de Schönenberg, dont on voit encore la résidence sur une Montagne voisine. Du tems de l'Empereur Frédéric Wesel devint une dépendance de l'Empire. Mais l'Empereur Henri VII. ayant besoin d'argent pour son expédition d'Italie la vendit à l'Eglise de Trèves. Il y a encore dans cette Ville une Collégiale sous le titre de Notre-Dame & une Abbaye qui passe pour la plus ancienne du Diocèse de Trèves. Près des murailles, vers le Rhein, dans l'Eglise de l'Hôpital, à côté du Grand-Autel, on trouve une Colonne de bois à laquelle les Juifs avoient attaché un petit Garçon, qu'ils firent mourir après l'avoir fouetté. L'Inscription qu'on y a mise pour conserver la mémoire de cette barbarie porte que l'an 1287. le 13. des Kalendes de Mai *Wernerus de Wammenraid* souffrit la mort de la main des Juifs. Dans l'Eglise Collégiale de St. Martin, il y a un Abbé, un Doyen & cinq Chanoines. Werner de Falkenstein Archevêque de Trèves assiégea cette Ville pendant une année entière, fit couper les Vignes des environs, & causa divers autres dommages aux Habitans.

g Topogr. Arch. Trevir.

2. WESEL, Ville d'Allemagne, au Duché de Clèves, à la droite du Rhein, dans l'endroit où ce Fleuve reçoit les eaux de la Lippe [b]. Cette Ville qui est assez grande se trouve défendue par une bonne Citadelle bâtie sur le bord de la Lippe; ce qui fait qu'on lui donne quelquefois le nom de *Fort de la Lippe*. La Ville étoit autrefois Impériale, & se gouverne encore selon ses Loix, quoiqu'elle soit obligée de reconnoître l'Electeur de Brandebourg pour son Souverain. Elle lui fut rendue en 1674. par les François, qui s'en étoient rendus maîtres deux ans auparavant. Depuis ce tems-là les Ouvrages extérieurs de la Ville de Wesel ont été considérablement augmentez.

b La Forêt de Bourgon, Géogr. Hist. t. 1. p. 584.

WESEN, Bourg de Suisse [i], au Pays de Gaster, sur le bord Occidental du Lac de Wahlestatt. Ce Bourg qui est considérable étoit autrefois une assez grande Ville, comme les restes des murailles brûlées qu'on y voit encore en font une preuve. Wesen est situé à l'issue du Lac de Wahlestatt, dans l'endroit où ce Lac se vuide par une Rivière, qui se joint à demi-lieue de là avec la Linth. C'est un Lieu de grand abord à cause de la commodité de sa situation sur la grande route de Suisse & d'Allemagne au Pays des Grisons. On y trouve trois Eglises & un Monastère de Religieuses Bernardines.

i Etat & Délices de la Suisse, t. 3. p. 201.

WE-

WES.   WES.   353

WESENAL, selon Mr. Corneille, qui cite le Pere Bouffingaut, & **Wessemael**, selon le Dictionnaire Géographique des Pays-Bas. C'est une fort belle & très-ancienne Baronnie dans le Brabant, entre Louvain & Arschot. Le Baron de Wesenal est Maréchal du Brabant.

WESENBERG, ou **Wesemberg**, Ville de l'Empire Russien [a], dans l'Esthonie, au Quartier appellé Wirland, sur la Weiss, qui lui donne son nom. C'est une petite Ville assez bien fortifiée & dans laquelle le Roi de Suède Charles XII. avoit établi des Magasins pour son expédition de Livonie en 1700.

[a] La Forêt de Bourgon, Géogr. Hist. t. 2. p. 248.

WESER, en Latin *Visurgis*, Riviére d'Allemagne. Elle a sa source dans la Franconie, au Duché de Cobourg, d'où sous le nom de Werra, prenant sa course, du Midi au Nord Occidental, en serpentant extrêmement, elle arrose Eissfelt, Hilpershusen, Themar, d. Massferdt, g. Meinungen, d. Wassungen, d. Schwalingen, d. Smalkald, d. Breitungen, d. Saltzungen, g. Krayenberg, d. Vacha, g. Creutzberg, d. Berka, d. Gerstungen, d. Creutzberg, g. Trefurt, d. Wanfried, d. Eschuege, g. Allendorff, d. Witzhausen, g. Helmershausen, g. Herstel, g. Blankenaw, g. Hoxter, g. Corvey, g. Tonneberg, g. Holtzminden, d. Hamelen, d. Rintelen, g. Vlothaw, g. Minden, g. Petershagen, g. Schluseburg, g. Nyenburg, d. Brockenburg, d. Hoye, d. Tedinckhusen, g. Brême. Owelgune, g. Essenham, g. Wolsdorp, d. Gessendorp, d. & enfin elle se jette dans la Mer d'Allemagne à l'Orient & assez près de l'Embouchure du Fleuve Jade. Dans sa course le Weser reçoit diverses Riviéres, entre autres la Nassa, d. la Fulde, g. le Dymel, g. l'Emmer, g. la Wehra, g. l'Owe, g. l'Aller, d. le Delmen, g. l'Hamme, d. l'Himde, g. Voyez **Visurgis**.

WESOP, ou **Wesep**, petite Ville des Pays-Bas, dans la Hollande, au Goyland, à trois lieues d'Amsterdam. Elle est située dans un agréable Paysage, sur la Riviére de Vecht. La biére que l'on y fait lui donne de la réputation. On la transporte principalement à Leyde, où elle est appellée par excellence la Médecine des Flamans.

WESSEN, ou **Wessem**, Ville d'Allemagne [b], dans l'Evêché de Liège, au Comté de Horn, à la gauche de la Meuse, dans l'endroit où le Ghoerbecck se jette dans cette Riviére. Cette Ville, qui n'est pas grande, se trouve entre Maseick & Ruremonde, au Midi de la Ville de Horn.

[b] Sanson, Atlas.

WEST-HAM, Paroisse d'Angleterre [c] dans le Comté de Kent. Le Darent traverse cette Paroisse, où il arriva dans le seizième Siècle un bouleversement étrange. A un mille & demi de Westham, du côté du Sud, une Pièce de terre, de douze toises de longueur, s'enfonça de six pieds & demi le 18. de Décembre 1596. Le lendemain elle s'enfonça de quinze pieds, & le troisième jour de plus de quatre-vingt. Par cet enfoncement une portion de terre, de quatre-vingt perches de longueur & de trente de largeur, qui comprenoit deux grands Clos séparés l'un de l'autre par une rangée de Frênes, commença à se détacher du reste de la terre qui l'environnoit, & changea de place, se poussant au Midi pendant onze fois vingt-quatre heures, avec les Arbres & les hayes, qui étoient dessus. Cette portion de terre emporta avec elle deux creux pleins d'eau: l'un profond de six pieds, l'autre de douze; & larges de quatre perches, avec plusieurs Aulnes & Frênes, qui étoient sur le bord & un grand Rocher. Tout cela fut non-seulement arraché de sa place & transplanté à quatre perches delà, mais encore poussé en haut; de sorte qu'il s'en forma une petite butte, élevée de neuf pieds au-dessus de l'eau, sur laquelle le tout avoit glissé. Il vint une autre terre à la place que toutes ces choses avoient occupée, & qui étoit néanmoins plus haute auparavant. On a vu dans ce même Quartier plusieurs autres exemples de pareils bouleversemens, & c'est la raison pourquoi on trouve quantité de creux pleins d'eau, qui occupent la place des terres abîmées; delà vient encore qu'il y a des Vallées profondes dans les endroits où il y avoit autrefois des Montagnes, & au contraire des hauteurs où l'on ne voyoit anciennement que des Campagnes.

[c] Délices de la Gr. Br. p. 834.

WEST-HITH, ancien Port d'Angleterre [d], dans le Comté de Kent, & des débris duquel s'est formé celui de Hyeth, ou Hith. L'Océan s'est tellement éloigné du Port de West-Hith, qu'il en est présentement à la distance d'un bon mille. West-Hith s'étoit aussi élevé sur les ruines d'un Port plus ancien nommé aujourd'hui Limne, & autrefois *Portus Lemanis*. Il se trouve à présent à deux milles de la Mer.

[d] Ibid. p. 841.

WEST-HOFP, ou **West-hoffen**, Ville de France dans la Basse Alsace & le Chef-lieu d'un Bailliage. Cette petite Ville est bâtie [e] au pied d'une Montagne, & séparée de ses Fauxbourgs par un Fossé revêtu de maçonnerie, qui a sept à huit toises de large sur environ douze pieds de profondeur. Ce Fossé est défendu par une muraille, qui a un Parapet percé de créneaux, & un chemin de ronde derrière. Cette muraille entoure la Ville & est flanquée de quelques Tours. Il y a au pied une fausse-braye, revêtue d'environ six pieds au-dessus du fossé, avec un parapet percé de créneaux ; mais qui est un peu négligé & démoli en quelques endroits. Dans un des Fauxbourgs de cette Ville on trouve un Château environné d'un mur de trois pieds d'épaisseur, & de douze ou quinze de hauteur, avec une espèce de parapet au-dessus fort délabré, & défendu par quatre petites Tours ; le tout enveloppé d'un fossé de quatre ou cinq toises de large sur huit ou dix pieds de haut, revêtu de maçonnerie.

[e] Piganiol, Descr. de la France, t. 7. p. 465.

WEST-MEATH, Comté d'Irlande, dans la Province de Leinster, à l'Ouest du Comté d'Est-Meath, ce qui lui a fait donner le nom qu'il porte. Ses autres bornes sont, au Nord, le Comté de Cavan dans l'Ultonie: au Nord-Ouest celui de Longford: à l'Occident celui de Roscomon dans la Connacie ; au Midi le Comté du Roi. Il a quarante milles de longueur [f] & vingt de largeur ; il le dispute pour la fertilité & pour le nombre des Habitans à tous les autres

[f] Etat présent de la Gr. Br. t. 3. p. 45.

Yy   Com-

Comtez de l'Irlande. On le divise en onze Baronnies, qui sont

Foore,	Fahill
Delyn,	Furtullagh,
Moygoish,	Moycashell,
Corkerry,	Bathconrath,
Molingal,	Kilkenny
	Clunlona.

Il y a dans ce Comté une Ville qui a droit de tenir un Marché public, & trois Villes qui envoyent leurs Députez au Parlement. Les principales sont

Foore,	Ballimore,
Molingar,	Killbegan.

a Délices de la Gr. Br. t 8. p. 1548.

Les deux Comtez d'EST-MEATH & de WEST-MEATH, n'étoient autrefois réputez *a* que pour un; & ce ne fut que vers le milieu du seizième Siècle, sous le régne de Henri VIII. qu'ils furent divisez en deux. On trouve dans les Montagnes de ces deux Comtez, & dans quelques autres plus avant au Nord, divers endroits où la terre est inégale, comme si elle avoit été labourée autrefois. Les Naturels du Pays disent, que leurs Ancêtres étoient fort occupez au labourage, & que leur Pays étant entrecoupé de grands Bois, ils cultivoient tout ce qui en étoit dépouillé jusqu'aux sommets des Coteaux & des Montagnes. La plûpart de ces Bois ont été extirpez avec le tems, & le terroir a été converti en Champs & en Pâturages. Mais s'il en faut croire la tradition du Pays, quelques-uns de ces Bois ont été abîmez dans la terre par quelque tremblement extraordinaire; & les grands Lacs qu'on voit dans divers Comtez du voisinage, se sont formez à la place. On ne sait si ce rapport est bien fondé: on peut pourtant le conjecturer ainsi; parce que de tems en tems on en tire des Arbres qui ont été long-tems enterrez, & dont quelques-uns sont d'une longueur & d'une grosseur extraordinaire.

WEST-MINSTER, Ville d'Angleterre dans le Comté de Middlesex, au bord de la Tamise, & à l'Occident de la Ville de Londres, avec laquelle elle ne fait plus qu'une même Ville. Mais quoique West-Minster *b* soit jointe à la Ville de Londres par une suite de Maisons & d'Hôtels sans interruption, & qu'on la comprenne ordinairement sous le nom de Londres; cependant elle fait un Corps de Ville qui a ses priviléges & ses droits séparez, aussi-bien que sa Jurisdiction. Aussi étoit-elle autrefois absolument séparée de la Ville de Londres. Dans le commencement du dix-septième Siècle il y avoit encore un mille de distance entre l'une & l'autre de ces Villes, & cet espace étoit rempli par des Champs & par des Prairies. Mais les Habitans de Londres s'étant multipliez d'année en année depuis le régne de Charles I. cet espace de terrein a été rempli peu à peu par de belles & de magnifiques rues qu'on y a bâties, de sorte que les deux Villes sont aujourd'hui bout à bout l'une de l'autre; & sans la différence de Jurisdiction, elles seroient confondues en une. Anciennement elle s'appelloit Thor-

b Délices de la Gr. Br. p 938. & suiv.

ney, nom qui lui avoit été donné à cause du Dieu Thor qu'on y adoroit avant la conversion des Saxons. Elle prit ensuite le nom de West-Minster, à cause d'un Monastère bâti dans cet endroit à l'Ouest de la Ville de Londres. Les deux principales choses qu'on y remarque sont l'Eglise & l'Abbaye, & les restes d'un vieux Palais Royal.

L'Eglise fut fondée dans le septième Siècle par Sebert, Roi des Saxons Orientaux, à l'endroit où étoit auparavant le Temple d'Apollon, & elle fut toute rebâtie à neuf dans le onzième Siècle par St. Edouard le Confesseur, qui voulut qu'elle fût sous l'invocation de St. Pierre. Il employa à cette fondation la dixième partie de ses revenus & y fit bâtir un Monastère, ou une Abbaye, où furent mis des Religieux de l'Ordre de St. Benoît. Dans le treizième Siècle le Roi Henri III démolit l'Ouvrage d'Edouard & bâtit l'Eglise plus belle qu'elle n'étoit auparavant. Il fit couvrir le toit de plomb; mais il ne put voir cette Eglise achevée parce qu'elle ne fut finie qu'au bout de cinquante ans. Henri VII. dans le quinzième Siècle, ou vers le commencement du seizième, choisit cette Eglise pour être sa sépulture & celle des Rois ses Successeurs. Il y fit construire dans le Chœur, à l'Orient, une superbe Chapelle, où il n'épargna rien de tout ce que l'Art & la Nature pouvoient contribuer pour en faire une Pièce achevée. Elle lui coûta quatorze mille Livres Sterling; ce qui dans son tems étoit une très-grosse somme. On y voit son Tombeau, qui est de bronze massif. L'Eglise est un grand Edifice, un peu étroit, de goût Gothique, fort élevé, construit en croix, comme les Eglises Cathédrales, long de cinq cens pieds & large d'environ cent pieds. Aux deux côtez de la façade, qui est à l'Occident, paroissent deux Tours quarrées & étroites, qui ne s'élèvent pas plus haut que le toit. On entre dans un Vaisseau long & étroit, dont la voute est suspendue sur deux rangs de gros Piliers; & avançant un peu plus loin, on voit dans diverses Chapelles les Tombeaux de quinze ou seize Rois & Reines d'Angleterre, & d'une infinité de personnes illustres soit par leur mérite, soit par leur qualité. On trouve, en face, le Chœur où est entre autres le Tombeau de Sebert, Roi des Saxons Orientaux & Méridionaux, premier fondateur de l'Eglise & qui mourut en 616. Les Religieux lui firent une très-longue & très-honorable Epitaphe, en vers, selon le goût de ce Siècle-là. En voici le commencement:

> *Labilitas, brevitas, mundanæ prosperitatis:*
> *Cœlica præmia, gloria, gaudia danda Beatis,*
> *Sebertum certum jure dedere satis.*
> *Hi. Rex Christicola verax fuit hac regione,*
> *Qui nunc cœlicola gaudet mercede Coronæ:*
> *Rex humilis, docilis. . . . .*

Du Chœur on passe dans la Chapelle Royale, où se trouve sur la droite la sépulture du Roi Richard II. mort en 1399, & celle d'Edouard III. mort en 1377. Au fond de la Chapelle on voit le Tombeau de Henri V.
mort

mort en 1422. & celui de St. Edouard le Confesseur mort en 1065. Sur la gauche est inhumé le brave Edouard I. mort en 1308. & Henri III. mort en 1273. Ces Tombeaux sont tous accompagnez d'Epitaphes, dont voici quelques fragmens. Celle d'Henri III. se ressent du bien qu'il avoit fait aux Religieux. La voici:

Tertius Henricus jacet hic pietatis amicus,
Ecclesiam struxit ipsam quam post renovavit,
Reddet ei munus qui regnat trinus & unus.

Celle d'Edouard I. est superbe:

Edwardus primus Scotorum malleus hic est.

Celle d'Henri V. est dans le même goût:

Gallorum mastix jacet hic Henricus in Urna.

Dans celle de Richard II. on s'est attaché à la rime plus qu'à la raison.

Corpore procerus, animo prudens ut Homerus.

On voit encore dans la même Chapelle, le Trône, le Sceptre & la Couronne des anciens Rois d'Ecosse, avec la *Pierre fatale* qui étoit leur *Palladium.* Le Roi Edouard I. ayant triomphé des Ecossois leur enleva tous ces précieux Bijoux, & les mit dans l'Eglise de West-Minster pour Monument de sa Victoire. La Tradition du Pays veut que la *fatale Pierre* est celle où Jacob reposa autrefois sa tête, lorsqu'il alla en Mésopotamie, & qu'ayant été transportée en Irlande, sans qu'on sache par qui, ni comment, ni quand, un Oracle prononça que l'Empire des Scots, ou Ecossois seroit attaché perpétuellement à cette *Pierre*; ce qui fit que ces Peuples, lorsqu'ils passèrent d'Irlande en Ecosse, eurent le soin de la porter avec eux. Voici l'Oracle en question:

Ni fallat Fatum, Scoti quocumque locatum
Inveniunt Lapidem, regnare tenentur ibidem.

On ajoute que cet Oracle a été accompli, lorsque la Maison des Stuarts, venue d'Ecosse, fut mise sur le Trône d'Angleterre dans la personne de Jacques I.
De la Chapelle Royale on passe tout droit dans celle de Henri VII. où se voit le magnifique Tombeau de ce Prince, en bronze massif, & où il est inhumé avec Elisabeth son Epouse. Le Roi Edouard VI. a son Tombeau tout près de celui de son Ayeul. La Reine Marie Stuart, Mere de Jacques I. & la Princesse Marguerite de Richmond Mere de Henri VII. sont ensévelies au dehors de la Chapelle, à la droite; & sur la gauche, on voit la sépulture de l'illustre Reine Elisabeth, & de deux filles de Jacques I. mortes dans l'enfance. Le Tombeau de la Reine Elisabeth porte une glorieuse Epitaphe.
Dans les deux bras de la Croix de l'Eglise, il y a diverses Chapelles, aussi remplies de Tombeaux. Dans le bras qui est du côté du Midi, on trouve entre autres les sépultures de deux savans Hommes, Isaac Casaubon, & Guillaume Camden. Harald *le Bâtard*, fils du Roi Canut, Danois, est aussi enséveli dans quelque coin de cette Eglise; mais on ne sait point positivement l'endroit, parce que son tombeau n'a aucune Inscription.

L'Eglise de West-Minster est le Lieu où se fait ordinairement la cérémonie du Couronnement des Rois, & l'on a gardé cette coutume depuis le tems de Guillaume *le Conquérant*, qui s'y fit couronner. La Reine Elisabeth, ayant ôté cette Eglise aux Religieux Bénédictins qui la possédoient, y mit douze Chanoines avec un Doyen. Le Doyen est d'ordinaire un Evêque; & il a une Jurisdiction Ecclésiastique & civile dans la Ville de West-Minster, & dans les Lieux qui dépendoient autrefois de l'Abbaye, sous quelques restrictions néanmoins qui seront rapportées plus bas. Les revenus de cette Maison servent aujourd'hui à entretenir, trente Chanoines, un Organiste, douze Pauvres & quarante Ecoliers, avec leurs Maîtres & divers Officiers de Collége, qui ont tous de gros appointemens. Il se trouve dans le Cloître une Bibliothéque publique, qui s'ouvre soir & matin pendant les Séances des Cours de Justice de West-Minster.

Il y avoit autrefois près de l'Abbaye un grand & magnifique Palais, construit, à ce qu'on croit, dans le onzième Siècle par St. Edouard le Confesseur; ou si ce Prince ne le bâtit pas entièrement, du moins il le commença, & il avoit déjà fort avancé quand il mourut. Guillaume II. dit *le Roux*, fils de Guillaume *le Conquérant*, y mit la derniere main. Ce Palais fut réduit en cendres vers le milieu du seizième Siècle, sous le régne de Henri VIII. & l'on ne put sauver qu'une grande Sale & quelque peu de chambres, entre autres celle qu'on nomme *la Chambre peinte de St. Edouard.* C'est dans cette grande Sale que s'assemble toujours le Parlement; c'est-là que les Rois paroissent à la tête de cette auguste Compagnie, assis sor leur Trône Royal. Il s'y tient aussi quelques Cours de Judicature. Cette Sale est voutée, & la voute est lambrissée de cette espèce de bois qui croît en Irlande, & où les araignées ne s'attachent jamais.

Le Gouvernement de West-Minster s'étend non-seulement sur la Cité, ou la Ville de ce nom; mais encore sur ses Fauxbourgs, ou dépendances, qui avancent du côté de Londres jusqu'à *Temple-Bar.* La Cité, elle-même, n'a qu'une Paroisse, appellée Ste. Marguerite, & qui est d'une grande étendue; mais ses dépendances consistent en cinq Paroisses savoir, St. Martin, St. Clément, Ste. Marie de la Savoye, St. Paul de Covent Garden, St. Jacques, & Ste. Anne. Pour ce qui est de la Paroisse de St. Gilles, elle n'est ni de West-Minster, ni de Londres.

Il n'y a pour le Gouvernement de West-Minster ni Mairie, ni Echevins, ni Sherifs. Le Chapitre est revêtu de toute la Jurisdiction Civile & Ecclésiastique depuis le changement arrivé dans la Religion. Il est vrai que le Gouvernement Civil a été mis entre les

les mains des Laïques, choifis, ou confirmez par le Chapitre. Le Chef de tous les Magiſtrats eſt celui qu'on appelle *High-Steward*, qui eſt d'ordinaire un Noble du premier rang, choiſi par le Chapitre, & qui poſſéde cette Charge pendant ſa vie: il en fait exercer les fonctions par un homme bien verſé dans les Loix. Cet homme, choiſi par le *High-Steward*, doit être confirmé par le Chapitre; & c'eſt lui qui avec les autres Magiſtrats, tient la Cour qu'on appelle *Leet*. Après lui eſt le Bailif qui tient lieu de Sheriff; car il convoque les Jurez. Tous les Sergens de Weſt-Minſter lui ſont ſoumis; & c'eſt lui qui régle les formalitez pour l'Election des Membres du Parlement, pour la Cité de Weſt-Minſter, qui a droit de nommer deux Députez. Toutes les amendes & les confiſcations lui appartiennent; ce qui rend ſa Charge très-lucrative. Il y a auſſi un *Grand Connétable*, choiſi par la Cour de *Leet*, & il a ſous ſon commandement tous les autres Connétables. Il eſt ordinairement continué deux années en charge. Enfin il y a quatorze des principaux Bourgeois qu'on appelle *Burgeſſes*, & dont ſept ſont pour la Cité & ſept pour ſes dépendances. Leur Office a bien du rapport à celui des Echevins de Londres; car ils ont chacun un Ward ou Quartier particulier ſous leur Juriſdiction. De ces quatorze *Burgeſſes*; il y en a deux qui ſont élus ſous le nom de *Head-Burgeſſes*, ou Chefs des Bourgeois; l'un d'eux eſt pour la Cité & l'autre pour ſes dépendances, auxquelles on donne auſſi les noms de *Libertez* & de *Franchiſes*.

WEST-MORLAND, Province d'Angleterre [a]. Elle eſt bornée au Sud & au Sud-Eſt par le Duché de Lancaſtre: à l'Oueſt & au Nord par le Cumberland; à l'Orient par le Duché d'Yorck. Son nom lui vient de ſes terres incultes que les Habitans des Provinces Septentrionales de l'Angleterre appellent en leur Langue *Mores*; de ſorte que Weſt-Morland ſignifie un *Pays de terres en friche à l'Oueſt*. En effet ce Comté eſt preſque tout couvert de hautes Montagnes & par conſéquent ſec & peu habité; car, quoiqu'il ait trente milles de longueur du Nord au Sud, vingt-quatre de largeur de l'Eſt à l'Oueſt & cent douze de circuit, on n'y compte qu'une Ville, huit Bourgs, & vingt-ſix Paroiſſes en tout, où l'on voit un peu plus de ſix mille cinq cens maiſons. Cependant comme il y a divers Seigneurs qui tirent leurs titres de cette Province, on y voit des Châteaux & pluſieurs Maiſons de Campagne. L'air de cette Province eſt ſubtil & pénétrant, un peu froid, mais pur & fort peu obſcurci par les brouillards; ce qui fait que les Habitans s'y portent bien & vivent long-tems. Mais le terroir eſt rude, ſtérile & ne rapporte rien qu'à force de travail. Il eſt vrai que dans la Baronnie de Kendale la terre y eſt un peu meilleure, & que les Vallées, dont elle eſt entrecoupée, y ſont aſſez fertiles L'Eden, le Ken, le Lon & l'Eamon ſont les principales Riviéres du Weſt-Morland, où l'on voit deux Lacs, ſavoir *Ulles-Water* & *Weynander-Mero*. Ses Villes & Bourgs où l'on tient

[a] Délices de la Gr. Br. p. 309.

marché, ſont

* Appleby, Burton,
  Kendal, Kirby-Steven,
  Burton, Orton,
  Lonſdale, Brough.

WEST-RIDING. Les Anglois donnent ce nom [b] au Quartier Occidental du Duché d'Yorck. Ce Quartier eſt borné au Nord par une ligne tirée depuis la ſource de la Lune juſqu'à la Ville de Rippon: au Nord-Eſt par la Rivière de la Youre, autrement Ouſe, qui la ſépare de North Riding, & d'Eſt-Riding: à l'Orient par la Province de Lincoln: au Midi par les Provinces de Darby & de Nottingham; à l'Occident par les Montagnes de Lancaſtre. On compte dans le Weſt-Riding cent quatre Egliſes Paroiſſiales, ſans les Chapelles, & vingt & une Ville ou Bourgs à Marché. Mais ce qui en fait le plus bel ornement eſt la Ville d'Yorck la Capitale de la Province.

[b] Ibid. t. I. p. 209.

Ce Quartier de Weſt-Riding [c] eſt pour la plus grande partie couvert de Montagnes, entrecoupé de Rochers, & revêtu de Forêts en quelques endroits. Les Montagnes & les Rochers ſont entiérement ſtériles; mais les Collines & les Vallées fourniſſent du Bled & des Pâturages, autant qu'on en peut conſumer dans le Pays. Dans les endroits où le terroir ne rapporte rien, on y trouve des Mines de Plomb ou de Cuivre & des Carriéres de Charbon de pierre ou de terre.

[c] Ibid. p. 240.

WESTER, Weſtra. Voyez Weſtra.

WESTERAS, Ville de Suéde & la Capitale de la Weſtmanie, ſur le bord Septentrional du Lac Mäler, entre Koping & Enekoping. Cette Ville conſidérable par ſa ſituation ſur le Lac Mäler, par ſon Evêché & par ſon Château, eſt encore renommée pour avoir été le Lieu, où ſe fit l'*Union Héréditaire*, ou l'Acte qui aſſura la Couronne héréditaire à la poſtérité du Roi Guſtave en 1544 [d]. Le Baron de Moerſperg [e] rapporte que ce fut dans le Château de Weſteras que fut renfermé le Roi Eric, fils aîné du Grand Guſtave, & que ce Prince eſt inhumé dans l'Egliſe Cathédrale, où l'on voit ſon Tombeau élevé d'un pied au-deſſus de terre, couvert d'un Drap noir orné des Armes de Suède, & entouré d'une grille de fer. Il ajoute que ſur la muraille voiſine on lit cette Inſcription ou Epitaphe en lettres d'or & que le Roi Eric fit lui-même: *Tranſlatum eſt regnum meum, & factum eſt fratris mei, & à Domino conſtitutum eſt ei*. Cependant Helvaderus [f] aſſure que le Roi Eric mourut priſonier à Orebroe en Finlande l'an 1578. Si cela eſt, il faut que le Corps de ce Prince ait été apporté à Weſteras. En 1520. les Danois s'emparérent du Château de cette Ville; mais l'année ſuivante le Grand Guſtave, à la tête des Dalécarliens, ayant défait près de cette même Ville l'Armée du Roi Chriſtierne II. leur enleva ce Château.

[d] Mart. Zeyler, Sueciæ Deſcr. p. 189.
[e] Itiner.
[f] Part. 2. Sylva, p. 205.

WESTERBOURG, Bourg d'Allemagne dans le Wetteravie, & le Chef-lieu d'un Comté de même nom. Ce Bourg eſt gros & défendu par un Château.

Le

Le COMTE DE WESTERBOURG [a], est situé dans la partie Orientale de la Wetteravie, nommée le Wester-wald. Il n'a qu'une petite étendue; & le Bourg qui lui donne son nom est le seul endroit remarquable. Les Comtes de Westerbourg descendent de Henri I. fils aîné de Sigifrid I. Seigneur de Runckel, qui eut en partage la Seigneurie de Westerbourg. Renaud II. épousa Marguerite fille de Friderich VII. Comte de Linange; & après la mort du Comte Hesson son beaufrere, il s'empara de ses biens & les retint, avec l'assistance de Friderich le Victorieux, Electeur Palatin, auquel il fut obligé d'en céder une partie. Renaud IV. laissa de Marie de Koenigstein George & Philippe, qui ont fait les Branches de Westerbourg & de Linange. La derniére s'étoit sous-divisée en celles de Grunstatt, & d'Oberbrunn; mais celle-ci finit en 1665. à la mort de Jean Louïs qui ne laissa que deux filles.

[a] D'Audifred, Géogr. Anc. & Mod. t. 3. p. 282.

WESTERGOE, ou WESTREGOE, Comté des Pays-Bas, dans la Frise, & l'un des trois Quartiers de cette Province. C'est la partie de la Frise, qui est au Couchant vers la Côte du Zuider-zée, situation qui a occasionné son nom. Le Westergoe comprend huit Cantons appellez *Gritanies*, savoir ceux de Wonser, de Franecker, de Bard, de Menaldum, de Bars, d'Henaord, de Wynbritzer, de Gaester, avec les Seigneuries de Hemelumer & de Bildt. Ses Villes sont Franecker, Harlingen, Staveren, Hindelopeng, Worcum sur le Zuider-zée, & Sneck qui est située au milieu du Pays.

WESTERNES. On appelle ainsi, à cause de leur situation, les Isles qui se trouvent sur la Côte Occidentale de l'Ecosse. Ce sont les *Hebrides*, ou *Æbudæ* des Anciens. On les distingue en trois classes par rapport à leur grandeur. Celles du premier rang sont [b]

[b] Etat présent de la Gr. Br. t. 2. p. 281. & suiv.

Skie,	Mull,
Lewis,	Jura,
North-Vist,	Ila,
South-Vist,	Arran,

On met dans le second rang celles de

Bute,	Barra,
Coll,	Rum,
Tire-jy,	Rasay,

Les Isles du troisième rang & les plus petites sont

Alisa,	Rona,
Cumbra,	Soulisker,
Mernock,	Flada,
Avona,	Jeskar,
Gigay,	Altwig,
Cary,	Ascrib,
Lismore,	Benbecula,
Oronsay,	Vatersa,
Colonsay,	Kismul,
Jona,	Eousmil,
Canney,	Nalay,
Muck,	Borera,
Egg,	Lingay,
Scalpa,	Bernera,

Flannan Islands,	Megala,
L'Isle des Pygmées,	Pabbay,
	Bernera,
Taransay,	St. Kilda, ou Hirt,
Hermatra,	Soa,
Sandrera,	Borera.

On prétend que plusieurs Habitans de ces Isles ont une sorte de vision appellée dans le Pays, *second Sight*, ou seconde Vûe. C'est la vûe, ou la représentation de quelque événement futur, qui fait une si forte impression sur l'esprit de la personne qui en est frappée, qu'elle ne peut voir ni penser autre chose, tant que la vision continue; & cette même personne paroît gaye, ou affligée, suivant la nature de l'objet représenté. Celui, par exemple, qui a la faculté de la seconde vûe, verra tout d'un coup, une personne connue ou inconnue que l'on assassine dans un autre lieu; & cela ne manque pas d'arriver dans le même lieu & à la même heure qu'on a eu la vision, ou peu de tems après. Ceux qui sont sujets à ces pressentimens ou visions, voudroient ne pas avoir: ils en sont inquiets & se plaignent de leur sort. On assure même que quelques-uns de ceux à qui ces visions ont été fréquentes, ont appris par expérience à marquer précisément le tems auquel la chose représentée aura son accomplissement. Une infinité de personnes de bon sens, d'esprit & de savoir ne doutent en aucune façon de la vérité de ces visions. Ainsi il y a là de quoi exercer les Philosophes & les Théologiens.

WESTER-QUARTIER, Contrée des Pays-Bas, dans la Province de Groningue, & la plus Occidentale de celles qu'on nomme les Ommelandes. Elle est aux confins de la Frise entre la Hunse & le Lawers. On n'y trouve aucun lieu considérable. Cette Contrée n'est peuplée que de Bourgs, ou de Villages.

WESTERREICH, ou WESTRICH [c], nom que l'on donnoit autrefois à l'une des cinq Contrées qui composoient le Bas-Palatinat. Cette Contrée s'étendoit depuis la Lorraine & l'Alsace jusqu'à Oppenheim. Comme le Palatinat est divisé aujourd'hui en Bailliages, les noms des anciennes Contrées ne sont plus guères en usage. Davity donne une grande étendue au WESTERREICH. Il le borne au Nord par le Duché de Limbourg, & par l'Archevêché de Cologne: au Levant par les Terres du Palatinat: au Midi par le Duché de Lorraine, qui même faisoit autrefois partie du Westerreich; & au Couchant par le Pays de Lutzenbourg. Le nom de Westerreich, c'est-à-dire Royaume d'Ouest ou d'Occident, fut donné à cette Contrée, pour la distinguer de l'*Osterreich*, ou Royaume d'Ost ou du Levant.

[c] D'Audifred, Géogr. t. 3. p. 214.

WESTER-WALD, Contrée d'Allemagne, dans la Wetteravie dont elle fait partie. Elle est bornée au Septentrion par la Fige, qui la sépare des Duchez de Berg & de Westphalie: à l'Orient par la Haute-Hesse: au Midi par le Lohn, qui la sépare le la Wetteravie propre; & au Couchant par le Rhein. Cette Contrée comprend ainsi une petite partie des Etats de Cologne & de

Trèves, les Comtés d'Isenbourg, de Sain, de Weid, de Sigen, de Dillenbourg, de Bielstein, & la Principauté d'Hadamar.

WESTERWICK, Ville de Suède, dans la Smalandie, aux confins de l'Ostrogothie, sur la Côte, vers l'Orient de Wimmerby. Cette petite Ville a un bon Port.

WESTERWOLD, Contrée des Pays-Bas, dans la Province de Groningue, & l'une des Ommelandes. Il n'y a dans cette Contrée aucune Ville; mais seulement plusieurs Villages. Son Territoire est rempli de Marais & de Bruyéres, & a de belles Prairies où les Habitans nourrissent beaucoup de Bétail.

WESTFRISE. Voyez HOLLANDE.

WEST-GOTHIE. Voyez WESTROGOTHIE.

WEST-HOFF. Voyez WESTHOFF.

WESTMANIE, ou WESTMANLAND [a], Province de Suède, dans Sueonie, ou Suède propre. Elle est bornée au Nord par la Dalékarlie : à l'Orient par l'Uplande : au Midi partie par la Sudermanie, partie par la Nericie; & à l'Occident par le Vermland. Cette Province qui peut avoir trente lieues de longueur, & dix-sept dans sa moyenne largeur, est stérile; mais ses Mines d'argent la rendoient autrefois considérable. Ses Villes sont

Sala ou Salberg,   Nora,
Arosia ou Westeräs,   Arboga,
             Lindeszas.

[a] De l'Isle, Atlas.

WESTMEATH. Voyez au mot WEST l'Article WEST-MEATH.

WESTMINSTER. Voyez au mot WEST l'Article WEST-MINSTER.

WESTMORLAND. Voyez au mot WEST l'Article WEST-MORLAND.

WESTPHALIE [b], Province d'Allemagne, ainsi appellée depuis environ neuf Siécles, & dont les bornes étoient autrefois d'une plus grande étendue qu'elles ne sont aujourd'hui. Le Rhein la bornoit du côté de l'Occident. Depuis ce Fleuve jusqu'à la Ville de Brême sa partie Septentrionale étoit bornée par la Frise : le Weser lui servoit de borne du côté de l'Occident, depuis la Ville de Brême jusqu'aux Montagnes appellées *Montes Meliboci* par Ptolomée; & du côté du Midi elle étoit bornée par le Pays de Hesse. Toute cette étendue de Pays fut habitée anciennement par les Bructéres, par les Sicambres, par les Chamaves qui succédérent aux Bructéres du tems de Trajan, par les Angrivariens, par les Lombards, ou Longobards par les Angles ou *Angili*, qui passérent ensuite en Angleterre, par les Cherusques, par les Cattes, par les *Chauci* ou *Cayci*, & par les Francs ou *Franci*, qui prirent la place des Sicambres & des Tenctéres. Les Francs étant enfin passés dans la Gaule, les Saxons qui s'étoient déja avancés depuis l'Elbe jusqu'à l'Ems, occupérent le reste de la Westphalie, qui devint ainsi une partie de la Saxe, & donna son nom aux Saxons qui habitérent depuis le Weser jusqu'au Rhein.

Les Auteurs ne s'accordent pas sur l'origine du nom de Westphalie. Les uns, qui veulent que ce Pays se soit appellé autrefois *Vestalia*, dérivent son nom de celui de la Déesse Vesta : d'autres veulent qu'il soit formé de WEST, qui signifie *Occident* & de *Walen*, qui en Saxon veut dire *un Poulain*, à cause que ce Pays est situé à l'Occident du Weser, & que les premiers Westphaliens portoient un Poulain dans leurs Enseignes ; d'autres enfin le dérivent du mot *Westwallen*. Les plus anciens Princes de la Westphalie & de la Saxe, dont il soit fait mention dans l'Histoire, sont Dieteric fils de Sighard, qui eut la guerre avec Charles Martel, Wernechind, fils Dieteric, Duc des Angrivariens, & Wittikind fils de Wernechind. Voyez SAXE.

En général on peut dire que le Terroir de la Westphalie est extrêmement fertile; car, quoiqu'elle paroisse inculte dans quelques endroits, les terres qu'arrosent les eaux du Weser, de l'Ems, de la Lippe & du Roer produisent beaucoup de Grains, ou fournissent de gros Pâturages, qui abondent principalement vers le Nord, où il se trouve un grand nombre de Marais. On y éléve quantité de Chevaux, & dans les Forêts on nourrit quantité de Pourceaux, dont les Jambons connus sous le nom de Jambons de Westphalie sont fort recherchez.

On distingue le CERCLE DE WESTPHALIE, en PROVINCE DE WESTPHALIE, & DUCHÉ DE WESTPHALIE. Les Etats du CERCLE DE WESTPHALIE, sont les Evêques de Paderborn, de Liège, de Munster, d'Osnabrug : les Abbés de Stablo, de St. Corneille de Munster, & de Corvey : les Abbesses d'Herforden & d'Essen : les Ducs de Juliers, de Clèves & de Berg : les Principautez de Ferden, de Minden, d'Osfrise & de Nassau-Dillenbourg : les Comtes de Sain, de Wied, d'Oldenbourg, de Delmenhorst, de Bentheim, de Tecklenbourg, de Steinfurt, de Hoye, de Diepholt, de Schaumbourg, de Pennenberg, de Lippe, de Spiegelberg, de Pyrmont, & de Holphel; & les Villes de Cologne, d'Aix-la-Chapelle, de Dortmund & de Herford. L'Evêque de Munster & les Ducs de Juliers & de Clèves sont Directeurs de ce Cercle, dont le contingent est de trois cens quatre Cavaliers, & de douze cens quatre-vingt-deux Fantassins, ou de huit mille cent soixante & quatre florins par mois.

La PROVINCE DE WESTPHALIE comprend [c] :

Le Duché de Westphalie,
L'Evêché de Munster,
L'Evêché d'Osnabruck,
L'Evêché de Paderborn,
L'Abbaye de Corvey,
La Principauté de Minden.

[b] Davidis Chytræi Oratio de Westphalia, p. 2. & seq.

[c] Hubner, Geogr.

Les Comtez de { La Marck, Ravenberg, Schauenbourg, Spiegelberg, La Lippe, Pyrmont, Rietberg, Hoye, Diepholt, Bentheim, Tecklen-

Tecklenbourg,
Stenford,
Lingen,
Reckehim & d'Aspremont,
Wehlen,
Gronsfeld,
Styrum.

Le DUCHÉ DE WESTPHALIE confine avec les Evéchez de Munster & de Paderborn, le Comté de la Marck, le Landgraviat de Hesse & le Comté de Waldeck. L'Empereur Frideric *Barberousse* donna ce Duché avec celui d'Angrie à Philippe de Heinsberg, Archevêque de Cologne, aux Etats de Gelnhausen en 1180. des dépouilles de Henri *le Lion*, Duc de Saxe & de Baviére; & Geofroy dernier Comte d'Arnsberg vendit le Comté qui en fait partie à l'Electeur Cunon de Falckenstein en 1368. Ce Duché, qu'on nomme aussi le Saurland; renferme plusieurs Bailliages, dont les meilleurs sont ceux d'Arnsberg, de Balré & de Brison. Le Pays n'en est pas si fertile que celui du Diocése de Cologne. Le Commerce de ses Habitans consiste en biére & en chair salée ; & c'est de-là principalement que viennent ces excellens Jambons, qu'on nomme mal à propos Jambons de Mayence; parce que le plus grand débit s'en faisoit autrefois aux Foires de Mayence & de Francfort. Les Lieux les plus remarquables de ce Duché sont,

Arnsberg, Werle,
Molheim, Stadsberg.

a *Délices de la Gr. Br. p. 1423.*

WESTRA, ou WASTRA, Isle au Nord de l'Ecosse [a], à l'Occident de celle de Shapins, & celle de toutes les Orcades, qui est la plus avancée à l'Ouest; ce qui lui a fait donner le nom qu'elle porte. Elle a cinq ou six milles de longueur, & trois ou quatre milles dans sa plus grande largeur. Son Terroir est autant fertile que celui des autres Isles voisines. La pêche y est riche. Il s'y trouve un bon Port & un bon Château nommé Nautland.

b *De l'Isle, Atlas.*

WESTROGOTHIE, Province de Suède [b], dans la Gothie, dont elle occupe la partie Occidentale. Elle est bornée au Nord Occidental, par le Fleuve Gothelba, qui la sépare du Gouvernement de Bahus & de la Dalie: au Nord par le Lac Wäner & par une partie du Vermland, & à l'Occident partie par la Néricie, partie par le Lac Vater, qui la sépare de l'Ostrogothie: au Midi Oriental par la Smaland ou Gothie Orientale ; & au Midi Occidental par la Province de Halland. La Vestro-Gothie est entrecoupée par un grand nombre de Lacs & de Riviéres. Ses principales Villes, sont

Skara, Gothebourg,
Mariedstad, Her,
Lidköping, Falköping,
Wänersborg, Hio,
Borås.

c *D'Audisfred, Géogr. t. 1. p. 309.*

Quelques-uns [c] donnent des bornes plus étendues à cette Province qu'ils nomment Westro-Gothland; & ils appellent Westro-Gothie cet espace de Pays, qui renferme les Provinces de Westro-Gothland, de Dalie & de Verm-land.

WESTRO-GOTHLAND. Voyez WESTRO-GOTHIE.

WESTSEX, ou WESSEX [d], ancien Royaume d'Angleterre, à l'Occident de celui de Sussex, & au Midi de la Tamise. Cerdick ayant gagné en 519. une Bataille qui fit perdre aux Bretons l'espérance de chasser les Saxons de chez eux, Arthur s'accommoda avec lui. Le Roi Breton céda au Saxon un Pays qui comprenoit les Provinces de Hant & de Sommerset. Le Saxon âgé & las d'une longue guerre fut content de ce partage. Il érigea ce Pays en Royaume sous le nom de Westsex, & s'en fit couronner Roi 24. ans après son arrivée en Bretagne. Il se trouva alors [e] d'ans l'Heptarchie trois Royaumes plus grands & plus puissans que les autres, savoir deux Anglois & un Saxon. Les Anglois étoient le Northumberland & la Mercie. Le Saxon, habité par les Jutes, étoit le Wessex, & avoit pour principales Villes

d *Rapin de Thoyras, Abregé de l'Hist d'Angleterre, t. 1. p. 90.*

e *Pag. 184.*

Winchester, Salisburi,
Southampton, Dorchester,
Portsmouth, Shereburn,
Exceter.

Il y avoit dans ces Villes plusieurs Bretons mêlez avec les Saxons; & l'Isle de Wight, habitée par les Jutes dépendoit aussi du Westsex.

Chacun des Royaumes de l'Heptarchie avoit pris son nom des Peuples qui l'habitoient & de sa situation. Celui de Westsex fut nommé le Royaume des West-Saxons, ou des Saxons Occidentaux ; parce qu'il étoit situé à l'Occident des Saxons de Sussex, de Kent & d'Essex. Il étoit outre cela considérable par sa situation, étant gardé au Nord par la Tamise, au Midi par la Mer, à l'Orient par le petit Royaume de Sussex, & à l'Occident par les Bretons de Cornouaille, tellement séparé du reste des Bretons du Pays de Galles par l'Embouchure de la Saverne, qu'il ne leur étoit pas possible de se secourir les uns les autres.

En 532. ou 533. Cerdick fut pour la seconde fois couronné à Winchester Roi du même Etat, mais augmenté des Provinces de Barck, Wilt, Devon, & Dorset, qu'il avoit acquises pas un Traité fait avec Modred. Cette Monarchie dura 243. ans, après quoi on vit finir l'Heptarchie des Anglo-Saxons, par la réduction de sept Royaumes, sous la domination d'Ecbert, Roi de Wessex.

Ce fut vers l'an 634. que les Saxons-Occidentaux reçurent l'Evangile par le Ministère de Birinus, à qui le Pape avoit donné cette Mission. Birinus après avoir été sacré Evêque partit pour la Grande-Bretagne, sans avoir de vûe particuliére pour un Royaume de ce Pays-là plutôt que pour l'autre. Le hazard le fit aborder dans le Wessex, dont les Peuples étoient encore idolâtres

Pag. 238.

tres & il s'y arrêta. Peu après son arrivée, il baptisa Cinigisil, Roi de Wessex, & Quicelm son frere ; de sorte qu'en peu d'années, il se vit un Troupeau considérable. Il y resta 14. ans au bout desquels il mourut à Dorchester, où il avoit fait bâtir une Eglise, & fixé le Siège Episcopal.

Après la mort de Birinus le Wessex fut troublé par Cenowalch, Successeur de Sinigisil, qui étant Payen ne favorisoit pas le Christianisme. De plus, Penda Roi de Mercie s'étant emparé de cet Etat qu'il garda trois ans, Cenowalch se vit obligé de fuir en Estanglie. Mais ce dernier s'étant converti & étant ensuite remonté sur le Trône, il favorisa la véritable Religion. Il partagea son Royaume en deux Diocèses, savoir celui de Dorchester & celui de Winchester.

WETER, ou WATER, Lac de Suède, dans la Gothie, & qui sépare la Westrogothie de l'Ostro Gothie. Il s'étend du Nord au Sud, depuis la Néricie jusqu'à la Smalande, & mouille une petite partie de chacune de ces Provinces. Le large Canal ou le Fleuve de Motala, par lequel il se décharge dans la Mer, traverse toute l'Ostrogothie de l'Occident en Orient Il y a quelques Isles dans ce Lac ; & sur ses bords on remarque cinq Villes, qui sont

Askesund,   Grenna,
Wastena,   Jönekoping,
        Hio.

a Etat présent de la Gr. Br. t. 1. p. 146.

WETHERBY, ou WEATHERBY [a], Bourg d'Angleterre, dans Yorckshire, sur la Rivière de Warf. Ce Bourg a droit de Marché.

b De l'Isle, Atlas.

WETTENHAUSEN, Abbaye d'Allemagne dans la Suabe [b], sur la Rivière de Carnlach, à une lieue au Midi de la Ville de Burgaw, & environ à demi-lieue au-dessous de celle de Rohr. C'est une Abbaye de Chanoines Réguliers de l'Ordre de St. Augustin, fondée en 982. par Conrad & Gautier Comtes de Rockenstein.

WETTER, Rivière d'Allemagne. Elle prend sa source dans la partie Septentrionale du Comté de Solms, & prenant son cours du côté du Midi, elle arrose la petite Ville de Butzbach ; après quoi elle va se jetter dans la Nidda un peu au-dessous d'Assenheim.

c Hubner, Geogr.

WETTERAVIE, Contrée d'Allemagne, entre la Hesse & le Mein. Elle a pris son nom de la petite Rivière de Wetter [c], & elle renferme divers Etats, savoir

Les Comtez de
⎧ Siégen,
⎪ Schaumbourg,
⎪ Dillenbourg,
⎨ Dietz,   ⎫
⎪ Hadamar,   ⎬ à la Maison de Nassau.
⎪ Weilbourg,   ⎭
⎩ Idstein,
  Hanau,   } au Comte de Hanau.
  Solms,   } au Comte de Solms.
  Westerbourg,   } aux Comtes de Leiningen.

Les Seigneuries de
⎧ Isenbourg,   } au Comte d'Isenbourg.
⎨ Sayn, ou Sehn, ⎫
⎪ Witgenstein,   ⎬ aux Comtes de Sayn ou Witgenstein.
⎩ Hohenstein,   ⎭
  Hatzfeld,   } aux Comtes de ce nom.
⎧ Wied,   ⎫
⎨ Isenbourg,   ⎬ aux Comtes de Wied.
⎩ Ronckl,   ⎭

Les Comtez de
⎧ Cronberg,
⎨ Waldeck,   } aux Comtes de Waldeck.

Villes Impériales
⎧ Wetzlar,
⎨ Friedberg,
⎩ Gelnhausen.

Il y en a qui distinguent la Wetteravie en Méridionale & Septentrionale, & qui donnent à cette dernière le nom de WESTERWALD. Voyez ce mot.

WETTIN, Bourg d'Allemagne, dans la Misnie, à la droite de la Sala, à quelques milles au-dessous de Hal, & le Chef-lieu d'un Comté auquel il donne son nom. Le Comté de Wettin, qui est d'une petite étendue, se trouve renfermé entre la Principauté d'Anhalt, les Terres du Marquisat de Misnie, le Duché de Saxe Hall, & la Rivière de Sala. Les anciens Comtes de Wettin, descendus du fameux Wittekind, Duc ou Roi des Saxons, sont la Tige des Marquis de Misnie présentement Ducs de Saxe.

1. WETTINGEN, Abbaye de Suisse [d], à demi-lieue au-dessus de la Ville de Bade, au bord de la Limmet, dans une situation agréable, à l'extrémité d'une grande & belle Campagne, où elle occupe une petite Presqu'Isle que fait la Rivière en cet endroit. Cette Abbaye, qui est de l'Ordre de Cîteaux, fut fondée en 1227. par Henri, Comte de Rapersshwyl. Ce Comte étant de retour de ses longs voyages en Orient & dans la Terre-Sainte, qui lui firent donner le nom de *Wandelbar*, ou *Wandler*, c'est-à-dire de Voyageur, ou le Pélerin, fonda ce Monastère auquel il donna le nom de *Meerstern*, en Latin *Maris-Stella*, c'est-à-dire *Etoile de la Mer*, en mémoire de ses Voyages ; & c'est le nom qu'on lui donne encore aujourd'hui en Latin. Le Comte de Rapershwyl acheta la Place des Religieux de Schennis ; & le Village ou le Bourg de Wettingen, avec toutes ses dépendances, du Comte Hartman de Kybourg, pour six cens soixante marcs d'argent, & il en dépensa trois cens pour bâtir l'Abbaye. Divers Seigneurs contribuérent à la renter richement. En 1231. deux Comtes de Kybourg lui donnérent quelques terres, à condition que jamais les Religieux ne feroient faire de Pont sur la Limmet ; ce qui a été exécuté, car il n'y a point de Pont sur la Rivière. On la passe sur une espèce de Pont volant qu'on attache à une corde grosse comme le bras, & qui est tendue au-dessus de l'eau.

d Etat & Délices de la Suisse, t. 3 p. 139. & suiv.

Cette Abbaye est fort belle & fort propre. Son Eglise est grande, faite en double Croix, & ornée de trois jolies Tours. On y voit les Tombeaux de sept Comtes de Habsbourg. Les appartemens de l'Abbé &
ceux

ceux des Religieux sont grands & bien bâtis; & l'on a dans l'enceinte des murailles du Monastère tout ce qu'on peut souhaiter pour l'usage d'une Maison comme celle-là.

a Etat & Délices de la Suisse, t. 3. p. 141. & suiv.

2. WETTINGEN, Bourg de Suisse [a], au Comté de Bade, à demi-lieue de la Ville de ce nom, près de l'Abbaye de Wettingen, à laquelle il a donné le nom, & à quelque distance de la Riviére de Limmet. Ce Bourg est ancien & on y a trouvé de beaux & de riches Monumens d'Antiquité. Au Clocher de l'Eglise on voit en dehors une Pierre, avec l'Inscription suivante, qui nous apprend que le Temple de ce Lieu avoit été bâti à l'honneur de la Déesse Isis:

DEÆ ISIDI TEMPLUM A SOLO
L. ANNIUS MAGIANUS
DE SUO POSUIT VIR AQUENSIS
AD CUJUS TEMPLI ORNAMENTA
ALPINA ALPINULA CONJUNX
ET PEREGRINA FIL. . . XC. DEDE-
RUNT L. D. D. VICANORUM

Le 22. d'Aout 1633. on trouva près de Wettingen dans un petit Bois un pot de terre, qui y avoit été enfoui, apparemment l'espace de treize cens ans. Il étoit plein de Médailles d'argent, de Gordien, de Maximin, de Maxence, de Maximinien, & de Constantin le Jeune. On trouva aussi six Plats d'argent, avec quelques autres pièces de Vaisselle, qui étoient sans doute à l'usage du Temple d'Isis. Il y en a une autour de laquelle on peut voir en demi-relief les figures de sept Divinitez Payennes; savoir du Soleil, de la Lune, de Mars, de Mercure, de Jupiter, &c. chacune avec la figure Symbolique de l'Oiseau qui la représente. Il y a un Plat qui a pour Inscription ces mots: MERCURI MANI; & il y en a d'autres qui ont des caractères inconnus. Toutes ces pièces de Vaisselle & les Médailles faisoient le poids de quatorze marcs & deux onces d'argent. Il est assez difficile de dire par quel hazard ces pièces se trouvoient ainsi en terre. Il y a pourtant quelque apparence que la Suisse ayant été menacée d'une irruption de la part de quelques-uns de ces Peuples Barbares, qui dans le cinquième Siècle se jettèrent sur les Gaules, les Prêtres d'Isis à Wettingen cachérent en terre la Vaisselle & l'argent de leur Déesse pour le dérober à la vûe de leurs Ennemis; & qu'ensuite ayant été massacrez par les Barbares, ce petit tresor demeura inconnu à toute la terre.

WETZLAR, Ville Impériale d'Allemagne, dans la Wetteravie, au confluent de Lähn ou Löhn & du Dillen, ou de la Disle. *b La Forêt de Bourgon, Géogr. t. 2. p. 445.* Cette Ville [b] est principalement devenue célèbre depuis que la Chambre Impériale, y a été transportée de Spire. La Prevôté de Wetzlar appartient au Landgrave de Hesse Darmstad, qui nomme le Prevôt pour présider à la Justice en son nom.

WEVELSBOURG, Chéteau d'Allemagne, dans la Westphalie, sur la Riviére d'Alm, à quelques lieues au-dessus de Paderborn. On prétend que ce Lieu est ancien, & qu'il fut bâti par les Huns ou contre les Huns, qui ravageoient l'Allemagne. Dans la suite Frideric, Comte d'Arnsberg, le répara & le fortifia; les Comtes de Waldeck le donnérent à l'Eglise de Paderborn; il passa entre les mains des Seigneurs de Buren, qui en jouïrent long-tems à titre de Fief ou d'Engagement: Théodore Evêque de Paderborn le réunit à son Eglise, & le rebâtit à neuf; les Suédois l'ayant pris & brûlé, l'Evêque Théodore Adolphe de Reck le rétablit en grande partie;& l'Evêque Ferdinand de Furstenberg, acheva l'ouvrage, l'embellit, & le mit dans l'état où on le voit aujourd'hui. Tout cela se trouve dans l'Inscription que le dernier de ces Prélats y a fait mettre, pour conserver la mémoire de tant d'événemens.

FERDINANDUS, DEI & APOSTOLICÆ SEDIS
gratia Episcopus
PADERBORNENSIS, *Coadjutor* MONASTERIEN-
SIS S. R. I. *Prin-*
ceps, *Comes* PYRMONTANUS, & *liber Baro de*
FURSTENBERG.

WEVELSBURGUM VETUSTISSIMUM. AB. HUN-
NORUM. GERMANIAM. DEVASTANTIUM. MEMO-
RIA. CASTELLUM. A. FRIDERICO. ARNSBERGÆ.
COMITE. INSTAURATUM. ET. MUNITUM. A. CO-
MITIBUS. WALDECENSIBUS. AD. ECCLESIAM.
PADERBORNENSEM. TRANSLATUM. A BURA-
NIS. DYNASTIS. TUM. BENEFICII. TUM. PI-
GNORIS.
LOCO. DIU. POSSESSUM. A. THEODORO. EPISCO-
PO. ET. PRINCIPE. PADERBORNENSI, RECUPE-
RATUM. ET. A. FUNDAMENTIS. EXTRUCTUM. A
SUECIS. INCENSUM. A. THEODORO. ADOLPHO.
EPISCOPO. ET. PRINCIPE. PADERBORNENSI.
MAJORI, EX PARTE. RESTITUTUM. POSI-
TO. HOC. MONUMENTO. EXORNAVIT.

1. WEXFORD, ou WEESFORD, en Irlandois *Loghbagarm* [c]; Comté d'Irlande dans la Province de Leinster. Ce Comté a l'Océan à l'Est: Catherlagh & Kilkenny à l'Ouest: Wicklow au Nord; & l'Océan avec une partie du Comté de Waterford, dont il est séparé par Waterfordhaven, au Sud & au Sud-Ouest. Le Comté de Wexford a quarante-sept milles de longueur & vingt-sept milles de largeur. Il est fertile en Grains & en Pâturages. On le divise en huit Baronnies, qui sont *c Etat présent de la Gr. Br. t. 3. p. 45.*

Gory,	Skelmaliere,
Scarewalsh,	Shelburne,
Bantry,	Bargie,
Ballageen,	Fourth.

Il y a deux Villes qui tiennent des Marchez publics, & huit qui envoyent leurs Députez au Parlement. Les principales de ces Villes sont

Wexford,	Taghmon,
Inishcorty,	Clamine,
Ross.	Banne,
Fearnes,	Duncannon,
	Featherd.

2. WEXFORD, ou WEESFORD [d], Ville *d Ibid. p. 46.*

le d'Irlande, dans la Province de Leinster, au Comté de Wexford, dont elle est la Capitale, avec droit de tenir Marché public & d'envoyer deux Députez au Parlement. Cette Ville passoit autrefois pour la principale de toute l'Irlande; & ce fut où l'on établit la premiére Colonie des Anglois dans ce Royaume. C'est encore aujourd'hui une grande & belle Ville avec un Port très-commode, à l'Embouchure de l'Urrin, ou Slany. Wexford est à soixante-deux milles ou environ, au Sud de Dublin. Elle donnoit le titre de Comte à feu Charles Talbot Duc de Shrewsbury. Le Port de Wexford est un Havre de barre. Son entrée est couverte de deux grands bancs de sable qui laissent entre eux un Canal de quatre ou cinq brasses d'eau. Après les bancs de sable, on rencontre un Ecueil, qui borde l'entrée du même Havre, & auprès duquel il y a ordinairement seize pieds d'eau dans le tems de la pleine Mer. Le Havre n'a que dix pieds de profondeur dans son Canal, quoiqu'il en ait davantage devant Wexford; c'est pour cela que les Vaisseaux qui tirent plus de dix pieds d'eau sont obligez de s'arrêter en chemin. Ceux qui vont jusqu'à Wexford, sont fort en sûreté mouillant l'ancre à l'abri de la Ville & d'un Château qui couvre le Port. On rapporte une chose particuliére de ce Port; savoir que le flux & le reflux se font dans son Canal trois heures plûtôt que dans l'Océan.

WEXIO, ou WEXSIO, Ville de Suède, dans la Province de Smalande, ou Gothie Méridionale, à dix lieues de Calmar, du côté de l'Occident, sur le bord du Lac de Salen. C'est un Siège Episcopal suffragant de l'Archevêché d'Upsal.

WEY, Riviére d'Angleterre, dans Dorsetshire. Elle donne son nom à une Ville qui est bâtie à son Embouchure & dont on voit l'Article ci-dessous.

WEYERSHEIM A LA HAUTE TOUR, Bourgade de France, dans la Haute Alsace, au Bailliage de Wantzenau, entre Haguenau & Strasbourg. En 1635. un Corps nombreux [a] de troupes Impériales, prit des quartiers dans le Territoire de Weyersheim, & laissa en se retirant plus de 500. Cadavres exposés à l'air & morts de peste & de famine.

[a] Zeyler, Topogr. Alsat. p. 67.

WEYMOUTH, Ville d'Angleterre dans Dorsetshire [b], entre Dorchester, au Nord & l'Isle de Portland au Sud. C'est un bon Port situé à l'Embouchure de la Riviére de Wey, d'où vient le nom de Weymouth. Cette Ville a titre de Vicomté, droit de députer au Parlement, & celui de tenir Marché public.

[b] Etat présent de la Gr. Br. t. 1. p. 59.

De Lubworth les Côtes sont fort droites jusqu'à Sutton. Dans cet endroit la terre s'avance considérablement au Sud [c], pour faire un bon Port à Weymouth, & une Presqu'Isle à Portland. WEYMOUTH & MELCOMB-REGIS sont deux bons Bourgs, situez aux deux bords d'une petite Riviére qu'on appelle Wey & tout près de son Embouchure. Ils ont fait long-tems deux Bourgs séparez; mais ils furent incorporez en un seul Bourg ou Ville vers le commencement du dix-septiéme Siècle. On y fit un Pont sur le Wey pour les joindre, & ils ont retenu le nom de Weymouth, quoique Melcomb-Regis fut plus grand & plus beau que l'autre. Ainsi délivrez de la jalousie du voisinage, qui étoit une pierre d'achopement pour tous deux, ils se sont appliquez à embellir leur Ville, & à faire valoir leur Port qui est devenu très-fameux. Ils ont pourtant conservé le droit d'envoyer chacun deux Députez au Parlement, comme ils les envoyoient avant leur union.

[c] Délices de la Gr. Br. t. 3. p. 766.

WEYTERFELD, Ville d'Allemagne, dans la Basse Stirie, sur le Muer, selon Mr. Cornelle [d], qui ne cite aucun garant. Jaillot [e] ne fait de WEYTTERFELD qu'un Village, & il le place sur un Ruisseau qui un peu au-dessous se jette dans le Muer, à la gauche entre Murck & Rackelsburg.

[d] Dict. Atlas.
[e] Atlas.

WEZEL. Voyez WESEL.

W H.

WHALS, Isle d'Ecosse [f], & l'une de celles que l'on comprend sous le nom général d'Isles de Schetland, Elle est située à l'entrée du Détroit qui sépare l'Isle de Muinland de celle d'Yell.

[f] Blaeu, Atlas.

WHARFE, Riviére d'Angleterre [g], dans Yorckshire, au Midi du Nyd, avec lequel elle tient un cours presque parallèle, & descend comme lui des Montagnes de Craven. La Wharfe que les Saxons appelloient Gaerf, est une Riviére fort rapide, qui coule souvent avec elle de gros quartiers de roche particuliérement en Hyver, lorsqu'elle est grossie par les eaux qui tombent dans cette Saison; & en Eté il n'est pas toujours fort sûr de la passer à gué. Cependant on ne rencontre pas beaucoup de Places de quelque importance le long de son Cours, dans l'espace de cinquante milles qu'il y a de sa source à son confluent avec l'Ouse.

[g] Délices de la Gr. Br. p. 218.

WHEALLEP-CASTLE, Lieu d'Angleterre [h], dans la Province de Westmorland, au quartier du Nord, près de Kir-by-Thore. On voit dans ce Lieu de beaux restes d'une ancienne Ville, & l'on y a déterré plusieurs Médailles, avec l'Inscription suivante:

[h] Ibid. t. 2. p. 314.

DEO BELATUCAD
RO. LIB. VOTU
M. FECIT
JOLUS.

Il y a apparence que c'est la Ville dont les Anciens ont parlé sous le nom de *Gallagum* ou *Gallatum*; & il faut que cette Place ait été considérable, puisque les Romains tirérent de là jusqu'à la Muraille un chemin pavé au travers des Montagnes marécageuses, de la longueur de vingt milles ou environ. On appelle aujourd'hui ce chemin MAIDEN-WAY, c'est-à-dire *le Chemin des filles*; peut-être a-t-on dit Maiden-Way par corruption au lieu de HEADEN-WAY, le Chemin des Payens. Tout près de là, dans un Lieu nommé CRAWDUN-DALE-WAITH, on trouve des remparts, des fossez, & d'autres pareils Ouvrages militaires, d'où l'on peut juger

WHI.   WHI. WIA. 363

juger qu'il y a eu autrefois dans cet endroit un campement. On y a déterré ce morceau d'Inscription.

```
. . . . . VARRONIUS
 * . . . ECTUS LEG. XX. * V. V.
     . . AEL LUCANUS
     . P. LEG. II. AUG. C.
       * PRÆFECTUS
     * VALENTIS VICTRICIS
```

WHITBY, Bourg d'Angleterre, dans Yorckshire [a], fur le bord de la Mer, à l'endroit où elle fait un petit Golphe que les Anciens ont appellé *Dunus-Sinus*, & les Saxons *Streanes-heale*; ce qui a fait donner le nom de DUNSLY à un petit Village qui eſt près delà. Whitby en François ſignifie *une Habitation blanche*. Il s'y fait un grand commerce d'Alun & de Beurre.

On trouve ſur cette Côte des pierres merveilleuſes, qui repréſentent des Serpens pliez en rond, avec tant de juſteſſe qu'il ſemble à les voir que ce ſoient de vrais Serpens qui ont été pétrifiez. On trouve auſſi quantité de *Gagates*. C'eſt une pierre foſſile qu'on nomme plus communément *Jais*, ou *Jayet*: elle eſt légere & noire; elle ſent le bitume & reçoit une fort belle poliſſure; mais quand elle eſt miſe près du feu elle s'allume d'abord. On la trouve dans les fentes des Rochers, & elle a quelque rapport avec l'Ambre-Gris. Il y a des gens qui croyent que c'eſt la même choſe que le Charbon de pierre, mais ils ſe trompent: le charbon de pierre ne ſent point le bitume, & ne s'allume point ſi l'on ne ſouffle le feu. Les Anciens ont cru que le Jais s'allumoit dans l'eau, & qu'il s'éteignoit dans l'huile: l'expérience dément ces opinions. Il y a encore dans ces Quartiers une autre merveille de la Nature. En Hyver des troupes d'Oyes ſauvages viennent du Nord, allant vers les Provinces Méridionales chercher des Lacs & des Etangs, qui ne ſe gèlent pas; & lorſqu'elles paſſent par deſſus certaines Campagnes, elles tombent à terre, au grand étonnement de ceux qui les voyent. De Whitby en deſcendant au Midi, le long du rivage, on trouve l'Embouchure de la petite Riviére de Teiſe, où la Mer fait une Baye qu'on appelle ROBINHOODS-BAY: elle a environ mille pas d'étendue. Delà juſqu'à Scarborough la Côte eſt fort élevée & toute bordée de Rochers.

WHITE-HART, Vallée d'Angleterre [b], dans Dorſetſhire. La terre de cette Province s'avance fort à l'Occident de Stourminſter, & forme une agréable Vallée appellée WHITE-HART; c'eſt-à-dire le *Cerf-Blanc*. Ce nom lui vient d'une Forêt qu'on y voyoit autrefois & qu'on appelloit de la ſorte. La Forêt a été fort éclaircie avec le tems, & il en reſte aujourd'hui peu de choſe. On l'appelle autrement BLACKMORE.

WHITE-HAVEN, Bourg d'Angleterre [c], dans la Province de Cumberland, au-deſſous de Moreſby, avec un bon Port de Mer dont les Habitans font grand trafic de Sel & de Charbon de terre, avec les Ecoſſois & avec les Irlandois. A deux milles au-deſſous de White-Haven la terre s'avance à l'Oueſt & forme une petite Pointe qu'on nomme *S. Bees-head*, c'eſt-à-dire le Cap de St. Bege; & derrière ce Cap eſt le Château d'Egremont. Le Bourg de White-Haven a droit de Marché.

WHITHERN, ou WHITE-HERNE [d], en Latin *Candida-Caſa*, Ville d'Ecoſſe, dans la Province de Galloway. La terre avance dans la Mer au-deſſous de Wigh-toun; & à trois milles au-deſſus du Cap on voit la petite Ville de Whithern, qu'on croit être l'ancienne *Leucopidia* de Ptolomée. Sous l'Empire de Théodoſe le Jeune un Breton, nommé Ninian, homme zélé, ſe retira dans ce lieu après avoir converti les Pictes Méridionaux à la Religion Chrétienne, & il y bâtit une Egliſe. La mémoire de ce St. homme fut ſi chére à la Poſtérité qu'on y bâtit une Egliſe Epiſcopale ſous le titre de St. Ninian. Du tems de la Religion Catholique; c'étoit un Pélerinage célebre.

W I.

WIA, Riviére de l'Amérique dans la Terre-ferme. C'eſt une des plus conſidérables de la France Equinoxiale. Elle coule du Sud au Nord & va ſe décharger dans la Mer à la Côte Orientale de l'Iſle de Cayenne, à deux lieues plus haut que celle de Cauvo, à 4. d. 40' de la Ligne vers le Nord [e]. Ses rivages ſont très-fertiles, & ſon Embouchure a la largeur d'une Baye. Laurent Keymis rapporte qu'à l'Oueſt de cette Baye, il y a une bonne Rade au-deſſous de quelques Iſles, qui ſont au devant du Continent. La plus grande appellée *Guawateri* eſt habitée par des Sauvages *Shebaios*, & abonde en Sangliers & autres Bêtes ſauvages, en Oiſeaux & en toutes ſortes de vivres. La Mer qui l'environne eſt fort ſablonneuſe. Elle a un bon Port fort aſſuré, profond de quatre ou cinq Braſſes, & capable de tenir pluſieurs Vaiſſeaux: les trois derniéres à l'Oueſt, ſituées en forme de triangle, ſont fournies des mêmes Animaux & de vivres. Il y a auſſi une bonne Rade; mais qui n'eſt pas comparable au Port de la grande. Harcourt donne le nom de *Mattoory* à l'Iſle qui eſt entre Wia & Cajana. C'eſt une terre fort haute & d'environ ſeize lieues de tour. D'autres la nomment *Mayeri*. Les Montagnes qui ſont au-deſſus de la Baye ſont appellées *Moriori*, & celles qui ſont preſque au milieu de l'Iſle *Matorwi*; ce qui ne différe pas beaucoup du premier nom de cette Iſle. Les Hollandois ont rapporté qu'elle eſt habitée par la Nation des Caribes, & qu'il y avoit naturellement preſque par-tout des Arbriſſeaux de deux pieds de haut, qui portent des fruits ſemblables aux prunes de couleur pourprée, & preſque du même goût que les Myrabolans. La plus Orientale des petites Iſles qui ſont au-devant de la grande, eſt nommée par quelques-uns *Sannawom*, la plus Occidentale, *Spenesari* & les deux autres qui ſont au-devant des premières vers la Mer ſont appellées *Eponeregemera*. Ce ſont des noms ſauvages; car les Chrétiens varient fort dans les noms de ces Iſles.

[a] Délices de la Gr Br. t. 1. p. 197.

[b] Ibid. t. 3. p. 757.

[c] Délices de la Gr. Br. p. 300.

[d] Délices de la Gr. Br. t. 6. p. 1179.

[e] De Laet, Deſcr. des Indes-Occ L. 17. c. 9.

WIA-

WIAPOCO, Riviére de l'Amérique, dans la Terre-ferme [a], à 4. deg. 40'. au Nord de la Ligne. Elle se jette dans une Baye large environ de trois lieues, & son Embouchure qui est d'une lieue de large a presque deux Brasses de profondeur; mais au dedans elle n'a pas plus de sept ou huit piés, & plus haut elle en a beaucoup moins. Ses rivages sont marécageux presque trois lieues loin, & s'approchent ensuite l'un de l'autre de telle sorte, que sa largeur est à peine de cent pas. Plus haut elle se précipite d'un saut entre des Rochers qui sont au-dessous, ce qui fait qu'on ne peut monter au-delà avec des Chaloupes, si ce n'est quelquefois au mois d'Aout. Ce saut est à environ quinze lieues de l'Embouchure de la Riviére. Un peu plus haut que le saut, la Riviére d'Arwy entre dans celle de Wiapoco. La terre qui est voisine des rivages de cette derniére Riviére est extrêmement fertile; & tellement propre au tabac qu'il y croît quelquefois de la hauteur de neuf pieds & plus. Les Cannes de sucre y viennent naturellement, aussi-bien que les Arbrisseaux qui portent le cotton, & cette teinture qu'on nomme communément *Orellan*. Il s'y trouve un grand nombre de Cerfs & de Pourceaux; & au-dessus du saut, il y a une grande quantité d'Animaux assez semblables aux Vaches, si ce n'est qu'ils n'ont point de cornes. Les Sauvages leur donnent le nom de *Moire*. La Riviére de Wiapoco est fort poissonneuse, & nourrit entre autres des *Manatis* d'une grosseur extraordinaire. Il y en a qui disent que cette Contrée est mal-saine, & que l'air y est mauvais; mais Harcourt n'en convient pas. Il dit qu'en 1608. ayant laissé trente de ses gens avec son frere, dans un Village nommé *Caripo* par les Sauvages, & situé au bord de la Baye même sur un Coteau pierreux, d'un difficile accès, à cause des Bocages & des Rochers dont il étoit environné, durant trois ans qu'ils y demeurérent, ils ne perdirent que six d'entre eux, qui moururent même plutôt par accident que par maladie. Les Hollandois qui demeurent avec les Anglois assûrent que l'air y est fort sain; & qu'on a vu des malades y venir d'ailleurs & y recouvrer bien-tôt la santé. Les Sauvages qui habitent sur les bords de cette Riviére & le Continent voisin sont la plûpart *Yaios*, ou *Maraons*, les uns & les autres assez traitables. Les premiers se tiennent autour de l'Embouchure de la Riviére & le long de la Côte jusqu'à *Commaribo*; & les Maraons demeurent au dedans du Pays, jusqu'au saut de la Riviére, & même au-dessus. Il y a aussi quelque peu d'*Arwacas* particuliérement entre *Waymari*, & *Commaribo*, où ils habitent sur une haute Montagne que les Sauvages nomment *Massoure*. Tous ces Sauvages vont entiérement nuds, quoiqu'ils ne refusent pas les habits quand on leur en donne. Ils se plaisent sur-tout à la pesche; & pour cet effet ils se servent d'une certaine sorte de bois qu'ils nomment *Ayaww*, qui est d'une fort mauvaise odeur, & qui étant jetté dans l'eau ennyvre tellement le poisson qu'il se laisse prendre à la main. Au lieu de bled, ils usent de Cassave, dont ils font

[a] De Laet, Descr. des Indes-Occ. L. 17. c. 7.

aussi leur breuvage appellé *Pernou*. Ils en boivent jusqu'à s'enyvrer. Cette boisson est assez claire, & à peu près de la même couleur que la Biére de Lubec; mais elle se garde fort peu. Ils sont étrangement tourmentez des *Ninguas*, aussi-bien que des Moucherons. Harcourt rapporte qu'à environ trois journées de chemin au-dessus du saut de la Riviére il y a d'autres Sauvages Caribes de Nation, qu'on nomme *Maranshewacas*, qui ont des oreilles fort grandes, & comme monstrueuses, du moins s'il est permis d'ajouter foi au rapport des Sauvages, qui ajoutent que ces gens-là ont une Idole pour laquelle ils ont une grande vénération. C'est la Statue d'un homme assis sur ses talons, tenant les genoux ouverts, les coudes appuyez dessus, les mains élevées, les paumes renversées, les yeux tournez vers le Ciel, & la bouche ouverte. Les Hollandois parlent d'une autre Nation Sauvage, qu'ils nomment *Nourakes*, qui demeurent environ soixante lieues au-dessus de l'Embouchure de la Riviére de Wiapoco, & qui cultivent beaucoup de coton dont ils font des Amacks, qu'ils vendent aux autres Sauvages plus paresseux qu'eux. Ils recueillent aussi beaucoup d'*Orellan*. Ces Sauvages jouïssent d'un air beaucoup plus sain que ceux qui demeurent près du rivage. On trouve dans leur Pays de certaines pierres, qui approchent pour la couleur des Rubis balais. Les Hollandois qui ont exactement visité la Riviére de *Wiapoco*, disent que son Embouchure est profonde de quatorze à quinze pieds, & que pour y entrer il faut cotoyer la rive à main gauche jusqu'à l'endroit où la Riviére monte droit au Sud: alors il faut courir droit vers une terre haute; & aussi-tôt on trouve une Riviére, qui vient de l'Ouest & dont le cours n'est pas bien long: elle se jette dans celle de Wiapoco, & ne peut porter que des Canots. Sur ses rivages habitent des Arwacas dans trois Villages: ils s'appliquent à la culture de la terre. Plus loin on voit sur l'un & l'autre bord quantité de Villages & quelques petits Ruisseaux. Le Cap qui barre vers l'Orient la Baye dans laquelle la Riviére de Wiapoco & quelques autres petites Riviéres se déchargent, est éloigné de la Ligne vers le Nord de 4. degrez 30'. il est présentement appellé. *Cabode Conde*, par les Anglois qui le nommoient autrefois *Cabo-Cecil*. Les Hollandois lui donnent le nom de *Cap d'Orange*; & quelquefois celui de *Cap de Noort*.

WIATHKA, Province de l'Empire Russien [b], à cent cinquante lieues d'Allemagne de la Ville de Moscou, vers le levant au-delà de la Riviére de Kam. Cette Ville prend son nom de celui de la Riviére de Wiathka qui la baigne & va ensuite se décharger dans le Kam. Le Pays est marécageux & stérile & fort sujet aux courses des Tartares Czeremisses, qui en ont été les maîtres, jusqu'à ce que Basili Grand-Duc de Moscovie l'eût uni à sa Couronne.

[b] Olearius, Voyage de Moscovie. L. 3. p. 113.

1. **WIBORG**, ou **WIBURG**, Ville de l'Empire Russien dans la Carelie Finoise [c] au fond d'un Golphe que forme celui de Finlande, à quinze lieues au Couchant Méridio-

[c] De l'Isle, Atlas.

WIB.   WIB. WIC.

dional de Kexholm, avec Evêché suffragant de Riga. Cette Ville qui est la Capitale de la Carelie Finoise, est une Place forte munie d'une bonne Citadelle, & a résisté diverses fois à des Armées de cent mille Russiens; mais enfin elle céda au bonheur & à la force des armes du Czar Pierre le Grand & passa sous sa domination. Son fondateur, selon Zeiler [a], fut Turgill-Kuntson, qui la bâtit vers l'an 1193. pour contenir dans le devoir les Habitans de la Carelie & pour servir de Boulevard contre les irruptions des Russes. Olaüs Magnus [b] rapporte qu'aux environs de cette Ville il y a une Caverne, dans laquelle lorsqu'on jette quelque Animal vivant, il se fait un bruit si horrible, que tous les hommes qui l'entendent en perdent l'ouïe, la parole & la connoissance, & même en meurent quelquefois; qu'à l'approche des Ennemis le Gouverneur de la Ville, ordonnoit à un chacun de se boucher les oreilles de cire, & d'entrer dans la Caverne; & que lui-même après avoir pris la même précaution s'approchoit de l'ouverture de la Caverne & y jettoit quelque Animal. Alors il en sortoit un bruit si épouvantable, que les Ennemis tomboient par terre comme morts & demeuroient en cet état, aussi long-tems qu'il plaisoit aux Habitans, qui ne perdoient pas l'occasion de les dépouiller. Olaüs Magnus ajoute que cette merveilleuse Caverne avoit été environnée de murailles; & que la garde en étoit donnée à un homme de confiance. Mais n'en déplaise à Olaüs Magnus, si ce recit étoit véritable; comment les Danois auroient-ils pu s'emparer de cette Ville en 1456. & brûler sa Forteresse [c]; & comment les Russiens auroient-ils pu s'en rendre maîtres dans ce Siècle? car on ne voit point que ni les uns ni les autres eussent dans ces occasions fait provision de cire pour se boucher les oreilles. Du reste Wiborg est une Ville commerçante & riche. Elle fut cédée aux Russiens en 1721. par le Traité de Nieustadt.

2. WIBORG, ou WIBURG, Ville de Dannemarck [d], dans le Nord-Jutland, dont elle est la Capitale, ainsi que celle du Diocèse auquel elle donne son nom. Elle fut anciennement la Capitale des Cimbres; & on croit que son ancien nom est *Cimmerberga*, ou *Cimbrisberga*. Aujourd'hui elle est le Siège du Tribunal supérieur de la Province. Ce Tribunal juge souverainement, & on ne peut appeller de ses Jugemens qu'au Roi seul. Ce fut auprès de cette Ville, dans le Village de Finderop qu'on assassina le Roi Eric Glipping, le 22. Novembre 1286. Le corps de ce Prince fut apporté à Wiborg, & inhumé dans l'Eglise Cathédrale.

Le DIOCÈSE DE WIBORG, est situé entre le Diocèse d'Alborg, dont il est séparé par le Lymford, le Diocèse de Rypen auquel il confine du côté du Midi, & celui d'Arhus qui le borne à l'Orient. Sa longueur d'Orient en Occident, où il est baigné par l'Océan Septentrional, est de douze milles Germaniques. Ce Diocèse renferme seize petits Bailliages, deux cens dix-huit Paroisses, trois Forteresses ou Châteaux, & quelques Villes & Bourgs. Son Evêché passe

[a] Descr. Suecia.
[b] Lib. 2. c. 4. & 5.
[c] Meursius, Lib. 1. Hist. Dan.
[d] Rutg. Hermanid. Descr. Daniæ. p. 764. & seq.

pour avoir été fondé par le Roi Suenon-Esthrite, qui nomma Heribert pour premier Evêque. Depuis la révolution arrivée dans la Religion, l'Evêque & le Chapitre de Wiborg sont de la Confession d'Ausbourg. L'Isle de Lessoë appartient à ce Chapitre à qui elle fut donnée par le Roi Eric Glipping.

WIBURN, ou WINBORN, Bourg d'Angleterre [e], dans le Dorsetshire, sur la Stoure. Il y en a qui le prennent pour l'ancienne *Windogladia*.

1. WICK, ou WYCK, Ville des Pays-Bas, dans le Limbourg Hollandois, à la droite de la Meuse, vis-à-vis la Ville de Maestricht, avec laquelle elle est jointe par un Pont de pierre & dont elle est une dépendance. Voyez MAESTRICHT. Le Cardinal Bentivoglio, dans son Histoire de Flandre, remarque que ces deux Villes [f] l'une du Brabant, l'autre du Pays de Liège, étoient autrefois gouvernées également quant à la Justice, par le Roi d'Espagne, comme Duc de Brabant, & par l'Evêque de Liège comme Prince Temporel; mais que quant à la garde de la Ville, l'autorité étoit entière aux Officiers de S. M. Cath. Wick est une Ville très-bien fortifiée, avec de bons fossez pleins d'eau; mais elle est fort petite. Il n'y a qu'une Rue au milieu qui soit considérable, & un peu marchande, la plûpart des autres ne sont pas mêmes pavées.

2. WICK, Bourg d'Ecosse [g], dans la Province de Catneff, à l'Embouchure d'une Rivière, sur la Côte Orientale à deux ou trois milles au-dessus de St. Clair. C'est le second Bourg de la Province, & le plus célèbre dans le Pays, à cause du trafic qui s'y fait. Son Port est passablement bon; & cet avantage joint à ceux de sa situation, est cause que les Habitans sont aisez.

3. WICK. Voyez VIC, & WYCK.

WIC, ou WYCK-TE-DUERSTEDE. Voyez au mot WYCK.

WICKEN, Château de Suisse [h], à l'extrémité Septentrionale du Canton de Lucerne, vis-à-vis de Zoffingue. Ce Château qui est situé sur une hauteur sert de résidence à un Bailli.

1. WICKLOW, Comté d'Irlande, dans la Province de Leinster [i]. Ce Comté qui pendant quelque tems a fait partie de celui de Dublin est borné à l'Est par le Canal de St. George. Il a à l'Ouest Kildare & Catherlagh, Dublin au Nord, & Wexford au Sud. On lui donne trente-six milles de longueur & vint-huit milles de largeur. Ce Comté qui assez fertile est divisé en six Baronnies, qui sont

Rathdoeen,   Ballnetur,
Newcastle,   Archlow,
Tallestone,   Shelady.

Il y a dans le Comté de Wicklow deux Villes qui tiennent Marché public, & quatre qui ont droit d'envoyer des Députez au Parlement. Les principales sont

Wicklow,   Blessinton,
Baltinglaff,   Archlow.

[e] Etat présent de la Gr. Br.
D'Audifred, Géogr.
[f] Corn. Diét. Joly, Voyage de Munster.
[g] Délices de la Gr. Br. p. 1408.
[h] Etat & Délices de la Suisse, t. 2. p. 399.
[i] Etat présent de la Gr. Br. t. 1. p. 47.

2. WICKLOW, Ville d'Irlande, dans la Province de Leinster [a], au Comté de Wicklow, dont elle est la Capitale. Elle est située à vingt-deux milles à l'Est de Baltinglass, sur le bord de la Mer avec un petit Havre, à l'Embouchure de la Riviére de Letrim. Au-dessus de ce Havre, il y a un Rocher environné d'une forte muraille, qui lui sert de Château. La Ville de Wicklow est à vingt-quatre milles presque au Sud de Dublin. Elle donne le titre de Comté au Lord Maynard en Angleterre. On y tient un Marché public & elle envoye des Députez au Parlement.

[a] Etat présent de la Gr. Br. t. 3. p. 47.

WICOMB, ou HIDWICKHAM, Bourg d'Angleterre, dans Buckinghamshire, sur la route de Londres à Buckingham, un peu néanmoins sur la gauche, au voisinage d'Amersham. C'est un beau & grand Bourg, qui peut aller de pair avec les premiers de la Province. Il députe au Parlement & a droit de Marché.

WIDENSE'E, Lac de la Suisse [b], dans le Canton de Zurich. Ce petit Lac produit de petites Tortues, dont la chair est de très-bon goût, & dont l'écaille sert à faire divers jolis Ouvrages.

[b] Etat & Délices de la Suisse, t. 2. p. 52..

WIDERFELD, Montagne de la Suisse [c], dans le Canton de Lucerne. Au sommet de cette Montagne on trouve des Rochers entiers, qui sont faits de Coquillages de Mer pétrifiez. On voit près delà la Caverne qu'on appelle Mon-Loch. Le mot Widerfeld, signifie le *Champ du Belier*.

[c] Ibid. p. 396.

WIE, ou WYE, Riviére d'Angleterre [d], dans la Province de Darby. Elle prend sa source au Midi de la Forêt de Peaux. Un peu au-dessous de l'endroit d'où elle naît, neuf Fontaines médicinales sortent d'un Rocher dans l'espace de vingt-quatre pieds. Il y a huit de ces Fontaines dont les eaux sont chaudes, & l'eau de la neuvième est très-froide. On y a élevé un beau Bâtiment quarré de pierres de taille pour les faire passer par-dessous. A soixante pas delà elles rencontrent une autre Fontaine chaude, puis une autre, dont l'eau quoique froide, pousse de gros Bouillons dans sa source. L'expérience a appris que toutes ces eaux sont d'un merveilleux usage pour fortifier l'estomac, & pour affermir les nerfs foulez. Il y a tout lieu de croire que ces eaux ont été connues des Romains, & que ces Bains ont été fréquentez de leur tems; car on voit dans ce Quartier un chemin pavé nommé Bathgate, qui part de Buxton & conduit à huit milles delà au Village de Bargh, près du Château de *Castle in the Peak*. De Buxton la Wie passe à Bakewell, ou Bankewell, petit Bourg, que les Saxons ont appellé Baddecanwell; & un peu au-dessous elle se jette dans le Darwen après avoir coulé proche d'un magnifique Château nommé Chattesworth.

[d] Délices de la Gr. Br. p. 363.

WIED, Bourg d'Allemagne dans la Wettéravie, & le Chef-Lieu du Comté auquel il donne son nom.

Le COMTE DE WIED est entre ceux du Bas-Isenbourg & de Sayn & le Rhein [e]. Il a eu long-tems des Seigneurs particuliers; car il est fait mention des Comtes de Wied, dès le sixième Siècle. Arnoul de Wied

[e] D'Auffred, Géogr. t. 3.

fut Archevêque de Cologne vers le milieu du douzième Siècle; & Lothaire de Wied, n'ayant point laissé d'Enfans, Brunon & Thierry, fils de Marguerite sœur de Lothaire, & femme de Thierry Seigneur d'Isenbourg, furent vers l'an 1237. investis du Comté de Wied par Othon Duc de Baviére & Comte Palatin du Rhein. Les Comtes du Bas-Isenbourg font descendus de Thierry; & c'est de Brunon que sont venus les Comtes de Wied. Leur posterité finit à Guillaume qui adopta pour Successeur Frederic Seigneur de Runckel, fils de Thierry II. & d'Anastasie d'Isenbourg sa Niéce.

WIELIKILUKI, selon Mr. Corneille [f], Dict. & VELIKIE-LOUKI, selon Mr. de l'Isle [g], Atlas. Ville de l'Empire Russien, dans la partie Occidentale du Duché de Rzeva, à la gauche de la Riviére de Lovast, entre Rzeva la deserte, Nevel & le Monastère de Ste. Marie. Le nom de cette Ville dans la Langue du Pays veut dire *les Grand Prez*. Elle est assez grande & défendue par un Château situé sur la Riviére. Etienne Battori, Roi de Pologne, s'en rendit Maître en 1580. Elle a été remise depuis au pouvoir des Moscovites.

WIELUN, Ville de la Grande Pologne [h], De l'Isle, dans le Palatinat de Siradie, vers les confins de la Silésie, au bord d'une Riviére qui un peu au-dessous se jette dans la Warta. Cette Ville a un Territoire qui s'étend du côté du Midi jusqu'au Palatinat de Cracovie. André Cellarius [i] dit dans sa Description de Pologne, que les Maisons de Vielun sont bâties de brique & belles, qu'on y voit une Eglise Collégiale d'une ancienne structure, & quelques Maisons Religieuses fort propres, entre lesquelles on remarque celle des Religieux de l'Etroite Observance. Il ajoute qu'Augustin Limmerus [k] rapporte [k] In Relat. Lips. vernali que les Suédois qui se trouvoient dans cette an. 1656. Ville furent en 1655. passez au fil de l'épée p. 14, & par les Polonois, qui traitérent de la même seq. maniére tous les Bourgeois Protestans, sans distinction d'âge ni de sexe. Selon Froelichius [l] Wielun est une Ville forte & défendue par un bon Château. [l] In Viatorio suo.

[i] Pag. 232.

WIENNERWALD, ou la Forêt de Vienne. On donne ce nom, à la partie Méridionale de la Basse-Autriche [m], que le Danube sépare du Manharts-berg, qui est la partie Septentrionale. Le Vienner-wald comprend ainsi tout le Pays qui se trouve entre le Danube au Nord, la Hongrie à l'Orient, le Duché de Stirie au Midi, & la Haute-Autriche au Couchant. On distingue encore le Wienner-wald en deux parties; l'une appellée LE QUARTIER DU HAUT-WIENNER-WALD, l'autre LE QUARTIER DU BAS-WIENNER-WALD. Ces deux Quartiers sont le long du Danube; mais on donne bien plus d'étendue au Haut-Wienner-wald, qu'au Bas-Wienner-wald. Le premier est du côté de la Haute-Autriche, & on y trouve les Villes de Tuln, de Trasmaur, & de St. Polten : l'autre confine avec la Hongrie, & renferme Vienne, Capitale de l'Autriche, Neustat, Neuburg, & Bruck.

[m] Jaillot, Atlas.

WIEPERZ ou WIEPRZ, Riviére de Pologne [n]. Elle prend sa source, dans le Palatinat de Belz, & dirigeant son cours du Midi

[n] De l'Isle, Atlas.

Midi au Nord, elle traverse le Palatinat de Russie, où elle baigne Tomaszow, Szebrzin & Kranostow : elle entre ensuite dans le Palatinat de Lublin, où après avoir baigné Lenczna, elle tourne vers le Couchant pour aller mouiller Steczica, & se jetter ensuite dans la Wistule, un peu au-dessous de Swolena.

1. WIER, ou WYER, Isle de l'Océan Calédonien [a], & l'une des Orcades. Elle est située entre l'Isle d'Eglis au Nord Oriental, l'Isle de Grès, à l'Orient Méridional, celle de Mainland, au Midi &, celle de Rous, au Couchant. Cette Isle est petite; mais extrèmement fertile en Bleds. Les Isles voisines lui fournissent les mottes de terre dont elle manque, & dont on se sert au lieu de bois dans les Orcades.

[a] Blaeu, Atlas.

2. WIER, ou WYRE, Rivière d'Angleterre [b], dans la Province de Lancastre. Cette Rivière & celle de Coker sortent toutes deux des Rochers de Wiersdale & l'arrosent du Nord-Ouest, au Sud-Ouest. Le Coker entre bien-tôt dans l'Océan; mais le Wier, faisant un long détour, déborde près de son Embouchure & forme un Marais assez grand qu'on nomme *Pillin-Mose*. Il est dangereux de marcher le long des Côtes, entre ces deux Rivières, lorsque la Marée est basse; car on y trouve un sable mouvant, où l'on enfonce sans pouvoir s'en retirer. Les Habitans du Pays y font des monceaux de sable sur lesquels ils répandent l'eau, qui contracte un goût de Salure; & en la cuisant ils en tirent de bon sel blanc.

[b] Délices de la Gr. Br. p. 319.

WIER-AUX-BOIS, Lieu de France, dans le Picardie, au Boulonois, à une lieue de la Mer, & à trois lieues de Boulogne. C'est une petite Paroisse dans laquelle il y a une Fontaine minérale, qu'on dit valoir la Royale de Forges.

WIERINGEN, ou VIERINGEN, Isle des Pays-Bas [c], en Nort-Hollande, dans le Zuyder-zée, entre le Texel & la Ville de Medenblick. Cette Isle, dit Davity [d], est très-fertile, & renommée à cause du grand nombre de Moutons qu'on y engraisse, & qui sont d'un fort bon goût, ce qui fait que les Villes voisines s'en fournissent. Cette Isle nourrit aussi quantité de beaux Chevaux que les Marchands de la Foire de Valkenbourg vont acheter pour les vendre ailleurs. Les plus vieux étant vendus, les Habitans de l'Isle se pourvoyent de force jeune Poulains qu'ils nourrissent, & dont ils tirent un profit considérable de même que des Oyes sauvages qu'ils appellent *Rotganfen*. Ces Oyes s'y viennent rendre en grand nombre & n'échappent point aux Habitans. Il croît dans le fond de l'eau aux environs de cette Isle une herbe appellée *Wier*, avec laquelle ils fortifient leurs Digues contre la Mer, & les affermissent de telle sorte qu'à peine les pourroit-on abattre avec des marteaux.

[c] Dict. Géogr. des Pays-Bas.
[d] Hollande, p. 475.

WIESENBOURG, Ville d'Allemagne [e], dans la partie Septentrionale du Duché de Saxe, aux confins de la Basse-Saxe, de la Principauté d'Anhalt & du Margraviat de Brandebourg.

[e] Jaillot, Atlas.

WIESENSTAIG, selon Mr. d'Audifred [f], & WESSENSTEIN, selon Mr. de l'Isle [g], Bourg d'Allemagne dans la Suabe, au Comté de même nom. Ce Bourg qui est considérable, & qui a un Château, est situé dans une Vallée très-fertile, où sont encore Deckingen, Dotzbourg, Mulhausen, Gasfach, Dyzenbach & Reichenbach.

[f] Géogr. Anc. & Mod. t. 3. p. 194.
[g] Atlas.

Le COMTÉ DE WIESENSTAIG, est enclavé dans le Duché de Würtenberg, excepté du côté de l'Orient qu'il confine avec le Comté de Helfenstein, ou Hellenstein, qui fait partie du Territoire d'Ulm. Il fut possédé durant long-tems par des Seigneurs particuliers, desquels il passa dans la Maison de Helfenstein. Rodolphe Comte de Helfenstein, étant mort sans enfans en 1627. Maximilien Duc de Bavière acheta ce Comté.

WIETLISPACH, petite Ville de Suisse [h], dans le Canton de Berne, au Bailliage de Ryp. Elle est située au pied d'une Montagne, au milieu d'un Pays rempli de Ruisseaux, qui la rendent propre à produire du Chanvre, dont on fait tous les ans grande récolte aux environs de la Ville. Cette Ville est tellement commandée de la Montagne voisine, que ses Fossés, quoique larges & profonds, ne lui servent que d'ornement. Elle a une grande Rue où coulent diverses Fontaines, & un grand Marché couvert au milieu.

[h] Etat & Délices de la Suisse, t. 2. p. 180.

WIGAN, Ville d'Angleterre [i], dans la Province de Lancastre, sur la route de Londres à Lancastre, entre Winwick & Preston. Cette Ville située sur la petite Rivière de Dugless, ou Douwles, un peu au-dessous de sa source, est jolie & assez bien peuplée. Les Saxons l'appelloient *Wibiggin*; ce qui dans la Langue ancienne de ces Peuples pourroit signifier un *Bâtiment Sacré*. Wigan a un bon Bénéfice qui est annexé à la Manse Episcopale de Chester: aussi l'Evêque a-t-il un Palais à Wigan. Cette Ville a droit de Marché.

[i] Délices de la Gr. Br. p. 320.

WIGHTON, Bourg d'Angleterre [k] dans le Quartier Oriental d'Yorckshire, à huit ou dix milles de Beverley, tirant droit à l'Occident, sur une petite Rivière nommée Foulnesse. Autrefois il y avoit dans ce Lieu une Ville nommée *Delgovitia*, d'où l'on fait venir le nom Breton Delgwe, qui signifie des *Statues des Dieux*. En effet sous l'Empire des Saxons on voyoit près de Wighton dans un petit Village un vieux Temple d'Idoles, qu'on appelloit Godmundingham. St. Paulin, Archevêque d'Yorck, ayant converti Coyfi, Grand-Prêtre de ce Temple; celui-ci fit le premier briser les Idoles & mettre le feu au Temple.

[k] Ibid. p. 234.

WIGHTOUN, en Latin *Vieto*, Ville d'Ecosse [l], dans la Province de Galloway, sur la Côte du Golphe de Kree, au-dessus de l'Embouchure du Baldnoch, qui forme un assez bon Port devant cette Ville. Wightoun est une petite Ville ancienne & qu'on croit avoir été bâtie par les Bretons. Du reste elle n'a rien de considérable que son Port. Elle donne le titre de Comte à un Seigneur de la Famille des Flemmings.

[l] Ibid. p. 1179.

WIGHT, ou l'ISLE DE WIGHT, Isle sur la Côte Méridionale de l'Angleterre [m], comprise dans le Hampshire, au Sud-Ouest de

[m] Etat présent de la Gr. Br. t. 1. p. 69.

Ports-

Portsmouth. Elle a environ soixante milles de tour & renferme trente-six Paroisses, C'est une Isle extrêmement fertile & agréable. Elle abonde en Bleds & en Pâturages. Les Lièvres, les Lapins & le Poisson y sont aussi très-abondans. La Laine de ses Brebis est presque aussi fine que celle de Lempster dans la Province de Hereford. On peut dire que c'est le Jardin de l'Angleterre. Il y a dans l'Isle de Wight deux Bourgs où l'on tient Marché & qui ont le Privilège d'envoyer des Députez au Parlement. Ces deux Bourgs sont Neuport & Yarmouth.

L'Isle de Wight est encore remarquable [a] pour l'honneur qu'elle a eu autrefois de porter le titre de Royaume. Ce fut Henri VI. qui l'érigea en Royaume, en faveur d'Henri Beauchamp, Comte de Warwick, son Favori, qui fut couronné Roi de Wight & des Isles de Jersey & Guernsey en 1445. Il mourut deux ans après, & par sa mort l'Isle de Wight perdit le titre de Royaume. Edouard IV. qui succéda à Henri VI. donna cette Isle à son Beaupere Richard Woodeville, Comte de Rivers, avec le titre de Seigneur de Wight.

Les Anciens l'ont appellée *Vecta* & *Vectis* [b]; les Bretons du Gallois lui ont donné le nom de *Guith*; & les Saxons l'ont nommée *Whitland* & *Wicthea*. Elle est de forme ovale, étendue en long de l'Orient à l'Occident, & séparée de la Terre-ferme par un petit Détroit, nommé autrefois *Solent*, & aujourd'hui Solwent. Comme ce Détroit n'est pas fort large, n'ayant que deux milles de trajet en quelques endroits, on pourroit croire que l'Isle de Wight étoit autrefois une Presqu'Isle jointe au Continent par quelque Isthme, qui avec le tems a été emporté par la violence des flots. Cette opinion semble confirmée par le témoignage de Diodore de Sicile, qui dit que la Côte de la Grande-Bretagne étoit bordée d'une Isle nommée *Icta* qui paroissoit une Isle entière, & qui étoit entourée d'eau lorsque la Marée montoit; mais que le reflux laissoit à découvert le terrein qui étoit entre-deux, & que les Bretons prenoient ce tems-là pour passer en Chariot de la Terre-ferme dans l'Isle, où ils alloient vendre leur étain, qui delà étoit transporté dans la Gaule.

L'Isle de Wight est longue d'environ vingt milles, large de douze, & elle en a soixante de tour. Dans le septième Siècle on y comptoit douze cens Familles. Aujourd'hui on y compte trente-six Paroisses, six Châteaux & trois Bourgs à Marché, savoir

Newport, Cowes, Yarmouth.

La Mer fait trois ou quatre bons Havres le long de la Côte Septentrionale. Aux deux extrémitez de l'Isle, elle avance dans la terre & forme deux Bayes & deux Presqu'Isles, dont l'une qui est à l'Orient s'appelle BRINBRIDGE-ISLE, & l'autre qui est à l'Occident se nomme FRESHWATER-ISLE. La Baye de la Presqu'Isle Orientale forme un grand & excellent Havre, large dans le milieu, & fort étroit à l'entrée, où il est bordé de deux Pointes de terre qui le couvrent. L'une de ces Pointes est occupée par un Village nommé Ste. Hélène, & donne le nom à tout le Havre. L'autre Baye qui sépare la Presqu'Isle Occidentale du reste de l'Isle, forme aussi un très-bon Havre, dont l'entrée est fermée par le Bourg & le Château d'Yarmouth, qui lui donne son nom.

Cette Isle est d'un accès difficile pour les Ennemis. A l'Occident & au Sud-Ouest elle est bordée d'une longue rangée de Rochers & d'Ecueils pointus & dangereux, nommez en Anglois THE-NEEDLES, c'est-à-dire les Aiguilles. Elle en a d'autres au Sud-& au Sud-Est. A l'Orient, le Havre de Ste. Hélène est couvert d'une autre rangée d'Ecueils appellez BLACKROCKES; & le Havre de Bowes n'est pas bien éloigné d'un Banc de sable nommé BRAMBLES. Outre cela presque toutes les Côtes sont élevées & fort droites. Les endroits qui sont favorables pour une descente sont défendus par des Châteaux ou par des Forts. Il y en a un entre autres nommé WORSLEY, sur le Rivage du côté de l'Occident & vis-à-vis du Château de Hurst: tous deux ensemble servent à défendre cet important passage.

On manque de bois dans l'Isle de Wight; car il ne s'y trouve qu'une petite Forêt, outre deux Parcs qu'on ne doit pas compter. Il faut tirer le bois dont on a besoin de l'Hampshire, qui en est bien fourni. Du reste l'Isle est fertile en tout. La terre y produit du bled & des fruits pour la nourriture des Habitans, sur-tout dans la partie Méridionale. Le milieu de l'Isle, & la partie du Nord sont riches en Prairies & en Paturages; & l'on y nourrit des Brebis dont la laine le dispute pour la finesse à toute autre laine du Royaume. La Pêche & la Chasse y sont abondantes. On y trouve principalement des Lapins, des Lièvres, des Faisans & des Perdrix. L'air y est fort sain, & les Habitans y vivent long-tems. Ils sont vigoureux, endurcis au travail, bons hommes de Mer & bons Soldats. On estime que l'Isle peut mettre sur pied quatre mille hommes pour sa défense. Les anciens Habitans faisoient gloire de n'avoir chez eux ni Renards, ni Avocats, ni Moines. Ils dépendent pour le Temporel de l'Hampshire, & pour le Spirituel de l'Evêque de Winchester. L'Histoire nous apprend qu'en 1176. on vit tomber dans cette Isle une pluye horrible de sang pendant l'espace de deux heures.

WIGNEHIES, Bourg de France, dans le Haynaut, au Gouvernement d'Avesnes. Le Curé a pour revenu 375. Liv. payées par les Religieux de St. Denis en France comme Décimateurs. Le Vicaire est entretenu à la charge de la Communauté. Il y a un Bénéfice simple de deux cens Livres sans aucune charge de préséance ni de fonctions. Le terroir contient en terres labourables six cens dix Rasiéres; & cent quatre-vingt en Prairies ou Vergers. Plus, environ cent soixante Rasières en biens de Commune en trois Cantons, en natute de petites

---

[a] Etat présent de la Gr. Br. t. 1. p. 32.

[b] Délices de la Gr. Br. t. 3. p. 789. & suiv.

petits Bois propres à faire des fagots, & le reste en bruyére. Il y a une Seigneurie appellée le Bois de Renguiley contenant sept cens Rasiéres; une partie de Bois & l'autre en terres labourables, occupée par les Habitans par Bail emphytéotique en payant la rente. La Rasiére est de quatre-vingt Verges, à vingt pieds la Verge. Il y a encore une autre Seigneurie dite le Bois de St. Denis, qui appartient aux Religieux de St. Denis en France, & qui contient trois cens dix Rasiéres de terres labourables, Manoirs & Jardins compris. Le Curé du Lieu a fait bâtir à ses dépens une Maison pour l'éducation des jeunes filles de Wignehies. Il y entretient une fille dévote, qui a soin de leur apprendre à lire, à écrire, à compter, la Religion, & à travailler. Les Habitans sont pour la plûpart, Laboureurs, petits Merciers, & Manœuvriers.

a Dict. WIHITZ, Ville des Etats du Turc en Europe, dans la Croatie. Elle est, dit Mr. Corneille [a], située dans un petit Lac, formé par la Riviére d'Unna, à quinze lieues de Zara. Les Turcs qui en sont les Maîtres la prirent en 1500. après qu'elle eut résisté à toutes leurs forces pendant 150. ans. Les Impériaux l'attaquérent inutilement en 1679. & furent contraints de se retirer.

b Atlas. Mr. de l'Isle [b], dans sa Carte de la Hongrie publiée en 1703. marque Wihitz, qu'il nomme aussi Bigihon, à la gauche de la Riviére d'Unna, un peu au-dessus de Toplitz. Mais dans sa Carte de 1717. qui est plus exacte & plus détaillée, il ne connoît ni Wihitz, ni Bigihon, ni Toplitz; & dans l'endroit où ce semble, devroit être Wihitz il place Zrnepolie.

c De l'Isle, Atlas. WIKEZLAND, ou WIKIE, Province de l'Empire Russien [c], dans l'Esthonie. Elle est bornée au Nord par l'Harrie, à l'Orient par la Jerwie, au Midi par la Livonie, & au Couchant par le Moonsund. Ses principaux Lieux sont:

Hapsal,	Vieux-Pernau,
Lehal,	Merima,
Verder, ruïnée,	Fichal, ruïnée,
Pernau,	Felin, ruïnée.

d Ibid. WILBAD, ou WILDBAD, Ville d'Allemagne [d], dans la Suabe, au Schwartzwald, ou dans la Forêt Noire, à la droite de l'Entz, au-dessus de l'endroit où cette Riviére reçoit le petit Entz. Wildbad est une petite Ville qui n'est remarquable que par ses Bains d'eau chaude.

WILBAERT, ou WUYLBAERT, Banc sur la Côte de Flandre, à une petite demie *e Corn. Dict.* lieue [e] de la Ville de Dunkerque du côté de *Atlas.* l'Occident. Il paroît à sec de basse-marée, & s'eleve alors de huit pieds au-dessus de l'eau, l'espace d'environ un quart de lieue; & continuant plus avant il ne fait qu'un même Banc avec celui qu'on nomme *Splinter*. Ce Banc s'étend d'une queue jusqu'au devant de Gravelines, & finit vers le bout Occidental du Breebanck. Il reste sur le *Splinter* 4. 5. & 6. Brasses d'eau, sans aucune égalité pour la profondeur. En allant un peu vers le Nord-Ouest de Mardick, on n'en trouve que deux à trois. Entre le Wilbaert & le Rivage du Fort, il y a une bonne Rade qui est comme un Port de Mer: on l'appelle vulgairement *Det Scheurtie*. Les Navires de Dunkerque, s'y rendent en sortant de la Ville, & mouillent l'ancre devant le Fort à trois brasses & demie. Lorsque les Vaisseaux vont dans cet endroit, il faut qu'ils cotoyent la rive à la sonde. Il y a encore sur la même Côte plusieurs autres Bancs que les habiles Pilotes ont soin d'éviter.

WILDE-BURG. Voyez WILDENHAUS.

WILDEMAN, Bourgade d'Allemagne [f] *f Jaillot,* au Cercle de la Basse-Saxe, dans le Duché *Atlas.* de Brunswick, au Midi de Goslar, à la gauche de la Riviére d'Innerste. Cette Bourgade à laquelle Mr. Corneille [g] donne le *g Dict.* titre de Ville est renommée par ses Mines d'argent & de plomb.

WILDENBOURG, Château d'Allemagne, dans l'Eiffel, au Comté de Reyferschied, avec titre de Seigneurie, à demi-lieue du Bourg de Reyferschied. La Seigneurie de Wildenbourg, dit Mr. d'Audifred [h], appartient à des Seigneurs particu- *h Géogr.* liers, qui descendent de Philippe de Salm *Anc. &* troisième fils de Henri de Limbourg & fre- *Mod. t. 2.* re de Henri, duquel les Ducs de Limbourg *p. 399.* sont issus, & de Gerlac Chef de la Branche de Salm-Reyferschield.

WILDENFELS, Bourg d'Allemagne [i] *i Ibid. t.* dans la Misnie, sur la Mulde au Cercle de *3. p. 312.* Woigtland, sur les Confins du Cercle des Mines, à une lieue d'Hatestein, & le Chef-lieu d'une Baronnie.

La BARONNIE DE WILDENFELS, enclavée dans le Cercle de Voigtland, est libre & relève immédiatement de l'Empire. Elle est possédée par le Comte de Solms de la Branche de Laubach. Otton Comte de Solms l'acquit en 1600. par la mort d'Anarque Friderie, dernier de sa race.

WILDENHAUS, Paroisse de Suisse [k] *k Etat &* dans le Toggenbourg, au Tour-Thal, où *Délices de* elle a le rang de sixième Communauté. Ce *la Suisse, t.* n'étoit anciennement qu'une Annéxe de la *3. p. 318.* Paroisse de Gams. Ce Lieu fut érigé en Paroisse par Huldric, Abbé de St. Gall. Wildenhaus est fameux dans le Pays pour avoir donné la naissance à Huldric Zwingle qui y nâquit le 1. de Janvier 1484. d'Huldric Zwingle Amman du Lieu, & de Marguerite Meil, ses Pere & Mere. Il y a eu autrefois dans ce Lieu un Château appellé *Wilde-Burg*. Il subsistoit encore en 1468. & l'on prétend qu'il avoit été inféodé aux Comtes de Toggenbourg par l'Abbaye d'Einsidlen.

1. WILDENSTEIN, Bourg d'Allemagne [l], dans la Suabe, au Comté de Furs- *l D'Audi-* tenberg, avec un Château, & le Chef-lieu *fred, Géogr.* d'une Seigneurie à laquelle il donne son *t. 3. p. 171.* nom.

La Seigneurie de Wildenstein confine avec la Baronnie de Waldbourg & la Seigneurie de Hart. Uratislas Comte de Furstenberg en hérita aussi-bien que des Baronnies de Gundelfingen, & de Moeskirck, à la mort de Rodolphe & de George-Guillaume, Comtes de Helfenstein ses beaux-freres, qui ne laissérent point d'enfans.

Aaa 2. WIL-

2. WILDENSTEIN, Château de France [a], dans la Basse Alsace, au sommet du Mont de Vosge, vers les confins de la Lorraine, près de l'Avenue appellée le Sentier. Ce Château, qui appartient à l'Abbaye de Murbach, étoit autrefois fortifié. Le Général d'Erlac, Gouverneur pour le Roi de France à Brisac, le prit par composition en 1646. & le démantela.

WILDESHUSEN, ou WILDSHUSEN, Ville d'Allemagne [b], au Cercle de Westphalie, sur la Riviére de Hunde, aux confins du Comté d'Oldenbourg, & la Capitale d'un Petit Pays auquel elle donne son nom.

Le Pays de Wildeshusen est borné au Nord par le Comté d'Oldenbourg: à l'Orient par le Comté de Diepholt: au Midi par le Pays de Wechte; & à l'Occident par celui de Kloppenborgh. Le Pays de Wildeshusen dépendoit du Duché de Brême; mais l'Evêque de Munster le possède par droit d'engagement depuis la Paix de Nimégue.

WILDSTATT, ou WILSTETT, Ville d'Allemagne [c], dans le Mordnow, aujourd'hui l'Ortenau, sur la Riviére de Kinche, ou Kintzig, à la droite, à un mille de Strasbourg, entre Offenburg & le Fort de Kell. Cette petite Ville dépend des Comtes de Hanau Lichtenberg. En 1632 les Soldats du Colonel Ossa, après y avoir vécu à discrétion y mirent le feu, la réduisirent en cendres, ainsi que le beau Château, dont elle étoit ornée, & les Moulins. Quarante maisons seulement échappérent de cet Incendie. Wildstatt fut prise par le Général Gill de Haas en 1641. Le Général Jean de Werth la reprit en 1643. & deux ans après elle se rendit au Général d'Erlac, & ensuite au Colonel Moser Commandant de Bensfeld. Durant la guerre de la Ville de Strasbourg, contre son Evêque Gautier de Geroltzeck, vers l'an 1263. les Habitans de Wildstatt causérent beaucoup de dommage aux Strasbourgeois, qui, pour s'en vanger, assiégérent cette Ville, s'en rendirent maîtres, & la détruisirent.

WILER, ou WEYLER, petite Ville de France, dans l'Alsace [d], près de Schlestadt vers les confins de la Lorraine. Elle appartenoit autrefois avec la Vallée de Wiler à la Famille des Comtes de Fugger. Jean Philippe, Comte Palatin du Rhein, surprit Wiler en 1633., & le Duc de Lorraine s'en empara en 1635.

WILIA, Riviére [e] du Grand-Duché de Lithuanie. Elle se forme de diverses petites Riviéres qui ont leur source dans le Palatinat de Minski, & s'assemblent dans la partie Orientale du Palatinat de Wilna, qu'elle traverse d'Orient en Occident. Elle y mouille Byftzyc, au-dessous de Niemenizyzna, Wilna, & Skonile. Elle entre ensuite dans le Palatinat de Troki, vers les confins de la Samogitie, pour aller se jetter dans le Niemen, au-dessus de Kowno. Dans sa course la Wilia grossit son lit des eaux de diverses petites Riviéres.

WILKOMIR, ou WILKOMER [f], Ville du Grand-Duché de Lithuanie, dans le Palatinat de Wilna, sur le bord de la Riviére de *Swieta*, à la droite, à quatorze lieues de Wilna, vers le Nord Occidental.

WILL, ou WEIL. Voyez WEIL.

WILLEM, Châtellenie de France dans la Flandre Wallonne, Subdélégation de Lille.

WILLEMSTAD, Ville des Pays-Bas [g], dans le Brabant Hollandois, sur le bord d'une eau qu'on nomme le Hollands-Diep, & qui sépare cette partie du Brabant de la Hollande. Cette Ville tire son nom de Guillaume I. Prince d'Orange, qui la fit bâtir & fortifier en 1583. C'est un des Boulevards de la Hollande du côté du Brabant, & qui sert à la sûreté de la Navigation entre la Hollande & la Zélande. Willemstad est une petite Ville; mais très-bien fortifiée. Son rempart a près d'une demi-lieue de circuit & est flanqué de sept Bastions, entouré d'un bon fossé & d'une contrescarpe, avec un ravelin à la Porte de la terre. Les Etats-Généraux y entretiennent une Garnison, sous les ordres d'un Gouverneur établi par Leurs Hautes Puissances; & d'un Major de la Place auquel on donne civilement le titre de Commandant. J'ai dit que Guillaume I. Prince d'Orange fut le Fondateur de cette Ville. Ce Prince pour la sûreté de la République, & particuliérement pour celle de la Hollande & de la Zélande, la fit fortifier à ses dépens & prit sous sa protection tout son Territoire, parce que les Etats de ces deux Provinces ne voulurent point s'en charger. C'est ainsi qu'il acquit le Domaine utile & la propriété de la Ville & du Territoire qu'il a transmis à ses Successeurs, & dont la possession fut confirmée au Prince Maurice par les Etats-Généraux. Le Seigneur tire le Verponding, les droits de consomption, & toutes les Taxes que le Conseil d'Etat léve dans les autres Places de la Généralité, jusqu'au profit des fortifications, qui consiste dans le foin & dans les paturages. Il jouit des mêmes prérogatives dans les Polders de Ruygenhil & de Heyninge; mais il est obligé d'employer une partie de ces revenus à l'entretien des fortifications de la Ville. Enfin il possède une grande partie des droits qui sont inséparables de la Souveraineté.

La Ville de Willemstad est ronde & percée de neuf rues, toutes tirées au cordeau. Il n'y a qu'une centaine de Maisons & trois à quatre cens Habitans y compris les femmes & les enfans. L'Eglise est un Edifice rond, surmonté d'un petit Dôme; & elle est située au milieu d'une belle Place quarrée entourée d'arbres. Elle est desservie par un Ministre de la Classe de Dordrecht. Il n'y a point de Chapelle pour les Catholiques. La Maison de Ville est assez belle, tant en dehors qu'en dedans, & il y a un joli Clocher avec une Horloge. La Maison des Orphelins, qui est assez bien rentée, est gouvernée par quatre Directeurs. Celle du Gouverneur peut passer pour belle. Elle a été bâtie par le Prince Maurice. C'est de là qu'on l'appelle la Maison du Prince. Le Magazin est situé à une extrémité de la Ville, & ne contribue pas moins que les autres Edifices à la beauté de la Ville: il est sous la Direction d'un Commis du Conseil d'Etat;

---

[a] Zeyler, Topogr. Alsat. p. 67.

[b] Jaillot, Atlas.

[c] De l'Isle, Atlas. Zeyler, Topogr. Alsat. p. 67.

[d] Ibid.

[e] De l'Isle, Atlas.

[f] Ibid.

[g] Janiçon, Etat présent des Pr. Un. t. 2. p. 251.

d'Etat; mais le Bâtiment est entretenu par le Seigneur. Près de ce Magazin il y a une jolie Place, où se tient le Marché, & où aboutit le Havre qui peut contenir un assez bon nombre de Bâteaux. L'entrée du Havre est entre deux Digues, sur l'une desquelles il y a une Redoute; sur l'autre est la Porte de l'eau. Il y a une seconde Porte qui conduit dans le Pays, & ces deux portes sont d'une belle Architecture. Les Armes de Willemstad sont: coupé d'azur, au Lion passant d'or, armé & lampassé de gueules, accompagné de huit billettes d'or, trois, deux & trois; & d'argent à trois sautoirs de gueules, deux & un en abisme. Pour cimier un Oranger chargé de feuilles & de fruits.

La Régence est composée d'un Bailli, de deux Bourgmestres & de six Echevins, avec un Secrétaire, qui fait aussi la fonction de Maître des ventes publiques, ou de *Stockhouder*. Le Bailli est le Chef de la Police & de la Justice, & est établi à vie par le Seigneur de même que le Secrétaire. Les Bourgmestres, dont l'un est pour la Police, & l'autre Président des Echevins, sont changez ou continuez tous les ans suivant le bon plaisir du Seigneur, sur une double nomination du Bailli; & il en est de même des Echevins, du Tresorier & des Directeurs des Orphelins. On appelle au Conseil de Brabant des Sentences civiles prononcées par les Echevins. Il y a un Dyckgrave à vie, trois Jurez & un Secrétaire qui est en même tems Tresorier pour l'Inspection des Digues. Le Receveur est chargé de la Recette du Verponding & des autres revenus du Seigneur; mais les droits de consomption & autres impôts sont donnez à ferme à ceux qui en offrent le plus.

a Etat & Délices de la Suisse, t. 2. p. 396. & suiv.

WILLISAW, Ville de Suisse [a], dans le Canton de Lucerne, entre les Hautes Montagnes, dont celles qui sont à l'Occident bornent ce Canton du côté de celui de Berne. Cette petite Ville, qui est jolie & propre, est arrosée de la petite Rivière de Wiger, qui va delà à Zoffingue. Elle a eu autrefois des Comtes, dont la Maison étoit fort ancienne; & dans la suite elle appartint aux Comtes de Valengin. Depuis la Bataille de Sempach elle est soumise aux Lucernois. On garde dans l'Eglise neuve qui est devant la Ville, le Sang qui tomba, dit-on, autrefois du Ciel sur une Table au milieu de quelques Joueurs, après que l'un d'eux outré de rage, à cause des pertes qu'il faisoit eut jetté son épée contre le Ciel en blasphémant d'une manière affreuse. On ajoute que ce Sang n'a jamais pu s'effacer. Au commencement de ce Siècle le feu prit à Willisaw & y fit beaucoup de mal. Les Habitans, au lieu de travailler à l'éteindre, se contentoient de faire des Processions, de chanter des Litanies, & de jetter dans le feu des Images de Saints. L'embrasement auroit fait de bien plus grands ravages, sans le secours des Protestans des Lieux voisins, dépendans du Canton de Berne, qui accoururent & arrêtèrent l'incendie par la voie la plus ordinaire & la plus sûre.

1. WILNA, ou VILNA, Ruisseau du Grand-Duché de Lithuanie, dans le Palatinat de Wilna, où il arrose la Capitale de ce Palatinat, à laquelle il donne son nom & s'y perd dans la Rivière de Wilia.

2. WILNA, Ville du Grand-Duché de Lithuanie, dans le Palatinat de Wilna, sur le bord de la Wilia, dans l'endroit où cette Rivière reçoit le Ruisseau de Wilia [b]. Cette Ville, non-seulement la Capitale du Palatinat de même nom, mais encore celle du Grand-Duché, est le Siège d'un Evêché suffragant de Léopol. Elle est appellée WILETZKI, ou WILENSKI, par les Lithuaniens, & WILDE par les Allemans. Il y a à Wilna un ancien Château & un Palais où logeoient ses anciens Souverains. La Ville est vaste; elle céde cependant à Cracovie pour la grandeur, pour la propreté & pour la magnificence des Edifices. Les Fauxbourgs sont aussi d'une grande étendue, & remplis comme la Ville d'une infinité de petites maisons ou cabanes, bâties & couvertes de bois. Ces maisons ne sont point partagées en divers appartemens, ni en diverses chambres; elles n'ont qu'une seule chambre qui est commune au Maître, à sa famille, aux Chevaux & aux autres Animaux domestiques. On remarque quelques Places, dont les maisons bâties de pierres sont propres & habitées par des Etrangers, surtout par les Allemans. Des deux Châteaux du Palais, l'un est au bas de la Ville & l'autre au haut. Le premier est bâti de briques & renferme un espace assez grand, le second est aussi de briques & flanqué de Tours. Au-dessous de celui-ci est l'Arsenal fourni d'artillerie & de toutes sortes d'armes en quantité. Ce fut le Roi Sigismond I. qui jetta les fondemens du Palais qui est au bas de la Ville, & son fils Sigismond-Auguste y mit la dernière main, & y plaça une belle & nombreuse Bibliothéque. En général on peut dire que les maisons de la Ville & des Fauxbourgs sont fort mal disposées; parce que ces maisons n'étant que de bois chacun les place où il trouve bon & les transporte où il juge à propos. Quant aux fortifications de Wilna, elles sont peu de chose; & ses portes ne se ferment qu'en tems de guerre. Cette négligence vient de la confiance que l'on a dans le nombre & dans la valeur des Habitans. Les Eglises sont bâties presque en pierre partie en bois. La Cathédrale est la principale: on l'a mise sous l'invocation de St. Stanislas. Ses revenus sont considérables; & elle les doit principajement à la libéralité du Roi Jagellon, ou Uladislas. Son premier Evêque fut *André Vassillo*, Noble Polonois que le Roi Jagellon nomma à l'Evêché de Wilna. Quoique cet Evêque soit Catholique il ne laisse pas d'avoir sous sa Jurisdiction tous les Evêques de la Russie Polonoise qui sont de la Religion Grecque. Cependant l'Evêque de Kiovie, qui se dit Métropolitain de Russie, lui dispute ce droit. Dans l'Eglise Cathédrale est le Corps de St. Casimir Prince de Pologne, canonisé par le Pape Léon X. Le Roi Sigismond III. fit mettre sur le Tombeau de ce Saint une tombe d'argent du poids

b André Cellar. Descr. Polon. p. 274.

Aaa 2 de

de trois mille Livres ; il y ajoûta un Autel du même métal, orna la Chapelle d'un fort beau Marbre, & donna encore une Cloche d'une groffeur fi énorme, qu'il faut vingt-quatre hommes robuftes pour la fonner. L'Eglife des Jéfuites, bâtie au milieu de la Place publique, eft magnifique. On dit que Sigifmond III. en fit la dépenfe. Leur Collége fe trouve dans la Rue qui conduit au Palais. Le Pape Grégoire XIII. l'honora du titre d'Univerfité. Il y a, outre fix Profeffeurs en Théologie, un Profeffeur en Langue Hébraïque, quatre en Jurifprudence, cinq en Philofophie, & fept pour les Humanitez. Entre les Monaftères, on remarque celui des Bernardins tout bâti de pierres de taille. Les autres Edifices publics font : la Maifon des Ruffiens qui y vendent toutes fortes de pelleteries qu'ils apportent de Mofcovie, la Chancellerie, la Maifon des Allemans, le Palais. Epifcopal, la Réfidence du Palatin, le Palais où fe rend la Juftice, & l'Eglife des Grecs, qui y font le Service Divin felon leur Rit. On voit en différents endroits de la Ville des Fontaines dont la fource fe trouve près de la porte des Allemans ; mais l'eau de cette fource n'eft pas excellente. Quelque grande, & quelque peuplée que foit la Ville de Wilna, on n'y a point encore établi d'Hôpitaux pour les pauvres. Les Proteftans y avoient ci-devant une Eglife & un Collége ; mais ils ont été privez de l'un & de l'autre par un Decret de la Diète Générale de Pologne, qui néanmoins a laiffé aux Grecs leurs Monaftères, leurs Eglifes & le libre exercice de leur Religion. La Ville eft habitée par différentes Nations. Il y a des Lithuaniens naturels du Pays, des Polonois, des Ruffiens, des Allemans, des Tartares, & autres Peuples. Les Tartares ont confervé la Religion Mahométane depuis le tems qu'ils ont été amenez en Lithuanie, ou après avoir été vaincus, ou après avoir été chaffez de leur Pays par les guerres inteftines, ou lorfqu'ils vinrent au fecours des Lithuaniens contre les Chevaliers de l'Ordre Teutonique. Ils ont cultivé jufqu'à préfent les terres que leur diftribua Vitendus, Grand-Duc de Lithuanie, vers l'an 1396. Elles font fur le bord de la Riviére Vaca, ou Waka, qui ne coule pas loin de la Ville de Wilna. Ils ont des Chariots pour le fervice des Voyageurs. Ils vivent felon leurs loix, ne donnent aucun fujet de plainte d'eux, & reconnoiffent le Roi de Pologne pour leur Souverain. En venant de Konigsberg, Ville de Pruffe, à Wilna, à trois milles de cette derniére Ville, après avoir paffé une affreufe Forêt, & une grande defcente, on rencontre une Vallée peuplée de Bourgs & de Villages ; c'eft-là que les Tartares ont leur domicile.

Wilna eft l'Entrepôt le plus confidérable de toute la Lithuanie, & les Habitans font un grand commerce avec les Mofcovites, outre que dans la Ville il y a un grand nombre d'Ouvriers, la plûpart Allemans, qui fabriquent des armes de toutes efpéces. Les Marchands Etrangers ne viennent guéres à Wilna que dans l'Hyver, dans le tems que les Marais font glacés, & que la neige permet de tranfporter les Marchandifes fur des Traîneaux.

Hors de la Porte voifine du Palais, qui eft au bas de la Ville, on voit une Maifon de plaifance des Rois de Pologne. Elle eft à la diftance d'un demi-mille & fe nomme WERSUPA ; ce qui veut dire *près des Eaux.*

On rapporte que ce fut Gedimin, Grand-Duc de Lithuanie, qui en 1305. commença à fonder cette Ville au confluent des Riviéres Wilia & Wilna, avec les deux Palais dont il a été parlé. Peu-à-peu la Ville s'eft aggrandie au point où on la voit aujourd'hui. En 1390. Vitoudus, ou Vitholdus, dans la fuite Grand-Duc de Lithuanie, avec le fecours que lui donnérent les Chevaliers de l'Ordre Teutonique, affiégea le Château qui eft au bas de la Ville ; mais quelques Lithuaniens, & quelques Ruffiens y mirent le feu par trahifon, & y firent périr autour de quatorze mille hommes. Quant au Château qui eft au haut de la Ville, les Polonois le défendirent vigoureufement. Vitholdus retourna à Wilna l'année fuivante avec les mêmes Chevaliers ; mais Olefnicius, Gouverneur de la Ville, y mit le feu, pour que l'Ennemi ne pût pas s'y loger. On éleva en 1506. une Muraille autour de Wilna ; mais la muraille ne l'environnoit pas entiérement. En 1513. le 21. de Février un des Palais fut réduit en cendres ; & on croit que ce fut celui qui eft au haut de la Ville. Les Nôces de Catherine, Sœur de Sigifmond-Augufte Roi de Pologne, qui époufa Jean Duc de Finlande, fe célébrérent à Wilna en 1562. Il y eut en 1571. dans cette Ville, dans les Pays voifins & même dans la Ruffie, une fi grande famine qu'il périt cette année-là jufqu'à vingt-cinq mille hommes dans la feule Ville de Wilna. En 1581. il s'éleva une grande fédition à laquelle donna lieu le zéle de l'Evêque qui fit brûler les Livres des Luthériens, des Calviniftes & des Ruffiens. Les Mofcovites vangérent en 1610. fur Wilna le mal que les Polonois leur avoient fait à Smolensko. Ils fe rendirent maîtres de la Place, y mirent le feu, & réduifirent en cendres quatre mille fept cens Maifons, fept Eglifes Catholiques, trois Proteftantes, & le Palais qui eft au bas de la Ville. La Reine de Pologne qui étoit alors à Wilna n'eut que le tems qu'il lui faloit pour fe fauver avec les filles de fa Maifon fur des Bâteaux ; & plufieurs de celles-ci furent fubmergées. En 1644. les Ecoliers de Wilna y excitérent un grand tumulte, qui ne put être appaifé que par la préfence du Général Major Offinsky, que le Roi y avoit envoyé avec quatre cens Soldats : Offinsky lui-même fut tué dans la mêlée avec un grand nombre de fes gens. La derniére difgrace de Wilna arriva en 1655. Les Mofcovites s'étant rendus maîtres de cette Ville le 29. de Juillet, vieux Style, y firent périr jufqu'à quinze mille hommes & pillérent les Eglifes.

Le Palatinat de Wilna [a] tire fon nom de celui de fa Capitale. Il eft borné au Nord partie par la Province de Semigalle, partie par la Livonie Polonoife, partie par le Palatinat de Poloczk, à l'Orient partie par

[a] *De l'Ifle, Atlas.*

WIL. WIL. 373

par celui de Witepsk, partie par celui de Minski. Ce dernier Palatinat le borne encore au Midi Oriental, & celui de Troki au Midi Occidenral; enfin, il a la Samogitie au Couchant.

L'Evêque, le Palatin [b], & le Castellan de Wilna sont ordinairement Sénateurs du Royaume de Pologne. Le Palatin est en même tems Gouverneur de la Ville de Wilna, & il exerce sa Jurisdiction sur tous les Habitans, à l'exception de ceux qui sont Membres du Tribunal Supérieur de toute la Lithuanie, qui tient son Siège à Wilna.

WILLY, ou WILLYBORN, Riviére d'Angleterre [a]. Elle prend sa source aux Frontiéres du Duché de Sommerset, & reçoit d'abord un Ruisseau nommé *Diver*, ou *Dever-rill*. Après avoir coulé quelque tems dans le Wiltshire, le Willyborn se perd sous terre, & coule la longueur d'un mille, & ressort près du Bourg de Warmister, d'où prenant son cours vers l'Orient, il mouille au-delà du milieu de sa course les restes d'un Campement Romain, fort ample & fermé d'un double fossé très-profond, & que les Habitans appellent *Yanesbury-Castle*. Le Willyborn va ensuite porter ses eaux dans le Nadder près de Salisbury; & c'est au confluent de ces deux Riviéres que se trouve Wilton.

WILS, Riviére d'Allemagne [c], au Duché de Baviére. Elle a sa source au voisinage de l'Iser, à deux lieues ou environ au Midi Occidental de Landshut. Delà elle prend son cours vers l'Orient Septentrional, & après avoir mouillé Wilshain, g. Frauenhoven, g. Geisenhausen, g. Froutenhausen, d. Reischpach, d. Enchendorff, d. Wilshoven, g. elle va se jetter, au-dessous de cette derniére Ville dans le Danube, entre les Embouchures de l'Isel & de l'Inn.

WILSHOVEN, Ville d'Allemagne [d], dans le Duché de Baviére, près de l'endroit où la Riviére de Wils se perd dans le Danube. Cette Ville est assez petite.

WILSMACH, ou WILSNACH, Ville d'Allemagne [e], dans le Margraviat de Brandebourg & dans la dépendance de la Seigneurie de Pregnitz. Cette petite Ville est située à la droite de l'Elbe sur un Ruisseau, qui se jette un peu au-dessous dans ce Fleuve.

WILSTETT. Voyez WILDSTATT.

WILT. Voyez WILTSHIRE.

WILTEN, Bourgade d'Allemagne, dans le Tirol, à la droite de l'Inn, environ à une lieue au-dessus de l'Inspruck. Simler croit que c'est l'ancienne *Veldidena*.

WILTENBOURG, ou WITTENBOURG [f], Village des Pays-Bas, dans la Seigneurie d'Utrecht sur le bord du Rhein, à trois milles au-dessus d'Utrecht. Ce Lieu s'appelloit anciennement *Wilteburgum*, & l'on y découvre de tems en tems des Monumens d'Antiquité.

WILTON, Ville d'Angleterre, dans le Wiltshire [g]. Elle étoit autrefois la Capitale de cette Province à laquelle elle donne son nom; & elle a eu un Siège Episcopal qui a été transféré à Salisbury. Ce chan-

[b] Andr. Cellar. Descr. Polon. p. 273.
[a] Délices de la Gr. Br. p. 687.
[c] Jaillot, Atlas.
[d] Ibid.
[e] Ibid.
[f] Baudrand, BOURG, Dict.
[g] Etat présent de la Gr. Br. t. 1. p. 124.

gement a fait tomber Wilton en décadence. Cette Ville a droit de tenir Marché public & d'envoyer ses Députez au Parlement.

WILTSHIRE, ou le Comté de WILT, Province Méditerranée d'Angleterre [h], enfermée entre le Duché de Glocester au Nord, les Comtez de Barckshire & de Hapshire à l'Orient, le même Comté d'Hapshire & celui de Dorset au Midi, & le Duché de Sommerset à l'Occident. Sa figure est un quarré-long étendu du Nord au Sud. Il a quarante milles de longueur, trente de largeur, & cent quarante de circuit, qui renferment huit cens soixante-seize mille Arpens de terre, dans l'étendue desquels on compte autour de vingt-sept mille cent Maisons, huit bons Châteaux, outre un très-grand nombre de Palais & de superbes Maisons de campagne; vingt & une Villes ou Bourgs à Marché, & trois cens quatre Eglises Paroissiales. Entre ces Villes & Bourgs à Marché, il y en a douze qui ont droit de députer au Parlement, & quatre autres qui ont le même droit, quoiqu'ils n'ayent point droit de Marché. Les douze premiéres Places sont

[h] Délices de la Gr. Br. p. 676.

Salisbury,	Devizes,
Wilton,	Chippenham,
Downeton,	Malmesbury,
Hindon,	Criklade,
West-bury,	Wotton-Basset,
Calne,	Marlboroug.

Les quatre derniéres Places sont

Heytesbury,	Lurgershall,
Great-Bedwin,	Ol-Sarum.

Il y a outre cela neuf Bourgs qui ne députent point au Parlement, & qui ont néanmoins droit de Marché: savoir

Warmister,	Lawington,
Bradford,	Hivorth,
Amesbury,	Mere,
Auburn,	Swindor,
Troubridge.	

Chaque Place qui a droit de députation au Parlement, envoyant deux Députez, & le Corps de la Province ayant aussi droit d'en envoyer deux, il se trouve que le Comté de Wilt, nomme trente-quatre Députez; ce qui est plus qu'aucune autre Province d'Angleterre, & même de toute la Grande-Bretagne, à la réserve de la Province de Cornouaille qui en envoye quarante-quatre.

Cette Province est arrosée de diverses Riviéres, dont les principales sont l'Isis, le Kennet, l'Avon, le Willy & le Nadder. On la divise en deux grandes parties, l'une Septentrionale & l'autre Méridionale. La première est entrecoupée de Montagnes & de Collines, & couverte de quelques Forêts. La partie Méridionale est une grande & vaste Plaine à perte de vûe, en partie de Bruyéres, en partie de Pâturages, qu'on nomme PLAINES, ou CAMPAGNES DE SALISBURY.

En général on peut dire que le Wiltshire est l'une des plus agréables Provinces de l'Angleterre. L'Air y est doux & sain. Le Terroir y est parsemé de Forêts, de Parcs & de Champs fertiles. Mais ce qui la distingue des autres, ce sont ses vastes Campagnes, où l'on nourrit une infinité de Troupeaux de Brebis, dont la Laine fait la plus grande richesse des Habitans. On n'y voit aucune pierre; mais dans la bande Occidentale, il se trouve diverses Carriéres d'Ardoise. La Province est coupée dans le milieu par une Ligne, ou par un Fossé large & profond nommé *Wansdike*, anciennement *Wodenesdik*, qui la traverse de l'Orient à l'Occident, dans l'espace de plusieurs milles. Il y a apparence que cette Ligne servoit autrefois de borne entre le Royaume des Merciens & des Saxons-Occidentaux.

WIMBLETON, Village d'Angleterre [a]; dans le Comté de Surrey, près du chemin de Londres à Portsmouth, à deux milles plus loin que Wandesworth, un peu néanmoins sur la gauche du chemin. Le Duc de Leeds a dans le Village de Wimbleton, une fort belle Maison, qui pour la grandeur de l'Edifice, pour la magnificence des ameublemens, & pour les beautez des accompagnemens, comme Parc, Jardin, Etang, n'est inférieure à aucune autre Maison du Royaume.

[a] Délices de la Gr. Br. p. 852.

WIMMIS, Bourg de Suisse [b], dans le Canton de Berne, au Bas-Sibenthal, dont il est le Chef-Lieu. Ce Bourg est situé sur la Sibène, au-dessus de l'endroit où elle se jette dans la Riviére de Kandel. Il y a au-dessus de Wimmis un Château où réside le Gouverneur du Bas-Sibenthal.

[b] Etat & Délices de la Suisse, t. 2. p. 230.

WIMPFFEN, Ville Impériale d'Allemagne [c], dans la Suabe au Creighgow, sur le Necker, à la gauche, vis-à-vis de l'endroit où l'Jagst se jette dans le Necker. Cette Ville située à deux heures au Nord d'Hailbron [d], s'appelloit anciennement *Cornelia*, du moins à ce que prétendent quelques Géographes, qui n'en donnent aucune raison. Quant au nom moderne, il est formé des mots Allemands *Weibs-pein*, qui signifient *Tourment des Femmes*, à cause des cruautez qui furent exercées contre ce séxe, lorsque la Ville fut saccagée par les Huns. Wimpffen est petite, mais pourtant assez peuplée. Son Magistrat est Luthérien. Selon Mr. de l'Isle cette Ville est séparée de deux autres parties. La grande, qui est la plus Septentrionale, s'appelle proprement WIMPFFEN, & la partie qui est au Midi se nomme le PETIT-WIMPFFEN.

[c] De l'Isle, Atlas.
[d] D'Audifred, Géogr. t. 3. p. 185.

WINANDER-MEER. Voyez WEYNANDER-MEER.

WINBURMINSTER, Bourg d'Angleterre, dans le Dorsetshire [e], sur le bord de la Stoure. Ce Bourg, qui est assez considérable, s'est élevé sur les ruïnes d'une Place ancienne nommée *Vindugladia*, ou *Viniaoglada*; ce qui en Langue Galloise, ou Gauloise signifie *entre deux Riviéres*, parce qu'elle étoit entre les Riviéres de la Stoure & de l'Alen, qui vient du Nord y apporter ses eaux. Les Saxons l'appellérent *Winburnham*, ou *Winburnminster*, à cause d'un ancien Monastère qui y fut fondé en 713. par la Princesse Cuthburge. On y voit un Collége pour l'Instruction de la Jeunesse, fondé par la Princesse Marguerite, Comtesse de Richmont, mere du Roi Henri VII. On y voit aussi une fort belle Eglise, avec un Clocher chargé d'une Aiguille extrêmement haute. Le Chœur est occupé par les Tombeaux de divers Princes & Princesses, entre lesquels on remarque celui du Roi Etheldred avec cette Epitaphe; *In hoc loco quiescit corpus Sti. Ethelredi Regis Westsaxonum, Martyris, qui anno Domini DCCCLXXII. XXIII. Aprilis per manus Danorum Paganorum occubuit*. On dit que les Rois des Saxons-Occidentaux avoient un Palais à deux milles de Winburnminster, dans un Château nommé Badbury; mais aujourd'hui on n'y voit que les restes d'un triple Retranchement.

[e] Délices de la Gr. Br. t. 3. p. 759.

WINCHELCOMBE, ou WINCHCOMB, Bourg d'Angleterre [f], en Glocestershire, avec droit de Marché. Ce Bourg étoit en grande réputation [g], du tems que la Religion Catholique florissoit en Angleterre. Cette réputation lui venoit des Reliques de St. Kenelarc, Enfant de sept ans que sa sœur tua, pour être son héritiére, & qui est tenu pour Martyr.

[f] Etat prés. 2. p. 66.
[g] Duvity, Comté de Glocester.

WINCHELSEY, Ville d'Angleterre [h], dans le Comté de Sussex, au bord Méridional de la Baye que forme la Rye à son Embouchure, à trois milles de Rye, & l'un des cinq Ports d'Angleterre. Winchelsey a pris son nom d'une autre grande & belle Ville, qui étoit aussi un bon Port de Mer, & qui fut abîmée dans les eaux par une inondation horrible de l'Océan en 1250. Après cette inondation qui causa aussi de grands ravages sur les Côtes de Kent, on rebâtit une Ville avec le nom de WINCHELSEY sur le rivage de la Mer. La bonté de son Port la rendit long-tems florissante; mais dans la suite la terre s'est élevée, & l'Océan s'est retiré peu à peu; de sorte que son Port n'est plus de la même bonté, ni aussi spacieux qu'il l'a été. Cette Ville a titre de Comté.

[h] Délices de la Gr. Br. t. 804.

1. WINCHESTER, ou plutôt WINTCHESTER, Ville d'Angleterre [i], dans l'Hampshire, au fond d'un Vallon, entre deux Collines, sur le bord de l'Itching, qui se partage en cet endroit. Cette Ville nommée en Latin *Vintonia* est aussi considérable par son ancienneté, que par le Siège Episcopal dont elle est honorée depuis long-tems. Les Romains l'ont connue sous le nom de *Venta Belgarum*; & après eux les Bretons l'appellérent *Caer-Gwent*, & les Saxons *Wintan-Cester*, d'où l'on a fait Wintchester. C'est dans cette Ville que le Tyran Constantin fut proclamé Empereur par ses Soldats, contre l'obéïssance qu'ils devoient à Honorius, l'an de Jésus-Christ 407. & il tira son fils Constant d'un Monastère de cette même Ville pour le faire revêtir aussi de la pourpre. Mais ils périrent bien-tôt tous deux, après avoir eu quelques heureux succès.

[i] Ibid. t. 3. p. 775.

Les Saxons, à leur arrivée dans le Pays trouvérent Winchester si considérable, que les Rois de West-Sex la choisirent pour le lieu de leur résidence, y établirent un Siège ge Episcopal, une Monnoye à six Boutiques, & un grand nombre d'Eglises. L'un d'entre eux nommé Kenelwalch fonda l'Eglise Cathédrale, qui est presque au milieu de la Ville; & divers Evêques y ont ajouté de tems en tems quelque nouvel Ouvrage. Un autre Roi nommé Ælfred, bâtit une autre Eglise près de celle-là; & elles étoient desservies l'une & l'autre par des Prêtres mariez. On les chassa dans le dixième Siècle, & l'on établit des Moines à leur place. Mais les deux Eglises étoient si près l'une de l'autre que les Religieux s'incommodoient réciproquement lorsqu'ils chantoient l'Office Divin; ce qui causa plusieurs querelles entre eux. Ces querelles jointes à l'incommodité de l'air déterminèrent les Religieux de la nouvelle Eglise à transporter leur Maison hors de la Ville, où ils bâtirent un Couvent magnifique.

Après la conquête des Normans Winchester fut aussi fort illustre. On y mit les Archives de la Province. Le Roi Edouard III. y établit une Etape pour le Commerce des Draperies & des Laines; ce qui la rendit encore plus florissante.

Aujourd'hui Winchester est une grande Ville fermée de murailles qui ont dix-huit cens quatre-vingt pas de tour, & six Portes. On y voit divers Bâtimens considérables, comme un Château, un Hôtel de Ville, une Eglise Cathédrale & sept autres Paroisses. L'Hôtel de Ville a une Salle spacieuse, où se tiennent les Assises du Pays. On y montre une grande Table ronde qu'on dit être *la Table ronde* du fameux Arthur, tant chantée par les vieux Romanciers. L'Eglise Cathédrale est assez belle. Il y avoit autrefois dans le Chœur jusqu'à quatorze Tombeaux de Rois ou de Reines: un Evêque de cette Ville prit leurs os, & les mit tous dans de petites Châsses dorées, qu'il posa dans les Parois du Chœur, avec des Inscriptions, & on les y voit encore aujourd'hui. Le Château est un Bâtiment antique. Il est placé au Sud-Ouest de la Ville. Avant que l'on eût inventé l'Artillerie, il étoit regardé comme une Pièce très-forte, & il a été souvent attaqué en vain. Dans le douzième Siècle l'Impératrice Mahaud, faisant la guerre au Roi Etienne l'assiégea longtems inutilement; mais voyant qu'elle n'avançoit rien par la force elle eut recours à l'artifice. Elle fit courir le bruit qu'elle étoit morte. Là-dessus on ouvrit le Château, où elle se fit porter dans une Bière; & ses gens qui feignoient d'accompagner le Convoi, se rendirent maîtres de la Place par ce stratagême. Dans le voisinage de l'Eglise Cathédrale on voit le Palais Episcopal qui est un assez bel Edifice.

L'Evêché de Winchester est un des plus riches Bénéfices du Royaume; car il vaut huit mille Livres Sterling de rente. L'Evêque a sous sa Juridiction spirituelle les deux Provinces de Hampshire & de Surrey, avec les Isles de Jersey & de Guernesey. Un Evêque de Winchester, nommé Guillaume Wickham a fondé dans cette Ville un beau Collége, où l'on entretient un Principal ou Gardien, dix Fellows, ou Associez, deux Scolarques, & soixante & dix Ecoliers, qu'on tire delà quand ils sont assez avancez pour les envoyer à Oxford au Collége-neuf, qui a été fondé par le même Prélat.

2. WINCHESTER, Bourgade d'Angleterre dans le Comté de Northumberland. Ceux du Pays l'appellent WINCHESTER IN THE WALD, ou OLD-WINCHESTER, c'est-à-dire *Winchester près du rempart*, ou *le Vieux Winchester*. Ce Lieu est peu éloigné des ruïnes du Mur de Sévère; & on le prend pour l'ancienne *Vindolana*.

WINCHY & BELLE FONTAINE, Terre de France, dans l'Artois, au Bailliage d'Aire. Cette Terre fut érigée en Marquisat, l'an 1676. en faveur du Sieur d'Assigny.

WINDA, ou WINDAW [a], Ville du Duché de Courlande, sur le bord de la Mer Baltique, à l'Embouchure de la Weta, à la gauche, à quinze milles de Memel & à trente de Riga [b]. Cette Ville a encore un Château & un Port; mais elle est fort déchue de ce qu'elle a été autrefois.

[a] *De l'Isle, Atlas.*
[b] *Baudrand, Dict.*

WINDELINGEN, ou WENDLING, Ville d'Allemagne, dans la Suabe, au Duché de Wirtemberg, sur le Necker, vers l'Embouchure du Lauter dans ce Fleuve, à la droite.

WINDESHEIM, Prieuré des Pays-Bas, dans l'Over-Issel, à trois lieues de Deventer. Il ne subsiste plus présentement, les Protestans l'ayant détruit, & s'étant emparez des biens. C'étoit un Prieuré célèbre de Chanoines Réguliers de St. Augustin, fondé en 1387. par le Bienheureux Florent Disciple du Bienheureux Gerard *le Grand*. Ce Prieuré étoit Chef d'Ordre, & avoit sous lui plus de quatre-vingt Monastères, tant aux Pays-Bas qu'en Allemagne. On choisit encore actuellement un Général de cette Congrégation, & il porte le titre de Prieur de Windesheim. On prend alternativement un Sujet Allemand, & un Sujet des Pays-Bas pour remplir cette place.

WINDISCH [c], Village de Suisse, au Canton de Berne, dans l'Argeau, à un quart de lieue de Kunigsfeld. C'est dans ce Village qu'on doit chercher les restes infortunez de l'ancienne VINDONISSA. Voyez ce mot. Cette Ville étoit forte par sa situation, qui est très-avantageuse, sur une hauteur, au pied de laquelle deux Riviéres rapides, larges & profondes mêlent leurs eaux, je veux dire l'Aare & la Reuss. Et quand on fait attention au grand avantage de cette situation, où l'on pourroit faire une des plus fortes Places de l'Europe, on est surpris que personne ne se soit avisé dans les derniers Siècles de la rebâtir. Les Romains avoient bien su se prévaloir de cette situation. Ils en avoient fait une Place d'armes pour arrêter les irruptions des Germains. Ce qui étoit déja établi du tems de Vespasien, comme Tacite nous l'apprend au quatrième Livre de son Histoire; & c'est ce que nous apprennent divers Monumens anciens qu'on y a déterrez, comme des Inscriptions, des Cachets, des Bagues, des Médailles & autres. Il y a long-tems qu'on y voyoit cette Inscription qui parle d'un Ouvrage de l'Empereur Vespasien:

[c] *Etat & Délices de la Suisse, t. 2. p. 199.*

IMP.

WIN.

IMP. T. VESPASIANUS
CÆS. AUG. VII. COS.
MARTI APOLLINI
MINERVÆ
ARCUM VICAN.
VINDONISSENSIS CURIÆ, &c.

On voit encore à l'un des côtez du Temple de Windifch, une petite Infcription à demi-barbare, qui en marque le Fondateur & l'Architecte :

IN ONORE SCI
MARTINI ECPI
URSINOS * EB.   * EPISCOPUS
ESCUBUS * * IT DE   * * ET
TIBALDUS † LIN
CULFUS FICIT.

On y a trouvé des Médailles de plusieurs Empereurs, depuis Néron jufqu'à Valentinien. Vindonifle fut enfuite une Ville Épifcopale fous les premiers Rois des Francs. Mais Childebert II. en tranfporta le Siège à Conftance vers la fin du fixième Siècle; parce que la première de ces deux Villes avoit été ruïnée par les guerres, dans le tems de la décadence de l'Empire Romain.

De Windifch pour aller à Bâde on paffe la Reuff, fur un Pont volant qui eft attaché à une corde groffe comme le bras ; tendue au-deffus de la Rivière, & cramponnée à de groffes pièces de bois aux deux bords de l'eau.

a Defcr. de la France, Part. 2. p. 258.

Mr. de Longuerue [a] remarque dans le Panégyrique de Conftantin Eumenius écrit *Vindon*, au lieu de *Vindoniſſa*, & qu'il parle des Champs de *Vindon*, *Vindonis Campos*, où les Romains avoient vaincu les Barbares. La Ville de Windifch a été un ancien Siège Épifcopal. On ne fait point les noms de ceux qui ont tenu ce Siège fous les Empereurs Romains; on voit feulement que Bubulcus Évêque de Vindoniffe, affifta au Concile d'Épaone fous Sigifmond Roi des Bourguignons; & que fon Royaume étant venu au pouvoir des François, Grammatius Évêque de Vindoniffe, affifta au Concile d'Auvergne fous le Regne de Théodebert, petit-fils de Clovis, l'an 535. Le même Grammatius, appellé Évêque de Vindon, fouscrivit au IV. Concile d'Orléans, & enfuite au V. tenu l'an 549.

La Ville fubfiftoit donc alors, & elle ne fut ruïnée que lorfque ceux du Duché d'Allemagne, par l'ordre de Théodebert Roi d'Auftrafie, ennemi de Thierri Roi de Bourgogne, entrèrent dans la Bourgogne Tranfjurane, qui fut ruïnée par le fer & par le feu, avec les Villes & le Plat-Pays l'an 611. Depuis ce tems-là Vindoniffe n'a jamais été rétablie, & l'Évêché eft demeuré fupprimé; il étoit dans la Province nommée *Maxima Sequanorum*, fous la Métropole de Befançon.

b Jaillot, Atlas.

WINDISCHMARCK, Contrée d'Allemagne [b], dans le Cercle d'Autriche, & que quelques-uns prétendent faire partie de l'Efclavonie. Elle eft bornée au Nord, partie par la Haute Carniole, partie par le Comté de Cilley, dont elle eft féparée par la Sawe

WIN.

à l'Orient par la Croatie: au Midi par la Morlaquie; à l'Occident par la Haute & Baffe-Carniole. Ce Pays eft montueux pour la plus grande partie [c], fur-tout du côté du Midi; mais il ne laiffe pas de produire affez de froment, & du vin blanc excellent. Ses Habitans parlent Efclavon, reconnoiffent les Archiducs d'Autriche pour Seigneurs, & font Catholiques. Les deux principales Rivières qui arrofent ce Pays font le Guruck & le Kulp, Ses Villes font:

c Corn. Dict. Raw. Cofm. c. 24.

Medling ou Metling,	Seiffenbourg,
Rudolfs-werd,	Wergel,
Roffegk,	Kaczndorff,
Gotfche	Altenbourg,
Lueg,	Gurchfelt,
Neideck.	

WINDISCH-MATRAY, Bourg d'Allemagne [d], dans la partie Méridionale de l'Archevêché de Saltzbourg, fur le bord de la petite Rivière Ifola, qui forme une des fources de la Drave. Quelques-uns le prennent pour l'ancien *Idunum*.

d Jaillot, Atlas.

WINDOGLADIA. Voyez VINDOGLADIA.

WINDRUSH, Rivière d'Angleterre [e]. Elle a fa fource dans le Duché de Glocefter, & coulant à l'Eft elle entre dans Oxfordshire où elle arrofe Burford, & Whitney, après quoi elle fe jette dans l'Ifis où la Tamife, à l'Occident d'Oxford.

e Délices de la Gr. Br. p. 640.

1. **WINDSOR**, Bourg d'Angleterre, dans Berkshire, fur la Tamife, à vingt-cinq milles de Londres. Ce Bourg nommé anciennement Wyndleshore députe au Parlement & a droit de Marché. Il eft encore [f] confidérable, à caufe que depuis Guillaume le Conquérant les Rois d'Angleterre y ont toujours eu une Maifon de Plaifance : Voyez l'Article fuivant.

f Ibid. p. 866.

2. **WINDSOR** [g], Maifon Royale des Rois d'Angleterre, en Berkshire, fur la Tamife. Elle prend fon nom du Bourg où elle eft fituée, & où depuis Guillaume le Conquérant les Rois d'Angleterre ont toujours eu une Maifon de Plaifance, ou un Château Royal. Ce fut dans la quatorzième Siècle que le Roi Édouard III. bâtit le Château qu'on voit aujourd'hui à Windfor; & divers Rois fes Succeffeurs y ont ajouté quelque chofe de tems en tems pour l'embellir. C'eft aujourd'hui la plus belle Maifon Royale qu'il y ait en Angleterre. Elle eft fituée fur une hauteur vers le bord de la Tamife, & compofée de deux Cours, qui partagent trois grands corps de logis. Les dehors n'en font ni fort beaux, ni fort réguliers; mais les Appartemens font fuperbes, ornez de très-beaux Tableaux & richement meublez. La Reine Élifabeth y fit faire une Terraffe qui donne fur la Tamife; & Charles II. qui aimoit extrêmement le féjour de Windfor, y fit quelques réparations & augmenta la Terraffe.

g Ibid.

A l'entrée de la première Cour on voit la vieille Chapelle, qui eft une Pièce magnifique, commencée par Édouard III. & finie environ cent ans après par Édouard IV. environ l'an 1470. Il y a une Chapelle neuve au bout

WIN.

bout de la Galerie du Château ; mais la vieille est celle où les Rois tiennent le Chapitre de l'Ordre de la Jarretière. A la gauche de cette Chapelle, on trouve le logement du Doyen & de douze Chanoines. A la droite, sont les appartemens où l'on entretient douze pauvres Gentilshommes cassez de travaux, de fatigues & de vieillesse, après qu'ils ont rendu de longs ou de grands services. La vieille Chapelle a servi de sépulture à quelques Rois, comme à Henri VI. à Edouard IV. à Henri VIII. & à Charles I.

Au milieu du Château entre les deux Cours s'élève un gros Bâtiment, fort haut, en forme de Donjon, & qu'on appelle *Winchester-Tower*.

Du reste, ce Château n'a ni Jardins, ni Fontaines, ni Avenues. Tout ce qu'on y trouve d'Ornement extérieur se réduit à un grand & vaste Parc, rempli de Bêtes fauves. Il est vrai qu'on y jouit d'une vûe charmante, qui s'étend sur une belle & agréable Campagne tout à la ronde, où l'œil découvre le cours de la Tamise, des Champs, des Parcs, des Prairies, de belles Maisons, & des Collines ombragées de Forêts ; de sorte qu'on ne peut refuser à cette Maison le titre d'un parfaitement beau séjour.

On remarque que le Château de Windsor, peu de tems après qu'il fut bâti, servit de prison à Jean, Roi de France, & à David Roi d'Ecosse.

WINECAUNTON, Bourg d'Angleterre [a], dans Sommersetshire, à trois ou quatre milles du Bourg de Bruton, de l'autre côté du Bruis & au Midi. Il s'est trouvé autrefois près de Winecaunton, des Mines de charbon de terre, où les Travailleurs furent étouffez subitement par une vapeur puante vers l'an 1685. On examina ces charbons en les mettant sur le feu, & l'on se convainquit que l'usage en étoit fort dangereux ; ce qui fut cause qu'on abandonna entièrement ces Mines.

[a] Délices de la Gr. Br. p. 705.

WINEDEN, WINENDA ou WINADA, Ville d'Allemagne [b], dans la Suabe, au Duché de Würtemberg, sur une petite Riviére, qui se jette dans le Muhrr. Cette petite Ville, qui a un Château fortifié appartient au Grand-Maître de l'Ordre Teutonique.

[b] De l'Isle, Atlas.

WINFRIEDS-WELL, c'est-à-dire *Fontaine de Winfride* : Fontaine d'Angleterre [c] au Pays de Galles, dans le Comté de Flint, à l'Occident de la Ville de ce nom, dans un petit Bourg nommé Holy-well ; c'est-à-dire Fontaine sacrée, & qui tire son nom de la Fontaine de Winfrieds-well. On dit qu'anciennement un Tyran du Pays ayant violé & ensuite égorgé une Ste. Fille nommée *Winefride*, la terre poussa dans le même endroit la Fontaine en question, à laquelle sur ce fondement on a donné le nom qu'elle porte. Il croît au fond de cette Fontaine une mousse, qui constamment exhale une très-bonne odeur ; & il s'y trouve aussi des pierres rougeâtres, ou semées de taches rouges, que la Tradition du Pays fait passer pour des goutes du sang de Ste. Winfride, qui ne s'effaceront jamais. On a élevé une jolie Eglise sur cette Fontaine ; & l'on

[c] Délices de la Gr. Br. p. 411.

WIN. 377

a peint aux fenêtres la mort tragique de la Sainte. L'eau de cette Source se précipite de dessous ce Bâtiment à travers des quartiers de Roche, & produit d'abord un si gros Ruisseau qu'il y en auroit bien assez pour faire tourner un Moulin. Les Catholiques anciens & modernes ont toujours publié qu'il s'est fait de grands miracles à cette Source ; aussi voit-on tous les ans dans la belle Saison un grand concours de Pélerins Catholiques d'Angleterre, qui se plongent dans cette eau par dévotion, ou pour leur santé. Mr. Guillaume Fleetwood, Evêque d'Ely, étant encore Evêque de St. Asaph, écrivit contre cette pratique, & publia en 1713. la Légende de Ste. Wenefride, avec des remarques dans lesquelles il prétendoit démontrer la fausseté de cette Légende. On remarque que la Reine Marie d'Este, Epouse du Roi Jacques II. alla en pélerinage à Winfrieds-well.

WINGURLA, Ville des Indes Orientales au Royaume de Visiapour [d], sur le bord de la Mer, au Nord de Goa dont elle est peu éloignée. C'étoit un lieu de relâche pour les Hollandois, dans le tems qu'ils avoient la guerre avec les Portugais. Pendant la mousson d'Eté ils alloient tous les ans croiser avec un bon nombre de Vaisseaux de guerre devant la Barre de Goa, & dans les parages voisins, pour empêcher la navigation de leurs Ennemis, qui alloient prendre des rafraîchissemens à Wingurla, où les Hollandois ont une belle Loge.

[d] Voyage de G. Schouten aux Indes Or. t. 2. p. 488.

WINNICZA, Ville de la Petite Pologne [e], dans le Palatinat de Braclaw, à la droite du Bog, à treize lieues au-dessus de Braclaw. Cette Ville est le Chef-lieu d'un Territoire auquel elle donne son nom : elle est outre cela le Lieu de l'Assemblée de la Noblesse [f], le Siège d'un Tribunal de Justice ; & on y voit un Collège de Jésuites. Chmielnicius, Général des Cosaques, s'empara de Winnicza en 1650. La Diéte de Pologne ayant trouvé moyen de l'appaiser, il abandonna la Place ; mais l'année suivante Bohunus, un de ses Lieutenans, s'en rendit maître de nouveau ainsi que du Château. Cependant les Polonois la reprirent quelque tems après.

[e] De l'Isle, Atlas.

[f] Andr. Cellar. Descr. Polon. p. 365.

WINON, Ruisseau de Suisse [g], dans le Canton de Lucerne près de Neudorff. On trouve dans ce Ruisseau de grosses Ecrevices qui ne prennent jamais la couleur rouge quand on les fait cuire. Elles demeurent toujours noires.

[g] Etat & Délices de la Suisse, t. 2. p. 392.

WINSCHOTE, Ville des Pays-Bas [h], dans la Seigneurie de Groeningue, à cinq lieues de la Ville de Groeningue, & à une lieue du Bras de Mer nommé Dollert. Le 24. de Mai 1548. Louis de Nassau, Frere de Guillaume I., Prince d'Orange, mit en déroute, auprès de la petite Ville de Winschote, trois mille cinq cens Espagnols, commandez par Jean de Ligny Comte d'Aremberg. Les Espagnols y perdirent douze cens hommes, tout leur Bagage & six piéces de Canon ; le Comte d'Aremberg fut tué dans la mêlée, & enterré dans l'Abbaye de Heyligerlée, près de Winschote. Le Comte Adolphe de Nassau, autre frere de Guillaume I., fut tué au commencement de la

[h] Dict. Géogr. des Pays-Bas.

Bbb

la Bataille, de la main même du Comte d'Aremberg, & enterré au Château de Wede. Le Combat de Winschote fut le premier qui se donna pour la Liberté des Provinces-Unies.

[a] *Jaillot, Atlas.*

WINSEN, Bourg d'Allemagne [a], dans la Basse-Saxe, au Duché de Luneburg, à la gauche de l'Elbe, dans l'endroit où la Luche & l'Ilmenau se jettent dans ce Fleuve, environ à trois lieues au-dessous de Luneburg.

[a] *D'Aussifred, Géogr. t. 3.*

WINSHEIM [b], Ville Impériale d'Allemagne. Elle est enclavée dans le Marquisat d'Auspach. La Tradition du Pays veut qu'elle ait été fondée par Windegast, Général des Trouqes de Pharamond, vers l'an 425. Sa situation est agréable: & la petite Riviére qui la traverse rend ses environs fertiles.

[b] *Zeyler, Topogr. Alsat. p. 69.*

WINSTEIN, Château de France [c] dans l'Alsace. Antoine Duc de Lorraine surprit ce Château en 1515. le jour de St. Wenceslas, & le brûla le jour de la Toussaints. Les Evêques de Spire & les Seigneurs de Lichtenberg donnoient autrefois l'Investiture du Château de Winstein & de ses dépendances aux Familles Nobles de Turtheim, d'Altdorff, surnommée Wollenschlager, & de Konigsbach appellée aussi Nagel.

[c] *Boudrand, Dict.*

WINTEN, Bourgade d'Allemagne [d], dans la Baviére, sur le Danube, au voisinage d'Ingolstadt. Cluvier croit que c'est la *Wettoniana* de l'Itinéraire d'Antonin.

[d] *Etat présent de la Gr. Br. t. 1. p. 79.*

WINTER, Lac d'Angleterre, dans Lancashire [e]. Il s'étend l'espace de dix milles en longueur & de quatre en largeur. C'est le plus grand Lac qu'il y ait en Angleterre. Il sépare une partie de la Province de Lancastre de celle de Westmorland. Son eau est fort claire & son fond est couvert de petites pierres. On y trouve quantité de Truittes de Brochets & de Perches; mais particuliérement un poisson très-délicat, qu'on appelle *Charr*, & qu'on ne voit point ailleurs, excepté dans *Ulles-Water*, autre Lac sur les confins du Cumberland & du Westmorland.

WINTER-HOECK, c'est-à-dire *le Coin de l'Hyver*: Cap sur la Côte Septentrionale de la Nouvelle Zemble. On lui a donné ce nom à cause de sa situation.

[e] *Etat & Délices de la Suisse, t. 2. p. 38. & suiv.*

WINTERTHOUR, Ville de Suisse [f], au Canton de Zurich, sur une petite Riviére nommée Eulach, dans une Plaine également agréable & fertile. Cette Ville est considérable par son antiquité, par sa beauté & par les grands priviléges dont elle jouit. On y voit une belle Eglise avec deux Clochers & plusieurs belles Maisons, particuliérement autour de la Place du Marché; ce qui fait un beau coup d'œil. Winterthour appartenoit autrefois à la Maison d'Autriche, qui l'avoit eue des Comtes de Kybourg. Elle a pris son nom d'une Forteresse nommée *Windthurn*, que les Comtes de Kybourg avoient bâtie près delà; & un autre Comte de Kybourg, appellé Hartman I. bâtit la Ville. Sigismond d'Autriche la céda par Traité aux Zurichois en 1467. & ceux-ci en la recevant lui laissérent ses anciens priviléges, qu'elle conserve encore aujourd'hui. Elle a son Bourgmestre & son propre Gouvernement; avec quelques terres du voisinage dans sa dépendance. Mais les Biens de l'Eglise y sont administrez par un Procureur de Zurich. On y voit une riche Bibliothéque, considérable non-seulement par les Livres; mais encore par diverses raretez qu'on y a ramassées.

La Ville de Winterthour a produit de savans hommes, entre autres un célébre Histoirien connu sous le nom de *Johannes Vitoduranus*. Il a écrit l'Histoire de la Suisse depuis l'an 1215. jusqu'à l'an 1348.

On trouve dans cette Ville entre autres choses remarquables un Bain d'une Eau minérale, qui vient du dehors, & qui est utile pour la guérison de diverses maladies. En 1556. le 4. de Janvier à 7. heures du soir, comme il faisoit un tems fort rude, avec du vent & de la neige, on vit tout d'un coup le haut du Clocher de Winterthour tout en feu, avec des flammes qui faisoient un si grand bruit qu'on l'entendoit d'assez loin. On eût dit que le Clocher brûloit. Quelques-uns assûrérent même en avoir vu tomber des étincelles. Ce spectacle dura environ un quart d'heure. On courut au haut du Clocher pour éteindre le feu; & l'on fut étonné, quand on y fut monté, de n'y trouver plus ni flamme ni feu. Les Habitans appellent cela *le Feu St. Elme*. Depuis ce tems-là on a vu diverses fois le même feu, tantôt sur un Clocher, tantôt sur l'autre; ce qui fait qu'on n'en est plus effrayé. Dans la même année 1556. on trouva dans la Riviére de Thoess, trois Cailloux, dont l'un avoit une Croix Suisse, une Epée & une Verge; & dans les deux autres étoient la Croix & les Armes de Bourgogne, comme peintes de la main même de la Nature.

Les Environs de Winterthour sont remplis d'endroits remarquables. A une lieue de cette Ville est le Village appellé Vieux-Winterthour, & dont le nom vient de l'ancienne *Vitodurum*, qui étoit dans cet endroit. Les Romains en avoient fait une Place forte, où ils mettoient une partie de leurs Troupes en Quartiers d'hyver. On y voit encore en quelques endroits, particuliérement près du Cimetiére, les Masures de la vieille Forteresse. On y a trouvé & on y trouve encore divers monumens de la magnificence des Romains, comme des Médailles des Empereurs Néron, Domitien Constance & Constantin; & sur-tout un Chemin qui conduit à Frawenfeld, la Capitale du Thourgaw, à travers des Campagnes marécageuses & pavé de pierres, de gravier, de sable, de chaux & d'autres matiéres. On voit à Constance, dans l'Eglise de Saint Maurice, une vieille Table Romaine, pour conserver la mémoire de la réparation des murailles de cette Place, faite par le commandement des Empereurs Dioclétien, Maximien, Constantius, & Galerius, par les soins d'Aurelius Proculus, Gouverneur du Pays. Enfin tout nouvellement, en 1709. on a trouvé dans ce Lieu-là, en creusant la terre, plusieurs piéces anti-

antiques, toutes de bronze, dont l'une eſt un Couteau, & les autres ſont deux Mercures & quelques Animaux, comme Taureaux, Chevaux, Pourceaux ; le tout néanmoins aſſez groſſiérement fait.

a Délices de la Gr. Br. p. 106.

WINTER-TON, Cap d'Angleterre *a*, dans la partie Occidentale de la Province de Norfolck. Il a été ainſi appellé, à cauſe d'un Village voiſin, qui porte ce nom pour être expoſé à toute la furie des vents de l'Hyver : au contraire de deux autres Villages des environs, nommez *Somer-ton*, apparemment parce que l'air y eſt plus modéré. Cependant le terroir eſt très-fertile dans tout ce Quartier, & demande peu de culture.

b Zeyler, Topogr. Elect. Colon. p. 40.

WINTER-WINTERE, Ville d'Allemagne *b*, dans le Cercle du Bas-Rhein, à la droite de ce Fleuve, entre Rheinmagen & Bonn, qui ſont de l'autre côté du Rhein. On appelle auſſi quelquefois cette Ville Königswinter, pour la diſtinguer d'Ober-Winter, Lieu ſitué entre Rheinmagen & Bonn ; mais à la gauche du Rhein.

c Monument. Paderbor. p. 24. 209. & 234.

WINTFELDT, Lieu d'Allemagne dans la Weſtphalie, près de Delburg *c*, entre Paderborn, Delmhold & Horne. WINTFELDT ſignifie en Allemand *le Champ de la Victoire* ; car *Vinnen* veut dire *Vaincre*, & *Feldt* ſignifie *Champ*. On croit que ce Lieu a été ainſi nommé à cauſe que Varus, Général d'une Armée Romaine, y fut défait par Arminius, ſous l'Empire d'Auguſte. Deux Ruiſſeaux y paſſent ; l'un appellé *Rodenbecke*, & l'autre *Knockenbecke*, c'eſt-à-dire, *Riviére rouge* & *Riviére d'os* ; parce que les eaux de l'une furent teintes du ſang de ceux, qui périrent dans la Bataille, & que l'autre fut remplie de leurs oſſemens. Quelques-uns ont confondu mal à propos WINTFELD, avec SINTFELDT.

d Jaillot, Atlas.

WINTHUSEN, Bourg d'Allemagne *d*, dans la Baſſe-Saxe, & dans l'Evêché de Hildesheim, à une lieue & demie à l'Orient Méridional de la Ville de ce nom.

e Délices de la Gr. Br. p. 319.

WINVICK, Lieu d'Angleterre *e*, dans la Province de Lancaſtre, ſur la route de Londres à Lancaſtre, entre Warrington & Wigan. Ce Lieu eſt remarquable par ſon Presbytére, l'un des plus riches du Royaume. On lit dans l'Egliſe cette Inſcription en caractères Gothiques, à l'honneur du Roi Oſwald :

Hic locus, Oſwalde, quondam placuit tibi valde, Northanbumbrorum fueras Rex, nunc quoque Polorum Regna tenes, loco paſſus Marcelde *vocato*.

f Jaillot, Atlas.

1. WIPPER, Riviére d'Allemagne *f*, dans le Landgraviat de Thuringe. Elle prend ſa ſource dans la partie Occidentale du Comté de Mansfeld, & prenant ſon cours d'Occident en Orient, elle mouille le Bourg de WIPPRA, dont quelques-uns veulent qu'elle porte le nom, & ſe rend à Mansfeld. De là prenant ſon cours vers le Nord, elle arroſe Leimbach & Kupferberg, & entre enſuite dans la Principauté d'Anhalt qu'elle traverſe juſqu'au Lac d'Aſcherieben, où elle recommence à courir vers l'Orient, pour aller ſe perdre dans la Sala, près de Bernburg.

2. WIPPER, ou WUPPER *g*, Riviére d'Allemagne. Elle prend ſa ſource dans la partie Occidentale du Comté de la Marck, au-deſſus de Morien-heyde, & dirigeant ſa courſe vers le Nord Occidental, elle entre dans le Duché de Berg, où elle mouille Wipperfurd, Hockeſvagen & Elverveldt, où elle fait un coude & tourne vers le Midi Occidental. Dans cette nouvelle courſe elle baigne Solingen & divers autres lieux moins conſidérables ; après quoi ſe partageant en deux Bras elle va ſe jetter dans le Rhein par deux Embouchures, l'une près de Rheindorp, & l'autre près de Weſtorp.

g Ibid.

WIPPERFURD, ou WIPPERFUIRD *h*, Ville d'Allemagne, dans le Comté de Berg, ſur le bord du Wipper, dans l'endroit où cette Riviére reçoit celle de Roenſel. Elle a pris ſon nom de celui de la Riviére ſur laquelle elle eſt ſituée.

h Ibid.

WIPPRA, Bourg d'Allemagne *i*, dans le Landgraviat de Thuringe, au Comté de Mansfeld, ſur le bord de la Riviére de Wipper. Voyez WIPPER, N°. 1. Mr. Corneille *k* donne à Wippra le titre de Ville.

i Ibid. *k* Dict.

WIRIE. Voyez WIRLAND.

WIRISKWALD, Forêt de l'Empire Ruſſien *l*, dans l'Eſthonie, au Quartier de Wirie, dont elle occupe une grande partie, & dont elle prend le nom.

l De l'Iſle, Atlas.

WIRLAND, ou WIRIE *m*, Quartier de l'Empire Ruſſien, dans l'Eſthonie. Il eſt baigné au Nord par le Golphe de Finlande: l'Alentakie le borne à l'Orient : il a la Jerwie au Midi ; & l'Harrie au Couchant. La Forêt de Wiriskwald occupe une grande partie du Pays, ſur la Côte duquel on voit les Iſles de Wrangö & de Ekholm. Ses principaux Lieux ſont :

m Ibid.

| Tolsbourg, Weſenberg, | } Villes. |
| Kyda, Kolka, Borckholm. | } Châteaux. |

WIRM, Riviére d'Allemagne *n*, dans l'Electorat de Baviére. Elle ſort du Lac de Wirmſée, auquel elle ſert d'Emiſſaire pour porter ſes eaux dans la Riviére d'Amber. Son cours eſt du Midi au Nord.

n Jaillot, Atlas.

WIRMSEE, Lac d'Allemagne, dans l'Electorat de Baviére, à cinq lieues de la Ville de Munich, du côté du Sud Occidental. Ce Lac s'étend en long du Sud au Nord. Il ſe décharge dans la Riviére d'Amber, par le moyen de celle de Wirm.

WIROWITZA, Ville de Hongrie *o*, dans l'Eſclavonie, ſur une petite Riviére qui ſe jette dans la Drave. C'eſt le Chef-lieu du Comté de Verocz auquel elle donne ſon nom. Les Turcs ſe rendirent maîtres de cette Ville en 1684. & la reſtituérent à l'Empereur en 1699. par le Traité de Paix conclu à Carlowitz.

o Ibid.

WIRTENBERG, WIRTEMBERG ou WÜRTENBERG. Voyez WÜRTEMBERG.

WIRTSBOURG ou WÜRTSBOURG. Voyez WÜRTSBOURG.

WISBADEN, Bourg d'Allemagne *p*, dans

p D'Audifred, Géogr. T. 3. p. 201.

dans la Wettéravie, à deux lieues de Mayence, près du Monastère d'Erbach, & à six ou sept lieues de Francfort. Ce Lieu est renommé par ses Eaux minérales, connues des Anciens sous le nom d'*Aquæ Mattiacæ*; & il est aujourd'hui le Chef-lieu d'une Seigneurie à laquelle il donne son nom.

La SEIGNEURIE DE WISBADEN, s'étend entre le Comté de Dietz, la Seigneurie d'Idstein, & le Rheingaw. Cette Seigneurie, ainsi que celle d'Idstein, est possédée par une Branche de la Maison de Nassau-Sarbruck, & qui est issue de Jean, second fils de Louïs, Comte de Nassau-Sarbruck.

WISBI. Voyez WISBY.

WISBICH, Ville d'Angleterre, dans la Province de Cambridge[a], à l'extrémité Septentrionale de la Province, près de l'endroit où les frontiéres de Norfolck & de Lincoln se joignent. Cette petite Ville appartient avec son Château aux Evêques d'Ely. Elle est dans une situation très-peu avantageuse, étant bâtie au milieu des Riviéres & des Marais, assez près de la Mer pour sentir les maux qu'elle fait à ses voisins, sans en être assez près, pour profiter des commoditez qu'on en tire. En 1236. l'Océan enflé considérablement par un vent orageux inonda tout ce Pays pendant deux jours, renversa la Ville & le Château de Wisbich, & fit de toutes parts un ravage incroyable, avec une perte inexprimable d'hommes & de bêtes. Vers la fin du quinziéme Siécle Jean Morton, Evêque d'Ely, releva le Château & le bâtit de briques.

WISBY, WISBI, WISBUY, en Latin *Visbya* & *Visburgum*, Ville de Suéde[b], dans l'Isle de Gothland, sur la Côte Occidentale de cette Isle. Cette Ville autrefois, grande, riche & puissante, est aujourd'hui si déchue de son ancien lustre, qu'on la prendroit pour une simple Bourgade. Elle s'étoit, pour ainsi dire, élevée sur les ruïnes de deux fameuses Villes du Nord *Wineta* & *Julinum*. L'époque de ses commencemens est marquée vers la fin du huitième Siècle. Depuis ce tems-là elle s'étoit tellement peuplée, qu'on y a souvent compté jusqu'à dix mille Habitans, la plûpart Marchands, sans y comprendre les Danois, les Suédois, les Wandales, les Saxons, les Moscovites, les Juifs, les Grecs, les Prussiens, les Polonois & les Livoniens, qui y avoient leur Commerce. Ces Etrangers y étoient en si grand nombre qu'ils pouvoient faire tête aux Habitans. Ils eurent querelle ensemble au Mois d'Avril 1288. & se livrérent un combat où il périt beaucoup de monde. La victoire se déclara néanmoins pour les Habitans; & Magnus Roi de Suéde réconcilia par son entremise les Vaincus avec les Vainqueurs. Peu de tems après la Ville fut environnée de murailles. En 1361. les Habitans de cette Ville fiers de leurs richesses, se soulevérent contre le Roi de Suéde leur Souverain, qui engagea Waldemar III. Roi de Dannemarck à châtier ces Sujets insolens. Celui-ci s'acquita fort bien de la Commission. Il descendit dans l'Isle de Gothland, livra trois batailles aux Habitans, leur tua environ dix-huit cens hommes & s'approcha de la Ville dans le dessein d'en faire le siège. Les Habitans intimidez, firent des propositions honnêtes & ouvrirent leurs portes; mais Waldemar donna ordre qu'on abattût une partie des murs de la Ville, fit entrer son Armée par la brèche, pilla les richesses immenses des Habitans, & se rembarqua avec un riche butin. Un de ses Vaisseaux chargé d'Ornemens d'Eglise, de Vases d'or & d'argent, & de Marchandises, fit naufrage à la hauteur de l'Isle de Carlsen. Avant que de partir de Wisby Waldemar s'en fit reconnoître Roi; & dans la suite Albert, Roi de Suéde, & le Sénat de ce Royaume lui confirmérent la possession de l'Isle de Gothland. De son côté Waldemar confirma les droits & les Priviléges de la Ville de Wisby. Pour conserver la mémoire des trois Victoires que les Danois avoient gagnées, on éleva sur le Champ de Bataille, qui étoit près de la porte de la Ville, du côté du Midi, un Monument de Marbre avec cette Inscription: *Ante portas Visbii in manibus Danorum ceciderunt hic sepulti*. Quelque tems après, le Duc Eric, fils du Roi Albert, fut enterré dans la Chapelle de Ste. Marie, qui étoit la Chapelle du Château de Wisby appellé communément *Lanscron*. Depuis ce tems-là, la Ville de Wisby a eu à peu près le même sort que l'Isle où elle est située. Voyez GOTHLAND.

La Ville de Wisby est bâtie sur la pente d'un Roc, au bord de la Mer, ceinte d'une bonne Muraille, fortifiée de quelques Bastions, & défendue par un Château assez fort, bâti près du Port, & qui est la demeure du Gouverneur de l'Isle. Oléarius rapporte que les ruïnes de quatorze Eglises, & de plusieurs Maisons, Portes & Murailles de pierre de taille & de Marbre qu'il y vit en 1635. lui firent juger que Wisby avoit été une Place d'une grande étendue. Elle porte pour Armes un Agneau Paschal, avec ces mots: *Agnus Dei, qui tollis peccata Mundi, miserere nobis; & da æternam pacem temporibus nostris*.

On veut ce soit les Habitans de Wisby, qui ayent dressé les premiéres Cartes Marines[c]. On leur donne aussi la gloire d'avoir les premiers établi des Loix pour le Commerce & la Navigation; mais ils les ont plutôt adoptées qu'inventées. Les Habitans de Wisby, s'étant enrichis au trafic maritime portérent les fameux Jugemens d'Oleron chez eux pour s'en servir à régler les différends qui pouvoient arriver dans leur Négoce naval. Ainsi les Loix qu'ils traduisirent en leur propre Langue, augmentées de quelques Articles, & qu'on crut à cause de cela même de leur façon, ne contribuérent pas peu à leur donner pour un tems la réputation d'être les plus fameux Négocians de l'Europe. En 1597. les Villes Anséatiques envoyérent des Députez à Lubec, afin d'y dresser des Réglemens pour la Navigation; & ces Réglemens s'observent encore aujourd'hui dans toute la Mer Baltique; mais ce ne sont proprement que ceux de Wisby augmentez de quelques Articles; & ce qui prouve d'ailleurs que ces Réglemens sont plus modernes

nes que ceux d'Oleron, c'eſt qu'ils ſont un peu plus amples que ceux de Wisby; & ceux-ci le ſont auſſi un peu plus que ceux d'Oleron.

WISCHEGROD, WISCHEGRAD, ou VISSEGRAD [a], Ville de Pologne, dans le Palatinat de Mazovie, à la droite de la Viſtule & aux confins du Palatinat de Ploczko. Cromerus & quelques autres mettent cette Ville dans la Cujavie. En 1329. les Chevaliers de l'Ordre Teutonique, aſſiſtez des Bohêmes, emportérent cette Ville d'aſſaut & y firent un grand carnage.

[a] Andr. Cellar. Deſcr. Polon. p. 598.

WISCHNITZA, ſelon Mr. Corneille [b], WISNICIA & WIESNIETZ, ſelon André Cellarius [c]. Ville de la Petite Pologne, dans le Palatinat de Cracovie, à un mille de Bochna, avec une Fortereſſe, où Staniſlas Lubomirsky, Palatin de Cracovie, faiſoit ſa réſidence, en 1643. Le Roi de Suède s'en rendit Maître le 27. Septembre 1655.

[b] Dict.
[c] Deſcr. Polon. p. 173.

WISELBURG, Bourgade de la Baſſe-Hongrie [d], dans le Comté de Moſon, au Midi Oriental de la Ville d'Owar, ou Altenbourg, ſur la route de cette Ville à Raab ou Javarin. Cette Bourgade [e] qui n'eſt qu'à un mille d'Owar eſt priſe par quelques-uns pour l'ancienne *Limuſa*, & par d'autres pour l'ancienne *Quadrata*.

[d] De l'Isle Atlas.
[e] Baudrand, Dict.

WISKOW, Ville de Pologne, dans la Mazovie, à la gauche du Bough, à huit lieues de Warſovie du côté du Nord.

WISLOC, Ville d'Allemagne [f], dans le Palatinat du Rhein, à Craicgow, environ à deux lieues au Midi d'Heidelberg, & à une lieue au Nord de Rotenburg. Cette petite Ville, ſituée ſur la route de Sintzen à Heidelberg, fut brûlée par les François en 1689. Il y a tout auprès le Vieux Wiſloc qui n'eſt qu'un Village. Ces deux Lieux ſont ſéparés par une petite Riviére.

[f] De l'Isle Atlas.

WISLOKE, Riviére de la Petite Pologne, ſelon Mr. Corneille [g], qui dit qu'elle naît dans le Mont Krapack, qu'elle baigne Biecz & Sechon; après quoi elle ſe décharge dans la Viſtule un peu au-deſſous de Poloniez.

[g] Dict.

Mr. de l'Isle [h] ne nomme point cette Riviére; mais il en marque le cours. Selon ce Géographe, elle naît aux confins des Palatinats de Cracovie & de Ruſſie, vers les Frontiéres de la Hongrie; elle coule du Midi au Nord, en ſerpentant, baigne Byecz, g. Pilczna, Sechow, d. & ſe jette dans la Viſtule un peu au-deſſus de Mielecz.

[h] Atlas.

WISMAR, Ville des Etats de Suède, en Allemagne dans la partie Septentrionale du Duché de Mecklenbourg [i], au fond d'un Gulphe que forme la Mer Baltique, entre Lubeck, Ruſtock & Schwerin, à ſept milles des deux premiéres de ces Places & à quatre milles de la derniére. On ne s'accorde pas plus ſur l'origine de cette Ville que ſur l'Etymologie de ſon nom. Quelques-uns veulent que Wiſſmarus, fils d'Alberic, la fonda & lui donna ſon nom: d'autres prétendent que des Goths, venus de Wisby, Capitale de l'Isle de Gothland, s'établirent dans ce lieu à cauſe de la commodité & de la ſûreté du Port, & lui donnérent le nom de *Wiſmaria*,

[i] Zeyler. Deſcr Wiſmarienſ. Dominatus.

qui veut dire une *Mer aſſûrée*. Enfin il y en a qui veulent que le nom de ſon Fondateur & la commodité de ſon Port ayent également contribué à la faire appeller Wiſmar. Ce qu'il y a de certain, c'eſt qu'en 975. Wiſmar étoit un Village aſſez grand, puiſque l'Empereur Otton II. y tint une Diéte. En 1232. Guntzel II. Comte de Schwerin, jaloux de l'état floriſſant où il voyoit la Ville de Lubeck, augmenta Wiſmar des ruïnes de la Ville de Mecklenbourg, & y tranſporta les Habitans de cette derniére Ville. Henri Duc de Mecklenbourg lui accorda des privilèges & des immunitez vers l'an 1266. Avec le tems elle s'accrut tellement, qu'elle eut rang entre les Villes Anſéatiques; & c'eſt dans ſon Port que s'aſſembloient ordinairement les Flotes que ces Villes mettoient en Mer. En 1262. elle fut preſque toute réduite en cendres par un incendie; mais on la rebâtit plus belle qu'auparavant, & au lieu des Maiſons de bois, on en éleva de pierres. Ses Habitans ayant ſecoué le joug des Ducs de Mecklenbourg, le Duc Henri forma une Armée, & les ſoumit à ſon obéïſſance en 1301. En 1409. ils chaſſérent leurs Magiſtrats & en élurent de nouveaux à la place: le Duc de Mecklenbourg ſe rendit à Wiſmar pour prendre connoiſſance de cette affaire; mais ayant appris que les Bourgeois s'attroupoient, il monta ſur le champ à cheval & ſortit de la Ville. Cependant les Bourgeois ſe reconciliérent en 1417. avec l'ancien Sénat qu'ils rétablirent; ce que le Prince confirma, après avoir condamné la Ville à une amende de dix mille Marcs. Après la mort de ce Prince, deux des premiers Magiſtrats furent arrêtés, & quoiqu'innocens eurent la tête tranchée dans la Place publique; ce qu'on fit aiſément approuver par le jeune Duc qui n'avoit que huit ans, & qui rétablit le nouveau Sénat. Cependant l'Empereur Sigiſmond prit connoiſſance de cette affaire, & régla en 1430. que le nouveau Sénat ſeroit dépoſé & l'ancien rétabli; Sentence qui fut accompagnée d'une amende conſidérable, outre qu'on éleva dans la Place publique une Pyramide, avec une Inſcription pour rétablir la mémoire des deux Magiſtrats qu'on avoit fait mourir injuſtement. Les plus riches Marchands de la Ville, les uns Magiſtrats, les autres ſimples particuliers, achetérent en 1520. preſque tous les Bleds qui ſe trouvérent dans le Duché de Mecklenbourg, & les envoyérent dans les Pays Etrangers. Les Habitans de Wiſmar en ſouffrirent, & on prétend que ce fut de ce Monopole que tirérent leur ſource tous les troubles, qui agitérent depuis cette Ville. Quatre ans après on commença à prêcher publiquement à Wiſmar contre la Religion Catholique.

Walſtein s'étant emparé de cette Place pendant la guerre d'Allemagne, le Duc Adolphe Fréderic la reprit en 1632. avec le ſecours des Suédois, qui y tinrent Garniſon depuis ce tems-là, juſqu'à ce qu'on leur en fit une ceſſion entiére par les Traitez de Weſtphalie. Le Roi de Dannemarck prit Wiſmar en 1675. mais il fut obligé

382 WIS. WIT.   WIT.

bligé de le rendre par le Traité de Fontainebleau.

La Ville de Wismar est grande, bien fortifiée & défendue par une Citadelle, située du côté du Midi Oroiental, flanquée de cinq Bastions, & environnée d'un double Fossé, outre des inondations qui la défendent vers le Midi & vers l'Orient.

Outre la cession qu'on fit aux Suédois de la Ville de Wismar, par les Traitez de Westphalie, on leur céda encore en même tems les Bailliages de Neven-Closter, & de Poel, à l'exception des Villages de Schedorff, de Weidendorff, de Brandenhussen, & de Wangern, qui appartiennent aux Hôpitaux du St. Esprit de Lubeck.

WISNIOWIECZ, ou WISNISWITZ, Bourgade de Pologne [a], dans le Palatinat de Wolhinar, aux confins de la Podolie & le Chef-Lieu d'un Duché de même nom.

[a] Andr. Cellar. Descr. Polon. p. 404.

WISSELOCH, ou WISLOCH, Ville d'Allemagne [b], dans le Palatinat du Rhein, au Craichgow, près de Rotenburg, au Nord de cette Ville, à deux lieues & demie au Midi de Heidelberg. Les François brûlèrent cette petite Ville en 1689.

[b] De l'Isle, Atlas.

WIST, Isle de la Mer d'Ecosse [c], & l'une des Hébrides. Cette Isle qu'on nomme aussi quelquefois EUST, est au Midi de celle de Harray-Lewis, dont elle n'est séparée que par un Détroit de quatre à cinq milles de largeur, parsemé d'une trentaine de petites Isles, entre lesquelles on en compte huit ou neuf qui sont habitées. L'Isle de Wist est longue & étroite, ayant trente-six milles de longueur & seulement cinq ou six de largeur. Elle est tellement entrecoupée de Lacs & de Golphes, que dans le tems de la pleine Mer elle est partagée en trois Isles, & ce n'est que dans le tems du reflux qu'elle est une Isle entière. De ces Lacs il y en a un de trois milles de longueur. Il n'avoit autrefois aucune communication avec l'Océan; mais la Mer s'y est frayée un chemin; & malgré tous les efforts des Habitans, qui avoient fait une Chaussée de soixante pieds pour l'empêcher, elle y a jetté son eau salée, & s'y jette tous les jours depuis ce tems-là. On y prend un Poisson qui ressemble au Saumon en tout, excepté qu'il a le dos noir & le ventre blanc. L'Isle est assez peuplée pour faire le nombre de cinq Paroisses.

[c] Délices de la Gr. Br. p. 1444.

WISTOCK, Bourgade d'Allemagne, dans l'Electorat de Brandebourg, au Comté de Preg, sur la Rivière de Dorsa. Ce Lieu est renommé par la victoire que Banier Général Suédois y remporta sur les Danois en 1636.

WITEPSK, ou WITEBSK, Ville du Grand-Duché de Lithuanie [d], dans le Palatinat auquel elle donne son nom [e]. C'est une Place fortifiée, à la gauche de la Duna, entre Surass & Viscisza, à quatre-vingt milles de Wilna. Cette Ville est environnée de Marais dont on n'approche que difficilement. Son Château est situé dans le lieu le plus élevé, & passe pour être fort. Les Moscovites ont attaqué souvent cette Ville; mais les Polonois les ont toujours repoussez.

[d] De l'Isle, Atlas.
[e] Andr. Cellar. Descr. Polon.

LE PALATINAT DE WITEPSK, est borné au Nord & à l'Orient par les Terres de Russie: au Midi par les Palatinats de Minski & de Msciflaw; & au Couchant par les Palatinats de Poloczk & de Wilna. C'étoit autrefois un Duché considérable que des Princes Vassaux des Grands-Ducs de Moscovie ont possédé jusqu'au tems d'Olgerd, Grand-Duc de Lithuanie, qui l'unit à ses Etats par son mariage avec la Duchesse Uliana. Ce Pays est stérile [f], & les Habitans en sont pauvres, les guerres les ayant entièrement ruïnez, tant par le passage continuel des Armées, que par les fréquentes courses des Moscovites. Ses principaux Lieux sont

[f] D'Auffred, Géogr. t. 3.

Witepsk,   Braslaw,
Ula,   Mohilow.

WITGENSTEIN, Bourg d'Allemagne [g], dans la Westphalie, sur la Rivière de Lohn, & le Chef-Lieu d'un Comté de même nom. Ce Bourg est considérable.

[g] Ibid. p. 319. Ed. 1695.

Le Comté de Witgenstein est entre le Haut-Landgraviat de Hesse, & le Comté de Hazfeld. Il a environ neuf lieues de longueur & quatre de largeur. Les Comtes de Witgenstein descendent des Comtes de Spanheim. Jean II. Comte de Spanheim hérita du Comté de Sayn en 1246, à la mort de Henri II. Comte Sayn son Oncle, qui ne laissa point d'enfans. Gedefroy son fils puisné acquit la Seigneurie de Hombourg par son mariage avec Jute de Hombourg: Sallentin de la Branche de Wallendar épousa Elisabeth fille unique de Sigefroi Comte de Witgenstein, & unit ce Comté à son Domaine, après la mort de son beaupere; & Guillaume y ajouta la Seigneurie de Neumagen, que Jeanne d'Isenbourg lui porta en dot. La Maison de Witgenstein est divisée en trois Branches, qui sont celles de Berlebourg, de Sayn & de Witgenstein. Celle de Sayn ne jouït plus du Comté de Sayn qu'elle avoit eu en partage, parce qu'après la mort de Louïs qui arriva en 1636. les Electeurs de Trèves & de Cologne voulurent rentrer en possession de ce qui relevoit de leurs Eglises; & comme la Comtesse de Sayn, mere de Louïs, appréhendoit de tout perdre, elle céda par une Transaction à l'Electeur de Trèves les Bourgs de Sayn & de Rheinbruel, avec les Prevôtez d'Erlic & d'Ormiz, & prétendit que le reste du Comté de Sayn devoit appartenir à ses Filles à l'exclusion de leurs Oncles Louïs-Albert & Christian; ce qui fut confirmé par Arrêt. Ernestine eut en partage le Bailliage d'Hachenbourg qu'elle porta en dot au Comte Salentin Ernest de Manderscheid Blanckenheim, & Jeanne eut le Bailliage d'Altenkirchen, & épousa Jean George, Duc de Saxe-Eysenach. Le Comté de Sayn est entre les Comtez de Wied & du Bas-Isenbourg. Quant au Comté de Witgenstein, ses principaux Lieux sont

Witgenstein,   Birckelbach,
Berlebourg,   Rospe,
Ruchstein,   Windthausen,

WI-

WIT.

WITHAM, Riviére d'Angleterre dans Lincolnshire [a]. Elle prend sa source au Nord-Ouest de Stanford vers les Frontiéres de Leicester, près des ruïnes d'un vieux Château nommé Bitham, qui fut rasé sous le régne de Henri III. Cette Riviére, qui est petite & féconde en Brochets, coule droit au Nord & arrose une petite Ville nommée Paunton. Delà le Witham, continuant son cours vers le Nord, va baigner la Ville de Grantham, & ensuite celle de Bekingham & de Lincoln. En quittant cette derniére Ville, le Witham tourne à l'Orient & ensuite au Sud-Est; puis il arrose la Ville de Tatteshall, où il reçoit les eaux de la petite Riviére de Bane. Enfin le Witham précipitant ses eaux au Sud-Est, passe à Boston, & arrive à l'Océan, roulant en partie ses eaux au travers des Marais, & les laissant en partie déborder sur les Terres voisines.

[a] Délices de la Gr. Br. p. 1.

WITHERN, ou WHITE-HERNE, Ville d'Ecosse [b], dans la Province de Galloway. La Terre avance en pointe dans la Mer au-dessous de Wightoun, & c'est à trois milles au-dessus du Cap qu'on voit la petite Ville de Withern, en Latin *Candida-Casa*. On croit que c'est l'ancienne *Leucopidia* de Ptolomée. Sous l'Empire de Théodose *le Jeune*, un Breton nommé Ninian, homme zélé, s'y retira après avoir converti les Pictes Méridionaux à la Religion Chrétienne & y bâtit une Eglise. La mémoire de cet homme fut si chére à la Postérité, qu'on y bâtit une Eglise Episcopale sous le titre de St. Ninian; & dans le tems que la Religion Catholique régnoit en Ecosse, c'étoit un célébre Pelerinage.

[b] Ibid. p. 179.

WITLEY, Bourgade d'Angleterre, dans le Comté de Northumberland, aux confins du Comté de Durham, près de la source de l'Alow. On prend ce Lieu pour l'ancienne *Alone*.

WITLICH, en Latin *Vitelliacum*, Ville d'Allemagne [c], au Cercle du Bas-Rhin, dans le Diocèse de Trèves, sur la Riviére Leser, qui descend de Manderscheid & entre dans la Meuse vis-à-vis de Veldenz. Witlich n'étoit qu'un Bourg, lorsqu'il fut brûlé l'an 1152. durant la guerre entre l'Archevêque Adelbert & le Comte de Namur. L'Archevêque Henri de Finstingen acheta en 1281. le Château de Mailberg & Witlich avec toutes ses dépendances, pour deux mille cinq cens Livres. Ensuite l'Archevêque Balduin fit enfermer de murailles cette Ville, & Wemer qui mourut en 1418. avoit commencé à y bâtir le Château dès le fondement; son Successeur Othon, l'acheva. On élut dans cette Ville en 1567. Archevêque de Trèves, Jacques III. de l'Illustre Famille d'Eltz. A un mille de la Ville, dans une Vallée, il y a une Eau tiéde & saine pour ceux qui ont l'estomac foible, qui souffrent des maux de rate, ou sont saisis des fiévres lentes. Ils en boivent ou s'y baignent. Elle guérit de plus les ulcéres, la gale, & les démangeaisons de la peau.

[c] Zeyler, Topogr. Arch. Trevir. p. 36.

WITNEY, Bourg d'Angleterre, dans Oxfordshire, sur la Riviére de Windruch. Ce Bourg, qui a droit de Marché, est fameux [d], par ses Manufactures de couver-

[d] Etat présent de la Gr. Br. t. 1.

tures de lit, par son Ecole & par sa petite Bibliothéque.

1. **WITTENBERG** [e], Ville d'Allemagne, dans le Duché de Saxe, sur les bords de l'Elbe. Cette Ville, qui est la Capitale du Duché de Saxe, & défendue par un bon Château, que l'Electeur Frideric III. dit *le Sage* fit bâtir, est grande & bien peuplée. On croit que c'est cette Ville que les Anciens ont connue sous le nom de *Leucorea*, ou *Calesia*. Plusieurs Historiens assurent que Witekind en a été le Fondateur; & qu'elle a été ainsi appellée des mots Allemans *Witte-Berg*, c'est-à-dire, *Montagne de Witekind*. Cette Etymologie a pourtant paru fausse à beaucoup d'Auteurs. C'est ce qu'on ne sauroit garantir. Cette Ville se ressentit des desordres de la Guerre Civile dont l'Allemagne fut affligée durant le dernier Siècle. L'Electeur Frideric III. fonda l'Université de Wittenberg en 1502. Il lui assigna de bons revenus, & y attira par de grosses pensions les plus habiles hommes de l'Allemagne. Il y a toujours dans cette Université un très-grand nombre d'Ecoliers qui jouïssent de plusieurs Grenrogatives; & c'est ce qui contribue à la rendre la plus florissante de celles qui sont entre les mains des Protestans.

[e] D'Audif. fred. Géogr. Anc. & Mod. t. 3. p. 362. Ed. 1695.

L'Eglise où reposoient les Corps de plusieurs Princes de la Maison de Saxe [f] fut changée par l'Electeur Jean Fréderic, qui en fit ôter leurs Tombeaux pour les mettre dans l'Eglise du Château. Ce même Electeur embellit fort la Ville de Wittenberg: il y fit construire un Pont sur l'Elbe, rebâtit entiérement le Château, & fonda le principal Temple, dédié à Ste. Ursule. Le tems où ce Temple fut bâti dans le Château est marqué dans l'Inscription qu'on voit encore au frontispice du Portail. Elle est conçue en ces termes:

[f] Corn. Dick.

D. Friderici, Ducis Saxoniæ, sacri Romani Imperii, & ejusdem Cæsareæ Majestatis, Archimarescalli, Electoris & locum tenentis Generalis, Landgravii Thuringiæ, & Marchionis Misniæ. M. D. XVIII.

Struximus hæc Divis & nostræ cunctis saluti
Et pro Saxonica posteritate Domus.

2. **WITTENBERG**, Ville d'Allemagne [g], dans l'Electorat de Brandebourg, au Comté de Pregnitz, à la droite de l'Elbe, dans l'endroit où la Riviére de Strepenitz se jette dans ce Fleuve.

[g] Jaillot, Atlas.

3. **WITTENBERG**, ou Neu-WITTENBERG [h], Bourgade d'Allemagne dans le Duché de Lawenbourg, sur le bord de l'Elbe, à la droite, à quatre lieues au-dessus de la Ville de Lawenbourg.

[h] Ibid.

WITTENBORCH, Bourgade d'Allemagne [i], dans le Duché de Mecklenbourg, au Comté de Schwerin, entre la Ville de ce nom & celle de Lawenbourg, à six lieues de la premiére & à sept de l'autre. Cette Bourgade est bâtie à la source d'une petite Riviére qui se jette dans l'Elbe.

[i] Ibid.

1. **WITTENSE'E**, Lac de Dannemarck [k], dans le Sud-Jutland, ou Duché de Schleswich,

[k] R. Hermanid. Descr. Daniæ, p. 886.

wich, dans la Préfecture de Gottorp. affez près de l'Eyder, dans lequel il fe décharge par le moyen d'un Emiffaire. Ce Lac peut avoir un mille de longueur & trois ou quatre milles de largeur.

2. WITTENSEE [a], Bourgade du Danemarck, au Duché de Schleswich, dans la Préfecture de Gottorp, à l'Occident du Lac de même nom.

[a] De l'Isle, Atlas.

WITTOW, Presqu'Isle d'Allemagne, dans la partie Septentrionale de l'Isle de Rugen. Le Bourg de Wick est le principal Lieu qu'on y trouve.

WITZEHAUSEN, Ville d'Allemagne [b] dans le Langraviat de Hesse-Cassel, au Quartier auquel elle donne son nom, & dont elle est la Capitale. Cette Ville est située sur la rive gauche du Weser, entre Allendorf & Munden, environ à trois lieues de Cassel.

[b] Gerard, Valk, Carte de la Hesse.

WIZAGNE, Ville de Transylvanie [c], au Comté de Ceben, au Nord de la Ville de Ceben, ou Hermanstat, fur la route de cette dernière Ville à Medgies. Les Allemands la nomment Soltzenburg. On y voit de belles Mines de Sel.

[c] De l'Isle, Atlas.

WIZNA, Ville de Pologne [d], dans la partie Orientale du Palatinat de Mazovie, aux confins de celui de Podlaquie, à la droite du Narew, entre Tykoczin, & Lomza. C'est un des douze Territoires du Palatinat de Mazovie.

[d] Ibid.

W L.

WLADISLAW, ou WROICZLAWEK, Ville de la Grande-Pologne [e], la Résidence de l'Evêque de Cujavie, & le titre du Palatin de cette Province. Cette Ville, bâtie sur la Rive gauche de la Vistule, entre Dobrzin & Thorn, qui sont de l'autre côté de la Rivière, est située dans un terrein bas & uni, & présente du côté de la Vistule une fort belle perspective. Son Eglise est magnifique, & ses Bâtimens sont affez beaux. Il y a dans cet endroit un Péage.

[e] Mémoires du Chevalier de Beaujeu, L. 2, c. 3.

WLIERDEN, Village des Pays-Bas [f], dans la Mairie de Bois-le-Duc, au Quartier de Peelland. La Seigneurie de ce Village appartient au Baron de Quaadt. Il y a un Tribunal de sept Echevins, avec une Eglise, où le Ministre de Deurne va prêcher.

[f] Janiçon, Etat présent des Pr. Un. t. 2. p. 142.

WLODZIMIERS, ou WLODIMIRS, Ville de la Petite-Pologne, au Palatinat de Wolhinie, sur le bord & à la droite du Ruisseau de Lug, qui se jette, un peu audessous, dans le Boug. En 1319. Gedimin Grand-Duc de Lithuanie, assiégea cette Ville & la prit avec son Château, après avoir tué Wolodimir son Duc, qui s'approchoit avec une Armée pour faire lever le Siége. Le Roi de Pologne Casimir II. surnommé le Grand, s'empara de Wlodzimiers, & y fit prisonnier Kieystutut, frere du Grand-Duc Olgerd. Mais Kieystutut s'étant évadé, enleva de nouveau cette Ville aux Polonois. Elle fut réduite en cendres en 1431. durant la guerre du Roi Wladislas & de son Frere Suitrigellon.

[g] Andr. Cellar. Descr. Polon. p. 407.

W O.

WOBURN, Bourg d'Angleterre [h], dans Bedfordshire, avec droit de Marché. Ce Bourg est célèbre pour sa terre à foulon. Dans son voisinage, un peu au-dessus de Leighton, près d'un Lieu nommé Aspley-Gowiz, on trouve une espèce de terre qui pétrifie le bois. On montroit anciennement, dans l'Abbaye de Woburn, une Echelle qui après avoir été long-tems enterrée dans cet endroit, avoir été changée en pierre. Cette Abbaye ayant été ruinée par Henri VIII. avec les autres Monastères du Royaume, l'Echelle a entiérement disparu, & il n'en est plus parlé aujourd'hui.

[h] Délices de la Gr. Br. p. 560.

WOCHSTAD, ou WAGSTADT [i], Ville d'Allemagne, au Duché de Silésie, dans la Principauté de Troppaw, aux confins du Marquisat de Moravie, avec un Château.

[i] Jaillot, Atlas.

WODNANY, ou WODNAY, Bourgade de Bohême [k], dans le Cercle de Prach, sur la Rivière de Blanitz, à cinq lieues au Nord Occidental de Budweis.

[k] Ibid.

WOENSEL, Village des Pays-Bas [l], dans la Mairie de Bois-le-Duc, au Quartier de Kempenland, sur la Rivière de Dommel. Ce Village qui est grand a le titre de Seigneurie; mais elle est unie à celle d'Eyndhoven. Il y a à Woensel un Tribunal de sept Echevins, que le Drossard renouvelle ou confirme tous les ans. Le Ministre de l'Eglise de ce Lieu est aussi chargé d'aller prêcher à Tongeire. Il y avoit autrefois à Woensel trois Hôpitaux pour les Pélerins, & qui avoient été fondez & dotez par des Particuliers.

[l] Janiçon, Etat présent des Pr. Un. t. 2. p. 136.

WOENSDRECHT, Village des Pays-Bas, dans le Marquisat de Berg-op-Zom [m], au Quartier Occidental, à deux lieues au Sud de Berg-op-Zom. Il y a dans ce Village un Tribunal composé de sept Echevins & de quatre Jurez. Le Secrétaire d'Ossendrecht exerce à Woensdrecht la même fonction de la part du Marquis de Berg-op-Zom. Cette Jurisdiction renferme deux Polders, le ZUYTLAND, & le NORTLAND. Le premier comprend une partie de la Seigneurie d'Enkelnoort, qui est du ressort de la Zélande; & chacun de ces Polders a son Dyckgrave, deux Jurez & un Treforier. Il y avoit autrefois dans ce Village une très-belle Eglise, qui fut brûlée par les Espagnols, & dont une partie a été rétablie pour les Protestans. Les propriétaires ont l'usage de toutes les Bruyères de la Jurisdiction, pour y faire paître leurs Bestiaux, & pour en tirer des Tourbes. Ils payent seulement une petite rétribution au Marquis.

[m] Ibid. p. 233.

WOGULITZI, WOGULTZOI, ou WOGULITZES, Peuple Payen de Sibérie [n]. Ils habitent aux environs de la Rivière de Tura, depuis les Montagnes qui séparent la Russie de la Sibérie, jusqu'à la Rivière d'Irtis, en tirant du côté de Samaroff. On prétend communément que cette Nation est une Branche des Tartares; mais comme les Wogulitzes sont Payens & des plus grossiers, & que tous les autres Tartares qui habitent de ce côté, soit dans la Sibérie, soit dans les Royaumes de Casan & d'Astracan, font profession du Culte Maho-

[n] Hist. des Tatars 4. Part. p. 366.

homéran, on les peut plutôt compter parmi les Peuples Payens de la Sibérie, que parmi les Peuples qu'on appelle présentement Tartares: aussi ressemblent-ils beaucoup plus à ces premiers qu'aux derniers. Mais ils sont plus civilisez que les autres Peuples de la Sibérie, à cause qu'ils habitent au milieu des Russes, avec lesquels ils ont même déja eu beaucoup de Commerce, avant la réduction de la Sibérie sous la puissance de la Russie. Quelque grossier que soit le Paganisme dans lequel les Vogulitzes sont plongez, ils ont néanmoins des Notions d'un Dieu Créateur & Conservateur de toutes choses. Ils croient pareillement une Résurrection des morts & une récompense du bien & du mal, après cette vie. Mais aussi voilà tout. Cependant il est assez remarquable qu'ils ne veulent point entendre parler d'un Diable; & lorsqu'on les presse là-dessus ils disent, que s'il y en a un, il ne faut pas qu'il leur puisse faire de mal, attendu qu'il n'y a point d'exemple qu'il en ait fait à quelqu'un parmi eux. Tout leur Culte consiste en ce que tous les peres de famille de chaque Village s'assemblent une fois par an vers la fin de l'Eté, & vont sacrifier, dans quelque Forêt voisine, une tête de chaque sorte de leur Bétail, dont ils suspendent les peaux à quelque Arbre des plus beaux & des plus droits de la Forêt, & se prosternent ensuite plusieurs fois devant elles, sans faire autrement des priéres; après quoi ils mangent ensemble la chair de ces Bêtes sacrifiées avec de grands temoignages de joie, & s'en retournent ensuite au logis; avec quoi ils s'en croient quittes envers Dieu pour toute l'année. Ils ne savent donner aucune raison, ou autre explication de ce prétendu Sacrifice, se contentant de dire simplement que leurs Ancêtres en ont usé comme cela; & qu'ils se croyent obligez de les imiter en cette occasion. Avec si peu de cérémonies sacrées, on jugera facilement qu'ils n'ont pas besoin de Prêtres: aussi n'ont-ils garde d'en avoir. Ils enterrent leurs morts habillez de leurs plus beaux habits; &, si les moyens du mort le permettent, ils mettent quelque argent avec lui dans la fosse; ce qui n'est qu'une suite des fausses idées qu'ils se font de la Résurrection. Ils prennent autant de femmes qu'ils en peuvent nourrir, & achetent les filles qu'ils ont envie d'épouser de leurs peres, après quoi ils vont coucher avec elles sans autre façon, excepté qu'ils invitent ordinairement les plus proches parens des deux côtez à un petit festin qu'ils donnent à ce sujet. Quand la femme est prête d'accoucher, elle se retire dans une hute dressée pour cet effet dans quelque Forêt voisine; & là, après qu'elle est accouchée de son enfant, elle est obligée de s'arrêter pendant deux mois avant qu'il lui soit permis de revenir auprès de son mari, & pendant ces deux mois le mari ne peut non plus la venir voir de son côté. Ils observent soigneusement de ne se point marier dans les dégrez défendus, & de ne se point remarier après la mort de quelques-unes de leurs femmes, avant que l'année du deuil soit passée. Ils sont à peu près habillez comme les Paysans Russes, & leurs femmes comme les femmes du commun de la même Nation. Ils habitent dans des Villages, & leurs maisons sont bâties tout comme celles qu'on voit dans les Villages de la Russie; mais au lieu des fourneaux dont les Paysans Russes se servent, ils ont au milieu de la chambre un foyer, & un trou directement au-dessus de la place du feu pour donner passage à la fumée. En Hyver ils couvrent ce trou d'un grand morceau de glace bien transparente dès que le bois s'est couverti en charbons; ce qui conserve la chaleur dans la chambre, dans le même tems qu'il leur sert de fenêtres. Ils ne se servent point de chaises; mais ils ont tout à l'entour de la chambre un banc de la hauteur d'une aune & de deux aunes de largeur sur lequel ils sont assis les jambes croisées, à la maniére des Tartares; & ce banc leur sert en même tems de lit. Comme il y a peu d'endroits dans le Pays qu'ils habitent, où les grains puissent parvenir à leur maturité, ils vivent presque tous de leur Bétail & de la chasse des Elans & d'autres semblables Bêtes fauves; mais ils ne mangent, ni Poulets ni Pourceaux. Au reste, les Wogulitzes sont Sujets de la Russie, & vivent fort paisiblement de ce qu'ils peuvent acquérir par leur travail. Ils payent leurs contributions en Pelleteries au Tresor de la Sibérie.

WOLAW, Ville d'Allemagne [a], dans la Silésie, & la Capitale de la Principauté de même nom. Cette Ville, située à quelque distance de l'Oder, à la droite, est bâtie dans un Marais, & a un Château. [a] *Jaillot, Atlas.*

La PRINCIPAUTÉ DE WOLAW est bornée au Nord partie par la Principauté de Glogaw, partie par les Terres de Pologne; à l'Orient, partie par la Baronnie de Trachenberg, partie par la Principauté d'Olisse, partie par celle de Breslaw, qui la borne aussi au Midi; comme la Principauté de Glogaw & celle de Lignits la terminent au Couchant. L'Oder traverse le Pays du Midi au Nord. Les principaux Lieux qu'on y remarque sont

Wolaw,	Wintzig,
Ratzen,	Krelaw
Graben,	Kreidel,
Hernstad,	Leubus,
Wiska,	Grossen,
Rauden,	Steinaw
Dieben.	

WOLBECK [b], Contrée d'Allemagne dans la Westphalie, au Diocèse de Munster. Elle a au Nord le Pays de Bevergern, & le Comté de Teckelenbourg; à l'Orient les Pays de Sassenberg & de Stremberg; au Midi le Comté de la Marck & le Pays de Werne; & au Couchant le Comté de Stenford & le Pays d'Horstmar. Les principales Villes du Pays de Wolbeck sont [b] *Ibid.*

Munster,	Wolbeck,
Telligt,	Alen.

WOLCOWAR, Ville du Royaume de Hongrie, dans l'Esclavonie, sur le Walpo, po, près du Lieu où cete Riviére se jette dans le Danube, entre la Ville d'Essek & celle du Petit-Varadin. Quelques-uns prennent cete Ville pour l'ancienne *Valcum*.

WOLFFENBUTTEL, Ville d'Allemagne [a], dans les Etats de la Maison de Brunswig, dans la Principauté à laquelle elle donne son nom, & la Résidence des Ducs de Brunswig-Wolffenbuttel. Cette Ville située sur l'Ocker, à deux milles au-dessus de Brunswig, dans un Pays plein de Marais, est ornée d'un beau Château, où le Prince fait sa demeure ordinaire. On y voit [b] un Arsenal très-bien fourni, & une des plus belles Bibliothéques de l'Allemagne.

La PRINCIPAUTÉ DE WOLFFENBUTTEL confine avec les Duchez de Lunebourg & de Magdebourg, les Principautez de Halberstadt, de Grubenhagen, & de Calenberg, & l'Evêché de Hildesheim. Voyez BRUNSWIG. Les principales Villes de la Principauté de Wolffenbuttel sont

Brunswig,   Kalvorden.
Wolffenbutel,   Schoningen,
Helmstadt,   Gandersheim.

WOLFERSDYCK, Isle des Pays-Bas, dans la Zélande. Elle est située entre celles de Noort-Bevelant, & Zuydt-Bevelant. Elle s'étend d'Orient en Occident. Elle n'a que trois Villages; savoir Osterlant, Sabbinge & Hongerdyck. La plûpart des Habitans font leur occupation de la pesche. Il y a aussi dans cette Isle de bons pâturages.

WOLFSBERG, Ville d'Allemagne [c], dans la Basse-Carinthie, sur la Riviére de Lavand, six lieues au-dessus de son Embouchure dans la Drave. Cette Ville, qui appartient à l'Evêque de Bamberg & dont le nom veut dire la *Montagne aux Loups*, a été ainsi appellée, à cause qu'elle est située au pied d'une Montagne, où il y a une très-grande quantité de Loups.

WOLGA, Riviére de l'Empire Russien [d] & l'une des plus grandes Riviéres de l'Univers. Elle est appellée Atell par les Tartares, & elle tire sa source du Lac de Wronow à une petite distance de la Ville de Rzeva-Vlodimerski, en Russie, vers les Frontiéres de la Lithuanie à 56. d. 15'. de Latitude. Après un cours de deux lieues elle passe par le Lac de Wolgo, & en sortant de là elle commence à prendre le nom de Wolga. Auprès de la Ville de Twer, qui est environ à vingt lieues de sa source, elle porte déja de grands Bâteaux de charge. Cette Riviére traverse presque toute la Russie, depuis Twer jusqu'à la Ville de Niesna, où la Riviére d'Occa, qui est une autre Riviére considérable, vient s'y jetter du Sud-Ouest. Son cours est à peu près de l'Ouest à l'Est, depuis Niesna jusqu'à 60. Weersts au-delà de la Ville de Casan, où la Riviére de Kama vient s'y jetter du Nord, son cours est Sud-Est; & de là elle tourne tout-à-fait au Sud, & va se dégorger, après un cours de plus de quatre cens lieues d'Allemagne dans la Mer Caspienne, à douze lieues de l'autre côté de la Ville d'Astracan, à 45. d. 40'. de Latitude. Cette Riviére fourmille de toutes sortes de poissons & sur-tout de Saumons, d'Esturgeons & de Brochets d'une grandeur extraordinaire & d'un goût exquis. Ses bords sont par-tout également fertiles; ce qui est quelque chose d'étonnant vû la longueur de son cours & la rigueur du climat des Provinces qu'elle parcourt en deça de la Ville de Casan; & quoiqu'au Sud de cette Ville les bords du Wolga ne soient pas trop cultivez, à cause des fréquentes courses des Tartares Koubans, ils ne laissent pas d'être d'une fertilité si extraordinaire, que les Asperges y croissent d'elles-mêmes en abondance & d'une grosseur & qualité toute particuliéres, sans parler des Truffes & de quantité d'autres Herbes potagéres que la Nature toute seule y produit abondamment sans le secours des hommes; enforte qu'on peut assûrer, sans se tromper, que la plus belle Contrée de la Russie est presque tout-à-fait deserte, tandis que des Provinces tout autrement ingrates y sont bien cultivées. Pour remédier, autant qu'il est possible, à cet inconvénient, l'Empereur Pierre I. fit faire un Retranchement qui commence à la Riviére de Wolga, en deça de la Ville de Zaritza, & vient aboutir à la Riviére de Don, auprès de la Ville de Twia; & par ce moyen on a mis à couvert la partie du Pays qui est en dedans du Retranchement; mais tout ce qui est en dehors du Retranchement, & qui ne va pas à moins qu'à une étendue de 80. lieues, tant en longueur qu'en largeur, est absolument abandonné en proye aux Tartares Koubans. La Russie n'a presque point de bois de Chêne que ce qui en croît aux environs de cette Riviére, dans le Royaume de Casan.

Le Wolga reçoit un grand nombre de Riviéres, entre autres:

La Tuertza, g.	L'Ouruslave, g.
La Schoza, d.	Le Tajibalik, d.
La Mologa, g.	L'Oerisa, d.
La Schosna, g.	La Kamuchinka, d.
L'Usa, g.	La Ruslana, ou Rustana, g.
L'Occa, d.	
La Sura, d.	La Bolikeja, ou Boloclea, d.
La Vetluga, d.	
La Junka, d.	L'Achtobs, ou Achtopska-Ustga, g.
La Su, d.	
La Cazanka, g.	La Metschotna, g.
La Kama, g.	Le Czaritzin, d.
Le Zerdick, g.	Le Vesovoi, d.
L'Utka, g.	Le Wolodineski Ustga, g.
La Suiaga, d.	
L'Adrobe, g.	L'Achtobe Nisnei, g.
La Sin-Adrobe, g.	
L'Ussa, d.	Le Kandach, d.
La Sin-Samar, g.	La Buchvostova, g.
La Samara, d.	Le Danilosko, g.
L'Askula, d.	La Mituska, g.
La Sifrats, d.	Le Busan, g.
La Pantzina, g.	L'Aritza, d.
La Zagra, g.	La Gniliska, d.
L'Irgis, g.	Le Biltzik, g.
Le Carain, ou Caramon, g.	La Knilussa, g.
	La Buldaa, d.

Les Villes & principaux Lieux que le Wolga mouille sont

Dans

WOL.   WOL.   387

Dans la Province de Rzeva :	Rzeva-Volodimerskoi, d.
Dans le Duché de Tvere :	Prezyſta, g. Starica, g. Tvere, d. Statrite, g. Le Monaſtère de Kolleaſine, g.
Dans le Duché de Roſtove.	Uglits, d. L'Égliſe de Ohlopigrod, g. Mologa, g. Gololobova-Sloboda, d. Ribnaia-Sloboda, d.
Dans le Duché d'Yeroſlavle :	Romanof, g. Yeroſlavle, d. Pretziſta-Natriga, g. Jacob-Svetoi, g.
Dans le Duché de Suſdal :	Louch, d. Caſtroma, g. Yourief, d.
Dans le Duché de Volodimer :	Pleſſ, d. Gorochowitz, d. Balachna, d.
Dans la Seigneurie de la Baſſe-Novogorod, à la droite : & dans la Province de Czeremiſſa-Lugovaia, ou des Plaines, à la gauche :	Veſloma, g. Le Monaſtère de Petzora, d. Subzenski, g. Stelbiza, d. Stoba, d. Veliko-frat, d. T'zimonski, d. Beſvodna, d. Kasniza, d. Rubotka, d. Tſeſchina, d. Targinitz, d. Jurkin, d. Maſa, g. Parmino, d. Seliſſo, d. Volkino, d. Paſilgorod, d.
Dans la Province de Czeremiſſa-Nagornaia, ou des Montagnes à la droite : & dans le Royaume de Cazan à la gauche :	Le Monaſtère de Junka, d. Kuſmademiansk, d. Sabazzar, d. Sundir, d. Kokchaga, g. Iſmen, d. Swiatsk, g. Veſoska, d. Metropolitzki, g. Cazan, g. Petſchiſſa, d. Pagantzina, d.
Dans la Province des Montagnes, à la droite, & dans le Duché de Bulgar à la gauche :	Krieſca, d. Korotai, g. Tetus, d. Proleikarſa, d. Uneroſcaiagora, ruïnée, d. Simberskaia-gora, ruïnée, 9. Skirai-Boïrak, d. Samara, g.
Dans Velika-Nagay, ou le Grand Nagay :	Saratof, g. Ouveſéſcaia, d.
Dans le Royaume d'Aſtracan.	Seraye, ou Zaref-gorod, ruïnée, d. Czaritzin, d. Gzornogor, d. Vieux Gzornogor, d. Aſtracan, d. Juätzur, g.

WOLGAST, Ville des Etats de Suède en Allemagne [a], au Duché de Poméranie, ſur les bords du Pſin, à cinq milles de la Mer Baltique. Cette Ville qui eſt aſſez grande & aſſez peuplée a un Château qui paſſe pour être l'Ouvrage de Barnim IV. Duc de Poméranie. - Le ſéjour en eſt fort agréable. Son Port eſt très-grand & eſt regardé comme un des meilleurs de la Mer Baltique. Wolgaſt fut priſe par Guſtave Adolphe Roi de Suède, en 1630. & par l'Electeur de Brandebourg en 1675. Elle retourna aux Suédois en 1679.
La Seigneurie de Wolgaſt renferme tout ce qui eſt entre le Comté de Gutzkow & les Bouches de l'Oder qu'on nomme Pſin, Swine, & Diwenow. Cette Seigneurie fut poſſédée long-tems par une Branche de la Maiſon de Poméranie. Elle renferme les Villes de

    Wolgaſt,   Uſedom,
            & Wollin.

[a] D'Audifſred, Géogr. Anc. & Mod. t. 3. p. 403. Ed. 1695.

WOLGDA, Riviére de l'Empire Ruſſien [b]. Elle prend ſa ſource auprès du Grand Novogorod dans le Lac d'Ilmen, & ſe rend dans celui de Ladoga. Cette Riviére eſt de la largeur de l'Elbe; mais ſon cours eſt un peu plus lent. A ſept Werſtes du Lac de Ladoga, il y a une chûte d'eau ou un ſaut; & à une lieue & demie plus bas encore une autre. Les eaux de cette Riviére tombent avec une telle violence, qu'elles paſſent comme un trait à travers les groſſes pierres & les rochers, dont la Riviére eſt toute parſemée dans ces endroits-là; de ſorte que pour y faire monter à force de bras les Bâteaux chargez il faut plus de cent hommes pour les tirer.

[b] Oléarius, Voyage de Moſcovie, Liv. 1. p. 174.

WOLLIN, Ville des Etats de Suède en Allemagne, au Duché de Poméranie, dans la Seigneurle de Wolgaſt. Cette Ville, ſituée dans une Iſle que forment la Swine & le Diwenow, fut bâtie des ruïnes de *Julinum*, Ville fameuſe dans les premiers Siècles. La commodité de ſon Port y attiroit autrefois un bon Commerce, qui a été depuis transféré à Lubeck.

[c] D'Audifſred, Géogr. Anc. & Mod. t. 3. p. 403. Ed. 1695.

WOLKACH, Ville d'Allemagne [d], dans la Franconie, & dans l'Evêché de Wurtzbourg, à la gauche du Mein, au confluent d'une petite Riviére, au Nord Oriental de la Ville de Wurtzbourg. Voyez VOLKACH.

[d] Jaillot, Atlas.

WOLKOWA, ou WOLCHOVA, Riviére de l'Empire Ruſſien [e], dans le Duché de la Grande-Novogorod. Elle ſort du Lac d'Ilmen, du côté du Nord, dans l'endroit où eſt bâtie la Grande-Novogorod; & après avoir mouillé le Monaſtère de Nachatim, d. le Village de Krifzeviza, g. les Villes de Viſoko, g. de Poliſla, d. de Giuzina, d. de Soltza, g. de Gorodna, d. le Monaſtère de Nicolai Neſpoſtiza, d. elle fait un ſaut, puis arroſe la Ville de Ladoga, ou Ladiskia, & le Monaſtère de St. Nicolas, près duquel elle ſe jette dans le Lac de Ladoga.

[e] De l'Iſle, Atlas.

WOLKOWAR, VALKOWAR, VALCOWAR, ou VOLCOWAR, Ville de Hongrie dans l'Eſclavonie, au Comté de Walpo, dont elle eſt la Capitale. Mr. de l'Iſle [f]

[f] Atlas.

Ccc 2   lui

lui donne aussi le nom de WALPO, qui par conséquent est commun au Comté, à la Capitale & à la Rivière sur laquelle elle est située. Il y en a qui prennent Wolkowar pour l'ancienne *Valcum*.

WOLMAR, petite Ville de l'Empire Russien, dans la Livonie, au Pays de Lette ou Lettie, sur le bord de la Riviére de Treiden, à quelques lieues au-dessus de Rop. Cette petite Ville a été tellement ruinée [a] par les Moscovites & par les Polonois, que ses Habitans, pour se mettre à couvert de l'injure du tems, ont été contraints de faire des Bâtimens de bois sur les ruïnes des premiers.

[a] *Olearius*, Voyage de Moscovie, L. 1. p. 6.

WOLMSTADEN, Bourg d'Allemagne, dans le Cercle de la Basse-Saxe, au Duché de Magdebourg, dans l'endroit où la petite Riviére de Wechte se partage en deux Bras pour aller se jetter dans l'Elbe. Jaillot [b] écrit Wolmerstède, au lieu de Wolmstaden, qui est l'Orthographe de Mr. Corneille [c]. Ce dernier fait de Wolmstaden une Ville, & la met au confluent de l'Alre & de l'Elbe; ce qui ne s'accorde pas avec la Carte de Jaillot.

[b] Atlas.
[c] Dict.

WOLOCZ. Voyez VOLOCK.

1. WOLODIMER, Province de l'Empire Russien [d], avec titre de Duché. Elle est bornée au Nord par le Wolga: à l'Orient par la Seigneurie de la Basse-Novogorod: au Midi par le Duché de Moscou; & à l'Occident par celui de Susdal. Cette Province qui tire son nom de sa Capitale, a beaucoup de Forêts & quelques Marais & est traversée par la Riviére de Clesma. Ses principaux Lieux sont

[d] *De l'Isle*, Atlas.

Sur la Clesma { Wolodimer,
                { Plessf,
Sur le Wolga   { Gorochovitz,
                { Balachna.

2. WOLODIMER, Ville de l'Empire Russien dans le Duché auquel elle donne son nom, près de la Riviére de Clesma-Reca. Elle est située sur une Montagne [e], où elle paroît beaucoup à cause du nombre de ses Eglises qui sont blanches. La Riviére passe à côté vers le Midi, & va se décharger dans le Wolga. Wolodimer est une Ville assez grande, bâtie sur plusieurs Collines séparées les unes des autres. Elle a sept ou huit Eglises de pierre, & plusieurs autres de bois. Elle n'est qu'à cent cinquante Werstes de Moscou.

[e] *Le Brun*, Voyage, t. 3. p. 245.

Cette Ville [f] fut bâtie par le Prince Wolodimer qui vivoit environ l'an 928. Les Grands-Ducs l'avoient choisie comme le Lieu le plus commode pour leur résidence; & elle fut leur Capitale jusqu'à ce que le Prince Danilow Michaelowitz eut transporté le Siège de l'Empire à Moscou.

[f] *Olearius*, Voyage de Moscovie, Liv. 3. p. 111.

1. WOLOGDA, Ville de l'Empire Russien, Capitale d'une Province & d'un Duché de même nom, à cinquante lieues de Jeroslaw, vers le Nord, & à cent lieues de Moscou sur la Riviére de Wologda. La grande Eglise de Wologda se nomme *Saboor* [g]. C'est un beau Bâtiment de la façon de l'Architecte Italien, qui a travaillé au Château de Moscou. Cette Eglise a cinq Dômes que les Russiens nomment *Glasa*, c'est-à-dire *Têtes d'Eglise*: ils sont couverts de fer blanc, & au-dessus s'élèvent de grandes Croix. On compte dans cette Ville vingt & une Eglises bâties de pierre, & dont la plûpart ont aussi des Dômes couverts de fer blanc, avec des Croix dorées, ce qui fait un bel effet quand le Soleil donne dessus. Outre ces Eglises de pierre il y en a quarante-trois autres bâties de bois, trois Couvens de Religieuses, dont le principal ornement est une Eglise de pierre, bâtie au milieu & environnée de cellules de bois pour loger les Religieuses, dans un lieu particulier où l'on entre par une petite Porte. Les Bazars ou Marchez sont remplis de Boutiques. Les Denrées & les Marchandises de différentes espèces s'y vendent chacune dans un endroit particulier, c'est-à-dire la viande dans un certain Quartier, le Bois, les Pelleteries, le Suif, &c. en d'autres. On voit à Wologda un grand Edifice qui n'a pas été achevé, & qui fut commencé par le Czar Ivan Wassieliewitz pour servir de Citadelle; mais on ne put point le finir par la crainte que l'on eut en ce tems-là des Tartares qui firent retirer ce Prince de Moscou. L'autre côté de la Ville, de l'autre côté de la Rivière, n'est pas si beau; il se nomme Dofresène & il a son Gouverneur particulier. Cette Ville a une bonne lieue de longueur, & un quart de lieue de largeur en certains endroits. C'est le lieu par où passent toutes les Marchandises qui viennent d'Archangel pour être transportées hors du Pays. Il s'y trouve aujourd'hui trois ou quatre Magasins pour serrer les effets des Hollandois. Wologda est située, sous les 59. d. 15'. de Latitude Septentrionale, à l'Est de la Rivière qui est assez large. Elle a un Archevêché qui est un des plus anciens de Moscovie.

[g] *Le Brun*, Voyage, t. 3. p. 59.

2. WOLOGDA, Province de l'Empire Russien, avec titre de Duché. Elle est entre les Provinces de Gargapol au Nord, de Bielozero au Couchant, de Bielski & de Susalde au Midi, & d'Ostioug au Levant. C'est un Pays rempli de Forêts & de Marais, qui abondent en Gibier & en Poisson. Cette Province dépendoit autrefois du Duché de la Grande-Novogorod; mais elle en a été séparée. Les principaux Lieux de cette Province sont

Wologda,   Cousnetsova,
Dwinitza,   Gresnewitz.

3. WOLOGDA. Voyez DWINA.

WOLSTAT, Bourg d'Allemagne [h], dans la Silésie, au Duché de Lignitz, sur une petite Riviére qui se jette dans le Katzbach, un peu au-dessous de Lignitz. Ce Bourg est remarquable [i] par la victoire que les Tartares y remportèrent en 1241. sur Henri *le Pieux*, Duc de Silésie, qui y fut tué dans le combat.

[h] *Jaillot*, Atlas.
[i] *Corn. Dict.*

WOLTHAU, selon Mr. Corneille [k], & [k] Dict.
VLOTHAW, selon Jaillot [l], petite Ville [l] Atlas. d'Allemagne dans la Westphalie, au Comté de Ravensberg, sur la rive gauche du Weser, entre Rintelen & Minden.

WOLVERHAMTON, ou WOLVERTON,

WOM. WOO. WOO. WOR. 389

[a] Délices de la Gr. Br. p. 383.

TON, Bourg d'Angleterre [a] dans la Province de Stafford, à l'Occident de la Tame, sur une hauteur. Ce Bourg qui a droit de Marché se nommoit anciennement *Wolfruneshamton*, du nom de Wolfrune femme dévote, qui y bâtit un Monastère. Son Eglise a été annexée au Doyenné de Windsor.

[b] Ibid. p. 566.

WOMER, Ruisseau d'Angleterre [b], au Comté de Hartford. A trois ou quatre milles de St. Alban, au Nord-Ouest, le Coln arrose un Bourg nommé Redborn, où il reçoit le Ruisseau appellé *Womer*. Selon l'opinion populaire, ce Ruisseau ne se déborde jamais qu'il ne soit le présage de quelque grand malheur, dont le Royaume est menacé.

[c] Ibid. p. 94.

WOODBRIDGE, Bourg d'Angleterre [c], dans la Province de Suffolck, sur la Riviére de Deben, à cinq ou six milles au Nord d'Ipswich. C'est un grand & beau Bourg célèbre par son Marché, où il se fait chaque Semaine un grand Commerce de Serges, de Planches pour les Vaisseaux, de Beurre & de Fromage. On y voit une très-belle Eglise & deux ou trois Chantiers pour les Vaisseaux. Les Habitans de Woodbridge passent pour être de très-bons Ouvriers dans ce genre de construction.

[d] Corn. Dict. Atlas, Surrey.

WOODCOTE, Lieu d'Angleterre dans le Comté de Surrey [d]. On y voit les vestiges d'une Ville dans un petit Bois, dont le Sommet d'une Colline est couvert. On y remarque entre autres plusieurs Fontaines faites de Fragmens de Cailloux. Ceux du Pays racontent plusieurs choses de ses richesses & du grand nombre de ses Citoyens. On croit que c'est la Ville que Ptolomée nomme *Neomagus*, & l'Itinéraire d'Antonin *Noviomagus*. Sa distance de Londres qui est de dix milles, & de Viagmes qui est de dix-huit milles, en est une forte preuve. C'est ce que marque l'ancien Itinéraire. Ainsi il ne faudroit pas s'attacher à l'opinion de ceux qui ont mis *Noviomagus* près de Buckingham, ou de Guildford. Cette Ville a été la principale Cité des Regnes, & connue par Marin Tyrien ancien Géographe.

[e] Délices de la Gr. Br. p. 531.

WOODLAND. On appelle ainsi en Angleterre [e] la partie Occidentale du Comté de Warwick, à cause des Bois dont elle est couverte. Anciennement on la nommoit Arden, qui en Langue Gauloise signifioit la même chose.

[f] Etat présent de la Gr. Br. t. 1. p. 101.

WOODSTOK, Ville d'Angleterre, dans Oxfordshire [f], avec droit de tenir Marché & d'envoyer des Députez au Parlement. Woodstok étoit autrefois un Domaine de la Couronne, qui fut aliéné par Acte de Parlement, en faveur du feu Duc de Marlborough, comme une marque publique de reconnoissance pour les services signalez qu'il avoit rendus à l'Etat, particuliérement à la Bataille de Bleinheim; & c'est pour en perpétuer la mémoire, qu'on y a voulu bâtir un Palais magnifique nommé *Bleinheim-House*. Henri I fit bâtir à Woodstok une Maison Royale qui fut aggrandie dans la suite par Henri II. & détruite dans les Guerres Civiles du tems de Charles I. Il y avoit un Labyrinthe, où la belle Rosemonde, Concubine d'Henri II. fut empoisonnée, pour satisfaire à la vengeance d'une Reine jalouse. Elle fut enterrée à Godstow dans le Couvent des Religieuses, avec cette Epitaphe Latine:

*Hac jacet in tumba Rosa mundi, non Rosamunda;
Non redolet, sed olet, qua redolere solet.*

Le Tombeau avoit été placé au milieu du Chœur de l'Eglise couvert d'un Drap de Soye. Un Evêque de Lincoln, nommé Hugues [g], trouva contre la décence, & de dangereuse conséquence, que le Tombeau d'une femme, telle qu'avoit été Rosemonde, fût exposé aux yeux des filles qui avoient fait vœu de chasteté: il le fit ôter du Chœur & transporter dans le Cimetière. Mais les Religieuses affectionnées à la mémoire de Rosemonde tirèrent ses os du Cimetiére & les remirent honorablement dans le Chœur de leur Eglise.

[g] Délices de la Gr. Br. t. 3. p. 652.

C'est dans la Maison Royale de Woodstok qu'étoit né le vaillant Edouard, surnommé *le Prince Noir*, qui gagna sur les François la fameuse Bataille de Poitiers, où Jean Roi de France fut prisonnier le 19. de Septembre 1356.

La Riviére d'Evenlode s'étant avancée à l'Est vis-à-vis de Wodstok, tourne droit au Sud & va se jetter dans la Tamise. Près du Confluent de ces deux Riviéres, on voit un Monument antique tout-à-fait singulier. C'est un rang de grosses pierres de grandeur & de forme inégale, élevées sur leur base & disposées en rond. Hors du rond on en voit une autre plus grosse & plus haute que les autres: on l'appelle le Roi, & les autres pierres sont nommées les Chevaliers & les Soldats. Comme les Habitans les appellent *Rollerich-Stones*, cela a donné lieu de croire que c'étoit un Monument de Rollo, Chef des Normans, qui passa dans l'Angleterre en 876. & y livra deux Batailles aux Anglois dans le Comté d'Oxford.

WOOLBRIDGE. Voyez WOODBRIDGE.

WOOLPIT, ou WULPIT, Lieu d'Angleterre, dans le Comté de Suffolck sur la Riviére de Deben, selon Davity [h].

[h] Suffolck.

WORCESTER [i], Ville d'Angleterre, la Capitale de Worcestershire, au bord de la Saverne, qu'on y passe sur un fort beau Pont de pierre de taille, sur la pente d'une douce Colline à quatre-vingt milles de Londres. Les Saxons la nommèrent *Wirecester*, & *Veogorna-cester*, dont les Latins ont fait le nom de *Wigornia*. Les anciens Romains l'ont connue sous celui de *Branonium*, ou *Bronogenium*; & les Gallois retenant en quelque manière le même nom l'apellent *Caer-Wrangon*. Cette Ville a beaucoup souffert de la part des Danois qui la pillèrent & la réduisirent en cendres en 1041. Elle souffrit encore la même désolation en 1113. par un incendie fortuit qui consuma entre autres le Château & l'Eglise Cathédrale. Elle s'est cependant relevée de ces pertes; & aujourd'hui c'est une grande & belle Ville partagée en dix Paroisses, bien bâtie, fermée de murailles, qui ont seize cens cinquante pas de circuit, sans l'environner toute entière, parce que la partie qui est bordée de la Saverne, est suffisamment

[i] Délices de la Gr. Br. p. 524.

ment défendue par cette Riviére, sans avoir besoin de murailles. On y entre par sept Portes; & l'on y compte douze Eglises, toutes dans la Ville à l'exception d'une. Le principal ornement est le Siége Episcopal qui fut établi en 680. par Sexwulphe, Evêque des Merciens. Aussi le plus magnifique Bâtiment qui s'y trouve est l'Eglise Cathédrale, située à l'extrémité Méridionale de la Ville. Elle est grande, ornée de divers ouvrages d'Architecture, construite en forme de Croix double, avec un fort beau Clocher, qui surmonte le milieu de la Croisée & finit en Platte-forme. On voit au milieu du Chœur le Tombeau du Roi Jean. Il est d'un fort beau Marbre, on y a mis la figure de ce Prince aussi de Marbre & revêtu de ses habits Royaux. Le côté Méridional du Chœur est occupé par le Tombeau du Prince Arthur, fils ainé du Roi Henri VII. Il est couvert d'une pierre de Jais. Le Diocése de Worcester comprend toute sa Province & une partie de Warwick. Quant à la Ville, elle est bien peuplée. Ses Habitans sont actifs, industrieux, laborieux & civils. Ils ont trois Marchez par Semaine, & ils font un grand Négoce de Draperie.

WORCESTERSHIRE, Province Méditerranée d'Angleterre [a], au Diocése de Worcester. Elle a cent trente milles de tour, & contient environ cinq cens quarante-quatre Arpens, & vingt milles six cens trente-cinq Maisons. On voit dans cette Province un bon nombre de belles Terres & de Maisons de Campagne, qui appartiennent à divers Seigneurs. La Saverne la traverse toute entiére & presque par le milieu du Nord au Sud; & reçoit en passant les eaux de trois ou quatre Riviéres. Elle est encore arrosée de la Stoure & de la Salwarpe à l'Orient, & de la Tame à l'Occident, un peu au-dessous de la Ville de Worcester: l'Avon venant du Comté de Warwick lave aussi un coin de cette Province au Sud-Est.

La Province de Worcester est séparée au Sud-Ouest de celle de Hereford par de hautes Montagnes, nommées *Malvernes*, qui s'élevent à la hauteur de sept milles. Il s'y trouve une Fontaine qu'on appelle la FONTAINE SACREE, à cause de la vertu qu'elle a de guérir diverses maladies particuliérement le Cancer, pourvû qu'on ait soin de l'appliquer de bonne heure, avant que le mal soit invétéré.

On regarde la Province de Worcester [b] comme une des meilleures de l'Angleterre. En Eté on y voit de belles & grandes Campagnes couvertes de Bled, d'excellens Pâturages, de belles Forêts, quelques Puits d'eau salée & quelques Fontaines Médicinales. Les Haies sont bordées de bons Poiriers, dont on presse le fruit pour en faire un Poiré qui est fort agréable au goût. Les Riviéres qui l'arrosent lui fournissent beaucoup de Poisson. En particulier la Saverne y nourrit beaucoup de Lamproyes, qui se plaisent dans les eaux limonneuses, telles que sont celles de cette Riviére. L'air répond bien au Terroir, il est agréable, tempéré, doux & fort sain.

[a] Etat présent de la Gr. Br. t. I. p. 124.

[b] Ibid. p. 529.

Les Villes & Bourgs où l'on tient Marché sont

* WORCESTER, la Capitale,
* Eversham,   Dudley,
* Bewdley,   Bromsgrove,
* Droitwich,   Pershore,
   Sturbridge,   Tedbury,
   Kidderminster,   Upton,
                     Shipton.

WORCUM. Voyez WORKUM.

WÖRDT, petite Ville de France [c], dans la Basse-Alsace, appartient aux Comtes de Hanau Liechtenberg. Les anciens ont regardé cette Ville comme la Capitale du Pays de Wasgaw, aux confins duquel elle est située. La Riviére *Saur*, ou *Sura*, passe au milieu de Wördt. Conrad Seigneur de Liechtenberg obtint en 828. de l'Empereur Louis *le Debonnaire*, le Privilége d'en faire une Ville. L'Empereur Louis IV. lui accorda, en 1330. outre le droit de tenir chaque semaine un Marché, les mêmes immunités, dont les Villes d'Haguenau, de Schlettstadt & de Rosheim jouissoient. Lorsqu'en 1577. le Comte Philippe de Hanau fit creuser les fondemens pour une Grange, on y trouva une pierre quarrée de cinq pieds, remplie des deux côtez de figures des anciennes Deïtez. On la voit encore sur le Marché aux grains. Cette Ville avoit autrefois ses Comtes particuliers, dont le dernier mourut en 1278. Les Troupes Impériales de la garnison d'Haguenau la surprirent en 1633. & la pillérent.

[c] Zeyler, Topogr. Alsat. p. 69.

WORINGEN, Ville d'Allemagne [d], dans l'Electorat de Cologne, à la gauche du Rhein, à trois lieues, au-dessous de la Ville de Cologne. Cette petite Ville fut fortifiée réguliérement en 1646.; & elle est fameuse par la Bataille [e] qui se donna dans son voisinage en 1288. ou selon d'autres en 1297. entre les Troupes de l'Electeur & celles de la Ville de Cologne pour savoir à qui des deux Partis resteroient les clefs de la Ville qu'on y avoit portées sur un Chariot. Cette Journée fut heureuse pour les Habitans de Cologne. Jean Duc de Lorraine, de Brabant & de Limbourg leur Chef & leur Allié y remporta une victoire complette sur l'Electeur & ses Adhérans qui étoient les Habitans de la Gueldre. Woringen qui étoit alors un Château, surnommé *Buruncum*, fut pris & ruiné.

[d] Jaillot, Atlas.

[e] Zeyler, Topogr. Arch. Co. & Ion. p. 40.

WORKSOP, Bourg d'Angleterre [f], dans la Province de Nottingham, sur le bord de l'Idle. Ce Bourg a droit de Marché. Son Terroir est fertile en Reglisse, qui passe pour la meilleure du Royaume. On voit à Worcksop un assez beau Palais construit vers l'an 1580. par George Talbot Comte de Shrewsbury.

[f] Délices de la Gr. Br. p. 366.

1. WORKUM, ou WORCUM, anciennement *Woudrikem*: Ville des Pays-Bas, dans la Hollande Méridionale, sur la Rive gauche de la Meuse, au confluent du Wahal, demi-lieue au-dessus de Gorcum, la Riviére entre deux. Cette petite Ville, située à cinq lieues au-dessus de Dort, fut entourée de murailles en 1460. & se trouve défendue aujourd'hui par quatre Bastions. Elle

Elle a appartenu ci-devant aux Comtes de Horn, avec la Seigneurie d'Altena dont elle est le Chef-lieu. Mais Philippe de Montmorenci Comte de Horn ayant été décapité à Bruxelles en 1568. sans laisser de postérité, sa Veuve Walburge de Nieuwenaere la vendit pour quatre vingt-dix mille florins aux Etats-Généraux. L'air qu'on respire à Workum est beaucoup meilleur qu'au cœur de la Hollande: les eaux y sont aussi plus belles & plus saines. Il ne se fait cependant que peu de trafic dans cette Ville. L'Eglise Paroissiale a eu pour Patron St. Willebrord. Il y a à Workum deux Maisons Religieuses, l'une de Croisiers & l'autre de Dominicains.

2. WORKUM, ou VORCUM, Ville des Pays-Bas, dans la Frise, au Comté de *Westergo*, sur le Zuiderzée, à quatre lieues de Harlingen, & à deux de Bolswaert & d'Ilst. Les Habitans du Pays la nommoient autrefois WOLDERCUM, comme on le peut voir par les Sceaux & par les anciennes Chartes: ce n'est que par corruption qu'on l'appelle présentement *Worcum*. Outre la grande Eglise qui étoit dédiée à Ste. Gertrude, & l'Hôpital, il y avoit autrefois un Beguinage, & un Couvent de Religieuses de l'Ordre de St. Dominique, qui pendant les guerres de Religion ont subi le même sort que les autres Monastères du Pays.

La Ville de Workum est gouvernée par son Magistrat qui est composé de huit Bourgmestres. Mais depuis que la Populace a fait des insultes à ce Corps, on a encore élu un Conseil de vingt-quatre autres personnes de la Bourgeoisie, qui doivent faire serment au Magistrat. C'est comme un arriére-Conseil, que le Magistrat consulte dans les Affaires de conséquence, qui regardent la Ville.

Le Territoire de Workum est très-fertile, parce qu'il se trouve arrosé de plusieurs Canaux, & d'une Riviére qu'on nomme le Vliet, qui l'incommode néanmoins quelquefois, principalement lorsque le vent vient de l'Est. Le Port, qui est petit, est situé le long de la Digue, ce qui fait que les Habitans trafiquent en quelques endroits, quoique fort peu, à cause que leur Canal manque quelquefois d'eau.

[a] *Juillot, Atlas.*

1. WORLITZ, Riviére d'Allemagne [a], dans la Bohême. Elle prend sa source dans le Comté de Glatz, & coulant d'abord du Nord au Sud, le long des Confins du Cercle de Konigin-Gretz, elle traverse une partie de ce Cercle, jusques vers les Confins de celui de Chrudim; alors elle tourne vers le Couchant; & après avoir reçu la Riviére de Stebnitz à la droite, elle mouille Lititz, Tosteletz, reçoit l'Orlitz à la gauche, & va enfin se perdre dans l'Elbe un peu au-dessous de Trebochoff.

[b] *Ibid.*

2. WORLITZ, Ville d'Allemagne [b], dans la Basse-Saxe, & dans la Principauté d'Anhalt, aux Confins du Duché de Saxe, sur la rive gauche de l'Elbe, à quelques lieues au-dessus de Dessau.

WORMS, Ville Impériale d'Allemagne, à trois ou quatre cens pas de la Rive gauche du Rhein, à sept milles de Mayence, à six de Spire, à quatre d'Oppenheim, à trois de Manheim & à deux de Franckendal, avec Evêché suffragant de Mayence. C'est l'ancien *Borbetomagum*, ou *Borbetomagus Vangionum*. Attila l'ayant ruinée entiérement, Clovis la fit rebâtir; & la Reine Brunehaud prit soin de l'agrandir & de l'embellir. Elle est célèbre principalement par les Diètes, qui s'y sont tenues. Cette Ville [c], qui est dans un excellent Pays & dans une situation très-agréable, est ceinte d'une double Muraille, sans Fortifications, qui méritent qu'on en parle, & sans Garnison. Elle passe pour être à-peu-près de la grandeur de Francfort; mais elle est pauvre, triste & dépeuplée. Il y a d'espace en espace de grands vuides, où on a planté tant de Vignes qu'on en tire tous les ans environ quinze cens Foudres de Vin: le Foudre est un Tonneau qui tient environ deux cens cinquante Gallons d'Angleterre. On fait un grand cas de ce Vin. La Ville en envoye aux personnes de considération qui y passent; & elle leur fait aussi présenter du Poisson & de l'Avoine. Le Poisson est pour marquer le droit de Pêche qu'elle a sur le Rhein; mais on ignore ce que signifie l'Avoine.

[c] *Misson, Voyage d'Allemagne. t. I. p. 68. & suiv.*

Les Luthériens ont à Worms une Eglise & outre cela ils prêchent alternativement avec les Catholiques dans celle des Dominicains. Le reste appartient aux Catholiques, qui ne portent point néanmoins le St. Sacrement en public, ni ne font aucune Procession que le lendemain de Pâques. Les Calvinistes ont leur Temple à Newhausen dans le Palatinat, à une petite demi-lieue de la Ville. Les Luthériens ne font pas difficulté d'y faire quelquefois baptizer leurs enfans; ce qui est tout opposé à la pratique des Luthériens de Francfort.

L'Eglise de St. Paul paroît un Bâtiment ancien, & je crois que celle de St. Jean l'est encore davantage. Celle-ci est bâtie de fort grands Quartiers de pierre, & sa figure est toute irréguliere. Les Murailles ont plus de douze pieds d'épaisseur: les Fenêtres sont étroites; & un Corridor régne tout autour en dehors, précisément sous le bord du toit. Il n'y a guére d'apparence que cela ait été bâti pour une Eglise. La Cathédrale est un long Bâtiment assez exhaussé, avec quatre Tours sur les quatre coins; toute la structure en est fort massive, & chargée d'Ornemens Gothiques. On fait voir un certain Animal qui est au-dessus d'une des Portes de cette Eglise, & dont le Peuple fait cent contes. Cet Animal est grand comme un Ane, & a quatre têtes: une tête d'Homme, une tête de Bœuf, une d'Aigle & une de Lion: il leve les deux premières, & laisse les deux autres. Le pied droit de devant est d'Homme; le gauche est de Bœuf; ceux de derriére sont d'Aigle & de Lion; & une femme est assise sur cette Bête. Peut-être est-ce un composé des Hiéroglyphes des quatre Evangélistes; & il se pourroit faire que la Femme représenteroit l'Evangile. Il y a à l'entrée de l'Eglise de St. Martin un Tableau curieux au-dessus d'un Autel portatif. Ce Tableau a environ cinq pieds en quarré. Dieu le Pere est au haut dans un coin, d'où

il

il semble parler à la Ste. Vierge, qui est à genoux au milieu du Tableau. Elle tient par les pieds le petit Enfant Jésus, & le met la tête nuë dans la tremie d'un Moulin. Les douze Apôtres font tourner le Moulin à force de bras avec une manivelle, & ils font aidez par les quatre Animaux d'Ezéchiel, qui travaillent d'un autre côté. Le Pape est à genoux, & il reçoit des Hosties, qui tombent dans une coupe d'or : il en présente une à un Cardinal; le Cardinal la donne à un Evêque; l'Evêque à un Prêtre, & le Prêtre au Peuple.

On remarque dans Worms quelques Edifices publics. Il y en a un appellé, *La Maison des Bourgeois*. Le Sénat s'y assemble deux fois la semaine pour les affaires de l'Etat. Un autre sert de Lieu d'assemblée pour le Magistrat; & c'est où l'on plaide les Causes ordinaires. Il y en a un autre appellé *la Maison de la Monnoie*, & on y voit une feuille de parchemin dans un cadre, avec douze sortes d'écriture parfaitement belles, plusieurs mignatures, & des traits hardiment tracez à la plume. C'est l'Ouvrage d'un certain Thomas Schuveiker, qui étoit né sans bras, & qui a fait tout cela avec le pied. On montre un autre petit Ouvrage que l'on admire aussi, & qui est fait à la main. C'est un rond de velin, à-peu-près grand comme une Guinée, sur lequel on a écrit l'Oraison Dominicale sans abbréviation; mais cela est peu de chose; car d'autres ont mis six fois cette même Priére, & plus distinctement dans un pareil espace. Cette Maison de la Monnoie a un assez long Portique, entre les Arcades duquel pendent de grands os, & de grandes cornes. Les os, dit-on, sont des os de Géants; & les cornes sont les cornes des Bœufs, qui ont charrié les pierres dont la Cathédrale est bâtie. Le dehors de la Maison est rempli de diverses Peintures, parmi lesquelles on voit les Figures de plusieurs Géans armez qui sont appellez *Vangiones*, dans une Inscription qui est au-dessous. On sait bien que les Peuples qui habitoient autrefois cette partie du Rhein ont été appellez *Vangiones*; mais il seroit difficile de prouver que ces *Vangiones* ayent été des Géants. Cependant ces grands hommes font bien du bruit à Worms, & on en fait mille contes plaisans.

[a] *D'Audifred. Géogr. Anc. & Mod. t. 3. p. 241. Ed. 1695.*

L'Evêché de Worms [a], est enclavé dans le Palatinat, entre les Bailliages d'Oppenheim & de Neustat. La plûpart des Historiens demeurent d'accord que l'Eglise de Worms est une des plus anciennes d'Allemagne. Elle jouissoit de la dignité de Métropole dans les premiers Siècles; mais le Pape Zacharie l'en priva en 745. pour punir Gervilius qui en étoit Archevêque, & qui avoit tué de sa propre main un Saxon, qu'il avoit invité à le venir voir. La Dignité Archiépiscopale de Worms fut conférée par le Pape à l'Eglise de Mayence. Wernher fut le premier qui prit simplement le titre d'Evêque de Worms. Dietric, un de ses Successeurs, acquit par engagement la moitié de la Seigneurie de Ladenbourg, de Wolraf, Comte de Spanheim, pour la somme de vingt & un mille florins; & Simon fils de Wolraf vendit l'autre moitié en 1371. à Robert le vieux Electeur Palatin, qui s'accommoda en 1387. avec Eckard, Evêque de Worms & son Chapitre de la partie qui appartenoit à leur Eglise; ce qui donna lieu en 1661. à une grande dispute entre Hugues-Everard de Krats, Evêque de Worms, & Charles Louis Electeur Palatin ; le premier prétendoit avec fondement que les Electeurs Palatins ne possédoient pas la Cô-Seigneurie de Ladenbourg par droit de propriété, mais seulement par engagement, de sorte que l'Empereur enjoignit à l'Electeur Palatin par son Rescrit du 2. de Juin 1673. d'accepter le rachat que l'Evêque de Worms lui offroit, & de la remettre en possession de la portion contestée dans l'espace de deux mois, sous peine de dix marcs d'or. Ce Prince s'en plaignit aux Etats de l'Empire à Ratisbonne; mais ses plaintes furent mal reçues, & il n'obtint pas ce qu'il demandoit.

L'Evêché de Worms est réduit à des bornes fort étroites, à cause du voisinage de plusieurs Etats Protestans, qui pendant les Guerres Civiles ont beaucoup usurpé sur lui, & particuliérement l'Electeur Palatin : à peine l'Evêque a de quoi soutenir la qualité de Prince. Son Domaine ne consiste qu'en quelques Villages presque tous ruinez par le *Wildsang*. Cela a obligé le Chapitre de demander que cet Evêché fût uni à l'Archevêché de Mayence, pour se mettre à couvert des persécutions de leurs voisins. Mais outre les difficultez qu'il a trouvées à Rome, la Noblesse immédiate, qui avoit intérêt de l'empêcher, parce que c'étoit un Bénéfice qu'elle perdoit, s'y est toujours opposée. Le Collége des Princes n'y voulut pas non plus consentir; & il y a apparence que l'Electeur Palatin traversa en secret cette union. Le Chapitre a néanmoins postulé autant qu'il a pu les Electeurs de Mayence pour ses Evêques.

Ce Chapitre est composé de neuf Chanoines Capitulaires & d'autant de Domiciliez. Ses Dignitez sont celles de Prevôt, de Doyen, de Custode, d'Ecolâtre & de Chantre.

WORONITZ. Voyez Veronis.

WORSKLO, Mr. Corneille [b] dit, Riviére de Moscovie, qui a sa source dans le Duché de Worotin. La plûpart des Géographes la prennent pour celle que les Anciens appellent *Panticapes*. Elle traverse une partie du Pays des Cosaques, & se décharge dans le Borysthène entre Czyrcassi & Kudak. [b] *Dict.*

Selon Mr. de l'Isle [c] la Riviére Worsklo ou Vorsklo prend sa source dans les Pays des Cosaques, près de la route que prennent les Tartares pour entrer en Moscovie, court du Nord-Oriental au Midi Occidental, arrose Volne., Achiri, Pultava, & Kobilak, après quoi elle va se rendre dans le Dnieper ou Borysthène, un peu au-dessous de Krzemientuk. Dans sa course elle reçoit les Riviéres Haivron, g. Loszczycki, g. Rzobnika, Merlo', g. & Kołomak. [c] *Atlas.*

WOTAVE, selon Mr. Corneille [d] & Ottave selon Jaillot [e]; Riviére d'Allemagne, dans la Bohême. Elle prend sa source dans le Cercle de Pilsen vers les confins de la Baviére, [d] *Dict.* [e] *Atlas.*

viére, coule de l'Occident en Orient traverse entiérement le Cercle de Pragh & va se jetter dans le Muldaw. Elle reçoit entre autres, à la droite, la Riviére de Blanitz, & mouille dans sa course, les Villes de Suchitz, g. de Raby, g. d'Horazdegowicze, g. de Strakonitke, g. de Ruqen, d. & de Pisek.

WOTTON-BASSET, Ville d'Angleterre [a] dans le Comté de Wilt. Elle a été l'ancien séjour des Ducs d'Yorck, qui y firent un grand Parc de Bêtes sauvages. Cette Ville envoye deux Députez au Parlement, & a droit de Marché.

[a] Etat présent de la Gr. Br.

WOTSING, Village de la Chine, un peu au-delà de Kiansi, & à la gauche de la Riviére de Kiam, sur la pointe d'une Isle élevée & sablonneuse. Son étendue en longueur est d'environ une heure de chemin. Il y a une belle rue habitée par des Marchands dont les Boutiques & les Magasins sont fournis de toutes sortes de Marchandises : aussi ne demeure-t-il dans ce Village que des Marchands. La Porcelaine y est en grande abondance, & plus facile à avoir que dans Kiansi même.

WOUW, Village des Pays-Bas [b], dans le Marquisat de Berg-op-Zom, au Quartier Occidental, à une lieue & demie à l'Est de la Ville de Berg-op-Zom. Le Banc ou Tribunal de la Police de Wouw est composé d'un Drossard qui en est le Chef, d'un Bourgmestre, de sept Echevins & de douze *Gemeensmannen*, ou Jurez qu'on tire des Hameaux. Le Tribunal de la Justice n'est formé que des Echevins, du Bourgmestre qui en est le Président, & du Secrétaire qui est en même tems Greffier de Wouw, de Moerstraeten & da Voorenseynde. Le Bourgmestre est aussi le Receveur des Deniers publics & œconomiques, & rend compte tous les ans aux Magistrats en présence d'un Commissaire du Marquis, & des Propriétaires des Deniers publics. A l'égard des Deniers œconomiques, il n'en rend compte qu'aux Magistrats. Ces deux Recettes portent chaque année près de vingt mille florins, pour le seul Village de Wouw, & pour les Hameaux qui en dépendent. La premiére sert à payer le Verponding, les Beedens, & les intérets des Capitaux à la charge de la Communauté. L'Eglise de ce Village est assez belle & desservie par un Ministre, qui va aussi prêcher à Herle. Il y a un Moulin à vent qui appartient au Marquis. Les Habitans forment deux Compagnies ou Confrairies; l'une de l'Arc & l'autre de l'Arquebuse. Les Catholiques qui sont en grand nombre, ont une belle Chapelle desservie par un Bernardin, aidé des autres Prêtres. Près de ce Village il y a un Château qu'on appelle le CHATEAU DE WOUW, où les anciens Marquis de Berg-op-Zom faisoient ordinairement leur demeure. Les Etats-Généraux avoient fait fortifier ce Château; mais le Commandant le livra trahison au Duc de Parme en 1587. & pendant plusieurs années la Garnison de cette Place fit de grands ravages dans le plat-Pays & troubla extrêmement la Navigation entre la Hollande & la Zélande. Enfin, le Prince Maurice de Nassau s'en rendit maître en 1606. & après en avoir fait raser les fortifications, il le rendit à son Cousin Herman de

[b] *Janiçon*, Etat présent des Pr. Un. t. 2. p. 227.

's Heerenberg, à condition qu'il observeroit une éxacte neutralité. C'est la demeure ordinaire du Grand-Veneur ; & c'est dans ce Château que se tenoit autrefois l'Assemblée du Quartier. Mais les Baillifs des Jurisdictions particuliéres n'y comparoissent que quand ils le jugent à propos pour le bien de leurs Communautez. Ainsi la convocation de cette Assemblée n'est respectée, qu'autant qu'elle est accompagnée des ordres du Marquis, ou lorsqu'il s'agit de quelque contribution en tems de guerre. Il en est de même dans les autres Quartiers du Marquisat.

W R.

WREAK, Riviére d'Angleterre [c], dans la Province de Leycester, qu'elle arrose de l'Est à l'Ouest, après quoi elle va se jetter dans la Stoure. Elle prend sa source dans la partie Orientale de la Province & arrose diverses petites Villes, entre autres Melton-Mawbray.

[c] Délices de la Gr. Br. p. 375.

WREXHAM, Ville d'Angleterre [d], au Pays de Galles, dans le Comté de Denbigh, au Quartier appellé Bromfield. Elle se nommoit anciennement WRITTLESHAM. On y remarque un fort beau Clocher, & dans l'Eglise il y a un Chœur d'Orgues; ce qui est considérable dans ce Pays-là.

[d] Ibid. p. 423.

WROXCESTER, Bourgade d'Angleterre, dans Shropshire, sur la Saverne, un peu au-dessus de la Ville de Shrewsbury ou Salop. Il y en a qui veulent que Worcester soit l'ancienne *Viroconium*.

W S.

WSTE, ou WUIST. Voyez WUIST.

W U.

WUFFLENS-LE-CHATEAU, Lieu de Suisse [e], au Canton de Berne, dans le Bailliage de Morges, à un quart de lieue au-dessus de la Ville de ce nom. Ce Lieu tire son nom d'un grand & antique Château, qui par les beaux restes qu'il a encore, paroît avoir été très magnifique dans son tems : aussi dit-on qu'il a été bâti par la Reine Berthe, qui vivoit dans le dixiéme Siécle. Ce Château est bâti de grosses briques; & au milieu on voit une grande Tour que l'on découvre de fort loin.

[e] Etat & Délices de la Suisse, t. 2. p. 280.

WUIST, Isle de la Mer d'Ecosse [f], l'une de celles qu'on connoît sous le nom d'Isles de Shetland. Elle est située au Nord-Est de l'Isle d'Yell. Elle n'est pas absolument aussi grande que celle-ci; mais c'est une Isle unie, agréable à la vûe, fertile & assez bien peuplée.

[f] Etat présent de la Gr. Br. t. 3. p. 307.

WULLIE'RENS, Seigneurie de Suisse [gg], au Canton de Berne, dans le Bailliage de Morges. Le Château de Wulliérens n'est pas encore achevé; mais quand il le sera, il pourra passer pour un Edifice des plus magnifiques.

[gg] Etat & Délices de la Suisse, t. 2. p. 280.

WULPEN (Le Polder de) petit Canton de la Flandre Hollandoise, dans le Bailliage d'Oostbourg, au Midi du Polder de Groede. Le Polder de Wulpen comprend plusieurs autres petits Polders, & en tout quatre cens quarante *Gemeeten* & cent quarante deux Verges. Quelques-uns de ces *Gemeeten* sont sous la Jurisdiction de Bresken; mais la

Ddd

la plus grande partie font fous celle du Franc de l'Eclufe.

WULTAVE, ou WALTAVE, Davity nomme ainfi le Muldaw, Riviére de Bohême. Voyez MULDAW.

WURMIUS, petit Fleuve de la Germanie, à deux milles d'Aix-la-Chapelle. Eginhart parle de ce Fleuve dans l'Hiftoire de la tranflation des Martyrs St. Marcellin & St. Pierre; & Ortelius [a] ajoute qu'on l'appelle encore préfentement WORM.

[a] Thefaur.

WURMSBACH, Monaftère de Suiffe [b], dans l'étendue du Canton de Zurich, fur le Lac de ce nom, du même côté que Raperfchwyl. C'eft un Monaftère de Filles, de l'Ordre de Cîteaux, fondé par Wernher, Comte de Habsbourg. Il eft fous l'infpection de l'Abbé de Wettingen.

[b] Etat & Délices de la Suiffe, t. 2. p. 60.

WURTEMBERG, WURTENBERG, ou WIRTENBERG [c], Duché d'Allemagne, dans la Suabe. Il eft borné au Septentrion par une partie de la Franconie, de l'Archevêché de Mayence & du Palatinat du Rhein: à l'Orient par le Comté d'Oeting, le Marquifat de Burgau, le Territoire d'Ulm, & plufieurs autres petits Etats de Suabé: au Midi par les Principautez de Hohen-Zollern & de Furftenberg & par le Marquifat d'Hohenberg; & à l'Occident par une partie du Palatinat du Rhein, du Marquifat de Bade & de la Forêt-Noire. Il a vingt-deux lieues de longueur & prefque autant de largeur.

[c] D'Audiffred, Géogr. Anc. & Mod. t. 3. p. 215. Ed. 1695.

Ce Duché étoit [d] anciennement une partie du Duché de Suabe; & il étoit compofé de diverfes Seigneuries que les Comtes de Würtemberg réunireut à leur Domaine en divers tems. Il a été ainfi nommé du Château du WÜRTENBERG entre Stutgard & Effingen, qui étoit la réfidence des Seigneurs de Würtenberg, qu'on dit-être iffus d'Everhard, Grand-Maître de la Maifon de Charlemagne. L'Empereur Henri IV. créa Conrad Comte de Würtemberg en récompenfe de fes fervices, 'Sa poftérité n'eft pas bien connue jufqu'à Everard le Débonaire, dont quelques Hiftoriens élevent fi fort la puiffance, qu'ils affûrent qu'il avoit toujours à fa fuite fix Princes, huit Comtes, cinq Barons & foixante & dix Gentilshommes. Il époufa Judith fille de Fréderic, dernier Duc de Teck, qui lui apporta de grands biens. Everard le jeune, fon fils, acquit le Comté de Montbeliard par fon mariage avec Henriette fille de Henri dernier Comte de Montbeliard, qui fut tué à la bataille de Nicopolis en 1397. où il s'étoit fort fignalé, & Jean Duc de Bourgogne lui en donna l'Invefliture. L'Empereur Maximilien I. érigea le Comré de Würtemberg en Duché, à la Diéte de Worms, le 29. de Juillet 1495. en faveur d'Everard le Barbu. Ulrich fut dépouillé de fes Etats en 1519. par la Ligue de Suabe, qui les donna à l'Empereur Charles V. pour les fraix de la guerre. Mais par la Tranfaction de Kaden faite en 1534. par la Médiation de l'Electeur de Saxe Ferdinand à qui Charles V. les avoit donnez les rendit à Ulrich, à la charge que lui & fes Defcendans tiendroient le Duché de Würtemberg en fief de la Maifon d'Autriche. Fréderic obtint de l'Empereur Rodolphe II. en 1599. que la féodalité portée par la Tranfaction de Kaden feroit caffée, & que la

[d] Pag. 214.

Maifon d'Autriche hériteroit feulement de ce Duché, faute d'hoirs mâles dans celle de Würtemberg.

Il y a peu de Pays en Allemagne [e] auffi fertiles & auffi bien peuplés que le Würtemberg. On y trouve toutes fortes de fruits & de grains, avec des Pâturages abondans. Le Danube qui paffe dans fon voifinage, & le Necker qui le traverfe, contribuent beaucoup à enrichir fes Habitans par la commodité qu'ils ont de faire tranfporter leurs denrées dans les Pays étrangers. L'abondance qu'il y en a, & la facilité d'y faire fubfifter des Armées en ont fait fouvent le théatre de la guerre; & on a obfervé que les Impériaux qui font curieux des bons Quartiers d'Hyver, pour fubfifter aux dépens des autres, ont prefque toujours affecté, d'en prendre dans ce Duché, fous prétexte de défendre les frontiéres de l'Empire.

[e] Pag. 215.

Le Duc de Würtemberg eft Grand-Veneur de l'Empire; & lorfque l'Empereur commande les Armées en perfonne, il a droit de porter la Cornette Impériale, qui eft attaché au Comté de Gruningen.

WURTZBOURG, Ville d'Allemagne [f] dans la Franconie, fur le Mein; & la Capitale de l'Evêché auquel elle donne le nom. C'eft une jolie Ville qui a été ainfi appellée, à caufe des beaux Jardins dont elle eft environuée; car Wurtzbourg en Allemand fignifie Ville aux herbes. Elle étoit autrefois Impériale; mais l'Evêque André, Baron de Gundelfingen, la foumit à fes Loix. Son Château, qu'on nomme FRAWENBERG, eft affez fort. L'Evêque y fait fa réfidence ordinaire. Il y a dans cette Ville une Univerfité qui fut érigée en 1043. & rétablie fur la fin du dernier Siècle par l'Evêque Jule Echtet de Melspelbrun.

[f] D'Audiffred, Géogr. Anc. & Mod. t. 3. p. 177. Ed. 1695.

L'EVECHE' DE WURTZBOURG [g] confine avec le Comté de Henneberg, le Duché de Cobourg, l'Abbaye de Fulde, l'Archevêché de Mayence, le Duché de Wertheim, le Marquifat d'Anspach, & l'Evêché de Bamberg. Il fut fondé en 741. par St. Boniface Archevêque de Mayence, & St. Burchard en fut le premier Evêque, que le Pape Zacharie confirma en 748. ou 750. Pepin, Roi de France, lui fit donation du Duché de Franconie en 752. Il eft porté expreffément dans l'Acte de donation qu'à l'avenir les Evêques de Wurtzbourg feront regardez comme Ducs de Franconie, avec toute forte de Jurifdiction; & on dit qu'en même tems les Comtes voifins devinrent les Officiers de cet Evêché; favoir le Comte de Heuneberg, Maréchal; le Comte de Reineck, Maître-d'Hotel; le Comte de Caftel, Echanfon, & le Comte de Wertheim Chambellan. Quelques Hiftoriens prétendent que ces Charges ne furent affectées héréditairement à ces Comtes qu'en l'année 1168. à la Diète de Wurszbourg fous l'Empire de Préderic I. Ce fut après la donation du Duché de Franconie que les Evêques de Wurtzbourg prirent pour devife Herbipolenfis fola judicat Enfe & Stola; c'eft-dire que la feule Eglife de Wurszbourg juge par l'Epée & par l'Etole. Mais Limnæus [h] a fort bien remarqué qu'alors tous les Evêques d'Allemagne avoient la Jurifdiction temporelle & Eccléfiaftique, & que c'eft mal à pro-

[g] Ibid. p. 176.

[h] I. Part. Add. an. Lib. 4. c. 7. p. 251.

à propos qu'on l'attribue feulement à celui de Wurtzbourg. Erlang, qui fut le vingt-quatrième Evêque, fut privé du Duché de Franconie par l'Empereur Henri IV. qui le donna à Conrad de Suabe fon neveu. Cependant environ trois cens après, Godefroy de la Famille des Barons de Limpourg prit la qualité de Duc de Franconie, qu'Albert Margrave & enfuite Electeur de Brandebourg lui difputa fortement. Les Margraves de Culenbach & d'Anspach ont depuis continué à le lui refufer, de même que l'Archevêque de Mayence, l'Evêque de Bamberg, & l'Electeur de Saxe en qualité de Comte de Henneberg. Dans les grandes Cérémonies l'Evêque de Würtzbourg fait porter l'Epée nue devant lui, & quand il officie le Maréchal tient l'épée nue pendant l'Office.

Cet Evêché a une grande étendue; & fon Diocèfe en avoit une encore plus grande avant la foudation de celui de Bamberg. Mais l'Empereur Henri II. pour dédommager l'Evêque de Würtzbourg de ce qu'il lui avoit ôté de fa Jurifdiction Eccléfiaftique, lui donna le Domaine direct du Comté de Catzenellebogen, & les Châteaux de Bernheim, de Salza, de Rongau, de Mainingen, de Mergenrod, de Marten-Waldorff, d'Altendorff.

Outre la Ville de Wurtzbourg il y a dans cet Evêché, celle de Kitzingen dont la moitié appartient au Margrave d'Anspach; Carlftat, Schonrein, Chef d'un Bailliage qui faifoit partie du Comté de Reineck, & que l'Evêque de Wurtzbourg acquit en 1559. après la mort de Philippe dernier Comte de Reineck, dont les biens furent partagez entre cet Evêque, l'Electeur de Mayence, & le Comte d'Erpach; Neuftat fur le Saal, qui appartenoit autrefois aux Comtes de Henneberg; Wolkach & Koningshoven. L'Evêque de Wurtzbourg poffede encore la Seigneurie de Raigelsberg, dont il hérita en 1521. à la mort de Henri dernier Seigneur de Raigelsberg; mais Jean Philippe de Schonborn, Archevêque de Mayence & Evêque de Wurtzbourg & de Worms, la donna en fief à Philippe Erwin fon frére. Ce Prélat a encore une portion du Comté de Henneberg, qu'il acquit en 1583. à la mort de George Erneft dernier Comte de Henneberg; & la Prevôté de Gochsheim que Jean Evêque de Wurtzbourg acheta en 1576. de la Ville Impériale de Schweinfurt.

Le Chapitre de Würtzbourg eft compofé de vingt-quatre Chanoines Capitulaires & de vingt-neuf domiciliez. Ses Dignitez font celles, de Prevôt, de Doyen, d'Ecolâtre, de Cuftode & de Cellerier. Celui qui eft élu Chanoine de Würtzbourg, fans quoi on ne peut être Evêque de cette Ville, doit paffer nud jufqu'à la ceinture devant les Chanoines qui lui donnent des coups de verges. On ignore la véritable origine de cet ufage. Quelques uns difent néanmoins qu'il a été établi pour dégoûter les Princes & les Comtes d'afpirer à cet Evêché.

W Y.

WYCK, ou VICK. Voyez WIC.
WYCK TE DUERSTEDE, Ville des Pays-Bas [a], daus la Province d'Utrecht, fur le Rhein, au commencement de la Riviére de Leck, à quatre lieues & demie d'Utrecht, & à deux petites lieues au-deffous de Rhenen. L'Empereur Charlemagne fit donation de cette Ville & de fon Territoire à Harmacarus fixième Evêque d'Utrecht, pour récompenfer le zéle avec lequel ce Prélat travailloit à la converfion des Fideles. Jean Trithême raconte que cette Ville avoit autrefois trois lieues de circonférence & cinquante-cinq Eglifes Paroiffiales; mais que les Normands & les Danois la ruïnérent jufqu'à trois fois, du tems de Saint Hungère, onzième Evêque d'Utrecht. Il y a à Wyck te Duerftede un fort Château qu'on croit avoir été bâti par Drufus; mais il tombe en ruïne. Avant les révolutions arrivées dans le Pays par le changement de Religion, il y avoit dans cette Ville un Chapitre de douze Chanoines, fondé en 1366. dans l'Eglife de St. Jean Baptifte par Guibert Seigneur d'Abcoude & de Wyck. On y voyoit outre cela un Couvent de Religieufes de l'Ordre de Saint Dominique; & près de la Ville il y avoit un Prieuré de Chanoines Réguliers de l'Ordre de St. Auguftin, dit VREDENDAEL, ou VAL DE PAIX: il avoit été fondé en 1419. par un Seigneur nommé Werembolde de Bufcoep.

[a] Dict. Géogr. des Pays-Bas.

WYCK TE DUERSTEDE, ou WIC-DURSTED, dit Mr. de Longuerue [b], eft une petite Ville qui fut bâtie fur le bord du Rhein par Gisbert d'Abcoude, Evêque d'Utrecht en 1300. dans une fort belle fituation, & près d'un ancien Château des Evêques. On lui donna le nom de Durfted parce qu'elle étoit voifine des ruïnes de l'ancienne Ville de Dureftat ou Doreftat, autrefois la Capitale du Comté de Teyfterband. Doreftat étoit une Place fort importante & qui ayant été plufieurs fois prife & faccagée par les Normands & par d'autres Barbares, fut entiérement abandonnée, il y a près de huit cens ans. Elle étoit à quelque diftance du Rhein & du Lech dans l'Ifle des Bataves; c'eft pourquoi on l'appelloit non feulement Durus, mais encore Batavodurus.

[b] Defcr. de la France, Part. 2. p. 28.

WYE, en Latin Vaga, Riviére d'Angleterre [c], au Pays de Galles. Elle prend fa fource au Comté de Montgommery, dans la Montagne de Plinillimon, & en fortant de ce Comté, elle entre dans celui de Radnor, où elle coule au Sud-Oueft, fervant de borne perpétuelle entre ce dernier Comté & celui de Breknok. Elle fe trouve arrêtée par une Cataracte, où elle fe précipite avec un grand fracas, près du Bourg de Raihader-Gowy. Du Comté de Radnor la Wye paffe daus celui de Hereford, à cinq ou fix milles au Midi de l'Arrow, près du Château de Clifford. Elle mouille Bradwardin autre Château. Delà elle paffe près de Kenchefter, enfuite à Hereford, à Marckleyhill, d'où coulant au Sud en ferpentant au milieu des Plaines agréables jufqu'aux Frontiéres de Monmouth, elle ne baigne aucun Lieu remarquable que le Bourg de Roff.

[c] Délices de la Gr. Br. p. 452.

WYL, ou WEIL, Ville de Suiffe [d], entre le Thourgaw & le Toggenbourg, & la Capitale des Terres anciennes de l'Abbé de

[d] Etat & Délices de la Suiffe. t. 3. p. 303.

de St. Gall. C'est une petite Ville, mais fort peuplée & bâtie sur une hauteur. La plûpart des Maisons n'y sont que de bois: le Palais des Abbez est cependant magnifique & d'une grande étendue. C'est-là qu'ils font ordinairement leur résidence, ne voulant pas habiter dans le Palais qu'ils ont à St. Gall, où ils se trouvent gênez par le trop grand voisinage de la Ville. Ils ont leur Régence à St. Gall & leur Cour à Wyl, avec tous les Officiers qui sont en usage dans les Cours des Princes; ce qui n'empêche pas que la Ville de Wyl ne jouïsse de grands Priviléges.

En 1530. la Bourgeoisie de Wyl embrassa la Réformation par les soins du Ministre Conrad Schrefoghel, & abolit la Messe avec toutes les cérémonies de l'Eglise Romaine. Mais il en fut de Wyl, comme de Bremgarten, de Mellingen & de Keyserstoul, c'est-à-dire que la nouvelle Religion y céda de nouveau la place à l'ancienne. Les quatre Cantons, Zurich, Lucerne, Schwitz & Glaris, ont droit, comme Protecteurs de l'Abbaye de St. Gall, de tenir à Wyl, tour à tour un homme qui a le titre & l'autorité de Capitaine du Pays. On le change tous les deux ans.

Le Pays d'autour de Wyl s'appelle SCHNECKENBUND, & le Pays voisin se nomme OBERBUND. L'un & l'autre est partagé en quelques Bailliages.

a De l'Isle, Atlas.
b Lazius.

WYLACH, VILACO, VILAK, ou ILLOK, Bourgade de la Basse-Hongrie [a], dans l'Esclavonie, sur la rive droite du Danube, à huit lieues au Midi Oriental d'Essek. On croit que c'est l'ancienne *Ivollum* [b].

WYLEN. Voyez WYL.

c Délices de la Gr. Br. p. 317.

WYNANDER-MEER, Lac d'Angleterre [c], dans la Province de Westmorland. Ce Lac qui a communication avec la Mer sert de borne entre les Provinces de Lancastre & de Westmorland. A la tête de ce Lac sur les confins des deux Provinces on trouve les débris d'une ancienne Ville. On y remarque une grande enceinte de murailles, & hors des murailles les ruïnes de divers Edifices, un rempart bordé d'un fossé avec un parapet long de cent trente-deux verges & large de quatre-vingt. Les Monumens qu'on y a déterrez, comme les Urnes, des briques, de petits Vases de verre, quantité de Médailles, & des chemins pavez qui y conduisent; tout cela ensemble fait juger que c'étoit autrefois une Ville considérable; & le nom d'AMBLESIDE, qui est resté à ce Lieu-là, fait juger que c'est la Ville qu'on appelloit *Amboglana* du tems des Romains.

d Ibid. p. 327.

Le Lac de Wynander-Meer [d] est le plus grand qu'il y ait en Angleterre. Son fond est un Rocher presque continuel. Il fait beaucoup de courbures, & en quelques endroits il est d'une profondeur surprenante. La pêche y est fort riche, & l'on y prend entr'autres une espèce de poisson nommé *Chare*, que l'on ne trouve que dans ce Lac & dans celui d'Ulles.

e Etat & Délices de la Suisse, t. 2. p. 208.

WYNINGEN, Village de Suisse [e], au Canton de Berne, dans l'Emmethal, au Bailliage de Burgdorff. Wyningen est un beau Village où l'on peut remarquer ces deux curiositez; savoir premiérement un Arbre, dont les branches sont entrelassées & pliées de telle manière qu'elles font un Cabinet au-dessus de leur tronc; en second lieu une Fontaine qui couvre de pierre tout ce qu'on y jette.

WYREHALL, Presqu'Isle d'Angleterre dans Cheshire. Au Nord-Ouest de Chester, dit l'Auteur des Délices de la Grande-Bretagne [f], la Terre forme une jolie Presqu'Isle, qui a d'un côté le Canal ou la Baye du Mersey, de l'autre celle du Dee, & en front l'Océan. On l'appelle WYREHALL, WIRHALL, ou WERALL; & les Gallois la nomment KILL-GURY. Elle s'étend du Nord-Ouest au Sud-Est de la longueur de seize milles, sur huit de largeur. Autrefois elle étoit inculte & toute *afforêtée*, pour se servir du terme de la Jurisprudence du Pays; mais Edouard III. la *déforêta*; c'est-à-dire qu'il permit à tout le monde d'y chasser, d'y bâtir & d'en extirper le bois; de sorte qu'elle est aujourd'hui passablement peuplée & parsemée de quantité de jolis Bourgs ou Villages, qui ensemble font treize Paroisses. Le terroir y est sec; mais la pêche y est abondante. A la pointe Occidentale de cette Presqu'Isle, paroît une Islette nommée HELBRE'E, ou HELBRIE, à la distance d'un quart de mille; en sorte que quand l'eau est basse on peut y aller à pied sec. Elle a environ un mille de tour sur un fond sablonneux. Du tems que la Religion Catholique étoit professée dans le Pays, on y voyoit un petit Hospice appartenant aux Moines de Chester; & l'on y alloit en pélerinage visiter Notre-Dame de Helbrie; mais tout cela a été détruit.

f Tom. 2. p. 353.

WYSOGROD, petite Ville de la Grande Pologne [g], au Duché de Mazovie, sur la Vistule, entre Varsovie & Ploczko, à une lieue de Chervinsko. Elle est située sur une butte de terre, & elle renferme un Château de brique assez apparent. On compte six lieues de Wysogrod à Plocsko.

g Mémoires du Chevalier de Beaujeu, Liv. 2. c. 3.

WYSSEBOURG, Lieu de Suisse [h], dans le Canton de Berne, au Bas-Sibenthal. Ce Lieu est remarquable, par les Masures qu'on y voit d'un Château ruïné, & encore plus par des Bains d'eau chaude qui s'y trouvent, & qui ont une grande réputation. Les eaux y sont conduites d'une Montagne voisine par des Canaux. Tous les Etez on y voit venir de toutes parts une infinité de personnes pour chercher du remède à divers maux. Le possesseur de ces Bains qui étoit il n'y a pas long-tems un Médecin de Berne, les fit beaucoup valoir. On y a bâti une grande Maison pour recevoir les Etrangers.

h Etat & Délices de la Suisse, t. 2. p. 230.

WYSSERA, Rivière de l'Empire Russien [i], dans la Sibérie. Elle tombe des Rochers que les Moscovites nomment *Camena*, & qui sont dans les Montagnes de *Joegoria*; elle se jette dans la Rivière Cam, qui se décharge dans le *Wolga*.

i Voyages de la Compagnie, t. 1. p. 230. Ed. Rouen.

WYTHOLM, Bailliage du Dannemarck [k] dans le Jutland Méridional, au District d'Eydersted. Ce Bailliage renferme quatre Paroisses, où sont compris divers Villages & Hameaux.

k Rutg. Hermanid. Descr. Dan. 911.

FIN DE LA LETTRE W.

LE GRAND
DICTIONNAIRE
GÉOGRAPHIQUE,
ET
CRITIQUE.

XAB.   XAB.

ABEA, selon Mr. de l'Isle, ou EXABIA, selon Michelot, dans son Portulan de la Méditerrannée, ou XABIA selon Davity & Mr. Corneille, petite Ville d'Espagne, au Royaume de Valence avec une Rade dont le Cap St. Martin fait l'entrée. Michelot en parle ainsi [a]: Environ quatre milles vers le Nord quart au Nord-Ouest du Cap St. Martin, est le Cap St. Antoine: entre ces deux Caps, il y a une grande Anse de sable, qu'on appelle EXABIA, ou CABEA, dans laquelle les Vaisseaux & les Galéres, peuvent mouiller principalement pour les Vents du Sud-Est, Sud jusqu'au Nord. Le mouillage ordinaire des Galéres, est du côté du Nord-Ouest proche le Cap St. Antoine, vis-à-vis d'une Tour & de quelques Magazins à Pêcheurs qui sont auprès. Cette Tour est sur une basse Pointe proche la Mer. Elle est armée de Canons pour la défense du mouillage. On est éloigné de cette Tour d'environ deux longueurs de Cables; & pour lors on sera par sept, huit & dix Brasses d'eau, fond d'herbe vaseux. On peut porter si l'on veut une amarre à terre proche la Tour. Le Vent Traversier est depuis le Nord-Est jusqu'au Sud-Est; ces Vents y causent une grosse Mer. Lorsque les Vents seront du côté du Sud, ou Sud-Ouest, on peut aller mouiller dans la même Anse du côté du Cap St. Martin, en dedans d'un gros écueil qui est à la Pointe dudit Cap, à une bonne portée de fusil de la Côte. On y trouvera quatre, cinq & six Brasses d'eau, fond d'herbe & sable, mais il ne faut pas trop s'approcher de la Côte, à cause de quelques Roches tombées de la Montagne qui se sont étenduës aux environs, & gâtent les Cables. On peut aussi mouiller par tout le milieu de cette Anse avec des Vaisseaux y ayant quatorze à quinze Brasses d'eau, bon fond.

On reconnoît facilement *Exabia*, par le moyen de l'Isle qui est proche le Cap St. Martin, principalement lorsqu'on vient du côté de l'Ouest. La Tour que l'on voit sur le haut de ce Cap sert aussi de reconnoissance. Dans le milieu de la Plage, il y a un petit Etang d'un côté avec un Fortin, & de l'autre situé une Tour de garde, l'un & l'autre situez dans une grande Plaine. Derriére les Magazins à Pêcheurs qui sont proche de la Tour qui est du côté du Nord-Ouest il y a plusieurs Jardins dans lesquels il y a des Puits où l'on peut faire de l'eau qui se trouve très-bonne. Environ deux milles vers l'Ouest de ces Magazins est la petite Ville d'EXABIA, (XABEA ou XABIA)

[a] Portul. de la Médit. p. 33.

398 XAB. XAC. XAI. XAL.

située dans cette Plaine, & au pied d'une Montagne faite en Pain de Sucre, qu'on appelle la Montagne de MONGON. Elle paroît de tous les côtez: lorsqu'on vient de l'Ouest on la voit par dessus le Cap St. Martin.

XABORECTORA, Pomponius Lætus, je ne sais sur quelle autorité, donne ce nom à l'ABORRAS Fleuve de la Mésopotamie.

XACCA, ou SACCA, Mr. de l'Isle écrit SCIACCA, & c'est ainsi qu'il faudroit écrire ce mot, [a] Ville de Sicile dans le Val de Mazare sur la Côte Méridionale, à vingt-deux milles de Mazare; au pied d'une Montagne, avec un Château, assez fort quoiqu'ancien & un bon Port où est un des grands Magazins de Bled de tout le Pays.

[a] Baudrand, Edit. 1705.

XAEL, Lieu de l'Arabie Heureuse, sur l'Océan, entre Aden & le Cap Fartach. De Witt en fait un Village du Royaume d'Hadramut. Mr. Baudrand [b] en fait un Royaume dépendant d'un Emir dont la demeure est à Heinam dans la Province de HADERMOT, (c'est-à-dire au Pays d'Hadramut) Mr. Baudrand ajoute que ce Pays n'est point fertile.

[b] Ibid.

XAGUA, Port de l'Isle de Cuba dans l'Amérique, sur la Côte Méridionale, entre l'Isle de Pinos, au Couchant, & la Ville de Spiritu Santo, environ à quinze lieues du Port de la Trinidad, selon Baudrand; de Laet n'en compte que dix. Les François l'appellent le GRAND PORT. En effet on assure que c'est le plus beau Port de l'Amérique. Il a six lieues de circuit & une petite Isle au milieu où se trouve de bonne eau douce. On n'y peut entrer que par un Canal long de la portée du Canon & large de la portée du Pistolet & assez profond pour le passage des plus grands Navires. De Laet donne une bien plus grande étenduë à ce Port. Il dit que c'est une Baye fort spacieuse qui s'étend en long plus de dix lieues & qui a un peu moins de largeur. Cette Baye est, dit-il, environnée de hautes Montagnes qui la garantissent contre l'incertitude des Vents. Elle est si sûre que les Vaisseaux n'ont besoin que de s'y amarrer sans se jetter l'Ancre.

XAINTES. Voyez SAINTES.
XAINTONGE. Voyez SAINTONGE.

XALAPPA, Ville de l'Amérique, dans la Nouvelle Espagne, dans la Province de Tlascala, dans les Terres à seize lieues de la Vera Cruz, ce qui la fait surnommer XALAPPA DE LA VERA CRUZ, Thomas Gage [c] qui y a passé en parle ainsi. Il y a, dit-il, bien près de deux mille Habitans, les uns Espagnols, & les autres Indiens. Cette Ville fut érigée en Evêché en 1634. par le partage qui fut fait du Diocèse de la Puebla de los Angelos; & quoique celui de Xalappa n'en soit que la troisième partie, son revenu est pourtant estimé dix mille Ducats, parce qu'il est situé dans un Territoire très-fertile en Mahis & en Froment d'Espagne. Il n'y a qu'une grande Eglise, & une Chapelle qui dépendent l'une & l'autre du Couvent des Religieux de St. François. Les revenus de ce Couvent sont grands, néanmoins on n'y entretient qu'une demie douzaine de Religieux quoiqu'il y ait assez de quoi en nourrir plus de vingt fort à leur aise. Aux environs de la Ville il y a plusieurs

[c] Nouv. Relat. des Indes-Occ. t. 1. p. 79.

XAL. XAM.

Bourgades d'Indiens. Mais ce qui contribue le plus à la richesse de ce Canton, ce sont les Fermes où l'on cultive le Sucre, & quelques autres qu'ils appellent ESTANCIAS, où l'on élève un fort grand nombre de Mules, & quantité de Bétail; dans quelques-unes on recueille de la Cochenille.

1. XALISCO, Province de l'Amérique Septentrionale, dans la Nouvelle Espagne, à l'Occident de la Ville de México. C'étoit un Etat particulier avant la Conquête du Méxique par Cortés c'est à présent une Province nommée la NOUVELLE GALICE.

2. XALISCO, (Les Isles de) Isles de la Mer du Sud, sur la Côte de la Nouvelle Espagne, à l'Occident de Guadalajara & tout auprès du Cap Corriente, au Midi de l'Embouchure de la Mer Vermeille. Elles sont au nombre de quatre.

XALO, Ξάλω, Village de l'ancienne Palestine, dans le grand Champ, entre les deux Galilées. Josephe [d] écrit XALLO. gesippe [e] l'appelle ZALOTH.

[d] De Bel. L. 3. c. 2.
[e] Lib. 3. c. 6.

XALON (Le), Rivière d'Espagne. Elle a sa source dans la Vieille Castille auprès de Medina Celi, passe à Huerta; entre dans l'Aragon, reçoit les eaux de quelques Ruisseaux, passe à Calataiud, où elle est grossie par le Xiloca; elle baigne ensuite les Lieux de Ricla, & Plasencia, & se perd enfin dans l'Ebre auprès d'Alagon, au-dessus de Saragoce. C'est le SALO des Anciens.

XAMACA, Rivière de l'Amérique, dans la Nouvelle Espagne, au Pays de Tlascala [f]. Elle coule à quatre lieues de la Vera Cruz, & va se perdre dans le Golphe du Méxique, à huit lieues de ce Port. On la passe en allant de la Vera Cruz, à la Puebla de los Angelos.

[f] Lettres Edif. t. 11. p. 110.

§ Je crois que c'est la même sur laquelle est située la Ville de Xalappa.

XAMO (Le), vaste Desert de la Tartarie vers les Frontières de la Chine. Les anciennes Cartes le représentent sans interruption comme une longue Plaine de sable. La Carte Nouvelle de tout l'Empire de la Grande Russie, le coupe en quatre parties. La plus Méridionale commence au Nord de la Ville de Lassa, dans le Tangut, & a trente à trente-cinq milles de longueur (de 15. au degré) sur trente de largeur. Cette partie est coupée au Nord par des Montagnes dans la Vallée de laquelle coule la Rivière d'Yckegol, qui partage ses eaux, entre deux Lacs, dont un a une décharge dans la Rivière Jaune. Au-delà de cette Vallée, & au Nord, des Montagnes qui la bornent, recommence ce Desert sur une étendue pareille à la première. Cette seconde partie est dans le Tibet. Suivent de hautes Montagnes après lesquelles le Desert qu'elles avoient interrompu recommence jusqu'à d'autres Montagnes entre lesquelles est une Vallée où coule la Rivière de Muraha; au-delà de ces Montagnes ce Desert recommence, & va en diminuant se terminer en deux Pointes en forme de Fourche, auprès de la Source de la Rivière de Logaa, qui tombant dans la Karga, va sous le nom de Schingal se perdre dans l'Amur. Entre cette Pointe de la Muraille de la Chine, est la Ville de KO-

KOTON, auprès de laquelle passe le nouveau chemin de la Caravane de Sibérie.

Il y a donc quatre passages au travers du Xamo. Le plus Septentrional est celui qui traverse le sable en coupant les deux Pointes. Le second, le troisième & le quatrième sont par des Vallées entre des Montagnes. Excepté dans la partie la plus Septentrionale ce Desert est à-peu-près parallèle à la grande Muraille, & il semble qu'on y ait eu égard en la bâtissant.

a Martini, Atlas Sinens.

XAMUEN, Isle de la Chine [a], dans la Province de Xantung, dans le Golphe de Cang, dont elle est la plus grande Isle. Il y a une excellente Rade pour les Vaisseaux, & delà on peut aller aisément en Corée, à Péking, & à Leaotung: on tient qu'il y a de riches Mines d'or; mais on ajoute qu'elles sont gardées de peur qu'on n'y travaille. L'Isle est fort peuplée.

b Ibid.

XANGHAI, Forteresse de la Chine [b], au Pekeli. Elle est de 2. d. 18′. plus Orientale que Péking, par les 39. d. 30′. de Latitude. Elle est située dans l'Isle de Cu, dans une Anse qui est à l'Embouchure du LINHOANG Riviére qui vient de la Tartarie. Il y a de hautes Montagnes qui contribuent avec la Mer à rendre cette Place très-forte. Au reste, l'Anse où est l'Isle sépare le Pekeli du Leaotung.

c Ibid.

XANGCAO, Ville de la Chine [c], au Département de Xuicheu, dixième Métropole de la Province de Kiangsi. Elle est de 2. d. 23′. plus Occidentale que Péking, & compte 28. d. 47. de Latitude. Auprès de cette Ville est LINGFUNG Montagne, sur laquelle, quand il a plu durant le jour, on voit toujours de nuit une grande flamme, ce qui n'arrive point quand le tems est sec. Le peuple qui est fort superstitieux croit que c'est l'Esprit de cette Montagne. C'est pourquoi du côté de Sinchang, autre Ville du même Département, on va voir un magnifique Temple dédié à ce Feu.

XANIQUE (Le), Riviére de l'Isle de St. Domingue vers le milieu. Elle a sa source dans les Montagnes de Cibao, passe à San Tomé, & tombe dans l'Artibonite.

XANSI. Voyez CHANNSI.

XANTHE, Ξάνθη, ancien nom de la Ville de Troye, selon Etienne le Géographe.

XANTHI. Voyez XANTHUS, N°. 3.

d Ortelii Thesaur.

XANTHIA [d], ancien Lieu de la Thrace, selon Nicetas. Curopalate y met un Siège Episcopal.

XANTHOPOLIS. Voyez XANTHUS, N°. 3.

1. XANTHUS, en François le XANTE, fameuse Riviére de la Troade dans l'Asie-Mineure. Elle a sa source au Mont Ida &

e Lib. 5. c. 30.

se perd dans l'Hellespont. Pline [e] convient qu'il se joint avec le Simoïs, autre Riviére fameuse dans les Poëmes d'Homère & de Virgile, & qu'ils vont ensemble au Port des Achéens. Mais ce qu'il y a d'étonnant, c'est qu'il distingue le Xanthe du Scamandre, donnant à ce dernier une Embouchure particuliére dans la Mer indépendamment du Simoïs. Strabon [f] dit que le Simoïs & le Scamandre se joignent dans une Campagne. Bien des Auteurs croient que

f Lib. 13.

le Xanthe & le Scamandre ne font qu'une seule Riviére, fondez sur ce vers d'Homére [g]:

g Iliad. v. 74.

Les Dieux l'appellent Xanthe & les hommes Scamandre.

Maxime de Tyr [h] le dit aussi. Elien, dans son Histoire des Animaux [i], donne une origine assez naturelle de ce double nom. Il dit, que le Scamandre a la vertu que les Brebis qui boivent de son eau deviennent Rousses, ξανθὰς, delà cette Riviére appellée Scamandre, a pris un nouveau nom tiré de la couleur qu'elle donne aux Brebis. Vibius Sequester dit aussi que le Xanthe est nommé Scamandre par les Habitans; mais il se trompe en disant qu'étant joint au Sinois il tombe dans la Propontide, il devoit dire dans l'Hellespont.

b Serm. 12.
i Lib. 8. c. 21.

2. XANTHUS, Riviére de l'Asie-Mineure, dans la Lycie. Elle a sa source dans le Mont Taurus, arrose les Villes de Xanthus, & de Patare & se jette ensuite dans la Mer Méditerranée. Ptolomée [k] en met l'Embouchure après Telmesse auprès de Patare. Strabon [l] qu'on l'appelloit anciennement SIRBES. Il dit qu'en le remontant dix Stades on trouvoit le Temple de Latone & que soixante Stades plus haut que ce Temple étoit la Ville qu'il nomme XANTHUS. Ovide [m] dit de cette Riviére:

k Lib. 5. c. 3.
l Lib. 14. p. 665.
m Metamorph. Lib. 9. v. 645.

Jam Cragon, & Limyren Xanthique relinquerat undas.

3. XANTHUS, ou XANTHOPOLIS, ancienne Ville de l'Asie-Mineure, dans la Lycie. Strabon [n] dit que c'étoit la plus grande Ville de cette Province. On a vu dans l'Article précédent qu'elle étoit à soixante & dix Stades de son Embouchure selon cet Auteur. Pline [o] l'en met à XV. M. P. c'est plus de six mille pas de plus que le calcul de Strabon. Ptolomée [p] la nomme dans sa Liste des Villes Méditerranées. Appien raconte comment les Habitans de Xanthe amoureux de leur liberté voyant leur Ville prise par Brutus, l'un des Meurtriers de César, se donnérent eux-mêmes la mort & brûlérent leur Ville, plutôt que de se soumettre au vainqueur. Il remarque que c'étoit pour la troisième fois que cette Ville [q] éprouvoit un pareil destin: que la même chose étoit arrivée lorsqu'Harpale Général du Grand Cyrus avoit assiégé la Ville de Xanthe; & lorsqu'Aléxandre fils de Philippe avoit cru s'en rendre maître. Cet Auteur regarde Patare comme le Port de Xanthe. Cette Ville se releva dans la suite, car outre que Strabon & Pline, postérieurs au tems de Brutus, en parlent comme d'une Ville subsistante, je la trouve au rang des Villes Episcopales de la Lycie sous le nom de XANTHI qui est le genitif de son nom, dans la Notice de Léon le Sage. Mais elle est nommée Ξάνθος, *Xanthus*, dans celle d'Hiéroclès; elle est du Mentesili dans la Natolie sur la Côte Méridionale.

n Lib. 14. p. 666.
o Lib. 5. c. 27.
p Lib. 5. c. 3.
q Bel. Civil. Lib. 4. p. 635.

4. XANTHUS, Riviére d'Epire. Helenus qui s'étoit établi dans ce pays-là après le sac de Troye avoit donné le nom de Xanthe à un petit Ruisseau. C'est ce que

400 XAN. XAO.

a Æneid.
l. 3. v.
350.

que Virgile exprime par ce vers [a] :

Arentem Xanthi cognomine rivum
Agnosco.

5. XANTHUS, Ville ancienne de l'Isle de Lesbos, selon Etienne le Géographe.

6. XANTHUS. Quelques Modernes ont donné ce nom à la Ville de Santen, au Duché de Clèves.

XANTODUNUM, ou SACRUM CÆSARIS. On prétend que c'est l'ancien nom de SANCERRE, Ville de France dans le Berry.

XANTONES. Voyez SANTONES & SAINTONGE.

XANTSUI, Ville de la Chine, au Département d'Yenchu, seconde Capitale de la Province de Xantum ou Channton. Son vrai nom est XEUCHANG.

XANTUNG, ou XANTUM. Voyez CHANNTON.

b Ortelii Thesaur.

XANXARIDES THERMÆ [b], Bains dont parle St. Grégoire de Nazianze dans une de ses Lettres. Il n'en dit point assez pour en faire connoître la position.

XANXUI, ou SANXUI, Ville de la Chine, au Département de Quangcheou, premiére Métropole de la Province de Quantung, ou Canton. Elle est de 3. d. 56'. plus Occidentale que Pekin, par les 23. d.

c Curn. Dict.

33. de Latitude [c]. L'Ambassade des Hollandois à la Chine porte qu'elle est au côté droit de la Riviére de Tai que les Chinois nomment XIN, dans une Vallée fort agréable; du côté de la Terre elle a des Collines & des Montagnes, qui font un bel objet à la vûe. Elle n'est pas grande & cependant elle est plus peuplée & a plus de Commerce que beaucoup de grandes Villes.

XAOA. Voyez XOA.

XAOCHEU, Ville de la Chine dans la Province de Canton, dont elle est la seconde Métropole. Elle est de 3. d. 42'. plus Occidentale que Pékin & compte 24. d. 42'. de Latitude. La plus ancienne mention qui se trouve de cette Ville c'est sous la Famille de Cheu, & elle est appellée PEGAO. Elle fut ensuite aux Rois de Ceu. Sous la Famille de Cin, elle étoit des Terres de Nanhay. La Famille de Han la nomma QUEIANG. Elle a eu de la Famille de Tanga le nom qu'elle porte aujourd'hui. Le Pere Nicolas Trigault en a fait une belle Description. Elle est située entre deux Riviéres navigables qui s'y joignent, l'une est le Chin qui vient de Nanhiung & coule à l'Orient de la Ville; l'autre est le Vu qui vient du côté de la Province de Huquang, & coule au Couchant. La Ville est dans un Champ que ces Riviéres laissent entre elles. On y compte quinze mille Familles: le Territoire est fertile en Ris, en Fruits, on y a le Poisson, la Viande, & les Jardinages en abondance ; mais l'air y est mal sain. Du côté du Couchant les Habitans se trouvant trop bornez, ont pris l'autre côté de la Riviére où ils ont bâti. Ce Quartier est joint au reste par un Pont de Bâteaux. L'endroit où ces deux Riviéres se joignent est très-dangereux. Il s'y est fait bien des naufrages. C'est pour cela qu'il a sur le bord un Temple d'Idole à qui ceux qui veulent

XAO.

passer s'adressent avec des presens pour en obtenir un heureux passage.

Le Territoire de cette Ville a quantité de Montagnes, & comprend six Villes ; savoir

Xaocheu,	Juiven,
Lochang,	Ungyven,
Ginhoa,	Ingte.

Cette Ville, si florissante, anciennement, fut bien saccagée par les Tartares. Les PP. Jésuites y ont une Maison.

XAOCHING, selon Mr. Corneille.

XAOHING, selon le P. Martini [d], Ville de la Chine, dans la Province de Chekiang dont elle est la huitième Métropole. Elle est plus Orientale que Péking de 3. d. 30'. sous les 30. d. 16'. de Latitude. Elle n'est pas si grande que Hangcheu Capitale de la Province, mais elle est plus belle. Elle est célèbre par le grand nombre des Lettrez qui y ont fait leur demeure. Sa situation est commode au milieu d'une très-bonne eau, bâtie à peu près comme Venise, mais elle la surpasse par la bonté de ses eaux & par la netteté qu'on y trouve en tout. Les Edifices y sont de pierres de taille quarrées, assez semblables aux pierres de Tivoli. Il n'y a point de place qui n'ait son Canal, des deux côtez sont des rues pavées de pierres de taille. Les murailles des Maisons en sont aussi, ce qui est rare à la Chine. Il y a dans la Ville quantité de Ponts de la même pierre ; mais les grands sont hors la Ville & en grand nombre. Par le Canal on peut naviguer a trois journées de là vers l'Orient. Il est bordé de quais revêtus de pierre. Au bout il est fermé par une Digue de pierre qui empêche l'eau de s'écouler & de laisser à sec le lit du Canal. Là il y a des gens pour élever les Barques & pour les faire passer dans un autre Canal. De celui-ci les petites Barques peuvent aller jusqu'à Mingpo, & les grandes passent dans la Mer. Près de la Ville il y a de beaux Arcs de triomphe. Le Territoire de la Ville est principalement en plaine, bien arrosé partout; la Ville même est ornée de beaux Edifices tant publics que particuliers. L'air y est pur & salubre. Ce Lieu fournit à la Chine les meilleurs Avocats de tout le Pays; & il n'y a guére de Gouverneurs qui n'ayent auprès d'eux quelque Jurisconsulte de Xaohing. Son Département contient sept Villes, savoir

d Atlas Sinens.

Xaohing,	Juyao,
Siaoxan,	Xangyu,
Chuik,	Xing,
Sinchang.	

Au Midi Occidental de la Ville est le Mont HOEIKI, qui donnoit autrefois son nom à la Province qui renfermoit ces Cantons Orientaux.

XAOU'U', Ville de la Chine, dans la Province de Fokien, dont elle est la huitième Métropole. Elle est de 2. Minutes plus Occidentale que Péking, sous les 17. d. 10'. de Latitude. C'est la Ville la plus Septentrionale de la Province. Ce n'étoit qu'un lieu

e Ibid.

lieu inconnu sous la Dynastie de Min. Ce ne fut que sous la Famille de Tang qu'elle eut le titre de Ville & fut entourée de murailles. Elle a toujours gardé le même nom. Son Territoire comprend quatre Villes, sa voir

Xaoúú,   Taining,
Quangce,   & Kienning.

Comme elle est dans un lieu naturellement & fort & commode, dans le Voisinage de Lieux où le passage est dificile, elle a quelques Forteresses. Ces Forteresses à la Chine ne diffèrent des Villes qu'en ce qu'elles ont toujours une Garnison; du reste les murs, & les rues ne diffèrent point de ceux des Villes. Car ce n'est pas comme en Europe, où les Places fortes sont distinguées par la forme, & le nombre de leurs Fortifications. Cette Ville est aussi appellée la Clef Occidentale de la Province. Le CIAO Rivière dont le cours est fort paisible entre dans la Ville & se répand dans toutes les Places par des Canaux ménagez. Au Nord de la Ville il y a un Pont sur le Cuyun autre Rivière dans laquelle le Ciao va tomber à l'Orient de la Ville. Ce Pont a soixante & trois perches de long. Il y a dans la Ville deux Temples fameux. Le peuple y travaille une espèce d'étoffe de chanvre cru dont on fait cas & dont on s'habille l'Eté, afin d'être fraîchement vêtu. Elle a cette propriété que la sueur a beau la tremper, elle ne se salit point pour cela, & se seche fort vite. Mr. Corneille ajoute: Près de là on voit un Arc triomphal érigé à l'honneur d'un Gouverneur qui chassa tous les Médecins des Lieux de son Domaine.

a Corn. Dict. De Laet, Descr. des Indes-Occ. L. 10. ch. 30.

XAQUIXAGUANA [a], Vallée du Pérou, au Voisinage du Cusco. On y descend des hautes-Montagnes de BILCACONGA. Garcilasso l'appelle Sacsahuana. Elle est dans le voisinage de la Ville de Cusco, & enfermée entre de hautes-Montagnes dans un assez petit espace. Les Rois du Pérou y avoient anciennement leurs Vergers, & leurs Jardins, & même ils s'y retiroient souvent pour se divertir. L'eau d'une petite Rivière qui sourd des Montagnes des environs y fait un Marais bourbeux qu'on auroit peine à passer, si les Rois n'y avoient fait faire au travers un chemin pavé de cailloux & bordé à chaque côté d'une muraille de pierres. Cette Vallée étoit extrêmement peuplée autrefois, & les Champs y étoient divisez d'une façon singulière. Aujourd'hui les Espagnols y sement différens grains, & y nourrissent quantité de Brebis.

b Le P. Charlevoix, Hist. de St. Domingue, L. 1. p. 22.

1. XARAGUA, Lac de l'Isle de St. Domingue, au Royaume de même nom, ou pour parler selon l'état présent de cette Isle, dans la partie Françoise dans le Quartier du Cul de Sac [b]. Il n'est pas aisé d'accorder ce qu'en disent les anciens Auteurs Espagnols avec nos Cartes & nos Relations modernes qui ont été faites avec soin. Oviedo qui le visita en 1515. assure qu'il a 18. lieues de long, qu'en quelques endroits il en a trois de large, en d'autres deux seulement & quelquefois moins d'une; qu'il reçoit plusieurs Rivières, & que par-tout, excepté à la décharge de ces Rivières, il est salé comme la Mer, avec laquelle on ne sauroit douter qu'il ne communique; qu'on y pêche de toutes sortes de poissons de Mer, à l'exception des Baleines & de quelques autres de la première grandeur; qu'on y trouve sur-tout quantité de Turbots, & de Requins & que les poissons de Rivière n'y manquent point. D'un autre côté le P. Pers dit qu'un Isthme assez long le sépare en deux parties inégales; & D. Pierre Martyr d'Angleria semble parler de deux Lacs au lieu d'un.

2. XARAGUA [c] (LE ROYAUME DE) Contrée de l'Isle de St. Domingue. Il devoit son nom, ou le donnoit au Lac dont il est parlé dans l'Article précédent. C'étoit le plus peuplé des Royaumes de cette Isle: Il comprenoit toute la Côte Occidentale de l'Isle & une bonne partie de la Méridionale. Sa Capitale nommée aussi Xaragua étoit à peu près où est aujourd'hui le Bourg du Cul de Sac. Les hommes y étoient mieux faits qu'ailleurs; on y voyoit plus de Noblesse, plus de politesse, plus d'aisance, & on y parloit aussi plus élégamment que dans les autres Royaumes. Celui-ci étoit tombé en quenouille lors qu'Ovando s'en rendit maître absolu, en 1503. par un massacre qu'il fit faire des principaux du Pays. La Reine elle-même fut conduite à St. Domingue, où accusée d'avoir voulu se défaire des Castillans elle fut pendue, & exécutée publiquement. La Ville ne fut pas épargnée en cette occasion.

c Ibid. p. 81.

3. XARAGUA, Ville Capitale du Royaume de même nom dans l'Isle de St. Domingue. A ce que j'en ai dit, dans l'Article précédent, j'ajoute qu'en 1511. cette Ville [d] devoit être en très-bon état, puisqu'on proposa d'y établir un Archevêché qui auroit deux Suffragans. Le Pape consentit à cette demande; l'Erection fut faite, & le Docteur Pierre de Deza neveu de l'Archevêque de Séville fut nommé pour cet Archevêché; mais les Bulles ne furent point expediées. La mort d'Isabelle dérangea les mesures déja prises. Xaragua y perdit son Archevêché, & l'Archevêque qu'on lui destinoit fut sacré pour St. Domingue où la mort ne lui permit pas d'aller. Je trouve en effet que cette Ville avoit du se rétablir dès l'an 1504. par le soin qu'Ovando avoit eu, après le massacre dont j'ai parlé, de rassembler les débris du Peuple Indien & de fonder des Villes.

d Ibid. t. 2. p. 108.

XARAMA [e], (Le) petite Rivière d'Espagne, dans la Nouvelle Castille. Elle a sa source aux confins de la Vieille Castille, vers Somosierra, coule au midi, & reçoit la Rivière de LOZOYA au-dessus d'Uzeda, l'HENARE's près de LUECHES & le Mançanarès à Vacia-Madrid; & étant jointe avec le TAJIMA au-dessous de Bayona, elle se rend peu après dans le Tage, à huit lieues au-dessus de la Ville de Tolède & proche de l'Aranjuez.

e Baudrand, Ed. 1705.

XARASUEL [f], Village d'Espagne au Royaume de Valence, sur le Xucar, vis-à-vis de l'Embouchure du Cabriel. On le prend communément pour l'ancienne ARCILACIS, que Molet place à Archisana Village de la même Contrée.

f Ibid.

XARAYES, Peuple de l'Amérique Méridio-

402 XAR. XAT.   XAV. XAU.

^a D'Anville, Carte du Paraguay.

ridionale au Nord du Paraguay ^a; à la source de la Riviére de Paraguay qui y fort d'un grand Lac à l'Orient duquel ce Peuple est établi, & auquel il donne fon nom. Ce Lac a plufieurs Ifles.

XAREX. Voyez ZAREX.

XAROKYE, Ville d'Afie dans la Tartarie au Zagatay. Elle devoit fon nom & fa fondation au Prince Xaroc fils de Timur-Bec felon Davity copié par Mr. Corneille.

XARXIARE, Ξαρξιάρη, Ville ou Village de la Drangiane felon Ptolomée ^b.

^b Lib. 6. c. 19.
^c Lib. 6.

XATHRI, Arrien ^c femble nommer ainfi un Peuple Libre Indien vers l'Indus. Ortelius ^d a grande raifon de foupçonner que ce pourroit être le Peuple ADISATHRI de Ptolomée ^e, qui habitoit apparemment le Mont ADISATHRUS que ce Géographe met dans les Indes, en deçà du Gange.

^d Thefaur.
^e Lib. 7. c. 1.

XATIVA, Ville d'Efpagne au Royaume de Valence, à neuf lieues de la Capitale ^f. Cette Ville eft très ancienne, & c'eft la *Sætabis* des Romains. Voyez ce mot. Elle eft près d'une petite Riviére de même nom, fur le penchant d'une haute Colline dont le Xucar baigne le pied. Avant fa deftruction elle renfermoit trois mille feux dans l'enceinte de fes murailles, & fes Maifons étoient fi bien bâties & fi belles, que la plûpart d'elles reffembloient à des Palais. Sa fituation ne pouvoit être plus avantageufe, puifqu'outre que fes Environs font le plus beau Pays du monde & en même tems le plus fertile en bled, en vin, & en toutes fortes de fruits, ils font arrofez par un nombre prodigieux de belles Fontaines. Parmi la diverfité de chofes exquifes que fon Territoire produit, on ne fauroit trop admirer la groffeur & la bonté des Grenades qu'on y recueille, ni la fineffe du Lin qui y croît en abondance, & dont les Romains faifoient grand cas. Cette Ville étoit la Patrie du Pape Califte III. qui y naquit le 13. Décembre 1378. Il fut élevé au Pontificat le 8. Avril 1455. & mourut le 6. Avril 1458.

^f Divers Mémoires.

Xativa prit beaucoup de part à la révolte de l'an 1706. en faveur de Charles Archiduc d'Autriche. L'année fuivante les Troupes d'Efpagne & de France, l'affiégerent fous la conduite du Chevalier d'Asfeldt, qui fit fommer la Ville de fe rendre le 25. de Mai, avec menaces de ne faire aucun quartier fi elle s'obftinoit à une plus longue réfiftance. La brêche étoit faite & affez grande pour donner l'affaut. La plûpart s'obftinérent à la foutenir; les Grénadiers qui entrérent les premiers firent main baffe fur tout ce qu'ils trouvérent armé. Les autres Habitans en petit nombre fe retirérent dans le Château par le moyen de quelques retranchemens qui avoient été faits entre quatre Monaftéres. Deux furent forcez l'epée à la main & on tailla en pièces tous ceux qu'on y trouva en armes. On épargna les deux autres qui étoient des Monaftéres de Religieufes. Ceux qui s'étoient retirez dans le Château, manquant de Vivres, & n'efpérant point de fecours fe rendirent peu de jours après, & il en fortit huit cens Anglois avec armes & bagage. Xativa, cette Ville fi belle, fi floriffante, fut détruite & rafée de fond en comble. Sur le lieu où elle avoit été il fut réfolu qu'on dreferoit une Colonne avec cette Infcription: *Ici a été une Ville nommée Xativa qui, en punition de fa trahifon & de fa révolte contre fon Roi & fa patrie, a été rafée jufqu'aux fondemens.* Les deux Couvens de Filles avoient eté épargnez comme on a dit. La beauté de la fituation ne permettoit guère de laiffer inutile un fi beau Lieu. Le châtiment ne fut pas plutôt fait que Sa Majefté Catholique publia en Novembre 1707. un Edit pour rebâtir en ce lieu une nouvelle Ville fous le nom de *San Felippe*. Cependant l'Abbé de Vairac qui parloit de cette Ville vers l'an 1715. dit qu'elle n'étoit alors que le fquelette de ce qu'elle avoit été dix ans auparavant.

Cette Ville eft encote célèbre par les Infans de la Cerda petits-fils de Ferdinand X. Roi de Caftille qui y furent long-tems détenus prifonniers, & à caufe de Jacques d'Arragon dernier Comte d'Urgel qui y mourut le 1. Jain 1433. après treize ans de prifon.

1. XAVIER, Château d'Efpagne dans la Navarre au pied des Pyrénées, à fept ou huit lieues de Pampelune. Ce Château appartenoit depuis environ 250. ans à la Maifon d'Afnarès qui en portoit le nom, lorfque l'Heritiére de cette Maifon, Jeanne Xavier époufa D. Martin Azpilueta, Chef de la Maifon de même nom. Marie Azpilcueta-Xavier leur fille unique eut de D. Jean Jaffe fon mari plufieurs enfans, dont le cadet fut St. François Xavier l'Apôtre des Indes. Il nâquit dans ce Château le 7. Avril 1506. on y montre encore la Salle où fa mere furprife par le travail de l'enfantement, mit ce fils au monde fur une pierre, fur laquelle on a gravé cet Evénement. L'Hiftoire de ce Saint eft parfaitement bien écrite par le P. Bouhours Jéfuite. Ce Château eft accompagné d'un Bourg nommé XAVIER, à une lieue de Sanguefa.

2. XAVIER, Bourg d'Efpagne en Arragon, fur le Gallego, à douze ou treize lieues d'Huefca vers le Nord; & affez près des frontiéres de Bearn.

XAURUS, Ξαῦρος, Lieu de la Macédoi- felon Etienne le Géographe.

1. XAUXA, Province, Riviére & Vallée de l'Amérique Méridionale au Pérou, dans l'Audience de Lima.

2. XAUXA (La Riviére de) a fa fource vers les 304. d. 20'. de Longitude, & les 10. d. de Latitude Méridionale dans le Lac de Bonbon. De là ferpentant vers le Midi elle paffe à Atun Xauxa Bourgade, à St. Jérome de Xauxa, fe tournant vers le Sud eft elle baigne Pincos, reçoit du Sud-Oueft un Ruiffeau de Picos, & un autre de Parcos: puis les Riviéres de Bilcas, d'Abancay & d'Aporima; elle fe recouebe enfuite vers le Nord. Jufques là on l'appelle Riviére de Xauxa ou de Maragnan; mais enfuite on lui donne le nom de Moyobamba, & elle fe va perdre dans l'Amazone, à l'Orient des Paçamores qu'elle borne de ce côté-là.

La VALLE'E DE XAUXA, où court la Riviére de même nom, a quatorze lieues de long & cinq ou fix de large. Elle étoit peuplée de trente mille Habitans quand les Efpagnols

y

XAU. XEC.   XEC. XEL. XEN.

arrivérent. Elle est environnée de toutes parts de Montagnes couvertes de neige, & contient quatorze Bourgades d'Indiens, entre lesquelles celle de GUANCAIO [a] est renommée. Il y a dans celle-ci un TAMBO a ou une Hôtellerie fort commode pour les Voyageurs. C'est une fort grande Lieutenance, dans laquelle sont quelques Couvens de Dominicains & de Franciscains qui instruisent les Indiens. Quoique la plûpart des Habitans de cette Vallée soient baptisez, il y en a encore parmi eux qui retiennent leurs superstitions Payennes. & qui adorent le Diable qu'ils nomment *Supay*, de peur de l'avoir pour ennemi.

[a De Laet, Descr. des Indes-Occ. L. 10. c. 19.]

1. XAUXAVA, Montagne, Riviére & Ville d'Afrique selon Marmol. D'Ablancourt son Traducteur écrit *Chauchava*, en quoi il a suivi la prononciation.

LA MONTAGNE DE XAUXAVA [b], au Royaume de Maroc fait partie du grand Atlas & est située au Midi de la Montagne de Cemmede. Il en sort une Riviére de même nom, & elle est habitée par des Berébéres de la Tribu de Muçamoda, qui sont belliqueux & ont guerre perpétuelle avec leurs voisins. La plûpart sont armez de frondes avec lesquelles ils tirent de grosses pierres si juste, qu'ils en tuent les Oiseaux; & c'est leur principal exercice. Cette Montagne est fort froide & toujours couverte de neiges vers le sommet. Mais elle ne laisse pas d'être abondante en Orge, en Miel, en Cire & en menu Bétail; du reste il n'y a pas beaucoup de Vaches, & les Chevaux n'y sont pas fort bons. Il y a quelques Maçons & Serruriers Juifs; mais ils ne travaillent pas beaucoup du premier Métier; parce que les murs sont de pierre seche, ou qui n'est enduite que par dehors, & les toits couverts de Chaume ou d'Ardoise; car ils ne se servent ni de Tuile, ni de Brique ni de Chaux. Il n'y a point d'autre Bâtiment parmi ces Montagnes, si ce n'est quelque vieille Tour ou quelque Mosquée.

[b Afrique, L. 3. c. 45.]

2. XAUXAVA [c] (LA RIVIERE DE) on a vu dans l'Article précédent que la Montagne il sort une Riviére de même nom. Elle passe entre la Montagne de Cemmede & celle de Nefusa, & arrose une Ville à laquelle elle donne son nom.

[c Ibid. c. 44.]

3. XAUXAVA [d] (LA VILLE DE) Ville d'Afrique dans le Maroquin; à environ cinq lieues de Maroc vers le Nord. La Riviére de Xauxava passe auprès. Un Cherif qui avoit à se défendre contre Maroc & Safi, la fit fortifier & la ferma de hautes murailles de terre battue qui sont maintenant en ruïne.

[d Ibid. c. 42.]

X E.

XECHING, Ville de la Chine, dans la Province de Honan, au Département de Queite; seconde Métropole de cette Province. Elle est de 1. d. 32'. plus Occidentale que Péking, par les 35. d. 10'. de Latitude. Elle a dans son Territoire d'excellentes Oranges de toute espéce, & sur-tout des Grenades dont la bonté & la quantité lui ont fait donner le nom de Xeching qui veut dire les murs des Grenades.

XECIEN, Ville de la Chine [e], dans la Province de Queicheu, dont elle est la cinquième Métropole: elle est de 9. d. 42'. plus Occidentale que Péking, sous les 27. d. 55'. de Latitude. Elle a dans son Département trois Forteresses, savoir

[e Martini, Atlas Sinenf.]

Miaómin,   Lungciuen,   & Cochang.

La Ville de Xexien est située entre Sunan & Sucheu, deux autres Métropoles de la même Province. La Famille Tartare de Juen la commença. La Famille de Taiming l'agrandit & en fit une Ville. Les Montagnards de ce Canton ont pour écrire leurs caractéres particuliers. Ils ne se servent point d'encre. Ils ont des planches molles sur lesquelles ils font des traces avec un poinçon pour conserver la mémoire de ce qu'ils ne veulent pas oublier. Tous, tant hommes que femmes, marchent nuds pieds. Lorsqu'ils sont malades, ils n'invoquent pas les Esprits, mais les Démons, jusqu'à ce qu'ils soient ou morts ou guéris. Ce Canton produit du vif-argent. Au Midi de la Ville est le Mont PIPA, celui d'HEU est à l'Orient.

XELSA, Village d'Espagne, dans l'Arragon sur l'Ebre, à une lieue au-dessus de Velilla. Voyez CELSA.

XEMONICO, Château de la Dalmatie à huit milles de Zara. Il avoit été fortifié par les Turcs. Mais les Vénitiens le prirent en 1646.

XENA, Ξένη, Plutarque [f] dit que Lycurgue eut son Tombeau dans la Pergamie περὶ τὴν Ξενικὴν ὁδόν. Ortelius [g] a cru que ces mots vouloient dire *sur le chemin qui méne à un lieu nommé Xene*. Le Manuscrit de Florence porte Ξένην au lieu de Ξενικὴν, ce qui veut dire simplement *sur le chemin public*, Ξένη Ὁδὸς, *un grand chemin*, Ξένη, n'est point un nom propre; mais l'adjectif d'Ὁδὸς. La Pergamie étoit un Canton de Crete. Mr. Dacier traduit *près du grand chemin*.

[f In Lycurgo.]
[g Thesaur.]

XENEPHYRIS, Village de la Libye près d'Aléxandrie selon Etienne le Géographe. Il donnoit à un Canton le nom de XENEPHYRITES NOMOS.

XENERALIFE, ou GENERALIFE [h], car la prononciation est à peu près la même; Palais & Maison de plaisance, aux environs de Grenade. Les Rois Maures avoient bâti cette belle & délicieuse Maison, pour y aller passer le Printems, & y joüir de la pureté & de la douceur de l'air. La situation en est extrêmement agréable & l'art a beaucoup contribué à en faire un lieu charmant. On y a toujours un air doux & serain: on y trouve quantité de Fontaines qui coulent avec un doux murmure, dont l'une particuliérement pousse un Jet d'eau de la grosseur du bras, avec tant de roideur qu'il s'éleve beaucoup au-dessus de la muraille de la Maison; de sorte que quand les rayons du Soleil donnent dessus, d'un certain sens, on voit delà mille petits Iris qui divertissent agréablement la vûe. On a là de petites Forêts d'Arbres fruitiers, un Parc où l'on garde des Animaux sauvages, & de beaux Jardins.

[h Délices d'Espagne, p. 498.]

XENI.

XENI. Festus dit que c'est l'ancien nom des Sénonois.

XENIÆ. Cicéron appelle ainsi des Bains. On les appelloit ainsi *quasi hospitales*, dit Ortelius, qui cite l'Oraison pour Milon. Je ne les y trouve point; mais bien dans l'Oraison pour Cœlius [a Cap. 25.]. Quelques Editions portent *Xeniæ, ad Balneas Xenias*. Gruter a rétabli le mot *Xenias* sur l'autorité des Manuscrits. Ces Bains étoient publics.

XENIL [b] , (Le) Rivière d'Espagne. Les Anciens l'ont connu sous le nom de Singulis. Elle a sa source au Royaume de Grenade, passe près de la Ville même de Grenade & à Lorca; d'où coulant au Couchant dans l'Andalousie, elle passe à Santa Fé, à Yllora, à Loxa, à Ysnajar, à Ecija, & à Palma, où elle se jette dans le Guadalquivir.

[b Baudrand, Ed. 1705.]

XENIPPA, Contrée limitrophe de la Scythie selon Quinte-Curce [c].

[c Lib. 8.]

XENOXUA, ou Zenorva, Ville de Gréce dans la Macédoine, à quatorze lieues d'Ocrida vers le Couchant. On croit y trouver l'ancienne Héraclée de la Lyncestide Ville Episcopale.

XENSI (Le), prononcez le Chensi, Province de la Chine [d], & la troisième dans l'ordre des Provinces de cet Empire. Elle le peut disputer avec toutes les autres tant pour sa grandeur que pour son antiquité; car de toute ancienneté elle a été la Résidence de presque tous les Empereurs depuis le commencement de l'Empire jusqu'à la fin de la Famille de Han, c'est-à-dire jusqu'à l'an 264. de l'Ere vulgaire. Les plus anciennes Annales portent qu'elle est la premiére que les Chinois ayent habitée. Entre les Provinces Septentrionales, c'est celle qui avance le plus au Couchant, & s'étend jusqu'aux Etats du Prête-Jean, Cascar & Tibet que les Chinois appellent d'un nom commun Sifan. Au Nord, elle s'étend jusqu'aux Frontières du Tanyu, Royaume de la Tartarie, dont elle est séparée par la grande Muraille, & par quelques Forteresses qui sont au-delà. Cette muraille ne traverse pas tout le Xensi. Elle ne vient que jusqu'à la Rivière Jaune. Le reste qui est le long du Fleuve n'a point de Mur. Des Deserts de sable & la profondeur du Fleuve ont paru un rempart suffisant. Ce Pays étoit autrefois plus cultivé qu'il ne l'est à présent. Ce même Fleuve Jaune dont on vient de parler, coulant entre le Chansi, & cette Province, la borne à l'Orient; de sorte qu'elle en forme en quelque façon trois côtez. Le quatrième qui est au Midi est fermé par des chaînes de Montagnes contiguës les unes aux autres; & sépare le Xensi du Honan, du Suchuen & du Huquang.

[d Martini, Atlas Sinens.]

On tient qu'il y a dans cette Province 831051 Familles; 3934176 hommes, & qu'elle paye pour Tribut ordinaire 1929057 sacs de blé ou de millet, 360 livres de Bysse; 9218 livres de Soye préparée de toute façon; 17172 livres de Coton, 12877 Pièces de Toiles de Coton; 1514749 Bottes de foin pour les Ecuries de l'Empereur, sans compter les Douannes, les Domaines & ce que l'on paye pour quantité de choses en particulier. Elle renferme huit Métropoles, cent sept Citez, sans les Villes Militaires & les Forteresses.

L'air de ce Pays est doux & salubre; la Terre y est fertile, à cause des Torrens & des Riviéres qui l'arrosent, & à cause du grand nombre de ceux qui la cultivent; & on y trouve en abondance tout ce qui est à l'usage de l'homme. Il y a des Mines d'Or en telle quantité que bien qu'il y soit défendu par les Loix de les ouvrir, une multitude d'hommes presque infinie vit commodément de ce qu'ils gagnent à ramasser l'Or dans le sable des Riviéres en le lavant. Ce Peuple est presque généralement fort humain, aimant l'Étranger, & de mœurs agréables, & il n'est pas si incapable d'étudier que les autres Chinois Septentrionaux.

Cette Province a une grande incommodité. Elle est plus sujette à manquer de pluyes que les autres Provinces Septentrionales. Les Sauterelles y font souvent un si grand ravage que les Magistrats commandent à tout le monde de se mettre en Campagne, afin de les exterminer; mais il arrive quelquefois qu'elles broutent tout & ne laissent pas la moindre verdure dans les Champs. Il en vient quelquefois des nuées si épaisses, qu'elles semblent menacer d'une Eclipse, en cachant le Soleil; & autant l'œil peut s'étendre on voit tout couvert de ces Insectes. Les Chinois n'ont aucune répugnance à les manger, & il y a même quantité de gens qui s'en font un régal après les avoir fait bouillir.

Le Xensi produit peu de Ris; en récompense il y croît beaucoup de Froment & de Millet. Le Froment y pousse quelquefois si haut qu'on est forcé d'y mettre les Brebis pour le brouter durant l'Hyver, & alors il en devient plus vigoureux au Printems, comme les Européens l'éprouvent aussi.

C'est dans le Xensi que croissent d'excellens remedes, entre autres la Rhubarbe, qui n'est pas une Plante sauvage comme quelques-uns le croyent; c'est une Plante que l'on cultive avec art & avec soin. Les Chinois l'appellent *Taihoang*.

Mais ce qui rend cette Province plus remarquable, c'est le fameux Monument dont il est parlé amplement à l'Article Signanfou.

J'ajoute ici la Table Géographique dressée par le P. Martini dans son Atlas Chinois, d'où cet Article est tiré. Le P. qui est en marge signifie que la Ville, à la ligne de laquelle il est placé, est au Couchant de Péking, d'où se compte sa Longitude, qui se prend toujours par rapport à cette Ville.

Noms des Villes.	Longitude.	Latitude.	
I. *Ville Métropolitaine.*			
Sigan	8ᵈ. 18′	35ᵈ. 50′	P
Hienyang	8. 26	26. 0	P
Hingping	8. 39	36. 11	P
Linchang	8. 5	35. 40	P
Kingyang	8. 13	35. 57	P
Caoling	8. 4	36. 6	P
Hu	8. 25	35. 44	P
Lant'ien	7. 53	35. 31	P
Livo	8. 40	35. 28	P

Xang

XEN.   XEN.

	Longitude.	Latitude.			Longitude.	Latitude.	
Xang ☉	7. 34	35. 10	P	V. Ville.			
Chingan	8. 16	35. 8	P				
Tung ☉	7. 40	36. 14	P	Cungcháng	11. 34	36. 51	P
Chaoye	7. 34	36. 14	P	Ganting	11. 21	37.. 9	P
Hoyang	7. 34	36. 28	P	Hoeining	11. 20	37. 25	P
Ching Ching	7. 43	36. 30	P	Tungguei	11. 20	36. 52	P
Pexui	7. 56	36. 36	P	Chang	11. 36	36. 52	P
Hanching	7. 36	36. 41	P	Ningyven	10. 58	36. 38	P
Hoa ☉	7. 46	35. 49	P	Fokiang	11. 0	37. 0	P
Hoayn	7. 34	35. 52	P	Siho	10. 30	36. 2	P
Gueinan	7. 49	35. 41	P	Ching	10. 30	35. 28	P
Puching	7. 46	36. 0	P	Cin ☉	10. 44	36. 20	P
Conan	7. 29	35. 29	P	C'ingan	10. 46	36. 32	P
Xanyang	7. 30	35. 1	P	C'ingxui	10. 11	36. 20	P
Xangnan	7. 45	35. 0	P	Li	10. 12	35. 45	P
Yao ☉	8. 5	36. 21	P	Kiai ☉	12. 16	34. 55	P
Sanyven	7. 58	36. 15	P	Ven	12. 14	34. 40	P
Tungquon	7. 59	36. 39	P	Hoei ☉	10. 9	35. 34	P
Fu P'ing	7. 48	36. 10	P	Leantang	9. 51	35. 40	P
Kien ☉	8. 38	36. 27	P				
Fungciven	8. 29	36. 24	P	VI. Ville.			
Vucung	8. 51	36. 9	P				
Jungxen	8. 34	36. 36	P	Linyao	12. 6	36. 47	P
Fuen ☉	8. 34	36. 47	P	Gueiyven	11. 52	36. 44	P
Xunhoa	8. 19	36. 45	P	Lan ☉	12. 20	37. 4	P
Xanxui	8. 24	36. 42	P	Kin	11. 57	37. 24	P
Changu	8. 23	36. 54	P	Ho ☉	13. 4	36. 50	P

II. Ville.   VII. Ville.

Fungciang	9. 15	36. 20	P	Kingyan	9. 6	37. 27	P
Kixan	9. 3	36. 28	P	Hoxi	8. 53	37. 20	P
Paoki	9. 28	36. 9	P	Hoan	9. 15	37. 40	P
Fufung	8. 52	36. 26	P	Ning ☉	8. 54	37. 5	P
Mui	9. 9	35. 59	P	Chinning	8. 43	37. 15	P
Linyeu	9. 10	36. 40	P				
Lung ☉	9. 45	36. 25	P	VIII. Ville.			
Pingyang	9. 29	36. 25	P				
				Jengan	8. 20	37. 37	P
III. Ville.				Ganfai	8. 10	37. 32	P
				Canciven	8. 16	37. 20	P
Hanchung	9. 52	34. 20	P	Ganting	8. 18	38. 8	P
Paoching	10. 0	34. 30	P	Laogan	8. 29	38. 2	P
Ch'ingcu	9. 39	34. 25	P	Ychuen	7. 56	37. 2	P
Yang	9. 29	34. 14	P	Yenchuen	8. 2	37. 57	P
Sihiang	9. 12	34. 0	P	Jenchang	7. 42	37. 37	P
Fung	9. 43	35. 23	P	Cingkien	7. 52	37. 52	P
Mien	10. 6	34. 45	P	Feu ☉	8. 15	37. 9	P
Ningkian ☉	10. 3	35. 13	P	Cochuen	8. 0	37. 13	P
Lioyang	10. 6	34. 54	P	Chungpu	8. 5	36. 56	P
Hinggan ☉	8. 16	34. 26	P	Ykiun	8. 0	36. 50	P
Pingli	7. 58	33. 57	P	Suite ☉	7. 50	38. 14	P
Xeciven	8. 21	34. 0	P	Miche	7. 41	38. 40	P
Sinyan	7. 54	34. 5	P	Kia	7. 25	39. 0	P
Hanin	8. 41	34. 3	P	Upao	7. 26	38. 38	P
Peho	7. 44	33. 50	P	Xinmo	6. 50	39. 30	P
Cuyang	8. 0	34. 23	P	Tuco	6. 35	39. 17	P

IV. Ville.   Villes de Guerre.

Pingleang	9. 41	37. 12	P	Socheu ☉	16. 55	38. 41	P
Cungfin	9. 31	37. 2	P	Xacheu ☉	15. 24	40. 40	P
Hoating	9. 56	37. 4	P	Xancheu ☉	15. 4	38. 28	P
Chinyven	10. 5	37. 37	P	Yaocheu ☉	12. 50	35. 48	P
Kuyven ☉	10. 7	37. 18	P	Mincheu ☉	12. 6	36. 0	P
King ☉	9. 10	37. 6	P	Leangcheu ☉	13. 30	38. 5	P
Lingt'ai	9. 3	36. 56	P				
Choangleang	10. 15	37. 0	P	Forteresses.			
Lungte	10. 13	37. 10	P				
Cingning	10. 30	37. 11	P	Jnngchang ☉	13. 56	38. 5	P

Choang-

	Longitude.	Latitude.	
Choanglang	13. 0	38. 4	P
Sining	14. 6	37. 20	P
Chini ☉	16. 7	39. 4	P
Culang ☉	13. 0	37. 40	P
Ninghia	10. 20	38. 50	P
Ninghiachung	11. 10	38. 40	P
Cinglu	11. 3	38. 8	P
Yvlin	7. 30.	39. 20	P
Chinfan	13. 24	38. 50	P
Xetu	12. 57	37. 55	P
Hantung	15. 50	38. 30	P
Pinglu	10. 10	39. 0	P
Mingxa	11. 0	38. 33	P
Guei	10. 50	38. 36	P
Sengguei	10. 0	38. 56	P
Semuen	6. 36	40. 0	P
Kint'ang	8. 6	38. 50	P
Hoama	9. 3	38. 20	P
Pecho	9. 28	38. 16	P
Taxun	9. 48	38. 16	P
Pukive	10. 10	38. 15	P
Mico	7. 6	39. 40	P

Petites Fortereſſes.

Changyu	10. 47	33. 44	P
Yuchin	10. 49	34. 10	P
Chintao	11. 12	35. 0	P
Pinglo	11. 40	35. 12	P

XERES, Ville de l'Amérique Méridionale, au Paraguai [a], entre la Riviére de Paraguai, & celle de Parana. Il eſt aiſé de voir que les Eſpagnols, lui avoient impoſé ce nom qui eſt celui d'une Ville d'Eſpagne. Cette Ville qui eſt préſentement détruite avoit une Miſſion, & étoit à 20. d. de Latitude Méridionale, à 321. d. 30'. de Longitude.

[a] D'Anville, Carte du Paraguai.

XERES DE LOS CAVALLEROS. On dit auſſi en parlant de cette même Ville XERES DE BADAJOZ, Ville d'Eſpagne [b], dans l'Eſtramadure, au Royaume de Léon, ſur le Torrent d'Ardila, à quatre lieues de Badajoz au Midi. Elle a le titre de Cité dont l'honora Charles V. en récompenſe de ſa fidélité & de ſon attachement au ſervice de ſon Roi. Elle appartenoit anciennement à l'Ordre des Chevaliers du Temple, d'où lui vient ſon nom de XERES DE LOS CAVALLEROS. Elle [c] eſt aux Frontiéres de l'Eſtramadure, du Portugal & de l'Andalouſie. La Ville eſt grande & on y voit de belles Maiſons, & une grande Place. Après que les Templiers furent exterminez, Alphonſe XII. Roi de Caſtille la réunit à ſa Couronne. La principale richeſſe de la Ville vient des Pâturages où l'on nourrit une ſi prodigieuſe, quantité de Troupeaux, que tous les ans il en ſort juſqu'à cinquante mille Bêtes à cornes qu'on mene aux Foires d'Eſcalona & de Villena.

[b] Délices d'Eſpagne. p. 288.

[c] Vairac, Etat de l'Eſpagne, t. I. p. 460.

1. XERES DE LA FRONTERA, Ville d'Eſpagne [d], dans l'Andalouſie, à deux lieues du Port Ste. Marie, à trois de Rota, & de San Lucar, à cinq d'Arcos, de Léorixa & de Médina Sidonia, à ſix de Cadix, à quinze de Séville & à vingt-neuf de Cordoue, ſelon Mr. Corneille. L'Auteur des Délices d'Eſpagne là met à quatre bonnes lieues de St. Lucar, & à trois lieues d'Arcos. Cette Ville ſituée ſur le bord du Guadalete, le Fleuve Lethé des Anciens, eſt grande, aſſez peuplée & la demeure de quantité de Nobleſſe. On y compte environ dix mille feux. Elle eſt fort jolie, avec de belles Rues, une grande Place, & une bonne enceinte de Murailles, quelques-uns croyent que c'eſt l'ancienne *Aſta Regia*, d'autres croyent avec plus de vraiſemblance qu'elle a été fondée des ruïnes de cette Ville qui n'étoit pas loin delà dans un endroit qu'on appelle encore aujourd'hui MESA DE ASTA. La Ville étoit autrefois ſur une Branche du Bætis, ou Guadalquivir; mais elle en eſt aujourd'hui bien loin. Son Terroir eſt l'un des meilleurs & des plus fertiles, & les Habitans qui en ſavent bien profiter, le cultivent ſi bien qu'ils n'y laiſſent pas un coin en friche. Il eſt planté d'Orangers, de Citronniers, d'Oliviers & de divers autres Arbres-fruitiers. Il y a des Terres labourables & des Vignes qui produiſent un des meilleurs vins d'Eſpagne, dont il ſe fait un très-grand débit dans les Indes. C'eſt auſſi-là que ſe trouvent les Genêts d'Andalouſie qu'on eſtime tant pour leur vîteſſe, & que l'on ſait ſi bien dreſſer au manege, à toute ſorte d'exercice pour les divertiſſemens de la Nobleſſe qu'on appelle *Jeux de Canne*. Les riches Habitans de Xerès ont coûtume de ſerrer leurs Grains & leurs Fruits dans des Caves profondes qu'ils font en terre, & qu'ils couvrent ſoigneuſement de pierres. Ces Fruits ſe conſervent pluſieurs années ſans ſe corrompre: & quand on veut les en tirer, il faut obtenir pour cela la permiſſion du Magiſtrat. La Campagne d'autour de Xerès eſt fameuſe dans l'Hiſtoire. C'eſt-là que Roderic, dernier Roi de la race des Goths, perdit contre les Maures en 712. cette importante Bataille qui décida de l'Eſpagne, & entraîna la perte non-ſeulement de la Ville d'Aſta, qui étoit près du Champ de Bataille; mais auſſi de l'Etat & de toute la Nation des Goths. Il y a un ancien Château. La principale Egliſe eſt San Salvador.

[d] Délices d'Eſpagne. p. 456.

§ A demie lieue de la Ville eſt la Chartreuſe de Xerès, fondée par un Particulier de la Ville. L'Egliſe en eſt fort propre & il y a une fort belle menuiſerie de bois de Cédre. Derriere l'Autel eſt une Chapelle toute dorée. Il y a auſſi trois ou quatre beaux Cloîtres, ſur-tout le petit, dont les Colomnes ſont de Marbre blanc avec une Fontaine au milieu. Le Portail de l'entrée de la Maiſon eſt fort magnifique. On la trouve au haut d'un Pont qui eſt ſur la Guadalete.

2. XERES DE LA FRONTERA [e], petite Ville ou Bourgade de l'Amérique Septentrionale dans la Nouvelle Eſpagne, dans l'Audience de Guatimala, aux confins du Pays de Nicaragua, à la ſource d'une petite Riviére qui tombe dans la Mer du Sud, au Golphe de Fonſeca. Le nom Indien de cette Place eſt CHULUTE'CA.

[e] De l'Iſle, Atlas.

3 XERES DE LA FRONTERA [f], Ville de l'Amérique Septentrionale, dans la Nouvelle Eſpagne, & dans la Province de la Nouvelle Galice, au Pays des Zacatecas,

[f] Ibid.

XER. XET. XIB.   XIC. XIL.   407

au Midi des Mines de Zacatecas, & aux confins du Guadalajara; à trente lieues de la Ville de ce nom & à trente de Guadalajara.

a Baudrand, Ed. 1705. XERES DE GUADIANA [a], Bourg d'Espagne, dans l'Andalousie, près de l'Algarve sur la Guadiana, environ à huit lieues de son Embouchure.

XERETE. Voyez XERTE.

XERIAS, Isace Tzetzès semble dire que c'est l'ancien nom du Sperchius Voyez ce mot.

b Ibid. XERICA [b], Ville d'Espagne dans le Royaume de Valence, sur les confins d'Aragon & sur la Rivière de Morviedro, au pied d'une Montagne où il y a un ancien Château, à deux lieues de Ségorve & à onze de Valence.

XEROGERE. Voyez ZRROGERE.

XEROGYPSUS, Riviére de Thrace, selon Nicéphore Gregoras, cité par Ortelius [c].

c Thesaur. d Ibid. XEROLIBYA [d], Fabricius, dans son Volume des Poëtes Chrétiens prétend que c'est le nom d'un Canton de la Libye, entre Tripolis & la Pentapole. C'est ce qu'on a appellé ensuite le Royaume de Barca.

e Ibid. XEROLOPHUS [e], Lieu de Constantinople, où il y avoit un Trepié d'Apollon selon Priscien.

XERONIACA VALLIS, Vallée de l'Asie Mineure quelque part vers la Galatie, selon Siméon le Métaphraste dans la Vie de St. Théodore Abbé.

f Baudrand, Ed. 1705. XERTE [f], (La) Riviére d'Espagne, au Royaume de Léon, dans l'Estramadure. Elle a sa source au Port de Tornavacas, & passe à Placentia, à Carcabaso & à Galisteo, puis se rend dans l'Alagon après un cours de treize lieues. On dit aussi la XERETE.

g Lib. 11. p. 582. XERXENA, Ξερχήνη, Contrée d'Asie, aux confins de la Petite Arménie, selon Strabon [g] & elle en faisoit partie.

XETEFE, Village d'Espagne, dans la Nouvelle Castille, à deux lieues de Madrid. Quelques Auteurs le prennent pour l'ancienne TITALEIA d'Antonin, entre *Emerita* & *Cæsar Augusta*, qu'Ortelius conjecture être la TITUACIA de Ptolomée. Ortelius écrit XETAFE.

X I.

h Lettres Edif. t. 12. p. 224. XIBAROS (Les), Peuple de l'Amérique, au Pérou [h]. Le P. Samuel Fritz, Missionnaire Jésuite, dans un Mémoire sur sa Carte du Maragnon, fait un éloge du Pere Richler, qui travailla à la conversion de ce Peuple dont il donne cette idée. C'est, dit-il, un Peuple naturellement féroce & inhumain, qui habite des Montagnes inaccessibles. Les Espagnols dans la vûe de les soumettre à la Foi avoient bâti autrefois dans leur Pays une Ville nommée SOGRONA. Mais ils ne purent tenir contre les cruautez qu'exerçoient ces Insidèles; & ils furent contraints de la ruïner. D. Matthieu, Comte de Léon, Président du Conseil Royal de Quito, homme né pour les grandes entreprises, forma le dessein d'envoyer encore une fois des Missionnaires à ces Bar-

bares: il en conféra avec l'Evêque de Quito & le Viceroi du Pérou, qui promirent leur appui. Le P. Richler, & le P. Gaspar Vidal partirent pour cette expédition, quoique l'expérience du passé leur fît juger qu'il y avoit peu de chose à espérer pour l'avenir. On leur donna pour Escorte un certain nombre d'Indiens convertis, afin de ne les pas exposer témérairement. Ce qu'ils avoient prévu arriva. Cinq années des plus grands Travaux, ne produisirent presque aucun fruit. Les Indiens fidéles qui accompagnoient les Missionnaires, se rebutérent de tant de marches & de tant de Navigations & massacrérent le P. Richler. Dieu permit que son meurtrier fût un jeune Indien qu'il avoit baptisé & élevé dès sa plus tendre enfance. Ce Pere étoit né à Coslau en 1653. se fit Jésuite à seize ans, alla aux Missions des Indes en 1684. & y travailloit depuis douze ans, lorsqu'il fut massacré par les Barbares, dont le Chef étoit ce jeune homme dont on a parlé.

XICOCO, c'est ainsi que les anciens Mémoires qui ont traité du Japon, ont appellé la troisième Isle, qui est située entre l'Isle de *Niphon*, & celle de *Saïkokf*. Mr. Kaempfer dans son Histoire du Japon la nomme SIKOKF [i], c'est-à-dire *le Pays*, des IV. parce qu'elle contient quatre Provinces. Elle est comprise dans la septième grande Contrée du Japon. *i Tom. 1. p. 68.*

XICONA, petite Ville d'Espagne [k], au Royaume de Valence, entre des Montagnes, vers le Nord d'Alicante. Elle est composée d'environ deux cens feux; & défendue par un fort Château bâti au-dessus de la Ville, auprès d'un défilé si étroit, qu'une poignée de gens y peut aisément arrêter toute une Armée. On y recueille abondance d'excellent vin, de même qu'à Alicante. *k Délices d'Espagne, p. 550.*

XILI, Bourg de la Morée, dans la Zaconie à quatre lieues de Castel Rampano, vers le Levant, sur le Cap de Xili, qui regarde l'Isle de Cerigo, selon Mr. Baudrand. A l'égard de ce CAP, & de ce Bourg, voyez au mot Cap l'Article LE CAP DE XILI; & le Paragraphe suivant.

XILIA. Voyez ZILIA.

XILINE. Voyez XYLINA.

XILOA ou XILOCA, (La) Riviére d'Espagne dans l'Aragon [l]. Elle a sa source au près d'Albarazin, coule du Sud au Nord-Ouest, passe à Daroca & se jette dans le Xalon à Calatajud. *l Ibid. p. 634.*

XILOCASTRO, Bourg de la Morée, au Duché de Clarence [m], à deux lieues du Golphe de Lepante vers le Midi, & à treize de la Ville de Patras vers le Levant. On prend ce lieu pour l'*Ægyra* de l'Achaïe des Anciens. *m Baudrand, Ed. 1705.*

XILOPHAGES. Voyez XYLOPHAGES.

XILOTEPEQUE, Canton de l'Amérique Septentrionale au Méxique. Elle est au Nord-Ouest du Mechoachan, entre la Riviére de Panuco, & la Ville de Mexico. L'air en est extrêmement tempéré; il y a plusieurs Bourgs & grands Villages, entre autres Queretaro, renommé par sa Fontaine d'eau chaude. Il y en a un autre dans cette même Province, qui est remarquable en ce qu'elle sourd quatre ans de suite & de-

demeure à sec pendant quatre autres années, après quoi elle recommence à couler comme auparavant. Ce qu'il y a encore de particulier, c'est qu'au tems des pluyes elle jette peu d'eau, & quand le tems est beau & sec, elle coule abondamment. Les Otomis habitent cette Contrée au rapport de De Laet [a].

[a] Descr. des Indes Occ. L. 5. c. 7.
[b] Ed. 1705.

XIMA (Le), Ville du Japon, Capitale d'un Royaume auquel elle donne son nom selon Cardin cité par Mr. Beudrand [b], qui la met dans l'Isle de Saikokf. C'est aparemment la Sima de Mr. Kaempfer. Voyez l'Article du Japon.

[c] Mémoires Lit. de la Gr.Br. t. 1. p. 108. & suiv.

2. XIMENA, Ville d'Espagne [c], située dans les terres, à environ cinq lieues au Nord de Gibraltar. Elle est bâtie sur une Montagne pleine de rochers, au pied de laquelle, vers l'Orient, on voit un Pays très-fertile arrosé par le *Josgarganta*, qui est une petite Branche du *Guadiaro*. L'ancienne Ville est sur le sommet de la Montagne, & il paroît par les Arcades & les Voutes qu'elle a été bâtie par les Maures. Mr. Conduitt y a trouvé l'Inscription suivante, sur une pierre qui étoit dans un coin de la seconde Porte de cette Ville.

L. Herennio he
renniano
L. Cornelius Heren
nius Rusticus
nepos ex testa
mento posuit
nonis Martiis
Sex. Quintilio con
diano Sex. Quin
tilio Maximo coss.

Le même Auteur a aussi trouvé dans cette Ville un Marbre sur lequel on lit cette Inscription:

Auctinus Clemen
tis   Sibi
et suis Brittæ
Mater   an. lx.
H. S. E. sit t. t. levis.

Voici une autre Inscription qui se trouve aussi à *Ximena* sur une muraille de la grande Eglise.

Respublica Oben
sis e... lo Dato
dedi.... vit curat
libe..., or. H. ren
nio Rustico h. m.
Sinitio Restituto
II. Vir.

Mr. Conduitt infére de cette Inscription qu'il y avoit autrefois à *Ximena* une Ville Romaine nommée *Oba*. On ne trouve cependant aucune Ville de ce nom dans les anciens Auteurs. Strabon [d] en a peut-être fait mention dans ces mots Σύνοβα, Μάινοβα, καὶ ἄλλαι πλείους. Mariana [e] dit que la Caverne où Crassus se cacha, étoit proche de *Ximena*. Le même Mr. Conduitt fit trois lieues pour la découvrir, mais comme les Habitans de cette Contrée sont fortement persuadez qu'il

[d] Lib. 3.
[e] Lib. 3. c. 2.

y a un tresor dans cette Caverne ils ne voulurent pas la lui découvrir, ne pouvant s'imaginer que la curiosité de ce savant Voyageur fût aussi desinteressée qu'il le paroissoit. On voit plusieurs Cavernes dans cette partie de l'Espagne. Et il est remarquable que le propriétaire de ces Cavernes s'appelle *Pachieco*: & que c'est à peu près le nom de l'Espagnol qui reçut Crassus avec beaucoup de civilité; car Plutarque dit que cet Espagnol s'appelloit Πακιακός.

2. XIMENA, Lieu de l'Asie Mineure. Eustathe y met la source de l'Halis.

XIMOLA. Messieurs Maty, & Corneille après Mr. Baudrand qui cite pour son garant Chardin, disent qu'il y a un petit Pays ainsi nommé au Japon dans l'Isle de Niphon, avec une Capitale nommée de même. Ils la mettent entre les Royaumes de *Canzula* & de *Fitaqui*.

§ Ce ne peut être que le petit Pays de Simoosa, ou autrement Seosju, qui selon Mr. Kaempfer est entre Kadsusa & Fitats. Il dit: Cette petite Province est censée avoir trois journées de long, du Sud au Nord; c'est un Pays montagneux, assez peu fertile, mais qui abonde en Volaille & en Bestiaux. On peut voir ses douze Districts à l'Article Japon [f].

[f] Pag. 22. Col. 2.

XIMOTCUQUE. Voyez au mot Japon [g] Simoodsuke.

[g] Pag. 23. Col. 2.

XINANO. Voyez Sinano au mot Japon [h].

[h] Ibid. Col. 1.

XINCHEU, Ville de la Chine, dans la Province de Huquang, dont elle est la XII. Métropole. Elle est de 5. d. plus Occidentale que Péking, & compte 29. d. 6'. de Latitude. Cette Ville est située dans un Canton hérissé de quantité de hautes Montagnes, dans lesquelles on trouve de vif-argent, du Lapis Lazuli, & de la couleur verte. On dit qu'il y a aussi des Mines d'or & des Mines d'argent. Une partie de ces Montagnes est habitée par des Sauvages que l'on appelle *Vulinman*. On peut voir une des fables qu'on en debite dans un Voyage de Moines décrit au Recueil de Ramusio [i]. Les Chinois ne croyent pas que tout ce qui n'est pas Chinois, ou morigené à la Chinoise, soit homme. Voici ce qu'ils disent de l'origine de ces Sauvages. Le Roi Caosin ayant guerre contre un certain Brigand nommé V', se voyoit réduit aux derniéres extrémitez. Son ennemi avoit déconcerté tous les efforts qu'il avoit faits contre lui. Ce Roi fit publier dans son Armée que quiconque lui apporteroit la tête du Capitaine V', auroit pour sa récompense vingt mille onces d'argent, une Ville en propre & sa plus jeune fille en mariage. Caosin avoit un Chien nommé Puonhu, qui, étant entré dans la Forêt où l'Armée ennemie étoit, tua le Chef & en apporta la tête au Roi. Ce Prince charmé d'être défait d'un si dangereux ennemi, ne vouloit point remplir la condition du Mariage de sa fille, disant qu'il étoit indécent de marier une fille avec une Bête: la fille soutint que la parole Royale ne devoit point être violée. Elle épousa le Chien, & en trois ans elle mit au monde six mâles & six femelles, dont on dit que cette race est

[i] Fol. 235. c. 9.

eſt deſcendue. On voit bien que ce n'eſt qu'une fable groſſiere faite après coup.

Cette Ville étoit autrefois du Royaume de Çu. La Famille de Cin l'appella Kiuchung celle de Ian la nomma Kingcheu; celle de Xang Luki, & celle de Taiminga lui a donné le nom de *Xincheu* qu'elle porte à préſent. Son Département comprend ſept Villes, ſavoir

Xincheu,	Xopu,
Luki,	Juen,
Xinki,	Kinyang,
Mayang.	

XINI, ancien Peuple de la Theſſalie ſelon Heſyche. Voyez Xinia.

XINKI, Ville de la Chine, dans le Huquang, au Département de Xincheu douzième Métropole de cette Province. Elle eſt auſſi appellée Xenki. Elle eſt de 8. d. plus Occidentale que Péking, par les 28. d. 38'. de Latitude.

XIPHENE, Contrée de la Paleſtine. Voyez Ziphene.

XIPHONIA, Etienne le Géographe met dans la Sicile une Ville de ce nom & cite Théopompe. Elle étoit apparemment auprès du Cap de même nom. Voyez l'Article ſuivant.

a Lib. 6. p. 267.

XIPHONIÆ PROMONTORIUM, Promontoire de Sicile ſelon Strabon *a*. Il y a voit auſſi un Port que Scylax appelle Xiphonius Portus.

§ Cette Ville étoit au lieu où eſt Augusta. Le Cap porte le nom de Santa Croce ; le Port eſt entre Auguſta & l'Iſle.

b Baudrand, Ed. 1705.

XIRIA *b*, Móntagne de la Morée ſur les confins de la Zacanie & du Belveder, à ſix lieues de la Ville de Belveder. On la prend pour l'ancienne *Pholoé* Montagne de l'Arcadie.

XIXENA, ou Sixena. Voyez Sixena.

XIXONA, petite Ville d'Eſpagne, au Royaume de Valence. Mrs Baudrand & Corneille écrivent ainſi. L'Auteur des Délices de l'Eſpagne écrit Xicona ; nous avons dit ſous ce nom ce qu'il nous en apprend. L'Auteur de la Poblacion General de Las Eſpagnas la nomme Sexona. Il y met 600. Habitans, une Paroiſſe, une Rectorie de douze Clercs, un Couvent de Religieux de St. François, un autre de Religieuſes. D. Jaime I. la conquit ſur les Maures & la repeupla l'an 1258.

X O.

XO, petite Riviére de la Chine, dans la Province de Huquang. Elle a peu de cours & va ſe perdre dans la Riviére de Çu qui ſe joignant à d'autres Riviéres va ſe perdre dans le Kiang au Nord-Eſt d'Yocheu.

c Hiſt. Ethiop. L. 1. c. 3.

XOA, ou Xaoa ou Shewa, Mr. Ludolphe *c* préfére cette dernière Orthographe ; Royaume de l'Ethiopie dans l'Abiſſinie. Il eſt borné au Nord par le Royaume de Walaka, & par le Canton de Marabet : il a le Royaume d'Ifat à l'Orient : celui de Goiam au Couchant : & ceux de Ganz & de Wed au Midi ; le Fleuve Samba qui va tomber dans le Nil le termine au Nord, & le Roma au Sud-Oueſt. L'Iema, autre Fleuve, coupe ce Royaume de l'Eſt à l'Oueſt : tous les trois ont leurs ſources dans les Montagnes dont la partie Orientale de ce Pays eſt hériſſée. Ce Royaume eſt grand & très-riche : autrefois les Rois y ſéjournoient ſouvent & il étoit alors plus célébre qu'Amhar. On le diviſe en Haut & en Bas. Il y a beaucoup de Monaſtéres & quelques Bourgs. Debra-Libanos, c'eſt-à-dire le Mont Liban, Mengesta Samayat, c'eſt-à-dire le Royaume des Cieux; Wentshit, Jime, & Teglat ſont les principaux Lieux. Debra-Libanos étoit autrefois la réſidence du Supérieur général des Moines.

XOANA, Ξόανα, Ville de l'Inde en deçà du Gange ſelon Ptolomée *d*. Voyez Zoica.

d Lib. 7. c.

XODRACE, Ville de l'Inde en deçà du Gange ſelon Ptolomée *e*.

e Ibid.

XOES, Ξόης, Iſle & Ville de l'Egypte ſelon Etienne le Géographe. Elle étoit dans la Mer Méditerranée auprès de l'Embouchure du Nil nommée *Sebenniticum*. Voyez l'Article ſuivant.

XOIS, Ξόις, Ville d'Egypte dans le Nôme qui prenoit d'elle le nom de Xoïte, *Xoïtes Nomos*. Ptolomée *f* parle du Nôme & de la Ville. On lit Ξωϊς dans les Oracles des Sibylles.

f Lib. 4. c.

XOLLA. Appien *g* ſemble nommer ainſi une Ville d'Afrique. Ortelius conjecture qu'il faut lire Acholla.

g De Bell. Punic.

XOPU, Ville de la Chine dans la Province de Huquang, au Département de Xincheu, douzième Métropole de cette Province. Elle eſt de 6. d. 26'. plus Occidentale que Péking, ſous le 28. d. 45'. de Latitude.

X U.

XUCAR (Le) Riviére d'Eſpagne, au Royaume de Valence. Les Latins l'ont connue ſous le nom de Sucro. Elle a ſa ſource dans la Nouvelle Caſtille aux Frontières de l'Aragon, dans la Sierra de Cuença, Montagne d'où le Tage & le Cabriel tirent auſſi leurs ſources. Celle du Xucar, eſt à Tragarete, à ſix lieues d'Albarazin. De là paſſant au Midi par le Pays de la Sierra, elle deſcend à Cuença, reçoit la petite Riviérs de Guecar, paſſe enſuite à Alarcon & autres Lieux moins conſidérables. Enſuite étant groſſié par le Cabtiel, l'Algarra, la Carlette, Los Ojos, & autres Riviéres, elle traverſe de l'Occident à l'Orient le Royaume de Valence & ſe rend enfin dans la Méditerranée, entre Collera & Gandie.

XUCHES, Ξύχης, ou Zuchis, ancienne Ville de la Libye ſelon Etienne le Géographe.

XUICHEU, Ville de la Chine, dans le Kiangſi dont elle eſt la dixième Métropole. Elle eſt de 2. d. 12'. plus Occidentele que Péking, à 28. d. 52'. de Latitude. Elle eſt voiſine du Fleuve Hoayang, & ſemble par le mot Xui indiquer qu'elle eſt heureuſe de jouïr d'un air très-doux & très-ſalubre. Elle a un Territoire & des Campagnes d'une extrême fertilité, comme il paroît par le Tribut de trois cens mille Sacs

Fff

qu'elqu'elle paye, quoique son Département ne contienne que trois Villes, savoir

Xuicheu, Xangcao, & Sinchang.

Le Canton où est la Ville est entouré de Montagnes & de Forêts de tous côtez, qui donnent une fort belle vûe à cause des Villages qu'on y voit. Ce terrain est entrecoupé de Ruisseaux où l'on trouve des paillettes d'or ou d'argent. De quelques-unes de ces Montagnes on tire le Lapis Lazuli, & la Couleur verte que les Chinois nomment Xelo. Sous la Famille de Tanga elle fut appellée MICHEU à cause de l'abondance du Ris. Le nom qu'elle a aujourd'hui, lui a été donné par la Famille de Tang. A l'Orient est le Mont TAYU couvert d'une très-belle Forêt où est une magnifique Pagode.

XUIS. Voyez XÖES, & XOÏS.

XUNKING, Ville de la Chine, dans la Province de Suchuen, dont elle est la troisième Métropole. Elle est de 10. d. 40'. plus Occidentale que Péking, à 31. d. 17'. de Latitude. Son Territoire ne manque pas de Montagnes; mais il a aussi une assez grande Plaine. On y recueille beaucoup de Soye, d'Oranges & de la Racine de Scorzonére. Il y a des Chataignes qui fondent dans la bouche comme du Sucre. L'Empereur Yu attacha ce Canton à la Province Leang; sous la Famille Cheu ce Canton fut nommé JUNGCHEU. La Famille de Han appella la Ville GANHAN: celle de T'ang la nomma NANKE; celle de Sunga lui a donné le nom qu'elle a aujourd'hui. Elle a trois Temples considérables; & son Département renferme dix Villes, savoir

Xunking,	Quanggan ⊙
Sike,	Kin,
Fung ⊙	Tacho,
Jungxan,	Gochi,
Ilung,	Linxui.

Au Couchant de la Ville est le Mont Co, fameux par ses Forêts d'Orangers.

XUNNING, Ville de la Chine, dans l'Iunnan dont elle est la 12. Métropole. Elle est de 17. d. 18'. plus Occidentale que Péking, & compte 24. d. 47'. de Latitude. On ne sait rien des commencemens de cette Ville avant la Famille de Sung. Les Tartares de la Famille d'Iuen s'en emparérent & lui donnérent son nom. Elle n'a que deux Lis de Circuit. Les Montagnards de cet endroit sont très-sauvages & grossiers. La terre est mauvaise & la plus grande partie en est stérile. Il n'y a qu'un endroit pour y aborder, c'est un défilé dans d'étroites Vallées. Ils laissent croître leurs cheveux, marchent nuds pieds, mangent à pleine main sans se servir de petits bâtons qui tiennent lieu de fourchettes. Ils mangent toutes sortes d'Insectes. Ils ne savent ni tailler des habits, ni filer, ils s'entortillent dans une pièce d'étoffe; la Ville est au pied du Mont Loping, & n'a qu'elle de Ville dans son Département.

XUNTE, Ville de la Chine, au Pekeli dont elle est la cinquième Métropole. Elle est de 3. d. 7'. plus Occidentale que Péking, à 37. d. 50'. de Latitude. Le Territoire en est petit, mais les Campagnes en sont belles & riantes. Elle compte huit autres Villes dans son Département, toutes fameuses & bien peuplées. Son Territoire est fort naturellement, à cause des Montagnes qui l'environnent. Il y a des Eaux & des Lacs suffisamment, & cela contribue à la fertilité de ce Canton, qui y trouve encore quantité de poisson & d'Ecrevisses. L'Empereur Yu l'annéxa à la Province de Kicheu. La Famille de Cheu la nomma HINGQUE. Du tems des Rois on l'appella tantôt CYN, tantôt CHAO. La Famille de Han la nomma SIANGQUE, celle de Sunga SINTE, celle de Taiminga XUNTE. On y trouve un Sable excellent, très-fin pour polir les Diamans. On y fait aussi de la Porcelaine; mais qui n'approche pas de celle du Kiansi. C'est-là que les Chinois prennent leurs pierres de touche. Il y a dans la Ville un Pont de pierre, & dans son Territoire deux Pagodes considérables. Les Villes de ce Département sont

Xunte,	Quangcung,
Xaho,	Kiulo,
Nanhó,	Thangan,
Pinghiang,	Nuikieu,
	Gin.

XUNTIEN, nom propre de la Ville de Péking. Ce mot signifie *Obéissante au Ciel*. Voyez PE'KIN.

XUONIGRAD, ou JUONIGRAD, Bourg de la Croatie aux confins de la Bosnie & de la Dalmatie. Quelques-uns y cherchent l'ancienne ASISIA, ou ASSISIA de la Liburnie.

XUTHIA, Ξυθία, Contrée de la Sicile selon Diodore de Sicile [a]. On l'a nommée ensuite LEONTINUS AGER. L'ancien nom venoit de Xutus son ancien Maître, & le nouveau de la Ville *Leontini*, aujourd'hui LENTINI. Etienne le Géographe fait une Ville de ce Canton.

[a] Lib. 5. c;

XUTICALPA, Vallée de l'Amérique [b] au Gouvernement de Honduras. Elle est à douze lieues de la Ville de Truxillo, & pleine de Torrents où l'on trouvoit autrefois de l'or. Ce fut ce qui obligea les Espagnols à y bâtir un Château en 1530. afin d'arrêter les courses des Sauvages.

[b] De Laet; Descr. des Indes-Occ. L. 7. c. 17.

XUXUI, Ville de l'Amérique Méridionale au Tucuman [c], aux confins du Pérou, presque au pied d'une Montagne qui est une Branche des Andes, & au bord une Riviére qui grossissant la Riviére de Léon va se perdre dans le Rio Vermejo l'une des Riviéres qui grossissent celle de Paraguai. Elle est au Nord Occidental & à douze lieues de Salta. On y compte environ trois mille Maisons. Cette Place que les Espagnols appellent SAN SALVADOR est à cent lieues du Potosé.

[c] Mémoires particuliers.

X Y.

XYLENOPOLIS, Ville bâtie par Aléxandre. On ne sait pas trop où elle étoit. Elle ne subsistoit déja plus du tems de Pline [d], qui dit: La Navigation d'Onesicrite & de Néarque ne marque ni les *Mansions*, ni

[d] Lib. 6. c. 23.

XYL. XYM. XYP. XYS.

les distances: & premiérement, on n'explique point ni sur quel Fleuve, ni en quel endroit étoit Xylenopolis bâtie par Aléxandre, d'où leur route commençoit. Cellarius [a] ajoute: Il semble qu'elle ait été au bout de la Gédrosie près de l'Embouchure de Linde; parce que leur Navigation commence en ce Canton-là.

XYLINE, ancien Lieu de la Cappadoce, dans le Pont-Cappadocien selon Ptolomée [b]. Ce Lieu devoit être dans la Colchide selon Cellarius.

XYLINE COME, Village d'Asie entre la Pamphylie & le Mont Taurus selon Tite-Live [c].

§ Ortelius [d] soupçonne que ce pourroit être le même endroit. Il y avoit toute l'Asie Mineure entre deux.

XYLINES, ancien Peuple Ethiopien, selon Ptolomée [e] qui le met dans la Libye Intérieure à l'Orient des *Agangines*, au pied du Mont ARVALTE; jusques au Mont ARANGA.

XYLOCASTRUM, Forteresse dont parle Cédrène cité par Ortelius [f]. Curopalate en parle aussi; mais Gabius lit en cet endroit PSYLOCASTRUM. Ce Lieu étoit, ce semble, en Arménie.

XYLOPOLIS, ancienne Ville de la Macédoine, dans la Mygdonie selon Ptolomée [g] Pline [h] donne le nom des Habitans selon sa coutume, & dit XYLOPOLITÆ.

XYLUS, Ville d'Asie dans la Carie selon Etienne le Géographe.

XYMETHUS, ou ZEMYTHUS, selon les divers Exemplaires de Ptolomée; Ville de la Cyrénaïque dans les Terres; Simler doute si ce n'est pas le Semeros d'Antonin.

XYMPETE. Voyez XYPETE.

XYNIA, Ville de Thessalie avec un Lac nommé *Xynias*; ce nom n'est que le génitif de l'autre & veut dire de Xynie. Tite-Live [i] parle de XYNIÆ au plurier. Ce n'étoit qu'une Bourgade aux confins des Perrhebes.

XYPETE, Bourg de Grèce dans l'Attique, dans la Tribu Cécropide. On le nommoit anciennement TROJA, parce que le Troien Teucer s'y étoit retiré.

XYSTIS, ancienne Ville d'Asie dans la Carie, selon Etienne le Géographe; Pline [k] en fait mention & nomme ses Habitans XYSTIANI.

FIN DE LA LETTRE X.

LE GRAND DICTIONNAIRE GEOGRAPHIQUE, ET CRITIQUE.

YAB. YAC.   YAD. YAG.

ABAQUE, Isle de l'Amérique, entre les Lucayes, assez près au Nord-Ouest de l'Isle de Maguana (Moyagaana ou Mogane, au Nord de l'Isle de St. Domingue) à 22. d. 30′. de Latitude selon de Laet [a].

[a] Descr. des Indes-Occ. L. 1. c. 16.

YACHEU, Ville de la Chine [b], dans le Suchuen, où elle tient le sixième rang entre les grandes Citez. Elle est de 14. d. 14′. plus Occidentale que Péking, à 30. d. 38. de Latitude. C'est la Place la plus Occidentale, & la plus voisine du Tibet. Son Département comprend quatre Citez, savoir

[b] Atlas Sinensi.

Yacheu,	Iungking,
Mingxan,	Luxan.

YACOBDAL, ou plutôt IACOBSTHAL [c], c'est-à-dire *la Vallée de Jacques*, Maison Royale de Suède, à demie lieue de Stockholm. Les Bâtimens en sont fort beaux. Les Jardins sont ornez de belles Allées, de Fontaines, de Jets d'eau, de Cascades & de tous les autres embellissemens qui peuvent rendre agréable une Maison de Campagne.

[c] Baudrand. Ed. 1705.

YAC-SA, Forteresse d'Asie, dans la Tartarie Mongale, au Nord de la Chine [d]. Les Russiens la bâtirent avec quelques autres Places pour s'assurer la possession de ce Pays. Ce Fort est sur la Riviére d'Helonkian. Les Tartares Chinois le prirent deux fois, & les Russiens le rétablirent autant de fois: mais ils le cédérent à l'Empereur de la Chine par la Paix de Nip-chou.

[d] Lettres Edif. t. 7. p.

YADOCH, ou LADOCH, Riviére d'Afrique, au Royaume d'Alger. Elle sort du Mont Atlas, près de Constantine, & se décharge dans la Mer à l'Orient de Bona, selon Dapper [e].

[e] Afrique, p. 160.

YAGUANA, ancienne Ville des Espagnols, dans l'Isle de St. Domingue [f]. Le Royaume de Xaragua ayant été conquis, Ovando qui commandoit alors dans l'Isle, obligea en 1504. les Espagnols qui restoient dans la Province de Xaragua, de se réunir, & il en forma une Ville qui fut nommée SANTA MARIA DE LA VERA PAZ. Elle étoit assez près du Lac de Xaragua, à deux lieues de la Mer, dont on l'approcha dans la suite; & on la rebâtit sous le nom de SANTA MARIA DEL PUERTO, en un lieu nommé YAGUANA par les Insulaires, qui continuérent de nommer ainsi la Ville. Elle étoit à soixante & dix lieues de la Capitale de l'Isle. [g] Dans un Mémoire que l'Audience Royale de St. Domingue envoya en 1519. au Roi d'Espagne, il est dit que la Ville d'Yaguana avoit un bon Port, des Mines, de la Casse

[f] La P. Charlevoix, Hist. de St. Domingue, t. 2. p. 12.

[g] Le P. Charlevoix, Hist. de St. Domingue, t. 2. p. 232.

YAI. YAL. YAM.   YAM. YAN.

Caffe & tout ce qui étoit néceffaire pour établir un grand Commerce. Cette Ville fut brûlée par les Anglois en 1591. & l'an 1606. le Gouvernement, pour ôter aux Hollandois [a] l'occafion de faire la traite dans les Villes Maritimes, réfolut de faire rafer toutes les Places qu'on ne pourroit pas garder. *Yaguana* & *Bayaha*, qui étoient les rendez-vous les plus ordinaires des Interlopes, furent démolies, & les Habitans qui avoient ordre de fe retirer dans les Terres fe joignirent enfemble & allérent bâtir une Ville, dont le nom eft compofé de ceux de ces deux Villes & qu'ils appellérent BAYAGUANA. Vers l'an 1660. les François trouvant cette Place abandonnée par les Efpagnols [b], y firent un petit Etabliffement qui eft devenu une Colonie très-puiffante. C'eft aujourd'hui LEOGANE, mot corrompu d'YAGUANA.

[a] Pag. 329.
[b] Tom. 3. p. 54.

YAIMUEN (L'Ifle de), Ifle de la Chine, dans la Province de Canton, dans la partie Occidentale du Golphe qui eft au Midi de la Capitale; au Couchant de Macao [c]. Cette Ifle fervit de Tombeau au dernier Empereur de la Famille de Sung. Ce Prince fe voyant prêt à tomber entre les mains des Tartares, qui l'avoient vaincu, fe précipita du haut d'un Rocher, ce que fit auffi fon Favori.

[c] Ambaff. des Holland. à la Chine, c. 22.

YALCONES, Peuple de l'Amérique Méridionale, au Popayan [d], où il poffede la Vallée d'Aquirga. Ce Peuple vaillant & féroce confine avec la Province de Timana.

[d] De Laet, Defcr. des Indes-Occ. L. 9. c. 17.

YALE, Ville Capitale d'une Province de même nom dans l'Ifle de Ceilan [e], au Sud-Eft de l'Ifle; la Province eft féparée au Nord-Oueft par les Montagnes de Cryftal & par des Forêts qui font entre elle & *Caduatte Corla*. Elle a le Pays de Panua au Nord & au Nord-Eft; la Mer au Sud-Eft, & la Riviere de Welebe ou Waluwe au Sud-Oueft. Le long de la Mer il y a beaucoup de Salines. Au Midi de la Province font quelques Villages. La Ville eft plus vers le Nord, affez avant dans les Terres. Quelques-uns écrivent ce nom JALÆ, IAULA, JAALA, &c.

[e] Reland, Carte de Ceilan.

YALO, Riviére d'Afie, aux confins de la Tartarie qu'elle fépare de la Corée [f]. De cette Riviére à Chinyan, Ville Capitale de la Province de Leao-ton, on compte foixante lieues.

[f] Lettres Edif.

YAMAMAH, Ville de l'Arabie-Heureufe, dans le Canton de l'Alaroud, d'autres difent dans l'Hegias. Atwal & Refem lui donnent 71. d. 45'. de Longitude & 21. d. 30'. de Latitude. Ibn Said, dit 71. d. 46'. de Longitude & 21. d. 31'. de Latitude. Abulfeda en parle ainfi dans fa Defcription de l'Arabie de la Traduction de Mr. de la Roque [g]. YAMAMAH, la Ville de ce nom eft moins grande que Médine du Prophéte, & fes environs ont plus de Palmiers que tout le refte du Pays d'Hegiaz. C'eft une Ville du Defert dans la Région des Montagnes. C'eft-là que l'Impofteur Mofeilemah fe faifoit paffer pour Prophéte, & où demeurent les Enfans de la Tribu de Hhanifah. Yamamah eft éloigné de Bofrah de XVI. Stations, & d'autant de Kufah. J'ai appris de ceux qui l'ont vue depuis peu,

[g] Pag. 326. c. 36.

qu'il y a affez d'Habitans, beaucoup de ruines, & peu de Palmiers; ils ajoutent qu'il y a là une Vallée fort étroite nommée ALKARDGÉ, & que la Ville eft au bas de cette Vallée. Il eft écrit dans Alfahah qu'Alkardgé eft un lieu dépendant de Yamamah: qu'Yamamah eft fitué dans une Plaine à l'Orient de la Mecque; que dans la Vallée d'Yamamah, nommée Alkardgé, il y a quantité de Villages, beaucoup de Froment & d'Orge. Auprès d'Yamamah eft une Source fort abondante, dont les eaux fe répandent par-tout aux environs. Ahfa & Katif font éloignés d'Yamamah en tirant vers l'Orient d'environ IV. Stations. Selon le Kanum, Yamamah dans les anciens tems étoit nommée EGAOU, ou GIAU.

YAMAN. Voyez YEMEN.

YAMANGUCI. Voyez AMANGUCI.

YAMATO, ou JAMATTO. Voyez l'Article JAPON.

YAMAXIRO, Ville & Province du Japon. Seroit-ce la JAMADSUKURI, de Mr. Kaempfer [h]?

[h] Art. du Japon, p. 23. c. 2.

YAMBEAU, ou YAMBO, Ville de l'Arabie fur la Côte Occidentale de la Mer Rouge. Le Médecin Poncet en parle ainfi dans fon Voyage d'Ethiopie [i]. C'eft, dit-il, une affez grande Ville, défendue par un Château qui eft fur le bord de la Mer, & dont les Fortifications font fort miférables. Elle appartient au Roi de la Mecque. Une Carte du Royaume d'Yemen, par Mr. de l'Ifle, met YAMBO à quelque diftance de la Mer dans les Terres du Cherif de Médine. Mr. de la Roque [k], dans fa Traduction de l'Arabie d'Abulfeda, écrit YANBO, & rend ainfi le paffage de cet Auteur.

[i] Lettres Edif. t. 4. p. 185.

[k] Pag. 308.

YAMBO, petite Ville fur la route de Médine, de laquelle il eft fait mention dans les Haddis. Ibn Said écrit qu'à Yambo, il y a des Fontaines, des Prairies, & un Château; c'eft la demeure de la Tribu de Hofu. Il y a un Port éloigné de la Ville d'une journée de chemin. Yambo, fuivant Ibn Haucal, eft un Château, aux environs duquel il y a des Palmiers, des Eaux, & des Champs cultivez. C'eft en ce lieu qu'a demeuré Ali, fils d'Abou-Taleb, dont Dieu a honoré la face, & c'eft-là auffi que fes enfans ont régné. Près d'Yambo eft le Mont Radway, qui s'éleve à fon Orient, d'où l'on tire les pierres propres à faire des Meules. Entre cette Montagne & Médine, on compte VII. Stations.

YAM-CANES. L'Hiftorien de Timur-Bec [l] appelle ainfi des Hôtelleries pour loger les paffans qui arrivent du Mogoliftan à la Chine, dont la Porte dans la grande Muraille eft percée. Il y a toujours en cet endroit une Troupe de gens de guerre qui gardent la Frontiére & l'entrée de la Muraille.

[l] Liv. 5. c. 4.

YAMOUR (Le Fleuve), c'eft le même que l'AMUR, ou AMOUR. La premiére Orthographe, favoir *Amur*, eft Efpagnole, la feconde eft Françoife. Les Hollandois écrivent AMOER. Voyez, fous cette derniére, AMOER.

YANBOULAC, Village de Perfe, au Courdiftan près de l'ancienne Arbelle, felon l'Hiftorien de Timur-Bec [m].

[m] Liv. 3. c. 30.

YAN-

YAN-CHEU, prononcez YANTCHEOU, le Pere Martini écrit YANG-CHEU, Ville de la Chine dans la Province de Kiangnan, ou Nankin, dont elle est la VII. Métropole. Elle est de 2. d. 14'. plus Orientale que Péking, & compte 33. d. 6'. de Latitude. C'est une Ville Marchande, fort peuplée & fort riche. Quoiqu'il n'y manque aucune espèce de Marchandise, sa principale est pourtant le Sel, qu'on tire de Salines fort abondantes où on le fait de la même manière qu'en Europe, avec de l'eau de Mer. De là vient qu'il s'y trouve de riches Marchands qui le vendent dans les Provinces qui sont plus dans les Terres. La Ville est ornée de leurs Maisons qui sont superbes, & entrecoupée en divers endroits par des Canaux d'eau douce, sur lesquels on voit vingt-quatre Ponts de pierre de plusieurs Arches, sans parler de ceux qui n'en ont qu'une & qui sont en plus grand nombre. Hors de la Ville est un Canal artificiel, qui la sépare d'un Fauxbourg, qui avoit un grand mille d'étendue; mais il a été brûlé par les Tartares. Ce qui deshonore cette Ville, c'est l'infâme Commerce qu'on y fait des filles. Il y a de ses Habitans qui achetent de petites filles, les élevent délicatement, leur font apprendre à chanter, à jouer des Instrumens, à faire des vers, à peindre, à jouer des Echecs; après quoi ils les vendent aux grands Seigneurs qui les prennent pour Concubines. L'air est fort doux à Yan-cheu, la terre y est riante & fertile, & les Habitans y sont très-voluptueux. Son Territoire comprend dix Villes, savoir

Yan-cheu,	Paoyng,
Ychin,	Tai, ☉
Taihing,	Jucao,
Caoyeu, ☉	Tung,
Hinghoa,	Haimuen.

Sous l'Empereur Yu, elle appartenoit à une Province de même nom. Elle a appartenu aux Rois d'U, ensuite à Yvé, après la défaite duquel le Roi Cu, s'en rendit maître. La Famille de Han la nomma KIANGTU, celle de Tang PANGCHEU. Sui fut le premier qui lui donna le nom qu'elle a aujourd'hui.

YAN-CHUIN-YEN, petite Ville de la Chine, dans la Province de Canton, entre Tienpay & Canton. Ces Lieux sont ainsi nommez par le P. du Tartre, dans les Lettres Edifiantes [a]. Le Pere Martini [b] les nomme Tien-pé & YANGCHUN & les place sous Chaoking sixième Métropole de la Province de Quantung. Selon lui Yangchun est de 5. d. 3'. plus Occidentale que Péking, sous les 22. d. 50'. de Latitude.

YANG-CHEU. Voyez YAN-CHEU.

YANG-CHUN. Voyez YANG-CHUIN-YEN.

YANG-KIANG, Ville Maritime de la Chine [c], dans la Province de Canton, au Département de Chaoking, dans une petite Isle située à l'Embouchure des Rivières MOYANG, & KIAMPE. La Ville est de 4. d. 50'. plus Occidentale que Péking, à 22. d. de Latitude.

YANG-SO, Ville de la Chine [d], dans la Province de Quangsi, au Département de Queilin, première Métropole, près de l'endroit où la Rivière de QUEI reçoit les eaux du PING-CHUEN. Elle est de 7. d. 10'. plus Occidentale que Péking, à 25. d. 33'. Assez prés de cette Ville, au bord du Quei, est la Montagne HOA, c'est-à-dire *Fleur*. Elle est ainsi nommée à cause de sa beauté.

1. YANOW, ou YANOW, petite Ville de Pologne [e], dans le Palatinat de Russie entre Léopol & Jawarow, à trois ou quatre lieues de l'une & de l'autre. Elle est dans un enfoncement au bord d'un Etang, qui n'a guère moins d'étendue que celui de Jawarow. Mr. De l'Isle ne marque ni la Ville ni l'Etang.

[e] Mém. de Beaujeu.

2. YANOW, ou IANOYE, petite Ville de Pologne dans la Podolie, sur la petite Riviére de Feret qui tombe dans le Niester, au Couchant de Kaminieck.

3. YANOW, ou IANOW, petite Ville de Pologne, aux Confins du Palatinat de Podlaquie & de la Lithuanie, au-dessous de Brzcie sur le Boug.

YANOWECZ, Forteresse de Pologne, au-dessus de l'Abbaye de Seciechow, sur la Vistule, au Palatinat de Sandomir, on écrit aussi Ianowecz.

YAO. Voyez l'Article suivant.

YAOGAN, Ville de la Chine [f], dans l'Iunnan, où elle tient le second rang entre les Villes Militaires. Elle est de 15. d. plus Occidentale que Péking, & à 26. d. 3'. de Latitude. Son Département comprend trois Places, savoir,

[f] Atlas Sinensis.

Yaogan,	Yao, ☉
& Tayao.	

Son Territoire a beaucoup de Forêts & de Montagnes, entre lesquelles il y a beaucoup de Vallées fertiles. Elle faisoit autrefois partie du Royaume de Tien. Sous la Famille de Han, elle appartint à Yecheu. La Famille de Tang l'appella YAOCHEU. La Famille de Iuen lui donna le nom qu'elle a. Les Habitans sont robustes & belliqueux. Au Couchant, & auprès des Murs de cette Ville, est le Mont KIENSIEU, d'où coule un Ruisseau qui remplit le fossé & forme un petit Lac nommé PIEN. A l'Orient de la Ville est le Mont TUNG, qui a de belles Forêts, & au Nord est le Mont LOLO.

YAOS (Les), Peuple de l'Amérique Méridionale, dans la Guiane. [g] La Barre en parle ainsi: Ils sont grands amis des François & des Palicouris, & fort peu aimez des Galibis. Cette Nation a presque péri entièrement, & il n'en reste aujourd'hui qu'une seule Habitation de trente-cinq à quarante personnes sur la Rivière d'Yapoco. Les Yaos sont des Habitans fort anciens de ces Côtes, & Jean Moquet dit qu'en 1604, il a vu un Anacajouri, Roi de ce Pays. Il se trompe sur le nom. Ces Peuples n'ont point de Rois; mais des Chefs dans chaque Famille, & cet Anacajouri étoit alors le Chef de la Famille qui négocioit avec Moquet. Keymis Capitaine Anglois dit: Les Jaos ont la coutume bizarre de se faire des balaffres au visage, & sur le corps. Ils prennent pour cela une

[g] Descr. de la Guiane.

[a] Tom. 3. p. 132.
[b] Atlas Sinensis.
[c] Ibid.
[d] Ibid.

ne des dents d'un petit Animal semblable à un Rat & s'en marquent le visage à peu près de la façon qu'un Graveur conduit son burin sur le Cuivre. Selon lui, les Yaos, qu'il nomme JAOS, étoient un Peuple puissant & Maître de cette Côte jusqu'à la Trinité. Ils avoient résolu de changer entiérement de demeure & d'aller habiter près de l'Amazone, pour se délivrer de la violence des Espagnols; c'est ainsi que parloit cet Anglois en 1696.

[a] *Lettres Edif. t. 12. p. 53.*

YAPEYU [a], Bourgade de l'Amérique Méridionale, au Pays des Moxes, au Couchant de la Riviére de Beni. On la nomme aussi les SS. Rois. Les Indiens alliez des Portugais, s'en emparérent en 1701, la pillérent, profanérent l'Eglise, les Images, & les Vases sacrez, & enlevérent quantité de Chevaux & de Troupeaux de Vaches.

[b] *La Barre, Descr. de la Guiane.*

YAPOCO, Riviére de l'Amérique Méridionale dans la Guiane [b]. Elle a une lieue & demie de large à son Embouchure, & porte trois Brasses de fond dans son Canal, & se décharge dans la Mer près du Cap d'Orange. Elle est abondante en bon poisson, & particuliérement en Mulets qu'on y prend en fort grand nombre dans le tems des sécheresses, & qui se gardent salez trois ou quatre mois.

[c] *Le P. Charlevoix, Hist. de St. Domingue, L. 1, & 2.*

1. YAQUE, grande Riviére de l'Isle de St. Domingue [c]. Elle a sa source dans les Montagnes de Cibao presque au même lieu d'où tire aussi sa source le Nizao qui coule vers le Midi. Cette Riviére d'Yaqué coule vers le Nord jusqu'à ce qu'elle rencontre RIO VERDE, Riviére qui se joint à elle au Midi de Sant Iago de Los Cavalleros. Elle se tourne ensuite vers le Couchant, où elle ramasse les eaux des Riviéres qui lui viennent du côté du Midi, dans cet ordre : l'HAMINA, le MAHO, le GOURABE, la COME, le GONÇJOUVIN, le RIBOUC, & enfin le GOAVE. Le RIBOUC lui apporte les eaux de quatre autres Riviéres, qui sont le MAGNAC, le GOVACOUI, le MACABON & le MACOUBA. Le Yaqué se jette enfin dans la Mer, dans la Baye de Mancenille, à la Côte Septentrionale de l'Isle, vers le milieu, au Couchant de MONTE CRISTO, longue chaîne de Montagnes, qu'il laisse entre lui & la Mer dans son cours : de là vient que les François le nomment RIVIÉRE DE MONTE CRISTO. On a trouvé à sa source une belle Mine d'Or, & il charie encore des grains de ce précieux Métal mêlez avec son sable. Cela engagea Christophle Colomb à le nommer RIO DEL ORO, la Riviére de l'Or. Les Indiens le nommoient également YAQUE & NICAYAGUA; & Christophle Colomb dans un autre Voyage étant arrivé au bord de ce Fleuve qu'il ne reconnoissoit peut-être plus, & voyant ses bords tous couverts de Cannes le nomma RIO DE LAS CAÑAS, *la Riviére des Cannes*. Herrera dit qu'il est large comme l'Ebre l'est à Tortose.

[d] *Ibid. Carte de St. Domingue.*

2. YAQUE, petite Riviére de l'Isle de St. Domingue [d]. Elle a sa source dans la même Montagne, d'où sort la grande Riviére de même nom ; mais au Midi, & traversant du Nord-Est au Nord-Ouest, un Pays inhabité, elle va se perdre dans la Neyva.

YAQUIMO, Port, Baye & Caye de l'Isle St. Domingue, dans sa partie Occidentale de la Côte Méridionale de l'Isle. Ce Port est formé par une assez belle Riviére, à l'Orient du Port St. Louis. On le nommoit aussi autrefois le Port de Brésil, parce qu'il y avoit quantité de Bois de Brésil en ce Canton. Les Espagnols y avoient une Colonie qu'ils appelloient *Villa Nueva de Yaquimo*.

YARCOURGAN, Ville d'Asie dans la Tartarie au Mogolistan, selon le Traducteur de l'Histoire de Timur-Bec [e].

[e] *Liv. 5. c.*

YARE, Riviére d'Angleterre dans le 4e Norfolck. Les Anglois prononcent YERE. Elle a sa source vers le Nord-Ouest de cette Province, d'où coulant vers le Sud-Est, elle arrose la Ville de Nortwich, qui en est la Capitale ; & après s'être grossie de plusieurs autres Riviéres & sur-tout d'une qui borne la Province de Norfolck de celle de Suffolk, elle se rend dans la Mer, à un Port auquel elle donne le nom d'Yarmouth.

YARKENT, ou YARKAN. Voyez IRKEN.

1. YARMOUTH, Ville d'Angleterre dans la Province de Norfolck [f], à l'Embouchure de la Riviére d'Yare d'où lui vient ce nom : c'est, à ce qu'on croit, la GARIAMNONUM des Anciens. Voyez ce mot. Les Anglois la nomment aussi GREAT YARMOUTH, par opposition à une autre Ville de même nom dans l'Isle de Wight. La pêche du Harang au mois de Septembre contribue beaucoup à enrichir cette Ville. Elle est assez grande, bien bâtie & fortifiée par la Nature & par l'Art ; mais il n'y a qu'une Eglise, laquelle est ornée d'une Aiguille fort haute.

[f] *Etat présent de la Gr. Br. t. 2. p. 91.*

§. Les Dieppois, qui en tems de Paix vont pêcher sur la Côte d'Angleterre aux environs d'Yarmouth, en apportent un Harang plus estimé que celui qui se pêche sur la Côte ; au lieu de dire *Yarmouth*, ils prononcent GERMUE ; & c'est sous ce nom que se vendent ces Harangs, qui de Dieppe s'envoyent en diverses Provinces de France.

2. YARMOUTH, Bourg d'Angleterre, dans l'Isle de Wight, vis-à-vis de Hantshire. Il a séance & voix au Parlement d'Angleterre [g], & on y tient Marché public. On le nomme LITTLE YARMOUTH par opposition à la Ville de même nom, dont il est parlé dans l'Article précédent.

[g] *Ibid.*

YASSI, Bourg d'Asie, au Royaume de Capchac entre Yenghikunt & Sabran, selon le Traducteur de l'Histoire de Timur-Bec [h].

[h] *Liv. 3. c. 18.*

YASSI DABAN, Montagne d'Asie, dans le Khorassan entre Abiverd, & Esterabad, selon le même.

YAVAROUF, ou plutôt YAVAROW, (prononcez YAVAROF. Plusieurs écrivent JAVAROW, cependant c'est un I voyelle.) Ville de la petite Pologne, dans le Palatinat de Russie, à sept lieues ou environ, au Couchant de la Ville de Léopol ; & à deux de Nimirow. Le Chevalier de Beaujeu en parle ainsi dans ses Mémoires : C'est une Starostie de vingt mille Livres de rente que la République de Pologne avoit laissée au Roi Jean Sobieski à qui elle appartenoit, & qu'elle a laissé à ses descendans comme

un

un Bien héréditaire jusqu'à la troisième génération contre l'usage ordinaire qui est de réduire les Seigneurs de ce Pays-là, lorsqu'on les a élus Rois, à se contenter du Domaine de la Couronne. Ce fut ce qui le détermina à donner ses soins à l'embellissement de ce Lieu pour y faire sa plus longue résidence. La Ville est enfermée d'un rempart de terre assez élevé, couvert d'un parapet de planches sans fossez & sans dehors. Tout cela est bon contre les Tartares. Outre cette défense du corps de la Place, il y a un Etang à une lieue de tour, qui en couvre presque la moitié. Cet Etang est un des plus beaux, & des plus poissonneux de la Russie. La petite Riviére de VICHINCA, qui passe au milieu, en lave le fond & rend merveilleux le poisson que l'on y pêche. Le Château n'est que de bois; mais grand & assez commode, avec deux Cours séparées par un rempart de Gazon, bastionné & défendu par un fossé rempli d'eau. Ce Prince y ajouta un Jardin d'une assez vaste étendue & assez orné pour le Pays.

Y B.

a De Laet, Descr. des Indes-Occ. L. 9. c. 6.

YBAGUE, Ville de l'Amérique Méridionale [a], située sur les derniéres limites du nouveau Royaume de Grenade, du côté qu'il touche la Province de Popayan. Elle est à trente lieues de celle de Santa Fé vers l'Ouest. Les Dominicains y ont un Couvent.

b Ibid. L. 16. c. 18.

YBOUYAPAP, Montagne de l'Amérique Méridionale [b], dans l'Isle de Maragnan. Elle est proche de la Riviére de Camousy, & si haute qu'il faut du moins quatre heures pour monter depuis le pied jusqu'à la cime. Son sommet est étendu en une Plaine agréable, qui a vingt-quatre lieues de long, & vingt de large, & qu'on dit être arrosée de plusieurs Fontaines, & même de quelques petites Riviéres où il y a du poisson. Cette Plaine est d'ailleurs divisée en plusieurs Champs & en différens Bocages. On assure que lorsque les Portugais se rendirent maîtres de l'Isle de Maragnan, il y avoit dans cette Plaine des Sauvages en grand nombre dispersez dans plus de deux cens Villages.

Y C.

c Ibid. L. 10. c. 25.

YCA, Vallée du Pérou près de celle de Chinca [c]. Elle est arrosée d'une assez belle Riviére qu'Herrera nomme *Pisco*. Cette Riviére est fort petite pendant l'Eté, lorsqu'il ne pleut point dans les Montagnes, & alors les Habitans ont disette d'eau. Pour obvier à cet inconvénient, ils avoient au tems passé creusé un Canal qui amenoit l'eau du pied des Montagnes jusque dans leurs Champs; mais ce Canal s'est trouvé comblé par l'injure des Saisons. Une autre Riviére coule par le milieu de cette Vallée qui abonde en Arbres fruitiers, & où l'on recueille quantité de Vin. Les Vignes sont arrosées par de grands fossés qu'on a tirés de cette Riviére qui commence à se grossir au mois de Décembre; mais comme elle n'est pas suffisante pour arroser toute la Vallée, on y voit beaucoup de Champs qui ne sont point cultivez par le manque d'eau. Les Bourgades de San Juan & de San Martin se trouvent dans cette Vallée.

Y D.

YDAGUAZINGEL, & YDAUBAQUIL, Marmol [d] parlant des Habitans de l'Estuque dans le Pays d'Afrique qui répond à la Numidie des Anciens, dit: Ce sont des Bérébères de la Tribu de Muçamoda qui en ont encore d'autres pour voisins: ils logent comme eux dans des maisons & ont des Villes & des Châteaux; les plus considérables sont ceux de YDAGUAZINGEL, d'YDAUBAQUIL, de Deursemugt & d'Hiléla qui sont les plus puissans de la Contrée.   *d Afrique, L. 7. c. 3.*

YDAUZQUERIT, Contrée d'Afrique [e] dans le Sus de Numidie. Elle est du côté du Zahara ou du Desert, & contient plusieurs Villes, & autres Places. Les Habitans ont quantité de Chevaux & de Bétail, parce que le Pays y est propre. Ils recueillent aussi beaucoup de Froment & d'Orge, & en quelques endroits des Citrons, des Oranges & d'autres fruits comme en Europe. Il y a dans toute cette Contrée une infinité de Communautez de Bérébères, qui demeurent en des lieux fermez & qui ont des Forteresses. Les principaux sont ceux d'Ydeunadaif à vingt lieues de Tarudante, d'Ydeuquinsus & d'Argan, qui ne sont tous qu'une Communauté qu'on appelle *Quicima*. Ils ont une Ligue offensive & défensive avec ceux d'Hiléla, & font cinq mile Chevaux & trente mile hommes de pied.   *e De La Croix, Hist. de l'Afrique, t. 2.*

YDEUNADAIF, Canton d'Afrique habité par des Bérébères. Voyez YDAUSQUERIT.

YDEUZEL, Peuple d'Afrique [f] entre le Bildulgerid, & le Zara, ou dans le Zara même, Marmol parlant des Habitations de Nun.   *f Marmol, Afrique, Lib. 7. c. 4.*

YDEUQUINSUS. Voyez YDAUSQUERIT.

YDRUS, Montagne d'Espagne selon St. Jérôme [g], dans son Commentaire sur l'Epitre aux Galates.   *g In Prolog.*

Y E.

YE (L') Les Hollandois lui ajoutent en leur Langue l'Article HET qui marque le neutre; quelques François trompez par cette prononciation disent le TEY, parce que l'Y chez les Hollandois se prononce comme nôtre *Ei*; & ces François ajoutent nôtre Article à l'Article Hollandois, ce qui fait un plaisant effet. Il seroit dificile à présent de déterminer ce que c'est que l'Ye, Ruisseau qui donne son nom à cet amas d'eaux. On appelle aujourd'hui Ye une étendue d'eau, qui est entre Beverwick & le Pampus, & dont le Port d'Amsterdam fait partie. C'est une continuation du Zuyderzée à laquelle il sert de décharge dans les vents du Nord. Cette étendue d'eau reçoit les eaux de plusieurs Lacs de la Nordt-Hollande, & celles de la Mer de Harlem à laquelle elle communique par de belles Ecluses. Les Barques chargées passent de l'Ye, dans la Mer de Haerlem par Sparendam.

YECO-

YECORA, Village d'Espagne, dans la Contrée de Rioxa, à deux lieues de Logroño. Mr. Baudrand croit que c'étoit anciennement une Ville des Cantabres qui fut Episcopale, & nommée JECURRIS.

YEDO. Voyez IEDO.

YELA. Voyez VELIA.

YELL (L'ISLE DE). Voyez au mot ISLE L'ISLE D'YELL.

YELLEZ, Petite Place & port de Mer en Afrique [a] sur la Côte de Barbarie au Royaume de Fez. On croit qu'elle a été bâtie par les Goths. Elle est à deux lieues de Velez vers le Levant. Elle a un petit Port où les grands Vaisseaux qui vont à Velez viennent relâcher pendant la tempête. Elle n'est habitée que par des Pêcheurs qui sont en une perpétuelle crainte des Chrétiens. Ils n'ont pas plutôt découvert un Navire qu'ils se sauvent sur la Montagne, ou à une Forêt de grands Pins qui en est proche. Ils relevent de Velez & demeurent dans des Cabanes de branches d'arbres qui sont sur le bord de la Mer, ou en quelques méchantes Maisons de terre; de sorte que leur demeure semble toute autre chose qu'une Ville quoiqu'elle passe pour cela.

[a] *Marmol, Afrique, L. 4. c. 67.*

YELVES. Voyez ELVAS.

☞ YEMEN, Cet mot *Yemen*, ou *Yamen* signifie la *main droite*, en Arabe [b], & avec l'Article AL-YAMAN, il signifie l'ARABIE HEUREUSE, que les Cartes appellent ordinairement AYAMAN, ou HYAMAN, par corruption. La raison de ce nom-là vient de ce que cette partie de l'Arabie est au Midi des autres; car en Hébreu *Iamin*, signifie la *main droite*, & ensuite le *Midi*; il en est de même en Arabe. C'est de Lieu-là que la Reine de Saba vint à Jérusalem, pour voir Salomon; c'est pourquoi elle est appellée la Reine du Midi, ce qui exprime fort bien la signification du mot AL-YEMEN, qui veut dire la même chose. Un Voyage de l'Arabie Heureuse [c], publié par Mr. La Roque décrit ainsi l'Yemen: Les Historiens & Géographes Orientaux ont partagé toute l'Arabie en plusieurs Royaumes & Régions, ou Provinces, qui sont encore aujourd'hui possedées par des Rois & des Princes particuliers, lesquels ne dépendent ni du grand Seigneur, ni du Roi de Perse. Entre ces Royaumes l'un des plus considérables est celui d'Yemen; il comprend la plus grande partie du Pays qui a été nommé l'Arabie Heureuse. Ce Pays s'étend du côté de l'Orient le long de la Côte de la Mer Océane, depuis Aden jusqu'au Cap de Rasalgate c'est-à-dire d'un Golphe à l'autre. Une partie de la Mer Rouge le borne du côté du Couchant & du Midi, & le Royaume ou Pays de Hidgias, qui appartient au Cherif de la Mecque, en fait les limites du côté du Septentrion.

[b] *Bespier, Rem. sur Ricaut. t. 1. p. 89.*

[c] *Pag. 192.*

Le seul Royaume d'Yemen, à l'exclusion de toutes les autres Régions de l'Arabie, produit l'Arbre du Caffé, encore cet Arbre ne se trouve-t-il en grande abondance que dans trois Cantons principaux, qui sont ceux de Betelfagui, Senan ou Sanaa & Galbani, du nom de trois Villes qui sont dans les Montagnes & dont Sanaa passe pour la Capitale de tout le Pays. Il est vrai que les Montagnes font l'agrément, l'abondance & toutes les richesses du Royaume d'Yemen, car tout ce qui s'étend le long de la Mer Rouge n'est qu'une mauvaise Plage séche & presque stérile, qui en quelques endroits a jusqu'à dix ou douze lieues de largeur; mais qui est bordée en revanche par ces mêmes Montagnes, lesquelles outre le Caffé portent beaucoup d'autres Arbres, des fruits en quantité, & où se trouve enfin de l'eau fort saine, une agréable fraîcheur & un Printemps presque continuel.

Almodainy, cité par Abulfeda dans sa Description de l'Arabie [d], dit que la Presqu'isle de l'Arabie se divise en cinq parties dont l'Yemen est la cinquième. Les Villes & Places de l'Yemen sont selon Abulfeda [e]

[d] *Pag. 5. Edit Oxon.*

[e] *Pag. 29. & seq. Ibid.*

Almahjam,	Serrain,
Zabid,	Nag'ran,
Tiiz,	Aden,
Aldemluh,	Sanaa,
Alsharjah,	Saadah,
Joblah,	Chaiwan,
Al Janad,	Jorash,
Dhamar,	Marib,
Halyo,	Merbath,
Dafar,	Atwal.

On peut voir leur position dans la Table Géographique inférée dans l'Article ARABIE.

YENCHEU, Ville de la Chine, dans la Province de Xantung, ou Channton, dont elle est la seconde Métropole. Elle est de 15. d. plus Orientale que Péking, par les 36. d. 18'. de Latitude. Sous l'Empereur Yu son Territoire étoit partagé en deux: une partie appartenoit à la Province d'Yencheu, l'autre à celle de Siucheu; maintenant il est entiérement enfermé entre la Riviére de Ci & la Riviére Jaune. L'une l'arrose au Nord, l'autre au Midi. Le Pays est diversifié de belles Plaines, de Montagnes chargées de Forêts, de Lacs poissonneux, & de Riviéres. Tout y est cultivé. L'air y est doux & salubre, & la terre y abonde en tout ce qui est nécessaire pour vivre agréablement. C'étoit anciennement le Royaume de Lu, la Ville s'appelloit XANYANG. Les Rois de Cu s'en emparérent ensuite. La Famille de 'Sunk' la nomma toujours TAINING, elle a néanmoins presque toujours gardé le nom d'Yencheu qu'elle a aujourd'hui. Son Département comprend vingt-sept Villes, savoir

Yencheu,	Cinning, ☉
Kioheu,	Kiaciang,
Niuyang,	Kiuye,
Ceu,	Kiunching,
Teng,	Tungpig, ☉
Ye,	Venxang,
Kiuhiang,	Tungo,
Yutai,	Pingyn,
Tan,	Jangco,
Chinguu,	Xeuchang,
çao, ☉	Y, ☉
çao,	Tanching,
Tingt'ao,	Fi,
Suxui.	

YENCHING, Ville de la Chine, dans la

418 YEN. YEP. YER. YES.

la Province de Kianghan ou Nankin. Mr. Baudrand dit qu'elle eſt comme la partie Septentrionale d'Hoaignan & qu'elle n'en eſt ſéparée que par la Riviére Jaune. En cela il n'eſt pas conforme au P. Martini qui dit: *Hoaigan* n'eſt pas une ſeule Ville; mais c'eſt une double Ville, dont les murs ſont continués ſans interruption. La partie Méridionale eſt proprement *Hoaigan*; celle qui eſt au Nord-Eſt s'appelle Yenching. Mr Baudrand n'a pas conſulté le Livre même du P. Martini; mais la Traduction qui s'en trouve dans le Recueil de Thevenot.

a Liv. 5. c. 51.

YENICHEHER, ſelon le Traducteur de l'Hiſtoire de Timur-Bec [a]. Le Sieur Paul Lucas écrit JENICHER, Ville de la Turquie en Aſie, dans la Natolie, à quatre lieues de Pruſe. Le Sr. Lucas dit [b]: La Ville eſt fort petite, mais jolie; tous les Vendredis il ſe tient un grand Bazar, ou Marché. On y vend preſque de tout, mais le commerce le plus conſidérable eſt de Chevaux que les Tartares y amenent. L'Hiſtoire de Timur-Bec la nomme ailleurs YENITCHE', & la met à ſix journées de Conſtantinople.

b Voyage dans l'Aſie-Mineure, l'Afrique, &c. t. 1. c. 11.

YENICHE'ER, Plaine de l'Anatolie, auprès de la Ville dont elle porte le nom. Elle eſt contigue à celle de Pruſe.

YENNE, Village da Savoye ſur le Rhône, à deux lieues de la Ville de Bellei. L'Abbé de Longuerue en parle ainſi [c]: YENNE eſt ſitué ſur la rive gauche du Rhône. Les Modernes l'appellent JAUNA; mais le vrai nom eſt EIAUNA ou EAUNA, que l'on trouve auſſi écrit EONA. Ce même Lieu dans la Carte de Peutinger eſt écrit ETANNA; mais il eſt vraiſemblable que c'eſt une faute, & qu'il faut EIAUNA, au lieu d'*Etanna*. *Eiauna* eſt le même qu'EPAUNA ou EPAONA, qui a été une Ville conſidérable, comme il paroît par ſes ruïnes, & où Sigiſmond, Roi des Bourguignons, aſſembla un Concile des Evêques de tout ſon Royaume l'an 517. Thomas Comte de Savoye lui donna ſes Franchiſes & ſes Privilèges l'an 1215.

c Deſcr. de la France, Part. 2. p. 320.

YEPE'S, ou YPE's, Bourg d'Eſpagne, dans la Nouvelle Caſtille, à ſix lieues de Tolède vers le Levant. On le prend communément pour l'ancienne ISPINUM de Ptolomée. Voyez ce mot.

YERACH. Voyez IRAC.

YERE (L'), Riviére de France en Normandie [d]. Elle a ſa ſource à Villiers au Pays de Caux, paſſe par Foucarmont, Falencourt, St. Riquier, Dancour, St. Rémi, Pierrepont, Grancour, Ecoligni, Déville, La Pierre-Val du Roi, Villi, Septmeulé, Cuverville, St. Martin le Gaillard, St. Sulpice, Tropheville, & à Criel, après quoi elle tombe dans la Mer environ à cinq quarts de lieues de la Ville d'Eu & du Treport.

d Corn. Dict. Mém. dreſſez ſur les Lieux.

YERES. Voyez HIERES.

YERISCO, petite Ville de la Turquie en Europe, au Pays de Jamboli vers la Côte de l'Archipel & de Monte Santo.

YESD, ou YEST, ou IEST, ou JESSEDE, ou même IESCHT, Ville de Perſe, à quarante lieues, & à l'Orient d'Iſpahan, ſelon Mr. Baudrand. Tavernier [e] lui donne 79. d. 15'. de Longitude, & 32. d. 15'. de Latitude; & ailleurs il lui donne 93. d. 15'. de

e Voyage de Perſe, L. 3. c. dernier.

Y E S.

Longitude & 33. d. 45'. de Latitude. Il dit qu'elle eſt ſur la route d'Iſpahan à Kerman [f], dans une diſtance preſque égale de l'une & de l'autre. C'eſt, pourſuit-il, une grande Villace au milieu des ſables quis'étendent deux lieues à la ronde. En ſortant d'Yesd il faut prendre un Guide, parce qu'au moindre vent le ſable ſe porte de côté & d'autre; & comme il couvre tous les chemins, on court riſque de tomber dans des trous, qui ſemblent être d'anciennes Citernes ou des ruïnes de vieux Bâtimens. Entre les ſables & la Ville il y a un peu de bonne terre qui produit d'excellens fruits, & ſur-tout de bons Melons de différentes eſpèces. Les uns ont la chair verte, les autres l'ont jaune & vermeille, & il y en a dont la chair eſt ferme & dure comme celle d'une Pomme de reinette. Il s'y recueille auſſi de bons Raiſins & en quantité; mais les Habitans en font peu de vin, parce que le Gouverneur ne le permet pas. Ils en font ſécher une partie, & de l'autre font du refiné. Ils ont auſſi en abondance des figues qui ſont fort groſſes & de fort bon goût. Ils font grande quantité d'Eau-roſe, & d'une autre ſorte d'eau dont ils ſe ſervent comme de teinture pour ſe rougir tantôt les mains, tantôt les ongles, & ils la tirent d'une certaine racine nommée *Hena*. Il y a dans cette Ville trois Caravanſeras & pluſieurs grands Bazards ou Marchez. Il ſe fait à Yesd pluſieurs Etoffes de ſoye mêlées d'or & d'argent, que l'on appelle Zerbaſte, d'autres de pure ſoye appellées *Daraï* qui ſont comme nos tafetas unis ou rayez. On en fait auſſi de moitié ſoye & moitié coton, & d'autres de pur coton qui approchent de nos futaines. On y fait encore des ſerges d'une laine particuliére, qui eſt ſi fine & ſi délicate, que cette étoffe eſt plus belle & plus chére que ſi elle étoit de ſoye. Les femmes d'Yesd paſſent pour les plus belles de la Perſe. Cette Ville a été pluſieurs fois inutilement attaquée par les Agwans dans les derniéres guerres de Perſe, qui ont cauſé la révolution de cet Etat depuis fort peu d'années. On compte dix journées de chemin d'Iſpahan à Yesd. Le P. du Cerceau dans ſon Hiſtoire de la derniére révolution de Perſe [g] écrit Yest. Tavernier écrit YEZD.

f Ibid. L. 1. c. 9.

g Tom. 1. p. 287.

YESDECAS, petite Ville de Perſe ſur une Roche avec un très-beau Caravanſera. Elle n'eſt qu'à trois journées d'Iſpahan. Il y a une petite Riviére qui paſſe au pied, & qui coule de là dans un Vallon où il vient d'excellent bled; on en fait ce qui ſi renommé qui eſt le meilleur de toute la Perſe.

§ Cet Article eſt de Mr. Corneille [h], qui cite Tavernier Voyage de Perſe L. 5. où je l'ai cherché inutilement. Ce même Lieu eſt nommé par Chardin [i] YESDECAST, qui le définit Château, & Bourg ſitué dans une Vallée longue de vingt lieues, ſept à l'Orient du Château, & treize à l'Occident, & large de demie lieue preſque par-tout. C'eſt un des plus fertiles endroits de la Perſe. Elle abonde en Bétail, en grain, en fruits, & ce qui eſt là fort conſidérable, en bonnes eaux, qui courent au travers d'un bout à l'autre, & qui paroiſſent comme un gros Fleu-

h Dict.

i Lib. 9. p. 25.

ve

ve lorsque les neiges se fondent. Le Château est bâti sur la cime d'un haut Rocher qui est au milieu de la Vallée, à l'endroit du grand chemin d'Ispahan à Chiras & au Sein Persique. La figure du Rocher est longue ovale, & la matiére du Château est toute de terre. On ne sauroit voir une masse plus difforme que ce Château. On y entre par deux méchantes Portes qui sont aux deux bouts, l'une à l'Orient & l'autre au Septentrion; celle-ci a un petit Pont-levis. Ce Château a six Etages au dedans, l'un au-dessus de l'autre, qui comprennent bien deux cens Maisons, toutes si petites, si sales & si sombres, qu'elles ressemblent plutôt à des tanniéres qu'à des Logis habitez. Les bas étages n'ont de jour que par les fenêtres; de maniére qu'il faut continuellement se servir de la lumiére artificielle dans la rue. Ces logis sont pourtant tous habitez, & c'est assurément un spectacle nouveau & rare que d'aller dans des rues à étages, c'est-à-dire, au-dessus desquelles il y en a quatre ou cinq autres; & où il faut de la lumiére en plein midi. On y trouve du reste toutes sortes de commoditez à acheter. Il y a un Puits profond de trente Brasses, dont l'eau sert principalement pour le Bain qui est bâti à l'entrée.

Il y a des Auteurs qui tiennent que ce Château a été bâti dans le premier Siécle du Mahométisme, lorsque les Arabes commencérent à conquérir la Perse, qui est le tems du dernier Roi de Perse; & que c'est de Prince, qui se nommoit *Tez Dagird*, qu'il a été de nommé. Mais la plus communue opinion est que son nom est composé de deux mots qui signifient *Dieu a voulu*. *Tezd* en la Langue des Guebres, ou Adorateurs du Feu, qui sont les anciens Perses, signifie *Dieu*; & *Cast* est le prétérit du verbe *vouloir*. Observez que, quoiqu'on écrive YEZD-CAST, on prononce *Tezd-Cas*. Chardin qui fait cette remarque ne laisse pas d'écrire YES-DE-CAST, au commencement de son Article.

A trois cens pas du Château, au Midi, il y a une petite Mosquée dans laquelle est le Sépulcre d'un des Saints des Persans, nommé Cha Refourg, neveu du fameux Reza, l'un des douze Imans. Le Tombeau qui est sous le Dôme est haut de quatre pieds, couvert d'un tafetas rouge à fleurs d'or, entouré d'un Balustre de bois repercé de demi-pied plus haut que la Tombe. Le tour de la Mosquée est tendu de pièces de soye & d'or à dix pieds de hauteur de la muraille. Il y a sur la Tombe un Turban & des armes qui représentent celles du prétendu Saint. Les Persans sont de tous les descendans des Imans autant de Soldats déterminez, assûrant qu'ils ont combattu toute leur vie pour le Trône que les Pontifes de Babylone avoient usurpé sur eux, & qu'ils sont tous morts dans cette querelle.

Le Bourg d'Yesdecas a cent maisons, & est situé au bas de la Roche au pied du Château. Le Caravanserai, qui est vis-à-vis, est grand & de belle apparence, consistant en quatre grands Portiques aux quatre faces, & en quatre petits aux côtez des grands. Il y a aussi une belle Chambre & deux plus petites, à droite & à gauche au-dessus du Portail, avec une large Terrasse au devant qui avance sur la Cour. On mange dans ce Bourg-là le meilleur pain de toute la Perse, où il passe aussi en proverbe parmi les gens de bon goût. Ils disent que pour faire chére entière il faut avoir *Pain d'Tesdecas*, vin de Chiras & femme d'Yesd. Ce proverbe est ancien.

La Vallée d'Yesdecas sépare en cet endroit l'Irac-Agemi du Farsistan.

YETCHIJEN. } Voyez dans l'Article du
YETCHU. } Japon les mots JETSISSEN, JEETSJU & JETSINGO.

YEU (L'ISLE DE), petite Isle de France [a], sur la Côte du Poitou. Le nom Latin est *Oya*. Elle n'a qu'une lieue de long. Elle étoit connue sous ce nom d'*Oya* dès le tems de St. Philibert. C'est du nom d'*Oya* que s'est fait celui d'Yeu. Des Moines s'y étoient établis, comme à celle de Noirmoutier; mais ils en furent chassez par les premiéres courses des Normands, & il n'y a point eu de Moines depuis ce tems-là. Elle est habitée par des gens de Mer. Voyez au mot ISLE, l'Article L'ISLE-DIEU, ou L'ISLE D'YEU.

[a] *Longerrue, Descr. de la France, Part. 1. p. 154.*

YEURE LE CHATEAU, Bourg de France en Beausse, sur les confins de l'Orléanois & du Gâtinois. Il est sur la petite Riviére de Rinarde, à Pluviers & à huit lieues de Montargis au Couchant.

YEURE LA VILLE, Village de France; il est à mille pas de ce Bourg vers le Midi.

YEVRE, Riviére de France. Voyez EVRE.

Y G.

YGGADE, Lieu de la Gaule Lyonnoise, selon Antonin qui la met sur la route de Rouen à Paris, à IX. M. P. de la première de ces deux Villes. Cette distance semble indiquer Ygoville, qui est dans une distance proportionnelle à celle d'Antonin, entre Rouen & Evreux auprès du Pont de l'Arche. Quelques Exemplaires d'Antonin portent UGGADE.

YGLESIAS. Voyez IGLESIAS.

YGNOS. Les Turcs appellent ainsi la Ville d'ÉNO, ou ENOS. Voyez ENO.

YGUALADA, Ville d'Espagne dans la Catalogne sur le Torrent de Noya, & dans la Viguerie de Villefranche de Penadés, sur le chemin de Barcelonne à Cervére. Quelques Auteurs croyent que c'est un reste de l'ancienne ERGAVIA, Ville des Lacétains. D'autres croyent que c'est l'ancienne Anabis où Ferdinand III. Roi d'Arragon mourut en 1416.

Y L.

YLA (L'Isle de), Isle d'Ecosse. Voyez ILA, N°. 3.

Y N.

YNAGUA (L'Isle de), petite Isle de l'Amérique, au Nord de la partie Occidentale

a D'Anville, Carte de St. Domingue. tale de l'Isle de St. Domingue *a*. Elle est inhabitée. On y remarque une Baye au Couchant. La Pointe Méridionale de l'Isle, est nommée Pointe des Pailles-en-Cul. Au Nord-Est, cette Isle est séparée d'une Isle beaucoup plus petite par un Détroit nommé la Passe d'Inague. La petite Isle s'appelle la PETITE INAGUE, ou la LEZARDE. La partie Méridionale de la grande Isle, est par les 21. d. de Latitude. Sa Longitude est entre les 304. d. 36′. & les 305. d. 15′. Il y a des Montagnes le long de la Côte du Sud-Est.

Y O.

YOCHEU, Ville de la Chine, dans la Province de Huquang, dont elle est la septième Métropole. Elle est de 4. d. 40′. plus Occidentale que Péking, & compte 30. d. 5′. de Latitude. Son Territoire est coupé en deux par le grand Lac Tung-ting, qui en laisse une partie à l'Orient & l'autre à l'Occident. Outre cela le Fleuve Kiang lave les Murs de la Ville au Nord; & y reçoit deux autres Riviéres qui rendent le Pays merveilleusement fertile, savoir le SIANG & le FUNG. Ces trois Riviéres lui fournissent du Poisson en abondance. Delà vient que dans le stile des Lettrez, cette Ville est appellée VILLE DES TROIS RIVIÉRES. Il y a par cette raison un concours de Barques qui y viennent de tous côtez & qui y apportent des Marchandises en abondance. Le *Lapis Lazuli* s'y trouve dans les Montagnes, & une autre Pierre verte, qui étant pulverisée donne aux Peintres un très-beau Verd. Il y a une quantité prodigieuse de Citrons & d'Oranges, & tout y est en une très-grande abondance; le Palais d'un Roi de la Maison de Taiming, ajoute un nouvel éclat à la Ville. Ce Roi y faisoit son séjour, ce qui est cause qu'elle est pleine d'Édifices tant publics que particuliers. Il y a aussi trois Temples consacrez aux Héros. Elle étoit autrefois de la Seigneurie de Sanmao, elle fut ensuite du Royaume de Lo, & avec le tems les Rois de Cu s'en emparérent. La Famille de Cin la rendit enfin à la Chine, celle de Sung la nomma PALING, celle de Tang lui donna le nom d'Yocheu qu'elle a toujours conservé depuis. Son Département a six Villes, savoir

Yocheu,	Fung,
Linsiang,	Xemuen,
Hoayung,	culi,
Pingkiang,	Ganhiam.

Au Midi de la Ville est le Mont PACIO, célébre par un magnifique Temple des Idoles & par un Monastère de Bonzes qui est entre deux petits Lacs.

L'Isle ou la Montagne de Kiun est dans le Lac de Tung-ting, au Sud-Ouest de la Ville. Au Sud-Ouest est le Mont UXE, où se trouvent de petites pierres noires, dont la poudre est employée par les Médecins contre les maux de gorge & contre la squinancie.

Au Sud-Ouest de la Ville est le Lac TUNG-TING, qui est grand. On dit, qu'il s'est fait par une inondation. Il s'y trouve beaucoup d'Isles bien peuplées, sur lesquelles on voit de magnifiques Temples dédiez aux Idoles, & des Monastères où vivent beaucoup de Bonzes. Il y a une Isle flottante sur laquelle est un Monastère. Les Branches des Roseaux & des Arbres sont si bien mêlées ensemble & si entrelassées, qu'elles soutiennent la terre; desorte qu'il n'y a aucun danger que la terre se sépare.

YOLULUC, AZUCLUC, Village d'Asie dans le Desert d'Astracan.

YON (L'), Riviére du Poitou où elle a sa source. Elle passe par la Roche, nommée à cause de cela la ROCHE-SUR-YON, & va se rendre dans la Semaigne, au-dessous de la Ville de Mareuil.

1. YONE (L'), petite Ville de France dans le Gâtinois. Elle reçoit le Louet, à Estampes; d'où vient qu'on la nomme aussi la Riviére d'Estampes. Mr. Baudrand dit qu'elle se perd dans la Juine cinq lieues au-dessous.

§ Il devoit dire qu'elle se perd dans la Riviére d'Essone; car le Yone & la Juine sont deux noms de la même Riviére.

2. YONNE (L'), Riviére de France. Elle a sa source au Duché de Bourgogne dans les Montagnes du Morvant dans l'Autunois, près du Château de Chinon, d'où courant vers le Septentrion, elle passe à Crevant, où elle se grossit de la Riviére de Cure; delà elle entre dans l'Auxerrois, où elle va à Auxerre & y commence à porter Bâteau. Elle reçoit peu après le Serin & l'Armanson. Puis elle court par la Champagne, passe à Joigni, à Sens, où elle reçoit la Venne, & enfin elle se rend dans la Seine à Montereau, qui à cause de cela est surnommé *Montereau faut Yonne*; à dix sept lieues au-dessus de Paris. Les Latins l'ont nommée ICAUNA.

YORCK, en Latin *Eboracum*, Ville d'Angleterre, dans la Province qui en prend le nom d'YORCKSHIRE; elle est sur la Riviére d'Ouse, à 150. milles de Londres, selon l'Etat présent de la Grande-Bretagne en parle ainsi *b*: Yorck est le Siège de l'Archevêque d'Yorck & la Ville la plus considérable d'Angleterre après Londres. Elle est belle, grande, riche, bien peuplée, & l'on y compte jusqu'à vingt-huit Eglises ou Chapelles. Il y a deux jours de Marché par Semaine. Elle étoit en si haute estime parmi les anciens Romains, que l'Empereur Sévère y avoit un Palais où il finit ses jours. Mais elle a beaucoup souffert dans les fréquentes révolutions de l'Etat des Saxons, des Danois & des Normands sous le Régne de Charles I. L'Armée de ce Prince étant défaite à Marston-Moor-York fut contrainte de se soumettre aux Vainqueurs. Egbert Archevêque d'Yorck y érigea l'an 740. une grande Bibliothéque où Alcuin Précepteur de Charlemagne & Fondateur de l'Université de Paris puisa ses plus grandes lumiéres. Mais le plus grand ornement de cette Ville est sa Capitale qui mérite d'être mise au rang des plus belles Cathédrales de l'Europe. Il y a encore deux choses qui relevent l'éclat de cette Ville. L'une que le Maire d'Yorck porte le titre de Lord comme

b Tom. I. p. 127.

YOR.   YOR.   421

me celui de Londres, & qu'il n'y a dans toute l'Angleterre que ces deux Maires à qui on donne ce titre. L'autre que cette Ville a donné le titre de Duc à plufieurs Princes du Sang. Jaques II. Roi de la Grande-Bretagne étoit qualifié Duc d'Yorck fous le Régne de Charles II. fon frere & fon Prédéceffeur.

[a] Etat préfent de la Gr. Br. t. I. p. 126.

YORCKSHIRE, Province d'Angleterre[a], Maritime & Septentrionale, dans le Diocèfe d'Yorck. Elle à 320. milles de circuit & contient environ 3770000. Arpens & 106151. Maifons; ainfi c'eft la plus grande Province d'Angleterre. On la diftingue en trois parties qui font NORTH, EAST & WEST RIDING, la derniére a plus d'étendue que les autres. Elle eft généralement très-fertile & on y vit à bon marché; le Bled, le Bétail, le Gibier, le Poiffon y abondent. Elle produit auffi quantité de beaux Chevaux, de la Pierre à chaux, du Jayet & de l'Alun, des Chévres à Sureby, & du fer aux environs de Sheffield. Ses principales Riviéres font

L'Humber,	La Nyd,
Y Are,	L'Oufe,
Le Calder,	Le Swal,
Le Don,	L'Youre,
Le Derwent,	Le Wars,
	La Tees.

Ses Villes & Bourgs qui ont droit de Marché public font

YORCK, Capitale.

* Kingfton Upon Hall,	Stokerley,
	Wakefield,
* Borough-Bridge,	Whitby,
	Selby,
* Alborough,	Sheffield,
* Norfhallerton,	Helmfley,
* Beverley,	Hornfey,
* Heydon,	Howdon,
* Knaresborough,	Hunanby,
* Rippon,	Hutersfield,
* Scarborough,	Kilham,
* Richmond,	Kirby-Morefide,
* Malton,	Masham,
* Pontefract	Midlam,
* Thirsk,	Patrington,
Leeds,	Otley,
Hallifax,	Pickering,
Aberforth,	Pocklington,
Doncafter,	Ripley,
Askrig,	Rotheram,
Barneley,	Settle,
Bedal,	Sherborn,
Burlington,	Skipton,
Bautre,	Snathe,
Cawood,	Tadcafter,
Bradforth,	Thorn,
Eanfigwold,	Tickhil,
Gisborough,	Weatherby,
Gisborn,	Yarum,
Frodlingham,	Wigton,
Egton.	

Outre le titre de Duc d'Yorck, il y a dans cette Province des Dignitez, comme celles de Duc de Richemond, le Duc de Leeds, le Duc de Cleveland & le Duc de Bolton. Le Comte de Scarborough, le Comte de Hallifax, le Comte de Burlington, le Comte de Holdernefs, le Comte de Danby, le Baron de Craven.

Les principales Maifons de Campagne, font SHESFIELD MANNOR au Duc de Norfolck, WRESSEL CASTLE au Duc de Sommerfet, BOLTON CASTLE & BOLTON HALL au Duc de Bolton, KIVETON THORP-HALL, VALESHALL & HART-HILL-HALL au Duc de Leeds, MULGRAVE CASTLE au Duc de Buckingham, SNAPE au Comte d'Exeter, MARKINGFIELD au Comte de Bridgewater, SKIPTON CASTLE au Comte de Thanet, WENTWORTH, WOODHOUSE TANKERSLEY, TINSLEY, HOOTON-ROBERT-FIARHOUSE, autrefois au Comte de Straffort, HENDERSKELF CASTLE & GRINTHORP au Comte de Carlile, WARLTON CASTE & GERVAUX ABBEY au Comte d'Ailesbury, LAWNBOROUGH BOULTON, BARDEN TOWER au Comte Burlington, HORNBY CASTLE, PATRIX BRONTON, HACFORTH, ANDERBYLE-MEERS, ASTON, AUGHTON, WALESMANNOR & HARDWICH au Comte de Holdernefs, ASKE & ELAUGH-MANNOR au Duc de Warthon, KOCKWOLD-HALL, OULSTONE-HALL, ALDWARK, MURTON, NEUBOROUGH-ABBEY au Vicomte de Falckenberg, WELDRAKE au Lord Howard d'Eferick, HOLM IN SPALDING MOOR & DALTON au Lord Langdale, WILTON CASTLE au Lord Cornwalis, BISHOPS TORP à l'Evêque d'Yorck, &c.

YORCK (La Nouvelle), Province de l'Amérique Septentrionale, fur la Côte Orientale. Elle eft bornée au Nord par le Canada: à l'Orient par la Nouvelle Angleterre: & au Couchant par la Penfilvanie & la Virginie; la Mer du Nord termine au Midi ce Pays. Les Anglois attribuent la découverte de ce Pays à Hudfon, & difent qu'il le vendit promptement aux Hollandois fans l'autorité de Roi d'Angleterre; mais la chofe ne fe fit pas ainfi. Les Anglois établis dans la Virginie dès l'an 1584, avoient à peu près dans le même tems difputé aux François le Pays qu'on appelle aujourd'hui la Nouvelle Angleterre. La Compagnie des Indes Orientales établie dans les Provinces-Unies, avoit pris Hudfon à fon fervice, & l'employa à faire un Etabliffement fur cette Côte, que les Vaiffeaux Hollandois avoient déja reconnue. Hudfon trouvant un efpace que les Anglois avoient négligé, en prit poffeffion au nom de fes Maîtres en 1609. ce n'étoit pas là le vrai but de fon Voyage. Le Vaiffeau qu'on lui avoit donné étoit d'abord deftiné à chercher un paffage vers la Tartarie & la Chine. C'étoit la Pierre Philofophale des Navigateurs de ce tems là. Hudfon après de vains efforts fit route fur le Sud-Oueft & aborda à ce Pays qu'il nomma la Nouvelle Hollande. On donna fon nom à la Riviére qui le partage du Nord au Sud. Il revint à Amfterdam après fa prife de poffeffion, & fur fon rapport on y envoya l'année fuivante 1610. un Navire & des Marchandifes. Les Marchands qui avoient fait l'entreprife obtinrent des Etats-Généraux un Privilège exclufif pour leur Commerce.

Ggg 3   Les

Les années suivantes, on y alla encore & on y passa l'Hyver pour trafiquer avec les Sauvages. En 1615. les Hollandois y bâtirent une Forteresse qu'ils nommérent le Fort d'Orange, & une Ville à laquelle ils donnérent le nom de la Nouvelle Amsterdam. La Nouvelle Hollande fut appellée en Europe LES NOUVEAUX PAYS-BAS. Les Suédois allérent aussi en Amérique & s'y établirent au Sud-Ouest des Hollandois, & bâtirent dans leur NOUVELLE SUÈDE les Villes de Gottenbourg & Christiania. Ils en furent ensuite déplacez par les Hollandois qui ajoutérent la Nouvelle Suède à leurs Nouveaux Pays-Bas. Mais les Anglois s'étant fortifiez & affermis dans la Nouvelle Angleterre, & au Maryland eurent regret de voir la communication coupée par les Hollandois. Ils saisirent le premier prétexte pour les dépouiller d'un Pays qui étoit à leur bienséance. Ils en vinrent à bout en 1666. & les obligérent l'année suivante à leur en confirmer la propriété par le Traité de Breda.

Sous les Anglois tout changea de nom. La NOUVELLE SUÈDE DEVINT LA NOUVELLE JARSEY. Le Roi Charles II. avoit donné les Nouveaux Pays-Bas en propriété à son frere le Duc d'Yorck, qui a été ensuite le Roi Jaques II. La NOUVELLE AMSTERDAM fut appellée la NOUVELLE YORCK, & donna son nom au Pays.

La Nouvelle Yorck se prend donc dans trois significations différentes, outre une quatrième.

I. On appelle NOUVELLE YORCK, le Pays entier que les Anglois conquirent en 1666. c'est-à-dire les *Nouveaux Pays-Bas*, avec la *Nouvelle Suède*. En ce sens la *Nouvelle Jarsey* en fait partie.

II. La NOUVELLE YORCK proprement dite comprend les *Nouveaux Pays-Bas*, tels que les Hollandois les possédoient avant qu'ils y eussent ajouté la Nouvelle Suède.

III. La NOUVELLE YORCK enfin est une Ville nommée autrefois Nouvelle Amsterdam, lorsque les Hollandois étoient Maîtres de ce Pays-là. Mr. Baudrand dit que cette Ville s'appelle MANHATE. L'Etat présent des Terres des Anglois dans l'Amérique porte que MAHANATAN est le nom d'une Isle où cette Ville est située dans la Riviére de Hudson. La Ville est grande & contenoit déja dans le tems que ce Livre cité s'écrivoit près de cinq cens Maisons bien bâties de Brique de Hollande, dont la moindre vaut du moins cent Livres Sterlin. Du côté de la Terre elle est ceinte d'une muraille de bonne épaisseur, & fortifiée à l'entrée de la Riviére, où elle commande tous les Vaisseaux qui passent par un Fort appellé le FORT JAQUES.

L'Isle longue ou *Lang Island* est de cette Province. Il y a aussi STATER ISLAND, ou l'Isle des Etats. J'ai déja parlé de Manahatan, sur l'extrémité Occidentale de laquelle la Ville de la Nouvelle Yorck est située. Le Fort d'Orange s'appelle Albanie par les Anglois. Mr. Baudrand a tort de les distinguer. Les Anglois disent que ce Pays est si fertile qu'un grain de froment d'Europe étant semé dans cette Province en rapporte cent autres par an.

IV. La NOUVELLE YORCK. Quelques Anglois ont voulu donner ce nom à un Canton de l'Amérique Septentrionale vers la Baye de Button; mais sans y mettre de Colonie.

YORIMAN (L'), Province de l'Amérique dans la Guiane [a]. Elle est contiguë à celle de Coroftrare en descendant la grande Riviére des Amazones. Elle n'a que soixante lieues de longueur; mais elle est fort estimée parmi les Indiens, à cause de la valeur & de la force de ses Habitans. Ils sont beaux de corps, bien formez & d'une taille avantageuse. Leur adresse est grande, sur-tout dans les armes, & ils vont tout nuds, tant hommes que femmes. Cette Nation est fort nombreuse. Pendant que les Portugais navigeoient le long de cette Province en montant la grande Riviére des Amazones, il y venoit tous les jours plus de deux cens Canots, chargez d'enfans & de femmes, avec des Fruits, du Poisson, de la Farine & autres choses semblables, qu'ils échangeoient avec des haches & des coûteaux. Ces Yorimanes n'habitent pas seulement la Terre-ferme de cette Province, ils remplissent aussi les plus grandes Isles que forme la Riviére des Amazones par divers Bras étendus. Leur premier Village est sur l'Embouchure d'un Fleuve qui doit venir de fort loin, pour la force avec laquelle il pousse les eaux pesantes de celui des Amazones. La plus notable de leurs Habitations contient plus d'une lieue en longueur sur le rivage, & chacune de ses Maisons est habitée par quatre ou cinq Familles. Ce fut en ce lieu, abondant en toutes choses, que la Flote des Portugais s'arrêtant cinq ou six jours en descendant la Riviére des Amazones, qu'elle avoit montée heureusement, aucun de tout ce grand Peuple n'abandonna sa maison par la crainte de son arrivée. Elle obtint d'eux libéralement tout ce qui lui étoit nécessaire, & chargea sur ses Vaisseaux cinq cens sacs de Farine faite de Mandioque. Les autres Habitations des Yorimans ne sont pas inférieures à celle-ci. Elles sont toujours fort fréquentes du côté de la Terre-ferme, & encore plus nombreuses dans une Isle assez grande, qui est trente lieues plus bas, où il semble que soient les principales forces de cette belliqueuse Nation, tant ceux qui l'occupent sont en grand nombre & pleins de valeur.

[a] Le Comte de *Pagan*, Relat. Géogr. du Fleuve des Amazones.

YOUGHAL, selon Mrs. Baudrand, Maty, & Corneille. Le nouvel Etat d'Irlande [b] écrit YOUGHIL.

YOUGHILL, Ville d'Irlande, dans la Province de Mounster, au Comté de Corck, à l'Embouchure de la Riviére de Blackwater, près des Confins d'Waterford, à trente milles au Sud-Ouest de Mallo, & à huit milles presque à l'Orient de Cloyne. C'est une Ville riche & bien peuplée, enceinte d'une bonne muraille. Sa figure est un peu longue: elle a un Port très-commode, & un Quai bien fortifié. Elle envoye deux Députez au Parlement.

[b] Pag. 49.

YOURE (L'), en Latin *Urus*, Riviére d'Angleterre en Yorckshire. Elle a sa source ce aux Confins d'Westmorland, d'où coulant à l'Orient, elle reçoit la Swale, & d'autres petits Torrens, & prend le nom d'Ouse, passe à Yorck & se rend dans l'Humber. Voyez Ouse.

YOUIN, ou Youn-Garbani. L'Historien de Timur-Bec nomme ainsi un certain nombre de Villages du Khorassan près de la Ville de Tous.

YP.

a Corneille, sur des Mémoires Communiquez.

YPRES, Ville des Pays-Bas [a], sous la domination de l'Empereur depuis le Traité d'Utrecht, quoiqu'il y ait Garnison Hollandoise, en vertu du Traité de Barriére. Elle a été autrefois grande, très-peuplée, & très-marchande; mais elle a beaucoup perdu de son lustre par les fréquentes séditions & révoltes de ses Habitans, & par les grandes pertes qu'elle a souffertes. Cette Ville est située sur un petit Ruisseau appellé *Yper*, qui lui a donné son nom, & est à quatre lieues de Menin, à sept de Bergues & de Nieuport, à neuf de Dunkerque, de Saint Omer & de Bruges, & à treize de Gand. Son circuit qui étoit autrefois triple de ce qu'il est aujourd'hui, & dont on voit encore les vestiges, est présentement réduit à 2693. toises, non compris celui de la Basse Ville. Son enceinte, à laquelle on n'a ajouté que des Bastions ces dernieres années, est la même à laquelle Philippe-le-Hardy, Duc de Bourgogne, Comte de Flandre, la réduisit lorsqu'il fit bâtir vers l'an 1385. & les suivantes, les murailles de brique avec des Tourelles, dont une partie subsiste encore du côté du Midi & de l'Occident. L'autre côté a été démoli ou le sera pour y faire les nouvelles Fortifications que le Roi y a ordonnées.

Ce que l'Histoire nous apprend de plus ancien de cette Ville, c'est que l'an 800. les Normands la saccagérent, ainsi que le reste de la Flandre, par la facilité qu'ils trouvérent à se rendre Maîtres de toutes les Villes qui étoient ouvertes & mal défendues. Elle fut fortifiée après leur retraite par Baudouin V. Comte de Flandre, & par les Comtes suivans à la maniére de ce tems-là, qui consistoit en un rempart de terre & en une haye vive. Louïs VI. Roi de France la prit en 1128. avec Guillaume le Normand, & on en pilla & brûla plus de la moitié. Philippe-Auguste s'en rendit le Maître en 1213. & le tiers de la Ville fut brûlé par accident l'an 1240. Ses Fauxbourgs le furent aussi en 1297. par les Garnisons que Philippe *le Bel* tenoit sur la Lys, Ypres étant alors dans les intérêts de son Prince, qui avoit été envoyé prisonnier à Paris. L'an 1325. ses Bourgeois se révoltérent, ainsi que la plus grande partie de la Flandre, contre Louïs de Nevers, vingt-sixième Comte, & firent abbattre la vieille enceinte pour en faire une nouvelle, dans laquelle ils enveloppérent les Fauxbourgs, qui étoient grands & extrêmement peuplez par les Tisserans & autres gens de métier, servant aux Manufactures de Draps & de Serges qui florissoient alors dans toute la Flandre, sur-tout à Ypres, où le petit Peuple étoit fort mutin, & aisé à porter à la révolte. Ils ne pouvoient souffrir que les Habitans des Villages & des Bourgades voisines, dont la plûpart se mêloient du même Métier, en tirassent le même profit. Ainsi l'an 1344. ils marchérent au nombre de plus de douze mille contre Poperinque qu'ils ne purent prendre; mais ils rompirent quantité d'Outils, & emmenérent plusieurs personnes à Ypres. Peu de jours après ils firent une pareille incursion contre Lanquemarq qu'ils saccagérent. C'est aujourd'hui un Village à demi-lieue d'Ypres. Depuis ce tems-là jusqu'en 1383. ce ne fut qu'une suite continuelle de révoltes, excitées ordinairement par les Tisserans toujours mutins, & souvent battus, sans parler de la part que la Ville avoit dans la Confédération générale des autres Membres de Flandre contre leur Souverain, qui aboutit à la Bataille de Rosebecq que perdirent les Flamans, ce qui obligea Ypres à rentrer dans son devoir. En 1383. les Anglois, secondez par les Gantois, qui persistérent dans leur rebellion, descendirent en Flandre, & s'empareérent de toutes les Places depuis la Mer jusqu'à Ypres qu'ils assiégérent. Jean Vanhoulze qui en étoit Vicomte, ne fut pas plutôt informé de l'arrivée des Anglois dans le Pays, qu'il raza & brûla tous les Fauxbourgs, dont il retira tous les Habitans dans la Ville, se réduisant à en défendre l'ancienne enceinte, qu'il avoit fortifiée d'un rempart & d'un Fossé. Le Siège dura six semaines, & après plusieurs assauts, les Anglois furent obligez de le lever. Il s'y fait encore tous les ans une Procession en action de grace de cette délivrance, & c'est à cette Fête que commence la Kermesse d'Ypres. Les Anglois qui furent contraints de quitter la Flandre cette même année, emportérent beaucoup d'Outils & d'Instrumens pour les Manufactures de Draps qu'ils ont établies depuis ce tems-là en Angleterre. Philippe de Bourgogne, devenu Maître de la Flandre l'année suivante par son mariage avec l'Héritière du dernier Comte, s'appliqua à bien fortifier Ypres, & parce que l'enceinte à laquelle il se réduisit, se trouva trop petite pour contenir tout le Peuple qui demeuroit auparavant dans les Fauxbourgs, il ne voulut pas perdre l'occasion de séparer tous les Ouvriers que leur grand nombre rendoit insolens & difficiles à gouverner. Il les envoya s'établir dans les Bourgades & petites Villes voisines, comme Poperingue, Werwic, Comines & Menin, & autres endroits pour travailler à leur Métier, & cela fut cause que la Manufacture de Draps qui étoit fort en vogue à Ypres & aux environs, s'anéantit insensiblement; de sorte que le peu qu'il y en reste aujourd'hui, ne sert qu'à faire connoître qu'on y fait aussi-bien travailler en Drap qu'en aucun autre lieu. L'an 1577. la Ville tomba au pouvoir des Religionnaires, qui se révoltérent contre Philippe II. Roi d'Espagne. Ils démolirent les Couvens, chassérent les Religieux, & abolirent presque entiérement la Religion Catholique. Cela dura jusqu'en 1584. qu'elle revint au même Philippe II. sous les ordres d'Aléxandre Farnése, Prince de Parme.

me. L'an 1648. elle fut prise par le Prince de Condé, qui commandoit l'Armée du Roi Très-Chrétien, & reprise l'année suivante pendant les premières guerres de Paris par le Marquis de Sfondrate, sous le commandement de l'Archiduc Léopold. Elle fut encore attaquée & prise par le Maréchal de Turenne en 1658. & rendue à l'Espagne par le Traité des Pyrénées. En 1678. le Roi l'étant venu attaquer en personne, s'en rendit le maître après huit jours de tranchée, & elle lui est demeurée par le Traité de Nimegue. Depuis ce tems-là Sa Majesté l'a fait extrêmement fortifier; de sorte que ce sera une des bonnes Places des Pays-Bas, quand les projets qui ont été faits pour sa fortification seront entiérement exécutez.

Cette Ville étoit autrefois si grande, qu'au dénombrement qui se fit en 1242. on y compta deux cens mille Habitans; mais si elle a diminué par les fréquentes révolutions que la guerre lui a causées, elle a aussi beaucoup souffert par la peste. Il y a eu des années pendant lesquelles cette maladie lui a enlevé jusqu'à quinze mille de ses Habitans, & il ne s'y en trouve plus présentement qu'environ douze mille. Ypres contient quatre Eglises Paroissiales, & deux autres qui sont démolies, & qui s'étendent hors de la Ville, huit Couvens d'Hommes; dix de Filles, trois Hôpitaux pour les malades, deux Maisons, l'une pour les pauvres Vieillards, & l'autre pour les pauvres vieilles femmes; deux autres Hôpitaux, un pour élever un nombre de pauvres Garçons, & l'autre pour un nombre de pauvres filles, à chacun desquels on fait apprendre un métier suivant son inclination, & lorsqu'ils sont en état de gagner leur vie, ils sortent avec une certaine somme d'argent que leur Hôpital leur donne, afin d'aider à les établir. Il y a aussi un Beguinage, où des filles ont leur logement avec un revenu fort modique, qui joint à ce qu'elles ont, ou à ce qu'elles peuvent gagner en travaillant de leurs mains, contribue à les faire vivre. Elles prennent l'habit noir de Religieuses, & peuvent se marier quand bon leur semble en quittant leur place à une autre, ce qu'elles font rarement, regardant cette inconstance comme un deshonneur. On a encore établi dans Ypres un Seminaire de Prêtres, avec plusieurs Bourses fondées pour les pauvres Etudians. Le Temporel de l'Eglise a tellement prospéré à Ypres, qu'il y a le tiers de la superficie de la Ville occupé par les Eglises, Couvens, ou Maisons qui appartiennent aux Abbayes des environs, qu'on appelle leur Refuge.

L'Evêché est suffragant de l'Archevêché de Malines, & fut érigé l'an 1559. par le Pape Paul IV. L'Eglise Cathédrale est sous l'Invocation de Saint Martin. Elle n'est pas des plus grandes, mais elle est fort estimée par ses ornemens. Son Chapitre est composé de trois Membres de Chanoines, qui sont de Terouane, de Saint Martin & de Furnes. Celui de Terouane est de neuf Chanoines, & de l'Evêque qui fait le dixième. Ces Prébendes, fondées du quart des biens de l'Evêché de Terouane, qui furent partagez entre la France & l'Espagne, se donnent par Election des autres Chanoines, & quand les voix sont partagées, le parti de l'Evêque l'emporte. Ces neuf Canonicats doivent être remplis par des Graduez ou Licentiez; savoir trois en Théologie, trois en Droit Canon, & trois nobles Diocesains, Licentiez en l'un ou en l'autre. A ce nombre sont attachées les six Dignitez, d'Archidiacre, d'Archiprêtre, de Penitencier, de Chantre, d'Ecolâtre & de Treforier, qui sont à la Collation de l'Evêque. Le Membre appellé de Saint Martin, est de douze Prébendes, dont il y en a six à charge d'ames, ces Chanoines étant Curez de la Ville. Un Théologal & les cinq autres n'ont aucune charge. L'Evêque dispose de ces douze Canonicats, comme Prevôt de Saint Martin, parce que cette Eglise étoit autrefois à des Chanoines Réguliers de Saint Augustin, qui avoient un Prevôt. On les supprima dans le tems de l'Erection de l'Evêché, & on réunit la Prevôté à la personne de l'Evêque. Les six Cures de la Ville, dont ces Religieux étoient en possession, furent attachées au Membre des Chanoines de Saint Martin, qui en ont les biens avec l'Evêque. Le troisième Membre est formé de neuf Prébendes qu'on a détachées de la Collégiale de Sainte Valburge de Furnes, ce qui le fait appeller *Membre de Furnes*. Ces Prébendes sont à la Collation du Pape pendant huit mois de l'année, & à celle de l'Evêque dans les autres mois. Cette Cathédrale est encore pourvue d'un Doyen, dont le Bénéfice est à la nomination du Roi, sans être attaché à aucun des trois Membres dont on a parlé. Ce Diocèse est divisé en huit Doyennez, qui contiennent cent cinquante Paroisses, sans y comprendre les six d'Ypres, dont les principales sont Saint Pierre, Saint Jacques le Majeur & Saint Nicolas.

Cette Ville, ainsi que toutes les autres du même Département, est gouvernée par un Collége Echevinal, composé de douze Echevins, & d'un Président ou Avoué, qui ont la haute, moyenne & basse Justice, en ce qui regarde le dedans de la Ville & de sa Banlieue, qui s'étend à un demi-quart de lieue tout à l'entour. Ces Echevins délibérent aussi de toutes les affaires de Police & de Finances, & sont nommez par un Commissaire député de la part du Roi, pour renouveller tous les ans le Magistrat qui les change ou continue comme il juge à propos. Il y a outre cela cinq Graduez, qui ont le titre de Conseillers-Pensionnaires, & un Greffier. Ils ont seulement voix consultative, & servent de conseil aux Echevins pour juger les procès. Le Roi ayant créé depuis quelques années un Bailliage à Ypres, toutes les Sentences des Justices du Plat-Pays qui alloient en droiture au Parlement de Tournay, iront par appel à ce Bailliage avant que d'aller au Parlement. Ce Siège est composé d'un Bailly, d'un Lieutenant-Général, Civil & Criminel, d'un Lieutenant Particulier, de six Conseillers, d'un Avocat, d'un Procureur du Roi & d'un Greffier. On tient deux Foires dans la même Ville, qui durent chacune huit jours. L'une

L'une commence le premier Dimanche de Carême, & l'autre le premier Dimanche d'Août. Il y en a une troisième le Mercredi des Cendres, qui est seulement pour les Chevaux, outre un grand Marché de Bestiaux toutes les Semaines. Le Territoire des environs est plat; mais à demi-lieue de-là il s'éléve des hauteurs inégales presque parallèles à la Place, principalement du côté de Menin, de Comines & de Warneton. Il est gras & humide naturellement, ce qui en rend les chemins très-mauvais, à quoi les Habitans ont remédié en partie, en faisant jusqu'à neuf Chaussées, ou grands Chemins pavez aux avenues de la Ville, deux desquels ont été continuez dans la suite aux dépens de tout le Pays jusqu'à Lille & à Dunkerque. Ce Territoire est entrecoupé par-tout de Fossez bordez de hayes, tant pour le dessechement des terres que pour la cloture des héritages: ce qui fait que la Cavalerie ne peut aborder à Ypres, que par les grands Chemins; l'Infanterie de même ne sauroit long-tems marcher à travers les Champs sans se faire des passages sur toutes les hayes & sur les différens Fossez.

Y R.

YRACH. Voyez IRAC.
YRLANDE. Voyez IRLANDE.

Y S.

YSAVA, Ville d'Espagne, dans la Haute-Navarre selon Mr. Corneille.

YSENDYCK [a], Ville de la Flandre Hollandoise, à quelque distance d'un petit Bras de l'Escaut Occidental, qu'on nomme le BLIC & qui la baignoit autrefois. Elle est à une bonne lieue à l'Orient d'Oostburg & à trois quarts de lieue de Biervliet. Cette Ville sert de Boulevard à la Zélande du côté de la Flandre, & fut prise le 10. Mai 1604. par le Prince Maurice, après six jours d'attaque. La Garnison, qui étoit de six cens Fantassins Italiens, fut obligée de se rendre faute de boisson & d'eau douce. Elle sortit sans Drapeaux, sans Artillerie & sans Munitions de guerre & de bouche, enfin sans la moindre marque d'honneur; parce qu'on avoit tué le Trompette que le Prince avoit envoyé pour sommer la Place de se rendre. Le Prince y fit faire quelques nouveaux Ouvrages, & depuis ce tems-là les Etats-Généraux en ont toujours restez les Maîtres. Ils en ont même si bien augmenté les fortifications, qu'ils n'en ont fait une Forteresse presque imprenable, à cause de sa situation dans un terrain bas que l'on peut inonder de toutes parts. Son Rempart, qui peut avoir une demie lieue de circuit, est flanqué de sept Bastions, entouré d'un Fossé large & profond, & défendu par quelques Ouvrages à corne, par deux demi-lunes & par une bonne contrescarpe.

La Ville est petite & ne renferme que six rues, cent cinquante-six Maisons & environ trois cens Habitans, sans les femmes & les enfans. L'Eglise est desservie par deux Ministres de la Classe de Walcheren, & les Catholiques y ont une Chapelle. La Maison de Ville a une Tour & rien d'ailleurs de remarquable. La Maison du Commandant donne sur la Place de même que celle du Commis des deux Magazins. Le principal est derriére sa Maison, & l'autre dans l'endroit où étoit autrefois le Quai vers la Porte de Biervliet. Il n'y a point d'autre Maison digne de remarque. La Régence est composée d'un Bailly, d'un premier *Hoofâman* & de six autres *Hoofâmans*, outre un Greffier qui est en même tems le Receveur de la Ville. Le Bailly est établi à vie par le Grand-Bailly du Franc de l'Ecluse. Les *Hoofâmans* sont changez tous les ans par les Députez du Franc. Ils disposent de la Charge de Greffier & de Receveur qui est à vie. Ces Magistrats prenoient ci-devant le titre d'Echevins & ont eu de grands différends sur ce sujet avec les Echevins du Franc de l'Ecluse, dont ils prétendoient être indépendans; mais par accord entre les parties, le 18. Juin 1622. il fut réglé que le choix des *Hoofâmans* dépendroit entièrement du Collége du Franc. En vertu de ce Réglement les Députez de ce Collége se rendent tous les ans à Ysendyck; & de quatorze personnes, outre les *Hoofâmans* en fonction, ce qui fait le nombre de vingt & un, ils choisissent sept nouveaux *Hoofâmans*, ou continuent les anciens suivant qu'ils le jugent à propos. La nomination se fait par le Bailly & les sept *Hoofâmans* régnans; & quand les Comptes ont été rendus le Mercredi après la Pentecoste en présence des Députez, & que les *Hoofâmans* ont été remerciez, le Bailli présente la nomination aux Députez, qui sur le champ choisissent les nouveaux *Hoofâmans*, & ce choix fait, le Greffier en fait la proclamation à la Maison de Ville. Quand un de ces sept *Hoofâmans* vient à mourir, le Collége du Franc nomme une autre personne pour le remplacer. Ces Magistrats n'exercent que la Justice Civile, & n'ont hors de la Ville aucune Jurisdiction, laquelle appartient uniquement au Franc de même que la Justice Criminelle dans la Ville. Cependant ils disposent des Charges de Greffier & de Receveur, de celles de Procureurs, d'Huissiers & d'autres moins considérables; mais le Franc s'y est réservé le droit de donner les Accises en ferme sur la demande des *Hoofâmans*. Ces Magistrats renouvellérent dans la suite leurs prétentions contre le Franc; mais ils en furent déboutez par une Ordonnance des Etats-Généraux le 22. Janvier 1630. par laquelle il leur est défendu de prendre à l'avenir le titre de Bourgmestre & d'Echevins, & enjoint de se soumettre à la Jurisdiction du Franc.

Les Etats-Généraux entretiennent une Garnison à Ysendyck sous les ordres d'un Major de la Place. Le Receveur du *Verponding*, ou de la Taxe sur les Biens fonds de ce Quartier, demeure à l'Ecluse; mais il a un Commis à Ysendyck, qui est chargé de la perception de cette Taxe tant dans ce District que dans celui de Biervliet, & dont la Charge est à la disposition des Etats de Zélande. Il y a aussi un Commis Collécteur de l'Amirauté de cette Province pour la perception des Droits d'entrée & de sortie. Les Armes de la Ville sont échiqueté d'argent & d'azur.

[a] Janiçon, Etat présent des Pr. Un. t. 2. p. 353.

Il y avoit autrefois près de cette Ville une autre nommée GASTERNESSE & plusieurs Villages qui furent engloutis par les eaux de la Mer en 1337., & dont les Habitans allérent s'établir à Yfendyck.

YSIPORTUM, ancienne Place de l'Arménie. Il y avoit Garnison Romaine selon la Notice de l'Empire [a]. *a Sect. 27.*

1. YSSEL (L'). Cette Riviére, qui donne le nom à des Villes & à une Province des Pays-Bas, peut se considérer aujourd'hui comme deux Riviéres indépendantes l'une de l'autre.

2. YSSEL (L') a ses deux principales sources au Pays de Munster, & dans le Pays de Clèves. La plus Septentrionale des deux passe à Borken & à Boecholt, & entre dans le Comté de Zutphen. La Méridionale qui se forme de deux Ruisseaux passe à Ringelborg, qui est encore du Pays de Clèves & à Yfelburg Village du Comté de Zutphen, & se joint avec l'autre source. De là elle baigne Dotechem & Doesbourg, où se chargeant d'une partie des eaux du Rhin, elle passe ensuite à Bronchorst, à Zutphen, à Deventer, à Hattem, à Wilsen & à Kampen où elle se jette dans le Zuyderfée, dans la Province d'Overissel. Tel est aujourd'hui le cours de cette Riviére, qui est quelque tems en serpentant vers le Nord-Ouest, & se trouve ensuite vers le Nord un peu Occidental.

3. YSSEL (L'), autre Riviére des Provinces-Unies. Elle a sa source assez confusément marquée dans les Cartes, à cause des Ouvrages de l'Art qui ont extrêmement changé les dispositions que la Nature avoit faites de ce Pays par rapport aux eaux. Cette Riviére passe à Yffelstein qui en prend le nom, passe à Montfort, à Oudewater, à Gouda, & va tomber dans la Meuse au-dessus & à l'Orient de Rotterdam.

§ Un savant Ecrivain Hollandois croit que ce qu'on appelle aujourd'hui le Vieux Yssel, dans le Duché de Clèves, dans l'Evêché de Munster & dans le Comté de Zutphen, n'étoit qu'une même Riviére avec l'Yssel qui tombe dans la Meuse à Yffelmonde au-dessous de Rotterdam. Mais ce sentiment ne peut s'expliquer que par un détail Historique des changemens que les Romains firent au cours des Eaux; sur quoi il vaut mieux renvoyer à l'Auteur même dans son Livre sur les Antiquités des Bataves dont on promet une Traduction. Je dirai seulement ici que selon lui l'Yssel, qui coule à Zutphen & à Déventer, ne fut formé que de quantité de Ruisseaux que l'on y fit tomber. A ne regarder que l'état présent du Pays, ce sentiment n'est pas aisé à comprendre.

a Baudrand, Edit. 1705. YSSELBOURG, Bourg d'Allemagne [b] au Cercle de Westphalie, dans le Duché de Clèves, sur le Vieux Yssel, aux confins de l'Evêché de Munster & du Comté de Zutphen. Quelques Auteurs y ont cherché l'ALISO des Chamaves que d'autres mettent à ALMEN Village de Westphalie; d'autres à Alsen Village de l'Evêché de Paderborn. Voyez ALISO.

e Ibid. 1. YSSELMONDE, en Latin ISALE OSTIUM, Bourgade des Provinces-Unies [c] dans la partie Méridionale de la Hollande, & dans une Isle qui est au confluent de l'Yssel & de la Meuse, environ une lieue de Rotterdam.

2. YSSELMONDE, Isle des Provinces-Unies à l'Embouchure de l'Yssel dans la Meuse. Elle s'étend en long du Levant au Couchant, entre deux Bras de la Meuse.

YSSELSTEIN, petite Ville & Château des Provinces-Unies [d], dans celle de Hollande sur le petit Yssel aux confins de la Province d'Utrecht à une lieue & demie de la Ville de ce nom [e]. Les Etats de la Province d'Utrecht en ont contesté le haut Domaine aux Etats de Hollande [f]. C'est le Chef-lieu d'un petit Canton qui dépend du Comté de Bure, lequel fait partie de la Succession de Guillaume III. Roi de la Grande-Bretagne, comme Prince d'Orange. *d Ibid. e Diét. Géogr. des Pays-Bas. f Baudrand, Ed. 1705.*

YSSOIRE. Voyez ISSOIRE.
YSSOUDUN. Voyez ISSOUDUN.

YSTHWITH, Riviére de la Grande-Bretagne au Pays de Galles en Cardiganshire. Elle est formée de deux Ruisseaux qui ont leur sources aux confins de Montgomerishire, & se jettent dans la Mer d'Irlande auprès d'Aberisthwith, par une même Embouchure.

Y U.

YUCATAN (L'), Contrée de l'Amérique Septentrionale dans la Nouvelle Espagne. Voyez IUCATAN.

YVERDON, ou Ywerdhon. C'est ainsi que les Gallois appellent l'Irlande selon l'état présent de cette Isle [g]. *g Chap. 1.*

YVERDUN, Ville de Suisse [h], au Pays de Vaud, dans le Bailliage dont elle est le Chef-lieu, & auquel elle donne son nom. En Latin EBRODUNUM & EBURODUNUM. Quoique quelques-uns ne lui donnent que la qualité de Bourg, c'est une Ville, qui, quoique petite & composée de trois rues parallèles, est fort jolie & agréablement située à la tête du grand Lac de Neufchatel au milieu d'une grande Campagne. Elle a un beau Fauxbourg ouvert, qui est hors de l'enceinte des murailles & qu'on nomme la Plaine. La Ville est ancienne & étoit déja considérable du tems des Romains. La Notice des Provinces lui donne le titre de *Castrum*, ce qui désigne une Place forte. (La Notice de l'Empire [i] porte *Ebruduni Sapaudiæ*, ce qui marque qu'elle étoit depuis un très-long-tems à la Savoye. En effet, les Ducs de Savoye la possédoient lorsque les Bernois [k] s'en rendirent maîtres en 1536. & ils l'ont gardée depuis ce tems-là). Elle a toujours été forte, & a soutenu des Sièges toutes les fois qu'il y a eu guerre dans ces Quartiers-là. La Ville est bordée de deux Riviéres [l], l'Orbe & la Thièle, qui lui servent de fossez, à ses deux côtez opposez, & on les passe sur deux Ponts dont un se leve la nuit. Quand on entre dans la Ville, du côté de la Plaine, on trouve d'abord une belle & large Place, bordée de tous les quatre côtez de tous les Bâtimens publics qu'il peut y avoir dans une Ville: du Château, du Temple, de la Maison de Ville & d'un beau Grenier public, bâti depuis quelques années de belles pierres jau- *h Délices de la Suisse, t. 2. p. 327. & suiv. i Sect. 65. k Baudrand, Ed. 1705. l Etat & Délices de la Suisse, t. 2. p. 327. & suiv.*

jaunes. Le Château est un peu élevé, construit à l'antique, ayant la Rivière pour Fossé d'un côté & des fossez secs du côté de la Ville. Conrad de Zeringuen la bâtit à neuf au XII. Siécle; & Pierre de Savoye la répara dans le XIII. Le Temple est ancien, & la principale façade est ornée en dehors d'assez jolies Sculptures. Le Bailli a à Yverdun une coutume particuliére. C'est qu'il ne va jamais au Temple qu'accompagné de deux Gardes armez de fusils; on dit que cela fut établi il y a une containe d'années à l'occasion d'une émotion populaire où le Bailli fut massacré. Cette raison est réfutée dans une Lettre inférée au Tome 7. des Nouvelles Littéraires p. 105. On y releve ainsi l'Auteur des *Délices de la Suisse*, dont on vient de voir les paroles: Il auroit pu se passer de faire cette Histoire sur une tradition populaire. La Ville d'Yverdun a prouvé qu'il n'étoit jamais mort de Bailli de Berne dans leur Ville. La raison de cet établissement vient de ce qu'au commencement de la Réformation dans ce Lieu-là, le Bailli ayant appris que quelques Catholiques vouloient faire du desordre & exciter même une sédition, s'ils le pouvoient, à l'heure que l'on alloit au Sermon, se fit accompagner par quatre Gardes deux Fuseliers & deux Halebardiers; les derniers n'accompagnent plus le Bailli & n'ont soin que de fermer les portes de la Ville & du Château. Le Commerce de cette Ville est florissant. On y a un petit Port formé par le Canal qui reçoit l'Orbe, au bord duquel on a bâti des Halles & une Douane. Aussi les Habitans y sont généralement à leur aise. Ils se piquent d'esprit & de politesse, & c'est aussi l'une des Villes du Pays où il y en ait le plus. On a trouvé à Yverdun divers Monumens antiques, comme une Inscription Romaine, qui se voit sur un Pilier de Marbre attaché à une Maison particuliére en dehors, près de la rue. Elle est fort mal écrite & conçue de la sorte:

 Imp. Cæs.
 L. Sept. Severo....
 ....T. Aug. Arab...
 Parth. P. Max. P. P.
 Imp. Cæs. M. Aur. &c.

a Itiner. Alp. VII. ann. 1709.

Mr. Scheuchzer [a] la rapporte ainsi:

 Imp. Cæs.
 L. Sept. Severo.
 RT. Aug. Arabu.
 Parthic. Max. P. P.
 Imp. Cæs. M. au. I...
 Antonino. Poal...
 Cos. . . . .
 Au. M. C. C.

Et Plantin la donne de la maniére suivante:

 Imp. Cæs.
 L. Sept. Severo
 Pert. Aug. Arab.
 Par. h. g. Max. P. P.
 Imp. Cæs. M. Aurel.
 . . . Non No. Pote.
 . . Cos. . . . .

On y a trouvé outre cela une Lampe à quatre tuyaux, des Médailles Romaines de plusieurs Empereurs depuis Auguste jusqu'à Julien l'Apostat; comme aussi des Pièces de Monnoye Gothique.

Il y a diverses belles promenades dans cette Ville & aux environs. Les murailles du côté du Lac sont si épaisses, qu'on peut commodement s'y promener deux à deux. Le Lac qui battoit presque au pied des murailles, il y a soixante ou quatre-vingts ans, s'est tellement retiré, qu'il en est presque éloigné de la portée du Canon, & y a laissé un terrain assez spacieux & fort agréable, où l'on se promene à l'ombre de plusieurs Arbres. De l'autre côté de la Ville il y a une Métairie où se trouvent des Eaux souffrées avec des Bains qui sont assez fréquentez, & dont plusieurs personnes se sont bien trouvées.

Le Bailliage d'Yverdun est un des cinq du Pays de Vaud en Suisse, qui dépendent du Canton de Berne. Il est d'une grande étendue. Il s'étend d'un côté jusqu'au Mont Jura, & de l'autre environ trois lieues, tirant vers Lausanne & occupant une bonne partie de ce qu'on appelle le Gros de Vaud, qui est un Pays très-fertile en bons grains. Du côté d'Yverdun, c'est un lieu de Vignes; mais le vin en est petit. Il comprend dix-sept à dix-huit Paroisses. Il y a dans ce Bailliage plusieurs Villages Seigneuriaux, avec des Châteaux comme Champ-verd, Berchier, Biolay, Bavois, Lignerolle, St. Christophle, Essert, Pailli, &c. Les autres qui n'ont point de Seigneurs particuliers sont Warens, Chavornay, Ste. Croix, Baume, Ursin, Valeyre, Bemont & le Bourg nommé les Cle'es. Baume, Ste. Croix, Lignerolle, & les Clées sont dans la Montagne.

§. Selon Mr. Baudrand Yverdun, ou Yverdon, n'est éloigné que de trois lieues des frontières de la France & de la Franche-Comté, au Levant de laquelle elle est située, en allant vers Fribourg dont elle n'est qu'à quatre lieues.

YVETOT, Bourg de France en Normande, au Pays de Caux. Il est grand & a porté le titre de Principauté dans la Maison du Bellay. Il est à deux lieues de Caudebec & à six de Rouen. L'Historien Froissard écrit que Clothaire I. Roi de France ayant tué Gautier Seigneur d'Yvetot dans l'Eglise de Soissons, érigea pour réparer son crime la Terre d'Yvetot en Royaume indépendant; mais comme il écrit plus de sept cens cinquante ans après le tems qu'il dit que cela est arrivé, & qu'il n'en apporte aucun témoin ni aucune preuve, il est permis de n'en rien croire.

Cet Article, qui est de Mr. Daudrand, est fort judicieux & je m'y tiendrois, si depuis qu'il écrivoit, d'habiles Critiques n'avoient pas traité profondément cette matière. Mr. De la Roque a parlé fort au long du Royaume d'Yvetot. Il y recueille tout ce qui s'est dit avant lui de ce Royaume. Il a fort bien remarqué que la Terre d'Yvetot n'est proprement qu'un Alleu exempt d'hommage & de toute redevance, quoiqu'elle portât le titre de Royaume dès l'an 1392;

ainsi

ainsi qu'un Arrêt de l'Echiquier de Normaneie en fait foi & que Charles VI. en confirma les Privilèges dès 1401. ce qui montre bien qu'ils ne sont pas nouveaux. Mais à l'égard de l'origine de ces Privilèges, comme si ç'avoit été quelque point de Religion, il a cru que le plus judicieux étoit de s'en tenir à la tradition de nos peres, quoique de son aveu il ne trouvât point de titres suffisans pour l'autoriser ; parce qu'au moins elle devoit venir d'une grande Antiquité, c'est-à-dire qu'il falloit toujours faire quelque fonds sur la Fable qui veut qu'un GAUTIER Seigneur d'Yvetot ait été tué dans la Chapelle du Château de Soissons par le Roi Clothaire I. qui ensuite pour réparation d'un si grand crime auroit en 536. été condamné par le Pape Agapit à renoncer à tout droit sur la Terre de ce Gautier en faveur de ses Héritiers, qui est ce que les enfans auroient aujourd'hui de la peine à croire. *Traditio est*, dit-il savamment en citant Tertulien, *nihil quæras amplius.*

Mr. l'Abbé de Vertot a traité exprès la même matiere dans une DISSERTATION *sur l'origine du* ROYAUME D'YVETOT. Elle est inférée dans les Mémoires de l'Académie Royale des Inscriptions & Belles-Lettres. Elle est de l'an 1714. Il réfute sagement le prétendu meurtre de Gautier d'Yvetot ; mais nous verrons dans la suite qu'on lui reproche d'avoir trop raproché l'origine des Privilèges, & qu'ils sont antérieurs à l'Epoque qu'il veut leur donner.

Il se trouve encore deux Mémoires dans les Mercures des Mois de Septembre 1725. & de Janvier de l'année suivante. Dans le premier on s'est principalement attaché à étaler toutes les Confirmations des prérogatives de la Terre d'Yvetot depuis l'an 1401. jusqu'en 1725. L'Auteur du second Mémoire ne regarde cette Terre que comme un Alleu qui s'est maintenu dans son indépendance primitive, & il rapporte plusieurs exemples d'autres Terres dont les franchises sont les mêmes & que les Peuples ont aussi érigées en Royaumes, ce qui fait plaisir au Lecteur ; mais il donne dans une chimère aussi peu recevable que la fable de Gautier. Il prétend que cet Alleu a précédé la Domination des Normands, & que les Seigneurs d'Yvetot n'ont jamais rendu aucuns devoirs aux Ducs de Normandie, parce qu'ils étoient protégés par les Rois de France. Il ajoute que par cette raison on a dit d'abord que leur Terre étoit *du Royaume* & non *du Duché*, dans lequel elle étoit *enclavée* simplement ; que dans la suite au lieu de dire *Tvetot du Royaume*, on a dit *le Royaume d'Yvetot*. C'est-là assurément une conjecture bien hazardée. Dès qu'on sait que les premiers Normands s'emparérent des Biens des Eglises aussi-bien que des Biens Séculiers, qu'il n'y eut rien de sacré ni de profane qui fût à couvert de leur avidité, pourra-t-on se persuader qu'ils ayent néanmoins respecté l'Alleu d'Yvetot? De plus, qui croira jamais que ce Peuple Barbare après avoir forcé les Rois de France à lui céder tout le grand Pays qui a formé le Duché de Normandie, & dont il étoit déja en possession, auroit été assez timide pour n'oser réduire aussi sous le même joug la Terre d'Yvetot, par égard pour la Sauvegarde que ces mêmes Rois auroient accordée aux Seigneurs de cette Terre?

L'Abbé de Vertot a bien détruit la Fable de Gautier d'Yvetot, & du Pape Agapit : il n'a eu garde d'attribuer une origine si ancienne aux Privilèges d'Yvetot : il n'a même cherché au contraire qu'à mettre cette origine, le plus près de notre Siècle qu'il a pu ; mais il l'en a trop raprochée, trompé comme il étoit par quelques preuves équivoques. Il a cru avoir trouvé une preuve de Services Militaires rendus aux Rois de France par des Seigneurs d'Yvetot pour leur Fief jusqu'en 1370. auquel un Perrinet d'Yvetot fut reçû à une revûe devant le Connétable du Guesclin. Et delà il a inféré que l'érection d'Yvetot, soit en *Principauté*, soit en franc Alleu noble, (ce qu'il laisse au choix du Lecteur,) doit avoir été faite entre cette année 1370. & l'an 1392. qui est la date de l'Arrêt de l'Echiquier où cette Terre est décorée du Titre de *Royaume*. C'est en effet ce qui seroit décisif si ce Perrinet d'Yvetot, dont il est fait mention dans le Livre de l'Arriéreban de Mr. de la Roque, & dans ses preuves de la Maison d'Harcourt p. 1308. avoit servi pour le Royaume d'Yvetot ; mais c'étoit alors un Jean d'Yvetot qui possédoit cette Terre, soit que ce fût celui qui en 1350. fonda trois Prébendes à Yvetot, ou bien son fils & Successeur de même nom dont on a aussi un Acte de 1380.

Outre les Écrits spécifiez ci-dessus, il y a à la fin du Dictionnaire Géographique de la France un ample Mémoire sur Yvetot ; c'est dans cet Ouvrage que nous avons trouvé ce que nous avons déja mis de critique dans celui-ci. Il est trop long pour l'inférer ici tout entier ; il vaut mieux y renvoyer le Lecteur. Nous remarquerons seulement que l'Auteur avoue que l'origine du Royaume d'Yvetot ne sauroit être parfaitement connue avant qu'on l'ait davantage aprofondie. Il croit qu'il faut réserver ce soin aux PP. Bénédictins qui travaillent à recueillir les Actes & les Monumens pour l'Histoire de Normandie. Comme leur Abbaye de St. Vandrille possédoit une partie d'Yvetot, ils ont sans doute des pièces qui peuvent éclaircir cette matière ; en attendant, on est, dit-il, en état d'établir trois faits qui sont importans. 1°. Que Guillaume le Conquérant Duc de Normandie, & Roi d'Angleterre dans l'onzième Siècle, possédoit du moins une partie du Domaine de la Paroisse d'Yvetot. 2°. Que dans le Siècle suivant la Noble Famille du nom d'Yvetot y avoit un franc Fief. 3°. Que dès le même tems elle l'avoit augmenté de quelques autres Fiefs pour lesquels elle devoit des Services. On peut voir les preuves qu'en fournit l'Auteur, & les conséquences qu'il en tire.

Mr. Baudrand attribue à Froissard d'être le premier qui ait parlé du meurtre commis par Clothaire I. en la personne de Gautier. Etienne Pasquier, dans ses Recherches, dit que c'est Gaguin. Le P. Le Long, dans sa Bibliothèque Historique de la France, dit que Nicole Gilles est le premier qui ait par-

YVI. YUM. YUN. YUN. YVO. YUQ. YUS. 429

lé de ce Royaume d'Yvetot; car ses Chroniques parurent en 1492. & celle de Gaguin en 1497. On a un Traité du Royaume d'Yvetot par Claude Malingre. Il est imprimé avec le Traité de cet Auteur de la Loi Salique in 8°. Paris 1614. *De falsâ Regni Yvetotii narratione, ex majoribus Commentariis in fragmentum*, in 8°. Paris 1615. Ce fragment est d'Antoine Mornac célèbre Jurisconsulte. *Preuves de l'Histoire du Royaume d'Yvetot, avec un Examen ou une Réfutation des Instances & Moyens de faux de l'Auteur Anonyme, & d'autres Ecrivains Modernes contre la même Histoire, par Jean Ruault Professeur en Eloquence*, in 4°. Paris 1631.

YVIÇA. Voyez IVIÇA.

YUMA, Isle de l'Amérique entre les Lucayes, au Nord de la partie Orientale de l'Isle de Cuba. Les Anglois la nomment LONG-ISLAND, à cause de sa longueur. Mr. Baudrand [a] lui donne vingt-deux lieues de long. Sa longueur est du Nord-Ouest au Sud-Est. Il lui donne huit lieues de large, apparemment dans sa plus grande largeur; ce qui est beaucoup. De Laet [b] dit qu'elle est longue de vingt lieues & large de sept: Il lui donne 20. d. 30'. pour la hauteur du Pole.

[a] Ed. 1705.
[b] Descr. des Indes-Occ. L. 1. c. 16.

YUMACH-CAMA. C'est ainsi que, selon Thevet les Habitans du Diarbeck appellent le Golphe Persique.

YUMETO, Isle de l'Amérique entre les Lucayes, au Nord de l'Isle d'Yuma, selon De Laet [c], qui dit qu'elle est sous le Tropique; & que les Espagnols lui donnent quinze lieues de longueur. Cette Isle & celle d'Yuma n'ont point de Colonies Européennes, & par conséquent sont peu fréquentées par les Navigateurs d'Europe. Mr. D'Anville dans sa Carte des Isles de l'Amérique, qui est devant l'Histoire de l'Isle Espagnole ou de St. Domingue, ne semble pas donner le nom d'*Yumeto* à une seule Isle; mais à une longue chaîne d'Islots, qui ne ressemble pas mal à une faucille, dont l'Isle d'Yuma seroit le manche, & il fait cette chaîne au moins de deux longueurs de cette même Isle.

[c] Ibid.

YUNA, Rivière de l'Amérique, dans l'Isle Espagnole [d]. Elle a sa source dans les hautes Montagnes de la Porte, coule au Nord-Est, reçoit un très-grand nombre de Ruisseaux, & de petites Rivières, & va se rendre à la Mer dans la Baye de Samana.

[d] Le P. Charlevoix, Hist. de St. Domingue. t. 4. p. 326.

YUNGAS (Les). C'est ainsi qu'on appelle les Plaines du Pérou, qui s'étendent du Nord au Sud entre la Sierra à l'Orient, & la Mer Pacifique à l'Occident, selon Mr. Baudrand [e].

[e] Ed. 1705.

YUNGUS VICUS, selon quelques Exemplaires de l'Itinéraire d'Antonin, *Vungus Vicus* selon d'autres. Plusieurs portent *Dongo*: Cluvier lit *Longus Vicus*; mais Simler, Cellarius, & Bergier lisent *Tungo Vico*. Ce dernier prétend que c'est le Palais d'Yonne en Champagne. Ce Lieu doit être sur la Route de Rheims à Trèves, à XXII. lieues Gauloises de la première; mais il y a plus d'apparence que *Vungo Vico* est la véritable Leçon. Flodoard dans son Histoire de Rheims [f] nomme *Vongum Municipium*, & fait ailleurs [g] mention de *Pagus Vongensis*. Dans la Vie de St. Waast [h] on lit ces mots *Vungise Pagus prope Reguliacam Villam circa florigeras Axonnæ ripas*; & Hadrien Valois l'explique par *Voust*, ou Vouzi, comme le remarque [i] Mr. Wesseling dans la belle Edition qu'il nous a donnée de l'Itinéraire d'Antonin in 4°. à Amsterdam chez Wetstein & Smith, 1735.

[f] Lib. 3. c. 10.
[g] Lib. 2. c. 18.
[h] Cap. 2.
[i] Pag. 365.

YVOIRE, en Latin *Aquaria*, Bourg de Savoye, dans le Chablais, sur la Rive Méridionale du Lac de Genève, à trois petites lieues de Thonon, & à cinq d'Evian, selon Mr. Baudrand [k].

[k] Ed. 1705.

YVOY. Voyez IVOY.

YUPI, Pays fort étendu de la Tartarie Orientale, avec Titre de Royaume, entre celui de Nieulan, la Mer Orientale, la Tartarie Orientale proprement dite, & la Chine. Il est ainsi nommé à cause des Peuples YUPI qui l'habitent, selon Mr. Baudrand [l].

[l] Ibid.

YUQUINOXIMA, Isle du Japon, sur la Côte de l'Isle de Chicock, au Septentrion de l'Isle de Firando, selon Mr. Baudrand [m]. Il faut que ce soit IKIOSIMA, ou l'Isle d'IKI de Mr. Kaempfer, qui en parle à la fin de la septième Contrée; comme on peut voir dans l'Article JAPON de ce Dictionnaire.

[m] Ibid.

YUSBECS (Les), Peuple Tartare. Ce sont les mêmes que les USBECS. Voyez au mot TARTARE, l'Article TARTARES USBECS.

FIN DE LA LETTRE Y.

LE GRAND DICTIONNAIRE GEOGRAPHIQUE, ET CRITIQUE.

ZAA. ZAA. ZAB.

ZAA, Riviére d'Afrique dans l'Empire de Maroc, au Royaume de Fez, & dans la Province de Cuzt, selon Marmol [a], qui dit que la Ville de Teurert est bâtie au bord de cette Riviére.

[a] Descr. d'Afrique, L. 2. p. 296.

ZAARA, Partie fort considérable de l'Afrique [b], ainsi nommée par les Arabes, comme qui diroit par le Desert. On l'appelle aussi souvent ZAHARA, & SAHARA. Elle est fort étendue dans l'Intérieur de l'Afrique, du Levant au Couchant, étant bornée au Septentrion par le Biledulgerid; à l'Orient par la Nubie: à l'Occident par l'Océan Atlantique; & au Midi par le Pays des Négres. On la divise le plus souvent en sept parties, ou Deserts qui sont ceux de Berdoa, Borno, Gaoga, Lempta, Targa ou Zaghara, Zanhaga & Zuenziga. Il y a peu de Villes & de Places dans ce grand Pays, où à peine trouve-t-on les Places de même nom, à cause des grandes Campagnes de Sable mouvant qui incommodent fort les Habitans, sur-tout quand ils sont agitez par les Vents; c'est pourquoi les Arabes appellent ce Pays la Mer de Sable, selon Jean Léon l'Africain. On ne peut pas même voyager dans ce Pays-là dont les Habitans font Esclaves

[b] Baudrand, Dict.

tous ceux qu'ils prennent, & les vendent aux Etrangers. A peine permettent-ils à quelques Mandingues de trafiquer chez eux. Au reste, c'est le Pays des anciens Gétules & des Garamantes. Voyez SAHARA.

1. ZAARAM, Ville de l'Arabie-Heureuse: Ptolomée [c] en fait la Résidence du Roi des Cinædocolpites. Le MS. de la Bibliothéque Palatine lit ZABRAM, au lieu de ZAARAM.

[c] Lib. 6. c. 7.

2. ZAARAM, Mr. Corneille [d], sans citer son garant dit: Nom ancien d'Algiar, Ville de l'Arabie Pétrée.

[d] Dict.

ZAB, Riviére d'Asie, dans la Perse. Tavernier [e] dit qu'on trouve cette Riviére en descendant le Tigre depuis Ninive jusqu'à Babylone, & il ajoute qu'elle se jette dans le Tigre du côté de la Chaldée. A demi-lieue au-dessous de cette Riviére il y a un beau Château de briques, bâti sur une petite Colline, & qui, parce qu'il n'est point habité, commence à se ruïner.

[e] Voyage de Perse, Liv. 2. ch. 7.

1. ZABA, Ville de l'Inde, au-delà du Gange: Ptolomée [f] la place dans le Pays des Lestes ou des Pirates. Le MS. de la Bibliothéque Palatine porte ZABÆ pour ZABA.

[f] Lib. 7. c. 2.

2. ZABA. Voyez ZABI.

3. ZABA. Voyez ZABATUS.

ZABA-

ZAB.   ZAB. 431

a Baudrand, Dict.

ZABACHE[a], ou LA MER DE ZABACHE, autrement LA MER D'ASOPH, en Latin *Palus Mæotis*. C'est un Lac situé sur les confins de l'Europe & de l'Asie entre la Petite Tartarie & la Circassie. On lui donne six cens milles, ou deux cens lieues de tour; mais il a si peu de fond, & tant de Bancs de Sable, qu'il ne peut porter que des Barques. Ce Lac formé en quelque maniére par l'Embouchure du Don, ou Tanaïs[b], & par un grand nombre de petites Riviéres, s'étend en longueur du Nord Oriental au Midi Occidental, depuis Asoph jusqu'à la Péninsule de Crim. Il communique à la Mer de Gnil, qui est formée de ses eaux, & il se décharge dans la Mer-Noire par deux grands Détroits, séparez l'un de l'autre par l'Isle de Tameraw. Les principales Riviéres qui se jettent dans la Mer de Zabache, outre le Don, sont

b Carte de la Petite Tartarie, dressée par l'Ordre de l'Impératrice de Russie.

A la droite du Don :
{ Temerék,
Schatter,
Schulik,
Donétzkoi,
Schulik,
Morskai,
Tagan,
Sambia,
St. Paul,
Telantrk,
Kalmiusse,
Selengra,
Berda,
Berdnika,
Tokmak,
Molocknaja, } Dans la Mer de Gnil.
Molocznjawodi.

A la gauche du Don:
{ Kagulnuk,
Kalbarna,
Beisla,
Kuban,
Sulgira,
Bolgana. } Dans la Mer de Gnil.

ZABADÆI. Voyez ZABADÉENS.

ZABADÉENS, ou ZABADIENS, Arabes qui demeuroient à l'Orient des Montagnes de Galaad. Il est dit au premier Livre des Macchabées[c], que Jonathas marcha vers les Arabes, qui sont appellez Zabadéens, qu'il les défit & en rapporta des dépouilles. Mais il y a beaucoup d'apparence, dit Dom Calmet, qu'au lieu de Zabadiens, qui est un mot inconnu, il faut lire Nabathéens avec Josephe. On sait qui étoient les Nabathéens.

c Cap. 12. v. 31.

ZABAN. Voyez ZABATUS.

ZABANDUS. Voyez TZAMANDRUS.

ZABARIA. Tzetzès appelle ainsi le Lieu où étoit né Jean Lachana le Grammairien.

ZABATUS, Riviére d'Asie. Xénophon[d] qui en parle fait entendre qu'elle étoit au voisinage du Tigre, & lui donne quatre cens pieds de largeur. Ortelius e soupçonne que cette Riviére est celle que Cédréne & Calliste nomment SABA. Mais, ajoute-t-il, Cédréne & l'Histoire Miscellanée connoissent dans ce Quartier deux

d Cyriacor. L. 2. c. 3.
e Thesaur.

Fleuves de ce nom, l'un qu'ils appellent le *Grand Zaba* & l'autre le *Petit Zaba*.

ZABDÆA, Contrée de la Perse, & dont l'Evêque est nommé Dausa, par Nicéphore Calliste[f]. Ce pourroit être le même Siège que Zozoméne nomme Ζανδαΐος, & qu'il place quelque part en Asie.

f Lib. 8. c. 37.

ZABDENI. Voyez VALERIA.

ZABDICENA, Contrée d'Asie, & l'une de celles qu'Ammien-Marcellin g appelle *Transtigritanes*, parce qu'elles étoient situées au-delà du Tigre, non par rapport aux Provinces Romaines; mais par rapport à la Perse. Petrus Patricius nomme cette Contrée Ζαβδική, Zosime par erreur l'appelle Βαβδικηνή pour Ζαβδικηνή, & Zozoméne Ζαβδαΐον χωρίον. Ce dernier au lieu d'une Contrée en fait un Lieu & insinue que ce Lieu étoit un Siège Episcopal; car il dit que l'Evêque Dausas ayant été fait prisonnier par les Perses, & emmené d'un Lieu nommé Zabdée, souffrit généreusement la mort pour la défense de la Foi, avec Mareabde Chorevêque & environ deux cens cinquante Ecclésiastiques.

g Lib. 25. c. 7.
h Lib. 2. c. 13.

ZABE. Voyez ZABI.

ZABECES, Peuples d'Afrique dans la Libye : Hérodote[i] qui parle de ces Peuples dit qu'ils étoient voisins des Marges de Libye & des Zygantes.

i Lib. 4. sub. finem.

1. **ZABENSIS**, Siège Episcopal d'Afrique, dans la Mauritanie Sitifense, selon la Notice des Evêchez de cette Province.

2. **ZABENSIS**, Siège Episcopal d'Afrique. On trouve dans la Notice des Evêchez d'Afrique deux Sièges Episcopaux du nom de Zabe, l'un dans la Numidie, l'autre dans la Mauritanie Sitifense. On ne fait point duquel de ces deux Sièges étoit Eveque Lucius, qui est qualifié *Episcopus Zabensis* par la Conférence de Carthage[k] N°. 198. Quant à l'Evêque Felix, Donatiste que St. Optat[l] appelle *Zabensis* [Episcopus], on ne peut douter qu'il ne fût Evêque de la Mauritanie Sitifense; car St. Optat fait entendre que le Château *Lemellense* étoit dans le voisinage.

k N°. 198.
l De Schism. Donat. Lib. 2. p. 41.

ZABENSIS LIMES, Contrée d'Afrique selon la Notice des Dignitez de l'Empire. Cette Contrée étoit apparemment aux confins de la Numidie, aux environs de la Ville de Zaba. Voyez ZABENSIS.

ZABERN, Ville de France, en Alsace, dans les Terres de l'Evêque de Strasbourg, ainsi nommée par les Allemands, & SAVERNE par les François. Il y a encore, en Alsace, deux autres petites Villes nommées BERGZABERN, & RHEINZABERN. Voyez SAVERNE.

ZABES, ou ZABESEN, Ville du Royaume de Hongrie, dans la Transilvanie, nommée aussi *Zaszebes* & *Saſſebes* dans le Pays, & par les Allemands *Müllenbach*. Cette Ville est petite, quoiqu'elle ait été autrefois la principale Place des Saxons dans ce Pays-là. Elle est située dans une Plaine, sur la Merisch, ou Maros selon Mr. Baudrand[m]; mais Mr. de l'Isle[n], à qui je m'en rapporterois plus volontiers, la marque au confluent de quelques petites Riviéres, dont les eaux vont se jetter dans la Maros, à quelques milles au-dessous. *Zabes*, connue anciennement sous le nom de

m Dict.
n Atlas.

de Zeugma, est la Capitale d'un Comté auquel elle donne son nom.

Le COMTÉ DE ZABES, OU DE SASSEBES, est borné au Nord par les Comtez de Torda & de Kokelvar: à l'Orient par ceux de Medgies & de Ceben: au Midi par celui de Safvaros; au Couchant par celui de Weissembourg, La Rivière de Maros le coupe en deux parties inégales. Dans la plus grande on trouve Zabes & Reismark, & Enied dans la plus petite.

ZABI, Lieu de la Mauritanie Sitifense. L'Itinéraire d'Antonin le marque sur la route de Carthage à Césarée, entre *Macris* & *Aræ*, à vingt-cinq milles du premier de ces Lieux & à trente milles du second. Ce Lieu est nommé ZABE dans l'Histoire Miscellanée, & ZABA dans la Notice des Dignitez de l'Empire. Il donnoit apparemment le nom à la Contrée appellée ZABENSIS LIMES par la même Notice, & à ZABE par Procope. Ce dernier dit [a] que Salomon, Gouverneur d'Afrique pour l'Empereur Justinien, après avoir battu les Maures, qui se retirérent dans la Numidie, imposa Tribut à la Province Zabé ou Sabé, qui est au-delà du Mont Aurabe. On l'appelle, ajoute-t-il, la première Mauritanie, & elle a la Ville de Sitiphe pour sa Métropole. Césarée est la Capitale de la Mauritanie seconde. Les Romains n'y vont que par Mer, à cause que les Maures, Sujets de Mastigas, tiennent tout le reste de la Mauritanie seconde. Voyez ZABENSIS.

[a] *Vandal.* Lib. 2. c. 20.

ZABID, Ville de l'Arabie-Heureuse [b], au Royaume d'Yémen, & la Métropole de toute la Région maritime de l'Yémen. Elle est située dans une Plaine, & éloignée de la Mer d'un peu moins d'une journée de chemin. On n'y voit point d'eau que celle des Puits; elle a quantité de Palmiers, & ses Murs sont percez de huit Portes selon Albiruny. Zabid est regardé comme un Port de l'Yémen; mais le vrai Port de cette Ville est un lieu appellé ALFAKAH, & il y a quarante milles de distance de l'un à l'autre. Il est écrit dans Alazizy que Zabid a une Rade nommée Alafakah; & l'Auteur du Livre des Longitudes dit qu'Alafakah est située à 64. d. de Longitude, sous les 14. d. 35'. de Latitude. Zabid, selon les Tables d'Abulféda, se trouve sur les Côtes de l'Yémen, au commencement du premier Climat, à 63. d. 20'. de Longitude, sous les 14. d. 10'. de Latitude. Mr. de la Roque remarque que Zabid est une Ville de Commerce, dont le Port est un des principaux de l'Yémen sur la Mer-Rouge. Ce Port, ajoute-t-il, s'appelle Alafakah, du nom d'une Forteresse qui se trouve à son entrée. Il y avoit autrefois un Roi à Zabid, & un autre à Sanaa, & ces deux Rois se faisoient la guerre.

[b] *Abulfeda,* Descr. Générale de l'Arabie, de la Trad. de Mr de la Roque.

ZABIDA, Village de l'Arabie-Heureuse, selon Etienne, qui le place dans les Terres, & cite Vranius [c]. Ce pourroit être ce même Lieu que Benjamin de Tudèle appelle ZEBID & met à douze journées de Navigation de Colan. Peut-être est-ce pareillement le même Lieu que le Géographe de Nubie [d] nomme ZABID, & dont il fait une Ville, avec un Port de même nom. Le Château de Ghalafeca, dit-il, est voisin du Port de ZABID, & il est éloigné de la Ville de ZABID de cinquante mille pas. Cette Ville de Zabid, poursuit-il, est grande: ses Habitans sont riches & opulens; & il y vient un grand nombre de Marchands, de divers Lieux. Du tems de Vranius Zabida n'étoit qu'un Village, qui dans la suite devint une Ville Marchande & célèbre; mais quoique le Géographe de Nubie donne un Port à la Ville de Zabid, il n'est pas nécessaire de conclurre que c'étoit une Ville maritime. Un grand nombre de Villes ont des Ports sur le bord de la Mer, & cependant sont bâties dans les Terres.

[c] *Arabicor.* L. 3.

[d] Parte 6. Climatis primi.

ZABIENS. Voyez ZABII.

ZABII, Peuple de l'Inde, selon Etienne le Géographe, qui dit que ce Peuple combattit avec Derias contre Bacchus. Nonnus [e] parle des ZABII dans ce Vers:

Καὶ σκολιοπλοκάμων Ζαβίων στίχες οἷσιν ἐκέφρων
Παλθάνωρ πρόμος ἦεν.

[e] *Dionysiacon.* Lib. 26.

Dom Calmet [f] fait l'observation qui suit: On dit que les Zabiens sont d'anciens Chaldéens attachez à l'Astrologie & au culte des Astres, & dont la principale occupation étoit de former des Talismans sous certains aspects des Astres. On doute si les Zabiens étoient un Peuple particulier, ou une Secte de Philosophes, où si leur nom marque simplement leur Religion, leur Pays, ou leur situation. On propose sur cela cinq ou six Sentimens divers [g]. Les uns croient que le nom de Zabiens vient de *Zaba*, ou plutôt de *Saba*, fils de Chus, ou de *Zaba*, une Armée, parce qu'ils adoroient l'Armée du Ciel; ou de l'Arabe *Tzabin*, qui signifie le Vent d'Orient, parce que ces Peuples étoient Chaldéens, & connus sous le nom d'Orientaux. Spencer qui a fort examiné cette matière, croit que la meilleure Etymologie est celle qui a été proposée par Scaliger [h], qui croit que *Zabiim* signifie les Orientaux, ou les Chaldéens; mais il prétend qu'on ne doit pas borner ce nom aux seuls Chaldéens, & qu'il doit s'étendre à tous les Peuples qui ont suivi leurs principes, comme les Egyptiens, les Nabathéens, les Chananéens, les Syriens & autres; en sorte que le nom de *Zabien*, marqueroit une espèce de Secte fort répandue dans tout l'Orient.

[f] Dict.

[g] Spencer, de Legib. Hebr. ritual. L. 2. c. 1. de Zabiis.

[h] Lib. 1. Epist. 62.

Mais quelle étoit la Religion & la Philosophie des Zabiens? Quelques-uns croient que c'étoit la plus ancienne Religion du Monde. Il y en a qui en mettent l'origine sous Seth fils d'Adam; d'autres sous Noé, d'autres sous Nachor, Pere de Tharé & Ayeul d'Abraham. Maimonide [i] croit qu'Abraham suivoit les principes & la Religion des Zabiens avant qu'il fût sorti de la Chaldée. Un des principaux Articles de cette Religion étoit le culte des Astres & une sorte de Magie; ce qui fait dire à Spencer qu'ils étoient Payens, & que leur Religion, telle qu'elle a été connue par les Auteurs Juifs & Arabes qui en parlent, n'a été formée que sur le déclin du Judaïsme, & qu'elle a emprunté diverses choses des anciens Chaldéens, des Juifs, des Pla-

[i] *More-Nevoch.* L. 3. p. 411.

toniciens & des Gnostiques; qu'ils ont fait un mélange de tout cela, dont leur Religion est composée. Il ajoute que le nom des Zabiens, & même de leur Religion, comme elle est aujourd'hui, est fort récent, & ne surpasse pas le tems de Mahomet, puisqu'on ne trouve ni leur nom ni leur Religion marquez dans aucun Auteur ancien, ni Grec ni Latin, ni dans aucun Ouvrage écrit avant l'Alcoran.

Mr. Hyde dans son Histoire de la Religion des Perses, s'est appliqué à prouver que les anciens Zabiens n'étoient point Gentils. Il prétend que Sem & Elam sont les premiers Auteurs de leur Religion; que si dans la suite elle se trouva chargée de quelques superstitions, Abraham la réforma, & soutint la Réformation contre Nemrod qui la persécuta. Que Zoroastre vint ensuite & rétablit le culte du vrai Dieu, qu'Abraham avoit auparavant enseigné. Il est vrai que les Zabiens, ou les anciens Perses, entretenoient un Feu éternel sur leurs Autels & dans leurs Temples; mais on voyoit la même chose sur l'Autel du Temple de Jérusalem, où les Prêtres avoient soin de nourrir un Feu qui ne s'éteignoit jamais. Ils paroissoient adorer le Soleil; mais on prétend que ce n'étoit qu'un culte subalterne & subordonné au culte du vrai Dieu. Les restes des anciens Perses, qui sont encore aujourd'hui dans l'Orient, soutiennent à ceux qui les interrogent, que le respect qu'ils ont pour le Soleil, est un culte purement civil, semblable à celui qu'on rend aux Rois, & à leurs Ministres.

On ne trouve pas le nom de *Zabiens* dans l'Ecriture ; mais les Rabbins & les Commentateurs en parlent assez souvent, & prétendent que Moyse les a eus en vûe dans plusieurs de ses Loix cérémonielles, soit pour les contredire, ou pour rectifier les usages & les Cérémonies des Zabiens. On peut voir Spencer dans son Second Livre *De Legibus Hebræorum Ritualibus*.

On prétend que la Religion des Zabiens est la plus ancienne des Religions du Monde, après la Religion d'Adam & des Patriarches, qui étoit la seule véritable. L'unité d'un Dieu & la nécessité d'un Médiateur étoit originairement une persuasion générale & régnante parmi tous les hommes [a]. L'unité d'un Dieu se découvre par la lumière naturelle ; le besoin que nous avons d'un Médiateur, pour avoir accès à l'Etre suprême, est une suite de cette première idée. Mais les hommes n'ayant pas eu la connoissance, ou ayant oublié ce que la Révélation avoit appris à Adam des qualitez du Médiateur, ils en choisirent eux-mêmes par le moyen desquels ils pussent s'adresser au Dieu suprême. Ce fut le premier pas vers l'Idolatrie. Ne voyant rien de plus beau ni de plus parfait que les Astres, dans lesquels ils supposoient que résidoient des Intelligences qui animoient & qui gouvernoient ces grands Corps, ils crurent qu'il n'y en avoit point de plus propres pour servir de Médiateurs entre Dieu & eux. Et comme les Planetes étoient de tous les Corps Célestes les plus proches de la Terre, & celles qui avoient le plus d'influence sur elle, ils leur donnèrent le premier rang parmi ces Médiateurs, & sur ce pied-là ils en firent l'objet de leur culte.

Telle fut l'origine de toute l'Idolatrie qui a eu cours dans le Monde. D'abord on dressa des Tentes ou des Chapelles à ces Puissances, puis on leur dressa des Statues ou des Images. Ces Images n'étoient dans les commencemens regardées que comme des demeures sacrées où les Intelligences avoient leurs habitations; & ceux qui les y adoroient ne leur rendoient qu'un culte relatif à la Planete, qui en étoit la maîtresse. Ils s'aviserent ensuite de faire des Statues dans lesquelles ils croyoient qu'après leur consécration ces Intelligences étoient aussi présentes par leurs influences que dans les Planetes, & que les prières qu'on leur adressoit, avoient autant d'efficace devant l'une que devant l'autre. Ce fut-là l'origine de l'adoration des Statues ou Simulacres.

On leur donna le nom des Planetes qu'ils représentoient, & qui sont les mêmes que ceux qu'elles ont aujourd'hui. Aussi trouvons-nous Saturne, Jupiter, Mars, Apollon, Mercure, Venus & Diane placez dans le premier rang dans le culte des Anciens. C'étoit-là ce qu'ils appelloient les *Grands Dieux*. Ensuite l'opinion que les Ames des gens de bien pouvoient, après leur séparation du Corps, servir de Médiateurs & d'Intercesseurs auprès de Dieu pour les hommes, ayant prévalu dans leurs esprits, on déifia plusieurs de ceux qu'on croyoit justes & dignes de cet honneur ; ainsi le nombre des Dieux s'augmenta dans le Monde.

Cette Religion prit son origine chez les Chaldéens. La connoissance qu'ils avoient de l'Astronomie contribua à les y porter. C'est ce qui obligea Abraham à quitter la Chaldée. Des Chaldéens ce culte se répandit dans tout l'Orient, delà en Egypte, de l'Egypte en Grèce, & de la Grèce parmi toutes les Nations d'Occident. Les premiers Auteurs de cette superstition étoient connus dans l'Orient sous le nom de Sabbéens, ou de Zabiens. Les restes de cette ancienne Secte subsistent encore aujourd'hui dans l'Orient sous le nom de Sabbéens, qu'ils prétendent avoir reçu de Sabius fils de Seth ; ils ont encore parmi eux un Livre qu'ils attribuent à Seth, & qui contient la doctrine de leur Secte.

A cette Secte des Sabbéens étoit diamétralement opposée celle des Mages, qui avoient horreur des Images & des Idoles, & n'adoroient Dieu que par le Feu. Ils prirent naissance dans la Perse, & s'étendirent dans les Indes, où ils subsistent encore aujourd'hui. Ils reconnoissoient deux Principes l'un du Bien, l'autre du Mal ; le premier représenté par la Lumière, le second par les Ténèbres ; tous deux Dieux, & recevants parmi eux des prières & des adorations. Toutefois ils étoient partagez de sentimens, en ce que les uns les croyoient tous deux de toute éternité, & les autres que le bon Principe seulement étoit éternel ; & que le mauvais avoit été créé, comme nous croyons que le Démon est une Créature déchue de sa pureté primitive.

[a] Voyez *Prideaux*, Hist. des Juifs, I. Part. L. 3. p. 319. & les Auteurs qu'il cite.

Pour

Pour revenir aux Zabiens, comme tout le Systême que nous venons de proposer sur leur origine & leur progrès n'est fondé ni sur des preuves de fait, ni sur le recit des Historiens anciens, ni sur aucun Monument autentique, nous sommes obligez d'avertir le Lecteur, que tout cela n'est qu'une hyperbole, probable à la vérité; mais peu assûrée. Voici quelque chose de plus précis, tiré des Auteurs Orientaux, qui nous apprennent quelle est la Secte des Zabiens, & quels sont leurs sentimens.

[a] D'Herbelot, Biblioth. Or. p. 725. Sabi.

Le nom de Sabbéens, ou de Zabiens [a], n'est pas le nom d'une Nation particuliére; mais celui d'une Religion connue dans l'Orient & de ceux qui la professent. Il n'est pas bien certain en quoi consiste principalement la Religion des Zabiens. Les Orientaux mêmes sont fort différens sur ce sujet; mais il est très-constant que cette Religion est une des trois auxquelles Mahomet a donné sa protection & une espèce d'approbation dans l'Alcoran. Ces trois Religions sont le Judaïsme, le Christianisme & le Zabéïsme; parce qu'elles ont, ou prétendent avoir, des Livres composez par des Patriarches & des Prophetes, que Mahomet & les Musulmans reconnoissent.

Selon Houssain Vaez dans sa Paraphrase Persienne de l'Alcoran, les Zabiens ont diverses Observances tirées du Judaïsme, du Christianisme & du Mahométisme. Ils honorent les Anges d'un culte religieux: ils lisent les Pseaumes de David; ils prient tournés tantôt au Midi & tantôt au Septentrion. Il y en a qui croyent qu'ils sont dans les principes des Saducéens.

Ils ont aussi, dit Mr. d'Herbelot, un Livre qu'ils attribuent à Adam, & qu'ils regardent comme leur Bible, dont les caractères sont tout-à-fait particuliers; mais dont la Langue est presqu'entiérement Chaldaïque. Ils ont une grande vénération pour St. Jean Baptiste, duquel ils se disent Disciples: ils pratiquent une espèce de Batême; ce qui leur fait donner par nos Voyageurs le nom de *Chrétiens de St. Jean.* Les Auteurs Arabes disent que ces gens-là sont les Descendans de la plus ancienne Nation du Monde, qu'ils parlent aujourd'hui, du moins dans leurs Livres, la Langue qu'Adam & ses enfans ont parlée, qu'ils tiennent leur Religion & leur Loi de Scheith & d'Edris, qui sont les Patriarches Seth & Noé, dont ils ont encore aujourd'hui les Livres pleins d'instructions morales. Ils prient Dieu sept fois le jour, ne mêlent à cet exercice aucune autre action. Ils jeûnent pendant le cours entier d'une Lune, & ne prennent aucune nourriture depuis le lever jusqu'au coucher du Soleil. Ils terminent toujours ce Jeûne à l'Equinoxe du Printems; ce qui revient à peu près à la Pâque des Juifs. Ils honorent le Temple de la Mecque, & ont aussi beaucoup de respect pour les Pyramides d'Egypte, à cause qu'ils croyent que Sabi fils d'Enoch est enterré dans la troisième. Leur principal Pélerinage se fait dans un Lieu proche de Haram, en Mésopotamie, & que quelques-uns tiennent pour le Lieu de la naissance d'Abraham; mais qui est sûrement celui d'où il partit pour se rendre en Palestine. D'autres croyent qu'ils honorent ce Lieu à cause de Sabi, fils de Mari, qui vivoit du tems d'Abraham, & dont ils tirent apparemment leur origine, bien plûtôt que de Sabi fils d'Enoch, qui n'est point connu dans l'Ecriture, & qui doit avoir vécu avant le Déluge.

Un autre Auteur Arabe [b], dit que la Religion des Zabiens a été non-seulement la plus ancienne, mais encore la générale & la seule Religion du Monde jusqu'au tems d'Abraham, duquel toutes les autres Religions sont descendues. Ils disent que les anciens Perses, Chaldéens, Assyriens, Grecs, Egyptiens & Indiens étoient tous Zabiens, avant qu'ils eussent embrassé le Christianisme, ou le Mahométisme; & les Chrétiens Orientaux ne font point difficulté de dire que le Grand Constantin a quitté la Religion des Zabiens pour prendre celle des Chrétiens.

[b] Ben Azem.

Mr. Chardin dans son Voyage de Perse [c] dit que les Disciples de St. Jean Baptiste, sont en assez petit nombre répandus dans l'Arabie, dans la Perse, & le long du Golphe Persique; que leur origine vient de la Chaldée, & qu'ils étoient d'anciens Disciples de Zoroastre, dont ils tiennent encore plusieurs opinions. Ils reçurent le Batême de St. Jean, firent un mélange de la Doctrine Chrétienne, des pratiques Judaïques & des réveries du Mahométisme. Ils tiennent St. Jean pour Auteur de leur Créance, de leurs Rits, & même de leurs Livres. Ils reçoivent tous les ans le Batême de St. Jean. Ce Saint est leur grand & unique Saint avec ses pere & mere. Ils placent son Tombeau proche de Chuster, Capitale du Chusistan. Ils placent au même endroit la Source du Jourdain. Ils ne tiennent pas JESUS-CHRIST pour fils de Dieu, mais seulement pour Prophête, & pour l'Esprit de Dieu. Leur vénération pour la Croix va presque jusqu'à l'Idolatrie. Ils ont un Livre nommé *Divan*, qu'ils tiennent pour sacré. On y lit que Dieu est corporel, & qu'il a un fils nommé Gabriel, par lequel il a créé le Monde. Il créa aussi des Anges corporels de l'un & de l'autre Sexe & capables d'engendrer. On dit qu'ils consacrent, ou croyent consacrer, un pain paîtri avec du vin & de l'huile, & qu'après l'avoir porté en procession ils le mangent. Ils ont des Evêques & des Prêtres qui se succèdent de pere en fils. Leurs Prêtres se marient avec une fille Vierge. On assûre qu'une fois l'année ils immolent une Poule sur le bord du Fleuve, & qu'ils sacrifient aussi un Belier. Ils reçoivent tous les ans leur Batême par aspersion ou par immersion, à leur volonté & au nom de Dieu seul; car ils ne reconnoissent ni le Fils ni le St. Esprit. La Polygamie est permise parmi eux. Ils sont scrupuleux sur les purifications, à peu près comme les Juifs.

[c] Tom. 1. p. 307.

Quelques-uns confondent les Zabiens avec les Mages, ou Guèbres, ou Gaures, Adorateurs du Feu dans la Perse; mais les plus exacts les distinguent.

ZABIN [d], nom d'une Riviére de Mésopotamie, & qui se décharge dans le Tigre. Elle

[d] D'Herbelot, Biblioth. Or.

ZAB. ZAB. 435

Elle a tiré de son nom de Zab ou de Zou, dixième Roi de Perse de la race des Pischdadiens, qui en fit creuser le Canal. Il n'est pas inconnu à nos Géographes, qui l'appellent Zabus.

ZABIRNA, Ville de Libye. Diodore de Sicile [a] dit que Bacchus campa près de cette Ville, & qu'il y tua un Monstre épouvantable que la Terre avoit produit, qui avoit donné la mort à plusieurs personnes, & auquel on avoit donné le nom de *Campé*. Cette Victoire, continue Diodore de Sicile, acquit une grande réputation à Bacchus; qui pour conserver la mémoire de cette action, éleva sur le corps du Monstre un Monument de pierre, lequel subsistoit encore il n'y a pas long-tems. Gesner [b] au lieu de Zabirna lit Zambirra.

[a] *Lib. 3. c. 72.*
[b] *In Campe.*

ZABLESTAN, nom d'une Province [c] limitrophe de l'Indostan, & que quelques-uns mettent au nombre de celles qui composent le Pays de Send, ou Sind, c'est-à-dire, au-deçà du Fleuve Indus, à l'égard de la Perse. Elle est située entre les Provinces de Khorassan au Septentrion, de Gaur à l'Occident, du Segestan au Midi, & des Indes à l'Orient.

[c] *D'Herbelot, Biblioth. Or.*

Les principales Villes de cette Province sont, Gaznah, Bamian, Meïmend, Firouzcoueh; & quelques-uns y ajoutent, Cabul, qui est la plus Septentrionale, en y comprenant même une partie de celles de la Province de Gaur.

Ce Pays est arrosé de beaucoup de Sources, de Fontaines, de Rivières, de Lacs, & est fort montueux, tant du côté du Khorassan, que de celui de Gaur.

Le Géographe Persien dit dans son second Traité, que la Ville de Bengehnar, auprès de laquelle il y a une Mine d'argent, appartient à la Province de Zablestan.

Khondemir fait mention des Montagnes de Zoud, au Pays de Zablestan, quoique le nom de Zoud se donne ordinairement aux Monts Gordiens qui sont en Arménie. C'est dans la Vie de Schehabeddin qu'il en parle.

1. ZABUL, Ville d'Asie, & la Capitale d'un Royaume de même nom. Mr. Petis de la Croix la place entre les Indes & la Corassane, à 102. d. de Longitude sous les 33. d. de Latitude.

2. ZABUL, ZABULESTAN, OU ZABLESTAN. Voyez ZABLESTAN.

1. ZABULON, nom du sixième fils de Jacob & de Liah [d], & qui naquit dans la Mésopotamie vers l'an du Monde 2256. avant JESUS-CHRIST 1744. avant l'Ere vulgaire 1748. Il eut pour fils [e] Sared, Elon & Jahélel. Moyse ne nous apprend aucune particularité de la vie de ce Patriarche; mais Jacob au lit de la mort, donnant sa dernière bénédiction à ses enfans, dit à Zabulon [f]: *Il habitera sur le bord de la Mer & dans le Port des Vaisseaux, & il s'étendra jusqu'à Sidon*. Ce qui marquoit visiblement que le partage de Zabulon devoit s'étendre, comme il s'étendit en effet, sur la Méditerranée, tenant d'un bout à cette Mer & de l'autre jusqu'à la Mer de Tibériade [g]. Moyse dans les dernières paroles qu'il dit aux Tribus d'Israël joint Zabulon & Issachar: *Ré-*

[d] *Genes. 30. 20.*
[e] *Genes. 46. 14.*
[f] *Genes. 49. 13.*
[g] *Josué 19. 10.*

jouïssez-vous, Zabulon, dans votre sortie & vous, Issachar, dans vos Tentes. Ils appelleront les Peuples sur la Montagne; où ils immoleront des Victimes de justice; ils suceront comme le lait les richesses de la Mer, & les trésors cachez dans le sable. Il veut dire que ces deux Tribus, qui étoient les plus reculées du côté du Septentrion, viendroient ensemble au Temple de Jérusalem, à la Montagne Sainte, & y ameneroient des Victimes avec les autres Tribus qui se rencontroient sur le chemin, & que se trouvant par leur situation près de la Mer Méditerranée, ils s'appliqueroient au Trafic & à la fonte des Métaux, ou du Verre, désignez par ces termes, *les trésors cachez dans le sable*. Le Fleuve Belus, dont le sable étoit si propre à faire du Verre, se trouvoit dans la Tribu de Zabulon.

Lorsque cette Tribu sortit d'Egypte [h], elle avoit pour Chef Eliab fils d'Hélon, & elle comprenoit cinquante-sept mille quatre cens hommes capables de porter les armes. C'étoit l'an du Monde 2514. avant J. C. 1486. avant l'Ere vulgaire 1490. Dans un autre Dénombrement qui se fit trente-neuf ans après le précédent, cette Tribu étoit de soixante mille cinq cens hommes en âge de porter les armes. Les Tribus de Zabulon & de Nephtali se distinguérent fort dans la guerre de Barac & de Débora contre Sisara Général des Armées de Jabin [i]. On croit que les mêmes Tribus furent des premières emmenées en captivité au-delà de l'Euphrate [k], par Phul & par Teglatphalassar, Roi d'Assyrie; mais elles eurent aussi l'avantage d'ouïr & de voir JESUS-CHRIST, dans leur Pays, plus souvent & plus long-tems qu'aucune des autres Tribus. Voilà ce que l'Ecriture [l] nous apprend de plus particulier sur la Tribu de Zabulon.

[h] *Num. 1. & 30.*
[i] *Judic. 4. & 5. 4. & 18.*
[k] *1. Par. 5. 26.*
[l] *Isaï. 9. 1. Matt. 4. 13. 15.*

Le Testament des douze Patriarches, Livre ancien, mais Apocryphe, dit que Zabulon sur le point de mourir, & âgé de cent quatorze ans, trente-deux ans après la mort de Joseph, fit venir ses fils & leur déclara qu'il n'avoit eu aucune part au crime que commirent ses freres en vendant Joseph: qu'il avoit fait tout ce qu'il avoit pu, pour les détourner de cette résolution: qu'il avoit eu beaucoup d'envie d'en informer son Pere Jacob; mais que la crainte qu'il eut de ses freres l'en avoit empêché. Il dit de plus que pendant le séjour de sa Famille dans le Pays de Chanaan, il inventa & fabriqua un Vaisseau: qu'il y mit un Gouvernail, un Mât, & des Voiles; & qu'il s'appliqua à la Pesche avec tant de succès qu'il fournissoit abondamment du Poisson à toute la Maison de son Pere, & même aux Etrangers pendant l'Eté; & que pendant l'Hyver il s'occupoit avec ses freres à paître les Troupeaux de son Pere.

Il ajoute: ,, J'ai lu dans l'Ecriture de ,, mes Peres que dans les derniers tems ,, vous vous séparerez du Seigneur, vous ,, vous diviserez dans Israël, & vous sui- ,, vrez deux Rois. Vous vous livrerez aux ,, abominations de l'Idolâtrie; vos Enne- ,, mis vous emméneront Captifs, & vous ,, demeurerez parmi les Nations accablez

Iii 2 ,, de

„ de douleurs & d'afflictions. Après cela
„ vous vous souviendrez du Seigneur,
„ vous vous repentirez,& le Seigneur vous
„ ramenera, parce qu'il est plein de misé-
„ ricorde; après quoi Dieu même, le So-
„ leil de Justice, se levera sur vous, la
„ santé & la miséricorde sont dans ses Aî-
„ les. Il rachetera les enfans des hom-
„ mes que Bélial tient en captivité: tout
„ esprit d'erreur sera foulé aux pieds; le
„ Seigneur convertira toutes les Nations,
„ & vous verrez Dieu sous une forme hu-
„ maine, parce que le Seigneur a choisi Jé-
„ rusalem, & que son nom est le Seigneur.
„ Enfin vous l'irriterez de noûveau, & il
„ vous rejettera jusqu'au tems de la con-
„ sommation des Siècles." On voit dans
tout cela les péchez de la Tribu de Zabulon, le Schisme des dix Tribus, leur captivité, leur retour, la venue du Messie, le
Salut des hommes, l'incrédulité & la re
probation des Juifs.

Josué, 19. 2. ZABULON, Ville de la Palestine, dans la Tribu d'Aser, dont il est écrit [a] que la Frontière tournoit du côté d'Orient vers Bethdagon, passoit jusqu'à Zabulon & à la Vallée de Jephtael vers l'Aquilon & jus-qu'à Bethemec & Nehiel. Dom Calmet dit qu'elle fut apparemment donnée ensuite à la Tribu de Zabulon, de qui elle prit le nom. Cependant nous venons de la voir donnée à la Tribu d'Aser dans le partage des Tribus, & dès lors elle étoit appellée Zabulon. Elle étoit au voisinage de Ptolé-
b *De Bello Jud. Lib.* 3. c. 2. maïde, puisque Josephe [b] met la longueur de la Basse-Galilée depuis Tibériade jusqu'à Zabulon, dont Ptolemaïde étoit voisine. On lui donnoit le surnom de *Zabulon Andrôn*, c'est-à-dire *Zabulon des Hommes*, apparem-ment parce qu'elle étoit très-peuplée. Ces-tius y étant entré la donna au pillage à ses Soldats, puis y mit le feu, quoiqu'il en ad-mirât la beauté ; car ses Maisons étoient bâties comme celles de Tyr, de Sidon &
e Ibid. Lib. 2. c. 22. d *Judic.* 12. v. 12. & 13. de Bérythe. C'est ce que dit Josephe [c]. Elon ou Ahïalon, Juge d'Israël, étoit de Zabulon, & il y fut enseveli [d]. Cette Ville devint sans doute dans la suite Epis-copale ; car il y a grande apparence que c'est son Evêque qui se trouve qualifié *Za-bulonites Episcopus* dans le Concile de Nicée.

e *Corn. le Bruyn*, Vo-yages, t. 2. p. 333. 3. ZABULON, Vallée de la Palestine [e], au voisinage de la Ville de *Sefora*, ou *Se-phoris*. Pour aller de Sefora à cette Val-lée, sur laquelle il y a une fort agréable vûe, on passe le Village de Benedie, qui est sur une Montagne, vis-à-vis de celui de Fornendo, où l'on trouve une Fontaine qui porte aussi le nom de Zabulon, & qui est environ à six milles de Nazareth. On donne à la Vallée de Zabulon environ seize milles d'Italie de longueur, sur deux milles de largeur.

4. ZABULON, Fontaine de la Palesti-ne. Voyez l'Article précédent.

ZABUR, Contrée d'Asie, dans la Ba-bylonie [f]. Il est dit dans le Concile de Nicée que la Ville de Séleucie se trouvoit dans cette Contrée.
f *Ortelii Thesaur.*

ZACANTHA, Ville de l'Ibérie ou de l'Es-pagne selon Etienne le Géographe, qui cite Apollodore [g], & remarque qu'elle fut prise
g *Lib.* 3. *Chronic.*

par Annibal; & que le nom National étoit Zacanthæus. C'est la même Ville que le même Auteur nomme ailleurs Zacynthus & Saguntum; car c'est assez son usage de faire autant d'Articles de Villes qu'il trou-ve de différentes Orthographes dans les Auteurs. Mais les diverses Orthographes d'un nom ne multiplient pas les Villes. En effet Apollodore n'est pas le seul des An-ciens qui ait appellé Sagunte *Zacantha*. Po-lybe [h] s'est servi de la même Orthographe, & Appien [i] dit que les *Zacanthii*, ou les Ha-bitans de Sagunte, étoient une Colonie de Zacynthiens, Ζακύνθιοι, δὲ ἄποικοι Ζακυνθίων.
h Lib. 4.
i *De Bellis Hisp.*

ZACARAT, Rivière de la Turquie en Asie [k]. Elle est assez grande, & coulant au Nord elle va se jetter dans la Mer-Noi-re. On y pesche beaucoup de Poisson, & on la passe sur un Pont de bois à une jour-née de Chabangi, Lieu qu'on trouve sur la route de Constantinople à Ispahan. La grande Ville d'Ada n'est aussi qu'à une jour-née de cette Rivière, sur laquelle, du moins dans la Route en question, il n'y a ni Village, ni Caravanserai. De la Rivière de Zacarat à Cancoly on marche presque tout le jour au milieu des Marais sur des Ponts de bois & des Chauffées.
k *Tavernier Voyage de Perse.*

ZACATÆ, Peuples de la Sarmatie. Ils sont placez par Ptolomée [l] vers la Source du Tanaïs. Ortelius croit que les *Zacatæ* de Ptolomée pourroient être les mêmes que les *Tzacathæ* de Chalcondyle.
l Lib. 5. c. 9.

ZACATECAS, ou los Zacatecas, Pro-vince de l'Amérique Septentrionale au Méxique dans l'Audience de la Nouvelle Gali-ce. De Laet [m] parle ainsi de cette Provin-ce: Elle a pris son nom des Sauvages qui l'habitent; elle est séparée par un petit es-pace de la Province d'Uxitipa & elle se trouve entre le Nord & l'Ouest. Cette Contrée est fort riche en Mines d'argent; mais l'eau y manque en plusieurs endroits, ainsi que le Froment, le Mays, & toute autre sorte de denrées. Il y a trois Villes qu'habitent les Espagnols, outre quatre ou cinq Bourgades avec leurs Mines d'argent. La principale des Villes est appellée *Nues-tra Senora de los Zacatecas*, du nom de la Province, & elle est située à quarante lieues de la Ville de *Guadalaiara*, vers le Nord, & à quatre-vingt lieues de la Mé-tropole du Mexique. Il y a dans cette Vil-le environ cinq cens Espagnols, avec au-tant d'Esclaves, & cent tant Chevaux que Mulets. On y voit un Couvent de Corde-liers & un Officier du Roi du Gouverne-ment de *Guadalaiava*. Les Mines, qu'on nomme d'*Avinno*, tiennent le second lieu. Elles furent découvertes sous les auspices du Viceroi Don Louis de Velasco, en 1554. par Francisco de Ybarra, qui étant parti des Mines de Zacatecas, avec quelques Soldats, plusieurs Esclaves, & des Muni-tions de guerre & de bouche en quantité, découvrit premièrement les Mines de St. Martin, ainsi nommées présentement, qui sont à vingt-sept lieues de la Nord-Ouest de celle de Zacatecas, & où on dit qu'il y a environ quatre cens Espagnols. Le mê-me Ybarra découvrit ensuite les Mines de S. Lucas, puis celles d'Avinno, & plu-sieurs
m *Descr. des Indes-Occ.* L. 6. c. 8.

fieurs autres qui ont donné beaucoup d'argent. Il découvrit auſſi celles qu'on nomme *del Sombriete*, dans les Limites de St. Martin, près du lieu où l'on voit maintenant la Ville d'*Erena*, à vingt-cinq lieues de Zacatecas vers le Nord-Oueſt; & enfin les Mines de *los Ranchos*, de *los Chalcuites* & de *las Nieves*, deſquelles on tire quantité d'argent, & d'où on en tireroit beaucoup plus, ſi l'on y pouvoit avoir l'argent-vif à meilleur marché. Quand il eut découvert ces Mines, le Viceroi lui ordonna d'y mener des Habitans & d'y bâtir des Forts, afin de ſe mettre à l'abri des inſultes des Sauvages, qui n'étoient pas bien traitables. On découvrit dans la ſuite ces Mines, ſi riches nommées *del Frenillo*, qui fourniſſent encore aujourd'hui beaucoup d'argent. Après qu'on eut mené une Colonie Eſpagnole aux Mines d'argent de St. Martin, & que les Naturels furent un peu domptez, le Viceroi y envoya quelques Religieux, afin qu'ils pénétraſſent plus avant dans le Pays & qu'ils prêchaſſent aux Sauvages les principes de la Religion Chrétienne. Mais Francisco de Ybarra jugeant qu'il y avoit trop de danger à envoyer ces Religieux vers des Peuples barbares & cruels, les accompagna lui-même avec des Soldats armez. Ce fut dans ce tems-là qu'il découvrit premiérement la Vallée de St. Juan, & la Riviére de *las Nacas*; & ayant gagné par ſes bons traitemens les Sauvages qui demeuroient vers la Frontiére, il bâtit la Ville de *Nombre de Dios*, à ſoixante-huit lieues de celle de Guadalaiara, & à dix lieues des Mines d'argent de St. Martin vers le Nord, dans un terrein très-fertile en Froment & en Mays & riche en veines d'Argent. Après qu'Ybarra eut obtenu du Roi le Gouvernement des Pays qu'il avoit découverts, il penſa à augmenter & à orner la Ville de *Nombre de Dios*. Pour cet effet il donna gratuitement, tant aux Naturels qu'aux Eſpagnols, les Mines qui font dans le Quartier d'*Avinno*, qu'il avoit achetées; ce qui fut cauſe qu'il accourut dans cette Ville un grand nombre de perſonnes, & que le revenu du Roi, appellé communément *Quintos*, s'augmenta conſidérablement. Ybarra fit enſuite mener une Colonie dans la Vallée de Guadiana, ſous la conduite du Capitaine Alfonſo Pacheco, qui donna le nom à la Ville de Dourango, ſur les Frontiéres des Mines de St. Martin, & de la Vallée de S. Salvador, & à huit lieues de la Ville de Nombre de Dios. On dit que l'air y eſt ſain, & que la terre y eſt arroſée de pluſieurs Riviéres & Torrens, & très-fertile en Froment, Mays & autres Fruits. Proche de la Ville font les Mines de S. Lucas & des Salines fort commodes. Les Habitans Eſpagnols y ont bâti pluſieurs Cenſes dans leſquelles ils nourriſſent du Bétail; de ſorte que les Sauvages voiſins commencent à devenir plus doux, à s'accoutumer aux mœurs des Chrétiens, à ſe vétir, & à embraſſer la Religion Chrétienne. Il y a dans cette Province une autre Ville nommée par les Eſpagnols Xerès de la Frontera: elle eſt à trente lieues de la Ville de Guadalaiara, vers le Nord, & à dix lieues des Mines d'argent de Zacatecas, en ſuivant le chemin qui y mene. Les Eſpagnols ont éu longtems la guerre avec les Sauvages de ces Quartiers; & les Chichiméques & les Guachachiles ont ſouvent infeſté par leurs Brigandages les chemins entre Guadalaiara & Zacatecas. Mais enfin ils furent ſubjuguez par le Marquis de Ville Manrique, Viceroi de la Nouvelle Eſpagne, & les choſes ont été amenées à ce point, que préſentement les Sauvages ſont diſtribuez en cent quatre Tribus, que les Eſpagnols nomment *Repartiementos*. Ils ſervent les Habitans & les Bourgeois Eſpagnols. On a pratiqué un nouveau chemin qui va de la Ville de Méxique aux Mines d'argent de Zacatecas.

Selon Mr. De l'Iſle [a] la Province de Zacatecas eſt bornée au Nord par la Nouvelle Biſcaye, à l'Orient par la Province de *Guaſteca* ou *Panucq*, au Midi par celle de *Guadalajara*, & au Couchant par celles de Culiacan & de Chiametlan. Ses principaux Lieux ſont: [a] Atlas.

Durango,	Les Mines d'Ellerena,
Nombre de Dios,	
S. Pablo,	Real de Freſnillo,
Les Mines de St. Martin,	Real de Sombrete,
Guadiana,	Les Mines de Zacatecas,
	Xerès de la Frontera.

1. ZACATULA, Ville de l'Amérique Septentrionale [b], dans la Nouvelle Eſpagne, & dans l'Audience de México, près de la Côte de la Mer du Sud, vers l'Embouchure d'une Riviére qui lui donne ſon nom. Cette Ville, la Capitale d'une petite Province compriſe ſous le Gouvernement de Mechoacan, ſe trouve ſituée à dix-huit degrez quelques minutes de la Ligne [c], à quarante lieues de la Ville de Valladolid vers le Sud-Oueſt, environ à quatre-vingt-dix lieues de la Métropole du Méxique, & à une lieue & demie de la Mer Pacifique. Roderico de Villafuerte, & Simon Cuença bâtirent cette Ville ſur le bord de la Riviére Zacatula. Du Port de ce nom vers l'Eſt & vers le Port célébre d'Acapulco, la Côte court premiérement Nord-Oueſt & Sud-Eſt, l'eſpace de trente lieues, après quoi elle s'étend droit vers l'Eſt, ayant de très-hauts Rivages. Au dedans du Pays s'élévent des Montagnes couvertes de Bois ; & la Côte eſt entrecoupée de pluſieurs Bayes & Reculs, auſſi l'eſpace de trente lieues, où il y a un grand Cap, qui s'avance en Mer en forme de Péninſule, & qui eſt fort battu des Flots. De là juſqu'au Port d'Acapulco on compte dix-huit lieues. Du même Port de Zacatula vers l'Oueſt, on rencontre premiérement un Rivage médiocrement relevé, que les Mariniers appellent *los Motines*, qui ſe termine à une Pointe de terre dite vulgairement *Punta de Maruata*: enſuite une Côte baſſe & plate, qui eſt bordée de pluſieurs Cenſes de Payſans; on la nomme la Vallée de Maquile. Enſuite on trouve le Cap Suchiſſi, & à deux lieues de là l'Embouchure de la Riviére Alima, & une Baye profonde entre les Ter- [b] De l'Iſle, Atlas. [c] De Laet, Deſcr des Indes Occ. L. 5. c. 25.

438 ZAC. ZAC.

a De l'Isle, Atlas.

res. On la nomme *las Pescerias de Colyma*.

2. ZACATULA [a], Riviére de l'Amérique Septentrionale au Méxique. Elle a sa source près de la Ville de *los Angelos* ou la Pouebla, dans le Gouvernement de Tlascala; & prenant son cours vers l'Occident, elle entre dans le Gouvernement de México qu'elle traverse. Avant que d'en sortir elle se partage en deux Branches, dont celle qui court à la gauche conserve le nom de Zacatula, & entre dans le Gouvernement de Mechoacan pour arroser la Province de Zacatula, & y mouiller la Ville de ce nom; après quoi elle va se perdre dans la Mer du Sud. Cette Riviére qui est assez grande naît selon de Laet [b] près Tlascala. Elle est d'abord fort petite; mais elle se grossit bien-tôt, & coule entre la Ville de los Angelos & Cholula, & par la Province de Mechoacan, puis entre dans la Mer Pacifique près de Zacatula. Dans un autre endroit [c] il dit que cette Riviére entre dans la Mer par deux Embouchures. Elle n'a point de poisson; mais elle nourrit une grande quantité de gros Crocodiles qui dépeuplent les Lieux voisins du Rivage.

b Descr. des Indes-Occ. L. 5. c. 16.

c Liv. 5. ch. 25.

ZACH, ou ZACK, Riviére d'Allemagne [d], dans la Silésie, & nommée Zakako, par les gens du Pays. Elle sort des Montagnes qui séparent la Bohême de la Silésie, & traverse une partie de la Principauté de Jawer, où elle entre après avoir mouillé Warmbad & Hirsberg; elle va se jetter dans le Bober, au-dessous de Molckenhauss, à la gauche. C'est plutôt un Torrent qu'une Riviére. Elle abonde néanmoins en poisson, principalement en Truites.

d Baudrand, Dict. Corn. Dict. Faillot, Atlas.

ZACHAF, ou LE LAC DE ZACHAF [e]; Lac de la Basse-Ethiopie, dans l'Empire du Monoemugi, d'où la Riviére du St. Esprit sort, & prend son cours vers le Zanguebar, selon que le remarquent quelques Auteurs Modernes. On n'a rien de bien assûré de ces Pays-là, où les Européens n'ont pas pénétré.

e Baudrand, Dict.

ZACHAR, Forteresse de la Colchide, sur le Sommet d'une Montagne. Agathias [f] dit qu'on donna dans la suite à cette Forteresse le surnom de FERREUM, à cause qu'elle étoit extrêmement forte & difficile à réduire.

f Lib. 4.

ZACHEO, petite Isle, ou plutôt Rocher [g], de l'Amérique Septentrionale, entre l'Isle de St. Domingue, & celle de Porto Rico; mais plus près de cette derniére que de l'autre, presque vis-à-vis de Guahataca. Ce n'est proprement qu'un repaire d'Oiseaux.

g De Laet, Descr. des Indes-Occ. L. 1. c. 3.

ZACHLUBI, Peuple dont parlent Cédrène & Curopalate. Ortelius [h] croit que ce Peuple pouvoit faire partie des Slaves.

h Thesaur.

ZACK. Voyez ZACH.

ZACLIZAH-ADASSI. Les Turcs appellent ainsi [i] l'Isle de la Mer Adriatique, ou du Golphe de Venise, que les Anciens ont nommée *Zacynthus*, & que nous connoissons aujourd'hui sous le nom de Zante.

i D'Herbelot Biblioth. Or.

ZACONIE, Province de la Morée. Elle est bornée au Nord par le Duché de Clarence: à l'Orient par le Golphe de Napoli de Romanie: au Midi par celui de Calamata, & en partie par celui de Colochina; & au Couchant elle confine à la Province de Belvedere. C'est la quatrième Province de la Morée: elle a changé son nom de Laconie, sous lequel elle étoit connue anciennement, en celui de Zaconie; & on la nomme aussi souvent BRAZZO DI MAINA, de Maina Château, dont le Pays & le Peuple même ont pris le nom. Voyez MAINA. Cette Province qui surpasse les autres en grandeur, & qui est la plus étendue du côté du Midi le long de la Mer, fut premiérement appellée *Lelegia* de Lelex, le premier qui y commanda en qualité de Roi. Virgile & les autres Poëtes l'appellent *Oebalia*, d'Oebalus qui en fut Seigneur; & selon Strabon elle fut encore nommée *Argos*.

Cette Province a un grand nombre de hauts & affreux Rochers & de précipices [k], & est sujette à de fréquens tremblemens de Terre. Le plus grand nombre de ses profondes Cavernes se trouve aux environs du Mont Taigéte, appellé aujourd'hui, du côté de Misitra, *Vouni tis Misitra*, & du côté de la Marine *Voutri tis Portaï*. Il naît dans cette Province des Chiens, dont on fait quelque cas. Le Zaiman Bachi, ou le Grand-Veneur du Sultan, en choisit tous les ans un bon nombre pour le Grand-Seigneur; & il n'est point de Turc qui se pique de faire quelque dépense, qui n'en ait toujours quelqu'un chez soi. Les principaux Lieux de la Zaconie sont

k Coronelli, Morée, Part. 2. p. 83.

Villes:
- Malvasia,
- Misitra,
- Zarnata,
- Chielefa,
- Vitulo,
- Passava.

Caps:
- Le Cap de Matupan,
- Le Cap d'Onugnato, ou Machoire d'Asne,
- Le Cap de Malea, ou les Aîles de St. Michel.

ZACRO. Voyez au mot CAP, l'Article CAP ZACRO.

ZACROCHIN, selon Mr. Corneille [l] qui cite les Mémoires du Chevalier de Beaujeu, & ZAKROTZIN, selon Mr. de l'Isle [m], Ville de la Grande Pologne, dans le Palatinat de Mazovie. Le premier la place au bord de la Vistule, à trois lieues de Chervinsko; & Mr. de l'Isle la met sur la rive droite du Boug, à l'Embouchure d'une petite Riviére environ à trois lieues au-dessus de l'endroit où le Boug se jette dans la Vistule. Cette Ville est élevée sur une haute platte-forme; elle a un Péage, & passe pour une des plus considérables de la Contrée à cause de la petite Diète qu'on y tient.

l Dict.

m Atlas.

ZACUTH, Riviére de la Turquie en Asie, dans l'Anatolie, anciennement nommée *Eurydemon*. Elle traverse la Caramanie, & s'y rend dans la Mer Méditerranée selon Thevet, cité par Mr. Baudrand [n].

n Dict.

1. ZACYNTHUS, Isle de la Mer Ionienne, assez près du Péloponnèse, au Couchant de l'Elide, au Midi de l'Isle de Céphalénie, & au Nord des Strophades. Strabon [o] compte Zacynthe & Céphalénie, au nombre des Isles qui étoient sous la domination d'Ulysse. Il donne à l'Isle de Zacynthe cent soixante Stades & plus de circuit,

o Lib. 10.

ZAC. ZAD. ZAD. ZAE. ZAF. 439

cuit, & il la place à soixante Stades de Céphalénie. Il ajoute d'après Homère [a] que cette Isle étoit couverte de bois & fertile:

a Odys. I. v. 24.

Δυλίχιόν τε, Σάμη τε, καὶ ὑλήεσσα Ζακυνθός.

Ce qui a été imité par Virgile [b]:

b Æneid. 3. v. 270.

Jam medio apparet fluctu nemorosa Zacynthos, Dulichiumque, Sameque & Neritos ardua Saxis.

L'Isle de Zacynthe, aujourd'hui l'Isle de ZANTE, avoit une Ville de même nom, & selon Strabon cette Ville étoit considérable. Thucydide [c] après avoir dit que l'Isle Zacynthe est située du côté de l'Élide, ajoute que ses Habitans étoient une Colonie d'Achéens venus de l'Achaïe propre. Tite-Live [d] fait mention de l'Isle, qui est petite, dit-il, & située au voisinage de l'Étolie: Lævinus, continue-t-il, emporta la Ville d'assaut, avec la Citadelle. Pausanias [e] nous apprend que cette Citadelle s'appelloit PSOPHIS, parce qu'un Psophidien, nommé Zacinthe, fils de Dardanus, ayant débarqué dans l'Isle y fit bâtir cette Forteresse, & lui donna le nom de la Ville où il avoit pris naissance. Ptolomée [f] compte l'Isle de Zacynthe parmi les Isles situées sur la Côte de l'Épire, & y marque une Ville de même nom. Scylax lui donne aussi un Port, ἐν ᾗ καὶ Πόλις καὶ λίμνην. Pline [g] remarque que Céphalénie & Zacynthe sont des Isles libres: que la derniére avoit une belle Ville: que sa fertilité lui donnoit le premier rang parmi les Isles de ce Quartier; & qu'anciennement elle avoit été appellée HYRIE. Sur ce pied-là Pomponius Mela avoit eu tort de distinguer l'Isle *Hyria* de celle de Zacynthe. Les Habitans de cette Isle sont appellez ZACYNTHII par Cornelius Nepos [h].

c Lib. 2. p. 144.
d Lib. 26. c. 24.
e Lib. 8. c. 24.
f Lib. 3. c. 14.
g Lib. 4. c. 12.
h In Dione, c. 9.

2. ZACYNTHUS, Ville de Libye, selon Etienne le Géographe, qui dit que quelques-uns écrivoient *Zacynthia* au lieu de ZACYNTHUS.

3. ZACYNTHUS, Ville de l'Ibérie, autrement de l'Espagne. Etienne le Géographe, qui en parle, entend par *Zacynthus* la Ville de Sagunte. Voyez ZACANTHA.

ZADADRUS; Fleuve de l'Inde en deça du Gange. Ce Fleuve, selon Ptolomée [i], recevoit l'*Hypasis*, & l'*Adris* grossi des eaux de l'*Hydaspis* & du *Sandabalis*, puis se jettoit dans le Fleuve Indus, à la gauche près de la Ville d'*Ionusa*. Le MS. de la Bibliothéque Palatine lit ZARADRUS pour ZADADRUS.

i Lib. 7. c. 1.

ZADAON, *Sadanus*, Riviére de Portugal [k], anciennement *Callipus*. Elle prend sa source au Midi du Royaume, dans les Montagnes d'Algarve, & ne forme dans le commencement qu'un Ruisseau, qui grossi des eaux de l'Exurrama, du Campilhas & de quelques autres petites Riviéres, se jette dans le Golphe de Setubal, un peu au-dessus de la Ville de ce nom. Le Zadaon est fécond en divers genres de poissons qu'on ne trouve pas facilement ailleurs; comme Muges, Barbeaux, Anguilles & autres. Dès l'endroit où il se joint à la marée on trouve quantité de Chancres marins & de Petoncles.

k Délices de Portugal, p. 696.

ZADRA, Ville d'Afrique, dans la Barbarie, au Royaume de Tunis, dans la Province de Mesrate. Marmol [l] la prend pour l'*Ansigada* des Anciens.

l Descr. d'Afrique, t. 2. p. 574.

ZADRACARTA, Ville de l'Hyrcanie. Arrien [m] qui en fait la Capitale de cette Contrée, dit ailleurs que c'étoit une très-grande Ville; mais dans ce second endroit il écrit ZEUDACARTA, au lieu de ZADRACARTA. Ortelius [n] soupçonne que ce pourroit être la Ville HYRCANIA de Ptolomée.

m De Exped. Alex. Lib. 3.
n Thesaur.

ZADRAMA, Ville de l'Arabie Heureuse, & la Capitale des *Cinædocolpites*, selon Etienne le Géographe, qui cite le Périple de Marcian, & promet de parler de cette Ville sous la Lettre K. Mais s'il a tenu sa parole nous n'en sommes pas plus avancez. On ne trouve aujourd'hui sous la Lettre K que le nom seul des *Cinædocolpites*, & outre cela on ne trouve point l'endroit cité dans l'Abrégé du Périple de Marcian d'Héraclée. Cependant comme Ptolomée [o] connoît dans l'Arabie Heureuse des *Cinædocolpites* auxquels il donne pour Capitale une Ville nommée *Zaaram*; il y a apparence que c'est-là la *Zadrama* d'Etienne le Géographe. Voyez ZAARAM.

o Lib. 6. c. 7.

ZADRIS, Ville de la Colchide: Ptolomée [p] la marque dans les terres.

p Lib. 5. c. 10.

ZAEA, Ville de la Béotie. Etienne le Géographe dit que c'est une Ville très-ancienne & qu'Hérodien écrit indifféremment ZEA & ZAEA.

ZAEMSLAG, Village des Pays-Bas [q], dans la Flandre Hollandoise au Bailliage d'Axel. Ce Village se ressent des guerres des Pays-Bas. On y voit une Eglise desservie par un Ministre de la Classe de Walcheren. Il y avoit autrefois dans ce Village une Commanderie de l'Ordre des Templiers, & qui après l'abolition de cet Ordre fut donnée à celui de Malthe. On y trouve encore des Terres qui portent le nom de Temple. Quelques-uns prétendent que le véritable nom de ce Village est ZALMSLAG, & qu'il vient de la quantité de Saumons qu'on y prenoit autrefois.

q Janiçon, Etat prés. Un. t. 2. p. 388. & 535.

ZAFFERAMINI, ou ROANDRIAN D'ANOSSI. Flacourt [r] dans son Histoire de l'Isle de Madagascar dit, que la Province d'Anossi, autrement appellée Carcanossi ou Androbeizaha, située depuis Manatengha, qui est sous le Tropique du Capricorne jusqu'à la Riviére de Mandrerei, qui est par les 26. d. Sud, étoit gouvernée par les Zafferamini, ou Rahimina, avant que d'être conquise par les François; & qu'elle reconnoissoit un Prince auquel les Habitans rendoient un culte comme à une Divinité. Dans cette Province, ajoute Flacourt, il y a deux sortes d'espèces d'hommes, savoir les Blancs & les Noirs. Les Blancs sont divisez en trois sortes, savoir en Rohandrian, en Anacadrian & en Ondzatsi; & les Noirs sont divisez en quatre sortes qui sont, les Voadziri, les Lohauohits, les Ontfoa, & les Ondeues. Les Rohandrian sont ceux qui sont comme les Princes & de la Race des Princes. Les Anacandrian sont descendus des Grands, mais ont dégénéré, & sont comme descendus des Bâtards des Grands. Ils s'appellent aussi Ontampassemaca, c'est-à-dire hommes de Sable de la Mecque; d'où

r Chap. 16.

d'où ils se disent venus avec les Roandrian. Les Ondzatsi ont la peau rouge, & les cheveux longs comme les Roandrian & les Anacandrian; mais ils sont regardez comme des hommes plus vils & plus bas, étant descendus des Matelots qui amenérent dans le Pays Dian Racoube ou Racouuatsi un de leurs Ancêtres. Ceux-ci sont Pescheurs pour la plûpart & Gardiens des Cimetiéres des Grands. Les Voadziry sont les plus grands & les plus riches d'entre les Noirs, & sont maîtres d'un ou de plusieurs Villages, ayant le privilège de couper la gorge aux Bêtes qui leur appartiennent, à leurs Sujets & à leurs Esclaves. Ceux-ci sont de la Race des Maîtres du Pays, avant que les Zafferamini y vinssent; & depuis ils ont été soumis à ces derniers. Les Lohauohits sont Grands aussi parmi les Noirs; mais ils ne peuvent pas couper la gorge à un Bœuf ou à une Vache qui leur appartient. Il faut qu'ils aillent chercher un Roandrian, ou un Anacandrian, quoique parmi eux il y ait des gens qui possédent plus de huit cens Bœufs ou Vaches. Les Ontsoa sont au-dessous des Lohauohits & leurs parens. Les Ondeues sont les Esclaves de pere & de mere achetez ou pris en guerre, tant Anacandrian, Ondzatsi, que Voadziri, Lohauohits & Ontsoa. Quand ils meurent ils ne peuvent rien laisser à leurs enfans; car les Grands sous qui ils sont se saisissent de tous les Bœufs & de tout ce qu'ils possédent, & ne réservent simplement à leurs enfans que les terres pour planter des vivres, & les horacs pour semer du Ris. Il est permis à ces Voadziry, Lohauohits & Ontsoa, de se mettre sous lequel des Grands ils veulent. Ils reçoivent du Grand, ou du Roi le Lasic doue, qui est un engagement pour leur succession, & un présent qu'il leur fait, pour qu'ils se mettent sous sa protection; & le Grand à leur mort hérite de tout ce qu'ils possédent. Mais les Ondeues ne peuvent quitter leur maître, à moins que dans une famine il ne refuse de les assister, auquel cas ils vont librement s'engager ailleurs.

Quelques-uns disent que les Roandrian s'appellent Zafferahimina du nom de la mére de Mahomet qui s'appelloit Imina: d'autres veulent qu'ils se nomment Zafferamini; c'est-à-dire lignée de Ramini, qu'ils assurent avoir été de leurs Ancêtres, ou de Raminia femme de Rahourod, pere de Rahazi & de Racouuatsi. Du tems, disent-ils, que Mahomet vivoit, & demeuroit à la Mecque, Ramini fut envoyé de Dieu, au rivage de la Mer Rouge, près de la Ville de la Mecque, & sortit de la Mer à la nage comme un homme qui se seroit sauvé du naufrage; toutefois, continue Flacourt, ce Ramini étoit un grand Prophète, qui ne tenoit pas son origine d'Adam, comme les autres hommes, mais avoit été créé de Dieu dans la Mer. Lorsqu'il fut sur le rivage, il se mit en route pour aller trouver Mahomet à la Mecque, & lui conta son origine qui le surprit fort. Mahomet lui fit un grand accueil; mais Ramini n'ayant point voulu manger de viande, qu'il n'eût coupé lui-même la gorge au Bœuf, les Sectateurs de Mahomet qui prirent cela pour une offense qu'il faisoit à leur Prophete formérent le dessein de le tuer. Mahomet l'empêcha permettant à Ramini de couper lui-même la gorge aux Bêtes qu'il mangeroit. Quelque tems après même il lui donna en mariage une de ses filles nommées Rafateme, avec laquelle Ramini s'en alla en Orient, dans une Terre nommée Mangadsini, ou Mangaroro. Il laissa de ce mariage un fils appelé Rahourod qui fut aussi très-puissant & une fille appellée Raminia. Ceux-ci se mariérent ensemble & eurent deux fils, l'un appellé Rahadsi, & l'autre Racoube ou Racouuatzi. C'est de Rahadsi l'aîné que sont descendus tous les Blancs de Madagascar qu'on nomme Zafferamini.

ZAFFE-HIBRAHIM, Peuples de l'Isle de Madagascar [a]. Ils suivent quelques Cérémonies du Judaïsme. Flacourt qui en parle dans la Relation qu'il a faite de cette Isle, dit qu'ils ont été appellez ainsi de Zaffe qui signifie Race, & d'Ibrahim, Abraham, comme qui diroit Lignée d'Abraham. [a] Corn. Dict.

ZAFI. Voyez SAFIE, & ZAFY.

ZAFLAN, ou LAC DE ZAFLAN [b], Lac fort considérable, dans la Haute-Ethiopie. Il s'étend du Septentrion au Midi, & est ainsi nommé d'une Ville qui est sur ses bords. Il étoit autrefois dans l'Etat de l'Empereur ou Roi des Abissins; mais depuis plus d'un Siécle il est dans celui des Gales, qui s'en sont rendus les maîtres, selon que le remarque Jérôme Lobo, Portugais, qui a fait un long séjour dans ce Pays. [b] Baudrand, Dict.

ZAFRA, Ville d'Espagne [c] dans l'Estremadoure, & qu'on nomme aussi Safra. Elle est assez forte & défendue par un bon Château au pied des Montagnes, près de la Riviére de Guadaxira, à deux lieues de Medina dans les Terres au Septentrion, à trois lieues de Feria au Levant, & à huit de Merida au Couchant d'Hyver, en passant vers Guelva & Palos de Moguer. On prend Zafra pour l'ancienne Segeda, ou Julia Restituta, quoique quelques Auteurs placent cette ancienne Ville à Carceres petite Ville de la même Contrée. [c] Ibid.

ZAFY, Asafia, Ville de Barbarie au Royaume de Maroc, & dans la Province de Duccala, avec un bon Port sur la Côte de l'Océan Atlantique. On l'appelle aussi Sasi, Safie & Asafie. Elle est défendue par un ancien Château assez fort, ce qui n'empêcha pas les Portugais de s'en rendre les maîtres en 1507. Ils la gardérent jusqu'à l'an 1541. & l'abandonnérent volontairement voyant le peu d'utilité qu'ils en retiroient. Elle est située à l'Embouchure de la Riviére de Goudet, qui y fait un petit Golphe, aux confins de la Province de Hea, à vingt mille pas du Cap Cantin, au Levant d'Hyver, & à quatre-vingt-dix mille d'Azamar, au Couchant d'Hyver.

ZAGACUPADA, Ville de l'Afrique propre: Ptolomée [d] la range parmi les Villes de la Nouvelle Numidie. Le MS. de la Bibliothéque Palatine lit AAZACUAODA, au lieu de ZAGACUPADA. [d] Lib. 4. c. 3.

ZAGARA, Montagne de la Turquie en Europe, dans la Livadie, & connue anciennement

ZAG. ZAG. 441

hement sous le fameux nom d'Hélicon. Le nom moderne de Zagara lui a été donné à cause de la grande quantité de Lièvres qu'on y trouve. Il ne laisse pas néanmoins d'y avoir d'autres chasses : on y rencontre sur-tout des Sangliers & des Cerfs. Par la Description que Strabon nous a donnée de l'Hélicon, il est aisé de juger que c'est aujourd'hui la Montagne Zagara. L'Hélicon étoit sur le Golphe Crisséen ou de Corinthe & bordoit la Phocide qu'elle regardoit au Nord, inclinant un peu à l'Ouest. Ses hautes croupes pendoient sur le dernier Port de la Phocide, qui delà s'appelloit *Mycus*; elle n'étoit pas fort éloignée du Parnasse, & ne lui cédoit ni en hauteur ni en étendue ; enfin ces deux Montagnes n'étoient presque que Rochers, & leurs croupes se trouvoient toujours couvertes de neiges. C'est-là l'état de la Montagne de Zagara. Mais il ne faudroit pas y chercher les Monumens d'Orphée, ni ceux des Muses, ni ceux d'Hésiode que Pausanias dit y avoir vus de son tems. Pour ce qui est de la Fontaine d'Hippocrène, où les Muses avoient coutume de s'assembler, le Sr. Wheler [a] qui me fournit cet Article n'assure pas l'avoir distinguée ; il n'en parle que par conjecture. ,, Ayant avancé une ,, lieue & demie, dit-il, vers le haut de la ,, Montagne, jusqu'aux neiges, il falut ,, m'arrêter & me contenter de descendre ,, de cheval, & de tâcher de grimper sur ,, quelque Rocher plus haut, d'où je pusse ,, découvrir le Pays de dessous & le haut ,, des Montagnes ; en sorte que l'espace qui ,, y étoit renfermé me parut comme un ,, Lac glacé & couvert de neiges. Mais ,, mon Guide me disant qu'il n'avoit passé ,, par ce chemin qu'en tems d'Eté avec Mr. ,, de Nointel Ambassadeur de France, & ,, qu'il y avoit vu une belle Vallée couver- ,, te de verdure & de fleurs, avec une bel- ,, le Fontaine au milieu, je me trouvai porté ,, à croire que c'étoit-là la Fontaine d'Hip- ,, pocrène & le Bois délicieux des Muses." Il croît sur cette Montagne quantité de Sapins mâles, dont la gomme ou le benjoin a l'odeur de la Muscade, & celle de l'Herbe que les Anglois appellent *Leopards-bane*, dont la racine ressemble à un Scorpion. Du haut de la Montagne on découvre les Plaines de la Livadie au Nord : directement à l'Est on voit le Mont Delphi d'Egripo, & une autre Montagne de la même Isle à l'Est-Nord-Est. En laissant le chemin de San Georgio, & tournant à main gauche, on descend dans une Plaine qui se trouve entre le Mont Zagara & une autre petite Montagne, dont l'extrémité Orientale n'est pas éloignée. Elle s'appelloit anciennement *Laphytius* de ce côté-là, & du côté de l'Occident on lui donnoit le nom de *Telphysium*. En descendant de la Montagne de Zagara, on trouve du côté qui regarde *Livadia* quelques Fontaines, qui sourdent de terre, & dont il y en a qui se rendent dans la Plaine de Livadie & dans le Lac où elles se perdent, tandis que d'autres se rassemblent dans une Rivière de la Vallée. Il y en a une qui fait une belle cascade presque du haut de la Montagne, & qui sort apparemment du Lac, qui est sur le haut du Mont Zagara. Il croît quantité

[a] Voyage d'Athènes dans les Lieux voisins, t. 2. Liv. 3.

de Narcisses sur le bord de cette Rivière : ils ont une odeur agréable & multiplient extrêmement.

ZAGARAH [b], nom d'une Ville située sur les confins de la Nubie, de l'Ethiopie & de la Nigritie, & qui a dans ses dépendances plusieurs Bourgades très-peuplées, dont tous les Habitans sont appellés *Zagarin*. Ils ont quantité de Troupeaux de Chameaux qu'ils louent aux Marchands leurs Voisins. Car pour eux, ils ne font négoce que de Marchandises viles & de bas prix. Cette Ville n'est éloignée que de six journées de celle d'Engimi, & de huit de celle de Mathan, où le Seigneur du Pays, que l'on appelle le Prince de Zagarah, fait sa demeure ordinaire.

On a vu en France un Prince d'Ethiopie qui portoit le titre, ou le nom de Zagarah. On l'appelloit Zaga-Christ. Les Ethiopiens out accoutumé d'ajouter le nom de Christ, ou Croïtos à leurs noms & qualitez.

ZAGARI, nom que l'on donnoit aux *Hippopodes*, selon Eustathe [c]. Voyez HIPPOPODES.

ZAGARIS. Voyez SANGARIUS.

ZAGAROLO, Bourg d'Italie dans l'Etat de l'Eglise [d]. On le trouve dans la Campagne de Rome, à dix-sept ou dix-huit milles de la Ville de ce nom, du côté de l'Orient, & environ à huit milles au Couchant de *Palestrina*. Ce Bourg qui a titre de Duché appartenoit ci-devant aux Ludovisio, & est possédé aujourd'hui par les *Rospigliosi*. Quelques-uns prennent ce Bourg pour l'ancien *Laticum*, que d'autres placent à *Val-Montone*.

ZAGATAÏS. Les Tartares Sujets de *Zagataï-Chan* [e], second fils de Zingis-Chan, qui eut la Grande Boucharie & le Pays de Charafs'm en partage, gardèrent après la mort de leur Maître le nom de Zagataïs qu'ils avoient adopté pendant sa vie; en sorte que ces Provinces portèrent toujours depuis ce tems-là le nom du Pays des Zagataï, & les Tartares qui les habitoient le nom de Tartares Zagataïs, jusqu'à ce que Schabacht-Sultan à la tête des Tartares Usbecks, ayant conquis ces Provinces après en avoir chassé les Descendans de Tamerlan, le nom des Zagataïs fut englouti par celui des Usbecks ; de manière qu'il n'est plus question à présent du nom de Tartares Zagataïs dans la Grande Boucharie ni dans le Pays de Charafs'm, que pour conserver l'Arbre Généalogique de diverses Tribus Tartares, qui sont établies dans ces Provinces, & pour distinguer les Tartares premiers occupans de ce Pays, d'avec les Tartares qui en sont actuellement les maîtres. Du reste ces deux Branches de Tartares sont si bien mêlées ensemble à l'heure qu'il est, qu'elles ne font absolument qu'un seul & même Corps, qui est compris sous le nom de Tartares Usbecks. C'est ce que nos Géographes n'observent pas, lorsqu'ils continuent toujours de donner le nom du Pays de Zagataï à la Grande Boucharie, quoiqu'il y ait plus de deux Siècles que ce nom soit aboli. On ne peut entendre présentement par le mot Zagataïs [f], que les Troupes du Grand-Mogol ; car comme les Tartares de la Grande Bou-

[b] D'Herbelot, Biblioth. Or.
[c] In Dionys.
[d] Magin, Carte de la Campagne de Rome.
[e] Hist. Généal. des Tatars. p. 677.
[f] Ibid. p. 775.

Kkk cha-

442   ZAG.   ZAG.

charie portoient encore le nom de Zagataïs, lorsqu'ils firent la Conquête de l'Indostan sous la conduite de Tamerlan, & que ce sont leurs descendans qui possèdent encore actuellement cet Empire sous la Domination des Grands-Mogols, dont la Maison est l'unique Branche de la Postérité de Tamerlan, qui subsiste encore à l'heure qu'il est, les Tartares, aussi-bien que les autres Orientaux, leur conservent toujours le nom de Zagataïs, pour les distinguer d'un côté des Tartares Usbecks, qui possèdent présentement la Grande Boucharie, & de l'autre côté des anciens Habitans de l'Empire de l'Indostan, qui sont à l'heure qu'il est les Sujets des Zagataïs; mais entre eux ils prennent le nom de Mogoules.

ZAGATIS, Fleuve de la Colchide, & qui se jettoit dans le Pont-Euxin. Arrien [a] place l'Embouchure de ce Fleuve entre *Athenæ*, & *Anchiali Regia*, à sept Stades seulement d'*Athenæ*, & à trente-trois Stades du Palais d'Anchialus.

[a] 1. *Peripl.* p. 7.

ZAGAUAH [b], Ville du Pays que les Arabes appellent Zeng', & que nous nommons le Zanguebar, ou la Côte de Cafrerie. Elle est à vingt journées de chemin de Dancalach en tirant vers le Couchant. Le Géographe Persien la met entre la Ligne Equinoxiale, & le premier Climat.

[b] D'Herbelot, Biblioth. Or.

ZAGERÆ, Peuples de l'Ethiopie. Pline [c] les compte au nombre des Troglodytes. Le Pere Hardouin remarque que quelques-uns des MSS. qu'il a consultez lisent *Zangenæ* au lieu de ZAGERÆ.

[c] Lib. 6. c. 29.

ZAGILLOUITIS, Canton de l'Asie-Mineure, dans la Cappadoce, selon Strabon [d]; mais Casaubon aimeroit mieux lire GAZALOUITIS comme portent les MSS. qu'il a consultez. Ortelius [e] en a pris occasion de soupçonner que GAZALOUITIS, & GAZELOTUS AGER dont parle Strabon [f] un peu plus bas, étoit le même Canton. Si cela étoit, la Zagillonitide, ou Gazalouitide, se seroit trouvée au Nord de la Phazemonitide.

[d] Lib. 12. p. 553.
[e] Thesaur.
[f] Lib. 12. p. 560.

ZAGIRA, Ville de la Galatie, dans la Paphlagonie. Ptolomée [g] la marque dans les terres; mais a une petite distance de la Mer, puisqu'Arrien qui la nomme *Zagora*, en fait mention dans son Périple du Pont-Euxin. Voyez ZAGORA.

[g] Lib. 5. c. 4.

ZAGMAIS, Ville de l'Arabie Deserte: Ptolomée [h] qui en parle la place dans les terres.

[h] Lib. 5. c. 19.

ZAGOAN, Montagne d'Afrique, dans la Barbarie. C'est, selon Marmol [i], une grande Montagne deserte, à une lieue de Tunis, entre le Midi & le Levant. Quoiqu'elle soit très-haute & très-froide, on y voyoit autrefois quantité de Villes & de Châteaux, dont on trouve encore les ruines avec des Inscriptions en Langue Latine sur de grandes Tables de pierre. Il y a par-tout des endroits ménagez pour mettre à couvert les Ruches de mouches à miel, & quelques terres où l'on seme de l'Orge. C'étoit de cette Montagne que les Carthaginois faisoient venir de l'eau dans leur Ville par des Aqueducs soutenus sur de grandes voutes. Il n'y a que cette Montagne, & quelques autres qui avancent dans la Mer près de cette Ville, avec quelques Collines, qui sont aux environs de Tunis. Tout le reste de cette Province est une vaste Campagne; car le Mont Atlas a dans ce Quartier de grandes ouvertures, qui donnent le passage dans les Provinces de Zeb & de Numidie.

[i] Liv. 6. c. 35.

1. ZAGORA, Ville de la Galatie, dans la Paphlagonie, sur le bord du Pont-Euxin. Arrien [k] la marque entre *Carusa* & l'Embouchure du Fleuve *Halys*, à cent cinquante Stades de *Carusa*, & à trois cens Stades du Fleuve. Voyez ZAGIRA.

[k] 1. *Peripl.* p. 15.

2. ZAGORA. Voyez SEPIAS.

3. ZAGORA [l], nom d'un Lieu que Nicetas semble placer dans la Moesie. Il est, je pense, question de la Ville de Develto, que les Bulgares appellent *Zagora*, ou *Zagoria*. Voyez DEVELTO. Mr. de l'Isle [m] fait de ZAGORA une Ville détruite, & en place les ruines dans la Romanie, sur la Riviére de Bujuk, à sept ou huit lieues au Couchant de Sisopoli.

[l] Ortelii Thesaur.
[m] Atlas.

ZAGRABIA [n], Ville de la Basse-Hongrie dans l'Esclavonie sur la Save près de Sisseg, autrefois *Siscia*, à laquelle elle a succédé pour la dignité Episcopale. Cette Ville que les Habitans du Pays nomment *Zagrab*, & que les Allemans appellent *Agram*, est la Capitale d'un Comté auquel elle donne son nom. Selon quelques Auteurs Zagrabia est l'ancienne *Sisopo* que Ptolomée marque dans la Haute-Pannonie; & selon d'autres, entre lesquels est Lazius, c'est l'ancienne *Soroga*. Bonfinius néanmoins, fondé sur une ancienne Inscription, conjecture que ce pourroit être *Vicus-Italicus*. Le Siége Episcopal de Zagrabia, qui est Suffragant de Colocz, étend sa Jurisdiction sur toute l'Esclavonie, & sur une partie de la Croatie. Les Evêques demeurent dans la Ville que les Rois de Hongrie ont conservée. On la divise pour cette raison en Cité Royale & en Cité Capitulaire.

[n] Hist. Descr. du Royaume de Hongrie, 1688. p. 209.

Le COMTÉ DE ZAGRAD s'étend en longueur [o], le long de la Save, depuis le Comté de Sagor, qui le borne à l'Occident, jusqu'au Comté de Possega, dont il est borné à l'Orient, ainsi que sur la Petite Valaquie. Il a au Nord encore le Comté de Sagor & celui de Creits. Ses principales Places sont

[o] De l'Isle, Atlas.

Zagrab, ou A- Ivanitz, *Forteresse*.
gram,

ZAGRI PORTÆ, ou PYLÆ. Par les Portes du Mont Zagrus, Ptolomée [p] entend un passage étroit dans cette Montagne de la Médie. Diodore de Sicile [q] qui appelle la Montagne ZARCÆUS MONS, nous apprend que ce passage fut pratiqué par Sémiramis, qui voulut par-là laisser à la Postérité un Monument éternel de sa puissance. La Montagne, dit-il, qui s'étend l'espace de plusieurs Stades; ne présentoit que des Rochers escarpez & des précipices, qui obligeoient à faire de grands détours pour la traverser; mais Sémiramis trouva moyen d'accourcir ce chemin, par la route aisée qu'elle fit pratiquer, en abattant les Rochers &

[p] Lib. 6. c.
[q] Lib. 2. c. 14.

ZAG. ZAH. ZAI.

& en comblant les précipices ; ce qui éxigea des travaux infinis. Nous n'aurons pas de peine à croire que ce chemin portoit encore le nom de Sémiramis lorsque Diodore de Sicile écrivoit, puisque Niger assûre qu'on l'appelle encore présentement *Semirami*. C'est ce que Strabon appelle *les Portes de la Médie*. Ptolomée connoît une Montagne de Sémiramis ; mais c'est quelque chose de différent ; car il la met entre la Carmanie & la Gédrosie.

ZAGRIUS. Voyez ZAGRUS.

ZAGRUS, ou ZAGRIUS MONS, Montagne d'Asie, & qui faisoit partie du Mont Taurus[a]. C'étoit proprement cette chaîne de Montagnes, qui touchoit au Mont Niphas, séparoit la Médie de la Babylonie, & au-dessus de la Babylonie joignoit les Montagnes des Elyméens & des Parétacéniens, comme au-dessus de la Médie elle joignoit les Montagnes des Cosséens. Pline[b] donne à entendre que le Mont Zagrus commençoit dans l'Arménie & s'étendoit jusqu'à la Chalonitide, entre la Médie & l'Adiabène. Ptolomée[c] compte le Mont Zagrus parmi les Montagnes les plus considérables de la Médie.

a Strabo, Lib. 11, p. 522.

b Lib. 6. c. 27.

c Lib. 6. c. 2.

'ZAGURI PALUS[d], nom d'un Marais que Curopalate place quelque part dans l'Asie.

d Ortelii Thesaur.

ZAGYLIS, ou ZAGYLIS-VILLA, Village de la Libye : Ptolomée[e] le marque sur la Côte du Nome de Libye entre *Chettæa Villa*, & *Selinus Portus*.

e Lib. 4 c. 5.

ZAGYTIS, Contrée de la Libye, selon Etienne le Géographe, qui cite Aléxandre[f] & dit que le nom national est ZAGYSTITÆ.

f Lib. 3. Libycor.

ZAHARA, Ville d'Espagne, dans l'Andalousie[g]. sur la route de Séville à Cadix, à la source du Guadalete. Elle est située autour d'une Colline, avec un Château sur la hauteur, & qui est si fort qu'on le regarde comme imprenable. Zahara appartient aux Ducs d'Arcos en titre de Comté, dont leurs Aînez prennent le nom. Les Habitans de cette Ville sont naturellement complaisans[h], honnêtes & industrieux. Ils font grand état de leur Noblesse, & s'allient rarement avec ceux d'un autre sang. L'Agriculture est leur occupation, & ils se contentent de vivre de leur revenu. Ils ne permettent point aux enfans de boire du vin ; les hommes en boivent modestement & les femmes en usent peu.

g Délices d'Espagne, p. 453.

h Corn. Dict. Botero, Relat. di Spagna.

ZAHASPE, Ville d'Asie, dans la Tartarie, au Pays des Usbecks selon Davity. Elle est située sur le bord de la Rivière de Chezel anciennement *Jaxarte*.

ZAHUATL, Rivière de l'Amérique Septentrionale, dans la Nouvelle Espagne, & dans la Province de Tlascala. Vers le Quartier où étoit la Ville de Xicotencalt, il y a, selon de Laet[i], des Montagnes qui s'étendent de l'Est à l'Ouest, par le milieu desquelles court la Rivière de Zahuatlé, qui quelquefois se déborde, fait de grands ravages & emporte jusqu'aux Maisons. On voyoit autrefois dans les Vallées une Bourgade nommée *Ocoteuilco*, où les Espagnols se placérent d'abord pour être plus commodément défendus par Maxicatzin, qui com-

i Descr. des Indes-Occ. Liv. 5. c. 15.

mandoit dans ce Pays & qui étoit leur Allié ; mais quand ils se virent en sûreté, pour être plus à portée de convertir les Habitans de ce Canton, ils s'approchérent des bords de la Rivière de Zahuatl. Ce nom signifie *Eau galeuse*, & lui a été donné parce que les enfans qu'on y lavoit devenoient le plus souvent sujets à la gale. Cette Rivière ne produit point de poisson, sans doute à cause de la vîtesse de son cours, & de ses fréquentes cataractes.

ZAÏA, Ville de Gréce dans la Bœotie. Voyez ZAEA.

ZAÏTOUNAH, Ce mot, dit Mr. d'Herbelot[k], signifie de même que ZAÏ-TOUN, & ZEÏTOUN, une *Olive* & un *Olivier* ; & *Medinat Al-Zaïtounah* veut dire la Ville des Oliviers. C'est le nom que les Arabes donnent à la Ville d'Athènes, à cause de l'Olivier que Minerve y planta le prémiére, selon la Mythologie des Grecs, & dont la Tradition a passé jusqu'aux Orientaux.

k Biblioth. Or.

Les Chrétiens Orientaux appellent aussi, Gebal Alzeïtounah, ce que les Hébreux ont nommé, *Gheh Schemanin*, que nous prononçons *Gethsemani*, la Montagne des Oliviers, proche de Jérusalem ; & cette Montagne que les Arabes Musulmans appellent, Gebal Altinah, la Montagne des Figuiers, par laquelle Mahomet jure dans son Alcoran, en la joignant avec celle de Sina, qui est le Mont Sinaï.

ZAÏRE, Rivière d'Afrique, au Royaume de Congo, ce qui fait qu'on l'appelle aussi quelquefois la Grande Rivière de Congo. Elle tire sa source de trois Lacs, selon Pigafet. Le premier de ces Lacs se nomme Zambre, & Dapper[l] a cru que c'étoit celui d'où sortoit le Nil : le second Lac, dit-il, est celui de Zaïre, d'où sortent les Rivières de Lelunde & de Coanze ; le troisième est un Lac fermé par le Nil. Mais le premier est le Zambre, qui est comme le centre d'où les Fleuves de cette partie de l'Afrique tirent leur origine, puisque, selon l'opinion commune, il pousse au Nord le Nil, au Levant Cuama & Coavo, au Midi Zeila & Manice ou Manhessen, & au Couchant la Rivière de Zaïre, qui par divers Bras arrose toute la partie Occidentale de l'Afrique située au-delà de la Ligne ; savoir les Royaumes de Congo, d'Angola, de Monomotapa, de Matamam, de Bagamadiri & d'Agasymba jusqu'au Cap de Bonne Espérance, pendant que le Nil, Cuama, Coavo, Zeila & Manice traversent l'Abyssinie & tous les Pays qui sont entre la Mer Rouge & Cuama.

l Descr. de l'Afrique, p. 343.

A dire le vrai néanmoins, l'origine & la plus grande partie du cours de la Rivière de Zaïre ne nous font pas trop bien connuea. Son Embouchure est à 5. d. 40'. de Latitude Méridionale. Elle a trois milles de largeur, & elle se décharge dans l'Océan avec tant d'impétuosité que l'impression qu'elle donne à la Marée, dont elle rend le cours Ouest-Nord-Ouest & Nord-Ouest au Nord, se ressent en pleine Mer, à douze milles de la Côte. Quand on a perdu la Terre de vûe, ou découvre une Eau noire, de la Verdure, des Cannes & des Roseaux qui ressemblent à de petites Isles,

444 ZAI. ZAL. ZAL.

& que la violence de la Marée entraîne après soi du haut des Ecueils. A moins que l'on n'ait un vent arriére, il est fort difficile de résister à ce courant, & d'aller jetter l'ancre dans la Rade de *Cabo Padron*. On ne sauroit remonter la Riviére plus de vingt ou vingt-cinq lieues, au-dessus de son Embouchure, à cause des cascades qui sont au milieu de son lit, & qui s'élancent du haut des Rochers avec tant de bruit qu'on l'entend à deux ou trois lieues. Plusieurs Ruisseaux se déchargent dans ce Fleuve ou en sortent, & arrosent le Pays; ce qui est fort commode pour les Marchands & pour les Habitans qui peuvent aller aisément d'un Village à l'autre sur des Canots. Les Peuples qui demeurent le long de ces Ruisseaux sont de petite taille.

On voit à l'Embouchure de la Riviére de Zaïre les Isles de Bommo & de Quintala, & on en trouve plusieurs autres le long de son lit, qui sont fort peuplées. Ce sont, pour la plûpart, des gens qui ne se soucient guère du Roi de Congo, & qui ne veulent point lui payer Tribut. Ce Prince se trouve dans l'impuissance de les mettre à la raison, parce qu'ils sont fort adroits sur leurs Canots. Ils les font d'un Arbre nommé Licondo, & ces Canots portent jusqu'à deux cens hommes. Les principales Riviéres qui se jettent dans le Zaïre, sont l'Umbre que Sanut nomme Vambre, le Brancare, selon Pigafet, ou Bancare, comme écrit Sanut, & la Barbela ou Verbela.

ZAIRZOU, Riviére de la Turquie en Asie [a], dans la Natolie, au voisinage de la Ville de Smyrne. Cette Riviére qui coule dans une belle Prairie est l'Hermus des Anciens, qui se jettoit vers le Pactole à l'entrée du Golphe de Smyrne.

[a] *Lucas, Voyage en 1714. t. 1. p. 194.*

ZALA, Ville que Siméon le Métaphraste [b] met au voisinage de la Ville d'Amasée. Elle étoit donc au Péloponnèse, dans l'Achaïe propre, où Abdias le Babylonien [c] place la Ville d'Amasée.

[b] *In Vita B. Eutychii.*
[c] *In Vita B Andreæ.*

ZALACA, Ville de Médie: Ptolomée [d] la marque dans les Terres.

[d] *Lib. 6. c. 2.*

ZALACUS, Montagne de la Mauritanie Césariense, selon Ptolomée [e].

[e] *Lib. 4. c. 2.*

ZALAG, Montagne d'Afrique, dans l'Empire de Maroc, au Royaume de Fez. Cette Montagne, selon Marmol [f], commence à la Riviére de Cébu, & s'étend du Couchant au Levant l'espace de cinq lieues. Son plus haut faîte regarde le Septentrion, & aboutit à une lieue de Fez. Tous les Côteaux exposez au Midi sont deserts; mais ce qui regarde le Nord est fort peuplé & couvert de Vignes, qui portent le meilleur Raisin de toute l'Afrique. Les Arbres fruitiers qui sont répandus par-tout en grand nombre, à cause de la bonté de la terre, portent de fort bon Fruit, & entre autres des Olives, parce que le Pays est un peu sec. Les Bourgeois de Fez ont la plus grande partie de leurs héritages sur cette Montagne dont les Habitans sont fort riches; ce qui vient en partie de ce que le bas de la Montagne est rempli de Jardins & de terres labourables, qui s'arrosent avec l'eau de la Riviére, par le moyen de certaines roues qui é-

[f] *Descr. d'Afrique, t. 2. p. 197.*

lévent l'eau. La principale Habitation est la Ville de Lampta, qui se trouve sur la pente de la Montagne, au bas des ruïnes d'une ancienne Ville qui paroît avoir été bâtie par les Romains, & qui est sans doute la *Vobrix* de Ptolomée, qu'il met à 9. d. 20'. de Longitude & à 34. d. 15'. de Latitude; car ce n'est pas *Zavia*, comme je l'ai remarqué, sous cet Article. Voyez ZAVIA. Tous les Habitans de cette Montagne sont Laboureurs & Jardiniers, & ont quelques Troupeaux. Leur principal trafic est dans Fez: aussi en dépendent-ils & courent-ils la même fortune.

ZALAMEA [g], Ville d'Espagne, dans l'Estremadoure de Léon, avec un ancien Château sur une Côte fort rude, à sept lieues de Llerena, au Septentrion en passant vers la Guadiana.

[g] *Baudrand, Dict.*

ZALAMEA DE LA SERENA, Bourg d'Espagne dans l'Andalousie, entre les Montagnes, à dix-huit lieues de Mérida vers le Midi, & à douze de Séville au Couchant d'Eté. Rodericus Carus, dans son Livre des Antiquitez de Séville, dit sur des conjectures tirées des Médailles, que c'est l'ancienne Ville de l'Espagne Bétique nommée *Ilipa*, *Ilipla*, *Elipla*, qui fut Episcopale, & dont il est fait mention dans les Conciles.

ZALANKEMEN, Château de Hongrie dans l'Esclavonie, sur le Danube, qui reçoit, vis-à-vis la Riviére de Teissa, à quatorze milles d'Allemagne au-dessus de Belgrade, quoique toutes les Cartes le marquent seulement à trois milles au-dessus de Belgrade; ce qui est contredit par la Carte de Jean Lucio de Traou, très-informé de ces Pays-là. Ce Château n'est remarquable qu'à cause du Combat, qui s'y donna en 1691. entre les Allemands commandés par le Marquis de Bade, & les Turcs qui y furent défaits après la mort de leur Grand-Visir qui y fut tué. On l'appelle aussi Salankemen.

ZALAPA, Ville de l'Afrique propre: elle est mise par Ptolomée [h] au nombre des Villes situées au Midi d'Adrumète.

[h] *Lib. 4. c. 3.*

ZALATNA, selon Mr. Corneille [i] & Mr. de l'Isle [k], petite Ville de la Transylvanie, au Comté d'Albe-Julie, à l'Orient de la Ville de ce nom. Zalatna est située au pied des Montagnes, à la rencontre de deux petites Riviéres, qui vont se perdre dans la Maros, un peu au-dessus d'Albe-Julie.

[i] *Dict.*
[k] *Atlas.*

ZALAWAR, ou SALAWAR, Riviére de la Basse-Hongrie, dans le Comté auquel elle donne le nom, sur la Riviére de Sala, à une lieue ou environ du Lac Balaton. On la prend communément pour l'ancienne *Salis*.

Le Comté de Salawar [l] est borné au Nord par celui de Sarwar, ou de Castelferrat: à l'Orient par ceux de Smig, de Tolna & de Baran: au Midi par la Drave; & au Couchant par la Stirie. La Riviére de Muer le coupe en deux parties inégales. Ses principaux Lieux sont

[l] *De l'Isle, Atlas.*

Zalawar, Canischa,
Czakaturn.

ZA-

ZAL. ZAM.

ZALEG[a], Ville du Pays de Habaſſlot, qui eſt celui des Abyſſins, ou d'Ethiopie. Elle eſt petite; mais fort peuplée, & ſituée ſur le rivage de la Mer. Avant qu'elle entre dans le Détroit de Bab Almandab, que nous appellons vulgairement Babelmandel. Il y a trois jours de navigation de la Ville de Zaleg juſqu'aux bords de la Mer d'Yémen; les Marchands qui trafiquent en Ethiopie font de cette Ville un Entrepos pour leurs Marchandiſes. Il y a environ cinq journées par terre, depuis Zaleg, juſqu'à Manaounah, autre Ville des Abiſſins.

[a] D'Herbelot, Biblioth. Or.

Quelques Géographes mettent cette Ville dans la Mer de Colzoum, qui eſt le Golphe Arabique ou la Mer Rouge, & diſent que ſon Commerce eſt fort grand avec celle de Marcath, où plutôt Maſcath.

ZALENI, Peuples que Zoſime[b] compte au nombre de ceux qui paſſérent ſous la Domination des Perſes, en vertu de la Trève de trente ans faite entre les Perſes & les Romains, du tems de Jovien.

[b] Lib. 3. c. 31.

ZALI. Voyez SALI.

ZALICHUS, Ville de l'Aſie-Mineure dans la Cappadoce ſelon Conſtantin Porphyrogénéte cité par Ortelius[c].

[c] Theſaur.

ZALISCUS, Fleuve de l'Aſie-Mineure, dans la Galatie: Ptolomée[d] marque l'Embouchure de ce Fleuve ſur la Côte du Pont-Euxin, entre *Cyptaſia* & *Galorum*. Niger, je ne ſai ſur quel fondement, dit qu'il s'appelle auſſi AMNIAS & BILÆUS. Strabon à la vérité place dans ce Quartier un Fleuve nommé AMNIAS, & Étienne le Géographe en connoît un auquel il donne le nom de BILÆUS, qui eſt le BILIS, ou BILLIS de Pline, & le BILLÆUS d'Arrien, d'Apollonius & de Conſtantin Porphyrogénéte; mais aucun de ces Auteurs n'a dit que *Zaliſcus*, *Amnias* & *Bilæus* fuſſent des noms ſynonymes.

[d] Lib. 5. c. 4.

ZALISSA, Ville de l'Aſie dans l'Ibérie, ſelon Ptolomée[e]. Si nous en croyons Thevet on la nomme préſentement *Scander*.

[e] Lib. 5. c. 11.

ZALLATENSIS, Siège Épiſcopal d'Afrique dans la Mauritanie Sitifenſe, ſelon la Notice des Évêchez de cette Province.

1. **ZAMA**, Ville d'Afrique, dans la Numidie propre & dans les Terres, à cinq journées de Carthage, du côté du Couchant ſelon Polybe[f]. Cette Ville, à laquelle les Auteurs anciens donnent le titre de Ville Royale & de Forterefſe, eſt fameuſe dans les Guerres d'Annibal, de Jugurtha & de Juba. La plûpart des Géographes veulent que cette Ville ſoit celle que Ptolomée nomme AZAMA, & que le MS. de la Bibliothéque Palatine appelle ZAMA. Si cela eſt, dit Cellarius[g], Ptolomée ſemble l'éloigner trop vers le Midi, quoique Cornelius Nepos[h] compte environ trois cens mille pas de Zama à Hadruméte. Polybe & Tite-Live donnent occaſion de ſoupçonner qu'il y a de l'erreur. Le premier dit que Zama eſt à cinq journées de Carthage du côté du Couchant, ce qui eſt répété par Tite-Live[i] où on lit *Zama quinque dierum iter a Carthagine abeſt*; au lieu que dans la Carte dreſſée ſur les Nombres de Ptolomée AZAMA ſe trouve éloignée de dix

[f] Lib. 15. c. 1.
[g] Geogr. Ant. Lib. 4. c. 3.
[h] In Annibale, c. 6.
[i] Lib. 30. c. 39.

degrez de Carthage, chemin qu'un homme qui marcheroit bien auroit de la peine à faire en quinze jours. On convient que Zama étoit dans la Numidie, à une grande diſtance d'Adruméte, ſavoir à trois cens mille pas, comme le dit Cornelius Nepos, ou à trois mille Stades, comme le dit Appien[k]; ce qui feroit encore un plus grand éloignement; & delà on peut juger à peu près à quelle diſtance elle étoit de Carthage. Ainſi ou il faut rapprocher l'Azama de Ptolomée, ou dire qu'elle n'eſt pas la fameuſe Zama des Numides. Dans la Table de Peutinger[l], *Zama Regia* eſt bien plus près de Carthage; car elle eſt marquée à dix milles à l'Orient d'*Aſſures*, poſition qui s'accorderoit aſſez avec celle que donne Polybe; ſi ce n'eſt qu'alors Zama auroit été au Midi, & non au Couchant de la Ville de Carthage. Quoi qu'il en ſoit, cette Ville, ſelon Salluſte[m], étoit ſituée dans une Plaine, & moins forte par ſa ſituation que par les Ouvrages qu'on y avoit faits. Hirtius[n] dit que Zama étoit la Réſidence ordinaire du Roi Juba, qui y tenoit ſes Femmes, ſes Enfans & ſes Treſors. Pline[o] l'appelle *Zamenſe Oppidum*. Elle devint Colonie Romaine, ſous ce titre que lui donne une ancienne Inſcription rapportée par Gruter[p]: COLONI COLONIÆ ÆLIÆ HADRIANÆ AUG. ZAMÆ REGIÆ. St. Auguſtin[q] fait mention de Marcellus à Zama qui aſſiſta au Concile de Carthage tenu ſous St. Cyprien. Le nom moderne de cette Ville eſt Zamora ſelon Marmol.

[k] Pun. p. 40.
[l] Segm. 3.
[m] Jugurth. c. 57.
[n] Afr. Bel. c. 91.
[o] Lib. 5. c. 4.
[p] Pag. 364.
[q] Lib. 7. c. 17.

2. **ZAMA**, Ville de la Cappadoce: Ptolomée[r] la marque dans la Préfecture de Chamanes.

[r] Lib. 5. c. 6.

3. **ZAMA**, Ville de la Méſopotamie ſelon Ptolomée[s].

[s] Lib. 5. c.

4. **ZAMA**, Province de l'Amérique Méridionale au Pérou[t]. Elle eſt ſituée au-delà des Andes, & a la Province de Carauaya vers le Nord, celle de Tacana à l'Orient, celles de Cotabamba & de Chuquiabo au Midi, & celle de Cumata à l'Occident. En 1538. Pedro Anzurez paſſa avec beaucoup de peine de la Province de Carauaya dans celle de Zama: il rencontra de rudes Montagnes, des Bocages, des Neiges & des Deſerts; & après avoir ſurmonté ces obſtacles, il entra dans la Province de Tacana.

[t] De Laet, Deſcr. des Indes Occ. Liv. 10. ch. 32.

ZAMA REGIA. Voyez ZAMENSIS.

ZAMÆ FONS, Fontaine d'Afrique. Ses eaux rendoient la voix ſonore ſelon Pline[u]. Vitruve[x] dit la même choſe. Cette Fontaine étoit apparemment dans la Ville de Zama ou dans ſon voiſinage: le nom du moins le fait ſoupçonner.

[u] Lib. 31. c. 2.
[x] Lib. 8. c. 4. p. 166.

ZAMAKSCHAR[y], nom d'une des Villes principales du Pays de Khouarezm, dont la Longitude eſt de 84. d. 30'. & la Latitude Septentrionale, de 41. d. 45'.

[y] D'Herbelot, Biblioth. Or.

Cette Ville ne s'eſt renduë célébre que par la naiſſance de l'Iman Zamakhſchari.

Ben Schúhnah dit, que Zamakhſchar eſt une grande Bourgade du Khouarezm, ſituée vers l'Embouchure du Fleuve Gihon, à l'Orient de la Mer Caſpienne.

ZAMAMIZON, Ville de l'Afrique propre: Ptolomée[z] la compte au nombre des Vil-

[z] Lib. 4. c. 3.

Kkk 3

Villes qui étoient entre la Ville Thabraca & le Fleuve Bagradas.

ZAMANDUS. Voyez TZAMANDUS.

ZAMARENI, Peuples de l'Arabie-Heureuſe, ſelon Pline [a]. [a Lib. 6. c. 28.]

ZAMAZI, Peuples de la Libye Intérieure. Ils étoient ſelon Ptolomée [b] du nombre de ceux qui habitoient entre les Monts Mandrus & Sagapola. [b Lib. 4. c. 6.]

ZAMBA, Cap de l'Amérique, dans la Terre-ferme, ſur la Côte de la Mer du Nord, au Gouvernement de Carthagène, près de *Morro Hermoſo*, vis-à-vis de l'Iſle de Sable, qui en eſt éloignée de deux lieues. Le Cap de *Zamba*, dit de Laet, reſſemble de loin à une Galére, qui a ſon mât & ſes cordages. [c Deſcr. des Indes-Occ. L. 8. c. 12.]

ZAMBESE, Fleuve de l'Ethiopie Orientale [d], & qu'on nomme auſſi CUAMA. On ne ſait point où eſt ſa ſource. La Tradition du Pays eſt que vers le milieu de l'Ethiopie, il y a un grand Lac d'où ſortent pluſieurs Fleuves, que le *Cuama* en eſt un, & que dans le Pays on l'appelle *Zambeſe*, d'un Village de même nom par où il paſſe en ſortant de ce Lac. Ce Fleuve eſt très-rapide, & à quelques endroits il a plus d'une lieue de large. Il ſe partage en deux Branches à trente lieues de ſon Embouchure, & chaque Branche paroît auſſi grande que le Fleuve avant ſa diviſion. La principale Branche s'appelle *Luabo*. Elle ſe diviſe encore en deux autres Branches, dont l'une ſe nomme le Vieux *Luabo*, & l'autre le Vieux *Cuama*. Une autre Branche moins forte s'appelle Guilimane, ou la Riviére des bons Signaux, ou des bonnes Marques, parce que *Vaſco de Gama* trouva là quelques marques par où il connut qu'il n'étoit pas fort loin de Mozambique, où il eſpéroit prendre les Pilotes pour achever ſa navigation juſqu'aux Indes. Il éleva là une Colonne de pierre, avec une Croix & les Armes de Portugal, & il donna à ce Pays le nom de St. Raphaël. De la Riviére de Guilimane, il en ſort une autre qu'on nomme Linde; de ſorte que cette grande Riviére de *Cuama* ou de *Zambeſe*, entre dans la Mer par cinq Embouchures; mais les Navires ne peuvent entrer que dans le *Luabo* & le *Guilimane* : ce dernier même n'eſt navigable que pendant l'Hyver, lorſque les eaux ſont grandes. On peut remonter par le *Luabo* juſqu'au Royaume de Sacumbe, qui eſt beaucoup au-deſſus du Fort de Tété, où cette Riviére tombe d'un fort haut Rocher. Au-delà de cette chûte on ne trouve que des Roches qui la rendent impraticable pendant près de vingt lieues, & juſqu'au Royaume de Chicona, où ſont les Mines d'Argent. On appelle cette Riviére Airs, du nom de l'Iſle qui eſt à ſon Embouchure, & où l'on décharge toutes les Marchandiſes qui viennent de Mozambique, pour les charger ſur des Bâteaux plus legers, qui remontent juſqu'à Sene qui en eſt à ſoixante lieues. Cette Riviére de Zambeſe ſe déborde pendant les Mois de Mars & d'Avril, & engraiſſe les terres, comme le Nil inonde de l'Egypte & la rend plus fertile. [d Jérôme Lobo, Relat. Hiſt. d'Abyſſinie, t. p. 330.]

ZAMBIRRA. Voyez ZABIRNA.

ZAMBRI. On lit ce mot dans Jérémie [e]; [e Cap. 25. v. 25.] & il ſemble que ce ſoit le nom d'un Royaume; car parmi les Peuples à qui Dieu commande de faire boire du Calice de ſa fureur, il lui eſt ordonné d'en faire boire à tous les Rois de Zambri, & à tous les Rois d'Elam, & à tous les Rois des Médes.

ZAMBUJA, Ville de Portugal [f], à la droite du Tage, à quatre lieues au-deſſus d'Alhandra, & à cinq lieues de Santaren. [f Délices de Portugal, p. 746.]

ZAMBRONE, ou le CAP ZAMBRONE [g], Cap d'Italie, dans la Côte de la Calabre-Ultérieure, ſur le Golphe de Ste. Euphémie, environ à deux lieues de la Ville de Tropea du côté du Levant. Il portoit anciennement le nom d'*Hipponium Promontorium*; parce que la Ville d'*Hipponium* y étoit ſituée. [g Baudrand, Dict.]

1. ZAMENSIS, Siége Epiſcopal d'Afrique, dans la Numidie. Dialogus eſt qualifié *Epiſcopus Zamenſis*, dans la Conférence de Carthage [h]. Il y avoit une Ville nommée ZAMA REGIA dans la Numidie, ſelon Ptolomée & la Table de Peutinger. [h No. 121.]

2. ZAMENSIS. Voyez ZARNENSIS.

ZAMETUS, Montagne de l'Arabie-Heureuſe, ſelon Ptolomée [i]. Le MS. de la Bibliothéque Palatine lit ZAMES, au lieu de ZAMETUS; & Ortelius [k] dit que dans les Cartes modernes cette Montagne eſt nommée *Zimat*. [i Lib. 6. c. 7.] [k Theſaur.]

ZAMIN [l], Ville du Pays de Mavaral-nahar, ou Province de Tranſoxane, ſituée ſur les confins du Territoire de Samarcande, & qui eſt des dépendances de celles d'Oſrouſchah, ou Oſrouſchnah. On la trouve ſur le chemin de Farganah à la Sogde. Elle eſt à 89. d. 40'. de Longitude, & à 40. d. 30'. de Latitude Septentrionale. L'on recueille dans ſon Terroir, la Manne la plus exquiſe de tout l'Orient, que les Perſans & enſuite les Arabes, appellent Terengiubin Alzamini. Alberzendi, & les autres Géographes, la placent dans le cinquième Climat. [l D'Herbelot, Biblioth. Or.]

ZAMIRÆ, Peuples de l'Inde, au-delà du Gange. Ils étoient Anthropophages, ſelon Ptolomée [m], & habitoient près du Mont *Mæander*. Dans le MS. de la Bibliothéque Palatine on lit TAMERÆ au lieu de ZAMIRÆ. [m Lib. 7. c. 2.]

ZAMMALE, Lieu dont il eſt parlé dans la Vie du Ste. Dympne, Vierge. Ortelius [n] dit que c'eſt aujourd'hui le Village de *Samael*, ou *Molle* dans le Brabant. [n Theſaur.]

ZAMNES, Ville de l'Ethiopie ſous l'Egypte, ſelon Pline [o], qui dit que c'eſt-là qu'on commençoit à voir des Eléphans. [o Lib. 6. c. 29.]

1. ZAMORA, Ville d'Eſpagne [p], dans la partie Septentrionale du Royaume d'Eſpagne, Léon, au bord du *Douero*, avec un Siège Epiſcopal dont l'Evêque, Suffragant de Compoſtelle, a vingt mille Ducats de rente. Almanzor détruiſit entiérement cette Ville dans le neuvième Siécle; mais les Rois Ferdinand & Alfonſe la rebâtirent, & ce dernier y fonda entr'autres l'Egliſe de St. Sauveur, ou *San Salvador*, qu'il dota richement & à laquelle il fit préſent de diverſes Reliques. *Zamora* eſt une Ville très-bien fortifiée: elle a un Pont magnifique ſur le *Douero*, & ſon Terroir eſt très-fertile en toutes les choſes néceſſaires à la vie. Elle s'appelloit anciennement *Sentica*; mais les Maures s'en étant rendus Maîtres, lui changérent [p Délices d'Eſpagne, p. 148.]

gérent son nom, & l'appellérent *Zamora*, ou *Medinato Zamoráti*; ce qui en leur Langue signifie la Ville des Turquoises, parce que la plûpart des Rochers qui sont dans le voisinage, ont des Mines qui produisent des Turquoises.

Cette Ville est encore célèbre en Espagne, par l'honneur qu'elle a de posséder le Corps de St. Ildefonse, ancien Evêque de Tolède, dans le septième Siècle. L'Histoire du Cardinal Ximénès rapporte que ce Cardinal ayant eu la curiosité de voir le Corps de ce Saint, il fit pour cet effet un voyage à *Zamora*. Comme il savoit qu'on ne le montroit que fort difficilement, il employa les sollicitations d'un de ses Domestiques, natif de cette Ville, qui par le moyen de ses parens obtint avec peine ce que son Maître souhaitoit; encore fut-ce à condition qu'il ne seroit accompagné que de trois personnes. Mais les Habitans s'étant bien-tôt ravisez, craignirent que le Cardinal ne fût venu pour enlever leur Relique, & refusérent absolument de la lui faire voir; de sorte qu'il s'en retourna comme il étoit venu.

Aux environs de *Zamora* il y a un petit Quartier de Pays nommé SAGJAGO, & composé de plusieurs Bourgs, Villages & Hameaux, dont on dit que les Habitans sont fort grossiers, tant pour le langage que pour la manière de vivre.

2. ZAMORA, Ville de l'Amérique Méridionale au Pérou, dans l'Audience de Quito. Cette Ville est placée par Antoine Herrera, à six degrez de la Ligne vers le Sud; mais De Laet [a] prétend qu'elle n'est qu'à cinq degrez de la Ligne, & il se fonde sur la distance connue des lieux voisins. Elle se trouve, ajoute-t-il, à quatre-vingt lieues vers le Sud-Ést de la Métropole de Quito, & à vingt lieues de la Ville de *Loxa*, droit à l'Orient, & sous le côté Oriental des Andes ; enfin à soixante & dix lieues de la Mer du Sud. La Province à laquelle elle donne son nom n'a pas plus de vingt lieues d'étendue. Elle étoit anciennement appellée *Proauca* par les Indiens du voisinage; & ce mot *Proauca* signifie en leur Langue *Peuple guerrier*. L'air qu'on y respire est humide & chaud, quoique la plus grande partie de l'année ce soit le vent du Nord qui y souffle; ce qui fait que cet air n'est jamais pesant. On n'y voit point de Tempêtes. Il y a souvent des pluyes, mais quand elles sont passées il fait fort beau. La Peste & les autres maladies contagieuses y sont presque inconnues; & les Habitans préviennent les autres maladies par le moyen du Tabac. Ils ont une autre herbe, qu'ils nomment *Aguacolla*, & dont ils se servent dans presque tous leurs Médicamens. La Terre produit naturellement certaines Noix, qui sont mortelles étant crues; mais qui nourrissent beaucoup quand elles sont cuites. Le Pays est en plusieurs endroits montueux, & en d'autres plat & champêtre. Dans les Montagnes il croît divers Cédres & autres Arbres d'un bois fort dur & qui ne se pourrit point. Aux environs de la Ville de *Zamora* il y a plusieurs Mines d'Or d'où l'on a tiré des grains d'une grosseur extraordinaire. On présenta au Roi d'Espagne Philippe II. un de ces grains, qui pesoit huit livres. Il est à croire qu'il y a aussi d'autres Métaux cachez dans la terre, quoiqu'ils ayent été jusqu'ici négligez par les Habitans. Il s'y trouve quantité de Fontaines & de Sources d'eau salée, dont on fait de fort bon Sel & en abondance. Du sommet des Montagnes descendent quelques Riviéres, tant du côté de l'Orient que du côté de l'Occident. Elles portent des Canots: leurs eaux sont fort claires & fort bonnes à boire. Comme elles passent par des Montagnes où il y a des Mines d'Or, elles en roulent des grains avec leur sable. Les Arbres fruitiers de toute sorte, soit ceux du Pays, soit ceux qu'on a apportés de l'Europe, y viennent très-bien, ainsi que les graines & les herbes. Il n'y a que le Froment & l'Orge auxquels la terre ne paroît guère propre. On voit dans les Montagnes quelques Bêtes farouches, comme des Lions & des Tigres, mais ils ne sont pas communs, & ils sont petits. Il y a force *Pacos*, ou Brebis, quantité de Vaches d'Europe, & des Pourceaux & des Chévres en abondance. Les Riviéres nourrissent de fort bons Poissons & en quantité. Il y a des Abeilles qui font beaucoup de miel, & qui n'ont point d'aiguillon.

La Ville de Zamora est fort belle. Les Maisons y sont bâties de bois & de pierre, & il y a une belle Eglise, avec une Maison de Dominicains, qui peut aussi passer pour belle. Le Tresorier du Roi y demeure. Les Mines d'Or sont travaillées par des Négres; car les Naturels de cette Province sont d'un petit esprit, presque sans aucune industrie, & ne peuvent supporter le travail. Avant l'arrivée des Espagnols ils vivoient de Brigandage; ils se pilloient les uns les autres, & se tuoient souvent. Ils ont depuis appris à se vêtir, & ont renoncé à leurs mœurs barbares.

3. ZAMORA, Ville d'Afrique, dans la Barbarie, au Royaume de Trémécen, dans la Province de Bugie, aujourd'hui de la dépendance du Royaume d'Alger. Zamora, dit Marmol, est une Ville illustre pour son antiquité, & que les Romains bâtirent près de Migane. Elle a deux mille Habitans, distribuez en divers Quartiers, & tout proche une grande Fontaine qui vient du côté du Levant. Au Midi est une Forteresse construite depuis peu par le Gouverneur d'Alger. C'est la Ville de la Barbarie la plus riche en Bleds & en Troupeaux, & l'on y tient un Marché tous les Lundis. Les Arabes & les Bérébéres de la Contrée y accourent pour debiter leurs Marchandises. Ptolomée lui donne 17. d. de Longitude, 27. d. 50'. de Latitude, & il la nomme *Azama*. Zamora, selon Mr. Laugier de Tassy [b], est à présent peu de chose.

ZAMOS [c], Riviére de la Haute-Hongrie. Il y a LE GRAND & LE PETIT ZAMOS. Le Grand prend sa source, dans les Montagnes du Comté de Marmaros, aux confins de la Pokutie, & courant d'abord du Nord vers le Midi il entre dans la Transylvanie, où il reçoit diverses Riviéres entr'autres celle de Bistriz. Le Petit Zamos naît dans le Comté de

[a] Descr. des Indes-Occ. L. 10. ch. 14.
[b] Hist. du Royaume d'Alger, p. 144.
[c] De l'Isle, Atlas.

de Colofvar, près du Château de Sebes, va mouiller Colofvar & Zamosvivar, après quoi il se joint au Grand Zamos & tous deux prenant leur cours vers le Nord Occidental en serpentant beaucoup, coulent dans un même lit, reçoivent quelques Riviéres, mouillent Zatmar, & vont se perdre dans la Teiffe entre Bene & le Petit Varadin.

ZAMOS-VIVAR, ou SAMOSVIVA, Forterefie de la Transylvanie, au Comté de Maros Vafarhel, aux confins de celui de Zolnorkint, un peu au-defius de l'endroit où le Grand & le Petit Samos se joignent.

ZAMOSCH, ou ZAMOSKI, Ville de Pologne, dans le Palatinat de Belz [a], avec titre de Principauté. Elle est à quinze lieues de Lemberg, & à vingt-cinq lieues de Lublin entre l'une & l'autre Ville, & située dans un fond. Il y a un Marais qui la couvre d'un côté, & elle est environnée de rideaux agréables, avec du Bois & des Campagnes cultivées. Le Seigneur à qui elle appartenoit anciennement avoit ajouté à cette situation avantageuse des fortifications à la moderne fort régulières, auxquelles on en a encore depuis ajouté d'autres. C'est de cette Ville que ceux de l'illustre Maison de Zamoski ont pris leur nom. L'un d'eux fut Oncle de Michel Koribut Vietfnieviski Roi de Pologne. Le Roi de Suède vint affiéger Zamofch, sous le règne de Cafimir & le Prince de Zamoski s'y trouva enfermé avec sa Sœur, qui fut mère du Roi Michel. Après plusieurs sommations inutiles, le Roi de Suède le fit prier de le venir trouver dans son Camp, pour prendre des mesures afin qu'on n'en vînt pas aux extrémitez qu'on devoit craindre. Le Prince Zamoski, qui trouva trop de hauteur dans ce procédé, répondit qu'il ne pouvoit sortir de Zamofch parce qu'il étoit obligé de donner ses soins aux préparatifs des nôces d'un de ses Valets de Chambre qu'il marioit ce jour-là. Cette raillerie porta le Roi de Suède à prefier vigoureusement la Place, qu'il foudroya de toute son Artillerie pendant vingt jours, au bout desquels il envoya un Trompette au Prince, pour lui dire qu'il étoit contraint de l'ensevelir sous les ruines de sa Ville pour se venger de la réponse pleine de mépris qu'il lui avoit faite, & pour le punir de son opiniâtreté à ne vouloir pas se rendre. Le Prince Zamoski, toujours intrépide ajouta une nouvelle raillerie à la première, & répondit froidement au Trompette, que le Roi de Suède avoit encore beaucoup plus à faire qu'il ne croyoit, puisque tout le mal qu'avoit fait jusque-là son Artillerie étoit d'avoir tué une vieille femme de quatre-vingts ans qui regardoit par une fenêtre, & une Truye qui traversoit une rue; qu'il étoit résolu de se défendre jusqu'aux deux derniers Barils de poudre, dont il se serviroit au besoin pour se faire sauter en l'air avec sa Sœur. Le Roi de Suède eut beau l'attaquer encore plus vivement, il ne put forcer sa résistance, & fut obligé de lever le Siège. [b]

ZAMPANGO, Ville de l'Amérique Septentrionale, dans la Nouvelle Espagne [b]. Elle est sur la route de México à Guaxaca, & on y voyoit du moins huit cens Habitans Indiens ou Espagnols, qui sont la plûpart fort riches. Les principales Denrées qu'on y trouve sont du Sucre, de la Cochenille & du Coton. Au-delà de cette Ville sont les Montagnes de la Mistéque Province de l'Amérique, où il y a quantité de riches Bourgs d'Indiens, qui sont un fort grand trafic de Soye. Celle-là est la meilleure de tout le Pays. Il y a aussi beaucoup de Cire & de Miel. Plusieurs de ces Indiens vont à México & aux environs, & quelques-uns avec trente ou quarante Mulets. Il y en a qu'on tient riches de dix, douze & quinze mille ducats.

ZAMUCHANA. Voyez ZOMUCHANA.

ZANA, Vallée de l'Amérique Méridionale [c], au Pérou, dans l'Audience de Lima. Elle est bocageuse & affez large, & on la trouve après celle de Colliquen. De cette Vallée partent deux chemins, dont l'un mene à Truxillo, & l'autre conduit à Caxamalca. Sur ce dernier chemin on rencontre une Bourgade nommée *Pueblo Novo*, où il y a un Monaftère d'Auguftins appellé Guadaloupe. La petite Ville de Mirafiores est aussi dans cette Vallée.

ZANAATHA, Ville de l'Arabie Pétrée: Ptolomée [d] la marque dans les terres.

ZANAGRA, Bourg d'Afrique, dans la Barbarie, au Royaume de Tripoli & dans le voisinage d'Arcudia. Niger le prend pour l'ancienne *Automala*.

ZANARE, ou le PORT DE DIARTE'E, Habitation sur la Côte d'Afrique, dans la Barbarie, au Royaume de Tunis, dans la Province de Mefrate. C'est une des principales Habitations de la Province selon Marmol [e], & la Tour de Camere ou d'Hercule. Quelques-uns la nomment ZOARA, & d'autres ZUNARA; & il y en a qui la prennent pour l'ancienne *Diarrhoea*.

ZANCLAEI, Peuples de Sicile, sur la Côte du Détroit qui sépare cette Ifle de l'Italie. Ils avoient pris leur nom de l'ancienne Ville ZANCLE. Voyez l'Article qui suit.

ZANCLE, ancien nom de la Ville de Messine, selon Hérodote [f]. Les Messéniens Peuples du Péloponnèse [g] ayant été chaffez de chez eux, après avoir soutenu de longues guerres contre les Lacédémoniens, se transplantérent en Sicile, où s'étant rendus Maîtres de Zancle, ils lui donnérent le nom de Messine. Ce fut Epaminondas, qui après la Bataille de Leuctres les rappella & les rétablit dans leur Pays.

ZANDAPA, Ville que l'Histoire Miscellanée [h] paroît placer aux environs de la Mœsie. Elle fut ruïnée par les Avares, sous l'Empereur Maurice. Quelques Exemplaires lisent ZARDAPA, au lieu de ZANDAPA.

ZANDEK, selon Mr. Corneille [i] & ZANTOCK, selon Jaillot [k]; Ville d'Allemagne, dans la Nouvelle Marche de Brandebourg, fur la Rivière de Warte, à la droite dans l'endroit où elle reçoit la Netze, environ à deux lieues d'Allemagne au-deffus de Landsberg.

ZA-

[a] D'Audifred, Géogr. t. 1. Mémoires du Chevalier de Beaujeu.

[b] Thomas Gage, Relat. des Indes-Occ. Part. 2. t. 7.

[c] De Laet, Defcr. des Indes-Occ. L. 10. ch. 19.

[d] Lib. 5. e;

[e] Defcr. d'Afrique, t. 2. p. 573.

[f] Lib. 7. Polymn. p. 438. Tourreil, Philip. de Demosth. Préface Hift.

[h] Lib. 17.

[i] Dict.

[k] Atlas

ZAN.

ZANES, Ville de la Haute-Mœsie. C'étoit, dit Procope [a], une ancienne Ville, près de la Forteresse nommée la *Fête de Bœuf*. L'Empereur Justinien fit fortifier Zanes de façon qu'il en fit un des plus puissants Boulevars de l'Empire. Près de cette Ville étoit un Fort nommé *Pont*.

[a] Lib. 4. c. 6.

ZANFARA, ou **JANFARA**, Royaume d'Afrique, dans le Pays des Négres, à l'Occident du Royaume de Zegzeg. Son terroir est fecond en Bled, en Ris, en gros Millet & en Coton. Les Habitans sont de belle taille; mais fort noirs. Leur visage large & affreux semble plus tenir de la Bête que de l'Homme. Yschia, Roi de Tombut, empoisonna le Seigneur de Zanfara pour se rendre maître du Pays, & fit périr dans cette occasion une grande partie du Peuple. Le Lieu principal de ce Royaume est à 40. d. de Longitude, sous les 16. d. de Latitude Septentrionale.

ZANGAN, Ville de Perse au voisinage de Sultanie. C'est, selon Tavernier [b], une grande Ville, mais fort mal bâtie. Elle est située au bout d'un Vallon, dans lequel on tombe après qu'on a passé un Pays fort inégal. Il y a un Caravanserai des plus commodes pour les Caravanes.

[b] Voyage de Perse.

ZANGUEBAR, Contrée d'Afrique, dans l'Ethiopie Orientale, le long de la Mer des Indes. Marc Paul Vénitien appelle cette Côte *Zengibar*; mais les Arabes la nomment *Zanguebar* du mot *Zangue*, qui signifie noir; ce qui fait qu'ils donnent aux Habitans le nom de *Zangui*, c'est-à-dire Négres; & ils les appellent aussi Caffres parce qu'ils n'ont point de Religion. On croit que c'est le même Pays que Ptolomée nomme *Agisimba*. Il est renfermé, selon Dapper [c], entre deux Fleuves; savoir le Cuama & le Quilmanci. Marmol porte néanmoins ses bornes plus loin; car il l'étend jusqu'au Cap de Guardafuy, qui est à 12. d. de Latitude Septentrionale. Suivant le premier sentiment, qui est celui de Sanut & le plus suivi, on trouve six Royaumes sur cette Côte, sans compter ceux qui sont dans les Isles voisines, savoir

[c] Descr. de l'Afrique, p. 346.

Angos,	Melinde,
Mongalo,	Mombaze,
Mosambique,	Quiloa.

Cette Côte est aujourd'hui plus connue que du tems de Sanut & de Marmol. En voici la description, suivant la Carte du Sr. D'Anville, dressée sur les meilleurs Mémoires, principalement sur ceux des Portugais. Elle prend du Nord au Sud, depuis la Riviére & le Royaume de Jubo, jusqu'au Royaume de Mauruca, ou jusqu'à la Riviére de Fernão Velozo, en l'ordre suivant:

ZAN. 449

La Riviére & le Royaume de Jubo,
Le Royaume des Abagues,
Bahia formosa, *Baye*,
Le Royaume de Sio,
Le Royaume d'Ampâza,
La Riviére de Lamo,
Le Royaume & la Ville de Melinde,
La Bourgade de Quilmanci,
La Riviére de Quilmanci,
La Riviére de Quilifé,
Le Royaume de Quilifé,
Amaxambas de Motuapa, *Bourgade*,
La Riviére de Monbaça,
La Riviére d'Ancinche,
La Riviére de Tangoa,
Mataugase, Atundo, } *Pays*,
La Terre de S. Rafael,
Les trois Fréres, qui sont trois Riviéres, appellées par les Portugais *os tres Hermaos*,
Cabo Falso,
La Riviére de Cuabo ou Coavo,
La Riviére de Quizimajugo,
Le Royaume de Quiloa,
Mongido, *Pays*,
La Riviére de Mongalle,
Cap Delgado, ou le Cap délié,
La Bourgade de Changa,
Macuas, *Pays*,
La Bourgade de Querimba,
La Bourgade de Cito,
La Riviére de Pembé,
La Riviére & la Bourgade de Sirano-Capa,
La Riviére de Sangaye,
Picos, *Pays*,
La Riviére de Samovo,
Frayasos, *Pays*.
La Riviére de Pinda,
La Riviére de Fernão Velozo.

Lieux dans le Continent du Zanguebar:

Costa dos Ilheos,
l'Isle de Mandra,
Paté, Isle & Royaume,
7. Ilheos,
Lamo, Isle & Royaume,
Tanca, Isle,
L'Isle & la Ville de Mombaça,
Pemba, Isle & Royaume,
Zanzibar, Isle & Royaume,
L'Isle de Cobra,
Les Basses de St. Roch,
L'Isle de Monfia,
L'Isle & la Ville de Quiloa,
L'Isle du Cap Delgado,
L'Isle Melindé,
L'Isle de Changa,
L'Isle de Macoloe,
L'Isle de Mâtémo,
L'Isle d'Oïbo,
La Ville & l'Isle de Querimba,
L'Isle de Fumbo,
L'Isle das Cabras,
La Basse de Pinda.

Isle près de la Côte du Zanguebar:

Si nous nous en rapportons à Dapper, l'air du Zanguebar est mal sain & les fruits n'en sont pas bons; parce que le terroir est bas, marécageux & tout entrecoupé de Lacs & de Riviéres. Ses Habitans sont des Négres au poil court & frisé. Ils portent une Robe de drap, ou de toile peinte, qui leur prend de la ceinture en bas; & les plus considérables se parent de peaux de Bêtes à longues queues, qui traînent à terre par derrière. Les Négres de la Côte se tiennent mieux que ceux du plat Pays; mais tant eux que ceux des Isles voisines vivent

Lll

de

ZAN.

de fruits sauvages, de la chair des Bêtes farouches, & du lait de leurs Troupeaux. Les Arabes Beduines, qui demeurent dans les Quartiers de Zanguebar les plus éloignez de la Mer, ont beaucoup de Bétail qu'ils tirent des Caffres. Pour suppléer aux grains & aux alimens dont le Pays est dénué, la nature a placé dans le Pays quantité de Mines d'Or, par le moyen desquelles les Habitans se peuvent fournir de toutes les choses nécessaires à la vie. Les Nègres de la Terre-ferme sont Idolâtres; mais la plûpart des Insulaires sont Mahométans, issus d'Arabes, qui furent bannis de leur patrie, parce qu'ils étoient de la Secte d'Hali.

ZANGUIZARA, Baye des Indes Orientales, sur la Côte du Royaume de Visiapour. Entre l'Embouchure de la Riviére Halewacko [a], & le Havre ou la Rade de Centapour, il y a une bonne Rade à une lieue de l'Embouchure de la Riviére de Halewacko; mais elle est incomparablement meilleure à quatre lieues de là dans la Baye de Zanguizara.

[a] Mandeslo, Voyage aux Indes Or. Liv. 2.

ZANHAGA, ZENEGA, ou SENEGAL [b], Desert d'Afrique, dans l'Ethiopie Occidentale. C'est la première Habitation des Deserts de la Libye vers le Couchant; car elle commence à l'Océan & occupe tout l'espace, qui est entre le Cap de Nun & la Riviére de Niger que les Portugais nomment Senega & les François Senegal, & qui sépare les Blancs d'avec les Nègres. Cette grande Contrée a au Levant le Desert de Tegasa, l'Océan au Couchant, Nun & Dara au Septentrion, & au Midi les Benays & les Gelofes, avec les Royaumes de Gualata, de Meli & de Tombut. Sur cette Côte à soixante & dix lieues du Cap de Nun, il y a un Cap qu'on appelle Bojador, où les Portugais s'arrêtèrent long-tems avant que de passer outre, lors qu'ils alloient à la découverte de cette Côte; car la Mer se recourbe à cet endroit de fort loin, & tire vers le Nord plus de quarante lieues, à l'égard de la Côte qui demeure derrière; c'est ce qui lui a fait donner le nom de Cap de Bojador. C'étoit une chose nouvelle alors de s'éloigner si fort de sa route, d'autant plus qu'à la tête du Cap il y a un reflux, qui les rechassoit vers le même endroit plus de six lieues; & comme il y a des courans, les Bancs de sable faisoient sauter l'eau d'une manière extraordinaire; ce qui épouvantoit si fort les Matelots qu'ils n'osoient y aborder, particuliérement quand ils découvroient quelque Banc. Gilles Yagnez, Portugais, fut le premier, qui en 1433. doubla ce Cap par l'ordre de l'Infant Don Henri, & lui donna le nom qu'il porte aujourd'hui. Trente lieues plus loin, le long de la Côte, est la Plage qu'on nomme los Ruvios, à cause de la multitude de ses poissons; & douze lieues au-delà on trouve la Plage qu'on appelle des Chevaliers, à cause de deux Chevaux qu'on y débarqua. Douze lieues encore plus loin la Mer fait dans la terre un long Canal qu'on appelle la Rivière d'Or, parce qu'avec quantité d'Or de Tibar, on y racheta quelques Maures qui avoient été pris par les Portugais; & ce fut le premier or de ce Quartier-là qu'on vit en Portugal. Douze lieues plus

[b] Dapper, Afrique, p. 215.

ZAN.

loin est la Baye qu'on nomme de Gonçale de Sintre. De là on va au Port du Cavalier; & vingt-huit lieues au-delà est le Cap Blanc qu'Antoine de Gonçale, & Tristan Gentilhomme Portugais découvrirent en 1441. Ce Cap est au vingtième degré de Latitude. C'est en cet endroit que la Côte prend une autre route, en faisant un Golphe vers lequel tire le courant de l'eau. Le Village d'Anterote donne son nom à toute cette Côte, qui s'étend jusqu'à la Rivière de Senega. Douze lieues par delà ce Cap sont des Isles voisines de la Côte. Ce sont proprement sept Rochers, battus des vents & des vagues. Ils avoient autrefois chacun un nom particulier; mais on les appelle tous aujourd'hui Arguin, à cause d'un Fort de ce nom qu'Alfonse Roi de Portugal fit bâtir sur l'une de ces Isles découvertes en 1443. par le fameux Tristan.

Le Desert de Zanhaga est habité par différens Peuples qui sont les Berveches, les Ludays, les Duleyns, les Senegues & quelques Arabes dont quelques-uns vivent du bien d'autrui. Ils enlevent les Troupeaux, & les ménent à Dara & ailleurs où ils les échangent contre des Dates. Les Arabes de Beni-Amir courent quelquefois ce Pays, mais leur principale demeure est entre le Cap de Nun & Tagaost. Ce Desert est si sec, qu'on ne trouve de l'eau que de trente en trente lieues; encore est-elle salée & amère. On la tire de certains Puits fort profonds, particuliérement en allant de Sugulmesse à Tombut, où l'on fait soixante & dix lieues à travers le Desert, sans trouver d'autre eau que celle du Puits d'Azaoat, & ensuite celle d'un autre Puits qu'on nomme Araoan, & qui est à soixante lieues de Tombut; de sorte que si l'on ne se fournit de quantité d'eau pour ce Voyage, on est en danger d'y mourir de soif & de chaud, tant les hommes que les Chameaux. Le Pays est plat, & mal aisé à reconnoître, parce qu'il n'y a ni Bois, ni Montagne, ni Maison, ni Rivière qui puisse fixer: ainsi il est bien difficile de ne pas s'égarer dans un si long Voyage. On s'y conduit par les vents, par les Etoiles, par le vol des Oiseaux, tels que sont les Corbeaux & les Vautours, qui suivent les Lieux habitez, à cause des charognes, & volent vers les endroits où il y a des Troupeaux qui paissent. En un mot, le terroir est si chaud & si sec, que dans le Desert d'Araoan on trouve deux Tombeaux sur lesquels sont gravées quelques lettres, qui marquent que ceux qui y sont enterrez, sont l'un un riche Marchand, qui donna à un Voiturier dix mille Ducats pour une cruche d'eau, & l'autre de ce même Voiturier qui mourut de soif aussi-bien que le Marchand. Les Naturels du Pays vivent la plus grande partie de l'année du lait de leurs Troupeaux, & mangent de la chair de Gazelles, & de quelques autres Bêtes quils chassent.

Les Zenegues se piquent d'être les plus anciens du Pays, & par conséquent les plus nobles. Aussi sont-ils plus puissans que les autres. Ils ont régné le long du Niger & prétendent que les Rois de Tombut viennent d'eux. Voyez SENEGAL.

ZAN-

ZAN.

a Laugier de Tassy, Hist. du Roy. d'Alger, p. 65.

ZANHAGIENS, Tribu de Bérébéres, en Afrique, sur la Côte de la Barbarie [a]. Les Africains prétendent que ceux des Bérébéres qui ont habité les premiers la Barbarie étoient issus de la Tribu des Sabéens, qui vinrent s'y établir, sous la conduite du Roi Melek Ifriqui; que cette Tribu s'étant multipliée se partagea en cinq autres, qui furent célèbres sous les noms de Zanhagiens, de Muçamudins, de Zenetes, d'Haoares & de Gomères, d'où il sortit 600. Familles, qui formèrent aussi des Tribus, la plûpart sous les mêmes noms & distinguées des premières par le Pays qu'elles habitoient, & les autres sous des noms différens. Voyez ZENEGUES & ZIZ.

b Bel. Persici L. 1. c. 14. de la Trad. de Mr. Cousin.

ZANI, ou TZANI, Peuples des environs de la Colchide. Lorsqu'on va d'Arménie en Persarménie, dit Procope [b], on a au côté droit le Mont Taurus, qui s'étend jusqu'en Ibérie & en d'autres Pays voisins. Il y a au côté gauche un long chemin, dont la pente est douce, & de hautes Montagnes qui sont couvertes de neige en toutes saisons: C'est de ces Montagnes que le Phase tire sa source, & d'où il va arroser la Colchide. Ce Pays a été de tout tems habité par les Tzaniens, appellez autrefois Saniens, Peuple barbare & qui ne dépendoit de personne. Comme leur terre étoit stérile, & leur manière de vivre sauvage, ils ne subsistoient que de ce qu'ils pilloient dans l'Empire. L'Empereur leur donnoit chaque année une certaine somme d'argent, afin d'arrêter leurs courses; mais se souciant fort peu de leurs sermens, ils ne laissoient pas de venir jusqu'à la Mer, & de voler des Arméniens & des Romains. Ils faisoient de promptes & de soudaines irruptions, & se retiroient aussi-tôt dans leur Pays. Quand ils étoient rencontrez à la Campagne ils couroient risque d'être battus; mais l'assiette des Lieux étoit telle qu'ils ne pouvoient être pris. Sylla les ayant défaits par les armes, acheva de les conquérir par ses caresses. Ils adoucirent depuis la rudesse de leurs mœurs, en s'enrôlant parmi les Romains, & en les servant dans les guerres. Ils embrassèrent même la Religion Chrétienne. Ils sont appellez ZANNI par Agathias [c], qui les place sur le Pont-Euxin aux environs de Trapezunte.

c Lib. 5.

d Lib. 6. c. 21.

ZANIA, Ville de la Médie. Ptolomée [d] la marque dans les terres.

e Cap. 15. v. 56.

1. ZANOE, Ville de la Palestine, dans la Tribu de Juda, selon Josué [e]. Esdras compte parmi ceux qui s'employèrent à rebâtir Jérusalem Hanun & les Habitans de Zanoé, qui bâtirent les Portes de la Vallée. Ce furent eux qui bâtirent cette Porte, qui y mirent les deux battans, les serrures & les barres, & qui refirent mille coudées des murailles jusqu'à la Porte du fumier. Josué dit que cette Ville étoit dans les Montagnes; ainsi elle étoit différente de celle qui fait l'Article suivant. Il y a apparence que ces deux Villes furent bâties par Icuthiel, Pere de Zanoé [f], & peuplées par leur postérité.

f 1. Par. c. 4. v. 18.

g Cap. 15. v. 34.

2. ZANOE, Ville de la Palestine, dans la Tribu de Juda. Josué [g] qui en parle, la compte au nombre des Villes qui étoient dans la Plaine.

ZAN.

ZANTE, Isle de la Mer Ionienne, au Couchant de la Morée, dont elle est éloignée d'environ quinze lieues. Cette Isle, située à cinq lieues au Midi de celle de Céphalonie, & à 36. d. 30'. de Latitude, n'a pas plus de quinze lieues de circuit; mais en récompense elle est une des Isles les plus agréables & les plus fertiles qu'on puisse voir. Elle s'appelloit anciennement *Zacynthus*. Les Grecs l'appellent encore *Zacynthos*, les Italiens *Zante* & les Anglois *Zant*. Mr. Wheler dit, dans son Voyage de Dalmatie & de Gréce, avoir vu une Médaille, qui représentoit la tête de quelque Divinité & sur le revers de laquelle étoit un Trépied d'Apollon, & au-dessous un Soleil rayonnant, avec ce mot autour: ΖΑΚΥΝΘΙΩΝ. Boterus a eu raison de l'appeler l'Isle d'Or, à cause de sa fertilité & de sa beauté. Mais elle mérite encore mieux ce nom aujourd'hui, depuis que les Vénitiens ont trouvé le moyen d'en tirer tous les ans une grande quantité d'or par le trafic des Raisins de Corinthe, qu'on en tire, comme je le dirai plus bas.

L'Isle de Zante est gouvernée par un Provéditeur Vénitien. Elle a un très-bon Port, quoique le Vent de Nord-Est y régne un peu. Le Port qui est au Midi n'est dangereux, que pour ceux qui ne le connoissent pas. Entre ces deux Ports régne un long Promontoire du côté de l'Orient, & sur lequel il y a une haute Montagne appellée *Madonna di Scoppo*, à cause de laquelle y est bâtie dessus, & où il y a une Image qu'on dit miraculeuse. Outre la Ville qui porte aussi le nom de Zante, on compte jusqu'à cinquante Villages; les noms des principaux sont

Ailio,	S. Kirico,
Ampelo,	Komiri,
Banato,	Lagopodi,
Belousi,	Langadachia,
Braca,	Lithachia,
Cuglipado,	Luca,
Catastari,	Makerado,
Chiiomeno,	Mareaïs,
Couchiesi,	Muskaï,
Courcoulidi,	Orthoniaïs,
S. Dimitry,	Oxochora,
Faghia,	Pigadachia,
Fioliti,	Pissinounda,
Gaitani,	Plemonario,
Galaro,	Sarachinada,
Jeri,	Schoulichado,
Jeracario,	Tragaki,
Keri,	Volima.

La VILLE DE ZANTE peut contenir vingt à vingt-cinq mille ames. Elle s'étend le long de la Côte, & regarde le Couchant. Elle n'est point murée; mais elle a sur une éminence une Forteresse assez bien munie de Canons. Si cette Forteresse lui sert pour sa défense, elle l'incommode considérablement par la réverbération des rayons du Soleil, qui y cause une chaleur extrême en Eté, & presque autant de chaleur dans l'Hyver le plus froid, qu'on en ressent en Angleterre dans l'Eté le plus chaud. L'éminence sur laquelle la Forteresse est bâtie

Lll 2   abon-

abonde en plusieurs sources d'excellente eau très-fraîche, qui, quoiqu'elles sortent les unes à vingt pas de la Mer, les autres encore à une moindre distance, sont cependant aussi hautes que la surface de la Mer; ce qui suffit pour réfuter l'opinion commune qui veut que ces Fontaines viennent de la Mer. Mais elles tirent leur origine des hautes Montagnes, comme la Fontaine de *Grundinero* tire la sienne de la Montagne de *Madonna di Scoppo*. Les Maisons de la Ville sont bâties de pierres de taille, & basses à cause des tremblemens de terre qui y arrivent ordinairement une fois ou deux par semaine tous les Printems, & qui ébranlent tellement les murailles qu'elles sont presque toutes remplies de fentes. Cependant ces tremblemens de terre ne causent pas de grands dommages.

La Langue Italienne est presque aussi commune à Zante que la Grecque. Il y a néanmoins très-peu de gens du Rit Latin, quoiqu'aussi bien que les Grecs, ils ayent un Evêque qu'on leur envoye de Venise. Celui des Grecs gouverne aussi l'Isle de Céphalonie & s'y tient le plus souvent. C'est ce que rapporte Mr. Spon[a], qui est en quelque façon contredit par Mr. Wheler, dans la Relation duquel on lit ce qui suit : „ Ils [les Habitans de Zante] font „ profession de la Religion Grecque; mais „ leur doctrine est fort Latinisée, quoiqu'ils „ haïssent extrêmement l'Eglise Romaine. „ Ils ne reçoivent point d'Evêque, mais „ un Protopapa, & ils relevent de l'Evê- „ que de Céphalonie. Il y a cependant „ un Evêque Latin qu'on a de la peine à „ leur faire recevoir civilement. Il y en „ étoit arrivé un nouveau depuis peu, lors- „ que j'y étois, & on avoit commandé „ aux Prêtres Grecs de l'accompagner jus- „ qu'à l'Eglise Cathédrale, qui est dans la „ Forteresse, lorsqu'il fit son entrée publi- „ que. Il fut accompagné par quelques „ Ordres de Moines, qui ont là leurs Cou- „ vens, & qui chantoient à son entrée, se- „ lon l'usage des Latins ; mais les Grecs „ qui le suivoient se moquoient de lui ". Ils ont quantité de petites Eglises au dehors & au dedans de la Ville. Les plus belles de toutes sont l'*Hagia-pando*, ou l'Eglise de tous les Saints, qui est située dans la Place qui conduit au Mole; l'Eglise de Saint Nicolas, située sur le Mole, est fort remplie d'offrandes des Mariniers. Au-dessus de la Ville, en allant à la Forteresse, il y a à main droite une Eglise appellée S. Hélie, dans une place tout-à-fait charmante, environnée d'Orangers, & remarquable par le tombeau de Cicéron, que quelques-uns veulent qu'on y ait trouvé, avec une Inscription, qui parloit de lui, & de Tertia Antonia sa femme. Il ne reste à présent de cet ancien Monument qu'un fond d'Urne de Porphyre. On ignore ce que le reste est devenu; car il n'y a personne à Zante qui soit curieux des Antiquitez du Pays. A la Pointe qui regarde Céphalonie, il y a une petite Eglise Grecque, appellée *Santa Veneranda*, & dont les Anglois se servoient autrefois pour enterrer leurs morts; mais depuis quelques disputes qu'ils ont eues a-

[a] Voyage de Dalmatie & de l'Archipel.

vec le Papa, on leur a changé la place de leur Cimetière, qui est à présent à un mille ou deux de la Ville, dans une petite Eglise, située dans une Plaine derrière la Forteresse.

Zante est présentement la principale Isle d'où viennent les Raisins appellez *de Corinthe*, & qui ont pris leur nom de la fameuse Ville de Corinthe qui le fournissoit autrefois; car on ne l'y cultive plus. Il n'y a pas long-tems qu'on en recueilloit encore un peu à *Vasilica*, qui est l'ancienne Sicyon, éloignée seulement de Corinthe de six à sept milles; mais comme on n'en trouvoit pas le débit chez les Turcs on les a négligez. Depuis que les Chrétiens ont été dépossédez de la Gréce, & que le Turc a bâti deux Châteaux aux Bouches du Golphe de Lépante, il ne permet pas aux grands Vaisseaux d'entrer dans le Golphe, de peur de quelque surprise; & que sous prétexte d'aller chercher des Raisins de Corinthe, on ne fasse quelque insulte. On fait venir néanmoins de ces Raisins sur la Côte du Golphe même & à *Vostitsa*, & on les porte à *Patras* où il en croît aussi. Ces trois Lieux en peuvent fournir la charge d'un Vaisseau médiocre. Vis-à-vis de Patras, dans le Pays des anciens Etoliens, il y a un Village nommé ANATOLICO, bâti comme Venise dans un Marais, & peuplé d'environ deux cens feux. Ses Habitans y cultivent dans la Terre-ferme du voisinage le Raisin de Corinthe, qui y réussit merveilleusement. Il est beau & bon, & deux fois plus gros que celui de Zante. Ils en peuvent charger avec ceux du Village de Messalongi un grand Vaisseau. Le Raisin de Corinthe croît encore dans l'Isle de Céphalonie & dans celle de Zante. Il ne vient pas sur des Buissons comme les groseilles rouges & blanches, quoiqu'on le croye ordinairement, mais sur des vignes comme l'autre Raisin ; excepté que les feuilles sont un peu plus épaisses, & que la grappe est un peu plus petite. Ils n'ont aucun pépin, & ils sont à Zante tout rouges ou plutôt noirs. Ils croissent dans une très-belle Plaine de douze milles de long, & de quatre ou cinq de large, à l'abri des Montagnes qui bordent les rivages de l'Isle ; de sorte que le Soleil rassemblant ses rayons dans ce fond y fait parfaitement meurir les Raisins de Corinthe, le Raisin muscat & le Raisin ordinaire, dont l'on fait du vin très-fort. Cette Plaine est séparée en deux Vignobles, où il y a quantité d'Oliviers, de Cyprès & de Maisons de Plaisance, qui avec la Forteresse & la croupe du Mont *di Scoppo*, présentent un aspect parfaitement beau. On vandange ordinairement ces Raisins dans le mois d'Août lorsqu'ils sont mûrs. On en fait des couches sur la terre jusqu'à ce qu'ils soient secs; & après qu'on les a rassemblez on les nétoye, & on les apporte dans la Ville, pour les mettre dans des Magazins, qu'ils appellent *Seraglio*. On les y jette par un trou jusqu'à ce que le Magasin soit plein. Ils s'entassent tellement par leur propre poids, qu'on est obligé de les fouïr avec des instrumens de fer, ce qu'on appelle remuer

ZAN.

muer le Raisin. Quand on le met en baril pour l'envoyer en quelque lieu, des hommes se graissent les jambes, & le pressent avec les pieds nuds, afin qu'il se conserve mieux & qu'il ne tienne pas tant de place. Le Millier pesant revient à ceux qui l'achetent environ à vingt-quatre Ecus, quoique le premier achat ne soit que de douze Ecus; mais il y a de gros droits. On fait quelquefois par curiosité du vin de ce Raisin. Il est cependant trop violent; & il pourroit passer pour de bonne eau-de-vie. Les Anglois ont à Zante un Comptoir, conduit par un Consul & cinq ou six Marchands, pour le Commerce de ce Raisin: les Hollandois y ont un Consul, & un ou deux Marchands; & les François n'y ont qu'un Commis, qui fait le Consul & le Marchand tout ensemble. Les Anglois y font le principal Commerce, & avec raison; car ils consument six fois plus de Raisin de Corinthe dans leurs ragoûts que la France & la Hollande ensemble.

Une autre curiosité de l'Isle de Zante, c'est une Fontaine de poix noire. Elle n'est qu'à trois ou quatre lieues de la Ville, & fort du pied d'une haute Montagne, dans le fond du Golphe, environ à cent pas de la Mer. Elle sort de la terre avec une belle eau claire & par morceaux ou pelottons gros comme le doigt & quelquefois gros comme une noix. Elle ne s'élève pas présentement au-dessus de l'eau; mais il n'y a pas long-tems qu'elle le faisoit, à ce que dit Mr. Wheler, qui semble contredit par Mr. Spon, qui dit que la poix demeure au fond par sa pesanteur; mais que quand on en tire, il en tombe toujours sur la terre, avec laquelle elle fait comme une croute, dont le dessous se creuse par l'eau de la Fontaine; ce qui est cause que la terre des environs tremble sous les pieds, comme quand on marche sur une planche qui n'est pas forte. On croit dans l'Isle qu'en sautant un peu fort sur cet endroit, on excite des tremblemens de terre, & qu'ensuite de ces tremblemens, il sort plus de poix, & sur-tout pendant que le Vent de Sud-Ouest souffle. Quoi qu'il en soit, cette poix par sa couleur ressemble à l'autre poix; mais elle a l'odeur plus forte, & Mr. Wheler conjecture qu'elle approche de l'Huile d'Ambre. Elle est d'abord molle; mais elle s'endurcit au Soleil. On en tire tous les ans aux environs de cent barrils, & elle est très-bonne à calfeutrer les Vaisseaux, quand on la mêle avec du goudron.

Outre les Raisins de Corinthe, qui sont excellens à manger étant frais, il y a à Zante d'autres Raisins qui donnent de bon vin, quoique très-fort. On fait aussi du Muscat en quantité, & qui est délicieux; mais il ne peut supporter la Mer. On fait de même beaucoup d'Huile & elle est excellente; mais il est défendu aux Etrangers d'en transporter, de même que du vin. Tout ce que les Habitans en peuvent epargner est envoyé à Venise. Les Melons de Zante ne cédent point à ceux d'Espagne. Il y en a de deux sortes, de blancs & de jaunes. Les blancs, c'est-à-dire ceux qui ont le dedans d'un blanc pâle, sont au dehors de couleur verte, & on diroit qu'ils sont parfumez avec de l'Ambre gris. Ils sont courts & ronds comme une boule. Les côtes ne sont point ouvragées, mais unies & polies. Les jaunes sont comme les blancs pour la figure; mais ils différent en bonté. On a aussi les plus belles Pesches qu'on puisse voir: elles pésent ordinairement huit à dix onces, & quelques-unes vont jusqu'à quinze & à seize. La chair en est ferme, comme celle des Auberges. Il y a des Citrons, des Orangers, des Figues, des Limons & sur-tout une sorte de Limons très-gros, avec une écorce fine, remplis d'un jus aigre & excellent, sans pépins.

ZANTO, Bourgade de la Basse-Hongrie [a], entre Strigonie & Albe-Royale, à cinq lieues de chacune de ces Villes. On la prend pour l'ancienne *Osones* de l'Itinéraire d'Antonin.

[a] Baudrand, Carte de Dict.

ZANZIBAR, Isle de la Mer des Indes [b], sur la Côte du Zanguebar, vis-à-vis la Terre de St. Rafael, entre l'Isle de Pemba & celle de Monsia, dont elle est séparée par les Basses de St. Roch. Cette Isle qui a titre de Royaume peut être à huit lieues de la Terre-ferme. [c] Elle produit beaucoup de Ris & de Mil & quantité de Cannes de Sucre. Ses Forêts ont des Citronniers très-hauts dont les Fleurs répandent de loin une odeur très-agréable. Elle abonde en Sources d'eau douce & doit être fort riche, puisque Ravasco, Portugais, dans l'espace de deux mois qu'il passa aux environs, prit vingt Navires de ces Insulaires & qui étoient chargez de beaucoup de Marchandises & montez de plusieurs pièces de Canon. Leur Roi, dès que les Portugais commencérent à paroître dans ces Quartiers-là, promit de payer tous les ans à celui de Portugal un certain poids d'or. Sanut réduit ce Tribut à cent Mitigals d'or, & à trente Moutons qu'un Capitaine Portugais y devoit aller prendre. La plûpart des Habitans suivent la Religion de Mahomet.

[b] D'Anville, Carte de l'Ethiopie Orient.
[c] Davity, Afrique.

ZAO, ou PROMONTORIUM ZAO, Promontoire de la Gaule Narbonnoise, selon Pline [d], dont voici le passage: *Promontorium Zao: Citharista Portus*. C'est ainsi, dit le Pere Hardouin, que lisent tous les MSS. au lieu que les Exemplaires imprimez portoient *Promontorium Citharista, Portus,* ou *Promontorium Zaocitharista,* ou *Zaoportus*. Ce Promontoire s'appelloit aussi *Citharista*, comme le Port; car on lit dans Ptolomée [e], ὁ Κιθαρισιὸς τὸ ἄκρον. C'est présentement le *Cap Sisiat*, ou *de Cerchiech*, près de Toulon; & le Port *Citharista* est aujourd'hui *le Port de St. George*, ou *le Port de Toulon*.

[d] Lib. 3. c. 4.
[e] Lib. 2. c. 6.

ZAOIT, ou ZAUIT BEN GIARBU, Ville d'Afrique, dans la Barbarie, au Royaume de Tunis, dans la Province de Tripoli, assez près de la Ville de ce nom & à quelque distance de la Mer [f]. Zaoit-ben-Giardemeure n'est point fermée de murailles. Il y demeure quelques Morabites qui vivent comme des Religieux. Autour de la Ville ce sont de grandes Allées de Palmiers; mais il n'y vient point de Bled & l'on n'y recueille qu'un peu d'Orge, parce que ce

[f] Marmol, Descr. d'Afrique, t. p. 521.

font

font tous fablons. Les Seigneurs Mahométans ont cette Ville en eftime, à caufe des Morabites qui y font leur retraite.

ZAORAT, Ville d'Afrique, fur la Côte de la Barbarie, au Royaume de Tunis, dans la Province de Tripoli. C'eft, felon Marmol [a], une petite Ville, située à dix-sept lieues de l'Ifle de Gelves du côté du Levant. Elle eft fermée de méchantes murailles, & habitée par de pauvres gens, qui font de la Chaux & du Plâtre qu'ils portent vendre à Tripoli, ou qui s'adonnent à la Pefche, ou qui vont en courfe avec les Vaiffeaux Turcs. Cette Ville a été fondée par les Africains, & étoit autrefois fort peuplée à caufe d'un Port où l'on abordoit de tous côtez pour le Commerce. Ptolomée lui donne 41. d. 15′. de Longitude & 31. d. 30′. de Latitude, & la nomme *Pofidon Portus*. Elle fut ruinée la première fois par Occuba, avec Tripoli. Elle a été encore ruinée plufieurs fois depuis. Les Turcs la poffédent aujourd'hui, & les Gouverneurs de Tripoli la chargent de tant d'impôts que fes Habitans font fort misérables; auffi n'eft-elle plus préfentement que comme un méchant Village.

[a] Defcr. d'Afrique, t. 1. p. 561.

ZAOVIAS, Ville d'Afrique, dans l'Empire de Maroc, au pied des Montagnes, de même nom, felon Mr. Corneille [b], qui cite De la Croix [c]. Les Montagnes de Zaovias, ajoute-t-il, tiennent à celles d'Itata; & la Rivière de Sero, qui y prend fa fource & fe rend dans le Fleuve de Marbea, paffe par la Ville. Ce Fleuve reçoit auffi les Rivières d'Oumana, Derna, Louet de Leibit, & les Fleuves de Tadela & de Tafaut, & va se décharger dans la Mer à Azamor. Le Tafaut depuis Louet de Leibit, ou Rivière des Noirs, qui n'a pas moins de rapidité que le Rhône, fait la féparation du Royaume de Maroc de celui de Fez. Il y a un Pont fur ce Fleuve entre Derna & Oumana, avec un Château que Mouley Ifmael, aujourd'hui Roi de Maroc, y fit faire pour la confervation de ce Pont que les Barbares avoient coutume de rompre, lorsqu'il leur prenoit envie de fe révolter. Ce Pays eft le plus miférable du Royaume.

[b] Dict.
[c] Relat. de l'Afrique, t. 2.

ZAPAORTENON. Voyez APAVORTENE.

ZAPAVORTENE REGIO, Contrée d'Afie felon Pline [d]; mais le Pere Hardouin fur la foi de tous les MSS. qu'il a confulté lit APAVORTENE. Voyez ce mot.

[d] Lib. 6. c. 16.

ZAPETRA [e], Ville que Cédréne & Curopalate femblent mettre dans l'Arménie, aux environs de la Ville de Samofate.

[e] Ortelii Thefaur.

ZAPHAD. Voyez HEPHAD.

ZAPOROGES, Peuples compris parmi les Cofaques [f], & fur lesquels il refte encore au Roi de Pologne une ombre de Souveraineté. Ils habitent dans les Ifles qui font aux Embouchures du Boryfthéne, & font fous le commandement d'un Général de leur Nation. Ce font gens feroces & fauvages, mais fans barbarie ni cruauté; rudes & fort impolis, mais braves & de cette bravoure qu'on peut appeller une valeur véritable. Ils font vétus d'une Peau de Mouton, & vivent d'Herbes & de Lait. Comme le Boryfthéne a des cataractes, ainsi

[f] Corn. Dict. Mémoires du Chevalier de Beaujeu.

que le Nil, & des Rochers & Chûtes d'eau qui interrompent fon cours, les Zaporoges qui vont dans la Mer Noire par ce Fleuve portent leurs Bâteaux fur leurs épaules quand ils arrivent à ces Détroits impratiquables, & les remettent à l'eau au-delà des Cafcades. Ils alloient autrefois pirater jufque dans le Bofphore & dans les Fauxbourgs de Conftantinople; & ce fut le fujet des plaintes que les Turcs commencérent à faire à la République de Pologne fous le Régne de Sigifmond; mais enfin après plufieurs Ambaffades inutiles, ils mirent les Polonois dans une femblable néceffité de fe plaindre & bouchérent le paffage aux Zaporoges, en fe rendant Maîtres des deux Forts qui font à l'Embouchure du Boryfthéne, & en y ajoutant deux autres dans une Ifle qui eft au milieu du Canal, vis-à-vis des anciens.

ZAPOTECA, Province de l'Amérique Septentrionale, dans la Nouvelle Espagne. Elle s'étend du Midi au Nord, depuis la Province de Guaxaca jufqu'au Golphe de Méxique [g]. Elle eft toute montueufe & pierreufe & ne céde en rien pour la grandeur à celle de Mifteca, ni à aucune autre du voifinage, pour la fertilité du Terroir. Ses Habitans étoient autrefois fort cruels. Ils avoient des guerres continuelles avec les Montagnards des environs, qui s'appelloient Mixes. La principale Bourgade de cette Province étoit anciennement Teozapoltan. Leur Cacique y demeuroit. Ils n'étoient autrefois couverts que de Peaux. Depuis ils ont appris à porter des habits d'étoffe, à couper leurs cheveux & à porter des chapeaux.

[g] De Laet, Defcr. des Indes Occ. Liv. 5. c. 21.

ZAPUATAN, Province de l'Amérique Septentrionale, dans la partie de la Nouvelle Espagne, appellée la Nouvelle Galice, près de la Mer du Sud. De Laet, dit dans fa Defcription des Indes Occidentales [h], que Nunno de Guzman, après avoir bâti en 1531. la Ville del Espiritu Santo, nommée aujourd'hui Compoftell, partit avec fa troupe, de Chiametla, entra premiérement dans la Province de Piatzala, d'où il paffa dans celle de Zapuatan, où il trouva beaucoup plus de femmes que d'hommes; ce qui donna le commencement à cette Fable, qu'elle étoit habitée par des Amazones. De la Province de Zapuatan, continuant toujours fa route, il arriva enfin à une grande Rivière, fort peuplée d'habitans le long de fes rivages, & à laquelle il donna le nom de *Rio de la Sal*.

[h] Liv. 6. c. 5.

1. ZARA, Ville des Moabites: Jofephe [i] dit qu'Alexandre Jannée prit cette Ville. Le même Auteur [k] paroît mettre une autre Ville nommée ZARA dans la Paleftine aux environs de Joppe; car il dit que Simon s'empara des Villes de *Zara*, de *Joppe* & de *Jannia*. Mais Mr. Reland a remarqué que dans cet endroit il faut lire GAZARA, au lieu de ZARA, comme cela paroît par le Livre des Antiquitez Judaïques du même Jofephe [l], par quelques MSS. de la Verfion de Rufin, & par le premier Livre des Macchabées, où il eft [m] que Simon a fortifié Joppe fur la Côte

[i] Ant. L. 13. c. 23.
[k] Bel. Jud. L. 1. c. 2.
[l] Lib. 13.
[m] Cap. 14. v. 34.

de

ZAR.

de la Mer, & Gazara qui est sur la Frontière d'Azot, où les Ennemis demeuroient auparavant.

2. ZARA, Ville d'Asie aux environs de l'Arménie. L'Itinéraire d'Antonin la marque sur la route d'*Arabissum* à *Satala*, entre *Euneæ* & *Dagolassum*, à dix-huit milles du premier de ces Lieux & à vingt milles du second. Dans une autre Route, qui prend de Césarée à Satala, Zara se trouve entre *Camisa* & *Dagolassum*. Simler croit que c'est la Ville *Saurania* de Ptolomée.

3. ZARA, ou ZAHARA. Les anciens Auteurs Grecs, comme Hérodote & Diodore de Sicile, donnoient souvent le nom de Libye à toute l'Afrique; mais on appelloit plus communément de ce nom, une Contrée de ce Continent qu'on divisoit en deux parties, savoir en Libye propre ou extérieure, & en Libye intérieure. La Libye extérieure s'étendoit, selon Ptolomée, depuis Aléxandrie jusqu'à Cyrène & comprenoit le Desert de Barca, ou selon Cluvier, elle prenoit depuis les Deserts d'Eloacat, & le Royaume de Gaoga, & s'étendoit à la gauche du Nil, jusqu'au Pays des Négres. La Libye intérieure avoit au Septentrion les deux Mauritanies, l'Afrique propre, & la Cyrénaïque; à l'Orient une partie de la Marmarique, & l'Ethiopie au-dessous de l'Egypte; au Midi l'Ethiopie intérieure; & à l'Occident la Mer Atlantique. Mais selon les Géographes modernes la Libye a maintenant pour bornes au Septentrion la Numidie, & les Quartiers de Nun qui en dépendent: au Levant l'Egypte, les ruïnes de la Ville d'Eloacat, & le Royaume de Gaoga: au Midi le Pays des Négres; & au Couchant l'Océan. Le long de cette Côte, vers le Nord, s'étend une Bande de sablons, de la largeur de cent lieues ou environ, depuis l'Océan jusqu'au Nil. Le Niger la traverse & sépare les Africains blancs d'avec les noirs. Les Grecs rapportoient l'origine du nom de Libye, à Libye, fille d'Epaphus fils de Jupiter: d'autres le dérivent de Lehib mot Arabe, qui signifie chaleur excessive; mais les Habitans ne l'appellent en Langue Arabe, que ZAHARA, ou ZARA, c'est-à-dire *Desert*. Les mêmes Arabes divisent cette Contrée en trois parties, nommées

Cehel,   Zahara,
        Asgar.

Par le premier de ces noms ils entendent les Quartiers sablonneux, par le second les Quartiers pierreux, & par le troisième les Quartiers marécageux.

La division la plus commune, selon les Géographes, continue Dapper, se fait en dix Provinces ou Deserts, dont quelques-uns sont assez peuplez; les *Quartiers de Nun*, qui sont du ressort de la Libye, & qu'il compte apparemment pour deux, le *Desert de Senega*, ou *Zanhaga*, *Tegaza*, *Zuenziga*, *Hayr*, ou *Terga*, *Lempt*, *Berdoa*, *Serte* & *Alguechet*. Mais Cluvier met *Lempta*, *Hayr*, *Zuenziga*, *Zanhaga*, *Terga* & *Berdoa*, dans le Biledulgerid, & resserre

ZAR.

le *Zara*, entre le Royaume de Gaoga & celui de Gualata.

Les bords du Fleuve Senega sont les plus peuplez, à cause du Commerce qu'on y fait avec les Négres. Mais dans les autres Quartiers les habitations sont rares & fort éloignées les unes des autres; parce que le Pays est extrêmement chaud & sec, & qu'on y fait dans plusieurs endroits sept ou huit journées de chemin sans y trouver d'eau; de sorte que les Marchands qui vont de Fez à Tombut, ou de Telensin au Royaume d'Agadez, outre les Chameaux, qui servent à porter leurs marchandises, sont obligez d'en avoir d'autres qui ne portent que de l'eau. Il est vrai qu'on y trouve quelquefois des Puits d'eau salée, qu'on a murez par dedans d'os de Chameaux, & qui sont couverts de la peau de ces Animaux, de peur que le sable ne les comble. Mais on s'expose beaucoup, quand on entreprend ces sortes de Voyages dans une autre Saison que l'Hyver, sur-tout si l'on compte de rencontrer ces Puits; car il s'élève en Eté des vents si violens, qu'ils accablent les Voyageurs sous le sable & changent si fort la situation des Lieux, que ceux qui en échappent ne sauroient rencontrer une goutte d'eau, pour étancher leur soif quelque peine qu'ils prennent à creuser. Tout le remède qu'ils ont c'est de tuer promtement leurs Chameaux, pour boire l'eau qu'ils ont dans le ventre; car quand un Chameau boit, il boit pour douze ou quinze jours. Le voyage est encore plus dangereux lors qu'il ne pleut pas en Eté. La sécheresse en est plus grande & les vents sont plus véhémens. Mais quand il pleut depuis la mi-Août jusqu'à la fin de Novembre, ou jusqu'au mois de Février, ce qui arrive quelquefois, les Paturages sont abondans, & on ne manque a-lors ni d'eau ni de lait.

Généralement parlant, le terroir du Zara est fort stérile: les Montagnes rudes & escarpées ne portent que des épines & des buissons. Ses Quartiers les plus fertiles, ou les moins stériles, produisent seulement quelque peu d'Orge & quelques dattes. Les Habitans ne tirent proprement du secours que de leurs Chameaux, de leurs Adim-naim, & de leurs Autruches. Ils se nourrissent de la chair de ces Animaux ainsi que du lait que donnent les femelles des Chameaux & des Adim-naims. Ces derniers sont des Animaux domestiques de l'Afrique. On peut les regarder comme une espèce de Moutons. Ils sont de la grosseur d'un Asne médiocre & ont les oreilles longues & pendantes. La laine en est bonne; mais elle est courte. Les femelles ont des cornes, & les mâles n'en ont point. Ils sont doux & assez forts pour porter un homme pendant quelque tems. La misére que l'on ressent dans le Pays est encore augmentée par la grande quantité de Serpens qui s'y trouvent, & par les Sauterelles qui volent à travers des Deserts comme des nuées, & y consument tout ce qui y reste de verdure.

Les Habitans du Pays sont de deux espéces, savoir des Pastres, qui errent dans les Campagnes, & qui ne savent faire autre chose que voler, piller, tuer, aller à la chasse;

se; & des Bérébéres qui ont des demeures fixes, & qui font doux, affables, bons amis, fidèles dans le commerce & civils envers les Etrangers. Les hommes font maigres & ne vivent pas fi long-tems que les autres Peuples d'Afrique, quoique l'air du Pays foit fi fain qu'on y aiméne des malades de Barbarie pour fe remettre, & que les habitans du Pays jouïssent ordinairement d'une santé parfaite jusqu'à l'âge de foixante ans. Les femmes ont de l'embonpoint & fur-tout le fein très-gros. Dans l'un & dans l'autre Séxe on remarque un teint bazanné, & un grand penchant aux plaifirs de l'amour. Les Paftres Arabes vont tout nuds; mais ceux qui ont un peu de modeftie s'enveloppent le corps d'une piéce de gros drap, qui les couvre à peine à moitié. Quelques-uns portent fur la tête une efpéce de turban fait d'un morceau de drap noir, & plié à peu près comme la coëffure des femmes de Molcuere en Frife; mais ceux qui font à leur aife fe vêtent d'une longue Robe de Coton bleu à manches larges qu'on leur apporte de la Nigritie. Quand ils veulent voyager, ils montent des Chameaux, & leur mettent la felle entre la Bofse & le Cou: ils leur percent les narines, où ils paffent une bride, avec laquelle ils les gouvernent; mais pour les piquer ils fe fervent d'un aiguillon au lieu d'éperons. Ils couchent fur des nattes de jonc, & leurs Tentes ne font couvertes que de méchant drap fait de poil de Chameau, & d'une certaine laine qui croît entre les dattes. Ils ne favent ce que c'eft que Réglement ou Police: la volonté de leur Chef eft l'unique Loi qu'ils fuivent; & leur Langue, qui tient de l'ancien Africain, eft rude & barbare comme eux. Leur Religion n'eft qu'un Mahométisme groffier.

☞ Le ZARA, ou SARA, comme écrit Mr. de l'Isle, s'étend, felon ce Géographe, d'Occident en Orient depuis le Royaume de Senega ou de Zanhaga jufqu'au Pays de Berdoa, & fe trouve renfermé entre la Barbarie & le Pays des Bérébéres au Nord, & la Nigritie au Midi. Il partage ce vafte Pays en trois parties inégales. Dans la plus Occidentale il met, vers le Nord, partie des Barbus Arabes, les Cerem, les Zorgan, les Garfa, les Efgué, tous Arabes. Vers le milieu du Pays il place les Guanziga, Zuenziga, ou Guanaferis, avec le Royaume de Soudan; vers le Midi il marque le Pays de Gordon, où l'on fait quelquefois neuf journées fans trouver d'eau, le Defert d'Azarad, le Defert de Ghir, le Defert de Tegaza, & à l'Occident le Pays de Tagazel, avec les Arabes appellez Oulets de Line. La partie qui occupe le milieu du Zara comprend le Defert de Hayr, où il y a des Puits de bonne eau, & vers le Midi le Pays Terga, qui eft fort tempéré & produit de bonnes herbes. Enfin, dans la troifiéme partie qui eft à l'Orient, il met vers le Nord partie des Sobair Arabes, avec les Sahit aufsi Arabes; vers le milieu du Pays le Defert d'Igidi, le Pays des Lumptunes, ou des Lemta, d'où font fortis les Morabites, nommez Almoravides par les Hiftoriens, avec le Pays de Caour, & celui des Hembrun Arabes.

Le Défert des Lumptunes & les Yahays Arabes occupent la partie Méridionale.

4. ZARA, Ville des Etats de Venife, dans la Dalmatie, au bord de la Mer, dont elle eft toute environnée [a], & le Chef-lieu d'un Comté auquel elle donne fon nom. Cette Ville, nommée anciennement *Jadera*, fe pourroit vanter d'une grande antiquité, s'il étoit poffible d'ajouter foi à ce qu'écrit Nicolas Doglioni, qui veut qu'elle ait été fondée par Jader, l'un des Defcendans de Noé à la feptiéme génération, environ deux mille ans avant la naiffance de JESUS-CHRIST. Ce qu'il y a de certain, c'eft que les plus anciens Géographes parlent de Zara comme d'une Ville confidérable & Capitale de la Liburnie. On trouve en effet dans Vegece que la Liburnie, qui eft une partie de la Dalmatie, dépend de la Ville de Zara.

[a] *Coronelli, Ifolario.*

Cette Ville eft aujourd'hui la mieux fortifiée de toutes les Places maritimes que poffede la République de Venife. Elle eft située dans une Péninfule qui s'avance dans la Mer, & qui eft devenue une Ifle par le moyen des foffez qu'on a creufez dans l'Ifthme qui attachoit du côté de l'Orient, la Péninfule au Continent de la Dalmatie. Les foffez régnent ainfi d'une Mer à l'autre, & fe rempliffent d'eau aux marées hautes. Le Port eft au Nord, qui lui fert comme de Mole pour le défendre des vents du Midi qui font les feuls qui pourroient l'incommoder; car il eft bordé par le Continent à l'Orient, au Nord & au Nord Occidental. Son entrée eft à l'Oueft où il y a deux Baftions ronds avec une Batterie de Canons. Du côté de l'Orient la Ville de Zara eft fortifiée de trois Baftions commandez par une forte Citadelle; dont les foffez font taillez dans le Roc, qui régne dans tout le voifinage & qui empêche qu'on ne puiffe employer la mine pour l'attaquer. Ses Baftions, ainfi que fes Demi-lunes & fes Contrescarpes, ne laiffent pas d'être contreminez & revêtus de pierres de taille. Les trois Baftions de la Ville du côté de l'Orient font réguliers & ne fe trouvent féparez de la Citadelle que par un foffé large & profond. Il n'y a point de hauteur aux environs qui commande ni la Ville ni la Fortereffe. Tout cela fait que Zara paffe à jufte titre pour le Boulevart de la République de ce côté-là. Ladiflas, Roi de Naples [b], fous l'obéïffance de qui elle étoit, la vendit aux Vénitiens en 1409. Bajazet II. la leur enleva en 1498. & dans la fuite les Vénitiens la reprirent. Ils l'ont confervée depuis, & le Turc pendant la guerre de Candie n'approcha jamais de Zara, fans y recevoir de la confufion.

[b] *Hift. & Defcr. du Royaume de Hongrie, 1688. p. 325.*

Dans les Eglifes de Zara [c], comme au Dôme, qui eft une affez bel Edifice, à Sainte Catherine, à St. Dominique, & à Ste. Marie, on voit d'excellentes piéces de Peinture, de la main de Tintoret, de Palma & de Titien. Dans l'Eglife de St. Siméon, au-defsus de l'Autel, eft un Corps faint, apporté de Judée. Les gens du Pays difent que c'eft le corps de St. Siméon qui porta notre Seigneur dans fes bras. La Châffe a un cryftal au devant, & le corps paroît tout entier

[c] *Spon, Voyage de Dalmatie, t. 1. p. 65. Ed. 1679.*

entier avec la chair deſſechée ; mais aſſez blanche. Les Habitans le tiennent pour leur Protecteur, & portent quelquefois ſa Châſſe en proceſſion par la Ville.

La Ville de Zara, anciennement Jadera, jouïſſoit des droits de Colonie Romaine. On y voit une Inſcription antique où l'Empereur Auguſte eſt qualifié du titre de Pere de cette Colonie, & il y eſt ajouté qu'il en avoit fait bâtir les Tours & les murailles ; & au-deſſous on lit qu'un certain Tiberius Julius Optatus en avoit relevé quelques Tours ruïnées de vieilleſſe.

IMP. CAESAR DIVI F. AUG.
PARENS COLONIÆ MURUM
ET TURRIS DEDIT.

TI. JULIUS OPTATUS TURRES
VETUSTATE CONSUMPTAS
IMPENSA SUA RESTITUIT.

Ces deux Inſcriptions ne ſont pas ſur la même pierre, comme Gruter l'aſſûre : mais ce ſont deux pierres bien diſtinctes, quoiqu'elles ayent été peut-être placées par haſard l'une auprès de l'autre. Au-deſſous de ces Inſcriptions, on en lit une ancienne de deux ou trois Siècles, à l'honneur d'un Marin Sanuti, qui avoit rebâti la Ville. La voici :

Urbe hac Præfectus Sanuta ex prole Marinus
Me ſtruxit tandem Veneto dominante Senatu.

Proche de l'Egliſe des Grecs appellée St. Helie, il y a deux belles Colomnes canelées d'Ordre Corinthien, dont la baſe, le plinthe, le chapiteau & l'architrave ſont également de bonne manière. On juge que c'eſt le reſte d'un Temple de Junon, par une Inſcription qu'on a trouvée près de là & qui eſt préſentement dans l'Egliſe de St. Donat. La Porte de St. Chryſogone eſt compoſée d'une partie d'Arc antique tranſporté d'un quart de lieue au-delà. L'Inſcription nous apprend que cet Arc étoit chargé de quelques Statues, qu'il y avoit en cet endroit-là un Marché, & qu'une certaine *Melia Anniana* l'avoit érigé à l'honneur de ſon mari Læpicius Baſſus :

MELIA ANNIANA IN MEMORIAM Q. LAEPICI Q.
F. BASSI MARITI SUI
EMPORIUM STERNI ET ARCUM FIERI ET STATUAS SUPERPONI TEST. JUSSIT EX HS DC DXX
P. P.

On voit par-là que la Ville avoit autrefois beaucoup plus d'étendue qu'elle n'a préſentement, le tour de ſes murailles ne faiſant pas plus de deux milles d'Italie, & le nombre de ſes Habitans ne pouvant guère monter qu'à cinq ou ſix mille. Dans l'enceinte d'une Demi-lune, il y avoit un reſte d'Amphithéatre, dont il ne reſte à préſent aucun veſtige, parce qu'il a été détruit pour régler la fortification. Les Romains ne pourvoyoient pas tant au divertiſſement qu'ils ne pourvuſſent davantage au néceſſaire. L'eau manquoit à la Ville ; & même préſentement il n'y a que des Cîternes. Pour remédier à ce défaut ils avoient fait un Aqueduc, qui amenoit l'eau de dix lieues. Il en reſte quelques Maſures près desquelles on a trouvé un fragment d'Inſcription de l'Empereur Trajan, qu'on jugeoit par-là en avoir été l'Auteur. Les Arſenaux, les Magaſins, les Hôpitaux, les Caſernes pour la Cavalerie & pour l'Infanterie, les Palais du Provéditeur-Général, du Gouverneur de la Ville & autres ſont des Edifices ſuperbes. Il y a outre cela quatre Couvens de Religieux & cinq de Filles, un Collége, un Séminaire, & une Académie de Belles-Lettres & de Poëſie.

La Campagne voiſine eſt aſſez bien cultivée ; mais depuis que ceux de Zara ont eu des eſcarmouches avec les Turcs, on n'y a point laiſſé d'Arbres.

Le COMTE DE ZARA eſt compoſé de Continent & d'Iſles. La partie qui eſt en Terre-ferme s'étend le long de la Côte de la Dalmatie, entre le Territoire de Nona, le Comté d'Oſtrowizza & la Mer : les Iſles ſont ſituées au devant du Continent & ſont celles qu'on appelle communément les Iſles longues *Iſole lunghe*, à cauſe de leur figure beaucoup plus longue que large. Elles forment divers Canaux qui ſervent à la Navigation des Barques. Anciennement la plûpart de ces Iſles n'étoient point habitées. Les courſes que les Barbares firent dans la Dalmatie obligérent un grand nombre de perſonnes à s'y retirer pour s'y mettre en ſûreté. Les principales de ces Iſles ſont

Selve,	Vergada,
Luibo,	di Sale,
Scarda,	Iſola Coronata,
Eſto,	Seſtro,
Melada,	Le tre Sorelle,
dell' Aſino,	Rivaz,
Ugliano,	Suth.
Paſman,	Dagna.

ZARA VECCHIA, OU LA VIEILLE ZARA, Ville de l'Etat de Veniſe ſur la Côte de la Dalmatie, au Comté de Zara, près de Porto Roſſo. Le Pere Coronelli [a] prétend que c'eſt l'ancienne *Blandona*, appellée depuis *Alba maris*, ou *Alba maritima*, & *Beligrad* par les Habitans du Pays. Zara Vecchia eſt aujourd'hui une Ville ruïnée. [a] *Iſolario*.

ZARABI, Peuples d'entre les Goths, ſelon Jornandès, qui dit qu'on les avoit appellez TEREI. Ortelius [b] remarque qu'u- [b] *Theſaur.*
ne autre Leçon porte TARABOSTES.

ZARACA. Voyez ZAREX & STYMPHALUS.

ZARACHA, Ville de la Morée [c], au Duché de Clarence, à vingt lieues ou environ de la Ville de Voſtica, & du Golphe de Lépante, en tirant vers le Midi. Les Géographes prennent cette petite Ville pour l'ancienne *Pellene*. [c] *Baudrand, Dict.*

ZARADRUS. Voyez ZADADRUS.

ZARAGARDIA, Ville de la Méſopotamie, ſur le bord de l'Euphrate ſelon Zoſime [d], qui dit qu'on y voyoit un Tribunal de pierre fort élevé, que les Habitans du Pays appelloient le Tribunal de Trajan. [d] *Lib. 3. c. 15.*

ZARAI, Ville de la Mauritanie Céſarienrienfe. Elle se trouve dans l'Itinéraire d'Antonin sur la route de *Lamasba*, à *Sitifis*, entre *Lamasba*, & *Perdices*, à vingt-cinq milles de la première de ces Places, & à douze milles de la seconde. Surita voudroit lire *Zarat*, au lieu de *Zarai*, & il fonde ce changement sur un passage d'Apulée [a], où on lit *Agellum Zarathensem*, & *Zarathe*. Cependant comme tous les MSS. portent ZARAI & non ZARAT, Mr. Wesseling croit que c'est une raison suffisante pour ne rien changer. Il croit même devoir préférer ZARAI, parce que dans la Conférence de Carthage [b] on trouve Cresconius qualifié *Episcopus Zaraipensis*. La Table de Peutinger porte à la vérité ZARAS ; mais il y a apparence que ce mot est corrompu de ZARAI. Quant au Lieu ZARATHE d'Apulée, d'habiles gens croient que c'est la Ville ZARATTHA, que Ptolomée place dans la Mauritanie.

[a] *Apolog.* 1. *adversus Æmilianum*, p. 289.
[b] N°. 128.

ZARAITENSIS, ou ZARATIENSIS, Siège Episcopal d'Afrique, dans la Numidie, selon la Notice des Evêchés de cette Province. Cresconius est dit *Episcopus Zaraïtensis*, dans la Conférence de Carthage.

ZARAMA, Ville de la Médie : Ptolomée [c] la marque dans les terres.

[c] Lib. 6. c. 2.

ZARANDA [d]. C'est un des noms que l'on donna anciennement à l'Euphrate, selon le Livre des Fleuves & des Montagnes attribué à Plutarque.

[d] *Ortelii Thesaur.*

ZARANGAEI, Peuples d'Asie, au-delà du Pays des Ariens. Il en est fait mention dans Arrien [e], qui dans deux autres endroits [f] écrit ZARANGEI. Mais l'une & l'autre façon d'écrire pourroient être regardées comme des Orthographes corrompues, de DRANGÆI, ou DRANGEI ; car les Anciens employoient assez souvent le Z pour le Δ ; c'est ainsi que les *Lazi* ont été quelquefois appellez *Ladi*, qu'on a dit *orydia* pour *oryza*, *Trapedia* pour *Trapezia*.

[e] *De Exped. Alex.* Lib. 3.
[f] Lib. 6. & 7.

Comme Pline [g] distingue les DRANGÆ des ZARANGÆI, le Pere Hardouin croit que ceux-ci habitoient quelque partie de la Drangiane, & étoient compris sous le nom général DRANGÆ ; ce qui fait que Strabon, Quinte-Curse & d'autres Auteurs attribuent aux DRANGÆ, ce qu'Arrien écrit des ZARANGÆI. Le Pere Hardouin ajoute que le Pays de ces Peuples répond aujourd'hui au *Sigistan*.

[g] Lib. 6. c. 23.

ZARANGANES, Peuples d'Afrique, dans le Biledulgerid. Dapper [h] les compte parmi les Peuples les plus fameux de cette Contrée. Il ajoute qu'ils demeurent par Communautez appellées GEMIS, c'est-à-dire Assemblées de Gens.

[h] *Afrique*, p. 204.

ZARANIS, Ville de la Médie : Ptolomée [i] la marque dans les terres.

[i] Lib. 6. c. 2.

ZARASPE, mot corrompu dans quelques Exemplaires de Pline pour ZARIASPÆ. Voyez ce mot.

ZARATH, & ZARATHENSIS AGELLUS. Voyez ZARAI.

1. ZARAX. On trouve ce nom dans Lycophron, & Isacius dit que c'est le nom d'une Montagne de l'Eubée. Ce dernier ajoute que cette Montagne se nommoit aussi XYLOPHAGOS. C'est la même chose que le Promontoire CAPHEREUS. Voyez ce mot.

2. ZARAX. Voyez ZAREX.

ZARBI, Rivière de l'Amérique, dans la Terre-ferme [k], au nouveau Royaume de Grenade. Elle prend sa source dans la Province de Colymas, & entrant dans la Province de Musos, elle y arrose la Bourgade de Tudela, passe à une lieue de la Ville de la Trinidad, & va se rendre dans la Rivière de la Magdelaine, appellée autrement *Rio grande*. La Rivière de Zarbi est assez grande, & reçoit plusieurs autres Rivières, avec lesquelles elle court vers le Nord. Assez près de son Embouchure elle fait effort pour passer entre deux fort hautes Montagnes que les Sauvages du Pays appellent *Furatena*, comme qui diroit Mari & femme ; car *Tena*, dans leur langage, signifie un homme, & *Fura* une femme.

[k] *De Laet, Descr. des Indes Occ.* Liv. 9. c. 6.

ZARCEDAS. Voyez ZARZEDAS.

ZARCÆUS, Montagne de la Médie. Voyez ZAGRI PYLÆ.

ZARDAPA. Voyez ZANDAPA.

ZARED, Les Enfans d'Israël [l] ayant décampé de Jeabarim dans le Desert qui regarde Moab, vers l'Orient, vinrent au Torrent de Zared qu'ils laissèrent, pour aller camper vis-à-vis d'Arnon. Le tems [m] que mirent les Israélites à marcher depuis Cadesbarné jusqu'au passage du Torrent de Zared fut de trente-huit ans, jusqu'à ce que toute la race des *premiers gens de guerre* eût été exterminée du Camp, selon que le Seigneur l'avoit juré. Le Torrent de Zared étoit au-delà du Jourdain, & Frontière des Moabites, & se dégorgeoit dans la Mer-Morte.

[l] *Num.* 21. 11. & seq.
[m] *Deut.* 2. 14.

ZARETA, Fontaine de l'Asie-Mineure dans la Bithynie, au bord de la Mer de Chalcédoine selon Etienne le Géographe, qui dit qu'elle nourrissoit de petits Crocodiles qu'on appelloit *Zaretii*. Strabon [n] nomme cette Fontaine FONS AZARITIA, & dit simplement qu'elle nourrissoit de petits Crocodiles. Par ces petits Crocodiles on doit entendre des Lézards d'eau, semblables aux Crocodiles d'Egypte ; & ces Lézards sont appellez *Byzantiaci lacerti* dans Stace [o].

[n] Lib. 12. p. 563.
[o] Lib. 4. *Sylv. in rivo Saturnalitio.*

Tu roseum tineis, situque putrem,
Quales aut Libycis madent olivis,
Aut thus Nilriacum, piperve servant,
Aut Byzantiacos calunt lacertos.

ZARETHÆ, ou ZARETÆ, Peuples que Ptolomée [p] comprend parmi les Scythes qui habitoient en deçà de l'Imaüs. il les place au Midi des Monts *Massæi & Alani*. Le MS. de la Bibliothéque Palatine porte ZARATÆ pour ZARETÆ.

[p] Lib. 6. c. 14.

ZARETHIRA, Château de l'Isle d'Eubée. Plutarque [q] qui en parle dit que c'étoit une Forteresse d'importance située dans l'endroit le plus étroit de l'Isle.

[q] *In Phocione.*

1. ZAREX, Ville du Péloponnése, dans la Laconie, selon Ptolomée [r] sur le Golphe Argolique, & Etienne le Géographe ; Polybe, Pline & Pausanias écrivent *Zarax*. Ce dernier marque [s] que d'Epidaure à Zarax on comptoit environ cent Stades. Cette Ville, ajoute-t-il, a un Port très-commode ; mais de toutes les Villes des Eleuthérolacons, c'est celle qui a été exposée aux plus

[r] Lib. 3. c. 16.
[s] Lib. 3. c. 23.

plus grands malheurs; car elle fut autrefois détruite par Cléonyme fils de Cléomène, & petit-fils d'Agamemnon. Du tems de Pausanias Zarex n'avoit rien de remarquable. On y voyoit seulement à l'extrémité du Port un Temple d'Apollon, où le Dieu étoit représenté tenant une Lyre. En côtoyant le rivage l'espace de six Stades, & en remontant ensuite vers la Terre-ferme, on n'avoit pas fait dix Stades que l'on appercevoit les ruïnes du Port de Cyphante. Ortelius [a] dit que cette Ville est nommée *Hierax Limen* par Cédrène & par Gémiste & *Cara* par Niger.

[a] Thesaur.

2. ZAREX, Montagne du Péloponnèse. Si les nombres de Ptolomée [b] sont justes cette Montagne devoit être au Nord Occidental de la Ville de Zarex. Elle est nommée *Zaraca* par Gémiste cité par Ortelius [c].

[b] Lib. 3. c. 16.

[c] Thesaur.

ZARFA, Ville d'Afrique, au Royaume de Fez, dans la Province de Temesne, ou Temecène [d]. Cette Ville est située dans une Plaine, & presque toute détruite comme la plûpart des autres. Elle sert aujourd'hui de retraite aux Arabes. La Plaine où elle se trouve est fertile à cause des Rivieres qui l'arrosent. Elle porte beaucoup de bled, & a beaucoup d'Arbres fruitiers, entre autres un certain Arbre dont le fruit nommé *Rabib*, ressemble aux Cerises & a le goût des Jujubes. Il y croît aussi de petits Palmiers sauvages, qui portent un fruit gros comme des Olives d'Espagne, & qui a, lorsqu'il est verd, le goût des Cornouilles.

[d] Dapper, Afrique, p. 150.

ZARGIDAUA, Ville de la Basse-Moesie. Ptolomée la marque dans les terres, & au bord du Fleuve Hierasus, un peu au-dessus de *Tamasidana*.

ZARHON, ou ZARAHNUN, Montagne d'Afrique, dans l'Empire de Maroc au Royaume de Fez. C'est, selon Marmol [e], une grande Montagne qui est fort belle & peuplée d'Azuagues, qui ont été riches, belliqueux & en grand nombre; mais qui sont un peu déchus de ce qu'ils ont été. Cependant les plus anciens Habitans sont Béréberes Cinhagiens, Cumétes & Lévetes. Cette Montagne commence à la Plaine d'Ezéis, à trois lieues & demie de la Ville de Fez, & s'étend jusqu'à dix lieues vers le Couchant, ayant en quelques endroits trois lieues & demie de large. Elle paroît de loin comme une épaisse Forêt de Chênes & de Hêtres fort hauts, quoique ce ne soient que des Oliviers. Elle est de la dépendance de Mequinès & contient plus de quarante Bourgs & Villages, ou Hameaux épars parmi ces Arbres. On y voyoit autrefois quelques Villes, comme Tiulit, Caçar-Faraon, Dai-el-Hamara, & autres; mais elles sont aujourd'hui ruïnées. Les Naturels du Pays sont fort robustes & courageux. Ils s'employent beaucoup au labourage; de sorte qu'il n'y a pas un pouce de terre qui ne soit cultivé. Ils sont fort blancs, & les femmes se piquent d'être belles & bien parées: elles portent force bracelets & pendans d'oreille, d'or & d'argent. Ils font des Etoffes de laine, qui ne sont pas bien fines; mais leur principal trafic consiste en huiles, qu'ils portent vendre à Fez, à Méquinès & ailleurs. Ils s'exercent fort à la chasse des Lions qu'ils prennent vifs: ils les ménent à Fez où on les court comme on court les Taureaux en Espagne.

[e] Descr. d'Afrique, t. 2. p. 198.

ZARIASPA, ou ZARIASPE, Ville d'Asie dans la Bactriane. Strabon [f], Pline & Etienne le Géographe disent qu'on la nommoit aussi BACTRA; & le premier ajoute qu'il y passoit une Rivière de même nom laquelle se jettoit dans l'Oxus. Pline [h] dit *Prophthasia Oppidum Zariasparum*; & comme un peu plus haut il avoit dit [i] *Prophthasia Drangarum*, & qu'Eratosthène écrit Προ-Φθασία ή ἐν Δράγγη, il paroît que cette Ville étoit dans la Drangiane, & qu'elle avoit été bâtie par une Colonie de Zariaspes, de même que Pline dit *Mastya Milesiorum* pour signifier que Mastya étoit une Colonie des Milésiens. Les Zariaspes étoient les plus anciens Habitans de la Ville de Bactra.

[f] Lib. 11. p. 514. & 516.

[g] Lib. 6. c. 15.

[h] Lib. 6. c. 23.

[i] Cap. 17.

ZARIGAN, petite Ville de Perse, au voisinage de Sultanie, selon le Sr. Paul Lucas [k], qui dit que par les ruïnes considérables qu'on voit tout autour il est facile de juger qu'elle a été autrefois fort grande. Elle est située dans une Plaine qui n'a guère que trois quarts de lieue de large. Le Pays est assez fertile aux environs. Il y a beaucoup de Jardins, & les vivres y sont à bon marché. Je ne sai si ce ne seroit point-là la Ville que Tavernier nomme ZANGAN. Voyez ZANGAN.

[k] Voyage du Levant, t. 2. Art. 5.

ZARINENSIS PORTUS, Port dont fait mention Claudien [l] cité par Ortelius [m].

[l] In Epigram.

[m] Thesaur.

ZARIS [n], Ville d'Asie: Ctesias la place dans la Médie, ou aux environs.

[n] Ibid.

ZARISPA, ou ZARIASPA. Voyez ZARIASPA.

ZARITZA, Ville de l'Empire Russien, au Royaume d'Astracan, sur la rive droite du Volga. Cette Ville qui est à 49. d. 42.′ d'élévation, est située au pied d'une Colline, & fortifiée de cinq Bastions & d'autant de Tours de bois. Elle n'a pour tous Habitans qu'environ quatre cens Strelitz, ou Mousquetaires, qui sont employez contre les courses des Tartares & des Cosaques, & que l'on oblige d'escorter les Bâteaux, qui montent & descendent la Rivière. Depuis Zaritza jusqu'à Astracan & jusqu'à la Mer Caspienne, on ne voit que des Landes & des Bruyéres. Ainsi le terroir étant incapable de porter du bled, on est contraint d'en faire venir de Cazan, qui en fournit une telle quantité qu'il se trouve à meilleur marché dans Astracan que dans Moscou. Au-dessous de Zaritza est l'Isle Zerpinske, où les Soldats de la Garnison de cette Ville envoyent paître leur Bétail. A une lieue & demie de la même Ville, on voit les ruïnes d'une autre, qui avoit été bâtie par Tamerlan sous le nom de ZAAREFGOROD; c'est-à-dire Ville Royale. Son Palais & ses murailles étoient de briques, qui ont servi depuis à bâtir des murailles, des Eglises & des Couvens à Astracan.

ZARMEI, nom d'un Peuple dont il est fait mention sur une Médaille de Titus, rapportée par Goltzius, & où on lit ce mot ΖΑΡΜΕΩΝ, *Zarmeorum*.

ZAR-

ZARMIGÆTUSA, ou ZARMISEGETUSA. Voyez ZARMISOGELUSA.

ZARMISOGETUSA REGIA, Ville Capitale de la Dace, sur le Fleuve *Sargetia*, selon les Tables de Ptolomée [a] qui dans le Texte la nomme ZARMIGETHUSA REGIA. La première Orthographe approche pourtant davantage de celle qui est suivie dans les anciennes Inscriptions. Une de ces Inscriptions rapportée par Gruter [b], est conçue de la sorte:

[a] *Tabula* 9. *Lib.* 3. *c.* 8.
[b] *Pag.* 257. *no.* 1.

IMP. CÆS. ANTONINO
PIO AUG COLONIA
SARMIZÆGETHUSA.

Ce mot est écrit sans diphthongue dans le Digeste [c], où on lit ZARMIZEGETHUSA. Une Inscription qu'on trouve dans Zamosius [d] porte, COL. ULP. TRAJANA DACIC. SARMIZEG. Il y a encore dans Gruter d'autres Inscriptions qui font mention de cette Ville, savoir à la page sixiéme [e]

[c] *Lege* 1. §. 8. *de Censb. d' Analeét. c.* 5.
[e] *No.* 3.

FELICIBUS AUSPICIIS
CÆSARIS DIVI NERVÆ
TRAJANI AUGUSTI
CONDITA COLONIA
DACICA SARMIZ. PER
M. SCAURIANUM EJUS PROPR.

Et à la page quarante-sixiéme [f], COLONIA DAC. SARMIZ. Dans la sixiéme Classe des Inscriptions rapportées par Th. Reinesius on trouve celle-ci,

[f] *Ibid.*

FLAM. COL. SARMIZ. DEC. COL. SAR. & APUL.

Lorsque cette Ville fut devenue COLONIE ROMAINE elle conserva son ancien nom auquel elle joignit le titre de COLONIA ULPIA TRAJANA, ou celui d'AUGUSTA DACICA, & quelquefois on lui donnoit tous ces titres ensemble, comme on le voit par une quatriéme Inscription [g], qui se trouve dans Gruter & où on lit:

[g] *Pag.* 437. *no.* 1.

COLON. ULPIA TRAJAN.
AUG. DACICA SARMIZGETUSA.

Cette Colonie, à en juger par ses ruïnes, doit avoir été une des plus considérables de l'Empire Romain. Ce n'est plus aujourd'hui qu'un Village appellé VARHEL.

ZARMIZÆGETHUSA & ZARMIZEGETHUSA. Voyez ZARMIZOGETHUSA.

ZARNATA, Ville de la Morée, dans la Zaconie, sur une éminence très-agréable, à deux lieues au Nord du Golphe de Coron & à une lieue à l'Occident de Misitra. Zarnate est une Forteresse [b], forte par sa situation, & que l'Art a rendue encore plus considérable. Elle est presque de figure ronde, & placée sur une hauteur délicieuse. En 1685. le Capitan Bacha vint camper à cinq milles de cette Place, pendant que les Vénitiens l'assiégeoient, & quoique son Armée fût nombreuse & puissante, il aima mieux abandonner la Place sans secours, que de s'exposer à périr s'il entreprenoit de lui en donner. Cela fut cause que la Garnison se rendit au Général

[b] *Coronelli, Morée, Part.* 2. *p.* 83.

Morosini par composition. L'Aga qui la commandoit ne fut pas d'humeur de la suivre lorsqu'elle se retira. Il craignoit de perdre sa tête, & il aima mieux s'abandonner à la générosité des Chrétiens. Il obtint du Grand Comite Angelo Michieli de demeurer sur sa Galére. Cette Place est tombée depuis sous la puissance des Turcs, avec le reste de la Morée.

ZARNAW, Ville de la Haute-Pologne, dans le Palatinat de Sandomir, entre la Ville de ce nom & celle de Sirad, environ à trente-six lieues de la premiére, & à trente lieues de l'autre.

ZARNENSIS, ou ZAMENSIS, Siège Episcopal d'Afrique, dans la Province Proconsulaire: Vitalis, *Episcopus Sanctæ Ecclesiæ Zarnensis*, souscrivit la Lettre des Peres de la Province Proconsulaire dans le Concile de Latran sous le Pape Martin; & la Table de Peutinger marque ZAMA REGIA parmi les Villes de la même Province.

ZARNOUNIZA, Bourgade de la Dalmatie, à l'Embouchure d'une Riviére de même nom, selon Jean Lucius cité par Mr. Baudrand [1], qui ajoute qu'elle est près de Spalato, & qu'on y voit les ruïnes de l'ancienne *Epetium*.

[1] *Dict.*

ZARPANE. On appelle ainsi l'une des Isles Marianes. Quelques-uns [k] cependant écrivent ZEIPAN. Elle est située sous le quatorziéme degré de Latitude Septentrionale [1], à sept ou huit lieues de l'Isle de Guahan, & à treize de celle d'Aquiquan. On lui donne quinze lieues de circuit. Elle a deux excellens Ports, l'un au Sud, l'autre au Nord-Ouest. Les Habitans nomment ce dernier SAUCORAYO. Il est appellé *le Port de St. Pierre par les Espagnols*, qui donnent à l'Isle le nom de STE. ANNE.

[k] *De l'Isle, Atlas.*
[1] *Le Pere Gobien, Hist. des Isles Mariannes.*

ZARUAL-BENI Voyez au mot BENI l'Article BENI ZARUAL.

ZARUANA, Ville de la Grande Arménie, selon Ptolomée [m]. Ortelius [n] qui cite le même Géographe, met par abstraction cette Ville dans la Petite Arménie.

[m] *Lib.* 5. *c.* 13.
[n] *Thesaur.*

ZARZEDAS, ou ZARCEDAS, Ville de Portugal [o], dans l'Estremadoure, au Nord du Tage, à douze lieues de Tomar, vers la Source de la Riviére Craso, vis-à-vis de Castel-Branco. Cette petite Ville qui est de la Comarca de Tomar est située sur une rude Colline, & défendue par un bon Château. Elle n'a guére que deux cens cinquante Habitans en une Paroisse. Philippe IV. l'érigea en Comté en faveur de *Roderigue Lopez da Silveyra*. On écrit aussi quelquefois SARCEDAS.

[o] *Délices de Portugal, p.* 471. *Descr. mar. del Reyno. de Portugal.*

ZASHALON, ou HUNDERSHUEL, c'est-à-dire *les cent Collines* [p], Bourg de la Transylvanie, dans les Montagnes, aux confins de la Valaquie, à treize lieues d'Hermanstadt, vers le Levant.

[p] *Baudrand, Dict.*

ZASLAW, Ville de la Petite Pologne [q], au Palatinat de Volhinie, sur la Riviére de Horin, à quatre ou cinq lieues au-dessus d'Ostrog. Cette Ville a titre de Principauté.

[q] *De l'Isle, Atlas.*

ZATA, ou ZATHA, Bourg de la Basse-Hongrie, sur le Danube, un peu au-dessous de l'Embouchure de la Drave, selon Mr. Baudrand. Cet *un peu au-dessous* pourroit

Z A T.   ZAT. ZAU. ZAV.

roit bien aller jufqu'à deux grandes lieues & demie; car il y a apparence qu'il eft queftion du Bourg que Mr. de l'Ifle [a] nomme ZOTIN & place à la droite du Danube, à deux lieues de l'Embouchure de la Drave, entre la Riviére de Vuka & la Ville d'Illok, dans le Duché de Sirmium.

[a] Atlas.

ZATETZ, felon Mr. Corneille [b], & ZIATECK, felon Mrs. Baudrand [c] & Jaillot [d], Ville du Royaume de Bohême, autrement nommée SATZ. Voyez ce mot.

[b] Dict.
[c] Dict.
[d] Atlas.

ZATHES, ou ZATES, Fleuve que Xénophon [e] paroît mettre dans l'Affyrie. Bochart croit que c'eft le Lycus, parce qu'entre le Tygre & ce Fleuve, Xénophon ne nomme point d'autre Fleuve.

[e] Cyriacor. Lib. 3.

ZATHMAR, Place Frontiére de la Tranfilvanie [f], fur la Riviére de Samos, qui l'environne de toutes parts. Elle eft Capitale d'un Comté de même nom & appartient à l'Empereur depuis que le Prince Ragotski la lui livra après la mort de fon Pere. Michel Abaffi la voulut furprendre en 1681. mais les traîtres qui devoient le favorifer furent furpris eux-mêmes & punis févérement.

[f] Hift. & Defcr. du Royaume de Hongrie, 1688. p. 260.

Le COMTÉ DE ZATHMAR, eft placé dans la Hongrie par Mr. de l'Ifle [g], qui le borne au Nord par le Comté d'Ugocz: à l'Orient partie par la Principauté de Kövai, partie par le Comté de Neubania: au Midi par le Comté de Krafna; & au Couchant par le Territoire des fept Villes Heydoniques. Les principaux Lieux de ce Comté font

[g] Atlas.

Zathmar,	Czenger,
Etfed,	Rarol,
Le Petit Etfed,	Bodamir.

ZATHUA, Ville de la Grande Arménie. C'eft Ptolomée [h] qui en parle. Le MS. de la Bibliothéque Palatine lit *Athua*, au lieu de *Zathua*.

[h] Lib. 5. c. 13.

ZATILIS. Voyez ZAGYLIS.

ZATIME, Montagne d'Afrique, dans la Barbarie, au Royaume de Trémécen, dans la Province de Tenez. Cette Montagne, dit Marmol [i], que ceux du Pays appellent maintenant ABU-SAYD, du nom du Peuple qui l'habite, eft près de Tenez, & peuplée de Bérébéres & d'Azuagues qui font groffiers & brutaux quoique vaillans & bons Soldats. Ils ont abondance d'Orge, quantité de Chévres, & beaucoup de Miel & de Cire, qu'ils portent vendre à Tenez aux Marchands de l'Europe. Cette Montagne étoit des dépendances de Tenez; aujourd'hui elle appartient aux Turcs d'Alger.

[i] Defcr. d'Afrique, t. 2. P. 397.

ZATOR, Ville du Royaume de Pologne [k], dans le Palatinat de Cracovie, à la droite de la Viftule, entre Ofwiecin & Cracovie, environ à neuf lieues au-deffus de la Ville de ce nom, avec titre de Duché. Elle eft fituée fur une hauteur à l'endroit où le Skaud fe jette dans la Viftule & vis-à-vis l'endroit où une autre petite Riviére fe perd dans le même Fleuve. Il n'y a de remarquable dans toute la Ville qu'une grande Place où les Maifons qui l'environnent font foutenues de Portiques qui fervent d'abri dans le mauvais tems. Cette Ville qui eft défendue par un bon Château étoit une Annéxe de la Siléfie, que Cunus Duc de Zator vendit en 1492. à Jean Albert Roi de Pologne pour la Somme de quatre-vingt mille Florins. Zator fouffrit beaucoup de la part des Suédois dans les guerres du dernier Siècle. Il y a d'affez grandes Prairies aux environs de cette Ville, fur-tout dans le voifinage du Skaud.

[k] De l'Ifle, Atlas. Jouvin de Rochefort, Voyage de Pologne. D'Audiffred, Géogr. t. 1.

ZATTARENSIS, Siège Epifcopal d'Afrique dans la Numidie. Licentius eft qualifié *Epifcopus Plebis Zattarenfis* par la Conférence de Carthage. Un des quatre Evêques qui préfentérent la formule de la Proffeffion de foi au Roi Huneric eft nommé Januarius *Zattarenfis* [l]. Felix *Zattarenfis Epifcopus*, affifta en qualité de Légat de Numidie au Concile de Carthage tenu fous Boniface en 525. & à un autre Concile tenu fous Reparatus en 534. On trouve que Crefcenius *Epifcopus Zattarenfis*, dans la Numidie, affifta au cinquième Concile Général. Enfin dans la Notice des Evêques qui fe rendirent à Carthage la fixième année du Régne du Roi Huneric, on voit parmi les Evêques de Numidie un Januarius *Jatterenfis*, qui pourroit être le même que Januarius *Zattarenfis*, dont nous avons parlé plus haut. Cela n'eft pourtant pas bien fûr.

[l] Victor. Vicens. Lib. 3.

ZAUDÆUS. Voyez ZABDÆA.

ZAUECES. Voyez ZABECES.

ZAVE, Village d'Afie dans la Coraffane, entre Herat & Sebzuar, felon Mr. Petis de la Croix, dans fon Hiftoire de Timur-Bec [n]. Ce Lieu eft remarquable par la victoire que Malek-Huffein, furnommé Moazeddin, fils de Malek-Cayazeddin, Prince de Herat, y remporta en 1342. fur Cheik-Haffan Youry, & fur le Prince Maffaoud, furnommé Vedgidin Roi des Serbedals. Cette victoire fut finguliére; car Malek la remporta, après avoir été battu à platte couture dans une premiére Action.

[n] Liv. 14 ch. 1.

ZAVIA, Ville d'Afrique, au Royaume de Fez, à quatre lieues & demie de la Capitale de ce Royaume, du côté du Levant. C'eft aujourd'hui une Ville détruite & dont on ne voit plus que les ruïnes. Marmol [m] dit qu'elle avoit été bâtie par le fecond Roi des Bénimérinis. Elle étoit fort petite; mais il y a un grand Palais, qui fervoit autrefois d'Hôpital, & où ce Prince avoit fait dreffer fon Sépulcre, quoiqu'il ne femble pas qu'il y ait été enterré; car il fut affaffiné par un de fes gens au fiège de Trémécen. Il ne refte de la Ville que les murailles & le Palais, tout le refte fut détruit dans les Guerres de Sayd. Les Terres d'alentour appartiennent à la Grande Mofquée de Fez, quoiqu'elles foient fréquentées de quelques Arabes. Le nouveau Ptolomée, dans les Cartes de la Libye, dit que c'eft Bobrife ou Vobrix qu'il met à 9. d. 20'. de Longitude & à 34. d. 15'. de Latitude. Mais le Chérif, Hiftorien Arabe, attribue la Fondation de Zavia au fecond Roi des Bénimérinis; & Marmol prétend que Vobrix étoit dans le Lieu où fe trouve préfentement Lampta, qui eft dans la même Province & à la même hauteur.

[m] Defcr. d'Afrique, t. 2. p. 196.

ZAVI-

462 ZAV. ZAU. ZBA. ZBO.   ZDI. ZEA. ZEB.

D'Herbe-lot, Biblioth. Or.

ZAVILAH [a], nom d'une Ville du Pays des Soudans, ou Négres Occidentaux, & dont le Terroir est abondant en Palmiers, & en Terres cultivées, qu'il faut néanmoins arroser avec de l'eau des Puits, selon le Géographe Persien dans son troisième Climat.

[b] Ibid.

ZAURA. C'est un des noms [b] qu'on donne à la Ville de Bagdet, ou à cause que ses Portes sont placées en biais & de côté, & ne regardent pas en droite ligne les rues qui y aboutissent, ou bien, selon quelques Auteurs, à cause que le Keblach de ses Mosquées, ne regarde pas directement le Temple de la Mecque.

[c] Lib. 3. c. 14.

ZAUTHA, Lieu que Zosime [c] semble mettre aux confins de l'Empire Romain & de la Perse, à soixante Stades au-delà du Fort *Circesium*, & aux environs de *Dura*. Il n'y a pas de doute que ce ne soit le même lieu, qui est appellé ZAITHA dans Ammien-Marcellin [d], nom qui selon cet Auteur signifie *un Olivier*; mais ce qu'il ajoute est un peu suspect; savoir que l'on voyoit dans ce Lieu le Tombeau de l'Empereur Gordien, car Zosime dit positivement que c'étoit à Dura que se trouvoit le Tombeau de ce Prince. Mr. de Valois préfére en cette occasion le sentiment de Zosime à celui d'Ammien-Marcellin, parce qu'Eutrope, & Rufus Sextus disent que le Tombeau de l'Empereur Gordien étoit à vingt milles de *Circesium*, au lieu que *Zayta*, ou *Zaitha*, n'en étoit qu'à soixante Stades qui font seulement sept milles.

[d] Lib. 23. c. 12.

[e] D'Herbe-lot, Biblioth. Or.

ZAUZAN, nom d'une Ville du Khorassan [e], située entre celles de Herat & de Nischabour, sous la Longitude de 80. 30'. & 35. d. 20'. de Latitude Septentrionale.

[f] De l'Isle, Atlas.

ZAWICHOST, Ville de la Petite Pologne [f], au Palatinat de Sandomir, à la droite de la Vistule, environ à cinq lieues au-dessous de Sandomirz. C'est le Siège d'une Castelanie.

[g] Baudrand, Dict.

ZAZUAROS, ou BROSS, ZAZUARA [g], Ville de Transylvanie, sur la Riviére de Maros, à quatre lieues au-dessous de la Ville de Weissembourg. Quelques-uns la prennent pour l'ancienne *Fraterią*.

☞ Mr. de l'Isle qui nomme cette petite Ville SASVAROS, en fait le Chef-lieu d'un Comté de même nom, & l'éloigne de la Maros d'environ une lieue. Voyez SASVAROS.

Z B.

1. ZBARAS, Ville de la Petite Pologne [h], dans le Palatinat de Podolie, aux confins de celui de Volhinie, au Nord & près de Tarnopol, sur le bord d'une petite Riviére. Quelques-uns lui donnent le titre de Duché.

[h] De l'Isle, Atlas.

2. ZBARAS, ou SBARAS NOWY [i], Ville de Pologne, dans l'Ukraine, au Palatinat de Braclaw, vers les confins de Kiovie, à treize ou quatorze lieues au Nord de la Ville de Braclaw. Cette petite Ville a selon quelques-uns le titre de Duché.

[i] Ibid.

ZBOROW, Ville de la Petite Pologne, au Palatinat de Lemberg [k] ou Léopol, vers les confins des Palatinats de Volhinie & de Podolie. Cette Ville, située à quinze ou seize lieues à l'Orient de la Ville de Léopol, & à neuf ou dix lieues au Couchant de Sbaras de Podolie, est renommée par le malheur de Jean Casimir, Roi de Pologne, qui ayant assemblé des Troupes dans ce Lieu-là en 1647. pour dégager son Armée assiégée à Zbaras par les Cosaques rebelles & par le Kan des petits Tartares, fut attaqué à Zborow par une partie de l'Armée de ses Ennemis. Il perdit un grand nombre de ses gens, & voyant les autres hors d'état d'être secourus, il fut contraint d'accorder aux Cosaques une Paix qui lui fut extrêmement desavantageuse, & de rétablir les pensions que les Polonois avoient autrefois payées au Kan & à ses Tartares.

[k] Ibid.

Z D.

ZDIARIUM, Mr. Corneille [l] dit: Les Anciens appelloient ainsi *Soraw*, Ville d'Allemagne & la Capitale de la Basse-Lusace. Les Anciens de Mr. Corneille sont Mrs. Baudrand & Maty, qui ne nomment point leur garant. Je ne connois point de véritables Anciens qui ayent parlé de ZDIARIUM.

[l] Dict.

Z E.

ZEA. Voyez ZÆA & ZIA.

ZEB, Province d'Afrique, ci-devant comprise dans la Numidie, ensuite dépendante en partie du Royaume de Tunis, & depuis unie, du moins pour une portion, au Royaume d'Alger. La Province de Zeb, dit Marmol [m], aboutit aux Montagnes de Bugie & de Constantine. Dans un autre endroit [n] il dit que cette Province est au Midi de celle de Tunis, qu'elle s'étend dans la Numidie, où elle a plusieurs Villes & plusieurs Bourgades, dont la Capitale est MEZEB; & que quoique la plus grande partie de Zeb soit sujette aux Rois de Tunis, elle n'est pas proprement de la Barbarie. Enfin, dans sa Description de la Numidie [o], il ajoute que Zeb est une Province du Desert de Numidie, & la décrit de la sorte: Elle a au Couchant le Desert de Mazila, où errent de puissants Arabes: au Septentrion les Côtes des Montagnes de Bugie: au Levant la Province de Biledulgerid, qui répond au Royaume de Tunis; & au Midi les Deserts par où passe le grand chemin de Tocort à Guarguela & à Querquélen. La Capitale s'appelloit Mez-Zeb, & elle doit sa fondation & sa ruïne aux Arabes Schismatiques. C'est un Pays de sablons ardens, où sont force Scorpions, & autres Serpens dont la morsure est mortelle. On y trouve beaucoup d'Eau & de Dattes; ce qui fait que la Contrée est fort peuplée; mais il y a peu de terres labourables. Il reste encore cinq Villes anciennes, qui sont

[m] Descr. de l'Afrique, t. 1. p. 29.
[n] Ibid. t. 2. p. 534.

[o] Ibid. t. 3. p. 33.

Biscara,	Nesta,
Borgi,	Teolaca,
	Deusen.

Ces Deserts, continue Marmol, sont fréquen-

ZEB.

quentez par les Arabes de Sumeit, & par ceux de Sayd, qui sont riches & illustres; aussi les Rois de Trémécen & de Tunis s'en servent-ils dans leurs guerres, parce qu'ils sont plus de quatre-vingt mille combattans, la plûpart gens de pied.

*Pag. 145. Mr. Laugier de Tassy, dans son Histoire du Royaume d'Alger [a], nous a donné une Description de la Province de Zeb. Je la joindrai ici, parce qu'elle a quelque chose de plus conforme à l'état présent du Pays. En parlant de la Ville de Biscara: Elle est, dit-il, de la Province de Zeb, dans la Numidie, au Sud du Royaume de Labez. Les Algériens, en y faisant des courses toutes les années, pour enlever des Esclaves, s'en sont enfin rendus Maîtres pour pouvoir pénétrer dans le Pays du Sud avec plus de facilité. On y voit les restes d'une ancienne Ville, dont le Pays porte le nom, où il y a toujours Garnison pour contenir les Habitans de cette Province, qui campent sous les Tentes. Le Pays est fort misérable. Ce sont les Biscaras qui apportent dans les Ports de Mer du Royaume d'Alger, les Lions, les Tigres & les autres Bêtes féroces qu'on y trouve *domestiquées*, & ils les vendent aux Etrangers qui veulent en avoir. Il y a toujours dans Alger un nombre de ces Arabes connus sous le nom de Biscaras, qui viennent pour y faire les plus vils ouvrages. Ils charrient de l'eau dans les Maisons; ils nétoyent les Privez & les Puits, ramonent les cheminées, portent les fardeaux; & lorsqu'ils ont gagné une dixaine d'écus, ils retournent chez eux, où ils sont regardez comme très-riches, l'argent y étant extrêmement rare.

ZEBECA, Ville de la Galilée, selon Etienne le Géographe, qui cite Josephe [b], *b 5. Antiq.* où le nom de Zebeca ne se trouve point. Mais, comme l'a remarqué Mr. Reland, Etienne le Géographe a suivi quelque MS. corrompu, ou bien il aura lu ZEBECA pour BEZEA, qui se trouve effectivement dans *c Antiq.* Josephe [c], & qui est le nom de la Ville *Lib. 5. c.* où les Chananéens attendoient les Israélites *I.* pour leur livrer bataille. D'ailleurs Josephe transporte quelquefois les lettres dans les noms; par exemple il lit d 'Ιαβάτη, pour *d Ibid. L.* 'Ιατάβη, & dans un autre endroit Καβιερεμἷ- *10. c. 4.* ται, pour Καριαθεμἷται.

ZEBE'E, Riviére d'Afrique, dans l'Ethiopie Orientale. Elle a sa source dans la partie Méridionale du Royaume d'Enaria, près du Château de Bosham, & après avoir coulé quelques lieues vers le Nord, elle fait un arc pour diriger sa course vers le Midi. Elle arrose ensuite le Royaume de Zendero, ou Gengiron, qu'elle sépare du Pays des Galles. Le reste de son cours n'est pas encore bien connu; le Sr. D'Anville remarque néanmoins, qu'on prétend que Zebée & Quilmanci sont la même Riviére. A ce compte-là elle auroit son Embouchure sur la Côte de Zanguebar, dans la partie Méridionale du Royaume de Mélinde.

ZEBENNUM, ou ZEBINUM, Ville d'où *e De Script.* St. Jérôme [e] dit qu'étoit originaire Gemi- *torib. Ec-* nus, Prêtre de l'Eglise d'Antioche. Orte- *clesiast.* lius [f] semble croire que le Monastère de Ze- *f Thesaur.*

ZEB. 463

bin, Ζεβοῦνον. en Mésopotamie, lequel fut réparé, selon Procope [g], par l'Empereur *g Ædif. L.* Justinien, étoit dans cette Ville, qui par con- *5. c. 9.* séquent se seroit trouvée située dans la Mésopotamie.

ZEBID, Ville de l'Yémen [h], ou de l'Ara- *b D'Herbe-* bie Heureuse, située assez près de la Mer *lot, Biblioth.* d'Oman, sous le premier Climat, dans une *Or.* grande Plaine entièrement dépourvue d'eau courante; de sorte qu'il faut que les Habitans tirent l'eau des Puits pour en arroser les Palmiers.

Cette Ville a néanmoins un petit Ruisseau qui y passe, mais qui ne fait point de Port à son Embouchure, dans la Mer; de sorte que le Port le plus proche où les Vaisseaux d'Arabie, d'Ethiopie, & des Indes puissent mouiller dans ce Parage, est auprès de la Forteresse nommée Galafecah, & est éloignée de cinquante milles de la Ville de Zebid. Elle est cependant très-marchande. Car on y trouve non-seulement toutes les drogues des Indes; mais encore la Porcelaine de la Chine.

La Ville de Zebid, que nous appellons ordinairement Zibit, est une des Capitales de l'Yémen, & a eu autrefois des Rois & des Scherifs, qui ont fait souvent la guerre à ceux de l'Yémen, qui faisoient leur résidence à Sanaa. On compte cent trente mille de distance entre les Villes de Sanaa & de Zebid. Voyez ZABIDA.

ZEBIO, Montagne d'Italie au Duché de Modène [i], assez près du Lieu où est la *i Wheler,* Maison de plaisance du Duc, & encore plus *Voyage de* près du Village de Sassuolo. Cette Mon- *Dalmatie &* tagne brûle de tems en tems & jette des *de Grèce,* flammes comme le Vésuve & l'Ætna, *t. I.* mais non pas avec tant d'impétuosité. On ne voit point d'ouverture au haut; il n'y a qu'une place d'environ cinq pieds de diamétre, couverte d'une eau bourbeuse, qui jette continuellement divers bouillons d'eau, ou cloches d'air, marquées de graisse, & de la même couleur que l'eau qui est teinte d'une bourbe blanche. Il y a au pied de cette Montagne deux sources d'huile, dont l'une est rougeâtre, & l'autre claire comme notre huile commune. Une grande partie de cette huile transpire à travers le Rocher, & l'autre sort avec de l'eau. On appelle cette huile Πετρέλαιον, en Grec, *Petroleum* en Latin, & *Oglio Difosso*, en Italien. Elles ont toutes deux la même odeur que celle de Zante. Il faut sans doute rapporter ces effets à des feux souterrains; & ce qui rend l'une plus claire & plus liquide que l'autre, c'est qu'elle est située à travers une matière plus épaisse qu'à Zante. Mais cela n'est pas particulier à ce Pays; car il y a une Fontaine d'huile en Ecosse proche d'Edimbourg.

ZEBIT. Voyez ZEBID & ZABIDA.

ZEBOÏM. Voyez SEBOÏM.

ZEBU, SEBU, ou CEBU, Isle de l'Océan Indien, & l'une des Philippines, entre l'Isle de Masbate au Nord, celle de Leyté à l'Orient, & l'Isle des Négres au Couchant. Cette Isle se nomme [k] autrement l'ISLE DES *k Hist. &* PINTADOS, ou des Peuples peints, & il y *la Conquê-* a encore plusieurs endroits de ces quartiers *te des Mo-* qui portent jusqu'à présent le même nom. *luques, t.* *I. p. 338.*

par-

parce que les Indiens qui y habitent alloient autrefois tous nuds le corps peint de diverses couleurs, avec plusieurs figures différentes. Cette Isle d'environ deux lieues de circuit, bien peuplée & abondante en Or, fut l'endroit où finit le cours des Voyages, & celui de la vie du célèbre Magellan, par l'aventure que voici [a] : Le Roi de cette Isle, qui étoit en guerre contre le Roi de Mathan son voisin, non-seulement reçut bien les Espagnols, dans l'espérance d'en tirer du secours ; mais encore il embrassa la Religion Chrétienne, avec sa femme, ses enfans & environ huit cens de ses Sujets. Il se fit nommer au Batême, Ferdinand du nom du Général, qui après avoir deux fois battu les Ennemis du Roi de Sebu, fut tué dans un troisième combat. Les Espagnols & les Portugais qui l'avoient suivi y périrent aussi, & il n'en échappa que peu, qui purent à peine porter aux Vaisseaux les nouvelles de leur défaite. Le Roi qui ne s'étoit fait Chrétien que par politique & par une espèce de nécessité, renia la Religion Chrétienne & rompit l'alliance qu'il avoit faite avec les Espagnols ; & son Ennemi lui ayant alors offert la paix, à condition qu'il feroit massacrer tous les Etrangers, autant qu'il lui seroit possible, il les fit inviter à un festin ; & vingt des principaux de la Flote y étant allez, il les fit tous assassiner. L'Auteur de l'Histoire de la Conquête des Moluques change quelques circonstances au sujet de la mort de Magellan. Il dit que le Roi de Zebu [b], après avoir obtenu plusieurs victoires par le secours des Espagnols, commença à craindre le poids de leur joug ; de sorte qu'il voulut s'en délivrer par une révolte contre eux. Il fit donc un festin en apparence pour faire honneur à Magellan, qui y fut convié avec trente-cinq Espagnols. Mais comme ils mangeoient ils se virent tout d'un coup environnez par un grand nombre d'Indiens qui troublérent la fête & égorgérent tous les Convives. Ils voulurent bien se mettre en défense ; mais cela ne leur servit qu'à rendre leur mort un peu plus honorable en donnant des marques de leur courage. Si c'est-là le troisième combat où périt Magellan, les deux Auteurs sont d'accord. Cependant le premier semble dire que ce fut dans un combat contre le Roi de Mathan, que Magellan fut tué. L'Isle de Zebu obéit présentement aux Espagnols & dépend du Gouverneur des Philippines. Ceux des Habitans qui sont encore Payens, prennent autant de femmes qu'ils veulent ; & il y en a toujours une principale. Lorsque quelqu'un d'eux meurt, on le met dans une Caisse au milieu de sa Maison. Les femmes les plus considérables du lieu sont assises autour du corps sous une toile de Coton qui leur sert de tente, & couvertes toutes d'une toile blanche de Coton, chacune ayant auprès d'elle une jeune fille qui tient un éventail fait de palme, pour lui donner du vent. Les autres sont placées autour de la chambre & témoignent beaucoup de tristesse. L'une d'elles coupe peu à peu les cheveux du mort, tandis que sa principale femme se couche sur lui, approchant sa bouche de la sienne, & mettant ses bras sur ses bras, & ses jambes sur ses jambes. Elle pleure toutes les fois que l'on coupe une partie des cheveux de son mari, & chante dans l'intervalle que l'on cesse d'en couper. Il y a dans plusieurs endroits de la chambre des vases de Porcelaine avec du feu, sur lequel on met du Storax & du Benjoin qui rendent une bonne odeur, & le mort demeure dans la Maison cinq ou six jours avec cérémonie. Ensuite on le frotte de Camphre, & après l'avoir enfermé dans la Caisse clouée avec des cloux, ou des chevilles, on le porte dans un lieu clos & couvert de bois. Ces Insulaires ont pour armes des Sarbatanes, des Poignards dont la poignée est d'or & enrichie de pierreries, & des Lances, des boucliers & des cuirasses faites de peaux de Busle. Leurs viandes sont toujours comme à demi cuites & fort salées, & leurs repas durent ordinairement cinq ou six heures. Quand ils les prennent ils s'asseyent sur des nattes faites de palme.

[a] Recueil des Voyages de la Comp. Hol. t. 3. p. 45. Ed. Rouen. 1725.

[b] Tom. 1. p. 37.

ZEBYRES, nom d'un Peuple selon Suidas, qui n'en dit pas davantage.

ZEBYTTIS, Ville de la Libye. Etienne le Géographe en parle d'après Hecatée.

ZECHES, Peuples d'Asie, au voisinage de la Lazique. Le Fleuve Boas, dit Procope [c], prend sa source dans le Pays des Arméniens, qui habitent Pharangion, proche des Frontiéres des Tzaniens. Il coule assez loin du côté de main droite, toujours étroit, & guéable jusqu'aux extrémitez de l'Ibérie, & au bout du Mont Caucase. Cette Contrée est habitée de différentes Nations, des Alains, des Abasques, qui sont anciens Alliez des Romains, & des Chrétiens, des Zéchiens & des Huns surnommez Sabeïriens. Ortelius [d] semble croire que *Zecchia*, Ζηκχία, Siège Archi-Episcopal, que Curopalate [e] met sous le Patriarchat de Constantinople, pourroit avoir appartenu aux *Zeches*, ou Zechiens.

[c] Persicor. L. 2. c. 29.

[d] Thesaur.

[e] In Officialib. Constantinop.

ZEDACES. Ortelius [f] dit : Peuples de Scythie : Sénéque en parle dans son Oedipe [g] :

[f] Thesaur.

[g] Act. 2. v. 470.

Sensere terræ Zedacum feroces.

Delrio, ajoute Ortelius, lit *Zacarum*, & pour moi je préférerois *Sacarum*. Mais selon Farnabe ce n'est rien de tout cela. Au lieu de *Zedracum*, il faut corriger *te Dacum* ; & cette correction a été adoptée par Mr. Schröder dans son Edition de Sénéque, où on lit :

Sensere terræ te Dacum feroces.

ZEDIC, Bourgade d'Afrique [h], dans la Barbarie, au Royaume de Tripoli, sur le Golphe de Sidra, au Couchant des Séches de Sidra. On le prend pour l'ancienne *Sacazama*.

[h] Baudrand, Dict.

ZEEK, Ville de Transylvanie, l'une des quatre où sont les Mines de Sel, dont le Prince tire le revenu. Elle est près de Clausembourg. C'est Mr. Corneille [i] qui fournit cet Article. Il auroit du citer son garant. Mr. de l'Isle [k] ne connoît point de Ville nommée Zeek près de Clausembourg.

[i] Dict.

[k] Atlas.

bourg. Sans doute qu'au lieu d'une Ville ce fera quelque mauvais Village.

ZEELANDE. Voyez ZELANDE, N°. 2.

ZEELST, Village des Pays-Bas [a], au Brabant Hollandois, dans la Mairie de Bois-le-Duc, au Quartier de Kempenland. Ce Village & ceux de Velthoven & de Blaerthem ne forment qu'un seul Tribunal composé de trois Echevins de Zeelst & de deux de chacun des autres Villages. Dans le dernier de ces Villages il y a trois Châteaux.

[a] Janicon, Etat préfent des Pr. Un. t. 2. p. 132.

ZEERITÆ, Peuples de l'Arabie Heureuse selon Ptolomée [b]. Le MS. de la Bibliothéque Palatine lit IRITÆ pour ZEERTÆ.

[b] Lib. 6. c. 7.

ZEFIRE, ou CAP DE ZEFIRE, Cap d'Afrique, sur la Côte de la Barbarie, au Royaume de Tunis, dans la Province de Mefraté. Marmol [c] le place entre Querci, aujourd'hui Favare, & Darni ou Dardanie, qui est à l'Orient sur la frontiére de la Libye Marmarique, que les Arabes appellent Seirat Barca.

[c] Defcr. d'Afrique, t. 2. p. 574.

ZEGGEN, Village des Pays-Bas [d], au Brabant Hollandois, dans le Marquisat de Berg-op-Zoom. Ce Village est situé entre ceux de Roofendael & de Ruckuenne. Il a un Tribunal composé d'un Bourgmestre, de six Echevins & de quatre Jurez. Le Bailli & le Secrétaire font les mêmes que ceux de Ruckuenne. Il y a une petite Eglise ; mais on n'y fait aucun service, parce que tous les Habitans sont Catholiques.

[d] Janicon, Etat préfent des Pr. Un. t. 2. p. 241.

ZEGRENSII, Peuples de la Mauritanie Tingitane selon Ptolomée [e].

[e] Lib. 4. c. 11.

ZEGZARD, Petit Pays de la Basse-Hongrie, entre le Comté de Toln à l'Orient, celui d'Albe-Royale au Septentrion, celui de Czygeth au Midi, & le Lac de Balaton, à l'Occident ; ayant pour Lieu principal Dombo sur le Sanoitz. Il étoit autrefois dépendant des Turcs ; mais présentement il est à l'Empereur. Mr. de l'Isle ne marque sur sa Carte de Hongrie ni le Pays de Zegzard, ni le Lieu principal.

ZEGZEG, ou ZEZÆ [f], Royaume d'Afrique dans la Nigritie, au Midi du Niger, qui du côté du Nord le sépare du Royaume de Caffene ; il a le Royaume de Zanfara à l'Orient, celui de Benin au Midi, & des Deferts au Couchant. Son Lieu principal dont il prend le nom, est placé communément, à 36. d. 40'. de Longitude, sous les 14. d. 40'. de Latitude Septentrionale. Le Pays est abondant en Fontaines & en grains. La moitié consiste en Plaines extrémement chaudes, & l'autre en Montagnes si froides, que les Habitans sont obligez l'Hyver de mettre des brasiers ardens sous leurs lits, qui sont fort hauts, afin d'en recevoir la chaleur pendant qu'ils dorment. Quoique le trafic les rende riches, la plûpart de leurs Maisons ne sont que de chétives Cabanes. Yschia, Roi de Tombut, s'empara du Royaume de Zegzeg, qu'il unit à ses Etats.

[f] Dapper, Afrique, p. 223. Davity, Pays des Négres.

ZEIBAN, Isle de la Mer Rouge, & l'une des dépendances de l'Arabie Heureufe. C'est selon Davity la plus grande Isle de la Mer Rouge. Il la met à seize lieues de la Côte d'Alep, sous la hauteur de 17. d. de Latitude Septentrionale ; & il ajoute qu'elle s'étend du Nord au Sud, que sa longueur est de trente lieues, & sa largeur d'un peu plus de douze.

ZEIBO, Ville de l'Amérique Septentrionale, dans l'Isle Hispaniola, ou St. Domingue. Cette petite Ville est situee, selon De Laet [g], sur le rivage du Sud de l'Isle, à environ à vingt lieues de St. Domingo, vers l'Est, & vers l'Isle de Saona, c'est-à-dire au Nord Occidental de cette Isle.

[g] Defcr. des Indes Occ. Liv. 1. ch. 7. p. 11.

ZEIL, Comté d'Allemagne dans la Suabe, au Domaine supérieur du Comté de Walbourg. Voyez WALBOURG.

ZEILA, nom que les Portugais ont donné au Royaume d'Adel, dans l'Ethiopie Orientale, sur la Côte de la Mer des Indes [h]. Ce nom de Zeïla est pris de celui d'un Port ainsi appellé, & qui est à dix petites Journées d'Auca-gurule. Ce fut à Zeïla qu'abordérent les Martyrs François Machado, & Bernard Pereira, que le Roi d'Adel fit mourir en 1624. Ce Royaume d'Adel, ou de Zeïla a fait partie de l'Empire d'Ethiopie, mais il en est séparé depuis long-tems, & il s'en est peu falu que les Rois d'Adel n'ayent conquis toute l'Abiffinie. Voyez ADEL.

[h] Jérome Lobo, Relat. Hift. de l'Abyffinie, t. 1. p. 283.

ZEIRA. Voyez GIRA.

ZEIRIA. Voyez STYMPHALUS.

ZEIRINIA, Ville de Thrace ; Etienne le Géographe en fait mention d'après Théopompe.

ZEIST, Château des Pays-Bas [i], dans la Province d'Utrecht, à deux lieues de la Ville de ce nom. C'est un très-beau Bâtiment environné de larges fossez pleins d'eaux vives, & accompagné de Bois, de Jardins, de Statues, de Fontaines & des autres embellissemens qu'on peut souhaiter.

[i] Miffon, Voyage d'Allemagne, t. 1. p. 31.

ZEITON, Ville de la Turquie en Europe, dans la Janna, au fond d'un Golphe de même nom, à la gauche & assez près de la Riviére d'Eaylada, qui est le Sperchius des Anciens. Cette Ville est bâtie sur des Côteaux [k], qui paroissent comme des rejettons du Mont Jonit-Dervent. Les restes de Bâtimens & le grand nombre de ruïnes qu'on y voit font connoître qu'elle a été anciennement fort considérable ; & je serois assez porté à croire que ce seroit l'ancienne Lamia. Elle avoit autrefois deux grands Châteaux vis-à-vis l'un de l'autre. On en voit encore un presque entier : l'autre est ruïné. Le milieu de la Ville est une espèce de Vallon : il y passe un petit Ruisseau, dont on dit que la source est abondante. Il n'est jamais sans eau en aucun tems de l'année. Au devant de Zeiton est une belle Plaine, très-fertile particuliérement en bled, & qui est ornée de divers Villages, dont les Jardins potagers & fruitiers présentent à la vûe des Bocages admirables, qui joints à la belle Riviére d'Eaylada, qui y passe, font un effet charmant. Cette Riviére est assez grosse pour porter Bâteau. Elle revient toujours sur ses pas, & semble ne quitter cette belle Plaine qu'avec chagrin. Après le Nil & le Méandre, il est peu de Fleuves qui serpen-

[k] Lucas, Voyage en 1704. t. 1. p. 218.

tent plus que celui-ci. La Ville de Zeiton n'est habitée que par des Chrétiens & par des Turcs ; mais dans le Château il n'y a que des Mahométans. Sur une des portes de la Ville on voit un Marbre blanc avec un Bas-relief d'une Figure qui joue d'un Instrument assez semblable à une Lyre. Auprès est une autre petite Figure, grotesquement habillée en capuchon, & dans l'attitude d'une personne qui danseroit au son de l'Instrument de l'autre. Dans toute la Ville le Sieur Lucas ne vit que deux Inscriptions qu'il rapporte : l'une est à l'honneur d'un certain Xenophante, & l'autre parle de deux Demosthénes. Il peut y en avoir d'autres dans les Maisons particuliéres ; mais les Turcs possédent les plus belles ; & ce n'est pas une petite affaire à un Chrétien que d'avoir entrée chez eux.

[a] De l'Isle, Atlas.

Le GOLPHE DE ZEITON, anciennement *Maliacus Sinus*,[a] est au Midi du Golphe de Volo, & s'enfonce assez avant dans les terres aux confins de la Janna & de la Livadie, vis-à-vis la Pointe la plus Occidentale de l'Isle de Négrepont. Il prend son nom de la Ville de Zeiton qui est au fond. Il se jette quelques Riviéres dans ce Golphe, entre autres l'*Agriomela* & l'*Eaylada*.

[b] D'Audifred, Geogr. t. 3.

ZEITS, Ville d'Allemagne,[b] dans la Saxe sur l'Ester & l'une des dépendances de l'Evêché de Naumbourg. Cette Ville, nommée par les Anciens *Mamilla*, est petite & presque déserte. C'étoit autrefois un Siège Episcopal fondé par l'Empereur Othon I. & Charlemagne y avoit établi un Chapitre de Chanoines Réguliers. Hugues en fut le premier Evêque, & sous Hugues II. Mieston, Prince des Wandales, saccagea cette Ville en 982. ce qui obligea Hildebert de transférer le Siège Episcopal à Naumbourg où cette translation fut confirmée par le Pape Jean XIII. & par l'Empereur Conrad II. en 1027.

ZEKELHEID, Forteresse de la Haute-Hongrie, au Comté de Kalo. Elle est située sur une petite Isle, formée par la Riviére de Berethon, à trois lieues au-dessous de St. Job, vers le Nord Occidental.

ZEKELITA, Ville de la Haute-Hongrie, au Comté de Kalo, sur la Riviére de Grasna, à cinq lieues de la Ville de Grasna, entre le Grand & le Petit Waradin, & à pareille distance de St. Job, vers le Nord Occidental.

1. ZELA. Voyez ZELEIA.

[c] Lib. 4. c. 11.

2. ZELA, Ville de Thrace : Pline[c] dit qu'on la nomma ensuite COLUMIA FLAVIOPOLIS.

1. ZELANDE. Voyez SELANDE.

[d] Longuerue, Descr. de la France, Part. 2. p. 22.

2. ZELANDE, ou ZEELANDE, Province des Pays-Bas, & l'une des sept qui composent la République des Provinces-Unies. Cette Province consiste en plusieurs Isles que forme l'Océan avec les Bras de l'Escaut & de la Meuse.[d] Ces différens Bras de Mer séparent cette Province du côté du Nord des Isles de Hollande ; l'Escaut du côté de l'Orient la sépare du Brabant, & le Honte la sépare de la Flandre. Vers l'Occident elle est bornée par l'Océan.

Le mot de ZELANDE, ou ZEELANDE, signifie Terre de Mer ; & ce nom convient fort à la situation du Pays, qui a toujours été bas, & sujet aux inondations. Une grande partie étoit couverte autrefois par le flot à haute Mer, & le Peuple qui habitoit cette Terre, & qui étoit fort misérable ne s'empêchoit d'être submergé qu'en élevant diverses hauteurs avec de la terre & en faisant des digues pour défendre leurs Maisons, comme dit Pline au premier Chapitre de son seizième Livre : *Vasto ibi meatu perpetuis bis dierum noctiumque singularum intervallis, effusus in immensum agitur Oceanus, aeternam operiens rerum naturæ controversiam, dubium ne terra sit, an pars Maris. Illic misera gens tumulos obtinet altos, aut tribunalia structa manibus, ad experimenta altissimi æstus, casis impositis : navigantibus similes cum integunt aquæ circumdata, naufragiis vero cum recesserint.*

On ne voit pas que ce nom Zeelande ait été en usage avant le douzième Siècle, où vivoit l'Historien Helmoldus, qui parle au quatre-vingt-unième Chapitre de sa Chronique des Peuples Zeelandois & Hollandois, *Zeelandi & Hollandi* : ainsi les Zeelandois ont été appellez ou Flamands ou Frisons selon que leurs Isles ont été occupées par les Comtes de Flandres ou par ceux de Frise. Il n'y a même dans cette Province aucune Ville qui soit ancienne ; & ce n'est qu'après plusieurs Siècles qu'on a desseché la terre de ces Isles par divers Canaux, & qu'on l'a rendue propre à être cultivée, comme elle l'est aujourd'hui.

Les Canaux qu'on y a faits ont donné aussi entrée à l'Océan qui a entiérement submergé une partie du Pays, & y a formé des Bras de Mer ; qui peuvent recevoir les plus grands Vaisseaux. Les Antiquaires & les Géographes ont beaucoup disputé en vain sur le nom des Peuples, qui habitoient ces Isles sous les Empereurs Romains. Les uns veulent qu'elles ayent été possédées par les Mattiaques ; les autres par les Chattes, & quelques-uns par les Toxandriens ; ce qu'ils ne prouvent point par les témoignages des Anciens qu'ils rapportent. Nous voyons seulement que sous la première Race des Rois de France les Habitans de ces Isles, qui étoient Payens, dépendoient des Frisons, & qu'ils ne furent convertis que dans le huitième Siècle à la Foi Chrétienne. On sait aussi qu'ils furent mis sous le Royaume de Lothaire ; qui est celui d'Austrasie ; & ensuite lorsque dans le dixième Siècle les Comtes furent devenus propriétaires, les Zeelandois faisoient partie de la Flandre nommée Impériale, parce qu'elle relevoit de l'Empire. Aussi les Empereurs prétendoient-ils être en droit de donner ces Isles, comme ils les donnérent en effet, tantôt au Comte de Hollande, tantôt à celui de Flandre. Robert, dit le Frison, qui jouît durant quelque tems du Comté de Hollande, où de la Frise Citérieure, se rendît Maître de ces Isles qu'il laissa aux Comtes de Flandres ses Héritiers, non-obstant les prétentions contraires des Hollandois, qui firent diverses tentatives sur la Zélande. Florent Comte de Hollande, avec plusieurs Seigneurs de ses Alliez, attaqua Philippe d'Ald'Alface, Comte de Flandres en 1165. Mais Florent ayant été défait & pris prisonnier, fut contraint de faire un Traité à l'avantage des Flamands. Car outre que l'Isle de Walkeren, & les autres qui font au Midi de l'Escaut, possédées alors par les Flamands, leur devoient demeurer, on étoit convenu que les Isles qui font au-delà du Fleuve, devoient demeurer en commun aux deux Comtes, sans qu'on y pût bâtir aucune Forteresse. Ce Traité fut fait à Bruges en 1167. & confirmé en 1200. par Louis Comte de Los qui n'étoit Comte de Hollande & de Zélande qu'à cause d'Ade sa femme, fille du Comte Thierry VII. quoique la Princesse sa femme qui ne lui avoit point laissé d'enfans, fût morte en 1204. Florent IV. Comte de Hollande ayant contrevenu au Traité de l'an 1167. fut poursuivi par le Comte de Flandres, qui fit enlever plusieurs Otages pour sûreté de ses droits. Ce différend fut terminé par un accord fait en 1227. en présence de Gerhard Comte de Gueldres, de Baudouin Comte de Benthem & de Guillaume de Thelinghe. Par cet accord le Comte de Hollande rendit au Comte de Flandres l'hommage de la Terre de Zélande pour la tenir de lui ainsi que ses Prédécesseurs l'avoient tenue. Cela se fit avec tant de précaution pour l'avenir que ces trois Seigneurs qui avoient assisté à cet accord, donnérent le même jour, leurs Lettres particuliéres par lesquelles ils s'engageoient de ne donner aucun secours au Comte de Hollande en cas qu'il contrevînt au Traité.

La dissension survenue entre les enfans que Marguerite Comtesse de Flandre avoit eus de ses deux Maris Bouchard d'Avesnes, & Guillaume de Bourbon-Dampierre, donna lieu à un autre accord fait entre ces Princes par l'entremise de Louis IX. Roi de France, & d'Eudes, Évêque de Frescati, Nonce du Pape en 1246. Par cet accord le Comté de Hainaut fut adjugé à l'aîné des enfans de Bouchard d'Avesnes, & le Comté de Flandres à l'aîné des enfans de Guillaume de Bourbon, à la charge pour l'un & l'autre de ces Princes de donner un partage à leurs Cadets. Jean & Baudouin d'Avesnes enfans de premier lit prétendoient que les terres de Walcheren, de Zuyd-Beveland, de Nort-Beveland, de Borssèle, & toutes les Isles de Zélande, & autres Terres n'avoient point été comprises dans l'accord, & qu'on devoit leur faire raison des prétentions qu'ils formoient à ce sujet. Mais par des Lettres données au mois de Janvier 1248. ils reconnurent que les Isles de Zélande, & les autres Terres en question étoient de la dépendance du Comté de Flandres, & renoncérent à leurs prétentions à cet égard.

Guillaume II. Comte de Hollande ayant été élu Roi des Romains négligea de rendre à la Comtesse de Flandre la justice qu'il lui devoit pour les Terres de Zélande; mais Florent frére de Guillaume s'entremit pour terminer ce différend & promit à la Comtesse de reconnoître tous les droits qu'elle y avoit & lui en donna ses Lettres, en 1248. Une pareille reconnoissance n'étoit pas néanmoins suffisante. La Comtesse se plaignoit d'ailleurs que le Comte de Hollande vouloit profiter lui seul des jets de Mer, des dons que le Peuple faisoit, & des amendes. Elle soutenoit que tout cela lui appartenoit, aussi-bien que le droit de faire rendre la Justice & d'accorder des exemptions aux Villes. Le Comte de Hollande en convint enfin & promit de lui rendre hommage pour la Zélande, & s'engagea de lui laisser la moitié des profits sur les jets de Mer, comme aussi moitié des dons du Peuple, & des amendes. Il s'obligeoit de plus de ne faire rendre la Justice qu'avec l'intervention du Bailli de la Comtesse de Flandres, & de n'accorder aucunes franchises particuliéres aux Villes, que de son consentement, sans toucher à celles de la Ville de Middelbourg, qui étoit la seule Ville franche de Zélande. Moyennant ces promesses la Comtesse accorda la remise d'une somme de seize mille Florins qui devoit lui revenir pour ses droits, avec faculté de répéter cette somme en cas que le Comte de Hollande n'exécutât pas ses promesses.

L'hommage pour le Comté de Zélande devoit se rendre en personne; le Comte de Hollande ne se trouvant pas en état d'y satisfaire, obtint un délai, qui fut prolongé, moyennant des Reversales qu'il donna de ne point préjudicier par-là aux droits des Comtes de Flandres. Guillaume Roi des Romains étant mort en 1255. Florent son frere, Tuteur de jeune Florent son neveu, rendit en 1256 à Marguerite, Comtesse de Flandres, l'hommage pour la Zélande, tant de ce qui appartenoit à son Neveu, que de ce qui lui appartenoit à lui-même en propriété. Les droits que la Comtesse de Flandres avoit dans la Zélande donnoient lieu de tems en tems à des différends, qui n'étoient pas faciles à terminer pendant la Minorité de Florent V. Comte de Hollande, qui n'avoit pour lors que deux ans. Cependant Louis IX. Roi de France en vint à bout par le moyen du mariage qui fut arrêté entre ce Comte & Beatrix fille de Guy Comte de Flandre, & en considération duquel tout ce que la Comtesse avoit en Zélande fut donné en dot à Beatrix sa petite-fille, qui le porta à Florent pour le tenir en fief du Comte de Flandre.

Florent parvenu à l'administration de ses Etats, traita ses Sujets durement, & n'eut pas beaucoup d'égard à leurs Priviléges; ce qui servit de prétexte à plusieurs Seigneurs de Zélande pour se soulever contre lui. Jean de Renesse, Wolfard de Borsfele, Hugues de Cruninghe, Jean de Maoletade & divers autres eurent recours à Gui Comte de Flandres, & offrirent par leurs Lettres du mois de Mars 1289. de lui rendre hommage, & de le servir pour soutenir les prétentions qu'il avoit sur la Zélande. Une pareille démarche fit ouvrir les yeux au Comte de Hollande: il crut ne pouvoir mieux faire que de prendre pour arbitre des différends entre ses Sujets & lui, le Comte de Flandre, Robert de Bethune son fils aîné, & Jean Duc de Brabant son gendre. L'accord se fit en 1290. le Comte de Hollande s'engagea de payer trente mille Florins d'amende en cas qu'il n'exécutât pas ce qui avoit été réglé pour l'Hommage de la Terre de Zélande. Mais la guerre recommença bien-tôt entre ces deux Princes. Edouard I. Roi d'Angleterre, qui avoit marié sa fille Elisabeth au fils ainé du Comte de Hollande, ménagea en 1293. une Tréve entre les parties.

Le meurtre de Florent V. Comte de Hollande, qui fut poignardé par Gerard de Velsen, le 27. Juin 1296. ne lui permit pas de terminer ces différends. Ils durérent jusqu'en 1298. que Gui Comte de Flandre convint entr'autres avec le Comte de Hollande de renoncer pour lui & pour ses Successeurs à l'hommage qu'il prétendoit pour les Isles de Walcheren, Zuyd-Beveland, Borssele, Nort-Beveland & Wolfaerds-dyck, à condition que le Comte de Hollande l'assisteroit dans la guerre qu'il soutenoit contre la France; & que si le Comte de Hollande ou ses descendans venoient à mourir sans enfans, le Comte de Flandre rentreroit dans ses droits. Cet accord ne fut point encore exécuté, & Gui Comte de Flandre céda en 1299. tous les droits qu'il avoit en Zélande à Robert son fils ainé.

L'Année suivante 1300. Jean I. Comte de Hollande & de Zélande étant mort sans enfans, il y eut trois prétendans à sa Succession. L'Empereur Albert soutint que tout ce qui étoit tenu de l'Empire, lui étoit dévolu & à l'Empire, à cause que le Comte étoit mort sans Héritiers. Mais, quoiqu'il eût engagé dans son parti Jean de Renesse, l'un des plus puissans Seigneurs de Zélande, il se contenta cependant de faire promettre à Jean Comte de Hainaut, l'un des Compétiteurs, de tenir les Comtez de Hollande & de Zélande & la Seigneurie de Frise, en fief de l'Empire. Le Comte de Flandre prétendoit que la Terre de Zélande, qui relevoit du Comté de Flandre, lui étoit pareillement dévolue, faute d'Héritiers; & il fit prendre en conséquence le titre de Comte de Zélande, à Gui son second fils de son second mariage. Enfin Jean Comte de Hainaut, prétendoit à juste titre, que les biens de Jean Comte de Hollande & de Zélande & Seigneur de Frise son Cousin, lui étoient échus en qualité de plus proche Héritier, à cause d'Adeleide de Hollande, sa mére, sœur de Guillaume Roi des Romains & Comte de Hollande.

Au milieu de ces différends le Comte de Flandres & Gui son fils entrérent à main armée dans la Zélande en 1303. & ils gagnérent un jour deux Batailles contre Guillaume Comte d'Ostervant, qui commandoit l'Armée du Comte de Hainaut son Pere. Ces deux victoires ne mirent pourtant pas Gui fils du Comte de Flandre en possession de la Zélande; car il fut à son tour battu & même fait prisonnier en 1304. par les Hollandois & les Zélandois prés de Ziriczée; ce qui donna lieu à une Tréve. La guerre recommença plus vive qu'auparavant entre Robert Comte de Flandre qui avoit succedé à Gui son Pere, & Guillaume Comte de Hainaut, qui avoit aussi succedé à son Pere Jean II. Elle se rallentit un peu par une Tréve qui survint en 1306. & par un Traité qui fut fait en 1310. Mais elle ne finit entiérement que par le Traité conclu à Paris en 1322.

Outre ses prétentions sur la Zélande le Comte de Flandre en avoit renouvellé d'anciennes sur les Terres de Flobecq, Lessines, Crevecœur & d'Alloeux, & sur la Chatelenie de Cambrai. Le Comte de Hainaut de son côté faisoit revivre d'anciennes prétentions sur les Villes d'Alost, de Grammont, sur le Pays de Waes, les quatre Metiers de Flandres, savoir Hulst, Axel, Bouchant & le Gravene de Cambrai. Par ce Traité de 1322. Louis Comte de Flandre renonça à l'hommage du Comté de Zélande, & le Comte de Hainaut renonça de son côté à ses prétentions.

Depuis ce tems-là les Comtes de Flandre n'ont prétendu aucune chose sur le Comté de Zélande; & cette Province ayant passé au pouvoir de Philippe *le Bon* Duc de Bourgogne, qui succéda à Jaqueline de Baviére, Comtesse de Hainaut, Hollande & Zélande, & Dame de Frise, morte sans enfans en 1433. les droits de la mouvance furent réunis de telle maniére avec ceux de Souveraineté, que les deux Provinces de Hollande & Zélande ne firent plus qu'un seul Corps composé de différentes parties rassemblées sous une même Domination. Les Comtes de Hollande prenoient seuls le titre de Comtes de Zélande; & ils laissérent le Pays à leurs Successeurs, dont les Princes de la Maison d'Autriche héritérent. Cela dura jusqu'aux guerres des Pays-Bas sous Philippe II. tems auquel les Zélandois secouérent le joug des Espagnols, & se confédérérent avec la République des Provinces-Unies des Pays-Bas, qui furent reconnues Libres & Souveraines en 1648. par le premier Article du Traité de Munster.

La Province de Zélande consiste en quinze ou seize Isles, dont la plûpart sont assez petites. Les principales sont

Walcheren,	Ter-Tolen,
Duveland,	Schouwen,
Nort-Beveland,	Gorée,
Zuyd-Beveland,	Voorn, &c.

On trouve dans la Zélande de bons paturages, où l'on nourrit le Bétail en si grande quantité, qu'il y en a pour fournir à d'autres Provinces. Le Bled n'y est pas fort abondant à cause des eaux, Elle ne manque cependant de rien par son Commerce de Mer qui s'étend par tout le Monde. L'étendue de ses terres n'est que de quarante lieues. Ses Villes principales sont Middelbourg, Flessingue, Vere, Ter-Tolen, & Ziriczée. On compte en tout huit Villes murées & cent deux Villages, sans plusieurs autres, qui ont été engloutis par diverses inondations, sur-tout par celles des années 1304. & 1309.

La Zélande se gouverne sur le même pied que la Hollande. L'Assemblée des Etats est composée des Députez de la Noblesse & des six Villes principales. Mais comme toutes les anciennes Familles nobles sont éteintes, Guillaume Prince d'Orange, mort Roi d'Angleterre, composoit seul l'Ordre de la Noblesse, sous le nom de premier
No-

ZEL.

Noble de Zélande; & son Député avoit la première place dans cette Assemblée, au Conseil d'Etat & à la Chambre des Comptes.

On divise ordinairement la Zélande en deux parties, qui sont l'Occidentale, en deçà de l'Escaut, & l'Orientale au-delà de l'Escaut. L'Occidentale qui s'étend le plus vers la Flandre, comprend les Isles de Walcheren, de Nord & Zuyd-Beveland & de Wolverdyck: l'Orientale qui est la moindre & la plus avancée vers la Hollande, contient les Isles de Schouwen, Duveland & Ter-Tolen. Toutes ces Isles étant situées dans un rerrein fort bas seroient dans un continuel péril d'être submergées, si elles n'étoient défendues contre l'impétuosité des flots par des Dunes, ou par de hautes Digues, entrelassées de joncs & de bois de charpente, dont le vuide est rempli de pierres.

Vers la fin de l'an 1646. il y eut dans cette Province de si grands vents, & les eaux de la Mer étoient si impétueuses, que les Dunes de Domburg en furent couvertes & les sables emportez. On trouva au pied des Dunes diverses pierres sur lesquelles étoient gravées des Inscriptions antiques, & des Idoles du Paganisme. Sur une entre autres étoit la Statue de Jupiter, avec une Aigle à ses pieds, & tenant une pique dans sa main droite. Sur une autre on voyoit la figure de Neptune, tenant un Dauphin de sa main droite, & un Trident de la gauche. Sur une troisième pierre étoit la Déesse Nehalennia, assise, tenant dans son giron un panier rempli de fruits, & ayant à ses pieds du côté droit un Chien, & du côté gauche un autre panier. Sur une quatrième pierre, étoit l'Image de la même Déesse debout. On croit qu'il y a eu autrefois un Temple dans l'endroit où l'on a découvert ces pierres; on le conjecture de leur nombre, & de ce que la plûpart sont avec la figure de la Déesse Nehalennia, à qui il semble que le Temple devoit être dédié.

3. ZELANDE (nouvelle). Voyez NOUVELLE ZELANDE.

ZELANDIA, Forteresse des Indes, dans l'Isle de Tayovang, vis-à-vis & à une demilieue de la grande Isle de Formosa. C'est un Fort à quatre Bastions, revêtus de pierres de taille & bâti sur une Dune ou Colline sablonneuse. A trois cens pas du Fort il y a un Canal qui sert de Havre, quoiqu'avec la haute marée il n'y ait que treize à quatorze pieds d'eau; mais les Navires qui y mouillent y sont à couvert de tous les vents. Les Hollandois ont encore bâti sur ce Canal une Redoute de pierre fort bien flanquée, & où ils ont une petite Garnison de vingt-cinq ou trente hommes, qui sont capables d'en défendre l'entrée. Il n'y a point de Havre plus commode pour le négoce de la Chine & pour l'établissement d'une communication avec le Japon, & avec tout le reste des Indes; car on peut y aborder en toutes les saisons de l'année sans être obligé d'attendre la Monçon, ou la commodité des Vents généraux, qui sont contraires partout ailleurs six mois de l'année.

ZEL. 469

ZELASIUM, Promontoire dont parle Tite-Live [a] dans ce passage: *Eam classem* [a Lib. 23.] *in stationem ad Zelasium, miserunt (Isthmia id* [c. 46.] *super Demetriadem Promontorium est peroportune objectum) ut si quid inde moverent Macedonum naves in præsidio essent.* Ortelius [b] donne à deviner où ce Promontoire étoit ou sur la Côte de l'Eubée, ou sur celle de la Macédoine ou de l'Attique, & Glareanus le cherche inutilement sur la Côte de la Thessalie. Il me paroît que Gronovius a deviné l'Enigme. Au lieu de *Zelasium*, dit-il, lisez *Phalasium*, & au lieu d'*Isthmia*, lisez *Isthiaca*. [b Thesaur.]

ZELDALES, Peuples de l'Amérique Septentrionale, dans la Nouvelle Espagne, & dans la Province de Chiapa. Thomas Gage [c] dit que ces Peuples donnent le nom à un Pays qu'on appelle la Province des Zeldales. Elle est située derrière celle des Zoques, s'étendant depuis la Mer du Nord dans le Continent jusque vers Chiapa, & elle touche aux Frontières de Cometlan en quelques endroits du côté du Nord-Ouest. Elle est jointe du côté du Sud-Ouest aux Indiens, qui n'ont pas encore été assujettis par les Espagnols & qui font très-souvent des courses sur les Indiens Chrétiens, brûlant leurs Villages & emmenant leur Bétail. Cette Province, dont la Ville principale appellée *Ococengo*, sert de Frontière contre les Infidèles, passe pour très-riche, à cause qu'il y a quantité de Cacao. Ils l'estiment fort, parce qu'ils en font leur Chocolat, donnant la couleur à ce Breuvage avec une autre Denrée qu'ils appellent *Achiotte*. Le Pays pour la plûpart est haut & montueux, & on y voit beaucoup de Pourceaux, de Volaille, de Coqs d'Inde, de Cailles, de Bétail, de Brebis, de Mahis & de Miel. [c Relat. des Indes Occ. 2. Part. ch. 18.]

Les Zeldales, que De Laet [d] appelle ZELTALES, habitent selon lui treize Bourgades, & ont un Gouvernement Populaire. Le Terroir, ajoute-t-il, est très-fertile & abondant en Mahis; ce qui fait qu'ils nourrissent force Pourceaux. Ils ont aussi grande abondance de Miel & quantité de Poules; beaucoup de Cochenille, dont ils se servent à peindre leurs Maisons & leur Coton, sans en faire aucun profit; & enfin des Cacaos. Il y a plusieurs Rivières; mais elles sont petites. Les Montagnes sont très-hautes & séparent cette Province de celles de Lecanden, de Zoques & d'Yucatan. [d Descr. des Indes Occ. L. 7. ch. 5.]

1. ZELEJA, Ville de l'Asie-Mineure, dans le Pont Cappadocien, près du Lycus. Cette Ville près de laquelle César battit Pharnace, semble être placée dans l'Arménie par Dion-Cassius [e]; ce qui vient de ce que les bornes de l'Arménie & de la Cappadoce sont souvent confondues par les anciens Auteurs. Elle est appellée ΣΗΛΑ, ZELA, *orum*, par Strabon [f], qui la fait Capitale d'une Contrée, à laquelle il donnoit son nom. Il y a, dit-il, dans la Zelitide une Ville nommée ZELA: elle est fortifiée & bâtie dans le Retranchement de Sémiramis, & on y voit un Temple dédié à la Déesse Anaitis. Il rapporte ensuite diverses particularitez touchant ce Temple, où il y avoit un Grand-Prêtre puissant & riche & une grande quantité de Sacrificateurs. O- [e Lib. 42.] [f Lib. 12. p. 569.]

ri-

riginairement le Temple étoit seulement accompagné de diverses Maisons séparées, sans forme de Ville; mais Pompée, qui avoit ajouté diverses Préfectures à la Zelitide fit de Zela une Ville. Ptolomée [a] place ZELA dans le Pont Polémoniaque & dans les Terres. Les Notices Ecclésiastiques la mettent dans l'Helenopont. Pline [b] qui écrit ZIELA dit aussi qu'elle est dans les Terres, & fameuse par la défaite de Triarius & par la victoire de César. Hirtius [c] écrit pareillement ZIELA. C'est, dit-il, une Ville du Pont assez forte par sa situation & bâtie comme dans un lieu uni; car elle est sur une éminence, qui, quoique ménagée par la Nature paroît un ouvrage de l'Art & destinée à appuyer les murailles de toutes parts. Tout autour de cette Place il y a un grand nombre de hautes Collines, entrecoupées de Vallées; & la plus haute de ces Collines, qui se trouve comme jointe à la Ville par les chemins qu'on a pratiquez, est fameuse dans le Pays par la victoire de Mithridate, par la défaite de Triarius, & par l'échec qu'y reçurent les Troupes Romaines. Elle n'est guère qu'à trois milles de Ziela. Pharnaces répara les Ouvrages que ses Ancêtres avoient faits autrefois dans ce Lieu-là & s'y plaça avec son Armée. Cellarius [d] juge que la véritable orthographe du nom de cette Ville est Ζῆλα, Zela. Il se fonde sur ce que Strabon, Ptolomée, Plutarque & les Notices écrivent ainsi; si ce n'est que Plutarque, au lieu de faire de ZELA un Nominatif pluriel en fait un Nominatif singulier.

2. ZELEJA, Ville de l'Asie-Mineure, dans la Troade. Homère [e] & Strabon [f] en ont marqué la situation. Le premier dit au second Livre de l'Iliade:

Οἳ δὲ Ζέλειαν ἔναιον ὑπαὶ πόδα νείατον Ἴδης
Ἀφνειοί, πίνοντες ὕδωρ μέλαν Αἰσήποιο.

La Ville Zeleja étoit donc au pied du Mont Ida, & du côté que cette Montagne s'étend vers l'Æsepus; c'est-à-dire vers le Nord. Strabon marque encore plus positivement, lorsqu'il dit que le Mont Ida a plusieurs pieds, dont deux sur-tout s'étendent fort loin, & l'un desquels court jusqu'à la Mer Egée, où il forme ce qu'on appelle le Promontoire Lecton, tandis que l'autre avance dans les terres jusque dans le Territoire de la Ville de Cyzique, où est située la Ville de Zeleja, qui dans ce tems-là appartenoit aux Cyzicéniens. Pline [g] s'accorde avec Homère & avec Strabon; car il joint ensemble le Fleuve Æsepus & la Ville ZELIA. Strabon ajoute qu'il y avoit eu dans cette Ville un Oracle, mais qu'il ne parloit plus de son tems. Zeleja, selon Eustathe, étoit à cent quatre-vingt-dix Stades de Cyzique; & selon Etienne le Géographe elle devoit sa fondation à un Héros nommé Zeleus. Ces deux Auteurs semblent dire qu'il y avoit un autre ZELIA, ou ZELEJA, dont ils font un Lieu fortifié dépendant de Cyzique; mais Berkelius croit qu'il ne s'agit-là que de la Ville Zeleja; & qu'Etienne le Géographe & Eustathe font deux Lieux différens d'une seule Place.

ZELES, Ville d'Espagne, dans la Bétique, & voisine de Tingis, mais le Détroit entre deux. Elle ne subsistoit plus du tems de Strabon qui dit [h]: Ἦν δὲ καὶ Ζέλης τῆς [b] Τίγγιος ἀσυγείτων, *Fuit & Zeles Tingi vicina Urbs*. Il ajoute que les Romains la transférérent dans la Mauritanie, de l'autre côté de la Mer, & qu'ils l'augmentérent de quelques Habitans tirez de la Ville de Tingis, qu'ils y en envoyérent d'autres d'Italie, & qu'ils donnérent à la Ville le nom de JULIA JOZA. Dans un autre endroit Strabon [i] au lieu de Ζέλης écrit Ζῆλις; mais dans les noms Barbares les Anciens n'observoient pas toujours une Orthographe bien réglée, défaut dont nous avons hérité d'eux. Cette Ville transférée en Afrique est appellée ZILIS par Pline & ZILIA par Ptolomée. Voyez ZILIA & XILIA.

ZELIA. Voyez ZELEJA & PRUZA.
ZELIENSES. Voyez ZYDRITÆ.
ZELIS. Voyez ZELIA & ZELOS.

1. ZELL. Mr. d'Audiffred donne ce nom à une des Isles de Schetland, connue plus ordinairement sous le nom d'Yell. Voyez YELL.

2. ZELL, en Latin *Cella*, Ville d'Allemagne, au Duché de Lunebourg, sur l'Aller, & elle-même le Chef-lieu d'un Duché auquel elle donne le nom. Cette Ville, située à treize lieues de Lunebourg & à onze de Hildesheim, est une Place défendue par une bonne Citadelle, où les Ducs de Lunebourg & ensuite ceux de Zell ont fait leur résidence. La Branche des Ducs de Zell étoit descendue de Guillaume *le Jeune*, Duc de Lunebourg, frere de Henri de Danneberg. Ce Prince laissa sept fils, qui ne voulant point affoiblir la Succession par un partage, convinrent de se succéder & qu'il n'y auroit qu'un d'eux qui se marieroit. Ernest l'aîné mourut en 1611. & fit place à son frere Christian, qui étant mort en 1633. eut pour Successeur Auguste, qui vécut jusqu'en 1636. & transmit le Gouvernement de ses Etats, à Fréderic qui les posséda jusqu'en 1648. année de sa mort. Magnus, le cinquième, étoit mort dès 1632. & Jean dès 1628. Ainsi leur tour ne vint point. Il restoit George, le sixième selon l'ordre de la naissance, & ce fut lui qui continua la Famille par son Alliance avec Anne Eléonor, fille de Louis V. Landgrave de Hesse-Darmstadt. Ce Prince mourut en 1641. & laissa quatre fils, Christian Louïs, George Guillaume, Jean Fréderic & Ernest Auguste. Le premier eut entre autres le Duché de Zell: mais étant décédé sans enfans en 1665. Jean Fréderic, qui avoit embrassé la Religion Catholique, se mit en possession de ses Etats, & refusa à son frere aîné le Duc George Guillaume le droit d'opter qui étoit attaché à sa naissance. Mais par un accommodement ménagé par les Princes voisins, George Guillaume eut le Duché de Zell, avec quelques autres Terres. Jean Fréderic mourut en 1679. ne laissant que deux filles, & il eut pour Successeur Ernest Auguste, en faveur duquel l'Empereur Léopold créa un neuvième Electorat. George Louïs son fils aîné, qui dès l'an 1682. avoit épousé Sophie Dorothée, fille unique de George Guillaume dernier Duc de Zell son On-

ZEL. ZEM.   ZEM.   471

Oncle, se mit en possession après la mort de son Beau-pere arrivée en 1705. & depuis ce tems-là le Duché de Zell a été uni à l'Electorat de Hanover.

3. ZELL, Ville Impériale d'Allemagne [a], dans la Suabe, au Pays appellé Ortnaw ou Mortnaw, sur la Rivière de Nagolt. Cette Ville avoit été donnée avec deux autres du même Pays en engagement aux Marquis de Bade par les Empereurs; mais les Evêques de Strasbourg les rachetérent & les rendirent à l'Empire en 1414. Elles sont sous la protection de la Maison d'Autriche.

4. ZELL, Ville d'Allemagne [b], dans l'Archevêché de Saltzbourg, sur un Lac auquel elle donne son nom.

5. ZELL, ou CELL, Ville d'Allemagne dans l'Electorat de Trèves, sur la Moselle, à deux ou trois lieues au-dessous de Traerbach. Cette petite Ville est le Chef-lieu d'un Bailliage.

6. ZELL, Lac d'Allemagne, aux confins de la Suabe & de la Suisse, & formé par le Rhein. Il est au-dessus du Lac de Constance, dont il fait partie; ce qui fait que quelques-uns le nomment Lac Inférieur. On voit dans ce Lac, l'Isle & l'Abbaye de Reychenaw, & sur ses bords la Ville de Ratolfzell, appellée quelquefois Zell, & qui peut avoir donné le nom au Lac.

1. ZELLA, Ville d'Afrique. Strabón [c] la compte au nombre de celles qui furent ruinées, durant la guerre de César contre Scipion. Voyez TELLENSIS & ZETTA.

2. ZELLA, Lac d'Afrique dans l'Ethiopie, au Royaume d'Oecie, en tirant vers Adel & Mombaze. Sa longueur est d'environ une journée, selon Davity [d].

ZELLIA, Contrée de la Haute-Pannonie. Elle étoit habitée par les Sclaves, selon Paul Diacre [e], qui dit que les Hii avoient autrefois possédé ce Pays. On croit communément que la Contrée Zellia est aujourd'hui le Comté de Cilley. Au lieu de ZELLIA quelques MSS. lisent CAGELLIA & d'autres AGLIA.

ZELOS, Ville de l'Ethiopie Occidentale selon Etienne le Géographe qui cite le seizième Livre de Strabon; mais, comme l'a remarqué Ortelius, il devoit citer le dix-septième Livre; car c'est dans ce Livre-là que Strabon décrit l'Ethiopie Occidentale. Outre cela Strabon ne lit pas Ζῆλος, Zelos, mais, Ζῆλις, ZELIS.

ZEMBLE, ou NOUVELLE ZEMBLE, grand Pays situé dans l'Océan Septentrional [f], au Nord de la Province Petrera en Moscovie, dont il est séparé en tout ou en partie par le Détroit de Weigatz. Ce mot Nouvelle Zemble, qui veut dire Nouvelle Terre, a été donné à ce Pays par les Russiens. On ne sait point encore si la Nouvelle Zemble est une Isle, où elle est jointe au Continent de la Tartarie. Il y en a même qui veulent qu'elle soit contigue aux Côtes de Groenland, & que si la quantité des neiges & des glaces, & la rigueur du froid ne rendoient pas ces Quartiers inhabitables, on pourroit aller par terre de Groenland à la Nouvelle Zemble. A dire le vrai, personne ne nous en a encore donné des nouvelles bien certaines. Le premier qui navigea de ce côté-là fut Hugh Willoughby, qui en 1553. fit voiles avec trois Vaisseaux jusqu'au Cap Septentrional de Finmmarke & delà jusqu'au 72. degré de Latitude, où il disoit avoir eu la vûe de la terre; mais il n'avoit sans doute apperçu que quelque Rocher; car ceux qui ont passé depuis dans le même endroit, n'y ont rien vu de semblable. Du reste on ne peut pas tirer grande lumière de son voyage, parce que le mauvais tems l'obligea d'entrer dans un Port de la Laponie, où il périt par le froid avec tout son Equipage. Après lui le Capitaine Burrough travailla à la même recherche. Il doubla le Nord Cap en 1556. & s'étant avancé vers l'Est, il découvrit le Détroit de Weygats, entre la partie Méridionale de la Nouvelle Zemble & le Pays des Samoyèdes. Il entra dans le Détroit & s'imagina que le Golphe à l'Est étoit une Mer libre & ouverte. Il s'en retourna se flattant d'avoir trouvé dans cet endroit le véritable passage vers la Chine & le Japon; ce qui étoit l'objet de l'entreprise. Les Capitaines Arthur Pett, & Charles Jackman firent la même tentative en 1580. & suivirent la route de Bourrough. Ils passèrent le Détroit de Weygatz & entrérent dans la Mer à l'Est, où ils trouvèrent une si grande quantité de glaces, & eurent avec cela un si mauvais tems, qu'après avoir essuyé de grands dangers ils furent contraints de revenir sur leurs pas. Le mauvais tems les écarta & l'on n'a jamais eu aucune nouvelle de Pett depuis ce tems-là.

On ne songeoit plus en Angleterre à découvrir un passage à la Chine par le Nord, lorsque les Hollandois prirent la résolution de faire une tentative. Guillaume Barentz fut choisi pour l'exécution de cette entreprise. Il partit de Hollande en 1594. & fit voiles vers le Détroit de Weygatz. Mais quand il y fut entré il trouva les mêmes difficultez que Pett & Jackman. Cependant il remarqua une chose à laquelle les autres n'avoient pas fait attention; c'est que l'eau de cette Plage étoit douce. Comme il ne trouva aucune apparence qu'il pût y avoir un passage de ce côté-là il s'en revint. Ce mauvais succès ne le découragea pas. Il se détermina à faire un second voyage, & ensuite un troisième, mais au Nord de la Nouvelle Zemble, pour voir s'il réüssiroit mieux. Lorsqu'il fut sur les Côtes de la Nouvelle Zemble en 1596. il trouva des glaces environ vers les 73. d. de Latitude. Il rangea la Côte & avança jusqu'au 76. d. mais les glaces ne lui permirent pas de pousser plus loin, & elles brisèrent enfin son Vaisseau. Il se sauva avec tout son Equipage par le moyen de ses Chaloupes, & ils furent obligés de passer l'Hyver sur cette Côte, où ils se virent réduits à la dernière extrémité & souffrirent un froid incroyable. Le Printems d'après ils résolurent de passer avec deux Chaloupes à Cola en Laponie. Ils y réüssirent si ce n'est qu'ils perdirent Guillaume Barentz avant que d'y arriver.

[a] D'Audiffred, Géogr. t. 3.
[b] Ibid.
[c] Lib. 13. p. 831.
[d] Etats du Grand Negus.
[e] De Gest. Longobard. L. 4. c. 40.
[f] Mémoires divers.

Hen-

Henri Hudson partit d'Angleterre en 1610. sans grand succès. L'exemple de Barentz le découragea de sorte qu'il entreprit peu de chose.

On avoit comme perdu l'espérance de trouver un passage par le Nord, ou par le Midi de la Nouvelle Zemble, lorsqne de certaines circonstances en firent renaître la pensée. En conséquence, les Capitaines Jean Wood & Guillaume Flawes allérent faire en 1676. une nouvelle tentative. Ils avancérent au Nord de la Nouvelle Zemble jusque vers les 24. d. 40′. environ 60. lieues & l'Est de Groenland. Alors le Vaisseau de Jean Wood, donna sur un brisant, fit naufrage, & son Equipage se sauva sur le bord du Capitaine Flawes, qui après cet accident s'en retourna.

Le Capitaine Jean Wood, qui avant son voyage avoit eu plus d'une raison pour croire qu'il y avoit un passage entre le Groenland & la Nouvelle Zemble, avoit bien changé de sentiment à son retour. Voici comme il s'en explique dans les Remarques qu'il a ajoutées au Journal de son Voyage: Pour moi, dit-il, je crois que s'il n'y a point de terre au Nord à 80. d. de Latitude, la Mer y est toujours & entiérement gélée; puis que n'ayant pu passer au-delà de 76. d. je la trouvai continuellement gélée. D'ailleurs je suis persuadé que quand les glaces pourroient se transporter à dix degrez plus au Sud, il faudroit des Siècles entiers pour les faire fondre; car les morceaux de glace qui étoient près du Continent de glace n'avoient pas plus d'un pied au-dessus de l'eau; & ce qui étoit au-dessous de l'eau avoit plus de dix-huit pieds d'épaisseur. D'où je conclus que les grandes Montagnes de glace qui étoient sur le Continent de glace touchoient toutes à terre, comme il faut que cela soit si elles gardent la même proportion. De plus, le peu d'eau que je trouvai tout le long de la glace, à moitié chemin entre les deux Terres, & qui ne montoit pas à plus de 70. Brasses, est sans contredit une preuve qu'il y a de la terre au Nord, & que le grand Continent de glace, qui est joint à la Côte, peut avancer vingt lieues ou plus en Mer, & qu'enfin la Nouvelle Zemble & le Groenland ne sont qu'un même Continent. En effet, s'il y avoit un passage, on trouveroit quelques Courans; cependant je ne m'en suis presque point du tout apperçu, & ceux que je remarquai portoient à l'Est-Sud-Est le long de la glace; & même ces Courans ne sont proprement qu'une petite Marée, qui monte environ huit pieds.

Le même Voyageur nous a donné une Description succincte de la Nouvelle Zemble, que je crois devoir joindre ici. C'est, dit-il, le plus misérable Pays du Monde, & dont la plus grande partie est toujours couverte de neige. Aux endroits où l'on ne trouve point de neige, ce ne sont que fondrières inaccessibles, où il croit une sorte de Mousse, qui porte de petites fleurs bleues & jaunes; & c'est-là tout ce que ce Pays produit. Après avoir creusé environ deux pieds en terre, nous ne trouvâmes que de la glace aussi dure que du Marbre, chose dont on n'avoit jamais ouï parler auparavant, & qui tromperoit infiniment ceux qui s'imaginent qu'en cas qu'ils fussent obligez de passer l'Hyver dans ce Pays-là, ils pourroient faire des caves sous terre pour s'y loger & s'y mettre à couvert du froid. La neige dans les autres climats se fond beaucoup plutôt sur le bord de la Mer que dans les autres endroits; mais c'est tout le contraire dans la Nouvelle Zemble, & la Mer bat contre des Montagnes de neiges, qui dans quelques endroits sont aussi hautes qu'aucun des Caps de la Province de Kent. La Mer a creusé fort avant sous cette neige, de sorte qu'elle paroît comme suspendue en l'air au-dessus de la Mer; ce qui est un objet affreux à voir. Depuis le bord de la Mer jusqu'au premier sommet, la neige étoit fondue, & de même delà jusqu'aux autres sommets, qui sont de véritables Montagnes toutes couvertes de neige, si on en excepte le haut. Je crois que cette neige y est depuis la création du Monde. Aprés être monté sur ces sommets, nous arrivâmes au plus haut de toutes les Montagnes suivant nos conjectures; car nous ne pouvions pas voir fort loin, le brouillard étant si épais que nous avions de la peine à nous voir l'un l'autre; & ce tems-là continua tant que nous restâmes à terre. Sur le haut des Montagnes nous n'y trouvâmes point de neige, & l'on n'y pouvoit marcher sans beaucoup de difficulté. Nous n'avons rien trouvé de meilleur dans ce Pays-là que des Ours qui sont gros & blancs. Je demeurai sur le haut de ces Montagnes environ deux heures, & ne fus pas plus loin qu'il étoit convenable, pour pouvoir retrouver le chemin pour nous en retourner. Je trouvai dans cet endroit-là plusieurs traces de Bêtes fauves, & la corne d'un de ces Animaux-là. Il y a aussi des Renards & de petits Animaux qui ressemblent à des Lapins; mais qui ne sont pas plus gros que des Rats, & quelques petits Oiseaux qui ressemblent à des Alouettes. Voilà tous les Animaux que j'ai vus dans ce Pays-là. A chaque quart de mille, on trouve un petit Ruisseau de fort bonne eau, quoique ce ne soit que de la neige fondue, qui découle des Montagnes, & qui va se perdre dans la Mer. Sur les Montagnes nous trouvames quantité de pierres d'Ardoise; ce qui faisoit qu'on y pouvoit marcher plus facilement; & vers le bord de la Mer où ces Ruisseaux tombent, nous vîmes de fort beau Marbre noir, où il y avoit des rayes blanches. Je nommai la Pointe où nous fîmes naufrage, *la Pointe de Speedill*. Aux plus hautes Montagnes de la Nouvelle Zemble je donnai le nom de *Montagnes de neige du Roi Charles*; à la première Pointe au Sud, qui est la Pointe la plus Occidentale de la Nouvelle Zemble, le nom de *Cap de Jacques*, & à la Pointe du Nord, celui de *Pointe d'Yorck*. La Pointe de Speedill est à 74. d. 30′. de Latitude Septentrionale, sous les 63. d. 00′. de Longitude Est pris de la Ville de Londres. J'observai 13. d. de variation d'Aimant vers l'Ouest. La Marée monte huit pieds, & porte directement sur le rivage; ce qui est une marque certaine qu'il n'y a point

point de paſſage par le Nord. L'eau de la Mer près de la glace & de la terre eſt plus ſalée qu'aucune que j'aye jamais goûtée ailleurs , & avec cela la plus peſante & la plus claire qui ſoit au monde. A 80. braſſes d'eau , qui font 480 pieds , je pouvois voir parfaitement le fond & le coquillage.

La partie Méridionale de la Nouvelle Zemble eſt habitée par des Peuples qu'on dit être de petite taille, & avoir les cheveux noirs. Ils ſont bazannez & vêtus de peaux de Veaux marins ou de Pingoins, qui ſont de grands Oiſeaux, & ils mettent les plumes en dehors. Ils vivent de chaſſe & de peſche, & adorent le Soleil, la Lune & des Statues de bois, qui repréſentent des hommes & ſont fort groſſiérement faites.

ZEMBROW , Ville de Pologne , dans la Mazovie , au Palatinat de Czersko , à dix lieues de la Ville de Bielsko, vers le Couchant.

ZEMBLYN, Zemplin, ou Zemlyn, Petit Païs de la Haute-Hongrie [a], avec titre de Comté. Il a pris ſon nom de ſa Capitale ſituée ſur le Bodrogh, à cinq milles Germaniques à l'Orient de Caſſovie, & à ſix milles au Nord de Tokay. Ses bornes ſont, le Comté d'Unghwar au Nord, celui de Perezaz à l'Orient, celui d'Abanwivar à l'Occident , & celui de Baranywar au Midi.

[a] Baudrand, Dict.

ZEMME , Ville de Perſe : Tavernier [b] dit que les Géographes du Païs la marquent à 89. d. 14'. de Longitude, ſous les 38. d. 35'. de Latitude. Il ajoute que cette Ville nourrit quantité de Bétail à poil & à laine.

[b] Voyages de Perſe, Liv. 3.

ZEMONICO, Fortereſſe de la Dalmatie, à deux lieues & demie de Zara, en tirant vers Novigrad. Les Vénitiens qui la cédérent aux Turcs en 1573. la reprirent ſur eux & la démolirent en 1647. Aſſan-Begh Durach [c], ſuivi d'un grand nombre de Turcs, tâcha de s'en reſſaiſir en 1682. mais il fut défait par les Morlaques , & cette entrepriſe lui coûta la vie.

[c] Coronelli Morée.

ZEMPOALA, Province de l'Amérique Septentrionale [d], dans la Nouvelle Eſpagne , au Dioceſe de Tlaſcala , à deux lieues du Golphe de Méxique. Cette Province qui eſt aſſez grande, eſt très-fertile , plate pour la plus grande partie, abondante en Pâturages , & couverte d'un côté par de hautes Montagnes. Quand les Eſpagnols y arrivérent les Habitans étoient beaucoup plus civiliſez que les Inſulaires. Ils n'alloient pas nuds ; & ils étoient accoûtumez à rendre à leurs Rois une entiére obéïſſance. Leur principale Bourgade qui s'appelloit Zempoala, comme la Province, étoit bâtie entre deux Rivières, & les Edifices en étoient aſſez ſplendides pour des gens ſauvages. Leurs voiſins, particuliérement ceux qui habitoient les Montagnes, s'appelloient anciennement Totonaques, & différoient en langage & en moeurs des autres Nations de ce Continent.

[d] De Laet, Deſcr. des Indes-Occ. L. 5. c. 16.

ZEMTENSIS, Siége Epiſcopal d'Afrique , dans la Province Proconſulaire , ſelon la Lettre que les Peres de cette Province écrivirent dans le Concile de Latran , ſous le Pape Martin. Majorinus eſt qualifié *Epiſcopus plebis Zemtenſis* par la Conférence de Carthage [e].

[e] No. 134.

ZEMYTHUS. Voyez Zymethus.

ZEMZEM. La Fontaine ou le Puits de Zemzem, ſelon les Muſulmans , eſt celle que Dieu fit paroître en faveur d'Agar & de ſon fils Iſmaël, dans le Deſert, après qu'Abraham l'eut obligée de ſe retirer avec ſon fils. Elle eſt dans l'enceinte du Temple de la Mecque. Les Mahométans en boivent par dévotion, & lui attribuent une grande vertu.

ZENCHIA , Siége Epiſcopal , ſous le Patriarchat de Conſtantinople , ſelon Ortelius qui cite Balſamon.

ZENDEROUD , ou Senderu, Fleuve de Perſe [f]. Il prend ſa ſource dans les Montagnes de Jayabat, à trois journées de la Ville d'Iſpahan du côté du Nord. Le Zenderoud eſt par lui-même un petit Fleuve; mais Abas *le Grand* y a fait entrer un autre Fleuve beaucoup plus gros, en perçant avec une dépenſe incroyable des Montagnes qui ſont à trente lieues d'Iſpahan, & qu'on prétend être les Monts Acrocérauniens ; de maniére que le Zenderoud eſt auſſi gros à Iſpahan durant le Printems, que la Seine à Paris durant l'Hyver. Mais ce n'eſt qu'au Printems que cela arrive ; parce qu'alors ce Fleuve groſſit par les neiges qui fondent, au lieu que dans les autres ſaiſons, on le ſaigne de toutes parts pour lui faire arroſer par des rigoles les Jardins & les terres. Il y a à Iſpahan trois beaux Ponts ſur ce Fleuve, l'un qui répond au milieu de la Ville, & les deux autres aux deux bouts, à droite & à gauche. Le Zenderoud ſe jette ſous terre entre la Ville d'Iſpahan & celle de Kirman, où il reparoît, & d'où il va ſe rendre dans la Mer des Indes. L'eau en eſt fort legère & fort douce par-tout : cependant on ne ſe donne pas la peine à Iſpahan d'en aller prendre, quoique tout le monde généralement parlant ne boive que de l'eau pure ; parce que chacun boit de l'eau de ſon Puits , qui eſt également douce & legère ; & certainement on n'en ſauroit boire nulle part de plus excellente. Le Fleuve qu'on a fait entrer dans celui de Zenderoud s'appelle Mahmoue Ker ; ce qui ſignifie *Mahmoud le ſourd*. On a auſſi voulu faire entrer dans le Zenderoud un des deux Fleuves Abcorreng ou Abkuren ; mais on l'a pluſieurs fois tenté inutilement. Si la choſe s'étoit pu faire, la Campagne d'Iſpahan en auroit reçu un grand bénéfice, & ſeroit devenue un des plus fertiles & des plus délicieux Païs de la terre.

[f] Chardin, Voyage. t. 8. Ed. 1723. Paris, p. 5.

ZENDGIR-SERAÏ ; Château & Maiſon de Plaiſance, dans la Tranſoxiane, à deux lieues de Carſchi vers le Couchant. Mr. Petis de la Croix en fait mention au ſecond Livre de ſon Hiſtoire de Timur-Bec [g]. Dans un autre endroit [h] il dit que les Troupes de ce Monarque réduiſirent en cendres la Ville de Seraï, Capitale de Capchac, en repréſailles de ce que les Habitans de Capchac avoient eu l'inſolence de ruïner Zendgir-Seraï, qui étoit le Palais de Cazan Sultan Can, pendant qu'il étoit ſans Gouverneur, & que la Tranſoxiane n'avoit point ſon Prin-

[g] Ch. 15. [h] Liv. 3. ch. 60.

474 ZEN. ZEN.

Prince, parce que Timur étoit alors occupé à la conquête des Royaumes de Fars & d'Irac.

ZENDRE, Ville de la Basse Hongrie [a], au Comté de Torna, avec un Château élevé sur une hauteur. Cette Ville fut pillée & brûlée en 1684. par les Turcs & par les Mécontens, qui mirent garnison dans le Château.

ZENETES, Peuples d'Afrique [b], qui forment l'une des cinq Tribus des Bérébéres. Ils conservent leurs anciennes Habitations dans les Campagnes de Trémecen, qui est la derniere Province & la plus Occidentale du Royaume de Fez. Les Bénimerinis ayant chassé de ces Plaines certains Arabes qui les avoient possédées pendant tout le régne des Almohades, ils y mirent les Zenetes & les Haoares leurs Vassaux, pour les récompenser des services qu'ils en avoient reçus à leur établissement. Ces Peuples les ont toujours habitées depuis sous le nom de CHAVIENS, errans avec des tentes comme les Arabes, & parlans un Arabe corrompu, quoique ce soit une Nation Africaine. Ils étoient autrefois très-puissans & mettoient sur pied cinquante mille Chevaux, & trois fois autant d'Infanterie; desorte qu'il s'en fallut peu qu'ils ne dépossédassent les Oatazes qu'ils oserent attaquer. On dit qu'en une Bataille à jour nommé & dont la mémoire est fort célebre dans Fez, ils eurent l'audace de promettre au Roi qui régnoit en ce tems-là, & avec lequel ils étoient en guerre, de ne combattre que sur des Chevaux, qui ne passeroient point l'âge de trois ans. Le Roi de Fez leur ayant promis la même chose, fit couper le crin & la queue des siens, afin qu'ils ne parussent que des poulains, & il les défit par ce moyen à cause qu'ils ne purent être maîtres des leurs. Les guerres continuelles qu'ils ont eues depuis avec les Rois de Fez & de Maroc & avec les Portugais, les ont si fort affoiblis, qu'ils ne sauroient faire présentement plus de huit mille Chevaux & cinquante mille hommes de pied. Leur Cavalerie est fort bonne, mais l'Infanterie est peu de chose. Cependant comme leur orgueil les empêche de se soumettre volontiers au joug, ils se révoltent à la moindre occasion & passent d'un Royaume à l'autre avec leurs Tentes & leurs Troupeaux. Leurs femmes sont blanches & se piquent d'être belles & bien parées. Elles portent force joyaux d'or, d'argent, de perles & de cornalines aux bras, à la gorge & aux oreilles. Le Pays est fort bon pour le bled & les pâturages, & l'on y recueilleroit quantité de Froment & d'Orge, si on cultivoit toutes les terres; mais ces Peuples ne labourent que ce qui est autour de leurs habitations. Il y a parmi les champs une herbe qui engraisse les Chevaux & le Bétail en moins de douze ou quinze jours, mais quand elle jette un petit épi barbu, on les empêche d'en manger; parce que cet épi les étrangle & les fait mourir. Quoiqu'il ne reste plus que les murailles des anciennes Villes, sans aucun Bâtiment, ils ne laissent pas d'y aller camper pendant l'Hyver.

ZENG [c]. Ce mot signifie en Arabe, le Pays que nous appellons aujourd'hui Zanguebar, autremeut la Côte de Cafrerie, & les Peuples qui l'habitent, s'appellent aussi en Arabe, Zengi, & en Persien, Zenghi, d'où est dérivé ce mot de Zenghibar, qui signifie, le Pays des Zenghis qui sont proprement ceux que les Italiens appellent, Zingari, & que nous autres nous nommons Egyptiens, & Bohémiens. Une partie de ces Peuples qui s'étoit répandue dans l'Iraque Arabique, se souleva pendant le régne du Khalife Mohtadhi, l'Abbassïde, & prit pour Chef, un nommé Ali, qui se disoit être des descendans d'Ali, Gendre de Mahomet, & lui donnerent le surnom de Habib, qui signifie l'Ami, & le Bienaimé. Ils défirent plusieurs fois les Armées des Khalifes. Mais enfin, quatorze ans après qu'ils eurent commencé à paroître, Muvaffek, frere du Khalife Motamed, les défit & les dissipa entiérement l'an 270. de l'Hégire, leur Chef, qui se faisoit appeler Saheb Alzeng, le Seigneur des Zenghis, ayant été tué [d]. Ce sont ces mêmes Peuples qui sont appellez Ribens, dans l'Histoire Saracénique, à cause que l'Exemplaire de cette Histoire est fautif, & que l'on y a lu Rib, au lieu de Zeng; ce qui est arrivé par la transposition des points diacritiques, qui font la différence de ces deux mots en Arabe. Le Pays des Zinges, selon Ebn Alvardi, & le Scherif Al-Eldrissi, est différent de celui que nous appellons le Pays des Cafres. Car il est plus Méridional, & a à son Midi la Ville & le Pays de Sofalah. Cependant, les Villes de Melindah, de Monbassah, & de Baïs sont mises par les Géographes Orientaux, entre les Villes du Pays des Zinges, & les Villes même de Sofalah, du Zagauah, & de Madischou, sont mises aussi dans le même Pays par plusieurs Historiens. Le Zingistan, ou le Pays des Zinges, confine à celui de Habaschah, qui est l'Ethiopie, & est opposé directement à l'Yémen, & au Kerman, selon Ebn Alvardi. Les Persans appellent cette Nation, Siah Hindou, les Indiens, Noirs, en quoi ils conviennent avec les Grecs, qui ont donné à ce Pays-là aussi bien qu'à l'Ethiopie, le nom d'Inde. L'Auteur du Thahmurat Nameh, parle souvent des Géans de ce Pays-là, entre lesquels il distingue fort celui qui portoit le nom d'Autaloun, ou Autalous, qui est peut-être le Tantale des Grecs. Il le nomme aussi quelquefois, Aucaloun ou Aucalous qui seroit l'Anchialus des mêmes Grecs, & il le compare au Zeftimil Eskender; c'est-à-dire à la Colomne de couleur de poix d'Aléxandre, qui n'est autre chose que l'Obelisque de Marbre Thébaïque noir qui fut dressé par Aléxandre dans la Ville d'Aléxandrie. Le Tarikh Montekeb dit que l'origine des Zinges se doit prendre de Ham Ben Nouh, qui est Cham fils de Noé. Novaïri a écrit l'Histoire particuliere des Zinges sous le nom de Khouareg' Zing' dans le troisième Volume de son Histoire générale, qui est dans la Bibliothéque du Roi de France.

ZENGERO, selon Davity [e], & ZINGUERO, selon Dapper; Royaume d'Afrique dans la haute Ethiopie, ou Abyssinie. Ce Royaume est dans les terres & confine avec celui de Roxa ou Roxe. Quelques-uns croient

[a] Hist. & Descr. du Royaume de Hongrie, 1688. p. 267.
[b] Marmol, Descr. de l'Afrique, Liv. 4. c. 1.
[c] D'Herbelot, Biblioth. Or.
[d] Kondemir, Ben-Schunah.
[e] Etats du Grand Negus.

ZEN.

croient que c'est le Pays des premiers Cingres, ou Egyptiens, que l'on voit en Europe, & qui se disent de la Petite Egypte qui seroit ainsi la Nubie.

ZENGITZA, Promontoire d'Afrique, dans l'Ethiopie: Ptolomée [a] le marque sur le Golphe de Barbarie, entre *Opone Emporium* & *Phalangis Mons*. Le MS. de la Bibliothéque Palatine porte *Zingis extrema*, au lieu de Ζύγγιζα ἄκρα. Quelques Exemplaires Grecs lisent même Ζύγγισα pour Ζύγγιζα, & dans un autre endroit [b] du même Auteur ce Promontoire est appellé Ζύγγις, *Zengis*.

[a] Lib. 4. c. 7.
[b] Lib. 1. c. 17.

ZENJON, Ville de Perse. Les Géographes du Pays, selon Tavernier [c], la marquent à 73. d. 36′. de Longitude, sous les 36. d. 5′. de Latitude. Ce n'est qu'une petite Ville; mais elle est célèbre par son ancienneté, & pour avoir été autrefois le Siège des Sciences, plusieurs bons Auteurs Persiens en étant sortis, & l'ayant rendue fameuse par leurs Ecrits.

[c] Voyages de Perse, Liv. 3.

☞ ZENITH, ou POINT VERTICAL; c'est à-dire Point qui répond perpendiculairement à notre tête. Les Poles de l'Horison sont deux Points de la superficie du Monde, chacun desquels est également éloigné de toutes les parties de l'Horison: celui des Poles qui répond perpendiculairement à notre tête s'appelle Zenith, & l'autre qui est diamétralement opposé au Zenith, c'est-à-dire le point du Ciel qui est directement sous nos pieds, s'appelle le *Nadir*, par rapport à nous; mais il est en même tems le Zenith de nos Antipodes.

1. ZÉNOBIA, Ville d'Asie, dans l'Euphratense, à la droite de l'Euphrate, à cinq milles du Fort de Mambrini en deçà de la petite Ville de Sura. Zénobie femme d'Odonat Prince des Sarrasins fut, selon Procope [d], la fondatrice de cette Ville qu'elle appella de son nom. Mais comme le tems en avoit ruiné les fortifications, & que les Romains n'avoient pas pris soin de les réparer elle étoit devenue deserte; ce qui étoit cause que les Perses faisoient des courses quand ils vouloient, & qu'ils prévenoient par leur vîtesse le bruit de leur marche. Justinien rebâtit entièrement cette Ville, la peupla d'Habitans, y fit de bonnes fortifications, y établit une puissante Garnison, & la rendit un des Boulevars de l'Empire. Il ne se contenta pas des idées de ceux qui l'avoient bâtie dans le commencement, il en chercha d'autres pour la rendre plus forte qu'elle n'avoit jamais été. Comme les Rochers qui l'environnent pouvoient donner moyen à des Assiégeans de tirer sur ceux qui défendoient les murailles, il inventa certains ouvrages qu'on appelle des Aigles, parce qu'ils sont étendus pour couvrir les Soldats. Il n'y a point de discours, ajoûte Procope, qui puisse dignement exprimer les avantages que ce Prince a procurez à cette Ville en la fortifiant avec d'autant plus de soin que les autres, qu'elle étoit plus éloignée de secours & plus exposée aux dangers. Il ne laisse pas néanmoins d'en marquer une partie, & il continue de la sorte: L'Euphrate coule le long de la Ville de Zénobie du côté d'Orient, mais comme il est pressé par de hautes Montagnes, & qu'il n'a pas d'espace pour s'étendre, lorsque les pluyes le grossissent, il s'éleve jusqu'au haut des murailles, separe les pierres, les ébranle & en rompt la structure. Justinien fit construire une Chaussée d'une longueur égale à celle de la muraille, & réduisit ce Fleuve à écumer inutilement, sans pouvoir faire aucun dommage. Ayant reconnu qu'il y avoit du côté du Septentrion une partie de la grande muraille qui menaçoit ruïne, il la fit abattre, de même que le petit mur, & ensuite rebâtir sur un plus beau & plus vaste dessein que n'étoit le premier; car comme les Maisons étoient trop étroites, & qu'elles déplaisoient pour ce sujet aux Habitans, il accrut la Ville. De plus, comme il y avoit du côté d'Occident une Colline dont les Barbares se pouvoient aisément emparer, & ensuite tirer de dessus jusqu'au milieu de la Ville, Justinien l'enferma dedans, & fit escarper les côtes & bâtir un mur au-dessus; de telle sorte qu'il n'y avoit plus d'endroit par où les Ennemis pussent venir; le terrain qui est au-dessous de la Colline étant trop bas, & les Montagnes qui sont du côté d'Occident étant trop éloignées. L'Empereur ne se contenta pas de pourvoir de la sorte à la sûreté de cette Ville, il contribua encore à son ornement, en bâtissant de magnifiques Eglises, des Bains publics, des Galeries & des logemens pour les Soldats. Il se servit pour ces Ouvrages de deux Architectes, dont l'un qui étoit de Constantinople se nommoit Jean, & l'autre qui étoit Milésien se nommoit Isidote. Quoiqu'ils né fussent que dans la fleur de la jeunesse, ils ne laissoient pas d'être fort habiles & d'avoir une grande expérience. Procope parle encore de cette Ville au second Livre de la guerre contre les Perses [e].

[d] Ædif. L. 2. c. 8. de la Trad. de Mr. Cousin.

[e] Cap. 5.

2. ZENOBIA. On appella ainsi le Lieu qui fut assigné à la Reine Zénobie pour sa demeure. Ce Lieu étoit en Italie, près du Palais d'Adrien à Tivoli, & il se nommoit auparavant CONCHE, selon Trébellius Pollion [f].

[f] In Zenobia.

ZENOBII INSULÆ, Isles de l'Océan Indien, sur la Côte de l'Arabie Heureuse. Ptolomée [g] les marque à l'entrée du Golphe Sachalite & les met au nombre de sept.

[g] Lib. 6. c. 7.

ZENODOTIUM, Ville d'Asie, dans l'Osrhoène, près de *Nicephorium* selon Etienne le Géographe, qui cite Appien [h]. Ce voisinage de *Zenodotium* & de *Nicephorium* est confirmé par Dion Cassius [i], dont quelques MSS. portent *Zenodotia* pour *Zenodotium*. Dans le tems de l'expédition de Crassus contre les Parthes, les Habitans de *Zenodotium* feignirent de vouloir se rendre à lui, & appellérent pour cet effet quelques Soldats Romains qu'ils firent décapiter dès qu'ils furent dans la Ville; mais cette perfidie fut punie par la ruïne de leur Ville. Plutarque [k] écrit aussi ZENODOTIA. Il ne parle point de cette perfidie: il dit seulement qu'il y avoit dans cette Ville un Tyran nommé Apollonius, que Crassus après y avoir perdu cent Soldats, la prit par force, la pilla & vendit les Habitans à l'enchére.

[h] Lib. 2. Parthicor.
[i] Lib. 40.
[k] In Vita Crassi.

ZE-

ZENONIS CHERSONESUS, Ptolomée [a] appelle ainsi une Péninsule de la Cherſonèſe Taurique, ſur la Côte Septentrionale, entre *Heraclium* & *Parthenium*.

[a] Lib. 3. c. 6.

ZENOPHRURIUM. Voyez CÆNOPHRURIUM.

1. **ZENONOPOLIS**, Siège Epiſcopal de l'Exarchat d'Aſie, dans la Lycie. On le trouve dans la Table des Evêchez, dreſſée par Mr. l'Abbé de Commainville, qui dit qu'elle avoit la Dignité Epiſcopale dans le ſixième Siècle ſous la Métropole de Myra.

2. **ZENONOPOLIS**, Siège Epiſcopal de la première Egypte, dans le Patriarchat d'Aléxandrie, ſelon Mr. l'Abbé de Commainville [b]. Cette Ville paroît avoir eu la Dignité Epiſcopale dans le neuvième Siècle.

[b] Table des Evêchez.

3. **ZENONOPOLIS**, ou **ZENOPOLIS**, Siège Epiſcopal d'Aſie, dans l'Iſaurie, ſous le Patriarchat d'Antioche, ſelon la Table des Evêchez dreſſée par Mr. l'Abbé de Commainville, qui donne à cette Ville la Dignité Epiſcopale dans le neuvième Siècle ſous la Métropole de Séleucie ſurnommée *Aſpera*.

1. **ZENOPOLIS**. Voyez ZENONOPOLIS, N°. 3.

2. **ZENOPOLIS**, Ville d'Aſie, dans la Pamphylie, ſelon le cinquième Concile de Conſtantinople cité par Ortelius, qui ajoute que Conſtantin Porphyrogénete fait auſſi mention de cette Ville. Je ne ſai ſi cette Ville ne ſeroit point la même que *Zenonopolis* d'Iſaurie, & encore la même que *Zenonopolis* de Lycie; car ces Provinces étoient voiſines.

ZENS, Riviére d'Allemagne [c], dans l'Alſace: Elle paſſe par Lebsheim, Olmen, & Heydelsheim, d'où elle vient à Hiltzeck, à Roſfeld & à Herbſen, après quoi elle ſe jette dans le Rhein, au-deſſous de Crafft.

[c] Davity.

ZENTA, Contrée de la Dalmatie [d], aux confins de l'Albanie, dans laquelle quelques Géographes la comprennent. Ses Villes principales ſont Scutari, Drinaſto, Antivari & Dolcigno.

[d] Baudrand, Dict.

1. **ZENU**, Province de l'Amérique [e], dans la Terre-ferme, au Gouvernement de Carthagène, à l'Oueſt de la Ville de ce nom, ſur les confins de la Province d'Uraba, dont elle ne diffère guère pour la qualité de l'air & pour celle du Terroir. C'étoit anciennement comme le Cimetiére des Nations voiſines, & même on y apportoit les corps morts des Habitans de quelques Pays fort éloignez, qu'on y enterroit avec leurs joyaux, & autres choſes précieuſes. Auſſi dans les premiers tems les Eſpagnols tirérent-ils de ces ſépulcres beaucoup d'or & divers joyaux de prix. Le Port de cette Province eſt à l'Embouchure de la Rivière, qui lui donne ſon nom, & dans une ſpacieuſe Baye ouverte vers la Mer.

[e] De Laet, Deſcr. des Indes-Occ. Liv. 8. ch. 13.

2. **ZENU**, Riviére de l'Amérique [f], dans la Terre-ferme, au Gouvernement de Carthagène. Cette Riviére, qui coule dans la Province de Zenu à laquelle elle donne le nom, eſt fort grande & capable de porter de grands Navires. Elle ſe jette dans une vaſte Baye, qui forme un Port très-aſſuré, à vingt-cinq lieues de Carthagène, & il s'y fait une grande quantité de Sel.

[f] Ibid. ch. 17.

ZEOPHIR, & CAICAPHA, noms de deux Villes d'Aſie, que Guillaume de Tyr, cité par Ortelius [g], place au voiſinage de Neapolis de Phénicie.

[g] Theſaur.

ZEPHOR. Voyez SEPPHORIS.

ZEPHRON, ou **ZEPHRONA**. Les Limites de la Terre promiſe [h] s'étendoient du côté du Septentrion juſqu'à Zephrona & au Village d'Enan. On ne la connoît plus aujourd'hui. St. Jérôme dit ſur Ezechiel [i], que les Limites de la Terre Sainte, qui doit être partagée entre les douze Tribus & les Etrangers, iront du côté du Septentrion juſqu'à Zephrona, Ville de Cilicie appellée de ſon tems *Zephyrium: Ibunt confinia uſque ad Zephronæ, quam Urbem hodie Zephyrium Oppidum Ciliciæ vocant.* Mais Mr. Reland [k] trouve que cette Ville *Zephyrium* étoit trop éloignée de la Terre Sainte, pour pouvoir être priſe pour *Zephrona*.

[h] Num. 34.
[i] Cap. 47.
[k] Palæſt. Lib. 3. p. 1064.

ZEPHYRA. Voyez HALICARNASSE.

ZEPHYRE, Iſle que Pomponius Mela [l] place ſur la Côte de l'Iſle de Créte. Pline la met au-devant du Promontoire *Sammonium*.

[l] Lib. 2. c. 7.

ZEPHYRIA. Voyez ZEPHYRIUM.

ZEPHYRII. Voyez LOCRI.

ZEPHYRIS ARX [m], Forterefſe d'Eſpagne. Sextus Avienus la place au Sommet de la Montagne appellée par le même Auteur *Zephyrum Jugum*.

[m] Orteliī Theſaur.

1. **ZEPHYRIUM**, Promontoire d'Aſie, dans la Cilicie. Ptolomée [n] le marque dans la Cétide, aux confins de la Cilicie propre. Ce Promontoire & celui de Sarpedon formoient l'Embouchure du Fleuve Calycadnus. Niger dit que ce Promontoire eſt préſentement appellé *Tharſis* par les Habitans du Pays. Strabon [o] s'accorde aſſez avec Ptolomée par la poſition du Promontoire Zephyrium; car il remarque que le Promontoire Sarpedon eſt à l'Embouchure du Calycadnus & que le Promontoire Zephyrium eſt voiſin de ce Fleuve.

[n] Lib. 5. c. 8.
[o] Lib. 14. p. 670.

2. **ZEPHYRIUM**, Ville, ou Bourgade de la Cilicie à l'extrémité du Promontoire de même nom, ſelon Ptolomée [p]. Tite-Live [q] ſemble faire de ce Zephyrium un Lieu fortifié, car il dit: *Zephyrio, & Solis & Aphrodiſiade, & Coryco, & Superato, Anemurio (Promontorium id quoque Ciliciæ eſt) Selinunte recepta, omnibus his aliiſque oræ Caſtellis aut metu aut voluntate ſine certamine in deditionem acceptis.*

[p] Lib. 5. c.
[q] Lib. 22. c. 20.

3. **ZEPHYRIUM**, Promontoire de la Cilicie propre, ſelon Ptolomée [r]. Ce Promontoire eſt différent de celui que le même Géographe place à l'Embouchure du Fleuve Calycadnus: mais il ſe trouve ſeulement nommé dans le Texte Grec; car les Exemplaires Latins n'en font point mention. Il étoit entre la Ville *Soli*, ou *Pompéïopolis* & l'Embouchure du Fleuve Cydnus. Strabon [s] diſtingue pareillement ce Promontoire de celui qui formoit l'Embouchure du Calycadnus, & il le met entre Soli & le Fleuve Cydnus; mais il place encore entre le Promontoire & le Fleuve l'ancienne Ville d'Anchiale & la Forterefſe de

[r] Lib. 5. c. 8.
[s] Lib. 14. p. 674.

ZEP.   ZEP. ZER.

de Quinda, qui ne subsistoient plus apparemment du tems de Ptolomée.

4. ZEPHYRIUM, Promontoire de l'Isle de Cypre: Ptolomée [a] le marque sur la Côte Occidentale entre la Nouvelle & la Vieille Paphos. Strabon [b] qui connoît ce Promontoire sous le nom de ZEPHYRIA y joint un Port propre à mettre les Vaisseaux en sûreté. Le nom moderne de ce Promontoire est *Melenta*, ou *Caput Chelidoni*, selon Etienne de Lusignan, & d'autres le nomment *Malota*.

[a] Lib. 5. c. 14.
[b] Lib. 14. p. 683.

5. ZEPHYRIUM, Promontoire d'Italie, dans la Grande Grèce, sur la Côte Orientale du *Brutium*, entre le Promontoire d'Hercule & la Ville de Locres. Après le Promontoire d'Hercule, dit Strabon [c], on trouve celui de Zephyrium dans le Territoire de la Ville de Locres, qui a été ainsi appellé à cause qu'il est un Port exposé aux Vents du Couchant. Ptolomée [d] qui ne connoît point le Promontoire d'Hercule; ou du moins qui ne le nomme point, marque le Promontoire Zephyrium sur la Côte de la Mer Adriatique, entre *Leucopetra* & *Locri*, position qui s'accorde fort bien avec celle que donne Strabon. Les Locres ou la Ville de Locres de la Grande Grèce, tiroient, à ce que dit Pline [e], leur surnom de ce Promontoire: *Locri cognominati à Promontorio Zephyrio, nam dicti ab eo Locri Epizephyrii*. Le nom moderne de ce Promontoire est *Cabo Spartivento*, selon Niger, *Cabo di Bursano*, selon Leander; & *Bruzzano*, selon Scipion Mazzella.

[c] Lib. 6. p. 259.
[d] Lib. 3. c. 1.
[e] Lib. 3. c. 5.

6. ZEPHYRIUM, Promontoire d'Afrique, dans la Cyrénaïque, sur la Côte de la Pentapole: Ptolomée [f] le marque entre *Chersis Villa* & *Dardanis*, ou *Darnis*. Ce n'étoit pas pourtant un simple Promontoire, il y avoit encore, à ce que nous apprend Strabon [g], un mouillage pour les Vaisseaux. Le nom moderne de ce Promontoire est *Bonandrea*, à ce que dit Niger.

[f] Lib. 3. c. 4.
[g] Lib. 17. p. 838.

7. ZEPHYRIUM, Promontoire d'Afrique, dans la Cyrénaïque, selon Strabon [h], qui le distingue d'un autre ZEPHYRIUM, qui fait l'Article précédent.

[h] Ibid.

8. ZEPHYRIUM, Ville de l'Asie-Mineure, dans la Galatie, sur la Côte de la Paphlagonie. Ptolomée [i] la marque entre *Carambis extrema* & *Callistratia*. Arrien [k] qui parle de cette Ville dans son Périple du Pont-Euxin, la met à soixante Stades de Carambis & à cent cinquante Stades de la petite Ville d'*Aboni mœnia*.

[i] Lib. 5. c. 4.
[k] Pag. 15.

9. ZEPHYRIUM, Ville de l'Asie-Mineure, dans le Pont Cappadocien, selon Ptolomée [l] qui la marque dans les Terres. Elle ne devoit pas être bien éloignée de la Côte; car Arrien [m] lui donne un Port, & dit qu'elle étoit à six-vingts Stades de l'Isle d'*Arrhentias*, & à quatre-vingt-dix Stades de la Ville de *Tripolis*.

[l] Lib. 5. c. 6.
[m] Peripl. p. 17.

10. ZEPHYRIUM, Promontoire de l'Asie-Mineure, dans la Carie. Strabon [n] le place au voisinage de la Ville de *Myndus*.

11. ZEPHYRIUM, Lieu d'Egypte & sur la Côte de la Libye extérieure; car Strabon [n] le met entre les Ports de *Deris* & de *Leucapsis*. Etienne le Géographe fait de ce ZEPHYRIUM un Promontoire, d'où *Venus* & *Arsinoë* avoient pris le nom de Zé-

[n] Lib. 14. p. 658.

phyrite; ce qu'il appuye du témoignage de *Callimaque*.

12. ZEPHYRIUM, Lieu fortifié dans la Scythie, selon Etienne le Géographe.

13. ZEPHYRIUM, Ville de la Chersonnèse Taurique. Il semble qu'elle ne subsistoit plus du tems de Pline [o]; car il dit: *Ultra fuere Oppida: Cytæ, Zephyrium*, 12. &c.

[o] Lib. 4. c. 12.

14. ZEPHYRIUM, ou ZEPHYRIUS, Promontoire de l'Isle de Crète: Ptolomée [p] le marque sur la Côte Orientale, entre *Heraclium* & *Olus*.

[p] Lib. 3. c. 17.

ZEPHYRIUS. Voyez ZEPHYRIUM, Nº. 14.

ZEPHYRUM JUGUM, Montagne d'Espagne, selon Sextus Avienus, qui en fait une Montagne sacrée au Sommet de laquelle il place une Forteresse. Voyez ZEPHYRIS ARX.

ZERANIA REGIO, Contrée de la Thrace, selon Etienne le Géographe, qui cite Ephorus [q]. Les Habitans de cette Contrée sont appellez ZERANII, par le même Géographe qui apporte en preuve le témoignage de Théopompe [r].

[q] Lib. 27.
[r] Lib. 16.

ZERANII. Voyez ZERANIA REGIO.

ZERBI. Voyez GERBES.

ZERBIS, Fleuve d'Asie dans l'Assyrie. Ce Fleuve selon Pline [s], coule dans le Pays des *Aloni*, & se perd dans le Tigre. Le R. Père Hardouin conjecture que c'est le Fleuve *Gorgos*, Γόργος ποταμός de Ptolomée [t], & que les Grecs nommèrent de la sorte à cause de la rapidité de son cours. Si cela est, le Fleuve *Zerbis* étoit à la gauche du Tigre, dans lequel il avoit son Embouchure, entre celles des Fleuves Capros & Silla.

[s] Lib. 6. c. 26.
[t] Lib. 6. c. 1.

ZERBST, Ville d'Allemagne [u], sur l'Elbe, dans la Principauté d'Anhalt, aux confins du Duché de Magdebourg, & Chef-lieu d'une Seigneurie à laquelle elle donne son nom. Cette Ville, située à deux lieues de Dessau, à cinq de Magdebourg, & à six de Wittenberg, est ornée d'un fort beau Château, & renommée pour son excellente Bière, qui lui apporte un grand profit. On fait un tel cas de la Bière de Zerbst; qu'elle se vend en Franconie plus cher que le vin.

[u] D'Audifred, Géogr. t. 3.

ZERE, Forteresse de Perse, dans le Sistan. Mr. Petis de la Croix, qui en parle [x], dit qu'elle est située au bord d'un Lac auquel elle donne son nom. Les Troupes de Timur-Bec emportèrent cette Forteresse d'assaut. Cinq milles hommes des Ennemis qui ne se soucioient pas de mourir s'étant assemblez dans la Place, donnèrent un sanglant combat, où la plûpart furent tuez à coups de Flèche & de Sabre. Les Soldats de Timur-Bec firent une Montagne des Corps morts; & des têtes ils en bâtirent des Tours.

[x] Hist. de Timur-Bec. L. 2. ch. 43.

ZERED. Voyez ZARED.

ZEREND [y], nom d'une Ville de la Province de Kerman ou Caramanie Persienne. Le Géographe Persien la place dans son troisième Climat à vingt-cinq Parasanges de la Ville de Sirgian, Capitale de cette Province. Il ne marque pas plus particulièrement sa position.

[y] D'Herbelot, Biblioth. Or.

Ooo 3   ZE-

478 ZER. ZER.

ZERENG', Ville de Perse, dans la Province de Siftan, ou Segeſtan. Mr. D'Herbelot [a] rapporte que Jacoub-Ben-Laïth, Fondateur de la Dynaſtie des Soffarides, y fit bâtir un Portique magnifique accompagné de Maiſons & de Boutiques, dont les loyers lui rendoient tous les jours mille drachmes d'argent, & ce Prince qui étoit fort pieux & généreux, légua ce revenu aux Pélérins de la Mecque. Le même Prince y fit conduire auſſi des eaux par pluſieurs Canaux, qu'il fit creuſer, en ſorte que cette Ville abonda en toute ſorte de Denrées & de Marchandiſes, quoique ſon Terroir fût fort ſtérile & inculte.

Cette Ville a fourni pluſieurs gens de Lettres, entre leſquels Mohamed-Ben-Keram, Auteur de la Secte des Keramiens, eſt celui qui s'eſt rendu le plus illuſtre. La naiſſance qu'il prit en cette Ville, lui a fait donner le ſurnom de Al Zerengi.

ZERIGAN, Ville de Perſe [b], dans l'Arak Perſienne. C'eſt une petite Ville qui n'a guère plus de deux mille Maiſons, & qui eſt ſituée dans une Plaine aſſez étroite entre deux Montagnes qui la renferment, & n'en ſont guères éloignées que d'une demi-lieue. Le Terroir eſt aſſez fertile & aſſez agréable, & l'air y eſt bon & frais en Eté. Les dehors ſont remplis de Jardins, & ſont aſſez divertiſſans; mais le dedans n'a rien de beau ni de remarquable que de grandes ruïnes. L'Hiſtoire de Perſe met la fondation de cette Ville ſous le régne d'Ardechir-Babeçon, pluſieurs Siècles avant la naiſſance de Jéſus-Chriſt. Elle remarque qu'on y voyoit plus de vingt mille Maiſons; ce qui paroît bien vraiſemblable puiſqu'à plus d'un mille aux environs on voit des ruïnes & des Maſures. Tamerlan la détruiſit entièrement la première fois qu'il y paſſa; mais la ſeconde fois, c'eſt-à-dire à ſon retour de Turquie, il en fit rebâtir une partie, parce qu'il avoit appris qu'elle avoit été long-tems floriſſante par les Sciences, & qu'elle avoit produit pluſieurs grands Hommes. Auſſi eſt-elle célèbre dans les Auteurs Orientaux. Les Tartares & les Turcs, qui ont ravagé la Perſe depuis Tamerlan, ont ſaccagé & ruïné pluſieurs fois Zerigan; & ce n'eſt que depuis le commencement du dix-ſeptième Siècle, qu'on s'eſt mis à la rebâtir.

ZERETHRA. Voyez BERETHRA.

ZERGENITZA, Siège Epiſcopal, ſelon Ortelius [c] qui cite le Droit Oriental.

ZERGUE, Riviére de France, dans le Beaujolois. Elle prend ſa ſource dans la Paroiſſe de Poule, & delà coulant à l'Orient elle va ſe jetter dans la Saone, vis-à-vis de Trevoux.

ZERINGEN, ou ZÆRINGEN [d], Ville d'Allemagne dans le Briſgau. C'étoit la principale Place de Berchtold, Comte de Briſgau, qui prenoit ſouvent le nom de Zæringen, & qui fut établi Duc de la Bourgogne Transjurane, par Henri le Noir fils de Conrad le Salique. Zeringen eſt peu éloignée de Fribourg, où depuis la Ville de Fribourg a été fondée.

ZERINTHIUM. Voyez APOLLINIS TEMPLUM, N°. I.

[a] D'Herbelot, Biblioth. Or.

[b] Chardin, Voyage, p. 309. Ed. 1686. fol. Londres.

[c] Theſaur.

[d] Longuerue, Deſcr. de la France, 2. Part. p. 249.

ZERMAGNE [e], Riviére de la Dalmatie, anciennement *Tedantus* ou *Tedanium*. Elle prend ſon cours par la Dalmatie propre, & par la Morlaquie, & après avoir arroſé Obrozao, elle ſe décharge au fond d'un long Golphe, au Septentrion de la Ville de Novigrad.

ZERMENSIUM. Voyez ZERNENSIUM.

ZERMIZIRGA, Ville de la Dace, ſelon Ptolomée [f].

1. **ZERNA** [g], Fleuve que Curopalate met quelque part dans la Macédoine.

2. **ZERNA**, Ville de la Thrace, ſelon Ortelius [h], qui cite l'Itinéraire d'Antonin, & ajoute que cette Ville y eſt auſſi appellée ZERUE: mais il n'eſt rien de tout cela. Voyez ZERUIS.

ZERNÆ. Voyez ZERNENSIUM COLONIA.

ZERNENSIUM COLONIA, Colonie de la Dace fondée par Trajan, & dont il eſt parlé dans le Digeſte [i], où ſelon la meilleure manière de lire il y a: *In Dacia quoque Zernenſium Colonia, a Divo Trajano deducta, Juris Italici eſt*. On ne ſait pas poſitivement où étoit ſituée cette Colonie. Il ſemble qu'elle devoit être dans la Dace, Province de Trajan, au-delà du Danube; mais dans ce cas elle ne pourroit être la même choſe que le Lieu nommé ZERNÆ, par la Notice des Dignitez de l'Empire; car ce Lieu étoit en deçà du Danube, près de *Ratiaria*, dans la Nouvelle Dace d'Aurélien, de laquelle la Dace Ripenſe faiſoit partie.

ZEROGERE, Ville de l'Inde en deçà du Gange; Ptolomée [k] la compte parmi les Villes ſituées à l'Orient du Fleuve Namadus. Le MS. de la Bibliothéque Palatine porte *Xerogere*, au lieu de *Zerogere*.

ZERTAH, Ville de Perſe, dans la Province de Belad-Ciſton, ſelon Tavernier [l], qui dit que les Géographes du Pays la marquent à 79. d. 30'. de Longitude, & à 32. d. 30'. de Latitude. C'eſt la plus grande Ville de la Province, & elle eſt accompagnée d'un fort Château qui a des Foſſez profonds. Son Terroir eſt excellent pour la Vigne & pour les Fruits à Noyaux.

ZERTENSIS, Siège Epiſcopal d'Afrique, dans la Numidie. Gaudentius eſt qualifié *Epiſcopus Zertenſis* par la Conférence de Carthage [m]. Voyez SERTENSIS.

ZERUE. Voyez ZERNA.

ZERUIS, Ville de la Thrace ſelon l'Itinéraire d'Antonin, qui la marque ſur la route de Dyrrachium à Byzance, en paſſant par la Macédoine & la Thrace. Elle s'y trouve entre *Dymæ* & *Plotinopolis*, à vingt-quatre milles de chacune de ces Villes; Quelques MSS. portent ZERUIM, & Simler lit ZERNE. Cette dernière Orthographe a porté Ortelius à ſoupçonner que cette Ville pouvoit être celle qu'Etienne le Géographe appelle *Tberne*, & auſſi celle que Cédrène nomme *Tzerna*. Quoi qu'il en ſoit, la Table de Peutinger lit ZIRINIS, au lieu de ZERUIS, & Alting a cru entrevoir dans *Zirinis* des traces de *Trajanopolis*. Mais Mr. Weſſeling croit que ZIRINIS eſt la véritable Orthographe, qu'il eſt queſtion de la Ville ZIRINIA, qu'Etienne le Géographe met dans la Thrace, & que cette Ville n'a rien de commun avec *Trajanopolis*. Comme

[e] Baudrand, Dict.

[f] Lib. 3. c.

[g] Ortelii Theſaur.

[h] Ibid.

[i] Lib. 50. Tit. 16. de Cenſib.

[k] Lib. 7. c.

[l] Voyage de Perſe, Liv. 3.

[m] No. 187.

me on peut le voir par l'Itinéraire d'Antonin & par la Table de Peutinger.

ZERYNTHIUM. Voyez APOLLINIS-TEMPLUM.

ZERYNTHUM ANTRUM. Voyez ZERYNTHUS.

ZERYNTHUS, Ville de Thrace, selon Etienne le Géographe, qui y met aussi une Caverne de même nom appellée par les Anciens ZERYNTHUM ANTRUM. Cette Caverne qu'Isacius nomme *Antrum-Rheæ*, ou *Hecatæ*, étoit consacrée à Hécate, à qui, comme le remarque Suidas, on immoloit des Chiens. C'est dans ce sens que Lycophron dit [a]:

Vers 77.

Ζήρυνθον ἄντρον τῆς κυνοςφάγε θεᾶς.

Le Scholiaste de Lycophron, Etienne le Géographe & le Lexicon de Phavorinus mettent cette Caverne dans la Thrace. Tite-Live [b] qui connoît ZERYNTHUS sous le nom d'*Apollinis Zerynthi Templum*, le place aussi dans la Thrace aux confins du Territoire de la Ville d'Ænus : *Eo die*, dit-il, *ad Hebrum flumen perventum est. Inde Æniorum fines, præter Apollinis (Zerynthum quem vocant incolæ) Templum superant*. Cependant Suidas & le Scholiaste d'Aristophane veulent que l'Antre de Zérynthe fût dans l'Isle de Samothrace. Ovide [c] pourroit dire la même chose ; mais il en parle d'une manière si vague qu'il ne décide rien :

b Lib. 38. c. 41.

c Lib. 1. Trist. Eleg. 9.

Venimus ad Portus Imbria terra tuos.
Inde levi vento Zerynthia littora nactis
Threiciam tetigit fessa carina Samon.

ZETAPOR, ou CENTAPOR, Ville de la Presqu'Isle de l'Inde, en deçà du Gange. Cette petite Ville est située sur la Côte de la Province de Décan, & prise par quelques Géographes pour l'ancienne *Mandagora*.

ZETH, ou ZETHA [d], Royaume d'Afrique, dans la Haute-Ethiopie, ou Abyssinie, près du Royaume de Nerea ; mais plus avant dans la Terre-ferme. Il est aussi voisin de ceux de Koncho & de Mahaola. Les Abyssins l'appellent Zefsa.

d Dapper, Afrique, L. 414.

ZETHA. Voyez ZITHA & ZETTA.

ZETHIS, ou ZETIS, Ville de la Carmanie. Pline [e] en fait mention. Hermolaüs lit CETHIS sur la foi d'un ancien MS. & Ortelius [f] est tenté de croire que c'est la véritable Orthographe ; parce que Pomponius-Mela met dans ce Quartier-là un Fleuve appelé CETHIS, & qu'il est assez ordinaire de voir que des Villes portent le nom des Fleuves, au bord desquels elles sont situées.

e Lib. 6. c. 23.

f Thesaur.

ZETTA, Ville de l'Afrique propre selon Hirtius [g], qui dans un autre endroit [h] dit qu'elle étoit voisine de la Ville de *Vacca*. Quelques-uns conjecturent que c'est la Ville ZELLA de Strabon ; mais leur opinion n'est fondée que sur le voisinage de ces Places. Ortelius [i] la prend pour la Ville de ZETHA que Ptolomée [k] place à la Pointe d'un Promontoire de même nom, sur la Côte qui joint les deux Syrtes, entre *Hedaphtha* & *Sabathra* ; & Mercator dit que le nom moderne est

g Bel. Afric. c. 68.
h Cap. 74.

i Thesaur.
k Lib. 4. c. 3.

Zerbi. Enfin Ortelius [l] soupçonne que ce pourroit être le Municipe PONTEZITA de l'Itinéraire d'Antonin. La Conférence de Carthage fait mention de ZETTENSIS.

l Thesaur.

ZETUNIM, Ville de Gréce, dans les Thermopyles, selon Chalcondyle cité par Ortelius [m]. Ne seroit-ce point la Ville ZETUNIUM de Cédrène, & celle de ZITUNIUM de Curopalate ?

m Thesaur.

ZEUDRACARTA. Voyez ZADRACARTA.

ZEVENAR, Ville d'Allemagne, dans le Cercle de Westphalie, au Duché de Clèves, à deux lieues de la Ville de Doesbourg, vers le Midi, & à trois lieues d'Arnheim, du côté de l'Orient. Cette Ville se trouve enclavée entre la Gueldre Hollandoise & le Comté de Zutphen.

ZEVERINAM, ou SEVERINO, Ville de la Haute-Hongrie, sur le Danube, aux confins de la Walaquie, à dix-huit ou vingt lieues de Temiswar. Les Géographes sont partagez sur le nom des Anciens donnoient à cette Ville. Les uns la prennent pour celle de *Sornum*, & les autres pour celle d'*Acmonia*.

ZEUGIS. Voyez ZEUGITANA.

ZEUGITANA REGIO. Les Anciens ont donné ce nom à une partie de l'Afrique propre, qu'ils divisoient en Zeugitane & en Byzacène. Ils ne nous ont pas marqué les bornes précises qui séparoient ces deux Provinces. Pline dit seulement que la Zeugitane comprenoit Carthage, Utique, Hippone, Diafrithum, Maxulla, Misua, Clupea & Neapolis, par où nous voyons qu'elle s'étendoit d'Occident en Orient, depuis le Fleuve Tusca, jusqu'au Promontoire de Mercure où étoient Clupea & Neapolis. Mais il ne dit point quelle étendue elle avoit dans les terres. En gros on voit qu'elle avoit la Mer Méditerranée au Septentrion & à l'Orient, la Byzacène au Midi, & la Numidie au Couchant. Quoique la Zeugitane ne fût qu'une partie de l'Afrique propre, ou des terres qui avoient appartenu à l'ancienne Carthage, Pline [n] semble ne connoître que cette Contrée sous le nom d'Afrique proprement dite : *A Tusca, Zeugitana regio, & quæ proprie vocatur Africa*. Mais on ne peut pas exclurre la Byzacène de l'Afrique propre ; car ces deux Contrées furent soumises aux Carthaginois, & ne firent ensuite pendant long-tems qu'une seule Province Romaine. Aethicus à la fin de sa Cosmographie, au lieu de ZEUGITANA REGIO, écrit ZEUGES & ZEUGIS ; & dit que ZEUGES n'étoit pas originairement le nom d'un seul Lieu, mais celui d'une Province ; que BYZANTIUM, car c'est ainsi qu'il appelle BYZACIUM, est le Pays où se trouve la Métropole d'Hadrumete, & que ZEUGIS est la Province où a été bâtie la Ville de Carthage : *Zeuges prius non unius loci cognomentum, sed totius Provinciæ fuit, velut in hodiernum ita à prudentibus accipitur. Byzantium est ubi ejus Metropolis Civitas Hadrumetus sita est : Zeugis est ubi Carthago Civitas constituta est*. On lit dans Solin [o] : *Omnis Africa à Zeugitano pede incipit* ; & Saumaise interprete non-seulement cette expression *a pede*, par *a limite*, mais explique encore ce passage de Pli-

n Lib. 5. c. 4.

o Cap. 27.

Pline, *A Tufca*, *Zeugitana regio*, *& quæ proprie vocatur Africa*, comme fi Pline avoit voulu faire entendre que la Zeugitane étoit différente de l'Afrique propre, qui n'auroit ainfi commencé qu'aux limites de la Zeugitane, *a Zeugitano pede*, ou *limite*. Pour moi, dit Cellarius [a], ce paffage de Pline, où tous les autres ont puifé, *Zeugitana regio & quæ proprie vocatur Africa*, me paroît devoir être interpreté, comme l'interprete le Pere Hardouin, *eademque proprie Africa vocitata*, comme l'ont entendu Aethicus, ci-deffus cité; Ifidore de Séville qui dit [b], *Zeugis, ubi Carthago magna, ipfa eft & vera Africa inter Byzacium & Numidiam fita*; Marcianus Capella, où on lit [c]: *Interius Zeugitana regio, quæ proprie vocatur Africa*, & Victor d'Utique, qui dans fon Traité de la Perfécution d'Afrique [d], confond ces mots *Zeugitane* & *Proconfulaire*, comme des noms fynonymes: *Exercitui [Geifericus] Zeugitanam vel Proconfularem funiculo hereditatis divifit*.

Si nous nous en rapportons à Marius Niger, dit Ortelius [e], c'eft de cette Contrée Zeugitane, qu'eft fortie cette efpèce d'hommes, que nous voyons errans en Europe à la maniére des anciens Nomades, & qui font appellez *Zingani*, ou *Zingari* dans l'Italie, *Ziegeiner*, dans la Haute-Allemagne, *Egyptenaren*, ou *Heylieden*, c'eft-à-dire Egyptiens ou Payens dans la Baffe-Allemagne, & que nous appellons Egyptiens, parce qu'ils fe difent chaffez de la Petite Egypte. Mais où eft cette Petite Egypte, pourfuit Ortelius? Je l'ignore. Tout le monde fait ce que c'eft que l'Egypte, mais fa divifion en Grande & en Petite, n'eft appuyée, je penfe, fur le témoignage d'aucun Auteur digne de foi. Le Pape Pie II. écrit que ces gens-là font venus d'une Contrée nommée *Zogoria*, & fituée près du Caucafe. Aventinus les fait venir des confins de la Turquie & de la Hongrie. Philippe de Bergame veut qu'ils foient originaires de la Chaldée. Rhodiginus veut que ce foient les *Maurufii*, qui furent chaffez d'Afrique par les Sarrafins. Bellon les croit fortis de la Bulgarie & de la Walachie, où étoient autrefois les *Sigynni*, nom qui approche affez de celui de *Ziegeiner*. Thevet dit qu'il y en a en Egypte, où les Arabes & les Maures les appellent *Rafolberamy*; c'eft-à-dire Voleurs. Jean Léon en trouve en quelques endroits de l'Afrique, comme aux confins des Royaumes d'Agades & de Nubie. "Il n'y a lieu en tout le Monde, dit Bellon [f], qui foit exempt de telle paurete ramaffée, que nous nommons de faux nom Egyptiens, ou Baumiens: car mefmement eftans entre la Materée & le Caire, nous en trouvions de grandes compagnies, & auffi le long du Nil, en plufieurs Villages d'Egypte, campez deffous des Palmiers, qui eftoient auffi bien eftrangers en ce Pays-là, comme ilz font aux noftres. Et pource que leur origine eft de Vallachie ou Bulgarie, ilz favent parler plufieurs Langues, & font Chreftiens. Les Italiens les nomment Singuani. Ilz ont privilege des Turcs qu'il eft loifible aux femmes Singuanes de fe proftituer publiquement à tous, tant aux Chreftiens comme aux Turcs mefmes: & ont une Maifon dedans Pere de Conftantinople avec plufieurs chambres, où chacun peut entrer librement, fans que la Juftice Turquoife leur puiffe rien dire. Et pour le moins il y a une douzaine de femmes qui fe tiennent ordinairement leans. Cefte gent s'entremefle en Grece, Turquie & Egypte de travailler en ouvrage de fer, & s'y trouvent de fort bons Ouvriers en ce meftier-là. Eux-mefmes font leur charbon; & celui qui fe fait de cicots & racines de briéres, eft le meilleur à faire ouvrage de fer, d'autant qu'il l'endurcift."

L'Hiftoire nous apprend que ces gens-là commencérent à fe faire voir en Europe vers l'an 1417. Ils vivent dans une grande mifére, dans la craffe & dans l'ordure; & comme ils logent, comme on dit à la belle étoile, ils font brûlez par l'ardeur du Soleil. On les voit par-tout avec un habit étranger. Ils fe difent Chrétiens, quoiqu'ils n'en pratiquent guère les œuvres; car ils font grands voleurs, & font profeffion de deviner par l'infpection des mains; ce qui contribue beaucoup à les faire fubfifter, une infinité de femmes & d'enfans ayant la démangeaifon de fe faire dire la bonne avanture. Ils choififfent parmi eux un Chef à qui ils obéiffent. Ils ont une Langue particuliére, dont ils ufent entre eux, & que perfonne autre n'entend. Aventinus cependant affure avoir remarqué que c'étoit la Langue des anciens Venedes.

1. ZEUGMA, Ville de la Dace felon Ptolomée [g]: Rithaimerus & Althamerus veulent que ce foit préfentement *Claufemburg*. Lazius la place à *Zazfebes*, autrement *Mulenbach*. Si cette Ville Zeugma eft, comme il y a quelque apparence, le Lieu nommé PONS AUGUSTI dans la Table de Peutinger, il faut chercher cette Ville au bord du Rhabon, aujourd'hui la Riviére de Maros, ou au bord de la Sargetia, à quinze milles de Sarmategte, ou plutôt Sarmategetufe, Capitale de la Dace.

2. ZEUGMA, Ville de Syrie, dans la Commagéne au bord de l'Euphrate, entre Samofate, & Europus, avec un Pont qui avoit occafionné fon nom; car Ζεῦγμα fignifie *un Pont*. Strabon [h] après avoir décrit la Commagéne, dit que c'eft où fe trouvoit de fon tems ce Pont fi célébre de l'Euphrate, c'eft-à-dire ce Pont fi célébre & fi fréquenté des Romains, qui vouloient paffer dans les Contrées Orientales. Pline [i] qui met ZEUGMA à foixante & douze milles de Samofate, le compte au nombre des Villes que l'Euphrate arrofoit: *Item Zeugma, LXXII. millibus paffuum a Samofatis, tranfitu Euphratis nobile*; ce qui fait voir que ce n'étoit pas feulement un Pont; mais qu'il y avoit encore une Ville de même nom fituée du côté de la Syrie. Dans un autre endroit le même Auteur s'explique encore plus clairement; car il dit avoir appris que dans la Ville de Zeugma fur l'Euphrate, on voyoit la chaîne de fer dont Alexandre le Grand s'étoit fervi pour joindre le Pont qu'il avoit jetté fur le Fleuve. Pline n'eft pas le feul qui

[a] Geogr. Ant. Lib. 4. c. 4.
[b] Lib. 14. Orig. c. 5.
[c] Lib. 6. de Africæ Prov.
[d] Lib. 1.
[e] Thefaur.
[f] Liv. 2. des fingularitez obfervées, ch. 41.
[g] Lib. 3. c. 9.
[h] Lib. 16. p. 749.
[i] Lib. 5. c. 45.

ZEU.   ZEV. ZEY. ZEZ. ZIA. 481

[a] Lib. 40. p. 128.

qui fasse Aléxandre fondateur de ce Pont. Dion Cassius [a] dit que ce Pont est appellé Zeugma depuis l'expédition d'Aléxandre qui traversa l'Euphrate en cet endroit: *Crasso autem Euphratem apud Zeugma [sic, enim ab Alexandri expeditione, quod ibi flumen transmisit, adpellatur] transeunti.* ... On trouve dans Etienne le Géographe que *Zeugma* est une Ville de Syrie, sur l'Euphrate, dans le lieu où Aléxandre fit passer son Armée sur un Pont joint avec des chaînes, Ζεῦγμα πόλις Συρίας ἐπὶ τῷ Εὐφράτῃ, ὁ Ἀλέξανδρος ζεύξας ἁλύσεσι διεβίβασε τὰ στρατόπεδα; & Lucain paroît avoir eu la même pensée lorsqu'il a donné à *Zeugma* l'Epithéte de *Pellæum* [b]:

[b] Lib. 8. v. 235.

*Tot meritis obstricta meis, nunc Parthia ruptis
Excedat claustris vetitam per sæcula ripam,
Zeugmaque Pellæum.*

[c] Cellar. Geogr. Ant. L. 3. c. 12.

Malgré ces autoritez [c], il n'est guère possible de se persuader qu'Aléxandre le Grand ait bâti ce Pont, & que ce soit dans ce Lieu qu'il ait fait passer l'Euphrate à son Armée.

[d] Lib. 3. p. 168.

D'un côté, Arrien [d] écrit qu'Aléxandre étant arrivé à Thapsacus, y trouva le Pont de Darius rompu, le répara & y fit passer son Armée: d'autre part, cette route convenoit beaucoup mieux à Aléxandre, qui venoit d'Egypte, & alloit chercher Darius qui se trouvoit du côté de Babylone. Il n'est pas possible de se figurer qu'Aléxandre, pour traverser l'Euphrate, ait remonté jusque dans la Commagène, dans le tems qu'il avoit à Thapsacus, & près de lui, un Pont abandonné par l'Ennemi. On ne sauroit même prouver par le témoignage d'aucun Ancien, qu'Aléxandre ait jamais été dans la Commagène. D'ailleurs, une foule d'Auteurs, comme Plutarque, Florus, Tacite, & Ammien Marcellin, ont parlé de la Ville & du Pont de Zeugma, sans toucher aucunement cette prétendue circonstance du passage d'Aléxandre. Du reste, l'on ne doit pas conclurre delà que la Ville de Zeugma & son Pont soient des Ouvrages peu anciens. Il y a apparence que la fondation de l'un & de l'autre doit être placée peu de tems après la mort d'Aléxandre; car Pline [e] remarque que Seleucus fonda Zeugma, célèbre par son passage sur l'Euphrate, & Apamée qui étoit de l'autre côté du Fleuve, & fut jointe à la première de ces Villes par le Pont: *Zeugma LXXII. millibus passuum a Samosatis; transitu Euphratis nobile. Ex adverso Apamiam Seleucus, idem utriusque conditor Ponte junxerat.* Polybe [f] & Strabon [g] mettent sur l'autre bord du Fleuve, vis-à-vis de Zeugma, un Lieu fortifié nommé Séleucie, & non Apamée; mais peut-être ce Lieu portait-il le nom de Seleucus son fondateur & celui de sa femme; peut-être aussi la Forteresse étoit-elle double; ce qui put occasionner les deux noms.

[e] Lib. 5. c. 24.

[f] Lib. 5. c. 43.
[g] Lib. 16.

Il ne faut pas oublier que Pausanias [h] fait sa fondation du Pont de Zeugma beaucoup plus ancienne que ne la fait aucun autre Auteur. Après avoir dit que Bacchus qui faisoit voile avec de plus grandes forces que Thésée lui enleva Ariadne, il ajoute: Et, si je ne me trompe, c'est le même Bacchus, qui le premier poussa ses conquêtes jusque

[h] Lib. 10. c. 29.

dans les Indes, & qui jetta le premier un Pont sur l'Euphrate, à l'endroit où depuis on a bâti une Ville, qui pour conserver la mémoire de cet événement a été nommée Zeugma. On y voit encore un cable fait de sarment & de rameaux de lierre, dont on dit que Bacchus se servit, pour attacher le Pont aux deux rives du Fleuve.

ZEUGMINUM, nom que Nicétas Choniate, dit qu'on donnoit autrefois à la Forteresse que de son tems on appelloit Sirmium. Voyez SIRMIUM & SCORDISCI.

ZEVIOT, ou TEVIOT: les Anglois [i] nomment ainsi cette chaîne de Montagnes, qui sert de borne entre l'Angleterre & l'Ecosse.

[i] Délices du la Gr. Br. p. 1112

ZEY, petit Torrent d'Allemagne, dans l'Archevêché de Mayence, anciennement *Ciana*. Il passe par le Ville de Mayence, & va se perdre dans le Rhein.

ZEYBO, Ville de l'Amérique Septentrionale, dans l'Isle Hispaniola, autrement St. Domingue, sur la Côte Méridionale, entre Salvaleon & Coluy, environ à vingt lieues de la Ville de S. Domingo, vers l'Est & vers l'Isle de Saona.

ZEZARO, ZEZERO, ou ZEZERE. Voyez ZEZERE.

ZEZERE, Rivière de Portugal [k], anciennement *Ozecarus*. Elle prend sa source dans la Province de Beira, d'où elle entre dans l'Estremadoure, & arrose Pedragan, après quoi elle va se perdre dans le Tage, près de Punhete. Elle s'y jette avec une telle roideur, qu'elle coupe l'eau de ce Fleuve jusqu'au bord opposé, & conserve ses eaux sans mélange, environ l'espace de mille pas; ce qu'on reconnoît à sa couleur de verd obscur, au lieu que l'eau du Tage est blanchâtre. Les principales Riviéres que reçoit le Zezere, sont le Nabaon ou Naban & la Pera.

[k] Délices de Portugal, p. 721. 737. 739. & 740.

ZEZIL, Isly, ou selon quelques-uns GIGLUA. Voyez ISLY.

ZEZZAN, Ville de l'Arabie Heureuse. Davity [l] la met à une petite distance de la Ville d'Imbo, & assez proche de l'Isle de Camaran.

[l] Arabie.

Z I.

1. ZIA, Isle de l'Archipel [m], située par son bout Septentrional à quatre lieues à l'Ouest quart au Nord-Ouest de l'Isle de Jura, qu'on nomme autrement Trava; à cinq lieues au Midi de l'Isle d'Eubée, connue aujourd'hui sous le nom de Négreponte, dont elle fut séparée par un coup de Mer, suivant le témoignage de Pline; à six lieues au Sud-Ouest quart à l'Ouest du Cap Nord-Ouest de l'Isle d'Andros, & à trois petites lieues d'Allemagne; ou à cinq milles d'Italie à l'Orient; & au Sud-Est quart à l'Est de l'Isle de Macronisi, autrement *Isola Longa*. Strabon la place tout près de l'Isle d'Hélène ou de Macronisi; mais Pline l'en éloigne de cinq milles. Elle s'étend en longueur du Sud-Ouest au Nord-Est, & elle peut avoir trente milles d'Italie de circuit, & non pas cinquante milles, comme les lui donne Porcachi. Elle est beaucoup plus petite que celle de Macronisi. La Côte Occidentale s'étend à peu près vers

[m] Dapper, Descr. de l'Archipel, p. 264.

Ppp

le Septentrion depuis son extrémité Méridionale jusqu'au Port, ou jusqu'à ce qu'on ait l'Isle de George d'Arbore à quatre lieues Ouest-Sud-Ouest; mais ensuite le rivage se recourbe du côté de l'Orient, & s'étend Nord-Est quart au Nord. On compte trente-six milles de Thermie à Zia, quoiqu'il n'y en ait pas douze de Cap en Cap.

L'Isle de Zia est celle que les Anciens Grecs appelloient *Ceos* & par abbréviation *Côs*, & qui fut nommée par les Latins *Cea*, ou *Cia*, selon Pline. On lui donne encore aujourd'hui le nom de *Cea*, ou *Zea*, & il y en a même qui l'appellent *Cios* & *Cianos*. Les Grecs l'avoient nommée auparavant sous le nom d'*Hydrussa*; c'est-à-dire abondante en eau, à cause qu'elle en est bien pourvue. Pline remarque après Aristote, que le nom d'*Hydrussa* n'étoit pas particulier à cette Isle, puisque l'Isle de Ténos avoit été ainsi appellée & pour la même raison. Dans la suite on la nomma *Ceos*, ou *Cea*, de Céus fils du Géant Titan.

[a] Aristée fils d'Apollon & de Cyrène, affligé de la mort de son fils Actéon, quitta la Ville de Thèbes [b], à la persuasion de sa mere, & se retira dans l'Isle de *Ceos*, alors inhabitée. Diodore de Sicile [c] dit qu'il se retira dans l'Isle de *Cos*; mais il y a apparence que ce nom étoit commun à la Patrie d'Hippocrate & à l'Isle de *Keos*, ou *Ceos*, & *Cea*; car Etienne le Géographe a employé le nom de *Kos*, pour *Keos*; si ce n'est qu'on veuille que ce soit une faute à corriger chez lui & chez Diodore de Sicile. Quoi qu'il en soit, l'Isle de *Ceos* devint si peuplée que l'on y fit une Loi bien cruelle dans sa singularité [d]; car il fut ordonné que ceux qui passerojent soixante ans, boiroient de la cigue pour se faire mourir, afin que les autres trouvassent de quoi subsister dans le Pays. Cependant ce Pays étoit cultivé avec le dernier soin, comme il paroît par les murailles qu'on avoit bâties jusqu'à l'extrémité des Montagnes pour en soutenir les terres. A la vérité on ne faisoit pas grand cas de la vie dans cette Isle. Strabon rapporte que les Athéniens levérent le Siège d'Ioulis, parce qu'ils apprirent qu'on avoit résolu de faire mourir les enfans d'un certain âge.

Cette Isle devoit être incomparablement plus grande, si Pline [e] a été bien informé des changemens qui lui sont arrivez. Autrefois, suivant cet Auteur, elle tenoit à l'Isle d'Eubée: la Mer en fit deux Isles, & emporta la plus grande partie des terres qui regardoient la Bœotie. Tout cela s'accommode assez avec la figure de Zia, qui s'allonge du Nord au Sud, & se rétrécit de l'Est à l'Ouest. Peut-être que ce fut l'effet du débordement du Pont-Euxin, dont a parlé Diodore de Sicile.

De quatre fameuses Villes qu'il y avoit dans *Ceos*, il ne reste que Carthée; sur les ruines de laquelle est bâti le Bourg de Zia; c'est de quoi l'on ne sauroit douter en lisant Strabon & Pline. Ce dernier assure que Pœeesse & Caressus furent abîmées, & Strabon écrit que le Habitans de Pœeesse passérent à Carthée, & ceux de Caressus à Ioulis. Or la situation d'Ioulis est si bien connue qu'on n'en peut pas douter. Il ne reste donc plus que Carthée remplie encore d'une infinité de Marbres cassez, ou employez dans les Maisons du Bourg de Zia. Voyez l'Article suivant.

En prenant la route du Sud-Sud-Est du Bourg de Zia, on arrive aux restes superbes de l'ancienne Ville d'Ioulis, connue par les gens du Pays sous les nom de *Polis*, comme qui diroit la Ville. Ces ruines occupent une Montagne, au pied de laquelle les vagues se viennent briser; mais du tems de Strabon éloignée de la Mer d'environ trois milles. Caressus lui servoit de Port. Aujourd'hui il n'y a que deux méchantes cales; & les ruines de l'ancienne Citadelle sont sur la pointe du Cap. Dans un lieu plus enfoncé on distingue le Temple par la magnificence de ses débris. La plûpart des Colonnes ont le fust, moitié lisse, moitié canelé, du diamétre de deux pieds moins deux pouces, à canelures de trois pouces de large. On descend à la Marine par un bel escalier taillé dans le marbre, pour aller voir sur le bord de la cale une figure sans bras & sans tête. La draperie en est bien entendue, la cuisse & la jambe sont bien articulées. On croit que c'est la Statue de la Déesse Nemesis; car elle est dans l'attitude d'une personne qui poursuit quelqu'un. Les restes de la Ville sont sur la Colline, & s'étendent jusque dans la Vallée où coule la Fontaine *Ioulis*, belle source d'où la Place avoit pris son nom. On ne sauroit guère voir de plus gros Quartiers de marbre que ceux qu'on avoit employez à bâtir les murailles de cette Ville. Il y en a de longs de plus de douze pieds. Dans les ruines de la Ville, parmi les champs semez d'orge, on trouve dans une Chapelle Grecque le reste d'une Inscription sur un Marbre cassé, où on lit encore ΙΟΥΛΙδα, Accusatif d'Ιουλίς: le mot de Στέφανος s'y trouve deux fois. On alloit de cette Ville à Carthée par le plus beau chemin qu'il y eût peut-être dans la Grèce, & qui subsiste encore l'espace de plus de trois milles, traversant les Collines à mi-côte, soutenu par une muraille couverte de grands Quartiers de pierre plate grisâtre, qui se fend aussi facilement que l'Ardoise, & dont on couvre les Maisons & les Chapelles dans la plûpart des Isles. Ioulis, comme dit Strabon [f], fut la patrie de Simonide Poëte Lyrique, & de Bachylide son cousin. Erasistrate, fameux Médecin, & Ariston le Péripatéticien naquirent aussi dans cette Isle. Les Marbres d'Oxford nous apprennent que Simonide fils de Leoprepis inventa une espèce de Mémoire artificielle, dont il montroit les principes à Athènes, & qu'il descendoit d'un autre Simonide, grand Poëte aussi fort estimé dans la même Ville, & dont il est parlé dans l'Epoque 56. Un de ces Simonides inventa les Vers lugubres que l'on chantoit aux Enterremens.

Après la défaite [g] de Cassius & de Brutus, Marc Antoine donna aux Athéniens *Cea*, Egine, Ténos & quelques autres Isles voisines. Il est hors de doute que *Cea* fut soumise aux Empereurs Romains; & passa dans le Domaine des Grecs. Je ne sai en quel-

---

[a] *Tournefort, Voyage du Levant, t. 1. p. 126.*
[b] *Servius in Virgil. Georg. 1.*
[c] *Lib. 4.*
[d] *Strab. L. 10.*
[e] *Lib. 2. c. 92. & L. 4. c. 12.*
[f] *Lib. 10.*
[g] *Appian, L. 5.*

ZIA.

quelle année elle fut annéxée au Duché de Naxie [a]; mais Pierre Juſtiniani & Dominique Michiel, s'en emparérent ſous l'empire d'Henri II. Empereur Latin de Conſtantinople. Le Pere Sauger [b] a remarqué que pendant les guerres des Vénitiens & des Génois, Nicolas Carceiro neuviéme Duc de l'Archipel, s'étant déclaré pour les premiers, Zia qui étoit de ſa dépendance fut aſſiégée par Philippe Doria, Gouverneur de Scio. La Garniſon qui n'étoit que de cent hommes ſe rendit à diſcretion dans la Citadelle du Bourg. Mr. du Cange [c], qui rapporte cette expédition à l'an 1553. a cru que l'Iſle de Zia appartenoit aux Génois; mais il vaut mieux s'en tenir au Pere Sauger qui a examiné ſur les lieux les Archives de Naxie. Zia fut enſuite rendue aux Ducs de l'Archipel, qui la conſervérent juſqu'à la décadence de leur Etat. Jacques Criſpole le dernier Duc, la donna en dot à ſa ſœur Thadée, femme de Jean François de Sommerive, huitiéme & dernier Seigneur d'Andros, dépouillé par Barberouſſe ſous Solyman II.

[a] Du Cange Hiſt. de Conſtantinople, Liv. 2.
[b] Hiſt. des Ducs de l'Archipel.
[c] Hiſt. de Conſtantinople. Liv. 3.

L'Iſle de Zia eſt aſſez bien cultivée à préſent, & ſes Champs ſont fertiles. On y nourrit de bons Troupeaux; mais on y recueille peu de froment, beaucoup d'orge, aſſez de vin, plus de ſoie qu'à Thermie, & beaucoup de *Velani*; c'eſt ainſi qu'on appelle le fruit d'une des plus belles eſpèces de chêne qui ſoit au monde. Cet arbre a les racines, le bois, le port & la hauteur du Chêne commun; ſes branches ſont fort touffues, étendues ſur les côtez, tortues, blanchâtres en dedans; couvertes d'une écorce griſâtre & brune en pluſieurs endroits; les feuilles y naiſſent par bouquets ſur les nouveaux brins, longues de trois pouces ſur deux de large, arrondies à leur baſe, crénelées ſur les bords à groſſes dents, vert-brun, un peu luiſantes par-deſſus, quoique couvertes d'un duvet preſque imperceptible, blanches par-deſſous & comme cotonneuſes, ſoutenues par une longue queue d'environ neuf ou dix lignes; laquelle s'allonge en manière de côte; les chattons de cet Arbre ſont ſemblables à ceux de nôtre Chêne. Les glands en ſont differens & attachez immédiatement aux jeunes branches à côté des feuilles. Chaque gland commence par un bouton preſque ſphérique, & groſſit juſqu'à environ un pouce ou quinze lignes de diametre, applati ſur le devant & creuſé en manière de nombril, aſſez ouvert pour laiſſer voir la pointe du fruit enchaſſé dans ſon envelope, au lieu que nos glands n'ont qu'une Calotte aſſez legere qui en couvre que la troiſiéme partie. L'envelope du gland, dont nous parlons, eſt une eſpèce de Boëte relevée de pluſieurs écailles vert-pâle, longues de trois ou quatre lignes; aſſez fermes, larges d'environ une ligne & demie, émouſſées à la pointe. Mr. de Tournefort n'a pu donner une Deſcription plus détaillée du Fruit, qui n'étoit pas mûr dans le tems qu'il étoit dans l'Iſle de Zia. Les Grecs l'appellent *Velani*, & nomment l'arbre *Velanida*. Le Commerce du *Velani* eſt le plus conſidérable de l'Iſle: on y en recueillit en 1700. plus de cinq mille Quintaux. On appelle petit *Velani* les jeunes fruits cueillis ſur l'Arbre, beaucoup plus eſtimez que les gros qui tombent d'eux-mêmes dans leur maturité. Les uns & les autres ſervent aux teintures, & à tanner les cuirs. Les petits ſe vendent ordinairement un Ecu le Quintal, au lieu que les gros ne valent que trente ſols; mais le plus ſouvent on les mêle. Il y a dans l'Iſle auſſi-bien que dans celle de Thermie, le long des chemins, une belle eſpèce de Bouillon blanc à feuilles ondées, cotonneuſes & blanches, bien différent de celui qui vient en Provence & en Languedoc. On trouve encore dans cette Iſle du Plomb ſemblable à celui de Siphanto, & principalement au delà du Monaſtère de Ste. Marine. On voit auſſi dans ce Quartier-là de la Craye aſſez ſemblable à celle de Briançon. D'ailleurs, Zia manque d'Huile & de bois. Le Gibier y abonde, ſur-tout les Perdrix & les Pigeons; mais ſouvent les Habitans n'ont ni poudre ni plomb pour les tuer.

Il n'y a que cinq où ſix Familles du Rit Latin dans Zia. Leur Egliſe eſt pauvre & deſſervie par un Vicaire à qui l'Evêque de Tine ne donne que quinze Ecus par an, encore faut-il que ce pauvre Prêtre les aille chercher à Tine; car on ne connoît pas les Lettres de change dans ce Pays-là. L'Evêque Grec eſt aſſez riche, & toute l'Iſle eſt pleine de Papas & de Chapelles. On compte cinq Monaſtéres de ce Rit; ſavoir S. Pantaléon, Ste. Anne, la Madona d'Epiſcopi, Daphni, & Sté. Marine, où l'on fait voir comme une merveille du Pays, une ancienne Tour quarrée, bâtie de gros Quartiers de pierre ordinaire, coupez obliquement ſur les côtez, pour ne pas trop les raccourcir en les équarriſſant, & taillez à face de Diamans. L'air les a fort endommagez: mais, à parler franchement, cette pièce n'eſt pas fort digne d'admiration. Au-deſſous de Ste. Marine, en allant à la Mer, coule un petit Ruiſſeau; ce pourroit bien être *l'Elixus*, qui paſſoit à Careſſus. Les Bourgeois de Zia s'attroupent ordinairement pour filer de la Soye, & s'aſſeyent ſur les bords de leurs Terraſſes, afin de laiſſer tomber le fuſeau juſqu'au bas de la rue, qu'ils retirent enſuite roulant le fil. Mr. de Tournefort & ſa compagnie trouvérent l'Evêque Grec en cette poſture, qui demanda quelles gens ils étoient? & leur fit dire que leurs occupations étoient bien frivoles, s'ils ne cherchoient que des Plantes & de vieux Marbres; mais il eut pour réponſe que l'on ſeroit plus édifié de lui voir à la main les Oeuvres de St. Chryſoſtome, ou de Saint Baſile, que le fuſeau.

Les Capots de poil de Chévre que l'on travaille dans cette Iſle, ſont fort commodes: l'eau ne les perce pas facilement. Cette étoffe n'eſt d'abord qu'une eſpèce de toile fort lâche; mais elle s'épaiſſit & devient fort ſerrée en ſortant de chez les Ouvriers qui la foulent avec les pieds ſur le ſable de la Mer encore mouillé; après qu'elle eſt bien amolie & ſouple, on l'étend au Soleil avec des contrepoids de pierre, de peur qu'elle ne ſe ride trop promptement; ces fils ſe rapprochent peu à peu, & ſe ſerrent les un contre les autres; de manière que toute l'étoffe se rétrécit également.

Pline & Solin son Compilateur assûrent que les étoffes de Soye furent inventées dans cette Isle; mais il est aisé de montrer que ce fut dans celle de Cos la patrie du fameux Hippocrate. Le même Pline [a] a remarqué que l'on cultivoit dans Zia les Figuiers avec beaucoup de soin; on y continue encore aujourd'hui la Caprification. Pour bien comprendre cette Manufacture de figues, il faut remarquer que l'on cultive dans la plûpart des Isles de l'Archipel deux sortes de Figuiers. La première espèce s'appelle *Ornos*, du Grec littéral *Erinos*, Figuier sauvage, ou le *Caprificus* des Latins. La seconde espèce est le Figuier domestique. Le sauvage porte trois sortes de Fruits, nommez *Fornites*, *Cratitires*, & *Orni*; & ils sont absolument nécessaires pour faire meurir ceux des Figuiers domestiques. Ceux qu'on appelle *Fornites* paroissent dans le mois d'Août & durent jusqu'en Novembre, sans meurir, il s'y engendre de petits vers, d'où sortent certains Moucherons que l'on ne voit voltiger qu'autour de ces Arbres. Dans les mois d'Octobre & de Novembre ces Moucherons piquent d'eux-mêmes les seconds Fruits des mêmes pieds de Figuier. Ces Fruits appellez *Cratitires* ne se montrent qu'à la fin de Septembre; & les *Fornites* tombent peu à peu après la sortie de leurs Moucherons. Les *Cratitires* au contraire restent sur l'Arbre jusqu'au mois de Mai, & renferment les œufs que les Moucherons des *Fornites* y ont déposés en les piquant. Dans le mois de Mai la troisième espèce de Fruit commence à pousser sur les mêmes pieds de Figuiers sauvages, qui ont produit les deux autres. Ce Fruit est beaucoup plus gros & se nomme *Orni*. Lorsqu'il est parvenu à une certaine grosseur, & que son œil commence à s'entr'ouvrir, il est piqué dans cette partie par les Moucherons des *Cratitires*, qui se trouvent en état de passer d'un Fruit à l'autre, pour y décharger leurs œufs.

Il arrive quelquefois que les Moucherons des *Cratitires* tardent à sortir dans certains Quartiers, tandis que les *Orni* de ces mêmes Quartiers sont disposés à les recevoir. On est obligé dans ce cas-là d'aller chercher les *Cratitires* dans un autre Quartier & de les ficher à l'extrémité des Branches de Figuiers dont les *Orni* sont en bonne disposition, afin que les Moucherons les piquent. Si l'on manque ce tems-là, les *Orni* tombent, & les Moucherons des *Cratitires* s'envolent. Il n'y a que les Paysans appliquez à la culture des Figuiers qui connoissent les momens, pour ainsi dire, auxquels il faut y pourvoir, & que cela ils observent avec soin l'œil de la figue. Non-seulement cette partie marque le tems où les Piqueurs doivent sortir; mais aussi celui où la figue doit être piquée avec succès. Si l'œil est trop dur & trop serré, le Moucheron n'y sauroit déposer ses œufs, & la figue tombe quand cet œil est trop ouvert.

Ces trois sortes de Fruits ne sont pas bons à manger. Ils sont destinez à faire meurir les Fruits des Figuiers domestiques;

[a] Lib. 16. c. 27.

& voici l'usage qu'on en fait. Pendant les mois de Juin & de Juillet, les Paysans prennent les *Orni* dans le tems que les Moucherons sont prêts à sortir, & les vont porter tous enfilez dans des fetus sur des Figuiers domestiques. Si l'on manque ce tems favorable, les *Orni* tombent, & les Fruits du Figuier domestique ne meurissent pas & tombent aussi dans peu de tems. Les Paysans connoissent si bien ces précieux momens, que tous les matins en faisant leur revûe, ils ne transportent sur les Figuiers domestiques que les *Orni* bien conditionnés, autrement ils perdroient leur récolte. Il est vrai qu'ils ont encore une ressource, quoique legère, c'est de répandre sur les Figuiers domestiques l'*Ascolimbros*, Plante très-commune dans les Isles, & dans les Fruits de laquelle il se trouve des Moucherons propres à piquer; peut-être que ce sont les Moucherons des *Orni*, qui vont picoter sur les fleurs de cette Plante. Enfin les Paysans ménagent si bien les *Orni*, que leurs Moucherons font meurir les Fruits du Figuier domestique, dans l'espace de quarante jours. Ces Figues fraîches sont bonnes. Pour les secher on les expose au Soleil pendant quelque tems, puis on les passe au Four afin de les conserver le reste de l'année. Le pain d'Orge & les Figues séches sont la principale nourriture des Paysans & des Moines de l'Archipel; mais il s'en faut bien que ces Figues soient aussi bonnes que celles que l'on seche en Provence, en Italie & en Espagne. La chaleur du Four leur fait perdre toute leur délicatesse & leur bon goût; d'un autre côté elle fait périr les œufs que les Piqueurs de l'*Orni* y ont déchargez; & ces œufs ne manqueroient pas de produire de petits vers, dont les Figues seroient endommagées.

Voilà bien de la peine & du tems pour n'avoir que de mauvaises figues. On ne peut s'empêcher d'admirer la patience des Grecs, occupez pendant plus de deux mois à porter ces Piqueurs d'un Figuier à l'autre, mais en voici la raison: un de leurs Figuiers rapporte ordinairement jusqu'à deux cens quatre-vingt livres de figues; au lieu que ceux de France n'en rendent que vingt-cinq livres. Les Piqueurs contribuent peut-être à la maturité des Fruits du Figuier domestique en faisant extravaser le suc nourricier, dont ils déchirent les tuyaux en déchargeant leurs œufs; peut-être aussi qu'outre leurs œufs, ils laissent échapper quelque liqueur propre à fermenter doucement avec le lait de la figue, & à en attendrir la chair. Les Figues en Provence & à Paris même, meurissent bien plutôt si on pique leurs yeux avec une paille graissée d'Huile d'Olive. Les Prunes & les Poires piquées par quelques insectes meurissent plutôt aussi, & la chair d'autour de la piqueure est de meilleur goût que le reste; il est hors de doute qu'il arrive un changement considérable à la tissure des Fruits piquez, de même qu'il arrive aux parties des Animaux percées avec quelque instrument aigu.

Il n'est guère possible d'entendre les anciens Auteurs, qui ont parlé de la *Caprifica-*

cation, si l'on n'est convaincu des circonstances, qui servent à la faire réussir.

Avant notre départ de Zia, ajoute Mr. de Tournefort, nous montâmes sur la Tour du Monastère de St. Pantaléon, où nous fîmes la Station Géographique suivante:

Macronisi & le Cap Colonne restent à l'Ouest-Nord-Ouest.
Guidaronisi, & Porto-Leone d'Athènes, à l'Ouest.
Saint George d'Albora & Hydra à l'Ouest-Sud-Ouest.
Engia, ou Egina, entre l'Ouest & l'Ouest-Sud-Ouest.
Thermie, entre le Sud & le Sud-Sud-Est.
Serpho & Siphanto, au Sud.
Milo, entre le Sud & le Sud-Sud-Ouest.
Syra, à l'Est-Sud-Est.
Andros, au Nord-Est.
Caristo, au Nord-Nord-Est.
Joura, à l'Est.
Tine, entre l'Est & l'Est-Sud-Est.
Le Cap Skilli, à l'Ouest.
Négrepont, au Nord.
Le Port Raphti, au Nord-Ouest.

On compte de Zia au Port Colonne 18. milles, au Cap d'Oro, 40. milles, & du Cap d'Oro au Cap Colonne 60. milles.

Le PORT DE ZIA a son entrée entre l'Ouest-Nord-Ouest & le Nord-Ouest. Il est bon pour les plus gros Vaisseaux & pour les plus grandes Flotes. Le bon mouillage est à droite, & la Fontaine pour faire aiguade n'en est pas loin. A gauche est la Rade appellée le Cul de Bœuf, propre seulement pour les petits Bâtimens. Il y a sur le rivage quatre Chapelles situées en différens endroits. C'est où l'on couche ordinairement.

2. ZIA, Bourg de Grèce dans l'Isle de même nom. Ce Bourg, bâti sur les ruines de l'ancienne Carthée, est aussi sur une hauteur, à trois milles du Port de l'Isle de Zia, au fond d'une Vallée desagréable. C'est une espèce de Théâtre de deux mille cinq cens Maisons, bâties par étages, & en Terrasses, c'est-à-dire que leur couvert est tout plat, comme par tout le Levant; mais assez fort pour servir de rue. Cela n'est pas surprenant dans un Pays où il n'y a ni Charettes ni Carosses, & où l'on ne marche qu'en escarpins. Sur la gauche est une Citadelle abandonnée, où soixante Turcs se défendirent glorieusement contre l'Armée Vénitienne, avec deux fusils seulement, restes des armes à feu échappées du naufrage qu'ils venoient de faire. Ils ne se fussent même pas rendus si l'eau ne leur avoit manqué. Parmi des Marbres conservez chez des Bourgeois, le nom de Gymnasiarque se trouve dans deux Inscriptions fort maltraitées; & l'on y voit un Bas-relief en demi-bosse, où la figure d'une femme est représentée avec une belle Draperie. La Ville de Carthée s'étendoit dans la Vallée qui vient à la Marine. On y voit encore plusieurs Marbres, sur-tout une Inscription de quarante & une lignes, transportée dans la Chapelle de St. Pierre. Le commencement de cette Inscription manque, & la plus grande partie des lettres est si effacée qu'on n'y peut déchiffrer que le nom de Gymnasiarque.

☞ ZIAMETS & TIMARS. On entend par ces deux mots de certains fonds de terre, dont les Conquérans Turcs ont dépouillé le Clergé, la Noblesse & les Particuliers des Pays qu'ils ont conquis sur les Chrétiens [a]. Ces sortes de Terres ayant été confisquées au profit du Grand-Seigneur, il les a destinées à la subsistance d'un Cavalier de la Milice appellé Zaim ou Timariot; car Zaim ou Timariot est le nom de la personne & Ziamet ou Timar le nom de la Terre. Le Ziamet ne diffère du Timar que parce qu'il est d'un plus grand revenu, car il n'y a point de Ziamet qui vaille moins de vingt mille Aspres de rente; ce qui est au-dessous n'a que le titre de Timar. Le Sr. Bespier dans ses Remarques sur l'Etat présent de l'Empire Ottoman juge que le mot Ziamet vient de l'Arabe; car, dit-il, Zaim signifie en Arabe, un Répondant qui s'engage pour un ou pour plusieurs autres, un Seigneur, un Commandant, qui conduit un certain nombre d'hommes dont il est le maître. Quant au mot Timar, il le dérive du Grec Τιμή, qui signifie honneur; parce que ces récompenses se donnoient pour honorer la vertu des Soldats. Les Grecs appelloient ces marques d'honneur Τιμαρία, en Grec corrompu, & appelloient ceux qui en étoient honorez Τιμαριώτοι, ou Τιμαρώται. Les Turcs ont emprunté ces mots des Grecs, & se les sont appropriez, avec peu de changement, car au lieu de Timarion, ils disent Timar, en retranchant la terminaison Grecque.

[a] La Guillétière, Athènes Anc. & Mod. p. 361.

Il y a deux sortes de gens qui composent la Milice des Turcs. La première sorte est entretenue du revenu de certaines Terres & de certaines Fermes que le Grand-Seigneur leur donne; la seconde est payée en argent. La principale force de l'Empire consiste dans la première, qui est encore divisée en deux parties; car c'est celle qui est composée de Zaims, qui sont comme les Barons en certains Pays, & de Timariots qui peuvent être comparez à ceux que les Romains appelloient Decumani. Les uns & les autres, savoir les Zaims & les Timariots sont cependant de même nature, & ont été établis pour la même fin. Toute la différence que l'on peut mettre entre eux consiste dans leurs Lettres Patentes, qui règlent le revenu des Terres qu'ils tiennent du Grand-Seigneur. La rente d'un Zaim est depuis vingt mille Aspres jusqu'à quatre-vingt-dix-neuf mille neuf cens dix-neuf, & rien plus; car s'il y avoit encore un Aspre ce seroit le revenu d'un Sangiac-beg, qu'on appelle un Bacha, qui est de cent mille Aspres jusqu'à cent quatre-vingt-dix-neuf mille neuf cens quatre-vingt-dix-neuf Aspres; car si on y ajoutoit un Aspre davantage ce seroit le revenu d'un Beglerbeg.

Il y a deux sortes de Timariots, les premiers sont appellez Teskerelu, & reçoivent les provisions de leurs Terres de la Cour du Grand-Seigneur. Ce nom leur a été donné, parce que Teskereh signifie un Mémoire, un Bil-

Billet; & comme la Syllabe *lu* s'ajoute par les Turcs aux noms Substantifs pour en former des Adjectifs; ainsi *Teskerelu*, ou *Teskereh-lu*, signifie celui qui est en possession d'un *Timar* par un Billet ou par un Ordre de la Porte, ou du Grand-Seigneur. Leur revenu est depuis cinq ou six mille Aspres jusqu'à dix-neuf mille neuf cens quatre-vingt-dix-neuf; car si on y ajoutoit encore une Aspre, ce seroit le revenu d'un *Zaim*. Les autres s'appellent *Teskeretis*, qui obtiennent leurs provisions du Beglerbeg de leur Pays; leur revenu est depuis trois mille Aspres jusqu'à six mille.

Les Zaims sont obligez de servir dans toutes les expéditions de guerre avec leurs tentes, où il doit y avoir des cuisines, des écuries & d'autres appartemens proportionnez à leurs biens, à leur qualité; & pour chaque Somme de cinq mille Aspres de revenu qu'ils reçoivent du Grand-Seigneur, ils sont obligez de mener avec eux à l'Armée un Cavalier qui porte le nom de *Gebelu*. Ce mot signifie *porteur du cuirasse*, Cuirassier; car *Gebeh*, ou *Tchebeh* veut dire *une cuirasse*. Ainsi un Zäim qui a trente mille Aspres de revenu, doit être accompagné de six Cavaliers: un qui en a quatre-vingt-dix mille doit être accompagné de dix-huit Cavaliers, & de même des autres à proportion de leur revenu. Chaque Zaïm prend le titre de *Kilitich*, c'est-à-dire *Epée*. C'est pourquoi lorsque les Turcs font le compte des forces que les Beglerbegs peuvent mener à l'Armée pour le service de leur Prince, ils ne s'arrêtent qu'aux *Zaims* & aux *Timariots* seuls qu'ils appellent autant d'épées, sans compter ceux qui les doivent accompagner.

Les Timariots sont obligez de servir avec des tentes plus petites que les Zaims, & d'être fournis de trois ou quatre corbeilles pour en donner une à chaque homme, qui les accompagne; parce qu'outre qu'ils doivent combattre aussi-bien que les Zaims, il faut encore qu'ils portent de la terre & des pierres pour faire des Batteries & des Trenchées. Les Timariots doivent mener un Cavalier avec eux, pour chaque Somme de trois mille Aspres de revenu qu'ils ont, de même que les Zaims pour chaque Somme de cinq mille Aspres. Les Zaims & les Timariots sont disposez par Régimens, dont les Colonels sont appellez *Alai-begler*, mot qui vient apparemment de l'Arabe *Ala*, ou *Alai*, qui signifie *celui qui est au-dessus des autres*, & du mot Turc *Beg*, qui veut dire *Seigneur*, dont le pluriel fait *Begler*; de sorte que les *Alai-Begler* sont les principaux Chefs ou les Superieurs des Zaims, & des Timariots: c'est-à-dire leurs Colonels. Ces Colonels sont soumis à un Bacha, ou à un Sangiac-beg, & celui-là à un Begler-beg, & lorsque toutes ces Troupes sont rassemblées en un corps, elles se trouvent au Rendez-vous, qui est marqué par le Général, que les Turcs appellent *Serasker*. Lorsque les Zaims & les Timariots marchent, ils ont des Drapeaux appellez *Alem*, & des Tymbales nommées *Tabl*.

Ces deux Ordres Militaires ne sont pas seulement destinez à servir sur terre; mais on les oblige quelquefois à servir dans l'Armée navale, où on les appelle *Deria Kaleminde*, & où ils sont sous le commandement du Capitan Bacha, ou Amiral. Il est vrai que les Zaïms sont souvent dispensez de servir sur Mer, en personne, moyennant la Somme à laquelle ils sont taxez sur les Livres des Seigneurs; & de cet argent on levé d'autres Soldats, qui sont enrollez dans des Regîtres de l'Arsenal; mais les Timariots ne se peuvent jamais exempter de servir en personne avec toute la suite que le revenu de leurs Terres les oblige de mener avec eux. Pour ce qui est du service sur terre, ni les Zaims, ni les Timariots ne s'en peuvent dispenser, & il n'y a point d'excuse qui puisse passer pour légitime à cet égard. S'il y en a de malades, il faut qu'ils se fassent porter en Litiére ou en Brancard. S'ils sont encore enfans, on les porte dans des Corbeilles, ou dans des Paniers, on les accoutume ainsi dès le Berceau à la fatigue, au péril & à la Discipline Militaire. En voilà assez pour faire connoître quelle est la nature des Zaims & des Timariots, qui sont compris sous le nom général de *Spahis*, & qui font la meilleure partie de l'Armée des Turcs.

Il n'est pas possible de faire un calcul précis du nombre des Cavaliers que doivent mener avec eux les Zaims & les Timariots de l'Empire du Grand-Seigneur. Il suffira de remarquer qu'un Zaïm ne peut mener avec lui moins de quatre Cavaliers, & que c'est le plus grand nombre qu'un Timariot soit obligé de mener. Le moindre Timariot doit mener un homme à la guerre, & le plus considérable Zaim en doit mener dix-neuf. Il faut donc dans ce calcul prendre un certain milieu entre le plus & le moins, pour avoir un dénombrement qui réponde à peu près à la vérité. La difficulté de faire un compte plus exact seroit d'autant plus grande, que les Commissaires qui sont envoyez par la Porte, pour faire les montres & les rolles, ne savent pas moins faire valoir leur métier, que les Officiers les plus rafinez parmi les Chrétiens. Peut-être aussi que la Politique du Grand-Seigneur tolére cet abus, afin de faire croire que le nombre de ses troupes est plus grand qu'il n'est effectivement. La vaste étendue de terrein que leurs Pavillons occupent, le grand attirail de leur bagage, & le nombre prodigieux de Valets qui suivent l'Armée, font que le Peuple s'imagine, que les troupes sont composées d'une multitude infinie de Soldats. Ce qui sert encore à augmenter l'idée de ce nombre; mais qui le diminué en effet, c'est l'usage des Passe-volans, dont les Zaims se servent aux jours de montre. Par-là on est étonné de voir que l'Armée diminue tout d'un coup, lorsque ces gens-là se retirent. Enfin, une chose cause encore plus de changement dans le nombre de Soldats, c'est la mort des Zaims & des Timariots, dont quelques-uns n'ont leur revenu qu'à vie seulement, & les autres meurent sans enfans; car en ce cas-là leurs terres retournent à la Couronne. Comme ceux qui les possédoient les avoient cultivées, & en avoient augmenté le revenu par leurs

soins

ZIA.   ZIA.

foins & par leur travail, le Grand Seigneur les donne à d'autres, non pas fur le pied qu'elles avoient été données aux premiers; mais fur le pied du revenu qu'elles fe trouvent rapporter, qui eft affez fouvent le double de la premiere valeur. Par ce moyen le Sultan augmente le nombre de fes Soldats; & au lieu que les autres Princes perdent à la mort de leurs Sujets, il n'y a que lui qui y profite; car plus il en a de tués dans une bataille, plus il lui revient de bien, dont il difpofe de façon qu'il gratifie ordinairement plufieurs perfonnes de ce qui ne faifoit auparavant que le partage d'un feul. Voici une Lifte des Ziamets & des Timars qui fe trouvent dans l'Empire Ottoman, fuivant les Regîtres de la Porte.

	Sangiac,	Ziamets,	Timars.	
Dans le Gouvernement de la Natolie:	Kiotahia	89	948	Ainfi en comptant felon la plus baffe eftimation quatre *Gebelus*, pour chaque *Zaim*, ils peuvent monter avec ceux qui les accompagnent au nombre de 1180. En doublant le nombre des Timariots, felon l'eftimation la plus baffe ils en font 14880. En tout 16060. Pour l'entretien de cette Armée le revenu fuivant l'Etat du Grand-Seigneur eft de 37310700. *Afpres*.
	Saruhan	41	674	
	Aidin	19	572	
	Caftamoni	24	570	
	Hudavendighiar	42	1005	
	Boli	14	551	
	Mentefché	52	381	
	Angura	10	257	
	Cara-bifar	10	615	
	Tekeili	7	257	
	Kiangri	7	381	
	Hamid	9	385	
	Sultan-Ughi	7	390	
	Carefi	7	242	
	Jenige-hifar	7	12	

Total des Ziamets 295. & des Timars 7440.

Outre ces Cavaliers on entretenoit autrefois environ fix mille neuf cens hommes pour nétoyer les chemins, pour porter des provifions & pour le fervice de l'Artillerie; & il y avoit encore un fonds pour douze cens quatre-vingt *Sutlers*, ou Vivandiers, & pour cent vingt-huit Trompettes & Tambours, qui étoient Egyptiens; mais cela n'a été en ufage que lorfque la Natolie étoit Frontiére des Chrétiens; car dans ce tems-là elle étoit mieux défendue & fortifiée qu'elle ne l'eft aujourd'hui. Auffi depuis qu'elle eft devenue une des Provinces les plus tranquiles & les moins expofées aux attaques des Ennemis, on a donné ce revenu aux Zaims, & aux Timariots; de forte qu'on a augmenté leur nombre de trois cens Ziamets & douze cens trente-fix Timars.

	Sangiacs,	Ziamets,	Timars.	
Dans le Gouvernement de Caramanie:	Iconium	18	512	Les Gebelus des Zaims felon le moindre calcul font 292 Les Timariots de même font 4600 Qui font en tout 4892 Le Revenu pour leur entretien, fuivant l'Etat du Grand-Seigneur eft de 16500175. *Afpres*.
	Nighdé	11	355	
	Caifari	12	144	
	Jeni-Scheher	13	244	
	Ak-Scheher	6	122	
	Kyr-Scheher	4	430	
	Ak-Serai	9	358	

Cela fait 73. Ziamets & 2165. Timars

On compte dans le Gouvernement de Diar-beker douze Sangiacs, outre ceux de Curdiftan & de Gurdia qui font 1800. hommes; mais je ne trouve que neuf Sangiacs marquez pour les Ziamets & pour les Timars, favoir

	Sangiacs,	Ziamets,	Timars.	
Dans le Gouvernement de Diar-beker:	Amed	9	167	Les Gebelus des Zaims felon le plus bas calcul font 424 Les Gebelus des Timoriots font 1080 En tout 1504 Le Revenu des Zaims & des Timariots de ce Gouvernement ne fe trouve point dans les Regîtres du Grand-Seigneur.
	Charpurt	70	163	
	Ezani	10	122	
	Sipurec	0	1	
	Nifibin	1	5	
	Chafengif	5	30	
	Tchemefcherec	2	7	
	Culeb	3	24	
	Sungiar	6	21	

Cela fait 106. Ziamets & 540. Timars.

Damas

	Sangiacs,	Ziamets,	Timars.	
Dans le Gouvernement du Beglerbeg de Damas, que les Turcs appellent Scham :	Damas Jérusalem Aglum Babura Sifad Gaza Naboles	87 9 4 9 5 7 7	337 161 61 39 129 108 44	Les Gebelus des Zaims, selon le compte précédent font 512 Ceux des Timariots font 1746 En tout 2258

Cela fait 128. ZIAMETS & 873. TIMARS.

	Sangiacs,	Ziamets,	Timars.	
Dans le Gouvernement du Beglerbeg de Livas :	Livas Amasia Tchurum Buzadie Demurki Gianic Archkir	48 19 16 15 1 7 2	928 249 310 731 810 348 153	Les Gebelus des Zaims selon le calcul précédent, font 432 Les Timariots & leurs Gebelus font 6058 En tout 6490 Le revenu pour leur entretien en fait 13087327

Cela fait 108. ZIAMETS & 3029. TIMARS.

	Sangiacs,	Ziamets,	Timars.	
Dans le Gouvernement du Beglerbeg d'Erzerum :	Erzerum Cara-hisar-Scarki Kiefi Pasin Hanes-Esber Torium Mamervan Melaskerd Teciman	56 32 8 9 3 10 4 0 1	2214 964 229 654 435 491 96 272 253	Les Gebelus des Zaims font 488 Ceux des Timariots font 11096 En tout 11584

Cela fait 122. ZIAMETS & 5548. TIMARS.

	Sangiacs,	Ziamets,	Timars.	
Dans le Gouvernement du Beglerbeg de Van :	Van Adilgevat Ergisch Senuregbiul Tchohanlu Ghiokiche Derechger Ghiorluc Franijazi	48 29 0 32 2 36 27 7 4	147 101 14 203 36 160 79 61 25	Les Gebelus des Zaims selon le calcul précédent font 740 Ceux des Timariots font 1652 En tout 2392

Cela fait 185. ZIAMETS & 826. Timars.

	Sangiacs,	Ziamets,	Timars,	
Dans le Gouvernement du Beglerbeg de Marasch :	Marasch Malatia Asab	10 8 9	118 276 118	Les Gebelus des Zaims, selon le compte précédent font 108 Ceux des Timariots font 1024 En tout 1132 La rente pour leur entretien monte à 9420317 Aspres

Cela fait 27. ZIAMETS & 512. TIMARS.

	Sangiacs,	Ziamets,	Timars.	
Dans le Gouvernement de Chypre :	Itchili Alaine Chypre Schis Tarse	16 0 9 22 13	60 115 308 156 428	Les Gebelus des Zaims selon le calcul précédent font 160 Ceux des Timariots font 2133 En tout

Ce'a fait 40. ZIAMETS & 1067. TIMARS.

Tripoli

ZIA.   ZIA.

	Sangiacs,	Ziamets,	Timars.	
Dans le Gouvernement du Beglerbeg de Tripoli en Syrie:	Tripoli	12	87	
	Hams	15	169	Les Gebelus des Zaims font 250
	Gebelé	9	91	Ceux des Timariots font 1140
	Selemié	4	52	En tout. 1390
	Hama	23	171	

Cela fait 63. ZIAMETS & 570. TIMARS.

	Sangiacs.	Ziamets,	Timars,	
Dans le Gouvernement du Beglerbeg de Rika:	Rika	30	143	Les Gebelus des Zaims font 240
	Serug	9	291	Ceux des Timariots font 1332
	Biregec	15	109	En tout 1572
	Ané	6	123	

Cela fait 60. ZIAMETS & 666. TIMARS.

Dans le Gouvernement du Beglerbeg de Trébifonde il n'y a point de Sangiacs; mais il y a cinquante-six ZIAMETS & trois cens quatre-vingt-dix-huit Timars, fous la Jurifdiction de cette Ville. Ainfi le nombre des Cavaliers fait en tout neuf cens vingt hommes.

	Sangiacs,	Ziamets,	Timars.	
Dans le Gouvernement du Beglerbeg d'Alep:	Alep	73	295	
	Adana	11	191	Les Gebelus des Zaims font 468
	Kelis	17	295	Ceux des Timariots font 2088
	Azir	2	91	En tout 2556
	Balis	7	86	
	Mearré	7	86	

Cela fait 117. ZIAMETS & 1044. TIMARS.

	Sangiacs,	Ziamets,	Timars.	
Dans le Gouvernement du Beglerbeg de Tchilder:	Olti	3	123	
	Erdehamburec	9	86	
	Hagrec	2	23	
	Hartus	13	39	
	Ardnung	4	149	
	Pufenhaf	11	18	
	Penbec	8	54	Les Gebelus des Zaims font 424
	Tarchir	2	4	Ceux des Timariots font 1318
	Luri	9	10	En tout 1742
	Uftucha	1	7	
	Achankiulc	11	37	
	Achtala	6	6	
	Afin	4	14	
	Penbec	14	89	
	Pertekrec	9	0	

Cela fait 106. ZIAMETS & 659. TIMARS.

	Sangiacs,	Ziamets,	Timars.	
Dans le Gouvernement du Capitan-Bacha, ou Amiral:	Négrepont	12	185	
	Mitylène	4	83	
	Cogia-ilé	25	187	Les Gebelus des Zaims font felon le calcul ordinaire 500
	Siflu	32	235	
	Carli-ili	11	119	Ceux des Timariots font 2304
	Gallipoli	14	32	En tout 2804
	Rhodes	5	71	
	Betgai	5	146	
	Mexeftra	16	91	

Cela fait 124. ZIAMETS & 1152. TIMARS.

	Sangiacs,	Ziamets,	Timars.
	Sophia	337	1788

	Kiostendil	48	1017
	Morea	100	242
	Alexandrie d'Epire	19	205
	Tirhala	26	523
	Silistra	75	432
	Nigheboli	60	344
	Uchri	60	342
	Aulona	68	489
Dans le Gouvernement du Beglerbeg de Rumelie, ou Romanie:	*Jania*	62	345
	Ilbasan	18	138
	Tchirmen	20	130
	Salonica	36	262
	Vizé	20	79
	Delunia	24	165
	Uskiup	20	344
	Kerklesa	1	18
	Dukakin	10	53
	Vidin	17	225
	Alabegisar	27	509
	Serzerin	17	225
	Valicarin	10	317

Les Gebelus des Zaims font 4300
Ceux des Timariots font 16388
En tout 20688
Mais le nombre ordinaire des Zaims & des Timariots, avec leurs Gebelus est environ de trente mille deux cens hommes 30200
A quoi il faut joindre les Soldats du Beglerbeg, des Sangiacbegs, & des autres Officiers qui font ordinairement 2500
Ainsi la Milice entretenue de ce Pays-là peut être de 32700, ou 33000. hommes.

Cela fait 1075. ZIAMETS & 8194. TIMARS.

Le nombre des Zaims & des Timariots des divers autres Gouvernemens ne se trouve point marqué exactement dans les Registres du Grand-Seigneur; mais en général on compte que le nombre des Zaims peut aller à dix mille neuf cens quarante-huit & soixante & douze mille quatre cens trente-six Timariots, qui font en tout quatre-vingt trois milles trois cens quatre-vingt, selon la moindre estimation, & qui pourroit aisément être plus grand d'un tiers.

Ces divisions & ces partages furent faits autrefois par Soliman *le Magnifique*, comme l'un des meilleurs moyens de tenir en ordre la Milice, qui est le plus puissant appui de l'Empire Ottoman. Mais comme avec le tems la corruption se glisse par-tout, l'avarice & l'ambition des Officiers ont trouvé le moyen d'apporter quelque altération dans ce bel ordre, & les Beglerbegs, les Bachas & les Tresoriers au lieu de donner des récompenses aux Soldats, selon leur mérite & leurs services, réservent ces Ziamets & ces Timars, pour récompenser leurs Domestiques, & pour en tirer divers services. Les Seigneurs qui demeurent à Constantinople, ou proche de la Mer, obligent ces Domestiques à entretenir les Bâteaux qui apportent les provisions nécessaires pour leur Maison. Ceux qui demeurent dans des Lieux plus éloignez de la Mer s'accommodent avec le Tresorier des Soldats, & sans avoir égard aux véritables Héritiers, mettent en vente le revenu des Fermes & le donnent à ceux qui en offrent le plus. Dans le tems de la Moisson le Bacha envoye ses Officiers pour recevoir les droits de ces pauvres Timariots; ce qui se fait avec une si grande violence, qu'il naît une infinité de procès de ces exactions; mais comme ils se passent tous devant des Juges interessez, la Sentence est toujours prononcée en faveur de celui qui a le plus de pouvoir & le plus d'argent.

Parmi les troupes qui se tirent de ces Ziamets & de ces Timars, on mêle en tems de guerre de certains Volontaires, ou Avanturiers que les Turcs appellent Gionullu.

Ceux-ci s'entretiennent à leurs propres fraix dans l'espérance qu'ils ont d'obtenir par quelque action de courage & de valeur la Succession des Zaims ou des Timariots, lorsqu'ils sont tuez à la guerre. Ces gens-là font souvent des choses incroyables, & se signalent dans les entreprises les plus difficiles & les plus desespérées. Ils s'y portent non-seulement par l'espérance qu'ils ont d'être récompensez; mais aussi par la persuasion où ils sont qu'en mourant à la guerre contre les Chrétiens, ils deviennent martyrs de leur Religion. On raconte qu'en un seul jour on donna un même Timar à huit de ces Braves, dont les sept premiers furent successivement, l'un après l'autre, à un assaut, qui fut donné par les Turcs à Serinsvar, ou au nouveau Fort du Comte de Serin; de sorte qu'il n'y eut que le huitième qui profita du Timar, les autres n'en ayant reçu que le titre pour un moment.

Les Zaims & les Timariots peuvent lorsqu'ils sont âgez, ou impotens, se défaire de leurs Ziamets ou de leurs Timars, & les résigner à un de leurs enfans ou de leurs autres parens.

Il n'est pas permis à un Paysan de se servir de son Cheval à la guerre, ni de porter son épée comme un Cavalier, à moins qu'il n'ait été au service de quelque Bacha, ou de quelque autre personne de qualité. Il est vrai que lorsque les Paysans demeurent sur les frontières de l'Empire, où ils ont donné des preuves évidentes de leur courage, ils peuvent prétendre d'obtenir les Ziamets & les Timars vacans.

C'est l'usage dans la Romanie que lorsqu'un Zaim ou un Timariot meurt à la guerre, son Ziamet ou son Timar est divisé en autant de Timars qu'il a de fils; mais si le Timar n'est que de trois mille Aspres de revenu, il demeure tout entier au fils aîné du défunt: s'il est plus grand, on partage le reste également entre ses autres enfans. Mais s'il meurt de mort naturelle dans sa maison, ses Terres demeurent à la disposition du Beglerbeg de la Province, qui les peut laisser aux héritiers du défunt, ou les donner à quel-

ZIA. ZIB. ZIC.

quelques-uns de ses Domestiques, où les vendre au plus offrant.

Dans la Natolie il y a plusieurs Zaims & Timariots dont les biens sont héréditaires & passent de pere en fils. Ceux-là ne sont pas obligés de servir en personne ; mais seulement d'envoyer leurs Gebelus. Et s'ils y manquent, en tems de guerre, le revenu de cette année-là est confisqué au profit du Grand-Seigneur ; & on donne son bien à son plus proche parent, soit qu'il descende du côté du mari, ou du côté de la femme.

ZIANNI. On lit dans Ammien Marcellin [a] ces mots : *Eminuit tamen inter varios certaminum casus Vetranionis mors viri pugnacis, qui Legionem Ziannorum regebat.* Sur quoi Mr. de Valois remarque que ces *Zianni* sont appellez *Tzanni* dans un MS. de la Notice des Dignitez de l'Empire, & *Thaanni* & *Thanni*, dans la plûpart des autres Exemplaires. Nous connoissons le Pays des *Tzanni*, qui, à ce que nous apprennent Procope [b], Agathias [c] & Justinien [d], étoient voisins des Laziens & des Arméniens. Marcellinus Comes, qui parle de ces Peuples dans sa Chronique du Régne de Théodose le Jeune, nomme ces Peuples *Zanni*. Eustathe [e] dit : οἱ μάκρωσες ἔθνος Πουτίκον. τούτοις νῦν Σάννοις Φαμέν, ἰδιωτικώτερον δὲ Τζάνοις, ὥς και τὴν κελεφνὴν κελτζτηντην. Du reste ces mots *Zianni, Zanni, Tzanni, Thaanni* & *Thanni*, ne différent que pour l'orthographe, ou pour la prononciation, comme on dit indifféremment *Zangæ* & *Tzangæ, Tabennasiotæ*, & *Tabennositæ, Turullus* & *Tzurullus.* On peut tirer une conséquence de ce qui vient d'être dit ; savoir que les Zianniens, ou Tzanniens étoient réputez Alliez & Troupes Auxiliaires des Romains, longtems avant le Régne de l'Empereur Justinien.

ZIATA, Forteresse dont Ammien Marcellin fait mention. Il paroît qu'elle devoit être au voisinage du Tigre.

ZIB, ou SIB [f]. Les Arabes appellent ainsi aujourd'hui, un Lieu, une Bourgade, ou une petite Ville de la Phénicie, à trois heures de Ptolémaïde, vers le Nord. Il y a grande apparence que ce Lieu est l'ancienne Ville ACSAPH, ACSIB, ou ECDIPPE, Ville célébre sur la Méditerranée, entre Tyr & Ptolémaïde. Voyez ACSAPH, ACSIB & ECDIPPE.

ZIBALA. Le MS. de Ptolomée *g* de la Bibliothéque Palatine nomme ainsi une des Isles voisines de celle de Taprobane. Le Texte Grec au lieu de Zibala porte Βιζαλα, *Bizala,* & quelques Exemplaires Latins lisent *Bibala.*

ZICCHI. Voyez ZINCHI.

1. ZICCHIA [h], Fleuve que Cédrène paroît mettre dans la Thrace. Xylander croit que c'est le Fleuve *Lycia* de Paul Diacre.

2. ZICCHIA, GOTHIA & NICOPSIS, Lieux situez au bord du Pont-Euxin, selon Ortelius [i] qui cite St. Jean Damascène, & Surius dans la Vie de St. Etienne le Jeune. Pierre Gylles fait aussi mention de *Zicchia* dans son Bosphore de Thrace.

ZICENSIS, Siège Episcopal d'Afrique, dans la Province Proconsulaire. *Donatus*

[a] Lib. 25. c. 1.
[b] Persic. L. 1.
[c] Lib. 5.
[d] In Novella 28. de Moderatore Helenoponti.
[e] In Dionys.
[f] Voyage d'Alep à Jérusalem en 1697. Dom Calmet, Dict.
[g] Lib. 7. c. 4.
[h] Ortelii Thesaur.
[i] Ibid.

ZIC. ZID. ZIE.   491

est qualifié *Episcopus Zicensis*, par la Conférence de Carthage [k]. Mr. Dupin soupçonne que c'est ce même Siège qui est appellé ZIGGENSIS dans la Notice des Evêchez d'Afrique, & placé sous la Province Proconsulaire. C'est la seule raison que l'on ait de mettre le Siège ZICENSIS dans cette Province.

ZICHNARUM, Ζίχνων, Siège Episcopal, dont parle Curopalate, cité par Ortelius [l], & qui le met sous le Patriarchat de Constantinople. Leunclavius [m] le place dans la Macédoine & dit qu'on l'appelle encore aujourd'hui *Zichne.*

ZICLOS, Ville de la Basse-Hongrie, au Comté de Baran. Cette Ville située à cinq lieues de Cinq Eglises [n], est prise pour l'ancienne *Jovallium*. Elle est fortifiée d'une Palanque & d'un Château situé sur une hauteur qui ne commande, & revêtu d'une muraille fort épaisse avec des Bastions à l'antique. Soliman II. se rendit maître de cette Place en 1543. & en 1686. le Comte de Scherfemberg, à qui le Prince Louïs de Bade donna la conduite d'une partie de l'Armée, dont il eut le commandement après la prise de Bude, l'assiégea si heureusement qu'en peu de jours les Infidéles se rendirent à discrétion, & consentirent à demeurer prisonniers de guerre, quoiqu'ils eussent témoigné une grande résolution à se vouloir défendre.

ZIDAR, nom d'une Ville barbare, selon Ortelius [o], qui cite le Grammairien Probus.

ZIDEN, Ville de l'Arabie Heureuse, sur la Côte de la Mer Rouge. Cette petite Ville sert de Port à la Mecque, qui en est éloignée d'une journée. Il y a un Château à chaque côté du Port. Les Turcs, fondez sur une Tradition Arabe, disent qu'Eve a été enterrée à Ziden, & ils y montrent sa Sépulture qui est longue d'environ quarante pas d'un homme qui marche. Cette Sépulture n'a point d'autre ornement qu'une pierre à l'un des bouts, & l'autre à l'autre. Comme la Mecque est l'abord de toutes les Marchandises des Indes, & que les Marchands viennent débarquer de tous côtés au Port de Ziden, on en voit un nombre infini sur le chemin des deux Villes : ils vont & viennent avec des Chameaux chargez de marchandises qu'ils portent en divers droits, sur-tout en Syrie & en Egypte, & on les transporte delà en Europe. La petite Ville de Ziden est nommée par quelques-uns *Gidde, Giudda,* & *Gioddah.* Voyez GIODDAH.

ZIEGENHALS, selon Mr. Corneille [p] & ZIEGENHAUS selon Jaillot [q] ; Ville d'Allemagne, dans la Silésie, & dans la Principauté de Neisse, sur la Bila, à deux, ou trois lieues communes d'Allemagne, au Midi de la Ville de Neiss.

ZIEGENHEIM, Ville d'Allemagne [r], dans le Bas-Landgraviat de Hesse. Cette petite Ville située sur la petite Riviére de Schwalm est assez jolie & le Chef-lieu d'un Comté auquel elle donne le nom.

Le COMTE DE ZIEGENHEIM est enclavé dans le Bas-Landgraviat. Frédéric, fils de Louïs *le Dur*, Landgrave de Thuringe, l'eut en partage des biens de la Succession de son Pere

[k] No. 198.
[l] In Onomast. Subman.
[m]
[n] Hist. Descr. du Royaume de Hongrie, 1688. p.
[o] Thesaur.
[p] Dict.
[q] Atlas.
[r] D'Audifred, Géogr. t. 3.

Pere en 1173.; sa postérité en jouit jusqu'à Jean fils pe Geoffroy qui mourut sans enfans en 1453. Louis *le Pacifique* Landgrave de Hesse en hérita. Les Comtes de Hohenloe lui disputérent cette Succession, comme héritiers d'Elisabeth de Hanau, fille d'Ulrich, Comte de Hanau, & d'Elisabeth de Ziegenheim, sœur de Jean. L'affaire fut portée à la Diéte de Worms & jugée en faveur des Landgraves de Hesse qui en ont depuis joui. Les Lieux les plus remarquables de ce Comté sont Ziegenheim, Treysa, Gemund sur le Wecht, Neukircken, Schwartzemborn & le Monaſtère de Hayna.

a Dict.
b Atlas.

ZIEGENRUCK, selon Mr. Corneille [a], & ZIGENRICK, selon Jaillot [b]; Ville d'Allemagne, au Marquisat de Misnie, au bord & à la droite de la Sala, environ à une lieue au-dessous de l'Embouchure de la petite Rivière de Wiſenthal.

ZIELA, Voyez ZELEJA.

c Lib. 6. c. 7.

ZIGÆ, Peuples de la Sarmatie Asiatique. C'est Pline [c] qui en parle. Comme ils habitoient au bord du Tanaïs, divers Géographes ont eu tort de vouloir les confondre avec les *Zygi* de Strabon, & avec les *Sindi* de Pline & de Ptolomée, qui avoient leur demeure au bord du Pont-Euxin.

d Gregor. Nyſſenus, Orat. in 40. Martyr. p. 107.

ZIGANA, Lieu de l'Arménie. Il est marqué dans l'Itinéraire d'Antonin sur la route de Trapezunte à Satala, entre *ad Vicentesimum* & *Thia*, à trente-deux milles du premier de ces Lieux, & à vingt-quatre milles du second. Dans cet endroit la Table de Peutinger, au lieu de *Zigana* met un Lieu nommé *Frigidarium*; ce qu'il y a de certain [d], c'est que ce Quartier de l'Arménie est très-froid. Il se trouve presque toujours couvert de neiges : on n'y voit ni Printems, ni Automne ; & la Vigne ne sauroit y croître. La Notice des Dignitez de l'Empire fait mention de ce Lieu; mais elle écrit ZIGANNE, au lieu de ZIGANA.

ZIGANNE. Voyez ZIGANA.

e Dict.

ZIGEA, Isle de la Basse-Hongrie, dans la Croatie, au Comté de Zagrab, selon Mr. Baudrand [e], qui cite Lazius. Cette petite Isle est formée par la Save, entre la Ville de Zarab & celle de Sisseck. On l'appelloit anciennement SEGESTICA. Voyez ce mot.

f Lib. 4. c. 3.

ZIGEIRA, ou ZIGIRA, Ville de l'Afrique propre. Elle est mise par Ptolomée [f] au nombre des Villes situées entre la Ville de Thabraca, & le Fleuve Bagrada.

g Lib. 4. c. 11.

ZIGERE, Ville de la Thrace. Pline [g] la place dans les terres, & au voisinage de la Basse-Mœsie. Il ajoute que c'étoit une des Villes des Scythes Arotéres, qui s'étoient établis dans ce Quartier.

ZIGETH, Ville de la Basse-Hongrie. Voyez SIGETH.

ZIGGENSIS. Voyez ZICENSIS.

1. ZIGIRA. Voyez ZIGEIRA.

h Lib. 6. c. 1.

2. ZIGIRA, Ville de l'Assyrie: Ptolomée [h] la place vers le Nord, & à une grande distance du Tigre.

i Tom. 5. p. 147.

ZIJE-RAES, Corneille le Bruyn [i] écrit ainsi le nom de la Ville de Chiras.

ZIKA, Bourgade de la Basse-Hongrie, selon Lazius cité par Mr. Baudrand, qui la place sur la Sarwitza, entre Albe Royale & Sarwar. On la prend pour l'ancienne *Magniana* de Ptolomée, & pour la *Mogetiana*, ou *Mogentiana* de l'Itinéraire d'Antonin.

k Dapper, Afrique, p. 159.

ZILEF, ou ZILIE, Fleuve d'Afrique [k] dans la Barbarie, au Royaume d'Alger. Ce Fleuve que l'on prend pour le *Cartene* des Anciens, est grand & sort du Mont Gnanecexis; & descendant par des Plaines desertes, il se va jetter dans la Mer, à l'Orient de Mostagan, sur les Frontières de Trémecen & de Tenez. Les deux bords de ce Fleuve sont peuplés d'Arabes riches & vaillans, qui peuvent mettre en Campagne deux ou trois mille Chevaux.

ZILEIA. Voyez SILOES.

ZILIA. Voyez ZILIS.

ZILIS, Ville de la Mauritanie Tingitahe, près la Côte de l'Océan Atlantique. L'Itinéraire d'Antonin la marque à vingt-quatre milles de Tingis, entre *Tabernæ*, & *ad Mercuri*; à quatorze milles du premier de ces Lieux & à six milles du second. C'est la Ville que Strabon nomme ZELES. Voyez ce mot. Elle est appellée ZILIA par Ptolomée [l] qui la place dans les terres, au bord d'un Fleuve de même nom. Elle ne devoit pas être éloignée de la Mer ; car Pline [m] la met sur la Côte de l'Océan in *Ora Oceani*. Il nous apprend outre cela que c'étoit une Colonie établie par Auguste, & qu'on la nommoit JULIA CONSTANTIA ZILIS. Selon le même Auteur elle étoit exempte de la Jurisdiction des Rois de Mauritanie, & dépendoit de l'Espagne Bétique. Une Inscription rapportée dans le Tresor de Goltzius fait mention de cette Ville sous ce titre *Col. Constantia Zili Augusta*. Cette Ville retient encore aujourd'hui son ancien nom; car on veut que ce soit aujourd'hui *Arzila*, nom augmenté de l'Article des Arabes. Quant à ce que dit Strabon [n], qu'on l'appella JULIA JOZA, voyez au mot JULIA les Articles JULIA TRADUCTA.

l Lib. 4. c. 1.
m Lib. 5. c. 1.
n Lib. 3. p. 140.

ZILMISSUS, Colline de la Thrace. Macrobe [o] dit qu'il y avoit sur cette Colline un Temple dédié au Dieu *Sebadius*. Cotelius [p] remarque que Gyraldus [q] lit *Cilmiſſus* au lieu de *Zilmiſſus*.

o Saturnal. L. 1. c. 18.
p Thesaur.
q Syntag. 8. Deor.

ZIMARA, Ville de la Grande Arménie, selon Solin, qui la place au pied du Mont Capotes, où l'Euphrate prend sa source. On lisoit ci-devant dans les Exemplaires imprimez de Pline [r] ZIMYRA, ou ZIMIRA; mais, comme l'a remarqué le R. Pere Hardouin, c'étoit une faute insigne; car Simyra est une Ville de Syrie au bord de la Mer Méditerranée. La correction que ce savant Religieux a faite est appuyée sur les meilleurs MSS. qui lisent *Zimara*. C'est ainsi qu'écrit Ptolomée [s], qui marque *Zimara* dans la Petite Arménie, au bord de l'Euphrate; mais [7] assez loin de la source de ce Fleuve. Tout cela s'accorde avec les Itinéraires. Celui d'Antonin met *Zimara* dans la Petite Arménie sur la route de Satala à Mélitène en prenant le long du rivage, dans cet ordre:

r Lib. 5. c. 24.
s Lib. 5. c. 6.
7

Analiba
Zimara   M. P.   XVI.
Teucila   M. P.   XVI.

Sabus

ZIM. ZIN.   ZIN. ZIO.

| Sabus | M. P. | XXVIII. |
| Dafcufa | M. P. | XVI. |

Dans la Table de Peutinger on trouve:

Simara	XVIII.
Zenocopi	XVIII.
Vereufo	XLI.
Saba	XVIII.
Dafcufa	XVIII.

Une chofe en quoi ces Auteurs ne conviennent pas, c'eft le nombre des milles. L'Itinéraire d'Antonin compte foixante milles de Zimara à Dafcufa, la Table de Peutinger met foixante-fept milles, & veut qu'il y ait foixante & quinze milles.

ZIMARUM. On trouve ce mot dans quelques Editions de Dictys de Créte [a], & Ortelius [b] en a conclu que c'étoit un Lieu maritime entre l'Ifle de Crète & le Pays des Lotophages; ce qui feroit une pofition bien vague. Mais cela ne doit pas fans doute nous embarraffer; car les meilleures Editions de Dictys de Crète, au lieu de *Zimarum*, lifent *Ifmarum*, & comptent cette Ville pour un des Lieux où Ulyffe aborda.

[a] Lib. 6.
[b] Thefaur.

ZIMBRE, Ifle de la Mer Méditerranée, près de la Côte du Royaume de Tunis, felon Jovin de Rochefort cité par Mr. Corneille [c]. Elle eft éloignée du Cap de Bon de quinze milles, & de quarante-une milles de la Goulette, qui eft le Port de Tunis, quoique la Goulette en foit à plus de vingt milles. Cette Ifle eft inhabitée; mais on y trouve de bonne eau; ce qui fait que plufieurs Vaiffeaux y relâchent pour fe rafraîchir.

[c] Dict.

ZIMIRI, Contrée de l'Ethiopie : Pline [d] après avoir dit que cette Contrée eft fablonneufe, remarque qu'on y trouve une forte de Pierre d'Aimant furnommée *hæmatites*, à caufe qu'elle étoit rouge comme du fang.

[d] Lib. 36.
[16.]

ZIMYRA, Ville de l'Arie, felon Ptolomée [e].

[e] Lib. 6. c. 17.

ZIN. Ortelius [f], qui cite Sérapion, dit: Lieu dont les Habitans font appellez *Mihéræ*, & où l'Ambre croît dans la Mer.

[f] Thefaur.

ZINARA, ZINIRA, ou ZINARA, Ifle de l'Archipel, à quelque diftance de celle de Lero, du côté de l'Occident felon Dapper [g]. C'eft l'Ifle *Cinyré* de Pline. Mr. Baudrand [h] qui la met environ à cinq lieues de l'Ifle de Morgo, ou Amorgos, du côté de l'Orient, dit qu'elle étoit autrefois peuplée; mais qu'elle eft préfentement déferte.

[g] Defcr. de l'Archipel, p. 183.
[h] Dict.

ZINCHA, Ville d'Afrique: Strabon [i] la compte parmi celles qui furent détruites durant la guerre de Céfar contre Scipion.

[i] Lib. 17. p. 831.

ZINCHI, ou ZICCHI; car le Grec porte Ζικχοι, Peuples de la Sarmatie Afiatique au bord du Pont-Euxin. Arrien [k] nous apprend que le Fleuve Acheunte féparoit les *Zinchi* des *Sanichæ*. Il ajoute que le Roi des *Zicchi* étoit Stachemphax, qui devoit fa dignité à l'Empereur Adrien.

[k] Peripl. p. 19.

ZINDI & JAMNE. Le Livre des propriétez des Elémens attribué à Ariftote, mais qui pourroit bien être l'Ouvrage de quelque Arabe moderne, donne les noms de ZINDI & de JAMNE à deux Contrées d'un Climat chaud, où les hommes font noirs & ont les cheveux crépus. On voit affez qu'il eft queftion du Pays de Zend & de quelque Contrée voifine. Voyez ZEND.

ZINGAN, Lieu de Perfe [l] fur la route de Casbin à Ardevil, entre Karaboelag, & Muhul. Il y a à Zingan un Caravanferay: ce n'eft d'ailleurs qu'un miférable Village qui n'a rien de remarquable.

[l] Corn. le Bruyn, Voyages, t. 5. p. 204.

ZINGANES, Peuples des Indes. Ils habitent, felon Mr. Thevenot [m], au voifinage du Sindy, où Sinde, & volent la plûpart des Barques qui y vont ou qui en viennent. Ils font Sujets de l'Empereur du Mogol, qui ne laiffe pas de leur faire fouvent des prefens, pour les obliger de s'abftenir d'exercer leurs pirateries; ce qui n'empêche pas qu'ils ne volent continuellement, & qu'ils ne faffent de nouvelles prifes.

[m] Voyage du Levant, c. 2.

ZINHAGIENS, ou ZANHAGIENS. Voyez ZANHAGIENS.

ZINGI. Voyez SINDI.
ZINGIDUNUM. Voyez SINGIDUNUM.
ZINGIS. Voyez ZENGIZA.
ZINIS. Voyez JUSTINOPOLIS.

ZINZEL, Rivière de France, dans la Baffe-Alface. Elle prend fa fource dans les Montagnes de la Lorraine, près de la Petite Pierre, paffe à Doffenheim, arrofe la Ville de Neuviller, & tombe dans la Sour, ou Soor, à un quart de lieue au-deffous de Stimbourg. C'eft le cours que les Auteurs du Dictionnaire de la France donnent à cette petite Rivière. Ils ne s'accordent pas avec Mr. de l'Ifle [n] qui place Doffenheim & Neuviller fur deux Rivières différentes qui ne fe joignent qu'après avoir mouillé ces deux Lieux.

[n] Carte de la Baffe-Alface.

ZINZICH, Bourg d'Allemagne [o], au Duché de Juliers, fur le Rhein, à l'endroit où ce Fleuve reçoit l'Ahr, à trois lieues au-deffous de Bonn, & prefque vis-à-vis de Lintz.

[o] Jaillot, Atlas.

ZIOBERIS, Fleuve d'Afie dans l'Hyrcanie. Quinte-Curce [p] décrit ainfi ce Fleuve. Il y a dans une Vallée qui eft à l'entrée de l'Hyrcanie, une Forêt de haute Futaye arrofée d'une infinité de Ruiffeaux, qui tombant des Rochers voifins engraiffent toute la Vallée. Du pied de ces Montagnes defcend le Fleuve Zioberis, qui, par l'efpace de quelques trois Stades coule tout entier dans fon lit, puis venant à fe rompre contre un Roc, fe fend en deux-Bras, & fait comme une jufte diftribution de fes eaux. De là venant plus rapide, & fe rendant toujours plus impétueux par la rencontre des Rochers qu'il trouve dans fon chemin, il fe précipite fous terre, où il roule & fe tient caché durant la longueur de trois cens Stades. Après il vient comme à renaître d'une autre fource, & fe fait un nouveau lit plus fpacieux que le premier, car il a treize Stades de largeur; puis après s'être encore refferré dans un canal plus étroit, il tombe enfin dans un autre Fleuve nommé Rhydage. Les Habitans du Pays, continue Quinte-Curce, affuroient que tout ce qu'on jettoit dans la Caverne, où le Zioberis fe perd, & qui eft plus proche de fa four-

[p] Lib. 6. c. 4.

source, alloit ressortir par l'autre Embouchure de cette Riviére; de sorte qu'Aléxandre y ayant fait jetter deux Taureaux, ceux qu'il envoya pour en savoir la vérité les virent sortir par cette autre Ouverture. Ce Fleuve est appellé STIBOETES par Diodore de Sicile [a], qui en donne une description semblable.

[a] Lib. 17. c. 77.

ZIONCELLUS, Fleuve de la Thrace [b], aux environs de Druzipara. Il est parlé de ce Fleuve dans la Vie de St. Aléxandre Martyr.

[b] Orteli Thesaur.

ZIPANGRI, Marco Paolo appelle ainsi le Japon, au troisième Livre de ses Voyages; & ce nom a beaucoup d'affinité avec celui de NIPON, qui est la principale des diverses Isles, dont est composé l'Empire du Japon, & que les Habitans du Tunquin & des Provinces Méridionales de la Chine nomment encore aujourd'hui SISPON ou ZIPON.

ZIPE, ou ZIEPE, Lieu des Pays-Bas, dans la Northollande. C'est proprement cette Pointe de la Northollande, ou Westfrise, qui est au Midi & vis-à-vis de l'Isle du Texel, & qui est mouillée d'un côté par l'Océan Germanique & de l'autre par le Zuyderzée.

1. ZIPH, Ville de la Palestine, dans la Tribu de Juda. Josué [c] compte la Ville de Ziph parmi celles qui étoient à l'extrémité de la terre des enfans de Juda, le long des frontiéres d'Edom, du côté du Midi. Dom Calmet [d] remarque que St. Jérôme dit que l'on montroit encore de son tems la Bourgade de Ziph, à huit milles d'Hébron, vers l'Orient. David [e] se retira dans le Desert de Ziph, & y demeura caché dans la Montagne de ce Desert, qui étoit fort couverte d'Arbres. Voyez ZIPHENE.

[c] Cap. 15. v. 24.
[d] Dict.
[e] 1. Reg. c. 23. v. 14. & 15.

2. ZIPH, Ville de la Palestine, selon Josué [f], qui la donne à la Tribu de Juda. Il place cette Ville de Ziph dans les Montagnes, aux environs de Maon & du Carmel.

[f] Cap. 15. v. 54.

3. ZIPH, Desert de la Palestine. Voyez ZIPH, N°. 1.

☞ Le Desert & les deux Villes de ZIPH tiroient apparemment leur nom de Ziph, ou Zipha fils de Jaléléel, de la Tribu de Juda, & dont il est parlé au premier Livre des Paralipomènes [g].

[g] Cap. 4. v. 16.

ZIPHAR, Montagne de l'Ethiopie intérieure, selon Ptolomée [h].

[h] Lib. 4. c. 9.

ZIPHENE, Josephe [i] nomme ainsi le Territoire de la Ville de Ziph. Etienne le Géographe écrit XIPHENE pour ZIPHENE, & cite le Livre sixième de l'Histoire des Juifs par Josephe. On sait que les Grecs ont souvent employé la lettre Ξ, au lieu de la lettre Z; mais ce qui est surprenant, c'est qu'Etienne le Géographe ait eu un MS. de Josephe, où il ait trouvé que le nom National étoit ΞιΦηναιος, tandis que tous les MSS. qui nous restent portent ΖιΦηνός.

[i] Ant. Lib. 6. c. 14.

ZIPOETIUM, Ville de l'Asie Mineure dans la Bithynie, selon Etienne le Géographe, qui dit qu'elle avoit été fondée par le Roi Zipoetus. Cette dernière circonstance donne lieu de croire, qu'Etienne le Géographe a pris cet Article dans Memnon, où on lit que Zipoetes fonda près du Mont Lyperus une Ville considérable, à laquelle il donna son nom. Je crois, dit Berkelius, qu'il n'y a que Memnon & Etienne le Géographe qui ayent parlé de cette Ville.

ZIPPORIS, nom que les anciens Rabbins [k] donnent à la Ville de Sefora, ou Saufori, ou plutôt Sephoris; car c'est ainsi qu'il la faut nommer. Cette Ville, si nous en croyons Josephe [l], étoit la plus forte de toute la Galilée, & sa situation avantageuse la faisoit regarder comme la Clef de cette Province. Hérode le Tetrarque, frere de Philippe, y ajouta plusieurs fortifications, & en fit la Capitale de la Galilée. Elle étoit sur une Montagne, & ce devoit être une belle Ville, comme on en peut juger par ses ruines, & par les morceaux de Colonnes & de Pilastres, parmi lesquels on en trouve quelques-uns d'entiers, de même qu'une Arcade, qui, à ce qu'on dit, est un reste de l'Eglise de St. Joachim. Il y en a qui croient que c'est-là l'ancienne Ville de Saffet. Quoi qu'il en soit, on a delà une agréable vûe sur la Vallée de Zabulon, & sur les Montagnes de Damas qui sont toujours couvertes de neige.

[k] Le Bruyn, Voyages, c. 2. p. 332.
[l] Bel. Jud. L. 3. c. 3.

Rabbi-Benjamin marque la situation de ZIPPORIS. Il dit qu'elle n'étoit éloignée de Jezréel que de trois Parasanges & de cinq de Tibériade. Lorsque les Romains portèrent la guerre dans la Judée, elle fut la dernière des Villes de cette Province qui se rendit à Tite. Le Pere Hardouin rapporte des Médailles de cette Ville frapées sous Domitien & sous Trajan avec ce mot ΣΕΠΦΟΡΗΝΩΝ, Sephorenorum. Dans la suite on appella cette Ville Diocéfarée: Geth in secundo Sephoriam milliario, quæ hodie appellatur Diocæsarea, euntibus per Tiberiadem, dit St. Jérôme, dans ses Questions Hébraïques. Hégésippe & Socrate disent la même chose.

ZIRA, ou ZEIRA. Voyez GIRA.

ZIRBAAD, Quelques-uns ont donné ce nom à la partie la plus Orientale des Indes, qui est appellée communément par les Européens la Presqu'Isle delà le Gange [m]. Ce Pays comprend; du côté du Septentrion, les Etats des Rois d'Ava & de Pégu: du côté du Midi ceux du Roi de Siam; & du côté de l'Orient les Royaumes de Tunquin & de la Cochinchine. Le mot ZIRBAAD signifie en Langage Indien, Pays sous le Vent. Les Géographes Hollandois dans la nouvelle Carte qu'ils nous ont donnée de ce Pays, ont appellé Mare Zirbaadad cette partie de l'Océan Indien, que nous connoissons depuis long-tems sous le nom de Golphe de Bengale, sur lequel une partie de ce Pays est située.

[m] Robbe, Géogr.

ZIRCHNITZ, Ville d'Allemagne dans la Basse-Carniole, à l'Occident Septentrional d'un grand Lac. On écrit indifféremment ZIRCHNITZ, CZIRNICZ, & CZIRNITZ. Cette Ville qui n'est composée que d'environ trois cens Maisons, donne son nom au Lac sur lequel elle est batie, qui est remarquable & qui fait l'Article suivant.

ZIRCHNITZERSEE, Lac d'Allemagne, dans la Basse-Carniole, vers les confins du Windischmarck, & au Nord de la Forêt appellée communément Byrpamerwaldt. Ce Lac a deux milles d'Allemagne de

ZIR.

de longueur sur un mille de largeur. Il est renfermé entre des Montagnes qui régnent tout à l'entour, quoiqu'elles soient néanmoins un peu éloignées. Du côté du Midi régne une partie de la Forêt de *Birnbaumer*, qui est d'une grande étendue & dans laquelle on trouve un grand nombre de Cerfs, de Sangliers, de Renards, de Loups & d'Ours.

On voit tous les ans pendant le mois de Juin les eaux de ce Lac descendre sous terre par plusieurs grands trous qui sont au fond, & revenir ensuite par ces mêmes trous pendant le mois de Septembre. L'eau remonte bien plus vîte qu'elle ne descend, & elle couvre bien-tôt toute la terre qu'elle tenoit auparavant. Si-tôt qu'elle est écoulée la terre produit beaucoup d'herbes, qui servent à nourrir le Bétail en Hyver; & c'est dans ce même tems que les Liévres, les Cerfs & les Sangliers, viennent de tout le Pays des environs, sur-tout de la Forêt de *Birnbaumer*, pour habiter ces terres desséchées, où le Peuple en prend un grand nombre.

Le LAC DE ZIRCHNITZERSE'E fournit beaucoup de Poisson; mais on n'oseroit y pêcher qu'avec permission du Prince d'Eckenberg qui en est le Seigneur, aussi-bien que de la plus grande partie du Pays des environs. Cependant tout le monde peut pêcher avec liberté dans le tems que l'eau s'en va sous terre. Pour cet effet on se met dans l'eau tout près des trous, & on empêche le poisson de passer. On en prend ainsi une grande quantité, qui autrement suivroit l'eau sous terre & ne reviendroit point dans le Lac avant le mois de Septembre. On ne dit point que l'eau en revenant apporte avec elle quelques Poissons extraordinaires; & il n'en revient que de l'espéce de ceux qui sont partis, comme des Carpes, des Tanches, des Anguilles, & de tous les autres Poissons qu'on trouve communément dans les autres Lacs. Si ce n'étoit la défense qu'il y a de pêcher en tout autre tems, on y perdroit plus qu'on n'y gagneroit à prendre le Poisson à son départ; car lorsqu'il revient il est bien meilleur & en plus grand nombre, au lieu qu'il passe sous terre dans le tems qu'il vient de faire ses œufs, tems où il est moins délicat.

Comme la terre qui est sous ce Lac est fort inégale, il y a des endroits où l'on ne trouve que quatre pieds d'eau, & d'autres qui ont jusqu'à quinze aunes de profondeur. Cela forme comme des Montagnes & des Vallées. Les Poissons cherchent plutôt celles-ci que les endroits élevés; & les Pêcheurs qui les savent connoître, ne s'y trompent pas. Ces sortes de Vallées sont au nombre de sept. On leur a donné à chacune un nom particulier, que voici en Sclavon, qui est la Langue du Pays:

Vodanas,	Ribishkiama,
Reshetu,	Naknishu,
Sitarza,	Levishe,
	Kottel.

[a] Voyage de Vienne, &c. p. 182.

Edouard Brown [a] qui me fournit cet Article dit avoir vu dans une de ces Vallées u-

ZIR. 495

ne pierre fort estimée dans le Pays & qu'on nomme *la Pierre des Pêcheurs*. Ils peuvent conjecturer en la voyant si l'eau descendra bien-tôt. Il ajoute qu'il s'approcha d'une Montagne qui devient une Isle fort agréable si-tôt que l'eau est haute.

Les habitans du Pays ne peuvent pas dire que ce Lac ait jamais manqué à faire descendre ses eaux sous terre, & à les faire ensuite revenir. Ils n'ont même aucune tradition qui leur apprenne si ce Lac a été de tout tems sujet à cette révolution, ou s'il à commencé à l'avoir par quelque changement arrivé dans l'état des Lieux. Il y a des Lacs qui se forment par quelque tremblement de terre; mais il est assez probable que celui-ci a toujours subsisté; &, autant qu'on peut le conjecturer c'est le Lac que Strabon appelle *Lugea Palus*; mais ce qui pourroit donner quelque surprise, c'est que les Anciens n'ont du tout point parlé de cet événement admirable, dont je laisse aux Naturalistes à chercher la cause. Je me contenterai de remarquer que la Mer la plus proche de ce Lac est celle que les Latins ont appelée *Sinus Tergestinus* & *Sinus Flanaticus*, le Golphe de Trieste, ou le Golphe de Quevero; & qu'il y a plusieurs Riviéres qui tirent leurs sources de ces Quartiers-là, comme celle de *Labach*, celle de *Corcoras*, ou *Gurck*, celle de *Colapis*, ou *Gulp*, celle de *Vipao*, ou *Annis frigidus*, & autres qu'il seroit trop long de nommer. Le Sr. Edouard Brown ne put apprendre si toutes ces Riviéres tiroient leurs sources de ces trous dans lesquels le Lac s'écoule; mais il a remarqué qu'autour de ce Lac la terre est très-creuse & pleine de cavernes, & que dans divers autres endroits de la Carniole, on trouve plusieurs trous aussi grands que celui d'Elden, dans la Province de Darby, en Angleterre. Un Prince d'Eckenberg eut, dit-on, un jour la curiosité d'entrer dans un de ces trous, & il en sortit par le côté d'une Montagne.

ZIRIC-ZE'E, Ville des Pays-Bas, dans la Province de Zélande, & la Capitale de l'Isle de Schouwen, nommée en Latin. *Scaldia*, nom qui lui a été donné, à cause de sa situation à l'Embouchure de l'Escaut. On veut dans le Pays que Ziric-zée ait commencé sous le régne de Lothaire [b], vers le milieu du neuviéme Siécle, & qu'elle ait été bâtie & entourée de murailles en 859, par un nommé Ziringus, dont elle a tiré le nom; mais tout cela n'est point appuyé sur des témoignages bien authentiques. On voit seulement, que Baudouin de l'Isle, Comte de Flandres, fit bâtir vers le milieu de l'onziéme Siécle un Palais à Ziric-zée; & qu'elle passoit pour la principale Place de Zélande lorsqu'elle fut attaquée inutilement en 1303 par Guy de Dampierre Comte de Flandres, qui l'année suivante y fut battu & fait prisonnier par les Zélandois secourus par la Flote de France, commandée par Roger de Lauria, Amiral de Philippe le Bel. En 1576. Ziric-zée fut prise par Louïs de Requesens, Grand Commandeur de Castille, & Gouverneur Général des Pays-Bas, après un Siége de sept mois soutenu par Arend van der Dorp, Commandant

[b] Longuerue, Descr. de la France, 2. Part. p. 25.

dant de la Place. Les Espagnols sous la conduite de Chiapin Vitelli, Marquis de Cetone, & de Christophle de Mondragon y firent alors une action remarquable. Ils passèrent à gué les Canaux de la Mer qui séparent l'Isle de Schouwen d'avec celle de Duveland, & quoiqu'ils eussent souvent de l'eau jusqu'aux épaules & que les Ennemis les attendissent de pied ferme de l'autre côté du rivage, ils ne laissèrent pas de passer, de prendre terre, & de repousser les Zélandois, dont l'Amiral (*Louïs de Boisot*) fut tué. Comme après la mort du Commandeur de Requesens, qui arriva la même année, les Espagnols en garnison à Ziric-zée se mutinérent faute de payement, & abandonnérent la Place pour se retirer en Brabant, les Etats s'en emparérent de nouveau, & la mirent ensuite en très-bon état de défense.

Sous les Princes des Maisons de Bourgogne & d'Autriche cette Ville céda le premier rang à Middelbourg, qui s'étoit accrue & étoit devenue fort riche, par la décadence du Négoce de Ziric-zée, dont les sables avoient comblé le Port. Cependant celle-ci, par la vigilance, & par l'industrie de ses Habitans, ne laisse pas d'être encore fort Marchande. Elle est assez jolie & bien peuplée. Les fortifications qui la défendent sont bonnes, & le débit du sel & du poisson y est fort considérable. Son Eglise principale a été dédiée autrefois à St. Livin. Albert de Bavière y fonda en 1378. un Chapitre de vingt-quatre Chanoines. Il y avoit avant la Révolution arrivée dans la Religion du Pays six belles Maisons Religieuses, savoir un Prieuré de l'Ordre de Citeaux, fondé en 1470. par des Religieux de l'Abbaye de St. Sauveur à Anvers, une Maison de Dominicains fondée en 1260. un Couvent de Récollets, fondé en 1482. une Maison d'Augustins, une de Religieuses Hospitaliéres, & une belle Chartreuse fondée en 1420. par Jean Livin & par la Dame de Zeyl son Epouse. On y voyoit encore un Beguinage, & les restes d'une Commanderie de Templiers.

Le savant Pierre Peckius, Docteur en Droit dans l'Université de Louvain, puis Conseiller au Parlement de Malines, étoit né à Ziric-zée. Il mourut en 1589. laissant Pierre Peckius son fils héritier de son nom, de sa science & de ses biens.

ZIRIDAVA, Ville de la Dace selon Ptolomée [a]. Le nom moderne est Scaresten, si nous en croyons Lazius [b].

a Lib. 3. c. 8.
b 12. Resp. Romana.

ZIRINIA. Voyez ZEIRINIA.

ZIRKEES, Village des Indes, dans la Province de Guzurate, à une lieue & demie de la Ville d'Amadabat [c]. Ce Village est célèbre par un beau Sépulcre qu'on y voit, & qui est l'Ouvrage d'un Roi de Guzurate, qui le fit bâtir en mémoire d'un Kasi, qui avoit été son Précepteur, & que plusieurs prétendus miracles, faits après sa mort, ont rendu fameux. Tout le Bâtiment, dans lequel on compte jusqu'à quatre cens quarante Colonnes de la hauteur de trente pieds, est de Marbre, aussi-bien que le pavé, & sert de Tombeau, à trois autres Rois qui ont voulu y être enterrez avec

c Mandeslo, Voyage de Perse aux Indes Or. p. 83, Ed. 1727.

avec leurs familles. A l'entrée de ce superbe Tombeau est une grande Citerne, pleine d'eau & fermée d'une muraille qui est percée de tous côtez de plusieurs fenêtres. Les Mahométans de ces Quartiers-là y vont faire des Pélerinages. C'est dans le Village de Zirkées que se fait le meilleur Indigo du Pays. A une lieue de là, il y a un grand Jardin, accompagné d'une belle Maison, que le Grand Mogol Chou-Chimauw, fit faire en mémoire de la Victoire qu'il remporta dans ce lieu-là sur le Sultan Mahomet Begeran, dernier Roi de Guzurate, & après laquelle il unit ce Royaume à ses autres Etats.

ZIRMA, Fleuve d'Asie vers l'Hyrcanie; car Agathias [d] le place aux environs des Monts Carduchi.

d Lib. 4. sub finem.

ZIRONA, Isle du Golphe de Venise, sur la Côte de la Dalmatie, & de la dépendance du Comté de Traw. Cette Isle, qui n'est pas grande, est placée par le Pere Coronelli [e], entre les Isles de Bua, de Solta, Olynta & de Pianca; au Midi Occidental de la première, à l'Occident Septentrional de la seconde, & à l'Orient de la troisième.

e Carte de la Dalmatie.

ZIS. Voyez ZIZ.

ZISPERHAUS [f], Zapolia; Ville de la Haute-Hongrie, au Comté de Scépuze.

f Hist. & Descr. de la Hongrie, Ed. 1688.

ZITÆ; Peuples, dont il est parlé dans l'Histoire Miscellanée [g], qui paroît les placer au voisinage de la Bulgarie.

g Lib. 22.

ZITHA, Ville de la Mésopotamie: Ptolomée [h] la compte parmi les Villes situées au bord de l'Euphrate, & la place entre *Banabe* & *Bæthauha*. Elle est appellée *Sitha* par Zosime [i].

h Lib. 5. c. 18.
i Lib. 3. c. 15.

ZITHIUM. Voyez ZOITHIUM.

ZITHUNIUM. Voyez ZETUNIUM.

ZITRACHA, ZITRACH, ou ZITRACHAN. Voyez ALBANIE, N°. 1.

ZITTAU, Ville d'Allemagne [k], au Marquisat de la Haute-Lusace sur la Neïs à quatre lieues au-dessous de Gorlitz sur la Frontière de Bohême. Wenceslas Roi de Bohême la fit aggrandir en 1253. & la fit entourer de murailles en 1255. Elle est renommée pour sa bonne Biére.

k D'Audisfred, Géogr. t. 3.

ZITURON, Lieu de la Perse. Il en est parlé dans l'Histoire Miscellanée [l] qui la met au voisinage de Ctésiphonte. Elle est nommée *Ciasur* dans Cédrène.

l Lib. 18.

1. ZIZ, ou ZIS, Montagnes d'Afrique [m], dans la Barbarie, au Royaume de Fez. C'est une chaîne de quinze Montagnes froides & rudes, qui prennent leur nom de la Riviére de Ziz qui en sort, & bordent la Province de Fez du côté du Mont Atlas. Elles commencent vers le Couchant à la Province de Tedla dans le Royaume de Maroc, où la Montagne de Dédès le sépare de celui de Fez, & elles s'étendent jusqu'aux confins de Mezetalça. La Province de Sugulmesse les borne au Midi: au Nord elles ont les Plaines d'Ecdesçen & de Gureygure; de sorte qu'elles peuvent avoir trente-cinq lieues du Levant au Couchant, sur quatorze de largeur. Elles sont peuplées de Zénégues, vaillans & barbares, si endurcis au froid, que parmi tant de neiges & de glaces, ils ne s'habillent pas plus chaudement que les autres Bérébéres, excepté qu'ils

m Marmol, Afrique, L. 4. c. 119.

Z I Z.　　ZIZ. ZMI. ZMY. ZNA.

qu'ils portent des bottines de cuir, & s'entortillent les jambes de haillons, lacez avec des cordes; mais ils vont tête nue toute l'année. Ils sont grands voleurs, & ont toujours guerre avec les Arabes, dont ils vont enlever la nuit les Troupeaux dans la Plaine; aussi celui que les Arabes rencontrent paye pour tous & est bien-tôt mis en pièces. Leurs Montagnes sont toutes couvertes d'herbes; mais il y a peu de bois. On y trouve une si grande quantité de Couleuvres qu'elles vont par les Maisons, comme les Chiens & les Chats: elles s'approchent lorsqu'on mange, afin qu'on leur jette quelque chose, & ne font aucun mal à moins qu'on ne les attaque. Il y a plusieurs Villages dont les Maisons sont faites de bois, ou de cloisons enduites de terre & de plâtre, & couvertes de paille; mais les plus riches ont des Cabanes de nates de jonc. Ils nourrissent quantité de menu Bétail, & trafiquent à Fez & à Sugulmesse, où ils portent de la laine & du beurre & menent des Asnes & des Mules ; mais ils ne vont point à la derniere de ces Villes que les Arabes ne se soient retirez dans les Deserts, parce qu'ils leur feroient un mauvais parti, & quelquefois ceux-ci envoyent devant leurs tentes & leurs Troupeaux & attendent les Zénegues au passage pour se venger de leurs larcins. Ceux-ci sont robustes, & si brutaux qu'ils ne demandent ni ne donnent la vie dans le combat. Ils lancent des dards dont ils sont aussi asseurez que s'ils tiroient avec des Arbalêtes. Ils font autant d'effet & ils ont même cela quelques Arquebuses. Ils sont plus de trente mille combattans, tous gens de pied, & battent toujours les Arabes dans les Montagnes, comme ils en sont battus dans la Plaine, parce qu'ils n'ont point de Cavalerie ; mais le Commerce les oblige quelquefois à faire Trêve. Toutes les Caravanes qui passent dans ces Montagnes leur payent Tribut pour chaque charge de Chameau, & tout ce qui passe sans transport est détroussé. Il y a deux de leurs Montagnes qui ont des Mines d'argent, savoir celles d'Aden & d'Arucanez ; mais ces Mines leur apportent peu de profit. On y voit encore les ruïnes d'une Ville appellée Calaat-Abeh-Tavyla, & dont les murs sont de bois lié avec du plâtre. Il y demeure quelques pauvres gens.

2. ZIZ, ou Zis, Riviére d'Afrique, dans la Barbarie & qui sépare en partie le Royaume de Fez de celui de Trémecen. Elle a sa source dans les Montagnes des Zénegues, & après avoir passé par la Ville de Garciluyn, & par les Etats de Quinena, de Matagara & de Reteb, elle va mouiller Sugulmesse, & delà elle se rend dans les Deserts, où elle se convertit en un Lac. Dapper [a] dit que la Riviére de Ziz sort d'une Montagne de l'Atlas, qui porte le même nom, & que prenant son cours entre des Montagnes, elle arrose les Pays dont il vient d'être parlé, passe près du Fort de Suahila & va se jetter dans un Lac, entouré de tous côtez de sablons.

[a] Afrique, p. 204.

3. ZIZ, ou ZEZ, Riviére d'Afrique, dans la Barbarie, au Royaume d'Alger. Elle traverse la Province de Trémecen du Midi au Nord, en serpentant, & va se jetter dans la Mer Méditerranée, près de Tebcerita, où elle prend le nom de Sirut. Son Embouchure est marquée par Marmol[b] à six lieues à l'Orient d'Oran. Il ajoute[c] que cette Riviére traverse les Campagnes de Ciret.

[b] Afrique, t. 2. L. 5. c. 11.

ZIZA, Ville de l'Arabie Pétrée: Ptolomée[e] la marque dans les terres. Il est fait mention de cette Ville dans la Notice des Dignitez de l'Empire.

[e] Lib. 5. c. 17.

ZIZARA, Etienne le Géographe dit que la Ville de *Larissa*, en Syrie, étoit nommée ZIZARA par les Habitans du Pays.

ZIZERS, en Latin *Ciceronium*[d], Bourg des Grisons, dans la Ligue de la Caddée, & dans la Communauté des quatre Villages, à la droite du Rhein. C'est un gros Bourg, dans la Paroisse duquel il y a un bon Bain d'eau minérale, qui charrie des paillettes d'Argent & de Cuivre, du Vitriol, de l'Alun & autres Minéraux. Il passe pour être propre à la guérison de divers maux. On l'appelle *Friewis-bad*. On voit dans Zizers un beau Palais nouvellement bâti qui appartient à Mrs de Salis; & dans l'Eglise il y a quelques-uns de leurs Tombeaux en marbre.

[d] Délices de la Suisse, t. 4. p. 47.

ZIZERUS, Riviére & Port de l'Inde, selon la plûpart des Exemplaires imprimez de Pline[e] où on lit: *Secuta ætas propriorem cursum tutioremque indicavit, si ab eodem Promontorio Zizerum amnem, Portum Indiæ peteret*; mais Pintaut, & le Pere Hardouin ont jugé sur la foi des anciens MSS. qu'il faloit lire *Zigerum Portum Indiæ*, & retrancher absolument *Amnem*, qui ne se trouve point dans les MSS. qu'ils ont consultez. Le P. Hardouin même veut qu'on lise *Zigerum* au lieu de *Zizerum*; & Pintaut conjecture que ce Port *Zizerus* est le même que Pline un peu plus bas appelle *Muziris, primum emporium Indiæ*, & qui est nommé *Muziris*, & *Modiris* dans Ptolomée[f]. Le nom moderne du Port *Muziris* est *Caul*, selon Molet, *Anor* selon Ramusio, & *Calecut* selon le Pere Hardouin.

[e] Lib. 6. c. 23.
[f] Lib. 7. & 8.

ZIZEUM, Lieu situé aux confins de la Colchide. Il devoit être au voisinage de la Ville *Theodorias*; car Agathias[g] dit que le Préfet Théodore, dans son expédition contre les *Zanni*, campa entre *Theodorias* & *Zizeum*.

[g] Lib. 5. ineunte.

ZIZIERE, Mr. Corneille[h] qui cite Davity[i] dit: Ville d'Assyrie sur le bord du Tigre. Quelques-uns la prennent pour Zigire de Ptolomée.

[h] Dict.
[i] Assyrie.

Z M.

ZMIRNA, Ville de la premiére Mœsie. C'est la Notice des Dignitez de l'Empire qui en fait mention.

ZMYRNÆI. Voyez SMYRNA.

Z N.

ZNAIM, ou ZNOYM; Ville de Bohême[k], au Marquisat de Moravie, sur la Teya, vers les Frontiéres de l'Autriche. Cette Ville est située à sept lieues communes d'Al-

[k] Taillot, Atlas.

498 ZOA. ZOA. ZOB. ZOC.

d'Allemagne de Brinn, & à dix lieues de Vienne. L'Empereur Sigismond y mourut en 1437. & les Suédois la prirent en 1645.

Z O.

ZOA. Voyez ZOES.

1. ZOAN. Voyez TANIS.

2. ZOAN, ou ZOVAN, Bourg d'Italie, dans l'Etat de Venise, au Bressan, près de la source de l'Oglio, selon Mrs. Corneille [a] & Maty [b]. Ce Bourg que je ne trouve point dans la Carte de Jaillot, quelque détaillée qu'elle soit, pourroit conserver quelques traces du nom des anciens *Suanetes*, Peuples de la Rhétie.

[a] Dict.
[b] Dict.

ZOANA, Ville de la Petite Arménie: L'Itinéraire d'Antonin la marque sur la route d'Arabissus à Satala, entre Tonosa & Gundusa, à vingt-cinq milles du premier de ces Lieux & à vingt-trois milles du second.

1. ZOAR, nom d'un Lieu, selon Suidas, qui ne le désigne pas plus particuliérement.

2. ZOAR. Voyez ZOARA.

1. ZOARA, ou ZOAR, Ville de Palestine. C'est la même que SEGOR, ou BALA. Voyez SEGOR. Etienne le Géographe fait de Zoara une Bourgade de la Palestine; & la Notice des Dignitez de l'Empire place Zoara sur le Lac Asphaltide; ce qui fait voir que cette Ville a subsisté long-tems. Egesippe [c] nomme cette Ville ZOARAS, & la comprend dans l'Arabie. Il y a apparence que c'est la même Ville que Ptolomée [d] appelle ZOARA, & qu'il place dans l'Arabie Pétrée. Cette Ville étoit dans le septième Siècle un Siège Episcopal [e] de la troisième Palestine, ou première Arabique dans le Patriarchat de Jérusalem.

[c] Lib. 4. c. 18.
[d] Lib. 5. c. 17.
[e] Commainville, Table des Evêchez.

2. ZOARA, selon Dapper [f] & ZAORAS, selon MARMOL [g]; Ville d'Afrique, dans la Barbarie, & de la dépendance de la Province de Tripoli. Cette petite Ville située sur la Côte est mise par Marmol à dix-sept lieues de l'Isle de Gelves du côté de l'Orient; & par Dapper à treize milles de cette Isle. Quoi qu'il en soit, Zoara est fermée de méchantes murailles, & habitée par de pauvres gens, qui font de la Chaux & du Plâtre qu'ils portent vendre à Tripoli, ou qui s'adonnent à la Pesche, & vont en course sur les Vaisseaux Turcs. Cette Ville a été fondée par les Africains, & étoit autrefois très-peuplée à cause d'un Port où l'on abordoit de tous côtez pour le Commerce. Ptolomée lui donne quarante & un degrez quinze minutes de Longitude, & trente & un degrez trente minutes de Latitude. Il la nomme Posidone. Elle fut ruïnée la première fois par Occuba avec Tripoli, & elle a été encore ruïnée plusieurs fois depuis. Bossat dans son Histoire de l'Ordre de St. Jean de Jérusalem [h], rapporte qu'en 1552. quelques Habitans de Zoara étant Esclaves à Malthe, promirent de conduire les Chrétiens sûrement jusqu'à leur Ville, si on vouloit leur rendre la liberté. Elle leur fut accordée, & on choisit le Prieur de Capoue, qui partit avec seize Vaisseaux, & environ

[f] Afrique, p. 200.
[g] Afrique, t. 2. L. 6. c. 42.

[b] Liv. 1.

trois cens Chevaliers. Ils descendirent à terre le 14. d'Août & attaquérent la Place avec tant de promptitude, que les Habitans surpris ne furent point en état de résister. Le Gouvernement de Tripoli charge Zoara de tant d'impôts que les Habitans de cette Ville sont fort misérables. Le bled y est si cher, qu'on estime un homme riche, quand il peut en avoir deux ou trois muids de provision. Leur Ville n'est plus même aujourd'hui qu'un méchant Village.

ZOARAS. Voyez ZOARA.

ZOBBEN, CZESEBEN, ZEBEN, ou CEBEN, Ville de la Haute-Hongrie, sur la Rivière de Tarza, au Comté de Scepuse. Elle fut prise sur les Mécontens en 1684.

ZOBELITZ, Ville d'Allemagne, dans la Haute-Lusace, selon Mr. Corneille [i], qui ne cite point son garant. Jaillot [k] qui écrit ZEBBLITZ, en fait seulement un Village sur la Rivière de Schops, entre Prybus & Baudissen.

[i] Dict.
[k] Atlas.

ZOBIDÆ, Peuple qui habitoit aux environs de la Carmanie, selon Etienne le Géographe qui cite Quadratus. Il habitoit apparemment une Contrée de la Parthie à laquelle Ptolomée donne le nom de *Sobidas*.

ZOBITES, Eusèbe, dans sa Préparation Evangélique, donne ce surnom à Elihu, fils de Barachel, qui est appellé dans le Livre de Job [l], BUZITES, de Buz Lieu de sa naissance. Cet Elihu est cet homme, qui voyant que les amis de Job n'avoient plus rien à lui répondre, se mit en colére contre eux, les accusa d'imprudence, & se vanta de son bon-sens & de sa sagesse.

[l] Cap. 32. v. 2. & 6.

ZOCATORA, ou ZOCOTORA, Isle située à l'entrée de la Mer Rouge [m], à 11. d. 40'. de Latitude Septentrionale. Elle a le Royaume de Caresen au Nord, & le Royaume d'Adel au Midi Occidental. Cette Isle peut avoir vingt-cinq lieues de longueur sur dix de largeur. Il y a par-tout de fort bonnes rades & des Bayes très-commodes pour la retraite des Vaisseaux, qui peuvent y être à couvert des vents. Elle est médiocrement peuplée, & dépend du Roi de l'Arabie Heureuse qui la fait gouverner par un Sultan. Ses Habitans sont petits, & plutôt maigres que gras, bazannez & endurcis au travail. Ils ne vivent que de poisson & de fruits, & sont fort sobres. Ils traitent avec beaucoup de douceur leurs femmes qu'ils achetent en Arabie, & ils ont même quelque respect pour elles; mais ils ne permettent point que les Etrangers les voyent. Ils sont adroits dans le Commerce & ils l'aiment, quoiqu'ils ayent peu de chose à vendre; & comme ils sont accoutumez à falsifier presque toutes les marchandises, ils se défient fort de celles qu'on leur apporte. Ils réduisent les Dattes en pâte, & s'en servent au lieu de pain. Il n'y a que fort peu d'Oranges dans l'Isle, & même elles sont assez mauvaises. On y cultive du Tabac, des Citrouilles & des Arbres de Cocos; mais en petit nombre, le fruit ayant de la peine à y venir, parce que le fonds est fort pierreux. Leurs principales richesses consistent en Aloës, dont ils recueillent

[m] De l'Isle, Atlas.

le

le Suc dans des veſſies, ou dans des peaux de Bouc, & ils le font ſecher au Soleil. Ils ont auſſi du ſang de Dragon & de la Civette que l'on y achete trois à quatre écus l'once; mais ceux qui ne connoiſſent point cette drogue parfaitement y ſont ſouvent trompez, parce que les Habitans de l'Iſle y mêlent de la graiſſe & d'autres ordures. Ils nourriſſent quantité de Civettes chez eux, mais ils ont fort peu de Volaille & point du tout de Gibier. Ils ont des Chameaux, des Aſnes, des Bœufs, des Vaches, des Moutons & des Chévres, qui ont le poil friſé ſur les cuiſſes, de la façon qu'on dépeint les Satyres. Le Bourg où le Sultan fait ſa réſidence s'appelle TAMARY, & eſt couvert d'un Fort éloigné de la Mer d'une portée de Canon, & accompagné d'une Redoute. Sur le Fort il y a quatre piéces de Canon. Les armes dont ces Peuples ſe ſervent ſont des épées larges, dont la poignée eſt fort grande; mais elles n'ont point de gardes. Ils portent auſſi à leur ceinture des poignards, dont la lame a plus de trois doigts de largeur vers la poignée; mais elle eſt fort étroite vers la pointe. Ils ſont curieux d'en garnir la poignée d'argent ou de cuivre. Leurs armes à feu ſont en mauvais ordre, quoiqu'ils ne laiſſent pas de les manier avec beaucoup d'adreſſe, auſſi-bien que les petites rondaches, dont ils ſe couvrent dans les combats. Les Navires y peuvent faire aiguade ſans peine, parce que l'eau fraîche, qui deſcend des Montagnes ſe dégorge dans la Mer comme une Riviére. Ils n'ont point de Bâteaux; mais ſeulement quelques Radeaux, dont ils ſe ſervent à la peſche, qui eſt fort bonne en cet endroit-là. Ils ont cela de commun avec les Arabes & avec les autres Mahométans, qu'ils ne mangent point de Porc. Dans Tamary il n'y a point de Moſquée, ni aucun autre Lieu, où ils puiſſent s'aſſembler pour faire leurs dévotions. Ils les font le matin & le ſoir, au lever & au coucher du Soleil, en lui faiſant de profondes révérences, portant les mains juſqu'à terre, & marmotant quelques paroles entre les dents; ce qu'ils font auſſi trois ou quatre fois le jour.

Cette Iſle eſt la *Dioſcuria*, *Dioſcorida*, ou *Dioſcoridis Inſula* des Anciens. On tient qu'Aléxandre le Grand la conquit à ſon retour des Indes, & qu'il la peupla de Grecs, pour qu'ils euſſent ſoin de cultiver la Plante dont ſe tire l'Aloès, qui eſt meilleur dans ce Pays-là qu'en aucun autre. Nous ſavons certainement qu'elle fut découverte par Fernand Bereyra, Capitaine Portugais, & qu'elle eſt l'appanage des fils aînez du Roi de l'Arabie Heureuſe. Le Sr. Thomas Rhoe, Ambaſſadeur d'Angleterre auprès du Mogol, dit dans ſes Mémoires en parlant de l'Iſle de Zocatora, qu'elle eſt habitée par quatre Nations différentes; ſavoir par des Arabes qui n'en ſont pas originaires, mais qui y paſſérent dans le tems que la conquête en fut faite par les Ancêtres du Sultan qui y régnoit lorſque cet Ambaſſadeur dreſſoit ſes Mémoires. Ceux-là baiſent la main au Sultan, lorſqu'ils ſe préſentent devant lui. La ſeconde ſorte d'Habitans eſt un Peuple traité en Eſclave, & qui baiſe les pieds au même Sultan, & travaille continuellement à ſon ſervice, & à préparer ſon Aloès. Les Bedouins, qui ſont la troiſième ſorte d'Habitans, ſont plus anciens dans le Pays que les autres. Le Roi de Zocatora a eu avec eux de longues guerres. Ils vivent dans les Montagnes, en grand nombre; & on les y laiſſe aujourd'hui en paix, à condition qu'ils éléveront leurs enfans dans la Religion de Mahomet, ce que toutefois ils ne font pas. On croit que ce ſont les anciens Chrétiens Jacobites. La quatrième ſorte de ces Inſulaires eſt un Peuple fort groſſier & miſérable, qui n'a point de demeure arrêtée, qui couche le plus ſouvent dans les Bois tout nud, tout défiguré, portant de longs cheveux; & n'ayant aucune communication avec les autres. Ils ne vivent que de racines, & la moindre choſe leur fait peur; de ſorte que leur vie eſt peu différente de celle des Bêtes brutes. Il y a grande apparence que ces Sauvages ſont les Habitans originaires de l'Iſle de Zocatora.

ZOCHAZA. Voyez MENZOCHAZA.

☞ ZODIAQUE, grand Cercle que les Aſtronomes & les Géographes conçoivent biaiſant en forme d'écharpe, entre les deux Poles du Monde, coupé à angles obliques de 23. degrez & demi par l'Équateur au commencement des Signes du Belier & de la Balance & auquel on donne une largeur de ſix à huit degrez de chaque côté de l'Ecliptique, pour compoſer une largeur de douze à ſeize degrez; de ſorte que l'on peut dire que le Soleil eſt toujours ſous le milieu du Zodiaque. La première Section du Zodiaque faite par l'Équateur au commencement du Signe du Belier, ſe nomme *Section Vernale*, parce que c'eſt lorſque le Soleil eſt dans ce point que le Printems commence. La ſeconde Section où eſt le commencement de la Balance s'appelle *Section Automnale*, parce que c'eſt quand le Soleil ſe trouve dans ce point que commence l'Automne.

Ce Cercle eſt appellé ZODIAQUE du mot Grec Zodion, qui ſignifie *Animal*, & lui a été donné à cauſe des douze Signes qu'il contient, qui nous ſont preſque tous repréſentez ſous le nom & ſous la figure de quelque Animal. Les noms qu'il a plu aux Anciens de donner à ces douze Signes, ſont le Belier, le Taureau, les Gemeaux, le Cancre, ou l'Ecreviſſe, le Lion, la Vierge, la Balance, le Scorpion, l'Archer ou le Sagittaire, le Capricorne, le Verſeau & les Poiſſons, & ces noms ſe trouvent exprimez dans ces deux Vers.

Sunt Aries, Taurus, Gemini, Cancer, Leo, Virgo, Libraque, Scorpius, Arcitenens, Caper, Amphora, Piſces.

Ces noms ont été pris des douze Conſtellations, qui étoient dans ces Signes au tems d'Hipparque; mais depuis ces Conſtellations ont changé de place, comme je le dirai plus bas. Je remarquerai ſeulement ici qu'outre cette diviſion en douze Signes, le Zodiaque eſt encore diviſé en quatre parties égales pour les quatre Saiſons de l'Année:

née : que cette division est faite par les deux Colures des Solstices & des Equinoxes ; & que chaque Saison comprend une de ces parties ou trois Signes, pour nous donner les douze Signes qui composent les quatre Saisons, & les douze Mois de l'Année, auxquels chaque Signe répond.

La Ligne qui est représentée au milieu du Zodiaque nous marque par ses trois cens soixante degrez la route du Soleil, en allant d'un Tropique à l'autre dans l'espace de six mois. Il ne s'en écarte jamais, au lieu que les autres Planetes s'en éloignent tantôt vers le Midi, tantôt vers le Septentrion, les unes plus les autres moins, jusqu'à cinq, six, sept ou huit degrez, plus ou moins de part & d'autre ; ce qui fait que quelques-uns donnent environ jusqu'à seize degrez à la largeur du Zodiaque, afin qu'il enferme toutes les Planetes. Cette Ligne s'appelle *Ecliptique*, parce que les Eclipses de Soleil ou de Lune n'arrivent jamais que quand la Nouvelle, ou la Pleine-Lune se fait dans la même Ligne ou fort proche. On la nomme encore Orbite du Soleil, parce que le Soleil la parcourt par son mouvement propre d'Occident en Orient, en avançant chaque jour d'environ un degré, & l'achevant de parcourir dans une année. Ainsi on voit que le Soleil a deux mouvemens différens, qu'il est nécessaire de bien entendre, parce qu'ils servent à proportion pour les autres Planetes. Imaginons-nous donc que le Soleil emporté par le premier Mobile, fait un tour chaque jour d'Orient en Occident, & que pendant qu'il est emporté de la sorte, il retourne par son mouvement propre vers l'Orient ; de sorte que quand il aura fait un tour par le mouvement du premier Mobile, il ait fait environ un degré vers l'Orient par son mouvement propre sur la Ligne Ecliptique, qu'il aura enfin toute parcourue par son mouvement propre, lorsque par le mouvement du premier Mobile il aura fait environ trois cens soixante-cinq révolutions. Cela compose l'Année Solaire, qui est cet espace de tems que le Soleil employe à parcourir tout le Zodiaque, & qui est d'environ trois cens soixante-cinq jours, cinq heures quarante-neuf minutes & seize secondes. Cette Année Solaire se distingue ordinairement en *Astronomique*, & en *Civile* ou *Politique* ; & l'*Astronomique* est ou *Tropique*, ou *Astrale*. L'Année *Tropique*, ou *Naturelle*, est le tems que le Soleil met à retourner au même point du Zodiaque d'où il étoit parti, comme de l'Equinoxe au même Equinoxe, ou bien du Solstice au même Solstice : l'*Astrale* est cet espace de tems que le Soleil employe à retourner au même Astre qu'il avoit laissé ; & cette derniere est un peu plus longue que la premiére, à cause du mouvement propre des Etoiles fixes vers l'Orient : l'Année *Civile*, ou *Politique*, est celle dont se servent les Villes & les Nations selon que bon leur semble, ou par rapport au mouvement propre du Soleil, ce qui fait l'*Année Solaire*, ou par rapport au mouvement propre de la Lune, ce qui fait l'*Année Lunaire* qui est composée de douze Mois Lunaires Synodiques qui font environ trois cens cinquante-quatre jours.

Dans l'usage on confond le Zodiaque avec la Ligne Ecliptique, à laquelle on fait faire un Angle avec l'Equateur de vingt-trois degrez & demi, parce qu'on a observé que le Soleil ne s'éloignoit jamais davantage au-dessous de l'Equateur que de vingt-trois degrez & demi, & ne s'abaissoit jamais plus au-dessous ; d'où il suit que les Poles de l'Ecliptique sont éloignez des Poles du Monde, aussi de vingt-trois degrez & demi ; & comme l'Ecliptique est un Cercle aussi-bien que l'Horison, & que deux grands Cercles se coupent toujours en deux également, il s'ensuit que la moitié du Zodiaque paroît toujours sur l'Horison.

Lorsque nous avons dit que le Zodiaque étoit conçu biaisant en forme d'écharpe, entre les deux Poles du Monde, il faut entendre par-là qu'il divise tout le Monde obliquement à l'égard de l'Equateur, & qu'il le divise en deux parties égales, dont l'une est dite *Septentrionale*, à cause que les six Signes Septentrionaux s'y trouvent ; & l'autre est appellée *Méridionale*, à cause que les six Signes Méridionaux s'y trouvent. Cette obliquité du Zodiaque, & le cours bienfaisant du Soleil, contribuent à produire la diverse température des Saisons, qui sert à la génération des choses vivantes, lorsque le Soleil monte vers notre Zenith, & à la corruption lorsqu'il descend.

On divise ordinairement le Zodiaque en douze parties égales qu'on appelle Signes, dont la suite se compte d'Occident en Orient, en commençant au point de la Section Vernale, & où le Soleil avançant de son mouvement propre, passe de la partie Méridionale à la Septentrionale. Ces Signes se peuvent prendre en deux façons : ou pour la douzième partie du Zodiaque, à commencer depuis l'Equateur, ou pour les Constellations du Belier, du Taureau & des autres, qui par la disposition de leurs Etoiles représentent ces Animaux. Ces Constellations étoient des Signes, ou des douzièmes parties du Zodiaque dès le tems d'Hipparque ; mais depuis elles ont tellement changé de place, que la Constellation qu'on nomme le Belier est sortie du Signe du Belier ; c'est-à-dire de la première douzième partie du Zodiaque, pour passer dans le Signe du Taureau ; c'est-à-dire dans la seconde douzième partie du Zodiaque, & ainsi des autres, à cause du mouvement particulier des Etoiles. C'est pour cela qu'on a distingué deux sortes de Zodiaques, l'un *Visible* & *Sensible* dans le Firmament, où sont les Constellations des douze Signes : & l'autre *Rationnel*, dans le premier Mobile, dont les douzièmes parties ont retenu le nom des mêmes Signes, parce que du tems des premiers Astronômes, les Constellations qui font les douze Signes étoient au-dessous de ces douzièmes parties du Zodiaque du premier Mobile. Ainsi quand on dit que le Soleil est au Belier, on n'entend pas au Belier du Firmament, mais au Belier du premier Mobile. De même, quand on dit que le Soleil *est dans un Signe*; ce mot *dans* signifie dessous ; c'est-à-dire que la Ligne tirée de la Terre par le Soleil rencontre ce point dans l'Ecliptique. Nous di-

disons pareillement qu'une Planete est dans un Signe, quand la Ligne tirée da la Terre par cet Astre, rencontre dans le Firmament quelque partie de ce Signe. Il faut donc concevoir un Signe comme une Pyramide, qui a sa base dans le Ciel, & sa pointe à la Terre, & que l'Astre sera dans ce Signe, s'il est dans cette Pyramide.

Le Soleil entre tous les mois dans un Signe, & c'est environ le 20. de chaque Mois. Je dis *environ*, parce que non-seulement il n'entre pas dans chaque Signe à un même jour de chaque mois dans une année, mais encore parce que ce jour n'est pas tout-à-fait le même dans toutes les années se trouvant une différence continuelle dans chaque année, à cause de l'inégalité du mouvement propre du Soleil. Pour trouver donc un peu plus exactement le jour de chaque Mois, auquel le Soleil entre dans un Signe du Zodiaque, on peut se servir de ces deux Vers artificiels,

Inclita Laus Justis Impenditur, Hæresis Horres, Grandia Gesta Gerens Felici Gaudet Honore.

L'usage de ces Vers est tel: Distribuez les douze dictions de ces deux vers aux douze Mois de l'Année, en commençant par Mars que vous attribuerez à *Inclita*, & finissant par Février, qui répondra à *Honore*: & considérez le nombre que la première lettre de chaque mot obtient dans l'Alphabeth; car si de trente vous ôtez ce nombre le reste donnera le nombre du mois qu'on cherche. Par exemple, *Inclita* répond au Mois de Mars & au Signe du Belier, & sa première lettre I est la neuvième de l'Alphabeth, si l'on ôte neuf de trente, le reste, qui est vingt & un, fait connoître que le 21. de Mars le Soleil entre dans le Signe du Belier. De même *Gaudet* répond au Mois de Janvier, & au Signe du Verseau, & sa première lettre G est la septième dans l'ordre Alphabétique, en ôtant donc sept de trente, le reste qui est vingt-trois fait voir que le vingt-trois de Janvier le Soleil entre dans le Signe du Verseau. Ainsi des autres.

On peut aussi aisément trouver en tout tems le Lieu du Soleil dans le Zodiaque; car comme tous les jours de l'Année & les Mois sont marquez sur l'Horison du Globe Terrestre, & que vis-à-vis on voit tous les degrez de l'Ecliptique, avec les Signes, conformément aux jours que le Soleil entre dans ces Signes, il sera aisé de connoître par ce moyen le Lieu du Soleil dans le Zodiaque en un jour proposé, par exemple le douzième d'Avril; car vis-à-vis de ce jour-là on voit sur l'Horison le vingt-troisième degré du Belier pour le Lieu du Soleil qu'on cherche. Si au contraire on vouloit savoir en quel jour de l'Année, le Soleil seroit en quelque point du Zodiaque, par exemple au vingt-troisième degré du Belier; il n'y a qu'à chercher sur l'Horison ce vingt-troisième degré; & vis-à-vis on trouvera le douzième d'Avril pour le jour qu'on cherche.

Comme l'Equateur a son Axe, qui passant par ses deux Poles lui est perpendiculaire, & est par conséquent le même que l'Axe du Monde, de même le Zodiaque, où l'Ecliptique a son Axe, qui passant par ses deux Poles est aussi perpendiculaire à son plan, & par conséquent fait avec l'Axe de l'Equateur un Angle de vingt-trois degrez & demi. La différence qu'il y a entre ces deux Axes, est que l'Axe de l'Equateur est immobile & que l'Axe du Zodiaque se meut avec les deux Poles par le mouvement du premier Mobile.

Le Point du Zodiaque qui se leve se nomme *Horoscope*, & celui qui répond à la partie Supérieure du Méridien, est appellé *Point culminant*, & Copernic l'appelle *Médiation du Ciel*, à l'égard des Etoiles; mais le Point qui répond à la partie Inférieure du Méridien s'appelle *Fond du Ciel*. Les deux Points de l'Ecliptique les plus éloignez de l'Equateur, & qui sont éloignez de 90. degrez ou d'un quart de Cercle des deux Points Equinoxiaux, s'appellent points Solstitiaux, parce que quand le Soleil y est parvenu par son mouvement propre, il semble pendant quelques jours ne point avancer dans l'Ecliptique, en se levant & en se couchant environ dans les mêmes Points de l'Horison; & alors on dit que le Soleil est dans son Solstice, qu'on nomme *Solstice d'Eté* quand il entre dans le Signe de l'Ecrevice; ce qui arrive environ le 21. de Juin, & *Solstice d'Hyver* quand il entre dans le Signe du Capricorne; ce qui arrive environ le 21. de Décembre. Ces deux Points Solstitiaux de l'Ecliptique, avec les deux Points Equinoxiaux, sont appellez *Points Cardinaux de l'Ecliptique*, parce qu'ils déterminent les commencemens des quatre Saisons de l'année: car quand le Soleil est parvenu au Point Equinoxial du Belier, il fait le commencement du Printems; & l'Automne commence lorsque le Soleil est au Point Equinoxial de la Balance. Le commencement de l'Eté est au Point Solstitial de l'Ecrevice, & le commencement de l'Hyver au Point Solstitial du Capricorne. Les Signes qui répondent à ces quatre Points Cardinaux, savoir les quatre ♈, ♎, ♋, ♑, comme étant les commencemens des quatre Saisons de l'Année sont aussi appellez *Cardinaux*: Les trois premiers des douze, savoir, ♈, ♉, ♊, sont appellez *Signes du Printems*; les trois suivans ♋, ♌, ♍, *Signes d'Eté*, les trois suivans ♎, ♏, ♐, *Signes d'Automne*, & les trois derniers ♑, ♒, ♓, *Signes d'Hyver.* Voici leurs noms Latins & François, avec leurs Caractères & le jour du Mois auquel le Soleil entre au commencement de chaque Signe;

Aries,	Le Belier.	♈	20. Mars.
Taurus,	Le Taureau.	♉	19. Avril.
Gemini,	Les Jumeaux.	♊	20. Mai.
Cancer,	L'Ecrevice.	♋	21. Juin.
Leo,	Le Lion.	♌	22. Juillet.
Virgo,	La Vierge.	♍	22. Août.

Libra,	La Balance.	♎	22. Septembre.
Scorpius,	Le Scorpion.	♏	23. Octobre.
Arcitenens,	Le Sagittaire.	♐	22. Novembre.
Caper,	Le Capricorne.	♑	21. Décembre.
Amphora,	Le Verseau.	♒	19. Janvier.
Pisces.	Les Poissons.	♓	18. Février.

Non-seulement les Planetes sont dans les Signes du Zodiaque, mais encore toutes les Etoiles du Firmament, qui sont hors du Zodiaque, en prenant les Signes d'une maniére plus étendue que nous ne les avons pris ci-devant, savoir en faisant passer par les deux Poles de l'Ecliptique, & par les douze Divisions du Zodiaque six grands Cercles, qui diviseront toute la Sphére du Monde en douze parties égales, que l'on prendra pour les douze Signes du Zodiaque; & alors il n'y aura point d'Etoile dans le Ciel, qui ne soit dans quelque Signe pris dans ce sens.

Le premier usage du Zodiaque est que par son obliquité il fait le changement des Saisons, & l'inégalité des jours portant le Soleil alternativement vers les deux Poles du Monde. Secondement le Zodiaque est la mesure du mouvement second d'Occident en Orient, mouvement qui est commun aux Planetes & aux Etoiles fixes: C'est l'Equateur qui est la mesure du mouvement premier d'Orient en Occident, mouvement qui est aussi commun aux Planetes & à toutes les parties du Ciel. En troisième lieu l'Ecliptique est la régle des Eclipses du Soleil & de la Lune; car les Eclipses n'arrivent jamais, que quand ces Luminaires sont au-dessous de cette Ligne, ou fort proche. En quatrième lieu l'Ecliptique divise, comme l'Equateur, le Monde en deux parties égales, dont l'une appellée *Septentrionale*, comprend le Pole Septentrional, & l'autre nommée Australe, comprend le Pole Méridional. En cinquième lieu le Zodiaque nous montre la Latitude des Planetes & des Etoiles fixes, qui est leur distance de l'Ecliptique de côté & d'autre, comme leur Déclinaison est leur éloignement du Cercle Equinoxial de part & d'autre. En sixième lieu c'est dessus l'Ecliptique que l'on compte la Longitude des Etoiles, laquelle se prend depuis la Section Vernale, selon les Signes, jusqu'à la Section de l'Ecliptique, & d'un grand Cercle tiré par les Poles du Zodiaque & par l'Etoile; & c'est ce qui fait que le mouvement propre des Etoiles se nomme aussi mouvement en Longitude. Cette Longitude se compte aussi sur un Cercle parallèle à l'Ecliptique, & se divise en véritable & en apparente. Enfin, le Zodiaque nous apprend combien le Soleil avance chaque jour par son mouvement propre vers l'Orient, jusqu'à ce qu'il ait parcouru de degré en degré pendant un an toute l'Ecliptique qu'il ne quitte jamais, en retrogradant peu à peu contre son mouvement diurne, qui l'emporte tous les jours de l'Orient en Occident dans l'espace de vingt-quatre heures.

Pour bien comprendre ces deux mouvemens, il faut les comparer à ceux d'un petit Animal, qui tournant sur une grande Roue 365. fois en un an, ne laisseroit pas pendant le tems de ces 365. révolutions de s'avancer contre ce premier mouvement peu à peu, jusqu'à ce qu'il eût fait tout le tour de la Roue, en recommençant toujours son mouvement contraire d'année en année, c'est-à-dire de 365. tours en 365. tours.

ZODOCATHA, Ville de la Palestine, selon la Notice des Dignitez de l'Empire.

ZOELÆ, Peuples de l'Espagne Tarragonnoise: Pline [a] les comprend sous les *Asturi*; & dit [b] que leur Cité étoit voisine de la *Gallecia* & près de l'Océan. Le Lin de ce Pays étoit anciennement en réputation. C'est ce qu'on appelloit *Linum Zoëlicum*. On en transportoit en Italie où on s'en servoit pour faire les Rets, Filets, ou Toiles à prendre les Bêtes fauves.

[a] Lib. 3. c. 1.
[b] Lib. 19. c. 1.

ZOES, ou ZOA, Ville d'Afrique dans la Cyrénaïque: Hérodote [c] dit que Battus fut le Fondateur de cette Ville. On croit que le nom de cette Ville pourroit être corrompu; car quelques MSS. lisent Ζώης, & d'autres Ζώης. Le troisième Concile d'Ephèse donne le nom de Ζοέως à un Siège Episcopal, dont l'Evêque se nommoit *Macedonius*; mais Ortelius [d] croit que ce Siége étoit en Egypte & non dans la Cyrénaïque.

[c] Lib. 4 p. 121.
[d] Thesaur.

ZOEST, ou SOEST. Voyez SOEST.
ZOFALA. Voyez SOFALA.

ZOFFA, ou ALFAQUES; Baye de la Mer Méditerranée [e], sur la Côte d'Espagne, dans la Catalogne. Environ dix-huit milles au Nord-Est-Quart de Nord de Peniscola, est la Montagne de la Rabitta ou Ravitta, qui fait à la gauche l'entrée de la Baye de Zoffa, & qu'on nomme à cause de cela LA RAVITTA DE ZOFFA. La Baye de Zoffa est fort grande, ayant dix à douze milles de longueur, & quatre à cinq de largeur. Elle est formée par plusieurs Isles basses & marécageuses, qui sont bordées de grandes Plages de sable. On reconnoît l'entrée de cette Baye par la Montagne de la Ravitta, qui paroît de fort loin; mais on ne peut voir ces bas terreins qui sont sur la droite de la Baye, à moins que d'en être seulement éloigné de huit à neuf milles. La reconnoissance de Peniscola sert pour connoître la Montagne de la Ravitta, principalement lorsqu'on vient du côté du Sud, & la Montagne fait connoître la Baye du Zoffa. Quand on vient du côté du Sud pour aller mouiller dans la Baye de Zoffa, il faut ranger à une petite portée de Canon le côté de la Montagne de la Ravitta, où l'on voit quelques Tours de garde sur le bord de la Mer; & comme du côté de la droite, où sont ces basses terres, il y a de longues Pointes de sable, qui s'avancent près de deux milles loin des Plages, & sur lesquelles il y a très-peu d'eau, on observe de laisser toujours les deux tiers du chemin de l'entrée sur la droite & de cette maniere on évite tous ces dangers. Entre cette basse Pointe

[e] Michelot, Portul. de la Médit. p. 36.

Pointe & la Côte de la Ravitta, où trouve quatre à cinq Brasses d'eau presque également par-tout, avec un fond de vase molle, où l'on ne sauroit briser en cas qu'on y échoue.

Le mouillage de la Baye de Zoffa est vis-à-vis d'un vieux Monastère ruiné, qui est au pied de la Montagne de la Ravitta, à la petite portée du Canon. On y est par quatre à cinq Brasses d'eau, fond de vase molle, où les Ancres tiennent parfaitement bien. Un peu au-dessus de ce vieux Monastère, qui est sur le bord de la Mer, il y a une Tour de garde quarrée sur une petite éminence. Vers le Sud-Sud-Ouest environ à une demi lieue de ce Monastère, il y a une Tour ronde de garde armée d'une pièce de Canon. Elle est au bord du rivage; & auprès du côté du Sud-Ouest il y a une Source d'eau. On va néanmoins ordinairement faire de l'eau à un grand Puits qui est au devant du vieux Monastère; & il est aussi facile de faire du bois. On peut mouiller par-tout, où l'on veut entre cette Tour & ce Monastère, à environ un mille de le Côte; mais pour ne rien risquer & pour être plus élevé, il ne faut pas passer plus avant que le Monastère du côté du Nord. On peut aussi aller mouiller du côté de l'Est de cette basse Pointe, environ à quatre milles de ce Monastère, en s'éloignant à un mille des basses terres. On y est pareillement par quatre Brasses d'eau, fond de vase & de sable. En 1680. on y espalma les Galéres du Roi. Dans le fond de cette Baye vers l'Est du Monastère, il y a une petite Isle plate, sur laquelle est une Tour à six côtez & qu'on appelle la Tour de St. Jean. Elle est à dix milles du Monastère. Le terrain qui se trouve entre ce Monastère & cette Tour du côté du Nord, n'est autre chose que des terres basses remplies de Marécages & d'Etangs, bordez de grands Arbres; mais dans les terres ce sont par-tout de hautes Montagnes. Environ à quatre à cinq milles vers le Nord-Ouest du Monastère, il y a une petite Ville qu'on appelle Anfosta, & qui est située dans une grande Plaine. Les Traversiers du mouillage de Soffa, sont les vents depuis le Sud-Sud-Est jusqu'au Sud-Sud-Ouest. On remarque qu'ordinairement pendant l'Eté le vent de Sud-Ouest y régne presque tous les jours; ce qu'on appelle l'embas; & que pendant la nuit il vient au Nord & au Nord-Est par rapport à la situation des terreins. Le vent de Nord-Ouest y est fort impétueux; mais comme il vient de la Terre, il n'excite pas une grosse Mer. La Latitude est de 40. d. 22′. & la variation de cinq à six degrez vers le Nord-Ouest. Lors qu'on vient du côté de Salo, pour aller à la Rade de Zoffa, il faut s'éloigner de ces basses terres, dont nous avons parlé; car les courans portent ordinairement à la Plage, à cause de la Riviére & des Etangs. On a vu plusieurs Vaisseaux échouez à la Plage: ainsi en partant de la Rade de Salo, pour aller à celle de Zoffa, il faut, pour éviter ces Plages, faire la route du Sud-Ouest quart de Sud, principalement lorsqu'il est nuit.

Environ dix-huit milles vers l'Est-Nord-Est de la pointe de la Ravitta, est l'entrée de la Riviére de Tortose. Il y a entre cette Riviére & cette Pointe plusieurs Isles fort basses, bordées de sable, qui s'avancent fort au large; en sorte qu'il faut faire un grand tour pour aller dans la Riviére de Tortose, & s'éloigner des Isles du moins de deux milles. On trouvera à cette distance quatre à cinq Brasses d'eau. Presque aux deux tiers du chemin de Zoffa, à l'entrée de la Riviére de Tortose, on voit sur ces Isles plates plusieurs monceaux de Sel, qui de loin paroissent fort blancs, & deux Tours de garde; dont une qui est celle du côté du Nord-Est est quarrée, & il y a une grande Cabane entre deux. On voit aussi plusieurs Monticules de bruscages, qui ressemblent de loin à des Arbres. La Tour de St. Jean, dont nous avons parlé, paroît au-dessus de ces bas Terreins, & semble même y être contiguë.

ZOFFINGUEN, Ville de Suisse au Canton de Berne [a], dans l'Argow, à une petite lieue au Midi d'Arbourg. Le chemin qui conduit de l'une de ces Villes à l'autre est beau & uni. Celle de Zoffinguen qui est fort jolie, est remarquable tant par son ancienneté que par ces beaux Priviléges. Elle s'appelloit autrefois *Tobinion*, & fut fort considérable sous l'Empire des Francs; & après la ruïne de Windisch elle devint la principale de l'Argow. Elle avoit droit de battre Monnoye, & on y voit quantité de ces pièces de monnoye, qui ne sont marquées que d'un côté, & qu'on appelle *Nummi bracteati*. Elles sont au coin de Zoffinguen. Il y avoit autrefois dans cette Ville un Collége de Chanoines, fondé par les Comtes de Frobourg. Les Bernois en ont fait une espéce de Baillage, & celui qui en a la charge s'appelle *Schaffner*, c'est-à-dire Administrateur; mais il n'a point d'autorité sur la Ville, qui reléve immédiatement de Berne, & qui jouït de plusieurs bons Priviléges. Comme le Pays est bon, les Habitans sont fort à leur aise, & l'on y voit plusieurs personnes d'esprit, gens curieux, & amateurs des belles choses. Le Temple mérite d'être vu. Il y a un beau Clocher, qui fut bâti dans le dernier Siècle. Les Bourgeois ont une Bibliothéque, où l'on trouve quelques MSS. curieux. On y voit aussi, une très-belle Orgue. Cette Bibliothéque fut fondée en 1695. & elle s'augmente tous les jours par l'empressement des Bourgeois à contribuer à son établissement. La Ville a son Avoyer, son Grand & son Petit Conseil, sa Justice & son Drapeau. Celui à qui on confie le Drapeau en tems de guerre est obligé de jurer qu'il le gardera si bien, qu'en cas de besoin il en fera ce qu'en fit leur Avoyer nommé Nicolas Dut, dans la Bataille de Sempach, en 1386. Cet homme se voyant serré de près, déchira son Drapeau en cent pièces, & se les fourra toutes dans la bouche, où on les trouva après sa mort, & d'où on les rapporta à la maison. Au dehors de la Ville on voit une jolie Plaine, qui est la Place du tirage, ornée d'un beau Tilleul, dont les branches sont élargies, & entrelassées avec tant

[a] *Délices de la Suisse, t. 2. p. 182.*

504 ZOG. ZOH. ZOI. ZOL. ZOL.

d'adresse, qu'on y a pratiqué des chambres où l'on vu se divertir, & vuider des bouteilles à la fraîcheur de la verdure. Près de Zoffinguen est une grande Forêt, nommée BONWALD, ou BOWALD, qui porte les Sapins les plus beaux & les plus hauts que l'on voye en Suisse. Il y en a qui ont jusqu'à cent trente pieds de hauteur. On en a envoyé plusieurs fois dans les Pays étrangers, sur-tout à Gênes pour servir de mâts de Vaisseaux. En 1534. la République de Venise en acheta une vingtaine, qui avoient six-vingt pieds de haut, après avoir été travaillez. On en a aussi quelquefois envoyé en Hollande.

a Corn. Dict. ZOGANI, Golphe d'Asie *a*. Il fait partie de la Mer Noire; & on le trouve sur la Côte de l'Anatolie, à l'Embouchure de la Riviére de Sangari ou d'Ajala. On le prend pour le *Sinus Mariandinus* des Anciens.

b Lib. 5. c. 13. ZOGOCARA, Ville de la Grande Arménie selon Ptolomée *b*. Il y en a qui veulent que ce soit aujourd'hui la Ville de Tessis. Je m'en rapporte. Il ne faut pas confondre cette Ville avec celle de SOGOCARA que Ptolomée marque à peu près dans le même Pays: il les distingue l'une de l'autre.

ZOGOR. *Voyez* SEGOR.

ZOHELETH. La Pierre de Zoheleth étoit près de la Fontaine de Rogel, au pied *c 3. Reg. c. 1. v. 9.* des Murs de Jérusalem *c*. Les Rabbins disent que cette Pierre servoit aux exercices des jeunes hommes, qui éprouvoient leur force à la jetter, ou plutôt à la rouler & à la soulever. D'autres croyent qu'elle servoit aux Foulons, ou aux Blanchisseurs, pour battre sur elle leurs Etoffes, ou leurs Toiles après les avoir lavées.

ZOIEL; ou ZUGLIO, Bourg d'Italie, dans l'Etat de Venise, au Frioul, vers les confins de la Carinthie, près de Moscaredo & de la Source du Buti. Simler le prend pour l'ancienne *Julium Carnicum*, que d'autres veulent être Vissac.

ZOITIUM, Ζοίτιον, Ville du Péloponnèse, dans l'Arcadie. Elle est connue de *d Lib. 7. c. 35.* Pausanias *d* & d'Etienne le Géographe. Ce dernier veut qu'on dise aussi Ζείτειον, mais c'est une faute; & il faut lire Ζοίτα, comme Pausanias qu'il cite. En sortant de Tricolons pour aller à *Methydrium*, en prenant sur la gauche, on arrivoit à Zoetée, qui se trouvoit à quinze Stades de Tricolons, & qui avoit eu, disoit-on, pour Fondateur Zoeteüs fils de Tricolonus. Paroreüs son cadet fonda Parorie dix Stades plus loin. Du tems de Pausanias ces deux Villes étoient desertes. Il étoit seulement resté deux Temples à Zoetée, l'un de Cérès, l'autre de Diane.

ZOLCA; Ville de l'Asie Mineure, dans *e Lib. 5. c. 4.* la Galatie : Ptolomée *e* la donne aux Paphlagoniens, & la place sur la Côte du Pont-Euxin, entre *Selca* & *Dacasta*. Le MS. de la Bibliothéque Palatine lit ΧΟΑΝΑ au lieu de ZOLCA.

f Jaillot, Atlas. ZOLDO, Bourg de l'Etat de Venise *f*, au Bellunèse, environ à quinze milles, au Nord Occidental de Belluno, à la gauche de la Riviére de Mae, & assez près de l'endroit où cette Riviére reçoit celle de Ma- *g D'Audifred, Géogr. t. 3.* lissia.

ZOLLERN, Château d'Allemagne *g*;

dans la Suabe, au Comté de Hechingen, qui est l'ancien Patrimoine de la Maison de Hohen Zollern.

La PRINCIPAUTÉ DE HOHEN-ZOLLERN confine avec le Duché de Wurtenberg, la Seigneurie d'Ebingen, la Principauté de Furstenberg, & la Baronnie de Waldbourg. Elle a été ainsi nommée du Château de Zollern que l'Empereur Henri V. fit bâtir à son retour d'Italie. Sa longueur est de quinze lieues & sa plus grande largeur de sept. Le Pays est très-fertile & situé avantageusement à cause du voisinage du Danube. Ses principaux lieux sont

Zollern,	Haicherloch,
Hechingen,	Sigmaringen,
	Veringen,

Les Princes de Hohen-Zollern descendent, de même que l'Electeur de Brandebourg, des anciens Comtes de Zollern, qu'on fait venir de Tassilon Comte de Hechingen, dont l'origine est assez incertaine. Frederic VII. Comte de Zollern eut d'Elisabeth Sœur de l'Empereur Rodolphe I. Frédéric qui fut la Tige des Burgraves de Nurenberg, & Eitel-Frédéric I. qui fit la Branche de Hohen-Zollern. Charles, arriére-petit-fils de ce dernier, eut entre autres enfans, d'Anne fille de Frédéric de Bade-Dourlach; Eitel-Frédéric IV. qui fit la Branche de Hechinberg, & Charles II. qui fit celle de Sigmaringen. Eitel-Frédéric IV. fut pere de Jean George que l'Empereur Ferdinand II. créa Prince de l'Empire en 1623. à condition qu'il n'y auroit que les aînés de sa Branche, qui joüiroient de cette dignité. Il eut de Françoise fille de Frédéric Rheingrave, Eitel-Fréderic V. Ayeul de Frédéric Guillaume, Prince de Hohen-Zollern, qui a continué la Branche. Les Princes de Hohen-Zollern sont Catholiques, & Vicaires de l'Electeur de Brandebourg, pour la Charge de Grand-Chambellan de l'Empire. Charles I. ordonna par son Testament que ses Descendans pourroient prendre la qualité de Chambellans Héréditaires de l'Empire; mais que seulement le plus âgé feroit les fonctions de cette Charge au Sacre de l'Empereur, & aux autres cérémonies.

ZOLNOK, Ville de la Basse Hongrie *h*, *h De l'Isle, Atlas.* & la Capitale d'un Comté auquel elle donne le nom. Cette Ville située à la droite de la Teisse, dans le lieu où cette Riviére reçoit celle de Zageba, fut prise par les Turcs en 1554. & reprise par les Impériaux en 1685.

Le COMTÉ DE ZOLNOK est borné au Nord par ceux de Hevez & de Zabolcz: à l'Orient par celui de Tarantal: au Midi par ceux de Bath & de Congrand; & à l'Occident encore par celui de Bath & par celui de Pest. La Riviére de Teisse le partage en deux parties, l'une Orientale, l'autre Occidentale; & la première se nomme communément le COMTÉ DE ZOLNOK EXTÉRIEUR. Ses principaux Lieux sont

A l'Occident de la Teisse: { Zolnock, Kuruz, Ketskemet.

To-

ZOM. ZON. ZON.

A l'Orient { Torek,
de la Teisse: { S. Miklos.

ZOMBIS, Ville de la Médie, selon Ammien Marcellin [a] & Etienne le Géographe. [a Lib. 23. c. 6.]

ZOMPUS PONS. Curopalate connoît un Pont de ce nom, dans l'Asie Mineure, sur le Fleuve Sangarius.

ZOMUCHANA, Ville d'Asie, dans l'Arie, selon Ptolomée [b]. Le MS. de la Bibliothéque Palatine écrit *Zamuchana*, pour *Zomuchana*. [b Lib. 6. c. 17.]

ZOMZOMIM, ou **Zomzommim**, anciens Géans qui demeuroient au-delà du Jourdain, dans le Pays qu'occupérent depuis les Ammonites. Il est fait mention de ces Géans dans le Deutéronôme [c], où il est dit en parlant du Pays des Ammonites: Ce Pays a été consideré autrefois comme le Pays des Géans, parce que les Géans y ont habité, ceux que les Ammonites appellent Zomzommim. C'étoit un Peuple grand & nombreux, & d'une taille fort haute, comme les Enacins. Le Seigneur les a exterminez par les Ammonites, qu'il a fait habiter dans leur Pays au-delà d'eux. [c Cap. 2. v. 20.]

1. **ZONA**, Ville d'Afrique. Dion Cassius [d] semble la mettre dans la Numidie. Il ajoute que Sestius la prit par famine. [d In Augusto.]

2. **ZONA**, ou **Zone**, Ville de la Thrace, chez les Ciconiens, selon Etienne le Géographe qui cite Hécatée. Pomponius Mela [e] semble faire de *Zone* un Promontoire voisin de celui de *Serrium: Circa Hebrum Cicones: trans eundem Doriscos, ubi Xerxen copias suas, quia numero non poterat, spatio mensum ferunt. Deinde Promontorium Serrium, & quo canentem Orphea sequuta narrantur etiam nemora, Zone.* Pline [f] fait de *Zone* une Montagne, ce qui revient au même, *Mons, Serrium & Zona.* Hérodote [g] place la Ville de *Zona* sur le rivage auquel l'ancien mur *Doriscus* avoit donné le nom, & à quelque distance de l'Embouchure de l'Hèbre. Tout cela veut dire que le nom de *Zona* ou *Zone* étoit commun à la Ville & au Promontoire sur lequel elle étoit bâtie. Je ne sai même si quelqu'un n'a point fait de *Zona* une Isle, parce que le Promontoire où elle se trouvoit étoit une espèce de Péninsule, & qu'assez souvent les Anciens ont confondu les Isles avec les Péninsules. La Ville de Zona est célèbre dans les Poëtes. Ils disent qu'il y avoit dans le voisinage des Hêtres qu'Orphée avoit forcés par la douceur de son chant de le suivre depuis la Piérie jusque-là. [e Lib. 2. c. 2.] [f Lib. 4. c. 11.] [g Lib. 7. c. 59.]

3. **ZONA**, ou **Zona uxoris regiæ**, & **Calyptra**; Platon [h] donne ces noms à deux Contrées de la Perse, ainsi appellées, parce que leur revenu étoit destiné à l'entretien de la Ceinture & de l'Echarpe de la Reine. Ces deux Contrées étoient très-fertiles. [h In Alcibiade.]

1. **ZONE.** Voyez Zona, N°. 2.

☞ 2. **ZONE.** Les Points, les Lignes & les Cercles que les Géographes se sont figurez dans la solidité & sur la surface de la Terre, leur ont fourni plusieurs manières de diviser la surface du Globe terrestre par rapport au Ciel; savoir en Zones, en Longitude & Latitude; en Ombres, en Situation ou Position, & en Climats [i]. Les Zones sont des bandes, ou ceintures de la Terre, terminées par deux petits Cercles parallèles entre eux; savoir par les deux Cercles Polaires, & par les deux Tropiques, qui divisent toute la Terre en cinq Zones, une *Torride*, deux *Froides* & deux *Tempérées*, qui ont reçu ces dénominations de la qualité des Lieux qu'elles enferment dans leur étendue. [i Ozanam, Dict. de Mathém.]

Ce mot de **Zone** vient du Grec Ζώνη, qui signifie *Ceinture*; & l'on a appelé les Zones *Torride*, *Froide* & *Tempérée*, de la qualité de la température à laquelle leur situation est sujette, suivant les différens degrez de chaleur ou de froid que leur donne le Soleil par son approche & par son éloignement; ce qui les a réduites à trois sortes de Zones, qui en font cinq en nombre, comme nous l'avons dit un peu plus haut. La Zone Torride est au milieu de toutes les autres; les Froides tiennent les deux extrémitez, & les deux Tempérées occupent ce qui est entre la Torride & les Froides, d'un côté & d'autre.

La **Zone Torride**, ou **Brule'e** est terminée par les deux Cercles Tropiques. Elle se trouve au milieu des deux Zones Tempérées, & l'Equateur la divise en deux parties égales, l'une Septentrionale, & l'autre Méridionale. Elle a 47. d. de largeur, qui valent environ 1175. lieues communes de France, & environ 940. lieues de Marine. Cette Zone est nommée Torride, ou Brule'e, parce qu'étant directement sous le lieu par où le Soleil passe en faisant son cours, elle est battue à plomb des rayons du Soleil, qui y produit une chaleur si excessive par sa présence continuelle, que les Anciens l'ont cru inhabitable. Le milieu de cette Zone doit être plus tempéré que ses extrémitez, tant à cause de l'égalité des jours & des nuits, qu'à cause qu'il n'y a pas un long Solstice, comme sous les Tropiques, où les chaleurs les plus brûlantes du Soleil se rencontrent, à cause qu'il demeure plus long-tems proche des Solstices, que proche de l'Equateur. Ces Lieux néanmoins ne laissent pas d'être habitez; & la Ville de Siene en Egypte est sous le Tropique de l'Ecrevice. Les Peuples qui demeurent précisément au milieu de la Zone Torride, ayant leur Zenith à l'Equateur, ont un perpétuel Equinoxe, & le Soleil ne s'écarte jamais de leur Zenith de plus de vingt-trois degrez & demi. Les jours aussi bien que les nuits y sont toujours de douze heures, & les Poles sont à l'Horison. Les Crépuscules y sont très-courts, à cause que le Soleil descend perpendiculairement sous l'Horison, & qu'ainsi il arrive bien-tôt au dix-huitième degré, qui est la fin du Crépuscule du Soir, & le commencement de l'Aurore. Ceux qui sont entre l'Equateur & le Tropique, comme les Habitans de l'Isle de Madagascar, ont les mêmes propriétez que ceux qui sont dessous l'Equateur, pour le moins lorsqu'ils en sont proche; car quand ils en sont éloignez, ils ont des propriétez fort différentes, & semblables à ceux qui

Sss   sont

font fous les Tropiques. Ceux qui font fous les Tropiques, ont le Pole élevé fur leur Horifon de vingt-trois degrez & demi. Toutes les Etoiles renfermées dans le Cercle Polaire, qui eft proche du Pole élevé, ne fe couchent point, & les oppofées ne fe levent jamais. Le Soleil ne paffe qu'une fois l'année par leur Zenith; favoir lorfqu'il eft au Tropique fous lequel ils font fitués. Le plus grand jour eft de treize heures & demie, & le plus court de dix heures & demie; & le Soleil en Hyver eft éloigné de leur Zenith de 47. degrez. Enfin, ils ont deux Solftices, l'un Vertical, & l'autre éloigné de leur Zenith de 47. degrez; & les Saifons commencent à y être réglées. On peut ajouter que ceux qui font au milieu de la Zone Torride ont cinq Ombres toutes différentes, l'une Orientale, quand le Soleil fe couche; une Occidentale quand il fe leve; une Septentrionale, quand il eft aux Signes Méridionaux; une Méridionale quand il eft aux Signes Septentrionaux; & une perpendiculaire à Midi au tems des Equinoxes. Ceux qui habitent entre l'Equateur & un Tropique, ont pareillement cinq Ombres; mais ce qu'il y a de remarquable, c'eft que le Soleil eft entre le Zenith & le Tropique; & les Ombres des Arbres, des Maifons & de tous les autres Corps perpendiculaires à l'Horizon, retrogradent deux fois le jour; c'eft-à-dire avancent & reculent devant & après midi, à caufe du Parallèle ou Arc diurne du Soleil, qui coupe en deux points un même Vertical devant & après midi. Ceux qui habitent fous l'un des Tropiques; c'eft-à-dire aux extrémitez de la Zone Torride, ont feulement quatre Ombres différentes, une Orientale, une Occidentale, une vers leur Pole, & l'autre perpendiculaire au Midi, dans le tems du Solftice, ce qui n'arrive qu'une fois l'année. La Zone Torride a neuf mille lieues communes de France en fon circuit fous l'Equateur, ce qui eft fa plus grande étendue; & environ huit mille deux cens cinquante-trois lieues dans fes extrémitez fous les Tropiques.

Les deux ZONES FROIDES font terminées par les deux Cercles Polaires qui les embraffent : l'une autour du Pole Arctique, & l'autre autour du Pole Antarctique. Elles font appellées Froides ou Glacées, parce que pendant la plus grande partie de l'année il y fait un froid extrême par les longues nuits de plufieurs mois qui s'y rencontrent, & par l'obliquité des rayons du Soleil quand il les éclaire. Ceux qui font dans ces Zones, & premièrement entre le Pole & le Cercle Polaire, ont en Eté des jours plus grands que de vingt-quatre heures, & en Hyver quelques nuits plus grandes auffi que de vingt-quatre heures. Les Crépufcules y font fort grands, & l'élevation du Pole y eft auffi très-grande; ce qui rend la Sphére très-oblique, le Pole étant élevé fur l'Horifon plus de foixante-fix degrez & demi. Il y a une très-grande quantité d'Etoiles qui ne fe couchent jamais, & auffi une quantité très-grande, qui font toujours cachées au-deffous de l'Horizon. Ils ont une fi grande inégalité de jours & de nuits, que le Soleil paroît fur l'Horizon pendant plufieurs jours & quelquefois plufieurs mois. Il arrive en échange la même chofe aux nuits, qui y font auffi de plufieurs jours & de plufieurs mois. Ils ont le Soleil très-éloigné de leur Zenith & ne voyent qu'un Solftice; favoir celui de l'Eté, le Solftice d'Hyver étant caché fous l'Horizon. Ils ont quatre fortes d'Ombres : une Orientale, une Occidentale, une vers le Pole élevé, & plufieurs circulaires; favoir au tems que le Soleil demeure plufieurs jours fans fe coucher. Le Taureau fe léve fur l'Horifon avant le Belier, le Belier avant les Poiffons, les Poiffons avant le Verfeau, quoique les Signes qui leur font oppofez fe lévent felon leur ordre; mais auffi ils fe couchent contre leur ordre. Ce qui fait que la Lune fe léve quelquefois devant le Soleil, & qu'elle fe couche quelque tems après; favoir lorfqu'elle eft au Signe du Taureau, & le Soleil au commencement des Poiffons ou du Belier. Ceux qui font fous le Cercle Polaire n'ont qu'un jour de vingt-quatre heures, le Soleil étant au Solftice d'Eté, ni qu'une nuit de vingt-quatre heures, le Soleil étant au Solftice d'Hyver. Les Crépufcules y font auffi fort grands, le Pole étant élevé fur l'Horifon de foixante-fix degrez & demi; & depuis le 5. d'Avril, jufqu'au 9. de Septembre, il n'y a point de nuit clofe. Ceux qui habitent au milieu des Zones Froides ; c'eft-à-dire fous les Poles, ont la Sphére parallèle, & n'ont en toute l'année qu'un jour & qu'une nuit, chacune de fix mois. Les Etoiles qui font dans l'Hémifphère fupérieur ne fe couchent jamais, & celles qui font dans l'Hémifphère inférieur ne fe lévent jamais, parce que les Poles font au Zenith & au Nadir. Ils n'ont aucun Orient ni aucun Occident, parce que le Soleil fait toutes fes révolutions parallèles. à l'Horizon, & n'ont par confequent qu'une Ombre circulaire. Enfin, Saturne y eft environ quinze ans fans fe coucher, Jupiter fix, Mars un, le Soleil, Venus & Mercure fix mois, & la Lune quinze jours, les moitiez des périodes de ces Planetes étant à peu près de cette grandeur.

Les deux Zones Froides, auffi-bien que la Torride ont été eftimées inhabitables par les Anciens : la Torride à caufe de la chaleur exceffive caufée par la chûte perpendiculaire des rayons du Soleil. Mais la connoiffance que nous en ont donné les Grands Voyages & les Navigations ordinaires, après la découverte des Indes Orientales & Occidentales, nous ont empêché de tomber dans l'erreur des Anciens, & nous ont prouvé que la Zone Torride étoit fort peuplée, & que la chaleur y étoit fort tempérée en plufieurs endroits, à caufe des vents, des pluyes, des Montagnes, & des nuits qui étant affez longues, ont le tems de rafraîchir l'air par les grandes rofées que le Soleil du jour y attire puiffamment, & par l'abfence du Soleil. On ne peut plus douter, par exemple, de la fertilité du Pérou, de la belle & grande Ifle de Sumatra, & de plufieurs autres lieux de la même Zone, dont nous avons de fidelles Relations. Les deux Zones Froides étoient regardées comme inhahabitables à cause de la rigueur du froid causée par la chûte trop oblique des rayons du Soleil, qui ne les regarde que de travers ; les dernieres Relations néanmoins, & les fideles Relations nous assûrent par expérience que les Zones Froides ne sont pas entierement dépourvues d'Habitans. Il ne faut que voir une partie de la Norvege, de la Suede & de la Moscovie, où l'on va tous les jours, qui sont au-delà des Cercles Polaires, & qui sont cependant habitées par des Peuples qu'on nomme Lapons. L'Islande, le Groenland, & la Nouvelle Zemble qui s'étendent jusque sous le Pole Arctique se trouvent peuplées d'hommes & d'Animaux. Chaque Zone froide a de circuit environ trois mille cinq cens quatre-vingt-huit lieues communes de France, & environ onze cens soixante & quinze lieues de largeur, comme la Zone Torride.

Les deux ZONES TEMPÉRÉES sont entre la Torride & les deux Froides, pour jouïr d'une excellente température entre l'excés du froid & du chaud. Elles contiennent chacune quarante-trois degrez de largeur, qui font mille soixante & quinze lieues communes de France. Celle qui est entre le Tropique de l'Ecrevice & le Cercle Polaire Arctique, comme celle où nous habitons, est appellée Septentrionale ; & l'autre qui est entre le Tropique du Capricorne & le Cercle Polaire Antarctique se nomme Méridionale à l'égard de la nôtre. Ces deux Zones sont dites Tempérées, parce qu'étant situées entre la Torride & les Froides, elles sont favorablement regardées du Soleil, dont la chaleur s'y trouve tempérée ; ce qui les rend beaucoup plus fertiles, plus agréables & plus abondantes en toutes choses que les autres. Leurs extrémitez néanmoins participent beaucoup de l'excés du froid & du chaud ; de sorte qu'il n'y a que le milieu, comme l'endroit où est la France, qui soit bien tempéré, les autres parties étant ou trop froides, ou trop chaudes, plus ou moins selon qu'elles sont plus ou moins proches des extrémitez des autres Zones. Ceux qui habitent l'une de ces deux Zones n'ont jamais le Soleil sur la tête, & les jours y sont toujours moindres que de vingt-quatre heures, parce que l'Horizon coupe tous les paralleles du Soleil, qui par conséquent se leve & se couche chaque jour. L'Equinoxe arrive deux fois l'année au tems ordinaire, & le Pole y est toujours plus élevé que de vingt-trois degrez & demi, & moins que de soixante six degrez & demi ; ce qui fait que hors des tems des Equinoxes, les jours sont inégaux aux nuits. Il y a plusieurs Etoiles, plus ou moins selon l'obliquité de la Sphere, qui sont hors du Cercle Polaire, proche du Pole élevé, & qui ne se couchent point ; & d'autres qui sont hors du Cercle Polaire opposé & qui ne se levent jamais. Les Crépuscules y sont plus grands que dans la Zone Torride, parce que le Soleil descendant obliquement sur l'Horizon, n'arrive pas si-tôt à l'Almicantarath éloigné de l'Horizon de 18. degrez, que s'il descendoit perpendiculairement. L'inégalité des jours s'augmente d'autant plus qu'ils ont le Pole élevé sur l'Horizon ; ce qui fait qu'il y a des nuits, qui ne sont qu'un Crépuscule en plusieurs années des Zones Tempérées, comme il arrive à Paris pendant quelques jours de l'Eté ; savoir environ huit jours devant & après le Solstice d'Eté, parce que le Soleil pendant tout ce tems-là ne descend jamais dix-huit degrez sous l'Horizon. Les Saisons arrivent dans ces Zones aux tems ordinaires, comme nous l'expérimentons dans cette Zone Tempérée Septentrionale ; & on y a seulement trois sortes d'Ombres, une Orientale, une Occidentale, & une vers le Pole. Le plus petit circuit des Zones Tempérées est d'environ trois mille cinq cens quatre-vingt huit lieues communes de France, comme le plus grand de la Zone Froide ; & le plus grand circuit des Tempérées est de huit mille deux cens cinquante-trois lieues communes, comme au plus petit circuit de la Zone Torride.

On peut diviser les Zones de la Terre en trois sortes ; savoir en *Grande*, comme la Zone Torride, dont la surface est d'environ dix millions deux cens soixante & dix-huit mille lieues quarrées communes de France : en *Moyennes* comme les deux Tempérées dont la surface de chacune est de six millions six cens quatre-vingt-sept mille lieues quarrées ; & en *Petites* comme les deux Froides, dont chacune comprend en superficie un million soixante & onze mille lieues quarrées.

Les Géographes se servent de ces termes : ASCIENS, AMPHISCIENS, HETEROSCIENS, & PERISCIENS, pour signifier la différence des Ombres que le Soleil fait dans les endroits différens de la Terre. L'Etymologie de ces noms vient de ce mot Grec σκιά ; qui signifie Ombre. On appelle donc *Asciens*, ou *sans Ombre*, ceux qui n'ont point d'ombre à midi, parce que le Soleil est à leur Zenith ; tels sont ceux qui habitent la Zone Torride. Les *Amphisciens* sont ceux qui ont deux ombres différentes, en différentes saisons de l'année ; savoir tantôt vers le Midi, quand le Soleil est au-delà de leur Zenith du côté du Septentrion, & tantôt vers le Septentrion, quand le Soleil est au-delà de leur Zenith du côté du Midi ; & tels sont aussi ceux qui habitent la Zone Torride entre les deux Tropiques. Les *Hétérosciens* sont ceux qui ont toujours les ombres à midi du même côté, sans avoir jamais de l'autre ; tels sont ceux qui habitent les Zones Tempérées, & dont les ombres méridiennes tendent vers le Septentrion, pour ceux qui sont dans la Zone Tempérée Septentrionale, comme nous, & vers le Midi pour ceux qui demeurent entre le Tropique du Capricorne, & le Cercle Polaire Antarctique. Enfin, les *Périsciens* sont ceux qui ont les ombres de tous les côtez le même jour, à cause que le Soleil tourne autour d'eux par le mouvement du premier Mobile, lorsqu'il est sur l'Horizon ; ce qui fait que les ombres des Arbres & des Tours roulent aussi & sont portées successivement vers tous les endroits de l'Horizon. Tels sont ceux qui habitent les Zones Froides.

Lucain [a] parlant des Arabes qui habitent la Zone Torride, dit qu'ils s'étonnerent lorsqu'ils virent le changement des ombres dans

[r] Bel. Civ. L. 3. v. 247.

dans la Zone Tempérée: ce qu'il exprime par ces deux vers:

*Ignotum volis, Arabes, venistis in Orbem,
Umbras mirati nemorum non ire sinistras.*

Ce mot *Sinistra*, au côté gauche, se prend ici pour le Midi qu'on a à la gauche quand on se tourne vers l'Occident, comme s'y tournoient les Poëtes, à cause des Champs Elysiens & des Isles Fortunées qu'ils y avoient mises; ainsi ils avoient le Septentrion à leur droite, & le Midi à leur gauche.

ZONIDES, ou ÆXONIDES. Voyez HALAE-ÆXONIDES.

1. ZONUS. Voyez BURGUS-NOVUS.

2. ZONUS. Les MSS. & les diverses Editions de Pline [a] mettent l'Embouchure d'un Fleuve de ce nom sur la Côte de la Mer Caspienne; & comprent mille quatre cens Stades de l'Embouchure de ce Fleuve à celle du Jaxartes. Ce sont deux fautes que le Père Hardouin a corrigées par un passage d'Eratosthène cité par Pline & rapporté par Strabon. On voit par ce passage que dans Pline, au lieu de *Ad ostium Zoni fluminis*, il faut lire *Ad ostium Oxi fluminis*; & qu'au lieu de M. CCCC. [*Stad.*] il faut lire MM. CCCC. [*Stad.*]

[a] Lib. 6. c. 13.

ZONS, ou ZOONS, Ville d'Allemagne [b], dans l'Electorat de Cologne, à la gauche du Rhein, entre Cologne & Nuys, à trois lieues communes d'Allemagne, au-dessous de la première de ces Villes, & à deux lieues au-dessus de la seconde. Cette petite Ville est renommée par son Péage & par son Château.

[b] Jaillot, Atlas.

ZONZEN, Ville de Perse, dans la Province de Mazandran, selon Tavernier [c], qui cite les Géographes Persiens, & la marque à 85. d. 15′. de Longitude, sous les 35. d. 59′. de Latitude. Cette Ville est assez jolie.

[c] Voyage de Perse, Liv. 3.

ZOPARISTUS, Ville d'Asie, dans la Petite Arménie: Ptolomée [d] la marque dans la Mélitène, en deça de l'Euphrate.

[d] Lib. 5. c. 7.

ZOPHOIM, Contrée des Princes, dans la Terre d'Edom, selon St. Jérôme [e], qui dit que de son tems on la nommoit GABALENA. Les Septante & Eusebe ne lisent pas ZOPHOIM, mais ZAPHOIM. Du reste ni l'un ni l'autre de ces noms ne paroît avoir aucune affinité avec le mot Hébreu *Hiram*, que l'on trouve dans la Vulgate, & où *Hiram* n'est pas le nom d'une Contrée, mais le nom d'un homme, l'un des Princes d'Edom, qui paroît cependant avoir donné son nom à un Pays, & à un Peuple. Voyez le Chapitre trente-sixième [f] de la Genèse.

[e] In Quaest. Hebr.

[f] Vers. 40. & suiv.

ZOQUES, Peuples de l'Amérique Septentrionale [g], dans la Nouvelle Espagne, dans la partie Septentrionale du Gouvernement de Chiapa, aux confins de celui de Tabasco. Au Pays de Chiapa, dit Thomas Gage [h], est jointe la Province des Zoques, qui est la plus riche des Provinces de Chiapa, & s'étend d'un côté à Tabasco, d'où par la Rivière de Grijalua on transporte en sûreté les Marchandises du Pays à St. Jean de Ulhua, ou la Vera-Crux. Les Habitans trafiquent aussi avec ceux du Pays de Jucatan, par le Havre qu'on appelle le Port-Royal, qui est entre Grijalua & Jucatan. Quoique cette Rivière de Tabasco, ou Grijalua & le Port-Royal soient fort commodes pour le Commerce de la Province des Zoques, les Espagnols ne se sont jamais guère fortifiez de ce côté-là: ce qui a autrefois tenté les Anglois & les Hollandois d'y faire descente; mais comme la Rivière est peu profonde, que le Climat est fort chaud, que les Bourgades se trouvent fort incommodées des Moucherons, & que la principale Marchandise de ce Pays là ne consiste qu'en Cacao, ces difficultez firent qu'après être entrez dans la Rivière, ils ne passèrent pas outre. Les Bourgades de cette Province des Zoques ne sont pas fort grandes; mais elles sont riches, parce qu'il y a quantité de Soye, & la meilleure Cochenille de toute l'Amérique; & même il n'y a point de Province où il s'en trouve plus qu'en celleci. Il y a peu d'Indiens qui n'ayent leurs Vergers plantez de ces Arbres, où s'engendrent les vers qui nous fournissent cette riche Marchandise, non qu'ils l'estiment beaucoup d'eux-mêmes; mais parce qu'ils ont vu que les Espagnols en faisoient grand cas, & leur en offroient de l'argent; les contraignant même de la cultiver dans les endroits où ils avoient reconnu que ces Arbres croissoient mieux qu'ailleurs. Il y a une telle quantité de soie dans ce Pays là, que le principal trafic des Indiens consiste en des Tapis de soie de toutes couleurs que font les femmes, & qu'ils vendent aux Espagnols qui les achètent pour les envoyer en Espagne. C'est une chose admirable de voir la diversité des Ouvrages de ces Indiennes. Le Peuple de ce Pays-là est spirituel, ingénieux & bien fait de corps. Le Climat est chaud vers Tabasco; mais au dedans du Pays il y a des endroits où il fait très-froid. On n'y recueille point de froment; en récompense on y a une grande abondance de mahis; aussi n'y trouve-t-on pas une aussi grande quantité de Bétail qu'aux environs de Chiapa; pour du Gibier de la Volaille & des Coqs d'Inde, il s'y en trouve autant qu'en aucun endroit du Nouveau Monde.

[g] De l'Isle, Méxique.

[h] Relat. des Indes Occ. 2. Part. ch. 18.

De Laet, dans sa Description des Indes Occidentales [i], dit que les ZOQUES, ou ZOAQUES, sont le second Peuple de la Province de Chiapa; que leur Pays est peuplé de vingt-cinq Bourgades, dans la première desquelles, nommée *Tecpatlan*, les Dominicains ont une Maison. Ce Pays, ajoute-t-il, est chaud & humide, à cause de l'abondance des pluyes, & de la quantité des Rivières & des Torrens, qui rendent les chemins fort difficiles, & fournissent pourtant de très-bons poissons.

[i] Liv. 7. ch. 5.

ZORAMBUS, Fleuve de la Carmanie: Ptolomée [k] marque l'Embouchure de ce Fleuve entre le Port Cophanta, & la Ville Badara. Le MS. de la Bibliotheque Palatine porte *Zoramba*, pour *Zorambus*.

[k] Lib. 6. c. 8.

ZORIGA, Ville de la Grande Arménie. Ptolomée [l] paroît la placer dans la Basilisène, à la gauche & à quelque distance de l'Euphrate.

[l] Lib. 5. c. 13.

ZOR. ZOS. ZOT. ZOT. ZOU. ZUB. ZUC.

[a] Lib. 6. c. 27.

ZOROANDA, Lieu d'Asie dans le Mont Taurus, selon Pline [a] qui semble entendre par-là l'endroit où le Tigre se perd sous terre, & d'où il paroît de nouveau. Ce Lieu étoit dans la Chalonitide selon Strabon [b]. Les MSS. de Pline consultés par le Père Hardouin lisent ZOARANDA, au lieu de ZOROANDA, & Solin écrit ZOMADA.

[b] Lib. 11. p. 529.

ZOROLUS, Fleuve de Thrace. Il en est parlé dans la Vie de St. Aléxandre Martyr. Ortelius [c] soupçonne que ce Fleuve pourroit avoir été ainsi nommé de *Zurulum*, ou *Tzurulum*, Ville de ces Quartiers-là.

[c] Thesaur.

ZOROMBA. Voyez ZORAMBUS.

ZOROPASSUS, Ville de la Petite Arménie. Ptolomée [d] l'attribue à la Préfecture Muriane.

[d] Lib. 5. c. 7.

ZOROPASSENUS, Siége Episcopal d'Asie, dans l'Isaurie, selon le Concile de Nicée, cité par Ortelius [e].

[e] Thesaur.

ZOROYMA, Siége Episcopal de Syrie, sous la Métropole de Bostra, selon Guillaume de Tyr cité par Ortelius [f].

[f] Ibid.

ZORTA. Voyez ZURTA.

ZOSITERPUM, Ville de Thrace, selon Ortelius, qui cite le quatrième Livre des Edifices de Justinien par Procope. Mr. Cousin, dans sa Traduction [g], écrit *Zositerfum*. Cette Ville ou plutôt ce Fort étoit dans la Province de Rhodope.

[g] Liv. 4. ch. 11.

ZOSTER, Promontoire de l'Attique; Strabon [h] le place sur la Côte du Golphe Saronique, & dit que c'est un long Promontoire entre la Bourgade d'*Æxone*, ou d'*Æxone*, & un autre Promontoire, voisin de *Thorea*. C'est à peu près tout ce que nous savons de la situation du Promontoire *Zoster*, dont Etienne le Géographe fait un Isthme. Cette situation s'accorde avec celle que Pausanias [i] semble donner au ZOSTER, & dont il fait un Lieu situé sur le bord de la Mer, entre *Alimu* & *Prospalte*, Minerve, Apollon, Diane & Latone, ajoute-t-il, y sont particulierement honorés, & y ont des Autels. On ne croit pas que Latone y ait fait ses couches; mais on dit que sentant son terme approcher, elle y délia sa ceinture. C'est delà que ce Lieu avoit pris son nom, & qu'on donna à Latone le surnom de *Sosteria*, de même qu'à Minerve, à Diane & à Apollon.

[h] Lib. 9. p. 398.

[i] Liv. 1. ch. 31.

ZOSTIUM, nom d'un Lieu selon Suidas, qui ne le désigne pas autrement.

ZOTH, nom d'une Nation [k] qui habitoit autrefois dans les Pays marécageux, qui sont entre les Villes de Vaffeth & de Bassorah. Cette Nation s'étant révoltée fut défaite & réduite en servitude par Motassem huitiéme Kalife des Abbassidées. L'Auteur du Mirçat dit que cette Nation habite Sôwad Urak dans les Villages de l'Iraque Babylonienne. Cependant le nom de Zoth convient aussi à un Peuple des Indes; & on appelle en Arabe Zothi, une sorte d'Etoffe qui vient de leur Pays.

[k] D'Herbelot, Biblioth. Or.

ZOTALE, Fleuve d'Asie, selon Ortelius [l] qui cite ce passage de Pline [m]: *Nam interfluente Margo, qui corrivatur in Zotale*. Mais je serois du sentiment du Pere Hardouin, qui entend par Zotale un Territoire, une Campagne, ou un Canton dans lequel le Margus se partageoit en divers Ruisseaux pour arroser le Pays.

[l] Thesaur.
[m] Lib. 6. c. 16.

ZOTAPA, Ville de l'Isaurie. Il en est parlé dans le Concile de Chalcédoine.

ZOTHES. Voyez ZATHES.

ZOTON, Ville de l'Ethiopie sous l'Egypte. C'est Pline [n] qui en fait mention.

[n] Lib. 6. c. 29.

ZOUG. Voyez ZUG.

ZOUPE, Plage de l'Amérique Méridionale [o], au Pérou, dans l'Audience de Lima, entre l'Embouchure de la Riviere de Barranca & le Havre de Guara. Depuis la Riviére de Barranca jusqu'à la Plage de Zoupe il y a deux lieues. Sous le vent de cette Plage, on voit des Montagnes rougeâtres près de la Mer. Sous le vent de ces Montagnes faites une petite Pointe basse; & sous le vent de cette Pointe vous trouverez le Port de Barranca, qui est sous le 11. d. de Latitude Méridionale, & où l'on peut mouiller à 6. ou 7. Brasses d'eau. La Plage de Zoupé forme une grande Baye sablonneuse, où il ne vient que des Barques pour charger du Grain. Il y a toujours fur cette Plage de grosses houles, & la Mer y est fort rude lorsque le vent y donne. De cette Plage à l'Isle de St. Martin il y a trois lieues. La terre est basse vers la Mer; mais dans l'intérieur du Pays il y a plusieurs petites Montagnes, qui ressemblent à des Volcans. Cette Isle qui est à un quart de lieue ou environ du Rivage paroît blanche & peut avoir une demi-lieue de circonférence. Le Havre de Guara qui en est éloigné d'une lieue se trouve sous le 11. d. 30'. de Latitude Méridionale.

[o] Woode Rogers, Supplément aux Voyages, t. 2. p. 45.

ZOUR, Ville de Perse. Tavernier [p] qui cite les Géographes Persiens dit que cette Ville se trouve à 70. d. 20'. de Longitude, & à 35. d. 32'. de Latitude. Il n'y a rien de remarquable dans cette Ville qui est de la Province de Belad-Couresson.

[p] Voyage de Perse, Liv. 3.

ZOUSCH [q], nom d'une Bourgade de la Tartarie, au Pays des Usbecks, & de la dépendance de la Ville de Bokharah. Celui qui y est né ou qui en tire son origine est surnommé ZOUSCHI.

[q] D'Herbelot, Biblioth. Or.

Z U.

ZUBÉDI, Ferme, ou Fonds de terre dans l'Afrique propre, au Territoire d'Hippone, selon St. Augustin cité par Ortelius [r].

[r] Thesaur.

ZUBUL. Voyez ZILIA.

ZUCALA, Isthme qui joint la Péninsule de Crim avec la Petite Tartarie. Cet Isthme que les Anciens nommoient *Isthmus Tauricus*, est entre le Lac de Sescan & le Golphe de Nigropoli, partie de la Mer Noire. Sa largeur n'est que d'une demi-lieue, & il est défendu par la Ville de Précop qu'on y a bâtie.

[s] Boucharel, Dict.

ZUCCORA, Bourgade de l'Isle de Piscopia, située dans la Méditerranée sur la Côte d'Asie. Cette Bourgade qui a un Château [t], est arrosée d'un Ruisseau d'eau douce, qui ne tarit point. Boschini dans son Traité de l'Archipel, dit que les Habitans de Zuccora assurent qu'il s'y trouve beaucoup de Mines; mais que la crainte d'y atti-

[t] Corn. Dict.

attirer les Turcs les empêche d'y travailler.

ZUCCUBAR. Voyez SUCCUBAR.

ZUCHABARUS, Montagne de l'Afrique propre : Ptolomée [a] dit que le Fleuve Cyniphus & la Fontaine Acaba avoient leur source dans cette Montagne. Hérodote [b] l'appelle *Charitum Mons* ; car il nomme ainsi la Montagne où le Fleuve Cyniphus ou Cinyphus prenoit sa source.

[a] Lib. 4. c. 3.
[b] Lib. 4. c. 165.

1. ZUCHIS, Ville de la Libye, selon Etienne le Géographe, qui cite le seizième Livre de Strabon ; mais il devoit citer le dix-septième Livre ; car c'est où Strabon [c] parle de cette Ville-là, qu'il la place sur le bord d'un Lac de même nom, & qu'il dit célèbre pour ses Teintures en Pourpre & pour ses Salaisons de toutes sortes. D'ailleurs, Strabon met cette Ville dans l'Afrique propre, ainsi que le Lac sur lequel elle étoit située. Voyez l'Article suivant. Il est encore à remarquer qu'Etienne le Géographe dans un autre endroit [d] nomme cette Ville Ξούχης, *Xuches*, sans avertir que c'est toujours la même Place sous deux Orthographes différentes ; mais qui reviennent à la même chose, parce que les Anciens ont assez souvent pris les Lettres Z & Ξ, l'une pour l'autre. C'est ainsi qu'Hésyche appelle un Peuple de la Troade tantôt Αʹζῶται, tantôt Αʹξῶται ; que Tzetzès appelle un Peuple des environs de la Colchide tantôt Κοραζοί, tantôt Κοραξοί ; & qu'Etienne le Géographe lui-même d'une Isle de l'Océan Indien écrit indifféremment Τοπάζιος & Τοπάξιος.

[c] Lib. 17. p. 835.
[d] In Verbo. Ξούχης.

2. ZUCHIS, Lac de l'Afrique propre. Strabon [e] dit qu'on le trouvoit après la Petite Syrte : qu'il avoit près de quatre cens Stades de circuit : que son entrée étoit étroite ; & qu'on voyoit sur son bord la Ville de ZUCHIS, qui fait l'Article précédent.

[e] Lib. 17. p. 835.

ZUDIDAVA. Mr. Corneille [f], je ne sai sur quelle autorité, écrit ainsi le nom de l'ancienne *Sucidava*, Ville de la Dace. Voyez SUCIDAVA.

[f] Dict.

ZUENZIGA, Habitation d'Afrique [g], dans le Zahara. Elle a Tégaza au Couchant, Hayr au Levant, Sugulmesse, Tebelbelt & Beni-horay au Septentrion, & le Desert de Guir au Midi. Quoique le Pays de Zuenziga soit un Desert encore plus sec, & plus stérile que ceux de Zenega & de Tegaza, il ne laisse pas d'être habité par les Guanaseris. C'est par-là que passent les Marchands de Trémecen, qui vont à Tombut & au Royaume d'Yça, avec grand péril de leur vie ; car les hommes & les Animaux y meurent quelquefois de soif en chemin, particuliérement au quartier de Gogden, où l'on fait neuf journées sans trouver d'eau ; si ce n'est quelquefois quelques Marais quand il a plu ; & ces Marais tarissent bien-tôt. Les Habitans sont Africains, & parmi eux il y a quelques Arabes, qui tirent tribut de Sugulmesse pour les terres qu'ils labourent, & errent par ces Deserts jusqu'à Yguid, s'arrêtant aux endroits, où il y a de l'herbe pour leurs Troupeaux. Ils sont fort riches en Bétail, & recueillent beaucoup de dattes sur la Frontiére du Biledulgerid, où ils régnent par le grand nombre de leur Cavalerie. Ils ont d'autres Arabes avec eux

[g] Dapper, Afrique, p. 217.

qu'on nomme, Garsa & Esgué, & sont tous fort nobles ; de sorte que les Rois de Barbarie recherchent leur alliance, & épousent les filles de leurs Commandans.

ZUERA, ou CUERA, Ville d'Espagne [h] dans l'Aragon, sur le chemin de Saragosse en France par la Principauté de Bearn. Cette petite Ville est située sur le Gallego, dans une Campagne fertile, à quatre lieues de Saragosse.

[h] Délices d'Espagne, p. 662.

1. ZUG, prononcez *Zoug*, Canton de la Suisse, & le septième dans l'Ordre des Cantons. Il confine [i] du côté de l'Orient, & du côté du Nord au Canton de Zurich ; du côté de l'Occident au Canton de Lucerne, & aux Provinces Libres, dont il est séparé par la Reuss ; & du côté du Midi au Canton de Schwitz. Ce Canton, avec quelques Contrées voisines, a été le Pays des anciens *Tugeni*, dont Strabon [k] parle dans sa Description de l'Helvétie, & qui se joignirent aux Cimbres dans leur expédition contre l'Italie. Les *Tugeni* sont joints par cet Auteur [l] à ceux qui sont ceux de Zurich. Le Pays de Zoug est d'une assez petite étendue, n'ayant que quatre ou cinq lieues de longueur ; mais il peut passer pour bon. Les Montagnes donnent d'excellens Pâturages, & sont parsemées de grands Villages, dont les plus considérables sont *Egeri*, ou *Egri*, *Mintzengen*, *Nuhen* & autres. Au bord du Lac on trouve celui de St. André, qui a été autrefois un Lac. La Plaine est fertile en vins, en blés & en fruits, entre autres en Châtaignes, particuliérement autour du Lac : aussi est-elle fort peuplée ; & généralement parlant c'est un beau & riche Pays. On y voit quantité de Vilages, deux beaux Bourgs, Cham & Bar, une riche Abbaye de Filles, qu'on nomme Frawenthal, au bord de la Reuss, & la Ville de Zoug, qui fait l'Article suivant. Tous les Habitans de ce Canton sont fort attachez à la Religion Catholique, & reconnoissent toujours la Jurisdiction de l'Evêque & de l'Official de Constance. Ils ont une étroite alliance avec les Cantons de Lucerne, d'Ury, de Schwitz & d'Underwald ; & quand ils s'assemblent, on les appelle ordinairement *la Ligue des Cinq Cantons*.

[i] Etat & Délices de la Suisse, t. 2. p. 458.
[k] Lib. 7.
[l] Lib. 4.

2. ZUG, ou ZOUG ; Ville de Suisse & la Capitale d'un Canton auquel elle donne son nom, corrompu de *Tugium*, formé de celui des anciens *Tugeni*. Elle ne se trouve néanmoins [m] marquée en aucun lieu avant cinq cens ans. On rapporte son origine aux Seigneurs de Hallville, qui la bâtirent dans un lieu commode, pres du Lac auquel elle donne aussi son nom. Les Comtes de Habsbourg succéderent aussi à ces Seigneurs, & à ceux-ci les Ducs d'Autriche, qui en firent leur Place d'armes contre les Cantons, qui l'assiégérent en 1352. Quoique la Garnison Autrichienne eût abandonné la Place, les Habitans se défendirent bien ; & ayant enfin été pris, leurs Vainqueurs les reçurent dans leur alliance, & Zoug devint le septième Canton, parce qu'il obtint le pas sur Glaris, qui est néanmoins un peu plus ancien, ayant été aggrégé au Corps Helvétique en 1351.

[m] Longuerue, Descr. de la France, 2. Part. p. 277.

La Ville de Zug [n] est située au bord O-
rien-

[n] Etat & Délices de la Suisse, t. 2. p. 459.

riental du Lac, dans une belle & fertile Campagne, au pied d'une agréable Colline, qui s'élevant peu à peu, forme enfin une Montagne. Les rues y sont grandes & larges, & les Maisons assez bien bâties. On y peut remarquer quatre Edifices Religieux; l'Eglise Collégiale de St. Oswald, qui est presque au milieu de la Ville, un Couvent de Capucins, qui est à un coin, sur une hauteur, & l'Eglise paroissiale de St. Michel, qui est hors de la Ville, avec un Couvent de Religieuses à côté.

Le 3. de Mars 1435. il arriva un funeste accident à Zoug. La rue qui étoit au bord du Lac s'abîma dans l'eau avec tout un rang de Maisons, & la muraille de la Ville qui la bordoit de ce côté-là. Il y eut vingt-six Maisons abîmées, & cinquante personnes noyées. Cela fit que les Habitans bâtirent de nouvelles rues de l'autre côté de la Ville, & firent avec le tems comme une nouvelle Ville, qu'ils environnèrent de murailles & de Tours: aussi ce Quartier est-il appellé *Neustatt*; c'est-à-dire *la Nouvelle Ville*. Il arriva encore à la Ville de Zoug en 1594. un accident de cette espèce. Quatre Maisons furent abîmées d'un coup dans le Lac [a]. Presque tous les Habitans du Pays s'accordent à dire, que ces tristes événemens doivent être attribués aux Carpes du Lac, lesquelles en creusant insensiblement le rivage & les fondemens des Maisons en occasionnèrent la ruine. En effet, on prend dans ce Lac des poissons d'une grandeur surprenante; & l'on assure même que l'on y pêche assez ordinairement des Carpes depuis cinquante jusqu'à quatre-vingt-dix livres.

[a] *Haller. Chronic. L. 54. c. 4.*

A la principale Porte de l'Eglise de St. Oswald, du côté droit, on lit cette Inscription:

Justus erat Karolus, Konstantinusque devotus,
Clemens Ludovicus, Henricus corpore castus,
Templa Deo fundant; ea dotant, Idola calcant,
Auctores Fidei, pugiles pro nomine Christi.
Hæc quia fecerunt
Intratre polos meruerunt.

Sur le Portail de l'Eglise on voit les Statues des quatre Empereurs avec cette Inscription à leur droite: S. KONSTANTINUS M. S. KAROLUS M. S. LUDOVICUS. S. HENRICUS IMP. & à leur gauche celle-ci:

Melchior ex gente, cum Baltbasar ab Oriente
Et Caspar comite venerunt Sidere duce,
Quem solum quærunt Ephrata monstrat eum
Dona sibi dantes aurum cum thure libantes.
Dlii myrrham sociant, proni sua corpora curvant.

Au dedans de l'Eglise on voit une Statue Equestre en bois, sous laquelle est l'Ecu des Armes d'Angleterre, avec ces mots autour: SANCTUS OSWAEDUS REX ANGLIÆ, PATRONUS HUJUS ECCLESIÆ. La Figure de St. Oswald est ornée d'un Manteau Royal, & a sur la tête une Couronne. On remarque encore dans cette Eglise plusieurs Tombeaux avec des Epitaphes, où l'on n'a pas épargné l'étoffe. Les plus remarquables sont celles des Seigneurs de Zur-Lauben; de Thurn, & de Gestelenburg. Dans la même Eglise, il y a un Autel de bois en Sculpture, Ouvrage parfait en ce genre. On dit qu'il est ancien de plus de deux Siècles, & qu'il a été fait par un Bourgeois de Zurich. Il représente l'Histoire d'un certain fils unique, qui avoit eu la tête tranchée en Espagne, & qui fut ressuscité à Zug. On attribue ce miracle à l'intercession de St. Jacques.

La Ville de Zug n'a point d'autorité sur la Campagne des environs; ce qui fait que le Canton est partagé en cinq Quartiers, dont la Ville en forme deux, & la Campagne trois. Les trois de la Campagne sont: *Mentzingen*, *Egeri* & *Bar*, qui est un Bourg dans la Plaine, près de la Ville. Ces cinq Communautez ensemble composent un Corps de République Démocratique, qui commande à tout le Canton. L'*Amman* ou le Chef de l'Etat est changé tous les deux ans, & prix tour à tour dans chacune des cinq Communautez. Il réside toujours à Zug avec la Régence du Pays. C'est pour cela que quand on prend un Amman dans l'une des Communautez de la Campagne, il est obligé d'aller faire sa demeure dans la Ville, pour tout le tems que dure sa Charge. Du reste, la Ville a son Conseil, son Chef, & ses Officiers à part.

Le Canton de Zug n'a pas six Bailliages, comme le disent Mr. Stanian, Auteur de la Relation de la Suisse, & Mr. l'Abbé de Longuerue dans sa Description de la France ancienne & moderne. Il en a seulement cinq, sans compter ceux dont il jouït en commun, avec les autres Cantons. Mr. Ruchat, Auteur des Délices de la Suisse, appelle ces Bailliages des Gouvernemens: car il dit que cette petite République donne des Gouverneurs à quelques Places, qui lui sont sujettes; comme à *Cham*, à *St. André* [ou plutôt à *St. Adrien*] à *Hünenberg*, à *Walchweil*, à *Steinhausen*, [dont la Haute-Jurisdiction appartient à Zurich] & à *St. Wolffgang*.

Le LAC DE ZUG, en Allemand *Zuger-zée* partage presque entièrement le Canton de Zoug en deux parties inégales, l'une Orientale, qui est la plus grande, & l'autre Occidentale, qui est plus petite. Il s'étend en longueur du Nord au Midi, tournant néanmoins un peu vers le Midi Oriental.

ZUGABBARITH. Voyez SUGABARITANUS.

ZUGANA, Ville de l'Arabie-Heureuse. Ptolomée [b] la marque dans les Terres; & le MS. de la Bibliothéque Palatine écrit *Lugana* pour *Zugana*. [b] *Lib. 6. c. 7.*

ZUGAR, Ville de l'Afrique propre: Ptolomée [c] la compte parmi les Villes qui se trouvoient entre les Fleuves Bagradas & Triton. [c] *Lib. 4. c. 3.*

ZUJA, Rivière d'Espagne [d], dans l'Estremadoure. Elle prend sa source dans la Sierra Morena, & se jette dans la Guadiana un peu au-dessus de Medelin. [d] *Délices d'Espagne, p. 360.*

ZUICHEM, Village des Pays-Bas, dans la Frise, au Quartier appellé Ostergo, à une lieue de Leuwarde. Ce Village est remarquable, parce qu'il a donné la naissance à *Viglius ab Ayta*, Chef & Président du Con-

Conseil Privé à Bruxelles sous le Régne de Philippe II. Roi d'Espagne, & qui fut Chancelier de l'Ordre de la Toison d'Or. Il mourut à Bruxelles en 1577. âgé de 70. ans. Son Corps fut enterré à Gand, dans l'Eglise de St. Ravon, dont il avoit été Prevôt mitré. Il fit plusieurs belles Fondations, entre autres celle d'un Collége pour les Frisons à Louvain, & qui porte son nom.

[a] *d'Audiffred, Géogr. t. 3.*

ZUICKAU, Ville d'Allemagne [a], au Marquisat de Misnie, dans le Cercle de Voigtland. Cette Ville située sur la Mulde, au pied des Monts Fichtelberg est la principale Ville du Cercle. Henri l'Oiseleur la fit aggrandir & lui donna de très-beaux priviléges; mais on ne sauroit garantir ce qu'avancent plusieurs Historiens qu'il la mit au rang des Villes Libres & Impériales. Il est néanmoins certain qu'elle, jouït long-tems de sa liberté, & que ce fut Fréderic *le Mordu*, Marquis de Misnie, qui la lui ôta en 1308.

ZUIDBERQUIN, Paroisse de France, aux Pays-Bas, dans la Flandre Flamingante, & de la subdélégation de Cassel. Cette Paroisse est considérable.

[b] *Dict.*

ZUININBERG. Mr. Corneille [b] qui cite les Mémoires & Plans Géographiques 1698. dit que Zuininbergue est une Ville d'Allemagne, qui n'est pas fort éloignée du Rhein, & qu'elle est des dépendances du Landgrave de Hesse. Tout cela n'a ni exactitude ni précision. Au lieu de ZUININBERGUE, on écrit ZWINGENBERG; & c'est une petite Ville appartenante au Landgrave de Hesse-Darmstadt, sur la route de Heidelberg à Francfort, en passant par Darmstadt.

ZULFA. Voyez ZULPHA.

ZULLICHAW, Ville d'Allemagne, dans la Silésie, au Quartier de la Principauté de Crossen qui se trouve à la droite de l'Oder. Elle est environ à une lieue au Nord de ce Fleuve & environ à cinq lieues à l'Orient Septentrional de la Ville de Crossen.

[c] *Tavernier, Voyage de Perse, Liv. 1. ch. 4.*

1. ZULPHA, ou ZULFA [c], Ville de l'Arménie, sur la route d'*Erivan* à *Tauris*, entre *Nakisvan* & *Astabat*. C'est l'ancienne Patrie des Arméniens que Cha-Abas emmena en Perse. Elle est située entre deux Montagnes sur l'Aras, qui ne laisse que très-peu de terrein de côté & d'autre. Cette Riviére ne commence à porter Bâteau qu'à deux lieues ou environ au-dessous de Zulpha; car au-dessus elle ne peut souffrir que des Radeaux. Comme le Pays au-dessous de Zulpha s'abaisse & s'étend en Plaines, le cours du Fleuve devient plus tranquile. Il y avoit autrefois à Zulpha un beau Pont de pierre sur l'Aras; mais Cha-Abas le fit rompre, & fit ruïner la Ville pour ne rien laisser aux Turcs. Il ruïna aussi tout le Pays entre *Erivan* & *Tauris*, afin que si l'Armée Ottomane marchoit de ce côté-là, elle ne trouvât point de quoi subsister, & se détruisit d'elle même. Il emmena en Perse tous les Habitans de Zulpha & des environs, jeunes & vieux, les Peres, les Meres & les Enfans, dont il fit diverses Colonies en plusieurs endroits de son Royaume. Il fit passer jusqu'à vingt-sept mille Familles d'Arméniens dans la Province de Guilan, d'où viennent les Soyes, & dont le rude Climat fit mourir beaucoup de gens accoutumez à un air plus doux. Les plus considérables furent envoyées à Ispahan où le Roi les poussa dans le négoce, & il leur avançoit les Soyes qu'ils lui payoient au retour du voyage; ce qui mit bien-tôt ces gens sur pied. Le Roi leur accorda en même tems de grands Priviléges; entre autres qu'ils auroient leurs Chefs & leurs Juges particuliers, sans dépendre de la Justice de Perse. Ce sont eux qui ont bâti la Ville de Zulpha, qui n'est séparée d'Ispahan que par la Riviére de Senderou, & qu'ils appellent Zulpha la Neuve pour la distinguer de la Vieille Zulpha d'Arménie. Voyez l'Article suivant. Une troisiéme partie de ce Peuple fut dispersée dans plusieurs Villages entre Ispahan & Sciras; mais les Vieillards étant morts, tous les jeunes peu à peu se firent Mahométans, & à peine trouveroit-on aujourd'hui deux Chrétiens Arméniens dans toutes ces belles Plaines, où leurs Peres furent envoyez pour les cultiver.

Ni par les ruïnes de Zulpha, ni par sa situation, on ne voit pas que cette Ville ait jamais eu aucune beauté: les pierres étoient grossiérement assemblées sans ciment, & les Bâtimens ressembloient mieux à des Caves qu'à des Maisons. Le côté du Nord-Ouest étoit le plus habité, & il n'y avoit presque rien de l'autre côté. Les Terres qui sont au voisinage de Zulpha étant très-fertiles, il y est revenu quelques Familles Arméniennes, qui y vivent doucement. Cogia-Nazar, l'un des principaux Arméniens qui sortirent de Zulpha, s'étant rendu puissant par le Négoce, & ayant acquis un grand crédit auprès de Cha-Abas & de Cha-Sefi son Successeur, il fut fait *Kelonter*; c'est-à-dire Chef & Juge de la Nation Arménienne, fit bâtir en faveur de sa Patrie deux grands Caravanseras qu'on voit à Zulpha de côté & d'autre de la Riviére. Il y fit une dépense de plus de cent mille Ecus, & ce sont deux beaux Ouvrages qui par sa mort sont demeurez imparfaits.

A une demi-lieue au deçà de Zulpha, avant que de passer un Torrent, qui se jette dans l'Aras on peut prendre deux chemins pour aller à Tauris. L'un qui est la route la plus ordinaire tire au Sud-Est; l'autre qui est à gauche tire au Nord-Est.

Entre *Nakisvan* & *Zulpha*, de côté & d'autre au Septentrion & au Midi, il y a dix Couvens de Chrétiens Arméniens, éloignez de deux ou trois lieues plus ou moins les uns des autres. Ils reconnoissent le Pape & sont gouvernez par des Religieux Dominicains de leur Nation. Pour y avoir toujours un nombre suffisant de Religieux, on envoye de tems en tems à Rome des enfans du Pays qu'on juge les plus propres à l'étude: ils y apprennent la Langue Latine & l'Italienne; & ils y trouvent les secours nécessaires pour leur Profession. On compte dans ce Quartier-là environ six mille ames qui suivent l'Eglise Romaine en tou-

toutes chofes, à la réferve de l'Office & de la Meffe qui fe chantent en Arménien, afin que tout le monde l'entende. L'Archevêque étant élu on l'envoye à Rome où le Pape le confirme. Il fait fa réfidence dans un gros Bourg qui eft un des plus beaux Lieux de toute l'Afie. Le vin & les fruits y font excellens, & on y trouve en abondance tout ce qui eft néceffaire pour la vie. Chaque Couvent eft accompagné d'un Bourg, ou gros Village, dont voici les noms. Le premier & le principal des dix, qui eft du côté du Nord, s'appelle ABARENER, le fecond ABRAGHONNEX, le troifième KERNA, le quatrième SOLETAK, le cinquième KOUCHKACHEN, le fixième GIAOUK, le feptième CHIABONNEZ, le huitième ARAGHOUCHE, le neuvième KAUZUK, le dixième KISOUK, & ce dernier eft aux Frontières du Curdiftan ou de l'Affyrie. C'eft où les Arméniens croient que Saint Barthelemi & Saint Matthieu ont été martyrifez; & ils difent qu'ils ont encore quelques Reliques de ces deux Apôtres. Plufieurs Mahométans mêmes y viennent en dévotion, principalement ceux qui ont la fièvre. Il y a deux ou trois de ces Couvens où l'on reçoit charitablement les Chrétiens qui viennent de l'Europe, quoique les Moines y foient fort pauvres. Ils vivent d'ailleurs dans une grande auftérité, ne mangeant prefque jamais que des herbes. Ce qui les rend fi pauvres c'eft la tyrannie des Gouverneurs qui viennent de tems en tems, & à qui il faut qu'ils faffent des prefens. Comme ils n'ont pas le moyen de donner beaucoup, ces Gouverneurs ne les aiment pas, & pouffez par les autres Arméniens, qui peuvent leur faire de grands prefens, ils traitent ces Moines Catholiques de manière à les obliger d'en aller faire leurs plaintes au Roi.

A une lieue & demie du principal de ces dix Couvens, il y a une haute Montagne féparée de toutes les autres, & faite en Pain de Sucre comme le Pic de l'Ifle de Tenerife. Au pied de cette Montagne, il y a quelques fources qui ont la vertu de guérir ceux qui ont été mordus d'un Serpent, & même fi l'on porte quelques Serpens à cette Montagne ils y meurent auffi-tôt.

2. ZULPHA, Ville de Perfe, tout près d'Ifpahan [a], dont elle n'eft guère féparée que par la Rivière de Senderou, ou Zenderoud. Il y en a qui la nomment IULPHA & d'autres l'appellent GIOLFA, chacun fuivant dans ces noms étrangers de Villes, de Provinces & de Rivières, l'orthographe qui lui femble la meilleure. Zulpha eft éloignée d'Ifpahan, vers le Midi, d'une demi-heure de chemin d'un homme de pied; & la Rivière de Senderou paffe à peu près dans une diftance égale entre les deux Villes. Le chemin qui mene de l'une à l'autre eft ce qu'il y a de plus beau à Ifpahan, & dans tout le refte de la Perfe; mais il ne pafferoit pas pour extraordinaire en Europe, où l'on voit plufieurs Avenues de Maifons particuliéres, qui furpaffent en beauté celle dont je vais faire la Defcription. C'eft une Allée de plus de quinze cens pas de longueur, & de foixante & dix ou quatre vingt de largeur, coupée prefque également par la Rivière, fur

[a] Tavernier, Voyage de Perfe, Liv. 4. ch. 6.

laquelle il y a dans cet endroit-là un beau Pont, dont je parlerai plus bas. Elle commence par un Pavillon d'environ quarante pieds en quarré, qui joint le derrière du Palais du Roi, & qui eft à double étage, percé en haut & en bas de plufieurs grandes Fenêtres fermées par des treillis de bois artiftement travaillez. Il n'y a que le Roi & fa Maifon qui entre par-là dans cette Allée; car ceux qui fortent d'Ifpahan pour aller à Zulpha, ou en d'autres Lieux au delà de la Rivière, fe rendent dans l'Allée par une Porte de la Ville, qui touche le Pavillon. Cette Allée eft appellée la Rue de *Tcharbag*, c'eft-à-dire la Rue des quatre Jardins. Un Canal régne tout du long depuis le Pavillon d'où fort un Ruiffeau qui le remplit jufqu'au grand Pont. Les deux bords du Canal, qui font de pierre de taille & larges de deux ou trois pieds, forment un chemin que les paffans peuvent prendre, & qu'ils prennent quelquefois; car le chemin ordinaire, tant pour les gens de pied que pour les chevaux, eft de côté & d'autre de l'Allée, depuis les Arbres qui font plantez en droite Ligne jufqu'aux murailles des Jardins du Roi, qui ferment l'Allée des deux côtez; c'eft un chemin relevé de pierre de taille & de quatre pieds de large ou environ. Il n'y a qu'un rang d'Arbres de chaque côté, & ce font des Arbres fort droits & fort hauts appellez *Tchinards*, qui n'ont au haut qu'une groffe touffe. L'efpace qui eft entre le Canal & les Arbres n'eft point pavé, & il laiffe un Champ que l'on féme quelquefois. Environ à deux ou trois pas du grand Pavillon, le Ruiffeau tombe dans un Baffin de 30. ou 35. pieds de diametre; & dans cet endroit comme dans d'autres qui font plus bas, & où il y a auffi d'autres Baffins, l'Allée eft croifée par un chemin pavé & relevé comme les autres, & de 10. à 12. pieds de large. A main gauche de ce premier Baffin il y a un Pavillon à peu près de même grandeur & de même ftructure que celui qui eft au commencement de l'Allée; & c'eft dans une Salle baffe & voutée, au milieu de laquelle il y a un Baffin d'eau, qu'on va prendre le Caffé. De ce Pavillon jufqu'au Pont l'Allée prend la pente, & l'eau fait quelques Cafcades.

Tous les Jardins qui font de côté & d'autre, foit en deçà, foit au delà du Pont, appartienroient au Roi. Mais il ne faut pas s'imaginer que ces Jardins ni celui de Hezardgerib, qui eft le plus beau de toute la Perfe, foient enjolivez & entretenus comme ceux que nous avons en Europe; car on n'y voit point de beaux Parterres, ni d'Allées de Charmes, ni d'autres embelliffemens qui font fi ordinaires en Italie & en France. On y laiffe croître l'herbe en beaucoup d'endroits: & on fe contente d'avoir un grand nombre d'Arbres fruitiers & de ces grands Arbres touffus par le haut, plantez à la Ligne; ce qui fait toute la décoration des Jardins de Perfe. Des deux côtez des murailles des Jardins qui ferment l'Allée, on voit dans de juftes intervalles des portes affez bien enjolivées, & au-deffus de chacune un petit Sallon.

Prefqu'au milieu de l'Allée entre le grand

Ttt Pa-

Pavillon où elle commence & le Pont, il y a à gauche une Maison de Dervis, à qui le Roi a donné un de ses Jardins pour y bâtir. Ils gardent quelques Reliques d'Aly ou de quelque autre Prophète, & on les voit en passant sous une Voute devant laquelle les Persans font une profonde inclination. Ces Dervis vont tous les jours sur les trois ou quatre heures après Midi dans les Bazars d'Ispahan, prenant chacun leur quartier, & un vieux avec un jeune: ils passent d'une Boutique à l'autre & instruisent le Peuple sur quelque point de la Loi; & le jeune Dervis répond par intervalle au vieux qui fait comme l'office de Prédicateur. Ils n'ont pour tout habit que deux Peaux de Mouton, ou de Bouc qui leur pendent devant & derriére, avec une grande Ceinture de cuir large de quatre à cinq doigts, & garnie de plusieurs grosses plaques de Letton. Ils ont un autre Peau de Mouton sur les épaules & l'attachent par devant sous le menton. Leur Coiffure est une petite Peau d'Agneau en forme de Bonnet, & à laquelle ils laissent les pieds, qui leur viennent pendre sur le cou & sur les joues. Ils ont une grosse massue à la main; & c'est à peu près comme les Peintres nous représentent S. Jean Baptiste dans le Desert. Ces Dervis fourrent entre leur Ceinture & la Peau qui les couvre, quelques méchantes fleurs selon la saison, & au défaut de fleurs, plusieurs sortes d'herbes, que tant le vieux Dervis que le jeune, après leur exhortation, donnent aux Marchands & aux Artisans, de qui ils reçoivent en même tems quelque Aumône. Vers le soir ils se retirent à leur Maison. Ils tiennent toujours devant leur porte un grand Vaisseau plein d'eau, avec plusieurs petits pots, & tous les passants qui ont soif peuvent aller boire dans ce lieu-là, sans qu'on leur demande rien; ils y trouvent même de la glace en Eté, afin que l'eau soit plus fraîche.

La Rivière de Senderou, qui, comme toutes les autres Riviéres de Perse, à la réserve de l'Aras, ne porte point de Bâteau, coupe l'Allée, qui est continuée par un Pont, auquel on a donné le nom d'*Aly-verdi-Kan* qui l'a fait bâtir, & on l'appelle aussi *le Pont de Zulpha*. Il est bâti de bonnes briques, avec des pierres de taille, & est tout uni, le milieu n'étant pas plus élevé que les deux bouts. Il n'a guère moins de trois cens cinquante pas de longueur & de vingt pas en largeur; & il est soutenu de quantité de petites arches de pierre qui sont fort basses. De chaque côté il a une Galerie large de huit ou neuf pieds, & qui va d'un bout à l'autre. Plusieurs Arcades de vingt-cinq à trente pieds de haut soutiennent la plateforme, dont elle est couverte; & ceux qui veulent être plus à l'air, quand la chaleur n'est pas grande, peuvent passer par dessus. Le passage le plus ordinaire est sous les Galeries, qui tiennent lieu de Parapet, & qui ont plusieurs ouvertures sur la Rivière, par où elles reçoivent de la fraîcheur. Elles sont fort élevées par-dessus le rez-de-chaussée du Pont, & on y monte par des Escaliers aisez: le milieu du Pont, qui n'a que vingt-cinq pieds de large, est pour les Chariots & pour les autres Voitures. Il y a encore un autre passage quand l'eau est basse en Eté, & il est fort agréable pour sa fraîcheur. C'est un petit chemin qui touche le fond de la Rivière, où il y a des pierres disposées afin qu'on puisse passer sans se mouiller le pied. Il traverse toutes les Arches d'un bout du Pont à l'autre par une Porte que l'on a faite à chacune; & l'on y descend de dessus le Pont par un petit Escalier que l'on a pris dans les épaisseurs. Il y en a un de même de chaque côté du Pont pour monter sur la Platte-forme de la Gallerie; cette Platte-forme a plus de deux toises de large, avec ses garde-fous de côté & d'autre. Ainsi il y a six passages sur ce Pont, un par le milieu, quatre aux deux côtez; savoir les deux Galleries & leurs Platte-formes, & le petit chemin qui perce les Arches. Ce Pont est véritablement un fort bel Ouvrage, & pour mieux dire le seul bel Ouvrage de la Perse; mais il s'en faut de beaucoup qu'il ne soit aussi solidement bâti que le Pontneuf à Paris.

Après qu'on a passé le Pont de Zulpha, on trouve que la grande Allée de *Tcharbag* continue encore de même manière l'espace de plus de huit cens pas jusqu'au Jardin de Hezardgerib. Le Ruisseau qui passe par le milieu de cette autre moitié de la grande Allée, vient de la même Rivière de Senderon qu'on a coupée trois ou quatre lieues au dessus d'Ispahan. Quand on a marché environ quatre cens pas on trouve une Cascade qui tombe dans un Bassin, & de côté & d'autre de la Cascade il y a dix ou douze marches qu'il faut monter pour gagner le bout de l'Allée. Elle a en face la Maison qui est au devant du grand Jardin de Hezardgerib; c'est-à-dire de mille Arpens; & cette Maison consiste en un Sallon qui est sur la porte de la Maison avec quatre petites Chambres aux quatre coins. Quant au Jardin, il est beau pour la Perse; mais ce seroit peu de chose en France, & il y a plusieurs Jardins autour de Paris, qui ont incomparablement plus de beauté. Comme ce Jardin a été pratiqué sur la pente d'une Colline, il est composé de seize Terrasses soutenues par une muraille de six à sept pieds de hauteur. Toutes les Fontaines n'ont qu'un petit filet d'eau; & ce qui se voit de plus raisonnable dans ce Jardin est la quatrième Terrasse. C'est un grand Bassin octogone de plus de six-vingt pieds de diametre, autour duquel il y a dans des distances égales plusieurs petits Tuyaux qui jettent de l'eau de la hauteur d'environ trois pieds; & on descend dans ce Bassin par trois marches. Un Canal de pierre régne au milieu de la principale Allée, qui vient aboutir au Bâtiment; & ce Canal est de la même largeur que celui de l'Allée de Tcharbag, qui en reçoit l'eau, & lui est opposé en droite ligne. Au dixième étage on trouve un autre Bassin de même grandeur & de même forme, que celui du quatrième, & au dernier qui termine la grande Allée & la longueur du Jardin, il y a un autre Canal, qui traverse toutes les Allées, qui sont, comme la grande, de toute la longueur du Jardin. On y voit quelques Sallons ouverts de tous les côtez pour prendre le frais, & quelques

Cas-

ZUL.

Cascades & Napes d'eau le long du Canal; mais pour des Parterres, des Allées de Charmes, & d'autres enjolivemens de cette nature, il n'en faut point chercher, ni au Jardin de Hezardgerib, ni en aucun autre Jardin de la Perse.

Après avoir marché environ cent pas au delà du Pont dans la grande Allée de Tcharbag, on trouve à la droite une rue entre de grandes murailles de Jardins, qui appartiennent au Roi; & cette rue conduit à Zulpha, qui n'est éloignée du Pont que de deux ou trois portées de Mousquet.

La Ville de Zulpha est proprement une Colonie d'Arméniens que le Grand Cha-Abas avoit tirez de Zulpha, Ville d'Arménie, comme je l'ai dit dans l'Article précédent; & c'est de là que cette Colonie a pris le nom de Zulpha. Elle s'est tellement accrue depuis, qu'elle peut passer aujourd'hui pour une assez grande Ville, ayant près de demi-lieue de longueur, & étant large à peu près de la moitié. Il y a des rues principales qui en font presque toute la longueur; & l'une de ces rues a de chaque côté une rangée de Tchinards, dont le pied est rafraîchi par un petit Canal d'eau que les Arméniens conduisent dans leurs Jardins, selon l'ordre qui est établi pour les arroser. La plûpart des autres rues ont de même une rangée d'Arbres, & un Canal. Pour ce qui est des Maisons elles sont généralement mieux bâties & plus riantes à Zulpha qu'à Ispahan.

On regarde l'établissement des Arméniens auprès d'Ispahan comme une des plus grandes marques de la bonne conduite de Cha-Abas I. du nom, qui par les armes & par le commerce remit le Royaume dans sa première splendeur. Après qu'il eut étendu ses conquêtes bien avant dans l'Arménie, & que pour ôter le moyen aux Turcs de le venir inquiéter davantage de ce côté-là, il eut rendu la Province comme deserte en faisant passer en Perse tous les Arméniens tant de Zulpha que de Nakfivan & des environs de Kars & d'Erivan jusqu'à Erzerom. Il envoya à Ispahan & dans le voisinage ceux qu'il avoit tirez de Zulpha, & la plûpart des autres furent menez dans le Mazandran pour cultiver le Pays; mais le mauvais air qu'on y respire les a presque tous fait périr; desorte que de vingt-quatre mille qu'on y fit passer, à peine y en a-t-il aujourd'hui cinq ou six mille de reste. Quelques années après, Cha-Abas assigna aux Arméniens qu'il avoit placez à Ispahan, un Quartier de l'autre côté de la Rivière pour y habiter à l'avenir; & ces premiers Arméniens ayant bien établi leur nouvelle Colonie, d'autres à leur exemple sortirent de Tauris, d'Erivan & de divers autres Lieux, & vinrent s'habituer à Zulpha. Le nombre des Habitans de cette nouvelle Ville s'est accru encore depuis par quelques autres Chrétiens de diverses Sectes comme Jacobites, Cophtes, & Nestoriens qui demeuroient auparavant dans les Fauxbourgs d'Ispahan. Le Roi voulut qu'ils eussent aussi leur Quartier à l'autre côté de la Rivière avec les Arméniens; & comme il ne se trouvoit point de Maison pour les loger, il leur permit de prendre au-dessous de Zul-

ZUL.

pha, vers le Couchant d'Hyver, en tirant le long de l'eau, autant de terre qu'il leur en étoit nécessaire pour des Maisons & pour des Jardins. Cha-Abas en tirant les Arméniens de leur Pays ne leur rendit pas un si mauvais office qu'on pourroit se l'imaginer. Ils n'étoient tous que de pauvres Laboureurs, qui ne savoient alors ce que c'étoit que le Négoce & qui dans une Province Frontière étoient souvent maltraitez des Turcs & des Persans. Depuis ce tems-là ils sont devenus riches par le moyen du Commerce, & les Arméniens de Zulpha n'ont pas lieu aujourd'hui de regretter le Pays de leurs Ancêtres. Les Arméniens de Zulpha ont même cet avantage sur tous les autres Chrétiens d'Orient qu'ils possèdent des terres & ont de belles Franchises, le Roi ne permettant pas qu'on leur fasse la moindre injustice, ni qu'aucun Mahométan demeure à Zulpha. Ils ont le Privilège d'être aussi bien couverts que les Persiens, & d'avoir comme eux à leurs Chevaux des Brides d'or & d'argent. Leurs femmes sont aussi très-richement habillées, & portent des brocards de Venise, & d'autres précieuses étoffes que l'on fait en Europe. Le Roi nomme celui qu'il lui plaît d'entre les Arméniens, pour être leur Chef & les gouverner sous l'autorité Royale. On l'appelle *Kelonter*; & c'est lui qui est leur Juge dans les différends qui leur peuvent survenir, & qui les taxe pour faire la Somme qu'ils doivent payer tous les ans au Roi.

Leur Langue est vulgaire ou littérale: la vulgaire est sûe de tous les Arméniens; mais la littérale est pour la Religion, & n'est sûe que par les Ecclésiastiques. Ils écrivent comme nous de la gauche à la droite, & ils ont des Caractères particuliers depuis environ quatre cens ans. Ils ont trois Langues qui leur sont comme naturelles, & qui sont néanmoins fort différentes. L'Arménienne qui est celle de leur ancienne Patrie, & qu'ils ont conservée de Pere en Fils: la Persienne qui est celle du Pays où ils demeurent présentement; & la Turque qu'ils ont aussi héritée de leurs Ancêtres, & dont ils se servent le plus dans le Commerce. Pour ce qui est des femmes, elles ne parlent guère d'autre Langue que l'Arménienne, parce qu'elles n'ont aucun commerce avec les Etrangers, & qu'elles sortent rarement de la Maison. Il y a quelques Arméniens qui parlent aussi Italien & même François; ce qu'ils apprennent dans les voyages qu'ils font en Europe.

Il y a à Zulpha environ quinze ou seize tant Eglises que Chapelles d'Arméniens, entre lesquelles il faut compter deux Monastères de Filles. Ils ont un Archevêque & plusieurs Evêques avec leurs Moines. On trouve aussi à Zulpha quatre sortes de Religieux Francs, des Augustins, des Carmes, des Capucins & des Jésuites, c'est-à-dire, deux ou trois personnes au plus de chacun de ces quatre Ordres de Religieux. Les Jésuites qui sont venus les derniers n'ont dans Zulpha qu'une petite Maison; mais en revanche leur Jardin est d'une assez grande étendue. Quelque petit que soit le nombre de ces Religieux, il est en-

co-

core plus grand que celui de leurs Paroissiens ; car dans tout Ispahan & dans tout Zulpha à peine trouvera-t-on cinq ou six personnes qui fassent profession de la Religion Romaine, soit parmi les Francs venus d'Europe, soit parmi les Francs nez en Perse. Pour ce qui est des Arméniens, ils sont si attachez à la leur qu'ils ne veulent pas même entendre parler d'aucune autre ; & l'on a reconnu en divers tems que c'étoit l'interêt seul qui en portoit quelques-uns à feindre qu'ils en vouloient embrasser une autre.

Quand une femme de Zulpha accouche quinze ou vingt jours & même deux mois avant la Fête de Noel, on différe le Baptême de l'enfant jusqu'à cette Fête pourvû que l'Enfant ne soit pas malade, auquel cas on le porteroit à l'Eglise pour le faire baptiser sans cérémonie. Autrement on s'y prend de la sorte. Dans toutes les Villes & tous les Villages où il y a des Arméniens, & où il passe une Riviére, ou bien où il y a un Etang, on couvre de Tapis deux ou trois Bâteaux plats, & on y dresse une espèce d'Autel. Le matin du jour de Noel donc, dès que le jour se léve, tout le Clergé Arménien, tant celui du lieu que celui du voisinage, se rend sur ces Bâteaux, vêtu des ornemens Ecclésiastiques, avec la Croix & la Banniére. On trempe la Croix par trois fois dans l'eau & à chaque fois on y jette de l'Huile Sainte. Aprés cela on lit la Liturgie ordinaire du Baptême, & l'Evêque ou le Prêtre prenant l'enfant le plonge dans l'Etang ou dans la Riviére jusqu'à trois fois en disant les paroles ordinaires: *Je te baptise au nom du Pere*, &c. C'est une merveille que la plûpart de ces enfans ne meurent pas de froid quand la saison est un peu rude. Le Roi de Perse se trouve ordinairement à cette cérémonie, quand il est à Ispahan, & il se rend à cheval au bord de la Riviére, avec les Grands de sa Cour. La Cérémonie achevée, il se rend à Zulpha au Logis du *Kelonter*, qui est le Gouverneur ou le Juge des Arméniens, chez lequel le dîner est préparé. Il n'y a point de Lieu au Monde où l'on puisse traiter un Roi avec moins de peine que dans la Perse; car si un Particulier prie le Roi à manger chez lui, lorsque le Prince veut bien lui faire cet honneur, il n'a qu'à aller trouver le Chef des Officiers, & lui porter vingt Tomans, qui font environ trois cens écus ; alors moyennant cette Somme de vingt Tomans, le Chef des Officiers est tenu d'envoyer au logis de celui qui traite le Roi, tout ce qui est nécessaire pour le repas. Sans cela ce seroit une chose comme impossible, le Roi ne mangeant jamais que dans de la Vaisselle d'or. A l'issue du repas on apporte au Roi le present qu'on lui fait toujours dans ces rencontres, & qui d'ordinaire est quelque Galanterie qui vient d'Europe, & qui ne vaut guère moins de quatre à cinq mille écus. Quand ils n'ont rien de galant à lui présenter, ils mettent pareille valeur dans un Bassin en Ducats d'or, & l'offrent au Roi avec de grandes soumissions. Ils font aussi des presens à quelques Seigneurs & aux Eunuques qui font à sa suite, sans compter ce qu'ils envoyent à la mere du Roi s'il en a une, aux Sultanes ses femmes & à ses sœurs. Ainsi ce festin se faisant sans embarras du côté du traitement, ne se fait pas du côté de la bourse sans grande dépense. Mais les Arméniens de Zulpha peuvent aisément le supporter.

ZULPICH, ou ZULCH, Ville d'Allemagne [a], dans la dépendance de l'Electorat de Cologne, & enclavée dans le Duché de Juliers. Elle est située, sur la petite Riviére de Nassel, qui se jette dans l'Ersft; & elle se trouve à quatre lieues au Midi de Juliers, & à égale distance à l'Occident de Bonn. On croit que c'est le *Tolbiacum* des Anciens. [a Taillot Atlas.]

ZUM-STAEG, Lieu de Suisse [b], dans le Canton d'Uri au pied du Mont St. Gothard, près de Syllinen. Quoique les Cartes ne marquent le Mont St. Gotthard que fort loin de Syllinen, cependant tous les Habitans du Pays en comptent le commencement dès le lieu nommé *Zum-Staeg*, c'est-à-dire *à la Montée*, & qui est au pied de la Montagne, à trois lieues d'Altdorff & à une petite lieue de Syllinen. Ce Chemin est un passage fort important pour entrer en Italie. [b Etat & Délices de la Suisse, t. 2. p. 410.]

ZUM-WASSER, ou WASSERGMEIND [c], Communauté de Suisse au Toggenbourg, dans la Province Supérieure, au Thour-Thal. Cette Communauté ne comprend que le seul Village de Nesslau, avec un certain nombre de Maisons séparées. [c Ibid. t. 3. p. 317.]

ZAMAIA, Ville d'Espagne, dans le Guipuscoa [d], près de l'Océan, sur la rive gauche de la Viole, qui la baigne avant que de se jetter dans la Mer. [d Délices d'Espagne, p. 85.]

ZUMAQUE, Vallée de l'Amérique Méridionale [e], au Pérou, au-delà des Cordeliéres qui bornent la Province des Quixos du côté du Nord. Gonzales Pizarre étant parti de Quito, & ayant passé les Montagnes de la Cordeliére, entra dans cette Vallée, qui est à cent lieues de Quito, selon le rapport des Géographes. Il y trouva des vivres & des rafraîchissemens en abondance, & y demeura deux mois, au bout desquels il en partit avec soixante bons Soldats pour aller découvrir le Pays de la Canelle. [e Relat. de la Riviére des Amazones, par le Pere d'Acugna. Ch. 3.]

ZUMI, Peuples de la Germanie: Strabon [f] les compte parmi les Peuples qui furent subjuguez par Maraboduus. [f Lib. 7. p. 290.]

ZUMMENSIS, Siège Episcopal d'Afrique dans la Numidie. Felix est qualifié *Zummensis Episcopus* dans la Conférence de Carthage [g]. Il est déclaré absent pour cause de maladie, & son Adversaire Donatiste se nommoit Silvanus. [g No. 114.]

ZUNDERT, Village des Pays-Bas [h], au Brabant Hollandois, dans la Baronnie de Breda. Ce Village & celui de Rysbergen ne forment qu'un seul Tribunal. Le premier est assez considérable : On l'appelle le Grand Zundert pour le distinguer du Petit Zundert, qui n'en est qu'une petite demi-lieue. Près de Rysbergen il y a un Moulin à eau sur la Riviére de Wegreyse. Jeanne Duchesse de Brabant engagea en 1387. pour la somme de mille Francs de France le Vil- [h Janiçon, Etat présent des Pr. Un. p. 198.]

ZUN. ZUP. ZUR.

Village de Zundert, avec ceux de Haagje, Sprundel & Nispen, à Jean de Polanen; & depuis ce tems-là tous ces Villages ont été unis à la Baronnie de Breda. Cependant comme cette Princesse avoit stipulé pour elle & pour ses héritiers, qu'en remboursant cette Somme de mille Francs, ces Villages seroient réunis à son Domaine, Charles II. Roi d'Espagne fit offrir en 1664. ce Remboursement au Prince d'Orange; mais les offres ne furent point acceptées, parce que la Baronnie de Breda étoit alors sous la Domination des Etats-Généraux, à qui Philippe IV. avoit cédé par le Traité de Munster tout le Brabant Hollandois. Le Hameau de Wernhout est une dépendance de Zundert, & n'en est éloigné que d'une demi-lieue. Ce Hameau est une Seigneurie particuliére, qui a un Schout, un Secrétaire & un Receveur des Domaines.

ZUNGRA, Lieu fortifié, dans la Cilicie selon Ortelius [a], qui cite Nicetas.

[a] Thesaur.

ZUPHONES. Voyez NOMADES.

ZUR-KIRCHEN, Village du Pays des Grisons [b], dans la Ligue-Haute ou Grise, au Val de St. Pierre, dans la dépendance de la Communauté de Lugnitz. Il se trouve dans ce Village des Bains semblables à ceux de Cumbels-Baiden.

[b] Etat & Délices de la Suisse, t. 4. p. 16.

ZURARA, Ville du Portugal [c], dans la Province d'Entre-Douro & Minho. Cette petite Ville située sur la rive gauche de la Riviére d'Ave, vis-à-vis de *Villa-da-Conde*, se trouve à quatre lieues de Porto. C'est une Place de peu d'importance.

[c] Délices de Portugal, p. 705.

ZURDES, Château de France, dans la Provence, & qui appartient aujourd'hui à l'Evêque de Sisteron. Ce Château fut bâti par le Comte Guillaume, qui y joignit une belle Eglise, en reconnoissance d'une faveur du Ciel, qui l'avoit préservé en ce lieu de tomber entre les mains des Sarrasins. Il reçut à tems un secours considérable avec lequel il les défit, en 963.

ZUREND, Ville de Perse, dans la Province de Kerman. Les Géographes du Pays, selon Tavernier [d], la marquent à 73. d. 40′. de Longitude, & à 35. d. 13′. de Latitude. Il se fait dans cette Ville de trés-belle poterie qui surpasse la Fayence, & il s'y trouve aussi quantité d'*Anna* qui est une couleur rouge, dont les Persans se rougissent les ongles; ce qu'ils estiment un grand ornement. Ils en rougissent aussi par parade le devant des Chevaux, la queue & le dessous du ventre jusqu'au lieu où touche l'éperon. On en fait de même aux Chevaux du Roi; mais on y ajoute une petite bordure dentelée tout autour, & qui va en pointes, comme celles de nos anciennes Couronnes Ducales; ce qu'il ne seroit pas permis de faire aux Chevaux des Particuliers.

[d] Voyage de Perse, Liv. 3.

ZURENSIS, Siège Episcopal d'Afrique, dans la Province Proconsulaire, selon la Conférence de Carthage [e], où l'on voit que Trisolius, *Episcopus Aborensis*, après avoir souscrit pour lui, souscrit pareillement pour Paulinus *Zurensis*, qui étoit présent, mais qui ne savoit pas écrire, ni peut-être lire; car il est dit *litteras nesciens*.

[e] N°. 133.

ZUR.

1. ZURICH, Canton de la Suisse, & celui qui a le premier rang entre les Cantons. Il est borné au Nord [f] par le Rhein qui le sépare du Canton de Schaffhouse & du Pays de Kletgaw; à l'Orient par le Thourgaw & par le Comté de Toggenbourg; au Midi par le Canton de Schwitz, & à l'Occident par le Canton de Zug & par les Provinces Libres. Le Territoire de ce Canton fait partie du Pays des anciens *Tigurini*, célèbres dans l'Histoire Romaine; car plusieurs années avant que Jule-César commandât dans les Gaules, les *Tigurini* avoient défait l'Armée Romaine, & tué le Consul Lucius Cassius qui la commandoit, & son Lieutenant Pison, qui avoit été Consul. Les mêmes *Tigurini* se joignirent aux Cimbres & aux Teutons, & ils furent du nombre des Helvétiens que César battit & contraignit de retourner dans leur Pays. La plûpart veulent qu'ils ayent pris leur nom d'une Ville nommée *Tigurum*, mais aucun Ancien n'a fait mention de cette Ville, ce nom n'étant employé que par des Ecrivains modernes, qui se sont imaginez que Zurich a été appellé *Tigurum*; ce que l'on n'a jamais dit ni dans la première ni dans la moyenne Antiquité. Le Pays des *Tigurini*, appellé anciennement *Pagus Tigurinus*, s'étendoit jusqu'au Lac de Constance; & les Anciens y marquent deux Villes, l'une appellée *Forum Tiberii*, & l'autre *Arbor-Felix*, qui est Arbon. Il y en a qui y ajoutent *Vitodurus*, & sous les fils de Constantin on y bâtit Constance.

[f] Etat & Délices de la Suisse, t. 2. p. 2. Longuerue, Descr. de la France, Part. 2. p. 253.

Sous les Rois François le *Pagus Tigurinus* s'appella *Durgau*, ou *Turgau*; car *Turigk*, ou *Turreg*, aujourd'hui Zurich, étoit comme on voit dans les Patentes des Carlovingiens, situé dans le Pays de Turgau, *in Pago Durgogensi*, & dans le Duché d'Allemagne, *in Ducatu Allamannico*; ce qu'on lit dans une Charte de Louïs *le Germanique*, datée de la vingtième année de son régne dans la France Orientale, & rapportée entière par Guilliman.

Ce Pays qui avoit son Comte, sous les Rois & les Ducs, étoit divisé en plusieurs Territoires, qui l'on appelloit aussi *Pagi*, ou Pays. Le Territoire des environs de Zurich étoit nommé *Zuricgou*, ou *Zuricgauge*, comme on le voit dans un Acte daté de la trente-septième année du Roi Louïs *le Germanique*, un Jeudi le 3. de Décembre; c'est-à-dire l'an de J. C. 865. Cet Acte est dans la Collection Allemannique de Goldast, N°. 18. Mais au nombre 37. le même Auteur rapporte un autre Acte, dans lequel le Pays est nommé Turgau, *Pagus Durgaugus*, & la Contrée de Zurich est appellée *Situs*. Ce qui est certain, c'est que le nom de Turgau vient de la Riviére de Thur, laquelle traverse le Pays de ce nom d'un bout à l'autre; ce qui n'a aucun rapport ni avec les *Tigurini*, ni avec la Ville de Turig, ou Zurich. Il est certain aussi par Charte de Louïs *le Germanique* que l'on avoit commencé à prononcer Zurige, pour Turige, suivant la coutume Teutonique, où l'on change le T. en Z.

Les Descendans des anciens *Tigurini* ont

soutenu dans tous les Siècles la réputation de gens de cœur; & peut-être est-ce autant pour cette raison, que pour la puissance, la grandeur & la richesse de leur Ville que les autres Cantons leur ont cédé le premier rang. En effet quoique la Ville de Zurich fût la dernière lorsqu'elle entra dans l'alliance des Cantons, on ne fit aucune difficulté de lui céder la préséance, qu'elle a toujours conservée depuis ce tems-là, malgré la jalousie, que quelques-uns de ses Habitans, enflez de cet honneur, ont excitée chez les autres Cantons, en affectant de s'élever au-dessus d'eux, & en les méprisant. L'honneur d'avoir le premier rang, & celui d'avoir produit dans tous les tems un grand nombre d'Hommes célèbres dans les Sciences, leur a paru quelque chose de si beau & de si flatteur, qu'ils ont fait tout leur possible pour donner à leur Ville le titre de Métropole de toute la Suisse. Mais le Corps Helvétique s'est constamment opposé à cette vaine prétention, & n'a jamais passé au Canton de Zurich que le titre de premier entre les égaux. C'est toujours le premier Député de Zurich, qui préside aux Diètes: il propose les matières qui doivent y être debattues; il recueille les voix; il forme les Résolutions, & il fait toutes les autres fonctions de Président d'une Assemblée. Ce Canton, à parler proprement, ne préside pas aux Diètes seulement; mais en tous les tems & en tous les lieux. Car c'est lui qui a le soin de convoquer les Diètes en écrivant des Lettres circulaires aux Cantons, pour les informer des raisons pour lesquelles on les assemble, & pour les prier d'envoyer leurs Députez avec les Instructions nécessaires. Cependant pour que la Ville de Zurich ne puisse pas se dire la Métropole de la Suisse, on a laissé à chaque Canton la liberté de former une Assemblée générale. La Règle est telle dans ce point. S'il survient une affaire qui exige une Diète des XIII. Cantons, celui qui la demande s'adresse au Sénat de Zurich, pour demander que tous les Cantons soient convoquez; & s'il y a une nécessité pressante de former une telle Assemblée, chaque Canton à la rigueur la peut convoquer.

Les Députez de Zurich, dit Mr. Stanian dans sa Relation de la Suisse, expédient à la levée des Diètes, l'*Abscheid*, ou Recès, que l'on envoye à tous les Cantons, & qui contient les Résultats de leurs Délibérations: ainsi ils sont aussi-bien les Secrétaires que les Présidens de ces Assemblées; & ils portent toujours la parole, quand les Députez des Cantons sont envoyez pour complimenter ou pour traiter avec le Ministre d'un Prince étranger. Mais il y a eu du changement sur cet Article, apparemment depuis que la Relation de la Suisse a été écrite. Ce que dit Mr. Stanian étoit fort ordinaire avant la Paix commune de 1712. C'étoit le Secrétaire du Bailliage de Bade, qui expédioit l'*Abscheid*, ou Recès; mais les Réformez s'étant apperçus que cette Place de Secrétaire étoit souvent remplie par des gens peu capables, ou qui étoient de la Religion Catholique, ils conçurent de l'ombrage & soupçonnérent la sincérité de ces Secrétaires, du

moins pour les choses, qui concernoient la Religion: aussi fut-il arrêté par le Traité de Paix dont il vient d'être parlé, qu'il y auroit à l'avenir deux Secrétaires, dont le premier seroit de Zurich ou de Berne, & le second de la Religion Catholique; qu'ils signeroient les Actes conjointement, & que lorsque l'Assemblée seroit finie, ils les liroient aux Députez, qui les approuveroient, afin qu'il ne s'y pût trouver ni différence ni fausseté ni autre pareil inconvénient.

Enfin, il faut remarquer que la Ville de Zurich est comme la Chancellerie de toute la Suisse : que c'est par cette raison que toutes les Lettres des Souverains y sont portées; & que ce qui a contribué à donner au Canton de Zurich tant de part aux affaires de la Suisse, c'est parce qu'on y a une plus grande connoissance de l'Histoire du Pays, & que les Zuricois étoient par-là dignes de la distinction dont on les a honorez.

On peut dire que le terroir du Canton de Zurich est mêlé de Montagnes & de Campagnes, qui toutes rapportent quelque chose pour l'usage de la vie. Il est fertile en bons grains, & les Lacs & les Rivières y sont riches en poissons. On y voit quantité de Vignobles; mais le vin y est verd. Cependant il a cette bonne qualité qu'on peut le garder des trente années, sans qu'il se gâte, & que plus on le garde plus il s'adoucit. Cette âpreté du vin vient du voisinage des Alpes, dont les neiges qui croissent perpétuellement, refroidissent beaucoup l'air, & empêchent que les raisins ne puissent mûrir. On conte à ce sujet qu'un Ambassadeur de France s'étant fait montrer à Zurich, entre autres curiositez, la cave de la Ville, dit assez plaisamment, qu'il n'avoit jamais vu tant de verjus à la fois. L'Illustre Mr. Sheuchzer remarque dans un Essai qu'il a donné de l'Histoire naturelle de la Suisse, qu'en quelques endroits de ce Canton, comme à une lieue & demie de la Ville, près de Regenstorff & d'un petit Lac nommé Catzensée, il se trouve une certaine terre, dont on pourroit en cas de besoin faire de la tourbe pour suppléer au défaut du bois, dont on est menacé de manquer.

2. ZURICH, Ville de la Suisse, & la Capitale d'un Canton de même nom, en Latin *Tigurum*. C'est une des plus considérables Villes de la Suisse, soit pour sa beauté, soit pour sa puissance; & on pourroit ajouter pour son ancienneté, s'il y avoit quelque fondement à faire sur ce que disent les Annales du Pays, que la Ville de Zurich fut bâtie cinq ans après la Ville de Trèves, & qu'ayant été ruinée par Attila, elle fut rétablie par Thuricus, fils de Theodoric Roi des Goths, d'où elle prit le nom de *Thuricum*, qu'elle mettoit autrefois sur sa Monnoie, & qui a produit le nom de Zurich. Mais on a vu dans l'Article précédent qu'aucun Ancien n'a connu la Ville *Tigurum*.

Quoi qu'il en soit de l'ancienneté de cette Ville [a], on peut dire qu'elle est dans une situation tout-à-fait agréable, sur le doux penchant de deux Collines, à l'issue d'un beau grand Lac qui dégorge la Rivière de Lim-

[a] Etat & Délices de la Suisse, t. 2. p. 5.

Limmat, & partage la Ville en deux parties inégales, jointes ensemble par deux grands Ponts de bois. Le plus grand, qui est vers le milieu de la Ville, près de l'Hôtel de Ville, est d'une telle largeur qu'il sert de promenade, & de lieu à tenir le Marché des fruits & des herbages: l'autre placé plus haut est tout couvert; de sorte qu'on peut s'y promener commodement, & y être à l'abri des injures de l'air. Sur le premier on a un aspect fort agréable; car on peut porter la vue sur les deux côtez de la Ville, que l'on voit en perspective, & d'un côté sur le Lac & de l'autre sur le cours de la Riviére.

Les rues de Zurich sont propres, & les maisons assez bien bâties sans être magnifiques. La Ville peut être regardée comme forte, étant fortifiée à la moderne, avec de larges fossez, revêtus de pierre de taille. Entre les Bâtimens publics qu'on voit dans la grande Ville, qui est à la droite de la Limmat, le plus considérable est le grand Temple, qu'on nomme *Grass-Munster*, ou le Temple de S. Felix & S. Regula, à cause de ces deux Martyrs de la Légion Thébaine, dont on croyoit que les os y étoient ensévelis, & pour lesquels les anciens Habitans avoient une grande vénération. La structure de ce Temple est assez simple. Ses deux Tours ou Clochers sont ce qu'il y a de plus remarquable. Celui où sont les Cloches est couvert de cuivre. On y voit au dehors taillée en pierre la Figure d'un Cavalier à cheval; & qui doit être celle de Rupert Duc de Suabe, fondateur de cette Eglise. A l'autre Clocher, aussi en dehors, on voit la Statue en pierre de Charlemagne avec une Couronne dorée, en mémoire de ce qu'il avoit enrichi cette Eglise. On trouve dans le Temple un petit nombre d'Epitaphes, parmi lesquelles il y en a une assez remarquable. C'est l'Epitaphe d'un Chanoine de la même Eglise mort en 1450. & de sa femme légitime nommée Agnès: Elle est conçue en ces termes: *Anno Domini MCCCCL. obiit D. Jacobus Swartzmurer Canonicus Capituli hujus Ecclesiae. Item Agnes uxor legitima praedicti D. Jacobi.*

Autrefois cette Eglise étoit desservie par un Chapitre de Chanoines, fondé par Clovis III. Roi de France. Quand la Ville de Zurich embrassa la Réformation, on retint le nom & les rentes des Chanoines; de sorte que le Doyen & le Chapitre y sont toujours Corps. Ils possédent sur ce pied les mêmes Biens qu'ils possédoient avant la Réformation, & ils ont de quoi vivre largement; aussi sont-ils chargez d'un grand travail, car le moins qu'ils prêchent c'est une fois le jour; & assez souvent ils prêchent deux ou trois fois. Quelques-uns de ces Chanoines sont Pasteurs, d'autres Professeurs, & d'autres Administrateurs de cette Eglise ou des Pauvres. C'est-là que l'on voit le Colége & les Auditoires publics, où l'on enseigne les Humanitez, les Langues savantes, la Philosophie & la Théologie. C'est-là encore que se trouve une vieille Bibliothéque, assez riche en MSS. parmi lesquels on remarque une grande Bible Latine, écrite sur du Parchemin & que l'on dit être un present de Charlemagne. On y voit aussi un grand nombre de Lettres de Bullinger & celles que quelques autres grands Hommes lui ont écrites. Elles sont toutes reliées ensemble & font plusieurs Volumes *in Folio.*

Un autre Edifice considérable dans le même Quartier, c'est la Maison de Ville. Elle fut bâtie à neuf en 1694. au bord de la Limmat, sur les fondemens de l'ancienne, qui furent trouvez bons & solides. On n'a rien épargné de ce qui étoit capable de l'embellir. L'Edifice est d'une belle symmétrie & de belles pierres de taille très-bien travaillées. Le Portail où l'on monte par un Perron de 4. ou 5. marches est construit de Marbre noir, & ses Colonnes reposent sur des bazes de fonte. Au-dessus on lit cette Inscription.

DEO
ET
PATRIÆ. SAC.
HÆC CURIA JUSSU
ET AUSPICIIS
S. P. Q. T.
E FUNDAM. EXTR. ET COND. EST
ANNO CHR. MDCXCIV. ET SEQQ.

Tout ce que l'Art & l'Industrie des Sculpteurs en pierre & en bois, des Peintres, & des Ouvriers en Plâtre étoit capable de produire a été employé à l'ornement de cet Edifice. Dans le premier Vestibule on voit deux grands Tableaux, qui représentent toutes les espèces de Poissons du Lac & de la Limmat; & si l'on entre dans les Chambres, on trouve divers autres beaux Tableaux, & des Lustres magnifiques, chargez de très-belles figures, qui représentent les Héros des Républiques anciennes, & ceux de la Suisse. Les deux Chambres où s'assemblent les Conseils, ont chacune un beau grand Fourneau à Couronne, à la mode du Pays, de très-belle brique blanche, d'ouvrage de Winterthour, & où l'on voit représentées plusieurs figures emblématiques, avec les plus célèbres Batailles des anciens Suisses, qui ont procuré, ou assuré leur Liberté.

Tout près du Pont d'enhaut est une Eglise nommée *Wasserkirck*, c'est-à-dire l'Eglise de l'eau, ainsi appellée parce qu'elle est au bord de l'eau. On y a mis une Bibliothéque publique, richement fournie: au-dessus on a bâti une Salle qui tient toute la longueur & la largeur du Temple, & dont on a fait le Cabinet des raretez. Il est très-bien fourni. On y voit une quantité surprenante de diverses merveilles de la Nature & de l'Art, rangées dans un bel ordre & distribuées dans des espèces de Garderobes. Il y a aussi de grandes Cartes du Canton de Zurich & de quelques autres, & qui passent pour être très-exactes. Elles sont faites à la main. A quelques pas de-là on trouve sur la Riviére une Machine fort ingénieuse pour fournir de l'eau à la Ville. Ce sont de grosses roues, comme des roues de Moulin, & que l'eau fait tourner. Elles sont garnies de Sceaux de Cuivre, qui en tournant puisent l'eau de la Riviére, & la vuident dans des Canaux, d'où elle est por-

portée dans des Fontaines fur le Pont auquel ces roues font attachées ; & delà elles coulent dans diverfes Maifons particuliéres.

La petite Ville qui eft fur la gauche de la Limmat n'eft pas moins fournie de beaux Bâtimens publics. On y voit le Temple, nommé *Frawen-Munfter*, c'eft-à-dire le *Mouftier des Dames*, ainfi appellé parce que c'étoit une Abbaye Royale de Dames, ou de Religieufes Nobles, fondée en 853. par Louïs *le Germanique*, Fils de Louïs *le Débonnaire*, qui y établit pour premiére Abbeffe fa fille Hildegarde, & donna à cette Abbaye divers droits confidérables, comme ceux de battre monnoye, d'avoir Jurifdiction fur la Ville, de nommer le Préfident & tous les Affeffeurs du Tribunal de Juftice, & divers autres droits avec de grands biens. Louïs *le Germanique* ne fe réferva que le haut Domaine [a], la Souveraineté, & la Protection, ou Avouërie du Monaftère de *Thureg*, ou *Turic*, que l'on prononçoit *Zuric*, & ce nom de *Turich* fe trouve dans les Actes les plus anciens. A Hildegarde fuccéda une autre fille de Louïs, nommée Berthe. Ce fut elle qui obtint de fon frere l'Empereur Charles *le Gros*, le droit de battre monnoye; de forte qu'il refte encore quelques anciennes piéces où l'on voit ces mots *Moneta Thuricenfis*. Le 30. de Novembre 1524. l'Abbeffe nommée Catherine, fille de Jean Wernher, Baron de Zimberen, Seigneur de Mefskirch & de Wildeftein, remit tous les droits de tous de cette Abbaye entre les mains des Magiftrats, les priant de la réformer, & d'employer les revenus à la gloire de Dieu & au foulagement des Pauvres. Les Magiftrats reçurent cette ceffion, comme on peut juger avec beaucoup de reconnoiffance. Cependant ils n'en firent ufage qu'en l'année 1526. Ce fut alors qu'ils commencérent à battre monnoye pour la première fois au nom de la Ville, & qu'ils établirent un nouveau Tribunal pour adminiftrer la Juftice au même nom. L'Abbeffe fut dotée richement, même au delà de fon efpérance, & époufa un Gentilhomme nommé Eberhard de Rifchach, qui fut reçu Bourgeois à Zurich en 1529. Ce Monaftère dont les revenus font entre les mains d'un Adminiftrateur, a été converti en un Collége de Charité, où l'Etat entretient un certain nombre de pauvres Ecoliers, qui font nourris, vêtus & enfeignez *gratis*. Le Temple où l'on voit encore la Statue de la premiére Abbeffe Hildegarde, avec celle de Berold fon Chapelain, fert à former les Affemblées de la Paroiffe, & celles d'une petite Eglife Françoife, que l'on a recueillie à Zurich.

A quelque diftance du *Frawen-Munfter* eft le Temple paroiffial de St. Pierre, dont on a rebâti le Clocher tout à neuf, il y a peu d'années, parce qu'il avoit été brûlé par le feu du Ciel. Près de ce Temple il y a une très-belle Place qu'on appelle *Lindenhof*, c'eft-à-dire la Cour des Tilleuls. Elle a été ainfi nommée parce qu'elle eft toute plantée de cette efpéce d'Arbres, fous lefquels on fe promène à l'ombre en Eté, &

[a] *Longuerue, Defcr. de la France, Part. 2. p. 254.*

où l'on jouït d'une agréable fraîcheur. Mais ce qu'il y a encore de plus beau dans cette Place, c'eft fon élévation ; car comme elle occupe le haut d'une Colline fort élevée, au bord de la Limmat, on a de cet endroit la vûe de toute la Ville, & des Campagnes voifines, qui font une très-belle perfpective. Autrefois au lieu de cette Place, il y avoit une Foretereffe, qui commandoit toute la Ville, & qui étoit la réfidence des Gouverneurs du Pays, du tems des Rois Francs de la premiére & de la feconde Race, & des Empereurs Allemans. Alors les Ducs d'Allemagne & de Zeringen avoient l'Avouerie du *Frawen-Munfter*, qui leur donnoit droit fur la Ville, dont néanmoins ils n'étoient pas vraiment Seigneurs propriétaires. Mais après l'extinction de ces Ducs, l'Empereur Eréderic II. établit des Prevôts à Zurich pour y rendre la Juftice, & ces Prevôts demeuroient dans la Fortereffe, que le même Empereur donna aux Habitans de la Ville, avec le droit de créer leurs Magiftrats. Ceux-ci ne tardérent pas à rafer la Fortereffe, de peur que quelqu'un ne s'en faifit, pour leur ravir leur Liberté ; & l'on en fit cette belle Place, qui eft comme une efpèce de Terraffe, bordée de murailles du côté de la Riviere. On y a auffi pratiqué quelques Fontaines & jets d'eau ; ce qui doit avoir coûté un grand travail, vû l'élévation de cette Place au-deffus de la Riviére. La Ville étant ainfi devenue libre fous l'Empereur Frédéric II. les Bourgeois la firent fermer de murailles, flanquées de groffes Tours.

A l'un des bouts de la Ville on voit l'Arfenal, ou plutôt les Arfenaux ; car il eft diftribué en plufieurs grands Bâtimens, garnis de tout ce qui eft néceffaire pour la guerre. On compte l'Arfenal de Zurich pour le mieux fourni de toute la Suiffe. Dans l'un de ces Bâtimens on montre la figure de Guillaume Tell, habillée & armée à l'ancienne mode Suiffe. On y conferve fon Arbalète, avec laquelle il abattit la Pomme de deffus la tête de fon fils en 1307. Enfin on y voit l'épée & les gantelets de Lewemberg, le Chef de Payfans rebelles, qui oférent affiéger Berne, vers le milieu du dernier fiècle, & battirent cette Ville avec des Canons de bois faute d'autres.

Il n'eft pas poffible de détailler tous les Edifices confidérables de Zurich, cela nous meneroit trop loin. Il faut fe contenter de remarquer qu'il y a cinq Eglifes Paroiffiales, où l'on prêche ordinairement ; favoir la grande Eglife, l'Eglife des Dames, ou *Frawen-Munfter*; l'Eglife de St. Pierre, celle des Dominicains, & celle d'Oetembach, ou de l'Hôpital. Il ne faut pas néanmoins oublier de remarquer, que tout joignant l'Eglife des Dominicains, il y a un vieux Grenier, où l'on garde du bled de l'année 1540. qu'on appelle communément le *chaud Eté*, à caufe des chaleurs exceffives qu'il y eut dans tout le cours de cette année-là. Ce bled fe conferve fi bien qu'on en peut faire encore aujourd'hui d'affez bon pain, pourvû qu'on ait foin de le tremper 24. heures dans l'eau avant que de s'en fervir. Du refreste, il y a un autre Grenier public, au bord de la Riviére, qui est toujours très-bien fourni.

On voit encore en partie à Zurich cette simplicité & cette candeur des anciens Suisses, & leur humanité envers les Etrangers. La vertu & la piété paroissent régner parmi les Habitans, mais sans faste & sans éclat. On peut même dire à la louange de ce Canton, que dans le tems du changement de Religion il surpassa ses Alliez en desintéressement ; car il convertit en usages pieux les revenus des Eglises. C'est ce qui fait que l'on voit de toutes parts un si grand nombre d'Hôpitaux tous bien rentez. Mais autant a-t-on pris soin de pourvoir ces Maisons de Charité de bons revenus, autant s'est-on peu embarrassé de les bâtir avec cette magnificence, si ordinaire en tant d'autres Villes, où l'on aime une charité bruïante & fastueuse. On a pris pour principe à Zurich de nourrir, d'entretenir, & de soulager les Pauvres conformément à leur condition, sans se mettre en peine de les loger en Princes.

Chacun sait que la Ville de Zurich renonça à la Religion Catholique-Romaine en 1524. & qu'elle embrassa la Reformation d'Ulric Zuingle. Ce fameux Réformateur de la Suisse, après avoir prêché à Glaris & à Einsidlen avec beaucoup de réputation, fut appellé à Zurich en 1518. par le Prevôt & les Chanoines pour y exercer l'emploi de Prédicateur dans la grande Eglise. Il persuada tellement à ses Auditeurs de s'attacher uniquement à la Parole de Dieu, de ne croire que ce qu'elle enseigne, & de rejetter tout le reste, que le Conseil de Zurich se crut obligé en 1520. de publier un Edit, adressé aux Curez, Prédicateurs & autres Beneficiers ayant charge d'ame, par lequel il leur étoit enjoint de ne prêcher que ce qu'ils pourroient prouver par la Parole de Dieu, & de passer sous silence les doctrines & opinions humaines. Ce fut-là le premier pas que cet Etat fit vers la Réformation. Les Disputes publiques qu'il permit sur plusieurs Articles que Zuingle avoit dressez furent d'autres acheminemens à ce grand Ouvrage. La première des Disputes tenue en 1523. fut suivie d'une nouvelle Ordonnance qui encouragea Zuingle à prêcher, comme il avoit commencé: la deuxième tenue dans la même année on conclurre que la Messe & les Images étoient contraires à la Parole de Dieu: la troisième tenue en 1524. fut aussi favorable à Zuingle; & personne ne s'étant présenté de la part des Catholiques pour la quatrième Dispute, qui avoit été indiquée, on procéda enfin tout de bon à la Réformation. Zuingle persuada aux Religieuses, aussi bien qu'aux Religieux, & aux Prêtres de se marier. Il fit abolir la Religion Catholique-Romaine dans la Ville de Zurich & dans tout le Canton, & il établit la sienne & ses Dogmes, qui étoient opposez en plusieurs choses à ceux de Luther, avec qui il ne put jamais s'accorder. Depuis ce tems-là on a entretenu à Zurich une Académie ou Collège, où l'on enseigne la Théologie, & quelques autres Sciences, & qui a toujours fourni de savans hommes, entre autres les Bullingers, les Stuckius, les Lavaters, les Hospinians, les Hottingers, les Heideggers & plusieurs autres, dont il seroit trop difficile de faire l'énumération.

Les Habitans de Zurich passent pour être fort curieux: ils aiment le travail, sont industrieux; & il n'y a point de Ville dans la Suisse, où l'on trouve plus de Monumens de l'Histoire du Pays. Ceux qui ne sont pas gens de Lettres s'appliquent beaucoup au Négoce. Leur principale Manufacture est celle du Crêpon, qu'ils envoyent partout, à quoi leur sert la Limmat, qui fait la communication avec le Rhein, par le moyen de l'Aare, dans laquelle elle se jette à 6. ou 7. lieues delà. Leur Crêpon est au jugement des Connoisseurs le plus beau qui se voye. Les femmes de Zurich sont fort réservées en public, mais d'un commerce assez aisé à la Maison. On distingue les filles d'avec les femmes, en ce que les premières portent sur la tête une espèce de touffe, ou de nœud de rubans, qui est la marque de leur Etat. Les hommes y sont d'un commerce doux & honnête, affables, officieux, fidèles, religieux à tenir ce qu'ils ont promis; & dans la guerre ils ont autrefois donné des preuves de leur valeur. Ils imitérent le Canton de Lucerne & se firent eux-mêmes Cantons en 1351. Leur Ville étoit Impériale, & n'avoit jamais fait partie de la domination de la Maison d'Autriche. Cependant à son occasion il s'alluma une guerre entre les Autrichiens & les Cantons. Elle avoit déja fait alliance, avec les Cantons d'Uri & de Schwitz dès l'an 1251. & quoique Albert Archiduc d'Autriche eût en général fait beaucoup de mal à tous les Suisses, & en particulier à ceux de Zurich, il n'avoit néanmoins jamais pu les détacher de l'Empire. Plusieurs autres Archiducs avoient aussi tenté la même chose inutilement, employant toutes sortes de moyens pour les ranger sous leur obeïssance; & voici ce qui fut cause qu'elle entra dans la Confédération. Les Nobles du voisinage s'étant unis avec une troupe de Bandits, pour piller les Villes & les opprimer, les Bourgeois de Zurich s'alliérent avec les Villes de Constance & de St. Gall, & avec la Ville & l'Evêque de Basle. Fortifiez par ces alliances ils devinrent respectables aux Nobles, qui n'osérent plus les attaquer à force ouverte. Jean de Habsbourg tâcha seulement de surprendre leur Ville, par le moyen de quelques intelligences secretes qu'il avoit pratiquées; mais il n'y réussit pas. Son dessein fut éventé la même nuit que les Nobles & les Bandits devoient l'éxecuter. Les Bourgeois se tinrent sur leurs gardes, & plusieurs des Auteurs de la conspiration y furent tuez. Albert & Othon d'Autriche formérent là-dessus le projet de faire le siège de Zurich, & commençoient déja à mettre des troupes sur pied, lorsque les Bourgeois, qui voyoient n'avoir aucun secours à attendre de l'Empereur, entrérent dans l'alliance des quatre Cantons en 1351. & ce qu'ils ne purent faire alors pour rendre leur Confédération parfaite, ils le firent l'année suivante, en la confirmant & la

Vvv rati-

ratifiant par écrit. Lorsqu'Albert vit la Ville de Zurich entrée dans l'Alliance des quatre Cantons; il en fut si irrité qu'il s'empara sous ce prétexte de Rapperschwyl, & assiégea ensuite Zurich avec une puissante Armée. Mais dans ces entrefaites Agnès, Reine de Hongrie, Princesse adroite, se rendit Médiatrice, & entreprit de ménager un accommodement, entre son Frere & les Suisses. Albert quoique, jugé par sa sœur, ne voulut point recevoir les conditions qu'elle lui proposa. Il en faisoit tous les jours de nouvelles, que l'on ne pouvoit se résoudre à accepter; de sorte que les choses vinrent dans un état qui fit juger aux Suisses qu'il en faudroit nécessairement venir aux mains. Ils prirent les devans & s'emparérent les premiers du Pays qui forme aujourd'hui le Canton de Glaris, & lorsqu'ils en furent les Maîtres ils imitérent la sage conduite des Romains, en admettant dans leur alliance ceux qu'ils avoient vaincus.

La Forme du Gouvernement sous lequel est aujourd'hui la Ville de Zurich avoit été établie dès l'an 1336. Elle tient de l'Aristocratie & de la Démocratie; & c'est apparemment ce qu'a voulu insinuer l'Auteur des Délices de la Suisse, en disant que ce Gouvernement est Aristocratique, mais assez libre. ,, La Ville, continue-t-il, est par- ,, tagée en treize Tribus; une des Nobles ,, & douze de Bourgeois. On prend de ,, chacune de ces Tribus un certain nom- ,, bre de personnes, pour composer le ,, Petit-Conseil qui est de 55. Membres, & ,, le Grand-Conseil qui est de 200. & en qui ,, réside la Souveraineté. Chaque Tribu ,, Bourgeoise fournit douze personnes pour ,, le Grand-Conseil & trois pour le Petit; ,, mais la Tribu des Nobles a le Privilège ,, d'en fournir 18. pour le premier & 6. ,, pour le second; après quoi, pour rendre ,, ce dernier complet, on prend encore ,, six autres personnes dans les Tribus, où ,, l'on croit trouver le plus de gens de mé- ,, rite. " Ce calcul n'est pas juste & le raisonnement est obscur. Il faloit dire que le Grand & le Petit-Conseil composent ensemble le nombre de deux cens douze Membres; que le Grand est formé de cent soixante deux personnes & non de deux cens; car les douze Sujets que fournit chaque Tribu, joints aux dix-huit de la Tribu des Nobles, ne font que cent soixante-deux Membres. D'ailleurs le Petit-Conseil n'est pas non plus de cinquante-cinq personnes; car les trois que fournit chaque Tribu, les six de la Tribu des Nobles, & les six personnes de mérite choisies indifféremment dans toutes les Tribus, ne font que le nombre de quarante-huit, qui avec les cent soixante-deux du Grand-Conseil composent en tout deux cens dix Membres, auxquels si l'on ajoute encore les deux Bourgmestres, on trouvera les deux cens douze Membres des deux Conseils. Il faut néanmoins remarquer que le nombre des Conseillers de la République excéde souvent celui de deux cens douze, parce que les Bourgmestres, & quelques autres Officiers de l'État, sont admis dans les Conseils, lorsqu'ils ont fini le tems de l'exercice de leurs Charges. Ces Conseils ont à leur tête deux Chefs, qui sont les Chefs de tout l'État, & que l'on appelle Bourgmestres. Le Petit-Conseil est partagé en deux Bandes, dont chacune, avec un Bourgmestre à la tête, gouverne tour à tour pendant six mois. Outre ces Assemblées, il y en a encore plusieurs autres établies pour le bien de la Police, & pour l'administration de la Justice; mais je n'entrerai pas dans ces détails.

Le Canton de Zurich est d'une étendue considérable, & après celui de Berne, il n'y en a point de plus grand dans la Suisse. Je le croirois néanmoins plus riche que celui-ci, à proportion de leurs Territoires; parce que le Peuple s'adonne au Commerce, & qu'il a établi plusieurs Manufactures.

L'Auteur des Délices de la Suisse dit que le Canton de Zurich est composé de trente-cinq Bailliages, ou Gouvernemens, dont il y en a dix-sept, qui sont gouvernez par des Bailiffs qu'on y envoye, & qui sont obligez d'y résider, & que pour cette raison l'on appelle *Extérieurs*, & dix-huit *Intérieurs*, ainsi nommez, parce qu'ils sont gouvernez par des Seigneurs du Conseil étroit de Zurich, qui résident dans la Ville, faisant toujours les fonctions de Senateurs, & qui y vont de tems en tems administrer la Justice. Les premiers, ajoute-t-il, sont Kybourg, Gruningen, Eglisau, Regensberg, Griffensée, Andelfingen, Knonaw ou la Province-libre, Wedischweyl, Lauffen, Hegy, Sax ou Forsteck, Flach, Alticken, Weinfelden, Pfin, Steineck, Neuferen: *les autres sont*, Alstetten, Regenstorff, ou Alten-Regensperg, Bulach, Neu-Ampt, ou le Nouveau Gouvernement, ou est Stadel, &c. Rumlang, Schwamendingen & Dubendorff, Höngg, Horgen, Wollishofen, Wiedikon, Stafa, Moenedorff, Meilen, Ehrlibach, Kussnacht, Wipkingen, Birmenstorff, & Urdorff, Wettschwyl. La plûpart de ces derniers ne sont que des Villages. Selon Mr. de Longuerue ce Canton est divisé en trente & un Bailliages où l'on envoye de Zurich des Baillifs; & il y en a neuf dont les Baillifs ont un pouvoir limité, & sont obligez de décider les affaires par les usages & les coutumes du Lieu, & les autres ont un pouvoir absolu. Mais ces divisions ne sont point exactes non plus que celle que donne Mr. Stanian, dans sa Relation de la Suisse [a]. On distingue à Zurich les Baillifs en trois Classes. Ceux de la première sont appellez *Administrateurs*; ils ont seulement soin de recevoir les Rentes de quelques Monastères, sans avoir aucune Juridiction, & ils sont au nombre de dix. La seconde Classe comprend les Baillifs qui demeurent dans la Ville, & ne sont point obligez d'en sortir; ce qui a été accordé pour la plus grande facilité du Commerce, qui se trouvant considérable dans cette Ville, ne permet pas qu'on s'en absente: ce sont ceux qu'on nomme *Baillifs Intérieurs*; & on en compte dix-neuf. Dans la troisième Classe sont compris ceux qui résident dans les Villages & dans les Châteaux, pour y éxercer les devoirs de leur Charge; & ceux-ci sont au nombre de treize. Les Bailliages de Forsteck, Weinfel-

[a] Pag. 57.

ZUR.　　　　　ZUR.　　523

den, Pfyn, Steineck & Neuferen sont hors de l'enceinte du Canton; & le premier dans le Rheinthal, ou la Vallée du Rhein, & les quatre autres dans le Thourgaw. Tous ces Bailliages ont chacun leurs Privilèges, & leurs anciennes Coutumes, auxquelles les Baillifs ne peuvent rien changer, étant obligez de leur administrer la Justice suivant leurs Loix particuliéres. Outre ces Bailliages, il y a encore deux Villes considérables, qui sont sous la Souveraineté de Zurich, mais qui ont une grande liberté; savoir Stein sur le Rhein & Wintherthour. Elles ont le pouvoir de se choisir leurs propres Magistrats, & de se gouverner selon leurs Loix: cependant elles sont obligées de recevoir les Edits de Mrs. de Zurich, & d'aller à la guerre pour eux, quoique sous leurs propres Enseignes.

Le LAC DE ZURICH est assez long, mais étroit. Sa longueur est d'environ neuf lieues & sa plus grande largeur d'une lieue. Il s'étend du Septentrion au Midi, & tant soit peu du côté de l'Orient, principalement à sa partie supérieure. Il fait à peu près la figure d'un Arc, & il est formé par la Lint qui y entre au-dessous de Grinaw, & en sort à Zurich, sous le nom de Lindmatt, ou Limmat. Il est partagé en deux parties par une Langue de terre, qui s'y avance considérablement, formant une espèce de Promontoire sur lequel est située la Ville de Rapperschwyl. La partie depuis l'Embouchure de la Lint jusqu'à Rapperschwyl s'appelle *le Lac Supérieur*, & l'autre depuis Rapperschwyl jusqu'à Zurich, se nomme *le Lac Inférieur*, ou *le Lac de Zurich*. Ce Lac est abondant en diverses sortes de poissons, dont quelques-unes sont même inconnues ailleurs. On voit la figure de chaque espèce représentée dans deux grands Tableaux au premier Vestibule de la Maison de Ville de Zurich. Du côté Occidental du Lac s'éléve le Mont Albis, qui est assez haut; & du côté de l'Orient, en voit une chaîne de Montagnes, moins hautes, plus cultivées & de meilleur rapport. Du reste les deux rives du Lac sont garnies de Vignobles, de belles Prairies, de Jardins, de Bosquets, de Maisons de plaisance, qui entremêlées de quelques Chaumiéres, font une variété des plus agréables, sur-tout du côté, qui regarde le Soleil levant, parce que les vins y sont meilleurs que du côté opposé au Soleil couchant, où ils sont toujours un peu verds.

ZURITA, Ville d'Espagne, dans la Castille Vieille [a], au voisinage de Tolède, & près de Pastrana. Cette petite Ville, défendue par un vieux Château dont le Tage lave les murailles, est une Commanderie de l'Ordre de Calatrava. On recueille dans son terroir du Safran, de l'Huile & du Vin fort délicat.

[a] Délices d'Espagne, p. 340.

ZURINAS, Peuples de l'Amérique Méridionale [b], au Pays des Amazones, à la droite de la Riviére de ce nom, entre la Riviére des Omopaleas, ou des Curiguéres, & celle de Parana-Mirî, autrement la Petite Riviére. Ces Peuples, ainsi que les CAUPUNAS, sont les hommes les plus adroits & les plus curieux que l'on connoisse dans le Pays, pour les ouvrages de la main. Ils font des siéges en forme d'Animaux, avec tant de délicatesse, & qui sont si commodes, que l'invention humaine n'en sauroit trouver de meilleurs. Ils font des *Estolicas*, qui sont leurs armes ordinaires, d'un bâton fort délié, avec tant d'adresse qu'on ne doit pas s'étonner si les autres Nations du Pays souhaitent d'en avoir; & ce qui est admirable, d'un morceau de bois le plus grossier, ils en tirent une figure du relief si au naturel, & avec tant de perfection, que beaucoup de nos Sculpteurs pourroient bien apprendre d'eux. Ce n'est pas seulement pour la satisfaction de leur esprit & pour leur propre commodité qu'ils travaillent à ces Ouvrages; c'est encore pour le profit qu'ils en retirent, puisqu'ils en font commerce avec leurs voisins, de qui ils obtiennent en échange tout ce qui leur est nécessaire.

[b] Relat. de la Riviére des Amazones par le Pere d'A. cugna ch. 63.

ZURMENTUM, Ville de l'Afrique propre: Ptolomée [c], qui la marque dans les terres, la compte au nombre des Villes situées au Midi d'Adrumete.

[c] Lib. 4. c.] 3.

ZUROBARA, Ville de la Dace selon Ptolomée [d]. Niger croit que ce pourroit être aujourd'hui Temeswar. Le MS. de la Bibliothéque Palatine lit *Zuribara* au lieu de *Zurobara*; & Ortelius [e] écrit *Zurobora*, fondé apparemment sur quelque autre MS.

[d] Lib. 3. c. 8.
[e] Thesaur.

ZURTA, Fleuve des environs de la Thrace, selon Ortelius [f] qui cite Marcellinus Comes, & ajoute que c'est près de ce Fleuve qu'Aristus fut vaincu par les Bulgares. Ce Fleuve est appellé *Zorta* par Jornandès.

[f] Ibid.

ZURULUM. Voyez TZURULUM.

ZURZACH, Bourg de Suisse, au Comté de Bade [g], sur le Rhein, à cinq milles d'Italie au-dessous de Keiserstoul. C'est un grand & beau Bourg, célèbre principalement pour ses Foires, où il se débite une quantité prodigieuse de Marchandises, dans un petit espace de tems. Elles se tiennent le Lundi après le Dimanche de la Trinité, & le premier de Septembre. Zurzach est un Lieu fort ancien. Il avoit autrefois trois Ponts sur le Rhein; mais il n'en a plus depuis long-tems. Pour suppléer à ce défaut, on trouve toujours sur le bord du Fleuve des Bateliers prêts à passer les Voyageurs; & quand on vient de quelque endroit d'Allemagne à Zurzach, on trouve pareillement des Bateliers au petit Village de Rhinen, ou Rheinen, vis-à-vis de Zurzach. On a découvert dans ce Bourg divers Monumens d'Antiquité, quantité de Médailles Romaines, & les ruïnes d'une vieille Forteresse qu'on croit une des quarante que Drusus fit construire le long du Rhein. Les deux Religions, la Catholique & la Protestante, sont également reçues à Zurzach. On y voit une jolie Eglise Paroissiale où les Protestans & les Catholiques font tour à tour le Service Divin. Dans la muraille de cette Eglise, près de la porte, on a enchâssé une pierre rompue, où l'on voit un fragment d'Inscription, qui étoit entiéren en 1535. & que *Tschudi*, qui la vit alors, rapporte ainsi:

[g] Etat & Délices de la Suisse, t. 3. p. 135. & suiv.

M. JUNIO M. F. VOLT. CERTO
DOM. VIEN. VETERAN.
MIL. LEG. XIII. GEMINÆ
CERTUS ET AMIANTUS
PII HÆREDES FECERUNT.

Je

524 ZUR. ZUT. ZUT.

Je rapporte d'autant plus volontiers cette Inscription, qu'elle a doué lieu à plusieurs Savans de croire que ce Certus, dont elle fait mention, a été le Fondateur ou le Réparateur de Zurzach, & qu'il lui donna son nom de *Certiacum* dérivé de *Certus*, dont on a fait Zurzach. A côté de l'Eglise Paroissiale, il y en a une autre, qui est le double plus grande, & plus haute, & qui est Collégiale. On attribue sa fondation à Charles *le Gros*. Les Chanoines qui la desservent sont richement rentez. Quoique Zurzach appartienne à l'Evêque de Constance, & soit sous la dépendance d'un Baillif que l'Evêque établit à Klingnau; cependant ni dans l'un ni dans l'autre de ces endroits, le Baillif n'a point le droit de glaive. Quand on y a condamné quelque Criminel à mort on le met entre les mains du Baillif de Bade. Outre cela pendant tout le tems que dure la Foire à Zurzach, toute Jurisdiction de l'Evêque cesse, & le Baillif de Bade y a une autorité absolue. A une lieue au-dessous de Zurzach, la Rivière de l'Aare se jette dans le Rhein; & on y voit un Village nommé Coblentz. Entre Zurzach & ce Coblentz, il y a un endroit dans le Rhein où le cours de ce Fleuve est coupé par une chaîne de Rochers élevez qui le traversent dans toute sa largeur d'un bout à l'autre, & qui ne laissent qu'un passage étroit au milieu, où deux petits Bâteaux ou Nacelles de Pêcheurs peuvent passer de front. Quand l'eau du Fleuve est basse, elle coule toute par cette ouverture; & si l'on met au-dessus une planche qui repose sur les deux Rochers opposez, on peut traverser le Rhein à pied sec. Dans ce tems-là on voiture toutes les Marchandises sur le Rhein avec de petits Bâteaux. Mais lorsque l'eau du Fleuve est haute; ce qui arrive principalement en Eté, que le Rhein est grossi par la fonte des neiges, l'eau passe par dessus cette chaîne de Rochers, dans toute la largeur du Fleuve, & alors il n'est plus possible d'y naviger. On est obligé de décharger les Marchandises au-dessus de cette Cataracte, pour les recharger au-dessous.

ZURZURA, Ville de la Grande Arménie, selon Ptolomée [a]. Le MS. de la Bibliothéque Palatine porte *Zurzua*, au lieu de *Zurzura*.

[a] Lib. 5. c. 13.

ZUTÆ. Voyez OZUTI.

ZUTHI, Peuples d'Asie, dans la Carmanie deserte. Ptolomée [b] fait la marque dans la partie Méridionale de cette Contrée; & ses Interprétes au lieu de *Zuthi* lisent *Chuti*, ou *Cuthi*.

[b] Lib. 6. c. 6.

1. ZUTPHEN, Quartier des Pays-Bas, dans la Province de Gueldres, avec titre de Comté, qui comprend quatre Baronnies. Le Comté de Zutphen a été un Etat possédé par des Seigneurs héréditaires [c] long-tems avant l'érection de Gueldres en Comté, ensuite en Duché. Il se trouvoit déja établi dans le milieu du dixiéme Siècle, sous le régne d'Othon *le Grand*. Wichman qui fonda alors l'Abbaye d'Altena ou Eltenberg étoit Comte de Zutphen; & il laissa ce Comté à ses Descendans qui étoient à cause de cette Terre Vassaux de l'Evêque & de l'Eglise d'Utrecht, comme on le voit par un titre de l'an 1021. rapporté par Héda. Ces Comtes n'ont fini qu'au commencement du douzième Siècle. Ce fut alors que Gerlac dernier Comte de Zutphen étant mort en 1107. ce Comté vint à Gerard Comte de Gueldres, fils du premier Comte Othon, & parent par sa mere du Comte Gerlac, & depuis ce tems-là ce Comté fut inséparablement à la Province de Gueldres.

[c] *Longuerue*, Descr. de la France, 2. Part. p. 37.

Le Comté de Zutphen est séparé du Velau par l'Yssel du côté de l'Occident; il a au Nord l'Over-Yssel, à l'Orient l'Evêché de Munster, & au Midi le Duché de Cléves. Il a pris le nom de la Ville de Zutphen qui en est le Chef-lieu. Les quatre Baronnies qu'il comprend sont, Bronchorst, Berghe, Baer, & Wisch. On y compte six Villes; savoir

Zutphen,	Doetecum,
Doesbourg,	Lochem,
Groll,	Bredevorde.

Il y a outre cela dans ce Comté huit dépendances, qui sont la Drossarderie du Comté de Zutphen, qui a six Villages; l'Ecoutetterie de Zutphen, qui en a cinq; la Drossarderie de Bredevorde, qui en a trois; la Justicerie de Doesbourg, qui en a trois, l'Ecoutetterie de Lochem; les Seigneuries de Borckeloë, d'Anholt & de Laethem.

2. ZUTPHEN, Ville des Pays-Bas, dans la Province de Gueldres, au bord Oriental de l'Yssel, & la Capitale du Comté de Zutphen. Cette Ville située à deux lieues de Deventer, à quatre d'Arnhem & à six de Nimégue, est assez ancienne, ayant été fondée il y a plus de sept cens cinquante ans. Sa situation est naturellement forte; car elle a d'un côté la Rivière d'Yssel, & de l'autre celle de Breckel, qui remplit ses fossez, & qui la traverse par le milieu, & puis va se jetter dans l'Yssel. Son nom vient du mot *Veenen*, qui dans la Langue du Pays signifie des Prairies, & de celui de *Zudt* qui veut dire Midi; ce qui signifie Prairies Méridionales. Elle étoit autrefois du Diocèse de Munster; mais en 1560. elle fut mise sous le nouvel Evêché de Deventer. Son Eglise principale, qui est fort ancienne & somptueuse, étoit dédiée à Ste. Walburge. Elle a une Tour très-haute, qui fut fort endommagée en 1446. & en 1606. par la foudre; mais on la répara magnifiquement en 1638. Il y avoit autrefois un Chapitre de douze Chanoines avec un Prevôt & un Doyen. La fondation en est attribuée à Othon de Nassau, premier Comte de Gueldres, qui y est enterré avec sa femme Sophie, fille & héritiére de Wichman, dernier Comte de Zutphen. Ses Edifices les plus remarquables sont la Maison de Ville, le Collége des Députez du Comté, & un ancien Bâtiment qu'on nomme *'s Graven-hoff*, ou le Palais du Comté. Comme elle s'étoit jettée dans le parti des Etats des Pays-Bas, sous le Gouvernement de Guillaume I. Prince d'Orange, elle fut attaquée & prise d'assaut par Frederic de Toléde, fils du Duc d'Albe, l'an 1572. Les Bourgeois en punition de leur soulevement furent condamnez

ZUT. ZUX ZUY. ZUY. ZUZ. 525

nez au dernier supplice. On en pendit un grand nombre, & quand les Bourreaux furent las, on noya le reste dans l'Yssel. Ce traitement obligea toutes les autres Villes de la Gueldre, & de l'Over-Yssel d'ouvrir leurs portes aux Espagnols. Quelque tems après, Zutphen fut reprise par le parti du Prince d'Orange; mais après sa mort elle revint au pouvoir des Espagnols, qui traitérent encore fort mal les Habitans en 1583. Le Prince de Parme y fit mettre une nombreuse Garnison, & fit élever plusieurs Forts aux environs pour en rendre l'accès plus difficile. Les Etats l'assiégèrent deux fois inutilement, savoir en 1584. & 1586. lorsqu'une partie de l'Armée du Comte de Leicester qui en faisoit le Siège fut mise en déroute par celle du Prince de Parme. Elle demeura ainsi sujette du Roi Philippe II. jusqu'en 1591. qu'elle fut prise le 30. de Mai par le Comte Maurice de Nassau, Prince d'Orange, qui neuf jours auparavant avoit surpris le Fort de Zutphen, par le moyen de quelques Soldats déguisez en Paysans & en Paysanes, & qui profita du tems où les Armées de Philippe II. & son Général le Duc de Parme étoient occupez en France à soutenir le parti de la Ligue contre Henri IV. En 1672. les François, sous la conduite de Philippe de France Duc d'Orléans, se rendirent maîtres de Zutphen en peu de jours, quoiqu'elle fût abondamment pourvuë & défendue par une Garnison de deux mille cinq cens Fantassins & de quatre Compagnies de Cavalerie, sans compter les Habitans. Mais en 1674. les François abandonnérent tout ce qu'ils avoient pris, & raserent les Fortifications qui consistoient en neuf Bastions. Elles ont été relevées depuis & augmentées considérablement.

ZUTZ, Paroisse du Pays des Grisons [a], dans la Ligue de la Caddée, & dans la partie d'enbas de la Haute Engaddine, Zutz est le Siège du Ministral, ou Chef de toute la Communauté de la Haute Engaddine. Ce Chef doit toujours être, ou lui, ou du moins son Lieutenant, de la Noble & ancienne Famille de Planta. Il y a une Tour qui porte le même nom que la Paroisse.

ZUXA, petite Rivière d'Espagne dans l'Estremadoure, selon Mr. Corneille [b] qui ne cite point son Garant. Il ajoute qu'elle a sa source dans la Sierra Morena, & qu'elle va mêler les eaux avec celles de la Guadiana, un peu au dessus de Medelin.

ZUYDERZEE, ou ZUIDERZEE; grand Golphe de l'Océan Germanique, sur la Côte des Pays-Bas, & qui sépare la Frise Occidentale de la Frise Orientale. Ce Golphe a été formé par l'inondation de la Mer, qui étant entrée par l'Embouchure du Flevon ou Flie, & de l'Ems, a couvert trente lieues de Pays, dont il ne resta que la Côte qui forma dans la suite plusieurs Isles, qu'on nomme aujourd'hui Texel, Eyerland, Fliland, Schelling & Ameland. Ainsi la *West-Frisland*, ou Frise-Occidentale fut séparée de l'autre, par une Mer de dix ou douze lieues de large. Godefroy, Moine de Saint Pantaléon, dit dans sa Chronique que cette inondation arriva en 1170. & qu'alors l'Océan étant entré avec violence dans la Frise, inonda la plus grande partie du Pays vers Staveren. Mais Ubbo Emmius dans son Histoire de Frise, prouve par l'autorité d'Emon Abbé de Verum, qui vivoit en Frise du tems du Moine Godefroy, au treizième siècle, que la plus grande inondation & la ruine totale de tant de Peuples étoit arrivée vers l'an 1225. Cette même inondation forma avec le Lac Flevon une Mer de trente lieues de longueur que l'on nomme *Zuyderzée*, c'est-à-dire Mer du Midi; parce qu'elle est au Midi du grand Océan, dont elle est séparée par les Isles dont nous venons de parler, & qui s'étendent jusque vis-à-vis de la Frise Orientale. Le Zuyderzée baigne la Nord-Hollande, ou West-Frise, la Hollande Méridionale, la Seigneurie d'Utrecht, le Duché de Gueldre, la Seigneurie d'Over-Issel & celle de Frise.

ZUYD-SCHANS, Fort des Pays-Bas, au Brabant-Hollandois. Il est construit à l'Embouchure du Zoom dans l'Escaut Oriental, & à la droite en entrant, vis-à-vis du Nord-Schans, autre Fort qui, aussi-bien que Zuyd-Schans, est près de la Ville de Berg-op-Zoom, & destiné pour sa défense.

ZUYT-GEEST, Jurisdiction des Pays-Bas [c], au Brabant-Hollandois, dans le Marquisat de Berg-op-Zoom, c'est une Jurisdiction sans Village. Elle commence à une demi-lieuë au Sud de Berg-op-Zoom, & s'étend jusqu'à une lieuë & demie à l'Orient vers la Bruyère de Huybergen, & jusqu'à l'Escaut du côté de l'Occident. Le Tribunal est composé de cinq Echevins, & de deux Jurez, & la Charge de Secrétaire est remplie par celui de Halsteren. Le Drossart de Wouw en est le Bailli. Les Magistrats se sont conservé le droit d'établir le Receveur. Il y avoit autrefois un Polder renfermé dans cette Jurisdiction; mais il a été submergé vers la fin du quinzième Siècle.

ZUZIDAVA, Ville de la Dace: C'est Ptolomée [d] qui en parle. Ortelius soupçonne que ce pourroit être la Ville *Sacidava*, que la Notice des Dignitez de l'Empire met dans la Scythie.

ZUZIM, nom de certains Géans qui habitoient au-delà du Jourdain, & qui furent défaits par Chodorlahomor dans Astarothcarnaïm, en même tems que les Raphaïtes, avec qui ils étoient [e], l'an du Monde 2079. avant J. C. 1921. avant l'Ere vulgaire 1925. St. Jérôme dit que l'Hébreu lisoit qu'ils furent vaincus à Hem; mais l'Hébreu d'aujourd'hui lit à Cham. On ne sait pas la situation de ce Lieu, supposé que c'en soit un. La Vulgate & les Septante disent qu'ils furent vaincus avec les Rephaïms, ou Rephaïtes d'Astaroth-Carnaïm. Le Chaldéen & les Septante ont pris ZUZIM dans un sens appellatif, pour des hommes puissans & robustes. Nous conjecturons, dit Dom Calmet [f], que les *Zuzim* sont les mêmes que les Zomzomim, dont il est parlé dans le Deutéronôme. Voyez ZOMZOMIM. On trouve un Sevère Evêque de *Zuzumes* sous la Métropole de Bostra, parmi les Evêques qui ont souscrit au premier Concile de Nicée [g].

[a] Etat & Délices de la Suisse, t. 4. p. 62.
[b] Dict.
[c] Janisson Etat présent des Pr. Un. t. 2. p. 234.
[d] Lib. 3. c.
[e] Genes. c. 14. v. 5.
[f] Dict.
[g] Arab. Canon. Concil. Nicaeni.

ZWEY-

Z W.

ZWEYSIMMEN, Village de Suisse [a], au Canton de Berne, dans le Haut-Sibenthal, dont il est le principal Lieu. C'est un beau & grand Village qui a sur une hauteur son Temple, assez bien bâti.

[a] *État & Délices de la Suisse*, t. 2. p. 229.

ZWINGEN, Seigneurie de Suisse [b], dans le Pays que possède l'Evêque de Bâle, comme Prince de Porentru. Le Chef-lieu de cette Seigneurie est un Château de même nom, bâti auprès de la Ville de Lauffen, qui en dépend.

[b] *Délices de la Suisse*, t. 3. p. 267.

ZWOL, ou **SWOL**, Ville des Pays-Bas, dans la Province d'Over-Yssel, au Pays de Zallant, à une lieue de Deventer, & à deux de Campen. C'est une Place forte & très-régulière, défendue par un double Fossé, rempli des eaux de la petite Riviére d'Aa, qui s'y joint à celle du Vecht; & c'est le passage ordinaire de la Hollande vers les Provinces de Frise, de Groeningue & d'Over-Yssel. Sa situation est fort avantageuse étant bâtie sur une éminence d'où elle commande la Campagne; & il y a outre cela trois Forts qui empêchent l'accès de cette Place.

La Ville de Zwol étoit autrefois libre & Impériale; & elle se joignit avec Deventer & Campen [c] à la Ligue des Anséatiques. Willebrand de Oldembourg, trente-cinquième Evêque d'Utrecht, en fit une Ville environ l'an 1233. en la faisant fermer de murailles. En 1580. les Catholiques de cette Ville s'étant mis sous les armes & ayant appelé un grand nombre de Paysans des Provinces des environs, pour se mettre hors d'insulte, les Protestans en firent de même & avec plus de succès; car ils s'emparérent de la Ville, & en chassèrent les Catholiques. Cette Ville tomba ainsi sous la puissance des Etats-Généraux. L'exercice de la Religion Catholique y fut supprimé la même année, & les Habitans de Zwol brisèrent toutes les Images & renversèrent les Autels. Ses Eglises étoient dédiées l'une à St. Michel, l'autre à Notre-Dame; & les Maisons Religieuses, tant de la Ville que de ses environs, étoient au nombre de dix; savoir deux de Chanoines Réguliers, une de Freres vivants en commun, une de Dominicains fondée en 1465. une de Religieuses du Tiers-Ordre de St. François, & qui sert maintenant pour tenir l'Assemblée des Etats; cinq de Religieuses de St. Augustin & qui étoient connues sous les noms de Sainte Cecile, de Ste. Gertrude, de Ste. Agathe, de *Bos-Cloofter*, ou de *Marienbosch*, & de Ste. Agnès, dite *op de Maet*. Les deux Maisons de Chanoines Réguliers, l'une appelée le Monastère de Windessem, & l'autre appelée le Monastère du Mont Ste. Agnès, qui étoient près de la Ville, furent détruites en 1580. La première avoit été faite vers l'an 1400. Chef d'une célèbre Congrégation de Chanoines Réguliers, dont il y a aujourd'hui plusieurs Monastères aux Pays-Bas & en Allemagne, & cette Congrégation porte encore le nom de Windessem : la seconde qui étoit celle du Mont Ste. Agnès, ou *Berg-Cloofter*, étoit un Prieuré de Chanoines Réguliers, dans lequel le

[c] *Longuerue*, Descr. de la France, 2. Part. p. 34.

célèbre Thomas à Kempis, autrement dit Hamerken, fit profession en 1407. Il en fut Prieur dans la suite, & y mourut l'an 1407. âgé de 91. ans, & en odeur de Sainteté.

Le Magistrat de Zwol est composé de huit Echevins, & d'un pareil nombre de Conseillers. Ils sont changez tous les ans le 28. de Juin par douze personnes qu'on choisit dans le large Conseil de la Ville, qui consiste en quarante-huit des principaux Bourgeois. Lorsque quelqu'un de ce Conseil vient à mourir, sa place se remplit le jour de Ste. Lucie, par l'Election que font douze personnes tirées hors du Conseil.

Au commencement de l'an 1718. on amena à Zwol, une fille Sauvage âgée d'environ dix-huit ans qu'on avoit trouvée dans les Forêts de la Seigneurie de Cranenbourg. Elle étoit toute nue, à la réserve d'une espèce de Ceinture de paille. Elle avoit une humeur douce & tranquile & parloit un Jargon que personne n'entendoit. Toute sa nourriture étoit des herbages, des Racines, ou des Feuilles d'Arbres. Il y avoit quelque tems que les Paysans travaillant aux environs l'avoient découverte, sans pouvoir la joindre, à cause de la vitesse avec laquelle elle couroit; enfin la résolution ayant été prise de la prendre en vie sans la blesser, on tendit des filets aux environs des endroits où elle s'étoit montrée, & on y mit du lait pour l'attirer. Les Paysans s'étant mis en embuscade la prirent par le moyen de ces filets dans lesquels elle se trouva embarrassée. Le Magistrat de Zwol en fit prendre soin. Il se trouva qu'une femme d'Anvers avoit perdu sa fille vers l'an 1702. & qu'elle avoit eu à peu près les mêmes marques que cette Sauvage. Elle vint à Zwol, reconnut son enfant que le Magistrat lui fit remettre; & elle la fit voir dans toutes les Villes des Pays-Bas.

Z Y.

ZYBRITZA. Voyez PHISON.

ZYDRITÆ, Arrien, dans son Périple du Pont-Euxin [d], fait mention d'un Peuple de ce nom, & dit que ce Peuple qui étoit voisin des Machelones, des Henioques, & des Laziens, obéïssoit à un Roi nommé Pharasmanus. Il y en a qui veulent que ces Zydrites d'Arrien soient les Sisilisses de Procope, les Zeuliens & les Cercites de Strabon, & le Pere Hardouin croit que ce sont les *Ampreuta* de Pline.

[d] Pag. 11.

ZYGACTES, Fleuve de la Thrace, près de la Ville de Philippes, selon Appien [e], qui dit que ce fut au passage de ce Fleuve, que le Chariot du Pluton se rompit lorsqu'il emmenoit Proserpine; & que c'est en mémoire de cet accident que les Grecs avoient donné le nom de ZYGACTES au Fleuve. L'Edition de Tollius lit dans la Traduction Latine *Zygaftes* au lieu de *Zygactes*.

[e] Bel. Civ. Lib. 4.

ZYGÆNA, Isle du Golphe Arabique: Ptolomée [f] la marque dans la partie Septentrionale de ce Golphe, environ à la hauteur de la Ville de Bérénice. Etienne le Géographe écrit ZYGENA, & en fait une Isle

[f] Lib. 6. c. 7.

Z Y G.

Isle de la Mer Erythrée ; mais tout le monde fait que les Géographes donnent souvent au Golphe Arabique le nom de Mer Erythrée ; & il y a apparence qu'Etienne le Géographe avoit écrit ZYGÆNA, qui se trouvoit dans l'Ordre Alphabétique, au lieu que *Zegæna* ne seroit point dans cet ordre.

ZYGANTES. Voyez ZYGANTIS.

ZYGANTIS, Ville de la Libyé, selon Hécatée cité par Etienne le Géographe, qui dit que les Habitans appellez ZYGANTES, faisoient du Miel avec certaines Fleurs qu'ils ramassoient, & que ce Miel ne cédoit en rien à celui que faisoient les Abeilles. Il déclare avoir tiré ce trait Historique d'Eudoxe le Cnidien, où Apollonius qui rapporte la même Histoire, semble avoir lu *Gyzantes*, Γύζαντες, au lieu de *Zygantes*, Ζύγαντες; mais cette faute est venue du grand rapport que les lettres Γ, & Ζ, ont dans la prononciation. Ces Peuples ZYGANTES sont les mêmes qu'Etienne le Géographe appelle dans un autre endroit *Byzantes*, & où il reprend Hérodote de ce qu'il écrit *Gyzantes*, pour *Byzantes*. On lit néanmoins aujourd'hui dans Hérodote *Zygantes* & non *Gyzantes*. La véritable Orthographe est BYZANTES, comme le prouvent diverses Inscriptions anciennes.

ZYGENA. Voyez ZYGÆNA.

a Lib. 4. c. 5.

ZYGES, Peuples de la Libye extérieure : Ptolomée [a] les place vers la Côte de la Mer Méditerranée, au Couchant du Nôme Maréotide.

b Lib. 2. p 129. Lib. 11. p. 492.

ZYGI, Peuples d'Asie : Strabon [b] & Etienne le Géographe les comptent parmi les Peuples qui habitoient le Bosphore Cimmérien pris dans un sens étendu ; & le premier les place entre les *Athæi* & les *Heniochi*. Les ZYGI étoient des Peuples féroces, adonnez à la Piraterie & qui habitoient un Pays d'accès difficile. Il semble, dit Etienne le Géographe, que la Ville ZYGOPOLIS, dont parle Strabon, leur appartenoit. Ce dernier écrit indifféremment ZYGI & ZYGII, comme on dit *Bæoti*, *Bæotii*, *Syri*, *Syrii*, & autres. Denys le Périégéte écrit aussi *Zygii*, Ζύγιοι. Ce sont

c Lib. 6. c. 7.

sans doute les *Zigæ* de Pline [c] ; le Pere Hardouin néanmoins n'en convient pas. Voyez ZYGIANA.

ZYGIANA, Contrée de l'Asie Mineure

dans la Bithynie, selon Ptolomée [d] : peut-être étoit-ce le Pays des Peuples *Zygitæ* que Pachymére place au voisinage de la Ville de Bithynie. J'aimerois mieux du moins les mettre dans ce Quartier que de dire comme Ortelius que les *Zygitæ* de Pachymére & les *Zygi* de Strabon peuvent être le même Peuple. Ortelius a donné, je crois, dans cette erreur pour s'être imaginé que par le Bosphore d'Asie, près duquel Strabon place les *Zygi*, ce Géographe entendoit le Bosphore de Thrace, au lieu qu'il vouloit parler du Bosphore Cimmérien.

d Lib. 5. c.

ZYGITÆ. Voyez ZYGIANA.

ZYGOPOLIS, Ville de la Colchide : Strabon [e] qui en parle semble la placer près de Trapezunte, & Etienne le Géographe croit qu'elle appartenoit aux Peuples *Zygi*.

e Lib. 12. p. 548.

ZYGRENA. Voyez ZYGRIS.

ZYGRIS, Ville du Nôme de Libye, sur la Côte : Ptolomée [f] qui lui donne que le titre de Κώμη, *Villa*, la place entre *Ænesisphyra Portus* & *Chettæa Villa*. Elle est appellée *Zygrena* dans le Concile de Chalcédoine ; Simler veut que ce soit la Ville *Geras* de l'Itinéraire d'Antonin, & le nom moderne est Solonet, selon Castald. *Zygris*, ou *Zigris* étoit une Ville Episcopale dans le quatrième Siècle [g], sous Darnis Métropole de la Province de Libye Marmarique & c'est sans doute de ce Siège qu'étoit Evêque un certain Adolphe, que St. Athanase qualifie *Zygrorum Episcopus proxime ad Libyam*. Ptolomée place aussi au voisinage de cette Ville un Peuple nommé ZYGRITÆ.

f Lib. 4. c.

g Commainville, Table des Evêchez.

ZYGRITÆ. Voyez ZYGRIS.

ZÝMBRA. Voyez THYMBRE, & HUCUMBRA.

ZYMNA, SYUMA, & ZEUMA, mots corrompus dans quelques MSS. de l'Itinéraire d'Antonin pour *Zeugma*. Voyez ZEUGMA.

ZYRAS, Fleuve de Thrace : Pline [h] dit que ce Fleuve mouilloit la Ville de Dionysiopolis. Le Pere Hardouin, au lieu de ZYRAS écrit ZIRAS.

h Lib. 4. c. 11.

Z Z.

ZZEUENE. Voyez SYENE.

FIN DE LA LETTRE Z.

COPYE
VAN DE
PRIVILEGIE.

DE STATEN VAN HOLLAND EN WESTVRIESLAND. Doen te weeten, alzo Ons te kennen is gegeeven by PIETER DE HOND, Boekverkoper in s'Gravenhage, HERMANUS UYTWERF en FRANÇOIS CHANGUION, Boekverkopers te Amsterdam, en JAN DANIEL BEMAN, Boekverkoper te Rotterdam, dat zy Suppl^t. met zeer swaare kosten hadden gedrukt, *Le grand Dictionnaire Géographique & Critique par Monsr. Bruzen la Martinière, Géographe de sa Majesté Catholique*, in verscheide deelen in Folio, dat zy Suppl^n. niet alleen in ervaring waren gekomen dat het gem. werk in Vrankryk en Italien wierd nagedrukt, maar dat zy daar en boven bedugt waren dat nydige of baatzugtige menschen het voorsz. werk in het geheel of ten deele 't zy binnen 't zy buiten 's Lands zouden konnen nadrukken tot hunne grote schade en nadeel; zo keerden zy Suppl^n. zig met alle onderdanigheid tot ons, ootmoedelyk verzoekende dat wy zo goed geliefden te zyn van den Suppl^n. of der zelver Erven of regtverkrygende te begunstigen met speciaal Octroy en Privilegie om de voorsz. Grand Dictionaire Géographique & Critique par Monsr. Bruzen la Martiniere, in verscheide deelen in Folio, en in zodanige formaten en taalen als zy Suppl^n. of hunne Erven of regt verkrygende zouden geraden vinden, gedurende den tyd van vyftien eerst agter een volgende jaren, alleen te mogen drukken, doen drukken, uitgeeven en verkopen, met verbod dat niemant hier te Lande buiten de Suppl^n., hunne Erven of regt verkrygende de voorsz. Grand Dictionaire Géographique & Critique par Monsr. Bruzen la Martiniere, in het geheel of ten deele zoude mogen drukken, uitgeeven, verruilen, verhandelen of verkopen, nogte de zelve, 't zy in Vrankryk, 't zy in Italie, 't zy elders, waar het zoude mogen weezen, gedrukt zynde, hier te Lande te mogen inbrengen, uitgeeven, verruilen, verhandelen of verkopen, in wat formaat of taal het mogte zyn, of onder een andere, of veranderde titul, of onder de naam van een ander Schryver, of onder pretext van verandering, verbetering of vermeerdering, of van een Abregé of Extract daar van te maken, of op wat manier, of onder wat pretext het ook mogte zyn, op verbeurte van alle de nagedrukte, ingebragte, verruilde, verhandelde of verkogte Exemplaren, en zodanigen poene als wy gewoon waren daar tegen te statueeren. Zo is 't dat Wy de zaak en het voorsz. verzoek overgemerkt hebbende en genegen weezende ter bede van den Suppl^t. uit Onze regte weetenschap, souveraine magt en authoriteit, den zelve Suppl^t. geconsenteert, geaccordeert en geoctroyeert hebben, consenteeren, accordeeren en octroyeeren hen by deeze, dat zy gedurende den tyd van vyftien eerst agter een volgende jaaren, den voorsz. Grand Dictionaire Géographique & Critique, par Monsr. Bruzen la Martiniere, in diervoegen als zulx by de Suppl^t. is verzogt en hier voren uitgedrukt staat, binnen den voorsz. Onzen Lande alleen zullen mogen drukken, doen drukken, uitgeeven en verkopen; verbiedende daaromme allen en eenen iegelyken het zelve werk in 't geheel of ten deele te drukken, na te drukken, te doen nadrukken, te verhandelen ofte verkopen, of elders nagedrukt binnen den zelven Onzen Lande te brengen, uit te geeven of te verhandelen en verkopen, op verbeurte van alle de nagedrukte, ingebragte, verhandelde of verkogte Exemplaren, en een boete van drie duizent guldens daar en boven te verbeuren, te appliceeren een derde part voor den Officier

ficier die de calange doen zal, een derde part voor den Armen der plaatze daar het cafus voorvallen zal, en het refteerende derde part voor den Supplⁿ., en dit t'elkens zo menigmaal als de zelve zullen werden agterhaalt; alles in dien verftande, dat wy de Supplⁿ. met deezen onzen Octroye alleen willende gratificeeren tot verhoeding van hunne fchade door het nadrukken van het voorf^z. werk, daar door in genigen deele verftaan, den inhoude van dien te authorifeeren of te advoueeren, en veel min het zelve onder onze protectie en befcherming eenig meerder credit, aanzien of reputatie te geeven, nemaar de Supplⁿ. in cas daar inne iets onbehoorlyks zoude influeeren, alle het zelve tot hunnen lafte zullen gehouden weezen te verantwoorden; tot dien einde wel expreffelyk begeerende, dat, by aldien zy deezen Onzen Octroye voor het zelve werk zullen willen ftellen, daar van geene geabrevieerde of gecontraheerde mentie zullen mogen maaken, nemaar gehouden weezen het zelve Octroy in 't geheel en zonder eenige omiffie daar voor te drukken of te doen drukken, en dat zy gehouden zullen zyn een Exemplaar van het voorf^z. Werk op groot papier, gebonden en wel geconditioneert te brengen in Onze Bibliotheecq van Onze Univerfiteit te Leyden, binnen den tyd van zes weeken na dat de Supplⁿ. het zelve Werk zullen hebben beginnen uit te geeven, op een boete van zes hondert guldens, na expiratie der voorf. zes weeken by de Supplⁿ. te verbeuren ten behoeve van de Nederduitfe Armen der plaatfe alwaar de Supplⁿ. woonen, en voorts op poene op metterdaad verfteken te zyn van het effect van deezen Octroye: Dat ook de Suppl^t. fchoon by het ingaan van dit Octroy een Exemplaar geleevert hebbende aan de voorf^z. onze Bibliotheecq, by zo verre zy geduurende den tyd van dit Octroy het zelve Werk zouden willen herdrukken met eenige Obfervatien, Noten, Vermeerderingen, Veranderingen, Correctien, of anders hoe genaamt, of ook in een ander formaat, gehouden zullen zyn wederom een ander Exemplaar van het zelve Werk, geconditioneert als voren, te brengen in de voorf^z. Bibliotheecq binnen de zelve tyd en op de boete en poenaliteit als voorf^z. En ten einde de Supplⁿ. deezen Onzen Octroye mogen genieten als na behoren, laften Wy alle en eenen iegelyken dien het aangaan mag dat zy de Suppl^t. van den inhoude van de zelve doen, laten en gedogen, ruftelyk, vredelyk en volkomentlyk genieten en gebruiken, cefleerende alle belet ter contrarie. Gegeeven in den Hage, onder Onzen groten Zegele, hier aan doen hangen, den vyftienden October in 't jaar Onzes Heeren en Zaligmakers duizent zeven hondert negen en dertig.

J. H. V: WASSENAAR.

Ter ordonnantie van de Staten

WILLEM BUYS.

Aan den Suppl^t. zyn nevens dit Octroy ter hand gefteld by extract Authenticq haar Ed. Gr. Mog. Refolutien van den 28. Juny 1715, en 30 April 1728, ten eynde om zig daar na te reguleeren.

www.ingramcontent.com/pod-product-compliance
Lightning Source LLC
Chambersburg PA
CBHW070841230426
43667CB00011B/1883